BIBLIOTHÈQUE
HISTORIQUE
DE LA FRANCE.

BIBLIOTHÈQUE HISTORIQUE DE LA FRANCE,

CONTENANT

Le Catalogue des Ouvrages, imprimés & manuscrits, qui traitent de l'Histoire de ce Royaume, ou qui y ont rapport;

AVEC DES NOTES CRITIQUES ET HISTORIQUES:

Par feu JACQUES LELONG, Prêtre de l'Oratoire, Bibliothécaire de la Maison de Paris.

NOUVELLE ÉDITION

Revue, corrigée & considérablement augmentée

Par M. FEVRET DE FONTETTE, Conseiller au Parlement de Dijon.

TOME PREMIER.

A PARIS,

De l'Imprimerie de JEAN-THOMAS HERISSANT, Imprimeur ordinaire du Roi, Maison & Cabinet de SA MAJESTÉ.

M. DCC. LXVIII.

AVEC APPROBATION ET PRIVILÉGE DU ROI.

PRÉFACE
DE CETTE NOUVELLE ÉDITION.

'HISTOIRE est le dépôt des faits, & présente la suite des temps. Sans le secours des monumens qu'elle fournit, les hommes passeroient comme l'ombre, dont il ne reste aucune trace. Les événemens auxquels ils ont eu plus ou moins de part, s'évanouiroient de même, & seroient comme eux entraînés dans l'oubli, si l'Histoire, en les recueillant, n'en conservoit le souvenir. L'Histoire, que Thucydide appelle si bien *une possession perpétuelle*, est la seconde vie des morts, & l'école des vivans : c'est le théâtre qui rassemble & qui reproduit à nos yeux tous les hommes dignes de mémoire, tous les temps qui nous ont précédés.

Mais de toutes les parties de l'Histoire, celle dont la connoissance nous intéresse le plus, après l'étude des monumens de la Religion, c'est l'Histoire moderne, qui, par un défaut qu'on peut reprocher à notre éducation, se trouve moins connue que l'Histoire ancienne, & même moins approfondie à certains égards.

Depuis l'extinction de l'Empire Romain, où commence l'Histoire moderne, le monde a changé de face : le gouvernement, la police, la guerre, les mœurs, les caractères nationaux, tout est différent. L'Histoire ancienne, il est vrai, peut nous faire connoître l'homme en général ; celle des siècles postérieurs y ajoute la connoissance de nos relations particulières. Elle nous montre des exemples d'autant plus frappans, qu'ils sont plus proches de nos yeux, & nous guide par des routes actuellement frayées

L'Histoire moderne est donc aujourd'hui celle qui doit avoir pour nous le plus d'attraits. Et quelle partie de cette Histoire est plus utile & plus

Tome I.   *a*

PRÉFACE

nécessaire à un François, que l'Histoire de son pays? Aussi curieuse, aussi variée, aussi riche que puisse l'être aucune Histoire ancienne ou moderne, elle a de quoi nous attacher encore davantage, soit par les exemples domestiques d'héroïsme & de vertu qu'elle nous présente; soit par le tableau de nos coutumes & de nos loix particulières, dont elle nous apprend l'origine & les progrès; soit par la peinture de nos mœurs dans les différens âges de la Monarchie; soit enfin, par la comparaison que nous pouvons faire des mœurs anciennes, avec le génie actuel des François, c'est-à-dire, de nous avec nous-mêmes.

Nous sommes bien éloignés sans doute de manquer de secours pour notre Histoire; le fonds au contraire en est immense; on le voit par cette Bibliothèque. Pourquoi donc, au milieu de cette abondance, avons-nous si peu de bons Historiens? Les uns, & c'est le plus grand nombre, ont manqué de matériaux, faute de connoître ceux qu'ils devoient employer; les autres n'ont pu rassembler ceux qu'ils connoissoient, parceque ces monumens étant devenus rares, il ne leur a pas été possible de se les procurer.

Pierre PITHOU imagina le premier de faire imprimer en un seul corps quelques-uns de nos anciens Annalistes qui ont écrit l'Histoire de leur temps. Cette Collection, qui parut en 1588, & dont il donna une suite en 1596, a le mérite d'avoir fait naître celles qui l'ont suivie.

André DU CHESNE, encouragé par le Cardinal de Richelieu, donna le premier volume de sa grande Collection en 1636, & en publia quatre autres volumes dans l'intervalle qui s'écoula jusqu'en 1649. Cette Collection s'étend jusqu'à l'an 1286, première année du Règne de Philippe-le-Bel; & l'on peut dire que c'est proprement la première que nous ayons en ce genre. Avant lui, notre Histoire étoit aride, peu sûre, remplie d'anachronismes; les preuves de ce qu'elle rapportoit de plus clair & de plus certain étoient ignorées. C'est par la recherche des titres de Familles & des Actes particuliers, que du Chesne est parvenu à la connoissance des anciens Manuscrits; & comme il avoit des liaisons d'étude avec Paul PETAU, avec les SIRMOND, les DE THOU, & les autres Sçavans de ce temps-là; comme il étoit d'ailleurs très-laborieux, il acquit en peu d'années la gloire & le nom de Réparateur de l'Histoire de France. Cependant, ce que nous avons de lui n'est pas sans défauts; toutes les Pièces qu'il a ramassées

DE CETTE NOUVELLE ÉDITION.

ne font pas également dignes de confiance : mais il faut confidérer que dans le fiècle où il vivoit, l'étude des anciens Monumens ne faifoit, pour ainfi dire, que d'éclore.

MM. de SAINTE-MARTHE, DU PUY & le P. LABBE parurent environ dans le même temps. Animés du même efprit de recherches, & du même defir d'établir notre Hiftoire fur de folides fondemens, les uns s'appliquèrent à dépouiller le Tréfor des Chartes; les autres, à raffembler des Manufcrits : tous concoururent au même but.

Les BOLLANDISTES, c'eft-à-dire, les Jéfuites d'Anvers, qui continuent avec fuccès de recueillir les Vies des Saints felon le Plan du P. Bollandus, ont auffi beaucoup contribué au même deffein, fans avoir eu le même objet. Entre les Saints dont ils ont rapporté les Actes, plufieurs ont occupé les grands Siéges de l'Eglife de France, & par conféquent ont eu des liaifons avec le Gouvernement; ce qui fait que l'on trouve dans leurs Vies & dans les Differtations qui les accompagnent, des événemens dont on n'avoit aucune idée, des ufages particuliers, des dates plus exactes, & quelquefois des circonftances qu'on ne pouvoit découvrir par les Chroniques & les Hiftoires générales.

Les BÉNÉDICTINS de la Congrégation de faint Maur, après avoir enrichi la Littérature de plufieurs Collections de cette efpèce, fe font attachés à l'Hiftoire des premiers temps de la Monarchie, & particulièrement à ce qui concerne la partie ecclésiaftique. Que d'obligations n'a-t-on pas aux PP. D'ACHERY, MABILLON, RUINART, MARTENNE, ainfi qu'à ceux qui nous ont donné le *Gallia Chriftiana* & la *Nouvelle Diplomatique?* Le P. DE MONTFAUCON avoit déja publié les Monumens de la Monarchie Françoife. Enfin, D. BOUQUET s'eft appliqué pendant plus de trente années à ce qui en concerne proprement l'Hiftoire; & depuis 1738 jufqu'en 1754, il a donné neuf volumes du nouveau *Recueil des Hiftoriens des Gaules & de France*. Après fa mort, quelques-uns de fes Confrères ont continué, avec fuccès, cette importante Collection. Le XIe volume, qui vient de paroître, finit à l'an 1060, avec le Règne de Henri I.

Ainfi, l'on peut fe promettre que par les travaux non interrompus de tant d'habiles gens, notre Hiftoire parviendra bientôt à ce degré de

Tome I. a 2

perfection que l'on desire depuis plus d'un siècle. Il sera facile alors, en rapprochant & réunissant tant de morceaux séparés, de composer une Histoire suivie, & appuyée, d'âge en âge, du récit des Auteurs contemporains.

Cependant, pour parvenir à ce point, il nous manque encore une Collection de Chartes & d'Actes authentiques tirés des dépôts publics qui sont en grand nombre dans ce Royaume. On trouve, il est vrai, une partie de ces Pièces dans les Ouvrages de Diplomatique, dans les Jurisconsultes, & dans plusieurs Historiens. Mais outre qu'elles sont, pour la plupart, égarées dans ces Livres, souvent même simplement indiquées, le nombre de celles qui restent ignorées est beaucoup plus considérable, & ces morceaux précieux, dont une partie périt dans la poussière, offrent une ample moisson aux recherches des Sçavans qui ont assez de courage pour les rassembler.

L'exécution de cette entreprise a occupé la vie de M. DE FONTANIEU, Conseiller d'État ordinaire. Ce Magistrat, qui est mort le 26 Septembre dernier, a laissé, en 841 Porte-feuilles *in-*4, un Recueil de Titres, de Chartes, &c. concernant l'Histoire de France jusqu'à nos jours. Ces Pièces sont tirées principalement des Manuscrits de la Bibliothèque du Roi, des Chambres des Comptes de Paris & de Dauphiné, du Trésor des Chartes, & de plusieurs autres Dépôts particuliers. A cette vaste Collection, M. de Fontanieu a joint des Notes, des Observations & même des Dissertations sur les Pièces qui exigeoient des éclaircissemens. Mais quelqu'utile que puisse être ce grand Ouvrage manuscrit, qui est déposé à la Bibliothèque du Roi, on desirera toujours de voir paroître sous les auspices du Gouvernement, une Collection complette des monumens qui intéressent notre Histoire. Les Anglois nous ont donné un bel exemple à cet égard. Le *Recueil des Actes* de Rymer fait autant d'honneur à cette Nation, qu'aux Souverains qui ont procuré cette précieuse Collection.

L'honneur & l'exécution d'un pareil projet pour la France, étoient réservés à nos jours & à notre auguste Monarque. Sur la fin du siècle dernier, M. le Chancelier DE PONTCHARTRAIN avoit voulu réunir en un corps les Ordonnances de nos Rois depuis la troisième Race, comme BALUZE avoit fait pour les Capitulaires des deux premières. Les Sçavans à qui ce Magistrat avoit confié cette entreprise, par les conseils de

DE CETTE NOUVELLE ÉDITION. v

MM. D'Aguesseau, père & fils, publièrent, en 1706, un Essai de leur travail, que les malheurs des années suivantes suspendirent jusqu'à la mort de Louis XIV. M. d'Aguesseau fils, devenu peu après Chancelier de France, reprit avec zèle un projet qui étoit en partie son ouvrage. M. de Laurieres publia le premier volume dès 1723 ; M. Secousse, qui lui succéda en 1728, fit paroître les huit suivans ; & le dixième, qui va jusqu'en 1418, a été donné en 1755, par les soins de M. de Vilevault, Maître des Requêtes, & de M. de Bréquigny, de l'Académie des Inscriptions & Belles-Lettres, chargés par le Roi de la continuation de ce travail.

Pour rendre cette Collection plus ample & plus exacte, un Ministre (1) éclairé sur tous les objets du bien public, fait faire depuis quelques années, dans l'intérieur du Royaume, la recherche des Actes relatifs à cet objet. M. de Bréquigny a été envoyé à Londres (2) pour y recueillir les Monumens dispersés qui peuvent concerner notre Histoire. Si ce projet a toute son exécution, comme on a lieu de s'en flatter, on sera sûr alors qu'il existe un Recueil complet de matériaux propres à nous procurer un jour une Histoire exacte & suivie de la Monarchie Françoise.

L'usage de toutes ces grandes Collections seroit très-difficile, si l'on n'avoit un Ouvrage qui indiquât, dans un ordre méthodique, les différentes Pièces qu'elles renferment. Tel est un des principaux objets de la *Bibliothèque historique* donnée en 1719 par le P. Le Long.

Je ne m'étendrai pas sur les autres avantages de ce Livre, qui est connu de toute l'Europe. Indiquer tout ce qui a paru sur chaque partie de notre Histoire, c'est encourager ceux qui se sentiront des talens pour y travailler : c'est leur épargner des recherches pénibles, & souvent rebutantes, pour découvrir des monumens sans lesquels ils ne pourroient rien entreprendre. Donner une Notice exacte & raisonnée des principaux Ouvrages qui ont rapport à notre Histoire, c'est la mettre à la portée de tout le monde : c'est épargner à ceux qui veulent être instruits, l'embarras de lire des volumes entiers, dont la lecture leur déroberoit plus de temps qu'elle

---

(1) M. Bertin, Ministre & Secrétaire d'Etat.

(2) M. de Bréquigny a passé deux ou trois ans en Angleterre, occupé à faire des recherches sur notre Histoire parmi les Titres qui sont conservés à la Tour de Londres, & dans les autres Dépôts publics. *Voyez* l'Abrégé du Mémoire qu'il a lû à l'Académie, sur le fruit de ses recherches, dans le *Journal de Verdun*, 1767, Juin, pag. 450-462 ; & dans celui des *Sçavans*, Août, pag. 605-611.

PRÉFACE

ne leur procureroit de connoissances utiles : c'est enfin, indiquer à ceux qui voudront former un cabinet d'Histoire de France, les morceaux qu'ils doivent préférer.

Les Livres que tout amateur de notre Histoire peut rechercher, sont de deux espèces ; les uns sont utiles, les autres simplement curieux. Les Livres utiles, sont ceux qui servent essentiellement à l'Histoire, soit parcequ'ils contiennent une suite de faits écrits par des Auteurs contemporains, ou sur des Mémoires originaux ; soit parcequ'on y trouve ou des Pièces originales imprimées & manuscrites, ou des recherches sur les mœurs & les usages de la Nation, ou des discussions propres à éclaircir des faits historiques.

Les Livres de simple curiosité se subdivisent en quatre espèces : les uns sont recherchés des Curieux, pour la beauté de l'édition ; d'autres, pour leur rareté, ce qui annonce ordinairement leur peu de valeur intrinsèque ; d'autres, pour leur singularité ; d'autres enfin, pour leur malignité. Notre Histoire est abondamment fournie de Livres de ce dernier caractère, & ce sont les plus séduisans. Combien d'Écrits satyriques, de Critiques amères, &c. n'ont pas enfantés les troubles de la Ligue, ceux des Minorités de Louis XIII & de Louis XIV, même les contestations entre les Théologiens ? Un homme de Lettres, un Curieux, peut donner à ces Pièces une place dans son cabinet. Pour ne pas manquer d'exactitude, j'ai dû leur en ménager une dans la *Bibliothèque historique* ; mais tout homme sensé, tout bon citoyen, doit se défier de ces sortes de Livres, & les lire avec précaution.

On sera peut-être étonné qu'un Ouvrage aussi récent & aussi rempli que la Bibliothèque du P. le Long, puisse être presque triplé dans une seconde édition ; mais outre qu'il a paru, depuis plus de quarante-cinq ans, un grand nombre de Livres nouveaux sur toutes les parties de l'Histoire de France, beaucoup de ceux mêmes qui existoient avant 1719, avoient échappé aux recherches de l'Auteur.

Le P. le Long, mort à Paris le 13 Août 1721, sentoit si bien ce qui manquoit à son Ouvrage, que s'il eût encore vêcu quelques années, il en auroit donné lui-même une seconde Edition. Le Père Des-Molets le dit positivement dans la Vie de ce Sçavant, imprimée en 1723 à la tête de la seconde Edition de la *Bibliothèque sacrée*, autre Ouvrage du P. le

DE CETTE NOUVELLE ÉDITION. vij

Long. M. de la Roque l'assure aussi dans la Préface de la *Vie de Mezeray*, publiée en 1726. Ce qui le confirme encore, ce sont les recherches que le Père le Long avoit faites dès 1720, pour préparer cette seconde Édition; mais les infirmités dont il étoit accablé lorsque la première parut, & le peu de temps qu'il a vêcu depuis, ne lui permirent pas de les pousser bien loin. Ces recherches, mêlées avec des lettres de divers Sçavans, relatives au même objet, m'ont été communiquées par le P. Jannart, Bibliothécaire de la Maison de l'Oratoire de Paris. De plus, j'ai recouvré l'Exemplaire de l'édition de 1719, qui avoit appartenu à l'Auteur. J'avois toujours soupçonné, & même ouï dire, qu'il existoit un Exemplaire de la *Bibliothèque historique* chargé de notes de l'écriture du Père le Long, qui avoit passé après lui au Père Des-Molets. Après l'avoir long-temps cherché, sans pouvoir le découvrir, M. Barbeau de la Bruyère m'en donna connoissance en 1765, & M. de Beaucousin, Avocat au Parlement de Paris, qui en étoit possesseur, voulut bien me le céder. La plus grande partie des additions que j'ai trouvées sur les marges de cet Exemplaire, renfermoient les notes & les corrections qui étoient déja dans le Supplément imprimé à la fin de l'Édition de 1719, ou dans les Observations manuscrites communiquées par le P. Jannart.

Le Père le Long se proposoit aussi de transposer beaucoup d'articles, & même des chapitres entiers de sa *Bibliothèque historique*. Mais je n'ai pas cru devoir adopter toutes ces transpositions, ni changer l'ordre que j'avois commencé de suivre, & qui est le même, à peu de chose près, que celui de l'Édition de 1719, parceque ces changemens ne m'ont pas paru nécessaires, & que les premières feuilles de mon Édition étant déja imprimées, ce nouvel ordre eût causé beaucoup de dérangement, sans une grande utilité.

A l'égard du P. Des-Molets, il est certain qu'il avoit d'abord eu l'idée de donner la seconde Édition projettée par l'Auteur; c'est ce qui résulte des Lettres que j'ai vues. Mais j'ai lieu de croire qu'il avoit abandonné ce projet, & qu'il n'y a plus songé jusqu'à sa mort, arrivée en 1760, dans un âge fort avancé, puisque, quelques recherches que j'aie faites, je n'ai rien pu trouver de lui qui eût rapport à cet objet.

Mon cabinet, l'un des mieux assortis sur toutes les parties de l'Histoire de France, & quinze années de recherches, m'ont produit de quoi doubler & par-delà, la Bibliothèque du Père le Long, tant en

PRÉFACE

extraits, additions, corrections, qu'en articles nouveaux. Cependant, pour procurer à cette Édition tous les avantages possibles, le projet en fut communiqué, en 1764, à toutes les Académies & Sociétés Littéraires du Royaume. Les Sçavans des différentes Provinces ainsi invités à concourir à la perfection de l'Ouvrage, le furent encore d'une manière authentique & plus pressante par M. le Contrôleur-Général (1). Ce Magistrat, déja si distingué dans son premier état, d'où ses vertus & ses talens l'ont conduit au Ministère, animé par son goût naturel pour les Lettres, & par l'amour du bien public, a procuré à cette entreprise la protection de SA MAJESTÉ : conséquemment il a fait passer ses ordres à MM. les Intendans des Provinces, avec un Mémoire détaillé, pour faire faire les recherches nécessaires chacun dans son Département. Plusieurs d'entr'eux ont adressé des Notices qui ont été insérées dans cette nouvelle Édition, & même des morceaux entiers, dont on a publié, en 1766, un Recueil en deux volumes *in-12*. sous le titre de *Nouvelles Recherches sur la France*.

Indépendamment de ces recherches générales, on en a fait de particulières. On a d'abord profité de la partie du Catalogue de la Bibliothèque du Roi, qui a été imprimée. Le Père le Long avoit tiré des Catalogues manuscrits, tout ce qu'il avoit pu, jusqu'en 1719 : moi-même, j'en ai extrait différentes Notices; & j'ai fait usage en particulier des Porte-feuilles de M. LANCELOT, qui m'ont été communiqués.

Ce seroit manquer au premier de mes devoirs, si j'omettois de parler ici des Sçavans que j'ai consultés, & dont le travail ou les lumières ont utilement servi mon zèle : c'est tout-à-la fois un hommage que je dois à la vérité, & un juste tribut de ma reconnoissance.

M. l'Abbé GOUJET, Chanoine de S. Jacques-l'Hôpital, ce vertueux Ecclésiastique, ce vrai Sçavant, que nous venons de perdre, m'a prodigué le trésor des connoissances qu'il possédoit, & m'a communiqué toutes les Notes littéraires du Catalogue de sa Bibliothèque. M. SCHŒPFLIN, Professeur en Histoire & Belles-Lettres à Strasbourg; M. l'Abbé SAAS, Chanoine de l'Église Métropolitaine de Rouen; M. SEGUIER, Secrétaire de l'Académie de Nismes; M. DROZ, Conseiller au Parlement de Besançon; MM. JOUSSE, père, & de COINCES, fils, Conseillers

---

(1) M. DE L'AVERDY, d'abord Conseiller au Parlement de Paris.

DE CETTE NOUVELLE ÉDITION.

au Préſidial d'Orléans; D. Vincent, Bibliothécaire de l'Abbaye de Saint-Remy de Reims; M. Desbiey, Bibliothécaire du Collége Royal de Bordeaux; M. Mutte, Doyen de la Cathédrale de Cambray; le P. Arcère, Prêtre de l'Oratoire, de la Maiſon de la Rochelle; M. Nadault, Curé de Tayjac, dans le Diocèſe de Limoges, & pluſieurs autres Gens de Lettres m'ont envoyé des Obſervations & différens articles dont j'ai fait uſage. L'amitié dont m'honorent MM. de Meynières, de Foncemagne & de Sainte-Palaye, m'a valu, de leur part, beaucoup de ſecours & d'excellens avis dont j'ai profité. Je ne ſuis pas moins redevable aux Sçavans qui préſident aux Bibliothèques de Paris, & qui pleins de zèle pour l'utilité publique, ſe ſont empreſſés de communiquer les dépôts confiés à leurs ſoins, même de faire part du fruit de leurs recherches.

Mais les plus grandes obligations dont je ſois chargé à cet égard, ſont celles que j'ai particulièrement à M. Barbeau de la Bruyère, de la Société des Sciences, Arts & Belles-Lettres d'Auxerre. Ce Sçavant, connu par ſes Ouvrages ſur la Géographie & la Chronologie, a non-ſeulement revu, étendu & corrigé le Chapitre qui concerne la Géographie, mais il a travaillé avec le même zèle ſur toutes les autres parties. Plus à portée que moi de conſulter les Bibliothèques de Paris & les Dépôts publics, il n'a rien négligé pour procurer à mon Ouvrage toute l'exactitude poſſible: il l'a revu & corrigé, ſoit avant, ſoit après l'impreſſion; & c'eſt principalement à ſon travail que ce Livre devra ſa plus grande perfection.

Les diviſions nouvelles ſous leſquelles M. Barbeau a rangé les Cartes & les Deſcriptions géographiques du Royaume, ont ſervi de modèle pour le Chapitre de l'Hiſtoire Naturelle, qui, dans la première Édition, étoit encore plus imparfait que celui de la Géographie. Le P. le Long avoit à peine effleuré la matière, qu'il réduiſoit preſque à la ſeule indication des Eaux minérales de la France. Ce Chapitre a été refait en entier par M. Louis-Antoine-Proſper Herissant, des Académies de Béziers & d'Auxerre, l'un des fils de l'Imprimeur de cette nouvelle Édition: tout le travail qu'il a fait a été vu & approuvé de pluſieurs Sçavans très-verſés dans cette partie.

M. Louis-Théodore Herissant, ſon frère, Avocat au Parlement de Paris, a refondu de même le Chapitre qui concerne les Droits &

PRÉFACE

les Bénéfices de l'Église de France, & a préfenté, fous un ordre plus méthodique, les Livres que l'on a publiés fur les Libertés de l'Église Gallicane. Je dois auffi à fes recherches nombre d'obfervations intéreffantes répandues dans la fuite de l'Ouvrage.

Malgré tous ces fecours, je ne puis raifonnablement me flatter d'avoir raffemblé tout ce que le P. le Long avoit omis; tout ce qui a paru depuis; en un mot, tout ce qui exifte fur l'Hiftoire de France, fans exception. Plus de trente mille articles nouveaux, d'additions, de notes & de corrections, augmentent de deux Volumes cette nouvelle Édition. D'autres viendront après moi, qui répareront les omiffions du Père le Long & les miennes; ils ajouteront à la *Bibliothèque hiftorique* ce que je n'aurai pas découvert; & ce n'eft que par ce moyen qu'avec le temps on pourra former une Bibliothèque complette de l'Hiftoire de France.

J'ai cru devoir donner des notices, des extraits, des fommaires, quelquefois même des jugemens, d'un grand nombre de morceaux peu connus, tant de ceux dont le Père le Long avoit déja placé les titres, que de ceux qui lui avoient échappé. Je me fuis attaché principalement à faire connoître les Ouvrages qui ont précédé l'établiffement des Journaux Littéraires, ou dont ces Journaux n'ont pas parlé. A l'égard de ceux qui font venus depuis, j'ai cité, à chaque article, les Journaux & autres Écrits de Littérature qui ont fait mention de ces Ouvrages. Le Père le Long en indiquoit quelques-uns, mais il en a beaucoup omis; & depuis 1719, il a paru un grand nombre de Livres de cette efpèce.

Quoique j'aie à peu près fuivi l'ordre de la première Édition, j'ai cependant cru devoir l'intervertir dans quelques endroits : en voici un exemple. Le Père le Long, avant que de traiter l'Hiftoire de chaque Règne, avoit fait un Article particulier des Plans, Sommaires & Abrégés de l'Hiftoire de France. Quant aux Hiftoires générales, telles que celles de DU HAILLAN, de MEZERAY, du P. DANIEL, & autres, il les avoit placées fous le Règne où elles finiffent. Je n'ai jamais pu comprendre le motif de cette difpofition, dont les inconvéniens font fenfibles; j'ai donc tranfpofé toutes les Hiftoires générales, & je les ai réunies, avec les Abrégés, fous un même titre. Je l'ai fait avec d'autant plus de confiance,

DE CETTE NOUVELLE ÉDITION.

que j'ai vu, par l'Exemplaire de M. de Beaucoufin, que le Père le Long avoit reconnu ce défaut, & qu'il fe préparoit à faire ce changement dans une nouvelle Édition.

J'ai inféré auſſi différens Articles qui m'ont paru néceſſaires pour une étude approfondie, & pour le détail complet de l'Hiſtoire de France : tels font par exemple, 1°. l'Article qui contient une énumération des Traités & des Ouvrages fur les mœurs, ufages & coutumes des François; fur les Antiquités & fur la Langue Françoife, partie très-intéreſſante par elle-même. Le Père le Long en avoit beaucoup omis, & ceux dont il a parlé étoient difperfés dans fa Bibliothèque: je les ai raſſemblés en un feul Article. 2°. Celui des Mélanges & d'autres Ouvrages qui traitent pluſieurs objets appartenans à l'Hiſtoire de France; tels que ceux de LIMNÆUS, de PASQUIER, de FAUCHET & de DU TILLET, &c. La plupart font difperfés par morceaux dans la Bibliothèque du Père le Long; j'ai réuni les principaux dans un Article féparé, parcequ'il m'a paru convenable de donner une place diſtinguée à des Écrits qui peuvent fervir utilement pour notre Hiſtoire. 3°. Les grandes Collections d'Hiſtoriens, les anciennes Chroniques & autres monumens de cette eſpèce, tels que les Recueils de du Cheſne, de Dom Bouquet, de d'Achery, de Mabillon, de Martenne, &c. méritoient bien encore de former un Article, & j'ai cru devoir leur en aſſigner un particulier. Lorſque le Père le Long a compofé fa Bibliothèque, il exiſtoit peu de ces Collections fi précieuſes ; c'eſt apparemment pour cette raifon qu'il n'avoit pas jugé à propos d'en faire un Article féparé.

Il feroit trop long de détailler ici tous les nouveaux Articles ajoûtés dans cette feconde Édition ; ils font indiqués à mefure par une courte note placée à la tête de chacun ; & chaque volume de cette Édition contiendra une Table des Chapitres dont il fera compofé, avec une marque diſtinctive pour faire reconnoître ces nouveaux Articles.

Un attachement naturel pour la Province de Bourgogne, où je fuis né, & la facilité que j'ai eue de connoître plus exactement ce qui a rapport à fon Hiſtoire, m'ont porté à en donner un plus grand détail que de celle des autres. En général, la partie de l'Hiſtoire des Provinces eſt une de celles que le Père le Long avoit le moins approfondies. Les Lettres circulaires écrites aux différentes Académies du Royaume, les ordres de

Tome I.

PRÉFACE

Sa Majesté adreſſés, en 1764, à MM. les Intendans, & les recherches que j'avois faites précédemment par moi-même, ont produit dans cette partie une augmentation très-conſidérable.

Le Père le Long s'étoit propoſé de mettre à la fin de ſa *Bibliothèque hiſtorique*, quelques Vies abrégées des principaux Hiſtoriens de France: il n'en avoit donné que douze; on en trouvera un bien plus grand nombre dans cette nouvelle Édition.

Enfin, j'ai refondu les additions & les corrections qui compoſoient l'ancien Supplément de 1719, & celles que le Père le Long avoit écrites de ſa main ſur ſon Exemplaire. Ces dernières ſont déſignées par une *.

Tous les Articles & les Numéros nouveaux, les Notes, les Corrections & les Additions ſeront indiqués par une ☞, & fermés par un]. Les additions qui auront moins d'étendue, ſeront renfermées entre deux crochets [ ]; &, pour éviter la confuſion, les étoiles, les mains & les crochets qui étoient dans l'Édition de 1719, ont été ſupprimés en entier dans celle-ci.

Les Tables que le P. le Long avoit jointes à ſon Livre, ſeront néceſſairement augmentées par les nouveaux articles de cette Édition. Pour rendre ces Tables complettes, on en ajoûtera une des Écrits anonymes, qui ſera très-commode, ſurtout pour les différentes Pièces répandues dans l'Hiſtoire des Règnes. La Table des Auteurs de 1719 avoit cet inconvénient, que ſous le nom d'un même Auteur, il falloit ſouvent parcourir un grand nombre de numéros pour trouver l'Ouvrage qu'on cherchoit: par exemple, à l'article *Baillet*, il falloit en parcourir 542. La nouvelle Table des Auteurs contiendra ſous chaque numéro indiqué, les premiers mots du titre de l'Ouvrage; c'eſt ainſi qu'eſt faite la Table de la *Méthode pour étudier l'Hiſtoire*, par M. l'Abbé Lenglet du Freſnoy. Ces Tables ſeront dûes aux ſoins de M. Rondet, ſçavant auſſi laborieux qu'inſtruit, qui a fait avec ſuccès la Table des Matières de l'Hiſtoire Eccléſiaſtique de M. l'Abbé Fleury. Déja chargé de relire une des épreuves de mon Ouvrage, il m'a fourni pluſieurs obſervations utiles, qui font connoître ce que je dois attendre du ſoin qu'il prend de travailler aux Tables néceſſaires dans une Collection de cette nature.

DE CETTE NOUVELLE ÉDITION. xiij

Toutes ces Tables, avec les Vies des principaux Historiens, dont on vient de parler, formeront la plus grande partie du volume, qui sera le quatrième de la nouvelle Édition, & je me propose d'y ajoûter quatre morceaux intéressans.

Le premier, est la Table générale du grand Recueil de M. de Fontanieu: elle est divisée en deux parties, comme la Collection même. On trouve dans la première, les Titres, Chartes & Pièces fugitives qui ont rapport à chaque Règne, jusqu'à la présente année 1767. La seconde a pour objet le Droit Public de France : les Pièces y sont distribuées sous les divisions générales & particulières.

Le second, est le Catalogue détaillé d'une Collection d'Estampes, de Desseins, de Plans, de Monnoies, de Médailles, rangés par ordre de dates, avec des Notes historiques, qui représentent divers événemens de l'Histoire de France, à commencer dès les premiers temps, jusqu'à la date de cette Édition. Cette Collection pittoresque & chronologique que j'ai ramassée avec beaucoup de peines & de dépenses, comprend plus de vingt mille morceaux. Elle forme une suite singulière & peut-être unique, digne de trouver place dans le riche Cabinet de SA MAJESTÉ, auquel tout semble annoncer qu'elle est destinée.

Le troisième, est le détail du curieux Recueil de M. de Gaignières. Ce morceau précieux pour notre Histoire, principalement pour ce qui concerne le *Costume* & la manière de s'habiller dans tous les temps de la Monarchie, depuis Clovis jusqu'à nos jours, fait partie de la donation qu'il fit au Roi en 1711. Le Cabinet des Estampes le possède depuis 1715, & il y est conservé en vingt-une grandes boëtes en forme de Porte-feuilles.

« La France n'a presque pas d'Églises, d'anciens Édifices, de Tom-
» beaux, de Figures antiques, que M. de Gaignières n'ait fait dessiner
» en tout ou en partie, lorsqu'il y a trouvé quelque chose de remar-
» quable par rapport à la Topographie, à l'Histoire, aux anciens Usages,
» principalement aux habillemens & à ce que nous appellons *Modes*.
» Il avoit formé de tout cet amas un Cabinet rare, & qui étoit depuis
» long-temps l'admiration des Curieux : il craignit qu'il ne fût disperfé
» après lui, & crut, avec raison, que la Bibliothèque Royale étoit le

» seul lieu digne de ce qu'il avoit rassemblé avec tant de soins & de
» dépenses (*) ».

Le quatrième morceau est une Table alphabétique qui contient la suite presque complette de plus de quarante mille Portraits de François illustres dans tous les états, avec une courte Notice de ce qui concerne leur personne, leurs emplois, l'année de leur naissance & de leur mort; le nom des Peintres, Dessinateurs & Graveurs qui les ont mis au jour. J'y indique aussi l'endroit où ils se trouvent : le Cabinet du Roi & le mien les rassemblent presque tous.

Je me suis déterminé à réunir ces quatre morceaux singuliers, & à les placer à la fin de cette Édition, sur l'assurance que m'ont donnée plusieurs personnes de goût, qu'ils seroient d'autant plus agréables au Public, qu'ayant du rapport à l'Histoire de France, ils ne seroient point déplacés à la suite de la *Bibliothèque historique*.

On trouvera à la fin du troisième Volume un *Supplément* au corps de l'Ouvrage. Cette addition est indispensable dans une Collection de cette espèce. Quelques recherches qu'on ait faites avant de commencer l'impression de ce premier Volume, il y a plusieurs Articles qui n'ont été envoyés que depuis qu'il étoit sous presse, & que parconséquent il n'a pas été possible de placer dans le rang qui leur convient. Les Savans qui examineront cet Ouvrage à mesure que les Volumes en paroîtront, feront sans doute de nouvelles découvertes. Ils sont priés d'envoyer leurs observations à *M. HERISSANT, Imprimeur de cette Bibliothèque*. Ces Remarques réunies dans le Supplément avec celles que nous ferons de notre côté, donneront un nouveau degré de perfection à un Livre si utile pour l'étude de notre Histoire.

(*) *Mém. historiq. sur la Bibliothèque du Roi*, à la tête du premier volume du Catalogue imprimé au Louvre en 1739 : *in-fol*.

PRÉFACE
DE LA PREMIÈRE ÉDITION.

LE titre de ce Livre en annonce l'utilité ; & ce nombre prodigieux d'Ouvrages imprimés & manuscrits que j'indique, en fournit les preuves. On trouvera dans ce Catalogue tout ce qui peut donner la connoissance exacte d'une Histoire également importante par sa matière & par son antiquité, & qui n'est pas moins l'objet des recherches des Etrangers que des François.

I. Les Etats voisins principalement ont presque autant d'intérêt que nous-mêmes à cultiver l'étude de l'Histoire de France ; car n'étant, pour la plupart, que des démembremens de cette ancienne Monarchie, ils pourront découvrir dans notre Histoire la source & les fondemens de la leur propre. Et quoiqu'on en doive excepter une partie des Espagnes & le Royaume de la Grande-Bretagne, ces Nations néanmoins ont eu, durant plusieurs siècles, de si grands démêlés avec les François, qu'elles ne peuvent être parfaitement instruites de leurs prétentions, du succès de tant de Guerres & de Traités de Paix ou d'Alliance, qu'en joignant à leurs Historiens le secours de ceux de la France. De l'utilité de notre Histoire pour les Etrangers, & quels sont les Auteurs qui l'ont le plus éclaircie.

Cependant, je conviens sans peine que nos premières Histoires ne méritent guères le nom d'Histoires ; ce ne sont, la plupart, que des Chroniques, le plus souvent très-abrégées, défectueuses en plusieurs endroits, écrites d'un style sec & barbare, & dont les Auteurs n'ont fait que se copier successivement les uns les autres. Il est même très-rare de trouver dans leurs Ouvrages des preuves solides de ce qu'ils avancent ; ce n'est pas qu'ils en manquassent, les Bibliothèques des Abbayes & des Monastères en furent fournies de bonne heure. Mais comme parmi les Actes authentiques, il se trouve des Légendes de Saints souvent remplies de fables, & des Chartes quelquefois suspectes de fausseté ou d'altération, ces Historiens destitués des lumières de la critique, ont eu le malheur de suivre des guides qui les ont souvent égarés.

Le goût n'a commencé à s'épurer que vers la fin du XVIe siècle ; & avec le secours des règles d'une saine critique, on s'est mis sur les voies de la vérité. Les François, honteux de se voir comme étrangers dans leur pays, se sont appliqués à en déterrer les antiquités, à bien connoître la suite de leur Histoire, & à en rejetter tout ce que la crédulité ou l'imposture y avoient fait entrer.

Les deux frères du Tillet, qui se nommoient l'un & l'autre Jean, sont les premiers qui ont ouvert la carrière : non-seulement ils rassemblèrent un grand nombre de Pièces originales sur ce qui regardoit la France, mais ils s'attachèrent aussi à se rendre exacts dans ce qu'ils écrivoient sur les différens Règnes de nos Rois. L'aîné, qui étoit Greffier du Parlement, avoit à sa disposition le Trésor des Chartes de la Couronne ; il avoit eu communication des Registres du Parlement de Paris ; il avoit fouillé dans quelques Bibliothèques & manié les titres de plusieurs Eglises de France. Ces travaux lui procurèrent le moyen de joindre à quelques-uns de ses Traités l'inventaire des Titres qui en étoient les preuves. Le second, Evêque de Meaux, poussa encore plus loin ſes recherches : car, muni d'une permiſſion de François I, il viſita les anciennes Bibliothèques du Royaume dans un temps où elles n'avoient pas encore été expoſées aux ravages que cauſerent dans la ſuite les guerres civiles, durant leſquelles elles furent pillées & diſſipées. Il tira de leurs Manuſcrits tout ce qu'il put trouver de meilleur ſur différens ſujets, ainſi que l'obſerve M. de Thou (*), qui enrichit lui-même ſon Hiſtoire ſi célèbre de pareilles découvertes.

* Hiſt. ſui temporis, lib. 45, ad annum 1570.

Leur exemple fut bientôt ſuivi par les deux frères, Pierre & François Pithou, qui ne ſe ſont pas moins diſtingués que les deux du Tillet, par leur érudition & par leur ſçavoir. François de Belleforeſt les avoit précédés de quelques années. On trouve enſuite Nicolas Vignier, Jean de Serres, Claude Fauchet, Bernard Girard, Sieur du Haillan, Jacques Bongars, Paul Petau, Conſeiller au Parlement de Paris, & Marquard Freher, qui étoit Allemand. Ceux-ci eurent encore d'illuſtres Succeſſeurs : car, qui ne connoît pas le célèbre Claude Fabry de Peyreſc, le ſçavant André du Cheſne, père de l'Hiſtoire de France ; les PP. Jacques Sirmond, Philippe Labbe, Charles le Cointe, Luc d'Achery, Adrien Jourdan, Jean Mabillon, Thierry Ruinart ; MM. Théodore & Denys Godefroy, Pierre & Jacques Dupuy, Scévole & Louis de Sainte-Marthe, Louis Chantereau le Fevre, Scipion Dupleix, Pierre de Marca, François Boſquet, Louis-Auguſte de Loménie, Comte de Brienne, le Comte de Bethune, François de Mezeray, Geraud de Cordemoy, Charles de Freſne du Cange, Antoine Vyon d'Herouval, Adrien de Valois, Honoré Caille du Fourni, & François Roger de Gaignières.

Je me flattois que M. Baluze, à qui les Antiquités Françoiſes ſont ſi redevables, auroit place ici avec ceux qui ſont pleins de vie, quoiqu'il fût dans ſa quatre-vingt-huitième année, tant ſa ſanté paroiſſoit encore ferme ; mais la mort qui vient de nous le ravir, m'oblige avec regret de le ſéparer du ſçavant Abbé de Longuerue, des RR. PP. Audren, Lobineau, Daniel, de Sainte-Marthe, Martenne, Durand ; de MM. les Abbés de Choiſy, le Gendre, le Grand, & de Camps ; de MM. Rouſſeau, Godefroy l'aîné, d'Hozier & Clairambaud, & d'autres ſçavans Hommes qui continuent de courir dans la même carrière, ſelon leurs différens deſſeins.

En travaillant à mon Ouvrage, j'ai eu principalement en vue ces laborieux Auteurs, afin de les ſoulager dans leurs travaux. Ceux même qui s'attacheront dans la ſuite à recueillir d'anciens Actes, ne ſeront plus expoſés, comme il leur eſt arrivé quelquefois, d'en donner qui auroient déja vu le jour, & ils ſeront auſſi plus en état d'en bien juger, en connoiſſant ceux qui n'ont pas encore été rendus publics ; & je découvre ici aux Auteurs qui compoſeront dorénavant des Hiſtoires ſur ces Titres, les ſources où ils doivent puiſer.

Plan de cet Ouvrage.

II. Je me ſuis donc propoſé de ramaſſer dans cette *Bibliothèque hiſtorique* tous les titres des Hiſtoires de France & de tous les Ouvrages qui y ont rapport. Je ne ſçai ſi le Lecteur ne ſera pas ſurpris de voir qu'on ait pu faire un ſi ample Recueil ſur l'Hiſtoire d'une ſeule Nation : car on rapporte ici plus de dix-huit mille Ouvrages, dont il y a environ ſix mille Auteurs nommés ; & entre les Anonymes & Pſeudonymes, je découvre le véritable nom de douze cens. A l'égard de la diſpoſition des matières, quelque ſimple qu'elle paroiſſe, j'avouerai que ce n'a pas été ſans l'avoir retouchée pluſieurs fois, que j'en ai dreſſé le plan dans l'état où je le donne au Public.

On partage ordinairement les Hiſtoires d'un Pays ou d'un Royaume en deux claſſes, en Eccléſiaſtiques & en Civiles ; je ſubdiviſe cette dernière claſſe en Politique & en Civile. L'Hiſtoire Politique comprend l'Hiſtoire de ceux qui gouvernent, ou des Rois & de leurs principaux Officiers : la Civile, l'Hiſtoire de ceux qui ſont gouvernés ou des Citoyens, comme les Hiſtoires des Provinces, des Villes, des grandes Maiſons, des Académies, des Univerſités, des Hommes illuſtres dans

les

DE LA PREMIERE ÉDITION.

les Lettres, & des Dames célèbres. Mais comme il y a des Traités qui appartiennent à l'Histoire Ecclésiastique & à la Civile, tels que sont les Traités de Géographie, & que d'autres n'appartiennent à aucune des deux ; par exemple, l'Histoire naturelle, j'ai placé ces sortes de Traités & d'Histoires au commencement de l'Ouvrage, sous le titre de *Préliminaires*, & j'y ai joint les Histoires des Peuples qui occupoient les Gaules avant que les François en fissent la conquête.

Ainsi cette Bibliothèque est divisée en quatre Livres. Le premier contient les Préliminaires de l'Histoire de France ; & le second l'Histoire Ecclésiastique ; l'Histoire Politique remplit le troisième, & la Civile le quatrième. On voit le plan de chaque Livre dans la Préface qui le précède, & [le détail] de l'Ouvrage dans la Table des Chapitres.

J'ai suivi tantôt l'ordre des temps, tantôt l'ordre alphabétique, selon que ces deux ordres convenoient le mieux à mon sujet : par exemple, l'ordre chronologique m'a paru le meilleur pour les Histoires des Evêques d'un même Siége, pour celles des Rois, des Chanceliers de France, qui sont toutes ensemble un corps d'Histoire. Mais j'ai préféré l'ordre alphabétique, lorsque j'ai rangé les Vies des Saints, celles des personnes du second Ordre du Clergé, celles des Maréchaux de France, des Sçavans, des Dames célèbres, parceque ces sortes de Vies n'ont pas entr'elles une liaison nécessaire.

Les titres de chaque Ouvrage sont exprimés en la langue dans laquelle ces Ouvrages sont écrits, excepté ceux qui le sont en Allemand & en Anglois ; car alors je les rapporte en François, ajoutant qu'ils sont composés en l'une de ces deux langues étrangères. Ces Titres sont précédés d'un numéro ; & je n'ai employé dans tout l'Ouvrage qu'une seule suite de chiffres, pour faciliter les citations & les renvois dans le corps du Livre, & la composition des Tables, où je marque les numéros & non point les chiffres des pages. On trouvera sept Tables à la fin de ce volume. La première contient, selon l'ordre de l'alphabet, les noms des Auteurs, dont les Ouvrages composent la meilleure partie de cette Bibliothèque ; & lorsque leur nom n'est pas connu, ou marqué dans le titre de leurs Livres, ou qu'il y est déguisé, je fais connoître alors leur véritable nom, en enfermant entre deux crochets (1) le numéro qui indique leur Ouvrage anonyme ou pseudonyme. La seconde Table est proprement Topographique, n'étant composée que des noms des lieux dont on rapporte les Histoires. La troisième est celle des Manuscrits, qui y sont rangés par ordre de matière suivant le plan de cette Bibliothèque. On trouve dans la quatrième Table les Histoires générales, ou qui contiennent du moins deux Règnes de nos Rois, rangées selon l'ordre des temps : & dans la cinquième, selon l'ordre de l'alphabet, les noms de ceux dont on a composé la Vie, ou l'Eloge, ou l'Oraison funèbre. Comme l'on est curieux des Livres imprimés sous le titre de *Mémoires*, j'en ai dressé une Table, qui est la sixième. J'ai mis dans la septième & dernière les Histoires romanesques ou suspectes de déguisement & de faussetés, avec quelques Poèmes historiques. Il y a, au-devant de plusieurs de ces Tables, des Avis qui en expliquent l'usage.

Les Sçavans sont partagés sur les années où commencent & sur celles où finissent les Règnes de plusieurs de nos Rois de la première & de la seconde Race. Dans la suite chronologique que j'ai mise au-devant du premier Livre, j'ai suivi, pour la première race, les sentimens que M. l'Abbé de Longuerue a fort bien établis dans ses *Mémoires historiques*, que M. l'Abbé Béraud m'a communiqués. Ces sortes de difficultés ne se rencontrent dans la seconde Race, que dans la suite des Rois depuis

---

[(1) La forme des Tables, dont on a parlé dans la Préface de la nouvelle Edition, a fait retrancher les crochets ; dont on a fait un autre usage.]

Charles-le-Gros. Le Révérend Père Mabillon, dans sa *Diplomatique*, m'en a fourni les éclaircissemens. Pour la troisième Race, je me suis conformé aux dates rapportées par M. Blanchard, dans son *Recueil des Ordonnances* de nos Rois. Je compte le commencement du Règne des premiers Rois de cette Race, du jour de leur Sacre, qui s'est toujours fait du vivant de leur père jusqu'à Philippe Auguste, excepté Louis le Gros, qui même fut désigné Roi plusieurs années avant la mort de son père.

Pour donner une Notice plus exacte des principaux Historiens de France, j'ai mis ensuite de leurs Ouvrages, des notes historiques & critiques. Elles ne contiennent quelquefois que les années où commencent & celles où finissent les Histoires, quand il n'en est pas fait mention dans leur titre. Si c'est d'un Auteur anonyme, j'en mets souvent le nom ; & s'il est pseudonyme, je le démasque. J'y ai toujours indiqué les Bibliothèques où se conservent les Manuscrits dont les titres sont cités, & j'ai désigné avec soin les Recueils où se trouvent les Pièces que j'en ai tirées.

Pour les jugemens & notes critiques, je les ai prises d'ailleurs ; j'ai suivi, par exemple, sur les Vies des Saints, les jugemens des Bollandistes & de MM. de Tillemont & Baillet : sur les anciens Historiens Latins, ceux d'André du Chesne & de Gérard-Jean Vossius : sur ceux de Lyon, le P. Ménestrier : sur ceux de Provence, Pitton, Bouche, de Haitze, M. de Mazaugues & le Père Bougerel : & sur ceux de Reims, M. Lacourt, Chanoine de cette Eglise. Quoique Sorel & Varillas aient peu de réputation parmi les Sçavans, j'ai quelquefois allégué leur témoignage sur des faits dont ils pouvoient être bien instruits. Enfin, on trouvera quelques jugemens de l'Auteur de la *Méthode pour étudier l'Histoire* [l'Abbé Lenglet ;] j'en ai omis plusieurs de cet Auteur, qui m'ont paru faux ou trop hazardés. Je me suis appliqué à rapporter avec soin tous les Ouvrages écrits pour & contre sur la même matière ; par exemple, sur les Libertés de l'Eglise Gallicane : & si je n'ai pas noté les Traités qui contiennent des maximes contraires à celles du Royaume, c'est que j'ai cru que les noms des Auteurs & des lieux où leurs Ouvrages sont imprimés, suffisoient pour les faire connoître & les faire lire avec précaution.

J'avois fait des Notes plus étendues sur dix ou douze de nos Historiens modernes; mais de peur que ces Notes n'interrompissent trop la suite de mon Ouvrage, je les ai placées après le Supplément, sous le titre de *Mémoires historiques* ; je raconte, dans un Avis qui est à la tête, ce qui m'a donné lieu de les composer.

Les Ouvrages manuscrits étoient distingués des imprimés dans une première copie de cette Bibliothèque ; j'ai cru, en la retouchant, devoir changer cette disposition, en mêlant ensemble les uns avec les autres : elle m'a paru plus commode pour les Lecteurs, qui trouveront par ce moyen tous les Livres concernant la même matière, ramassés dans un même endroit. Pour satisfaire néanmoins la curiosité de ceux qui ne voudroient avoir connoissance que des Manuscrits, j'en ai dressé une Table, où je marque le sujet de chacun, & le numéro de cette Bibliothèque, qui fait connoître où il se trouve. J'y ai désigné les Manuscrits par les lettres Mf. qui sont au commencement de l'article, afin de les découvrir plus aisément ; & dans la Table alphabétique des Auteurs, j'ai mis une étoile (1) au-devant des numéros qui indiquent des Manuscrits.

D'où l'on a eu connoissance d'un si grand nombre de Livres. III. Cette Bibliothèque est donc composée d'Ouvrages imprimés & de manuscrits : voici d'où j'ai eu connoissance des uns & des autres. A l'égard des Livres imprimés qui regardent l'Histoire de France, les Bibliothèques de Paris, qui en possèdent

[(1) Ces étoiles ont été retranchées dans la nouvelle Edition, parcequ'on y a distingué les Manuscrits par les lettres Mf.]

DE LA PREMIÈRE ÉDITION.

un plus grand nombre, sont celle du Roi, celle de la Maison de l'Oratoire de la rue Saint-Honoré, dont on m'a confié le soin, & celle de feu M. l'Abbé d'Estrées. Après avoir tiré de ces trois Bibliothèques tout ce qui pouvoit convenir à mon dessein, j'ai été visiter avec soin les autres Bibliothèques de cette Ville, du moins les plus considérables, & quelques Cabinets de Livres, où j'ai fait encore de nouvelles découvertes.

J'ai marqué en détail toutes les Pièces dont sont composés les Recueils des Historiens de France, publiés par Pithou, Freher & du Chesne. J'ai fait de même à l'égard d'un Recueil de Pièces appellé communément les *Mémoires du Prince de Condé;* des Mémoires d'Etat sous le Règne de Charles IX; des Mémoires de la Ligue; du Recueil de Pièces publié par Paul Hay du Chastelet, & de celui de son antagoniste Matthieu de Morgues, Sieur de Saint-Germain. Tous les Livres insérés par du Chesne, dans la seconde édition de sa *Bibliothèque des Auteurs qui ont écrit de la Topographie & Histoire de France*, ont eu ici leur place. L'Histoire de France d'Adrien de Valois, les Annales de l'Eglise de ce Royaume du Père le Cointe, les Actes des Saints de Bollandus (que j'ai toujours cités sous son nom, quoique continués par plusieurs de ses Confrères,) & l'Histoire de l'Eglise de Paris du Père du Bois, m'ont fourni quelques articles curieux, & des Dissertations sur plusieurs sujets. J'en ai aussi tiré quelques-uns du *Dictionnaire historique & critique* de Bayle, avec toute la précaution que demande la lecture d'un pareil Ouvrage.

On m'a communiqué deux Recueils de Pièces qui concernent notre Histoire, imprimées en divers temps. Ils sont chacun reliés dans une différente suite de volumes : j'en ai tiré un grand nombre de Narrations historiques & d'Ecrits politiques qui m'ont paru les plus utiles & les plus interessans, ayant supprimé les autres comme inutiles à la connoissance de notre Histoire. Le premier Recueil, composé de cent soixante-dix volumes *in-*$8°$. fort épais, contient presque tout ce qui s'est fait depuis la mort du Roi Henri II, jusqu'au commencement du Règne de Louis XIV : il étoit alors dans la Bibliothèque de M. Foucault, Conseiller d'Etat ordinaire. Le second Recueil est conservé dans la Bibliothèque de l'Abbaye de Sainte-Geneviève, en cinquante gros volumes *in-*$4°$. Il renferme les Pièces composées pendant nos dernières Guerres civiles, depuis le mois d'Octobre 1648, jusqu'à la fin de l'année 1652.

J'ai trouvé encore plusieurs Pièces appartenantes à notre Histoire dans les Recueils de Henri Canisius, publiés sous le titre de *Leçons antiques*, dans le *Spicilége* de Dom Luc d'Achery; les *Mélanges* de M. Baluze, le *Trésor de Pièces anecdotes* des RR. PP. Martenne & Durand, & dans les diverses Collections des Historiens d'Angleterre, d'Allemagne, d'Espagne & d'Italie.

J'ai fait aussi entrer dans cette Bibliothèque toutes les Vies des Saints de France imprimées dans les six premiers mois du *Recueil* de Bollandus, & dans les six derniers mois du *Recueil* de Surius; enfin, dans les *Actes des Saints de l'Ordre de saint Benoît*, qui sont, pour la plûpart, François : mais en faveur de ceux de notre Nation à qui la langue Latine n'est pas familière, j'ai encore tiré des Vies des Saints du Père Giry, Minime, & de celles de M. Baillet & des Mémoires de M. de Tillemont, pour l'Histoire Ecclésiastique, un Indice des Saints François qui se trouvent dans ces trois Ouvrages.

Comme les Manuscrits sont plus rares & plus inconnus que les Livres imprimés, & qu'ils renferment des anecdotes qu'on peut regarder comme la clef de l'Histoire, j'ai cru que j'en devois faire une recherche encore plus exacte : j'avoue que celle que j'ai entreprise, m'a coûté beaucoup de soins & de peines. Le Lecteur en pourra juger par le grand nombre que m'ont fourni & les Bibliothèques de France & celles des Pays étrangers.

Tome I.

PRÉFACE

De toutes les Bibliothèques de l'Europe, il est constant qu'il n'y en a point de plus riche en Manuscrits que celle du Roi, sur-tout par rapport à notre Histoire, depuis le commencement du Règne de Louis XI, jusqu'à ces derniers temps. Cette belle Suite a été formée de plusieurs Recueils de Manuscrits mis de temps en temps dans cette nombreuse Bibliothèque. Ceux du Comte de Béthune & du Cardinal Mazarin, excepté son Ministère, font à présent une même suite avec ceux qui s'y trouvoient auparavant; mais le Recueil du Comte de Brienne a été placé séparément dans un Cabinet qui lui a été destiné. Depuis peu, le nombre de ces Manuscrits a augmenté de plus de trois mille trois cens volumes, par l'acquisition que la Bibliothèque du Roi a faite de ceux de MM. de Gaignières & d'Hozier, de ceux de M. l'Abbé de Louvois, qui les lui a légués; & en dernier lieu, par ceux de M. Baluze, la plûpart concernant l'Histoire de France, & surtout les plus illustres Familles de ce Royaume.

Le facile accès que j'ai trouvé dans les Bibliothèques de plusieurs Communautés de Paris, m'a procuré la connoissance d'un grand nombre de Manuscrits qu'on y conserve, & qui regardent notre Histoire. Les principales de ces Bibliothèques, sont celles de l'Abbaye de Saint-Germain-des-Prés, de l'Abbaye de Saint-Victor, des RR. PP. Minimes de la Place Royale, du Collége des Jésuites, & du Séminaire de MM. des Missions étrangères. Je n'ai pas eu un moindre accès dans les Bibliothèques de quelques illustres Particuliers, comme dans celle de M. le Duc de Bourbon, Prince de Condé; dans celles de MM. Séguier & d'Aguesseau, Chanceliers de France; de MM. Colbert & Péletier, Ministres d'Etat; de M. Bouthillier, ancien Evêque de Troyes & Conseiller d'Etat du Conseil de la Régence; de M. Foucault, Conseiller d'Etat ordinaire; de MM. de Harlay & de Mesmes, Premiers Présidens au Parlement de Paris; de M. de Menars, Président à Mortier; de M. Joly de Fleury, Procureur-Général au même Parlement; de M. de Caumartin, Evêque de Vannes; de MM. les Abbés d'Estrées, de Louvois & de Camps; de MM. Baluze & Godefroy l'aîné. J'ai aussi consulté les Cabinets de plusieurs gens de Lettres, & j'ai trouvé dans tous ces différens endroits la meilleure partie des Manuscrits cités dans cet Ouvrage.

Il est à propos d'observer premièrement, que la Bibliothèque de M. le Chancelier Séguier est venue par succession à M. le Duc de Coislin, Evêque de Metz, son petit-fils; elle est à présent en dépôt dans l'Abbaye de Saint-Germain-des-Prés. Secondement, que M. le Chancelier d'Aguesseau a joint aux Manuscrits qu'il possédoit déja, plus de quatre cens volumes qu'il a acquis de M. Rousseau, Auditeur en la Chambre des Comptes, célèbre par la grande connoissance qu'il a des anciens Titres. Troisièmement, que la Bibliothèque de M. Colbert le Ministre, appartient aujourd'hui à M. le Comte de Seignelay son petit-fils, & qu'on y conserve, outre un grand nombre de Manuscrits concernant notre Histoire, les anciens Manuscrits de M. de Thou, tous ceux du Ministère du Cardinal Mazarin, & une copie de ceux de M. le Comte de Brienne. Quatrièmement, que la Bibliothèque de M. Péletier le Ministre, est à Monsieur son fils aîné, ancien Premier Président du Parlement de Paris. Cinquièmement, que je n'ai pu profiter que du Catalogue des anciens Manuscrits de M. le Premier Président de Harlay, dont tous les Manuscrits viennent de passer à M. de Chauvelin, Président à Mortier, par la donation que lui en a fait M. de Harlay le fils, Conseiller d'Etat: il m'avoit à la vérité montré l'Inventaire des Manuscrits modernes; mais comme les dates n'y étoient pas marquées, & que ces Livres étoient alors dans son Château de Gros-Bois, je n'ai pu tirer aucun avantage de la faveur qu'il me faisoit. Sixièmement, que le Recueil des Manuscrits de M. Dupuy appartenoit depuis long-temps à M. le Président de Menars; que depuis sa mort ils sont en vente; qu'il n'y a point de Sçavans à Paris qui ne souhaitent

DE LA PREMIERE ÉDITION.

que ce beau Recueil augmente le grand nombre de Manuscrits qui sont conservés dans la Bibliothèque du Roi. Septièmement, que les Manuscrits de M. Foucault sont passés depuis peu dans la Bibliothèque de M. l'Abbé de Rothelin ; ceux de M. l'Abbé d'Estrées, dans celle de l'Abbaye de Saint-Germain-des-Prés, & ceux de M. de Gaignières, de M. l'Abbé de Louvois & de M. Baluze, dans celle du Roi. Enfin, quand j'ai trouvé les mêmes Manuscrits dans différens lieux, j'ai toujours indiqué la Bibliothèque Royale, ou celle d'une Communauté, préférablement à celles des particuliers, qui sont sujettes à passer successivement en différentes mains.

M. Thomassin de Mazaugues m'a envoyé un Catalogue des Manuscrits de M. de Peyresc, qui est plus exact que celui qui est imprimé à la fin de sa Vie, dans l'Edition de la Haye. La plûpart de ces Manuscrits sont conservés à Aix, dans le Cabinet de M. de Mazaugues. J'ai lu aussi le Catalogue des Manuscrits de M. Bouhier, Président au Parlement de Bourgogne, & de ceux de M. de la Mare, Conseiller au même Parlement : le Catalogue des Manuscrits de l'Histoire de Bretagne, que doit encore publier le Père Dom Lobineau, & celui des Historiens de Languedoc, que possède M. le Marquis d'Aubais, dans son Château, qui est à quatre lieues de Nismes, m'ont été aussi communiqués.

Les Commentaires de Lambécius sur les Manuscrits de la Bibliothèque Impériale de Vienne, indiquent un grand nombre d'excellentes Pièces qui regardent notre Histoire, aussi-bien que les Catalogues des Manuscrits d'Angleterre, sur-tout celui de la Bibliothèque du Chevalier Cotton, qui est conservée à Londres ; le Catalogue des Manuscrits de Flandres, publié par Sanderus ; enfin, le Catalogue des Manuscrits de la Reine Christine de Suède, qui sont passés dans la Bibliothèque du Vatican, où les a fait mettre le Pape Alexandre VIII. Il les avoit acquis des Légataires du Cardinal Azolin, à qui cette Reine avoit légué sa Bibliothèque. J'ai trouvé dans tous ces Catalogues de quoi enrichir le mien.

J'y ai même marqué des Manuscrits qui ne sont que cités dans plusieurs Livres imprimés, principalement dans les *Preuves des Histoires généalogiques*, & dans le *Plan des Historiens de France* de du Chesne : comme des Auteurs fidèles, qui ont écrit depuis moins d'un siècle, en ont fait mention, & ont même rapporté des Extraits de quelques-uns, il y a apparence qu'ils subsistent ; d'autres plus heureux que moi en feront un jour la découverte.

Outre ces sources si abondantes, qui m'ont fait connoître tant d'Ouvrages, je suis ravi de l'occasion qui se présente de témoigner ici ma reconnoissance à plusieurs de mes amis, qui m'ont beaucoup aidé de leurs lumières. M. Lancelot, dans la vue d'un pareil dessein, avoit ramassé un grand nombre de Mémoires sur les Histoires des Provinces de France & sur les Généalogies des Familles illustres ; il me les a généreusement communiqués. J'ai aussi d'étroites obligations à M. Godefroy l'aîné & à M. l'Abbé des Thuilleries ; ils m'ont fourni plusieurs éclaircissemens, soit pour les noms des Auteurs, soit pour des dates. Le R. P. Dom Bernard de Montfaucon, de l'Académie des Inscriptions, m'a prêté le Catalogue des Manuscrits de la Reine de Suède, & celui de M. le Président Bouhier ; & M. l'Abbé le Roi, de l'Académie de Politique, m'a procuré les moyens de voir ceux de quelques célèbres Bibliothèques de Paris. Les Mémoires de M. Papillon, Chanoine de Dijon, sur les Historiens de Bourgogne, & ceux de M. de Mazaugues & du Père Bougerel, sur ceux de Provence, m'ont été d'un grand secours. Certaines Pièces fugitives auroient pu m'échapper, si M. l'Abbé Bosquillon, de l'Académie de Soissons, ne m'en avoit donné la connoissance. J'avois enfin quelques obligations à feu M. Pinsson, Avocat au Parlement ; dans un Cabinet peu nombreux en Livres, il avoit sçu ramasser bien des Livres singuliers qui regardoient l'Histoire des Provinces de France.

PRÉFACE DE LA PREMIÈRE ÉDITION.

Comment on pourra perfectionner cette Bibliothèque, & invitation aux Etrangers d'en faire une semblable.

IV. Au reste, quelques soins que j'aie pris pour mettre cette *Bibliothèque historique* dans l'état où elle est, je suis néanmoins persuadé qu'on la peut augmenter tous les jours de nouvelles découvertes. Sur cela je prie ceux qui s'intéressent à l'étude & à la perfection de notre Histoire, & qui possèdent des Livres, soit imprimés, soit manuscrits, d'un caractère convenable à mon dessein, d'avoir la bonté de m'en communiquer les titres & les autres circonstances employées dans mon Ouvrage, comme les noms & surnoms des Auteurs, le temps de leur mort, l'année où ils commencent, & celles où ils finissent, &c. Ils pourront m'adresser leurs Mémoires, ou aux Libraires dont les noms sont à la première page de ce volume; je leur en témoignerai publiquement ma reconnoissance dans un second Supplément que je ferai, lorsque j'aurai assez de matériaux pour en composer un nouveau.

Afin de porter cet Ouvrage à un plus haut point de perfection, il seroit à souhaiter qu'on voulût exécuter ce que Philibert de la Mare proposoit dans la Préface de son *Plan des Historiens de Bourgogne*. « Si j'avois entrée, *disoit-il*, dans » les Assemblées des Sçavans, je leur donnerois cet Avis, que sous l'autorité des » Intendans des Provinces, on députât dans chacune des personnes bien instruites » de l'Histoire de France, pour y faire des recherches exactes des monumens » historiques qui s'y conservent, imprimés ou non; en publier ensuite de bons » Catalogues : on y verroit d'un coup d'œil toutes les Histoires des François; & la » République des Lettres tireroit un grand avantage de ce travail ».

Il seroit encore à souhaiter, qu'à l'exemple de nos Voisins, on pût procurer une ample Edition des principaux Actes solemnels & publics qui sont en dépôt dans le Trésor des Chartes & à la Chambre des Comptes, qu'on peut regarder comme une des sources de l'Histoire des plus pures, & qui servent en même temps d'époques fixes & de règles certaines pour l'ordre des temps. Personne n'ignore aujourd'hui le prix & l'utilité du Recueil de Rymer, publié ces dernières années en Angleterre. Si, à son exemple, & sous les ordres du Prince, on entreprenoit quelque chose de semblable, l'on trouveroit aisément de quoi en composer un plus nombreux. Ce seroit le moyen le plus assuré pour conserver quantité de Pièces qui se perdent tous les jours, & l'on travailleroit utilement pour la postérité.

Mais après avoir excité les François à suivre l'exemple des Etrangers, oserois-je proposer à ceux-ci pour modèle cette *Bibliothèque historique de la France*? Si des personnes zèlées pour l'honneur de leur Patrie, du moins dans les grands Etats de l'Europe, travailloient sur le plan de cet Ouvrage ou sur un pareil, ne pourroit-on pas espérer d'avoir dans peu un Recueil exact & complet de tous les Historiens de cette partie du monde où les Arts & les Sciences fleurissent depuis tant d'années, & où il est arrivé un si grand nombre d'événemens des plus considérables? Car, s'il se trouve tant de difficultés lorsqu'une seule personne travaille à recueillir tous les Historiens de son Pays, il convient encore moins à un seul homme de ramasser tous les Historiens de l'Europe; l'exécution d'un si vaste projet, pour avoir toute sa perfection, ne peut être que le fruit du travail assidu de plusieurs personnes exactes de différentes Nations, qui trouveront, chacune dans leur Pays, des secours & des lumières qu'elles chercheroient inutilement ailleurs.

ABRÉGÉ
DE LA VIE DU PÈRE LE LONG.

Jacques le LONG naquit à Paris le 19 Avril 1665, de René le Long & de Jeanne Binet. Il eut le malheur, étant encore enfant, de perdre sa mère : & son père s'étant remarié, confia l'éducation de son fils à un de ses parens, Directeur des Religieuses de Sainte-Marie d'Étampes, chez lequel il resta deux ou trois années, & y apprit les premiers principes de la Religion & ceux de la langue Latine.

Chargé d'une nombreuse famille, René le Long, pour procurer un établissement à son fils, le fit recevoir en qualité de Chapelain dans l'Ordre de Malthe. Le jeune le Long n'avoit guères que dix ou onze ans quand il passa dans cette Isle. A peine y fut-il arrivé, que la peste s'y fit sentir. L'imprudence qu'il eut un jour de suivre le convoi d'un homme mort de cette maladie, le fit renfermer dans la maison où il logeoit, dont on mura la porte, de crainte qu'il n'infectât les autres. Cette espèce de prison lui conserva la vie, en le privant de la société de ceux qui auroient pu lui communiquer le poison de l'épidémie.

Ce premier désagrément fut suivi d'un autre que lui causa l'humeur chagrine du Supérieur des Chapelains. C'étoit un homme dur, dont les manières ne pouvoient compatir avec la douceur & la politesse de son Élève. Dégoûté de son Maître, il le fut bientôt du séjour de Malthe. Il regarda cette Isle comme un lieu d'exil, où il n'avoit ni parens ni amis, & où tout le monde lui étoit inconnu. Il commença de regretter la France; & s'étant imaginé que l'air du pays étoit contraire à sa santé, il le persuada si vivement aux autres, qu'il obtint enfin de Nicolas Cotoner, Grand-Maître de l'Ordre, la permission de revenir en sa patrie.

Il se disposa aussi-tôt à partir; & les vents secondèrent si bien ses desirs, qu'en trois jours il arriva à Marseille. Arrivé à Paris, il fit son cours d'Humanités, de Philosophie & de Théologie dans l'Université de cette Ville, & fut reçu Maître-ès-Arts.

Ses études n'occupèrent pas tellement son temps, qu'il n'en trouvât encore pour ses devoirs de Religion. Ayant assisté un jour à un Sermon d'un Père de l'Oratoire, il en fut si frappé, qu'il résolut d'entrer dans cette Congrégation. Il le demanda; & comme il n'avoit point fait de vœux dans l'Ordre de Malthe, il fut reçu à l'Institution en 1686, à l'âge de vingt-un ans.

Après son année d'épreuve, ses Supérieurs l'envoyèrent au Collége de Juilly, pour y enseigner les Mathématiques. C'est-là qu'il fut promu aux Ordres sacrés & à la Prêtrise, dans sa vingt-cinquième année, le Samedi de la Pentecôte 1689.

Peu après il revint à Paris, passer quelque temps dans sa famille. Il y fut attaqué d'une maladie violente qui fit craindre pour sa vie. Quand sa santé fut rétablie, il se retira au Séminaire de N. D. des Vertus, dans le village d'Aubervilliers, près Paris, & il s'y appliqua aux Mathématiques & à la Philosophie. On lui confia ensuite le soin de la Bibliothèque de cette Maison; & l'on s'apperçut bien-tôt que cette commission lui étoit très-agréable & tout-à-fait de son goût.

Cela fit naitre à ses Supérieurs l'idée de le placer sur un plus grand théâtre, & de le nommer Bibliothécaire de la Maison de Paris. Le P. Sébastien Rainssant, qui l'étoit alors, avoit succédé au P. Gérard du Bois, Auteur de l'*Histoire de l'Église de Paris*, mort le 15 Juillet 1696. A une piété solide, le P. Rainssant joignoit beaucoup de connoissance; mais sa santé ne lui permettoit pas de donner à son emploi autant d'assiduité qu'il en exigeoit, & il ignoroit d'ailleurs les langues étrangères, absolument nécessaires dans une Bibliothèque où se trouvent tant de Manuscrits Orientaux & Hébreux. Il

ABRÉGÉ DE LA VIE

falloit donc un homme qui sçût apprécier ces Trésors littéraires ; & il eût été difficile d'en trouver un plus propre que le Père le Long, qui sçavoit parfaitement l'Hébreu, le Chaldéen, le Grec, le Latin, l'Italien, l'Espagnol, le Portugais & l'Anglois : d'ailleurs, il possédoit très-bien l'Histoire Littéraire & Typographique ; peu de Sçavans pouvoient lui être comparés dans cette partie.

Pendant vingt-deux années qu'il prit soin de la Bibliothèque de l'Oratoire, il l'augmenta au moins d'un tiers, quoiqu'avec des fonds très-modiques ; il en fit trois différens Catalogues. La peine n'effrayoit point le Père le Long ; il étoit difficile de le trouver un instant oisif : à l'exception du temps qu'il donnoit à ses propres affaires, & à la correspondance qu'il entretenoit avec presque tous les Sçavans de l'Europe, il employoit tout le reste aux devoirs de son état & à l'étude. Il passoit ordinairement trois ou quatre mois de chaque année sans dormir. Loin d'apporter quelque remède à cette insomnie, le Père le Long s'en applaudissoit, comme d'un moyen de plus pour s'appliquer nuit & jour. Ses repas duroient tout au plus un quart-d'heure : il voloit de la table aux livres, sans prendre quelques momens de repos, si nécessaires alors pour la digestion. Il alloit rarement à la campagne ; & toutes les fois qu'il sortoit de la Ville, ce n'étoit que pour très-peu de jours, & ses études n'en souffroient aucune interruption. Cette application continuelle lui avoit causé une foiblesse d'estomac qui le tourmenta long-temps ; & enfin elle lui échauffa si fort la poitrine, que la toux & la fièvre qui survinrent, commencèrent à le consumer peu à peu. Tant de maux réunis ne purent cependant l'empêcher de travailler avec autant d'ardeur qu'auparavant. Une pareille conduite ne pouvoit manquer de faire empirer le mal ; & les remèdes, quand on voulut les employer, se trouvèrent sans effet sur un tempérament aussi affoibli. En vain Madame Ogier sa nièce, femme de M. Ogier, Receveur général du Clergé, le fit venir à sa maison de campagne, pour lui faire exécuter elle-même le régime que les Médecins lui avoient ordonné. Le lait d'ânesse, l'air de la campagne, la cessation de tous travaux, rien ne put arrêter le progrès du mal. On fut obligé de le ramener à Paris chez M. Ogier. Il y mourut le 13 Août 1721, âgé de cinquante-six ans & trois mois. Son corps fut transporté dans l'Église de l'Oratoire de Saint-Honoré, où il est inhumé.

Sa piété étoit sincère, simple & sans ostentation. Libéral envers les pauvres, il leur donnoit abondamment tout son superflu, & se contentoit du simple nécessaire.

Il avoit reçu de la nature un esprit vif, pénétrant, sans avoir presque rien de ce feu qu'on appelle *génie*. Ses manières étoient douces & engageantes ; ses discours, sa démarche, tout respiroit en lui la politesse & la modestie, faisant grand cas des autres, & presqu'aucun de lui-même. Il n'avoit que de grandes vues, & n'aimoit que les ouvrages de longue haleine. Si l'on a quelque chose à lui reprocher, c'est d'avoir poussé l'amour du travail à l'excès, & d'avoir négligé son style, qui se ressent du peu de cas qu'il faisoit de la Poésie & de l'Éloquence.

Le célèbre Malebranche, avec qui son goût pour les Mathématiques l'avoit lié de l'amitié la plus intime, lui reprochoit quelquefois, en badinant, les mouvemens qu'il se donnoit pour découvrir une date ou quelques anecdotes, que les Philosophes regardent comme des bagatelles. « La vérité est si aimable, répondoit le Père le
» Long, qu'on ne doit rien négliger pour la découvrir, même dans les plus petites
» choses ».

Dans le Mémoire (imprimé) des Prêtres, &c. de l'Oratoire, décédés depuis l'Assemblée générale tenue au mois de Septembre 1720, jusqu'au mois de Septembre 1723, on lit ces paroles :

« 1721.... Le Père Jacques le Long, autant recommandable par l'innocence de
» ses mœurs, que par la grande connoissance qu'il avoit des Livres, & par les Ou-
» vrages pleins de recherches dont il a fait part au Public, (est) mort à Paris le 13
» d'Août, après une longue maladie, dans laquelle sa religion & sa piété ont beau-
» coup paru ».

CATALOGUE

CATALOGUE

DES OUVRAGES DU PÈRE LE LONG.

I. *Supplément à l'Histoire des Dictionnaires Hébreux* de Wolfius, inféré dans le *Journal des Sçavans* du 17 Janvier 1707.

II. *Nouvelle Méthode des Langues Hébraïque & Chaldaïque, avec un Dictionnaire; par Jean* Renou : Paris, Jacques Collombat, 1703, *in*-8. Le Père le Long ne fut que l'Éditeur de cette Méthode du Père Renou, d'Angers, son Confrère, mort en 1701. Elle est composée en vers François, sur le modèle de la Méthode Grecque de Claude Lancelot.

III. *Bibliotheca sacra, seu Syllabus omnium fermè sacræ Scripturæ editionum ac versionum, cum Notis criticis* : Parisiis, André Pralard, 1709, *in*-8. 2 vol. Ces deux volumes n'étoient encore que la première & la plus petite partie de ce grand Ouvrage. Elle contenoit le Catalogue des Manuscrits & des Éditions des Textes originaux de la Bible, & des versions en toute sorte de langues : la seconde Partie devoit contenir le Catalogue de tous les Auteurs qui ont travaillé sur l'Écriture sainte. Quelques Auteurs, avant le Père le Long, avoient déja exécuté une partie de ce dessein. « Mais » l'Ouvrage de celui-ci, comme le dit M. du Pin, dans sa *Bibliothèque des Auteurs* » *Ecclésiastiques*, est beaucoup plus ample, plus exacte & plus méthodique. Il a re- » cherché avec un travail infini, tant dans les Bibliothèques que dans les Catalogues » de Livres, toutes les Bibles ou parties de la Bible, tant manuscrites qu'imprimées, » & en a fait le Catalogue, qu'il a disposé dans un très-bel ordre, en divisant cette » première partie de son Ouvrage en huit Chapitres ». A peine eut-elle paru à Paris, que M. Chrétien-Frédéric Boernerus, Docteur en Théologie, & Professeur d'Humanités dans l'Académie de Leipsick, la fit réimprimer dans cette dernière Ville, chez les Frères Gleditsch, avec des Notes tirées des Manuscrits & des Livres imprimés en Allemagne, qui n'avoient point été connus du Père le Long.

IV. *Discours historique sur les principales Éditions des Bibles polyglottes; par le P. Jacq.* Le Long : Paris, André Pralard, 1713, *in*-12. Dans les recherches immenses que l'Auteur fut obligé de faire pour perfectionner sa *Bibliothèque sacrée*, il trouva différens traits curieux sur les Polyglottes, & particulièrement sur celle de Paris, qu'il jugea à propos de rassembler & de publier en faveur des gens de Lettres.

V. *Histoire des démélés du Pape Boniface VIII, avec Philippe-le-Bel, Roi de France* : Paris, Fr. Barois, 1718, *in*-12. Cette Histoire, assez bien écrite, & tout-à-fait exacte, est un Ouvrage posthume d'Adrien Baillet, dont le Père le Long procura l'Édition, & qu'il augmenta de vingt-deux Pièces justificatives qui ne se trouvent pas dans les Actes de M. Dupuy.

VI. *Bibliothèque historique de la France, contenant le Catalogue de tous les Ouvrages, tant imprimés que manuscrits, qui traitent de l'Histoire de ce Royaume, ou qui y ont rapport, avec des Notes critiques & historiques; par Jacq.* Le Long : Paris, Ch. Osmont, 1719, *in-fol.* Cet Ouvrage est d'un mérite & d'un travail singulier. Il fut reçu avec les plus grands applaudissemens, & fit à son Auteur autant de réputation parmi ses Compatriotes, qu'il s'en étoit acquis chez les Étrangers par le projet de sa *Bibliothèque sacrée*. Ce qui ne paroîtra presque pas croyable, c'est qu'il l'acheva en trois années, & qu'il transcrivit de sa main trois ou quatre fois cet immense volume. Malgré l'attention la plus scrupuleuse, il s'y étoit glissé bien des fautes ; le Père le Long en convenoit lui-même ; il n'avoit pas pu tout voir & tout lire. Il recommença les recherches, reçut des Avis & des Mémoires, & se préparoit à en donner une nouvelle Édition quand la mort le furprit. Il fit promettre au Père Des-Molets, fon Confrère & fon ami, de l'exécuter ; mais ces deux projets ont été jufqu'à préfent fans effet.

VII. *Lettre à M. Martin, Miniftre d'Utrecht; de Paris le* 12 *Avril* 1720. Cette Lettre fe trouve dans le *Journal des Sçavans* de cette année. M. Martin, dans fa Differtation fur le fameux paffage de S. Jean (*Epift.* 1. *cap.* 5. *v.* 7.) *tres funt qui teftimonium dant, &c.* difoit que Robert Eftienne l'a inféré dans fes éditions de la Bible, fondé fur l'autorité de plufieurs Manufcrits de la Bibliothèque du Roi. Le Père le Long montre la fauffeté de cette allégation, en difant que ce paffage ne fe trouve dans aucun de ces Manufcrits, comme il l'a vérifié par l'examen fcrupuleux qu'il en a fait. *Voy.* la Réponfe de Martin, XIIe vol. de l'*Europe fçavante*, pag. 279.

VIII. *Bibliotheca facra, feu Syllabus omnium fermè facræ Scripturæ editionum ac verfionum, cum Notis criticis : Parif.* Urb. Couftellier, 1723, *in-fol.* 2 *vol.* C'eft la meilleure & la plus complette Édition de ce grand Ouvrage. Le Père le Long ne fut pas plutôt débarraffé des foins que lui donna l'impreffion de fa *Bibliothèque hiftorique*, qu'il fe mit à revoir fa *Bibliothèque facrée*. Il y fit les corrections qu'il jugea convenables, & augmenta fi confidérablement les deux parties qui la compofent, foit par les Mémoires que les Sçavans lui avoient envoyés, foit par les articles qu'un travail continuel lui avoit procurés, qu'il l'a mit enfin dans l'état où elle eft. Après avoir rangé les Manufcrits & les Éditions des Bibles fuivant l'ordre chronologique, il en fait une Hiftoire abrégée tirée des Préfaces ou des Auteurs qui en ont traité. Il donne le titre de chaque Édition, & fait connoître en quel temps & combien de fois elle a été imprimée ; quels font ceux qui en ont pris foin, & les Auteurs des verfions. On peut affurer qu'il s'en manque peu que ce ne foit un Ouvrage achevé dans fon genre. Le Père le Long n'eut pas le plaifir de le voir entièrement imprimé ; le P. Des-Molets prit foin de cette Édition après fa mort. Le Libraire a dédié cet Ouvrage en fon propre nom, & de fon feul mouvement, à M. Louis de la Vergne de Treffan, alors Évêque de Nantes, & depuis mort Archevêque de Rouen.

IX. Si la mort n'eût pas arrêté le Père le Long au milieu de fes travaux, il eût encore donné au Public un autre Ouvrage très-confidérable, la *Collection des Hiftoriens de France*. Il comptoit en faire imprimer deux ou trois volumes tous les ans ; il en avoit même déja raffemblé tous les matériaux : de forte qu'il ne lui reftoit plus, & à ceux qui devoient partager fon travail, que de les confronter & de les corriger fur les manufcrits & les imprimés, & de les publier avec des Notes critiques, chronologiques & géographiques. Ce projet a depuis été exécuté par plufieurs fçavans Bénédictins (1) de la Congrégation de faint Maur, qui y ont travaillé fucceffivement, & qui en ont déja donné plufieurs volumes.

---

(1) Dom Martin Bouquet, DD. Jean-Baptifte & Charles Haudiquer, frères, & D. Precieux qui continue aujourd'hui ce Recueil.

TABLE
DES CHAPITRES ET ARTICLES
Contenus dans ce premier Volume de la Bibliothèque Historique de la France.

LIVRE PREMIER.
Préliminaires généraux de l'Histoire de France.

AVANT-PROPOS, ou Plan de ce Livre, page 1

CHAPITRE I. Géographie des Gaules & du Royaume de France.

   ARTICLE I. Géographie des différens âges, 3

   ARTICLE II. Géographie ancienne des Gaules, 5
      Cartes Géographiques, ibid.
      Traités Géographiques, 7

   ARTICLE III. Géographie du moyen âge de la France, 34
      Cartes Géographiques, ibid.
      Traités Géographiques, 36

   ARTICLE IV. Géographie moderne de la France, 45
     SECTION I. Géographie générale, ibid.
       §. I. Cartes Géographiques, 46
         Cartes générales de la France, ibid.
         Cartes Marines de la France, 52
         Cartes des Rivières & Canaux, 54
       §. II. Traités Géographiques, 56
         Géographie du Royaume en général, ib.
         Traités sur les Côtes de France, 60
         Traités sur les Rivières & Canaux, 61

     SECTION II. Géographie Ecclésiastique de la France, 71
       Cartes générales des Diocèses, ibid.
       Cartes particulières des Diocèses de France, rangées par ordre alphabétique, ib.
       Cartes de quelques Communautés Régulières, 77
       Traités de la Géographie Ecclésiastique de France, & Pouillés de ses Bénéfices, 78

     SECTION III. Géographie des Provinces de France, 84
       §. I. Cartes Géographiques des Provinces, [& Plans des Villes,] par ordre alphabétique, ibid.
         Cartes Géographiques des Lisières de la France, & de ses Frontières, 103
       §. II. Traités Géographiques des Provinces de France, 107
       §. III. Itinéraires & Voyages de France, 120

CHAPITRE II. Histoire Naturelle du Royaume de France, 127

   ARTICLE I. Traités généraux sur l'Histoire Naturelle de la France, & de ses diverses parties, ibid.
     SECTION I. Histoire Naturelle de la France en général, ibid.
     SECTION II. Histoire Naturelle (générale) des diverses parties de la France, rangée suivant l'ordre alphabétique de chaque lieu, 128
     SECTION III. Mélanges d'Histoire Naturelle, ou Liste de divers Ouvrages qui renferment des notions générales sur l'Histoire Naturelle de la France, 135

   ARTICLE II. Traités particuliers sur l'Histoire Naturelle de la France, & de ses diverses parties, 139
     SECTION I. Traités du climat des différentes Villes ou Provinces, de l'air & de ses influences sur les Habitans, &c. rangés suivant l'ordre alphabétique, ibid.
     SECTION II. Histoire Naturelle des montagnes de la France, 148
     SECTION III. Minéralogie de la France, 149

TABLE DES CHAPITRES

§. I. Traités généraux, 149
§. II. Traités particuliers, 152
—— sur les Terres, ibid.
—— sur les Pierres, 154
—— sur les Sels, les Bitumes, les demi-Métaux & les Métaux, 155
—— sur les Stalactites & Pétrifications, 159

SECTION IV. Hydrologie de la France, 162

§. I. Traités sur les Mers, les Fleuves & les Fontaines qui ne sont pas minérales, ibid.
§. II. Traités sur les Eaux minérales, 165
—— sur celles de la France, en général, ibid.
—— sur les Eaux minérales des différentes parties de la France, rangés selon l'ordre alphabétique du nom des lieux où elles se trouvent, 166

SECTION V. Histoire Naturelle des Végétaux de la France, 187

§. I. Traités des Plantes, des Arbres, des Fleurs, &c. ibid.
Traités sur les Plantes de la France, en général, ibid.
—— sur les Plantes de diverses parties de la France, rangés suivant l'ordre alphabétique des noms des lieux où elles naissent, 188

§. II. Collections des Plantes des Jardins publics & particuliers, 194
§. III. Culture des Terres, Plantes, Vignes, &c. 196

SECTION VI. Histoire Naturelle des Animaux de la France, 204

§. I. Traités généraux, ibid.
§. II. Traités particuliers, 205
—— sur les Quadrupèdes, ibid.
—— sur les Oiseaux, 208
—— sur les Poissons, 209
—— sur les Insectes, les Coquillages, les Reptiles, &c. 210

SECTION VII. Histoire Naturelle des Prodiges, Tremblemens de terre & autres effets physiques arrivés en France, 215

CHAPITRE III. Histoire des anciens Gaulois, 219

ARTICLE I. Antiquité, Langue, Religion, Mœurs, &c. des Gaulois, ibid.
ARTICLE II. Histoires suivies des Gaulois, & Traités particuliers, 234

LIVRE SECOND.

Histoire Ecclésiastique de la France.

[AVANT-PROPOS,] 249

CHAPITRE I. Histoires des Origines des Églises de France, 251

CHAPITRE II. Vies des Saints de France, 261

ARTICLE I. Histoire des lieux consacrés sous l'invocation de la sainte Vierge, ibid.
ARTICLE II. Recueils des Vies des Saints de France, 268
ARTICLE III. Vies particulières des Saints de France, rangées selon l'ordre alphabétique de leur nom, 272
ARTICLE IV. Vies des Personnes séculières qui ont vécu dans une haute piété, 315
ARTICLE V. Histoire de la Vie des Personnes se disant inspirées, de Possédées, de Visionnaires, &c. Ouvrages & Pièces historiques à ce sujet, 321

CHAPITRE III. Histoire Ecclésiastique des Provinces & des Villes de France, 327

Histoire Ecclésiastique d'Anjou & du Maine, 330
Histoire Ecclésiastique d'Artois, 331
Histoire Ecclésiastique d'Aunis, 332
Histoire Ecclésiastique d'Auvergne, ibid.
Histoire Ecclésiastique de Beauce, ibid.
Histoire Ecclésiastique de Berri, 333
Histoire Ecclésiastique du Duché de Bourgogne & de la Bresse, ibid.
Histoire Ecclésiastique de Brabant, 336
Histoire Ecclésiastique de Bretagne, ibid.
Histoire Ecclésiastique de Champagne & de Brie, ibid.
Histoire Ecclésiastique du Dauphiné, 338
Histoire Ecclésiastique de Flandres & de Hainaut, 339
Histoire Ecclésiastique du Forêz, 340
Histoire Ecclésiastique de Franche-Comté, ibid.
Histoire Ecclésiastique de Guienne, 341
Histoire Ecclésiastique de l'Isle-de-France, 342
Histoire Ecclésiastique du Languedoc, 352
Histoire Ecclésiastique de Lorraine & des Trois-Evêchés, 353
Histoire Ecclésiastique du Lyonnois, ibid.
Histoire Ecclésiastique du Nivernois, 354
Histoire Ecclésiastique de Normandie, 355
Histoire Ecclésiastique de l'Orléanois, 356
Histoire Ecclésiastique de Picardie, 357
Histoire Ecclésiastique du Poitou, 360
Histoire Ecclésiastique de Provence, ibid.
Histoire Ecclésiastique de Touraine, 361

CHAPITRE IV. Histoires des Contestations qui se sont élevées entre les Théologiens de France, 363

Histoires de l'affaire de Gothescalc, de la dispute sur les Investitures, & des contestations sur la Grace, &c. ibid.
Histoires particulières sur le Jansénisme, 365
—— sur le Quiétisme, en France, 386
—— sur la Constitution *Unigenitus*, 369
—— sur divers événemens extraordinaires arrivés dans le cours des Disputes, 371

CHAPITRE V. Histoire des Hérésies nées en France, 373

ARTICLE I. Histoires de Bérenger, *ib.*
ARTICLE II. Histoire des Vaudois, *ib.*
ARTICLE III. Histoire des Albigeois, 376
ARTICLE IV. Histoire des Prétendus-Réformés de France, ou des Calvinistes, 378

Edits & Ouvrages qui les concernent : leurs Synodes : divers Recueils à leur sujet, &c. 401

CHAPITRE VI. Actes & Traités concernant l'Histoire générale des Églises de France, 410

ARTICLE I. Actes des Conciles & des Synodes de France, *ibid.*
ARTICLE II. Actes & Mémoires des Assemblées générales du Clergé de France, rangés selon l'ordre des temps, 457.

CHAPITRE VII. Des Droits & des Bénéfices de l'Église de France, 466

ARTICLE I. Ouvrages généraux sur le Droit Canonique de France, *ibid.*
ARTICLE II. Traités des Droits & des Libertés de l'Église Gallicane, 468

§. I. Traités généraux sur nos Libertés, 469
§. II. Traités particuliers sur les Libertés de l'Eglise Gallicane, 475

1. Traités sur les deux Puissances en général, *ibid.*
2. Traités sur la puissance & les entreprises des Papes, leurs démêlés avec nos Rois, & sur l'autorité de leurs Bulles & de leurs Légats en France, 481
3. Traités des Droits du Roi dans l'administration de l'Eglise, sur les biens & les personnes des Ecclésiastiques, 502
4. Traités sur la Jurisdiction Ecclésiastique & sur les Appels comme d'abus, 511
5. Traités sur l'autorité des Conciles généraux en France, & principalement sur la réception du Concile de Trente, 515

ARTICLE III. Traités sur les Bénéfices de France, 519

§. I. Pouillés des Bénéfices de France, (*)
§. II. Traités sur les Pragmatiques & les Concordats, & autres objets qui y ont rapport, 519
§. III. Traités des Droits de Régale & d'Indult, 524

CHAPITRE VIII. Histoires du Gouvernement Ecclésiastique, ou des Métropoles & de leurs Suffragans; avec les Histoires du second Ordre du Clergé de France, 531

ARTICLE I. Histoires des Papes & des Cardinaux François, *ibid.*

§. I. Histoires des Papes François, *ibid.*
§. II. Histoires des Cardinaux François, 535

ARTICLE II. Histoires des Églises Métropolitaines de France, avec celles de leurs Suffragans, 539

§. I. Notices générales des Diocèses, *ibid.*
§. II. Histoire de la Métropole d'Aix & de ses Suffragans, 542
  Histoires de l'Archevêché d'Aix, *ibid.*
  Histoires de l'Evêché d'Apt, 543
  Histoires de l'Evêché de Riez, *ibid.*
  Histoires de l'Evêché de Fréjus, 544
  Histoires de l'Evêché de Gap, *ibid.*
  Histoires de l'Evêché de Sisteron, 545
§. III. Histoires de la Métropole d'Alby & de ses Suffragans, *ibid.*
  Histoires de l'Archevêché d'Alby, *ibid.*
  Histoires de l'Evêché de Rhodés, *ibid.*
  Histoires de l'Evêché de Castres, 546
  Histoires de l'Evêché de Cahors, *ibid.*
  Histoires de l'Evêché de Vabres, 547
  Histoires de l'Evêché de Mende, *ibid.*
§. IV. Histoires de la Métropole d'Arles & de ses Suffragans, 548
  Histoires de l'Archevêché d'Arles, *ibid.*
  Histoires de l'Evêché de Marseille, 550
  Histoires de l'Evêché de Saint-Paul-des-Trois-Châteaux, 552
  Histoires de l'Evêché de Toulon, *ibid.*
  Histoires de l'Evêché d'Orange, *ibid.*
§. V. Histoires de la Métropole d'Auch & de ses Suffragans, 553
  Histoires de l'Archevêché d'Auch, *ibid.*
  Histoires de l'Evêché d'Acqs, *ibid.*
  Histoires de l'Evêché de Lectoure, *ibid.*
  Histoires de l'Evêché de Comminges, *ib.*
  Histoires de l'Evêché de Conserans, 554
  Histoires de l'Evêché d'Aire, *ibid.*
  Histoires de l'Evêché de Bazas, *ibid.*
  Histoires de l'Evêché de Tarbes, *ibid.*
  Histoires des Evêchés de Lescar & d'Oleron, dans le Béarn, *ibid.*
  Histoires de l'Evêché de Bayonne, 555

(*) *Ce Paragraphe a été transporté à la Géographie, pag. 79 & suiv.*

§. VI. Histoires de la Métropole d'Avignon, & de ses Suffragans, 555
Histoires de l'Archevêché d'Avignon, ib.
Histoires de l'Evêché de Carpentras, ib.
Histoires de l'Evêché de Vaison, 556
Histoires de l'Evêché de Cavaillon, ibid.

§. VII. Histoires de la Métropole de Besançon, & de ses Suffragans, ibid.
Histoires de l'Archevêché de Besançon, ibid.
Histoires de l'Evêché de Bellay, 559
Histoires de l'Evêché de Lausanne, ibid.
Histoires de l'Evêché de Bâle, 560

§. VIII. Histoires de la Métropole de Bordeaux & de ses Suffragans, ibid.
Histoires de l'Archevêché de Bordeaux, ibid.
Histoires de l'Evêché d'Agen, 562
Histoires de l'Evêché d'Angoulême, ib.
Histoires de l'Evêché de Saintes, 563
Histoires de l'Evêché de Poitiers, ibid.
Histoires de l'Evêché de Périgueux, 564
Histoires de l'Evêché de Condom, ibid.
Histoires de l'Evêché de la Rochelle, 565
Histoires de l'Evêché de Luçon, ibid.
Histoires de l'Evêché de Sarlat, ibid.

§. IX. Histoires de la Métropole de Bourges & de ses Suffragans, 565
Histoires de l'Archevêché de Bourges, ibid.
Histoires de l'Evêché de Clermont, 568
Histoires de l'Evêché de Limoges, 570
Histoires de l'Evêché du Puy-en-Velay, 571
Histoires de l'Evêché de Tulles, ibid.
Histoires de l'Evêché de Saint-Flour, 572

§. X. Histoires de la Métropole de Cambray & de ses Suffragans, ibid.
Histoires de l'Archevêché de Cambray, 573
Histoires de l'Evêché d'Arras, 578
Histoires de l'Evêché de Tournay, 580
Histoires de l'Evêché de Saint-Omer, 581
Histoires de l'Evêché de Namur, ibid.

§. XI. Histoires de la Métropole de Cologne & de ses Suffragans, ibid.
Histoires de l'Archevêché de Cologne, ibid.
Histoires de l'Evêché de Liége, 584
Histoires de l'Evêché d'Utrecht, 589

§. XII. Histoires de la Métropole d'Embrun & de ses suffragans, 591
Histoires de l'Archevêché d'Embrun, ib.
Histoires des Evêques de Grasse, 592
Histoires de l'Evêché de Digne, ibid.
Histoires de l'Evêché de Vence, ibid.
Histoires de l'Evêché de Nice, ibid.
Histoires de l'Evêché de Glandève, 593
Histoires de l'Evêché de Senez, ibid.

§. XIII. Histoires de la Métropole de Lyon & de ses Suffragans, ibid.
Histoires de l'Archevêché de Lyon, ibid.
Histoires de l'Evêché d'Autun, 597
Histoires de l'Evêché de Langres, 599
Histoires de l'Evêché de Châlons-sur-Saône, 600

Histoires de l'Evêché de Mâcon, 601
Histoires de l'Evêché de Dijon, ibid.
Histoires de l'Evêché de Saint-Claude, ibid.

§. XIV. Histoires de la Métropole de Malines & de ses Suffragans, 602

§. XV. Histoires de la Métrop. de Mayence & de ses Suffragans, ibid.
Histoires de l'Archevêché de Mayence, ibid.
Histoires de l'Evêché de Wormes, 604
Histoires de l'Evêché de Spire, ibid.
Histoires de l'Evêché de Strasbourg, ib.
Histoires de l'Evêché de Constance, 606

§. XVI. Histoires de la Métropole de Narbonne & de ses Suffragans, ibid.
Histoires de l'Archevêché de Narbonne, ibid.
Histoires de l'Evêché de Béziers, 607
Histoires de l'Evêché d'Agde, 608
Histoires de l'Evêché de Carcassonne, ib.
Histoires de l'Evêché de Nismes, ibid.
Histoires de l'Evêché de Montpellier, 609
Histoires de l'Evêché de Lodève, ibid.
Histoires de l'Evêché d'Uzès, 610
Histoires de l'Evêché d'Alet, ibid.
Histoires de l'Evêché de Saint-Pons, 611
Histoires de l'Evêché de Perpignan, ib.
Histoires de l'Evêché d'Alais, ibid.

§. XVII. Histoires de la Métropole de Paris & de ses Suffragans, ibid.
Histoires de l'Archevêché de Paris, ibid.
Histoires de l'Evêché de Chartres, 616
Histoires de l'Evêché de Meaux, 618
Histoires de l'Evêché d'Orléans, 620
Histoires de l'Evêché de Blois, 623

§. XVIII. Histoires de la Métropole de Reims & de ses Suffragans, ibid.
Histoires de l'Archevêché de Reims, ib.
Histoires de l'Evêché de Soissons, 628
Histoires de l'Evêché de Châlons-sur-Marne, 630
Histoires de l'Evêché de Laon, ibid.
Histoires de l'Evêché de Senlis, 631
Histoires de l'Evêché de Beauvais, 632
Histoires de l'Evêché d'Amiens, 633
Histoires de l'Evêché de Noyon, 635
Histoires de l'Evêché de Boulogne, 636

§. XIX. Histoires de la Métropole de Rouen & de ses Suffragans, 637
Histoires de l'Archevêché de Rouen, ib.
Histoires de l'Evêché de Baïeux, 642
Histoires de l'Evêché d'Avranches, 644
Histoires de l'Evêché d'Evreux, 645
Histoires de l'Evêché de Séez, ibid.
Histoires de l'Evêché de Lisieux, 648
Histoires de l'Evêché de Coutances, ib.

§. XX. Histoires de la Métropole de Sens & de ses Suffragans, 649
Histoires de l'Archevêché de Sens, ibid.
Histoires de l'Evêché de Troyes, 652
Histoires de l'Evêché d'Auxerre, 654
Histoires de l'Evêché de Nevers, 657
Histoires de l'Evêché de Béthléhem, 658

ET ARTICLES.

§. XXI. Histoires de la Métropole de Tarantaise, 658

§. XXII. Histoires de la Métropole de Toulouse & de ses Suffragans, ibid.

Histoires de l'Archevêché de Toulouse, 659
Histoires de l'Evêché de Pamiers, 660
Histoires de l'Evêché de Mirepoix, 661
Histoires de l'Evêché de Rieux, ibid.
Histoires de l'Evêché de S. Papoul, ibid.
Histoires de l'Evêché de Lavaur, ibid.

[On n'a rien trouvé de particulier sur les Evêchés de Montauban & de Lombez: il faut se contenter de ce qui en est dit dans la Gallia Christiana.]

§. XXIII. Histoires de la Métropole de Tours & de ses Suffragans, 662

Histoires de l'Archevêché de Tours, ib.
Histoires de l'Evêché du Mans, 666
Histoires de l'Evêché d'Angers, 667
Histoires des Evêchés de Bretagne, 670
Histoires de l'Evêché de Rennes, ibid.
Histoires de l'Evêché de Nantes, ibid.
Histoires de l'Evêché de Vannes, 671
Histoires de l'Evêché de Cornouaille ou de Quimper, ibid.
Histoires de l'Evêché de Léon, ibid.
Histoires de l'Evêché de Tréguier, ibid.
Histoires de l'Evêché de Saint-Brieux, ibid.
Histoires de l'Evêché de Saint-Malo, 672
Histoires de l'Evêché de Dol, ibid.

§. XXIV. Histoires de la Métropole de Trèves & de ses suffragans, 673

Histoires de l'Archevêché de Trèves, ib.
Histoires de l'Evêché de Metz, 675
Histoires de l'Evêché de Toul, 678
Histoires de l'Evêché de Verdun, 680

§. XXV. Histoires de la Métropole de Vienne & de ses Suffragans, 682

Histoires de l'Archevêché de Vienne, ib.
Histoires de l'Evêché de Valence, 684
Histoires de l'Evêché de Die, ibid.
Histoires de l'Evêché de Grenoble, 685
Histoires de l'Evêché de Viviers, ibid.
Histoires de l'Evêché de Genève, ibid.

§. XXVI. Histoires de l'Evêché de Québec, indépendant, (aujourd'hui aux Anglois, avec le Canada,) 687

ARTICLE III. Histoires des Evêques François (& Gaulois) qui ont possédé des Prélatures hors du Royaume, ibid.

ARTICLE IV. Histoires du second Ordre du Clergé Séculier de France, 690

Histoires particulières (de nombre d'Ecclésiastiques,) par ordre alphabétique, 691

CHAPITRE IX. Histoire du Clergé Régulier, ou des Ordres Monastiques & autres Communautés Religieuses, 723

ARTICLE I. Histoires générales des Réguliers de France, ibid.

ARTICLE II. Histoires des Moines & des Solitaires, 724

§. I. Histoires des Moines & des Solitaires dont l'Ordre n'est pas connu. 724

§. II. Histoires de l'Ordre de S. Benoît, 725

Histoires (connues) des Abbayes d'Hommes de l'Ordre de S. Benoît, en France, rangées selon l'ordre alphabétique, 728

Histoires de l'Abbaye d'Affligem, 728: = d'Agaune, ou de Saint-Maurice-en-Valais, ibid. = d'Aindre, 729: = d'Anchin, ibid. = d'Aniane, ibid. = d'Aisnay, ibid. = d'Anderne, ibid. = d'Argenteuil, 730: = d'Augie, ou d'Oye, ibid. = d'Aurillac, ibid. = de Baume, ibid. = de Beaulieu, Diocèse de Limoges, ibid. = de Beaulieu, Diocèse de Verdun, ibid. = de Bec, 731: = de Bévon, ou de La-Val-Saint-Benoît, 732: = de Beze, ibid. = de Bonneval, ibid. = du Bourdieux, ibid. = de Bousonville, 733: = de Bretigny, ibid. = de Brogne, ou Saint-Gérard, ibid. = de Carmery, ou Moustier-Saint-Chaffre, ibid. = de la Chaise-Dieu, ibid. = de la Charité-sur-Loire, 734: = de Chézal-Benoît, ibid. = de Cluni, 735: = de Conches, 739: = de Conques, ibid. = de Corbie, ibid. = de Cormeri, 741: = de Crespin, ibid. = de la Croix-Saint-Leufroy, ibid. = de Cuance, ibid. = d'Ebersmunster, ibid. = de Faverney, ibid. = de Fescan, 742: = de Ferrières en Gâtinois, ibid. = de Figeac, 743: = de Flavigny, ibid. = de Fleuri, ou de Saint-Benoît-sur-Loire, ibid. de Fontaine-lès-Dijon, 746: = de Fontenai-Louvet, ibid. 746: = de Font-ro ge, ibid. = de Gambron, ibid. = de Giblou ou de Gemblours, ib. = de Saint-Gildas de Ruis, 747 (& 778:) = de Glanfeuil, ou Saint-Maur-sur-Loire, ibid. = de Gorze, ibid. = de Granval, ou Grand-Vaux, ibid. = de la Grasse, ibid. = de Gueret, 748: = de Hasnon, ibid. = de Hautvilliers, ibid. = de l'Isle-Barbe-lès-Lyon, ibid. = de Jumiége, ibid. = de Kemperlay, 749: = de Lagny, ibid. = de Landevenec, ibid. = de Laubes, ou Lobes, 750: = de Lérins, 751: = de Liessies, 751: = de Li-Hons, ou Li-Huns, ibid. = de Lire, ibid. = de Longeville, ibid. = de Lure, ibid. = de Luxeuil, 753: = de Maillesais, 754: = du Maine, ibid. = de Mairé, ibid. = de Marchienne, ibid. = de Marmoûtier, 755: de Marvilles, ibid. = de Mausac, ibid. = de Menat, ibid. = de Mentenay, ou Mantenay, 756: = du Merghem, ibid. = de Modiran, ibid. = de Moyen-Moutier, ibid. = de Molesme, ibid. = de Monstier-en-der, ou Montirendé, ibid. = de Montbourg, 757: = de Mont-Jura, ou de Saint-Claude, ibid. = de Mont-Majour, 758: = du Mont-Saint-Michel, ibid. = du Mont-Saint-Quentin, 759: = de Morey, ibid. = de Morigny, ibid. = de Mouson, ibid. = de Moustier-la-Celle, ibid. = de Moustier-Neuf, ibid. = de Moustier-Saint-Jean, ibid. = de Munster en basse Alsace, 760: = de Murbach, dans la haute Alsace, ibid. = de Mure, en Suisse, ibid. = de Nanteuil, ibid. = de Notre-Dame des Blancs-Manteaux, à Paris, ibid. = de Notre-Dame de Nogent-sous-Coucy, 761: = de Notre-Dame de Sémur en Auxois, ibid. = de Noyers, ibid. = d'Orbais, ibid. = de Perreci, ibid. du Pont, en Auvergne, ibid. = de Préaux, ibid. = de Pruim, 762: = de Rebais, ibid. = de Redon, ibid. = de Remiremont, ibid. = de Renty, 762: = de Rosoy, dite Ville-Chaffon, ibid. = de Saint-Aignan, ibid. = de Saint-Allyre, 764: = de Saint-Amand, ibid. = de Saint-André d'Avignon, 764 : = de Saint-André du Château-Cambrésis, ibid. = de Saint-Arnoul de Metz, ibid. = de Saint-Aubin d'Angers, 765 : = de Saint-Aventin, ibid. = de Saint-Augustin de Limoges, ibid. = de Saint-Bavon de Gand, ibid. de Saint-Bénigne de Dijon, ibid. = de Saint-Benoît-sur-Loire, 766 (ou ci-devant, pag. 743 :) = de Saint-Bertin, 767 : = de Saint-Calais, ibid. = de Sainte-Catherine-du-Mont, près de Rouen, 768 : = de Saint-Chef de Vienne, ibid. = de Saint-Chinien, ou Chignan, ibid. = de Saint-Claude, ibid. (ou ci-devant pag. 757 :) = de Sainte-Colombe de Sens, ibid. = de Saint-Corneille de Compiègne, ibid. = de Saint-Crespin de Soissons, ibid. = de Saint-Cybar d'Angoulême, ibid. = de Saint-Cyprien-lès-Poitiers, 769 : = de Saint-Cyran, ibid. = de Saint-Denys en France, ibid. = de Saint-Etienne de Caen, 772 : = de Saint-Etienne de Dijon, ibid. = de Saint-Etienne de Nevers, ibid. = de Saint-Evre-lès-Toul, ibid. = de Saint-Evroul, ibid. = de Saint-Faron, 773 : = de Saint-Florent-le-Vieux, ib. = de Saint-Florent-lès-Saumur, ibid. = de Saint-Fuscien, ibid. = de Saint-Genou, 774 : = de Saint-Germain-d'Auxerre, ibid. = de Saint-Germain-des-Prés, à Paris, 775 : = de Saint-Germer de Flaye, 778 : de Saint-Gildas de Ruiz, ibid. = de Saint-Guilliem du Désert, ibid. = de Saint-Guislain, 779 : = de Saint-Hilaire de Poitiers, ibid. = de Saint-Hubert en Ardennes, ibid. = de Saint-Jean de Laon, ibid. = de Saint-Jouin des Marnes de Poitiers, ibid. = de Saint-Julien de Tours, ibid. = de Saint-Liffard, à Meun, ibid. = de Saint-Lomer d'Auvergne, à Meinsac, 780 : = de Saint Lomer de Blois, ibid. = de Saint-Loup de Troyes, ib. = de Saint-Maixant, ibid. = de Saint-Marcel de Vienne, ibid. = de Saint-Mars, ibid. = de Saint-Martial de Limoges, ibid. = de Saint-Martin d'Autun, 781 : = de Saint-Martin de Cagnon (ou Canigou,) ibid. = de Saint-Martin-des-Champs, à Paris, 781 : = de Saint-Martin de Limoges, 782 : = de Saint-Martin de Mailay, ibid. = de Saint-Martin de Séez, ibid. = de Saint-Martin de Tournay, 783 : = de Saint-Maur-des-Fossés, ibid. de Saint-Médard de Soissons, 784 : = de Saint Meen de Gael, ibid. = de Saint-Mesmin de Micy, ibid. = de Saint-Michel en Thiérasche, 785 : = de Saint-Mihel, ibid. = de Saint-Nicaise de Meulan, 786 : = de Saint Nicaise de Reims, ibid. = de Saint-Nicolas d'Angers, ibid. = de Saint-Ouen-lès-Rouen, ibid. = de Saint-Papoul, ib. = de Saint-Père-en-Vallée-lès-Chartres, ib. = de Saint-Pierre d'Arles, 787 : = de Saint-Pierre de Châlons-sur-Marne, ib. = de Saint-Pierre-sur-Dive, ibid. = de Saint-Pierre de Gand, ibid. = de Saint-Pierre-le-Vif de Sens, ibid. = de Saint Rambert, ibid. = de Saint-Remi de Reims, ibid. = de Saint-Remi de Sens, 788 : = de Saint-Riquier, ibid. = de Saint-Saens, ou Sidoine, 789 : = de Saint-Seine, ibid. = du Saint Sépulchre de Cambray, ibid. = de Saint-Serge d'Angers, ibid. = de Saint-Sulpice de Bourges, 790 : = de Saint-Taurin d'Evreux, ib. = de Saint-Thierry du Mont d'Hor, proche de Reims, ibid. = de Saint-Tron, ibid. = de Saint-Valery, 791 : = de Saint-Vast d'Arras, ib. = de Saint-Vanne de Verdun, ibid. = de Saint-Victor en Caux, 791 : = de Saint-Victor de Marseille, 793 : = de Saint-Vincent de Besançon, ibid. = de Saint-Vincent de Laon, ibid. = de Saint Vin-

cent du Mans, 794 : = de Saint-Vincent de Metz, ibid. = de Saint-Wandrille, ib. = de Saint-Vigor, 795 : = de Saint-Vilmer, ou de Samer, ibid. = de Saint-Yriez de la Perche, ibid. = de Savigny d'Avranche, ibid. = de Savigny de Lyon, ibid. = de Sauve-Majoure, 796 : = de Selles, en Berry, ib. = de Selles, proche Dinant, ibid. = de Sénone, ib. = de Solignac, ibid. = de Souvigny, 797 : de Stavelo, ibid. = de Tiron, ib. = de Tournus en Bourgogne, 798 : = de la Trinité de Poitiers, 799 : = de la Trinité de Vendôme, ib. = du Val-des-Choux, Chef-d'Ordre, ibid. = de Vassor, ibid. = de Vaux, ibid. = de Vertou, ibid. = de Vez'lay, ibid. = de Villeloin, 800 : = d'Userche, ibid. = de Worholt, ibid.

§. III. Histoires de l'Ordre de Citeaux, en France, ibid.

Histoires des Abbayes d'Hommes de l'Ordre de Citeaux en France, rangées selon l'ordre alphabétique, 805

—— de l'Abbaye d'Aldenbourg, ibid. = de Beaulieu, 806 : = de Bégar, ibid. = de Beuil, ibid. = de la Blanche, en l'Isle de Noirmoutier, ibid. = de Bonlieu, ibid. = de Bonnevaux, ibid. = de Bonrepos, ibid. = de Cadouin, ibid. = de Calers, ibid. = de Cambron, ibid. = de Carnoet, ibid. de Cercamp, ibid. = de Chaalis, 807 : = de Champagne, ibid. = de Charlieu, ibid. = de la Chassagne, ibid. = de Clairvaux, ibid. = de Claire-Fontaine, 809 : = de Clairemaresch, ibid. = de Dunes, ibid. = de l'Escale-Dieu, ibid. = d'Eslan, ibid. = de la Ferté, ibid. = de Feuillens, Chef de la Congrégation de ce nom, ib. = de Foigny, 810 : = de Fontaine-Jean, ibid. = des Fontaines, ibid. = de Grand-Selve, ibid. = d'Igni, ib. = de Lieu-Croissant, ibid. = de Longpont, ib. = du Miroir, 811 : = de Morimond, ibid. = de Mortemer, ibid. = d'Obasine, ibid. = d'Olive, ibid. = d'Orval, ibid. = de Perseigne, 812 : = de Pontigny, ibid. = de Saint-Aubin-des-Bois, 812 : = de Saint-André en Gouffern, ibid. = de Saint-Martin de Limoges, & de Saint-Mesmin, ib. (ci-devant, pag. 782 & 784 :) = de Saint-Vivant, ibid. = de Salvanaise, ibid. = de Savigny d'Avranches, ibid. (& ci-devant. pag. 795 :) = de Sept-Fonts, 813 : = de Signy, ibid. = de la Trappe, ibid. = de Valichter, 814 : = de Vaucelles, ibid. = de Vaux-de-Cernay, 815 : de Villiers en Brabant, ibid.

§. IV. Histoires des autres Ordres Religieux qui portent le nom de Moines, 815

1. Histoire de l'Ordre de Grandmont, 816

2. —— de la Congrégation des Célestins, 817

3. —— de l'Ordre des Chartreux, ib.

4. —— des Camaldules, 820

§. V. Histoires des Solitaires de France, rangés selon l'ordre alphabétique, ibid.

ARTICLE III. Histoires des Chanoines Réguliers de France, 826

§. I. Histoires des anciens Chanoines Réguliers, ibid.

Histoire de l'Abbaye d'Agaune, ou de Saint-Maurice en Valais, 826, (& ci-devant, pag. 718 :) = d'Arouais, ou Aroaise, ibid. = d'Aureil, ibid. = de

Cantimpré,

Cantimpré, 826. = de la Chancelade, 827: = de Chaumonsay, ib. = de Doulas, ibid. = de Gâtines, ib. = de Heunin-Liétart, ib. = du Mont-Saint-Eloy, ibid. = de Saint-Antoine, Chef-d'Ordre, ib. = de Saint-Aubert, 828: de Saint-Jean de Valenciennes, ibid. de Saint Jean-des-Vignes, ibid. = de Saint-Leger de Soissons, ibid. = de Saint-Ruf, 829 : de Saint-Victor-lès-Paris, ibid. = de Vaux-Verd, 830. Histoires de l'Abbaye de Sabloncaux, 830 : = des Chanoines Réguliers de Sainte-Croix, ibid. = de Saint-Sauveur en Lorraine, 831 : de la Congrégation de Windesem, ibid. = de divers autres Chanoines Réguliers, ibid.

§. II. Histoires de l'Ordre de Prémontré, en France, 832

Histoire de l'Abbaye de Prémontré, Chef-d'Ordre, ibid. Histoires des Abbayes de Prémontrés en Alsace, 834 : = de Beauport, ibid. = de Blanche-Lande, ibid. = de Bonne-Espérance ; ibid. = de Chaumont, ibid. = de Joyenval, ibid. = de Neuf-Fontaines, ibid. = du Parc, ibid. = du Monastère appellé Postulamum ; ibid. = de Saint-André-aux-Bois, ibid. = de Saint-Martin de Laon, ibid. = de Saint-Paul de Besançon, 835 : = de Saint-Yved de Braipe, ib. de Vicogne, ibid.

§. III. Histoires des Chanoines Réguliers de la Congrégation de France, 835

Histoires de l'Abbaye de Sainte-Géneviève-du-Mont, à Paris, ibid.

Histoires de l'Abb. de la Couronne, 837 : = du Prieuré de la Couture-Sainte-Catherine, à Paris, ib. = des Abbayes de l'Esterp, 838 ; de Mauléon, ib. = de Notre-Dame de Meaux, ibid. = d'Oigny, ibid. = de Pébrac, ibid. = de Pinpont, ibid. = de Saint-Acheul-lès-Amiens, ibid. = de Saint-Chéron-lès-Chartres, ib. = de Saint-Euvette d'Orléans, 839 : = de Saint-Jacques de Montfort : ibid. = de Saint-Jacques de Provins, ibid. = de Saint Jean de Sens, ibid. = de Saint-Jean en Vallée, ibid. = de Saint-Irénée de Lyon, ibid. = du Prieuré de Saint-Lô de Rouen, ibid. = des Abbayes de Saint-Loup de Troyes, ibid. = de Saint-Martin-au-Bois, dit Ruricourt, ibid. = de Saint-Vincent de Senlis, ibid. = du Val-des-Ecoliers, ibid.

Histoires d'autres Monastères de Chanoines Réguliers, 840

ARTICLE IV. Histoires des Religieux Mendians de France, ibid.

§. I. Histoires des Augustins, ibid.

§. II. Histoires des Carmes, 841

Histoires des Carmes de l'ancienne Observance, 842. = Des Carmes Déchaussés, ibid.

§. III. Histoires des Dominicains, 844
§. IV. Histoires des Francifcains, 849

Histoires des Cordeliers, ibid. = Des Récollects, 857. = Des Capucins, 852. = Des Religieux du Tiers-Ordre, 853.

ARTICLE V. Histoires des autres Religieux de France, ibid.

§. I. Histoires de l'Ordre de Fontevrauld, ibid.

§. II. Histoires des Brigittains, 855

§. III. Histoires de l'Ordre des Trinitaires Mathurins, 855
§. IV. Histoires des Pères de la Mercy, 856
§. V. Histoires des Servites, 857
§. VI. Histoires de l'Ordre des Minimes, ib.
§. VII. Histoires des Barnabites, 860
§. VIII. Histoires des Théatins, ibid.
§. IX. Histoires des Frères de la Charité, 861
§. X. Histoires des Frères de la Mort, ibid.

ARTICLE VI. Histoires des Jésuites, en France, 862

§. I. Histoires particulières, ibid.
§. II. Ouvrages pour & contre les Jésuites, 866

Arrêts, &c. des Parlemens, 880. Défenses des Jésuites pendant l'examen des Parlemens. Réponses, &c. 889

ARTICLE VII. Histoires des Religieuses de France, rangées selon l'ordre alphabétique du nom de leur Ordre ou Congrégation, 891

§. I. Histoires des Religieuses de l'Annonciade, ibid.
§. II. Histoires des Religieuses Augustines, 892
§. III. Histoires des Religieuses Béguines, ibid.
§. IV. Histoires des Religieuses Bénédictines, ibid.

Histoires de l'Abbaye d'Almanesche, 898 : = de Baume-les-Dames, 899 : = de Château-Châlon, ibid. = de Chelles, ibid. du Cherche-Midi, à Paris, ibid. = d'Estrum, ib. = de Farmoutier, ibid. = de la Règle, à Limoges, 900 : = de Montivilliers, ibid. = de Montmartre, ibid. = de Notre-Dame de Liesse, à Paris, 901 : = de N. D. de Soissons, ibid. = de N. D. du Val de Gif, ibid. = d'Origny, 902 : = du Paraclet, ibid. = de Saint-Amand de Rouen, ibid. = de Saint-Andoche d'Autun, ibid. = de Saint-Paul-lès-Beauvais, ibid. = de Saint-Pierre de Lyon, ibid. = de Saint-Pierre de Reims, 903 : = de Saint-Remi-lès-Landes, ibid.

§. V. Histoires des Religieuses Brigittines, ibid.
§. VI. Histoires des Religieuses du Calvaire, ibid.
§. VII. Histoires des Religieuses Carmélites, ibid.
§. VIII. Histoires des Chanoinesses, 906
§. IX. Histoires des Filles de la Charité, 907
§. X. Histoires des Religieuses de Citeaux, ibid.

Histoires de l'Abbaye des Clairets, 910 : = de Notre-Dame du Pont-aux-Dames, ibid. = de Port-Royal, ibid.

§. XI. Histoires des Religieuses Dominicaines, 914
§. XII. Histoires de la Congrégation des Filles de l'Enfance de Jésus, 915
§. XIII. Histoires des Religieuses de Fontevrauld, 916

Tome I. *e*

xxxiv TABLE DES CHAPITRES, &c.

§. XIV. Histoires des Religieuses Franciscaines, 917
§. XV. Histoires des Religieuses Hospitalières, 919
§. XVI. Histoires des Religieuses de l'Ordre des Minimes, 920
§. XVII. Histoires des Religieuses de Notre-Dame, ibid.
§. XVIII. Histoires des Religieuses de la Congrégation de Notre-Dame, ibid.
§. XIX. Histoires des Religieuses de Notre-Dame de la Miséricorde, 921
§. XX. Histoires des Religieuses de Notre-Dame du Refuge & du Bon-Pasteur, ibid.
§. XXI. Histoires des Religieuses de la Visitation de Sainte-Marie, ibid.
§. XXII. Histoires des Religieuses Ursulines, 921
§. XXIII. Histoires de diverses Religieuses, 923

Fin de la Table des Chapitres & Articles.

☞ LE Père le Long avoit mis ici, après la Table des Chapitres, &c. (que nous avons cru devoir donner plus ample,) une *Suite Chronologique des Rois de France*. Ce qui paroît l'y avoir engagé, c'est que son Ouvrage n'avoit qu'un Volume : il a parlé de cette Piéce dans sa Préface. Comme cette Suite Chronologique étoit fautive en plusieurs endroits, par rapport à la Durée des Règnes, dans l'Exemplaire de sa *Bibliothèque* corrigé par lui-même, il a effacé toutes les Remarques qu'il faisoit à ce sujet. On a cru que cette Suite Chronologique conviendroit mieux à la tête du *Tome II.* qui indique les Histoires des Rois : elle y sera précédée d'un Avertissement sur les différens Systêmes qui regardent principalement la Première Race de nos Rois, sur laquelle il y a des obscurités.]

APPROBATION DU CENSEUR ROYAL.

J'AI lu, par ordre de Monseigneur le Vice-Chancelier, le premier Volume de la nouvelle édition de la *Bibliothèque Historique du Père le Long*. Que de peines n'a-t-il pas fallu pour rassembler tous les Ouvrages qui peuvent donner des connoissances sur l'Histoire générale & particulière de la France ! Ce travail exige un courage & une critique extraordinaires, pour indiquer les seuls titres des Livres, ou pour juger de leur valeur. Si l'on considère que, loin de se borner aux Ouvrages imprimés, le Père le Long leur a associé un nombre presqu'infini de Manuscrits, d'autant plus difficiles à connoître, que la plupart n'existoient que dans des Cabinets particuliers ; on ne sera pas étonné que des recherches si pénibles aient abrégé les jours de ce Littérateur, & qu'il lui soit échappé beaucoup de fautes, beaucoup d'omissions, qu'il se proposoit de corriger dans une seconde Édition. Ce laborieux Écrivain eût sans doute rempli lui-même avec succès la tâche qu'il s'étoit imposée. Mais on peut se féliciter de ce qu'elle a été réservée à M. de Fontette, qui s'est fait un devoir de consulter sur chaque partie les personnes les plus instruites. Craindroit-on de dire, après cela, que la Bibliothèque Historique est devenue, en passant par les mains de cet illustre Magistrat, un Ouvrage presque tout neuf ? Non-seulement il a vérifié, autant qu'il a été en lui, les Articles indiqués par le Père le Long ; mais il en a encore ajouté un nombre très-considérable qui avoient échappé aux recherches de ce sçavant Bibliographe, ou qui ont paru depuis sa mort. Ces Additions sont d'ailleurs accompagnées d'Extraits, de Sommaires & de Jugemens, qui seront appréciés par les vrais Littérateurs, comme ils méritent de l'être. Cette Approbation, quelque longue qu'elle soit, ne doit pas paroître une exagération du mérite de la Nouvelle Bibliothèque Historique. Fait à la Bibliothèque du Roi, ce premier Décembre 1767.

CAPPERONNIER.

PRIVILÈGE DU ROI.

LOUIS, PAR LA GRACE DE DIEU, ROI DE FRANCE ET DE NAVARRE : A nos amés & féaux Conseillers, les Gens tenant nos Cours de Parlement, Maîtres des Requêtes ordinaires de notre Hôtel, Grand Conseil, Prévôt de Paris, Baillifs, Sénéchaux, leurs Lieutenans Civils & autres, nos Justiciers qu'il appartiendra : SALUT. Notre amé, JEAN-THOMAS HÉRISSANT, Père, l'un de nos Imprimeurs ordinaires, le seul à notre suite pour notre Cabinet, Maison, Bâtimens, Académies des Arts & Manufactures Royales, Nous a fait exposer qu'il desireroit faire imprimer & donner au Public : *La Bibliothèque Historique de la France*, s'il Nous plaisoit lui accorder nos Lettres de Privilége pour ce nécessaires. A CES CAUSES, voulant favorablement traiter l'Exposant, Nous lui avons permis & permettons par ces Présentes, de faire imprimer ledit Ouvrage autant de fois que bon lui semblera, & de le vendre, faire vendre & débiter par tout notre Royaume pendant le temps de douze Années consécutives, à compter du jour de la date des Présentes. Faisons défenses à tous Imprimeurs, Libraires, & autres personnes, de quelque qualité & condition qu'elles soient, d'en introduire d'impression étrangère dans aucun lieu de notre obéissance : comme aussi d'imprimer, ou faire imprimer, vendre, faire vendre, débiter, ni contrefaire ledit Ouvrage, ni d'en faire aucun extrait sous quelque prétexte que ce puisse être, sans la permission expresse & par écrit dudit Exposant, ou de ceux qui auront droit de lui, à peine de confiscation des Exemplaires contrefaits, de trois mille livres d'amende contre chacun des contrevenans, dont un tiers à Nous, un tiers à l'Hôtel-Dieu de Paris, & l'autre tiers audit Exposant, ou à celui qui aura droit de lui, & de tous dépens, dommages & intérêts ; à la charge que ces Présentes seront enregistrées tout au long sur le Registre de la Communauté des Imprimeurs & Libraires de Paris, dans trois mois de la date d'icelles ; que l'impression dudit Ouvrage se fera dans notre Royaume & non ailleurs, en beau papier & beaux caractères, conformément aux Réglemens de la Librairie, & notamment à celui du dix Avril mil sept cent vingt-cinq, à peine de déchéance du présent Privilége ; qu'avant de l'exposer en vente, le manuscrit qui aura servi de copie à l'impression dudit Ouvrage, sera remis dans le même état où l'approbation y aura été donnée, ès mains de notre très-cher & féal Chevalier, Chancelier de France, le Sieur DE LAMOIGNON, & qu'il en sera ensuite remis deux Exemplaires dans notre Bibliothèque publique, un dans celle de notre Château du Louvre, un dans celle de notredit sieur DE LAMOIGNON, & un dans celle de notre très-cher & féal Chevalier, Vice-Chancelier & garde des Sceaux de France, le sieur DE MAUPEOU : le tout à peine de nullité des Présentes ; du contenu desquelles vous mandons & enjoignons de faire jouir ledit Exposant & ses ayans cause, pleinement & paisiblement, sans souffrir qu'il leur soit fait aucun trouble ou empêchement. Voulons que la copie des Présentes qui sera imprimée tout au long, au commencement ou à la fin dudit Ouvrage, soit tenue pour duement signifiée, & qu'aux copies collationnées par l'un de nos amés & féaux Conseillers-Secrétaires, foi soit ajoutée comme à l'original. Commandons au premier notre Huissier ou Sergent sur ce requis, de faire pour l'exécution d'icelles, tous actes requis & nécessaires, sans demander autre permission, & nonobstant clameur de Haro, Chartre Normande & Lettres à ce contraires : CAR tel est notre plaisir. DONNÉ à Paris, le seizième jour du mois de Décembre, l'an de grace mil sept cent soixante-sept, & de notre Règne le cinquante-troisième. Par le Roi en son Conseil. *Signé*, LE BEGUE.

Registré sur le Registre XVII. de la Chambre Royale & Syndicale des Libraires, & Imprimeurs de Paris, N.° 999, fol. 334, conformément au Réglement de 1723. A Paris, ce 22 Décembre 1767. Signé, PISSOT, *Adjoint.*

BIBLIOTHEQUE

BIBLIOTHEQUE
HISTORIQUE.
DE LA FRANCE,

CONTENANT

Le Catalogue de tous les Ouvrages qui traitent de l'Histoire de ce Royaume, ou qui y ont rapport.

LIVRE PREMIER.

Préliminaires généraux de l'Histoire de France.

ES GAULES, qu'on a appellé la *France* [depuis le V. ou le VI. siècle de l'Ere Chrétienne] étoient comprises entre l'Océan & la Méditerranée, le Rhin, les Pyrénées & les Alpes; elles ont été en divers tems différemment partagées. Jules-César qui [environ 50 ans avant J. C.] avoit conquis presque tout ce grand Pays, le divise en trois parties au commencement de ses Commentaires ; sçavoir en Gaule Aquitanique, en Gaule proprement dite ou Celtique, & en Gaule Belgique : il n'y comprend pas la Narbonnoise, qui en faisoit cependant une partie, parce que longtems auparavant cette Province avoit été soumise aux Romains [c'est-à-dire, dès environ l'an 120 avant l'Ere Chrétienne.]

Clovis [qui fut le premier Roi des Francs ou François bien établis dans les Gaules,] posséda toutes ces régions, excepté la Gaule Narbonnoise, conquise sur les Romains par les Wisigoths, & le Royaume des Bourguignons, qui faisoit une partie considérable de la Gaule Celtique, [& dont les enfans de Clovis firent la conquête l'an 534 de J. C.]

Charles-Magne [mort en 814] régna dans toute l'étendue des Gaules : il poussa même ses conquêtes bien au-delà; car d'un côté il se rendit maître de [la partie septentrionale de l'Espagne, dont la capitale étoit] Barcelone, & de l'autre de [presque toute] l'Italie, de l'Allemagne [entière, de ce qu'on appelle aujourd'hui la Hongrie, & de la Dalmatie ;] mais les pays situés au-delà des Pyrénées, des Alpes & du Rhin, par rapport aux Gaules, n'en ont jamais fait partie.

Avant le règne de Charles-Magne, il y eut dans la France trois Royaumes [en conséquence des partages que faisoient alors les Princes de la Maison Royale :] le Royaume d'Austrasie [qui s'étendoit en Allemagne ;] le Royaume de Neustrie, & le Royaume de Bourgogne, auxquels Charles-Magne en ajouta un quatrième appellé le Royaume d'Aquitaine. Louis le Débonnaire, son fils aîné, fut le premier qui en occupa le Trône ; car Charibert, fils de Dagobert I. qui vainquit les Gascons & établit le siége de son Royaume à Toulouse, ne régna que sur une partie de l'Aquitaine. Ces Royaumes ont eu différentes durées.

Vers la fin de la seconde Race des Rois de France, il se fit encore d'autres divisions ; [les unes au Nord, les autres vers le Midi, où s'établirent deux nouveaux Royaumes de Bourgogne, dont le dernier porta aussi le nom d'Arles ;] mais les Provinces, alors démembrées, se trouvent aujourd'hui toutes réunies sous la domination de Louis XV. si l'on en excepte la Savoie, le pays des Suisses, & une bonne partie des Provinces qui composoient le Royaume d'Austrasie, [ou plutôt qui en dépendoient, & que l'on nomme aujourd'hui les Pays-Bas.]

Le dessein que je me suis proposé dans cet Ouvrage, est d'indiquer toutes les Histoires des pays contenus dans toute l'étendue des Gaules, ou de la France ; ainsi, il étoit à propos d'en déterminer d'abord les limites, afin que les lecteurs pussent découvrir, comme d'un coup d'œil, toutes les Histoires qui doivent entrer dans ce Catalogue.

L'Histoire d'un Royaume se divise ordinairement en Histoire Ecclésiastique, Politique & Civile. Cette division forme aussi les trois principales parties de cet Ouvrage. Mais comme il y a des Traités généraux qui peuvent convenir à l'une & à l'autre de ces histoires, tels que sont ceux qui regardent la Géographie ou la description des pays, je les fais précéder, & je les mets dans un premier Livre sous le titre de *Préliminaires généraux de l'Histoire de France*. Les Cartes & les Traités de Géographie y ont la première place ; on trouve ensuite dans ce même Livre l'Histoire naturelle du Royaume, qui ne consiste presque que dans les Traités des Eaux minérales.

☞ Si le Père le Long sembloit borner l'Histoire naturelle de France aux seules Eaux minérales, c'est que de son tems on connoissoit peu d'ouvrages sur les différentes branches de cette histoire. Mais depuis que l'amour de la Patrie & le goût de la Physique, devenu aujourd'hui presque universel, ont fait examiner de plus près & sans aucune distinction, tout ce que la nature a produit d'utile & de curieux dans nos climats, il n'est plus permis de se renfermer dans des bornes aussi étroites. Les divisions nouvelles que l'on a cru devoir substituer au plan du P. le Long pour cette Partie, présenteront dans cette édition un tableau plus exact de ce qui a été composé sur les Minéraux de la France, les Plantes, les Animaux, &c.]

Enfin ce premier Livre est terminé par les discours & les histoires qui concernent les anciens Gaulois. Le second Livre contiendra l'Histoire Ecclésiastique. Le troisième & le quatrième comprendront les Auteurs qui ont écrit sur l'Histoire Politique & Civile de la France, [de ses provinces & de ses villes ; l'Histoire Littéraire, &c.]

CHAPITRE PREMIER.
Géographie des Gaules & du Royaume de France.

CE chapitre contient [outre les Traités de Géographie] plus de huit [ou neuf] cens Cartes géographiques de toute la France, de quelques-unes de ses parties & des pays limitrophes, de la grandeur au moins d'une feuille. J'ai négligé presque toutes les autres qui sont plus petites, & [pour la plûpart, copies des précédentes. Au reste] je puis assurer, qu'excepté trois ou quatre fort anciennes, dont quelques Auteurs font mention, & que j'ai rapportées sur leur citation, j'ai vu toutes les autres.

☞ Les Cartes & Ouvrages qui regardent la Géographie de la France, doivent se disposer ou selon les différens âges traités ensemble, ou relativement à chacun des trois âges principaux, qui forment ce qu'on appelle la *Géographie Ancienne*, celle du *Moyen-âge*, & la *Moderne*.]

ARTICLE PREMIER.
Géographie des différens âges.

1. ☞ CATALOGUE des Livres & Traités de Géographie des sieurs Nicolas SANSON, Géographe du Roi; Nicolas, Guillaume & Adrien SANSON, Géographes, ses fils; mis au jour par les soins de Pierre MOULLART-SANSON, petit-fils de Nicolas Sanson le Géographe : *Paris*, 1702, *petit in-12*.

On trouve dans ce catalogue la liste d'une grande quantité de Cartes des Gaules & de la France, tant pour la division Ecclésiastique que pour la division Civile, avec l'indication de plusieurs Ouvrages géographiques composés par cette célébre famille de Géographes. Nicolas Sanson le pere, qui étoit d'Abbeville, mourut à Paris en 1667. Son fils Nicolas en 1649. Guillaume en 1703. Adrien en 1718; & Pierre Moullart-Sanson, petit-fils, en 1730.]

2. ☞ Lettre de M*** (FRERET) sur les Ouvrages géographiques de M. Guillaume DE L'ISLE, premier Géographe du Roi & de l'Académie des Sciences. *Merc. de France, Mars*, 1726, *pag. 468-491*.

Ceux qui avoient intérêt de soutenir le fonds de MM. Sanson, auxquels on reproche avec raison d'avoir négligé les observations Astronomiques, surtout par rapport aux longitudes, attaquerent cette Lettre dans l'Éloge de Nicolas Sanson qu'ils firent insérer dans les *Mémoires du P. Niceron, tom. XIII. pag.* 210 *& suiv.* M. Freret, depuis Secrétaire de l'Académie des Inscriptions & Belles-Lettres, adressa au sçavant Barnabite une Réponse très-étendue, qui est imprimée dans les mêmes *Mémoires, tom. X. part. II.* Voyez encore sur le célébre Guill. de l'Isle, mort en 1726, le Mercure de 1710, *pag.* 130, où il est question de plusieurs Cartes historiques de France, qu'il avoit dressées pour l'instruction du Roi Louis XV. & qu'il n'a pas publiées. Le catalogue des ouvrages qu'il a faits, outre les Mémoires qui sont dans le recueil de l'Académie des Sciences, a été publié, *Paris*, 1759, en une feuille, suivi de celui de Philippe BUACHE, son gendre & successeur. Il y a un ancien Catalogue de 1703, qui mérite d'être recherché, parcequ'il indique les Cartes que G. de l'Isle se proposoit de publier encore.]

3. ☞ Atlas historique, géographique & chronologique de la France ancienne & moderne, contenant les événemens de notre Histoire, &c. pour l'intelligence de l'Abrégé chronologique de l'Histoire de France de M. le Président Hénault : *Paris*, Desnos, 1764, *in-4*. 32 feuilles.]

4. ☞ Atlas historique & géographique de la France ancienne & moderne, contenant les révolutions de la Monarchie dans chaque siécle & sous chaque Régne, la réunion des grands Fiefs, &c. pour l'intelligence de l'Histoire de France de MM. Velly & Villaret ; par M. J. A. B. RIZZI-ZANNONI : *Paris*, Desnos, 1764 & 1765, *in-4*.

Il est composé de soixante feuilles, dont la première est l'ancienne Gaule, en petit *in-folio*; & la dernière est une Carte de la France, selon les anciennes Coutumes suivies dans ses diverses Provinces. On fait dans un Discours préliminaire une espéce d'analyse de chaque Carte, à l'exception des vingt-quatre que l'Auteur appelle de répétition, & qui ont rapport à la réunion des grands Fiefs au Domaine Royal. Ce Recueil, qui renferme les Cartes du précédent, ne peut être considéré que comme un essai.

Il semble qu'on a trop multiplié les Cartes de ce petit Atlas. Dans le *Journ. des Sçavans*, 1750, *Juin*, II. vol. p. 392, *in-4*. on trouve un projet à ce sujet, exprimé en ces termes : » On pourroit prendre dans » l'Histoire de France douze ou quinze Epoques, dresser » pour chaque Epoque une Description exacte & précise » de l'étendue de la domination Françoise & de ses » Provinces, tracer & enluminer sur des Cartes géogra- » phiques les divisions principales & les frontières. Ce » travail, qui n'a point encore été fait, seroit agréable » & très-utile pour l'intelligence de l'histoire. » L'Auteur du Journal fait, dans le même article, une description étendue de l'Empire de Charlemagne, qui fait connoître que les Cartes qu'on en a données ne sont pas exactes, particulièrement celle qui se trouve dans cet Atlas historique.]

5. ☞ L'Empire François ou l'Histoire des Conquêtes, des Royaumes & Provinces dont il est composé, leurs démembremens & leur réunion à la Couronne, avec des Cartes généalogiques; par Laurens TURQUOYS ; mis en lumière par L. Turquoys son fils : *Orléans*, Hotot, 1651, *in-folio*.

6. ☞ Abrégé chronologique des grands Fiefs de la Couronne de France ; avec la Chronologie des Princes & Seigneurs qui les ont possédés, jusqu'à leur réunion à la Couronne (par MM. BRUNET) : *Paris*, J. Thom. Hérissant, 1759, *in-8*.

On trouve dans cet Ouvrage, qui n'est pas aussi parfait qu'on pourroit le désirer, beaucoup de choses sur la Géographie des différens âges de la France. M. Rizzi-Zannoni déclare s'en être servi pour son Atlas historique.]

7. Description géographique & historique de la France ; par J. B. D'AUDIFFRET.

Tome I.

Elle est imprimée dans le tom. II. de sa Géographie ancienne, moderne & historique : *Paris*, 1691, *in-*4. *Amsterdam*, *in-*12.

☞ L'Auteur, dont l'Ouvrage est estimé, mourut en 1733 à Nancy, âgé de 76 ans.]

8. * Description historique & géographique de la France ancienne & moderne ; par M. l'Abbé (Louis DU FOUR) DE LONGUERUE, avec neuf Cartes géographiques (par J. B. BOURGUIGNON D'ANVILLE): *Paris,* Pralard, 1719, *in-folio.*

☞ Cet Ouvrage, qui contient des recherches très-curieuses, fut arrêté aussitôt après l'impression, par ordre de M. le Régent. L'Auteur s'y étoit expliqué trop librement par rapport aux droits prétendus par l'Empire sur quelques portions des anciens Royaumes de Bourgogne ou d'Arles, &c. On substitua quelques Cartons à ces endroits, & l'Ouvrage parut enfin, sans nom d'Auteur, ni d'Imprimeur, ni de lieu, sous le titre suivant :

Description historiq. & géogr. de la France ancienne & moderne, enrichie de plusieurs Cartes géographiques : 1722.

On y joignit un *Avis du Libraire au Lecteur*, où l'on explique & releve divers endroits, & c'est l'Abrégé des Observations de l'Abbé DU MOULINET DES THUILLERIES, & autres Sçavans. Pour avoir l'Ouvrage tel qu'il est sorti des mains de l'Auteur, il faut le titre de 1719, une Epître dédicatoire, & les feuilles supprimées ou changées ; sçavoir, pag. 7 & 8 = 31 & 32 = 49 & 50 = 143 & 144 = 213 & 114 = 169 & 270 = 179 & 280 de la Partie I. Et dans la II. les pag. 1 & 2 = 147 & 148 = 179 & 180. Le changement des pag. 113 & 114 est de l'Auteur même, qui a corrigé l'erreur qu'il avoit faite, en disant que le Dunois appartenoit à présent à la Maison de Matignon. Les exemplaires sans Cartons sont fort rares. On peut consulter sur cet Ouvrage le Siècle de Louis XIV. tom. II. pag. 389 = les Mém. de Trévoux, 1723, Juin, pag. 1068-1098 = Lenglet, Méth. histor. tom. IV. pag. 12. Struvius, pag. 301. M. l'Abbé de Longuerue est mort en 1733 ; & le Roi a dans sa Bibliothèque une partie des Manuscrits de ce Sçavant. Voyez son Catalogue : *Paris*, Barrois, 1735, *in-*12.

Un des Exemplaires de cette Description, qui se trouve dans la même Bibliothèque, sans les Cartons, contient à la fin beaucoup de corrections & de remarques manuscrites, avec le plan d'une nouvelle édition.]

9. ☞ Prospectus d'une Description historique, géographique & diplomatique de la France, divisée en Gouvernemens généraux & particuliers ; par M. l'Abbé DE FOY, Chanoine de Meaux : *Paris*, 1757, *in-*4.

On y relève plusieurs fautes de la Description de l'Abbé de Longuerue, & de l'Etat de la France du Comte de Boulainvilliers. M. l'Abbé de Foy se proposoit de réunir ces deux Ouvrages dans le sien, ainsi que la Notice de M. de Valois, & la Description de Piganiol de la Force. Le projet de cette Description, qui devoit former 6 vol. *in-fol.* avoit été conçu par M. Secousse. Voyez les *Mém. de Trév.* 1757, *Avril*, pag. 1135.]

10. ☞ Mf. Mémoires pour une Description historique & géographique de la France ancienne & moderne ; par Charles DU FRESNE DU CANGE: 6 vol. *grand in-*4.

Ils sont à la Bibliothèque du Roi, & ils peuvent être très-utiles par les recherches immenses qu'ils contiennent. Voyez le Mémoire que M. du Fresne d'Aubigny, arrière-neveu de ce Sçavant, a donné sur ses Manuscrits, & la Notice que M. le Chancelier d'Aguesseau en fit insérer dans le Journal des Sçavans, 1749, Déc. 1 vol.]

11. ☞ Mf. Caroli DU FRESNE DU CANGE, Gallia, *in-folio*.

Cette esquisse d'une Géographie universelle de la Gaule, est aussi à la Bibliothèque du Roi. La Notice du *Journal des Sçavans* que l'on vient de citer, donne les titres des articles principaux de ce Manuscrit. La plûpart regardent la Géographie : d'autres ont pour objet les habillemens & armes des Gaulois, leur valeur, Religion, Langue, &c. Sur chaque article, du Cange cite une multitude d'Auteurs & les Inscriptions anciennes, en indiquant seulement la page des Auteurs. Ce volume, qui ne contient ainsi aucune Dissertation suivie, peut être considéré comme la Table générale des sources où du Cange devoit puiser pour l'Ouvrage précédent.]

12. ☞ Dictionnaire universel de la France ancienne & moderne, &c. (par Cl. Marin SAUGRAIN, Libraire) : *Paris*, 1726, 3 vol. *in-folio*.

A la tête du premier Tome est une *Introduction* historique & géographique, par M. l'Abbé DU MOULINET DES THUILLERIES, qui est aussi Auteur du plan du Dictionnaire. Voyez pour cet Ouvrage, Journal des Sçavans, Septembre 1726 ; = Journal de Verdun, Juillet 1723, = Juillet 1726 ; = Mercure, Juillet 1726 ; = Les Actes des Sçavans de Léipsick, 1728, pag. 444.]

13. ☞ Critique du Dictionnaire de la France ; par L. M. DE LAUNAY: *Paris*, 1726, *in-*12.

Un plus gros volume ne suffiroit pas pour faire connoître les fautes de ce Dictionnaire. Voyez sur cette Critique, Mercure 1726. Décembre, 1 vol. pag. 2718 & 2719.]

14. ☞ Réponse à cette Critique : *Paris*, 1727, *in-*18.]

15. ☞ Observations générales de M. l'Abbé DE SAINT-PIERRE, sur le Livre intitulé : *Dictionnaire universel de la France*, &c. Mercure, 1726, *Novembre*, pag. 2481-2492.]

16. ☞ Remarques sur deux Ouvrages importans (le Dictionnaire universel de la France, & la Vie des Saints de Baillet) qui demanderoient une nouvelle édition. *Journ. de Verdun*, 1753, *Novembre*, pag. 362-367.]

17. ☞ Dictionnaire géographique, historique & politique des Gaules & de la France ; par M. l'Abbé EXPILLY: *Paris* (*Avignon*), 1762 & suiv. *in-fol.* 6 vol.]

18. ☞ Lettre de M. MERCIER, Chanoine Régulier & Bibliothécaire de Sainte Geneviève, sur un article du Dictionnaire géogr. (de M. l'Abbé Expilly) : *Mém. de Trévoux*, 1763, *Septembre*, pag. 2234-2242.

Cette Lettre fait connoître que ce qui est rapporté au mot *Aisnay*, au sujet d'une urne antique, n'est qu'une surprise faite au P. Colonia.]

19. ☞ Lettre de M. DE SUZZY sur le même sujet. *Journal Encyclopédiq.* 1763, *Novemb.* II. part. pag. 126-131.

Elle a été réimprimée à la fin du tom. II. du Dictionnaire de M. Expilly.]

20. ☞ Table de la France ancienne & moderne, &c. par M. l'Abbé DE GOURNÉ : *Paris*, 1742, 1752, *in-fol. placard.*]

21. ☞ Remarques critiques sur cette Table. *Journal de Verdun*, 1752, *Mai*, pag. 367-370.]

22. ☞ Description de la Gaule Belgique, selon les trois âges de l'Histoire, l'ancien, le moyen & le moderne, avec des Cartes de géographie & de généalogie ; par le Père Charles WASTELAIN, Jésuite : *Lille*, veuve Cramé, 1761, *in-4*.

Les trois âges qui divisent cette Description, sont 1.° Depuis les conquêtes de J. César jusqu'à la décadence de l'Empire. 2.° Depuis l'établissement de la Monarchie Françoise dans les Gaules jusqu'au douzième Siècle. 3.° Depuis cette époque jusqu'à notre tems. Cet Ouvrage, plein de recherches, est écrit avec beaucoup de précision ; & les détails de généalogie & d'histoire qui s'y trouvent, se rapportent à la Géographie, qui est l'objet principal. Voyez les *Mém. de Trévoux*, 1761, *Octobre*, pag. 2408-2421.]

ARTICLE II.
Géographie ancienne des Gaules.

CARTES GÉOGRAPHIQUES.

23. ☞ TABULA Galliæ PTOLEMÆI ; quæ Græcis Celtogalatia dicitur, & continet quatuor Provincias, Aquitaniam, Lugdunensem, Belgicam & Narbonensem ; descripta per Gerardum MERCATOREM Rupelmundanum.

Dans l'édition de Ptolémée par Mercator, *Colonia*, 1584, *in-fol*. & dans le *Theatr. Geogr. antiq*. de Pierre Bertius, *Lugd. Bat*. 1618, où cette Carte est corrigée pour certains noms propres. En la comparant avec les modernes, telles que celle de M. d'Anville, ci-dessous, N.° 39, on est étonné de voir que Ptolémée, appellé le Prince des Géographes, connoissoit si peu la Gaule, ou de ce que ses Copistes ont si fort altéré ses manuscrits. M. l'Abbé Belley a parlé assez au long de ces fautes dans un Mémoire lû le 21 Mai 1761 à l'Acad. Royale des Belles-Lettres, au sujet des anciens habitans de Bayeux.]

24. Gallia vetus, ad Julii Cæsaris commentaria : ex conatibus geographicis Abrahami ORTELII [cum explicatione] : *Antverpiæ*, 1598, 1603, 1624, *in-folio*.

Eadem : *Amstelodami*, Janson, *in-folio*.

Eadem : *Amstelodami*, Guillelmi Blaeu, *in-fol*.

Cette Carte se trouve aussi imprimée dans l'Atlas de Hornius : *Amst*. 1654, [& *la Haye*, 1741,] *in-fol*. Ortélius [d'Anvers, & l'un des plus sçavans Géographes modernes] est mort en 1598.

25. Gallia vetus, ex Caii Julii Cæsaris commentariis ; ex conatibus geographicis Nicolai SANSON : *Parisiis*, 1649, 1658, *in-folio*.

26. ☞ La Gaule dans son état au tems de la conquête par César, pour l'histoire Romaine de MM. Rollin & Crevier ; par le sieur D'ANVILLE : *Paris*, 1745, *in-4*.

Dans l'Histoire Romaine, *tom. XII*. p. 534. *in-12*, & *tom. VII*. p. 1. *in-4*. C'est un morceau très-bien travaillé, & qui contient toutes les connoissances nécessaires.]

27. Galliæ veteris typus, juxta Strabonem & alios antiquos authores : ex conatibus geo-

graphicis Abrahami ORTELII : *Antverpiæ*, 1594, 1598, 1603, 1624, *in-folio*.

Eadem : *Amstelodami*, Janson, *in-folio*.

Eadem : *Ibidem*, Guillelmi Blaeu, *in-folio*.

Cette Carte se trouve réimprimée dans l'Atlas de Hornius : *Amstel*. 1654, *in-folio*. (& *la Haye*, 1741.)

28. Tabulæ Peutingerianæ segmentum primum, ab ostiis Rheni Bonam usque ; quo in spatio Gallia vetus circumscribitur, [cum commentario.]

C'est la première partie de l'ouvrage intitulé, *Tabula itineraria*, *ex illustri Peutingerorum Bibliotheca*, *beneficio Marci VELSERI Augustani in lucem edita* : *Augustæ Vindelicorum & Venetiis*, 1591, *in-4*. Eadem integra : *Antverpia* [*Moretus*] 1598, *in-4*. [en 8 bandes.] Cette même Carte se trouve dans le *Theatrum antiq. Geogr.* de Bertius : *Amstelodami*, 1619, *in-fol*. [*tom. II.* en quatre feuilles, qui regarde les planches mêmes de Moret;] dans l'Atlas de Hornius : *Amstelod*. 1654 [& 1741,] *in-folio* ; avec les commentaires de Velserus sur les deux premiers segmens, dans ses œuvres recueillies sous ce titre, *Marci Velseri opera historica & philologica*, *sacra & profana*, *accurante Christoph. Arnoldo* : *Norimbergæ*, *Endteri*, 1682, *in-fol*. [& aussi dans les éditions de l'Histoire des grands chemins de Bergier données à Bruxelles en 1728 & 1736. Ces éditions sont moins exactes que celles de Moret.]

Velser croit que cette Carte a été faite du tems de Théodose I. ou de ses enfans. Il y a bien des fautes, surtout dans ce qui regarde les Gaules. Aussi M. de Tillemont, Histoire des Empereurs, sous Honoré, *tom. V*. article 69, assure que ce n'est qu'une espèce d'Itinéraire, fait par quelque Maréchal-des-logis, pour servir à ceux qui conduisoient les troupes Romaines, plûtôt que pour instruire de la Géographie, dont on croit que l'Auteur n'avoit aucune connoissance.

☞ On peut voir aussi ce qu'en a dit assez au long M. SCHOEPFLIN, Professeur à Strasbourg & associé de l'Académie Royale des Belles-Lettres. Ce Sçavant a donné dans son *Alsatia illustrata*, *tom. I.* pag. 610, le fragment qui regarde la Gaule, d'après l'original dont on va parler. Avant lui, Dom Bouquet avoit publié avec des Notes ce même fragment, d'après l'édition de Moret, dans le *tom. I.* du *Recueil des Historiens de France*.

Il y a une nouvelle édition très-correcte de la Table entière de Peutinger, *cum præfatione & dissertatione* : *auctore Francisco-Christophoro DE SCHEIB*, *Patricio Constant*. *Vindobonæ*, 1753, en 11 cartes, grand *in-fol*. Leur grandeur est conforme à celle de l'ancien original qui se trouve dans la Bibliothèque Impériale de Vienne en Autriche, & que Velser avoit fait réduire en un petit format. La Dissertation de M. Scheib renferme une espèce d'histoire de l'ancienne Géographie ; & les 11 feuilles de la Carte de Peutinger, sont suivies d'une grande table alphabétique de tous les noms qui y sont compris.

On a une autre Dissertation de Jean-George LOTTER : *Lipsiæ*, 1729, *in-4*. Struvius, Bibliothèque historique, pag. 751, en rapporte un morceau assez long, qu'on peut consulter au défaut de cet ouvrage. Antoine-François Gori a fait réimprimer cette Dissertation dans son recueil intitulé *Rome* 1754, sous le titre de *Symbola litterariæ*, &c. *tom. VI.* pag. 19-58. On trouve dans le même tome, pag. 1-15, P. BERTII *judicium de Tabulâ Peutingerianâ*. La Dissertation de Lotter a été de nouveau imprimée dans le *Thesaurus rerum Suevicarum* de M. Wegelin, *tom. IV. Ulmæ*, 1760, *in-fol*.

On peut voir encore ce qui dit M. FRERET sur cette ancienne Carte, dans l'Histoire de l'Académie des Belles-Lettres, *tom. XIV.* p. 174-178, & *XVIII.* p. 249-256. Le Recueil de l'Académie Royale des Sciences, année 1761, contient aussi un Mémoire de M. BUACHE, qui y découvre plus d'art & de science qu'il n'en paroît au premier coup d'œil.]

29. Galliæ antiquæ descriptio geographica: auctore Nicolao SANSON; quatuor foliis (cum supplementis duobus): *Parisiis*, 1627, *in-folio*.

Cette Carte est accompagnée d'un Traité en latin & en françois, servant d'explication.

☞ Eadem, seu Belgica, Galliæ Celticæ pars orientalis, pars occidentalis, Aquitania, Gallia provincia Romanorum, &c; *sex foliis*: *Paris*. sine anno, *in-fol*.

Pierre MOULLART-SANSON qui a rajeuni ainsi par des titres nouveaux la Carte de son grand-père, y a ajouté les chemins Romains d'une ville à une autre, mais sans observer assez exactement les distances & les positions.]

30. Eadem, [ab ipso N. SANSON contracta]: *Parisiis*, Tavernier, 1641. *unic. fol.*

31. Gallia vetus in partes II. regiones IV. provincias XVII. & populos C. aut circiter, distincta; & in iis provinciarum metropoles, primariæque populorum urbes descriptæ; auctore Nicolao SANSON: *Parisiis*, 1658. *in-folio*.

32. ☞ Eadem, seu Gallia antiqua, &c. cum itinerario Romano, ex Antonino & tabulâ Peutingerianâ; auctore N. SANSON.

On croit que cette augmentation est de Moullart-Sanson, comme on vient de l'observer N.° 29.]

33. ☞ Celto-Galatia, seu Celto-Gallia, &c. ex schedis N. SANSON, *in-fol*.

Cette Carte, qui est sans année, paroît être aussi de Pierre MOULLART SANSON, qui a travaillé d'après celles de son grand-père.]

34. Galliæ utraque, Transalpina nimirum & Cisalpina, in præcipuas partes & nobiliores populos, juxta CELLARIUM præsertim divisa; ubi appostta sunt itineraria militaria Imperii Romani, ab urbe ad in regiones deducta; ex Itinerario Antonini & aliorum, & tabulis Peutingerianis excerpta; auctore Joanne-Baptista NOLIN: *Parisiis*, 1714, *in-folio*.

35. Carte de l'ancienne Gaule, où les chemins des Romains sont tracés selon l'Itinéraire d'Antonin, qui marque les endroits par où ils passoient en France; par H. GAUTIER, Architecte, Ingénieur & Inspecteur des grands chemins, ponts & chaussées du Royaume.

Cette Carte se trouve dans son Traité de la construction des chemins, II. édition: *Paris*, Seneuse, 1714, *in-8*.

36. ☞ Description des Gaules, tirée des Cartes imprimées & manuscrites des Srs Sanson, corrigées sur les remarques de D. Bouquet, Bénédictin, & sur les dissertations de M. Lebeuf, Chanoine d'Auxerre; par le Sr Gilles ROBERT, Géographe: 1738.

Il y a sur cette Carte des remarques importantes dans les Mémoires de l'Académie Royale des Belles-Lettres, *tom. XIV*. pag. 162, où M. FRERET parle au long de diverses anciennes routes de la Gaule, & des mesures qu'on y employoit. Voyez les *Mém. de Trévoux*, 1740, *Juillet*, p. 1474; & les *Mélanges histor. & philologiq.* de M. Michault, *tom. II.* pag. 170.]

37. ☞ Gallia Antiqua in Provincias & Populos divisa, geographicis Sansonum conatibus, &c. ab Æg. ROBERT: 1750, *in-fol*.

Cette Carte est dans l'Atlas universel: *Paris*, Boudet, 1757, *in-fol*. On n'y trouve point les noms modernes des villes, ni les voies Romaines, qui sont dans la précédente.]

38. ☞ Gallia antiqua ad mentem Jacobi MARTIN, à D. J. B. NOEL delineata: *Paris*. 1754, *quatuor foliis*.

Dans l'*Histoire des Gaules & des conquêtes des Gaulois*; par DD. Martin & Brezillac, *tom. II*.]

39. ☞ Gallia antiqua, ex ævi Romani monumentis eruta; auct. D'ANVILLE: 1760, *in-fol*.

Cette Carte, qui divise la Gaule en XVII. Provinces, montre toutes les voies Romaines, & est la plus exacte qu'on ait eue jusqu'à présent. Elle est expliquée par la *Notice* en forme de Dictionnaire que M. d'Anville a publiée en même tems, & dont nous parlerons dans la suite, N.° 124.]

40. ☞ Description de l'ancienne Gaule; par M. BUY DE MORNAS: *in-fol*. 2 feuilles.

Ce sont les Cartes 26 & 27 de la I. partie de son *Atlas historique & géographique*: *Paris*, Desnos, 1762, *in-fol*. La première feuille est pour les Gaules Aquitanique & Narbonnoise; la seconde pour la Celtique & la Belgique: l'une & l'autre sont accompagnées de remarques historiques marginales.]

41. ☞ Galliæ veteris Tabula, populos, civitates, pagos, nec non provincias, municipia, colonias, præfecturas, Imperio Romano subjectas complectens, ex antiquis Itinerariis, &c. operâ & studio J. A. B. RIZZI-ZANNONI: *Parisiis*, Desnos, 1764, *petit in-fol*.

A la tête du Recueil *in-4.* intitulé, *Atlas historique & géographique de la France ancienne & moderne*; c'est une réduction fautive de la Carte de M. d'Anville.]

42. ☞ Gallia Provincia Romanorum, Braccata, Narbonensis & Viennensis dicta: viæ militares describuntur, &c. Editio altera auctior, conatibus geographicis Petri MOULLART-SANSON: (*Parisiis*) 1723, *in-fol*.]

43. ☞ Gallia Braccata seu Narbonensis, in tres provincias distributa: *in-fol*.

Cette Carte se trouve *tom. I*. p. 153 de l'*Histoire de Languedoc* de DD. de Vic & Vaissette: *Paris*, 1738.]

44. ☞ Carte de la Province Romaine dans la Gaule; par le Sieur D'ANVILLE: 1743, *in-4*.

Cette petite Carte, qui est d'une grande précision, se trouve à la fin du *tom. IX*. de l'*Hist. Romaine* de MM. Rollin & Crevier.]

45. ☞ Provinciæ Romanorum antiquæ, quæ & Celtoliguria & Galloliguria olim dicebatur, Chorographia; auctore Honorato BOUCHE: *in-fol*.

Elle est à la tête de sa *Chorographie & Histoire de Provence*: *Aix*, 1664. On n'y voit que la partie Orientale de l'ancienne Province Romaine; ce qui répond à la Provence & au Dauphiné: la partie Occidentale qui y est jointe dans les Cartes précédentes, est ce que nous appellons le Languedoc.]

46. ☞ Armoricæ veteris Descriptio juxta Sansonum tabulas, & Eruditorum quorumdam observationes: *in-fol*.

Cette Carte se trouve à la tête du *tom. I.* de l'*Hist. de Bretagne*; par D. MORICE: *Paris*, 1750, *in-fol*.]

47. Germania Cisrhenana, ut inter Cæsaris & Trajani fuit imperia, cum descriptione ejusdem; auctore Philippo CLUVERIO.

Cette Carte est imprimée & insérée dans la description des Gaules, qui remplit le second livre de l'ouvrage de Cluvier, intitulé, *Germania antiqua: Lugduni Batavorum*, Elzeviril, 1616, *in-folio*. Cet Auteur est mort en 1623.

48. Belgii veteris typus; auctore Abrah. ORTELIO: 1594, *in-fol*.

Dans son *Parergon*; dans l'Atlas de Hondius; dans le Théâtre de Bertius, avec plusieurs corrections. On y distingue par quatre sortes de caractères les différens lieux, selon les âges. Ortélius en a fait une explication, qui se trouve aussi dans Bertius.]

49. ☞ Patriæ antiquæ inter Julii & Caroli Magni, Cæsarum imperatorum, tempora descriptio.

Cette Carte de la Belgique, où l'on voit les noms anciens & modernes, se trouve dans les *Annales Clivia, Julia, Montia, &c. antiqua & moderna* de Wernher TESCHENMACHER: *Arnhemi*, 1638, *in-folio*.]

50. Franciæ Salicæ, seu veteris Belgii tabula; auctore Gottefrido WENDELINO.

Dans le livre que Wendelin a intitulé, *Natale solum legum Salicarum: Antverpia*, 1649, *in-folio*.

51. Belgica, in provincias quatuor; auctore Nic. SANSON: *Parisiis*, 1659, *in-folio*.]

52. ☞ Summaria descriptio Germaniæ inferioris antiquæ, cis & ultra Rhenum, cum omni Germanorum possessione in Belgica inferiore, recens emendatis vel assertis variorum locorum incongruis aut ignoratis possessionibus; auctore Mensone ALTING: 1697, *in-folio*.

Cette Carte générale, & quatre autres de détail, se trouvent dans l'ouvrage d'Alting, intitulé, *Descriptio Agri Batavi, sive Noticia Germaniæ inferioris: Amsteladami*, 1697, *in-folio*.]

53. ☞ Gallia Belgica ex antiquis scriptoribus descripta; (auctore Carolo WASTELAIN): 1761, *in-4*.

Cette Carte, qui se trouve pag. 4 de sa *Description de la Gaule Belgique*, mérite d'être consultée, comme étant la plus nouvelle.]

54. ☞ Morinorum sub Cæsare magnitudo & locorum ab anno 800, nomenclatura; auctore Jac. MALBRANCQ, anno 1647, ampliatum: *in-fol*.

A la tête du tom. II. de l'Ouvrage intitulé: *De Morinis*, &c. *Tornaci*, 1647, *in-4*. Cette Carte avoit été donnée moins ample dans le tom. I. en 1639. Elle représente ce qu'on appelle aujourd'hui le Boulonois & la Flandre Occidentale: on y voit le systême de l'Auteur, qui prétendoit que la Mer s'enfonçoit autrefois jusqu'à Saint-Omer; & il place le fameux port Itius à l'entrée de ce Golfe.]

55. ☞ Alsatia antiqua, usque ad sæculum V. auctore J. Dan. SCHOEPFLINO.

Dans son *Alsatia illustrata: Colmaria*, 1751. *tom. I. p.123*.]

56. ☞ Tabula Geographica Provinciæ Sequanorum, sub Imperio Romano, à Julio Cæsare ad M. Aurel. Antoninum, quæ sub Constantino dicta fuit Maxima Sequanorum: 1713, *in-fol*.

Cette Carte, qui est sans nom de lieu d'impression, est dressée sur les idées singulières du P. DUNOD, par rapport aux anciennes villes de Franche-Comté, dont il est question dans ses Ouvrages sur la découverte de la ville d'Antre ou d'*Aventicum*, qui seront indiqués dans la suite de cet Article.]

57. ☞ Carte pour l'Histoire ancienne de l'Helvétie (par M. LOYS DE BOCHAT): *Lausanne*, Bousquet, 1749, *en quatre feuilles*.

Elle se trouve à la fin du tom. III. des *Mémoires critiques* de cet Auteur sur l'*Hist. ancienne de Suisse*; mais il est bon d'avertir qu'il n'y a d'ancien que les routes Romaines. Les noms des lieux sont les mêmes que ceux d'aujourd'hui, que l'Auteur considère comme anciens, leur donnant à tous une étymologie Celtique.]

TRAITÉS GÉOGRAPHIQUES.

58. ☞ Excerpta ex antiquis Geographis (Strabone, Mela, Plinio, Ptolemæo, &c.) de Gallis, cum Notis criticis & geographicis D. Martini BOUQUET.

Dans le Recueil des *Historiens de France: Paris*, 1738, tom. I. pag. 1-146, *in-fol*.]

59. Brevis Descriptio Galliarum; auctore AMMIANO MARCELLINO.

Cette Description se trouve dans les Chapitres 9, 10 & 11 du Livre XV. de l'Histoire Romaine de cet Auteur, qui a fleuri en l'an de J. C. 378. La meilleure édition est celle qu'Adrien DE VALOIS a publiée sous ce titre, *Ammiani Marcellini rerum Romanarum Libri, emendati & notis illustrati, ab Henrico Valesio, cum novis Friderici Lindembrogii & Adriani Valesii: Parisiis*, 1681, *in-fol*.

☞ L'édition d'Ammien Marcellin, qu'a donnée GRONOVIUS, & à laquelle il a ajouté plusieurs Notes & les figures de quelques Monumens antiques & de Médailles, est regardée aujourd'hui comme la meilleure: *Lugduni Batavorum*, 1693, *in-folio, & in-4*. en plus petits caractères.

Ammien Marcellin étoit d'Antioche, selon M. de Valois. Ce qui nous reste de son Histoire s'étend depuis l'an 353, sous le règne de l'Empereur Constance, jusqu'à la mort de Valens en 374. Elle est d'autant plus utile pour nous, qu'il a écrit dans le tems que les Francs, les Allemans, les Bourguignons, & autres peuples de la Germanie, faisoient la guerre aux Romains dans les Gaules, & qu'il a servi lui-même sous les Empereurs Constance & Julien.]

60. Itinerarium ANTONINI Imperatoris, necnon Itinerarium Burdigalense, cum Hieronimi Suritæ Commentariis, edente Andreâ Schotto: *Coloniæ*, 1600, *in-8*.

Bergier, dans le chapitre VI. du Livre III. de l'*Histoire des grands Chemins de l'Empire*, rapportée ci-dessous, croit que cette Description a été commencée sous Jules-Céfar & Auguste; qu'elle a été augmentée sous les Antonins; que enfin Æthicus d'Istrie l'a mise dans l'état où nous l'avons. Il y a eu plusieurs éditions de cet Itinéraire; celle-ci est la meilleure [après celle de M. Wesseling, que nous allons indiquer.]

☞ Pierre Bertius en a donné une bonne dans le tom. II. de son *Theatr. Geographiæ veter*. Les uns veulent que l'Empereur Antonin lui-même soit l'Auteur de cet Itinéraire. Quelques-uns des Manuscrits de cet Ouvrage, l'attribuent à Antoine Auguste & à Julius Honorius, Orateur, ou à Antonius Æthicus. On peut consulter Fabricius, Biblioth. Lat. *Lib. I. Cap. X*.

H. Gautier, dans son *Traité de la construction des Chemins*, &c. *Paris*, 1714, 1721, a publié tout ce qu'il y a dans cet Itinéraire sur la Gaule, & il y a joint les noms modernes qu'il a pu découvrir. On trouve aussi cette même partie qui nous intéresse particulièrement dans le *Recueil des Historiens des Gaules & de France*, tom. I. pag. 102 & suiv. Le P. Labbe l'a aussi donnée à la fin de sa *Geographia Episcopalis*, IX. *Appendix: Parisiis*, 1661, *in-*24. comparée avec ce qui se voit de la Gaule dans la Carte de Peutinger. On trouve ensuite dans ce petit Ouvrage un Extrait de l'*Iter Hierosolymitanum*, appellé autrement *Burdigalense*, dont l'Auteur a traversé la Gaule méridionale depuis Bordeaux jusqu'au passage des Alpes.

Voyez sur l'Itinéraire d'Antonin, Lenglet, *Méthod. Historiq.* tom. *IV. pag.* 6. = Mém. de Trév. *Juillet*, 1711, pag. 1257-1263. = Biblioth. raison. tom. *XIV. pag.* 63. = Dict. de Moréri. = Bibliothèq. de Clément, tom. *I. p.* 384.=Struvius, *p.* 670. & l'*Alsatia illustrata*, tom. *I. pag.* 612. & *seq*.]

61. ☞ Vetera Romanorum Itineraria, sive ANTONINI Augusti Itinerarium, cum notis Vatiorum ; Itinerarium Hierosolymitanum, & Hieroclis Grammatici Synecdemus ; curante Petro WESSELING : *Amstelædami*, Westein, 1735, *in*-4.

Excellent Ouvrage, où l'on trouve les variantes des Manuscrits, & nombre de bonnes notes sur différentes Villes.]

62. Histoire des grands Chemins de l'Empire Romain, où se voit l'éclaircissement de l'Itinéraire d'Antonin & de la Carte de Peutinger ; par Nicolas BERGIER [Avocat au Présidial] de Reims : *Paris*, Cl. Morel, 1622, *in*-4.

* La même Histoire, revûe, corrigée & augmentée par l'Auteur, avant sa mort : *Paris*, Ch. Morel, 1628, *in*-4.

☞ Cette édition n'a rien de nouveau que le titre. Voyez la *Bibliothèque curieuse* de David Clément, tom. III. pag. 167.]

☞ La même, avec quelques notes : *Bruxelles*, Léonard, 1728, 2 vol. *in*-4.

David Clément met cette seconde édition sous le nom de M. Bourguignon (d'Anville.) Le P. Niceron, qui la lui avoit aussi attribuée, tom. X. pag. 174, a été relevé dans le Dictionnaire de Moréri, au mot *Bergier*.]

☞ La même : *Bruxelles*, Léonard, 1736, *in*-4. 2 vol.]

Cet Auteur est mort en 1623. Son Ouvrage est curieux & fort utile.

☞ On en trouve un précis assez détaillé, dans le *Traité de la construction des Chemins* ; par H. GAUTIER.]

La même Histoire traduite en Latin, & publiée sous ce titre : De publicis & militaribus Imperii Romani Viis, Libri V. ex interpretatione Henrici Christiani HENNINII, Medicinæ Professoris, [in Academiâ Duysburgensi] & cum Animadversionibus Joann. Bapt. DU BOS.

Cette traduction Latine se trouve dans le tom. *X.* du *Thesaurus Antiquitatum Romanarum, per Grævium : Lugduni Batav.* van der Aa, 1699, *in*-folio.

☞ Elle est très-peu estimée. Voyez les *Mémoires histor. & critiq.* de 1722, *Janvier*, *pag*. 45. = Fabricius, *Conspect. Thes. Litter. Ital.* pag. 185.=Voigt, *Catalog. histor. critic. Libr. rar.* pag. 79. Cependant, outre les Remarques critiques de M. l'Abbé du Bos, Henninius y a joint quelques corrections d'après des notes que Bergier lui-même avoit faites sur les marges d'un exemplaire de son Ouvrage.]

☞ Histoire générale des grands Chemins dans les parties du monde, particulièrement dans la Grande-Bretagne, &c. *London*, 1712, *in*-8. (en Anglois.)

C'est la traduction du Livre I. de l'Histoire de Bergier : cette version Angloise n'a pas été continuée. Voyez les *Mémoires de Littérature*, en Anglois, par la Roque, 1722, *in*-8. tom. IV. pag. 113, & tom. VII. pag. 335. = & la Bibliothèque curieuse de David Clément, tom. III. pag. 171, où l'on trouve le titre Anglois dans toute son étendue.

Plusieurs Bibliographes ont attribué au P. Bacchini, Bénédictin de la Congrégation du Mont-Cassin, mort à Bologne en 1721, deux Traductions, l'une Italienne & l'autre Latine du même Ouvrage de Bergier. Quoiqu'Henninius eût cherché en vain jusqu'au Manuscrit de la première, le Père Niceron a assuré (tom. VI. pag. 398.) qu'elle avoit été imprimée, mais sans ajouter ni le lieu de l'impression, ni la date, ni le format. M. le Comte Mazzuchelli, dans son Ouvrage intitulé, *Gli Scrittori d'Italia : Brescia*, 1758 & *suiv. in*-fol. la met ainsi que la Version latine, au rang des Ouvrages de Bacchini, restés manuscrits, sans dire où ils sont déposés. Il y a tout lieu de douter de l'existence de cette double Traduction, dont il n'est parlé ni dans deux vies de Bacchini citées par David Clément, pag. 170, ni dans une autre donnée par J. Lami dans ses *Memorabilia Italorum eruditione præstantium*, &c. *Florentiæ*, 1742, *in*-8. tom. I. pag. 215. M. le Marquis Maffei, qui appelloit Bacchini son Maître, & qui a souvent parlé à M. Seguier, Secrétaire de l'Académie de Nîmes, de la personne & des écrits de ce sçavant Religieux, ne lui a jamais donné à connoître que Bacchini eût travaillé à aucune de ces versions. Ce témoignage, tiré d'une Lettre même de M. Seguier du 6 Mai 1765, suffit, avec les autres preuves de M. Clément, pour infirmer l'assertion du Pere Niceron, sur la foi duquel principalement le célèbre Fabricius (*Conspect. Thes. Litter. Italiæ*) en a parlé, ainsi que Freytag, dans ses *Analecta Litteraria : Lipsiæ*, 1750, pag. 84.

Voyez sur l'Ouvrage de Bergier, le Père Niceron, tom. *VI.* pag. 397. = Mercure, 1728, Avril, pag. 754. = Bibliothèq. raisonnée, tom. *III.* pag. 131. = Lettr. ser. & bad. tom. *III.* pag. 270. 281. 297. = Siècle de Louis XIV. tom. *II. pag*. 352. = Caractères des Ouvrages historiq. *pag.* 19. = Lenglet, Méthod. histor. tom. *III.* pag. 238.]

63. ☞ Jo. Dan. SCHOEPFLINI militares Romanorum per Alsatiam viæ, columnæ milliares & leugares. *Alsatiæ illustratæ, tom. I.* pag. 249-573.]

64. ☞ Sur les Colonnes itinéraires de la France, où les distances sont marquées par le mot *leuga* ; par M. FRERET. *Hist. de l'Acad. des Bell. Lett.* tom. *XIV.* p. 150-159.]

65. ☞ Lettre écrite au R. P. de Montfaucon ; par M. DE MURAT, Juge-Mage de Carcassonne, sur la découverte d'un Monument d'antiquité (une Colonne milliaire) faite auprès de cette ville. *Mercure*, 1729, *Juin*, pag. 1059-1070, y compris des Remarques sur cette Lettre.]

66. ☞ Observations sur deux Colonnes milliaires ; par M. l'Abbé LEBEUF, Chanoine d'Auxerre. *Mercure*, 1731, *Mars*, p. 481-492.]

67. ☞ De Viis militaribus Romanorum in veteri Germaniâ, Rhœtiâ & Vindeliciâ ; auctore

auctore Adriano STEYER : *Lipsiæ*, 1738, *in-*4.

M. Wegelin a fait réimprimer cette Dissertation dans son *Thesaurus rerum Suev. tom. I.*]

68. ☞ Sur la comparaison des Mesures Itinéraires des Romains, avec celles qui ont été prises géométriquement par MM. Cassini, dans une partie de la France ; par M. FRERET. *Hist. de l'Acad. des Bell. Lett. tom. XIV. pag.* 160-173.]

69. ☞ Dissertation sur les grands Chemins de Lyon, &c. par le Père Claude-François MENESTRIER.

C'est la sixième des Dissertations mises en tête de son *Histoire Civile & Consulaire de Lyon*, 1696 : *Lyon*, de Ville, *in-fol.*]

70. ☞ Ms. Dissertation sur les voies Romaines dans le Pays des Séquanois (ou la Franche-Comté ;) par D. Maur JOURDAIN, Religieux Bénédictin de la Congrégation de S. Maur.

Cette Dissertation qui remporta le prix proposé par l'Académie de Besançon en 1756, est dans les Registres de cette Académie, & entre les mains de l'Auteur, actuellement à Paris, en l'Abbaye de S. Germain-des-Prés.

Trois autres Dissertations sur le même sujet, ont encore mérité le suffrage de l'Académie, & sont conservées dans ses Registres. Le premier *accessit* fut accordé à M. TROUILLET, Curé d'Ornans en Franche-Comté ; le second à M. BERGIER, Curé de Flangebouche, dans la même Province ; & le troisième à M. CHEVALIER, Maître des Comptes à Dôle.

La Dissertation de celui-ci est citée, ainsi que celle de Dom Jourdain, par M. le Comte de CAYLUS, *tom. V.* de son *Recueil d'Antiquités : Paris*, 1762, *in*-4. où l'on trouve, *pag.* 298 & 302, la description & les plans de deux anciens Camps Romains, qui se voient en Franche-Comté.]

71. ☞ Dissertation de M. LE TORS, Lieutenant Criminel au Bailliage d'Avalon, sur quelques Chemins Romains qui sont aux environs de cette Ville, &c. *Mercure*, 1737, *Juillet*, *pag.* 1559-1576.]

72. ☞ Recherches sur les voies Romaines d'Auxerre à Avalon & à Sens, & sur celle d'Autun à Besançon ; par M. PASUMOT, Ingénieur du Roi, de la Société des Sciences & Belles-Lettres d'Auxerre.

Ce sont les objets de trois des *Mémoires géographiques* de cet Auteur. *Voyez ci-après*, N.º 183.]

73. ☞ Ms. Description d'une Chaussée antique qui va de la Montagne de Chatenai ou d'Ouaine (Diocèse d'Auxerre) à Entrains, par dessus la Montagne des Alouettes ; par M. LE PERE, Secrétaire de la Société des Sciences & Belles-Lettres d'Auxerre.

Elle est dans les Registres de cette Société ; mais on en trouve l'essentiel, *pag.* 31 & *suiv.* des *Mémoires géographiques* dont on vient de parler. M. le Pere, est mort le 9 Décembre 1761.]

74. ☞ Sur le Camp des Alleux près d'Avalon, avec quelques remarques sur cette Ville, & la grande voie Romaine qui y conduisoit d'Autun ; par M. le Comte de CAYLUS. *Tome I.*

Rec. d'Antiquités, tom. V. pag. 307. *Paris*, 1762, *in*-4.]

75. ☞ Extrait d'une Lettre de M. PASUMOT à M. le Comte de Caylus, sur le même Camp des Alleux. *Rec. d'Antiq. tom. VI. Paris*, 1764. *Corrections, pag.* XIX & XX.

M. Pasumot a jugé que ce Camp étoit Gaulois, contre l'opinion de M. de Caylus, qui le regardoit avant cette Lettre comme un Ouvrage des Romains.]

76. ☞ Sur les restes d'un ancien Camp, qui se voit à cinq lieues Est-Nord-Est de Troyes, & sur une voie Romaine qui conduisoit de Langres à Reims, passant par Châlons-sur-Marne ; par M. le Comte de CAYLUS. *Rec. d'Antiquités*, *tom*. *VI. pag.* 346.]

77. ☞ Dissertation sur les grands chemins de la Lorraine ; par D. Augustin CALMET : *Nancy*, P. Antoine, 1727, *in*-4. *pag.* 28.

La même, avec des additions & corrections considérables, à la tête du dernier tom. de la nouvelle Histoire de Lorraine, *in-fol.*

La même, traduite en Anglois, par un Gentilhomme d'Ecosse, 1728.

Cette Dissertation a été composée par ordre du Duc Léopold. D. Calmet donne sur les routes anciennes & modernes de la Lorraine & pays adjacens, un détail très-curieux, & précédé de recherches sçavantes sur l'antiquité des grands Chemins de presque tous les Peuples.]

78. ☞ Sur un Camp Romain qui se voit sur le Mont de Fains, près la ville de Bar-le-Duc ; par M. le Comte de CAYLUS. *Rec. d'Antiq. tom. IV. pag.* 395, *Paris*, 1761.]

79. ☞ Dissertations sur quelques Camps connus en France sous le nom de *Camps de César*, (en Picardie & voisinage) ; par M. l'Abbé DE FONTENU, (en cinq Parties.) *Mémoires de l'Acad. des Bell. Lett. tom. X. & XIII.* avec une addition, *tom. XIV.*

La première Partie, *tom. X.* p. 403-421. est sur les restes du Camp qui se voient près de Dieppe, & dont on donne le Plan. L'Auteur fait voir que ce n'est pas un des anciens Camps Romains, dont il expose la forme & tout ce qui les concerne. La seconde Partie, *ibid. pag.* 422-430. est sur le même Camp considéré comme appellé, ci-devant, la *Cité de Lime*, & *pag.* 431. sur un autre Camp près Saint-Leu d'Esseran, sur l'Oise, à une lieue de Chantilly, avec le Plan. La troisième Partie, *pag.* 436-456. regarde le Camp de Pecquigny, sur la Somme, avec un Plan. La quatrième, *tom. XIII.* p. 410. traite du Camp de l'Etoile, à trois lieues au-dessous de Pecquigny, & *pag.* 414. du Camp proche le Port de Wissan, avec un Plan, & une Carte topographique de la situation de ce Port, que plusieurs Sçavans croient être le Port Iccius de César. Enfin, la cinquième Partie *pag.* 420. est sur le Camp de Neufchâtel, (avec son Plan) entre Boulogne & Etaples, que l'Auteur prétend n'avoir pas été un Camp Romain. Il traite ensuite, *pag.* 425. d'un autre prétendu Camp Romain, entre Clermont en Beauvaisis & Pont Saint-Maixent, dont il donne le Plan ; & il finit par une indication de quelques autres anciens Camps, situés en divers endroits, qui portent le nom de *César*.

L'Addition du tom. XIV. (*Hist. pag.* 98-103.) est sur un ancien Camp du bas Valais en Suisse, dont l'Auteur prétend qu'il reste de grands vestiges : ce qui a été nié par l'Ecrivain suivant, qui est du pays.]

80. ☞ Eclaircissement sur quelques prétendus restes de Camps des Romains ; par Laurent BAULAIRE. *Journal Helvétique*, 1740, Juin.

Cet éclaircissement regarde principalement le Camp de Pecquigny sur la Somme : on y trouve des remarques importantes sur les Dissertations de M. l'Abbé de Fontenu, dont on vient de parler, ainsi que dans la Lettre suivante.]

81. ☞ Lettre écrite de Genève, sur le Camp de Galba (Lieutenant de César) au Valais. *Journal Helvétiq.* 1744, Octobre. = *Mém. de Trévoux*, 1744, Septembre, pag. 1607-1637.]

82. ☞ Lettre de M. PASQUIER DE WARDANCHE', ancien Curé de Sainte Agathe, Diocèse de Rouen, sur l'ancienne Cité de Limmes, située près de Dieppe, en haute Normandie. *Mém. de Trévoux*, 1751, Août, pag. 1906-1909.

Les conjectures proposées par M. l'Abbé de Fontenu dans un endroit de ses Dissertations, au sujet d'un lieu qui porte les noms de *Camp de César*, & de *Cité de Limmes*, ont fait naître cette petite Lettre, où M. de Wardanché soutient l'existence de cette ancienne Cité.]

83. ☞ Lettre du P. TOUSSAINTS DU PLESSIS, Bénédictin, sur la prétendue Cité de Limmes, près de Dieppe. *Mém. de Trév.* 1751, Décembre, pag. 2644-2653.]

84. ☞ Lettre de M. LE CAT, Secrétaire de l'Académie de Rouen, sur la prétendue Cité de Limmes, *ibid.* 1752, Avril, p. 940-952.]

85. ☞ Mf. Mémoire sur les voies Romaines en Normandie ; par M. l'Abbé SAAS, Chanoine de Rouen & de l'Académie de cette Ville ; lû en l'Assemblée du 17 Avril 1755.

Ce Mémoire est dans les Registres de l'Académie de Rouen.]

86. ☞ Mf. Mémoire sur des Tombeaux & des Chemins Romains en Artois ; par M. CAMP, de la Société Littéraire d'Arras.

Il est dans les Registres de cette Société.]

87. ☞ Mémoire sur un Chemin des Romains, dans l'Artois, avec une Carte ; par M. le Comte de CAYLUS. *Hist. de l'Acad. des Bell. Lettr. tom. XXVII. pag.* 136-145.]

88. ☞ Les grands Chemins de l'Empire Romain dans la Belgique, vulgairement dits Chaussées de Brunehault ; avec les noms latins anciens des Peuples de cette partie de la Gaule : *Anvers*, Veroheven, 1633, *in-4*.

C'est une feuille volante, écrite avec autant de netteté que de précision ; on voit à la fin ces Lettres A. M. B. P. qui désignent sans doute le nom de l'Auteur.]

89. ☞ Plan du Camp du Vié-Lan, ou vieux Laon, à trois lieues de Laon, avec quelques remarques sur une voie Romaine, près de laquelle il étoit placé ; par M. de CAYLUS. *Rec. d'Antiq. tom. V. pag.* 316.]

90. ☞ Lettre sur un Chemin des environs de Beauvais, appellé Chaussée de Brunehaut. *Mercure*, 1749, Mai, pag. 83-91.

Bergier, dans son *Histoire des grands Chemins, liv. I. chap. XXVI & XXVII.* traite des opinions fabuleuses & incertaines, qui ont donné le nom de *Brunehaut* aux anciens Chemins Romains, en Flandre & en Picardie. Peut-être ce nom vient-il d'un mot Allemand qui signifie *ferme*, comme l'ont avancé quelques Ecrivains modernes. Voyez le *Recueil de divers Ecrits*, &c. par M. l'Abbé Lebeuf, tom. I. pag. 125.]

91. ☞ Remarques sur l'origine, la forme & la direction de la Chaussée-Brunehaud, dans le Valois, avec la description d'un Camp Romain, situé dans la plaine de Champlieu, à cinq lieues de Senlis ; par M. l'Abbé CARLIER, Prieur d'Andresy.

Ces Remarques sont dans son *Histoire du Duché de Valois*. (Paris, 1764, *in-4*.) tom. I. pag. 13 & 14, 34 & *suiv*. & tom. III. pag. 371. La Chaussée que l'Auteur décrit étoit, selon lui, appellée en latin *Strata*, & en Roman *Chemins de ly Estrées*, avant la fable du XIII° siècle qui lui a donné le nom de *Brunehaud*. Elle a été commencée sur le plan de Jules-César, par les soins d'Agrippa, gendre d'Auguste, & achevée par les successeurs de ce Prince, sur-tout par Caracalla. Elle se divise dans le Valois en trois branches, qui conduisent, l'une à Château-Thierry, l'autre à Senlis, la troisième à Noyon. Le territoire de Champlieu, que la seconde traverse, offre dans un endroit, nommé *Champ des Ouis*, plusieurs ruines appellées par les habitans, le *Monument des Tournelles*, & des monceaux de terres rapportées, semblables aux restes d'un ancien Camp. M. Carlier reconnoît dans tout l'emplacement, les principales proportions qui caractérisent un Camp Romain, & fait remonter celui-ci au tems des Césars. Les ruines des Tournelles sont, selon lui, des restes de fortifications élevées, depuis le règne de Valentinien I. à la place de l'ancien Camp auquel le village de Champlieu doit son nom & son origine. Tout ce détail est suivi de quelques recherches sur l'état de plusieurs Chaussées publiques sous les Antonins, leur direction, suivant les Tables de Peutinger, les colonnes milliaires de Vic-sur-Aisne, &c.]

92. ☞ Mémoire sur une voie Romaine qui conduisoit de l'embouchure de la Seine à Paris ; par M. l'Abbé BELLEY. *Acad. des Bell. Lettr. tom. XIX. pag.* 648-671.]

93. ☞ Sur un ancien Camp Romain, sur les ruines du Château de Milancé, près de Romorentin, & sur une voie Romaine, voisine, avec l'indication de toutes celles qui partoient d'Orléans, anciennement appellé *Genabum* ; par M. le Comte de CAYLUS. *Rec. d'Antiq. tom. VI. pag.* 391. Paris, 1764, *in-4*.]

94. ☞ Sur la voie Romaine de Chartres à Orléans, avec une Carte ; & sur un Camp Romain qui se trouve à Sougé dans le Bas-Vendômois, sur la ville de Suévre, & sur la voie Romaine qui alloit d'Orléans à Tours ; par M. de CAYLUS. *Rec. d'Antiq. tom. IV. pag.* 376, & *suiv*.]

95. ☞ Mémoire sur une voie Romaine, qui passoit de Valognes à Vieux, près de Caen, & ensuite à la ville du Mans ; par M. l'Abbé BELLEY. *Acad. des Bell. Lettr. tom. XXVIII. pag.* 475-486.]

96. ☞ Mf. Observations sur deux voies Romaines, qui conduisoient de Rennes dans le Cotantin; par le même.

Ces Observations sont dans les Registres de l'Acad. des Belles-Lettres 1765.]

97. ☞ Le Camp de Cæsar au village d'Empyré, paroisse de S. Pierre d'Angers; avec une Dissertation sur l'antiquité de cette Eglise, & des Remarques sur d'autres ouvrages des Romains en Anjou & aux environs; par M. Cl. ROBIN, Curé de S. Pierre d'Angers: *Saumur,* veuve Gouy, 1764, *in-*8.

Il est certain, par les Commentaires de César, que ce Général Romain avoit un Camp en Anjou, d'où il partit pour l'expédition contre les Vénètes. On a toujours cru dans le pays, que ce Camp étoit à l'angle voisin de l'embouchure de la Mayenne dans la Loire; mais ce n'est qu'une tradition. M. Robin ne paroît pas l'appuyer sur des conjectures assez solides.]

98. ☞ Des anciens Itinéraires de l'Armorique (ou de la Bretagne).

C'est la Note (ou Dissertation) 3, du tom. I. de l'*Hist. de Bretagne*: *Paris*, 1750, *in-fol.* pag. 856-859; & Dom Morice, Auteur de cette Histoire, donne ce morceau comme un extrait des Mémoires manuscrits de M. GALLET, Prêtre du Diocèse de Saint-Brieu, Curé de Compans au Diocèse de Paris, mort en 1726.]

99. ☞ De plusieurs voies Romaines, dont on trouve des vestiges dans la Province de Bretagne; par M. le Comte de CAYLUS. *Rec. d'Antiq. tom. VI. pag.* 370.

Le détail où entre M. de Caylus, est tiré de la première partie d'une Histoire manuscrite de Bretagne, composée par feu M. de ROBIEN, Président au Parlement de Rennes, & conservée par M. son fils, qui lui a succédé dans sa charge.]

100. ☞ Recherches Historiques sur les Pierres extraordinaires & quelques Camps des anciens Romains, qui se remarquent dans la Province de Bretagne, aux environs de la côte du Sud du Morbihan & à Belle-Isle; par M. le Chevalier DE LA SAUVAGERE, Ingénieur en chef du Port-Louis. *Journal de Verdun,* 1755, *Novembre,* pag. 347-363.

Les mêmes, sous le titre de *Dissertations militaires, extraites du Journal Historique (de Verdun) sur quelques Camps des anciens Romains,* &c. *Amsterdam,* 1758, *in-*12.

Les mêmes, corrigées & enrichies d'une Carte des côtes du Pays des Vénètes. *Recueil de l'Acad. de la Rochelle, tom. III. pag.* 212.

M. le Comte de CAYLUS a examiné de nouveau, (*Rec. d'Antiquités, tom. VI. pag.* 379.) ces blocs de pierres; & il fait voir qu'ils ne peuvent avoir servi à des Camps Romains. On verra, ci-après, à la fin de l'Histoire des Gaulois, l'indication de ce que cet illustre Sçavant a donné sur divers anciens Monumens de pierres brutes qui se voient en plusieurs autres Provinces Occidentales & Maritimes de la France.]

101. ☞ Dissertation sur une voie Romaine, qui traversoit le pays des *Santones,* ou *Saintongeois*; par M. HUE, Directeur des Ponts & Chaussées, de l'Académie de la Rochelle. *Recueil de cette Académie, tom. III. pag.* 188.]

Tome I.

102. ☞ Description des voies Romaines du Languedoc, & en particulier de la voie Domitie, depuis Beaucaire jusqu'à Uchau, près de Nismes, avec une Carte de cette Voie; pat M. ASTRUC.

C'est le Chapitre XVI de la I partie des *Mémoires pour servir à l'Histoire Naturelle du Languedoc*: *Paris,* 1737, *in*-4. (*p.* 208-256). La Voie Domitie, que M. Astruc décrit principalement, subsiste presque en entier. On y trouve encore plusieurs pierres milliaires en place; & la plûpart de celles qui manquent, ont été transportées dans les villages voisins. L'examen que M. Astruc en a fait, lui a donné lieu de fixer la véritable longueur des anciens Milles; de marquer l'ordre que les Romains gardoient dans la suite numérique des Milliaires, d'une ville à l'autre, du moins celui qu'ils avoient suivi dans le Languedoc; enfin, de rapporter la plus grande partie des Inscriptions Milliaires qu'on trouve encore dans le bas Languedoc.]

103. ☞ Mémoire de M. VERGILE DE LA BASTIDE, Gentilhomme de Languedoc, sur la découverte d'un grand Chemin des Romains, nouvellement faite dans cette Province. *Mercure,* 1731, *Août, pag.* 1894-1907.

Ce grand Chemin, découvert en 1730 par M. de la Bastide, va de Beaucaire à Nismes. M. l'Abbé Expilly a inséré presque toute cette Dissertation dans son Dictionnaire, *tom. I,* au mot *Beaucaire.*]

104. ☞ Scipionis MAFFEI Epistola de Cippis quibusdam Milliaribus in Narbonensi Provinciâ.

Cette lettre, écrite de Toulon en 1732, est la septiéme de celles que ce sçavant Italien a publiées sous le titre de *Gallia Antiquitates quædam selectæ. Parisi. Osmont,* 1733, *in-*4. Le détail que M. Maffei donne des Pierres Milliaires de Languedoc, a été utile à M. Astruc, ainsi que la Dissertation précédente de M. de la Bastide.]

105. ☞ Dissertation sur les inscriptions des Pierres Milliaires (qu'on trouve aux environs de Nîmes); par M. MENARD, Conseiller au Présidial de Nîmes, & de l'Académie des Inscriptions & Belles-Lettres.

C'est la Dissertation VIII. du *tom. VII. partie III.* de son *Histoire de Nîsmes.* M. Ménard parle d'abord des Chemins Romains, dont ces pierres Milliaires faisoient un des principaux avantages. Il parcourt en particulier la grande Voie, depuis le Château d'Ugernum sur les bords du Rhône, jusqu'à Nîsmes, (c'étoit l'entrée de la Province par l'Italie,) & de Nîsmes jusqu'au Bourg de Sextantio, d'où l'on continuoit la route jusqu'à Narbonne. Le détail intéressant dans lequel entre M. Ménard, est le résultat de ses propres recherches & observations, combinées avec celles de M. Astruc, de M. le Marquis Maffei, &c.]

106. ☞ Explication des voies Romaines qui passoient en Dauphiné & en Provence, selon les anciens Itinéraires & autres Auteurs; par Honoré BOUCHE.

C'est le Livre III. de sa *Chorographie de Provence, pag.* 122 *& suiv. Aix,* 1664, *in-fol.*]

107. ☞ Recherches sur plusieurs parties des Itinéraires Romains du milieu de la Gaule, entre Lyon, Clermont, Poitiers, Paris, Troyes, Chaalons, Toul, Autun, &c.

On les trouve dans les *Eclaircissemens géographiques* (de M. l'Abbé BELLEY) *sur l'ancienne Gaule*: *Paris,*

1741, *in-12*. Voyez la Table des matières au mot *Voies*. La Carte de M. d'Anville, qui y est relative, indique ces anciens Chemins, & même plusieurs, qui ne sont pas marqués dans les Itinéraires, non plus que dans la Carte de la Gaule du même Auteur, ci-devant N.° 39. On voit encore beaucoup de choses sur les voies Romaines de diverses parties de la Gaule, dans les Mémoires de M. l'Abbé Belley sur plusieurs anciennes Villes, dont il sera question dans la suite de cet Article.]

108. ☞ Mſ. Mémoire de M. DU FRAISSE DE VERNINES, sur les voies Romaines en Auvergne.

Il est dans les Registres de la Société Littéraire de Clermont ; & l'Auteur n'a prétendu donner qu'un essai.]

109. ☞ Lettre sur les voies Romaines de la Province de Guyenne, & sur quelques parties de ces anciens Chemins que l'on y trouve encore. *Mercure*, 1765, Octobre.

Ce qui concerne les restes des anciennes routes Romaines, est le résultat des observations des Ingénieurs de la Province.]

110. Josephi Justi SCALIGERI, Notitia Galliæ, & super appellationibus Locorum aliquot & Gentium apud Cæsarem, Notæ.

Joseph Scaliger est mort en 1609. Cet ouvrage est imprimé parmi ses *Opuscula varia*, *antehac non edita*: *Parisiis*, Drouart, 1610, *in-4*. Il se trouve encore à la suite d'une Dissertation de Jean Grangier, *de loco ubi victus Attila fuit olim: Parisiis*, 1641 ; enfin à la pag. 891 de l'Edition des Commentaires de César, par Arnold Montanus : *Amstelodami*, 1661, *in-8*. [dans la belle Edition du même Auteur, par Oudendorp : *Lugd. Batav.* 1737, *in-4*. & aussi dans le Recueil des Historiens de France de Duchesne, *tom. I. pag.* 28.]

111. Galliæ Geographia veteris, recentisque ; à Philiberto MONETO , S. J. Regionum segmentis & laterculis designata : *Lugduni*, Pilhote, 1634, *in-12*.

Le Père Monet est mort en 1643.

☞ Cet Ouvrage ne doit être lû qu'avec précaution : ses divisions sont arbitraires & ridicules. Nicolas Sanson, après avoir relevé plusieurs fautes de cet Ecrivain dans ses *Remarques sur la Carte de la Gaule de César*, au mot *Garites*, s'exprime en ces termes : » Ne voilà (t-il » pas un habile Géographe ? Il n'y a qu'environ dix » mille de ces galanteries dans son Traité *Galliæ* , &c.]

112. Description de la Gaule ou de la France, tirée de Ptolémée, en Latin & en François ; par Nicolas SANSON. La France & les Pays circonvoisins, tirés des Itinéraires Romains ; par le même.

Cette Description de la Gaule se trouve dans un Recueil que Sanson a publié sous ce titre : La France, l'Espagne, l'Allemagne, &c. *Paris*, 1651, *in-fol*.

☞ Voyez ci-dessus, N.° 22, ce que l'on a observé sur la Géographie de la Gaule par Ptolémée.]

113. Pharus Galliæ antiquæ, ex Cæsare, Hirtio, Strabone, Plinio, Ptolomæo, Itinerariis, Notitiis, &c. cum interpretatione vernaculâ ; auctore Philippo LABBE , Societatis Jesu : *Molinis* , Vernoi, 1644, *in-12*.

Le P. Labbe mourut en 1667, quelques jours avant Nicolas Sanson, contre lequel il a écrit ce Livre.

☞ C'est une Notice abrégée des Gaules, en quatre Tables alphabétiques : 1.° des Peuples ; 2.° des Lieux ; 3.° des Fleuves, Rivieres, Golphes, &c. 4.° des Montagnes, Forêts, &c. Elles sont Latines & Françoises pour les noms propres, & Latines seulement pour ce qui regarde le commentaire & les réflexions critiques. A la tête de cette Notice est un morceau de Géographie de l'ancienne Gaule, tiré du Liv. I. de la *Pharsale* de LUCAIN, avec des Notes du P. Labbe. On peut voir au sujet de ce Jésuite l'Abrégé de l'Hist. Eccl. de Racine, *tom. XII. pag.* 469, *in-12*. Le P. Labbe avoit préparé une Edition très-augmentée de son Ouvrage ; elle s'est trouvée parmi les Mss. du Collége de Louis le Grand. Voyez le Catalogue Latin de ces Mss. *pag*. 237. *Parif.* Saugrain , 1764, *in-8*.]

114. In Pharum Galliæ antiquæ Philippi Labbe, Disquisitiones geographicæ , in quibus ad singula omnium Locorum nomina, aut furti, aut erroris arguitur Philippus Labbe ; auctore Nicolao SANSON : *Parisiis* , 1647 : *ibid*. 1648, *in-12* , 2 *vol*.

Il n'y a que les deux Lettres A & B d'imprimées ; mais, dans ces deux petits volumes, Sanson reprend quantité de fautes que son Adversaire avoit commises.

☞ Ce Géographe se plaint amèrement dans ses deux Préfaces de ce que le P. Labbe dans l'Ouvrage précédent l'a maltraité, quoiqu'il ait pris la plus grande partie de son Livre dans l'Explication que Sanson avoit jointe à sa grande Carte. Il critique environ quatre cens articles tirés seulement des lettres A & B de la II. Partie. Il avoit continué son travail sur les deux lettres suivantes, C & D ; mais un ordre du Chancelier Seguier, dont le Père Labbe avoit gagné la protection, & qui manda les deux Adversaires pour les reconcilier, empêcha la publication de cette seconde censure. L'Auteur même la jetta au feu, de peur que ses successeurs ne trahissent dans la suite la parole qu'il avoit donnée, de ne jamais la laisser paroître. En calmant ainsi la juste colère de Sanson , on a privé le Public de la discussion de l'Ouvrage entier du Jésuite , & par conséquent d'un nombre considérable de Dissertations, qui eussent répandu un grand jour sur la Géographie ancienne des Gaules.]

115. ☞ Annotations (historiques & géographiques) de Blaise DE VIGENERE, avec sa traduction des Commentaires de César : *Paris*, 1584, &c. *in-4*.

Cet Auteur étoit de Saint-Pourçain en Bourbonnois, & il mourut à Paris en 1596. Après les Annotations il a mis deux Tables des noms de Lieux & de Peuples de la Gaule , anciens & modernes.]

116. Remarques de Nicolas SANSON, sur la Carte de l'ancienne Gaule.

Ces Remarques se trouvent imprimées avec les Commentaires de César, traduits par Nicolas Perrot d'Ablancourt : *Paris*, 1649, *in-4*.° [& ensuite *in-12*.] Sanson n'a mis dans sa Carte [qu'il explique] que les Lieux dont César a parlé. Ses remarques sont [presque] toutes tirées de César ; mais ses explications sont fort différentes de celles qu'on avoit publiées jusqu'alors ; & sa Carte a si peu de rapport à celle d'Ortelius, qu'il n'y a presque aucun endroit où ils se rencontrent.

117. ☞ Index nominum urbium & populorum qui in Commentariis C. Jul. Cæsaris habentur ; per Raymundum MARLIANUM : *Parisiis*, Viart, 1522, *in-4*.]

118. Veterum Galliæ locorum, populorum, urbium, montium ac fluviorum alphabetica descriptio, eorum maximè quæ apud Cæsarem in commentariis sunt, & apud Cornelium Tacitum ; auctore Raymundo MARLIANO : *Lugduni*, 1560 : *Venetiis* , 1575, *in-8*.

Cette description géographique des Gaules est aussi dans l'édition latine des Commentaires de César, illustrés

Géographie ancienne des Gaules.

par [Godefroi] Jungerman, *tom. II. pag. 553. Francofurti, 1606, in-4.*

119. Nomenclator geographicus omnium Galliæ, Germaniæ & Britanniæ locorum, quorum apud Cæsarem fit mentio.

Ce Nomenclateur géographique se trouve dans la même Edition des Commentaires de César, *tom. II.*

☞ La plûpart des Editions de ces Commentaires, dont on parlera ci-après, ont un *Nomenclator*, que l'on dit *excerptus potissimum è Thesauro geographico Ortelii.* On en a un meilleur de MARCEL, qui va être indiqué.]

120. ☞ Nomina insigniorum Galliæ locorum, necnon & fluminum, ex vetustis recentiora facta, ordine literario, Juniano equite, Aqueo, Marliano, Glareano, Huberto Leodio, Jucundo Veronensi, Castillioneo, aliisque nonnullis Authoribus; a Roberto COENALI.

Cette Table est à la fin de son Ouvrage intitulé: *Historia Gallica: Parisiis, 1557 & 1581, in-fol.* où l'on trouve d'ailleurs beaucoup de choses sur la Chorographie de la Gaule ancienne, comme sur la France.]

121. ☞ Des Peuples & des Villes qui ont été les plus considérables dans les Gaules avant l'établissement de la Monarchie Françoise, & par occasion des autres Pays où les anciens Gaulois ont porté leurs armes, & laissé des Colonies, avec la Correspondance Ecclésiastique & Temporelle, de l'ancien avec le moderne; par Guillaume MARCEL.

C'est le Chapitre XVI. du tom. I. p. 155-251 de son *Histoire de l'origine & du progrès de la Monarchie Françoise, Paris, 1683, in-12. 4 vol.*]

122. ☞ Noms des anciens & petits Peuples de la Gaule.

Cette prétendue Liste, indiquée au Supplément du Catalogue de M. Secousse, N.° 40. pag. 478. est passée avec les autres Pièces de ce Supplément dans la Bibliothèque de M. le Duc de la Vallière, & n'est autre chose qu'une Table *in-fol.* de Nicolas SANSON, gravée en 1649, & renouvellée en 1703, avec ce titre, *Gallia ex C. Jul. Cæsaris Comment. descripta.*]

123. ☞ Index Geographicus; auctore D. Martino BOUQUET.

Cette Table, qui peut servir de Dictionnaire géographique des peuples, villes & lieux de l'ancienne Gaule, est à la fin du *tom. I.* de la *Collection des Historiens de France, in-fol.*]

124. ☞ Notice de l'ancienne Gaule, tirée des monuments Romains; par M. (J. B. BOURGUIGNON) D'ANVILLE, de l'Académie des Belles-Lettres, &c. *Paris, Desaint, Saillant, 1760, in-4.* (avec une excellente *Carte* in-fol. indiquée ci-devant N.° 39.)

Cette Notice, qui est en forme de Dictionnaire, regarde uniquement l'âge Romain, c'est-à-dire, le tems de la domination des Romains dans les Gaules, au lieu que la Notice de M. de Valois (dont on parlera dans l'Article suivant) fait son objet principal du Moyen-âge. M. d'Anville a considérablement augmenté ce qui se trouve dans M. de Valois, au sujet du premier âge de la Géographie des Gaules. Voyez les *Mémoires de Trévoux, 1761, Mai, pag. 1287-1300*; & le *Journal des Sçavans, 1761, Juin, pag. 350-354, & 417-422.*]

125. ☞ Observations sur la Géographie & la Topographie des Gaules, avec un Dictionnaire topographique.

Elles sont au *tom. II.* de l'*Histoire des Gaules*, par D. Jacques MARTIN: *Paris, 1754, in-4.*]

126. ☞ Dénombrement général (& alphabétique) des peuples, cités, villes & autres lieux de la Gaule Transalpine, avec les provinces Romaines dont ils dépendoient; leurs noms modernes, & les provinces de France & autres où ces lieux, &c. sont situés; par M. l'Abbé EXPILLY. *Dict. des Gaules, &c. tom. III. pag. 574-582, in-fol.*]

127. ☞ Mémoires sur les divisions que les Empereurs Romains ont faites des Gaules en plusieurs Provinces; par M. DE LA BARRE. *Mém. de l'Acad. des Bell. Lett. tom. VIII. pag. 403-430.*]

128. ☞ Les différentes divisions des Gaules; par D. Jacques MARTIN.

Ces divisions, que l'on trouve à la tête du Tom. I. de son *Histoire des Gaules: Paris, 1752, in-4.* sont celles qui subsistoient avant la conquête des Romains, & celles qui ont été faites ensuite sous Auguste, Probus, Dioclétien, Valentinien & Gratien.]

129. Catalogue des trois Gaules, Celtique, Belgique & Aquitanique; par Cl. CHAMPIER: *Paris, 1560, in-8. Lyon*, de Tournes, *1573, in-16.*

Claude Champier étoit fils de Symphorien Champier, Lyonnois, & Médecin du Duc de Lorraine.

130. ☞ Brevis totius Galliæ conditionis descriptio, regiones ejus ac nostri sæculi appellationes, situs, limites partesque tempore Julii CÆSARIS, &c. auctore PONTO HEUTERO.

Ce sont les trois premiers Chapitres du Liv. I. de l'Ouvrage de ce Sçavant, *De veterum ac sui sæculi Belgio: Antverpia, 1600, in-4.*]

131. De Galliâ antiquâ, cum Tabulis Geographicis; auctore Philippo BRIET, è Societate Jesu.

Ce Traité de l'ancienne Gaule est le Livre VI. de l'excellent Ouvrage que cet Auteur a intitulé, *Parallela Geographia veteris & novæ: Parisiis*, Cramoisy, *1648, 3 vol. in-4.*

☞ Le premier Chapitre est divisé en neuf paragraphes, sur le nom de l'ancienne Gaule, son étendue, sa qualité, les mœurs de ses habitans, leur commerce, leur langage, leur religion, leur gouvernement, & la première division qui fut faite de ce grand Pays. Le Chapitre II. contient la division des Gaules, telle que l'a donnée César au commencement de ses Commentaires, où il la distingue en Belgique, Aquitanique & Celtique, outre la partie du Sud-Ouest, appellée *Provincia* (& ensuite *Gallia Narbonensis*) par les Romains: on trouve dans ce même Chapitre une Table alphabétique des noms des peuples & des villes dont César a parlé. Le Chapitre III. & les quatre suivans renferment la division que fit Auguste, après la mort d'Antoine, & les noms des principales villes de ses provinces. Dans le Chapitre VIII. on trouve la division des Gaules en XVII. Provinces, tirée de la *Notice de l'Empire Romain*. Ce Livre de Philippe Briet, quoique court, peut néanmoins servir à donner une idée exacte de la Gaule. L'Auteur ne dit rien que sur le témoignage des Anciens, qu'il cite, pour prouver ce qu'il avance. Il suit la même méthode dans son Livre VII. où il parle du Royaume de France. Philippe Briet, qui étoit d'Abbeville, mourut de 9 Décembre 1668. Il paſſoit pour un bon Géographe, & un habile Chronologiſte.]

132. Deſcription de l'ancienne Gaule; par Armand MAICHIN.

Elle ſe trouve au commencement de ſon *Hiſtoire de Saintonge*, à Saint-Jean d'Angely : 1671, *in-fol.*

133. De Galliâ Narbonenſi, Lugdunenſi (ſeu Celticâ) & Aquitanicâ; nec non de Galliâ Belgicâ; auctore Chriſtophoro CELLARIO, cum Tabulis Geographicis.

La Deſcription des Gaules Narbonoiſe, Lyonnoiſe & Aquitanique, remplit le Chapitre II. du Livre II. de la Géographie ancienne de Cellarius, intitulée , *Notitia Orbis antiqui , Lipſiæ*, 1701, 2 vol. *in-*4. *Amſtelodami*, 1702. Tertia editio: *Lipſiæ*, 1703; & celle de la Gaule Belgique ſe trouve dans le Chapitre III. du même Livre. Cet Auteur eſt mort en 1707.

☞ Il y a une édition poſtérieure de l'Ouvrage de Cellarius, donnée par Jean Conrad *Schwartz* , avec des Notes: *Lipſiæ* , 1731 & 1732, *in-*4. 2 vol.

Cellarius eſt ſçavant & préférable en tous points aux autres Géographes anciens, parce qu'il a eu ſoin de citer exactement les textes des anciens Auteurs.]

134. ☞ Deſcription étymologique des villes, rivières, montagnes, forêts, curioſités naturelles des Gaules, de la meilleure partie de l'Eſpagne & de l'Italie; de la Grande-Bretagne, dont les Gaulois ont été les premiers habitans; par M. l'Abbé BULLET, Profeſſeur en Théologie dans l'Univerſité de Beſançon.

Cette Deſcription, qui remplit preſque tout le tom. I. de ſes *Mémoires ſur la Langue Celtique: Beſançon*, Daclin, 1754, *in-fol.* eſt pleine de diſcuſſions géographiques & hiſtoriques.]

135. ☞ Principale clef de diverſes antiquités, ou Deſcription fondamentale, en partie hiſtorique, en partie topographique, de l'origine, des anciens noms & de la langue primitive de la Gaule Chevelue, en latin *Gallia Comata*, & de tous les pays & peuples qui en ont fait partie, & qui ont été limitrophes ou originaires; particulièrement des Helvétiens en-deçà & au-delà du Rhin, de la première & ſeconde Rhétie, &c. par Gilles DE GLARIS, ſurnommé TSCHUDI: *Conſtance*, Waibel, 1758, *in-fol.* en Allemand.

Ce titre, aſſez ridicule, d'un Manuſcrit de Tſchudi, mort en 1571, eſt à peu près tout ce que l'Editeur, (M. Jean-Jacques Gallati) a mis du ſien dans cet Ouvrage, qu'il n'a d'ailleurs bien fait de donner au Public. On le regarde comme une eſpèce d'Introduction aux Antiquités, très-utile à ceux qui s'y appliquent. La partie qui traite des *Rauraci*, aujourd'hui le Canton de Baſle & une portion de l'Alſace, avoit déjà été publiée en latin dans le tom. I. des *Scriptores rerum Baſilienſium minores*.]

136. ☞ De la diviſion de la Gaule en Ultérieure & Citérieure.

C'eſt la *Note* (ou Diſſertation) 44, du tom. I. de l'*Hiſtoire du Languedoc*; par DD. DE VIC & VAISSETTE, Bénédictins: *Paris*, 1730, *in-fol.*]

137. ☞ Deſcription de la (grande) province Narbonnoiſe, ſelon le texte de Pline, éclairci par des Remarques géographiques, hiſtoriques & critiques; par M. MENARD.

Hiſt. de l'Acad. des Bell. Lett. tom. XXV. pag. 65. Suite, *tom. XXVII. pag.* 114, & *tom. XXIX. pag.* 228.

Il réſulte de cette Deſcription, que la grande Province nommée *Gaule Narbonnoiſe*, comprenoit du tems de Pline, ce que nous nommons aujourd'hui le Rouſſillon, le Comté de Foix, le Languedoc, la Provence, le Dauphiné & la Savoye. C'eſt ce qu'on appelloit auſſi la *Province Romaine*, parceque ce fut la première portion des Gaules que les Romains poſſédèrent avant la conquête que Céſar fit des trois autres parties.]

138. ☞ Caroli LE COINTE, de Provinciis Viennenſi, Narbonenſi, Germanicâ, & Alpinis duabus. *Annal. Eccleſ. Francorum, tom. I. pag.* 446 , *in-fol.*]

139. ☞ Des Alpes & des paſſages (anciens & modernes) de France en Italie, & des Peuples qui en étoient autrefois voiſins, *pag.* 455 *& ſuiv. des Annotations* de Blaiſe DE VIGENERE, ci-devant N.° 115.]

140. ☞ Si les Peuples de la Narbonnoiſe étoient compris anciennement dans la troiſième partie des Gaules , qu'on appelloit Celtique, proprement dite.

C'eſt la *Note* (ou Diſſertation) 1, du tom. I. de l'*Hiſt. du Languedoc*; par DD. DE VIC & VAISSETTE.]

141. ☞ Diſſertation ſur les limites de la Narbonnoiſe ; par M. (Jean-Pierre) DES OURS DE MANDAJORS.

C'eſt la ſeptième de celles qui ſont à la fin de ſon *Hiſtoire critique de la Gaule Narbonoiſe : Paris*, 1733, *pag.* 565.]

142. ☞ Sur les limites de la Gaule Narbonnoiſe, & la ſituation de pluſieurs de ſes Peuples.

Ce ſont les *Notes* 8 = 12, du tom. I. de l'*Hiſtoire du Languedoc*; par DD. DE VIC & VAISSETTE.]

143. ☞ Epoque de la diviſion de l'ancienne Narbonnoiſe en deux Provinces, & de la ſubdiviſion des autres parties des Gaules; ſur les cinq & les ſept Provinces : ſi les deux Provinces des Alpes Maritimes & Grecques ont jamais fait partie de l'ancienne Narbonnoiſe.

Ce ſont les objets des *Notes* 33, 34 & 35 du même tom. de l'*Hiſtoire du Languedoc*.]

144. ☞ Mémoires géographiques ſur le Languedoc (ou la première Narbonnoiſe); par M. ASTRUC.

C'eſt la première partie des *Mémoires* de ce Sçavant Médecin, *pour ſervir à l'Hiſtoire naturelle du Languedoc : Paris*, 1737, *in-*4. L'Auteur a cru devoir ſuivre par rapport à ſa Géographie, l'ordre des tems, en rapportant par ordre les textes de chaque Ancien; par là il fait voir les changemens qui ſont arrivés ſucceſſivement dans l'état de cette Province. Le Chapitre VIII. renferme des choſes intéreſſantes ſur la poſition de quelques lieux peu connus, dont il eſt fait mention dans les anciens Itinéraires.]

145. ☞ Deſcriptio Galliæ locorum juxta Hiſpaniam, Pyrenæoſque montes; auctore PETRO DE MARCA.

Cette ſçavante Deſcription ſe trouve dans le Liv. I. de ſon Ouvrage intitulé, *Marca Hiſpanica : Pariſiis*,

Géographie ancienne des Gaules. 15

1688, in-folio. On peut y joindre diverses Remarques qui se voient dans l'Ouvrage d'Oihenart, intitulé, *Notitia utriusque Vasconiæ*, &c. *Parisiis*, 1637 & 1656, *in-4.*]

146. ☞ Caroli LE COINTE, tres Aquitaniæ, fines Novempopulaniæ versùs Austrum. *Ann. Eccl. Francorum, tom. I. pag.* 239 *& seq.*]

147. ☞ Antonii Dadini ALTESERRÆ, de Aquitaniarum situ, terminis, populis & urbibus.

Ces recherches, qui sont aussi sçavantes que précises, composent le Livre I. de son Ouvrage intitulé, *Rerum Aquitanicarum*, &c. *Tholose*, 1648, *in-4.*]

148. ☞ Extima Galliarum ora: *Antverpiæ*, Plantin, 1580, *in-4.*

C'est une courte notice de l'ancienne Gaule, & une description particulière des bords de la Garonne, jusqu'à son embouchure, où l'Auteur place l'isle *Antros* à une petite distance des bords du pays de Médoc.]

149. ☞ Observations géographiques sur l'Aquitaine ancienne; par M. DE MARCA.

Ce sont les XIII. premiers Chapitres du Livre I. de son *Histoire de Béarn*, &c. *Paris*, 1640, *in-fol.*]

150. ☞ Dissertation sur la position, l'étendue & les bornes de la Gaule Celtique; par D. Jacques MARTIN.

C'est la seconde des Dissertations contenues dans le tom. I. de son *Histoire des Gaules: Paris*, 1752, *in-4.*]

151. ☞ Mf. Description de la Gaule Celtique; par M. l'Abbé PRECY, de la Société des Sciences & Belles-Lettres d'Auxerre.

Elle est dans les Registres de cette Société.]

152. ☞ Dissertation sur la Celtique d'Ambigat; par M. Jean-Pierre DE MANDAJORS.

C'est la première de celles qui sont à la fin de son *Histoire critique de la Gaule Narbonnoise: Paris*, 1733, *in-12. pag.* 480. Il y soutient que les peuples de cette Province n'avoient anciennement aucune confédération avec ceux de la Celtique.]

153. ☞ Des anciens peuples de la Bretagne Armorique, & de leurs principales Villes; par D. MORICE.

C'est la Note (ou Dissertation) 2, du tom. I. de son *Histoire de Bretagne: Paris*, 1750, *pag.* 853-855.]

154. ☞ Petrus BERTIUS de Galliâ Belgicâ & Germaniâ Cisrhenanâ, ex diversis Authoribus antiquis.

Ces recherches sont dans l'Ouvrage de ce Sçavant, intitulé, *Commentaria rerum Germanicarum*, Lib. I. Cap. XVIII. & seq. *Amstelodami*, Janson, 1632, *in-4.* oblong.]

155. ☞ De la Gaule Belgique ancienne; par le P. Charles WASTELAIN.

Cet objet, considéré en général, est exposé au commencement de sa *Description*, &c. indiquée N.º 22.]

156. ☞ Joh. Dan. SCHOEPFLINI, de pagis, oppidis, &c. Alsatiæ, sub Celticâ periodo. *Alsat. illustrat. tom. I. pag.* 47-63.

Ejusdem Alsatia Romana quoad Geographiam & de urbibus, oppidis, castris, & munimentis. *Ibid. pag.* 123-241.

On ne peut rien voir de plus méthodique & de plus sçavant que cette Description, qui est suivie de l'Histoire de la Province d'Allemagne, considérée sous les Celtes ou Gaulois, sous les Romains, & sous les François.]

157. Hadriani JUNII Batavia, in quâ præter gentis & insulæ antiquitates, originem, decora, mores, aliaque ad eam historiam pertinentia, declaratur quæ fuerit vetus Batavia, quæ Plinio, Tacito & Ptolomæo cognita; quæ item genuina inclytæ Francorum nationis fuerit sedes: *Lugduni Batavorum, & Antverpiæ*, 1588, *in-4. Dordrechti*, 1652, *in-*12.

☞ L'Auteur étoit un sçavant Médecin de Horn en Hollande: il mourut en 1575. C'est à tort qu'il a prétendu enlever les Bataves à la Belgique, & les donner à la Germanie: tous les anciens, & en particulier Pline & Ptolémée, les attribuent à cette partie des Gaules.]

158. ☞ CLUVERII commentarius de tribus Rheni alveis & ostiis, & de quinque populis quondam accolis: *Lugd. Batav.* 1611, *in-4.*

On le trouve à la tête de la collection de Scriverius, intitulée, *Inferioris Germaniæ Provinciarum Unitarum antiquitates: Lugd. Batav.* 1611, *in-4.*]

159. Disceptationes chorographicæ de Rheni divortiis atque ostiis, eorumque accolis populis; auctore Joanne Isacio PONTANO: *Amstelodami*, 1614, *in-*8.

☞ Eædem; cum nova disceptationum sylloge, adversùs Philippi Cluverii Germaniam antiquam: *Hardervici*, 1617, *in-*8.]

Pontanus a composé ce Livre contre Cluvier. Il est mort en 1640.

☞ Son Ouvrage & celui qu'il attaque sont utiles à l'histoire de France, parce qu'ils traitent d'un pays que l'on prétend avoir été habité par les François avant leur entrée dans les Gaules.

On peut encore voir sur les embouchures du Rhin & ses différens canaux, *pag.* 11-15 & 154-158 de la *Description de la Gaule Belgique*; par le P. WASTELAIN, ci-devant N.º 22.]

160. Mensonis ALTING Descriptio secundùm antiquos Agri Batavi & Frisii; unà cum conterminis; sive Notitia Germaniæ inferioris, &c. repræsentata Tabulis Geographicis V. & Commentario in loca omnia, hoc tractu, Romanis scriptoribus & monumentis, quà latinis, quà græcis, memorata, à C. Julio Cæsare, ad Justinianum Aug. cuncta, ad litterarum ordinem digesta: *Amstelædami*, Wetstein, 1697, *in-fol.*

161. ☞ Dissertation sur l'ancienne jonction de l'Angleterre à la France, qui a remporté le prix au jugement de l'Académie d'Amiens en 1751; par M. DESMARETS; avec un Plan & une Carte topographique; (par M. BUACHE): *Paris*, Chaubert, 1753, *in-*12.

Cette Dissertation regarde ce que plusieurs anciens ont dit de la jonction des terres de la Gaule & de la Grande-Bretagne dans les premiers tems. L'Auteur rend ce sentiment probable.]

162. ☞ Du passage d'Annibal dans les Gaules; par Honoré BOUCHE. *Histoire de Provence: Aix*, 1664, *in-fol. tom. I. p.* 396 *& suiv.*

Il lui fait passer le Rhône entre Avignon & Orange ; & il entend par l'isle des Allobroges, la conjonction de l'Isère & du Rhône, dans le Valentinois.]

163. ☞ Dissertatio Petri LABBÉ, de Itinere Annibalis, cum Epistolâ historicâ de Lugduno : *Lugduni*, 1664, *in*-4.]

164. ☞ Dissertation du P. Claude MENESTRIER, sur le passage d'Annibal à travers les Gaules.

Elle se trouve pag. 388 de son Ouvrage intitulé, *Des divers caracteres*, &c. avec le plan de l'*Histoire de Lyon : Lyon*, 1694, *in*-12. & à la tête de son *Histoire Civile & Consulaire de la ville de Lyon : Lyon*, 1696, *in-fol*. L'Auteur y soutient qu'Annibal passa dans l'endroit où le Rhône & la Saone font une espèce d'isle ou de presqu'isle, c'est-à-dire, au territoire de Lyon.]

165. ☞ Lettre du P. MENESTRIER, sur le même sujet. *Journ. des Sçav*. 1697, *Septembre, pag*. 400-406, *in*-4. & à la tête des *Statuts de Bresse*; par Collet : *Lyon*, 1698, *in-fol*.]

166. Ms. Dissertation critique sur la Route d'Annibal dans les Gaules, quand il passa en Italie ; par Jean-Pierre DES OURS DE MANDAJORS.

Cette Dissertation manuscrite est conservée dans les Registres de l'Académie Royale des Inscriptions & Belles-Lettres de l'année 1713.

☞ L'*Histoire* de cette Académie, *tom*. III. p. 99, nous apprend, qu'en 1719 M. de Mandajors communiqua ses réflexions sur un passage de Polybe, copié par Tite-Live, au sujet du Camp d'Annibal sur les bords du Rhône. Pour corriger le texte de ces deux Auteurs, qui lui paroît vicieux, M. de Mandajors adopte le sentiment de Cluvier, déja suivi par la plûpart des Sçavans. Ce sentiment consiste à faire passer Annibal entre l'Isère & le Rhône, & non entre le Rhône & la Saone. Les preuves que M. de Mandajors apporte, sont analysées dans l'endroit cité. Cependant quelques objections formées contre ce sentiment, lui donnèrent lieu d'ajouter en 1725 de nouvelles réflexions, dont on trouve un précis dans l'*Histoire* de la même Académie, *tom. V. pag*. 198-201.]

167. ☞ Dissertation sur la Route d'Annibal entre le Rhône & les Alpes; par M. DE MANDAJORS.

C'est la troisième de celles qui sont à la fin de son *Histoire critique de la Gaule Narbonnoise : Paris*, 1733, *in*-12. *pag*. 520. On y trouve l'abrégé de la Dissertation précédente.]

168. ☞ Observations sur la marche d'Annibal entre le Rhône & les montagnes du Dauphiné, & sa route à travers les Alpes jusqu'à sa descente dans l'Italie ; par M. le Chevalier DE FOLARD ; avec une Carte.

Ces Observations se trouvent pag. 86 & suiv. du tom. IV. de l'*Histoire de Polybe*, traduite par D. Thuillier, & enrichie des Commentaires de M. de Folard. Cet habile Militaire adopte & défend le sentiment de M. de Mandajors.]

169. ☞ Sur l'endroit où Annibal passa le Rhône.

C'est la *Note* 5, du tom. I. de l'*Histoire du Languedoc*; par DD. DE VIC & VAISSETTE.]

170. ☞ Dissertation touchant la Rivière où Caius Marius défit les Ambrons, si c'étoit l'Arc ou la Durance; par M. Jean MONIER, Prêtre, Docteur en Théologie : *Aix*, veuve David, 1713, *in*-12. 18 pag.]

171. Nouvelles découvertes sur l'état de l'ancienne Gaule du tems de César; [par Louis DES OURS DE MANDAJORS, père du précédent] : *Paris*, de Luynes, 1696, *in*-12.

☞ On trouve à la fin de ce Livre une Dissertation où l'Auteur prétend prouver que la ville de Lyon étoit la Capitale des Eduens pendant les guerres de César dans les Gaules, & non pas Autun, comme on l'a toujours cru.

Cet Ouvrage, au reste, qui est composé de plusieurs Dissertations, regarde uniquement le Livre I. des Commentaires de César, qui contient la guerre contre les Helvétiens ou Suisses. Il est question de sçavoir quelle route a tenu César en suivant ces Peuples. Il les a suivis en Bourgogne, selon d'Ablancourt & les autres; mais selon M. de Mandajors père, ce fut vers les confins du Gévaudan & de l'Auvergne. Pour le prouver, il a entrepris de faire voir que *Bibracte*, auprès de laquelle se donna la bataille où César défit les Suisses, n'étoit pas située en Bourgogne; que Lyon étoit la Capitale des Eduens, & non pas Autun, & qu'il y avoit des Peuples appellés *Lingones* dans le Gévaudan, différens de ceux de Langres.

Le Livre de M. de Mandajors est hardi, & tend à détruire des opinions reçues, en prétendant que les Traducteurs & les Commentateurs de César ont erré dans la position qu'ils ont donnée à quelques peuples de la Gaule. Voyez sur cet Ouvrage le *Journal des Sçav. de Janv*. 1697, *pag*. 10-24. M. Freret, dans l'Eloge du fils de M. de Mandajors (*pag*. 251 *du tom. XXI. des Mémoires de l'Académie des Belles-Lettres*) dit en 1748, que » l'Auteur avoit été trop peu en garde contre une ima- » gination forte & féconde . . . que (par égard) les » critiques furent épargnées; que les *Nouvelles décou-* » *vertes* sont restées dans l'oubli, & ne sont plus connues » que d'un petit nombre de Curieux. »]

172. ☞ Réponse de (Hugues) de SALINS, Docteur en Médecine, Conseiller & Secrétaire du Roi à Dijon, aux passages tirés du Livre précédent. *Journ. des Sçav*. 1697, *Juillet, pag*. 343-349, & *Août, pag*. 349-354.

☞ L'Auteur releve plusieurs fautes de M. de Mandajors, & fait voir que c'est en Bourgogne & dans le Pays des Eduens ou d'Autun, qu'on doit chercher la défaite des Helvétiens par César, & non pas dans le Gévaudan, comme le prétendoit l'Ecrivain qu'il réfute.]

173. Dissertations sur la ville appellée anciennement *Aventicum*, sur la ville *Bibracte* & sur la ville *Alesia*.

Ces Dissertations, qui sont de Jacques LEMPEREUR, Jésuite, se trouvent imprimées avec celles du même Auteur sur divers sujets d'antiquités : *Paris*, Cot, 1706, *in*-12.

☞ Ce Recueil contient les neuf Pièces suivantes :
I. Dissertation historique sur l'ancienne ville de *Bibracte*.

L'Auteur prétend qu'Autun a été bâti par les premiers habitans des Gaules, & qu'il est pour le moins aussi ancien que Rome; que cette ville est l'ancienne *Bibracte*, Capitale du pays des Eduens, dont parlent César & Strabon; & qu'elle fut ainsi appellée par les Celtes, parce qu'elle étoit bâtie au bas d'une montagne ouverte par un grand chemin, *Mons bifractus*; ce qui s'exprime encore en Allemand par le mot *Bibrac*, fendu en deux, & de même en Gaulois, d'où nous est venu le mot *Bréche*. Voyez sur ce morceau les *Mémoires de Trévoux*, 1704, *Octobre, pag*. 1789-1804.]

II. Dissertation sur la ville nommée anciennement *Aventicum*.

Il combat le sentiment de ceux qui placent cette Ville à Antre en Franche-Comté, c'est-à-dire, du P. Dunod, dont on va bientôt parler ; & il fait voir, en combinant un passage de Tacite, celui de Ptolémée lui-même, qui place *Aventicum* dans la Séquanie, & une Inscription d'une pierre milliaire trouvée près de Roche en Suisse, qu'*Aventicum* n'est autre que Wifflisbourg, ou Avenche, en Suisse.

III. Dissertation sur la ville de *Bibrax*, 1706.

Il croit que ce ne peut être Braine, ni Bray, dans le Soissonnois ; mais qu'il faut la chercher à trois lieues de Neuf-Châtel, au bas de quelque montagne fendue en deux, & dans une situation à peu près pareille à celle de Bibracte, ayant même étymologie.

IV. Dissertation sur la ville d'*Alise*.

Il prouve par la comparaison de ce que dit César de la ville d'Alise, par la vérification de la situation actuelle de la montagne de Sainte-Reine, qu'il a faite lui-même sur les lieux, & par plusieurs autres raisons aussi claires que décisives, que l'Alise de César étoit située sur le Mont-au-Bois en Bourgogne, au pied duquel est actuellement bâti le bourg de Sainte-Reine.

V. Dissertation sur les Tombeaux antiques qu'on voit à *Autun* & aux environs, 1706.

Cette Dissertation contient une description & des conjectures sur quelques Tombes & Inscriptions anciennes de la ville d'Autun & des environs, & sur la Colonne de *Cussy*, à cinq lieues d'Autun.

VI. Explication d'une Inscription trouvée à *Bourbonne*, 1706.

Cette Explication est contre le sentiment de Reinesius, qui en a donné une différente. L'Inscription contient, selon le P. Lempereur, le vœu d'un père pour sa fille, adressé à la Déesse *Mona*, qui n'étoit autre que la Lune.

VII. Dissertation en forme de Lettre sur le *Bas-Breton*, 1706.

Les Bas-Bretons sont des peuples de la Grande-Bretagne, qui en furent chassés au V. Siècle, sous l'empire d'Honorius, par les Saxons ou Anglois. Ils entrèrent dans l'Armorique, pays de la Gaule le plus voisin, dont les habitans naturels se retirèrent dans le milieu des terres, & ces Étrangers occupèrent leurs côtes. Ce sont ceux-là qu'on appelle les Bretons ; & la langue qu'ils parlent, est celle qu'ils parloient lorsqu'ils quittèrent la Grande-Bretagne. Ces Peuples, selon l'Auteur, y ont conservé l'ancienne langue Bretonne, pour le fonds & l'essentiel, c'est-à-dire, pour tout ce dont ils avoient connoissance lorsqu'ils étoient dans leur pays. À l'égard de ce qui est accidentel à cette langue, c'est du François, c'est-à-dire, un composé de Latin, de Gaulois & d'Allemand.

VIII. Eclaircissement sur quelques passages des Commentaires de César, 1706.

Ces passages sont au nombre de cinq. L'Auteur, dans le premier, traite des noms de Celtes, Gaulois & Galates : dans le second, des Magistrats appellés Vergobrets : dans le troisième, du lieu de la bataille que César gagna sur Arioviste, Roi des Germains : dans le quatrième, de quatre villes des Gaules ; sçavoir, *Agendicum*, *Vellaunodunum*, *Genabum* & *Gergovia* : le cinquième contient, par la restitution d'un passage des Commentaires de César, la découverte d'une ville appellée *Decetia*, qui est Decise, entre Bourges & Autun.

IX. Seconde Dissertation sur la ville nommée anciennement *Aventicum*, 1706.

L'Auteur y confirme, par plusieurs Inscriptions, son premier sentiment sur *Aventicum*, tel qu'il l'avoit exposé dans sa II. Dissertation.]

174. Dissertation (d'un Capucin) sur les frontières de la Gaule & de la province Romaine, où l'on découvre la fameuse *Alesia* assiégée par César : 1707, *in-*4.

L'Auteur, qui adopte les sentimens de M. Louis de Mandajors, prétend que l'ancienne *Alesia* étoit près de la nouvelle Alais dans les Sévennes.

175. La suite de l'entier éclaircissement de la Dissertation sur *Alesia*, où l'on découvre l'assiette de divers peuples & lieux de la Gaule (par le même Capucin): l'Apologie de l'Auteur de la Dissertation sur *Alesia* ; avec quelques remarques critiques sur la Carte de l'ancienne Gaule, & la suite de cette Apologie : *in-*4.

Les mêmes Pièces recueillies sous ce titre, Dissertations historiques & géographiques sur l'état de l'ancienne Gaule, où l'on découvre la véritable assiette de plusieurs lieux & peuples inconnus jusqu'à présent : *Avignon*, Offray, 1712, *in-*12.

☞ Ce Recueil commence par une explication des noms des lieux & des peuples de la Gaule, conformément au sentiment de l'Auteur, qui pourroit bien être M. Louis de Mandajors lui-même. On trouve ensuite : 1.° la Guerre de César & des Suisses, suivant la traduction de Perrot d'Ablancourt, corrigée seulement en ce qui regarde la Géographie & la route des armées, & rendue conforme à l'opinion de l'Auteur : 2.° une Dissertation, où l'on établit d'une manière géométrique ce changement de route : 3.° une autre, pour prouver qu'Autun n'étoit pas *Augustodunum Æduorum*, & que cette ville étoit vers les frontières de la Belgique, loin d'Autun : 4.° une dernière, où l'on prétend que Vercingentorix, Roi d'Auvergne, fut défait aux frontières des (prétendus) *Lingones* du Gévaudan & du Diocèse d'Uzès, & non pas vers Langres.]

176. Réflexions sur les Dissertations historiques & géographiques sur l'état de l'ancienne Gaule, &c. par M. DE M***. (J. P. DES OURS DE MANDAJORS) *Journal des Sçav.* 1712, *Mai*, *pag.* 305-314.

Elles ne roulent que sur la Dissertation qui concerne la ville *Augustodunum*, [& l'on y prouve au long que c'est la ville d'Autun.]

177. ☞ Eclaircissement sur la dispute d'Alise en Bourgogne & de la ville d'Alez, au sujet de la fameuse *Alesia* assiégée par César ; par l'Auteur des Nouvelles découvertes sur l'état de l'ancienne Gaule : *Avignon*, Sébastien, 1715, *in-*12.]

178. ☞ Conclusion de la dispute d'Alise & de la ville d'Alez en Languedoc, au sujet de la fameuse *Alesia* ; par le même : *Avignon*, Offray, (*sans année*) *in-*12.]

179. ☞ Recherches géographiques sur quelques Villes de l'ancienne Gaule. *Mémoires de Trévoux*, 1739, *pag.* 1643-1648.]

180. ☞ Extrait d'une Lettre de D. DUVAL, Bénédictin, contre les Recherches précédentes. *Mercure*, 1739, *Septembre*, *pag.* 2162-2167.]

181. ☞ Réponse à cet Extrait, &c. *Mém. de Trévoux*, 1740, *Juillet*, *pag.* 1463-1477.]

182. ☞ Eclaircissemens géographiques sur l'ancienne Gaule (par M. l'Abbé BELLEY), précédés d'un Traité des mesures itinéraires

des Romains, & de la lieue Gauloise; par M. (J. Bapt. BOURGUIGNON) D'ANVILLE, Géographe ordinaire du Roi : *Paris*, veuve Estienne, 1741, *in-12*.

Dans la première partie de cet Ouvrage, M. d'Anville traite d'abord du mille Romain & ensuite de la lieue Gauloise. Il distingue deux sortes de milles; le mille Romain ancien, & le nouveau, qui est plus long. Par occasion, il traite du stade, mesure itinéraire des Grecs. Il passe ensuite à la lieue, qui étoit une mesure particulière aux Gaulois, & qu'ils conservèrent même sous la domination des Romains, excepté dans la Gaule Narbonnoise, où le mille Romain fut en usage. La lieue Gauloise avoit une moitié plus d'étendue que ce dernier, c'est-à-dire, quinze cens pas Romains; ce qui fait à peu près la moitié de notre lieue Françoise. Il fait voir ensuite que cette lieue Gauloise s'est conservée jusqu'à présent dans la Grande-Bretagne (c'est le mille d'Angleterre); qu'elle a commencé à cesser d'être en usage depuis l'établissement des François dans les Gaules, où ils ont apporté la mesure Germanique, appellée *Rasta*, qui comprenoit la valeur de deux lieues Gauloises, à laquelle ils ont laissé le nom de lieue usité dans les Gaules; avec cette différence néanmoins, que la lieue Gauloise, ainsi que le mille Romain, étoient fixes & uniformes, au lieu qu'en France la lieue ne l'est pas. Il parle ensuite de quelques mesures itinéraires de l'Allemagne, des pays du Nord & de l'Espagne.

La seconde partie, ou les Eclaircissemens géographiques auxquels M. d'Anville a ajouté en certains endroits quelques phrases, contiennent trois grandes Dissertations qui renferment bien d'autres détails que ce qui est indiqué par leurs titres.

La première est sur *Genabum*, ancienne ville des peuples Carnutes ou Chartrains, avec l'explication des voies Romaines qui passoient dans l'Orléanois & dans le Berri. L'Auteur y soutient, contre le sentiment de l'Abbé Lebeuf, que *Genabum* n'est pas Gien, mais Orléans. Cette Dissertation est précédée d'une Carte dressée par M. d'Anville, & très-utile pour la position des villes d'une partie considérable de la Gaule, & sur-tout pour les anciennes routes qui en traversoient le milieu.

La seconde Dissertation roule sur *Bibracte*, ancienne ville des Eduens; avec l'explication des voies Romaines qui passoient par le territoire de ces Peuples. L'Auteur y prouve, contre le sentiment de M. de Valois & autres, qu'Autun est l'ancienne *Bibracte*, qui prit le nom d'*Augustodunum* sous Auguste. Il donne ensuite un grand détail sur les anciens chemins d'une partie des Gaules, comme il avoit fait en traitant de *Genabum*.

La troisième Dissertation a pour titre, Explication topographique du siége d'*Alesia*. C'est non-seulement un détail de cet événement important, qui rendit César maître des Gaules; mais on y prouve encore que d'*Alesia* n'est autre que Sainte-Reine, proche Flavigny, en Auxois. Elle est précédée d'une Carte ou Plan du siége d'Alise, de sa situation, de ses environs tels qu'ils sont à présent, & des anciennes voies Romaines qui y aboutissoient, dont il reste encore quelques vestiges. On voit dans le recueil d'*Antiquités* de M. le Comte de Caylus, tom. *V*. page. 293, qu'Alise rebâtie par les Romains, fut fameuse par les vases de cuivre qu'on y argentoit en dedans, comme on les étame aujourd'hui.

On peut consulter sur les Eclaircissemens géographiques, *la Bibliothèque raisonnée*, tom. *XXIX*. pag. 55. = *Observations sur les Ecrits modernes*, Lettres 381 & 389. = *Mémoires de Trévoux*, 1742, *Mars* & *Juillet*.]

183. ☞ Mémoires géographiques sur quelques antiquités de la Gaule; par M. (François) PASUMOT, Ingénieur, Géographe du Roi, de la Société des Sciences & Belles-Lettres d'Auxerre : *Paris*, Ganeau, 1765, *in-12*. avec des Cartes géographiques.

Ce Recueil, qui a mérité le suffrage de plusieurs Sçavans, en particulier celui de l'Auteur des *Eclaircissemens géographiques*, dont M. Pasumot critique cependant quelques endroits, est composé de six Mémoires. Le premier est comme divisé en deux parties : l'Auteur y traite d'abord de l'origine & de l'étymologie des mots *Celte* & *Gaule*, & ensuite des différentes constructions des chemins Romains, & de quelle espèce sont ceux de l'Auxerrois & du Sénonois.

Dans le second, l'Auteur recherche l'emplacement de *Chora*, ancienne ville de l'Auxerrois, & il la fixe à un endroit qui se nomme dans le pays *Ville-Auxerre*.

L'objet du troisième Mémoire, est la partie de la chaussée d'Agrippa, qui existe entre Auxerre & Avallon. M. Pasumot en décrit toutes les sinuosités, & donne une notice exacte des lieux par où elle passoit.

Le quatrième, contient des recherches sur la voie Romaine, qui conduisoit d'*Autricum* (Auxerre) à *Agendicum* (Sens), & sur la position d'un lieu nommé anciennement *Bandritum*.

Le cinquième, est sur une autre voie, qui va d'Autun à Besançon, en passant près de Dôle : on y rectifie un endroit des *Eclaircissemens géographiques*, dont l'Auteur conduisoit ce chemin d'Autun à Langres.

Le sixième & dernier, est une Dissertation topographique sur le siége de *Gergovia*, près Clermont en Auvergne.

On peut voir au sujet de cet Ouvrage l'*Année littéraire*, 1765, Lettre *X*. pag. 217. Journal de Verdun, 1765, *Mai*, pag. 358.]

184. ☞ Dissertation sur le lieu par où passoient les lignes que Jules-César fit faire près de Genève, pour empêcher le passage des Helvétiens; par M. (Robert) BUTINI, Docteur en Médecine.

Cette Piece, qui a paru d'abord avec une petite Carte dans les *Mémoires de Trévoux*, 1713, Juillet, *p*. 1230-1244, se trouve plus complette & avec une plus grande Carte, pag. 289 & *suiv*. du tom. II. de l'*Histoire de Genève* par Spon, édition de 1730. L'Auteur soutient que le retranchement de César fut fait au midi du Rhône, & l'on trouve les autres sentimens indiqués sur sa Carte. Philibert Collet avoit traité ce sujet de la même façon dans sa Dissertation sur les peuples de Bresse, qui est à la tête de ses *Statuts de Bresse : Lyon*, 1698, *in-fol*. On peut voir encore sur ces lignes, dont il ne subsiste aucune trace, les *Mémoires de Trévoux*, 1744, Sept. pag. 1630-1636.]

185. ☞ De loco ubi victus Ariovistus, Rex Germanorum, à C. Jul. Cæsare ; auctore Johan. Dan. SCHOEPFLINO. *Alsatia illustrat*. tom. *I*. pag. 106-108.

Ce ne fut point en Alsace que César vainquit Ariviste, mais dans la Séquanie, aujourd'hui la Franche-Comté, peut-être à Dampierre, près de Montbelliard sur le chemin de Besançon, comme l'a conjecturé Cluvier.]

186. ☞ Lettre de M. l'Abbé LEBEUF, à M. Dunod, sur l'ancien Château de *Portus Abucini*, dont il a fait la découverte. *Mercure*, 1735, *Mars*, pag. 491-499.

L'Auteur croit, avec M. Dunod, que ce *Portus Bucinus* ou *Abucinus*, ancien lieu de Franche-Comté, n'est autre que Port-sur-Saone, & non pas Port-Aubert ou Port-d'Atelar, comme quelques Auteurs l'ont avancé.

Le Père Dunod, grand-oncle de M. Dunod, Auteur de l'Histoire des Séquanois, a traité du *Portus Abucinus*, dans sa *Découverte entière* (ci-après N.° 204.) *Partie II. Dissertation V*. pag. 190. Il prétend que ce n'est point Port-sur-Saone, mais le Petit-Noir sur le Doux, à trois lieues de Dôle, & dont il rapporte plusieurs choses dignes de remarque.]

187. ☞ Differtation fur les *Albices* & les *Albiceriens*, ancien peuple de Provence, pour fervir d'éclairciffement à plufieurs endroits de l'Hiftoire de Pline, mal entendus jufqu'aujourd'hui par fes Commentateurs ; par M. DE REMERVILLE DE SAINT-QUENTIN, Gentilhomme de Provence : *Apt*, 1701, *in*-12.

Cette Differtation eft réimprimée dans les *Pièces fugitives anciennes & modernes* de M. d'Aiglemont, *t. IV. pag.* 75 ; *Paris*, 1705, *in*-12.

François de Remerville de Saint-Quentin mourut à Apt, fa patrie, fur la fin de Juillet 1730, âgé d'environ 80 ans. Il étoit verfé dans la connoiffance des médailles & de l'antiquité. Sa Differtation tend à prouver que les *Albici* doivent être placés dans le Diocèfe d'Apt, & non dans celui de Riez, comme l'avoient foutenu les PP. Sirmond & Hardouin, d'après un paffage de Pline (Liv. III. Chap. IV.) qu'ils croyoient devoir corriger. Voyez un précis des raifons de M. de Remerville, dans le *Dictionnaire des Gaules*, &c. de M. Expilly, *tom. I. pag.* 88 & 217.]

188. ☞ Lettre à M. l'Abbé de B***, fur les découvertes qu'on a faites fur le Rhin : 1716, *in*-12.

C'eft un Ouvrage fingulier, où l'on place l'*Amagetobria* à Porentru, & l'*Augufta Rauracorum* à Mandeurre : il paroît être venu de la même fource que ceux fur la ville d'Antre de Franche-Comté, confidérée comme *Aventicum*, dont on parlera ; N.ᵒˢ 200 & 204 : auffi l'attribue-t-on au Père Dunod, Jéfuite. M. Schoepflin, *Alfatia illuftrata*, *tom. I. pag.* 105, donne comme une chofe vraifemblable qu'*Amagetobria* étoit à Moigte de Broye, près de Pontaillier en Franche-Comté, qu'il ne faut pas confondre avec Pontarlier.]

189. ☞ Recherches fur les *Ambrons*, ancien peuple des Gaules ; par le P. OUDIN (Jéfuite). *Recueil de pièces d'Hiftoire & de Littérat. Paris*, 1741, Chaubert, *tom. IV. pag.* 1-38.

L'Auteur prétend que les Ambrons, qui fe joignirent aux Cimbres & aux Teutons, pour faire la guerre aux Romains, habitoient le pays depuis occupé par les Sébufiens ou la Breffe. Il a laiffé fur le même fujet un Ouvrage plus confidérable à M. Michault, Avocat au Parlement de Dijon, qui en parle dans fes *Mélanges Hiftoriques*, &c. *tom. II. pag.* 211.]

190. ☞ Differtation fur les Ambrons & le canton de la Gaule, qu'ils tenoient lorfqu'ils fe joignirent aux Cimbres & aux Teutons ; par LOYS DE BOCHAT.

Elle fe trouve fous le titre d'Addition II. *pag.* 586 du tom. II. de fes *Mémoires fur l'Hiftoire ancienne de la Suiffe* : *Laufanne*, Boufquet, 1747, *in*-4. L'Auteur y foutient en partie le fentiment du P. Oudin ; mais il donne plus d'étendue aux Ambrons. M. de Bochat avoit déja parlé de ces peuples dans fon Mémoire III. *tom. I. pag.* 263 & *fuiv.*]

191. ☞ Mf. Mémoire fur l'ancien emplacement de la ville d'Amiens ; par M. SELLIER.

Il eft dans les Regiftres de l'Académie de cette Ville.]

192. ☞ Remarques fur le nom d'*Argentoratum*, donné à la ville de Strasbourg ; par M. LANCELOT. *Mémoires de l'Académie des Belles-Lettres*, *tom. IX. pag.* 129-133.]

193. ☞ Joh. Dan. SCHOEPFLINUS de Argentorato. *Alfat. illuftrat. tom. I. pag.* 55. 206-226.]

194. ☞ Recherches fur le véritable emplacement d'*Ariarica* & d'*Abiolica*, & la direction de quelques voies Romaines ; par M. DROZ, Avocat au Parlement de Befançon & de l'Académie de cette ville.

Elles font partie des *Mémoires* du même Auteur, *pour fervir à l'Hiftoire de la ville de Pontarlier*, imprimés avec fon *Effai fur l'Hiftoire des Bourgeoifies du Roi*, &c. *Befançon*, Daclin, 1760, *in*-8. Le but de ces recherches de M. Droz, eft de montrer qu'on ne peut fixer à Pontarlier les ftations d'*Ariarica* & d'*Abiolica*. La première devoit être dans le voifinage de Salins fur la route d'Orbe à Befançon, & à portée des deux routes de Genève & de Laufanne. Le défilé où fe trouve *Meuffia* ou *Mufiacum*, comme on lit dans les Diplômes de Saint-Claude, doit être le *Filum Mufiacum* des Cartes de Peutinger, transféré, par erreur des Copiftes, dans la route de l'Helvétie. On doit reconnoître *Abiolica* près de *Mufiacum*, dans un lieu fauvage qui a fervi de demeure aux Druides, habitans des Forêts, & qui eft à portée de *Condat* ou Saint-Claude, première ftation de Genève à Befançon, & dans la direction de la route qui devoit fervir à la communication de ces deux villes.]

195. ☞ Découverte d'une Cité (les *Arvii*) jufqu'à préfent inconnue dans l'ancienne Gaule ; par M. D'ANVILLE. *Hiftoire de l'Académie des Belles-Lettres*, *tom. XXVII. pag.* 108-114. avec une Carte.

Il s'agit ici du canton d'Arve dans le Maine.]

196. ☞ Mf. Differtation fur les pays occupés par les *Atrebates* & les *Morins* ; par M. LE GAY DE RAMECOURT, de la Société Littéraire d'Arras.

Les Atrebates répondent au Diocèfe d'Arras, & les Morins à ceux de Boulogne, de Saint-Omer & d'Ypres.]

197. ☞ Mf. Mémoire fur les *Atrebates*, où l'on examine fi la ville d'Arras eft celle que d'anciens Auteurs ont appellé *Nemetacum* & *Nemetocenna* ; par M. DE CRESPIŒUL, de la Société Littéraire d'Arras.]

198. ☞ Mf. Differtation fur l'étymologie de *Nemetocenna*, ancien nom d'Arras ; par M. CAMP, de la même Société.

Ces trois Pièces font dans les Regiftres de la Société Littéraire d'Arras.]

199. ☞ Differtation en forme de Lettre fur l'ancienne ville *Avaricum* (Bourges, & fur *Genabum*, que l'Auteur prétend être Gien). *Mém. de Trévoux*, 1709, *Avril*, *pag.* 621.]

200. La Découverte de la ville d'Antre en Franche-Comté, avec des Queftions curieufes pour éclaircir l'Hiftoire de cette Province (par Pierre-Jofeph DUNOD, Jefuite) : *Paris*, 1697, *in*-12. [23 *pag.*]

☞ On y prétend que la ville d'*Aventicum* (que Tacite dit être la capitale des *Helvétiens*) étoit la ville d'Antre en Franche-Comté. Ce petit Ouvrage fe trouve prefque tout entier dans le *Mercure*, 1698, *Mai*, *pag.* 139, & dans le *Choix des Mercures*, *tom. XV. pag.* 84. Voyez à fon fujet l'*Hiftoire critique des Journaux*, *Part. II. pag.* 65.=*Journal des Sçavans*, 1698, *Janvier* : 1709, *Mai* : 1711, *Juillet*. = *Mém. de Trév.* 1710, *Septembre*.]

201. Lettre en forme de Differtation fur cette Découverte (par le P. ANDRÉ DE S. NICOLAS,

Prieur des Carmes à Besançon) : *Dijon*, 1698, [Michard, *in-12.* 204 *pag.*]

☞ Voyez le *Journal des Sçavans*, 1699, *Mars.*]

202. Mf. Trois Lettres en forme de Dissertations sur la même Découverte ; par Daniel AUBERT, Régent des Belles-Lettres au Collége de Lausanne.

Je n'ai pu découvrir si ces Lettres avoient été imprimées.

☞ On prétend qu'elles ont paru à *Amsterdam* : 1709, *in-12.*]

203. Deux Dissertations sur la ville nommée anciennement *Aventicum* (par Jacques LEMPEREUR, Jésuite.)

Ces Dissertations sont imprimées avec les *Dissertations historiques sur divers sujets d'antiquités* : *Paris*, Cot, 1706, *in-12*, ci-devant, N.° 173.

204. La Découverte entière de la ville d'Antre en Franche-Comté, les méprises des Auteurs de la Critique d'Antre, avec la notice de la Province des Séquanois, rétablie par la Découverte de la ville d'Antre : *Amsterdam* (*Besançon*, Alibert) 1709, *in-8.*

☞ Ce Livre est composé de cinq Parties ou Dissertations. Dans la première, l'Auteur établit qu'il y a eu autrefois une grande ville dans le lac d'Antre en Franche-Comté, entre Saint-Claude & Moyrans ; & après un détail de tous les débris de cette ville qu'on y a découverts, il répond aux objections opposées à son système. Dans la seconde & la troisième, il prétend que cette ville étoit l'ancien *Aventicum* de Ptolémée. Pour le prouver, il traite de l'étendue de la Province des Séquanois, qui n'a jamais, dit-il, été jusqu'en Suisse sous les Romains du haut Empire ; il essaye d'indiquer la source de l'erreur prétendue, qui place l'*Aventicum* de Ptolémée à Avenche en Suisse, & tâche d'appuyer son opinion du témoignage des anciennes Notices & de plusieurs Auteurs. La quatrième Dissertation est une Réponse à la Critique contenue dans la Lettre du Père de Saint-Nicolas, & dans les trois de M. Aubert, indiquées ci-dessus. Le Père Dunod fait voir les différentes erreurs dans lesquelles ces Auteurs lui semblent être tombés. La cinquième Partie enfin, est destinée à rétablir les altérations qu'il soutient être dans la Notice de l'Empire, &c. sur laquelle les Auteurs ci-dessus s'étoient fondés. A cette occasion, le P. Dunod applique la plus grande partie des noms désignés dans cette Notice, à différentes villes ou lieux de Franche-Comté. Au reste, on peut observer avec plusieurs Sçavans, que jamais on n'a soutenu une mauvaise cause avec plus d'esprit, & qu'il falloit toute la force de la vérité pour faire tomber un système si bien défendu.

Au défaut de l'Ouvrage, on peut en voir un Extrait, très-favorable au P. Dunod, dans les *Mémoires de Trévoux*, 1710, *Septembre*, *pag.* 1591 & *suiv.* Tout le Livre s'y trouve réduit à deux propositions principales, sous lesquelles les Journalistes ont placé d'une manière très-précise les différentes objections opposées au Père Dunod, & les réponses de ce Jésuite. Voyez aussi le Supplément du *Journal des Sçavans*, 1709, *Mars*, *pag.* 193 & *suiv.* ou, 165. de la seconde édition.

Le P. Dunod, dans cette *Découverte entière*, *p.* 53, fait mention d'un Ouvrage composé en faveur de son système, & publié à Paris sous ce titre fastueux, *La plus belle Découverte qu'on ait faite depuis un siècle*, *de la ville d'Antre*, *toute bâtie de jaspe & de marbre*. Il en annonce même deux éditions consécutives, mais sans rien dire de circonstancié. Cette indication vague, & plus encore le silence des Bibliographes sur ce Livre, dont on a cherché envain des traces dans les Catalogues les plus complets, autorisent à penser que c'est un Ouvrage chimérique.]

205. Apologie pour la vieille Cité d'Avenche ou *Aventicum* en Suisse, au Canton de Berne, & située dans une des quatre contrées ou départemens de l'Helvétie, appellée Urbigène ; opposée à un Traité mis au jour par l'Auteur de la Découverte de la ville d'Antre, qui, par une hétérodoxie en fait d'Histoire toute pure & contre la foi historique tant ancienne que moderne, déplace & établit *Aventicum* sur les ruines de la ville d'Antre en Franche-Comté : *Berne*, 1710, *in-8.*

C'est l'Ouvrage de Marquard WILD, natif d'Avenche.

☞ L'Auteur n'étoit point d'Avenche, mais de Berne, où il a été Bibliothécaire, Membre du Souverain Conseil, &c. Il raisonne peu dans son Livre, mais il fournit des preuves ; sa façon d'écrire, quoique sèche, est solide. Il donne une Description de la ville d'Avenche, & des antiquités qu'on y a trouvées. *Note manuscrite de M. Haller le fils.*

Voyez aussi sur cet Ouvrage la *Bibliothèque choisie*, tom. XXI. *pag.* 437.]

206. ☞ Fasciculus Epistolarum Gisberti CUPERI ad Marquardum Wildium, quibus variis antiquis marmoribus in Helvetiâ erutis lux affunditur.

Ces cinq Lettres se trouvent dans le *Museum Helveticum*, *tom.* I. *part.* I. Tiguri, 1746, *in-8.* Elles ont aussi pour but de revendiquer à la Suisse la ville d'*Aventicum*, sur laquelle on y trouve des Remarques intéressantes, ainsi que sur d'autres antiquités. Voyez les *Actes de Leipsick*, 1749, *pag.* 690.]

207. ☞ Recueil d'Antiquités trouvées à Avenche, à Culm, & en d'autres lieux de la Suisse ; par M. SCHMIDT : *Berne*, 1760, *in-4.* avec 35 planches.

Cet Auteur, qui, dès un âge peu avancé, s'est acquis une renommée des plus éclatantes, en méritant consécutivement neuf prix de l'Académie Royale des Belles-Lettres, donne ici une Description d'un beau pavé à la Mosaïque, trouvé à Avenche en 1710 & 1751. Il y ajoute quelques autres antiquités trouvées dans la même ville. Ensuite il décrit celles qui ont été découvertes en 1758 à Culm, Bailliage de Lentzbourg au même Canton de Berne. M. Schmidt s'en sert pour prouver qu'il y faut placer le *Ganodurum* de Ptolémée. Il parle aussi d'une autre Mosaïque trouvée à Ottisweill, de deux antiquités découvertes à Soleure, & d'un pavé à la Mosaïque trouvé à Bumpliz près de Berne. Voyez les *Mémoires de Trévoux*, 1760, *Novembre*, *pag.* 2804.]

208. ☞ De Augustâ Rauracorum ; auctore Joh. Dan. SCHOEPFLINO ; cum figur. *Alsat. illustrat.* tom. I. pag. 149-206.

Cette Ville étoit au voisinage de Basle, qui lui a succédé.]

209. ☞ Augusta Veromanduorum ubi sita ? auctore Carolo LE COINTE. *Annal. Eccles. Franc.* tom. I. ad ann. 531, *num.* 24 & *seq.*

Quelques Auteurs placent cette ville à Vermand, aujourd'hui Abbaye de l'Ordre de Prémontré. D'autres, & avec eux le P. le Cointe, la fixent à Saint-Quentin, sur la Somme.]

210. ☞ Dissertation historique & géographique sur *Augusta*, ancienne capitale des peuples *Veromandui* ; par M. l'Abbé BELLEY. *Mémoires de l'Académie des Belles-Lettres*, tom. XIX. pag. 671-690.

L'Auteur prouve en détail que c'est Saint-Quentin en Vermandois. On trouve un Extrait très-étendu de cette Dissertation dans le *Mercure*, 1746, Janvier, pag. 78-86.]

211. ☞ Dissertation sur *Augustoritum*, ancienne ville de la Gaule; par M. l'Abbé BELLEY. *Mém. de l'Acad. des Belles-Lettres*, tom. *XIX*. pag. 707-721.

C'est Limoges, ou la capitale des *Lemovices*. L'Auteur parle aussi de plusieurs anciens lieux voisins.]

212. ☞ Mf. Dissertation sur l'origine des Poitevins, & sur la position de l'*Augustoritum* & du *Limonum* de Ptolémée (lûe en 1746 à l'Académie de la Rochelle); par M. BOURGEOIS, Avocat au Parlement, & Associé de cette Académie.

Cette Dissertation, que l'Auteur a promis d'augmenter & de publier avec les Cartes nécessaires, est encore entre les mains, au Cap, Isle Saint-Domingue, où il s'est retiré depuis quinze ans. L'Analyse détaillée, que le Secrétaire de l'Académie en a fait insérer dans le *Mercure* (*Décembre* 1746, pag. 99-108) suffit pour faire connoître les deux parties de ce Mémoire intéressant, sur-tout la seconde, qui est la plus étendue, & dont il s'agit ici principalement. Les villes d'*Augustoritum* & de *Limonum*, étoient toutes deux, suivant M. Bourgeois, dans le pays des *Pictones*. C'est à tort, selon lui, que quelques Auteurs ont cru voir Limoges dans la première. La manière dont Ptolémée en parle, prouve que c'étoit la capitale des *Pictones*, & par conséquent Poitiers. Pour appuyer ce sentiment, déja avancé par Adrien de Valois, M. Bourgeois tâche de concilier le texte de l'ancien Géographe avec un passage de l'Itinéraire d'Antonin, qui semble favoriser une opinion différente; & il ajoute que, quand même les deux Auteurs seroient opposés, son sentiment n'en seroit pas moins véritable, puisque l'autorité de l'Itinéraire devroit alors céder à celle de Ptolémée, dont le texte est ici très-clair, & entièrement conforme à la position actuelle des lieux. M. l'Abbé Belley paroît cependant avoir bien prouvé le contraire.]

213. ☞ Mf. Mémoire sur les bornes du Royaume des Auvergnats; par M. DU FRAISSE DE VERNINES.

Ce Mémoire est dans les Registres de la Société littéraire de Clermont-Ferrand.

L'Auteur prouve par les anciens Historiens, que ce Royaume occupoit tout l'espace compris entre le Rhône, les Pyrénées & l'Océan.]

214. ☞ Remarques sur *Bagacum* ou Bavai, dans le Hainau, sur les chaussées ou voies Romaines qui y conduisoient, &c. par M. le Comte DE CAYLUS. *Recueil d'Antiquités*, tom. *II*. pag. 394-408, tom. *III*. pag. 435, tom. *VI*. pag. 396, 399 & 403.

On peut voir encore au sujet de Bavai, la *Description de la Gaule Belgique* du P. WASTELAIN, pag. 425-428. Il y assure à cette ville le rang de capitale des Nerviens. Après qu'elle eut été ruinée vers l'an 385 par les Huns, en même-tems que Tongres, Cambrai devint capitale du pays. Ce point d'histoire & de critique est bien traité par cet Auteur, qui est très-précis.]

215. ☞ Dissertation sur les *Bebryces* des Gaules; par D. Jacques MARTIN.

C'est la troisième des Dissertations du tom. I. de son *Histoire des Gaules : Paris*, 1752, in-4. Les *Bebryces* demeuroient près des Pyrénées.]

216. ☞ Dissertation sur l'étendue du *Belgium*, & l'ancienne Picardie, qui a remporté le prix de l'Académie d'Amiens en l'année 1752 ; par M. l'Abbé CARLIER : *Amiens*, 1753, in-8.

Le *Belgium*, qui n'étoit que la portion principale de la Gaule Belgique, comme est aujourd'hui l'Isle de France au reste du Royaume, contenoit les trois Cités d'Amiens, de Beauvais & d'Arras. Nicolas Sanson en avoit déja traité dans son Ouvrage intitulé, *Britannia*, dont on parle N.° 241 ; mais l'Abbé Carlier n'est pas en tout de son sentiment. Le P. Wastelain (*Description de la Gaule Belgique*, pag. 7 & 11) pense comme l'Auteur de cette Dissertation, ainsi que M. d'Anville dans sa Notice, pag. 147 & 148.]

217. Mf. Discours sur l'ancienne ville *Bibracte*; par M. Bernard-Philibert MOREAU DE MAUTOUR, de l'Académie Royale des Inscriptions & Belles-Lettres.

Ce Discours est conservé dans les Registres de cette Académie [année 1704.]

☞ L'Auteur y soutient que Bibracte est une ville différente d'Autun, & il la place sur le mont Beuvrai ou Beuvrect. L'Abbé Blondel, qui s'est fait principalement connoître par ses Relations des Assemblées publiques des Académies des Sciences & des Belles-Lettres, a donné dans les *Mém. de Trévoux*, 1704, Juillet, pag. 1131. un Extrait étendu de cette Dissertation, en rendant compte de la Séance publique de l'Académie où elle a été lûe.]

218. * Lettre de M. (Hugues) DE SALINS, Docteur en Médecine, servant à réfuter l'Extrait de la Dissertation (précédente): *Dijon*, de Fay, 1708, in-12.

Il y prétend que Bibracte est la ville de Beaune.]

219. ☞ Observations sur une Inscription antique, gravée sur bronze, concernant la ville *Bibracte* ; par M. MOREAU DE MAUTOUR. *Mém. de littérat.* du P. Desmolets, tom. *IV*. pag. 296.

M. de Mautour soutient toujours que Bibracte étoit sur le mont Beuvrect, & il termine ces Observations par une Description de ce lieu, tirée d'une Lettre écrite en 1726 par M. Gautier, Curé de Saint-Léger au pied de Beuvrect. Ces Observations sont réfutées dans la Dissertation sur Bibracte, qui se trouve dans les *Eclaircissemens géographiques*, ci-devant N.° 182.]

220. ☞ Dissertation historique sur l'ancienne *Bibracte* (par le P. Jacques LEMPEREUR). *Mémoires de Trévoux*, 1704, Octobre, pag. 1789-1804.

Elle est aussi la première de son Recueil, ci-devant N°. 173. L'Auteur soutient que Bibracte est Autun.]

221. Lettre de M. DE SALINS, contenant des Réflexions sur la Dissertation précédente : *Beaune*, Simonnot, 1708, in-12.

☞ Voyez *Journal des Sçavans*, 1709, Mars. = Biblioth. des Auteurs de Bourgogne, tom. *II*. pag. 231. M. de Salins, mort en 1710, a travaillé pendant 30 ans à un gros Ouvrage latin, qu'il a laissé à son fils, & où il s'efforce de prouver que Beaune, sa patrie, étoit Bibracte.]

222. Lettre en forme de Dissertation, sur l'ancienneté de la ville d'Autun ou de Bibracte : *Dijon*, Ressaire, 1710, in-12.

Elle a été écrite contre M. de Salins; par François BAUDOT, Maître des Comptes de Dijon, mort en 1711.

☞ » M. Baudot est le premier qui ait démontré que
» Beaune est dans une situation plus Orientale de six ou
» sept lieues que n'étoit Bibracte. Une analyse des Com-

mentaires de César, soutenue par des réflexions judicieuses, sert de base à l'opinion de M. Baudot, qui adjuge à Autun l'honneur d'avoir été incontestablement l'ancienne Bibracte » dit M. Michault, *Mélanges historiques & philologiques*, tom. II. pag. 165. Le P. Oudin, qui a publié & même retouché pour le style l'Ouvrage de M. Baudot, son ami, en donna un Extrait inséré dans les *Mémoires de Trévoux*, 1712, *Avril*, pag. 680. Voyez aussi la *Bibliothèque des Auteurs de Bourgogne*, tom. I. pag. 15.]

223. Réflexions de M. Jean-Pierre DE MANDAJORS sur *Augustodunum*, ci-devant N.° 176.

224. ☞ Dissertation de M. l'Abbé BELLEY sur Bibracte. *Eclaircissemens géographiques*, ci-devant N.° 182.

On y démontre, sur-tout par les Itinéraires, que Bibracte est la même chose qu'Autun; & il y est prouvé par des Auteurs du pays même, que Beuvrai n'a jamais pu servir d'assiette à une grande ville telle qu'étoit Bibracte.]

225. ☞ Mss. Problème historique sur Bibracte; par M. l'Abbé GERMAIN, Théologal de l'Eglise d'Autun.

Cet Ecrit, qui fait partie d'une Histoire de la ville d'Autun, que M. Germain, mort en 1751, a laissé très-avancée, a passé, avec ses autres Mémoires, à M. son frere, Théologal du Chapitre de Beaune. M. Germain y résout le Problème en faveur d'Autun, & combat M. de Mautour, le P. Oudin & autres, qui fixent à Beuvrai ou Beuvrect, la position de Bibracte.]

226. ☞ Remarques sur Bibracte; par M. MICHAULT, Avocat, & de l'Académie de Dijon.

Elles forment l'Article VIII. pag. 156 & suiv. du tom. II. des *Mélanges historiques & philologiques*: *Paris*, 1754, *in-*12. On y voit sur-tout l'exposition des sentimens que l'on vient d'indiquer, principalement ceux du P. Oudin & de l'Abbé Germain.]

227. ☞ Dissertation sur la ville de *Bibrax*; par Jacques LEMPEREUR.

C'est la III. du Recueil de ses Dissertations, ci-devant N.° 173. Le Père Lempereur place à trois lieues de Neufchatel cette ancienne ville des *Rhemi*.]

228. Mss. Dissertation de Jacques ROBBE, Avocat, sur le lieu de *Bibrax oppidum Rhemorum*, dont il est parlé dans les Commentaires de César.

Cette Dissertation est entre les mains de l'Auteur, qui croit que cette ville est Laon.

☞ Il est mort à Soissons en 1721. On peut voir un abrégé de sa Dissertation, qui est écrite en latin selon Moréri, dans les Dictionnaires géographiq. de Corneille & de la Martinière. M. d'Anville détruit ce sentiment, pag. 159 & 160 de sa *Notice*.]

229. ☞ Lettre sur la situation de *Bibrax*. *Journ. de Verdun*, 1750, *Juillet*, pag. 36-39.

L'Auteur croit le trouver au bourg de Bruyères, qui est à une lieue de Laon.]

230. ☞ Réponse à la Lettre précédente; par M. LEBEUF. *Ibid. Septemb.* p. 175-180.

Bibrax, selon M. Lebeuf, ne peut être que Bièvres, à trois ou quatre lieues de Laon. Ce sentiment est celui de M. d'Anville dans sa *Notice*, p. 160; & de M. l'Abbé Expilly, dans son Dictionnaire au mot *Bibrax*, où il dit que Bièvres n'est qu'à deux lieues Sud-Sud-Est de Laon.]

231. ☞ De Boiis, eorumque antiquis sedibus; à Car. LE COINTE. *Annal. Eccl. Franc.* tom. II. pag. 213-219.

Les Boiens étoient d'anciens Gaulois, qui, sous la conduite de Sigovèse, allèrent s'établir, environ 600 ans avant J. C. en Germanie, dans la contrée appellée de leur nom Bohême, dont ils furent ensuite chassés par Maroboduus, Roi des Marcomans; & ils passèrent dans la Vindelicie, aujourd'hui la Bavière. Il y avoit des *Boii* en Gaule, dans le Bourbonnois, & près de Bordeaux. D'autres allèrent s'établir en Italie.]

232. ☞ Lettre de M. P. DE FRASNAY, écrite à M. D. L. au sujet des Boiens. *Mercure*, 1737, *Août*, pag. 1707-1718.

Les Boiens sont un des peuples les plus anciens des Gaules. Leur capitale, nommée Boia, selon l'Auteur, est connue aujourd'hui sous le nom de Bourbon-Lancy; & il ne faut pas les confondre avec les Boiens vaincus par César, & dont aux Eduens: ceux-ci habitoient la ville de *Gergovia Boiorum*, autrement Bourbon-l'Archembaud, & ils étoient des Germains descendus des premiers.]

233. ☞ J. HEUMANNI Tractatio de Boiis, præfixa Explanationi Codicis juris Bavarici.

Dans cette Dissertation, qui est la seconde des *Opuscules* d'Heumann: *Norimberga*, 1747, *in-*4. l'Auteur fait sortir les Boiens de Bavière, des Celtes & des Gaulois.]

234. ☞ Lettres sur le nom de la ville de Bordeaux. *Mercure*, 1695, *Juillet*, pag. 50-59. & 1733, *Mars*, p. 416-421, & *Avril*, pag. 659-666.]

235. ☞ Observations sur l'ancienne situation de la ville de Bordeaux, & sur l'origine de son nom; par M. l'Abbé LEBEUF. *Histoire de l'Ac. des Belles-Lettres*, tom. XXVII. pag. 145.

L'Auteur soutient que Bordeaux étoit sous les Gaulois & les Romains, comme à présent, situé sur la rive gauche de la Garonne, & non sur la droite, comme l'a prétendu M. de Valois. Quant au nom de *Burdegala*, il vient, selon M. Lebeuf, du terme Punique *Burg*, qui signifie *Jonc*; & ce nom aura, dit-il, été donné à cette Ville, à cause des joncs qui croissoient en abondance dans ses environs, fréquemment inondés.]

236. ☞ Mss. Dissertation sur l'ancienne position de la ville de Bordeaux, dans laquelle on établit, contre l'opinion de plusieurs Sçavans, que du tems des Romains cette Ville occupoit le même local qu'à présent, & qu'elle n'a jamais existé sur la rive droite de la Garonne: lûe dans l'assemblée de l'Académie de Bordeaux; par M. l'Abbé BAUREIN, Associé, en 1759.]

237. ☞ Mss. Recherches (du même) sur la première enceinte & les divers accroissemens de la ville de Bordeaux: lûes le 25 Août 1764.]

238. ☞ Mss. Observations critiques (du même) sur la position de quelques lieux anciens du pays Bordelois, par lesquels on tâche de contribuer à la perfection des recherches de plusieurs Sçavans, en relevant des erreurs dans lesquelles ils sont tombés par rapport à l'ancienne Géographie de ce

pays: lûes à l'Académie de Bordeaux le 25 Août 1763.

Ces trois Pièces sont conservées dans le Dépôt de cette Académie.

L'Auteur rétablit dans ses Observations critiques plusieurs voies Romaines, & différentes stations, entr'autres celle qui manque dans la table Théodosienne, & qui se trouvoit entre *Boios* & Bordeaux.]

239. ☞ Conjectures sur la position de deux anciennes villes des Gaules, nommées *Bratuspantium* & *Mediolanum* ; par M. BONAMY. *Mémoires de l'Acad. des Belles-Lettres, tom. XXVIII. pag. 463-474.*

L'Auteur appuie la conjecture de D. Mabillon, qui a cru que *Bratuspantium* étoit Breteuil, au Diocèse de Beauvais. Il traite ensuite de différentes villes des Gaules nommées *Mediolanum*, & entr'autres d'une du Diocèse d'Autun, appellée aujourd'hui Malain.]

240. ☞ Mf. Dissertation sur la position de *Bratuspantium* ; par M. BUCQUET, Procureur du Roi au Présidial de Beauvais.

Cette Dissertation, lûe en 1761 à la séance publique de l'Académie d'Amiens, est entre les mains de l'Auteur. Il fixe *Bratuspantium* à Beauvais, qui » jouira, dit-il, » de cette prérogative, jusqu'à ce que l'on produise des » titres valables pour l'en déposséder. » Ce Mémoire est, à proprement parler, un extrait de l'Histoire du Beauvaisis, à laquelle M. Bucquet travaille, avec deux autres Sçavants de la même ville.

Selon le P. Wastelain (Description de la Gaule Belgique, pag. 339) il est très-probable que *Bratuspantium* de César est le *Cæsaromagus* de Ptolémée, capitale des Bellovaques. M. d'Anville (dans sa Notice) est du sentiment de M. Bonamy. Le P. Daire, dans son *Histoire de Montdidier : Amiens, 1765, pag. 2.* prétend que cette Ville a été bâtie sur les ruines de l'ancienne *Bratuspantium*.]

241. *Britannia*, ou Recherches de l'antiquité d'Abbeville ; par Nicolas SANSON, d'Abbeville, Géographe du Roi : *Paris, 1637, in-8.*

☞ Cet Ouvrage est utile, quant aux remarques générales, pour la Géographie des Gaules. Ce qui a servi de fondement à l'opinion de Sanson, est ce passage tiré de Strabon, *Geograph. lib. 4.* » Pythœas de Mar- » seille, dit que les Députés de Marseille ayant été in- » terrogés par Scipion, de ce qu'ils sçavoient de *Bri-* » *tannia*, *Narbo* (Narbonne) & *Corbilo* (que l'on croit » être Coëron près de Nantes) aucun n'en put dire » quelque chose de remarquable, quoique ce fussent les » meilleures villes de toute la Gaule. » Sanson prétend qu'Abbeville est *Britannia*, & que c'est-là qu'est sortie la Colonie qui a peuplé la Grande-Bretagne, & lui a donné son nom. Il s'appuie sur deux autres passages, l'un de Pline, qui fait mention d'un peuple de Gaule nommé *Britanni* ; l'autre de César, qui fait sortir du *Belgium* les peuples qui se sont établis sur la côte méridionale de la Grande-Bretagne. Il prouve ensuite, que la Picardie faisoit partie du *Belgium* , & que dans la Picardie nulle autre ville ne convient mieux à *Britannia*, que celle d'Abbeville. Il répond ensuite aux objections principales ; l'une, que Strabon, qui a tiré ce passage de Pythœas, l'appelle un menteur ; & l'autre, que César, qui a passé dix ans dans les Gaules, & singulièrement dans le pays des Belges, ne parle point du tout de cette ville *Britannia*. Sanson justifie autant qu'il peut Pythœas (qui l'a été beaucoup mieux en 1746 par M. de Bougainville, *Mémoires de l'Académie des Belles-Lettres*, tom. XIX. pag. 146.) Il fait voir ensuite que César a omis de parler d'un grand nombre de villes des plus considérables des Gaules, qui néanmoins existoient de son tems.]

242. Les véritables antiquités d'Abbeville, opposées à la fausse Bretagne du Sr Sanson ; par Philippe LABBE, Jésuite.

Cette Réfutation est imprimée à la pag. 26 des *Tableaux méthodiques de la Géographie Royale : Paris, 1646, in-folio.* Le Père Labbe y soutient qu'Abbeville n'étoit qu'une maison de campagne de l'Abbé de Saint-Riquier, & que cette ville n'a été fermée de murailles que sous le règne de Hugues Capet.

☞ Voyez la *Méthode historique* de l'Abbé Lenglet, tom. IV. pag. 190.]

243. ☞ Mf. Recherches sur les peuples que César nomme *Cadetes* : lûes à l'Académie de Caën le 6 Mars 1749, par M. DE LA LONDE.

Ces Recherches sont entre les mains de l'Auteur, qui travaille à un Ouvrage sur les Antiquités de Caen, dont ce Discours est un préliminaire. » La ville de Caën » est, selon M. de la Londe, le pays habité par ces » peuples ; & le village de Vieux n'a point été, comme » le dit M. Huet dans ses Antiquités de Caën, un camp » des Romains, mais une ville. M. de Biéville, qui » étoit Directeur de l'Académie de Caën, lorsque M. de » la Londe lut son Mémoire, parut porté à croire que » les *Cadetes* étoient Bretons, parceque César ne les » cite qu'en parlant de la Bretagne. » Extrait d'une Lettre de M. Rouxelin, Secrétaire de l'Académie de Caën.]

244. ☞ Etendue & anciens habitans du pays de Caux, appellés *Caletes* ; par Dom Toussaints DU PLESSIS.

C'est la Partie I. de sa *Description géographique & historique de la haute Normandie : Paris*, veuve Ganeau, 1740, in-4. 2 vol. Il y a dans cet Ouvrage beaucoup d'étymologies.

On trouve aussi sur les mêmes peuples nombre de recherches étymologiques dans une *Dissertation* de M. CLEROT, dont on parlera plus amplement à l'Histoire des Gaulois : elle est imprimée dans le *Mercure*, 1736, *Septembre* : 1737, *Décembre* : 1739, *Janvier*, *Août* & *Décembre*.]

245. ☞ Sur un lieu Romain, appellé *Carocotinum*, & sur le plan du château de Graville, qui s'y voit ; par M. le Comte de CAYLUS. *Recueil d'Antiquités* , *tom. IV. pag.* 385.]

246. ☞ Dissertation adressée aux Académies sçavantes de l'Europe sur une nation de Celtes, nommés *Brigantes* ou *Brigans*, fondateurs de plusieurs villes de leur nom, duquel & de leur race il se trouve encore des hommes en Bretagne ; par un Auteur de la même nation (M. LE BRIGANT) : *Breghente* dans le Tirol : (*Paris*, Brasson)1762, *in-12.*]

247. ☞ Lettre de M. l'Abbé LEBEUF à M. MAILLART, au sujet d'un lieu nommé anciennement *Chora*, du Diocèse d'Auxerre, où il critique à ce sujet l'Auteur des Eclaircissemens géographiques. *Mercure,* 1742, *Avril, pag.* 711-725.

248. Réponse de M. D'ANVILLE. *Ibidem, Août , pag.* 1703-1715.

249. Réplique de l'Abbé LEBEUF. *Ibidem, Septembre , pag.* 1915-1924.

M. l'Abbé Lebeuf prétend que *Chora* n'étoit autre que la ville de Crevan ; & l'Auteur des Eclaircissemens soutient que c'est Querre, proche Arci, sur la Cure.]

250. ☞ Notice de deux lieux appellés anciennement *Chora* & *Contraginnum*; par M. l'Abbé LEBEUF. *Recueil d'Ecrits sur l'Histoire de France*, tom. I. pag. 309-332.

Le premier endroit étoit, selon l'Auteur, Crevan; & le second, Coudrain, en Picardie.]

251. ☞ Dissertation sur la position d'un lieu nommé *Chora*, cité par plusieurs Auteurs, &c. par M. PASUMOT.

C'est le second de ses *Mémoires géographiques*, cidevant N.° 183. [Il y fait voir qu'ni Crevan, ou plutôt Cravant, ni Querre, lieu imaginaire, ne peuvent être *Chora*, qui devoit être située près d'une voie Romaine, dans un lieu connu aujourd'hui sous le nom de Ville-Auxerre, & où l'on voit encore des ruines, près du village de Saint-Moré, sur le bord de la Cure, à trois lieues environ de Cravant.]

252. ☞ Mss. Dissertation sur les anciens noms de la ville de Clermont; par M. BOMPART DE SAINT-VICTOR, de la Société littéraire de cette ville : lûe à l'Assemblée publique de l'année 1749.

Cette Dissertation, ainsi que la suivante, est dans les Registres de la Société littéraire de Clermont-Ferrand.

L'Auteur soutient que Clermont est la même ville, qui, du tems des Rois Auvergnats, étoit appellée *Nemete*; que Strabon indique sous le nom de *Nemossos*, qui fut nommée *Augustonemetum* lors de son rétablissement par Auguste, & qui paroit sous ce nom dans la célèbre Carte de Peutinger. C'étoit la même qui a pris le nom d'*Arverni* & *Arverna Civitas*, quelques siècles après Auguste; & qui, ayant été deux fois détruite & rebâtie, a commencé à porter dans le dixième Siècle le nom de Clermont.]

253. ☞ Mss. Dissertation sur l'ancien & le nouvel état de la ville de Clermont; par M. DU FRAISSE DE VERNINES.

L'Auteur fixe la situation de cette ville par la Carte de Peutinger, par sa distance des villes de Chantel en Bourbonnois, & de Brioude, & par une Pierre milliaire qu'on voit encore sur le chemin de Clermont à Billom. Il donne l'Histoire des révolutions qui ont changé la face de cette ancienne Cité, & des réparations & embellissemens dont elle a été récemment décorée.]

254. ☞ Découverte des ruines de l'ancienne ville des *Curiosolites*; par M. LE PELLETIER DE SOUZY. *Hist. de l'Acad. des Bell. Lett.* tom. I. pag. 294-298.

On y fait voir que cette Ville étoit au village de Corseult, près Dinant en Bretagne; & que ses ruines actuelles prouvent que c'étoit autrefois un lieu considérable.]

255. ☞ Extrait d'une Lettre au sujet des antiquités de Corseult en Bretagne. *Mercure*, 1743, *Juillet*, pag. 1500-1505.]

256. ☞ De l'ancienne *Dariorigum*, capitale des Vénétes, de ses ruines, &c. par M. le Comte DE CAYLUS. *Recueil d'Antiq.* tom. IV. pag. 374 & suiv. avec des Plans.

On y prouve qu'elle n'étoit point à Vannes, mais au bourg de Lokmariaker, à l'entrée du golfe nommé Morbihan. Jules-César s'en empara avec peine, comme on peut le voir au Livre III. de ses Commentaires. M. DE LA SAUVAGERE a fait sur ce sujet, dans ses *Recherches* (ci-dessus, N.° 100.) diverses réflexions qui ont été combattues par M. DE CAYLUS, tom. VI. pag. 384 & suiv.]

257. ☞ Observations historiques & géographiques sur (les *Diablintes*) le pays du Maine, &c. par M. LEBEUF.

Elles sont dans le tom. I. des *Dissertations sur l'Hist.* &c. *Paris*, 1739, pag. 163 & suiv. L'Auteur fixe l'ancienne contrée des Diablintes dans le territoire qui est arrosé par la rivière d'Aron, & que celle de Mayenne borne du côté du couchant. Leur capitale étoit, selon lui, où est maintenant Jublent, ou Jubleins.]

258. ☞ Remarques sur les Observations de M. Lebeuf, au sujet des peuples *Diablintes*, & de leur pays, particulièrement par rapport à l'Histoire de Mayenne, prête à être mise au jour; (par M. l'Abbé DE LA FOSSE): *Paris*, Mouchet, 1740, *in*-12.

Selon l'Auteur, M. Lebeuf ne doit point se flatter d'avoir le premier parlé de ces Peuples; Cluvier l'avoit fait plus d'un siècle avant lui, dans son Introduction géographique. On prétend que Jublent, à qui M. l'Abbé Lebeuf donne le titre de Capitale de ces Peuples, ne mérite pas toutes les prérogatives qu'il lui assigne; que son nom, qui, par corruption, semble venir de Diablint, a commencé à être connu que sur la fin du douzième siècle. On observe qu'avant que les Romains eussent conquis le Maine, cette province étoit partagée entre les Aulerces-Cénomans, dont *Vindinum*, aujourd'hui le Mans, étoit la capitale; & les Aulerces-Diablintes, dont on prétend que *Noviodunum*, aujourd'hui Mayenne, étoit la capitale; & l'on ajoute que c'est la seule ville à laquelle toutes les marques attribuées par les anciens Auteurs à la capitale de ces Peuples, puissent convenir. Cependant M. d'Anville, *Notice*, pag. 486. met *Nœodunum* à Jublent.]

259. ☞ Remarques sur la position des Diablintes; par M. POTTIER, Procureur Fiscal de Paray en Berry. *Journal de Verdun*, 1740, *Novembre*, pag. 332-337.

C'est encore contre le sentiment de M. Lebeuf, que ces Remarques ont été faites : elles sont appuyées de traditions fabuleuses, qui sont relevées dans la Pièce suivante.]

260. ☞ Réponse de M. LEBEUF, au sujet de la position des Diablintes. *Ibid.* 1741, *Février*, pag. 108-112.]

261. ☞ Lettre au sujet des *Diablintes*. *Mercure*, 1742, *Octobre*, pag. 2181-2193.

M. LEBEUF paroit être encore l'Auteur de cette Lettre, dont le sujet principal est la Capitale de ces peuples qui habitoient le bas-Maine. On y défend du moins son opinion qui fixe cette capitale à Jublent, & non pas à Mayenne comme M. de la Fosse le soutenoit avec Cluvier.]

262. Mss. Dissertation sur le *Didatium* de Ptolémée, la première ville des Séquanois, & que Dôle est cette ville; écrite en 1700 par M. [Ferdinand] LAMPINET, Conseiller honoraire de Besançon : *in*-4.

Cette Dissertation étoit conservée dans la Bibliothèque de M. Foucault, [qui a été dispersée.]

☞ Elle est entre les mains de M. Lampinet de Boulans, petit-fils de l'Auteur, Conseiller honoraire au Parlement de Besançon.]

263. ☞ La Découverte de *Didatium*, la ville de Dôle : preuves de cette découverte.

C'est le Chap. V. de la Dissertation V. du P. DUNOD, dans la Partie II. pag. 141 & suiv. de la *Découverte entière de la ville d'Antre*, &c. ci-devant N.° 204.

On a imprimé en 1744, à Dôle, une *Dissertation historique*

264. ☞ Lettre (de M. BAUDOT) sur l'origine de la ville de Dijon.

Elle est imprimée, avec la Lettre du même sur *l'ancienneté de la ville d'Autun*, ci-devant, N.° 222. On rapporte communément l'origine de la ville de Dijon, connue dans les anciens Auteurs sous le nom de *Castrum Divionense* (& sous celui de *Dibio* par quelques Inscriptions) au tems de l'Empereur Aurélien; mais elle doit remonter, selon M. Baudot, jusqu'à Jules-César, qui posta en cet endroit quatre Légions pour contenir les Belges & les Eduens.]

265. ☞ Sur les anciennes villes appellées aujourd'hui *Drevant* & *Cordes*, au pays des *Bituriges* en Bourbonnois; par M. le Comte DE CAYLUS. *Recueil d'Antiquités*, tom. III. pag. 378 & suiv.]

266. ☞ Dissertation sur la colonie *Equestris*.

Elle est dans le tom. II. pag. 300, de l'*Histoire de Genève*; par Spon: 1730, *in-4*. La ville nommée *Colonia Equestris*, qu'on appelloit aussi anciennement *Noiodunum*, porte aujourd'hui le nom de Nion, & est située sur le lac de Genève.]

267. ☞ La Découverte d'*Equestris*, la ville de Poligni-Groson, en Franche-Comté.

C'est le Chap. VI. de la Dissertation V. du P. DUNOD, dans sa *Découverte entière d'Antre*, &c. (ci-devant, N.° 204.) *Partie II. pag. 164 & suiv.* Cet Auteur, au milieu de ses idées singulières, rapporte des choses intéressantes, qui méritent d'être vues, soit pour l'ancien, soit pour le moderne.]

268. ☞ Ægidii DE GLARIS seu TSCHUDI Epistola ad Beatum Rhenanum de Equestris Coloniæ, Octoduri, &c. nomine & situ.

Cette Lettre est dans le *tom. I. du Recueil des Historiens d'Allemagne*; par Schardius: & au N.° 53. de l'Ouvrage de Goldast, intitulé *Centuria Epistolarum*.]

269. ☞ Remarques sur les *Essui* de César, & les *Itesui* de Pline, que l'on croit être le Diocèse de Seez; & sur deux anciens camps Romains situés à Bière & au Châtelier, près de la ville d'Argentan; par M. le Comte DE CAYLUS. *Recueil d'Antiquités*, tom. IV. pag. 381 & suiv.]

270. ☞ Essai historique sur l'antiquité du Comté d'Eu; par M. CAPPERON, ancien Doyen de S. Maxent. *Mémoires de Trév.* 1716, Mai, pag. 999-1014.

Ce Sçavant prétendoit que les *Essui* de César étoient les peuples de ce Comté; & ce nom leur venoit, dit-il, du culte particulier qu'ils rendoient à Esus, Dieu favori des Gaulois.]

271. ☞ Objection contre l'Essai historique sur l'antiquité du Comté d'Eu; par M. l'Abbé DU MOULINET DES THUILLERIES. *Mémoires de Trévoux*, 1716, Septembre, pag. 1736-1742.

On réfute dans cette pièce l'étymologie trouvée par M. Capperon; & suivant le sentiment de M. Huet dans ses *Origines de Caën*, on fait venir le nom d'Eu de quelque mot Allemand, qui signifie un *pré* : étymologie plus convenable à la situation de la ville d'Eu, qui est en effet placée dans une prairie.]

Tome I.

272. ☞ Lettre de M. l'Abbé CAPPERON à M***. *Mercure*, 1722, Mai, pag. 73-81.

Quelques vieux tombeaux découverts dans le Comté d'Eu sur la fin de 1721, où M. Capperon trouva plusieurs ossemens, avec une urne, donnèrent lieu à cette réponse, où il conjecture que ces sépulchres étoient de Romains païens, & prétend appuyer par-là son opinion sur la position des *Essui*.]

273. ☞ Défense de l'étymologie que feu M. Huet, Evêque d'Avranches, a donnée du nom de la ville d'Eu, & sur laquelle M. Capperon assure que ce Prélat n'a pas pensé juste; par M. l'Abbé DES THUILLERIES. *Mercure*, 1722, Juin, pag. 31-46.]

274. ☞ Réponse de M. CAPPERON à la Défense, &c. *Mercure*, 1722, Août, pag. 67-83.]

275. ☞ Mémoire sur la situation de *Forum Domitii*; par M. DE PLANTADE : lû le 7 Décembre 1730 à l'assemblée publique de la Société Royale des Sciences de Montpellier.

Ce Mémoire est imprimé dans la *Relation* de cette Assemblée. Cette ancienne Ville étoit située à un quart de lieue à l'Orient de Fabregues, village à deux lieues de Montpellier; ce qui est appuyé sur ce qu'on sçait de ce lieu Romain, & même sur des démonstrations astronomiques & géométriques. Voyez sur ce Mémoire le *Dictionnaire de Moréri*, au mot *Forum Domitii*; & l'*Histoire de Nîmes*, tom. I. not. 30, par M. Menard, qui en donne un abrégé intéressant.]

276. ☞ De antiquitatibus *Fori Tiberii*, vici Helvetiæ vetustissimi & celeberrimi, Dissertatio : adjecta sunt paucula quædam de Elgkovia oppido elegantissimo agri Tigurini; auctore J. RUSSINGERO : *Basileæ*, 1622, *in-4*.]

277. ☞ Recherches curieuses du nom ancien de Brignoles (en Provence) par M. Jean DE BOMY, Avocat à Grenoble : *Aix*, 1628, *in-8*.

Cet Auteur prétend prouver que le *Forum Vocontii* est Brignoles.

☞ La découverte n'a pas fait fortune : Bouche place cette ancienne Ville au Luc, Sanson à Draguignan, & M. d'Anville à Gonfaron, qui, par l'altération de Voconforon, présente des traces de son nom Latin. (*Notice*, pag. 327.)]

278. ☞ Dissertation sur *Genabum*, ancienne ville du pays des Carnutes ou Chartrains; par M. LANCELOT. *Mémoires de l'Académie des Belles-Lettres*, tom. VIII. pag. 450-464.

L'Auteur commence par détruire les raisons employées par ceux qui soutiennent que *Genabum* est la ville de Gien, & établit ensuite par des preuves solides, tirées des Itinéraires & des Auteurs anciens, que la situation de cette ancienne Ville ne peut convenir qu'à Orléans.]

279. ☞ Dissertation de D. Toussaints DU PLESSIS, Bénédictin, sur le *Genabum* ou *Cenabum* des anciens. *Mercure*, 1733, Août, pag. 1713-1728, & *Variétés historiques*, tom. I. part. II. pag. 301-319.

La même, plus complette : *Orléans*, 1736, *in-8*, à la fin de la Description de cette Ville.

D

Liv. I. *Préliminaires généraux de l'Histoire de France.*

⟵ Extrait d'une Lettre de D. Jacq. Duval, ci-devant, N.° 180.

On prouve dans ces deux Pièces, que *Genabum* n'eſt autre qu'Orléans, & que Gien & Gergeau n'ont rien à y prétendre. Son nom d'Orléans, *Civitas Aurelianenſis*, lui vient de l'Empereur Aurélien, qui en fut reſtaurateur au troiſième ſiècle.]

280. ☞ Diſſertation ſur *Genabum*; par M. l'Abbé Belley, de l'Académie des Belles-Lettres.

C'eſt la première des Diſſertations contenues dans les *Eclairciſſemens géographiques* (ci-devant, N.° 182.) On y prouve de nouveau en détail, ce que M. de Valois & M. Lancelot avoient avancé, que *Genabum* étoit Orléans; & l'on répond aux raiſonnemens de M. l'Abbé Lebeuf, qui ſoutient dans ſa Diſſertation ſur *Vellaunodunum*, que *Genabum* étoit Gien, & qui, diſtinguant le *Cenabum* des Itinéraires, le place à Chenou dans le Gâtinois. Ce qui eſt déciſif, c'eſt que *Genabum*, le même que *Cenabum*, eſt fixé à Orléans par la diſtance reſpective de trois points oppoſés, Briare, Paris, Tours. Les diſtances marquées dans les anciens ne peuvent convenir à Gien, qui, en particulier, n'eſt pas éloigné de Tours de cinquante-une lieues Gauloiſes, mais de ſoixante-dix en ligne directe, & de quatre-vingt en ſuivant le Nord de la Loire.]

281. ☞ Mémoires pour ſervir à l'Hiſtoire d'Orléans (ancienne). *Mercure*, 1753, *Juillet*, *pag.* 36-54.

L'Auteur, ſans déterminer préciſément le tems de la fondation de cette Ville, dit qu'elle étoit déja très-ancienne du tems de Céſar, & que c'eſt la véritable *Genabum* dont il eſt parlé dans ſes Commentaires. Il donne à cette occaſion un état des Gaules du tems des Romains.]

282. ☞ MſMſ. Obſervations ſur un article du Journal de Trévoux (Août 1739) où l'on ſoutient que *Genabum* doit s'entendre de Gien; par M. Polluche, d'Orléans.

283. ☞ MſMſ. Réflexions ſur l'explication que donnent les nouveaux Editeurs des Hiſtoriens de France au *Genabum* des anciens (ſelon le ſentiment de M. Lebeuf); par le même.

Ces deux Ouvrages ſont entre les mains de l'Auteur, qui ſoutient que *Genabum* eſt Orléans. M. d'Anville eſt du même ſentiment dans ſa *Notice*, *pag.* 345-347. » A » l'égard de M. Lebeuf, il eſt convenu avec M. Polluche, » qui me l'a rapporté, du foible de ſa Diſſertation, & » qu'il étoit perſuadé que *Genabum* étoit Orléans, après » les Ouvrages qui avoient été publiés. Il y a déja long-» tems que ce ſentiment de M. de Valois (& de Scaliger) » a prévalu; & l'on regarde aujourd'hui cette opinion » comme démontrée, ainſi que s'en explique M. Bonamy » dans le *tom. XVIII. de l'Académie des Belles-Lettres*, » Hiſtoire, *pag.* 167. Je me ſouviens d'avoir fait » autrefois une Diſſertation ſur le même ſujet, où, parmi » différens moyens, j'en employois un qui me paroiſſoit » prouver d'une manière démonſtrative l'opinion de » M. de Valois (*Notitia Gall. pag.* 225.) C'eſt que » *Genabum* étoit, ſelon Strabon, la place de commerce » des Chartrains, *emporium Carnutum* : or, de toutes » les villes de la Loire, Orléans eſt la plus proche de » Chartres, au lieu que Gien eſt dix ou douze lieues » plus éloignée. » Extrait d'une Lettre de M. Jouſſe, Conſeiller au Préſidial d'Orléans.]

284. ☞ Recherches ſur *Gergovia*, & quelques autres Villes de l'ancienne Gaule; par M. Lancelot. *Mémoires de l'Académie des Belles-Lettres*, *tom. VI. pag.* 635-669.]

285. ☞ MſMſ. Diſſertation ſur la poſition de *Gergovia*; par M. le Masson, Prieur de l'Abbaye des Prémontrés de Saint André, près Clermont.

Elle eſt, ainſi que les ſuivantes, dans les Regiſtres de la Société littéraire de cette Ville.

L'Auteur place *Gergovia* ſur la montagne qui en porte le nom, ſituée à une lieue ou deux au Sud-Sud-Eſt de Clermont; il appuie ſon opinion ſur l'ancienne tradition du Pays, & ſur le titre de fondation de l'Abbaye de Saint André, dont l'authenticité a été conteſtée par MM. Juſtel & Baluze. L'Auteur s'attache ſur-tout à démontrer la validité de ce titre.]

286. ☞ MſMſ. Mémoire ſur la poſition de *Gergovia*; par M. du Fraisse de Vernines, ancien Avocat Général à la Cour des Aides de Clermont, & de la Société littéraire de cette Ville.

Gergovia eſt ici placée ſur la même montagne; mais l'Auteur tire ſes preuves de la deſcription du lieu dans les Commentaires de Céſar. Il ne croit pas que ce fût une Ville bâtie dans les formes, & la Capitale des Auvergnats; mais ſeulement une place forte, où s'étoient retranchés les peuples de l'Auvergne contre les Romains.]

287. ☞ MſMſ. Diſſertation ſur la poſition de *Gergovia*; par M. Martinon, Curé d'Auzon, près Brioude en Auvergne.

L'Auteur croit que *Gergovia* fut bâtie ſur la partie de la montagne, qui eſt entre le Midi & le Couchant.]

288. ☞ MſMſ. Rapport de la fouille faite ſur la montagne de *Gergovia* en Septembre 1755; par M. Garmage, Curé de S. Pierre de Clermont.

Ce Rapport, lû à l'Aſſemblée publique de la Société littéraire en 1756, a été inſéré par extrait dans le *Mercure*, 1757, *Janvier*, *tom. II. pag.* 139. On en trouve l'eſſentiel dans une Lettre de M. de Feligonde, Secrétaire de la Société, à M. Paſumot, qui l'a publiée à la fin de ſes *Mémoires géographiques*, *pag.* 183. On y voit que l'on a trouvé ſur la montagne de *Gergovia* des reſtes d'armes de cuivre & de fer, des poteries avec inſcriptions, & des médailles de la République Romaine.]

289. ☞ Remarques ſur l'ancienne ville de *Gergovia*; par M. le Comte de Caylus. *Recueil d'Antiquités*, *tom. V. pag.* 281; Paris, 1762, *in-*4.

M. le Comte de Caylus prouve contre M. Lancelot, par des preuves poſitives tirées du local, que l'opinion qui place *Gergovia* ſur la montagne qui porte encore actuellement ſon nom, n'eſt point nouvelle; mais conſtante, & ſoutenue par titres depuis le douzième ſiècle juſqu'à préſent. Il a publié en même-tems des Plans de cette montagne où l'on retrouve toutes les circonſtances décrites dans le Livre VIII. des Commentaires de Céſar. M. de Caylus, qui a eu communication du Mémoire de M. Maſſon, déclare en avoir tiré ce qu'il y a d'eſſentiel.]

290. ☞ Diſſertation topographique ſur le ſiége de *Gergovia*; (par Céſar.)

C'eſt la ſixième Pièce des *Mémoires géographiques* de M. Pasumot (ci-devant, N.° 183.) Elle eſt accompagnée du Plan de M. de Caylus, réduit mais perfectionné.]

291. ☞ Remarques ſur les reſtes d'une ancienne ville Romaine qui étoit à *Grand* en Champagne, entre Joinville & Château-Neuf, & ſur une ancienne voie Romaine;

par M. le Comte de Caylus. *Recueil d'Antiquités*, tom. *VI*. pag. 349.]

292. ☞ Sur *Grannona*, où les Romains avoient un camp, près de Grai, en basse Normandie, à quatre lieues Nord-Est de Bayeux; par M. le Comte de Caylus. *Recueil d'Antiquités*, tom. *V*. pag. 309.]

293. ☞ Joan. Conr. Schwartz nova Designatio finium veteris Helvetiæ longiùs quàm vulgò solet protrahendorum: *Coburgi*, 1710, *in-4*.

La rareté de cette Dissertation singulière, où les bornes de l'ancienne Helvétie sont reculées jusqu'au fleuve Ænus, l'a fait réimprimer dans le *Musæum Helveticum*, part. *XXV*. pag. 90-116.]

294. ☞ Veterum Helvetiorum fortitudo contrà J. C. Schwartzii judicium asserta (à Loysio de Bochat.)

Cette Dissertation est aussi dans le *Musæum Helveticum*, part. *XXVII*. pag. 385-431. Elle contient une réfutation solide d'une note de la précédente, où Schwartz, pour appuyer son opinion, rabaisse la valeur des Helvétiens.]

295. Portus Iccius Julii Cæsaris demonstratus; per Joannem-Jacobum Chiffletium, Regis Hispaniæ Archiatrum: *Madriti*, 1626, *in-4*.

Editio secunda; auctior: *Antverpiæ*, Moreti, 1627, *in-4*.

Chifflet est mort en 1660. Il parle dans cet Ouvrage du port des Gaules, d'où partit César lorsqu'il passa dans l'isle d'Albion, appellée maintenant l'Angleterre. Il y a des Sçavans qui croient que ce port étoit Vissant, bourg du Boulonois, proche de Calais.

☞ L'Auteur commence par une courte Dissertation sur les Peuples des Gaules, appellés *Morini*. Ils habitoient le Pays compris à présent dans les Diocèses de Boulogne, d'Yptes & de Saint-Omer. Ils tiroient leur nom, selon quelques-uns, de *Mor*, qui, en Celtique, signifie la Mer, dont ils étoient voisins; selon d'autres, de *Maeren*, qui, en langue Belgique, désigne les Marais, dont leur pays étoit rempli. Le port Iccius, dont il est parlé dans les Commentaires de César, comme d'un Port très-commode, où il s'embarqua pour faire sa seconde expédition dans la Grande-Bretagne, étoit situé dans le pays des Morins. L'Auteur croit avoir prouvé, par plusieurs raisons, que ce Port n'est autre que celui de Mardyk, contre le sentiment de plusieurs Ecrivains, qui l'ont placé, les uns à Calais, les autres à Witsand, à Boulogne à Porthet, à Estaples, & même à Bruges & à Saint-Omer. Chifflet distingue deux ports Iccius, l'un *superior*, qu'il place à Saint-Omer, l'autre *inferior*, qui est le vrai Iccius, ou Mardyk. Il parle ensuite du port connu par les anciens Géographes sous le nom de *Gessoriacum*, & situé aussi dans le Pays des Morins: il le place à Boulogne, ce qui passe aujourd'hui pour certain. Cette Dissertation, selon M. du Cange, contient plus d'érudition que de probabilités.

On trouve en divers endroits de l'Exemplaire qui est dans la Bibliothèque de M. Fevret de Fontette, Conseiller au Parlement de Dijon, plusieurs Notes manuscrites au sujet des différents Auteurs qui ont parlé du port Iccius. Turnebe, Ortélius, & autres eux le Père Malbrancq, ont cru que c'étoit Saint-Omer. Marlian, Méger, M. de Thou, Vigenere, Bertius & autres, ont cru que c'étoit Calais. Cluvier, Joseph Scaliger, Bergier, le Père Boucher, M. Sanson, & nombre d'autres, ont voulu que ce fût Boulogne. Cambden, & après lui M. du Cange, l'ont placé avec plus de vraisemblance à Vissan ou Widsant.]

Tome I.

296. ☞ Calais, port Iccien, &c. par Georgo Lapostre : 1615, *in-12*.]

297. ☞ Mss. Le portus Icius de Cæsar démonstré à Boulogne; par Nicolas Sanson, d'Abbeville : contre le même port Icius démonstré à Wisan, par Guillaume Cambdene, Anglois; celui démonstré à Calais, par George Lapostre, Maître des Escoles à Calais; démonstré à Saint-Omer, par Abraham Ortélius, Géographe du Roi d'Espagne; démonstré à Mardyck, par Jean-Jacques Chifflet, Médecin du Roi d'Espagne, *in-4*.

Ce Manuscrit, de la main même de Nicolas Sanson, est à la Bibliothèque du Roi (parmi ceux de M. de Cangé) N.° 10295.1. On voit à la tête une Epître dédicatoire de l'Auteur, en date du 22 Octobre 1630, à M. Victor Bouthilier, Evêque de Boulogne, & ensuite deux Cartes manuscrites. M. Robert, Géographe du Roi, que M. Moullatt Sanson a fait l'un de ses héritiers, en a le premier original; mais il est sans Cartes, & moins complet. L'Auteur en a donné une analyse dans ses *Remarques sur la Carte de l'ancienne Gaule de César* (ci-devant, N.° 116.) aux nombres 44, 98, 125. La Martinière, qui en rapporte une partie dans son Dictionnaire géographique, dit que toutes les preuves de Sanson ne déterminent pas que le Port ait été Boulogne; & il ajoute que cette Ville ne convient point à un des passages de César, qui dit expressément que le port Icius est l'endroit d'où le trajet est plus court pour arriver dans la Grande-Bretagne. Ce Traité de Sanson est divisé en vingt-deux Chapitres, dans l'exemplaire qui est à la Bibliothèque du Roi.]

298. ☞ Itius Cæsareus in Morinis; auctore Jacobo Malbrancq, S. J.

C'est le sujet des Chapitres IX. & X. du Livre I. de son Ouvrage intitulé, *De Morinis : Tornaci*, 1639, *in-4*. 3 vol. & de quelques Scholies ou Notes, qui sont à la fin du tom. *I*. L'Auteur soutient que Saint-Omer, appellé autrefois *Sithieu*, étoit au fond d'un golfe; que c'étoit le Port ultérieur dont a parlé César, & que l'autre port Itius étoit près de Sangate, à l'entrée de ce prétendu Golfe.]

299. Du port Iccius ou Itius; par Charles du Fresne Sieur du Cange, Trésorier de France à Amiens.

Cette Dissertation est la dix-huitième de celles qu'il a mises après l'*Hist. de S. Louis, par le Sire de Joinville* : *Paris*, Cramoisy, 1668, *in-fol*. pag. 300. Ce Sçavant est mort en 1688.

☞ L'Auteur croit que le port Iccius est Witsand. Voyez la *Méthode historique de Lenglet*, tom. *IV*. p. 6. = *Journal de Léipsick*, Supplément *II*. pag. 491.]

300. ☞ Mémoire pour déterminer dans quel tems & dans quel endroit Jules-César a fait sa première descente en Angleterre : lû à la Société Royale (de Londres) par M. Halley, année 169$\frac{2}{1}$. *Transactions philosophiques*, N.° 193 (en Anglois.)

L'Auteur dit peu de chose du port Icius, qu'il pense avoir été aux environs de Calais ou d'Ambleteuse; & cette position répond assez à Witsand, où l'opinion la plus reçue aujourd'hui place ce fameux Port. Lowthorp a donné le précis de ce Mémoire dans son *Abrégé Anglois des Transactions*, tom. *III*. pag. 412-415.]

301. Julii Cæsaris portus Iccius illustratus, sive Guillelmi Sonneri ad Chiffletii Librum de portu Iccio Responsio, nunc primùm edita : Car. du Fresne Dissertatio de portu

D 2

Iccio. Tractatum utrumque latinè vertit, & nova Diſſertatione auxit Edmundus Gibson: *Oxonii*, è Theatro Sheldoniano, 1694, *in*-4.

☞ Ce Livre contient trois Diſſertations ſur le port Iccius.
La première, eſt celle de Sonner, faite contre l'Ouvrage précédent de Chifflet. Il rapporte d'abord les opinions différentes ſur l'étymologie du nom Iccius. Les uns le tirent de la Langue Cimbrique, Ic-ſi, *ego video*. Quelques-uns penſent qu'il faut dire *iſtius portus*, du mot *is-port*, qui, en langue Belgique, ſignifie *portus ad inſulam* (*Albionem*.) Du Cange & autres l'appellent *Itii portus*, *ab itando ſive eundo*, par rapport aux fréquens paſſages qu's'y faiſoient. Sonner, après avoir enſuite expoſé les différentes opinions ſur l'endroit où l'on doit placer le port Iccius, combat en détail celle de Chifflet, qui a diſtingué deux ports Iccius, dont il a placé l'un à Mardyk & l'autre à Saint-Omer; & il prouve qu'il n'y a eu qu'un port Iccius; qu'il ne faut le chercher dans aucun de ces deux endroits, mais à Boulogne; que le port Iccius eſt le même que celui appellé *Geſſoriacum*. Il finit par réfuter les différentes opinions de ceux qui l'ont placé ailleurs.
La ſeconde Diſſertation eſt de M. du Cange, ſur le même ſujet. Il s'attache particulièrement à réfuter les deux opinions de ceux qui placent le port Iccius à Saint-Omer & à Boulogne. Il prouve enſuite, conformément au ſentiment de Cambden, que le port Iccius doit être placé à Witſand, village à préſent très-petit & ſitué dans le Boulonois, ſur le bord de la mer, entre Boulogne & Calais, & de la Paroiſſe de Pombus (Witſand tire ſon nom de *Withe*, qui, en langue Belgique & Angloiſe, ſignifie blanc, & de *Sand*, ſable.) Il s'appuie ſur trois raiſons principales: 1.° Sur ce qu'il paroît par les Commentaires de Céſar, que ce Port étoit ſitué entre deux autres, l'un appellé *inferior*, l'autre *ſuperior*, qu'il prétend être Calais: 2.° Sur la reſſemblance qui ſe trouve encore entre le mot *Iccius* & celui de *Witſand*: 3.° Parce qu'anciennement, & pendant un grand nombre d'années, le port de Witſand a été deſtiné à s'embarquer pour l'Angleterre; & la preuve que du Cange en apporte, eſt tirée de différens paſſages d'anciens Auteurs Anglois ou François, qui ont écrit & vécu depuis l'an 566 juſqu'en 1327, leſquels font mention des embarquemens qui ſe faiſoient à Witſand pour aller en Angleterre. Depuis ce tems, Calais étant tombé entre les mains des Anglois, & le port ayant été réparé, celui de Witſand a été abandonné.
La troiſième Diſſertation, qui ſe trouve la première dans cette Edition, eſt de Gibſon, Anglois. Il examine & pèſe le ſentiment de Sonner, & celui de du Cange. Il ſe détermine pour le premier, qui place le port Iccius à Boulogne ou *Geſſoriacum*. Voici le motif de ſa déciſion. Du Cange s'appuie principalement ſur ce que dans tous les Auteurs qui ont écrit depuis 566 juſqu'en 1327, Witſand eſt regardé comme le port le plus fréquenté pour aller en Angleterre. Cet argument ſeroit excellent, dit Gibſon, ſi la célébrité de ce port remontoit juſqu'à Jules-Céſar, ou ſi, depuis Céſar juſqu'à l'an 566, il étoit prouvé que tout commerce eût été interdit avec l'Angleterre, ou au moins ſi, dans cet intervalle, il ne ſe trouvoit aucun Hiſtorien qui fît mention d'un autre Port deſtiné pour paſſer en Angleterre; mais nous trouvons pluſieurs Auteurs, qui, depuis Céſar juſqu'à ce tems, ont attribué cette célébrité au port nommé *Geſſoriacum*. Tels ſont Suétone, Méla, Florus, Pline, qui aſſurent que ce Port étoit le ſeul dont les Romains ſe ſerviſſent: d'où M. Gibſon conclud, que *Geſſoriacum* ou Boulogne doit être regardé comme le vrai port Iccius.
L'origine qu'il donne au mot Iccius, tirée de *Viccai*, mot Saxon, qui ſignifie *ſinus vicciorum civitas*, ou *civitas ſinûs habitantium*, n'eſt nullement probable, & elle ne peut convenir avec le tems auquel le nom d'Iccius a été connu.]

302. ☞ Laurentii Fleming de trajectu Julii Cæſaris in Britanniam Diſſertatio: *Upſaliæ*, Keyſer, 1697, *in*-8. 66 *pag.*

Les quatre Chapitres qui compoſent cette Diſſertation, roulent principalement ſur le tems & les circonſtances de l'expédition de Céſar; mais l'on trouve dans le troiſième une digreſſion ſur le port Iccius, que l'Auteur place à 'Boulogne.]

303. * Obſervatio J. Georgii Eccardi de portu Iccio, ex quo C. Jul. Cæſar in Britanniam ſolvit. *Miſcellan. Lipſ. vet. tom. VIII. pag.* 255-316, *in*-12.

☞ Eccard expoſe les différentes opinions ſur le port Iccius, & ſe déclare enfin pour celle de M. de Valois, qui place ce Port célèbre à Eſtaples, appellé dans le moyen âge *Quentovicum*.]

304. ☞ De portus Iccius (par Pierre Bernard, ancien Mayeur de Calais.)

C'eſt le titre du Chapitre II. de l'Ouvrage intitulé, *Annales de Calais*, &c. *Saint-Omer*, 1715, *in*-4. Toutes les opinions propoſées ſur le port Iccius reparoiſſent dans ce Chapitre: l'Auteur les combat en peu de mots, & défend, avec tout le zèle d'un Citoyen pour la gloire de ſa patrie, le ſentiment qui place le port Iccius à Calais.]

305. ☞ Joh. Dan. Schoepflinus de portu Iccio.

C'eſt le Chapitre I. de l'Ouvrage intitulé, *Illuſtres ex Britannicâ hiſtoriâ controverſiæ*: *Argentorati*, 1731, *in*-4. & réimprimé dans les *Commentationes hiſtoricæ & criticæ* du même: *Baſileæ*, 1741, *in*-4. L'Auteur, après une explication fort courte des divers ſentimens ſur le port Iccius, ſe détermine, comme du Cange, pour Witſand ou Wiſſan.]

306. ☞ Diſſertation ſur le port Iccius (par le P. le Quien). *Mémoires de littérature & d'hiſtoire* du P. Deſmolets, *tom. VIII. Partie II. pag.* 325-370.

Michel le Quien, Dominicain, mort en 1733, après avoir rapporté les différens ſentimens que les Sçavans ont adoptés ſur ce fameux port, ſe déclare pour celui qui le place à Boulogne (ſa patrie). Il y a beaucoup de détail, de recherches & de critique dans cette Pièce. Voyez le *Journal des Sçavans*, 1730, *Novembre*, *pag.* 673, & le *Moréri* de 1759, au mot *Icius*.]

307. ☞ Lettre de M. Voideul à M. d'H***, ſur le Portus Iccius de Céſar. *Mercure*, 1739, *Septembre*, *pag.* 1902-1905.

Il eſt de l'opinion de ceux qui croient que ce Port étoit où eſt aujourd'hui Wiſſan ou Witſand, bourgade non-fermée entre Boulogne & Calais.]

308. ☞ Extrait d'une Lettre de M. Maillart à M. l'Abbé Lebeuf, au ſujet des voyages faits par Céſar en Angleterre. *Mercure*, 1736, *Février*, *pag.* 206-215. = *Choix des Mercures*, *tom. XXXV. pag.* 91-100.

On y parle du Portus Iccius, ſans déterminer préciſément l'endroit où il étoit ſitué. L'Auteur penche cependant à croire que ce Port, diſtingué en *ſuperior* & en *ulterior* par les Ecrivains poſtérieurs à Céſar, étoit tant à Calais, qu'à Gravelines & qu'à Dunkerque. Vers la fin de ſa Lettre, il obſerve qu'il ne s'eſt pas apperçu que ceux qui ont écrit ſur ce Port, ſans en excepter Sanſon, du Cange, ni Adrien de Valois, aient eu, comme lui, l'avantage d'aller ſur les lieux. Cependant Nicolas Sanſon, qui avoit été Ingénieur de Picardie, dit avoir été ſur les lieux avant que de compoſer ſon Traité manuſcrit.]

309. ☞ Examen de la situation du port Iccius; par le P. Ch. WASTELAIN.

Il est dans sa *Description de la Gaule Belgique* (ci-devant, N.° 11.) *pag.* 378-383.

L'Auteur, après avoir exposé les différens sentimens, se déclare pour Boulogne. En le critiquant légèrement à ce sujet dans les *Mémoires de Trévoux*, Octobre 1761, *pag.* 2418-2420. on reconnoît que la discussion du P. Wastelain est curieuse & sçavante.]

310. ☞ Mémoire sur le port Itius de César, avec une Remarque sur l'Ἰξ́ιον ἄκρον de Ptolémée; par M. RIBAUD DE LA CHAPELLE, Avocat à Gannat.

Cette Dissertation, où l'on soutient que Calais doit être l'ancien port Itius, est imprimée à la fin des *Mémoires sur quelques villes & provinces de France : Paris,* 1766, *in-*12.]

311. ☞ Mémoire sur le port Itius, & sur le lieu du débarquement de César dans la Grande-Bretagne; par M. D'ANVILLE. *Mémoires de l'Académie des Belles-Lettres, tom.* XXVIII. *pag.* 397-409.

L'Auteur y donne de nouvelles preuves pour Witsan; & il y joint un Plan géographique des deux Côtes opposées, de la Gaule & de la Grande-Bretagne. La connoissance du local est très-utile dans de pareilles recherches.]

312. ☞ Dissertation sur *Juliobona*, ancienne capitale des peuples *Caleti*; par M. l'Abbé BELLEY : avec une Carte de M. d'Anville. *Mémoires de l'Académie des Belles-Lettres, tom.* XIX. *pag.* 633-647.

Juliobona étoit ce qu'on appelle aujourd'hui Lillebonne, dans le pays de Caux.]

313. ☞ Remarques sur les antiquités de *Juliobona*; par M. le Comte DE CAYLUS. *Recueil d'Antiquités, tom.* VI. *pag.* 393.

Le bourg de Lillebonne étoit autrefois une ville considérable. M. de Caylus donne le Plan de son ancien Château, d'un Amphithéâtre dont les ruines subsistent, & de trois voies Romaines qui se réunissoient en cet endroit.]

314. ☞ Lettre de M. MAILLART à M. Lebeuf sur le *Lemovicum* de César, sur le *Limonum* de Ptolémée, & sur le *Vetus Pictavis* des Annales de France. *Mercure,* 1735, *Décembre, tom.* II. *pag.* 2793-2801.

Selon cet Auteur, ces trois noms ne conviennent qu'au vieux Poitiers, dont les ruines se trouvent actuellement sur une langue de terre considérable qui a la rivière de Vienne à l'Est, & celle du Clain à l'Ouest.]

315. ☞ Dissertation sur *Limonum*, ancienne ville des peuples *Pictones*, &c. par M. l'Abbé BELLEY : avec une Carte de M. D'ANVILLE. *Mémoires de l'Académie des Belles-Lettres, tom.* XIX. *pag.* 691-707.]

316. ☞ Mémoire sur l'ancienne Lousonne (ou Lausane); par M. LOYS DE BOCHAT.

Il est *pag.* 498-616 du *tom.* III. *de ses Mémoires critiques sur l'Histoire ancienne de la Suisse : Lausanne,* Bouliquet, 1749, *in-*4.]

317. Remarques sur l'origine du mot *Lugdunum*; par Claude-Gaspard BACHET DE MEZIRIAC, de l'Académie Françoise.

Cet Auteur est mort en 1648. Ses Remarques sont au commencement du *tom.* I. *de ses Commentaires sur les Epîtres d'Ovide : à la Haye,* du Sauzet, 1716, *in-*8.

☞ Il soutient qu'il n'est point parlé de *Lugdunum* avant l'an 711 de la fondation de Rome (43 avant l'Ere vulgaire); que L. Munatius Plancus établit une Colonie au confluent du Rhône & de la Saône, quoiqu'il pût y avoir déja quelques habitans dans cet endroit. Il rapporte un passage de Plutarque, qui croit que cette Ville est ainsi nommée d'un mot qui signifie Corbeau, & d'un autre qui marque un Lieu élevé; parceque Momorus y ayant jetté les fondemens d'une Ville, il survint une troupe de Corbeaux, qui, en battant des ailes, remplirent tous les arbres d'alentour.]

318. Epistola historica de ortu & situ primo Lugduni, &c. auctore Petro LABBÉ, Societatis Jesu : *Lugduni,* 1664, *in-*4.

Epistola ejusdem, de antiquo statu Lugduni : [Gratianopoli, 1664] *in-*8.

Cet Auteur, selon le P. Menestrier, a plutôt embrouillé son sujet par son style de pointes, qu'il ne l'a démêlé.

319. ☞ Dissertation sur la (double) fondation de Lyon, & sur son nom; par le Père Claude MENESTRIER, Jésuite.

Elle est *pag.* 388-427 de son Livre intitulé, *Caractères des Ouvrages historiques; avec le Plan de l'Histoire de Lyon,* &c. *Lyon,* 1694, *in-*12.]

320. ☞ Lettre du même, sur la situation de l'ancien Lyon. *Journal des Sçavans,* 1697, *Août, pag.* 362-367.

On la trouve aussi à la tête des *Statuts de Bresse*; par Collet : *Lyon,* 1698, *in-folio.*]

321. Joannis MACRI, Burgundi, Santinei ; Jurisconsulti, Panegyricus de laudibus *Mandubiorum*; quo etiam retunduntur Extraneorum calumniæ; cum BLONDI Divionensis, & Joannis CEPIANI Avenionensis Commentariis : *Parisiis,* Guillard, 1555, *in-*8.

Les *Mandubii* étoient des peuples qui habitoient dans ce qu'on appelle maintenant le Duché de Bourgogne, & la fameuse Alesia assiégée par César en étoit la principale Ville [au voisinage de ce qu'on nomme aujourd'hui Sainte-Reine.]

322. ☞ De Mediomatricis; auctore Joh. Dan. SCHOEPFLINO. *Alsat. illustrat. pag.* 44-47, 134.

On trouve encore des notions géographiques sur ce même peuple, dans les *Antiquités de Metz* de D. Cajot : *Metz,* 1760, *in-*12.]

323. ☞ Observations sur la position de *Metiosedum*, voisin de Paris; avec quelques Remarques sur l'isle de Melun, & sur l'isle de Paris; par M. LEBEUF. *Recueil d'Ecrits sur l'Histoire de France, tom.* II. *pag.* 142-178; avec une Addition à la fin du volume.

L'Auteur avoit cru c'est Josai, & non pas Melun, ni Corbeil, & encore moins Meudon, ou Milly en Gâtinois. M. d'Anville s'est déclaré pour Melun : *Notice, pag.* 456.]

324. ☞ De Morinis, eorumque sylvis, paludibus, oppidis, &c. auctore Jac. MALBRANCQ, S. J.

C'est le premier Livre du *tom.* I. de l'Ouvrage que cet Auteur a donné sur les Morins, qui occupoient anciennement ce que l'on appelle présentement le Boulonois, & les parties Occidentales d'Artois & de Flandre : il est intitulé, *De Morinis & Morinorum rebus : Tornaci*, 1639, &c. *in*-4. 3 *vol.*]

☞ Mſ. Mémoires ſur *Nemetacum* & *Nemetocenna*, ci-devant, N.ºˢ 197 & 198.

Ces deux Pièces ſont conſervées dans les Regiſtres de la Société littéraire d'Arras.

325. ☞ Obſervations ſur la ville de Nyons en Dauphiné, où l'on prouve que c'eſt *Neomagus* des Tricaſtins dont a parlé Ptolémée ; par Gabriel BOULE.

Ces Recherches, qui ſont curieuſes & aſſez étendues, forment le premier Chapitre de ſon *Hiſtoire naturelle du vent Pontias*, &c. *Orange*, 1647, *in*-8.]

326. ☞ Indication de quelques Edifices ſuperbes que les Romains ont élevés dans les Gaules, & en particulier d'un Amphithéâtre proche *Neri* (en Bourbonnois) & ſur une voie Romaine qui conduiſoit de *Neri* à *Avaricum* (Bourges) par Alichamps, lieu conſidérable du tems des Romains; par M. le Comte DE CAYLUS. *Recueil d'Antiquités*, tom. *III*. *pag.* 371 , *tom. IV. pag.* 367.]

327. ☞ Lettres de M. l'Abbé LEBEUF, au ſujet de *Noviodunum Sueſſionum*, & de la ſignification du mot *Dun* ou *Dunum*.

Elles ſe trouvent à la fin de ſa *Diſſertation ſur l'état des anciens habitans du Soiſſonnois* : *Paris*, Deleſpine, 1736, *in*-12. M. Lebeuf y ſoutient que *Noviodunum* n'eſt point Soiſſons, ville ſituée dans une plaine, mais Noyan, qui en eſt à une demi-lieue, ſur une montagne. Comme il appuyoit ce ſentiment ſur ce que *Dunum* ſignifie un lieu élevé, Dom Touſſaints du Pleſſis lui adreſſa trois Lettres, dont on parlera dans la ſuite, & où il ſoutient que ce mot Celtique déſigne un lieu bas.]

328. ☞ J. Caſp. HAGENBUCHII Exercitatio geographico-critica quâ *Oſtiones* nec Germaniæ nec Britanniæ populum, ſed Galliæ Celticæ *Oſiſmios* eſſe conjicitur.

Cette Diſſertation eſt imprimée dans le Recueil intitulé , *Varia Geographica: Lugd. Batav.* Haak , 1739, *in*-8. Elle a pour objet un paſſage vicieux d'Etienne de Byzance, ſur un peuple que ce Géographe appelle Ωςιωνες, & qu'il place près de l'Océan Occidental. Cluvier, qui fixe leur habitation en Allemagne (*German. Lib. III. pag.* 211.) les confond avec les *Iſtævones* de Tacite. Selon Cambden (*Britannia*, *pag.* 133.) c'étoient des peuples de la Grande-Bretagne, qui ne différoient point des *Oſtidamnii* & *Damnonii*. Ces deux ſentimens ſont peſés & réfutés dans la Diſſertation d'Hagenbuch. L'Auteur ſe détermine enſuite à confondre les peuples dont il s'agit avec les Ωςιωμοι de Strabon, dont M. de Valois a fixé la poſition dans ſa Notice des Gaules, à l'extrémité de la Bretagne, dans les Dioceſes de Tréguier, Saint-Pol & Saint-Brieux. M. d'Anville a prouvé depuis (*Notice*, *pag.* 509.) qu'il faut y ajouter une grande partie de celui de Quimper.]

329. ☞ Diſſertation ſur les Oſiſmiens ; par M. l'Abbé ESNAULT.

C'eſt la première des *Diſſertations préliminaires ſur l'Hiſtoire du Dioceſe de Sais* (Seez) : *Paris* , 1746, *in*-12. L'ancienne demeure des Oſiſmiens, dit M. Eſnault , eſt ce qu'on appelle aujourd'hui le pays d'Exme (Hieſmes) ou l'Exmois en Normandie, au Dioceſe de Seez ; & ceux qui, dans les autres Pays, comme en Bretagne, ont porté le nom d'Oſiſmiens, ont été des colonies venues de ce pays d'Exme, leur patrie primitive.]

330. ☞ Conjectures ſur l'origine du nom de *Pictones*, *Pictavi*, *Pictavienſes*, *Picta-*

venſes, *Pictavini*, *Picti*, en François *Poitevins*; par M. DREUX DU RADIER. *Journal de Verdun*, 1757, *Décemb. pag.* 425-433.]

331. ☞ Lettre de M. L. BOTTU, Avocat de Laſſay, contre les conjectures de M. du Radier, ſur l'étymologie du nom des Poitevins, *Ibid.* 1758, *Avril, pag.* 260-278.

On trouvera dans les Diſſertations indiquées, ci-devant aux N.ºˢ 212 & 315, des choſes intéreſſantes ſur les *Pictones*, & la Géographie ancienne de leur pays.]

332. ☞ Diſſertation ſur *Ratiatum*, ancienne ville de la Gaule; par M. l'Abbé BELLEY. *Mém. de l'Acad. des Bell. Lett.* tom. *XIX. pag.* 722-735.

Ce lieu répond au pays de Raits ou Retz , anciennement de Poitou, & uni enſuite à la Bretagne.]

333. ☞ Eſſai ſur la poſition préciſe de *Ratiatum* ; par M. LAGEDANT, Maître-ès-Arts en l'Univerſité de Nantes. *Journal de Verdun*, 1758, *Août, pag.* 128-133.]

334. ☞ De Rauracis ; auctore Joh. Dan. SCHOEPFLINO.

C'eſt le ſujet d'une partie du tom. I. de l'*Alſatia illuſtrata*, *pag.* 37-40, 149 206. On y trouve d'excellentes Recherches ſur la topographie & les antiquités des *Rauraci*, qui étoient les anciens habitans du canton de Baſle en Suiſſe & de la haute Alſace.]

335. ☞ Ægidii TSCHUDII Glaronenſis delineatio veteris Rauricæ.

C'eſt la ſixième & dernière Pièce du tom. I. des *Scriptores rerum Baſileenſium minores*, recenſente J. N. Bruckero : *Baſileæ*, 1752, *in*-8. Voyez ci-devant, N.ª 135.]

336. ☞ Eſſai d'une Deſcription du canton de Baſle ; (par M. Daniel BRUCKNER) XXIII. parties : *Baſle*, 1748, 1764, *in*-8. en Allemand.

Il y a dans ce Recueil des morceaux intéreſſans pour le ſujet dont il eſt ici queſtion.=La Part. I. détermine le lieu anciennement appellé *Robur Valentiniani*, ſur le Wartenberg.=La X. fournit la Deſcription de quelques antiquités trouvées près de Lieſtal.=La XIV. explique au long & avec beaucoup d'érudition, la fameuſe Inſcription Romaine de Pierre-Pertuyſe, qu'a tronquée par le P. Dunod. (M. Schoepflin l'a auſſi expliqué, *Alſatia illuſtrata*, tom. *I. pag.* 578-585.) = La XXIII. Partie donne une ample Deſcription d'*Auguſta Rauracorum*, & des antiquités qu'on y a trouvées, dont il y en a 370 de repréſentées. Voyez ci-devant N.º 208, l'Extrait de M. Schoepflin à ce ſujet.]

337. ☞ Conjectures ſur le tems où une partie du pays appellé aujourd'hui le Rouergue (autrefois *Rutheni*) fut unie & incorporée à la province Narbonnoiſe; par M. LE FRANC. *Mélanges de l'Acad. de Montauban*, 1755, *in*-8. *pag.* 365-405.

Ces Conjectures ont pour objet l'examen du paſſage de Céſar (*de Bello Gallico*, num. 7.) où ce Général dit qu'il plaça des garniſons dans la partie du Rouergue réduite en Province, *in Ruthenis Provincialibus*. Dom Vaiſſette (*Hiſtoire de Languedoc*, tom. *I. pag.* 603) entend par ces Ruthènes provinciaux ceux de ce pays que Céſar avoit vaincus & incorporés à la province Romaine. M. le Franc ſoutient au contraire, qu'avant l'entrée de Céſar dans les Gaules, quelques diſtricts des Ruthènes étoient déja annexés au Gouvernement de la

Narbonnoife; & l'époque de l'événement, qui avoit été caufe de cette incorporation, peut être placée, felon lui, au tems où C. Cœcilius défit les Salyens, & avec eux les Ruthènes, qui avoient, felon la conjecture de M. le Franc, réuni leurs armes contre les Romains. Pour déterminer ces deux points, il offre un tableau précis des Commentaires de Céfar jufqu'au paffage contefté, & enfuite une Defcription abrégée de la Gaule Narbonnoife, conforme prefque en tout à celle de Dom Vaiffette; mais dans laquelle il comprend de plus le Diocèfe de Caftres, & la partie de celui d'Albi, qui eft à la gauche du Tarn.]

338. ☞ Extrait d'une Lettre écrite de Breft (fur le *Saliocanus portus* de Ptolémée); par M. Deslandes, Commiffaire de la Marine. *Mémoires de Trévoux*, 1725, Juillet, pag. 1276-1287.

L'Auteur croit que le *Saliocanus* ou *Staliocanus portus* de Ptolémée, eft une rade appellée aujourd'hui port Liocan. Il parle enfuite de l'étymologie du nom de Breft, où il a peine à reconnoître le *portus Brivates* du même Géographe. Voyez la *Notice* de M. d'Anville, pag. 178 & 616.]

339. ☞ Obfervations fur le *Staliocanus portus* de Ptolémée, aujourd'hui le port de Liogan en Bretagne, qui n'eft pas éloigné de celui de Breft; par M. le Comte de Caylus. *Recueil d'Antiquités*, tom. VI. pag. 388.]

340. ☞ L'Aulnis, ancienne dépendance des *Santones*; par M. Arcére, Prêtre de l'Oratoire, & Secrétaire de l'Académie de la Rochelle.

L'examen & la preuve de cette dépendance forment l'Article V. du Difcours préliminaire de fon *Hiftoire de la Rochelle*: *Paris*, 1756, *in-4*. On y combat pag. 18, un endroit de la Lettre de M. Maillart (ci-devant N.° 308.) où cet habile Avocat avance que les Lexobiens étoient placés fur la lifière maritime du Poitou. La Defcription chorographique de l'Aulnis, qui fuit le Difcours préliminaire de M. Arcère, contient auffi des Obfervations curieufes fur quelques lieux de l'ancienne Saintonge, en particulier fur *Mediolanum*, qui ne peut être, dit-il, que la ville de Saintes, & fur le *portus Santonum* de Ptolémée, où il ne reconnoît pas la Rochelle. Maichin, Baudrand, Lengler, la Martinière, &c. qui ont cru y voir cette Ville, ne font, felon M. Arcère, que les échos d'une ancienne & fauffe tradition.]

341. ☞ Lettre du P. Menestrier fur les *Ségufiens*, anciens habitans du Lyonnois, Forez, &c. non de la Breffe. *Journal des Sçavans*, 1697, Juillet, pag. 327-332.

On la trouve auffi, avec la Differtation fuivante qui la réfute, à la tête de l'*Explication des Statuts de Breffe*; par Collet: *Lyon*, 1698, in-fol.]

342. ☞ Differtation fur les noms des Peuples qui ont autrefois habité le pays de Breffe, Valromey & Gex, pour fervir de Réplique aux Lettres du R. P. Meneftrier; par Philibert Collet. *Ibid.*

L'Auteur prouve que les *Sébufiens* & *Ségufiens*, qui font le même peuple, habitoient la Breffe, auffi-bien que le Lyonnois.]

343. ☞ De Sequanis & Maxima Sequanorum; auctore Joh. Dan. Schoepflino. *Alfatia illuftrata*, tom. I. pag. 40-44, 129-133, 345.]

344. ☞ Mf. Differtation, où l'on examine quelles étoient les villes principales de la province Séquanoife, & quelle étoit leur fituation; par M. Bergier, Curé de Flangebouche en Franche-Comté.

Cette Differtation eft dans les Regiftres de l'Académie de Befançon, dont elle mérita le prix en 1754.]

345. ☞ Differtation fur l'état des anciens habitans du *Soiffonnois* (& fur leurs Villes) avant la conquête des Gaules par les Francs, qui a remporté le prix en 1735 dans l'Académie de Soiffons; par M. Lebeuf: *Paris*, Delefpine, 1735, *in-12*.

L'Auteur a donné un Supplément à cette Differtation dans fes Réflexions adreffées à M. Maillart. *Mercure*, 1736, *Juin*, tom. II. pag. 1289-1300. Elles ont été réimprimées à la fin des *Lettres de Dom Touffaints du Pleffis*, &c. *Paris*, Delefpine, 1736, *in-12*.]

346. ☞ Obfervations fur des Monumens antiques, & principalement un Amphithéâtre, qui fe voient à *Tintiniac*, près de Tulles; par M. le Comte de Caylus. *Recueil d'Antiquités*, tom. VI. pag. 356-358.]

347. ☞ Recherches fur la fituation de *Trevidon* & de *Prufianum*, maifons de campagne de Ferréol, Préfet du Prétoire des Gaules; par M. de Mandajors. *Hift. de l'Acad. des Belles-Lettres*, tom. III. pag. 259-262.

Trévidon, de l'Auteur, étoit fituée dans le pays des Arécomiques, fur la droite du Tarn; & ce n'eft point, comme quelques-uns l'ont cru, le village de Trè*ves, qui eft placé fur la gauche, & à quelques lieues de cette rivière. Prufianum étoit bâtie au bord du Gardon, au lieu qui s'appelle aujourd'hui Bréfis, dans le diftrict d'Alais. M. de Mandajors parle auffi de *Verocingus*, maifon de plaifance voifine de celle de Ferréol, & bâtie à l'endroit où eft aujourd'hui la Paroiffe de Brocen, à deux cens pas d'Alais.]

348. ☞ Differtation fur un Monument des Tribocs; par M. Schoepflin. *Mémoires de l'Académie des Belles-Lettres*, tom. XV. pag. 456-467.

Les Tribocs étoient une nation Germanique établie en-deçà du Rhin, dans une partie de l'Alface. L'examen d'une Colonne élevée en l'honneur de l'Empereur Valérien, & trouvée en 1738 dans les ruines de l'ancien *Brocomagus*, aujourd'hui le bourg de Brumt, à trois lieues de Strafbourg, donne ici à M. Schoepflin l'occafion de fixer le tems où ces peuples pafsèrent le Rhin, & de déterminer la pofition & l'étendue du terrein qu'ils ont occupé. Les Séquanois les bornoient du côté du Midi, les Nemètes au Nord, le Rhin à l'Orient, & les Vôges à l'Occident. Strafbourg ou *Argentoratum* étoit, felon M. Schoepflin, le chef-lieu de leur Nation; & le *Brocomagus*, où l'on a découvert la Colonne, eft le même que celui qui eft indiqué dans l'Itinéraire d'Antonin. Cette difcuffion eft terminée par l'étymologie des noms d'Alface & de Tribocs.

M. Schoepflin parle encore de ce peuple dans fon *Alfatia illuftrata*, tom. I. pag. 134-139, 103 & feq.]

349. ☞ Sur l'Infcription de Brumt, &c. par M. Freret. *Hiftoire de l'Académie des Belles-Lettres*, tom. XVIII. pag. 235-241.

Ces obfervations font deftinées à combattre ce que M. Schoepflin dit dans le Mémoire précédent: 1.° Sur le tems où les Tribocs s'établirent en Alface: 2.° Sur l'identité du bourg de Brumt & du *Brocomagus* de l'Itinéraire: 3.° Sur le titre de Capitale de ces peuples qu'il donne à Strafbourg. M. Freret aime mieux donner ce titre à *Brocomagus* même. Il rend cependant justice à l'érudition de M. Schoepflin.]

350. Andreæ CATULLII, Nervii, Tornacum Civitas metropolis & cathedra Episcopalis Nerviorum : *Bruxellæ*, Montmart, 1652, *in*-4.

351. Question historique, où il se traite si Tournai est une ville des anciens Nerviens (*Tornacum Nerviorum*) & si elle en est la Capitale [déduite en François & en Latin]; par François GAUTERAN, Jésuite: *Tournai*, [Quinqué] 1658, *in*-8.

☞ C'est proprement l'abrégé des Dissertations contenues dans le Livre précédent. Le P. Gauteran, pour soutenir sa Thèse, avance bien des choses capables de révolter les Sçavans. Il prétend, par exemple, que *Bagacum* étoit Tournai; qu'on ne peut faire aucun usage des anciens Itinéraires, & il appuie ce paradoxe d'un passage d'Annius de Viterbo.

Dans le Catalogue de M. le Maréchal d'Estrées, pag. 208, N.º 16096, on indique une Dissertation anonyme sur le même sujet, & sous ce titre Latin, *Dissertatio historica sit-ne Tornacum urbs Nerviorum eorumque metropolis : Parisiis*, *in*-8. On sçait d'un Sçavant digne de foi, qui alla en 1740 à la vente de cette riche Bibliothèque, pour acquérir ce Livre, que l'exemplaire qui y étoit exposé n'étoit autre chose que la Dissertation Latine du Père Gauteran, qui est ordinairement jointe à la Françoise, mais qui peut aussi s'en séparer.]

352. ☞ Mſ. Dissertation, où l'on montre que les peuples de l'ancien Diocèse de Cambrai, situés vers la source de l'Escaud, & le long de la rive droite du fleuve, jusqu'au-delà d'Anvers, étoient Nerviens; & que ceux de la gauche, qui confinoient au pays des Morins & à la Mer, jusqu'aux isles de Zéelande, étoient Ménapiens; par M. Henri-Denis MUTTE, Doyen de l'Eglise Métropolitaine de Cambrai.

Cette Dissertation est entre les mains de l'Auteur. Selon lui, les habitans de l'ancien Diocèse de Cambrai (qui, lors de l'érection des nouveaux Evêchés en 1559, a perdu les Archidiaconés d'Anvers & de Bruxelles) ont les marques distinctives des anciens Nerviens. Ils confinent aux Atrebates, aux Vermandois, aux Rémois : les Tréviriens & les Attuaques sont à leur voisinage. La Sambre coule dans leur contrée, & l'on trouve dans leurs limites le *Bagacum Nerviorum* (Bavai) sa Capitale, à laquelle a succédé Cambrai : on y voit aussi *Fanum Martis*, aujourd'hui Famars, qui donna le nom de *Fanomartenses Nervii*, à un canton particulier. Ce qui prouve que les Ménapiens avoient la gauche de l'Escaud, jusqu'à la Mer, outre qu'il est dit dans César qu'ils étoient voisins des Morins ; c'est qu'au neuvième siècle il est question du *Pagus Menapiscus*, aux environs de Courtrai, dans le Diocèse de Tournai.

Le P. Wastelain, *Description de la Gaule Belgique* (ci-devant, N.º 22.) pag. 200-201, 395-417, traite des Ménapiens & de l'ancien Diocèse de Tournai, dont on a distrait ceux de Bruges & de Gand. On peut voir encore ce qu'il dit des Nerviens, dont la plus ancienne Capitale étoit *Bagacum*, & le détail qu'il donne de l'ancien Diocèse de Cambrai, pag. 421-456.]

353. ☞ Dissertation critique, pour prouver que la ville de Toul (*Tullum*) étoit la Capitale & le Siége Episcopal des Leuquois; que Grand ne l'a pas été, &c. *in*-12. 67 pag. sans année, ni lieu, &c.

Cette Brochure a été faite contre le *Système chronologique & historique des Evêques de Toul*; composé par l'Abbé Riguet : *Nancy*, Barbier, 1701.]

354. ☞ De Tricassibus, Tricassinis, & Campaniâ; auctore Petr. PITHŒO.

C'est le Chapitre II. du Livre II. de ses *Adversaria : Basileæ*, 1574, *in*-8. L'Auteur y rétablit plusieurs passages des Anciens, au sujet de la ville de Troyes & des environs.]

355. ☞ Lettre de M. MAILLART à M. Lebeuf sur le *Vellaudunum* (ou *Vellaunodunum*) de César. *Mercure*, 1736, *Juillet*, pag. 1520-1525.]

356. ☞ Lettre de M. LE TORS, Lieutenant Criminel au Bailliage d'Avalon, sur le *Vellaunodunum*, ancienne ville des Sénonois, & le *Genabum* des Carnutes. *Mercure*, 1737, *Juin*, tom. *I*. pag. 1051-1081.

L'Auteur prétend que *Vellaunodunum* est Avalon, & *Genabum* Gien.]

357. ☞ Extrait d'une Lettre de M. MAILLART à M. le Tors. *Mercure*, 1737, *Août*, pag. 1762-1763.

M. Maillart place *Vellaunodunum* à Château-Landon en Gâtinois : il avoue cependant que ce pourroit être Beaune du même pays, ou Montargis; mais le premier sentiment lui paroît beaucoup plus probable.]

358. ☞ Observations sur la position de *Vellaunodunum*, &c. *Mercure*, 1737, *Septembre*, pag. 1963-1968.]

359. ☞ Réponse de M. LE TORS à la Lettre de M. Maillart, insérée au Mercure d'Août. *Mercure*, 1737, *Décembre*, tom. *I*. p. 2594-2598.]

360. ☞ Réponse aux Observations ci-dessus; par M. LE TORS. *Mercure*, 1737, *Décembre*, tom. *II*. pag. 2833-2840.]

361. ☞ Dissertation, où l'on prouve que *Vellaunodunum* des Commentaires de César étoit aux environs d'Auxerre, & que *Genabum* étoit aux environs de Gien; par M. LEBEUF. *Recueil de divers Ecrits*, &c. tom. *II*. pag. 179-247.

Cette Dissertation ayant été dix ans manuscrite, fut communiquée par l'Auteur à M. Lancelot, qui y répondit, ci-devant, N.º 278. M. Lebeuf est revenu depuis sur cette matière dans le Chapitre I. du tom. II. de ses *Mémoires concernant l'Histoire d'Auxerre : Paris*, Durand, 1743, *in*-4.]

362. ☞ Mſ. Dissertation sur l'ancien *Vellaunodunum* de César; par M. l'Abbé PRÉCY, de la Société littéraire d'Auxerre.

Cette Dissertation est dans les Registres de cette Société. M. Précy embrasse le sentiment de M. Lebeuf, & essaie de l'appuyer par des preuves nouvelles. Il s'applique sur-tout à répondre à la Dissertation de M. Lancelot, dont on vient de parler.

Cependant les raisonnemens de cet Académicien paroissent avoir été bien justifiés par M. l'Abbé Belley dans son Mémoire sur *Genabum*, ci-devant, N.º 280. Le sentiment de M. l'Abbé Lebeuf (qui avouoit que, si *Genabum* étoit Orléans, *Vellaunodunum* ne pouvoit être Auxerre) est examiné par M. l'Abbé Belley, pag. 219 & suiv. *Vellaunodunum* est placé à Beaune en Gâtinois, & l'on prouve que ce ne peut être Vallan près d'Auxerre : on y démontre d'ailleurs l'antiquité de la ville d'Auxerre.]

363. ☞ Étendue des anciens habitants du Vexin, appellés *Velocaſſes* ou *Belocaſſes*; par Dom Touſſaints du Pleſſis.

C'eſt la Partie I. du tom. II, de ſa *Deſcription géographique & hiſtorique de la haute Normandie : Paris, veuve Ganeau, 1740, in-4.*]

364. ☞ Découverte des ruines de l'ancienne ville des *Viducaſſiens*; par MM. Foucault & Galland. *Hiſtoire de l'Acad. des Belles-Lettres*, tom. I. pag. 290-294.

Ces Peuples occupoient une partie du Diocèſe de Bayeux, aux environs de la Paroiſſe de Vieux.]

365. ☞ Antiquités de Bayeux (ou de Vieux); par M. l'Abbé Lebeuf. *Mémoires de l'Acad. des Bell. Lett.* tom. XXI. pag. 489-514.]

366. ☞ Lettre (de M. Beziers) à M. Lebeuf, ſur ſon Mémoire (au ſujet des Antiquités de Bayeux). *Journal de Verdun*, 1760, *Août*, pag. 123-133.

L'Auteur prétend que la Capitale des Viducaſſiens étoit *Aragenne* (ou Bayeux); & qu'*Auguſtodurum* (ou Vieux) n'étoit originairement qu'une Station ou un Camp des Romains, qui enſuite étoit devenu une Ville.]

367. ☞ Lettre (du même) à l'Auteur du Journal de Verdun, touchant deux Stations militaires, qui, dans l'ordre de la Table de Peutinger, ſe trouvent ſur la route d'*Alauna* à Tours. *Journal de Verdun*, 1761, *Avril*, pag. 281-287.

C'eſt une continuation de recherches & de raiſonnemens au ſujet d'*Aragenne*, d'*Auguſtodurum* & des Viducaſſiens.]

368. ☞ Obſervations ſur les anciens Peuples de la cité de Bayeux; par M. l'Abbé Belley. *Mémoires de l'Académie des Belles-Lettres*, tom. XXXI.

369. ☞ Nouvelles Obſervations ſur ces Peuples; par le même. *Ibid.* tom. XXXII.

On y trouve des remarques ſur la Gaule en général.]

370. ☞ *Vindoniſſæ* veteris vera ac perbrevis deſcriptio, ex quâ colligere licet loci iſtius, per Europam ſatis celebris, tùm antiquitatem, tùm celebritatem; auctore J. Ruſſingero: 1619, *in-4.*

Il s'agit d'une ancienne ville de Suiſſe, dont les ruines ſe voient à Windiſch, près de l'embouchure de la Reuſſ dans l'Aar. On croit que c'étoit autrefois le Siége de l'Evêque qui réſide à Conſtance.]

371. ☞ Recherches ſur l'étymologie du nom d'*Arécomiques* donné aux *Volces*, dont Nîmes étoit la Capitale : Etendue & limites de leur pays, &c. par M. Menard.

C'eſt ce qui eſt contenu dans le Livre I. de ſon *Hiſtoire de Nîmes*, *in-4. Paris*, 1750; & ſur-tout dans les *Notes V. VI & ſuiv.* que M. Menard a miſes à la fin du tom. I. pour développer ſon texte, & éclaircir pluſieurs points inconnus. Voyez auſſi les *Additions & Corrections*, tom. VII. pag. 667. Tous ces endroits réunis forment des eſpèces de Diſſertations conſidérables & intéreſſantes, où l'Auteur fixe la poſition de pluſieurs lieux Romains. Le nom d'*Arécomiques* ſignifie, dit-il, les habitans du *pays plat & uni*. Le territoire de ces Volces étoit borné à l'Occident par celui des Tectoſages; au Midi par des étangs & la mer Méditerranée; au Nord par le bas Rouergue, le haut Gévaudan & le Vivarais; enfin à l'Orient par le Rhône, au-delà duquel, pendant un tems, ces Peuples ont eu quelques habitations.]

372. ☞ Parallèle de la ſituation de l'ancienne ville de Cahors & de celle d'*Uxellodunum*; par M. la Montre, Profeſſeur de Mathématiques & de Philoſophie. *Journal des Sçavans*, 1698, *Mars*, pag. 134-136.

Il y fait voir ſeulement qu'*Uxellodunum* ne peut être Cahors, comme l'a cru Sanſon, & il ne décide point en quel lieu du Quercy cette ancienne Ville étoit placée.]

373. ☞ Lettre ſur *Uxellodunum*; par M. Augier, Curé de Sauveterre, Diocèſe d'Agen. *Mercure*, 1725, *Juillet*, pag. 1541-1547.

L'Auteur prétend que ce n'eſt ni Capdenac, ni Carennac, ni Cahors, comme divers Ecrivains l'ont ſoutenu, mais Uſech ſur le Lot.]

374. ☞ Diſſertation ſur la véritable ſituation d'*Uxellodunum*; par M. l'Abbé de Vayrac. *Mercure*, 1725, *Août*, pag. 1699-1718.

Ce n'eſt que l'abrégé d'une longue Diſſertation que cet Abbé avoit faite à ce ſujet : il eſt diviſé en deux parties. Dans la première, on réfute le ſentiment des Auteurs qui ont cru qu'*Uxellodunum* étoit Capdenac ou Cahors, & particulièrement celui de M. Augier. Dans la ſeconde, on ſoutient que le Pech d'*Uſſolum* eſt la ſeule place à laquelle conviennent les particularités & les circonſtances que Céſar a marquées dans ſes Commentaires.]

375. ☞ Lettre écrite par M. le Sage de Mostolac, Archiprêtre de l'Uſech, à un de ſes Amis, ſur la Diſſertation précédente. *Mercure*, 1726, *Février*, pag. 307-321.

L'Auteur revendique d'abord la découverte que M. Augier s'étoit attribuée : il ajoute enſuite pluſieurs raiſons pour prouver que l'Uſech eſt le ſeul endroit où étoit ſitué l'*Uxellodunum* de Céſar, & il défie tous les Sçavans de rien avancer qui puiſſe établir le contraire.]

376. ☞ Obſervations ſur la ville d'*Uxellodunum*; par M. le Comte de Caylus. *Recueil d'Antiquités*, tom. V. pag. 277 : *Paris*, 1762.

Les différentes opinions propoſées ſur ce ſujet, ſont d'abord expoſées avec les raiſons pour & contre. L'Auteur fait voir enſuite que les circonſtances des Commentaires de Céſar conviennent à Capdenac, environ à dix lieues au Nord de Cahors. Cette Diſſertation eſt accompagnée de deux Plans; l'un de Capdenac, que Vigenere & la plûpart des Sçavans du Querci prennent pour *Uxellodunum*; & l'autre du Puy d'Iſſolu, en faveur duquel Adrien de Valois & d'autres ſe ſont décidés.]

377. ☞ Lettre de D. Touſſaints du Pleſſis, Bénédictin, touchant la ſignification du mot *Dun*, chez les Celtes. *Mercure*, 1735, *Décembre*, tom. I. pag. 2646-2650.

Cette Lettre eſt contre un endroit de la Diſſertation de M. l'Abbé Lebeuf, ſur l'état des anciens habitans du Soiſſonnois, ci-devant, N.° 345. Le P. du Pleſſis prétend que le mot Celtique *Dunum*, ſignifioit un lieu bas, & non une montagne, ainſi que l'avoit avancé M. l'Abbé Lebeuf.

Ce mot eſt ſouvent employé dans la compoſition des noms de quelques lieux de la Gaule, de la Grande-Bretagne, & même de cette partie de la Germanie où les Gaulois ont étendu leurs Colonies. On a cru devoir pour cette raiſon indiquer ici les différentes Pièces qui ont été faites pour découvrir sa véritable signification. Elles sont d'autant moins étrangères à l'objet de cet article, que les Auteurs ont eu souvent occasion de mêler dans cette discussion étymologique des détails sur notre ancienne Géographie.]

378. ☞ Réponse de M. LEBEUF aux Observations de Dom du Plessis. *Mercure*, 1736, *Janvier*, pag. 18-27.

379. ☞ Seconde Lettre de D. DU PLESSIS. *Mercure*, 1736, *Mars*, pag. 436-450.

380. ☞ Réponse aux Observations de Dom du Plessis, touchant le mot Celtique *Dunum*, & sur le pays de Tellau, situé dans la Neustrie; par M. LEBEUF. *Mercure*, 1736, *Avril*, pag. 619-647.

381. ☞ Troisième & dernière Lettre de Dom DU PLESSIS. *Mercure*, 1736, *Juin*, tom. *I*. pag. 1050-1075.

382. ☞ Réflexions de M. LEBEUF, sur la nouvelle Réponse de D. du Plessis, adressée à M. Maillart. *Mercure*, 1736, *Juin*. tom. *II*. pag. 1289-1300.

Les trois Lettres de D. du Plessis ont été recueillies & imprimées de nouveau la même année, avec les Réponses de M. Lebeuf : *Paris*, Delespine, *in*-12. 160 pag.]

383. ☞ Lettre à M. Clerot, Avocat à Rouen, sur un Ouvrage de S. Victrice, & sur le mot Celtique *Dunum*; par M. l'Abbé LEBEUF. *Mercure*, 1737, *Mai*, pag. 916-929.]

384. ☞ Lettre de D. DU PLESSIS (pour défendre le sens qu'il donne au mot *Dunum*). *Mém. de Trév.* 1740, *Avril*, pag. 619-622.]

385. ☞ Remarques sur la signification du mot *Dunum*; par M. FALCONNET. *Mémoires de l'Académie des Belles-Lettres*, tom. *XX*. pag. 13-38.]

386. ☞ Remarques sur le même sujet; par M. l'Abbé FENEL. *Ibid. pag.* 39-51.]

387. ☞ Ms. Mémoire sur la signification du même mot; par M. FRERET.

Il est conservé dans les Registres de l'Académie des Belles-Lettres. Sa trop grande étendue l'empêcha d'être publié à la suite des deux précédens. On le réserva pour un volume de Supplément, qui n'a pas encore été publié. Ce fut en 1745 que l'étymologie & la signification de ce mot Celtique furent vivement débatues dans l'Académie. M. Freret soutenoit qu'il désignoit un lieu fortifié, & les deux autres Académiciens s'étoient réunis pour prouver que ce terme signifioit une montagne, au moins primitivement. Ce dernier sentiment est aussi celui de Cambden, de Cluvier, de M. de Valois, &c. M. le Comte de Caylus en parle *tom. V.* pag. 281 de son *Recueil d'Antiquités* publié avec l'approbation de l'Académie, & le regarde comme *démontré*.]

388. ☞ Notitia Dignitatum Imperii, tàm civilium, quàm militarium, per Gallias, antequàm Franci, Burgundiones & Gothi eas occuparent : ex *Notitiâ* Imperii Occidentis (ante &) ultrà Arcadii Honoriique tempora.

Ces Extraits sont utiles pour la Géographie : on les trouve rassemblés après le Discours préliminaire du tom. *I*. de *l'Histoire critique de la Monarchie Françoise* de l'Abbé Dubos. On peut voir aussi le Commentaire

Latin de Gui *Panciroli*, publié avec toute la Notice : *Geneve*, 1623, &c. *in-fol*.]

389. ☞ Mémoire sur l'ordre politique des Gaules, qui a occasionné le changement de noms de plusieurs Villes; par M. l'Abbé BELLEY. *Mémoires de l'Académie des Belles-Lettres*, tom. *XIX*. pag. 495-511.

L'Auteur commence par faire voir la différence du traitement que les Romains firent aux deux parties de la Gaule. La première, sçavoir la province Romaine ou la Narbonnoise, ne conserva rien de son Gouvernement primitif, & fut remplie de colonies Romaines. Il n'en fut pas de même de cette autre grande partie de la Gaule conquise par Jules-César, & qui comprenoit la Celtique, l'Aquitanique & la Belgique : les Villes de chaque Peuple y conservèrent leur Sénat & leurs Terres. C'est à cela que M. Belley attribue le changement de nom des Villes de ces trois Gaules en celui de leurs Peuples. Il finit son sçavant Mémoire par la Liste de celles qui, au quatrième siècle, changèrent de nom.]

ARTICLE III.

Géographie du moyen âge de la France.

CARTES GÉOGRAPHIQUES.

390. ☞ LA France ancienne; par M. J. B. BOURGUIGNON D'ANVILLE : 1719, *en une feuille*.

C'est la seconde des Cartes qui sont à la tête de la *Description historique de la France*; par M. l'Abbé DE LONGUERUE, ci-devant, N.° 8.]

391. ☞ Franciæ Status sub primis Regibus, &c. ou, Etat de la France sous les Rois de la première race, tiré des Observations de D. Bouquet, Bénédictin, & des Dissertations de M. l'Abbé Lebeuf, Chanoine d'Auxerre; par le Sieur G. ROBERT, Géographe ordinaire du Roi : *Paris*, 1740, *in-fol*.]

392. Description de la France, par rapport au règne de Clovis & de ses enfans.

Cette Carte est au-devant de l'*Histoire de France* publiée par le P. DANIEL : *Paris*, Bénard, 1696, *in*-4. (première édition). On y voit le Royaume des Visigoths, celui de Bourgogne, & les Terres sujettes à l'Empire Romain.

* Observations critiques (de M. l'Abbé DE CAMPS) sur la Carte précédente. *Mercure*, 1720, *Juillet*, pag. 14-30.

☞ Ces Observations sont au nombre de vingt-cinq. On y relève plusieurs fautes du P. Daniel; & l'Auteur justifie par-là ce qu'il avoit avancé dans une de ses Lettres, que les deux yeux de l'Histoire, la Géographie & la Chronologie, manquoient absolument à l'Ouvrage.]

393. ☞ Ms. Carte des premiers Etablissemens des François dans les Gaules, dressée en 1717 pour l'usage du Roi; par Guillaume DE L'ISLE.

Il est parlé de cette Carte, & de quatre autres que l'on va indiquer, dans le *Mercure*, 1720, *Mai*, p. 1303 & 1716, *pag*. 485. Les minutes s'en trouvent dans le Dépôt des Cartes & Plans de la Marine, auquel le Cabinet de M. de l'Isle a été uni.]

394. ☞ Carte des Gaules, où l'on voit les

Dominations auxquelles elles étoient soumises, lorsque Clovis vint y jetter les fondemens de la Monarchie Françoise; par Henri LIÉBAUX, Géographe (ou plutôt Graveur): *Paris*, 1728, *in-*4.]

395. ☞ Carte de la France pour la fin du règne de Clovis, & pour le partage de ses Etats entre ses enfans; par Henri LIÉBAUX: *Paris*, 1728, *in-*4.]

396. ☞ Mss. Trois Cartes de M. DE L'ISLE, dressées pour l'usage du Roi; sçavoir : la France partagée aux enfans de Clovis : la France suivant le partage des enfans de Clotaire : la France partagée à la mort de Dagobert, en Neustrie & Austrasie.

Elles sont au Dépôt des Cartes & Plans de la Marine.]

397. Le Royaume d'Austrasie; par Melchior TAVERNIER : *Paris*, 1642, *in-fol.*

398. Le Royaume de la France Orientale, dite autrement Austrasie, avec partie de celui de Neustrie; par Pierre DU VAL, Géographe du Roi : *Paris*, 1671, 1676, *in-fol.*

Ce Royaume d'Austrasie a commencé l'an 511, sous Thierry, fils de Clovis, & a fini l'an 678 à la mort de Dagobert II. Il s'étendoit depuis la Bourgogne jusqu'au voisinage de la mer de Frise, & comprenoit tout ce qui est entre la Meuse, le Rhin & l'Escaut; c'est-à-dire, l'Alsace, la Lorraine, les Pays de Trèves, de Cologne, de Gueldres, d'Utrecht, le Brabant, la Hollande, la Zélande, & les campagnes de Reims & de Chaalons [avec une portion de la Germanie ou de l'Allemagne.]

399. Le Royaume de la France Occidentale, dite autrement Neustrie; par Pierre DU VAL : *Paris*, 1671, 1680, *in-fol.*

Le nom de ce Royaume [sur l'étymologie duquel on dispute] a été fort en usage chez les Auteurs du tems de Charlemagne & de ses fils.

400. ☞ Austrasiorum sive Franciæ Orientalis Ducatus, cum Pago Thuringiæ Australis, in suos Pagos singulares, sub Imperatoribus Francicis & Saxonicis, ex variis medii ævi diplomatibus, chartis ac documentis descriptus.

A la fin du tom. I. de l'Ouvrage intitulé, *Chronicon Goswicense, typis Monast. Tegernseensis O. S. Benedicti* (in Austriâ) : 1732, *in-fol.*]

401. ☞ Palatiorum sive villarum Regiarum in Regno Franciæ Orientalis Teutonico Tabula, ex chartis atque diplomatibus medii ævi, ad rationes Pagorum adtemperata.

Dans le même *Chronicon Goswicense*, pag. 441.]

402. ☞ Germania in priscas suas Provincias, Ducatus, Pagos tam majores quàm minores, curatè divisa, nominibus locorum ad medii ævi dialectum expressis, ex diplomatibus, chartis & tabulis medii ævi descripta. *Ibid.* pag. 427.

Cette Carte & les deux précédentes sont très-utiles pour l'Histoire des Rois de France dans le moyen âge, soit à cause des Provinces voisines du Rhin, & autrefois de la Gaule, soit à cause de l'Allemagne, que nos anciens Rois ont possédée, & qui est en partie représentée

Tome I.

comme elle étoit de leur tems; le reste appartenant à l'Histoire des Rois de Germanie.]

403. ☞ Gallia Belgica ad veteris, mediique ævi rationes; auctore Jac. Car. SPENERO, *in-*4.

Dans l'Ouvrage intitulé, *Notitia Germaniæ*, &c. *Halæ Magdeburgicæ*, 1717, *in-*4. *pag.* 271.]

404. ☞ Gallia Belgica ad Historiam medii ævi concinnata; auctore Car. WASTELAIN.

Cette Carte est dans sa *Description de la Gaule Belgique* (ci-devant, N.° 22) *pag.* 24.]

405. ☞ Summaria descriptio Frisiæ universæ cùm latissime patuit nomen, post emigrationem Francorum, Saxonumque accessionem; auctore Mensone ALTING, *in-fol.*]

406. ☞ Descriptio Frisiæ sub Francorum reditum; eodem auctore : *in-fol.*

Ces deux Cartes, & sept autres de détail, se trouvent dans l'Ouvrage d'Alting, intitulé, *Descriptio Frisiæ inter Scaldis portum veterem & Amisiam*, &c. *secundum medii ævi scriptores*, &c. *Amstelædami*, Wetstein, 1701, *in-fol.* Cette grande Frise répond aux Provinces-Unies d'aujourd'hui, dont la partie méridionale, bornée par l'ancien Rhin, étoit seule de l'ancienne Gaule; mais le reste fut du domaine de nos Rois, à la fin de la première Race, & sous une partie de la seconde.]

407. ☞ Alsatiæ Francicæ Ducatus in Pagos & Comitatus suos divisus, cum oppidis, castris, palatiis, monasteriis, vicis; auctore J. D. SCHOEPFLINO.

Cette Carte est dans son *Alsatia illustrata*, tom. I. pag. 319.]

408. ☞ Civitas Leucorum, sive Pagus Tullensis (*aujourd'hui le Diocèse de Toul*) pour servir à l'Histoire Civile & Ecclésiastique de ce Diocèse, composée par le R. P. Benoît, Gardien des Capucins de Toul; par Guill. DE L'ISLE : *Paris*, 1707, *in-fol.*]

☞ Avertissement sur cette Carte; par le même : *Toul*, 1707, *in-*4. 13 *pag.*

Il regarde la Géographie du moyen âge, pour lequel cette Carte est principalement faite, étant (dit l'Auteur) d'un autre ordre que celle que l'on fait communément pour les Diocèses.]

409. ☞ Imperium Caroli Magni, & vicinæ regiones; auctore Petro BERTIO : *Parisiis*, 1620, *quat. foliis* [cum Explicatione.]

Charles-Magne a commencé son règne en 768, a été Empereur en 800, & est mort en 814. L'Auteur de cette Carte [qui étoit Flamand] mourut à Paris en 1629.

☞ Il fut fait Professeur de Mathématiques au Collége Royal, après avoir abandonné la Hollande, & embrassé la Religion Catholique. L'Explication qu'il joignit en François aux marges de son Empire de Charlemagne, est traduite en Latin dans l'Atlas de Janssonius.]

410. ☞ Idem. [contractum unic. fol.] : *Amstelodami*, Hondii.

Cette Carte se trouve aussi dans l'Atlas de Hornius: *Amstelodami*, 1654 [& *la Haye*, 1741] *in-fol.*

☞ Elle est aussi dans l'Atlas de Janssonius, tom. VIII. qui traite de la Géographie ancienne.]

411. ☞ Imperium Caroli Magni, &c. Hanc tabulam conatibus Geographicis des-

E 2

cribebat Ægid. ROBERT : *Parisiis*, 1743, *in-fol.*

Ce n'est qu'une copie de la précédente, & où l'on ne voit point les bornes de cet Empire. On en trouve une semblable, mais un peu plus resserrée, dans l'*Histoire d'Allemagne* du P. Barre.]

412. ☞ Imperium Caroli Magni, Occidentis Imperatoris, &c. auctore Æg. ROBERT DE VAUGONDY : *Parisiis*, 1752, *in-fol.*

C'est la douzième Carte de l'*Atlas Universel* : *Paris*, Boudet, 1757, *in-fol.* Elle est annoncée dans la Préface historique de l'Auteur, *pag.* 21, comme une copie de celle de son père : cependant elle est préférable, à cause des bornes qui y sont désignées.]

413. ☞ Imperium Francorum, vel Romanum Occidentale posterius, sub ipso Carolo Magno, notatis divisionibus inter filios Ludovici Pii ; per Matthiam HASIUM : *Norimbergæ*, 1743, *in-*4.

Cette Carte, qui est sçavante, quoique peu étendue, se trouve dans l'*Atlas historique* de l'Auteur. Le même a fait aussi sept Cartes sur les autres divisions de l'Empire d'Allemagne, jusqu'à la mort de Charles VI.]

414. ☞ Ms. Carte de l'Empire de Charlemagne, avec le partage de ses petits-fils & arrière-petits-fils, dressée en 1717 pour l'usage du Roi ; par Guillaume DE L'ISLE.

Elle est, comme les autres dont on a parlé au commencement de cet article, au Dépôt de la Marine, en minute. M. de l'Isle enseignoit la Géographie au Roi LOUIS XV. lorsqu'il les dressa : on lui donna ensuite le Brevet de premier Géographe. M. Buache, son gendre & successeur, a des copies de ces Cartes, ainsi que plusieurs autres manuscrites dressées par Claude DE L'ISLE, père de Guillaume ; par M. FRERET, & par d'autres Sçavans.]

415. Le Royaume d'Aquitaine ; par Pierre DU VAL : *Paris*, 1671, 1677, 1681, 1688, *in-fol.*

Ce Royaume a commencé en 778, & a fini en 866.

416. ☞ Royaume & Duché de Septimanie ; par J. B. NOLIN.

Il est dans le *tom. II. pag.* 1, de l'*Histoire de Languedoc* ; par DD. de Vic & Vaissette.]

417. ☞ La Languedoc, divisée suivant ses anciennes Sénéchaussées : *in-fol.*

Cette Carte se trouve à la tête du tom. IV. de l'*Histoire du Languedoc*, par D. Vaissette ; & elle est relative à la Note ou Dissertation ci-après, N.° 480.]

418. ☞ Carte de l'ancien (ou premier) Royaume de Bourgogne ; *demi-feuille*.

Elle se trouve à la tête du *tom. I.* de l'*Histoire de Bourgogne* ; par D. Plancher : *Dijon*, 1739, *in-fol.*]

419. Le Royaume de Bourgogne & d'Arles ; par Pierre DU VAL : *Paris*, 1671, 1677, 1684, *in-fol.*

Ce Royaume, qui a duré depuis l'année 878 jusqu'en 1038, étoit partagé en Bourgogne Transjurane & Bourgogne Cisjurane, ainsi nommées par rapport au Mont-Jura [qui sépare la Franche-Comté de la Suisse. Ces deux Bourgognes furent unies en 933.]

420. Le Royaume d'Arles ; par Gérard MERCATOR : *Amsterdam*, Hondius, 1609, 1613, 1619, *in-fol.*

421. ☞ Tabula Delphinatûs & vicinarum Regionum, distributa in Principatus, Comitatus, Baronias, &c. cum iisdem nominibus quæ in antiquis chartis, sub Principibus Delphinis, expressa reperiuntur ; auct. Guillelmo DE L'ISLE : *Parisiis*, 1710, *in-fol.*]

422. ☞ Tabula Italiæ medii ævi Græco-Langobardico-Francici, accurante Societate Palatinâ (*Mediolani* ; auctore Gasparo BERETTI, Benedictino) : *in-fol.*

Cette Carte est utile pour l'Histoire de France, ses Princes ayant été maîtres de l'Italie pendant plus d'un siècle, depuis les conquêtes de Charlemagne. Elle se trouve au *tom. X.* de la *Collection des Historiens d'Italie*, publiée par Muratori ; & elle est précédée d'une longue Explication du P. Beretti, intitulée, *Dissertatio Chorographica*, &c.]

423. ☞ Carte pour servir à la lecture de l'Histoire des Croisades, & à la connoissance particulière du Royaume de Jérusalem du tems des Croisés, & des Comtés & Commanderies que ce Royaume contenoit. Ouvrage posthume de Guillaume DE L'ISLE : *Paris*, Lattré, 1764, *in-fol.*

La part que plusieurs de nos Rois & nombre de Seigneurs François ont eue aux Croisades, rend cette Carte nécessaire pour l'Histoire de la France dans le moyen âge.]

TRAITÉS GÉOGRAPHIQUES.

424. Notitiæ Provinciarum & Civitatum Galliæ, Honorii Augusti, ut videtur, temporibus conditæ ; cùm Gallias in septem Provincias distingui mos erat.

Ces Notices des Provinces des Gaules se trouvent au commencement du *tom. I.* des *Conciles de France*, publiés par le P. Sirmond. = Dans la *Collection des Historiens François*, par Duchesne, *tom. I. pag.* 4. = [Dans le *Recueil des mêmes Historiens*, par Dom Bouquet, *tom. I. pag.* 122.] = A la fin de la *Géographie Sacrée & Eccl.* de Ch. de Saint-Paul. = A la tête du *tom. I.* du *Gallia Christiana*, par MM. de Sainte-Marthe. = [Et aussi au commencement du *tom. I.* de l'*Histoire critique de l'établissement de la Monarchie Françoise*, par l'Abbé Dubos.]

☞ Il y a dans la Bibliothèque publique de Berne en Suisse, deux manuscrits de cette Notice, l'un du huitième siècle & l'autre du neuvième. Tous deux renferment beaucoup de Variantes non encore publiées. Voyez le *Catalogue Latin de cette Bibliothèque*, par M. Sinner : *Berna*, 1760, *in-*8. & le *Journal des Sçavans*, 1761, *Juillet*, *pag.* 469.]

425. ☞ Libellus Provinciarum Galliæ, atque Civitatum Metropolitanarum, longè integrior quàm anteà editus : ex veteri Codice Bibliothecæ Tigurinæ descriptus ; per Josiam SIMLERUM.

Cet Ouvrage [que Conringius a soupçonné n'être pas ancien] est imprimé avec *Æthici Cosmographia* : *Basileæ*, 1515, *in-*8. *Ibid.* Guarini, 1575, &c. Il se trouve aussi [quelquefois] joint avec l'Itinéraire de l'Empereur Antonin.

Idem auctior, Notisque illustratus à Petro BERTIO. *Tom. II. Theat. Geogr. veter. Amstelodami*, 1618, *in-fol.*

☞ Idem, cum variis lectionibus & notis SIMLERI, Andr. SCHOTTI, Franc. HOTTOMANNI, & Laur. Theodori GRONOVII.

Cette édition se trouve dans le Recueil intitulé : *Varia Geographica* : *Lugd. Batav.* Haak, 1739, *in-8.*]

426. Notitia antiqua Civitatum & Regionum Galliæ.

Cette ancienne Notice des Gaules se trouve au commencement de l'Ouvrage d'André du Saussay, intitulé, *Martyrologium Gallicanum* : *Parisiis*, 1637, *in-fol.* 2 vol.

427. Capitulatio de Nominibus Regionum Galliæ.
Nomina Regionum & Civitatum Galliæ.
Nomina Provinciarum & Civitatum Galliæ.
Nomina Civitatum & Provinciarum Galliæ.

Ces quatre Listes des Provinces & des Villes des Gaules, se trouvent dans le tom. I. des *Historiens de France* de Duchesne, *pag.* 6, 8, 12 & 14; & la dernière est aussi au commencement du *tom. I.* du *Gallia Christiana* de MM. de Sainte-Marthe.

428. Variæ Galliarum Divisiones antiquæ, collectæ à Carolo LE COINTE, Congregationis Oratorii Presbytero. *Annal. Ecclesiast. Franc.* tom. *I.* ad ann. 508, num. 52, 53, 54 & 55.

429. De antiquis Divisionibus Galliæ; auctore Ægidio LACARRY, Societatis Jesu.

Ces Divisions se trouvent à la page 8 de l'Ouvrage du même Auteur, intitulé, *Historia Galliarum sub Præfectis Prætorio* : *Claromontii*, 1672, *in-4.*

430. ☞ Notice abrégée de l'anciennne Géographie de la Gaule; par le P. LONGUEVAL.

Cette Notice, qui présente un état de la Gaule sous les Romains & sous nos premiers Rois, par rapport aux changements dans les divisions des Provinces & dans les noms des Villes, est imprimée à la tête du *tom. II.* de l'*Histoire de l'Eglise Gallicane*, & dans le *Journal Ecclésiastique* de M. l'Abbé Dinouart, 1762, *Octobre*, *pag.* 1-27. Le P. Longueval a terminé sa Notice par celle qui fut faite sous l'Empire d'Honorius, & que le P. Sirmond a publiée.]

431. ☞ Lettre de M. l'Evêque de G** (Pierre Annet DE PEROUSE, Evêque de Gap) sur cette Notice. *Journal Ecclésiastique*, 1762, *Décembre, pag.* 224-231.]

432. Brevis Notitia Galliarum & Belgii; ex Actis Sanctorum Januarii & Februarii, vulgatis à Joanne Bollando & Godefrido Henschenio, Societatis Jesu: excerpta digestaque ab eodem HENSCHENIO : *Antverpiæ*, 1658, *in-8.*

Le P. Henschenius est mort en 1683.

☞ Voyez sur son Ouvrage la *Méthode historique* de Lenglet, tom. *IV.* pag. 11.]

433. Hadriani VALESII, Historiographi Regii, Notitia Galliarum, ordine alphabetico digesta, in quâ Situs, Gentes, Oppida, Portus, Castella, Vici, Montes, Silvæ, Maria, Flumina, Fontes, Lacus, Paludes, Insulæ maritimæ & amnicæ, Peninsulæ, Pagi, Provinciæque Galliæ illustrantur; Locorum antiquitates, variaque corum nomina vetera & nova; Episcoporum ac Monasteriorum origines, aliaque ad Historiam Francicam pertinentia tractantur : *Parisiis*, Léonard, 1675, *in-fol.*

Cet Auteur est mort en 1692. Son Ouvrage est nécessaire pour connoître la France, telle qu'elle étoit sous les deux premières races de nos Rois. Quoique M. de Valois, qui sçavoit à fond notre Histoire, ait apporté ici beaucoup de soins & de recherches, il en a néanmoins encore laissé à faire à ceux qui voudront entreprendre une seconde édition de ce Livre, qui est excellent.

☞ Il y a à la fin de cet Ouvrage deux Tables géographiques très-utiles; l'une des noms Latins, l'autre des noms François, où l'on trouve ceux qui n'ont point de titres particuliers, & dont il n'est parlé que par occasion.]

434. Notitiæ Galliarum Defensio adversùs Germinium Monachum Benedictinum; Hadriano VALESIO auctore.

Cet Ouvrage se trouve imprimé avec l'Opuscule du même Auteur, qui porte pour titre, *Observationis de annis Dagoberti I. adversus Chiffletii Dissertationem defensio* : *Parisiis*, 1684, *in-8.* Adrien de Valois l'a publié pour répondre à la Critique de la Notice des Gaules, faite par D. Michel Germain, dans son Traité intitulé, *Palatia Regum Francorum*, qui fait le quatrième Livre du grand Ouvrage *De Re Diplomaticâ.*

☞ On peut consulter sur cette sçavante Notice les *Nouvelles Littéraires* de Desmolets, *pag.* 210. = *Mémoires* de Marolles, tom. *III.* pag. 357. = *Méthode historique* de Lenglet, tom. *II.* pag. 501, tom. *IV.* pag. 11, & son *Supplément*, pag. 155. = *Bibliothèque* de Harley, tom. *II.* pag. 506. = *Mémoires de Trévoux*, 1723, Avril, pag. 734. = Le P. Niceron, tom. *III.* pag. 216. = Racine, *Abrégé de l'Histoire Ecclésiastique*, tom. *XII.* *in-*12. *pag.* 493. = Isagoge *in not. script. Hist. Gallic.* *pag.* 29. = Nouvelle édition de l'*Histoire de France*, de Daniel; par le P. Griffet, tom. *I.* *Préface, pag.* 123.]

435. ☞ Observation critique sur deux endroits de la Notice des Gaules de M. de Valois; par M. DE FONCEMAGNE. *Histoire de l'Académie des Belles-Lettres*, tom. *VII.* *pag.* 300-301.]

436. ☞ Remarques sur quelques noms de lieux de la Notice des Gaules de M. de Valois; par M. BONAMY. *Histoire de l'Académie des Belles-Lettres*, tom. *XVIII.* *pag.* 266-273.]

437. ☞ Recueil de divers Ecrits, pour servir d'éclaircissemens à l'Histoire de France, & de Supplément à la Notice des Gaules; par M. l'Abbé LEBEUF : *Paris*, Barrois, 1738, *in-*12. 2 vol.

Ce Recueil, où l'on relève en effet plusieurs fautes échappées à M. de Valois, est composé de dix-neuf Pièces, qui sont toutes indiquées chacune à leur place. Neuf sont spécialement destinées à éclaircir plusieurs points de notre Géographie; trois roulent sur l'ancienne, ci-devant, N.ᵒˢ 250, 323, 361; & six sur celle du moyen âge, que l'on trouvera dans la suite de cet article.]

438. ☞ Projet d'une nouvelle Notice des Gaules & des Pays soumis aux François, depuis la fondation de la Monarchie; par M. SECOUSSE. *Histoire de l'Académie des Belles-Lettres*, tom. *VII.* pag. 302-309.]

439. ☞ Mf. Essai & commencement d'une Notice des Gaules & de la France; par le même : *in-fol.*

Il est indiqué au Catalogue de M. Secousse, N.ᵒ 1755.]

440. ☞ Mſ. Notice de l'ancienne France ou de la Gaule du moyen âge, pour ſervir comme de ſuite à la Notice de la Gaule Romaine par M. d'Anville, & pour réformer & augmenter celle de M. de Valois; par Dom Philippe-Louis LIEBLE, Bénédictin de la Congrégation de S. Maur.

Cet Ouvrage, auquel l'Auteur travaille avec beaucoup de zèle, doit être accompagné de cinq Cartes géographiques relatives aux cinq parties, dont il eſt compoſé: 1. Royaume d'Auſtraſie: 2. Royaume de Neuſtrie: 3. Royaume de Bourgogne, avec la Provence: 4. l'Aquitaine, y compris le Languedoc: 5. le Pariſis, ou la France ſpécialement dite. A la tête, on trouvera une Diſſertation générale, & une particulière avant chacune des diviſions, dont les détails ſuivront par ordre alphabétique.]

441. Commentarius de antiquis Regum Francorum Palatiis; auctore Michaele GERMAIN, Benedictino Congregationis S. Mauri.

Ce Traité, qui eſt fort eſtimé, contient juſqu'à cent ſoixante-trois Maiſons Royales, dans leſquelles les Rois de France ont ſigné des Chartes. La Liſte de ces Maiſons eſt dreſſée ſelon l'ordre alphabétique. Preſque toutes regardent le moyen âge. Ce Commentaire forme le IV. Livre de l'Ouvrage qui a pour titre, *De Re Diplomaticâ Joannis Mabillon: Pariſiis*, 1681, 1709, *in-fol*. Dom Michel Germain eſt mort en 1694; il a marqué au commencement de ſon Ouvrage, qu'outre les Actes publics & particuliers, il a conſulté l'Hiſtoire manuſcrite de Compiégne, compoſée par le P. Placide Berthauld, qui parle ſçavamment de quarante Palais de nos Rois; la Notice des Gaules d'Adrien de Valois, & le Gloſſaire Latin de Charles du Freſne du Cange.

☞ Les diſcuſſions auxquelles l'Auteur s'eſt livré pour fixer les poſitions de ces anciens Châteaux, ruinés preſque tous depuis longtems, font de ce Livre un véritable Traité géographique capable de répandre beaucoup de jour ſur la Topographie de la France dans le moyen âge.].

442. Diſſertation d'Adrien de Valois ſur les anciens Palais des Rois.

Elle eſt imprimée aux *pag*. 51 & *ſuiv*. du *Valeſiana in-12. Paris*, 1694.

443. ☞ De antiquis Regum & Imperatorum Palatiis.

C'eſt le Livre III. du *Chronicon Goſwicenſe*, *tom. I. part. II. Typis Monaſt. Tegernſeenſis, O. S. Bened.* 1732, *in-fol*. dont on a indiqué ci-devant les excellentes Cartes, qui ſont très-utiles pour l'Hiſtoire du moyen âge.]

444. ☞ Catalogus Palatiorum vel Villarum Regiarum ex veteribus Chartis & Scriptoribus.

Cette Liſte, qui eſt par ordre alphabétique, & avec les noms modernes, ſe voit dans le *Gloſſarium ad Scriptores mediæ & infimæ Latinitatis: Pariſiis*, 1734, *tom. V. pag.* 34-47. M. du Cange en avoit donné une dans la première édition de ſon Gloſſaire; mais les Bénédictins, ſes Continuateurs, l'ont beaucoup perfectionnée & augmentée. On y trouve les noms de deux cens quatre-vingt-dix Palais ou Maiſons Royales.

M. l'Abbé Carpentier, qui avoit travaillé à cette ſeconde édition du Gloſſaire Latin, avant de quitter la Congrégation de Saint Maur, a découvert depuis un nombre conſidérable d'autres Palais, dont il donne la Liſte dans ſon Supplément au *Gloſſarium novum*, &c. *Paris*, 1766, *in-fol*. 3 vol. au mot *Palatia*. Ses recherches ont été aidées en partie par les morceaux ſuivans, qu'on doit regarder comme des Suppléments inſéparables des Liſtes précédentes.]

445. ☞ Conjectures ſur le lieu où étoit ſitué le Palais Royal, appellé *Vetera Domus*; par M. CLEROT, Avocat au Parlement de Rouen. *Mercure*, 1733, *Juillet, pag.* 1472-1483.

M. Clerot fixe la ſituation de cet ancien Palais au lieu appellé aujourd'hui le Vieux Rouen, à une lieue d'Aumale.]

446. ☞ Examen des Conjectures de M. Clerot, &c. par M. l'Abbé LEBEUF. *Mercure*, 1733, *Octobre, pag.* 2136-2140.

Ce Palais étoit ſitué, ſelon M. Lebeuf, au Vieux Manoir, ou à Cailly, Villages du Dioceſe de Rouen.]

447. ☞ Découverte d'un ancien Château de nos Rois de la première Race (*Saveia*) ſur la montagne proche Paris, où eſt aujourd'hui Belleville; par M. l'Abbé LEBEUF. *Diſſertations ſur l'Hiſtoire de Paris*, &c. 1741, *tom. II pag. C-CXIII*.

Les Journaliſtes de Trévoux, 1742, *Février, p.* 281, diſent que l'exiſtence de ce Château leur paroît très-bien prouvée par M. Lebeuf.]

448. ☞ Découverte de deux anciens Châteaux de nos Rois de la première Race, dont l'un (*Juviniacum*) étoit dans le Dioceſe de Soiſſons, l'autre (*Morlaca*) dans celui de Beauvais; avec quelques circonſtances qu'on doit attribuer à celui de Maſlai (*Maſolacum*) proche Sens, au lieu du Château incertain de Morlai en Barrois; par le même. *Ibidem, pag. CXIII-CXXXIV*.

M. Lebeuf avoit déja parlé du Château *Maſolacum* dans ſon *Recueil de divers Ecrits*, *tom. I. pag.* 50-62. Voyez ci-deſſous.]

449. ☞ Diſſertation ſur la ſituation d'un Palais du Roi Thierry (*Brocariaca*) avec quelques obſervations ſur les noms de Childéric, Clovis, Childebert, Chéreberr, Chilpéric. *Variétés hiſtoriques, tom. I. pag.* 1-15.

L'Auteur prétend que c'eſt Boucheraſſe près d'Avalon, & non le Boucheraiſe près d'Autun, comme l'ont penſé M. de Valois, le P. Mabillon, & autres Sçavans.]

450. ☞ Mſ. Diſſertation ſur un ancien Palais de nos Rois, appellé *Brocariacum*; par Dom GRAPPIN, Bénédictin de Franche-Comté.

Elle eſt entre les mains de l'Auteur, qui y réfute avec avantage un Sçavant qui plaçoit ce Palais hors des deux Bourgognes.]

451. ☞ Sur la poſition d'un ancien Palais de nos Rois de la première Race; par M. l'Abbé LEBEUF. *Hiſtoire de l'Académie des Belles-Lettres*, *tom. XXI. pag.* 100-110.

Il s'agit de *Brennacum*, qui étoit à Braine, ſelon Dom Mabillon; mais que M. Lebeuf place beaucoup plus près de Paris, à Bergny, Village du Dioceſe de Meaux.]

452. ☞ Sur la ſituation de deux anciens Palais des Rois de France, *Vetus Domus* & *Bonogilum*; par le même. *Ibid. tom. XXV. pag.* 123-129.

L'Auteur fait voir que le premier étoit à Touville,

dans le Roumois, à six lieues de Rouen ; & le second à Boneuil sur Marne, Diocèse de Paris.]

453. ☞ De l'Etat de la Gaule, & des Nations Barbares qui s'y établirent sur le déclin de l'Empire Romain ; par M. l'Abbé Dubos.

Ces sujets sont traités dans les Chapitres I. XV & XIX. de l'*Histoire critique de l'établissement de la Monarchie Françoise* : Paris, 1755, *in-4*. & Amsterdam, *in-12*. On parle de la République des *Armoriques* & des *Bagaudes*, dans les Chapitres III & VIII. Dans le sixième & dernier Livre du même Ouvrage, on fait voir que les différentes Nations qui habitoient les Gaules furent longtems sans se confondre avec les François.]

454. ☞ Etablissement des Bourguignons & des Allemands dans la première Germanie ; par le P. Wastelain. *Description de la Gaule Belgique*, *in-4*. pag. 86-96.

L'Auteur s'éloigne en plusieurs choses des pensées de M. l'Abbé Dubos & de M. Schoepflin.]

455. ☞ Sur les Saxons établis dans le pays Bessin, qui ont fait donner à un Canton le nom d'*Otlingua Saxonia* ; par M. l'Abbé Lebeuf. *Mémoires de l'Académie des Belles-Lettres*, tom. XXI. pag. 507-511.

C'est l'Article III. du *Mémoire sur les Antiquités de Bayeux*. L'Auteur prétend que ces Saxons vinrent s'établir au pays Bessin, dans le même tems que les François firent leurs établissemens dans les Gaules. Il fixe le lieu de leur habitation aux villages de Saon, Saonnay & Etrehan.]

456. ☞ Dissertation, dans laquelle on recherche depuis quel tems le nom de France a été en usage pour désigner une portion des Gaules, l'étendue de cette portion ainsi dénommée, ses accroissemens, & ses plus anciennes divisions depuis l'établissement de la Monarchie Françoise ; par M. l'Abbé Lebeuf. Paris, Delespine, 1740, *in-12*.

Cette Pièce, qui a remporté le Prix de l'Académie de Soissons en 1740, est intéressante pour les recherches qu'elle contient. On renvoie à la fin, pour son intelligence, à la Carte de M. Robert de la même année (ci-devant, N.° 391.) que M. Lebeuf avoit dirigée. Voyez sur cette Dissertation, le *Journal de Verdun*, 1741, Février. = *Observations sur les Ecrits modernes*, Lettre 335. = *Mémoires de Trévoux*, 1741, Juin. = *Mercure*, 1740, Décembre.]

457. ☞ Mémoire sur l'étendue du Royaume de France dans la première Race ; par M. de Foncemagne. *Mémoires de l'Académie des Belles-Lettres*, tom. VIII. pag. 505-527.

L'Auteur suit les Francs depuis le moment qu'ils furent connus jusqu'après Clovis. C'est par leurs conquêtes qu'il détermine les limites de leur domination. Il fixe l'époque de leur établissement dans les Gaules à l'année 438, sous Clodion. Ils s'y maintiennent sous Mérovée ; mais son fils Childéric & son petit-fils Clovis s'étendirent, & se rendirent maîtres d'une grande étendue de pays, qui fut ensuite partagée entre ses enfans. Depuis ce tems, l'Auteur juge qu'il est impossible de rien déterminer sur les bornes de leurs souverainetés, à cause des changemens fréquens qu'ils y firent. Ce morceau, plein de recherches, peut servir à éclairer les premiers tems de notre Monarchie.]

458. ☞ Mémoire historique sur le partage du Royaume de France dans la première Race ; par M. de Foncemagne. *Mémoires de l'Académie des Belles-Lettres*, tom. VIII. pag. 476-489.]

459. ☞ Remarque critique (du même) sur une nouvelle explication des mots *Austria* & *Neustria*. *Histoire de l'Académie des Belles-Lettres*, tom. XIV. pag. 215-218.

L'explication, qui fixe ici l'attention de M. de Foncemagne, a été proposée en 1740 par M. Lebeuf, dans sa Dissertation, ci-devant, N.° 456 ; elle consiste à chercher dans deux termes Teutoniques, qui ont tous deux le même sens, l'étymologie des mots *Austria* & *Neustria*, que l'opinion commune dérive d'*Est* & d'*West*, à cause de la position respective de ces deux Royaumes.]

460. ☞ Dissertation sur les limites de la France Germanique, d'avec l'Aquitaine Gothique ; par Adrien Maillart. *Mercure*, 1725, Juin, pag. 1290-1298 ; & 1736, Janvier, pag. 68-76.

C'étoit, selon cet Auteur, la Loire qui divisoit ces deux Pays : ce qui étoit au Midi, se nommoit Aquitaine, & la partie située au Septentrion s'appelloit France Germanique. Les limites en furent fixées par Childéric, Roi des Francs, & Alaric, Roi des Goths, qui firent élever entre la ville de Bleré & le ruisseau de Laindrois, deux monceaux de terre aux deux côtés du chemin de Bleré à Loches, sur le territoire méridional de la Paroisse de Sublaine : elles sont connues dans le Pays sous le nom de la Noue aux Danges.]

461. ☞ Des limites de la France & de la Gothie (du côté de la Gaule Narbonnoise) ; par M. de Mandajors. *Mémoires de l'Académie des Belles-Lettres*, tom. VIII. pag. 430-450.

Ces limites, qui changèrent en différens tems, restèrent fixées depuis 445 jusqu'à 585, aux Diocèses de Rhodez, Usez, Arisitum, ou Alais, & Lodève. Voyez ci-dessous, le Mémoire sur *Arisitum*.]

462. ☞ Lettre de M. Maillart à M. l'Abbé Lebeuf, sur les limites de la Gaule Germanique & de l'Aquitaine Gothique. *Mercure*, 1736, Janvier, pag. 68-76.

On y trouve aussi quelques observations sur les noms de Childéric, Clovis, Childebert, &c.]

463. ☞ Franciæ Metropoles XVII. sub Pippino ; auctore Carolo le Cointe. *Annal. Ecclef. Franc.* tom. V. pag. 367-374.

On y voit le détail de ce qui composoit les Etats du Roi Pepin lors de son élévation au Trône en 751 ; les Evêchés, Abbayes, Monastères, &c. qui en faisoient partie.]

464. ☞ Tableau de l'étendue de l'Empire François & de ses accroissemens, depuis Pepin jusqu'à Louis le Débonnaire ; (par M. l'Abbé Belley). *Journal des Sçavans*, 1750, Juin, pag. 384-392, *in-4*.

Ce Tableau intéressant n'est annoncé dans ce Journal par aucun titre particulier. Il est dans l'extrait qu'on y donne du tom. VI. *des Historiens de France*, par Dom Bouquet.]

465. ☞ Mémoire sur les limites de l'Empire de Charlemagne, qui a remporté le prix de l'Académie Royale des Inscriptions & Belles-Lettres ; par Dom Philippe-Louis Lieble,

Bénédictin : *Paris*, Guerin, 1764, *in-*12. Vente, 1765, *in-*12. *petit format.*

Les bornes de cet Empire étoient, selon l'Auteur, la Mer Baltique jusqu'à la Vistule au Nord, la Teisse & la Save à l'Orient, la Calabre ultérieure en Italie, & le cours de l'Ebre en Espagne. Voyez l'*Année Littéraire*, 1764, *tom. VII. pag.* 242-254.]

466. Carolus Magnus Germanus, hoc est, Germaniam à Gallia per influentem Rhenum malè dividi, Declaratio Jacobi WIMPHELINGII : è Bibliotheca Bartholomæi Agricolæ, cum ejus Notis: *Heidelbergæ*, *in-*4.

Wimphelingius est mort en 1529.

467. ☞ Réponse au sentiment de Dom Calmet, sur les limites d'une partie du Royaume du côté de l'Empire, avant l'an 1301; par M. LEVESQUE DE LA RAVALIERE. *Hist. de l'Académie des Bell. Lettr. tom. XVIII. pag.* 295-302.

C'est une réfutation d'un passage de l'*Histoire de Lorraine*, tom. II. *Liv. XXIV.* pag. 328, où D. Calmet avance en termes exprès, qu'*avant & sous le règne de Philippe le Bel, les terres de France ne commençoient qu'au-delà du ruisseau de Biène, près de Sainte-Menehould, & que l'Empire venoit jusqu'à l'Abbaye de Beaulieu en Argonne.*]

468. Galliæ totius Divisio & Descriptio; per AIMOINUM, Monachum Benedictinum.

Cette Description se trouve dans la Préface de son Histoire intitulée, *De Gestis Francorum: Parisiis*, 1603, *in-fol.* Ce Moine de Fleuri est mort en 1004.

☞ » Le P. LELONG (dit Dom Liron) » se trompe; » car Saint Abbon, Abbé de Fleuri, dont Aimoin a fait » la vie, étant mort l'an 1004, il faut dire qu'Aimoin » étoit connu alors; mais il faut dire aussi qu'il est mort » quelque tems après, & peut-être longtems après Saint » Abbon; Aimoin n'ayant guères plus de cinquante ans, » lorsque ce S. Abbé fut tué en Gascogne. *Singularités historiques*, tom. III. pag. 383.]

469. Galliæ Situs, anno Domini 1109, ex libro III. Historiæ Ecclesiasticæ HUGONIS Monachi Floriacensis.

Hugues, Moine de Fleuri, a vécu en 1109. Sa Description des Gaules est dans le *tom. I.* des *Historiens de France* de Duchesne, *pag.* 16.

470. Divisio Galliæ, anno Domini 1210, ex Chronico ROBERTI, Monachi Autissiodorensis.

Ce Religieux de Saint Marien d'Auxerre, est mort en 1212. Sa Division des Gaules est dans la même Collection de Duchesne, *tom. I. pag.* 17.

471. Descriptio Galliarum, ex Libro GERVASII Tilberiensis, ita inscripto : *Otia Imperialia.*

Gervais de Tilbéri a écrit après l'année 1210. M. de Léibnitz a donné son Ouvrage entier dans la Collection des *Scriptores Rerum Brunsvicensium: Hanoveræ*, 1708, *in-fol.* L'Extrait de la Description des Gaules est dans les *Historiens de France* de Duchesne, tom. *I. pag.* 19.

472. Descriptio Galliarum : ex Chronico Bernardi GUIDONIS, Ordinis Prædicatorum, Episcopi Lodovensis.

Cet Evêque est mort en 1331. Sa Description des Gaules est dans le *Recueil des Historiens de France* de Duchesne, *tom. I. pag.* 22.

473. ☞ De la Gaule Belgique du moyen âge; par le P. Ch. WASTELAIN. *Description* (ci-devant, N.° 22.) *pag.* 24-74.

On y trouve nettement expliqué, quoique brièvement, ce qui regarde les premiers établissemens des François dans la Gaule, les Royaumes d'Austrasie & de Neustrie, & les partages des Etats de Louis le Débonnaire & du Royaume de Lothaire.

Au reste, dans la suite de l'Ouvrage, où l'Auteur donne le détail des Pays, Villes, &c. il n'est pas seulement question des Pays-Bas, pour la Géographie du moyen âge, mais encore de la Picardie, d'une partie de l'Isle de France, de la Champagne Orientale, de la Lorraine & de l'Alsace.]

474. ☞ Status Alsatiæ Francicæ, quæ priùs pars Ducatûs Alemanniæ, mox ipsa Ducatus, cujus recensentur Pagi majores & minores; auctore Joh. Dan. SCHOEPFLINO. *Alsatia illustrata, tom. I. pag.* 619-738.]

475. ☞ Etendue de l'ancien Royaume de Bourgogne; par D. PLANCHER.

Cette Description est dans l'*Histoire de Bourgogne: Dijon*, 1739, *in-fol.* pag. 28-32.]

476. ☞ Des Frisons, ou du Diocèse d'Utrecht, au moyen âge; par le P. WASTELAIN. *Description de la Gaule Belgique, pag.* 169-186.

Il ne s'agit ici que de ce qui étoit de la Gaule, c'està-dire, au Midi du Rhin.]

477. ☞ Notitia locorum quæ in Tabulâ Delphinatûs (G. DE L'ISLE, *suprà*, N.° 420) expressa reperiuntur (cum nominibus recentioribus.)

Cette Notice est au-devant des *Mémoires pour servir à l'Histoire du Dauphiné* (par M. de Valbonnays), *Paris*, 1710, *in-folio*, pour lesquels la Carte a été faite.]

478. ☞ Mensonis ALTING Descriptio Frisiæ, inter Scaldis portum veterem & Amisiam, sou inter Sine & Emese, secundum medii ævi scriptores; quæ est pars altera Notitiæ Germaniæ inferioris cis & ultrà Rhenum, quà hodie est in ditione VII. Fœderatorum, repræsentata Tabulis Geographicis IX. & Commentario in loca fere omnia, hoc tractu, Germanicarum & Francicarum rerum scriptoribus, ac medii ævi monumentis memorata, ab emancipatione Francorum Imper. Justiniano ad XIII. seculi finem; cuncta ad litterarum ordinem digesta. *Amsteladami*, Wetstein, 1697, *in-fol.*]

479. ☞ Sort du Languedoc François, par le partage du Royaume entre les quatre fils du Roi Clotaire I.

C'est la Note 71 du *tom. I.* de l'*Histoire du Languedoc*; par DD. DE VIC & VAISSETTE.

Le Languedoc se nommoit alors Septimanie, dont il sera question ci-après, N.os 487, 488 & 489.

M. MENARD (*Histoire de Nîmes*, tom. I. Note 1) fait quelques remarques sur le nom de Provence donné au Languedoc, dans une Charte du Roi Philippe le Bel en 1314.]

480. ☞ De l'origine du nom de Languedoc: Epoque où il commença à être en usage, & l'étendue des Pays compris anciennement sous ce nom.

C'est

C'eſt le ſujet de la *Note* 6 du *tom. IV.* de l'*Hiſtoire de Languedoc* de D. VAISSETTE.]

481. ☞ Des Ports & du Commerce du Languedoc pendant le moyen âge; par M. ASTRUC. *Mém. ſur l'Hiſtoire naturelle* de cette Province: *Paris*, 1737, *part. III. chap. IX.*]

482. ☞ Dénombrement des feux de la Sénéchauſſée de Beaucaire & de Nîmes (au bas Languedoc) en 1384.

Ce Dénombrement eſt contenu dans une Piéce Latine inſerée ſous ce titre François dans l'*Hiſtoire de Nîmes*, *tom. III. preuve XVII.* & copiée d'après le manuſcrit original que M. Menard a entre les mains. Elle fait connoître parfaitement l'étendue de la Sénéchauſſée de Beaucaire en 1384, & les noms Latins qu'on donnoit alors à tous les Bourgs & Villages, & même aux moindres lieux de ce diſtrict. Ce détail, qui nous a paru appartenir au moyen âge, répand de grandes lumières ſur la Géographie du Pays pour le XIV. ſiècle : « tems » d'ignorance, dit M. Menard, où l'on n'étoit guères » attentif à éclaircir cette matière, & dont il n'eſt venu » que très-peu de notions Géographiques juſqu'à » nous. »]

483. ☞ Obſervationes geographicæ de Marcâ Hiſpanicâ, ſeu de limite Hiſpaniæ; auctore Petro DE MARCA.

Ce ſçavant Archevêque de Paris mourut en 1662. On trouve les Obſervations dont on vient de parler, dans ſon Ouvrage poſthume, publié avec des augmentations par Etienne Baluze, ſous le titre de *Marca Hiſpanica*, &c. *Pariſiis*, 1688, *in-fol.*]

484. ☞ Mſ. Etat de la nouvelle Neuſtrie ou Normandie en 912, par rapport à ſa ſituation topographique; par M. P. LE VASSEUR, de Rouen.

Cet Etat fait partie du Mémoire qui remporta en 1751 le prix de l'Académie des Sciences, Belles-Lettres & Arts de Rouen. Il eſt conſervé dans les Regiſtres. M. le Vaſſeur y donne des détails ſur les bornes de la Neuſtrie, ſes villes, ſes ports, ſes places fortes, & leurs noms, lors de l'invaſion des Normands au commencement du dixième ſiècle.]

485. ☞ Quels ſont l'origine & l'antiquité du nom de Picardie? quelle raiſon a fait donner ce nom aux territoires des Dioceſes d'Amiens, de Beauvais, de Noyon, de Soiſſons & de Laon? s'il appartient plus à un de ſes Dioceſes, qu'aux autres? par M. l'Abbé CARLIER.

Ce ſont les ſujets des articles II & III. de ſa *Diſſertation ſur le Belgium*, ci-devant, N.° 216.]

486. ☞ Diſſertation ſur l'étendue du ſecond Royaume de Provence, dit le Royaume de Boſon (ou d'Arles) formé des débris de l'ancien Royaume de Bourgogne; par D. PLANCHER.

Elle ſe trouve *pag.* 463-470 du *tom. I. de ſon Hiſtoire de Bourgogne: Dijon*, 1739, *in-fol.*

Honoré BOUCHE (*Hiſtoire de Provence*, *pag.* 754 & *ſuiv.*) donne auſſi une Deſcription des Royaumes d'Arles & des Bourgognes.]

487. ☞ Quid ſit Septimania? à Carolo LE COINTE. *Annal. Eccleſiaſt. Francor. tom. I. pag.* 373.

La Septimanie renfermoit la première Narbonnoiſe ou le Languedoc : ce Pays fut ainſi nommé, ſelon le Père le Cointe, à cauſe des ſept Villes qu'il contenoit lorſque les Goths s'en emparèrent, au commencement du V. ſiècle. M. Aſtruc (*pag.* 144-146 de ſes *Mémoires ſur le Languedoc*) croit qu'ils lui donnèrent ce nom à cauſe de la proximité de la mer.]

488. ☞ De Septimania; auctore Petro DE MARCA.

C'eſt le chap. XVI. du livre I. *pag.* 87 & *ſeq.* de ſon Ouvrage poſthume intitulé, *Marca Hiſpanica.*]

489. ☞ Sur la Septimanie ou Narbonnoiſe première, & l'origine de ce nom : Epoque de ſon union à la Couronne.

Ce ſont les *Notes* 57 & 85 du *tom. I.* de l'*Hiſtoire du Languedoc*; par DD. DE VIC & VAISSETTE.]

490. ☞ De ſitu Vaſconiæ Aquitanicæ, &c. auctore Arnaldo OIHENARTO, Mauleo-Solenſi.

C'eſt le livre IV. de l'Ouvrage qui a pour titre, *Notitia utriuſque Vaſconiæ*, &c. *Pariſiis*, 1637 & 1656, *in-4.*]

491. ☞ Recherches géographiques ſur les Vaſcons ou Gaſcons, peuple d'Eſpagne, qui vint s'établir en France vers l'an 600; par Pierre DE MARCA.

Elles ſe trouvent aux chap. XIX & ſuiv. de l'*Hiſtoire de Béarn*, &c. *Paris*, 1640, *in-fol. pag.* 88 & *ſuiv.* M. de Marca confond, avec pluſieurs autres, les Vaſcons & les Gaſcons; mais il paroît qu'on doit les diſtinguer, les premiers étant les Baſques, & les Gaſcons ceux qui habitoient avant eux l'Aquitaine.]

492. ☞ Obſervations ſur les Capots ou Cagots, gens ſinguliers que l'on trouve répandus en Gaſcogne & pays voiſins; par M. DE MARCA.

C'eſt le ſujet du chap. XVI. de la même *Hiſtoire de Béarn*, *pag.* 71-75. L'Auteur eſſaie de faire voir que ce ſont les deſcendans des Sarraſins, vaincus par Charles Martel en 732, & qui embraſſèrent alors le Chriſtianiſme.

L'Abbé Ménage (*Dictionnaire étymologique*, au mot *Cagot*) a tranſcrit cet article de M. de Marca. On peut voir encore ce qui eſt dit au ſujet de ce Peuple dans l'édition du Gloſſaire de du Cange, par les PP. Bénédictins, au mot *Cagoti*. On y parle des *Gahets* de Guyenne, & des *Cacous* de Bretagne, qui ſont de la même eſpèce.]

493. ☞ Recherches ſur les *Gahets* de la ville de Bordeaux; par M. l'Abbé VENUTI.

Elles ſont *pag.* 115-143 de ſes *Diſſertations*, &c. *Bordeaux*, Chappuis, 1754, *in-4.* Ce ſçavant Italien, qui a réſidé pluſieurs années à Bordeaux, détruit les conjectures de M. de Marca, & établit que les Gahets, Capots, Cacous, ſont des deſcendans de gens qui avoient été en pèlerinage à Jéruſalem avant ou pendant les Croiſades, & qui avoient été lépreux. Il finit par expoſer leur ſituation, & cite les Arrêts des Parlemens de Toulouſe, de Bordeaux & de Pau en leur faveur. Sa Diſſertation eſt intéreſſante.]

494. ☞ Recherches ſur la poſition de quelques lieux nommés dans Frédégaire & ſes Continuateurs, ſur leſquels pluſieurs Modernes ſe ſont trompés, comme *Arelaus*, *Lauconia Silva*, *Novigentum*, *Latofao*, *Erchrecum*; par M. l'Abbé LEBEUF. *Diſſertations ſur l'Hiſtoire de Paris*, 1739, *tom. I. pag.* 338-369.

F

On y fait voir que ces lieux sont dans les Dioceses de Sens, de Rouen, de Beauvais, de Soissons & de Reims.]

495. ☞ Dissertation sur le pays des Amognes en Nivernois, mentionné par Fortunat dans la Vie de Saint Germain de Paris, & confondu avec un autre par M. de Valois; par M. l'Abbé LEBEUF. *Recueil d'Ecrits sur l'Histoire de France*, tom. I. pag. 23-37.

Le *Pagus Amoniensis*, dont parle Fortunat, étoit, selon M. Lebeuf, entre l'Yonne & la Loire, dans la petite Province, dont une partie conserve le nom des Amognes. M. de Valois le confondoit avec le *Pagus Amansius*, ou pays d'Amans, aux environs de la Saone.]

496. ☞ Etymologie du nom d'Aulnis, & origine de ses premiers habitans; par M. ARCERE, Prêtre de l'Oratoire, & Secrétaire de l'Académie de la Rochelle.

Ce sont les objets de l'article IV. du Discours préliminaire placé à la tête du *tom. I*. de son *Histoire de la Rochelle*, 1756, *in-*4. Après une réfutation précise des sentimens proposés par quelques Ecrivains, en particulier par l'Abbé de Longuerue, Sanson, M. de Valois, &c. l'Auteur croit devoir rapporter la dénomination du pays d'Aulnis à l'irruption d'une partie des Alains dans les Gaules, vers le commencement du cinquième siècle. On aura, dit-il, cédé à ces Etrangers ce Canton, alors inculte & désert; & leur nouvelle demeure aura été appellée de leur nom, *Pagus Alanensis*, & dans la suite *Alnensis*, *Alninsis*.]

497. ☞ Alnisium Vetus, ou Catalogue des noms anciens des lieux du pays d'Aulnis, tirés des Chartes & d'autres Documens authentiques; par M. ARCERE.

Ce Catalogue est à la fin de l'*Histoire de la Rochelle*, tom. II. pag. 693 & *suiv*.]

498. ☞ Recherches sur l'Evêché d'*Arisidium* ou *Aresetum* (ou *Arisitum* ;) par Jean-Pierre DE MANDAJORS, avec une Carte. *Histoire de l'Académie des Belles-Lettres*, tom. V. pag. 336-343.

M. de Mandajors croyoit que la ville d'Alais, sa patrie, dont il ne faisoit remonter l'antiquité qu'au sixième siècle, devoit être celle d'*Aresetum*, où le Roi Sigébert établit un Evêché qui subsista pendant plus d'un siècle, & dont le territoire comprenoit un certain nombre de Villages enlevés aux Visigoths. L'examen qu'il fit depuis des limites septentrionales de la Gothie dans le Languedoc (ci-devant, N.° 461.) le mit en état d'assurer que le Diocèse d'*Aresetum* ne pouvoit être le canton du Rouergue, qui porte, depuis le douzième siècle, le nom de Larsat, & qu'il falloit le chercher dans le pays d'Alais.]

499. ☞ Lettre écrite de Chartres, pour montrer que c'est à Brétigny près Chartres, que fut conclu le Traité de paix entre la France & l'Angleterre l'an 1360. *Mémoires de Trévoux*, 1706, *Décembre*, pag. 2104-2127.]

500. ☞ Eclaircissement du P. M. TEXTE, sur la véritable situation du lieu de Brétigny, si renommé par le Traité de paix qui y fut fait entre le Roi de France, Jean II. & Edouard, Roi d'Angleterre, III. du nom. *Mercure*, 1746, *Novembre*, pag. 32-38.

Le P. Texte place ce lieu près de Chartres en Beauce, & en produit de bonnes preuves.]

501. ☞ Lettre de M. l'Abbé LEBEUF à M. l'Abbé Fenel, Chanoine de Sens, touchant le lieu d'une ancienne bataille (*in monte Callau*) donnée en Bourgogne l'an 926. *Mercure*, 1735, *Février*, pag. 268-287.

M. Lebeuf ayant rejetté tous les endroits où différens Auteurs ont placé le lieu de cette bataille, conjecture qu'elle se donna sur la montagne de Chalau, située au Midi d'Avalon, à trois lieues ou environ de cette Ville & de celle de Vézelay.]

502. ☞ Sur la position d'un lieu (appellé *Cappæ*) mentionné dans la CXXV. Lettre de Loup de Ferrieres; par M. LEVESQUE DE LA RAVALIERE. *Histoire de l'Académie des Belles-Lettres*, tom. XXI. pag. 175-178.

Ce lieu est, suivant l'Auteur, Ceppoi, entre Ferrieres & Montargis, dans le Gâtinois.]

503. De loco [in Campis Catalaunicis] ubi victus Attila fuit olim, Dissertatio Joannis GRANGIERII, Regii Professoris: item Josephi-Justi SCALIGERI Notitia Galliarum: *Parisiis*, Libert, 1641, *in*-8.

Cette bataille s'est donnée l'an de J. C. 451.

☞ Voyez sur ce Livre, *Méthode historique de Lenglet*, tom. *IV*. pag. 11. = *Beyeri Libri rar*. pag. 16. = *Biblioth. de M. David Clément*, tom. III. pag. 185.]

504. ☞ Dissertation historique & critique sur l'invasion d'Attila, Roi des Huns, dans les Gaules; où l'on prouve que ce Prince n'a combattu qu'une fois en bataille rangée; que cette bataille s'est donnée en Champagne à cinq lieues de Troyes, dans la plaine de Merry sur Seine; (par M. Nic. TRASSE, Chanoine de Troyes). *Mercure*, 1753, *Avril*, pag. 16-47, *& Mai*, pag. 14-35.]

505. ☞ Mf. Mémoire sur le lieu où Attila fut défait par l'armée d'Aétius, lû à la Société Littéraire de Chaalons sur Marne, le 5 Septembre 1764; par M. SABBATHIER, Professeur au Collége de cette Ville.

Cette Dissertation est conservée dans les Registres de la Société. Attila fut, selon l'Auteur, défait dans les plaines de Chaalons. M. Sabbathier a donné lui-même un Extrait assez étendu de son Mémoire, dans la Relation qu'il a faite de la séance où il a été lû : elle est dans le *Mercure*, 1765, *Avril*, tom. I. pag. 163-167.]

506. ☞ Sur le prétendu Camp d'Attila, qui se voit près du Village de la Cheppe, à trois lieues vers le Nord de Chaalons; par M. le Comte DE CAYLUS. *Recueil d'Antiquités*, tom. IV. pag. 332.

Ce fut, selon cet illustre Sçavant, au Midi de Chaalons, qu'Attila fut défait en 451, entre la Marne & la Seine, du côté de Merry.]

507. ☞ Dissertation sur le *Vicus Catolocensis* des Actes de Sainte Geneviève, &c. par M. l'Abbé LEBEUF. *Dissertations sur l'Histoire de Paris*, 1739, tom. I. pag. 1-17.

M. Lebeuf soutient, que le lieu où est l'Abbaye de S. Denis, représente l'ancien *Catolocum*.]

508 ☞ Mémoire sur le lieu de *Cingiacum*,

d'une Lettre de Philippe le Bel ; (par M. POLLUCHE, de la Société Littéraire d'Orléans). *Mercure, 1747, Décembre, tom. I. pag. 12-18.*

C'est, suivant l'Auteur, Chaingy, Paroisse du vignoble d'Orléans, à deux lieues de cette Ville, sur la droite du chemin qui conduit à Meun sur Loire. On trouve à la suite quelque chose sur le Bourg de Saint-Ay, qui en est proche.]

509. ☞ Lettre écrite à M. Polluche, au sujet de son Mémoire sur *Cingiacum* ; par M***. *Mercure, 1748, Avril, pag. 72-75.*

L'Auteur ne fait qu'applaudir aux conjectures de M. Polluche.]

510. ☞ Sur un Canton inconnu, dont les habitans sont nommés *Cupedenses*, dans les Annales de Saint-Bertin ; par M. l'Abbé LEBEUF. *Histoire de l'Académie des Belles-Lettres, tom. XVIII. pag. 282-288.*

C'est, selon l'Auteur, le Canton de Sézanne en Brie, Diocèse de Sens.]

511. ☞ Joannis Jacobi CHIFFLETII de loco legitimo Concilii *Eponensis* observatio: *Lugduni, 1621, in-8.*

Chifflet prétend que ce Concile s'est tenu à Nions, sur le Lac de Genève.]

512. ☞ Ms. Dissertation sur la Province où étoit la ville d'Epaune ; par le P. MENESTRIER.

Cette Dissertation fait partie du fragment de l'Histoire de Lyon, composée par ce sçavant Jésuite, & dont il ne subsiste que 200 pages dans la Bibliothèque du Collège de la Trinité à Lyon. Epaune, selon le P. Menestrier, est *Yenne* en Savoie, du Diocèse de Belley. M. l'Abbé Pernetti, qui a eu occasion de lire les preuves exposées dans cette Dissertation sçavante, ne fait aucune difficulté d'adopter ce sentiment dans ses *Lyonnois dignes de mémoire*: Lyon, 1757, in-8. tom. I. pag. 67.]

513. ☞ Dissertation sur la découverte du lieu d'Epone ; (par M. DE VALBONNAIS). *Mémoires de Trévoux, 1715, Février, pag. 232-243.*

L'Auteur crut avoir découvert Epone, dans un territoire appellé Crezantieu, peu éloigné de Vienne.]

514. ☞ Copie d'une Lettre de M. DIDIER, Doyen de l'Eglise de Vienne, sur le même sujet. *Mémoires de Trévoux, 1737, Novembre, pag. 1967-1976.*

C'est le résultat d'une conversation avec l'Auteur du Mémoire suivant, où la matière est mieux traitée.]

515. ☞ Mémoire sur la situation du lieu d'Epaone, où se tint un Concile nombreux en 517 ; par M. l'Evêque de G** (P. Annet DE PEROUSE, Evêque de Gap). *Journ. Eccl. 1763, Février, pag. 176-184.*

L'ancien Epaone est, selon l'Auteur, Albon, à cinq lieues de Vienne : son territoire se nommoit autrefois *Ager Epaonensis*; & c'est delà que sont venus les Princes Dauphins du nom d'Albon. M. l'Evêque de Gap paroît avoir décidé une question qui a longtems partagé les Sçavans. Papyre Masson a cru qu'Epaune ou Epaone étoit Agaune dans le Valais ; l'Abbé de Longuerue, & d'autres, Yenne en Savoie ; Baillet, Ponas ou Paunas, à quatre lieues de Vienne. M. de Valois (*Notit. p. 608*)

étoit porté à croire que c'étoit Albon, appellé Ebaon dans quelques Chartes ; mais il avoit cru d'abord que c'étoit Evian, près du Lac de Genève.]

516. ☞ Dissertation sur le lieu où fut donnée en 841 la bataille de Fontenay, &c. avec une Carte topographique ; par M. l'Abbé LEBEUF. *Recueil d'Ecrits, &c. tom. I. pag. 127-190.*

L'Auteur, après avoir réfuté les Ecrivains qui ont parlé de cette bataille, & montré qu'ils se trompent & sur le lieu & sur la date, dit qu'elle fut donnée le 25 Juin dans les plaines entre Etest & Druye, à sept ou huit lieues Sud-Ouest d'Auxerre, à une lieue environ. de distance de la route qui va d'Auxerre à Bourges. Il a produit ensuite une *nouvelle preuve* de l'époque de cette bataille au *Journal de Verdun, 1755, Février, pag. 110.*]

517. ☞ Dissertation sur le *Fontenay* du Diocèse de Paris, où arriva l'an 1109 la portion de la Sainte Croix, envoyée de Jérusalem (à l'Eglise de Notre-Dame de Paris) ; par M. l'Abbé LEBEUF. *Dissertations sur l'Histoire de Paris, &c. tom. III. pag. 1 & suiv.*

On y établit que ce fut à Fontenay sous Louvres, ou en Parisis, & non pas à Fontenay sous Bagneux, que cette Croix fut d'abord déposée.]

518. ☞ Eclaircissement sur la Forêt qui servit de retraite en différens tems à Clotaire I, & à Clotaire II. Rois de France ; (par M. POLLUCHE, de la Société Littéraire d'Orléans). *Journal de Verdun, 1752, Juin, pag. 437-444 ; & Mercure, 1765, Janvier, tom. II. pag. 73-83.*

L'Auteur croit que c'est la Forêt d'Orléans. Le P. Mabillon, M. de Valois & autres, ont avancé que c'étoit celle de Brotone ou Betone en Normandie, à l'opposite de Caudebec.]

519. ☞ Dissertation sur la véritable position de *Latiniacum*, terre Royale, autrefois donnée à l'Abbaye de Saint Denis, & sur la vraie situation du Palais de nos Rois, appellé *Vern* ou *Vernum* ; comme aussi sur celle du *Litanobriga*, de l'Itinéraire d'Antonin ; par M. l'Abbé LEBEUF. *Recueil d'Ecrits, &c. tom. I. pag. 88-126.*

Ce *Latiniacum* est, selon l'Auteur, Lagny le sec, au Diocèse de Meaux, à une lieue duquel on trouve le village de Ver, où étoit un ancien Palais de nos Rois. Pour le *Litanobriga*, il est vraisemblable qu'on doit le placer à Pont-l'Evêque, ou Pontoise, proche Noyon.]

520. ☞ Eclaircissement sur quelques lieux nommés dans l'ancienne Vie de S. Loup, Evêque de Troyes, adressé à M. L. D. L. R. pour servir à la Topographie du Diocèse de Troyes & de celle de Langres ; avec l'indication d'une ancienne Ville entièrement inconnue (*Latiscum*, près de Molême) ; par M. l'Abbé LEBEUF. *Recueil d'Ecrits, &c. tom. I. pag. 63-87.*]

521. ☞ Remarque sur un endroit de l'Histoire de France du P. Daniel ; par Adrien MAILLART. *Journal de Verdun, 1728, Mars, pag. 183-185.*

C'est au sujet du lieu où se donna en 596 ou 597 la

Liv. I. *Préliminaires généraux de l'Histoire de France.*

bataille entre Clotaire II. Roi de France, & Théodebert II. Roi d'Auſtraſie, joint à ſon frere Thierry II. Ce lieu eſt appellé *Latofao* (ou *Liſao*) & le P. Daniel dit qu'on ne le connoît plus. M. Maillart le place auprès de la ville de Moret (près Fontainebleau) entre le Gâtinois & le Hurepoix, à huit lieues de Sens.]

522. ☞ Eclairciſſement ſur le lieu où furent données deux batailles en France, les années 596 & 600; ſur un ancien Palais de nos Rois de la premiere Race, appellé en Latin *Maſolacus*, &c. avec l'indication d'une autre Maiſon Royale inconnue; par M. l'Abbé Lebeuf. *Recueil d'Ecrits, &c. tom. I. pag. 38-62.*

Latofao, où fut donnée la bataille de l'an 596 ou 597, eſt, ſelon cet Ouvrage, Liſou, dans le Dioceſe de Toul. (Voyez auſſi le *Recueil d'Antiquités* de M. le Comte de Caylus, tom. *III. pag.* 431) M. Lebeuf rétablit le nom de la Riviere proche Moret, où fut donnée la bataille de Dormelle en 600 : elle s'appelle Orvanne, & non pas Ouaine, comme il l'avoit cru avec les autres. M. l'Abbé Lebeuf a changé depuis de ſentiment ſur la premiere bataille, dans ſa Diſſertation couronnée à Soiſſons en 1741, en ſe déterminant pour Lafau ou Lafaux, entre Laon & Soiſſons. Voyez encore ſes *Remarques ſur l'Hiſtoire de France* de l'Abbé Velly : *Journal de Verdun*, 1755, *Avril, pag.* 280. On peut auſſi conſulter ſur le même ſujet, l'article III. de la *Diſſertation* de M. Gouye de Longuemare, *ſur l'état du Soiſſonnois : Paris*, 1745, *in*-12. *pag.* 151 : on y trouvera des raiſons pour diſtinguer la bataille de *Liſao* de 596, dont parle l'Auteur des Geſtes, de celle de *Latofao*, ou Liſou en Touloûs, qui fut donnée en 680, ſelon Frédégaire.]

523. ☞ Diſſertation ſur le lieu de la bataille donnée dans le Berry par les troupes du Roi Chilpéric, en 583, où l'on prouve qu'elle fut livrée près de Château-Meillan; par M. l'Abbé Lebeuf. *Recueil d'Ecrits, &c. tom. I. pag.* 1-22.

Cette Diſſertation eſt contre M. de Valois, le P. le Cointe, & autres, qui, trompés par une interprétation d'Aimoin, ont placé *Caſtrum Mediolanenſe* à Meun ſur Yèvre.]

524. ☞ Lettre de M. l'Abbé Lebeuf, au ſujet du doute propoſé dans le Journal de Verdun, Septembre, 1738, touchant la ſituation de *Montmirail* (dans le Perche), où il eſt parlé de la réconciliation de S. Thomas de Cantorbéry avec Henri I. Roi d'Angleterre. *Mercure*, 1738, *Octobre, pag.* 2120-2123.]

525. ☞ Ubinam victus Amalaricus, anno 531 ? à Car. le Cointe. *Annal. Eccl. Franc. tom. I. pag.* 370.

Les Hiſtoriens different beaucoup entr'eux ſur le lieu où Childebert, fils de Clovis, vainquit Amalaric, Roi des Viſigoths. Le P. le Cointe ſe déclare pour le ſentiment de ceux qui croient que ce Prince fut battu aux environs de Narbonne, & qu'il mourut en cette Ville.]

526. ☞ Mſ. Mémoire ſur le *Château Narbonnois*, qui a été l'habitation & la forthereſſe des Rois Viſigoths, & des Comtes de Toulouſe; par M. Bousquet, de l'Académie des Sciences, Inſcriptions & Belles-Lettres de Touloûs; lû le 22 Janvier 1750.

Il eſt conſervé dans les Regiſtres de cette Académie.]

527. ☞ Mémoire ſur la ſituation de l'iſle d'*Oſcelle*, connue ſous le nom d'*Oſcellus*, dans les Monumens hiſtoriques du neuvième ſiècle; par M. l'Abbé Lebeuf. *Mémoires de l'Académie des Belles-Lettres, tom.* XX. *pag.* 91-108.

Cette Diſſertation & les deux ſuivantes ont rapport aux irruptions des Normands, qui remontoient la Seine où eſt cette Iſle, dont la poſition eſt incertaine. M. Lebeuf la met près de Marly.]

528. ☞ Mémoire ſur l'iſle d'*Oſcelle* ou d'*Oiſſel*; par M. Bonamy : avec une Carte de M. Buache. *Ibid. pag.* 109-133.

M. Bonamy place cette Iſle près du Pont de l'Arche; ce qui paroît plus probable.]

529. ☞ Supplément au (premier) Mémoire ſur la ſituation de l'iſle d'*Oſcelle*, &c. par M. l'Abbé Lebeuf. *Ibid. pag.* 134-146.

C'eſt une Réponſe au Mémoire de M. Bonamy, & à quelques autres Objections propoſées à M. Lebeuf, dans la ſéance même de l'Académie où il lut ſa Diſſertation.]

530. ☞ Obſervations ſur le lieu où ſe livra la bataille appellée *de Poitiers*, le 19 Septembre 1356; par M. Bourgeois, Avocat, de l'Académie de la Rochelle. *Mémoires de Trévoux*, 1743, Septembre, *pag.* 2477-2500. *Recueil de l'Acad. de la Rochelle*, tom. II. *pag.* 176-187.

L'Auteur fixe près du bourg de Beaumont, à quatre petites lieues de Poitiers, le lieu de cette bataille; & il montre que l'opinion commune, qui la place entre l'Abbaye de Nouaillé & la Paroiſſe de Beauvoir au Sud-Eſt de Poitiers, n'eſt fondée que ſur une correction faite mal à propos au texte de Froiſſart, par Sauvage, ſon Editeur. Les Journaliſtes de Trévoux, en inſérant ces Obſervations dans leurs Mémoires, y ont joint une apoſtille, où ils confirment les *ſolides conjectures* de M. Bourgeois.

On peut voir encore ce qui eſt dit de cette bataille, d'après un Mémoire d'un Officier du Poitou, dans les Diſſertations de M. Lebeuf ſur l'*Hiſtoire de Paris*, &c. *tom. I. pag.* 331-333 : *Paris*, 1739, *in*-8.]

531. ☞ Remarques ſur *Quentovicus*, ancienne ville du Ponthieu, détruite par les Normands; par M. D. T. à Abbeville. *Journal de Verdun*, 1758, *Janvier, pag.* 35-39.

Ce Port célèbre ſous nos premiers Rois, & dont il ne reſte plus aucuns veſtiges, n'eſt, ſelon l'Auteur, ni Quen-le-vieil, ni Saint-Joſſe ſur mer, ni Berck; mais plutôt la *Britannia*, que Sanſon place à Abbeville, ci-devant, N.° 241.]

532. ☞ Lettre de M. Maillart à M. J. F. Dunod, ſur (le lieu où fut jetté dans un puits) S. Sigiſmond, Roi de Bourgogne. *Mercure*, 1736, *Décembre, pag.* 2881-2884.

Ce fut, ſelon l'Auteur, dans le Bourg qu'on appelle aujourd'hui par corruption Saint-Simon, au Dioceſe d'Orléans, ſur les confins de celui de Chartres.]

533. ☞ Sur le lieu de la mort de Sigiſmond, Roi de Bourgogne; par M. l'Abbé Belley. *Hiſtoire de l'Académie des Belles-Lettres, tom.* XVIII. *pag.* 261-265.

C'eſt, ſelon ce Sçavant, à Saint-Pere-Avi-la-Colombe, près d'Orléans.]

534. ☞ Lettre sur le lieu de la bataille que Louis III. livra aux Normands, en 881. *Journal de Verdun*, 1758, *Avril*, pag. 278-281.

Le champ de bataille étoit entre Saucourt & Fressenneville, Election de Saint-Quentin.]

535. ☞ Sur la situation d'un lieu désigné dans les Capitulaires de Charles le Chauve, sous le nom de *Stadinisus pagus* ; par M. l'Abbé LEBEUF. *Histoire de l'Académie des Belles-Lettres*, tom. XXI. pag. 187-190.

C'est, selon l'Auteur, le bourg de Stonne, au Diocèse de Reims.]

536. ☞ Sur un lieu appellé *Tricines*, dont il est fait mention dans un Ouvrage de Raoul de Presles ; par M. BONAMY. *Histoire de l'Académie des Belles-Lettres*, tom. XVIII. pag. 288-291.

Il s'agit ici de la ville de Saint-Denis, ou d'un lieu qui en faisoit partie.]

537. ☞ Dissertation [Latine] de Jacques ROBBE, Avocat, touchant le lieu où s'est donnée la fameuse bataille de True, dans le Suessonois, sous Clotaire II. en 593.

Cette Dissertation [étoit] entre les mains de l'Auteur, qui prétendoit que cette bataille s'est donnée au village de Presle sur l'Aisne, au Nord de Braine.

☞ Jacques Robbe, connu par sa *Méthode de Géographie moderne*, en 2 volumes in-12. est mort en 1721 à Soissons, où il étoit né. On ne sçait ce qu'est devenue cette Dissertation, aussi-bien que celle du N.º 228; son indication peut cependant servir à la recherche du lieu où Frédégonde vainquit les troupes de Childebert. On peut aussi voir à ce sujet ce que dit M. *Gouye de Longuemare*, art. III. de sa *Dissertation sur l'état du Soissonnois* : Paris, 1745, in-12. pag. 143; & les Lettres de MM. Lebeuf & Gouye de Longuemare, pag. 143 & 152 de la *Dissertation* de ce dernier *sur la Chronologie des Mérovingiens* : Paris, 1748, in-12.]

538. ☞ Mf. Mémoire sur la position du *castrum Victoriacum*, dont il est parlé dans Grégoire de Tours, *Lib. III. N.* 14; par M. MARTINON, Curé d'Auzon près Brioude en Auvergne.

Ce Mémoire, lû à l'Assemblée publique de la Société Littéraire de Clermont en 1764, est conservé dans ses Registres. On en a inséré un Extrait dans le *Mercure* 1765, *Mars*, pag. 134-136. L'opinion de l'Auteur, est que ce Château étoit bâti au lieu où est actuellement construit le Monastère des Religieux Minimes de Saint-Ferréol, à un quart de lieue de Brioude. Mézeray l'avoit placé à Vitry en Champagne, d'autres à Vitrac près Riom, MM. Savaron & Audigier au milieu de Vieille-Brioude, quelques-uns à Saint-Ilpise, deux lieues au-dessus de Brioude, & M. Lebeuf dans cette Ville même.]

539. ☞ Dissertation géographique & critique, dans laquelle on prouve que *Villery*, hameau à quatre lieues de Troyes, est l'endroit où s'est faite la première entrevue de Clotilde avec Clovis, Roi des François, lors de son mariage avec ce Prince ; par un Chanoine de Troyes (M. Nicolas TRASSE). *Mercure*, 1754, *Avril*, pag. 24-51.]

540. ☞ Observations sur le *Campus Vocladensis*, où se donna la bataille entre Clovis & Alaric ; par le P. ROUTH, Jésuite.

Elles sont à la suite de ses *Recherches sur la manière d'inhumer des anciens, &c.* Poitiers, Faulcon, 1738, in-12. On y montre que ce fut au Midi ou au Sud-Ouest de Poitiers sur les bords du Clain, que se livra cette fameuse bataille.]

541. ☞ Réflexions sur le champ de la bataille (livrée en 507) entre Clovis & Alaric ; (par M. BOURGEOIS). *Journal de Verdun*, 1739, *Janvier*, pag. 7-13.

Ce n'est qu'un Extrait des réflexions de M. Bourgeois, qui prétend, contre le P. Routh, que cette bataille ne peut s'être donnée qu'à Civaux (près Poitiers), & qu'à ce lieu conviennent toutes les circonstances rapportées par les Auteurs qui en ont parlé.]

542. ☞ Essai de Dissertation touchant la situation du *Campus Vocladensis*, ou de la Campagne appellée *Campania Voclavensis*, dans laquelle fut donnée en 507 la bataille entre Clovis & Alaric ; par M. l'Abbé LE-BEUF. *Dissertations sur l'Histoire de Paris*, tom. I. pag. 304-337 : avec une Carte géographique.

On y soutient, par de nouveaux raisonnemens, le sentiment du P. Routh. M. Lebeuf a joint à son Essai un Mémoire d'un Officier du Poitou, qu'il avoit reçu de M. le Nain, Intendant de Poitiers. Depuis, il a exposé son même sentiment dans ses Remarques sur l'Histoire de France de l'Abbé Velly. *Journal de Verdun*, 1755, *Avril*, pag. 279.]

☞ On trouve encore beaucoup de choses utiles pour la Géographie de la France du moyen âge, par rapport aux parties Orientales, dans divers Ouvrages publiés en Allemagne, principalement dans celui de Charles SPENER, intitulé, *Notitia Germaniæ antiquæ* : Halæ Magdeburgicæ, 1717, in-4. La dernière partie, pag. 369 & suiv. a pour titre, *Notitia Germaniæ mediæ* (ou *medii ævi*). Dans l'Introduction à la Géographie du moyen âge, imprimée en Allemand, à Iène, 1712, in-4. par M. JUNCKER : le chapitre VIII. de la partie II. traite des Royaumes de France, Neustrie, Austrasie, Bourgogne, dont la Géographie est expliquée par des Diplomes historiques. On peut voir aussi le tom. I. de l'*Alsatia illustrata* de M. SCHOEPFLIN : Colmariæ, 1751, in-fol. & le *Chronicon Gofwicense*, in-fol. 1732, tom. I. part. II. lib. IV. *De Pagis Germaniæ*, avec les Additions à la fin du volume, pag. 883.]

ARTICLE IV.
Géographie moderne de la France.

☞ Cet Article, qui est plus ample que les précédens, sera divisé en trois Sections : la première indique les Cartes générales & les Traités qui y ont rapport : la seconde, ce qui concerne la Géographie Ecclésiastique : & la troisième, tout ce qui regarde les Provinces.]

SECTION PREMIERE.
Géographie générale.

☞ Nous partagerons cette Section en deux Paragraphes : on trouvera dans l'un les Cartes générales du Royaume & celles qui ont rapport à plusieurs Provinces; dans l'autre les Traités géographiques qui expliquent ce que ces Cartes ne font qu'indiquer. Chaque Paragraphe sera soudivisé en trois parties qui comprendront ce

Liv. I. *Préliminaires généraux de l'Histoire de France.*

l'on a pu découvrir, soit en Cartes, soit en Traités, 1.° sur le Royaume en général, 2.° sur nos Côtes, 3.° sur les Rivières & les Canaux. Ces divisions ont paru nécessaires pour répandre sur l'indication de tant de Pièces cette clarté qui fait le mérite principal de tout Ouvrage Bibliographique.]

§. I. *CARTES GÉOGRAPHIQUES.*
Cartes générales de la France.

543. Galliæ totius nova Descriptio; auctore Orontio FINÆO, Delphinate : *Parisiis*, Colinæi, 1525. *Ibid.* de la Martoniere, 1557 : *Venetiis*, 1566 [1571.] *in-fol.*

Oronce Finé est mort en 1555. [Il étoit très-sçavant en Mathématiques, & il fut l'un des premiers Professeurs du Collége Royal.]

544. La France; par Guillaume POSTEL: *Paris*, 1553, *in-fol.*

Postel [aussi fameux par sa science que par les délires de son imagination] est mort en 1581.

La même, en deux feuilles : *Paris*, 1570, *in-fol.*

545. ☞ La même ; corrigée par Nicolas DE MATHONIERE, & dédiée au Roi Henri IV. (vers 1600).]

546. La Francia : *Roma*, 1553, *in-fol.*

547. Gallia; auctore Pyrrho LIGORIO, Neapolitano : *Romæ*, 1558 [1571.] *in-fol.*

548. La France : *in-fol.*

Ancienne Carte, autour de laquelle il y a des Vaisseaux.

549. La France; par Jean JOLIVET : *Paris*, [1560] 1565, *in-fol.*

Eadem; ORTELII : *Antverpiæ*, 1570, 1598, 1603, *in-fol.*

550. ☞ Mss. France dédiée à Charles IX. du labeur de Pierre HAMON, Blœsien, Ecrivain du Roi, & Secrétaire de sa Chambre : 1568, *in-4.*

Cette Carte, qui est joliment faite, est à la Bibliothèque du Roi, dans le Cabinet des Estampes.]

551. ☞ Description des Gaules; par Marc DU CHESNE : *Paris*, 1570, *in-fol.*]

552. La France ; par François DE BELLEFOREST.

Cette Carte se trouve imprimée à la pag. 160 du tom. I. de sa *Cosmographie* : *Paris*, 1575, *in-fol.*

553. Eadem; per Gerardum MERCATOREM, Rupelmondanum : *Duysburgi*, 1585 : *Amstelodami*, 1607, 1619 : *Ibid.* Blaeu, 1609, 1613, 1628 : *Ibid.* Cloppenburgii, *in-fol.*

Gérard Mercator de Ruremonde est mort en 1593. [C'étoit un habile Mathématicien.] » Il s'étoit occupé » à graver des Cartes géographiques avec un tel succès, » qu'il a passé pour le plus docte & le plus exact, & » même pour le Prince des Géographes [modernes] » selon Vossius & Bucholzer. *Antoine Teissier, tom. IV. des Additions aux Eloges de M. de Thou*, pag. 198.

554. Gallia, seu Francia Occidentalis; per Cornelium DE JUDÆIS : *Antverpiæ*, [1592] *in-fol.*

Cet Auteur se nommoit vulgairement DE JODE.

[Il appelle la Gaule, *France Occidentale*, pour la distinguer de la Franconie, nommée par les Ecrivains d'Allemagne *Francia Orientalis :* d'ailleurs, il a dédié cette Carte à l'Evêque de Wirtzbourg, en Franconie.]

555. La France; par Jean BESSON : *Paris*, 1593, *in-fol.*

556. ☞ Le Théâtre François, comprenant les Cartes générales & particulières de la France : *Tours*, Bouquereau, 1594, *in-fol.*]

557. La France; per Abrahamum ORTELIUM : *Antverpiæ*, 1594, *in-fol.*

558. Gallia; auctore Jodoco HONDIO : *Amstelodami*, 1607, 1619 [1622]: *Ibid.* Blaeu, *in-fol.*

Eadem; sex tabulis : *in-fol.*

La même : [*Paris*] Boisseau, 1643, *in-fol.*

559. Nova totius Regni Franciæ Tabula : *Francofurti*, 1617, *in-fol.*

560. La France; par François DE LA GUILLOTIERE : *Paris*, le Clerc, *in-fol.*

561. ☞ La France ; par François DE LA GUILLOTIERE, dédiée au Roi Louis XIII. & publiée en neuf feuilles par Jean le Clerc (Graveur) 1613 ; & chez sa Veuve, 1632, *in-fol.*]

La Croix du Maine marque dans sa *Bibliothèque Françoise*, qu'il avoit appris de cet Auteur même, qu'il étoit de Bordeaux, & qu'en 1584 il avoit dans ses mains toutes les Cartes ou Descriptions de la France, qu'il espéroit mettre bientôt en lumière.

562. La France; par C. SAVARI : [*Paris*] 1627, *in-fol.*

563. ☞ L'Empire François : *Paris*, Tavernier, 1637, *in-fol.*]

564. La France; par Nicolas TASSIN : [*Paris*] 1637 [1638] *in-fol.*

La même ; en neuf feuilles : *Paris*, 1638, *in-fol.*

565. La France ; par Nicolas SANSON : *Paris*, 1637, 1641 [1643] 1658, 1665, 1678, *in-fol.*

La même : *Londres*, Blomes, 1669, *in-fol.*

Cette Carte se divise en cinq manières, pour les Gouvernemens politiques, 1. par les Gouvernemens généraux de Milice, 2. par les Parlemens, 3. par les Chambres des Comptes, 4. par les Cours des Aides, 5. par les Généralités & Gouvernemens généraux pour l'Assemblée des Etats Généraux. On ajoute à ces divisions la Carte pour le Gouvernement Ecclésiastique ; & l'on joint sur les côtés une demie - feuille qui contient les discours & les tables qui y ont rapport.

566. ☞ Carte générale de France , en douze feuilles; par C. D. corrigée par M. T. *Paris*, 1642, Tavernier : & *Amsterdam*, Danckert, *in-fol.*]

567. ☞ Cartes générales de France & d'Espagne; par TASSIN : 1648, *in-4. oblong.*]

568. ☞ Théâtre des Gaules, ou Descriptions générales & particulières de toutes les

Géographie moderne générale.

Provinces du Royaume de France, avec les Provinces & Etats circonvoisins ; (publié) par Jean BOISSEAU, Enlumineur du Roi : *Paris*, 1642, *in-fol.*]

569. ☞ Carte générale de la France, revue & augmentée sur celle de la Guillotiere & les plus récentes ; embellie de la Conférence des noms des peuples anciens, &c. mise en lumière par Nicolas BEREY : *Paris*, 1645, *en neuf petites feuilles.*]

570. La France ; per Martinum ZEILLERUM : *Francofurti*, Merien, 1655, *in-fol.*

Zeiller est mort en 1671. Cette Carte se trouve dans son Ouvrage intitulé, *Topographia Galliæ : Francofurti*, 1655, *in-fol.*

571. ☞ La France, où sont décrites avec diverses marques toutes les places qui ont quelque prérogative ou quelque particularité ; par Pierre DU VAL : *Paris*, 1655, 1665, 1685, *in-fol.*]

572. La France ; par Pierre DU VAL : *Paris*, [1661] 1665, 1671, 1676, 1684, 1686, *in-fol.*

La même ; en deux feuilles : *Paris*, 1665, *in-fol.*

La même ; en six feuilles : *Paris*, 1669 [Jaillot, 1708] *in-fol.*

☞ Il y a une petite Description du Royaume, imprimée & collée aux marges de cette Carte.]

573. La France ; per Nicolaum VISSCHERUM : [1660] *in-fol.*

574. La Francia ; per Antonio Michele BAUDRAN, Parisino : *Roma*, 1662, *in-fol.*

La medesima ; in due tavole, 1694, *in-fol.*

☞ La même (en François) : *Paris*, 1694, 1695, 1706, Roussel, *in-fol. une feuille.*]

575. La France ; en quatre feuilles : *London* [après l'année, 1666] *in-fol.*

576. La France, [ou Galliæ descriptio] ; per Fredericum DE WIT : *Amstelodami*, *in-fol.*

Eadem ; per eundem ; sex foliis cum dimidio : *Leidæ*, *in-fol.*

577. La France ; auctore Justo DANCKERST, novem tabulis : *Amstelodami*, 1676, *in-fol.*

578. La Francia ; per Giovanni Giacomo DE' ROSSI : *Roma*, 1676, *in-fol.*

La medesima ; in due tavole : *Roma*, 1689, *in-fol.*

579. La France ; par Nicolas SANSON ; en deux feuilles : *Paris*, Jaillot, 1689, 1692, *in-fol.*

☞ Cette Carte étoit accompagnée d'une Table alphabétique de tous les mots qui y sont, également en deux feuilles.]

580. La France ; par Guillaume SANSON ; en quatre feuilles : *Paris*, *in-fol.*

La même ; en six feuilles : *Paris*, Jaillot [1680, 1689] 1709, *in-fol.*

La même, divisée en Généralités ; par [Jacques-Philippe] MARALDI, de l'Académie Royale des Sciences : *Paris*, Jaillot, *in-fol.*

581. La France ; par [Vincent] CORONELLI (Vénitien) Conventuel de l'Ordre de Saint François : [*Paris*] 1688, *in-fol.*

La même, augmentée par le Sieur TILLEMON : *Paris*, Nolin, 1694, *in-fol.*

Jean NICOLAS DU TRALAGE, mort en 1696, s'est caché sous ce nom. Il étoit très-habile dans la Géographie, qu'il avoit étudiée avec soin.

☞ Il a laissé son Cabinet de Cartes & de Livres, qui formoit une nombreuse & excellente collection, à la Bibliothèque de l'Abbaye de Saint Victor à Paris.]

582. La France ; par Jean-Baptiste NOLIN ; en deux feuilles : *Paris*, Nolin, 1690, *in-fol.*

La même ; en six feuilles & demie, avec les Ornemens, contenant des Portraits en médailles de tous les Rois de France : *Paris*, Nolin, 1692, *in-fol.*

[La Carte géographique est de quatre feuilles.]

Le Sieur Tillemon, ou l'Abbé DU TRALAGE, a publié, pour servir d'explication à cette Carte, un Traité intitulé, *Description du Royaume de France, contenant ses principales Divisions géographiques, &c.* Paris, Nolin, 1693, *in-12.*

583. ☞ France, divisée par Gouvernemens de Provinces ; par le Sieur TILLEMON : *Paris*, Nolin, 1698, *in-fol.*]

584. La Francia ; per Giacomo CANTELLI ; in quattro tavole : *Roma*, 1691, 1694, *in-fol.*

585. Carte de la France, corrigée par ordre du Roi, sur les Observations de MM. Picard & de la Hire, de l'Académie Royale des Sciences.

Elle se trouve dans le *Recueil des Observations de cette Académie* : *Paris*, 1693, *in-fol.*

586. La France triomphante, sous le Règne de Louis le Grand ; par Nicolas DE FER, Géographe du Roi ; en six feuilles : *Paris*, de Fer, 1693 [Desbois, 1747, Desnos, 1761] *in-fol.*

Cette Carte est chargée de plus de deux cens Cartouches, où se voient les Portraits des Rois, tirés des Médailles, des Tombeaux, & des autres anciens Monumens.

587. La France ; par Nicolas DE FER : *Paris*, 1698, *in-fol.* [avec les Routes.]

588. ☞ La même, avec les Plans des principales Villes : *Paris*, Bénard, gendre de l'Auteur, 1755 ; corrigée, 1760, 1763, Desnos.]

589. ☞ La France (Carte posthume de Nicolas DE FER) avec ses frontières, mise au jour par le Sieur DANET : *Paris*, 1726, 1730, *in-fol.*

Elle est plus chargée que la précédente ; mais les Routes n'y sont pas.]

590. ☞ La France ; par M***, dédié par J. BESSON à M. de Noailles, Archevêque de Paris : 1699, *in-fol.*]

Liv. I. Préliminaires généraux de l'Histoire de France.

591. ☞ La France; par Pierre DU VAL, Géographe ordinaire du Roi: revue & augmentée sur les manuscrits de l'Auteur, & selon les nouvelles Observations; par le P. PLACIDE, Augustin Déchaussé; en quatre feuilles: *Paris*, 1704.

[C'est, pour le fonds, la même que celle des N.os 398, 399, 415, 419, mise, à cause des titres de chaque feuille, dans la Géographie du moyen âge.]

592. ☞ La France; par Thomas AUVRAY: *in-fol.*]

593. ☞ La France; par Guillaume DE L'ISLE, de l'Académie Royale des Sciences: *Paris*, 1703, *in-fol.*

Ce Géographe a beaucoup perfectionné les Cartes qu'il a données au Public, & qui sont fort estimées pour leur exactitude.

La même; en deux feuilles: *Amsterdam*, Mortier, 1708, *in-fol.*

594. ☞ La France, dressée pour l'usage du Roi, en Avril 1721; par Guillaume DE L'ISLE: *Paris*, *in-fol.*

595. ☞ La même, augmentée par Philippe BUACHE, son gendre, en 1764: *Paris*, *in-fol.*]

596. La France, avec des Remarques curieuses sur l'ancienne & la nouvelle Géographie.

La France, divisée en ses Gouvernemens.

Ces deux Cartes géographiques se trouvent dans le tom. I. de l'*Atlas historique de Gueudeville*: *Amsterdam*, 1708, *in-fol.* Seconde Edition: *Ibid.* 1715.

597. La France; par Charles INSELIN; en deux feuilles: [*Paris*, Jaillot, 1713; corrigée par de Chauvigné-Jaillot, 1760.]

598. La France, distinguée suivant l'étendue de toutes ses Provinces & de ses Acquisitions; par le Sieur SANSON: *Paris*, Jaillot, 1713, *in-fol.*

599. ☞ La France; (par M. l'Abbé DE DANGEAU) en dix-huit Cartes: *Paris*, Simart, 1715, *in-fol.*

M. Louis de Courcillon de Dangeau, qui est mort en 1723, âgé de quatre-vingts ans, avoit fait graver nombre de Cartes d'instruction, dont chacune représentoit par parties ce que l'on doit observer pour avoir connoissance du Royaume. Elles étoient ainsi peu chargées, & il y avoit de plus des Cartes de répétition qui n'avoient aucun nom, & n'étoient que comme l'esquisse du dessein. On n'en a publié qu'un petit nombre, & l'on ne sçait ce que sont devenues les planches depuis la mort de l'Auteur. Il y a vingt-sept de ces Cartes à la Bibliothèque du Roi (Cabinet des Estampes), & quelques Curieux en ont d'autres, qui ne s'y trouvent pas. M. Buache, en particulier, a dans son Cabinet l'exemplaire de l'Abbé de Dangeau même, où l'on trouve trente-huit Cartes sur la France, & quatre Tables analytiques, outre vingt-six Tables chronologiques & généalogiques de nos Rois.

On peut prendre une idée de tout ce que l'Auteur comptoit donner ce sujet, dans deux petits Ouvrages qu'il a publiés sous le titre de, *Nouvelle Méthode de Géografie historique*, &c. dont le premier: *Paris*, Lambin, 1697, *in-8.* & *in-fol.* sous le titre d'*Avertissement*. Il y expose le plan de tout ce qu'il se proposoit de donner sur la Géographie, l'Histoire, le Gouvernement des Etats, les intérêts des Princes, leurs généalogies, &c. Dans le second Ouvrage, qui est également intitulé, *Nouvelle Métode*: *Paris*, 1706, Jollet, *in-8.* on trouve les explications de douze Cartes de France; explications que M. l'Abbé de Dangeau avoit fait imprimer en bandes, pour être collées en marge de ces Cartes.]

600. ☞ La France & ses détails; par M. J. B. BOURGUIGNON D'ANVILLE: *Paris*, 1719, *sept feuilles.*

Elles se trouvent dans la Description de la France de l'Abbé de Longuerue, précédées d'une Gaule, d'une France ancienne, ou du moyen âge, & d'une France moderne générale.]

601. ☞ Carte de France; par le Sieur ROBERT: *Paris*, 1742, *in-fol.*]

602. ☞ Nouvelle Carte de la France, qui comprend les opérations que M. CASSINI DE THURY a faites par ordre du Roi dans l'intérieur du Royaume; on y trouve des Tables de la longitude, latitude & distance de Paris à toutes les principales Villes du Royaume: *Paris*, d'Heulland, 1744, *grande feuille.*

Cette Carte s'appelle la Carte des Triangles. Les Cartes particulières levées géométriquement par ordre du Roi, sous la direction de MM. CASSINI DE THURY, CAMUS & DE MONTIGNY, de l'Académie des Sciences, doivent être au nombre de cent soixante-quinze. On en a déja publié soixante-quinze jusqu'en cette année 1765.]

603. ☞ La même Carte des Triangles, en dix-huit bandes.]

604. ☞ Nouvelle Carte de France, sur les Observations de M. Cassini; par le Sieur LE ROUGE: *Paris*, 1745, *in-fol.*]

605. ☞ Carte de la France dans toute son étendue, divisée en ses Provinces, avec partie des Etats qui avoisinent ce Royaume; dressée sur les Mémoires du Sieur Nicolas DE FER, & assujettie aux dernières Observations astronomiques; par le Sieur LE PARMENTIER (Graveur): *Paris*, Desbois, 1747, *en deux grandes feuilles*, sans les ornemens des Portraits de nos Rois.

C'est à peu de chose près, la même que celle du N.º 586. Desbois, Marchand d'Estampes, avoit épousé une petite-fille de Nicolas de Fer, dont le fonds est passé au Sieur Desnos.]

606. ☞ La même, réduite en une feuille: *Paris*, 1748, *in-fol.*]

607. ☞ Le Royaume de France; par le Sieur ROBERT: *Paris*, 1750, *in-fol.*

Cette Carte se trouve dans son *Atlas universel*, &c. *Paris*, Boudet, 1758. Elle y est suivie de vingt-quatre Cartes des Provinces.]

608. ☞ Carte de France; par le Sieur JULIEN: *Paris*, 1751, *en vingt-huit feuilles in-4.*

Elles se rassemblent en sept feuilles d'Atlas, *in-fol.*]

609. ☞ Carte de France; par J. B. NOLIN fils: *Paris*, Daumont, 1753, 55, 59. *in-fol.*]

610. ☞ La France, présentée de trois manières, en trois feuilles; par Jean PALEIRET: *in-fol.*

Géographie moderne générale.

Ces trois Cartes sont dans l'*Atlas méthodique*, composé pour l'usage de Monseigneur le Prince d'Orange, Stathouder des Provinces-Unies: *La Haye*, 1755, *in-fol.* L'Auteur a fait usage de la Méthode de M. l'Abbé de Dangeau, ne présentant que peu d'objets sur les premières Cartes; mais il a évité de les multiplier comme lui.]

611. ☞ Nouvelle Carte de France, dédiée au Public, &c. par plusieurs Ingénieurs, avec une Table alphabétique : *Paris*, Mondhard, 1759, *in-fol.*

C'est une vieille Carte renouvellée, à laquelle le Public n'a pas fait accueil.]

612. ☞ France, avec les grandes Routes, & l'indication (en marge) des Bureaux de Messageries & Carrosses, les jours de leur départ de Paris, &c. (par J. B. NOLIN fils): *Paris*, Desnos, 1761, *grand in-fol.*

Ce Nolin étoit plus habile que son père : nous lui sommes redevables de plusieurs Cartes assez exactes, & de celles qui se trouvent dans différens Livres, tels que le *Gallia Christiana*, l'*Histoire du Languedoc, &c.* La France, que l'on vient d'indiquer, est son dernier Ouvrage.]

613. ☞ France, divisée par Gouvernemens Militaires; par le Sieur JANVIER : *Paris*, Lattré, 1760, *in-fol.*]

☞ La même ; par le Sieur DE LA FOSSE : *Paris*, Daumont, 1766, *in-fol.*]

614. ☞ Projection géo-sphérique, ou Plan trigonographique de la France, &c. par M. RIZZI-ZANNONI : *Paris*, Desnos, 1763, *in-fol.*

Cette Carte contient tous les lieux de France devenus célèbres dans l'Astronomie, par le grand nombre d'Observations célestes qui y ont été faites depuis l'établissement de l'Académie Royale des Sciences, & tous ceux dont la longitude & la latitude se concluent des opérations géométriques, entreprises dès le commencement de ce siècle par ordre du Roi, pour déterminer la figure de la Terre; les uns & les autres exactement distingués par des signes.]

615. ☞ Petit Tableau de la France, ou Cartes géographiques sur toutes les parties de ce Royaume, avec une Description abrégée; par M. BONNE : *Paris*, Lattré, *in-16.*

Cet Ouvrage portatif est composé de vingt-huit petites Cartes, joliment gravées; & la Description est de 199 pages d'impression.]

616. ☞ La France, divisée en ses cinquante-huit Provinces, & sous-divisée en tous ses Bailliages, Sénéchaussées, Prevôtés, Vigueries, Chancelleries & Pays subalternes; par M. RIZZI-ZANNONI : *Paris*, Desnos, 1765, *in-fol.*

On la donne pour servir d'introduction à la grande Carte *légale*, considérée suivant l'étendue des Coutumes, Pouvoirs & Loix territoriales, que l'Auteur se propose de publier.]

617. ☞ Tableau analytique de la France; ou Recueil de quarante Cartes de divers Auteurs : *in-4.* précédées d'une Table raisonnée, sous le nom de *Coup-d'œil, &c.* par M. BRION, Ingénieur : *Paris*, Desnos, 1765, *in-4.*

La Carte précédente s'y joint, ainsi que celle du N.° 614; & souvent dans le même volume on met le Recueil des Routes, intitulé, *L'Indicateur fidèle*, ci-après, N.° 625. Il ne s'agit dans ce Recueil que de la France en général, considérée sous ses différens rapports.]

618. ☞ Atlas de France ; divisée en ses Gouvernemens Militaires, & en ses Généralités, subdivisée en ses Provinces, petits Pays, &c. avec toutes les Routes; par MM. DESBOIS & BRION, en dix-neuf feuilles : *Paris*, Desnos, 1760, 1765, *in-4.*]

619. ☞ Autre Atlas de France, dressé d'après la Carte des Triangles de M. Cassini de Thury, en vingt-cinq feuilles : *Paris*, Desnos, 1765, *in-4.*]

620. ☞ Atlas des Provinces de France, en treize feuilles, y compris la Carte générale : *Paris*, Lattré, 1765, *in-4.*]

621. ☞ Analyse de la France; ou Recueil de petites Cartes des Provinces; avec une courte explication par demandes & par réponses : *Paris*, Denis, 1764, *in-24.*

La même, augmentée, &c. 1765, *in-12.*]

622. ☞ Atlas des Provinces de France : *Paris*, Denis, 1765, *in-4.*]

623. ☞ Carte géographique & analytique de la France, où se voient toutes les villes & autres lieux qui sont qualifiés : *Paris*, Denis, 1765, *in-fol. grand aigle.*]

624. ☞ France, avec les grands chemins & la distance d'un lieu à l'autre, en lieues communes : *Londres*, la Roque, 1761 : *Paris*, Julien.]

625. ☞ L'Indicateur fidèle du Voyageur François, qui enseigne toutes les Routes Royales & particulières de France, &c. avec un Itinéraire instructif & raisonné sur chaque Route, qui donne le jour & l'heure du départ, de la dînée & de la couchée, tant des Coches par eau, que des Carrosses, Diligences & Messageries du Royaume, avec le nombre des lieues que ces différentes Voitures font chaque jour; dressé par le Sieur MICHEL, Ingénieur, Géographe du Roi à l'Observatoire : *Paris*, Desnos, 1765, *in-4. en dix-huit feuilles.*]

626. ☞ Le Voyageur curieux, ou Vues des Routes de France : *Paris*, Panckoucke, 1765, *in-4.*

On vient de commencer, en Juillet 1765, par la Route de Paris à Compiègne, en sept petites feuilles; mais il n'y a pas d'apparence que l'on donne tout le Royaume de la même façon.]

627. ☞ Cartes des différentes Routes de Paris à Compiègne, de Compiègne à Soissons, & de Paris à Soissons : dressée pour le service du Roi, à l'occasion du premier Voyage de Sa Majesté à Compiègne, & de la tenue du Congrès à Soissons dans le mois de Juin 1728; levée par le Chevalier DAU-

Tome I. G

DET, Ingénieur, Géographe ordinaire du Roi & de la Reine : *Paris*, de Beaurain, *demi-feuille*.]

628. ☞ Route de Paris & de Versailles à Compiègne : *Paris*, Denis, 1765, *in-fol*.]

629. ☞ Route de Paris à Reims, levée sur les lieux; par le Sieur DAUDET, Géographe du Roi.]

630. ☞ Carte topographique des Routes de Paris & de Versailles à Fontainebleau : *Paris*, Denis, 1764, *in-fol*.]

631. ☞ Routes des lieux d'Etapes pour le passage des Troupes dans le département de Metz, avec partie des Routes des Provinces de la Lorraine & de l'Alsace : 1755, *in-fol*.

Cette Carte est jointe au *Traité du Département de Metz* ; par M. STEMER : *Metz*, 1756. On n'y voit que les lieux par où les Troupes passent & où elles séjournent, avec les distances marquées en chiffres; ensorte qu'on n'a besoin ni de compas ni d'échelle, & que le simple coup d'œil met au fait de ce qu'on cherche.]

632. ☞ Cartes de France; par MONDHARD & DENIS : *Paris*, 1761, sept feuilles, *in-4*.

Ce sont la France en général, la France Ecclésiastique, la France par Gouvernemens, la France par Généralités, la France par Parlemens, la France Commerçante; enfin la France Minéralogique, d'après M. Guettard.]

633. ☞ La France, analysée par Gouvernemens, Parlemens, Généralités & Archevêchés; avec les routes & distances des principales Villes du Royaume & des Pays limitrophes ; par le Sieur BRION, Ingénieur, Géographe : *Paris*, Longchamps, 1762, *in-fol*.

Cette Carte, enluminée de quatre façons à la manière Hollandoise, c'est-à-dire en plein, représente sur autant d'exemplaires, la France selon chacune des divisions indiquées dans son titre; sçavoir, l'administration Militaire, celle de la Justice, celle des Finances; & enfin l'Ecclésiastique, par Métropoles ou Archevêchés seulement.]

634. ☞ Carte de la France, divisée par les douze Provinces ou (anciens) Gouvernemens, comme elles furent convoquées aux Etats Généraux de ce Royaume en 1614, avec (leur rang, &) les noms des Bailliages & Sénéchaussées dépendans de chaque Gouvernement : *Paris*, la Pointe & Mariette (vers 1640) *in-fol*.

La Carte 3. de la *France analytique* (ci-devant, N.° 617) présente le même objet, mais avec moins de détail. La division du Royaume par Gouvernemens Militaires a succédé à celle des anciens Gouvernemens, qui ne subsistent plus depuis que les Etats Généraux n'ont plus lieu en France, c'est-à-dire, depuis 1614. Les Cartes 4, 5 & 6. *in-4*. de la *France analytique*, regardent ces Gouvernemens Militaires & leurs Lieutenances Générales. On a vu ci-devant plusieurs des grandes Cartes *in-fol*. divisées selon ces derniers Gouvernemens.]

635. ☞ Carte des anciens Etats Généraux; par M. l'Abbé DE DANGEAU : *in-fol*. avec des explications collées en marge.

Voyez ci-devant, N.° 599.]

636. ☞ Cartes des Villes de guerre, Places frontières, &c. Départemens d'Artillerie, Moulins à poudre, &c. deux feuilles *in-4*.

Ce sont les Cartes 7 & 8. de la *France analytique*.]

637. ☞ Carte des Amirautés & des Ports du Royaume : *in-4*.

C'est la Carte 12. de la *France analytique*.]

638. ☞ Carte de la France, divisée selon l'ordre des Parlemens ou Cours Souveraines & Jurisdictions Royales; par laquelle division se peut voir la grandeur & étendue de chaque Parlement, qui sont les Présidiaux ou Sénéchaussées qui en relevent, & les Bailliages ressortissans à chaque Présidial (avec une Table des Coutumes générales & locales de ce Royaume) : *Paris* (vers 1650) *in-fol*.]

639. ☞ La France, divisée par Parlemens : *Paris*, Jaillot, *in-fol*.]

640. ☞ La même; par le Sieur LIEBAUX : *Paris*, Chiquet, *in-fol*.]

641. ☞ La France, divisée en ses Parlemens & Conseils Supérieurs, avec la Cour Souveraine de Lorraine, en deux feuilles, y compris un Supplément : *Paris*, Desnos, 1765, *in-4*.

Ce sont les Cartes 9 & 10. de la *France analytique*.]

642. ☞ Le Royaume de France, divisé en toutes ses Généralités (avec leurs Elections) en deux feuilles : *Paris*, Jaillot, 1708, 1717, *in-fol*.]

643. ☞ La France, divisée par Généralités; par Nicolas DE FER : *Paris*, 1718, *in-fol*.]

644. ☞ Atlas chorographique, historique & portatif (du détail) des Elections du Royaume : *Paris*, Desnos, *in-4*.

On en a déja donné la Généralité de Paris, vingt-deux feuilles *in-4*. en 1762 : la Généralité de Soissons & celle d'Amiens, avec l'Artois, en vingt-sept feuilles, 1764.]

645. ☞ La France, divisée par Chambres des Comptes : *Paris*, Jaillot, *in-fol*.]

646. ☞ Carte des Tailles; (par M. l'Abbé DE DANGEAU : 1693) ci-devant, N.° 599, *in-fol*.]

647. ☞ Etat des Cours des Aides du Royaume, avec les Provinces, Généralités & Elections qu'elles contiennent, gravé en colonnes; (par le même) : *in-fol*.]

648. ☞ France, divisée par Cours des Aides : *Paris*, Jaillot, *in-fol*.

La Carte 16. de la *France analytique*, *in-4*. présente en même-tems les Chambres des Comptes & les Cours des Aides. La Carte 26. du même Recueil offre le tableau de tout ce qui regarde les Finances.]

649. ☞ Carte de l'étendue de la Jurisdiction de la Cour des Aides (de Paris) composée sur les Mémoires de cette Compagnie, &c. par J. B. NOLIN : *Paris*, 1709, *in-fol*.

On trouve sur cette Carte une Table des Elections, Greniers à Sel, & Juges des Traites du ressort de la Cour des Aides de Paris, qui s'étend beaucoup dans le Royaume, & en occupe plus du tiers.]

Géographie moderne générale.

650. ☞ Carte des Jurisdictions ressortissantes en la Cour des Aides de Paris, Elections, Greniers à Sel, Juges des traites foraines des dépôts des sels & de la marque des fers, & Prevôtés du Clermontois; par M. l'Abbé DE LA GRIVE, Géographe de la ville de Paris: 1747, grand in-fol.

De Paris, comme centre, on a décrit plusieurs cercles concentriques, de vingt en vingt mille toises, pour avoir au juste, & du premier coup d'œil, les distances.]

651. ☞ La France, divisée par Cours des Monnoies : *Paris*, Jaillot, *in-fol.*]

652. ☞ Cours & Hôtels des Monnoies : *in-4.*

C'est la Carte 17. de la *France analytique, &c. Paris*, Desnos, 1765, *in-4.*]

653. ☞ Carte de la France, divisée suivant les quatre Départemens de MM. les Secrétaires d'Etat; par Philippe BUACHE : *Paris*, 1746, *in-fol.*

M. l'Abbé de Dangeau en avoit fait aussi une pour son tems, ainsi que par rapport au sujet de la Carte suivante.]

654. ☞ Etat actuel des Duchés & Comtés Pairies, Principautés & Duchés héréditaires non Pairies; par M. BRION : *Paris*, Desnos, 1765, *in-4.*

C'est la Carte 11. de la *France analytique.*]

655. ☞ Cartes des Grands-Maîtres des Eaux & Forêts, Capitaineries des Chasses, &c. deux feuilles *in-4.*

Ce sont les Cartes 30 & 31. de la *France analytique.*]

656. ☞ Carte des Jurisdictions Consulaires du Royaume : *in-4.*

C'est la Carte 18. de la *France analytique.*]

657. ☞ Carte de la France, où sont indiquées les Universités & Académies, avec l'année de leur institution; par Louis-Charles BUACHE : *Paris*, 1760, *in-4.*]

658. ☞ La France Littéraire, ou Carte des vingt-quatre Universités du Royaume, de ses Académies, & autres Sociétés Littéraires; par M. RIZZI-ZANNONI : *Paris*, Desnos, 1765, *in-4.*

C'est la Carte 29. de la *France analytique.*]

659. ☞ Postes qui traversent la France; (par Nicolas SANSON): *Paris*, Tavernier, 1632, *in-fol.*

660. Les mêmes; en deux feuilles : *Paris*, 1643, *in-fol.*

661. Les mêmes; par les Sieurs SANSON : *Paris*, 1676, *in-fol.*

662. ☞ Carte générale des Postes de France; par SALMON, en deux feuilles : *Paris*, Tavernier, 1643.]

663. Confins de France, & principales Postes aux Pays étrangers; par Pierre DU VAL : *Paris*, *in-fol.*

664. Postes de France & d'Italie; par le Père PLACIDE, Augustin Déchaussé : *Paris*, 1689, *in-fol.*

Ce Religieux étoit beau-frere de P. DU VAL le Géographe.
[Il est mort en 1734, après avoir publié nombre de Cartes estimées.]

665. ☞ Carte particulière des Postes de France (dressée par ordre de M. de Louvois); par Hubert JAILLOT, en deux feuilles : *Paris*, 1689 [1693] dédiée au Roi, 1695, 1699, *in-fol.*

Elle a été renouvellée en différens tems.]

666. Poste di Francia; in due tavole : *in Roma*, Rossi, 1692, *in-fol.*

667. Postes de France & d'Italie; par Nicolas DE FER : *Paris*, 1700, 1728 [corrigées en 1761 : *Paris*, Desnos] *in-fol.*

668. ☞ Les mêmes; par SEUTTER : *Augsbourg*, *in-fol.*]

669. ☞ Carte des Postes; par le Sieur JAILLOT, dédiée à M. le Duc, 1725, 1726 : corrigée & augmentée en 1731, 1738, &c.]

670. ☞ Nouvelle Carte des Postes; par Bernard JAILLOT : *Paris*, 1748, &c. 1765, *in-fol.*

Cette Carte se renouvelle tous les ans, & l'on y fait les changemens ordonnés par le Ministère pour les Bureaux des Postes.
On y joint un petit Livre gravé, qui donne la suite des Routes & le détail des Postes, & où l'on observe exactement de faire les changemens convenables.]

671. ☞ Carte de France, où sont marquées les routes des Postes; par le Sieur ROBERT DE VAUGONDY: *Paris*, 1758, *in-fol.*

Elle se trouve à la fin de l'*Atlas universel.*]

672. ☞ Carte générale des Maréchaussées de France, divisée en ses trente-trois Départemens : *Paris*, Desnos, 1765, *in-4.*

C'est la Carte 15. de la *France analytique.*]

673. ☞ Tables géographiques des divisions de la France; par le sieur (Nicolas) SANSON : *Paris*, 1644, six demi-feuilles : *Paris*, Mariette, 1663 & 1666, en plus grand format; avec douze Tables nouvelles (de Guillaume SANSON) *in-fol.*

Elles se trouvent dans le Recueil de Tables sur toute la Géographie ancienne & moderne, dont Pierre Moullart-Sanson a fait regraver quelques feuilles, en y joignant des augmentations.]

Les mêmes, pour les divisions principales; en deux grandes feuilles : *Paris*, Jaillot, 1677, 1680, 1695, *in-fol.*

☞ Eædem : *Argentorati*, Poli, 1672, *in-fol.*

C'est la traduction du Recueil entier de 1644.]

674. ☞ Etat général du Royaume de France, d'après les Cartes de MM. SANSON, dédié au Roi le 13 Décembre 1693; par Eugene-Albert CASO DERVAL : *grand in-fol.*

Il se trouve dans le grand Atlas de Jaillot, 1692 & 1695.]

675. ☞ Etat général de la France (en quatorze colonnes) dédié à Madame le Duc; (par un Académicien de Soissons: *Paris*, Debure, 1748) *grand in-fol.*

Voyez le *Journal de Verdun*, 1748, *Décembre*, *pag.* 409; & pour une correction, le même, 1749, *Février*, *pag.* 182.]

676. ☞ Tableau géographique de la France: *Paris*, Cuissart, 1763, *placard in-fol.*]

677. ☞ Table odographique de la France, ou Tableau des distances des principales Villes du Royaume à la Capitale, & des Provinces qui en dépendent, avec le nombre des Postes relatives à Paris, comme centre; par M. Rizzi-Zannoni: *Paris*, Desnos, 1762, *in-4*.

Cette Table, & la suivante, se joignent à la *France analytique*.]

678. ☞ Table odographique de toutes les Routes les plus fréquentées de Paris aux Capitales, Ports de Mer, & autres Villes commerçantes de l'Europe, &c. dressée sur l'estime & le rapport des Voyageurs les plus véridiques, &c. *Paris*, Desnos, 1763, *in-4.*]

679. Echelles géographiques, ou distances réciproques des principaux lieux du Royaume & des Places frontières des Etats voisins; dressées conformément aux nouvelles Cartes des meilleurs Auteurs: *Paris*, Roussel, 1695, *in-fol.*

680. ☞ Table des distances des principales Villes de Commerce de France, dédiée à MM. les Banquiers, Négocians & Voyageurs, dressée géométriquement; par le Sieur Girard: *Paris* (1762) *in-fol.*]

681. ☞ Cartes géographiques de la France, avec des remarques, l'indication des batailles qui s'y sont données, & les différentes espèces de Gouvernement.

Ces Cartes, au nombre de six, se trouvent pag. 51 & suiv. du tom. I. de l'*Atlas historique*, &c. *Amsterdam*, Chastelain, 1718, *in-fol.*].

682. ☞ Europe Françoise, ou Description générale des Empires, Royaumes, Etats & grandes Seigneuries, qui ont été possédées & régies, en divers tems, par les Descendans de la Royale & très-illustre Famille de France; par Jean Boisseau: *Paris*, 1641, *in-fol.*]

683. ☞ Théâtre historique, géographique & chronologique du Règne de Louis XV. *Paris*, Riolet, 1749, *in-fol.*

Cette Carte, qui représente l'Europe, avec quelques portions des autres Parties du Monde, a en marge une chronologie des principaux événemens indiqués à chaque endroit de la Carte.]

684. ☞ Carte nouvelle de la France, pour les premières études; dirigée par M. Philippe, Censeur Royal, & Professeur d'Histoire; de l'Académie Royale des Sciences & Belles-Lettres d'Angers: avec le détail des Provinces, en tout onze feuilles: *Paris*, 1764, *in-4.*]

CARTES MARINES DE LA FRANCE.

685. Carte de toutes les Côtes de France: *Duysburgi*, *in-fol.*

☞ Cette Carte est de Gérard Mercator, qui le premier a fait de ces espèces de Cartes Marines, dont les latitudes sont croissantes vers les Pôles, & qu'on appelle Cartes réduites: les autres, qui se nomment Cartes plattes, ont les latitudes égales.]

686. ☞ Cartes Marines de France; par Lucas Wagenaer ou Chartier.

Elles se trouvent dans le *Miroir de la Navigation*, ou des *Voyages marins: Lugdun. Batavor.* 1594, *in-fol. Antverpia*, 1600. *Amstelodami*, 1606, 1660, &c. L'édition de *Paris*, 1591, est moins complette, ayant été faite d'après une première de 1584. Le nom de l'Auteur, qui étoit Hollandois, est traduit dans les éditions Latines *Aurigarius*, & dans les Françoises *Chartier*.]

687. Cartes générales de toutes les Côtes de France; par Nicolas Tassin, Géographe du Roi: *Paris*, Mesnager, 1634, *in-fol.*

Ce Recueil, qui contient une Carte générale & trente particulières, fut dressé par ordre du Cardinal de Richelieu.]

688. Les mêmes, sous ce titre, Les Côtes de France sur l'Océan & la Méditerranée, corrigées, augmentées, & divisées en Capitaineries-Gardes-Côtes; par Nicolas de Fer: *Paris*, 1691, *in-4.*

689. Les mêmes, sous ce titre, Les Côtes de France, avec toutes leurs Fortifications; par le même, en deux parties: *Paris*, 1695, *in-fol.*

690. ☞ Cartes Marines de la France; par Robert Dudlei, Duc de Nottingham, *in-fol.*

Dans la partie VI. de son *Arcano del Mare*, &c. *Firenze*, 1647, l'un des plus beaux Ouvrages qui aient été faits en ce genre. La première Carte présente les Côtes de France sur la Mer Méditerranée, & les 23-27 & 39, les Côtes sur l'Océan.]

691. ☞ Cartes Marines de France, en quatre feuilles: *Amsterdam*, Jansson, 1650, 1657, *in-fol.*

Elles sont, avec leur explication, dans le *Monde Maritime*, qui est le tom. V. du grand Atlas de Jean Jansson, en 8 vol. Cependant on le cite quelquefois comme le tom. IX. selon certain arrangement que l'on a fait en divisant quelque volume.]

692. ☞ Côtes de France; par Pieter Goos: *Amsterdam* (dans l'*Atlas de la Mer*) 1666, *in-fol.*]

693. L'Océan, où sont les Côtes de France, d'Espagne, &c. par Pierre du Val: *Paris*, 1677, *in-fol.*

694. ☞ Cartes Marines de la France; par Jean van Loon, & Nicolas Jansz Vooghte: sept feuilles *in-fol.*

Elles se trouvent, avec une ample explication, dans le *Grand & nouveau Miroir*, ou *Flambeau de la Mer*, traduit du Flamand en François; par Paul Yvonnet: *Amsterdam*, Doncker, 1679.]

Géographie moderne générale.

695. ☞ Cartes Marines des Côtes de France : *Amsterdam, van Keulen, in-fol.*

Elles sont au nombre de huit, & font partie de son *Atlas de la Mer*, & relatives au *Grand & illuminant Flambeau*, traduit par Pierre Silvestre : *Amsterdam, 1682, 1687, in-fol.*]

696. Le Neptune François, ou Recueil de Cartes Maritimes, levées & gravées par ordre du Roi : *Paris, 1690 & 1692, grand in-fol.* [Jaillot, 1693.]*

☞ Ce beau Recueil, qui devoit avoir une suite, est composé de trente Cartes, qui représentent les Côtes de l'Europe, depuis Dronthem en Norvège, jusqu'au Détroit de Gibraltar. Il y a dix-sept Cartes sur les Côtes de France, dont on donnera la liste ci-après. L'Ouvrage fut publié par Joseph SAUVEUR, Maître de Mathématiques des Enfans de France, mort le 9 Juillet 1716, étant de l'Académie des Sciences ; & par Charles PÈNE, Ingénieur, Géographe de Sa Majesté. On prétend qu'ils n'y eurent pas la plus grande part, & que ce furent M. DE CHAZELLES, Professeur d'Hydrographie pour les Galères à Marseille, mort de l'Académie des Sciences en 1710 ; & M. DE LA VOYE, Ingénieur de la Marine. Le Ministère ayant acquis les planches de ce Recueil, qui ont été remises au Dépôt des Cartes & Plans de la Marine, a chargé M. Bellin, son Ingénieur, d'en donner une nouvelle édition : c'est ce qu'il a exécuté en 1753. Il a remplacé deux planches qui étoient perdues, & a fait sur les autres des additions & corrections, dont il a rendu compte dans un Mémoire qu'il y a joint : ce qui sans rien changer au fond de l'Ouvrage, le rend beaucoup plus utile pour la Navigation.]

☞ Le même, sous le nom d'*Atlas Maritime*, gravé par Romain DE HOOGHE : *Amsterdam, 1693, 1708.*

On a joint à cette contrefaction plusieurs Cartes, qui sont très-inférieures aux autres.]

697. ☞ Le Neptune François, ou Recueil de Cartes Marines : nouvelle édition, revue & corrigée, avec un Mémoire sur ces Cartes ; par M. Jacques-Nicolas BELLIN : *Paris, 1753, grand in-fol.*

C'est l'édition dont on a parlé ci-dessus : voici la liste des dix-sept Cartes qui concernent les Côtes de France que l'on trouve dans ce Recueil, à commencer par les 7. 11. 13. 15. jusqu'à 28.
Carte des entrées de la Meuse & de l'Escaut, qui comprend toutes les Côtes de Zélande & de Flandre.
Carte de la Manche.
Carte du Golfe de Gascogne.
Carte des Côtes de France & d'Angleterre, aux environs du Pas de Calais.
Première Carte des Côtes de Normandie, depuis Dieppe jusqu'à la pointe de la Persée.
Seconde Carte, depuis la pointe de la Persée jusqu'à Grandville, avec les Isles de Jersey & Guernesay.
Carte générale des Côtes de Bretagne.
Première Carte particulière des Côtes de Bretagne, aux environs de Saint-Malo.
Seconde Carte, aux environs de l'Isle de Brehat.
Troisième Carte, aux environs des Rivières de Morlaix & de Saint-Paul-de-Léon.
Quatrième Carte, aux environs du Havre d'Abrevrak.
Cinquième Carte, aux environs de la Baye de Brest.
Sixième Carte, aux environs de Port-Louis & de l'Isle de Groa.
Septième Carte, aux environs de Morbihan & de Belle-Isle.
Huitième Carte, aux environs de l'entrée de la Rivière de Loire.

Carte des Côtes de Poitou, Aunis & Saintonge, depuis l'Isle de Noirmoutier, jusqu'à la Rivière de Bordeaux.
Carte des Côtes de Guyenne, de Gascogne & de Biscaye, depuis la Rivière de Bordeaux jusqu'à Gataria.]

698. Mss. Recueil des Cartes des Côtes de France sur l'Océan, où sont marquées la haute & basse Mer, & les Bancs & Rochers qui couvrent & découvrent : 1690, *in-fol.*

Mss. Recueil des Cartes de partie des Côtes de la Mer Méditerranée : *in-fol.*

Ces deux Recueils [étoient] dans la Bibliothèque de M. de Valincour, Secrétaire général de la Marine.

☞ Ils ont péri, avec plusieurs autres très-précieux, ainsi que la Bibliothèque de M. de Valincour, dans l'incendie qui consuma sa maison de Saint-Cloud la nuit du 13 au 14 Janvier 1725. On peut aisément y suppléer par les beaux Recueils du Dépôt des Cartes & Plans de la Marine, dont M. Bellin s'est servi pour publier ses Cartes hydrographiques ou Marines, pour le service des Vaisseaux du Roi, par ordre des Ministres, depuis 1737 jusqu'en 1763, & qui sont imprimées sur papier grand aigle. Nous ne spécifierons ici que celles qui concernent la France : on peut voir les autres indiquées dans son Catalogue. Il a joint à chacune des Mémoires *in-4*.]

699. Galliæ, Biscayæ, & Gallæciæ Sinus.

Cette Carte se trouve dans l'*Atlas de la Navigation & du Commerce : Amsterdam*, Renard, 1715, *pag. 27, in-fol.*

700. ☞ Cartes détaillées des Côtes maritimes de la France, en cinquante feuilles, avec la Carte générale ; par le Sieur LE ROUGE : *Paris, 1757, grand in-4.*]

701. ☞ Description des parties maritimes de la France, contenant un état exact de toutes les Villes fortifiées, Ports, Havres, Bayes, Rivières ; avec leurs marées, leurs courans, leurs mouillages, bas-fonds, &c. recueillies des meilleurs Auteurs ; & gravées par T. JEFFERYS, Géographe de Sa Majesté (le Roi d'Angleterre) : *Londres*, Jefferys, 1761, *in-fol.*]

702. ☞ (Petit) Atlas maritime des Côtes de France & des principales Isles, avec les Plans des principales Villes de ce Royaume, & une Description historique de chacune de ces Villes ; dressé par M. BONNE : *Paris*, Lattré, 1762, *in-16*.

Les Cartes & Plans sont au nombre de trente.]

703. ☞ Le petit Neptune François, ou Carte des Côtes maritimes du Royaume ; par M. RIZZI-ZANNONI : *Paris*, Desnos, 1763.

Cette Carte est en quatre feuilles *in-4*.]

704. ☞ Cartes des Côtes de France, tant sur l'Océan que sur la Méditerranée, avec les Plans des Ports & Places maritimes ; par M. BELLIN, Ingénieur de la Marine : *Paris*, 1764, *in-4*.

Ce Recueil de Cartes & de Plans, au nombre de cent trente-deux, forme le cinquième & dernier volume du *Petit Atlas maritime* de M. BELLIN, dédié à M. le Duc de Choiseul, Ministre de la Marine.]

705. ☞ Carte Marine des Côtes de Flandre

& de Hollande, depuis Calais jusqu'à l'embouchure du Wéser, avec les sondes; par M. le Chevalier DE BEAURAIN : *Paris*, 1760, *in-fol.*]

706. ☞ Carte réduite des Côtes de Flandre, &c. depuis le Pas de Calais jusqu'à l'Elbe, &c. par M. BELLIN : *Paris*, 1763, *in-fol.*]

707. La Manche, ou le Canal entre la France & l'Angleterre ; par Giacomo CANTELLI : 1691, *in-fol.*

708. Carte de la Manche, faite par ordre du Roi ; par le Sieur SANSON, en deux feuilles : *Paris*, Jaillot, 1692, *in-fol.*]

709. La même ; par Nicolas DE FER : *Paris*, *in-fol.*

710. La même ; par Jean-Baptiste NOLIN : *Paris*, *in-fol.*

711. La même, sous ce titre, Canalis inter Angliæ & Galliæ littora : *in-fol.*

Cette Carte se trouve dans l'*Atlas de la Navigation & du Commerce*, à la pag. 25 : *Amsterdam*, Renard, 1715.

712. ☞ Carte réduite de la Manche ; par M. BELLIN : *Paris*, 1749, *in-fol.*]

713. ☞ Carte de la Manche, avec le détail particulier de l'Isle de Wigth & les rades de Spitéad & de Sainte-Hélène (en Angleterre) ; par le même : *Paris*, 1763, seconde édition, *in-fol.*]

714. ☞ Carte réduite du Pas de Calais & du Comté de Kent ; par le même : *Paris*, 1749, *in-fol.*]

715. ☞ Carte & Coupe du Canal ou de la Manche (avec les différens lits de la Mer) ; par Philippe BUACHE : *Paris*, 1753, *in-4.*

On peut voir à ce sujet la fin de son *Mémoire sur la Géographie physique* : *Académie des Sciences*, année 1752, pag. 399 & *suiv*.]

716. ☞ Carte de la Manche, ou Pas de Calais, avec la figure & description de divers instrumens de Marine, &c. en deux feuilles ; par M. DE BEAURAIN : *Paris*, 1760, *in-fol.*

M. le Chevalier de Beaurain a donné en même-tems, en une feuille, un *Tableau des Signaux de correspondance*, qui doivent être observés par les Commandans des Vaisseaux qui se rencontrent, avec leurs explications, &c.,

717. ☞ Carte des principaux Ports qui se trouvent dans la Carte de la Manche ; par le même : *Paris*, 1760, *in-fol.*]

718. ☞ Carte réduite des Isles de Jersay, Guernesay, Aurigny, & des Côtes de Normandie, qui en sont voisines ; par M. BELLIN : *Paris*, 1757, *demi-feuille.*]

719. ☞ Carte réduite du Golfe de Gascogne ; par le même : *Paris*, 1757, seconde édition, *in-fol.*]

720. ☞ Carte réduite du Golfe de Gascogne, où l'on a marqué la nature des fonds de chaque sonde, en deux feuilles ; par le même : *Paris*, 1763, *in-fol.*]

721. ☞ Description (ou Cartes) de la Mer Méditerranée, en neuf feuilles, outre la générale ; par PLANCIUS, & Guillaume BERNARD Barentzoon, Pilote : *Amsterdam*, 1593, 1626, *in-fol.*

Il n'y en a qu'une ou deux qui concernent les Côtes de France, ainsi que dans les Cartes suivantes.]

722. ☞ Carte de la Mer Méditerranée, en deux feuilles ; par le Sieur SANSON : *Paris*, Jaillot, 1695, *in-fol.*]

723. ☞ Cartes Marines de la Mer Méditerranée, dédiée à M. le Chevalier d'Orléans ; par les Sieurs MICHELOT & BREMONT, en onze feuilles : 1718, *in-fol.*]

724. ☞ Carte réduite de la Mer Méditerranée, en trois feuilles ; par M. BELLIN : *Paris*, 1737, *in-fol.*]

725. ☞ Carte platte de la Méditerranée, sur les Remarques du Pilote GROGNARD ; par le même, en trois feuilles : *Paris*, 1745, *in-fol.*]

726. ☞ La Méditerranée, d'après Michelot ; par le Sieur LE ROUGE, en deux feuilles : *Paris*, 1756, *in-fol.*]

727. ☞ Carte du Golfe de Lyon ; par Guillaume DE L'ISLE (dressée par ordre des Etats de Languedoc) : *in-fol.*]

728. ☞ Carte du Golfe de Lyon, entre le Cap Sisié, ou Croiset, en Provence, & le Cap de Quiers en Roussillon ; par M. le Comte DE MARSIGLI : *in-fol.*

Cette Carte, qui contient toute la Côte, depuis Toulon jusqu'à Roses en Catalogne, se trouve dans son *Histoire physique de la Mer* : *Amsterdam*, 1725, *in-fol.* Elle a été dressée pour la démonstration des Côtes, des divers fonds de la Mer, & des lieux où M. de Marsigli a fait ses observations, qui servent de fondement à son Histoire.]

729. ☞ Carte particulière de la Côte entre le Cap Canaille & celui de Croiset, avec les Isles adjacentes du territoire de Cassis en Provence ; par le même.

Dans la même *Histoire de la Mer*.]

CARTES DES RIVIÈRES ET CANAUX.

730. Carte des Rivières de France ; par Nicolas SANSON : *Paris*, Tavernier, 1641, *in-fol.*

731. ☞ Ms. Carte géographique & hydrographique des quatre grandes Rivières de France, &c. par BOYER Sieur DU PARC ; en quatre parties, chacune de deux feuilles.

Ces Cartes, qui sont accompagnées d'une Description en 2 volumes *in-fol.* sont dans la Bibliothèque du Roi, au Cabinet des Estampes.]

732. Ms. Carte de la France, divisée par Terreins de Fleuves & de Rivières, & par Chaînes de Montagnes (qui font le relèvement des Bassins des Fleuves & des Ri-

Géographie moderne générale.

vières qui s'y jettent); par Philippe BUACHE: 1752, in-fol.

Cette Carte, qui est entre les mains de l'Auteur, fut exposée dans l'Assemblée publique de l'Académie des Sciences du 15 Novembre 1752, lorsque M. Buache y lut son Mémoire sur la Géographie physique, qui est dans le Recueil de l'Académie de cette année, *pag.* 399 *& suiv.* On n'y trouve gravé que le Bassin de la Seine, avec un détail sur les différentes profondeurs du Canal ou de la Manche, outre une espèce de Mappemonde ou *Planisphère physique*, où l'on voit les jonctions des terres sous les eaux de la Mer, &c.]

733. ☞ Carte générale du cours des Rivières d'Ardon & d'Elette, & ruisseaux y affluans, pour l'intelligence du Canal de Navigation qui doit y être pratiqué, ainsi que pour le desséchement des marais, prés & terres inondées par lesdites Rivières, depuis leurs sources, près la ville de Laon, jusqu'au bourg & château de Manicamp sur l'Oise ; par FILLIAS DE FONTBOUILLANT : 1737.]

734. La Rivière d'Eure, depuis Pont-Gouin jusqu'à Versailles, en deux feuilles : *Paris*, Jaillot, 1685, *in-fol.*

735. Potamographie de la Garonne & des Fleuves qui se rendent dedans; par Jean TARDE : *Paris*, le Clerc, 1618, *in-fol.* [& dans le Théâtre de Boisseau.]

736. ☞ Carte du cours des Rivières de Garonne, du Tarn, de l'Aveirou, & de la Vere dans le Diocèse d'Albi; par le Sieur BOURROUL, Ingénieur (avec un Mémoire) : *Paris*, 1752, *in-fol.*

Elle se trouve avec le Mémoire d'un Projet de Navigation, *in-4*. Boudet.]

737. ☞ Carte du Loiret, & Plans de ses sources anciennes & présentes; par M. DE BEAURAIN, 1739 : avec des Réflexions de M. l'Abbé DE FONTENU. *Histoire de l'Acad. des Belles-Lettres*, *tom. XII. pag.* 153-160.

Des Personnes habiles de l'Orléanois, assurent que cette Carte n'est pas exacte.]

738. ☞ Ms. Carte du Loiret, ou des environs d'Orléans, très-circonstanciée, en deux grandes feuilles.

Dans le Cabinet de M. JOUSSE, Conseiller au Présidial d'Orléans, & de la Société Littéraire de cette Ville.]

739. Le Cours de la Moselle & de la Saare; par Nic. DE FER, en deux feuilles : *Paris*, *in-fol.*

740. Cours des Rivières d'Oise, d'Aîne, &c. dans la Généralité de Soissons; par le même : *Paris*, *in-fol.*

741. ☞ Plan de tout le cours de la Rivière d'Ourcq.

Il se voit dans le Château de Villers-Côterets, qui appartient à M. le Duc d'Orléans. Il est peint sur toile, & divisé en deux Tableaux de moyenne grandeur, dont l'un représente la partie supérieure de la Rivière, & l'autre l'inférieure.]

742. Le Cours de la Saare, en six feuilles : *Paris*, Jaillot, *in-fol.*

743. Cours de la Somme; par Nicolas DE FER, en trois feuilles : *Paris*, 1697, *in-fol.*

744. ☞ Carte particulière du Projet du Canal de jonction des Rivières de Somme & d'Oise; par Philip. BUACHE : *Sept.* 1728.

Cette jonction devoit se faire depuis Saint-Simon jusqu'à la Fere & à Chaune.]

745. ☞ Carte d'une partie de la Rivière de Somme, pour l'intelligence du Projet du Canal de Picardie, proposé à être construit le long de cette Rivière, depuis Amiens jusqu'à Saint-Simon ; par Philippe BUACHE : *Janvier* 1732.]

746. ☞ Le Cours du Rhin; par Guillaume DE L'ISLE, en trois feuilles, &c. *Paris*, 1704, *in-fol.*

Ce que cet habile Géographe a proprement donné sous ce nom, n'a que trois feuilles, & représente les Pays arrosés par ce Fleuve, depuis Basle jusqu'à Bonn : mais on trouve son cours depuis ses sources jusqu'à Basle, dans la Carte de *Suisse* du même Auteur; & le reste de ce Fleuve, dans sa Carte des *Provinces-Unies*.]

747. ☞ Le Cours du Rhin, en deux feuilles; par le Sieur LE ROUGE : *Paris*, 1744, *in-fol.*]

748. ☞ Idem; par le même, depuis Basle jusqu'à Philisbourg, en 5 feuilles : *Paris*, 1745.]

749. ☞ Cours de la Rivière d'Yvette, de celle de Bièvres ou des Gobelins, & du Canal qui doit mener à Paris l'eau de l'Yvette prise à Vaugien (entre Chevreuse & Gif.)

Dans les *Mémoires de l'Académie des Sciences*, année 1762, pag. 400, à la suite d'un Mémoire de M. DEPARCIEUX, sur le Projet d'un Aqueduc pour faire venir l'eau d'Yvette à Paris.]

750. ☞ Carte pour le Canal de Bourgogne; par M. THOMASSIN, Ingénieur du Roi.

Elle se trouve à la fin de ses *Nouveaux Mémoires*, &c. *Dijon*, 1733.]

751. Canal d'Orléans & de Briare; par Nic. DE FER : *Paris*, 1697, *in-fol.*

752. Canal du Languedoc ; par François ANDRÉOSSY, en trois feuilles [1669] *in-fol.*

753. Le même; par Nicolas DE FER : *Paris*, 1669, *in-fol.*

☞ Ce Géographe en a donné une copie en petit, l'an 1712, sur sa Carte du Languedoc, & une autre séparée *in-4.* en 1716.]

754. Le même; par Pierre DU VAL : *Paris*, 1681, *in-fol.*

755. Le même; par (Vincent) CORONELLI : *Paris* [& en Italien : *in Bologna*, 1685] *in-fol.*

756. Le même ; par Jean-Baptiste NOLIN, en une feuille : *Paris*, 1694, *in-fol.*

757. Le même; en deux feuilles : *Paris*, 1687, [en trois feuilles, 1697] *in-fol.*

☞ La Carte en trois feuilles donne la figure de tous les Aqueducs & des Écluses, avec les armes de tous les Membres des Etats de Languedoc, auxquels elle est dédiée : c'est la meilleure de toutes.]

== Canal de Somme & d'Oise, ci-devant, N.os 743, 744.]

758. Canal à faire de la Rivière d'Etampes, depuis au-dessous d'Essonne jusqu'à Paris; par B. M. A. J. D. R. (B. MENESSIER, Arpenteur-Juré du Roi : *Paris*, 1684) *in-*4.

* Il s'agissoit d'une partie de la Rivière d'Essonne, que Louis XIV. vouloit faire conduire à Versailles: elle ne l'a été que jusqu'à Maintenon, & le travail fut ensuite abandonné.

759. ☞ Carte du cours du Canal de Provence, depuis sa source dans la Durance, jusqu'à ses embouchures dans la Mer à Marseille, & dans le Rhône à Tarascon, vis-à-vis de Beaucaire : (1759) *petit in-fol.*]

760. ☞ Carte du nouveau Canal projetté en Provence : *in-fol.*

Elle a été distribuée avec un *Mémoire sur ce Canal* : *Paris*, P. G. Simon, 1762, *in-*4.]

§. II. TRAITÉS GÉOGRAPHIQUES.

Géographie du Royaume en général.

761. Mſ. Description de la France : *in-*4.

Cette Description se conserve dans la Bibliothèque de M. le Chancelier Séguier, N.° 633. [Ses Manuscrits sont passés de M. de Coislin, Evêque de Metz, à l'Abbaye de Saint Germain-des-Prés.]

762. Mſ. Description de plusieurs Provinces de France: *in-fol.*

Ce Manuscrit se conserve dans la même Bibliothèque du Chancelier Séguier, N.° 767.

763. Description de la France ; par Gilles LE BOUVIER.

Cette Description de le Bouvier, dit Berry, premier Héraut d'Armes de Charles VII. Roi de France [en 1420] se trouve imprimée dans le tom. I. de l'*Abrégé Royal de l'Alliance chronologique*, &c. par le P. Labbe : *Paris*, 1651, *in-*4. pag. 696-711.

764. Description de la Gaule ; par Alain CHARTIER, Clerc, Notaire & Sécrétaire des Rois Charles VI. & Charles VII.

Alain Chartier est mort en 1458 ; & sa Description de la France se trouve avec ses Œuvres, augmentées par André du Chesne : *Paris*, 1617, *in-*4. pag. 259-260.

765. Mſ. De laudibus Franciæ, liber oblatus Carolo VII. Regi, compilatus & editus anno 1450: *in-*4.

Ce Manuscrit est conservé dans la Bibliothèque de Notre-Dame de Paris. I. 8.

766. Symphoriani GRIGNANI Mantuani, Artium & Medicinæ Doctoris ac sacræ Theologiæ Magistri, Italiæ & Galliæ Panegyricum.

Ce Panégyrique, attribué par Dom Calmet (Bibliothèque de Lorraine) à Symphorien Champier, à qui il est seulement adressé, se trouve dans la troisième partie de l'Ouvrage de ce dernier, intitulé, *De Triplici Disciplinâ*, &c. *Lugduni*, Vincent, 1508, *in-*8.]

767. Ludovici BOLOGUINI, Bononiensis Oratoris ad Christianissimum Galliarum Regem (Ludovic. XII.) de quatuor singularitatibus in Galliâ repertis.

Ce petit Ouvrage, écrit en prose & en vers, est aussi adressé à Symphorien Champier, & se trouve également dans la troisième partie du Livre de ce Médecin, *De Triplici Disciplinâ*, &c. Les quatre merveilles remarquées en France par Bologuini, sont, 1.° la Bibliothèque Royale de Blois, 2.° l'heureux Etat du Royaume de France, 3.° la ville de Lyon, 4.° celle de Blois. L'Auteur s'arrête plus longtems à ces deux derniers objets, & en fait deux Descriptions particulières qui forment chacune un petit Poëme. Les deux autres singularités sont aussi célébrées, chacune, par une Epigramme d'une douzaine de vers.]

768. Calculation, Description, & Géographie du Royaume de France, tant du tour, du large, que du long d'icelui ; déchiffré jusqu'aux Arpens & Pas de Terre en icelui compris, &c. le tout calculé & sommé par LOYS BOULANGER, très-expert Géométrien & Astronome : *Lyon*, 1525 : *Toulouſe*, 1565.

769. Brevis totius Galliæ Descriptio ; per Gilbertum COGNATUM, Nozerenum : *Basileæ*, 1552, *in-*8.

Gilbert Cousin est mort en 1567, sous le Pontificat de Pie V. par l'ordre duquel il fut mis dans les prisons de l'Archevêché de Besançon, comme suspect d'hérésie, & il y mourut bientôt après.

770. Chronographia Galliæ ; auctore Roberto COENALI, Episcopo Abrincensi.

C'est la première partie de son Ouvrage intitulé, *Historia Gallica : Parisiis*, 1557, 1581, *in-fol.* Cet Ouvrage n'est pas recherché ni beaucoup estimé des Sçavans. Robert Céneau est mort en 1560.

771. Guillelmi POSTELLI, Tractatus de Gallia.

Ce Traité est imprimé avec un autre du même Auteur, intitulé, *De Universitate : Parisiis* [1552] 1563, *in-*4.

☞ Ce Livret de Postel, est une espèce de Cosmographie, dans laquelle il décrit les parties de la Terre connues de son tems. Après s'être beaucoup étendu sur la Terre-Sainte, voici, en abrégé, ce qu'il dit de la Gaule. Tous les Peuples de l'Europe sont descendus de Gomer, & furent connus sous le nom de Celtes ou de Cimbres; mais on dut appeller particulièrement Gaulois ceux qui habitoient l'Espagne, l'Italie, la Germanie, la Bretagne & la Gaule. La Providence les a toujours conservés, malgré leurs ennemis, pour perpétuer le souvenir du Déluge, dont leur nom retrace sans cesse l'idée. Il fixe ensuite les limites de la Gaule, proprement dite, & nomme ses Provinces. On l'appelle (dit-il) maintenant France, à cause des Princes François que les Gaulois reçurent dans leur Pays. Le Peuple ne se soumit à changer son nom en celui de François, qu'à condition que ces Princes se soumettroient eux-mêmes à la loi Gallique ou Salique, qui exclud les filles de leur succession. Il croit que ces Francs ou François tirent leur origine des Troyens, & qu'ils furent ainsi nommés de Francion, fils d'Hector. Il finit par les origines & les étymologies fabuleuses de quelques-unes de nos Villes. Cet Ouvrage est rempli de traits singuliers, d'extravagances & de paradoxes, ainsi que tous ceux de cet Auteur.]

772. ☞ Description de la Carte Gallicanne : *Paris*, Alain Lotrian, *in-*4.]

773. Description de la France ; par André THEVET.

Cet Auteur, mort en 1590, a été un grand Voyageur, un insigne menteur, & un Ecrivain fort ignorant. Sa Description de la France se trouve, pag. 506-644 du tom. II. de sa *Cosmographie : Paris*, l'Huillier, 1575, *in-fol.*

Géographie moderne générale. 57

774. Description des Provinces de France; par François DE BELLEFOREST, Commingeois.

Cet Auteur est mort en 1583. Sa Description des Provinces des Gaules se trouve au tom. I. de la *Cosmographie universelle*: *Paris*, Chesneau, 1575, *in-fol.*

775. ☞ Le Compilogue des Guerres de la Gaule & Pays de France, & des lieux plus faciles à assaillir: *Lyon*, *in-16.*]

776. Description topographique de la France (en Anglois): *London*, 1593, *in-4.*

777. Pauli G. F. P. N. MERULÆ, Geographia Galliæ.

Paul Merula, qui est mort en 1607, étoit fils de Gaudence, & neveu de Paul Merula, ce que signifient ces quatre lettres, G. F. P. N. Sa Géographie de la France se trouve dans le troisième Livre de sa Géographie particulière, imprimée avec sa Cosmographie, sous ce titre, *Cosmographiæ generalis libri tres, item Geographiæ particularis libri sex; ex Officina Plantiniana*, 1605, *in-4. Amstelodami*, Hondii, 1621, *in-fol.*

☞ Voyez sur cet Ouvrage le P. Nicéron, *tom. XXVI. pag. 5.*]

778. Joannis Isacii PONTANI, universæ Galliæ Descriptio.

Cet Auteur est mort en 1640. Sa Description de toute la France est avec son *Itinerarium Galliæ Narbonensis: Lugd. Batav.* 1606, *in-12.*

779. Petit Discours sur la Description du Royaume de France; par DE VILLAMONT: *Liège*, 1608, *in-8.*

780. Dessein de la Description du Royaume de France; par André DU CHESNE, Tourangeau, Géographe du Roi: *Paris*, 1614, *in-4.*

Cet Auteur est mort en 1640.

781. ☞ Ms. Moyen géométrique de faire une Carte de la France; proposé par M. DE ROBERVAL.

Il se trouve à la Bibliothèque du Roi, dans un Recueil qui vient du Cabinet de M. de Cangé.]

782. Description de la France, Allemagne, Italie & Espagne, avec le Guide des Chemins; par Théodore MAYERNE TURQUET: *Genève*, 1618, *in-8.*

Cet Auteur est mort en 1655, âgé de quatre-vingt-deux ans.

783. Tableau des Gaules, en forme de Colloque, contenant la prééminence de la France sur les autres Parties du Monde, & l'origine des Gaulois & des François; par Louis-Paschal DE LA COURT: *Paris*, 1616, *in-12.*

☞ Ce Livre, autrement intitulé, *Origine des Gaulois, &c.* passe pour rare, & c'est assez souvent la marque la plus infaillible d'un mauvais Livre. Il répond parfaitement à cette idée, & il est même difficile d'en voir un plus pitoyable, & moins utile à l'Histoire des Gaules.

Il est divisé en deux parties, lesquelles sont traitées en forme de Colloque entre un François, un Espagnol, un Allemand & un Italien. La première parle de la prééminence des Gaules sur ces Nations; la seconde, de l'origine des Gaulois. Voici un raccourci quelques-unes des rêveries qu'il débite à ce sujet: que Sem & ses enfans peuplèrent la Gaule: que l'Arche fut fabriquée dans les monts Pyrénées; ce qu'il prétend prouver par quelques étymologies des noms des Villes les plus anciennes des Gaules, qu'il dérive de l'Hébreu: que les François sont Gaulois d'origine, & ne sont jamais sortis des Gaules; qu'ils ont été nommés François pour s'être affranchis du joug de l'Empire Romain. Rien n'est plus curieux que ce qu'il dit des Hérétiques dans la première partie, pag. 107-114, sur-tout à la pag. 138 & suiv. Ce qu'il avance dans la seconde partie, pag. 188, de l'erreur de ceux qui font sortir les François des Sicambres, fondée sur quelques paroles de Saint Remi à Clovis, ne se trouve, je crois, nulle part ailleurs.]

784. Galliæ Descriptio; auctore Thoma ERPENIO.

Erpénius est mort en 1624. Sa Description de la France est imprimée au commencement de son Traité, *De Peregrinatione Gallica, &c. Lugd. Batav.* 1631, *in-12.*

785. Théâtre géographique du Royaume de France, contenant les Cartes gravées de Jean LE CLERC; & les Descriptions de Gabriel MICHEL DE LA ROCHEMAILLET, Avocat en Parlement & au Conseil: *Paris* [veuve le Clerc] 1632 [& 1656.]

On peut faire quelque cas du Recueil de Cartes gravées par Jean le Clerc, comme du premier qui a paru complet. Voyez ce qu'en dit Sorel, *Bibliothèque Françoise*, pag. 186. De la Rochemaillet est mort en 1642.

786. Description générale de la France; par Guillaume & Jean BLAEU.

Cette Description est imprimée dans la seconde partie de leur *Atlas: Amsterdam*, 1638, *in-fol.*

La même, augmentée.

Elle est imprimée dans le quatorzième Livre de la seconde partie de l'*Atlas* de Jean Blaeu: *Amsterdam*, 1660, *in-fol.*

787. Description du Royaume de France; par Pierre DAVITY, Seigneur de Montmartin, Gentilhomme Ordinaire de la Chambre du Roi.

Davity est mort en 1635. Sa Description du Royaume de France est imprimée dans le tom. II. de la *Description de l'Univers, &c. Paris*, 1637, *in-fol.* Il avoit d'abord publié cet Ouvrage sous ce titre, *Etats & Empires du Monde; par D. T. U. Y. Paris*, 1626, *in-fol.*

La même Description; seconde édition, revue, corrigée & augmentée par F. [François] RANCHIN, Avocat de Montpellier.

Elle est imprimée dans le tom. II. de cette édition: *Paris*, Sonnius, 1643, *in-fol.* La première édition est plus fidèle que celle-ci.

☞ Ce François Ranchin étoit indiqué à la Table du P. le Long sous le nom de Guillaume, Auteur de la Révision du Concile de Trente, & autres Ouvrages; mais il n'y a nulle apparence qu'un homme d'une érudition aussi profonde que ce dernier, se soit amusé à la reproduction & augmentation d'un Ouvrage pareil à celui de Davity. Il est plus vraisemblable que François étoit fils de Guillaume: ce qu'il y a de sûr, c'est que l'Abbé Lenglet, dans son *Catalogue des principaux Livres de Géographie*, joint à sa *Méthode géographique*, donne de même à François Ranchin cette édition de 1643.]

La même Description, augmentée par Jean-Baptiste DE ROCOLES.

Cette Description de la France est imprimée dans le tom. II. de la *Description de l'Europe de Davity, revue & augmentée par de Rocoles*: *Paris*, 1660, *in-fol.*

De Rocoles est mort Chanoine de S. Benoît à Paris en 1696. Son Ouvrage est peu exact, mal digéré & ennuyeux.

788. De Regno Franciæ, cum Tabulis geographicis; auctore Philippo BRIETIO, Societatis Jesu.

Cette Description de la France est imprimée dans la seconde partie de ses *Parallela Geographia veteris & novæ*, au Livre VII. [*Parisiis*, 1648, *in-4*. 3e vol.]

☞ L'Auteur, après avoir traité de la Gaule ancienne, au Livre VI. parle ensuite du Royaume de France, de ses Provinces, de ses Villes, &c. sous les divisions de France Orientale, d'Occidentale ou de Neustrie, de Royaume d'Arles, & de celui d'Aquitaine. Dans les Chapitres X & XI. on trouve les divisions en Parlemens & en Evêchés : le XII. traite des raretés de la France, tirées des Auteurs qui en ont parlé. Ce dernier morceau vaut peu de chose ; mais l'Ouvrage, au reste, est estimé. Voyez ci-devant, N.° 131.]

789. La France, décrite en plusieurs Cartes, & différens Traités de Géographie & d'Histoire, suivant les plus belles & principales distinctions qui se peuvent remarquer dans les Auteurs anciens & nouveaux ; par Nic. SANSON : *Paris*, 1651, *in-fol*.

Cet Ouvrage est sec, mais exact.

790. ☞ De la Carte de la France, & de la Perpendiculaire à la Méridienne de Paris ; par M. CASSINI. *Mémoires de l'Académie des Sciences*, année 1733, *pag*. 389.

Il est parlé dans les Mémoires précédens de cette Carte de France, que le Roi Louis XIV. avoit ordonné à l'Académie d'exécuter. Tom. I. pag. 304, 351-358. = Tom. VII. pag. 329-429. = Année 1701, pag. 89. = 1716, pag. 46.]

791. De la Perpendiculaire à la Méridienne de Paris, prolongée vers l'Orient ; par le même. *Ibid*. année 1734, *pag*. 334.]

792. ☞ De la Méridienne de Paris, prolongée vers le Nord, & des Observations qui ont été faites pour décrire les frontières du Royaume ; par M. CASSINI DE THURY. *Ibid*. année 1740, *pag*. 276.]

793. ☞ Mémoire sur la Description géométrique de la France ; par le même. *Ibid*. année 1745, *pag*. 533.]

794. ☞ La Méridienne de l'Observatoire de Paris, vérifiée dans toute l'étendue du Royaume, pour lever une Carte générale de la France ; par M. CASSINI DE THURY : avec des Observations d'Histoire naturelle ; par M. LE MONNIER : *Paris*, 1744, *in-4*.]

795. ☞ Introduction ou Avertissement à la Carte générale & particulière de la France ; par M. CASSINI DE THURY : *Paris*, 1757, *in-4*.]

796. ☞ Table alphabétique de la distance de tous les lieux de la Carte de France à la Méridienne & à la Perpendiculaire : *in-4*.] Chacune des feuilles a ainsi sa Table.]

797. ☞ Réflexions sur la nouvelle Carte de la France, que M. DE THURY vient de publier. *Mercure*, 1749, *Août*, *pag*. 78-84.]

798. ☞ Projet pour la perfection de la Carte de France ; par M. CASSINI DE THURY : *Mémoires de Trévoux*, 1756, *Octobre*, *pag*. 2482-2494.]

799. ☞ Premières Observations sur la distance terrestre entre Paris & Amiens : (*Paris*, Imprimerie Royale) 1757, *in-8*.]

800. ☞ Opérations faites par ordre de l'Académie des Sciences, pour la vérification du dégré du Méridien entre Paris & Amiens ; par MM. BOUGUER, CAMUS, CASSINI & PINGRÉ : *Paris*, 1757, *in-8*.]

801. ☞ Géographie Parisienne en forme de Dictionnaire, contenant l'explication de Paris ou de son Plan, mis en Carte géographique du Royaume de France ; pour servir d'introduction à la Géographie générale : Méthode nouvelle & facile pour apprendre d'une manière pratique & locale toutes les principales parties du Royaume & de Paris ensemble, & les unes par les autres : Paris, placé à l'Eglise & Paroisse de Saint Leu, rue Saint Denis, quartier II. de Saint Jacques de la Boucherie, étant le point fixe de toutes les parties ; par M. TEISSERENC, Prêtre : *Paris*, veuve Robinot, 1754, *in-12*. de 300 *pag*.

Il ne faut que ce titre pour concevoir la folie de ce Projet : si on en veut voir davantage sur cet Ouvrage, on peut recourir au *Journal de Verdun*, 1754, *Mars*, *pag*. 178-180.]

802. Galliæ & Italiæ Descriptio : *Ultrajecti*, 1655, *in-12*.

803. Topographia Galliæ, seu Descriptio & Delineatio famosissimorum Locorum in potentissimo Regno Galliæ ; partim ex usu & optimis Scriptoribus, partim ex Relationibus fide dignis, in ordinem redacta & in XIII. partes divisa : per Martinum ZEILLERUM : *Francofurti*, Merian, 1655, *in-fol*.

Cet Ouvrage est considérable, par le grand nombre de Plans & de Vues de Villes & autres lieux, gravés par Mérian, dont quelques-uns ont cependant bien changé depuis ce tems-là. Zeiller est mort en 1671.

804. Topographie de France [en Flamand] : *Amsterdam*, 1662, *in-12*. 5 vol.

805. ☞ Atlas topographique à l'usage de la jeune Noblesse Françoise, qui se destine au service du Roi, soit dans la profession des Armes, soit dans le Génie : ou Plans & Descriptions des cent dix Places ou Villes fortifiées, situées vers les frontières du Royaume (gravés par COQUART) : *Paris*, 1749, *in-4*.

Ces Plans ont été ensuite joints, comme une seconde partie, à l'Atlas géographique & militaire, ou la Carte de France, disposée en vingt-huit feuilles *in-4*. du Sieur Julien, ci-devant, N.° 608.]

806. ☞ Description de la France & de ses Provinces, où il est traité de leurs noms anciens & nouveaux, dégrés, étendue, figure, voisinage, division, &c. avec les Observations de toutes les Places qui ont quelque

Géographie moderne générale.

prérogative ou quelque particularité, &c. par Pierre DU VAL, d'Abbeville, Géographe ordinaire du Roi : *Paris*, Langlois, 1653 & 1658, *in*-12.]

La même : *Paris*, 1667 [1680] *in*-12.

La même, sous ce titre, La Géographie Françoise, contenant les Descriptions, les Cartes & les Blasons de France, avec les Acquisitions faites sous Louis XIV. *Paris*, 1682, *in*-12. 2 *vol.*

807. Mſ. Descriptio geographica Provinciarum Galliæ, à Guillemo VAISSETE, Procuratore Regio Præfecturæ Albigii : *in*-4.

Cet Auteur est mort en 1685. Son Manuscrit [disoit le P. le Long] est entre les mains de M. de Combettes, Avocat des Trésoriers de France de la Généralité de Montauban ; il y a beaucoup de recherches, principalement sur l'ancienne Géographie.

808. Pharus Geographiæ Hispaniæ, Galliæ & Italiæ ; auctore Simone BORNMEISTERO : *Norimbergæ*, 1672, *in*-8.

809. Description & Division de la France.

Cette Description est imprimée aux tom. I. & II. du *Portrait géographique & historique de l'Europe*, composée par Jean HINSSELIN DE MORACHE : *Paris*, Osmont, 1674, *in*-12.

810. Description de la France ; par Allain MANESSON MALLET.

Cette Description est dans le tom. II. de la *Description de l'Univers* du même Auteur : *Paris*, 1683, *in*-8. [Cet Ouvrage est recherché, sur-tout à cause des Figures.]

== Description géographique & historique de la France ; par (J. B.) D'AUDIFFRET [ci-devant, N.° 7.]

811. Description de la France ; par [Jacques] ROBBE.

Elle se trouve dans le tom. I. de sa *Méthode pour apprendre la Géographie* : *Paris*, 1690, 1703, 1714, *in*-12.

812. Description géographique du Royaume de France, contenant les principales Divisions géographiques ; par le Sieur TILLEMON : *Paris*, Pepie, 1693, *in*-12.

Jean NICOLAS DU TRALAGE s'est caché sous ce nom. [On en a parlé ci-devant, N.° 582.] Il est mort en 1696.

813. Description géographique de la France (en Anglois) ; par Jean [CORNAND] DE LA CROZE : *Londres*, 1694.

☞ Voyez les Notes sur les *Lettres de Bayle, tom. II. pag.* 804.]

814. Description de la France ; par (Denis) MARTINEAU DU PLESSIS.

Cette Description, qui est exacte & détaillée, se trouve dans le tom. II. de la *Nouvelle Géographie, &c. Amsterdam*, 1700, *in*-12. [Voyez ci-après, N.° 821.]

815. Description géographique & historique de la France ; par Jacques DE LA FOREST MOUET DE BOURGON.

Elle est dans le tom. I. de sa *Géographie historique, &c. Paris*, Witte, 1705, *in*-8.

Tome I.

816. Abrégé de Géographie, & de tout ce qu'il y a de plus remarquable dans l'Europe, & particulièrement en France : ensemble les Routes de toutes les Postes de France ; par Jean-Pierre TREILLON PONCEIN : *Paris*, Ribou, 1708, *in*-12.

817. Description de la France.

On la trouve dans le tom. II. du *Dictionnaire historique* de MORERI : *Paris*, Delespine, 1713 [& autres éditions, la dernière de dix volumes, 1759] *in-fol.* Il y a aussi un grand détail de la France dans le *Dictionnaire géographique* d'Antoine-Michel BAUDRAND, donné en Latin : *Parisiis*, 1681, *in-fol.* 2 vol. & depuis en François : *Paris*, 1705, *in-fol.* 2 vol. dans celui de Thomas CORNEILLE : *Paris*, 1708, *in-fol.* 3 vol.

☞ On peut voir encore le *Dictionnaire* de LA MARTINIERE : *La Haye*, 1726, &c. *Dijon*, 1740, *in-fol.* celui de l'Abbé EXPILLY : *Paris* (*Avignon*) 1762, *in-fol.*]

818. Description historique & géographique de la France ; par (Jean) PIGANIOL DE LA FORCE : *Paris*, 1715, *in*-12. 5 *vol.*

Cet Ouvrage est exact, & entre dans un grand détail, soit pour la Géographie, soit même pour le Gouvernement.

La même ; seconde édition : *Paris & Amsterdam*, 1718, *in*-12. 6 *vol.*

☞ Voyez sur cet Ouvrage & ses différentes éditions, le *Journal de Verdun, Juin* 1719, *Janvier* 1720, *Juillet, Novembre, Décembre* 1722, *Mars* 1723. = *Mercure de Septembre* 1722. = Lenglet, *Méthode historique, tom. II. pag.* 374, 501, *tom. IV. pag.* 12 ; *Supplément, pag.* 155. = *Journal des Sçavans, Juillet* 1718, *Janvier* 1723. = *Bibliothèque ancienne & moderne*, *tom. II. pag.* 373. = *Mémoires de Trévoux, Mai* 1718, *& Août* 1719. = *Bibliothèque Françoise, tom. I. pag.* 261.]

☞ Nouvelle Description de la France, dans laquelle on voit le gouvernement général de ce Royaume, celui de chaque Province en particulier, & la Description des Villes, Maisons Royales, Châteaux & Monumens les plus remarquables : avec des Figures en taille-douce ; par M. PIGANIOL DE LA FORCE : troisième édition, corrigée & considérablement augmentée : *Paris*, 1753, *in*-12. 13 *vol.*

Le tom. I. contient, la Description du Gouvernement de l'Isle de France.

Le tom. II. la Picardie, & le Comté d'Artois.

Le tom. III. la Champagne, la Brie Champenoise, & la première partie de la Bourgogne.

Le tom. IV. la seconde partie de la Bourgogne, & le Dauphiné.

Le tom. V. la Provence.

Le tom. VI. le Languedoc.

Le tom. VII. le Comté de Foix, la Navarre, le Béarn, la Guyenne, la Gascogne, la Xaintonge, l'Angoumois, & le Pays d'Aunis.

Le tom. VIII. le Poitou, & la Bretagne.

Le tom. IX. la Normandie.

Le tom. X. le Maine, le Perche, l'Orléanois, le Nivernois, & le Bourbonnois.

Le tom. XI. le Lyonnois, l'Auvergne, le Limosin, la Marche & le Berri.

Le tom. XII. la Touraine, l'Anjou, Saumur, la Flandre Françoise & Dunkerque, Metz, Toul & Verdun.

Le tom. XIII. l'Alsace, la Franche-Comté, le Roussillon, la Lorraine & le Barrois.

Le tout avec des Cartes de chacune de ces Provinces, & les Plans des principales Villes & Places fortes.

H 2

819. ☞ Introduction à la Description de la France, & au Droit public de ce Royaume; par M. Piganiol de la Force: troisième édition, corrigée & augmentée considérablement : *Paris*, 1752, *in-*12. 2 *vol.*

Cet Ouvrage faisoit le commencement de sa Description de la France dans les premières éditions. Le tom. I. contient tout ce qui s'observe auprès du Roi, l'état de sa Maison, ses titres, ses prérogatives, son cérémonial, ses offices, & ceux de sa Couronne. Le tom. II. comprend le Gouvernement Ecclésiastique, Civil & Militaire de la France. On trouve dans cet Ouvrage, en abrégé, tout ce qui peut avoir trait au Droit public de la France, succession à la Couronne, Régences, Majorités, Cérémonial, Offices de la Maison du Roi, Conseils, Gouvernement, &c.]

820. ☞ Joannis Gordoni, Britanno-Scoti, Encomium Galliæ, Curiæ, Academiæque Parisiensis, Poema Elegiacum: *Parisiis*, 1610, *in-*8.]

⟼ Description historique & géographique de la France; par l'Abbé de Longuerue: ci-devant, N.° 8.

821. ☞ Les Délices de la France, ou Description des Provinces, Villes, &c. avec Figures: *Leyde*, 1728, *in-*12. 8 *vol.*]

822. Description de la France.

Cette Description se trouve imprimée dans le second tome de la *Méthode pour étudier la Géographie, &c.* Paris, Hochereau, 1716. Cette Méthode n'est autre chose que la Géographie de Martineau du Plessis, (N.° 814) augmentée d'un Discours sur cette Science, d'un Catalogue des Géographes, & d'un Traité de l'ancienne Géographie; par Nicolas Lenglet du Fresnoy.

☞ L'Abbé Lenglet l'a travaillé de nouveau dans ses éditions de 1736, 5 vol. *in-*12. & de 1742, en 7 vol. On en prépare encore une nouvelle.

Il y a aussi une bonne Description de la France, dans la Géographie si estimée de l'Abbé Louis-Antoine Nicolle de la Croix : *Paris*, J. Th. Herissant, 1752, 56, 58, 62, 64, *in-*12. 2 vol. & dans celle de D. Joseph Vaissete: *Ibid.* 1755, *in-*4. 4 vol. & *in-*12. 12. vol.]

823. ☞ Idée géographique & historique de la France, en forme d'entretiens, pour l'instruction de la jeunesse; (par le P. Bougerel, de l'Oratoire) : *Paris*, Nyon, 1747, *in-*12. 2 *vol.*

On peut regarder cet Ouvrage comme un abrégé de ce que l'Abbé de Longuerue & M. Piganiol de la Force ont donné. L'Auteur s'est aussi servi de plusieurs autres Ouvrages. Voyez le *Journal de Verdun*, 1747, Février. = *Mémoires de Trévoux*, 1747, *Avril*. = *Journal des Sçavans*, 1747, *Février*. = *Mercure*, 1747, *Janvier*.]

824. ☞ Les différentes Divisions de la France; sçavoir, la Géographique, l'Ecclésiastique, la Militaire, la Justicière & la Financière ; (par M. l'Abbé du Moulinet des Thuilleries.)

C'est ce qui compose la plus grande partie de l'Introduction au *Dictionnaire de la France*, par Saugrain, que cet Abbé a dirigé : *Paris*, 1726, *in-*fol. 3 *vol.*]

825. ☞ La Géographie, ou Description générale du Royaume de France, divisé en ses Généralités, contenant toutes les Provinces, Villes, Bourgs, &c. par M. Dumoulin, Officier réformé : *Amsterdam*,

Rey, 1764, 2 *vol. qui seront suivis de plusieurs autres.*

On trouve dans cet Ouvrage la distance de Paris aux Villes principales, celle des Villages aux Villes dont ils dépendent ; ce que chaque Généralité a payé au Roi en 1749; le rapport annuel de chaque Archevêché, Evêché, &c. le nombre des feux que contiennent les Villes, Bourgs, &c. avec des Anecdotes tirées des Annales de chaque endroit; le cours des Rivières, les Routes, Carrosses, Coches d'eau, &c. les Curiosités d'Histoire naturelle, les Foires des Villes, Bourgs & Villages, &c.]

826. ☞ Ms. Bibliothèque chorographique & historique du Royaume de France; par M. Mazoyer.

Ce Manuscrit est annoncé dans la *Feuille nécessaire*, 1759, *pag.* 656.]

827. ☞ Catalogue des Villes, Bourgs & lieux, où il y a des Bureaux des cinq grosses Fermes de France & autres Fermes, & Droits y joints: *Paris*, 1708, *in-*4.]

828. ☞ Description géographique abrégée de la France; par M. Bonne: *Paris*, Lattré, 1764, *in-*16.

On l'a jointe au Recueil de Cartes qui a pour titre, *Petit Tableau de la France*, ci-devant, N.° 615.]

829. ☞ Coup d'œil sur la France, ou Division du Royaume par ordre alphabétique, en ses Gouvernemens, Provinces & Pays, avec leurs Villes remarquables, &c. par M. Brion : *Paris*, Desnos, 1765, *in-*4.

On met ce petit Ouvrage à la tête du Recueil de Cartes, *in-*4. intitulé, *Tableau analytique de la France*, ci-devant, N.° 617.]

830. ☞ Liste générale des Postes de France, &c. pour le service du Roi & le bien du Public : *Paris*, Jaillot, 1707, 1765, &c. *in-*12. gravé.

Ce petit Ouvrage se renouvelle toutes les années, à cause des changemens qui arrivent par rapport aux Postes.]

831. ☞ Nouveau Journal des Postes, & Tarif des ports de Lettres; (par Anquetil): *Paris*, Duchesne, 1760, *in-*24.]

832. ☞ Etrennes des Postes, contenant l'ordre général du départ & de l'arrivée des Couriers, les jours & heures, &c. par M. Guyot : *Paris*, 1763, *in-*4.

Les mêmes, augmentées, sous ce titre, Guide des Postes, &c. *Paris*, 1765, *in-*4. avec une petite Carte de France.]

833. ☞ Ms. Table générale des Villes, Bourgs, Châteaux, &c. dont il est parlé dans la Chambre des Comptes de Paris : *in-fol.*

Ce porte-feuille, qui contient trente-trois cahiers non mis au net, est dans la Bibliothèque de M. le Premier, parmi les Manuscrits de M. l'Abbé de Camps.]

Traités sur les Côtes de France.

834. El Portolano del Levante & del Ponente, o del sito de' Porti, &c. *in Venetia*, 1544, 1566, 1576, 1595 [1668] *in-*4.

Géographie moderne générale.

Placcius, dans son Théâtre des Auteurs anonymes & pseudonymes, num. 593, attribue cet Ouvrage à Aloigio de Cadamosto.
☞ On trouve dans cet Ouvrage, ainsi que dans les suivans, un détail sur les Côtes de France.]

835. Le Portolan, contenant la Description, tant des Mers du Ponant, depuis le Détroit de Gibraltar jusqu'à la Schiuze (ou l'Ecluse) en Flandre, que de la Mer Méditerranée ou du Levant: traduit de l'Italien; par Guillaume Girardin : *Avignon*, Rou, 1577, *in-4.*

836. ☞ Le grand Routier, pilotage & ancrage de Mer, tant des parties de France, Bretagne, Angleterre, que hautes Allemagnes; par P. Garcie, dit Ferrande : *la Rochelle*, J. Porteau, 1579, *in-4.*

L'exemplaire qui est à la Bibliothèque du Roi, a des Notes manuscrites.]

837. ☞ L'ardente & flamboyante Colonne de la Mer, ou Description des Côtes de la Navigation, &c. par Jacques Colom, traduite du Flamand, par Bardeloos : *Amsterdam*, 1638, *in-fol.*]

838. ☞ Le Monde Maritime : tom. V. de l'Atlas de Janssonius : *Amsterdam*, 1650, 1657, *in-fol.*

Il renferme l'explication des Cartes Marines de la France qui s'y trouvent, pag. 147-151=166-172=101-203=223-226.]

839. ☞ Le grand & nouveau Flambeau de la Mer, traduit du Flamand en François; par Paul Yvounet : *Amsterdam*, Doncker, 1679.

Il y a dans la seconde Partie, Liv. I & III. une Description des Côtes de France sur l'Océan, pag. 10-20=49-57.]

840. ☞ Petit Flambeau de la Mer, ou le Guide des Pilotes Côtiers; par R. Bougard : *Havre de Grace*, 1684, *in-4.*]

841. ☞ Le nouveau & grand illuminant Flambeau de la Mer, avec une Description de tous les havres, bayes, secs & profondeurs; par Jean van Loon & Nic. Jansz Voochte : traduit du Flamand en François: par Pierre-François Sylvestre : *Amsterdam*, van Keulen, 1682, 1687, *in-fol. 2 vol.*

L'un est pour les Cartes Marines, & l'autre pour le Discours. On trouve dans ce dernier le détail des Côtes de France sur l'Océan, Partie II. pag. 12-15=22-23=27-29=59-66; & dans la Partie III. pag. 15-22, ce qui concerne les Côtes de France sur la Mer Méditerranée.]

842. ☞ Atlante Veneto, libro Idrografia: tom. I. *Venetia*, 1690, *in-fol.*

La Description des Côtes de France pour l'Océan, se peut voir, pag. 100-103; & celle pour la Méditerranée, pag. 80-81.]

843. ☞ Atlas maritimus & commercialis : *Londini*, 1728, *in-fol.*

Dans le grand Discours qui précède les Cartes, il est question des Côtes de France.]

844. ☞ Mss. Mémoires de M. de Chazelles, par rapport aux Côtes de France sur l'Océan.

On les indique dans les *Mémoires de l'Académie Royale des Sciences*, 1761, pag. 141, comme étant dans la Bibliothèque de l'Académie.]

845. ☞ Recueil des Mémoires qui ont été publiés avec les Cartes hydrographiques, dressées au Dépôt des Plans de la Marine pour le service des Vaisseaux du Roi; par M. Bellin : *in-4.*

Il en a paru un volume : *Paris*, Didot, 1756; mais M. Bellin en a depuis donné d'autres, en publiant de nouvelles Cartes, soit celles qui concernent la France, & dont on a parlé ci-devant, soit celles qui regardent les autres parties du Monde, & qui sont indiquées dans son Catalogue.]

846. Portulan de la Mer Méditerranée; par Henri Michelot, Pilote Hauturier sur les Galères du Roi : [*Marseille*, 1703] : *Amsterdam*, 1709, *in-4.*

847. ☞ Réplique (du même) à plusieurs Ecrits contre lui : 1725, *in-4.*]

848. ☞ Ms. Mémoires de M. de Chazelles, sur les Côtes de France de la Mer Méditerranée.

Ils sont dans la Bibliothèque de l'Académie des Sciences. Voyez ses *Mémoires*, imprimés en 1761, pag. 141.]

849. ☞ Recueil de plusieurs Descriptions, Plans de Ports & Bayes de la Mer Méditerranée; par M. Brémond : *Marseille*, 1724, *in-4.*]

850. ☞ Orbis maritimi, sive rerum in mari & littoribus gestarum generalis historia, &c. authore Claud. Bartholomæo Morisoto : *Divione*, 1643, Palliot, *in-fol.*

Cet Ouvrage, & le suivant, peuvent être placés ici, parceque l'on n'y trouve pas seulement des détails sur nos guerres maritimes, anciennes & modernes, mais encore des observations sur la position des lieux situés sur les Côtes de France.]

851. ☞ Histoire générale de la Marine; (par le P. Théodore de Blois, Capucin, & M. de Boismeslé) : *Paris*, 1744, 1746 & 1748, Prault & Boudet, 3 vol. *in-4.*]

852. ☞ Extrait d'une Dissertation prononcée par M. de Saint-Martin, Commissaire de la Marine (sur l'établissement de plusieurs Phares ou Fanaux le long des Côtes des deux Mers de France) : *Mémoires de Trévoux*, 1725, *Février*, pag. 351-373.

Cette lecture fut faite le 4 Mai 1724, dans la Bibliothèque de M. le Cardinal de Rohan, où se tenoit une espèce d'Académie politique, à laquelle présidoient les PP. Tournemine & Chamillard, Jésuites, l'Abbé de Saint-Pierre, le Ministre de l'Ambassadeur de Hollande, &c. Elle n'a pas subsisté longtems. Le projet de M. de Saint-Martin consistoit à placer vingt Phares pour toutes les Côtes du Royaume.]

Traités sur les Rivières & Canaux.

853. Les Fleuves de France; par Charles Estienne.

Charles Estienne, Docteur en Médecine, est mort en 1567. Ce Traité est imprimé avec ses *Voyages de la France* : *Paris*, 1553, *in-8.*]

854. Descriptio Fluminum Galliæ, quâ Francia est, operâ Papirii Massoni : *Parisiis*, Quesnel, 1618, *in-8.*

Eadem cum Notis Antonii-Michaëlis Baudrand : *Parisiis*, 1678, 1685, *in-12.*

Cet Ouvrage de Papire Masson, mort en 1611, est assez estimé. Il a été traduit en François ; mais cette traduction n'a pas encore été rendue publique.

☞ Ce Livre n'est pas une Description sèche & sans agrément. L'Auteur y a mis tout ce qui peut servir à l'éclaircissement des choses qu'il rapporte, à l'amusement du Lecteur. Les principales Rivières qu'il décrit, sont la Loire, la Seine, la Meuse, la Moselle, le Rhône, la Saône, l'Isère, la Durance, la Garonne, la Charente, &c. Il parle des Peuples, des Contrées par où elles passent, & des autres Rivières qu'elles reçoivent dans leur cours. On lui reproche de n'être pas toujours exact. Voyez sur cet Ouvrage le *Journal des Sçavans*, 1678, *Août*, & 1685, *Décembre*. = Le P. Nicéron, tom. *V.* pag. 193. = *Le Gendre*, tom. *II.* pag. 82. = *Lenglet*, *Méthode historique*, tom. *IV.* pag. 13.]

855. Gabrielis Lurbæi J. C. Garumna, Aurigera, Tarnis, Oldus, Duranius, Aturus, & Carantonius, cum Onomastico gallico omnium Aquitaniæ Urbium, &c. *Burdigalæ*, Millangii, 1593, *in-8.*

856. Liste des noms des Rivières Royales, & des Rivières & Ruisseaux descendans en icelles ; par C. de Lamberville, Avocat au Parlement & au Conseil.

Cette Liste contient les noms des Rivières Royales, de la Somme, de la Seine, de la Loire, du Rhône, de la Garonne & de la Charente. Elle est imprimée avec les *Discours politiques & économiques* du même Auteur : *Paris*, 1626, *in-12.*

857. Ms. Recueil des Fleuves, Rivières, Ruisseaux & Etangs de France ; avec le nom des Villes où ces Rivières passent ; fait en 1636 : *in-fol.*

Ce Recueil manuscrit se conserve dans la Bibliothèque du Roi, N.° 8731.

858. ☞ Ms. Description des Cartes géographiques & hydrographiques des Rivières de France, &c. avec l'annotation de leurs sources & de leurs navigations ; ensemble les Plans géométriques, topographiques, & perspectives des Villes & Places qui sont au long d'icelles Rivières : le tout curieusement recherché par Pierre Boyer Sieur du Parc : *in-fol.* 2 vol. *sans année*.

Ce Manuscrit, des Cartes duquel on a parlé ci-devant, N.° 731, est à la Bibliothèque du Roi, Cabinet des Estampes, & vient de l'Abbé de Marolles.]

859. Les Rivières de France, ou Description géographique & historique du cours & débordement des Fleuves & Rivières, des Fontaines, Lacs & Etangs qui arrosent les Provinces de France ; avec le dénombrement des Villes, Ponts, Passages, Batailles données sur leurs rivages, & autres curiosités remarquables dans chaque Province ; par Louis Coulon : *Paris*, 1644, *in-8.* 2 vol.

Ce Livre est curieux, mais il n'est pas toujours exact. ☞ Le premier volume, ou la première partie, comprend les Fleuves de France qui se jettent dans l'Océan, & toutes les Rivières petites & grandes qui se déchargent dans lesdits Fleuves. Le second volume, contient tous ceux qui se jettent dans la Méditerranée, & ceux des Côtes de Flandre & des Pays qui étoient de l'ancienne Gaule. Ce Livre est plein de recherches, non-seulement sur les Fleuves & Rivières, mais encore sur les Provinces, Villes & lieux qu'ils arrosent. Le défaut d'exactitude qu'on reproche à l'Auteur, n'empêche pas que son Ouvrage ne soit utile & nécessaire. C'est le seul qui soit entré dans un détail complet sur cette matière.]

860. Cours des principales Rivières de France.

Ce Traité est la première partie de celui qui est intitulé, *Cours des principaux Fleuves & Rivières de l'Europe* ; composé & imprimé par Louis XV, Roi de France & de Navarre, en 1718 : *Paris, in-4.* dans l'Imprimerie du Cabinet de Sa Majesté, dirigée par Jacques Collombat. L'Ouvrage est recommandable par sa singularité : on voit que l'Auteur & l'Imprimeur sont désignés dans le titre.

861. ☞ Ms. Visite des Ponts de Seine, Yonne, Armançon & autres ; faite en 1684 par le Sieur Bruant, Architecte du Roi ; avec les Plans dessinés par Pierre Bruant, son neveu : *in-4.*

Ce Manuscrit est indiqué, num. 952 du Catalogue de la Bibliothèque de M. Pelletier, qui a été vendue & distraite.]

862. ☞ Ms. Cours de la Seine, & des Rivières & Ruisseaux commerçans qui y affluent, levé sur les lieux par ordre de M. le Président Turgot, Prevôt des Marchands, & de MM. les Echevins de la Ville de Paris ; dressé par M. l'Abbé de la Grive, de la Société Royale de Londres, & Géographe ordinaire de la Ville de Paris, en 1732-1737 ; présenté en 1738 : *grand in-fol.*

Ces Cartes, qui sont au nombre de quatre-vingt-dix feuilles, sans compter divers Plans au dos, sont au Greffe de la Ville en original, & il y en a une belle copie à la Bibliothèque publique de la Ville, instituée par M. Moriau, Procureur & Avocat Général.]

863. ☞ Ms. Description de la Rivière d'Authie, & des lieux qu'elle parcourt depuis sa source jusqu'à son embouchure.

Ce Manuscrit est dans les Registres de la Société Littéraire d'Arras.]

864. ☞ Recherches sur le cours de la Rivière de Bièvre ou des Gobelins ; par M. Bonamy. *Histoire de l'Académie des Belles-Lettres*, tom. *XIV.* pag. 267-283.]

865. ☞ Discours sur l'inondation arrivée au Fauxbourg Saint Marcel-lès-Paris, par la Rivière de Bièvre, le lendemain de la Pentecôte 1625 ; & les moyens d'empêcher à l'avenir telles inondations, & conserver ladite Rivière à cause de son incomparable propriété pour les Teintures, nonobstant le détour des sources de Rongis, par le travail des Terres à brûler : *Paris*, Mondiere, 1625, *in-12.*]

866. ☞ Ms. Mémoire sur la navigation de la Rivière de Dordogne, lû à l'Académie de Bordeaux le vingt-cinq Août 1758 ; par M. Sarlat, de Domme en Sarladois, Correspondant de cette Académie.

Il est conservé dans ses Registres, ou son Dépôt.]

Geographie moderne générale.

867. ☞ Remarques sur la Garonne & Gironde, &c. *Variétés historiques*, tom. II. pag. 356-367.]

868. ☞ Relation générale du débordement de l'eau de la Garonne, & de toutes les Rivières qui se jettent dedans, arrivé le 9 Juin 1712 : *in-4.* sans nom de lieu.]

869. ☞ Relation d'un prodigieux débordement de quelques Rivières de la Gascogne (au mois de Juillet 1678); avec la recherche de la cause de cette inondation. *Journal des Sçavans*, 1679, Mai; & *Choix des Mercures*, tom. XXII. pag. 135 & suiv.]

870. ☞ Pancarte générale des Péages qui se levent sur la Rivière de Loire, & autres Fleuves y descendans : *Orléans*, Hotot, 1666, *in-8.*]

871. ☞ Réflexions historiques sur le Loiret, Rivière de l'Orléanois; par M. l'Abbé DE FONTENU. *Histoire de l'Académie des Belles-Lettres*, tom. XII. pag. 153-163.

On a observé ci-devant, N.° 737, que la Carte qui accompagne ces Réflexions n'est pas réputée bonne dans le Pays : il y a plusieurs choses à remarquer sur les Réflexions mêmes, où l'Auteur paroît avoir traité assez mal les Ecrivains Orléanois qui ont parlé avec éloge du Loiret. Voyez les *Mémoires de l'Académie des Sciences*, 1765.]

872. * Mf. Cours de la Rivière de Marne, depuis Paris jusqu'à Chaalons : *in-fol.*

C'est le num. 516 des Manuscrits de M. Baluze, à la Bibliothèque du Roi.

873. ☞ Mémoire pour rendre la Rivière d'Orne navigable, depuis son embouchure jusqu'à Caen, & même jusqu'à Argentan; par (M. DE LA LONDE, & par) M. BOUROUL, Ingénieur, Géographe du Roi : *Caen*, Chalopin, 1750.

Il y a d'autres Mémoires manuscrits sur le même sujet, par M. de la Londe, & ils sont conservés à Caen.]

874. * Bernardi MOLLERI, Rheni à primis fontibus usque ad Oceanum Germanicum Descriptio, carmine Elegiaco : *Coloniæ*, Haac, 1596, *in-8.*

875. ☞ Discours sur le Rhin; par M. Eustache GAULT.

Ce Traité a été fait par M. Gault, nommé à l'Evêché de Marseille, & mort en 1639. Il est cité dans l'*Histoire de Marseille*, par M. Ruffi, pag. 38 *de la seconde édition*. L'Auteur « y fait voir (dit-on) la naissance & » les raretés de toutes les Places & de toutes les Villes » qui sont arrosées par ce Fleuve. »]

876. ☞ Projet des Ouvrages à faire pour rendre le Rhône flottable & navigable depuis Genève jusqu'au Parc, distance de six grandes lieues.

Dans les *Pièces fugitives de M. le Marquis d'Aubais*, tom. II. pag. 135 *des Mélanges*.]

877. ☞ Mf. Mémoire sur la Rivière de Scarpe; par M. CAUWET, de la Société Littéraire d'Arras.

Il se trouve dans les Registres de cette Société.]

878. ☞ Source de la Seine, son cours, ses débordemens, leur cause, &c. par Henri SAUVAL.

Dans le Liv. III. de son *Histoire & recherche sur les Antiquités de Paris*, tom. I. pag. 195-208.]

879. ☞ Mf. Description du cours de la Seine, & des Rivières & Ruisseaux y affluans, dont les Cartes ont été levées sur les lieux par les ordres de M. Turgot, Prevôt des Marchands, &c. par M. l'Abbé DE LA GRIVE : 1736, *petit in-fol.*

Ce Manuscrit est au Greffe de la Ville, & il y en a une copie à la Bibliothèque publique de la Ville de Paris. On a indiqué ci-devant, N.° 862, le Recueil des Cartes.]

880. ☞ Eclaircissemens sur quelques débordemens de la Seine, & inondations arrivées à Paris sous le Règne de Saint Louis, révoquées en doute par Sauval; par M. l'Abbé LEBEUF. *Dissertations sur l'Histoire de Paris*, 1743, tom. III. pag. XXVIII-XLIV.]

881. ☞ Observations sur l'étendue & la hauteur de l'inondation (de la Seine à Paris) au mois de Décembre 1740; avec un Plan de Paris, où sont distinguées les parties inondées extérieurement, & celles qui l'étoient intérieurement dans les caves; par Philippe BUACHE. *Mémoires de l'Acad. des Sciences, année 1741*, pag. 335 & suiv.]

882. ☞ Mémoire sur l'inondation de la Seine à Paris au mois de Décembre 1740, comparée aux inondations précédentes; avec des Remarques sur l'élévation du sol de cette Ville; par M BONAMY. *Mémoires de l'Acad. des Belles-Lettres*, tom. XVII. pag. 675-708.]

883. ☞ Observations sur le débordement de 1764; par M. PASUMOT, Ingénieur du Roi, de la Société Littéraire d'Auxerre. *Journal de Verdun*, 1764, Juin, pag. 437-446.]

884. ☞ Mémoire sur les différentes crues de la Seine, lû à l'Assemblée publique de l'Académie Royale des Sciences, au mois de Novembre 1764; par M. DEPARCIEUX.

Il est dans les Registres de cette Académie.]

885. ☞ De la navigation de la Seine, au-dessus & au-dessous de Troyes; par M. GROSLEY, Avocat.

Les vues de cet excellent Patriote sur le rétablissement & les utilités de cette Navigation, se trouvent dans les *Ephémérides Troyennes de 1760*, pag. 66-74; *de 1761*, pag. 84-86; & *de 1764*, pag. 161-163.]

886. ☞ Mf. Mémoire sur le cours de la Somme, & des autres Rivières de la côte de Picardie, avec les moyens de les rendre toutes navigables; & sur les avantages de mettre en culture toutes les Vallées qu'elles arrosent; par M. SELLIER, Professeur des Arts, & de l'Académie des Sciences d'Amiens.

Ce Mémoire se trouve dans les Registres de cette Académie.]

887. ☞ Projet de navigation des Rivières de la Vere & du Tarn, dans le Diocèse d'Albi en Languedoc; par M. Bourroul, Ingénieur (avec une Carte) : *Paris*, Boudet, 1752, *in-4*.]

888. ☞ Lettre du Cardinal de Joyeuse à Henri IV. du 2 Octobre 1598, sur la jonction des deux Mers.

Dans l'*Histoire & les Mémoires du C. de Joyeuse*: 1654, *in-4. pag*. 239 & *suiv*.]

889. La conjonction des Mers, ou Discours de Charles Bernard, pour la communication de l'Océan avec la Méditerranée, par le moyen d'un Canal en Bourgogne : 1613, *in-4*.

L'Auteur est mort en 1640.

890. Lettres & Avis d'Etat sur la Navigation générale en l'association des quatre Rivières Royales navigables qui dégorgent dans l'Océan, avec l'état des difficultés formées, depuis l'an 1601 jusqu'en 1618; par de la Barilliere : (*Paris*) 1618, *in-8*.

891. * Abrégé des Voitures par la jonction des deux Mers; par C. de Lamberville, Avocat au Parlement & au Conseil : *Paris*, 1627, *in-12*.

892. Avis présenté au Cardinal de Richelieu, pour la jonction de la Mer Océane avec la Méditerranée; par Etienne Richot, Ingénieur du Roi, & Antoine Baudan, Maître des Ouvrages Royaux dans le Languedoc : *Paris*, 1633, *in-8*.

C'est le premier Projet du Canal de Languedoc.

893. Discours sur la jonction des Mers; par Charles Sorel : [*Paris*, vers l'an 1664) *in-4*.

894. Avis & sentimens de Pierre Petit, Intendant des Fortifications de Normandie, sur la jonction des Mers Océane & Méditerranée par les Rivières d'Aude & de la Garonne, & autres, plusieurs fois proposée : *in-4*.

895. ☞ Mf. Pièces concernant le Canal de Languedoc, avant sa construction.

Ces Pièces sont à la Bibliothèque du Roi, & aux Archives du Canal :

1. Arrêt du Conseil, du 18 Janvier 1663, qui ordonne qu'il sera fait descente sur les lieux, pour aviser aux moyens de parvenir à la jonction des deux Mers, dont il sera dressé Procès-verbaux.

2. Procès-verbaux des Commissaires nommés par le Roi & les Etats du Languedoc, en date du 7 Septembre 1664, & jours suivans, sur la vérification des ouvrages pour le Canal, d'après les Devis & Desseins présentés à Sa Majesté, par Pierre-Paul de Riquet, Seigneur de Bonrepos, en présence duquel ladite vérification a été faite.

3. Avis des Commissaires, du 19 Janvier 1665, sur la possibilité du Canal, & cependant ils jugent que, pour plus de sûreté de l'exécution, on pourroit faire un Canal de deux pieds pour en faire l'essai, & entreprendre plus hardiment un si grand ouvrage & aussi avantageux.

4. Arrêt du Conseil, du 27 Mai 1665, & commission sur icelui, qui ordonne, qu'en conséquence dudit Avis, il sera travaillé à ladite Rigolle d'essai de la pente & conduite des eaux, & commet à cet effet ledit Sieur Riquet de Bonrepos.

M. Colbert lui écrivit, le 14 Août 1665, en ces termes, que nous copions sur la Lettre originale qui nous a été communiquée :

» Monsieur, j'ai reçu vos deux Lettres, du dernier » Juillet & 4 Août, par lesquelles j'ai été très-aise de » voir l'espérance où vous êtes du succès du grand des- » sein de la jonction des Mers; & comme vous avez été » celui qui l'avez fait renaître dans notre tems, & qui » y avez donné les premières dispositions, vous ne de- » vez pas douter, qu'outre la gloire que vous en acquer- » rez, le Roi ne vous en sçache beaucoup de gré, » Sa Majesté ayant résolu de le faire exécuter par vos » soins, par préférence à tous autres. »

M. de Riquet, dont la famille noble étoit venue de Florence, avoit la Baronie de Bonrepos dès 1654; & c'est sans le moindre fondement que Piganiol, dans sa Description de la France, édition de 1718, & plusieurs autres après lui, ont dit qu'il étoit Directeur des Fermes de Languedoc : ce qui a été réformé dans l'édition de 1753, *tom. VI. pag*. 24. Voyez aussi le *Journal Economique*, 1755, *Mars, pag*. 71. On a eu également tort de dire que M. Andréossi, habile Mathématicien, qui aida beaucoup M. de Riquet dans son Projet, étoit Directeur des Gabelles : c'étoit un Gentilhomme de Lucques. Ses descendans sont encore Directeurs du Canal.]

896. ☞ Edit du Roi, pour la construction d'un Canal de communication des deux Mers, Océane & Méditerranée, pour le bien du Commerce, & autres avantages y contenus; donné à Saint-Germain-en-Laye, au mois d'Octobre 1666. Avec l'Arrêt & les Lettres-Patentes sur icelui, en interprétation dudit Edit, du 7 Octobre 1666 : *Paris*, Prault, 1757, *in-4*.

L'Edit, qui étoit resté manuscrit jusqu'à cette année, en exposant l'utilité du Canal, dont l'essai par la Rigolle avoit été heureusement exécuté, ordonne la construction dudit Canal, l'érige en plein-fief relevant de la Couronne, & lui attribue plusieurs droits & prérogatives; établit un droit de voiture sur toutes les marchandises qui y passeront, &c.

L'Arrêt & les Lettres-Patentes en interprétation, ordonnent que l'Adjudicataire du fief du Canal, ses héritiers & ayans-cause, en jouiront en toute propriété, pleinement & incommutablement, sans qu'il puisse être censé & réputé Domanial, ni qu'on puisse les en déposséder à l'avenir. L'Edit & les Lettres-Patentes ont été enregistrés au Parlement de Toulouse, à la Chambre des Comptes de Montpellier, & au Bureau des Finances de Toulouse, les 5, 16 & 27 Mars 1667.]

897. Mf. Rapport du Chevalier de Clerville, touchant le Canal de Languedoc : *in-fol*.

Mf. Dépêches du Chevalier de Clerville, sur le même sujet; trois volumes : *in-fol*.

Mf. Jonction des Mers.

Ces trois Manuscrits sont conservés dans la Bibliothèque de M. Colbert [aujourd'hui à la Bibliothèque du Roi.]

☞ M. de Clerville étoit Commissaire Général des Fortifications, avant M. de Vauban : il fut chargé par M. Colbert d'examiner le Projet de M. de Riquet, & d'en suivre les opérations.]

898. ☞ Traité de la mesure des Eaux courantes, de Benoît Castelli, Religieux du Mont-Cassin, traduit de l'Italien en François; avec un Discours de la jonction des Mers, adressé aux Commissaires députés par

Géographie moderne générale. 65

par Sa Majesté; ensemble un Traité du mouvement des Eaux, &c. *Paris*, Bobin, 1665, *in-8.*]

899. ☞ Relation du Port de Saint-Louis, au Cap de Seté (ou Cette) en Languedoc; & des Cérémonies qui y ont été faites en posant la première pierre, le 29 Juillet 1666: *Pézenas*, 1666, *in-4.*

Le 17 Novembre de la même année, on posa la première pierre à la première Ecluse du côté de Toulouse. Ainsi l'on commença à travailler à la fin & au commencement du Canal.

900. Lettre de [Louis] FROIDOUR, Grand-Maître des Eaux & Forêts de Toulouse, contenant la Relation & la Description des Travaux qui se font en Languedoc, pour la communication des deux Mers: *Toulouse*, 1672, *in-8.* [avec Figures & Cartes.]

Cet Auteur est mort en 1685 [& sa Lettre fut écrite à M. Barillon.]

901. ☞ Mémoire du Chevalier DE CLERVILLE, sur ce qui reste à faire au Port de Cette, pour enlever les sables & le perfectionner: *Montpellier*, 1677, *in-4.*

Le Port de Cette est l'embouchure du Canal de Languedoc, dans la Mer Méditerranée.]

902. ☞ Le Canal du Languedoc: *Mercure*, 1681, *Juin*, pag. 162-183, & *Choix des Mercures*, tom. *VIII.* pag. 161, tom. *IX.* pag. 121.

C'est une Description de ce Canal, & une Histoire des Opérations qui ont exécuté cette belle entreprise.]

903. La première Navigation sur le Canal de Languedoc, fait par ordre du Roi, pour la jonction des deux Mers: [*Lyon*, Jullieron, 25 Juin 1681] *Paris*, 1681, *in-4.*

904. ☞ Relation de ce qui s'est passé au départ des Barques à Castelnaudary, pour la Navigation générale du Canal Royal de Languedoc, contenue dans une Lettre écrite par une Personne de qualité à un de ses Amis en Cour (du 19 Mai 1681): *Castelnaudary*, *in-4.*]

905. ☞ Les Règles du jeu du Canal Royal de Languedoc, avec l'Explication de tous les travaux qui composent cet Ouvrage: *Castelnaudary*, 1682, *in-4.*]

906. ☞ Msf. Descritione del Canal Reale di communicatione de i due Mare, Oceano e Mediterraneo, in Linguadoca; da Francesco ANDREOSSY, *in-4. fig.*

Cette Description est indiquée num. 16369 du Catalogue du Maréchal d'Estrées. Andréossy, habile Mathématicien, étoit l'Ingénieur de M. de Riquet, & ce fut lui qui dressa les Mémoires & le Plan du Canal. Voyez ce que l'on en a dit ci-devant, N.° 895.]

907. ☞ Relation de la seconde Navigation du Canal Royal de la communication des Mers, faite au commencement d'Avril 1683; présens MM. d'Aguesseau, Intendant; la Fouille, Inspecteur; & Matthieu de Mourgues, Jésuite, envoyée à M. Colbert par ce Père: *Toulouse*, Boude, 1683, *in-4.*]

Tome I.

La même Relation, traduite en Italien, avec ce titre, Descrizione Idrografica del gran Canale Reale nella Provincia di Linguadoca, per la communicatione delli Mari Oceano e Mediterraneo, con la distinta relazione fatta dal P. Matteo DE MOURGUES, Gesuita, al signor Colbert, Ministro di Stato, per la Navigatione che seguì l'anno 1683 nel mese d'Aprile: Tratta dal Francese in Italiano, dal Commendatore D'ICARIA: *in Bologna*, 1685, *in-12.*

Cette Traduction est accompagnée d'un Plan du Canal de Languedoc, par Vincent CORONELLI, Frère Mineur, & Professeur public de Géographie à Venise.]

908. ☞ Pièce qui a remporté le prix de Poësie, par le jugement de l'Académie Royale d'Angers, en 1689, sur la jonction des deux Mers; par L. MAUMENET: *Paris*, le Clerc, 1689, *in-4.*]

909. ☞ Mss. Pièces concernant le Canal de Languedoc, après sa construction.

Ces Pièces, qui se conservent aux Archives du Canal, sont:

1. Procès-verbal de réception dudit Canal du 13 Juillet & jours suivans, 1684, par M. d'Aguesseau, Intendant du Languedoc, assisté du Père de Mourgues, chargé par Sa Majesté de l'Inspection du Canal, en présence du Sieur Gillade, Directeur Général du Canal, & ayant charge de M. de Riquet de Bonrepos.

2. Arrêt du Conseil du 26 Septembre 1684, rendu sur l'avis de M. d'Aguesseau, & du consentement de M. de Riquet de Bonrepos, Propriétaire du Canal, contenant le tarif des Droits de Voiture qui seront perçus sur les marchandises passant sur ledit Canal, & pour les personnes qui s'embarqueront sur les bateaux de poste, dans lequel sont compris les fers, plomb, & autres métaux, artillerie & munitions de guerre, les soldats & matelots; moyennant quoi M. de Bonrepos sera tenu d'entretenir en tout tems, en bon état de navigation, le Canal & ses dépendances.

3. Lettre de M. de Pontchartrain, Ministre, à M. de Basville, Intendant du Languedoc, du 30 Août 1691, contenant que, d'après les Arrêts du Conseil, les Droits demandés à Sa Majesté par les Propriétaires du Canal, leur sont dûs pour le passage sur icelui, des chiourmes, équipages de galères, des matelots, des canons & munitions; & que ce Droit doit être regardé comme un Droit de voiture, & non de péage.

4. Autre Lettre de M. de Chamillard, du 26 Janvier 1695, contenant la même chose; & que Sa Majesté considère comme Droits de voiture les Droits du Canal.

5. Déclaration du Roi du 6 Mai 1710, enregistrée au Parlement de Toulouse le 24 dudit mois, qui ordonne que le nouveau Droit de voiture sur le Canal, seroit payé à MM. de Riquet, Propriétaires dudit Canal, de même que les anciens Droits de voiture sur icelui, sans que qui que ce soit en puisse être exempt, même Sa Majesté, ses Fermiers, Traitans & Munitionnaires.

6. Procès-verbal de Visite du Canal, du 3 Mai 1728, par le Sieur Touros, Ingénieur du Roi.

7. Arrêt du Conseil, du 24 Août 1728, qui ordonne que les Propriétaires du Canal continueront, en la manière ordinaire, & dans les tems les plus convenables, à faire travailler aux ouvrages & réparations du Canal.]

910. ☞ Visite du Canal Royal de communication des Mers Océane & Méditerranée en Languedoc, faite en Octobre 1723: *Nancy*, Cusson, 1724, *in-4.*

Ce fut M. PAVILLIER, Ingénieur, qui fit cette Visite, & l'on en trouve un abrégé assez détaillé dans le tom. II. du Dictionnaire de M. l'Abbé Expilly, pag. 55-59.]

I

911. ☞ Aveu & dénombrement du Canal de Languedoc, rendu par MM. les Propriétaires (de Riquet) à la Chambre des Comptes de Montpellier; avec l'Arrêt de cette Cour du 8 Février 1740 : *in-4.* 10 pages.

912. ☞ Délibération des Etats de Languedoc, du 9 Mars 1754 : *in-4.* 47 pages.

Ces deux Imprimés sont sans nom de lieu. La Délibération des Etats rejette le Projet d'un Canal pour la Jonction de la Robine de Narbonne, au Canal Royal, & charge les Députés des Etats de faire connoître à Sa Majesté leurs allarmes sur un ouvrage aussi préjudiciable au Canal de communication des Mers, qu'il paroît peu utile à l'Etat. C'est ce qui est expliqué dans ladite Délibération.]

913. ☞ Avis & Devis de M. PITOT, pour donner de l'eau aux Fontaines de la ville de Carcassonne : à Montpellier le 12 Février 1743 : *in-fol.* 20 pages.]

914. ☞ Instruction pour les Intéressés aux Projets de Navigation des Rivières de Vère & du Tarn, dans le Diocèse d'Albi en Languedoc; par M. BOURROUL, Ingénieur du Roi : *Montpellier*, Martel, 1741, *in-fol.* 19 pages.]

915. ☞ Mémoire pour le Syndic & Commissaire ordinaire de la Direction des Affaires de la Ville & Diocèse d'Albi en Languedoc, & le Corps des Marchands & Négocians de la même Ville & Diocèse : *in-fol.* 7 pages.]

916. ☞ Mémoire pour servir d'instruction & de réplique aux Réfutations qui ont été faites par la Ville & Communauté de Gailhac, sur le Projet de la Navigation de la Rivière de Vère en Albigeois : *in-folio*, 33 pages.]

917. ☞ Acquiescement de la Province de Languedoc, pour l'exécution du Projet formé par le Sieur Bourroul, Ingénieur du Roi, de rendre navigable la Rivière de Vère, & de dériver les eaux du Tarn au-dessous de Saint-Géry en Albigeois, pour former un Canal dans la plaine jusqu'au-dessous de Montant, vis-à-vis Gailhac : *Montpellier*, Rochard, 1749, *in-4.* 3 pages.]

918. ☞ Arrêt du Conseil d'Etat du Roi, & Lettres-Patentes sur icelui, qui permet au Sieur Jean Bourroul, Ingénieur, & à ses Associés, de construire un Canal de Navigation sur la Rivière de Vère; comme aussi de rendre la Rivière du Tarn navigable, depuis Gailhac jusqu'à Saint-Géry; des 4 Septembre & 14 Octobre 1752 : *Montpellier*, Martel, 1752. *in-4.* 24 pages.]

919. ☞ Projet de Navigation des Rivières de la Vère & du Tarn; par M. Bourroul, Ingénieur : *Paris*, Boudet, 1752, *in-4.* 25 pages.

On y a joint la Carte particulière du cours des Rivières de Garonne, du Tarn, de l'Aveirou & de la Vère, dans le Diocèse d'Albi; par le Sieur Bourroul : *in-fol.*]

920. ☞ Nouvelles Lettres-Patentes accordées aux Entrepreneurs des Canaux de la Vère & du Tarn, en date du 22 Juillet 1755 : *Paris*, Boudet, 1755, *in-4.* 25 pag.]

921. ☞ Avis de Claude CHATILLON, Châlonois, au Roi & à la Reine, touchant le Canal & la Navigation du côté de Paris : *Paris*, 1611, *in-4.*

922. ☞ Remontrance au Cardinal de Richelieu, touchant le grand Canal de Paris : *in-4.*]

923. ☞ Cause du Déluge au Fauxbourg Saint Marcel à Paris en 1625, & les moyens de l'empêcher à l'avenir; par C. DE LAMBERVILLE.

Ce Traité est imprimé avec les Discours politiques & économiques du même Auteur : *Paris*, 1626, *in-12.*

924. ☞ Requête & Offres faites au Roi, pour faire une Rivière dans les Fossés de l'un des côtés de Paris; avec un *Rut* pour servir à l'Hôpital de S. Louis : *Paris*, Hulpeau, 1625, *in-4.*]

925. ☞ Le véritable Avis présenté au Roi & à la Reine Régente, & à Nosseigneurs du Conseil, & Habitans de Paris, le 27 Juillet 1651, touchant le Canal qui est à faire pour empêcher la crue des eaux, & commencera au-dessous de Creteil, & viendra prendre à la Porte du Temple à Paris; par DE MARSAY : (*Paris*, 1651) *in-4.*

926. ☞ Discours touchant les remèdes qu'on peut apporter aux inondations de la Rivière de Seine dans Paris, avec la Carte nécessaire; par Pierre PETIT, Intendant des Fortifications : *Paris*, Rocolet, 1658, *in-4.*

927. ☞ La Résolution prise dans l'Assemblée générale de l'Hôtel-de-Ville de Paris, tenue pour le Canal, au mois de Juillet 1658 : *Paris*, 1658, *in-4.*

928. ☞ Mss. Pièces sur un Canal de l'Ourcq à Paris, commencé en 1677; par M. DE RIQUET, Auteur & Inventeur du Canal de Languedoc.

Elles sont au Greffe de la Ville de Paris, & entre les mains de MM. de Riquet. Les Lettres-Patentes du mois de Juillet 1676, qui donnent une idée du Projet, permettent de faire construire un Canal avec des Ports autour de la Ville de Paris, pour servir de refuge aux Bateaux dans les tems des glaces & des grosses eaux, débarrasser la Rivière de Seine, & en rendre la navigation plus commode, nettoyer les Egoûts, augmenter le nombre des Fontaines publiques, &c. se servant des eaux de la Rivière d'Ourcq, prises au-dessus de la Terre de Gesvres, & conduites par un Canal navigable, &c. En conséquence de ce Privilège, M. de Riquet fit commencer les travaux depuis le Bourg de Lisy jusqu'à Meaux : il y employa environ quatre cens mille livres; mais sa mort, arrivée en 1680, arrêta un travail si utile.

Le projet, par rapport à Paris, fut repris d'une autre façon, vers 1736, par M. de Riquet, Comte de Caraman, son petit-fils. Le Canal alors devoit aller de la Rivière du Crou, au-dessus de Saint-Denis, jusqu'à la pointe de l'Arsenal.

929. ☞ Mss. Mémoires sur le Projet d'un Canal de Dieppe à Pontoise & à Paris.

Les Pièces sont entre les mains de MM. de Riquet. Le projet de ce Canal avoit commencé à être formé vers 1710, par le Sieur de Fumechon, & l'on comptoit y joindre les Rivières de Neuchâtel, d'Epte & de Vionne, pour le conduire à Pontoise. Il en fut question de nouveau en 1727, de concert avec M. de Riquet de Caraman, & alors on pensa à conduire ce Canal jusqu'à Paris, au-dessus de l'Arsenal.]

930. ☞ Mémoire instructif (avec Pièces) concernant le Canal de Conti; par M. le Chevalier DAUDET: *Paris*, 1733, *in-4*.

Le Catalogue de M. Bellanger indique à ce sujet, num. 635, plusieurs Pièces *in-fol.* & *in-4*. Ce Canal devoit prendre sur l'Oise à l'Isle-Adam, Terre de M. le Prince de Conti, passer par Saint-Denis, & venir de-là à la pointe du Bastion de l'Arsenal.]

931. ☞ Mémoire sur la possibilité d'amener à Paris, à la même hauteur à laquelle y arrivent les eaux d'Arcueil, mille à douze cens pouces d'eau (de la Rivière d'Yvette) belle & de bonne qualité, par un chemin facile, & par un seul Canal ou Aquéduc ; par M. DEPARCIEUX. *Mémoires de l'Académie des Sciences*, 1762, pag. 337 & *suiv*.

L'Auteur commence par un détail des différens Aquéducs construits en France par les Romains, & de quelques autres plus modernes ; après quoi il vient à son Projet.]

932. ☞ Discours sur la manière d'élever du Rhône un Canal d'eau dans l'Hôtel de la Charité de Lyon ; sur la manière d'y faire un Pont sur la Saone, de préserver ladite Ville des inondations, de la peste, &c. enfin de rendre la Loire navigable en toutes saisons ; par le P. Thomas BERTON, Jacobin : *Lyon*, Barbier, 1656, *in-4*.]

933. ☞ Articles accordés à Jacques Guyon & Guillaume Bouteroue, Entrepreneurs du Canal de Loire (par Briare) suivant la Déclaration du Roi, vérifiée en Parlement ; le tout pour la commodité du Public, & de toutes les Marchandises qui viendront de Provence, Languedoc, Auvergne, Lyonnois, Bourbonnois, & autres endroits de la France : *Paris*, Mestais, 1639, *in-8*.

Le Canal de Briare, commencé sous Henri IV. ne fut achevé que sous Louis XIII.]

934. ☞ Lettres-Patentes accordées par le Roi, pour la communication des Rivières de Loire & de Seine, appellé le Canal de Briare, du mois de Septembre 1638 ; (avec diverses autres Pièces à ce sujet) : *Paris*, Debats, 1731 & 1739, *in-4*.]

935. ☞ Edit du Roi, portant permission de faire construire un Canal de Navigation, à commencer depuis la Rivière de Loire près d'Orléans, jusqu'à celle de Loing, qui tombe dans la Seine : *Paris*, 1669, *in-4*.

936. ☞ Mémoire pour le Procureur Général de MONSIEUR, contre les Intéressés au Canal d'Orléans, & sa Requête. = Mémoire desdits Intéressés. = Factums & Pièces : *in-fol.*]

937. ☞ Edit pour le dessèchement des Marais & Terres inondées de Bourgogne : 1650, *in-4*.]

938. * Projet d'un Canal en Bourgogne, pour la communication des deux Mers ; par le Sieur (Antoine L'ECUYER) DE LA JONCHÉRE, Ingénieur : *Dijon* (1718) *in-12*.

☞ M. de la Jonchére, né à Montpensier en Auvergne, s'est signalé au sujet de ce Canal, d'une manière qui ne lui a point fait honneur, comme on le verra par les Pièces suivantes. Il s'agissoit dans son Projet de faire une communication de l'Ouche, qui passe à Dijon, avec la Brenne, par Sombernon. Or la Brenne se jette dans l'Armançon, qui tombe dans l'Yonne, & l'Yonne dans la Seine. L'Ouche, d'un autre côté, se jette dans la Saone, qui tombe dans le Rhône.]

939. * Mémoire en forme de Réponse au Projet de M. de la Jonchére ; (par M. J. B. DE LA LOGE DE CHATELLENOT) : *Dijon* (1718) *in-12*.

[On y suit à peu près le Projet précédent ; mais on prend Pouilly pour point de partage.]

940. * Réflexions sur les Projets du Canal pour la communication des deux Mers ; par le Sieur MORIN, Ingénieur: *Dijon*, 1718, *in-4*.

Ces Réflexions sont faites en faveur du Projet de M. de la Jonchére.

941. ☞ Observations sur le Plan du Canal de Bourgogne, présenté à Nosseigneurs des Etats Généraux par le Sieur de la Jonchére : *Dijon* (1724) *in-12*.

L'Auteur proposoit de joindre l'Ouche à l'Armançon, près de Pouilly. Au reste, ce n'est pas seulement dans ce siècle que la communication des deux Mers par la Bourgogne, a attiré l'attention du Gouvernement. En 1501, Louis XII. donna ses Lettres, pour rendre la Rivière d'Ouche navigable, & nomma des Commissaires pour reconnoître son cours.

Du tems de Henri IV, il y eut des Lettres-Patentes données sur Arrêt du Conseil, du 17 Août 1606, pour la levée de quarante sols sur chaque hémine de farine de bled à faire le pain des Boulangers, ou ouvrages de Pâtissiers, en la Ville de Dijon, tant & si longtems qu'il seroit besoin, pour les frais de la construction d'un Canal, pour rendre la Rivière d'Ouche navigable, depuis Dijon jusqu'à la Rivière de Saone, qui passe à Saint-Jean-de-Losne.

Arrêt de vérification desdites Lettres au Parlement de Bourgogne, à condition que lesdits quarante sols seront levés sur les Boulangers seulement, & non sur les Pâtissiers, pendant le tems d'un an, dans lequel tems le Vicomte-Mayeur, & les Echevins de la Ville de Dijon, feront niveller, toiser, & mettre par écrit le dessein particulier dudit ouvrage, pour, le Procès-verbal rapporté à la Cour, être pourvû sur la continuation de la levée dudit subside, ou autrement, ainsi qu'il appartiendra.

Depuis ce tems, on n'a point perdu de vue ce Projet ; mais on ne s'en est jamais tant occupé que sous ce Règne : cependant sa possibilité est encore un problême. On n'est guères plus d'accord sur l'endroit par où on doit faire passer ce Canal, & sur l'utilité qu'il apporteroit à la Bourgogne. Ce qu'il y a de sûr, c'est que la portion qui s'étendroit de Dijon à Saint-Jean-de-Losne, sur la Saone, est facile, & produiroit beaucoup de commerce à la Ville de Dijon.]

942. ☞ Mémoire, ou Rapport de MM. GABRIEL & ABEILLE, sur la Visite des différens points de partage proposés ; avec le Décret des Etats : (*Dijon*) 1724, *in-8*.

On trouve à la suite une Lettre singulière, contenant des Notes sur cette opération. Elle pourroit bien être de M. de la Jonchére, dont elle favorisoit le projet.]

943. ☞ Lettres sur les Canaux proposés, pour former la jonction des Mers par la Bourgogne, écrites à une Personne de la première qualité (en 1724 & 1725) ; par M. (Louis) THOMASSIN, Ingénieur du Roi : *Dijon*, de Fay, 1726.

Seconde Edition, présentée à MM. les Elus Généraux des Etats de cette Province : *Dijon*, 1727, *in-8*.

Ces Lettres sont intéressantes & curieuses. On trouve à la tête un Avertissement sur ce qui s'étoit passé jusqu'alors au sujet des Canaux proposés en Bourgogne ; cependant il n'y est point fait mention de ce que nous avons observé ci-dessus sur Louis XII. Henri IV. &c. La première Lettre examine les deux Projets du Sieur de la Jonchére & de l'Anonyme : ensuite M. Thomassin, après avoir prétendu qu'ils sont impossibles, propose le Projet, facile selon lui, d'un Canal à faire par les Etangs de Long-pendu, près de Montcenis. De ces Etangs sort d'un côté la Brébince, dont l'eau coule dans la Loire, & de-là dans l'Océan ; d'un autre côté, la Dehune, qui, tombant dans la Saone, porte ses eaux ensuite, par le Rhône, dans la Mer Méditerranée. La seconde Lettre, contient des Remarques sur les Observations du Sieur de la Jonchére ; & la troisième, une Réplique à la Réponse de M. Abeille à un Mémoire de M. Thomassin. A la fin de cette Brochure (de 70 pages) sont quelques Pièces sur le même sujet.]

944. ☞ Procès-verbal & Reconnoissance de la possibilité du Canal de Bourgogne (à Pouilly) ; par MM. ABEILLE & GABRIEL : *Dijon*, 1727, *in-fol.*]

945. ☞ Dissertation sur le choix que l'on doit faire entre les principaux Projets donnés pour la jonction des deux Mers, par la construction d'un Canal en Bourgogne ; présentée au Roi par le Sieur (MICHON) DE TOURTEREL, Garde-du-Corps de Sa Majesté ; avec une Carte de la France, où est décrite la Route de cette jonction : *Dijon*, 1727, *in-8*.

L'examen des trois Projets de M. de la Jonchére, de M. Thomassin & de M. Abeille, est l'objet de cette Brochure, qui mérita à son Auteur le titre d'Ingénieur-Géographe de Sa Majesté. Le Projet de M. Abeille est le plus simple & le plus avantageux aux yeux de M. de Tourterel, qui réunit ses efforts pour le défendre contre les objections de M. Thomassin & autres. Voyez les *Mémoires de Trévoux*, 1728, *Mars*, pag. 482.

L'Auteur se nommoit Claude-Philibert Michon : il étoit né à Bourg en Bresse, d'un bon Bourgeois du pays. Il fut pendant quelque tems Jésuite, & ensuite Avocat à Dijon. Il épousa une Nièce de M. le Loup, Président de l'Election de Bourg, & se mêla de commerce de Vin. Ses affaires s'étant dérangées par sa faute, il se réfugia à Dijon, dans le Logis du Roi, pour éviter la poursuite de ses Créanciers. MM. Gabriel & Abeille, l'ayant connu homme d'esprit, & propre à entrer dans leurs vues, lui obtinrent une place de Garde-du-Corps, & ce fut ensuite qu'il prit le nom de Tourterel. Il composa sa Dissertation pendant sa retraite au Logis du Roi.]

946. ☞ Factum pour le Sieur DE LA JONCHÉRE, contre les Etats Généraux de Bourgogne & les Examinateurs nommés à la vé-

*rification d'un Canal proposé dans cette Province, &c. 1728, *in-8*.

M. de la Jonchére étoit alors en Angleterre, où il s'étoit retiré, comme il le dit, *pag*. 36. Dans sa Requête au Roi, il avance qu'il a dépensé plus de cent cinquante mille livres de son patrimoine, pour l'entreprise de ce Canal.]

947. ☞ . Justification du Livre intitulé, Factum pour le Sieur de la Jonchére, &c. par le même (1728) *in-8*. 24 pages.

L'Auteur s'y plaint que les Elus de Bourgogne ont supprimé tous les exemplaires qu'ils ont pu découvrir à Dijon de ce Factum, & qu'à Paris le Commissaire & un Exempt enlevèrent dans sa Chambre les exemplaires de cette Pièce, tous les Papiers & Manuscrits, & même les Lettres qu'ils y trouvèrent. Il dit, *pag*. 4, que pendant son séjour en Hollande, il donnoit un Journal deux fois par semaine, & qu'il n'y a rien mis contre la France. Il défie, *pag*. 15, que dans le Plan, le Devis, & le Procès-verbal en question, on puisse lui faire voir aucun trait de physique, ou même les attentions nécessaires à un Ingénieur qui veut se mettre en état d'exécuter une entreprise de cette nature. Il offre de former en une année la communication réciproque de toutes les Provinces du Royaume pour trois millions : ce qu'il répète *pag*. 19. Il demande, *pag*. 24, à son Eminence M. le Cardinal de Fleury, la restitution du Livre qu'on a saisi, parceque ce Livre & sa lecture intéressent, dit-il, non-seulement l'honneur du Suppliant, mais encore tout l'Etat.

» Si nous avions été en tems de guerre, ajoute-t-il,
» *pag*. 21, j'aurois pu me distinguer autrement. Peut-
» être n'aurois-je pas été embarrassé de faciliter le gain
» de quelque bataille, avec des troupes fort inégales ;
» pareillement d'assurer les convois & les fourrages contre
» les partis les plus nombreux, & d'arrêter, moi sixième,
» un Régiment, même une armée dans certains cas, &c.
» Ces idées paroissent extravagantes : elles sont établies
» sur des principes incontestables de Physique, de Méchanique & de Géométrie. » Il cite sur cela l'invention de la Poudre, des Canons, &c. On peut juger par ces échantillons de la sagesse de cet Auteur.]

948. ☞ Observations du Sieur de la Jonchére, sur le Devis & le Procès-verbal dressés par le Sieur Gabriel, &c. sur le Projet d'un Canal proposé en Bourgogne par le Sieur Abeille ; dans lesquelles on fait voir qu'il n'y a pas un seul article qui ne soit défectueux, quoique cet Ouvrage ait paru généralement approuvé ; & qu'en conséquence, il se soit présenté plusieurs Compagnies pour l'exécuter. Brochure *in-8*. de 40 pages.

949. ☞ Abrégé de ce qui s'est fait & passé en Bourgogne, au sujet du Canal pour la communication des deux Mers, proposée par l'Armançon ; avec l'Etat des dépenses & du bénéfice que les Intéressés peuvent en tirer ; par le même : *Paris*, 1730, *in-8*. 40 pages.

Ces deux derniers Ouvrages furent présentés par l'Auteur en 1730, aux Etats de Bourgogne ; avec une Requête, dans laquelle il demandoit une récompense, &c. On mit en marge, que le Demandeur justifieroit des ordres de la Province ou du Prince, pour avoir travaillé, &c.]

950. ☞ Nouveaux Mémoires, contre le Projet & l'Examen de la jonction de la Saone à la Seine par Dijon, dans lesquels on dé-

Géographie moderne générale.

montre l'impossibilité de cette entreprise; présentés à S. A. S. M. le Duc, Gouverneur de Bourgogne, par M. THOMASSIN, Ingénieur ordinaire du Roi: *Dijon*, 1733.

On trouve à la tête un Avertissement historique, & à la fin une Carte des Rivières & des endroits cités pour l'intelligence des différens Projets.]

951. ☞ Prospectus du Canal de Bourgogne; par M. Nicolas BAUDEAU: 1763, *in-*12.]

952. ☞ Mf. Dissertation historique & critique sur les Canaux proposés en Bourgogne; par M. GELOT, de l'Académie de Dijon.

Cette Dissertation, lûe à l'Académie le 22 Juillet 1763, est entre les mains de l'Auteur.]

953. ☞ Prospectus du Canal de Bourgogne, pour la jonction des deux Mers par le centre du Royaume; par M. IDLINGER, Baron D'ESPULLER, Ingénieur, ancien Capitaine d'Infanterie, & Chevalier de Saint-Louis: *Paris*, Claude-François Simon, 1763, *in-*8.]

954. ☞ Lettre de Madame Abeille sur ce Prospectus. *Journal des Sçavans*, 1764, *Juin, aux Nouvelles Littéraires, pag.* 381.]

955. ☞ Réponse au Prospectus du Canal de Bourgogne, pour la veuve du Sieur Abeille, & les Sieurs & Dames Abeille ses enfans: *Paris*, 1764, *in-*8.]

956. ☞ Mémoire sur le Canal de Bourgogne, qui a remporté le prix de l'Académie de Dijon: *Paris*, Desprez, 1764, *in-*8.

L'Auteur y fait voir, que les avantages qui doivent en résulter, balanceront, ou plutôt surpasseront les inconvéniens. Cet Auteur est M. THOMAS DU MOREY, Ingénieur en chef des Etats de Bourgogne.]

957. ☞ Mémoire (sur le même sujet) qui a mérité l'*Accessit*, au jugement de la même Académie; par M. LE JOLIVET fils, Architecte, Sous-Ingénieur des Ponts & Chaussées de la Province de Bourgogne: *Dijon*, Causse, 1764, *in-*8.

Le but de ce Mémoire est, comme celui du précédent, de proposer tous les moyens d'exécuter, relativement aux intérêts de la Bourgogne, le Canal projetté en cette Province pour la communication des deux Mers par la jonction de la Saone à la Seine.]

958. ☞ Mémoire présenté aux Etats de Bretagne, tenus à Rennes en 1746 (pour la construction de trois Canaux dans cette Province; par M. François-Joseph DE KSAUSON, Membre des mêmes Etats, & de l'Ordre de la Noblesse): *Rennes*, Vatar, 1748, *in-*8. & *Mercure*, 1748, *Octobre, pag.* 30-52; & *Novembre, pag.* 3-18.

Ce sont trois Projets, dont le premier est de joindre par un Canal les Rivières de Rance & de Vilaine, & de rendre la Rance navigable depuis l'embranchement de ce Canal dans cette Rivière, jusqu'à la Mer. Le second tend à procurer une communication réciproque entre les Rivières d'Ould & de Blavet, & depuis cette communication, une navigabilité continuelle jusqu'à la Mer. Le troisième, est d'entreprendre la cavation d'un Canal, qui établira une communication mutuelle entre la Loire & la Vilaine.]

959. ☞ Observations sur l'abus du Canal de Chaulny, contre César-Arnauld de Rusticis, Entrepreneur, & Consorts.

C'est une plainte formée par les Maire & Jurés de la ville de Chaulny, où ils montrent que ce Canal, au lieu d'être utile, n'a servi qu'à détériorer & endommager considérablement les terres, bois, vignes & les maisons voisines de la Rivière. Elle se trouve à la fin des *Coutumes réformées du Bailliage de Chaulny*: Paris, 1641, *in-*4.]

960. ☞ Instruction générale pour les Intéressés au Canal de Picardie: *Paris*, Simon, 1728, *in-*4.

Cette Brochure contient, 1.° une Notice générale de tout le dispositif de ce Canal, & des trois Opérations projettées en 1728, pour rendre l'Oise navigable, depuis Chaulny jusqu'à Sissi; tirer ensuite un Canal de l'Oise à la Somme, depuis Sissi jusqu'à Saint-Quentin; rendre enfin la Somme navigable depuis Saint-Quentin jusqu'à Amiens. 2.° L'Edit du Roi, qui accorde la permission de faire ce Canal, & quelques autres Edits & Arrêts en conformité. 3.° Le Tarif général & détaillé des Droits du Roi sur la Navigation du même Canal. 4.° Le Traité fait entre les Sieurs de Marcy, Crozat, & autres Intéressés dans cette affaire. *Mémoires de Trévoux*, 1728, *Septembre, pag.* 1735.]

961. ☞ Seconde Instruction pour les Intéressés au Canal de Picardie, avec une Carte particulière de ce Canal; Septembre 1728: *Paris*, Simon, 1728, *in-*4.

Il y a encore eu trois autres Mémoires au sujet de ce Canal.]

962. ☞ Canal de Picardie: Devis des ouvrages nécessaires à faire pour la construction du nouveau Canal, projetté le long de la Rivière de Somme, &c. *Paris*, 1732, *in-*4.]

963. ☞ Mémoire sur un objet intéressant pour la Picardie, ou Projet d'un Canal & d'un Port sur ses Côtes: *La Haye* (*Abbeville*) 1764, *in-*8.

Ce Mémoire consiste en deux Lettres, dans la première desquelles il propose de faire d'Amiens un Port de Mer, & dans la seconde, de rétablir celui du Crotoi, sur la rive droite de la Somme.]

964. ☞ Lettre de l'Auteur du Mémoire intéressant pour la Province de Picardie: *La Haye* (*Abbeville*) 1764, *in-*8.

Quelques objections, opposées au Projet précédent, ont fait naître cette troisième Lettre, où l'Auteur donne un nouveau détail des avantages qui résulteroient de son Plan, pour la Ville d'Amiens, & même pour celle d'Abbeville. Un *Post-scriptum* qu'il y a joint, concerne le Port de Saint-Valery, dont l'emplacement ne paroît point susceptible des améliorations proposées pour Amiens. On trouve un extrait de cette Réponse dans le *Journal Economique*, 1764, *Novembre, pag.* 485.]

965. ☞ Les Souhaits d'une heureuse année, suivie de plusieurs autres; adressés à M. DE ****, à Abbeville, en réponse au nouveau Projet d'un Canal dans la Picardie, & d'un Port à Amiens, qui entraîneroit la destruction d'Abbeville & de Saint-Valery, &c. *Amsterdam* (*Paris*, Vincent) 1765, *in-*8.]

LIV. I. *Préliminaires généraux de l'Histoire de France.*

966. ☞ Trois Mémoires, ou Observations, présentés au Conseil d'Etat du Roi, sur le Projet proposé par M. DE LA GUERONIERE, pour la construction d'un Canal en Poitou, depuis Chabannois jusqu'à Châtelleraut : *Paris*, 1724.

Voyez le *Journal de Verdun*, 1724, *Juin*, *pag.* 409-411.]

967. ☞ Réflexions sur les avantages d'un Canal projetté dans le Pays d'Aulnis ; par M. ARCÉRE.

Elles sont dans son *Histoire de la Rochelle*, tom. II. *pag.* 474 & *suiv.*]

968. ☞ Projet d'un Canal en Provence, sur la route de Marseille à Lyon, depuis Saint-Chamas jusqu'à Douzères en Dauphiné. = Lettres-Patentes sur Arrêt du Conseil, du 4 Mai 1718, & autres Pièces : *in*-4.

Le Projet promettoit beaucoup, & il étoit annoncé par le Sieur CIPRIAN, fils d'un Proto-Notaire d'Avignon, qui n'entendoit pas ces sortes d'ouvrages. On s'y intéressa vivement à Paris ; mais cependant, après une Visite exacte faite sur les lieux, tout fut abandonné, & les Intéressés n'éprouvèrent pas ce qui étoit arrivé quelques années auparavant dans la même Province, au sujet des Canaux de Crapone & de Robinet, dont les Intéressés ont été ruinés.]

969. ☞ Avis intéressant sur le Canal de Provence ; (par le Sieur FLOQUET, Ingénieur Hydraulique) : *Aix*, 1740, *in*-4.]

970. ☞ Traité, ou Analyse d'un Canal projetté, pour dériver une partie des eaux de la Durance, pour Aix, Marseille & Tarascon ; par le Sieur FLOQUET : *Marseille*, 1742, *in*-8.]

971. Explication des moyens proposés pour faciliter la construction du Canal de Provence : *Aix*, 1742, 1743, *in*-8.]

972. ☞ Canal de Provence : Convention portant cession & transport d'intérêt dans le Canal de Provence : 1743, *in-fol.*]

973. ☞ Devis des ouvrages à faire pour la construction du Canal de Provence, depuis la Durance jusqu'à son embouchure dans la Mer ; par M. FLOQUET : *Marseille*, 1746, *in*-8.]

974. ☞ Canal de Provence, ou d'Aix & de Marseille, qui aura sa source dans la Durance près du Lac de Mirabeau, & se terminera dans la Mer à Marseille ; avec une Carte du Canal projetté ; par le Sieur FLOQUET : 1749, *in-fol.* 9 pag.]

975. ☞ Canal de Provence : Projet de Souscription, proposé par la Compagnie des Actionnaires, Propriétaires du Privilège du Roi, pour la dérivation des eaux de la Durance : 1749, *in-fol.*]

976. ☞ Canal de Provence, son utilité, sa possibilité, &c. 1750, *in*-4.]

977. ☞ Canal de Richelieu en Provence, & dépendances : Délibérations de l'Assemblée générale des Intéressés au Canal de Richelieu en Provence, projetté par M. Jacques-André FLOQUET, Ingénieur Hydraulique, tenue à Paris le 18 d'Avril 1752 ; & de l'Assemblée des Syndics de la Compagnie desdits Intéressés, tenue en la même Ville le 22 Juin suivant : *Paris*, le Mercier, 1752, *in*-8.]

978. ☞ Mf. Mémoire préliminaire justificatif du Projet d'Edit que l'on demande pour la construction d'un Canal Royal en Provence, adressé au Parlement d'Aix, à la Cour des Comptes d'Aix, & aux Trésoriers de France en Provence : *in-fol.*

979. ☞ Mf. Mémoire instructif sur le Canal de Provence, à l'occasion de l'acquisition qu'a faite une nouvelle Compagnie des Droits d'une Compagnie précédente : 1759, *in-fol.*

980. ☞ Mf. Précis du Mémoire instructif de la nouvelle Compagnie du Canal de Provence, avec des Pièces justificatives : *in-fol.*

Ces trois Manuscrits étoient dans la Bibliothèque de Madame la Marquise de Pompadour, qui a été vendue en l'année 1765.]

981. ☞ Abrégé historique du Canal de Provence : *Paris*, P. G. Simon, 1762, *in*-4. avec une grande Carte du cours de ce Canal.]

982. ☞ Mémoire sur le Canal de Provence, du 27 Novembre 1764, contenant en abrégé l'objet, la nature & les avantages de cette entreprise, les principaux arrangemens du Sieur Floquet, Auteur de ce Canal, & des deux Compagnies que cet Ingénieur a formées successivement ; & enfin l'état actuel du Projet : *Paris*, Simon, 1764, *in*-4. 78 pages.]

983. ☞ Motifs & avantages de la construction du Canal projetté pour ce qui regarde la ville d'Avignon, celle de Carpentras, & de tout le Pays du Comtat : *in*-4. *sans date ni lieu d'impression*, 16 pages.]

984. ☞ Discours sur les Ouvertures, vulgairement appellés *Graus*, par lesquels les Etangs & quelques Rivières de Languedoc se déchargent dans la Mer ; par Louis DE CLERVILLE : 1665, *in*4.]

985. ☞ Mémoire abrégé, concernant le desséchement des Marais du Bas-Languedoc, & construction d'un Canal de Navigation, depuis Beaucaire jusqu'à l'Etang de Mauguio : *in-fol.*

On trouve à la fin, des Lettres-Patentes de 1702, & des Arrêts du Conseil de 1716, 1738, 1739.

Il y a encore diverses Remarques sur de pareils Canaux, faits ou à faire en Languedoc, dans le Mémoire de M. de Bâville, Intendant, dressé en 1698, pour l'instruction de M. le Duc de Bourgogne, en même tems que ceux des autres Généralités du Royaume.]

986. ☞ Extrait des Observations & Opérations qui ont été faites en 1740 dans le Bas-

Languedoc [pour le desséchement de plusieurs Marais]; par M. PITOT. *Mémoires de l'Académie des Sciences*, 1741, pag. 265-279.

Il s'agit ici de ce qui avoit rapport au Canal de Beaucaire, à l'Etang de Mauguio. Les différens Particuliers, qui se sont intéressés, soit pour l'exécution du Projet, soit pour le détourner, ont fait paroître plusieurs Mémoires, Avis, Réfutations, &c. imprimés à Montpellier en 1739 & années suivantes; ce qui peut composer un assez bon volume *in-fol.*]

987. ☞ Mémorial alphabétique des Eaux & Forêts, Pêches & Chasses ; par Michel NOEL : *Paris*, 1737, *in-*4.]

SECTION II.
Géographie Ecclésiastique de la France.
Cartes générales des Diocèses.

988. NOTITIA chorographica Episcopatuum Galliæ; auctore Petro BERTIO : *Parisiis*, 1625, *in-fol.*

☞ Cette Carte est à la tête du *Gallia Christiana* de Claude Robert.]

989. Antiquorum Galliæ Episcopatuum geographica Descriptio : *Parisiis*, 1641, *in-fol.*

☞ Cette Carte est dans la Géographie sacrée du P. Charles de Saint-Paul.]

990. La France, divisée par les Provinces de l'Eglise Gallicane : Description des Archevêchés & Evêchés de ce Royaume, leurs noms anciens & modernes, avec les Universités : *Paris*, Boisseau, 1642, *in-fol.*

991. La France & les environs, jusqu'à l'étendue de l'ancienne Gaule, divisée en ses Primatiats, Provinces Ecclésiastiques, & Diocèses des Archevêchés & Evêchés, où se trouvent les Abbayes, Chefs d'Ordre, les Universités, les Résidences des Evêques qui ne peuvent la faire dans leur ville Episcopale; par Nicolas SANSON : *Paris*, 1651 [1679] *in-fol.*

992. La France, divisée en Archevêchés, Evêchés & Abbayes ; par Messieurs DE SAINTE-MARTHE : *Paris*, Mariette [1656] *in-fol.*

Cette Carte a été dressée pour leur Ouvrage, intitulé, *Gallia Christiana* [& se trouve au tom. IV. & dernier de cette première édition, qui contient à part les Abbayes.]

993. La France Ecclésiastique ; par Nicolas DE FER : *Paris*, 1674 [1714] *in-fol.*

994. La France Chrétienne, où l'Etat des Archevêchés & Evêchés de France, leur situation, leur distance de Paris, le nom de leurs Cathédrales, &c. par Jacques CHEVILLARD, Généalogiste & Historiographe de France : *Paris*, 1693, *in-*4.

Cette Carte, qui avoit déja paru deux fois en plus grande forme, a été réduite en Livr ̶ ̶ ̶ ̶ pour la commodité des Lecteurs.

995. Provinces Ecclésiastiques de France, rangées par ordre alphabétique des Métropoles, selon l'ancienne Notice des Provinces; commençant par Alby, sous le nom de quatrième Aquitanique; par Jean-Baptiste NOLIN le fils ; en plusieurs feuilles : *Paris*, Nolin, 1715 & suiv. *in-fol.*

Ces Cartes doivent être placées dans la seconde édition de l'Ouvrage intitulé *Gallia Christiana* [donnée par les Bénédictins.]

☞ Elles sont latines, avec ce titre,

Galliæ Christianæ Provincia Ecclesiastica, &c. descripta à J. B. NOLIN, Regii Geogr. filio.

On ne trouve sur ces Cartes que les principaux lieux de chaque Diocèse, & les Abbayes qui y sont. On imprime actuellement (en 1765) le tom. XII. du *Galliæ Christiana*, où doivent être les Métropoles de Sens & de Tarentaise. On a dans les précédens celles (I.) d'Alby, d'Aix, d'Arles, d'Avignon, d'Auch; (II.) de Bourges, de Bordeaux; (III.) de Cambray, de Cologne, d'Embrun; (IV.) de Lyon; (V.) de Malines, de Mayence; (VI.) de Narbonne; (VII & VIII.) de Paris; (IX & X.) de Reims; (XI.) de Rouen. Après la publication de celles de Sens & de Tarentaise, il restera à donner Touloufe , Trèves , Tours, Besançon (*Vesontium*) Vienne & Utrecht. A l'exception de la Carte du Diocèse de Paris, qui est à part, au tom. VII. toutes les autres donnent sur la même feuille le Diocèse Métropolitain & ceux des Suffragans.

996. ☞ La France , divisée par Archevêchés & Evêchés, dans lesquels se trouvent toutes les Abbayes d'Hommes & de Filles à la nomination du Roi; en quatre feuilles ; par Bernard Jaillot : *Paris*, 1736, *in-fol.*

Cette Carte a en marge une Table alphabétique de toutes les Abbayes.]

997. Geographia Synodica , seu Regionum , Urbium & Locorum ubi sunt celebrata Concilia Oecumenica , Nationalia , Provincialia , & Synodi Diœcesanæ , Tabula geographica, Italiam, Galliam & Angliam exhibens; auctore Guillelmo SANSON : *Parisiis*, Mariette, 1667, 1672, *in-fol.*

998. ☞ Gallia, cum locis ubi Martyres passi sunt; auctore Augustino LUBIN, Augustiniano : *in-*4.

Cette Carte est dans son édition du *Martyrologium Romanum*, &c. *Parisiis*, 1660, *in-*4.]

999. ☞ Les Chapitres Nobles de France, de l'un & de l'autre sexe : *Paris*, Desnos, 1764, *in-*4.

C'est la Carte 15. du Recueil intitulé, *France analytique*, ci-devant, N.° 617.]

Cartes particulières des Diocèses de France, rangées par ordre alphabétique.

A

☞ Evêché d'Acqs. *Voyez* Dax.]

1000. ☞ Mf. Evêché d'Agde; par Nicolas SANSON : *in-fol.*

Il est dans le Cabinet de MM. Robert, Géographes ordinaires du Roi.]

1001. Evêché d'Agen ; par Nicolas SANSON : *Paris*, 1679 [1741, Robert] *in-fol.*

Liv. I. *Préliminaires généraux de l'Histoire de France.*

1002. ☞ Mſ. Evêché d'Aire; par Nicolas Sanson: *in-fol*.
Il est dans le Cabinet de MM. Robert.]

1003. Evêché d'Aire; par Pierre du Val: *Paris*, 1653, *in-fol*.

1004. Le même; par de Classun: (*Paris*) 1675, *in-fol*.

1005. Evêché d'Alby; [par Pronostel]: *Paris*, 1642, Tavernier: *Amsterdam*, 1667, Jean Blaeu, *in-fol*.
☞ Alby fut érigé en Archevêché l'an 1678, & distrait de la Métropole de Bourges.]

1006. Archevêché d'Alby; par Nicolas Sanson: *Paris*, 1679 [1704: 1741, Robert] *in-fol*.

1007. ☞ Mſ. Evêché d'Alet; par le même: *in-fol*.
Il est dans le Cabinet de MM. Robert.]

1008. Evêché d'Amiens; par le même; en deux feuilles: *Paris*, 1656, 1667 [1741, Robert] *in-fol*.

1009. Evêché d'Angers; par Jean le Loyer, & Sanson: *Paris*, 1652 [Robert, 1742] *in-fol*.

1010. Le même; par Nicolas de Fer: *Paris*, 1697, *in-fol*.

1011. Evêché d'Angoulême; par Nicolas Sanson: *Paris* [Mariette] 1694 [Robert, 1742] *in-fol*.

1012. ☞ Evêché d'Anvers & de Bosleduc; par le même: *Paris*, *in-fol*.
Le premier a été tiré de Cambray, lors de l'érection des nouveaux Evêchés dans les Pays-Bas en 1559, & le second d'Utrecht & de Cologne.]

1013. Evêché d'Arras; par le même: *Paris*, 1656, 1667 [1710 & 1732, Robert] *in-fol*.

1014. ☞ Mſ. Evêché d'Avranches; par le même: *in-fol*.
Il est dans le Cabinet de MM. Robert.]

1015. Archevêché d'Auch; par (Pierre) Moullart Sanson: *Paris*, 1714 [Robert] *in-fol*.

1016. Evêché d'Autun; par Nicolas Sanson; en deux feuilles: (*Paris*) 1659 [Robert, 1740] *in-fol*.

1017. Evêché d'Auxerre; par le même: *Paris*, 1660, *in-fol*.

1018. ☞ Le même, corrigé par le Sieur Robert, sur les Observations de M. l'Abbé Lebeuf, & dédié à M. de Caylus, Evêque d'Auxerre: (1742) *in-fol*.]

1019. ☞ Carte du Diocèse d'Auxerre (ancien); par le Sieur Robert: *in-4*.
Cette Carte se trouve à la fin du tom. II. des *Mémoires concernant l'Histoire d'Auxerre*; par M. l'Abbé Lebeuf: *Paris*, 1743, *in-4*. On y trouve marqués tous les lieux nommés dans l'Histoire des Evêques d'Auxerre & dans les autres Titres, depuis l'établissement de la Foi, jusqu'au règne du Roi Robert (vers l'an 1000); avec le nom que ces lieux portent aujourd'hui. On voit encore dans le même volume une autre Carte d'Auxerre, pour servir d'éclaircissement à l'Histoire, depuis le quatrième siècle jusqu'au onzième, ou environ.]

B

1020. Evêché de Bayeux; par Nic. Sanson: (*Paris*) *in-fol*.

1021. Le même; par Petite, Official de Bayeux: *Paris*, Jollain, 1675, *in-fol*.

1022. ☞ Le même; par M. Outhier (Prêtre de Besançon); en deux feuilles: *Paris*, Jaillot, 1736, *in-fol*.]

1023. ☞ Evêché de Basle; par Nicolas Sanson; en deux feuilles: *Paris*, 1660, 1689, *in-fol*.
Cet Evêché, quoique réputé de la Suisse, s'étend en partie en France, dans la haute Alsace, & est Suffragant de Besançon.]

1024. ☞ Mſ. Evêché de Bayonne; par le même: *in-fol*.
Il est, ainsi que le suivant, dans le Cabinet de MM. Robert.]

1025. ☞ Mſ. Evêché de Bazas; par le même: *in-fol*.

1026. Evêché de Beauvais; par le même: *Paris*, 1657, 1665, 1667 [Mariette, 1741, Robert] *in-fol*.

1027. Le même; par Guillaume de l'Isle: *Paris*, 1710, *in-fol*.

1028. Archevêché de Besançon; par Nicolas Sanson; en quatre feuilles: *Paris* [1658 &] 1659 [Robert, 1740] *in-fol*.

1029. Le même: *Paris*, Jaillot, 1674, *in-fol*.

1030. ☞ Mſ. Evêché de Béziers; par le même: *in-fol*.
Il est dans le Cabinet de MM. Robert.]

1031. Le même; par H. Gautier, Ingénieur, & Inspecteur des Ponts & Chaussées; revu [& rectifié] par Guillaume de l'Isle: *Paris*, 1708, *in-fol*.

1032. Evêché de Blois: *Paris*, Jaillot, 1706, *in-fol*.

1033. ☞ Le même; par Nicolas Sanson: *Paris*, Robert, 1731, *in-fol*.]

1034. Evêché de Boulogne; par Nicolas Sanson: [*Paris*] 1656 [1741, Robert] *in-fol*.

1035. Archevêché de Bourges; par Guillaume Sanson; en quatre feuilles: *Paris*, 1678, *in-fol*.

Le même; en deux feuilles: *Paris*, 1690.

C

1036. ☞ Mſ. Evêché de Cahors; par Nic. Sanson: *in-fol*.
Il est dans le Cabinet de MM. Robert.]

Géographie Ecclésiastique.

1037. Archiepiscopatus Cameracensis: *Amstelodami*, Blaeu, 1637, *in-fol.*

1038. Archevêché de Cambray ; par Nicolas Sanson ; en deux feuilles : *Paris*, 1655, *in-fol.*

Le même ; une feuille : *Paris*, 1656 [1733 ; Robert] *in-fol.*

1039. ☞ Mſ. Evêché de Carcaſſonne ; par Nicolas Sanson : *in-fol.*

Il eſt dans le Cabinet de MM. Robert.]

1040. Evêché de Caſtres : *Paris*, Jaillot ; 1690, 1700, *in-fol.*

1041. ☞ Mſ. Le même ; par Nicolas Sanson : *in-fol.*

Il eſt dans le Cabinet de MM. Robert.]

1042. Evêché de Châlons ſur Marne ; par le même : *Paris*, 1656 [Robert, 1742] *in-fol.*

1043. Evêché de Chalon ſur Saone ; par le même : *Paris*, 1659 [Robert, 1742] *in-fol.*

1044. Evêché de Chartres ; par le même ; en deux feuilles : *Paris*, 1660, 1696 [Jaillot & Robert, 1731] *in-fol.*

1045. ☞ Le même ; par Jaillot ; en une feuille : *Paris*, 1706, *in-fol.*]

1046. Joannis Gigantis, Prodromus geographicus, ſive Archiepiſcopatûs Coloniensis, & vicinarum Regionum Deſcriptio : *Colonia* : *Amſtelod.* Guillelmi Blaeu, *in-fol.*

1047. ☞ Archevêché de Cologne ; par Nicolas Sanson ; en quatre feuilles : *Paris*, *in-fol.*]

1048. ☞ Mſ. Evêché de Cominge ; par le même : *in-fol.*

Il eſt dans le Cabinet de MM. Robert.]

1049. Le même ; par Jaillot : *Paris*, 1700, *in-fol.*

1050. ☞ Mſ. Evêché de Condom ; par Nicolas Sanson : *in-fol.*

Entre les mains de MM. Robert, ainſi que les deux ſuivans.

1051. ☞ Mſ. Evêché de Couſerans ; par le même : *in-fol.*

1052. ☞ Mſ. Evêché de Coutance ; par le même ; en deux feuilles : *in-fol.*]

1053. Le même ; par G. Mariette de la Pagerie ; en quatre feuilles : *Paris*, Langlois, 1689, *in-fol.*

D

1054. ☞ Mſ. Evêché de Dax, *ou* Acqs ; par Nicolas Sanson : *in-fol.*

Dans le Cabinet de MM. Robert.]

1055. Le même ; par de Classun : *Paris*, 1638, *in-fol.*

Tome I.

1056. ☞ Mſ. Evêché de Die ; par Nicolas Sanson : *in-fol.*

Entre les mains de MM. Robert.]

1057. ☞ Carte du Diocèſe de Dijon ; deux feuilles : *in-fol.*]

1058. ☞ Le même ; par Nicolas Sanson : *Paris*, Robert, 1731, *in-fol.*]

1059. ☞ Mſ. Evêchés de Dol & de Saint-Malo ; par le même : *in-fol.*

Dans le Cabinet de MM. Robert.]

E

1060. ☞ Mſ. Archevêché d'Embrun ; par Nicolas Sanson : *in-fol.*

Dans le Cabinet de MM. Robert, ainſi que le ſuivant.

1061. Evêché d'Evreux ; par le même : [Mariette & Robert] *in-fol.*

1062. Le même ; par Pierre du Val : *Paris*, 1654 : *Amſterdam*, 1663, *in-fol.*

G

1063. ☞ Evêché de Gand & de Bruges ; par Nicolas Sanson : *Paris*, *in-fol.*

Ces deux Diocèſes faiſoient partie de celui de Tournay, avant l'érection des nouveaux Evêchés dans les Pays-Bas, en 1559.]

1064. ☞ Mſ. Evêché de Gap ; par le même : *in-fol.*

Dans le Cabinet de MM. Robert.]

1065. ☞ Evêché de Genève ; par le même : *Paris*, *in-fol.*

Cet Evêché, qui eſt en Savoye, & Suffragant de Vienne, a pluſieurs Cures en France, dans le Pays de Gex, &c. L'Evêque demeure à Annecy, depuis qu'il a été chaſſé de Genève par les Calviniſtes, en 1535.]

1066. ☞ Mſ. Evêché de Grenoble ; par le même : *in-fol.*

Entre les mains de MM. Robert.]

1067. ☞ Carte du Diocèſe de Grenoble, diviſée en ſes quatre Archiprêtrés ; par M. le Chevalier de Beaurain : *Paris*, 1741, *in-fol.*]

I

1068. Evêché d'Ipres : *Amſtelodami*, Blaeu, 1663, *in-fol.*

☞ Quoique la ville d'Ipres ne ſoit plus de France, il y a une partie de la Flandre Françoiſe aux environs de Dunkerque, de Berg-Saint-Winoc & de Caſſel, qui ſont dans ce Diocèſe. Voyez encore le même Diocèſe par Nicolas *Sanſon*, avec ceux de Saint-Omer & de Tournay, ci-après, N.° 1139.]

L

1069. Evêché de Langres ; par Nicolas Sanson ; en deux feuilles : *Paris*, 1656, 1658, [Robert, 1741] *in-fol.*

Le même ; en une feuille : *Paris*, *in-fol.*

☞ On a tiré, en 1731, du Diocèſe de Langres de quoi former l'Evêché nouveau de Dijon ; ainſi la Carte de Sanſon ne repréſente plus le premier Evêché tel qu'il eſt aujourd'hui.]

K

Liv. I. Préliminaires généraux de l'Histoire de France.

1070. Evêché de Laon; par Nicolas Sanson: Paris [1650] 1656 [Robert, 1731], in-fol.

1071. Evêché de Lavaur; par Trinquier, Curé de Cadix: Paris, Jaillot, 1683, in-fol.

1072. ☞ Evêchés de Lausane & de Constance; par Nicolas Sanson; en cinq feuilles: Paris, 1660, 1661, 1689, 1690, in-fol.

Ces deux Evêchés, de Suisse, étoient autrefois de l'ancienne Gaule, & c'est pour cela que nous en faisons ici mention. L'Evêque de Lausane demeure aujourd'hui à Fribourg; *Aventicum* a été sa première demeure: il est encore Suffragant de l'Archevêché de Besançon. Quant à l'Evêque de Constance, qui l'étoit aussi, il demeuroit anciennement à *Vindonissa*, aujourd'hui Windisch, à l'embouchure du Russ, dans l'Aar: il est aujourd'hui Suffragant de Mayence; & quoique son Evêché s'étende beaucoup en Allemagne, il a encore sous sa dépendance la Suisse orientale.]

1073. ☞ Mf. Evêché de Lescar; par Nic. Sanson: in-fol.

Dans le Cabinet de MM. Robert.]

1074. ☞ Evêché de Liége; par le même; en deux feuilles: Paris, in-fol.]

1075. ☞ Mf. Evêché de Limoges; par le même: in-fol.

Dans le Cabinet de MM. Robert.]

1076. Evêchés de Limoges [& de Tulles]; par Jean-Baptiste Nolin: Paris, in-fol.

1077. ☞ Le même; par Nolin fils: Paris, 1742, in-fol.]

1078. Archevêché de Lyon; par Nicolas Sanson; en quatre feuilles: Paris, 1659 [Robert, 1741] in-fol.

1079. ☞ Mf. Evêché de Lisieux; par le même: in-fol.

Entre les mains de MM. Robert.]

1080. ☞ Le même; par M. d'Anville; en deux feuilles: in-fol.]

1081. ☞ Mf. Evêché de Lodève; par Nic. Sanson: in-fol.]

Dans le Cabinet de MM. Robert.]

1082. Evêché de Luçon; par le même: Paris, 1679, 1698 [1705, 1742, Robert] in-fol.

M

1083. Evêché de Mâcon; par le même: Paris, 1659 [Robert 1741] in-fol.

1084. ☞ Diocèse de l'Archevêché de Malines; par le même: Paris, in-fol.

Ce Diocèse faisoit partie de celui de Cambray; mais il en fut distrait en 1559, & érigé en Archevêché.

1085. Le même; par van Gestel: in-fol.

Cette Carte se trouve à la tête de sa nouvelle *Histoire Ecclésiastique de Malines.*

1086. Evêché du Mans; par Nicolas Sanson: Paris, 1650: Amsterdam, Jean Blaeu [Robert, 1742] in-fol.

1087. Le même; par Marc Cotsert: Paris, 1693, in-fol.

1088. Le même; (par MM. [Maréchal, Prêtre]; Jean Prevost [Chanoine de l'Eglise du Mans] & autres du même Diocèse); en quatre feuilles: Paris, Jaillot, 1698, 1706, in-fol.

☞ M. l'Abbé Lebeuf (*Dissertation sur l'Histoire de Paris, tom. I. pag.* 164) dit que cette Carte est une des plus belles qu'il ait vue pour l'exactitude; mais il avertit que ses Auteurs n'ont pas été aussi fidèlement servis du côté de Laval que dans les autres Cantons, à cause de la fausse terreur qui se répandit dans cette Contrée, que ces sortes de descriptions tendoient à l'augmentation des impôts.]

1089. Archevêchés de Mayence, Trèves & Cologne; par Nicolas Sanson: Paris, 1666, in-fol.

1090. Evêché de Meaux; par le Sieur Chevalier, de l'Académie Royale des Sciences; en deux feuilles: Paris, Jaillot [1698] 1701, in-fol.

1091. ☞ Le même; par M. Outhier; en deux feuilles: Paris, 1717, in-fol.]

1092. ☞ Mf. Evêché de Mende; par Nic. Sanson: in-fol.

Dans le Cabinet de MM. Robert.]

1093. Evêché de Metz; par le même; en deux feuilles: (Paris) 1656 [1679, Robert, 1730] in-fol.

1094. ☞ Diocèse de Metz, dans la partie septentrionale de la Lorraine, sur les Mémoires de Didier Bugnon, premier Ingénieur, & Géographe de Son Altesse Royale: 1715, in-fol.

Cette Carte se trouve à la tête du tom. I. de l'*Histoire de Lorraine* du P. Calmet.

1095. ☞ Mf. Evêché de Mirepoix; par Nicolas Sanson: in-fol.

Entre les mains de MM. Robert.]

1096. ☞ Evêché de Montauban; par E. G. Figuier, Prêtre & Prébendier de la Cathédrale: Paris, 1700, 1707, Besson: in-fol.]

1097. ☞ Mf. Evêché de Montpellier; par Nicolas Sanson: in-fol.

Dans le Cabinet de MM. Robert.]

1098. Le même: Paris, Jaillot, 1706, in-fol.

N

1099. ☞ Evêché de Namur; par Nicolas Sanson: Paris, in-fol.]

1100. ☞ Mf. Evêché de Nantes; par le même: in-fol.

Entre les mains de MM. Robert.]

1101. Le même; par Guillaume de Lambilly, Jésuite: Paris, Jaillot, 1695 [1706] in-fol.

1102. ☞ Mf. Archevêché de Narbonne; par Nicolas Sanson: in-fol.

Dans le Cabinet de MM. Robert.]

Géographie Ecclésiastique.

1103. Le même; par LA FONT, réformé par Guillaume DE L'ISLE: *Paris*, 1704, *in-fol*.

1104. ☞ Le même; levé par Messieurs de l'Académie des Sciences de Montpellier, & par ordre des Etats, exécuté par Philippe BUACHE; en trois grandes feuilles: 1764, *in-fol*.

Tous les autres Diocèses du Languedoc doivent suivre de la même manière, qui est des plus belles pour le topographique.]

1105. Evêché de Nevers; par Nicolas SANSON: (*Paris*) 1665 [Robert, 1741] *in-fol*.

1106. ☞ Mf. Evêché de Nismes; par le même: *in-fol*.

Dans le Cabinet de MM. Robert.]

1107. Le même; par H. GAUTIER, Ingénieur: *Paris*, Nolin, 1698, *in-fol*.

1108. Evêché de Noyon; par Nicolas SANSON: (*Paris*) 1656 [Robert, 1742] *in-fol*.

O

1109. ☞ Mf. Evêché d'Oléron; par le même: *in-fol*.

Entre les mains de MM. Robert.]

1110. Evêché d'Orléans; par le même: *Paris*, 1653 [Robert, 1741] *in-fol*.

P

1111. ☞ Mf. Evêché de Pamiers; par le même: *in-fol*.

Dans le Cabinet de MM. Robert.]

1112. Diocèse de Paris. *Voyez ci-après*, Prevôté & Vicomté de Paris, *aux Cartes des Provinces*.

1113. Archevêché de Paris; par Pierre DU VAL: *Paris*, 1667, *in-fol*.

1114. Le même; par Nicolas SANSON: *Paris*, 1679 [1705, Mariette] *in-fol*.

1115. Le même; par Nicolas DE FER; en quatre feuilles: *Paris* [1714] *in-fol*.

☞ Il avoit été dédié originairement, par M. JOUVIN DE ROCHEFORT, à Monseigneur l'Archevêque de Harlai, mort en 1695.]

1116. ☞ Le même; dressé par ordre de M. le Cardinal de Noailles; en quatre feuilles: *in-fol*.

1117. ☞ Le même; avec les environs de Paris; par le Sieur ROBERT DE VAUGONDY: *Paris*, 1761, *in-fol*.

1118. ☞ Le même; par les Sieurs DENIS & BERTHAULT; en seize petites feuilles: *Paris*, 1765, *petit in-4*.

Ces Cartes sont accompagnées d'une *Description historique* de chaque feuille: *in-8*.]

1119. ☞ Diocèse de Paris; par le Sieur DENIS; en dix Cartes topographiques: *Paris*, 1765, *petit in-4*.

Elles sont jointes au Pouillé raisonné de cet Archevêché.]

Tome I.

1120. Evêché de Périgueux; par Nicolas SANSON; en deux feuilles: *Paris*, 1679 [Robert, 1742] *in-fol*.

1121. Evêché de Perpignan; par le même: *Paris*, 1660 [Mariette & Robert] *in-fol*.

1122. Evêché de Poitiers; par le même; en deux feuilles: *Paris*, 1690 [Robert, 1741] *in-fol*.

1123. Evêché du Puy en Velay; par le même: *Paris* [Mariette] 1670 [Robert, 1740] *in-fol*.

Q

1124. ☞ Mf. Evêché de Quimper-Corentin; par le même: *in-fol*.

Dans le Cabinet de MM. Robert.]

R

1125. Diocèse de Reims; par Jean JUBRIEN; en quatre feuilles: 1623, *in-fol*.

☞ Cette Carte de Jubrien, qui étoit de Châlons en Champagne, est peu commune. Elle est estimée, & tous les lieux, avec leurs distances, y sont bien désignés. Elle se trouve aussi dans les Atlas de Janson & de Blaeu.]

Le même Diocèse; en deux feuilles: *Paris*, de Fer, 1654, *in-fol*.

1126. Archevêché de Reims; par Nicolas SANSON; en deux feuilles: *Paris*, 1656 [Robert, 1731, 1741] *in-fol*.

Le même: 1661, *in-fol*.

1127. ☞ Mf. Evêché de Rennes; par Nic. SANSON: *in-fol*.

1128. ☞ Mf. Evêché de Rhodez; par le même: *in-fol*.

1129. ☞ Mf. Evêché de Riez; par le même: *in-fol*.

1130. ☞ Mf. Evêché de Rieux; par le même: *in-fol*.

Ces quatre Desseins sont entre les mains de MM. Robert.]

1131. ☞ Mf. Le même; par un Curé du Pays: *in-fol*.

Cette Carte manuscrite est entre les mains de M. d'Anville.]

1132. Evêché de la Rochelle; par Guillaume SANSON: (*Paris*) 1682, 1696 [Robert, 1741] *in-fol*.

1133. ☞ Mf. Archevêché de Rouen; par Nicolas SANSON: *in-fol*.

Dans le Cabinet de MM. Robert.]

1134. Le même; par M. FREMONT; en six feuilles: *Paris*, Berey [& Jaillot] 1715, *in-fol*.

1135. ☞ Evêché de Ruremonde; par Nic. SANSON: *Paris* [Mariette] *in-fol*.

Ce Diocèse a été tiré de Cologne, lors de l'érection des nouveaux Evêchés dans les Pays-Bas, en 1559.]

S

1136. ☞ Mſ. Evêché de Saint-Brieu; par Nicolas SANSON : *in-fol.*

1137. ☞ Mſ. Evêché de Saint-Flour; par le même : *in-fol.*

1138. ☞ Mſ. Evêché de Saint-Malo ; par le même : *in-fol.*

Ces trois Cartes ſont entre les mains de MM. Robert.]

1139. Evêchés de Saint-Omer, d'Ipres & de Tournay; par le même : *Paris*, 1657 [Mariette, 1703] *in-fol.*

☞ Avant l'érection des nouveaux Evêchés dans les Pays-Bas, les diſtricts de Saint-Omer & d'Ipres, avec Boulogne, formoient enſemble l'Evêché de Térouenne, l'ancienne Cité des Morins, qui fut partagée en trois Diocèſes. Ipres fut Suffragant de Malines, & Tournay le fut de Cambray : il n'y a eu que Boulogne qui ſoit reſté de la Métropole de Reims.]

1140. ☞ Mſ. Evêché de Saint-Papoul; par Nicolas SANSON : *in-fol.*

1141. ☞ Mſ. Evêché de Saint-Paul de Léon; par le même : *in-fol.*

1142. ☞ Mſ. Evêché de Saint-Pons; par le même : *in-fol.*

Ces Cartes manuſcrites ſont dans le Cabinet de MM. Robert.]

1143. Evêché de Saintes; par le même : *Paris*, *in-fol.*

1144. Evêché de Sarlat ; par Jean TARDE, Chanoine : [*Paris*, TAVERNIER, 1624] : *Amſtelodami*, Hondius : *Ibidem*, Guilhelmi Blaeu, *in-fol.*

1145. Le même ; par Nicolas SANSON : (*Paris*) 1679 [Robert, 1742] *in-fol.*

1146. ☞ Mſ. Evêché de Séez; par le même : *in-fol.*

Dans le Cabinet de MM. Robert.]

1147. Le même; par Louis DE LA SALLE, Religieux Trinitaire : *Paris*, Jaillot, 1718, *in-fol.*

1148. Evêché de Senlis; par Nicolas SANSON: *Paris*, Mariette, 1657, 1667 [Robert, 1741] *in-fol.*

1149. Le même; par M. PARENT, Curé d'Aumont; revû par Guillaume DE L'ISLE : *Paris*, 1709, *in-fol.*

1150. Archevêché de Sens ; par Nicolas SANSON ; en deux feuilles : *Paris*, 1660 [Robert, 1740 & 1741] *in-fol.*

1151. ☞ Le même ; par M. OUTHIER, Prêtre du Diocèſe de Beſançon : *Paris*, veuve Mazieres, 1751, *in-fol.*]

1152. Evêché de Soiſſons; par Nicolas SANSON : *Paris* [Mariette] 1656 [Robert, 1736] *in-fol.*

1153. Le même; deſſiné par M. Noël LE VACHER, Prêtre, Chanoine de Laon, & Curé de Berzy : dédié à M. Simon le Gras, Evêque de Soiſſons, & gravé par Etienne de Vouillemont en 1656 : *petit in-fol.*

Cette Carte paſſe pour la plus exacte & la meilleure; elle eſt devenue rare.]

1154. ☞ Evêché de Spire ; par Nicolas SANSON : *Paris*, Mariette, Robert, 1741, *in-fol.*

Ce Diocèſe, qui eſt Suffragant de Mayence, étoit de l'ancienne Gaule; mais il regarde encore la France en partie, puiſqu'il a pluſieurs Paroiſſes dans la baſſe Alſace.]

1155. Evêché de Straſbourg; par Nicolas SANSON : (*Paris*) 1659 [Robert, 1731] *in-fol.*

T

1156. ☞ Mſ. Evêché de Tarbes ; par le même : *in-fol.*

Dans le Cabinet de MM. Robert.]

1157. Evêché de Toul; par le même ; en trois feuilles : *Paris*, Mariette, 1656 [Robert, 1731 & 1735] *in-fol.*

== Le même , ſous le titre de *Civitas Leucorum* ; par Guillaume DE L'ISLE : *Paris*, 1707, *in-fol.*

On l'a déja indiquée ci-devant, N.° 408.]

1158. ☞ Le même Evêché de Toul, ſur les Mémoires de Didier BUGNON: 1725, *in-fol.*

Dans le tom. I. de l'*Hiſtoire de Lorraine du P. Calmet.*]

1159. ☞ Archevêché de Toulouſe ; par Nicolas SANSON : *in-fol.*

Dans le Cabinet de MM. Robert.]

1160. Le même; par Hubert Jaillot : *Paris*, 1695, 1706, *in-fol.*

1161. Evêché de Tournay : *Paris*, Jaillot, 1695 [1726] *in-fol.*

☞ Quoique la ville de Tournay ne ſoit plus de France , une partie de la Flandre Françoiſe eſt de ce Diocèſe, & en particulier la ville de Lille.]

1162. Archevêché de Tours ; par Nicolas SANSON : *Paris*, 1694 [Robert, 1741] *in-fol.*

1163. ☞ Mſ. Evêché de Tréguier; par le même : *in-fol.*

Dans le Cabinet de MM. Robert.]

1164. ☞ Archevêché de Trèves; par Nic. SANSON; en trois feuilles : *Paris*, Robert, 1730 & 1739, *in-fol.*]

1165. ☞ Le même, ſur les Mémoires de Didier BUGNON, premier Ingénieur, & Géographe de S. A. R. le Duc de Lorraine : 1725, *in-fol.*

Cette Carte ſe trouve à la tête du tom. I. de l'*Hiſtoire de Lorraine du P. Calmet.* Trèves, Capitale de l'ancienne Belgique première , eſt la Métropole des Evêchés de Lorraine, qui ſont Metz, Toul & Verdun.]

1166. Evêché de Troyes; par Nicolas SANSON : (*Paris*) 1656 [Robert, 1741] *in-fol.*

1167. ☞ Le même, avec les noms de tous les Evêques qui y ont été juſqu'à préſent;

gravé par Etienne de Vouillemont: 1675, in-fol.]

1168. ☞ Mſ. Evêché de Tulles; par Nic. Sanson: in-fol.

Entre les mains de MM. Robert, ainſi que les trois ſuivans.

V

1169. ☞ Mſ. Evêché de Vabres; par le même: in-fol.

1170. ☞ Mſ. Evêché de Valence; par le même: in-fol.

1171. ☞ Mſ. Evêché de Vannes; par le même: in-fol.]

1172. ☞ Le même Evêché de Vannes: Paris, Jaillot, in-fol.]

1173. Evêché de Verdun; par le même: (Paris) Mariette, 1656 [Robert, 1731] in-fol.

1174. ☞ Le même, ſur les Mémoires de Didier Bugnon: 1725, in-fol.

A la tête du tom. I. de l'Histoire de Lorraine du P. Calmet.]

1175. ☞ Mſ. Archevêché de Vienne; par Nicolas Sanson: in-fol.

1176. ☞ Mſ. Evêché de Viviers; par le même: in-fol.

Ces deux Cartes manuſcrites ſont entre les mains de MM. Robert.]

1177. ☞ Mſ. Evêché de Vorms; par le même: Paris, in-fol.]

1178. ☞ Archevêché d'Utrecht, & Evêché de Middelbourg; par le même; en trois feuilles: Paris, in-fol.]

1179. ☞ Mſ. Evêché d'Uzès; par le même: in-fol.

Entre les mains de MM. Robert.

1180. Le même Evêché d'Uzès; par H. Gautier, Ingénieur: Paris, Nolin, 1714, in-fol.

☞ Toutes les Cartes des Dioceſes faites par Nicolas Sanson, que l'on vient d'indiquer, ſont accompagnées des Diviſions politiques, & ont été dreſſées de même pied, ou ſur la même échelle, enſorte qu'en les raſſemblant, on peut avoir la Province Ecclésiastique entière; & même on auroit eu une France complette, s'il avoit pu achever ce qu'il s'étoit propoſé à cet égard. Meſſieurs Robert nous ont communiqué un Mémoire de ſa main, qu'il préſenta (ſans ſuccès) à l'Assemblée du Clergé de France, vers 1645, afin d'être aidé de Mémoires, & même d'argent, pour un deſſein auſſi utile. On y voit qu'il ſe propoſoit de publier trois Volumes, dont le premier auroit été de Cartes, le ſecond d'Explications imprimées, & le troiſieme devoit contenir tous les Pouillés des Dioceſes. Il publia, in-fol. en 1665 (deux ans avant ſa mort) une Table de l'ordre de ces Cartes, dont il avoit déja donné pluſieurs. On trouvera dans la Bibliothèque du Roi, au Cabinet des Eſtampes, à la fin d'un Exemplaire de cette Table, une copie du Mémoire dont nous venons de parler.

En finiſſant cet article, on croit devoir mettre ici une Remarque faite par le P. Lubin, pag. 89 & 90 de ſon Mercure géographique, &c. Paris, 1678, in-12. où il explique les divers termes qui concernent la Géographie Eccléſiaſtique, &c.

» On a déja donné au Public les Cartes d'un nombre » conſidérable d'Evêchés, & je m'étonne de ce que » nous ne les avons pas tous. Car il ſemble que la pre- » miere & la plus ſainte curioſité d'un Evêque nouvel- » lement conſacré, devroit être d'avoir une Carte bien » exacte & particuliere de tout ſon Evêché, comme » étant le plus facile & le meilleur moyen de connoître » la face de ſon Troupeau; les Evêques mettroient ordre » à quantité d'affaires qui ne ſont embarraſſées & diffi- » ciles, que par l'ignorance de la ſituation des Paroiſſes. » Quelques grands Papes, Sixte V. Grégoire XIII. & » Clément VIII. voulant inſpirer ce beau zèle aux Evê- » ques, les obligeoient, avant qu'on leur délivrât leurs » Bulles, d'envoyer à Rome un Etat & une Deſcription » géographique de leurs Dioceſes. On a compilé toutes » ces Deſcriptions par ordre alphabétique, dont on a » compoſé pluſieurs gros Volumes, que l'on conſerve » ſoigneuſement dans la ſalle des Archives, en la Biblio- » theque du Vatican. J'en demandai la communication » au Pape Alexandre VII. qui me l'accorda; & quoique » je n'aie pas eu le tems d'en extraire beaucoup de » choſes, j'en ai toujours vu aſſez pour aſſurer le Public, » qu'il y a dans ces Volumes de quoi faire de belles » choſes pour la gloire de Dieu & de ſon Egliſe. »]

Cartes de quelques Communautés Régulieres.

1181. Le Royaume de France, diviſé en ſix Provinces Monaſtiques, où ſont marqués tous les Monaſtères de Saint Benoît de la Congrégation de Saint Maur; par François le Chevallier, Religieux Convers de la même Congrégation: Paris, 1710, in-fol.

Cette Carte a été faite pour être miſe au commencement de deux Volumes in-fol. où ſont repréſentés en Eſtampes [de Plans & Vues] tous les Monaſtères [principaux] de cette Congrégation.

On lit dans le Menagiana, tom. IV. pag. 87 de la troiſième édition, que Claude Chantelou, Religieux de la Congrégation de Saint Maur, avoit dreſſé une Carte géographique des Monaſtères de France de l'Ordre de Saint Benoît.

☞ La France Bénédictine, ou Carte générale des Abbayes & Prieurés Conventuels de l'Ordre de Saint Benoît, tant d'Hommes que de Filles; dreſſée par F. François le Chevallier, Religieux Bénédictin de la Congrégation de Saint Maur: Paris, 1726, in-fol. avec une Table alphabétique, &c. collée aux deux côtés.]

1182. ☞ Germania Benedictina, &c. Noriberga, Homan, 1732, in-fol.

Cette Carte peut être utile, quant à l'Histoire de France, pour quelques parties de l'ancienne Gaule, comme pour l'Allemagne, où nos Rois ont fondé des Abbayes lorſqu'ils la poſſedoient.]

1183. ☞ Provincia Franciæ Fratrum Minorum Sancti Franciſci de Obſervantiâ: La Province de France des RR. PP. Cordeliers: Paris, 1695, in-4. (avec les Monaſtères de Filles).]

1184. ☞ Provinciæ Franciæ Pariſienſis Ordinis Fratrum Minorum Sancti Franciſci de Obſervantia Chorographica deſcriptio: in-fol. & in-4.

Cette Carte a au bas (dans l'in-fol.) un Catalogue des RR. PP. Provinciaux de la Province de France Pariſienne, depuis 1517 juſqu'en 1712, qu'elle a dû être gravée. La Province qu'elle repréſente, s'appelle la petite Province de France, & eſt enclavée dans la grande, qui eſt la précédente.]

1185. ☞ Provinciæ Turoniæ magnæ in Gallia, Fratrum Minorum, Chorographica defcriptio; authore Fr. Renato Rocheron: 1659, *in-4.*]

1186. Chorographica Defcriptio Provinciarum & Conventuum Ordinis Minorum S. Francifci, Ordinis Capucinorum; quorumdam Fratrum labore & induftriâ delineata & impreffa : *Rome*, 1643 : [*Taurini*, Cavallerii, 1649] *in-fol.*

André Roffoto, Religieux de Cîteaux, dans la Bibliothèque de fon Ordre, appelle l'Auteur de cet Ouvrage Jean de Montcallier, qui a été Général des Capucins.

1187. Abbayes & Prieurés des Chanoines Réguliers de la Congrégation de France [en la Province ou Archevêché de Paris]; par Pierre du Val : *Paris*, 1663, *in-fol.*

1188. Carte des Bénéfices des Chanoines Réguliers de Saint Auguftin, dans l'Archevêché de Reims, où font les Diocèfes de Boulogne, Amiens, Beauvais, Senlis, Noyon, Laon, Soiffons, Reims & Châlons; par le P. René le Bossu, Chanoine Régulier de la Congrégation de France ; fuivant les Cartes du Sieur Sanfon : *Paris*, 1664, *in-fol.*

1189. Carte des Bénéfices des Chanoines Réguliers, dans l'Archevêché de Sens, où font les Diocèfes de Sens, Troyes, Auxerre & Nevers, fur des Mémoires envoyés des lieux ; par le Père René le Bossu : 1665, *in-fol.*

1190. ☞ Provinciæ Eremitarum Sancti Auguftini in Gallia ; auctore Auguftino Lubin, Auguftiniano Ordinis fui Chorographo, & Regis Chriftianiffimi Geographo ordinario : *petit in-4.*

Ces Cartes font partie de celles que ce Religieux a faites fur tout l'Ordre des Auguftins, fous le titre d'*Orbis Auguftinianus, &c. Parifiis*, 1659, petit *in-4. oblong.*]

1191. ☞ Gallia Auguftiniana ; auctore Mattheo Seuttero : *Auguftæ Vindelicorum*, *in-fol.*]

1192. ☞ Mf. Carte des Maifons des Frères de la Charité ; dreffée par Philippe Buache, premier Géographe du Roi, & de l'Académie des Sciences.

Elle eft dans une falle de la Maifon des Frères de la Charité de Paris.]

1193. ☞ Mf. Carte de France, où font marquées les Maifons des Sœurs de la Charité ; par le même : 1727.

Elle fe trouve dans la première Maifon, à Paris, vis-à-vis Saint-Lazare.]

1194. Carte des cinq Provinces des Jéfuites de l'Affiftance de France : *Paris*, Nolin, 1705, *in-fol.*

☞ Cette Carte a été dreffée fur les Mémoires des PP. de la Chaize & Meneftrier. Elle eft belle ; & elle eft devenue rare, les Jéfuites en ayant retiré la planche.]

1195. ☞ La même ; avec des Remarques hiftoriques : (*Paris*) Longchamps, 1761 ; *in-4.*]

La même ; feconde édition, corrigée pour les dates, & augmentée de quelques parties de France, qui (dépendoient) de l'Affiftance d'Allemagne : *Paris*, Longchamps, 1761, *in-4.*

1196. ☞ Cartes de l'Affiftance des Jéfuites de France, & Pays de Grèce, d'Afie, & de l'Amérique Françoife, qui en dépendoient.

Ce font les Cartes 12. &c. jufqu'à 20. du petit Recueil géographique, intitulé, *Empire des Solipfes, &c.* (*Paris*, Denis) 1764, *in-16.* Ce Recueil paroît avoir été fait d'après l'*Arbre géographique* de l'Ordre des Jéfuites : *in-fol.*]

1197. ☞ Carte générale des Maifons de l'Ordre (des Religieufes) de la Vifitation de Sainte Marie : *in-fol.*

On y a indiqué, par des lignes & rayons que l'on doit peindre en diverfes couleurs, les Maifons d'où font venues les Religieufes qui ont fondé d'autres Maifons. On y trouve, outre celles de France, celles d'Allemagne, de Pologne & d'Italie.]

1198. ☞ La Nouvelle Thébaïde, ou la Carte très-particulière & exacte de l'Abbaye de la Maifon-Dieu-Notre-Dame de la Trappe, de l'étroite Obfervance de Cîteaux, fituée dans la Province du Perche, Diocèfe de Séez ; dreffée fur les lieux par M. de la Salle, & mife au jour par Nicolas de Fer : *Paris*, 1700, *demi-feuille.*

On a auffi des Plans de cette Abbaye, fameufe depuis un fiècle par fon auftérité.]

Traités. de la Géographie Eccléfiaftique de France, & Pouillés de fes Bénéfices.

1199. Notitia Epifcopatuum Galliæ, ex codice manufcripto, anni 1284.

Notitia alia Epifcopatuum Galliæ, fcripta paulo poft annum 1322.

Ces deux Notices des Evêchés de France fe trouvent au commencement du tom. I. des *Hiftoriens de France*, publiés par du Chefne, *pag.* 24 & 26.

1200. ☞ Hierarchiæ Gallicæ Topographia ; auctore Rob. Coenali.

Cette efpèce de Traité fe trouve *pag.* 116 & *fuiv.* de fon Ouvrage intitulé, *Hiftoria Gallica, &c. Parifiis*, 1557 & 1581, *in-fol.*]

1201. Notitia Archiepifcoporum & Epifcoporum Galliæ, fecundùm veterem Provinciarum difpofitionem.

Cette Notice fe trouve au tom. I. de l'Ouvrage que Jean Doujat a intitulé, *Specimen Juris Eccleſiaftici apud Gallos, &c. Parifiis*, 1674, *in-12.* & à la page 377 du tom. XV. du grand Recueil intitulé, *Tractatus Tractatuum univerfi Juris, in unum congefti à Francifco Ziletto : Venetiis*, 1584, *in-fol.*

1202. Catalogus Diœcefeon Galliæ.

Ce Catalogue des Diocèfes de France, fe trouve dans l'Ouvrage qui a pour titre, *Provinciale Romanum ante annos ferè quingentos fcriptum* ; imprimé avec le Livre de Pierre Rebuffe, intitulé, *Praxis Beneficiorum, &c. Venetiis*, 1568, *in-4. Lugduni*, 1570, 1609, 1610, *in-fol.* Il fe trouve auffi imprimé dans le Livre d'Aubert le

Géographie Ecclésiastique.

Mire, intitulé, *Notitia Episcopatuum Orbis Christiani, &c. Parisiis*, 1610, *in-8*. *Antverpiæ*, 1611, auctior, *in-8*. *Ibidem*, 1613 : *Francofurti*, 1614.

1203. Catalogus Archiepiscoporum & Episcoporum, qui in variis Galliæ Ecclesiis sederunt ; auctore Antonio MONCHIACENO DEMOCHARE, Doctore Sorbonico : *Parisiis*, 1562, *in-fol*.

De Mouchy est mort en 1574. Ce Livre se trouve aussi imprimé avec son Traité, *De veritate Corporis & Sanguinis Christi in Sacrificio Missæ*: *Parisiis*, 1570, *in-8*. *Antverpiæ*, 1573.

1204. Catalogus quorumdam Pontificum in antiquioribus Galliarum Ecclesiis; auctore Stephano LUSIGNANO, Dominicano : *Parisiis, Nigri*, 1580, *in-8*.

Cet Auteur est mort en 1590.

1205. Notitia Episcopatuum Galliæ, quâ Francia est : Papirii MASSONI operâ : *Parisiis*, Douceur, 1606, *in-8*.

Editio secunda auctior : *Parisiis*, 1610, *in-8*.

Elle se trouve aussi imprimée au commencement du tom. I. du *Recueil des Historiens de France* de du Chesne, *pag*. 45 & *suiv*.

1206. Notitia antiqua Episcopatuum Galliæ.

Cette Notice [raisonnée par rapport aux Evêques des premiers siècles] se trouve dans le Livre V. [*pag*. 117-156] de la *Géographie sacrée* de CHARLES DE SAINT-PAUL : *Parisiis*, 1641, *in-fol*.

1207. Notitia moderna Archiepiscopatuum & Episcopatuum Galliæ.

Elle est imprimée au commencement du tom. I. de l'Ouvrage de Messieurs de Sainte-Marthe, intitulé, *Gallia Christiana*.

1208. De Episcopatibus Galliæ ; auctore Joanne LIMNÆO.

Ce Discours se trouve dans le Livre III. de l'Ouvrage de cet Auteur, intitulé, *Notitia Regni Franciæ*: *Argentorati*, Spoor, 1655, 2 vol. *in-4*.

1209. Ad Geographiæ Episcopalis Breviarium Appendices II. III. IV. V. VI. VII & VIII. de Episcopatibus Galliæ ; per Philippum LABBE, Societatis Jesu.

Ces Additions à la Géographie Ecclésiastique de France, sont imprimées dans le tom. II. du Livre du même Auteur, intitulé, *Geographia Episcopalis Breviarium, &c. Parisiis*, 1661, *in-14*.

1210. Sacra Galliarum Topographia; eodem LABBEO auctore.

Ce Traité est imprimé avec l'Ouvrage du même Auteur, intitulé, *Hagiologium Franco-Gallia* : *Parisiis*, 1643, *in-4*.

* Eadem; auctior.

Dans sa *Geographia sacra*, &c. *Parisiis*, *in-24*.

1211. ☞ Archevêchés & Evêchés de la France ; par l'Abbé DE COMMANVILLE.

C'est le Chapitre VIII. de son *Histoire de tous les Archevêchés & Evêchés de l'univers*, avec un *Dictionnaire où l'on trouve l'explication de ce qu'il y a de plus curieux, &c. Rouen & Paris*, 1700, *in-8*. Sa Table chronologique a été adoptée par D. Vaissette, qui y a joint quelques Remarques, tom. III. de sa *Géographie Historique, Ecclésiastique & Civile* : *Paris*, *in-4*. 4 vol. & *in-12*. 12 vol.]

1212. La Clef du grand Pouillé de France, composée du Dénombrement des Archevêchés, Evêchés, Abbayes, Prieurés, &c. de la nomination du Roi; avec les Annates & le revenu de chacun : ensemble les Catalogues des Couvens, Monastères & Maisons de tous les Ordres Religieux, Congrégations, &c. par Jean DOUJAT & Augustin LUBIN : *Paris*, 1671 & 1672, *in-12*. 3 vol.

☞ Il y a de la méthode dans cet Ouvrage, qui n'est pas commun : on peut y prendre une assez bonne idée de l'Eglise de France. Le troisième tome ne contient que le détail de tous les Couvens des Augustins qui sont dans le Monde ; aussi a-t-il pour titre particulier, *Orbis Augustinianus*, qu'il ne faut pas confondre avec un Recueil de Cartes du même Auteur (le P. Lubin) dont on a parlé ci-devant, N.° 1190.]

1213. ☞ Etat du Clergé de France, du Clergé de Paris, & de la Chapelle du Roi, &c.

C'est la partie la plus considérable de l'Ouvrage intitulé, *L'Europe Ecclésiastique*, &c. *Paris*, Duchesne, 1757, *in-12*. Il y a eu un Supplément, sous le titre d'*Abrégé*, &c. *Paris*, 1758, *in-16*.]

☞ France Ecclésiastique, ou Etat présent du Clergé Séculier & Régulier, des Ordres Religieux - Militaires, &c. *Paris*, Desprez, 1764, *in-12*.

C'est une nouvelle édition de l'Ouvrage précédent, mais bien plus complette. Comme ces sortes de Livres sont sujets à un grand nombre de changemens, on y promet un Ouvrage permanent, qui contiendra les détails d'Histoire, de Jurisprudence, de Chronologie, de Géographie, concernant les Dignités, les Bénéfices, les Monastères, les Patronages, &c. de l'Eglise de France.]

1214. Mf. Dénombrement des Archevêchés & Evêchés, & autres Bénéfices de France : *in-fol*.

Ce Dénombrement est conservé dans la Bibliothèque de M. le Chancelier Séguier, num. 491 [aujourd'hui à Saint Germain-des-Prés.]

1215. ☞ La Division du Monde, contenant les noms des Archevêchés, Evêchés & Abbayes du Royaume de France : *Paris*, veuve Chrestien, 1558, *in-8*.]

1216. Mf. Pouillé général des Archevêchés & Evêchés de France ; trois volumes : *in-fol*.

Ce Pouillé général est conservé dans la Bibliothèque de M. Séguier, num. 498 [à Saint Germain-des-Prés.]

1217. Mf. Pouillés de quelques Evêchés : *in-fol*.

Ces Pouillés sont conservés dans la Bibliothèque de M. Colbert, & dans celle de M. Baluze, num. 506 [aujourd'hui à la Bibliothèque du Roi.]

1218. ☞ Mf. Pouillés des Diocèses de France, Abbayes, &c. rangés par ordre alphabétique, & au nombre de près de cent cinquante, en quatre gros porte-feuilles: *in-fol*.

Ce Recueil se trouve dans la Bibliothèque de M. Févret de Fontette, Conseiller au Parlement de Dijon ; & il vient de M. Philibert de la Mare.]

1219. ☞ Mf. Descriptions de quantité de Diocèses ; en plusieurs volumes : *in-fol*.

Liv. I. *Préliminaires généraux de l'Histoire de France.*

On a parlé de ce Recueil, qui est dans la Bibliothèque du Vatican, ci-devant, après le N.° 1180.]

1220. ☞ Mſ. Mémoires pour un nouveau Pouillé général du Royaume; par M.' l'Abbé LEBEUF.

Ces Mémoires sont à la Bibliothèque des Prêtres de la Doctrine Chrétienne, dans la Maison de S. Charles de Paris. Voici ce qui en est dit dans l'Eloge de M. Lebeuf., par M. le Beau, *pag.* 380 *du tom. XXIX. des Mémoires de l'Académie des Belles-Lettres* : « L'Assemblée du Clergé de 1740, résolut de faire dresser un » nouveau Pouillé général, & des Cartes géographiques » Ecclésiastiques de tous les Diocèses du Royaume, plus » détaillées que celles du *Gallia Christiana*. M. Lebeuf » fut proposé pour remplir ces deux objets, & en con- » séquence d'une Délibération de l'Assemblée, les Agens » Généraux du Clergé furent chargés d'inviter, par une » Lettre circulaire, tous les Archevêques & Evêques de » France, à lui faire part des éclaircissemens nécessaires » pour ce travail. L'un & l'autre projet ont manqué, » par des raisons tout-à-fait étrangères à notre Acadé- » micien : il a donné à la Bibliothèque des Prêtres de la » Doctrine Chrétienne, les Mémoires qu'il avoit déja » rassemblés pour l'exécution. » On peut voir encore sur ce projet le *Procès-verbal de l'Assemblée du Clergé de 1740*, *pag.* 325-328, *in-fol.* & à la fin du volume, parmi les Pièces, *pag.* CXXIV. un petit *Mémoire* de M. l'Abbé Lebeuf.]

1221. Table du Pouillé Royal, ou Recueil fait par Pierre POURCELET (Secrétaire ordinaire de la Chambre de S. M. & Banquier à la Cour) des Archevêchés, Evêchés, Abbayes, Doyennés, Trésoreries, Prévôtés, & autres Bénéfices à la nomination & collation du Roi : *Paris*, 1618, *in-*4.

☞ Il ne paroît pas que le Traité, dont est ici la Table, ait été fait par l'Auteur.]

1222. Notice des Bénéfices de France, étant à la nomination & collation du Roi, & des Diocèses de l'Eglise Universelle; par M. J. T. (M.ͤ Jean TOURNET, Avocat) : *Paris*, Targa, 1621, *in-*8.

☞ Il l'avoit déja mise à la fin de sa Traduction de la *Police Ecclésiastique* de Chopin : *Paris*, Sonnius, 1617, *in-*4.]

1223. ☞ Etat des Archevêchés, Evêchés, Abbayes & Prieurés de France, tant d'Hommes que de Femmes, de nomination ou collation Royale; dans lequel on trouve l'histoire, la chronologie & la topographie de chaque Bénéfice, & dix-huit Cartes géographiques; avec une Table générale, qui comprend aussi la taxe en Cour de Rome, le revenu des Titulaires, & la date de leur nomination : *Paris*, Boudet, 1734, *in-*4.

Le même; troisième édition, augmentée des Bénéfices dépendans des Abbayes de Marmoutier, de l'Isle-Barbe, de Saint-Claude, de Saint-Victor de Marseille, de Saint-Julien de Tours, & du Duché de Châteauroux; (par ANTOINE) : *Paris*, Boudet, 1743, *in-*4. 3 vol.

La *Table générale* se vend (*in-*8.) séparément. Voyez sur cette Table l'*Histoire de la Rochelle*, par M. Arcére, *tom. I. pag.* 598.]

1224. ☞ Numerus & tituli Cardinalium Archiepiscoporum & Episcoporum taxæ & valor Beneficiorum Regni Galliæ, cum taxis Cancellariæ Apostolicæ, necnon sacræ Pœnitentiæ : *Parisiis*, 1533, *in-*12.]

1225. ☞ Mſ. Taxe générale des expéditions des Archevêchés, Evêchés, Abbayes & Prieurés Conventuels du Royaume : *in-fol.*

Ce Manuscrit se trouve dans la Bibliothèque de Saint Jacques de Provins.]

1226. Valor Beneficiorum Regni Galliæ : *Parisiis*, Alliot, 1625, *in-*8.

1227. Le grand Pouillé des Bénéfices de France, des Archevêchés, Evêchés, Abbayes, & autres Bénéfices à la collation & nomination du Roi, & ceux de la disposition des Archevêchés & Evêchés, &c. avec les Annates : *Paris*, Alliot, 1626, *in-*8. 2 vol.

1228. ☞ Recueil historique, chronologique & topographique des Archevêchés, Evêchés, Abbayes & Prieurés de France, tant d'Hommes que de Filles, de nomination & collation Royale; par Dom BEAUNIER : *Paris*, 1726, *in-*4. 2 vol.

Voyez sur ce Recueil, les *Mémoires de Trévoux*, 1727, *Avril*, *pag.* 699. = Lenglet, *Supplément de la Méthode historique*, *pag.* 169. = *Journal des Sçavans*, 1726, *Mars.* = *Histoire Littéraire de l'Europe*, *tom. III. pag.* 287.]

1229. ☞ Mémoire au sujet d'un nouveau Pouillé général du Royaume : *Mercure*, 1748, *Février*, *pag.* 45-48.]

1230. ☞ Lettre à l'Auteur du Mémoire précédent : *Mercure*, 1748, *Juin*, *tom. II. pag.* 92-96.]

1231. Pouillé Royal, contenant les Bénéfices à la nomination ou collation du Roi; ensemble les Maladeries, Hôpitaux, & Maisons-Dieu appartenant au Grand Aumônier, à l'Ordinaire des lieux, aux Abbés, Prieurs, & autres Particuliers; (par le Père LABBE, Jésuite) : *Paris*, Alliot, 1648, *in-*4.

1232. Archevêchés, Evêchés, Abbayes, & autres Bénéfices de nomination Royale.

Ce Catalogue est imprimé au *tom. II. pag.* 506 *des Mémoires du Clergé*, par le Gentil : *Paris*, 1676, *in-fol.*

1233. ☞ Mſ. Archevêchés, Evêchés, Abbayes, Prieurés, qui sont à la nomination du Roi selon les Concordats; avec les Taxes qui sont écrites au Livre de la Chambre Apostolique, selon lesquels on paye en Cour de Rome les Annates & Provisions.

Ce Manuscrit est dans la Bibliothèque de M. Févret de Fontette, Conseiller au Parlement de Dijon.]

1234. Mſ. Etat général de tous les Bénéfices de France, de leur valeur, taxe, &c. *in-fol.*

Cet Etat général est conservé dans la Bibliothèque du Roi, num. 9472.

1235. ☞ Catalogue alphabétique des Archevêques, Evêques, Abbés & Prieurs qui possèdent des Bénéfices dépendans du Roi, leurs

Géographie Ecclésiastique.

leurs revenus, la taxe de Rome, & la date de leur nomination : *Paris*, d'Houry, 1728, *in-*8.]

1236. ☞ Mémoire pour augmenter le revenu des Bénéficiers, & pour faire valoir davantage au profit de l'Etat les terres & autres fonds des Bénéfices ; (par M. l'Abbé DE SAINT-PIERRE) : *Paris*, Emery, 1725, *in-*8.]

1237. ☞ Mſ. Pollitum Dignitatum, Præbendarum, Abbatiarum, Prioratuum, & Parochiarum Diœceſis Biſuntinæ.

Ce Pouillé eſt dans la Bibliothèque publique de l'Abbaye de Saint Vincent de Beſançon. C'eſt le plus ancien du Diocèſe, quoique l'écriture ne ſoit que du quinzième ſiècle. Il eſt certain qu'il a été copié d'un très-ancien, comme l'a remarqué M. Boiſot, Abbé de S. Vincent, connu par ſon érudition & ſa critique. M. Dunod (*Hiſtoire de l'Egliſe de Beſançon*, tom. II. *pag.* 386) en parle auſſi avec éloge. Il y en a une copie, d'écriture ancienne, à Mont-Benoît, & d'autres en divers Monaſtères de Franche-Comté. Quelques Sçavans, même de la Province, en ont auſſi. L'original eſt perdu.]

1238. Mſ. Pouillé général du Diocèſe de Beſançon, extrait de la Chambre Archiépiſcopale de ce Diocèſe.

Ce Pouillé [étoit] dans la Bibliothèque de M. l'Abbé d'Eſtrées [qui a paſſé en celle de Saint Germain-des-Prés.]

1239. Mſ. Polypticon Veſontino-Sequanicum, ſive Eccleſiarum omnium, quas variis Abbatiæ, Prioratûs, Parœciæ vel etiam Sacelli & Capellaniæ nominibus, latè complectitur Diœceſis Veſontina, ipſaque Superior Sequanorum Burgundia, Syllabus abſolutus : operâ & ſtudio ANDREÆ A SANCTO-NICOLAO, Carmelitæ.

Cet Ouvrage étoit entre les mains de l'Auteur, prêt à imprimer, lorſqu'il eſt mort en 1713.

☞ Le P. André de Saint-Nicolas étoit fort habile, ſur-tout dans la découverte & la diſcuſſion des antiquités. » Il avoit eu la communication des Actes & Titres de » l'Archevêché, & l'entrée dans les Archives, d'où il » pouvoit tirer des lumières pour l'exécution de ſon » deſſein, qui n'a cependant pas été exécuté entièrement. » Son Ouvrage eſt reſté dans ſon Couvent (des Carmes » de Beſançon), & l'on en donne des Extraits à ceux » qui en ont beſoin pour quelques Bénéfices particuliers. » On y trouve également le ſolide & l'inſtructif. » M. Dunod, *Hiſtoire de l'Egliſe de Beſançon*, tom. II. *pag.* 386.]

1240. ☞ Pouillé de l'Egliſe de Beſançon; par M. DUNOD DE CHARNAGE.

Ce Pouillé eſt dans le *tom.* II. *pag.* 386-510 de l'*Hiſtoire* que ce Sçavant a donnée de *l'Egliſe de Beſançon*, & qui eſt le ſecond vol. de ſon *Hiſtoire des Séquanois* : Beſançon, Daclin, 1750, *in-*4. M. Dunod s'eſt conformé principalement au Pouillé uſuel, qui eſt conſervé à l'Archevêché.

On trouve encore un Etat des Bénéfices du Diocèſe, dans l'Almanach qui s'eſt imprimé à Beſançon, juſqu'en 1763, chez Charmet.]

1241. ☞ Mſ. Pollitum Beneficiorum Comitatûs Burgundiæ ; auctore J. Mauricio TISSOT.

C'eſt la III. partie de ſon Ouvrage Latin, intitulé, *Comitatûs Burgundia Chorographica ſinomilia* : il eſt conſervé en original parmi les Manuſcrits de Dom Coguelin, Bénédictin de Franche-Comté.]

Tome I.

1242. ☞ Pouillé des Archevêchés de *Bordeaux* & de *Bourges*, & de leurs Suffragans : *Paris*, 1748, *in-*4. 2 vol.]

1243. Pouillé général des Bénéfices de l'Archevêché de *Bordeaux*, & des Evêchés d'Agen, Condom, Angoulême, Luçon, Maillezais (ou la Rochelle) Périgueux, Poitiers, Saintes & Sarlat : *Paris*, Alliot, 1648, *in-*4.

1244. Pouillé des Bénéfices du Diocèſe de Bordeaux; par Jérôme LOPEZ.

Il eſt imprimé avec ſon *Hiſtoire de Saint André de Bordeaux* : Bordeaux, 1668, *in-*4.

1245. ☞ Mſ. Pouillé général de tous les Bénéfices du Diocèſe de Bordeaux; par un Chanoine de Saint Seurin-lez-Bordeaux : 1724, *in-*4.

Ce Pouillé eſt beaucoup plus étendu que celui de Lopez ; & il indique, ſous différentes colonnes, les lieux où ſont les Bénéfices, leurs Patrons Eccléſiaſtiques ou Laïques, leurs revenus, charges, &c. Il eſt conſervé chez M. Boucherau, Chanoine, Semi-Prébendé de la même Egliſe.]

1246. Pouillé général des Bénéfices de l'Archevêché de *Bourges*, & des Diocèſes d'Alby, Cahors, Caſtres, Clermont, Limoges, Mende, le Puy, Rhodez, Saint-Flour, Tulles & Vabres : *Paris*, Alliot, 1648, *in-*4.

Ce Pouillé a été fait par Philippe LABBE, Jéſuite.

☞ Depuis ce tems, c'eſt-à-dire en 1678, on a tiré de la Métropole de Bourges, *Alby*, qui a été alors érigé en Archevêché; & on lui a donné pour Suffragans, Rhodez, Caſtres, Cahors, Vabres & Mende.]

1247. Notitia Beneficiorum Diœceſis Bituricenſis; auctore Joanne CHENU.

Cette Notice eſt imprimée avec ſon *Hiſtoria Chronologica Archiepiſcoporum Bituricenſium* : *Pariſiis*, 1621, *in-*4.

1248. Le Pouillé de Bourges ; par Nicolas CATHERINOT : *Bourges*, 1683, *in-*4.

1249. ☞ Mſ. Etat du Clergé du Diocèſe de Limoges, contenant les revenus, communians, étendue, limites, &c. des Cures; par Gilles LE Duc, Curé de Saint Maurice de Limoges, & Official.

Ce Manuſcrit eſt au Séminaire de cette Ville. L'Auteur eſt mort en 1717, & ſon Etat paſſe pour peu exact.]

1250. ☞ Mſ. Pouillé des Bénéfices du Diocèſe de Limoges; par M. Joſeph NADAUD, Curé de Teyjac en Périgord.

Ce Pouillé eſt entre les mains de l'Auteur, & M. l'Evêque de Limoges en a une copie, &c. Il a été compoſé d'après les Regiſtres des inſinuations Eccléſiaſtiques depuis 1554, d'après les Archives de l'Evêché, de différens Chapitres & Monaſtères, d'après les minutes des Notaires, &c. M. Nadaud y rapporte la fondation de pluſieurs Bénéfices, les années de nomination des Patrons, les unions, avec leurs motifs & leurs clauſes, &c. Le travail eſt pouſſé bien au-delà de ce que M. l'Abbé Lebeuf avoit demandé à l'Aſſemblée du Clergé de 1740.]

1251. ☞ Mſ. Pouillés anciens de l'Archevêché de *Cambray* (alors Evêché).

L

Ils se trouvent aux Archives en partie de l'Archevêché, en partie du Chapitre Métropolitain, & aussi dans le Cabinet de M. Mutte, Doyen de ce Chapitre. Les plus anciens sont du quatorzième siècle, & font voir quelle étoit autrefois l'étendue du Diocèse de Cambray, Evêché sous Reims, avant l'érection des nouveaux Evêchés dans les Pays-Bas, en 1559. On détacha alors de Cambray deux Archidiaconés, ceux d'Anvers & de Bruxelles, pour les nouveaux Diocèses de Malines & d'Anvers, & quelques autres parties furent attribuées au nouveau Diocèse de Namur, l'un des Suffragans de Cambray. Ces Pouillés peuvent servir à la correction de plusieurs noms de lieux, défigurés dans les éditions de Froissart, de Monstrelet, & autres Historiens du Pays.]

1252. ☞ Etat du Clergé Séculier & Régulier de la Ville & du Diocèse de Cambray (avec des Remarques historiques.)

Il se trouve dans le *Calendrier Ecclésiastique de Cambray*, imprimé dans cette Ville en 1761, Berthoud, *in-12*. Il y en a eu une première édition en 1754, mais moins exacte.]

1253. ☞ Etat des Paroisses du Diocèse d'Arras.

A la fin d'un Mandement, du 26 Juin 1701, de M. Guy de Séve de Rochechouart, par lequel ce Prélat a réglé les jours où chaque Paroisse devoit avoir l'Adoration du Saint Sacrement, afin qu'elle fût perpétuelle dans le Diocèse, où ce pieux usage se conserve depuis le commencement de ce siècle.

On peut voir encore ci-dessous, N.° 1270, le *Pouillé général de Reims*, dont Arras dépendoit autrefois, ainsi que Cambray.]

1254. Les Cures de l'Evêché de Tournay, avec leurs Patrons : *Tournay*, 1712, *in-8*.

1255. Pouillé général des Bénéfices de l'Archevêché de *Lyon*, & des Diocèses d'Autun, Châlon-sur-Saône, Langres & Mâcon : *Paris*, Alliot, 1648, *in-4*.

☞ On y trouve aussi les Bénéfices dépendans de l'Abbaye de Cluny.]

1256. Le Catalogue des Bénéfices du Diocèse de Lyon ; par Jean-Marie DE LA MURE.

Ce Catalogue est imprimé dans son *Histoire du Forez* : *Lyon*, 1674, *in-4*.

1257. ☞ Ms. Rotulus omnium Beneficiorum Episcopatûs Lingonensis : *in-fol*.

Ce Pouillé original est conservé à la Bibliothèque du Roi, entre les Manuscrits de M. de Cangé.]

1258. Pollié des Bénéfices de Châlon-sur-Saône.

Ce Pouillé est imprimé au tom. II. de l'*Illustre Orbandale : Lyon*, 1662, *in-4*. L'Auteur écrit Pollié.

1259. ☞ Les Pouillés des Bénéfices des Provinces de Bresse, Bugey, &c. par Franç. PINSSON.

Ils se trouvent pag. 999-1002 des Preuves de son *Traité des Régales : Paris*, 1688, *in-4*.]

1260. ☞ Etat des Paroisses & Bénéfices (de l'Archevêché ou) du Diocèse de *Narbonne*, avec ses Statuts Synodaux : *Narbonne*, 1706, *in-8*.]

1261. ☞ Pouillé des Bénéfices de l'Evêché de Nismes (l'un des Suffragans de Narbonne.)

On trouve ce Pouillé à la fin du tom. VI. de l'*Histoire de Nismes*, par M. Ménard, *in-4*.]

1262. Pouillé général des Bénéfices de l'Archevêché de *Paris*, & des Diocèses de Chartres, d'Orléans & de Meaux ; le tout selon les Mémoires pris sur les originaux desdits Diocèses & Registres du Clergé de France : *Paris*, Alliot, 1648, *in-4*.

1263. Pouillé des Bénéfices de l'Archevêché de Paris.

Il est imprimé dans [le Supplément des] *Antiquités de Paris* ; par DU BREUL : *Paris*, 1612, *in-4*.

☞ M. Lebeuf observe, dans son *Histoire du Diocèse de Paris*, qui est à consulter, que plusieurs noms de ce Pouillé & des autres, sont défigurés & mis hors de leur place.]

1264. ☞ Pouillé raisonné du Diocèse de Paris, avec dix Cartes topographiques : *Paris*, Denis, 1765, *in-8*.]

1265. Notitia Beneficiorum Aurelianensis Ecclesiæ ; auctore Carolo SAUSSEIO.

Cette Notice est imprimée avec ses *Annales Ecclesiæ Aurelianensis, &c. Parisiis*, Drouart, 1615, *in-4*.

1266. Catalogue des Bénéfices du Diocèse d'Orléans.

Ce Catalogue est imprimé à la fin de l'*Histoire d'Orléans* de Symphorien Guyon : [*Paris*, 1647, *in-fol*.]

1267. ☞ Pouillé du Diocèse de Chartres ; par N. D. (Nicolas DOUBLET, Libraire à Chartres) : *Chartres*, 1738, *in-8*.

Voyez sur ce Livre, *Mercure*, 1738, *Décembre*, pag. 1848-1851. = *Journal de Verdun*, 1739, *Mars*, pag. 196-198.]

1268. ☞ Liste des Bénéfices simples & Paroisses du Pays Blaisois, Vendômois & Dunois : *in-fol*.

L'Evêché de Blois a été tiré de celui de Chartres en 1697 ; c'est pourquoi il n'en est pas fait une mention particulière dans le Pouillé général de la Métropole de *Paris*, ci-dessus.]

1269. ☞ Pouillé du Diocèse de Meaux ; par D. Toussaints DU PLESSIS, Bénédictin.

Il est à la suite des Pièces justificatives du tom. II. de son *Histoire de l'Eglise de Meaux : Paris*, 1731, *in-4*, 2 vol.

M. l'Abbé Thomé, Chanoine de Meaux, qui a beaucoup approfondi l'Histoire de son Eglise, a fait plusieurs corrections sur ce Pouillé, qu'il trouve très-défectueux, & il espère en publier un nouveau, rédigé avec plus de soin, & plus conforme à l'état présent du Diocèse.]

1270. Pouillé général des Bénéfices de l'Archevêché de *Reims*, & des Diocèses de Châlons, Senlis, Soissons, Noyon, Laon, Beauvais, Amiens, Boulogne & Arras : *Paris*, Alliot, 1648, *in-4*.

1271. Catalogus Beneficiorum in Civitate & Diœcesi Bellovacensi existentium : *Parisiis*, 1613, 1626 [1681] *in-8*.

1272. ☞ Ms. Pouillé des Evêchés de Normandie [sous la Métropole de *Rouen*.]

Il est cité dans le Catalogue des Manuscrits de M. de Thou, *pag.* 461.]

1273. ☞ Ms. Pouillé des Bénéfices de la Province de Normandie.

Géographie Ecclésiastique.

Ce Pouillé est à la Bibliothèque du Roi, num. 2552, selon le P. Montfaucon.]

1274. Pouillé général des Bénéfices de l'Archevêché de *Rouen*, & des Diocèses d'Avranches, Bayeux, Coutances, Evreux, Lisieux & Séez : *Paris*, Alliot, 1648, *in*-4.

1275. Pouillé des Bénéfices du Diocèse de Rouen : *Rouen*, 1704, *in*-4.

1276. ☞ Nouveau Pouillé des Bénéfices du Diocèse de Rouen : *Rouen*, 1738, *in*-4.]

1277. Pouillé général des Bénéfices de l'Archevêché de *Sens*, & des Diocèses de Troyes, d'Auxerre & de Nevers : *Paris*, Alliot, 1648, *in*-4.

1278. ☞ Mſ. Pouillé du Diocèse de Sens.

Il est à la Bibliothèque de Saint Germain-des-Prés, num. 1228.]

1279. ☞ Mſ. Poleanus Diœcesis Senonensis, variæ formulæ citationum, &c. *in*-4.

Ce Pouillé se trouve dans la Bibliothèque de Saint Jacques de Provins.]

1280. Catalogue, ou Pouljer des Bénéfices du Diocèse de Troyes : *Troyes*, 1612, *in*-8.

L'Auteur écrit Poulier.

☞ On peut voir encore les *Ephémérides Troyennes*, vers la fin : *Troyes & Paris*, 1757-1765, *in*-14.]

1281. Mſ. Pouillé de l'Evêché d'Auxerre : *in-fol.*

Ce Pouillé [étoit] conservé dans la Bibliothèque de M. Baluze, N.° 107 [& est en celle du Roi.

☞ On trouve un état des Bénéfices d'Auxerre dans l'Almanach qui s'imprime chaque année en cette Ville.]

1282. ☞ Mſ. Registrum, seu, ut alii vocant, Polio omnium Beneficiorum totius Diœcesis Nivernensis : anno 1478.

Ce Pouillé, qui est en vélin, est au Trésor de l'Abbaye de Saint Martin de Nevers.]

1283. Pouillé général des Bénéfices de l'Archevêché de *Tours*, & des Diocèses d'Angers, Dol, le Mans, Nantes, Quimper-Corentin, Saint-Brieux, Saint-Paul de Léon, Tréguier & Vannes : *Paris*, Alliot, 1648, *in*-4.

1284. ☞ Mſ. Pouillé de l'Archevêché de Tours, avec ses onze Evêchés, qui en sont Suffragans : *in-fol.*

Ce Manuscrit est cité *pag*. 366 du Catalogue de M. de Cangé, & est à la Bibliothèque du Roi.]

1285. Paroisses, Chapelles & Bénéfices, tant réguliers que séculiers, étant situés au Diocèse & Comté du Maine.

Ce Catalogue est imprimé avec la *Topographie des Villes, &c. du Maine* : *Au Mans*, 1558, *in*-16.

1286. ☞ Description de la Carte Cénomanique, contenant les Villes, Forêts, Rivières, Paroisses, Chapelles & Bénéfices, tant réguliers que séculiers, situés au Diocèse & Comté du Maine, avec les Patrons & Collateurs : *Au Mans*, veuve Olivier, *in*-12. Yſembart, 1673, *in*-12.]

Tome I.

1287. ☞ Histoire des Bénéfices, Loix & Usages de la Lorraine & du Barrois ; par M. François-Timothée THIBAULT, Procureur Général de la Chambre des Comptes de Nancy : 1762, *in-fol.*

Les Evêchés de ces deux Duchés sont Metz, Toul & Verdun, qui sont Suffragans de *Trèves* en Allemagne.]

1288. Mſ. Pouillé de l'Evêché de Metz : *in-fol.*

Il [étoit] conservé dans la Bibliothèque de M. le Chancelier Séguier, num. 496 [aujourd'hui à Saint Germain-des-Prés.]

1289. Mſ. Pouillé de l'Evêché de Toul : *in-fol.*

Il est conservé dans la Bibliothèque du Roi, num. 9861.

1290. Pouillé Ecclésiastique & Civil du Diocèse de Toul ; par BENOÎT DE TOUL, Capucin : *Toul*, 1711, *in*-8. 2 vol.

☞ Il a été supprimé par Arrêt de la Cour Souveraine de Lorraine, apparemment à cause de quelques Remarques qui n'ont pas paru favorables aux intérêts du Duc.]

» Un pareil Ouvrage n'est pas par lui-même un Ou-
» vrage curieux ; mais un habile Ouvrier donne du prix
» aux moindres choses. Le R. P. Benoît (PICARD) de
» Toul, Capucin, a prétendu, en publiant celui-ci,
» donner un modèle pour ce genre de Livre. Des
» Pouillés de tous les Diocèses, travaillés avec autant
» d'ordre & d'exactitude que ce Pouillé de Toul, com-
» poseroient une Description de la France, aussi parfaite
» qu'elle puisse être. » *Mémoires de Trévoux*, 1715,
Décembre, article 156

☞ Voyez encore le *Journal de Verdun*, 1711, *Septembre*. = *Journal des Sçavans*, 1707, *Septembre*. = *Avertissement des Mémoires sur la Lorraine & le Barrois*. = *Préface de l'Histoire de Verdun*, par Roussel, *pag*. 14.]

1291. ☞ Mſ. Pouillé du Diocèse de Toul ; par Thierry ALIX, Président en la Chambre des Comptes de Lorraine.

Il fait partie de son Ouvrage de l'*Antiquité du Duché de Lorraine*, conservé dans la Bibliothèque de l'Abbaye de Luxeuil, & à Saint Germain-des-Prés. On y trouve aussi les noms des Villes, Villages & Rivières du Duché.]

1292. ☞ Mſ. Pouillé du Diocèse de Toul ; par M. CALLIERE, Chanoine de Toul.

Ce Manuscrit est dans la Bibliothèque de M. Henry, Doyen des Conseillers.]

1293. ☞ Pouillé du Diocèse de Verdun.

C'est le Livre II. de l'*Histoire Ecclésiastique & Civile de Verdun* ; par un Chanoine de cette Ville : *Paris*, Simon, 1745, *in*-4.]

1294. Recueil général de toutes les Paroisses du Royaume de France.

Il est imprimé avec le *Supplément du Traité des Aides* : *Paris*, 1643, *in*-8.

1295. Mſ. Pouillé des Abbayes & Prieurés de France : *in-fol.*

Ce Pouillé [étoit] conservé dans la Bibliothèque de M. le Chancelier Séguier, num. 494 [aujourd'hui à Saint Germain-des-Prés.]

1296. Mſ. Pouillé général des Abbayes de France, & des Bénéfices qui en dépendent : *Paris*, Alliot, 1629, *in*-8.

L 2

1297. ☞ Pouillé des Abbayes de France : *Paris, 1721, in-8.*]

1298. Mémoires historiques des Bénéfices qui sont à la présentation & collation de l'Université de Paris ; par César-Egasse du Boullay, Greffier de l'Université : *Paris, 1675, in-4.*

Cet Auteur est mort en 1678.

1299. ☞ Catalogus Ecclesiarum Galliæ exemptarum.

Ce Catalogue se trouve à la fin de la seconde édition de l'Ouvrage intitulé, *Tractatus Privilegiorum quæ exemptiones Ecclesiasticæ dicuntur ; auctore Joanne Lomedé, 1621, in-8.*].

1300. Recueil général de toutes les Commanderies de France & des dépendances, avec leurs noms Latins, leurs qualités, Diocèse, & le lieu où elles sont situées ; par Jacques Pelletier : *Paris, 1690, in-12.*

1301. Ms. Maladeries & Commanderies de France : *in-fol.*

1302. Ms. Maladeries de France : *in-fol.*

Ces Manuscrits [étoient] conservés dans la Bibliothèque de M. le Chancelier Séguier, num. 506 & 507 [aujourd'hui à Saint Germain des Prés.]

1303. ☞ Etat des unions faites des biens & revenus des Maladeries, Léproseries, &c. aux Hôpitaux des Pauvres Malades, en exécution de l'Edit du Roi de 1693 : *Paris, Thierry, 1705, in-4.*]

1304. ☞ Catalogus piorum Hospitiorum, sive Domorum Dei, & Leprosiarum Galliæ, à Magni Eleemosynarii jurisdictione immediatè dependentium, & ab aliis exemptarum.

Ce Catalogue se trouve à la fin de la seconde édition de l'Ouvrage intitulé, *Tractatus Privilegiorum, &c.* de Jean Lomedé, 1621, *in-8.*]

1305. ☞ Recueil des Edits & Déclarations concernant les Hôpitaux & Maladeries de France : *Paris, 1675, in-fol.*]

1306. Ms. Revenus des Fabriques de France : *in-fol.*

1307. Ms. Biens des Mendians de France : *in-fol.*

1308. Ms. Biens des Ecclésiastiques de Paris : *in-fol.*

1309. Ms. Biens des Communautés de Paris : *in-fol. 4 vol.*

1310. Ms. Biens des Colléges de Paris : *in-fol. 2 vol.*

Ces Manuscrits, de la Bibliothèque du Chancelier Séguier, num. 508-512 [sont à celle de Saint Germain-des-Prés.]

1311. ☞ Ms. Etat des Bois possédés par les Ecclésiastiques de tout le Royaume, divisé par Provinces Ecclésiastiques & Diocèses : *in-fol. 2 vol.*

Cet Etat, & le suivant, sont cités *pag.* 285 du Catalogue de M. le Blanc.]

1312. ☞ Ms. Etat de Recouvrement des Sommes que le Roi a demandées aux Ecclésiastiques & autres Gens de main-morte, pour les Bois & Forêts par eux possédés en 1693, divisé en neuf Rôles : *in-fol. 2 vol.*]

Section III.

Géographie des Provinces de France.

☞ Cette Section est divisée en trois Paragraphes. Le premier indique les Cartes des Provinces du Royaume, & celles de ses Lizières, qui représentent les Etats voisins, avec partie des Provinces Frontières. Dans le second Paragraphe, on trouvera les Descriptions de nos Provinces ; & dans le troisième, les Itinéraires ou Voyages de France, qui doivent être regardés comme un Supplément à ces Descriptions.]

§. I. *Cartes Géographiques des Provinces* [& *Plans des Villes*] *par ordre alphabétique.*

☞ Nous ne mettrons ici, par rapport aux Plans de Villes, que les nouveaux, & ceux dont on n'a point encore publié de Recueils : ces derniers se trouveront, §. II. parmi les Descriptions, qui les accompagnent ordinairement.]

A

1313. Duché d'Aiguillon (dans l'Agénois) ; par Pierre du Val : *Paris, 1653, 1677 : Amsterdam, 1663, in-fol.*

1314. ☞ Plan d'Aire, en Artois ; par le Chevalier de Beaurain : *Paris, en une demi-feuille.*]

1315. ☞ Généralité d'Aix, ou Provence : *Paris,* Jaillot, 1707, *in-fol.*]

1316. ☞ Plan de la Ville d'Aix ; par Devoux : 1741, *in-fol.*]

1317. Duché d'Albret : *Paris,* Boisseau, 1647, *in-fol.*

Ce Duché est dans les Landes, proche de Bordeaux.

1318. ☞ Danielis Speckelii Alsatiæ tabula ; tribus foliis : *Argentorati, 1676, petit in-fol.*

C'est la plus ancienne & la plus exacte de cette Province. M. de Turenne s'en est servi, & l'a approuvée. Speckel, ou Specklin, étoit Architecte de la ville de Strasbourg.]

1319. ☞ Mappa Geographica Alsatiæ ; auctore Georg. Frid. Meyero ; tribus foliis : *Basileæ, 1677 : Argentorati, 1678, in-fol.*

C'est la Carte précédente, augmentée du Territoire de l'Evêché de Basle.]

☞ Eadem, correcta : 1703.]

1320. Alsace ; en deux feuilles ; par Gérard Mercator : *Amstelodami,* Hondii, 1609, 1613, 1619 : *Ibid.* Blaeu, 1663, *in-fol.*

1321. Alsace ; par Nicolas Tassin ; en deux feuilles : *Paris, 1637, in-fol.*

1322. Alsace ; par Guillaume Sanson ; en deux feuilles : *Paris, 1644, 1666, in-fol.*

Géographie moderne des Provinces. 85

La même Alsace; par Guillaume SANSON; en deux feuilles : *Paris*, Jaillot [1675, 1695, 1707] *in-fol.*

La même; par Nicolas & Guillaume SANSON; en six feuilles : *Paris, in-fol.*

1323. Alsatia, novis curis : *Norimbergæ*, Homan, *in-fol.*

1324. Alsace; par Nicolas VISSCHER : *Amstelodami, in-fol.*

1325. Alsace; par Frédéric DE WITT : *in-fol.*

1326. Alsace; par Pierre DU VAL : *Paris*, 1675, *in-fol.*

1327. Alsace; en quatre feuilles : *Paris*, Jaillot, 1681, *in-fol.*

1328. Alsace; par Nicolas DE FER; en trois feuilles [y compris une Table alphabétique]: *Paris* [1691] *in-fol.*

☞ La même; par le même; en une feuille.]

1329. Alsace & Lorraine; par LIÉBAUX; en deux feuilles : *Paris*, 1696, *in-fol.*

1330. ☞ Alsace, &c. ou le Théâtre de la guerre sur le haut Rhin : *Paris*, Nolin, 1703, *in-fol.*]

1331. ☞ L'Alsace; par Guillaume DE L'ISLE: dans les deux premières feuilles du *Cours du Rhin*; sçavoir, au-dessus de Strasbourg jusqu'à Basle, & depuis Strasbourg jusqu'à Worms: *Paris*, 1704, *in-fol.*]

1332. ☞ Alsace, ou parties du Cours du Rhin; par Gaspard BAILLIEUL; en trois feuilles : 1708, *in-fol.*]

1333. ☞ Alsatia; per Matth. SEUTTERUM: *Augustæ Vindelicorum, in-fol.*]

1334. ☞ La haute & basse Alsace; par LE ROUGE: *Paris*, 1743, *in-fol.*]

1335. ☞ Carte topographique de l'Alsace; par le même; en cinq grandes feuilles, contenant le Cours du Rhin depuis Basle jusqu'à Hert près de Philisbourg; avec quatre autres Cartes du Cours du Rhin : en tout neuf feuilles: *Paris*, 1745, *in-fol.*]

1336. ☞ L'Alsace, divisée en haute & basse, & le Sundgaw; par le Sieur ROBERT: 1754, *in-fol.*

C'est la Carte 34. de l'*Atlas universel*: *Paris*, Boudet, 1757.]

1337. Généralité d'Amiens; par J. B. NOLIN: *Paris, in-fol.*

☞ Voyez plus bas, celle de Jaillot (ou Sanson) au mot *Picardie*.]

1338. ☞ Recueil des Elections de la Généralité d'Amiens; en dix feuilles: *Paris*, Desnos, 1764, *in-4.*]

1339. ☞ Plan d'Amiens; par INSELIN: *Paris*, de Beaurain, *demi-feuille.*]

1340. Anjou; auctore Licinio GUYETO, Andegavensi: *Augustæ Turonum* [Bouguereau] 1591 : *Antverpiæ*, Ortelii, 1578, 1603: [*Paris*, 1616, le Clerc] : *Amstelodami*, Guillelmi Blaeu, 1637, *in-fol.*

☞ Cette Carte, de Lézin Guyet, fut gravée pour la première fois en 1583. Voyez Ménage, sur la Vie de son Père, *pag.* 468.]

1341. Anjou; par Gérard MERCATOR: *Duysburgi*: *Amstelodami*, 1609, 1613, 1619: *Ibid.* Janssonii, 1630, *in-fol.*

1342. Anjou; par TASSIN: [*Parisiis*] 1637, *in-fol.*

1343. Anjou; par Nicolas SANSON: *Paris*, *in-fol.*

1344. Anjou; par les soins, frais & diligence de M. Guy ARTHAUD, Archidiacre: desseignée par Jean LE LOYER; [en deux feuilles]: 1652, *in-fol.*

1345. Le même: *Paris*, Jollain, 1686.

1346. Anjou; par Guy ARTHAUD : *Paris*, de Fer, 1692 [Bénard, 1723] *in-fol.*

1347. ☞ Anjou; par Guillaume DE L'ISLE: *Paris*, 1720, *in-fol.*]

1348. ☞ Anjou, Maine & Perche; par J. B. NOLIN fils; avec une Explication en marge : *Paris*, Daumont, 1756, *in-fol.*]

1349. ☞ Anjou, par Gouvernement Militaire & par Direction: *Paris*, Longchamps, 1759, *in-fol.*]

1350. ☞ Plan d'Arras, ou le Siége de cette Ville, levé par la défaite des Ennemis en 1654.

Ce Plan, qui est très-grand, est accompagné d'une Relation en Latin & en François, par LA MESNARDIERE.]

1351. Comté & Gouvernement d'Artois ; Jacobo SURHONIO Montensi auctore : *Antverpiæ*, Ortelii, 1598, 1603, *in-fol.*

1352. Artois; par Gérard MERCATOR: *Duysburgi* : *Amstelodami*, 1613, 1619 : *Ibid.* Janssonii, *in-fol.*

Eadem Tabula, emendata per Fredericum DE WITT, & excusa per Nicolaum Visson: *in-fol.*

1353. Artois; par Nicolas VISSCHER : *Amstelodami, in-fol.*

1354. Comté d'Artois; par Nicolas SANSON : *Paris*, 1656, 1667. Jaillot, 1674, *in-fol.*

1355. L'Artois & le Hainault; par Pierre DU VAL : *Paris*, 1675, *in-fol.*

1356. ☞ Comté d'Artois; par JAILLOT : *Paris*, 1709, *in-fol.*

1357. Artois, & Partie supérieure de la Picardie; par Guillaume DE L'ISLE : *Paris*, 1702, 1704, *in-fol.*

☞ Avertissement de M. DE L'ISLE, sur la Carte du Ressort du Conseil Provincial d'Artois & des environs, laquelle est à la tête de l'Ouvrage de M. Maillart, sur les Coutumes générales d'Artois: *Paris*, 1704, *in-4.*

86 Liv. I. *Préliminaires généraux de l'Histoire de France.*

Cet Avertissement n'est point dans la seconde édition *in-fol.* où l'on a mis la Carte suivante.]

1358. ☞ Carte du Ressort du Conseil Provincial d'Artois & des environs; par Bernard-Antoine JAILLOT : *Paris,* 1741, *in-fol.*

Elle a été dressée pour être jointe à la seconde édition du Commentaire de M. Maillart sur la Coutume d'Artois; & on la trouve dans beaucoup d'exemplaires de cet Ouvrage, au commencement duquel est une Liste des Jurisdictions de la Province.]

1359. ☞ Carte d'Artois, dressée sur de nouveaux Mémoires, dédiée à M. le Prince d'Isenghien; par F. CONSTANTIN DE SAINT-ALEXIS, Carme Déchaussé : *Arras,* 1741, *in-fol.*]

1360. ☞ Comté d'Artois, divisé en ses Bailliages; en sept feuilles : *Paris,* Desnos, 1764, *in-4.*]

1361. ☞ Plans & Cartes des Villes d'Artois, Lorraine, Hainault, &c. par le Chevalier DE BEAULIEU : *in-4. oblong.*]

1362. ☞ L'Artois, la Flandre, le Brabant, le Hainault & le Comté de Namur; en six grandes feuilles; par le Sieur LE ROUGE : 1743, *in-fol.*]

1363. ☞ Avignon, & Comté Venaissin; par PIQUES : *Paris,* le Clerc, *in-fol.*

☞ Voyez ci-après, Comté *Venaissin.*]

1364. ☞ Duché d'Aumale, avec la Duché & Vidamie d'Amiens; par TASSIN : *Paris, in-fol.*

1365. ☞ Pays d'Aulnis, Ville & Gouvernement de la Rochelle : *Paris* [Tavernier] 1627, *in-fol.*

1366. ☞ Carte du Pays d'Aulnis, & des Isles de Ré & d'Oléron : *in-fol.*

Elle se trouve au tom. I. de l'*Histoire de la Rochelle;* par M. ARCERE : *Paris,* 1757, *in-4.* Cette Carte a été tirée d'une plus grande, manuscrite, levée, avec grand soin, par M. Claude MASSE', Ingénieur du Roi, mort à Mézieres en 1737.

Voyez ci-après, aux *Isles,* celles de Ré, d'Oléron, &c. par *Pâris,* &c.]

1367. ☞ Auvergne : *Paris,* le Clerc : *in-fol.*]

1368. ☞ Auvergne; par Jean DU BOUCHET, Chevalier de l'Ordre du Roi : *Paris,* 1645: *Amsterdam,* Blaeu, 1663, *in-fol.*

Jean du Bouchet est mort en 1684.

1369. ☞ Auvergne; par Amable DU FRETAT [Jésuite]; en deux feuilles; [gravée à la Flèche] : *Paris,* 1672, *in-fol.*

1370. ☞ Auvergne, ou Généralité de Riom; par JAILLOT : *Paris,* 1715, *in-fol.*]

1371. ☞ Montagnes de la haute Auvergne; par DE CLERVILLE : *Paris,* Boisseau, 1642, 1670.

1372. ☞ La Limagne d'Auvergne; par Gabriel SIMEONI [en ovale] : 1560 : *Augustæ Turonum* : *Antverpiæ,* Ortelii, 1598, 1603 :

Amstelodami, Guillelmi Blaeu, 1637, *in-fol.*

1373. ☞ Plans d'Auxerre, ancien & moderne : *in-4.*

Ils se trouvent dans le tom. II. des *Mémoires concernant l'Histoire de cette Ville;* par M. l'Abbé LEBEUF : *Paris,* 1743, *in-4.*]

1374. ☞ Mf. Plan de la Ville d'Auxerre (en grand); par M. RONDÉ, Chevalier d'Honneur, & Membre de la Société Littéraire de cette Ville.

Ce Plan se voit dans la salle d'Assemblée de ladite Société, & chez quelques-uns de ses Membres.]

1375. ☞ Carte du Siége Présidial d'Ax (ou d'Acqs & Dax); par le Sieur DE CLASSUN : *in-fol.*]

B

1376. ☞ Plan de la Ville de Bar-le-Duc : *in-fol.*

Il se trouve à la tête du tom. I. de l'*Histoire de Lorraine du P. Calmet : Nancy,* 1728, 1738, *in-fol.*]

1377. Le Barrois; par Pierre DU VAL : *Paris,* 1654, 1677, *in-fol.*

1378. Principauté de Béarn : *Amstelodami,* Jansonii : *Ibid.* 1637, *in-fol.*

1379. Le Béarn; par Solon LA FITTE, Béarnois : *Paris,* Boisseau, 1642, Jollain, 1666 : *Ibid.* Mariette.

1380. Béarn, Armagnac, &c. par Guillaume DE L'ISLE : *Paris,* 1714, *in-fol.*

1381. ☞ Carte des Marais & Goutières, depuis Beaucaire jusqu'à Aigues-Mortes, Pérols & l'Enclos des Salines de Pécais; gravée par P. L. CHARPENTIER : *in-fol.*

Cette Carte fut faite pour le nouveau Canal qu'on vouloit construire depuis Beaucaire jusqu'à l'Etang de Mauguio, & aux Salines de Pécais, dont il a été parlé cidevant, N.° 986; mais ce Canal n'a pas encore été construit.]

1382. Beauce; par Damien DE TEMPLEUX; corrigée par François de la Pointe : *Paris,* le Clerc : *Amstelodami,* Blaeu, *in-fol.*

1383. La Beauce; par Nicolas SANSON : *Paris,* 1652, *in-fol.*

1384. ☞ Beauce : *Paris,* Bercy, 1653, *in-fol.*]

1385. Beauvoisis; par Damien DE TEMPLEUX : *Paris,* le Clerc : *Amstelodami,* Hondii, 1619 : *Ibid.* Guillelmi Blaeu, *in-fol.*

1386. Comté de Beauvais; par Nicolas SANSON : *Paris,* 1657, 1665, 1667, *in-fol.*

1387. ☞ Le même; par DE L'ISLE : *Paris,* 1710, *in-fol.*]

Belle-Isle. *Voyez* les Isles.

1388. Duché de Berri; per Joannem CALAMÆUM : [*Lugduni*] : *Augustæ Turonum* [Bouguereau] : *Antverpiæ,* Ortelii, 1598, 1603, *in-fol.*

Géographie moderne des Provinces.

1389. Le Berri ; par Gérard MERCATOR: *Amstelodami*, Hondii, 1609, 1613, 1619: *Ibid.* Guillelmi Blaeu, *in-fol.*

1390. Berri ; par Nicolas TASSIN : *Paris*, *in-fol.*

1391. Berri : *Paris* [le Clerc] *in-fol.*

1392. Duché de Berri : *Paris*, *in-fol.*

Le même ; par Nic. SANSON ; en deux feuilles : *Paris*, *in-fol.*

1393. La Province de Berri : *Paris*, Jaillot, 1707, *in-fol.*

1394. Berri, Nivernois [Beauce & Sologne]; par Nicolas DE FER : *Paris* [1713] *in-fol.*

1395. ☞ Gouvernemens généraux du Berri, du Nivernois & du Bourbonnois ; par le Sieur ROBERT : 1753, *in-fol.*

C'est la Carte 37. de l'*Atlas universel.*]

1396. ☞ Gouvernemens du Berri, du Nivernois & du Bourbonnois ; par le Sieur ROBERT DE VAUGONDY : *Paris*, 1759, *in-fol.*]

1397. ☞ Plan & Vue de la Ville de Besançon ; en deux feuilles.

On les trouve dans l'*Histoire des Séquanois* ; par M. Dunod : *Dijon*, 1738, *in-4.* 2 vol.]

1398. Le Blaisois ; par Jean TEMPORARIUS : *Cæsaroduni Turonum*, 1590 : *Antverpiæ*, Ortelii, 1598, 1603 : *Paris*, le Clerc : *Amstelodami*, Joannis Blaeu, *in-fol.*

1399. Comté de Blois ; par Guill. SANSON : *demi-feuille.*

☞ Cette Carte se trouve dans l'*Histoire de Blois* ; par Bernier]

1400. Boulogne & Guines ; par Gérard MERCATOR: *Duysburgi* : *Amstelodami*, Hondii, 1613, 1619 : *Ibid.* Guillelmi Blaeu, *in-fol.*

1401. Boulonois, Ponthieu, Arras, Comté de Saint-Pol, &c. par Nicolas TASSIN : *Paris*, *in-fol.*

1402. ☞ Boulenois, &c. par Nic. SANSON : *Paris*, 1656, *in-fol.*]

1403. ☞ Sénéchaussée du Boulonnois, & Pays reconquis ; en trois feuilles : *Paris*, Desnos, 1764, *in-4.*

Ces Cartes font partie du Recueil des Elections de la Généralité d'Amiens, & des Bailliages d'Artois.]

1404. ☞ Environs de Boulogne, &c. par M. DE BEAURAIN : *in-fol.*]

1405. ☞ Plan & Profils de la haute & basse Ville de Boulogne ; dessinée, en 1725, par Philippe LUTO; & gravée par les soins de M. de Beaurain ; en deux feuilles : *Paris*, *in-fol.*]

1406. Bourbonnois ; par Damien DE TEMPLEUX : *Amstelodami*, Hondii, 1619 : *Ibid.* Guillelmi Blaeu, *in-fol.*

Le même ; par Nic. SANSON ; en deux feuilles : *Paris*, *in-fol.*

1407. Bourdelois, & Pays de Médoc: *Paris*, le Clerc : *Amstelodami* [Hondii : *Ibidem*] Joannis Blaeu, *in-fol.*

1408. Direction de Bordeaux [pour les Fermes] contenant la Sénéchaussée de Bordeaux, & les Pays de la nouvelle Conquête : *Paris*, J. B. Nolin [1703] *in-fol.*

1409. ☞ Plan de la Ville de Bordeaux, dans lequel on a observé les différens accroissemens que cette Ville a reçus jusqu'à ce siècle, avec un Précis géographique & historique sur tous les objets intéressans : *Paris*, Lattré, 1759, *in-fol.*]

1410. ☞ Plan de Bordeaux, avec les Edifices autour ; en deux feuilles ; gravé par le même : *Paris*, 1759, *in-fol.*]

1411. Bourdelois, Angoumois, &c. par Guillaume DE L'ISLE : *Paris*, 1714, *in-fol.*

1412. ☞ Généralité de Bourges ; par JAILLOT : *Paris*, 1707, *in-fol.*

1413. ☞ Burgundiæ inferioris, quæ Ducatûs nomine censetur, descriptio : 1592, *in-4.*]

1414. Duché de Bourgogne : *Cæsaroduni Turonum*, 1594, *in-fol.*

1415. Duché de Bourgogne ; per Gerardum MERCATOREM : *Duysburgi*, duobus tabulis : *Antverpiæ*, Ortelii, 1598, 1603, *in-fol.*

Idem ; duabus tabulis : *Amstelodami*, Hondii, 1604, 1613, 1619, *in-fol.*

1416. Le Duché de Bourgogne & la Bresse ; par Nicolas TASSIN : *Paris*, *in-fol.*

1417. Le Duché de Bourgogne ; par Nicolas DE FER : *Paris*, *in-fol.*

1418. Duché & Comté de Bourgogne ; par Ferdinand LANNOI : [*Antverpiæ*, Cock] : *Paris*, le Clerc : *Amstelodami*, Hondii, 1619 : *Ibid.* Guillelmi Blaeu.

1419. Gouvernement général de Bourgogne ; par Nicolas SANSON ; en deux feuilles : *Paris*, 1648 : *Ibid.* Jaillot, 1692, *in-fol.*

Le même ; en deux feuilles : *Paris*, Jaillot, 1708, *in-fol.*

Le même ; par Frédéric DE WITT : *Amsterdam*, *in-fol.*

1420. Gouvernement général de Bourgogne; per Giacomo CANTELLI : *Roma*, 1692, *in-fol.*

1421. ☞ Gouvernement général de Bourgogne & de Bresse ; par Nicolas DE FER : *Paris*, 1712, *in-fol.*]

1422. Bourgogne septentrionale & méridionale ; par Guillaume DE L'ISLE ; en deux feuilles : *Paris*, 1714, *in-fol.*

☞ L'Auteur a beaucoup profité d'une grande Carte manuscrite de la Province, faite par André GAMBU, Architecte & Arpenteur de Mâcon, qui avoit beaucoup travaillé dans la Bourgogne. M. de l'Isle plaça dans un cartouche les noms de ceux qui l'avoient aidé en cet Ouvrage; & au lieu de *Gambu*, on a mis mal à propos *Canut*. L'*Abbé Papillon*, *Bibliothèque des Auteurs de Bourgogne*, part. I. pag. 242.

M. de l'Isle, en publiant sa Bourgogne, y joignit une Brochure *in-8*. où tous les noms de lieu de cette Carte sont rangés par ordre alphabétique, avec des renvois à leur position.]

1423. ☞ Gouvernement général de Bourgogne & de Bresse, avec celui du Lyonnois; par le Sieur ROBERT; en deux feuilles: 1752, *in-fol*.

Ce sont les Cartes 38 & 39. de l'*Atlas universel*: *Paris*, Boudet, 1757.]

1424. ☞ Le Duché de Bourgogne, divisé par Diocèses, Bailliages & Subdélégations, faisant partie de la Carte générale & topographique de la France, levée par ordre du Roi, sous la direction de MM. CASSINI, CAMUS & DE MONTIGNY; (en quinze feuilles); dressé & exécuté par le Sieur SEGUIN: *Paris*, 1763, *in-fol*.]

1425. ☞ Le même, avec la Bresse; par le Sieur DE LA FOSSE; en deux feuilles: *Paris*, Daumont, 1764, *in-fol*.]

1426. Bresse; par Damien DE TEMPLEUX: *Paris*, le Clerc: *Amstelodami*, Guillelmi Blaeu, *in-fol*.

1427. Bresse; par Nicolas TASSIN: *Paris*, *in-fol*.

1428. ☞ Plan de Brest (en basse Bretagne); par le Chevalier DE BEAURAIN: *demi-feuille*.]

1429. Pays de Bretagne: *Cæsaroduni Turonum*, *in-fol*.

1430. Bretagne & Normandie; par Gérard MERCATOR: *Duysburgi*, 1594: *Antverpiæ*, Ortelii, 1598, 1603: *Amstelodami*, 1609, 1613, 1619, *in-fol*.

1431. Britanniæ Ducatus: *Amstelodami*, Guillelmi Blaeu, *in-fol*.

1432. Le Duché de Bretagne; par HARDY, Maréchal-des-Logis: *Amstelodami*, Joannis Janssonii [.1631] *in-fol*.

1433. Le Duché de Bretagne; par Nicolas TASSIN: *Paris*, *in-fol*.

Le même; per Fredericum DE WITT: *in-fol*.

1434. La Bretagne; par Jean-Baptiste NOLIN: *Paris* [1695, 1703] *in-fol*.

1435. La Bretagne, divisée en neuf Evêchés: *Paris*, Jaillot [1695] 1706, *in-fol*.

1436. Gouvernement général de Bretagne; par Nicolas SANSON: *Paris*, 1650 [1679] *Amstelodami*, Guillelmi Blaeu, 1663.

1437. Gouvernement général de Bretagne; par Nicolas DE FER: *Paris*, 1713 [Desbois, 1758. Desnos, 1760] *in-fol*.

1438. ☞ Gouvernement général de Bretagne, divisé en ses Diocèses ou Receptes; par le Sieur ROBERT: *Paris*, 1751, *in-fol*.

C'est la Carte 26. de l'*Atlas universel*: *Paris*, Boudet, 1757.]

1439. ☞ Gouvernement de Bretagne; par le Sieur ROBERT DE VAUGONDY, avec une Table géographique: *Paris*, 1758, *in-fol*.

Ces deux Cartes sont les meilleures & les plus détaillées que l'on ait: elles ont été faites d'après une Carte manuscrite de sept pieds, dressée par M. Sanson.]

1440. ☞ La Bretagne; par le Sieur DE LA FOSSE (avec les Plans de Nantes & de Brest): *Paris*, Daumont, 1760, *in-fol*.]

1441. ☞ Mss. Carte des Confins de Bretagne & d'Anjou, dressée en 1684 & 1688; par Jacques LE LOYER.

Elle est à la Bibliothèque du Roi, Cabinet des Estampes.]

1442. ☞ Mss. Huit Plans des Côtes & Ports de Bretagne, avec le nombre des Capitaineries, des Havres, Paroisses, Habitans & Gardes des Côtes; dessinés & lavés, sur vélin: *in-fol*.

Ils sont indiqués au Catalogue de M. de Sardiere, num. 1610.]

1443. Pays de Brie; par Damien DE TEMPLEUX: *Paris*, le Clerc: *Amstelodami*, Joannis Janssonii: *Ibid*. Guillelmi Blaeu, *in-fol*.

C

1444. ☞ Plan & Perspective de Caen; en basse Normandie; par M. DE LA LONDE; en deux feuilles: *Paris*, Buache, 1747, *in-fol*.

L'Auteur, actuellement âgé de quatre-vingts ans, vrai Citoyen, a passé sa vie à être utile à Caen, sa patrie, sur-tout en s'occupant des moyens de lui procurer un Port & une Rivière navigable (ci-devant, N.° 873) depuis la Mer jusqu'au-dessus d'Argentan: ce projet donneroit une grande communication avec les Provinces méridionales de la France par la Loire, dans laquelle la Mayenne se décharge. *Extrait d'une Lettre de M. Rouxelin*, *Secrétaire de l'Académie de Caen*.]

1445. ☞ Carte de la Baronie du Caila; par ROCHEBLAVE, en deux feuilles: 1726, *in-fol*.

Le Caila est une Terre du Diocèse de Nismes, dont M. le Marquis d'Aubais est Seigneur.]

1446. Calais & Boulogne; auctore Nicolao NICOLAÏ Delphinate: *Parisiis*, 1558: *Antverpiæ*, Ortelii, 1598, 1603, *in-fol*.

Nicolaï est mort en 1583.

1447. Gouvernement de Calais, & du Pays reconquis: *Amstelodami*, Joannis Janssonii, *in-fol*.

1448. ☞ Carte géographique de Calais.

A la tête des *Lettres & Observations sur le Siège de Calais* (Tragédie): *Paris*, l'Esclapart, 1765, *in-8*.]

1449. Calais; par DE BEAULIEU: *in-fol*.

1450. ☞ Plan de Calais; par le Chevalier DE BEAURAIN: *in-fol*.]

1451.

Géographie moderne des Provinces.

1451. ☞ Mf. Carte du Marquifat de Calviſion & de ſes dépendances; en deux feuilles : in-fol.

Cette Terre eſt du Diocèſe de Niſmes, & ſa Carte eſt dans la Bibliothèque de M. le Marquis d'Aubais.]

1452. Le Canada, ou Nouvelle France; par Nicolas Sanson : *Paris*, 1666, *in-fol.*

Le même; par Frédéric de Witt : *in-fol.*

1453. Le Canada; par Samuel Champlain : [*Paris*] 1677, *in-fol.*

Le même; par Jean-Baptiſte Nolin : *Paris*, *in-fol.*

1454. Le Canada & la Louiſiane; par Guill. de l'Isle; en deux feuilles : *Paris*, 1703 & 1718, *in-fol.*

1455. ☞ Le Canada; par le Sieur Bellin; en deux feuilles : *Paris*, 1745; corrigées en 1755 : *in-fol.*]

☞ Carte de la Louiſiane & Pays voiſins; par le même : 1763, *in-fol.*]

1456. ☞ Carte du Cours du Fleuve Saint-Laurent, en Canada, depuis Québec juſqu'à la Mer; par le même; en deux feuilles : *Paris*, 1762, *in-fol.*]

1457. ☞ Canada & Louiſiane; par le Sieur d'Anville; en quatre feuilles : *Paris*, 1755, *in-fol.* avec un Mémoire.]

☞ Louiſiane; par le même; une feuille & demie.]

1458. ☞ Canada, &c. par le Sieur Robert de Vaugondy : *Paris*, 1753, *in-fol.*]

1459. ☞ Canada, Louiſiane, &c. ou Poſſeſſions Angloiſes & Françoiſes : *Paris*, Longchamps, 1759, *in-fol.*]

1460. Le Gouvernement de la Capelle, en Picardie; par Pierre Petit : *Amſtelodami*, Joannis Blaeu, *in-fol.*

1461. Le Pays de Caux : *Paris*, le Clerc : *Amſtelodami*, Hondii : *Ibidem*, Joannis Blaeu, *in-fol.*

1462. Carte du Pays de Caux, dans laquelle ſont diſtingués le Gouvernement du Havre de Grace & le Comté d'Eu.

A la tête du tom. I. de la *Deſcription de la haute Normandie*; par D. Touſſaints du Pleſſis : *Paris*, veuve Ganeau, 1740, *in-4.*]

1463. ☞ Mf. Carte de la Preſqu'iſle de Cette (en Languedoc).

Dans la Bibliothèque de M. le Marquis d'Aubais.]

1464. Les Cévennes (ou Sévennes) : *Paris*, Nolin, 1703, *in-fol.*

Ce ſont des Montagnes dans le Languedoc.

1465. Les Cévennes; par Nicolas de Fer : *Paris* [1705] *in-fol.*

1466. ☞ Carte des Cévennes, Vivarais & Bas-Languedoc; pour ſervir à l'Hiſtoire des Camiſards : 1760, *in-fol.*]

Tome I.

1467. ☞ Mf. Carte générale du Pays des Cévennes, dreſſée en 1725; en quatre feuilles : *in-fol.*

Cette Carte, & la ſuivante, ſe trouvent dans la Bibliothèque de M. le Marquis d'Aubais.

1468. ☞ Mf. Carte du même Pays : 1726, *in-fol.*]

1469. ☞ Plan routier de Châlons ſur Marne : *in-fol.*]

1470. ☞ Champagne (Campaniæ Comitatus) Ortelii, 1570, 1630, Hondii.]

1471. Champagne; par Damien de Templeux : *Paris*, le Clerc, 1616, *in-fol.*

1472. Champagne; en quatre feuilles : *Paris*, 1630, 1640, *in-fol.*

1473. ☞ La même : *petit in-fol. ſans nom d'Auteur & de Graveur*, ni de date.

Cette Carte n'eſt pas mauvaiſe, & eſt d'une exécution fort nette.]

1474. ☞ Stephani Kaltenhofori Campania : *Antverpiæ.*]

1475. Champagne & Brie; par Nic. Sanson : *Paris*, 1650, 1687, *in-fol.*

1476. Gouvernement général de Champagne; par le même; en deux feuilles : *Paris*, 1679, *in-fol.*

Le même; en deux feuilles : *Paris*, Jaillot, 1681 [1686, 1695, 1699, 1717] *in-fol.*

1477. Le même; par Giacomo Cantelli : *in Roma*, 1695, *in-fol.*

1478. Champagne & Brie; par Jean-Baptiſte Nolin : *Paris*, 1699, *in-fol.*

1479. ☞ Gouvernement de Champagne; par Nicolas de Fer : *Paris*, 1710, *in-fol.*]

1480. Champagne Septentrionale & Méridionale; par Guillaume de l'Isle; en deux feuilles : *Paris*, 1713, *in-fol.*

1481. ☞ Carte de Champagne; dreſſée ſur les dernières Obſervations; par le Sieur le Rouge : *Paris*, 1744, *in-fol.*

1482. ☞ Gouvernement général de Champagne, diviſé par Pays; par le Sieur Robert; en deux feuilles : *Paris*, 1752, *in-fol.*

Ce ſont les Cartes 31 & 32. de l'*Atlas univerſel.*]

1483. ☞ Carte topographique des Environs de Chantilly; par N. de la Vigne : 1725, *in-fol.*]

1484. Comté de Charolois, & Environs de l'Etang de Long-pendu, contenant une partie du Charolois; par Jean van Damme, Sieur d'Amalade : *Amſterdam*, Guillaume Blaeu, *in-fol.*

Ce Comté eſt dans le Duché de Bourgogne.

1485. Seigneurie de Coligny; par [Jean] du Bouchet : *Paris*, 1650, *in-fol.*

Cette Seigneurie eſt dans le Duché de Bourgogne.

1486. ☞ Forêt de Compiègne & ſes Environs

M

Liv. I. *Préliminaires généraux de l'Histoire de France.*

rons; par Gaspard BAILLIEUL : *Paris*, 1728, *in-fol.*]

1487. ☞ Carte topographique de la Forêt de Compiègne & de ses Environs : *in-fol.*

Elle se trouve à la tête de l'*Etat de la Forêt de Cuise ou de Compiègne, avec les Carrefours, Routes, &c. Paris*, Collombat, 1757; & J. Th. Herissant, 1764, *in-8*. On trouve à la fin de cette dernière édition, les noms des nouvelles Routes ordonnées par le Roi en 1763.]

1488. ☞ Carte topographique de la Forêt & des Environs de Compiègne, où sont placées les nouvelles Routes, avec le Jardin du Roi : *Paris*, Denis, 1765, *in-fol.*]

1489. Camp de Coudun, près de Compiègne : *Paris*, 1695, *in-fol.*

D

1490. Dauphiné, Languedoc, Gascogne, Provence & Saintonge : *Cæsaroduni Turonum*, 1593, *in-fol.*

1491. Dauphiné; par Jean DE BEINS : *Amstelodami*, Hondii : *Ibid.* Guillelmi & Joannis Janssonii, *in-fol.*

1492. Dauphiné; par Nicol. TASSIN : *Paris, in-fol.*

1493. Dauphiné ; par le Sieur TILLEMON [ou DU TRALAGE] : *Paris*, Nolin, 1690 [1692] *in-fol.*

1494. Dauphiné; par le Père Vincent CORONELLI : *in Venetia*, 1690, *in-fol.*

1495. Dauphiné; par Nicol. DE FER : *Paris*, 1693 [Desnos, 1760] *in-fol.*

══ Delphinatus G. DE L'ISLE : 1710, *in-fol.*

☞ Cette Carte du Moyen âge, ci-devant, N.° ●, est, pour le plan, ce qu'il y a de meilleur sur le Dauphiné.]
Elle a été faite pour être jointe aux *Mémoires de Dauphiné*, publiés par les soins de M. le Marquis DE VALBONNAYS : *Paris*, 1711, *in-fol.* [mais on la trouve aussi séparément, avec les autres Cartes de Guillaume de l'Isle.]

1496. Gouvernement général du Dauphiné; par Nicolas SANSON : *Paris*, 1652, 1664, 1690, *in-fol.*

Le même; par Frédéric DE WITT : [*Amsterdam*] *in-fol.*

1497. Le même; par le Sieur TILLEMON [ou DU TRALAGE] : *Paris*, Nolin, 1690, *in-fol.*

1498. Le même; par Giacomo CANTELLI : *in Roma*, 1692, *in-fol.*

1499. Dauphiné, divisé en ses principales Parties : *Paris*, Jaillot, 1710, *in-fol.*

☞ Le même : *Paris*, Jaillot, 1728, *in-fol.*]

1500. ☞ Gouvernement général du Dauphiné; par le Sieur LE ROUGE : *Paris*, 1745, *in-fol.*]

1501. ☞ Le même, divisé par Bailliages; par le Sieur ROBERT : 1751, *in-fol.*

C'est la Carte 46. de l'*Atlas universel* : *Paris*, Boudet, 1757.]

1502. ☞ Plan de la Ville de Dieppe; par INSELIN : *Paris*, *demi-feuille.*]

1503. ☞ Carte de la Ville & des Environs de Dijon; gravée par Ch. Inselin (vers 1705) : *Paris*, de Beaurain, *in-fol.*

Elle a été dressée sur les Mémoires d'André GAMBU, Architecte & Arpenteur, mort à Dijon le 22 Décembre 1718.]

1504. ☞ Plan géométral de la Ville de Dijon, levé en 1759, par les ordres de MM. les Elus Généraux de Bourgogne, &c. par le Sieur MIKEL, Géographe du Roi; dessiné par Jolivet fils; en deux feuilles : *Paris*, Lattré, 1761, *in-fol.*]

1505. Souveraineté de Dombes; par Matthias MARESCHAL : *Paris*, le Clerc : *Amstelodami*, Blaeu : [*Paris*, 1717 ● *-fol.*]

Cette Souveraineté est enclavée dans la Bresse.

1506. Souveraineté de Dombes; par Charles DE NEUVEGLISE : [1695] 1697, *in-fol.*

1507. ☞ Les Environs de Dunkerque : *Paris*, Nolin, 1706, *in-fol.*]

1508. ☞ Carte des Environs & de la Châtellenie de Dunkerque, Gravelines, Berg-Saint-Winox, Furnes, Nieuport, &c. *Paris*, de Beaurain, *demi-feuille.*]

1509. ☞ Plan de la Ville de Dunkerque; par (le Chevalier) DE BEAURAIN : *demi-feuille.*]

F

1510. La Flandre Françoise; auctore Martino DOVÉ, Gallo-Flandro : *Amstelodami*, Guillelmi Blaeu, *in-fol.*

1511. La Flandre Françoise; par Guillaume SANSON : *Paris*, Jaillot, 1674, 1689, *in-fol.*

La même; par le même; en deux feuilles : *Paris*, *in-fol.*

1512. La Flandre Gallicane, conquise par le Roi; par Pierre DU VAL : *Paris*, 1676, *in-fol.*

1513. La Flandre Françoise; par le Père PLACIDE : *Paris*, 1690, *in-fol.*

Ce Religieux [étoit] beau-frere de Pierre DU VAL, le Géographe.

1514. La Flandre Françoise; par Nicolas DE FER : *Paris*, 1693, *in-fol.*

1515. ☞ Plans & Cartes des Villes de Flandre ; par (le Chevalier) DE BEAULIEU : *in-4. oblong.*]

1516. ☞ Mf. Foix, Pays & Comté.

Cette Carte est à la Bibliothèque du Roi, Cabinet des Estampes.]

Géographie moderne des Provinces.

1517. Forêt & Château de Fontainebleau : *Paris*, Boisseau, *in-fol.*

Cette Forêt est dans le Gâtinois François.

1518. Bourg, Jardin & Forêt de Fontainebleau [ci-devant] de Bierre ; par Nicolas DE FER : *Paris* [1697. Desnos, 1760] *in-fol.*

1519. ☞ Plan général de la Forêt de Fontainebleau, contenant trente mille deux cens quatre-vingt-cinq arpens, &c. par le Sieur DE SQUINNEMARD ; en deux grandes feuilles : 1727, *in-fol.*]

1520. ☞ Forêt de Fontainebleau & ses Environs, divisée en ses huit Gardes, où sont distinguées les anciennes & nouvelles Routes, les Croix, Carrefours, Chemins, Hautes-futaies, Bruyères, Roches, &c. par les Sieurs DENIS & PASQUIER : *Paris*, 1764, *in-fol.*]

1521. ☞ Plan du Bourg de Fontainebleau, du Château & des Jardins ; par Nicolas DE FER : *Paris*, *in-fol.*]

☞ Le même : *Paris*, Mariette.]

1522. ☞ Environs du Fort-Louis (en Alsace) avec l'attaque de l'arrière-garde des Ennemis, le 23 Août 1744 : *in-fol.*]

1523. Franche-Comté ; par Gérard MERCATOR : *Duysburgi*, *in-fol.*

1524. La même ; par Ferdinand LANNOI : *Antverpiæ*, Ortelii, 1598, 1603 : *Paris*, le Clerc : *Amstelodami*, Hondii, 1614, *in-fol.*

1525. Burgundiæ Comitatûs Topographia, quam obtulit Philippo IV. Hispaniarum Regi, Mauritius TISSOT ; quatuor tabulis : 1642, *in-fol.*

La même Carte retouchée, & publiée sous ce titre, Carte générale de la Comté de Bourgogne [dédiée à M. le Duc de Duras] ; en quatre feuilles : 1675, *in-fol.*

Il y a eu une Table imprimée à Besançon pour joindre à cette Carte.

1526. Franche-Comté ; par Nicolas TASSIN : *Paris : Amstelodami*, Guillelmi Blaeu, *in-fol.*

1527. La même ; par Nicolas SANSON ; en quatre feuilles : *Paris*, 1658, *in-fol.*

1528. La même ; par Guillaume SANSON ; en deux feuilles : *Paris*, Jaillot [1677] 1681, 1695, *in-fol.*

1529. Liberi Burgundiæ Comitatûs nova Descriptio ; auctore Michaele-Laurentio LANGRENO ; duabus tabulis : 1659, *in-fol.*

1530. Franche-Comté ; par Pierre DU VAL : *Paris*, 1677, 1689, *in-fol.*

1531. La même ; par Nicolas DE FER : *Paris*, 1689, *in-fol.*

1532. La même ; par Giacomo CANTELLI ; in due tavole : *Roma*, 1690, *in-fol.*

Tome I.

1533. Franche-Comté ; avec le Comté de Montbéliard : *in-fol.*

1534. ☞ Nouvelle Carte de Franche-Comté, avec un Dictionnaire des positions qui s'y trouvent ; levées géométriquement par le Sieur QUERRET, Inspecteur des Ponts & Chaussées à Besançon ; en quatre feuilles : *Paris*, Julien, 1748, *in-fol.*]

1535. ☞ Comté de Bourgogne ou Franche-Comté, par le Sieur ROBERT ; en deux feuilles : 1749, *in-fol.*

Ce sont les Cartes 40 & 41. de l'*Atlas universel* : *Paris*, Boudet, 1757.]

1536. ☞ Franche-Comté ; par le Sieur DELAFOSSE : *Paris*, Daumont, 1761, *in-fol.*]

G

1537. ☞ Plan de Gaillon ; par le Sieur LE ROUGE : *Paris*, 1748, *in-fol.*]

1538. Le Gâtinois & le Sénonois : *Paris*, le Clerc : *Amsterdam*, Guillaume Blaeu, *in-fol.*

1539. ☞ La Guyane Françoise, avec le Plan de l'Isle de Cayenne ; par le Sieur BELLIN : *Paris*, 1763, *in-fol.*

Il s'agit ici de ce que la France possède dans l'Amérique Méridionale. Le même Géographe de la Marine a aussi donné en 1760, une Carte réduite (ou Marine) des Côtes de la Guyane, depuis la Rivière d'Orénoque jusqu'à celle des Amazones, *in-fol.* & plusieurs Cartes & Plans, *in-4.* du même Pays, dans sa *Description géographique de la Guyane*, &c. Paris, 1763, *in-4.*]

1540. Guyenne [vieille Carte] : *in-fol.*

1541. Guyenne, ou Aquitania [& Regnum Arelatense] ; per Gerardum MERCATOREM : *Duysburgi*, *in-fol.*

1542. Guyenne ; par Nicolas TASSIN : *Paris*, *in-fol.*

1543. Guyenne ; par Pierre DU VAL : *Paris*, *in-fol.*

1544. Guyenne ; par le Père Vincent CORONELLI : *Venetia*, 1687, *in-fol.*

1545. Guyenne ; par Jean-Baptiste NOLIN : *Paris*, 1700, *in-fol.*

1546. Guyenne, Saintonge & Gascogne ; par Nicolas DE FER ; en deux feuilles : *Paris*, [1711, Desnos, 1760] *in-fol.*

1547. Gouvernement général de Guyenne & de Gascogne ; par Nicolas SANSON : *Paris*, 1650, 1670, 1679 : *Amstelodami*, Joannis Blaeu, 1663, *in-fol.*

1548. Le même ; par Frédéric DE WITT : *Amsterdam*, *in-fol.*

1549. Le même ; par Giacomo CANTELLI ; in due tavole : *Roma*, 1695, *in-fol.*

1550. Le même ; par Jean-Baptiste NOLIN : *Paris*, 1700, *in-fol.*

══ Guyenne haute & basse ; par Guillaume

LIV. I. *Préliminaires généraux de l'Histoire de France.*

DE L'ISLE; en deux feuilles: *Paris*, 1712 & 1714, *in-fol.*

☞ Ce sont les deux Cartes déja indiquées ci-dessus, N.os 1380 & 1411, sous les noms de *Béarn*, &c. *Bourdelois*, &c. par où il paroît que M. de l'Isle n'a pas donné la partie Orientale de la Guyenne, qui comprend le Querci & le Rouergue: il comptoit les publier avec le Languedoc.]

1551. ☞ Guyenne & Gascogne; par JAILLOT (y compris le Querci & le Rouergue); en quatre feuilles: *Paris*, 1733, *in-fol.*]

1552. ☞ Gouvernement général de la Guyenne, avec celui de la basse Navarre & du Béarn; par le Sieur ROBERT; en trois feuilles: 1752 & 1753, *in-fol.*

Ce sont les Cartes 42, 43 & 44. de l'*Atlas universel.* La partie Orientale de la Guyenne, dont on vient de parler, est la Carte 43.]

H

1553. Hainault, Cambresis & Châtellenie de Douay; par Nicolas TASSIN: *Paris*, *in-fol.*

1554. Le Hainault & Namur; par Gérard MERCATOR: *Duysburgi*, *in-fol.*

1555. Le Hainault & l'Archevêché de Cambray; par Nicolas VISSCHER: *Amstelodami*, *in-fol.*

1556. Le Comté de Hainault, divisé en François & en Espagnol; par Nicolas SANSON: *Paris*, Jaillot, 1687, *in-fol.*

1557. Les Comtés de Hainault, de Namur & de Cambresis; par Guillaume DE L'ISLE: *Paris*, 1706, *in-fol.*

1558. Forêt de Halette, avec les Environs de Senlis; par LIÉBAUX: *in-fol.*

1559. Gouvernement du Havre-de-Grace; par COUTAN DE LA CROIX: *in-fol.*

I

1560. ☞ Principauté de Joinville, Bassigny, Duché de Langres, Comtés de Châteauvilain & Bar: *in-fol.*]

1561. Châtellenie d'Ipres; par Antoine SANDER: *Amstelodami*, Guillelmi Blaeu, 1641, *in-fol.*

1562. Isle de France; par Jean DE LA GUILLOTIERE, de Bourges: *Antverpiæ*, Ortelii, 1598, 1603, *in-fol.*

1563. La France, la Picardie & la Champagne; par Gérard MERCATOR: *Duysburgi*: *Amstelodami*, Hondii, 1609, 1613: *Ibid.* Guillelmi Blaeu, *in-fol.*

1564. Isle de France; par Damien DE TEMPLEUX: *Paris*, le Clerc, 1617: *Amstelodami*, Blaeu, *in-fol.*

1565. Isle de France & Brie; par Nicolas TASSIN: *Paris*, *in-fol.*

France, Valois, Tardenois; par le même: *Paris*, *in-fol.*

1566. Isle de France, Champagne & Lorraine; par Nicolas SANSON: *Paris* [1650] 1679: *Ibid.* Jollain, *in-fol.*

1567. Isle de France, le Vexin François, le Hurepoix & la Brie; par Pierre DU VAL: *Paris*, 1677, *in-fol.*

1568. ☞ Carte générale de l'Isle de France; Prevôté & Vicomté de Paris; par Antoine DE FER; en quatre feuilles: *Paris*, 1668, *in-fol.*]

1569. Isle de France [& Environs de Paris]; par Nicolas DE FER: *Paris*, 1690 [corrigée, Desnos, 1760] *in-fol.*

1570. Isle de France, & Généralité de Paris; [par Nicolas SANSON]; en deux feuilles: *Paris*, Jaillot [1692, 1708] *in-fol.*

1571. Gouvernement général de l'Isle de France; par le même: *Paris*, 1648, 1651, 1679: *Ibid.* Jollain: *Ibid.* Jaillot, 1708, *in-fol.*

1572. Le même; par Frédéric DE WITT: [*Amsterdam*] *in-fol.*

1573. Le même; par Giacomo CANTELLI: *Roma* [1692] 1697, *in-fol.*

1574. ☞ Carte du Gouvernement Militaire de l'Isle de France; par le Sieur JANVIER: *Paris*, 1746, *in-fol.*]

1575. ☞ Gouvernement général de l'Isle de France; par le Sieur ROBERT: 1754, *in-fol.*

C'est la Carte 29. de l'*Atlas universel.*]

1576. ☞ Le Gouvernement Militaire de l'Isle de France, divisé en douze Pays: sçavoir, l'Isle de France propre, le Vexin François, le Beauvaisis, le Noyonnois, le Laonnois, le Soissonnois, le Valois, la Brie Françoise, le Gâtinois François, l'Hurepoix, le Mantois & le Timerais; dressé par le Sieur JANVIER: *Paris*, Lattré, 1760, *in-fol.*]

1577. ☞ Table géographique (ou méthodique) des distances des principales Villes de l'Isle de France & de ses Environs: *Paris*, Gournay, 1694, *in-fol.*]

Cartes de diverses Isles.

1578. ☞ Carte topographique de l'Isle d'Aix (près de la Saintonge) d'une partie de l'Isle de Ré, &c. par (le Chevalier) DE BEAURAIN: *in-fol.*]

1579. ☞ Les Isles Antilles (où se trouvent les Isles qui sont à la France); par le Sieur ROBERT: 1750, *in-fol.*

Dans son *Atlas universel.*

Ces Isles sont de l'Amérique Septentrionale, & dans le Golfe du Mexique, dont on a une bonne Carte; par Philippe BUACHE: *Paris*, 1740, *in-fol.*]

1580. ☞ Antilles Françoises; par Guillaume DE L'ISLE: *Paris*, 1717. Rectifiées par Philippe BUACHE, 1760, *in-fol.*]

Géographie moderne des Provinces.

1581. ☞ Carte de l'Isle de Belle-Isle; par le Sieur BELLIN: *Paris*, 1761, *in-fol.*]
Cette Isle est près de la Bretagne.]

1582. ☞ Carte topographique de l'Isle de Belle-Isle, avec le Plan des Forts & du Bourg de Palais; par le Sieur DE BEAURAIN: *Paris*, 1761, *in-fol.*]

1583. ☞ Plan & Isle de Belle-Isle: *Paris*, Longchamps, 1761, *in-fol.*]

1584. ☞ Carte de l'Isle de Bourbon; par le Sieur BELLIN: *Paris*, 1763, *in-fol.*]

== ☞ Isle de Cayenne. Voyez ci-devant, N.° 1539.]

1585. Isle de la Conférence; par (le Chevalier) DE BEAULIEU: *Paris*, 1659, *in-fol.*
La même; en deux feuilles: *Paris*, 1659, *in-fol.*

Cette Isle est près de Bayonne,
☞ Dans la Rivière de Bidassoa, qui sépare la France de l'Espagne: on y tint, en 1659, les Conférences pour la paix des Pyrénées; & on y amena, en 1660 (l'Infante) Marie-Thérèse, pour épouser Louis XIV.]

1586. ☞ Isle de France, dans la Mer des Indes, levée géométriquement; par M. l'Abbé DE LA CAILLE, en 1753: *Paris*, Lattré, 1763, *in-fol.*

Cette Carte, qui n'est qu'une Pièce informe, publiée après la mort de M. de la Caille, a été originairement dressée sur les Mémoires de cet Académicien, par M. BUACHE, son Confrère, dont on peut voir les Observations géographiques sur cette Isle, & celle de Bourbon, dans les *Mémoires de l'Académie des Sciences de 1764.*]

1587. ☞ Carte de l'Isle de France; par le Sieur BELLIN: *Paris*, 1763, *in-fol.*]

1588. ☞ Carte des Isles de la Guadeloupe, Marie-Galante & les Saintes; par le Sieur BELLIN: *Paris*, 1759, *in-fol.*]

1589. ☞ Isle de la Martinique; par Guill. DE L'ISLE & Philippe BUACHE: *Paris*, 1732, *in-fol.*]

1590. ☞ Carte de l'Isle de la Martinique, avec un Plan du Cul-de-sac-Royal; par le Sieur BELLIN: *Paris*, 1757, *in-fol.*]

1591. ☞ Isle de la Martinique: *Paris*, Longchamps, 1762, *in-fol.*]

1592. Isles de Ré & d'Oléron: *Amstelodami*, Guillelmi Blaeu: *Ibid.* Janssonii, *in-fol.*

1593. ☞ . Carte topographique des Isles de Ré, d'Oléron & des Côtes voisines, avec les Plans des Villes; par le Sieur BELLIN: *Paris*, 1757, *in-fol.*]

1594. ☞ Carte des Isles de Ré, d'Oléron, des Pertuis d'Antioche, & de la Passe de Maumusson; par M. PARIS, Ingénieur du Roi: *Paris*, Lattré, *in-fol.*]

1595. ☞ Carte topographique des Isles de Ré & d'Oléron; par JAILLOT; en deux feuilles: *Paris*, 1761, *in-fol.*]

1596. ☞ Isle de Saint-Domingue; par Guillaume DE L'ISLE: *Paris*, 1725, *in-fol.*]

1597. ☞ Carte réduite de l'Isle de Saint-Domingue, avec ses Débouquemens; par le Sieur BELLIN: *Paris*, 1750, *in-fol.*]

1598. ☞ Isles de Saint-Domingue, ou Hispaniola, & de la Martinique; par le Sieur ROBERT: 1750, *in-fol.*
C'est la Carte 103. de l'*Atlas universel.*]

1599. Isles de Sainte-Marguerite & de Saint-Honorat; par le Sieur CLAIR, Ingénieur du Roi: *Paris*, Tavernier, 1637, *in-fol.*
Ces Isles sont sur les Côtes de Provence.]

1600. Les mêmes; par Nicolas TASSIN: *Paris*, *in-fol.*

L

1601. ☞ Environs de Landau (dans la Basse-Alsace); par Gaspard BAILLIEUL: *Paris*, *in-fol.*]

1602. ☞ Plan de la Ville de Landau; par P. STARCKMAN: *Paris*, *in-fol.*]

1603. ☞ Le même; par Jean-Baptiste NOLIN: *Paris*, 1702, *in-fol.*]

1604. ☞ Le même; par INSELIN: *Paris*, Beaurain, 1713, *demi-feuille.*

1605. Languedoc; en deux feuilles: *Paris*, le Clerc: *Amstelodami*, Hondii, 1627: *Ibidem*, Janssonii: *Ibid.* Guillelmi Blaeu, *in-fol.*

1606. Languedoc; par Nicolas TASSIN: *Paris*, *in-fol.*

1607. ☞ Gouvernement général de Languedoc; par Nicolas SANSON: *Paris*, 1651, 1660 [1667] *in-fol.*

1608. Le même; par Frédéric DE WITT: *Amsterdam*, *in-fol.*

1609. Le même; par Giacomo CANTELLI; in due tavole: *Roma*, 1693, *in-fol.*

1610. Languedoc [sur les Mémoires du Sieur TILLEMON, ou DU TRALAGE]; par Jean-Baptiste NOLIN: *Paris*, *in-fol.*

1611. Le même, ou les Généralités de Toulouse & de Montpellier; en deux feuilles: *Paris*, Jaillot, 1721, *in-fol.*

1612. ☞ Partie du Languedoc, &c. ou Généralités de Toulouse & de Montauban; en quatre feuilles; par JAILLOT: *Paris*, 1717, *in-fol.*]

1613. ☞ Le Languedoc; par Jean CAVELIER, d'Agde; en six feuilles: 1703, *in-fol.*]

1614. ☞ Le même, avec le Plan du Canal Royal; par Nicolas DE FER: *Paris*, 1712 [Desnos, 1760] *in-fol.*

← Le Languedoc, divisé selon ses anciennes Sénéchaussées : *in-fol.*

Cette Carte, indiquée ci-devant, N.° 517, montre le Languedoc selon qu'il étoit autrefois, & avec tous les Pays qui ressortissent encore du Parlement de Toulouse, c'est-à-dire, outre le Languedoc d'aujourd'hui, le Quercy, le Rouergue, & la Gascogne Orientale.]

1615. ☞ Le même ; par Philippe BUACHE : 1749, *demi-feuille*.

Cette Carte est dans l'*Abrégé de l'Histoire de Languedoc* ; par D. Vaissette : *Paris,* Vincent, 1749, *in-12.* 6 vol.]

1616. ☞ Gouvernement général du Languedoc, divisé par Diocèses, avec les Gouvernemens de Foix & de Roussillon ; par le Sieur ROBERT : 1752, *in-fol.*

C'est la Carte 45. de l'*Atlas universel*.]

1617. ☞ Les mêmes Gouvernemens ; par le même : *Paris,* 1759, *in-fol.*]

1618. Partie Orientale du Gouvernement général de Languedoc, où se trouvent les Sévennes, &c. par Nicolas DE FER : *Paris,* 1705, *in-fol.*

1619. Le Lannois, ou Laonnois ; par Claude CHASTILLON : *Paris, in-fol.*

1620. Le Laudunois ; par Damien DE TEMPLEUX : *Paris,* le Clerc, *in-fol.*

C'est le même Pays que le Laonnois.

1621. La Châtellenie de Lille ; par BAILLEUL : *Paris,* Tavernier, 1632, *in-fol.*

☞ La même : *Paris,* Jaillot, *in-fol.*]

1622. ☞ La Châtellenie de Lille, & le Bailliage de Tournay ; par le Sieur LE ROUGE : *Paris,* 1744, *in-fol.*]

1623. ☞ Plan de la Ville de Lille ; par (le Chevalier) DE BEAURAIN : *in-fol.*]

1624. Le Limosin ; par François FAYAN : *Cæsaroduni Turonum,* 1594 : *Antverpiæ,* Ortelii, 1598, 1603 : *Amstelodami,* Hondii, 1603, 1609, 1619 : *Ibidem,* Guillelmi Blaeu : [*Paris,* le Clerc] *in-fol.*

1625. Le Limosin ; par Nicolas TASSIN : *Paris, in-fol.*

1626. Le même ; par Jean-Baptiste NOLIN : *Paris, in-fol.*

1627. ☞ Ms. Carte de l'Election de Limoges ; par Pierre CHABROL (Prêtre du Diocèse).

Ce Dessein est dans l'Abbaye de Saint Augustin, Ordre de Saint Benoît, à Limoges.]

1628. ☞ Généralité de Limoges ; par JAILLOT ; en une feuille : *Paris,* 1719, *in-fol.*]

1629. ☞ Carte des Environs de la Ville de Limoges, levée & dessinée par M. CORNUAU, Ingénieur, Géographe du Roi, en 1764.

A la tête des *Ephémérides de la Généralité de Limoges,* pour l'année 1765, *in-12.*]

1630. Lorraine ; par Gérard MERCATOR : *Duysburgi: Antverpiæ,* Ortelii, 1598, *in-fol.*

1631. La même : *Cæsaroduni Turonum,* 1593 : *Amstelodami,* Hondii, 1603, 1609, 1619 : *Ibid.* Guillelmi Blaeu : *Ibid.* Joannis Jansonii, *in-fol.*

1632. Lorraine ; auctore R. D. H. *Coloniæ,* Joannis Bussemecher, *in-fol.*

1633. Lorraine & Bar ; par Nicolas TASSIN : en deux feuilles : *Paris, in-fol.*

1634. Lorraine ; par Guillaume SANSON ; en deux feuilles : *Paris,* 1661, *in-fol.*

La même ; en deux feuilles : *Amstelodami,* Joannis Blaeu, 1663 : *Paris,* Jaillot [1674] 1681, *in-fol.*

1635. Lorraine ; par Nicolas VISSCHER : *Amstelodami, in-fol.*

1636. Lorraine & Alsace ; par Pierre DU VAL : *Paris,* 1676, *in-fol.*

1637. Lorraine & Alsace ; par Giacomo CANTELLI : *Roma,* 1689, *in-fol.*

1638. Lorraine ; par Jean-Baptiste NOLIN : *Paris,* 1696, *in-fol.*

1639. Lorraine ; par LIÉBAUX ; en deux feuilles : *Paris,* 1696 [1702] *in-fol.*

1640. Lorraine : *Paris,* Jaillot, 1696 [1700] *in-fol.*

1641. Les Etats du Duc de Lorraine & de Bar ; en six feuilles : *Paris,* Jaillot, 1704 & 1705 [1727] *in-fol.*

1642. La Lorraine, le Barrois & les trois Evêchés ; par Nicolas DE FER : *Paris, in-fol.*

1643. ☞ Carte générale des Duchés de Lorraine & de Bar & des trois Evêchés ; par Didier BUGNON, premier Ingénieur & Géographe de S. A. R. le Duc de Lorraine : 1725, *in-fol.*

Elle est à la tête du tom. I. de l'*Histoire de Lorraine,* par D. Calmet, & est suivie des Cartes particulières.]

1644. ☞ Les Duchés de Lorraine & de Bar & les trois Evêchés, sur les nouvelles Observations de M. Cassini ; par le Sieur LE ROUGE : *Paris,* 1743, *in-fol.*

M. le Comte de Tressan, dans un Discours prononcé en 1752, à la Société de Nancy, dit qu'on ne peut se fier aux Cartes de Lorraine, & qu'il en a reconnu les erreurs dans les voyages qu'il a faits, depuis le Verdunois jusqu'aux extrêmités des Vosges. Voyez les *Mémoires de l'Académie de Nancy,* tom. II. pag. 157.]

1645. ☞ Carte de la Lorraine &, du Barrois, dans laquelle se trouvent la Généralité de Metz & autres Enclaves (suivant la nouvelle création des Bailliages, faite en 1751) ; par le Sieur ROBERT DE VAUGONDY : 1756, *in-fol.*

C'est la Carte 33. de l'*Atlas universel*.]

1646. ☞ La même ; par le Sieur DELAFOSSE : *Paris,* Daumont, 1762, *in-fol.*]

1647. ☞ Le Pays de Loudunois (en Poitou) : *Paris,* le Clerc, 1620 : *Amstelodami,* Blaeu, *in-fol.*]

Géographie moderne des Provinces.

1648. Lyonnois, Forez, Beaujolois & Mâconnois; par Damien DE TEMPLEUX : *Paris*, le Clerc : *Amstelodami*, Guillelmi Blaeu, *in-fol.*

1649. Lyonnois, &c. par Nicolas TASSIN : *Paris*, *in-fol.*

1650. Lyonnois, Forez, Beaujolois & Bourbonnois ; par Nicolas DE FER : *Paris*, *in-fol.*

1651. Gouvernement général du Lyonnois; par Nicolas SANSON : *Paris*, 1651, *in-fol.*

1652. ☞ Le même, où sont les Généralités de Lyon & de Riom; par le Sieur JAILLOT; en deux feuilles : *Paris*, 1721, *in-fol.*]

1653. Le même; par Giacomo CANTELLI; in due tavole : *Roma*, 1693, *in-fol.*

1654. Le même [sur les Mémoires du Père MENESTRIER, Jésuite]; par Jean-Baptiste NOLIN; en deux feuilles: *Paris*, 1697, *in-fol.*

1655. ☞ Le même; par Nicolas DE FER : *Paris*, 1700. Desnos, 1760, *in-fol.*]

1656. ☞ Carte du Lyonnois (publiée en) 1748.

Elle est la moins exacte de toutes. *Journal de Verdun*, 1755, Juillet, pag. 37.]

1657. ☞ Carte de l'ancienne Ville de Lyon, comme elle étoit sous les règnes de François I. & de Henri II. en deux feuilles : *in-fol.*

On la trouve dans l'*Histoire Civile & Consulaire de Lyon*; par le P. Menestrier : *Lyon*, 1696, *in-fol.*]

1658. ☞ Plan de la Ville de Lyon, avec les dernières augmentations : *Paris*, *in-fol.*]

1659. ☞ Plan de Lyon : 1760, *in-fol.*

Ce Plan, où les quartiers & les rues sont bien représentés, est avec le petit Ouvrage intitulé, *Tableau de la Ville de Lyon* : *in-8.*]

M.

1660. Le Comté de Madrie (dans la haute Auvergne); par [Jean] DU BOUCHET : *Paris*, 1646, *in-fol.*

Cette Carte se trouve dans l'Ouvrage qu'il a intitulé, *Origine de la première & de la seconde Lignée de France* : *Paris*, 1641, *in-fol.*

1661. Comté du Maine ; par Matthieu OGIER, Prêtre du Mans : *Au Mans*, du Vaucelle, 1537, 1575 : *Cæsaroduni Turonum* [Bouguereau : *Paris*, le Clerc] *in-fol.*

1662. Cænomanorum Galliæ Regionis Typus : *Antverpiæ*, Ortelii, 1598, 1603 : *Amstelodami*, Guillelmi Blaeu, *in-fol.*

1663. Le Maine ; par Lézin GUYET : *Au Mans*, 1573, *in-fol.*

1664. Le Maine; par Nicolas TASSIN : *Paris*, *in-fol.*

1665. Maine, Anjou, Touraine; par Nicolas DE FER : *Paris* [1713. Desnos, 1760] *in-fol.*

1666. ☞ Le Maine & le Perche; par Guillaume DE L'ISLE : *Paris*, 1719, *in-fol.*]

1667. ☞ Gouvernemens généraux du Maine & du Perche, de l'Anjou, de la Touraine & du Saumurois; par le Sieur ROBERT : 1753, *in-fol.*

C'est la Carte 17. de l'*Atlas universel.*]

1668. ☞ Côtes de Malabar & de Coromandel (pour les Etablissemens & le Commerce des François dans l'Inde); par Guill. DE L'ISLE : *Paris*, 1723, *in-fol.*]

1669. ☞ Les mêmes, ou Indes Orientales; par le Sieur D'ANVILLE; en cinq feuilles, avec un Mémoire : *Paris*, 1752 & 1753, *in-fol.*]

1670. ☞ Gouvernemens généraux de la Marche, du Limosin & de l'Auvergne; par le Sieur ROBERT DE VAUGONDY : 1753, *in-fol.*

C'est la Carte 36. de l'*Atlas universel.*]

1671. ☞ Ms. La Province de la Marche : *in-fol.*

Cette Carte, dressée pour les Contrôles de la Ferme générale, est à la Bibliothèque du Roi, Cabinet des Estampes.

1672. ☞ Terroir de la Ville, Port & Rade de Marseille, & les Environs; par le Père CHEVALIER, de Soissons; en deux feuilles : *in-fol.*]

1673. ☞ Vue & Perspective de Marseille & des Environs; gravées par le Sieur LE BAS; en cinq feuilles : *Paris*, 1751, *in-fol.*]

1674. ☞ Plan de Maubeuge, en Hainault; par (le Chevalier) DE BEAURAIN : demi-feuille.]

1675. Le Pays Messin; par Abraham FABERT : *Paris*, le Clerc : *Amstelodami*, Hondii : *Ibid.* Guillelmi Blaeu, *in-fol.*

1676. Le Pays Messin; par Jean BRIOIS : *in-fol.*

☞ Le même : *Paris*, de Fer, grand *in-4.*

Cette Carte de Briois, est très-estimée pour l'exactitude.]

1677. ☞ Plan de la Ville de Metz : *in-fol.*

Il se trouve à la tête du tom. I. de l'*Histoire de Lorraine* du P. Calmet : *Nancy*, 1728, 1738, *in-fol.*]

☞ Le même : *Londres*, Rocque, 1754, *in-fol.*]

☞ Le même : *Paris*, Longchamps, 1760, *in-fol.*]

1678. Mirebalais, en Poitou : *Amstelodami*, Guillelmi & Joannis Blaeu, *in-fol.*

== Généralités de Montauban & de Toulouse ; en quatre feuilles : *Paris*, Jaillot, 1695, *in-fol.*

☞ Déja indiquées ci-devant, N.° 1612.]

1679. ☞ Plan de la Ville & Citadelle de Montpellier; gravé par Villaret: *in-fol.*

1680. ☞ Plan de la Ville de Montpellier, avant les Guerres de la Religion; dessiné par le Parmentier: *in-fol.*

Ces deux Plans se trouvent dans l'*Histoire de la Ville de Montpellier* de M. l'Abbé d'Aigrefeuille, Chanoine de la Cathédrale: *Montpellier, 1737, in-fol.*]

1681. Généralité de Moulins [où se trouvent le Bourbonnois, le Nivernois, &c.]: *Paris,* Jaillot, 1680, 1700, *in-fol.*

N

1682. Nancy & ses Environs; par Jean-Baptiste Nolin: *Paris,* 1698, *in-fol.*

1683. ☞ Plan de la Ville de Nancy: *in-fol.*

Il se trouve à la tête du tom. I. de l'*Histoire de Lorraine* du P. Calmet: *Nancy, 1728, 1738, in-fol.*]

1684. ☞ Le même; par le Sieur Le Rouge: *Paris,* 1752, *in-fol.*]

1685. ☞ Nouveau Plan de Nancy en élévation; en quatre feuilles; levé par un Officier des Gardes-du-Corps du Roi de Pologne: *Paris,* chez le Sieur François, Graveur, 1754, *in-fol.*]

1686. ☞ Plan de la Ville de Nantes & de ses Fauxbourgs; levé en 1757 par le Sieur François Cacaut; en quatre feuilles: *Paris,* Lattré, 1759, *in-fol.*]

1687. Royaume de Navarre: *Amstelodami,* Hondii: *Ibid.* Guillelmi & Joannis Blaeu, *in-fol.*

1688. Royaume de Navarre; par Nicolas Tassin: *Paris, in-fol.*

1689. ☞ Plan de Neu-Brisac, en Alsace; par le Sieur de Beaurain: *demi-feuille.*]

1690. ☞ Ancienne Carte de la Ville de Nismes, contenant le Plan de ses anciennes murailles au tems des Romains (sans date, &c.): *in-fol.*]

1691. ☞ Plan de la Ville de Nismes, ancienne & moderne; gravé par Lucas.

Ce Plan a été donné par M. Ménard, Conseiller au Présidial de Nismes, dans le tom. I. de son *Histoire* de cette Ville: *in-4.*]

1692. ☞ Autre Plan de Nismes: *Londres,* Rocque, 1751, *in-fol.*]

1693. ☞ Plan de la Ville de Nismes, en 1629, au tems des Guerres civiles.

Ce Plan fut gravé d'après le Dessein fait par Louis XIII. M. Ménard l'a réduit, & inséré dans son *Histoire de Nismes, tom. V. pag. 583.*]

1694. Nivernois: *Amstelodami,* Hondii, 1630, *in-fol.*]

1695. ☞ Le même; par Nicolas Tassin: *in-fol.*]

1696. ☞ Le même: *Paris,* Boisseau, 1642, *in-fol.*]

1697. ☞ Le même: *Amstelodami,* Joannis Blaeu: *in-fol.*]

1698. ☞ Le Nivernois, sur les nouvelles Observations; par le Sieur Delafosse: *Paris,* Daumont, 1760, *in-fol.*]

1699. ☞ Description du Pays de Normandie; par Damien de Templeux: 1620, *in-fol.*]

1700. Duché de Normandie: *Paris,* le Clerc, 1620: *Amstelodami,* Hondii: *Ibid.* Guillelmi Blaeu, *in-fol.*

1701. Duché de Normandie; par Nicolas Tassin: *Paris, in-fol.*

1702. Duché de Normandie; par Guillaume de Beauplan; en cinq feuilles: *Paris,* 1653, *in-fol.*

☞ Le même; en douze feuilles.]

Le même; par le même; en deux feuilles: 1667, *in-fol.*

1703. Le Duché de Normandie; par Pierre du Val: *Paris,* 1654, *in-fol.*

1704. Normandie; (par Sanson); en quatre feuilles: *Paris,* Jaillot, 1682, 1695, *in-fol.*

1705. Normandie; par le Père [Vincent] Coronelli: *Venetia,* 1687, *in-fol.*

1706. Gouvernement général de Normandie; par Nicolas Sanson: *Paris,* 1650, 1660, 1667, 1669, *in-fol.*

1707. Le même; par Frédéric de Witt: *Amstelodami, in-fol.*

1708. Le même; par Giacomo Cantelli: *Roma,* 1692, *in-fol.*

1709. Le même; par Jean-Baptiste Nolin: *Paris,* 1694, *in-fol.*

1710. Normandie; par Jean-Baptiste Nolin: *Paris,* 1694, *in-fol.*

1711. Normandie; par Nicolas de Fer: *Paris,* 1710 [1719. *Revue,* Desnos, 1760] *in-fol.*

1712. Partie de la Normandie, vers Fécamp; par Coutan de la Croix: *Paris, in-fol.*

1713. Normandie; par Guillaume de l'Isle: *Paris,* 1716, *in-fol.*

1714. ☞ La même, divisée en ses trois Généralités, de Rouen, Caen & Alençon; par Jaillot; en deux feuilles: *Paris,* 1719, *in-fol.*]

1715. ☞ Gouvernement général de Normandie, divisé en ses sept Bailliages; par le Sieur Robert: 1751, *in-fol.*

C'est la Carte 25. de l'*Atlas universel.*]

1716. ☞ Le même; par le Sieur Robert de Vaugondy: *Paris,* 1758, *in-fol.*]

1717. ☞ Normandie, divisée en Pays; par Nolin

Géographie moderne des Provinces.

Nolin fils, avec une Description en marge: *Paris*, Daumont, *in-fol.*]

1718. ☞ Nouvelle Carte de Normandie, avec une Table alphabétique des Villes, & une petite Carte particulière des principales: *Paris*, 1759, *in-fol.*]

O

1719. Principauté d'Orange, avec le Comtat Venaissin; par Jacques DE CHIEZE, Orangeois: *Amstelodami*, Hondii, 1627: *Ibid.* Janssonii, *in-fol.*

1720. ☞ Environs de l'Orient & du Port-Louis (en Bretagne); par le Sieur LE ROUGE; en une feuille & demie: *Paris*, 1752.]

1721. Duché d'Orléans: *Amstelodami*, Hondii, *in-fol.*

1722. Duché d'Orléans; par TASSIN: *Paris*, *in-fol.*

1723. Orléanois; par Pierre DU VAL: *Paris*, 1668, *in-fol.*

1724. Gouvernement général de l'Orléanois; par Nicolas SANSON: *Paris*, 1650 [1651]: *Amstelodami*, Joannis Blaeu, 1663, *in-fol.*

1725. Le même; par Giacomo CANTELLI; in due tavole: *Roma*, 1692, *in-fol.*

1726. Gouvernement d'Orléans: *Paris*, Jaillot, 1707 [1721] *in-fol.*

1727. ☞ Généralité d'Orléans; par Guill. DE L'ISLE: *Paris*, 1718, *in-fol.*]

1728. ☞ La même; par JAILLOT: *Paris*, 1719, *in-fol.*]

1729. ☞ Gouvernement général de l'Orléanois; par le Sieur ROBERT: 1753, *in-fol.*

C'est la Carte 28. de l'*Atlas universel.*]

1730. ☞ Orléanois; par le Sieur DELAFOSSE: *Paris*, Daumont, 1761, *in-fol.*]

1731. ☞ Plan de la Ville d'Orléans; par INSELIN.]

1732. ☞ Le même; par le Sieur DE BEAURAIN: *demi-feuille.*

On a encore plusieurs autres Plans d'Orléans plus anciens; mais ils ne sont pas caractérisés.]

P

1733. ☞ Généralité de Paris; par Nicolas SANSON; en deux feuilles: *Paris*, Jaillot, *in-fol.*]

1734. ☞ La même; par JAILLOT; en quatre feuilles: *Paris*, 1725, *in-fol.*]

1735. ☞ Recueil des vingt-deux Élections de la Généralité de Paris, par une Société d'Ingénieurs, avec l'Explication ou la Description de chacune ; par M. l'Abbé REGLEY: *Paris*, Desnos, 1763, *in-4.*]

Tome I.

1736. ☞ Cartes des Élections de la Généralité de Paris, avec des Tables alphabétiques de leurs dépendances, &c. en vingt-deux feuilles : *petit in-4.*

Dans l'Ouvrage intitulé , *Description générale du Royaume de France*, &c. par M. DUMOULIN, Officier réformé : *Amsterdam & Paris*, 1764, tom. I. *in-8.*]

1737. Prevôté & Élection de Paris; par Nic. SANSON: *Paris*, *in-fol.*

La même: *Paris*, Jaillot, 1686, 1690 [1727] *in-fol.*

1738. La même; par Nicolas DE FER; en deux feuilles: *Paris*, 1690, *in-fol.*

1739. La même; par le P. Vincent CORONELLI; in due tavole : *Venetia*, *in-fol.*

1740. La Prevôté & Vicomté de Paris; par Guillaume DE L'ISLE : *Paris*, 1711, *in-fol.*

1741. Prevôté & Vicomté de Paris : *Paris*, 1714, *in-fol.*

Cette Carte se trouve dans la Compilation des Commentateurs sur la Coutume de Paris, donnée au Public par M. de Ferriere ; en quatre volumes : *Paris*, 1714, *in-fol.*

1742. Les Environs de Paris; par Nicolas SANSON : *Paris*, *in-fol.*

1743. Les mêmes; par TASSIN ; en quatre feuilles : *Paris*, 1668, *in-fol.*

1744. Les mêmes; par François DU VIVIER; en trois feuilles : *Paris*, Jaillot, *in-fol.*

1745. Plan de Paris & de ses Environs; par Messieurs de l'Académie Royale des Sciences; en neuf feuilles: *Paris* [1674] 1678, *in-fol.*

1746. Les Environs de Paris; par Nicolas DE FER; en quatre feuilles: *Paris*, 1690 [1712] *in-fol.*

1747. ☞ Les mêmes; par le même; en une feuille: *Paris*, 1700. Desnos, 1764, *in-fol.*]

1748. ☞ Les mêmes; par Thomas AUVRAY, Sieur DE GAREL : *in-fol.*]

1749. Les mêmes; par Jean-Baptiste NOLIN; en quatre feuilles : *Paris*, 1698, *in-fol.*

1750. ☞ Les mêmes; par JAILLOT; en quatre feuilles : *Paris*, 1723, *in-fol.*]

1751. ☞ Carte topographique des Environs de Paris; par l'Abbé DE LA GRIVE ; en neuf feuilles : *Paris*, 1731, *in-fol.*]

1752. ☞ Carte topographique des Environs de Paris (à cinq lieues à la ronde); par le Sieur LE ROUGE : *Paris*, 1752, *in-fol.*]

1753. ☞ Environs de Paris; par le Sieur ROBERT : 1753, *in-fol.*

C'est la Carte 30. de l'*Atlas universel.*]

1754. ☞ Les mêmes ; par Jean-Baptiste NOLIN fils; avec une Explication en marge : *Paris*, Daumont, 1756, *in-fol.*]

1755. ☞ Les mêmes; par le Sieur DENIS: *Paris*, 1758, *in-fol.*]

N

1755. ☞ Environs de Paris, divisés par Pays, dans lesquels on trouve l'étendue du Diocèse de Paris; par le Sieur ROBERT DE VAUGONDY: *Paris*, 1761, *in-fol.*]

1757. ☞ Les mêmes; par le même; en quatre Cartes: 1761, *in-4*.

Elles accompagnent l'Ouvrage qu'il a publié sous le titre de *Promenades de Paris: in-8.*]

1758. ☞ Atlas topographique des Environs de Paris; en quinze petites Cartes: *Paris*, Lattré, 1761, vol. *in-16.*]

1759. Lutèce, ou premier Plan de Paris, tiré de César, de Strabon, de l'Empereur Julien, d'Ammian Marcellin: *Paris*, de Fer, *in-fol.*

1760. Lutèce conquise par les François, ou second Plan de Paris, tiré de divers Auteurs: *Paris*, Nicolas de Fer, *in-fol.*

1761. Troisième Plan de Paris, sous le Règne de Louis VII. *Paris*, de Fer, *in-fol.*

1762. Quatrième Plan de Paris, sous le Règne de Philippe Auguste: *Paris*, de Fer, *in-fol.*

1763. Cinquième Plan de Paris, sous le Règne de Charles V. & de Charles VI. *Paris*, de Fer, *in-fol.*

1764. Sixième Plan de Paris, sous Charles VII. *Paris*, Nicolas de Fer, *in-fol.*

Ces six Plans de Paris, avec le sept & le huitième qui suivent [N.ºs 1771 & 1775], ont été dressés par les soins de Nicolas DE LAMARE, Commissaire au Châtelet de Paris, & gravés aux dépens de Nicolas de Fer; & ces huit Plans se trouvent dans le tom. I. du *Traité de la Police: Paris*, 1705, *in-fol.*

1765. ☞ Plan de Paris ancien, tel qu'il étoit sous Charles V. & Charles VI. *Paris*, Dheulland, 1757, *in-fol.*]

☞ Remarques sur (cet) ancien Plan. *Journal de Verdun*, 1757, Mars, pag. 177.]

☞ Lettre sur la Ville de Paris, à l'occasion de ce Plan. *Ibid. Août, pag.* 120.]

1766. Plan de Paris, sous Henri II. *in-fol.*

On y voit le Palais des Tournelles, qui fut détruit aussitôt après sa mort.

1767. Plan de Paris, sous Charles IX. *in-fol.*

1768. Plan de Paris, sous Henri III. *Paris*, 1575, *in-fol.*

1769. Plan de Paris, sous Henri IV. *in-fol.*

1770. Plan de Paris, sous Louis XIII. *Paris*, 1620, *in-fol.*

1771. Septième Plan de Paris, sous Henri IV. & Louis XIII. *Paris*, de Fer, *in-fol.*

1772. Plan de Paris, sous Louis XIV. toisé par Jacques GOMBOUST; en quatre feuilles: *Paris*, 1652, *in-fol.*

1773. Autre; par GUILETTE, sous la conduite de Guillaume Blondel, Directeur de l'Académie Royale d'Architecture; en douze feuilles: *Paris*, 1676, *in-fol.*

1774. Autre; par Albert JOUVAIN DE ROCHEFORT: *Paris*, 1676, *in-fol.*

1775. Le même, sous ce titre: Huitième Plan de Paris, tiré de nouveau: *Paris*, de Fer, 1705, *in-fol.*

1776. Plan de Paris; en quatre feuilles: *Paris*; Jaillot, *in-fol.*

1777. Plan de Paris; par Jean-Baptiste NOLIN: *Paris*, *in-fol.*

1778. Nouveau Plan de Paris; par Nicolas DE FER: *Paris*, 1701, *in-fol.*

1779. Nouveau Plan de Paris; par Jean DE LA CAILLE; en vingt feuilles: *Paris*, 1714, *in-fol.*

Ce Plan se trouve dans le Livre intitulé, *Description de Paris: Paris*, Jean de la Caille, 1714, *in-fol.*

☞ Il a été dressé par les ordres de M. d'Argenson, Lieutenant de Police.]

1780. ☞ Plan de Paris; par Guillaume DE L'ISLE: *Paris*, 1716, *in-fol.*]

1781. ☞ Nouveau Plan de Paris; par M. l'Abbé DE LA GRIVE: 1729, grand *in-fol.*]

1782. ☞ Autres; par le même, en 1735 & 1744, *in-fol.*

Il y en a aussi un en petit, très-joliment gravé: 1740, *demi-feuille.*]

1783. ☞ Plan de Paris, où se trouve le détail des Fauxbourgs, & des Villages & Campagnes compris entre Vincennes & Saint-Cloud; par M. ROUSSEL, Ingénieur du Roi, Chevalier de Saint-Louis, &c. en neuf feuilles: *Paris*, veuve Jaillot, 1731, *in-fol.*]

☞ Plan de Paris & de ses Fauxbourgs, avec ses Environs; où se trouvent le détail des Villages, Châteaux, grands Chemins & autres; des Hauteurs, des Bois, Vignes, Champs & Prés; levé par M. ROUSSEL, Capitaine-Ingénieur du Roi, & réduit sur la même échelle de celui de Londres; par J. ROCQUE; en sept grandes feuilles: *Londres*, 1747, *in-fol.*]

1784. ☞ Plan de Paris, commencé en l'année 1734, sous les ordres de M. Michel-Etienne Turgot, Prevôt des Marchands, &c. achevé en 1739, levé & dessiné par Louis DE BRETEZ; en vingt-quatre feuilles: *grand in-fol.*]

1785. ☞ Plan de Paris (où l'on a ajouté les Plans de l'Ecole Militaire, & de la Place de Louis XV.) *Paris*, Daumont, *in-fol.*]

1786. ☞ Plan de Paris; par le Sieur DE BEAURAIN: *demi-feuille.*]

1787. ☞ Carte de Paris, avec les noms des Rues, par ordre alphabétique; par le Sieur PASQUIER: *Paris*, 1758, *in-fol.*]

1788. ☞ Plan topographique & raisonné de Paris, dédié à M. le Duc de Chevreuse,

Géographie moderne des Provinces.

Gouverneur de cette Ville; par les Sieurs PASQUIER & DENIS: *Paris*, 1758, *vol. in-8. gravé.*]

☞ Le même, 1763, augmenté d'une Méthode facile pour passer d'un Quartier à un autre.]

☞ Le même, 1765, avec une Carte de l'Archevêché de Paris, & une Table alphabétique des Villes, Bourgs, Villages, Châteaux, Hameaux & Fermes qui se trouvent dans cette Carte.]

1789. ☞ Plan de Paris; par le Sieur ROBERT DE VAUGONDY: *Paris*, 1760, *in-fol.*

Ce Plan, divisé en neuf parties, se trouve dans les *Tablettes Parisiennes* du même Auteur: *Paris*, 1760, *in-8.*]

1790. ☞ Le même, en petit; par le même: 1760, *in-4.*

Ce Plan est joliment gravé, & se joint aux *Promenades de Paris*, du même Auteur.]

1791. ☞ Plan de la Ville & des Fauxbourgs de Paris; par le Sieur HARME, Topographe du Roi; en trente-cinq feuilles, & quatorze de Tables alphabétiques: *Paris*, 1763, *in-4.*]

1792. ☞ Plan de Paris & de ses Fauxbourgs, dédié à M. Bignon, Prevôt des Marchands, &c. Paris, Lattré, 1765, *in-fol.*]

1793. ☞ Exposé d'un Plan hydrographique de la Ville de Paris, avec trois Cartes: la première, du Cours de la Seine dans l'étendue de Paris, avec les chûtes des Ruisseaux qui s'y jettent, & les Fontaines: la seconde, Plan, avec les Rues dont on a fait le nivellement: la troisième, Coupe de la Ville de Paris, prise du Septentrion au Midi, depuis la Porte Saint Martin jusqu'à l'Observatoire; par Philippe BUACHE. *Mémoires de l'Académie des Sciences*, 1742, *pag.* 378 & *suiv.*

M. Buache a fait graver en grand, & a publié séparément, la troisième Carte, Coupe de Paris, &c. *in-fol.*]

1794. ☞ Plan de la Ville de Pau en Béarn; par M. DE BEAURAIN: *demi-feuille.*]

1795. ☞ Mf. Carte des Salins de Pecais & de ses Environs: *in-fol.*

Cette Carte, qui a rapport au Bas-Languedoc, vers le Rhône, est dans la Bibliothèque de M. le Marquis d'Aubais.]

1796. Le grand Perche & le Perche Gouet: *Paris*, le Clerc, *in-fol.*

1797. Comté du Perche: *Amstelodami*, Guillelmi Blaeu, *in-fol.*

══ ☞ Le Perche; par Guillaume DE L'ISLE: dans sa Carte du Maine, ci-devant, N.° 1666.]

1798. Comté de Périgord; par Philippe DE LA RUE: [*Paris*, Mariette]: *Amstelodami*, Joannis Blaeu, 1663, *in-fol.*

1799. Picardie (ancienne Carte): *in-fol.*

1800. Picardiæ Belgicæ Regionis Descriptio; auctore Joanne SURHONIO: 1579: *Cæsaroduni Turonum*, 1592: *Antverpiæ*, Ortelii, 1598, 1603, *in-fol.*

1801. Picardie & Champagne; par Gérard MERCATOR: *Amstelodami*, *in-fol.*

1802. Picardie & Artois; par Nic. TASSIN: *Paris*, *in-fol.*

Les mêmes; en quatre feuilles: *Paris*, le Clerc: 1642, *in-fol.*

1803. Picardie & Pays-Bas Catholiques; par Nicolas SANSON: *Paris*, 1648 [1667] *in-fol.*

1804. Picardie & Artois; par Nic. DE FER: *Paris* [1709] *in-fol.*

1805. Partie méridionale de la Picardie; par Guillaume DE L'ISLE: *Paris*, 1712, *in-fol.*

La Partie septentrionale est avec l'Artois du même Géographe [ci-devant, N.° 1357.]

1806. ☞ Picardie & Artois; par le Sieur ROBERT: *Paris*, 1759, *in-fol.*]

1807. Gouvernement général de Picardie; par Nicolas SANSON: [*Paris*] 1651, 1667, *in-fol.*

1808. Le même; par Frédéric DE WITT: *in-fol.*

Le même; en deux feuilles: *Paris*, Jaillot, 1681, *in-fol.*

Le même; en quatre feuilles: *Paris*, Jaillot, *in-fol.*

1809. Le même; per Giacomo CANTELLI; in due tavole: *Roma*, 1692, *in-fol.*

1810. Le même; par Jean-Baptiste NOLIN: *Paris*, 1694, 1699, 1712, *in-fol.*

1811. ☞ Gouvernement de Picardie, & Généralité d'Amiens; par JAILLOT; en quatre feuilles: *Paris*, 1717, *in-fol.*

1812. ☞ Picardie & Artois, avec une Description en marge; par Jean-Baptiste NOLIN fils: *Paris*, Daumont, 1756 ou 1757.]

1813. ☞ Picardie, Artois, Boulonois, & Flandre Françoise; par le Sieur ROBERT DE VAUGONDY: 1753, *in-fol.*

C'est la Carte 14. de l'*Atlas universel.*]

☞ La même; par le même: *Paris*, 1759, *in-fol.*]

1814. ☞ Carte topographique de la Picardie, avec toutes les Frontières: *Paris*, Desnos, 1762, *in-fol.*

Le Sieur Desnos a aussi publié les Elections de Picardie, ou la Généralité d'Amiens, le Boulonois & l'Artois; en tout vingt feuilles: *Paris*, 1764, *in-4.*]

1815. Poitou; par René ROGIER, Poitevin: *Paris*, Desprez: *Augustæ Turonum* [Bouguereau]: *Antverpiæ*, Ortelii, 1598, 1603: *Paris*, le Clerc, *in-fol.*

1816. Poitou; par Gérard MERCATOR:

Duysburgi: Amstelodami, Hondii, 1609, 1613, 1619: *Ibid.* Joannis Janssonii: *Ibid.* Guillelmi Blaeu, *in-fol.*

1817. Poitou, Saintonge, Angoumois, Aunis; par Nicolas TASSIN: *Paris, in-fol.*

1818. Duché de Poitou: *Paris*, Mariette, *in-fol.*

1819. Duché de Poitou; par Pierre DU VAL: *Paris*, 1689, *in-fol.*

1820. Poitou & le Pays d'Aunis: *Paris*, Jaillot, 1707, *in-fol.*

1821. Les mêmes; par Nicolas DE FER: *Paris* [1737, 1740] *in-fol.*

1822. ☞ Poitou, Aunis, Saintonge & Angoumois; par le Sieur ROBERT: 1753.

C'est la Carte 35. de l'*Atlas universel*.

La même Carte; par le même: *Paris*, 1759, *in-fol.*]

1823. ☞ Le Poitou, ou la Généralité de Poitiers; par JAILLOT: *Paris*, 1757, *in-fol.*]

1824. ☞ Le Poitou; par LONGCHAMPS: *Paris*, 1764, *in-fol.*]

1825. Provinciæ, Regionis Galliæ, vera Descriptio; auctore Joanne BOMPARTIO: *Antverpiæ*, 1594: *Ibid.* Ortelii, 1598, 1603: *Amstelodami*, Hondii, 1609, 1613, 1619: *Ibid.* Guillelmi Janssonii & Joannis Blaeu: *Paris*, le Clerc, *in-fol.*

1826. La Provence; par Nicolas TASSIN: *Paris, in-fol.*

1827. La même; par Pierre DU VAL: *Paris, in-fol.*

1828. La Provence; par Louis CUNDIER: *in-fol.*

1829. La même, corrigée; par Honoré BOUCHE: *Aix*, 1664, *in-fol.*

1830. Gouvernement général de Provence; par Nicolas SANSON: *Paris*, 1652, 1660, 1696 [1707] *in-fol.*

1831. Le même; par Frédéric DE WITT: *in-fol.*

1832. La Provence; par Jean-Bapt. NOLIN: *Paris*, 1694, *in-fol.*

1833. Provence: *Paris*, Jaillot, 1696 [1707] *in-fol.*

1834. ☞ La Provence, divisée en ses Vigueries & Bailliages; par BAILLEUL: *Paris*, 1707, *in-fol.*]

== La même; par JAILLOT, ci-devant, N.° 1315.]

1835. La Provence; par Nicolas DE FER: *Paris* [1708. Desnos, 1760] *in-fol.*

1836. La Provence (divisée par Sénéchaussées, Vigueries & Diocèses); par Guillaume DE L'ISLE: *Paris*, 1715, revue en 1765, *in-fol.*

1837. ☞ La Provence, avec les Camps; par le Sieur LE ROUGE: *Paris*, 1747, *in-fol.*]

1838. ☞ Gouvernement général de Provence, divisé en ses Vigueries, avec le Comtat Venaissin & la Principauté d'Orange; par le Sieur ROBERT DE VAUGONDY: 1754.

C'est la Carte 47. de l'*Atlas universel*.]

1839. ☞ La Provence, avec la représentation de ses anciens Monumens; par le Sieur DEVOUX; en deux feuilles: *Aix*, 1757, *in-fol.*]

Q

1840. Quercy: *Amstelodami*, Hondii, 1619: *Ibid.* Guillelmi Janssonii & Joannis Blaeu: *Paris*, le Clerc; *Ibid.* Mariette, *in-fol.*

☞ On trouvera le *Quercy*, selon les plus nouvelles Observations, dans la seconde feuille de la *Guyenne* de M. ROBERT, ci-devant, N.° 1552.]

R

1841. Pays de Reims; par Jean JUBRIEN, Châlonnois; en quatre feuilles: 1623, *in-fol.*

Le même: *Amstelodami*, Janssonii: *Ibidem*, Guillelmi Blaeu, *in-fol.*

Le même; en deux feuilles: 1654, *in-fol.*

1842. ☞ Plan de la Ville de Reims & profils; par le Sieur DE BEAURAIN; en trois demi-feuilles.]

1843. ☞ Plan de Reims; en quatre feuilles: *Paris*, Lattré, *in-fol.*]

1844. ☞ Plan de la Ville de Rennes; par le Sieur DE BEAURAIN.]

1845. Le Réthelois; par Jean JUBRIEN: *Paris*, le Clerc: *Amstelodami*, Janssonii, 1641, *in-fol.*

1846. ☞ Plan de la Forêt de Retz, ou de Villers-Coterêts.

Ce Plan, très-détaillé, est un grand Tableau qui se voit au Château de M. le Duc d'Orléans, à Villers-Coterêts. Il a été dressé en 1765, par M. POTIER, l'un des principaux Officiers du Régiment d'Orléans, Infanterie.]

== Généralité de Riom. Voyez ci-devant, le Lyonnois de Jaillot, N.° 1652.]

1847. ☞ La même (seule); par le même: *Paris*, 1715, *in-fol.*]

1848. ☞ Plan de Rochefort: *Paris*, Longchamps, 1760, *in-fol.*]

1849. Ville & Gouvernement de la Rochelle: *Paris*, le Clerc: *Ibid.* Tavernier, 1627, *in-fol.*

1850. La Généralité de la Rochelle; par Jean-Baptiste NOLIN; en deux feuilles: *Paris, in-fol.*

Géographie moderne des Provinces.

1851. ☞ La même ; par Jaillot : *Paris, 1722, in-fol.*]

== Aulnis, ou Pays de la Rochelle, ci-devant, N.os 1365 & 1820.]

1852. ☞ Carte topographique de la Ville & Environs de la Rochelle ; par le Sieur de Beaurain : *in-fol.*]

1853. ☞ Elections de la Généralité de Rouen ; en quatorze feuilles : *in-4.*
Dans la *Description de la France*, par M. Dumoulin, tom. II.]

1854. ☞ Plan de Rouen ancien : *in-fol.*
Il se trouve dans le Livre intitulé, *Beautés* de cette Ville : *Rouen*, Oursel, 1700. Ouvrage très-superficiel, que l'on ne recherche qu'à cause du Plan, qui manque dans plusieurs Exemplaires.]

1855. ☞ Plan de la Ville de Rouen ; par de Fer : *Paris*, 1724. Desnos, 1760, *in-fol.*]

1856. ☞ Autre Plan de Rouen.
Dans l'*Histoire* de cette Ville, par Ferin, troisième édition : *Rouen*, 1738, *in-4.*]

1857. ☞ Plan de Rouen ; par Inselin : *Paris*, Beaurain, *demi-feuille.*]

1858. Comté de Roussillon : *Paris*, Boisseau, 1639 : *Amstelodami*, Joannis Blaeu, 1663, *in-fol.*

1859. Le Roussillon ; par Pierre du Val : *Paris*, 1677, *in-fol.*

Le même ; par Giacomo Cantelli : *Roma*, 1690, *in-fol.*

1860. Le même ; par Michel-Antoine Baudrand : *Paris*, 1695, *in-fol.*

1861. Le même ; par Nicolas de Fer : *Paris*, [1706. Desnos, 1760] *in-fol.*

1862. ☞ Le Roussillon ; par le Sieur de Beaurain : *in-fol.*]

S

1863. ☞ Territoire de Saint-Denis ; par Inselin.
Cette Carte se trouve dans l'*Histoire* de cette Abbaye, par Dom Felibien.]

1864. ☞ Plan de Saint-Cloud & des Environs ; par M. l'Abbé de la Grive : *Paris*, 1744, *in-fol.*]

1865. ☞ Plan de la Ville de Saint-Malo ; par le Sieur de Beaurain : *demi-feuille.*]

1866. Saintonge ; par Damien de Templeux : *Paris*, le Clerc : *Amstelodami*, Hondii, 1619 : *Ibid.* Joannis Janssonii : *Ibid.* Guillelmi Blaeu, *in-fol.*

1867. Saintonge & Angoumois : *Paris*, Mariette : *Amstelodami*, Guillelmi Blaeu, *in-fol.*

1868. Saintonge, Angoumois, la Marche, le Limosin & le Pays d'Aunis ; par Nicolas de Fer : *Paris*, 1711, *in-fol.*

== Voyez, N.os 1624, 1670 & 1820.]

1869. Principauté de Sedan en Champagne & celle de Raucourt : *Amstelodami*, Joannis Janssonii : *Ibid.* Guillelmi Blaeu, *in-fol.*

1870. Sedan ; par Nicolas Tassin : *Paris, in-fol.*

1871. ☞ Sénégal, ou Afrique Françoise ; par Guill. de l'Isle & Philippe Buache : *Paris*, 1727, *in-fol.*]

== Sévennes. Voyez ci-devant, Cévennes, N.° 1464 & *suiv.*]

1872. Généralité de Soissons, & Pays circonvoisins ; par Noël le Vacher, Chanoine de Laon, Curé de Berzy, au Diocèse de Soissons : *Paris*, 1666, *in-fol.*

1873. ☞ La même ; par de Fer : *Paris*, 1713. Desnos, 1760, *in-fol.*]

1874. ☞ La même ; par Jaillot : *Paris*, 1713, *in-fol.*
Elle passe dans le Pays pour bonne & exacte.]

1875. ☞ Généralité de Soissons, & le détail de ses Elections ; en huit feuilles : *Paris*, Desnos, 1763, *in-4.*]

1876. ☞ Environs de Soissons ; par M. Poincelier : *Paris*, 1747, *in-fol.*]

1877. Strasbourg & son Voisinage [avec les Camps & Batailles de M. de Turenne] ; par Henri Sengre : 1681, *in-fol.*

☞ Les mêmes : *Paris*, de Fer, *in-fol.*]

1878. ☞ Chorographia Argentorati ; à Matth. Seuttero : *Augustæ Vindelicorum, in-fol.*]

1879. ☞ Vue de Strasbourg : *Amsterdam*, J. Janssen, 1618.]

1880. ☞ Plan de Strasbourg ; par Inselin : *Paris*, Beaurain, *demi-feuille.*]

1881. ☞ Plans de Strasbourg, avec ses différens accroissemens ; en deux feuilles : *in-fol.*
Ils se trouvent pag. 288 du tom. II. de l'*Alsatia illustrata* de M. Schoepflin.]

T

1882. ☞ Plan & Vue de l'ancienne Ville de Thérouenne, en Artois ; par M. le Chevalier de Beaurain : *deux demi-feuilles.*]

1883. Gouvernement de Thionville : *Paris*, Jaillot, 1682, *in-fol.*
Ce Gouvernement [étoit] dans le Duché de Luxembourg [& dépend aujourd'hui de Metz en Lorraine.]

1884. ☞ Plan de Thionville : *Londres*, Rocque, 1753, *in-fol.*]

1885. Duché & Pairie de Thouars ; par Pierre du Val : *Paris*, *in-fol.*
Ce Duché est dans le Poitou.

1886. ☞ Plan de la Ville de Toul : *in-fol.*
Il se trouve à la tête du tom. I. de l'*Histoire de Lorraine* du P. Calmet : *Nancy*, 1728, 1738, *in-fol.*]

2887. ☞ Plan de Toulon ; par BESSON : *in-fol.*]

━ Généralité de Toulouse, ci-dessus, avec celle de Montauban, N.° 1612.]

2888. Plan de Tolose (ou Toulouse) ; par JOUVIN DE ROCHEFORT, Trésorier de France : *in-fol.*

Ce Plan n'est pas exact, & il est gravé à rebours.]

2889. Touraine ; auctore Isaaco FRANCO, Regio Ædili Turonensi : *Augustæ Turonum*, 1592 : *Antverpiæ*, Ortelii, 1592, 1603 : [*Paris*, 1616, le Clerc] : *Amstelodami*, 1620, Hondii : *Ibid.* Joannis Janssonii : *Ibid.* Guillelmi Blaeu, *in-fol.*

2890. Touraine ; par TASSIN : *Paris*, *in-fol.*

2891. Touraine : 1665, *in-fol.*

Cette Carte se trouve dans l'*Inventaire de l'Histoire généalogique* de cette Province, par Jean-Baptiste DE L'HERMITE SOULIERS : *Paris*, 1669, *in-fol.*

2892. Touraine ; par Pierre DU VAL : *Paris*, 1668, *in-fol.*

2893. Généralité de Tours ; par Guillaume SANSON ; en deux feuilles : *Paris*, Jaillot [1711] *in-fol.*

2894. ☞ La même ; par Guill. DE L'ISLE ; en deux feuilles : *Paris*, 1719 & 1721, *in-fol.*]

2895. ☞ Carte des Environs de Troyes ; par M. PASUMOT, Ingénieur, Géographe du Roi.

Cette petite Carte se trouve à la tête des *Ephémérides Troyennes* de 1760.]

2896. Vicomté de Turenne, & les Pays qui l'avoisinent ; par DU BAC : *Paris*, Van-Lochon [avant 1645.]

Ce Vicomté est dans le bas Limosin.

V

1897. Duché & Pairie de la Valière ; par Pierre DU NOYER : *Paris*, 1668, *in-fol.*

Ce Duché est dans l'Anjou.

1898. Pays de Valois ; par Damien DE TEMPLEUX : *Paris*, le Clerc : *Amstelodami*, Guillelmi Blaeu, *in-fol.*

☞ On y trouve beaucoup d'omissions & de noms estropiés.]

1899. Pays de Valois ; par Nicolas TASSIN : *Paris*, *in-fol.*

1900. ☞ Ms. Carte du Bailliage & Siége Présidial du Duché de Valois ; par feu M. MINET, Président premier au Présidial de ce Duché ; & Dom HERSAN, Bénédictin de Saint Arnoul de Crépy : *grand in-fol.*

M. l'Abbé Carlier en parle dans l'Introduction de son *Histoire du Valois*, *pag.* 1 & *suiv.* & il dit que l'Auteur a dressé un Dénombrement des lieux, séparé de la Carte.]

1901. ☞ Carte du Duché de Valois ; par M. l'Abbé CARLIER.

Elle se trouve *pag.* 1 du tom. I. de l'*Histoire du Valois* : *Paris*, 1764, *in-4.* La première partie de l'Introduction contient des éclaircissemens sur l'ordre & les positions de cette Carte, où les grandes Routes & celles de traverses sont bien désignées. On prétend dans le Pays qu'il y a beaucoup d'omissions.]

1902. Comté Venaissin ; auctore Stephano GHEBELLINI : *Antverpiæ*, Ortelii, 1598, 1603, *in-fol.*

1903. ☞ Le même : *Amstelodami*, Hondii, 1627, *in-fol.*]

1904. Le même ; par le Père Vincent CORONELLI : *Venetia*, 1690, *in-fol.*

1905. ☞ Le même ; par CLANSEAN : *in-fol.*]

1906. ☞ Le même, avec des Explications ; par le P. J. LAUGIER DUPUY, Doctrinaire : *in-fol.*]

1907. ☞ Le même ; par le Sieur D'ANVILLE : 1745, *in-fol.*]

1908. Le Vermandois ; auctore J. SURHONIO : *Cæsaroduni Turonum*, 1592 : *Antverpiæ*, Ortelii, 1598, 1603 : *Amstelodami*, Guill. Blaeu, *in-fol.*

1909. ☞ Le même ; par Nicolas SANSON : *Paris*, 1679, *in-fol.*]

1910. ☞ Plan de la Ville de Verdun : *in-fol.*

Il se trouve à la tête du tom. I. de l'*Histoire de Lorraine* du P. Calmet : *Nancy*, 1728, 1738, *in-fol.*]

1911. Vermandois, Thiérache, Duché de Guise ; par Nicolas TASSIN : *Paris*, 1656, *in-fol.*

1912. Versailles, avec ses Environs ; en quatre feuilles : *Paris*, *in-fol.*

1913. Le Château de Versailles, ses Jardins, ses Fontaines & ses Bosquets ; par Nicolas DE FER : *Paris*, 1700, *in-fol.*

1914. ☞ Plan de Versailles, du petit Parc & de ses dépendances, où sont marqués les emplacemens de chaque Maison de cette Ville, les Plans du Château & des Hôtels, les distributions des Jardins & Bosquets, & les détails des Statues ; par M. l'Abbé DE LA GRIVE : *Paris*, 1746, *in-fol.*]

1915. ☞ Plan de Versailles ; par le Sieur PASQUIER : *Paris*, 1758, *in-fol.*]

1916. Vexin, Beauvoisis, Hurepoix ; par Nicolas TASSIN : *Paris*, *in-fol.*

1917. Vexin François : *Amstelodami*, Guill. Blaeu, 1663, *in-fol.*

1918. ☞ Carte du Vexin, dans laquelle sont distingués le Roumois, le Vexin François, le Vexin Normand.

A la tête du tom. II. de la *Description de la haute Normandie* ; par D. Toussaints du Plessis, Bénédictin.]

Géographie moderne des Provinces. 103

1919. ☞ Mf. Plan de la Ville & Fauxbourgs de Vitry-le-François ; par le Sieur Claude BATTELIER, Architecte : 1750, *in-fol.*

Ce Plan, dessiné & enluminé, est dans la Salle de l'Hôtel-de-Ville de Vitry. On y voit aussi un autre Plan plus grand, & peint sur bois : ce Tableau a été fait il y a plus d'un siècle, aux dépens du Corps de Ville.]

1920. ☞ Mf. Carte, depuis les bords de la Loire jusqu'à l'Adour ; par M. MASSÉ.

Cette Carte est au dépôt du Génie à la Rochelle ; & c'est de-là qu'on a tiré le morceau qui présente l'*Aulnis* & les lizières des Provinces contiguës, à la tête du tom. I. de l'*Histoire de la Rochelle*, ci-devant, N.° 1366.]

1921. ☞ Recueil topographique des Environs des Villes principales de France : *Paris*, Denis, 1765, *in-4.*]

1922. ☞ Collection de Plans, Vues & Cartes topographiques, rangés selon l'ordre des Provinces de France ; en quarante-neuf Porte-feuilles : *in-fol.*

Cette ample Collection se trouve à la Bibliothèque du Roi, Cabinet des Estampes, K. num. 440-443, 748-792.]

Cartes géographiques des Lizières de la France & de ses Frontières.

1923. Frontières de France & d'Espagne ; par Nicolas DE FER : *Paris*, 1694, *in-fol.*

1924. Les Monts Pyrénées ; par Guillaume SANSON ; en deux feuilles : *Paris*, Jaillot, 1675, 1681, *in-fol.*

1925. ☞ Carte des Pyrénées ; par M. ROUSSEL, Ingénieur du Roi ; en neuf feuilles.]

1926. Les Frontières de France & d'Italie : *Paris*, de Fer, 1691, *in-fol.*

1927. Le Comté de Nice, le Marquisat de Saluces & la Principauté de Monaco ; par Nicolas DE FER : *Paris*, *in-fol.*

1928. Nice ; par Giacomo CANTELLI : *Roma*, 1691, *in-fol.*

1929. ☞ Carte des Environs de Nice & de Villefranche ; en sept feuilles : 1744, *in-fol.*]

1930. Les Alpes, le Duché de Milan, les Etats du Duc de Savoye ; par Guillaume SANSON ; en deux feuilles : *Paris*, Jaillot, 1681, *in-fol.*

Les mêmes ; par le même ; en six feuilles : *Paris*, 1707, *in-fol.*

Ces sortes de Cartes, fort détaillées, sont utiles pour les Campemens & les Marches des Armées.

1931. Les Etats du Duc de Savoye ; par MAUPIN ; en deux feuilles : *Paris*, Tavernier, *in-fol.*

1932. Les mêmes ; par Giovanni TOMASIO ; in dodieci tavole : *Torino*, 1680, *in-fol.*

1933. Les mêmes ; par Guillaume SANSON ; en deux feuilles : *Paris*, *in-fol.*

1934. Les Etats du Duc de Savoye ; par le Père PLACIDE : *Paris*, 1691, *in-fol.*

1935. Les mêmes ; par Jean-Baptiste NOLIN : *Paris*, 1694, *in-fol.*

1936. ☞ Les mêmes ; par Jean BESSON : 1704, *in-fol.*]

1937. Les mêmes [ou plutôt le Piémont & le Montferrat] ; par Guillaume DE L'ISLE ; en deux feuilles : *Paris*, 1707, *in-fol.*

1938. Les mêmes ; par JAILLOT ; en six feuilles : *Paris* [1706 &] 1707, *in-fol.*

1939. Le Piémont : *Venetia*, Bertelli, 1598, *in-fol.*

1940. Le même ; auct. Jacobo GUASTALLO : *Antverpiæ*, Ortelii, 1598, 1603, *in-fol.*

1941. Le même ; par Gérard MERCATOR : *Duysburgi* : *Amstelodami*, Hondii, 1613, 1619, *in-fol.*

1942. Le même ; par BONACINA ; in quatro tavole : *Milano*, 1639, *in-fol.*

1943. Le même ; par Nicolas SANSON : *Paris*, 1662 : *Amstelodami*, Blaeu, 1663, *in-fol.*

1944. Le même ; par Pierre DU VAL : *Paris*, 1676, 1691, *in-fol.*

1945. Le même ; par Jean-Baptiste NOLIN : *Paris*, 1694, *in-fol.*

== Le Piémont & le Montferrat ; par Guillaume DE L'ISLE ; en deux feuilles [ci-dessus, N.° 1937.]

1946. Les mêmes ; par Nicolas DE FER ; en quatre feuilles : *Paris*, *in-fol.*

1947. ☞ Carte des Environs de Gènes, avec les Retranchemens qui ont été faits pendant le Siége ; par GRAVIER : *Paris*, 1746, *in-fol.*]

1948. La Savoye : *Venetia*, Bertelli, 1568, *in-fol.*

1949. La Savoye ; auctore Joanne SEPTALA Mediolanensi : *Antverpiæ*, Ortelii, 1598, 1603, *in-fol.*

1950. La Savoye ; auct. Ægidio BULLIONIO Belgâ : *Antverpiæ* : *Amstelodami*, Hondii, 1613, 1619, *in-fol.*

1951. La Savoye ; par Paul BIANCHI : 1627, *in-fol.*

1952. La Savoye ; par Nic. TASSIN : *Paris*, *in-fol.*

La même : *Paris*, Boisseau, 1642 : *Amstelodami*, Joannis Blaeu, 1663, *in-fol.*

1953. La Savoye ; par Nicolas SANSON ; en deux feuilles : *Paris*, 1663, 1690, *in-fol.*

1954. La Savoye ; par Pierre DU VAL : *Paris*, 1677, *in-fol.*

1955. La Savoye ; par Giacomo CANTELLI : *Roma*, 1692, *in-fol.*

1956. La Savoye; par Nicolas DE FER: *Paris*, *in-fol.*

1957. ☞ La Savoye; par le Père PLACIDE, Augustin Déchaussé: *Paris*, *in-fol.*]

1958. ☞ Antonii SALAMANCA mappa Helvetiæ, Jodoco à Meggen Lucernati Prætorianorum Præfecto dicata: *Romæ*, 1555: *Venetiæ*, Bertelli, 1566, *in-fol.*]

1959. ☞ Cartes (anciennes) de la Suisse, en Allemand: *Zurich*, 1562, *in-fol.*

Voici la traduction du titre du Recueil où elles se trouvent: « Cartes géographiques. Ici tu trouveras, » cher Lecteur, douze Cartes, belles & bien faites; » c'est-à-dire, une de l'Europe en général, ensuite quel- » ques particulières, comme de l'Allemagne, de la » France, & des Cartes particulières de la Suisse, qui » sont des Tugeni, Tigurini, Argovia, Aventicenses, » Lepontii, Rhæti, Valesii & Rauraci; aucunes desquelles » n'ayant été publiées ci-devant dans cette forme, mais » imprimées à présent, avec beaucoup de soin, à l'hon- » neur desdits Pays, & au profit du Lecteur: *Imprimé à* » *Zurich, chez Christophle Froschower*, 1562.]

1960. ☞ Helvetiæ seu Suiciæ, quæ multis Confederatorum Terra dicitur, primæ Germanorum Provinciæ, Galliæ, Italiæque contiguæ Chorographia vera & elegans; Johannes & Lucas à Deutecum fecerunt: *in-fol.*

Cette Carte se trouve dans le *Speculum Orbis terrarum* de Cornelius à Judæis: *Antverpiæ*, 1593. Aux noms anciens, on a ajouté les modernes.]

1961. Les Suisses; auctore Ægidio TSCHUDO: *Antverpiæ*, Ortelii, 1598, 1603, *in-fol.*

1962. Les Suisses; par Gérard MERCATOR: *Amstelodami*, Hondii, 1609, 1613, 1619, *in-fol.*

1963. Les Suisses; par Nicolas TASSIN: *Paris*, *in-fol.*

1964. Les Suisses; par Nicolas SANSON: *Paris*, 1648, 1661, 1667: *Amstelodami*, Joannis Blaeu, 1663, *in-fol.*

1965. ☞ La Suisse; par Nicolas SANSON; en huit feuilles: *Paris*, 1660, 1661, 1667, &c. *in-fol.*

Ces Cartes, qui sont en partie Ecclésiastiques, représentent les Pays du moyen âge, ainsi que les treize Cantons. Elles portent, au commencement de leurs titres particuliers, l'ancien nom Latin: *Ambrones, Rauraci, Tigurini*, &c. Les Diocèses de Basle & de Lausanne ou Fribourg, sont encore Suffragans de l'Archevêché de Besançon. A l'égard de celui de Constance, de qui dépend la partie Orientale de la Suisse, & qui s'étend beaucoup en Allemagne, il est depuis longtems Suffragant de Mayence.]

1966. Les Suisses; par Giacomo CANTELLI: *Roma*, 1686, *in-fol.*

1967. Les Suisses; par Frédéric DE WITT: *Amstelodami*, *in-fol.*

1968. Les Suisses; [par SCHEUCHZER]; en quatre grandes feuilles: *Zurich*, 1713, *in-fol.*

☞ C'est l'une des meilleures Cartes de la Suisse, quoiqu'on y trouve des fautes. Les deux suivantes en sont des copies, en quatre feuilles ordinaires.]

☞ Les mêmes: *Amsterdam*, Mortier: *Ibid.* Schenck, *in-fol.*]

☞ Les mêmes: *Paris*, Jaillot, *in-fol.*]

1969. La Suisse; par Guillaume DE L'ISLE: *Paris*, 1715, *in-fol.*

☞ La même, augmentée; par Philippe BUACHE: 1759.]

1970. ☞ Helvetia; per HOMANNIANOS hæredes: *Norimbergæ*, 1732, *in-fol.*]

1971. ☞ Eadem; per SEUTERUM: *Augustæ Vindelicorum*, *in-fol.*

Le même a donné plusieurs feuilles des Cantons particuliers.]

1972. ☞ Eadem; quatuor foliis; auctore J. CEIGER: *in-fol.*]

1973. ☞ Aspect de la Suisse; par H. L. MUOS; en une grande feuille: *in-fol.*]

1974. ☞ Les hautes Montagnes de Suisse; par T. S. GROUNER.

Elles se trouvent dans son Ouvrage (en Allemand) sur les Glacières de la Suisse: *Berne*, 1760, *in-8*. 3 vol.

Cette Carte est d'une grande exactitude, ainsi que celle de Muos, de Zug. Celle de Ceiger peut égaler, & même être préférée, à plusieurs égards, à celle de Scheuchzer. Pour la Carte des Héritiers d'Homan, les Suisses en font peu de cas; & celles de Seuter sont regardées comme peu exactes. Voyez la *Gazette Littéraire*, tom. IV. pag. 235 & 236.]

1975. ☞ La Principauté de Neufchâtel; par N. MERVEILLEUX & Guillaume DE L'ISLE: *Paris*, 1720, *in-fol.*]

1976. Le Lac de Genève; par Jacques GOULART, Genevois: 1607: *Amstelodami*, Hondii, 1609, 1613, 1619: *Paris*, le Clerc, 1619: *Amstelodami*, Guillelmi Blaeu, *in-fol.*

1977. ☞ Le même, avec la République de Genève & les Environs; par Antoine CHOPY (1730); augmenté par Philippe BUACHE: avec le Plan de Genève: *Paris*, 1740, 1765, *in-fol.*]

1978. ☞ Le même, avec le Bailliage de Gex en France, & ceux de Ternier & Gailliard en Savoye; levé par M. GRENIER, Commissaire de la République de Genève; en Anglois: *Londres*, Rocque, 1760, *in-fol.*]

1979. Le Cours du Rhin; par Guillaume SANSON; en deux feuilles: *Paris*, 1652: *Amstelodami*, Guillelmi Blaeu, 1663, *in-fol.*

1980. Le même; par Pierre DU VAL: *Paris*, 1679, *in-fol.*

1981. Le même; par Henri SENGRE; en deux feuilles: *in-fol.*

☞ Le même; en six feuilles: *Paris*, Jaillot, 1705, *in-fol.*]

1982. Le même; par Gio. Giacomo DE'ROSSI: in due tavole: *Roma*, 1686, *in-fol.*

1983.

1983. Le même; par Giacomo CANTELLI; in due tavole: *Roma*, 1689, *in-fol.*

1984. Le même; par DES GRANGES; en deux feuilles: *Paris*, 1689, *in-fol.*

1985. Le même; par Jean-Baptiste NOLIN: *Paris*, 1690, *in-fol.*

1986. Le même; par le Père Vincent CORONELLI: *Venetia*, 1690, *in-fol.*

1987. Le même; par Nicolas DE FER; en trois feuilles: *Paris*, 1691, 1702, *in-fol.*

1988. Le même; par Nicolas SANSON: *Paris*, Jaillot, 1696, *in-fol.*

☞ Le même: *Paris*, Jaillot, 1709, *in-fol.*]

1989. Le même; par Frédéric DE WITT: *Amsterdam*, *in-fol.*

═ Le même; par Guillaume DE L'ISLE; en trois feuilles: (ci-devant, N.° 746.)

═ Le même; par le Sieur LE ROUGE: (ci-devant, N.ᵒˢ 747 & 748).]

1990. ☞ Environs du Rhin; en six feuilles; par BUNA: 1762, *in-fol.*]

1991. ☞ Cours du Rhin: lieux où l'Empereur peut passer ce Fleuve; moyens de s'y opposer.

Dans le tom. I. de la *Bibliothèque Militaire* de M. le Baron DE ZURLAUBEN.]

1992. ☞ La Souabe; par Guillaume DE L'ISLE; en deux feuilles: *Paris*, 1704, *in-fol.*

C'est la suite de son *Cours du Rhin*, où se trouve une partie de la Souabe.]

1993. Frontières de France, du Palatinat & de l'Electorat de Mayence; par Nicolas DE FER: *Paris*, 1689, *in-fol.*

1994. Palatinat du Rhin: *Amstelodami*, Hondii, 1609, 1613, 1619, *in-fol.*

1995. Le même; par Nicolas SANSON: *Paris*, 1648: *Amstelodami*, Joannis Blaeu, 1663, *in-fol.*

Le même; en deux feuilles: *Paris*, Jaillot, 1689, *in-fol.*

1996. Le même; par DES GRANGES: *Paris*, 1689, *in-fol.*

1997. ☞ Cercle Electoral du Rhin: *Paris*, Jaillot, 1734, *in-fol.*]

1998. ☞ Cercle des quatre Electeurs (du bas Rhin); par le Sieur ROBERT: *Paris*, 1746, *in-fol.*]

1999. Pays situé entre la Moselle, le Rhin, la Saare & la basse Alsace; en quatre feuilles: *Paris*, Jaillot, 1680, *in-fol.*

2000. Tractus Rheni, Mosæ & Vahalis: *Amstelodami*, Joannis Blaeu, *in-fol.*

2001. Gelriæ, Cliviæ & Juliæ Tabula; auct. Joanne Franc. CAMOTIO: *Venetiis*, 1563, *in-fol.*

2002. Vetustissima Descriptio Gelriæ & Cliviæ, finitimorumque Locorum; auctore Christiano SCHROT.

Cette Carte se trouve imprimée dans le Livre intitulé, *Theatrum Orbis terrarum*, Abr. Ortelii: [*Antverpiæ*, 1574]: *Amstelodami*, 1595, *in-fol.*

2003. Cliviæ Ducatus, & Ravestenii Dominium: *Amstelodami*, Joannis Blaeu: *Ibid.* Joannis Janssonii, *in-fol.*

2004. Archevêché & Electorat de Trèves; auctore Joanne DE RAM, *in-fol.*

2005. Le même; par Gérard MERCATOR: Duysburgi: *Amstelodami*, Hondii, 1613, 1619, *in-fol.*

2006. Le même; par Nicolas SANSON; en deux feuilles: *Paris*, 1658: *Amstelodami*, Joannis Blaeu, 1663: *Paris*, Jaillot, 1686, 1696, *in-fol.*

2007. Duché de Luxembourg; Joanne SURHONIO auctore: *Antverpiæ*, Ortelii, 1598, 1603, *in-fol.*

2008. Le même; par Gérard MERCATOR: Duysburgi: *Amstelodami*, Hondii, 1613: 1619: *Ibid.* Joannis Janssonii, *in-fol.*

2009. Le même; par Nicolas TASSIN: *Paris*, *in-fol.*

2010. Le même; par Nicolas VISSCHER: *Amstelodami*, *in-fol.*

2011. Le même; par Frédéric DE WITT: *Amstelodami*, *in-fol.*

2012. Le même; par Nicolas SANSON: *Paris*, 1674: *Ibid.* Jaillot, 1689, 1696, *in-fol.*

2013. Le même; par Pierre DU VAL: *Paris*, 1679, *in-fol.*

2014. Duché de Limbourg; auctore Ægidio MARTINI: 1603: *Amstelodami*, Hondii, 1613, 1619: *Ibid.* Guillelmi & Joannis Blaeu, 1663, *in-fol.*

2015. Le même; par Nicolas VISSCHER: *Amstelodami*, *in-fol.*

2016. Le même; par Frédéric DE WITT: *Amstelodami*, *in-fol.*

2017. Le même; par Nicolas SANSON: *Paris*, 1673, 1687, *in-fol.*

2018. Le même; par Pierre DU VAL: *Paris*, 1675, *in-fol.*

2019. Evêché & Seigneurie de Liége: *Antverpiæ*, Ortelii, 1598, 1603: *Amstelodami*, Hondii, 1609, 1613, 1619: *Ibid.* Guillelmi & Joannis Blaeu, 1663, *in-fol.*

☞ La Principauté ou Seigneurie de Liége est moins étendue que l'Evêché, considéré comme Diocèse, & indiqué ci-devant, N.° 1074: car celui-ci a dans son ressort, outre la Principauté de Liége, une partie du Hainaut François, du Luxembourg, du Limbourg, de Juliers, &c.]

2020. Tabula chorographica Principatûs Leodjensis, & Comitatûs Lossensis; auctore Joanne MANTELIO: *Amstelodami*, Hondii, 1639, *in-fol.*

2021. Evêché de Liége; par Guillaume SANSON: *Paris, in-fol.*

Le même: *Paris*, Jaillot, 1681, 1689, *in-fol.*

2022. Evêché de Liége; par Nicolas DE FER: *Paris*, 1693, 1696, *in-fol.*

2023. Gallia Belgica: Pyrrho LIGORIO, Neapolitano Autore: *Romæ*, 1559, *in-fol.*

2024. La même; studio Auberti MIRÆI: *Antverpiæ*, 1630, *in-fol.*

2025. La Gaule Belgique; par Nic. SANSON; en deux feuilles: *Paris*, 1661, *in-fol.*

2026. Les Pays-Bas, ou les dix-sept Provinces-Unies: *Antverpiæ*, Ortelii, 1598, 1603, *in-fol.*

2027. Les mêmes; par Gérard MERCATOR: *Amstelodami*, Hondii, 1609, 1613, 1619, 1631: *Paris*, Tavernier, 1640, *in-fol.*

2028. XVII. Inferioris Germaniæ Provinciæ; per Abrahamum Goos: *Amstelodami*, Jansonii, 1619, grand *in-4.*

2029. Eædem; à Petro KÆRIO, cum Descriptione à Petro MONTANO: *Amstelodami*, 1622, *in-fol.*

2030. Les XVII. Provinces des Pays-Bas; par Nicolas TASSIN: *Paris, in-fol.*

2031. Eædem; ex officina Nicolai VISSCHER: *Amstelodami, in-fol.*

2032. Earumdem novus Typus, emendatus à Guillelmo Blaeu: *in-fol.*

2033. Les XVII. Provinces des Pays-Bas; par Frédéric DE WITT: *Amstelodami, in-fol.*

Les mêmes; par le même; novem tabulis: *Leidæ, in-fol.*

2034. Les mêmes; par Pierre DU VAL; en deux feuilles: *Paris*, 1652, *in-fol.*

Les mêmes: *Paris*, 1679, *in-fol.*

2035. Les mêmes; par Nicolas SANSON; en deux feuilles: *Paris*, Jaillot, 1672, 1687, *in-fol.*

2036. Les mêmes; par Gio. Giacomo DE' ROSSI: (*Roma*) 1672, *in-fol.*

2037. Les mêmes; par Giacomo CANTELLI; in quatro tavole: *Roma*, 1689, *in-fol.*

2038. Les mêmes; par Henri SENGRE; en six feuilles: *Paris*, 1690, *in-fol.*

2039. Les mêmes; par Nicolas DE FER; en six feuilles: *Paris*, 1691, *in-fol.*

2040. Les mêmes; par Charles INSELIN, en deux feuilles: *Paris*, Jaillot, *in-fol.*

2041. ☞ Les mêmes; par Guillaume DE L'ISLE; en deux feuilles: *Paris*, 1702, *in-fol.*

Elles ont pour titre, l'une Provinces-Unies, & l'autre Pays-Bas Catholiques.]

2042. ☞ Les mêmes; (par le Sieur DE CHAUVIGNÉ-JAILLOT); en une feuille: *Paris*, 1758, *in-fol.*]

2043. Les Provinces des Pays-Bas Catholiques; par Nicolas & Guillaume SANSON: *Paris*, 1670, 1681: *Ibid.* Jaillot, 1687, 1693, *in-fol.*

Les mêmes; par les mêmes; en deux feuilles: *Paris*, Jaillot, 1685, *in-fol.*

2044. Les mêmes; par le Père Vincent CORONELLI: *Paris*, 1690, *in-fol.*

2045. Les mêmes; par Nicolas VISSCHER: *Amstelodami, in-fol.*

2046. Les mêmes; par Frédéric DE WITT: *Amstelodami*, 1667, *in-fol.*

2047. Les mêmes; par le Père PLACIDE: *Paris*, 1692, *in-fol.*

2048. ☞ Les mêmes; par DE FER: *Paris*, 1692. Desnos, 1762, *in-fol.*]

2049. ☞ Les mêmes; par JAILLOT: *Paris*, 1707, *in-fol.*]

Les mêmes; en quatre feuilles: *Bruxelles*, Frix.

2050. Les mêmes, avec les Frontières de Picardie; en vingt-quatre feuilles: *Bruxelles*, Frix: *Paris* [de Fer, 1709. Desnos, 1762, *in-4.*]

Un Ingénieur François [M. Hermant] envoya ces Cartes à Bruxelles, pour les y faire graver. Elles sont d'une grande utilité pour les Campemens des Armées, & pour les Marches.

2051. ☞ Carte des Pays-Bas, contenant la Flandre, le Brabant, le Comté de Namur, le Hainaut & l'Artois, avec les Routes, &c. par le Sieur LE ROUGE; en six feuilles: *Paris*, 1743, *in-fol.*]

2052. Flandria: *Venetiis*, Framesini, 1555, *in-fol.*

2053. Flandriæ Comitatus; per Gerardum MERCATOREM: *Duysburgi*: *Antverpiæ*, Ortelii, 1598, 1603: *Amstelodami*, Hondii, 1609, 1613, *in-fol.*

2054. Flandre, Artois, Hainaut; par Nicolas TASSIN: *Paris, in-fol.*

2055. Flandre; par Nicolas VISSCHER: *Amstelodami*, 1650: *Ibid.* Joannis Blaeu, 1663, *in-fol.*

2056. Flandre; par Frédéric DE WITT: *Amstelodami, in-fol.*

2057. La même; par Nicolas SANSON; en deux feuilles: *Paris*, Jaillot, 1674, *in-fol.*

2058. La même; par Pierre DU VAL: *Paris*, 1675, *in-fol.*

Géographie moderne des Provinces. 107

2059. La même; par le Père PLACIDE: *Paris, 1690, in-fol.*

2060. La même; par Nicolas DE FER: *Paris, 1693, in-fol.*

2061. La même: *Paris*, Jaillot, 1697, *in-fol.*

☞ La même; par JAILLOT; en deux feuilles: *Paris*, 1729, *in-fol.*]

2062. Flandre [Brabant , Hainaut] ; par Guillaume DE L'ISLE; en trois feuilles: *Paris,* 1704 [1705, 1706] *in-fol.*

2063. ☞ Cartes & Tables de Géographie des Provinces échues à la Reine Très-Chrétienne, &c. par Pierre DU VAL, Géographe du Roi: (1667) *in-*12.

Ce petit Recueil fut fait à l'occasion de l'Ouvrage intitulé, *Droits de la Reine, &c.* Ces Provinces étoient ce qu'on appelle les Pays-Bas Catholiques & la Franche-Comté.]

2064. Frontières de la Flandre Françoise & de la Flandre Espagnole; par Nicolas DE FER: *Paris, 1696, in-fol.*

== Frontières de la France & des Pays-Bas; en vingt-cinq feuilles: *in-*4.

☞ Ce sont les mêmes que le N.° 2050, ci-devant.]

2065. ☞ Les mêmes, gravées de nouveau; par les soins du Sieur Julien : *Paris*, 1748.]

2066. ☞ Carte des Duchés de Brabant & de Limbourg, Flandre, Hainaut, Liége, &c. en deux grandes feuilles: *Paris*, Bailleul, 1742, *in-fol.*]

2067. ☞ Comté de Hainaut; par JAILLOT: *Paris*, 1702, *in-fol.*]

2068. Les Conquêtes du Roi [Louis XIV.] dans les Pays-Bas, connus sous le nom de Flandre ; par Guillaume & Adrien SANSON; en deux feuilles : *Paris, in-fol.*

2069. Campemens des Armées du Roi dans les Pays-Bas, depuis 1690 jusqu'en 1694; par VAUTIER, Ingénieur, & [Pierre] MOULLART-SANSON, Géographe : *Paris*, 1694, *in-fol.*

2070. Le Théâtre de la Guerre en Flandre; par Jean-Baptiste NOLIN; en quatre feuilles: *Paris, in-fol.*

2071. ☞ Cartes des Campagnes de M. le Maréchal de Luxembourg , en Flandre : *Paris*, Julien, 1764, *in-fol.*]

2072. ☞ Théâtre de la dernière Guerre de Flandre , depuis 1744 jusqu'en 1748 , *in-fol.*

Cette Carte se trouve, avec les Plans des principales Villes assiégées & conquises, dans l'*Histoire des Conquêtes de LOUIS XV.* par M. DUMORTOUX: *Paris*, de Lormel, 1759, *in-fol.*]

2073. La Manche , ou le Canal entre la France & l'Angleterre.

☞ Voyez ci-devant, N.°⁵ 707-717.]

§. II. *Traités géographiques des Provinces de France.*

2074. Mſ. Les Antiquités des Gaules, à présent nommées France: *in-fol.*

Ce Manuscrit est conservé dans la Bibliothèque de M. Baluze, num. 810. [à la Bibliothèque du Roi.]

2075. Mſ. Descriptions de plusieurs Provinces de France: *in-fol.*

Ce Manuscrit se trouve dans la Bibliothèque du Chancelier Séguier, num. 767. [aujourd'hui à Saint Germain des Prés.]

2076. Mſ. Théâtre des antiquités & singularités des Provinces, des Villes & Bourgades de France : *in-fol.*

Ce Manuscrit se trouve dans la même Bibliothèque, num. 703.

2077. ☞ Lettre touchant un ancien Vocabulaire des Villes de France. *Mercure,* 1733, *Septembre, pag.* 1975-1978.]

2078. Mſ. Lieux communs tirés des Arrêts concernant les Provinces de France : *in-fol.*

Ce Manuscrit se trouve entre ceux de M. Dupuy, num. 235 [à la Bibliothèque du Roi.]

2079. Mſ. Extraits des Registres du Parlement touchant les Villes & Provinces de France; par M. PITHOU : *in-fol.*

Ce Manuscrit est conservé dans la Bibliothèque de [feu] M. le Chancelier d'Aguesseau, num. 52.

2080. Mſ. Privilèges accordés à diverses Provinces & Villes de France : *in-fol.*

Ce Manuscrit est conservé entre ceux de M. de Brienne, num. 316 [à la Bibliothèque du Roi.]

2081. Mſ. La France curieuse, où l'on rapporte les plus beaux édifices, & les effets surprenans de la nature, qui se trouvent dans chaque Province du Royaume : *in-fol.*

Ce Manuscrit est conservé dans la Bibliothèque du Chancelier Seguier, num. 632 [à S. Germain des Prés.]

2082. Mſ. Table alphabétique des Villes, Généralités , Elections , Présidiaux , Prévôtés, Greniers à Sel, Maréchaussées de France : *in-fol.*

Cette Table des Villes de France est conservée dans la Bibliothèque de M. le Péletier, Ministre, num. 143.

☞ Cette Bibliothèque a été vendue & dissipée.]

2083. ☞ Mſ. Etat général de la France en l'année 1598 : *in-fol.*

Il est conservé dans la Bibliothèque publique de l'Abbaye de S. Vincent de Besançon. Cet Etat comprend celui du Domaine de la Couronne , des Evêchés, Abbayes, avec leurs revenus, &c.]

2084. Mſ. Mémoires des Généralités de France, contenant l'étendue du Pays, la température de l'air, le naturel des Habitans , le nombre des Villes, Bourgs, Villages & Hameaux, le nombre des Gentilshommes ; & où il est traité des Terres considérables, des Bois, des Eaux & Forêts, des Fruits principaux, de la Milice, des

Tome I.   O 2

Gouverneurs, des Lieutenans-Généraux, des Lieutenans de Roi, de la Justice, des Parlemens, du nombre des Officiers dans chaque Généralité, des Greniers à Sel, des Domaines dont le Roi jouit, des Finances, de l'Etat Ecclésiastique, du nombre des Paroisses, des Hôpitaux, des Monastères, &c. *in-fol.* 10 vol.

Ces Mémoires Manuscrits se conservent dans la Bibliothèque [du Roi, & dans celle] des RR. PP. Minimes de Paris ; ils se trouvent aussi en plusieurs volumes *in-fol.* ou *in-4.* dans d'autres Bibliothèques & Cabinets de cette Ville.

Ils ont été dressés par ordre de la Cour, pour l'instruction de Monseigneur le Duc de Bourgogne, en 1698, 1699, & 1700. Comme ils viennent de différentes mains, ils ne sont pas tous également travaillés, & il y en a quelques-uns beaucoup plus exacts que les autres. M. le Comte de Boulainvilliers en a fait un Etat abrégé. Voici la Liste des Généralités de France contenues dans ces Mémoires.

Liste alphabétique des Généralités, avec les noms des Intendans.

Généralité d'Alençon : M. Pinon, en 1698.

☞ Cette Généralité comprend le milieu de la Normandie & la plus grande partie du Perche.]

D'Alsace : M. de la Grange, en 1701.

D'Amiens [ou de Picardie] & de l'Artois : M. Bignon, en 1698.

D'Auvergne, ou de Riom : M. le Fevre d'Ormesson, en 1698.

De Béarn, & de la basse Navarre : M. Pinon, en 1698.

De Bourdeaux : M. de Bezons, en 1698.

De Bourges : M. de Seraucourt, en 1698.

De Bourgogne, avec la Description de la Bresse & de Bugey : M. Ferrand, en 1698.

De Bretagne : M. de Nointel, en 1698.

De Caen [ou de la basse Normandie]: M. Foucault le pere, en 1699.

De Champagne, ou de Châlons : M. l'Archer, en 1697.

De Dauphiné : M. Bouchu, en 1698.

De la Flandre Gallicane : M. Dugué Bagnols, en 1698.

De la Flandre Flamingante : M. Barentin, en 1698.

De la Franche-Comté : M. de la Fons, Seigneur de la Bévrière, en 1699.

De Hainaut : M. Voisin, en 1698.

De Languedoc, [de Toulouse & de Montpellier]: M. de Bâville, en 1698.

☞ Son Mémoire a été imprimé à *Amsterdam*, 1736, *in-8.*]

De Limoges : M. de Bernage, en 1698.

De Lyon : M. d'Herbigny, en 1698.

De Lorraine [ou plutôt de Metz] : M. des Marests de Vaubourg, en 1697.

De Montauban : M. le Gendre, en 1699.

☞ Cette Généralité comprend le Quercy & le Rouergue.]

De Moulins : M. le Vayer, en 1698.

D'Orléans & de Blois : M. de Bouville, en 1698.

De Paris : M. Phelypeaux, en 1700.

Cette Généralité [qui comprend non-seulement l'Isle de France Méridionale, mais encore une partie de la Champagne & même du Nivernois] a été dressée par M. Rolland, Trésorier de France à Paris ; mort en 1713.

De Poitiers : M. de Maupeou d'Ableges, en 1698.

De Provence : M. le Bret, en 1698.

De la Rochelle : M. Begon, en 1698.

☞ Cette Généralité comprend l'Aunis, la Saintonge, & une partie de l'Angoumois.]

De Rouen [ou de la haute Normandie] : M. de la Bourdonnaie, en 1698.

De Soissons : M. Sanson, en 1698.

☞ Cette Généralité comprend l'Isle de France Septentrionale, la Picardie Orientale, & une partie de la Brie.]

De Tours, d'Anjou & du Maine : M. de Miromesnil, en 1698.

2085. ☞ Etat de la France, dans lequel on voit tout ce qui concerne le Gouvernement Ecclésiastique, le Militaire, la Justice, les Finances, le Commerce, les Manufactures, le nombre des Habitans, & en général tout ce qui peut faire connoître à fond cette Monarchie ; extrait des Mémoires dressés par les Intendans du Royaume, par ordre du Roi Louis XIV. à la sollicitation de Monseigneur le Duc de Bourgogne, père de Louis XV. à présent régnant : avec des Mémoires Historiques sur l'ancien Gouvernement de cette Monarchie, jusqu'à Hugues Capet ; par M. le Comte DE BOULAINVILLIERS : *Londres*, 1727, *in-fol.* 3 vol. *Londres (Rouen)* 1737, *in-12.* 6 vol. *Londres*, Wood & Palmer, 1752, *in-12.* 8 vol.

Les deux premières éditions sont pleines de fautes, & la troisième n'en est pas exempte, malgré les corrections qu'on y a faites. Voyez sur cet Ouvrage, Lenglet, *Supplément de sa Méthode Historique, in-4. pag.* 156. = *Bibliothèque Angloise, tom. XV. art. 3.* = *Mercure, 1726, Novembre.*]

2086. Dénombrement du Royaume de France, par Généralités, Elections & Feux ; par **** employé dans les Fermes : *Paris*, Saugrain, 1709, *in-12.* 2 vol. *Ibid.* 1717, *in-12.* 3 vol.

☞ M. l'Abbé Lebeuf en relève plusieurs fautes, dans son *Histoire du Diocèse de Paris*. Il remarque qu'on y confond souvent l'étendue des Elections, avec celle des Diocèses.]

2087. ☞ Nouveau Dénombrement du Royaume, par Généralités, Elections, Paroisses & Feux, où l'on a marqué sur chaque lieu les Archevêchés, Evêchés, Universités, Parlemens, &c. les lieues de distance de Paris aux autres Villes, &c. *Paris*, Saugrain, 1720, *in-4.*

Le Manuscrit original étoit dans la Bibliothèque de feu M. DE TOURNY, fils, Intendant de Bordeaux. M. de Resté, son Secrétaire, chargé de procuration par les héritiers pour la vente des effets de cette succession, l'a réclamé des Acquéreurs de cette Bibliothèque, comme devant faire suite d'un Recueil de plusieurs Mémoires Manuscrits, qui devoient rester dans ses mains.]

2088. ☞ La Tariffe du présage universel des Provinces de France, & des vingt Diocèses du Pays de Languedoc, avec la Tariffe des Villes & lieux du Diocèse de Nismes, réduite & complie par Cl. COMBES, du depuis veue, corrigée & augmentée, par Jean REVERAN, de la Ville de Nismes, à ce commis par les Diocésains tenans

Géographie-moderne des Provinces.

l'Assiette audit Nismes, au mois de Mars 1618 : *Nismes*, Vaguenar, 1619, *in-fol.*

Cet Ouvrage est utile pour les dénombremens & répartitions des Provinces du Royaume, & surtout pour ceux du Languedoc. Ce Tarif ou Rôle de Nismes finit à la Viguerie de Marsilagues, & ne paroît pas terminé. M. Menard, *Histoire de Nismes*, tom. VII. pag. 705.]

2089. Tableau des Villes & Provinces du Royaume de France ; par Philippe LABBE, Jésuite.

Ce Tableau est imprimé avec sa Géographie Royale : *Paris*, 1646, 1652, *in-8.*

Le même Tableau, augmenté de plusieurs autres parties : *Paris*, 1662, *in-12.*

2090. * Tableau des Provinces de France ; par Alcid DE BONNECASE : *Paris*, 1664, *in-12.*]

2091. ☞ Les Délices de la France, ou Descriptions des Antiquités, Fondations, singularités des plus célèbres Villes, Bourgs, Châteaux, Forteresses, Eglises, Rivières, Fleuves ; par François DES RUES : *Lyon*, Vincent, 1610, *in-8.*]

2092. Les Délices de la France, avec une Description des Provinces & des Villes du Royaume, & le Plan des principales Villes ; par François Savinien D'ALQUIÉ : *Amsterdam*, 1699, *in-12.* 2 vol.

Cet Ouvrage est mal exécuté & peu exact : le style est languissant.

[☞ On en a indiqué ci-devant, N.° 821, un autre de même genre, mais beaucoup plus ample & meilleur.]

2093. AUSONII Burdigalensis Claræ Urbes, cum Commentario Eliæ VINETI : *Burdigalæ*, 1580, *in-fol.* Ibid. 1590, *in-4.*

Ausone a fleuri en 390, & Vinet est mort en 1587.

2094. Mss. Explication de plusieurs noms de Villes & de Villages de France.

Cette Explication se trouve dans le volume 488. des Manuscrits de M. Dupuy [à la Bibliothèque du Roi.]

2095. Julii Cæsaris SCALIGERI Urbes Claræ.

C'est une légère Description des Villes de France. Elle est imprimée avec le Recueil des Poésies de cet Auteur, intitulé, *Julii Cæsaris Scaligeri Poemata* : *Genevæ*, 1591, *in-8.* Il est mort en 1558.

2096. Caroli BOVILLI Samarobrini, Liber de hallucinatione Gallicorum nominum, tam Urbium quàm Regionum: *Parisiis*, Roberti Stephani, 1533, *in-4.*

Cet Auteur a fleuri en 1520.

2097. Index Latino - Gallicus Populorum Galliæ, Urbium, Fluviorum & Montium ; à Gilberto COGNATO.

Cet Indice des Peuples de France est imprimé dans le volume intitulé : *Gilberti Cognati Opera* : *Basileæ*, 1561, *in-fol.* [& dans son Ouvrage intitulé, *Brevis Burgundiæ Descriptio* : *Basileæ*, 1552, *in-8.*]

2098. Le Catalogue des antiques érections des Villes & Cités des Gaules, & des Fleuves & Fontaines d'icelles ; par Gilles CORROZET, Parisien : *Paris*, 1538, *in-8.*

Gilles Corrozet [Libraire] est mort en 1558.

☞ Le Catalogue des Villes & Cités assises ès trois Gaules, avec un Traité des Fleuves & Fontaines, illustré de nouvelles Figures : *Paris*, 1540, *in-16.*

C'est une seconde édition du Livre précédent, beaucoup plus ample. On y trouve de plus, 1°. une seconde partie, qui est de Claude CHAMPIER : 2°. un petit Traité des Fleuves & Fontaines admirables des Gaules, jadis composé par Simphorien CHAMPIER, Chevalier, nouvellement traduit en François par Claude CHAMPIER son fils : 3°. un Traité des Saints lieux de Gaule, où Notre Seigneur, par l'intercession des Saints, fait plusieurs miracles, composé par ledit Claude CHAMPIER.

Ce Livre est mêlé de beaucoup de fables : la première édition est fort bien imprimée.]

Le même Catalogue augmenté d'un second Livre, intitulé, *Des singularités des Gaules*, où sont décrites les Villes, antiquités d'icelles, Fleuves & singularités d'iceux ; par Claude CHAMPIER, Lyonnois: *Lyon*, 1556, *in-16.*

La Historia di tutte le Citta, Ville, Fiumi, Fonti, & altre cose notabili di Francia : tradotta dal Francese : *In Vinegia*, 1558, *in-8.*

C'est la traduction du Livre précédent.

2099. ☞ Remarques sur l'étymologie des noms François, des Provinces, Villes, Bourgs, &c. *Variétés Historiques*, tom. *I.*]

2100. Plans, Portraits & Descriptions de quelques Villes & Forteresses de France, avec leurs fondations & antiquités ; par Antoine DU PINET : *Lyon*, d'Ogerolles, 1564, *in-fol.*

2101. Description des Villes & Provinces de France ; par François DE BELLEFOREST, Comingeois.

Cette Description est imprimée dans sa Cosmographie : *Paris*, 1575, *in-fol.* tome premier, page 169, jusqu'à la fin de ce tome. Cette Cosmographie n'est qu'une nouvelle édition de celle de Munster ; mais fort augmentée pour ce qui regarde la France. Il y donne un grand nombre de Plans de Villes gravés en bois, [que des curieux recherchent aujourd'hui, pour connoître l'ancien état de ces Villes.]

2102. Les Bâtimens, Erections & Fondations des Villes & Cités assises ès trois Gaules ; par Jean LE BON, Médecin du Roi : *Lyon*, 1590, *in-16.*

2103. Les antiquités, fondations & singularités des plus célèbres Villes, Châteaux & Places remarquables du Royaume de France, avec les choses les plus mémorables arrivées en icelles ; par François DES RUES : *Coutance* [1605] 1608, *in-16.* *Rouen*, Geufroy, 1608 [1611] *in-8.* [*Saumur*, Portan, 1609] : *Troyes*, 1611, *in-12.*

2104. ☞ Les Antiquités, fondations & singularités des Villes, Châteaux, &c. du Royaume de France ; par Jacques DE FONTENY : *Paris*, 1611, *in-12.*]

2105. Recueil des Antiquités & Privilèges de plusieurs Villes capitales du Royaume de

France ; par Jean CHENU, Avocat à Bourges : *Paris*, Buon, 1621, *in-4*.

Chenu est mort en 1627.

2106. Les Antiquités & Recherches des Villes, Châteaux & Places remarquables de toute la France, suivant l'ordre des huit Parlemens ; par André DU CHESNE : *Paris*, 1610. Seconde édition : *Ibid*. 1614, 1622, [1624] 1629, 1631, 1637, *in-8*.

Les mêmes, revues, corrigées & augmentées ; par François DU CHESNE : *Paris*, 1647, *in-8*. 2 vol. *Ibid*. 1668, *in-12*. 2 vol.

Ce Livre est mal écrit, mais il contient des choses curieuses : la derniere édition est la meilleure. François du Chesne, qui l'a procurée, est mort en 1693. Il étoit fils de l'Auteur.

2107. Description du Royaume de France ; par le Sieur DU FOUSSEAU.

Cette Description se trouve dans l'Ouvrage de cet Auteur, intitulé, *Les curieuses singularités de France* : *Vendôme*, de la Saugere, 1631, *in-8*. *Ibid*. 1633, *in-12*.

2108. ☞ Extrait par abrégé de la quantité des Provinces, des Villes, Bourgs & Paroisses qui sont dans la France ; par Antoine DE CHAVARLANGES : *Paris*, Robinot, 1639, *in-12*.]

2109. Ms. Le Théatre des Villes & lieux les plus remarquables de France, divisés sous chacune Province où ils sont assis ; par Jean LE CLERC, en 1642.

Ce Manuscrit [*in-fol*.] est dans la Bibliothèque de S. Victor, num. 120.

2110. Theatrum Urbium Galliæ & Helvetiæ ; à Joanne JANSSONIO : *Amstelodami*, *in-fol*.

2111. ☞ Le Royaume de France, où l'on voit les Plans des principales Villes, & ce qu'elles ont de plus remarquable : *Leyde*, Vander Aa, *in-fol*. 2 vol.

Ce Libraire a inséré cet Ouvrage, qu'il a dédié à Louis XV. dans sa *Galerie agréable du Monde*, en 66 tomes, ou 35 vol. *in-fol*.]

2112. L'Alphabet de France, pour trouver sur les Cartes toutes ses Provinces, Villes, Bourgs, Châteaux, Rivières & Seigneuries considérables ; par Pierre DU VAL : *Paris*, 1651, *in-12*.

☞ Il y en a eu une seconde édition, que l'on voit avec des corrections & des notes manuscrites dans la Bibliotheque des Prêtres de la Doctrine Chrétienne, à S. Charles de Paris.]

2113. De Civitatibus Franciæ, atque earum Incolis ; auctore Joanne LIMNÆO.

Cette Description remplit le sixième Livre de sa *Notice du Royaume de France*, publiée en Latin : *Francofurti*, 1655, *in-4*.

2114. Plans & Profils de toutes les principales Villes & lieux considérables de France, avec les Cartes générales de chaque Province ; par TASSIN, Géographe du Roi : *Paris*, 1631, 1638, [1667] *in-4*. *oblong*. 2 vol.

2115. ☞ Plans & Profils des Villes de Bourgogne ; par TASSIN : *Paris*, 1634, *in-4*. *oblong*. 2 vol.]

2116. ☞ Plans & Profils des Villes de Lorraine ; par le même : *Paris*, 1633.]

2117. ☞ Cartes & Plans des Villes, Bourgs, &c. de Suisse ; par le même : *Paris*, Tavernier, 1635, *in-4*. *oblong*.

On ne fait pas beaucoup de cas en Suisse de ce Recueil, que l'on prétend n'être pas exact.]

2118. Topographie Françoise, ou Représentation de plusieurs Villes, Bourgs, Châteaux, Maisons de plaisance, Ruines & Vestiges d'antiquités du Royaume de France ; dessinées par Claude CHASTILLON, [Châlonnois,] & donnés au Public par Jean BOISSEAU, Enlumineur du Roi : *Paris*, 1641, 1647, *in-fol*.

Boisseau a conservé dans cet Ouvrage la représentation d'un grand nombre d'Edifices qui ne subsistent plus.

== Plans de Villes, &c. par ZEILLER & MERIAN, ci-devant, N.º 803.]

2119. Les plus excellens Bâtimens de France ; par Jacques ANDROUET DU CERCEAU : *Paris*, Wrelens, 1576, 1607, *in-fol*.

Je rapporte ici ce Livre, après du Chesne, quoiqu'il appartienne plutôt à l'Architecture qu'à la Géographie.

2120. * Figures, Plans & Elévations des plus beaux Bâtimens & Edifices de France ; par Pierre LE MUET, Architecte.

On les trouve au Livre III. de son *Traité des cinq ordres d'Architecture* : *Paris*, 1641, *in-fol*.

2121. ☞ Les Vues des Châteaux & belles Maisons de France ; par PERELLE.]

2122. Maisons de Plaisance, Jardins & Forêts de France ; par Antoine PICARD : *Paris*, 1651, *in-8*.

2123. ☞ Diverses Perspectives & Paysages (de France) ; gravés par Israël SILVESTRE : 1650, *in-4*.]

2124. ☞ Recueil d'un grand nombre de Vues des plus belles Villes, Châteaux, Maisons de plaisance de France, d'Italie ; dessinées & gravées par Israël SILVESTRE : *Paris*, 1750, *in-4*. 4 vol.]

2125. ☞ Vues des lieux les plus remarquables de Paris & des environs, & des principales Villes du Royaume ; par Israël SILVESTRE : *in-fol*. 2 vol.]

2126. ☞ Douze Planches représentant diverses Vues du Château de Vaux-le-Vicomte, & le Plafond de ce Château ; gravées par SILVESTRE : *in-fol*.]

2127. Plans & Descriptions de quelques Villes, Châteaux, Forêts, Maisons Royales & Maisons de plaisance, &c. de France ; par Nicolas DE FER.

Ces Plans se trouvent dans son *Atlas curieux* : *Paris*, 1705, *in-4*.

2128. Recueil de Plans des Places de Guerre des Provinces de France, en l'état qu'elles étoient en 1683 : *in-fol.* 3 vol.

Ce Recueil de Plans se [trouvoit] dans la Bibliothèque de M. Peletier de Souzi.

2129. Recueil de Plans des Places de ce Royaume, fait en l'année 1692 : *in-fol.* 2 vol.

Ce Recueil de Plans se [trouvoit] dans la même Bibliothèque.

2130. ☞ Plans & Profils de plusieurs Villes de France ; par le Chevalier DE BEAULIEU : *in-4.* 2 vol.]

2131. ☞ Desseins, Profils & Vues de quelques lieux de remarque, avec divers Plans détachés de Villes, Citadelles & Châteaux ; gravés par SILVESTRE, LE PAUTRE, & AUDRAN, *in-fol.*]

2132. ☞ Plans des Places de guerre de France ; par LE MAU DE LA JAISSE : *Paris,* 1736, *in-12.*]

2133. ☞ Plans & Profils des Villes des Pays-Bas, Lorraine, Alsace, Catalogne & Franche-Comté ; par Sébastien DE PONTAULT, Chevalier DE BEAULIEU : *in-4. oblong.* 3 vol.]

2134. ☞ Recueil complet des Planches, représentant différentes Vues de Paris, de plusieurs Châteaux Royaux & autres ; par J. RIGAUD, *in-4.*]

2135. ☞ Grands Bâtimens de Paris & des Environs : *Paris,* Mariette, *grand in-fol. gravé.*]

2136. ☞ Architecture Françoise, ou Recueil de Plans, Elévations, Coupes, Profils, avec la Description des Eglises & autres Edifices de Plans, & de plusieurs autres endroits de la France ; par Jacques-François BLONDEL : *Paris,* Jombert, 1752-1756, *in-fol.* 4 vol.]

Ce bel Ouvrage devoit avoir huit volumes, selon le *Prospectus,* publié en 1751, *in-4.* chez Charles-Antoine Jombert ; mais le dernier auroit seulement contenu les Ordres d'Architecture, & le septième, des Pièces de Jardinage, de Serrurerie, & de décoration d'Edifices.]

2137. ☞ Collection de Villes, Châteaux, &c. *Paris,* Chéreau (1765) *in-fol.*

On a publié sous ce titre & en un corps, nombre de gravures qui avoient déjà paru séparément : elles n'approchent pas de la beauté des précédentes : Au reste, cette Collection s'annonce comme *première Partie,* & elle contient 51. Plans ou Vues qui concernent la France, sans compter ce qui s'y trouve des autres Etats de l'Europe.]

2138. ☞ Ms. Procès-verbal des limites de France après la Paix de 1559, dressé au Câteau-Cambresis.

Il est indiqué au Catalogue de M. Secousse, num. 1803.]

2139. ☞ Lettre sur le véritable lieu où s'est donné la Bataille d'Ivry, en 1590 ; par M. DURANT, Professeur à Evreux. *Journal de Verdun,* 1762, *Avril, pag.* 276-283.

Le champ du combat entre le Roi Henri IV. & le Duc de Mayenne, fut entre les Villages de Boussey & d'Espieds.]

2140. ☞ Plans de Villes, Siéges & Batailles, pour l'Histoire du règne de Louis XIII. avec des Discours, &c.

On les trouve dans le Livre Intitulé, *Triomphes de Louis le Juste, &c. Paris,* 1649, H. Estienne, *in-fol.*]

2141. Les glorieuses Conquêtes de Louis-le-Grand, ou Recueil de Plans & Vues des Places assiégées, & de celles où se sont données des Batailles pendant le règne du Roi [Louis XIV.] avec des Discours ; Oeuvre posthume de Sébastien DE PONTAULT DE BEAULIEU : *in-fol.* 2 vol.

Cet Auteur est mort en 1674. Le Roi a les planches de cet Ouvrage, [& il en fait des présens, ainsi que d'autres Recueils d'Estampes, auxquelles on donne le nom du Cabinet du Roi.] Les planches du Chevalier de Beaulieu ont été achevées par les soins & aux dépens de Reine de Beaulieu, nièce de l'Auteur, veuve de Jean-Baptiste Hamon, Sieur des Roches, laquelle, en cette considération, eut une pension du Roi.

Les mêmes, sous ce titre, Plans & Profils, avec les Descriptions des principales Villes & Places fortes de France, & les Cartes de leurs Gouvernemens : *Paris, sans date, in-4. oblong.* 4 vol.

☞ Voyez le titre plus détaillé, pag. 255, du Catalogue de M. Bellanger.]

L'édition de ce Livre a commencé en 1667.

2142. ☞ Plans & Profils appellés les petites Conquêtes de Louis XIV. gravés par LE CLERC, & autres : *in-fol.*]

2143. ☞ Vues, Marches, Entrées, Passages, & autres sujets servant à l'Histoire de Louis XIV. gravés par VANDER MEULEN : *in-fol.* 2 vol.]

2144. ☞ Plans, Profils & Vues de Camps, Places, Siéges & Batailles, servant à l'Histoire de Louis XIV. gravés d'après *Beaulieu,* par Fr. COLIGNON, N. COCHIN, & G. PERELLE, depuis 1643 jusqu'en 1697 : *in-fol.* 5 vol]

2145. La France dans sa splendeur, tant par la réunion de son Domaine aliéné, que par les Traités de Munster, des Pyrénées & d'Aix-la-Chapelle, & par les Conquêtes du Roi ; par Pierre LOUVET, de Beauvais, Docteur en Médecine : *Lyon,* Comba, 1674, *in-fol.* 2 vol.

2146. Les Acquisitions nouvelles de la France ; par Pierre DU VAL : *Paris* [1679] *in-12.*

* La France depuis son agrandissement par les Conquêtes du Roi ; par P. DU VAL : *Paris,* 1680 & 1682, *in-12.* 2 vol.

☞ Cet Ouvrage est le même que celui indiqué N.° 806, avec un titre différent. Dans l'Avertissement l'Auteur voulant faire un corps de divers Livres qu'il avoit publiés, dit que son petit Œuvre a quatre Parties. 1. Le Volume que l'on vient d'indiquer, & où il n'est question que de la France telle qu'elle étoit avant Louis XIV. 2. ses acquisitions nouvelles en Tables, Discours & Cartes (N.° 2145.) 3. l'Alphabet des Provinces, &c. (ci-devant, N.° 2110) 4. enfin les XVII. Provinces où sont les Conquêtes du Roi, & celles échues à la Reine, ci-dessus, N.° 2063.]

2147. ☞ Tableau des Provinces de France, avec leurs armes, titres, qualités, &c. & la Description des Villes Capitales; par le Sieur DE SAINT-MAURICE: *Paris*, 1664, *in-12*. 2 vol.]

2148. Tableau des Provinces de France, dans lequel il est parlé de toutes les nouvelles Conquêtes de Louis-le-Grand: *Paris*, Loison, 1692, *in-12* : *Ibid*. 1694, *in-12*. 2 vol.

2149. ☞ Plans des Villes assiégées & conquises, des Batailles, &c. dans l'Histoire des Conquêtes de Louis XV. par M. DUMORTOUS : *Paris*, de Lormel, 1759, *in-fol*.]

2150. ☞ Monumens érigés en France à la gloire de Louis XV. précédés d'un Tableau du progrès des Arts & des Sciences sous ce règne, &c. par M. PATTE, Architecte: *Paris*, 1765, *in-fol*. avec figures.]

2151. ☞ Recueil des Plans, Elévations & Coupes, tant géométrales qu'en perspective, des Châteaux, Jardins & dépendances que le Roi de Pologne (Stanislas) occupe en Lorraine, &c. *Paris* (1751) *in-fol*. 2 vol.]

2152. ☞ Description de la Place de Louis XV. que l'on construit à Reims, des Ouvrages à continuer aux environs, de ceux à faire dans la suite pour l'utilité & l'embellissement de cette Ville; par le Sieur LE GENDRE, Ingénieur, &c. *Paris*, Prault, 1765, *in-fol*.

On peut regarder cet Ouvrage comme un Supplément au Recueil précédent.]

2153. ☞ Plans & Elévations de la Place Royale de Nancy, & des autres Edifices qui l'environnent, bâtis par les ordres du Roi de Pologne, Duc de Lorraine (Stanislas): *Paris*, 1753, *in-fol*.]

2154. ☞ Fondations & Etablissemens du Roi Stanislas en Lorraine : *Nancy*, Antoine, 1758, *in-4*.]

☞ Recueil des Fondations & Etablissemens faits par le Roi de Pologne, Duc de Lorraine & de Bar, qui comprend la construction d'une nouvelle Place, &c. avec les Bâtimens que Sa Majesté Polonoise a fait élever dans la Ville de Nancy, pour son embellissement; nouvelle édition, augmentée & corrigée: *Lunéville*, Messuy, 1762, *in-fol*.

Ce Recueil, orné de gravures comme les précédens, est dû principalement aux soins de M. MICHEL, Contrôleur de la Maison du Roi. C'est l'analyse de ce nombre prodigieux de beaux établissemens que S. M. Polonoise a faits en Lorraine, & qu'il a encore augmentés depuis.]

2155. ☞ Relation de la Dédicace de la Statue Pédestre du Roi Louis XV. érigée par le Roi Stanislas, dans (la nouvelle Place de) Nancy, avec un Discours de M. le Comte DE TRESSAN : *Nancy*, Antoine, 1755, *in-4*.]

2156. ☞ Livre contenant la description de la Carte Gallicane, le nom des Duchés de tout le Royaume, & des quatre Comtés sous chaque Duché, les Archevêchés & Abbayes de tout le Royaume: *Lyon*, de Souln, 1535, *in-8*.

2157. ☞ La France Seigneuriale, ou Principautés, Duchés, Marquisats, Comtés & Seigneuries de France, par ordre alphabétique; par Pierre DU VAL : *Paris*, le Prest, 1650, *in-12*.

☞ On trouve quelque chose de plus nouveau à ce sujet, soit dans les tomes III & IV. des *Tablettes Historiques*, &c. par M. CHAZEAU DE NANTIGNY : *Paris*, le Gras, 1749 & 1751, *in-24*. soit pour les Duchés dans l'*Europe vivante & mourante*; (par M. l'Abbé DESTRE'ES): *Bruxelles* (*Paris*) 1759, *in-24*. Depuis, le Roi a érigé les Duchés de la Vauguyon, de Choiseul & de Praslin.]

2158. ☞ Le Royaume de France & les Etats de Lorraine, disposés en forme de Dictionnaire : Ouvrage composé sur les Mémoires les plus exacts & les plus récens, & enrichi d'une Liste indicative des meilleures Cartes Géographiques des Provinces, Evêchés & Généralités du Royaume ; par M. DOISY, Directeur du Bureau des Comptes des Parties Casuelles du Roi : *Paris*, 1753, *in-4*.

Il y avoit déja eu une première édition de ce Livre en 1745. Voyez *Journal de Verdun*, 1745, *Juillet*; & 1753, *Septembre*. = *Journal des Sçavans*, 1753, *Août*.

La Partie I. contient plusieurs Tables alphabétiques. 1. Des Généralités, Elections, Châtellenies, Diocèses, & le nombre des Paroisses & feux; 2. des Provinces, Capitales, & Rivières; 3. des Gouvernemens ; 4. des Pays d'Elections, d'Etats, & de Flandre Françoise ; 5. des Elections & Bailliages; 6. des Chancelleries, Conseils Supérieurs & Provinciaux, avec le nombre des leurs Officiers ; 7. des Archevêchés, Evêchés, avec leur distance de Paris; 8. des Universités ; 9. des Cours Supérieures ; 10. des Villes où l'on bat monnoye, & leurs marques; 11. des Bureaux des Finances; 12. des Maîtrises des Eaux & Forêts, Table de Marbre, &c. 13. des Capitaineries des Chasses ; 14. des Amirautés ; 15. des Présidiaux ; 16. des Bailliages ; 17. des Sénéchaussées; 18. des Prévôtés ; 19. des Vicomtés ; 20. des Châtellenies; 21. des Vigueries ; 22. des Jurisdictions Consulaires ; 23. des Sergenteries ; 24. des Maréchaussées; 25. des Justices royales, particulières & subalternes; 26. des Bureaux des Fermes & Traites du tabac; 27. des Greniers, dépôts & chambres à sel ; 28. des plus considérables Foires ; 29. des Cazernes ; 30. des Routes de poste; 31. des principaux Duchés, Comtés, Marquisats, Seigneuries, &c.

On trouve ensuite l'Alphabet général du Royaume, divisé en cinq colonnes. La première contient les noms des Villes, Bourgs, Paroisses. La deuxième le nombre des Feux de chacune. La troisième le nom de leur Généralité, Intendance, Gouvernance, &c. La quatrième le nom des Elections, Vigueries, &c. dont elles dépendent. La cinquième des observations sur les Cours, Jurisdictions, Doyennés, Foires, Marchés, &c. dépendans de ces Villes & Bourgs.

Géographie moderne des Provinces.

La Partie III. contient un détail à peu près pareil des Etats de Lorraine & Duché de Bar.

M. l'Abbé Lebeuf en a relevé plusieurs fautes, dans son *Histoire du Diocèse de Paris*.]

2159. ☞ Lettre sur l'Ouvrage de M. Doify. *Mercure*, 1746, *Février*, pag. 118-122.]

2160. ☞ Dictionnaire des Postes, contenant le nom de toutes les Villes, Bourgs, Paroisses, Abbayes & principaux Châteaux du Royaume de France & du Duché de Lorraine, les Provinces où elles sont situées, le nom du plus prochain Bureau, où les Lettres doivent être adressées, &c. par M. Guyot, Employé dans les Postes : *Paris*, 1754, *in*-4.

La première Partie comprend la France ; la seconde la Lorraine & le Duché de Bar ; la troisième les principales Villes de l'Europe, avec la remarque de celles pour lesquelles il faut affranchir les Lettres. On a déja parlé ci-devant, N.° 832, d'un autre Ouvrage sur les Postes, que M. Guyot a encore publié depuis.]

2161. ☞ Dictionnaire Géographique portatif de la France, où l'on donne une connoissance exacte des Provinces, Gouvernemens, Villes, Bourgs, &c. avec le nom des Bureaux de Poste auxquels il faut adresser les Lettres pour les faire parvenir à tous les lieux de la France & dans les Pays étrangers : (*Avignon*) *Paris*, Desaint, 1765, 4. vol.

Ce Dictionnaire ne regarde que la France moderne : on a mis ci-devant, N.° 12 & 17, ceux qui concernent les différens âges de la France.]

2162. ☞ Dictionnaire raisonné de la France, contenant une Description géographique des Provinces, des Villes, des Bourgs & autres lieux du Royaume, avec un Abrégé de l'Histoire de France, & une Notice du Gouvernement Politique, Ecclésiastique, Militaire & Civil, & des Observations sur le génie, l'industrie, les usages & les mœurs des Habitans, &c. par M. Robert, Inspecteur de MM. les Elèves de l'Ecole Royale Militaire : *Paris*, 1767, *in*-8. 6 vol.

On a rassemblé dans cet Ouvrage tout ce qui peut intéresser les Naturels & les Etrangers. Il est terminé par une Table où il est fait mention des Manufactures, des Mines, des Eaux minérales, & autres objets relatifs au Commerce, à l'Histoire Naturelle, &c.]

2163. ☞ Supplément au Traité des Aydes, contenant l'état des Généralités, Elections, Doyennés, &c. de France : *Paris*, Besongne, 1643, *in*-8.]

2164. ☞ Table alphabétique des Villes de France, dans lesquelles il y a Siége Présidial, avec l'année de la création de ces Siéges, & le ressort du Parlement dans lequel ils sont établis ; par M. Jousse, Conseiller au Présidial d'Orléans.

Cette Table termine le *Traité* que ce sçavant Magistrat a donné *sur la Jurisdiction des Présidiaux* : *Paris*, Debure, 1764, *in*-12.]

2165. ☞ Liste des Provinces & lieux principaux de France, qui ont des Coutumes particulières.

Tome I.

C'est la Table alphabétique qui se trouve à la tête du tom. I. du *Nouveau Coûtumier général* ; par Charles Bourdot de Richebourg, Avocat : *Paris*, Brunet, 1724, *in-fol*. Nous croyons devoir mettre ci-après les Listes particulières qui se trouvent avec chaque Coutume, entre les Ouvrages que l'on a sûr les Provinces, par rapport au Géographique.]

2166. ☞ L'état présent de Lorraine, Savoye, haute & basse Alsace, Franche-Comté & Suisse : *Francfort*, Riegel, 1714, *in*-12, 2 vol. (en Allemand).

Cet Ouvrage est peu exact.]

2167. ☞ Description de la Lorraine, de l'Alsace, de la Bourgogne, &c. *Nuremberg*, 1736, *in*-12. (en Allemand).

Ce Livre pourroit bien être le même que le précédent.]

2168. Descriptio Alsatiæ & Argentorati ; auctore Hieronymo Gebwillero.

Cette Description de Gebwiller, qui vivoit en 1541, est imprimée avec son Panégyrique de Charles-Quint : *Argentorati*, 1541, *in*-4.

2169. ☞ Remarques géographiques sur l'*Alsace* ; par Bernard Hertzog (en Allemand.)

Elles se trouvent au commencement de sa *Chronique d'Alsace*, imprimée à Strasbourg en 1592, *in-fol*. Il n'y est question que de la basse Alsace. L'Auteur, foible dans la Géographie des anciens tems, est assez exact pour les autres : il a travaillé sur tout d'après les Archives des Princes de Hanau-Lichtenberg, & il s'étend beaucoup sur les familles Nobles du Pays. Une traduction Françoise de cet Ouvrage, en 4. vol. *in-fol*. manuscrits, a passé de la Bibliothèque de M. Colbert, en celle du Roi.]

2170. ☞ Description de l'Alsace Françoise ; par Pierre du Val : *Paris*, 1662, *in*-12.

☞ La France ne possédoit alors qu'une partie de l'Alsace : le reste fut conquis, avec Strasbourg, en 1681.]

2171. ☞ Topographie complette d'Alsace ; par Matthieu Merian : *Francfort*, 1663 (en Allemand) *in-fol*.]

2172. ☞ Description d'une partie du Territoire de Strasbourg : 1675, *in-fol*. (en Allemand) ; avec les Plans du Combat donné près d'Ensheim, en 1674.]

2173. ☞ Description de la haute & basse Alsace, ou l'Alsace tremblante, en ordre alphabétique ; par Paul-Conrad-Balthasar Han : *Nuremberg*, 1676 (en Allemand).]

2174. ☞ Description de l'Alsace & du Brisgaw, tirée de la Géographie Latine de J. B. Melecius, & conformée à l'état présent ; avec des Cartes géographiques, & une Méthode facile de les dessiner ; par Mérian Ursenson, de Turin : *Strasbourg*, 1679, *in*-12. (en Allemand).]

2175. ☞ Topographie nouvelle d'Alsace, ou son état ancien & moderne, &c. avec soixante-quatre Cartes ; par François-Robert d'Ichtersheim, Seigneur d'Hochfeld : *Ratisbonne*, 1710, *in-fol*. (en Allemand).]

P

2176. ☞ Description géographique d'Alsace : *Francfort*, 1734, *in*-8.

C'est un Extrait de l'*Histoire d'Alsace*, fait par Frédéric Scharfenstein, qui le fit imprimer à Nuremberg, après avoir quitté l'Alsace.]

2177. ☞ Francisci Christophori Schattenmanni Dissertatio de Oberheimgeraida : *Argentinæ*, 1753, *in*-4.

Les Géraïdes sont des parties de Forêts situées dans la basse Alsace & les Pays voisins, entre le Rhin & les Monts Vosges, dont l'usage appartient à des Communautés. Le Canton près de la Ville de Landau, s'appelle Oberheimgeraida.]

2178. ☞ Remarques géographiques sur l'Alsace, le Suntgaw & Pays voisins, leurs Montagnes, Rivières, &c.

Ces Remarques, tirées d'un ancien Manuscrit de la Bibliothèque de M. de Corberon, Premier Président au Conseil Souverain d'Alsace, & augmentées d'un Supplément, se trouvent à la fin du tom. V. & dernier du *Dictionnaire géographique* de la Martinière, édition de *Dijon*, 1740.]

2179. ☞ Geographica Alsatiæ Gallicæ Delineatio, per Subdelegationes & Ballivatus.

Cette Description est pag. 733-748 du tom. II. de l'*Alsatia illustrata* de M. Schoepflin : *Colmariæ*, 1761, *in-fol*. On trouve au commencement du Volume un grand détail sur tous les lieux de l'Alsace, considérée comme une Province d'Allemagne, dont elle faisoit ci-devant partie. C'est sans contredit ce que l'on a de meilleur & de sûjet.]

2180. ☞ Etat des Jurisdictions Royales & Seigneuriales, qui ressortissent en la Sénéchaussée & Siége Présidial d'*Angoumois*.

Il se trouve pag. 530-537 de la seconde édition des *Coutumes du Pays & Duché d'Angoumois*, par Jean Vigier : *Angoulême, Rezé*, 1720, *in-fol*.]

2181. ☞ Brève Notice de la Province d'*Anjou*, principalement par rapport aux Jurisdictions.

Elle est dans le tom. I. pag. 1697-1718 de l'édition des *Coutumes d'Anjou*, publiées par M. Pocquet de Livonière : *Paris*, Coignard, 1725, *in-fol*. 2 vol.]

2182. Aquitanographie ; par A. de la Personne : *Paris*, 1623, *in*-8.

2183. Brève Description de l'Armorique (ou Bretagne) : 1631, *in*-4.

2184. Catalogue des Villages, Hameaux & Censes de la Gouvernance d'Arras, & des Bailliages & autres Jurisdictions d'Artois.

Ces Listes sont imprimées à la fin de la *Coutume du Comté d'Artois* : *Lille*, Till, 1679, *in*-12.

2185. ☞ Liste alphabétique des Jurisdictions d'*Artois*.

Elle occupe 32 pages, à la tête des *Coutumes générales d'Artois*, par Adrien Maillart, seconde édition : *Paris*, 1739, *in-fol*. Chaque Jurisdiction a sa Liste particulière : la plûpart ont été fournies par les Officiers de ces Jurisdictions ; & celle du Conseil Provincial d'Artois en particulier, a été examinée par quatre Commissaires de cette Compagnie.]

2186. ☞ Table alphabétique des Coutumes locales du bas & haut Pays d'*Auvergne*.

Elle se trouve à la tête des *Coutumes d'Auvergne* : *Clermont*, Durand, 1627 ; & à la fin des éditions données par J. Pougnet : *Clermont*, 1638, 1667 ; & par Claude Prohet : *Paris*, Coignard, 1695, *in*-4. Cette dernière édition, ainsi que la première, contient en outre l'Histoire de ce qu'il y a de considérable dans chaque lieu.]

2187. ☞ Liste des Villes, Paroisses & Justices régies par la Coutume d'*Auxerre*, & qui ressortissent à son Bailliage, suivant l'ordre auquel elles sont appellées aux Assises.

Elle termine les *Commentaires sur la Coutume du Bailliage & Comté d'Auxerre*, &c. par M. Née, de la Rochelle : *Paris*, Bauche, 1749, *in*-4.]

2188. ☞ Description du Beauvaisis ; par Jacques Grevin, Médecin de Clermont.

Cette Description en vers, est avec son Ouvrage intitulé, *Les Regrets de Charles d'Autriche*, &c. *Paris*, L'homme, 1558, *in*-8. Elle a été réimprimée avec une petite *Histoire du Siége de Beauvais* : *Beauvais*, Desjardins, 1762, *in*-8.]

2189. Mf. Description générale & particulière du Pays & Duché de Berry, avec les Cartes géographiques ; par Nic. Nicolay, Dauphinois, Géographe du Roi : en 1562, *in-fol*.

Cette Description est conservée dans la Bibliothèque de M. Colbert, num. 921. [aujourd'hui dans celle du Roi.]

2190. ☞ Des Duchés, Comtés, Baronnies, Châtellenies, Seigneuries & Fiefs assis dans les ressorts du Bailliage de Berry, & autres régis par les Coutumes générales de Berry, & par celles de *Lorris* & de *Blois*.

Cette Table est à la pag. 675-696 des anciennes & nouvelles *Coutumes locales de Berry*, & de celles de *Lorris*, commentées par Gaspard Thaumas de la Thaumassiere : *Bourges*, Toubeau, 1675 ; *Paris*, Osmont, 1680, *in-fol*.]

2191. ☞ Table alphabétique des lieux régis par les Coutumes du *Boulenois*.

Elle est à la suite des *Coutumes du Boulenois*, pag. 187 ; dans le tom. II. du *Coutumier de Picardie* : *Paris*, 1726, *in-fol*.]

2192. Mf. Topographie du Duché de *Bourbonnois* ; par Jean Ferrault : *in-fol*.

Cet Ouvrage est conservé dans la Bibliothèque du Roi, num. 9865.

2193. ☞ Etendue de la Coutume du Bourbonnois.

Elle est au commencement des *Coutumes générales & locales du Pays & Duché de Bourbonnois*, &c. par Matthieu Auroux des Pommiers : *Paris*, du Mesnil, 1732, *in-fol*.]

2194. ☞ Table alphabétique des Villes, Bourgs, Paroisses, & autres Communautés du Duché de *Bourgogne*, & des Comtés en dépendans, marqués dans la Carte qui en a été dressée, sous les ordres de MM. les Elus Généraux de la Province ; (par Guillaume de l'Isle) : *Paris*, 1709, *in*-8.

Cette Table se distribue avec la Carte, ci-devant, N.° 1422 ; & il y a des renvois à ladite Carte.]

2195. ☞ Mf. Recueil des noms des Villes, Bourgs, &c. de Bourgogne & de Bresse, par ordre alphabétique, &c. divisé par Bailliages, avec les noms des Seigneurs, &c. & une Carte de la Province; par M. MORTAINE, Sieur de Chauvan.

Ce Recueil est parmi les Manuscrits de la Bibliothèque de M. le Président Bouhier, qui appartient actuellement à M. le Président de Bourbonne, son petit-fils.]

2196. Description du Gouvernement de Bourgogne, suivant ses principales divisions Temporelles, Ecclésiastiques, Militaires & Civiles, &c. par (Antoine) GARREAU, Procureur au Parlement de Dijon: *Dijon*, Dufay, 1717, *in-8*.

☞ La même, considérablement augmentée: *Dijon*, 1734, *in-8*.

Antoine Garreau est mort à Dijon le 13 Septembre 1738. Il avoit amassé plusieurs matériaux pour perfectionner son Ouvrage, & il en préparoit une troisième édition. M. l'Abbé Papillon l'avoit beaucoup aidé de ses lumières & de ses conseils.]

* Cette Description n'est qu'un abrégé des *Mémoires sur la Généralité de Bourgogne*, dressés pour Monseigneur le Duc de Bourgogne: il y a peu de chose de celui qui y a donné son nom.

2197. ☞ Description des Bailliages de Bourgogne.

Elle est dans les différens Volumes des *Tablettes historiques*, &c. de Bourgogne: *Dijon*, Desventes, 1754 & suiv. *in-24*.]

2198. ☞ Traité des Limites du Duché & du Comté de Bourgogne, & autres Provinces voisines; avec partage des Terres de Surséance: (donné à Paris en 1612, sous Louis XIII.) *in-4*.

Il se trouve aussi à la fin de l'édition de la *Coutume du Duché de Bourgogne*, par MM. BEGAT & DE PRINGLE: *Dijon*, 1636, 1642: *Lyon*, 1652, *in-4*.]

2199. ☞ Ms. Dissertation géographique & physique, sur l'élévation du Terrein du Duché de Bourgogne; par le P. BARDONANCHE, de l'Oratoire, Correspondant de l'Académie de Dijon.

Cette Dissertation est dans les Registres de l'Académie, à laquelle elle a été envoyée, le 4 Janvier 1754.]

2200. ☞ Description du Cambresis.

Elle se trouve au tom. VII. du grand *Atlas* de Blaeu, pag. 215-230. Elle a pour Auteur Jean LE CARPENTIER, Moine de Saint Aubert de Cambray, qui se retira en Hollande, où il a publié, en 1664, une *Histoire de Cambray & du Cambresis*, en 2 vol. *in-4*. On en parlera dans la suite.]

2201. ☞ Liste des Villages de la Province de Cambresis, avec les noms des Seigneurs, &c.

Elle se trouve à la fin de l'*Almanach historique*, &c. de *Cambray*, 1759, *in-12*.]

2202. ☞ Description géographique de l'Amérique Septentrionale (sur-tout du Canada) avec des Remarques sur la navigation du Détroit de Belle-Isle; par M. BELLIN: *Paris*, *in-4*.]

2203. ☞ Ms. Observations géographiques sur la situation & la forme des Montagnes des Cévennes & du Vivarais, & sur le cours des Rivières qui y prennent naissance; par M. GLEISES, de l'Académie des Sciences, Inscriptions & Belles-Lettres de Toulouse: lûes le 12 Février 1761.

Elles sont dans les Registres de cette Académie.]

2204. Catalogue alphabétique des Lieux dépendans du Bailliage de Chaalons.

Il est imprimé à la fin de la *Coutume de Chaalons*: *Chaalons*, Seneuse, 1677, *in-12*.

2205. ☞ Mémoire de M. Philippe DE MONTHOLON, Lieutenant Général au Bailliage de *Chaalons*, pour sçavoir les Villes & Villages dudit Bailliage qui usent du Droit écrit.

Ce Mémoire termine les *Instituts au Droit Coutumier du Duché de Bourgogne*: *Dijon*, Ressayre, 1697, *in-12*.]

2206. ☞ Mémoires historiques de la Province de Champagne; par M. BAUGIER: *Châlons*, 1721, *in-8*. 2 vol.

Il y a beaucoup de Géographie dans ces Mémoires, & c'est pour cela que nous les indiquons ici.]

2207. ☞ Recueil des Elections de Champagne, avec les noms des Villes, Bourgs, &c. qui les composent: *Châlons*, Seneuse, 1688, *in-12*.]

2208. ☞ Cens & appartenances de la Prevôté de *Chartres*, faits en l'année 1302.

Ce Manuscrit est indiqué au num. 9044 du Catalogue de M. Secousse.]

2209. ☞ Indices des Villages & Lieux ressortissans au Bailliage & Prevôté de *Chaulny*.

Il est à la pag. 43 des *Coutumes réformées du Gouvernement, Bailliage & Prevôté de Chaulny*: *Paris*, Alliot, 1641, *in-4*.]

2210. ☞ Liste alphabétique des Villes, Bourgs & Villages régis par la Coutume de *Chaumont*.

Elle est à la tête des *Coutumes de Chaumont*, par M. Juste DE LAISTRE: *Paris*, Beugnié, 1723, *in-4*.]

2211. ☞ Territoire de la Coutume de *Chaumont en Bassigny*.

Cette Liste termine les *Principes de cette Coutume*: *Troyes*, Lefebvre, 1765, *in-8*.]

2212. ☞ De la Géographie moderne du *Dauphiné*; par Nicolas CHORIER.

Elle se trouve au commencement de son *Histoire générale du Dauphiné*: *Lyon*, 1661, *in-fol*.]

2213. ☞ Etat des Feux, ou portions de Feu, auxquels chacune des Communautés de la Province de Dauphiné a été fixée, &c. *Grenoble*, Giroud, 1706, *in-fol*.]

2214. ☞ Table des Lieux régis par la Coutume d'*Etampes*, par ordre alphabétique.

Elle est à la pag. 531 des *Coutumes des Bailliage & Prevôté du Duché d'Etampes*, commentées par Marc-Antoine L'AMY, Avocat au Parlement: *Paris*, Charpentier, 1720, *in-12*.]

2215. Brevis & dilucida Burgundiæ Superioris, quæ Comitatûs nomine censetur, Des-

116 Liv. I. *Préliminaires généraux de l'Histoire de France.*

criptio; per Gilbertum Cognatum, Nozerenum: *Basileæ*, Oporini, 1552, *in-*8.

Cette *Description de la Franche-Comté*, par Cousin, est aussi imprimée avec ses *Œuvres*: *Basileæ*, 1562, *in-fol.*

2216. ☞ Index Locorum, Populorum, Urbium, &c. Burgundiæ (Comitatûs.)

Cette Liste se trouve à la fin du Livre d'Alphonse del-Bene, intitulé, *Burgundia*, &c. *Lugduni*, 1602, *in-*4.]

2217. ☞ Description du Comté de Bourgogne; par F. I. Dunod.

C'est le sujet du Livre VI. du tom. II. de son *Histoire des Séquanois & de Bourgogne*: *Dijon*, 1737: *Besançon*, 1750, *in-*4.]

2218. Description des Bailliages & Pays de *Labourd*; par Savarre.

Elle est imprimée, pag. 30 du second Discours du Livre I. de l'*Inconstance des Démons*: *Bordeaux*, *in-*4.

2219. ☞ Mss. Mémoires pour la Description du *Languedoc*.

Ils sont entre les mains de D. Bourotte, Bénédictin de la Congrégation de Saint Maur, qui travaille à la continuation de l'*Histoire du Languedoc*, dont on a déja 5 vol. *in-fol.* Il compte donner dans le VII. ce qui regarde la *Géographie historique* de cette grande Province. Ce qui en est dit dans la *Géographie* de Dom Vaissette (ci-devant, N.° 822), peut être consulté en attendant, ce Sçavant Religieux ayant dû, mieux que tout autre, travailler cet article, en qualité de l'un des Historiens du Languedoc.]

2220. ☞ Dictionnaire historique & géographique de la Châtellenie de *Lille*: *Lille*, 1733, *in-*12.]

2221. Mss. ☞ Mémoires géographiques sur la *Lorraine*; par Didier Bugnon, Géographe de S. A. R. le Duc de Lorraine.

Ces Mémoires, dont il y a plusieurs copies dans le Pays, sont estimés. Ils consistent principalement, en un *Polium géographique des Etats de Lorraine & de Bar*, en un autre *Polium des Trois Evêchés*: Ouvrages sur lesquels on peut voir la *Bibliothèque de Lorraine* de D. Calmet, *pag.* 371-374. Ce Père y parle encore d'un *Dictionnaire géographique de la Lorraine*, composé par Bugnon, qu'il avoit entre les mains, & dont il aura sans doute profité pour sa *Notice*, que l'on indiquera ci-après. Dans la Préface de cette Notice, il fait de nouveau mention des *Mémoires géographiques* de Bugnon, *pag.* iv & v.]

2222. ☞ Mémoires alphabétiques, pour servir à l'Histoire, au Pouillé & à la Description générale du Barrois: *Bar-le-Duc*, 1749, *in-*12.

On attribue ces Mémoires à M. Maillet, Conseiller à Bar.]

2223. ☞ Table alphabétique des Villes, Bourgs, Villages & Hameaux de la Lorraine & Barrois; par M. (Nicolas) Durival: *Nancy*, 1749, *in-*8.

On l'attribue, mal-à-propos, à M. Jametz, dans le Catalogue de M. Secousse, num. 4186.]

2224. ☞ Mémoire sur la Lorraine & le Barrois, suivi de la Table alphabétique & topographique des Lieux; par le même: *Nancy*, Thomas (1753) *in-*4.

Cet Ouvrage est ce qu'on a de meilleur sur la Lorraine, avec celui de Dom Calmet, dont on va parler. Cependant, comme il y a eu depuis sa publication divers changemens dans ce Pays, & que l'Auteur a reconnu plusieurs fautes & fait de nouvelles recherches, il se propose de donner une nouvelle édition de son Ouvrage, sous le titre de, *Description*, &c. Il est très en état de s'en bien acquitter, étant actuellement (en 1765) Lieutenant Général de Police, & Subdélégué à Nancy.]

== ☞ Dictionnaire des Etats de Lorraine; par M. Doisy: ci-devant, N.° 2158.]

☞ On trouvera encore ci-après, N.° 1232, ce qui regarde les Trois Evêchés, ou le Département de Metz.]

2225. ☞ Notice de la Lorraine, qui comprend les Duchés de Bar & de Luxembourg, l'Electorat de Trèves, les Trois Evêchés, Metz, Toul & Verdun; les Villes principales & autres Lieux les plus célèbres, rangés par ordre alphabétique; ornée de plusieurs Descriptions; par Dom Augustin Calmet: *Nancy*, Beaurain, 1756, *in-fol.* 2 vol.

On trouve à la fin du second vol. *pag. ou col. xxvij-lix*, l'*Edit du Roi Stanislas*, Duc de Lorraine, donné en 1751, pour la création des nouveaux Bailliages, & l'état des Villes, Bourgs, &c. qui les composent: Pièce importante pour l'état présent de la Géographie de la Lorraine.]

2226. ☞ Description de la Lorraine, & des Evêchés de Metz, Verdun & Toul.

Elle se trouve dans le grand *Atlas* de Blaeu, *tom. VIII. pag.* 740-762. On peut la comparer avec les plus nouvelles Descriptions, telles que celles qu'on a ajoutées à Piganiol, *tom. XIII.* ci-devant, N.° 818.]

2227. ☞ Essai de navigation Lorraine, traitée relativement à la Politique, au Commerce intérieur & extérieur, à la Marine & aux Colonies de France, &c. par Charles Andreu de Bilistein: *Amsterdam*, *in-*12. de 184 pages.

Cet Ouvrage peut servir au Géographique de la Lorraine. Son Auteur prétend d'ailleurs par son Plan, établir une espèce de jonction de l'Océan & la Méditerranée, par le centre du Royaume & par la Capitale, c'est-à-dire la communication entre les deux Mers, & ensuite une autre à la Mer Noire, par la Lorraine, l'Alsace, & les Etats de l'Impératrice-Reine de Hongrie.]

2228. ☞ Etat, par ordre alphabétique, des Provinces du *Lyonnois*, Forez & Beaujolois.

Il se trouve à la fin de l'*Almanach de Lyon*, &c. *Lyon*, de la Roche, 1765, *in-*8. Nous citons cette édition, parce que cet Etat y est plus complet que dans la dernière de 1765.]

== ☞ Topographie du Maine, indiquée ci-devant, N.° 1285.]

2229. ☞ Table alphabétique des Lieux régis par les Coutumes de *Mante* & *Meulant*.

Elles sont imprimées à la tête des *Coutumes du Comté & Bailliage de Mante & Meulant*, par M. Germain-Antoine Guyot, Avocat: *Paris*, Saugrain, 1739, *in-*12.]

2230. ☞ Historique Description du solitaire & sauvage Pays de *Médoc* (dans le Bordelois); par feu M. DE LA BOETIE, Conseiller du Roi en sa Cour de Parlement à Bordeaux, &c. *Bordeaux*, Millange, 1593, *in*-12.

On a joint à cette Description quelques Vers du même Auteur, qui ne se trouvent point dans l'édition qu'avoit donné de ses Œuvres Michel de Montaigne.]

2231. ☞ Description du Pays *Messin*; par Abraham FABERT : *Paris*, 1597, *in-fol.*]

2232. ☞ Traité, ou Description du Département de Metz (ou des trois Evêchés de Lorraine); par M. Nicolas-François-Xavier STEMER, Secrétaire de l'Intendance des Trois Evêchés : *Metz*, Collignon, 1755, *in*-4.

L'Ouvrage est divisé en deux Parties. La première contient la situation & les productions du Pays, tout ce qui a rapport à son administration, &c. un détail des Bailliages & des Prevôtés Royales, la Liste des Communautés attachées à chaque Jurisdiction, & la distinction des Diocèses dont elles relèvent. La seconde Partie contient une Liste alphabétique des Villes & autres lieux du Département ou de la Généralité de Metz.]

2233. ☞ Déclarations des Villes, Villages, & autres lieux ressortissans & observans la loi du souverain chef-lieu de la Ville de *Mons* (en Hainaut) selon l'ordre alphabétique.

Elles sont à la tête des *Loix, Chartes & Coutumes de Mons, &c.* Mons, de la Roche, 1663, *in*-4. On a cru devoir indiquer ici cette Table, quoique la France ne possède que la partie Méridionale du Hainaut, comme on le voit par le Dénombrement, ci-devant, N.° 2087.]

2234. ☞ Tables des Villes, Châtellenies, Bourgs & Villages sujets à la Coutume de *Montargis*, suivant le Procès-verbal de l'année 1531.

Cette Table termine le tom. II. de *Lorris-Montargis, Saint-Fargeau, &c.* par M. L'HOSTE : *Montargis*, Bobin, 1758, *in*-12. 2 vol.]

2235. ☞ Table des Lieux & principaux Fiefs régis par la Coutume de *Montfort*.

Elle se trouve à la fin des *Coutumes du Comté & Bailliage de Montfort-l'Amaury, &c.* par M. Claude THOURETTE : *Paris*, Bobin, 1693, Clousier, 1731, *in*-12.]

2236. ☞ Roole des Lieux & Villages qui dépendent de la Viguerie de *Nismes*.

Il est dans l'édition du *Formulaire des Lettres de la Cour, des Conventions Royaux de Nismes*, imprimée par les soins de Gaillard GUIRAN, Conseiller au Présidial de cette Ville : 1666, *in*-12.]

2237. ☞ Notice de la Viguerie de Nismes & de celle de Beaucaire, suivie du Dénombrement du reste de la Sénéchaussée de Nismes.

Elle se trouve au tom. VII. de l'*Histoire de Nismes*, par M. Ménard, *pag.* 601-664 : *Paris*, 1758, *in*-4.]

2238. ☞ Description du Pays & Duché de *Normandie*, appellée anciennement Neustrie; de son origine & des limites d'icelui; extraite de la Chronique de Normandie, non encore imprimée; faite par Jean NAGEREL, Chanoine & Archidiacre de Rouen : *Rouen*, 1578 : *Ibid.* le Mégissier, 1610, *in*-8.

2239. ☞ Description de la haute Normandie; par Dom Toussaints DU PLESSIS, Bénédictin : *Paris*, veuve Ganeau, *in*-4. 2 vol.]

2240. ☞ Table alphabétique de toutes les Paroisses qui suivent la Coutume d'*Orléans*, & qui dépendent en entier, ou en partie, du Bailliage, & des différens Sièges qui le composent.

Elle est au commencement du tom. I. des *Coutumes du Duché, Bailliage & Prevôté d'Orléans : Orléans*, Rouzeau, 1740, *in*-12. M. Pothier a fait réimprimer cette *Table* à la fin du tom. III. de son édition des mêmes *Coutumes : Orléans*, Rouzeau-Montaut, 1760, *in*-12. 3 vol.]

2241. La Généralité de Paris, divisée en ses vingt-deux Élections, ou Description exacte & générale de tout ce qui est contenu dans ladite Généralité ; par le Sieur D. J. Chalibert DANGOSSE : *Paris*, Charpentier, 1710.

L'Auteur n'y traite pas de tout ce qui concerne cette Généralité, comme il le promet dans son titre ; mais seulement de ce qui regarde la Justice, les Finances, les Forêts, les Manufactures, le Commerce, les Foires & Marchés, les Ponts & Chaussées, les Maisons Royales.

2242. ☞ Description de la Généralité de Paris, contenant l'Etat Ecclésiastique & Civil de cette Généralité, le Pouillé des Diocèses de Paris, Sens, Meaux, Beauvais & Senlis ; le nom de ceux qui occupent les Charges civiles & les Emplois dans les vingt-deux Villes, Chefs-lieux d'Election, qui composent la Généralité de Paris, &c. *Paris*, Moreau, 1759, *in*-8.]

2243. ☞ Description de la Généralité de Paris (& de chacune de ses Elections) dans laquelle on explique l'Histoire particulière de chaque Ville, &c. son Terroir, ses Foires, son Commerce, ses Manufactures, ses Curiosités naturelles, enfin toutes les productions de la nature & de l'art qui s'y trouvent ; par M. l'Abbé REGLEY : *Paris*, 1763, *in*-4.

Cette Description se trouve jointe au *Recueil de Cartes des Elections de Paris*, publié par le Sieur Desnos, ou à la première Partie de son *Atlas chorographique, &c.* ci-devant, N.° 644.]

2244. ☞ Plat Pays de l'Election de Paris : Etat, par ordre alphabétique, des Villes, Bourgs, Paroisses, Hameaux & Ecarts, situés dans l'étendue de l'Election de Paris, dressé pour faciliter les vérifications de la régie des Aides : *Paris*, veuve Jouvenel, 1733, *in*-4.]

2245. ☞ Description des Environs de Paris, par PIGANIOL DE LA FORCE.

Elle termine sa *Description de la Ville de Paris*. Dans la nouvelle édition, (*Paris*, 1765, *in*-12. 10 vol.) revue & augmentée par M. l'Abbé PERAU, les *Environs de Paris* occupent le tom. IX. entier.]

2246. Catalogue des Lieux, Villes & Villages dépendans du ressort de la Prevôté & Vicomté de Paris.

Il est à la page 102, tom. I. du Corps & Compilation de la Coutume de Paris, rédigé par Claude DE FERRIÈRE: *Paris*, Osmont, 1714, *in-fol.*

☞ On le trouve encore à la fin de l'Observation Analytique sur la même Coutume: *Paris*, 1601, 1680, *in-18*. = après le texte de la Coutume: *Paris*, 1609, 1616, 1612, 1648, 1668, = dans l'édition de Jean TRONÇON: *Paris*, 1618, *in-4*. 1626, 1652, 1664, *in-fol.*= dans celle de RICARD: *Paris*, 1666, 1673, *in-fol.*=dans les Commentaires Latins de Claude GUERIN, sur la même Coutume: *Paris*, 1634, *in-fol.* = enfin dans presque toutes les éditions du texte de la Coutume de Paris.]

2247. ☞ Prevôtés Royales, & autres Justices ressortissantes au Châtelet de Paris.

Cette Table se trouve à la fin de la *Liste des Officiers du Châtelet*, ou des Procureurs, &c. qui s'imprime chaque année: *in-4*.]

2248. ☞ Indice des Villes, Bourgs, Villages & Hameaux régis par la Coutume & Gouvernement de *Péronne*, Mondidier & Roye.

Dans la Coutume de ce Gouvernement particulier: *Paris*, le Queux, 1611, *in-12*. Dans le Commentaire sur les mêmes Coutumes, par Claude LE CARON: *Paris*, 1660, 1675, *in-12*. On le trouve aussi pag. 124-128 des Coutumes de Péronne, dans le tom. II. du Coûtumier de Picardie: *Paris*, 1726, *in-fol.*]

2249. ☞ Mss. Mémoires pour la Géographie de la Picardie; par M. CARON DE LEPERON.

Ils font partie de ceux qu'il a laissés en 18 vol. *in-4*. & 4 vol. *in-8*. & ils sont (à l'exception des deux premiers volumes) entre les mains des PP. Caffiaux & Grenier, Bénédictins, qui travaillent à l'Histoire de la Picardie. M. de l'Isle en a fait usage pour la bonne Carte de cette Province, ci-devant, N.° 1357.]

2250. ☞ Mss. Extrait d'un Registre trouvé en la Chambre des Comptes, contenant les fois, hommages, adveus & dénombremens de la Province de Poitou, Xaintonge, d'Onnis, relié de parchemin blanc, commantçant sur la couverture d'icelui par ces mots: Dénombrements de Xaintonge l'an mil troys cent soixante & troys, jusqu'en l'an mil troys cent soixante & sept: *in-4*.

Ce Manuscrit, qui est une copie collationnée & en forme probante, se trouve dans la Bibliothèque des Pères de l'Oratoire de la Rochelle.]

2251. ☞ Mss. Mémoire Géographique de [Claude] MASSÉ, sur partie du *bas Poitou*, d'*Aulnis* & de *Saintonge* : *in-4*.

Il n'est question dans ce grand Mémoire que de la Géographie moderne. C'est une Description exacte du sit des lieux, de leur position & distance respective, des qualités du terrein, de ses productions, du nombre des habitans, & sur-tout des fortifications. L'Auteur, Ingénieur du Roi & habile Géographe, a parcouru tous les lieux dont il parle. L'Original de ce Mémoire étoit entre les mains de M. François Massé son fils, qui est mort dans l'Electorat d'Hanovre, où il servoit dans nos armées, en qualité d'Ingénieur. Ce Manuscrit doit être actuellement entre les mains de sa veuve, qui réside à deux lieues de la Rochelle. M. Arcere a fait grand usage de ce Mémoire dans son *Histoire* de cette Ville,

l'ayant fait copier en deux petits *in-4*. qui sont conservés dans la Bibliothèque de l'Oratoire de la Rochelle. *Extrait d'une Lettre de M. Arcere, du 7 Avril 1765.*]

Voyez ci-après, au N.° 2259, l'Etat des Jurisdictions de la Rochelle (pour ce qui regarde l'Aulnis).

2252. ☞ Chorographie ou Description de la *Provence*; par Honoré BOUCHE.

Cette Description de l'état moderne de la Provence, est contenue dans le Liv. IV. de son Ouvrage intitulé, *Chorographie & Histoire Chronologique de Provence*: *Aix*, David, 1664, *in-fol.* 2 vol.]

2253. Les Villes, Villages & Châteaux de Provence, divisés par Vigueries, avec une Préface d'Antoine DE ARENA.

Ce Dénombrement est imprimé avec les Ordonnances du Roi François I. *Paris*, 1545, *in-4*. De Arena, [fameux par ses vers macaroniques] est mort en 1544.

☞ Les mêmes, sous ce titre, Les Cités, Villes & Châteaux, grandes & petites, habitées & non habitées, qui sont en Provence, ou répondent par justice en icelle, qui ont terroir divis & séparé, jurisdictions, revenus & émolumens.

On trouve ce Dénombrement après la page 78 de l'Ouvrage macaronique d'Antoine de Arena, intitulé, *La Meygra entreprisa*, &c. édition de Bruxelles: (Avignon) 1748, *in-8*.

Il est encore *pag.* 347 & *suiv.* de la Chorographie de Bouche, tom. I.]

2254. Affouagement des Villes & des Villages du Pays & du Comté de *Provence*, & du depuis revu & corrigé: *Aix*, 1602, 1605, 1658, *in-4*. 1653, 1660, *in-8*.

Il s'est fait un nouvel Affouagement en 1665, rapporté tout entier par Dominique Robert, dans son *Nobiliaire de Provence*.]

2255. Autre Affouagement, selon les Procédures de 1665, 1668, & 1689: *Aix*, 1690, *in-4*.

Autre Affouagement, selon les Procédures de 1698: *Aix*, David, 1717, *in-4*.

» L'Affouagement est le Papier Tertier dans lequel la » Provence est divisée en Vigueries, & chaque Viguerie » en certain nombre de Villages, qui payent plus ou » moins selon la quantité des Feux qu'ils contiennent. » Le premier Affouagement fut fait l'an 1373. On le » changea en 1471. Il fut encore réformé en 1665, » sur les plaintes de quelques Communautés, qui étoient » trop chargées ». C'est ainsi qu'en parle M. d'Audiffret, de Marseille, page 292, du tom. II. de sa *Géographie Historique* [ci-devant, N.° 7.]

2256. ☞ Chorographia Diœcesis Vasionensis, versibus expressa; auctore Jos. Maria SUARESIO, Episcopo Vasionensi.

La même Chorographie, traduite en vers François; par L. Ans. BOYER, de l'Ordre des Frères Prêcheurs.

Cette Traduction est avec les Vers Latins mêmes dans la seconde Partie de l'*Histoire de l'Eglise de Vaison*, par ce même Religieux, 1731, *in-4*. Part. II. pag. 77-92. La Poësie du P. Boyer est plus que médiocre. Il dit avoir parcouru tout le Diocèse de Vaison, & avoir remarqué ce qu'il y a de particulier dans chaque lieu, pour mieux entrer dans le sens du Poëte Latin, dont la description est d'une meilleure Poësie. Au reste, nous avons cru pouvoir mettre ici cet Ouvrage, parce que le Diocèse de Vaison, qui est du Comtat, plusieurs Paroisses en Provence, & que d'ailleurs il est plus Historique & Géographique qu'Ecclésiastique.]

2257. ☞ Table des lieux régis par la Coutume de *Reims*.

Elle se trouve dans le tom. II. pag. 643 du Coutumier de Vermandois : *Paris*, 1728, *in-fol.*]

2258. Les Villes & Villages du Comté de Réthel (au Diocèse de Reims) sujets & réglés par la Coutume de Vitry-le-François.

Ce Catalogue est imprimé avec les Commentaires de Me Charles DE SALIGNY, Avocat, sur la Coutume de Vitry : *Chaalons*, 1676, *in-4*.

2259. ☞ Etat des Jurisdictions du Ressort de la Sénéchaussée & Siège Présidial de la *Rochelle*.

Il est à la suite du Coutumier général de la Rochelle, imprimé avec les Coutumes de l'Angoumois ; par J. VIGIER, seconde édition : *Angoulême*, 1720, *in-fol.*]

2260. ☞ Déclaration & division des Duchés, Comtés, Châtellenies Royales du Bailliage de *Senlis*, & anciens Ressorts, & des autres Châtellenies particulières subalternes de chacun desdits Duchés, Comtés & Châtellenies Royales.

C'est le commencement des Coutumes du Bailliage de Senlis ; par J. Marie RICART, Avocat : *Paris*, Guignard, 1664, Villery, 1703, *in-4.*]

2261. ☞ Etat général des Villes, Bourgs & Villages du Bailliage & Siège Présidial de *Sens*.

Il est dans l'*Almanach Historique de Sens* : Sens, Tarbé, *in-24.*]

2262. Topographie du Pays & Duché de Touraine, avec quelques Remarques sur les Antiquités de cette Province ; par Isaac-François, Sieur DE LA GIRARDIE, Grand Voyer de Touraine : *Tours*, Bouguereau, 1592.

2263. ☞ Mss. Roole des Fiefs de la Province de Touraine : *in-fol.*

Ce Manuscrit est à la Bibliothèque du Roi, parmi ceux du Cabinet de M. de Cangé.]

2264. ☞ Extrait & estat sommaire du Bailliage de *Troyes*.

On le trouve à la page 605 des Coutumes du Bailliage de Troyes en Champagne ; par P. PITHOU : *Paris*, du Ruau, 1628, Besogne, 1619 & 1630, *in-4*. Louis LE GRAND, Conseiller au même Bailliage, a aussi placé cet Extrait à la fin de l'édition qu'il a donnée de ces Coutumes générales : *Paris*, Alliot, 1661, de Luyne, 1681, *in-fol.*]

2265. ☞ Division du Territoire régi par la Coutume de Troyes, eû égard à ses différens Ressorts ; par M. THIERRIOT, Avocat.

Cet Etat est à la fin de son Livre intitulé, l'*Esprit de la Coutume de Troyes, &c. Troyes*, le Febvre, 1765, *in-8°*. On trouve à la tête du même Livre une Carte de l'étendue du même Territoire.]

2266. ☞ Extrait du Registre des Chartres d'Enquêtes de la Ville de *Valenciennes*, des Villes & Villages venantes au chef-lieu ; recueilli par Henri LE BOUCQ.

Il est à la page 175 des Loix, Chartres & Coutumes du chef-lieu de la Ville de Mons : *Mons*, de la Roche, 1663, *in-4.*]

2267. ☞ Description du Valois ; (par Damien DE TEMPLEUX.)

Elle est dans le grand Atlas de Bleau, tom. VII. ou partie XIV. pag. 139-149. M. l'Abbé Carlier en parle avec estime, dans sa nouvelle *Histoire de Valois, tom. III.* pag. 92 & 93. Il y dit que la Carte de Templeux, Sieur du Frestoy (ci-devant, pag. 1898) & la Description, ont été faites d'après les Mémoires du Sieur de Humeroles ; à quoi il ajoute que l'on est redevable à Templeux d'une partie des bonnes Notices que l'on trouve dans la Partie XIV. de l'Atlas de Blaeu, qui contient la Description de la France. On a vu ci-devant plusieurs Cartes de Provinces dressées par ce sçavant Gentilhomme.]

2268. ☞ Description du Duché de Valois, divisé en ses six Châtellenies ; par M. l'Abbé CARLIER.

Cette Description, qui est proprement l'explication de sa Carte (ci-devant, N.° 1901) se trouve dans l'*Introduction* de son *Histoire du Valois* : *Paris*, Guillyn, 1764, *in-4.*]

2269. ☞ Indice des Villes & Villages ressortissans au Bailliage de *Vermandois*.

Cette Table générale est divisée en plusieurs Tables particulières qui indiquent les Villes & Villages dépendans des Coutumes de Laon, Soissons, Noyon, Saint-Quentin, Ribemont, Couci & Chaalons. Elle se trouve dans les Coutumes de Vermandois : *Reims*, Foigny, 1571, Hecart, 1631, *in-4*. dans l'édition qu'en a donnée Cl. DE LA FONS : *Saint-Quentin*, 1631 : *Paris*, Sercy, 1688, *in-12*. Elle est aussi dans le tom. I. p. 858, du Coutumier général de Vermandois : *Paris*, 1728, *in-fol.*]

2270. ☞ Table & déclaration des Villes, Bourgs, Villages, Hameaux, Censes, & Lieux du Ressort & Bailliage de la Ville de Vitry-le-François, extraite du Procès-verbal de MM. les Conseillers Députés (en 1633) pour régler ledit Ressort.

Cette Table se trouve à la tête des Coutumes de Vitry-le-François, commentées par Me Ch. DE SALIGNY, Avocat au Parlement : *Chaalons*, 1676, *in-4*. Elle est suivie d'une Table des Villes, Villages & Hameaux situés au Diocèse de Reims, & en la Comté de Rethel, qui sont régis par la Coutume de Vitry-le-François.]

2271. ☞ Indice alphabétique des Villes, Bourgs, Villages, Hameaux, Censes, Seigneuries-Fiefs, Franc-aleux Nobles & Roturiers, & Lieux régis par la Coutume de Vitry en Perthois, distingués & divisés par Jurisdictions, leurs qualités & prérogatives, & des Lieux qui y sont sujets, & ressorts en tous les cas, avec remarques des Diocèses dont ils sont.

Cet Indice est pages 595-616 de l'édition de la Coutume de Vitry, publiée avec le Commentaire de Me Etienne DURAND, Avocat au Parlement : *Chaalons*, Bouchard, 1722, *in-fol.*]

2272. Traité Juridique & Historique pour la défense de l'ancienne limite entre les Provinces de Provence & de Languedoc ; au Roi & à Nosseigneurs du Conseil ; par Gilles GAILLARD, d'Aix, Seigneur de la Mothe-Hissan : *Avignon*, 1664, *in-4*.

2273. ☞ Les Royales limites des Provinces de l'Empire François, & particulièrement entre la Provence & le Languedoc : *in-*4. *fans date.*]

1274. ☞ Précis d'une longue suite de Mémoires Historiques & Géographiques ; (par M. DE NICOLAY) dans lesquels on examine si le Rhône appartient à la Province de Languedoc. *Histoire de l'Académie des Belles-Lettres, tom. XXI. pag.* 156-167.

L'étendue de ces Mémoires, qui formeroient un volume confidérable, n'a pas permis de les inférer dans le Recueil de l'Académie. On s'eft borné à donner un Précis très-fommaire des quatre premiers qui avoient été lus dans ses séances. Tout l'Ouvrage eft dans le Cabinet de l'Auteur, à Arles.]

1275. ☞ Mémoire & Consultation pour les Etats de Provence contre les Etats de Languedoc, pour prouver que le Rhône depuis la Durance jusqu'à la Mer, fait partie de la Provence, & non du Languedoc ; par M. DAMOURS, Avocat : *Paris*, Chesnault, 1764, *in-*4.

Ce Mémoire a été rédigé d'après les précédens.]

1276. Arrêts & Décisions qui établissent, d'après les Titres qui y sont visés, l'ancien droit & possession non interrompue de Souveraineté & de Propriété de Sa Majesté, à raison de sa Couronne, sur le Fleuve du Rhône, d'un bord à l'autre, dans son ancien & nouveau lit, & sur les Isles, Islots, Crémens & Attérissemens qui s'y forment, & qui, suivant les mêmes Arrêts & Décisions, font partie de la Province de Languedoc : *Paris*, Vincent, 1765, *in-*4.

Ce Recueil est destiné à la défense des Etats de Languedoc, contre une Requête présentée en 1764 au Conseil du Roi, par les Procureurs des Etats de Provence, & appuyée par le Mémoire que l'on vient d'indiquer. Outre la Table des sommaires des Arrêts & Décisions, laquelle est placée à la tête du Volume, Dom BOUROTTE, Bénédictin de l'Abbaye de Saint Germain-des-Prés, & Continuateur de l'Histoire de Languedoc, ayant été chargé de l'exécution de ce Recueil, a réuni à la fin, dans une *Table Chronologique*, les Notices des principaux Titres & Actes authentiques, produits dans diverses circonstances par la Province de Languedoc, & visés dans les Arrêts du Recueil, aux dispositions desquels ces Titres ont servi de fondement.

1277. ☞ Traité entre le Roi & le Roi de Sardaigne, conclu à Turin le 24 Mars 1760, au sujet des limites des deux Etats : *Paris*, de l'Imprimerie Royale, *in-*4.

Ce Traité donne de nouvelles limites à la France, du côté de la Savoye & du Piémont, depuis les environs de Genève, le long du Rhône, &c. jusqu'à l'embouchure du Var. Ces limites font dirigées naturellement, sans enclaves, par les Rivières & les Montagnes. Pour y parvenir, les deux Rois ont échangé des territoires contre d'autres. Cette Pièce est ainsi nécessaire pour la Géographie de plusieurs Provinces. M. Buache est le seul jusqu'à présent (1765) qui en ait fait usage sur ses Cartes & sur celles de M. de l'Isle, son beau-père.]

1278. ☞ Questions pour perfectionner l'Histoire & la Géographie (de la France). *Journal de Verdun*, 1754, *Décembre, pag.* 444-450.

On y demande des éclaircissemens sur deux Châteaux de la Marche, la Cassière & Souliers ; sur Romegas, Seigneurie d'Armagnac, au Diocèse de Lectoure ; Priezac, Château en Limosin ; Ourrefuran, en Forez ; la Seigneurie d'Albigny, la Paroisse de Bully, les Comtés de Cybeins & de la Salle, & la Seigneurie de Combalet.

M. le Marquis de Chambray répondit sur la Maison l'Evêque que le Château de la Cassière intéressoit. *Journal de Verdun*, 1755, *Mars, pag.* 209. Une autre personne qui ne se nomma point, donna de plus amples éclaircissemens sur Ourrefuran, Albigny, Bully, Cybeins & la Salle. *Ibid. Juillet, pag.* 132. Les autres points sont restés sans réponse : au reste les Questions elles-mêmes renferment des détails qui ne sont point à négliger.]

2279. ☞ Question proposée à M. BONNEVIE, d'Anelles, sur la situation de *Juniville* sur Vesle (Diocèse de Reims). *Journal de Verdun*, 1751, *Juillet, pag.* 32-34.

Réponse de M. BONNEVIE. *Ibid.* 1752, *Mars, pag.* 195-198.]

2280. ☞ Extrait d'une Lettre adressée il y a quelques années (en 1727) à D. Nicolas Toustain, Bénédictin, tirée de l'original de M.*** touchant les lieux nommés mal à propos, *Villeneuve aux aulnes*, la *Villette aux aulnes*, &c. *Mercure*, 1739, *Juin*, 1 vol. *pag.* 1141-1146.

Cette Lettre est plaisante & curieuse. L'Auteur prétend que ces endroits doivent être appelés Villeneuve & Villette aux ânes, & que cette dénomination leur vient des Ministreries de l'Ordre des Mathurins, qu'on nommoit autrefois *Asinorum Ordo*, parce que ces Pères par humilité ne se servoient que d'ânes & de mulets pour leur monture.]

§. III. *Itinéraires & Voyages de France.*

2281. Thomæ ERPENII Tractatus de Peregrinatione Gallicâ utiliter instituendâ : item brevis Galliæ descriptio : *Lugduni Batav.* 1631, *in-*8.

☞ On le trouve aussi à la fin du Livre intitulé, *Adami Henr. Lackmanni Miscellanea litteraria : Hamburgi,* 1721, *in-*8.]

2282. La Description de tous les passages par lesquels on peut entrer des Gaules en Italie, & signamment par où passèrent Hannibal & Jules-César, & les Rois de France, Charlemagne, Charles VIII. Louis XII. & François I. par Jacques SIGNOT : *Paris*, 1515, 1539, *in-*4.

2283. ☞ La totale Description de tous les passages qui sont pour entrer des Gaules ès Italies, & par où passèrent Hannibal, Julius-Cæsar, Charlemaigne, & le Roi Charles VIII. de ce nom qui a présent est, en partie de ce qu'ils firent.

Autres Passages qui sont par le Dauphiné, Marquisat de Saluces & Pays de Provence.

Ces deux Pièces sont imprimées dans les *Mélanges Historiques* de Nicolas Camusat : *Troyes*, 1619, *in-*8.]

2284. ☞ Explication de tous les Cols & Passages du Dauphiné versants en Savoye & en Piedmont, & de tous ceux qui font dans

Géographie moderne des Provinces.

dans le Dauphiné verſants dans les différentes vallées.

Elle eſt dans le tom. I. de la Bibliothèque Militaire, &c. de M. le Baron de Zurlauben.]

2285. Joannis SECUNDI (NICOLAY) Hagienſis Batavi, Itineraria tria, Belgicum, Gallicum & Hiſpanicum; edente nunc primùm Daniele Heinſio: *Leidæ*, Marci, 1618, *in*-8.

☞ On retrouve ces trois Voyages à la ſuite du Recueil des Poëſies de Secundus: *Lugd. Batav.* Heger, 1631, *in*-12. L'Auteur eſt mort en 1536.]

2286. ☞ La Guide des Chemins de France; par Charles ESTIENNE: *Paris*, 1552, *in*-8.]

2287. Les Voyages de pluſieurs endroits de la France en forme d'Itinéraire, & les Fleuves de ce Royaume; par Charles ESTIENNE, Docteur en Médecine: *Paris*, 1553, *in*-8.

2288. Il Viaggio fatto in Spagna e in Francia dal Andrea NAVAGIERO, con la Diſcrittione delli Luoghi, e coſtumi delli Populi de' quelle Provincie: *Venegia*, 1563, *in*-8.

☞ Ce Voyage de France, fait en 1528, ſe trouve auſſi *pag.* 398-414 du Recueil des Oeuvres de Navagiero: *Patavii*, 1718, *in*-4.]

2289. ☞ Joannis FRANCISCI, iter Francicum.

Ce Voyage ſe trouve dans la Collection publiée par Nathan Chytræus, ſous le titre de *Hodœporica, &c. Francofurti*, 1575, *in*-12.]

2290. Itinerarium per nonnullas Galliæ Belgicæ partes, Abrahami ORTELII & Joannis VIVIANI: *Antverpiæ*, Plantini, 1584, *in*-8.]

☞ Ejuſdem editio altera, caſtigatior Plantinianâ anni 1584, cum Gottfr. HEGENITI Itinerario Friſio-Hollandico: *Lugd. Batav.* Elzevir, 1630, *in*-24.]

Idem: *Lugd. Batav.* 1661 & 1667, *in*-12.]

2291. Viage del Principe D. Phelippe: Deſcripcion de todos los Eſtados de Brabante y Flandres; per Juan Chriſtoval CALVETE DE ESTRELLA: *Antvverpen*, Nucio, 1552, *in*-fol.

2292. Nouvelle Guide des Chemins pour aller & venir par tous les Pays & Contrées de la France: *Paris*, 1588, *in*-8.]

2293. Sommaire de la Deſcription de la France, avec le Guide des Chemins pour aller par les Provinces & aux Villes plus renommées; par Théodore MAYERNE TURQUET: *Genève*, Stoer, 1591, *in*-16: *Lyon*, 1596, *in*-12.

2294. ☞ Galliæ accurata Deſcriptio, ejuſdemque delineatio per vias ſive itinera, cui paucis adjunctæ ſunt vicinæ Provinciæ Belgicæ & Leodienſis Diœceſis, tam propter contiguam vicinitatem quàm Linguæ Gallicæ ferè commercium: Item Iter Bruxellâ Lutetiam, & leges Peregrinantibus obſervandæ: *Trajecti*, Zill, 1659, *in*-12.

Cette Deſcription, & le Voyage qui l'accompagne, avoient déja été imprimés dans un Recueil intitulé, *Geographiæ compendium, &c. Ultrajecti*, Zill, 1650, *in*-12.]

2295. ☞ Variorum in Europâ Itinerum Deliciæ, ſeu ex variis manuſcriptis ſelectiora tantùm Inſcriptionum maximè recentium monumenta; quibus paſſim in Italiâ & Germaniâ, Helvetiâ, &c. Belgio & Galliâ, &c. Templa, Aræ, Scholæ, &c. conſpicua ſunt: omnia nuper collecta, & hoc modo digeſta, à Nathane CHYTRÆO: *Herbornæ Naſſoviorum*, 1594, *in*-8.]

2296. Deliciæ Gallicæ, ſelectæ ex Urbibus, Templis, Bibliothecis, & aliunde; per Franciſcum SWERTIUM Antverpienſem: *Coloniæ*, 1608, *in*-8.

Cet Auteur, qui étoit Flamand, eſt mort en 1629.

☞ Le vrai titre de l'Ouvrage de Swert eſt, *Selectæ Chriſtiani orbis Deliciæ, ex urbibus, templis, &c.* Ce n'eſt, comme le précédent, qu'un Recueil d'Epitaphes & d'Inſcriptions en vers & en proſe, qui ſe voient en France, dans les Pays-Bas, & autres parties de l'Europe.]

2297. ☞ Matthiæ QUADI Deliciæ Galliæ, ſive Itinerarium per univerſam Galliam, cum Tabulis Geographicis: *Francofurti*, Latomus, 1603, *in*-4. *oblong*.

Eædem, ſub titulo, Deliciæ Gallicæ, Italicæ & Hiſpanicæ, ſive Itinerarium per univerſam Galliam, Italiam & Hiſpaniam: *Coloniæ*, Lutzenkirch, 1609, *in*-8.

Le Père le Long avoit fait Auteur de cet Ouvrage, l'Imprimeur Lutzenkirch, qui véritablement a fait une Préface à ſon édition; mais où il dit, *Vir quidam doctus eorum quoque qui domi manent . . . . . . loca inſigniora breviter deſcripſit, quam nos Deſcriptionem ad commodiorem Libelli formam redactam nunc publicamus, &c.*]

2298. Itinerarium Germaniæ, Galliæ, Angliæ & Italiæ, ſcriptum à Paulo HENTZNERO J.C. *Norimbergæ*, 1612, 1618, 1629, *in*-8. [& *Breſlæ*, 1617, *in*-4.]

☞ P. Hentzner a fait ſon Voyage de France en 1598. La Deſcription qu'il donne de ce Royaume, eſt fort circonſtanciée. Le Voyage d'Allemagne, qu'il a fait en 1596 & 1597, & qui, pour cette raiſon, eſt le premier de tous, commence par la Deſcription de Straſbourg.]

2299. Samuelis SCHAMBERGII, Germani, Deliciæ Gallicæ, velut in Itinerario rara & viſu jucunda pro peregrinante: *Francofurti*, 1616, *in*-12.

2300. Jodoci SINCERI Itinerarium Galliæ & finitimarum regionum, cum Appendice de Burdegala: *Lugduni*, 1612, *in*-16. *Argentorati*, 1617, 1649, 1656, *in*-24. *Genevæ*, 1627, *Amſtelodami*, 1649, 1656, *in*-12.

Juſtus ZINZERLINGIUS, s'eſt déguiſé ſous le nom de JODOCUS SINCERUS, au rapport de Hanckius, *De Scriptoribus rerum Romanarum*, *part. I. cap. XXVI. num. I. pag.* 235.

☞ L'Auteur dit avoir compoſé cet Ouvrage en faveur de ſes Compatriotes, qui voudront voyager en France; il leur en trace les routes. De la Lorraine & de Nancy, par où il les fait entrer, il les conduit d'abord à Paris; enſuite, après un voyage d'environ quatre-an-

Tome I.

Q

nées, tant dans les diverses Provinces du Royaume qu'à Londres & en Hollande, il les fait revenir à Paris, pour retourner en Allemagne. Il n'a rien omis pour rendre la lecture de ce Livre utile & agréable. Quand il parle des Provinces & des Villes, il tâche d'en donner un état, & de faire voir ce qu'elles ont été autrefois, & ce qu'elles sont à présent, la qualité du Terroir, les Rivières, le nom des Fondateurs des Villes, ce qu'il y a de remarquable en tout genre, ce qui peut piquer la curiosité des Etrangers, & généralement tout ce qui sert à en donner une idée précise. Son stile est clair & concis. L'Avis au Lecteur renferme un précis de la nature du Pays & des mœurs de ses Habitans. L'Appendix, qui est à la fin, contient une Description fort détaillée de la Ville de Bordeaux.]

2301. Guide des Chemins de France, d'Italie, d'Allemagne & d'Espagne; par Théodore MAYERNE TURQUET: *Rouen*, 1624, *in-8.*

2302. ☞ Nouveau Guide des Chemins du Royaume de France, contenant toutes les Routes, tant générales que particulières; par le Sieur DAUDET, de Nîmes, Ingénieur Géographe de Sa Majesté: *Paris*, Ganeau, 1724, 1733, *in-12.*

Voyez sur ce Livre le *Journal de Verdun*, 1724, Juin, *pag.* 397 & 398.]

2303. ☞ Hieronymi ELVERI Deliciæ Apodemicæ, sivè selectiorum Discursuum Ethico-Politicorum Sylloge Epistolica, nata in peregrinatione Italicâ, Gallicâ, &c. *Lipsiæ*, Lantzenberger, 1611, *in-8.*]

2304. ☞ Itinéraire de France & d'Angleterre; par P. EISENBERG: *Léipsick*, Groffen, 1614, *in-12.* (en Allemand).]

2305. Itinerarium Galliæ, Germaniæ, Italiæ & Hispaniæ, à Francisco SCHOTTO J. C. Antverpiensi: *Coloniæ*, 1620, *in-8.*

Cet Auteur est mort en 1622.

2306. Joannis Baptistæ GRAMAYE, Antverpiani, Peregrinatio Belgica: *Coloniæ*, 1623, *in-8.*

Gramaye sçavoit exactement tout ce qui regarde les Pays-Bas.

2307. Ulysses Gallico-Belgicus per Belgium, Hispaniam, Regnum Galliæ, Ducatum Sabaudiæ Taurinum usque Pedemontis Metropolim; auctore Abrahamo GOLNITZIO, Dantiscano: *Lugduni Batavorum*, Elzevir, 1631: *Amstelodami*, 1655, *in-12.*

Le même Livre, traduit en François; par Louis COULON, & publié sous ce titre, l'Ulysse François: *Paris*, 1643, *in-8.*

2308. ☞ Joh. MERCKERI Apodemica in Itinere (potissimùm Gallico) nata, & cursoriè consignata: *Erffurti*, Hertzius, 1634, *in-12.*]

2309. Voyage de France, ou Description géographique du Royaume, pour l'instruction des François & des Etrangers, avec [une Description des Chemins, &] l'Ordre chronologique des Rois de France: *Paris*, 1639, *in-8.*

☞ Nouvelle édition, augmentée: *Lyon*, Didier, 1648, *in-8.*]

Le même, corrigé & augmenté; par (Gilbert SAUNIER) Sieur DU VERDIER, Historiographe de France: *Paris*, 1655, 1662, *in-12.* Troisième édition, 1663, 1665, 1682.

Cet Auteur est mort à l'Hôpital-Général, peu après l'année 1683.

2310. Voyage & Description de la France; par Claude DE VARENNES, Jésuite: *Paris*, 1643, *in-12.*

Cet Auteur est mort en 1660.

== ☞ Galliæ delineatio per Vias sive Itinera; & Iter Bruxellâ Lutetiam. Voyez ci-devant, N.° 2294.]

2311. Le Fidèle Conducteur pour le Voyage de France, d'Angleterre, d'Allemagne & d'Espagne; par Louis COULON: *Paris*, 1654, *in-8.*

☞ Ces quatre Voyages sont imprimés à part, & font comme autant de petits volumes, que l'on réunit souvent, mais aussi que l'on trouve séparés. Celui de France, qui a 239 pages, sans la Table alphabétique, » montre exactement les raretés & choses remarquables » qui se trouvent en chaque Ville, & les distances d'icelles; » avec un dénombrement des batailles qui s'y sont don- » nées. » Il a été réimprimé à *Avignon* en 1660, Piot, *in-12.* Le même Auteur, Louis Coulon, a aussi donné les *Rivières de France*, que l'on peut regarder comme un autre Voyage. Nous avons indiqué ci-devant cet Ouvrage, N.° 859.]

2312. ☞ Ms. Petit Voyage, fait en forme de route & de vie, de toutes les Villes de France que j'ai vues, & ce que j'ai pu y remarquer de curieux & de beau; ensemble le passage que j'ai fait en quelques Isles de l'Amérique, & mon retour en France, pour voir l'Italie & autres Villes. De plus, mon second Voyage aux Isles de Saint-Christophe, &c. par Jean VASSAU, surnommé le Pauvre: (*Ecrit à Saint-Christophe*, 1663, *in-4.*)

Ce Voyage manuscrit est dans la Bibliothèque des Avocats au Parlement de Paris. Jean Vassau, originaire de Troyes en Champagne, & né à Nantes le 14 Mai 1631, donne lui-même une Notice très-naïve de sa vie, à la tête de son Voyage.]

2313. Journal du Voyage de France & d'Italie, en 1660 & 1661; par un Gentilhomme François: *Paris*, 1670, *in-8.*

2314. Relation d'un Voyage fait en France; par [François LE COIGNEUX] DE BACHAUMONT, & [Claude-Emmanuel LUILLIER] CHAPELLE: *Paris*, 1662, *in-12.*

La même, avec une Préface historique, & un Mélange de Pièces fugitives: 1697, *in-12. Amsterdam*, 1708, *in-12.*

La même, se trouve dans un *Recueil de Pièces nouvelles*, *in-12.* Cologne, P. Marteau, 1663, 1664: *Utrecht*, 1699; & dans le tom. I. du *Recueil de Pièces choisies*, publié par Bernard de la Monnoye, de l'Académie Françoise: *La Haye* [*Paris*] 1714, *in-12.* [& dans le *Recueil des Œuvres de Chapelle & de Bachaumont*, publié par M. le Fevre de Saint-Marc: *Paris*, 1755, *in-12.*] De Bachaumont est mort en 1702; il est l'Auteur de cette Pièce, excellente pour le style & la composition,

Géographie moderne des Provinces.

qui est mêlée de prose & de vers. M. de la Monnoye en parle ainsi dans la Préface de son Recueil: Quoique dès le commencement de l'Ouvrage, ces deux Messieurs déclarent y avoir travaillé en commun, Ménage néanmoins, en 1666, le croit uniquement de Bachaumont ; il en parle ainsi à la pag. 575 de la première édition de ses *Remarques sur les Poësies de Malherbe*.

☞ Voyez sur ce Livre la *République des Lettres* de Bernard, *Avril*, 1708.]

2315. Le Voyage de France ; par Albert JOUVIN DE ROCHEFORT.

Ce Voyage remplit le tom. I. de son *Voyageur de l'Europe* : *Paris*, 1672, *in*-12.

☞ Les autres volumes renferment aussi des descriptions de diverses parties de la France, par où il sort & rentre dans ses voyages aux pays Etrangers, depuis Paris, & jusqu'à cette Ville.]

2316. Le Guide fidèle des Etrangers dans le Voyage de France, contenant la Description des Villes, Châteaux, Maisons de plaisance & autres lieux remarquables ; par [Robert] ALCIDE DE SAINT-MAURICE, Dauphinois : *Paris*, Loison, 1672, *in*-12.

2317. ☞ Observations Topographiques, Morales & Physiques, faites (en 1663) dans un Voyage en Allemagne, en Italie & en France ; par J. RAY : *London*, 1673, 1746, *in*-8. (en Anglois).

Ray a parcouru les parties Méridionales du Royaume : son Ouvrage est estimé.

2318. ☞ Voyage de Suisse, d'Italie, & de quelques endroits d'Allemagne & de France, ès années 1685 & 1686 ; par [Gilbert] BURNET, Docteur en Théologie : *Roterdam*, 1685, *in*-8. seconde édition, corrigée : *Ibid*. 1687, *in*-8. *Londres*, 1755, *in*-12. (en Anglois.)

Le même, traduit en François : *Roterdam*, Acher, 1687, *in*-12. *La Haye*, 1718, 2 vol.

Le même, en Allemand : *Léipsick*, Gleditsch, 1687, *in*-12. *Ibid*. 1693.

Le même, en Hollandois : *Amsterdam*, 1687, *in*-4.

Les Actes de Léipsick, 1687, pag. 551, disent que ce Voyage a été écrit d'abord en Italien. L'unanimité de plusieurs autres Auteurs qui le citent comme composé en Anglois, donne lieu de croire que c'est une méprise du Journaliste, ou une faute d'impression, à moins que Burnet ne l'eût composé d'abord en Italie, & que revenu en Angleterre, il ne l'ait mis en Anglois pour l'y faire imprimer. Quoi qu'il en soit, la relation de ce Voyage, divisée en cinq Lettres, commence par la Description de la France. Mais l'Auteur trop prévenu, n'y voit rien qui soit digne de ses éloges : car c'est le trop fameux Burnet, qui est mort Evêque de Salisburi en 1715, après avoir poussé si loin sa flatterie intéressée à l'égard du Prince d'Orange, Guillaume III.]

2319. ☞ Description d'un Voyage fait (en 1667) en Allemagne, &c. en France & en Suisse ; par J. LIMBERG : *Léipsick*, Wohlfarth, 1690, *in*-12. (en Allemand.]

2320. ☞ Observations recueillies dans un Voyage en France & en Italie (vers 1686) : *Londres*, Basset, 1693, *in*-8. (en Anglois).

Tome I.

Voyez sur ces Observations les *Actes de Léipsick*, 1693, *pag*. 353.]

2321. ☞ Mélanges d'Observations choisies, recueillies dans un Voyage en Flandre, en France, en Italie, &c. par E. VERYARD M. D. *Londres*, Smith, 1701, *in*-*fol*. (en Anglois).

Voyez les *Actes de Léipsick*, Supplément, tom. *IV*. *pag*. 83.]

2322. ☞ Mélanges d'Observations faites sur les lieux, dans les sept dernières années d'un Voyage en France, en Italie, en Allemagne, &c. par SACHEVERELT STEVENS, Gentilhomme : *in*-8. (en Anglois).

Voyez le *Journal Etranger*, 1757, *Mars*, *pag*. 198.]

Le même, traduit en Allemand ; par J. Ph. CASSEL : *Gotha*, Mœvius, 1759, *in*-8.

2323. ☞ Observations faites dans des Voyages en France, en Hollande, &c. par Léonard-Christ STURMIUS, ancien Professeur de Mathématiques dans l'Université de Francfort, &c. *Augsbourg*, Wolf, 1719, *in*-fol. (en Allemand).

L'objet de la Relation de ces Voyages entrepris, comme le titre original le porte, pour les progrès de l'Architecture, est de donner la Description des Villes par où l'Auteur a passé, & principalement des Edifices qu'il y a remarqués. Ceux de la France, & sur-tout de la Capitale, occupent dans ce Livre une place distinguée. Sturmius est mort en 1720. Voyez sur son Ouvrage les *Actes de Léipsick*, Supplément, *tom. VII. pag.* 532.]

2324. Voyage Historique de la France, qui comprend tout ce qu'il y a de plus curieux.

Ce Voyage compose le tome I. des *Voyages Historiques de l'Europe* ; par Claude JORDAN : *Paris*, 1692, 1695, 1703, *in*-12. 8 vol.

☞ Voyez la *Bibliothèque de Bourgogne*, part. *II*. pag. 76, & les *Mémoires d'Artigny*, tom. *III*. p. 76.]

2325. ☞ Le Gentilhomme Etranger, voyageant en France ; par le Baron G. D. N. *Leyde*, 1699, *in*-12.

2326. Voyage en France par le Sieur DU MONT.

Ce Voyage se trouve dans le tome I. des *Voyages de cet Auteur* : *La Haye*, 1699, *in*-12. 4 vol.

2327. ☞ Voyages faits en divers tems en Espagne, &c. en France & ailleurs ; par M. M*** : *Amsterdam*, Gallet, 1700, *in*-12.]

2328. ☞ Très-grand Voyage d'Europe par l'Allemagne, la France, &c. *Hambourg*, Schiller, 1709, *in*-12. (en Allemand).]

2329. Voyage du tour de la France ; par feu Henri DE ROUVIERE, Conseiller de l'Hôtel de Ville ; première Partie : *Paris*, Ganeau, 1713, *in*-12.

Cette première Partie contient en quatre Lettres le Voyage de Paris à Bordeaux, par Strasbourg, la Suisse, Lyon, la Provence & Nismes.

☞ Voyez sur ce Livre la *Méthode Historique de Lenglet*, tom. *IV*. pag. 13. = *Journal des Sçavans*, 1713, Juillet. = *Mémoires de Trévoux*, 1713, Avril.]

2330. ☞ Viaggi per l'Italia, Francia è Germania di Niccolo MADRIZIO, Patrizio Udi-

Q 2

nese, descritti in versi con annotazioni copiose : *Vinegia*, Hertz, 1718, *in*-12. 2 vol.

Tout ce qui regarde la France dans cet Ouvrage occupe le tome I. dont la seconde Section est consacrée toute entière à la Description de Paris. Ce qui concerne le reste du Royaume fait partie de la première Section. Les notes étendues qui accompagnent tout l'Ouvrage sont géographiques & historiques ; elles font aussi connoître les mœurs des peuples dont l'Auteur décrit les Pays. On peut consulter sur ces Voyages les *Actes de Leipsick*, 1719, *pag*. 316, & *le Journal des Sçavans*, 1720, *pag*. 513 & 529, *in*-4.]

2331. ☞ Remarques sur différens endroits de l'Europe, relatives principalement à l'Histoire, à la Géographie & aux Antiquités des Contrées dans lesquelles l'Auteur a voyagé ; comme la France, la Lorraine, l'Alsace, &c. par J. BREVAL : *London*, Lintot, 1726, *in-fol*. 2 vol. avec des Cartes, des Plans, & Figures.]

2332. ☞ Observations faites dans un Voyage en France, en Italie, &c. pendant les années 1720, 1721, 1722 ; par Ed. WRIGHT : *London*, 1730, *in*-4. 2 vol. fig. (en Anglois).]

2333. ☞ Galliæ antiquitates selectæ, in plures Epistolas distributæ ; (auctore Fr. Scip. MAFFEI) : *Parisiis*, Osmont, 1733 : *Veronæ*, 1734, *in*-4.

C'est une espèce de Voyage littéraire, ou un Recueil de Lettres sur les anciens Monumens, que le sçavant Marquis Maffei avoit observés dans un voyage de France en 1732. Il dédia ce Recueil au Roi, avec un Poëme Latin à la louange de ce Prince. Malgré les fautes qu'on a relevées dans cet Ouvrage, on y reconnoît une main sçavante & exercée dans l'Antiquité.]

2334. ☞ Voyage en France, en Italie, &c. ou Lettres écrites de différens endroits du Levant en 1750 ; par un Seigneur Anglois : Ouvrage traduit en François (par Phil. Florent DE PUISIEUX) : *Paris*, Charpentier, 1763, *in*-12. 4 vol.]

2335. ☞ Lettres d'un jeune Peintre, contenant ses Voyages en France & en Italie ; seconde édition : *Londres*, Russel, 1750, *in*-8. (en Anglois).]

2336. ☞ Ms. Description de plusieurs Voyages en France, en Flandre & en Hollande, dans les années 1716, 1719, 1723, 1724, 1735, 1736, 1740, 1746, 1756 ; par Jerôme BESOIGNE, Docteur de Sorbonne : *in*-4.

Ce Docteur est mort le 25 Janvier 1763. La Description de ses Voyages a passé entre les mains d'un de ses Amis.]

2337. ☞ Voyage Littéraire ; par deux Religieux Bénédictins de la Congrégation de S. Maur : *Paris*, 1717, *in*-4.

Ce Voyage a été entrepris par D. Edmond MARTENNE, [& D. Ursin DURAND] afin de chercher dans les Bibliothèques de France d'anciens titres pour illustrer le *Gallia Christiana*, dont le P. de Sainte-Marthe a entrepris une nouvelle édition ; mais outre les découvertes que l'Auteur a faites pour ce sujet, il a aussi ramassé un grand nombre de Pièces qui n'avoient pas encore été imprimées, & qu'il a publiées sous le titre de *Thesaurus Anecdotorum novus* : *Parisiis*, 1716 & *seq*. *in-fol*. 5 vol.

☞ Voyez la *Méthode Historique de Lenglet*, tom. *IV*, *pag*. 13.]

2338. ☞ Suite du même Voyage ; par deux Religieux Bénédictins, &c. 1724, *in*-4.

On trouve dans le volume de 1717, 1.º quantité de Pièces, d'Inscriptions, & d'Epitaphes qui servent à éclaircir l'Histoire & les Généalogies des anciennes familles : 2.º plusieurs usages des Eglises Cathédrales & des Monastères, touchant la Discipline & l'Histoire des Eglises des Gaules : 3.º les fondations des Monastères, & une infinité de recherches curieuses & intéressantes, faites dans près de cent Evêchés, & huit cens Abbayes.

Le volume de 1724, contient un Voyage en Picardie, Artois, Flandre & Allemagne, avec trois Pièces à la fin. 1.º Le Voyage de Nicolas DE BOSC, Evêque de Bayeux, pour négocier la paix entre les Couronnes de France & d'Angleterre, en 1381. 2.º Iter Indicum Balthasaris SPINGER. 3.º Descriptio apparatûs bellici Regis Franciæ Caroli (VIII.) intrantis civitates Italiæ, Florentiam ac deinde Romam, pro recuperando Regno Siciliæ, sive Neapolitano.

Voyez sur cet Ouvrage *Méthode Historique de Lenglet*, *Supplément*, *pag*. 182. = *Journal des Sçavans*, 1718 & 1724. = *Mémoires de Trévoux*, 1718, Février. = *Mélanges Historiques & Philosophiques*, tom. II. p. 59. = *Nouvelles Littéraires*, tom. *VII*. pag. 24. = *Europe sçavante*, 1718, Janvier. = *Journal de Leipsick*, 1718, *pag*. 488.]

2339. ☞ Voyages Liturgiques de France, faits en différentes Villes du Royaume ; par le Sieur DE MOLEON (LE BRUN DES MARETTES) : *Paris*, Delaulne, 1718, *in*-8.]

2340. ☞ Ms. Voyages de Claude CHASTELAIN, Chanoine de Paris, dans le Diocèse.

M. l'Abbé Lebeuf les cite beaucoup dans son *Histoire du Diocèse de Paris*, *in*-12. 15 vol.]

2341. ☞ Joh. MABILLONII Itinerarium Burgundicum, anni 1682.

Cette Relation est dans les *Œuvres Posthumes* de D. Mabillon, & de D. Thierri Ruinart (tom. *I*. pag. 1 & *suiv*.) *Paris*, 1724, *in*-4.]

2342. ☞ Theodorici RUINART, Iter Litterarium in Alsatiam & Lotharingiam, anno 1696 peractum.

Il est aussi dans les mêmes *Œuvres Posthumes* de D. Mabillon (tom. *III*. pag. 411-499.]

2343. ☞ Extrait d'un Voyage Littéraire de M. l'Abbé PAPILLON, en Bourgogne, fait en 1722.

Il se trouve dans les *Mélanges* de M. MICHAULT : *Paris*, 1754, tom. *II*. pag. 396.]

2344. ☞ Voyage Littéraire en Allemagne, Flandre, France, &c. par Aulus APRONIUS (Adam EBERT, Docteur en Droit & Professeur dans l'Université de Francfort) : *Francfort*, 1723, *in*-8. (en Allemand.)

L'Auteur a fait ce Voyage à l'âge de 22 ans, en 1677. Il a recueilli plusieurs objets sur l'Histoire Civile, Littéraire & même Naturelle de la France, ainsi que des autres Pays qu'il a parcourus. Voyez les *Actes de Leipsick*, *Supplément*, tom. *VIII*. pag. 361.]

2345. ☞ Histoire d'un Voyage Littéraire fait en 1733, en France, en Angleterre, en

Hollande, &c. (par M. JORDAN, Ministre à Berlin): *La Haye*, Moetjens, 1735, *in-8.*]

2346. ☞ Nouveau Voyage de France, Géographique, Historique & curieux, disposé par différentes Routes, à l'usage des Etrangers & des François ; par M. L. R. 1718 : dernière édition : *Paris*, Saugrain, 1723, *in-12.*

[L'Auteur, qui est le Libraire même, a divisé son Ouvrage en quatre principaux Voyages, qui ont chacun deux routes différentes; il commence par les Frontières, afin d'être plus intelligible aux Etrangers.]

2347. ☞ Nouveau Voyage de France, avec un Itinéraire & des Cartes faites exprès, qui marquent exactement les Routes qu'il faut suivre pour voyager dans toutes les Provinces de ce Royaume : Ouvrage également utile aux François & aux Etrangers ; par M. PIGANIOL DE LA FORCE : *Paris*, 1724, *in-12.* 2 vol.]

2348. Itinerarium Galliæ Narbonensis; Carmen, cum duplici Appendice; id est universæ Galliæ Descriptione philologicâ & politicâ ; accedit Glossarium Prisco-Gallicum, seu de linguâ Gallorum veteri, Dissertatio ; auctore Joanne Isacio PONTANO : *Leidæ*, Basson, 1606, *in-12.*

2349. Jacobi GRASSERI, Basileensis, Itinerarium Historico-Politicum per celebres Helvetiæ, & Regni Arelatensis Urbes, &c. *Basileæ*, Konig, 1614, *in-8.*

2350. Petri DE MARCA Itinerarium, à Luteriâ in Galliam Narbonensem, scriptum anno 1634.

Ce sçavant Prélat est mort en 1661. Son Voyage à Narbonne se trouve imprimé avec ses Opuscules recueillies, & publiées par M. Baluze, sous ce titre, *Petri de Marca Opuscula* : *Parisiis*, Muguet, 1661, *in-8.*

2351. ☞ Mss. Itinerarium Domini SIMONIS, Bituricensis Archiepiscopi per Burdegalensem Ecclesiam & ei subjectas Diœceses, cùm eas jure Primatiæ suæ visitavit an. 1284.

Le Père Labbe, qui parle de ce Voyage dans sa *Nouvelle Bibliothèque des Manuscrits*, *in-4.* part. I. pag. 49, dit qu'il en a une ancienne copie en parchemin.]

2352. Mss. Voyage des Pyrénées, fait en 1667; par (Louis) DE FROIDOUR : *in-4.*

Ce Voyage manuscrit [étoit] dans la Bibliothèque de M. Foucault [qui a été vendue.]

2353. ☞ Mss. Relation de mon Voyage de Bagnières (près des Pyrénées); par M. BEGON, en vingt pages : *in-fol.*

Ce sçavant Intendant de la Rochelle & de Rochefort, est mort dans cette dernière Ville le 14 Mars 1710. Son Manuscrit est dans le Cabinet de M. Girard de Vilars, Médecin à la Rochelle.]

2354. ☞ Relation d'un Voyage fait en Provence, par un Augustin Déchaussé : *Paris*, Sercy, 1667, *in-12.*]

2355. Relation d'un Voyage fait en Provence, contenant les Antiquités les plus curieuses de chaque Ville ; par L. M. D. P. *Paris*, Barbin, 1683, *in-12.* 2 vol.

2356. ☞ Voyage de Languedoc & de Provence, fait en l'année 1740 ; par MM. le Fr. (LE FRANC), le M. de M. (le Marquis DE MIRABEAU), & l'Abbé de M. (MONVILLE) adressé à Madame la Comtesse de Caraman: nouvelle édition, revue & corrigée : *Amsterdam*, 1746, *in-12.*

Ce Voyage a été réimprimé dans le tom. II. pag. 1-71 des *Œuvres* de M. LE FRANC : *Paris*, Chaubert, 1753, *in-12.* 2 vol.]

2357. ☞ Voyage de M*** (Courtois) en Périgord, en vers & en prose : 1762, *in-12.*

A la suite est un Voyage en Lorraine, qui paroît être de la même main. Voyez l'*Année Littéraire*, 1761, tom. VIII. pag. 90.]

2358. ☞ Mon Odyssée, ou Journal de mon retour de Saintonge ; Poëme à Chloé (Madame Thiboust); par M. ROBBÉ : *La Haye* (*Paris*) 1760, *in-8.*]

2359. ☞ La Pétrifiée, ou Voyage de Sire Pierre en Dunois, badinage en vers (en douze chants); par M*** (le Chevalier DE BULLIOUD): *La Haye* (*Paris*, Panckoucke) 1763, *in-12.*

On en trouve l'Extrait dans l'*Année Littéraire*, 1763, tom. II. pag. 115.]

2360. ☞ Voyage de basse Normandie, & Description historique du Mont Saint-Michel; par M. DE LA ROQUE; en douze Lettres.

Voyez le *Mercure*, 1726, *Novembre*. = 1727, *Juin* & *Novembre*. = 1728, *Janvier*, *Juin*, tom. II. & *Décembre*, tom. I. = 1730, *Juin*, tom. II. = 1732, *Avril* & *Octobre*. = 1733, *Avril*, *Mai* & *Juillet*.]

☞ Extrait d'une Lettre écrite par le R. P. DE TOURNEMINE, à M. de la Roque, au sujet de la Médaille dont il est parlé dans la Lettre V. du Voyage de Normandie. *Mercure*, 1730, *Juillet*.}

☞ Remarques sur quelques endroits de la Lettre IX. du Voyage de Normandie, adressées à M. de la Roque ; (par M. l'Abbé LEBEUF). *Mercure*, 1733, *Mars*.]

☞ Extrait d'une Lettre à l'Auteur du Voyage Littéraire de Normandie. *Mercure*, 1741, *Septembre*.]

2361. ☞ Le Voyage de Paris à la Roche-Guyon, en vers burlesques, divisé en six chants; par M. M*** : *Paris*, Cailleau, 1759.]

2362. ☞ Voyage de Mantes; (par M. BONNEVAL) : *Paris*, 1753, *in-12.*

C'est un Roman.]

2363. ☞ Remarques curieuses sur le Pays de Beauvoisis, faites dans un Voyage de l'an 1732 ; par M. l'Abbé LEBEUF. *Mercure*, 1733, *Janvier*, pag. 36 & *suiv.*]

2364. ☞ Voyage de Chantilly; par M. N. GUICHARD : *Paris*, 1761, *in-12.*]

2365. ☞ Nathanis CHYTRÆI Iter Parisiense: Carmen.

Ce petit Poëme, où l'Auteur décrit non-seulement

Paris, mais encore les Villes qu'il a vues sur sa route, est inséré dans le Recueil du même Chytræus, qui a pour titre, *Hodœporica sivè Itineraria à diversis clarissimis doctissimisque viris, carmine conscripta* : *Francofurti*, 1675, *in*-12.]

2366. ☞ Les Curiosités de Paris, en neuf Lettres; contenant la manière de voyager de Calais à Paris, la Description des Villes qu'on trouve sur la route, celle de Paris, le cours de la Seine, les Ponts, les Fontaines, &c. les Palais, les Peintures, les Jardins, les Statues, les Cabinets de curiosités, & le Supplice de la roue; les Hôpitaux, les Eglises, &c. la Description de Saint-Cloud, les Mausolées de Saint-Denis, la Description de Versailles, de Trianon, de Marly, &c. auxquelles on a joint des Observations utiles en faveur des Etudians en Chirurgie & des Voyageurs; par M. A. R. *Londres*, Owen, 1758, *in*-8. (en Anglois.)

On trouvera ci-après, Liv. III. plusieurs autres Descriptions de Paris, à l'article des Provinces : *Isle de France.*]

2367. ☞ Les Promenades des Environs de Paris, en quatre Cartes, avec un Plan de Paris, précédées d'une Description abrégée & historique des lieux qu'elles contiennent; par M. ROBERT DE VAUGONDY, Géographe ordinaire du Roi : *Paris*, Boudet, 1761, *in*-8.

Les Cartes *in*-4. qui accompagnent cette Description, sont celles indiquées ci-devant, N.os 1757 & 1790.]

2368. ☞ Voyage pittoresque des Environs de Paris, ou Description des Maisons Royales, Châteaux & autres Lieux de plaisance, situés à quinze lieues aux environs de cette Ville; par M. D. (DEZALLIER D'ARGENVILLE fils): *Paris*, Debure, 1755, *in*-12.

Nouvelle édition, corrigée & augmentée: *Ibid.* 1761.

Le même Auteur a donné aussi le Voyage pittoresque de la Ville de Paris, 1753 & 1765, quatrième édition.]

2369. ☞ Pièces fugitives, contenant le Voyage & la Description de Fontainebleau, &c. par M. DE CHAINVILLE : *Paris*, Coignard, 1705, *in*-12.]

2370. ☞ Georgii FABRICII Iter Argentoratense : Carmen.

Ce Voyage est imprimé avec les autres du même Auteur : *Basileæ*, 1544, *in*-8. & dans le Recueil de Chytræus, intitulé, *Hodœporica, &c. Francofurti*, 1675, *in*-12.]

2371. ☞ Relation en vers d'un Voyage de Strasbourg à Dunkerque; par D. Toussaints DU PLESSIS, 1758, *in*-8.]

2372. ☞ Itinéraires des Rois de France, depuis Louis VII. en 1137, jusqu'à la mort de Louis XIV. en 1715.

Dans le tom. I. des *Pièces fugitives* de M. le Baron D'AUBAIS : *Paris*, Chaubert, 1759, *in*-4. 3 vol.

On trouvera sous les différens Règnes, ci-après, Liv. III. les Voyages particuliers de nos Rois.]

2373. ☞ Explication historique & topographique d'une Carte dressée sur les Mémoires de M. l'Abbé DE VAYRAC, dans laquelle on voit tous les endroits du passage de l'Infante (Marie-Anne-Victoire) depuis la frontière (d'Espagne) jusqu'à Paris, & les suites. *Mercure de Janvier, Février, Mars, tom. I. & II. & Avril* 1722.

Ce que M. l'Abbé de Vayrac avoit dit de la Ville d'Orléans, donna occasion à un *Mémoire* (de M. Perdoux de la Perriere) *in*-12. *Orléans*, Borde, 1722, où l'on relève les fautes dans lesquelles il étoit tombé.

Le même Abbé a donné en 1723, des Remarques historiques sur les lieux que le Roi (Louis XV.) a honorés de sa présence, lors de son Voyage à Reims pour son Sacre. Elles sont jointes au *Journal* de ce Voyage, dont le titre est indiqué plus au long, ci-après, dans le Liv. III. Règne de LOUIS XV.]

2374. ☞ Journal du Voyage & du séjour de Mesdames Adélaïde & Victoire (en Lorraine; par M. DELESPINE, Officier de Mesdames): *Nancy*, 1762, *in*-12.]

2375. ☞ Relation du Voyage de Mesdames Adélaïde & Victoire à Plombières, depuis le 30 Juin 1761, jusqu'au 28 Septembre de la même année; (par le même); *Paris*, Desprez, 1762, *in*-8.]

CHAPITRE SECOND.
Histoire Naturelle du Royaume de France.

☞ Outre la Liste nombreuse des Traités faits exprès sur l'Histoire Naturelle de la France, on trouve dans ce Chapitre l'indication de quelques autres Observations sur le même sujet, qui sont semées, non-seulement dans les Ouvrages périodiques, mais encore dans des Histoires générales, où elles échapperoient bien souvent aux regards des Physiciens. Tous ces Ouvrages ne sont pas d'un égal mérite. Ceux sur-tout, qui ont été publiés avant la naissance des Sociétés Littéraires, n'offrent pas des matières assez approfondies. Leurs Auteurs, copistes des Naturalistes anciens, se sont trop souvent contenté de donner leurs simples lectures. Mais qui ne sçait qu'on peut tirer quelque profit des Écrits les moins parfaits ?

Parmi ces Auteurs, les uns ont jetté un coup d'œil général sur toutes les parties de l'Histoire Naturelle de la France ; les autres ont borné leurs recherches à en éclaircir quelqu'une. La nécessité de ne les point confondre, & l'étendue de ce Chapitre, obligent d'indiquer, en deux Articles séparés, les Traités généraux, & ceux qui regardent particulièrement la qualité de notre climat, nos montagnes, nos fleuves & nos fontaines, ce qui croît, végète & respire dans nos Provinces.

Les Traités sur l'Histoire Naturelle des Possessions Françoises, anciennes & modernes, situées hors du Royaume, sont rangés, à cause du petit nombre qu'on en connoît, dans les divers Articles, au milieu des Provinces mêmes.]

Article premier.
Traités généraux sur l'Histoire Naturelle de la France, & de ses diverses parties.

Section première.
Histoire Naturelle de la France en général.

2376. ☞ De Cœli, Solique Gallici Chorographicâ ratione ; auctore Roberto Cœnali.

Ces Observations sur l'Histoire Naturelle de la France sont le second Livre de l'Ouvrage du même Auteur, intitulé, *Gallica Historia in duos dissecta tomos : Parisiis*, 1557, *in-fol.* On y trouve une Description des Fleuves, des Animaux, & des différentes productions du Royaume. L'Auteur vivoit dans un siècle où la saine Physique étoit encore au berceau. Il est mort à Paris sa Patrie, en 1560, après avoir été successivement Évêque de Vence, de Riez & d'Avranches.]

2377. Recens, nec anteà sic visa Galliæ politica-medica Descriptio, in quâ de qualitatibus ejus, Academiis celebrioribus, urbibus præcipuis, fluviis dignioribus, aquis medicatis, fontibus mirabilibus, plantis & herbis rarioribus, aliisque notatu dignissimis rebus à nemine adhuc publicitèr emissis, ingenuè disseritur ; à Joanne Stephano Strobelbergero, illustris aulæ Swanbergicæ, Medico ordinario : *Ienæ*, Beithman, 1620, *in-12.*

☞ Eadem : *Ienæ*, Beithman, 1621, *in-12.*

Le fonds de cet Ouvrage ne répond pas aux promesses fastueuses de son titre. Il n'y a que trois Sections qui aient rapport à l'Histoire Naturelle. Dans la première on lit une énumération fort succincte des productions les plus communes aux environs de Paris, & dans presque tout le Royaume. La troisième renferme une courte indication des Fleuves & Rivières, avec le lieu de leur source, & le nom des principales Villes qu'ils baignent ; les Fontaines & Eaux minérales du Royaume, leur distance de la Ville la plus voisine, leurs qualités, & les maladies contre lesquelles elles sont ou peuvent être employées. La cinquième est un Catalogue fort imparfait des Plantes de la France, indiquées le plus souvent par le nom générique seul, quelquefois avec le lieu où elles viennent naturellement. Strobelberger étoit venu en France en 1613, & s'étoit fait recevoir Médecin à Montpellier. On ne peut pas le regarder comme habile Botaniste. Souvent il compte au rang des Plantes rares des espèces fort communes ; & il n'en a pas trouvé de nouvelles dans des pays où on en a tant reconnu après lui, & même de son tems. Il paroît avoir pris dans les Ouvrages de Matthias Lobel, ce qu'il dit des Plantes des Provinces Méridionales.]

2378. ☞ De Mirabilibus Galliæ Locis & Belgii ; auctore Philippo Brietio.

Ce sont les Chapitres 12 du Liv. VII. & 4 du Liv. VIII. de la seconde Partie du tom. I. de l'Ouvrage de ce Jésuite, intitulé, *Parallela Geographica* : *Parisiis*, 1648, *in-4. pag.* 468-477, & 511-512.

L'Auteur a divisé ces merveilles naturelles par Provinces. On trouve au-dessous de chaque nom les prétendus prodiges que les Auteurs de tous les pays, & une Tradition populaire ont appris au Père Briet, comme étant arrivés, ou existans alors dans ces Provinces. L'Auteur a eu soin de citer ses garans ; mais on regrette qu'il n'ait pas eu plus de critique sur cette partie, & que ce sçavant Géographe ait grossi le nombre des Auteurs qui ont rapporté toutes ces faussetés. Briet, né à Abbeville en 1600, est mort à Paris en 1668.]

2379. ☞ Quid ad Historiam Naturalem spectans observatum sit in Itinere Galliæ interioris, ann. 1677, 1678, 1679, ab Olao Borrichio. *Act. Hafniens. tom. V. art.* 84. *pag.* 201-208.

Les mêmes Observations, traduites en François. *Collection Académ. de Dijon, tom. IV. pag.* 350.

Cette Relation fort courte d'un Voyage de Borrichius, célèbre Chymiste Danois, roule sur quelques singularités animales, végétales, minérales, de la Provence, du Dauphiné, du Lyonnois & du Languedoc. Ce

Mémoire mérite d'être lu, quoiqu'il n'y ait que des indications. Borrichius, né l'an 1626, eſt mort en 1690, après avoir profeſſé avec beaucoup de réputation la Médecine à Coppenhague.]

2380. ☞ Gervaſii Tilsburienſis Otiorum Imperialium tertia deciſio, continens mirabilia uniuſcujuſque Provinciæ, non omnia, ſed ex omnibus aliqua.

Cet Ouvrage a été publié par Leibnitz, dans ſa Collection des *Scriptores rerum Brunſwicenſium*, tom. I. pag. 960. Les articles 9, 10, 20, 21, 22, 36, 39, 40, 42, 43, 48, 55, 56, 57, contiennent les ſingularités, des prodiges, des fables, très-peu d'obſervations vraies & de bonnes deſcriptions. Elles regardent principalement les Provinces méridionales de la France. On n'y trouve non plus aucun raiſonnement phyſique ; l'objet de l'Auteur étoit ſeulement de diſſiper l'ennui de l'Empereur Othon IV. auquel il étoit attaché, & qui l'avoit fait Maréchal du Royaume d'Arles. M. l'Abbé Lebeuf rapporte quelques eſſais des Obſervations dont il s'agit, dans ſa Diſſertation ſur l'*Etat des Sciences en France depuis la mort du Roi Robert*, couronnée en 1740, à l'Académie des Belles-Lettres, & publiée avec les autres Diſſertations de ce ſçavant ſur l'*Hiſtoire de Paris, tom. II. pag.* 187.

Il y a à Paris, dans la Bibliothèque du Roi, ſous le N.° 4905, autrefois Baluz. 209, un Manuſcrit des *Otia Imperialia*, qu'on croit de Gervaſis même, & qui eſt, ſur-tout pour la partie III, plus exact que celui qu'a fait copier Leibnitz.]

2381. ☞ Obſervations d'Hiſtoire Naturelle faites dans les Provinces méridionales de la France, pendant l'année 1739 ; par M. LE MONNIER, Docteur en Médecine, & de l'Académie Royale des Sciences.

Ces Obſervations roulent ſur les Provinces de Berri, d'Auvergne, & du Rouſſillon. Elles ſe trouvent à la fin de l'Ouvrage de M. Caſſini de Thury, ſur la Méridienne de l'Obſervatoire Royal de Paris, qui forme la ſuite des Mémoires de l'Académie des Sciences : année 1740.]

SECTION II.

Hiſtoire Naturelle (générale) *des diverſes parties de la France, rangée ſuivant l'ordre alphabétique de chaque lieu.*

A

2382. ☞ Mſ. Hiſtoire Naturelle de la Province d'Alſace, où après avoir décrit ſa ſituation, les Montagnes qui l'environnent, les Etangs, les Marais & les Rivières qui l'arroſent, les Forêts qui la couvrent, on examine quelle en peut être la qualité de l'air, & celle des alimens, d'où on déduit les tempéramens, les inclinations, les mœurs des habitans, & les maladies les plus communes dans ce climat, avec la Deſcription des animaux, des végétaux, des minéraux, des pétrifications, des eaux communes, & des minérales, &c. par Benoît MAUGUE, Docteur en Médecine, Inſpecteur général des Hôpitaux du Roi, Architâtre d'Alſace, Chevalier de l'Ordre de Saint-Michel : *in-fol.* 2 vol.

Cet Ouvrage eſt dans la Bibliothèque de M. Benoît Duvernin, petit neveu de l'Auteur, & ancien Médecin des Hôpitaux d'armée, Médecin aggrégé au Collège de Médecine de Clermont-Ferrand, réſidant en cette Ville, qui étoit auſſi la patrie de M. Maugue. Sa qualité d'Architâtre (ou de premier Médecin) de la Province d'Alſace, l'avoit fixé dans ce Pays, où il a demeuré 40 ans. C'eſt pendant ce long eſpace de tems que ce Naturaliſte laborieux a fait des remarques ſur tous les objets qui lui ont paru dignes d'attention. M. Schoepflin, célèbre Profeſſeur de Strasbourg, à qui M. Maugue avoit communiqué ſon Ouvrage, dit qu'il renferme beaucoup de choſes très-intéreſſantes. Les Figures qui s'y trouvent en grand nombre, ſont enluminées & très-bien deſſinées : pluſieurs ſont néceſſaires pour l'intelligence du Livre ; d'autres repréſentent les inſtrumens & les machines particulières qui ſont en uſage dans la Province, les bas reliefs, & anciens Monumens qu'on y voit.]

2383. ☞ Conſpectus generalis Alſatiæ ; auctore Joan. Dan. SCHOEPFLINO. *Alſat. illuſtrat. tom. I. pag.* 1-31.

C'eſt une Deſcription des montagnes, forêts, végétaux, animaux, minéraux, fleuves, rivières, torrens, ruiſſeaux, lacs, fontaines, qui ſe trouvent dans la Province d'Alſace. Les Naturaliſtes auroient déſiré que M. Schoepflin eût traité cette partie avec l'étendue & l'érudition qu'on admire dans le reſte de ſon Ouvrage. L'Hiſtoire de l'Alſace auroit été la plus complette qu'on pût déſirer, & auroit ſervi de modèle à tous ceux qui écrivent l'Hiſtoire d'un Pays.]

2384. ☞ Hiſtoire Naturelle des poſſeſſions Françoiſes dans l'Amérique Septentrionale & Méridionale ; contenant la Deſcription du climat, du ſol, des minéraux, des animaux, des végétaux, &c. enrichie de Cartes. Le tout recueilli des meilleurs Auteurs, & gravé par Th. JEFFERYS, Géographe de ſon Alteſſe Royale le Prince de Galles : *Londres*, Jefferys, 1760, *in-fol.* (en Anglois).

Ce n'eſt guères qu'une compilation faite preſque ſans choix des Ouvrages de Charlevoix, Labat, du Tertre, &c. On y trouve ce qui regarde le Canada, la Louiſiane, une partie des Iſles Saint-Domingue, Saint-Martin, Saint-Barthélemi, la Guadeloupe, la Martinique, la Grenade, & Cayenne.]

2385. ☞ Diſcours ſur l'utilité de l'Hiſtoire Naturelle de la Province d'Anjou ; par M. BERTHELOT DU PATY, Docteur Médecin de l'Univerſité d'Angers.

Ce Diſcours eſt imprimé dans un Recueil de Littérature : *Angers*, Boſſard, 1748.]

2386. ☞ Hiſtoire Naturelle & Morale des Iſles Antilles de l'Amérique ; par Céſar de ROCHEFORT : *Roterdam*, Leers, 1658 : *Rouen*, 1665, *in-4. Paris*, 1666 : *Lyon*, Fourmy, 1667, *in-12. Roterdam*, Leers, 1681, *in-4.*

La même, traduite en Allemand : *Francfort*, 1668, *in-12.*

Cette Hiſtoire eſt diviſée en deux Livres. Le premier offre dans XXIV. Chapitres, la ſituation, la température de l'air, & les différentes productions des Antilles. Les Chapitres VI. VII. VIII. IX. traitent des Arbres & des Arbriſſeaux qui peuvent être employés dans la nourriture, les Arts, & la Médecine. Le X. & le XI. ſont conſacrés aux Herbages & aux Légumes. On voit dans le XII. les Quadrupèdes, dans le XIII. les Reptiles, dans le XIV. les Inſectes, dans le XV. les Oiſeaux, dans les XVI. XVII. XVIII. XIX. XX. outre les Poiſſons, les Coquillages & les productions Marines. Le XXI.

&

& le XXII. contiennent la Description de quelques Animaux amphibies, & de plusieurs sortes de Crabes que l'on trouve communément sur la terre des Antilles. Les Tonnères, les tremblemens de Terre, les Tempêtes qui arrivent dans ces Isles, quelques autres incommodités du Pays, & les remèdes qu'on peut y apporter, sont le sujet des deux derniers Chapitres. Le second Livre renferme différens Chapitres relatifs au commerce & à l'économie.]

2387. ☞ Histoire Naturelle des Antilles; par le P. DU TERTRE.

C'est le second volume de l'*Histoire générale des Antilles*, du même Auteur.

Il est divisé en huit Parties, qui traitent, 1.° des Antilles habitées par les François; 2.° du flux & reflux de la Mer, de la température de l'Air, des Pierreries & des Minéraux des Antilles; 3.° des Plantes & des Arbres; 4.° des Poissons; 5.° des Animaux de l'Air; 6.° des Animaux de la Terre; 7.° des Habitans des Antilles; 8.° des Esclaves & de tout ce qui les concerne.]

2388. ☞ Le Patriote Artésien; par M. DE *** (NEUF-EGLISE) ancien Officier de Cavalerie: *Paris*, Despilly, 1761, *in*-8.

La première Partie traite de l'Agriculture, & des productions du Pays, tant végétales qu'animales. Il est parlé dans la seconde, des Minéraux utiles, & des usages des individus de chaque règne. S'il n'y a pas de Description qui puisse instruire un Naturaliste, il apprendra du moins qu'il existe en Artois différentes substances qu'il connoît déja, en quelle quantité elles s'y trouvent, & quel profit on en retire.

On assure que M. COLOMBIER de Toul, Docteur en Médecine de la Faculté de Reims, travaille à une Histoire Naturelle complette de l'Artois, pour laquelle plusieurs membres de la Société Littéraire d'Arras font aussi des recherches.]

2389. ☞ Histoire Naturelle du Pays d'Aunis, de ses Côtes, & des Provinces limitrophes; par M. ARCERE.

Ce sont les Articles II. & III. du Discours Préliminaire que le sçavant Oratorien a mis à la tête de son *Histoire de la Rochelle*: *Paris*, 1757, *in*-4. L'Auteur présente, sur-tout dans le second Article, un Tableau abrégé, mais élégant, des diverses productions du Pays. On trouve encore quelques détails sur cette matière, dans la *Description Chorographique, pag.* 55 & *suiv*. du tom. I. & sur le sel de la même Généralité, le vin, le bois, &c. *tom. II. pag.* 459 & *suiv.*]

2390. ☞ Mf. Discours sur l'Histoire Naturelle en général, & sur celle d'Auvergne en particulier; par M. DUVERNIN, Médecin.]

2391. ☞ Mf. Discours sur la Chymie en général, & sur plusieurs articles de l'Histoire Naturelle de la Province d'Auvergne; par M. OZY, Apothicaire de Clermont-Ferrand.

Ces deux Discours, lus à l'Assemblée publique de la Société Littéraire de Clermont, le 25 Août 1747, sont dans les Registres de cette Société.]

2392. ☞ Mf. Prospectus d'une Histoire Naturelle particulière à l'Auvergne; par M. OZY; avec la Description du Ver-Lion, insecte découvert & observé par l'Auteur.

Ce Prospectus se trouve dans les Registres de la même Société, & est inséré par extrait dans le *Mercure*, 1755, *Juin*, *pag.* 77-81, 1 vol.]

2393. ☞ Ode sur l'Histoire Naturelle d'Auvergne; par Dom LE FEVRE, Bénédictin de la Congrégation de Saint Maur. *Journal de Verdun*, 1765, *Octobre*, *pag.* 298-305.

L'Auteur ne fait qu'indiquer en deux mots quelques-unes des singularités naturelles que l'on voit dans les Montagnes d'Auvergne; la Poësie ne lui permettoit pas d'entrer dans aucun détail. Cette Pièce a mérité à Dom le Fevre une place à l'Académie de Clermont-Ferrand.]

B

2394. ☞ Mémoire (Physique & Economique) sur le Beaujolois; par M. BRISSON, Inspecteur des Manufactures, Académicien de Ville-Franche en Beaujolois. *Journal Economique*, 1761, *Juin*, *pag.* 265-272.

Ce Mémoire, suivant l'Auteur lui-même, n'est destiné qu'à donner une idée légère du Beaujolois, & des choses les plus faciles à imaginer pour l'accroissement de son industrie. On y indique en peu de mots la situation du Pays, la température du climat, la nature & la culture des Terres, les productions, les Manufactures, les Minéraux, les Pierres.]

2395. ☞ Observations d'Histoire Naturelle faites aux environs de Beauvais; par M. DESMARS, Docteur en Médecine. *Mercure de France*, 1749, *Juin*, *pag.* 90-95, 1 vol.

Ces Observations se trouvent encore dans les *Mélanges d'Histoire Naturelle*; par M. Dulac: Lyon, Duplain, 1765, *in*-12. tom. I. pag. 190-196. Elles roulent sur quelques Plantes particulières du Beauvoisis, sur les Sources Minérales d'un Marais situé derrière le Parc de l'Abbaye de Saint-Paul, sur l'air qu'on respire au-dessus de ce Marais, sur la nature des Terres, & les Minéraux d'où sortent les Sources.]

2396. ☞ Extrait de Lettres de M. BOUILLET, Docteur en Médecine, & Secrétaire de l'Académie des Sciences & Belles-Lettres de Béziers, sur plusieurs particularités de l'Histoire Naturelle des environs de cette Ville, & quelques-uns des Auteurs qui en ont parlé.

Cet Extrait est dans le tome I. des *Nouvelles Recherches sur la France*: *Paris*, 1766, *in*-12.]

2397. ☞ Mf. Discours sur la Chartre & Description du Comté de Bitche; par Thierri ALIX DE VERONCOURT, Président à la Chambre des Comptes de Lorraine.

Il est à la suite de son *Histoire* (manuscrite) *de Lorraine*, ci-après, N.° 2425. Il regarde presque tout entier l'Histoire Naturelle. L'Auteur y donne une Description fort détaillée, des Ruisseaux, des Etangs, des Forêts, & n'oublie pas même les aires des Oiseaux de proie.]

2398. ☞ Lettre de M. N***, Echevin de Bolbec (dans le Pays de Caux) sur l'Histoire Naturelle des environs de ce Bourg. *Mercure*, 1760, *Juillet*, *pag.* 106-117.

Elle se trouve encore dans les *Mélanges d'Histoire Naturelle*; par M. Dulac: *Lyon*, Duplain, 1765, *t. III.* *pag.* 123-133. Elle a pour objet principal la nature du terrein, les sables, les pierres, les différentes espèces de sol, &c. On y parle aussi en peu de mots, des vignes, des bestiaux, &c. L'Auteur n'entre dans aucun détail circonstancié.]

2399. ☞ Mémoire sur l'air, la terre & les

eaux de Boulogne-sur-Mer, & ses environs; par M. Desmars, Docteur en Médecine & Pensionnaire de cette Ville: *Amiens*, 1759, *in-*12. 38 pages.

Le même, corrigé considérablement, & augmenté de la constitution épidémique observée suivant les principes d'Hippocrate, à Boulogne-sur-Mer, en 1759, & de Dissertations sur la maladie noire, les eaux du Mont-Lambert, & l'origine des fontaines en général: *Paris*, Veuve Pierres, 1761, *in-*12.

Ce Mémoire n'est qu'un Sommaire & une espèce de *Prospectus* d'un plus grand Ouvrage. L'ordre que l'Auteur a suivi est simple & naturel. Il parcourt successivement la situation du Pays, la nature du terrein, les eaux des puits & des fontaines, les qualités de l'air, le caractère des habitans, les quadrupèdes, les poissons, les crustacées, les coquillages, les poissons d'eau douce, les arbres, les bleds, les fruits, le régime des habitans de la Campagne & leurs mœurs, le portrait des matelots & leurs maladies, le régime des habitans de la Ville, les maladies endémiques & épidémiques du Pays, & le traitement de ces maladies.]

2400. ☞ Lettre à M. B***, sur quelques particularités de l'Histoire Naturelle du Boulonnois. *Mercure*, 1760, *Août*, p. 136-139.

Elle se trouve encore dans les *Mélanges d'Histoire Naturelle*; par M. Dulac: *Lyon*, Duplain, 1765, *in-*12. tom. III. pag. 140-144. Elle ne contient presque que des Observations de Botanique, & en particulier l'Histoire d'un Chou qui croît abondamment dans les falaises de Blanés, vis-à-vis celles de Douvres. On ne l'a indiquée ici que pour ne rien omettre.]

2401. ☞ Discours sur l'Histoire Naturelle de l'Isle de Bourbon; par M. d'Heguerty, Commandant pour le Roi dans cette Isle. *Mémoires de la Société de Nancy*, tom. I. pag. 73-91.]

2402. ☞ Mf. Histoire Physique de Bresse; ou, Histoire de la nature & des productions de la Province de Bresse; par Philibert Collet, Avocat, Maire de la Ville de Châtillon-lès-Dombes, & Substitut de M. le Procureur-Général du Parlement de Dombes.

Cet Ouvrage, qui est considérable, contient la Description du Pays & des Plantes particulières qui y croissent. Quelques-unes sont dessinées & enluminées. Les affaires dont l'Auteur fut chargé pendant les dernières années de sa vie, l'ont empêché de finir cette Histoire. Le Manuscrit original est entre les mains de M. Monnier l'aîné, Avocat au Présidial de Bourg-en-Bresse, arrière-petit-neveu de l'Auteur.

Philibert Collet, né à Châtillon le 26 Février 1643, y est mort le 31 Mars 1718.

M. de la Lande, de l'Académie des Sciences, qui a publié en 1756 des Étrennes Historiques de Bresse sa Patrie, y a inséré (*pag*. 28-36) quelques indications sur l'Histoire Naturelle de cette Province. Il avoit réservé tous les détails pour une autre année qui n'a point paru.]

2403. ☞ Mf. Histoire Naturelle de la Province de Bretagne, examinée dans tous ses objets; par feu M. le Président de Robien, de l'Académie des Sciences & Belles-Lettres de Berlin.

C'est la troisième Partie de son Abrégé de l'*Histoire ancienne de Bretagne*, qui est conservée dans le Cabinet de M. le Président de Robien, fils de l'Auteur.]

C

2404. ☞ Mf. Observations d'Histoire Naturelle, de Physique & de Météorologie, faites à Cadillac sur la Garonne & dans les environs, en 1717, 1718, 1719, 1720 & 1729; par M. l'Abbé Bellet, Chanoine de Cadillac, & Associé de l'Académie de Bordeaux.

Ces Observations sont au dépôt de cette Académie.]

2405. ☞ Histoire véritable & naturelle des mœurs & productions du Pays de la Nouvelle France, vulgairement dite le Canada; par Pierre Boucher, Gouverneur des trois Rivières: *Paris*, Lambert, 1664, *in-*12.

Cette Histoire est divisée en quinze Chapitres. Les huit premiers présentent la Description des terres & des arbres, les noms des animaux, des oiseaux, des poissons, des grains, &c. L'Auteur avoue lui-même qu'il ne dit rien de neuf, qu'il n'a fait, pour ainsi dire, qu'extraire les Relations des Jésuites, & les Voyages du Sieur de Champlain; mais on doit toujours lui sçavoir gré de son travail.]

2406. ☞ Description géographique & historique des Côtes de l'Amérique Septentrionale (ou du Canada) avec l'histoire naturelle du Pays; par M. Denys, Gouverneur, &c. *Paris*, Barbin, 1672, *in-*12. 2 vol.

C'est dans le second volume que se trouve ce qui regarde l'Histoire Naturelle, & en particulier tout ce qui concerne la pêche des Morues.]

2407. ☞ Histoire & Description générale de la Nouvelle France (ou du Canada & de la Louisiane) avec le Journal historique d'un Voyage, par le P. de Charlevoix: *Paris*, Didot, 1744, *in-*12. 6 vol.

On y trouve, *pag*. 299-376, *du tom. IV*. la Description des Plantes principales de l'Amérique Septentrionale ou de la Nouvelle France. Il y a dans les V & VI. qui renferment le Journal du Voyage de l'Auteur, beaucoup de choses sur les autres parties de l'Histoire Naturelle du Canada & de la Louisiane, comme on peut le voir par les Tables des matières de ces Volumes.]

2408. Les antiquités, raretés, plantes, minéraux, & autres choses considérables de la Ville & Comté de Castres, en Albigeois, [& des Lieux qui sont aux environs] avec l'Histoire de ses Comtes, Évêques, &c. [& un Recueil des Inscriptions Romaines, & autres antiquités du Languedoc & de Provence, avec la Liste des principaux Cabinets, & autres raretés de l'Europe]; par Pierre Borel, Docteur en Médecine: *Castres*, Colomiez, 1649, *in-*8.

☞ Cet Ouvrage est partagé en deux Livres. Les Chapitres XIV. XV. XVI. XVII. XVIII. du second, sont les seuls où l'Auteur s'est occupé de l'Histoire Naturelle. Ils présentent quelques détails sur les rivières & fontaines, les pierres & autres minéraux, le roc qui tremble, les végétaux, les animaux, les monstres & autres singularités des environs de Castres. On trouve en-

Histoire Naturelle.

core des indications extrêmement courtes sur plusieurs merveilles naturelles dans les Chapitres XII & XXI.]

2409. ☞ Observations sur l'Histoire Naturelle de Cayenne ; par le P. J. B. LABAT, Dominicain.

Ce sont les Chapitres VI. VII. VIII. IX. X. du tom. III. des *Voyages du Chevalier des Marchais, en Guinée & à Cayenne* (pag. 134-336) : *Paris*, Osmont, 1730, *in-12.* 4 vol.]

2410. ☞ Maison Rustique, à l'usage des habitans de la partie de la France Equinoxiale, connue sous le nom de *Cayenne*; par M. DE PRÉFONTAINE, Commandant de la partie du Nord de la Guyane : *Paris*, Bauche, 1763, *in-8.*

Cet Ouvrage est une Histoire Naturelle & Economique de l'Isle de Cayenne. Voyez encore ci-après, *France Equinoxiale.*]

2411. ☞ Remarques historiques sur les productions de la Champagne, & de la Ville de Reims ; par M. DESTABLES, Avocat au Présidial de Reims.

Ces remarques qui sont fort courtes, se trouvent dans l'*Almanach de Reims*, pour l'année 1757 : *Reims*, de Laistre, *in-24.*]

2412. ☞ Abrégé de l'Histoire Naturelle de Champagne.

Il se trouve dans le tom. I. des *Nouvelles Recherches sur la France* : *Paris*, 1766, *in-12.* 2 vol. Ce Mémoire quoique fort concis, renferme cependant plus d'objets que le précédent.]

E

2413. ☞ Remarques sur l'Histoire Naturelle, &c. du Comté d'Eu (en Normandie) ; par M. CAPPERON, ancien Doyen de Saint Maxent. *Mercure*, 1730, *Juillet*, pag. 1541-1544.

Ces courtes Remarques roulent sur une fontaine singulière ; sur un puits dans lequel l'eau descend quand la mer monte ; sur une montagne qui fume pendant la pluie, & qui renferme une très-grande quantité de coquillages fossiles.]

F

2414. ☞ Essai sur l'Histoire Naturelle de la France Equinoxiale, ou Dénombrement des plantes, des animaux & des minéraux qui se trouvent dans l'Isle de Cayenne, les Isles de Rémire, sur les côtes de la Mer, & dans le continent de la Guyane, avec leurs noms différens, Latins, François & Italiens, & quelques Observations sur leur usage dans la Médecine & dans les Arts ; par M. P. BARRERE, Correspondant de l'Académie des Sciences de Paris, Docteur & Professeur en Médecine dans l'Université de Perpignan, &c. *Paris*, Piget, 1741, *in-12.*

En 1743 le même Auteur a donné une nouvelle Relation de la France Equinoxiale, *in-12.* où il décrit le commerce des habitans, les divers changemens arrivés dans le Pays, &c.]

2415. ☞ Mss. Mémoire pour servir à l'Histoire Naturelle de Franche-Comté ; par le P. FLORENCE de Pontarlier, Capucin.

Tome I.

2416. ☞ Mss. Recherches de M. BARBAUD de Pontarlier, Avocat au Parlement, sur le même sujet.

Ces deux Mémoires, qui ont été présentés à l'Académie de Besançon, sont conservés dans ses Registres.

Jean-Maurice TISSOT, Président de la Chambre des Comptes de Dôle, & Inspecteur des Arsenaux dans le Comté de Bourgogne, a traité de l'Histoire Naturelle de cette Province dans la première Partie de son Ouvrage, intitulé *Comitatus Burgundiæ Chorographica sinomilia,* dont l'original est conservé parmi les Manuscrits de Dom Coquelin, Bénédictin, Abbé de Faverney dans le Diocèse de Besançon. M. Tissot vivoit vers le milieu du siècle dernier.]

G

2417. ☞ Discours pour servir de Plan à l'Histoire Naturelle du Gévaudan, lu à l'Assemblée des Etats de ce Diocèse ; par Samuel BLANQUET, Docteur en Médecine de la Faculté de Montpellier, le 13 Février 1730, *in-4.* sans date ni lieu d'impression.]

H

2418. ☞ Observations d'Histoire Naturelle, sur quelques particularités des environs du Havre-de-Grace ; par M. DU BOCAGE DE BLEVILLE, de l'Académie des Sciences & Belles-Lettres de Rouen.

Ces Observations forment la seconde Partie de ses *Mémoires sur le Port, la Navigation, & le Commerce du Havre, &c.* Havre-de-Grace, Faure, 1753, *in-8.* Elles roulent, 1.° sur un banc pétrifié que l'on trouve à un quart de lieue du Havre, au pied de la Côte de la Héve, où il s'étend sur une longueur d'environ 800 toises, en formant une portion de cercle à peu près parallèle à la Côte ; 2.° sur des mines de fer, eaux minérales, cailloux d'Angleterre & autres, qu'on voit dans le Pays de Caux ; 3.° sur le Cancre, appellé le Soldat, ou Bernard-l'Hermite, que nos Côtes fournissent en abondance ; 4.° enfin, sur une Fontaine pétrifiante d'Orcher, Château situé le long de la Seine, sur une falaise fort escarpée, précisément vis-à-vis Honfleur, à deux lieues & demie du Havre, & à une petite d'Harfleur.]

I

2419. ☞ Voyage aux Isles de l'Amérique, contenant l'Histoire Naturelle de ce Pays, &c. par le P. J. B. LABAT, Dominicain : *Paris*, Cavelier, 1722, *in-12.*

Cet Ouvrage est un des plus complets de tous ceux qui ont paru sur les mêmes Isles. Le P. Labat s'est appliqué à montrer les usages que l'on tire de leurs productions. Il est mort à Paris en 1738.]

L

2420. ☞ Mss. Histoire Naturelle du Diocèse de Langres ; par M. l'Abbé CHARLET.

Cet Ouvrage, où l'Auteur s'étend jusqu'à Chaumont, Dijon, &c. fait partie de l'*Histoire générale* du même Diocèse, qu'il a composée. *Mélanges de M. Michault,* tom. II. pag. 44 : *Paris*, Tilliard, 1754, *in-12.*]

2421. ☞ Mémoire de la Société Royale des Sciences de Montpellier au sujet de l'Histoire Naturelle de la Province de Lan-

LIV. I. *Préliminaires généraux de l'Histoire de France.*

guedoc; (par Jean ASTRUC, Docteur en Médecine): *Montpellier*, Martel, 1726, *in-4.*

M. Astruc, alors résident à Montpellier, avoit entrepris l'Histoire Naturelle de sa Province. Les Etats avoient adopté son projet, & l'avoient chargé de le remplir. Mais fixé peu après à Paris par la place que le Roi lui donna au Collège Royal, il abandonna cette commission que l'exercice de son art lui interdisoit d'ailleurs, & il s'est borné à mettre en ordre les Mémoires suivans, dont il avoit lu la plupart dans les Assemblées de la Société Royale.]

2422. ☞ Mémoires pour l'Histoire Naturelle de la Province de Languedoc; (par le même); divisés en trois Parties, & ornés de Figures & de Cartes en taille-douce : *Paris*, Cavelier, 1737, *in-4.*

Des trois parties qui composent cet Ouvrage, la première traite de l'ancien état du Pays, & la dernière contient plusieurs recherches littéraires. La seconde seule est consacrée à la Physique. On y trouve des choses curieuses sur l'air, les vents, les fontaines, les eaux minérales, quelques végétaux. Ce qu'on lit sur les animaux & les fossiles, est très-court.

Voyez sur ces Mémoires, *Observations sur les Ecrits modernes*, Lettres 127, 129, 133.=*Journal de Verdun*, 1738, *Août.*=*Mémoires de Trévoux*, 1737, *Décembre*, & 1738, *Janvier.*=*Journal des Sçavans*, 1737, *Août & Septembre.*=*Bibliothèque raisonnée*, tom. XXII. pag. 574, tom. XXIII. pag. 86.=*Réflexions sur les Ouvrages de Littérature*, tom. III. pag. 193-265.]

2423. ☞ Etat Physique & Agricole de la Lorraine; par Charles Léopold ANDREU DE BILISTEIN.

C'est ce qui compose le I. & le VI. Chapitre de son *Essai sur les Duchés de Lorraine & de Bar : Amsterdam*, 1762, *in-8.* L'Etat Physique roule sur le climat, les productions de cette Province, sur ses montagnes, & les différens travaux qui s'y exécutent, ainsi que sur le logement, l'habillement, & la nourriture des habitans. L'état Agricole y est traité avec beaucoup de détail. On y trouve tout ce qui regarde les grains, racines, &c. les différentes boissons, les bestiaux, & le commerce des productions de la Lorraine & du Barrois.

Dans le Chapitre XIII. qui est une suite de ce que l'Auteur a dit sur le Commerce dans les précédens, il donne un tableau des exportations des deux Duchés, d'après les trois règnes de la nature.]

2424. ☞ Singularia in Lotharingia reperta; auctore Symphoriano CHAMPERIO.

Ces singularités se trouvent à la fin d'un Chapitre sur les différentes actions des Lorrains, qui peut servir comme de troisième partie à l'Ouvrage du même Auteur, intitulé, *Medicinale bellum inter Galenum & Aristotelem*, 1516, *in-12.* L'article que l'on indique ici ne consiste qu'en huit paragraphes, qui font environ une page, où l'Auteur dit qu'il y a des mines d'argent dans les Pyrénées, un sel blanc qu'on vend très-cher, un sable dont on fait des miroirs; des perles, du bétail, de bons chevaux, &c. Champier étoit de Lyon, & fut Echevin de cette Ville en 1520 & 1533. Il fut aggrégé le 9 Octobre 1515, à l'Université de Pavie. On ignore la date de sa naissance & de sa mort.]

2425. ☞ Mf. Histoire du Pays & Duché de Lorraine, avec le Dénombrement des Villes, &c. des Mines d'or & d'argent, & autres; des Rivières, Montagnes, Véneries, raretés & singularités qui se rencontrent audit Pays; par Thierri ALIX DE VERONCOURT,

Président en la Chambre des Comptes de Lorraine: 1594, *in-fol.*

Ce Manuscrit est conservé à Nancy dans la Bibliothèque du Duc de Lorraine; & il y en a une Copie à Paris dans l'Abbaye de Saint Germain-des-Prés, num. 1650, parmi les Manuscrits du Président Séguier.]

2426. ☞ Mémoires pour servir à l'Histoire Naturelle des Provinces de Lyonnois, Forez & Beaujolois; par M. ALLEON DULAC, Avocat en Parlement & aux Cours de Lyon : *Lyon*, Cizeron, 1765, *in-12.* 2 vol.

Le premier Tome contient, un Mémoire général sur ces trois Provinces, l'Histoire Naturelle des quadrupèdes (ou pour mieux dire des chevaux) des poissons & des oiseaux qu'on y trouve, avec quelques observations sur les rivières & fontaines, & sur la montagne de Pila. Le second Tome est presque tout entier consacré à la Minéralogie. Il est terminé par un Mémoire sur les Vignes du Lyonnois. M. Dulac cite dans sa Préface les Auteurs où il a puisé les matériaux de son Ouvrage.]

M

2427. ☞ Mf. Mémoires de Jean & Pierre ROBERT, Lieutenans-Généraux au Siège Royal & Principal de la Basse Marche, en la Ville du Dorat, au XVIe & XVIIe siècle, pour servir à l'Histoire Naturelle de la Province de la Marche.

Ces Mémoires, joints à d'autres qui concernent l'Histoire Civile de la même Province, font partie d'une Bibliothèque fort ancienne, appartenant autrefois aux Sieurs Jean & Pierre Robert, père & fils. Ils sont aujourd'hui entre les mains de Madame de la Guéronniere leur héritière en partie, & dans son Château de Villemartin, près le Dorat, Election & Diocèse de Limoges.

Ils sont divisés en deux Parties. Dans la première, qui est sur la Haute-Marche, on trouve des détails, 1.° sur les rivières de ce Pays; 2.° sur les principales plantes qui y croissent; 3.° sur les maladies qui y sont les plus communes. Dans la seconde Partie, qui traite de la Basse-Marche, sont les Pièces suivantes; 1.° les Rivières de cette partie; 2.° les Eaux Minérales du Bourg d'Availly; 3.° la découverte desdites Eaux en 1641, la nature d'icelles, leurs effets, à quelles maladies elles sont propres.]

2428. ☞ Diverses Observations sur la Physique, l'Histoire Naturelle, l'Agriculture, les mœurs & les usages de la Martinique, faites en 1751 & dans les années suivantes; par M. Thibault DE CHANVALON.

Ces Observations lues à l'Académie Royale des Sciences en 1761, composent une grande partie de son *Voyage à la Martinique : Paris*, Bauche, 1763, *in-4.* Elles y sont répandues suivant l'ordre des tems, dans lesquelles elles ont été faites. On peut néanmoins les regarder comme divisées en trois parties. La première, qui est Météréologique, forme un Recueil d'Observations sur le baromètre, le thermomètre, la pluie, les vents, le tonnerre, les tempêtes, &c.

La seconde, qui est Physique, donne une Desction tion de la Martinique, de la situation de ses côtes, de la nature des différens terreins, & des choses auxquelles ils sont propres; des montagnes, des rivières, &c. des animaux particuliers de cette Isle, & de ceux qu'on y a transportés; des différens insectes, & des moyens de les détruire. Ce qui regarde l'Agriculture, y est aussi traité avec beaucoup de soin. On y voit les moyens de multiplier & d'augmenter les productions de la Martinique.

La troisième Partie, qui est historique, est un tableau intéressant des mœurs des habitans de cette Isle, tant des Européens, que des Negres & des Caraibes, ses anciens habitans.]

2429. ☞ Gaspardi Joannis RENÉ, Doctoris Medici, Monspeliensis, Quæstio de aere, aquis, & locis sub-Monspeliensibus.

C'est la neuvième* question des Triduanes que ce Médecin publia en 1761 à Montpellier, pour disputer une chaire vacante dans l'Université de cette Ville. M. René avoue avec M. Pitot (*Mémoires de l'Académie des Sciences*, 1746) que les lieux voisins de la mer sont mal sains, & que ceux au contraire qui sont proche des montagnes sont très-salubres.]

N

2430. ☞ Observations sur l'Histoire Naturelle de Nismes; par M. MENARD, Conseiller au Présidial de la même Ville, de l'Académie Royale des Inscriptions & Belles-Lettres.

Ces Observations se trouvent dans l'*Hist. Civile, Ecclésiastique & Militaire de Nismes*, par le même, tom. VII. pag. 511. Elles embrassent les minéraux, & divers articles séparés qui roulent sur ce que la nature présente de curieux & d'intéressant dans les environs de Nismes. Elles renferment aussi les Météores, où l'on traite des vents du Pays. L'Auteur y comprend le dégré de froid & de chaud, la quantité de pluie tombée dans la Ville, ainsi que la hauteur du baromètre. A la faveur de ce morceau curieux, on est en état de connoître la qualité positive du climat de Nismes. M. Ménard ne traite ni des animaux, ni des végétaux, parties qui, selon lui, sont trop étendues, trop générales même, & trop communes à une infinité d'autres contrées du Royaume, pour être renfermées dans les bornes étroites de son Ouvrage. Ces Observations sont suivies d'une Notice des Vigueries de Nismes & de Beaucaire, où l'Auteur rapporte les traits d'Histoire Naturelle qui peuvent leur être propres.]

O

2431. ☞ Observations sur l'Etat & Principauté d'Orange, où on traite de son climat, de ses confins, des beautés de la Campagne, &c. par Joseph DE LA PISE.

Ces Remarques se trouvent à la tête du *Tableau de l'Histoire des Princes & Principauté d'Orange* : La Haye, 1639, in-fol.]

2432. ☞ Pæan Aurelianus, seu de Laudibus salubritatis Cœli, & Soli Aureliani, atque confessûs Collegii Medicorum Carmen; auctore Raymundo MASSACO, Doctore Medico.

Ce Poëme de Massac est la quatrième pièce du *Recueil de Poëmes & Panégyriques de la Ville d'Orléans*, &c. Orléans, 1646, in-4. Il est de plus de cinq cens vers. Dans les cent premiers, l'Auteur célèbre l'heureuse tempéraure du climat d'Orléans, la pureté de l'air qu'on y respire, la fertilité de son sol, la salubrité de ses productions, & divers avantages naturels qui rendent les habitans d'une complexion saine & robuste, qui leur procurent une santé vigoureuse, & les font parvenir à une heureuse vieillesse, que l'Auteur a vu prolonger quelquefois jusqu'à six-vingts ans. Le reste est l'éloge du Collége de Médecine & des Membres qui s'y sont distingués par leur science & leurs talens.

Massac mourut à Orléans, Doyen de la Faculté. On ne sçait précisément dans quelle année. Il étoit très-connu de Henri III & de Henri IV, il aimoit autant la Poësie que la Médecine. Ovide remplissoit les intervalles que l'exercice de son art lui laissoit libres.]

P

2433. ☞ Manuel du Naturaliste, pour Paris & ses environs, contenant une Description des animaux, végétaux & minéraux qui s'y trouvent, telle qu'elle est nécessaire pour les faire reconnoître ; avec les particularités intéressantes de leur Histoire, principalement leurs usages dans les Arts & la Médecine ; précédé d'un Mémoire sur l'air, la terre & les eaux du Pays ; sur la constitution, les mœurs & les maladies de ses habitans ; sur l'agriculture, &c. terminé par un Essai sur l'Histoire Naturelle des autres Contrées du Royaume ; recueilli & mis dans un ordre commode ; par A.G.L.B.D.P.D.M.P. (Achille-Guillaume LE BEGUE DE PRESLE,) Docteur de la Faculté de Médecine de Paris) : *Paris*, Briasson, 1766, *in-8*.

Cet Ouvrage est un précis de ce qui a été composé de plus exact sur les trois règnes de la nature. Au-devant de chacum, l'Auteur expose les systêmes les plus reçus qu'il a adoptés. Chaque production est indiquée par les phrases des plus habiles Naturalistes ; mais elles sont dégagées de cette abondance de mots propre seulement à fatiguer la mémoire. M. le Begue donne aussi des Descriptions plus amples, qui sont suivies des usages auxquels la Médecine & les Arts employent les animaux, les plantes & les minéraux. Tous ces détails sont très-intéressans, & quelques additions suffiroient pour rendre commune à toute la France cette Histoire particulière des environs de la Capitale. Cependant l'Auteur en a mis à la fin de son Ouvrage le plus qu'il a pu connoître, laissant aux Naturalistes de chaque Province à substituer ce qu'il n'a pu voir par lui-même.]

2434. ☞ Ms. Discours sur l'Histoire Naturelle de la Province de Picardie ; par M. D'ESMERY, Docteur en Médecine, & de l'Académie d'Amiens.

Ce Discours est dans les Registres de cette Académie.]

2435. ☞ Ms. Recherches sur l'Histoire Naturelle, & sur celle des Arts & Manufactures de Picardie ; par M. SELLIER, Professeur des Arts, & de l'Académie des Sciences d'Amiens.

Cet Ouvrage se trouve aussi dans les Registres de cette Académie.]

2436. ☞ Remarques pour l'Histoire Naturelle du Bailliage de Pontarlier ; par M. DROZ, Avocat.

Ces remarques forment le chap. XXIV. *pag*. 233-249, des *Mémoires du même Auteur, pour servir à l'Histoire de la Ville de Pontarlier* : Besançon, Daclin, 1760, in-8. On n'y trouve guères que des indications ; mais le dessein de l'Auteur ne lui permettoit pas un plus long détail.]

2437. ☞ Petti QUIQUERANI BELLO-JOCANI, Episcopi Senecensis, de laudibus Provinciæ libri tres, &c. *Parisiis*, Dodu, 1539, *in-fol*. *Ibid*. 1551, *in-4*. *Lugduni*, 1565, *in-4*. *Ibid*. 1614, *in-8*.

Le même, traduit, avec ce titre, La Nouvelle Agriculture, ou Instruction générale pour ensemencer toutes sortes d'arbres fruitiers, avec l'usage & propriété d'iceux; ensemble la vertu d'un nombre de fleurs, & le moyen de les conserver, avec divers traités des couleurs & du naturel des animaux; traduit du Latin de Pierre de Quiqueran, Evêque de Sénés, par François DE CLARET, Archidiacre d'Arles : *Arles*, 1613, Tournon, 1614, 1616, *in-8*.

La plus grande partie de cet Eloge de la Provence, est une Histoire Naturelle abrégée des arbres, animaux & autres productions de cette Province, qui étoit la patrie de l'Auteur. C'est principalement dans le second Livre que l'on trouve l'Histoire succincte de ses singularités. Le premier renferme quelques chapitres sur le Rhône, plusieurs étangs, & la fertilité des terres de la Provence. Cet Ouvrage, quoique d'un siécle un peu crédule, mérite cependant d'être lu.

Quiqueran, que son mérite avoit fait nommer Evêque à l'âge de dix-huit ans, mourut à vingt-quatre en 1550.]

2438. Joannes Scholasticus PITTON (Doctor Medicus) de conscribendâ historiâ Rerum naturalium Provinciæ ad Consules Sexti-Aquenses : *Aquis-Sextiis*, David, 1672, *in-8*.

☞ L'Auteur ne donne ici que le plan d'une Histoire Naturelle de Provence. Les objets indiqués ne sont que les Sommaires d'un plus grand Ouvrage qu'il méditoit. Il a ajouté à la fin plusieurs Dissertations qui ne regardent point l'Histoire Naturelle, pour grossir, comme il le dit lui-même, sa petite Brochure, & pour faire voir apparemment à ses ennemis qu'il n'ignoroit pas le Latin.

Pitton mourut en 1690.]

2439. ☞ Observations sur l'Histoire Naturelle de Provence; par Honoré BOUCHE, Docteur en Théologie.

C'est le Livre I. de sa *Chorographie*, ou Description de Provence: *Aix*, David, 1674, *in-fol.* 2 vol.

M. LIEUTAUD, Médecin des Enfans de France, a ramassé beaucoup de matériaux sur l'Histoire Naturelle de Provence. Ils regardent les animaux & les minéraux. Son Ouvrage est en Latin; mais il est encore trop informe pour qu'on puisse sçavoir quel titre sera jugé le plus convenable. Ce ne seront au reste que des Mémoires pour servir à l'Histoire Naturelle du Pays : Mémoires qui peuvent cependant être de quelque prix, parce-qu'ils viennent, pour la principale partie, de feu M. Garidel, oncle de l'Auteur. *Note manuscrite de M. Lieutaud*.]

R

2440. ☞ Mf. Mémoire pour servir à l'Histoire Naturelle des environs de Rouen; par M. LE CAT, Secrétaire perpétuel de l'Académie des Sciences de Rouen.

Ce Mémoire, qui est dans les Registres de cette Académie, contient un grand nombre de recherches sur diverses contrées du terrein de la Haute-Normandie, ses minéraux, ses coquillages, fossiles, &c. L'Auteur donne l'explication physique de la formation des cailloux, des stalactites, & crystallisations qu'on y trouve en grande quantité, principalement dans les grottes du Château d'Orcher, près du Havre, & dans les carrières de Caumont, près de Rouen.]

S

2441. ☞ Mémoire sur l'Histoire Naturelle du Soissonnois, & des environs de Laon; par M. JARDEL; Officier du Roi.

Il fait partie des *Nouvelles Recherches sur la France*: *Paris*, 1766, *in-12*. Les Observations de l'Auteur de ce Mémoire a faites lui-même, roulent principalement sur quelques eaux minérales, & sur les fossiles dont il a formé un cabinet Curieux à Braine, où il réside.]

2442. ☞ Georgii Valent. HOLZBERGER, Dissertatio de Aere, Aquis, & Locis Argentinæ : *Argentorati*, 1758, *in-4*.

M. Holzberger, Elève de M. Spielman, Professeur en Médecine dans l'Université de Strasbourg, a inséré en différens endroits de sa Dissertation, des Observations de son Maître, en particulier les Analyses que ce sçavant a faites des eaux de puits qu'on boit à Strasbourg.]

T

2443. ☞ Observations physiques sur la situation de Troyes, la distribution des eaux de la Seine, &c.

M. Grosley a inséré ces Observations, qui sont (dit-il) de bonne main, dans les *Ephémérides Troyennes* de 1757, 1758 & 1759. Les dernières années offrent des détails un peu plus circonstanciés que la première.]

V

2444. ☞ Histoire Naturelle, propriétés & productions des différens territoires du Duché de Valois; par M. l'Abbé CARLIER, Prieur d'Andrely.

Tous ces objets sont traités par l'Auteur dans son *Histoire du Duché de Valois* : *Paris*, 1764, *in-4*. 3 vol. La troisième partie de l'*Introduction*, qui est à la tête du tome I. avec une addition qui est au tome III. *pag*. 369, roule sur différentes particularités de l'Histoire Naturelle de ce Pays, sur les rivières qui y coulent, & sur quelques-unes de ses productions. Ce dernier point est exposé d'une manière plus étendue, & souvent économique, dans les *Considérations du tom. III.* où M. Carlier montre (*pag*. 284-318 & 455-457) les qualités & propriétés des terres incultes & cultivées, répandues dans ces Cantons. Il parle ensuite (*pag*. 325-328) de quelques objets de commerce qui ne sont pas étrangers à l'Histoire Naturelle, sçavoir du bétail & de la volaille du Pays. On voit aussi (*pag*. 263-273) des détails sur le gibier, les poissons qui s'y trouvent, & sur les différentes natures de bois que les forêts y produisent. En parlant (*pag*. 244 & *suiv*.) des chemins publics & particuliers du Valois, M. Carlier dit quelque chose des carrières du canton où l'on tire les pavés, & autres matières propres à leur construction.]

Y

2445. Description des Isles d'Yéres (sur la côte de Provence) & des Villages qui sont situés en icelles; ensemble de toutes sortes d'herbes, plantes, fleurs, fruits, arbres, bétes, & autres animaux de toute espèce qui sont esdites Isles; par HERMENTAIRE, Religieux du Monastère de Lérins.

Ce Religieux est mort en 1408, & sa Description est citée par la Croix du Maine dans sa Bibliothèque Françoise.]

SECTION III.

Mélanges d'Histoire Naturelle, ou Liste de divers Ouvrages qui renferment des notions générales sur l'Histoire Naturelle de la France.

☞ Trois sortes de Livres sont indiqués dans cette Section, que l'on a ajoutée d'après l'avis de plusieurs personnes éclairées ; 1.° quelques Ouvrages généraux sur la France, qui outre plusieurs remarques historiques & géographiques, contiennent sur notre Histoire Naturelle des Observations souvent importantes, & qu'on cherchetoit vainement ailleurs ; 2.° plusieurs Recueils physiques & économiques dont les Auteurs indiquent principalement les productions de leur patrie ; 3.° les Catalogues des différens Cabinets, ou Collections de curiosités, qui ont appartenu à des François. La plupart des objets qu'ils renferment étant tirés de la France, ou des Colonies, on ne peut, ce semble, leur refuser une place dans l'Histoire Naturelle de ce Royaume.]

2446. Jani Cæcilii FREY, admiranda Galliarum compendio indicata : *Parisiis*, 1628, 1645, *in*-8.

Ce Livre traite [en général] de la Religion, des effets de la nature & de l'art, & des Rois de France.

☞ On lit dans le Chapitre VII. sur les animaux, dans le VIII. sur les plantes, & dans le IX. sur l'air, la terre, l'eau, des prodiges & des fables qui prouvent l'ignorance & la crédulité excessive de l'Auteur, dont l'Ouvrage ne se trouve indiqué ici que pour détromper ceux à qui le titre auroit pu en donner une toute autre idée.]

== Mf. Mémoires des Généralités de France, contenant l'étendue du Pays, la température de l'air, &c. où il est traité des terres considérables, des bois, des eaux & forêts, des fruits principaux, &c. ci-devant, N.° 2084.

== Description de la France ; par M. PIGANIOL DE LA FORCE, ci-devant, N.° 818.

L'Auteur entre très-souvent dans des détails intéressans sur les productions des différentes Provinces qu'il décrit.]

== Dictionnaire des Gaules & de la France ; par M. l'Abbé EXPILLY, ci-devant, N.° 17.

Il y a dans cet Ouvrage une infinité d'articles très-étendus, quelquefois même des Mémoires entiers sur les singularités naturelles de ce Royaume.]

2447. ☞ Dictionnaire de la France, où l'on trouve la Description de plusieurs singularités naturelles, &c. par M. ROBERT, ci-devant, N.° 2162.

== Mf. La France curieuse, ci-devant, N.° 2081.

L'Auteur y décrit les curiosités naturelles qui l'ont frappé dans différentes Provinces, principalement les fontaines & les lacs.]

2448. ☞ Joannis Jacobi SCHEUCHZERI itinera per Helvetiæ alpinas regiones, anno 1703-1711 : *Lugd. Batav.* Vander Aa, *in*-4. 4 vol.

On peut consulter cet Ouvrage sur l'Histoire Naturelle des Frontières de la France.]

2449. Essai d'Antoine FROMENT, Avocat au Parlement de Dauphiné, & Conseiller élu en l'Election de Briançon, sur l'incendie de sa Patrie (en 1624, le 1 Décembre) les singularités des Alpes en la Principauté de Briançonnois, avec plusieurs autres curieuses remarques sur le passage du Roi (Louis XIII.) en Italie ; ravage des loups, pestes, famines, avalanches, & embrasemens de plusieurs Villages, y servant de suite : *Grenoble*, Verdier, 1639, *in*-4.

☞ Cet Ouvrage n'est qu'un fatras d'érudition. Il est plein d'allégories qui font disparoître à tout moment la suite de la relation. Le style de l'Auteur est diffus, très-obscur, pour ne pas dire inintelligible, à cause de ses expressions figurées.]

2450. ☞ Athanasii KIRCHERI mundus subterraneus, in duodecim libros digestus, quo divinum subterrestris mundi opificium, mirae ergasteriorum naturæ in eo distributio, verbo παντομορφον Protei regnum, universæ denique naturæ majestas & divitiæ summâ rerum varietate exponuntur, abditorum effectuum causæ acri indagine inquisitæ demonstrantur ; cognitæ per artis & naturæ conjugium ad humanæ vitæ necessarium usum, vario experimentorum apparatu, necnon novo modo & ratione, applicantur : *Amstelod.* Jansson, 1665, *in*-fol. 2 vol. fig.

Un Naturaliste laborieux trouvera dans cet Ouvrage, outre des connoissances générales, plusieurs observations particulières sur le Royaume & ses Frontières.]

2451. ☞ Mélanges d'Histoire Naturelle ; par M. ALLEON DULAC, Avocat en Parlement & aux Cours de Lyon : *Lyon*, Duplain, 1762, *in*-8. 2 vol.

Les mêmes, considérablement augmentés : *Lyon*, Duplain, 1765, *in*-8. 6 vol.

Les différentes Pièces qui composent ces Mélanges, ou ont paru successivement dans les Ouvrages périodiques, ou ont été lûes dans différentes Académies de l'Europe. L'Auteur a rassemblé en un seul corps, ce qui étoit épars dans une infinité de volumes. Cette entreprise peut être de quelqu'utilité aux Amateurs de notre Histoire Naturelle. On désireroit souvent moins d'extraits de Livres, & un meilleur choix dans les autres Pièces.].

2452. ☞ La Bibliothèque des Philosophes & des Sçavans, tant anciens que modernes, avec les merveilles de la nature, où l'on voit leurs opinions sur toutes sortes de matières physiques, &c. par le Sieur H. GAUTIER, Architecte-Ingénieur, & Inspecteur des grands Chemins, Ponts & Chaussées du Royaume : *Paris*, Cailleau, 1723, *in*-8. 3 vol.

Malgré le grand désordre de cet Ouvrage, qui ne répond point à son titre, il peut être consulté utilement sur la France, par un Naturaliste qui ne veut rien négliger. On y trouve plusieurs extraits d'Ouvrages sur les singularités du Royaume, & des Observations faites par l'Auteur lui-même, dans les différentes Provinces qu'il a parcourues comme Ingénieur.]

2453. ☞ Joannis Baptistæ DUHAMEL Regiæ Scientiarum Academiæ Historia : *Parisiis*, Michalet, 1698, *in*-4. *Lipsiæ*, Fritsch, 1700, *in*-4.

Eadem ; auctior : *Paris.* Delespine, 1701, *in*-4.]

2454. ☞ Histoire & Mémoires de l'Académie Royale des Sciences, depuis son établissement en 1666, jusques & compris 1698; (par MM. DE FONTENELLE & GODIN): *Paris*, 1733 & *suiv. in*-4. 11 vol.]

Cette Histoire n'a paru qu'après une partie de la suivante. M. de Fontenelle avoit commencé son françois immédiatement où finit le latin de M. Duhamel, & ce n'est que dans la suite qu'on songea à donner dans la même langue l'Histoire des premières années de l'Académie.]

2455. ☞ Histoire & Mémoires de l'Académie Royale des Sciences, depuis 1699 jusqu'à présent; (par MM. DE FONTENELLE, DE MAIRAN, DE FOUCHY, &c. *Paris*, 1703 & *suiv. in*-4. 68 vol. y compris les Tables.]

2456. ☞ Mémoires de Mathématiques & de Physique, présentés à l'Académie des Sciences par plusieurs Sçavans étrangers: *Paris*, Imprimerie Royale, 1750 & *suiv. in*-4. 4 vol.

On a indiqué dans les différentes Sections de ce Chapitre, les Mémoires ou quelques morceaux considérables de la partie historique de ces trois Recueils, qui ont rapport aux diverses branches de l'Histoire Naturelle de la France. Quelques autres Observations sur le même objet sont répandues non-seulement dans la portion de l'Histoire, mais encore dans des Mémoires généraux. Leur peu de longueur n'ayant pas permis de les détailler dans des articles séparés, on a cru devoir faire une annonce générale des Collections importantes qui les contiennent, & qui sont si utiles aux progrès de l'Histoire Naturelle, par l'heureux accord qu'elles offrent du raisonnement & de l'expérience.

Outre les Volumes indiqués ici, il y en a encore plusieurs intermédiaires faits par des Membres de l'Académie, mais qui regardent les Mathématiques ou l'Astronomie. Il n'y a sur l'Histoire Naturelle de la France, que les Observations de M. le Monnier qui se trouvent à la suite de la Méridienne de M. Cassini, & qui sont indiquées ci-devant, N.° 2381.]

2457. ☞ Economie générale de la Campagne, ou Nouvelle Maison rustique; par Louis LIGER: *Paris*, de Sercy, 1700, *in*-4. 2 vol. fig.

La même: *Paris*, Prudhomme, 1708, 1721; 1732, *in*-4. 2 vol. fig.

La même, huitième édition, augmentée considérablement, & mise en meilleur ordre; par M***: *Paris*, Savoye, 1762, *in*-4. 2 vol.

Plusieurs Auteurs, avant Liger, avoient mis la main à cet Ouvrage, qu'ils regardoient comme nécessaire dans un Royaume tel que la France, où la nature s'est plu à répandre tant de productions utiles. Charles Estienne, Liébaut & de Serres, Médecins, firent imprimer dans le commencement du siècle passé, des Remarques sur l'Agriculture, auxquelles ils donnèrent le nom de *Maison rustique* & de *Théâtre d'Agriculture*. Ces Ouvrages, malgré la confusion & l'inexactitude qu'on trouve dans bien des endroits, ont cependant mérité quinze ou seize éditions, sous les noms de ces Auteurs, sans compter un plus grand nombre d'autres, auxquelles des plagiaires n'avoient fait d'autres corrections que de déguiser le titre, pour cacher aux yeux du Public un larcin trop ordinaire. Tels sont les fondemens sur lesquels Liger a élevé un édifice plus durable, quoiqu'encore éloigné de la perfection. Les quatre parties qui le composent, renferment des Remarques intéressantes sur les bâtimens, les provisions, l'économie intérieure d'une maison de campagne, les volailles, les chevaux, & autres bêtes de somme; les bêtes à cornes & à laine, les mouches à miel & les vers à soie; les terres labourables, les eaux & forêts, les plants champêtres, les jardins utiles ou agréables, les vignes & les boissons, les étangs, la pêche, la chasse, &c.]

2458. ☞ Dictionnaire économique, contenant divers moyens d'augmenter son bien, & de conserver sa santé, avec plusieurs remèdes éprouvés; quantité de moyens pour élever les animaux domestiques, la façon de faire des filets; des découvertes dans le jardinage, la botanique & l'agriculture, &c. par Noël CHOMEL, Curé de Saint Vincent de Lyon: *Lyon*, 1709, *in-fol.* 2 vol. *Ibid.* 1718, *in-fol.* 2 vol.

Le même, revu par Jean MARET, Docteur en Médecine, avec des figures de Picart: *Amsterdam*, Mortier, 1732, *in-fol.* 2 vol.

Supplément au Dictionnaire économique, par divers Auteurs: *Paris*, 1743, *in-fol.* 2 vol.

Le même Dictionnaire, revu, corrigé & enrichi d'Observations nouvelles; par M. DE LA MARE: *Paris*, les Frères Estienne, 1767, *in-fol.* 3 vol.

Les Observations de l'Auteur, & des différens Editeurs, qui tous étoient François, roulent principalement sur leur patrie; & on peut en tirer des Notes utiles sur l'Histoire Naturelle du Royaume. La Botanique est sur-tout perfectionnée dans cette nouvelle édition, d'où on a banni une foule de préceptes moraux, qui grossissoient inutilement les précédentes.]

2459. ☞ Dictionnaire universel de Commerce, contenant tout ce qui concerne le commerce qui se fait dans les quatre parties du Monde, &c. les productions qui croissent, & qui se trouvent dans tous les lieux où les Nations de l'Europe exercent leur commerce; comme les métaux, minéraux, pierreries, drogues, épiceries, grains, sels, vins, bierres & autres boissons, huiles, gommes, fruits, poissons, bois, soies, laines, cotons, &c. pelleteries, cuirs, &c. les ouvrages & manufactures d'or & d'argent, avec la Description des métaux propres à y travailler, &c. par Jacques SAVARY DES BRULONS, Inspecteur général des Manufactures pour le Roi à la Douane de Paris; continué sur les Mémoires de l'Auteur, & donné au Public; par Philémon-Louis SAVARY, Chanoine de l'Eglise Royale de Saint Maur-des-Fossés, son frère: *Paris*, Estienne, 1723, *in-fol.* 2 vol.

Supplément à ce Dictionnaire; par Philémon-Louis SAVARY: *Paris*, Estienne, 1730, *in-fol.*

Nouvelle édition de ce Dictionnaire: *Paris*, veuve Estienne, 1748, *in-fol.* 3 vol.

Le même, augmenté: *Coppenhague*, Philibert; 17.., *in-fol.* 5 vol.

Le premier tome est précédé d'un état général du Commerce de l'Univers. L'article de la France occupe plus de deux cens pages. On y trouve la Note des productions de ses diverses parties.

Le détail où l'on entre dans cet article & dans plusieurs autres, qui en sont des dépendances, est tiré principalement des Etats dressés en 1692 & 1693, par les Inspecteurs du Commerce, & des Mémoires rédigés en 1698

1698 par les Intendans. Ces secouts avoient été communiqués aux Auteurs, par ordre du Conseil du Commerce, qui s'intéressoit vivement à la publication & à l'exactitude de cette importante compilation.

M. Morellet travaille maintenant à donner une nouvelle édition de cet Ouvrage, à Paris, chez les Frères Estienne. Elle pourra former trois ou quatre volumes *in-fol.* Le grand nombre des Articles refaits en entier, donneront à ce Livre un lustre nouveau, & étendront son utilité.]

2460. Dictionnaire universel des Drogues simples, contenant leurs noms, origine, choix, principes, vertus, étymologies, & ce qu'il y a de particulier dans les animaux, dans les végétaux & dans les minéraux ; par Nicolas LEMERY, de l'Académie Royale des Sciences, & Docteur en Médecine : *Paris*, d'Houry, 1698 : *Ibid.* 1714 : *Amsterdam*, 1716 : *Roterdam*, 1727 : *Paris*, 1733 & 1759, *in-4.*

Une grande partie des Drogues dont traite ce Livre, est tirée du Royaume.]

2461. ☞ Encyclopédie, ou Dictionnaire raisonné des Sciences & des Arts ; par une Société de Gens de Lettres : mis en ordre par MM. D'ALEMBERT & DIDEROT : *Paris & Neuf-Châtel*, 1751-1763, *in-fol.* 27 vol. y compris 6 vol. fig.

Les censures qui ont été faites de ce Livre, ne regardent que la partie Théologique & la Morale. On trouve dans les articles d'Histoire Naturelle quelques détails intéressans sur les productions du Royaume.]

2462. ☞ Journal économique, ou Mémoires, Notes & Avis sur l'agriculture, les arts, le commerce, & tout ce qui peut avoir rapport à la santé, ainsi qu'à l'augmentation des biens des familles, &c. (par MM. BOUDET, DE QUERLON, LE CAMUS, &c.) *Paris*, Boudet, 1751 & *suiv.* Depuis Janvier 1751, jusqu'en Décembre 1757, 60 vol. *in-12.* & depuis 1758 jusqu'à présent, 14 vol. *in-8.*

Cet Ouvrage périodique est presque tout consacré à la France ; à la fin de chaque Journal, il y a plusieurs feuillets destinés aux Pays étrangers. L'abondance & la variété des matières que cet Ouvrage embrasse, lui donnent une utilité réelle.]

2463. ☞ Recueil périodique d'Observations de Médecine, de Chirurgie, de Pharmacie, d'Histoire Naturelle, &c. par MM. VANDERMONDE & ROUX, Docteurs en Médecine de la Faculté de Paris : *Paris*, 1754 & *suiv.* 24 vol. *in-12.*

Outre des extraits d'Ouvrages sur la Médecine & l'Histoire Naturelle, ce Journal contient encore un grand nombre de Pièces utiles sur diverses productions du Royaume, & en particulier sur les eaux Minérales. M. Vandermonde est mort à la fin de Mai 1762.]

2464. ☞ Bibliothèque choisie de Médecine, tirée des Ouvrages périodiques François & Étrangers, avec plusieurs Pièces rares & des Remarques ; par M. PLANQUE, Docteur Médecin : *Paris*, 1748 & *suiv. in-4.* 8 vol.

La même : *in-12.* 24 vol.

On trouve dans cette Bibliothèque plusieurs Mémoires sur des animaux & des minéraux de la France, auxquels l'Auteur a ajouté des remarques intéressantes, ou de lui-même, ou tirées de différens Naturalistes.

M. Planque est mort en 1765.]

2465. ☞ Dictionnaire raisonné universel d'Histoire Naturelle, contenant l'histoire des animaux, des végétaux & des minéraux, &c. par M. VALMONT DE BOMARE, Démonstrateur d'Histoire Naturelle : *Paris*, Didot, 1764, *in-8.* 5 vol.

Ce Dictionnaire n'est qu'une compilation des meilleurs Ouvrages qui ont été faits sur l'Histoire Naturelle, & dont les différens articles ont été tronqués en bien des endroits. On lui reproche de n'avoir pas rendu assez de justice aux Auteurs, dont il a emprunté bien des fois jusqu'aux expressions. C'est cependant un des plus complets que l'on ait encore dans cette matière. Il entre assez souvent dans des détails intéressans sur les différentes productions du Royaume.]

2466. ☞ Histoire Naturelle générale & particulière, avec la Description du Cabinet du Roi ; par MM. DE BUFFON & D'AUBENTON : *Paris*, Imprimerie Royale, 1749 & *suiv.* 13 vol. *in-4.* avec fig.

La même : *Paris*, Imprimerie Royale, *in-12.* 19 vol.

Cette Histoire, dont on desire extrêmement la suite, ne comprend encore que celle des quadrupèdes : les autres parties n'offriront pas d'aussi longs détails.

Le Cabinet du Roi, formé d'abord de celui de Tournefort, a été augmenté dans la suite, des libéralités de plusieurs Naturalistes, dont quelques-uns vivent encore. Il s'est accru aussi à la mort de M. de Reaumur, des riches possessions de ce Sçavant. Son Cabinet étoit principalement composé de ce que l'on trouve de singulier parmi les matières minérales qui sont dans le Royaume, comme terres, pierres, marcassites, &c.]

2467. ☞ Catalogue des choses rares qui sont dans le Cabinet de Maître Pierre BOREL, Médecin de Castres, au haut Languedoc : 16 . . .

Le même, considérablement augmenté, à la suite des *Antiquités de Castres;* par le même Auteur : *Castres*, Colomiez, 1649, *in-8.*]

2468. ☞ Musæum Brackenofferianum ; à Joanne Joachimo BOCKENOFFER delineatum : *Argentorati*, 1677, *in-4.*

Le même, en Allemand, 1683.

Le Cabinet de M. Brackenoffer, Magistrat de Strasbourg, a été partagé entre ses héritiers.]

2469. ☞ Le Cabinet de la Bibliothèque de l'Abbaye de Sainte Geneviève, divisé en deux parties, contenant les Antiquités de la Religion des Chrétiens, des Egyptiens, des Romains, &c. les minéraux & les animaux les plus rares & les plus singuliers, des coquilles les plus considérables, des fruits étrangers, & quelques plantes exquises ; par Claude DU MOULINET, Chanoine Régulier : *Paris*, Dezallier, 1692, *in fol.*]

2470. ☞ Le Cabinet sur l'Histoire Naturelle, du Sieur Chevalier, Ingénieur à Marseille : 1731, *in-fol.*]

2471. ☞ Ms. Catalogue des plantes & animaux peints en miniature, qui sont dans

Tome I.
S

le Cabinet de la Bibliothèque du Roi : *in-fol.*]

2472. ☞ Catalogue raisonné de coquilles, insectes, plantes marines, & autres curiosités naturelles; par Edme-François GERSAINT : *Paris*, Flahault, 1736, *in-*12.

On a joint à la tête de ce Catalogue quelques Observations générales sur les coquilles, avec une liste des principaux Cabinets qui s'en trouvent, tant dans la France que dans la Hollande; une autre liste des Auteurs les plus rares qui ont traité de cette matière, & une table alphabétique des noms arbitraires, tant français que francisés, attribués aux Coquilles par les Curieux.]

2473. ☞ Catalogue d'une Collection considérable de Curiosités de différens genres; par le même : *Paris*, Prault fils, 1737, *in-*12.

Ces Curiosités consistent dans des estampes, &c. des coquillages, des madrepores, & autres plantes marines; des minéraux, des animaux, des papillons, &c.]

2474. ☞ Catalogue raisonné d'une Collection considérable de diverses Curiosités en tous genres, contenues dans les Cabinets de feu M. Bonnier de la Mosson, Bailly, & Capitaine des Chasses de la Varenne des Thuilleries, & ancien Colonel du Régiment Dauphin; par le même: *Paris*, Barois, 1744, *in-*12.

Ce Catalogue indique entr'autres choses, des animaux en phiole, des animaux desséchés, des insectes, des fossiles, minéraux, crystallisations, des madrepores, & autres plantes marines; des coquilles, un herbier, avec un grand nombre d'Estampes qui ont rapport aux coquilles, & à d'autres parties de l'Histoire Naturelle.]

2475. ☞ Catalogue d'une Collection de coquilles, considérable dans le nombre, & des plus précieuses dans le choix, &c. par le même : *Paris*, Prault, 1749, *in-*8.]

2476. ☞ Catalogue raisonné des minéraux, coquilles, & autres curiosités naturelles contenues dans le Cabinet de feu M. Geoffroy, de l'Académie des Sciences; (par M. GEOFFROY, Docteur en Médecine de la Faculté de Paris) : *Paris*, Guérin, 1753, *in-*12.]

2477. ☞ Lettre de M. DE TRESSAN, Lieutenant-Général des Armées du Roi, & Membre de la plûpart des Académies de l'Europe, sur quelques sujets de l'Histoire Naturelle.

Cette Lettre est une critique du Catalogue précédent. Elle est insérée dans les *Mélanges d'Histoire Naturelle* de M. Alléon Dulac, tom. I. pag. 266-281.]

2478. ☞ Mémoire sur plusieurs morceaux d'Histoire Naturelle, tirés du Cabinet de S. A. S. M. le Duc d'Orléans; par M. GUETTARD. *Mémoires de l'Académie des Sciences*, année 1753.

Les morceaux dont il s'agit dans ce Mémoire, ont été apportés des Isles de Bourbon, de France, &c.]

2479. ☞ Catalogue des Collections de desseins & estampes d'Histoire Naturelle, de coquilles & machines, de M. l'Abbé de Fleury, Chanoine de l'Eglise de Paris : *Paris*, Martin, 1756, *in-*12.

Ce Catalogue contient entr'autres des pétrifications, des crystallisations & minéraux; une collection de pierres distinguées, comme marbres, jaspes, agathes, &c. des pierres précieuses, &c. mais sur-tout des dendrites & des opales de la plus grande beauté; les coquilles sont des plus rares.]

2480. ☞ Catalogue raisonné d'une Collection considérable de coquilles rares & choisies, du Cabinet de M. le***; par les Sieurs HELLE & REMY: *Paris*, Didot, 1757, *in-*12.]

2481. ☞ Catalogue d'une très-belle Collection de bronzes, &c. de coquilles, plantes marines, poissons, mines d'or, &c. tirée du Cabinet de feu M. le Duc de Sully, Pair de France; par les mêmes : *Paris*, Didot, 1762, *in-*12.]

2482. ☞ Le Cabinet de Courtagnon, Poëme, dédié à Madame la Douairière de Courtagnon; (par Dom DIEU-DONNÉ, Bénédictin): *Chaalons*, Seneuze, 1763, *in-*4.

Ce Poëme, qui est très-médiocre, contient l'éloge des Curiosités naturelles que Madame de Courtagnon a ramassées elle-même aux environs de Reims, & principalement à sa Terre.]

2483. ☞ Catalogue d'une Collection de belles coquilles, de madrepores, litophytes, cailloux, agathes, pétrifications, & autres morceaux qui ont rapport à l'Histoire Naturelle; de poissons, oiseaux, serpens, & autres animaux, &c. par les Sieurs HELLE & REMY: *Paris*, Didot, 1763, *in-*12.]

Quoique cette collection ait appartenu à des Hollandois, on n'a pas cru devoir l'omettre, parcequ'elle renferme plusieurs productions de la France.]

2484. ☞ Catalogue de différens Effets précieux, tant sur l'Histoire Naturelle, que sur plusieurs autres genres de curiosités; par le S. P. C. A. HELLE : *Paris*, Prault, 1763, *in-*12.]

2485. ☞ Catalogue raisonné des fossiles, coquilles, minéraux, pierres précieuses, diamans, & autres curiosités qui composent le Cabinet de feu M. Babault, par les Sieurs PICARD & GLOMY: *Paris*, Tabarie, 1763, *in-*12.]

2486. ☞ Catalogue d'une Collection de très-belles coquilles, madrepores, stalactites, litophytes, pétrifications, crystallisations, mines, plaques & cailloux agathisés & crystallisés; plaques d'agathe, pierres figurées très-singulières, pierres fines montées & non montées, agathes arborisées, bois pétrifié, agathifié & en nature, animaux, oiseaux, bijoux, & autres morceaux qui composoient le Cabinet de feue M^{de} de B*** (de Bure); par Pierre REMY : *Paris*, Didot, 1763; *in-*12.]

2487. ☞ Catalogue raisonné, des minéraux, crystallisations, cailloux, jaspes, agathes arborisées, pierres fines montées & non montées, &c. pièces de méchanique & de physique, & autres effets curieux, de la succession de M. Savalete de Buchelai, Fermier

Général; par Pierre REMY : *Paris*, Didot, 1764, *in-12.*]

ARTICLE II.

Traités particuliers sur l'Histoire Naturelle de la France, & de ses diverses parties.

SECTION PREMIERE.

Traités du climat des différentes Villes ou Provinces; de l'air & de ses influences sur les Habitans, &c. rangés suivant l'ordre alphabétique.

☞ PARMI les Traités d'Histoire Naturelle, indiqués dans cette Section, on n'a point fait difficulté de placer les Observations météorologiques faites dans le Royaume, ainsi que les Pièces sur les maladies attachées à certains lieux, & même sur des épidémies, dont les ravages, produits par quelque vice de l'air, ont désolé la France en différens tems. Toutes ces Pièces, celles même où l'on ne s'étend pas sur la qualité de l'élément que nous respirons, deviennent, entre les mains d'un habile Physicien, des matériaux nécessaires pour connoître & fixer, d'une manière précise, la température de nos climats. On trouvera la même utilité dans l'indication de plusieurs Thèses, ou Dissertations de Médecine, dont les titres ne paroîtront déplacés qu'à ceux qui ne feront point attention que les matières dont elles traitent, dépendent nécessairement des influences de l'air sur certains Pays. D'ailleurs, les raisonnemens des Auteurs sont fondés sur cette connoissance importante, & par-là peuvent aider la composition d'une Histoire Naturelle complette de quelques Provinces de France.

Quoique les ouragans & les orages, arrivés dans quelques endroits de la France, soient des effets de l'air, sur les lieux qui les ont vu arriver, on a cru devoir les placer, avec les tremblemens de terre, dans la dernière Section, qui est consacrée à ces effets momentanés.]

A

2488. ☞ Observations météorologiques faites à *Aix*, par M. DE MONTVALON, Conseiller au Parlement de cette Ville, comparées avec celles qui ont été faites à Paris; par M. CASSINI. *Mémoires de l'Académie des Sciences*, année 1730, pag. 1-3. 1731, pag. 1-7.]

2489. ☞ Relation abrégée de ce qui s'est passé en la Ville d'*Arles* en Provence, pendant la contagion de 1721; par une Dame de la même Ville. *Mercure*, 1722, *Février*, pag. 62-74.]

2490. ☞ Observations annuelles sur le Baromètre, le Thermomètre, la quantité des pluies, des neiges, &c. pour connoître & déterminer la température du pays d'*Artois*, par M. l'Abbé DE LYS.

Elles se trouvent imprimées dans les *Almanachs historiques & géographiques d'Artois: Amiens*, veuve Godart, *in-24.*

On trouvera encore quelques remarques sur le même objet, dans une Lettre que le même Auteur a publiée sur le Baromètre. *Journal de Verdun*, 1758, *Avril*, pag. 281-291; & dans les trois *Critiques* qui en ont été faites par M. Rigaud. *Ibid. Juillet*, pag. 43-54. *Novembre*, pag. 350-366; & 1760, *Janvier*, pag. 48-54.]

2491. ☞ Observation sur la maladie épidémique qui a régné à Douay, Arras, Béthune, & plus particulièrement dans les environs de la Ville de Lens en *Artois*; par M. A. D. *Journal de Médecine*, tom. III. 1755, *Août*, pag. 117-122.]

2492. ☞ Ms. Les causes naturelles, & les raisons de la singulière salubrité de la Cité d'*Autun*, par sa situation, son air & ses vents; par Edme THOMAS, Chantre de l'Eglise Cathédrale d'Autun.

C'est le Livre V. de son *Histoire de l'antique Cité d'Autun*, dont la plus grande partie, & spécialement celle dont il s'agit ici, est restée manuscrite. L'original est à Dijon, dans le Cabinet de M. Thomas, Seigneur d'Illans, & parent de l'Auteur. M. de Bourbonne, Président au Parlement de Dijon, en a une copie qu'il conserve parmi les manuscrits de la Bibliothèque de M. le Président Bouhier, dont il est possesseur.]

2493. ☞ Discours sur le climat de la Province d'*Auvergne*; par M. DUVERNIN, Médecin, & de la Société Littéraire de Clermont. *Recueil de Littérature, &c. Clermont-Ferrand*, 1748, *in-8.*

La position de cette Province, suivant ses dégrés de latitude & de longitude, ses montagnes, ses plaines, les rivières & les petites sources qui l'arrosent, la direction des montagnes, leur hauteur, les vents qui règnent dans certaines saisons, & leurs effets, la fertilité des terres & la qualité des productions, sont les principaux points traités dans ce Mémoire. De leur comparaison, l'Auteur déduit la qualité du climat de la Province.]

2494. ☞ Ms. Observations météorologiques & botaniques faites à *Auxerre*, depuis l'année 1750, jusqu'en 1761 inclusivement; par M. ROBINET DE PONTAGNY, de la Société des Sciences & Belles-Lettres d'Auxerre.

Ces Observations, qui sont en huit cahiers dans le Dépôt de la Société, ont été faites avec beaucoup d'attention. A la fin de chaque année, il y a un court résumé, & une comparaison avec l'année précédente.]

2495. ☞ Dissertatio Academica, an Phthisi Anglorum incipienti Clima *Avenionense*; à Joan. Baptistâ GASTALDI : *Avenione*, Mallard, 1716, *in-12.*

Voyez les *Mémoires de Trévoux*, 1717, *Février*, pag. 321-325.]

B

2496. ☞ Observations météorologiques faites à *Bayeux*; par M. l'Abbé OUTHIER, Correspondant de l'Académie des Sciences. *Mémoires présentés à l'Académie*, tom. IV. pag. 612.]

2497. ☞ Description d'une Esquinancie inflammatoire gangréneuse, qui a régné à Beaumont, à une lieue & demie de Ham en Picardie, à la fin de l'année 1758, & au commencement de l'été de 1759; par M. DE BERGE, Docteur en Médecine. *Journal de Médecine, tom. XII. pag.* 159-166.]

2498. ☞ Méthode indiquée par M. BOYER, Médecin ordinaire du Roi, contre la maladie épidémique qui vient de régner à *Beauvais: Paris*, Imprimerie Royale, 1750, *in*-4. 10 pages.]

2499. ☞ Description d'une maladie particulière des glandes, endémique, à *Belle-Isle* en mer; par M. ROCHARD, Chirurgien-Major de l'Hôpital de Belle-Isle. *Journal de Médecine, tom. VII. pag.* 379-384.]

2500. ☞ Mf. Mémoire sur l'origine & la cause des vents, & particulièrement de ceux qui sont le plus ordinaires dans le Diocèse de *Béfiers*; par M. ASTIER le cadet, de l'Académie de Béfiers.

Ce Mémoire est entre les mains du Secrétaire de l'Académie. L'Auteur explique d'abord la cause générale des vents par la théorie du mouvement de la terre, & applique ces principes aux vents particuliers de son Pays, dont il explique les phénomènes.]

2501. ☞ Observations météorologiques faites à *Béfiers*, depuis le commencement de 1725 jusqu'à la fin de 1733, communiquées à l'Académie des Sciences; par M. DE MAIRAN. *Mémoires de l'Académie des Sciences, année 1733, pag.* 499-508.]

2502. ☞ Du climat de *Béfiers*, & en général des maladies qui y sont les plus fréquentes, avec le détail des maladies particulières qui ont régné, depuis 1730, jusques & compris 1742; par M. BOUILLET, Docteur en Médecine, & Secrétaire perpétuel de l'Académie de Béfiers.

Ces Observations intéressantes se trouvent au commencement de la quatrième partie des *Elémens de Médecine-pratique*, du même Auteur: *Béfiers*, Barbut, 1744, *pag*. 136; & dans le *Supplément*, à la quatrième partie, *pag.* 90. Elles ne sont pas seulement utiles pour l'exercice de la Médecine : un Naturaliste, qui voudra traiter cette partie comme elle le mérite, trouvera de puissans secours dans cet Ouvrage, qui a dû coûter beaucoup de travail à son Auteur.]

2503. ☞ Mémoire sur quelques maladies qui règnent fréquemment dans la Ville de *Béfiers*, & que l'on appelle vulgairement Coups-de-vent; par le même: *Béfiers*, Barbut, 1736, *in*-4.

Le même, dans la quatrième partie des Elémens de Médecine du même Auteur, *p.* 202 & *suiv.*

L'Auteur pense, avec raison, que les maladies dont il s'agit ici, viennent de la situation de la Ville, de l'air qu'on y respire, des vents qui y règnent, de la qualité des alimens dont on s'y nourrit, & du tempérament de ses habitans. Ces réflexions sont suivies de la description exacte de chaque maladie, & on voit les remèdes qui ont été employés pour les guérir.]

2504. ☞ Descriptions des maladies épidémiques qui ont régné à *Bitche*, en 1757, 1758 & 1760; par M. LANDEUTE, Médecin de Nancy. *Journal de Médecine, tom. VIII.* *pag.* 464-470. = *Tom. XIII. pag.* 165-175.]

2505. ☞ Description de quelques Dyssenteries épidémiques qui ont régné à l'Abbaye de *Bival*, près Amiens; par M. MARTEAU DE GRANDVILLIERS, Médecin à Aumale. *Journal de Médecine, tom. XII. pag.* 543-551.]

2506. ☞ Maladies épidémiques qui ont régné à *Boiscommun*, pendant les mois de Février & de Mars 1758; par M. DE BUCCIERE, Docteur en Médecine. *Journal de Médecine, tom. IX. pag.* 81-86.]

2507. ☞ Petri Eligii DOAZAN, D. M. Monspeliensis, Quæstio Medica pro Cathedrâ vacante; an salubris aer *Burdigalensis* ? Aff. *Burdigalæ*, Brun, 1757, *in*-4.]

2508. ☞ Mf. Observations météorologiques (mêlées de quelques remarques d'Histoire Naturelle sur le climat de *Bordeaux*) depuis & compris l'année 1719, jusques & compris l'année 1758; par MM. SARRAU DE VERIS & SARRAU DE BOYNET, de l'Académie de Bordeaux : 11 vol. *in-fol.*

Ces Observations sont dans le Dépôt de l'Académie de Bordeaux.]

2509. ☞ Mf. Observations météorologiques faites à *Bordeaux*, en 1763 & 1764, comparées avec les constitutions des maladies qui ont régné dans chaque saison; par M. Pierre-Eloy DOAZAN.

Elles sont aussi dans le Dépôt de l'Académie de cette Ville.]

2510. ☞ Exposition de l'état des saisons & des maladies observées à *Boulogne-sur-mer*, pendant les années 1756, 1757 & 1758; par M. DESMARS, Médecin de la même Ville. *Journal de Méd. tom. X. pag.* 71-82. = 361-370.]

2511. ☞ Constitution épidémique observée, suivant les principes d'Hippocrate, à *Boulogne-sur-mer*, en 1759; par M. DESMARS.

Elle se trouve à la suite de la seconde édition de son Mémoire sur l'air, la terre, &c. ci-devant, N.° 2399.]

2512. ☞ Observation sur la maladie qui a régné à *Bourbon-Lancy*, & aux environs, depuis le commencement de Décembre 1754; par M. PINOT, Médecin du Roi en la Ville & Bailliage de Bourbon-Lancy. *Journal de Médecine, tom. III.* 1755. *pag.* 122-137.]

2513. ☞ Des maladies les plus communes, auxquelles sont sujets les habitans de l'Isle de *Bourbon*; par M. COUZIER, ci-devant Conseiller-Médecin du Roi à l'Isle de Bourbon. *Journal de Médecine, tom. VII. pag.* 401-410.]

2514. ☞ Avis sur la peste reconnue en quelque endroit de la *Bourgogne*, avec choix des remèdes propres pour la préservation &

Histoire Naturelle.

guérison de cette maladie; par Vincent Robin: *Dijon*, Spirinx, 1628, *in-8*.]

2515. ☞ Joannis Morelli de febre purpuratâ, epidemiâ, & pestilenti in *Burgundiam*, & omnes ferè Galliæ Provincias ab
aliquot annis miserè debacchante, Medica
Dissertatio, &c. Lugduni, Huguetan, 1641,
in-8. Cabilloni, Tan, 1654, *in-8*.]

2516. ☞ Joannis Marchantii de febre
purpuratâ, anno 1666, per *Burgundiam*
grassante, ejusque causâ proximâ & verâ
curatione, Tractatus: *Divione*, Palliot, 1666,
in-12.

Voyez sur cet Ouvrage, le *Journal des Sçavans*,
1666, *Juillet*.]

2517. ☞ Relation d'une maladie épidémique & contagieuse, qui a régné l'été & l'automne 1757, sur les animaux de différentes
espèces, dans quelques Villes & plus de soixante Paroisses de la *Brie*; où l'on voit que
cette maladie est relative à certaines épidémies qui arrivent aux hommes, &c. par
M.H. Audoin de Chaignebrun, Médecin:
Paris, Prault, 1762, *in-12*.]

C

☞ Observations de météorologie faites à
Cadillac, ci-devant, N.° 2404.]

2518. ☞ Détail des maladies épidémiques
qui ont régné, en 1750 & 1751, à *Caillan*
& aux environs; par M. Darluc, Médecin
à Caillan. *Journal de Médecine*, *tom. VII.
pag. 55-65*.]

2519. ☞ Dissertation sur plusieurs maladies
populaires qui ont régné depuis quelque tems
à *Châlons-sur-Marne*, &c. par M. Navier:
Paris, 1753, *in-12*.]

2520. ☞ Observations économiques & météorologiques faites à *Châlons-sur-Marne*,
pendant les années 1757 & 1758, avec l'indication des maladies qui y ont régné; par
M. l'Abbé Suicer, ancien Secrétaire perpétuel de la Société Littéraire de Châlons.

Elles sont dans les *Tablettes historiques* de cette Ville,
qu'il a publiées pendant les années indiquées: *Châlons*,
veuve Bouchart, *in-12*.]

2521. ☞ Abrégé historique sur le mal de
gorge gangréneux & épidémique qui a régné
à *Charon* (près la Rochelle) pendant l'été
de 1762; par M. Dupuy de la Porcherie,
Médecin de la Rochelle. *Journal de Médecine*, *tom. XVIII. pag. 496-509*.]

2522. ☞ Mf. Essai sur l'estimation des dégrés de chaleur & de froid qui doivent do-
miner sur l'horizon de *Clermont* (en Auvergne) aux quatre saisons de l'année.

Cet Essai se trouve dans les Registres de la Société
Littéraire de Clermont-Ferrand.]

D

2523. ☞ Méthode générale pour traiter
les maladies qui règnent dans cette Province
(le *Dauphiné*) sous le nom de rhume; par
M. Beylié, Conseiller-Médecin ordinaire
du Roi, Aggrégé & Professeur ordinaire de
Médecine de Grenoble: *Grenoble*, veuve
Giroud, 1743, *in-8*. 20 pages.

L'examen que l'Auteur a fait des alimens en usage
dans le Pays, l'a convaincu que l'air seul étoit la cause
première de cette épidémie. On trouve un extrait de
son Ouvrage dans le *Journal des Sçavans*: *année 1743,
pag. 283-285*.]

2524. ☞ Essai sur les maladies de *Dunkerque*; par M. Tully: *Dunkerque*, de Bou-
bers, 1760, *in-12*.

L'Auteur expose d'abord la situation de la Ville de
Dunkerque & des environs, la nature de son air & de
ses eaux, le tempérament, les mœurs & la manière de
vivre de ses habitans; il examine ensuite comment les
qualités de l'atmosphère influent sur la santé, après quoi
il offre un détail succinct des maladies de cette Ville,
selon l'ordre où elles se sont présentées depuis le premier Août 1754, jusqu'à la fin de Juillet 1758.]

E

2525. ☞ Lettre de M. Meyserey, Médecin
ordinaire du Roi, au sujet des maladies qui
ont régné à *Etampes*, pendant l'hyver de
1753, & au commencement du printems de
1754. *Journal de Médecine*, *tom. I. 1754,
Octobre, pag. 261-268*.]

F

2526. ☞ Détail d'une maladie épidémique
qui a régné dans une partie de la *Flandre
Françoise*, & sur-tout à Séclin, en 1756;
par MM. de Henne & de Cyssau, Médecins à Lille; Martin & Duez, Médecins à
Séclin. *Journal de Médecine*, *tom. VII.
pag. 207-221*.]

2527. ☞ Essai sur les causes des maladies
contagieuses, avec des Observations sur la
peste qui ravage maintenant la *France*:
Londres, 1721, *in-8*. (en Anglois).]

2528. ☞ Réflexions sur la cause de l'in-
tempérie régnante sur le climat de la *France*,
depuis le mois de Septembre 1756, jusqu'au
17 Juin 1757; par M. Juvet, Scrutateur
des Vérités naturelles: *Paris*, Valleyre,
1757, *in-12*.

Voyez sur cet Ouvrage l'*Année Littéraire*, 1757,
tom. V. pag. 165-169.]

2529. ☞ Observations sur les différentes espèces de fièvres qui ont régné en *Franche-
Comté*: *Paris*, 1743, *in-8*.]

G

2530. ☞ Relation & Dissertations sur la
peste du *Gévaudan*; par M. Goiffon: *Lyon*,
1722, *in-8*.]

2531. ☞ Mſ. Relation de ce qui s'eſt paſſé en *Gévaudan*, pendant la contagion, en 1721; par M. DE LADEVEZE, Colonel d'Infanterie, & Brigadier des Armées du Roi, Commandant en Vivarez.

Elle ſe trouve parmi les manuſcrits de M. le Marquis d'Aubais, en ſon Château, près Niſmes.]

2532. ☞ Mſ. Journal hiſtorique de la peſte (du *Gévaudan*) pendant les années 1720, 1721 & 1722; par M. GIBERTAIN, Chevalier de Saint-Louis.

Il eſt auſſi parmi les manuſcrits de M. le Marquis d'Aubais.]

2533. ☞ Deſcription d'une fièvre putride maligne, vulgairement nommée la Suette, qui a régné à *Guiſe* en Juin & Juillet 1759; par M. VANDERMONDE, Médecin à Guiſe. *Journal de Médecine*, tom. *XII. pag.* 354-369.]

H

2534. ☞ Deſcription d'une fièvre putride vermineuſe, épidémique, obſervée à *Ham* en Picardie, dans les mois de Juillet, Août & Septembre 1756; par M. DE BERGE, Docteur en Médecine, & Médecin de l'Hôpital de Ham. *Journal de Médecine, t. VII, pag.* 372-378.]

L

2535. ☞ Détail d'une maladie épidémique qui a régné à *Lambeſc* & aux environs, au mois de Janvier & Février 1758; par M. ROUSTAN, Médecin à Lambeſc en Provence. *Journal de Médecine, t. IX. p.* 269-275.]

2536. ☞ Mémoire ſur les vents particuliers qui règnent dans le *Languedoc*, ſur leurs directions, & ſur leſquelles causes qui les produiſent; par M. ASTRUC, de la Société Royale de Montpellier.

Ce Mémoire ſe trouve *pag.* 337 & *ſuiv.* de ſes *Mémoires pour l'Hiſtoire Naturelle du Languedoc* : ci-devant, N.° 2422.]

Les vents dont il eſt queſtion ſont, 1.° le Cers, ou *Circius*, qui balaye la partie méridionale du Languedoc dans toute ſa longueur, depuis Toulouſe juſqu'à la mer Méditerranée; 2.° l'Autan, ainſi nommé, parcequ'il ſouffle de la mer *ab alto*; 3.° celui que Strabon appelle *Melamboreas*, ou le Boréas noir, & qui eſt connu aujourd'hui ſous le nom de Biſe; 4.° le Vent marin, qui s'étend du côté occidental du Rhône, dans le Dioceſe d'Uſez, & principalement dans le Vivarais; 5.° enfin le Garbin, décrit par les anciens ſous le nom de vents Etéſiens, c'eſt-à-dire qui reviennent régulièrement tous les ans. M. Aſtruc, *pag.* 252 du même Ouvrage, donne l'hiſtoire d'un Vent de paſſage, appellé pour cette raiſon le *Vent du Pas*, & qui ſort du creux de la montagne de Blaud, dans le Dioceſe de Mirepoix, auprès des Pyrénées.]

2537. ☞ Deſcription abrégée du climat de la Ville de *Lille* en Flandre; par M. BOUCHER, Médecin à Lille. *Journal de Médecine*, tom. *VII. pag.* 234 : *Paris*, 1757, *in*-12.]

2538. ☞ Précis des Obſervations Météorologiques faites à *Lille*, depuis le mois de Juin 1757, juſqu'en 1765; par le même. *Journal de Médecine, tom. VII. & ſuiv.*

Les différentes parties de ce Précis ſont vers la fin de chaque mois des années indiquées, & elles ſont toujours ſuivies d'autres Obſervations ſur les maladies qui ont régné dans la même Ville.]

2539. ☞ Obſervations ſur une maladie épidémique qui a régné à *Linière-la-Doucelle*, au bas Maine, depuis Avril 1756, juſqu'en Septembre 1758; par M. KEUSE, Docteur Médecin. *Journal de Médecine, tom. IX. pag.* 456-461.]

2540. ☞ Diſſertation ſur la maladie épidémique qui a régné à *Lodève* & autres Villes du Royaume en 1751; par M. Jean-Joſeph CHASSANIS, Conſeiller & Médecin du Roi, Docteur en l'Univerſité de Médecine de Montpellier, & Médecin de l'Hôpital & de la Miſéricorde de la Ville de Lodève : *Avignon*, 1753, *in*-12. *pag.* 167.

M. Chaſſanis eſt mort depuis quelques années.]

2541. ☞ Sereniſſimo Principi à Lotharingiâ Theſis Medica, de temperatura diverſorum *Lotharingiæ* tractuum, pro Doctoratu propugnanda à Joanne Franciſco Pays, Nanceiano; præſide (& auctore) Mauriſio GRANDCLAS, Facultatis Medicæ Pontimuſſanæ Decano : *Nanceii*, Antoine, 1728, *in*-4. *pag.* 23.

Cette Thèſe eſt fort utile par les détails curieux où entre l'Auteur.]

2542. ☞ Diſcours ſur la contagion de la peſte, qui a été en la Ville de *Lyon* l'année 1577, contenant les cauſes d'icelle, l'ordre, moyen & police tenus pour en purger & nettoyer la Ville; par Claude DE RUBIS : *Lyon*, d'Ogerolles, 1577.]

2543. ☞ Joannis GRILLOTII Societatis Jeſu, *Lugdunum* lue affectum & refectum; ſive narratio rerum memoriâ dignarum Lugduni geſtarum, ab Auguſto menſe 1628, ad Octobrem 1629 : *Lugduni*, 1629, *in*-8.]

☞ *Lyon* affligé de contagion, ou Narré de ce qui s'eſt paſſé de plus mémorable en cette Ville, depuis le mois d'Août de l'an 1628, juſqu'au mois d'Octobre 1629; par Jean GRILLOT : *Lyon*, de la Bottière, 1629, *in*-8.]

2544. ☞ Réflexions ſur l'état préſent des maladies qui règnent dans la Ville de *Lyon*, dans ce Royaume, & en diverſes parties de l'Europe, depuis la fin de l'année 1693, juſqu'à préſent (1695); par Jean PANTHOT : *Lyon*, Guerrier, 1695, *in*-12.

Une des cauſes de cette maladie, ſuivant M. Panthot, c'eſt le froid exceſſif qu'il avoit fait pendant l'hyver de 1693. On trouve un extrait de cet Ouvrage dans le *Journal des Sçavans*, 1695, *pag.* 101-104.]

2545. ☞ Obſervation de l'eau qui eſt tombée à *Lyon* pendant l'année 1708, commu-

Histoire Naturelle. 143

niquée à l'Académie des Sciences ; par le P. FULCHIRON, Jésuite. *Mémoires de l'Académie des Sciences, année* 1709, *pag.* 8.]

2546. ☞ Mf. Observations Météorologiques faites à l'Observatoire de *Lyon* pendant l'année 1748; par le P. BERAUD, Jésuite.

Ces Observations sont dans le dépôt de la Société Royale, qui a été réunie à l'Académie des Sciences de la même Ville. On en trouve l'extrait dans le *Journal de Trévoux,* 1750, *Février, pag.* 472-475, 2 vol.]

M

2547. ☞ Mf. Mémoire sur les maladies les plus communes dans la Province de la *Marche.*

Il fait partie des Mémoires de MM. Jean & Pierre ROBERT, Lieutenans-Généraux en la Ville de Dorat : ci-devant, N.° 2427.]

2548. ☞ Constitution épidémique observée à *Marignane* (en Basse-Provence) pendant les mois de Mars & d'Avril 1758 ; par M. SUMER, Docteur en Médecine. *Journal de Médecine, tom. IX. pag.* 155-179.]

2549. ☞ Avis de précaution contre la maladie contagieuse de *Marseille*, qui contient une idée complette de la peste & de ses accidens; par Jérôme-Jean PESTALOSSI : *Lyon,* 1721, *in*-12. 203 pages.

L'Auteur recommande principalement que dans l'application des différens remèdes, on ait égard au tems, à la saison, & à la température du climat où règne la contagion. On trouve un extrait de son Ouvrage dans le *Journal des Sçavans,* 1721, *pag.* 229-232.]

2550. ☞ Relation succinte touchant les accidens de la peste de *Marseille*, son prognostic, & sa relation; (par MM. CHICOYNEAU, VERNY & SOULLIER, Médecins de Montpellier) : *Paris,* Simon, 1720, *in*-8. 31 pages.

On en trouve un extrait dans le *Journal des Sçavans,* 1721, *pag.* 86.]

2551. ☞ Joannis-Jacobi SCHEUCHZERI Λοιμογραφια *Massiliensis : Tiguri,* 1720, *in*-8.]

2552. ☞ Lettere sul la peste di *Massilia : Milano,* 1720, *in*-8.]

2553. ☞ Lettres de M. CHICOYNEAU, sur son Ouvrage sur la peste de *Marseille : Lyon,* 1721, *in*-12.]

2554. ☞ Observations & réflexions touchant la nature, les événemens, & le traitement de la peste de *Marseille*, pour confirmer ce qui est avancé dans la relation touchant les accidens de la peste, son prognostic, & sa curation, du 10 Décembre 1720 ; par MM. CHICOYNEAU, VERNY & SOULLIER, Députés de la Cour à Marseille & à Aix ; avec un Avertissement & une réponse de M. GOIFON : *Lyon,* Bruysset, 1721, *in*-12. 338 pages.

Quoique les Auteurs prétendent dans cet Ouvrage qu'il ne faille pas promener son imagination dans le vague des airs, ni monter, pour ainsi dire, au-dessus des nues, pour découvrir la source de cette affreuse mortalité, qui, en tems de peste, désole les Provinces, ils n'excluent point cependant les influences des saisons. Ils veulent seulement prouver qu'elles ne sont pas l'unique cause d'un mal aussi funeste. On trouve un extrait de cet Ouvrage dans le *Journal des Sçavans,* 1721, *pag.* 417-423.]

2555. ☞ Considérations sur la peste de *Marseille* ; par Richard BRADLEY : *Londres,* 1721, *in*-8. (en Anglois).

L'Auteur prétend qu'elle doit son origine à une multitude de petits animaux que l'air avoit apportés de Tartarie.]

2556. ☞ Recueil des Observations qui ont été faites sur la maladie de *Marseille*, avec diverses Lettres sur la peste ; mises en ordre par Jean BOECLER, Médecin à Strasbourg : 1721, *in*-8.]

2557. ☞ Lettre de M. CHICOYNEAU, écrite à M. de la Monière, Doyen du Collége des Médecins de Lyon, pour prouver ce qu'il a avancé dans ses Observations & Réflexions touchant la nature, les événemens & le traitement de la peste de *Marseille* & d'Aix, du 10 Décembre 1720 : *Lyon,* Bruysset, 1721, *in*-12. 32 pages.

Le dessein de l'Auteur est de prouver, d'une manière plus étendue, que la peste n'est point contagieuse. On trouve un extrait de cette Lettre dans le *Journal des Sçavans,* 1722, *pag.* 49-55.]

2558. ☞ Relation historique de la peste de *Marseille* en 1720 : *Cologne,* 1721, *in*-12. 512 pages.

L'Auteur avertit, avec raison, dans sa Préface, qu'il est peu versé dans les matières de Médecine. Voyez le *Journal des Sçavans,* 1722, *pag.* 509-511.]

2559. ☞ Lettre aux Journalistes des Sçavans sur cette Relation : *La Haye, in*-12. 30 pages.

On en trouve un extrait dans le *Journal des Sçavans,* 1722, *pag.* 673-679.]

2560. ☞ Lettre écrite à M. Calvet, Médecin du Roi, avec des Observations sur la maladie pestilentielle de *Marseille* ; par M. MAILHES, Conseiller-Médecin du Roi, & Professeur Royal en l'Université de Cahors : *Lyon,* Bruysset, 1721, *in*-12.

On en trouve un extrait dans le *Journal des Sçavans,* 1722, *pag.* 241-244.]

2561. ☞ Lettre de M. DEIDIER sur la peste de *Marseille* : 1721, *in*-12. 13 pages.

Cette Lettre, qui est fort courte, renferme dans sa briéveté bien des observations utiles. On en trouve un extrait dans le *Journal des Sçavans,* 1721, *pag.* 439-445.]

2562. ☞ Relation historique de tout ce qui s'est passé à *Marseille* pendant la dernière peste : *Lyon,* Duplain, *in*-12. 472 pages.]

2563. ☞ Journal abrégé de ce qui s'est passé en la Ville de *Marseille* pendant la dernière peste, tiré du Mémorial de la

Chambre du Conseil de l'Hôtel-de-Ville ; tenu par le Sieur PICHATTY DE CROISSAINTE, Conseil & Orateur de la Communauté, & Procureur du Roi de la Police : *Rouen*, veuve Vaultier, 1721, *in*-4.

On en trouve un extrait dans le *Journal des Sçavans*, 1721, *pag.* 606-608.]

2564. ☞ Claudii Jos. NORMAND, Theses de pestis *Massiliensis* contagione & remediis : *Vesontione*, 1722, *in*-8.]

2565. ☞ Traité des causes, des accidens, & de la cure de la peste, avec un Recueil d'Observations, & un détail circonstancié des précautions qu'on a prises pour subvenir aux besoins des peuples affligés de cette maladie, ou pour la prévenir dans les lieux qui en sont menacés : *Paris*, 1744, *in*-4.

Cet Ouvrage, qui a été fait par ordre du Roi, contient une partie des Pièces déja citées sur la peste de *Marseille*.
On peut rapporter encore à la peste de Marseille les Pièces citées ci-après, sur la maladie de Provence.]

2566. ☞ Dissertation sur l'air maritime, (par M. BERTRAND, Médecin à Marseille) : *Marseille*, Boy, *in*-4. 20 pages.

Cette pièce, qui est proprement sur l'air de Marseille, quoique les expressions de l'Auteur semblent plus générales, a été faite pour rassurer les habitans de cette Ville maritime, contre le préjugé où l'on est ordinairement, que les Pays situés sur le bord de la Mer sont mal sains, parceque l'air y étant imprégné du sel marin, altère les poumons, dessèche le corps, ruine l'embonpoint. M. Bertrand espère que ses raisons pourront dans la suite faire rendre à Marseille le crédit qu'elle avoit dans l'esprit des anciens, & qu'on la regardera comme un asyle sûr contre les maladies les plus désespérées.]

2567. ☞ Réponse à cette Dissertation : *Marseille*, Brébion, *in*-4. 17 pages.

L'Auteur dit qu'en lisant le système de M. Bertrand, on croiroit être sous un autre ciel, si une fatale expérience pouvoit nous faire douter de la vérité. Mais il semble, ajoute-t-il, qu'il n'y a que de la nouveauté dans ses idées, rien à espérer pour l'Auteur, & tout à craindre pour les Phthisiques.]

2568. ☞ Mf. Mémoire sur la maladie épidémique qui a régné aux *Martres-de-Verre* en 1762, & les causes de cette maladie déduites de la situation des lieux, & des vents qui ont dominé dans les saisons précédentes ; par M. DUVERNIN, Docteur en Médecine, & de la Société Littéraire de Clermont.

Ce Mémoire, lu à l'Assemblée publique de 1763, est conservé dans les Registres de cette Société.]

2569. ☞ Dissertation sur la maladie épidémique qui règne dans le Pays *Messin* ; par C. G. PACQUOTTE : *Pont-à-Mousson*, *in*-8.]

2570. ☞ Observations sur la maladie épidémique qui a régné à *Monceau*, Village situé à deux grandes lieues Est-Sud-Est de la Fère, dans le printems & au commencement de l'été de 1764 ; par M. RENARD, Docteur en Médecine. *Journal de Médecine*, *tom.* XXII. *pag.* 540-552.]

== ☞ De aere *sub-Monspeliensi* : ci-devant, N.° 2429.]

2571. ☞ Traité politique & médical de la peste, avec l'Histoire de la peste de *Montpellier*, en 1629 & 1630 ; par François RANCHIN, Médecin, & le remède contre la peste du feu Curé de Cologne : *Liége*, 1721, *in*-12.

Cet Ouvrage a paru au sujet de la peste de Marseille de 1720.]

N

2572. ☞ Observations sur la guérison de quelques maladies, auxquelles on a joint l'Histoire de quelques maladies arrivées à *Nancy* & dans les environs, avec la méthode employée pour les guérir ; par M. F. N. MARQUÉ, Doyen des Médecins de Nancy : *Paris*, Briasson, 1750, *in*-12.]

2573. ☞ Mémoire sur les rhumes épidémiques qui ont régné à *Nismes* pendant l'été de 1762 ; par M. RAZOUX, Médecin de l'Hôtel-Dieu de Nismes. *Journal de Médecine, tom.* XVIII. *pag.* 112-126 & 215-224.]

2574. ☞ Observations Météorologiques faites à Nismes pendant dix années consécutives (depuis 1746, jusques & compris 1755; par M. BAUX le fils, Médecin à Nismes.)

M. Ménard a inséré ces Observations dans son *Histoire de Nismes*, *tom.* VII. *pag.* 525-594. Elles sont suivies d'autres Observations sur la hauteur du Baromètre dans cette même Ville, depuis 1752 jusques & compris 1755 (*pag.* 594-596) & de la comparaison du plus grand froid, du plus grand chaud, & de la quantité de pluie de Nismes & de Paris, depuis 1746-1755, (*pag.* 597-600.) Ce Tableau de comparaison est cité comme un Mémoire du même M. Baux, envoyé à l'Académie des Sciences au mois de Janvier 1757.]

2575. ☞ Idée de la fièvre épidémique de *Nismes*, en 1666 ; par Pierre TONNI, *in*-12.]

2576. Relation particulière de *Nyhons*, dit le Ponthias en Dauphiné, appellé Mont-Ventoux.

Cette Relation se trouve dans le Volume 488 des *Manuscrits* de M. Dupuy, à la Bibliothèque du Roi.

2577. Histoire Naturelle ou Relation du vent particulier de la Ville de *Nyhons* en Dauphiné, dit le vent Saint-Césaré d'Arles, & le Ponthias ; où sont insérées plusieurs remarques curieuses de Géographie & d'Histoire, notamment sur les vents Topiques ; par Gabriel BOULE, Marseillois : *Orange*, Raban, 1647, *in*-8.

☞ *Un Diaire des effets & propriétés* de ce vent, que l'Auteur dit avoir tenu sur le lieu même durant toute une année, fait la base de cette Relation, où l'on desireroit trouver moins d'érudition & plus de critique. L'examen de ce que Gervais de Tilbury a écrit (*Otia Imperialia*, partie III.) sur les causes de ce Météore, dont l'origine est attribuée à un miracle de Saint Césaire, Évêque d'Arles, occupe un long Chapitre ; & la haute naissance de cet Écrivain paroît à

Boule

Boule une raison suffisante pour regarder comme probable une partie de son récit fabuleux.

C'étoit le célèbre Fabri de Peiresc, Conseiller au Parlement d'Aix, qui avoit engagé l'Auteur à rechercher l'origine de ce phénomène; & même ce qui en est dit par Gassendi, dans la Vie Latine de ce sçavant Magistrat, *pag.* 176, est tiré d'une autre Relation plus sommaire, & par conséquent préférable, que Boule lui avoit adressée avec une vue figurée du territoire de Nyhons.]

P

2578. ☞ Discours des maladies épidémiques ou contagieuses advenues à *Paris* ès années 1596 & 1597, & 1606, 1607 & 1619, utile & nécessaire au public pour s'en préserver; par Guillaume POTEL, Chirurgien: *Paris*, Callemont, 1623, *in-*8.]

2579. ☞ Guill. BALLONII, D. M. P. Epidemiorum & Ephemeridum Libri duo : *Parisiis*, Quesnel, 1640, *in-*4.

Ces deux Livres sont une suite d'Observations sur les maladies qui eurent le plus de cours à *Paris*, depuis 1570 jusqu'en 1579. Quoiqu'ils semblent ne présenter que le tableau des maladies accidentelles, on peut cependant les regarder comme un précis historique des différentes maladies qui arrivent ordinairement sous le climat de la Capitale. C'est à ce titre que M. Bouillet, Docteur en Médecine, & Secrétaire perpétuel de l'Académie de Béziers, les a fait réimprimer presque en entier dans ses *Elémens de Médecine pratique, III.*ᵉ *partie, pag.* 83 *& suiv.*]

2580. ☞ Le préservatif des fièvres malignes de ce tems; par RODOLPHE LE MAISTRE : *Paris*, l'Angelier, 1619, *in-*12.]

2581. ☞ Quæstio Medica, an aer *Parisinus* salubris? propugnata anno 1684, in Universitate Parisiensi; à Bertr. Sim. DIEUXIVOYE filio, Præside Bertr. Dieuxivoye: *Lutetiæ*, 1684, *in-*4.

L'Auteur, après quelques propositions générales sur la nécessité d'un air salutaire pour jouir d'une santé parfaite, prouve très-bien, par la situation & la disposition de la Ville de Paris, que l'air y est très-propre à procurer cet avantage aux habitans.]

2582. ☞ Discours physique sur les fièvres qui ont régné les années dernières; par Pierre HUNAULD : *Paris*, d'Houry, 1696, *in-*12.]

2583. ☞ Observations sur les maladies épidémiques qui ont régné à *Paris* depuis 1707 jusqu'en 1747; par un ancien Médecin de la Faculté de *Paris* (M. BERTRAND.) *Journal de Médecine, tom. XVIII. pag.* 73, 177, 359, 471, 551.=*Tom. XIX. p.* 76, 81, 178, 270, 366, 461, 555.=*Tom. XX. p.* 75, 176, 266, 364, 455, 555.=*Tom. XXI. p.* 68, 169, 265, 356, 433.=*Tom. XXII. pag.* 169, 264, 361.

Il seroit à souhaiter que l'on eût sur toutes les Provinces une suite complette d'Observations aussi-bien faites que celles de cet habile Médecin.]

2584. ☞ Dissertations sur les fièvres malignes de l'été & de l'automne, & particulièrement de celles de l'an 1710; par Pierre HUNAULD : *Angers*, Hubault, 1710, *in-*12.]

Tome I.

2585. ☞ Petit traité de la maladie épidémique de ce tems, vulgairement connue sous les noms de fièvre maligne, ou pourprée, contenant la description de cette maladie, la méthode générale de la traiter, & les moyens de la prévenir : *Paris*, d'Houry, 1710, *in-*12.]

2586. ☞ Mémoire sur la cause générale du froid en hyver & de la chaleur en été, (relativement au climat de *Paris*); par M. DE MAIRAN, de l'Académie Royale des Sciences. *Mémoires de l'Académie Royale des Sciences*, 1719, *pag.* 104-135.

L'Auteur y concilie, avec sa propre théorie, les Observations Météorologiques de M. AMONTONS, sur le climat de la Capitale.]

2587. ☞ Observations du Baromètre, du Thermomètre, & de la quantité d'eau de pluie, & de neige fondue, qui est tombée à *Paris*, dans l'Observatoire Royal depuis l'année 1699, jusqu'en 1718; par M. Philippe DE LA HIRE. *Mém. de l'Académie des Sciences*, 1700-1719.]

2588. ☞ Observations Météorologiques faites à *Paris* depuis l'année 1720, jusqu'en 1743; par MM. MARALDI & CASSINI, *Mém. de l'Académie des Sciences*, 1721, 1724-1743.

M. Cassini a fait les Observations pour l'année 1738.]

2589. ☞ Observations Météorologiques faites à l'Observatoire Royal (de *Paris*); par M. GRAND-JEAN DE FOUCHY, depuis 1744, jusqu'en 1754. *Mém. de l'Académie des Sciences*, 1744-1754.]

2590. ☞ Quæstio Medica an sit urbis & agri *Parisiensis* aer saluberrimus? propugnata anno 1718, in Universitate Parisiensi à Ludovico Claudio BOURDELIN, Præside Joanne Peschard : *Parisiis*, Quillau, 1718, *in-*4.]

2591. ☞ Observations du Thermomètre faites à *Paris*, & comparées avec d'autres de différens Pays, depuis l'année 1732, jusqu'à l'année 1739; par M. DE REAUMUR. *Mém. de l'Académie des Sciences*, 1733-1740.

Les Observations de l'année suivante, par M. de Reaumur, ont été mêlées avec celles de M. MARALDI, de la même année.]

2592. ☞ Observations du Thermomètre, Baromètre, &c. faites à *Paris* depuis l'année 1753, jusqu'en 1765; (par M. LE CAMUS, Docteur en Médecine de la Faculté de Paris). *Journal Econom.* 1753-1764.

Ces Observations se trouvent dans chaque mois, depuis l'année 1753 jusqu'à présent. Elles sont suivies des maladies qui ont régné dans le mois où les Observations ont été faites.]

2593. ☞ Histoire des maladies épidémiques observées à *Paris* en même-tems que les différentes températures de l'air, depuis

T

1746, jufqu'en 1754; par M. Malouin. *Mem. de l'Acad. des Sciences*, 1746-1754.]

2594. ☞ Obfervations Météorologiques faites à *Paris* depuis l'année 1756, jufqu'en 1766; par MM. (Adanson & Arcet). *Journal de Médecine*, tom. *VI. & fuiv.*

On lit ces Obfervations vers la fin de chaque Journal. Les Auteurs y ont joint un état des maladies qui ont été les plus communes dans les années indiquées.]

2595. ☞ Conftitution de l'air de *Paris*. *Journal Economique*, 1753, *Février*, p. 132-149.

L'Auteur fe propofe d'examiner dans ce Mémoire d'où vient la falubrité de l'air que l'on refpire dans cette Capitale. Après avoir prouvé, par fa fituation, que l'air en général eft fain dans tous fes quartiers, & qu'il ne doit y régner prefque jamais des maladies contagieufes au premier degré, il cherche pourquoi ce même air n'eft pas partout de la même falubrité. Cet effet, felon lui, ne dépend pas de fa conftitution générale dans un tel climat, mais de certaines circonftances particulières qui, comme caufes fecondes, le modifient différemment. Il explique enfuite, par des raifons phyfiques, pourquoi les pluies font plus fréquentes à Paris que dans beaucoup d'autres endroits de la France.]

2596. ☞ Quæftio Medica, an Diæta omnibus neceffaria, magis tamen *Lutetiæ Parifiorum* incolis? propugnata, an. 1755, in Univerfitate Parifienfi; à P. Jofepho Morizot Deslandes, præfide J. Alberto Hazon, D. M. *Parifiis*, Quillau, 1755, *in*-4.

La même traduite en François; par M. Vandermonde, avec le texte Latin. *Journal de Médecine*, tom. *III*. pag. 165 & 243.]

2597. ☞ Quæftio Medica, an *Parifinis* Variolarum inoculatio? propugnata, an. 1755, in Univerfitate Parifienfi; à Petro Jofepho Morizot Deslandes, præfide Joanne Nicolao Millin de la Courveault : *Parifiis*, Quillau, 1755, *in*-4.

On trouve un extrait de cette Thèfe dans le *Journal de Médecine*, par M. Vandermonde, tom. *IV*. pag. 133, année 1756, *in*-12.]

2598. ☞ Quæftio Medica, an *Parifinis* præfertim, interdùm rufticari? propugnata ann. 1763, in Univerfitate Parifienfi, à Carolo Ludovico Andry, præfide Henrico Michaele Miffa : *Parifiis*, 1763, *in*-4.]

2599. ☞ Fr. la Mure, Quæftio Medica, an Vulnera Capitis fint periculofiora Parifiis quàm Monfpelii ; Vulnera verò Tibiarum fint periculofiora Monfpelii quàm Parifiis?

C'eft la quatrième queftion des Triduanes que ce Médecin fit imprimer à Montpellier en 1749, *in*-4. pour difputer une Chaire vacante dans l'Univerfité de cette Ville.]

2600. ☞ Joan. Bapt. Alexandri Maigret, Quæftio Medica, an confueta *Parifinis*, capitis & pectoris perpetua fere Nudatio, fit noxia? propugnata anno 1763, in Univerfitate Parifienfi : *Parifiis*, 1763, *in*-4.]

2601. ☞ Fr. Thierry de Bussy, Quæftio Medica, an Siccitas aeris *Parifini* falubris, fi diuturnior, infalubris? propugnata anno 1763, in Univerfitate Parifienfi : *Parifiis*, 1763, *in*-4.]

2602. ☞ Méthode à fuivre dans le traitement des différentes maladies épidémiques qui règnent le plus ordinairement dans la Généralité de *Paris*; par M. Boyer, Chevalier de l'ordre du Roi, l'un de fes Médecins ordinaires, Infpecteur des Hôpitaux Militaires du Royaume, &c. *Paris*, Imprimerie Royale, 1761, *in*-12.]

2603. ☞ Differtations fur les fiévres malignes & épidémiques qui règnent tous les ans dans plufieurs Villages aux environs de *Paris*; par M. Donnet, Docteur en Médecine.

Cette Differtation eft imprimée à la fuite du Traité des Eaux de Forges du même Auteur: *Paris*, 1751, *in*-12.]

2604. ☞ Dangers de l'air des grandes Villes : *Paris* pris pour exemple ; par M. le Begue de Presle, Docteur en Médecine.

Ces remarques fe trouvent aux pages 24-40, du *Confervateur de la fanté*; par le même : *Paris*, Didot, 1763, *in*-12. Après avoir rapporté les caufes qui rendent l'air de Paris mal fain, & après être entré dans quelque détail fur fes funeftes effets, l'Auteur donne les moyens d'empêcher & de corriger la corruption, & de fe garantir des maux qui en font la fuite.]

2605. ☞ Hiftoire d'une dyffenterie épidémique qui a régné en 1750 en quelques endroits de *Picardie*, & à *Aumale* ; par M. Marteau. *Journal de Médecine*, tom. *XVIII*. pag. 42-59.]

2606. ☞ Mémoire fur la Maladie contagieufe qui a régné en 1757 à *Plenée-Jugon* (en Bretagne) & dans les Paroiffes circonvoifines; par M. Mousset, Médecin. *Journal de Médecine*, tom. *II*. pag. 57-73.]

2607. ☞ Obfervations Botanico-Météorologiques faites aux environs de *Pluviers*, en Gâtinois, depuis 1740 jufqu'en 1757 ; par M. Duhamel, de l'Académie des Sciences. *Mém. de l'Académie des Sciences*, 1741-1758.]

2608. ☞ Differtation fur la pefte de *Provence*; (par M. Astruc) : 1720, *in*-8.

La même : *Montpellier*, Pech, 1722, *in*-8.

La même traduite en Latin ; par Jean-Jacques Scheuchzer, Docteur en Médecine : *Zurich*, 1721, *in*-4. 62 pag.

On trouve un extrait de l'Ouvrage & de la Traduction, dans le *Journal des Sçavans*, 1722, *pag.* 136-143.]

2609. ☞ Lettre de M. B** (Baux) Médecin de Nifmes, au fujet de la maladie de *Provence* : *Nifmes*, 1721, *in*-4.]

2610. ☞ Confultation fur la maladie de *Provence*; par C. V. (Vallant) : *Lyon*, 1721, *in*-8.

Il s'agit dans cet Ouvrage de la pefte de Marfeille.]

2611. ☞ Obfervations fur quelques maladies épidémiques qui ont régné dans la *Pro-*

vence depuis 1748, & en 1755 & 1761; par M. Darluc, Docteur en Médecine à Caillan. *Journal de Médecine, tom. VI. 1757, Janvier, pag.* 64-75. = *Tom. VIII. pag.* 357-373. = *Tom. XVI. pag.* 347-372.

Les détails où entre l'Auteur font intéressants & écrits avec élégance.]

Q

2612. ☞ Observations Botanico-Météorologiques faites à *Québec* (en Canada) pendant les mois d'Octobre, Novembre & Décembre, 1744, & les mois de Janvier, Février, Mars, Avril & Mai, 1745; communiquées à l'Académie des Sciences par M. Duhamel. *Mém. de l'Acad. des Sciences, 1746, pag.* 88. = 1747, *pag.* 466. = 1750, *pag.* 309.]

R

2613. ☞ P. Josnet, Quæstio Medica, an *Remensis* Aer salubris? in Universitate Remensi habita: *Remis*, 1756, *in-*4.]

2614. ☞ Conseil divin touchant la maladie divine & peste en la Ville de la *Rochelle*; par Olivier Poupard: *La Rochelle*, 1583, *in-*12.]

2615. ☞ Mf. Observations Météorologiques & Nosologiques faites à *Rouen*; par M. le Cat, depuis l'année 1747 jusqu'en 1758.

Ces Observations sont conservées dans les *Registres de l'Académie de Rouen*.]

2616. ☞ Mf. Mémoire sur la situation & le climat de *Rouen*; par M. Boisduval, de l'Académie des Sciences de Rouen.

Il est dans les Registres de cette Académie.]

S

2617. ☞ Traité des fièvres de l'Isle de *Saint-Domingue*; (par M. Poissonier Desperrieres): *Paris*, Cavelier, 1763, *in-*12.

Cet Ouvrage embrasse trois objets; 1.° la manière dont doivent se conduire les Européens, & particulièrement les François, dans leur traversée à l'Isle de Saint-Domingue; 2.° le régime auquel ils doivent s'astreindre à leur arrivée; 3.° la façon dont on doit traiter les fièvres que la plupart essuyent dès le commencement de leur séjour. Ce dernier objet est terminé par l'Histoire de plusieurs maladies, dont la guérison prouve la bonté de la méthode proposée par M. Poissonier.]

2618. ☞ Observations de la quantité d'eau de pluie & la qualité des vents, par M. le Comte du Pont-Briand, dans son Château à deux lieues à l'Ouest de *Saint-Malo*, communiquées à l'Académie des Sciences, par M. du Torar, & comparées avec celles qui ont été faites à Paris à l'Observatoire Royal pendant les années 1707, 1708, 1709; par M. de la Hire. *Mém. de l'Académie des Sciences, 1709, pag.* 5.=1710, *pag.* 143.]
Tome I.

═ De Aere Argentinæ: (*Strasbourg*) ci-devant, N.° 2442.]

T

2619. ☞ Petites véroles confluentes, anomales & épidémiques, observées à *Tarascon*; par M. Moublet. *Journal de Médecine, tom. XIII. pag.* 441-469, & 549-561.]

2620. ☞ Constitution épidémique qui a régné à *Tarascon* en Provence, pendant le printems de 1758; par M. Moublet, Docteur en Médecine de la Faculté de Montpellier. *Journal de Médecine, tom. IX. pag.* 537-560.]

2621. ☞ Mf. Histoire d'une maladie épidémique qui a régné à *Tonneins* sur la Garonne, & dans les environs, pendant l'été & l'automne de 1746; par M. Imbert, Médecin à Tonneins, & Correspondant de l'Académie de Bordeaux: *in-fol.*

Cette Histoire est au dépôt de cette Académie.]

2622. ☞ Mf. Histoire des maladies épidémiques qui ont régné à *Tonneins* en 1747, par M. Imbert: *in-fol.*

Cette Histoire est dans le dépôt de l'Académie de Bordeaux.]

2623. ☞ Relation de la peste dont la Ville de *Toulon* fut affligée en 1721, avec des Observations instructives pour la postérité; par M. d'Antrechaus, premier Consul de Toulon pendant ladite année: *Paris*, Estienne, 1756, *in-*12.

Voyez sur cet Ouvrage l'*Année Littéraire, année* 1756, *tom. V. pag.* 217-243.]

2624. ☞ Observations sur une maladie épidémique qui a régné en 1757 & 1761 à *Toulon*; par M. la Berthonie, Médecin de l'Hôpital général & militaire de cette Ville. *Journal de Médecine, tom. VII. pag.* 295-307.=*Tom. XVI. pag.* 251-277.]

2625. ☞ Relation d'une épidémie qui a régné à *Toulon* en 1761; par M. Joyeuse, Médecin de la Marine. *Journal de Médecine, tom. XVI. pag.* 175-182.]

2626. ☞ Observations Météorologiques faites à *Toulouse*, pendant l'année 1750; par M. Marcorelle, Correspondant de l'Académie. *Mémoires présentés à l'Académie Royale des Sciences, tom. XI. pag.* 609-624.]

2627. ☞ Observations Météorologiques faites à *Toulouse* pendant dix années, depuis & compris l'année 1747, jusques & compris l'année 1756. *Mémoires présentés à l'Académie des Sciences, tom. IV. pag.* 109-122.]

2628. ☞ Mf. Observations faites à *Tours* sur les degrés de froid & de chaud à l'air extérieur & dans la terre, & sur les grandes hauteurs & abbaissemens du Baromètre pendant l'année 1748; par M. Burdin.

T 2

Ces Observations sont conservées au dépôt de la Société Royale de Lyon, qui a été réunie à l'Académie de la même Ville. On en trouve un extrait dans le *Journal de Trévoux*, 1750, Février, pag. 461-463, 2 vol.]

2629. ☞ Observations Noso-Météorologiques faites à *Troyes*, depuis le mois d'Octobre 1753, jusqu'au mois de Mai 1754; par M. THIESSET, Médecin de Montpellier. *Journ. de Verdun*, tom. *LXV*. année 1754, p. 300, 394, 453. = Tom. *LXVI*. ibid. pag. 55, 138, 208, 290, 457.

Les mêmes, depuis 1757. *Journal de Médecine*, tom. *VIII*. pag. 93.]

V

2630. ☞ Détail des maladies épidémiques qui ont régné à *Valence* en Agénois, & aux environs, pendant l'année 1758; par M. GIGNOUX, Docteur en Médecine à Valence. *Journal de Médecine*, tom. *XII*. pag. 62-86.]

2631. ☞ Antonii VARIN, Quæstio Medica, an Urbs regia *Versaliarum* salubris? affixa, ann. 1685, in Universitate Parisiensi : *Parisiis*, 1685, in-4.]

2632. ☞ Fr. Sal. Dan. POULLIN, Quæstio Medica, an *Versaliarum* salutaris Aer? affirmatur ann. 1743, in Universitate Parisiensi : *Parisiis*, 1743, in-4.

Cette Thèse se retrouve dans le second Recueil que Sigwart a fait imprimer sous ce titre, *Quæstiones Medicæ Parisinæ ex Bibliothecâ G. Frid. Sigwart*, Phil. Med. & Chirurg. Doct. &c. (Fascicul. 2.) *Tubingæ*, 1760, in-4.]

2633. ☞ Manifeste de ce qui s'est passé en la peste de *Villefranche*, en Rouergue, avec quelques questions curieuses sur cette maladie; par DURAND DE MONLAUSEUR : *Tolose*, Colomiez, 1629, in-12.]

SECTION II.

Histoire Naturelle des Montagnes de la France.

☞ Quoique les montagnes offrent aux Naturalistes des objets dignes d'observation, il semble cependant qu'ils aient négligé de les décrire dans des traités particuliers. Le peu qu'ils en ont dit dans des Mémoires généraux, fait désirer qu'une main habile rassemble en un même corps les singularités physiques que l'on trouve sur les Pyrénées, sur les Alpes, sur les Vosges, sur les Cévennes, &c. M. Elie BERTRAND, dans son *Essai sur les usages des Montagnes, &c*. Zurich, 1754, in-8. vient de donner une Description des Montagnes de sa Patrie. Son exemple mériteroit d'être suivi.]

2634. ☞ Observations physiques sur une grande chaîne de montagnes qui traverse la France, & y jette diverses branches, lesquelles forment les Bassins terrestres des fleuves; avec une Description du fond de la Mer dans la Manche, & de ses montagnes marines; par M. (Philippe) BUACHE, premier Géographe du Roi, de l'Académie Royale des Sciences.

Ces Observations occupent la dernière partie de l'*Essai sur la Géographie Physique*, qu'il lut à l'Assemblée publique de l'Académie des Sciences, au mois de Novembre 1752, & qui se trouve dans les *Mémoires* de cette même année. On y voit une Carte du Bassin terrestre de la Seine, avec les Montagnes & hauteurs qui l'environnent, & la représentation du fond de la Mer dans la Manche. M. Buache avoit encore exposé, lors de la lecture, une figure en relief de cette partie de la Mer, & de son fond, où est la Montagne Marine qui est au Pas de Calais. On peut aussi consulter sur le même sujet la *Dissertation* de M. Desmarets, *sur l'ancienne jonction de l'Angleterre avec la France* : ci-devant, N.° 161.]

== ☞ Joannis SCHEUCHZERI, Itinera Alpina : ci-devant, N.° 2448.

Cet Ouvrage est une Histoire Naturelle très-intéressante, & de la partie des Alpes qui forment la Suisse, & de celle qui tient à la France.]

== Essai d'Antoine FROMENT, Avocat au Parlement de Dauphiné, sur les singularités des Alpes : ci-devant, N.° 2449.

== ☞ Description des montagnes entre l'Alsace, la Suisse, la Franche-Comté & la Lorraine : ci-devant, N.° 2178.

On y trouve des remarques physiques sur les pentes de Montagnes dont les eaux se rendent en différentes Mers, sur la cause du débordement de la Rivière de la Halle, sur le trou du Creusenor, le Saut du Doux, &c.]

2635. ☞ Observations sur les différentes couches de la montagne de Laon, ou sur son intérieur; par où l'on prouve quelle est l'origine des fontaines.

Ces Observations sont dans l'Entretien V. du tom. III. du *Spectacle de la Nature*, par M. l'Abbé (Antoine) PLUCHE, qui y fait voir que les eaux des fontaines ne viennent que de la mer, en filtrant les terres, mais des vapeurs déposées dans les montagnes. On lit dans les trois premiers tomes de cet Ouvrage, plusieurs traits épars sur l'Histoire Naturelle de la France, que l'Auteur donne comme des exemples particuliers de ses Observations générales.]

2636. Pilati montis in Gallia Descriptio; auctore Joanne DU CHOUL : *Tiguri*, Gesner, 1555, in-4.

Eadem, *Lugduni*, Rovillius, 1555, in-8.

Cette Description est imprimée à la suite de l'Ouvrage du même Auteur, intitulé, *De variâ Quercûs historia*.

☞ Le Mont Pilate dont il s'agit ici, est situé entre Lyon & Vienne, à deux grandes lieues de cette dernière Ville. Selon le Lièvre, dans ses *Antiquités de Vienne*, chap. *IV*. pag. 42, il y a sur cette Montagne un Marais appellé le *Puits de Pilate*, lequel ayant été exilé (dit-on) à Vienne, par l'Empereur Caligula, s'y étrangla, & son corps fut jetté dans le Rhône par le peuple. On ajoute que la Ville ayant été depuis affligée de tremblemens de terre, & de plusieurs autres maux, S. Mamert, XVII.e Evêque de Vienne, sous l'Empire d'Arcadius & d'Honorius, eut révélation que ces maux ne cesseroient que lorsque le corps de Pilate seroit retiré du Rhône : ce qui ayant été fait, on le porta sur la Montagne dans le Marais, qui depuis ce tems a retenu le nom de Pilate, ainsi que la Montagne sur laquelle il est situé.]

2637. ☞ Mémoire sur la montagne de Pila; par M. ALLEON DULAC, Avocat au Parlement & aux Cours de Lyon.

Il fait partie de ses *Mémoires pour servir à l'Histoire Naturelle du Lyonnois* : ci-devant, N.° 2416.

La Montagne de Pila, qui est la même que celle de

Pilate, est une des plus célèbres parmi les Montagnes intérieures de la France, & forme une chaîne de six lieues d'étendue. Il n'est question dans ce Mémoire que de sa partie Septentrionale que l'Auteur a visitée. Il rapporte seulement ce qui y croît de moins commun, & finit par l'Histoire Naturelle des Sapins.]

2638. ☞ Particularités physiques sur les Monts Pyrénées.

On les trouve exposées, à l'occasion des Mines, dans le Mémoire de M. Hautin de Villars, & dans les Ouvrages de Malus : ci-après, N.os 1656 & 2684-2685, ainsi que dans les Pièces sur les Eaux de Barèges, de Bagnières, de Cauterez, &c. qui sont indiquées dans la suite. Il y a aussi des remarques intéressantes sur l'Histoire Naturelle des Pyrénées, dans l'*Histoire des Basques*; par M. le Chevalier de Béla, qui pourra paroître en 1767, *in*-4. 3. vol.]

2639. ☞ Situation des Vosges, les denrées que l'on y trouve, les minéraux, les eaux minérales ; mais particulièrement la source de celle de Niderbronn; par Elie ROESELIN : *Strasbourg*, 1595, *in*-8. 235 pages (en Allemand).

C'est un Traité physique & historique de la partie des Vosges, située entre le Village de Niderbronn en Alsace, & la Ville de Bitsch en Lorraine. Il est très-foible, & de peu d'érudition ; l'Auteur a voulu principalement instruire ceux qui se servoient des Eaux Minérales de Niderbronn.]

2640. ☞ Dionysii SALVAGNII BOESSII (Salvaing de Boissieu) de Monte inaccesso carmen.

C'est la quatrième des Merveilles du Dauphiné, décrites par ce Poëte élégant, dont l'Ouvrage est indiqué dans la dernière section.]

2641. ☞ Mémoire sur quelques montagnes de la France, qui ont été des Volcans; par M. GUETTARD. *Mém. de l'Acad. des Sciences*, 1752, *Hist.* pag. 27 & *suiv.*

Les Montagnes dont il s'agit dans ce Mémoire sont celles de Volvic, du Puy de Dôme & du Mont-d'or, toutes en Auvergne. La nature des pierres dont ces Montagnes sont composées, les pierres ponces, les layes dont elles sont couvertes, les bouches qui vomissoient le feu, & qui subsistent encore, prouvent incontestablement que ces Montagnes sont des volcans éteints. Cette vérité que l'Auteur a démontrée le premier, sembla un paradoxe dans le pays même, lorsqu'elle y fut annoncée.]

2642. ☞ Mf. Le Puy de Dôme (près Clermont en Auvergne) reconnu pour l'ancien foyer d'un Volcan; par M. GARMAGE, de la Société Littéraire de Clermont.

Cette Dissertation est dans les Registres de cette Société.]

2643. ☞ Conjectures sur la formation de Montmartre, & de la Butte de Chaumont près Paris. *Mercure*, 1732, *Novembre*, *pag.* 2330-2339.

L'Auteur a raison de nommer ses recherches des conjectures. Il croit que ces monticules ont été élevés par quelque feu souterrain, ou par quelques Volcans. Un grand nombre de pierres & d'oissemens brûlés, & le nom même de Chaumont, semblent, selon lui, indiquer dans ce lieu un ancien incendie. Mais cette étymologie est tirée de trop loin. On disoit & on écrivoit jadis Chaux-mont, ce qui semble indiquer une montagne où l'on calcinoit; & il n'y a pas bien longtems qu'on sçait quelle différence il y a entre la chaux & le plâtre.]

2644. ☞ Observations sur le Volcan de l'Isle de Bourbon; par M. D'HÉGUERTY, ancien Président du Conseil Supérieur, & Commandant pour le Roi dans l'Isle de Bourbon. *Mém. de la Société de Nancy*, *tom. III. pag.* 218-235.]

SECTION III.

Minéralogie de la France.

§. I. *Traités généraux.*

2645. * Ordonnances sur le fait des Mines en France : *Lyon*, 1575, *in*-8.

2646. * Edits & Ordonnances sur le fait des Mines & Minières de France: *Paris*, 1619, *in*-8.

2647. * Edits & Ordonnances sur le fait des Mines & Minières de France, depuis Charles VI. jusqu'à Louis XIII. *Paris*, 1631, *in*-8.

2648. ☞ Recueil d'Edits, Arrêts & Ordonnances, concernant les Mines & Minières de France : *Paris*, Prault, 1765, *in*-12. 388 pages.]

2649. * Discours admirables de la nature des eaux & fontaines, tant naturelles qu'artificielles, des métaux, des sels & salines, des pierres, des terres, du feu, & des émaux, avec un traité de la Marne, &c. Le tout dressé par Dialogues; par Bernard PALISSY, d'Agen, Inventeur des rustiques Figulines, ou Poteries du Roi & de la Reine sa mère : *Paris*, le Jeune, 1580, *in*-8.

2650. * Le moyen de devenir riche, & la manière par laquelle tous les hommes de France pourront apprendre à multiplier leurs Trésors & possessions, avec plusieurs secrets des choses naturelles ; par le même : *Paris*, Fouet, 1636, *in*-8.

☞ Ces Ouvrages sont de ceux auxquels on est obligé d'avoir recours pour trouver le germe des travaux qu'on peut suivre sur la minéralogie, particulièrement sur celle de la France. Palissy avoit une Collection d'Histoire Naturelle dont il faisoit une démonstration raisonnée. On voit dans un de ses discours les noms de ceux qui assistoient à ses leçons. On le rabaisse trop en n'en parlant ordinairement que comme d'un Potier. Le titre qu'il prend d'Inventeur des rustiques Figulines annonce que s'il tenoit à l'état de Potier, c'étoit en quelque sorte comme les Fayanciers, & qu'il se distinguoit des Potiers ordinaires, soit par la nouvelle matière qu'il mettoit en œuvre, soit par l'élégance de ses desseins & de ses formes.]

2651. ☞ Discours politiques & économiques; par Charles de LAMBERVILLE : *Paris*, 1626, *in*-12.

On y trouve des Observations sur la Minéralogie du Royaume.]

2652. Véritable déclaration faite au Roi &.

250 Liv. I. *Préliminaires généraux de l'Histoire de France.*

à Nosseigneurs de son Conseil, des riches & inestimables trésors nouvellement découverts dans le Royaume de France ; présentée à Sa Majesté par L. B. D. B. S. [La Baronne de Beausoleil] : 1632, *in-8.*

Elle commence ainsi : » Plusieurs voyant au frontispice de ce Discours le nom de ma qualité, me jugeront en même-tems plutôt capable de l'économie d'une maison, & des délicatesses accoutumées au Sexe, que capable de faire percer & creuser des montagnes, &c. »

☞ Ce Livre est le détail des opérations du Baron de Beausoleil. Le Cardinal de Richelieu l'avoit chargé de faire une recherche générale des mines dans toute la France ; mais il fut obligé dans la suite de le faire arrêter. L'Ouvrage de la Baronne de Beausoleil est regardé par M. Hellot comme un état très-suspect des mines qu'elle prétendoit avoir été découvertes par son mari.]

2653. La Restitution de Pluton [dédiée] à Monseigneur l'Eminentissime Cardinal Duc de Richelieu ; Œuvre auquel il est amplement traité des Mines & Minières de France, cachées & détenues jusqu'à présent au ventre de la terre, par le moyen desquelles les Finances de Sa Majesté seront beaucoup plus grandes que celles de tous les Princes Chrétiens, & ses Sujets les plus heureux de tous les peuples : *Paris*, du Mesnil, 1640, *in-8.*

☞ Cet Ouvrage & le précédent sont réimprimés dans la *Métallurgie*, traduite sur l'Espagnol d'Alphonse Barba : *Paris*, 1751, *tom. II. pag.* 39-56.]

2654. Les Mines Gallicanes, ou Trésor du Royaume de France ; par Isaac Loppin, Secrétaire de la Chambre du Roi : *Paris*, 1638, *in-4.* 24 pages.

Je ne rapporte ce Livre [disoit le P. le Long] que sur son titre, ne l'ayant point vu ; il peut traiter des matières de finance.

☞ L'Auteur n'a point eu en vue de faire un Ouvrage d'Histoire Naturelle : son but a seulement été, comme il le dit dans le titre, de montrer » les droits » du Roi, & les moyens justes & légitimes par lesquels » sans foule ni oppression d'aucun de ses sujets, mais » bien à leur très-grand profit & soulagement, Sa Majesté peut avoir & perpétuellement posséder les ri- » chesses, &c. « C'est un projet assez semblable à celui qui a paru en 1764 sous le nom de *Richesses de l'Etat.*]

2655. * Œuvres de César d'Arcons, sur la jonction des Mers & les Mines métalliques de la France.

Elles sont dans son Livre, *Du flux & du reflux de la Mer* : *Bordeaux* (*Paris*) Coffin, 1667, *in-4.*

☞ Le même extrait se trouve dans la *Métallurgie*, traduite sur l'Espagnol d'Alphonse Barba : *Paris*, 1751, *tom. II. pag.* 267.]

2656. ☞ Mémoire concernant les Mines de France, avec un Tarif qui démontre les opérations qu'il faudroit faire pour tirer de ces Mines l'or & l'argent qu'en tiroient les Romains, lorsqu'ils étoient maîtres des Gaules ; par M. Hautin de Villars : 1728.

Ce Mémoire est réimprimé avec un Traité de l'*Art Métallique*, extrait des Œuvres d'Alphonse Barba : *Paris*, Saugrain, 1730, *in-12.* M. de Villars parle principalement des mines des Pyrénées ; il en joint aussi quelques-unes qu'il dit avoir découvertes dans le Limosin & en Normandie.]

2657. ☞ Etat des Mines du Royaume distribué par Provinces ; par M. Hellot, de l'Académie des Sciences & de la Société Royale de Londres.

Cet Etat, dont on trouve un extrait dans l'*Encyclopédie*, (*tom. I. pag.* 637 *& suiv.*) mais seulement pour les mines d'argent, est à la tête du Traité de la Fonte des mines, des fonderies, &c. traduit de l'Allemand de Christ. Schlutter : *Paris*, J. Th. Hérissant, 1750, *in-4.* 2 vol. fig. M. Hellot est mort à Paris vers le milieu de Février 1766.]

2658. ☞ Mémoire sur les avantages que l'on peut retirer pour les Ponts & Chaussées d'une Carte Minéralogique de la France ; par M. Guettard, Docteur de la Faculté de Médecine de Paris, de l'Académie Royale des Sciences, &c. *Journal Economique*, 1752, *Juin, pag.* 113 *& suiv.*

Les Sieurs Mondhard & Denis ont donné une Carte de la France Minéralogique, dressée en grande partie d'après les principes & la Méthode de M. Guettard. C'est la Ve de la *seconde division de la Géographie détaillée dans tous ses points.*]

2659. ☞ Discours où l'on prouve, par divers exemples, combien il seroit utile d'exploiter les Mines du Royaume ; lu à la Séance publique de l'Académie Royale des Sciences, le 5 Mai 1756 ; par M. Hellot, Membre de cette Académie. *Mémoires de l'Académie des Sciences*, 1756, *pag.* 134.

Voyez le *Journal Economique*, 1757, *Janvier, pag.* 58.]

2660. * Dissertation sur les métaux dont la France est remplie : *in-4.* 31 pages (sans nom d'Auteur, ni indication d'année, &c.)

2661. ☞ Enumerationis Fossilium quæ in omnibus Galliæ Provinciis reperiuntur tentamina ; auctore A. J. Dezallier d'Argenville, è Regiis Scientiarum Societatibus Londinensi & Montepessulana : *Parisiis*, Debure, 1751, *in-12.* 130 pages.

Voyez l'extrait au *Journal de Verdun*, 1751, *Novembre, pag.* 343-345.]

2662. ☞ Catalogue des Fossiles de toutes les Provinces de France ; par le même, à la suite de son Oryctologie : *Paris*, Debure, 1755, *in-4.*

Ce Catalogue est une traduction de l'Ouvrage Latin indiqué dans le N.º précédent. L'Edition Françoise est néanmoins plus complette, corrigée en beaucoup d'endroits, & augmentée de nouvelles recherches communiquées à l'Auteur par des Physiciens de plusieurs Provinces.]

2663. ☞ Projet pour connoître sans dépense, dans l'espace d'un mois, toutes les productions fossiles de la France ; par M. Dallet l'aîné. *Mercure*, 1760, *pag.* 136, & *Mélanges d'Histoire Naturelle* ; par M. Dulac, *tom. III. pag.* 110-118.

Addition à ce projet. *Mercure*, 1760, *Juillet, pag.* 137.

Lettre fur ce projet. *Ibid. pag.* 139, & *Mélanges d'Histoire Naturelle* de M. Dulac, *tom. III. pag.* 119-122.]

2664. ☞ Mémoire fur quelques corps foffiles de la France, peu connus; par M. GUETTARD. *Mém. de l'Acad. des Sciences,* 1751, *pag.* 123, & *Hift. pag.* 29.

Ces corps font du nombre de ceux que le vulgaire & même quelques Naturaliftes anciens appellent *Figues marines & pétrifiées*, & *Fongites*, ou *Champignons de mer pétrifiés*. Les premiers fe trouvent en Normandie, en Touraine, & dans l'Orléanois : les feconds en Normandie feulement. L'Auteur du Mémoire prouve que ce font des corps marins dépofés dans la terre par les eaux de l'Océan.]

2665. ☞ Mémoire dans lequel on compare le Canada à la Suiffe, par rapport à fes minéraux, avec des Cartes Minéralogiques de ces Pays; par M. GUETTARD. *Mém. de l'Acad. des Sciences,* 1752, *pag.* 189-& *Hift. pag.* 12.

Suite de ce Mémoire. *Ibid. pag.* 323 & *fuiv.*

Addition à ce Mémoire. *Ibid. pag.* 524 & *fuiv.*

Les Obfervations rapportées dans les deux Parties de ce *Mémoire*, tendent à prouver que le Canada & la Suiffe ont des foffiles affez femblables. L'Auteur ne donne ce Mémoire que comme une ébauche de ce qu'on pourroit faire fur l'un & l'autre Pays, par rapport à la Minéralogie ; & il ne doute pas qu'on ne puiffe augmenter & corriger les Obfervations qu'il a données, même celles qui regardent la Suiffe, quoique ce Pays foit beaucoup plus connu que le Canada.]

2666. ☞ Obfervations Minéralogiques faites en France & en Allemagne ; par M. GUETTARD. *Mém. de l'Acad. des Sciences,* 1763, *pag.* 137 & *fuiv.*]

2667. ☞ Mémoire fur l'exploitation des Mines d'*Alface*, & Comté de Bourgogne ; par M. de GENSANNE, Correfpondant de l'Académie des Sciences. *Mém. préfentés à l'Acad. tom. IV. pag.* 141.

L'Auteur indique, dans le plus grand détail, toutes les mines qui fe trouvent dans ces Provinces, tant celles qui ont été travaillées par les Romains, que celles qui ont été ouvertes de nos jours. Il y décrit la nature du terrein où elles fe trouvent; celle de la Guangue, c'eſt-à-dire de la pierre dans laquelle le minéral peut être engagé, le métal qu'elle donne & fa quantité, les travaux qui y font néceffaires. Il finit par des réflexions intéreffantes fur les caufes qui peuvent faire languir les travaux des mines, & fur la manière d'éviter ces inconvéniens.]

2668. ☞ Etat des Mines d'*Alface*; par M. le Comte D'HEROUVILLE DE CLAYES, Lieutenant-Général des Armées de fa Majefté. *Dict. Encyclop. tom. I. pag.* 299, au mot *Alface*.]

2669. ☞ Mf. Mémoire Sommaire fur les foffiles d'Artois; par M. ENLART DE GRANVAL, de la Société Littéraire d'Arras.

Il eft confervé dans les Regiftres de cette Société.]

2670. ☞ Mf. Obfervations fur les Minéraux, pierres & pétrifications de l'Artois ; par M. WARTEL, Chanoine Régulier de l'Abbaye du Mont-Saint-Eloy, Affocié honoraire de la Société Littéraire d'Arras ; lu à la Séance publique de cette Académie, le 29 Mars 1760.

Elles font dans les Regiftres de cette Société.]

2671. ☞ Defcription des Mines de l'Auvergne ; par M. LE MONNIER. *Obfervations d'Hiftoire Naturelle;* par le même : ci-devant, N.° 2381.

Ces mines confiftent en Charbons de Terre, améthyfte & antimoine.]

2672. ☞ Mémoire fur la Minéralogie de l'Auvergne, avec une Carte; par M. GUETTARD. *Mém. de l'Acad. des Sciences,* 1759, *pag.* 538.]

2673. ☞ Effai fur la recherche des foffiles, avec des Obfervations fur quelques-uns de ceux qui fe trouvent dans le Beaujolois; par M. BRISSON, Infpecteur des Manufactures de cette Province.

L'Auteur, après avoir donné une idée générale des différentes fubftances que l'on découvre fur la furface, & dans le fein de la terre, s'attache principalement à faire voir que le Beaujolois fournit de prefque toutes les efpèces de foffiles connus. Un des plus communs eft le cryftal de roche, qui fe trouve aux environs de Regny. M. Briffon fe propofe de faire une collection de cryſtaux de tous les âges. Il parle enfuite d'une efpèce de Gypfe Sélénite, découverte dans la Paroiffe de Pomiers.

Voyez le *Mercure*, 1760, *Avril, pag.* 132.]

2674. ☞ Petit Traité de l'Antiquité & Singularité de la Bretagne Armorique; par Roch LE BAILLIF Edelphe, Médicin, 1577 : *in-*8.

On y parle *des bains, métaux, minéraux, marcaffites, & diverfité des Terres de Bretagne, & de leur propriété, enfemble du cryftal.* Roch la Baillif, mort le 5 Novembre 1605, étoit né à Falaife, & il devint premier Médecin du Roi Henri IV. Son petit Traité finit par ces mots : » Fin du labeur defmoteric du Sieur DE LA » RIVIERE, Médicin, celui même fous lequel il eft le plus connu.]

2675. ☞ Lud. Rheinhardi BINNENGER, Oryctographiæ agri Buxovillani (Bouxvillers) & viciniæ Specimen : *Argentorati*, 1762, *in-*4.

Cet abrégé fait défirer une Hiftoire plus détaillée d'un Pays très-fertile en curiofités naturelles.]

2676. ☞ Mémoire où l'on examine en général le terrein, les pierres & les différens foffiles de la Champagne, & de quelques endroits des Provinces qui l'avoifinent, avec une Carte Minéralogique ; par M. GUETTARD. *Mém. de l'Acad. des Sciences,* 1754, *pag.* 435 & *fuiv.*

Les defcriptions que donne ici M. Guettard font fondées fur fes propres Obfervations & fur celles d'habiles Phyficiens du Pays.]

2677. ☞ Lettre de M. F. MUSARD, de Genève, à M. Jallabert, fur les foffiles.

Cette Lettre fe trouve dans les *Mélanges* de M. Dulac, *tom. I. pag.* 233-240. L'Auteur prend la plupart de fes exemples de la Champagne & du Vexin.]

2678. ☞ Lettre de M. BOULANGER, Sous-Inspecteur des Ponts & Chauffées, au sujet de la Lettre précédente. *Mélanges* de M. Dulac, *pag.* 241-250.

L'Auteur y rapporte les Observations qu'il avoit eu occasion de faire lui-même en Champagne.]

2679. ☞ Notice des Mines de la Généralité de Limoges, avec les indications des Carrières de pierres singulières ; par M. DESMARETZ, Inspecteur des Manufactures de la Généralité de Limoges.

Cette Notice se trouve dans les *Ephémérides* de la Généralité de Limoges, pour l'année 1765, *pag.* 165 *& suiv.*]

2680. ☞ Discours sur la Minéralogie, & Mémoire sur les métaux & minéraux du Lyonnois, Forez & Beaujolois ; par M. ALLEON DULAC, Avocat en Parlement & aux Cours de Lyon.

Il fait partie de ses *Mémoires pour servir à l'Histoire Naturelle du Lyonnois*, &c. ci-devant, N.° 2426. Le commencement de cette Pièce contient deux excellens Mémoires sur la Minéralogie ; par M. DE BLUMESTEIN, de l'Académie de Lyon, & Concessionnaire des mines du Lyonnois, Forez & Provinces voisines. Le premier de ces Mémoires est destiné à faire connoître quelles sont les parties intégrantes & constitutives des métaux. Le second explique de quelle manière les métaux sont placés sous terre, & comment on parvient à les découvrir. La Notice que l'Auteur donne ensuite des mines de ces trois Provinces, est de M. JARS le fils, Directeur des Mines de Cheissy & de Saint-Bel.

2681. ☞ Mémoire sur les fossiles du Lyonnois, Forez & Beaujolois ; par M. ALLEON DULAC.

Il fait aussi partie des mêmes *Mémoires*. Les fossiles du Lyonnois seulement occupent la plus grande partie de cette Pièce. L'Auteur n'ayant pu se procurer des connoissances satisfaisantes sur celles des deux autres Provinces, espère que le chemin qu'on vient d'ouvrir dans les Montagnes du Beaujolois, pour communiquer de la Saone à la Loire, donnera lieu à une récolte abondante des fossiles les plus rares.]

2682. ☞ Description Minéralogique des environs de Paris ; par M. GUETTARD. *Mém. de l'Acad. des Sciences*, 1756, *pag.* 217.

Second Mémoire sur le même sujet. *Ibid.* 1762, *pag.* 172.]

2683. ☞ Mf. Essai sur les fossiles de la Picardie ; par M. RIVERY, Conseiller au Présidial d'Amiens, & de l'Académie des Sciences, Belles-Lettres & Arts de cette Ville.

Les Manuscrits de M. Rivery, qui est mort en 1759, sont entre les mains de Madame sa Veuve, à Amiens.]

2684. ☞ La Recherche des Mines des Pyrénées ; par Jean MALUS, écrite par Jean DU PUY : *Bordeaux*, 1601, *in-*12.

2685. ☞ Avis des riches Mines d'or & d'argent, & de toutes les espèces de métaux & minéraux des Monts Pyrénées ; par MALUS : *Paris*, 1632, *in-*4.

☞ Cet Avis est rapporté aussi à la fin des *Propositions, Avis & Moyens de François Desnoyers de Saint-Martin*, 1604. Il se trouve encore dans la *Métallurgie*, traduite de l'Espagnol d'Alphonse Barba : *Paris*, 1751, *in-*12, *tom. II. pag.* 3. Malus, fils d'un Maître de la Monnoie de Bordeaux, parcourut en six mois toute la partie du Pays qui s'étend depuis la Vallée d'Agella jusqu'auprès de la Comté de Foix. Il dit dans son Ouvrage, que ces Mines ont été abandonnées par les Romains, lorsqu'ils furent obligés de quitter les Pays où elles se trouvent ; & que les Comtes de Foix, de Bigorre ou de Béarn, qui s'en rendirent les maîtres, après en avoir chassé les Maures, n'ont point osé pénétrer dans ces mines, de peur de s'attirer les armes de leurs voisins. Cet avis est signé ainsi : » Par le Sieur de Malus, » tiré des Mémoires de feu son pere, & des avis qu'il » a pris d'ailleurs. »]

2686. ☞ Description des Mines du Roussillon ; par M. LE MONNIER. *Observations d'Histoire Naturelle*, par le même ; ci-devant, N.° 2381.]

§. II. *Traités particuliers.*

☞ Comme les Ouvrages renfermés dans ce paragraphe regardent des matières différentes les unes des autres, quoiqu'elles soient du même règne, on n'auroit pu sans confusion suivre l'ordre alphabétique des lieux où les Observations ont été faites. Il a paru plus commode pour le Lecteur, de diviser les pièces suivant les objets dont elles traitent. A cet égard on a suivi l'ordre que WALLERIUS, célèbre Professeur de Chymie à Upsal, a mis dans sa *Description des substances du règne minéral*, dont on a donné une Traduction Françoise en 1759 ; *Paris*, J. Thomas Hérissant, *in*-8, 2 vol.]

Traités sur les Terres.

2687. ☞ Mémoire sur la nature & la situation des terreins qui traversent la France & l'Angleterre ; par M. GUETTARD ; avec une Carte Minéralogique dressée sur ses Mémoires ; par M. BUACHE. *Mém. de l'Acad. des Sciences*, 1746, *pag.* 363 *& suiv.*

L'Auteur prouve dans ce Mémoire, qu'il y a une grande conformité entre les terreins de la France & de l'Angleterre, & qu'on peut diviser ces Royaumes en trois Bandes, que l'Auteur appelle Bandes *sabloneuse, marneuse, & métallique.*]

2688. ☞ Mf. Deux Dissertations sur la nature des terres, & la quantité des eaux qui se sont trouvées, en creusant le Canal entrepris pour joindre la Lys à l'Aa, & sur les bois minéralisés, matières talqueuses, &c. qu'on y a découverts ; par M. l'Abbé LUCAS, de la Société Littéraire d'Arras.

Ces Dissertations sont conservées dans les Registres de cette Société.

On en voit un extrait dans les *Mélanges* de M. Dulac, *tom. II. pag.* 121-125.]

2689. ☞ Etats des différens lits de terre qui se trouvent à Marly-la-Ville, jusqu'à cent pieds de profondeur.

C'est l'*Article VII. du tom. I. de l'Histoire Naturelle* de M. de Buffon, *in*-4. *pag.* 235-238, *& in*-12. *p.* 343-350.]

2690. ☞ Mf. Mémoire sur la nature du Sol du Diocèse de Nismes ; par M. SEGUIER, Secrétaire de l'Académie de cette Ville.

M. de Saint-Priest, Intendant de la Province de Languedoc, communiqua en 1763 à cette Académie un Mémoire imprimé, contenant des Questions d'une Société d'Agronomie, qu'on n'y nommoit pas, sur les

moyens

moyens de diftinguer les qualités & propriétés des terres & des pierres qui conftituent le fol de la Subdélégation de Nifmes. Les loix que l'Académie s'eft impofées bornant fes travaux aux Ouvrages de Belles-Lettres & d'Antiquités, M. Séguier fe chargea, comme particulier, de répondre à ces Queftions. M. Pierre DARDALLION, Architecte de la Ville, fournit des Recherches fur les pierres à bâtir : elles ont été employées dans le Mémoire de M. Séguier, qui fut envoyé à l'Intendant, & communiqué par ce Magiftrat aux Auteurs des Queftions. M. Séguier en conferve une copie.]

2691. ☞ Traité des Tourbes combuftibles; par Charles PATIN: *Paris*, 1663, *in-*4.

Il s'agit dans ce Traité des Tourbes qui fe trouvent en France.

Quelques Naturaliftes, contre le fentiment de Wallerius, rangent les Tourbes parmi les Bitumes, parceque, felon eux, plufieurs en ont déja les propriétés.]

2692. ☞ Mf. Differtation fur la Tourbe d'Artois; par M. l'Abbé LUCAS, de la Société Littéraire d'Arras.

Elle eft dans les Regiftres de cette Société.]

2693. ☞ Differtation fur la Tourbe de Picardie; Pièce qui a remporté le prix de l'Académie d'Amiens en 1754; par M. BELLERY: *Amiens*, Veuve Godard, *in-*12.

On trouve un extrait de cette Differtation dans les *Mélanges* de M. Dulac, *tom. II. pag.* 167-170.]

2694. ☞ Mémoire fur la Tourbe; par M. BIZET, de l'Académie des Sciences, Belles-Lettres & Arts d'Amiens: *Amiens*, Veuve Godard, 1758, *in-*12.

Ce Mémoire, dit l'Auteur dans fon Avertiffement, a été dreffé fur des Obfervations faites dans les Marais de la Picardie. Mais comme la Tourbe de cette Province differe peu de celle qu'on trouve ailleurs, que ce foffile a eu partout un même principe, & qu'il eft partout effentiellement de même nature, les connoiffances que renferme ce Mémoire, concernent autant la tourbe en général, que celle de la Province qui a fourni le fujet.]

2695. ☞ Mémoires fur les Tourbières de Villeroy, dans lequel on fait voir qu'il feroit très-utile à la Beauffe qu'on en ouvrît dans les environs d'Etampes; par M. GUETTARD. *Mém. de l'Acad. des Sciences*, 1761, *pag.* 380, & *Hift. pag.* 17.

La tourbe, fuivant le fentiment affez général des Phyficiens, adopté en ce point par M. Guettard, n'eft que le débris d'herbes & de plantes pourries, converties par cette putréfaction en une terre noire & combuftible.]

2696. ☞ Examen des Inftructions fur l'utilité de l'ufage des terres & cendres de Houille de la Généralité de Soiffons, communiquées à la Société Royale d'Angers; par M. POUPERON DE TILLY, Entrepreneur & Directeur des Mines à Charbon du Bas Anjou, & Membre de la Société d'Agriculture de la Généralité de Tours, pour le Bureau d'Angers. *Mém. de la Société d'Agriculture de cette Généralité*, *an.* 1761: *Tours*, Lambert, 1763.]

2697. ☞ Obfervations fur un banc de terre crétacée, & de pierre branchue, qui eft aux environs de Riom; par M. DUTOUR, Correfpondant de l'Académie des Sciences.

Ce Mémoire qui a été préfenté à l'Académie, eft confervé dans fes Regiftres.]

Tome I.

2698. ☞ Defcription de la préparation du blanc de Troyes; par M. GUETTARD.

La matière de ce blanc, nommé par abus, Blanc d'Efpagne, eft une craie tendre, pure & très-blanche, qui fe tire principalement de Vireloup, ou Ville-loup, Village à quatre lieues de Troyes, du côté du Couchant, & dont le Sol très-maigre peut à peine porter du Seigle. La Defcription que donne ici M. Guettard, fait partie du Mémoire de cet habile Académicien fur les foffiles de Champagne, ci-devant, N.° 2676; & il en doit le détail intéreffant aux foins de M. LUDOT, de Troyes.]

2698. ☞ Mémoire fur le Blanc de Troyes; (par M. GROSLEY Avocat au Parlement, & de l'Académie des Infcriptions & Belles-Lettres). *Ephémérides Troyennes*, 1759.

Le détail que donne M. Grofley, fur la nature, les ufages & la préparation de ce blanc, eft femblable en plufieurs endroits à celui de M. Guettard, qu'il a foin de citer; & il paroît fait comme celui-ci, d'après les Obfervations de M. Ludot. M. Grofley a joint une comparaifon du blanc de fa patrie, avec celui qui fe façonne à Cavereau, près d'Orléans, & dont M. SALERNE parle dans fon *Mémoire fur les Dendrites* : ci-après, N.° 2830.]

2699. ☞ Mf. Mémoire fur la Marne qui fe trouve aux environs de Vitry-le-François; par M. VARNIER, de la Société Littéraire de Chaalons-fur-Marne.

Il eft confervé dans les Regiftres de cette Société.]

2700. ☞ Hiftoire de la découverte faite en France, de matières femblables à celles dont la Porcelaine de la Chine eft compofée; lue à l'Affemblée publique de l'Académie Royale des Sciences, le Mercredi 13 Novembre 1765; par M. GUETTARD, de la même Académie: *Paris*, 1766, *in-*12.

Les matières qui entrent dans la compofition de cette porcelaine font le pé-tun-tfé & le kao-lin. Ce dernier eft défigné dans Wallerius, fous le nom de Marne à Porcelaine; c'eft une terre blanche, farineufe, graveleufe & brillante. Le pé-tun-tfé eft une efpèce de fpath fufible.]

2701. ☞ Lettre de M. TORCHET DE SAINT-VICTOR, Ingénieur des Mines, à M. ROUX, Docteur en Médecine, contenant quelques Obfervations fur l'efpèce de terre connue fous le nom de Kao-lin, & fur une Pierre défignée par celui de Pé-tun-tfé.

Elle eft inférée dans le *Journal de Médecine*, *tom. XXIV*. *Février*, 1766, *pag.* 158-164.]

2702. ☞ Lettre de M. GUETTARD, en réponfe à celle de M. Torchet de Saint-Victor. *Journal de Médecine*, *tom. XXIV*. *Mars*, 1766, *pag.* 260.]

2703. ☞ Mémoire fur l'Ocre; par M. GUETTARD. *Mém. de l'Acad. des Sciences*, 1762, *pag.* 53.

L'Ocre eft une terre ferrugineufe, dont la couleur ordinaire eft jaune ou rouge. Les Obfervations de M. Guettard ont été faites fur des Ocrières de France.]

2704. ☞ Lettre à M. Bernard de Juffieu, fur la nature du Tripoli, qu'on trouve à Poligny en Bretagne, près de Pompéant; par M. DE GARDEIL, Correfpondant de l'Académie des Sciences. *Mémoires présentés à cette Académie, tom. III. pag. 19.*

Les Observations de M. de Gardeil lui ont fait soupçonner que le Tripoli, rangé jusqu'ici dans la classe des pierres ou des craies, n'est autre chose que du bois fossile altéré dans l'intérieur de la terre, par une matière probablement gypseuse, qui la pénètre à la longue, & par la calcination de quelques feux souterrains. On a suivi l'ancienne opinion en indiquant cet Ouvrage.]

Traités sur les Pierres.

2705. ☞ Mémoires contenant des Observations de Lithologie, pour servir à l'Histoire Naturelle du Languedoc, & à la Théorie de la terre; par M. l'Abbé DE SAUVAGES, de la Société Royale de Montpellier. *Mém. de l'Acad. des Sciences*, 1746, *pag.* 713. *Ibid.* 1747, *pag.* 699.]

2706. ☞ Mſ. Mémoire sur les Pierres & autres matières de construction qui se trouvent aux environs de Clermont en Auvergne; par M. DE VERNINES, de la Société Littéraire de cette Ville.

Il est dans les Registres de cette Société.]

2707. ☞ Lettre du Père Matthieu TEXTE, Dominicain, sur l'origine de certaines pierres singulières trouvées dans le territoire de Maintenon. *Mercure*, 1722, *Juin, p.* 67-70.]

2708. ☞ Mémoire sur les Carrières de Bourgogne.

Il est inséré dans les *Tablettes de Bourgogne*, année 1755, *pag.* 175-183.]

2709. ☞ Mémoire sur les Carrières de Marbre de la Bourgogne; par M. V. D. B. (VARENNE DE BEOST) Correspondant de l'Académie Royale des Sciences de Paris.

Il est inséré dans les *Tablettes de Bourgogne*, année 1758, *pag.* 187-202. M. Varenne, Secrétaire général des Etats de Bourgogne, conserve des morceaux des marbres dont il parle, dans son cabinet où il a rassemblé les curiosités que la Bourgogne & la Bresse offrent aux Naturalistes, principalement dans le règne minéral.]

2710. ☞ Nouvelles Carrières de Marbres, de Jaspe & d'Albastre, découvertes à Grasse en Provence, l'an 1756. *Journal Economique*, 1760, *Juin, pag.* 259.]

2711. ☞ Mémoires sur les Carrières de Pierres, de Marbres, &c. des Provinces du Lyonnois, Forez & Beaujolois, par M. ALLEON DULAC, Avocat au Parlement & aux Cours de Lyon.

Il fait partie de ses *Mémoires*, ci-devant, N.° 2426. L'Auteur y traite seulement des carrières les plus remarquables, & s'attache surtout à faire connoître leurs bonnes ou leurs mauvaises qualités. Il parle d'après des Mémoires qui lui ont été communiqués par plusieurs Sçavans du Pays, sur les carrières de Rive-de-Gier, celles de Saint-Etienne, & quelques autres du Forez & Beaujolois. Deux entr'autres de M. PERRACHE, de l'Académie de Lyon, sur les pierres employées dans quelques anciens Monumens de cette Ville, répandent de grandes lumières sur cette partie.]

2712. ☞ Remarques sur des Carrières de Marbre blanc, & surtout sur celle de Vendelar, à cinq lieues Nord-Est de Moulins en Bourbonnois, avec un Plan. *Recueil d'Antiquités de M. le Comte DE CAYLUS, tom. VI. pag.* 352.]

2713. ☞ Observations sur une espèce de Talc, qu'on trouve communément proche de Paris, au-dessus des bancs de pierre de Plâtre; par M. DE LA HIRE. *Mémoires de l'Académie des Sciences*, 1710, *pag.* 341 *& suiv.*

La substance, qui fait l'objet de ces Observations, est improprement nommée Talc. C'est ce que l'on appelle la Pierre spéculaire, qui se lève par feuillets plus épais que ceux du Talc, & qui se calcine plus aisément. Le véritable Talc ne se trouve que dans les endroits où il y a du Granit.]

2714. ☞ Observations sur le Plâtre de Paris; manière de le tirer & de le travailler.

Elles se trouvent dans les *Mélanges* de M. Dulac, *tom. VI. pag.* 260-274.]

2715. ☞ Mémoire sur les Ardoisières d'Angers, & sur les vestiges des animaux & des plantes que l'on y trouve; par M. GUETTARD. *Mém. de l'Acad. des Sciences*, 1757, *pag.* 52, & *Hist. pag.* 17.]

2716. ☞ Art de tirer des Carrières la pierre d'Ardoise, de la fendre & de la tailler; par M. FOUGEROUX DE BONDAROY; avec quatre planches en taille-douce : *Paris*, Desaint & Saillant, 1762, *in-fol.*

M. FOUGEROUX présente d'abord l'exploitation des Carrières d'Angers, pour passer à celles de Rimogne en Champagne, d'une partie de l'Anjou & de la Bretagne. Il s'attache particulièrement au travail suivi dans les Carrières d'Angers. Il avoue qu'il doit un grand nombre d'Observations à M. SARTRE, Entrepreneur d'Ardoisières à Angers.]

2717. ☞ Mémoire & Instruction pour traiter & exploiter les Carrières d'*Ardoises d'Angers*, à meilleur marché & plus utilement; par M. SARTRE, Directeur général de la Société Royale d'Agriculture de la Généralité de Tours, au Bureau d'Angers: *Angers*, Barrieres, 1765, *in-*8.]

2718. ☞ Lettre au sujet d'une nouvelle Carrière d'Ardoise, trouvée en Basse Bretagne, près d'une Ville appellée Châteaulin, dans le voisinage de Brest, sur le bord de la Mer, & à l'entrée de la Manche. *Journal Economique*, 1757, *Mai, pag.* 60.]

2719. ☞ Extrait de la Relation d'un Voyage en Champagne, ou Description d'une Ardoisière située proche la Meuse. *Mercure*, 1747, *Décembre, pag.* 31-40. 1 vol.

C'est la Description de la Carrière de Rimogne, aux environs de Mézières.]

2720. ☞ Observatio D. Pauli BOCCONI de Materia simili Lithomargæ Agricolæ, aut Agarico minerali Ferrantis Imperati, quæ in cavitate quorumdam saxorum aut silicum in districtu Civitatis Rothomagensis & Portus Gratiæ, in Normannia, invenitur. *Observ. Academiæ naturæ curiosæ, centuria prima, pag.* 5.

Cette matière nommée par Agricola, *Lithomarga*, ou *Medulla faxi*, & par Imperatus, *Stenomarga*, ou *Agaric minéral*, se trouve souvent à la place de ces petits yeux blancs, qui se remarquent dans des cailloux, auxquels le peuple de Normandie donne le nom de Bizetz.

Ces Observations se trouvent aussi dans la *Bibliothèque des Ecrivains de Médecine*; par J.J. Manget, tom. I. pag. 333.]

2721. ☞ Mémoire sur quelques Montagnes & quelques Pierres en Provence; par M. ANGERSTEIN, Suédois. *Mém. présentés à l'Acad. des Sciences*, tom. II. pag. 557.

M. Angerstein montre que la nature a semé dans la France, & surtout dans la Forêt de l'Estérele en Provence, des granits, des jaspes, & des porphyres, & quelques autres trésors ignorés depuis plusieurs siècles. Ses recherches sur la nature de ces pierres tendent à les retirer, conformément au sentiment des plus habiles Naturalistes, de la classe des marbres, où on les avoit mal à propos rangés, pour les remettre dans celle des pierres composées, qui ont pour base un vrai caillou.]

2722. ☞ Mémoire sur les Granits de France, comparés à ceux d'Egypte; par M. GUETTARD. *Mém. de l'Acad. des Sciences*, 1751, pag. 164, & *Hist.* pag. 10.

Pour prouver la ressemblance des Granits de France avec ceux d'Egypte, l'Auteur fait voir que le terrein où l'on trouve les uns & les autres, est entièrement semblable, & qu'ils sont composés des mêmes parties. En France comme en Egypte, il y en a de différens grains & de différente dureté. M. Guettard a déterminé que les uns & les autres n'étoient pas de la nature du marbre, dont on leur a donné le nom improprement.]

2723. ☞ Extrait d'une Lettre écrite à M. Lebeuf; par M. A**** Médecin de Paris, au sujet de cristallisations qu'on trouve en Bourgogne. *Mercure*, 1731, Décembre, pag. 2719-2725.

Ces cristallisations sont de l'espèce des diamans qui ont l'éclat du fer poli, & qu'on appelle Sidérites. Elles ont été trouvées dans des chemins qui traversent des terres labourables, au-dessous de Salmaise en Bourgogne, & dans le Nivernois proche Mez-le-Comte.]

2724. ☞ Mf. Mémoire sur les Cailloux, appellés communément *Diamans*, que l'on trouve dans le terroir de Gabian; par M. DANDOQUE, de l'Académie de Béfiers, lû en 1929 à la Séance publique du premier Septembre.

Ce Mémoire est entre les mains du Secrétaire de l'Académie. Les Observations de M. Dandoque roulent sur l'origine, la formation & la figure de ces pierres transparentes, qu'on découvre aisément, lorsque le Soleil paroît après une pluie.]

2725. ☞ Mémoire sur les Poudingues; par M. GUETTARD. *Mémoires de l'Académie des Sciences*, 1753, pag. 63. *Histoire*, pag. 49.

Les Poudingues sont des assemblages de cailloux plus ou moins gros, attachés ensemble. Il s'agit dans ce Mémoire de ceux qui se trouvent en France.]

2726. ☞ Mémoire sur une espèce de Pierres appellées Salières; par M. GUETTARD. *Mémoires de l'Académie des Sciences*, 1763, pag. 65 & suiv.

On n'y parle que de celles de la France.]

2727. ☞ Mémoire sur la pierre Meulière; par M. GUETTARD. *Mémoires de l'Académie des Sciences*, 1758, pag. 203, & *Histoire*, pag. 1.

Après avoir montré qu'on ne peut faire de la pierre Meulière une classe de pierres particulières, M. Guettard passe à la Description des lieux où elle se trouve aux environs de Paris. Il décrit la nature & le nombre des différentes couches de matière qu'on rencontre au-dessus dans les carrières d'où on la tire; & il rend compte de la manière dont ce travail se fait. Mais comme il ne veut parler que de ce qu'il a vû, il se borne à la Description des carrières d'Houlbec, près de Pacy en Normandie, & de celles qui sont près de la Ferté-sous-Jouarre.]

2728. ☞ Mémoire sur l'Ostéocole des environs d'Etampes; par M. GUETTARD. *Mémoires de l'Acad. des Sciences*, 1754, pag. 269 & suiv.

On a donné le nom d'Ostéocole à une espèce de fossile moulée en forme de tuyaux, & regardée autrefois comme très-propre à réunir les os fracturés; mais dont les Physiciens modernes ont réduit toute la vertu à être dissoluble par les acides, comme le sont toutes les pierres calcaires, & à absorber, comme les craies, l'humidité qu'elles peuvent rencontrer.]

Traités sur les Sels, les Bitumes, les demi-Métaux & les Métaux.

2729. ☞ Observations sur le commerce du Vitriol en France, & sur la manière dont on exploite ce minéral, aux environs de la Ville d'Alais, en Languedoc. *Journal Economique*, 1756, Juin, pag. 88.

Le Vitriol est un sel qui fond dans le feu avec bouillonnement, & forme ensuite une matière sèche & dure qui produit sur la langue un goût styptique & austère.]

2730. ☞ Description du Minéral de Liége, dont on retire du Souffre & du Vitriol, & de la manière dont on y travaille ce Minéral. *Transactions Philosophiques de la Société Royale de Londres*, année 1665 (en Anglois).

La même, en François, dans la *Collection Académique de Dijon*, tom. II. pag. 10.]

2731. ☞ Mf. Mémoire présenté à l'Académie Royale des Sciences en 1761, sur la mine d'Alun de la Tolfa, comparée à celle de Polinier en Bretagne; par M. l'Abbé DE MAZEAS, Correspondant de l'Académie.

Il est dans les Registres de l'Académie des Sciences.]

2732. ☞ Conjectures physiques sur la cause, la nature & les propriétés du Sel marin, d'après quelques Observations sur un marais salant (de l'Aunis) avec un plan de ce marais; par le Père VALOIS, Professeur d'Hydrographie, & de l'Académie de la Rochelle. *Recueil de cette Académie*, tom. II. pag. 141. = *Mémoires de Trévoux*, 1744, Mars, pag. 430.

M. Guettard, & après lui l'Historien de l'Académie des Sciences (année 1758) au Mémoire sur les Salines de l'Avranchin, citent ces mêmes Conjectures sous le nom du P. Laval, ci-devant Hydrographe à Marseille.

Elles sont réellement du P. Valois. Voyez le *Mémoire* suivant, pag. 33 & 86.]

2733. ☞ Mémoire sur les Marais salans des Provinces d'Aunis & de Saintonge ; par M. BEAUPIED DUMENIL, de la Société Royale d'Agriculture de la Généralité de la Rochelle : *La Rochelle*, P. Mesnier, 1764, *in*-12. 99 pages.]

2734. ☞ Réponse de M. GUETTARD, pour servir de Supplément au Mémoire précédent. *Journal Economique*, 1765, *Juin*, pag. 257-264.

Cette Lettre est très-bien faite, & corrige des fautes considérables de M. Dumenil.]

2735. ☞ Examen d'un Sel tiré de la terre en Dauphiné, par lequel on prouve que c'est un Sel de Glauber naturel; par M. BOULDUC. *Mémoires de l'Académie des Sciences*, 1727, *pag.* 375 *& suiv.*]

2736. ☞ Dissertation sur les Salines de Lorraine, & de l'Evêché de Metz ; par Dom Augustin CALMET.

Elle se trouve à la tête du tom. III. de son *Histoire de Lorraine* : Nancy, 1728 *&* 1738, *in*-fol. pag. *xxiij-xxxj.*]

2737. ☞ Observations sur les Salines de Normandie ; par Gabriel DU MOULIN, Curé de Maneval.

Ces Observations forment les *pag.* 8 *&* 9 de l'*Histoire générale de Normandie* : Rouen, 1631, *in*-fol. L'Auteur y dit tout ce qu'on peut desirer d'un simple Historien ; mais sa Description ne renferme point assez de détails, pour qu'elle puisse servir d'instruction dans des Etablissemens.]

2738. ☞ Description des Salines de l'Avranchin, en basse Normandie ; par M. GUETTARD. *Mémoires de l'Académie des Sciences*, 1758, *pag.* 99, & *Hist.* pag. 5 *& suiv.*

Les Salines, qui sont l'objet de ce Mémoire instructif, n'appartiennent point à la classe de celles où la crystallisation a lieu. L'eau n'y est salée, à proprement parler, que d'une maniere accidentelle, & parcequ'en filtrant à travers des morceaux de sable chargés de sel, elle le dissout, & l'entraîne dans des réservoirs.]

2739. ☞ Lettre de M. PETIT, Intendant des Fortifications, &c. à M. l'Abbé Galois, sur la façon dont on exploite les Salines fossiles qui se trouvent entre Honfleur & Caen. *Journal des Sçavans*, 1667, *Mars*, *p.* 57 *& suiv.* & *Collection Académique de Dijon*, *tom. I.* pag. 257.

Les Salines dont il s'agit ici, sont celles de Touque : elles ne sont point fossiles ; ce sont des terres imprégnées de sel, par l'eau de mer qu'on y jette continuellement.]

2740. ☞ Mémoire sur les Salines de Franche-Comté, sur les défauts des Sels en pain qu'on y débite, & sur les moyens de les corriger ; par M. DE MONTIGNY. *Mémoires de l'Académie des Sciences*, 1762, *pag.* 102, & *Histoire*, *pag.* 59.]

2741. ☞ Observations sur les Salines de Groson, & les autres de la Franche-Comté ; par le P. DUNOD, Jésuite.

Ces Observations se trouvent dans la seconde partie de la *Découverte de la Ville d'Antre*, par le même (ci-devant, N.º 204.) chap. *VI.* art. *III.* pag. 171.]

2742. ☞ Mémoire sur les Salins de Péquais en Languedoc ; par M. MATTE, Démonstrateur en Chymie à Montpellier. *Mercure*, 1728, *Décembre*, *tom. II.* p. 2861-2865.]

2743. ☞ Examen du Sel de Pécais ; par MM. LEMERY, GEOFFROY & HELLOT, de l'Académie des Sciences. *Mémoires de l'Académie*, 1740, *pag.* 361.]

2744. ☞ Mf. Mémoire sur les Salines de Pécais ; par M. D'ORBESSAN ; lû à l'Académie des Sciences & Belles-Lettres de Toulouse, le 13 Mars 1760.

Il est conservé dans les Registres de cette Académie.]

2745. ☞ Mf. Mémoire sur les Salines de Pécais ; par M. MONTET, de l'Académie de Montpellier, avec une Carte minéralogique.

Ce Mémoire est entre les mains de l'Auteur. Il est divisé en deux parties. La première traite de la nature du terrein de Pécais, & de la maniere dont on y prépare le Sel marin. La seconde contient des réflexions sur la théorie du procédé. En général, on trouve exactement décrites ce Mémoire toutes les différentes opérations qu'exigent les Salines (ou Salins, comme on les appelle dans le pays) de Pécais.]

2746. ☞ Mf. Observations sur le Projet de former, par crystallisations, les sels provenans des sources salées de Salins & de Montmorot ; par M. le Baron d'ESNANS, Conseiller honoraire du Parlement, & de l'Académie de Besançon.

Dans les Registres de cette Académie.]

2747. ☞ Mf. Mémoire sur le sel des Salines de Montmorot, près Lions-le-Saunier ; par M * * *

Il a été lu à l'Académie de Dijon le 14 Janvier 1757, & est conservé dans ses Registres.]

2748. ☞ Mémoire sur le Puy de la Poix ; par M. l'Abbé CALDAGUÉS, Chantre de l'Eglise de Montferrand.

Ce Mémoire, qui fut envoyé par l'Auteur à l'Académie des Sciences de Paris, le 20 Mai 1718, est inséré dans la *Description de la France*, par Piganiol, *tom. II.* pag. 108 ; & dans le *Dictionnaire des Gaules*, de M. l'Abbé Expilly, *tom. I.* pag. 395-397. Le Puy ou montagne de la Poix, est près de Clermont. A cent cinquante pas de cette montagne, il y a une autre petite monticule, où l'on remarque aussi quelques sources de Poix, & qu'on appelle le Puy de la Sau. M. de Caldagués en parle à la fin de son Mémoire.]

2749. ☞ Mf. Analyse du Bitume du Puy de la Poix ; par M. OZY, Apothicaire Chymiste, & de l'Académie Littéraire de Clermont.

Elle est dans les Registres de cette Société.]

2750. ☞ Historia Balsami mineralis Alsatici, seu Petreoli vallis S. Lamperti ; auctore Jo. Theoph. HOEFFEL ; *Argentinæ*, 1734, *in*-4.

Ce prétendu Baume n'est autre chose qu'un bitume mêlé à beaucoup de terre. Les gens du Pays le liquéfient & le passent pour s'en servir, au lieu de goudron, & ils brûlent le marc, qui donne une flamme sombre & une fumée épaisse. Le lieu s'appelle, dans le Pays, Lampertsloch.]

2751. ☞ Description du Baume de terre de Hanau ; par Jean VOLCK : *Strasbourg*, 1725 (en Allemand) *in-8.*]

Dans la Préface, l'Auteur fait mention des eaux minérales qui se sont trouvées, de son tems, dans le Comté de Hanau-Lichtenberg. Au reste, c'est une Description du Pétroléum qui se trouve à Lampertsloch, Village de ce Comté de Hanau, & dont on vient de donner une notice.]

2752. Discours sur la nature & propriété d'un certain suc huileux nouvellement découvert en Languedoc, près Gabian, Village du Diocèse de Béziers ; par Esprit ANDRÉ, Docteur en Médecine : *Montpellier*, 1605, *in-8. Paris*, Mesnier, 1609.

2753 Mémoire sur quelques singularités du terroir de Gabian, & principalement sur la Fontaine de l'huile de Pétrole, qui y coule ; par M. RIVIERE, Docteur en Médecine de Montpellier : *Montpellier*, Pech, 1717, *in-4.*

☞ On le trouve encore dans le *Recueil de la Société Royale des Sciences de Montpellier* ; dans la *Description de la France* de Piganiol, *tom. VI. pag.* 62-92 ; & dans le *Dictionnaire des Gaules* de M. l'Abbé Expilly, *tom. I. pag.* 612-617. Voyez aussi un extrait de ce Mémoire dans le *Journal de Trévoux*, 1749, *Décembre, pag.* 2613.]

2754. ☞ Mémoire sur l'huile de Pétrole en général, & particulièrement sur celle de Gabian ; lu à l'Académie des Sciences & Belles-Lettres de Béziers ; (par M. BOUILLET, Médecin à Béziers, Secrétaire de l'Académie de cette Ville, & Correspondant de celle de Paris) : *Béziers*, Barbut, 1752, *in-4.*

Ce Mémoire, dont il y a un extrait étendu dans le *Journal des Sçavans*, 1752, *pag.* 496 & *suiv.* a été approuvé par la Faculté de Médecine de Montpellier, & imprimé par ordre de M. de Beausset de Roquefort, Evêque de Béziers, aux soins duquel l'humanité doit la restauration de cette Fontaine salutaire.]

2755. ☞ Mf. Mémoire sur le Bitume de Gaujac (dans les Paroisses de Bastènes & Caupènes, Sénéchaussée de Saint-Sever, Généralité de Bordeaux) par M. JULIOT, avec des remarques faites au Château Trompette (à Bordeaux) sur la manière dont on y a employé ce bitume ; par M. DE BITRY, Ingénieur, & de l'Académie de Bordeaux.

Ce Mémoire est au Dépôt de cette Académie.]

2756. ☞ Extrait du Mémoire de feu M. Juliot, sur le Bitume de Gaujac ; par M. DE SECONDAT.

Il se trouve à la fin de ses *Observations de Physique & d'Histoire Naturelle : Paris*, 1750, *in-8.*]

2757. ☞ Description des matières huileuses & autres, que l'on tire de la mine d'Asphalt, près de Sulz en Basse Alsace, dans un lieu nommé *La Sabloniere* : (en Allemand).

L'Asphalte est un bitume terrestre noir, d'une consistance dure, luisante & semblable à de la poix.]

2758. ☞ Relation d'un événement singulier arrivé à la mine d'Asphalte, dite de la Sablonière en Basse-Alsace, envoyée à M. de la Sablonière, privilégié du Roi pour l'exploitation de toutes les mines d'Asphalte du Royaume, & Emphytéote desdites mines, par acte passé entre lui & Messieurs les Princes de Hesse-Darmstat, & Madame la Princesse de Dourlach leur sœur. *Journal des Sçavans*, 1759, *pag.* 682.]

2759. ☞ Mf. Observations sur les mines de charbon & sur les anciennes souffrières de la Province d'Auvergne ; par M. OZY, de la Société Littéraire de Clermont-Ferrand.

Elles sont dans les Registres de cette Société.]

2760. ☞ Paralleles de Bois & Forêts, avec les terres à brûler ; verbal de l'invention du vrai charbon de terre par toute la France, & épreuve d'icelui faite par Experts & gens de forges ; épreuves & avis sur icelles données au Roi pour l'usage des terres à brûler, & nouvelle invention du charbon à forge : *Paris*, Mondiere, 1627, *in-8.*]

2761. ☞ Mémoire sur l'utilité, la nature & l'exploitation du charbon minéral (de France) ; par M. DE TILLY : *Paris*, Augustin-Martin Lottin, 1758, *in-8.*

L'Auteur parle de l'utilité & de la nature du charbon minéral dans une Introduction, où il s'étend un peu sur les différentes Provinces de France qui le renferment. Le reste de l'Ouvrage, qu'il divise en deux parties, est consacré à expliquer les diverses manœuvres dont on exploite ces mines. Ce qui rend entr'autres cet Ouvrage précieux, c'est le dessein bien fait de la Pompe à feu, qui se trouve à la vérité décrite dans un des Ouvrages de M. Bélidor.]

2762. ☞ Journal des travaux faits dans le Haynaut François, pour la découverte & l'exploitation des mines de charbon de terre. *Journ. Econom.* 1756, *Août*, *pag.* 82]

2763. ☞ Mf. Mémoires lus à l'Académie de Caen le 8 Mai 1760, & le 7 Mai 1761 ; par M. DE L'AVEINE, Ingénieur des Ponts & Chaussées, sur les mines de charbon qu'il a fait exploiter à Litry, près de Cerysy, Bayeux, &c.

Un trait historique de ces mines de charbon, fait l'objet du premier Mémoire. Dans le second, l'Auteur décrit leur allure, leur inclinaison, & les machines avec lesquelles on extrait le charbon.]

2764. ☞ Histoire naturelle & particulière des mines de charbon des Provinces du Lyonnois, Forez & Beaujolois ; par M. ALLEON DULAC, Avocat en Parlement & aux Cours de Lyon.

Elle fait partie de ses *Mémoires pour servir à l'Histoire Naturelle du Lyonnois, &c.* Lyon, Cizeron, 1765, *in-8.* 2 vol. On y trouve tous les détails que peut exiger une matière aussi intéressante, sur-tout par rapport aux carrières de Rive-de-Gier, de Saint-Chaumont & de Saint-Estienne, qui sont les plus abondantes de toute la Généralité. Les différens travaux concernans l'exploitation de ces mines, y sont décrits au long. Le plan de l'extérieur de la carrière de Saint-Chaumont, joint à une Description exacte des objets qui frappèrent le plus l'Auteur, lorsqu'il y descendit, en 1763, donnent toutes les lumieres qu'on peut desirer sur cet article.]

2765. ☞ Mf. Mémoires sur des Pyrites trouvées à la Montagne Saint-Siméon près d'Auxerre; par M. MARTIN, Apothicaire, & de la Société Littéraire de cette Ville.

Ce Mémoire est dans les Registres de la Société. L'Auteur, qui étoit un jeune homme de grande espérance, est mort en 1761, âgé de 36 ans.]

2766. ☞ Extrait d'une Lettre écrite de Brest; par M. DESLANDES, Commissaire de la Marine, & de l'Académie Royale des Sciences. *Mém. de Trévoux*, 1725, Juillet, pag. 1276.

Une partie de cette Lettre a pour objet une mine de Pyrites découvertes en 1723 auprès de Brest, entre Crozon & Roscanvel, & que l'on regardoit dans le Pays comme des Pierres de mines d'or & d'argent.]

2767. ☞ Mémoire sur un minéral nommé Cobolt, ou Mine Arsénicale, que l'on trouve en France; par M. SAUR le jeune, Intéressé aux mines de Lorraine, & Correspondant de l'Académie des Sciences. *Mém. présentés à cette Acad. tom. I. p. 329.*

Le dessein de l'Auteur est de faire le parallèle de cette mine, avec deux qui sont en Allemagne, & de montrer qu'on peut également trouver dans les trois le bleu dont on fait le smalt ou safre avec lequel on contrefait les safirs : objet d'autant plus intéressant, que le commerce de cette matière est très-considérable.]

2768. ☞ Discours sur la nécessité de perfectionner la métallurgie, pour diminuer la consommation des bois; où l'on donne quelques moyens fort simples d'employer les mines en roche de Bourgogne, aussi utilement que celles en terre de la même Province; par M. le Marquis DE COURTIVRON, de l'Académie des Sciences. *Mém. de l'Acad.* 1747, pag. 287.

Ce Mémoire renferme des Observations importantes.]

2769. ☞ Description d'une mine de fer du Pays de Foix, avec quelques réflexions sur la manière dont elle a été formée; par M. DE REAUMUR, de l'Académie des Sciences. *Mém. de l'Acad.* 1718, pag. 139.]

2770. ☞ Mémoire sur les mines & la fabrique du fer (en Bourgogne).

Il est inséré dans les *Tablettes de Bourgogne*, année 1760, pag. 171-178.]

2771. ☞ Traité sur l'acier d'Alsace; par Gilles-Augustin BAZIN, Correspondant de l'Académie Royale des Sciences : *Strasbourg,* 1737, *in-*12.

M. Bazin, né à Paris, & connu par ses Extraits de M. de Reaumur, sur les Abeilles, & plusieurs autres Pièces d'Histoire Naturelle, est mort en . . . . à Strasbourg, où il a fait un long séjour. Le Traité dont il s'agit ici, regarde une mine qu'on a travaillée à Dambach, à l'entrée des Vosges, vis-à-vis Scélestad. Voyez sur cet Ouvrage les *Supplémens aux nouveaux Actes de Leipsick*, tom. *VI.* pag. 260. = *Mémoires de Trévoux,* 1739, *Février, pag.* 306.]

2772. ☞ Observations sur une mine de plomb près du lieu de *Durfort*, dans le Diocèse d'*Alais;* par M. ASTRUC, de la Société Royale de Montpellier, & Docteur en Médecine. *Mém. pour l'Histoire Naturelle du Languedoc :* (ci-devant, N. 2422.) *pag.* 366.]

2773. ☞ Lettre écrite de Limoges en Avril 1704; par un Religieux, au sujet des mines de plomb découvertes dans cette Province. *Mém. de Trévoux,* 1704, *Septembre, pag.* 1622.]

2774. Des Mines d'argent trouvées en France, ouvrage & police d'icelles; par François GARRAULT, sieur des Gorges : *Paris,* Dallier, 1574 : *in*-8.]

2775. ☞ Dissertation sur le travail des mines d'or & d'argent en France, 1712 : *in*-4.]

2776. ☞ Essais de l'Histoire des Rivières & des ruisseaux du Royaume qui roulent des paillettes d'or; avec des Observations sur la manière dont on ramasse ces paillettes, sur leur figure, sur le sable avec lequel elles sont mêlées, & sur leurs titres; par M. DE REAUMUR, de l'Académie des Sciences. *Mém. de l'Acad.* 1718, *pag.* 68, *& suiv.*

Ce Mémoire se trouve aussi dans la *Métallurgie*, traduite de l'Espagnol d'Alphonse Barba : *Paris,* 1751, *in*-12. tom. *II.* pag. 357.]

2777. ☞ Mémoire sur les paillettes & les grains d'or de l'Ariège, fait d'après les lettres & les remarques de M. PAILHÉS, Changeur pour le Roi à Pamiers, envoyées à M. l'Abbé Nollet; par M. GUETTARD. *Mém. de l'Acad. des Sciences,* 1761, *pag.* 197, *& Hist. pag.* 6.]

2778. ☞ Mémoire sur les Rivières des Provinces du Lyonnois, Forez & Beaujolois, qui roulent des paillettes d'or & d'argent; par M. ALLEON DULAC.

Il se trouve à la pag. 291 du tom. I. de ses *Mémoires*, &c. ci-devant, N.° 1426.]

2779. ☞ J. Dan. SCHOEPFLINI excursus de auro Rhenensi Alsatico. *Alsat. illustrat.* tom. *I.* p. 29 *& seq. Colmariæ,* 1751 : *in-fol.*]

2780. Remontrance à Monseigneur le Duc d'Orléans; par Yves DE MICHEL, Sieur de Sure, sur le sujet de très-riches & abondantes mines d'or & d'argent, par lui découvertes en la Province de Dauphiné : *Paris,* 1716, *in*-4.

2781. ☞ Observations sur les mines d'or, d'argent & de fer qui sont en Franche-Comté; par M. DUNOD DE CHARNAGE, Professeur Royal en l'Université de Besançon.

M. Dunod a inséré ces Observations dans son *Histoire du second Royaume de Bourgogne,* &c. *Dijon,* 1737, *in*-4.]

2782. ☞ Projet d'ouverture & d'exploitation des minières & mines d'or, & d'autres métaux, aux environs de Cézé, du Gardon, de l'Eraut, & d'autres Rivières du Languedoc, de la Comté de Foix, de Rouergue, &c. par M. l'Abbé DE GUA DE MALVES : *Paris*, Deſſain Junior, 1764 : *in-8*.

On y trouve trois planches qui repréſentent les lieux où ſont les mines que l'Auteur propoſe de faire exploiter. Voyez l'extrait de cet Ouvrage dans le *Journal économique*, 1764, *Novembre*, *pag*. 481.]

2783. ☞ Réponſe de M. G. (GUETTARD) à une note de l'Ouvrage de M. l'Abbé de Gua-de-Malves. *Journal Économique*, 1764, *Décembre*, *pag*. 548.]

2784. ☞ Mſ. Diſſertation ſur la manière dont ſe fait la pêche de l'or dans une rivière des Cevennes, nommée de Ceze; par L. LE COINTE, Officier au Régiment de l'Iſle Maurice, ou de France.

Cette Diſſertation eſt entre les mains de l'Auteur, & dans les Regiſtres de l'Académie de Niſmes.]

Traités ſur les Stalactites & Pétrifications.

☞ On a placé, au commencement de cet article, les différens Traités qui ont été faits ſur les Grottes, parce que les ſingularités qu'on trouve ordinairement dans ces ſouterrains, ſont de la nature de celles qui font l'objet des Ouvrages cités ici.]

2785. ☞ Obſervations ſur quelques Stalactites de Sable; par M. GUETTARD, de l'Académie des Sciences.

Ces Obſervations font partie de la première Diſſertation du même Auteur ſur les Stalactites, inſérée dans les *Mémoires de l'Académie des Sciences*, 1754, *pag*. 25. M. Guettard décrit celles qu'il a vues près d'Étampes, dans le voiſinage d'Écouen, & à l'Abbaye du Val, près de l'Iſle-Adam.]

2786. ☞ Deſcription des Grottes d'Arcy; par M. PERRAULT.

Cette Deſcription eſt dans le Livre que cet habile Phyſicien a publié ſur l'*Origine des Fontaines* : *Paris*, le Petit, 1672, *in-12*. (*pag*. 273-287). Le Dictionnaire de Moréri contient cette Deſcription preſque toute entière, au mot *Arcy*. Elle a reparu encore, mais plus abrégée, dans les *Tablettes de Bourgogne*, 1759, *pag*. 153-1760; & dans l'*Almanach d'Auxerre*, 1760.]

2787. Mſ. Deſcription des Grottes d'Arcy, près d'Avalon ; par Claude JOLY, Conſeiller au Parlement de Metz, en 1679.

Ce Manuſcrit (étoit) conſervé dans la Bibliothèque de M. de la Mare, Conſeiller au Parlement de Dijon, qui en parle *pag*. 49 de ſon *Plan des Hiſtoriens de Bourgogne*.

Claude Joly eſt mort en 1689.

☞ M. l'Abbé Papillon (*Bibliothèque de Bourgogne*, *pag*. 344) dit que Claude Joly eſt mort le 14 Février 1680, lorſqu'il alloit être reçu Conſeiller au Parlement de Metz; & parmi les Manuſcrits de ce Magiſtrat, qu'il dit avoir vus chez M. de la Mare, & être paſſés à la Bibliothèque du Roi, il ne met point la Deſcription des Grottes d'Arcy. Il n'en parle que d'après le Supplément de Moréri de M. l'Abbé Goujet.]

2788. ☞ Deſcription des mêmes Grottes; par Jacques CLUGNY, Lieutenant-Général du Bailliage de Dijon.

Cette Deſcription, qui fut faite par ordre de M. Colbert, a été imprimée dans les *Mémoires de Littérature* du P. des Molets, *tom. II. pag*. 1-110; & depuis dans le *tom. I*. de l'*Encyclopédie*, au mot *Arcy*.]

2789. ☞ Nouvelle Deſcription des Grottes d'Arcy; par M. MORAND, Docteur en Médecine de la Faculté de Paris, & de la Société Royale de Lyon : *Lyon*, 1752, *in-12*.

Elle ſe trouve encore dans les *Obſervations ſur l'Hiſtoire Naturelle*, *la Phyſique & la Peinture*, 1752, *in-4. tom. I. part*. III.]

2790. ☞ Mſ. Deſcription, Plans, Couppe, & Nivellement des Grottes d'Arcy ſur Cure; par M. PASUMOT, Ingénieur-Géographe du Roi, de l'Académie d'Auxerre; lue aux Aſſemblées de cette Académie, en 1763.

L'Auteur ſe propoſe de publier cette Deſcription. Elle préſente d'abord un coup-d'œil général ſur la nature des terres & des pierres du canton, & eſt terminée par des Obſervations phyſiques ſur les ſingularités qu'on voit dans ces Grottes, ſur la formation même de ces ſouterrains, & ſur un bras de la Rivière de Curé, qui ſe perd ſous terre, coule par-deſſous les Grottes, & reparoît de l'autre côté de la montagne, où elle fait tourner un moulin. L'Auteur annonce que les Deſcriptions précédentes, dont il fait mention, ne s'accordent point entr'elles, & ne peuvent donner une idée préciſe de tout ce qu'on voit dans ces Grottes.]

2791. ☞ Deſcription (en vers) de quelques effets des Grottes d'Arcy, en Bourgogne.

Elle ſe trouve dans l'*Almanach des Muſes* : *Paris*, 1765, *in-24*.]

2792. ☞ Lettre de M. SEIGNETTE, ſur une Grotte de la montagne où ſe trouvent les bains de Bagnères, dans le Bigorre.

Cette Lettre eſt dans l'*Hiſtoire de la Rothelle*, par M. Arcère, *tom. II. pag*. 424.]

2793. ☞ Extrait de deux Lettres écrites de Beſançon à M. de Reaumur, en 1743 & 1745, ſur la Grotte qui ſe trouve à quelque diſtance de Beſançon, & qu'on nomme la Glacière; par M. DE COSSIGNY, Ingénieur en chef de Beſançon & Correſpondant de l'Académie des Sciences.

Cet Extrait ſe trouve dans les *Mémoires préſentés à l'Académie*, *tom. I. pag*. 195 & *ſuiv*. A des meſures préciſes, l'Auteur joint un plan détaillé & une coupe de la caverne, qui mettent ſous les yeux tout l'intérieur de cette Grotte ſingulière. Il ne rapporte que ce qu'il a vu, & il a ſoigneuſement dépouillé la Deſcription du faux merveilleux que l'ignorance ne manque jamais de jetter ſur les faits extraordinaires.]

2794. ☞ Extrait d'une Lettre de M. BOISOT, Abbé de Saint-Vincent, touchant la Glacière de Beſançon & la Grotte de Quingey. *Journal des Sçavans*, 1686, *pag*. 287. = *Républiq. des Lettres*, *Août*, 1688. = *Choix des Mercures*, *tom*. XXXII. *pag*. 207.]

2795. ☞ Deſcription de la Grotte de Crégi; par M. GUETTARD, de l'Académie des Sciences.

Cette Deſcription fait partie de la ſeconde Diſſertation du même Auteur ſur les Stalactites inſérée dans les *Mémoires de l'Académie*, 1754, *pag*. 57.]

2796. ☞ Deſcription de la Balme de Dauphiné; par M. DIEULAMANT. *Hiſtoire de l'Acad. des Sciences*, 1700, *pag*. 3.]

2797. ☞ Autre Deſcription de la même

Grotte; par M. Morand, Docteur en Médecine de la Faculté de Paris.

On voit par cette seconde Description, qui se trouve dans les *Mémoires présentés à l'Académie*, tom. II. *pag.* 149, combien il étoit échappé de recherches au premier Observateur, & de quel avantage il est que les merveilles de la nature soient examinées plus d'une fois par d'habiles Physiciens.]

2798. ☞ Epistola Samuelis BLANQUET, D. M. Monspeliensis, ad Biterrensis Academiæ socios, de aquâ quæ in saxa obrigescit: *Mimati*, Bergeron, 1731, *in*-4.

C'est une Description bien écrite & très-détaillée des Grottes de Merveis.]

2799. ☞ Description des Grottes de Merveis, près de Mende en Gévaudan, avec des remarques sur la manière dont se forment les congélations; par M. Bouillet, Secrétaire perpétuel de l'Académie de Béziers.

Cette Description, qui est extraite de la Lettre précédente, est imprimée dans la *Relation de l'Assemblée publique du 6 Décembre*, 1731, *pag.* 19.]

2800. ☞ Mf. Relation d'un Voyage souterrain dans la Caverne de Rochecaille en Périgord; lue à l'Académie de Bordeaux le 25 Février 1764; par le R. P. François, Religieux Récollet, Associé de l'Académie.

Cette Relation, qui est conservée dans les Registres de cette Académie, est curieuse par la Description du souterrain. On doit admirer le courage de l'Académicien qui en est l'Auteur, & de ceux qui avec lui osèrent entreprendre ce voyage.]

2801. ☞ Lettre de M. l'Abbé J**** à M. le Chevalier de **** sur les Pétrifications d'Albert en Picardie. *Mercure*, 1755, *Juin*, 1. vol.

Elle est aussi dans les *Mélanges d'Histoire Naturelle* de M. Dulac, *tom. II. pag.* 171-180. Aux environs de la Ville d'Albert, est une carrière immense de Pétrifications, des plus singulières peut-être qui soient en France. Les ouvriers qui la percèrent n'y trouvèrent au lieu de pierres que du tuf, & des matières pétrifiées; telles que de la mousse, des roseaux, des brins de fougères, des feuilles, des branches, & des troncs d'arbres entièrement pétrifiés.

Voyez sur une découverte faite en 1759 dans cette Carrière, la *Feuille nécessaire*, *pag.* 410 : *Paris*, Lambert, 1759, *in*-8.]

2802. ☞ Lettre au sujet de la précédente sur les Pétrifications d'Albert.

Elle est dans les Mélanges de M. Dulac, *tom. II. pag.* 187-189.]

2803. ☞ Mf. Mémoire sur les Pétrifications d'Albert, petite Ville à sept lieues d'Amiens; par M. des Meillarts, de l'Académie d'Amiens.

Il est dans les Registres de l'Académie des Sciences de cette Ville.]

2804. ☞ Pétrifications des eaux d'Arcueil. *Hist. de l'Acad. des Sciences, an.* 1687.]

2805. ☞ Mf. Mémoire sur les Pétrifications de la Vallée de Bondeville, à une lieue de Rouen; par M. Guerin, Secrétaire de l'Académie des Sciences de cette Ville.

L'objet principal de ce Mémoire, qui est dans les Registres de l'Académie, est une Carrière très-singulière entièrement différente des ordinaires, & qui n'est qu'un amas confus de diverses matières rassemblées dans ce lieu. Elle n'a qu'un seul lit profond de quatre pieds, sous lequel est un bourbier dont on n'a pu trouver le fond. Après la description de cette espèce de pierres, M. Guerin en assigne les usages, & expose ses conjectures sur sa formation.]

2806. ☞ Mémoire sur les Pétrifications de Boutonnet, petit Village proche de Montpellier; par M. Astruc, Professeur en Médecine au Collège Royal; lu dans l'Assemblée de la Société Royale des Sciences à Montpellier.

L'Auteur reconnoît devoir une partie des détails de ce Mémoire à M. Bon, premier Président de la Chambre des Comptes de Montpellier, dont il fait l'éloge. Il discute l'opinion des Physiciens qui considèrent les Pétrifications comme des jeux de la nature; il établit ensuite son hypothèse, où il prétend qu'elles ont été moulées par de véritables coquilles. Le *Journal de Trévoux*, 1708, *p.* 512, en donne un extrait fort étendu.]

2807. ☞ Mf. Lettre écrite le 9 Janvier 1754; par M. Emanuel-Guillaume Viallet, Sous-Ingénieur des Ponts & Chaussées de la Généralité de Champagne, & à présent (1764) Sous-Inspecteur de celle de Paris, à M. Dargenville, Maître des Comptes; avec un état des Pétrifications, & quelques Observations sur celles qui se trouvent dans la Champagne.

Il y en a une copie dans les Registres de la Société Littéraire de Châlons.]

2808. ☞ Mémoire sur les Pétrifications des environs de la Rochelle; par M. de la Faille.

Ce Mémoire se trouve dans l'*Oryctologie* de M. d'Argenville.]

2809. ☞ Mf. Mémoire sur les Pétrifications du lieu de Soulains, Election de Bar-sur-Aube; par M. Varnier, de la Société Littéraire de Châlons-sur-Marne.

Il se trouve dans les Registres de cette Société.]

2810. ☞ Examen des causes des impressions des Plantes marquées sur certaines pierres des environs de Saint-Chaumont, dans le Lyonnois; par M. Antoine de Jussieu, de l'Académie des Sciences. *Mém. de l'Acad.* 1718, *pag.* 287, & *Hist. pag.* 3.

Il se trouve aussi *pag.* 73, *du tom. II. des Mémoires pour servir à l'Histoire Naturelle, &c.* par M. Dulac: ci-devant, N.º 1526. L'Auteur de ces Mémoires y a joint des figures de plantes semblables à celles dont parle M. de Jussieu, pour Saint-Chaumont, & qui n'ont été découvertes qu'en 1764, dans le Furens, rivière qui passe par Saint-Etienne.]

2811. ☞ Recherches Physiques sur les Pétrifications qui se trouvent en France, de diverses parties de plantes, & d'animaux étrangers; par M. Antoine de Jussieu. *Mémoire de l'Acad. des Sciences*, 1721, *pag.* 69 & 322.]

2812. ☞ Dissertation sur les Pierres figurées qu'on trouve à Saint-Chaumont, dans le Lyonnois, & mille autres endroits de la terre,

terre, aussi-bien que sur les Coquillages & les autres vestiges de la mer ; par le Père Castel. *Mémoires de Trévoux*, 1722, *Juin, pag*. 1089.]

2813. ☞ Mémoire sur la découverte d'une Souche d'arbre pétrifiée, trouvée dans une montagne aux environs d'Étampes ; par M. Clozier, Chirurgien des Haras du Roi, & Correspondant de l'Académie des Sciences. *Mém. présentés à l'Acad. tom. II. pag.* 598.

Suivant l'Historien de l'Académie (M. de Fouchy) l'observation de M. Clozier léve toute incertitude sur la nature de ces fossiles, regardés par quelques-uns comme de véritables pierres qui imitoient seulement la nature du bois, sans avoir jamais passé par cet état. Il n'est pas possible d'y méconnoître un véritable tronc d'arbre rongé même en quelques endroits par des insectes qu'on y trouve aussi pétrifiés.]

2814. ☞ Portentosum lithopædion sive embryon petrefactum urbis Senonensis (*Basileæ*, 1582). Accedit Joannis Albosii exercitatio de hujus indurationis causis naturalibus : *Senonis*, 1587, *in*-8.

Le prodigieux enfant pétrifié de la Ville de Sens, traduit de Latin en François ; par Siméon de Provenchere : *Sens*, *in*-8.

Il n'est pas démontré que les os se pétrifient. On a pu prendre l'ossification des parties solides, pour une véritable pétrification. Quoi qu'il en soit de cette curiosité naturelle, elle a été vendue à des Vénitiens qui la mirent dans le trésor de leur Ville. J. Ailleboust, Auteur des conjectures sur les causes de cette pétrification, est devenu premier Médecin de Henri III. Siméon de Provenchere son Traducteur, avoit été appellé avec lui pour l'examen de ce fait singulier. Voyez l'*Almanach de Sens*, 1766, *pag*. 157-161.]

2815. ☞ Histoire de quelques corps humains pétrifiés, trouvés au mois de Février dernier (1760) debout dans un rocher qu'on a fait sauter avec de la poudre, auprès d'Aix en Provence, (en Anglois).

Cette Histoire, que l'Auteur a puisée dans les papiers publics où elle a été décrite, & sur laquelle il s'est permis des conjectures plus ingénieuses que satisfaisantes, est jointe à une *Description curieuse & particulière de quelques squelettes d'hommes découverts en France* (auprès de Soissons) en 1685, dans une ancienne tombe, &c. *Londres*, Bristow, 1760, *in*-4. (en Anglois).]

2816. ☞ Mémoire sur des os fossiles, découverts le 28 Janvier 1760, dans l'intérieur d'un rocher auprès de la Ville d'Aix en Provence ; par M. Guettard. *Mém. de l'Acad. des Sciences, an.* 1760, *p*. 209-220.

On trouve à la fin une note de M. Hérissant, de la même Académie, qui a rapport à ces os.]

2817. ☞ Mémoire sur les os fossiles ; par M. Guettard. *Mém. de l'Acad. des Sciences, an*. 1764.

Il est question d'os marins, trouvés en France.]

2818. ☞ Ms. Autre Mémoire sur les os fossiles ; par le même.

Il est entre les mains de l'Auteur. On y traite des os fossiles qui ne sont pas d'animaux marins, mais terrestres ; & on y fait voir que ceux qu'on trouve aux envi-

rons d'Étampes ne sont pas des racines, comme l'a prétendu M. Clozier.]

2819. ☞ Mémoire sur une Pétrification mêlée de coquilles, qui se trouvoit dans une petite pièce d'eau du Château des Places, près de Chinon en Touraine ; par M. le Royer de la Sauvagere, Chevalier de l'Ordre Royal de Saint-Louis, Ingénieur en chef dans le Corps Militaire du Génie, & de l'Académie des Belles-Lettres de la Rochelle : *in*-12. 8 pages.

On retrouve ce Mémoire dans le *Journal de Verdun*, 1763, *Octobre, pag*. 291. Voyez aussi le *Journal Économique*, 1765, *Février, pag*. 63.]

2820. ☞ Extrait d'une Lettre à M*** sur des Coquillages fossiles qui se voyent dans les environs de Beauvais. *Mercure*, 1748, *Juin, pag*. 49-52, 1 vol.]

2821. ☞ Lettre sur les Coquillages fossiles. *Mercure*, 1748, *Juin, pag*. 60-67.

On prend pour exemple des Coquillages des différentes Provinces du Royaume.]

2822. ☞ Mémoire sur les accidens des Coquilles fossiles, comparés à ceux qui arrivent aux Coquilles qu'on trouve maintenant dans la mer ; par M. Guettard. *Mém. de l'Acad. des Sciences*, 1759, *pag*. 189-226.

On y parle des Coquilles fossiles de la France.]

2823. ☞ Ms. Mémoire sur les Coquillages fossiles, sur les Oursins crystallisés, & sur les autres Pétrifications de différens corps marins, que l'on a trouvés dans les carrières de M. Médine & de M. d'Abdie, dans la Paroisse de Léognan, à deux lieues de Bordeaux, pendant les années 1759=60=61=62=63 & 1764 : *in*-4.

Ce Mémoire est conservé à Bordeaux, avec les Collections des pièces d'Histoire Naturelle qui en font le sujet.]

2824. ☞ Ms. Observations sur les Coquillages fossiles qu'on trouve près du Château de Saucatz, dans les Landes, à trois lieues de Bordeaux ; par M. de Baritault, Conseiller au Parlement de Bordeaux, & de l'Académie de cette Ville : *in*-4.

Ces Observations sont au Dépôt de l'Académie.]

2825. ☞ Remarques sur les Coquilles fossiles de quelques Cantons de la Touraine, & sur les utilités qu'on en tire ; par M. de Reaumur. *Mém. de l'Acad. des Sciences*, 1720, *pag*. 400.]

2826. ☞ Mémoire sur les Encrinites & les pierres étoilées ; par M. Guettard. *Mém. de l'Acad. des Sciences*, 1755, *pag*. 224-263, & 318-354.

On y parle de plusieurs endroits de la France, où l'on trouve des Encrinites qui sont des amas de petits corps, dont la réunion représente la fleur d'un lis.]

2827. ☞ Ms. Mémoire sur les pierres figurées du Pays d'Aunis, avec la Description d'un alphabet lapidifique, pour servir à l'Histoire Naturelle de cette Province; par M. DE LA FAILLE, Contrôleur général des guerres, & de l'Académie de la Rochelle: *in-4.* 30 pages & 15 planches.

Ce Mémoire est entre les mains de l'Auteur, qui en prépare une édition considérablement augmentée. On en trouve un extrait étendu dans le *Mercure*, 1754, *Octobre*, p. 13-25, & dans les *Mélanges d'Histoire Naturelle* de M. Alléon Dulac, tom. I. pag. 304-316.]

2828. ☞ Dissertation sur la formation de trois différentes espèces de pierres figurées, qui se trouvent dans la Bretagne; (par M. DE ROBIEN.)

Cette Dissertation est à la suite d'un Ouvrage du même Auteur, intitulé, *Nouvelles idées sur la formation des fossiles*: *Paris*, David l'aîné, 1751, *in-12.*]

2829. ☞ Essai sur la formation des Dendrites, des environs d'Alais; par M. DE SAUVAGES, de la Société Royale des Sciences de Montpellier. *Mém. de l'Acad. des Sciences*, 1745, *pag.* 561.

Les Dendrites sont des pierres le plus souvent opaques, sur lesquelles on voit des miniatures naturelles, qui imitent des arbres, & quelquefois des paysages. Celles qui font le principal objet du Mémoire de M. de Sauvages, se trouvent en assez grande abondance dans un vallon du Diocèse d'Alais, appellé vulgairement *Russeau*. On peut consulter la *Bibliothèque raisonnée*, tom. XLV. pag. 327.]

2830. ☞ Essai sur les Dendrites des environs d'Orléans; par M. SALERNE, Correspondant de l'Académie des Sciences. *Mém. présentés à l'Acad. des Sciences*, tom. II. p. 1.

M. Salerne décrit l'extérieur des Dendrites, & rapporte les différentes expériences qui lui ont appris la nature de la teinte jaunâtre, & celle de la couleur qu'il nomme *arborifique*, dont les diverses ramifications imitent si bien les branches & les feuilles des arbres, qu'on est tenté d'en attribuer la figure à leur impression. Les Dendrites dont parle M. Salerne sont tirées des Carrières de Caveteau, petit Hameau à neuf lieues au-dessous d'Orléans. Elles fournissent aussi un blanc de craie, appellé *blanc d'Espagne*, dont ce Mémoire apprend en passant la composition & l'usage.]

SECTION IV.

Hydrologie de la France.

§. I. *Traités sur les Mers, les Fleuves & les Fontaines qui ne sont pas Minérales.*

2831. ☞ Essai sur l'Histoire Economique des Mers Occidentales de France; par M. TIPHAIGNE, Docteur en Médecine (de Caen): *Paris*, Bauche, 1760, *in-8.*

Cet Essai est divisé en deux parties. Dans la première l'Auteur envisage d'abord les productions de la Mer du côté de leur utilité. Après avoir jetté un coup d'œil sur le Canal de la France (ou la Manche) sur la nature des fonds & la variété des Côtes, sur les nombreuses familles qui habitent ces Mers, il commence la Description des Pêches, & jette les fondemens de ses vues économiques. En finissant, il parle de l'origine de certains impôts que des particuliers perçoivent sur la marée, des rentes auxquelles les pêcheurs sont obligés de se soumettre pour établir leurs filets dans certains endroits, &c.

La seconde partie traite des espèces particulières de Pêches, de celle aux Marsouins, Chiens de Mer, Huitres, &c. M. Tiphaigne propose sur chacune des idées neuves, & des projets d'amélioration. Dans tout le cours de cet Essai, on trouve des détails intéressans sur la Physique, l'Histoire Naturelle & les Arts. Voyez les *Mémoires de Trévoux*, 1761, *Janvier*, pag. 44-60.]

2832. ☞ Histoire Physique de la Mer; par Louis Ferdinand, Comte DE MARSIGLI, de l'Académie des Sciences de Paris: *Amsterdam*, 1725, *in-fol.*

Cet Ouvrage contient principalement l'Histoire Naturelle de la Mer Méditerranée, sur les Côtes de Languedoc & de Provence, où l'Auteur étoit pendant les années 1706 & 1707. Il traite du bassin ou du lit de la Mer, de l'eau, des divers mouvemens de l'eau, de la nature, de la propriété & de la végétation des plantes. L'Auteur propose son Ouvrage comme un échantillon d'Histoire Naturelle pour tout le reste de la Mer. Tout ce qu'il y avance, est fondé sur des expériences & observations qu'il a faites sur les lieux mêmes. On y trouve des Cartes du Golfe de Lyon, des Profils ou Coupes du Bassin de la Mer, & des figures très-bien dessinées.

⎯ Les Rivières de France; par Louis COULON: ci-devant, N.º 859.

Quoique cet Ouvrage soit proprement une Description Géographique, il peut servir cependant aux Naturalistes, pour connoître le cours des différens Canaux qui traversent la France.

⎯ Rivières de France qui roulent des paillettes d'or: ci-devant, N.ᵒˢ 2776-2779.]

2833. ☞ Mémoire sur les Rivières, Ruisseaux, Fontaines & Cascades remarquables des Provinces du Lyonnois, Forez & Beaujolois; par M. ALLEON DULAC, Avocat en Parlement & aux Cours de Lyon.

Il fait partie de ses *Mémoires*, ci-devant, N.º 2416. La Grotte ou Cascade de Fontanière, qui est regardée à Lyon comme une grande singularité, la Fontaine de la Galée, la Rivière d'Yvours, celle de Furens, & la Fontaine Saint-Maurice, sont les principaux objets dont il est traité dans ce Mémoire. La Description des deux premiers est tirée d'un Mémoire remis à la Société Royale de Lyon, en 1751; par M. MORAND, Docteur en Médecine, & de l'Académie Royale des Sciences.]

2834. ☞ Mf. Mémoire sur les Rivières de la haute & basse Marche.

Il fait partie des Mémoires de MM. Jean & Pierre ROBERT, Lieutenans-Généraux en la Ville de Dorat: ci-devant, N.º 2427.]

2835. ☞ Mémoire sur plusieurs Rivières de Normandie, qui entrent en terre, & qui reparoissent ensuite, & sur quelques autres de la France; par M. GUETTARD. *Mém. de l'Acad. des Sciences*, 1758, *pag.* 271, & *Hist. pag.* 13.]

2836. ☞ Mf. Mémoire sur les propriétés des eaux de l'Arriège; par M. RICAUT: lu à l'Académie des Sciences & Belles-Lettres de Toulouse, le 16 Mars 1747.

Il est conservé dans les Registres de cette Académie.]

⎯ ☞ Réflexions de M. l'Abbé DE FONTENU, sur le Loiret: ci-devant, N.º 871.]

2837. ☞ Observations de M. BUACHE, sur le Loiret, avec une Carte exacte de cette Rivière; dressée par M. JOUSSE, Conseiller au Présidial d'Orléans ; lues en 1766 à l'Académie Royale des Sciences.

Ces Observations sont dans les Registres de cette Académie. On y fait une comparaison de la Carte de M. Jousse, avec celle qui accompagne les Réflexions de M. l'Abbé de Fontenu, sur lesquelles on donne divers éclaircissemens.]

2838. ☞ Mémoire sur l'eau de la Rivière d'Ouche, qui baigne les murs de la Ville de Dijon ; par M. FOURNIER, Docteur en Médecine : *Dijon*, de Fay, 1762, *in-*8.]

2839. ☞ Cause des débordemens de la Seine, &c. par Henri SAUVAL.

Ces Observations se trouvent dans le Liv. III de ses *Antiquités de Paris*, tom. I. pag. 200-208.]

2840. ☞ Expérience curieuse faite à Paris sur la Rivière de Seine, pendant l'été de l'année 1677. *Journal des Sçavans*, 1678 ; *pag.* 39 & *suiv.*]

2841. ☞ Examen des causes qui ont altéré l'eau de la Seine pendant la sécheresse de l'année 1731 ; par M. ANTOINE DE JUSSIEU. *Mém. de l'Acad. des Sciences*, 1733, *p.* 351 & *suiv.*

M. de Jussieu dit que cette altération a été produite par la multiplication extraordinaire d'une plante aquatique, à laquelle la sécheresse & le peu de hauteur de l'eau ont donné lieu.]

2842. ☞ Observations expérimentales sur les eaux des Rivières de Marne, d'Arcueil & de Puits, & sur les filtres & les vaisseaux les plus sains & les plus propres à purifier & à conserver l'eau ; par M. AMY, Avocat au Parlement de Provence : *Paris*, Morel, 1749, *in-*12.]

2843. ☞ Dissertation sur la nature des eaux que l'on boit à Paris. *Journal Economique*, 1753, *Juin, p.* 112-151, & *Juillet, p.* 104-137.

Après un éloge détaillé de l'eau en général, on examine quelles doivent être ses qualités, pour qu'elle soit bonne ; & on applique aux eaux de la Seine les principes qui ont été posés d'abord. Dans le second article, on compare ces eaux à celles d'Arcueil, de Belleville, & du Pré Saint-Gervais. L'Auteur prouve ses propositions par plusieurs expériences. Il finit par donner la Liste des différentes eaux qui se distribuent aux Fontaines de Paris.]

2844. ☞ Quæstio Medica, an salubrior Sequana ? propugnata anno 1759, in Universitate Parisiensi, à Joanne Armando ROUSSIN DE MONTABOURG, Præside Francisco MÉRY : *Parisiis*, 1759, *in-*4.

On trouve un extrait de cette Thèse dans le *Journal Economique*, 1759, *pag.* 516 & *suiv.* M. Méry préfère l'eau de la Seine à celle d'Issy, de Belleville & de Rungis (ou d'Arcueil) qui ne parvienent à Paris qu'à travers des tuyaux de plomb, & qui laissent appercevoir une espèce de crudité en les buvant.]

2845. ☞ Examen chymique de l'eau de la Rivière d'Yvette ; par MM. HELLOT & MACQUER, de l'Académie Royale des Sciences.

Il est dans le Mémoire de M. Deparcieux, lu à l'Assemblée publique de l'Académie, le 13 Novembre 1762, sur la possibilité d'amener à Paris mille à douze cens pouces d'eau, belle & de bonne qualité, &c. *Paris*, Imprimerie Royale, 1764, *pag.* 40 & *suiv.* Il résulte de cet examen que l'eau de l'Yvette ne contient aucunes substances sulphureuses, ou inflammables, aucun acide, ni alkali, aucunes parties ferrugineuses, cuivreuses, ni d'autres parties métalliques.]

2846. ☞ Observations où l'on fait voir que les eaux de toutes les petites Rivières qui composent la Seine, & autres grandes Rivières, ont le goût de Marais, &c. par M. DEPARCIEUX. *Mém. de l'Acad. des Sciences*, 1762, *pag.* 391 & *suiv.*

Ce sont des additions que l'Auteur a jointes à son Mémoire sur l'Aqueduc (projetté) des eaux de l'Yvette à Paris : ci-devant, N.° 931.]

2847. ☞ Henrici NINNIN, Quæstio Medica, an Vidula salubris ? in Universitate Remensi habita : *Remis*, 1749, *in-*4.

L'Analyse des eaux de la Vesle, toutes les expériences faites pour constater leur qualité, & le jugement du fameux M. Geoffroy, leur ont donné la réputation que le préjugé leur étoit, & elle se confirme tous les jours par la diminution des maladies.]

2848. ☞ Discours admirables de la nature des eaux & fontaines, tant naturelles qu'artificielles, &c. par Bernard PALISSY : ci-devant, N.° 2649.]

2849. ☞ Ms. Mémoire sur la nature de toutes les eaux d'Amiens, relativement à la santé des Habitans, aux Arts, aux Manufactures ; par M. SELLIER, Professeur des Arts & de l'Académie des Sciences d'Amiens.

Ce Mémoire est conservé dans les Registres de cette Académie.]

2850. ☞ Ms. Observations Physiques sur les eaux de l'Artois, & en particulier sur la Fontaine de Beuvry ; par M. l'Abbé LUCAS, de la Société Littéraire d'Arras.

Elles sont dans les Registres de cette Société.]

2851. ☞ Ms. Examen des eaux communes de la Ville d'Auxerre, qui ne valent rien, excepté celles de la Rivière (d'Yonne) & du Puits de l'Evêché ; par M. BERRYAT, Docteur en Médecine de Montpellier, Correspondant de l'Académie Royale des Sciences, & Membre de la Société Littéraire d'Auxerre.

Ce Mémoire est conservé dans les Registres de cette Société. M. Berryat est mort à Auxerre en 1754. C'est lui qui a publié les deux premiers Volumes de la Collection Académique.]

2852. ☞ Ms. Analyse des eaux communes d'Auxerre, lue en 1760 à la Société Littéraire de cette Ville ; par M. MARTIN, Apothicaire.

Il résulte de cette Analyse que la Ville d'Auxerre n'a pas d'eaux mal saines, mais que la plus salubre de toutes est celle de la Rivière d'Yonne, qui baigne ses murs. L'Auteur de ce Mémoire, qui se trouve dans les Registres de la Société Littéraire de cette Ville, est mort en 1761.]

2853. ☞ Ms. Mémoires sur les exondations du Puits de Boyaval, sur les sources bouillantes de Fontaine-les-Boullans, sur les Fontaines saillantes du Château de la Vasserie, près Béthune, & sur les Fontaines intermittentes de Bailleulmont; par M. l'Abbé Lucas, de la Société Littéraire d'Arras.

Ils sont dans les Registres de cette Société.]

2854. ☞ Explication Physique du flux & du reflux d'un Puits situé aux environs de Brest, sur le bord de la mer; par le Père Aubert, de la Compagnie de Jesus. *Mém. de Trévoux*, 1728, *Octobre*, *pag.* 1878-1894.

Le Père Alexandre, Bénédictin, fait mention de ce Puits dans son *Traité sur le flux & reflux de la Mer*, p. 150. L'élévation de ses eaux est toujours contraire à celle de la Mer.]

2855. ☞ Sur la Fontaine de Colmars dans le Diocèse de Sénès en Provence; par M. Astruc, de la Société Royale de Montpellier, & Docteur en Médecine. *Mémoires pour l'Histoire Naturelle du Languedoc*, pag. 401 (ci-devant, N.° 2422.)

Cette Fontaine est remarquable par la fréquence de ses retours : elle s'arrête & elle coule environ huit fois dans une heure. Ces variations, dont Gassendi paroît avoir été étonné, dépendent, dit M. Astruc, du plus ou du moins d'eau qui abonde à la Source, suivant que la saison est plus ou moins pluvieuse.]

2856. ☞ Relation de la découverte d'une source dans la Ville de *Coulanges-la-Vineuse*, en Bourgogne; par L. J. Richer, Avocat à Auxerre : *Paris*, 1712, *in*-8.

C'est un précis des opérations que M. Couplet, Ingénieur du Roi & de l'Académie des Sciences, avoit faites pour la découverte & la conduite de cette source. Avant ses travaux, la Ville de Coulanges manquoit absolument d'eau. Ce fut M. d'Aguesseau, Procureur-Général, & Seigneur du lieu, qui y envoya M. Couplet en 1705. Voyez l'*Eloge* de cet Ingénieur, par M. de Fontenelle.]

2857. ☞ Mémoire sur la Fontaine de Fontestorbe, son intercalation, &c. par M. Astruc, de la Société Royale de Montpellier : *Toulouse*, Robert, *in*-4. 13 pages.

Fontestorbe est auprès du Village de Belesta, aux basses Pyrénées, Diocèse de Mirepoix. La Dissertation de M. Astruc à son sujet, lue à une séance publique de la Société Royale de Montpellier, a été rendue publique par le Père Planque, de l'Oratoire. M. Astruc l'a fait réimprimer lui-même en 1737, avec des changemens considérables, pag. 257, de ses *Mémoires pour l'Histoire Naturelle de la Province du Languedoc : Paris*, 1737, *in*-4.]

2858. ☞ Observations sur la Fontaine de Fontestorbe, accompagnées de l'explication de tout ce qu'elle a de remarquable; par le P. Planque, de l'Oratoire, &c. *Toulouse*, Robert, 1731, *in*-4. 16 pages.

L'Auteur a fait exécuter une machine en fer-blanc, dont le jeu rend exactement toutes les variations de la Fontaine. Comme le sujet de sa Dissertation est le même que celui du Mémoire précédent, cette conformité a fait accuser le P. Planque d'avoir voulu se faire honneur de l'Ouvrage de M. Astruc. Pour dissiper cette calomnie, il en fit imprimer une copie dérobée au Secrétaire de la Société de Montpellier. M. Astruc, *pag.* 271 de ses *Mémoires pour l'Histoire Naturelle du Languedoc*, reproche beaucoup au P. Planque ce larcin, qui n'étoit point nécessaire pour dissiper une accusation frivole, & qui ne pouvoit point lui procurer la gloire d'avoir découvert le méchanisme de la Fontaine de Fontestorbe, puisque son explication se trouvoit dans des Auteurs qui avoient écrit plus de vingt ans avant lui. Cet Ouvrage a été réimprimé dans les *Mémoires sur l'Histoire Naturelle du Languedoc*, à la suite de celui de M. Astruc.]

2859. ☞ Différences entre le Mémoire de M. Astruc, & celui du Père Planque de l'Oratoire, sur la Fontaine de Fontestorbe : *in*-4. 6 pages, sans nom d'Imprimeur.]

2860. ☞ Lettre sur le véritable Auteur de l'explication de la Fontaine de Fontestorbe, donnée sous le nom du Père Planque de l'Oratoire. *Montpellier*, Rochard, 1731, *in*-4.

On en trouve un extrait dans les *Mémoires de Trévoux*, 1732, *Février*, *pag.* 281.]

2861. ☞ Discours de deux Fontaines découvertes à Forgirenon, près de Langres : *Paris*, du Brayer, 1603, *in*-8.]

2862. ☞ Extrait d'une Lettre de M. Courvoisier, Docteur en Médecine, au sujet d'une Fontaine périodique, située sur le chemin de Pontarlier, au Village de Touillon, en Franche-Comté. *Journal des Sçavans*, 1688, *pag.* 295, 2 *partie*, & *Choix des Mercures*, tom. XXXIII. *pag.* 116.

M. Piganiol de la Force a transcrit cette Lettre presque en entier dans sa *Description de la France*, tom. VIII. pag. 480. Son extrait se trouve encore pag. 407, des *Mémoires pour servir à l'Histoire Naturelle du Languedoc* (ci-devant, N.° 2422); par M. Astruc. Mais cet habile Naturaliste avoue que ce qu'on dit de l'inégalité alternative des intermissions de cette Fontaine, lui paroît suspect.]

2863. ☞ Ms. Mémoire sur six Puits, creusés de 40 pieds de profondeur dans un rocher découvert auprès du Village des Pois de Fiol, en Franche-Comté; par M. le Marquis de Montrichard, Associé de l'Académie de Besançon.

Ce Mémoire est dans les Registres de cette Académie. M. Bullet a donné l'explication du nom du Village, dans son *Dictionnaire Celtique*, dont il est fait mention ci-après au Chapitre des Gaulois.]

2864. ☞ Histoire naturelle de la Fontaine qui brûle près de Grenoble, avec la recherche de ses causes & principes, & ample traité de ses feux souterrains; par Jean Tardin, Docteur en Médecine : *Tournon*, Linocier, 1618, *in*-12.

Cet Ouvrage est comme tous ceux de ce tems-là, rempli de digressions peu étrangères au sujet, & d'enthousiasme pour une merveille qui n'en est plus une. Tardin étoit d'ailleurs un Médecin habile. On a de lui plusieurs Dissertations Physiologiques. Une, entre autres, sur une Naissance tardive, vient d'être réimprimée à la suite d'une Consultation qu'un Médecin célèbre (M. Bouvard) a donnée dans une espèce semblable.]

2865. ☞ Observations sur la Fontaine de Marsac, en Périgord; par le Révérend Père Mul, Cordelier de la Grande Province d'Aquitaine. *Mémoires de Trévoux*, 1749, *Juin, pag.* 1334-1340.

Il est encore parlé de cette Fontaine dans les Antiquités des Villes de France, par André du Chesne, dans le Dictionnaire de Corneille, & dans celui de la Martinière.]

2866. ☞ Analyse de l'eau du Puits de l'Ecole Royale Militaire de Paris ; par M. MARTIN, ci-devant Apothicaire dudit Hôtel. *Journal de Médecine, tom. VII. pag.* 354.]

2867. ☞ Mf. Observations sur les eaux d'un Lac creusé aux environs de Périgueux, qui s'enflamment à l'approche d'une torche allumée ; lues à l'Académie de Bordeaux, le 25 Août 1755 ; par M. l'Abbé PEIX, ancien Professeur de Philosophie à Périgueux, Supérieur du Séminaire de Saint-Raphaël à Bordeaux, & de l'Académie de cette Ville.

Ce Manuscrit est conservé dans le Dépôt de l'Académie de Bordeaux.]

2868. ☞ Relation de la Fontaine sans fond, de Sablé, en Anjou, communiquée à l'Académie des Sciences ; par M. le Marquis DE TORCY. *Histoire de l'Acad. des Sciences*, 1741, *pag.* 37.]

2869. ☞ Mf. Description d'une Fontaine située sur une montagne, à 150 toises du dessus du niveau de la mer, à une demi-lieue de S. Jean-de-Luz, qui a un flux & un reflux en tout semblable à celui de la mer ; lue par M. LAVAUT, à l'Académie des Sciences & Belles-Lettres de Toulouse, le 18 Février 1751.

Elle est conservée dans les Registres de cette Académie.]

2870. ☞ Extrait d'une Lettre de M. QUILLET, écrite de Saint-Pol en Artois, au sujet d'un Puits extraordinaire (de Boiaval). *Mercure*, 1741, *Janvier, pag.* 19-24.]

☞ Lettre écrite d'Aix en Provence ; par M. BOYER le jeune, à M. l'Abbé B*** sur le même sujet. *Mercure*, 1741, *Juillet, pag.* 1529-1538.]

2871. ☞ Observations sur une Fontaine publique de Senlisse, Village près de Chevreuse, dont l'eau fait tomber les dents, sans fluxion, sans douleur & sans effusion de sang ; par M. LEMERY, de l'Académie Royale des Sciences. *Histoire de cette Académie, année* 1712, & *Journal des Sçavans*, 1716, *pag.* 200.]

2872. ☞ Mf. Description d'une Fontaine située dans le Fauxbourg de Tonnerre, Bourbereaux, & appellée Fosse d'Yonne ; par M. LE PERE, Secrétaire de la Société Littéraire d'Auxerre.

Cette Description est dans les Registres de cette Société. Le vulgaire pense que la Fontaine dont il est question, vient de l'Yonne, & on débite mille fables à ce sujet. M. le Père, qui donne des détails sur la position de cette Fontaine, sa construction, sa profondeur, & sa largeur, dit qu'elle est fournie & perpétuée par les montagnes qui l'environnent.]

§. II. *Traités sur les eaux Minérales.*

Traités sur celles de la France en général.

2873. La mémoire renouvellée des merveilles des eaux naturelles en faveur de nos Nymphes Françoises, & des Malades qui ont recours à leurs emplois salutaires ; par Jean BANC, de Moulins en Bourbonnois, Docteur en Médecine : *Paris*, Sevestre, 1605, *in-*8.

☞ L'Auteur y fait passer en revue presque toutes nos eaux Thermales. On trouve dans cet Ouvrage les Descriptions des anciens bains du Bourbonnois & de l'Auvergne, tels que les Romains les avoient construits : l'Auteur en trace assez exactement les débris & les ruines.]

2874. ☞ Merveille des eaux naturelles & Fontaines Médicinales les plus célèbres de la France, comme Pouges, Bourbon-les-Bains, & autres ; par Jean BANC : *Paris*, 1606, *in-*8.]

2875. * Recueil des Fleuves & des Fontaines chaudes & froides de France ; par Claude CHAMPIER.

Il se trouve dans le Livre II des *Singularités des Gaules* : ci-devant, N.° 2098.]

2876. ☞ Petri Joannis FABRI hydrographum spagyricum, in quo de mirâ fontium essentiâ tractatur: *Tolosa*, Bosc. 1639, *in-*8.

Le second Livre de cet Ouvrage offre la Description de plusieurs Fontaines Minérales de France, & surtout de la Province du Languedoc.]

2877. Le secret des eaux Minérales acides, nouvellement découvert [par une méthode qui fait voir quels sont les minéraux qui se mêlent avec les eaux de Provins, de Spa, de Forges, de Pougues, de Château-Thierry, d'Auteuil, de Passy, d'Ancosse, de Sainte-Reine ; & qui montre que l'opinion commune touchant l'acidité des eaux minérales ne peut subsister] ; par Pierre le GIVRE, Médecin : *Paris*, Ribou, 1667, *in-*12. [seconde édition : *Ibid.* 1677, où dans une seconde partie sont contenues des Lettres de plusieurs Médecins sur les eaux Minérales de France.]

☞ En 1667, Samuel Cottereau Duclos, Médecin du Roi, & Membre de l'Académie des Sciences, lut une Dissertation pour réfuter quelques principes avancés par le Givre. On en trouve un précis dans l'*Histoire Latine de l'Académie* ; par M. du Hamel, *pag.* 14 & 15. On peut encore voir sur Samuel Cottereau Duclos, les *Transactions Philosophiques*, num. 125, *pag.* 612. Il ignoroit, ainsi que Pierre le Givre, l'Art que l'on a aujourd'hui d'analyser les eaux Minérales ; & leurs disputes sont fondées sur de ridicules hypothèses.]

2878. ☞ Examen de diverses eaux Minérales de la France ; par MM. DUCLOS & BOURDELIN, de l'Académie des Sciences. *Hist. de l'Acad. des Sciences, ann.* 1667-1670, *pag.* 62, & *Bibliothèque de Médecine, tom. IV. pag.* 122, *in-*4.]

2879. Observations sur les eaux Minérales de plusieurs Provinces de France, faites dans l'Académie des Sciences en 1670 &

1671 ; par Duclos, Médecin ordinaire du Roi : *Paris*, Imprimerie Royale, 1675, *in*-12.

Samuel Cottereau Duclos eſt mort en 1685.

☞ Les mêmes à la ſuite du *Traité des eaux de Vichi*; par Jean-François Chomel : *Paris*, Briaſſon, 1738, *in*-12.

Eædem Obſervationes latinè redditæ : *Lugd. Batav.* Vander Aa, 1685 , *in*-8.]

2880. ☞ Obſervations ſur pluſieurs eaux Minérales de France. *Hiſt. de l'Acad. des Sciences*, 1708, *pag.* 57, & 1713, *pag.* 29.]

2881. ☞ Traité abrégé des eaux Minérales de France, & la manière d'en faire l'analyſe ; par M. L. M. (Le Monnier) de l'Académie Royale des Sciences.

Ce Traité eſt imprimé à la fin du ſecond Volume de la *Pharmacopée* de Moyſe Charas : *Lyon*, Bruyſet, 1753, *in*-4.]

2882. ☞ Analyſe de différentes eaux Minérales de France.

Cette Analyſe eſt dans le Traité du Fer, par Swedemborg, dont M. Bouchu a placé la Traduction dans la *ſect. IV* de l'*Art des Forges & Fourneaux*, imprimé avec ceux de l'Académie des Sciences.]

2883. ☞ Abrégé méthodique des eaux Minérales, contenant les eaux médicinales les plus célèbres, ſoit chaudes, ſoit froides, de la Grande Bretagne, de l'Irlande, de la France, &c. par M. Rutty., Docteur en Médecine : *Londres*, Johnſton, 1757, *in*-4. (en Anglois).

Selon M. de Vandermonde, qui donne un extrait étendu de ce grand Ouvrage, dans le *Journal de Médecine*, tom. IX. pag. 388, année 1758, il ne doit être regardé que comme un vaſte Recueil d'expériences, le plus ſouvent incapables de jetter le moindre jour ſur l'objet qu'il traite. Tout ce que dit le Docteur Rutty eſt, comme il l'annonce dans ſon titre, extrait des principaux Auteurs qui ont écrit ſur les eaux de la France & des autres Pays de l'Europe. Il s'eſt appliqué en particulier à réunir & à mettre en ordre les différens Mémoires relatifs à cet objet, & qui ſont répandus dans les Recueils des Sociétés ſavantes.]

2884. ☞ Analyſe de l'abrégé méthodique du Docteur Rutty, adreſſée par manière d'appel au Collége Royal des Médecins de Londres; par C. Lucas, Docteur en Médecine : *Londres*, Millar, 1757, *in*-8. (en Anglois.)

C'eſt une critique ſouvent très-amère du Livre précédent, faite par un Confrère, piqué de n'avoir pas vu ſes Ouvrages cités comme il l'auroit déſiré.]

2885. ☞ Obſervations de Phyſique & d'Hiſtoire Naturelle ſur les eaux Minérales de Dax, de Bagnères & de Barèges, &c. par M. de Secondat, ancien Conſeiller au Parlement de Bordeaux, & de l'Académie de cette Ville, &c. *Paris*, Huart, 1750, *in*-12.

Cet Ouvrage eſt très-agréable, par l'élégance avec laquelle il eſt écrit. Il contient des remarques curieuſes ſur la chaleur des eaux.]

2886. ☞ Guintherii Andernaci commentarius de Balneis & Aquis medicatis : 1565, *in*-8.

L'Auteur (Jean Gonthier) fait mention des eaux d'Andigaſte, de Géberſwicer, de Niderbronn & de Walderſbronn près de Bitſch, & de pluſieurs autres eaux minérales des frontières Orientales de France.

Ce Médecin, qui a mérité un éloge public dans la Faculté de Médecine de Paris, dont il étoit Membre, eſt mort en 1574.]

2887. ☞ Mſ. Aquarum Galliæ mineralium Analyſis; auctore D. Venel : *in*-4. 2. vol.

Cet Ouvrage, fait par ordre de la Cour, eſt entre les mains de M. Venel, Docteur en Médecine à Montpellier.]

Traités ſur les Eaux Minérales des différentes parties de la France, rangés ſelon l'ordre alphabétique du nom des lieux où elles ſe trouvent.

A

2888. ☞ Analyſe de l'eau Minérale ferrugineuſe qui ſe trouve dans *Abbeville*; par M. le Maire : 1740, *in*. 12.]

2889. ☞ Mſ. Diſſertation ſur les eaux Minérales d'*Abbeville* ; par M. Vrayet, de l'Académie d'Amiens.

Elle eſt conſervée dans les Regiſtres de cette Académie.]

2890. ☞ Traité des eaux Minérales d'*Abecourt*, où l'on démontre par l'analyſe & par pluſieurs expériences, quelle eſt la nature de ces eaux ; où l'on fait le parallèle de ces eaux avec celles de Forges, & où l'on donne l'idée la plus juſte qu'on doit avoir des eaux ferrugineuſes & de Mars, avec l'explication des maladies auxquelles elles conviennent, & les Obſervations des perſonnes qui ont été guéries par leur uſage ; par M. Gouttard, Médecin ordinaire du Roi & de Madame la Dauphine : *Paris*, d'Houry, 1718, *in*-12.

On doit à M. de Ferragus, Médecin de l'Abbaye de Poiſſi, la connoiſſance des eaux dont il eſt parlé dans ce Traité. Ce Médecin en fit la découverte en 1708, & communiqua à l'Auteur de la Diſſertation dont il s'agit, quelques expériences qui engagèrent l'un & l'autre à faire l'Analyſe de ces eaux, qui, ſelon l'Auteur, depuis leur découverte, ſont devenues par tout le monde d'une piſcine ſalutaire.]

2891. ☞ Mſ. Mémoires ſur les eaux Minérales d'*Availles*, en baſſe Marche ; découverte de ces eaux en 1623 ; leur nature & leurs effets; à quelles maladies elles ſont propres.

Ils ſont partie des Mémoires de MM. Jean & Pierre Robert, Lieutenans-Généraux en la Ville de Dorat : ci-devant, N.° 2427.]

2892. ☞ Mémoire ſur les eaux Minérales d'*Ax*, dans le Comté de Foix; par M. Sicre, de l'Académie des Sciences & Belles-Lettres de Touloſe : *Touloſe*, Guillemet, 1758, *in*-12.

L'Auteur a employé le loiſir d'une longue convaleſcence, à examiner ces eaux, auxquelles il doit, dit-il, ſon rétabliſſement. Pour en rendre l'examen plus inté-

Histoire Naturelle. 167

reſtant, il rapporte vingt quatre Obſervations ſur des cures faites par ces eaux, & n'oublie pas ſa propre guériſon. M. Sicre avoit plus de zèle que de lumières; mais il a ſuppléé à ce défaut, par une grande docilité pour un jeune Chymiſte de Paris, qui lui indiquoit preſque pas à pas la marche qu'il devoit ſuivre dans ſon analyſe.]

2893. ☞ Eſſai ſur les eaux Minérales d'*Acqs*; par M. DUFAU : *Acqs*, 1736, *in*-12.]

☞ Le même, augmenté, ſous le titre d'Obſervations ſur les eaux thermales d'*Acqs*, où l'on donne une juſte idée de leur nature & de leurs propriétés; par M. DUFAU, Médecin, de l'Académie de Bourdeaux : *Acqs*, 1759, *in*-12. de 96 pages.

On trouve dans une Lettre qu'on a inſérée à la fin de ces Obſervations, que cet Ouvrage avoit déja été imprimé avant 1753, & que la première édition avoir mérité à l'Auteur l'aſſociation à l'Académie de Bordeaux.]

2894. ☞ Mſ. De aquarum Tarbellicarum calidis aquis : *in*-8.

Ce Manuſcrit, qui renferme un Traité des eaux thermales de Dax, eſt attribué à M. DE SUBERCASAUX, Médecin en la même Ville. Son Manuſcrit a été dépoſé, après ſa mort, chez M. Grateloup, Echevin.]

2895. ☞ Relation de la Fontaine bouillante de *Dax*, lue à l'Académie de Bordeaux au mois de Janvier 1742; par M. DE SECONDAT. *Mém. de Trévoux*, 1747, Septembre, pag. 1826, & *Obſervations de Phyſique, &c.* par le même, pag. 3-27.]

2896. ☞ Mſ. Expériences faites ſur la Fontaine d'eau chaude de la Ville de *Dax*, les 19, 20 & 22 Février; par le P. LAMBERT, Religieux de l'Obſervance, & Aſſocié de l'Académie de Bordeaux : *in-fol.*

Ce Manuſcrit ſe trouve dans le Dépôt de l'Académie de Bordeaux.]

2897. Traité des eaux Minérales trouvées en 1598 près de la Ville de l'*Aigle*, en Normandie; par Germain MEYON : *Rouen*, Hamilton, 1629, *in*-12.

2898. De Thermarum *Aquiſgranenſium* viribus, cauſa & legitimo uſu epiſtolæ duæ Petri [BOUHEZII, in quibus etiam acidarum aquarum ultra Leodium exiſtentium facultas explicatur] : *Antverpiæ*, Loens, 1555, *in-8*.

C'eſt un Traité des bains d'*Aix-la-Chapelle*, qui a été fait en 1550.

2899. ☞ Franciſci FABRICII thermæ *Aquiſgranenſes*, ſive de balneorum naturalium, præcipuè eorum qui Aquiſgrani & Porcettæ, naturâ & facultatibus, & quâ ratione illis utendum, libellus perutilis : *Coloniæ*, Genepii, 1546, *in*-4. *Coloniæ*, Kinchius, 1616, *in*-12. *Ibid.* Cholinus, 1617, *in*-8.]

2900. Lettres de François BLONDEL, Docteur en Médecine, ſur les eaux Minérales d'*Aix-la-Chapelle* & de Porcette : *Bruxelles*, Mommart, 1662, *in*-12. *Aix-la-Chapelle*, 1671, *in*-12.

Ce Médecin eſt mort en 1682.

2901. Thermarum *Aquiſgranenſium* & Porcetarum deſcriptio, eodem auctore : *Aquiſgranæ*, Metternich, 1671, *in*-12. fig. [*Idem. Trajecti-ad-Moſam*, Dupreys, 1685, *in*-12. *Aquiſgrani*, Clemens, 1688, *in*-4.]

2902. * Avis au Public touchant la vertu des eaux minérales, chaudes & froides, d'*Aix-la-Chapelle*, comme auſſi des Bains de Porcet; par N. TOURNIELLE, Docteur en Médecine, 1696, *in*-8.

2903. Nicolai VALLERII tentamina Phyſico-Chymica circa aquas thermales *Aquiſgranenſes* : *Lugduni Batavorum*, Bondeſtein, 1699, *in*-8.

2904. Hydro-Analyſe des eaux Minérales d'*Aix-la-Chapelle*; par J. Fr. DE BRESMAL : *Liége*, Millot, 1703, *in*-8.

2905. * La connoiſſance des eaux minérales d'*Aix-la-Chapelle*, de *Chaud-Fontaine*, & de *Spa*, par leurs véritables principes, envoyée à un ami; par W. CHROUET, Docteur en Médecine : *Leyde*, Schouten, 1714, *in*-8.

2906. ☞ La circulation des eaux d'*Aix* & de *Spa*; par J. Fr. BRESMAL : *Liége*, 1718, *in*-12.]

2907. ☞ Deſcription de la Ville d'*Aix-la-Chapelle*, de ſes eaux Minérales & de ſes Bains : *Leyde*, *in*-4. (en Hollandois).]

2908. ☞ Amuſemens des eaux d'*Aix-la-Chapelle*; par HECQUET, Docteur en Médecine, & neveu du célèbre Médecin : *Amſterdam*, Mortier, 1736, *in*-8. 3 vol.]

2909. ☞ D. Gottlob Caroli SPRINGSPHELD, Medici aulici Saxo-Ducalis, & civitatis Weiſſenfelxenſis Phyſici ordinarii, Iter medicum ad Thermas *Aquiſgranenſes* & fontes *Spadanos* : acceſſère ſingulares quædam Obſervationes Medicæ atque Phyſicæ : *Lipſiæ*, Gleditſch, 1748, *in*-8.

On trouve un extrait de cet Ouvrage dans les *Actes de Léipſik*, 1749, pag. 387.]

2910. ☞ R. P. (Robert PIERRE) Bathonienſium & Aquiſgranenſium Thermarum comparatio : *Londini*, 1676, *in*-12.]

2911. ☞ Des Bains d'*Aix*, & des moyens de les remettre, à MM. les Conſuls d'Aix, Procureurs du Pays; par A. M. (Antoine MERINDOL) Docteur & Profeſſeur en Médecine : *Aix*, Durand, 1600, *in*-8.

L'Auteur eſt mort en 1624, à Aix ſa patrie.]

2912. ☞ Traité des Bains de la Ville d'*Aix* (en Provence); par DE CASTELMONT : *Aix*, Toloſan, 1600, *in*-8.

Ce Traité fut critiqué par le ſuivant.]

2913. Apologie pour les Bains d'*Aix* (en Provence) ; par Antoine MERINDOL, Docteur en Médecine : *Aix*, Toloſan, 1618, *in*-8.

☞ Il y a eu une première édition de cet Ouvrage en 1600, *in*-8. Peut-être eſt-ce la même que celle indiquée ci-deſſus, N.° 2911.]

2914. Les Eaux chaudes d'*Aix*, de leur vertu, à quelles maladies elles sont utiles, & de la saison de s'en servir ; par Jean Scholastique PITTON, Docteur en Médecine : *Aix*, David, 1678, *in*-8.

2915. ☞ Lettre écrite à MM. sur une source d'eau chaude & minérale d'*Aix*, découverte l'an 1704 : *Aix*, sans date, petit format.]

2916. Les Eaux chaudes d'*Aix*, avec les avis & la méthode nécessaire pour s'en servir ; par Honoré Maria LAUTHIER, Professeur en Médecine : *Aix*, David, 1705, *in*-12.

☞ Voyez les *Mémoires de Trévoux*, 1705, Octobre, pag. 1696.]

2917. Traité des eaux Minérales d'*Aix* ; par Louis ARNAUD : *Avignon*, 1705, *in*-12.

☞ On trouve un extrait de cet Ouvrage dans les *Mémoires de Trévoux*, 1706, Juin, pag. 1004.]

2918. Analyse des eaux Minérales d'*Aix* en Provence, avec des réflexions sur leur vertu, & l'usage qu'on doit en faire ; par Antoine AUCANE-EMERIC, Docteur en Médecine : *Avignon*, 1705, *in*-8.

☞ On trouve un extrait de cet Ouvrage dans les *Mémoires de Trévoux*, 1705, Octobre, pag. 1696.]

2919. ☞ Découverte d'une source d'eau chaude à *Aix* en Provence. *Mém. de Trévoux*, 1704, Novembre, pag. 2005. *Mercure*, 1705, Mars.]

2920. Mémoire sur les eaux Minérales d'*Alais*, pour servir à l'Histoire Naturelle de la Province ; par François BOISSIER DE SAUVAGES, Professeur en Médecine à Montpellier ; lu à l'Assemblée publique de la Société Royale des Sciences de la même Ville, le 19 Avril 1736 : *in*-4.

Il se trouve aussi presque tout entier dans la *Description de la France* de Piganiol, tom. VI. pag. 102-107.]

2921. ☞ Recueil de Pièces sur les eaux d'*Alais*.

C'est une petite brochure de 18 pages, sans titre, ni nom d'Editeur. Elle renferme un Certificat de Marc Giraudet, Jean Gibert, & François la Croix (de Sauvages) Médecins d'Alais, sur l'usage & l'utilité de ces eaux, & différentes Lettres de Médecins & de Particuliers addressées à M. Faucon, Maître de la Fontaine de *Daniel*, sur la bonne qualité des eaux de cette Fontaine.]

2922. ☞ Melchioris *Sebisii* dissertationum de Acidulis sectiones duæ, in quarum priore agitur de acidulis in genere ; in posteriore verò de *Alsatiæ* acidulis in specie : *Argentorati*, Glaser, 1627, *in*-8.]

2923. ☞ De Thermis & Balneis *Alsatiæ* sub Romanis : Alsat. illustrat. de M. Schoepflin, *Colmariæ*, 1751, *in*-fol. pag. 357 & suiv.]

2924. ☞ Mf. Mémoire sur les eaux Minérales de l'*Anjou* ; par M. BERTELOT DUPATY, Docteur en Médecine de l'Université d'Angers.

Il est conservé dans les Registres de l'Académie des Sciences & Belles-lettres d'Angers.]

2925. ☞ Admirables & miraculeuses vertus de la Fontaine d'*Antilly*, au Diocèse de Meaux en Brie, découverte par le Cardinal du Perron ; par Jean-Philippe VARIN, Bernois : *Paris*, Brunet, 1614, *in*-8. 23 pages.

L'Auteur ne parle de cette Fontaine chimérique dans aucun endroit aussi au long que dans le titre. Il décrit les Fontaines de l'Antiquité & même les modernes, de Bourbonne & d'Auvergne, & laisse-là celle d'Antilly, dont il ne dit que trois ou quatre mots dans le 23, où il compare le Cardinal du Perron à l'Ange du Lavoir de Siloë.]

2926. ☞ Observations Physiques & Médicinales sur les eaux Minérales d'*Appoigny*, de *Pourain*, de *Dige* & de *Touci*, aux environs d'*Auxerre*, avec une Consultation à l'usage de ceux qui en boivent ; par M. BERRYAT, Conseiller-Médecin ordinaire du Roi, Intendant de ces eaux Minérales, Correspondant de l'Académie Royale des Sciences de Paris, & Membre de la Société des Sciences & Belles-Lettres d'Auxerre : *Auxerre*, Fournier, 1752, *in*-12.

On trouve dans le quatrième volume de l'*Histoire de l'Académie Royale des Sciences*, un article concernant l'eau d'Apoigny ou Epoigny, petite Ville à deux lieues d'Auxerre ; & c'est-là ce qui a donné occasion à M. Berryat de faire de nouvelles recherches sur cette Source, qui depuis étoit entièrement tombée dans l'oubli. Son Ouvrage étoit d'autant plus digne d'être donné au Public, qu'il peut servir à faire connoître à ceux qui habitent le voisinage de ces eaux, les ressources qu'ils ont auprès d'eux dans un grand nombre de maladies. *Journal des Sçavans*, 1752, Août.

M. Berryat est mort à Auxerre en 1754.]

2927. ☞ Theophili de BORDEU, Quæstio Medica, Utrum *Aquitaniæ* Minerales aquæ morbis chronicis ? affirm. an. 1754, in Universitate Parisiensi : *Parisiis*, 1754, *in*-4. pag. 74.

Cette Thèse est d'autant plus intéressante, que les Traités des eaux Minérales de toute l'Aquitaine y sont analysés & discutés sçavamment.]

2928. ☞ Philippi BESANSONII, Doctoris Medici, de Arduennæ Silvæ duorum admirabilium Fontium, effectibus admirabilibus, dialogus : *Parisiis*, Cavellat, 1577, *in*-8.

Le même, traduit sous ce titre, Petit Traité des merveilleux effets de deux admirables Fontaines en la Forêt d'*Ardenne*, & le moyen d'en user à plusieurs maladies, pris du Latin de Philippe BESANÇON, & mis en François par Marin LE FEVRE : *Paris*, Cavellat, 1577, *in*-8.]

2929. ☞ Eaux Minérales découvertes auprès d'*Arles*. *Mercure*, 1680. Novembre, pag. 123.]

2930. La Fontaine minérale d'*Arles* nouvellement découverte ; par J. S. D. E. D. (Joseph SEGUIN, Docteur en Droit) : *Arles*, Mesnier, 1681, *in*-4.

2931. * Traité des eaux Minérales d'*Attancourt*,

court, en Champagne, avec quelques Obfervations fur les eaux minérales de *Sermaife*; par Edme BAUGIER, Médecin & Confeiller au Préfidial de Chaalons : *Chaalons*, Seneuze, 1696, *in-8*.

☛ Quoique l'Auteur dife qu'il s'eft appliqué pendant 40 ans à l'étude de la Médecine, il paroît n'avoir eu aucune connoiffance de la faine Phyfique, ni de la vraie Chymie; il n'a jugé de ces eaux que par leurs qualités fenfibles, fans en donner aucune analyfe.]

2932. Aquarum *Avallenfium* medicatarum defcriptio; à Petro RONDELETIO, Medicinæ Doctore : *Parifiis*, Perrier, 1640, *in*-8.

2933. ☛ Differtation fur les eaux nouvellement découvertes à *Aumale*, en Normandie, contenant l'Analyfe de ces eaux, & quelques obfervations fur les maladies qu'elles ont guéries; par M. MARTEAU DE GRANDVILLERS, Médecin de la Ville & de l'Hôpital d'Aumale, & Membre de l'Académie des Sciences d'Amiens : *Paris*, Vincent, 1759, *in-12*.

Les eaux qui font l'objet de cette Differtation & de l'Avis fuivant, ont été découvertes en 1755 dans une prairie à l'extrémité du Fauxbourg Sainte - Marguerite d'Aumale. Elles ont été employées avec fuccès dans différentes maladies chroniques, fur lefquelles M. Marteau a fait quarante-fix Obfervations, qu'il a jointes à fon Analyfe, avec les Procès-verbaux qui conftatent l'efficacité des eaux. M. Vandermonde a donné un extrait de cet Ouvrage intéreffant dans fon *Journal de Médecine*, tom. II. 1759, *pag*. 230.]

2934. ☛ Avis fur les eaux minérales d'*Aumale*.

Il eft inféré dans le *Journal de Médecine*, tom. *XIII*. pag. 85, 1760, *in-12*.]

2935. De l'ufage des eaux minérales acides, & furtout de celles d'*Auriols* en Trienes & de *Moneftier* de Clermont; par P. DE VULSON, Docteur en Médecine : *Grenoble*, 1639, *in-8*.

2936. Des vertus & propriétés des eaux minérales d'*Auteuil*, près Paris; par Pierre HABERT, Médecin : *Paris*, le Mur, 1628, *in-8*.

☛ On ne connoît que celles qui coulent dans les jardins de la Maifon Seigneuriale de Paffy à l'extrémité du Village, & on foupçonne qu'elles contiennent du cuivre; du moins M. de la Pouplinière, qui occupoit cette maifon, avoit-il défendu qu'on en puifât, à caufe de cet inconvénient.

2937. Des eaux minérales d'*Auvergne* & du *Bourbonnois*; par (Jean-Baptifte) CHOMEL, Docteur en Médecine, de l'Académie Royale des Sciences.

Ces Obfervations font imprimées dans le volume des *Mémoires* de cette Académie de l'année 1708, *p*. 59.]

2938. ☛ Defcription des fources minérales de l'*Auvergne*; par M. LE MONNIER. *Obfervations d'Hiftoire Naturelle*, par le même : ci-devant, N.° 2381.]

B

2939. Les vertus des eaux minérales de *Bagnères* & de *Barège*, leur dégré de chaleur,

leur compofition & leur véritable ufage; par Jean MOULANS, Maître Apothicaire Juré de Bagnères : *Touloufe*, Colomiez, 1685, *in- 12*. [& *Tarbes*, Roquemaure, *in-12*.]

2940. ☛ Traité de la propriété & effets des eaux, bains doux & chauds de *Bagnères* & de *Barège*; par P. DESCAUNETS : *Touloufe*, Hénault, 1729, *in-12. Ibid.* Biroffe, 1745 : *in-12*.]

2941. ☛ Mf. Effai fur les eaux de *Bagnères*, & Defcription du lieu; par M. le Préfident D'ORBESSAN; lu à l'Académie des Sciences & Belles-Lettres de Touloufe, le 17 Juillet 1749.

Dans les Regiftres de cette Académie.]

2942. ☛ Mémoire fur la nature & les propriétés des eaux minérales de *Bagnères*, lu le 25 Janvier 1749 à l'Académie des Sciences & Beaux-Arts de Pau; par M. LE BAIG, Docteur en Médecine, de la Faculté de Montpellier, & Membre de cette Académie : *Pau*, Dupoux, 1750, *in-8*.]

2943. ☛ Eaux minérales de *Bagnères*; Analyfe des fources de Salut & d'Artiguelongue; par M. SALAIGNAC, Docteur en Médecine : *Paris*, J. Th. Hériffant, 1752, *in-12*.

M. Salaignac donne ici l'Analyfe des deux principales fources des eaux de Bagnères. Il les confidère d'abord dans leur état naturel, & il fait voir tout ce qu'on y découvre par les fens; enfuite il les foumet à la concentration, à l'évaporation, à l'action de différentes fubftances avec lefquelles il les combine, & enfin à la diftillation.]

2944. ☛ Mf. Mémoire préfenté à l'Académie Royale des Sciences en 1761, fur les divers dégrés de chaleur des différentes fources de *Bagnères*; par M. DARQUIER, de l'Académie Royale des Sciences & Belles-Lettres de Touloufe, Correfpondant de l'Académie Royale.

Dans les Regiftres de cette Académie.]

2945. ☛ Traité des eaux minérales de *Bagnères*, *Barège*, &c. & autres petites fources de la *Guienne* & du *Béarn*, avec l'analyfe des eaux minérales de la rue de la Rouffelle (à Bordeaux); par M. Raymond-François CASTELBERD, Docteur en Médecine de l'Univerfité de Montpellier, Médecin à Bordeaux : *Bordeaux*, Chapuys, 1762, *in-12*.]

2946. ☛ Mf. Traité des eaux minérales de *Bagnères*, de *Barège*, & de *Cauterez*, où l'on établit la différence, le dégré de chaleur, les propriétés & les vertus de chaque fource en particulier, avec les précautions qu'il faut obferver, lorfqu'on veut faire ufage de ces eaux, foit extérieurement, foit intérieurement; le tout appuyé fur des Obfervations & des expériences faites avec attention & exactitude; par M. CAMPAIGNE, Docteur en Médecine, & de l'Académie de Bordeaux : *in-4*.

Ce Manufcrit eft au Dépôt de l'Académie.]

2947. ☞ Mémoire sur les eaux minérales & sur les Bains de *Bagnères* de Luchon, appuyé sur des Observations qui constatent leurs vertus médicinales, par nombre de guérisons qu'elles ont opérées ; par M. CAMPARDON, Chirurgien-Major des eaux & de l'Hôpital de Bagnères de Luchon.

Ce Mémoire très-étendu & très-intéressant, est inséré dans le *Journal de Médecine*, tom. *XVIII*. pag. 520, & tom. *XIX*. pag. 48, 160, 240, 415, 425, 520. M. ROUX, Auteur de ce Journal, a ajouté des remarques tirées d'un Journal de Barège.]

2948. ☞ Mf. Analyse de plusieurs eaux minérales ; par P. SEIGNETTE, Médecin ordinaire de Monsieur, frère unique du Roi Louis XIV.

Ce Manuscrit est entre les mains de M. Seignette son fils, Conseiller au Présidial de la Rochelle. Il y a une Description fort curieuse d'une Grotte de la montagne où se trouvent les Bains de *Bagnères*.]

2949. L'Hydrothermopotie des Nymphes de *Bagnolz* en Gévaudan, ou Traité des bains & des eaux de *Bagnolz* ; par Michel BALDIT : *Lyon*, Huguetan, 1651, *in-12*.

2950. Abrégé des vertus & qualités des eaux de *Baignolle* : *Caen*, Poisson, *in-12*.

2951. ☞ Observations faites par M. TABLET, sur les qualités des eaux minérales de *Bagnoles*, en Basse Normandie. *Mém. de Trévoux*, 1715, *Décembre*, pag. 2377 & 2378.]

Le même, avec des remarques de M. PLANQUE. *Bibliothèque de Médecine*, tom. *IV*. pag. 179, *in-4*.

2952. Discours des admirables qualités des eaux minérales retrouvées dans le territoire de la Ville de *Bagnolz* (en Normandie) ; par Esprit DE FOURNIER, Médecin du Roi : *Lyon*, Odin, 1636, *in-8*.

2953. ☞ Traité des eaux minérales de *Baignoles* : *Alençon*, Malassis, 1740, *in-8*.]

2954. ☞ Lettres sur les eaux de *Baignoles* en Normandie, contenant plusieurs expériences faites sur ces eaux. *Journal de Verdun*, 1750, *Juin*, & 1751, *Juillet*.]

2955. ☞ Mémoire sur les eaux thermales de *Bains*, en Lorraine, comparées dans leurs effets avec les eaux thermales de *Plombières* dans la même Province ; par M. MORAND, Docteur en Médecine de la Faculté de Paris. *Journal de Médecine*; tom. *VI*. 1757, 114.]

2956. De causis & effectibus thermarum *Belilucanensium* parvo intervallo à Monspeliensi urbe distantium, libri duo Nicolai DORTOMANNI, Professoris Medici Monspeliensis : *Lugduni*, Pesnot, 1579, *in-8*.

Ce Livre traite des Bains de *Balaruc*.

2957. ☞ Examen des eaux de *Balaruc* ; par Sylvain REGIS, de l'Académie Royale des Sciences.

Cet Auteur est mort en 1707. Son Mémoire est imprimé avec ceux de l'Académie, de l'année 1707, *p*. 98, & dans l'Histoire, 1699, *pag*. 55.]

2958. ☞ Instruction pour user à propos des eaux thermales de *Balaruc*; par Guennolé OLIVIER : *Montpellier*, *in-8*.

Cet Ouvrage qui a paru vers 1730, est assez singulier.]

2959. ☞ Analyse des eaux minérales de *Balaruc* en Languedoc, avec leurs propriétés & usage ; par M. VIEUSSENS, Docteur en Médecine. *Mém. de Trévoux*, 1709, *Août*, pag. 1456, & *Bibliothèque de Médecine*, tom. *II*. pag. 611.]

2960. ☞ Lettre de M. l'Abbé VERE, sur les eaux de *Balaruc*, à Madame le Camus, Religieuse de S. Pierre de Lyon. *Mercure*, 1710, *Avril*, pag. 105, & *Bibliothèque de Médecine*, tom. *II*. pag. 618.]

2961. ☞ Observations sur les eaux de *Balaruc*, avec l'analyse ; par M. LE ROY, Médecin, de la Société des Sciences de Montpellier. *Mém. de l'Académie des Sciences*, 1752, pag. 625.

Cet Auteur est le premier qui ait trouvé dans ces eaux du sel marin.]

2962. ☞ Dissertation sur les bains de *Balaruc*, & des singularités naturelles qu'on trouve aux environs ; par M. ASTRUC, Docteur en Médecine de la Faculté de Montpellier. *Mém. pour l'Histoire Naturelle du Languedoc*, pag. 293.

M. Astruc, après avoir exposé le plan des bains, & indiqué deux nouvelles méthodes pour faire l'analyse des eaux, rapporte différentes expériences capables de répandre un grand jour sur leurs propriétés, & qui prouvent principalement leur légèreté & l'extrême ténuité des parties qui les composent. Il parle ensuite, en peu de mots, de diverses façons dont la Médecine emploie ces eaux. Quelques Observations sur des singularités trop négligées, qui se trouvent auprès de Balaruc, terminent cette Dissertation.]

2963. ☞ Précis de l'examen chymique des eaux minérales de *Bar* & de *Beaulieu*, en Auvergne, lu à la Société des Sciences & Belles-Lettres de Clermont-Ferrand ; par M. MONNET.

Ce Précis est imprimé dans le *Journal de Médecine*, tom. *XX*. pag. 420-429.]

== Eclaircissement sur un passage du Mémoire précédent ; par le même. *Ibid*. tom. *XXI*. pag. 534-537.]

2964. Discours & abrégé des vertus & propriétés des eaux de *Barbotan*, en la Comté d'Armaignac ; par Nicolas CHESNEAU, Médecin : *Bordeaux*, de la Court, 1629, *in-8*.

* Eadem Epitome de natura & viribus aquarum *Barbotanensium*, in comitatu Auscitaniensi, olim idiomate gallico à Nicolao CHESNEAU, Massiliensi, Doctore Medico, conscripta, nunc verò propter Doctrinæ conformitatem ab eo latinitate donata.

Histoire Naturelle.

Cette Traduction est imprimée à la fin du Livre intitulé, *Observationum Nic.* CHESNEAU, *libri V. Parisiis*, Léonard, 1672, & d'Houry, 1683, *in-8. Lugd. Batav.* Haak, 1719, *in-4.*

2965. ☞ Mémoire sur les eaux minérales & médicinales de *Bardon*, près de Moulins en Bourbonnois; par M. DIANNYERE, Docteur en Médecine, & Intendant de ces eaux.

Ce Mémoire traite, 1.° des minéraux que contiennent les eaux de Bardon; 2.° des effets que ces minéraux causent dans le corps humain; 3.° des maladies où il convient d'employer les eaux de cette fontaine; 4.° des règles qu'il faut observer dans l'usage qu'on en veut faire. On en trouve un extrait assez étendu dans les *Mémoires de Trévoux*, 1746, Mai, pag. 1064, & dans la *Bibliothèque de Médecine*, tom. *IV. pag.* 184, *in-4.*]

2966. ☞ Lettre sur la découverte d'une source à *Barège*; par M. COUFFILTZ, Médecin de Barège. *Mercure*, 1732, *Mars.*]

2967. ☞ Observations sur les eaux de *Barège*; par M. DE SAULT.

Elles se trouvent dans une *Dissertation* sur la pierre des reins & de la vessie, avec une méthode simple & facile pour la dissoudre, sans endommager les organes de l'urine; par M. DE SAULT : *Paris*, Guérin, 1736, *in-12.* Le moyen que l'Auteur propose est, 1.° la boisson des eaux minérales de *Barège*; 2.° leur injection dans la vessie; 3.° la douche de ces mêmes eaux sur le bas-ventre, ou sur la région des reins; 4.° les lavemens de cette eau.]

2968. ☞ Traité des eaux & des bains de *Barège* (en Anglois); par C. MEIGHAN : *Londres*, 1742, *in-8.*

Le même, augmenté & corrigé : *Londres*, 1760, *in-8.*]

2969. ☞ Lettre à M. Vandermonde, sur quelques maladies traitées par les eaux de *Barège*; par M. BORDEU père, Docteur en Médecine, de la Faculté de Montpellier.

Cette Lettre, qui est l'extrait de l'Ouvrage précédent, est insérée dans le *Journal de Médecine*, tom. *XII. pag.* 262.]

2970. ☞ Examen de quelques fontaines minérales de la France, & particulièrement de celles de *Barège*; par M. LE MONNIER, Médecin, de l'Académie Royale des Sciences. *Mém. de l'Acad.* 1747, *pag.* 259.]

2971. ☞ Mémoire sur les eaux minérales de *Barège*, lu à l'Académie de Bordeaux, au mois de Janvier 1747; par M. DE SECONDAT. *Mém. de Trévoux*, 1748, *Mars*, & *Observations de Physique*, par le même, *pag.* 54-68.]

2972. ☞ L'usage des eaux de *Barège*, & du Mercure pour les écrouelles, ou Dissertation sur les tumeurs scrophuleuses, qui a remporté le prix à l'Académie Royale de Chirurgie en 1752 : *Paris*, Debure, 1757.

Les eaux de Barège ne sont point le sujet principal de cet Ouvrage, quoique le titre semble l'annoncer. C'est proprement un Traité sur la maladie des écrouelles. On y fait voir que les eaux minérales, telles que celles de Barège, sont nuisibles à cette maladie & à ses symptômes extérieurs.]

2973. ☞ Lettre sur l'usage des eaux de *Barège*, dans les maladies vénériennes; par M. François DE BORDEU, Médecin à Barège. *Journal de Médecine*, Août, 1760, tom. *XIII. pag.* 175.]

2974. ☞ Lettre à M.*** Conseiller d'Etat, contenant dans la Relation d'un Voyage fait à *Barège*, à *Cauterez*, & à *Bagnères*; par M. THIERRY, Docteur-Régent de la Faculté de Médecine de Paris.

Cette Lettre, écrite d'un style élégant, est insérée dans le *Journal de Médecine*, tom. *XII. pag.* 387.]

2975. ☞ Précis d'Observations sur les eaux de *Barège*, & autres eaux minérales de Bigorre & du Béarn, ou extraits de divers Ouvrages périodiques au sujet de ces eaux; par M. DE BORDEU le cadet, Médecin des eaux de Barège en survivance : *Paris*, Vincent, 1760, *in-12.*

Tous ces extraits sont relatifs aux différens Ouvrages donnés sur les eaux de Barège, par MM. de Bordeu.]

2976. ☞ Dissertation sur les eaux minérales du *Béarn*; par M. DE BORDEU père, Docteur en Médecine de la Faculté de Montpellier, & Médecin de Pau en Béarn : *Paris*, Quillau, 1750, *in-12.*

La Préface de cet Ouvrage est de M. de Bordeu le fils, Médecin de la Faculté de Montpellier, & de celle de Paris. Voyez le *Journal des Sçavans*, 1754, *Juin.*]

2977. ☞ Lettres contenant des Essais sur l'Histoire des eaux minérales du Béarn, & de quelques-unes des Provinces voisines, sur leur nature, différence, propriété; sur les maladies auxquelles elles conviennent, & sur la façon dont on doit s'en servir; par M. Théophile DE BORDEU fils : *Amsterdam*, Poppé, 1746, & 1748, *in-12.*

Il donne une explication physique de l'effet des eaux minérales du Béarn, surtout de celles de Barège & de Bagnères. On trouve dans ces Lettres beaucoup de choses curieuses & intéressantes sur la Physique & sur la Géographie du Béarn. Les eaux minérales dont il s'agit ici, sont celles de Dax, de Tersis, de Baure, de Saillies; celles des Basques, de Moncense, de Morlacs, de Féas, de Gan, d'Oleron, d'Ogeu, de S. Christau de Tarbes, des Vallées d'Aspe & d'Ossau, de Cauterez, de Barège & de Bagnères.]

2978. ☞ Mémoire sur les eaux de *Beauvais* : *in-4.*]

2979. ☞ Dissertatio inauguralis de principiis & virtutibus aquarum *Bellovacensium* quas Duisburg. ad Rhenum die 2 Augusti 1759, proponebat Joannes Baptista VALLOT, Regis Archiatri nepos : 1759, *in-4.*

Cette Thèse est faite d'après le Mémoire précédent.]

2980. ☞ Ms. Dissertation sur les qualités des eaux de la fontaine du Mont *Béru*, près Rheims; par M. JOSNET.

Cet Ouvrage a été envoyé à l'Académie des Sciences.]

2981. ☞ De metallicis aquis *Besuntione* repertis, à Franc. BOUCHARD, 1559 : *in-4.*]

Tome I. Y 2

2982. ☞ Mémoire adressé aux Auteurs du Journal des Sçavans; par M HAUTERRE, Médecin de l'Hôpital Royal de Vernon-sur-Seine, sur une source d'eau minérale découverte au mois de Septembre 1756, au Village de Blaru, près de Vernon. *Journ. des Sçavans*, 1758, *pag.* 40.]

2983. ☞ Traité des eaux de *Bouillon* & de *S. Amand*; par BRASSAR : *Lille*, 1714, *in*-8.]

2984. ☞ Mf. Mémoire sur les eaux minérales ferrugineuses de la Carrière de *Bouillon*, desquelles on a déduit, par occasion, la cause de ces belles herborisations tracées sur les pierres ardoisines qu'on en tire; par M. BERTELOT DU PATY, Docteur en Médecine, de l'Université d'Angers.

Ce Mémoire est dans les Registres de l'Académie des Sciences & Belles-Lettres d'Angers.]

2985. Les Bains de *Bourbon-Lancy* & de *Bourbon-l'Archambaud*; par Jean AUBERI, Docteur en Médecine : *Paris*, Perier, 1604, *in*-8.

☞ Le surnom de l'Ancy vient d'Anceaume ou Ancelme, qui en étoit Baron, & dont le frère puîné se nommoit Archambaud. La manière dont presque tous les Auteurs l'écrivent est contraire à l'étymologie.]

2986. De la nature des Bains de *Bourbon*, & des abus qui se commettent en la boisson de leurs eaux; par Isaac CATTIER, Médecin : *Paris*, 1650, *in*-8.

2987. ☞ Lettre sur les vertus des eaux minérales de *Bourbon-Lancy*; par le même : *Bourbon*, 1655, *in*-4.]

2988. Les miracles de la nature en la guérison de toutes sortes de maladies, par l'usage des eaux minérales de *Bourbon-Lancy*; par Philippe MOUTEAU, Docteur en Médecine : [*in*-12. 1655, sans nom de lieu, ni d'imprimeur : *Autun*, Laymeré, 1655, *in*-8. *Châlon*, Tan, 1660.]

2989. Lettre sur les vertus des mêmes eaux minérales; par le même : *Bourbon*, 1655, *in*-4.]

2990. ☞ De Balneis mineralibus *Borbon-Anselmiensibus*, & admirandis facultatibus aquarum prædictarum thermarum; auctore COMERIO. *Zodiac. Medic. Gallic. ann.* 3, *pag.* 59, *observ.* 5.]

2991. ☞ Lettre sur les eaux minérales de *Bourbon-Lancy*, en Bourgogne; par Jean-Marie PINOT, Docteur de la Faculté de Montpellier, Médecin Juré du Roi, en la Ville & Bailliage de Bourbon-Lancy, Intendant en survivance des eaux de la même Ville, & Correspondant de l'Académie des Sciences de Dijon : 1743, *in*-12.]

La même, augmentée considérablement, sous le titre de Dissertation sur les eaux de *Bourbon-Lancy*, avec quelques réflexions sur la Saignée; par le même : *Dijon*, Defay, 1752, *in*-12.

2992. ☞ Lettre de M. Comiers, touchant les eaux minérales de *Bourbon-Lancy*.

Elle se trouve dans le *Mercure*, 1681, Juillet.]

2993. ☞ Lettre sur les bains de *Bourbon-Lancy*.

Elle est insérée dans la *Bibliothèque de Médecine*, tom. II. *pag.* 631.]

2994. ☞ Nouvelles Observations sur les eaux de *Bourbon*; par le Père AUBERT, de la Compagnie de Jesus, au Révérend Père Tournemine. *Mémoires de Trévoux*, 1714, *Janvier, pag.* 142-154, & *Bibliothèque de Médecine*, tom. II. *pag.* 632.]

2995. ☞ Quæstio Medica, an thermæ *Borbonienses Anselmienses*, minorem noxam inferant epotæ, quàm *Arcimbaldicæ* & *Vichienses* ? propugnata in Universitate Parisiensi, à Francisco LE RAT, ann. 1677 : *Parisiis*, 1677, *in*-4.]

2996. ☞ Quæstio Medica, an in asthmate aquæ *Borbonienses Arcimbaldicæ* præstent *Vichiensibus* ? propugnata ann. 1684, in Univ. Parisiensi à Franc. FOUCAULT : *Parisiis*, 1684, *in*-4.]

2997. ☞ Avertissement sur les bains chauds de *Bourbon l'Archambaud*; (par Jean PIDOU.)

Cet Avertissement est imprimé avec un Discours sur les fontaines de Pougues : *Paris*, 1584, *in*-8.

2998. Les bains de *Bourbon l'Archambaud*; par Jean AUBERI : *Paris*, Perrier, 1604, *in*-8.

Ce Traité est imprimé avec celui des bains de Bourbon-Lancy, du même Auteur.

2999. Traité des eaux de *Bourbon l'Archambaud*, selon les principes de la nouvelle Physique; par Jean PASCAL, Docteur en Médecine : *Paris*, d'Houry, 1699, *in*-8.

3000. ☞ Essai d'analyse en général des eaux minérales chaudes de *Bourbon l'Archambaud*; par M. BOULDUC, de l'Académie des Sciences. *Mém. de l'Acad.* 1729, *pag.* 258.

Le même, avec des remarques de M. PLANQUE, extraites d'autres Mémoires de l'Académie des Sciences. *Bibliothèque choisie de Médecine*, tom. II. *pag.* 638.]

3001. ☞ Traité des eaux minérales de *Bourbonne* (en Champagne dans le Bassigny) : *Lyon*, 1590, *in*-12.]

3002. Petit Traité des eaux & bains de *Bourbonne*; par N. THIBAULT : *Paris*, 1658, *in*-8. [*Langres*, Boudot, 1658.]

☞ Ce n'est, à proprement parler, qu'une édition plus françoise du vieux langage du premier.]

3003. Analyse des eaux chaudes & minérales de *Bourbonne*, avec une petite Dissertation sur les différens genres de coliques; par F. BACOT DE LA BRETONNIERE, Médecin : *Dijon*, Defay, 1712, *in*-12.

3004. Dissertation sur les eaux minérales de

Bourbonne-les-bains; par H. GAUTIER, Architecte, Ingénieur & Inspecteur des grands chemins, Ponts & Chaussées du Royaume : *Troyes*, Michelin, 1716, *in-12*.

Voyez *Mém. de Trévoux*, 1716, *Mai, pag.* 851, & *suiv.*

3005. ☞ Jo. Cl. CALLET, Quæstio Medica, an plerisque morbis chronicis aquæ thermales *Borbonienses* in Campania ? *Vesuntione*, 1716, *in-8*.]

3006. ☞ Lettre de M. BAUX le fils, de la Ville de Nismes, Docteur en Médecine de l'Université de Montpellier, sur l'analogie des eaux de *Bourbonne-les-bains*, en Champagne, à celles de *Balaruc* en Languedoc ; écrite à M. Gautier, Inspecteur des grands chemins, Ponts & Chaussées du Royaume. *Journ. des Sçavans*, 1717, Fevrier, p. 70.

La même, avec des remarques tirées de l'Académie des Sciences, ann. 1700 & 1724 ; par M. PLANQUE. *Bibliothèque choisie de Médecine, tom. II. p.* 628.]

3007. ☞ Renati CHARLES, Doctoris Medici & in Universitate Vesuntina Professoris Regii, Quæstiones Medicæ circa thermas *Borbonienses*, quas propugnavit D. Antonius DUPORT, Borboniensis, Medicinæ Licentiatus, die 16 Aprilis 1721 : *Vesuntione*, Conché, *in-8*.

En faveur des personnes qui n'entendent pas le Latin, M. Charles a donné lui-même une Traduction Françoise de ses Thèses sous le titre suivant :

3008. Dissertation sur les eaux de *Bourbonne*; par M. CHARLES, Professeur en l'Université de Besançon, ci-devant Intendant de ces eaux : *Besançon*, Daclin, 1749, *in-12*. 2 vol.

On trouve un extrait de cette Thèse dans les *Mémoires de Trévoux*, 1722, *Mai, pag.* 790.]

3009. ☞ Observations sur la chaleur des eaux de *Bourbonne-les-bains*; par M. DU FAY, de l'Académie Royale des Sciences. *Hist. de l'Acad.* 1724, *p.* 47.]

3010. ☞ Traité des propriétés & vertus des eaux minérales, boues & bains de *Bourbonne-les-bains*, proche Langres ; par Nic. JUY : *Chaumont*, 1716, *in-12*. *Troyes*, 1728, *in-12*.]

3011. ☞ Avis sur la vertu des eaux de *Bourbonne-les-bains*, en Champagne ; par le même, 1728 : *in-12*.]

3012. ☞ Traité des eaux minérales de *Bourbonne-les-Bains* ; par M. BAUDRY : *Dijon*, Sirot, 1736, *in-8*.]

3013. ☞ Dissertations contenant de nouvelles Observations sur la fiévre quarte, & l'eau thermale de *Bourbonne* en Champagne ; par M. JUVET, Conseiller du Roi, Médecin de l'Hôpital Royal & Militaire de Bourbonne : *Chaumont*, Briden, 1750, *in-8*.]

3014. ☞ Lettre sur la vertu des eaux de *Bourbonne*, pour la guérison des fiévres intermittentes ; par M. JUVET, Médecin du Roi à Bourbonne-les-bains. *Journ. de Verdun*, *Décembre*, 1752.]

3015. ☞ Mſ. Analyſe des eaux minérales de la *Bourboule*; par M. OZY, Apothicaire Chymiste, & de la Société Littéraire de Clermont-Ferrand.

Elle a été lue à l'Assemblée publique de 1755, & l'on en trouve un extrait dans les *Mercures de* 1756. La Fontaine est située à peu de distance du chemin qui va de Clermont aux Monts d'or.]

3016. ☞ Lettres sur l'eau minérale de *Bourdeau*.

Elles sont insérées dans le *Mercure*, 1693, *Mai*, *pag.* 22, *Septembre*, *pag.* 26, & dans la *Bibliothèque de Médecine, tom. IV. pag.* 173-176.]

3017. Traités des singularités de la *Bretagne Arémorique*, en laquelle se trouvent les bains curans la lépre, la podagre, l'hydropisie, &c. par Roch LE BAILLIF, Médecin du Roi : ci-devant, N.° 2674.

3018. Des eaux minérales de la fontaine de Fer à *Bourges* ; par Etienne COUSTURIER, Médecin : *Bourges*, Toubeau, 1683, *in-12*.

3019. ☞ Fontaine minérale de la Ville de *Bourges*; par Maurice DE MONTREIL : *Bourges*, 1631, *in-8*.]

3020. ☞ Examen & analyse des eaux de *Briquesec* (aux environs de Caen); par M. BARBEU DU BOURG, Docteur en Médecine de la Faculté de Paris, & MM. PIA & CADET, Apothicaires. *Journ. de Médecine, tom. XIV.* 1761, *pag.* 46 & 51, *in-12*.]

3021. ☞ Traité des eaux minérales de *Bussang*, en Lorraine ; par Fr. BACHER, 1738, *in-8*.]

3022. ☞ Quæstiones Medicæ circa acidulas *Bussanas* ; auctore Renato CHARLES : *Vesuntione*, 1738, *in-8*.]

3023. ☞ Essai analytique sur les eaux de *Bussang* ; par Jean LE MAIRE, ancien Médecin de S. A. S. Léopold I. Duc de Lorraine : *Remiremont*, Laurent, 1750, *in-12*.]

C

3024. ☞ Analyse des eaux minérales de l'Hôtel-Dieu de *Caen*; par M. MORLET, Apothicaire résident à Caen. *Journal de Médecine, tom. VI. p.* 257.]

3025. ☞ Mſ. Analyse des eaux minérales de l'Hôtel-Dieu de *Caen*, & de la rue du Moulin de cette Ville ; lue le 9 Février 1764 à l'Académie des Belles-Lettres de Caen ; par M. DESMOUEUX, Professeur en Médecine & Botanique.

Ce Mémoire est dans les Registres de l'Académie.

M. Desmoueux a trouvé que les eaux dont il s'agit, ont certains dégrés de supériorité sur les autres. Il promet une analyse pareille des différentes eaux minérales du Pays.]

3026. ☞ Extrait d'une Lettre de M. SARRASIN, Médecin de Québec, au sujet des eaux du *Cap de la Magdelaine*.

Il se trouve dans les *Mémoires de Trévoux*, 1736, *Mai, pag.* 956.]

3027. ☞ Joann. Mich. KURSCHNER, de fonte medicato *Castinacensi* : Argentorati, 1760, *in*-4. 28 pages.

C'est la Description des bains de *Chatenoy*, petite Ville aux environs de Schelestad : elle est estimée dans le Pays.]

3028. ☞ La recherche des eaux minérales de *Cauterez*, avec la manière d'en user ; par Jean-Fr. DE BORIE : *Tarbes*, Loquemaurrey, 1714, *in*-8.]

3029. ☞ Paschasii BORIE, Quæstio Medica : an Phthisi ultimum gradum nondum assecutæ, aquæ *Cauterienses*, vulgò de *Cauterez* : propugnata ann. 1746, in Universitate Parisiensi.

Eadem propugnata à Cl. Fr. Gasp. HUMBERT, præside eodem P. BORIE : *Paris*, 1760, *in*-4.

Voyez-en un extrait dans le *Journal Economique*, Juillet, 1760, *pag.* 318.]

3030. ☞ Lettre à M. ROUX, Docteur de la Faculté de Paris, sur un effet singulier des eaux minérales de *Cauterez* ; par M. BORDEU, Médecin en survivance de l'Hôpital militaire de Barège. *Journal de Médecine, tom. XIX. pag.* 255.]

3031. * Traité des eaux minérales de *Cessay*, près de Viteaux en Bourgogne, & de Sainte-Reine ; par Denis DE MAUBEC, Seigneur de Capponay.

Ce Traité est imprimé avec le Livre que cet Auteur a intitulé, *Le Tombeau de l'envie* : *Dijon*, Ressaire, 1679, *in*-12.

3032. ☞ Dissertation apologétique sur la fontaine minérale du Fauxbourg Saint-Maurice de *Chartres*; par J. CASSEGRAIN : *Chartres*, Massot, 1702, *in*-12.]

3033. ☞ Sur des eaux minérales de *Chartres*; par M. PIAT, Avocat du Roi à Chartres; lu à l'Académie Royale des Sciences, par M. DODART. *Histoire de l'Académie, an.* 1683.]

3034. Découvertes des eaux minérales de *Château-Thierry*, & de leurs propriétés ; par Claude GALIEN : *Paris*, Besongne, 1630, *in*-8.

3035. ☞ Mss. Analyse des eaux minérales de *Chaudes-aigues* en Auvergne, sur les frontières du Rouergue ; par M. OZY, Apothicaire Chymiste, & de la Société Littéraire de Clermont-Ferrand.

Elle a été lue à l'Assemblée publique de 1757. On en trouve un extrait dans les *Mercures* de 1758.]

3036. ☞ Analyse des eaux thermales de *Chaufontaine*, faite par les Médecins de Liége, avec les expériences sur le sédiment des sources chaudes, sur celui qu'on trouve après l'évaporation des eaux ; par A. ANRAER, 1717 : *in*-4.]

3037. Traité des eaux minérales de *Chenay*, près de Rheims en Champagne, avec la manière d'en user ; par Nicolas DE MAILLY, Docteur & Professeur en Médecine : *Rheims*, Multeau, 1697, *in*-12.

☞ L'Auteur parle très-avantageusement de ces eaux : mais les épreuves n'ont pas répondu à ses promesses ; & à peine sçait-on, même à Rheims, qu'il y a des eaux minérales à Chenay, & un Livre qui en fait l'éloge.]

3038. ☞ Mémoire sur les eaux minérales de *Contréxeville*, dans le Bailliage de Darney en Lorraine ; par M. BAGARD, premier Médecin ordinaire du Roi (de Pologne) Président & Doyen du Collége Royal des Médecins de Nancy, Chevalier de l'ordre de Saint-Michel, &c. lu dans la Séance publique de la Société Royale des Sciences & des Arts de Nancy, le 10 Janvier 1760 : *Dijon*, Hucherot, 1760, *in*-4. & *Nancy*, Hæner, *in*-8. 40 *pages*.

C'est un essai de son Histoire générale des eaux minérales de la Lorraine & du Barrois, à laquelle il travaille depuis long-tems : ci-après, N.° 3091.
On trouve un court extrait de ce Mémoire dans le *Journal Economique*, 1761, *Août, pag.* 367.]

3039. ☞ Mss. Analyse des eaux minérales de *Contrexeville* en Lorraine, lue en 1762 à la Société Littéraire de Clermont en Auvergne ; par M. OZY, Apothicaire-Chymiste.

Ce Mémoire, qui est conservé dans les Registres de la Société, réfute quelques parties de celui de M. Bagard. On peut en voir un extrait dans le *Mercure*, 1763, *Février, pag.* 103.]

3040. ☞ Les vertus & analyse des eaux minérales de *Cranssac*, avec la Description & usage des étuves & décomposition de leur bitume ; par Mathur. DISSES, Apothicaire de Villefranche : *Villefranche*, 1686, & 1700, *in*-12.]

3041. ☞ Extrait d'une Lettre de M. DESTRET (DESTRÉES) Médecin de Montpellier (demeurant à Châteaudun) sur de nouvelles eaux minérales de *Cresseilles*, découvertes en 1760, auprès de Privas en Vivarais. *Journ. Econom.* 1765, *Mars, p.* 113.]

D

3042. ☞ Eaux de *Daniel*, dans les environs d'Alais en Languedoc. *Journ. de Verdun*, 1753, *Juillet, p.* 30.

Voyez aussi la *Description de la France* de Piganiol, *tom. VI. pag.* 108-113.]

== Eaux minérales de *Dax* : voyez ci-devant, *Ax* & *Acqs*.

3043. ☞ Traité de la nature, qualités & vertus de la fontaine depuis peu découverte au terroir de la Ville de *Die*, au lieu de Pènes, composé par Théophile TERRISSE, Docteur en Médecine, & Professeur de Philosophie en l'Académie de la Ville de Die, en l'an 1672 : *Die*, Figuel, *in-12*, 40 pag.

On trouve à la *pag.* 23 de cet Ouvrage, une *Apologie* du même Traité, *contre les Remarques faites sur icelui ; par l'Auteur de la Description & Relation fidelle de la nature, propriétés & usage de ladite fontaine;* & à la *pag.* 33, *Le plomb hors du tombeau victorieux & triomphant de M. Terrasson, Médecin;* par le même.

Ces deux derniers Ecrits contiennent l'apologie de cette fontaine contre M. Terrasson.]

3044. Le Mercure vengé de M. de Passy, Médecin de Crest, ou Apologie des eaux de *Die*; par Paul TERRASSON : *Die*, Figuel, 1673, *in-12*.

3045. Les bains de *Digne* en Provence ; par Sébastien RICHARD, Médecin : *Lyon*, Morillon, 1619, *in-8*.

3046. Les merveilles des bains naturels & des étuves naturelles de la Ville de *Digne*; par D. T. DE LAUTARET, Docteur en Médecine : *Aix*, Tholosan, 1620, *in-8*.

Cet Ouvrage est en deux Parties ; l'une est théorique & l'autre pratique.

3047. ☞ Mémoire sur les bains de *Digne*: *Paris*, Léonard, 1702, en une feuille, *in-fol.*]

3048. De la nature des eaux minérales de *Dinant* (près de Saint-Malo en Bretagne); par Jean DUHAMEL : *Dinant*, 1648, *in-8*.

3049. ☞ Mémoire contenant l'analyse d'une eau colorée qui se trouve dans une fontaine à *Douai*; par M. D'ABOVILLE, Ingénieur du Roi. *Mém. présentés à l'Acad. des Sciences, tom. IV. p.* 470.]

3050. ☞ Analyse d'une eau minérale singulière qui se trouve à *Douai* en Flandre ; par M. BAUMÉ, Maître Apothicaire de Paris. *Mémoires présentés à l'Acad. tom. IV. pag.* 490.]

E

3051. Discours des deux fontaines médicinales du Bourg d'*Encausse* en Gascogne, par Loys GUYON DOLOIX, Médecin à Uzerche : *Limoges*, Barbou, 1595, *in-8*.

3052. ☞ Discours en abrégé des vertus & propriétés des eaux d'*Encausse*, ès Monts Pyrénées dans la Comté de Comminges ; par P. GASSEN DE PLANTIN : *Paris*, 1601, *in-12*. *Tolose*, Mareschal, 1611, *in-12*.]

3053. ☞ Mf. Dissertation sur les eaux minérales d'*Encausse*; par M. RAOUL, lue à l'Académie des Sciences & Belles-Lettres de Toulouse le 21 Juillet 1757.

Elle est conservée dans les Registres de cette Académie.]

3054. Pauli DUBÉ Medici, Tractatus de mineralium natura ; & præsertim aquæ mineralis fontis *des Escharlis*, prope Montargium : *Parisiis*, Piot, 1649, *in-8*.

F

3055. ☞ De la Fontaine de *Fonsanche*, près de Quissac (dans le Diocèse de Nismes) en tant que minérale ; par M. ASTRUC.

C'est l'article II. du chap. III. de la part. II. des *Mémoires pour l'Histoire Naturelle du Languedoc, p.* 290.]

3056. Recueil des vertus de la Fontaine de Saint-Eloy, dite de Jouvence, au Village de *Forges*; par Pierre LE GROUSSET, Médecin : *Paris*, Vitray, 1607, *in-8*.

☞ Il y a trois fontaines à Forges, qu'on appelle maintenant, l'une la *Cardinale*, l'autre la *Royale*, & l'autre la *Reinette*, parcequ'en 1631 le Cardinal de Richelieu, le Roi Louis XIII & la Reine Anne d'Autriche, usèrent de ces eaux.]

3057. Discours touchant la nature, vertus & effets des eaux minérales de *Forges*; par Jacques COUSINOT : *Paris*, Libert, 1631, *in-4*.

3058. ☞ Lettre du même, où il répond à quelques objections faites contre l'Ouvrage précédent, 1647 : *in-8*.]

3059. ☞ Sim. DIEUXIVOYE, Quæstio Medica, an Phthysicis aquæ *Forgenses* ? an. 1684, in Universitate Parisiensi : *Parisiis*, 1684, *in-4*.]

3060. ☞ Joan. DE MAUVILLAIN, Quæstio Medica, an ægrè convalescentibus aquæ *Forgenses*? propugnata an. 1648, in Universitate Parisiensi : *Parisiis*, 1648, *in-4*.

La même, traduite en François par le Sieur FILESAC, reçu au Grand-Conseil du Roi, pour la distribution des eaux minérales & médicinales de France : *Paris*, 1702, *in-12*.]

3061. Nouveau Traité des eaux minérales de *Forges*; par Barthelemi LINAND, Docteur en Médecine : *Paris*, d'Houry, 1696, 1697, *in-8*.

3062. ☞ Lettre de M. Barthélemi LINAND, Docteur en Médecine, écrite à M*** le 15 Octobre 1696, où il répond à quelques objections qu'on a faites contre son Livre des eaux minérales de *Forges* : *Paris*, Bienfait, 1698, *in-8*. & *Journ. des Sçavans*, 1698, *pag.* 249.]

3063. Nouveau système des eaux minérales de *Forges* [avec plusieurs observations de personnes guéries par leur usage] ; par Jean LARROUVIERE, Médecin du Roi : *Paris*, d'Houry, 1699, *in-12*.]

3064. Lettres de M. GUERIN & (Pierre) LE GIVRE, Médecins, touchant les minéraux qui entrent dans les eaux de *Forges*.

C'est le même Ouvrage que celui intitulé, *Lettres touchant les minéraux qui entrent dans les eaux de*

Sainte-Reine & de Forges: Paris, 1702, in-12. rapporté ci-après.

3065. ☞ Mémoire sur les eaux de Forges; par (Louis) MORIN, Médecin de l'Académie Royale des Sciences. *Mémoires de l'Académie*, 1708, pag. 57.

Ce Médecin est mort en 17**.]

3066. Analyse des eaux de Forges, & principalement de la source appellée la Royale; par M. BOULDUC, de l'Académie des Sciences. *Mémoire de l'Acad.* 1735, pag. 443.]

3067. ☞ Traité des eaux & des fontaines minérales de Forges, où l'on connoîtra les principes, la vertu & les effets de ces eaux, les différentes maladies auxquelles elles conviennent, & les moyens sûrs pour s'en servir avec succès, &c. par M. DONNET, Docteur en Médecine de la Faculté de Montpellier, Conseiller Médecin du Roi pour les maladies contagieuses, & Intendant des eaux: *Paris*, Chardon, 1751, *in-12*.]

3068. ☞ Analyse des eaux de Forges; par M. Pierre-Antoine MARTEAU DE GRANDVILLERS: *Paris*, Cavelier, 1756, *in-12*.]

3069. Lettres du Sieur DE RHODES, à M. d'Acquin, sur les eaux minérales de la montagne de Forvière à Lyon: *Lyon*, 1690, *in-8*.

3070. ☞ Observations sur les salines & les eaux minérales de la *Franche-Comté* & de la *Bourgogne*; par M. DUNOD, Avocat au Parlement de Besançon.

Elles sont insérées dans l'*Histoire du second Royaume de Bourgogne: Dijon*, 1737, *in-4*.]

G

3071. ☞ Ms. Analyse de deux fontaines minérales de *Gabian*, dans le Diocèse de Béziers; par M. VENEL, Professeur en Médecine à Montpellier, & Associé de l'Académie de Béziers.

M. Venel a été chargé par la Cour de faire cette Analyse, dont le résultat est encore entre les mains de l'Auteur.]

3072. ☞ Examen de la nature & des vertus des eaux minérales qui se trouvent dans le *Gévaudan*; par Samuel BLANQUET: *Mende*, Roy, 1718, *in-8*.]

3073. ☞ Fons *Gossinvilla*, sive *Gonessiades* Nymphæ; auctore Petro PETITO, Doctore Medico Parisiensi.

C'est un Poëme de 400 vers, où l'Auteur célèbre la bonté de la fontaine d'Epuisars, qui est auprès du Village de Goussainville, du côté de Louvres. Il se trouve dans le Recueil de ses Œuvres.]

Le même Poëme en vers François; par M. Moreau DE MAUTOUR: *Paris*, Mazuel, 1699, *in-8*.

3074. ☞ Lettre d'un Religieux de la Charité de *Grenoble*, sur l'efficacité des eaux d'une fontaine nouvellement découverte à quatre lieues de cette Ville. *Mercure*, 1685, Novembre, pag. 78, & *Bibliothèque de Médecine*, tom. *IV*. p. 184, *in-4*.]

3075. Discours contenant la rénovation des bains de *Gréoux* [au Diocèse de Riez en Provence] la composition des minéraux qui sont contenus en leur source, &c. par Jacques FONTAINE, Médecin ordinaire du Roi: *Aix*, Tholosan, 1619, *in-12*.

☞ Cet Auteur, qui étoit de Saint-Maximin, est mort en 1621.]

3076. ☞ Hydrologie, ou Discours des eaux, contenant les moyens de connoître parfaitement les qualités des fontaines chaudes, tant occultes que manifestes, & l'adresse d'en user avec méthode, & particulièrement de *Gréoux*; par Jean DE COMBES, Docteur en Médecine: *Aix*, David, 1645, *in-8*.]

3077. ☞ Les eaux de *Gréoux* en Provence; par Pierre BERNARD, Docteur en Médecine: *Aix*, Adibert, 1705, *in-8*.]

3078. ☞ Traité des eaux minérales de *Gréoux*; par M. ESPARRON, 1753: *in-12*.]

3079. ☞ Nouvelle analyse des eaux minérales de *Greoux* en Provence par M. DARLUC, Docteur en Médecine à Caillan. *Journ. de Médecine*, tom. *VI*. pag. 427.]

H

3080. Les grandes vertus & propriétés de l'eau minérale & médicinale de la fontaine nouvellement découverte à la *Hacquenière*, à six lieues près de Paris (en Beausse) avec le gouvernement nécessaire à l'usage de cette eau; par L. S. D. J. *Paris*, Mesnier, 1620, *in-8*.

3081. * Les miraculeux effets de l'eau de la fontaine de la *Hacquenière*, nouvellement découverte proche de Saint-Clair, à six lieues de Paris, &c.

☞ Le P. le Long indique ces deux Ouvrages comme différens. Peut-être n'y a-t-il de différence que pour le titre.]

3082. Jacobi CAHAGNESII, Professoris regii, de aqua fontis *Hebevecronii* prælectio: *Cadomi*, Bassus, 1612, *in-8*.

3083. ☞ Censori prælectionis cujusdam de aquâ medicatâ fontis *Hebevecronii* nomen Fr. CHICOTII ementito Jacobi CAHAGNESII responsio. Cadomi die Martis, 12 Augusti, recitatæ: *Cadomi*, Jac. Bassus, 1614, *in-8*.]

3084. ☞ Répartie en faveur de M. de Cahaignes, des eaux de *Hébévécron*, près de Saint-Lô; par le Sieur DE MAYNES, contre un Libelle scandaleux: *Caen*, le Bas, 1614, *in-8*.]

3085. La fontaine de Jouvence de la France, ou de la fontaine de *Hébévécron*, de S. Gilles

Gilles en Coſtentin ; par Nicolas HUBIN, Sieur de la Boſtie : *Paris*, 1617, *in*-8.

3086. ☞ Hiſtoria fontis *Holzenſis*; auctore Joanne KRATZ : *Argentorati*, Heitzius, 1754, *in*-4.

Cette Diſſertation eſt bien écrite. Le bain de Holz eſt près de Benfeld, à ſix lieues de Straſbourg.]

J

3087. Obſervation ſur la nature, la vertu & l'uſage des eaux minérales & médicinales de *Jouhe*, près de Dôle en Franche-Comté : *Dôle*, Binart, 1710, *in*-8.

☞ Sur l'Analyſe des eaux de Jouhe, on peut voir une Lettre de M. VEUILLET, rapportée *pag.* 436, *du tom. II. de l'Hiſtoire du Comté de Bourgogne*, par M. Dunod, qui y parle des autres eaux minérales de la Franche-Comté.]

3088. ☞ Analyſe des eaux de *Jouhe*, proche de la Ville de Dôle, où l'on découvre leurs principes, leurs qualités & leurs uſages ; par M. NORMAND, Docteur en Médecine : *Dôle*, Tonnet, 1740, *in*-12.

Voyez un extrait de cet Ouvrage dans les *Mémoires de Trévoux*, 1741, *Mars, pag.* 512.]

L

3089. ☞ Obſervations ſur les eaux minérales de *Lannion*, petite Ville à trois lieues de Tréguier, dans la partie la plus Septentrionale de la Baſſe-Bretagne ; par le Père AUBERT, D. L. C. D. J. *Mém. de Trévoux*, 1728, *Janvier, pag.* 107, & *Bibliothèque de Médecine, tom. IV. pag.* 189, *in*-4.]

3090. ☞ De la fontaine auprès de *Lengou*; par Burchard MILHODE : 1556, *in*-8.]

3091. ☞ Mſ. Hydrologie minérale pour ſervir à l'Hiſtoire Naturelle de la Lorraine, ou Eſſai ſur l'Hiſtoire des eaux minérales, thermales, ſalines, aigrelettes, martiales, bitumineuſes, ſavonneuſes & pétroliques, qui ont été anciennement, & de notre tems, découvertes en Lorraine ; contenant leur deſcription, leur ſituation, leur différence, leurs élémens ou principes, avec les propriétés & les vertus de toutes les ſources, fontaines, puits & bains des eaux médicinales qui ſe trouvent en Lorraine, dans le Barrois, & ſur les Frontières ; par M. BAGARD, premier Médecin ordinaire du Roi de Pologne, Préſident & Doyen du Collège Royal, de l'Académie des Sciences, Chevalier de l'Ordre de Saint-Michel.

Le Manuſcrit, qui eſt entre les mains de l'Auteur, pourra former un gros *in*-4. Il eſt compoſé de 28 chapitres, & précédé d'un Diſcours Préliminaire ſur l'Hiſtoire Naturelle de la Lorraine en général, & des Auteurs qui ont écrit ſur les eaux minérales de la Lorraine & frontières. Les quatre premiers chapitres regardent les eaux minérales en général. Le chapitre V. traite des eaux chaudes de la Lorraine & des frontières, thermales, volatiles, ſulphureuſes, de leurs principes propres démontrés par l'analyſe. On y explique quelques phénomènes des mêmes eaux. Les eaux chaudes de Plombières, de Bain, de Luxeuil, de Bourbonne, ſont analyſées chacune à part dans les chapitres VI. VII. VIII. IX. Le X. préſente des Obſervations particulières ſur les eaux chaudes de la Lorraine. Le XI. eſt conſacré aux eaux minérales froides de la Lorraine & du Barrois, à leurs vertus & propriétés en général, & à la méthode de les prendre. Dans le XII. & dans les ſuivans, on voit les eaux minérales-martiales de Nancy ; celles de Pont-à-Mouſſon & de Buſſang ; les eaux ſavoneuſes de Plombières ; les ferrugineuſes du Village d'Eumont près Nancy ; les eaux minérales d'Attancourt & de Sermaiſe en Champagne ; les eaux ferrugineuſes alkalines du Fauxbourg Saint-Epvre de la Ville de Toul ; les eaux minérales de Domèvre & de Lombrigny proche Blamont ; de Velotte, à une lieue de Mircourt ; de Heucheloup, à une lieue de Mircourt ; de la bonne ou ſainte Fontaine, à trois lieues de Saint-Diez ; les eaux ferrugineuſes dans le Barrois ; l'eau ſavonneuſe près de Bar-le-Duc ; les eaux minérales de Niderbronn, ſur les frontières des Voſges & d'Alſace, & celles de Walſbronn. Le chapitre XXVIII. regarde les ſources, fontaines & puits d'eau ſalée en Lorraine.

Il y a auſſi nombre d'articles des eaux minérales dont l'Auteur n'a pas encore fait l'analyſe, mais qui ſeront compris dans cet Ouvrage.]

3092. ☞ Lettre de M. MORAND, Médecin de la Faculté de Paris, ſur la qualité des eaux de *Luxeul* en Franche-Comté. *Journ: de Verdun*, 1756, *Mars, pag.* 193.]

3093. ☞ Diſſertation ſur les eaux de *Luxeul*; par M. MORELLE, Médecin, 1757: *in*-12.]

3094. ☞ Diſſertation ſur les eaux thermales de *Luxeul*; par Dom Timothée GASTEL, Bénédictin: *Beſançon*, Charmet, 1761, *in*-12.

Dom Gaſtel eſt mort à Beſançon le 9 Février 1764.]

3095. ☞ Mſ. Parallèle des eaux de Plombières & de *Luxeul*; par M. DE COSSIGNY, Brigadier des armées du Roi, Directeur général des Fortifications des Duché & Comté de Bourgogne, & Membre de l'Académie de Beſançon.

Dans les Regiſtres de cette Académie.]

3096. ☞ Mſ. Mémoire ſur les eaux de *Luxeul*; par M. le Marquis DE ROSTAING, Lieutenant-Général des armées du Roi, &c. Membre de l'Académie de Beſançon.

Dans les Regiſtres de la même Académie.]

M

3097. ☞ Mſ. Mémoire ſur les bains de la *Malou*; par M. CROS, de l'Académie de Béziers.

Ce Mémoire, dont on trouve un extrait aſſez étendu dans la *Relation de l'Aſſemblée publique ſur l'Académie, du* 6 *Décembre* 1731, *p.* 16 *& ſuiv.* eſt entre les mains du Secrétaire de cette Société. Les obſervations & expériences de M. Cros ont été vérifiées ſur les lieux ; par MM. Bouillet & Jalabert.]

3098. ☞ Obſervations ſur une paralyſie de la veſſie, guérie par l'injection des eaux de la *Malou* ; par M. MASARS DE CAZELLE, Médecin à Bédarrieu (en Languedoc).*Journal de Médecine, tom. XX. pag.* 46-57.]

3099. ☞ Henr. Jof. REGA, Differtatio de Aquis mineralibus fontis *Marimontenfis*: *Lovanii*, Overbeck, 1740, *in*-8.]

3100. ☞ Analyfe des eaux minérales de *Marimont*; par Servais-Aug. DE VILLERS: *Louvain*, Overbeck, 1741, *in*-8.]

3101. ☞ Supplément aux Traités des eaux de *Marimont*; par DELVAL, & une analyfe des fontaines appellées le Roidemont, le Montaigu; par REGA & DE VILLERS: *Louvain*, 1742, *in*-8.]

3102. ☞ Mf. Analyfe des eaux minérales de *Mazamet*; par M. GALET, lue à l'Académie des Sciences & Belles-Lettres de Touloufe, les 19 Janvier 1758, & 31 Mai 1759.

Cette Analyfe eft confervée dans les Regiftres de l'Académie de Touloufe.]

3103. ☞ Analyfe des eaux minérales de *Merlange*; par Jean TONDU : *Paris*, Quillau, 1761, *in*-12.]

3104. ☞ Analyfe des eaux minérales de *Merlange* près la Ville de Montereau-faut-Yonne, faite par MM. CANTWEL, HERISSANT & DE LA RIVIERE le jeune, Docteurs en Médecine de la Faculté de Paris : *Paris*, Quillau, 1761, *in*-12.

On trouve une notice de cette Analyfe dans le *Journal de Médecine*, par M. Vandermonde, *tom. XVI*. 1762, *pag*. 228.]

3105. ☞ Edmundi Claudii BOURRU, Parifini, Quæftio Medica, num Chronicis aquæ minerales vulgo *de Merlange*? propugnata in Univerfitate Parifienfi, anno 1765, præfide Francifco-Felicitate COCHU: *Parifiis*, Quillau, 1765.

Cette Thèfe eft fort intéreffante, par les détails où entre l'Auteur. On y trouve beaucoup d'érudition, des Obfervations neuves, & en un mot le réfultat de tout ce que l'on peut defirer fur cette matière.]

3106. ☞ La vertu de la Fontaine de *Médicis*, près de Saint-Denys-lès-Blois; par Paul RENEAUME, Docteur en Médecine : *Blois*, Cottereau, 1618, *in*-8.

3107. * Poëme fur les eaux de la Fontaine de *Meynes*; par François CHARBONNEAU de Provence : 1624, *in*-8.

3108. * Obfervations fur les eaux de *Meynes*; par N. LUCANTE, Médecin : *Avignon*, 1674, *in*-4.

3109. ☞ Differtation fur les eaux minérales du *Mont-de-Marfan*, adreffée à MM. de l'Académie des Sciences de Bordeaux; par M. Jean BETBEDER, Docteur en Médecine, & Correfpondant de la même Académie : *Bordeaux*, Brun, 1750, *in* 12.

Les expériences chymiques que l'Auteur a faites fur les eaux de la Ville de Marfan; les effets de ces eaux, &

la manière de les adminiftrer, font l'objet des deux parties qui compofent cette Differtation.]

3110. ☞ Defcription de la Fontaine minérale (du *Mont d'Or*) depuis peu découverte au territoire de Rheims; par Nicolas-Abraham DE LA FRAMBOISIERE, Médecin du Roi : *Paris*, Bretel, 1606, *in*-8.

3111. ☞ Obfervations fur les eaux du *Mont-d'Or* (en Auvergne); par M. CHOMEL, de l'Académie des Sciences. *Hiftoire de l'Académie*, 1702, *pag*. 44.]

3112. ☞ Defcription des eaux minérales, bains & douches du *Mont-d'Or* & de divers lieux (de l'Auvergne) avec leur analyfe, vertu & ufage; par J. François CHOMEL, Médecin : *Clermont-Ferrand*, Boutaudon, 1733, *in*-12.]

3113. ☞ Examen des eaux minérales du *Mont-d'Or*; par M. LE MONNIER, Médecin, & de l'Académie des Sciences. *Mém. de l'Acad*. 1744, *pag*. 157.]

3114. ☞ Analyfe des Fontaines falées, &c. de *Montmorot* & de *Salins*; par M. ROSSIGNEUX, Apothicaire à Dôle : *Dôle*, Tonnet, 1756, *in*-4. *pag*. 26.]

3115. Les eaux minérales de la Montagne de *Mouffon* en Lorraine; par Nic. DROUIN: *Pont-à-Mouffon*, *in*-12.

N

3116. ☞ Etat des Bains de *Néry* en Bourbonnois, en 1762; par M. le Comte DE CAYLUS.

Cet état fe trouve dans le *Recueil d'Antiquités* de cet illuftre Académicien, *tom. IV*. *pag*. 370.]

3117. ☞ Iter *Gergobinum*; auctore Matthæo BUVAT DE LA SABLIERE : *Biturigibus*, 1756.

On chante dans ces Poéfies Latines un Voyage aux eaux minérales de *Néry*; ce qui comprend l'Hiftoire de la maladie du Poëte, les incommodités qu'il éprouva dans la route, enfin la Defcription & l'éloge de ces bains.]

3118. ☞ Defcription abrégée des bains de *Niderbronn*; par (Bonaventure) BEYHING : *Strasbourg*, 1622 (en Allemand) *in*-8.]

3119. ☞ Efpèce & propriétés des bains de *Niderbronn*; par (Salomon) REISEC : *Strafbourg*, 1664 (en Allemand) *in*-8.

Cet Auteur a affez bien rempli fon objet.]

3120. ☞ De fonte Medicato *Niederbronnenfi*; auctore Joanne Ludovico LEICHSENRING : *Argentorati*, 1753, *in*-4.

C'eft une Defcription exacte du bain & de fes principes, faite fous les aufpices de M. Spielmann, qui a auffi dirigé plufieurs analyfes des eaux minérales de la Province. On y a ajouté des planches & une petite Carte des environs.]

3121. ☞ Mémoire fur les bains appellés les *Bouillans*, dans le Diocèfe de *Nifmes*;

par M. l'Abbé MALLE, Prieur d'Aubord, & Membre de l'Académie de Milhau. *Journal Economique*, 1765, *Avril, pag.* 161.]

3122. ☞ Description des eaux acides ferrugineuses des Fontaines de *Nivelet*; par BRESMAL, Docteur en Médecine : *Liége*, Barchon, 1710, *in-12.*];

3123. Hydrologie, ou Traité des eaux minérales trouvées auprès de la Ville de *Nuys*, entre Priscey & Premeau; par R. C. *Dijon*, Paillot, 1661, *in-12.*

Ces Lettres initiales signifient un Religieux Capucin (le Père ANGE de Saulieu). Nuys est à quatre lieues de Dijon.

P

3124. Lettre de M. B. (BILLET) Docteur en Médecine, sur l'analyse & la vertu des eaux minérales, dont la source est dans son Jardin, proche la Croix-Faubin, au Fauxbourg S. Antoine-lès-*Paris* : *Paris*, 1707, *in-12.*

3125. ☞ Petri CRESSÉ, Quæstio Medica, an Forgensium aquarum vices supplere possunt *Passianæ*? propugnata in Universitate Parisiensi, ann. 1657 : *Parisiis*, 1657, *in-4.*]

3126. Extrait des Observations de M. LEMERY le fils, de l'Académie des Sciences, sur les eaux de *Passy.*

Il se trouve dans l'*Histoire de l'Académie*, 1701, *pag.* 62 & *suiv.*

M. Lémery prétend qu'il vaut mieux prendre à Paris les eaux de *Passy* que celles de Forges, qui perdent, dit-il, dans le transport, beaucoup de leurs vertus, & ne contiennent d'ailleurs que les principes communs à celles de *Passy.*]

3127. ☞ Observations sur de nouvelles eaux minérales de *Passy.*

Elles sont insérées dans l'*Histoire de l'Académie des Sciences*, 1720, *pag.* 42.]

3128. ☞ Examen des eaux de *Passy*, avec une méthode de les imiter, qui sert à faire connoître de quelle manière elles se chargent de leur minéral; par M. GEOFFROY le cadet. *Mém. de l'Acad. des Sciences*, 1724, *pag.* 193, & *Bibliothèque de Médecine*, *tom. IV. pag.* 206, *in-4.*]

3129. ☞ Traité des eaux minérales de *Passy*; par M. MOULIN DE MARGUERY, Médecin de la Faculté de Paris : *Paris*, Lottin, 1725, 1728, *in-12.*]

3130. ☞ Avis sur les eaux minérales de *Passy*, 1726 : *in-8.*]

3131. ☞ Essai d'analyse en général des nouvelles eaux minérales de *Passy*, avec des raisons succinctes, tant de quelques phénomènes qu'on y apperçoit dans différentes circonstances, que des effets de quelques opérations, auxquelles on a eu recours pour discerner les matières qu'elles contiennent dans leur état naturel; par M. BOULDUC le fils, de l'Académie des Sciences. *Mém. de l'Acad.* 1726, *pag.* 306 & *suiv.*

Le même, dans la *Bibliothèque de Médecine*, *in-4. tom. IV. pag.* 205, avec des remarques tirées de divers Auteurs.

On trouve un extrait de ce Mémoire dans les *Mémoires de Trévoux*, 1727, *Novembre, pag.* 1955.]

3132. ☞ Hyacinthi Theodori BARON, D. M. & antiquioris Decani, Quæstio Medica, an ut sanandis, sic & præcavendis pluribus morbis aquæ novæ minerales *Passiacæ*? propugnata, ann. 1743, à Joan. Gauthier Durocher : *Parisiis*, 1743, *in-4.*

Cette Thèse se retrouve dans le second Recueil que Sigwart a fait imprimer sous ce titre, *Quæstiones Medicæ Parisinæ ex Bibliotheca G. Frid. Sigwart, Phil. Med. & Chirurg. Doct. &c. fasciculus secundus : Tubingæ*, 1760, *in-4.*]

3133. ☞ Analyse des anciennes eaux minérales de *Passy*, & leur comparaison avec les nouvelles; par M. BROUZET, Correspondant de l'Académie des Sciences.

Cette Analyse est insérée dans les *Mémoires présentés à l'Académie des Sciences, tom. II. pag.* 337. Le but de l'Auteur paroît être de rendre aux anciennes eaux de Passy la réputation que le préjugé leur avoit ôté.]

3134. ☞ Analyse des nouvelles eaux de *Passy*; par M. CANTWEL, de la Société Royale de Londres, Docteur-Régent & ancien Professeur de Chirurgie Latine, Professeur désigné des Ecoles de Médecine à Paris : *Paris*, Delaguette, 1755, *in-4.*

M. Cantwel est mort à Paris en 1764.]

3135. ☞ Examen des nouvelles eaux minérales de *Passy*; par MM. VENEL & BAYEN : 1755, *in-8.*]

3136. ☞ Analyse chymique des eaux de *Passy*; (par MM. VENEL & BAYEN) : *Paris*, 1757, *in-12.*]

3137. ☞ Observations sur l'examen chymique de l'eau minérale de M. Calsabigi (de *Passy*) par MM. Venel & Bayen; par M. H. (HATÉ) D. M. P. *Journ. de Médecine*, *tom. III. pag.* 74, *an.* 1755.]

3138. ☞ Examen physique & chymique de l'eau minérale de M. Calsabigi, comparée aux eaux du même côteau, connues sous le nom des nouvelles eaux minérales de Madame Belami; par M. DE MACHY, Apothicaire : *Paris*, 1755, *in-8.*

M. de Machy a donné lui-même un extrait étendu de son Ouvrage dans le *Journal de Médecine, tom. III. pag.* 469, *an.* 1755.]

3139. ☞ Eau minérale nouvellement découverte à *Passy*, chez M. Calsabigi, & procédé abrégé pour en retirer le bleu de Prusse, avec des réflexions sur l'utilité de ce bleu; par M. CADET, Apothicaire Major de l'Hôtel Royal des Invalides : *Paris*, 1755, *in-8.*

Voyez le *Journal Economique*, 1755, *Novembre*, & celui de *Médecine, tom. IV. pag.* 139, *an.* 1756.]

3140. ☞ Analyse des nouvelles eaux minérales de *Passy*; par M. ROUELLE : *Paris*, 1755, *in-8.*]

3141. ☞ Lettre à l'Auteur du Journal de Médecine, sur les eaux minérales nouvellement découvertes à *Passy*, dans la maison de M. de Calsabigi; par M***. *Journal de Médecine*, tom. *IV*, pag. 377, an. 1756.]

3142. ☞ Analyses chymiques des nouvelles eaux minérales, vitrioliques, ferrugineuses, découvertes à *Passy*, dans la maison de Madame de Calsabigi, avec les propriétés médicinales de ces mêmes eaux, fondées sur les observations des Médecins & Chirurgiens les plus célèbres, dont on rapporte les Certificats authentiques : *Paris*, 1757, *in-12*.

Voyez un extrait de cet Ouvrage dans l'*Année Littéraire*, 1757, tom. *III*. pag. 284.]

3143. ☞ Rapport de MM. les Commissaires nommés par la Faculté de Médecine de Paris, pour se transporter aux nouvelles eaux minérales de *Passy*, pour y constater l'état présent des sources, des réservoirs, &c. *Paris*, 1759, *in-8*.

On en trouve un extrait dans le *Journal de Médecine*, tom. *XII*. pag. 37, an. 1760.]

3144. ☞ Traité de la nature, qualités & vertus de la Fontaine de *Pènes* (en Provence); par Théoph. TERRISSE : *Die*, 1672, *in-12*.]

3145. ☞ Mſ. Analyse des eaux minérales de *Péruchés* en Jordan, près *Aurillac*, avec le rapport du jugement du Collége de Médecine de Clermont, sur ladite analyse ; par M. DUVERNIN, Docteur en Médecine.

Elle est conservée dans les Registres de la Société de Clermont-Ferrand.

3146. De acidulis *Peſſinis*; auctore Joan. BOECLER : *Argentorati*, 1762, pag. 24, *in-4*.

Cette source est à cinq lieues de Strasbourg, & à deux lieues d'Oppenheim.]

3147. ☞ Rapport de MM. BROSSAUD, PLANTIER & LEMEIGNEN, Docteurs en Médecine, au sujet des eaux minérales de la *Plaine* : *in-12*.]

3148. ☞ Analyse des mêmes eaux, adressée à M. BROSSAUD, Docteur en Médecine de la Faculté de Montpellier, résident à S. Gervais en Bas-Poitou; par M. MONNET, Apothicaire & Chymiste.

Cette Analyse se trouve à la suite du Rapport précédent.]

3149. Abrégé des propriétés des eaux de *Plombières* en Lorraine ; extrait d'un Livre Latin de Jean LE BON : *Paris*, 1576, 1616, *in-16*.

☞ C'est le Bon lui-même qui a fait l'extrait de ses propres Livres Latins. Il y a quelque apparence que cet abrégé est extrait de l'*entier Discours de la vertu & propriété des Bains de Plombières* par A. T. M. C. *Paris*, Hulpeau, 1581, *in-8*. Jean Hulpeau, dans son *Epître* à Pierre Ravin, Médecin à Paris, dit avoir reçu ce petit Discours, mais sans nommer celui dont il le tient. *Bibliothèque Lorraine*, pag. 131.]

3150. Discours des eaux chaudes de *Plombières*; par D. DE BERTHEMIN : *Nancy*, Garnich, 1609, 1615, *in-8*.

☞ Le même, avec divers changemens, retranchemens & additions (de peu de conséquence) : *Mirecourt*, 1733; *in-12*.

Dominique Berthemin, Conseiller & Médecin de Henri II. Duc de Lorraine, croyoit être le premier qui eût parlé des eaux de Plombières. Son Ouvrage est divisé en deux Parties. La première traite en général des eaux, des feux qui les échauffent, & de la matière qui entretient ces feux sous terre. Dans la seconde, qui est particulièrement consacrée aux eaux de Plombières, on trouve des recherches sur leurs minéraux & propriétés, sur la structure & situation des bains de Plombières. On voit à la fin comme une troisième Partie (en six chapitres) intitulée, *Les minéraux desquels les eaux chaudes de Plombières participent*.]

3151. ☞ Petit Traité enseignant la vraie & assurée méthode pour prendre les bains, la douche, l'étuve & les eaux chaudes & froides minérales de *Plombières* ; par ROUVROY : *Espinal*, Maret, 1685, *in-8*. Valat, 1737, *in-8*.

Cet Ouvrage est un abrégé de celui de M. Berthemin, avec quelques additions peu importantes.]

3152. ☞ Naturæ & usus thermarum *Plumbariarum* brevis descriptio; auctore Petro Abrahamo TITOT, Monsbelgardiensi : *Basileæ*, 1686, *in-4*.

☞ Cette Description est encore imprimée pag. 528-576, du Recueil de Théod. Zuinger, intitulé, *Fasciculus Dissertationum Medicarum selectiorum* : *Basileæ*, 1710, *in-8*.]

3153. ☞ Nouveau système des eaux chaudes de *Plombières* en Lorraine, & de l'eau froide dite Savonneuse, & de celle dite Sainte-Catherine de *Plombières* ; par Camille RICHARDOT, Médecin : *Nancy*, 1722, *in-8*.

M. Richardot, après avoir beaucoup raisonné d'une manière vague & peu instructive, sur la cause de la chaleur des eaux de Plombières, pense que ces eaux sont naturellement chaudes, comme d'autres sont naturellement froides, d'autres naturellement salées. Il est parlé au long de cet Ouvrage dans le Traité de Dom Calmet, indiqué ci-après, N.° 3158.]

3154. ☞ Renati CHARLES, Doctoris Medici, Quæstiones medicæ circa fontes medicatos *Plumbariæ*, quas propugnavit D. Claudius Maria Giraud, Ladosalmensis, die 14 Junii 1745 : *Vesuntione*, Couché, 1745, *in-4*.]

3155. ☞ Analyse des eaux Savoneuses de *Plombières*; par M. MALOUIN, de l'Académie Royale des Sciences. *Mém. de l'Acad.* 1746, pag. 109.]

3156. ☞ Quæstiones medicæ circa fontes medicatos *Plumbariæ*, disputatæ à Joan. Cl. MOREL : *Vesuntione*, 1746, *in-12*.]

3157. ☞ Discours sur les eaux de *Plombières*; par Ignace Isidore MENGIN, Médecin de Lorraine. *Dictionnaire de Trévoux*, édition de *Nancy*, pag. 2083.]

3158. ☞ Traité historique des eaux & bains de *Plombières* : *Nancy*, 1748, *in-8*. fig.

Ce Traité fut ébauché en 1709, & continué en 1736, par le Père DURAND, Bénédictin. En 1743 D. CALMET y ajouta quelques réflexions & quelques traits d'Histoire propres à amuser ceux qui prennent les eaux. Au commencement de l'Ouvrage sont des Recherches Philologiques sur le nom de Plombières, sur le tems où les eaux auxquelles il doit sa réputation, ont commencé à être mises en usage par les Médecins. On trouve ensuite la Description du lieu & des bains de Plombières, & les différens systêmes sur la cause de la chaleur de ces eaux. Celui qui paroît le plus probable à l'Auteur, est que l'eau se charge en coulant de différentes substances, qui produisent une fermentation chaude. Le Père Calmet traite encore, en peu de mots, des eaux de *Bourbonne*, dont il rapporte l'Analyse insérée dans les *Mémoires de l'Académie des Sciences* ; de celles de *Bains*, Village à trois lieues de Plombières, & de celles de *Luxeul*, petite Ville au Nord de la Franche-Comté, au pied du Mont-V●●, & célèbres dans les tems les plus reculés.]

3159. ☞ Traité sur les eaux en général, & sur celles de *Plombières* en particulier ; par M. LE MAIRE, Médecin à Remiremont.

Ce Traité est imprimé à la fin de l'Ouvrage précédent.]

3160. ☞ Mémoire sur les moyens de remédier à certains inconvéniens & à certaines indécences qui se rencontrent dans les bains & dans les étuves de *Plombières*; par M. DE QUERLONDE, Ingénieur en chef à Marsal.

Ce Mémoire est aussi imprimé dans l'Ouvrage du Père Calmet, à la suite du précédent.]

3161. ☞ Examen des eaux minérales de *Pomaret*, dans le Diocèse d'Alais ; par M. MONTET.

Il est imprimé dans le Recueil intitulé, *Assemblées publiques de la Société Royale des Sciences de Montpellier*, 1749.]

3162. ☞ Caroli Guillelmi PACQUOTTE, Quæstio Medica circa aquas *Mussipontanas*, propugnata in Scholis Mussipontanis, ann. 1718 : *Mussiponti*, 1718, *in-4*.

La même, traduite en François ; par l'Auteur à la fin de la Dissertation suivante.

Cette Thèse est destinée à prouver la convenance des eaux de Pont-à-Mousson, avec la structure du corps humain, & leur efficacité contre les maladies les plus opiniâtres.]

3163. ☞ Dissertation sur les eaux minérales de *Pont-à-Mousson*; par M. PACQUOTTE, Conseiller, Médecin ordinaire de S. A. R. (feu le Duc Léopold) Professeur en Médecine & en Chirurgie, dans l'Université de Pont-à-Mousson : *Nancy*, Cusson, 1719, *in-8*.

Cette Dissertation n'est proprement qu'une exposition plus étendue de la doctrine contenue dans la Thèse indiquée au N.° précédent.]

3164. ☞ Poëme à la louange des eaux minérales du *Pont-de-Camaret*; par un Religieux : *Narbonne*, Besse, 1662, *in-8*.]

3165. Les fontaines de *Pougues* en Nivernois, Discours qui peut servir aux fontaines de Spa & autres acides de même goût, & un Avertissement sur les bains chauds de Bourbon-l'Archambaud ; par Jean PIDOU : *Paris*, 1584, *in-8*.

3166. Discours sur l'origine des fontaines ; ensemble quelques Histoires de la guérison de plusieurs grandes & difficiles maladies faites par l'usage de l'eau médicinale de *Pougues*; par Antoine DU FOUILLOUX, Médecin : *Nevers*, 1592, 1603 ; 1628 , *in-8*.

☞ Ce Discours a aussi été imprimé avec celui de Jean PIDOU, rapporté ci-après : N.° 3169.]

3167. *Pugeæ* sive de lymphis *Pugiacis* libri duo, carminibus expressi à Raymundo MASSACO, Medico ; editio secunda, cum notis Joannis LE VASSEUR : *Parisiis*, de Bray, 1597,*in-8*. Liber secundus : *Parisiis*, 1599, *in-8*.

Les fontaines de *Pougues*, de Raymond de Massac, mises en vers François; par Charles DE MASSAC son fils : *Paris*, de Bray, 1605, *in-8*.

☞ Voyez sur le Poëme de Raymond de Massac, une Lettre écrite par un de ses descendans, & insérée dans le *Mercure de France*, 1763, Mars, pag. 77.]

3168. ☞ A. BRISSON, de aquarum *Pugiacarum* origine , virtutibus & usu : 1628 , *in-4*.

3169. Discours de la vertu & de l'usage de la fontaine de *Pougues*; par Jean PIDOU : *Poitiers*,1597,*in-4*. [*Nevers*,Reussin,1598, *in-8*. avec les observations d'Antoine du Fouilloux.]

3170. Les véritables vertus des eaux naturelles de *Pougues*, *Bourbon*, & autres renommées de France ; par Jean BANC : *Paris*, Giffart, 1618, *in-8*.

3171. ☞ Vertus des eaux naturelles de *Pougues*; par Jean-Baptiste BOURBONNOIS : *Paris*, 1618, *in-8*.]

3172. Discours de l'origine & propriété de la fontaine de *Pougues*; par Etienne FLAMENT : *Poitiers* , 1633 , *in-8*. [*Nevers*, Millot, 1633 : *Paris*, Durand, 1633.]

3173. L'Hydre féminine combattue par la Nymphe *Pougoise*, ou Traité des maladies des femmes, guéries par les eaux de *Pougues*, avec les armes d'Hercule ; ou Traité des eaux de *Pougues*; par Aug. COURRADE : *Nevers*, Millot, 1634, *in-8*.

3174. ☞ Les eaux minérales de *Pougues*, extrait des Auteurs qui ont traité de ces eaux ; par M. D. L. R. (DE LA RUE) Médecin ordinaire du Roi : *Nevers*, le Fevre, 1746, *in-12*.

Ce Livre, que l'on peut appeller une simple brochure, traite, 1.° de la nature & des propriétés des eaux de Pougues ; 2.° de la manière dont on doit en faire usage ; 3.° du régime que l'on doit observer lorsqu'on les prend ; 4.° du transport que l'on peut faire de ces eaux, *Mercure*, 1746, *Novembre*, pag. 110.]

3175. ☞ Mſ. Mémoire ſur les eaux de *Pougues*, & leurs environs; par M. (Mathurin) LE PERE, Secrétaire de la Société Littéraire d'Auxerre.

Ce Mémoire eſt conſervé dans les Regiſtres de cette Société. Il eſt très-court, & ſon principal mérite eſt de décrire topographiquement l'endroit où ſont ſituées les eaux minérales ferrugineuſes qu'on y boit.]

3176. Rapport fidèle des vertus merveilleuſes inhérentes aux eaux minérales de *Priſcey* & de *Premeau*; par Gabriel JUBLAIN : *Dijon*, 1661, *in*-12.

☞ Cet Auteur, qui étoit un Médecin de Montpellier, eſt mort en 1672.]

3177. Réponſe ſur l'abus qui ſe commet par l'uſage pernicieux des eaux de *Premeau* & de *Priſcey*, fauſſement appellées minérales; avec la Deſcription véritable de ce qui s'y rencontre d'extraordinaire, & un petit éloge des eaux minérales en général; par Claude PITOTS, Docteur en Médecine : *Paris*, *in*-12.

Cet Auteur réfute deux Traités, dont l'un eſt indiqué au N.° précédent, & l'autre au N.° 3123.]

3178. ☞ Anatomie des eaux minérales-de *Provins*; par Pierre LE GIVRE : *Paris*, Loyſon, 1654, *in*-8.]

La même ſous ce titre, Traité des eaux minérales de *Provins*, contenant leur anatomie, la différence des fontaines, leurs propriétés, vertus & effets admirables; par Pierre LE GIVRE : *Paris*, Dumeſnil, 1659, *in*-8.

☞ Les eaux minérales de Provins avoient été découvertes en 1648, par Michel Prevôt, Médecin; & Pierre le Givre n'oublia rien pour en vanter le mérite & les vertus.]

3179. ☞ Diſſertation hiſtorique ſur les eaux minérales de *Provins*; par N. B. C. R. (BILLATE, Chanoine Régulier de l'Hôpital de Provins) : *Provins*, Michelin, 1738, *in*-12. 72 pages.

Ce n'eſt qu'un abrégé du Traité de le Givre, qui n'eſt pas commun.]

3180. ☞ Relation des eaux de *Pyrmont* & de *Spa*; par M. TURNER, Docteur en Médecine : 1734, *in*-12.]

R

3181. ☞ Mſ. Mémoire ſur les bains de *Rennes*; par M. SAGE : lu à l'Académie des Sciences & Belles-Lettres de Toulouſe, le 22 Décembre 1746.

Il eſt conſervé dans les Regiſtres de cette Académie.]

3182. ☞ Deſcription de la fontaine trouvée à la *Roche-de-Pouzay*, près Chatelleraud, cette année 1573, &c. *Paris*, Bonfons, 1573, *in*-8. 16 pages.]

3183. Deſcription des fontaines médicinales de *Rochepozay* en *Touraine*; par MILLON, premier Médecin du Roi : *Paris*, 1617, *in*-8.

3184. ☞ La fontana di Roiag in Arvernia, da Gabr. SIMEONI, & topographia ad unguem impreſſa mirandi ſub Rubiaco Arvernorum fontis.

Le tout conſiſte dans une Inſcription Latine de deux pages, au bas de laquelle eſt la datte *Kal. Octobr.* 1558. Cela ſe trouve à la fin d'un petit Livret du même Siméoni; intitulé, *La natura e effetti della luna nelle coſa humana, paſſando peri 12 ſigni del cielo*, *in*-4.]

3185. ☞ Mſ. Mémoire contenant l'examen des eaux du lieu de *Roſnay*, Dioceſe de Rheims; par M. Louis-Touſſaint NAVIER, Docteur en Médecine à Chaalons-ſur-Marne : lu dans la Séance publique de la Société Littéraire de Chaalons, le 7 Mars 1757.

Il eſt conſervé dans les Regiſtres de cette Société.]

3186. L'Hydrothérapeutice des fontaines médicinales, nouvellement découvertes aux environs de *Rouen*; par Jacques DU VAL, Médecin : *Rouen*, Beſongne, 1603, *in*-8.

3187. ☞ Diſcours ſur les eaux minérales de la Ville de *Rouen*, 1696 : *in*-4.]

3188. Diſſertation ſur les eaux minérales de nouvelle découverte de Saint-Paul, en 1708, à *Rouen*; par Balthaſar NÉEL, Docteur en Médecine : *Rouen*, Mauroy, 1708, *in*-4.]

3189. ☞ Diſſertation, ou, Lettre écrite à M. Poirier, premier Médecin du Roi, touchant la nature & les effets des eaux minérales & médicinales de Saint-Paul de *Rouen*; par Michel EITARD : *Rouen*, Vaultier, 17.... *in*-12. fig.]

3190. ☞ Traité des eaux minérales de la Ville de *Rouen*, où l'on établit la nature & les principes de ces eaux, leurs vertus & leurs uſages pour la guériſon des maladies ſimples & compliquées, auxquelles elles conviennent; avec un régime & des précautions relatives à la boiſſon de toutes les eaux ferrugineuſes en général; par M. DE NIHELL, Ecuyer, Conſeiller-Médecin du Roi, Aggrégé honoraire du Collége Royal de Nancy, de Rouen, & Médecin Conſultant de l'auguſte & Royale Maiſon de Stuart : *Rouen*, Machuel, 1759, *in*-12.

Les eaux dont il eſt ici queſtion, partent du pied de la montagne Sainte-Catherine, dans le quartier qu'on appelle la *Marequerie*. Elles traverſent dans leur cours une mine de fer, à laquelle elles doivent toutes leurs propriétés.]

3191. ☞ Mſ. Mémoire ſur l'analyſe des eaux minérales des environs de *Rouen*; par M. DE BOISDUVAL.

Il eſt conſervé dans les Regiſtres de l'Académie de Rouen.]

3192. ☞ Obſervations ſur les eaux minérales de la *Rouillaſſe*, en Saintonge, avec une Diſſertation ſur l'eau commune; par

N. V. (Nicolas VENETTE) : *La Rochelle*, Savouret, 1682, *in*-8. 152 pages.]

3193. ☞ Eaux de la *Rouffelle* de Bordeaux : *Mercure*, 1693, *Mai* & *Septembre*.]

3194. ☞ Traité des eaux minérales du *Rouffillon*; par CARRERE : *Perpignan*, Reynier, 1756, *in*-8.]

3195. ☞ Description des fontaines minérales du *Rouffillon*; par M. LE MONNIER. *Obferv. d'Hift. Nat.* par le même : ci-devant, N.° 2381.]

S

3196. ☞ Analyfe des eaux minérales de *Saint-Allyre* (en Auvergne); par M. OZY, de la Société de Clermont. *Clermont-Ferrand*, Boutaudon, 1748, *in*-8. 8 pages.]

3197. Traité des eaux minérales de *Saint-Amand* (en Flandre); par MINIAT, ci-devant Médecin des Hôpitaux du Roi à Mons : *Valenciennes*, Henry, 1699, *in*-12.

3198. * Anatomie des eaux minérales de *Saint-Amand*; par François DE HEROGUELLE, Médecin : *Tournay*, Coulon, 1685, *in*-8.

* La même fous ce titre, La Fontaine minérale de *Saint-Amand*, triomphante par les arcanes ou plus rares fecrets de la Médecine; par le même : *Valenciennes*, Henry, 1691, *in*-8.

3199. ☞ Obfervations fur la fontaine minérale de *Saint-Amand*; par Jean-Jofeph BRASSART, Médecin Juré & Penfionnaire de l'Abbaye de Saint-Amand : *Tournay*, Caulier, 1698, *in*-8.]

3200. ☞ Examen des eaux de *Saint-Amand*, près de Tournay; par M. BOULDUC, de l'Académie Royale des Sciences. *Hift. de l'Académie*, 1699, *pag.* 56.]

3201. ☞ Journal de ce qui s'eft paffé aux eaux de *Saint-Amand*, en 1700; par M. PITHOIS : *Valenciennes*, Henry, 1700, *in*-12.]

3202. ☞ Traité des eaux minérales de la fontaine de Bouillon-lès-*Saint-Amand*; par BRASSART : *Lille*, le Blond, 1714, *in*-8.]

3203. ☞ Mémoire fur les eaux minérales de *Saint-Amand*; par M. MORAND (Père) de l'Académie Royale des Sciences. *Mém. de l'Acad.* 1743, *pag.* 1. & *Hift. pag.* 98.

Il y en a un précis dans le *Mercure*, 1743, *Septembre, pag.* 1931-1941. On trouve dans ce Mémoire, outre l'examen des trois fontaines différentes que renferment les eaux de Saint-Amand, celui des boues noires & fulphureufes qui font auprès de celle qu'on nomme Fontaine d'Arfas; la manière d'imiter les bons effets avec du charbon de terre & de l'eau ; les bons effets qu'on a déja éprouvés de ces boues artificielles. C'eft avec auffi peu de fondement que de fuccès, qu'on avoit imaginé que les eaux de ces fontaines guériffoient les cancers, les écrouelles, &c. M. Morand fait voir combien il faut rabbattre de leurs merveilles à cet égard; mais il découvre en même-tems leur efficacité dans la cure de certaines maladies pour lefquelles on n'avoit pas coutume de les ordonner.]

3204. ☞ Effais phyfiques fur les eaux de *Saint-Amand*; par BOUGUIE : *Lille*, 1750.]

3205. ☞ Lettre de M. LE BRETON, Curé de *Saint-Chrift*, auprès de *Péronne*, fur des eaux minérales découvertes au bout de fon Jardin. *Mercure*, 1724, *Juillet, pag.* 1500, & *Biblioth. de Médecine*, *tom*. *IV. p.* 197, *in*-4.]

3206. * Hiftoire véritable de l'excès & martyre de *Sainte-Reine*, Vierge, avec les admirables effets de l'eau de la fontaine; par Jean-Baptifte DANDAULT, Abbé de Saint-Pierre d'Autun : *Paris*, *in*-8.

Ce Livre, qui eft en vers, ne renferme que des puérilités.

3207. * Joannis Guyoti DE GARAMBERIO, Equitis Nivernenfis, Doɛ̌. Monfp. Collegii Med. Divionenf. Decani, divinæ naturæ, artifque facræ triumphus, hoc eft enarratio & enodatio medico-Theologica infignis, rari & naturalis non miraculofi affectus, ad medicos Belnenfes : *Bafileæ*, 1653, *in*-8.

☞ Le but de cet Ouvrage eft de montrer que les eaux de Sainte-Reine, qu'il appelle *Sancta Rhena*, ne guériffent que parcequ'elles font minérales, & que la Sainte n'a aucune part à leur guérifon. Comme l'Auteur étoit de la Religion prétendue Réformée, il parle librement. Gui Patin, *pag.* 183, feconde Lettre à Spon, parle de cet Ouvrage. Il en eftime le deffein : les eaux de Sainte-Reine ne font pas de miracles, dit-il.]

3208. Fontis *fan-Reginalis* naturalis medicati virtutum admirandarum in gratiam ægrotantium explicatio; fcribente Joanne BARBUOTIO, Doɛ̌ore Medico Monfpelienfi : *Parifiis*, Beffin, 1661, *in*-8.

3209. ☞ Lettres de M. GUÉRIN, Doɛ̌eur en Médecine de la Faculté de Paris, & de M. LE GIVRE, touchant les minéraux qui entrent dans les eaux de *Saint-Reine* & de *Forges*, dans lefquelles, outre la recherche que l'on fait de ces minéraux & de leurs vertus, de la manière dont fe forment ces petits cryftaux que l'on voit au fond des bouteilles remplies d'eau de Sainte-Reine, de la caufe de la tiédeur de l'eau de Forges, appellée Cardinale, & des pierres graveleufes que l'on trouve au fond du baffin de celle qu'on nomme Royale; & en paffant, de la caufe des autres eaux tant chaudes que pierreufes; l'on examine encore fi les eaux minérales que l'on tranfporte font auffi bonnes que celles qu'on boit à leur fource ; avec une Thèfe de Médecine (par M. DE MAUVILLAIN) qui conclud, par des preuves convaincantes, que les eaux de Forges font utiles aux convalefcens. Le tout traduit du Latin en François ; par les foins du fieur FILSAC, Chirurgien, pourvu par le Roi pour la vente & diftribution des eaux minérales de France : (*Paris*, veuve Grou, 1702) *in*-12.]

3210. Traité des eaux minérales, ou, La nouvelle fontaine de *Saint-Gondon*) près Sully); par Etienne POMEREAU : *Orléans*, 1676, *in*-8.

3211. ☞ Observations & analyse de l'eau de *Saint-Jean-de-Seirargues* ; par M. SERANE, Médecin de Montpellier : *Montpellier*, Martel, 1734, *in*-12.]

3212. ☞ Réponse du Distributeur des eaux de *Saint-Jean-de-Seirargues*, au Distributeur des eaux d'*Yeuset*, sur la brochure qui paroît sous son nom : *in*-12.]

3213. ☞ Avis de MM. Ant. DURAND & P. Isaac DEIDIER, Médecins de Nismes, & des sieurs BERTRAND & BLAZIN, Apothicaires, contenant leur rapport fait en présence de M. l'Intendant, au sujet des eaux de *Saint-Jean-de-Seirargues*.

Ce Rapport est daté du 12 Septembre 1746. Il est imprimé avec l'Ouvrage précédent.]

3214. ☞ Mf. Analyse des eaux minérales de *Saint-Mars*, près Chamaliere-lès-Clermont ; par M. OZY, Apothicaire Chymiste, & de la Société Littéraire de Clermont.

Elle est conservée dans les Registres de cette Société.]

3215. Les singularités de la fontaine de *Saint-Pardoux*, en Bourbonnois ; par Pierre PERREAU, Docteur en Médecine : *Paris*, Mettayer, 1600, *in*-8.

3216. ☞ Observation sur une eau minérale de *Saint-Remi-l'Honoré*, à une lieue & demi de Montfort-l'Amaury. *Affiches des Provinces*, 1762, *pag*. 143.]

3217. ☞ Mf. Observations sur les eaux de *Saint-Sauveur* ; par M. DARQUIER ; lues le 20 Avril 1752, à l'Académie des Sciences & Belles-Lettres de Toulouse.

Elles sont conservées dans les Registres de cette Académie.]

3218. ☞ Traité des eaux minérales de *Saint-Symphorien* ; par DE MAUBIE : *Dijon*, 1679, *in*-12.]

3219. ☞ Sur une source d'eau salée de *Sallies*, en Béarn. *Journ. des Sçavans*, 1667, *pag*. 47.]

3220. * Admirable vertu des eaux & fontaines de *Salmière*, au Pays de Quercy ; par FABRY : *Toulouse*, 1624, *in*-8.

3221. Les merveilleux effets de la Nymphe de *Santhenay*, au Duché de Bourgogne, où est sommairement traité de son origine, propriété & usage ; par Pierre QUARRÉ, Charollois : *Dijon*, Guiot, 1633, *in*-4.

3222. Histoire véritable de la découverte de l'eau minérale de la fontaine de *Ségray*, près de Pluviers en Beauce ; par L. P. Docteur en Médecine : *Paris*, Saugtain, 1620, *in*-8.

3223. Les secrets des eaux de la fontaine de *Ségray*, près de la Ville de Pithiviers ; par Pierre POISSONNIER : *Orléans*, 1644, *in*-8.

☞ C'est la même fontaine que la précédente. On dit indistinctement Pluviers, Pithiviers, ou Piviers.]

3224. ☞ Dissertation sur la nature & les qualités des eaux minérales & médicinales de *Ségray*, près Pluviers ; par M. BLONDET, Docteur en Médecine de Montpellier, Conseiller-Médecin ordinaire du Roi, Intendant des eaux minérales de Ségray, & Associé Correspondant de la Société des Belles-Lettres d'Orléans : *Orléans*, Couret de Villeneuve, 1747, *in*-12. 40 pages.]

3225. ☞ Avis sur les eaux minérales de *Ségray*, près Piviers, en Gâtinois. *Journal des Sçavans*, 1722, *Juin*, *pag*. 415, & *Bibliothèque de Médecine*, *tom*. IV. p. 188, *in*-4.

Ces eaux ont été reconnues, depuis plus de 300 ans, capables de guérir les maladies chroniques, & qui sont rebelles aux remèdes ordinaires.]

3226. ☞ La Spagyrie naturelle des fontaines minérales de *Sellés*, au Mandement de la Voute en Vivarez ; par Gasp. DE PERRIN : *Valence*, Muguet, 1656, *in*-8.]

3227. ☞ Analyse des eaux de la fontaine du bas *Selter*, située dans le bas Archevêché de Trèves ; par Frid. HOFFMAN : *Hall*, 1727, *in*-4. (en Allemand)

Le même, en François ; par P. Théodore LEVELING : *Nancy*, Cusson, 1738, *in*-8. *Anvers*, 1739, *in*-4.]

3228. ☞ Joannis KILIAN, Disputatio de aquis *Selteranis* : *Argentorati*, 1740, *in*-4.]

3229. ☞ Mémoires sur l'analyse des eaux de *Selter* ou de *Seltz* ; par M. VENEL, Docteur en Médecine de la Faculté de Montpellier.

Ces Mémoires sont insérés parmi ceux de Mathématique & de Physique présentés à l'Académie des Sciences, *tom*. II. pag. 53 & 80.]

3230. ☞ Remarques curieuses sur les eaux salutaires de *Sermaise*, sur la frontière de Champagne ; par le sieur ROYER, Chirurgien & Chymiste à Montigny, près Stenay.

On ignore la date de l'impression, & le format.]

3231. Gilberti PHILARETI Commentarius de fontibus Ardennæ, & potissimum de *Spadanis* : *Antverpia*, Bellerus, 1559, *in*-8.

C'est sous le nom de Philaret que s'est caché Gisbert LIMBORTH, Chanoine de Liège, Médecin, mort en 1567.

☞ Cet Ouvrage pourroit bien être le même que le suivant, comme l'a soupçonné M. Springsfeld.]

3232. Gilberti LIMBORTH, de acidulis quæ sunt in Sylva Arduenna juxta vicum *Spa* : *Antverpia*, 1559, *in*-8.

3233. ☞ Des fontaines acides de la forêt d'Ardennes,

d'Ardennes, & particulièrement de celle de Spa : *Liège*, 1577, *in*-8.

C'est la Traduction de l'Ouvrage précédent.]

3234. Description des fontaines acides de *Spa*; par Philippe GHERINX : *Liège*, 1583, *in*-8.]

3235. ☞ Ph. GŒRINGII fontium acidorum pagi *Spa*, & ferrati Tungrensis Descriptio è Gallicâ Latinè facta à Th. RYESIO : *Leodii*, 1592, *in*-8.]

3236. ☞ Description des fontaines acides de *Spa*; augmentée par Th. RYETIS (ou plutôt DE RYE) : *Liège*, 1592, *in*-8.

C'est le même Ouvrage en François. Philippe Ghéring ou Ghérinx, étoit cousin d'ab Heers, & Thomas de Rye son beau-père.]

3237. Joachimi YUNII aquarum *Spadanarum* Gryphi, sive ænigmata eorumque explicatio, proficiscentibus ad aquas *Spadanas* non minus utilis quàm jucunda : *Lovanii*, Flavius, 1614, *in*-8.

3238. ☞ J. B. HELMONTII supplementum de *Spadanis* fontibus : *Leodii*, 1624.]

3239. Henrici AB HEERS *Spadacrene*, seu *fons Spadanus* & de ejus aquis mineralibus; cum observationum medicatarum libro : *Leodii*, 1622, *in*-8. *Lugduni-Batavorum*, 1645. [*Ibid*. 1685, *in*-12.]

3240. ☞ Deplementum supplementi de *Spadanis* fontibus, sive vindiciæ pro suâ *Spadacrene*, &c. auctore H. AB HEERS : *Leodii*, 1624, *in*-12.]

☞ Dissertation sur les eaux de Spa, traduite du Latin de HEERS, avec les notes de CHROUET : *La Haye*, 1639, *in*-8.]

3241. ☞ Observationes Medicæ oppidò raræ in *Spa* & *Leodii*, animadversæ, &c. auctore H. AB HEERS : *Leodii*, 1630, *in*-12.

M. Chrouet a traduit celles de ces Observations qui regardent les eaux de Spa, & il les a jointes à la nouvelle édition qu'il a donnée du Spadacrène.]

3242. ☞ Ludovici NONNII Aquæ *Spadanæ* præstantia & utendi modus : *Lugduni-Batavorum*, 1638, *in*-12.]

3243. ☞ Traité des eaux de *Spa*; par le sieur Edmond NESSEL, Docteur en Médecine : *Liège*, 1699, *in*-8.]

3244. ☞ Apologie des eaux de *Spa*; par Matthieu NESSEL, Docteur en Médecine : *Liège*, 1713, *in*-8.]

3245. ☞ La connoissance des eaux minérales d'Aix-la-Chapelle, de Chaud-Fontaine & de *Spa*, &c. par W. CHROUET, Docteur en Médecine : *Leide*, 1714, & *Liège*, 1729, *in*-12.]

3246. ☞ Traité des eaux minérales de *Spa*; par Henry EYRE : *Londres*, 1731, *in*-8. (en Anglois).]

3247. ☞ Petit Traité des eaux de *Spa*; par George TURNER : *Londres*, 1733, *in*-8. (en Anglois).]

3248. ☞ Dissertatio Medica inauguralis de aquis *Spadanis*, quam eruditorum examini submittit Philippus Ludovicus DE PRESSEUX, Leodius ex Theux : *Lugduni-Batavorum*, 1736, *in*-4.

Cette Dissertation a été réimprimée à Leyde la même année, sans autre addition qu'une déclaration de M. Chrouet, Docteur en Médecine à Olne, au sujet du transport des eaux de Géronster.]

3249. ☞ Dissertation inaugurale sur les eaux de Spa, soutenue à Leyde le 7 Août 1736, par M. Phil. Louis DE PRESSEUX; traduite du Latin, & augmentée par Jean-Phil. DE LIMBOURG, Docteur en Médecine : *Spa*, 1749, *in*-4.]

3250. ☞ Démonstrations de l'utilité des eaux minérales de *Spa*; par M. le Docteur & Assesseur LE DROU : *Liège*, 1737, *in*-12.]

3251. ☞ Principes contenus dans les différentes sources des eaux minérales de *Spa*; par N. Th. LE DROU, Docteur & Professeur en Médecine : *Liège*, 1752, *in*-12.]

3252. ☞ Traité des eaux minérales de *Spa*; par J. Ph. DE LIMBOURG, Docteur en Médecine : *Leide*, Luzac, 1754, *in*-12.

Le même, corrigé & augmenté par l'Auteur, avec une Carte des environs de *Spa* : *Liège*, Desoer, 1756, *in*-8.

L'Auteur s'étend sur tout ce qui a rapport à la manière d'agir de ces eaux précieuses. Il donne, à la fin de son Discours préliminaire, une Liste des Ouvrages qui ont été publiés sur les eaux de Spa, & qu'il a consultés. Il cite aussi ceux qu'il n'a pas eu occasion de voir, & les traités concernant d'autres eaux minérales froides, avec lesquels il a composé le sien.

On en trouve un extrait dans le *Journal des Sçavans*, 1758, *Août*.]

3253. ☞ Recueil d'Observations des effets des eaux minérales de *Spa*, de l'an 1764, avec des remarques sur le système de M. Lucas, sur les mêmes eaux minérales; par J. Ph. DE LIMBOURG, Docteur en Médecine : *Liège*, de Soers, 1765, *in*-8.]

3254. ☞ Notice abrégée des eaux minérales de *Sulzbach*, dans la Vallée de Saint-Grégoire en Alsace ; par (Christophe) SCHERBII : *Colmar*, 1683 (en Allemand).]

3255. ☞ Descriptio balnei *Sulzensis*; auctore Joanne-Jacobo SCHURER : *Argentorati*, 1726, *in*-4.

Cet Ouvrage est estimé dans le Pays. Soulz est un Village à cinq lieues de Strasbourg, près de Molzhein.]

3256. ☞ Mss. Analyse des eaux minérales de *Surgères* en Aunis, puisées de sept sources différentes ; par M. NAUDIN, Médecin à la Rochelle : *in*-4.

Ce Mémoire est dans le Cabinet de M. Girard de Villars, Médecin à la Rochelle. M. Naudin est mort en 1764.]

T

3257. ☞ Observations sur la nature & les propriétés des eaux thermales de *Tercis*; par M. Dufau, Médecin à Dax, & Correspondant de l'Académie de Bordeaux : *Dax*, 1747, *in-12.*]

3258. ☞ Lettre sur les bains de *Toul* & sur les Valentines de *Metz*; par M. Lebeuf. *Mercure*, 1733, Décembre, II. vol. p. 2833.]

3259. ☞ Extrait d'une Lettre de M. Brisseau à M. Fagon, touchant une fontaine minérale découverte dans le Diocèse de *Tournay*.

Elle se trouve dans l'*Histoire des Ouvrages des Sçavans*, 1698, Octobre, p. 464.]

V

3260. ☞ Discours sur les Fontaines de *Vals* en Vivarez, & sur la propriété des eaux médicinales de *Vals*; par Claude Expilly, Président au Parlement de Grenoble.

Il est dans le Recueil des *Poësies Françoises* de ce Magistrat : *Grenoble*, 1624, *in-4.*]

3261. Observations sur les eaux de la fontaine de *Vals* en Vivarez, distillées par Jacques Reynat, Apothicaire : *Avignon*, Bramereau, 1639, *in-8.*

3262. ☞ Traité de la nature & propriété des eaux minérales & bains acides nouvellement découverts près d'un lieu nommé *Vendres*, Diocèse de Béziers en Languedoc ; par Pierre Romieu, Docteur en Médecine: *Perpignan*, Figuerola, 1683, *in-8.*

Ce Traité est regardé dans le Pays comme une production très-imparfaite. Voyez les *Nouvelles Recherches sur la France*, tom. I. pag. 113 & suiv.]

3263. ☞ Ms. Mémoire sur les eaux minérales de Castelnau, appellées communément, eaux de *Vendres*; par M. Cros, de l'Académie de Béziers.

On trouve un extrait de ce Mémoire dans le second Recueil de l'Académie de Béziers : *Béziers*, Barbut, 1728, *in-4.* pag. 31 & suiv. Voyez les *Nouvelles Recherches sur la France*, tom. I. pag. 112 & 113.]

3264. ☞ Examen des eaux minérales de *Verberie*; (par MM. Carlier & de Machy :(*Paris*, Guérin) 1759, *in-12.*

La partie Historique a été faite par M. Carlier, qui est du pays même, & l'Analyse chymique par M. de Machy, Apothicaire de Paris.]

2265. ☞ Mémoire sur une source d'eau minérale près *Vernon* en Normandie : *Paris*, 1757, *in-12.*]

3266. ☞ Discours sur les effets merveilleux des eaux de *Vesoul* en Franche-Comté : *Vesoul*, 1722, *in-12.*]

3267. ☞ Observations sur les effets surprenans que causent les eaux minérales nouvellement découvertes dans le territoire de la Ville de *Vesoul*, en un lieu appellé les Repes, Diocèse de Besançon. *Mercure*, 1716, Août, pag. 239, & *Bibliothèque de Médecine*, tom. IV. pag. 180, *in-4.*]

3268. ☞ Recherche analytique des eaux minérales de *Vic*; par J. B. Esquirou: *Aurillac*, 1718, *in-12.*]

3269. ☞ L'Entéléchie des eaux de *Vic* en Carladois; par Jean Manté : *Aurillac*, Borie, *in-8.*]

3270. ☞ Physiologie des eaux de *Vichy* en Bourbonnois ; par Claude Mareschal: Moulin, Vernoy, 1642, *in-8.* [*Lyon*, de Cœurssillys, 1636.]

3271. ☞ M. Rolleti Poema encomiasticum aquarum mineralium *Vichænsium* : *Claromonti*, 1652, *in-4.*]

3272. ☞ Description des eaux minérales de *Vichy*; par Ant. Jolly : *Paris*, Langlois, 1676, *in-12.*]

3273. ☞ Observations sur les concrétions terreuses & salines des eaux de *Vichy*; par M. Joli, Médecin. *Hist. de l'Acad. des Sciences*, 1683.]

3274. Le secret des bains & eaux minérales de *Vichy*; découvert par Claude Fouet, Docteur en Médecine: *Paris*, de Varennes, 1679, *in-12.*

Le même Traité sous ce titre, Nouveau système des bains & eaux de *Vichy*; par Claude Fouet: *Paris*, 1686, *in-12.*

3275. Examen des eaux de *Vichy* & de *Bourbon*; par M. Burlet, Docteur en Médecine, de l'Académie des Sciences. *Mém. de l'Acad. des Sciences*, an. 1707, pag. 97 & suiv.

3276. Examen des mêmes eaux ; par M. Seignette, Médecin de la Rochelle. *Mémoires de l'Académie des Sciences*, 1707, pag. 115 & 116.

☞ P. Seignette est mort le 11 Mars 1719.]

3277. ☞ Traité des eaux minérales, bains & douches de *Vichy*; par Jacques-François Chomel, Médecin de Montpellier : *Clermont*, 1734, *in-12.*

On trouve un long extrait de cet Ouvrage dans les *Actes de Leipsick*, 1741, pag. 698, & suiv.]

3278. ☞ Observations physiques sur les eaux thermales de *Vichy*; par M. de la Sone, de l'Académie des Sciences. *Mém. de l'Acad.* 1753, pag. 106.]

3279. ☞ De la vertu & puissance des eaux médicinales de *Vic-le-Comte*, près Billon, & de *Saint-Mearilpes*, près Riom ; par Jean Landrey : *Orléans*, Hotot, 1614, *in-12.*]

3280. Bref Discours des fontaines de *Vic-le-Comte*; par François de Villefeu: *Lyon*, Mallet, 1616, *in-8.*

3281. ☞ Eau minérale à une lieue de la Ville de *Vitré*, en Bretagne. *Mercure*, 1683,

Mai, pag. 209, & *Bibliothèque de Médecine, tom. IV. pag.* 182, *in-*4.]

3282. ☞ Mémoire de M. Grosse sur les eaux minérales de *Vitry-le-François. Journ. de Verdun,* 1740, *Octobre, pag.* 256-259.]

3283. Discours des propriétés & vertus d'une source d'eau retrouvée nouvellement en *Vivarez,* à deux lieues de Valence (de l'autre côté du Rhône); par Philibert Bugnion, Avocat à Lyon : *Lyon,* Rigaud, 1583, *in-*8.

3284. Traité des eaux minérales du *Vivarez* en général, & de celles de *Vals* en particulier; par Antoine Fabre, Docteur en Médecine : *Avignon,* Piot, 1657, *in-*4.

3285. Notice exacte des eaux minérales de *Wauweile,* de leurs propriétés & de leurs effets; par Bachers : *Bas*, 1741, (en Allemand).]

Y

3286. ☞ Avis de M. de Chicoyneau, premier Médecin du Roi, au sujet des eaux minérales d'*Yeuzet* & de *Saint-Jean-de-Seirargues,* du 4 Octobre 1746, feuille volante.

Ce Médecin préfère celle d'Yeuzet à celle de Saint-Jean. Son avis est réimprimé avec l'Ouvrage suivant.]

3287. ☞ Le Distributeur des eaux d'*Yeuzet : in-*12. 12 pages.]

Section V.

Histoire Naturelle des Végétaux de la France.

☞ La plupart de ceux qui rédigent les Catalogues commencent l'article de la Botanique par les Traités d'Agriculture. Mais, comme les différentes espèces de Plantes exigent des soins différens, & qu'il faut avoir une connoissance préliminaire de ces espèces pour varier leur culture, on a jugé plus naturel de placer les Descriptions des végétaux avant les Traités sur la manière de les entretenir & de les faire renaître. Il en est quelques-uns qui renferment les deux objets. Pour ne point les répéter dans les deux paragraphes, on les a rangés suivant les matières qu'ils paroissoient avoir eu pour but principal. L'article de la culture en renferme un plus grand nombre de cette espèce.]

§. I. *Traités des Plantes, des Arbres, des Fleurs, &c.*

Traités sur les Plantes de la France en général.

3288. Campus Elysius Galliæ amœnitate refertus, in quo quidquid apud Indos, Arabes, & Pœnos reperitur, apud Gallos demonstratur posse reperiri; auctore Symphoriano Campegio, Medico, Equite aurato : *Lugduni,* 1533, *in-*8.

3289. Hortus Gallicus pro Gallis in Galliâ scriptus, in quo Gallos in Galliâ omnium ægritudinum remedia reperire docet, nec medicaminibus egere peregrinis : accedit analogia Medicinarum Indarum & Gallicarum, in quâ Gallos in Galliâ omnes medicinas laxativas Gallis necessarias reperire docet, &c. auctore eodem : *Lugduni,* Treschel, 1533, *in-*8.

☞ Cet Ouvrage est une édition plus ample du précédent. L'Auteur ayant fait dans la même année de nouvelles observations, en fit aussi-tôt part au Public dans ce second Traité.]

3290. ☞ Mf. Nicolai Marchant patris ; Index Stirpium, Ducis Aureliansensis Gastonis jussu & largitione, in Galliâ conquisitarum, ab anno 1648, ad 1659, *in-fol.*

M. Bernard de Jussieu conserve dans sa Bibliothèque l'exemplaire même qui avoit appartenu au Duc d'Orléans.]

3291. ☞ Icones & descriptiones rariorum Plantarum, Siciliæ, Melitæ, Galliæ & Italiæ, quarum unaquæque signata ab aliis facilè distinguitur; auctore Paulo Boccone, Academiæ Nat. curiosorum socio, & Magni Ducis Etruriæ Botanico : *Oxonii,* Theat. Sheldon, 1674, *in-*4.

Mongitore (*Biblioth. Sicul.*) parle d'une autre édition publiée à Londres la même année, avec une Préface de Robert Mossiokius. M. Séguier, Secrétaire de l'Académie de Nismes, qui en fait mention dans sa *Bibliotheca Botanica,* dit qu'il n'a jamais pu la découvrir.]

3292. ☞ Dissertation sur la préférence que nous devons donner aux Plantes de notre Pays, par-dessus les Plantes étrangères; par M. Marchant, de l'Académie des Sciences. *Mém. de l'Acad.* 1701, *pag.* 211-217.

Cette espèce de Dissertation fait partie d'un Mémoire sur une Plante nommée dans le Brésil *Yquétaya,* qui sert de correctif au Séné, par le même M. Marchant, dans lequel cet habile Botaniste a reconnu que l'Yquétaya n'est que la grande Scrophulaire aquatique, foulée tous les jours sous nos pieds. Cet exemple lui donne lieu de conclure que les Plantes de notre Pays, que nous n'étudions pas assez, valent souvent autant que les étrangères, & que le malheur qu'elles ont de naître dans nos champs, leur fait trop de tort auprès de nous.]

3293. Plantæ per Galliam, Hispaniam & Italiam observatæ, iconibus æneis exhibitæ à Jacobo Barreliero, ex Ordine Prædicatorum. Opus posthumum, editum curâ & studio Antonii de Jussieu, Medici : *Parisiis,* Ganeau, 1714, *in-fol.*

☞ M. de Jussieu a mis à la tête de l'Ouvrage une Vie de l'Auteur, qui étoit Dominicain, né à Paris en 1606, & mort le 15 Septembre 1673. Les Plantes ont été gravées avec un très-grand soin; elles attestent l'exactitude du crayon de l'Auteur, qui les avoit dessinées lui-même. On peut consulter la *Bibliotheca ancienne & moderne, tom. II. pag.* 311, & *Giornale de Letter.* ann. 1715, *art.* 7.]

3294. ☞ Le Fruitier de la France, ou Description des Fruits à noyaux & à pepins qui se cultivent dans le Royaume, avec une Dissertation Historique sur l'origine & le progrès des Jardins; par M. le Maitre, ancien Curé de Joinville, 1719 : *in-*4.

Ce n'est que le plan d'un Ouvrage qui n'a pas été exécuté.]

3295. ☞ Expériences, par lesquelles on fait voir que les racines de plusieurs Plantes de la même famille que la Garance, rougissent aussi les os, & que cette propriété paroit être commune à toutes les Plantes de cette même famille; par M. GUETTARD. *Mémoires de l'Académie des Sciences, 1746, pag. 98 & suiv. & Histoire, pag. 57.*

Cet Ecrit, qui a pour objet le Caille-lait, le Grateron ou Aparine, que l'on trouve en France, doit être rangé avec ceux qui regardent l'Histoire Naturelle du Royaume. M. Guettard y fait voir que les racines de ces Plantes, celles sur-tout du Caille-lait des bords de la mer de l'Aunis, sont propres à garancer les étoffes. Les épreuves en ont été constatées par M. Hellot, qui en parle dans son Traité de la Teinture des Laines.]

3296. ☞ De Plantis indigenis quæ in usum medicum veniunt; auctore Stephano Francisco GEOFFROY, Doctore Medico Parisiensi.

C'est le tom. III. de l'Ouvrage du même Auteur, intitulé, *Tractatus de Materiâ Medicâ, sive de Medicamentorum simplicium Historiâ, &c. Parisiis*, Desaint & Saillant, 1741, *in-8*, 3 vol.]

☞ L'Histoire des Plantes Indigènes, traduite en François; par M*** (BERGIER) Docteur en Médecine.

Ce sont les tom. V. VI & VII. de la traduction du *Traité sur la Matière Médicale*, par M. Geoffroy : *Paris*, Desaint & Saillant, 1743, *in-12*. 7 vol.]

☞ Suite de la Matière Médicale de M. GEOFFROY; par le même : *Paris*, Desaint & Saillant, 1750, *in-12*. 3 vol.]

☞ Eadem, D. GEOFFROY, Materia Medica, locupletior, aliisque emendatior, supplemento partis secundæ sectionis secundæ anonymi professoris nunc primùm aucta, ex Gallicâ in linguam Latinam eleganter redacta : *Venetiis*, Pezzana, 1761, *in-4*. 3 vol.]

3297. ☞ Les figures des Plantes d'usage en Médecine, décrites dans la Matière Médicale de M. GEOFFROY, dessinées d'après nature par M. DE GARSAULT, & gravées par MM. de Fehrt, Prevôt, Duflos, Martinet, &c. *Paris* (1764) *in-8*. 4 vol.

Les Plantes Indigènes forment les tomes II. III & IV.]

3298. ☞ Explication abrégée de sept cens dix-neuf Plantes, tant étrangères que de nos climats, gravées en taille-douce sur les dessins de M. DE GARSAULT : *Paris*, Desprez, 1765, *in-8*.

C'est l'explication des Planches précédentes.]

3299. ☞ Observations sur les Plantes; par M. GUETTARD, de l'Académie des Sciences : *Paris*, 1747, *in-12*. 2 vol.

On trouve dans cet Ouvrage le Catalogue des Plantes des environs d'Etampes, & une indication des endroits du voisinage d'Orléans où naissent les mêmes Plantes. Ces indications ont été tirées du Catalogue des Plantes de l'Orléanois, fait par M. Lambert de Cambray, & communiqué par M. Duhamel. M. Guettard a de plus ajouté à son Ouvrage les Plantes qu'il avoit observées dans plusieurs cantons de la France, & sur-tout dans le bas Poitou, & vers les bords de la mer de l'Aunis. Les Plantes sont arrangées suivant l'ordre des *glandes* des Plantes observées par l'Auteur. Le Catalogue des Plantes des environs d'Etampes avoit été, pour la plus grande partie, fait par M. Descurain, Apothicaire d'Etampes, & grand-père de M. Guettard.]

3300. ☞ Traité des Arbres & Arbustes qui se cultivent en France en pleine terre; par M. DUHAMEL DU MONCEAU, Inspecteur général de la Marine, de l'Académie Royale des Sciences, de la Société Royale de Londres, Honoraire de la Société d'Edimbourg, & de l'Académie de Marine : *Paris*, Guérin & Delatour, 1755, *in-4*. 2 vol.]

☞ Additions à ce Traité; par le même.

Elles se trouvent à la fin du tom. II. du Traité des *Semis & Plantations des Arbres, &c. Paris*, Guérin & Delatour, 1760, *in-4*.

M. Duhamel a fait entrer aussi dans le Traité des Arbres & Arbustes, les Arbres étrangers qui peuvent s'accommoder à la température de notre climat, & se cultiver en pleine terre. Il n'y a d'exclus que ceux qui exigent nécessairement des serres chaudes & des orangeries. Voyez sur ce Traité les *Actes de Leipsick*, 1756, *pag. 583 & suiv.*]

3301. ☞ Prospectus d'Histoire Naturelle des Végétaux de la France, contenant leurs descriptions génériques & spécifiques, leurs noms synonymes Latins & François, leurs figures, les insectes qu'ils nourrissent, l'endroit où on les trouve, leurs différentes cultures, suivant les divers climats de chaque Province, leur analyse chymique & leurs propriétés, non-seulement pour la nourriture & la Médecine, mais encore pour l'embellissement des Jardins & les Arts & Métiers; *ou*, La Botanique, la Médecine, l'Agriculture, le Jardinage & les Arts réunis dans le règne Végétal de la France; par M. BUCHOZ, Démonstrateur en Botanique au Collège Royal des Médecins de Nancy : *Metz*, Antoine, 1765, *in-8*.]

3302. ☞ De la fertilité des Provinces de France, quant aux Grains, &c. par M. DE LA MARRE, Commissaire au Châtelet.

Ces Observations se trouvent dans son *Traité de la Police : Paris*, 1710, *tom. II. pag. 1083-1095.*]

Traités sur les Plantes des diverses parties de la France, rangés suivant l'ordre alphabétique des noms des lieux où elles naissent.

A

3303. Histoire des Plantes qui croissent aux environs de la Ville d'*Aix* en Provence, & dans quelques autres endroits de la même Province; par Joseph GARIDEL, Docteur & Professeur en Médecine à Aix : *Aix*, 1717, *in-fol*.

☞ La jalousie avoit d'abord suspendu les éloges que ce Livre mérite à bien des titres; mais la postérité équitable a rendu justice aux talens de son Auteur. Voyez sur cet Ouvrage le *Traité des Tulipes*, par le P. Dardenne : *Avignon*, 1760, *pag.* 17-19.]

3304. ☞ Flora *Alpina*, seu Catalogus Plan-

Histoire Naturelle. 189

tarum quæ gignuntur in Gallicis Pyreneis, &c. auctore Nic. AMANN.

Cette Dissertation est la dix-huitième de celles que M. Linnæus a insérées dans le tom. IV. d'un Ouvrage qui a pour titre, *Amœnitates Academicæ, seu Dissertationes, &c.*]

3305. ☞ Turnefortius *Alsaticus*, cis & trans-Rhenanus, sive Opusculum Botanicum, ope cujus Plantarum species, genera, ac differentias, præ-primis circà Argentoratum locis in vicinis, cis & trans-Rhenum, sponte in montibus, vallibus, sylvis, pratis, in & sub aquis nascentes, spatioque menstruo florentes, Tyro sub excursionibus Botanicis facillimè dignoscere, suæque memoriæ in nominibus exprimendis, ex principiis Turnefortii consulere possit, otio privato conscriptum, ac aliquibus tabulis æneis illustratum; auctore Fr. Balt. VAN LINDERN : *Argentorati*, Stein, 1728, *in*-8.]

☞ Idem; auctior, sub hoc titulo : Hortus *Alsaticus* Plantas in *Alsatiâ* nascentes designans: *Argentorati*, Bekins, 1747, *in*-8.]

3306. ☞ Marci MAPPI Historia Plantarum *Alsatiæ*, operâ J. C. EHRMANTORATI : 1742, *in*-4.

Cet Ouvrage est très-bon, & écrit selon le système de Tournefort. On en trouve un extrait dans les *Actes de Leipsick*, 1743, *pag.* 596.]

3307. ☞ Nova Plantarum *Americanarum* genera ; auctore Carolo PLUMIER, Ordinis Minimorum in Provinciâ Franciæ, & apud insulas Americanas Botanico Regio : *Parisiis*, Boudot, 1703, *in*-4.]

3308. ☞ Description des Plantes de l'*Amérique* ; par le même : *Paris*, Imprimerie Royale, 1693, *in-fol.* fig. 108.]

3309. ☞ Traité des Fougères de l'*Amérique* ; par le même : *Paris*, Imprimerie Royale, 1695 & 1705, *in-fol.* fig. 172.

Ces deux Traités sont fort estimés, & on les joint ensemble.]

3310. ☞ Plantarum *Americanarum* fasciculi decem, continentes Plantas quas olim Carolus Plumierius Botanicorum princeps detexit, eruitque, atque in Insulis Antillis ipse depinxit. Has primùm in lucem edidit concinnis descriptionibus, & observationibus, æneisque tabulis illustravit Jo. BURMANNUS Doctor Medicus, Professor Botanices Amstelodamensis : *Amstelodami*, 1755-1760, *in-fol.*

Aux figures des Plantes dessinées par le P. Plumier dans ses trois Voyages aux Antilles, faits par ordre de Louis le Grand, M. Burmann a joint la Description de chaque Plante.]

3311. ☞ Description des Plantes qui naissent dans l'*Amérique* méridionale & dans les Indes occidentales; par le P. Louis FEUILLÉE, Religieux Minime, Mathématicien & Botaniste de Sa Majesté.

Elles se trouvent à la fin des tom. II & III. du Journal de ses Observations physiques : *Paris*, Giffart, 1714; & Mariette, 1725, *in*-4. 3 vol. fig.]

3312. ☞ Notes historiques sur l'origine & l'ancien usage de la Plante de Garance en *Artois*; par M. CAMP, de la Société Littéraire d'Arras: *Paris, sans date, in*-4. 40 pages.]

3313. ☞ Mf. Plantes du Pays d'*Aunis*, avec leurs vertus & les noms vulgaires; par M. GIRARD DE VILLARS, Médecin à la Rochelle : *in*-4.

Cet Ouvrage est entre les mains de l'Auteur.]

3314. Histoire des Plantes d'*Auvergne* ; par (Jean-Baptiste) CHOMEL, Docteur en Médecine, & de l'Académie Royale des Sciences.

Il y en a plusieurs fragmens d'imprimés dans l'Histoire de cette Académie, de l'année 1702, pag. 44; de l'année 1703, pag. 57; de l'année 1704, pag. 41 ; de l'année 1705, pag. 69; & de l'année 1706, pag. 87.

☞ La suite est entre les mains de M. LE MONNIER, qui travaille à la même Histoire.]

3315. ☞ Mf. Mémoires pour servir à l'Histoire des Plantes d'*Auvergne*, & principalement de celles qui croissent aux environs de Gannat en Bourbonnois; par M. CHARLES le fils, Médecin Botaniste; avec des Additions de M. CHARLES le père, & de M. CHOMEL.

Ces Recueils sont entre les mains de MM. le Monnier, & Bernard de Jussieu. La Société Littéraire de Clermont-Ferrand a acheté des héritiers de M. Charles un Recueil de Plantes sèches conservées entre des feuilles de papier & dans des boëtes. Les Plantes que cet herbier contient, ont été en plus grande partie cueillies sur les montagnes d'Auvergne. Les mêmes héritiers ont aussi cédé à la Société quelques manuscrits du même Auteur, qui sont des Catalogues de ces Plantes.]

3316. ☞ Mf. Dissertation sur le Meurier blanc, & sur la bonté de la Soie qu'on peut recueillir dans la Province d'*Auvergne* ; lue par M. TERNIER, dans l'Assemblée publique de la Société Littéraire de Clermont, le 26 Novembre 1750.

Elle est conservée dans les Registres de cette Société.]

3317. ☞ Description des Plantes qui croissent sur les montagnes d'*Auvergne*; par M. LE MONNIER. *Observations d'Histoire Naturelle;* par le même, ci-devant, N.° 2381.]

B

3318. Catalogue des Plantes qui croissent en *Béarn, Navarre & Bigorre,* ès côtes de la Mer de *Biscaye* ; par J. PREVOST : *Paris,* 1655, *in*-8.

3319. ☞ Plantes qui croissent dans le *Berry,* & qui ne sont pas si communes aux environs de *Paris* ; par M. LE MONNIER. *Observat. d'Histoire Naturelle;* par le même, ci-devant, N.° 2381.]

3320. ☞ Mf. Mémoire sur la Rhubarbe du Pays de *Béziers*, qu'on appelle vulgairement

Rhapontique des montagnes; par M. Cros, de l'Académie de Béziers : lu le 28 Août 1727.

Ce Mémoire est entre les mains du Secrétaire de l'Académie, qui en a donné un extrait très-court dans les *Mémoires pour l'Histoire générale de Béziers: Béziers*, Barbut, 1728, *in-4*. Le but de l'Auteur est de prouver que la Rhubarbe de son Pays contient les mêmes vertus que celle du Levant, sans en avoir les désagrémens.]

3321. ☞ Lettre à M. Bri...(Brioys) sur la situation de la *Bourgogne*, par rapport à la Botanique; par M. Michault : *Dijon*, Marteret, 1738, *in-8*.

M. Michault y soutient que la Bourgogne est au moins aussi haute que les Alpes; ce qu'il prouve par les Plantes Alpines qui croissent dans cette Province, & par le cours des Rivières qui en sortent.]

3322. ☞ Mſ. Catalogue des Plantes de *Bourgogne*; par M. Barthélemy d'Huissier d'Argencourt.

Cette Description est entre les mains de M. Michault, ancien Avocat au Parlement de Bourgogne, qui, dans ses *Mélanges historiques & philosophiques* (tom. II. pag. 92) promet de la donner au Public.

M. d'Argencourt est mort à Dijon le 24 Avril 1738.]

C

3323. ☞ Mſ. Catalogue alphabétique des Plantes qui viennent aux environs de *Cadillac* sur Garonne, avec une Liste des Plantes particulières au terroir de Sainte-Foi sur Dordogne, & aux environs; par M. l'Abbé Bellet, Chanoine de Cadillac, & de l'Académie de Bordeaux.

Ce Catalogue est au Dépôt de cette Académie.]

3324. ☞ Mſ. Catalogue des Arbres qui viennent dans le Pays de *Cadillac* & aux environs, avec quelques observations sur la vertu de leur bois; par le même.

Ce Catalogue est aussi au Dépôt de l'Académie de Bordeaux.]

3325. Mſ. Ager Medicus *Cadomensis*, sive hortus Plantarum quæ in locis paludosis, pratensibus, maritimis, arenosis & silvestribus prope *Cadomum* in Normanniâ, sponte nascuntur; auctore Joan. Bapt. Callard de la Ducquerie, in Universitate Cadomensi antiquiore Primicerio, Regio Consiliario, & Facultatis Medicinæ Decano, necnon Regis Professore.

Ce Manuscrit étoit entre les mains de l'Auteur, & le titre de cet Ouvrage est rapporté dans le *Journal Littéraire de la Haye*, 1715, *Janvier*, pag. 243.

☞ M. Callard de la Ducquerie est mort vers 1746. Parmi les Manuscrits qu'il a laissés, on a trouvé une copie informe & tronquée du Traité dont il s'agit ici. Cet exemplaire est entre les mains de M. Desmoueux, Professeur en Médecine & Botanique à Caën, & Membre de l'Académie de cette Ville.]

3326. ☞ Mſ. Observations de M. Varnier, Docteur en Médecine, & de la Société Littéraire de Chaalons-sur-Marne, au sujet de différentes Plantes qu'il a trouvées dans la Province de *Champagne*; lues en 1760 à la séance publique de la Société de Chaalons-sur-Marne.

Ces Observations sont conservées dans les Registres de cette Société.]

3327. ☞ Jacobi Cornuti, Medici, *Canadensium* Plantarum Historia : *Parisiis*, 1635 & 1651, *in-4*.]

3328. ☞ Description des Plantes principales (du *Canada*, &) de l'Amérique septentrionale; par le P. de Charlevoix.

Elle se trouve à la fin du tom. IV. de son *Histoire de la Nouvelle France : Paris*, Didot, 1744, *in-12*. 6 vol.]

3329. ☞ Mémoire de M. de la Condamine, sur une Résine élastique nouvellement découverte à *Cayenne* par M. Fresnau. *Mémoires de l'Académie des Sciences*, 1751, pag. 319.

On trouve un extrait de ce Mémoire dans le *Journal Économique*, 1756, *Mai*, pag. 97-100.]

D

3330. Catalogue des Plantes les plus considérables qu'on trouve autour de la Ville de *Dijon*; par Philibert Collet (Président à l'Election de Bourg en Bresse): *Dijon*, Michard, 1702, *in-12*.

☞ « Ce Catalogue n'est pas assez travaillé : il range » les Plantes par classes, & il les divise par la forme des » feuilles. Les Bauhins & Ray, qui étoient les plus ha- » biles des Botanistes, ont cru qu'il étoit impossible de » ranger les Plantes de cette manière, parcesque tou- » tes leurs espèces ne sont pas encore assez connues. » *Mémoires de Littérature* du P. Desmolets, tom. III. pag. 158.

M. Collet est mort en 1718.]

3331. ☞ Mſ. Index Plantarum collectarum in littore Maris oceani, à Portu vulgo Gratiæ dicto ad urbem *Dunkerque* anno 1649: *in-8*.

Cet Ouvrage manuscrit vient de M. Gaston, Duc d'Orléans, & a été fait par l'un de ses deux Médecins Botanistes, M. Gavois ou M. Marchant. Il est conservé dans la Bibliothèque de M. Bernard de Jussieu, à la suite d'un autre Catalogue du même Auteur, sur les Plantes des environs de Paris.]

E

3332. ☞ Mſ. Enumeratio quarumdam Stirpium collectarum & nondum anteà conspectarum in sylvâ Regiæ *Fontainebleau*.

Cet Ouvrage est à la suite de celui de M. Marchant sur les Plantes de la France, ci-devant, N.º 3290.]

3333. ☞ Mſ. Dissertation sur les Plantes usuelles de *Franche-Comté*; par M. Roman, Docteur en Médecine, & de l'Académie de Besançon.

Elle est conservée dans les Registres de cette Académie.]

G

3334. ☞ Mémoire sur le Safran (Plante qui croit principalement dans le *Gâtinois*)

Histoire Naturelle. 191

sur les maladies auxquelles ses Oignons sont sujets, sur la récolte de cette Plante, & sur ses divers usages. *Journal Economique, 1763, Avril, pag.* 161-168, *& Mai, pag.* 209-215.]

L

3335. Dessein touchant la récolte des Plantes du *Languedoc* : Montpellier, Gillet, 1605, *in-4.*

3336. ☞ Description du Corispermum hyssopifolium, Plante du *Languedoc* d'un nouveau genre; par M. Antoine DE JUSSIEU, de l'Académie des Sciences. *Mémoires de l'Académie,* 1712, *pag.* 185.]

3337. ☞ Dissertation Botanique sur l'origine & la nature du Kermès ; par M. NISSOLE, de la Société de Montpellier. *Mémoires de l'Académie Royale des Sciences,* 1714, *pag.* 434.

Le Kermès est un insecte qui croît sur une sorte de chêne du *Languedoc.*]

3338. ☞ Mémoire sur l'Orseille ; par M. DESMARETZ, Inspecteur des Manufactures de la Généralité de Limoges.

L'Orseille de terre, appellée Pérelle par les gens du Pays, est un Lichen ou mousse blanchâtre très-fine, qui croît dans le *Limosin* ou l'Auvergne, sur les masses de granites, qui y sont en abondance. Le Mémoire de M. Desmaretz est dans les *Ephémérides de la Généralité de Limoges pour l'année* 1765, *pag.* 195 *& suiv.*]

3339. ☞ Parallèle des Vipères & Herbes *Lyonnoises,* avec les Romaines & Candiottes ; par Claude PONS : 1600.

L'Auteur y donne la préférence à la Thériaque de Rome & de Venise sur celle de Lyon.]

3340. ☞ Antiparallèle des Vipères Romaines & Herbes Candiottes, auquel est preuvé la Thériaque *Lyonnoise* n'avoir pas seulement les vertus & effets du Thériaque Diatessaron, mais aussi du grand Thériaque d'Andromachus, par Louis DE LA GRIVE, Apothicaire du Roi, & Garde-Juré en la Ville de Lyon : *Lyon,* Chastellard, 1632, *in-8.*

Cet Ouvrage est une critique de quatre paradoxes avancés par Claude Pons, dans le Traité précédent.]

3341. ☞ Sycophantie Thériacale découverte dans l'Apologie du Parallèle des Vipères & Herbes *Lyonnoises,* avec les Romaines & Candiottes ; illustrée de quatre nouveaux paradoxes, du vin, du miel, de la squille, & du tems auquel la Thériaque doit être composée, avec une exacte méthode d'user d'icelle; par Claude PONS, Docteur en Médecine : *Lyon,* Jasserme, 1634, *in-8.*

Cet Ouvrage est une réponse aux argumens allégués par Louis de la Grive, contre les quatre paradoxes du premier Traité de la Thériaque.]

3342. ☞ Mſ. Index Plantarum quæ circà *Lugdunum* nascuntur ; auctore D. GOIFFON, Doctore Medico Lugdunensi.

M. Bernard de Jussieu conserve un exemplaire de cet Ouvrage, où il manque la lettre C. peut-être en trouveroit-on un complet à Lyon, chez les Descendans de M. Goiffon.]

3343. ☞ Mſ. Dictionnaire historique des Plantes qui se trouvent en *Lorraine,* contenant leurs différens noms Latins & François, leurs figures, leurs étymologies, leurs origines, leurs descriptions, le tems du fruit & de la fleur, l'analyse ou les principes qu'elles renferment, leurs vertus, la dose de leurs préparations usitées dans la Pharmacie galénique & chymique, les formules Latines & Françoises; par M. MARQUET, Docteur en Médecine, ancien Médecin de S. A. R. Léopold I. & Doyen des Médecins de Nancy : *in-fol.* 3 vol. fig.

François-Nicolas Marquet, né à Nancy en 1687, a recueilli pendant quarante ans de voyages en Lorraine, les Plantes qu'il a pu y trouver. Son Ouvrage est entre les mains de M. Buchoz, son gendre, Docteur en Médecine à Nancy.]

3344. ☞ Traité historique des Plantes de la *Lorraine* & des Trois Evêchés, contenant leur description, leur figure, l'endroit de leur naissance, leur culture, leur analyse chymique & leurs propriétés, tant pour la Médecine que pour les Arts & Métiers, en vingt volumes *in-8.* ornés de quatre cens planches en taille-douce ; par M. Pierre-Joseph BUCHOZ, Docteur en Médecine, Médecin ordinaire du Roi de Pologne, Aggrégé au Collège Royal des Médecins de Nancy, Membre de l'Académie Electorale de Mayence, & Associé-Correspondant de la Société Royale des Sciences & Arts de Metz : *Nancy,* 1762, *& suiv.*

Cet Ouvrage est fait d'après le précédent, qui a servi de matériaux à l'Auteur. Voyez-en un extrait dans le *Journal Economique,* 1764, *Novembre, pag.* 495.]

3345. ☞ Réponse à une Critique sur l'Histoire des Plantes de *Lorraine*; par M. BUCHOZ. *Journal Economique,* 1763, *Janvier, pag.* 22.

M. Buchoz indique dans cette Lettre les Mémoires sur lesquels il a travaillé.]

M

3346. ☞ Mſ. Mémoire sur les principales Plantes qui naissent dans la Province de la *Marche.*

Il fait partie du Recueil de Mémoires de MM. Jean & Pierre Robert, Lieutenans Généraux en la Ville de Dorat, ci-devant, N.º 2427.]

3347. ☞ J. BAUHINI Catalogus Stirpium *Monspeliensium.*

Il est souvent fait mention de cet Ouvrage dans les Lettres de Gesner à Bauhin, imprimées à la suite de l'Ouvrage intitulé, *De Plantis à Divis sanctisve nomen habentibus : Basileæ,* 1591, *in-12.* Par la Lettre du 10 Octobre 1562, Bauhin marque qu'il le préparoit : *Jam occupor parando Catalogum Herbarum Monspeliensium.* On voit par celle du premier Août 1563, que ce sçavant

Naturaliste avoit déja envoyé ce Catalogue à Gesner, & qu'il le lui avoit dédié; que celui-ci cherchoit à le faire imprimer; que ce n'étoit qu'un petit Livre, &c. On ne sait ce que devint cette nomenclature : peut-être restat-elle entre les mains de Gesner, qui mourut sur la fin de l'année 1565. *Extrait d'une Lettre de M. Séguier, Secrétaire de l'Académie de Nismes.*]

3348. Botanicum *Monspeliense*, sive Plantarum circa *Monspelium* nascentium Index [in quo Plantarum nomina meliora seliguntur; loca in quibus Plantæ sponte adolescunt, tùm à prioribus Botanicis, tùm ab Auctore observata indicantur, & præcipuæ facultates edocentur : adduntur variarum Plantarum nondum descriptarum descriptiones, & icones, tùm & figuræ quarumdam, quas solùm descripsit C. B. in Prodromo]; auctore P. MAGNOL Doctore Medico, & Professore in Academiâ Monspeliensi : *Monspelii*, Carteron, 1676, *in-*8.

☞ Idem, cum Appendice : 1686, *in-*8.

L'Auteur de ce Catalogue est mort à Montpellier en 1715.]

3349. ☞ Franc. DE SAUVAGES Methodus foliorum, seu plantæ Floræ *Monspeliensis* juxta foliorum ordinem ad juvandam specierum cognitionem digestæ : *Hagæ-Com.* 1751, *in-*8.]

3350. ☞ Flora *Monspeliensis* ; auctore Theoph. Erdm. NATHORST.

C'est la vingtième Dissertation insérée dans le tom. IV. de l'Ouvrage de M. Linnæus, intitulé, *Amœnitates Academica, seu Dissertationes, &c.* Cette Dissertation, qui a été publiée en Suède, à Upsal, est faite d'après les deux Ouvrages précédens.]

3351. ☞ Antonii GOUAN D. M. Monsp. Flora *Monspeliensis*, sistens Plantas numero 1850, ad sua genera relatas & hybridâ methodo digestas, adjectis nominibus specificis, trivialibusque, synonymis selectis, habitationibus plurium in agro Monspeliensi nuper detectarum, & earum quæ in usus medicos veniunt nominibus Pharmaceuticis virtutibusque probatissimis : *Lugduni*, Duplain, 1765, *in-*8.

Le titre seul de ce Livre annonce son utilité.]

N

3352. ☞ Mémoire sur l'utilité des Muriers blancs, la manière de les élever, & celle de soigner les Vers à soie (en *Normandie*); lu le 9 Janvier 1758 dans l'Académie de Caen; par M. DE CLAIRVAL.

Il est imprimé dans les Mémoires de cette Académie.

Les raisons de l'Auteur ont contribué à déterminer M. le Duc de Harcourt, Gouverneur de la Province, toujours occupé du bien public, à faire planter quantité de muriers dans des terreins arides & incultes. Son exemple a été suivi par plusieurs citoyens, & l'on attend avec impatience la réussite de ces essais.]

O

3353. ☞ Ms. Histoire des Plantes qui croissent aux environs d'*Orléans*; par M. LAMBERT DE CAMBRAI, ancien Maître des Eaux & Forêts; continuée depuis par M. DUHAMEL, & par M. SALERNE, Médecin à Orléans : *in-fol.* de 3 à 400 pages.

Ce Manuscrit est aujourd'hui entre les mains de M. Arnault de Nobleville, Docteur en Médecine à Orléans. M. Salerne, avec lequel ce sçavant Physicien a travaillé à la composition de la Matière Médicale de M. Geoffroy, est mort en 1760.

Cet Ouvrage a été employé dans les Observations sur les Plantes, ci-devant, N.º 3299.]

P

3354. Enchiridion Botanicum *Parisiense*, continens Indicem Plantarum, quæ in pagis, sylvis, pratis, & montosis juxtà *Parisios* locis nascuntur; auctore Jacobo CORNUTI, Parisiensi : *Parisiis*, le Moine, 1635, *in-*4.

Cet Ouvrage est à la suite des Plantes du Canada, du même Auteur.

3355. ☞ Ms. Index novissimus, longèque prioribus exactior Plantarum quæ circà Luteriam milliaribus ab urbe undecumque quadraginta pullulant : anno 1650, *in-*8.

Ce Catalogue a été attribué à M. Gavois; mais on croit, avec plus de raison, qu'il est de M. Marchant. Peut-être a-t-il été composé par ces deux habiles Botanistes de Gaston, Duc d'Orléans. M. Bernard de Jussieu en a un exemplaire original.]

* 3355. Histoire des Plantes qui naissent aux environs de *Paris*, avec leur usage dans la Médecine ; par (Joseph PITTON) DE TOURNEFORT : *Paris*, Imprimerie Royale, 1698, *in-*12.

☞ La même, augmentée; par M. Bernard DE JUSSIEU : *Paris*, Musier, 1725, 2 vol. *in-*12.

L'édition qui porte 1741, est la même, avec un Frontispice nouveau.]

☞ La même, traduite en Anglois, avec des Additions, &c. par J. MARTYN, de la Société Royale de Londres : *London*, Rivington, 1732, *in-*8. 2 vol. Ibid. 1736, *in-*8. 2 vol.]

3356. ☞ Sebastiani VAILLANT Botanicon *Parisiense*, operis majoris prodituri Prodromus, ex edit. Hermanni Boerrhaave: *Lugduni Batavorum*, Vander-Aa, 1723, *in-*8.]

☞ Idem : *Lugduni Batavorum* (*Paris*, Briasson) 1743, *in-*8.

Cette édition est augmentée des Plantes qui sont dans l'Ouvrage suivant, & qui ne se trouvoient pas dans l'édition de Boerrhaave.]

3357. ☞ Botanicon *Parisiense*, ou, Dénombrement, par ordre alphabétique, des Plantes qui se trouvent aux environs de *Paris*, compris dans la Carte de la Prevôté & Election de ladite Ville, du Sieur Danet (Gendre du Sieur de Fer) avec plusieurs descriptions de Plantes, &c. par feu M. VAILLANT, enrichi de plus de trois cens planches gravées

par

par Claude Aubriet : *Amsterdam*, Lackeman, 1727, *in-fol.*
Voyez sur cet Ouvrage les familles des Plantes de M. Adanson, *tom. I. pag. lxxxij.*]

3358. ☞ Description des Plantes qui naissent ou se renouvellent aux environs de *Paris*, avec leurs usages dans la Médecine & dans les Arts, le commencement & le progrès de cette Science, & l'histoire des Personnes dont il est parlé dans l'Ouvrage; par M. Fabregou, Botaniste & Démonstrateur: *Paris*, Lambert, 1734-1737, 6 vol. *in-12.*

Cet Ouvrage est copié, sans aucun choix, de l'Anatomie des Plantes par Grew, de la Culture des Plantes de Liger, du Traité des Jardins de la Quintinie, des Institutions de M. de Tournefort, &c.]

3359. ☞ Observation nouvelle sur les fleurs d'une espèce de Plantain, nommé par M. de Tournefort, dans ses Elémens de Botanique, *Plantago palustris gramineo folio monanthos Parisiensis.*

Elle se trouve dans les *Mémoires de l'Académie des Sciences*, 1742, *pag.* 131.]

3360. ☞ Floræ *Parisiensis* Prodromus, ou Catalogue des Plantes qui naissent dans les environs de *Paris*, rapportées sous les dénominations modernes & anciennes, & arrangées suivant la Méthode sexuelle de M. Linnæus, avec l'explication en François de tous les termes de la nouvelle nomenclature; par M. d'Alibard, Correspondant de l'Académie des Sciences: *Paris*, Durand & Pissot, 1749, *in-12.*

On a donné un extrait de cet Ouvrage dans les *Actes de Leipsick*, 1750, *pag.* 307 & *suiv.* On y reproche à l'Auteur d'avoir abandonné l'excellente Méthode de M. de Tournefort, pour en suivre une nouvelle bien moins claire, & dont les principes n'ont point à beaucoup près la même certitude.]

3361. ☞ Manuel de Botanique, contenant les propriétés des Plantes, utiles pour la nourriture, d'usage en Médecine, employées dans les Arts, d'ornement pour les Jardins, & que l'on trouve à la campagne aux environs de *Paris*; (par M. Duchesne): *Paris*, Didot, 1764, *in-12.*

L'Auteur est un jeune homme de seize ans, fils de M. Duchesne, Prévôt des Bâtimens du Roi. Son Ouvrage est rempli de remarques utiles. Il plaît par l'élégance du style autant qu'il instruit par les matières. Les Plantes, qui jusqu'alors n'avoient pas eu de noms François, en ont un dans ce Livre, & les dénominations déja reçues, sont réformées avec la plus grande justesse.]

3362. ☞ Catalogue des Arbres & Arbrisseaux qui se peuvent élever aux environs de *Paris*; par M. Bernard de Jussieu: *Paris*, Bullot, 1735, *in-12.*

Cet Ouvrage est fait, par ordre alphabétique, d'après un Catalogue Latin des Arbres & Arbrisseaux qui se peuvent élever en pleine terre aux environs de Londres, publié en Angleterre quelques années auparavant. Pour rendre cet Ouvrage utile à la France, M. de Jussieu a ajouté les noms que les François ont donné à chaque Arbre.]

Tome I.

3363. ☞ Jacobi Benigni Winslow Quæstio Medica, an Cerealia & olera agri *Parisiensis* salubria? propugnata anno 1705, in Universitate Parisiensi: *Paris*, 1703, *in-4.*

Eadem propugnata; à J. F. Lechat de la Sourdiere : anno 1741 : *Ibid.* 1741, *in-4.*]

3364. ☞ Expériences faites sur la décoction de la fleur d'une espèce de Chrysanthemum, très-commun aux environs de *Paris*, de laquelle on peut tirer plusieurs teintures à différentes couleurs; par M. Antoine de Jussieu. *Mémoires de l'Académie Royale des Sciences*, 1724, *pag.* 353.]

3365. ☞ Ms. Lettre concernant quelques Plantes qui naissent en *Picardie*; par M. Desmars, Médecin à Boulogne-sur-Mer, & de l'Académie des Sciences d'Amiens.

Cette Lettre se trouve dans les Regîtres de cette Académie.]

3366. ☞ Mémoire sur une Morille branchue, de figure & de couleur de Corail, très-puante, trouvée en bas *Poitou*, & nommée *Boletus ramosus, Coraloides, fœtidus*; par M. de Reaumur. *Mémoires de l'Académie des Sciences*, 1713, *pag.* 69.]

3367. ☞ Plantæ à Jo. Rayo collectæ in variis suis Itineribus, præsertim in Italiâ, &c. Gallo-*Provincia*, &c. anno 1664.

Cette Nomenclature est la seconde pièce de son Recueil intitulé, *Stirpium Europæarum extrà Britannias nascentium Sylloge* : *Londini*, Smith, 1694, *in-8.*

Ray a été appellé le Tournefort Anglois. Il s'est attiré les éloges les plus flatteurs de la part des Sçavans, qui ont rendu justice à la sagacité avec laquelle il a sçu faire dans tous ses Ouvrages, un choix judicieux de tout ce qu'il a trouvé de bon dans le travail des Maîtres qui l'ont précédé. Il étoit né en 1628, dans un petit Village obscur du Comté d'Essex, où son père étoit Forgeron : il est mort en 1706.]

3368. ☞ Brief Traité de la Pharmacie *Provençale* & familière, dans lequel on fait voir que la *Provence* porte dans son sein tous les remèdes qui sont nécessaires pour la guérison des maladies; par Antoine Constantin, Docteur en Médecine: *Lyon*, Ancelin, 1597, *in-8.*

Constantin est mort l'an 1616. Il a laissé un Traité manuscrit sur le même sujet, qu'on doit regarder comme la seconde partie de son Ouvrage, & qui étoit resté entre les mains de ses héritiers. Les Végétaux fournissent la plus grande quantité des remèdes que l'Auteur indique.]

3369. ☞ Histoire des Plantes de *Provence*; par Garidel: *Paris*, Briasson, 1723, *in-fol.*

Cet Ouvrage est le même que celui indiqué ci-devant, N.° 3303. Il n'y a que le titre de différent.]

3370. ☞ Ludovici Gerardi Flora Gallo-Provincialis: *Parisiis*, Bauche, 1761, *in-8.*

L'amour de la Botanique a fait parcourir à M. Gérard toute la Provence; & le même zèle l'a conduit sur les Alpes, sur le mont Cénis, sur les montagnes du Dauphiné, & jusqu'à Turin. Tous ces voyages lui ont procuré un Herbier de dix-sept cens Plantes indigènes, dont il fait part au Public dans cet Ouvrage.]

3371. ☞ Mſ. Joannis PECH, Doctoris Medici Monſpelienſis deſcriptiones Plantarum in *Pyrænaicis* montibus, circà *Perpinianum* & *Narbonem* ſponte naſcentium, juxtà ſyſtema ſexuale digeſtarum.

L'Auteur, Médecin à Narbonne, travaille encore à cet Ouvrage.]

R

3372. ☞ Mſ. Catalogue alphabétique des Plantes qui croiſſent aux environs de la *Rochelle*; par M. GIRARD DE VILLARS, Médecin à la Rochelle : *in*-4.

Ce Catalogue eſt entre les mains de l'Auteur.]

3373. ☞ Mſ. Mémoire ſur les Plantes qui croiſſent aux environs de *Rouen*, & non aux environs de *Paris*; par M. DUFAY.

Ce Mémoire eſt dans les Regiſtres de l'Académie de Rouen.]

3374. ☞ Mſ. Mémoire ſur la Penſée, Plante des environs de *Rouen*; par M. PINARD.

Ce Mémoire eſt auſſi dans les Regiſtres de l'Académie de Rouen.]

3375. ☞ Deſcription des Plantes obſervées dans le *Rouſſillon* & dans les montagnes du Dioceſe de *Narbonne*; par M. LE MONNIER. *Obſervations d'Hiſtoire Naturelle*; par le même, ci-devant, N.° 2381.]

S

3376. Le Jardin Sénonois, ou les Plantes qui croiſſent aux environs de *Sens*; par Thomas MONSAINET, Chirurgien : *Sens*, Niverd, 1604, *in*-8.

3377. ☞ Lettre de M. DODART, de l'Académie des Sciences, ſur le Seigle de *Sologne*, & de quelques autres Provinces de France. *Journal des Sçavans*, 1676, *p*. 69 & *ſuiv.*]

3378. ☞ Mémoire ſur les maladies que cauſe le Seigle ergoté; par M. DE SALERNE, Correſpondant de l'Académie des Sciences. *Mémoires préſentés à l'Académie*, tom. II. *pag*. 155.

Les Obſervations de M. de Salerne regardent principalement la *Sologne*, où cette maladie du grain fait le plus de ravage.]

V

3379. ☞ Mſ. Mémoire ſur quelques Plantes rares, trouvées dans les environs de *Vitry-le-François*; par M. VARNIER, de la Société Littéraire de Chaalons-ſur-Marne.

Ce Mémoire eſt conſervé dans les Regiſtres de cette Académie.]

§. II. *Collections des Plantes des Jardins publics & particuliers.*

3380. ☞ Mſ. Mémoire ſur le Jardin des Plantes nouvellement établi à *Amiens*; par M. D'ESMERY, Docteur en Médecine.

Ce Mémoire eſt conſervé dans les Regiſtres de l'Académie d'Amiens, dont l'Auteur eſt Membre, & ſous la direction de laquelle il profeſſe la Botanique.]

3381. ☞ Marci MAPPI Catalogus Plantarum horti Academici *Argentinenſis*, in uſum rei herbariæ ſtudioſorum : *Argentorati*, Spoor, 1691, *in*-8.

C'eſt l'énumération des Plantes du Jardin de l'Univerſité de Strasbourg, dont le nombre a été beaucoup augmenté depuis quelques années, par les ſoins de M. Spielmann.]

3382. ☞ Hortus regius *Bleſenſis*; auctore Abele BRUNYER : *Pariſ.* Vitré, 1653, *in-fol.*]

3383. ☞ Roberti MORISON Hortus regius *Bleſenſis* auctus, cui acceſſit præludiorum Botanicorum pars prior : *Londini*, Roycroft, 1669, *in*-8.]

3384. ☞ Botanotrophium, ſeu Hortus Medicus Petri Ricarti Pharmacopolæ *Lillenſis*, curâ Georgii WIONII artium Doctoris ac Medici, deſcriptus ac editus; additis Plantis quæ propè *Lillam* naſcuntur : *Lillæ*, le Francq, 1644, *in*-12.]

3385. Onomatologia, ſeu Nomenclatura Stirpium horti regii *Monſpelienſis*; auctore Richerio DE BELLEVAL, Medico Regis, Monſpelienſi Profeſſore : *Monſpelii*, 1598, *in*-8.

3386. ☞ Remontrance & Supplication au Roi Henri IV. touchant la continuation de la recherche des Plantes de *Languedoc*, & peuplement de ſon Jardin de *Montpellier*; par Richier DE BELLEVAL : *in*-4. *fig.*]

3387. ☞ P. MAGNOL hortus regius *Monſpelienſis*, ſivè Catalogus Plantarum quæ in hoc horto demonſtrantur : *Monſpelii*, Pech, 1697, *in*-8. *fig.*]

3388. ☞ Antonii GOUAN, Doctor Medicus Monſpelienſis, Regiæ Societatis Scientiarum ſocii, Hortus regius *Monſpelienſis*, ſiſtens Plantas tùm indigenas, tùm exoticas numero MM. CC. ad genera relatas, cum nominibus ſpecificis, ſynonymis ſelectis, nominibus trivialibus, habitationibus indigenarum, hoſpitiis exoticarum, ſecundùm ſexualem methodum digeſtas, in gratiam philiatrorum Monſpelienſium : *Lugduni*, Tournes, 1762, *in*-8.

M. Gouan range ces Plantes ſuivant la Méthode de M. Linnæus. Il renvoie pour les caractères principaux aux *Genera plantarum* de ce Naturaliſte; mais l'examen des racines, des feuilles & des fleurs, lui a donné lieu d'en ajouter de nouveaux, qu'il nomme Secondaires.]

3389. ☞ Leçons de Botanique, faites au Jardin Royal de *Montpellier*; par M. IMBERT, Profeſſeur & Chancelier en l'Univerſité de Médecine de la même Ville, & recueillies par M. DUPUY DES ESQUILLES, Maître-ès-Arts, & ancien Etudiant en Chirurgie : *Hollande*, 1762, *in*-12.

Il ſeroit à ſouhaiter que l'Editeur n'eût eu d'autres vues, comme il le dit dans ſa Préface, que de témoigner à M. Imbert la reconnoiſſance qu'il lui devoit, que d'être utile à ses Confrères, & que de contribuer à leurs progrès dans la Botanique & dans la matière Médicale. Mais il s'en faut bien que la vérité s'accorde avec ce discours : il suffit de jetter un coup-d'œil rapide sur ces Leçons, pour être convaincu, ou que M. Dupuy a peu profité des Leçons de M. Imbert, en quoi son Livre ne peut être d'une grande utilité, ou qu'il a tronqué exprès les matières, pour tourner son Maître en ridicule, ce qui est encore moins avantageux pour l'humanité.]

3390. ☞ Le Jardin du Roi Henri IV. ou Recueil de Fleurs gravées par Pierre Vallet, Brodeur du Roi; & décrites par Jean ROBIN, avec une Préface & un Catalogue de quelques Plantes étrangères qu'il avoit apportées en 1603 de Guinée & d'Espagne : *Paris, 1608, in-fol. fig.*]

☞ Le même, sous ce titre, Jardin du Roi Louis XIII. *Paris, 1638, in-fol.*]

3391. ☞ Requête au Roi, pour l'établissement d'un Jardin Royal dans l'Université de *Paris*; par Jean RIOLAN, Professeur en Anatomie & Pharmacie : *Paris, 1618, in-8.*]

3392. Dessein du Jardin Royal, pour la culture des Plantes médicinales à *Paris*, avec l'Edit du Roi touchant l'établissement de ce Jardin en 1626; par Gui DE LA BROSSE, Médecin ordinaire du Roi : *Paris, Baragne, 1628, in-8.*

☞ Ce Dessein est imprimé à la fin du Livre de la Brosse, intitulé, *De la nature & vertus des Plantes*; avec lequel ce Dessein fait corps.
L'Auteur est mort en 1641.]

3393. ☞ Avis pour le Jardin Royal des Plantes, que le Roi Louis XIII. veut établir; par Gui DE LA BROSSE, Docteur en Médecine, & Intendant du Jardin Royal des Plantes : *Paris, Dugast, 1631, in-4.*

Le même, imprimé sous ce titre, Avis défensif du Jardin Royal des Plantes médicinales, &c. *Paris, 1636, in-4.*

On trouve dans cet Ouvrage, 1.° Mémoire des Plantes usagères, & de leurs parties, que l'on doit trouver à toutes les occurrences, soit récentes ou sèches, selon la saison, au Jardin Royal des Plantes, ensemble les sucs, eaux, simples & distillées, les sels & les essences; 2.° Edit du Roi Louis XIII. pour l'établissement du Jardin des Plantes médicinales, du mois de Janvier 1626; 3.° Cinq Lettres de Gui de la Brosse, écrites à M. Bouvart, au Roi Louis XIII. au Cardinal de Richelieu, au Garde-des-Sceaux, & au Surintendant des Finances, au sujet de l'établissement de ce Jardin; 4.° Description du Jardin Royal des Plantes médicinales, avec le Catalogue des Plantes qui y sont.]

3394. ☞ Description du Jardin Royal des Plantes médicinales, établi par le Roi Louis le Juste à Paris; contenant le Catalogue des Plantes qui y sont de présent cultivées, ensemble le Plan du Jardin; par Gui DE LA BROSSE, Intendant dudit Jardin : *Paris, 1636 & 1665, in-4.*]

3395. ☞ L'Ouverture du Jardin Royal de Paris, pour la démonstration des Plantes médicinales; par Gui DE LA BROSSE : *Paris, Dugast, 1640, in-12.*]

3396. ☞ Catalogus Plantarum singularium scholæ Botanicæ Horti Regii *Parisiensis*, quibus erat instructus anno 1656; auctore M. A. E. P. P. *Parisiis*, Bessin, 1656, *in-12.*]

3397. * Catalogus Plantarum scholæ Botanicæ Horti Regii *Parisiensis*, cum Indice aliarum quæ in cæteris ejusdem horti partibus, solent quotannis demonstrari : *Parisiis*, Bessin, 1660, *in-12.*]

3398. ☞ Horti Regii *Parisiensis*, pars prior, cum Præfatione Joannis VALLOT : *Parisiis*, Langlois, 1665, *in-fol.*

M. Vallot étoit alors Intendant du Jardin du Roi. Cet Ouvrage a été fait par MM. FAGON, MAUVILLAIN, & JONCQUET.]

☞ Horti Regii *Parisiensis*, pars posterior, cum Appendice omissarum stirpium : *Parisiis*, Langlois, 1665, *in-fol.*]

3399. Schola Botanica, seu Catalogus Plantarum quas in Horto Regio *Parisiis* in digitavit Josephus PITTON DE TOURNEFORT, Medicinæ Doctor; edente Guillelmo SHERARD : *Amstelodami*, 1689, *in-12.* [Idem : *Parisiis*, 1699; edente Simone WARTON, Anglo.]

Le célèbre de Tournefort est mort en 1708.

3400. ☞ Réglement pour le Jardin Royal des Plantes : 1699, *in-4.*]

3401. ☞ Discours sur le progrès de la Botanique au Jardin Royal de *Paris*, &c. prononcé par M. Antoine DE JUSSIEU : *Paris*, Ganeau, 1718, *in-4.*

Voyez *Mémoires de Trévoux*, 1719, Avril, p. 677-698.]

3402. ☞ Recueil des Plantes du Jardin du Roi : *grand in-fol. gravé.*

Cette Collection ne renferme que quarante-cinq planches. Elle a été entreprise sous la direction de Gui de la Brosse, oncle maternel de M. Fagon. Elle devoit contenir une quantité de gravures bien plus considérables; mais un accident inconnu gâta les planches, & détruisit la plus grande partie de ces Desseins précieux. MM. Vaillant & Antoine de Jussieu sauvèrent ce qui existe, & en firent tirer seulement une soixantaine d'Exemplaires, qu'ils distribuèrent à leurs Amis. On en peut voir un au Cabinet des Estampes de la Bibliothèque du Roi.]

3403. ☞ Jac. GREGOIRE Hortus Pharmaceuticus *Lutetianus* : *Parisiis*, Targa, 1638, *in-16.*]

3404. ☞ Catalogue des Plantes du Jardin de MM. les Apothicaires de *Paris*, suivant leurs genres & les caractères des fleurs, conformément à la méthode de M. de Tournefort dans ses Instituts : *Paris*, 1741, *in-12.*

Le même, augmenté par M. J. DESCEMET, Docteur en Médecine de la Faculté de Paris : *Paris*, 1759, *in-8.*]

3405. * Catalogue des Plantes, tant Tulipes, qu'autres Fleurs du Jardin de J. B. DRU : *Lyon*, 1653, *in-8.*

3406. ☞ Catalogue des Arbres cultivés dans le Jardin du Sieur LE LECTIER, Procureur du Roi au Présidial d'Orléans: *Orléans*, 1628, *in*-8.]

3407. ☞ Catalogue des Tulipes, des Renoncules de Tripoli, & des Iris bulbeux du Jardin de P. MORIN: *Paris*, 1655, *in*-4.]

3408. ✱ Catalogue des Plantes rares qui se trouvent dans le Jardin de P. MORIN (à Paris): *Paris*, de Sercy, 1658, *in*-8.

Ce Catalogue est à la suite des *Remarques nécessaires pour la culture des fleurs diligemment observées*, par P. Morin.

3409. Catalogus Stirpium tam indigenarum quàm exoticarum quæ *Lutetia* coluntur; auctore Joan. ROBINO: *Parisiis*, Philip. à Prato, 1601, *in*-12. *Ibid.* 1607 & 1624, *in*-8.

3410. ☞ Histoire de Plantes aromatiques, &c. augmentée de plusieurs Plantes venues des Indes, lesquelles ont été prises & cultivées au Jardin de M. ROBIN, Arboriste du Roi: *Paris*, Macé, 1619, *in*-16.]

3411. ☞ Histoire des Plantes nouvellement trouvées en l'Isle de Virginie, & autres lieux, lesquelles ont été prises & cultivées au Jardin dudit ROBIN: *Paris*, Macé, 1720, *in*-16.]

3412. ☞ Enchiridion isagogicum ad facilem notitiam Stirpium quæ coluntur in horto Joan. & Vespasiani ROBIN: *Parisiis*, de Bresche, 1623, *in*-12. *Ibid.* 1624, *in*-12.]

3413. ☞ Index Plantarum quas *Parisiis* excolebat Dionysius JONCQUET Medicus Parisiensis: accessit Stirpium aliquot explicatio per G. BAUHINUM: *Parisiis*, Clousier, 1659, *in*-4.]

3414. ☞ Catalogue des plus excellens Fruits qui se cultivent dans les pépinières des Chartreux de Paris, avec leurs descriptions: *Paris*, 1736, *in*-12.]

§. III. *Culture des Terres, des Plantes, Vignes, &c.*

☞ Quoiqu'il y ait dans ce Paragraphe quelques articles qui, à n'en juger que par le titre, semblent plutôt regarder l'Agriculture en général, que la manière de perfectionner cet Art en France; comme ils ont été faits par des François dans leur propre Pays, on n'a pas cru devoir les omettre. La plupart renferment des Descriptions de Plantes cultivées dans le Royaume, & on y trouve aussi plusieurs moyens d'améliorer le Terroir de quelques Provinces. Ces derniers objets paroîtront, peut-être, au premier coup d'œil, appartenir principalement à l'économie. Mais cette partie étend considérablement les avantages de l'Histoire Naturelle, & ne peut que concourir à sa perfection.

L'ordre que nous avons mis dans les différens Traités, semble le plus méthodique. Ceux qui regardent le Sol & la manière d'améliorer le Terrein, sont placés à la tête: viennent ensuite ceux dont le dessein embrasse la Culture de tous les genres de Végétaux; ils sont suivis des Traités sur les Arbres. Après cela sont placés successivement les Traités qui concernent les Fleurs, les Fruits, & quelques Plantes particulières. Le tout sera terminé par les Ouvrages sur la Vigne & sur les Vins, qui ne doivent point être séparés de l'Arbrisseau que l'on ne cultive qu'à cause d'eux.]

3415. ☞ Observations physiques sur les terres qui sont à la droite & à la gauche du Rhône, depuis Beaucaire jusqu'à la mer; ce qui comprend la Camargue, &c. avec un moyen de rendre fertiles toutes ces terres; par M. VERGILE DE LA BASTIDE, de Beaucaire: *Avignon*, Girard, 1733, *in*-4.

Ces Observations sont aussi insérées parmi les *Mémoires de Mathématiques & de Physique*, que divers Sçavans ont *presentés à l'Académie des Sciences*, tom. I. pag. 1. M. Vergile prétend qu'il suffiroit de procurer à ces Terres des arrosemens artificiels, par le moyen des eaux du Rhône, & il propose différentes manières de les y faire couler.]

3416. ☞ Observations d'Histoire Naturelle sur le terrein de Régennes (près d'Auxerre) & des environs; par M. PASUMOT, de la Société Littéraire d'Auxerre.

Ces Observations sont à la fin d'un Mémoire intitulé, *Diagnostique des Terres, relativement à l'Agriculture*. Dans les Registres de la Société des Sciences & Belles-Lettres d'Auxerre.]

3417. ☞ Analyse chymique des terres de la Province de Touraine, des différens engrais propres à les améliorer, & des semences convenables à chaque espèce de terre: Mémoire lu à la Société Royale d'Agriculture du Bureau de Tours; par M. DU VERGÉ, Docteur en Médecine, Aggrégé au Collège des Médecins de Tours, & Membre de ce Bureau: *Tours*, Lambert, 1763, *in*-8.

Il se trouve aussi dans le Recueil des *Délibérations de la Société de Tours*: ci-dessous, N.° 3521.]

3418. ☞ Traité de la culture des terres, suivant les principes de M. Tull, Anglois; par M. DUHAMEL DU MONCEAU, de l'Académie des Sciences: *Paris*, Guérin & Delatour, 1753, 1761, *in*-12. 6 vol.

M. Duhamel a donné, comme Supplément à cet Ouvrage, un *Traité sur la conservation des Grains*: *Paris*, Guérin, 1753 & 1765, *in*-12. 2 vol. On trouve à la fin du second quelques Mémoires d'Agriculture adressés à M. Duhamel, & une idée générale des occupations de plusieurs Sociétés Royales d'Agriculture.]

3419. ☞ Elémens d'Agriculture; par le même: *Paris*, Guérin, 1752, *in*-12. 3 vol.

M. Duhamel, dont les Ouvrages tendent toujours à l'utilité de ce Royaume, a rassemblé dans celui-ci un grand nombre d'Observations faites sur le Sol de différentes Provinces.]

3420. ☞ Corps d'Observations de la Société d'Agriculture, de Commerce & des Arts, établie par les Etats de Bretagne, années 1757 & 1758: *Rennes*, Vatar, 1760, *in*-8.]

3421. ☞ Recueil des Délibérations & des Mémoires de la Société de Tours, pour l'année 1761: *Tours*, Lambert, 1763, *in*-8.]

3422. ☞ Observations & Mémoires de la Société Royale d'Agriculture de la Généralité de Rouen: *Rouen*, Lallemant, 1763, *in*-8.]

3423. ☞ Recueil, contenant les Délibérations de la Société Royale d'Agriculture de la Généralité de Paris, au Bureau de Paris ; & les Mémoires publiés par son ordre : *Paris, in-8.*]

3424. ☞ Moyens faciles pour rétablir en peu de tems l'abondance de toutes sortes de grains & de fruits dans le Royaume, & de l'y maintenir toujours par le secours de l'Agriculture; par Louis LIGER: *Paris*, 1709, *in-12.*]

3425. ☞ Des Prairies artificielles, ou moyens de perfectionner l'agriculture dans toutes les Provinces de France, sur-tout en *Champagne*, par l'entretien & le renouvellement de l'Engrais ; avec un traité sur la culture de la Luzerne, du Trefle & du Sainfoin ; & une Dissertation sur l'exportation du Bled ; par M. (Simon-Philibert DE LA SALLE DE L'ETANG, Conseiller au Présidial de Reims : *Paris*, 1762, *in-12.*

Cet Ouvrage fut d'abord imprimé en 1756. Ce n'étoit alors qu'une très-petite brochure, mais forte de choses, & d'autant plus estimable, que les principes qui y étoient développés étoient tous appuyés de l'expérience. On en a fait une seconde édition en 1758. Voyez le *Journ. Econom.* 1756, *pag.* 36, & 1762, *pag.* 401.

M. de la Salle est mort le 20 Mars 1765.]

3426. ☞ Projet pour fertiliser les mauvaises terres du Royaume, prenant pour objet celles de la *Champagne*.

Il se trouve dans le *Journ. Econom.* 1756, Septembre, *pag.* 36.]

3427. ☞ Traité de l'Amélioration des terres ; par M. PATULLO : *Paris*, Durand, 1758, *in-12.*]

3428. ☞ Mémoire sur les défrichemens ; (par M. le Marquis de TURBILLY): *Paris*, Veuve d'Houry, 1760, *in-12.*]

3429. ☞ Projet général pour améliorer les Landes du Royaume. *Journ. Economique*, 1760, *Août, pag.* 353.]

3430. ☞ Mémoire sur les Prairies artificielles les plus convenables aux terreins ingrats de la *Champagne* & de la *Brie pouilleuse*, & autres Provinces où les Prairies à regain sont peu connues. *Journ. Econom.* 1761, *Février, pag.* 56, & *Mars, p.* 104.]

3431. ☞ Mſ. Mémoire sur le rétablissement de la culture des terres en *Champagne;* par M. DE VILLIERS, de la Société Littéraire de Chaalons-sur-Marne.

Cet Ouvrage est conservé dans les Registres de cette Société.]

3432. ☞ Mſ. Réflexions sur les Labours de la haute *Champagne* ; par M. FRANCE DE VAUGENCY, de la Société de Chaalons-sur Marne.

Ces Réflexions, lues le 27 Février 1765 à l'Assemblée publique de la Société, sont conservées dans ses Registres. On en trouve un extrait dans le *Mercure*, 1765, *Juillet, pag.* 140-147.]

3433. ☞ Mémoire adressé à M. Vallet de Salignac ; par M. GOYON, concernant le défrichement & l'amélioration des Landes (du Royaume, & particulièrement de celles de Bordeaux). *Journ. Econom.* 1762, Septembre, *pag.* 392, & *Octobre, pag.* 440.

Observations sur la même matière. *Journal Econom.* 1762, *Juin, pag.* 257.]

3434. ☞ Mſ. Réflexions sur l'Agriculture, relativement au Pays d'*Aunis* ; par M. MERCIER DU PATY ; lues en 1763 à l'Académie de la Rochelle.

Ce Mémoire est divisé en deux parties. Dans la première, l'Auteur expose plusieurs obstacles qui s'opposent aux progrès de l'Agriculture dans cette Province. La seconde traite du Platane, dont M. du Paty fait connoître plusieurs particularités d'après Pline le Naturaliste, l'un des Auteurs qui en ont parlé avec le plus d'étendue. Voyez l'extrait de ce Mémoire dans le *Mercure*, 1763, *Juillet, pag.* 99-103, 2 vol.]

3435. ☞ Mémoire sur les moyens de multiplier aisément les fumiers dans le Pays d'*Aunis;* par M. DE LA FAILLE, de la Société Royale d'Agriculture de la Généralité de la Rochelle. *Journ. Econom.* 1762, *Décembre, pag.* 537.]

3436. ☞ Observations sur divers moyens de soutenir & d'encourager l'Agriculture, principalement dans la Province de *Guyenne;* par M. le Chevalier DE VIVENS, 1756 & 1763, *in-12.*

Voyez-en un extrait dans le *Journ. Econom.* 1756, *Novembre, pag.* 59, & *Décembre, pag.* 33.]

3437. ☞ Mſ. Discours sur la nécessité de multiplier les Bois dans la Province de *Normandie;* lu le 13 Février 1755 dans l'Académie de Caen ; par M. DU MENIL MORIN.

Il est entre les mains de l'Auteur, qui a proposé le partage des landes & bruyères de l'Election de Caen, parceque les Propriétaires seroient obligés de les planter. Si ce projet avoit eu lieu, les Habitans des campagnes ne seroient pas exposés à être tourmentés comme ils le peuvent être par des gens qui s'annoncent comme zélés pour le bien des défrichemens. L'Auteur est descendant du célèbre Etienne Morin, Ministre de Caen, & l'un des premiers Membres de son Académie.]

3438. ☞ Mſ. Discours sur les branches d'Agriculture les plus avantageuses à la Province de *Normandie*, qui a remporté le prix de l'Académie de Caen, en 1761 ; par M. GUILLOT.

Julien-Jean-Jacques Guillot étoit un jeune homme de belle espérance, & très-studieux. Il est mort âgé de 24 ans, quelques mois après avoir remporté le prix. Il fit voir que la culture du Bled étoit préférable, parcequ'elle est la base de la population, des manufactures, des richesses & des forces de l'Etat Ce Discours est conservé à la Bibliothèque de l'Académie de Caen.]

3439. ☞ Manuel d'Agriculture pour le Laboureur, pour le Propriétaire, & pour le Gouvernement; contenant les vrais & seuls moyens de faire prospérer l'Agriculture, tant en France que dans tous les autres Etats où l'on cultive ; avec la Réfutation de la nouvelle méthode de M. Tull ; par M. DE LA SALLE: *Paris*, Lottin l'aîné, 1764, *in-8.*]

3440. ☞ Défense de plusieurs Ouvrages sur l'Agriculture, ou Réponse au Livre précédent, dans lequel M. de la Salle a attaqué

MM. Duhamel, Tillet & Patullo; par M. DE LA MARRE: *Paris*, Guérin, 1765, *in*-12.

Les Cultivateurs sçauront gré à l'Auteur d'avoir pris la défense des Triptolèmes François, en prenant celle du vrai & de l'utile.]

3441. ☞ Les Remontrances sur le défaut du labour & culture des Plantes, & de la connoissance d'icelles; contenant la manière d'affranchir & apprivoiser les arbres sauvages; par Pierre BELLON, du Mans, Médecin: *Paris*, Cavellat, 1558, *in*-12.]

Eædem, in Latinum versæ, à Carolo CLUSIO: *Antverpiæ*, Plantin, 1589, *in*-12. & cum Exoticis ejusdem CLUSII: *Antverpiæ*, 1605, *in-fol.*

Bellon étoit Docteur en Médecine de la Faculté de Paris; il mourut à Rome en 1555, âgé de 65 ans.]

3442. ☞ Secretorum agri Enchiridion primum, hortorum curam, auxilia secreta, & Medica præsidia, inventu prompta ac paratu facilia, libris pulcherrimis complectens; auctore Antonio MIZALDO, Monlucensi, Medico: *Lutetiæ*, Morel, 1560, *in*-8.

Mizauld est mort à Paris en 1578.]

☞ Traduction des Livres de Mizauld; par André DE LA CAILLE, savoir, le Jardinage, contenant la manière d'embellir les Jardins; *item*, comme il faut enter les arbres, &c. 1578, *in*-8.]

3443. ☞ Le Jardinier fidele, qui enseigne la manière de semer dans toutes les saisons de l'année toutes sortes de grains & plantes, tant fleurs que potagères, &c. par ordre alphabétique: *Paris*, le Fevre, 1685, *in*-12.]

3444. ☞ Traité de la manière de semer dans toutes les saisons de l'année toutes sortes de graines, de plantes & de fleurs: *Paris*, de Sercy, 1689, *in*-12.]

3445. ☞ De la culture des Jardins potagers: *Paris*, de Sercy, 1692, *in*-12.]

3446. ☞ Le Jardinier Solitaire, ou Dialogues contenant la méthode de cultiver un Jardin fruitier & potager; (par Frère FRANÇOIS, Chartreux): *Paris*, Rigaud, 1705, *in*-12.]

3447. ☞ Le Jardinier Botaniste, ou la manière de cultiver toutes sortes de plantes, fleurs, arbres & arbrisseaux, avec leur usage en Médecine; ensemble toutes les plantes étrangères qui peuvent être propres pour l'embellissement des Jardins; par BESNIER: *Paris*, Prud'homme, 1705, *in*-8. & 1712, *in*-12.

Besnier étoit Docteur de la Faculté de Médecine de Paris, & beau-père de M. Dionis, Membre célèbre de la même Faculté.]

3448. ☞ Théorie & pratique du Jardinage, où l'on traite à fond des beaux Jardins, appellés communément les Jardins de propreté, comme sont les parterres, les bosquets, les boulingrins, &c. avec des remarques & des règles générales sur tout ce qui concerne le Jardinage; par L. S. A. J. D. A. (le Sieur DEZALLIER D'ARGENVILLE): *Paris*, Mariette, 1709, *in*-4.

Seconde édition sous le nom d'Alexandre LE BLOND: *Paris*, 1713, *in*-4. fig.

La même, sous le nom de l'Auteur: *Paris*, 1722, *in*-4. fig.]

3449. ☞ Culture parfaite des Jardins fruitiers & potagers, avec des Dissertations sur la taille des arbres; par Louis LIGER: *Paris*, Prud'homme, 1714, *in*-12. *Ibid*. 1717, *in*-12.]

3450. ☞ Le Ménage des champs & de la ville, ou le nouveau Jardinier François, accommodé au goût du tems; contenant tout ce que l'on doit faire pour cultiver parfaitement les Jardins fruitiers, potagers & fleuristes: *Paris*, 1715 & 1741, *in*-12.]

3451. ☞ Traité des Jardins; par le Sieur SAUSSAI, Jardinier de Madame la Princesse de Condé, à Anet: *Paris*, Simart, 1722, *in*-12.]

3452. ☞ Instruction pour les Jardins fruitiers & potagers, avec un Traité des Orangers; par M. DE LA QUINTINIE, Directeur des Jardins fruitiers & potagers du Roi: *Paris*, 1690, 1695, 1697, 1715, 1730, *in*-4. 2 vol. (traduit en Anglois, 1690).

M. de la Quintinie naquit près de Poitiers en 1626. Son goût pour l'Agriculture l'emporta sur l'étude du Barreau, auquel il s'étoit livré d'abord. Il lut tous les Ecrits des grands Maîtres de l'antiquité, & ceux de son tems; & il joignit à cette vaste théorie une pratique réfléchie, qui l'a rendu l'admiration de toute l'Europe.]

3453. ☞ Dictionnaire Universel d'Agriculture & de Jardinage, &c. par M. DE LA CHESNAYE DES BOIS: *Paris*, David, 1751, *in*-4. 2 vol.

L'universel paroît de trop dans cette annonce. On cherche dans le Livre beaucoup d'articles sans les y trouver, & la plupart de ceux qu'on y lit, ne sont ni assez étendus ni digérés.]

3454. ☞ L'Ecole du Jardin potager, qui comprend la Description exacte de toutes les plantes potagères; les qualités des terres, les situations & les climats qui leur sont propres; la culture qu'elles demandent; leurs propriétés pour la vie, & leurs vertus pour la santé; les différens moyens de les multiplier; le tems de recueillir les graines; leur durée, &c. la manière de dresser & de conduire les couches, d'élever des champignons en toute saison, &c. par M. DE COMBES: *Paris*, Boudet, 1752, *in*-12. 2 vol.

3455. ☞ Le Gentilhomme Cultivateur, ou Corps d'Agriculture, tiré de l'Anglois; par M. DUPUY D'EMPORTES: *Paris*, 1761 & *suiv. in*-4. 8 vol.

Quoique le titre de ce Livre semble restreindre ses avantages à un climat différent du nôtre, on y trouve dependant beaucoup d'Observations sur les Arbres & les autres Plantes de la France, & sur la manière de les cultiver.]

3456. ☞ Observations sur les Villages de Montreuil, Bagnolet, Vincennes, Charonne & Villages adjacens, à deux lieues ou environ de Paris, au sujet de la culture des végétaux, avec une idée de la méthode qu'on y emploie pour traiter les arbres, surtout les pêchers; par M. l'Abbé ROGER. *Journal Économique*, 1755, *Février, pag.* 44-79.

L'Auteur divise ses Observations en trois principaux articles, où il fait entrer le terrein de Montreuil & ses diverses productions, l'établissement des pêchers & des autres arbres à Montreuil, l'invention & l'établissement des murailles qui partagent en tous sens le terrein de Montreuil.]

3457. ☞ Nouvelles Observations physiques & pratiques sur le Jardinage & l'Art de planter, avec le Calendrier des Jardiniers; Ouvrage traduit de l'Anglois de BRADLEY: *Paris*, 1756, *in*-12. 3 vol. fig.

Quoique ce Livre soit adapté au climat d'Angleterre pour lequel il a été fait, on peut cependant y trouver des Observations utiles pour la France.]

3458. ☞ Le bon Jardinier, Almanach contenant une idée générale de quatre sortes de Jardins, les règles pour les cultiver, la manière de les planter, & celle d'élever les plus belles fleurs: *Paris*, Guillyn, 1765, 1766, *in*-24.

On y trouve, *pag.* 219-228, un Catalogue d'Arbres ou Arbrisseaux fruitiers & d'Ornemens, qui se trouvent à Vitry-sur-Seine, chez le Sieur Germain JOUETTE.]

3459. ☞ Petri BELLONII de arboribus coniferis, resiniferis aliisque semper-virentibus; de mille cedrino, cedria, agarico, &c. *Parisiis*, Prevost, 1553, *in*-4. fig.]

3460. ☞ Le Jardinier Royal, qui enseigne la manière de planter, cultiver & dresser toutes sortes d'arbres, &c. *Paris*, de Sercy, 1671, *in*-12.]

3461. ☞ Essai sur l'Agriculture moderne, dans lequel il est traité des arbres, arbrisseaux & sous-arbrisseaux de pleine terre, &c. ensemble des oignons de fleurs & autres plantes, tant vivaces qu'annuelles, & des arbres fruitiers, surtout ceux qui méritent la préférence dans les plans de Potagers; (par MM. NOLIN & BLAVET): *Paris*, Prault, 1755, *in*-12.]

3462. ☞ Abrégé pour les arbres nains & autres, contenant tout ce qui les regarde, tiré en partie des derniers Auteurs qui ont écrit de cette matière, joint une expérience avec application de vingt ans & plus; avec un Traité des Melons, & aussi un Traité général & singulier pour la culture de toutes sortes de fleurs, & pour les arbustes, & aussi pour faire & conduire une grosse vigne, & beaucoup d'autres choses pour les autres vignes; par Jean LAURENT: *Paris*, de Sercy, 1675 & 1683, *in*-4.

Les Observations de l'Auteur sentent un peu le goût ancien: il admet les influences de la Lune & des usages surannés.]

3463. ☞ Instruction pour connoître les bons fruits & les arbres fruitiers, selon les mois de l'année, & la façon de les cultiver, par Claude DE SAINT-ESTIENNE, Bernardin: *Paris*, de Sercy, 1660, *in*-12.]

Nouvelle Instruction pour connoître les bons fruits selon les mois de l'année; avec une méthode pour la connoissance & la culture des arbres fruitiers: *Paris*, de Sercy, 1670 & 1687, *in*-12.]

3464. ☞ L'Abrégé des bons fruits, avec la manière de les connoître & de cultiver les arbres: *Paris*, de Sercy, 1675, *in*-12.]

3465. ☞ Manière de cultiver les arbres fruitiers; par LE GENDRE, Curé d'Hénouville: *Paris*, de Sercy, 1676, *in*-12.]

3466. ☞ Observations sur le Livre du Curé d'Hénouville, ou de l'Abbé de Pont-Château de Cambout de Coislin, Jardinier de Port-Royal.

Elles se trouvent à la suite de l'*Art de cultiver les Fleurs*; par le même, 1677, *in*-12.]

3467. ☞ Art de tailler les arbres fruitiers, avec un Dictionnaire des mots dont se servent les Jardiniers, en parlant des arbres: un Traité de l'usage des fruits des arbres, pour se conserver en santé ou pour se guérir, & une Liste des fruits fondans pendant toute l'année: *Paris*, de Sercy, 1683, *in*-8.]

3468. ☞ La connoissance parfaite des arbres fruitiers, & la méthode facile & assurée de les planter, de les enter, de les tailler, & de leur donner toutes les autres façons nécessaires pour leur faire porter de beaux & bons fruits, & pour leur donner des figures agréables; par le Sieur DE LA CHATAIGNERAYE: *Paris*, Villette, 1692, *in*-12.]

3469. ☞ Observations sur la culture des arbres fruitiers: *Paris*, Collombat, 1718, *in*-12.]

3470. ☞ Instruction pour connoître & cultiver les Orangers & Citronniers, avec un Traité des Arbres; (par Pierre MORIN): *Paris*, de Sercy, 1680, *in*-12.]

3471. ☞ Nouvelle Instruction facile pour la culture des Figuiers, où l'on apprend la manière de les élever, multiplier & conserver, tant en caisses qu'autrement; avec un Traité de la culture des Fleurs: *Paris*, de Sercy, 1692, *in*-12.]

3472. ☞ Traité de la culture des Pêchers; par M. DE COMBES: *Paris*, de la Guette, 1750, *in*-12.]

3473. ☞ Le naturel & profit admirable du Meurier, qui en l'ouvrage de son bois, feuilles & racines, surpasse toutes sortes d'arbres, que les François n'ont encore sçu connoître, &c. avec la perfection de les semer

& élever, ce qui manque aux Mémoires de tous ceux qui en ont écrit ; par B. D. L. F. (Barthelemi DE LA FLEMAS, Sieur de Bauthor, Valet de Chambre du Roi, Contrôleur-Général du Commerce de France) : *Paris*, Bourriquant, 1604, *in-8.*]

3474. ☞ La façon de faire & semer la graine de Mûrier, les élever & replanter, gouverner les vers à soie, au climat de la France ; par le même : *Paris*, Pautonnier, 1604, *in-12.*]

3475. ☞ Instruction du plantage des Mûriers, pour MM. du Clergé de France, avec les figures pour apprendre à nourrir les vers, & faire tirer les soies ; par Bénigne LE ROI : *Paris*, 1605, *in-4.*

La même ; publiée par LE ROI, Jacques CHABOT, Jean VANDER-VEKENE, & Claude MOULLET, Jardiniers du Roi, & Entrepreneurs dudit Plant : *Paris*, 1615, *in-4.*]

3476. ☞ Mémoires & Instructions pour le Plant des Mûriers blancs, nourriture des vers à soie, &c. dans Paris & lieux circonvoisins ; par Christ. ISNARD : *Paris*, Soly, 1665, *in-8.*]

3477. ☞ Lettre sur les plantations des Mûriers. *Mercure*, 1759, *Novembre, p.* 183.]

3478. ☞ Plantation & culture du Mûrier : *Au Mans*, 1760, *in-4.*

C'est l'Ouvrage d'un Membre de la Société d'Agriculture de Tours.]

3479. ☞ Mémoire sur l'utilité des plantations de Mûriers blancs dans le Royaume. *Journ. Econom.* 1761, *Mai, pag.* 200.]

3480. ☞ De la culture des Mûriers ; par M. l'Abbé BOISSIER DE SAUVAGES, de la Société Royale des Sciences de Montpellier : *Nismes*, Gaude, 1763, *in-8.*]

3481. ☞ Traité sur la culture des Mûriers blancs, la manière d'élever les vers à soie, & l'usage qu'on doit faire des cocons : *Orléans*, 1763, *in-8.* fig.]

3482. ☞ Le Jardinier Fleuriste, ou la culture universelle des fleurs, arbres, arbustes, arbrisseaux, servant à l'embellissement des Jardins, avec des Descriptions de Parterre, Bosquets, Boulingrins, Salles, Sallons, & autres ornemens de Jardins, la manière de rechercher les eaux, de les conduire dans les Jardins, & une Instruction sur les Bassins ; par L. LIGER : *Paris*, 1704, 1717, & 1718, *in-12.*]

3483. ☞ Instruction ou l'Art de cultiver toutes sortes de Fleurs, avec instructions pour cultiver & greffer les arbres fruitiers ; par ARISTOTE, Jardinier de Puteaux : *Paris*, de Sercy, 1677 & 1678, *in-12.*]

3484. ☞ Remarques nécessaires pour la culture des Fleurs ; par P. MORIN : *Paris*, de Sercy, 1658, *in-8.* 1677 & 1689, *in-12.*]

3485. ☞ Traité pour la culture des Fleurs ; *Paris*, de Sercy, 1682, *in-12.*]

3486. ☞ La culture des Fleurs, où il est traité généralement de la manière de semer, planter, transplanter, & conserver toutes sortes de fleurs & d'arbres, ou arbrisseaux à fleurs, connus en France : *Bourg-en-Bresse*, Jos. Ravoux, 1692, *in-12.*

L'Auteur promet plus qu'il n'exécute. Il est trop succinct dans bien des endroits ; d'autres sont peu digérés, quelques-uns ridicules.]

3487. ☞ Connoissance & culture parfaite des belles Fleurs, des Tulipes rares, des Anemones extraordinaires, des Œillets fins & des belles Oreilles-d'Ours panachées : *Paris*, de Sercy, 1696, *in-12.*

Ce Livre est dédié à M. le Nostre, si connu par son habileté pour la décoration des Jardins. On y trouve de bonnes Observations ; mais elles ne sont pas aussi parfaites que le titre semble l'annoncer.]

3488. ☞ L'Ecole du Jardinier Fleuriste ; par M*** : *Paris*, Panckoucke, 1764, *in-12.*]

3489. ☞ Traité sur la connoissance & la culture des Jacinthes ; par M. DARDENNE, Prêtre de l'Oratoire : *Avignon*, Chambeau, 1759, *in-12.*

L'Auteur a rapproché dans cet Ouvrage ce qui étoit épars en plusieurs Livres. Il a réformé dans les uns ce que d'autres avoient justement désapprouvé ; il a éclairci ce qui lui a paru peu digéré, ou trop succinct, & a enfin augmenté le tout de ce que l'expérience lui a appris au-delà de ses lectures.]

3490. ☞ Jardinage des Œillets ; par L. B. *Paris*, Boulanger, 1647, *in-12.*

En général, l'Auteur écrit d'un style métaphorique, & laisse souvent briller un feu qui montre le Littérateur. Il paroît avoir beaucoup lu ; mais son érudition est souvent étrangère au sujet, ou peu digérée. Il adopte plusieurs opinions qui paroissent un peu surannées. Cependant son travail peut être utile.]

3491. ☞ Nouveau Traité des Œillets, la façon la plus utile & facile de les bien cultiver, leurs noms, leurs couleurs & leur beauté ; avec la Liste des plus nouveaux ; par L. C. B. M. *Paris*, de Sercy, 1676 & 1698, *in-12.*

L'Auteur paroît dire dans cet Ouvrage tout ce qu'il sçait, & dit de fort bonnes choses. Son Livre est très-instructif dans le total, mais ce n'est pas sans quelques exceptions.]

3492. ☞ Traité des Œillets ; par M. DARDENNE, Prêtre de l'Oratoire : *Avignon*, Chambeau, 1762, *in-12.*

L'Auteur a ramassé dans les Ecrivains qui l'ont précédé, ce qu'il a trouvé de plus intéressant. Il l'a présenté sous un nouveau jour, & avec des graces nouvelles. On lui doit aussi des découvertes & des observations utiles.]

3493. ☞ Traité de la culture parfaite de l'Oreille-d'Ours, ou Auricule ; par un curieux de Province INGENU (GUERIN) : *Bruxelles*, Frikx, 1745, *in-12.*]

3494. ☞ Traité des Renoncules, dans lequel, outre ce qui concerne ses fleurs, on

trouvera

trouvera l'observation physique & plusieurs remarques utiles, soit pour l'Agriculture, soit pour le Jardinage; par M. Dardenne, Prêtre de l'Oratoire : *Paris*, Lottin, 1746, *in*-8.

Les Ouvrages de cet Auteur joignent l'agrément du style aux Observations des Naturalistes.]

3495. ☞ Traité de la culture des Renoncules, des Œillets, des Auricules & des Tulipes : *Paris*, Saugrain, 1754, *in-12*.

Cet Ouvrage est rempli de vols Littéraires. L'Auteur, sans rien donner au public, n'a fait que dénaturer le don des autres.]

3496. ☞ Le Fleuriste François, traitant de l'origine des Tulipes; avec un Catalogue des noms des Tulipes; par Ch. de la Chesnée Monstereul : *Caen*, Mangeant, 1654 & 1673, *in* 8.

Cet Auteur est un des premiers qui ait donné sur la Tulipe un Traité en forme. On y trouve de bons principes, parmi des opinions antiques. En 1678, on donna sous le titre de *Traité des Tulipes*, *&c.* une nouvelle édition de cet Ouvrage ; ou plutôt, on copia fidélement Monstereul, sans lui faire honneur de son travail.]

3497. ☞ Traité des Tulipes, avec la manière de les bien cultiver; leurs noms, leurs couleurs & leurs beautés : *Paris*, *in-12*.]

3498. ☞ Traité des Tulipes, qui non-seulement réunit tout ce qu'on avoit précédemment écrit de raisonnable, mais est augmenté de quantité de remarques nouvelles sur l'éducation de cette belle fleur; par M. Dardenne, Prêtre de l'Oratoire : *Avignon*, Chambeau, 1760, *in-12*.]

3499. ☞ Mémoire sur les Champignons; & la manière qu'on emploie à Metz pour les cultiver. *Journ. Econom.* 1752, *Décembre*, *pag.* 44, 48.]

3500. ☞ Mémoire sur la Garance & sa culture ; par M. Duhamel : *Paris*, de l'Imprimerie Royale, 1757, *in-4*. & 1765, *in-12*.]

3501. ☞ Mémoire sur la culture du Lin, en Picardie ; par M. de Rheinvillers, d'Abbeville.

Ce Mémoire, qui est le résultat des Observations de l'Auteur, se trouve dans les *Ephémérides Troyennes* de M. Grosley, année 1763, *pag.* 109 *& suiv.*]

3502. ☞ Sommaire Traité des Melons; par J. P. D. E. M. (Jacques Pons, Docteur en Médecine) : *Lyon*, de Tournes, 1583, *in*-8. *Ibid.* Rigaud, 1586, *in*-16.]

3503. ☞ De la manière dont on cultive les Oignons aux environs de Paris, & quelle est la meilleure méthode qui se pratique en France. *Journ. Economique*, 1759, *Avril*, *pag.* 153-157.

L'Auteur a rassemblé dans ce Mémoire jusqu'aux Observations les plus communes, qui n'en sont pas pour cela moins intéressantes pour bien des contrées où les mêmes méthodes ne sont point en usage.]

3504. ☞ Observations sur la culture & la préparation qu'on fait en Languedoc, du Pastel ou Guesde. *Journ. Econom. Juillet*, 1757, *pag.* 67-71.

Le Pastel est une Plante d'un grand usage dans la teinture, pour donner un beau bleu d'azur.]

3505. ☞ Mf. Mémoire de M. Desmarest, sur la culture des Raves & des Navets, dans la Guyenne ; lu en 1763 à la Société Littéraire de Chaalons sur-Marne.

Ce Mémoire est conservé dans les Registres de cette Société. On en trouve un extrait dans le *Mercure*, 1763, *Juillet*, 1 vol. *pag.* 130-132.

Quoique ce Mémoire paroisse ne concerner que la Guyenne, l'intention de M. Desmarest est d'engager à étendre la culture des Raves & des Navets dans toutes les parties du Royaume où elle peut réussir. Il invite sur-tout les Cultivateurs de Champagne, à ne pas négliger cette branche d'Agriculture, qui peut très-bien réussir dans les Terres de cette Province, aux environs des Rivières.]

3506. ☞ Mémoire sur la culture du Sain-Foin, & ses avantages dans la haute Champagne; par M*** (France) de la Société Littéraire de Chaalons-sur-Marne, & Associé-Correspondant de l'Académie des Sciences & Arts de Metz : *Amsterdam*, 1764, *in-12*.]

3507. ☞ Traité sur la nature & sur la culture de la Vigne, sur le Vin, la façon de le faire, & la manière de le bien gouverner, à l'usage des différens vignobles du Royaume de France : *Paris*, 1752, *in-12*.

Le même, augmenté & corrigé, par M. Bidet, de l'Académie d'Agriculture de Florence en Toscane, & Officier de la Maison du Roi; revu par M. Duhamel du Monceau, de l'Académie Royale des Sciences : *Paris*, Savoye, 1759, *in-12*. 2 vol.

Dans la première édition de ce Livre, on n'y faisoit que développer l'usage observé dans les Vignobles de Champagne. On trouve dans la seconde des remarques utiles, non-seulement sur les Vignobles de Champagne, mais aussi sur ceux de Bourgogne, du Dauphiné, du Languedoc, de la Provence, de l'Auvergne, de l'Anjou, du Berry, de l'Orléanois, de l'Isle-de-France, de la Franche-Comté, de la Lorraine, des Pays du Rhin, &c. L'Auteur compare entr'eux les principaux Vins de ces Provinces; & en bon Patriote, il donne à celui de Champagne la supériorité sur celui de la Bourgogne. Voyez sur cet Ouvrage, *Mém. de Trévoux*, 1759, *Mai*, *pag.* 1204-1220.]

3508. ☞ Nouvelle méthode de cultiver la Vigne dans tout le Royaume ; par M. Maupin : 1763, *in-12*.]

3509. ☞ Observations sur les Vignes de 1754, faites dans le Bordelois, avec des remarques particulières sur les grands froids & les grandes chaleurs de l'année ; par le P. P. R. D. N. D. D. V. *Mercure*, 1755, *Juin*, 2 vol. *pag.* 124-128.]

3510. ☞ De la manière de provigner en Languedoc. *Journ. Econom.* 1758, *Février*, *pag.* 70.]

3511. ☞ Mémoire sur les Vignes du Lyonnois, Forez & Beaujolois; par M. ALLEON DULAC, Avocat en Parlement & aux Cours de Lyon.

Il termine ses *Mémoires pour servir à l'Histoire Naturelle du Lyonnois, &c. Lyon,* Cizeron, *in-*8. 2 vol. L'Auteur y décrit avec soin les vers & les insectes qui s'attachent à la Vigne, & donne les moyens de s'en délivrer.]

3512. ☞ Engrais pour les Vignes, en usage dans le Pays Messin. *Journ. Econom.* 1752, Septembre, *pag.* 43-45.]

3513. ☞ Mf. Mémoire de M. TIPHAIGNE, Président en l'Election de Rouen, & Membre de l'Académie de cette Ville, sur la manière de cultiver les Vignes en Normandie; lu le 9 Janvier 1758, dans l'Académie de Caen.

Il est conservé dans les Registres de cette Académie. L'Auteur prétend que si la Vigne n'a point eu encore de succès dans cette Province, c'est par la faute de ceux qui ont fait des tentatives; qu'ils ont mal préparé leurs terres, ou mal choisi l'espèce de Vigne qui convient à chaque terrein.]

3514. ☞ Question; Ne reste-t-il plus d'épreuve à faire sur la nature des Vignes en Normandie, & autres Pays qui ne donnent point de Vin, ou en donnent un sans qualité? par le même.

C'est la première partie des *Observations Physiques de M. TIPHAIGNE, sur l'Agriculture, les Plantes, les Minéraux, &c.* La Haye (Paris, Delalain) 1765, *in-*8. L'Auteur, après une courte exposition du Terroir de la Normandie, montre que l'établissement des Vignobles seroit très-utile dans cette Province, & remonte jusqu'aux causes qui ont fait avorter les moyens tentés jusqu'à présent pour en tirer du Vin.]

3515. ☞ L'Art de cultiver les Pommiers & les Poiriers, & de faire des Cidres selon l'usage de la Normandie; par M. le Marquis DE CHAMBRAI: *Paris,* Ganeau, 1765,*in-*12. 66 pages.

M. de Chambrai commence par une Histoire abrégée du Cidre. Son usage a passé d'Afrique en Espagne, & d'Espagne en Normandie, il y a trois siècles ou environ. Après cette Introduction, l'Auteur traite en plusieurs chapitres, de la Pépinière, de la Greffe, des différentes Pommes acides dont il indique cinquante-deux espèces, divisées en trois classes suivant le tems de leur maturité; de la façon des Cidres; des Poiriers, des Poires à Cidre, dont il y a dix espèces; enfin du Poiré.]

3516. ☞ Quæstio Medica, an gracilibus *Pomaceum* vino salubrius? propugnata an. 1725, in Universitate Parisiensi; à Joanne Baptista DUBOIS, Præside Claudio BURLET, affirmatur: *Parisiis,* 1725, *in-*4.]

3517. ☞ Mf. Catalogue des différentes espèces de Raisins qu'on cultive à *Sainte-Foi,* en Périgord, en Languedoc, à Cadillac, & aux environs de Bordeaux; par M. l'Abbé BELLET.

Ce Catalogue est conservé dans le Dépôt de l'Académie de Bordeaux, & fait partie de la Relation d'un Voyage Littéraire adressé par l'Auteur de cette Académie, le 4 Juin 1736.]

3518. ☞ Mf. Mémoire sur les différentes espèces de Raisins du Terroir Auxerrois, & sur la variété du Terroir; par M. MERRAT, Apothicaire.

L'Auteur fait l'énumération, & donne les Phrases de vingt-huit espèces de raisins qu'on trouve dans le Territoire d'Auxerre. Quatre de ces espèces donnent le meilleur Vin rouge; neuf donnent le meilleur Vin blanc; onze donnent un Vin de qualité inférieure; & les huit dernières sont bonnes pour être servies sur les tables. L'Auteur finit par dire que la meilleure exposition des Vignes dans une côte, est d'être sur le milieu du penchant. Son Mémoire est conservé dans les Registres de la Société Littéraire d'Auxerre.]

3519. ☞ Mf. Mémoire sur le transport d'une Vigne d'un côté de l'Yonne à l'autre; par M. RONDÉ, de la Société Littéraire d'Auxerre.

Ces Mémoires ne sont que l'exposition de ce qui est écrit dans les Annales de Berlin, sur ce fait singulier qu'on révoque en doute; & M. Rondé a ajouté une explication physique pour en prouver la possibilité. Ils se trouvent dans les Registres de la Société.]

3520. ☞ De Rheni, Galliæ, Hispaniæ, &c. Vinis atque eorum usu, tractatio compendiaria; auct. Andrea BACCIO, Doctore Medico.

Ce petit Traité est à la suite de l'Ouvrage du même Auteur, intitulé, *De naturali Vinorum historia, de Vinis Italiæ, & de Conviviis Antiquorum libri* VIII. *Romæ,* Mutius, 1596, 1597, 1598, *in-fol. Francofurti,* Steinius, 1607, *in-fol.*]

3521. ☞ Mf. Mémoire sur la nature & les qualités des Vins d'Anjou; par M. BERTHELOT DU PATY, Docteur en Médecine de l'Université d'Angers.

Ce Mémoire est conservé dans les Registres de l'Académie des Sciences & Belles-Lettres d'Angers.]

3522. ☞ Mf. Mémoire sur l'excellence des Vins d'Auvergne, sous la domination des Romains, la cause de leur mauvaise qualité actuelle, & le moyen d'y remédier; par M. DE VERNINES, de la Société Littéraire de Clermont-Ferrand.

Il est dans les Registres de cette Société.]

3523. ☞ Manière de cultiver la Vigne & de faire le Vin de Champagne, ce qu'on peut imiter dans les autres Provinces: *Paris,* Multeau, 1718, *in-*4. fig.

La même, nouvelle édition: 1722, *in-*4.]

3524. ☞ Petri LAURENCEAU, Quæstio Medica, an Vinum Remense omnium saluberrimum: propugnata, an. 1679, in Universitate Parisiensi: *Parisiis,* 1679, *in-*4.]

3525. ☞ Quæstio Medica, an Vinum Remense omnium saluberrimum, in Universitate Remensi habita: *Remis,* 1689, *in-*4.]

3526. ☞ Francisci MIMIN, Quæstio Medica, an Vinum Remense Burgundo suavius & salubrius? in Universitate Remensi habita: *Remis,* 1700, *in-*4.]

3527. ☞ Question agitée le 5 Mai 1700, aux Ecoles de Médecine de Reims, si le Vin de Reims est plus agréable & plus sain que le Vin de Bourgogne : *Reims*, Pottier, *in*-4. 12 pages.]

3528. ☞ Défense du Vin de Bourgogne contre le Vin de Champagne, qui sert de réponse à l'Auteur de la Thèse soutenue aux Ecoles de Médecine de Reims, le 5 Mai 1700; par Jean-Baptiste DE SALINS, Docteur en Médecine; avec une Lettre de M. LE BELIN, Conseiller au Parlement de Bourgogne : *Dijon*, Ressayre, 1701, *in*-4.]

☞ La même, avec quelques changemens; par Hugues DE SALINS : *Luxembourg (Dijon)* 1704, *in*-8.]

☞ Eadem, Latinè versa (ab Hugone DE SALINS) cum Epistolâ D. DE BELIN : *Parisiis*, 1702 : *Belnæ*, Simonnet, 1703 : *Divione*, 1706, *in*-4. Ibid. 1706, *in*-12.

Voyez un extrait de cet Ouvrage dans le *Journal des Sçavans*, 1706, *pag*. 125 & *suiv*.]

3529. ☞ Réponse à la troisième édition de la Lettre de M. DE SALINS, contre la Thèse soutenue à Reims : seconde édition : *Reims*, Pottier, 1706, *in*-4.

On en trouve un extrait dans les *Mémoires de Trévoux*, 1706, *Septembre, pag*. 1590-1596.]

3530. ☞ Lettre de M** à M*** Auteur de la Thèse sur le Vin de Champagne : 1706, *in*-4. 13 pages.]

3531. ☞ Car. Fr. BOUTIGNY DES PREAUX, Quæstio Medica, an Vinum Remense ut suave, sic salubre ? propugnata, ann. 1741, in Universitate Parisiensi : *Parisiis*, *in*-4.]

3532. ☞ Eloge des Vins d'Auxerre; (par M. l'Abbé LEBEUF). *Mercure*, 1723, *Novembre, pag*. 872, 883.

L'Auteur ne fonde point ses preuves sur l'analyse même du Vin; il s'arrête principalement à l'autorité des personnes qui en ont fait usage.]

3533. ☞ Lettre écrite par M*** à l'Auteur de l'Eloge ci-dessus. *Mercure*, 1723, *Décembre*, 1 vol. *pag*. 1096-1109.

On y ajoute différens objets sur l'antiquité, la fécondité, & la bonté des Vignobles d'Auxerre, que M. le Beuf avoit passés sous silence.]

3534. ☞ Lettre de M. LE BEUF, Capitaine de Milice Bourgeoise de la Ville de Joigny, écrite aux Auteurs du Mercure, sur la bonté des Vins de Joigny. *Mercure*, 1731, *Février, pag*. 271-282.

M. le Beuf veut prouver dans cette Lettre que les Vins de Joigny ne cédent en rien à ceux des Pays voisins, & peuvent aller de pair avec les meilleurs d'Auxerre, soit qu'on en regarde la force & la vigueur, soit qu'on en considère la délicatesse. Ils sont, selon lui, bons, délicieux & mousseux, sans être sujets à tirer sur la graisse, toutes qualités inséparables d'un Vin parfait, & qui ne se trouvent pas toujours rassemblées dans les meilleurs Vins.]

3535. ☞ Voyage dans les Etats de Bacchus, & Ordonnance de ce Dieu donnée dans le Printems dernier. *Mercure*, 1731, *Septembre, pag*. 2106-2123.

Tome I.

L'Auteur feint un voyage dans les Châteaux & les Palais des Dieux du Paganisme, d'où il a rapporté plusieurs Ordonnances, & en particulier une de Bacchus, pour supprimer l'Ecrit sur le Vin de Joigny.]

3536. ☞ Lettre de M. LE BEUF, écrite à M*** au sujet de l'Ordonnance de Bacchus. *Mercure*, 1732, *Mars, pag*. 487-492.

L'Auteur ne s'amuse pas à éplucher scrupuleusement l'Ordonnance. Après quelques légers reproches, il s'en tient toujours à dire que le terrein des côtes de Joigny est propre, par excellence, pour la Vigne.]

3537. ☞ Lettre sur cette Réponse. *Mercure*, 1732, *Septembre, pag*. 1912-1929.

On y prouve, principalement par des raisons physiques, la supériorité des Vins d'Auxerre sur ceux de Joigny.]

3538. ☞ Notice des lieux où croissent les meilleurs Vins de Bourgogne. *Nouvelles Recherches sur la France*, 1 vol. *pag*. 122-133.

La première partie de cette Notice est tirée du *Dictionnaire du Citoyen*, tom. *II*. *pag*. 379, 381., d'après un Mémoire de la Société des Sciences & Belles-Lettres d'Auxerre. La seconde partie, où il n'est question que de la haute Bourgogne, est détachée du N.° 28 des *Annonces, Affiches, &c*. de M. de Querlon, 1752, *pag*. 110.]

3539. ☞ Leand. PEAGET, Quæstio Medica, an à Vino Burgundo arthritis ? affirmatur, ann. 1739, in Universitate Parisiensi : *Parisiis*, *in*-4.]

3540. ☞ Lettre au sujet du Vin de Frontignan; par M. BRUHIER, Docteur en Médecine. *Mercure*, 1756, *Juin, pag*. 155-158.]

3541. ☞ Discours du Vin de Garanbaud, où il est traité des Vins du pays de Roannois, &c. par M. DE LA BELLERIE : *Lyon*, 1669, *in*-8.

Le Vignoble de Garanbaud, appellé *les Perelles de Garanbaud*, est situé dans la Paroisse de Nouailly, Diocèse de Lyon, à deux lieues de Roanne, assez près de l'Abbaye Royale de Bénissons-Dieu, du côté de l'Orient.]

3542. ☞ L'Hercule Guespin, à M. Descures; par Simon ROUZEAU, d'Orléans.

Cette Pièce, qui est la cinquième du Recueil de *Poëmes & Panégyriques de la Ville d'Orléans, &c*. *Orléans*, 1646, *in*-4. est un Poëme François de plus de 700 vers à la louange du Vin Orléanois. L'Ouvrage est sans sel & sans enjouement. L'Auteur prend la Vigne depuis Noé, & après avoir passé en revue tous les Vins, non-seulement de France & d'Europe, mais encore des autres parties du Monde, il adjuge la préférence au Vin Orléanois, dont il relève beaucoup le mérite. Il y expose la nature des différens Cantons de ce Vignoble, les qualités particulières à chacun. Il entre dans un détail assez long, néanmoins peu instructif, des propriétés & des vertus du Vin Orléanois, & finit par exhorter à en avoir grand soin.]

3543. ☞ Devis sur les Vignes, Vins & Vendanges d'Orléans : *Paris*, Settenas, 1650, *in*-8.]

3544. ☞ Manière de bien cultiver la Vigne, de faire la Vendange & le Vin dans le

Cc 2

Vignoble d'Orléans, utile à tous les autres Vignobles du Royaume, &c. par J. BOULLAY, Chanoine d'Orléans.

Seconde édition: *Orléans*, Borde, 1712, *in-12*.

Troisième édition, beaucoup plus ample & plus exacte que les précédentes, & divisée en trois parties: *Orléans*, Rouzeau, 1723, *in-8*.

A la fin de cet Ouvrage, rempli d'Observations très-utiles, est un petit Dictionnaire de tous les termes qui sont en usage pour la culture de la Vigne, surtout dans l'Orléanois.]

3545. ☞ Lud. DUVRAC, Quæstio Medica, an agri Parisiensis tenuia vina, Burgundo, Campano, salubriora? propugnata, anno 1724, in Universitate Parisiensi: *Parisiis*, 1724, *in-4*.

On en trouve un extrait dans le *Journal des Sçavans*, 1724, *pag*. 804 & *suiv*.]

SECTION VI.

Histoire Naturelle des Animaux de la France.

☞ On indique dans cette Section, comme dans celle des Végétaux, un assez grand nombre d'Ouvrages dont les titres n'annoncent point qu'ils aient été composés pour ce Royaume; mais ils n'en appartiennent pas moins à l'Histoire Naturelle de la France. Les Observations qu'ils contiennent ont été faites sur des Animaux de ce Pays, & par des Auteurs François. Quelques-unes des vastes compilations données par des Naturalistes Etrangers, ne sont point non plus déplacées dans cet endroit. En traitant de l'Histoire Naturelle des différentes parties du monde, ils y ont nécessairement compris le Royaume que nous habitons; & au défaut d'autres Ouvrages plus particuliers, on peut consulter ces Livres généraux, qui offrent souvent des remarques propres à chaque lieu.

Ces différens Ouvrages sont moins rangés suivant l'ordre chronologique, que selon le dégré d'utilité dont ils peuvent être pour l'Histoire des Animaux de la France.]

§. I. *Traités généraux.*

3546. ☞ Volatilium, Gressibilium, Piscium & Placentarum, magis frequentium apud Gallias nomina; per LEODEGARIUM A QUERCU.

Cette Nomenclature est à la suite du petit Ouvrage intitulé, *In Ruellium de Stirpibus Epitome*, *Rothomagi*, Jo. le Marchand, 1539, *in-8*. *Parisiis*, Tiletan, 1544, *in-8*. L'Auteur croit trop facilement aux Monstres.]

3547. ☞ Ms. Description des Oiseaux, Poissons & Insectes trouvés aux environs de Strasbourg; par Léonard BALDNER: en Allemand, avec figures.

Baldner, Pêcheur de Strasbourg, homme intelligent, a fait dans le cours de 20 ans ce Recueil d'Animaux des environs de Strasbourg. Son Ouvrage, achevé en 1666, & écrit de sa propre main, est aujourd'hui dans la Bibliothèque de M. Spielmann, Professeur en Médecine à Strasbourg, qui l'a reçu des Parens de Baldner, Bourgeois de Strasbourg. Le Chevalier François WILLUGHBY a fait usage des Observations de Baldner dans son Ornithologie (*Ornithologiæ libri tres in quibus aves hactenùs cognita omnes accuratè describuntur; ex recensione Joannis Raii: Londini, 1676 & 1686, in-fol.*) & dans l'Ouvrage qu'il a donné sur les Poissons sous ce titre, *De Historia piscium libri quatuor, ex recensione Raii: Oxon. 1686, in-fol.*]

3548. ☞ Mémoires pour servir à l'Histoire des Animaux; par Claude PERRAULT: *Paris*, Imprimerie Royale, 1671, 1676, *in-fol*. 2 vol.]

Les mêmes, traduits en Anglois; par Alexandre PITTIELD: *Londres*, 1687, *in-fol*.

Ces Mémoires avoient déja paru en partie l'an 1667, *in-4*. Depuis on en a donné une édition plus ample dans les *Mémoires de l'Académie Royale des Sciences*, avant 1699. Ce sont des descriptions & dissections faites par MM. Perrault & du Verney, de Quadrupèdes & d'Oiseaux tirés de la Ménagerie du Roi.]

3549. ☞ Histoire Naturelle générale & particulière; par MM. DE BUFFON & D'AUBENTON: ci-devant, N.° 2466.

Après des Réflexions générales sur la Théorie de la terre, & quelques dissertations sur l'homme, les Auteurs donnent une Histoire complette des Animaux quadrupèdes. On y voit que bien des espèces, regardées auparavant comme étrangères, viennent naturellement dans la France.]

3550. ☞ Histoire Naturelle des Animaux; par MM. Arnault DE NOBLEVILLE & SALERNE, Médecins à Orléans: *Paris*, Desaint & Saillant, 1756, & *suiv*. 6 vol.

Cette Histoire a été composée pour servir de suite à la Matière Médicale de M. Geoffroy. La plus grande partie des Animaux dont elle traite, sont ceux qui vivent dans notre climat.]

3551. ☞ Dictionnaire raisonné & universel des Animaux, ou le Règne Animal, consistant en quadrupèdes, cétacées, oiseaux, reptiles, poissons, insectes, vers, zoophytes ou plantes animales; leurs propriétés en Médecine; la classe, la famille, où l'ordre, le genre, l'espèce, avec ses variétés, où chaque animal est rangé suivant les différentes méthodes ou nouveaux systêmes de MM. Linnæus, Klein & Brisson; par M. D. L. C. D. B. (DE LA CHESNAYE DES BOIS) Ouvrage composé d'après ce qu'ont écrit les Naturalistes anciens & modernes, les Historiens & les Voyageurs; *Paris*, Bauche, 1759, *in-4*. 4 vol.

L'Auteur, par le conseil de plusieurs sçavans Naturalistes, tant de France que des Pays Etrangers, a employé plus de dix années à perfectionner cet Ouvrage qui n'étoit d'abord qu'une simple Nomenclature. Feu M. de Réaumur s'intéressoit vivement à sa perfection. Plusieurs Académiciens célèbres ont jetté les yeux sur le Manuscrit. On peut y trouver de très-grands secours pour l'Histoire Naturelle des Animaux de ce Royaume.]

3552. ☞ De Venenatis Galliæ animalibus Dissertatio Medica, quam tueri conabitur Josephus BERTHELOT, Scurriensis apud Cabillonenses, Liberalium Artium magister, die 7 Novemb. 1763: *Monspelii*, 1763, *in-4*. *pag*. 20.

M. Sauvages, Docteur en Médecine de Montpellier, que l'on croit avoir contribué à cet Ouvrage, avoit remporté en 1754, à l'Académie de Rouen, un Prix proposé sur le même sujet.]

3553. ☞ Conradi GESNERI Medici Tigurini & Philosophiæ Professoris in schola Tigurina; Historiæ animalium de quadrupedibus viviparis & oviparis, de Avium, Piscium, Aquatilium & Serpentum natura, Libri quinque: *Tiguri*, Froschoverus, 1551, 1555, 1558 & 1587, *in-fol.* 4 vol. fig.]

3554. ☞ Ulyssis ALDROVANDI Philosophi ac Medici, Bononiensis Historiam naturalem in gymnasio Bononiensi profitentis Ornithologiæ, hoc est de Avibus Historiæ libri VII. de Animalibus insectis libri VII. cum singulorum iconibus ad vivum expressis; de reliquis Animalibus exanguibus libri quatuor, nempe de mollibus, crustaceis, testaceis & zoophytis; de Piscibus libri V. & de Cetis liber unus; de Quadrupedibus solipedibus volumen integrum; Quadrupedum omnium bisulcorum Historia; de Quadrupedibus digitatis viviparis libri tres, & de digitatis oviparis libri duo; Serpentum & Draconum libri duo: *Bononiæ*, de Franciscis, 1599-1640, *in-fol.* 13 vol. fig.

La manière dont cet Ouvrage est fait, le rend utile pour l'Histoire Naturelle des Animaux de la France. Après la description de chaque espèce, Aldrovande cite les différens Pays qui leur donnent naissance, ce qui lui fournit l'occasion de faire souvent quelques remarques sur celles que l'on nourrit, ou qui viennent naturellement dans notre climat. On trouve à la fin de chaque volume une Table des noms que les François ont donnés aux différens Animaux. Aldrovande fut sans contredit le plus sçavant & le plus laborieux de tous les Naturalistes. Ses Livres doivent être regardés comme ce qu'il y a de mieux sur la totalité de l'Histoire Naturelle. Le plan de son Ouvrage est bon, ses distributions sensées, ses descriptions fidèles; mais l'historique est souvent mêlé de fabuleux, & l'Auteur laisse voir trop de penchant à la crédulité.]

3555. ☞ Historiæ naturalis de Quadrupedibus libri VII. de Avibus VI. de Piscibus & Cetis V. de exanguibus aquaticis IV. de Insectis III. de Serpentibus & Draconibus duo, cum æneis figuris; Joannes JONSTONUS, Medicus Doctor concinnavit: *Francofurti*, Merian, 1650 & 1653, *in-fol.* 4 vol. fig.

Eadem: *Amstelodami*, 1657, *in-fol.* 4 vol. figures.

Quoique la partie de l'impression soit plus belle dans cette dernière édition que dans la première, on préfére cependant l'original, parceque les figures sont du fameux Mérian; au lieu que celles qui ont été mises dans l'édition de Hollande, ne sont que des copies.]

§. II. *Traités particuliers.*

☞ Les Animaux qui font l'objet de la plûpart des Ouvrages indiqués dans ce Paragraphe, ne sont pas tous particuliers à la France. Quelques-uns sont aussi communs au reste de l'Europe. Mais les Traités qui ont été faits par des François sur les individus de notre climat, n'en appartiennent pas moins à l'Histoire Naturelle du Royaume. De sçavans Naturalistes ont conseillé de ne point omettre ici ces Ouvrages, ni même les meilleurs de ceux qui ont été faits par des François sur l'Hippiatrique (ou la Médecine des Chevaux) & sur la Chasse. Le but principal de leurs Auteurs n'est point, il est vrai, de donner l'Histoire Naturelle des Animaux qui entrent dans le plan de leurs Traités; mais comme elle s'y trouve rassemblée en grande partie, on n'a pu négliger ces Livres qui renferment des connoissances étendues sur les Quadrupèdes & les Oiseaux de nos contrées.]

Traités sur les Quadrupèdes.

☞ L'ordre suivi dans cet Article, est celui de l'Histoire Naturelle de M. de Buffon. Les Animaux Domestiques, qui nous sont les plus utiles, précédent ceux qui nous intéressent moins. On commence par les Bêtes de somme, qui sont suivies de celles à cornes, de celles à laine, des Bêtes sauvages, & de celles que l'on chasse.]

== ☞ Histoire Naturelle des Quadrupèdes des environs de Paris; par M. LE BEGUE DE PRESLE.

C'est la première partie du *Manuel du Naturaliste*: ci-devant, N.° 2433.]

3556. ☞ Le parfait Cavalier, ou la connoissance du Cheval, ses maladies & remèdes; par J. J. (Jean JOURDAIN): *Paris*, 1655, *in-fol.*

3557. ☞ Advis, on peut en France élever des Chevaux aussi beaux, aussi grands & aussi bons qu'en Allemagne, & Royaumes voisins. Il y a un secret pour faire aux belles Cavales entrer en chaleur & retenir; il y a un autre secret pour faire que les Cavales que l'on voudra porteront des mâles quasi toujours: cela est expérimenté; & pour toute sorte d'autres animaux, Chiens, Pourceaux, &c. présenté au Roi par QUERBRAT CALLOET, ci-devant Avocat-Général en la Chambre des Comptes de Bretagne: *Paris*, Langlois le jeune, 1666, *in-4*. fig.

L'Auteur donne souvent dans cet Ouvrage des Observations un peu surannées. L'Histoire Naturelle n'étoit point alors au même dégré où elle est parvenue de nos jours.]

3558. ☞ L'Ecuyer François, qui enseigne à monter à Cheval, à voltiger, à bien dresser un Cheval; l'Anatomie de leurs veines & de leurs os; la science de connoître leurs maladies, & des remèdes souverains & éprouvés pour les guérir, &c. enrichi de figures très-utiles, tant à la Noblesse qu'à ceux qui ont, ou qui gouvernent les Chevaux: *Paris*, 1694, *in-8.*]

3559. ☞ La connoissance parfaite des Chevaux; contenant la manière de les gouverner, nourrir & entretenir en bon corps, & de les conserver en santé dans les voyages, avec un détail général de toutes leurs maladies, des signes & des causes d'où elles proviennent, des moyens de les prévenir & de les en guérir par des remèdes expérimentés depuis longtems, & à la portée de tout le monde: jointe à une nouvelle Instruction sur les Haras, bien plus étendue que celles qui ont paru jusqu'à présent, afin d'élever de bons & beaux Poulains, pour toutes sortes d'usages, & l'art de monter à cheval & de dresser les Chevaux de Manége, tiré non-seulement des meilleurs Auteurs qui en ont écrit, mais encore des Mémoires manuscrits de M. Descampes. Le tout enrichi de figures en taille douce : *Paris*, 1712 & 1730, *in-*8.]

3560. ☞ Réglement du Roi & Instruction touchant l'administration des Haras du Royaume : *Paris*, 1717, *in*-4.]

3561. ☞ L'Anatomie générale du Cheval; contenant une ample & exacte description de la forme, situations & usages de toutes ses parties, leurs différences & leurs correspondances avec celles de l'homme, &c. La manière de disséquer certaines parties du Cheval difficiles à anatomiser, & quelques Observations physiques, anatomiques & curieuses, sur différentes parties du corps & sur quelques maladies, le tout enrichi de figures, traduit de l'Anglois; par F. A. de Garsault : *Paris*, Despilly, 1733, *in*-4.

Quoique cet Ouvrage ait été fait pour l'Angleterre, il peut cependant regarder l'Histoire Naturelle de la France : les différences qui se trouvent entre les Chevaux de ces deux climats, ne regardent point leur structure intérieure. D'ailleurs, le but du Traducteur a été de donner de l'émulation aux Maréchaux François, par l'exemple de l'Auteur Anglois, qui ne dédaignoit point de disséquer des cadavres de Chevaux, pour parvenir à la gloire de conserver la vie & la santé des Chevaux dont on lui confioit le soin.

Voyez sur ce Traité le *Journal des Sçavans*, 1733, *pag.* 140.]

3562. ☞ Le Parfait Maréchal, qui enseigne à connoître la beauté, la bonté & les défauts des Chevaux, &c. avec un Traité des Haras; par Jacq. de Soleisel, Ecuyer : *Paris*, 16.... &c. 1718, *in*-4. Ibid. Mariette, 1733, *in*-4. fig.

M. de Soleisel a porté l'Art du Manége au plus haut point de perfection : il mourut en 1680, & M. Perrault a mis son Eloge parmi les cent Illustres François du siècle dernier.]

3563. ☞ Ecole de Cavalerie, contenant la connoissance, l'instruction, & la conservation du Cheval; par M. Robichon de la Gueriniere : *Paris*, Guérin & Delatour, 1736, *in*-8. 2 vol. fig.

Cet Ouvrage est divisé en trois parties. Dans la première, l'Auteur donne le nom & la situation des parties extérieures du Cheval, avec leurs beautés & leurs défauts, l'âge, la différence des poils, l'embouchure, la ferrure & la selle. La seconde renferme les principes pour dresser les Chevaux ; elle ne regarde que les arts. La troisième contient l'ostéologie du Cheval, la définition de ses maladies, les remèdes pour les guérir, avec un Traité des opérations de Chirurgie, qui se pratiquent sur cet animal. On trouve à la fin un Traité des Haras. Le tout est orné de figures gravées sur les desseins de M. de Parrocel.

Voyez sur cet Ouvrage le *Journal des Sçavans*, *pag.* 412 & *suiv.*]

3564. ☞ Systême général de l'art d'élever & de dresser les Chevaux dans toutes ses branches : *Paris*, 1743, *in*-fol. 2 vol.

Le premier volume contient une Traduction de l'Ouvrage du Duc de *Newcastle*. Le second comprend, en quatre parties, 1.° le choix des Etalons & des Cavales, la manière de sevrer les Poulains & de les former, jusqu'au tems où ils sont propres au service; 2.° l'art d'élever & d'exercer les Coureurs; 3.° les accidens qui peuvent survenir aux Chevaux ; 4.° la description anatomique de leurs os & de leurs muscles.

Voyez sur cet Ouvrage le *Journal des Sçavans*, 1743, *pag.* 188 & *suiv.*]

3565. ☞ Elémens d'Hippiatrique, ou nouveaux principes sur la connoissance & sur la Médecine des Chevaux; par M. Bourgelat : *Lyon*, 1750 & *suiv. in*-12. 3 vol.

Le premier volume contient la connoissance du Cheval, considéré extérieurement, & un Traité abrégé théorique & pratique sur la ferrure. Les suivans renferment les autres objets que l'on peut desirer sur les Chevaux.

M. Bourgelat a été reçu de l'Académie de Berlin en 1763.

☞ La Zoologie, ou Observations sur l'Histoire Naturelle des Animaux du Lyonnois, Forez & Beaujolois ; par M. Alléon Dulac.

Ces Observations font partie des *Mémoires pour servir à l'Histoire Naturelle des Provinces du Lyonnois*, ci-devant, N.° 2426. L'objet principal & presque unique de l'Auteur, est de faire connoître l'Ecole Royale Vétérinaire établie à Lyon en 1761, par M. Bourgelat. Cette Ecole s'occupe des Maladies des Animaux Domestiques.]

3566. ☞ Observations sur la maladie qui attaque les Bêtes à cornes & les Chevaux dans la Généralité d'Auvergne, & qui s'est introduite sur la fin du mois d'Avril dernier dans l'Election de Gannat, Généralité de Moulins. *Mercure*, 1731, *Octobre*, *p.* 2396, & *Bibliothèque de Médecine*, *in*-4. tom. III. *pag.* 19 & *suiv.*]

3567. ☞ Observations sur la maladie contagieuse, qui règne en Franche-Comté, parmi les Bœufs & les Vaches; par M. Charles, Docteur en Médecine : *Besançon*, Rochet & Daclin, 1744, *in*-8.]

3568. ☞ Mémoire sur les maladies des Bœufs du Vivarais ; par M. de Sauvages, Conseiller-Médecin du Roi, Professeur en Médecine, Membre des Sociétés Royales des Sciences de Montpellier & de Suède : *Montpellier*, Rochard, 1746, *in*-4.

Voyez sur cet Ouvrage le *Journal des Sçavans*, 1746, *pag.* 119 & *suiv.*]

3569. ☞ Lettre au P. Bertier, Jésuite, au sujet de la contagion qui fait périr les Bêtes à cornes en plusieurs Provinces du Royaume. *Mémoires de Trévoux*, 1747, *Mai*, *pag.* 899, & *Bibliothèque de Médecine*, *tom.* III. *pag.* 13 & *suiv.*]

3570. ☞ Lettre écrite touchant la mortalité des Bestiaux, principalement du gros Bétail, qui a ravagé plusieurs Provinces du Royaume dans l'été de 1682. *Journal des Sçavans*, 1682, *pag.* 337 & *suiv.*]

3571. ☞ Moyen pour augmenter les Revenus du Royaume de plusieurs millions, &c.

dédié à M. Colbert; par QUERBRAT CALLOET : *Paris*, Langlois le jeune, 1666, *in*-4.

L'Auteur entre dans des détails physiques & économiques sur les Bestiaux de la France.]

3572. ☞ Pour tirer des Brebis & des Chèvres plus de profit qu'on n'en tire; par M. C. Q. A. G. D. P. *Paris*, veuve Langlois, *in*-4. fig.]

3573. ☞ Des Lieux de la France où il se fait une plus grande nourriture des Bestiaux, & d'où la Ville de Paris & les autres principales Villes du Royaume tirent leurs provisions pour leurs Boucheries; par M. DE LA MARRE, Commissaire du Roi au Châtelet de Paris.

Ces Remarques sont dans le tom. II. du *Traité de la Police*, liv. V. tit. XVII. pag. 1141-1147. Le tit. XXIII. du même Livre, où l'Auteur traite de la Venaison, du Gibier & des Volailles qui servent à nos alimens, contient une Description souvent fort étendue de ceux de ces Animaux qu'on trouve en France. M. de la Marre a soin de faire observer les lieux où ils se rencontrent le plus communément.]

3574. ☞ Mémoire sur les Bêtes à laine, sur leur logement, tel qu'il convient à leurs tempéramens & à nos climats, sur leur nourriture, sur la manière de les élever dans les différentes Provinces de la France, &c. *Journal Economique*, 1759, *Mai*, p. 201, & *Juin*, pag. 256.]

3575. ☞ Considérations sur les moyens de rétablir en France les bonnes espèces de Bêtes à laine; (par M. l'Abbé CARLIER): *Paris*, Guillyn, 1762, *in*-12. 180 pages.

Cet Ouvrage, qui paroît n'avoir rapport qu'à l'économie, est encore utile pour l'Histoire Naturelle. On y traite de la qualité des Pâturages, des différentes températures de la France, des Provinces les plus favorables à l'établissement des Bêtes à laine, & en particulier de l'état de la Flandre & du Côtentin à ce sujet.

On en trouve un extrait dans le *Journal Economique*, 1762, *Décembre*, pag. 533 & *suiv*.]

3576. ☞ Mémoire sur la mortalité des Moutons en Boulonnois, dans les années 1761 & 1762; par M. DESMARS, Médecin Pensionnaire de la Ville de Boulogne-sur-Mer : *Boulogne*, Ch. Battut, 1762, *in*-4. 21 pages.]

3577. ☞ Bref Recueil des Chasses du Cerf, du Sanglier, du Lièvre, du Renard, du Bléreau, du Connil & du Loup; & de la Fauconnerie; par Jean LIÉBAULT, Médecin.

Il se trouve à la suite de son *Agriculture ou Maison rustique* : *Lunéville*, 1577, *in*-8.]

3578. ☞ La Chasse Royale; composée par le Roi CHARLES IX. *Paris*, Rousset, 1625, *in*-8.

Ce Traité est divisé en XXIX. Chapitres. Le premier montre principalement le dessein & le plan des autres. Les cinq qui suivent regardent le rut, la retraite, la mue, & les fumées de Cerfs. Le sixième est plein d'érudition, L'Auteur, Monarque, y a rassemblé une partie de ce que les Anciens ont dit de la nature du Cerf. Depuis le septième jusqu'au dix-neuvième, il traite des Chiens & de leurs maladies. Le reste ne regarde point l'Histoire Naturelle : c'est la didactique des Veneurs. Charles IX. employa, dit-on, les Hommes les plus sçavans de son Royaume pour recueillir les matériaux qui devoient entrer dans cet Ouvrage.

On peut encore trouver des notions assez étendues sur la Chasse au Cerf, dans le second Livre de la Philologie de Budé, dédiée aux Enfans de François I. Henri d'Orléans & Charles d'Angoulême. Budé s'étoit adonné à la Chasse pendant sa jeunesse, & avoit fait des Observations sur les Animaux qui sont l'objet ou les instrumens de cet exercice. Gesner a fait usage de cet Ouvrage de Budé, dans son Histoire Naturelle des Quadrupèdes, où il en extrait des morceaux considérables sans y rien changer.]

3579. ☞ La Vénerie de Jacques DU FOUILLOUX, avec quelques Additions : sçavoir, le Traité de Gaston Phœbus, Comte de Foix, de la Chasse des Bêtes sauvages, revu & corrigé; & plusieurs Traités de Chasse du Loup, du Connil, du Lièvre; & quelques remèdes pour les maladies des Chiens, &c. *Paris*, 1606, 1628 & 1640 : *Rouen*, 1650 : *Paris*, 1653 : *Rouen*, 1656 : *Poitiers*, 1661, *in*-4.

Quoique l'Auteur s'écarte quelquefois de son but principal, & donne dans des digressions inutiles, on remarque néanmoins dans son Ouvrage plus de liaison que dans ceux qui ont paru avant lui; & on ne peut assez le louer d'avoir préparé de riches matériaux aux Naturalistes qui ont écrit depuis. Ses Observations sur les différentes espèces de Chiens de Chasse, sur la manière de les élever, de les nourrir, & de guérir leurs maladies, méritent principalement d'être lues. La Chasse au Cerf occupe une très-grande partie de l'Ouvrage; celles au Sanglier, au Lièvre & au Bléreau, supposent beaucoup d'expérience dans celui qui les décrit. MM. de Buffon & d'Aubenton citent souvent ce Traité dans leur Histoire Naturelle.

Jacques du Fouilloux, Gentilhomme Poitevin, mourut pendant le règne de Charles IX.]

3580. ☞ La Vénerie Royale, qui contient les Chasses du Cerf, du Lièvre, du Chevreuil, du Loup, du Sanglier & du Renard; avec le dénombrement des Forêts & grands Buissons de France, où se doivent placer les Logemens, Quêtes, Relais pour y chasser; par Messire Robert DE SALNOVE : *Paris*, Sommaville, 1655 & 1665, *in*-4.

Ce Traité est divisé en quatre parties. Les trois premières comprennent les Chasses au Cerf, Lièvre, Chevreuil, Loup, Sanglier & Renard. L'Auteur donne aussi, d'après ses observations & les préceptes des Anciens, qu'il réfute quelquefois, une idée de la nature de chaque Animal qu'il faut chasser, des qualités des Chiens, de leur éducation, de leurs maladies, & des remèdes qui leur sont propres. La quatrième partie contient un dénombrement des Forêts & grands Buissons du Royaume, avec les situations les plus convenables aux Quêtes, Relais, & Logemens pour y chasser.

M. de Salnove, qui avoit été Page du Roi Henri IV. & de Louis XIII. fut pendant plus de trente-cinq ans Lieutenant de la Grande Louveterie de France.]

3581. ☞ Nouveau Traité de la Vénerie, contenant la Chasse du Cerf, celle du Chevreuil, du Sanglier, du Loup, du Lièvre & du Renard, &c. par un Gentilhomme de la

Vénerie du Roi (Antoine GAFFET, Sieur de la Brifardiere).

Le plan de cet Auteur est plus régulier que celui de Salnove. La Chasse au Cerf est traitée avec beaucoup d'intelligence; celle au Chevreuil, au Sanglier, au Loup, au Lièvre & au Renard, n'annoncent pas une expérience consommée dans celui qui les décrit. On trouve dans cet Ouvrage des instructions & des remèdes contre la rage & les maladies les plus essentielles aux Chiens de Chasse. M. Gaffet apprend aussi à connoître les Chevaux propres à la Chasse, à leur porter un secours prompt & efficace lorsqu'ils se blessent, &c. Au reste, il laisse entrevoir dans tout son Livre, qu'il étoit peu instruit de l'Histoire Naturelle.]

3582. ☞ L'Ecole de la Chasse aux Chiens courans; par M. LE VERRIER DE LA CONTERIE, Ecuyer, Seigneur d'Amigny, lès-Aulnets, &c. précédée d'une Bibliothèque historique & critique des Théreuticographes; par MM. Nicolas & Richard LALLEMANT : *Rouen*, N. & R. Lallemant, 1763, *in*-8.

La Bibliothèque, qui est à la tête de ce Livre, paroît faite avec beaucoup de jugement. Les Ouvrages n'y sont point indiqués tels qu'on les trouve dans la plûpart des Catalogues, sans chaleur & sans vie. On voit les principales productions du génie des Auteurs, & les traits distinctifs de leur caractère. On lit aussi dans des Notes intéressantes, quelques particularités sur l'Histoire Naturelle des Animaux dont il traite. L'Ecole de la Chasse offre sur le même objet des détails plus multipliés, des digressions plus étendues. Le but principal de l'Auteur est bien de former un Elève; il saisit l'art dans son berceau, & insiste beaucoup sur les principes élémentaires. Mais dans les différentes Chasses qu'il décrit, il sème beaucoup de traits qui ont rapport à l'Histoire de chaque Animal. Le Chapitre préliminaire regarde les Chiens; les autres ont pour objet le Lièvre, le Chevreuil, le Cerf, le Sanglier, le Loup, le Renard & la Loutre. Le style de M. de la Conterie, proportionné à chaque partie de son Ouvrage, annonce moins dans l'ensemble le dessein de répandre des fleurs, que celui d'être utile.]

3583. ☞ La Chasse du Loup; par Jean DE CLAMORGAN, Seigneur de Saane, premier Capitaine de la Marine du Ponant: *Paris*, Dupuis, 1576, *in*-4. fig.

Cet Ouvrage traite de la nature du Loup, des remèdes que l'on peut tirer de ses différentes parties, de la manière de dresser les Chiens pour cette Chasse. M. de Clamorgan avoit étudié l'Histoire Naturelle dans les meilleurs Livres connus de son tems; mais elle ne consistoit guères alors que dans quelques Observations très-difficiles à démêler du faux merveilleux.]

3584. ☞ Discours de Guillaume LE BLANC, Evêque de Grasse & de Vence, à ses Diocésains, touchant l'affliction qu'ils endurent des Loups en leur personne, & des Vers en leur Figuier, en la présente année 1597: *Lyon*, 1518 (1598) *in*-8. 221 pages: *Paris*, Richer, 1599, *in*-12. 176 pages.

On trouve un extrait de ce Livre singulier dans les *Mémoires de Trévoux*, 1765, *Novembre*, *pag.* 1156-1176.]

3585. ☞ Nouvelle invention de Chasse, pour prendre & ôter les Loups de la France, comme les Tables le démontrent; avec trois Discours aux Pastoureaux François; par M. Louis GRUAU, Prêtre-Curé de Sauge, Diocèse du Mans : *Paris*, Chevalier, 1613, *in*-8.

Cet Ouvrage est divisé en quatre Livres. Le premier traite de la Chasse en général, du Loup, de son naturel, de ce qu'il choisit pour sa nourriture, de sa timidité, & des lieux où il se retire selon les saisons, &c. Le second contient les Chasses des Loups, pour les prendre par la campagne. Le troisième enseigne à les prendre dans les forêts & lieux déserts. Le quatrième contient les moyens & dépenses nécessaires pour ôter en peu de tems les Loups de France, & les empêcher d'y entrer. Le premier des Discours montre les maux, pertes & incommodités que les Loups apportent en général à la France. Les deux autres sont remplis de Réflexions morales. On voit partout une érudition conforme aux idées du siècle où cet Ouvrage a été écrit.]

3586. ☞ Dissertation sur l'Hyène, à l'occasion de celle qui a paru dans le Lyonnois, &c. en 1754, 1755 & 1756; (par le Père THOLOMAS, Jésuite) : *Paris*, Chaubert, 1756, *in*-12.

Voyez sur cet Animal les *Mémoires pour servir à l'Histoire Naturelle du Lyonnois*, par M. Dulac, tom. I. pag. 52-54.]

3587. ☞ Lettres sur la Bête féroce du Gévaudan. *Année Littéraire*, 1765, *tom. I. pag.* 311-329. = *Tom. III. pag.* 25-42. = *Tom. IV. pag.* 43-47, 140-143.

Ces Bêtes, que leur cruauté & leurs ravages avoient fait regarder comme des monstres, ont été reconnues pour des Loups, dès que leur mort ne les a plus fait craindre, & a permis de les examiner.]

3588. ☞ Mémoire sur les Musaraignes, & en particulier sur une nouvelle espèce de Musaraigne qui se trouve en France, & qui n'a pas été remarquée par les Naturalistes; par M. D'AUBENTON. *Mémoires de l'Acad. des Sciences*, 1756, *pag.* 203.

La Musaraigne tient, pour ainsi dire, le milieu entre le Rat & la Taupe : sa couleur ordinaire est d'un brun mêlé de roux.]

Traités sur les Oiseaux.

3589. ☞ Histoire de la nature des Oiseaux; en sept Livres; par Pierre BELON : *Paris*, Cavellat, 1555, *in-fol.* fig.

On trouve dans Belon, l'Histoire d'un grand nombre d'Oiseaux de la France, tant de ceux qui y fixent leur demeure, que des espèces qu'on n'y apperçoit que dans certaines saisons. Il marque le tems & le lieu où elles viennent. Son Ouvrage est très-bien fait. Il s'est fort étendu sur l'Anatomie des Oiseaux, qu'il met en comparaison avec celle de l'Homme. Belon, né dans le Maine vers 1518, est connu par différens autres Ouvrages fort curieux. Il comptoit en donner encore sur plusieurs sujets; mais il fut tué près de Paris en 1564, dans un âge où la force, jointe à l'expérience, promet de nouveaux succès à un génie dont les vues se sont étendues & rectifiées par un travail assidu.]

3590. ☞ La Fauconnerie de Charles D'ARCUSSIA, de Capre, Seigneur d'Esparron, de Pallières, & du Révest, en Provence, divisée en dix parties; avec les Portraits au naturel de tous les Oiseaux: *Aix*, 1598, *in*-8. *Paris*, 1604 & 1608, *in*. 8. 1615, 1621, & 1627, *in*-4. *Rouen*, 1644, *in*-4.

Si, pour juger du mérite de cet Ouvrage, le grand nombre

nombre d'éditions qui en ont paru ne suffisoit pas, l'estime où il a été chez les Nations les plus instruites dans l'art de la Fauconnerie, pourroit déposer en sa faveur. Il est rempli de recherches sur toutes sortes d'Oiseaux, principalement sur ceux de la France, & même sur l'Histoire Naturelle de différens autres Animaux & de Plantes, dont M. d'Esparron rapporte des particularités singulières. Il réfute fort judicieusement les erreurs des anciens Naturalistes & des Historiens; mais quelquefois ses jugemens portent à faux, & montrent qu'il n'a pas toujours également approfondi les objets qu'il discute. Il seroit à desirer qu'il y eût moins d'érudition, & que l'Auteur, à l'occasion de la Fauconnerie, n'eût point traité de Morale & de Métaphysique.]

3591. ☞ Ornithologiæ specimen novum; sive Series Avium, in Ruscinone, Pyrenæis montibus, atque in Galliâ Æquinoctiali observatarum, in classes, genera, & species novâ methodo, digesta; auctore Petro Barrere, Societatis Regiæ Scientiarum Monspeliensis Socio, in Academiâ Perpinacensi Medicinæ Professore, &c. *Perpiniani*, le Comte, 1745, *in-4*.

Voyez un extrait de cet Ouvrage dans le *Journal des Sçavans*, 1745, pag. 633 & suiv. = Les *Mémoires de Trévoux*, 1745, Septembre, pag. 1596.=Les *Nouveaux Actes de Léipsick*, 1758, pag. 413.]

3592. ☞ Histoire Naturelle des Oiseaux; par Eléazar Albin, traduit de l'Anglois, & ornée de trois cens six Estampes gravées en taille-douce, avec des Remarques curieuses; par W. Derham: *La Haye*, de Hondt, 1750, *in-4*. 3 vol.

Les Sçavans, qui ont comparé l'Ornithologie de l'Angleterre avec celle de la France, ne seront point étonnés de trouver ici l'annonce de cet Ouvrage. Ces deux Pays nourrissent les mêmes Oiseaux Domestiques, & voient revenir à des saisons marquées les mêmes Oiseaux de passage. On peut consulter sur ces derniers l'*Histoire Naturelle des Oiseaux peu communs*, &c. par Georges Edwards: *Londres*, 1745-1551, 4 parties en deux vol. *in-4*. Cet Ouvrage est plus recherché que le précédent, pour la beauté des figures.]

3593. ☞ Ornithologie, ou Histoire Naturelle des Oiseaux, en Latin & en François; par M. Brisson, de l'Académie Royale des Sciences: *Paris*, Bauche, 1760 & *suiv. in-4*. 6 vol. fig.

Cet Ouvrage est enrichi de plusieurs Figures gravées en taille-douce.]

3594. ☞ Essai sur l'Histoire Naturelle des Oiseaux, ou Traduction du *Synopsis avium* de M. Ray; augmenté de Recherches critiques & d'Observations curieuses sur les Oiseaux de nos climats; par feu M. de Salerne, Médecin à Orléans: *Paris*, Debure père, 1766, *in-12*. 2 vol.]

3595. ☞ Ornithologie, ou Histoire Naturelle des Oiseaux du Lyonnois, Forez & Beaujolois; par M. Alléon Dulac, Avocat en Parlement & aux Cours de Lyon.

Elle fait partie de ses *Mémoires pour servir à l'Histoire Naturelle des Provinces du Lyonnois*, &c. ci-devant, N.° 2416. L'Auteur s'attache à faire connoître ce qui caractérise plus particulièrement chaque Oiseau; & en en donnant la description, il suit les définitions de M. Linnæus.]

3596. Histoire Naturelle des Oiseaux que l'on Tome I.

voit le plus ordinairement dans le climat de Paris & de ses environs; par M. le Beguë de Presle, Docteur en Médecine.

Elle fait partie du *Manuel du Naturaliste*, ci-devant, N.° 2433.]

3597. ☞ Instructions pour élever les Oiseaux de Volière: *Paris*, 1674, *in-12*.]

3598. ☞ Ædologie, ou Traité du Rossignol, contenant la manière de le prendre au filet, de le nourrir facilement en cage, & d'en avoir le chant pendant toute l'année: *Paris*, Debure, 1751, *in-12*.]

3599. ☞ Mémoire sur les Macreuses de France; par M. Robinson, de la Société Royale de Londres (en Anglois). *Transactions philosophiques*, numéro 172, pag. 1036.

Quoique des Casuistes, peu versés dans l'Histoire Naturelle, aient permis de manger des Macreuses dans un tems où tout usage de la viande est interdit, on a cependant cru ne point devoir placer cette espèce d'Animaux parmi les Poissons, avec lesquels elle n'a pas plus de ressemblance que les Canards. Tous ses caractères distinctifs sont ceux des Oiseaux de Rivières.]

3600. ☞ Traité singulier de l'origine des Macreuses; par feu M. Graindorge, & mis au jour par Thomas Malouin: *Caen*, 1680, *in-12*.]

3601. ☞ Mémoire sur les Chauves-Souris; par M. d'Aubenton. *Mémoires de l'Acad. des Sciences*, 1759, pag. 374.]

§. V. *Traités sur les Poissons.*

3602. ☞ Petri Bellonii de Aquatilibus libri duo, cum iconibus ad vivam ipsorum effigiem expressis in ligno: *Parisiis*, 1553, *in-8. oblong*.]

☞ La nature & diversité des Poissons, avec leurs pourtraicts représentés au plus près du naturel; par Pierre Bellon: *Paris*, Ch. Estienne, 1555, *in-8. oblong*.]

3603. ☞ Guillelmi Rondeletii de Historiâ Piscium libri XVIII. cum alterâ parte in quâ Testacea, Turbinata, & Cochleæ, Insecta & Zoophyta, stagnorum marinorum, lacuum, fluviorum, paludum pisces, postremò amphibia delineantur, cum figuris eorum ligno incisis: *Lugduni*, Bonhomme, 1554 & 1555, 2 tom. en 1 vol. *in-fol*.]

☞ Histoire entière des Poissons; composée premièrement en Latin par Guillaume Rondelet; traduite en François (par Laurent Joubert) & divisée en deux parties; avec les Figures au naturel gravées en bois: *Lyon*, Bonhomme, 1558, *in-fol*.

Quelques Auteurs ont mal-à-propos attribué cet Ouvrage à Guillaume Pélicier, Évêque de Montpellier. Rondelet avoit assez de connoissances dans l'Histoire Naturelle pour composer lui-même ce Traité, qui est un des plus complets sur cette partie. Les Observations qu'on y trouve, ont été faites presque toutes sur les côtes du Languedoc, où l'Auteur avoit demeuré longtems.]

3604. ☞ Des différentes sortes de Poissons

Dd

qu'on sert en France sur les Tables; par M. DE LA MARRE, Conseiller-Commissaire du Roi au Châtelet de Paris.

Cet Ouvrage fait partie du Livre V. du *Traité de la Police*, tom. III.]

3605. ☞ Enumération des principales productions de la Manche; par M. TIPHAIGNE.

Cette Nomenclature des différens Poissons des Mers Occidentales de la France, forme l'article I. de la part. I. de son *Essai sur l'Histoire Economique de ces Mers*, ci-devant, N.º 2831.]

3606. ☞ Traité sur la Pêche du Saumon (à Château-Lin en Basse-Bretagne); par M. DESLANDES, Inspecteur de la Marine.

C'est une Lettre insérée parmi les *Traités de Physique & d'Histoire Naturelle* du même Auteur: *Paris*, Quillau, 1750, *in-*12. *tom. I. pag.* 103. Le récit de cette Pêche est accompagné d'une description très-détaillée du Poisson même, qui, comme on sçait, est très-commun sur les côtes de Bretagne. M. Valmont de Bomarre a donné une Analyse de ce Traité dans son *Dictionnaire raisonné d'Histoire Naturelle*, tom. V. pag. 135, article *Saumon*.]

3607. ☞ L'Ichthyologie, ou Histoire Naturelle des Poissons du Lyonnois, Forez & Beaujolois; par M. ALLÉON DULAC, Avocat en Parlement & aux Cours de Lyon.

Elle fait partie de ses *Mémoires pour servir à l'Histoire Naturelle des Provinces du Lyonnois*, ci-devant, N.º 2426. Après avoir traité de tous les Poissons spécialement propres à ces Provinces, l'Auteur rappelle, au sujet des Saumons, les Observations précédentes de M. Deslandes; & il termine l'Histoire Naturelle de ce genre de Poissons, par l'exposition du plan des Avaloirs qu'on a construits sur la Loire pour les prendre, & dont il rapporte la structure & le méchanisme. On pourroit reprocher à l'Auteur de s'être un peu trop étendu sur des Poissons que tout le monde connoît, dans un Livre qui ne renferme que des Mémoires, & qui par conséquent n'est point une Histoire complette.]

3608. ☞ Histoire Naturelle des Poissons des environs de Paris; par M. LE BEGUE DE PRESLE.

Elle fait partie de l'Ouvrage du même Auteur, intitulé, *Manuel du Naturaliste*, ci-devant, N.º 2433.]

3609. ☞ Mf. Description d'une Tortue de Mer, prise dans l'embouchure de la Loire, le 4 Août 1739, avec la représentation de cet Animal; par M. LAFOND, de l'Académie de Bordeaux; avec une Lettre, du 6 Août 1730, sur une autre Tortue de la même espèce, prise aussi à l'embouchure de la Loire, au mois de Juillet 1730.

Cet Ouvrage est au Dépôt de l'Académie de Bordeaux. Il en est fait mention dans les Mémoires de l'Académie des Sciences, année 1730.]

3610. ☞ Mf. Relation de la prise d'un gros Cachalot, entré dans la Rivière de l'Adour à Bayonne, le premier Avril 1741, & harponné le même jour au Port de la House, à une lieue de la porte de Mousserolle, avec la description & la figure de ce Poisson monstrueux (espèce de Baleine): *Bayonne*, 1741, *in-*4.

Cette Relation est conservée dans le Cabinet de M. d'Esbiey, premier Echevin, ancien Maire de la Ville de Bayonne. Il en est aussi fait mention dans les Mémoires de l'Académie des Sciences, année 1742.]

3611. ☞ Remarque sur un Poisson, qu'on croit être la Torpille; par M. DE VILLENEUVE. *Mercure*, 1758, *Avril*, *pag.* 151-158.

Une tempête, qui avoit fait échouer ce Poisson sur la côte du Croisic, donna occasion à l'Auteur de faire cette Remarque.]

3612. ☞ Mf. Mémoire sur la Sèche, Insecte-Poisson assez commun sur les côtes de France, dans les mois de Juin & de Juillet; par M. LE CAT, Secrétaire de l'Académie des Sciences & Arts de Rouen : lu dans la Séance publique de cette Académie, le 11 Août 1764.

Ce Mémoire n'est que l'extrait d'un Ouvrage plus considérable, que l'Auteur se propose de donner au Public. Il est divisé en deux parties. La première traite de la structure extérieure de la Sèche, qui ressemble au Polype par ses bras, à la Tortue par sa tête & par son dos, au Perroquet par son bec. Les organes intérieurs, le nerveux, le liquoreux, l'alimentaire, la liqueur noire, &c. font le sujet de la seconde partie. Voyez le *Journal de Verdun*, 1764, *Novembre*, *pag.* 364.]

Traités sur les Insectes, les Coquillages, les Reptiles, &c.

☞ Dans l'arrangement de ces différens Traités, après ceux qui sont généraux, on a suivi à peu de choses près autant qu'il a été possible, l'ordre des Mémoires de M. de Réaumur, détaillé au N.º 3615. C'est en quelque sorte celui de la nature. M. de Buffon en a suivi un semblable dans son grand Ouvrage sur l'Histoire Naturelle.

3613. ☞ Histoire des Insectes de l'Europe, dessinés d'après nature, & expliqués par Marie Sybille MERIAN, Ouvrage traduit du Hollandois en François; par Jean Marret : *Amsterdam*, Bernard, 1730, *in-fol.* figures.

Mademoiselle Mérian, fille de Matthieu Mérian, célèbre Graveur Allemand, voyagea dans presque toute l'Europe, & même en Amérique, pour observer & peindre les Insectes. Ses desseins sont beaux & assez exacts. Elle mourut à Amsterdam en 1717. Son Ouvrage renferme les Insectes de la France.]

3614. ☞ Joannis SWAMMERDAM, Biblia naturæ, sive Historia Insectorum, in certas classes redacta & exemplis, iconisque tabulis illustrata : opus Belgicè conscriptum, cum versione latinâ Hieronymi Davidis Gaubii, & Præfatione Hermanni Boerrhave: *Leydæ*, Severinus, 1737, *in-fol.* 2 vol.

Quoique cet Ouvrage ait été composé en Hollande, il appartient cependant, plus qu'aucun autre, à l'Histoire des Insectes de la France. Swammerdam demeura long-tems à Paris chez M. Thevenot, & fit toutes ses observations aux environs de Paris. Son Livre est divisé en quatre parties, suivant les quatre ordres de changemens qu'il avoit observés par rapport aux Insectes. Dans chacune de ces Parties, il commence par expliquer l'ordre de changement qui la caractérise; il fait ensuite l'énumération, & souvent l'Histoire des Insectes qu'il y rapporte. C'est sur-tout dans l'Anatomie de ces petits Animaux que Swammerdam a excellé, & qu'il a surpassé tous ceux qui sont entrés dans la même carrière.

On peut consulter sur cet Auteur la *Théologie des Infectes* de LESSER : *La Haye*, J. SWART, 1742, *in*-8. *pag.* 34 & 39.

M. l'Abbé PLUCHE, en commençant par les Infectes son *Spectacle de la Nature* : (*Paris*, 1732, &c. *in*-12.) s'est beaucoup servi de Swammerdam, & a rendu populaire cette partie de l'Histoire Naturelle.]

3615. ☞ * Mémoires pour servir à l'Histoire Naturelle des Insectes ; par M. René-Antoine FERCHAULT DE RÉAUMUR, de l'Académie Royale des Sciences : *Paris*, Imprimerie Royale, 1734 & *suiv.* *in*-4. 6 vol. figurés.

Les Observations de l'Auteur ont été faites sur des Insectes qui lui avoient été envoyés des différentes Provinces de France, ou des Colonies. Il commence par une Histoire des Insectes en général, passe ensuite aux genres principaux qui se présentent souvent à nos yeux, & il en examine les différentes propriétés. Les deux premiers Tomes contiennent l'Histoire des Chenilles & des Papillons, & celle des Insectes ennemis des Chenilles. Le troisième présente l'Histoire des Vers mineurs des feuilles, des Teignes, des fausses Teignes, des Pucerons, des ennemis des Pucerons, des faux Pucerons, & l'Histoire des Galles des Plantes & de leurs Insectes. Dans le IV. le V. & le VI. on trouve l'Histoire des Gallinsectes, des Progallinsectes, des Mouches à deux aîles, & de celles à quatre aîles. La suite, que M. GUETTARD, Elève de M. de Réaumur, prépare maintenant, renfermera les Insectes à étuis & ceux qui n'ont point d'aîles. Les Journalistes de Hambourg ont dit en 1736, *pag.* 815, que cet Ouvrage étoit un chef-d'œuvre d'érudition, d'exactitude, d'élégance, & de recherches agréables. Les Mémoires de M. de Réaumur ne sont nullement inférieurs aux éloges de ces Journalistes. Cet Académicien est peut-être le seul qu'on puisse dire avoir véritablement approfondi le sujet, sur-tout par rapport à ce qui regarde l'industrie des Insectes, & le méchanisme de leurs opérations. Les nouvelles idées qu'il fournit seront d'un très-grand secours à tous ceux qui voudront traiter cette matière avec ordre. Le Public lui doit une reconnoissance singulière de ce qu'il a bien voulu lui rendre compte des moyens ingénieux dont il s'est servi pour faire tant de belles découvertes, & de ce qu'il a mis chacun en état de vérifier ses expériences. Les planches ont été faites sous les yeux de l'Auteur, avec tout le soin possible. M. de Réaumur est mort en 1757, âgé de 75 ans.

On peut voir des extraits de son Ouvrage dans l'*Histoire de l'Académie des Sciences*, an. 1734, *pag.* 18, 1736, *pag.* 8, 1737, *pag.* 9, 1738, *pag.* 16, 1740, *pag.* 3, 1742, *pag.* 10.=Dans le *Journal des Sçavans*, 1735, *pag.* 121, 1736, *pag.* 515 & 634, 1743, *pag.* 25, 68, 148, 206, 286 & 291.=Dans les *Mémoires de Trévoux*, 1737, 1738, 1739, 1741.=Dans les *Actes de Leipsick*, 1736, *pag.* 260, 1737, *pag.* 263, 1739, *pag.* 114.]

3616. ☞ Histoire Naturelle des Abeilles, avec des figures en taille-douce ; (par M. Gilles-Augustin BAZIN) : *Paris*, Guérin, 1744, *in*-12. 2 vol.].

3617. ☞ Abrégé de l'Histoire des Insectes, pour servir de suite à l'Histoire Naturelle des Abeilles, avec des figures en taille-douce ; (par le même) : *Paris*, Guérin, 1748 & *suiv.* *in*-12. 4 vol.

Le fond de ces Ouvrages est pris entièrement des Mémoires de M. de Réaumur. Le but de l'Auteur a été de présenter les merveilles que la Nature, cette sage ouvrière, a opérées dans les Insectes. Ce que M. Pluche en avoit dit dans le tome I. de son *Spectacle de la Nature*, étoit si abrégé, au jugement de M. Bazin, & se réduisoit à si peu de choses, qu'il paroissoit n'avoir eu en vue que de nous faire souhaiter d'en sçavoir davantage. C'est ce desir que M. Bazin a entrepris de satisfaire. Il a donné à son Ouvrage la forme de Dialogue, comme la plus propre à instruire sans avoir l'air dogmatique : ses Dialogues ont un tour agréable.

Voyez les *Mém. de Trévoux*, 1745, *Mai*, *pag.* 951, *Juillet*, *pag.* 1261, *Septembre*, *pag.* 1637, 1747, *Juin*, *pag.* 1157, *Juillet*, *pag.* 1456.=Le *Journal des Sçavans*, 1744, *pag.* 89 & *suiv.* 1747, *pag.* 190.]

3618. ☞ Traité d'Insectologie ; par Charles BONNET, de la Société Royale de Londres, & Correspondant de l'Académie des Sciences de Paris : *Paris*, Durand, 1745, & *suiv.* *in*-8. 6 vol.]

3619. ☞ Histoire abrégée des Insectes qui se trouvent aux environs de Paris, dans laquelle ces Animaux sont rangés suivant un ordre méthodique ; (par M. GEOFFROY, Docteur en Médecine de la Faculté de Paris) : *Paris*, Durand, 1762, *in*-4. 2 vol. fig.

Un précis de tout ce qui a été publié de plus exact sur l'économie animale, la structure & les organes des Insectes, précede la description de deux mille espèces différentes, trouvées dans les diverses promenades de Paris, & à deux ou trois lieues aux environs. L'Auteur a suivi, pour l'arrangement de ces Animaux, le système de M. Linnæus, Professeur de Botanique en l'Université d'Upsal, & de l'Académie Royale des Sciences de Paris. Mais les changemens & les additions considérables que M. Geoffroy a cru devoir y faire, donnent au Naturaliste François le mérite de la perfection, peut-être aussi rare aux yeux des connoisseurs que celui de la découverte. Il divise son Ouvrage en six Livres. Ce sont six Sections dans lesquelles il a partagé la classe des Insectes. Le premier Volume, qui ne renferme que les deux premières, est terminé par deux Tables alphabétiques des noms François & Latins dont il a été fait mention. A la fin sont placées neuf planches gravées avec beaucoup de soin. Le second Volume traite les quatre dernières Sections dans le même ordre, & avec l'intérêt que l'on trouve dans les deux premières. Il est terminé par 12 planches.

Plusieurs exemplaires portent au frontispice la datte de 1764, & le nom de l'Auteur qui ne se trouve point aux autres : ce n'est pas cependant qu'il y ait eu deux éditions de cet Ouvrage.]

3620. ☞ Ms. Discours sur une Histoire des Insectes & des Vers qui se trouvent dans la Province de Champagne ; par M. LE BLANC DU PLESSIS, de la Société Littéraire de Châlons-sur-Marne.

Ce Discours, lu à cette Société, est entre les mains de l'Auteur. Le projet de l'Histoire est abandonné depuis la publication du Livre précédent, pour lequel M. Duplessis a fourni un nombre considérable d'Observations curieuses. Il se propose seulement de donner en forme de supplément l'Histoire des Insectes de la Champagne, qui ne se trouvent pas aux environs de Paris, & dont il possède une riche Collection.]

3621. ☞ Histoire Naturelle des Insectes des environs de Paris ; par M. LE BEGUE DE PRESLE.

Elle fait partie de son ouvrage intitulé : *Manuel du Naturaliste*, &c. ci-devant, N.° 1433.]

3622. ☞ Observations sur l'origine d'une espèce de Papillon d'une grandeur extraordinaire, & quelques autres Insectes; par M. SEDILEAU. *Mém. de l'Acad. des Sciences*, depuis 1666 jusqu'en 1699, tom. X. pag. 158-164.

Le Papillon, décrit par M. Sedileau, est l'espèce de Phalène connue sous le nom de grand Paon.]

3623. ☞ Description de deux espèces de nids singuliers faits par des Chenilles; par M. GUETTARD. *Mém. de l'Acad. des Sciences*, 1750, pag. 163 & suiv.

Ces nids sont de l'Isle de France: ils sont faits par des Chenilles, dont une espèce vit en société, & l'autre est solitaire. A la suite de ce Mémoire, l'Auteur a mis un ordre systématique des Chenilles, Chrysalides, & Papillons, sous lequel il range tous ceux de ces Insectes dont il est parlé dans les Mémoires sur les Insectes, par M. de Réaumur, & dans les Ouvrages de Mademoiselle Mérian.]

3624. ☞ Ms. Mémoire sur les Chenilles plieuses de feuilles, qui abondèrent dans les Vignes (des environs d'Auxerre) en 1753; par M. LE PERE, de la Société Littéraire d'Auxerre.

Ce Mémoire contient tout ce qui regarde ces espèces de Chenilles, depuis leur naissance jusqu'à leur mort. Il est conservé dans les Registres de la Société.]

3625. ☞ Ms. Mémoire sur les Chenilles qui s'attachent à la Vigne; par M. RONDÉ, de la Société Littéraire d'Auxerre.

Il est également conservé dans les Registres de cette Société. On dit que M. Rondé a étudié scrupuleusement ces Insectes. C'est un travail important.]

3626. ☞ Lettre de M. DE BONS, Capitaine au Régiment Suisse de Jenner, concernant une Chenille à soye qui se trouve dans les environs de *Genève*, & particulièrement près de *Farges*, au Pays de Gex. *Journal Etranger*, 1758, Octobre, pag. 235.

Supplément à cette Lettre. *Journal Etranger*, 1760, Mars.

M. Dulac a fait réimprimer cette Lettre dans ses *Mélanges*, tom. *IV*. pag. 402.]

3627. ☞ Mémoire sur une espèce de Chenilles (du Pays de *Gex*) qui produisent de la soye; par M. DE LA ROUVIERE D'EYSSAUTIER, Chevalier de l'Ordre Royal & Militaire de Saint-Louis, Commissaire des Guerres au Département de Languedoc, Membre de l'Académie des Sciences & Belles-Lettres de Béziers: *Béziers*, Barbut, 1762, *in*-12.

Il est aussi dans le *Mercure*, 1762, Juillet, pag. 127, & dans les *Mélanges* de M. Dulac, tom. *IV*. pag. 452.]

3628. ☞ Mémoire sur l'Insecte qui dévore les grains de l'Angoumois; par MM. DUHAMEL & TILLET de l'Académie des Sciences. *Mém. de l'Acad. des Sciences*, 1761, pag. 289 & *Hist.* pag. 66.

Cet Animal est un Papillon décrit par M. de Réaumur, dans ses *Mémoires sur les Insectes*, tom. *II*. pag. 490, où il est rangé dans la seconde classe des Phalènes, ou Papillons de nuit.]

3629. ☞ Histoire d'un Insecte qui dévore les grains de l'Angoumois; par MM. DUHAMEL & TILLET, de l'Académie des Sciences: *Paris*, Guérin & Delatour, 1763, *in*-12. 314 pages.

Cet Ouvrage est divisé en trois Parties ou Chapitres; dont le premier contient l'Histoire même de l'Animal dont il est question; le second dévoile les causes physiques auxquelles on peut attribuer l'origine & la multiplication de cet Insecte; le troisième décrit les tentatives que l'on a faites pour le détruire & pour conserver les récoltes des grains. Ces Chapitres sont précédés d'une Introduction, où l'on peint avec les plus vives couleurs, le triste état auquel les Cultivateurs de l'Angoumois ont été réduits jusqu'en l'année 1760, par les ravages de cet Insecte.]

3630. ☞ Histoire des Teignes ou des Insectes qui rongent les Laines & les Pelleteries; par M. DE REAUMUR. *Mém. de l'Académie des Sciences*, 1728, pag. 139-188, & 311-337.]

3631. ☞ La Cueillette de la soye pour la nourriture des Vers qui la font; par Olivier DE SERRES, Sieur de Pradel: *Paris*, 1599, *in*-8.]

3632. ☞ La Sérodocimasie, ou Histoire des Vers qui filent la soye, Poëme; par François DE BEROALDE, Sieur de Verville: *Tours*, 1600, *in*-12.]

3633. ☞ Brief Discours contenant la manière de nourrir les Vers à soye; par Jean-Baptiste LE TELLIER: *Paris*, 1602, *in*-12.]

3634. ☞ Mémoire sur la manière d'élever des Vers à soye en France & dans tous les climats où les Mûriers peuvent être cultivés; par M. GOYON DE LA PLOMBANIE. *Journ. Econom.* 1752, Juillet, pag. 43.]

3635. ☞ Mémoire instructif sur les Pépinières & les Manufactures des Vers à soye, dont le Conseil a ordonné l'établissement dans le Poitou; par M. LE NAIN, Intendant de Poitou: *Poitiers*, 1742, *in*-12.

Le même, augmenté: *Poitiers*, 1754, *in*-12.]

3636. ☞ Lettre à M*** sur l'utilité de la culture des Mûriers, & de l'éducation des Vers à soye en France, pour servir de réfutation à un passage des Mémoires Historiques sur les Finances; par M. DEON DE BEAUMONT: *Paris*, 1758, *in*-12. 2 vol. & *Journ. Econom.* 1759, Juillet, pag. 302.

Autre Lettre sur le même sujet. *Journ. Econom.* 1756, Mars, pag. 65.

Nouvelles Observations sur le même sujet. *Journ. Econom.* 1762, Octobre, pag. 451.]

3637. ☞ Mémoires sur l'éducation des Vers à soye & la culture des Mûriers; par M. l'Abbé DE SAUVAGES: *Nismes*, Gaude, 1763, *in*-8. 2 vol.

Cet Ouvrage enseigne la manière d'élever les Vers à soye dans les Cévennes.]

3638. ☞ Précis sur la manière d'élever les Vers à soye: *Tours*, 1763, *in*-8. fig.

On peut trouver encore des éclaircissemens sur la

Histoire Naturelle.

même matière, dans quelques Traités sur les Mûriers, indiqués ci-devant à la culture des terres, &c. N.ᵒˢ 3474-3481.]

3639. ☞ Traité des Animaux ayans aîles, qui nuisent par leurs piqueures ou morsures, avec les remèdes ; outre plus, une Histoire de quelques Mousches ou Papillons non vulgaires apparues l'an 1590, qu'on a estimé fort venimeuses ; le tout composé par Jean Bauhin, Docteur Médecin de Très-Illustre Prince, Monsieur Fridérich, Comte de Wirtemberg, Montbéliard, &c. *Montbéliard*, 1593, *in-*8.

Les Animaux dont il s'agit ici, ravageoient le territoire de Lyon.]

3640. ☞ Description d'un Insecte qui s'attache aux Mouches ; par M. de la Hire.

Elle se trouve dans les *Mémoires de l'Académie des Sciences*, depuis 1666, jusqu'en 1698, *tom.* X. *p.* 425-427.]

3641. ☞ Nouvelle découverte des yeux de la Mouche & des autres Insectes volans, faite à la faveur du Microscope ; par M. de la Hire. *Mém. de l'Acad. des Sciences*, *tom.* X. *pag.* 609.

Ces Observations sont très-courtes.]

3642. ☞ Description de cette sorte d'Insecte, qui s'appelle ordinairement Demoiselle ; par M. Homberg. *Mém. de l'Acad. des Sciences*, 1699, *pag.* 145-151.

Ce que M. Homberg a observé sur leur bisarre accouplement, fait comprendre combien la nature est féconde & inépuisable en inventions méchaniques, pour parvenir à ses fins.]

3643. ☞ Histoire du Formicaleo ; par M. Poupart. *Mém. de l'Acad. des Sciences*, 1704, *pag.* 235-246.

M. Poupart donne d'abord la description de cet Insecte, & le suit dans les différentes vicissitudes & les divers états de sa vie, jusqu'à ce que de vermisseau il devienne une belle Mouche qu'on appelle Demoiselle.]

3644. ☞ Dissertation sur la Cigale, dont l'esprit est un remède spécifique contre la peste ; par Bernard Segonne : *Toulouse*, le Camus, *in-*8.]

3645. ☞ Observation sur la Cicade de l'Amérique Septentrionale ; par M. Collinson.

C'est l'article X. des *Transactions Philosophiques*, *tom.* LIV. La Cicade est une espèce de Sauterelle. Il y en a de deux espèces dans l'Amérique. L'une est plus grande que l'autre. La plus petite a le corps noir, les yeux couleur d'or, & les aîles rayées de jaune.]

3646. ☞ Traité des Mouches à Miel, ou les règles pour les bien gouverner, & le moyen d'en tirer un profit considérable, par la récolte de la cire & du miel ; augmenté de plusieurs avis touchant les Vers à soye : *Paris*, Musier, 1697, *in-*12.]

3647. ☞ Traité des Abeilles, où l'on voit la véritable manière de les gouverner & d'en tirer profit ; par M. D. L. F. Prêtre : *Paris*, Jombert, 1720, *in-*12.]

3648. ☞ Nouvelle construction de Ruches de bois, avec la façon d'y gouverner les Abeilles, inventée par M. Palteau, premier Commis du Bureau des Vivres de la Généralité de Metz, & l'Histoire Naturelle de ces Insectes ; le tout arrangé & mis en ordre par M*** : *Metz*, Collignon, 1756, *in-*12. fig.]

3649. ☞ Mſ. Le gouvernement admirable, ou la république des Abeilles, & les moyens d'en tirer une grande utilité ; par M. J. Simon, Avocat au Parlement. *Paris*, Nyon, 1758, *in-*12.

══ Histoire naturelle des Abeilles ; par M. Bazin, ci-devant, N.° 3616.

3650. ☞ Mſ. Mémoire sur l'éducation des Abeilles pendant l'hyver, relativement au climat & aux productions de la Province d'Artois ; par M. l'Abbé de Lys, de la Société Littéraire d'Arras.

Il est conservé dans les Registres de cette Société.]

3651. ☞ Histoire des Guespes ; par M. de Reaumur. *Mém. de l'Acad. des Sciences*, 1719, *pag.* 230 *& suiv.*]

3652. ☞ Mſ. Abrégé de l'Histoire des Guespes ; par M. Rondé, de la Société Littéraire d'Auxerre.

Cet Ouvrage est conservé dans les Registres de cette Société.]

3653. ☞ Observations sur les Araignées ; par M. Homberg. *Mém. de l'Acad. des Sciences*, 1707, *pag.* 339 *& suiv.*

On y trouve la description des Araignées en général, & des particularités sur six espèces principales, dont la dernière, qui, selon M. Homberg, est la Tarentule, ne se trouve guères qu'en Italie, supposé même qu'elle existe.]

3654. ☞ Dissertation sur l'Araignée ; par M. Bon, Conseiller à la Chambre des Comptes de Montpellier, avec une Lettre sur le même sujet, écrite par M. Pouget : *Paris*, 1710, *in-*8.

La même en Italien : *Siena*, 1710, *in-*12.]

3655. ☞ Dissertation sur l'utilité de la soye des Araignées, avec l'analyse chymique de la même soye ; ensemble de la manière de composer les Gouttes appellées *Gouttes de Montpellier* ; par M. Bon : *Montpellier*, 1710, *in-*8.

La même, en Anglois, dans les Transactions Philosophiques : vol. 27, num. 325, *pag.* 2.]

3656. ☞ Examen de la soye des Araignées ; par M. de Reaumur. *Mém. de l'Acad. des Sciences*, 1710, *pag.* 386-408.

C'est le résultat des Observations que fit M. de Reaumur, après avoir été chargé par l'Académie d'examiner l'ingénieuse découverte que M. Bon a développée dans les Ouvrages précédens.]

3657. ☞ Mſ. Mémoire de M. Dagot,

de Donzy, sur un Insecte, auteur d'un bruit qu'on attribue à l'Araignée.

Ce Mémoire, qui est conservé dans les Regîtres de la Société Littéraire d'Auxerre, renferme des Observations curieuses. L'Insecte en question est une espèce de petite Cantharide.]

3658. ☞ Extrait de trois Lettres de MM. Auzout & Delavoye, sur des Vers luisans qui se trouvent dans les huitres & dans les pierres. *Hist. de l'Acad. des Sciences*, depuis 1666, jusqu'en 1698, *tom. X. pag.* 453, 455 & 458.]

3659. ☞ Observations sur une petite espèce de Vers aquatiques assez singulière; par M. de Reaumur. *Mém. de l'Académie des Sciences*, 1714, *pag.* 203.]

3660. ☞ Observations sur une espèce de Ver singulière, extraite des Lettres écrites de Brest, à M. de Reaumur; par M. Deslandes. *Mém. de l'Académie des Sciences*, 1728, *pag.* 401.]

3661. ☞ Histoire du Ver-Lyon; par M. de Reaumur. *Mém. de l'Acad. des Sciences*, 1733, *pag.* 402.]

3662. ☞ Mémoire sur les Insectes des Limaçons; par M. de Reaumur. *Mém. de l'Acad. des Sciences*, 1710, *pag.* 305-310.

On découvre rarement ces Insectes dans les tems pluvieux. Pour les voir, il faut examiner les Limaçons après une sécheresse, parceque, suivant M. de Réaumur, la chaleur est apparemment propre à faire éclore ceux Insectes, ou qu'elle empêche la destruction de ceux qui sont déja formés.]

3663. ☞ L'Analyse des cornes du Limaçon des Jardins, avec la raison méchanique de leur mouvement. *Choix des Mercures*, *tom. XXXIX. pag.* 197.]

3664. ☞ L'Analyse des vaisseaux prolifiques du Limaçon de Jardin. *Ibid. p.* 202.]

3665. ☞ La progression du Limaçon aquatique, dont la coquille est tournée en spirale conique. *Ibid. pag.* 207.]

3666. ☞ Observations sur une espèce de Limaçon terrestre, dont le sommet de la coquille se trouve cassé sans que l'animal en souffre; par M. Brisson. *Mém. de l'Académie*, 1759, *pag.* 99.]

3667. ☞ Observations qui peuvent servir à former quelques caractères de Coquillages; par M. Guettard. *Mém. de l'Acad. des Sciences*, 1756, *pag.* 145.

Il s'agit de Coquillages de France.]

3668. ☞ Ms. Conchyliographie, ou Traité général des Coquillages de mer, de terre & d'eau-douce, du Pays d'Aunis; par M. de la Faille, Contrôleur Ordinaire des Guerres, & de l'Académie de la Rochelle; avec des figures dessinées d'après nature : *in*-4. 400 pages & 40 planches.

Cet Ouvrage n'est pas tant une description exacte des Coquillages qui habitent les côtes du Pays d'Aunis, de leur forme, de leur variété, de leurs couleurs, qu'une suite d'Observations & de Recherches sur tout ce qui peut intéresser l'Animal qui s'y trouve renfermé.

La Dissertation sur la *Pholade*, Coquillage connu dans le Pays sous le nom de *Dail*, imprimée dans le tom. III. du *Recueil des Pièces de l'Académie de la Rochelle*, p. 50, fait partie de cette Conchyliographie. On trouve aussi dans le *Mercure*, 1751, *au mois de Septembre*, & dans les *Mélanges d'Histoire Naturelle* de M. Dulac, un extrait d'un autre Mémoire de M. de la Faille, sur les différentes espèces d'Huitres des côtes de la Rochelle.

La dépense des gravures retarde l'impression de l'Ouvrage entier.]

3669. ☞ Des merveilles des Dails, ou de la lumière qu'ils répandent; par M. de Reaumur. *Mém. de l'Acad. des Sciences*, 1723, *pag.* 199.

Les Dails sont, comme nous venons de le dire, un Coquillage des côtes de France. On en distingue deux espèces principales.]

3670. ☞ Mémoire sur le mouvement progressif & quelques autres mouvemens de diverses espèces de Coquillages, Orties & Etoiles de Mer; par M. de Reaumur. *Mém. de l'Acad. des Sciences*, 1710, *pag.* 439-490, & *Hist. pag.* 10-13.

Les Voyages que l'Auteur avoit faits quelques années auparavant sur les côtes du Poitou & de l'Aunis, lui avoient fourni des occasions commodes d'examiner de près des Animaux négligés jusqu'alors par les Physiciens.]

3671. ☞ Mémoire sur les Bouchots à Moules, pour servir à l'Histoire Naturelle du Pays d'Aunis; par M. Mercier du Paty, Trésorier de France, & de l'Académie de la Rochelle. *Recueil des Mémoires de cette Académie, tom. II. pag.* 79-95.

Les Bouchots sont des Parcs formés par des pieux de neuf à dix pieds, d'environ cinq pouces de diamètre, qu'on enfonce dans la vase jusqu'à moitié, à cinq pieds de distance. On entrelasse dans ces pieux des perches très-longues, qui forment une espèce de clayonnage solide, capable de résister aux efforts des flots. Les Moules attachées à ces pieux & à ces claies s'y arrêtent & y déposent leur frai, dont il naît une prodigieuse quantité de nouveaux habitans. Voyez sur une omission de ce Mémoire le *Discours Préliminaire de l'Histoire de la Rochelle : Paris, 1757, in*-4. *tom. I. pag.* 8.]

3672. ☞ Remarques faites sur la Moule des Etangs; par M. Mery. *Mém. de l'Acad. des Sciences*, année 1710, *pag.* 408-426; & *Hist. pag.* 30-33.

M. Méry, après avoir donné la description de cet Animal à l'extérieur, examine son mouvement, sa progression, la manière dont il reçoit sa nourriture, ses parties intérieures, telles que son cœur, ses poumons, &c.]

3673. ☞ Découverte d'une nouvelle teinture de pourpre, & diverses expériences pour la comparer avec celle que les anciens tiroient de quelques espèces de Coquillages que nous trouvons sur nos côtes de l'Océan; par M. de Reaumur. *Mém. de l'Acad. des Sciences*, 1711, *pag.* 166 & *suiv.*]

3674. ☞ Sur la pourpre d'un Coquillage de Provence; par M. Duhamel, de l'Académie des Sciences. *Hist. de l'Acad.* 1736, *pag. 6 & suiv.*]

3675. ☞ Sur un Coquillage des côtes de Poitou, nommé Coutelier; par M. DE REAUMUR. *Mém. de l'Acad. des Sciences*, 1713.]

3676. ☞ Mſ. Mémoire ſur le banc de Coquillages qui forme une partie de la côte de Sainte-Croix-du-Mont (Paroiſſe ſituée ſur la rive droite de la Garonne, à ſix lieues Sud de Bordeaux) lû à l'Académie le 25 Août 1718; par M. SARRAU DE BOYNET, de l'Académie de Bordeaux: *in-4.*

Ce Mémoire eſt au Dépôt de cette Académie.]

3677. ☞ Ophiologie, ou Traité des Serpens ſans venin des Bains de Digne, avec une ſommaire Deſcription de tous les autres; par M. D. L. (DE LAUTARET) Docteur-Médecin de l'Univerſité de Montpellier, habitant à Digne.

Il eſt à la fin (*pag.* 105) de la ſeconde partie de l'Ouvrage du même Auteur, ſur les Bains de Digne, indiqué ci-devant, N.° 3046. Ces Serpens ſe cachent pendant l'hiver dans le milieu des rochers, où ſe trouvent ces Bains, & ſortent vers le mois d'Avril pour chercher leur nourriture.]

3678. ☞ Nouvelles Expériences ſur les Vipères; par Moyſe CHARAS: *Paris,* 1669, *in-8.*

Suite des nouvelles Expériences: *Paris,* 1672 & 1678, *in-8.*

Les mêmes, réunies: *Paris,* 1694, *in-8.*

L'Anatomie que Charas donne de ce Reptile eſt fort bonne, ſuivant M. de Haller.]

3679. ☞ Recherches & Obſervations ſur les Vipères; par M. BOURDELOT: *Paris,* Barbin, 1670, *in-12.*

Le but de l'Auteur eſt de réfuter le ſentiment de Charas, qui faiſoit conſiſter le venin dans la ſeule colère de l'Animal. Ses expériences ont été faites ſur des Vipères de France qui lui ont paru moins furieuſes que celles des autres Pays, parcequ'apparemment il ne les a pas tant irritées.]

3680. ☞ Obſervations & Expériences ſur une des eſpèces de Salamandre, faites en Bretagne; par M. DE MAUPERTUIS, de l'Académie des Sciences. *Mém. de l'Académie*, 1727, *pag.* 27 & ſuiv.

La Salamandre, dont traite ce Mémoire, eſt la Salamandre terreſtre, très-commune en Picardie, en Normandie, & en Bretagne. C'eſt une eſpèce de Lézard long de cinq à ſix pouces, dont la tête eſt large & platte comme celle du Crapeau. M. de Maupertuis prouve, par pluſieurs expériences, que cet animal n'a point, comme l'ont cru les anciens, la propriété de vivre dans les flammes; que ſon venin n'eſt point dangereux, ſur-tout pour l'homme; enfin qu'il n'eſt privé, ni des organes de l'ouïe, ni de ceux de la génération.]

3681. ☞ Obſervations phyſiques & anatomiques ſur pluſieurs eſpèces de Salamandres qui ſe trouvent aux environs de Paris; par M. DU FAY, de l'Académie des Sciences. *Mém. de l'Académie,* 1729, *pag.* 135 & ſuiv.

Les différentes eſpèces de Salamandres trouvées par M. du Fay, dans des foſſés autour de la Capitale, la peau nouvelle dont elles ſe couvrent pluſieurs fois en été & en hiver, leur manière de ſe reproduire, la ſtructure des parties qui les compoſent, ſont décrites & développées avec le plus grand ſoin dans ce Mémoire. Une Obſervation particulière qui s'y trouve, c'eſt que les Salamandres ſont ovipares & vivipares.]

3682. ☞ Mémoire ſur la fécondation de la Salamandre femelle; par M. DEMOURS, Médecin de la Faculté de Paris.

La Salamandre femelle, qui eſt une des eſpèces décrites dans la Diſſertation précédente, ſe trouve communément autour de Paris, dans des baſſins négligés & dans les marres de la campagne. Le Mémoire de M. Demours fait partie des additions qu'il a jointes à ſa Traduction des Eſſais & Obſervations de Médecine de la Société d'Edimbourg: *Paris,* Guérin, 1740, *in-12.*]

SECTION VII.

Hiſtoire Naturelle des Prodiges, Tremblemens de terre, & autres effets Phyſiques arrivés en France.

☞ Dans le nombre des effets Phyſiques, on a cru devoir comprendre les Géans & les Monſtres qui ont paru dans ce Royaume en différens tems. Quoique ces jeux de la nature ne ſoient que momentanés, leur connoiſſance n'eſt cependant point à négliger. Ce ſont des prodiges locaux, qui doivent néceſſairement entrer dans l'Hiſtoire complette d'un Pays.

3683. ☞ Dionyſii SALVAGNII BOESSII (Salvaing de Boiſſieu) Sylvæ quatuor de totidem miraculis Delphinatûs, ut pote, 1. de fonte ardente: 2. de turre veneni experte: 3. de monte inacceſſo: 4. de tinis ſive cupis Saſſenagiis: *Gratianopoli,* Rabanus, 1638, *in-4.*]

[Ejuſdem] Sylvæ ſeptem, ſive de totidem Miraculis Delphinatûs, ut pote, 1. de fonte ardente, &c. 5. de fonte vinoſo: 6. de Manna Brigantienſi: 7. de Barbeto: *Gratianopoli,* 1656, *in-8.* *Lugduni,* 1661, *in-8.*

Les Hiſtoriens du Dauphiné nous ont débité ſous le nom de merveilles, certaines ſingularités de leur Province, qui ne ſont que des bagatelles pour ceux qui les voyent de près. «J'ai eu la curioſité (dit le P. Méneſ- » trier dans la Préface de ſon Hiſtoire de Lyon) de les » examiner ſur les lieux. Leurs cuves de Saſſenage ſont » une fable ſemblable à celle de Méluſine. La Tour ſans » venin n'eſt qu'une mazure où l'on trouve des Arai- » gnées, des Serpens & des Plantes vénéneuſes comme » par-tout ailleurs. Le Pré flottant, la Fontaine qui » brûle, & celle dont l'eau a le goût du vin, ne ſont » pas comparables à cent curioſités plus remarquables » que j'ai vues en France, en Italie, en Hollande, & » dont on n'a pas fait beaucoup de cas «.

☞ Dans le Catalogue de M. le Comte de Sainte-Maure: *Paris,* Bauche, 1764, *in-8.* on trouve au num. 2760, ce titre, *Scipio Guilletus de Delphinatûs miraculis: Gratianopoli,* 1638, *in-4.* Cet Ouvrage n'eſt autre choſe que la première édition du Livre de M. Boiſſieu. Comme elle contient une Epithalame ſur ſon Mariage par Scipion Guillet, on a confondu l'Auteur de l'Epithalame avec celui du Livre.]

3684. ☞ De rebus mirabilibus quæ in Provincia Delphinatûs visuntur; per Aymarum FALCONEM.

C'est le Chapitre XXIII. de la seconde partie de son *Antoniana Historiæ compendium: Lugduni*, 1534, feuillet 41.]

3685. ☞ MENTELII Medici, septem Miracula Delphinatûs: *Gratianopoli*, Charuys, 1656, *in*-8.]

3686. ☞ Des Merveilles naturelles du Dauphiné; par Nicolas CHORIER.

Ces Observations se trouvent dans le Livre I. de son *Histoire générale du Dauphiné*: Grenoble, 1661, *in-fol.* L'Auteur y parle avec un enthousiasme déplacé, de merveilles à qui la saine Physique refuse ce nom.]

3687. ☞ Observations sur les Merveilles du Dauphiné. *Hist. de l'Acad. des Sciences*, 1699, *pag.* 23, 1700, *pag.* 3, & 1703, *pag.* 21.]

3688. ☞ Discours sur les sept Merveilles du Dauphiné; par M. LANCELOT, de l'Académie des Inscriptions & Belles-Lettres. *Mém. de l'Acad. tom. VI. pag.* 756-770.

Ce Mémoire est très-bien fait. On y apprécie avec exactitude les singularités qui en font l'objet.]

3689. ☞ Mf. Expériences sur un Méphitis qui se forma dans un puits de Toulouse, lorsque pendant la chôme du Canal Royal duquel ce puits est voisin, les eaux qu'il en reçoit par filtration se furent retirées; par MM. DARQUIER & MANGAUD; lues à l'Académie des Sciences & Belles-Lettres de Toulouse, le 4 Janvier 1748.

Ce Mémoire est conservé dans les Registres de cette Académie.]

3690. ☞ Mf. Dissertation sur la nature des Vapeurs étouffantes des caves de Chamaillere; par M. OZY, Apothicaire Chymiste, & de la Société Littéraire de Clermont.

Elle est dans les Registres de cette Société, & on en trouve un extrait dans les *Mercures* de 1754.]

3691. ☞ Description de l'Aimant qui s'est formé à la pointe du Clocher neuf de Notre-Dame de Chartres; par M. DE VALLEMONT, Prêtre, Docteur en Théologie: *Paris*, 1692, *in*-12.

Voyez sur cette Description les *Actes de Léipsick*, année 1694, & la *Collection Académique*, tom. VI. *pag.* 471.]

3692. ☞ Description de l'Aimant qui s'est trouvé dans le Clocher neuf de Notre-Dame de Chartres; par M. DE LA HIRE, de l'Académie des Sciences.

Elle se trouve dans les *Mémoires* de cette Académie, du 29 Août 1691.=*Le Journal des Sçavans*, 1691, p. 469 & *suiv.*=*Le Choix des Mercures*, tom. XXXVII. *pag.* 205.]

3693. ☞ Mf. Dissertation sur le son & la lumière, avec quelques particularités, d'un Echo singulier qui se trouve dans la haute Auvergne; lue par le P. MONESTIER, dans l'Assemblée publique de la Société Littéraire de Clermont, le 31 Août 1749.

Elle est dans les Registres de cette Société.]

3694. ☞ Mf. Description d'un Echo dans le Diocèse de Béziers; par M. MASSIP, de l'Académie de Béziers; lu le 9 Septembre 1723.

Cette Description, qui n'est accompagnée d'aucune explication physique, est entre les mains du Secrétaire de l'Académie. L'Echo remarqué par M. Massip, représente distinctement le claquet d'un Moulin situé au-dessous des murailles de Béziers, sur la Rivière d'Orbe.]

3695. ☞ Remarques sur un Echo singulier, qui s'entendoit autrefois près du Pont de Charenton.

Elles font partie d'une Description du Bourg de Charenton, insérée dans les *Nouvelles Recherches sur la France*, tom. I. *Paris*, 1766, *in*-12. où l'on trouve quelques Observations sur l'Histoire Naturelle du Canton. Cet Echo, qui étoit situé à l'endroit qu'occupent maintenant les Carmes Déchaussés, répétoit jusqu'à dix-sept fois uniformément, & continuoit, en s'affoiblissant, plus de trente fois.]

3696. ☞ Relation d'un bruit extraordinaire comme de voix humaines, entendu dans l'air, par plusieurs particuliers de la Paroisse d'Ansacq, Diocèse de Beauvais, la nuit du 27 au 28 Janvier 1730; avec des Réflexions sur ce Phénomène, & une Description du Village d'Ansacq. *Mercure*, 1730, *Décembre*, tom. II. *pag.* 2807-2833; & *Journ. Ecclésiastique*, 1765, *Avril*, *pag.* 67-84.

Cette Relation a été envoyée par M. TRULLIOT DE PIONCOURT, Curé d'Ansacq, à Madame la Princesse de Conty, troisième Douairière; avec une Lettre qui est à la tête, & dans laquelle l'Auteur donne le nom d'Akousmate à ce Phénomène.]

3697. ☞ Extrait d'une Lettre écrite de Bourgogne, à M. D. L. R. le 4 Février 1731, contenant quelques Réflexions sur l'Akousmate d'Ansacq. *Mercure*, 1731, *Février*, *pag.* 333-337.]

3698. ☞ Mf. Description d'un bruit souterrain de Marsanne, Village du Dauphiné, à deux lieues de Montélimard; par le Père DUFESC, de l'Académie de Béziers, lu le 4 Novembre 1723.

Cette Description est entre les mains du Secrétaire de l'Académie. L'Auteur explique, par plusieurs raisons physiques, la cause de ce bruit singulier qu'on entend toutes les nuits, vers les onze heures, & que les gens du Pays appellent *le Picqueur*, parcequ'il semble que l'on donne plusieurs coups sous terre.]

3699. ☞ Dissertation physique sur le balancement d'un Arc-boutant de l'Eglise de Saint Nicaise de Reims: Lettre à M*** par M. LE CAT, Secrétaire perpétuel de l'Académie de Rouen: *Reims*, 1724, *in*-12.]

3700. ☞ Explication du Phénomène qui s'observe à Saint Nicaise de Reims; par M. l'Abbé PLUCHE.

Elle se trouve dans le *Spectacle de la Nature* du même Auteur, tom. VII. *pag.* 327-347: *Paris & La Haye*, *in*-12.]

Histoire Naturelle

3701. ☞ Extrait véritable d'une Lettre de D. Francisco DE MENDOSA au Duc d'Albe, au sujet de plusieurs grandes merveilles, Tremblemens, Eclairs & Tonnerre, arrivés près de Montpellier le 5 Septembre 1579: *Cologne*, P. Hanse (en Allemand).]

3702. ☞ Tremblement de terre advenu à Lyon, le Mardi 20 Mai 1578, peu avant les quatre heures du soir: *Lyon*, Rigaud, 1578, *in*-8.]

3703. ☞ Discours épouvantable de l'horrible tremblement de terre arrivé ès Villes de Tours, Orléans & Chartres, le Lundi 26 Janvier 1579: *Paris*, Dangays, *in*-8.]

3704. ☞ Désordres causés par le tremblement de terre arrivé le 21 Juin 1660 à Bagnères: *une feuille in-4*.]

3705. ☞ Relation du tremblement de terre arrivé à Paris & en plusieurs autres endroits le 12 Mai 1682: *Journal des Sçavans*, 1682, *pag*. 159 & *suiv*.]

3706. ☞ Journal des tremblemens de terre arrivés à Manosque en Provence; par MARIUS: *Mém. de Trév*. 1708, *pag*. 2094.]

3707. ☞ Mſ. Tremblement de terre arrivé à Toulouse, le 24 Mai 1750.
Ce Mémoire est dans les Registres de l'Académie des Sciences & Belles-Lettres de cette Ville.]

3708. ☞ Observations sur quelques singularités de l'Histoire Naturelle, qui sont au lieu de la Roquette, près de Castres (en Languedoc); par M. MARCORELLE, de l'Académie des Sciences & Belles-Lettres de Toulouse, & Correspondant de celle des Sciences de Paris. *Mercure*, 1749, *Mars, pag*. 45-61; & *Mélanges d'Histoire Naturelle*, par M. Dulac, *tom. I. pag*. 113-131.
Ces Observations regardent seulement un Rocher qui tremble, si on en croit le préjugé vulgaire, lorsque le moindre vent agit sur lui, ou qu'une légère force lui est communiquée, & qu'une trop grande rend immobile. L'Auteur établit les vraies propriétés de ce Rocher: quoique dépouillé d'une grande partie de son merveilleux, il ne laisse pas d'être frappant en lui-même, & digne de l'attention d'un Philosophe.]

3709. ☞ Observations touchant Belle-Isle; & la Grève du Mont Saint-Michel. *Mém. de Trévoux*, 1701, Septembre, *pag*. 224; & *Choix des Mercures*, *tom*. LXII. p. 206.
Ces Observations ont pour objet un Sable mouvant, qui borde les Côtes de la Mer.]

3710. ☞ Récit véritable du grand désastre advenu dans la Ville de Tours, & lieux circonvoisins, par un grand tourbillon de vent entremêlé de feu: (*Paris*) Brunet, 1637, *in*-12.
Cette Relation se trouve aussi dans le *Recueil C. Paris*, 1759, *in*-12. *pag*. 190-191. L'Auteur, à la fin de ce Récit, promet l'explication physique de cet effet prodigieux; mais on ne sçait s'il a tenu la parole.]

3711. ☞ Relation de l'ouragan de Champagne; (par Pierre NICOLE): *Châlons*, 1669.

Tome I.

Un orage furieux, qui s'éleva assez subitement le 18 Août 1669, & qui renversa cinq grands Clochers dans le voisinage de l'Abbaye de Hautefontaine, où l'Auteur étoit alors, fait tout le sujet de cette Relation.]

3712. ☞ Relation succinte de ce qui s'est passé à l'Abbaye de Saint Médard, près de Soissons, pendant un orage & un tonnerre extraordinaire, en 1676. *Choix des Mercures*, *tom*. XIX. *pag*. 124.]

3713. ☞ Extrait d'une Lettre écrite de Provins; par M. GRILLON, Docteur en Médecine, touchant le furieux ouragan arrivé en ce Pays-là, le 7 du mois de Juin de l'année 1680; avec des Raisonnemens sur la cause physique de ce désordre. *Journal des Sçavans*, 1680, *pag*. 262 & *suiv*.]

3714. ☞ Mſ. Description d'un Havre formé naturellement à Bernières, sur la Mer (Diocèse de Bayeux) par l'ouragan des 9 & 10 Janvier 1735; lue à l'Académie de Caen, le 3 Mars suivant, par M. DE BIÉVILLE, Professeur en Droit de l'Université de Caen.
L'Histoire de ce Havre consiste en ce que la Rivière de Seulles avoit autrefois deux embouchures; la première à Courseulles, & l'autre à Bernières, près de Saint-Aubin. Les Seigneurs de Courseulles coupèrent le bras de la Rivière qui alloit à Bernières; & le Traitant qui avoit mis les Huîtres en parti, acheva de détruire le Havre qui se trouvoit à cette embouchure. L'ouragan de 1735, fit entrer une si prodigieuse quantité d'eau de la mer dans l'embouchure de Courseulles, qu'elles inondèrent le Pays, & rentrèrent dans le Canal ancien. Elles se débouchèrent, & le creusèrent de plus de vingt pieds, ce qui rétablit ce Port. On a depuis négligé de l'entretenir, & à peine les Matelots de la Côte s'en souviennent-ils aujourd'hui. M. de Biéville est mort en 1759. Son Mémoire est entre les mains de M. de Biéville son fils, Docteur en Droit de l'Université de Caen. *Extrait d'une Lettre de M. Rouxelin, Secrétaire perpétuel de l'Académie de Caen*.]

3715. ☞ Lettre missive, écrite par M. THOMAS MONTSAINT, Maître Chirurgien à Sens, à un sien Ami de cette Ville de Paris, sur le sujet du fait prodigieux advenu le jour de Fête-Dieu dernière (1617) en ladite Ville de Sens, où il est tombé grande quantité de Pluie rouge comme sang.
Cette Lettre se trouve dans le *Recueil C. Paris*, 1759, *in*-12. *pag*. 192-195. M. Montsaint ne fait que rapporter l'évènement, sans y joindre l'explication physique.]

3716. ☞ De causis naturalibus Pluviæ purpureæ Bruxellensis, judicia clar. in virorum: *Bruxellæ*, 1647, *in*-8.]

3717. ☞ Gottifr. VENDELINI Pluvia purpurea Bruxellensis: *Parisiis*, de Heuqueville, 1647, *in*-8.]

3718. ☞ Extrait de deux Lettres, touchant les quatre Soleils qui ont paru à Chartres en 1666. *Choix des Mercures*, *tom*. XVI. *pag*. 117.]

3719. ☞ Phénomènes météorologiques, observés à Paris le 17 Mars 1677, d'une Croix blanche au-dessus de la Lune, & d'une Couronne autour du Soleil; avec trois faux

Ee

Soleils qui ont paru le 20 du même mois. *Choix des Mercures, tom. XXI. pag. 195.*]

3720. ☞ Question proposée, sur un Phénomène météorologique (un ouragan qui s'est fait sentir à Paris le 2 d'Avril 1757). *Journal de Verdun*, 1757, *Juillet, pag. 51-53.*]

3721. ☞ Lettre au sujet du même Phénomène; par M. RIGAUD, de Saint-Quentin. *Ibid. Octobre, pag. 276-282.*]

3722. ☞ Joan. CASSANIO de Gigantibus, eorumque reliquiis, atque iis, quæ ante annos aliquot nostrâ ætate in Galliâ reperta sunt: *Basileæ*, 1580, & *Spiræ*, 1587, *in-8.*]

3723. ☞ Histoire véritable du Géant Theutobocus, Roi des Theutons, Cimbres & Ambrosins, défait par Marius, Consul Romain, cent cinq ans avant la venue de Notre Seigneur; lequel fut enterré près du Château nommé Chaumont, maintenant Langon, proche la Ville de Romans en Dauphiné, &c. (par Jacques TISSOT): *Paris*, Bourriquant (1613) *in-8.*

La même, traduite en Flamand: *Utrecht*, 1614, *in-8.*

Un prétendu Squélette humain, long de vingt-cinq pieds & demi, trouvé en Dauphiné, le 11 Janvier 1613, dans un Tombeau de brique; avec des Médailles d'argent, & cette Inscription en lettres Romaines, *Theutobocus Rex*, a fait naître ce petit Écrit. Prosper Marchand, dans son *Dictionnaire historique*, prétend, d'après le *Mercure François, tom. III.* que l'Auteur se nommoit *Bassot*, & que c'est à tort qu'on l'a nommé *Tissot*, dans les *Recherches sur la Chirurgie en France*, ainsi que dans Moréri. Cependant, à la fin de l'Ouvrage, *pag.* 15, on lit: « Le tout est à la plus grande gloire de » Dieu, & à l'honneur du Sieur de Langon; par son » très-humble serviteur Jacques Tissot. »]

3724. ☞ Gigantostéologie, ou Discours sur les os d'un Géant; par Nicolas HABICOT: *Paris*, Housé, 1613, *in-8.*]

3725. ☞ L'imposture découverte des Os humains supposés, & faussement attribués au Roi Theutobocus: *Paris*, 1614, *in-8.*

Cet Ouvrage, dont on trouve un extrait dans le *Mercure François, tom. III. pag.* 191-195, a été attribué à Jean RIOLAN, Docteur en Médecine, qui, dans la première Critique qu'il fit, se cacha sous le titre d'Ecolier. Ces réfutations occasionnèrent une vive dispute, qui duroit encore en 1618. Le détail des Ouvrages qu'elle produisit, se trouve dans les *Recherches sur la Chirurgie en France*, pag. 271-287; dans le *Dictionnaire* de Moréri, à l'article *Habicot*; & dans celui de Prosper Marchand, aux mots *Antigigantologie* & *Bassot*.

Le célèbre Peiresck a aussi écrit contre cette découverte. (Voyez sa *Vie*, par Gassendi, pag. 88-90, 152-156.) Les Sçavans ne la croient plus; & elle fut annoncée comme une imposture, dans le tems même, par l'Auteur du *Mercure François, tom. III. pag.* 191. Voyez les *Mémoires* d'Artigny, *tom. I. pag.* 136-139. Cependant l'Auteur de quelques *Mémoires* sur le même sujet, insérés dans les *Jugemens sur quelques Ouvrages nouveaux*, *tom. VI. pag.* 217, ne doute nullement de l'authenticité de la découverte. Il rapporte, 1.° une Copie de la Lettre que le Roi Louis XIII. écrivit à M. de Langon, dans la Terre duquel on trouva les Ossemens dont il s'agit; 2.° le Certificat de l'Intendant des Antiquités du Roi; 3.° une Copie exacte du Procès-verbal dressé dans le tems.]

3726. ☞ Joan. RIOLANI disputatio de Monstro nato Lutetiæ, an. 1605: *Parisiis*, 1605, *in-8.*]

3727. ☞ Description d'un Monstre, dont une femme de la Ville de Rouen accoucha le mois d'Octobre 1672: *Rouen*, 1672, *in-4.*]

3728. ☞ Description de deux Monstres, dont l'un a été trouvé à Paris, & l'autre à Strasbourg. *Choix des Merc. tom. XVIII. pag.* 99.]

3729. ☞ Extrait d'une Lettre de Besançon, touchant un Monstre né à deux lieues de cette Ville. *Choix des Merc. tom. XXIV. pag.* 111.]

CHAPITRE TROISIEME.
Histoire des anciens Gaulois.

Article premier.
Antiquité, langue, religion, mœurs, &c. des Gaulois.

3730. ☞ Geographiæ Sacræ pars prior, Phaleg, seu de dispersione gentium, & terrarum divisione factâ in ædificatione turris Babel; cum tabula Chorographica & duplici indice; auctore Samuele Bocharto: *Cadomi*, 1646 & 1651, *in-fol.*

Geographiæ Sacræ pars altera, Chanaan, seu de Coloniis & sermone Phœnicum; cum tabulis Chorographicis, &c. auctore eodem Bocharto: *Cadomi*, 1646 & 1651. Les deux parties en un vol. *in-fol. Francofurti*, 1674, *in-4.* & dans les Œuvres de Bochart: *Lugduni Batavorum*, 1692 & 1712, *in-fol.*

On doit regarder cet Ouvrage comme la clef de la Géographie universelle, & l'introduction à l'Histoire de la transmigration, de l'origine & de la langue de tous les Peuples de la terre. Il est trop connu pour en dire davantage. Voyez sur cet Auteur les *Mémoires de Littérature* du P. Desmolets, *tom. II. pag.* 335. Bochart s'étend en particulier sur le rapport de quantité de mots Gaulois avec la Langue Phénicienne, dans les Chapitres XLI & XLII. du Livre I. de la seconde Partie, ou du *Chanaan*; & c'est cè qui a occasionné l'Ouvrage de Boxhornius, indiqué ci-dessous. Dans son *Phaleg*, Bochart dit peu de choses sur les premiers habitans de la Gaule, qu'il croit avoir été descendans de Javan (père des Grecs) par Dodanim ou Rhodanim, d'où il dérive l'ancien nom du Pays voisin du Rhône, appellé *Rhodanusia*, de *Rhodanus*. On trouvera, ci-après, un autre Ouvrage de lui, composé à l'occasion de celui de Gosselin, sur l'origine & les mœurs des Gaulois, où Bochart parle plus au long de leur Langue, qu'il rapporte au Breton.]

3731. ☞ Atlantica, sive Manheim vera Japheti posterorum sedes ac patria, ex quâ non tantùm Monarchæ ac Reges ad totum ferè orbem reliquum regendum stirpesque suas in eo condendas, sed etiam Scythæ, Barbari, Asæ, Gigantes, Gothi, Phryges, Trojani, Amazones, Thraces, Libyi, Mauri, Tusci, Galli, Cimbri, Cimmerii, Saxones, Germani, Suevi, Longobardi, Vandali, Heroldi, Gepidæ, Teutones, Angli, Pictones, Dani, Sicambri, aliique virtute clari & celebres Populi, olim exierunt; auctore Olao Rudbeckio, Tomus I. *Upsaliæ*, 1675, 1679 & 1684, *in-fol.*

Atlanticæ Tomus II. in quo Solis, Lunæ ac Terræ cultus describitur, omnisque adeò superstitionis hujusce origo parti Suevoniæ Septentrionali terræ, puta Cimmeriorum vindicatur, ex qua deinde in orbem reliquum divulgata est: idque Scriptorum non tantùm domesticorum, sed etiam exterorum, maximè vero veterum atque doctissimorum fabularum fide, quarum explicatio genuina nunquàm antehac in lucem prodiit. Accedunt demonstrationes certissimæ, quæ Septentrionales in maximè genuinum Solis ac Lunæ motum, indeque pendentem accuratissimam temporum rationem multò & priùs & feliciùs quàm gentem ullam penetrasse, ac etiam alia multa ad hunc usque diem incognita declarant: *Upsaliæ*, 1689, *in-fol.* Tomus III. *Upsaliæ*, 1698, *in-fol.* Tomus IV. *Ibid.* 1699, *in-fol.*

Cet Ouvrage est plein d'érudition & de génie; mais l'Auteur, pour rapporter à sa Nation l'origine de tous les autres Peuples, des Langues & des differentes Religions, n'a pas craint de changer le sens des Ecrits qu'il cite, de donner beaucoup à des conjectures souvent fort hasardées, & de déprimer, autant qu'il l'a pu, toutes les autres Nations. Voyez les *Mémoires* d'Artigny, *tom. I. pag.* 88; & la *Méthode historique* de Lenglet, *tom. IV. pag.* 367.]

3732. ☞ De gentium aliquot migrationibus, sedibus fixis, reliquiis, linguarumque initiis & immutationibus ac dialectis Libri XII. in quibus præter cæteros populos Francorum, Alemannorum, Suevorum, Marcomanorum, Boiorum, Carnorum, Tauricorum, Celtarumque atque Gallo-Græcorum tribus, primordia & posteritas singulorum, quæque ex his insigniores Principum Comitumque ac Nobilitatis totius Germaniæ, Latiique ac Galliæ stirpes processerunt, diligenter traduntur atque explicantur; auctore Wolfango Lazio, Viennensi Austriaco Medico, & invictissimi Romani regis Ferdinandi Historico: *Basileæ*, ex officinâ Oporinianâ, 1572, *in-fol.* fig. Editio secunda: *Francofurti*, Marnius, 1610, *in-fol.*

Struvius (*Bibliotheca historica*, *pag.* 167) en parle ainsi, *Opus majoris industriæ quàm judicii, nimiùm enim credidit Lazius.* Il est aussi parlé dans cet Ouvrage des migrations des Bourguignons. Il n'y a que le second, le troisième & le cinquième Livre qui aient directement rapport aux Gaulois & aux Francs. L'Auteur s'appuie du témoignage des faux Bérose, Manéthon, & autres semblables; ainsi il n'est pas étonnant que pour les antiquités, il donne dans bien des fables. Il assure que les Francs sont les mêmes que les Peuples connus sous le nom de Cimbres & de Cimmériens, qui, après avoir changé plusieurs fois de demeure, & après differens succès ou défaites, s'emparèrent enfin des Gaules. Il les fait descendre, de même que les Gaulois, de Gomer & de Samothée, fils de Japhet. Il conjecture, par la ressemblance des mots, que leur langage étoit le Teutonique, qu'ils n'y changèrent que lorsqu'ils furent établis dans les Gaules. Il donne à la fin du troisième Livre, la suite des Chefs & des Rois des François, depuis Gomer jusqu'à Louis V. & plusieurs autres Généalogies de Princes qui en descendent. Il traite aussi des mœurs, usages, armes, habillemens, & autres coutumes de ces Peuples. Son Ouvrage est un amas de textes & de passages compilés sans choix & sans critique. Lazius est mort en 1565.]

Tome I. Ee 2

Liv. I. *Préliminaires généraux de l'Histoire de France.*

3733. ☞ De l'origine, & de l'étymologie des mots *Celte* & *Gaule*; par M. Pasumot.

C'est le sujet de la première partie du premier de ses *Mémoires géographiques*: *Paris*, Ganeau, 1765, *in*-12. L'Auteur fait venir les mots de *Celte* & de *Gaule* de la Langue Phénicienne, & il croit qu'ils ont été ensuite corrompus & altérés par les Grecs.]

3734. Le Recueil de l'antiquité & préexcellence de la Gaule & des Gaulois; par Guillaume Le Rouille, d'Alençon: *Paris*, 1531: [*Poitiers*, 1546: *Paris*, Vechel, 1551] *in* 8.

Il y a dans ce Livre bien des choses incertaines; on y trouve les anciens Rois des Gaules, avec des Relations qui n'ont pas de fondement.

☞ Cet Ouvrage est divisé en deux parties. La première traite du nom & de l'origine des Gaulois. Quant au nom, l'Auteur le tire du mot Hébreu *Gaal*, qui signifie inondation; nom qui fut, selon lui, apporté par Noé & ses enfans, lorsqu'ils vinrent habiter les Gaules. Il établit ensuite que les Gaulois ont peuplé les Pays d'Allemagne, Hongrie, Sarmatie, &c. qu'ils ont conquis & habité l'Italie, l'Illyrie, la Grèce, l'Espagne, l'Angleterre, & une grande partie de l'Asie.

Dans la seconde partie, il s'attache à prouver que l'Empire des Gaulois a été un des plus florissans; il le compare à ceux d'Alexandre & des Romains.

C'est peu de chose que cet Ouvrage: la dernière partie est sur-tout ridicule, & la première est écrite d'une manière si confuse, qu'elle est aussi inutile que peu satisfaisante. Au surplus, la date de l'édition de 1531 paroît fausse, puisque le Privilège de l'édition de Poitiers, 1546, *in*-8. omise par le P. le Long, est de 1545: ce qui semble prouver que l'édition de 1546 est la première.]

3735. ☞ Matthæi Hilleri de origine gentium Celticarum, dissertatio: *Tubingæ*, 1707, *in*-4.]

3736. ☞ Adriani Scrieckii, Rodorni, originum rerumque Celticarum & Belgicarum Libri XXIII. *Ypris*, 1614, *in*-fol.

On trouve dans ce Livre,
1.º Une Préface & une Introduction en Latin.
2.º Le corps de l'Ouvrage, qui s'étend depuis la création du Monde jusqu'à Charlemagne, est en Flamand, ou Langue Belgique.
3.º Index primus Geographicus, in quo regionum Populorum, urbium, oppidorum, &c. nomina per Scythicam, Etruscam, Celticam, Belgicamque Linguam, quæ primis seculis Europæ fuit universalis, & falsò periisse est credita, contrà Chaldæos, Græcos & Latinos explicantur.
4.º Index secundus miscellus, in quo, tum nominum proprietates Scythico, Etrusco, Celtico & Belgico antiquissimo idiomate, contrà Chaldæos, Græcos & Latinos exponuntur; tùm loci rerum Historicarum quæ hoc opere continentur, per ordinem Librorum & numerorum demonstrantur.

L'Auteur s'attache à prouver dans cet Ouvrage, que la Langue Belgique & Teutonique, est la Langue la plus ancienne de l'Europe; que toutes les autres, même la Grecque, la Chaldaïque, la Latine & l'Etrusque, ont tiré d'elle leur origine, & qu'elle ne reconnoit de Langue plus ancienne que l'Hébraïque; que cette Langue n'est autre que celle des Scythes, Peuples sortis immédiatement de Japhet. La partie de ces Peuples qui alla habiter le Septentrion & l'Europe, porta le nom de Celtes ou Celto-Scythes, nom tiré de la froideur du Pays qu'ils habitoient. Une partie des Celtes prit par la suite le nom de Belges & de Teutons. L'ancienne Langue Scythique ou Celtique, s'est conservée parmi eux presqu'en son entier. Il établit son système par l'Histoire ancienne des Celtes, qu'il conduit depuis la création du Monde jusqu'à Charlemagne; mais sur-tout par les origines de différentes Langues, dans lesquelles il paroît fort versé. Le corps de son Ouvrage est écrit en Langue Belgique; mais la Préface & les deux Index qui sont à la fin, sont en Langue Latine. Ces deux Index sont deux Dictionnaires très-utiles, l'un pour l'origine des noms Géographiques, l'autre pour l'origine des noms propres.]

3737. ☞ Adriani Scrieckii, Monitorum secundorum Libri quinque, quibus originum vocumque Celticarum & Belgicarum opus suum nuper editum altius & auctius è fontibus Hebraïcis ipsáque rerum origine docuit, probat, firmatque Teutones, Belgas, &c. de verâ & falsâ origine monimentum, sive Europa rediviva: *Ypris*, 1615, *in*-fol.

On trouve dans ce Livre,
1.º Une Préface Latine.
2.º Le corps de l'Ouvrage en Latin.
3.º Originum Index tertius qui ut primus Geographiam, secundus virorum & rerum miscellarum nomina reduxit ad originem, sic idem hic tertius utrumque non tantùm constare ex codicibus Hebraïcis ostendit, sed & universam Linguæ Celticæ, Teutonicæ, sive Belgicæ cum Hebraïcâ consonantiam, ab ipsâ mundi origine per hæc monita demonstrat, adeoque ex Hebraïcâ Teutonicam dialecto solo distare, & Teutones Belgasque Japheti genus, Chaldæis, Græcis & Latinis tam linguâ (quæ sola unica & certissima est originum index & judex) quàm omnibus antiquitatis modis, poriores esse indigitat, contrà errores hactenùs vulgares.

Ce second Ouvrage est fait pour confirmer ce que l'Auteur avoit avancé dans le premier; mais plus particulièrement pour faire voir la ressemblance qui se trouve entre les Langues Celtique, Belgique & Teutonique avec la Langue Hébraïque, & pour prouver par les origines des mots de l'une & de l'autre, qu'elles ont une source commune, ce qui tend à assurer davantage son système. Il combat, en passant, l'opinion de Goropius Becanus, qui a prétendu la Langue Celtique plus ancienne que l'Hébraïque.]

3738. Adriani Scrieckii, Adversaria de originibus Celticis & Belgicis.

Ce Livre se trouve dans l'Ouvrage du même Auteur, intitulé, *Europa rediviva*: *Ypris*, 1625, *in*-fol. Ce Flamand « tâche de prouver que la Langue Celtique, » qu'il appelle aussi Japétique, Teutonique, Cimbrique » & Scythique, est la seconde Langue; qu'elle ne diffère » de l'Hébreu, qui est la première, que par ses dialec- » tes; & qu'elle est par conséquent plus ancienne que » la Latine, la Grecque & la Chaldaïque, lesquelles en » dérivent. » *Valère André*, dans sa *Bibliothèque de Flandre*. C'est pour soutenir ces paradoxes, que Scrieck a fait ses autres Ouvrages. Il est mort en 1621. [*Voyez* Lenglet, *Méthode historique*, tom. IV. pag. 8.]

3739. Marci Zuerii Boxhornii, Brabanti, Originum Gallicarum Liber, in quo veteris & nobilissimæ Gallorum gentis origines, antiquitates, mores, lingua, & alia eruuntur & illustrantur: cui accedit antiquæ Linguæ Britannicæ Lexicon Britannico-Latinum, cum adjectis & insertis ejusdem Authoris adagiis Britannicis, sapientiæ veterum Druidum reliquiis, & aliis Antiquitatis Britannicæ, Gallicæque nonnullis monumentis: *Amstelodami*, Janssonii, 1654, *in*-4.

Boxhorn ne parle que par occasion de l'antiquité des Gaulois, & ne paroît occupé qu'à rechercher l'antiquité de leur Langue & de celle des Bretons. Il est mort en

1653. Le Père Pezron l'a presque toujours suivi dans le Livre que l'on va indiquer.

☞ L'Ouvrage de Boxhorn, sçavant Professeur de Leyde, tend en effet à prouver contre le sentiment de Bochart, qui prétend que la Langue des anciens Gaulois est dérivée de la Phénicienne, & celui de plusieurs autres qui la tirent d'autres Langues, comme de l'Hébraïque, la Grecque, &c. qu'elle est dérivée de la Langue Scythique, qui est la mère commune des Langues, Gauloise, Persane, Turque, Allemande, Grecque & Latine ; il le prouve en rapportant plusieurs termes de ces diverses Langues, qui se ressemblent, d'où il conclut que les Peuples qui les parlent ont une origine commune.

Il prétend aussi que la Langue des Gaulois & celle des Bretons étoit à peu près la même, selon le sentiment de Tacite, & que cette même Langue primordiale des Gaulois & Bretons, s'est conservée & se parle encore dans les Pays de Galles en Angleterre, & dans la petite Bretagne en France : *Vallia Cambria, Cornubia & Armorica Gallia.*

Ce Livre, qui est plutôt une Dissertation qu'un Ouvrage complet, n'a pas été fini, l'Auteur étant mort trop tôt, comme on le voit par les dernières lignes de l'Ouvrage, qui auroient dû être imprimées d'un caractère différent du reste. Au surplus, il paroît d'un Homme fort sçavant dans les Langues, & il est écrit d'un beau Latin. Cependant il nous laisse desirer d'avoir actuellement sous les yeux cette mère Langue Scythique, pour pouvoir en tirer des conséquences plus sûres, & s'assurer s'il est vrai que c'est elle qui a enfanté la plus grande partie de celles qui se parlent en Occident.

Il a ajouté à la fin de son Livre un Dictionnaire en ancienne Langue Bretonne & en Latin, dans lequel sont mêlés quelques Proverbes Bretons, qu'il prétend venir des anciens Druides. Il y a joint un Poëme de sa façon, en vers iambes, intitulé, *Character fortuna*, dont le sujet est tiré d'un Proverbe des Druides : *Inservire fortuna usque ad finem necesse est.*

Voyez sur cet Ouvrage, Lenglet, *Méthode historique*, tom. IV. pag. 8. = *Bibliothèque*, Harley, tom. II. pag. 504. = Le Père Nicéron, tom. IV. pag. 192. = *Dictionnaire* de Bayle, *Remarque H.* = *Bibliothèque de Clément*, tom. V. pag. 169.]

3740. *Antiquités de la Nation & de la Langue des Celtes, autrement appellés Gaulois ; par Paul-Yves* PEZRON, *de l'Ordre de Cîteaux* : Paris, Martin, 1703, *in-12.*

Le Père Pezron est mort en 1706. Il y a des recherches dans son Ouvrage ; mais il y a hasardé beaucoup de conjectures, en suivant Boxhornius.

☞ Il a cependant beaucoup ajouté, & a rendu sa Thèse plus probable, selon quelques Sçavans. Son Ouvrage est divisé en deux parties.

Dans la première, l'Auteur recherche l'origine des Celtes ou Gaulois, & leurs différens changemens depuis le Déluge jusqu'à leur établissement dans les Gaules. Voici un abrégé de son système :

Les Gaulois descendent de Gomer, fils de Japhet, & leur premier nom a été Gomariens. Ils habitèrent cette partie de l'Asie, qui est au-dessus du Mont Taurus, & du côté du Septentrion, c'est-à-dire, l'Hircanie, la Margiane, la Bactriane, & le Pays des Sogdiens. Comme ils étoient voisins des Scythes (Peuples descendus de Magog, frère cadet de Gomer, & qui occupoient aussi les parties septentrionales de l'Asie) ils ont quelquefois été compris sous ce nom, & quelquefois appellés Celto-Scythes, peut-être aussi firent-ils quelques expéditions ensemble. Ils portèrent ensuite le nom de Saques (qui veut dire méchans, larrons & brigands : ce nom leur fut donné par un essain de leurs compatriotes, qu'ils chassèrent, & qui allèrent s'établir ailleurs, sous le nom de Parthes (qui signifie bannis, exilés). Une partie des Saques, appellés Nomades (rustiques & champêtres) alla s'établir au-dessus du Pont-Euxin, près les Palus Méotides, & là ils prirent le nom de Cimbres (hommes de guerre) desquels en partie sont sortis les Danois.

L'autre portion des Saques fit irruption dans l'Arménie & dans la Cappadoce, sous la conduite de leur Prince, nommé Acmon, qui les mena ensuite dans la Phrygie. Là ils changèrent de nom, pour prendre celui de Titans. C'est sous ce nom qu'ils sont devenus si fameux.

Acmon fut père d'Urane (qui veut dire en Langue Celtique, homme du Ciel). Urane épousa Titée (la Terrestre, tirée du mot Celtique *Tit*, terre) & en eut Saturne (en Celtique *Sadorne*, qui signifie puissant à combattre :) il fut père de Jupiter. Celui-ci commença à régner quelques années après la mort d'Abraham : son Empire s'étendoit depuis l'Euphrate ou la Syrie, jusqu'à l'extrémité de l'Espagne. Il confia le gouvernement des Provinces situées vers l'Occident, sous lesquelles on doit comprendre les Gaules & l'Espagne, à son frère Dis, que les Grecs appellèrent Pluton, lequel conduisit dans son Gouvernement des peuplades de Titans, & en établit des Colonies dans les Gaules, où elles prirent le nom de Celtes. Cela se trouve confirmé par ce que rapporte César, *Galli se omnes ab Dite patre prognatos prædicant ;* par le sentiment de Callimaque, qui appelle les Celtes *Titanaum posteri ;* enfin par la conformité des noms de tous les Princes Titans avec la Langue Celtique (ou Bretonne) dans laquelle ils trouvent tous leur signification, ce qui prouve que cette Langue & celle des Titans étoit la même.

Pezron fait descendre des mêmes Titans les Spartiates & les Umbriens, & de ces derniers les Sabins. Il prétend aussi que les Saliens, chez les Sabins & chez les Romains, les Druides & les Bardes parmi les Gaulois, étoient les mêmes que les Curétes parmi les Titans.

Dans la seconde partie, l'Auteur prouve l'antiquité de la Langue des Celtes, qu'il fait remonter jusqu'à la confusion des Langues. Pour cela il recherche l'origine des Grecs, des Aborigènes ou Latins, & des Teutons. Il fait voir que leurs Langues ont plusieurs mots qu'elles ont empruntés du Celtique. Il finit cette partie de son Ouvrage par trois Tables, de mots Grecs, Latins & Teutons, pris de la Langue Celtique. Selon lui c'est cette dernière Langue dont on se servoit dans les Gaules au tems de César, & qui s'est conservée jusqu'à présent dans la petite Bretagne, Province de France (où l'Auteur étoit né) & dans le pays de Galles en Angleterre.

Cet Ouvrage, qui est d'un style simple & d'une grande netteté, part d'une main sçavante. Le système que contient la première partie est ingénieux & plein d'érudition ; mais je le regarde plutôt comme un jeu d'esprit & une preuve du sçavoir de l'Auteur, que comme une réalité sur laquelle on puisse asseoir quelque fondement.

Cependant les Auteurs Anglois de l'Histoire Universelle, dont je parlerai plus bas, ainsi que l'Abbé Lenglet, ont fort goûté ce système. La seconde partie me satisfait infiniment davantage : l'Auteur y a rassemblé grand nombre de mots des Langues Grecque, Latine & Teutonne, qui ressemblent si fort à ceux de la Langue Celtique, que comme celle-ci est plus simple que les autres, on est fort tenté de croire que c'est chez elle qu'ils ont été pris.

Au reste, ce Livre n'étoit qu'un Essai d'un Traité beaucoup plus considérable que l'Auteur avoit dessein de faire, & dont il a donné le plan dans une Lettre à l'Abbé Nicaise, imprimée dans les *Nouvelles de la République des Lettres*, Juin, 1699, art. 2, *Bibliothèque Françoise* de l'Abbé Goujet, tom. I. pag. 309.

On peut consulter sur l'Ouvrage du Père Pezron, les *Actes de Léipsick*, 1704, pag. 10. = *Préf. des Historiens des Gaules & de France,* pag. 23. = *Préf. Eccardi de orig. Germ.* pag. 6. = Lenglet, *Méth. Hist.* tom. II. pag. 239-501 ; Tom. VI. pag. 8. = *Journal des Sçavans*, 1703. = *Mém. de Trévoux*, Janvier & Juin, 1703. = Le P. Niceron, tom. I. pag. 177. = *Hist. des Ouvr. des Sçavans,* Avril, 1705. = *Pièces Fugit. de Flachat*, pag. 124. = *Hist. des Celtes, par Pelloutier*, tom. II.

pag. 21, & *fa Table des Auteurs, Lett.* P. = *Origines Celtiq.* & *Gaul. préf. pag.* 9.]

3741. ☞ Observations hiſtoriques ſur la Nation Gauloiſe, ſur ſon origine, ſa valeur, ſes exploits, ſa puiſſance, avec l'établiſſement des Galates en Aſie ; leur origine, leurs mœurs, leur religion & leur gouvernement ; par M. l'Abbé D. (DORDELU DU FAYS): *Paris,* 1746, *in-*12.

Les Gaulois, les Celtes & les Galates, que Joſeph appelle Gomérites, ne faiſoient qu'une Nation qui avoit pris naiſſance dans la Gaule, d'où elle s'eſt répandue dans diverſes parties de l'Europe ; ſçavoir en Angleterre, en Eſpagne, en Italie, en Germanie, & dans l'Aſie proprement dite, ou Anatolie. Leur Etat étoit Monarchique, & leur vaſte Empire remonte à pluſieurs ſiècles avant Ambigat, qui étoit Roi des Gaules environ 600 ans avant J. C. puiſqu'au rapport de Strabon & de Solin, il y avoit en Aſie des Colonies Gauloiſes dès les premiers ſiècles. Cet Etat, ſelon l'Auteur, ne perdit rien de ſa ſplendeur avant Brennus, quoi qu'en diſe Tite-Live. L'Auteur s'attache enſuite à faire voir la fauſſeté de ce que cet Hiſtorien avance au ſujet de la victoire remportée par Camille ſur Brennus, & de celles remportées par les Romains ſur les Rois ſes ſucceſſeurs. Il convient qu'après Brennus la Nation Gauloiſe commença à déchoir de ſa puiſſance ; mais elle ne déchut jamais de ſa valeur. Il fait à cette occaſion la deſcription des armées des Gaulois, de leurs forces & de leur diſcipline militaire. Il ne faut attribuer la décadence de leur Empire qu'à leur déſunion. Il entre enſuite ſubitement en fureur contre les Romains. Il dépeint, hors de propos, leur ambition & leur mauvaiſe foi. Il ſoutient que la victoire que remporta Fabius dans les Gaules ſur deux cens mille Gaulois, l'an 119 avant J. C. & dont il eſt parlé dans Florus, n'eſt ni vraie ni vraiſemblable. Il entre enſuite dans le détail de ce que Jules-Céſar fit pendant dix ans, dans les Gaules. Il ne dût, ſelon notre Auteur, ſes progrès qu'à une partie des Gaulois, qui s'étant ſéparée de l'autre, lui aida à conquérir la Gaule dans la huitième Campagne. Une partie des Gaules le reconnut pour Roi ; & ce fut dès-lors qu'appuyé par ce ſecours, il conçut & exécuta le deſſein de chaſſer Pompée, & d'uſurper la ſouveraine puiſſance à Rome. Il en eut l'obligation aux Gaulois : auſſi n'échappa-t-il pas l'occaſion de leur témoigner ſa reconnoiſſance, en les élevant aux premières dignités, & ne les appellant que ſes frères & ſes amis. Depuis Jules-Céſar, les Gaulois ont plus été les maîtres de l'Empire Romain, que Rome même ; ſes Empereurs n'ayant été ſtables, qu'autant que leur parti étoit puiſſant dans les Gaules, & leur élection n'ayant jamais dépendu du Peuple Romain ni du Sénat, mais de l'ordre militaire, dont les Gaulois faiſoient la plus grande partie.

Il paſſe enſuite à l'origine des François & à leur entrée dans les Gaules. Ils étoient Germains, & connus ſous le nom de Sicambres, Francs ou François. Ils deſcendoient des Gaulois, qui prirent Delphes, & ſe retirèrent enſuite dans la Germanie, où ils s'établirent ſur les bords du Rhin. Ils y furent gouvernés par des Rois ſucceſſifs & non électifs, prédéceſſeurs de Pharamond. Ces Rois entrèrent en France en conquérans, & n'ont jamais relevé de l'Empire Romain.

Dans une ſeconde partie l'Auteur parle des Galates, peuples ſortis de la Gaule. Il relève les contradictions de Tite-Live, Polybe & Juſtin ; & fait voir qu'il y a eu deux migrations des Gaulois en Aſie ſous deux Rois, nommés tous deux Brennus (ce qui a donné lieu à l'équivoque). La première, des Cimbres & Anſariens ; la ſeconde, des Tectoſages & des Scordiſques. Ce fut à la première expédition que les Gaulois prirent & pillèrent le Temple de Delphes. Il paſſe enſuite à la deſcription des mœurs, coutumes, religion & gouvernement de ces Galates ou Gaulois, établis en Aſie, dont ils occu-

pèrent pluſieurs Provinces. Si l'on en croit Pline, ils s'étoient répandus juſques dans la Scythie, & y portoient le nom de Celto-Scythes.

Voyez ſur ces Obſervations le *Mercure de Mai* 1747, *Mémoires de Trévoux, Mars,* 1747. = *Journal des Sçavans, Février,* 1747.]

3742. ☞ Réflexions critiques ſur les Obſervations de M. l'Abbé D. (DORDELU DU FAYS) où l'on fait voir la fauſſeté des conjectures de l'Obſervateur ſur l'origine, la puiſſance, & la valeur des Gaulois ; où l'on démontre auſſi la diſtinction de deux Brennus, les plus fameux Conquérans Gaulois ; par M. l'Abbé A. (ARMERYE): *Paris,* 1747, *in-*12.

Le but unique de ce petit Ouvrage eſt de relever les erreurs & le ridicule des Obſervations précédentes, ce qui eſt exécuté ſans beaucoup de ménagement. L'Auteur leur fait bien de l'honneur, de prendre ſon ſérieux pour les détruire : au ſurplus, il convient qu'il y a eu deux Brennus, l'un Roi des Gaulois, dont parle Tite-Live dans ſon Livre V. qui prit Rome environ l'an 365 de ſa fondation, & l'autre dont parle le même Auteur au Livre XXXVIII. & qui étoit un Prince Gaulois, lequel accompagné de Léonorius & de Lutarius, paſſa en Thrace, & fit une expédition en Aſie environ l'an 561 de Rome, près de deux cens ans après ſa priſe, en quoi il eſt très-différent de l'Auteur des Obſervations.]

3743. ☞ Lettre de M. DORDELU DU FAYS, à Madame la Marquiſe D * * *. *Mercure,* 1747, *Décembre, pag.* 90-99.

C'eſt pour prouver ce qu'il avoit avancé dans ſes Obſervations ſur les Gaulois, que Brennus n'a point été défait par Camille.]

3744. ☞ Opera Joannis Goropii BECANI, hactenus in lucem non edita : nempe Hermathena, Hieroglyphica, Vertumnus, Gallica, Francica, Hiſpanica : *Antverpiæ*, Plantin, 1580, *in-fol.*

L'Auteur s'applique dans l'Ouvrage intitulé, *Gallica,* à réfuter le ſentiment de ceux qui ont ſoutenu que le langage des anciens Gaulois étoit Grec : il prétend que celui dont ces Peuples ſe ſont ſervis, étoit celui des Cimbres, c'eſt-à-dire, le Teutonique, qui s'eſt enfin corrompu par le commerce des Romains & des François, & a formé la Langue Franque. Les deux premiers Livres ſont pleins d'étymologies Teutoniques, telles que celles de Gaulois, de Druides, de Galates, de Celtes, de Cimbres, de Lyon, & de beaucoup d'autres villes & peuples. Il fait deſcendre les Gaulois de Japhet, & ſoutient que c'eſt le même qu'ils adoroient ſous le nom de Dis. Il place leur première demeure dans la Bactriane, & delà en Phrygie. Il parle enſuite de leur paſſage en Italie & dans les Gaules ſous différens Chefs, qui fait le ſujet du troiſième Livre. Dans le quatrième, il traite de leur Religion. Leurs principales Divinités étoient Mercure, Apollon, Mars, Jupiter & Minerve. Ils adoroient ſous des noms différens, & telle de ces Divinités en avoit ſouvent pluſieurs. Le cinquième Livre contient ce qui regarde les Druides & leurs cérémonies : on y traite amplement du Chêne & du Gui. Il y a des recherches dans ce Livre ; mais il eſt rempli de paradoxes, & l'Auteur en voulant prouver par ſes étymologies ce qu'il avance, débite bien des choſes peu vraiſemblables.

Il a diviſé l'Ouvrage intitulé , *Francica,* en quatre Livres. Dans le premier, il rapporte les différens ſentimens des Hiſtoriens ſur les Francs. Il les place au bord de l'Océan, & dans le voiſinage des Bataves ; il donne enſuite l'étymologie du nom de Franc, qu'on devroit prononcer Vranc, & qui ſignifie un Peuple libre. Ils habitoient, ſelon lui, les Palus Méotides avant la guerre de Troye, à laquelle ils prirent part. Il leur donne la même origine qu'aux Gaulois, & les fait descendre de Japhet, qu'il prétend être le même qu'Apollon. Ils sortirent d'Asie pour venir s'établir sur le Tanaïs, & de-là dans la Frise & dans la Hollande : ce fut là qu'ils se firent connoître aux Romains pour la première fois. Dans le second Livre, l'Auteur traite des différens peuples sortis des Francs, de leurs expéditions, de leurs invasions dans les Gaules, de leurs Chefs; il parle en passant des Bourguignons, & enfin de la Loi Salique, qu'il fait venir de l'invention des selles à chevaux. Le troisième Livre contient les combats des François, leurs Princes, l'étymologie de leurs noms, leurs coutumes, & tout ce qui a rapport à ces Peuples. Dans le quatrième Livre, l'Auteur examine si les François ont eu pour leurs armes un crapaud : il soutient la négative, & prétend que depuis Noé ils ont porté trois fleurs de lys qui leur furent apportées du Ciel, comme une marque qu'ils formeroient un jour un grand peuple. Il parle le même langage, & soutient autant de paradoxes que dans le précédent. Goropius est mort le 27 Juin 1572, âgé de 53 ans.

Voyez sur ces deux Ouvrages Lenglet, *Méth. hist. tom. IV. pag.* 8. = *Nouvelle Bibliothèque de Barat, pag.* 49.]

3745. ☞ Trésor des recherches & antiquités Gauloises & Françoises, réduites en ordre alphabétique, & enrichies de beaucoup d'origines, épitaphes & autres choses rares & curieuses, comme aussi de beaucoup de mots de la Langue Thyoise & Theutfrangue; par P. BOREL, Conseiller & Médecin ordinaire du Roi : *Paris*, 1655, *in*-4.

On trouve au commencement une Préface où il est traité des progrès & des changemens des Langues, & particulièrement de la Françoise, & de l'utilité de cet Ouvrage.]

3746. ☞ Histoire des Celtes, & particulièrement des Gaulois & des Germains, depuis les tems fabuleux, jusqu'à la prise de Rome par les Gaulois ; par Simon PELLOUTIER : *La Haye*, 1740 & 1750, *in*-12. 2 vol.

Il n'est pas question dans ces deux Volumes, les seuls qui ont été publiés, d'une Histoire suivie, mais seulement des Gaulois en général. Le premier Volume contient deux Livres. Dans le premier, l'Auteur traite de l'origine des Celtes, des pays qu'ils occupoient anciennement, des différens noms qu'ils ont portés, & de la Langue ancienne de ces Peuples. Les Celtes faisoient partie des anciens Scythes, qui selon les Auteurs de la première antiquité, étoient distingués en Scythes Européens, Hyperboréens, Sauromates & Arimaspes. Les Sauromates conservent encore aujourd'hui ce nom; les Hyperboréens sont des Celtes; les Arimaspes sont peut-être un Peuple fabuleux. La plus grande partie de l'Europe étoit autrefois peuplée par un seul & même Peuple, qui n'étoit autre que les Celtes : l'Auteur en donne les preuves. Les Celtes avoient anciennement une même Langue, & presque toutes les Langues de l'Europe en sont dérivées. Il entre dans quelque détail à ce sujet. Dans le Livre second, il parle au long des mœurs & coutumes des Celtes ; c'est-à-dire, de leur manière de se nourrir, de se loger, & de se vêtir ; de leurs occupations, du mépris qu'ils témoignoient pour l'agriculture, & en général pour les Sciences & les Arts ; des Hymnes qui contenoient leurs Loix, leur Religion & leur Histoire ; & enfin de leurs vertus & de leurs vices.

Le second Tome comprend le Livre III. qui traite de la Religion & des Dieux des Celtes. On trouve à la fin une Dissertation sur les Galates ou Colonies Gauloises établies dans l'Asie Mineure.

Voyez sur cet Ouvrage, *Observations sur les Ecrits modernes*, *Lettres* 355, 358, 360. = *Journal des Sçavans*, *Avril & Mai*, 1741. = *Bibliothèque Françoise, tom. XXXIII. pag.* 185, *& XXXIV. pag.* 1 ; = *Mémoires des Gaulois*; par M. Gibert, *pag.* 134.]

3747. ☞ Lettre de M. P. à M. de B. sur les Celtes. *Dans la Bibliothèque Germanique, tom. XXVIII. pag.* 33.

Seconde Lettre de M. P. à M. de B. sur les Celtes. *Ibid tom. XXIX. pag.* 207.

Dans la première de ces Lettres, l'Auteur traite de l'origine des Celtes ; il croit qu'en général tous les peuples du Nord, que les Grecs nommoient Scythes, n'étoient dans le commencement qu'un seul & même peuple, tant à cause de la conformité de leur langage, de leurs coutumes & de leur religion, qu'à cause de la même manière de vivre & de s'habiller. Dans la seconde, il prouve qu'à plusieurs égards les Celtes n'étoient rien moins que barbares, & que ce qu'il y avoit de plus barbare & de plus déraisonnable dans leurs coutumes, est précisément ce que les François, les Allemands & les autres peuples du Nord ont jugé à propos de conserver.]

3748. ☞ Mémoires pour servir à l'Histoire des Gaules & de la France, dédiés à MM. de l'Académie Royale des Inscriptions & Belles-Lettres ; par M. Joseph-Balthazard GIBERT, de l'Académie des Belles-Lettres : *Paris*, 1744, *in*-12.

Les six premiers articles contiennent l'Histoire des Celtes & des Gaulois, & une critique du Livre de Pelloutier. Les neuf derniers articles regardent les François.

Cet Ouvrage peut se diviser en deux parties. La première contient des Remarques sur les noms de Celtes, de Galates & Gaulois, & sur les Hyperboréens. Les anciens Grecs appelloient Scythes tous les Peuples Septentrionaux, & Celtes les Peuples Occidentaux de l'Europe. Le nom de Galates n'étoit particulier à aucun Peuple : on désignoit également sous ce nom les Belges, les Celtes, les Aquitains : il comprenoit tous les Peuples renfermés entre le Rhin & les Pyrénées, & le nom de Celtes n'étoit propre qu'à une portion de ces mêmes Peuples. L'Auteur discute ensuite les différentes opinions sur l'origine des Gaulois & sur les différentes Colonies qui ont peuplé les Gaules ; il ne faut pas, selon lui, chercher ailleurs que dans la Celtique, les Hyperboréens : ils étoient les mêmes que les Druides.

La seconde partie traite de l'origine des Francs, qui étoient les Germains, & que l'Auteur prétend descendus des Perses ; de l'association des Francs avec les Arboruches, qui a été faite en 409 : (il faut lire, selon l'Auteur, dans Procope, *Arboruchi*, au lieu d'*Armorichi* : ces Arboruches occupoient le Brabant avec tout ce qui est à l'occident de l'Escaut jusqu'au Rhin : de l'époque du règne de Pharamond, que l'Auteur place en 400 ; & de celle de l'établissement fixe des Francs dans les Gaules, qui est la même que celle de leur association avec les Arboruches en 409, la neuvième année du règne de Pharamond. Enfin l'Auteur prouve que les Francs avoient déjà eu plusieurs Rois avant Pharamond, & qu'il est seulement le premier qui les ait tous réunis sous sa domination.

Ces Mémoires devoient avoir une suite, qui n'a pas encore été donnée. Voyez sur ce Livre, *Journal de Verdun*, *Janvier*, *Août & Septembre*, 1744, *Avril*, 1745. = *Journal des Sçavans*, *Janvier*, 1744. = *Mercure*, *Janvier*, 1744.]

3749. ☞ Lettre de M. B. D. D. S. (M. BELLANGER, Docteur de Sorbonne) sur les Mémoires pour servir à l'Histoire des Gaules & de la France.

Cette longue Lettre se trouve dans les *Jugemens sur*

quelques Ouvrages nouveaux, tom. II. pag. 315 & suiv. tom. III. pag. 194, tom. IV. pag. 127. Les critiques qui y sont contenues roulent principalement sur le vrai sens de deux passages d'Hérodote au sujet des Celtes, sur les Hyperboréens, la Ligurie, &c.]

3750. ☞ Première Lettre sur le Livre de M. Gibert, intitulé, Mémoires pour servir à l'Histoire des Gaules & de la France. *Bibliothèque Françoise, tom. XL. pag.* 40.

Seconde Lettre sur le même sujet. *Ibid. p.* 293.

Dans la première de ces Lettres, l'Auteur soutient, contre M. Gibert, que les Celtes, les Gaulois & les Galates, étoient un seul & même Peuple sous différens noms, selon les Contrées qu'ils habitoient; que dans leur origine, ils ne furent connus que sous le nom de Celtes, & que l'étymologie de ces noms est toute Hébraïque. Dans la seconde Lettre, on prétend que les Hyperboréens ne sont ni les Gaulois ni les Druides.]

3751. ☞ Lettres de M. PELLOUTIER, à M. Jordan, Conseiller-Privé (du Roi de Prusse) pour servir de réponse aux objections qui lui ont été faites par M. Gibert. *Ibid. tom. XLI. pag.* 231.

Il y a dans ces réponses plusieurs choses curieuses sur les Celtes, & qui éclaircissent quelques endroits des Ouvrages de MM. Pelloutier & Gibert.]

3752. ☞ Lettre de M. Gibert, à M. N. en réponse à la critique de M. B. sur l'Histoire des Gaules & de la France. *Mercure,* 1745, *Janvier, pag.* 22-42.

Cette Dissertation est plus grammaticale qu'historique : elle est d'ailleurs remplie de phrases Grecques.]

3753. ☞ Jo. Danielis SCHOEPFLINI, Consil. Reg. & Franciæ Historiogr. Vindiciæ Celticæ : *Argentorati,* 1754, *in-*4.

Le but de cet Ouvrage est de prouver que les Celtes & les Gaulois ne sont qu'un même Peuple, & que la différence du nom ne vient que de la façon différente dont il a été prononcé : les Gaulois prononçoient Kelt; & les Romains en adoucissant, Gualt ou Guelt, dont ils ont fait *Galli*. L'Auteur établit cette opinion sur le témoignage de la plus grande partie des anciens Auteurs : & en réfutant l'opinion de quelques modernes, entr'autres de Vesser, Cluvier, du Père Pezron, de Pelloutier, &c. dont les uns ont donné le nom de Celtes à presque tous les Peuples de l'Europe, les autres à quelques-uns seulement; il fait voir que ce nom n'a jamais appartenu qu'aux seuls habitans des Gaules. Il termine son Ouvrage par un détail de toutes les Colonies ou Peuplades que les Gaulois ont portées dans différentes parties de l'Europe & même de l'Asie.

Voyez sur ce Livre les *Mémoires de Trévoux, Avril,* 1755. = *Mercure, Septembre,* 1754. = *Journal des Sçavans, Septembre,* 1754. = *Journal de Verdun, Novembre,* 1754.]

3754. ☞ Réponse de M. PELLOUTIER, à des objections de M. Schoepflin, contre son Histoire des Celtes.

On la trouve dans la *Nouvelle Bibliothèque Germanique, tom. XXIV. pag.* 388-433, & *tom. XXV. p.* 171-210. C'est M. Formey, Secrétaire de l'Académie de Berlin, qui l'a publiée après la mort de l'Auteur.]

☞ La medesima risposta, tradotta in Italiano.

Cette Traduction est dans l'*Estratto della Letteratura Europea,* 1760, *tom. II. pag.* 214-254, & *tom. III. pag.* 89-126.]

3755. ☞ Histoire des Gomérites (ou des plus anciens Celtes ou Gaulois). *Histoire Universelle traduite de l'Anglois, tom. IV. Amsterdam,* 1743, *in-*4. *pag.* 103-140.

Cela forme la partie la plus considérable du Chapitre XII. du Livre I. de cette grande Histoire universelle, composée par une Société de gens de Lettres Anglois. La Section I. contient des Recherches touchant l'origine, l'antiquité, les transmigrations & les établissemens des Scythes & des Gomérites, considérés comme deux Peuples différens, pour servir d'Introduction à leur Histoire. La Section II. Histoire des Celtes sous les noms de Gomérites, de Cimmériens, de Cimbres, de Celtes, de Gaulois, de Galates, de Titans, de Saces, &c. La Section III. Antiquité, Gouvernement, Loix, Religion, Coutumes, Sciences & Commerce des anciens Celtes. La Section IV. Chronologie & Histoire des Gomérites ou Celtes. Les trois autres Sections de ce grand Chapitre regardent la Scythie & les Scythes. Ce que nous venons de rapporter contient peu de ce qu'on appelle proprement Histoire. On indiquera dans le Paragraphe suivant ce que les mêmes Auteurs ont écrit sur les Gaulois depuis les Romains, dans leur tom. XIII. où il est amplement traité de la Religion des Gaulois.]

3756. ☞ Eclaircissemens historiques sur les origines Celtiques & Gauloises, avec les quatre premiers siècles des Annales des Gaules; par le R. P. D... (Jacques MARTIN) Religieux Bénédictin de la Congrégation de Saint Maur : *Paris,* 1744, *in-*12.

Cet Ouvrage est divisé en deux parties. La première n'est autre chose qu'une réfutation, articles par articles, de quelques endroits du tom. I. des Mémoires pour servir à l'Histoire des Gaules & de la France; par M. Gibert, sur-tout concernant les Gaulois & Galates, Hyperboréens, Celtes & Germains.

L'Auteur combat aussi le sentiment de Cluvier, du Père Pezron, de Pelloutier, qui ont donné à la Celtique & à la Gaule beaucoup plus d'étendue qu'elle n'en avoit, & il fait voir qu'originairement il n'y a eu de Celtes que dans la Celtique, qui consistoit uniquement dans cette troisième partie des Gaules, qui s'étendoit depuis le Rhin jusqu'à l'Océan, entre les Monts des Vosges & la Marne d'un côté, le Rhône, les Cévennes & la Garonne de l'autre : que les Peuples sortis en différens tems de cette première enceinte, ont communiqué le nom de Celtes & de Celtique aux Peuples & aux Contrées où ils ont été se fixer ; que le tems où ces grands événemens se sont passés, est antérieur à la connoissance qu'on a eue des Peuples & des Régions où les véritables Celtes se sont transplantés.

La seconde partie contient les Annales des Gaules & des Conquêtes des Gaulois. Elles commencent à des tems incertains, avant l'établissement des Olympiades & la fondation de Rome; & elles finissent à l'an 430 de Rome, 324 ans avant J. C. suivant le calcul des fastes Capitolins. Dans ces Annales, l'Auteur a rassemblé un grand nombre de citations de différens Ecrivains anciens, relativement aux Gaules & Gaulois, qui n'étoient point connus, même à l'Auteur du premier tome de la Collection des Historiens des Gaules & de la France.

L'Auteur de ces Eclaircissemens annonce dans sa Préface beaucoup de modestie, comme aussi beaucoup de douceur & de modération dans la critique qu'il va faire de M. Gibert ; mais il ne tient pas toujours parole.

Voyez sur ce Livre les *Mémoires de Trévoux, Février,* 1745.]

3757. ☞ Mf. Dissertation sur l'origine des Gaulois ; par M. PELISSIER DE FELIGONDE, de la Société Littéraire de Clermont-Ferrand.

Elle

Histoire des anciens Gaulois.

Elle a été lue à l'Assemblée publique de l'année 1753, & est conservée dans les Registres de cette Société. On en trouve un court extrait dans le *Mercure*, 1753, *Décembre*, 1 vol. *pag.* 31. L'Auteur remonte au premier âge: il dit que Gomer, fils de Japhet, eut le surnom de Gallus; qu'Aschenas, fils de Gomer, est le père des Galates, Cimbres & Teutons; que des Galates sont issus les Celtes, les Gaulois, & même les Gallo-Grecs, qui s'établirent les premiers dans cette terre, qui est bornée par le Rhin, les Monts Pyrénées & la mer Océane. Il prétend que les migrations de ces Peuples, & les invasions des Étrangers, ont en différens tems désolé les Gaules; que la domination même des Romains, ni celle des Francs, n'ont point détruit l'ancienne Colonie; & qu'ils se sont plutôt naturalisés, qu'ils n'ont changé les mœurs des anciens habitans de la Gaule.]

3758. ☞ Monumens de la Mythologie & de la Poësie des Celtes; par M. MALLET: *Coppenhague*, 1756, *in*-4.]

3759. ☞ Godofr. Guill. LEIBNITII collectanea etymologica, illustrationi Linguarum veteris Celticæ, Germanicæ, Gallicæ, aliarumque inservientia, cum Præfatione Joan. Georgii ECCARDI: *Hanoveræ*, 1717, *in*-8. 2 vol.]

3760. ☞ L'Hymen Celtique, & quelques Anecdotes sur le même sujet. *Mercure*, 1739, *Novembre*, *pag.* 2543-2557.

Ce petit Ouvrage contient quelques remarques sur la manière dont les Celtes contractoient mariage. On y trouve ensuite une longue digression pour examiner si Hercule est venu dans les Gaules, & si Hector a eu plusieurs enfans, dont l'un ait pu venir avec une troupe de Troyens s'établir dans cette Région: l'Auteur soutient l'affirmative.]

3761. ☞ Lettre de M. DESLANDES, de l'Académie Royale des Sciences, & Commissaire-Général de la Marine, sur une antiquité Celtique. *Mercure*, 1736, *Septembre*, *pag.* 2005-2017.

3762. ☞ Dissertation sur les antiquités Celtiques.

Elle se trouve dans le *Tom. I. de l'Histoire de Paris*, de Dom FELIBIEN.]

3763. ☞ V. E. LOESCHERI, Literator Celta, seu de excolendâ Literaturâ Europæâ, Occidentali & Septentrionali, consilium & conatus: *Lipsiæ*, 1726, *in*-8.

L'Auteur distingue quatre Périodes: 1.º depuis la migration des Peuples venus de l'Orient, jusqu'au tems de Pline: 2.º depuis la fin du premier siècle de J. C. jusqu'à Charlemagne; 3.º jusqu'à la Bulle d'or en 1356: 4.º jusqu'à notre siècle. Il croit que les premiers enfans de Japhet, venus en Occident, sont ceux qu'on a connus sous les noms de *Sicanes* & d'*Aborigènes*, qui ont occupé l'Illyrie, l'Italie, la Gaule Méridionale, & une partie de l'Espagne; que quelques siècles après vinrent s'établir, des environs du Pont-Euxin, dans la Germanie méridionale & la Gaule mitoyenne, ceux qu'on appella proprement les Celtes, dont quelques-uns passèrent en Espagne & en Angleterre: qu'enfin, d'autres vinrent par le Nord, occuper la Germanie Septentrionale, le Danemarc, la Suède, la Norvège & l'Islande; que ces derniers ont été connus sous le nom de *Teutons* & *Théotisces*, d'où sont sortis les Saxons & les Anglois, qui, étant venus au cinquième siècle dans la Grande-Bretagne, lui ont donné leur nom. L'Auteur rassemble sous chaque titre des anciens Peuples, les mots qui peuvent servir à reconnoître leur langue & leur origine. Depuis la pag. 13 jusqu'à 34, se trouve un Recueil de mots Celtes & Bretons.]

3764. ☞ Dissertation sur la langue Celtique, ou sur le Bas-Breton, 1706.

Elle est dans le *Recueil de Dissertations sur divers sujets d'antiquité*; par le Père LEMPEREUR: ci-devant, N.º 173, art. VII.

Il répond à cette Question, Qu'est devenue la Langue Celtique? Où la peut-on mieux chercher, dit-il, que dans l'endroit qu'habitoient les Celtes, c'est-à-dire dans la France, où il est naturel, malgré les différentes transmigrations, qu'elle se soit conservée? La langue Françoise a pour fonds la langue Celtique, à laquelle il s'est mêlé, à la vérité, quelques mots des langues étrangères. Pour le prouver, il fait un essai de dix-huit mots en langue Françoise, Bretonne & Allemande. En les combinant, il fait voir, 1.º le peu de conformité qui se trouve entre le Breton & l'Allemand, & entre ces deux langues & le François: 2.º que les dix-huit mots François par lui cités, sont Celtes. Il offre ensuite d'en faire voir autant par rapport à la plus grande partie des autres mots de la langue Françoise, d'où il conclud que l'Allemand & le Breton ne sont point la langue Celtique: que s'il s'y en trouve quelques mots, ils y ont été introduits par les Gaulois; & qu'il ne faut pas chercher ailleurs cette langue que dans la Françoise, où elle s'est conservée.]

3765. ☞ Lettre de M. DESLANDES, sur la Langue Celtique. *Mercure*, 1727, *Juin*, 1 vol. *pag.* 1107-1112.

L'Auteur soutient que le Bas-Breton est la véritable langue Celtique: il relève en passant quelques erreurs du P. Pezron, au sujet de l'étymologie du mot Titan, dont il a fait l'application aux Celtes.]

3766. ☞ Ms. Glossaire Celtique; par le P. OUDIN, Jésuite.

Le Manuscrit original, distribué en petits cahiers & en feuilles volantes, mais assez considérable pour former un gros *in*-8. est entre les mains de M. Michault, Avocat au Parlement de Dijon, à qui l'Auteur l'a remis trois ans avant sa mort. Ce sçavant en a donné une idée dans ses *Mélanges Historiques & Philologiques*: (*Paris*, 1754) *tom.* II. *pag.* 233-238, & *pag.* 292. Les *Etymologies Celtiques* du même P. Oudin, publiées en 1745, par M. l'Abbé d'Olivet, à la tête des *Œuvres posthumes de l'Abbé Gedoyn*, & réimprimées dans la nouvelle édition du Dictionnaire Etymologique de Ménage, ne sont que des fragmens d'une Dissertation sur les Matelats, à la recherche desquels quelques étymologies l'avoient entraîné, mais dont le Manuscrit avoit été brûlé en partie pendant le cours de l'impression.]

3767. ☞ Mémoires sur la Langue Celtique, contenant: 1.º l'Histoire de cette Langue, & une indication des sources où on peut la trouver aujourd'hui: 2.º une Description étymologique des villes, rivières, montagnes, forêts, curiosités naturelles des Gaules, de la meilleure partie de l'Espagne & de l'Italie, de la Grande-Bretagne, dont les Gaulois ont été les premiers habitans: 3.º un Dictionnaire Celtique renfermant tous les termes de cette Langue; par M. (J. B.) BULLET, premier Professeur Royal & Doyen de la Faculté de Théologie de l'Université de Besançon, de l'Académie des Sciences, Belles-Lettres & Arts de la même Ville: *Besançon*, 1754, & *suiv. in-fol.* 3 vol.

Le Tom. I. contient les deux premières parties indiquées dans le Titre, & les deux Tomes suivans comprennent le Dictionnaire.

Voyez sur cet Ouvrage l'*Année Littéraire*, 1756, *tom. II. pag.* 3. = *Journal de Verdun, Juin*, 1751. = *Mémoires de Trévoux*, 1762, *Janvier, pag.* 105-119, 1 vol.]

3768. ☞ Mſ. Gloſſaire Bas-Breton, François & Latin; fait par Jean LAGADENE, né à Ploégonen, Diocèſe de Tréguier, le 16 Août 1464 : *in-fol.*

On le trouve dans la Bibliothèque du Roi, & il vient de M. Lancelot. Ce Gloſſaire n'eſt pas entier ; car après avoir été juſqu'à la moitié de la Lettre I. (mot *Inſtruction*) il y a une interruption : il reprend à la Lettre M. (au mot *Moleſtaffs*); & continue juſqu'à la Lettre P. (au mot *Preſſe*); & c'eſt où finit ce Manuſcrit.]

3769. ☞ Dictionnaire Bas-Breton ou Celtique; par le Père Grégoire DE ROSTRENEN, Capucin : *Rennes*, 1732, *in-4.*

Voyez le *Journal de Verdun*, 1739, *Mai*.]

3770. ☞ Grammaire Françoiſe-Celtique, ou Françoiſe-Bretonne ; par le même : *Rennes*, 1738, *in-8.* de 206 pages.]

3771. ☞ Dictionnaire de la Langue Bretonne, où l'on voit ſon antiquité, ſon affinité avec les anciennes Langues, l'explication de pluſieurs paſſages de l'Ecriture-Sainte & des Auteurs profanes, avec l'Etymologie de pluſieurs mots des autres Langues ; par Dom Louis LE PELLETIER , Religieux Bénédictin de la Congrégation de Saint Maur (donné au Public par Dom Charles TAILLANDIER, Bénédictin, qui a fait la Préface) : *Paris*, 1752, *in-fol.*

Cet Ouvrage peut beaucoup ſervir à l'intelligence de la langue Celtique & Gauloiſe.]

3772. ☞ Dictionnaire François-Breton, ou François-Celtique, enrichi de Thêmes; dans lequel on trouvera les genres du François & du Breton, les infinitifs, les participes paſſifs, les préſens de l'indicatif, ſuivant la première façon de conjuguer, & une orthographe facile, tant pour l'écriture que pour la prononciation ; par M. l'A..... *La Haye*, & ſe vend à Paris, 1756, *in-8.*

On trouve à la tête une Préface, & à la fin un Supplément conſidérable.]

3773. ☞ Diſſertation ſur l'ancienne Langue Gauloiſe. *Mercure*, 1742, *Janvier, pag.* 6, *Février, pag.* 37, & *Mars, p.* 424.

Cette Diſſertation eſt diviſée en ſix queſtions. Dans la première, l'Auteur penſe que les Gaulois avoient un langage commun , qui quoiqu'altéré peut-être dans pluſieurs contrées, ne laiſſoit pas d'être entendu dans toutes les Gaules. Dans la ſeconde, il prouve que les caractères dont ils ſe ſervoient, étoient Grecs, & qu'ils les avoient reçus des Phéniciens, & non des Marſeillois. Dans la troiſième, que le langage Teutonique & Breton avoient beaucoup de conformité avec les Gaulois, qui s'étoit enrichi de pluſieurs termes Phéniciens, par la fréquentation que ces deux Peuples eurent enſemble. Dans la quatrième, il donne les raiſons pour leſquelles la langage Gaulois s'éteignit ſi promptement, après les conquêtes de Céſar. Dans la cinquième, comment il tomba tout à fait dans l'oubli, & ne ſe conſerva qu'imparfaitement dans le langage Bas-Breton. Dans la ſixième, il examine quel étoit l'état & la nature du Gouvernement des Gaules ſous Jules-Céſar. Cette Diſſertation eſt pleine de recherches.]

3774. ☞ Mſ. Diſcours ſur l'ancienne Langue Gauloiſe : *in-fol.*

Ce Manuſcrit eſt cité *pag.* 438 du Catalogue de Bellanger.]

3775. ☞ Lettre de M. B... à l'Auteur des Obſervations ſur les Ecrits modernes , à l'occaſion de ſa feuille 257 ſur la Queſtion ſi les anciens Gaulois parloient Grec. *Mercure*, 1739, *Août, pag.* 1773-1782.

Lettre & Dialogue ſur le même ſujet ; par M. R. D. R. *Ibid. Déc.* 1 vol. *pag.* 2777. 2787.

Réponſe de M. B. au Dialogue précédent. *Mercure* , 1740, *Avril*, *pag.* 640-648.

Réplique à ladite réponſe ; par M. R. D. R. *Ibid. Août*, *pag.* 1737-1742.

Il s'agit dans ces quatre morceaux de ſçavoir quelle étoit la Langue maternelle des Gaulois : M. B. prétend que la Langue Celtique , cette Langue maternelle des Gaulois, n'étoit autre que la Grecque ; & il s'appuie pour le prouver, de l'autorité de S. Jérôme, de Strabon & de Lucien. M. R. D. R. ſoutient que ce ſentiment eſt un vrai paradoxe, & prouve que ces Auteurs ſont mal cités.]

3776. ☞ Deux Mémoires ſur l'origine & les révolutions des Langues Celtique & Françoiſe ; par M. DUCLOS. *Académie des Belles-Lettres, tom. XV. pag.* 565-579, & *XVII. pag.* 171-190.

Dans le premier, l'Auteur recherche l'origine de la Langue Gauloiſe ou Celtique, qui étoit commune à toutes les Gaules : il ſoutient que les caractères dont les Gaulois ſe ſervoient pour l'écrire, étoient ceux-mêmes dont ſe ſervoient les Grecs, & qu'ils avoient reçus des Phéniciens. Il examine enſuite les changemens qu'elle a éprouvés ſous les Romains, ſous les Francs & ſous la première Race. Dans le ſecond Mémoire, il ſuit les progrès qu'elle a faits depuis Charlemagne juſqu'à François I. Le ſujet eſt traité avec beaucoup de ſagacité & d'érudition.]

3777. ☞ Mſ. Diſſertation ſur la Langue originaire des Gaulois ; par M. DE FELICONDE, Secrétaire de la Société Littéraire de Clermont-Ferrand.

Dans les Regiſtres de cette Société.]

3778. ☞ Mémoire ſur l'introduction de la Langue Latine dans les Gaules, ſous la domination des Romains ; par M. BONAMY. *Académie des Belles-Lettres, tom. XXIV. pag.* 582-602.]

3779. ☞ Sur la Langue vulgaire de la Gaule, depuis Céſar juſqu'au règne de Philippe Auguſte ; par M. LEVESQUE DE LA RAVALIERE. *Hiſtoire de l'Académie des Belles-Lettres, tom. XXIII. pag.* 244-249.

Il prétend que le langage Celtique des anciens Gaulois s'eſt conſervé juſqu'à nous, & que la Langue Latine n'a rien à redemander à la nôtre.

On trouvera l'opinion contraire ſoutenue dans quelques Ouvrages ſur la Langue Françoiſe, indiqués ci-après, dans l'article II. du Chap. I. du Liv. III.]

3780. ☞ Nouvelles Remarques concernant la Langue Hollandoiſe & diverſes antiquités; par Fr. BURMAN: *Utrecht*, Broedelet, 1761, *in-12*. (en Hollandois).

Cét Ouvrage, que son titre semble exclure de la Bibliothèque de la France, y appartient néanmoins par les observations qu'il présente sur l'origine & les rapports des Langues Françoise & Hollandoise, & sur plusieurs usages communs aux deux Nations. » L'opinion de M. » Burman est que notre Langue dérive de la Langue des » Francs, mêlée avec le Latin & le Celtique; ainsi les » mots qui paroissent être communs aux François & aux » Hollandois, ne viennent point originairement de » l'une ou l'autre de ces deux Langues; mais leur racine est dans une Langue plus ancienne, leur mère » commune. M. Burman s'étend beaucoup sur notre » Langue & nos usages, & paroît avoir une connoissance très-profonde de tous les deux. *Annales Typographiques*, année 1761, *pag*. 158.]

3781. De Gallorum & Germanorum moribus Fragmentum, ex Commentariorum Caii Julii Cæsaris libro sexto de Bello Gallico, Annotationibus Joannis FILESACI illustratum: *Parisiis*, à Prato, 1585, *in-8*.

Filesac [Docteur de Sorbonne] est mort en 1638.

3782. ☞ De veterum Gallorum, Francorumque fortitudine aut præstantiâ; auctore Davide BLONDELLO.

Dans son Ouvrage intitulé, *Assertio Genealogia Franciæ adversus Chiffletium*, pag. 381-404, & dans les *Addenda*, 105-127.]

3783. Petri RAMI, Liber de moribus veterum Gallorum: *Parisiis*, 1559, 1562: *Francofurti*, 1584, *in-8*.

Idem, cum Præfatione Thomæ FREIGII: *Basileæ*, 1574, *in-8*.

Des mœurs des Gaulois, traduit du Latin de Pierre DE LA RAMÉE; par Michel de Castelnau: *Paris*, 1559, *in-8*.

Pierre de la Ramée [ou Ramus] fut tué en 1572.

☞ L'Auteur ne s'est pas seulement attaché à décrire les façons, mœurs & coutumes des anciens Gaulois; il les compare encore avec celles des Germains & des habitans de la Grande-Bretagne, pour faire connoître, par leur ressemblance, que les Gaulois ont occupé & peuplé une grande partie de ces deux Pays. Il se sert pour cela de différens passages, de César, de Tacite & d'autres Auteurs qu'il a cousus ensemble.

Ce Livre ne laisse pas d'avoir son utilité. Il n'y a personne qui ne se plaise à réfléchir sur les façons & coutumes d'un peuple dont il descend. Il seroit à souhaiter que l'Auteur, au lieu de les comparer avec celles des Germains, se fût attaché à les rapprocher des nôtres, ou plutôt à en marquer la différence. L'Histoire Chronologique & suivie des divers changemens qui y sont arrivés jusqu'à nos jours, seroit un Ouvrage d'une grande importance. M. l'Abbé Velly s'est appliqué à cet objet, & cette partie n'est pas la moins intéressante de son Histoire de France. Voy. aussi l'Ouvrage de M. Gautier de Sibert, sur les *Variations de la Monarchie Françoise*, par rapport au Gouvernement: *Paris*, Saillant, 1765, 4 vol. *in-12*.

La portion de l'ouvrage de Ramus, où il traite du Gouvernement des Gaulois, est la plus curieuse. Il y fait voir le peu de pouvoir & d'autorité qu'ils donnoient à leurs Rois, comment ils les constituoient & destituoient à leur volonté, selon qu'ils se conduisoient bien ou mal. Les réflexions de l'Auteur à cet égard prouvent assez qu'il n'étoit point partisan du despotisme.

L'original est écrit d'un assez beau Latin & assez clair; mais la traduction est d'un mauvais François, obscur & désagréable à lire. L'Auteur fut enveloppé dans le massacre de la S. Barthélemi: on peut voir sa vie dans l'*Histoire du Collége Royal*, qu'a donnée M. l'Abbé Goujet. Voyez sur son Ouvrage, Sotel, *pag*. 161. = *Bibliot. de Harlay*, tom. II. *pag*. 504. = Lenglet, *Méth. histor.* tom. II. pag. 242, & tom. IV. pag. 8.]

3784. Wolfgangi PRISBACHII, Germani, Liber de moribus veterum Gallorum: *Parisiis*, 1584. *in-8*.

3785. Traité des anciennes mœurs, piété & religion des Gaulois; par DU FOUSTEAU.

On trouve ce Traité dans son Livre intitulé, *Les curieuses singularités de France*: *Vendôme*, 1631, *in-8*.

3786. ☞ Mss. Julii BULENGERI Tractatus de Gallorum moribus & disciplinâ: 1589.

Ce Traité manuscrit est conservé dans le Cabinet de M. Fevret de Fontette, Conseiller au Parlement de Dijon.]

3787. ☞ Des habits des Gaulois, de leurs monnoyes, de leurs armes, de leurs funérailles & sépulcres; par le Père Bernard DE MONTFAUCON, Bénédictin de la Congrégation de Saint-Maur.

Ces objets sont traités dans l'*Antiquité expliquée & représentée en figures*: *Paris*, 1719, *in-fol*. 5 tom. ou 10 vol. pag. 83-89, du tom. III. part. I. (ou vol. V.) pag. 36-38, du tom. IV. part. I. (ou vol. VII.) pag. 190-197, du tom. V. part. I. (ou vol. IX.) & dans le *Supplément*: *Paris*, 1724, *in-fol*. 5. vol. tom. III. pag. 57-62, & tom. V. pag. 140-146.]

3788. ☞ Des poids, mesures, nombres & monnoyes des Gaulois; par François GARRAULT, ci-devant Général en la Cour des Monnoies.

Dans ses Mémoires & Recueil des nombres, poids & monnoyes anciennes & modernes des Nations plus renommées, & conférence des unes aux autres, &c. *Paris*, 1595, *in-8*: Il y est question des Gaulois par intervalles.]

3789. ☞ Des Monnoyes des Gaulois; par Claude BOUTEROUE.

C'est la partie I. de ses *Recherches sur les Monnoyes*: *Paris*, 1666, *in-fol*. pag. 38-70. Voyez encore ce qui en est dit dans le *Traité des Monnoyes, en forme de Dictionnaire*; par M. ABOT DE BAZINGHEN, Conseiller en la Cour des Monnoyes de Paris: *Paris*, Guillyn, 1764, *in-4*. 2 vol.]

3790. De Gallorum Imperio & Philosophiâ, Libri octo: Stephano FORCATULO Biterrensi J. C. auctore: *Parisiis*, 1579, *in-4*. *Genevæ*, 1595, *in-8*.

Ce Livre de Forcadel est plein de fables.

☞ Les trois premiers Livres sont destinés à rapporter l'origine, les différentes expéditions & les mœurs des Gaulois. L'Auteur leur donne pour premier Roi, Saron, arrière-petit-fils de Noé (il prétend qu'il s'établit auprès de Toulouse. Après lui régnèrent Dryus, d'où est venu le nom des Druides; Bardus, Longho, Bardus le jeune (qui vraisemblablement, selon l'Auteur, donnèrent leur nom aux Lombards) & plusieurs autres dont il rapporte les noms & la suite. Il n'y a guères de pays où les Gaulois n'aient pénétré sous différens chefs; l'Asie, l'Afrique, l'Italie, Rome, l'Espagne, la Sicile, tout sentit la force de leurs bras, & se soumit à leurs armes victorieuses. Il soutient qu'ils parloient Grec, & que les premiers d'entr'eux qui reçurent l'Evangile furent les Tectosages, à qui S. Paul écrivit sous le nom de Galates. Combien de Villes leur doivent leur fondation & leur origine? On trouve dans le troisième Livre plusieurs particularités sur la Ville de Venise ; & dans le quatrième, les commencemens & les progrès de la Maison de Médicis. Dans le cinquième, il avance qu'il ne faut point chercher l'origine des François chez les Troyens, comme la plupart l'ont fait, mais chez les Gaulois, dont ils descendent; qu'ils ne sont autres que des soldats de Brennus, qui après le sac de Rome, se répandirent dans différens Pays, les uns en Grèce & les autres sur les bords du Danube, qu'ils quittèrent ensuite pour venir s'établir en Franconie, & delà sur les bords du Rhin, d'où ils repasserent dans les Gaules. Ils prirent alors, selon Forcadel, le nom de François, qui signifie Libres, parcequ'ils refuserent constamment de payer à l'Empire Romain les tributs qu'il imposoit aux autres Peuples. Il rapporte dans ce Livre tout ce qui se passa parmi eux sous leurs Chefs, depuis le prétendu Sunnon jusqu'à Clovis, fils de Childéric, quatrième Roi des François, depuis Pharamond qui en fut le premier. Il parle de leurs usages & de leurs coutumes, de leurs guerres & de leurs établissemens. Il fait Pharamond l'Auteur des Loix Saliques, dont il croit que l'étymologie vient du mot Latin *Salire*, danser. Le sixieme Livre renferme tout ce qu'a fait Clovis, ses guerres, son Baptême, sa piété & ses armoiries. L'Auteur réfute ceux qui croyent qu'il y portoit un crapaud : il prétend qu'il a toujours eu des fleurs de lys. Il parle beaucoup des Goths & des autres Peuples Barbares de ce tems, à cause de la connexité qu'ils ont avec le règne de Clovis. Le Livre septième traite de la Grande-Bretagne, & l'Auteur croit que ses premiers habitans étoient Gaulois. C'est moins une histoire suivie qu'il a prétendu donner, qu'un ramas de tous les passages des anciens Auteurs qui ont parlé des Gaulois, de leur Philosophie, de leurs usages, de leur police, de leur doctrine, de leur religion, de leurs exploits, tant chez eux que dans les pays étrangers. Une pareille entreprise a dû lui coûter bien des peines, & on doit lui sçavoir gré de ses recherches. Etienne Forcadel est mort vers l'an 1574. Voyez sur ce Livre, Lenglet, *Méthode Historique*, tom. II. pag. 242, & IV. pag. 9.]

3791. Historia veterum Gallorum ; auctore Antonio GOSSELINO, Cadomensi, Regis Eloquentiæ & Historiæ Professore : *Cadomi*, 1636, *in*-8.

» Gosselin se mit par cet Ouvrage en réputation par- » mi les Gens de Lettres : néanmoins Samuel Bochart, » Ministre de Caen, fit voir alors, par une *Dissertation* » qui a été rendue publique dans la dernière édition de » ses Œuvres, que Gosselin n'avoit pas assez creusé cette » matière. Il auroit travaillé plus utilement pour sa réputation, s'il s'étoit borné aux antiquités Romaines, dans » lesquelles il excelloit «. *Pierre-Dan. Huet*, pag. 421 des *Origines de la Ville de Caen*, seconde édition.
Cet Auteur défend les Gaulois des calomnies de Tite-Live, & de quelques autres Auteurs. Son Ouvrage est divisé en trois parties : dans la première, il parle des Druides & de leur Religion ; dans la seconde, de la Cavalerie & de la Milice des anciens Gaulois ; dans la troisième, des Peuples des Gaules & de leurs mœurs. Cet Auteur est mort en 1657.

☞ Voyez sur son Ouvrage, *Méthode historique* de Lenglet, *tom*. II. *pag*. 242, & IV. *pag*. 7. Bochart fait bien voir par l'Ecrit suivant, qu'on ne doit le lire qu'avec précaution.]

3792. ☞ De Ant. Gosselini vet. Gall. Historia Judicium (Samuelis BOCHARTI) : *Cadomi*, Poisson, 1638, *in*-12.

Cet Ouvrage a été réimprimé dans le *Recueil des Œuvres de Bochart* : *Lugduni Batav*. 1692, 3 tom. col. 1265-1308, du tom. I. A la fin (*pag*. 1188) est comme un Traité particulier, *De vet. Gallorum idiomate*, où Bochart fait voir que cette ancienne Langue est le Breton, mais que les Gaulois y avoient mêlé des mots de la Langue Hébraïque ou Phénicienne, & de la Grecque, en conséquence de leur communication avec les Peuples qui parloient ces Langues.]

3793. ☞ Dissertatio de Philosophiâ Celticâ, respondente Joan. Gasp. Kuhn; auctore Ulricho OBRECHTO : *Argentorati*, 1676, *in*-4.

Cette Dissertation est aussi dans les Opuscules d'Obrecht.]

3794. Des anciens Gaulois & de leurs défauts ; par Etienne PASQUIER.

Ce Discours se trouve au Livre I. de ses *Recherches*, chapitres 1-5. Cet Auteur est mort en 1615.

3795. ☞ Ms. Dissertation sur le caractère des anciens Gaulois ; par M. l'Abbé RICHARD, de l'Académie de Dijon.

Elle a été lue à la Séance publique de cette Académie ; le 10 Août 1752, & est conservée dans ses Registres.]

3796. ☞ Ms. Mémoire sur les mœurs des anciens Gaulois ; par le même.

Lu à la Séance publique du 19 Août 1753, & conservée dans les Registres de l'Académie de Dijon.]

3797. Joannis PICARDI Toutretiani, de priscâ Celtopædiâ Libri quinque, quibus admiranda priscorum Gallorum doctrina & eruditio ostenditur, &c. *Parisiis* [David] 1556, *in*-4.

☞ Ce Livre contient l'Histoire du progrès des Lettres, des Sciences & des Arts dans les Gaules. Le but de l'Auteur est de faire voir que les Gaulois les ont connus & cultivés avant les Grecs, les Latins & les autres Nations, & qu'ils n'y ont pas moins excellé. Son Ouvrage est divisé en cinq Livres, dont on trouve l'Analyse à la tête.
Dans le premier, il expose en abrégé la contrariété qui règne dans l'Histoire par rapport à l'invention des Arts & des Sciences, que chaque peuple a voulu s'attribuer.
Dans le second, il fait l'Histoire de l'antiquité des Samothéens, Saronides, Druides & Bardes, qui ont cultivé dans les Gaules la Philosophie, l'Astrologie, la Poësie, &c. plus de huit cens ans avant que Cadmus eût apporté l'usage des Lettres dans la Grèce. Samothès, premier Philosophe des Gaulois, étoit petit-fils de Noé, quatrième fils de Japhet, & frère de Gomer : il occupa les Gaules cent quarante-quatre ans après le Déluge : c'est ce qu'ont avancé les Auteurs fabuleux que l'Auteur suit, selon les préjugés de son tems.
Dans le troisième, il prétend que la Langue Grecque étoit en usage dans les Gaules, long-tems avant que les Grecs s'en servissent, & qu'elle leur a été apportée par les Gaulois, lors de leur passage dans la Grèce, quand ils peuplèrent une partie de l'Asie mineure, à laquelle ils donnèrent le nom de Galatie, ou Gallo-Grèce. Pour le prouver, il rapporte plusieurs noms de Villes & autres très-anciens dans les Gaules, qui sont purement Grecs. Il se fonde aussi sur deux passages, l'un de Xénophon, l'autre d'Archiloque, qui attestent que les lettres & les caractères Grecs ont été tirés des Galates & des Méoniens, d'où il conclud que c'étoit les mêmes qui y avoient été apportés précédemment par la transmigration des Gaulois en Galatie.
Dans le quatrième Livre, qui est sans contredit le plus utile & le meilleur, il rapporte plusieurs mots qui nous sont communs avec les Grecs, & il attribue les différens changemens qui sont survenus dans la Langue Gauloise, aux incursions & transmigrations de différens Peuples dans les Gaules.
Dans le cinquième, il s'emporte contre les Auteurs qui ont mal parlé des Gaulois. Il fait l'énumération de plusieurs grands hommes dans les Sciences & dans l'Art

Militaire, que les Gaules ont produits, & de différentes conquêtes des Gaulois, fur-tout en Italie.

L'Auteur étoit Bourguignon, natif de Toutry proche Epoiſſe, dans l'Auxois, ainſi qu'il le témoigne lui-même, *lib.* 2, *fol.* 63. Son Ouvrage eſt ſçavant, fur-tout pour ce qui regarde les Langues & les étymologies, & c'eſt ce qui en fait tout le mérite; car d'ailleurs c'eſt bien peu de choſe, tant par rapport au ſtyle, que par rapport à la façon dont il établit ſon ſyſtême. Le ſtyle eſt d'un Latin plat & plein de lieux communs, de répétitions, d'invectives & de déclamations. Quant à ſon ſyſtême, il l'a pris d'Annius de Viterbe, ainſi qu'il en convient, *fol.* 187; & il l'a appuié ſur quelques paſſages des faux Béroſe & Manethon, Ouvrages publiés par Annius de Viterbe (dont on parlera au commencement de l'Article II.) Les autres autorités dont Picard ſe ſert, n'ont aucune époque qui remonte auſſi haut que Cadmus & Orphée. D'ailleurs ſon Ouvrage prouveroit tout au plus, que les Celtes ou Gaulois avoient une connoiſſance imparfaite & groſſière des Arts & des Sciences, & telle à peu près que l'eurent les premiers habitans qui peuplèrent la terre après le Déluge; mais non pas qu'ils les avoient portés au point de perfection où les Grecs les ont conduits.

Pour ce qui eſt des lettres & de la Langue des Grecs, il paroît plus probable, quoi qu'en diſe l'Auteur, qu'elles furent apportées dans les Gaules par la première Colonie des Phocéens, qui fondèrent Marſeille l'an 163 de Rome, 591 ans avant J. C. L'on ſçait que cette Ville eſt une des premières des Gaules où les Lettres aient fleuri, où il y a eu des Ecoles par le moyen deſquelles la Langue Grecque s'eſt répandue dans le reſte des Gaules, & s'y eſt peu à peu mêlée au langage naturel des Gaulois. C'eſt cependant ici la meilleure partie de l'Ouvrage de notre Auteur. Le Père Pezron a eu à peu près la même idée; mais il l'a ſoutenue d'une façon plus claire, plus ſimple & plus perſuaſive.]

3798. Eliæ SCHEDII, de Diis Germanis, ſive veteri Germanorum, Francorum, Britannorum, Wandalorum Religione, Syntagmata quatuor: *Amſtelodami,* Elzevirii, 1648, *in-8.*

Ce Traité de Schedius, mort en 1641, a été publié par George Schedius ſon père. Il contient beaucoup de choſes curieuſes, mais ſouvent éloignées de ſon principal ſujet.

☞ Eadem, cum Notis & Obſervationibus M. JOAN. JARKII, Præfatione Jo. Alberti FABRICII, & Diſſertatione Joh. Georgii KEYSLERI de cultu Solis, Freii & Othini: *Halæ,* 1728, *in-8.*

L'Ouvrage de Schedius eſt diviſé en quatre Livres. Les deux premiers ſont les plus étendus. L'Auteur y traite de la Religion. Quoiqu'il ſemble n'avoir en vue que celle des Peuples Germains, à la gloire deſquels il a conſacré ſes travaux, il embraſſe cependant celle de preſque toutes les Nations. Il étend ſes ſçavantes & curieuſes Recherches, ſur preſque tous les Dieux de l'antiquité, & ſur les noms & les formes différentes ſous leſquelles ils ont été adorés. Voici ce qu'il y a de particulier ſur les Germains, d'où il fait ſortir les Gaulois. Dans le Chapitre premier du premier Livre, il parle ſommairement de la Germanie, & des Peuples qui en ſont ſortis. Les Gaulois, ainſi nommés de leur blancheur, & les François, en ſont originaires. Le ſecond Livre contient, en cinquante-un Chapitres, tout ce qui a rapport à la Religion des Gaulois. Leurs Prêtres, nommés Druides, leurs différens noms & eſpèces, leur origine, leurs habillemens & parures, leurs mœurs & coutumes, leurs diſciples, leurs occupations, leur langage, leurs ſacrifices & leurs funérailles. L'Auteur a très-approfondi cette matière: c'eſt dommage qu'il n'ait été enlevé à la fleur de ſon âge. Il mourut d'apoplexie à Varſovie en 1641, âgé de vingt-ſix ans. Son Ouvrage eſt rempli de critique & d'érudition; mais on reproche à cet Ecrivain de s'être livré à pluſieurs conjectures & digreſſions longues & inutiles.

Voyez ſur cet Ouvrage, *Bibliothèque raiſonnée,* tom. I. pag. 1. = *Nouvelle Bibliothèque Germanique,* tom. II. pag. 262. = Lenglet, *Méthode hiſtorique,* tom. IV. pag. 8. = *Journal des Sçavans,* Novembre, 1729.]

3799. ☞ Antiquitates ſelectæ Septentrionales & Celticæ, quibus plurima loca Conciliorum & Capitularium explanantur, dogmata Theologiæ ethnicæ Celtarum gentiumque Septentrionalium, cum moribus & inſtitutis majorum noſtrorum circà idola, aras, oracula, templa, lucos, ſacerdotes, Regum electiones, comitia, & monumenta ſepulchralia, unà cùm reliquiis Gentiliſmi in cœtibus Chriſtianorum ex monumentis potiſſimùm hactenùs ineditis fuſè perquiruntur; cum figuris æri inciſis; auctore Joh. Georgio KEYSLERI, Societatis Regiæ Londinenſis ſocio: *Hannoveræ,* 1720, *in-8.*

Keyſler naquit en 1689 à Thurnau, Ville appartenante aux Comtes de Giecs, dont ſon père étoit Conſeiller; il s'attacha enſuite aux jeunes Barons de Bernſtroff, avec leſquels il voyagea. Son ſéjour à Londres en 1718, lui valut l'honneur d'être reçu Membre de la Société Royale. Il y donna des Diſſertations ſur quelques Monumens Anglois. De retour à Hanovre, en 1720, il publia ſes Diſſertations ſur les Antiquités ſeptentrionales & Celtiques. Il fut chargé du ſoin de la Bibliothèque des Comtes de Bernſtroff, & mourut en 1743, âgé de cinquante-quatre ans. Voyez le *Journal Etranger,* Décembre, 1757, pag. 180.

L'Auteur, à l'occaſion d'un Monument de Rochers ou Pierres anciennes, qui ſe trouve en Angleterre, près de la Ville de Saliſbury, traite du culte que rendoient les Celtes & les Peuples ſeptentrionaux aux Rochers & aux Pierres; & il entre dans un aſſez grand détail ſur les différens myſtères de la Religion des Celtes, Germains & Peuples ſeptentrionaux, ſur leurs différentes ſuperſtitions, & ſur quelques Monumens qui y ont rapport. On y trouve entr'autres, pag. 304 & *ſuiv.* une Diſſertation, *De viſco Druidarum.* = Pag. 371 & *ſuiv. Diſſertatio de mulieribus fatidicis veterum Celtarum gentiumque Septentrionalium, ſpeciatim de matronis & matribus, Druidibus fæminis, volis, geniis, alirunis; Velledâ, Auriniâ, Gannâ, Jetthâ, &c. juxta Cunnagii, reliquiiſque Gentiliſmi in cœtibus Chriſtianorum.*

Cet Ouvrage appartient autant aux Antiquités des Germains, qu'à celles des Celtes & des Gaulois.

On peut voir pour les Ouvrages qui ont été faits ſur les Antiquités des Germains, leſquelles ont beaucoup de rapport à celles des Celtes & à leur ancienne Religion, Struvius, dans ſa *Bibliothèque hiſtorique, édition de* 1740, pag. 692, §. XI. XII & XIII.]

3800. De Diis, ſeu Theologia veterum Gallorum; auctore PETRO LESCALOPERIO è Societate Jeſu.

Cette Théologie des anciens Gaulois [où l'Auteur adopte les Fables d'Annius de Viterbe] ſe trouve à la pag. 71, de ſon Livre intitulé, *Humanitas Theologica: Pariſiis,* 1660, *in-fol.* [& à la ſuite de la *Diſſertation Latine* de J. Georg. Frickius, ſur les Druides: *Ulmæ,* 1744, *in-4.*]

3801. ☞ La Religion des Gaulois, tirée des plus pures ſources de l'antiquité; par le R. P. D. (Jacques) MARTIN, Religieux Bénédictin: Ouvrage enrichi de figures en taille-douce: *Paris,* 1727, *in-4.* 2 vol.

Il y a dans le *tom. I. pag. XXV.* un *Discours sur les mœurs & coutumes des Gaulois.*

Voyez sur ce Livre, *Bibliothèque Franç. tom. VIII. pag. 221.* = *Tom. XIII. pag. 179.* = *Tom. XIV. pag. 1.* = Lenglet, *Supplément de sa Méth. historiq. pag. 135.* = *Mémoires de Trévoux*, Août, Septembre & Décembre, 1728. = *Journal des Sçavans*, Novembre & Décembre, 1727. = *Mercure*, Novembre, 1726. = Préface de *l'Histoire des Celtes*, par Pelloutier, *pag. 2.* = *Histoire des Gaules*, de Brézillac, *tom. II. Avertissement, pag. 22.* = Struvius, *pag. 692.*]

3802. ☞ Lettre à M. de M. sur la Religion des Gaulois. *Bibliothèque Germanique*, *tom. XXXVII. pag. 140 & suiv.*

Cette Lettre est contre le Livre de Dom Martin. L'Auteur soutient que ce Religieux, quoique très-sçavant, n'a pas possédé assez bien sa matière, & est tombé dans plusieurs contradictions; que ses citations ne sont pas toujours exactes, ni ses conjectures heureuses; qu'un grand nombre de ses Remarques sur l'Histoire, les Coutumes & la Religion des Celtes, sont évidemment fausses.]

3803. ☞ Scriptori cujusdam operis cui titulus, La Religion des Gaulois, &c. *Mercure*, 1742, Janvier, *pag. 79-81.*

Josepho AP HAMON, &c. *Ibid. Mars, pag. 4.*

La première Pièce, est une misérable critique de quelques endroits du Livre de D. Martin, sur la Religion des Gaulois. Cet Auteur y a répondu, par la seconde, ironiquement, comme le méritoit son Antagoniste.]

3804. ☞ Ulrici OBRECHTI Dissertatio de Philosophiâ Celticâ : *Argentorati*, 1676, *in-4.*

On trouve encore cette Pièce, pag. 270 du *Recueil de ses Dissertations Académiques : Ibid. 1704, in-4.*]

3805. ☞ Religion des anciens Gaulois, & (Cérémonies des) Druides; par D. Bernard DE MONTFAUCON, Bénédictin de la Congrégation de Saint Maur.

C'est le Livre V. de la Partie II. du tom. II. (ou vol. IV.) de l'*Antiquité expliquée & représentée en figures : Paris*, 1719, *in-fol.* (5 tom. en 10 vol.) *pag. 412-440.* On trouve encore divers Monumens & des Remarques sur la Religion des Gaulois, dans le *Supplément*, &c. *Paris*, 1724, *tom. II. pag. 216 & suiv.* Les Monumens donnent bien des connoissances qu'on ne trouve pas dans les anciens Ecrivains.]

3806. ☞ Des Dieux des Gaulois, de leurs Temples, Ministres, &c. par M. l'Abbé (Antoine) BANIER, de l'Académie des Inscriptions & Belles-Lettres.

C'est le Livre VI. de sa grande *Mythologie*, en 3 vol. *in-4.* & 8 *in-12. Paris*, Briasson, 1739. Ouvrage aussi exact que sçavant.]

3807. ☞ Discours sur la Religion & les mœurs des anciens Gaulois; par le Père DE LONGUEVAL. *Tom. I. de son Histoire de l'Eglise Gallicane : Paris*, 1730, *in-4. pag. 23-41.*

Il a été réimprimé dans le *Journal Ecclésiastique*, 1763, Juillet, *pag. 85-94*; Août, *pag. 157-167.*]

3808. ☞ Observations sur la nature & les dogmes les plus connus de la Religion Gauloise; par M. FRERET. *Histoire de l'Académie des Belles-Lettres, tom. XVIII. pag. 182-185.*]

3809. ☞ Plan systématique de la Religion & des Dogmes des anciens Gaulois, &c. par M. l'Abbé FÉNEL. *Mémoires de l'Acad. des Belles-Lettres, tom. XXIV. pag. 345-388.*

Cette sçavante & curieuse Dissertation est divisée en deux parties. La première traite, en trois Sections, de la Religion des Gaulois, de leur métaphysique & de leur morale. C'étoient de vrais Polythéistes, quoiqu'ils ne reconnussent que deux Divinités principales, l'une du Ciel & l'autre de la Terre, auxquelles ils rendoient un culte singulier & cruel dans leurs Temples où l'on voyoit leurs Statues, & où ils présentoient leurs offrandes. Ils croyoient l'immortalité de l'ame, & qu'après la séparation d'un corps, elle retournoit dans un autre. La seconde partie développe les changemens arrivés dans la Religion des Gaulois, & dans celle des Germains, depuis Jules-César jusqu'à Tacite.]

3810. ☞ Observations sur la Religion des Gaulois & sur celle des Germains; par M. FRERET. *Mémoires de l'Académie des Belles-Lettres, tom. XXIV. pag. 389-431.*

Dans le premier article, M. Fréret rassemble tout ce que les Auteurs ont écrit sur la Religion des Gaulois, leurs Prêtres & leur Culte : il insinue en passant, qu'il n'est pas naturel de supposer qu'il y ait eu aucun changement dans la Religion des Germains, dans l'intervalle du tems écoulé entre César & Tacite, & que la différence ne vient que du plus de connoissance qu'on en avoit au tems de ce dernier. Dans le second article, il examine en quoi, & jusqu'à quel point, la Religion des Germains différoit de celle des Gaulois. Il semble qu'il a eu pour objet de réfuter la Dissertation précédente.]

3811. ☞ De Philosophiâ Celtarum, sive Gallorum, Britannorum, Germanorum; auctore Jac. BRUCKERO.

C'est le Chapitre IX. du Livre II. de son *Historia Critica Philosophiæ* (tom. I. *pag. 313-342*) : *Lipsiæ*, 1742, *in-4.*]

3812. Les Fleurs & Antiquités des Gaules; où il est traité des anciens Philosophes Gaulois, appellés Druides; avec la Description des Bois, Forêts, Vergers, & autres lieux de plaisir situés près la Ville de Dreux ; par Jean LE FÈVRE, Prêtre; natif de Dreux: *Paris*, Sergeant, 1532, *in-8.*

Ce Livre est écrit en vers.

3813. Histoire de l'Etat & République des Druides, Eubages, Sarronides, Vacies, anciens François, Gouverneurs du Pays des Gaules, depuis le Déluge jusqu'à la venue de Jesus-Christ; avec leurs Loix, Police, Ordonnances & Coutumes; par Noël TAILLEPIED, Cordelier : *Paris*, 1585, *in-8.*

Ce Religieux est mort en 1589.

☞ L'Auteur, copiant les Fables en vogue de son tems, distingue deux états chez les Gaulois; l'un Monarchique, qui commença à Dis-Samothès, leur premier Roi, l'an du monde 1910, & dura jusqu'à Francus, vingt-quatrième Roi, fils d'Hector, Troyen, & qui avoit épousé la fille de Rémus, seule héritière des Gaules, l'an 2793 : l'autre, Aristocratique, gouverné par les Druides, depuis 2810 jusqu'à 3961, c'est-à-dire depuis Bavo, Atchi-Druide, oncle de Francus, jusqu'à Clogio, Duc des Sicambriens, duquel est issu le Roi Pharamond. C'est le quatrième Roi, nommé Druys, que sortent, dit-il, les Druides, qui furent divisés en quatre classes. L'Etat Sacerdotal demeura aux Vacies, les Augures aux Eubages, l'Instruction de la Jeunesse aux Saronides, la Judicature & la Poësie aux Bardes. César extermina

Histoire des anciens Gaulois.

les Eubages, à cause de leurs abominables sacrifices, où ils fendirent en deux parties un Homme vivant, pour en tirer leurs Augures. Le Chapitre troisième du premier Livre, traite de leurs mœurs & coutumes, & de leur grande cérémonie du nouvel an, auquel ils cueilloient le gui de Chêne. Le quatrième, de leurs Dieux, & des Sacrifices qu'ils leur offroient, où le silence étoit si nécessaire, qu'il y avoit un Homme préposé pour chasser ceux qui y causoient, lesquels étoient ensuite punis très-rigoureusement. Dans les deux Chapitres suivans, on trouve ce qui regarde les Saronides & les Bardes. L'Auteur croit que les premiers parloient & enseignoient la Langue Grecque. Il donne à la fin du sixième Chapitre, un précis des Ordonnances-Druides en vingt articles. Les deux autres Chapitres sont employés à développer les mœurs, les coutumes, les manières de vivre & de s'habiller des Chevaliers, & du peuple Gaulois.

Dans le second Livre, l'Auteur donne un Sommaire de la vie & de ce qui est arrivé de plus curieux sous chacun des prétendus Rois Gaulois. Ce fut, dit-il, Francus, fils d'Hector, qui fonda en Hongrie la Ville de Sicambrie, nommée maintenant Bude. Les Sicambriens en partirent, sous la conduite de Tortogus, l'an 2990; vinrent sur le Rhin, fondèrent la Ville de Bonn, & s'étendirent ensuite dans le Pays de Clèves, Gueldres & Juliers. Depuis ce tems, il n'y a pas eu de Chef qui n'ait marqué son gouvernement par quelque action signalée, ou par la fondation de quelques Villes, qui prirent leur nom; comme de Tongris, Tongres; de Teuto, les Teutoniques; d'Agrippa, Cologne; d'Ambro, les Ambrons; de Turingus, les Turingiens; de Cimber, les Cimbres; de Camber, Cambray, &c. Le dernier Chapitre traite des Rois des Cimbres, desquels, selon l'Auteur, est issu le Roi Pepin, père de Charlemagne. Tailliepied finit son Livre par cet axiôme, *In re parùm notâ, conjectare licet*: c'est un moyen pour multiplier les fables. Quelque Sçavant a écrit ensuite sur son Exemplaire, qui a passé dans le Cabinet de M. de Fontette à Dijon: *Multa desunt, plura falsò, plurima pessimè scribuntur.*]

3814. ☞ Observations sur l'usage des Sacrifices humains établis chez différentes Nations, & particulièrement chez les Gaulois; par M. FRERET. *Hist. de l'Acad. des Belles-Lettres*, tom. XVIII. pag. 178-181.]

3815. Francisci MEINARDI, Orationes legitimæ, quarum prima de Visco Druidarum: *Augustoriti-Pictonum*, 1614, in-8.

☞ L'Auteur dans son premier Discours, qui est sçavant & bien fait, s'attache à rechercher quel étoit le motif de la cérémonie pratiquée par les Druides pour cueillir chaque année le gui de chêne. Il prétend que cette cérémonie étoit le symbole de la Jurisprudence. Les raisons qu'il rapporte de son opinion, sont moins plausibles qu'élégantes. Il paroît avoir eu plus envie d'exercer son imagination, & de faire briller ses talens, que de persuader ses auditeurs.]

3816. ☞ Dissertation sur les Mays, & par occasion sur le culte rendu aux Arbres; par M. DREUX DU RADIER. *Journal de Verdun*, 1754, *Mai, pag.* 359 & *suiv.*]

3817. Le Réveil de Chyndonax, Prince des Vacies, Druides, Celtiques, Dijonnois, avec la sainteté, religion & diversité des cérémonies observées aux anciennes Sépultures; par Jean GUENEBAULT, Dijonnois: *Dijon*, 1621 : *Paris*, 1623, *in-4.*

☞ On trouve cette note, N.° 3846, dans un Catalogue de M. du Fay : » Il manque à cet Exemplaire l'Estampe du Tombeau : il y en a une édition de plus grosses lettres qui vaut mieux ; elle fut achetée à un » Inventaire à Paris 500 liv. pour le Prince Eugène ».

Ce Livre traite d'un Tombeau trouvé auprès de Dijon l'an 1580, en creusant la terre. L'Estampe qui représente la figure du Tombeau est à la tête du Livre, & il faut bien prendre garde en l'achetant si elle y est, parce-qu'il y a quelques exemplaires où elle manque. L'Auteur prétend que ce Tombeau est celui de Chyndonax, Archiprêtre du Prince des Druides. Il entre à ce sujet dans quelques recherches sur l'Inscription & sur les Druides; ce qui n'est pas fort étendu. Le reste de son Livre, & c'est la plus longue partie, traite de la sainteté des sépulchres, & des cérémonies funéraires parmi tous les anciens Peuples. Il a rassemblé là-dessus le plus en abrégé qu'il a pu, ce qu'il a trouvé dans différens Auteurs.

Cet Ouvrage est assez rare; mais s'il a été poussé à un Inventaire pour le Prince Eugène jusqu'à 500 livres, c'étoit une folie exhorbitante. Il s'est vendu quelquefois 20 ou 24 livres, & c'est beaucoup trop. Il n'y a rien dedans de merveilleux, & presque rien d'utile pour l'Histoire de France.

On peut voir l'histoire de la découverte qui a donné lieu à ce Livre, assez amplement détaillée dans la *Bibliothèque des Auteurs de Bourgogne*, art. Jean Guénebauld. La figure qui manque dans plusieurs Exemplaires, est rapportée *pag.* 24 du tom. I. de l'*Histoire de la Monarchie Françoise*; par Marcel : *Paris*, 1683, *in-12.*

Dom Bernard de Montfaucon, *pag.* 8. de la Préface de sa *Palæographia Græca*, prétend que ce monument est une fourberie littéraire; & pour le prouver, il insiste sur les mots singuliers qui se trouvent dans l'Inscription Grecque, & qui ne se trouvent point dans les Auteurs de cette antiquité. Mais outre que ce sçavant adopte plusieurs Inscriptions dans lesquelles sont de ces termes Grecs inusités (*Palæogr. pag.* 26, 121, 340, &c. *Diar. Ital. pag.* 75) il est bon d'observer que Casaubon, Claude Saumaise, Philibert de la Marre, & d'autres critiques des plus habiles & des plus sévères, qui avoient vu cette Inscription, ont plutôt cherché à l'expliquer qu'à la contredire. Voyez les *Notes* de Saumaise sur Simplicius, *pag.* 328. M. de la Marre parle d'un Commentaire que Jacques Guijon avoit fait sur cette Inscription, dans la Vie qui se trouve au-devant de *Guijoniorum opera*. Guijon avoit donné son Manuscrit à M. de la Grange, Conseiller au Parlement de Dijon, & l'Ouvrage est passé entre les mains de ceux qui ont acheté sa Bibliothèque. Bénigne Guénebauld, fils de celui qui avoit trouvé l'Urne de Chyndonax, Grand-Prêtre des Druides, se fit un plaisir de la présenter en 1635 au Cardinal de Richelieu, pour lors Abbé de Cîteaux; & par ce présent il obtint la Judicature de cette illustre Abbaye. *Extrait d'une Lettre de M. l'Abbé Papillon au Père le Long.* M. le Président Bouhier avoit au moins ébauché, selon le Père Oudin, une Dissertation, pour montrer que l'Inscription de Chyndonax n'étoit point supposée. *Mém. Hist. & Philolog.* de M. Michault : *Paris*, 1754, tom. II. pag. 371.]

3818. Andreæ TAURELLI Divionensis J. C. de reperto propè Divionem Chindonactis tumulo, ad Fortunium Licetum Epistola, anno 1639, scripta.

Cette Lettre se trouve au tom. I. du Livre intitulé, *Fortunii Liceti de quæsitis per Epistolas Responsa* : *Bononiæ*, 1640, *in-4.*

☞ Taureau étoit de Dijon, & est mort en 1646. Il est connu aussi sous le nom de Taurelli, parcequ'il a demeuré en Italie, & y a été Professeur dans l'Université de Bologne. Sa Lettre ne contient presque rien autre chose que ce que Guénebauld avoit écrit dans son Livre. Philippe DE LA TORRE, mort à Rovigo en 1717, a fait une critique de la Lettre de Taureau, dans ses *Monumenta veteris Antii, &c. Romæ*, 1700, *in-4.* On peut voir encore les chapitres 31 & 32, du Traité de Lescalopier, intitulé, *Theologia veterum Gallorum* : ci-devant, N.° 3800.]

3819. ☞ Mf. Deſſein figuré du Tombeau de Chyndonax, trouvé à Dijon dans une vigne le 2 Novembre 1598, & Hiſtoire de cette découverte.=Réflexions de M. l'Abbé Papillon ſur ce Tombeau.=Lettre écrite à M. Papillon, au ſujet de ces Réflexions; par D. Planchet, Bénédictin.

Ces trois morceaux ſe trouvent dans une Collection de Pièces fugitives en manuſcrit, recueillies par M. Lucotte du Tillot, & qui eſt dans la Bibliothèque de M. Fevret de Fontette, Conſeiller au Parlement de Dijon.]

3820. ☞ Recherches ſur la manière d'inhumer des anciens, à l'occaſion des Tombeaux de Civaux en Poitou; par le P. B. R. (Bernard Routh) de la Compagnie de Jeſus: *Poitiers*, Faulcon, 1738, *in*-12.

On y trouve pluſieurs remarques ſur les uſages des anciens Gaulois.]

3821. ☞ Lettre de M. l'Abbé Lebeuf, ſur les anciens Tombeaux. *Mercure*, 1731, *Mai*, pag. 1045-1053.

Réflexions de M. Capperon ſur cette Lettre. *Ibid. Octobre*, pag. 2362-2364.

3822. ☞ Traité ſur les anciennes ſépultures, à l'occaſion des Tombeaux de Civaux en Poitou; par M. Lebeuf, tom. I. de ſes *Diſſertations ſur l'Hiſtoire de Paris, &c.* 1739, *in*-12, pag. 219-303.]

3823. ☞ Réflexions ſur les Tombeaux de Civaux (près Poitiers) & ſur un prétendu Temple des Gaulois à Monmorillon (en Poitou;) par M. l'Abbé Lebeuf. *Hiſtoire de l'Acad. des Belles-Lettres, tom. XXV. pag.* 129-132.

L'Auteur croit que ce Temple, attribué aux Gaulois par D. Montfaucon & Dom Martin, (*Religion des Gaulois, tom. I. pag.* 142) n'a été bâti qu'au onzième ſiècle, pour des Pélerins de Jéruſalem.]

3824. ☞ Explication d'un ancien Monument, &c. par l'Abbé Nicaiſe: *Paris*, 1689, *in*-4.

On y trouve beaucoup de choſes ſur les Tombeaux des anciens, & leurs différences.]

3825. ☞ Mf. Extrait d'une Diſſertation ſur une Sépulture publique des anciens Viviſques, découverte en 1750, au lieu nommé la Croix-de-Hins, dans les Landes de Bordeaux, lue à l'Académie le 25 Août 1753; par M. de Secondat.

Dans le Dépôt de l'Académie de Bordeaux.]

3826. ☞ Jani Cœcilii Frey, Philoſophia Druidarum.

Ce petit Ouvrage, qui n'eſt que de 28 pages, ſe trouve à la tête des *Opuſcula* de Frey: *Pariſiis* [1640] 1646, *in*-8. On y donne à Frey les titres de noble Suiſſe, d'excellent Philoſophe, de Docteur en Médecine de Paris: il avoit été d'abord Profeſſeur au Collége de Montaigu. Sa Philoſophie des Druides a été faite en 1625. Il y a recueilli ce qui concerne leurs mœurs, leurs ſacrifices, leurs Dieux, &c. Il diſtingue trois claſſes de Druides; les Bardes, les Eubages & les ſimples Druides: ils avoient tous leurs fonctions particulières. Il croit qu'ils ont été les plus anciens Philoſophes de l'Univers, & prétend prouver l'exiſtence de ces femmes qu'on nomme Fées, qui étoient des filles, ſelon lui, conſacrées, & qui tenoient & enſeignoient la même doctrine que les Druides.]

3827. ☞ J. G. Voſſii de Gallis Gallorumque Diis, Druidis, &c.

C'eſt le Chapitre XXXV. de ſon Ouvrage intitulé, *De origine ac progreſſu Idololatriæ: Amſtelodami*, Blaeu, 1631, *in*-4. 2 vol. & dans le Recueil de ſes Œuvres.]

3828. ☞ De origine Druidum, ab Edmundo Dickinson.

Dans ſon Traité intitulé, *Delphi Phœniciſantes*, imprimé après ſa Diſſertation ſur l'arrivée de Noé en Italie: *Erfurti*, 1670, *in*-4.]

3829. ☞ S. Waldius de veteribus Gallorum Druidibus.]

3830. ☞ Eſaiæ Pufendorff Germani, Diſſertatio de Druidibus: *Lipſiæ*, 1650, *in*-4.

Cette Diſſertation ſe trouve auſſi dans les Opuſcules de Pufendorff, ramaſſés par les ſoins de Pierre Ludewig; *Halæ*, 1699, *in*-8.

3831. ☞ Thomæ Smith, Angli, Syntagma de Druidum moribus ac inſtitutis: *Londini*, 1664, *in*-8.

3832. ☞ Cæſaris Egaſſæi Bulæi Hiſtoria veterum Academiarum Galliæ Druidicarum.

Ce morceau qui traite des noms, de l'origine, du nombre des Druides, de leurs loix, privilèges, Académies, &c. eſt imprimé au tom. I. de ſon *Hiſtoire de l'Univerſité de Paris*, & à la ſuite de la Diſſertation de Frickius, indiquée ci-après.]

3833. ☞ Joan. Frid. Scharfii, Profeſſoris Lipſienſis, Meletema hiſtoricum, de Gallorum Druidis, Diſſertationis Academicæ formâ: *Wittebergæ*, (ſine anno) *in*-4.]

3834. ☞ Conradi Samuelis Schurzfleiſchii, Diſſertatio de veterum Druidum inſtitutis: *Wittebergæ*, 1697, *in*-4.

Cet Ouvrage ſe trouve auſſi dans le Recueil intitulé, *Diſputationes Hiſtorico-Civiles*, num. 54, de l'édition de Léipſick, & num. 56 de l'édition de Berlin.]

3835. ☞ J. Georgii Frickii Commentatio de Druidis Occidentalium populorum Philoſophis, mulrò quàm anteà auctior & emendatior; accedunt Opuſcula quædam rariora, Hiſtoriam & antiquitates Druidarum illuſtrantia, itemque Scriptorum de iiſdem Catalogus. Recenſuit, ſingula digeſſit, ac in lucem edidit frater germanus Albertus Frickius: *Ulmæ*, 1744, *in*-4.

Cette Diſſertation, qui avoit d'abord été imprimée en 1731, eſt diviſée en trois chapitres. On y traite, 1.º des ſurnoms, origine & habitations des Druides, dont le nom vient, ſelon l'Auteur du mot *Deru*, Chêne : 2.º de la Philoſophie de ces Prêtres, c'eſt-à-dire de leur croyance ſur la divinité, ſur l'immortalité de l'ame, &c. 3.º de l'abolition de leurs cérémonies. Frickius a fait un grand uſage des Recherches de Dom Jacques-Martin, dans ſa *Religion des Gaulois*, ci-deſſus, N.º 3801. Les Ouvrages rares qui ſuivent la Diſſertation de Frickius, ſont ceux de Leſcalopier & de du Boullay, indiqués ci-deſſus, N.ºˢ 3800 & 3832, une Conjecture ſur le nom des Druides adreſſée à Frickius, par J. P. Miller; & des morceaux du *Belgium Romanum* de Gilles Boucher, &

de

de la Cosmographie de P. Mérula, &c. cités ci-après dans les indications générales. On peut consulter sur ce Recueil de Frickius, les *Actes de Leipsick*, 1745, *p.* 327, où on trouve une analyse étendue de la Dissertation dont il s'agit.]

3836. ☞ Dissertation sur les anciens Gaulois, & en particulier sur les Druides ; par M. DE GLATIGNY, Avocat Général de la Cour des Monnoyes de Lyon.

Elle se trouve avec plusieurs autres Dissertations Académiques, dans ses *Œuvres posthumes* : Lyon, Duplain, 1758, *in-*8. pag. 191 & *suiv.* L'Auteur, qui est mort en 1755, rapporte d'abord les différens sentimens sur l'origine des Gaulois, & se déclare pour l'opinion que les Gaules se sont peuplées, peu à peu, par les Nations venues du Nord & de l'Asie. Il donne une légère teinture de leur Religion & de ses Ministres, appellés Druides, du mot *Deru*, qui en langue Celtique signifie Chêne. Il en distingue trois ordres ; sçavoir, les Druides proprement dits, les Eubages ou Vaces, & les Bardes. Il examine quelles étoient les fonctions de ces différens corps, qui formoient comme une République particulière au milieu des Celtes.]

3837. ☞ Mémoire sur les Druides ; par M. DUCLOS. *Mémoires de l'Académie des Belles-Lettres, tom. XIX. pag.* 483-494.

M. Duclos examine quelle étoit la Hiératchie, la Discipline, la Morale & les Dogmes des Druides, dont il distingue trois ordres principaux. Il rapporte différentes étymologies de ce nom, & croit que la plus naturelle est celle qui se tire de deux mots de la Langue Celtique, *Di*, Dieu, & *Rouydd*, participe du verbe *Radheim*, qui signifie parler, haranguer, s'entretenir ; d'où le nom de *Derhouydd* aura la même signification que notre mot *Théologien*.]

3838. ☞ Observation sur l'étymologie du nom des Druides ; par M. FRERET. *Histoire de l'Académie des Belles-Lettres, pag.* 185.]

3839. ☞ Jo. Dan. SCHOEPFLINUS de Religione Celtica & Druidibus ; item, excursus de Celtis : *Alsat. illustrat.* tom. I. *Colmariæ,* 1751, *in-fol. pag.* 70, 82, 109 & *seq.*

On trouve dans ces morceaux autant d'exactitude que de précision.]

3840. ☞ Lettres critiques sur les Druides ; par J. TOLAND (en Anglois).

Ces Lettres, qui ne sont que l'essai d'un Ouvrage plus considérable que ce trop fameux Auteur méditoit sur ce sujet, contiennent néanmoins des recherches très-abondantes sur le nom des Druides, leur sacerdoce, & l'autorité dont ils jouissoient dans les affaires sacrées & profanes. Cet essai de Toland est inséré dans le tom. I. *pag.* 1-183, du Recueil de ses *Œuvres posthumes* : Londres, Pecle, 1726, *in-*8. 2 vol. Les *Actes de Leipsick,* 1729, *pag.* 356 & *suiv.* contiennent une analyse détaillée des recherches & des sentimens de l'Auteur sur les Druides, dont il dérive le nom du mot *Drui*, par corruption *Droi* & *Dravi,* qui signifie en Irlandois une personne consacrée à Dieu.]

3841. ☞ Des Druides ; par D. RIVET.

C'est un morceau intéressant de l'*Histoire Littéraire de France*, tom. I. Paris, 1733, *in-*4. Voyez sur-tout *pag.* 30-42. On trouve aussi dans le même tome, l'Histoire des Sçavans connus, qui se sont distingués parmi les Gaulois.]

3842. ☞ Mss. Discours sur l'Etat des Scien-
Tome I.

ces dans les Gaules avant la conquête des Romains ; par M. l'Abbé RICHARD.

Il a été lu à l'Académie de Dijon, le 7 Mai 1761, & il est conservé dans ses Registres.]

3843. ☞ Dissertation sur les Druides des Gaules.

Elle se trouve *pag.* 122-132, de l'*Explication de divers Monumens singuliers, &c.* Paris, 1739, *in-*4.]

3844. ☞ Discours historique sur les Druides ; par M. DREUX DU RADIER.

Il se trouve dans le tom. III. du *Recueil de l'Académie de la Rochelle, pag.* 241, & un long extrait dans le *Mercure,* 1758, *Janvier,* II. vol. *pag.* 147-158.]

3845. ☞ Mss. Mémoire sur les Druides ; par M. D'HANGEST, Théologal d'Amiens, & de l'Académie de cette Ville.

Ce Mémoire est entre les mains de l'Auteur.]

3846. ☞ Observations historiques & critiques ; par M. (Simon) PELLOUTIER (sur l'abolition des sacrifices humains dans les Gaules, & la ruine des Druides.) *Nouvelle Bibliothèque Germanique, tom. XXV. pag.* 438-452.]

3847. ☞ Mss. Réflexions critiques sur un passage des Commentaires de César, qui concerne la Religion des anciens Gaulois : lues à l'Académie de Bordeaux au mois d'Avril 1752 ; par le R. P. LAMBERT, Religieux de l'Observance, & Associé de l'Académie.

Dans le Dépôt de cette Académie.]

3848. ☞ Mss. Dissertation sur le Gouvernement des anciens Druides : lue à l'Assemblée publique de l'Académie de Bordeaux en 1763 ; par M. DE BACALAN, fils, Conseiller au Parlement de Bordeaux.

Cette Dissertation qui enleva les suffrages des Auditeurs, est entre les mains de l'Auteur. C'est une critique du Gouvernement de la Société des Jésuites.]

3849. ☞ Lettre de M. DESLANDES, de l'Académie Royale des Sciences, & Commissaire de la Marine, sur une Antiquité Celtique. *Mém. de Trévoux,* 1727, *pag.* 2094.

L'Auteur rappelle quelques usages des anciens Gaulois, à l'occasion d'une petite statue qui fut découverte en Bretagne vers 1707, & à qui le peuple avoit donné aussitôt le nom de S. Pyric, Saint fabuleux, qu'une vaine tradition met au rang des Evêques de Léon.]

3850. ☞ Description d'une Statue antique d'un Prêtre Gaulois, qui se conserve dans la Bibliothèque publique de Genève ; par M. Laurent BAULAIRE.

Au *Journal Helvétique,* 1753, *Mai,* & dans la *Nouvelle Bibliothèque Germanique, tom. XII. pag.* 379-392.]

3851. ☞ Statues découvertes à Montmorillon, au mois de Mai 1750. *Journal de Verdun,* 1751, *Février, pag.* 116-119.

Ces Statues, que l'on a trouvées au-dedans du Portail de l'ancien Temple de Montmorillon, paroissent de la même espèce que celles qui sont au-dehors, & que M. l'Abbé Lebeuf, malgré son opinion contre l'antiquité de ce Temple (ci-devant, N.° 3823) juge néanmoins être des Statues Payennes qu'on y a mises par ignorance.

G g

Les meilleurs Antiquaires les regardent comme des figures de Druides & de Druidesses. Voyez la *Religion des Gaulois* de D. Martin (ci-devant, N.° 3801.) *tom. I. pag.* 219-227.]

3852. ☞ Remarques sur un Monument antique qui se voit à *Lantef*, dans le Diocèse de Saint-Brieux, & qui paroît être d'un ancien Temple Gaulois. *Antiq. de M. de Caylus, tom. VI. pag.* 390.]

3853. ☞ Lettre au sujet de deux figures Gauloises, avec des recherches sur les *Cervolus* & *Vetula*; par M. l'Abbé LEBEUF. *Recueil de divers Écrits, &c. Paris,* 1738, *tom. I. pag.* 280 & *suiv.*]

3854. ☞ Lettre de M. DREUX DU RADIER, sur la Pierre levée de Poitiers, & sur le culte religieux rendu aux Cailloux. *Journal de Verdun,* 1752, *Février, pag.* 129-136.]

• 3855. ☞ Observations & figures de divers anciens Monumens de pierre, qui se voyent en plusieurs Provinces Maritimes de France; recueillies dans les *Antiquités* de M. le Comte DE CAYLUS.

Cet illustre Auteur, le Mécénas de notre tems, & que la mort nous a ravi le 5 Septembre 1765, a donné, 1.° l'ancien Monument nommé la *Pierre levée,* qui se voit près de Poitiers, *tom. IV. pag.* 370, & il fait encore à son sujet quelques réflexions, *tom. VI. pag.* 385 & 386. = 2.° Des espèces de Pyramides placées en bas Poitou, près du Bourg d'Aurillé, *tom. VI. pag.* 361. = 3.° Le singulier Monument de 370 Pierres très-grosses, régulièrement rangées debout, près du Bourg de Carnac, au Pays de Vannes en Bretagne, *tom. VI. pag.* 379. = 4.° Le Monument de Pierres appellé la *Roche aux Fées,* qui se trouve sur les confins des Paroisses du Teil & d'Essé, dans l'Evêché de Rennes en Bretagne, *tom. VI. pag.* 388. = 5.° La *Pierre couverte,* qui se voit près de Saumur en Anjou, *tom. VI. pag.* 368.

Toutes ces Pierres, selon M. de Caylus, sont d'une Nation établie sur les Côtes de la Gaule, mais différente des Gaulois, & plus ancienne. L'Angleterre, l'Irlande, la Westphalie, le Holstein, &c. offrent aussi de pareils Monumens grossiers, mais plus considérables. Keysler en donne les figures, avec une explication détaillée, dans ses *Antiquitates Septentrionales & Celticæ* (ci-devant, N.° 3799.) Voyez aussi le *tom. I.* des *Dissertations* de M. l'Abbé Lebeuf, *p.* 335 & *suiv.* = le *tom. II.* des *Traités de Physique* de M. Deslandes, *pag.* 37-54, & les *Recherches* de M. de la Sauvagère (indiquées ci-devant, N.° 100) dont M. de Caylus a transcrit & critiqué une partie, *Antiq. tom. VI. pag.* 381. Le Père de Montfaucon, qui rapporte les figures de quelques-unes de ces Pierres, *pag.* 145 & 146, du *tom. V.* de son *Supplément à l'Antiquité expliquée, &c.* croit que ce sont des Tombeaux de Gaulois.]

ON peut encore consulter les Auteurs suivans, qui ont aussi parlé des Druides, de la Religion des Gaulois, &c. = Jonas Arngrimus, de rebus Islandicis = Arnkiel, de religione Cimbrorum = Aylet-Zammes, Britannia antiqua illustrata = Bodinus, in Methodo Historiarum = Boxhornius, de Originibus Galliæ = Ægidius Bucherius, libro V. cap. 4, 5, 6, Belgii Romani. [Cette partie de l'Ouvrage du P. Boucher se trouve aussi à la suite de la Dissertation de Frickius (ci-devant, N.° 3835.) = Paulus Merula, Cosmographiæ, part. II. lib. III. aussi à la suite de la même Dissertation.] = Phil. Cluverius, lib. II. & III. Germaniæ antiquæ = Vinandus Pigbius, in Hercule Prodicio = Petrus Pithœus, Adversariorum succisivorum, lib. I. cap. 3. & lib. II. cap. 6. = Richardus, de Antiquitatibus Divionensibus = La Parthénie de Sébastien Roulliard, livre I. = Rudbeckius, in Atlantica = Joannes Saubertus, de Sacrificiis = Schefferus, in Upsalia, cap. 5. = Joannes Seldenus, de Antiquitatibus Britannicis, lib. I. cap. 4, & in Jano Anglico = Torfæus, in Historia Norvegiæ.

☞ On peut voir encore Hunfredi Luyd, de Mona Druidum insula, Epistola, dans l'Histoire Britannique de Priseus, & dans l'Atlas d'Ortelius, ou dans celui de Janssonius, au vol. d'Angleterre. = P. Beurrier Speculi Christ. Religionis, lib. II. cap. 22. = Du droit des Ecclésiastiques de N. Petitpied, *pag.* 57 & *suiv.* = Du Choul, de variâ quercûs historiâ (où il traite du Gui de Chêne, que les Druides cueilloient avec grandes cérémonies.) = Le troisième Chant de la Galliade du sieur le Fevre de la Boderie, 1578, *in-*4. = Gosselini, Historia capit. 13-35 (ci-devant, N.° 3791.) = Hist. de la Religion des Gaulois, chap. 21-32 (ci-devant, N.° 3801).

» M. De la Londe, de l'Académie des Belles-Lettres » de Caen, dans le Discours préliminaire sur les Anti- » quités de cette Ville, qu'il a lu à l'Académie (en 1749, » ci-devant, N.° 243) parle souvent des Celtes & des » Druides qui habitèrent les environs de Caen. Il re- » trouve en mille endroits les preuves du séjour, des » fonctions & de la puissance des anciens Prêtres Gau- » lois «. *Extrait des Registres de l'Académie de Caen.*]

ARTICLE II.

Histoires suivies des Gaulois, & Traités particuliers.

3856. DES Princes de la Gaule Belgique & Celtique; par Jean LE MAIRE.

Ce petit Traité est imprimé dans ses *Illustrations des Gaules : Paris,* 1512, *in-fol.*

☞ Cet Ouvrage, dont on parlera plus au long ci-après, n'est qu'un tissu de fables. L'Auteur, & plusieurs de ceux qui suivent, les ont tirées des prétendus Écrivains anciens, publiés par ANNIUS DE VITERBE, à qui l'on en attribue communément la supposition. Cependant le P. LE QUIEN a prétendu le justifier à ce sujet. Voyez sa *Dissertation,* dans le *tom. VII.* du *Voyage du P. Labat en Espagne & en Italie : Paris,* 1730, *in-*12.

On peut aussi consulter sur ces Histoires fabuleuses des Gaules & des anciens François, l'article de M. Schœpflin, intitulé, *Tempus Alsatiæ fabulosum, pag.* 99 & *suiv.* du *tom. I.* de son *Alsatia illustrata : Colmariæ,* 1751, *in-fol.* On y voit que ces fables ont commencé à paroître dans le XIe siècle, mais qu'elles se sont accrues jusqu'au XVe, qu'Annius de Viterbe en publia un Recueil, avec ses Commentaires, pleins d'ignorance ou d'idées contraires aux témoignages des véritables & anciens Historiens.

3857. Remarques sur les Gaulois & sur les Francs; par Etienne PASQUIER.

On les trouve au Liv. I. de ses *Recherches de la France : in-fol.*

☞ On y voit qu'il ne goûtoit pas les origines fabuleuses qui étoient alors à la mode; il avoit les premiers principes de cette critique dont les lumières ont ensuite dissipé les ténèbres du moyen âge.

Voyez encore dans le *tom. I.* des *Lettres* de Pasquier, *p.* 44 & 560, édit. de 1619, *in-*8. Il y agite la question, Si les Romains ont été supérieurs aux anciens Gaulois.]

3858. Catalogue des anciens Rois & Princes des Gaules, dites depuis France : extrait des Œuvres & Histoires Gauloises de Paul DE RIVIERE : *Paris*, 1610, *in*-4.

3859. ☞ Catalogue des anciens Rois & Princes des Gaules (dites depuis France); par Etienne PERCHERON : 1610, *in*-4.]

3860. ☞ Rerum Gallicarum Scriptores (*antiqui*.)

C'est le tom. I. du *Recueil des Historiens des Gaules & de la France*, publié par D. Martin BOUQUET, Bénédictin : *Paris*, 1738, *in-fol*.

Ce Volume comprend tout ce qui s'est passé dans les Gaules avant l'arrivée des François, c'est-à-dire tout ce que fournissent (au sujet des Gaulois) les Auteurs Grecs & Latins, Géographes, Historiens, Orateurs, Poëtes & autres. Après la Préface, où l'on donne avec précision une idée de l'origine des Gaulois ou Celtes, de leurs mœurs, expéditions, &c. suit une Table Chronologique, qui présente par ordre tous les faits répandus dans le volume, depuis l'an 591, avant l'Ere Chrétienne, jusqu'à l'an de J. C. 481, & où l'on renvoye aux passages des anciens Auteurs qui sont ensuite rapportés dans les Extraits de ce que chacun a dit des Gaulois. Cette Table est d'un grand secours pour ceux qui voudront écrire une Histoire sur les Actes de ce Recueil. Il y a à la fin du Volume quatre autres Tables, qui ne sont pas moins utiles : les deux premières sont Géographiques. C'est d'abord celle des noms de villes, de lieux & de peuples, avec les renvois aux pages où il en est parlé. La seconde présente les noms François & actuels des Villes, avec les anciens noms Latins. La troisième Table est celle des noms des personnes, & la quatrième des Matières.]

3861. ☞ Discours historique touchant l'état général des Gaules, & principalement des Provinces de Dauphiné & Provence, tant sous la République & l'Empire Romain, qu'en après sous les François & Bourguignons ; ensemble quelques recherches particulières de certaines Villes y étant; par feu M. Aymar DU PERRIER, Seigneur de Chameloc , Sieur de Maison-Forte d'Arnilliers , Conseiller du Roi en sa Cour de Parlement du Dauphiné : *Lyon*, Ancelin, 1610, *in*-12.

Ce Discours est comme un abrégé de l'Histoire des Empereurs Romains, & de ce qu'ils ont fait depuis la naissance de J. C. jusqu'à la division de l'Empire, & sa destruction par les Nations Septentrionales, sur-tout pour ce qui regarde les Gaules. Il finit à l'entrée des Francs & de leur Roi Pharamond. On trouve à la tête une ample description de la Ville de Die & du Palais des Voconces ; ce que l'Auteur dit de la fondation de cette Ville & des Colonies Romaines, est plein de recherches & assez curieux.]

3862. ☞ Origine des Gaulois, leurs antiquités , leurs prééminences qu'ils ont sur toutes les Nations du Monde ; dédiée au Roi par L. P. D. L. C. (Louis-Paschal DE LA COURT, de Carcassonne, Prêtre) : *Paris*, Thomas de la Ruelle, 1624, *in*-8.

Cet Ouvrage n'est qu'une nouvelle édition refondue & augmentée de celui que le P. le Long avoit placé parmi les Traités de la Géographie moderne de la France, N.º 138 de son édition de 1719, & qui est dans celui-ci, N.º 783.

Ce Livre est divisé en quatre parties.
La première, qui sert de Préface ou d'Avant-propos, traite en bref de l'histoire & de l'origine des Gaulois.

Le nom de Celtes, selon l'Auteur, vient de *Gelten*, qui signifie en Allemand force.

Le nom de Gaulois du mot *Wal*, qui signifie en Flamand forêt, d'où ils furent d'abord nommés *Walli*, ensuite *Galli*.

Le nom de François du mot *Franci*, *Liberi* : nom qu'ils tirèrent de l'immunité qui leur fut accordée par l'Empereur Valentinien I. pour les bons services qu'ils lui avoient rendus contre les Alains : (c'est ce qui n'a pas de fondement, puisque le nom des François est connu dans les anciens & véritables Historiens, longtems avant le règne de cet Empereur).

L'Auteur tire l'origine des Gaulois de Gomer, fils de Japhet ; & selon lui, ils ont occupé le Pays qu'ils habitent depuis le Déluge.

Les François, selon lui, ne sont que des Peuples sortis anciennement des Gaules, qui avoient passé le Rhin, & s'étoient allé établir dans la forêt Hercinienne (la forêt Noire) qui par la suite retournèrent dans leur première demeure.

La Langue des Gaulois n'étoit ni la Grecque ni la Germaine, mais une Langue qui leur étoit particulière, & qui approchoit un peu de cette dernière. Elle a été si fort altérée par le mélange de celle des différens Peuples qui sont entrés successivement dans les Gaules, qu'elle n'est presque plus reconnoissable.

Le gouvernement des Gaulois étoit Aristocratique.

Dans les trois dernières parties, l'Auteur traite des différens ordres des Gaulois : sçavoir, des Druides & de leur doctrine, des Chevaliers & de la Milice, des Peuples ou des Plébéiens ; des mœurs, coutumes & usages des Gaulois en général.

Cet Ouvrage, qui est écrit d'une manière fort claire, est plus politique qu'historique. L'Auteur a ramassé avec grand soin, dans les trois dernières parties, ce qu'il a pu découvrir dans les anciens Auteurs, des usages, des mœurs, des loix, des coutumes & de la religion des Gaulois. Il eût mieux valu qu'il eût cité à la marge, au lieu de mêler ses citations dans son discours ; ce qui est fort incommode en le lisant. Il s'est peu étendu dans sa première partie, qui est très-courte, &, à vrai dire, n'est qu'une Préface.]

3863. Florus Gallicus, sive rerum à veteribus Gallis bello gestarum Epitome, in quatuor Libris distincta ; auctore Petro BERTHAULT, Congregationis Oratorii Presbytero [deinde] Canonico Carnotensi : *Parisiis*, 1632, *in*-24. Tertia editio, 1640, 1647, &c. *in*-12. Sexta editio, 1660: *Coloniæ*, 1651, 1659: *Lugduni*, 1671.

☞ Cet Ouvrage, qui est en forme d'Annales, traite principalement des guerres où les Gaulois se sont trouvés engagés, de leurs expéditions, de leurs succès, de leurs défaites. Il y est aussi question de la situation de la Gaule, de ses Provinces, & de ses différens états sous les Empereurs Romains. Le premier Livre commence à l'année du Monde 1986, & à Samothès, premier Roi (prétendu) des Gaulois, & finit vers l'an de Rome 492, à la division des Gaulois & leur affoiblissement dans l'Asie mineure. Le second commence à l'année 512, c'est-à-dire, à la sixième guerre que ceux établis en ●●e eurent avec les Romains, jusqu'à la déroute de ceux qui étoient en Thrace, l'an 638. On trouve à la fin de ce Livre une Description de l'ancienne Gaule. Le troisième commence en 613, & à la défaite des Saliens, par Caius Sextius, qui bâtit aux environs la Ville d'*Aquæ-Sextiæ*, Aix : ce Livre finit à Auguste, qui fit une nouvelle division des Gaules, mais non celle en dix-sept Provinces, comme le dit Berthault. Son quatrième Livre s'étend depuis la Naissance de Jesus-Christ jusqu'à l'Empire d'Honorius & d'Arcadius, tems auquel les Francs s'établirent dans les Gaules. Le même Auteur a fait dans le même goût un *Florus Francicus*, dont on parlera dans la suite. Pierre Berthault mourut âgé de quatre-vingt-un ans, le 19 Octobre 1681, à Chartres, Grand-Vicaire de M. de Neufville, qui en étoit Evêque.]

3864. Florus Gaulois, ou l'Abrégé des Guerres de France : *Paris*, 1634, *in*-12.

Je ne rapporte ce Livre ici, que sur son titre, qui paroît indiquer les guerres des Gaulois.

☞ On a cherché en vain ce petit Livre, pour en pouvoir parler plus affirmativement que le P. le Long. Dans le Catalogue de M. Secousse, num. 1938, on indique une *Traduction Françoise du Florus Latin* de Berthault, par LAMY : *Paris*, 1646, *in*-12. Ce pourroit être une seconde édition du Florus Gaulois : au reste, la chose est peu importante.]

3865. Historia Galliarum sub Præfectis Prætorio Galliarum ; auctore Ægidio LACARRY è Societate Jesu : *Claromonti*, Jacquart, 1672, *in*-4.

Ce Traité, quoiqu'estimé, n'est connu que des Sçavans : il contient moins l'Histoire des Gaules, que celle des Préfets du Prétoire, depuis l'an de Jesus-Christ 334, jusqu'en 536, que cette dignité fut supprimée. « C'est » une des parties des moins connues de notre Histoire, » que celle des Préfets du Prétoire des Gaules ; cepen- » dant elle n'est pas peu importante, pour avoir une » parfaite connoissance de l'Histoire entière de la France. » Le Père Lacarry les a ramassés avec beaucoup de soin ; » on en compte jusqu'à cinquante, pendant les deux cens » & tant d'années que cette Charge dura dans les Gaules. » Cette Histoire n'est pas un simple récit de leurs actions ; » on y trouve plusieurs points de critique éclaircis avec » beaucoup d'érudition ; comme celui de la division des » Gaules, & ce qu'on appelloit proprement Gaules, & » les cinq Provinces qui quelquefois étoient comprises » sous le nom d'Aquitaine ». *Journal des Sçavans*, du 12 Août 1675.

☞ Voyez aussi, *Méthode historique* de Lenglet, tom. IV. pag. 72 & son *Supplément*, pag. 155.]

L'Auteur commence par le détail du Gouvernement, tant Civil que Militaire, qu'établit Constantin, environ l'an 330. Ce Prince mit un Préfet du Prétoire dans les Gaules; deux Maîtres de Milices, dont l'un commandoit la Cavalerie, l'autre l'Infanterie, & qui étoient égaux en dignité au Préfet du Prétoire. La Prétoire des Gaules étoit divisée en trois Diocèses, la Gaule Transalpine (ou la vraie Gaule), l'Espagne & la Grande-Bretagne. Chaque Diocèse étoit gouverné par des Vicaires, & par des Ducs & des Comtes. Ces derniers avoient la conduite du Militaire, ainsi que les Maîtres de la Milice, & leur étoient subordonnés. Les Vicaires l'étoient eux-mêmes au Préfet du Prétoire. Chaque Diocèse étoit divisé en Provinces, qui étoient régies par des Consulaires & des Correcteurs ou Présidens; & dans chaque Province, il y avoit une Ville principale qui s'appelloit Métropole.

Le Préfet du Prétoire, entr'autres fonctions, avoit celle de rendre la Justice souverainement : c'est à lui qu'on appelloit des Jugemens des Consulaires & des Présidens. Quant à ceux des Vicaires, Comtes & Ducs, on en appelloit d'abord à l'Empereur même; par la suite ces appellations furent soumises au Préfet du Prétoire.

La première division du Diocèse des Gaules fut en dix-sept Provinces (selon l'Auteur, qui paroît s'être trompé à cet égard). La seconde, environ l'an 356, en Gaules proprement dites, & cinq Provinces, lesquelles étoient comprises sous le nom d'Aquitaine. La troisième, environ l'an 370 ou 371, en Gaules, & en sept Provinces.

L'Auteur vient ensuite à l'Histoire suivie des Préfets du Prétoire, & de ce qui s'est passé sous les Gaules sous leur gouvernement jusqu'en 536, tems auquel ce qui restoit à l'Empire Romain dans les Gaules, fut cédé aux François par Vitigès ; cession qui leur fut ensuite confirmée par l'Empereur Justinien l'an 548.

Cet Ouvrage est d'une excellente main. Il est très-utile, & même nécessaire, pour épargner bien du travail à ceux qui veulent traiter ou étudier les commencemens de l'Histoire de France.]

3866. Historia calamitatum Galliæ, quas sub aliquot Principibus Christianis invita pertulit, à Constantino Cæsare usque ad Majoriamum, qui vicit in Atrebatibus Clodionem Regem Francorum, Pharamundi Successorem : Opus Papirii MASSONI ; sed posthumum, & variis adhuc in locis imperfectum, recens ex autographo Joannis Baptistæ Massoni fratris ipsius evulgatum.

Cette Histoire des calamités des Gaules, se trouve au tom. I. du *Recueil des Historiens de France*, par Duchesne, pag. 32. Papire Masson est mort en 1611.

3867. Gallicanæ historiæ Annales centum annorum, ex Constitutionibus Codicis Theodosiani, ab anno 312 ; auctore Jacobo GOTHOFREDO, Juris-Consulto.

Ces Annales sont imprimées avec ses *Observations Latines*, sur le tom. VI. *du Code Théodosien*, part. IV. *de la Topographie*, pag. 425 de l'édition de Lyon, 1665, *in-fol.* [Il y en a eu depuis deux éditions également en six tomes : *Lipsiæ*, 1736 : *Venetiis*, 1740.]

3868. Les Antiquités Gauloises, depuis l'an du Monde 3350, jusqu'à Clovis ; en deux livres ; par Claude FAUCHET, Président de la Cour des Monnoyes : *Paris*, 1579, *in*-4.

Fauchet est mort en 1603. On trouve dans son Ouvrage tout ce qu'on peut recueillir de nos bons Historiens ; s'il n'est pas écrit avec beaucoup de politesse, il l'est du moins avec beaucoup de fidélité. Les mêmes Antiquités Gauloises ont été imprimées plusieurs fois, & elles se trouvent dans le *Recueil de ses Œuvres* : *Paris*, 1610 : *Genève*, 1611, *in*-4.

☞ Le Père le Long a omis une édition *in*-8. chez Jérémie Perrier : *Paris*, 1599. Le titre est :

Les Antiquités Gauloises & Françoises, augmentées de trois livres, contenant les choses advenues en Gaule & en France, jusqu'en l'an 751 de Jesus-Christ ; recueillies par M. le Président FAUCHET.

Voyez sur ce Livre, la *Bibliothèque Françoise* de Sorel, pag. 6 & 229. = Le P. Nicéron, tom. *XXXVI*. pag. 221. = *Bibliothèque* de Clément, tom. *V*. pag. 95.]

3869. Mémoires des Gaules, depuis le Déluge jusqu'à l'établissement de la Monarchie Françoise ; avec l'état de l'Eglise & de l'Empire depuis la naissance de Jesus-Christ ; par Scipion DUPLEIX, Lieutenant Particulier, Assesseur Criminel au Présidial de Condom : *Paris*, Sonnius, 1619, *in*-4.

C'est ce que cet Auteur, d'ailleurs peu exact, a donné de meilleur. Il est mort en 1661. Ces Mémoires des Gaules sont aussi imprimés au commencement de son *Histoire générale de France* : *in-fol.* [*Paris*, 1621, &c.]

☞ Son Ouvrage est comme tous ceux qu'il a faits, c'est-à-dire, écrit d'un style froid & languissant ; cependant il peut passer pour un des meilleurs, sur-tout à cause du travail & des recherches. Dupleix y a rassemblé presque tout ce que les anciens Auteurs ont dit au sujet des Gaules, & il les a cités à la marge ; desorte que ce Livre pourroit être utile, si quelqu'un entreprenoit de retoucher ces Mémoires, & de les écrire d'un style plus propre à se faire lire.

Ils sont divisés en huit Livres.

Le premier traite de l'ancienne Gaule, de ses Provinces, de ses Peuples, de ses Villes, des mœurs des anciens Gaulois, de leur Police, de leur Religion, de leur Milice.

Le second, de la fondation de la Monarchie des Gaules depuis le Déluge, des premiers Rois, de leurs guerres contre les Germains & les Grecs. Ce Livre contient beaucoup de fables, rapportées toujours sur le témoignage des prétendus Bérose & Manéthon, publiés par Annius de Viterbe.

Les troisième & quatrième Livres des Mémoires de Dupleix, traitent de la descente des Gaulois en Italie, de leurs différentes guerres avec les Romains, jusqu'à la conquête des Gaules par César.

Les quatre derniers Livres, contiennent l'état des Gaules, & en particulier de l'Eglise, depuis César jusqu'à l'avénement de Pharamond, que Dupleix place sous Honorius & Théodose le jeune, en 414.

Voyez sur cet Ouvrage, la *Bibliothèque Françoise* de Sorel, *pag.* 271. = Le P. Nicéron, *tom. II. pag.* 305. = Le Gendre, *tom. II. pag.* 95. = Lenglet, *Méthode historique, tom. IV. pag.* 7.]

3870. L'Etat des Gaules, avant l'établissement de la Monarchie Françoise; par Jean TARAULT, Jésuite.

Cet Etat des Gaules se trouve imprimé au-devant de son *Histoire de France: Paris*, 1635, *in-fol.* L'Auteur est mort en 1638.

3871. Histoire des Gaules; par Adrien JOURDAN, Jésuite.

Cette Histoire des Gaules est au commencement du tom. I. de son *Histoire de France : Paris*, 1679, *in-4.* L'Auteur est mort en 1692.

3872. Histoire des Gaulois; par [Géraud] DE CORDEMOI, Lecteur du Roi.

Cet Auteur est mort en 1684. Son Histoire des Gaulois est au commencement du tom. I. de son *Histoire de France: Paris*, 1685, *in-fol.*

3873. Histoire des Gaules; par Guillaume MARCEL.

Cette Histoire se trouve dans le tom. I. de l'*Histoire de l'origine & des progrès de la Monarchie Françoise, par le même : Paris*, 1683, *in-12.* 4 vol.

☞ C'est un excellent abrégé de tout ce qui concerne les Gaulois & les Gaules, avec les passages les plus importans des meilleurs Historiens anciens.]

3874. ☞ Histoire des Gaulois; par François [EUDES] DE MÉZERAY.

Elle se trouve, avec l'*Origine des François*, dans ce qu'on appelle son *Avant-Clovis*, qui parut à la tête de sa grande *Histoire de France: Paris*, 1685, *in-fol.* & depuis dans toutes les éditions de son *Abrégé chronologique, in-12. & in-4.* On l'a retouchée dans l'édition de 1740. Cette Histoire des Gaulois, jusqu'à l'établissement des François dans les Gaules, est bonne, & peut suffire à ceux qui ne veulent pas faire de grandes lectures.]

3875. ☞ Ancien Etat des Gaulois, jusqu'au tems où ils furent subjugués par Jules-César, & depuis ce tems jusqu'à l'irruption des Francs. *Histoire universelle*, traduite de l'Anglois, *tom. XIII. Amsterdam*, 1752, *in-4. pag.* 232-347.

La Section I. contient l'Origine des Gaulois & l'étendue de leur Pays; mais la Géographie n'y est pas traitée comme les autres parties de cet excellent Ouvrage.

La II. Religion des Gaulois, pag. 140.

La III. Comment & quand le Culte de quelques Divinités inférieures fut introduit parmi les Gaulois, pag. 166.

La IV. Antiquité, Gouvernement, Loix, Arts, Sciences, Commerce & Coutumes des anciens Gaulois, pag. 294.

La V. Histoire des anciens Gaulois (principalement) depuis qu'ils furent attaqués par les Romains, & subjugués par Jules-César, jusqu'à l'irruption des Francs, pag. 318-347.]

3876. ☞ Epitome rerum Gallicarum ab origine gentis usque ad Romanorum Imperium; auctore Joan. Frid. OBERLIN: *Argentorati*, Heitzii, 1762, *in-4.*

3877. ☞ Epitome rerum Gallicarum sub Romanorum Imperio, ad ann. Chr. 430; auctore Joan. Lud. REDSLOB: *Argentorati*, Vid. Paufchingeri. (1762) *in-4.*

Ces deux Articles sont des Thèses soutenues à Strasbourg, & dont le texte est orné de longues Notes qui contiennent les témoignages des Anciens. La première offre un plan général de ce qui caractérisoit les Gaulois, & la seconde s'étend sur les différentes divisions du Pays, & sur la forme du gouvernement que les Romains y établirent.]

3878. ☞ Jo. Georgius ECCARDUS, de origine Germanorum eorumque vetustissimis Coloniis, migrationibus ac rebus gestis. Ex schedis manuscriptis edidit Christ. Ludov. Scheid : *Gottingæ*, 1750, *in-4.*

Cet excellent Ouvrage fournit de belles recherches sur l'Histoire des Celtes & des Gaulois.]

3879. Caii Julii CÆSARIS Commentariorum de Bello Gallico, Libri octo.

☞ Voyez sur cet Ouvrage, *Bibliothèque raisonnée*, *tom. XIV. pag.* 157. = *Vertus & vices de l'Histoire*, *pag.* 90. = Lenglet, *Méthode historique, tom. III. pag.* 120. = Barlæi *Epist. pag.* 408. = *Bibliothèque choisie, tom. II. pag.* 161. & *tom. XXVI. pag.* 112. = *Caractère des Ouvrages historiques, pag.* 97.]

C. Julius-César, Dictateur de la République Romaine, ensuite Empereur, fut tué l'an 710 de la fondation de Rome, quarante-quatre ans avant la Naissance de Jesus-Christ. Il n'avoit composé que sept Livres de la Guerre des Gaules : le huitième, qui est dédié à Cornelius Balbus, a été ajouté par Aulus HIRTIUS, ami particulier de César, dont il contient l'Histoire, jusqu'à son retour des Gaules en Italie. Hirtius fut tué l'année de son Consulat, dans un combat, un an après la mort de César. Ce huitième Livre se trouve dans toutes les éditions des Commentaires de César, dont voici les principales.

Caii Julii CÆSARIS Commentariorum Libri de Bello Gallico, Civili Pompeiano, Alexandrino, Hispaniensi & Africano; operâ Joannis Andreæ Episcopi Alerientis: *Romæ*, 1469, *in-fol.*

Iidem : *Venetiis*, Jenson, 1471, *in-fol.*

Iidem; studio Joannis Andreæ Episcopi Aleriensis : *Romæ*, Petri de Maximis, 1472, *in-fol.* 1473 (sine loco).

De Bello Gallico Libri octo : *Romæ*, 1476, *in-fol.*

De Bello Gallico & Civili Libri : *Mediolani*, Zaroti, 1477, *in-fol.*

Ejufdem Commentarii: *Mediolani*, Luvagnia, 1478, *in-fol.*

Iidem; quos Michaël Manzolinus, Parmenfis, Librariorum difertiffimus, fuo fumptu fieri curavit: *Tarvifii*, 1480: *Venetiis*, Scoti, 1482: *Ibid.* Fontanæ, 1499, *in-fol.*

* Iidem; cum Raymundi Marliani Indice: *Venetiis*, 1490. [1494] *in-fol.*

Iidem; ftudio Philippi Beroaldi: *Bononiæ*, 1504, 1508, *in-fol. Venetiis*, Aldi, 1513, *in-8.*

* Iidem; ftudio Jucundi, Veronenfis: *Venetiis*, Aldi, 1517, *in-8.*

Iidem: *Venetiis*, Auguftini de Zannis, 1517, *in-fol.*

Iidem; per Raymundum Marlianum: *Venetiis*, 1518, *in-fol.*

Iidem: *Bafileæ*, Wolfii, 1521, *in-8.*

Iidem; curante Petro Danefio: *Parifiis*, 1522, *in-4.*

Iidem: *Florentiæ*, Juntarum, 1523, *in-8.*

Iidem: *Bafileæ*, Hervagii, 1535, *in-8.*

Iidem: *Lugduni*, Gryphii, 1536, 1538, 1540, 1543, 1547, 1549, *in-8. Ibid.* 1545, 1660, *in-12.* [1546, *in-16.*]

Iidem; cum Joannis Rhellicani Notis, five Prælectionibus Bernenfibus: *Bafileæ*, 1543, *in-8.*

Iidem; collatis vetuftis exemplaribus, tam fcriptis quàm impreffis, accuratè emendati, cum picturis Joannis Jocundi: *Parifiis*, Vafcofani, 1543, *in-fol.*

Iidem; cum Notis Joannis Glareani, unà cum Marliani Defcriptione Gallica: *Parifiis*, Roberti Stephani, 1544, *in-8. Bafileæ*, Brilengeri, 1566, *in-8.*

Iidem; ex antiquiffimo exemplari, cum Joannis Jocundi expofitionibus: *Lugduni*, Gryphii, 1555, *in-12.*

Iidem; cum correctionibus P. Manutii: *Venetiis*, Aldi, 1559, *in-8.*

Iidem; cum Scholiis Joannis Michaëlis Bruti: *Venetiis*, Aldi, 1564, *in-8. Argentorati*, 1596, *in-12.*

Iidem; cum fragmentis & emendationibus, ex Bibliotheca Fulvii Urfini, additis Joannis Michaëlis Bruti Scholiis: *Antverpiæ*, Plantini, 1570, *in-8.*

Iidem [recogniti à Joan. Roffeto]: *Laufannæ*, 1571, *in-fol.*

Iidem; cum fragmentis & Scholiis Aldi Manutii Pauli filii & Fulvii Urfini emendationibus: *Venetiis*, 1571, *in-8. Ibid.* 1575, *in-4. Ibid.* 1590, *in-8.*

Iidem; cum Aldi Manutii Scholiis, Fulvii Urfini emendationibus & Commentario Francifci Hotomani: *Lugduni*, 1574, *in-fol.*

Ibid. 1574, 1581 [1594] *in-8. Francofurti*, Wechel, 1584, *in-8.*

Iidem; cum notis & caftigationibus Joannis Jocundi, Joannis Michaëlis Bruti, Aldi Manutii, Fulvii Urfini, & fpicilegio Joannis Sambuci: *Antverpiæ*, Plantini, 1574, 1586, [1622] *in-8.*

Iidem; cum notis Joannis Glandorpii, à Reinero Reineccio ann. 1551 excerptis: *Lipfiæ*, 1574, *in-8.*

Iidem; ab Aldo Manutio emendati & Scholiis illuftr. *Venetiis*, Aldi, 1575, *in-4.* [1576] *in-8.*

Iidem; cum notis Joannis Glareani, Francifci Hotomani, Fulvii Urfini, & Aldi Manutii, quibus junctæ funt Infcriptiones Urbium Hifpaniarum, ex Mufæo Jacobi Stradæ: *Francofurti*, 1575, *in-fol.*

Iidem; ex recenfione Jufti Lipfii: *Lugduni Batavorum*, Raphelengii, 1593, *in-8.*

Iidem; ex recognitione Jofephi Scaligeri: *Ibid.* 1606, *in-8.*

Iidem; quibus accedit vetus Interpres Græcus lib. VII. de Bello Gallico, ex Bibliotheca Pauli Petavii; prætereà notæ, adnotationes, commentarii partim veteres, partim novi Joannis Brantii, operâ & ftudio Gothofredi Jungermanni: *Francofurti*, 1606, 1669, *in-4.*

La première édition eft préférable à la feconde, qui eft pleine de fautes; elle eft auffi la plus complette qui ait paru jufqu'à préfent. Les Notes qui fe trouvent féparément, après tout le texte, font de Rhellicanus, de Glareanus, de Glandorpius, de Joach. Camerarius, de Brutus, de Manuce, de Sambucus, d'Urfinus, de Ciaconius, d'Hotman, de Brantius. Jungerman. y a joint les fiennes fur l'Interprète Grec, & ce qui a été dit au fujet du Pont [que Céfar bâtit fur le Rhin] par Jean Joconde, Jérôme Magius & Adrien Turnèbe; & enfin l'on y trouve l'Indice géographique de Raymond Marlian, & un autre tiré d'Ortelius.

Eadem; cum notis eorumdem: *Lugduni*, 1603, *in-8.*

Il ne manque dans cette édition que les Notes de Sambucus. Reinefius, dans fa Lettre à Hofman, pag. 677, attribue cette édition à Janus Gruterus.

Cæsaris quæ extant, ex manufcriptis emendata cum Commentariis variorum ex Mufæo Jacobi Stradæ: accedunt Tabulæ Topographicæ & Imagines machinarum bellicarum, cum nova explicatione Marci Zuerii Boxhornii: *Lugduni Batavorum*, Elzevirii, 1635, *in-fol.*

Eadem; ex recenfione Arnoldi Montani cum notis variorum: *Amftelodami*, 1651, 1658, 1661, 1665, 1670, 1686, *in-8.*

Eadem; ex Bibliotheca Joannis Henrici Boëcleri: *Argentorati*, 1658, *in-8.*

Eadem; cum Interpretatione & Notis Joannis Goduini Profefforis Regii, ad ufum Sereniffimi Delphini: *Parifiis*, 1678, *in-4. Londini*, 1693, 1697, 1706, *in-8.*

☞ Voyez les *Actes de Léipfick*, 1706, *pag.* 59. = *Journal des Sçavans*, 1706, *Mars.*]

Histoire des anciens Gaulois.

CÆSARIS Dictatoris Triumphi de Gallia, Ægypto, &c. ab Andrea Mantica, Mantuæ in Ducali Aula coloribus expressi, æneis typis Dominici de Rubeis: *Romæ*, 1692, *in-fol.*

CÆSARIS quæ extant, ex recensione Joannis Georgii Grævii; additis Cæsaris fragmentis, & Joannis Scaligeri Notitia Galliæ, & super appellationibus locorum aliquot gentium apud Cæsarem, quæ ex Scaligeri autographo castigatiores & auctiores hîc vulgantur: *Amstelodami*, 1697, *in-8.*

Eadem; cum Tabulis geographicis & Indice; curante Joanne Valentino Merbitzio: *Lipsiæ & Francofurti*, 1703, *in-8.*

Eadem; ex recensione Christophori Cellarii, cum novis Tabulis geographicis: *Lipsiæ*, 1705, *in-8.* [*Ibid.* 1713, *in-8.* *Patavii*, 1734, *in-12.*]

Eadem; Joannes Davisius Colleg. Reginæ in Academia Cantabrigiensi Socius ad antiquissimas editiones & manuscriptum Codicem illustris Episcopi Norvicensis recensuit, Notisque suis & selectis variorum, Ciaconii præcipuè, Hotomani, Brantii & Dionysii Vossii egregiè illustravit: adjectâ ad calcem voluminis, Græcâ librorum septem de Bello Gallico Metaphrasi: *Cantabrigiæ*, 1706, *in-4.*

☞ Julii CÆSARIS quæ extant; scilicet, Commentariorum de Bello Gallico Libri VII. addito Hirtii Pansæ Libro VIII. Commentariorum de Bello Civili Libri III. ejusdem Hirtii Pansæ Commentariorum de Bello Alexandrino, de Bello Africano & de Bello Hispaniensi Libri III. & Cæsaris fragmenta; omnia accuratissimè cum Libris editis & MSS. optimis collata, recognita & correcta, simul & annotationibus ac Indice duplici illustrata per Samuelem Clarck; præstans editio non modò caracterum & chartæ nitiditate, sed & figuris quàmplurimis elegantissimè in æs incilis: *Londini*, Tonson, 1712, *in-fol.*

Il faut bien prendre garde que ce Livre soit accompagné de toutes ses Planches; car il y a plusieurs exemplaires dans lesquels il en manque une bonne partie.]

Cette édition est la plus magnifique qu'on ait publiée.

☞ Voyez à son sujet les *Actes de Leipsick*, 1714, pag. 49. = *Mémoires de Trévoux*, Janvier, 1713.]

Eadem; cum animadversionibus integris Dionysii Vossii, Joannis Davisii, aliorumque variis Notis, ex Musæo Joannis Georgii Grævii: *Lugduni Batavorum*, 1713, *in-8.*

☞ Eadem (curâ Mich. Maittaire): *Londini*, 1736, *in-12.*]

☞ Eadem; editio præstantissima, cum Notis Vossii, Davisii, Clarckii, studio Francisci Oudendorpii: *Lugduni Batavorum*, Luchtmans, 1737, *in-4.* *Ibid.* 1740, *in-8.*
Voyez le *Journal des Sçavans*, *Mars*, 1738.]

☞ Eadem; cum notis D. Martini Bouquet.
Dans le tom. I. du *Recueil des Historiens des Gaules* & de la France: (*Paris*, 1738, *in-fol.*) pag. 206-280. L'Editeur déclare qu'il a suivi l'édition de Godefroy Jungerman, de Francfort, 1606, *in-4.* Mais il y a ajouté quelques Notes d'après divers Sçavans.]

☞ Eadem; cum notis & animadversionibus Thomæ Bentleii, & conjecturis emendationibusque Jacobi Jurini: *Londini*, Innys, 1742, *in-8.*]

C. Julii CÆSARIS Librorum septem de Bello Gallico Metaphrasis Græca.

* Cette Version Grecque se trouve dans les deux éditions de Godefroy Jungerman, 1606 & 1669, & dans celle de Jean Davis, en 1706. M. Huet, dans son Livre, *De Claris Interpretibus*, doute si elle est de *Théodore de Gaze*, ou de *Maxime Planude*, ou enfin de quelque autre Auteur de ce tems-là. Hœschelius [& Fabricius] la croient plutôt de *Planude*, à cause de la ressemblance du style; mais Jean Davis, sans en déterminer l'Auteur, assure qu'il s'est servi de Manuscrits défectueux, & qu'il entendoit si peu le Latin, qu'il fait dire à César tout autre chose que ce qu'il dit en effet.

3880. Les Commentaires de CÉSAR, traduits en François, par ordre de Charles VIII. par Robert GAGUIN, Général des Mathurins: *Paris*, Vérard [1485] 1488: *Ib.* Regnault, 1537, *in-fol.*

Les mêmes, traduits en François; par Etienne DE LAIGUE, Sieur de Beaucaire en Berry: *Paris*, 1531, *in-fol.* *Ibid.* les Angeliers, 1539, *in-fol.* [1541, *in-8.*]

Les mêmes; revus & publiés par Ant. DU MOULIN: *Lyon*, 1545, *in-8.* [1555, *in-16.* 2 vol.]

Les mêmes; traduits par le Roi HENRI IV. & le Roi LOUIS XIII. *Paris*, de l'Imprimerie Royale, 1650, *in-fol.*

Abel de Sainte-Marthe, pag. 18 des Preuves de son *Discours pour le rétablissement de la Bibliothèque Royale de Fontainebleau*, parle ainsi de cette Version de César: « Celle des deux premiers Livres étoit encore écrite de » la main du Roi Henri le Grand, dans la Bibliothèque » du Roi, dont elle fut tirée par Monsieur des Noyers, » Secrétaire d'Etat, qui la présenta au feu Roi (Louis » XIII.) Ce Prince acheva la Traduction des deux der- » niers Livres de César; & elle a été imprimée au Louvre » avec celle de Henri IV. en 1650. »

Les mêmes Commentaires, traduits en François; par Blaise DE VIGENERE; avec des Annotations [historiques & géographiques]: *Paris*, 1576, *in-fol. & in-4.* *Ibid.* 1584 [1593] *in-4.* *Ibid.* 1600, *in-16.* *Genève*, 1602, *in-4.* *Paris*, 1603, *in-4.*

Les mêmes de cette Version, à laquelle sont joints les Parallèles de César & de Henri le Grand; par Antoine DE BANDOLE: *Paris*, 1609, 1625, *in-4.*

☞ Dans ce Parallèle, l'Auteur suit Henri IV. dans toutes ses actions, principalement dans celles qu'il a faites à la Guerre; il en fait voir la conformité avec celles de César. Il cite ces deux grands Hommes, comme les plus parfaits modèles de l'Art Militaire: même valeur, même prudence, même activité, même amour pour leurs Concitoyens. Tous deux aimés des Soldats, n'ont rien trouvé de difficile à entreprendre & à exécuter; préférant le courage à la multitude, ils ont battu, avec une poignée de braves Gens, des Armées bien supérieures en nombre. Il seroit trop long de rapporter tous les éloges que l'Auteur leur donne; on peut les lire dans l'Ouvrage même, qui eſt, comme tous ceux de ce tems-là, rempli de paſſages d'Auteurs, de moralités & de comparaiſons. On trouve au commencement quelque choſe ſur le naturel des François & des Eſpagnols, & à la fin un Sommaire de la Vie de Henri le Grand.]

Les mêmes, traduits en François; par Nicolas PERROT D'ABLANCOURT; avec des Remarques: *Paris*, 1650 [1652] 1660, *in-*4. *Ibid.* 1665 [1668, 1670, 1685] 1677, 1679, 1699 [1714] *in-*12. 2 vol. *Amſterdam*, 1678, 1708, &c. *in-*12.

Cette Traduction [a été] fort eſtimée. Comme le Métier de la Guerre n'étoit pas aſſez connu du Traducteur, pour en ſçavoir bien les termes, il a eu ſoin de conſulter les plus habiles Officiers; & il y a ſi bien réuſſi, que le grand Condé, Louis de Bourbon, faiſoit beaucoup de cas de cette Verſion.

☞ On trouve à la tête un Avis au Lecteur, & les Remarques ſur la Carte de l'ancienne Gaule (par Nicolas SANSON).

« D'Ablancourt a fait de belles Traductions, peu ⁂ fidèles à la vérité, mais écrites élégamment. » Coſtar, *Mémoire manuſcrit ſur les Gens de Lettres*, &c. dont on parlera dans la ſuite.

Voyez ſur la Traduction de Céſar, le Père Nicéron, *tom. VI. pag.* 334. = Baillet, *Jugemens des Sçavans*, *tom. II. pag* 437-897. = *Œuvres mélées de Saint-Evremont, tom. II pag.* 189. = *Siècle de Louis XIV. tom. II. pag.* 345. = *Mémoires hiſtoriques, politiques & critiques*, *tom. I. pag.* 33. = *Mémoires de Marolles, tom. III. pag.* 225.]

☞ La même Traduction de d'Ablancourt, corrigée: *La Haye*, 1748, *in-*12.

Les corrections ſont peu nombreuſes, & aſſez mal faites.]

☞ La même, auſſi corrigée; (par l'Abbé LE MASCRIER); & augmentée de Notes tirées en partie de la Notice des Gaules de M. d'Anville: *Paris*, Barbou, 1755, *in-*12. 2 vol.

Tous les noms de Lieux & de Villes, dont il eſt fait mention dans Céſar, ſont exprimés dans cette édition ſous ceux qu'ils portent aujourd'hui.]

☞ La même, revue, corrigée & augmentée de Notes hiſtoriques & géographiques, de la Carte de la Gaule par M. d'Anville, & du Plan d'Aliſe par le même: *Amſterdam*, Arkſtée & Merkus, 1762, *in-*12. 2 vol.]

3881. I medeſimi: tradotti in Italiano; per Agoſtino URTICA della Porta Genoveſe: *in Venetia*, de Vitalibus, 1514: *Ibid.* 1517: *in Milano*, 1518, *in-*4. *in Venetia*, 1530, *in-*8. *Ibid.* 1547, *in-*12.

☞ Ceſare Guerra Gallica da Dante Popo-LESCHI: *Firenze*, 1518, *in-*4.]

I medeſimi: tradotti da Franceſco BANDELLI: *in Venetia*, 1554, *in-*8. *Ibid.* 1572, *in-*12.

☞ Bochat (*Muſ. Helvet. part. XXV.*) dit que l'*Editio princeps* de Baldelli (ou Bandelli) eſt de 1557, *in-*8. & que Maffëi, dans ſes *Traduttori Italiani*, cite ſeulement celle de 1572 & celle de 1575, *in-*4. qui ſuit.]

I medeſimi: colle figure d'Andrea PALLADIO: *in Venetia*, 1575, 1582, 1619 [1627] 1635, *in-*4.

Los miſmos; traducidos en lengua Caſtellana? *en Alcala de Hennares*, 1529, *in-fol.*

☞ Los miſmos: *Paris*, 1549, *in-*8. fig.]

Los miſmos; traducidos por Pedro Garcia OLIVA: *en Toledo*, 1570, *in-*4.

Los miſmos; traducidos por Diego LOPES de Toledo: *en Madrid*, 1621, *in* 4.

3882. Les mêmes Commentaires, traduits en Allemand; par Reigman PHILESIUS: dédiés à l'Empereur Maximilien I. *Strasbourg*, 1507: *Augsbourg*, Steiner, 1531: *Mayence*, Schoeffer, 1532, *in-fol.*

Les mêmes, traduits en Allemand; par Chriſtophle FEYRABEND: *Francfort*, 1565, 1588, 1620, *in-fol.*

Les mêmes, [en Allemand] Traduction nouvelle: *Léipſick*, 1682, *in-*8.

Les mêmes, traduits en Flamand; par Jean FENACOL: *Delft*, 1614, *in-*8.

Les mêmes, traduits en Flamand; par Abraham BOGAERT: *Amſterdam*, 1709, *in-*8. 2 vol.

Les mêmes, traduits en Anglois, avec les Obſervations de Clément EDMONS: *Londres*, 1677, *in-fol.*

Les mêmes, traduits en Anglois; par Martin BADIN: *Londres*, 1705, *in-*8.

Daniel-Guillaume Moller, à la pag. 47 de ſa *Diſſertation ſur Jules-Céſar*, imprimée à Altorf en 1687, dit que Soliman, Empereur des Turcs, avoit fait faire une Verſion en *Arabe* de ces Commentaires, & qu'il la liſoit ſouvent, & toujours avec plaiſir.

Le ſtyle de Céſar eſt pur, élégant, correct, & tout-à-fait doux, grave même dans ſes Sentences; il raconte ſes actions avec autant de modeſtie qu'à une certaine liberté. S'il ſe trouve quelque faute de ſtyle dans ſes Mémoires, c'eſt, ſelon Lipſe, qu'elle y a été fourrée par une main étrangère. On apprend plus la prudence militaire par ſes actions que par ſes paroles. Comme il ne donne que des Mémoires, on ne doit s'attendre qu'à une ſimple narration de ce qui s'eſt paſſé. Une bonne partie de ce qu'il y dit, ſe lit auſſi dans les Lettres de Cicéron à Atticus; ce qui aſſure & confirme la vérité de ce qu'il avance. Il eſt ſi exact dans la deſcription des lieux qu'il décrit, que ceux qui les voyent les reconnoiſſent ſur ce qu'il leur en a appris. Cependant quelques Auteurs ont oſé avancer que c'étoit mal-à-propos qu'on attribuoit à Céſar les Livres de la Guerre des Gaules. Louïs Carrion, Floridus Sabinus & Louis Caduccus, ont avancé ce paradoxe; ce dernier même les donne à Suétone. Iſaac Voſſius, dans ſes Réponſes aux Objections de M. Simon, aſſure qu'il a fait une Diſſertation dans laquelle il prouve que tout ce qui eſt rapporté dans ces Livres eſt faux; que Céſar n'a jamais traverſé les Alpes, & n'a pas vu les Gaules. Juſte Lipſe croit que ce n'eſt pas le même Auteur qui a écrit les Livres de la Guerre des Gaules, & ceux de la Guerre civile; il attribue même les premiers à Julius-Celſus, & il.les croit fort corrompus; mais la reſſemblance du ſtyle, qui eſt fort correct & d'une merveilleuſe douceur dans ces deux Ouvrages, joint au témoignage des anciens, ne permet pas de douter qu'ils ne ſoient de Jules-Céſar. C'eſt ainſi que s'en explique Jean-Albert Fabricius, au chap. X. du Liv. I. de ſa *Bibliothèque Latine*, qui m'a été d'un grand ſecours dans ce que je viens de rapporter ſur ces Commentaires.

3883. ☞ Conquête de la Gaule, faite & écrite par Jules-César; extraite par M. l'Abbé (Joseph) VALLART, Professeur à l'Ecole Royale Militaire: *Paris*, 1761, *in-12.*]

3884. La Guerre des Suisses pour la Conquête des Gaules, traduite du premier livre des Commentaires de César; par LOUIS XIV. Roi de France & de Navarre: *Paris*, de l'Imprimerie Royale, 1651, *in-fol.* [*Ibid.* 1720, *in-fol.*] avec figures.

☞ La même (sans figures): *Grenoble*, François Champ, 1654, *in-12.* (édition très-rare.]

3885. ☞ Mf. Anton. COQUERII, Delphinatis, Carmen heroïcum, de bello gesto à Cæsare in Helvetios: *in-4*.

Ce Manuscrit est à la Bibliothèque du Roi, N.° 8390.]

3886. ☞ Emendationes aliquot criticæ in J. Cæsaris Libris de Bello Gallico tentatæ; auctore J. C. H. (Joan. Christoph. HARENBERG). *Miscellan. Lipsiensf. nova, tom. II. pag. 304-316: Lipsiæ, 1743.*

Ces corrections proposées roulent principalement sur des endroits où l'Auteur attribue aux Belges ce qui est dit des Helvétiens: aussi a-t-il été bien réfuté par deux sçavans Suisses, dans les Ouvrages suivans, qui sont curieux & intéressans.]

3887. ☞ Epistola apologetica (BREITINGERI) quâ egregiam virtutis laudem Helvetiis à C. Jul. Cæsare tributam, nuper temerè à quodam obelo critico esse expunctam, docetur. *Muf. Helvet. partic. XXIII. pag. 421-433.*]

3888. ☞ Locus Julii Cæsaris ad Helvetios pertinens, adversùs emendationem à J.C.H. tentatam, defensus & illustratus; auctore Loyfio DE BOCHAT, Pro-Prætore Lausannenfi. *Muf. Helvet. particul. XXV. pag. 1-45.*]

3889. ☞ Le parfait Capitaine, autrement, L'Abrégé des Guerres des Commentaires de César, avec quelques remarques : *Paris*, 1636, 1643, *in-4. Paris*, 1639, 1656, *in-12.* [*Paris*, 1744, *in-12.*]

Cet Ouvrage est de Henri Duc DE ROHAN, mort en 1638. La Préface de Jean DE SILHON, qui est très-bonne & très-digne de ce solide & judicieux Ecrivain, fait un bel éloge de ce Duc.

☞ M. le Duc de Rohan a fait un très-bon abrégé des Commentaires de César, & y a joint des réflexions sur chaque Livre. Il expose sommairement quel étoit l'ordre & la discipline militaire des Grecs & des Romains, & il en fait la comparaison. Il donne ensuite un Traité de la Guerre, dans lequel il examine, avec la même précision, toutes les parties qui composent cet art; & les préceptes qu'il donne à ce sujet sont regardés par les connoisseurs comme un véritable chef-d'œuvre. Le Traité de l'*Intérêt des Princes*, que l'on joint à cet Ouvrage, & du même Auteur, est adressé au Cardinal de Richelieu. Il n'est pas moins beau que l'Ouvrage précédent, & il est relatif à l'état des affaires de l'Europe dans le tems auquel il a été fait.

La Préface de Jean de Silhon, qui est très-ample, a deux objets principaux. Le premier, de faire voir l'utilité des armes, & quelles sont les qualités nécessaires à

un homme qui commande. Le second, de parcourir les exploits du Duc de Rohan, & de réfléchir sur les différentes affaires auxquelles il a eu part. Cette Préface est belle & bien assortie au Livre pour lequel elle a été faite.]

3890. ☞ Sensi civili del Conte Maiolino BISACCIONI, sopra il perfetto Capitano di Henrico de Rohan, &c. *Vinegia*, 1642, *in-4.*]

3891. ☞ Gergoviæ, in Arvernis, à C. J. Cæsare obsessæ Historia.

L'Histoire de ce Siège se trouve dans le Liv. VII. des *Commentaires* de César. Voyez à son sujet les Plans & Dissertations qui sont dans le tom. V. du *Recueil des Antiquités* de M. le Comte DE CAYLUS, *pag.* 281, & dans le sixième des *Mémoires Géographiques* de M. PASUMOT: *Paris*, 1765, *in-8.*]

3892. Discours mémorable du Siège mis par César devant Gergovie, ancienne & principale Ville d'Auvergne, & de la mort de Vercingentorix, Roi des Auvergnats; par Isaac VILLEVAUX. Item, les Antiquités de Clermont: *Paris*, 1589, *in-8*.

☞ Ce Livret est composé de trois Pièces. La première traite du Siège de Gergovie & de la mort de Vercingentorix, Roi des Auvergnats; elle est tirée presque entièrement des Commentaires de César. La seconde est la Traduction d'une Epître de S. Sidoine Apollinaire, Evêque de Clermont en Auvergne, contenant la description singulière du lieu où il étoit, nommé *Avitaci*, proche Clermont; elle a été traduite par Paschal Rubin, Sieur du Faur, Gentilhomme Angevin, & dédiée à Jean Villevaux, de Clermont, Procureur au Parlement de Paris, Auteur de ce Livret. La troisième Pièce est une courte Description de quelques antiquités de la ville de Clermont, par le même Villevaux.]

3893. ☞ Mf. Mémoire historique & politique sur le caractère & les actions de Vercingentorix; par M. RIBAUD DE LA CHAPELLE, de la Société Littéraire de Clermont-Ferrand.

Ce Mémoire fut lu dans l'Assemblée publique de 1752, & il est dans les Registres de la Société de Clermont en Auvergne. Vercingentorix étoit de ce Pays ; & ce fut le plus grand adversaire qu'eut César dans la conquête des Gaules. Le courage, l'esprit & la conduite de ce grand Capitaine, qui se fit reconnoître Général de toute la Celtique, l'auroit remise en liberté, s'il n'avoit pas eû à combattre le plus grand homme de guerre qui fut jamais. Vercingentorix, après avoir vaillamment défendu Gergovie, se soumit à César lors de la reddition d'Alexia.

L'Auteur a réuni dans son Mémoire tout ce que l'Histoire nous apprend sur la Guerre de César dans les Gaules. Il fixe la position de Gergovia sur la montagne qui en porte le nom près de Clermont; & le passage de l'Allier par César fut, selon lui, à Varennes, petite ville du Bourbonnois, à 15 lieues de Gergovia. Il donne l'étymologie de Gergovia. Il prétend que cette Ville étoit nommée en Celtique *Ger-gau-bias*; ce qui, selon lui, signifie place forte sur le penchant d'une colline. Il dit aussi que le nom de Vercingentorix étoit *Werking-tor-rich*, grand Roi extrêmement puissant.]

3894. Alexiæ, in Mandubiis, à C. J. Cæsare obsessæ & captæ Historia.

Cette Histoire se trouve à la fin du Liv. VII. des *Commentaires* de César.

☞ On en voit une bonne explication, avec le détail du local, dans les *Eclaircissemens Géographiques*, sur l'ancienne Gaule : (*Paris*, 1741, *in-12.*) *pag.* 436-497, & dans les *Mémoires militaires* de Charles GUIS-CHARDT : (*La Haye*, 1758, *in-4.*) *tom. I. pag.* 225-250.]

3895. ☞ La mort d'Ambiorixène vengée par celle de Jules-César, assassiné par Brutus. Ce fragment d'Histoire découvre un secret inconnu à toute l'antiquité, touchant la mort de ce grand Empereur, & met au jour par la description de la prise & de la ruine de l'ancienne Ville de Bibracte, à présent nommée Autun, l'incomparable bravoure des Gaulois; (par Denys NAULT, Juge de Luzy & de Toulon) : *Lyon*, 1688, *in-12.*

Ce petit Roman contient 71 pages : il est de Denys Nault, Juge de Luzy & de Toulon sur l'Arroux. L'exemplaire qui est dans la Bibliothèque de M. Fevret de Fontette, à Dijon, & qui vient de M. Secousse, porte : *Ex Libris auctoris Dionysii Nault, Judicis Luzæi & Toloni*; ce qui paroît avoir été écrit par l'Auteur même.

César, pour se ménager l'alliance des Eduens, feint d'être amoureux & de vouloir épouser Ambiorixène, fille d'une des plus illustres familles du Pays, & sœur de Divitiacus & de Dumnorix, alors très-accrédités parmi les Eduens. Elle soupçonne l'artifice, & ne veut pas consentir à sa passion. Elle fait un voyage à Rome, découvre que César est marié à Calpurnie. Elle y fait connoissance avec Brutus ; ils se prennent de passion l'un pour l'autre. Ambiorixène de retour dans son pays, s'enferme dans Bibracte, assiégée par César. Elle la défend avec toute la vigueur possible; mais elle est blessée à mort en repoussant un assaut. Elle écrit, avant de mourir, une lettre à Brutus, pour l'exciter à la venger César prend la ville ; il acheve la conquête des Gaules; revient à Rome, où il usurpe l'autorité souveraine. Brutus n'oubliant point sa chère Ambiorixène, saisit une occasion favorable, assassine César dans le Sénat, en lui reprochant la destruction de Bibracte & la mort d'Ambiorixène.

Quoique le style se sente un peu de l'endroit d'où il sort, & que l'Auteur y fasse une description bien singulière des fêtes que l'on donna à Rome à Ambiorixène, cependant la brièveté de cet Ouvrage fait qu'il n'ennuie pas.]

3896. ☞ Mémoire pour servir à l'Histoire d'Orléans ; par un des Membres de la Société Littéraire de cette Ville. *Mercure*, 1753, *Juillet, pag.* 36-55.

Il n'y est parlé que du Siège d'Orléans (ou de *Genabum*) par César ; le surplus a pour objet l'Histoire générale des Gaules. On peut encore voir sur ce Siège de *Genabum* la première Dissertation des *Eclaircissemens géographiques* : ci-devant, N.° 180.]

3897. ☞ Le Siège de Marseille, dont César fait mention au Liv. II. *de Bello Civili*.

On en trouve le détail dans les *Mémoires Militaires* de Charles GUISCHARDT : (*La Haye*, 1758, *in-4.*) au *tom. II. pag.* 37-48.]

3898. ☞ Petri RAMI, Tractatus de Caii Julii Cesaris Militia : *Parisiis*, 1559 , *in-8.*

☞ L'Auteur traite dans ce Livre de la manière dont les Romains, & en particulier César, ont fait la guerre. Il le divise en trois parties. La première contient tout ce qui concerne la discipline , les chefs, les soldats, leur choix & leurs qualités. La seconde regarde les campemens, & tout ce qui y a rapport. Dans la troisième , il parle des batailles & des combats, soit sur terre, soit sur mer; de l'attaque & de la défense des places. Il y a des recherches dans cet Ouvrage, où tout est appuyé par des exemples tirés des Commentaires mêmes de César. Le Latin de cet Ouvrage est élégant; mais on lui reproche un tour trop oratoire : au surplus il a peu de rapport à l'Histoire des Gaulois.]

3899. ☞ Eclaircissement sur un passage du Livre IV. de la Guerre des Gaulois; par M. LEVESQUE DE LA RAVALIERE. *Histoire de l'Académie des Belles-Lettres, tom. XVIII. pag*. 212-218.

Il s'agit en cet endroit du lieu où César vainquit les Germains, après quoi il jetta un Pont sur le Rhin pour passer en Germanie. L'Auteur croit que ce fut vers l'embouchure de la Moselle dans le Rhin.]

3900. ☞ Mss. Julii BULENGERI in sextum Cæsaris de bello Gallico Librum (de Militia, &c.) Annotationes : anno 1689.

Ces Notes se trouvent dans le Cabinet de M. Fevret de Fontette, Conseiller au Parlement de Dijon.]

3901. ☞ Dissertation sur un passage des Commentaires de Jules-César, Liv. VI. chap. 21. par M. (Simon) PELLOUTIER. *Mémoires de l'Académie de Berlin*, 1749, *pag.* 491 *& suiv*.

C'est au sujet du soin que les Germains avoient d'être longtemps impubères. L'Auteur recherche à cette occasion ce qui est rapporté des Sauvages Américains, qu'il paroît soupçonner être venus des Peuples Celtes, ou au moins pouvoir donner lieu à un parallèle.]

3902. Leonardi ARETINI, de bello Gallico, Commentarius : editus studio Philippi Ulhardi : *Augustæ Vindelicorum*, 1537, *in-fol.*

Cet Auteur est mort en 1443. Son Discours de la Guerre des Gaules est un supplément de ce qui manque dans Tite-Live, de la Guerre des Romains contre les Gaulois.

3903. APPIANI Alexandrini, de Bellis Gallicis Liber , vel potiùs Epitome, Græcè & Latinè : interprete Sigismundo Gelenio.

Cet Abrégé se trouve dans son *Histoire Romaine*, publiée en Grec & en Latin , de l'édition de Henri Estienne : 1592, *in-fol.* Appien a fleuri sous les Empereurs Trajan, Adrien & Antonin le Pieux.

3904. Belli Gallici Epitome, ab EUTROPIO scripta.

Cet Abrégé d'Eutrope se trouve imprimé dans l'édition Latine des *Commentaires de César* : *Francofurti*, 1575, *in-fol.* Eutrope a dédié son Ouvrage à l'Empereur Valens, sous lequel il vivoit.

3905. Polyænus Gallicus de veterum ac recentium Gallorum Stratagematibus; auctore Joanne Baptista BEAU, è Societate Jesu : *Tolosæ*, 1643 , *in-12*. *Parisiis* [*Claromonti*] Jacquart , 1658 , *in-8*. *Francofurti* , 1661, *in-12*.

L'Auteur rapporte les Stratagèmes des Gaulois & des François, qu'il a tirés de nos Historiens, & des Etrangers. Il est mort en 1670.

3906. ☞ L'Histoire mémorable des Expéditions depuis le Déluge, faites par les Gaulois ou François, depuis la France jusqu'en Asie, ou en Thrace, & en l'Orientale partie de l'Europe, & des commodités ou incommodités des divers chemins pour y parvenir & retourner : le tout en brief ou épitome, pour montrer avec quels moyens l'empire des Infidèles peut & doit par eux être défait.

A la fin est l'apologie de la Gaule contre les malévoles Ecrivains, qui d'icelle ont mal ou négligemment écrit, & en après les très-anciens droits du Peuple Gallique, & de ses Princes; par Guillaume POSTEL : *Paris*, Nivelle, 1552, *in-16*.

Voici les idées de cet Ouvrage. Gal veut dire délivré du Déluge. Les Gaulois, Celtes, Gomériens, Cimmériens ou Cimbres, sont un même Peuple descendu de Gomer, fils aîné de Japhet, lequel passa en Italie, où il fonda les Umbriens, puis s'établit dans les Gaules.

La première expédition des Gaulois fut en allant vers l'Orient, en Danemarck & en Allemagne, où ils furent nommés Cimbres, & de là jusqu'à l'extrémité orientale de l'Europe, où ils furent appellés Cimmériens. Ils occupèrent ces contrées, jusqu'à ce que vexés par les Scythes, peuples sortis de l'Arménie, ils passèrent outre en suivant les bords de la Mer Noire, delà en Asie mineure, & ils donnèrent le nom au Bosphore-Cimmérien & aux Celto-Scythes.

La seconde expédition fut celle de Sigovèse & Bellovèse. Le premier passant par l'Allemagne & la Forêt Hercinienne, alla occuper les parties Septentrionales de l'Europe, vers les Monts Riphées, s'étendit delà jusqu'au Bosphore-Cimmérien, aux Palus Méorides, & donna le nom à la Galatie. Bellovèse passa en Italie, où il occupa la Gaule Cisalpine, & fonda plusieurs Villes.

La troisième expédition est celle des Sénonois, & peuples voisins, qui, sous la conduite de Brennus, saccagèrent en passant l'Italie & la Grèce; delà traversèrent en Asie, où ils s'établirent dans la Galatie ou Gallo-Grèce, territoire de leurs ancêtres, & se rendirent tributaire une partie de l'Asie, pendant près de 260 ans.

L'Auteur n'a point achevé son projet, qui devoit contenir encore trois expéditions plus récentes; sçavoir celle de la Terre-Sainte, &c. Il passe à la religion & aux mœurs des Gaulois : on peut y remarquer un endroit curieux, où il parle des Intelligences ou Anges Gardiens des Gaulois & autres Peuples.

Il traite ensuite en peu de mots de l'origine des François; il les croit sortis des Sicambriens ou Singomériens, lesquels tiroient leur nom de Gomer, & ceux-ci descendoient des Celto-Scythes ou Cimbriens, établis près des Palus-Méotides, ou des Troyens. Le nom de François leur fut donné, dit-il, par Francus, fils d'Hector, comme d'autres Ecrivains l'avoient imaginé.

Cet Ouvrage est assez court. Il est fort rare ainsi que le suivant; c'est ce qui en fait tout le mérite : c'est cependant un des moins extravagans qui soit sorti de la plume de Postel.

Dans l'Apologie, il s'emporte contre différens Historiens qui ont omis & supprimé, de dessein prémédité, plusieurs choses à l'avantage des Gaulois, ou qui ont cherché à les avilir : tels sont Paul-Emile, Langey, Mérula, Paradin, Carion, &c. (Il établit en passant que Bérose est un Auteur véritable, & non supposé; il se déclare partisan de la Sainte-Ampoule, du Lys & de la Pucelle.) Il entre dans l'examen des prééminences du Peuple Gaulois sur tous les autres, & des droits de la Nation & des Rois de France, auxquels il soutient, entr'autres choses, qu'appartient le droit de l'élection & confirmation des Papes, & la constitution du Siège Apostolique ; & pour le prouver, il se jette dans un détail extravagant & plus ennuyeux qu'utile à lire.]

3907. Histoire des Gaules & Conquêtes des Gaulois en Italie, Grèce & Asie, avec un Abrégé de tout ce qui est arrivé de plus remarquable dès le tems que les Romains commencèrent à les assujettir à leur Empire jusqu'au Roi Jean; par Antoine DE LESTANG, Président au Parlement de Toulouse,

Sieur de Belestang : *Bourdeaux*, 1618, *in-4*.

☞ Cet Ouvrage est divisé en six Livres. Le premier, traite des premières expéditions des Gaulois. L'Auteur, sans s'attacher à leur origine, ne remonte pas plus haut que leur première descente au-delà des Alpes, sous la conduite de Sigovèse & Bellovèse, du tems de Tarquin l'ancien, 600 ans avant l'Ere Chrétienne. Ensuite il passe à la seconde, sous la conduite de Brennus, 200 ans après la première. Le second Livre traite de la Religion, de la Justice, Police & mœurs des anciens Gaulois : le troisième, de l'état des Gaules sous la domination des Romains : le quatrième, de l'empire des Visigoths dans les Gaules : le cinquième, des Rois & Ducs d'Aquitaine ; & le sixième, de l'état de la France, sous le règne de Hugues-Capet & des Rois ses successeurs, jusqu'au Roi Jean.

Ce Livre est écrit assez nettement, & d'assez bon sens, comme il convient à un homme de condition : on y trouve même quelques remarques assez curieuses. Mais comme ce n'est qu'un simple abrégé, & que l'Auteur s'y est attaché particulièrement à ce qui regardoit l'Aquitaine ou le Languedoc, qui étoit son pays, il ne peut être d'une utilité bien grande pour l'Histoire générale de France. Voyez Lenglet, *Méthode historique, tom. IV. pag. 7*.]

3908. ☞ Histoire des Gaules & des Conquêtes des Gaulois, depuis leur origine jusqu'à la fondation de la Monarchie Françoise; Ouvrage enrichi de Monumens antiques & de Cartes géographiques; par Dom Jacques MARTIN, Bénédictin, & continué par Dom Jean-François DE BREZILLAC : *Paris*, 1752 & 1754, *in-4*. 2 vol.

Dom Martin est mort en 1751. Dom de Brezillac est son neveu.

Le tome premier contient :

I. Une longue Préface (de Dom Jacques-Martin) sur l'Histoire des Gaulois, & sur les Historiens qui en ont parlé.

II. Une Table Chronologique ou des Annales Celtiques & Gauloises, depuis l'an du monde 1050, jusqu'à l'an 27 avant J.C.

III. Douze Dissertations relatives aux Gaulois; sçavoir, 1. sur les Ombriens & Aborigènes, &c. ou origine des premiers peuples connus de l'Italie, Espagne, Germanie & Illyrie, avec une Carte de l'ancienne Italie, dressée par M. d'Anville en 1750 : 2. sur la position, l'étendue & les bornes de la Celtique : 3. sur les Bebryces des Gaules : 4. si les Gaulois étoient des Hyperboréens : 5. si les Germains étoient vraiment Celtes, & en quel sens ; si les Hyperboréens étoient Germains ; en quel tems les Gaules ont pû être connues; si les Gaules & la Germanie ont été autrefois comprises dans l'Ibérie : 6. du grand nombre des peuples Gaulois qui étoient dans l'Illyrie, avec une Carte de l'ancienne Illyrie, dressée par M. d'Anville, en 1750 ; des Japodes, des Arduéens, des Boïens d'Illyrie, des Scordisces, des Taurisces, d'un peuple Gaulois de l'Illyrie, devant inconnu : 7. des Bastarnes : 8. des Cimbres : 9. vraie origine des Germains : 10. des Teutons : 11. des Liguriens : 12. origine des trois anciens Peuples qui se sont fixés dans les Gaules, sur tout celle des Aquitains.

IV. L'Histoire des Gaules & Conquêtes des Gaulois, depuis l'an 2054, jusqu'à l'an 196, avant J. C. & à la Bataille de Sentine, que perdirent les Gaulois & les Samnites en Italie contre les Romains, commandés par Décius & Fabius.

V. Une Dissertation historique pour servir d'Introduction à l'Histoire d'Espagne, sur l'origine de ses premiers Peuples, & sur les différentes Colonies qui ont contribué à la peupler ; sur les mœurs, coutumes, usages, modes, loix, forme du gouvernement, religion, tactique de chaque ancien Peuple d'Espagne ; un détail

Liv. I. *Préliminaires généraux de l'Histoire de France.*

de ses richesses & de la qualité des cantons qu'il habitoit ; avec une Carte de l'ancienne Ibérie ou Espagne dressée par M. d'Anville, en 1750.

VI. Enfin une Table des Matières.

Le Tome second contient :

I. Une Préface (de Dom de Brezillac) sur ce second volume, & sur la vie & les Ouvrages de Dom Martin.

II. Les différentes divisions des Gaules avant la conquête des Romains, sous Auguste, sous Probus, sous Dioclétien, sous Valentinien, & sous Gratien.

III. Observations sur quelques articles du Dictionnaire géographique & topographique des Gaules (ci-après rapporté.)

IV. Tables Chronologiques ou Annales Celtiques & Gauloises, pour le second volume, depuis l'an 296 avant J. C. jusqu'à l'an 515 après J. C.

V. Une Carte en quatre grandes feuilles, intitulée, *Gallia antiqua ad mentem D. Jacobi Martin, à D. J. B. Noël, ejusd. congreg. monacho, delineata*, 1754.

VI. Dissertation. Les Nations qui s'établirent dans l'Asie mineure, & que l'on y connut sous le nom de Galates, étoient originaires d'une partie des Gaules, qui étoit la Celtique proprement dite.

VII. Observations sur la Géographie & la Topographie des Gaules.

VIII. Dictionnaire Topographique des Gaules.

IX. Suite de l'Histoire des Gaules, & Conquêtes des Gaulois, depuis l'an 296, jusqu'à l'an 228 avant J. C.

X. Table des Matières.

Voyez sur ce Livre le *Journal des Sçavans*, Juin, 1752.]

3909. Historia Coloniarum tum à Gallis in exteras Nationes missarum, cum exterarum Nationum in Gallias deductarum ; auctore Ægidio LACARRY, è Societate Jesu : *Claromonti*, 1677, *in-*4.

☞ L'Auteur a placé à la tête de son Livre la Germanie de Tacite, avec quelques notes, ce morceau étant fort utile au sujet sur lequel il vouloit écrire.

Cette Histoire est partagée en cinq Livres. Le premier traite des Colonies conduites anciennement par les Gaulois en Germanie, & au–delà ; le second, de celles d'Italie ; le troisième, de celles d'Espagne, de la Grande-Bretagne, de Dalmatie, d'Asie, &c. le quatrième parle des Colonies d'Etrangers qui se sont venus établir en Gaule ; sçavoir, des Grecs à Marseille, &c. des Romains, des Wisigoths, Bourguignons, Bretons, Gascons, Normands, &c. le cinquième Livre enfin traite de l'origine des François, de leur première demeure, de leurs Rois de la première Race, de la Loi Salique, &c.

Voyez sur cet Ouvrage, Lenglet, *Méthode historique*, *tom. IV. pag. VII.* = Daniel, *Histoire de France*, *nouvelle édition*, *tom. I. Préface, pag.* 123. = *Journal des Sçavans*, 1675, *au* 12 *Août.*]

3910. Dissertation de [Guillaume] SANSON, Géographe du Roi, sur ce que Dominique Cassini (célèbre Astronome) dit des Conquêtes des Gaulois, dans son Traité de l'origine de l'Astronomie.

Cette Dissertation est citée dans le dixième Journal des Sçavans, de l'année 1697.

☞ On trouve dans ce Journal, *pag.* 111-116, un abrégé assez étendu de cette Dissertation, que M. Sanson le fils avoit envoyée au Journaliste. Il commence par dire qu'il se préparoit à la publier, avec une Carte qu'il devoit joindre à plusieurs Traités de l'ancienne Gaule, commencés par feu son père, Nicolas Sanson (à qui le P. le Long avoit attribué la Dissertation dont il s'agit.) L'Auteur y fait voir que ce n'est pas à l'habileté des Gaulois dans la Navigation, comme l'avoit avancé M. Cassini, qu'il faut attribuer les conquêtes qu'ils ont faites en Espagne, en Asie, &c. D'ailleurs il prouve par ce qui arriva entre les *Venetes* & Jules-César, que les Peuples maritimes de la Gaule étoient experts dans la Navigation.]

3911. ☞ Recherches sur les Ambrons ; par le P. François OUDIN, Jésuite.

Les Ambrons étoient un ancien Peuple de la Gaule Celtique, qui demeuroit, selon l'Auteur, dans ce qu'on appelle aujourd'hui la Bresse, & qui a envoyé une Colonie en Italie. Ces Recherches sont entre les mains de M. Michault, ancien Avocat au Parlement de Dijon, à qui l'Auteur les remit trois ou quatre mois avant sa mort. Elles sont assez considérables pour former un volume *in*-12. mais écrites sur des feuilles détachées, & interrompues par des lacunes, qu'il ne seroit pas difficile de remplir. Le dépositaire de cet Ouvrage en a inséré le Discours préliminaire, & un Précis, dans ses *Mélanges historiques & philologiques : Paris*, 1754, *tom. II. p.* 211 *& suiv.* L'Abbé Granet en avoit aussi publié un Essai, dans son *Recueil de Pièces d'Histoire & de Littérature : Paris*, 1731 *& suiv. tom. IV. pag.* 1-38. Voyez ci-devant, N.os 189 & 190.]

3912. ☞ De pugnâ C. Marii (adversùs Ambrones) ; auctore Joanne-Scholastico PITTON.

C'est la cinquième Pièce de son Ouvrage intitulé, *De conscribendâ historiâ Provinciæ, &c. Aquis-Sextiis*, David, 1672, *in*-8. L'Auteur prétend que les Ambrons ont été battus par Marius près d'Aix, & que c'est dans le Pays des *Avatici*, à l'Orient des embouchures du Rhône, qu'étoit *Fossa Mariana*. Voyez ci-devant, N.° 170, la Dissertation de Jean Monier, sur le même sujet.]

3913. ☞ Dissertation sur l'origine des Arvernes, ou Auvergnats ; par M. CORTIGIER, Chanoine de l'Eglise de Clermont, & de la Société Littéraire de cette Ville : lue à l'Assemblée de 1758.

Elle est conservée dans les Registres de la Société. On en trouve un Extrait dans le *Mercure*, 1759, *Avril*, *p.* 162-164. L'Auteur donne l'idée qu'on doit avoir de l'Histoire des Arvernes, seulement depuis leur établissement, jusqu'à l'arrivée de Jules-César dans la Gaule Narbonnoise. Il y prouve que les Médailles où on lit le nom de quelques Rois d'Auvergne, en caractères Grecs, ont dû être frappées en Auvergne.]

3914. ☞ Mss. Dissertation sur l'étendue de l'ancien Royaume des Auvergnats, l'état des Lettres & la Religion de ces Peuples, avant l'entrée des Romains dans les Gaules ; par M. DUFFRAISSE DE VERNINES, de la Société Littéraire de Clermont-Ferrand.

Dans les Registres de cette Société.]

3915. ☞ Mss. Dissertation sur les Rois d'Auvergne ; par Dom DESCHAMS, Religieux Bénédictin de la Congrégation de S. Maur, & de la Société Littéraire de Clermont : lue à l'Assemblée publique de 1764.

Elle est dans les Registres de cette Société. On en trouve un Extrait dans le *Mercure*, 1765, *Mars*, *pag.* 126-132.

L'Auteur négligeant de traiter de l'origine des Auvergnats, comme étant une question fort obscure, & peu susceptible de nouvelles lumières, se contente de prouver que leur Pays étoit fort peuplé, & la Nation puissante dès l'an 629 de la fondation de Rome, ce qui répond à 122 ans avant l'Ere Chrétienne. Il entre dans le plus grand détail sur ce qui concerne les Rois d'Auvergne, leur gouvernement, leurs richesses, leurs mœurs ; & il conduit cette Histoire jusqu'à la destruction de la Royauté par la mort de Vercingentorix. Il fixe la position de Gergovia sur la montagne qui en porte le nom, à une lieue au Sud de Clermont. Il détermine le passage de l'Allier par César à Vichi, où il prétend qu'on trouve encore des restes des pieux qui soutenoient un pont de bois. Enfin, il traite du *Nemossus, caput Arvernorum*, que Strabon place sur la Loire, mais qui n'étoit, selon D. Deschams, que la première ville d'Auvergne dans cette partie, & non la Capitale de tout le Pays des Arvernes.]

3916. ☞ Ms. Mémoire sur les mœurs & le Gouvernement des Auvergnats, dans le tems qu'ils furent gouvernés par des Rois ; par M. DU FRAISSE DE VERNINES, de la Société Littéraire de Clermont.

Elle est conservée dans les Registres de cette Société. L'Auteur y donne une idée de la Religion, & de l'état des Sciences en Auvergne, dans ces tems reculés. Il prétend que les Gaulois n'étoient pas Païens, qu'ils n'adoroient point les Idoles, mais qu'ils adressoient leur culte à un Etre spirituel ; qu'ils cultivoient les Lettres, qu'ils ont été, selon les inclinations de ceux qui les gouvernoient, pacifiques ou belliqueux ; qu'ils ont fouillé beaucoup de mines dont les traces subsistent encore ; qu'ils se servoient de chiens dans leurs armées, comme ont fait les Espagnols dans la conquête des Indes ; qu'ils frappoient des Médailles, &c.]

3917. ☞ Ms. Dissertation sur les Familles Sénatoriales des Gaules, & de l'Auvergne en particulier ; par M. CORTIGIER, Chanoine de l'Eglise de Clermont, & de la Société Littéraire de cette Ville : lue à l'Assemblée publique en 1761.

Elle est conservée dans les Registres de cette Société. On en trouve un Extrait dans le *Mercure*, 1762, *Avril*, *p.* 129-132. Le sentiment de l'Auteur est que les Familles Sénatoriales tirent leur nom de l'entrée au Sénat de Rome, qui avoit été accordée à certaines Familles des Gaules, & non de la dignité de Sénateurs, qu'eux ou leurs ancêtres avoient eue dans des Sénats particuliers & propres à l'Auvergne, regardée comme Royaume ou comme République.]

3918. ☞ Ms. Dissertation sur les Familles Sénatoriales de l'Auvergne ; par M. MARTINON, Curé d'Auson, de la Société Littéraire de Clermont.

Dans les Registres de cette Société. L'Auteur soutient le sentiment opposé à celui de la précédente Dissertation.]

3919. ☞ Ms. Mémoire sur la vie de l'Empereur Avitus ; par M. TEILLARD DE BEAUVESEIX, Conseiller en la Cour des Aydes de Clermont-Ferrand : lu à la Société Littéraire en 1753.

Il est conservé dans ses Registres. On en trouve un Extrait dans le *Mercure*, 1753, *Décemb.* I vol. *p.* 32-34.

Avitus étoit d'Auvergne, fils de Decius Magnus, & vivoit dans le cinquième siècle. Il eut de grandes qualités, qui l'élevèrent aux plus hautes dignités, & même à l'Empire, en 455. Il fut cependant obligé de se démettre l'année suivante, soit à cause des débauches auxquelles il se livra, soit à cause des troubles du Sénat, parcequ'il avoit été élevé à l'Empire par les Gaulois. L'Auteur assure qu'Avitus a été enterré à Brioude, où il fut inhumé aux pieds du Martyr S. Julien.]

3920. ☞ Ms. Mémoire sur la vie d'Ecdicius, fils d'Avitus ; par M. TEILLARD DE BEAUVESEIX, de la Société Littéraire de Clermont-Ferrand : lu à l'Assemblée publique de l'année 1760.

Il est dans les Registres de cette Société. On en trouve un Extrait dans le *Mercure*, 1761, *Avril*, *pag.* 117-121. Les guerres des Visigoths contre les Auvergnats, lors alliés des Romains, furent des occasions de triomphe pour Ecdicius. L'Auteur retrace dans sa Dissertation les irruptions de ces Barbares, & les vertus d'Ecdicius qui étoit d'Auvergne, ainsi que son père Avitus. Il relève sur-tout la magnifique générosité avec laquelle il nourrit, dans un tems de calamité, quatre mille Bourguignons qui avoient abandonné leurs Pays faute de secours, & ne les renvoya qu'après les avoir pourvus de tout ce dont ils pouvoient avoir besoin ; charité dont il fut récompensé, dit S. Grégoire de Tours, par la promesse qui lui fut faite, par une voix miraculeuse, que lui & ses descendans ne manqueroient jamais de pain. L'Auteur ajoute que, selon le sentiment de plusieurs Sçavans, la seconde & la troisième Race des Rois de France descendent en ligne directe d'Ecdicius ; que d'autres prétendent qu'elles ne descendent qu'en ligne collatérale, par le mariage de la sœur d'Ecdicius avec Tonantius Ferreolus, Préfet du Prétoire des Gaules.]

3921. ☞ Ms. Mémoire sur le Commerce & les Manufactures des *Atrébates*, sous les Gaulois & les Romains ; par M. CAMP, de la Société Littéraire d'Arras.

Il est dans les Registres de cette Société.]

3922. ☞ Petri DINÆI de Galliæ Belgicæ antiquitate : *Antverpiæ*, Plantini, 1580, *in-*8.]

3923. Ægidii BUCHERII Belgium Romanum, Ecclesiasticum & Civile, complectens Historiam à fine Commentariorum Cæsaris, ad mortem Clodovæi I. anno Domini 511, in quâ Francici in Gallia regni successio continetur : *Leodii*, Hovii, 1655, *in-fol.*

3924. ☞ J. Jacobi LE FRANC, Academiæ Cortonensis Socii, de Antiquitatibus Cadurcorum.

Cette Dissertation est imprimée dans le tom. V. des *Saggi di Dissertatione dell' Academia Etrusca di Cortona* : *Roma*, 1751, *in*-4.]

3925. ☞ Henrici CANNEGIETERI Dissertatio de Brittemburgo, Matribus Brittis, &c. Britannorumque antiquissimis per Galliam & Germaniam sedibus : *Hagæ Comitum*, de Hondt, 1734, *in*-4.]

3926. Ms. Histoire des anciens Eduens, ou Mémoires sur l'Histoire des Gaules ; par le P. Jacques LEMPEREUR, Jésuite.

Cette Histoire [étoit] à Dijon, entre les mains du P. Oudin.

☞ On apprend des *Mémoires* de M. Michault (*tom. II. pag.* 184 & 185) que ce que le P. le Long avoit dit de la continuation de cet Ouvrage par le Père Oudin, n'a point de fondement, & que les Mémoires du P. Lempereur, qui sont en partie tirés des Commentaires de César, contiennent des conjectures assez heureuses ; mais que l'Auteur revient trop souvent sur ses pas, & que faute d'avoir des principes d'Architecture, il n'a fait qu'un assez mauvais usage des monumens qu'il avoit sous les yeux. Il est mort à Pont-à-Mousson le 14 Février 1724. Il avoit traité séparément quelques points de cette Histoire. *Mémoires de Trévoux*, 1704, *Juillet & Octobre*. Voyez aussi le *Recueil* de ses *Dissertations*, ci-devant, N.° 173.]

3927. ☞ Dissertation de M. Clerot, sur l'origine des Peuples du Pays de Caux. *Mercure*, 1736, Septembre & Décembre, II vol. ▬ 1737, Janvier. ▬ 1739, Août & Décembre, II vol.

Cette Dissertation est sçavante, curieuse & pleine de recherches sur les anciens habitans de ce Pays, leurs mœurs, leur culte, leur commerce, &c. On y trouve aussi un grand nombre d'étymologies, qui servent à fixer celles de plusieurs Villes & d'autres endroits de Normandie.]

3928. ☞ Mss. Histoire des guerres des Cimbres, des Teutons, des Tiguriens, des Tugiens, des Ambrons, & d'autres Peuples Allemands & Helvétiens, contre les Romains; leurs émigrations, leurs victoires & leurs déroutes; par Gilles Tschudi (en Allemand).

Ce Manuscrit est dans l'Abbaye d'Engelberg en Suisse. Tout ce qui vient de cet Auteur est bon.]

3929. ☞ Disquisitio de rebus Helvetiorum usque ad Vespasiani Imperatoris tempora, quam, Præside Jacobo Christoph. Beckio, publico examini submittit Lucas Faeschius, Basileensis, auctor: *Basileæ*, 1742, *in-4*.]

3930. ☞ Commentatio Historica de fœdere Romanorum cum Helvetia, Præside Jo. Lud. Buxtorfio, respondente Joh. Lud. Faeschio: *Basileæ*, 1754, *in-4*.]

3931. ☞ Mémoires critiques, pour servir d'éclaircissemens sur divers points de l'Histoire ancienne de la Suisse, & sur les monumens d'antiquité qui la concernent; par Loys de Bochat: *Lausanne*, 1747, 1749, *in-4*. 3 vol.

Il y a beaucoup de science dans cet Ouvrage, plusieurs Dissertations intéressantes, & quantité de recherches étymologiques, pour prouver que les principales Villes anciennes de l'Helvétie ou de la Suisse tirent leur origine des Celtes ou Gaulois.]

3932. Petri Heindrich Massilia, sive de antiquâ Massiliensium Republicâ: *Argentorati*, 1652, 1658, *in-16*. & dans Grævius, au tom. VI. *Thesaur. Antiq. Græc. Lugduni Batavorum*, 1697.

Il est divisé en quatre Sections : dans la première, l'Auteur parle de l'origine & de la situation de la Ville de Marseille : dans la seconde, du Gouvernement de cette République, de ses Loix & Ordonnances, de sa Religion, de ses Etudes & Arts libéraux : dans la troisième, il est traité de l'état de cette Ville depuis qu'elle a été soumise aux Romains, & depuis qu'elle a été détruite par les Goths. Cet Ouvrage a été composé sur un grand nombre d'Auteurs anciens & modernes, dont la Liste est à la fin du volume.

☞ On trouvera encore sur Marseille plusieurs Ouvrages, parmi les Histoires de Provence, ci-après, Liv. IV.]

3933. ☞ Dissertation sur la fondation de Marseille; par Jean-Pierre des Ours de Mandajors.

C'est la seconde de celles qui sont à la fin de son *Histoire critique de la Gaule Narbonnoise* : *Paris*, 1733, *in-12. pag. 506*. Marseille fut fondée par les Grecs Phocéens, venus de l'Asie mineure. On varie sur le tems de cette fondation, que les uns mettent 590 ou 600 ans avant Jésus-Christ, & les autres 544. L'Auteur prouve que le premier sentiment est préférable, & il la fixe à l'an 603 avant l'Ere Chrétienne.]

3934. ☞ Mss. Dissertation sur une maxime fondamentale du gouvernement des anciens habitans de Marseille, qui exigeoit que les Magistrats de cette Ville eussent des enfans, & qu'ils fussent citoyens de trois générations: lue le 7 Décembre 1747 à l'Académie de Caen; par M. de Biéville.

La maxime des anciens habitans de Marseille, est tirée du Livre IV. de Strabon. Cet Auteur dit que le gouvernement des Massiliens est Aristocratique, & surpasse toutes les Nations du monde par leur équité : que le Conseil est composé de six cens Personnes, qu'on appelle Τιμοῦχοι, c'est-à-dire comblés d'honneurs ; qu'ils ont quinze Princes du Sénat, dont trois sont les Présidens: qu'aucun ne peut être de ces Magistrats s'il n'a des enfans, & s'il n'est citoyen de trois générations.

Cette Dissertation est entre les mains de M. de Biéville le fils. L'Auteur est mort en 1759.]

3935. ☞ Explication d'une Inscription sur les révolutions de Marseille, &c. par Joseph Bougerel, Prêtre de l'Oratoire.

Elle se trouve pag. 292-317 du tom. III. part. II. des *Mémoires de Littérature & d'Histoire*, publiés par le P. Desmolets, son Confrère.]

3936. ☞ Les Antiquités de Metz, ou Recherches sur l'origine des *Médiomatriciens*, leurs premiers établissemens dans les Gaules, leurs mœurs, leur Religion ; (par D. Joseph Cajot, Bénédictin de l'Abbaye de Saint Arnould de Metz): *Metz*, Collignon, 1760, *in-12*.

Après avoir montré, dans le premier des six Chapitres qui composent cet Ouvrage, l'impossibilité où l'on est de traiter avec certitude des Villes de la Belgique ultérieure avant les conquêtes de César, l'Auteur passe à l'établissement de Metz, Capitale des Médiomatriciens. Selon lui, le nom de ces Peuples n'est point Celtique; c'est un terme Latin, qui signifie *Cultores Medii-Matrum*, Peuple dévoué au Culte des Déesses-Mères. Les monumens qui constatent l'antiquité de Metz, les anciennes limites du Pays des Médiomatriciens, la véritable époque de la prédication de l'Evangile dans ce Pays, sont la matière des trois Chapitres suivans. Le sixième, est destiné à prouver que Metz a été le Siége des Rois d'Austrasie. Une Dissertation sur les Loix & l'origine des Lettres au Pays Messin, termine cet Ouvrage, plus instructif qu'amusant. C'est le jugement qu'en a porté l'Auteur du *Journal de Verdun*, 1761, Mars, pag. 188-191. L'extrait qu'on y lit du Livre de Dom Cajot, renferme quelques Remarques critiques, en particulier sur l'étymologie du nom des Médiomatriciens.]

3937. ☞ Histoire critique de la Gaule *Narbonnoise*, qui comprenoit la Savoye, le Dauphiné, la Provence, le Languedoc, le Roussillon & le Comté de Foix; (par Jean-Pierre des Ours de Mandajors, Maire d'Alais, & Vétéran de l'Académie Royale des Inscriptions & Belles-Lettres): *Paris*, Dupuis, 1733, *in-12*.

Cet Ouvrage, qui devoit avoir une suite, est divisé en deux Livres. Dans le premier, l'Auteur, après avoir exposé l'ancienne division des Gaules, parle des premières expéditions des Gaulois-Celtes, sous la conduite de Sigovèse & de Bellovèse, & auxquelles il ne croit point que ceux de la Narbonnoise aient eu part. Il s'étend ensuite sur ce qui regarde cette partie méridionale des Gaules, & sur les Marseillois, jusqu'à l'arrivée de Jules-César.

Le second Livre renferme ce qui s'y est particulièrement passé sous César & Auguste, la forme de Gouvernement que les Romains y introduisirent, la suite de ses Gouverneurs, la Religion, le Commerce, les Colonies. Ce Livre est suivi, ainsi que le premier, de quelques Notes, & de plusieurs Extraits, en original, des Auteurs Grecs & Latins, qui servent de preuves.

Sept Dissertations terminent ce volume.

I. Sur la Celtique d'Ambigat. L'Auteur y soutient que les Peuples de la Narbonnoise, situés le long des bords de la Méditerranée, n'étoient point soumis à Ambigat, Roi de la Celtique, & qu'ils ne prirent aucune part aux expéditions de Sigovèse & de Bellovèse.

II. Sur la fondation de Marseille : on en a parlé ci-devant, N.° 3933.

III. Sur la route d'Annibal, entre le Rhône & les Alpes. On y prouve que ce Général allant en Italie, s'arrêta, & campa entre l'Isère & le Rhône, dans une Isle ou Presqu'isle formée par ces deux Rivières, & non entre la Saone & le Rhône, comme quelques-uns l'ont prétendu.

IV. Sur la guerre des Cimbres dans les Gaules.

V. Sur le passage de Pompée dans la Narbonnoise, & sur le Gouvernement de Fontéius.

VI. Sur le mot *Gallia*. Plusieurs Ecrivains Latins se sont souvent servis de ce mot, sans y joindre un adjectif distinctif; & c'est ce qui a donné lieu à plusieurs équivoques.

VII. Sur les limites de la Narbonnoise & de l'Aquitaine. L'Auteur les fixe à la Rivière du Tarn, qui traverse le Rouergue; de façon qu'il y avoit une partie des habitans de cette Province appellés *Ruteni*, qui étoient de la Gaule Aquitanique, & l'autre de la Gaule Narbonnoise.]

3938. ☞ Breve Commentarium rerum Rauracorum, usque ad Basileam conditam; auctore Joan. Jacobo SPRENG : *Basileæ*, 1746, *in-4.*]

3939. ☞ Ms. Dissertation sur les Scordisques, Gaulois d'origine, & transplantés sur les bords du Danube : lue à l'Académie de Montauban le 25 Août 1760; par M. LA-THALA.

Elle est dans les Registres de cette Académie. L'Auteur y prétend que les Scordisques sont sortis du Quercy, & qu'ils étoient Cadurciens.]

3940. ☞ Ms. Dissertations sur les anciens Peuples de Bresse; sçavoir, sur les Sébusiens ou Ségusiens, sur les Séquanois, &c.

Ces Dissertations manuscrites, préliminaires à l'Histoire de Bresse, sont dans la Bibliothèque de M. Fevret de Fontette, Conseiller au Parlement de Dijon.]

3941. ☞ Dissertation sur l'origine, la Religion & les mœurs des anciens Séquanois, & sur l'étendue du Pays qu'ils habitoient avant & après Jules-César. *Journal Helvétique*, 1754, *Janvier & Février.*]

3942. ☞ Dissertation, où l'on examine celle qui a remporté le Prix de l'Académie de Besançon en l'année 1754, touchant les anciennes Villes des Séquanois; par le Père JOLI DE SAINT-CLAUDE, Capucin : *Espinal*, du Moulin, 1754, *in-12.*]

3943. ☞ J. Georgii ALTMANNI Dissertatio Litteraria de origine nominis Sequanorum, eorum moribus, Numinum cultu, regiminis forma, atque limitibus, antequam Cæsar Galliam subegisset, ipsiusque Cæsaris & Augusti tempore : *Bernæ*, 1754, *in-4.*]

3944. ☞ De Religione antiquorum Ubiorum, Dissertatio historico-mythologica, quâ ex purissimis fontibus, monumentis, lapidibus, nummis, eorum sacra, Dii, Deæ, &c. explicantur; auctore August. ALDENBRUCK, S. J. *Coloniæ*, 1749, *in-4.*

Les *Ubiens* sont les anciens Peuples de l'Electorat de Cologne.]

3945. ☞ Mémoire sur les Volces Arécomices, & sur la Ville de Nismes, leur Capitale; par M. le Marquis Alexandre-Henri-Pierre DE ROCHEMORE.

Il se trouve dans le *Recueil des Pièces de l'Académie de Nismes*, 1756, *in-8.* pag. 89-108.]

3946. ☞ Vues générales, sur le tems où les Arts s'introduisirent chez les Volces, & Précis des Révolutions que les mœurs, les coutumes & la religion de ces Peuples ont éprouvées; par M. l'Abbé DE GUASCO. *Histoire de l'Académie des Belles-Lettres*, tom. XXIII. pag. 156-163.]

3947. Gaudentii MERULÆ, Novariensis, de Gallorum Cisalpinorum antiquitate & origine, Libri tres : *Lugduni*, 1538 : *Bergomi*, 1592, *in-8.* Tertia editio, novis accessionibus aucta : *Bergomi*, 1593, *in-8.*

Ces trois Livres sont aussi imprimés dans le *Recueil des Historiens d'Italie*, col. 251 : *Francofurti*, 1600, *in-fol.* avec de nouvelles Additions, par Robert Gaudence, au tom. IV. de ses *Miscellanea : Bononiæ*, 1692, *in-4.* & avec des Notes, dans le tom. I. du *Thesaurus antiquitatum Italiæ* de Grævius, pag. 65 : *Lugduni Batavorum*, 1704, *in-fol.* Cet Ouvrage, aussi-bien que le suivant, est peu lu, quoiqu'il soit estimé des Sçavans.

☞ On appelloit *Gaule Cisalpine* toute la plaine d'Italie, qui est enfermée entre les Alpes, l'Apennin & le Golfe Adriatique. L'Auteur de tout ce qui peut y avoir rapport, des différens Peuples qui l'ont habitée, de leur origine & de leur antiquité, de leurs villes & de leurs familles illustres; de leurs monumens, de leurs mœurs, coutumes, langage; des rivières, & des curiosités qui se rencontrent dans le Pays. Il y a de la critique & des recherches dans cet Ouvrage, qu'on peut regarder comme une Description assez exacte des Villes & des Peuples que les Romains appelloient Gaulois Cisalpins, ou en-deça des Alpes, par rapport à Rome. Ces Gaulois vinrent s'y établir environ 600 ans avant Jésus-Christ. Le style de l'Ouvrage de Mérula est clair, mais sec. Il fait à la fin une apologie contre les défauts qu'on lui reprochoit. Voyez Lenglet, *Méthode historiq.* tom. *IV.* pag. 9.]

3948. Bonaventuræ CASTILLIONEI, Mediolanensis, de Gallorum Insubrum antiquis Sedibus Liber : *Mediolani*, 1541, *in-4.* *Bergomi*, 1593, *in-8.*

Cet Auteur est mort en 1555. Son Livre est aussi imprimé dans le *Recueil des Historiens d'Italie*, col. 343; & dans celui de Grævius, tom. *I.* pag. 161.

☞ Ce que l'Auteur appelle *Insubria*, est tout le Pays situé entre le Tesin, l'Adda, le Pô & les Alpes : il fait voir que les Gaulois en chassèrent d'abord les Etrusques, & qu'ensuite, sous la conduite de Bellovèse, ils les défirent encore au-delà de l'Apennin. C'est delà qu'ils allèrent à Rome & la saccagèrent. L'intention de l'Auteur est de relever les fautes de ceux qui l'ont précédé, & de parler de ce qu'ils ont omis, non pas tant, comme il le dit, par le témoignage des Historiens, que sur des conjectures vraisemblables, des Inscriptions antiques, & les nouvelles Observations des habitans. Voilà le fonds du système sur lequel il appuie ce qu'il dit de toutes les anciennes Villes de ce Pays, & rétablit ce qu'il prétend avoir été mal entendu par les anciens Auteurs. Il n'est pas toujours heureux dans les conséquences qu'il tire de ses Inscriptions, & ses conjectures ne sont pas toujours vraisemblables. Voyez Lenglet, *Méthode historique*, tom. IV. pag. 9.]

3949. ☞ Dissertation sur la prise de Rome par les Gaulois; par M. MELOT. *Mémoires de l'Académie des Belles-Lettres*, tom. XV. pag. 1-21.

L'Auteur y justifie l'honneur de la Nation Gauloise, attaquée par Tite-Live, & fait voir contre lui, par des autorités respectables, que les Gaulois, après avoir pris & brûlé Rome, ont réduit la Citadelle à capituler, & qu'ils leur ont ensuite rendu leur liberté & leur Ville.]

3950. ☞ Dissertation sur la prise de Rome par les Gaulois. *Journal de Verdun*, 1749, Octobre, pag. 265-275.]

3951. ☞ Ms. Dissertation, pour prouver que la Ville de Rome a été prise deux fois par les Gaulois; par M. BULLET, Professeur de Théologie, Doyen de l'Université de Besançon, & Membre de l'Académie de cette Ville.

Dans les Registres de cette Académie.]

3952. ☞ Ms. Dissertation critique, où l'on examine le récit de Tite-Live sur la prise de Rome par les Gaulois; composée par M. DE RABAUDY, de l'Académie des Sciences & Belles-Lettres de Toulouse.

Elle est dans les Registres de cette Académie; mais on en peut voir un extrait dans le *Mercure*, 1749, Juin, pag. 165-170. M. de Rabaudy soutient que le récit de Tite-Live manque de vraisemblance, & que c'est une fable inventée par cet Historien pour flatter les Romains aux dépens des Gaulois, leurs ennemis.

On trouve encore cette question discutée dans le même esprit, soit dans les *Eclaircissemens sur les Origines Celtiques & Gauloises* de D. MARTIN (ci-devant, N°. 3756) soit plus au long, dans la *Dissertation* de Louis DE BEAUFORT, *sur l'Incertitude des cinq premiers Siècles de l'Histoire Romaine*: seconde édition: La Haye, 1750, in-8. Chap. X. de la Part. II. pag. 356-395. Ce Chapitre a pour titre: *De la défaite des Gaulois par Camille, & des diverses autres victoires que les Romains se vantoient d'avoir remportées sur les Gaulois.*]

☞ Il est une autre Colonie de Gaulois, non moins célèbre que celle qui s'établit en Italie; sçavoir, celle qui a été connue sous le nom des *Galates*, lesquels fondèrent un état considérable dans l'Asie mineure, l'an 278 avant l'Ere Chrétienne. M. l'Abbé BELLEY, dans des Observations étendues qu'il a faites sur la Ville d'Ancyre en Galatie, qu'il se propose de lire à l'Académie Royale des Belles-Lettres, donne un Précis intéressant sur les antiquités & l'histoire de cette Colonie de Gaulois, qui passa de Germanie dans la Pannonie, & ensuite dans la Thrace, d'où elle alla s'établir dans l'Asie mineure. On

a cru devoir indiquer ici ces Observations, qui sont manuscrites entre les mains de l'Auteur, mais qui ne peuvent manquer d'être un jour insérées dans le magnifique Recueil de l'Académie Royale des Belles-Lettres, où il y en a déja tant de M. l'Abbé Belley. On peut voir aussi à leur sujet le commencement de l'*Histoire du Languedoc*, par les PP. Bénédictins, tom. I. Paris, 1730, in-fol.

En 1742, la même Académie ayant proposé pour l'un de ses Prix l'Histoire des Galates, il fut adjugé à un Mémoire de M. (Simon) PELLOUTIER, de Berlin, qui est mort sans l'avoir fait imprimer, parcequ'apparemment il se proposoit d'en faire entrer les recherches dans la suite de son *Histoire des Celtes*, qu'il n'a pu achever. Peut-être ses héritiers, ou ses amis, publieront un jour ce Mémoire; mais comme il est dans les Archives de l'Académie, il peut y être consulté.]

☞ ON peut encore consulter sur les mœurs des Gaulois, leur Religion, leur Police, &c. = Le premier Livre de Pierre de Saint-Julien, de l'Origine des Bourguignons. = Nicolas Bergier, Histoire de Reims. = Altesserra, tom. I. Rerum Aquitanicarum. = Chiffler, Vesuntio. = Le P. Menestrier, Histoire de Lyon.

☞ Voyez aussi = Lenglet, Méthode pour l'Histoire, tom. I. (in-4.) où il donne le plan de ce qui regarde la Monarchie Françoise: il parle des Celtes, Gaulois, &c. pag. 326-366, & au Supplément, pag. 306. = Cluvier, Germania antiqua, pag. 1-70, de Gallis, Celtis & Germanis. = Maffei, Galliæ antiquitates. = Le Rosier historial, part. I. qui contient l'Histoire des Celtes & Gaulois, depuis la création du Monde jusqu'à Pharamond. = Les premiers Chapitres de Dagobertus Rex Argentinensis, par Cocceius. = Le commencement du Sommaire de l'Histoire des François, par Vignier, où est un Abrégé de l'Histoire des Gaules, depuis l'an 395 jusqu'en 420. = Le Livre I. de l'Histoire ancienne des Francs, par de Roy, pag. 147-297. = Les trois premiers Chapitres du Livre I. de l'Origine des François, par Dupré. = L'Origine des François & de leur Empire, par Audigier. = Les Antiquités de la Monarchie Françoise, par le Gendre de Saint-Aubin, pag. 100-412 : le Chapitre IV. traite du nom des Gaulois & des Celtes: le Chapitre V. des Cimbres, de la dispersion des anciens Peuples & de l'Origine des Gaulois. = L'Histoire critique de l'établissement de la Monarchie Françoise, par Dubos. = L'Excellence des Rois de France, &c. par Bignon. = Le Discours préliminaire de l'Histoire de France, par Velly. = La Préface & le Livre I. des Mémoires de Saint-Remy. = Les Liv. I. & II. des Essais sur la Noblesse, par le Comte de Boulainvilliers.

On peut voir encore, si l'on veut, le commencement des Histoires particulières des Provinces & des principales Villes, dont nous parlerons au Livre IV. Mais nous ne croyons pas qu'on en soit bien satisfait; car l'on peut dire en général, que ce qui regarde les Gaulois, ainsi que l'origine des François, sont des matières aussi ingrates que rebattues.

Les Descriptions des Monumens que les Romains ont érigés dans les Gaules, pendant cinq cens ans qu'ils en ont été les maîtres, ou les détails de ce qui en reste après tant de siècles, se trouveront avec les mêmes Histoires civiles des Provinces. Mais il seroit aussi utile qu'agréable de les voir tous réunis dans un même Ouvrage en forme de Voyage. Les principaux de ces Monumens sont à Aix, Arles, Orange, Nismes, Toulouse, Bordeaux, Lyon, Autun, Reims, Paris, &c. On a déja vu dans l'Article de la Géographie ancienne (ci-devant, pag. 60-69) ce qui concerne les Voies Romaines & les anciens Camps.]

BIBLIOTHEQUE HISTORIQUE DE LA FRANCE,

CONTENANT

Le Catalogue de tous les Ouvrages qui traitent de l'Histoire de ce Royaume, ou qui y ont rapport.

LIVRE SECOND.

Histoire Ecclésiastique de la France.

CETTE Histoire comprend les Origines des Eglises de ce Royaume, celles des Lieux consacrés sous l'invocation de la Sainte Vierge; les Vies des Saints de France, les Histoires de leur Culte ou de la Fondation des Eglises qui leur sont dédiées; les Histoires des Contestations qui se sont élevées entre les Théologiens de France, & celles des Hérésies qui ont pris naissance dans le Royaume; les Actes des Synodes & des Conciles, & les Assemblées générales du Clergé; ses Droits & ses Libertés; ses Revenus ou ses Bénéfices; son Gouvernement, qui comprend l'Histoire du Clergé Séculier, ou des Métropoles & de leurs Suffragans, & celle du Clergé Régulier ou des Ordres Monastiques, & des autres Communautés Religieuses.

Les Origines des Eglises font connoître le tems de leur établissement; ainsi elles doivent tenir le premier rang de l'Histoire Ecclésiastique. Les Vies des Saints, pris de tous les Diocèses, font une des parties des plus considérables de l'Histoire de l'Eglise, & des plus intéressantes, par rapport aux mérites des Saints, & aux fruits que les Lecteurs pourront en tirer. J'en rapporte une table alphabétique, dans laquelle je renvoie aux endroits de cet Ouvrage, où [plusieurs de] ces Saints sont placés selon le rang que leur donnent leurs dignités. J'ai mis au-devant des Vies des Saints, les Histoires des Lieux de dévotion, sous l'invocation de la Sainte Vierge; & ensuite de ces Vies, celles de quelques personnes séculières qui ont vécu dans une haute piété; à quoi l'on a ajouté, dans un Article particulier, divers Ouvrages sur certaines personnes se disant inspirées, &c. enfin les Histoires de plusieurs Eglises de ce Royaume.

Il s'est élevé de tems en tems des contestations entre les Théologiens; j'ai tâché de n'omettre aucunes des Histoires qui les concernent. Les Hérésies qui ont pris naissance dans le Royaume, telles que sont celles de Bérenger, des Vaudois & des Albigeois, & en ces derniers siècles, des Prétendus-Réformés [ou Calvinistes,] fournissent encore un plus grand nombre d'Histoires, que je rapporte, sur-tout celles qui contiennent les Guerres qu'elles ont excitées en France.

Les Conciles & les Synodes ont été assemblés, soit pour appaiser les contestations, soit pour combattre ou extirper les Hérésies; tantôt pour réformer les mœurs, & tantôt pour défendre ou rétablir l'ancienne Discipline : ainsi la connoissance de leurs Actes est nécessaire à ceux qui s'appliquent à l'Histoire; c'est ce qui m'a obligé à en dresser une table alphabétique, disposée selon les Lieux où ils se sont assemblés; & quand il y en a eu plusieurs tenus au même lieu, je les range selon l'ordre des tems. C'est aussi cette dernière disposition que j'ai donnée aux Assemblées générales du Clergé de France.

Les Droits de l'Eglise consistent dans ses Libertés, & ses Biens dans les Revenus Ecclésiastiques, ou les Bénéfices. Il y a eu sur les uns & sur les autres un grand nombre de Traités, qu'on trouvera rangés ici dans un ordre convenable. Les Pouillés ou l'énumération des Bénéfices [ont été mis ci-devant, pag. 79-84, à la fin de la Géographie Ecclésiastique] : je rapporte ici les Traités qui regardent les Droits de Régale, qui ont été composés à cette occasion pour & contre; les Histoires des Pragmatiques & des Concordats, & les Traités des Indults accordés aux Officiers du Parlement de Paris, & autres Officiers.

J'ai fait deux classes des Histoires du Gouvernement Ecclésiastique ou du Clergé, qui est ou Séculier ou Régulier. L'Histoire du Clergé Séculier comprend celles des Métropoles & de leurs Suffragans; elles sont rangées selon l'ordre alphabétique de ces Métropoles. Mais parcequ'il y a eu plusieurs Papes, & un plus grand nombre de Cardinaux, qui ont été François, j'ai mis d'abord leurs Vies, à cause de l'éminence de leur dignité; celles des Papes François, selon l'ordre des tems; & celles des Cardinaux, par ordre alphabétique.

On trouvera après les Histoires des Métropoles, celles de quelques François, qui ont possédé des Prélatures hors du Royaume.

Ces Histoires sont suivies de celles du second Ordre, comme des Archidiacres & Curés, des Doyens & Chanoines, des Abbés & Prieurs Commendataires, & autres Ecclésiastiques. [On trouvera dans le même Article, mais chacune à part,] celles des Prêtres de la Doctrine Chrétienne, de la Congrégation de l'Oratoire de Jesus, & de la Mission; [toutes] rangées selon l'ordre alphabétique.

Le Clergé Régulier est composé de divers Ordres Religieux d'Hommes & de Filles. Je partage en quatre classes les Religieux; dans la première, sont compris les Solitaires & Moines, [Bénédictins, Cisterciens, Grammontins, Célestins, Chartreux, &c.] dans la seconde classe, se trouveront les Chanoines Réguliers; dans la troisième, les Religieux appellés Mendians; & dans la quatrième, les autres Religieux, dont les uns sont déja anciens, comme sont ceux de Fontevrault, les Mathurins & les Pères de la Mercy; & les autres plus modernes, comme les Pères Minimes & les Jésuites. Les Communautés de Filles, dont il y a un grand nombre en ce Royaume, sont rangées selon l'ordre alphabétique du nom qu'elles portent.

CHAPITRE PREMIER.
Histoires des Origines des Eglises de France.

3953. ☞ Mſ. Historia Eccleſiæ Gallicanæ; auctore Guillelmo Paradino.

Le Père Jacob, ſçavant Carme, en fait mention dans ſon Traité *De claris Scriptoribus Cabillonenſibus*: elle n'a point été imprimée. Paradin eſt mort après l'an 1581.]

3954. Eccleſiæ Gallicanæ Hiſtoriarum liber I. à primo J. C. in Galliis Evangelio, uſque ad datam à Conſtantino Imperatore Eccleſiæ pacem res præclarè geſtas complectens; auctore Franciſco Bosqueto, Narbonenſi J.C. *Pariſiis*, 1633, *in-*8.

☞ Ce premier Livre n'eſt qu'un eſſai ſur l'Hiſtoire de l'Egliſe Gallicane, adreſſé par l'Auteur au Clergé de France. On y trouve, *pag.* 7 & 8, un paſſage aſſez ſingulier ſur les premiers Apôtres des Gaules, dont les Miſſions ont été, dit-on, fabriquées par les Moines, pour en impoſer au peuple. Ce morceau a été retranché dans l'édition ſuivante, & il ſe trouve rapporté tout au long par le Père Niceron, dans ſon *Hiſtoire des Hommes Illuſtres*, tom. XII. *pag.* IV. Cette première édition eſt très-rare, ainſi que le témoigne l'Auteur de la *Bibliothèque Germanique*, an. 1726, tom. XII. p. 222. En effet, elle n'a été en vente de nos jours que dans le Catalogue du Maréchal d'Eſtrées, & dans celui du Comte de Charoſt, & elle n'y fut pas connue. Il falloit que le P. le Long n'eût pas vu ce Livre, lorſqu'il a donné à entendre que cette édition formoit le ſecond Livre de la Partie I. de la ſeconde édition. Ce ſecond Livre ne reſſemble en rien à la première édition, qui eſt compoſée d'une première Epitre Dédicatoire au Préſident de Meſmes; d'une ſeconde, aſſez ample, adreſſée au Clergé de France, & d'un Avis au Lecteur; toutes Pièces qui ne ſe trouvent pas dans la ſeconde édition. De plus, la Chronologie, le Conſpectus qui ſe voit à la tête de l'une & de l'autre, & le corps des deux Ouvrages, ſont abſolument différens.]

3955. Eccleſiæ Gallicanæ Hiſtoriarum libri quatuor; acceſſit ſecunda pars, in qua Acta & vetera Monumenta producuntur; auctore Franciſco Bosqueto, tum Narbonenſi Prætore: *Pariſiis*, Cramoiſy, 1636, *in-*4.

☞ C'eſt comme la ſeconde édition de l'Ouvrage ci-deſſus, mais plus ample, & différente abſolument de la première, comme on vient de le remarquer. M. Boſquet, Auteur des deux, fut depuis Evêque de Montpellier; il n'a pas continué ſon Ouvrage, qui a ſervi de plan au P. le Cointe, dont on parlera après, dans ſes *Annales Eccleſiaſtici*.]

L'Hiſtoire de M. Boſquet eſt écrite d'un ſtyle élégant: à l'égard de la ſeconde Partie, ce n'eſt qu'un Recueil d'Actes des Saints Martyrs François, dont les principaux ſont ceux de S. Denys, Evêque de Paris, diſtingué de l'Aréopagite, & de S. Victor de Marſeille. L'Auteur, mort Evêque de Montpellier en 1676, avoit du ſçavoir, du diſcernement & de la ſincérité; mais il n'avoit pas toute la lumière que la critique a répandue depuis ſon tems ſur l'Hiſtoire.

☞ Voyez ſur cet Ouvrage, *Bibliothèque de Colomiez*, *pag.* 117. = *Bibliothèque de Clément*, tom. V. *pag.* 110. = Lenglet, *Méthode hiſtorique*, tom. IV. *pag.* 168. = Le P. Niceron, tom. XII. *pag.* 171.]

3956. ☞ Hiſtoire de l'Egliſe Gallicane (depuis l'an de J. C. 150, juſqu'en 1559); par
Tome I.

pluſieurs Jéſuites: *Paris*, 1730-1749, *in-*4. 18 vol.

Les VIII. premiers Volumes ſont du Père Jacques Longueval; les IX. & X. & une partie du XI. du P. Cl. Fontenay; la fin du XI. le XII. du Père Brumoy; les XIII-XVIII. du P. Guill. Fr. Berthier.

Il faut bien avoir ce Livre, puiſqu'il eſt unique, en attendant qu'on en faſſe un meilleur; comment n'est ce qu'il pas trouvé encore quelqu'un qui ait entrepris de continuer l'Ouvrage du P. le Cointe, dont on parlera ci-après?

Outre la Préface générale, & quelques Préfaces particulières, on trouve dans cette Hiſtoire des Diſſertations à la tête de pluſieurs Volumes; ſçavoir:

Tom. I. Diſcours ſur la Religion & les mœurs des anciens Gaulois. = Diſſertation ſur le tems de l'établiſſement de la Religion Chrétienne dans les Gaules.

Tom. II. Notice de l'ancienne Géographie de la Gaule.

Tom. III. Diſcours ſur la Religion & ſur les mœurs des François, avant l'établiſſement de la Monarchie, & ſous les deux premières Races de nos Rois.

Tom. IV. Sur les épreuves qu'on nommoit, Jugemens de Dieu; & à la fin, Diſſertation ſur l'année de la mort de S. Martin: (toutes par le P. de Longueval).

Tom. IX. Eloge du P. de Longueval, par le P. de Fontenay.

Tom. XI. Eloge du P. de Fontenay, par le Père Brumoy.

Tom. XIII. Diſcours ſur le Pontificat de Clément V. premier Pape François, réſidant à Avignon; par le Père Berthier, qui a fait auſſi les Diſcours ſuivans.

Tom. XIV. Diſcours ſur les études uſitées dans l'Egliſe Gallicane, aux ſiècles XII. XIII. XIV. & XV.

Tom. XV. Diſcours ſur les Annates.

Tom. XVI. Diſcours ſur la Pucelle d'Orléans.

Tom. XVII. Diſcours ſur les Aſſemblées de l'Egliſe Gallicane. = Autre, ſur l'état de l'Egliſe Gallicane, à la naiſſance des Héréſies du XVIe ſiècle.

Tom. XVIII. Diſcours ſur les ſentimens de l'Egliſe Gallicane du XVIe ſiècle, par rapport à l'uſage des Saintes-Ecritures.

On peut conſulter ſur cette Hiſtoire, Lenglet, Supplément à ſa *Méth. hiſt. pag.* 169. = *Journal des Sçav.* 1731, Mars, Avril, Mai, Juin = 1733, Octobre, Novembre = 1735, Octobre, Novembre = 1741, Mars, Avril = 1746, Juin, Juillet, Octobre = 1748, Juin, Août. = Le *Nouvelliſte du Parnaſſe*, Lett. 21. = *Jugement ſur quelques Ouvrages nouveaux*, tom. *VI. p.* 265, tom. *VIII. pag.* 230 - 317, tom. *X. pag.* 121. = *Journ. de Verdun*, 1730, Novembre = 1736, Décemb. = *Mém. de Trévoux*, 1730, Novembre, *pag.* 1901 = 1731, Janvier, *pag.* 5 = *Mai, pag.* 856-872 = 1732, Juin, *pag.* 972 = 1733, Août, *pag.* 1368 = 1736, Avril, *pag.* 599, Novembre, *pag.* 2331, Décembre, *p.* 2646 = 1737, Mars, *pag.* 426, Mai, *pag.* 873 = 1740, Juin, *pag.* 1121 = 1744, Décembre, *pag.* 2257. = *Journal de Leipſick*, 1734, *pag.* 495 = 1739, *pag.* 589.]

3957. Primi Galliarum Apoſtoli: Digreſſio Claudii Espencæi (Claude d'Eſpence) Doctoris Sorbonici.

Cet Ouvrage de d'Eſpence, mort en 1571, fait ſa XXVe Digreſſion ſur la ſeconde Epître de S. Paul à Timothée: *Pariſiis*, 1584, *in-fol.* & eſt à la *pag.* 442 de ſes Œuvres: *Pariſiis*, Morel, 1619, *in-fol.*

3958. Vers quel tems la Religion Chrétienne se vint habituer dans les Gaules; par Etienne PASQUIER.

On trouve cette Dissertation dans le chap. VI. du Livre de ses *Recherches de la France*.

3959. Petri DE MARCA, Archiepiscopi Tolosatis, Epistola ad Henricum Valesium, de tempore quo primùm in Galliis suscepta est Christi fides: *Parisiis*, Vitré, 1658, *in-8*.

Cette Lettre se trouve aussi imprimée au-devant de l'Histoire Ecclésiastique d'Eusebe de Césarée, publiée en Grec & en Latin par Adrien de Valois: *Parisiis*, Vitré, 1659, *in-fol*. Elle se trouve encore avec les Dissertations de l'Auteur, publiées par Etienne Baluze: *Parisiis*, Muguet, 1669, *in-8*. & dans le *Recueil des Actes des Saints* de Bollandus, au tom. V. du mois de Juin, *pag.* 544. Ce Prélat est mort Archevêque de Paris, en 1662. Il n'a pas osé dire que ce fut S. Denys l'Aréopagite qui a été envoyé dans les Gaules par S. Clément.

☞ M. de Marca dans cette Lettre soutient, d'une façon très-sçavante, les Missions des Gaules dans le premier siècle.]

3960. Joannis LAUNOII, Constantiensis, Theologi Parisiensis, dispunctio Epistolæ de tempore quo primùm in Galliis suscepta est Christi fides: *Parisiis*, Martin, 1659, *in-8*.

Eadem, inter cætera LAUNOII opera tom. II. *Coloniæ Allobrog*. 1731, *in-fol*.

Le Docteur de Launoy est mort en 1678.

☞ Selon lui l'époque de l'établissement du Christianisme dans les Gaules, doit être fixée au milieu du III.ᵉ siècle. Malgré les preuves qu'il apporte pour appuyer son opinion, l'Editeur de ses Ouvrages, (l'Abbé Granet) a cru devoir embrasser & soutenir dans sa Préface, *pag*. 4. & *seq*. le sentiment contraire, & faire remonter à la fin du premier siècle l'origine de la Religion Chrétienne dans les Gaules.]

3961. De l'Etat de la Religion Chrétienne dans les Gaules sous les Empereurs Romains, jusqu'au commencement de la Monarchie Françoise; par Scipion DUPLEIX.

Ce Discours se trouve dans les quatre derniers Livres de ses *Mémoires des Gaules*: *Paris*, 1619, *in-4*. L'Auteur est mort en 1661.

☞ On peut encore consulter pour l'Histoire de l'état de la Religion dans les Gaules avant Clovis, = le Livre IV. de l'Avant-Clovis de Mézerai, = l'Ouvrage de Papire Masson, intitulé, *Historia calamitatum Galliæ*, qui se trouve dans le Recueil de Duchesne, tom. I. fol. 72, = l'Histoire de Grégoire de Tours, & sur-tout la Préface de Dom Thierry Ruinart.]

3962. Avant-propos de Jean BONDONNET, Religieux Bénédictin, où, après avoir examiné l'autorité de Sulpice Sévere & de S. Grégoire de Tours, il prétend prouver que la Foi a été reçue dans les Gaules du tems des Apôtres, au premier siècle de l'Eglise.

Cet Avant-propos est à la tête de son *Histoire des Evêques du Mans*: *Paris*, Martin, 1651, *in-4*.

3963. Locus Gregorii Turonensis, de septem Episcoporum missione in Gallias, vindicatus à Joanne LAUNOIO. Locus Sulpicii Severi, de prima Galliæ Martyrum Epocha, vindicatus ab eodem LAUNOIO. In utrumque Gregorii & Severi locum Observationes ejusdem LAUNOII. De primi Cenomanorum Præsulis Epocha; eodem LAUNOIO auctore: *Parisiis*, Martin, 1651, *in-8*.

Editio secunda auctior: *Parisiis*, Martin, 1670, *in-8*.

Ces trois Dissertations sont écrites contre l'Avant-propos du Père Bondonnet.

3964. Réfutation des trois Dissertations de M. de Launoy, touchant les Missions Apostoliques dans les Gaules au premier siècle; par Jean BONDONNET, Religieux Bénédictin de l'Abbaye de S. Vincent du Mans: *Paris*, Martin, 1653, *in-4*.

☞ Les trois Dissertations de M. de Launoy combattent le sentiment de ceux qui croyent que l'Evangile a été prêché dans les Gaules dès le premier siècle. Il soutient qu'il ne l'a été qu'à la fin du second, ou au commencement du troisième. Dans une de ces Dissertations il avoit attaqué particulièrement le premier Ouvrage du P. Bondonnet, qui dans celui-ci répond en détail à chacune de ces trois Dissertations de M. de Launoy.]

3965. ☞ Ms. Origines Ecclesiarum Galliæ; auctore Andrea SAUSSEYO, Episcopo Tullensi.

Cet Auteur est mort en 1675. Il a cité cet ouvrage dans le Catalogue de ses Ecrits, qui est à la fin du Traité qu'il a intitulé, *De Scriptoribus Ecclesiasticis: Tulli-Leucorum*, 1665, *in-4*.]

3966. Dissertatio Natalis ALEXANDRI, ex Ordine Prædicatorum, de Prædicationis Evangelicæ Exordio [primo Ecclesiæ sæculo.]

Cette Dissertation se trouve la seizième du tom. II. de celles qu'il a composées sur les principaux points de l'Histoire Ecclésiastique des premiers siècles: *Parisiis*, 1679, *in-8*. *Ibid*. Dezallier, 1699, 1714, *in-fol*.

☞ Le Père Alexandre veut prouver, 1.° contre M. de Launoy, que la Religion Chrétienne fut prêchée & établie dans les Gaules avant le IIIᵉ & même avant le IIᵉ siècle. Il se fonde entr'autres sur une Lettre de S. Cyprien, que M. de Launoy rejettoit comme apocryphe, & fait voir la foiblesse des motifs sur lesquels il veut la rejetter: 2.° que S. Denys, qui vint dans les Gaules au premier siècle, est le même que l'Aréopagite; qu'il y fut envoyé par S. Clément, & fut Evêque de Paris. Il appuye sa thèse de dix-neuf raisons qu'il tire de différens Auteurs, & il réfute ensuite celles des partisans du sentiment contraire.]

3967. De primis Ecclesiis Galliæ; auctore Gerardo DU BOIS, Congregationis Oratorii Presbytero.

Ce Discours se trouve dans les Chap. II. III. IV. & V. du premier Livre de son *Historia Ecclesiæ Parisiensis, &c. Parisiis*, Muguet, 1690, *in-fol*. L'Auteur est mort en 1695.

3968. Dissertatio de tempore quo primò Evangelium est prædicatum in Galliis; auctore Bernardo LABENAZIE, Canonico sancti Caprasii Aginnensis: *Tolosæ*, Pech, 1691, *in-12*.

☞ L'Auteur soutient, dans cette Dissertation, les Missions dans les Gaules au premier siècle. On trouve à la fin, *Excerptum ex Historia Ms. Diœcesis Aginnensis, à Bernardo Labenazio composita*.]

3969. Ms. Dissertation sur la naissance & le progrès de la Religion Chrétienne en

France; par Pierre FORESTIER, Chanoine d'Avalon.

Cette Dissertation [étoit] entre les mains de l'Auteur, [qui est mort en 1723.]

3970. ☞ Vie du noble & bienheureux Lazare, l'ami de Jésus-Christ; composée & recueillie de diverses Eglises & Bibliothèques de France; par Emmanuel PACHIER, Théologal de Marseille : *Aix*, David, 1635, *in*-8.]

3971. L'Apôtre de Provence, ou la Vie du glorieux S. Lazare, premier Evêque de Marseille; par Jean DE CHANTELOUP, Ecuyer, Sieur de Barban : *Marseille*, 1684 [*in*-8].

L'Auteur servoit alors en qualité de forçat sur les Galères.

3972. ☞ Panégyrique de S. Lazare, premier Evêque de Marseille & Martyr, prononcé le 14 Mars 1755, dans l'Eglise Cathédrale de Notre-Dame de Marseille; par M. PELLIOT, Chanoine-Régulier de S. Antoine, Prieur de l'Hôtel-Dieu de Troyes, Supérieur des Dames Hospitalières, &c. *Paris*, Garnier, 1758.]

3973. ☞ Lettre de M. BOCQUILLOT, Chanoine d'Avalon, à M. de Tillemont, au sujet des Reliques de S. Lazare.*Mercure*,1728, *Avril, pag*.

Elle contient un précis du grand procès qui s'éleva entre le Chapitre d'Autun & celui d'Avalon, sur la fin du XVe siècle, pour sçavoir lequel des deux possédoit le vrai chef de S. Lazare.]

3974. ☞ Lettre de M. LE TORS, Lieutenant-Criminel au Bailliage d'Avalon, écrite à M. Lebeuf, au sujet de la Relique de S. Lazare, ami de J. C. qui est dans l'Eglise Collégiale de Notre-Dame S. Lazare d'Avalon. *Mercure*, 1741, *Avril*, *pag*. 678-701.

Cette Lettre développe davantage le sujet de celle de M. Bocquillot, en relève quelques méprises, & fortifie la tradition, qui assure au Chapitre d'Avalon la possession de la Relique, qui y fut apportée par Henri, Duc de Bourgogne, au commencement du XIe siècle.]

3975. ☞ Copie des Verbaux dressés par ordre de M. l'Evêque d'Autun, à l'occasion de la découverte des Reliques du corps de S. Lazare, faite dans l'Eglise Cathédrale le 20 Juin 1727 : *in*-12.]

3976. ☞ Lettre sur une découverte faite à Autun, du corps de S. Lazare; par M. LEBEUF. *Mercure*, 1727, *Décembre*, I. vol. *pag*. 2578-2593.

L'Auteur soupçonne fort que ce n'est pas le corps du Lazare ressuscité, qui est conservé à Autun.]

3977. Dissertatio de commentitio Lazari, Maximini, Magdalenæ & Marthæ in Provinciam appulsu; auctore Joanne LAUNOIO : *Parisiis*, Martin, 1641, *in*-8.

☞ Eadem, inter LAUNOII opera, tom. II. *Coloniæ*, Allobrog. 1731, *in-fol*.

Voyez la *Bibliothèque de Bourgogne*, art. Montagu. Dans le *Journal Ecclésiastique*, 1766, *Février*, *p*. 152 & *suiv*. on a donné un abrégé de la Dissertation de M. de Launoy, dans laquelle il attaque l'opinion commune en Provence, que le Lazare, Saint Maximin, Sainte Madelene & Sainte Marthe, sont venus en Provence quelques années après la mort de J. C. Il examine ensuite la dispute qui est entre les Moines de Vézelai & ceux de S. Maximin, touchant les Reliques de la Madelene. Il fait voir que la cause de ceux de Vézelai est supérieure, quoique ni les uns ni les autres n'aient le véritable corps de la Madelene.]

3978. Magdalena Massiliensis Advena, sive de ejus in Provinciam appulsu, Dissertatio Theologico-Historica in Joannem Launoium; auctore Joanne-Baptista GUESNAY è Societate Jesu : *Lugduni*, de la Garde, 1643, *in*-4.

Le Père Guesnay est mort en 1658.

3979. Disquisitio disquisitionis de Magdalenâ Massiliensi Advenâ, cum monumentis Magdalenæ Vezeliacensis; auctore Joanne LAUNOIO : *Parisiis*, Martin, 1843, *in*-8.

3980. Auctuarium Historicum de Magdalena Massiliensi Advena, sive Decretum Senatûs Aquensis, & Universitatis Censura in Libellum Joannis Launoii, cui titulus : Disquisitio disquisitionis de Magdalena, &c. cum Scholiis adversùs eundem Launoium; operâ Petri HENRY : *Lugduni*, 1644, *in*-4.

Idem : Editio secunda, ad calcem *Annal. Provinciæ Phocensis* : *Lugduni*, 1657, *in-fol*.

Le P. Guesnay s'est ici déguisé sous le nom de *Pierre Henry*; & par-là s'est donné la liberté d'écrire avec plus de chaleur que de lumière, contre celui qu'il a attaqué. » Plût à Dieu [se récrie Pitton , *pag*. 66, de ses *Sentimens sur les Historiens de Provence*] » que ce Père » n'eût jamais écrit de Sainte Madelene, ni des Saints » qui vinrent avec elle en Provence ; il n'auroit pas ap- » puyé tant de Fables, que des Ecrivains ignorans ont » inventées sur le sujet de cette Sainte.

3981. Auctuarium Joannis LAUNOII, Theologi Parisiensis.

Ce Livre est écrit contre le précédent. Il se trouve entre ses Opuscules Latins sur le même sujet, *pag*. 376 : *Parisiis*, 1660, *in*-8.

☞ M. de Launoy faisant réimprimer alors sa Dissertation de 1641 & la Disquisition de 1643, y fit cette Addition sur le soin que l'Eglise a toujours eu d'empêcher qu'il ne se glissât de faussetés dans l'Histoire & les Reliques des Saints, aussi-bien que dans l'Office divin.]

3982. Ratio vindicatrix calumniæ contra negantem adventum Lazari, Magdalenæ & Marthæ in Provinciam; auctore Michaele JORDANO, ordinis Prædicatorum : *Aquis-Sextiis*, Roize, 1644, *in*-8.

Ce Livre est contre le Docteur de Launoy. [Le Père Jordan est mort en 1683.]

3983. Vindiciæ fidei & pietatis pro cœlestibus illis tutelaribus constituendis; adversùs Joannem de Launoy, Theologum Parisiensem; auctore Honorato BOUCHE, Doctore Theologo : *Aquis-Sextiis*, Roize, 1644, *in*-8.

Cet Auteur est mort vers l'an 1684.

☞ Ce Livre est fait pour répondre à l'Ouvrage de de Launoy, intitulé, *Dissertatio de commentitio*, &c. ci-dessus, N.° 3977.]

3984. Honoratus Bucheus, sive Dispunctio Libri illius quem Bucheus ille adversùs Launoii Dissertationem Disquisitionemque scripsit; auctore eodem Joanne LAUNOIO.

Cette Critique du Livre de Bouche, se trouve entre les Opuscules de Jean de Launoy, *pag.* 346 : *Parisiis*, 1660, *in-8.*

3985. Les sentimens de M. DE LAUNOY, sur le Livre du Père Guesnay, intitulé : Auctuarium Historicum de Magdalena Massiliensi : [*Parisiis.*] 1646, *in-8.*

3986. Hercules Commodianus Joannes Launoius repulsus pro Breviario Romano, &c. ab Honorato LEOTHARDO, Thyriensi, J.U.L. *Aquis-Sextiis*, 1646, *in-8.*

Théophile RAYNAUD, Jésuite, mort en 1663, s'est déguisé sous le nom d'un Chapelain de l'Ordre de Malthe, parent d'un fameux Jurisconsulte, qui portoit le même nom, décédé en 1680. L'Auteur semble prendre la défense de ceux de Marseille, dans le démêlé sur Sainte Madelene [& il traite son adversaire avec beaucoup d'emportemens.] Ce même Livre se trouve au tom. XVIII. des *Œuvres* de Théophile Raynaud : *Lugduni*, 1665, *in-fol.*

3987. Le Triomphe des Reliques de Sainte Madelaine, ou Réponse à une Lettre, intitulée : Sentimens de M. de Launoy, sur le Livre du Père Guesnay, &c. par Denys DE LA SAINTE-BEAUME : 1647, *in-8.*

Le Père Guesnay s'est caché sous ce nom, en attaquant de nouveau Jean de Launoy. En prenant ce nom déguisé, il fait allusion aux démêlés que ce Docteur avoit eus sur S. Denys l'Aréopagite & sur Sainte Madelene. Ce Livre est écrit avec trop de feu, & l'Auteur n'y garde aucune mesure contre son adversaire.

La seconde édition sous ce titre , *Le Triomphe de la Madelaine, en la créance de ses Reliques en Provence*, est à la fin des *Annal. Provinciæ Phocensis* : *Lugduni*, 1657, *in-fol.*

3988. Joannis LAUNOII, Theol. Parif. varia de commentitio Lazari & Maximini, Magdalenæ & Marthæ in Provinciam appulsu Opuscula. Disquisitio Disquisitionis de Magdalena Massiliensi advena ; Magdalenæ Vezeliacensis & Sammaximinensis Monumenta. Dissertationis & Disquisitionis Confirmatio quadruplex : *Parisiis*, Martin, 1660, *in-8.*

Ce Volume ne contient de nouveau que la dernière Pièce ; à l'égard des autres, ce ne sont que de nouvelles éditions.

3989. L'arrivée de Sainte Madelaine à Marseille ; par Vincent REBOUL, Jacobin.

Elle se trouve imprimée avec l'Histoire qu'il a composée de cette Sainte [sous le titre qui suit.]

☞ Histoire de la vie & de la mort de Sainte Marie Madelaine, avec les Reliques & curiosités de la Sainte-Baume & de S. Maximin ; par le Père Vincent REBOUL : *Marseille*, 1661, *in-12.*]

3990. La défense de la foi & de la piété de Provence pour les Saints Lazare & Maximin , Marthe & Madelaine , contre Jean de Launoy; par Honoré BOUCHE : *Aix* ; 1663, *in-8.*

Cette Défense est une Traduction du Livre Latin du même Auteur, indiqué ci-devant, N.° 3983, qu'il a un peu amplifié.

3991. Dissertation historique sur la sainte Eglise d'Aix, où il est amplement prouvé que S. Maximin, Disciple de Notre Seigneur Jesus-Christ, & Sainte Madelaine, sœur de Lazare, sont venus en Provence, & ont fini leurs jours à Aix, contre Jean de Launoy ; par Jean Scholastique PITTON, Docteur en Médecine : *Lyon*, Liberal, 1668, *in-4.*

3992. Natalis ALEXANDRI, Rothomagensis, Ordinis Prædicatorum, Doctoris Theologi, Dissertatio de beatæ Mariæ Magdalenæ, Lazari & Marthæ in Gallias appulsu, deque illorum Reliquiis Provinciæ vindicatis.

Cette Dissertation est la dix-septième du tom. II. de celles qu'il a composées sur les principaux points de l'*Histoire Ecclésiastique* : *Parisiis*, 1679, *in-8.* *Parisiis*, 1699, 1714, *in-fol.*

☞ Jean-Baptiste THIERS, dans sa *Dissertation sur la sainte Larme de Vendôme* (*Paris*, 1699, *in-12.*) emploie le Chap. IV. à prouver que la Madelene n'est point venue en France. On cessera d'être étonné qu'un sçavant, tel que le Père Alexandre, ait pris la défense des idées Provençales, lorsqu'on fera réflexion qu'il étoit Dominicain, & que ce sont des Dominicains qui sont les gardiens de la sainte Baume, où l'on prétend que la Madelene a fait pénitence, & qui conservent son corps à S. Maximin, pendant qu'on soutient d'un autre côté qu'il est à Vézelay.]

3993. ☞ Histoire de Sainte Madelaine, où est établie solidement la vérité, qu'elle est venue & décédée en Provence, & que son corps repose à S. Maximin, Diocése d'Aix ; par le Père COLUMBI, Dominicain : seconde édition, corrigée & augmentée : *Marseille*, 1688, *in-12.*]

3994. ☞ Dissertation de M. MAUCONDUIT, pour distinguer Sainte Madelaine de Marie, sœur de Lazare : *Paris*, 1685, *in-12.*

Nous avons cru devoir indiquer ici cet Ouvrage & le suivant. On peut voir encore le tom. II. des *Mémoires pour servir à l'Histoire Ecclésiastique*; par M. DE TILLEMONT, *in-4. pag.* 30 & 512, & la Dissertation mise par Dom CALMET à la tête de son Commentaire sur Saint Luc, & réimprimée au Tome X. de l'Abrégé de son Commentaire.]

3995. ☞ Dissertation sur les trois Maries ; par M. ANQUETIN : *Paris*, 1699, *in-4.*

Ce sentiment a été adopté dans les nouveaux Bréviaires, & la sçavante Eglise de Paris a été la première à professer ce qu'une tradition populaire avoit obscurci.]

3996. Apologétique de la Religion des Provençaux, au sujet de la Sainte Madelaine ; par Pierre-Joseph (DE HAITZE) : *Aix*, David, 1711, *in-12.*

☞ L'Auteur pose en fait, & tâche de démontrer par la Tradition & les Chartes des Eglises de Provence, que la Madelene est venue dans les Gaules avec sa sœur Marthe, & son frère Lazare, & que leurs Reliques sont conservées ; sçavoir, celles de la Madelene à S. Maximin, sans avoir jamais été à Ephése ni à Vézelay ; celles de Sainte Marthe à Tarascon, & celles de S. Lazare à Marseille, d'où elles ont été transférées à Autun.]

3997. ☞ Examen de quelques Manuscrits sur Sainte Marie Magdeleine, où, sans déguiser qu'une partie des Traditions des Provençaux est plus ancienne que M. de Launoy ne l'a cru, on revient à son sentiment, & l'on prouve que l'étendue du culte de cette Sainte dans les Eglises de France, a dû venir ou directement de l'Orient ou de Vézelay, & non pas de la Provence ; par M. L. B. C. D'A. (M. LEBEUF). *Mercure*, *1729, Juin, p.* 1123-1139. & 1268-1280.

3998. Joannis BALINI, Poema heroicum de divæ Magdalenæ gestis, ubi & ejus navigatio in Provinciam, & pœnitentiæ locus describuntur : *Parisiis*, Prevost, 1607, *in*-8.

Le même Poëme, traduit en François par l'Auteur : *Paris*, 1607, *in*-8.

3999. ☞ Pauli Thomæ STROZÆ, Neapolitani, Iter ad sacram D. Magdalenæ cryptam.

Cette Pièce est dans les *Poemata varia* de cet Auteur : *Neapoli*, 1589, *in*-8.]

4000. ☞ Francisci MACEDO Descriptio (metrica) villæ Juquii & Sanctæ Baumes, id est speluncæ Sanctæ Magdalenæ : *Aquis-Sextiis*, 1641, *in*-8. *Lisbonæ*, 1683.]

4001. ☞ Trois Lettres écrites par M. DE LA ROQUE, à M. DE M*** sur la croyance des Eglises de Provence, au sujet de la prédication de l'Evangile dans cette Province par Sainte Madelene & S. Lazare, & autres Disciples de J. C. *Mercure, 1723, Novembre, pag.* 854, & *Décembre, premier Volume, pag.* 1069, *second Volume, pag.* 1328.

On y trouve, 1.° deux Lettres de M. DE LAUNOY, qui n'avoient point encore paru, & qui contiennent les principales raisons qu'il avoit pour rejetter ces Histoires ; 2.° une Lettre du Père PAGI, qui renferme diverses anecdotes, & où il assure que M. de Launoy avoit promis de se rétracter. René Ouvrard, dans la *Défense de l'antiquité*, &c. (dont on va parler) disoit la même chose du vivant de ce sçavant Critique ; mais il s'appuyoit sur une phrase de son dernier Ouvrage, *Dispunctio Epistolæ*, &c. (ci-devant, N.° 3960) où M. de Launoy disoit qu'il étoit prêt à changer de sentiment, si on lui faisoit voir clairement ce qu'il contestoit, ou dont il doutoit : or depuis ce tems, quelles nouvelles lumières sont venues sur le point dont il est question ?]

4002. ☞ Dissertation sur la vérité de la Tradition de Provence, au sujet des SS. Lazare, Marthe & Marie ses sœurs, Maximin, Sidoine & les autres ; par un Prêtre du Diocèse d'Aix : *Avignon*, 1734, *in*-12.]

4003. Missions célèbres de sept Evêques envoyés dans les Gaules par le Pape S. Fabien, depuis l'an de J. C. 245, jusqu'en 249, supposé qu'ils ayent été envoyés tous ensemble ; par Adrien BAILLET, Prêtre.

Ces Missions se trouvent dans les Vies de S. Saturnin de Toulouse, de S. Denys de Paris, de S. Trophyme d'Arles, de S. Paul de Narbonne, de S. Gatien de Tours, de S. Austremoine de Clermont, & de S. Martial de Limoges, imprimées dans le *Recueil des Vies des Saints* de cet Auteur, qui est mort en 1706.

4004. Défense de l'ancienne Tradition des Eglises de France, en la Mission des premiers Prédicateurs dans les Gaules, du tems des Apôtres ou de leurs Disciples immédiats ; par R. O. (René OUVRARD, Chanoine de Tours) : *Paris*, Rouland, 1678, *in*-8.

Cet Auteur a suivi le sentiment de M. de Marca, touchant S. Denys ; il ne dit qu'en un endroit, en passant & fort foiblement, que c'est S. Denys l'Aréopagite. Ouvrard, qui étoit de Chinon, est mort en 1694.

☞ Le but de cet Ouvrage, composé de deux Dissertations, est de prouver que la Mission des premiers Prédicateurs Evangéliques dans les Gaules, a été faite par les Apôtres ou par leurs Disciples immédiats, contre le sentiment de ceux qui s'appuyant sur l'autorité de Sulpice Sévère, & de Grégoire de Tours, placent ces premières Missions dans le troisième siècle, sous l'Empire d'Aurélien, ou l'an 250 de J. C. sous le Consulat de Decius & Gratus. L'Auteur, pour ne pas laisser contre lui deux autorités aussi respectables, prétend faire voir que l'on a abusé de celle de Sulpice Sévère, & qu'à l'égard de celle de Grégoire de Tours, il s'est rétracté de ce qu'il avoit dit dans son Histoire, lorsqu'il a ensuite composé ses Livres des Miracles & de la gloire des Confesseurs.]

4005. L'origine des Eglises de France, prouvée par la succession de ses Evêques ; avec la Vie de S. Austremoine ; par J. D. F. C. D. C. (Jean DE FRAISSE, Chanoine de Clermont): *Paris*, Michallet, 1688, *in*-8.

Ce Livre a été fait à l'occasion de l'Ouvrage intitulé, *L'Apostolat de S. Martial*, indiqué ci-après (N.° 4063.)

☞ Voyez sur ce Livre, *Journal des Sçavans*, 1688, *Août*. = *Histoire des Ouvrages des Sçavans*, 1688, *Octobre*.]

4006. Défense de l'antiquité des Eglises de France, contre le Livre intitulé, l'Origine des Eglises de France, & contre les principes de Launoy ; par Bernard LABENAZIE, Chanoine de S. Caprais d'Agen : *Agen*, 1696, *in*-12.

Cette Défense est composée de neuf Dissertations ; la seconde & la troisième est contre le Livre précédent ; la huitième & la neuvième est pour prouver, contre M. de Launoy, la Mission de S. Denys l'Aréopagite dans les Gaules.

4007. Nouvelle Dissertation touchant le tems auquel la Religion Chrétienne a été établie dans les Gaules ; où l'on fait voir que ç'a été, non dans le premier siècle, mais dans le second, qu'elle y a été établie ; & qu'y étant depuis déchue, elle y a été rétablie vers le milieu du troisième siècle ; [par M. ABADIE, Chanoine de S. Gaudin de Comminges] : *Toulouse*, Boude, 1703, *in*-12.

☞ L'Auteur prend un parti mitoyen entre les deux opinions dont il est parlé aux Numéros ci-dessus. Dans la première partie, il établit que les sept Evêques ne sont venus prêcher la Foi dans les Gaules que vers le milieu du troisième siècle ; sçavoir, S. Trophyme à Arles, S. Paul à Narbonne, S. Saturnin à Toulouse, S. Gatien à Tours, S. Austremoine à Clermont en Auvergne, S. Martial à Limoges, & S. Denys à Paris. Dans la seconde partie, il prouve que ces Evêques ne sont point les premiers qui ont prêché la Foi dans ces Provinces, mais que d'autres Missionnaires, dont les noms sont ignorés, excepté celui de S. Pothin de Lyon, l'y avoient déja prêchée avant le milieu du second siècle ; & que s'y étant ensuite affoiblie, elle y fut rétablie par les sept Evêques dont on vient de parler.

Voyez sur cette Dissertation, *Journal des Sçavans*, 1703, *Décembre*. = *Mémoires de Trévoux*, 1713, *Février*. = *Bibliothèque Ecclésiastique* de Dupin, *dix-huitième siècle*, tom. I. pag. 169.]

4008. ☞ Dissertation sur le tems de l'établissement de la Religion Chrétienne dans les Gaules; par le Père Jacques DE LONGUEVAL, Jésuite.

Cette Dissertation se trouve *pag.* 42-56, du tom. I. de l'*Histoire de l'Eglise Gallicane* : *Paris*, 1730, *in-*4. L'Auteur y fait voir que la Religion, quoiqu'établie dans les Gaules dès le premier siècle par les Disciples des Apôtres, n'y fit que peu de progrès jusqu'au troisième siècle; à quoi il ajoute que ce qu'on raconte de la fondation de diverses Eglises dans le premier siècle, est plein d'incertitudes.]

4009. ☞ De Apostolicâ Ecclesiæ Gallicanæ origine Dissertatio, in qua probatur Apostolos, & nominatim Sanctum Philippum, Evangelium in Galliis prædicasse; auctore J. B. BULLET, sacræ Facultatis in Universitate Bisuntina primario Professore Regio ac Decano : *Vesontione*, Daclin, 1752, *in-*12.

Voyez sur ce Livre, *Mémoires de Trévoux*, 1754, *Juin, pag.* 1459.]

4010. ☞ Dissertation sur l'établissement de la Religion Chrétienne dans les Gaules.

Cette Pièce, qui se trouve dans les *Singularités historiques* de Dom LIRON, tom. IV. est divisée en cinq parties. L'Auteur prétend y prouver contre ceux qui suivent Grégoire de Tours & la Mission des sept Evêques, que les Eglises des Gaules ont été fondées par des hommes Apostoliques dès le premier siècle; qu'elles étoient en grand nombre & florissantes dans le second; de sorte que la Foi étoit répandue dans toutes les Nations Gauloises ou Celtiques dès le commencement du quatrième siècle. Il faut recourir à l'Ouvrage même, pour y voir les raisons qui réfutent le système contraire, & celles qui établissent celui-ci.]

4011. ☞ Nouvelles recherches & découvertes dans l'antiquité Ecclésiastique, & particulièrement dans l'Histoire Ecclésiastique de France. *Ibid.*]

4012. Vita sancti Dionysii Episcopi Parisiensis.

M. de Marca attribue cette Vie à FORTUNAT de Poitiers. Elle est imprimée dans la seconde partie de l'*Histoire de l'Eglise de France*, par François BOSQUET, *p.* 50: *Parisiis*, 1636, *in-*4. [ci-devant N.° 3955.]

4013. Vita & Encomium sancti Dionysii Areopagitæ; ex Menæis Græcorum. Vita & Conversatio ejusdem; per Simeonem METAPHRASTEN, Græcè & Latinè. Vita ejusdem; ex SUIDA. Alia; ex NICEPHORO. Alia; per Petrum HALLOIX, è Societate Jesu.

Ces Vies de S. Denys se trouvent parmi les Ouvrages imprimés sous le nom de ce Saint; par Pierre HALLOIX, Jésuite : *Antverpiæ*, 1634. [*Tom. II. pag.* 185, 190, 200, 204 & 252.]

4014. HINCMARI, Archiepiscopi Rhemensis, Epistola ad Carolum Calvum Imperatorem; de auctoritate Vitæ sancti Dionysii ab Anastasio translatæ; cum Annotationibus Joannis Mabillonii, de Missione Dionysii à sancto Clemente in Gallias.

Cette Lettre est imprimée au tom. I. des *Analecta* du Père Mabillon, *pag.* 59 : *Parisiis*, 1682, *in-*8.

4015. Epistolæ Hincmari Dispunctio; auctore Joanne LAUNOIO.

Cette Critique de la Lettre d'Hincmar, est imprimée avec les Opuscules de Jean de Launoy, sur les deux Saints Denys : *Parisiis*, 1660, *in-*8. L'Auteur dit, *p.* 128, que cette Lettre a été vue par le Père Sirmond, qui n'a pas jugé à propos de l'inserer dans le Recueil des Ouvrages d'Hincmar.

4016. Areopagitica, sive Opuscula quædam CHLODOVEI PII, Imperatoris, ac D. HILDUINI, Abbatis Sancti Dionysii, de Rebus gestis & scriptis B. Dionysii Areopagitæ, cum Præfatione Matthæi Galeni : *Coloniæ*, Cholini, 1563, *in-*8.

Louis le Pieux est mort en 840, & Hilduin en 841. Les mêmes Opuscules sont imprimés dans le *Recueil des Vies des Saints*, publié par Laurent Surius, au 9 Octobre, sous ce titre : » Passio Sancti Dionysii qui à loco » Areopagita, à patriotico prænomine Ionicus, Chris- » tiano autem agnomine est appellatus Macarius, à San- » to Paulo Apostolo Atheniensium ordinatus Archiepis- » copus, Apostolicâ verò auctoritate Sancti Clementis » Papæ, totius Galliæ constitutus Apostolus apud Urbem » Parisios ».

4017. Apologia pro Hilduino Areopagiticarum Vindiciarum conditore; Auctore Andrea DU SAUSSAY.

Cette Apologie est imprimée à la *pag.* 346 du Traité qu'André du Saussay a intitulé, *De Mysticis Galliæ Scriptoribus* : *Parisiis*, 1639, *in-*4.

4018. De Areopagiticis Hilduini Judicium; auctore Joanne LAUNOIO : *Parisiis*, 1641, *in-*8.

De Launoy prouve dans son Ecrit, que cet Auteur ne mérite aucune croyance. La seconde édition est dans ses Opuscules des deux Saints Denys : *Parisiis*, 1660, *in-*8.

4019. Caroli LE COINTE, Congregationis Oratorii Presbyteri; de iisdem Judicium.

Ce Jugement se trouve au tom. VIII. de ses *Annales de l'Eglise de France*, sous l'année 835, num. 115 & suivans. Cet Auteur est mort en 1681.

4020. Vita, Passio, sepultura Sancti Dionysii Areopagitæ, Sociorumque ejus, corporumque eorum inventio ac translatio per pium Regem Dagobertum. Item, cur Dagobertus Benedictinos Monasterio Sancti Dionysii præfecerit? Joanne DOCÆO, Sandionysiano Monasterio Præfecto auctore. Gabriel Baudetius, Benedictinus Sandionysianus edi curavit : *Parisiis*, 1549, *in-*8.

Docæus est mort en 1560.

4021. De Detectione Sanctorum Dionysii, Rustici & Eleutherii, quæ jussu Henrici I. Francorum Regis facta est, ad confutandam vanam Germanorum de Sancti Dionysii corpore assertionem.

Cette découverte a été faite en 1050. Le Discours qui en a été écrit, se trouve à la *pag.* 157 du tom. IV. du *Recueil des Historiens de France*; publié par du Chêne : *Parisiis*, 1651, *in-fol.*

Origines des Eglises.

4022. ☞ La Chronique do S. Denys, Pasteur de France : *in-8*. gothiq.]

4023. De Vita Sancti Dionysii Areopagitæ, Libri tres ; auctore Baptista MANTUANO, Carmelitarum Generali.

Cette Vie se trouve entre les Ouvrages de Baptiste de Mantoue : *Antverpiæ*, 1576, *in-8*. 4 vol. Cet Auteur est mort en 1516.

4024. Vitæ Sancti Dionysii Areopagitæ ; auctore Joachimo PERIONIO, Benedictino.

Cette Vie se trouve à la tête des Œuvres imprimées sous le nom de S. Denys l'Aréopagite : *Coloniæ*, 1557, *in-8*. *Parisiis*, 1566. Périon est mort en 1561.

4025. Vita Sancti Dionysii Areopagitæ, carmine latino descripta ; auctore Dionysio GUERIN : *Parisiis*, 1615, *in-8*.

4026. La Vie de Saint Denys l'Aréopagite, Apôtre de la France ; par Etienne BINET, Jésuite : *Paris*, Chapelot, 1624 & 1629, *in-8*.

Cet Auteur est mort en 1639.

4027. Vita Sancti Dionysii Areopagitæ ; auctore Petro HALLOIX, è Societate Jesu, cum Notis : *Antverpiæ*, 1633, *in-8*.

Elle est aussi dans le tom. II. des Œuvres imprimées par ses soins, sous le nom de S. Denys l'Aréopagite : *Antverpiæ*, 1634, *in-fol*. Le Père Halloix est mort en 1656. [Dans le tom. I. de l'Ouvrage intitulé, *Illustrium Ecclesiæ Orientalis Script. Vitæ*, *Duaci*, 1633, *in-fol*. il a encore fait imprimer cette Vie, avec une Question dans l'une desquelles il examine si S. Denys l'Aréopagite est l'Apôtre de France, & il conclut à l'affirmative.]

4028. Vita B. Dionysii Areopagitæ primi Atheniensium Episcopi & Martyris, ex optimæ fidei scriptoribus à Joanne LAUNOIO collecta. Vita Sancti Dionysii Parisiensis Episcopi & Martyris ; auctore Joanne LAUNOIO : *Parisiis*, 1642, *in-8*.

Ces Vies sont aussi imprimées avec les Opuscules des deux Saints Denys, *pag*. 383 : *Parisiis*, 1660, *in-8*. [& dans le tom. II. de la *Collection des Œuvres de M. de Launoi* : *Coloniæ Allobrog*. 1731, *in-fol*.]

4029. La Vie & Martyre de S. Denys l'Aréopagite : *Paris*, 1679, *in-8*.

Gabriel DE GAUMONT est l'Auteur de cette Vie.

4030. Vindicata Ecclesiæ Gallicanæ de suo Areopagita Dionysio gloria ; auctore Simone Germano MILLET, Monacho Sancti Dionysii, Congregationis Sancti Benedicti, aliàs Congregationis Sancti Mauri : *Parisiis*, Bechet, 1638, *in-8*.

Dom Millet est mort en 1647.

Son Ouvrage est composé contre une Observation du Père Sirmond, sur la Lettre de Louis le Débonnaire à Hilduin, Abbé de Saint Denys. Cette Observation fut insérée d'abord dans le second tome des Conciles de France ; elle en fut ensuite retranchée [parceque dans l'Assemblée qui se tenoit alors à Mantes, on fut choqué de ce que les Eglises de France paroissoient perdre par là leur antiquité.] Cette Observation se retrouve au commencement du Livre de M. de Launoy, intitulé, *Varia de duobus Dionysiis Opuscula*, rapporté ci-après. L'Auteur traite dans le premier Livre, de l'établissement de la Foi Chrétienne dans les Gaules, dès le tems des Apôtres ; dans le second, il parle de la Mission de S. Denys dans les Gaules, ordonnée par le Pape S. Clément ; & dans le troisième, de la fabuleuse translation du corps de S. Denys, de France en Bavière.

4031. Polemicus de Apostolatu Gallico Sancti Dionysii Areopagitæ Tractatus. Item Apologia pro Hilduino Sandionysiano Abbate, &c. accedit Catalogus testium assertæ veritatis ; auctore Andrea DU SAUSSAY.

Ces Ecrits sont imprimés avec ses Dissertations, *De Mysticis Galliæ Scriptoribus*, *pag*. 346 : *Parisiis*, Cramoisy, 1639, *in-4*. Cet Auteur est mort Evêque de Toul en 1675.

4032. Jacobi SIRMONDI S. J. Dissertatio, in qua Dionysii Parisiensis, & Dionysii Atheniensis discrimen ostenditur : *Parisiis*, Cramoisy, 1641, *in-8*.

Cette Dissertation est imprimée à la *pag*. 7, des Opuscules de Jean de Launoy, touchant les deux Saints Denys, & dans les Œuvres même du Père Sirmond : *Parisiis*, 1696, *in-fol*. Ce Père est mort en 1651.

4033. Copie de la Lettre envoyée au Père Sirmond, Jésuite, sur le Livret des deux S. Denys, en laquelle est montré que S. Denys l'Aréopagite, converti par S. Paul, a été le premier Evêque de Paris, & Apôtre des Gaules ; par François GARSON, Prêtre, Docteur en Théologie, Prédicateur ordinaire du Roi : *Paris*, de la Perriere, 1641, *in-8*.

4034. ☞ Copie de deux Lettres écrites à M. François GARSON, sur son Livret des deux Saints Denys : 1641, *in-8*.]

4035. ☞ Ms. Raisons pour démontrer que S. Denys, Evêque de Paris, n'est point l'Aréopagite ; par Ch. DUFRESNE DU CANGE.

Ce petit Ouvrage, qui est en partie un extrait de la Dissertation du Père Sirmond, est à la Bibliothèque du Roi, & termine le sixième volume des *Mémoires pour la Description historique*, &c. du Cange, indiqués ci-devant, N.º 10.]

4036. Sancti Dionysii Parisiensium Apostoli miracula ; per Joannem LAUNOIUM, Theologum Parisiensem : *Parisiis*, Martin, 1641, *in-8*.

4037. Galliæ Palladium, sive Dionysius Areopagita ; auctore Joanne SAMBLANCATO, Tolosate : *Tolosæ*, d'Estey, 1641, *in-8*.

Ce Livre est écrit contre la Dissertation du Père Sirmond.

4038. Animadversiones in Joannis Samblancati Palladium Galliæ, seu Dionysium Areopagitam ; auctore Joanne DE LAUNOY : *Parisiis*, Martin, 1641, *in-8*.

Ces treize Remarques sont aussi imprimées dans les *Opuscules Latins* touchant les deux Saints Denys, *p*. 133 : *Parisiis*, 1660, *in-8*.

4039. Sainte Apologie pour S. Denys Aréopagite, S. Lazare, S. Trophyme, & autres Saints Apôtres des Gaules ; par François GARSON, Docteur en Théologie, ancien Théologal de Saint-Quentin, & Vicaire-Général de Rouen : *Paris*, Bertaut, 1642, *in 8*.

C'est une défense de sa Lettre au Père Sirmond ; elle

est divisée en deux parties ; la première contient la Vie de S. Denys ; la seconde, la Censure chrétienne des écrits de ses adversaires.

☞ C'est comme une nouvelle édition du Livre ci-dessus, N.° 4033.]

4040. Ad Dissertationem nuper evulgatam de duobus Dionysiis Responsio, in qua evidentissimè demonstratur unum & eundem esse Dionysium Areopagitam & Parisiensem Episcopum ; auctore Germano MILLET, Monacho Congregationis Sancti Benedicti [aliàs] Congregationis Sancti Mauri: *Paris.* Bechet, 1642, *in-8*.

4041. Responsionis ad Dissertationem de duobus Dionysiis Discussio, in qua probatum jam utriusque discrimen ex inveniendi asserendique Veri legibus defenditur; auctore Joanne LAUNOIO, Theologo Parisiensi: *Parisiis*, Martin, 1642, *in-8*.

Editio altera, auctior & correctior.

Cette seconde édition, qui est une fois plus ample, se trouve avec les Opuscules Latins du même Auteur, sur les deux S. Denys, *pag.* 189 : *Parisiis*, Martin, 1660, *in-8*.

Eadem inter ejusdem LAUNOII opera, tom. II. *Coloniæ Allobrog.* 1731, *in-fol.*

Voyez la *Préface* mise à la tête de cette édition, *p.* 21 *& suiv.*

4042. De unico Sancto Dionysio Areopagita Athenarum & Parisiorum Episcopo, adversùs Joannis DE LAUNOY Discussionem Milletianæ Responsionis Diatriba : *Parisiis*, 1643, *in-8*.

Hugues MENARD, Religieux Bénédictin de la Congrégation de S. Maur, ne s'est pas nommé dans cette édition.

Eadem Diatriba ; auctore Hugone MENARDO: *Parisiis*, 1644, *in-8*.

Ce n'est que la même édition, à laquelle on a mis un nouveau frontispice, avec le nom de l'Auteur, qui venoit de mourir. M. de Launoy a prétendu avoir réfuté cet Ouvrage, dans la seconde édition de la Réponse qu'il a faite au Père Millet. Le Père Ménard marque dans sa Préface toutes les Pièces qui avoient été écrites jusqu'alors sur cette dispute.

4043. Histoire chronologique pour la vérité de S. Denys Aréopagite, Apôtre de France, & premier Evêque de Paris, déduite de siècle en siècle depuis le tems des Apôtres jusqu'à nous, confirmée par la créance universelle des Eglises de France & étrangères, &c. par Jacques DOUBLET, Doyen de l'Abbaye Royale de Saint-Denys en France : *Paris*, de Bresche, 1646, *in-4*.

Le Père Doublet est mort en 1648.

4044. ☞ D. Simpliciani GODY, Benedictini, Dionysius Gallus vindicatus.

Cet Ouvrage est cité dans la *Bibliothèque de Lorraine* du Père Calmet, *pag.* 423. L'Auteur a aussi prétendu prouver que S. Denys de Paris est l'Aréopagite.]

4045. Disquisitio Joannis MORINI, Blesensis, Congregationis Oratorii Presbyteri, de duobus Dionysiis Areopagita & Parisiensi.

Cette Disquisition se trouve dans les Chapitres II.

& III. de la seconde partie de son Traité, *De Ordinationibus* : *Parisiis*, 1655, *in-fol.* L'Auteur est mort en 1659.

4046. Joannis LAUNOII, Theologi Parisiensis, varia de duobus Dionysiis Atheniensi & Parisiensi Opuscula, cum præfixa Jacobi SIRMONDI, ejusdem argumenti, Dissertatione & Auctoris Disquisitione de veteribus Parisiorum Basilicis : *Parisiis*, 1660, *in-8*.

Il y a une nouvelle Préface dans cette édition, où l'Auteur rapporte l'Histoire des Ouvrages qui ont été composés dans cette célèbre dispute, depuis l'année 1629, que parut l'Observation du Père Sirmond, dans le tom. I. des Conciles de France.

4047. ☞ Sur l'Aréopagisme de notre Saint Denys : *pag.* 160, du *Valesiana.*]

4048. S. Denys l'Aréopagite, Evêque de Paris ; par Gabriel DE GAUMONT, Prêtre, Sieur de Chevanne : *Paris*, Lambert, 1673, *in-8*.

Le même Livre, avec plusieurs Additions : *Paris*, 1674, *in-8*.

M. de Launoy se plaint de ce que cet Auteur, qui n'a fait qu'abréger ce qui avoit été dit par les Pères Millet & Ménard, n'a point parlé des réponses qu'on leur a faites.

4049. Dissertatio de uno Dionysio primùm Areopagita & Episcopo Atheniensi, deinde Parisiorum Apostolo & Martyre ; auctore Petro Francisco CHIFFLETIO, Societatis Jesu.

Cette Dissertation est imprimée avec deux autres Dissertations Latines du même, sur différens sujets : *Parisiis*, 1676, *in-8*. L'Auteur est mort en 1682.

4050. Dissertation touchant S. Denys l'Aréopagite, Evêque de Paris, extraite de la Dissertation Latine ; par l'Auteur même : *Paris*, 1676, *in-12*.

4051. Joannis LAUNOII, Judicium super Petri Chiffletii Dissertationem de uno Dionysio, &c. [*Parisiis*] 1677, *in-8*.

4052. Opusculum de Sancti Dionysii ætate, totaque chronologia ; quo & suus Parisiensibus Areopagita confirmatur, & huic libri sui vindicantur ; auctore Petro Francisco CHIFFLETIO.

Cet Opuscule se trouve imprimé avec trois autres Opuscules Latins du même Auteur : *Parisiis*, 1679, Martin, *in-8*.

4053. ☞ Appendix de Sancto Dionysio Areopagita & de Sanctâ Genovefâ ; ab eodem CHIFFLETIO.

Se trouve à la fin de l'Ouvrage intitulé, *Bedæ & Fredegarii concordia* : *Parisiis*, 1681, *in-4*.]

4054. De adventu Sancti Dionysii in Gallias, Dissertatio Natalis ALEXANDRI, Ordinis Prædicatorum.

L'Auteur croit que c'étoit S. Denys l'Aréopagite. Sa Dissertation est la sixième du tom. II. de l'Ouvrage intitulé, *Selecta Hist. Ecclesiasticæ capita* : *Parisiis*, 1679, *in-8*. *Ibid.* 1699, 1714, *in-fol.*

4055. De celebri Controversia : An Sanctus Dionysius Parisiensis Episcopus Areopagita ? Quæ de ea doctorum Hominum opinio ?

Quando primùm orta; auctore Gerardo DU BOIS, Congregationis Oratorii Presbytero.

Cet Examen se trouve au chapitre VI. du sixième Livre de son *Histoire Latine de l'Eglise de Paris: Parisiis*, 1690, *in-fol.*

4056. Deux Dissertations de Bernard LABE-NAZIE, contre M. de Launoy, pour prouver la Mission de S. Denys l'Aréopagite dans les Gaules.

Ces Dissertations sont imprimées avec sa *Défense de l'antiquité des Eglises de la France: Agen*, 1696, *in-*12.

4057. La France convertie; par LEON DE SAINT-JEAN, Carme Réformé: *Paris*, Lambert, 1661, *in-*8.

C'est la Vie de S. Denys l'Aréopagite, réduite en une Octave à son honneur. L'Auteur est mort en 1671.

4058. Vie de S. Denys l'Aréopagite, premier Évêque de Paris; par François GIRY, Minime.

Cette Vie se trouve dans son *Recueil des Vies des Saints*, au 9. d'Octobre. Le P. Giry est mort en 1686.

4059. Vie de S. Denys, Apôtre & premier Évêque de Paris, & de ses Compagnons, Martyrs; par Adrien BAILLET.

Cette Vie se trouve dans son *Recueil des Vies des Saints*, au 9. d'Octobre. M. Baillet est mort en 1706.

4060. Vie du même S. Denys; par Sébastien LE NAIN DE TILLEMONT.

Cette Vie se trouve imprimée au tom. IV. de ses *Mémoires pour l'Histoire de l'Eglise*, *pag.* 439-448, & 708-716. L'Auteur est mort en 1698.

4061. Vita Sancti Dionysii Areopagitæ, cum annotationibus pro Parisiensi Episcopatu, & ejus passionis tempore; auctore Laurentio COZZA de Sancto Laurentio, ex Ordine Minorum.

Cette Vie est imprimée avec le Traité que cet Auteur a intitulé, *Vindiciæ Areopagiticæ : Romæ*, 1702, *in*-8.

4062. Nouvelles Observations sur les anciens Actes de S. Denys, &c. par M. l'Abbé LEBEUF. *Dissertations sur l'Histoire de Paris*, 1739, *tom. I. pag.* 40-74.

L'Auteur y fait voir l'origine & peu d'authenticité de ces Actes, aussi-bien que le défaut des autres Piéces qui marquent la Mission de S. Denys par S. Clément, & il indique ensuite ce que l'Abbé Hilduin avoit tiré du Trésor de l'Eglise de Paris, & de quelle maniére lui & ses Disciples défendirent leur nouvelle opinion contre ceux qui lui préféroient Grégoire de Tours.]

4063. La Vie de S. Martial, ou Défense de l'Apostolat de S. Martial & autres, contre les Critiques de ce tems; par BONAVENTURE DE SAINT-AMABLE, Carme Déchaussé; trois volumes *in-fol*; le premier, *Clermont*, Jacquart, 1676; le second, *Limoges*, Charbonier Pache, 1683; le troisième, *Limoges*, Voesin, 1685.

Ce Livre est mal fait & peu exact. Le troisième volume contient l'Histoire & les antiquités du Limosin.

4064. Dissertation de Jean DE CORDES, Chanoine de Limoges, avec la Réfutation.

Cette Dissertation se trouve imprimée dans le tom. I. à la page 146 de l'Ouvrage précédent. Ce Chanoine est mort en 1643.

4065. Dissertatio de tempore quo Sanctus Martialis in Aquitaniam missus est, ex Gallico Joannis CORDESII in Latinum sermonem versa à Francisco Bosqueto.

Cette Dissertation Latine du même, est à la page 50 de la seconde partie de l'*Histoire de l'Eglise de France*, de François Bosquet : *Parisiis*, 1636, *in*-4. & avec le Commentaire de Papebroc, au tom. V. des *Actes des Saints, Juin, pag.* 535, publié par les Continuateurs de Bollandus.

4066. ☞ Mf. Dissertation sur S. Martial, où l'on prétend que la Tradition des Limosins, qui fait envoyer ce Saint par S. Pierre même, est le sentiment le plus probable.

Elle est entre les mains de l'Auteur, M. Joseph NADAUD, actuellement Curé de Teyjac, près de la Ville de Nontron, en Périgord, mais du Diocèse de Limoges. Cet Ecclésiastique ramasse depuis plus de 30 ans tout ce qu'il peut trouver de relatif à l'Histoire Ecclésiastique & Civile de ce Diocèse, soit dans les Archives des Chapitres, Monastères & Minutes de Notaires, soit dans les Livres imprimés.]

4067. ☞ Dissertation de Dom Denys DE SAINTE-MARTHE, sur S. Trophyme d'Arles, qu'il prétend être le même que le Disciple de S. Paul.

Elle est dans la *Préface* de son tom. I. du *Gallia Christiana.*]

4068. ☞ Mf. Dissertation sur la Mission de S. Trophyme dans les Gaules; par M. CIMINY, Chanoine de l'Eglise d'Arles : *in-fol.*

L'original doit être entre les mains de sa famille : il y en a une copie faite sur cet original, dans le Cabinet de M. de Nicolay, à Arles.]

4069. De vera Senonum origine Christiana, adversùs Joannis Launoii criticas observationes Dissertatio, cum *Appendice* adversùs Ludovicum Dupinium ; auctore Hugone MATHOUD, Benedictino Congregationis Sancti Mauri : *Parisiis*, Langronne, 1687, *in*-4.

☞ Cet Auteur est mort à Châlon, âgé de 84 ans, en 1705.]

4070. ☞ Dissertation de M. LEBEUF sur l'époque de l'établissement de la Religion Chrétienne dans le Soissonnois, &c. qui a remporté le prix à l'Académie de Soissons: *Paris*, 1737, *in*-12.

On trouve à la suite dans le même volume, les deux autres Dissertations suivantes, sur le même sujet, & qui ont concouru.]

4071. ☞ Dissertation, &c. par M. DU PERRET, de l'Oratoire, Professeur de Philosophie au Collége de Soissons.]

4072. ☞ Dissertatio Suessionica, &c. par M. RIBAUD DE ROCHEFORT, Avocat en Parlement, demeurant à Ganat, en Bourbonnois.]

4073. Apologie pour les Armoricains & pour les Eglises des Gaules, & particulièrement de la Province de Tours, où l'on fait voir que les Eglises de Bretagne sont plus anciennes que la descente des Bretons dans l'Armorique; & que cette Province a reçu la Foi Chrétienne dans le quatrième siècle de l'Eglise : *Paris*, 1708, *in-*12.

Dom Jean LIRON, Religieux Bénédictin de la Congrégation de S. Maur, est l'Auteur de cette Apologie.

☞ Dom Lobineau ayant entrepris de prouver dans son *Histoire de Bretagne*, que les Armoricains reçurent les lumières de l'Evangile par le ministère des Bretons, avoit communiqué cet endroit à Dom Liron, avant que son Livre fût publié, & ne l'ayant pas trouvé favorable à son sentiment, il avoit profité en secret de ses objections & de ses preuves, pour se rétracter par un carton, sans l'en avertir. Le Père Liron, qui le croyoit toujours dans les mêmes idées, se hâta de composer cette Apologie. Il la fit imprimer aussi-tôt ; & ne se défiant point du changement que D. Lobineau avoit fait à son Ouvrage, il n'oublia pas d'y bien distinguer, par des caractères italiques, les termes mêmes du Livre qu'il critiquoit, & de citer exactement les pages ; mais le Public fut fort étonné de ne rien trouver de tout cela dans le Livre de Dom Lobineau. Celui-ci se plaignit, & accusa son Confrère de mauvaise foi ; mais le Public ne resta pas long-tems dans l'erreur, & rendit justice à Dom Liron. Car l'on découvrit bien-tôt le changement de feuille, parceque plusieurs Exemplaires de l'Ouvrage s'étoient échappés avant que le carton y fût inséré : on en conserve même quelques-uns dans différentes Bibliothèques.

Voyez sur ce Livre, *Mémoires de Trévoux*, 1708, *Juillet.*]

4074. Défense de la nouvelle Histoire de Bretagne, ou Réflexion sur l'Apologie des Armoricains ; par Dom Guy LOBINEAU, Bénédictin de la Congrégation de S. Maur.

Cette Défense est imprimée dans le *Supplément du Journal des Sçavans, de l'année* 1708.

La même, sous ce titre, Contre-Apologie des Armoricains : *Nantes*, Mareschal, 1712, *in-*8.

4075. ☞ Ms. Dissertation historique sur l'époque de la conversion des Atrebates, ou anciens habitans d'Arras, au Christianisme ; lue en 1763 à la Société d'Arras ; par M. l'Abbé DE LYS, Membre de cette Société.

Elle est conservée dans ses Registres, & l'on en trouve un extrait dans le *Mercure*, 1763, *Juillet, pag.* 111.]

4076. ☞ Ms. Dissertation sur l'époque de l'établissement du Christianisme en Auvergne ; par M. RIBAUD DE LA CHAPELLE, de la Société Littéraire de Clermont-Ferrand.

Elle est conservée dans les Registres de cette Société. L'Auteur fixe cette époque à l'an 251 de Jesus-Christ, sous le Consulat de Dece & de Gratus. Saint Stremoine ou Austremoine fut l'Apôtre & le premier Evêque de la Province. M. de la Chapelle pense qu'entre S. Austremoine, & S. Urbique qui lui succéda immédiatement, il y a eu une vacance de Siége considérable, & il en donne les raisons. Il fixe ensuite l'irruption de Crocus en Auvergne, & les Martyres de Cassius & Victorin, à l'année 407.]

4077. ☞ Dissertation sur l'établissement de la Religion Chrétienne à Orléans. *Mercure*, 1754, *Juin*, 1 *vol.*

Cette Dissertation a pour Auteur Joseph BOILLEVE, Chanoine Régulier, & Prieur de la Conception d'Orléans. Elle est divisée en trois Chapitres. Dans le premier, l'on prouve contre les Historiens d'Orléans, que S. Altin n'a point été le premier Evêque de cette Ville qui a reçu la foi à la fin du troisième, ou au commencement du quatrième siècle. Dans le second Chapitre & dans le troisième, on soutient que quoiqu'il y eût beaucoup de Chrétiens & quelques Evêques dans les Gaules dès le second siècle, on ne doit cependant fixer l'époque de l'établissement du Christianisme à Orléans, que vers l'an 250, sous l'Empire de Dece, que le Saint Siége envoya les sept Evêques qui établirent leurs Siéges à Paris, Tours, Narbonne, &c. L'Auteur embrasse ainsi le sentiment de M. de Launoy, & répond aux objections de ses adversaires.]

4078. ☞ Dissertation sur l'établissement de la Foi dans les Gaules en général, & en particulier dans la Normandie ; par M. l'Abbé ESNAULT.

C'est la troisième de ses *Dissertations préliminaires sur l'Histoire de Sais* (ou Séez) : *Paris*, 1746, *in-*12.]

CHAPITRE SECOND.
Vies des Saints de France.

Article premier.

Histoires des Lieux consacrés sous l'invocation de la Vierge.

4079. Déclaration du Roi [Louis XIII.] par laquelle il prend la Sainte Vierge pour Protectrice spéciale de son Royaume, le 10 Février 1638 : *Paris*, 1638, *in-*8.

4080. Déclaration du Roi [Louis XIV.] faite en 1650, en confirmation de celle de Louis XIII. &c. *Paris*, 1650, *in-*4.

☞ Lettre de Louis XV. à l'Archevêque de Paris, du premier Août 1738, pour renouveller en cette année centenaire le Vœu de Louis XIII. &c. *Mercure*, 1738, *Août, pag.* 1850.]

4081. * Calendrier historial de la très-Sainte Vierge; par de Saint-Perés.

Il se trouve à la tête des *Heures de la Sainte Vierge* : *Paris*, 1671, *in-*8. On y voit pour chaque jour de l'année une dédicace, une fondation, faite en l'honneur de la Sainte Vierge, ou un Miracle : il y en a cent trente-deux qui regardent la France.

☞ On peut voir encore deux Ouvrages, où il est question de divers lieux en France consacrés sous l'invocation de la Sainte Vierge, au milieu de quantité d'autres qui sont répandus dans le monde Chrétien. L'un de ces Ouvrages a pour titre : *Atlas Marianus, sive de Imaginibus Deiparæ per Orbem Christianum miraculosis ;* à *Guill.* Gumppenberg, S. J. Ingolstadii, 1653, *in-*12. L'autre également intitulé : *Atlas Marianus*, est de Henri *Scherer*, aussi Jésuite, & forme la Partie II. de son *Atlas novus*, &c. *Augustæ Vindelic.* 1700, & *Monachi*, 1730, *in-*4. 7 vol.]

4082. ☞ Recherche de l'origine, antiquité, prérogative & économie de la grande Confrairie de la Vierge : *Paris*, Rocolet, 1660, *in-*8.]

4083. ☞ Règles de la Société, ou Confrairie établie entre les Militaires, sous la protection de la Sainte Vierge, avec des Cantiques spirituels, imprimés par les soins du Père Roche, Cordelier, Aumônier du Régiment de la Couronne, sur l'imprimé à Ruremonde: *Metz*, Antoine, 1703, *in-*12.]

4084. ☞ Des Congrégations de Notre-Dame, érigées dans les Maisons des Pères de la Compagnie de Jesus : *Paris*, 1694, *in-*12.]

4085. Origine & Fondation de la Chapelle de Notre-Dame des Anges, dans la Forêt de Livry, l'an 1212 : [*Paris*, 1621, *in-*16.] *Paris*, 1672, *in-*24.

4086. ☞ Etablissement de la Confrairie de Notre-Dame des Anges dans la Forêt de Livry : *Paris*, 1698, *in-*12.

Fondation de la même Confrairie : *Paris*, 1721, *in-*16.]

4087. * Historia & miracula D. Virginis in Arlebeke prope Helmondam (in Brabantia) ; auctore Joanne Bucselino, Helmondano, S. Gaurici Bruxellis Pastore : *Silvæ-Ducis*, 1614, *in-*8.

4088. Lettre de M. l'Evêque d'Angers, touchant les miracles de Notre-Dame des Ardilliers : 1595, *in-*8.

4089. Histoire de l'origine de l'Image de Notre-Dame de la Fontaine des Ardilliers, près de Saumur en Anjou : *Saumur*, 1645, *in-*8.

La même, augmentée depuis 1644, jusqu'en 1657 : *Saumur*, 1657, *in-*8.

4090. * Histoire d'un Miracle advenu à Notre-Dame des Ardilliers, à l'arrivée de la Reine-Mère à Saumur, avec le rapport de M. Citois, Docteur en Médecine à Poitiers : *Saumur*, René Hernault, 1619, *in-*8.

La même Histoire, mais moins ample : *Paris*, Michel Sonnius, 1619, *in-*8.]

4091. ☞ Récit d'un Miracle fait en la Chapelle de Notre-Dame des Ardilliers, en la personne de Marguerite Loyseau, au mois de Mai 1626, & trois autres Miracles avenus sur Mer ensuite des vœux faits avant de venir audit lieu des Ardilliers : *Saumur*, Hernault, *in-*8.]

4092. Diva Virgo Aspricollis ; Miracula ejus nova ; auctore Justo Lipsio : *Antverpiæ*, 1604, *in-*4.

Ce même Traité se trouve dans le tom. III. des *Œuvres de Lipse* : *Antverpia*, 1637, *in-fol.* Il est mort en 1606.

4093. Le Trésor inconnu découvert par le Panégyrique d'une Image de la Mère de Dieu, conservée à Bargemons en Provence ; par le Père Raphael, Augustin Déchaussé : *Aix*, Provence, 1641, *in-*12.

C'est l'Histoire de divers Miracles attribués à cette Image de la Sainte Vierge, apportée de Flandres en 1635.

4094. ☞ Règles de la Congrégation de Notre-Dame, érigée dans le Collége des Jésuites de Bar-le-Duc: *Toul*, 1667, *in-*12.]

4095. Histoire du Prieuré de Notre-Dame de Bellefontaine ; par Philippe Chifflet, Prieur & Seigneur du lieu : *Anvers*, Moret, 1631, *in-*4.

La même, traduite en Latin, sous ce titre : Eryc*ii Puteani Diva Virgo Bellifontana in Scquanis, loci ac pietatis Descriptio, originem, incrementa, seriemque Hierotoparcharum complectens : *Antverpiæ*, 1631, *in-4*.

Ce Prieuré de Notre-Dame de Bellefontaine, n'est plus considéré que comme un lieu de dévotion.

4096. Les Monumens de l'ancienne dévotion de Notre-Dame de Bellefontaine, par Antoine DE SAINT-FRONT, Religieux Feuillant, Prieur de cette Maison : *Angers*, 1652, *in-12*.

Cet Auteur est mort en 1673.

4097. La Vie & Miracles de Notre-Dame de Benoisteuze [ou Benoistevaux] : *Verdun*, 1644, *in-8*.

☞ Le P. Calmet, dans sa *Bibliothèque de Lorraine*, mot *Anonyme*, indique un Ouvrage sur le même endroit, sous le titre suivant :

Histoire & Miracles de Notre-Dame de Benoitevaux, Diocèse de Verdun : *Verdun*, Dubois, 1644, *in-16*.]

4098. Histoire de Notre-Dame de Beth-Aram, dans le Béarn (Diocèse de Lescar); par Pierre DE MARCA : *Beth-Aram*, 1648, *in-8*.

4099. Discours des Miracles faits en la Chapelle de Notre-Dame de Bethléhem, en l'Abbaye de Ferrière en Gâtinois, avec les antiquités de cette Abbaye; par Guillaume MORIN, Grand Prieur de cette Abbaye : *Paris*, Verac, 1605, *in-12*. [1647, *in-4*.]

☞ La même, sous ce titre : La naissance de la Chapelle de Bethléhem, fondée en l'Abbaye de Ferrière en Gâtinois, avec les titres & chartes; par le même : *Paris*, Sévestre, 1611, *in-8*. & Blaisot, 1613, *in-8*.]

4100. La Confrairie Royale des Rois de France, instituée en la Chapelle de Notre-Dame de Bethléhem, de la Ville de Ferrière en Gâtinois, Diocèse de Sens; nouvellement rétablie par le commandement du Roi Louis le Juste, pour augmenter la dévotion de ses Sujets envers la Vierge : *Paris*, 1621, *in-8*.

4101. Les Merveilles de Notre-Dame de Bethléhem de Ferrière; par D. Jean-Firmin RAINSSANT, Religieux Bénédictin de la Congrégation de saint Maur : *Paris*, *in-12*.

☞ Cet Auteur est mort en 1651.]

4102. ☞ Les Merveilles de Notre-Dame de Bethléhem de Servières; par D. Claude BRETAGNE.

Voyez la *Bibliothèque des Auteurs de Bourgogne*, *pag*. 105.]

4103. Historica Descriptio sanctæ Mariæ Beuricensis supra Treviros; auct. Jacobo POLIO, ex Ordine Minorum : *Coloniæ*, Clementis, 1640, *in-8*.

4104. ☞ Sommaire de l'antiquité des principaux Temples dédiés à la Mère de Dieu, & nommément de la Chapelle érigée à sa gloire au Bourg du Blancmesnil, du règne du Roi Jean, en 1353 : *Paris*, 1660, *in-4*.]

4105. Histoire de Notre-Dame de Bonenconstre, sous ce titre : L'heureuse rencontre du Ciel & de la Terre, en l'invention miraculeuse de l'Image de la Mère de Dieu, honorée sous ce titre en l'Eglise du Tiers-Ordre de saint François; par Vincent, de Rouen, Religieux du Tiers-Ordre : *Toulouse*, 1642, *in-8*.

Ce Lieu de dévotion est dans le Diocèse d'Agen.

4106. ☞ Histoire de Notre-Dame de Bon-Espoir, dont l'Image miraculeuse, qui est dans l'Eglise Paroissiale de Notre-Dame, est en grande vénération dans la Ville de Dijon, depuis plus de huit siècles : cette Histoire renferme plusieurs traits qui regardent celle de Dijon; on y trouve l'origine des Confrairies, sur-tout de celle qui est établie à Notre-Dame en l'honneur de la Sainte Vierge; des Réglemens pour cette Société, &c. (par M. l'Abbé GAUDRILLET) : *Dijon*, 1633, *in-8*.]

4107. ☞ Institution de la Confrairie Royale de Notre-Dame de Bonne-Délivrance, avec l'Office; donnée au Public par Laurent FEVAL : *Paris*, Mergé, 1729, *in-12*.]

4108. ☞ Réglement pour les Porteurs des Reliques, en la Procession de Notre-Dame de Bonne-Délivrance : *Paris*, 1627, *in-8*.]

4109. ☞ Prières & Instructions à l'usage de la Confrairie Royale de la Sainte Vierge, S. Sébastien & S. Roch, érigée en l'Eglise de l'Hôpital Royal des Quinze-Vingts de Paris; par le Sieur RACINE : *Paris*, Robustel, 1728, *in-12*.]

4110. ☞ Lettre sur l'Eglise de Notre-Dame de Bon-Secours, fauxbourg saint Antoine, à Paris. *Année Littéraire*, 1761, tom. V. pag. 211.]

4111. Les Miracles de Notre-Dame de Bon-Secours lès-Nancy; par Nicolas JULLET, Minime : *Nancy*, 1630, *in-8*.

☞ Les mêmes : *Nancy*, 1734, *in-8*.]

4112. ☞ Recueil des Graces & Faveurs de Notre-Dame de Bon-Secours, honorée dans sa Chapelle, bâtie sur le Mont de Péruwelz en Hainaut; par un Religieux Brigittain : *Tournay*, 1667, *in-12*.]

4113. Histoire de l'ancienne Image de Notre-Dame de Boulogne; par le P. ALPHONSE, Capucin : *Paris*, Lamy, 1634. [*Ibidem*, 1654.]

☞ Il n'y a de changé dans cette seconde édition que le Titre & l'Epître Dédicatoire.]

4114. Histoire de Notre-Dame de Boulogne sur Mer, dressée sur plusieurs Chartes, His-

Lieux de dévotion à la Sainte Vierge. 263

toires, Chroniques, Titres, Regiſtres & Mémoriaux de la Chambre des Comptes de Paris & de Lille en Flandres; par Antoine le Roy, Archidiacre & Official de Boulogne: *Paris*, Audinet, 1681, *in*-8.

Septième édition: *Paris*, 1704, *in*-12.

4115. Hiſtoire de Notre-Dame de Bruguières: *Toulouſe*, 1644, *in*-8.

4116. * Virgo Burgueriana.

Cette Hiſtoire eſt imprimée pag. 244 des *Monum. Conventûs Tholoſani*: *Tholoſa*, 1693, *in-fol*.

4117. * Brabantia Mariana tripartita; Authore Auguſtino Wichmans: *Antverpiæ*, 1632, *in*-4.

4118. Laca Bruxellenſe ſuburbanum cultu & prodigiis Deiparæ celebris à Normannorum temporibus; per Joannem Antonium a Gurnez, Congregationis Oratorii Presbyterum: *Bruxellæ*, 1647, *in*-4.

4119. ☞ Hiſtoire des Miracles qui ſe ſont opérés à Notre-Dame de Bugloſe, &c. *Bordeaux*, de la Court, 1713, *in*-12.

La même, ſous ce titre: Hiſtoire de la ſainte & illuſtre Chapelle de Notre-Dame de Bugloſe, &c. *Bordeaux*, de la Court, 1718, *in*-12.

Vérification faite, c'eſt le même Ouvrage, & la même édition: la différence qui paroît dans le titre & dans la date, ne doit s'attribuer qu'à l'Imprimeur. Cette Chapelle, autrefois deſſervie par les Curés de Poy, fut cédée en 1706, aux Prêtres de la Miſſion, par M. d'Abadie, Evêque d'Acqs; & par M. de Bethbéder, qui ſe démit en même-tems de ſa Cure de Poy en faveur de cette Congrégation. Poy eſt le lieu de la naiſſance de ſaint Vincent de Paul, Inſtituteur des Prêtres de la Miſſion.]

4120. ☞ Hiſtoire de la ſainte Chapelle & des Miracles de Notre-Dame de Bugloſe: *Bordeaux*, Boudé, 1726, *in*-12.

Il y a beaucoup plus d'ordre & de détail dans cette dernière Hiſtoire de Notre-Dame de Bugloſe. L'Auteur ne fait aucune mention de l'Ouvrage précédent: il ſe contente de déclarer dans la Préface de ſon Livre, qu'il a écrit l'Hiſtoire qu'il donne au Public, ſur les *Mémoires & les Procès-verbaux authentiques qu'on lui a fournis, & qu'on conſerve religieuſement dans les Archives de Notre-Dame de Bugloſe*.]

4121. Hiſtoriæ Camberonenſis, pars prior, ſive Diva Camberonenſis à Judæo perfido quinquies icta & cruentata, duobus diſtincta libris, &c. auctore Antonio le Waitte, Abbate Camberonenſi: *Pariſiis*, Cramoiſy, 1672, *in*-4. fig.]

4122. ☞ Hiſtoire de Notre-Dame de Ceignac; par Antoine Cavaignac, Jéſuite: *Rhodez*, Deſclaux, 1627, *in*-12.]

4123. ☞ Mémoires pour ſoutenir la Relique de Notre-Dame de Châlons, envoyés par un Paroiſſien de cette Egliſe, à M***, Avocat: *Paris*, *in*-8.]

4124. Parthénie, ou Hiſtoire de la très-auguſte & très-dévote Egliſe de Chartres, dédiée par les vieux Druides, en l'honneur de la Vierge qui enfanteroit, &c. par Sébaſtien Rouilliard, Avocat à Melun: *Paris*, 1609, *in*-8.

Cet Avocat eſt mort en 1639.

4125. Hiſtoire de la même Egliſe; par Vincent Sablon: *Orléans*, 1671, *in*-12.

4126. ☞ J. Commirii S. J. Ara Druidum Virgini pariturae ſacra: Carmen, cum cæteris Auctoris operibus: *Pariſiis*, Barbou, 1753, *in*-12. Tom. I. Lib. II. pag. 90.]

4127. Approbation & confirmation Apoſtolique de la Confrairie & Aſſociation, & Statuts de la noble & dévote Confraternité de la Conception Notre-Dame, inſtituée à préſent en l'Egliſe de Notre-Dame du Carme, à Rouen; avec octroi de grands Pardons, Indulgences, Conceſſions & Priviléges donnés & concédés reſpectivement à perpétuité & irrévocablement par N. S. Père le Pape moderne, aux Princes, Maîtres, Confrères & Aſſociés, & autres Bienfaicteurs, Zélateurs augmentateurs du bien & honneur de ladite Confraternité; enſemble la teneur deſdits Statuts & Ordonnances: imprimé après 1520, *in*-8. gothiq.

Il y a les ſtations & indulgences. Le premier Dimanche de l'Avent xxviii. mille ans d'indulgences, &c.]

4128. ☞ Le Puy de la Conception de Notre-Dame, fondé au Couvent des Carmes à Rouen; ſon origine, érection, ſtaturs & confirmation: 1614, *in*-8.]

4129. ☞ Pièces de Poëſies Françoiſes & Latines, qui ont remporté, en 1732, les Prix à l'Académie de l'immaculée Conception, fondée au Couvent des Carmes de Rouen; avec une Préface hiſtorique ſur l'origine & les progrès de cette Académie: *Rouen*, Cabut, *in*-8.]

4130. Hiſtoria de ortu, progreſſu & gloria miraculoſæ Imaginis beatæ Mariæ Virginis Brevis-ſylvæ vulgò de Cortenboſch dictæ, Leodienſis Diœceſis, anno 1642; auctore Adriano Huberti, ex Ordine Minorum.

Cette Hiſtoire eſt citée par Wading, dans la Bibliothèque des Ecrivains de ſon Ordre. L'Auteur vivoit en 1625.

4131. ☞ Julii Chiffletii, Canonici Biſuntinenſis, de ſacris inſcriptionibus quibus tabella Divæ Virginis Cameracenſis illuſtratur, Lucubratiuncula: *Antverpiæ*, 1649, *in*-4.

Le Père Niceron, tom. XXV. pag. 170, attribue ce petit Ouvrage à Jean Chifflet, Avocat à Beſançon, & frère de Jules.]

4132. Le Pèlerin de Notre-Dame du Cheſne, en Anjou: *La Flèche*, 1625, *in*-12.

4133. * De l'ancienne dévotion envers Notre-Dame du Cheſne, proche d'Hulſt (en Flandre); par Léger Cardon, Paſteur d'Hulſt: *Gand*, 1614, *in*-8.

4134. ☞ Mémoire de l'établiſſement de la

Chapelle & Hermitage de Notre-Dame de Consolation, en la Forêt de Senart; par le Frère PACÔME : *Paris*, 1703, *in-4*.]

4135. ☞ Abrégé des Miracles de Notre-Dame de la Couture, de la Ville de Bernay; par M. BERTRE : *Rouen*, 1667, *in-12*.]

4136. De l'Antiquité de l'Eglise de Notre-Dame de la Daurade, à Tolose, & autres Antiquités de la Ville, illustrées de diverses observations & singularités remarquables; par Jean DE CHABANEL, Tolosain, Docteur en Théologie, Recteur de la même Eglise : *Tolose*, Colomiez, 1621, *in-8*.

4137. De l'état & police de la même Eglise [où sont insérés tous les Arrêts de la Cour, donnés sur le Réglement de la même Eglise]; par le même : *Tolose*, Boude, 1623, *in-8*.

☞ Le dernier Livre regarde la régie de cette Eglise, & donne de grands avantages au Curé sur les Religieux, en faveur desquels l'Auteur n'écrivoit assurément pas.]

4138. ☞ L'ancienne Fondation de la Chapelle de Notre-Dame de Bonne-Délivrande (Paroisse de Douvre, Diocèse de Bayeux, près de la Mer); par F. G. FOSSARD : *Caen*, Briard, *in-12*.

4139. Histoire de l'Eglise de Notre-Dame de la Dresche, contenant son origine & les Miracles qui s'y sont faits; par Honoré MOURRE : *Albi*, 1671, *in-12*.

4140. ☞ Histoire de Notre-Dame d'Estang; par le Père Basile BORDES, Prêtre & Ermite en la même Chapelle : *Dijon*, 1632, *in-12*.

Cette Image est déposée dans une Eglise ou Chapelle située à deux lieues de Dijon, au-dessus du Village de la Cude, sur la route de Paris, sur la croupe & près du sommet d'une montagne fort élevée. Elle est desservie par les Pères Minimes, qui y ont un Couvent.]

4141. Le dévot Pélerinage de Notre-Dame de Folgoët; par un Religieux Carme (Cyrille LE PUMEC) : *Morlaix*, 1635, *in-12*.

Cette dévotion est dans le Diocèse de Saint-Paul, en Basse-Bretagne.]

4142. Historia inventionis & miraculorum beatæ Mariæ Virginis Foyensis; auctore Petro BOVILLO, Societatis Jesu : *Duaci*, 1620, *in-8*.

Histoire de la découverte & des merveilles de Notre-Dame de Foy, trouvée dans un Chêne, près de la Ville de Dinant, au Diocèse de Liége, l'an 1600; par Pierre BOUILLE, Jésuite, *Toul*, 1628, *in-8*.

4143. Miracles de Notre-Dame de Foy; par Augustin DESMONTS, Chanoine Régulier : *Douay*, 1628, *in-8*.

4144. ☞ Abrégé des merveilles de l'Image miraculeuse de Notre-Dame de Foy, honorée dans l'Eglise des Augustins d'Amiens : *Amiens*, 1650, *in-8*.]

4145. ☞ Les merveilles de Notre-Dame de Garason; par Pierre GEOFFROY : *Bordeaux*, 1607, *in-12*.]

4146. De Diva Virgine Garazonia; auctore Joanne Henrico AUBERIO : *Tolose*, 1619, *in-4*.

4147. Le Lys de Val de Garaison, ou l'Histoire de Notre-Dame de Garaison, Diocèse d'Ausch, & des Miracles qui s'y sont faits; par Etienne MOLINIER, Prêtre : *Toulouse*, 1646, 1700, *in-12*.

4148. ☞ Histoire abrégée des merveilles opérées dans la sainte Chapelle de Notre-Dame de Gray, &c. *Gray*, Couad, 1757, *in-12*.]

4149. * Discours touchant la fondation de la Chapelle de Notre-Dame de la Guarison à Ruffé; par Louis TEXIER, Prieur d'Hallone : *Saumur*, 1648, *in-8*.

4150. Diva Virgo Hallensis, beneficia ejus & miracula, fide & ordine descripta; auctore Justo LIPSIO : *Antverpiæ*, 1604, *in-4*.

La même Description se trouve dans le tom. III. de ses *Œuvres* : *Antverpiæ*, 1637, *in-fol*.

☞ Histoire de Notre-Dame de Halle; par Juste LIPSE, traduite du Latin par le F. M. REMY, Récollet : *Bruxelles*, 1680, *in-12*.]

4151. Histoire de Notre-Dame de Halle; par Claude MAILLARD, Jésuite : *Bruxelles*, 1631 : *Paris*, 1651.

Cet Auteur est mort en 1655.

4152. ☞ Histoire de l'origine, du progrès & de l'état présent de la sainte Chapelle de Notre-Dame des Hermites, en l'Abbaye d'Einsidle, Ordre de S. Benoît (Diocèse de Besançon); recueillie & dressée par M. Cl. JACQUET : *Einsidle*, 1686, *in-8*.]

4153. HERMANNI, Monachi coætanei Guiberti Abbatis de Novigento, de Miraculis beatæ Mariæ Laudunensis, Libri tres.

Ces trois Livres sont imprimés à la fin des *Œuvres* de Guibert, Abbé de Nogent, *pag.* 526 : *Parisiis*, 1651, *in-fol*.

☞ Herman, qui a fleuri vers le milieu du treizième siècle, paroît trop crédule.]

4154. Les Miracles de Notre-Dame de Liesse, & comme elle fut trouvée & nommée : *Paris*, 1555 : *Troyes*, Boutard.

4155. ☞ Histoire, comment l'Image de Notre-Dame de Liesse fut nommée : *Paris*, 1557, *in-8*.]

4156. Historia miraculis & prodigiis variis illustrata Imaginis Dei-paræ Virginis Exhilaratricis in Picardia.

Cette Histoire, traduite du Latin de Jacques BOSIO, Chevalier de Malthe, est imprimée dans le cinquième Livre des *Miracles de la bienheureuse Vierge Valdrade Léon* : *Duaci*, 1606, *in-16*.

4157. ☞ Miracula B. Virginis Exhilaratricis in Picardia; per Walerandum CAOULT : *Duaci*, 1706, Bosquardus, *in-8*.]

4158. Histoire de la belle Image de Liesse, dans le Diocèse de Laon; par Claude LE BRUN,

Lieux de dévotion à la Sainte Vierge. 265

BRUN, Jurisconsulte, Beaujolois : *Lyon*, Rigaud, 1615, *in*-12.

4159. ☞ Miracula quæ ad invocationem V. M. apud Tungros, Camberones & Servios in Hannoniâ, ad Dominam Gaudiorum in Picardia, vulgò, *N. D. de Liesse*, dictam, effulsere, ab anno 1081, ad annum 1605 : *Duaci*, 1606, *in*-12.]

4160. Histoire & Miracles de Notre-Dame de Liesse ; par G. DE MACHAULT : *Paris*, Février, 1617, *in*-12. [*Reims*, Moreau, 1629.]

4161. L'Image de Notre-Dame de Liesse, ou son Histoire authentique ; par René DE CERIZIERS, Jésuite : première partie : *Reims*, Constant, 1622, *in*-12.

4162. La Piété Françoise vers la sainte Vierge Marie, Mère de Dieu, Notre-Dame de Liesse ; par Attus DU MONSTIER, de Rouen, Religieux Récollet : *Paris*, 1637, *in*-8.

Ce Religieux est mort en 1662. Son Livre contient quelques particularités de la Picardie.

4163. Le vrai Trésor de l'Histoire sainte, sur le Transport miraculeux de l'Image de Notre-Dame de Liesse, nouvellement composé par quatre Pellerins, faisant ce Voyage l'an 1644, en vers : *Paris*, 1646, *in*-8. *Ibid.* Estienne, 1647, *in*-8.

Le même Livre, sous ce titre : Histoire miraculeuse de Notre-Dame de Liesse : *Paris*, 1648, 1657, 1661, *in*-12. *Ibid*. 1678, *in*-8. *Ibid*. 1678, 1692, *in*-24.

L'Auteur de cette Histoire se nomme DE SAINT-PERE'S, Trésorier de la Gendarmerie du Roi.

4164. Histoire de Notre-Dame de Liesse ; par (Etienne-Nicolas) VILETTE, Grand Archidiacre de Laon : *Laon*, Renusson, 1708, *in*-8. fig.

☞ Cette Histoire ne diffère guères, pour le fonds, de celle de Saint-Perès, à quelques additions & corrections près ; mais le Discours préliminaire sur cette Histoire & sur l'antiquité de la Chapelle de Liesse, est nouveau & fort étendu. Il y a dans cette édition plusieurs figures qui sont gravées par Thomassin.]

4165. ☞ Lettre de M. à D. sur l'époque de la Dédicace de la Chapelle de Notre-Dame de Liesse. *Journal de Verdun*, 1753, Novembre, pag. 369-376.]

4166. Véritable Histoire de Notre-Dame de Liesse & de Consolation, communément appellée Maubranche, à deux lieues de la Ville de Bourges ; par François BERTHET, Religieux Carme, Docteur en Théologie : *Paris*, 1654, *in*-8.

☞ Le Père Berthet étoit natif de Vierzon.]

4167. Les Tableaux sacrés de la Vierge, avec l'Histoire de l'Image miraculeuse de Notre-Dame de Liesse, proche de Narbonne ; par Louis BARBIER, Hermite de ladite Chapelle : *Toulouse*, 1619, *in*-12.

4168. Le saint Pélerinage de Notre-Dame des Lumières, Histoire concernant les commencemens, le progrès, l'état & les Miracles de l'admirable dévotion de la sainte Chapelle de Goult, en Provence, Evêché de Cavaillon ; par MICHEL DU S. ESPRIT, Commissaire général des Carmes en Provence : *Lyon*, Grégoire, 1666, *in*-12.

4169. ☞ Histoire de Notre-Dame de Luxembourg. *Luxembourg*, 1724, *in*-12.]

4170. ☞ Justi LIPSII Diva Virgo Sichemiensis, seu Aspricollis, &c. *Antverpiæ*, 1605, *in*-4.]

✱ Histoire miraculeuse de Notre-Dame de Montaigu en Brabant ; écrite en Latin par JUSTE LIPSE, & traduite en François par le Père Pierre Reboul, Jésuite : *Tournon*, Linocier, *in*-12.

4171. ☞ Histoire des Miracles arrivés par l'intercession de la sainte Vierge, au lieu dit Montaigu, près la Ville de Sichem, au Duché de Brabant, tirée des actes & informations sur ce prises par Philippe NUMAN, par ordre de l'Archevêque de Malines : *Bruxelles*, Velpius, 1606 & 1607, deux parties, *in*-8. 1664, *in*-12.]

4172. Diva Virgo Mediopontana apud Markæsiam Agri Peroniensis adumbrata primùm rudi penicillo, vivis coloribus mox imbuenda : labore & studio Jacobi LE VASSEUR, Decani Ecclesiæ Beatæ Mariæ Noviomensis : *Parisiis*, Jacquin, 1622, *in*-8.

4173. Le Pélerinage de Notre-Dame de Moyen-Pont ; par Jean BOUCHER, de l'Ordre des Minimes : *Paris*, Cramoisy, 1622, *in*-8.

Cet Auteur est mort en 1635.

4174. ☞ Histoire de la fondation de la Chapelle de Notre-Dame des Miracles, qui est dans l'enclos de l'Abbaye de S. Maur des Fossés ; par le Père IGNACE DE JESUS-MARIA, Carme Déchaussé.

Elle se trouve dans la Vie de S. Maur : *Paris*, 1640, *in*-8.]

4175. Histoire de Notre-Dame des Miracles à Saint-Omer ; par Martin COUVREUR, Jésuite : *Saint-Omer*, 1647, *in*-8.

Ce Père est mort en 1648.

4176. ✱ De la dévotion des peuples envers l'Image de Notre-Dame de Mongères, dans l'Eglise des Frères Prêcheurs ; par Jean BENDIO, Dominicain : *Béziers*, Martel, 1649, *in*-12.

☞ Ce lieu de dévotion est proche de Béziers.]

4177. ☞ Discours historique touchant l'Image miraculeuse de Notre-Dame de Mont de Vy, à Vic : *Bordeaux*, Dubres, 1604, *in*-8.]

4178. ☞ Histoire de l'Eglise, de l'Image, du Monastère & des Miracles de Notre-Dame de Mont-Roland ; (par D. Simplicien GODY, Bénédictin de la Congrégation de S. Vannes, Prieur de S. Vincent à Besançon) dernière édition, revue & corrigée : *Besançon*, 1651, *in*-8.

Tome I.

Le Mont Roland est situé au-dessus de la Ville de Dôle, du côté d'Auxonne. L'Auteur prétend qu'il tire son nom de Roland, Comte d'Angers, neveu de Charlemagne, qui vint visiter la Chapelle de la Vierge, & qui y établit des Religieux de saint Benoît pour la desservir. Il décrit le Mont Roland & l'Eglise. L'Image de la Vierge révérée dans cette Eglise, est de bois, de la hauteur de deux pieds. Elle y fut placée, selon quelques-uns, par saint Luc; selon d'autres, par saint Ferréol, vers le commencement du troisième siècle; mais plus vraisemblablement, dans les années qui suivirent la conversion de Constantin. L'Auteur s'étend ensuite sur les Miracles qui y ont été opérés, & sur le culte qu'on y rend à la sainte Vierge.

Dom Calmet, dans sa *Bibliothèque Lorraine*, attribue encore au même Père Gody, un autre Livre sur l'origine de la Chapelle de Mont Roland, & sur le transport de l'Image miraculeuse de la sainte Vierge, fait en 1636, du Mont Roland, à Auxonne, d'où elle fut rapportée au Mont Roland en 1649.]

4179. Diva Virgo Mosæ-Trajectensis; auctore Henrico SEDULIO, Minoritâ: *Antverpiæ*, 1609, *in*-8.

Sédulius est mort en 1621.

4180. ☞ Histoire de Notre-Dame de S. George de Nancy, dite Notre-Dame de Bonne-Nouvelle.

Elle est citée dans la *Bibliothèque Lorraine* du Père Calmet, au mot *Anonyme*.]

4181. Histoire de l'Image de Notre-Dame de Nazareth; par Richard GUILLOUZOU, Jacobin: *Rouen*, 1655, *in*-12.

Le Père Guillouzou est mort en 1678. Le lieu de dévotion, dont il a fait l'Histoire, est dans le Diocèse de Saint-Malo.

4182. Diva Virgo Ommelensis, Astensis dominii, versibus; auctore Gerardo JACOBI: *Lovanii*, 1617, *in*-4.

L'Auteur a renfermé chaque Miracle dans un seul vers.

4183. ☞ Histoire de l'Image miraculeuse de Notre-Dame d'Ounoz, près d'Orgelet; en Franche-Comté; par le Père JOLI DE SAINT-CLAUDE, Capucin: *Besançon*, Bogillot, 1757, *in*-12.]

4184. Relation des Miracles de Notre-Dame de l'Ozier, en Latin & en François; par [Pierre] BOISSAT: *Lyon*, 1659, *in*-8.

L'Auteur, qui a été de l'Académie Françoise, est mort en 1668. Laurent de Sainte-Madeleine, Carme-Déchaussé, a composé une pareille Histoire, au rapport de Guy Allard, *pag*. 135 de sa *Bibliothèque du Dauphiné*.

4185. ☞ Les justes plaintes & les tristes gémissemens des élémens & des arbres animés contre la dureté des cœurs, & consolés par les Miracles de Notre-Dame de l'Ozier; par HIEROSME DE SAINTE-PAULE, Augustin Déchaussé: *Lyon*, Deville, 1670, *in*-8.]

4186. Le Pélerinage de Notre-Dame de Paix; au Village de Ficulaine, dans le Diocèse de Noyon: *Paris*, 1660, *in*-12.

4187. ✳ Histoire de ce qui s'est passé de plus remarquable à l'occasion d'une Image de la sainte Vierge, nouvellement trouvée dans le Village de Ficulaine, & des effets merveilleux que Dieu y a fait paroître: *Saint-Quentin*, 1662, *in*-12.

Cette Histoire est de Charles BOURDIN, Chanoine & Archidiacre de Noyon, & Grand-Vicaire du Diocèse.

4188. Fondation de la Chapelle de Notre-Dame de la Paix: *Rouen*, Maurry, 1639, *in*-4.

☞ Le titre véritable est:

Le Vœu de la Reine, ou la Fondation de la Chapelle de Notre-Dame de la Paix, sise à Sahurs (Diocèse de Rouen), &c.]

4189. ☞ Histoire de Notre-Dame de la Paix, dont l'Image est aux RR. PP. Capucins de la rue S. Honoré (à Paris); par le R. P. MEDARD, Capucin: *Paris*, 1681, *in*-12.]

4190. ☞ Statuts de la Maison & Compagnie de Notre-Dame de Pitié, instituée (à Paris) par Henri III. *Paris*, Mettayer, 1586, *in*-8.]

4191. ☞ Histoire des Miracles qui se sont faits par l'entremise de la Sainte Vierge, en la première restauration de l'Eglise de l'Abbaye de Saint-Pierre sur-Dive, environ l'an 1140, tirée d'un ancien manuscrit d'Haymon, Abbé de la même Abbaye, & traduit en François par Jean-Bernard PLANCHETTE, Religieux Bénédictin de la Congrégation de S. Maur: *Caen*, 1671, *in*-12.

4192. ☞ Abrégé historique de l'Eglise de Notre-Dame de Pontoise: *Troyes*, Micholin, 1702, *in*-8.]

4193. ☞ Abrégé de l'Histoire de l'Eglise de Notre-Dame de Pontoise, appellée la Santé aux malades: *Rouen*, Cabut, 1718, *in*-8.]

4194. ✳ Histoire de l'Image miraculeuse de Notre-Dame de Pradelles (dans le Diocèse de Viviers) & de la dévotion qu'on y porte, & ensuite des Miracles qui se font dans la sainte Chapelle; par Pierre GEYMAN, Dominicain: *Au Puy-de-la-Garde*, 1672, *in*-12.

4195. Historia dedicationis Ecclesiæ Podii Aniciensis in Vellavia, sacræque Mariæ Virginis, ibi per longa temporum curricula veneratæ, constructionis & translationis; auctore Jacob DAVID, Juris utriusque Doctore: *Avenione*, de Esam, 1516, *in*-4.]

4196. ☞ Ms. Histoire de Notre-Dame du Puy, en Auvergne (ou en Vélay).

Cette Histoire est conservée dans la Bibliothèque du Roi, N.° 1340, selon le Père Labbe, *p*. 332 de sa *Nouvelle Bibliothèque de Manuscrits: Paris*, 1653, *in*-4.]

4197. Discours de la dévotion de Notre-Dame du Puy en Vélay [& plusieurs Remarques concernant l'Histoire des Evêques de Vélay]; par Odo DE GISSEY, Jésuite: *Lyon*, Muguet, 1620, *in*-12. [*Au Puy*, Varoles, 1644, *in*-8.]

Cet Auteur est mort en 1643.

4198. La Véleyade, ou délicieuse merveille de l'Image de Notre-Dame du Puy en Vélay;

décrite en vers; par Hugues DAVIGNON, Avocat en la Sénéchauffée du Puy : *Lyon*, Muguet, 1630, *in*-8.

4199. ☞ Histoire de l'Eglise Angélique de Notre-Dame du Puy; par Franç. Théodore BOCHART DE SARRON, de Champigny, Hermite : *Au Puy*, 1693, *in*-8.]

4200. Histoire de Notre-Dame de Rochefort : *Toulouse*, 1671, *in*-8.
Cette Histoire a été composée par Dom Joseph MEGE, Bénédictin de la Congrégation de Saint Maur, décédé en 1691.

4201. Histoire de Notre-Dame de Roquemadour; par Odo DE GISSEY, Jésuite : *Toulouse*, 1632, *in*-12.

4202. Virgo Romigera seu Manuescensis; auctore Joanne COLUMBI, Societatis Jesu Presbytero.
Ce Traité est imprimé à la pag. 63 de ses *Opuscula* : *Lugduni*, 1668, *in-fol.*
Cet Auteur est mort en 1679.

4203. ☞ Puteus Rothomagensis pro immaculatâ Virginis Conceptione, cujus Putei, hoc anno 1612, princeps priorque est Marinus le-Pignius Ecclesiæ Rothomagensis Archidiaconus & Canonicus; à Jo. ROENNO : *Parisiis*, Fr. Jacquinus, 1612, *in*-4.]

4204. ☞ Le Puits de la Conception de Notre-Dame, fondé au Couvent des Carmes de Rouen, ou son origine, érection & statuts : *in*-8.]

4205. Histoire de Notre-Dame de saint Sauveur, à Rennes; par George FAUTREL, Jésuite : *Rennes*, Durand, 1698, *in*-12.
L'Auteur est mort en 1687.

4206. ☞ Mémoire abrégé, concernant la Chapelle de la Conception de la sainte Vierge, première érigée en France en l'Eglise Paroissiale & Archipresbytérale de saint Severin, à Paris; dans lequel on voit, 1.° l'Histoire de son établissement & de ses progrès; 2.° l'Instruction pour son administration actuelle; 3.° les Tables des Administrateurs, Chapelains, &c. (par Augustin-Martin LOTTIN, Libraire & Imprimeur) : *Paris* (chez l'Auteur) 1759, *in*-4.]

4207. Joannis VINCARTII Beata Virgo Cancellata in Ecclesia divi Petri Insulæ : *Insulæ*, 1636, *in-fol.*]

4208. ☞ Diva Virgo Cancellata : *in*-4.
C'est l'Histoire de Notre-Dame de la Treille, en l'Eglise Collégiale de saint Pierre de Lille.]

4209. * Othonis ZYLII, Societatis Jesu, Historia miraculorum Beatæ Mariæ Silvæducensis : *Antverpiæ*, 1632, *in*-4.

4210. ☞ Histoire de l'ancienne Image de Notre-Dame de Sion, révérée en l'Eglise des Religieux du Tiers-Ordre de S. François, en la Comté de Vaudemont; par le P. VINCENT DE NANCY, Capucin : *Nancy*, Charlot, 1698, *in*-8.]

4211. ☞ Ms. Poëme sur les Miracles de Notre-Dame de Soissons; par Gautier DE COINCY.
Il est cité par M. l'Abbé Lebeuf, comme existant à Soissons.]

4212. ☞ Histoire de Notre-Dame du Taur (à Toulouse); par M. PEYRONET, Curé de la même Eglise.]

4213. Miracula Virginis Deiparæ apud Tungros in Hannonia; auct. Walrando CAOULT, Duacensi : *Duaci*, 1600, *in*-12.

4214. De Miraculis Virginis Deiparæ Tungrensis, Camberonensis & Serviensis; à Roberto DE HAUTPORT, Equite : *Montibus*, 1602, *in*-12.

4215. Histoire & Miracles de Notre-Dame de Tongres; par Philippe BOUCHY, Jésuite : *Lyon*, Bronchart, 1651, *in*-4.

4216. Histoire de Notre-Dame de Tongres; par George HUARTE : *Mons*, de la Roche, 1671, *in*-12.

4217. ☞ La Fondation de la Chapelle & Chapellenie de Notre-Dame de Toutes-Aides, Paroisse de Maxent, près Besnard, Diocèse de Saint-Malo; par Pierre PORCHER, Prieur & Recteur de Maxent. Seconde édition : *Rennes*, Durand, 1628, *in*-8.]

4218. ☞ La dévote & solemnelle Procession qui se fait en la Ville de Valenciennes le 8 Septembre; avec les Vies, les Fêtes & la manière d'honorer les Saints, les Reliques desquels se trouvent ès Eglises de la Ville, ou certes sont apportées de dehors, pour décorer ladite Procession : *Valenciennes*, Vervliet, 1614, *in*-12.]

4219. ☞ La Cour Sainte de la glorieuse Vierge Marie, à Valenciennes, ou Discours moraux & historiques, tant sur la Fête & les Mystères de la Nativité de Notre-Dame, que sur l'Origine & les Pièces les plus considérables, en la solemnelle & dévote Procession qui se fait en cette Ville annuellement, par le commandement de la même Vierge, le jour de sa Fête; par le Révérend Père D'OULTREMAN, de la Compagnie de Jésus : *Valenciennes*, Boucher, 1653, *in*-12.]

4220. Histoire de Notre-Dame de Vausivière, près du Mont-d'Or, en Auvergne; par un Religieux Bénédictin de la Congrégation de Saint Maur : *Clermont*, 1688, *in*-12.
Ce Religieux se nommoit Jean-Marie [ou plutôt Jacques] CLADIERE.

4221. Histoire des Miracles de Notre-Dame de [la basse] Wavre [dite Notre-Dame de Paix]; par Antoine RUTEAU, de l'Ordre des Minimes : *Louvain*, de Witte, 1642, *in*-12.

4222. La Guide des Pélerins de Notre-Dame de Verdelay, avec l'Histoire des Miracles qui s'y sont opérés; par Claude Prouste, Religieux Célestin: *Bordeaux*, de la Cour, 1700, *in-8*.

Cette Maison, qui appartient aux Célestins, est dans le Diocèse de Bordeaux.

4223. ☞ Les Statuts de l'Oratoire de Notre-Dame de Vie-Saine, institué par Henri III. *Paris*, Mettayer, 1586, *in-8*.]

4224. ☞ Les Statuts de la Congrégation des Pénitens de l'Annonciation de Notre-Dame: *Paris*, Mettayer, 1583, *in-8*.]

4225. ☞ Métanœologie sur le sujet de l'Archi-Congrégation des Pénitens de l'Annonciation de Notre-Dame, & de toutes autres dévotieuses Assemblées; par Edmond Auger: *Paris*, Mettayer, 1584, *in-4*.]

4226. ☞ Constitutions de l'Ordre & Religion de la Milice Chrétienne, sous le titre de la Conception de la B. Vierge Marie immaculée; traduites par M. de Marolles: *Paris*, Huby, 1626, *in-8*.]

Article II.

Recueils des Vies des Saints de France.

4227. Martyrologium Gallicanum, in quo Sanctorum, Beatorumque ac Piorum plusquam octoginta millium, ortu, vitâ, factis, doctrinâ, &c. in Gallia illustrium certi natales indicantur & elogia describuntur: studio & labore Andreæ du Saussay, Juris utriusque Doctoris, Sanctorum Ægidii ac Lupi Ecclesiæ Pastoris: *Parisiis*, Richer, 1638, *in-fol*. 2 vol.

Au jugement du Père Papebrock (*Bolland*. tom. I. *Aprilis*, *pag*. 223) « ce Martyrologe est l'Ouvrage d'un » jeune homme, qui n'étoit pas assez préparé pour la » matière, qui avoit trop de facilité & de précipitation, » qui manquoit d'exactitude & de discernement, qui » donnoit trop à son génie & à son imagination, qui ne » se faisoit point de scrupule d'altérer la vérité des faits, » qui outroit la licence que permet la Rhétorique, & » qui faisoit des amplifications plus qu'écolières. Il est » fâcheux pour la mémoire de M. du Saussay, d'avoir » à subir une si rigoureuse censure ; mais il est encore » plus fâcheux de l'avoir méritée. Il adopte presque » toutes les fables des Légendes, & il se contente de » les revêtir d'un beau Latin, si toutefois l'on peut » donner ce nom à un style plein d'affectation, dont » toutes les richesses consistent en synonymes, en anti-» thèses, en métaphores & en hyperboles. Il ne cite » nulle part aucuns Auteurs, & ne garantit jamais rien » de ce qu'il avance ; il fait souvent des bévues pué-» riles, &c. » Adrien Baillet, num. 56, de son *Discours préliminaire sur les Vies des Saints*. André du Saussay est mort Evêque de Toul en [1675.]

Cet Auteur, dans le Catalogue de ses Ouvrages, qui est à la fin de son Traité, *De Scriptoribus Ecclesiasticis: Tulli-Leucorum*, 1665, *in-4*. dit qu'il a fait un Commentaire sur le Martyrologe de France.

4228. Ms. La France Chrétienne, ou les Saints de France & des lieux circonvoisins; par Jean Gueret, Jésuite: *in-fol*.

Ce Manuscrit original [étoit] conservé à Dijon dans la Bibliothèque de M. de la Marre [d'où il a passé dans celle du Roi.]

4229. Hagiologium Franco-Galliæ excerptum à Philippo Labbe, Societatis Jesu, ex antiquo Martyrologio Abbatiæ sancti Laurentii Bituricensis cum sacra Galliarum Topographia ex Martyrologio Romano: *Parisiis*, Henault, 1643, *in-4*.

Le même Hagiologe se trouve au tom. II. de la *Nouvelle Bibliothèque des Manuscrits* du P. Labbe, *pag*. 697: *Parisiis*, 1651, *in-fol*.

4230. Vies des Saints de France; par François Giry, de l'Ordre des Minimes.

Ces Vies se trouvent dans son *Recueil des Vies des Saints*: *Paris*, 1684, *in-fol*. 2 vol. L'Auteur est mort en 1688.

4231. Vies des Saints de France; par Adrien Baillet, Bibliothécaire de M. le Président de Lamoignon.

Ces Vies sont dans son *Recueil des Vies des Saints*: *Paris*, 1701, 1714, *in-fol*. 4 vol. *Ibid*. 1701, *in-8*. 17 vol. [*Ibid*. 1739, *in-4*. 10 vol.] Cet Auteur est mort en 1706.

J'ai rapporté en détail les Vies des Saints de France qui se trouvent dans ces deux Recueils, pour satisfaire à la piété des François, qui n'entendent que leur langue, & leur laisser le choix de ces deux Auteurs, qui sera le plus à leur goût; quoique le dernier soit de beaucoup plus exact que le premier.

4232. ☞ Martyrologe universel, contenant le texte du Martyrologe Romain, traduit en François, & deux additions à chaque jour, des Saints qui ne s'y trouvent point, l'une des *Saints de France*, l'autre des Saints des autres Nations; (par Claude Chastelain, Chanoine de Notre-Dame de Paris): *Paris*, Léonard, 1709, *in-4*.

On trouve à la fin une Table (très-utile) des lieux honorés par la présence des Saints, &c. avec deux Supplémens. M. l'Abbé Lebeuf en avoit un exemplaire chargé de Notes manuscrites.]

4233. ☞ La Géographie des Légendes, (par M. l'Abbé Claude Jouannaux): *Paris*, 1737, *in-12*.

La même, nouvelle édition, augmentée: *Paris*, 1743, *in-12*.

Cet Ouvrage peut être utile pour la France, quoiqu'il embrasse tous les Pays Chrétiens. On peut encore consulter la *Topographie des Saints*, qui est à la fin du Recueil des Vies de M. Baillet, en suivant les Villes de France.]

4234. Gregorii, Episcopi Turonensis : de Gloria Martyrum & Confessorum, libri tres: *Parisiis*, Morelli, 1563: *Coloniæ*, 1563, *in-8*.

Ejusdem, de Vita Patrum, Liber unus, curâ & studio Joannis Ballesdens : *Parisiis*, 1640, *in-12*.

Les mêmes Livres sont imprimés avec ses Œuvres, par les soins de Dom Thierry Ruinart: *Parisiis*, 1699, *in-fol*.

Les mêmes, traduits en François; par Michel de Marolles: *Paris*, 1668, *in-8*.

Grégoire de Tours traite particulièrement des Saints de France dans ces deux Livres. Il est mort en 595.

4235. Lilia, seu Flores Galliæ sanctæ, horto-

Vies des Saints.

rum areolis, à Jacobo RINALDO, Societatis Jesu, decerpti : *Divione*, Palliot, 1648 [ou 1643] *in-8*.

Ce Livre contient plusieurs Vies des Saints de France. L'Auteur est mort en 1665.

4236. Sanctorum Galliæ Regum ac Principum Sylva Historica ad Ludovicum XIV. auctore Abele Ludovico SAMMARTHANO, Congregationis Oratorii Presbytero.

Cet Ouvrage est imprimé au commencement du tom. I. de l'*Histoire généalogique de la Maison de France*; par Messieurs de Sainte-Marthe : *Paris*, 1647, *in-fol.* 2 vol. L'Auteur, qui a été Supérieur-Général de la Congrégation de l'Oratoire, est mort en 1697.

4237. La Monarchie sainte & historique de France, ou les Vies des Saints qui sont sortis de la Tige Royale de France; composée en Latin par DOMINIQUE DE JESUS, Religieux Carme Déchaussé, traduite en François, & publiée par MODESTE DE SAINT-AMABLE, du même Ordre : *Paris*, Jolly, 1670, 1672 : *Clermont*, 1677, *in-fol.* 2 vol.

Cet Ouvrage ne contient que les Vies des Saints & des Bienheureux qui sont sortis de la première Race de nos Rois, au nombre de quatre-vingt. Le Père Dominique de Jesus, Carme Déchaussé, qui se nommoit dans le monde, Gerald Vigier, les a composées en Latin, & est mort en 1638. Le Père Modeste de Saint-Amable, du même Ordre, qui s'appelloit Rogier [& est mort vers 1684] les a traduites en notre langue, & enrichies de beaucoup de belles choses touchant la Généalogie, la Chronologie & l'Histoire ; c'est pourquoi je cite ces Vies en détail, sous le nom de ce Traducteur qui est plus connu. Le Père Thomas d'Aquin, aussi du même Ordre, y a mis la dernière main, & y a ajouté de petites Notes marginales.

☞ Ce Religieux se nommoit dans le monde, Christophe Pasturel, & est mort en 1649.]

4238. De sanctis Franciæ Cancellariis Syntagma historicum : Franciscus LANOVIUS, ex Minimorum Ordine, illustravit & Notis substrinxit, atque duplici schediasmate amplificavit : *Parisiis*, Cramoisy, 1634, *in-4*.

☞ Se trouve aussi dans le *Syntagma de Cancellariis* de Jacobus *Wenkerus*.]

Le Père de la Noue n'a composé son Recueil que d'anciens Auteurs contemporains; il ne parle que de huit Chanceliers de la première Race. Il est mort en 1670.

☞ Les deux additions qui sont à la fin contiennent un abrégé des Chanceliers de France jusqu'à Pierre Séguier.]

4239. ☞ Recueil des Vies de quelques Saints nouvellement traduites, entre lesquelles sont la Vie de S. Marcel, Evêque de Paris, la Vie de Sainte Geneviéve, Patrone de Paris, & la Vie de S. Eustache, Patron de Paris : *Paris*, 1667, *in-12*.

Ce Recueil contient aussi la vie de S. Sigebert III. Roi de France.]

4240. ☞ Mf. Historia sanctorum Alsatiæ, à Jodoco COCCIO.

Il en est fait mention dans l'Ouvrage intitulé, *Bibliotheca Societatis Jesu*, pag. 514 & 554.]

4241. ☞ Les Vies des Saints, Patrons, Martyrs & Evêques d'Autun, tirées des Auteurs Ecclésiastiques contemporains, Martyrologes & autres Monumens; (par Pierre FORESTIER, Chanoine d'Avalon) : *Dijon*, 1713, *in-12*.]

4242. Histoire parænétique des trois Saints Protecteurs de la haute Auvergne, avec quelques remarques sur l'Histoire Ecclésiastique de la Province; par DOMINIQUE DE JESUS, Carme Déchaussé : *Paris*, Sonnius, 1635, *in-8*.

Ces Saints Protecteurs sont S. Flour, Evêque de Lodève, S. Marius, & S. Gerault, Comte d'Aurillac.

4243. Les Vies des Saints & des Saintes de l'Auvergne & de Vélay, recueillies par Jacq. BRANCHE, Grand-Prieur de Notre-Dame de Pebrac : *au Puy*, 1652, *in-8*.

4244. Mf. Vie des Saints d'Auxerre; par Pierre FORESTIER, Chanoine d'Avalon.

Cet Ouvrage [étoit] entre les mains de l'Auteur.

☞ L'Abbé Papillon qui l'avoit vu, a écrit en 1710 au Père le Long, qu'il y avoit peu de critique, & que M. Forestier n'avoit pas assez consulté MM. Tillemont & Baillet. Ce Chanoine est mort en 1723. Voyez la *Bibliothèque de Bourgogne*.]

4245. ☞ Mf. Examen critique & Mémoire historique sur le lieu de la sépulture de plusieurs des premiers Saints de l'Eglise d'Auxerre; par M. POTEL, Chanoine de cette Eglise, & Membre de la Société Littéraire de la Ville d'Auxerre.

Ces deux Pièces sont conservées dans les Registres de cette Société. La première réfute la tradition populaire qui place la sépulture de S. Corcodome, premier Diacre d'Auxerre, & compagnon de S. Péregrin, premier Evêque, dans le grand Cémetière ou le Cémetière de l'Hôtel-Dieu. Le Mémoire historique traite de la sépulture des Saints Jovinien Lecteur, Jovien Sous-Diacre, Marse Prêtre, Alexandre Sous-Diacre, & d'autres Saints & Saintes du tems de S. Amâtre, cinquième Evêque d'Auxerre. On y conclut par induction, que tous ces Saints reposent aux environs de l'Eglise de S. Amâtre, qui est hors de la Ville, & que l'endroit de leur sépulture, actuellement inconnu, n'a jamais été fouillé.]

4246. ☞ Mf. Mémoire contenant la Relation des découvertes faites dans l'ancien Sanctuaire de l'Eglise de Notre-Dame de la Cité, à Auxerre, avec figures; par M. RONDÉ, Chevalier d'honneur au Bailliage & Siège Présidial d'Auxerre.

Ce Mémoire est dans les Registres de la Société Littéraire de cette Ville. Le Sanctuaire de Notre-Dame de la Cité fut ruiné par les Huguenots en 1567. Lorsqu'on répara cette Eglise (la plus ancienne de celles d'Auxerre) on la racourcit de tout ce que les Huguenots avoient démoli, & le Sanctuaire resta enseveli sous ses ruines, & sert encore aujourd'hui de passage public. En 1760, la Société Littéraire fit fouiller pour rechercher le corps du Vénérable Hérifrid, quarantième Evêque d'Auxerre, que l'on sçait avoir été inhumé en 909, dans le Sanctuaire près de l'Autel.

Dans la fouille qui fut faite, on trouva trois squelettes, qui n'avoient aucunes marques distinctives; & dans la fondation de l'Autel, deux petits coffres & quelques vases, ou phioles, où l'on croit qu'étoient des reliques. On présume que le squelette qui fut trouvé le plus près de l'Autel, est celui du Vénérable Hérifrid, qu'un autre est celui d'Héribert, quarante-sixième Evêque d'Auxerre, qui fut aussi inhumé dans le Sanctuaire en 995, & que le troisième étoit un Croisé du treizième siècle, parcequ'on a trouvé auprès, une petite Médaille d'argent qui portoit un *Agnus-Dei*, marque distinctive de ceux qui se croisèrent contre les Albigeois. Il y a apparence que cette Médaille étoit attachée au col du mort, parcequ'elle a été trouvée avec les restes d'un cordon. Les Procès-verbaux dressés à ce sujet sont aussi dans les Registres de la Société Littéraire d'Auxerre.]

4247. Vies des Saints du Diocèse de Bayeux; par M. HERMANT, Curé de Maltot.

Ces Vies se trouvent dans son *Histoire du Diocèse de Bayeux*, en plusieurs endroits: *Caen*, 1705, *in-*4.

4248. Le Sanctuaire de Berry, composé de trois cens Saints; par Nicolas CATHERINOT, Avocat à Bourges: *Bourges*, 1680, *in-*4.

Cet Ouvrage ne contient que quelques feuillets, comme la plupart des autres Ouvrages de cet Auteur, qui est mort en 1688.

4249. ☞ Vitæ, elogia, translationes plurimorum Sanctorum Sanctarumque ad Bituricensem Diœcesim spectantium.

Cet Ouvrage se trouve dans la *Bibl. Mss. du P. Labbe*, tom. II. pag. 345.]

4250. La Vie & les Miracles des Saints de la Bretagne Armorique, &c. par ALBERT le Grand, de Morlaix, de l'Ordre de S. Dominique: *Nantes*, Dorieu, 1637, *in-*4.

Le même Livre, augmenté par Guy AUTRET, Sieur de Missirien: *Rennes*, Ferré, 1659, *in-*4.

Le même, auquel sont ajoutées en cette troisième édition, des Vies non encore mises en lumière: *Rennes*, Vatar, 1680, *in-*4.

Selon le Père Lobineau, Auteur de l'*Histoire de Bretagne*, ce Livre est un tissu de Fables.

4251. ☞ Histoire des Saints de la Province de Bretagne, & des personnes qui se sont distinguées par une éminente piété; par Guy LOBINEAU, Religieux Bénédictin de la Congrégation de S. Maur: *Rennes*, 1723, Ferré, *in-fol.* 2 vol.]

4252. Vitæ Sanctorum Cabillonensium.

Ces Vies sont imprimées au tom. II. de l'*Illustre Orbandale*, ou de l'*Histoire de Châlon*: *Lyon*, 1662, *in-*4.

4253. Ms. Catalogue des Saints du Diocèse de Cambray.

Sandérus, au tom. II. de sa *Bibliothèque des Manuscrits de Flandres*, marque ce Catalogue à la page 244.

4254. ☞ Historia general de los Santos y Varones illustres en santidad del principado de Catalauna compuesta por el R. P. Antonio VICONTE, domence de la orden del S. Domingo: *in Gerona*, Gaspar Garrich, 1630, *in-fol.*]

4255. De sanctis Ecclesiis & Monasteriis Claromontanis, Libelli duo Anonymi, cum Notis Joannis SAVARON: *Parisiis*, Drouart, 1608, *in-*8.

Ces deux petits Livres se trouvent aussi à la page 707, du tom. II. de la *Nouvelle Bibliothèque des Manuscrits* du Père Labbe: *Parisiis*, 1653, *in-fol.* & dans les *Preuves de l'origine de Clermont*, publiées par Durand: *Paris*, 1662, *in-fol.* L'Auteur anonyme de cet Ouvrage a fleuri vers l'an 950.

4256. ☞ De sanctis Virginibus Coloniensibus disquisitio; per Aubertum MIRÆUM, &c. *Parisiis*, Nivelle, 1609, *in-*8.]

4257. Indiculus sanctorum Belgii; auctore Johanne MOLANO, Theologo Lovaniensi: *Antverpiæ*, Nutii, 1583, *in-*8.

4258. Catalogue des Saints des Pays-Bas; par Guillaume GAZET, Pasteur de Sainte Marie Madelaine d'Arras.

Ce Catalogue est imprimé dans ses *Tableaux sacrés de la Gaule Belgique*: *Arras*, de la Rivière, 1610, *in-*8.

4259. Natales Sanctorum Belgii, & eorum chronica recapitulatio; eodem auctore MOLANO: *Lovanii*, Massii, 1595, *in-*8.

4260. Ad Natales Sanctorum Belgii Auctuarium; auctore Arnoldo DE RAISSE, sancti Petri Canonico: *Duaci*, Auroy, 1626, *in-*8.

4261. Hagiologium Flandriæ, sive de Sanctis ejus Provinciæ, Liber unus Antonii SANDERI, Theologiæ Licentiati: *Antverpiæ*, 1625, *in-*4.

4262. ☞ Recueil des Saints & Bienheureux des Pays-Bas; par Bauduin VRILLOT: *Lille*, 1658, *in-*8.]

4263. ☞ Hiero-Gazophylacium, sive Thesaurus sacrarum Reliquiarum Belgii; auctore Arnoldo REYSSIO: *Duaci*, 1628, *in-*12.]

4264. ☞ Fasti sanctorum quorum Vitæ in Belgicis Bibliothecis manuscriptæ; auctore Heriberto ROSWEIDO, è S. J. *Antverpiæ*, 1607, *in-*12.]

4265. Histoire des Saints de la Province de Lille, Douay & Orchies, avec l'origine & le progrès de la Religion dans ces Provinces; par Martin L'HERMITE, Jésuite: *Douay*, 1638, *in-*4.

☞ Cet Auteur est mort en 1651.]

4266. Flores Ecclesiæ Leodiensis, seu Vitæ & Elogia Sanctorum & aliorum qui illustri virtute illam Ecclesiam exornarunt; auctore Bartholomæo FISEN, Societatis Jesu: *Insulis*, Rache, 1647, *in-fol.*

Le Père Fisen est mort en 1649.

4267. ☞ Ms. Prospectus d'une Histoire des Saints de Franche-Comté; par M. l'Abbé TROUILLET, Docteur en Théologie, Curé d'Ornans, & Associé de l'Académie de Besançon.

Dans les Registres de cette Académie.]

4268. Bernardi GUIDONIS, ex Ordine Prædicatorum, Episcopi Lodovensis Tractatus de Sanctis quorum corpora Diœcesim Lemovicensem ornant.

Nomina sanctorum qui de Lemovicensi Diœcesi orti sunt.

Nomina Virorum, qui humiliter jacent, licet clari sint miraculis in hac Diœcesi.

Ces trois Catalogues sont imprimés dans le tom. I. de

la *Nouvelle Bibliothèque des Manuscrits* du P. Labbe, *pag.* 636-637 : *Parisiis,* 1651 , *in-fol.*

4269. Histoire sacrée de la Vie des Saints principaux, qui ont pris naissance, qui ont vécu, & qui sont en vénération particulière en divers lieux du Diocèse de Limoges, tirée fidélement des Archives & autres documens authentiques de la même Province ; par Jean COLLINS, Théologal de l'Eglise de S. Julien : *Limoges,* 1673 , *in-12.*

☞ Ce Livre est rempli d'inepties.]

4270. Des Saints du Limousin ; par BONAVENTURE DE SAINT-AMABLE, Carme Déchaussé.

Ce Discours se trouve dans le tom. I. de l'*Apostolat de S. Martial* : *Clermont,* 1676, *in-fol.*

4271. ☞ Chronologia Sanctorum & virorum illustrium & Abbatum Insulæ Lerinensis ; ex collectione & cum annotationibus Vincentii BARRALIS : *Lugduni,* 1613, *in-4.*]

4272. ☞ Vies des Saints Patrons du Diocèse de Lisieux ; par LE PREVOST : *Lisieux, in-12.*]

4273. Ms. Nomina quorumdam Sanctorum & Sanctarum prosapiâ illustris Illustrissimorum Principum Lotharingiæ & Brabantiæ.

Ce Manuscrit est conservé dans la Bibliothèque du Roi, entre ceux d'André Duchêne ; volume vingtième, *pag.* 99.

4274. Acta Martyrum Lugdunensium anno Domini 177, ex Epistola Lugdunensium & Viennensium, Græcè edita ab Eusebio Cæsariensi, & Latinè reddita à Ruffino Aquileiensi.

Ces Actes se trouvent dans toutes les éditions de l'Histoire Ecclésiastique d'Eusèbe de Césarée. Ils se trouvent aussi avec le Commentaire de Godefroy Henschénius, au tom. II. des *Actes des Saints de Juin,* publiés par les Continuateurs de Bollandus ; & enfin dans le *Recueil des Actes vrais & sincères des Martyrs,* publié par Dom Thierry Ruinart. Cette belle Histoire est un des précieux monumens de l'Histoire Ecclésiastique ; elle a été écrite en Grec par les Fidèles des Eglises de Lyon & de Vienne, qui avoient été les témoins, & selon les apparences les compagnons de leurs souffrances. Le style en est grave, édifiant & plein d'érudition.

4275. Les Martyrs de Lyon ; par Adrien BAILLET.

Cette Histoire, qui est une traduction d'Eusèbe, se trouve dans son *Recueil des Vies des Saints,* au 2 du mois de Juin.

4276. Indiculus Sanctorum Lugdunensium : concinnatus à Theophilo RAYNAUDO, Societatis Jesu : *Lugduni,* Landry, 1629, *in-12.*

Sotwel rapporte dans sa *Bibliothèque des Ecrivains de sa Compagnie,* que ce Catalogue des Saints de Lyon a été traduit en François ; par François ALLIAU, Jésuite.

4277. Hagiologium Lugdunense, complectens ea quæ de Sanctis Lugdunensibus Præsulibus, aut aliquatenus ad hanc Urbem spectantibus disputavit Theophilus RAYNAUDUS : *Lugduni,* Molin, 1662, *in-fol.*

Ce Discours des Saints de Lyon se trouve aussi au tom. VIII. de ses *Œuvres* : *Lugduni,* 1668 , *in-fol.*

4278. * Ms. Neustria pia ; auctore Arthuro DU MONSTIERS, ex Ordine S. Francisci Recollecto.

Ce Manuscrit est dans les Bibliothèques des PP. Récollets de Rouen & de Paris.

4279. Notitia Sanctorum Ecclesiæ Aurelianensis [d'Orléans] ; auctore Symphoriano GUYON : *Aureliæ,* 1637, *in-8.*

Cet Auteur est mort en 1637.

☞ Son Ouvrage est trop sommaire pour être bien instructif, & l'Auteur est tombé dans plusieurs erreurs. Il a de plus omis plusieurs Saints du Diocèse d'Orléans, & en a inséré qui ne lui appartiennent point, ou du moins d'une manière très-éloignée.]

4280. Litaniæ Pictonicæ, sive Sanctorum, qui ortu vel incolatu Pictonum oram nobilitarunt ; ab Henrico CASTANEO DE LA ROCHEPOZAY, Episcopo Pictaviensi, Notisque illustratæ : *Pictavis,* Thoreau, 1641 , *in-12.*

Eædem, editio quarta. *Ibid.* 1642.

Cet Evêque est mort en 1651.

4281. ☞ Recueil & inventaire des corps Saints & autres Reliques qui sont au pays de Provence, la plupart visités par Louis XIII. en 1622 ; dressé par le Sieur ARNOUX, Avocat : *Aix,* Estienne David, 1636, *in-8.*]

4282. Histoire de plusieurs Saints de la Maison de Tonnerre & de Clermont ; donné au Public par Louis COUSIN, Président de la Cour des Monnoyes : *Paris,* 1698, *in-12.*

Ce Président est mort en 1707. Il avoit travaillé sur les Mémoires de François de Clermont, Evêque Comte de Noyon.

4283. ☞ Ms. Lettre à Madame la C. *in-12.*

Ce petit Ouvrage manuscrit, qu'on a soupçonné être de l'Abbé FAYDIT, est la critique du Livre précédent, & il se trouve relié à la fin de l'exemplaire qui est à la Bibliothèque du Roi, L. 2264. On y discute l'ancienneté de la Maison de Clermont-Tonnerre d'une manière peu favorable.]

4284. Philippi BERTERII, in Senatu Tolosano Præsidis, Tolosæ, sive Iconum Libri duo : *Tolosæ,* 1611, *in-8. Ibid.* 1612, *in-4.* [1613, *in-8.*]

Ce Livre [écrit en vers] regarde les Reliques qui sont honorées dans l'Eglise de S. Sernin à Toulouse.

4285. ☞ Catalogus Sanctorum Tolosæ ; auctore Sim. DE PEYRONET : *Tolosæ,* 1706, *in-4.*]

4286. ☞ L'élévation des Reliques de saint Edmond, Roi d'Angleterre, & des Saints Symphorien, Claude, Nicostrate, Castor & Simplice, Martyrs ; par Charles DE MONTCHAL, Archevêque de Toulouse, avec la Description de la Procession générale, &c. *Toulouse,* Boude, 1645 , *in-4.*]

4287. La sainteté Chrétienne, contenant les Vies, Morts & Miracles de plusieurs Saints de France & d'autres Pays, qui ne sont pas dans les Vies des Saints, dont les Reliques sont au Diocèse de Troyes ; avec l'Histoire Ecclésiastique, Fondations & Restaurations des Eglises, Abbayes & Monastères dudit

Diocèse; recueillies par Nicolas DES GUERROIS, Prêtre : *Troyes*, Jacquard, 1637, *in*-4.

4288. La Suisse sainte, ou le Paradis des Saints de Suisse, contenant la Vie & les Miracles des Saints qui ont paru dans la Suisse ou aux environs, depuis le commencement du Christianisme; par Henri MURER, Chartreux : *Lucerne*, 1648, *in-fol.* (en Allemand).

4289. Recherches des saintes Antiquités de la Vosge; par Jean RUYR, Charmésien, Chantre & Chanoine de S. Dié : *Espinal*, 1625, *in*-4.

Les mêmes, revues, corrigées & augmentées : *Espinal*, 1634, *in*-4.

☞ La première édition étant remplie de fautes d'impression, l'Auteur lui-même la supprima; c'est ce que l'on apprend par un distique chronologique du sieur Nicolas Ruyr, neveu de l'Auteur, dans lequel il a renfermé deux fois cette année :

DoCte RVIr renoVas VosagIs pIa nVMIna terrIs
VnDe soLo tIbI LaVs præMIa et aXe tIbI.]

4290. ☞ Historia monogramma, sive pictura linearis Sanctorum Medicorum & Medicarum; auctarium de Sanctis Galliæ qui ægris opitulantur, & de Plantis nomenclaturæ sanctioris; pietas Facultatis Medicinæ Parisiensis; præsentatio Licentiandorum, solemni oratione celebrata; die 29 Junii, 1642, &c. auctore Guill. DU VAL, Pontesiano, Medico Doctore & Decano : *Parisiis*, Blageart, 1643 & 1649, *in*-4.]

4291. ☞ Lettre de M. l'Abbé LEBEUF, sur le dernier volume d'Août des Bollandistes (au sujet de S. Euverte, Evêque d'Orléans, S. Alpin, Evêque de Chaalons, S. Cloud, S. Adrien, S. Corbinien, S. Omer, Sainte Olmanne, Vierge de Tours, & S. Aluée), *Journal de Verdun*, 1751, *Juillet, p.* 190-197.

Lettre du même, sur le premier Tome des *Acta Sanctorum* de Septembre (au sujet de S. Gilles, &c.) *Journal de Verdun*, 1753, *Avril, pag.* 291-298.]

ARTICLE III.

Vies particulières des Saints de France, rangées selon l'ordre alphabétique de leur nom.

CET Article ne contient qu'une Table alphabétique des Vies des Saints de France, excepté de ceux qui n'ont point trouvé de place ailleurs dans cette Bibliothèque historique, de la Vie desquels on rapporte ici le titre & les éditions.

A

— Vita sancti Abbonis, Abbatis Floriacensis.

Voyez Abb. de Fleury, *Ord. de S. Benoît.*

— De sancto Abbone, Episcopo Metensi.

Voyez Evêq. de Metz. *Métrop. de Trèves.*

— Vie de saint Abel, Abbé de Laubes.

Voyez Abb. de Laubes, *Ord. de S. Benoît.*

— Vie de saint Abel, Archevêque de Reims.

Voyez Arch. de la *Métrop. de Reims.*

4292. ☞ Vie de S. Abélard; par Etienne BINET, Jésuite : *Paris*, 1633, *in-*12.]

— De sancto Ableberto, Episcopo Cameracensi.

Voyez Arch. de la *Métrop. de Cambray.*

— De sancto Abraham, Abbate Claromontano.

Voyez Moines & Solitaires.

— De sancto Abrunculo, Episcopo Trevirensi.

Voyez Arch. de la *Métrop. de Trèves.*

— Vie de saint Acaire, Evêque de Noyon.

Voyez Ev. de Noyon. *Métr. de Reims.*

4293. De sanctis Accio & Acheolo, Martyribus Ambiani, Notæ Historicæ Godefridi HENSCHENII, è Societate Jesu.

Ces Notes se trouvent imprimées dans le *Recueil* de Bollandus, au premier de Mai.

4294. Vita sancti Adabaldi, Mariti sanctæ Ricthrudis in Belgio & Aquitania.

Cette Vie se trouve dans le même Recueil, au 2 de Février. S. Adalbaud est mort vers l'an 832.

— Acta sancti Adalgisi, Presbyteri.

Voyez le second Ordre du Clergé.

— Vita sancti Adhalardi, Abbatis Corbeiensis.

Voyez Abb. de Corbie, *Ord. de S. Benoît.*

4295. Vitæ compendium sancti Adelberti, Comitis Austrobandiæ in Belgio.

Cette Vie est imprimée dans le *Recueil* de Bollandus, au 22 Février. Ce Saint a vécu vers la fin du huitième siècle.

— Vie de sainte Adele, Vierge, Fille de Dagobert.

Voyez Généal. de la première Race.

— Vie de saint Adelphe, Abbé de saint Romaric.

Voyez Abb. de Remiremont, *Ord. de S. Benoît.*

— ☞ Vita sancti Adelphi, Episcopi Metensis.

Voyez Ev. de Metz. *Métr. de Trèves.*]

— Vie de saint Aderald, Archidiacre & Chanoine de Troyes.

Voyez le second Ord. du Clergé.

— Vita sanctæ Adjolæ, Abbatissæ Bituricensis.

Voyez Moines & Solitaires.

— Vie de saint Adjuteur, Moine de Tiron.

Voyez Abb. de Tiron, *Ord. de S. Benoît.*

— Vie de saint Adon, Archevêque de Vienne.

Voyez Arch. de la *Métrop. de Vienne.*

Vita

— Vita sancti Ægidii, Abbatis Arelatensis.
Voyez Moines & Solitaires.

— De sancto Æmiliano, Abbate Latiniacensi.
Voyez Abb. de Lagny, *Ord. de S. Benoît.*

— De sancto Æmiliano, Episcopo Nannetensi.
Voyez Ev. de Nantes. *Métr. de Tours.*

— ☞ De sancto Æonio Episcopo Arelatensi.
Voyez Arch. de la *Métr. d'Arles.*]

— ☞ De sancto Æterno, Episcopo Ebroicensi.
Voyez Ev. d'Evreux. *Métr. de Rouen.*]

— ☞ De sancto Ætherio, Episcopo Lugdunensi.
Voyez Arch. de la *Métr. de Lyon.*]

— De sancto Ætherio, Episcopo Viennensi.
Voyez Arch. de Vienne.

— ☞ De sancto Ætherio, Episcopo Autissiodorensi.
Voyez Ev. d'Auxerre. *Métr. de Sens.*].

— Vie de saint Africain, Evêque de Comminges.
Voyez Ev. de Comminges. *Métr. d'Auch.*

— De sancto Africano, Episcopo Vabrensi.
Voyez Ev. de Vabres. *Métr. d'Alby.*

— Vie de saint Agilbert, Evêque de Paris.
Voyez Arch. de Paris.

— ☞ De sancta Agilberta, Abbatissa Jotrensi.
Voyez Abb. de Jouarre, *Bénédictines.*]

— Vita sancti Agili, Abbatis Resbacensis.
Voyez Abb. de Rebais, *Ord. de S. Benoît.*

4296. ☞ Vita sancti Agili Vicecomitis, Confessoris prope Magdunum; auctore anonymo, cum commentario Joannis Stiltingi, S. J.
Cette Vie est imprimée dans le *Recueil* de Bollandus, au 30 Août.]

4297. Vita sanctorum Agobardi & Agliberti, aliorumque plurimorum utriusque sexus Martyrum Christolii in agro Parisino.
Cette Vie est imprimée à la fin des *Annales de l'Eglise d'Orléans*; par Charles DE LA SAUSSAYE: *Parisiis*, 1625, *in-4*.

Eadem, cum commentario Godefridi Henschenii, Societatis Jesu.
Les Actes de ces Saints, qui ont souffert le martyre au cinquième siècle, se trouvent au vingt-quatre de Juin dans le *Recueil* de Bollandus, & ne sont point entiers. Ils n'ont nulle autorité, & ne contiennent que fort peu de faits; encore sont-ils tous incertains & fort suspects.

— Vie de saint Agoard & saint Aglibert; par Adrien BAILLET.
Elle se trouve dans son *Recueil des Vies des Saints*, au 24 Juin.

— Vie de saint Agobard, Evêque de Lyon.
Voyez Arch. de la *Métr. de Lyon.*

— De sancto Agricio, Episcopo Senonensi.
Voyez Arch. de Sens.

— Vita sancti Agricii, Episcopi Trevirensis.
Voyez Arch. de Trèves.

— Vita sancti Agricolæ, Episcopi Avenionensis.
Voyez Arch. d'Avignon.

— Vie de saint Agricole, Evêque de Chalon-sur-Saone.
Voyez Ev. de Chalon. *Métr. de Lyon.*

— De sanctis Martyribus Agripano, Episcopo Aniciensi, & Ursino.
Voyez Ev. du Puy. *Métr. de Bourges.*

— Vita sancti Aicardi, Abbatis Gemeticensis.
Voyez Abb. de Jumiège, *Ord. de S. Benoît.*

— Vie de saint Aigulphe, ou Aioul, Evêque de Bourges.
Voyez Arch. de la *Métr. de Bourges.*

— Vita sancti Aigulphi, Abbatis Lerinensis.
Voyez Abb. de Lérins, *Ord. de S. Benoît.*

— Vie de saint Aigulphe, Evêque de Metz.
Voyez Ev. de Metz. *Métr. de Trèves.*

— Vie de saint Airy, ou Agri, Evêque de Verdun.
Voyez Ev. de Verdun. *Métr. de Trèves.*

— Vita sancti Alberici, Episcopi Cardinalis.
Voyez Cardinaux.

— Vita sancti Alberici, Abbatis Cisterciensis.
Voyez Abb. de Cîteaux.

— Vita sancti Alberti, Abbatis Gambronensis.
Voyez Abb. de Gambron, *Ord. de S. Benoît.*

— Vita sancti Alberti, Episcopi Leodiensis.
Voyez Ev. de Liège. *Métr. de Cologne.*

— ☞ De sancto Albino, Episcopo Lugdunensi.
Voyez Arch. de la *Métr. de Lyon.*]

— Vita sancti Albini, Episcopi Andegavensis.
Voyez Ev. d'Angers. *Métr. de Tours.*

— Vie de sainte Alboflède, sœur du Roi Clovis I.
Voyez Généal. de la première Race.

— Vie de sainte Alboflède, fille du Roi Clovis.
Voyez Ibid.

— De sancto Albrico, vel Aldrico, Episcopo Æduensi.
Voyez Ev. d'Autun. *Métr. de Lyon.*

— Vita sancti Alcuini, Abbatis Cormeriensis.

Voyez Abb. de Ferrières. *Ord. de S. Benoît.*

— Vie de sainte Aldegonde, Abbesse de Maubeuge.

Voyez Religieuses Bénédictines.

— Vita sanctæ Aldetrudis, Abbatissæ Malbodii.

Voyez Ibid.

— Vie de saint Aldric, Evêque du Mans.

Voyez Ev. du Mans. *Métr. de Tours.*

— Vita sancti Aldrici, Episcopi Senonensis.

Voyez Arch. de Sens.

— Vie de saint Aleaume, Moine de la Chaise-Dieu.

Voyez Abb. de la Chaise-Dieu, *Ord. de S. Benoît.*

— Vie du bienheureux Aleman, Archevêque d'Arles.

Voyez Arch. de la *Métr. d'Arles.*

4298. Vita sanctæ Alenæ, Virginis & Martyris Foresti in Brabantia, cum Commentario prævio Godefridi HENSCHENII, è Societate Jesu.

Cette Vie se trouve dans le *Recueil* de Bollandus, au 17 de Juin. La Sainte a souffert le martyre vers l'an 640.

4299. Vita sancti Alexandri, Lugdunensis Martyris.

Cette Vie est imprimée dans le *Recueil des Vies des Saints* de Surius, au 21 Avril.

4300. Vie de saint Alexandre, Martyr à Lyon; par Sébastien LENAIN DE TILLEMONT.

Cette Vie est imprimée dans ses *Mémoires pour servir à l'Histoire Ecclésiastique*, tom. III. pag. 30.

— Vita sancti Almiri, Monachi.

Voyez Moines Solitaires.

— De sancto Alnoberto, Episcopo Sagiensi.

Voyez Ev. de Séez. *Métr. de Rouen.*

— ☞ De sancto Alodio, Episcopo Autissiodorensi.

Voyez Ev. d'Auxerre. *Métr. de Sens.*]

4301. Vie de saint Alof, Martyr en Lorraine, l'an de J. C. 362; par Adrien BAILLET.

Cette Vie se trouve dans son *Recueil des Vies des Saints*, au 16 d'Octobre.

4302. Ms. Vie de sainte Alpaïs, Vierge de Cudot, au Diocèse de Sens, sous le Roi Philippe Auguste, *in-*8.

Cette Vie manuscrite est conservée dans la Bibliothèque de sainte Geneviève à Paris.

4303. ☞ Remarque sur la pieuse Alpaïs de Cudot; par M. l'Abbé LEBEUF. *Journal de Verdun*, Mars, 1752, *pag.* 191.]

— Vita sancti Alpiani, Presbyteri.

Voyez second Ordre du Clergé.

— ☞ Vita sancti Alpini, Episcopi Catalaunensis.

Voyez Ev. de Châlons. *Métr. de Reims.*]

— ☞ De sanctâ Amâ Virgine, Jovis-Villæ in Campaniâ Gallicanâ, Sylloge Joannis PERIERI, S. J.

Voyez le *Recueil* de Bollandus, au 14 Septembre.]

— Vita sancti Amabilis Presbyteri.

Voyez second Ordre du Clergé.

— Vita sancti Amalarii Fortunati, Episcopi Trevirensis.

Voyez Arch. de la *Métr. de Trèves.*

4304. Vita sanctæ Amalbergæ, Viduæ.

Cette Vie est dans le *Recueil des Vies des Saints* de Surius, au 10 Juin. C'est peu de chose; son Auteur n'étoit pas contemporain [& avoit du goût pour les fables.] Cette Sainte est morte en 670.

4305. Vie de sainte Amalberge, mere de sainte Gudule; par Adrien BAILLET.

Elle se trouve dans son *Recueil des Vies des Saints*, au 10 Juillet.

4306. Excerpta ex Vita sanctæ Amalbergæ, Virginis in Belgio.

Ces Extraits se trouvent dans le *Recueil des Actes des Saints de l'Ordre de S. Benoît*, tom. *IV.* pag. 240. Le Père Mabillon n'a fait imprimer que des Extraits de la Vie de cette Sainte, qui est morte en 772, parceque cette Vie contient beaucoup de narrations incertaines ou fabuleuses.

Vita ejusdem, amputatis fabulis.

Cette Vie corrigée, se trouve au tom. VII. des *Annales des Eglises de France* du Père le Cointe, sur l'année 772, au nombre 19.

4307. Vita sancti Amandi, Confessoris, Discipuli sancti Sori.

Cette Vie se trouve dans le tom. II. de la *Nouvelle Bibliothèque des Manuscrits* du Père Labbe, pag. 345. Elle est imparfaite & tronquée.

— Vie de saint Amand, Evêque de Bordeaux.

Voyez Arch. de la *Métr. de Bordeaux.*

— Vita sancti Amandi, Episcopi Tungrensis.

Voyez Ev. de Liège. *Métr. de Cologne.*

4308. De sanctis Amando & Domnoleno; Gemeliaci in Petracoricis Sylloge Historica Godefridi HENSCHENII, è Societate Jesu.

Cet Ecrit se trouve dans le *Recueil* de Bollandus, au 25 de Juin.

— Vita sanctorum Amandi & Juniani, Anachoretarum.

Voyez Moines & Solitaires.

— Vita sancti Amantii, Episcopi Ruthenensis.

Voyez Ev. de Rodez. *Métr. d'Alby.*

4309. Vie de saint Amarante, Martyr à Albi; par Adrien BAILLET.

Cette Vie est dans son *Recueil des Vies des Saints*, au 7 de Novembre. Ce Saint est mort vers l'an 253.

— Vie de saint Amateur, Evêque d'Auxerre.

Voyez Ev. d'Auxerre. *Métr. de Sens.*

— Vita sancti Amati, Abbatis Habendensis.

Voyez Abb. de Remiremont, *Ord. de S. Benoît.*

Vies des Saints. 275

— Vita sancti Amati, Episcopi Senonensis.

Voyez Arch. de Sens.

— Vita sancti Ambrosii, Episcopi Cadurcensis.

Voyez Ev. de Cahors. *Métr. d'Albi.*

— ☞ De sancto Ambrosio, Episcopo Santonensi.

Voyez Ev. de Saintes. *Métr. de Bordeaux.*]

— ☞ De sancto Ambrosio, Episcopo Senonensi.

Voyez Arch. de la *Métr. de Sens.*]

— Vita sancti Ambrosii, Galli, Episcopi Mediolanensis.

Voyez Ev. François.

— Vie de saint Amédée de Clermont d'Hauterive, Evêque de Lausane.

Voyez Ev. de Lausane. *Métr. de Besançon.*

— De sancto Amulwino, Abbate Lobiensi.

Voyez Abb. de Laubes, *Ord. de S. Benoît.*

4310. Vita sancti Andeoli, Martyris in territorio Vivariensi.

Cette Vie se trouve à la *pag.* 91, de la seconde partie de l'*Histoire des Eglises de France;* par François Bosquet : *Paris,* 1636, *in-*4. & avec les Notes de Godefroy Henschenius, dans le *Recueil* de Bollandus, au premier de Mai. Les Actes de ce Saint, qui a été martyrisé l'an 207 de J. C. sont ou visiblement faux, ou fort corrompus.

— De sancto Anastasio, Archiepiscopo Senonensi.

Voyez Arch. de Sens.

4311. De sancto Anatolio, Salinarum Patrono.

Ejusdem Vita duplex.

Ces Actes sont dans le *Recueil des Vies des Saints* de Bollandus, au 3 de Février.

4312. Vie de S. Andoche, Prêtre, de saint Thyrse, Diacre, & de saint Félix, Marchand, Martyrs au territoire d'Autun, sous Marc Aurele; par Adrien Baillet.

Cette Vie se trouve imprimée dans son *Recueil des Vies des Saints,* au 24 Septembre.

— Vie de sainte Andovaire, Reine de France.

Voyez Reines de France.

— De beato Andrea, Abbate Elnonensi.

Voyez Abb. de S. Amand, *Ord. de S. Benoît.*

— Vie de sainte Angadresme, Abbesse près de Beauvais.

Voyez Religieuses Bénédictines.

— ☞ De sancto Angelelmo, Episcopo Autissiodorensi.

Voyez Ev. d'Auxerre. *Métr. de Sens.*]

— Vita sancti Angelrami, Abbatis Centulensis.

Voyez Abb. de S. Riquier, *Ord. de S. Benoît.*

— Vie de saint Angilbert, Abbé de saint Riquier.

Voyez ibid.

Tome I.

— Vita sancti Aniani, Episcopi Aurelianensis.

Voyez Ev. d'Orléans. *Métr. de Paris.*

— ☞ De sancto Aniano, Episcopo Vesontino.

Voyez Arch. de la *Métr. de Besançon.*]

— ☞ Acta sancti Annemundi, aliàs Dalfini, Episcopi Lugdunensis.

Voyez Arch. de la *Métr. de Lyon.*]

— Vita sancti Annonis, Archiepiscopi Coloniensis.

Voyez Arch. de Cologne.

— De sancto Annoberto, Episcopo Sagiensi.

Voyez Ev. de Séez. *Métr. de Rouen.*

— ☞ Vita sancti Ansarici, Episcopi Suessionensis.

Voyez Ev. de Soissons. *Métr. de Reims.*]

— Vita sancti Ansberti, Episcopi Rothomagensis.

Voyez Arch. de Rouen.

— Vita sancti Ansegisi, Abbatis Fontanellensis.

Voyez Abb. de S. Vandrille, *Ord. de S. Benoît.*

— Vita sancti Anselmi, Abbatis Beccensis.

Voyez Abb. du Bec, *Ord. de S. Benoît.*

— Vita sanctæ Anstrudis, Abbatissæ Laudunensis.

Voyez Religieuses Bénédictines.

— Vie de saint Anthelme, Evêque de Belley.

Voyez Ev. de Belley. *Métr. de Besançon.*

4313. De sancto Antholiano, Martyre Claromontii, Commentarius Historicus Joannis Bollandi, è Societate Jesu.

Ce Commentaire historique se trouve dans son *Recueil des Vies des Saints,* au 6 de Février.

— Vita sancti Antidii, Episcopi Vesontionis.

Voyez Arch. de Besançon.

4314. Passio & miracula beati Antonini, Martyris, qui passus est sub Appamia Civitate.

Ces Actes se trouvent imprimés dans le tom. II. de la *Nouvelle Bibliothèque des Manuscrits* du Père Labbe, *pag.* 685 : *Parisiis,* 1651, *in-fol.* Ce Saint est mort au troisième siècle.

4315. Vie de saint Antonin ; par Adrien Baillet.

Cette Vie se trouve dans son *Recueil des Vies des Saints,* au 2 Septembre.

— Vita sancti Antonini, Monachi Lirinensis.

Voyez Abb. de Lérins, *Ord. de S. Benoît.*

— De sancto Antonio, Abbate sancti Juliani.

Voyez Abb. de S. Julien, *Ord. de S. Benoît.*

— Vie de saint Août, Prêtre.

Voyez second Ordre du Clergé.

Mm 2

— Vie de saint Aphrodise, Evêque de Béziers.
Voyez Ev. de Béziers. *Métr. de Narbonne.*

— Vie de saint Apollinaire, Evêque de Valence.
Voyez Ev. de Valence. *Métr. de Vienne.*

— ☞ Vita sancti Apri, Episcopi Tullensis, in Belgica.
Voyez Ev. de Toul. *Métr. de Trèves.*]

4316. ☞ Vita sanctæ Aproniæ, Virginis, Tulli in Lotharingia, ab auctore anonymo scripta; cum commentario Guillelmi Cuperi, S. J.
Cette Vie est imprimée dans le *Recueil* de Bollandus, au 15 Juillet.]

— De sancto Aprunculo, Episcopo Claromontano.
Voyez Ev. de Clermont. *Métr. de Bourges.*]

— Vie de saint Aquilin, Evêque d'Evreux.
Voyez Ev. d'Evreux. *Métr. de Rouen.*

— ☞ De sancto Arcadio, Archiepiscopo Bituricensi.
Voyez Arch. de la *Métr. de Bourges.*]

— Vita sancti Aredii, Abbatis Lemovicensis.
Voyez Abb. de S. Yriez, *Ord. de S. Benoît.*

— Vie de saint Arey, Evêque de Nevers.
Voyez Ev. de Nevers. *Métr. de Sens.*

— ☞ De sancto Arigio, Archiepiscopo Lugdunensi.
Voyez Arch. de la *Métr. de Lyon.*]

— Vie de saint Arige, Evêque de Gap.
Voyez Ev. de Gap. *Métr. d'Aix.*

— De sancto Arigio Episcopo Vabrensi.
Voyez Ev. de Vabres. *Métr. d'Alby.*

— Vie de saint Arnoald, Evêque de Metz.
Voyez Ev. de Metz. *Métr. de Trèves.*

— Vie de saint Arnoald, petit-fils de Clotaire.
Voyez Généal. de la première Race.

4317. Vita sancti Arnulphi, Martyris in Diœcesi Remensi.
Cette Vie se trouve dans le tom. VIII. du *Spicilége* de Dom Luc d'Acheri, *pag.* 623.

4318. ☞ Acta sancti Arnulfi, Martyris, Mosomi in Gallia; auctore Anonymo; cum Commentario Guillelmi Cuperi, S. J.
Ces Actes, qui concernent le Martyr précédent, qui mourut à Mouson, sont imprimés dans le *Recueil* de Bollandus, au 24 Juillet.]

4319. ☞ Vita sancti Arnulphi, Martyris in Silvâ Aquilinâ, inter Parisios & Carnutum, ab Anonymo scripta; cum Commentario Guillelmi Cuperi, S. J.
Cette Vie est imprimée dans le *Recueil* de Bollandus, au 18 Juillet.]

4320. Vie de saint Arnoul, Martyr; par Adrien Baillet.
Cette Vie est dans son *Recueil des Vies des Saints*, au 18 de Juillet.

— Vita sancti Arnulphi, Abbatis Carnotensis.
Voyez Abb. de S. Père, *Ord. de S. Benoît.*

— Vita sancti Arnulphi, Episcopi Metensis.
Voyez Ev. de Metz. *Métr. de Trèves.*

— Vita sancti Arnulphi, Episcopi Suessionensis.
Voyez Ev. de Soissons. *Métr. de Reims.*

— Vita sancti Arnulphi, Episcopi Turonensis.
Voyez Arch. de Tours.

— Vita sancti Arnulphi, Episcopi Vapincensis.
Voyez Ev. de Gap. *Métr. d'Aix.*

— Vita beati Arnulphi, Abbatis Villariensis.
Voyez Abb. de Villiers, *Chan. Reg.*

4321. ☞ Vie de saint Arnoul & de sainte Scariberge son épouse; par le P. J. M. (le P. Jean-Marie de Vernon): *Paris*, 1677, *in*-16.]

— Vie de saint Arrige, Evêque de Lyon.
Voyez Arch. de Lyon.

— De sancto Arthemio, Episcopo Senonensi.
Voyez Arch. de Sens.

— ☞ Vita sanctæ Ascelinæ, Virginis Ordinis Cisterciensis.
Voyez Religieuses de Cîteaux.]

— Vita sancti Attalæ, Monachi Lerinensis.
Voyez Abb. de Lérins, *Ord. de S. Benoît.*

— ☞ De sancto Auctore, Episcopo Metensi.
Voyez Ev. de Metz. *Métr. de Trèves.*]

— Vita sancti Audoeni [seu Dadonis] Episcopi Rothomagensis.
Voyez Arch. de Rouen.

— Vita sancti Audomari, Episcopi Tarvanensis.
Voyez Ev. de Boulogne. *Métr. de Reims.*

4322. ☞ Les vérités de saint Aventin, fidèle Achates de saint Thomas de Cantorbie, où sont sa vie, ses miracles; par Nicolas des Guerrois: *Troyes*, Jacquart, 1644, *in*-12.
Il y a des Reliques de ce Saint dans l'Eglise Paroissiale de S. Aventin à Troyes.]

— Vita sancti Aventini, Archidiaconi.
Voyez second Ordre du Clergé.

— Vita sancti Aventini, Eremitæ.
Voyez Solitaires.

— De sancto Avito, Episcopo Claromontano.
Voyez Ev. de Clermont. *Métr. de Bourges.*

— Vita sancti Aviti, Eremitæ.
Voyez Solitaires.

— Vita sancti Aviti, Episcopi Viennensis.
Voyez Arch. de Vienne.

Vies des Saints.

— Vie de saint Aunaire, Evêque d'Auxerre.
Voyez Ev. d'Auxerre. *Métr. de Sens.*

— Vie de sainte Aure, Abbesse de saint Martial.
Voyez Religieuses Bénédictines.

— Vie de saint Aurélien, Evêque d'Arles.
Voyez Arch. d'Arles.

— De sancto Aureliano, Episcopo Lemovicensi.
Voyez Ev. de Limoges. *Métr. de Bordeaux.*

— Vie de saint Aurélien, Archevêque de Lyon.
Voyez Arch. de Lyon.

— Vie de sainte Aurélie, fille du Roi Hugues Capet.
Voyez Généal. de la troisième Race.

— Vita sancti Aurelii, Abbatis Miciacensis.
Voyez Abb. de S. Mesmin, *Ord. de Cîteaux.*

— ☞ De sancto Auremundo, Abbate Mauriacensi.
Voyez Abb. de Mauriac, *Ord. de S. Benoît.*]

— Vie de saint Ausone, Evêque d'Angoulême.
Voyez Ev. d'Angoulême. *Métr. de Bordeaux.*

— Mission de saint Auspice, Evêque d'Apt.
Voyez Ev. d'Apt. *Métr. d'Aix.*

— ☞ De sancto Auspicio, Episcopo Tullensi in Belgica.
Voyez Ev. de Toul. *Métr. de Trèves.*]

— ☞ De sancto Austindo, Archiepiscopo Auscensi.
Voyez Arch. de la *Métr. d'Ausch.*]

— Vie de sainte Austreberte, Abbesse de Pavilly.
Voyez Religieuses Bénédictines.

— De sancto Austreberto, Episcopo Viennensi.
Voyez Arch. de Vienne.

— ☞ De sancta Austregilde, vel Agia, sancti Lupi matre, Appendix Joannis VELDII, S. J.
Voyez le *Recueil* de Bollandus, au 1 Septembre.]

— Vita sancti Austregisili, Episcopi Bituricensis.
Voyez Arch. de Bourges.

— Vie de saint Austremoine, Evêque de Clermont.
Voyez Ev. de Clermont. *Métr. de Bourges.*

— Vita sancti Autberti, Episcopi Cameracensis.
Voyez Arch. de Cambrai.

— De sancto Autperto, Episcopo Abrincensi.
Voyez Ev. d'Avranches. *Métr. de Rouen.*

— Vie de saint Avy, Abbé de Châteaudun.
Voyez Solitaires.

— Vita sancti Ayberti, Presbyteri Reclusi.
Voyez Ord. de S. Benoît.

4323. Vita sanctæ Ayæ, Comitissæ Montibus Hannoniæ, auctore Godefrido HENSCHENIO, è Societate Jesu.

Cette Vie se trouve imprimée dans le *Recueil* de Bollandus, au 18 Avril. Cette Sainte est morte dans le huitième siècle.

4324. Vie de saint Aye; par Romain CHOQUET, Récollet: *Mons*, 1640, *in*-12.

4325. ☞ Abrégé de la Vie de S. Ayeul, Abbé & Martyr (dont la Fête se célèbre à Provins) avec son Office: *Paris*, Lambin, 1698, *in*-12.]

— Elogium beati Aymardi, Abbatis Cluniacensis.
Voyez Abb. de Cluni, *Ord. de S. Benoît.*

B

— Vie de saint Babolein, Abbé de saint Maur des Fossés.
Voyez Abb. de S. Maur, *Ord. de S. Benoît.*]

— ☞ De sancto Badulpho, Abbate Athanacensi.
Voyez Abb. d'Aisnay, *Ord. de S. Benoît.*]

— De sancto Baino, Episcopo Tarvanensi.
Voyez Ev. de Boulogne. *Métr. de Reims.*

— Vie de saint Balderic, Abbé de Montfaucon.
Voyez Généal. de la première Race.

— Vita sancti Baldomeri, Subdiaconi Lugdunensis.
Voyez second Ord. du Clergé.

— Vita sancti Balduini, Archidiaconi Laudunensis.
Voyez ibid.

— Vita sancti Balduini, Cardinalis.
Voyez Cardinaux.

4326. ☞ De sancto Balsemio, Martyre, Ramerude in Diœcesi Tricassinâ, Commentarius Joan. Bapt. SOLLERII, S. J.
Voyez se *Recueil* de Bollandus, au 16 Août.]

— ☞ De sancto Bandarido, Episcopo Suessionensi.
Voyez Ev. de Soissons. *Métr. de Reims.*]

— Vita sancti Baomiri, Monachi.
Voyez Solitaires.

— Vie de saint Baront & de saint Disier, Ermites.
Voyez ibid.

— Vita sancti Barnardi, Abbatis de Tironio.
Voyez Abb. de Tiron, *Ord. de S. Benoît.*

— Vita sancti Barnardi, Episcopi Viennensis.
Voyez Arch. de Vienne.

— De sancto Bartholomæo, Abbate Majoris Monasterii.

Voyez Abb. de Marmoutiers, *Ord. de S. Benoît.*

— Vie de saint Basin, Evêque de Trèves.

Voyez Arch. de Trèves.

— Vita sancti Basoli, Eremitæ.

Voyez Solitaires.

— Vita beati Joannis Bassoni, Cœlestini.

Voyez Célestins.

— Vie de sainte Bathilde, Reine de France.

Voyez Reines.

4327. Vita sancti Baudelii, Martyris Nemausi.

Ces Actes sont dans le *Recueil* de Bollandus, au 20 de Mai. Le Saint a vécu dans le troisième ou quatrième siècle.

☞ *Voyez* sur les Actes de S. Bausile (le même que Baudilius) l'*Histoire de Nismes*; par M. Mesnard, tom. I. aux Preuves.]

4328. Vie de saint Baudille; par François GIRY.

Cette Vie se trouve dans son *Recueil des Vies des Saints*, au 20 de Mai.

4329. Vie de saint Baudille; par Adrien BAILLET.

Cette Vie est dans son *Recueil des Vies des Saints*, au même jour.

— Vita sancti Bavonis, Eremitæ.

Voyez Solitaires.

4330. Vita sancti Beati, Confessoris Vindocini, cum Notis præviis Godefridi HENSCHENII, è Societate Jesu.

La Vie de ce Saint, qui a fleuri au quatrième ou cinquième siècle, est imprimée dans le *Recueil* de Bollandus, au 9 de Mai. Elle ne peut pas faire une grande autorité.

4331. Vie des saints Béat & Fridolin, les premiers Apôtres des Suisses; par Pierre CANISIUS, Jésuite : *Fribourg*, Gunperlin, 1590, *in*-4. [en Allemand.]

Cet Auteur est mort en 1597.

4332. ☞ De S. Beatâ, seu Benedictâ, Virgine Diœcesis Senonensis; cum Sylloge Danielis PAPEBROCHII, è Societate Jesu.

Voyez le *Recueil* de Bollandus, au 20 Juin.]

— Vita sanctæ Beggæ, Begginarum Fundatricis.

Voyez Religieuses Béguines.

4333. ☞ De S. Belinâ, Virgine & Martyre apud Lingones, Notæ Joannis PERIERI, è Societate Jesu.

Voyez le *Recueil* de Bollandus, au 8 Septembre.]

— Vita sancti Benedicti, Abbatis Aniancensis.

Voyez Abb. d'Aniane, *Ord. de S. Benoît.*

— De sancto Benedicto, Monacho.

Voyez Solitaires.

4334. Acta sancti Benedicti, Confessoris, Fundatoris Pontis Avenionensis, cum Commentario prævio Danielis PAPEBROCKII, è Societate Jesu.

Les Actes de ce Saint, qui est mort en 1184, sont imprimés dans le *Recueil* de Bollandus, au 14 d'Avril. Ils sont produits comme authentiques, étant tirés des Archives de la Ville d'Avignon.

4335. Sanctus Joannes Benedictus, Pastor & Pontifex Avenionensis, an etiam Lugduni? Lucubratio Theophili RAYNAUDI, è Societate Jesu, ex quâ judicari potest, an sanctus Benedictus inter Sanctos Lugdunenses recenseri meritò possit : *Avenione*, 1643, *in*-8.

Ce même Ouvrage se trouve [avec sa *Défense*, ou *Antemurale*] dans le tom. VIII. de ses *Œuvres : Lugduni,* 1668, *in-fol.*

4336. Vie de saint Benezet; par E. S. DES PREAUX, D. B. A. *Avignon*, du Perrier, 1675, *in*-12.

Etienne SEYSTRE, Célestin, est l'Auteur de cette Vie. Il est mort en 1704.

4337. Vie du même Saint; par DISAMBEC: *Avignon*, 1670, *in*-12.

Disambec, est l'anagramme de DE CAMBIS, Sieur de Fargues.

4338. Vie du même Saint; par Adrien BAILLET.

Elle est imprimée dans son *Recueil des Vies des Saints*, au 14 d'Avril.

4339. Histoire de saint Benezet, ou Benedet, Entrepreneur du Pont d'Avignon, contenant celle de l'Ordre des Religieux Pontifes; par Magne AGRICOLE: *Aix*, David, 1708, *in*-16.

Joseph-Pierre DE HAITZE s'est déguisé sous ce nom. Il faut que cette Histoire contienne quelque chose d'extraordinaire, puisqu'il se trouve trois Auteurs, qui l'ont publiée sous des noms empruntés.

— Vita sancti Benigni, Abbatis Fontanellensis.

Voyez Abb. de S. Wandrille, *Ord. de S. Benoît.*

— Vita sancti Benigni, Presbyteri & Martyris.

Voyez le second Ord. du Clergé.

4340. Vie de sainte Benoîste d'Origny, de sainte Romaine de Beauvais, & leurs compagnons, Martyrs; par Adrien BAILLET.

Elle est imprimée dans son *Recueil des Vies des Saints*, au 8 d'Octobre. Ces Saints ont vécu au troisième ou au quatrième siècle.

— Vie de saint Bercaire, Abbé de Monstier-en-Der.

Voyez Abb. de Monstier-en-Der, *Ord. de S. Benoît.*

— Vita sancti Berengarii, Monachi Papulensis.

Voyez Abb. de S. Papoul, *Ord. de S. Benoît.*

4341. ☞ Le Héros des Alpes, ou la Vie du grand S. Bernard de Menthon; par le Père DE SAINT-BERNARD : *Aoste*, 1683, *in*-12.]

— Vita sancti Bernardi, Pœnitentis Audomari.

Voyez Solitaires.

— Vita sancti Bernardi, Cardinalis.

Voyez Cardinaux.

— Vita sancti Bernardi, Abbatis Clarevallensis.

Voyez Abb. de Clervaux, *Ord. de Cîteaux.*

— Vita sancti Bernardi, Abbatis de Tironio.

Voyez Abb. de Tiron, *Ord. de S. Benoît.*

— Vita sancti Bernaredi, Abbatis sancti Crispini.

Voyez Abb. de S. Crespin, *Ord. de S. Benoît.*

— Vie de saint Bernon, Abbé de Cluni.

Voyez Abb. de Cluni, *Ord. de S. Benoît.*

— Vita sanctæ Berthæ, Abbatissæ Blangiacensis.

Voyez Religieuses Bénédictines.

— Vie de sainte Berthe, femme de saint Gombert.

Voyez Généal. de la première Race.

— Vita sanctorum Berthaldi & Amandi, Eremitarum.

Voyez Solitaires.

— Vita sanctæ Bertillæ, Abbatissæ Kalensis.

Voyez Abb. de Chelles, *Bénédictines.*

4342. Vita sanctæ Bertillæ, Virginis Mareoli in Artesia.

Cette Vie est imprimée dans le *Recueil* de Bollandus, au 3 de Janvier. Cette Sainte est morte vers l'an 687 de Jesus-Christ.

4343. ☞ Abrégé de la Vie de sainte Bertille, Patrone de l'Abbaye de Mareuil en Artois : *in*-12.]

— De beato Bertillone, Abbate sancti Benigni.

Voyez Abb. de S. Bénigne, *Ord. de S. Benoît.*

— Vita sancti Bertini, Abbatis Sithivensis.

Voyez Abb. de S. Bertin, *Ord. de S. Benoît.*

— Vie de saint Bertram, Evêque du Mans.

Voyez Ev. du Mans. *Métr. de Tours.*

— Vie de saint Bertrand, Evêque de Cominges.

Voyez Ev. de Cominges. *Métr. d'Auch.*

— ☞ Triomphe de saint Louis Bertrand.

Voyez Dominicains.]

— De sancto Bertranno, Abbate.

Voyez Abb. du Mont Saint-Quentin, *Ord. de S. Benoît.*

— Vie de sainte Bertrude, Reine de France.

Voyez Reines de France.

— Vita sancti Bertulfi, Abbatis Renticæ.

Voyez Abb. de Renty, *Ord. de S. Benoît.*

— Historia Davidis Betoun, Martyris, Cardinalis.

Voyez Ev. de Mirepoix. *Métr. de Toulouse.*

4344. Vie de saint Beuvon, Gentilhomme Provençal ; par Adrien BAILLET.

Elle est imprimée dans son *Recueil des Vies des Saints*, au 22 de Mai. Ce Saint est mort en 986.

4345. * Vita di S. Bovo, Cavalier Provenzale ; da Giacomo Filippo TOMASINI Vescovo di Citta nova : *Padoua*, 1654, *in*-4.

— ☞ De sancto Bibiano, seu Viviano, Episcopo Santonensi.

Voyez Ev. de Saintes. *Métr. de Bordeaux.*]

— De sancto Bilio, Episcopo Venetensi.

Voyez Ev. de Vannes. *Métr. de Tours.*

— Vie de saint Blimond, Abbé de saint Valery.

Voyez Abb. de S. Valery, *Ord. de S. Benoît.*

— Vita sancti Blitarii, Presbyteri.

Voyez le second Ord. du Clergé.

4346. Vita sancti Bobonis, cum Notis Godefridi HENSCHENII, è Societate Jesu.

Cette Vie est imprimée dans le *Recueil* de Bollandus, au 22 de Mai. [Ce Saint est le même que saint Beuvon.]

— Vita beati Bonifacii, Episcopi Lausanensis.

Voyez Ev. de Lausanne. *Métr. de Besançon.*

— Vita sancti Bonifacii, Archiepiscopi Moguntini.

Voyez Arch. de Mayence.

— Vita sancti Boniti, Episcopi Arvernensis.

Voyez Ev. de Clermont. *Métr. de Bourges.*

— Vita sanctarum Bovæ & Dodæ.

Voyez Abb. de S. Pierre de Reims, *Bénédictines.*

— Vie de saint Brice, Archevêque de Tours.

Voyez Arch. de Tours.

— Vie de saint Brieux, premier Evêque du Diocèse de ce nom.

Voyez Ev. de Saint-Brieux. *Métr. de Tours.*

— De sancto Britonio, Trevirensi.

Voyez Arch. de Trèves.

— Vie de saint Bruno, Instituteur des Chartreux.

Voyez Chartreux.

— Vita sancti Brunonis, Archiepiscopi Coloniensis.

Voyez Arch. de Cologne.

— Vie de saint Budoc, Evêque de Dol.

Voyez Ev. de Dol. *Métr. de Tours.*

C

— Vita sancti Cadroæ, Abbatis Vualciodorensis.

Voyez Abb. de Valdor, *Ord. de S. Benoît.*

4347. Vita sanctæ Cæsariæ, Virginis, sororis sancti Cæsarii, Atelate in Gallia.

Elle est imprimée dans le *Recueil* de Bollandus, au 12 de Janvier. Cette Sainte est morte l'an 530 de Jesus-Christ.

— Vita sancti Cæsarii, Episcopi Arelatensis.

Voyez Arch. de la *Métr. d'Arles.*

— Vie de saint Cagnou, Evêque de Laon.
Voyez Ev. de Laon. *Métr. de Reims.*

— Vie de saint Calétric, Evêque de Chartres.
Voyez Ev. de Chartres. *Métr. de Paris.*

— Histoire de saint Calmine, Duc d'Aquitaine.
Voyez Abb. de Carmery, *Ord. de S. Benoît.*

— Vita sancti Caluppani, Presbyteri.
Voyez second Ordre du Clergé.

— ☞ De sancto Cameliano, Episcopo Trecensi.
Voyez Ev. de Troyes. *Métr. de Sens.*]

4348. ☞ La Vie, Martyre, Translation & Miracles des saints Can, Cantian, & Cantianne leur sœur, qui reposent à Notre-Dame d'Estampes, tirés des Archives de ladite Eglise; par H. B. T. *Paris*, Verac, 1610, *in-*8.]

4349. ☞ La Cantiade, ou l'Eloge des Martyrs saints Can, Cantien, & Cantienne, frères & sœur; par Sébastien BREDET: *Paris*, *in-*8.]

4350. ☞ Eloge des trois Martyrs saint Can, saint Cancien & sainte Cancienne, revu & augmenté en cette deuxième édition; par M. CHAUVIN, Conseiller en la Cour des Monnoyes: avec un Poëme sur la Vie de saint François de Sales; revu & augmenté en cette troisième édition: *Paris*, B. Vitré, 1670, *in-*8.]

4351. ☞ Abrégé de la Vie de saint Candide, dont le Corps repose dans la Chapelle des Ursulines de Ruel: *Paris*, 1683, *in-*12.]

— Gesta sancti Caprasii, Episcopi Aginnensis.
Voyez Ev. d'Agen. *Métr. de Bordeaux.*

— Vita sancti Caprasii, Abbatis Lerinensis.
Voyez Abb. de Lérins, *Ord. de S. Benoît.*

4352. ☞ Acta Vitæ & Martyris sancti Carauni, in Diœcesi Carnotensi; auctore anonymo, cum Commentario.

Ces Actes sont imprimés dans le *Recueil* de Bollandus, au 28 de Mai. Ce Saint a vécu dans le cinquième siècle. Ces Actes ne sont pas absolument faux; mais l'Auteur, qui a fleuri dans le neuvième siècle, a gâté les Mémoires dont il les a composés, en les farcissant de Miracles selon le goût de son siècle.

4353. ☞ Mss. Dissertation sur le Martyre des saints Cassi, Victorin, & de leurs Compagnons, au nombre de six mille deux cens soixante, dont les Corps reposent à Clermont, dans les Eglises de saint Allyre, de saint Cassi, & de saint Vénérand; par le Père LE CHEVALIER, Bénédictin, & de la Société Littéraire de Clermont-Ferrand.

Cette Dissertation est conservée dans les Registres de cette Société.]

— Vita sancti Carilefi, Abbatis Anisolensis.
Voyez Abb. de S. Calais, *Ord. de S. Benoît.*

4354. ☞ Remarques sur sainte Carissime, Vierge.
Voyez la Note 61, du tom. de l'*Histoire de Languedoc*; par DD. de Vic & Vaissette.]

— Vie du bienheureux Carloman, Duc des François.
Voyez Ord. de S. Benoît.

— Vita Caroli Boni, Comitis Flandriæ & Martyris.
Voyez Hist. des Pays-Bas.

— Vita sancti Caroli, Abbatis Villariensis.
Voyez Abb. de Villers, *Ord. de Cîteaux.*

— Vie de saint Cassien, Evêque d'Autun.
Voyez Ev. d'Autun. *Métr. de Lyon.*

— Vie de saint Cassien, Prêtre de Marseille.
Voyez second Ordre du Clergé.

— Vita sancti Castoris.
Voyez Ev. d'Apt. *Métr. d'Aix.*]

— De beato Petro à Castronovo, Ordinis Cisterciensis.
Voyez Ord. de Cîteaux.

— Commentarius de sancto Celso, Archiepiscopo Treverensi.
Voyez Arch. de Trèves.

4355. Vie de saint Catalde, ou Cartauld; [par Nicolas DESNOS]: *Auxerre*, 1649, *in-*8.
☞ Saint Catalde est honoré à Sens & à Auxerre.]

— Vie de saint Céran [ou Céraune] Evêque de Paris.
Voyez Arch. de Paris.

— Vita sancti Cerenici, Diaconi.
Voyez second Ord. du Clergé.

— ☞ De sancto Chagnoaldo, Episcopo Laudunensi.
Voyez Ev. de Laon. *Métr. de Reims.*]

— ☞ Vie de la sainte Mère de Chantal, canonisée en 1766.
Voyez Religieuses de la Visitation.]

— Vie de S. Charlemagne, Roi de France.
Voyez Charlemagne, *à son Règne.*

— Vita sancti Petri de Chavanon, primi Præpositi Piperacensis.
Voyez Abb. de Pebrac, *Chanoines Réguliers.*

— Vie de saint Chaumont, Evêque de Lyon.
Voyez Arch. de Lyon.

— De sancto Chenoaldo, Episcopo Laudunensi.
Voyez Ev. de Laon. *Métr. de Reims.*

4356. Vie de saint Chéron, dans le Diocèse de Chartres; par Adrien BAILLET.

Cette Vie de S. Chéron, en Latin *Caraunus*, est imprimée dans son *Recueil des Vies des Saints*, au 28 de Mai.

— Vie du bienheureux Childebert, Roi de France.
Voyez Généal. de la première Race.

4357.

4357. ☞ Vie de sainte Christine, dont le Corps est à Monceaux-lès-Paris; par le Père Jérôme de Monceaux : *in-12*.]

4358. De sanctis Martyribus Chrysolio & Sociis Cominii in Flandria, Commentarius historicus Joannis Bollandi, è Societate Jesu.

Ce Commentaire historique est imprimé dans son *Recueil*, au 5 de Février. Ces Saints ont souffert le martyre l'an 303.

— Vie de saint Clair, Prêtre en Touraine.
Voyez second Ord. du Clergé.

— Vie de saint Clair, Martyr au Vexin.
Voyez Ibid.

— Vie de saint Clair, Abbé à Vienne.
Voyez Abb. de S. Marcel, *Ord. de S. Benoît.*

4359. De sancto Claro, Episcopo Martyre Lectoræ in Novempopulania, Commentarius historicus Godefridi Henschenii, è Societate Jesu.

Ce Commentaire historique est imprimé dans le *Recueil* de Bollandus, au premier de Juin.

4360. Vie de saint Clair, Martyr à Lectoure; par Adrien Baillet.

Cette Vie est imprimée dans son *Recueil des Vies des Saints*, au premier de Juin.

— Vie de saint Claude, Evêque de Besançon.
Voyez Arch. de la *Métr. de Besançon.*

— De sancto Claudio, Episcopo Viennensi.
Voyez Arch. de la *Métr. de Vienne.*

— Vita sancti Clementis, Episcopi Metensis.
Voyez Ev. de Metz. *Métr. de Trèves.*

— Vie de saint Amédée de Clermont, Religieux de Cîteaux.
Voyez Ord. de Cîteaux.

— Vita sancti Clodulphi, Episcopi Metensis.
Voyez Ev. de Metz. *Métr. de Trèves.*

— Vie de sainte Clotilde, Reine de France.
Voyez Reines de France.

— Vita sancti Clotoaldi (seu Clodoaldi) filii Clodomiri Regis Francorum.
Voyez Généal. de la première Race.

— De sancta Clotsinda, Abbatissa Marcianensi.
Voyez Religieuses *Bénédictines.*

— Vie du bienheureux Clovis, Roi de France.
Voyez Généal. de la première Race.

— Vie de la bienheureuse Colette, Religieuse de sainte Claire.
Voyez Religieuses *Franciscaines.*

4361. Vita sanctæ Columbæ, Virginis & Martyris, Senonibus.

Cette Vie est imprimée dans le tom. I. du *Recueil des Vies des Saints* de Mombritius. Les Actes de cette Sainte ne valent rien, au jugement de presque tout le monde. Elle est morte en 273.

Tome I.

4362. Vie de sainte Colombe: *Paris*, 1602, *in-8.*

4363. Vita di santa Colomba; da Giovanni Battista Monzini: 1604, *in-8.*

4364. Vie de la même; par Adrien Baillet.
Cette Vie est imprimée dans son *Recueil des Vies des Saints*, au 31 Décembre.

— Vita sancti Columbani, Abbatis Lexoviensis.
Voyez Abb. de Luxeuil, *Ord. de S. Benoît.*

— Vita sancti Condedi, Monachi Fontanellensis.
Voyez Abb. de S. Wandrille, *Ord. de S. Benoît.*

— Vita sancti Conradi, Archiepiscopi Trevirensis.
Voyez Arch. de la *Métr. de Trèves.*

4365. Vita sanctæ Consortiæ, Virginis; cum Commentario Godefridi Henschenii, è Societate Jesu.

Cette Vie est imprimée dans le *Recueil* de Bollandus, au 22 de Juin; & dans celui des *Actes des Saints de l'Ordre de S. Benoît*, tom. I. pag. 248. Elle passe pour un Roman, ou du moins pour une pièce fort suspecte. Cette Sainte est morte sur la fin du sixième siècle.

4366. Vie de sainte Consortie, ou Consorce, Vierge Provençale; par Ignace de Saint-Antoine, Trinitaire Déchaussé : *Aix*, David, 1710, *in-12.*

Cet Auteur est mort en 1714.

4367. Vie de sainte Consorce; par Adrien Baillet.
Cette Vie est imprimée dans son *Recueil des Vies des Saints*, au 22 de Juin.

— Vie de saint Constantin, Solitaire.
Voyez Solitaires.

— De sancto Constantio, Episcopo Vapincensi.
Voyez Ev. de Gap. *Métr. d'Aix.*

— Vita sancti Contexti, Episcopi Baiocensis.
Voyez Ev. de Bayeux. *Métr. de Rouen.*

— Vita sancti Convoionis, Abbatis Rotonensis.
Voyez Abb. de Redon, *Ord. de S. Benoît.*

— Vita sancti Corentini, Episcopi Corisopitensis.
Voyez Ev. de Quimper. *Métr. de Tours.*

— De sancto Coriomedo, Diacono.
Voyez second Ord. du Clergé.

4368. ☞ Ms. Légende de saint Corneille & saint Cyprian, en Latin, comme elle se dit en l'Eglise de Chartrelle, près Melun : *in-fol.*

Cette Légende est citée entre les Pièces du num. 3301* du Catalogue de M. le Blanc.]

— Vita sancti Joannis de Craticula, Episcopi Macloviensis.
Voyez Ev. de Saint-Malo. *Métr. de Tours.*

N n

— Vie de saint Crescent, Evêque de Vienne.
Voyez Arch. de la *Métr. de Vienne*.

4369. ☞ De sancta Crescentia Virgine, Parisiis, Sylloge Joannis Pinii, è Societate Jesu.
Voyez le *Recueil* de Bollandus, au 19 Août.]

4370. Martyrium sanctorum Crispini & Crispiniani, Suessioni.
Ces Actes sont imprimés dans le *Recueil des Vies des Saints* de Surius, au 25 d'Octobre. Ils semblent être du huitième siècle; ils sont mêlés de prodiges & d'autres circonstances qui n'ont nulle apparence de vérité. Ces Saints sont morts en [287 ou 288.]

4371. Vie de saint Crespin & de saint Crespinian; par Adrien Baillet.
Cette Vie est imprimée dans son *Recueil des Vies des Saints*, au 25 d'Octobre.

4372. De sancta Cunera, Virgine & Martyre Rhenis apud Belgas, in Diœcesi Ultrajectensi : Commentarius historicus Danielis Papebrochii, è Societate Jesu.
Ce Commentaire historique est imprimé dans le *Recueil* de Bollandus, au 12 de Juin.

— Vita sancti Cuniberti, Episcopi Coloniensis.
Voyez Arch. de la *Métr. de Cologne*.

— De sancto Curvallo, Episcopo Maclovienfi.
Voyez Ev. de Saint-Malo. *Métr. de Tours*.

4373. Vita sancti Cuthmanni, Confessoris Stenniniæ in Normannia.
Cette Vie est imprimée dans le *Recueil* de Bollandus, au 8 de Février. Ce Saint a vécu dans le dixième siècle.

— Vita sancti Cypriani, Episcopi Tolonensis.
Voyez Ev. de Toulon. *Métr. d'Arles*.

4374. ☞ Abrégé de la Vie de saint Cyr & de sainte Julitte, Patrons de la Paroisse de Ville-Juifve, proche Paris : *Paris*, 1686, *in-12*.]

— De sancto Cyrillo, Episcopo Trevirensi.
Voyez Arch. de la *Métr. de Trèves*.

D

— Vie de saint Dagobert, Roi de France.
Voyez Généal. de la première Race.

— Vita sancti Deicoli, Abbatis Lutriensis.
Voyez Abb. de Lure, *Ord. de S. Benoît*.

— Vie de saint Delphin, Evêque de Bordeaux.
Voyez Arch. de la *Métr. de Bordeaux*.

4375. ☞ Les Miracles de la Grace victorieuse de la nature en la Vie de sainte Dauphine, Vierge, mariée à saint Elzear, Comte d'Arrian; par le Père Borely, Cordelier : *Lyon*, 1690, *in-8*.
Voyez encore ci-après, avec S. Elzear son mari.]

— Vita sancti Deodati, Blesis Abbatis.
Voyez Solitaires.

— Vita sancti Deodati, Episcopi Nivernensis.
Voyez Ev. de Nevers. *Métr. de Sens*.

4376. ☞ Vita sancti Deodati, Fundatoris Ecclesiæ in Vosago : *in-8*.]

— Vita sancti Desiderati, Episcopi Bituricensis.
Voyez Arch. de la *Métr. de Bourges*.

— Vita sancti Desiderii, Episcopi Cadurcensis.
Voyez Ev. de Cahors, *Métr. d'Alby*.

— Vita sancti Desiderii, Episcopi Lingonensis.
Voyez Ev. de Langres. *Métr. de Lyon*.

— Vita sancti Desiderii, Episcopi Viennensis.
Voyez Arch. de la *Métr. de Vienne*.

— De sancto Dicentio, Episcopo Santoniensi.
Voyez Ev. de Saintes. *Métr. de Bordeaux*.

— Vita sancti Dionysii Areopagitæ.
Voyez ci-devant, N.os 4020 & *suiv*.

— Vita sancti Dionysii, Episcopi Parisiensis.
Voyez Ibid. & Arch. de la *Métr. de Paris*.

— De sancto Dionysio, Episcopo Viennensi.
Voyez Arch. de la *Métr. de Vienne*.

— Vita sanctæ Dodæ, Monialis Remensis.
Voyez Abb. S. Pierre de Reims, *Bénédictines*.

— De sancto Dodolino, Episcopo Viennensi.
Voyez Arch. de la *Métr. de Vienne*.

— Vita sancti Dodonis, Abbatis Lobiensis.
Voyez Abb. de Laubes, *Ord. de S. Benoît*.

4377. Vie de saint Domice & de saint Ulphe; par Pierre de Saint-Quentin, Capucin: *Amiens*, 1664, *in-8*.

— Vita sancti Domitiani, Fundatoris Cœnobii sancti Ragnoberti.
Voyez Abb. de S. Rembert, *Ord. de S. Benoît*.

— Vita sancti Domitiani, Episcopi Trajectensis.
Voyez Ev. de Liège. *Métr. de Cologne*.

— Vita sancti Domnini, Episcopi Diniensis.
Voyez Ev. de Digne. *Métr. d'Embrun*.

— Vita sancti Domnoli, Episcopi Cenomanensis.
Voyez Ev. du Mans. *Métr. de Tours*.

— De sancto Domnolo, Episcopo Viennensi.
Voyez Arch. de la *Métr. de Vienne*.

4378. Acta Martyrii sanctorum Donatiani & Rogatiani, Nannetibus in Britannia sub Diocletiano, cum Commentario Godefridi Henschenii, è Societate Jesu.
Ces Actes sont imprimés dans le *Recueil* de Bollandus, au 24 de Mai. Ils sont graves pour le style & pour

Vies des Saints. 283

les pensées ; il n'y a point de faits extraordinaires ni incroyables. Ils ne sont pas originaux, mais ils paroissent être du cinquième siècle, & sont assez bien écrits.

4379. Vies des saints Rogatien & Donatien ; par Adrien BAILLET.

Cette Vie est imprimée dans son *Recueil des Vies des Saints*, au 24 de Mai.

— Vie de S. Donatien, Evêque de Reims.

Voyez Arch. de la *Métr. de Reims*.

— ☞ De sancto Donato, Eremita.

Voyez Solitaires.]

— Vita sancti Drausii, Episcopi Suessionensis.

Voyez Ev. de Soissons. *Métr. de Reims.*

— Vita sancti Droctovei, Abbatis sancti Vincentii Parisiensis.

Voyez Abb. de S. Germain-des-Prés, *Ord. de S. Ben.*

— Vita sancti Drogonis, Reclusi.

Voyez Solitaires.

— Elogium sancti Dulcardi, Monachi.

Voyez Ibid.

4380. Vita sanctæ Dympnæ, Virginis & Martyris Gelæ in Brabantia ; auctore PETRO, Canonico Regulari sancti Auberti Cameracensis.

Cette Vie est imprimée dans le Recueil de Bollandus, au 15 de Mai. Elle n'a guères d'autorité ; il y a des faussetés visibles, qui font juger qu'elle en renferme encore d'autres qu'on ne voit pas. Son Auteur florissoit en 1298, & cette Sainte a vécu dans le huitième siècle.

4381. Vie de sainte Dympne ; par Adrien BAILLET.

Cette Vie est imprimée dans son *Recueil des Vies des Saints*, au 15 de Mai.

E

— De sancta Earcongotta, Moniali.

Voyez Abb. de Farmoutiers, *Bénédictines.*

— Vita sancti Ebbonis, Episcopi Senonensis.

Voyez Arch. de la *Métr. de Sens.*

— Vie de saint Ebregisil, Evêque de Meaux.

Voyez Ev. de Meaux. *Métr. de Paris.*

— Vita sancti Ebremundi, Abbatis Fontanensis.

Voyez Abb. de Fontenay, *Ord. de S. Benoît.*

— ☞ Vita sancti Ebrulsi, Abbatis.

Voyez ci-après, Chap. IX. *Moines & Solitaires.*]

— Vita sancti Ebrulphi, Abbatis sancti Fusciani.

Voyez Abb. de S. Fuscien, *Ord. de S. Benoît.*

— Vita sancti Ebrulphi, Abbatis Uticensis.

Voyez Abb. de S. Evroul, *Ord. de S. Benoît.*

— Vita sancti Edesbaldi, Abbatis Dunensis.

Voyez Abb. de Dunes, *Ord. de S. Benoît.*

— Vie de sainte Edilburge, Abbesse de Farmoutiers.

Voyez Abb. de Farmoutiers, *Bénédictines.*

Tome I.

— ☞ De sancto Elaphio, Episcopo Catalaunensi.

Voyez Ev. de Chaalons. *Métr. de Reims.*]

4382. De sanctis Elenara & Sponsaria, Virginibus sub Diocletiano, Notæ historicæ Godefridi HENSCHENII, è Societate Jesu.

Ces Notes historiques sont imprimées dans le Recueil de Bollandus, au 2 de Mai.

— Vie de saint Eleuthère, Evêque d'Auxerre.

Voyez Ev. d'Auxerre. *Métr. de Sens.*

— Vie de saint Eleuthère, Evêque de Tournay.

Voyez Ev. de Tournay. *Métr. de Cambray.*

— Vita sancti Eligii, Episcopi Noviomensis.

Voyez Ev. de Noyon. *Métr. de Reims.*

— Vita sanctæ Elisabeth, Abbatissæ Schonovensis.

Voyez Religieuses *Bénédictines.*

4383. De sancto Elpidio, Martyre, & Archontio, Confessore, Brivate in Arvernia, Sylloge historica Danielis PAPEBROCHII, è Societate Jesu.

Ce Recueil historique de Papebrokh, mort en 1714, se trouve dans celui des Saints de Bollandus, au 18 de Juin.

— ☞ De sancto Elpidio Episcopo Lugdunensi.

Voyez Arch. de la *Métr. de Lyon.*]

4384. Vita sancti Elzearii, Comitis Ariani.

Cette Vie est imprimée dans le *Recueil des Vies des Saints* de Surius, au 27 de Septembre.

4385. ☞ Vita sancti Elzearii de Sabrano, Baronis Ausoysii & Comitis Ariani ; auctore anonymo ; & Commentarius Constantini SUYSKENI, è Societate Jesu.

Cette Vie est imprimée dans le *Recueil* de Bollandus, au 27 Septembre.]

La même Vie, traduite par Robert Arnauld D'ANDILLY.

Elle se trouve dans le *Recueil* de ses *Vies des Saints illustres* : Paris, 1676, in-fol.

La medesima, tradotta in lingua Italiana ; per Claudio BILANCETTO, della Compagnia di Giesu : *In Praga*, Schiecman, 1592, in-4.

La Vie de ce Saint, qui est mort en 1323, a été écrite par un Auteur anonyme, assez grave & assez exact, si l'on en excepte le calcul qu'il fait des années de ce Saint.

4386. Vie de saint Elzear, dit vulgairement saint Aulzias de Sabran, Comte d'Arian ; par J. RAPHAEL, Provençal, Jacobin : *Paris*, vieille édition, in-4. 1524, in-8.

4387. La Vie de saint Elzear de Sabran, & de la Bienheureuse Comtesse Dauphine sa femme ; par Benoît CORONNÉ, Prédicateur du Roi : *Paris*, 1622, in-12.

4388. Vies des mêmes ; par Etienne BINET, Jésuite : *Paris*, Chapelet, 1625, in-12. Cinquième édition : *Ibid.* 1629, in-12.

Nn 2

4389. Vita del Comte Elzeario : *In Roma,* 1627, *in-*8.

4390. Vie des mêmes; par Elzéar BORELY, Cordelier : *Lyon, in-*12.

Cet Auteur est mort en 1679.

4391. Vies des mêmes; par Adrien BAILLET.

Cette Vie est imprimée dans son *Recueil des Vies des Saints,* au 27 de Septembre.

4392. Mss. Vies des mêmes; par François de REMERVILLE de Saint-Quentin.

Cet Ouvrage, prêt à imprimer, [étoit] entre les mains de l'Auteur, [lorsque le P. le Long écrivoit, en 1719.]

4393. ☞ Supplicatio Joanni XXII. oblata, ad obtinendam canonisationem B. Elzearii; hujus Libelli Auctor Franciscus MAYRONIS, Ordinis FF. Minorum.

Cette Supplique est imprimée à la fin des Sermons de S. Antoine de Padoue, publiés par le Père Antoine Pagi : *Avignon,* Offray, 1664, *in-*8.]

— Vita sanctorum Emani Presbyteri, Maurilli & Almari, Martyrum.

Voyez second Ordre du Clergé.

4394. ☞ De sancto Emilione, Commentarius Dan. PAPEBROCHII, S. J.

Voyez le *Recueil* de Bollandus, au 25 de Juin.]

— Vie de saint Emmerand, Evêque de Poitiers.

Voyez Ev. de Poitiers. *Métr. de Bordeaux.*

— Vita sancti Engelberti, Archiepiscopi Coloniensis.

Voyez Arch. de la *Métr. de Cologne.*

— Vie de sainte Enimie, fille du Roi Clotaire II.

Voyez Généal. de la première Race.

— ☞ Vie de saint Ennodius, Evêque de Pavie.

Voyez Ev. François.]

— De sanctis Eoladio & Agricola, Episcopis Nivernensibus.

Voyez Ev. de Nevers. *Métr. de Sens.*

— Vie de saint Eparce, Evêque de Clermont.

Voyez Ev. de Clermont. *Métr. de Bourges.*

— Vita sancti Eparchii, Abbatis Inculismensis.

Voyez Abb. de S. Cybar, *Ord. de S. Benoît.*

4395. Vita sancti Epipodii, Martyris Lugdunensis, & Sociorum; cum Notis præviis Godefridi HENSCHENII, è Societate Jesu.

Cette Vie est imprimée dans le *Recueil* de Bollandus, au 22 d'Avril; & dans les *Actes vrais & sincères* de Dom Thierry Ruinart, *pag.* 62 : *Parisiis,* 1699, *in-*4. Les Actes de ces Saints, martyrisés l'an 178 de Jesus-Christ, ne sont pas originaux; ils sont beaux néanmoins, & l'on y voit par-tout un caractère de sincérité, qui les rend recevables. L'Auteur étoit habile; il vivoit vers le quatrième ou cinquième siècle.

4396. Vie de saint Epipode; par Adrien BAILLET.

Cette Vie est imprimée dans son *Recueil des Vies des Saints,* au 22 d'Avril.

4397. Vie du même Saint; par Sébastien LE NAIN DE TILLEMONT.

Cette Vie est imprimée au tom. III. de ses *Mémoires pour l'Histoire Ecclésiastique, pag.* 30.

— ☞ Vita sancti Eptadii, Presbyteri.

Voyez second Ordre du Clergé.]

— Vie de saint Erembert, Evêque de Toulouse.

Voyez Arch. de la *Métr. de Toulouse.*

— Vita sancti Erkembodonis, Episcopi Tarvanensis.

Voyez Ev. de Boulogne. *Métr. de Reims.*

4398. Vita sanctæ Ermelendis, Virginis in Brabantia.

Cette Vie est imprimée dans le *Recueil des Vies des Saints* de Surius, au 29 d'Octobre. Elle a été écrite par un Auteur inconnu, mais assez grave, qui semble avoir vécu vers le temps de Charlemagne. Cette Sainte vivoit vers la fin du sixième siècle.

4399. Vie de sainte Ermelinde; par Adrien BAILLET.

Elle est imprimée dans son *Recueil des Vies des Saints,* au 29 d'Octobre.

— Vita sancti Ermini, Abbatis Laubiensis.

Voyez Abb. de Laubes, *Ord. de S. Benoît.*

— ☞ Vita sancti Ermenfredi, Abbatis.

Voyez Prieuré de Cusance, *Ord. de S. Benoît.*]

— ☞ Vita sancti Ernei, Abbatis.

Voyez Solitaires.]

— De sancto Errico, Monacho Autissiodorensi.

Voyez Abb. de S. Germain d'Auxerre, *Ord. de S. Benoît.*

— Vie de saint Estienne, Cardinal.

Voyez Cardinaux.

— Vie de saint Estienne, Abbé de Cîteaux.

Voyez Ordre de Cîteaux.

— Vie de saint Estienne, Evêque de Die.

Voyez Ev. de Die. *Métr. de Vienne.*

— Vie de saint Estienne, Fondateur de l'Ordre de Grandmont.

Voyez Ordre de Grandmont.

— Vie de saint Estienne, Abbé d'Obasine.

Voyez Abb. d'Obasine, *Ord. de Cîteaux.*

— Vie de saint Estienne, Grand-Archidiacre de Sion.

Voyez second Ordre du Clergé.

— Vita sancti Ethbini, Abbatis Tauracensis.

Voyez Solitaires.

— ☞ De sancto Evantio, Episcopo Augustodunensi.

Voyez Ev. d'Autun. *Métr. de Lyon*]

— De sancto Evantio, Episcopo Viennensi.

Voyez Arch. de la *Métr. de Vienne.*

— Vie de saint Eucaire, Evêque de Trèves.

Voyez Arch. de la *Métr. de Trèves.*

— De sanctis Euchario & Falcone, Fratribus.

Voyez Ev. de Liège. *Métr. de Cologne.*

— Vie de saint Eucher, Archevêque de Lyon.

Voyez Arch. de la *Métr. de Lyon.*

— Vie de saint Eucher, Evêque d'Orléans.

Voyez Ev. d'Orléans. *Métr. de Paris.*

4400. ☞ Vie de saint Eucher le jeune, Evêque Suffragant de la Métropole d'Arles; par Adrien BAILLET.

Se trouve dans son *Recueil*, au 16 de Novembre.]

4401. De sancto Eudelbo, Martyre in Novempopulania, Notæ historicæ Godefridi HENSCHENII, è Societate Jesu.

Ces Notes historiques sont imprimées dans le *Recueil* de Bollandus, au 11 de Mai. Ce Saint a vécu dans le huitième siècle.

4402. Acta Vitæ & Martyris sancti Evermari, in agro Tungrensi occiso; scripta seculo decimo.

Ces Actes sont imprimés dans le *Recueil* de Bollandus, au premier de Mai. Ce Saint a été tué vers l'an 700 de Jesus-Christ.

Historia tripartita ejusdem Sancti.

Cette Histoire se trouve dans le *Recueil* précédent, au même jour.

— Vita sancti Evertii, Episcopi Aurelianensis.

Voyez Ev. d'Orléans. *Métr. de Paris.*

— Vita sancti Eugendi, Abbatis Jurensis.

Voyez Abb. de Mont-Jura, ou de S. Claude, *Ord. de S. Benoît.*

4403. Vie de saint Eugène, Martyr à Deuil en Parisis, au troisième siècle; par Adrien BAILLET.

Cette Vie est imprimée dans son *Recueil des Vies des Saints*, au 15 de Septembre.

4404. Transitus sancti Eugenii, sive Genii, sive Hygini, Confessoris Christi; auctore Bernardo GUIDONIS, Episcopo Lodovensi.

Ces Actes sont imprimés au tom. II. de la *Nouvelle Bibliothèque des Manuscrits* du Père Labbe, pag. 564.

— De sancto Eulalio, Episcopo Nivernensi.

Voyez Ev. de Nevers. *Métr. de Sens.*]

— ☞ De sancto Eunucio, Episcopo Noviodunensi.

Voyez Ev. de Noyon. *Métr. de Reims.*]

— Vie de saint Evode, Archevêque de Rouen.

Voyez Arch. de la *Métr. de Rouen.*

— Vie de saint Euphraise, Evêque de Clermont.

Voyez Ev. de Clermont. *Métr. de Bourges.*

— Vie de saint Euphrone, Evêque d'Autun.

Voyez Ev. d'Autun. *Métr. de Lyon.*

— Vie de saint Euphrone, Archevêque de Tours.

Voyez Arch. de la *Métr. de Tours.*

4405. ☞ Histoire abrégée de la Vie & de la translation de sainte Euphrosyne, Vierge d'Alexandrie, Patrone du Prieuré de saint Louis de Royaulieu, dans la Forêt de Compiegne: *Reims*, Bernard, 1666, *in-8.*]

4406. ☞ Vie de la même; par Gabriel BROSSE: *Paris*, 1672, *in-4.*]

— Vie de saint Evre, Evêque de Toul.

Voyez Ev. de Toul. *Métr. de Trèves.*

— Vita sanctæ Eusebiæ, Abbatissæ Hamaticensis.

Voyez Religieuses *Bénédictines.*

— Vita sancti Eusithii, Abbatis Cellensis.

Voyez Abb. de Selles, *Ord. de S. Benoît.*

— Vita sancti Euspicii, Abbatis Miciacensis.

Voyez Abb. de S. Mesmin, *Ord. de S. Benoît.*

— Vita sanctæ Eustandiolæ, Abbatissæ.

Voyez Religieuses *Bénédictines.*

— Vie de saint Eustace, Abbé de Luxeul.

Voyez Abb. de Luxeul, *Ord. de S. Benoît.*

— Vie de saint Eustoche, Evêque de Tours.

Voyez Arch. de la *Métr. de Tours.*

— Vita sancti Euticii, Abbatis Balmensis.

Voyez Abb. de Baume, *Ord. de S. Benoît.*

— Vie de saint Eutrope, Evêque d'Orange.

Voyez Ev. d'Orange. *Métr. d'Arles.*

— Vie de saint Eutrope, Evêque de Saintes.

Voyez Ev. de Saintes. *Métr. de Bordeaux.*

4407. Vie de sainte Eutrope, veuve en Auvergne; par Adrien BAILLET.

Cette Vie est imprimée dans son *Recueil des Vies des Saints*, au 15 de Septembre. Cette Sainte a vécu dans le cinquième siècle.

4408. De sancta Exuperantia, Virgine, Trecis in Gallia; Notæ historicæ Godefridi HENSCHENII, è Societate Jesu.

Ces remarques historiques sont imprimées dans le *Recueil* de Bollandus, au 26 d'Avril.

— Vie de saint Exupere, Evêque de Bayeux.

Voyez Ev. de Bayeux. *Métr. de Rouen.*

— Vie de saint Exupere, Evêque de Toulouse.

Voyez Arch. de la *Métr. de Toulouse.*

F

— Vie de sainte Fare, Abbesse de Farmoutiers.

Voyez Abb. de Farmoutiers, *Bénédictines.*

— Vie de saint Faron, Evêque de Meaux.

Voyez Ev. de Meaux. *Métr. de Paris.*

— ☞ De sancto Fausto, Episcopo Tarbiensi.

Voyez Ev. de Tarbes. *Métr. d'Auch.*]

— Historia beati Federici, Cardinalis.

Voyez Cardinaux.

— Vita sancti Federici, Episcopi Leodiensis.

Voyez Ev. de Liège. *Métr. de Cologne.*

— Vita sancti Federici, Episcopi Ultrajectini.

Voyez Ev. d'Utrecht. *Métr. de Cologne.*

— De sancto Felice, Presbytero, Martyre.

Voyez second Ordre du Clergé.

— Vie de saint Felix, Evêque de Nantes.

Voyez Ev. de Nantes. *Métr. de Tours.*

— Vie de saint Felix, Evêque de Trèves.

Voyez Arch. de la *Métr. de Trèves.*

— Vie de saint Felix de Valois, Instituteur des Mathurins.

Voyez Mathurins.

— Vie de saint Fergeon, Prêtre.

Voyez second Ordre du Clergé.

— Acta sanctorum Ferreoli & Ferruoii, Martyrum.

Voyez Ibid.

— Vita sancti Ferreoli, Episcopi Lemovicensis.

Voyez Ev. de Limoges. *Métr. de Bourges.*

4409. Vie de saint Ferréol, Martyr de Vienne ; par Adrien BAILLET.

Cette Vie est imprimée dans son *Recueil des Vies des Saints*, au 18 de Septembre.

4410. ☞ De sancto Ferreolo, Martyre Viennensi, Commentarius Joannis STILTINGI, è Societate Jesu.

Voyez ses Actes dans le *Recueil* de Bollandus, au 18 de Septembre.]

— Vie de saint Ferréol, Evêque d'Uzès.

Voyez Ev. d'Uzès. *Métr. de Narbonne.*

— Vie de saint Fiacre, Anachorète.

Voyez Solitaires.

4411. Vita sanctæ Fidei, seu Fidis, Virginis & Martyris Aginnensis.

Cette Vie est imprimée dans le *Recueil des Vies des Saints* de Surius, au 6 d'Octobre.

Eadem, paululùm à Librariis mutata.

Cette Vie est imprimée au tom. II. de la *Nouvelle Bibliothèque des Manuscrits* du Père Labbe, *pag.* 528. Les Actes de cette Sainte, qui a souffert le martyre vers l'an 287 de Jesus-Christ, ne sont pas originaux, & ne paroissent pas avoir été écrits avant le sixième siècle.

Liber de miraculis ejusdem.

Ce Livre se trouve dans la *Bibliothèque des Manuscrits* du P. Labbe, au tom. II.

4412. ☞ Vie de sainte Fides d'Agen, en vers rimés en Langue Provençale, semblable à la Catalane, écrite en 1080.

» Fauchet en cite deux Stances de plusieurs vers, cha-
» cune sur la même rime, Liv. I. ch. I. de la Langue. Je
» crois que cette Sainte Fides c'est S. Figades, c'est-à-
» dire Phœbadius, Evêque d'Agen. Cette Vie est citée
» par Borel au mot *Bresca*, rayon de miel : il en rappor-
» te trois vers ; elle est encore citée au mot *Antresca* ».

J'ai tiré cet article & la remarque telle que je viens de la rapporter, des *Recueils* de M. Falconet.]

4413. Vie de sainte Foi & de saint Caprais, à Agen ; par Adrien BAILLET.

Cette Vie est imprimée dans son *Recueil des Vies des Saints*, au 6 d'Octobre.

4414. Vies des mêmes ; par Sébastien LE NAIN DE TILLEMONT.

Cette Vie est imprimée au tom. IV. de ses *Mémoires pour l'Histoire ecclésiastique*, *pag.* 543 & 712.

— Vita sancti Fidoli, Abbatis Trecensis.

Voyez Ab. d'Aventin, *Ord. de S. Benoît.*

— Vie de saint Filbert, Abbé de Jumièges.

Voyez Abb. de Jumièges, *Ord. de S. Benoît.*

— ☞ Vita sancti Filiberti, Abbatis.

Voyez ci-après, *Moines & Solitaires.*]

— Vie de saint Firmin, Martyr, Evêque d'Amiens.

Voyez Ev. d'Amiens. *Métr. de Reims.*

— Vie de saint Firmin, le Confès, Evêque d'Amiens.

Voyez Ibid.

— Vie de saint Firmin, Evêque d'Uzès.

Voyez Ev. d'Uzès. *Métr. de Narbonne.*

4415. De sancta Flamina, Virgine & Martyre, Davaiaci in Arvernia sub Diocletiano, Notæ historicæ Danielis PAPEBROCHII è Societate Jesu.

Ces Notes historiques sont imprimées dans le *Recueil* de Bollandus, au 2 de Mai.

— Vie de saint Flavy, Prêtre, Ermite.

Voyez Solitaires.

— De sancto Floreberto, Episcopo Leodiensi.

Voyez Ev. de Liège. *Métr. de Cologne.*

4416. Histoire de la vie & des vertus de saint Florent, Confesseur, Patron de l'Eglise Collégiale & Royale de Roye ; par Antoine DE LA VACQUERIE, de l'Ordre des Minimes : *Paris*, 1638, *in-*12.

— Vie de saint Florent, Prêtre.

Voyez second Ordre du Clergé.

— ☞ Acta sancti Florentii, Presbyteri.

Voyez Ibid.]

4417. Vie de saint Florent & de saint Hilaire, Martyrs en Bourgogne ; par Adrien BAILLET.

Cette Vie est imprimée dans son *Recueil des Vies des Saints*, au 27 de Septembre. Ces Saints ont souffert le martyre vers l'an 406 de Jesus-Christ.

4418. ☞ De SS. Florentino & Hilario, ac fortè Aphrodisio, Martyribus, Pseuduni in Æduis : Acta dubiæ fidei, auctore Anonymo : Commentarius Joannis PERIERI, è Societate Jesu.

Ces Actes sont imprimés dans le *Recueil* de Bollandus, au 27 Septembre.]

— De sancto Florentino, Abbate Arelatensi.

Voyez Abb. de S. Pierre d'Arles, *Ord. de S. Benoît.*

4419. De sancto Florilegio, Episcopo, Excerptum.

Cet Extrait est imprimé au tom. II. de la *Nouvelle Bibliothèque des Manuscrits* du Père Labbe, *pag.* 588.

4420. Vie du même Saint; par Franç. Giry.

Cette Vie est imprimée dans son *Recueil des Vies des Saints*, au 22 de Septembre.

4421. Vie du même Saint; par Adrien Baillet.

Cette Vie est imprimée dans son *Recueil des Vies des Saints*, au même jour.

4422. De sancta Florina, Virgine & Martyre in Arvernia; Notæ historicæ Danielis Papebrochii, è Societate Jesu.

Ces Notes historiques sont imprimées dans le *Recueil* de Bollandus, au premier de Mai.

4423. ☞ Passio sancti Floscelli, pueri & Martyris, qui colitur Belnæ in Ducatu Burgundiæ; ex editione Mombritii, cum Commentario Constantini Fuyscheni, è Societate Jesu.

Ces Actes sont imprimés dans le *Recueil* de Bollandus, au 17 de Septembre.]

4424. Procès Ecclésiastique entre les Normands & les Bourguignons (sur S. Flocel, Martyr); extrait d'une Lettre de Province, du 1 Mai 1730. *Mercure*, 1730, *Juin, pag.* 1122-1132.]

— Vie de saint Flour, Evêque de Lodève.
Voyez Ev. de Lodève. *Métr. de Narbonne.*

— Vita sancti Folcuini, Episcopi Tarvanensis.
Voyez Ev. de Boulogne. *Métr. de Reims.*

— Vita sancti Foranni, Abbatis Walciodorensis.
Voyez Abb. de Valdor, *Ord. de S. Benoît.*

— Elogium sancti Frambaldi, Solitarii.
Voyez Solitaires.

— Vie de saint Frambourg, Religieux de Micy.
Voyez Abb. de S. Mesmin, *Ord. de S. Benoît.*

4425. Vie de saint Francaire, père de saint Hilaire, avec l'antiquité de la Maison du Bellay; par Louis Texier, Prieur d'Allonne: *Saumur*, 1642, *in*-8.

La même, seconde édition, revue, corrigée & augmentée: *Saumur*, Hernault, 1648, *in*-8.

☞ Cette seconde édition est intitulée:

Discours fait en l'honneur de S. Francaire, père de S. Hilaire, Evêque de Poitiers, avec les preuves que ces deux Saints sont nés à S. Hilaire de Clairé, près Passavant, Diocèse de Poitiers, où se voit aussi l'antiquité de la Maison du Bellay; par Louis Texier: *Saumur*, 1648, *in*-12.

Texier n'articule pour preuve qu'une tradition, & » l'autorité de Jean Bouchet, & de René Benoît qui l'a » copié, avec un extrait de la Généalogie de la Maison » du Bellay, sans pièces justificatives, qui d'ailleurs ne » remonteroient, suivant l'Auteur, qu'au onzième siècle ». *Note de M. Dreux du Radier, Biblioth. de Poitou, tom. I. pag.* 86.]

— Vie de saint François de Paule, Instituteur des Minimes.
Voyez Minimes.

— Vita sancti Francovæi, Monachi.
Voyez Solitaires.

— ☞ De sancto Fraterno, Episcopo Autissiodorensi.
Voyez Ev. d'Auxerre. *Métr. de Sens.*]

— Vita sancti Frederici, Præpositi sancti Vedasti.
Voyez Abb. de S. Vast, *Ord. de S. Benoît.*

— Vie de saint Friard, Solitaire.
Voyez Solitaires.

— Vita sancti Fridolini, Abbatis.
Voyez Abb. de S. Hilaire, *Ord. de S. Benoît.*

4426. De sancto Frisio, Martyre, in Auscienzi Diœcesi, Notitia; auctore Daniele Papebrochio, è Societate Jesu.

Cette Notice est imprimée dans le *Recueil* de Bollandus, au 24 de Juin. Ce Saint a vécu dans le septième siècle.

— Vita sancti Frodoberti, Abbatis Cellensis.
Voyez Abb. de Moustier-la-Celle, *Ord. de S. Benoît.*

— Vie de saint Front, Evêque de Périgueux.
Voyez Ev. de Périgueux. *Métr. de Bordeaux.*

4427. ☞ Eclaircissemens demandés par une Lettre écrite de Soissons, insérée dans le Mercure d'Avril 1731, sur la Vie de saint Front, ou Fronton. *Mercure, 1731, Juillet, pag.* 1663-1677.

Extrait d'une Lettre de M. de Cipiere à ce sujet. *Mercure*, 1731, *Août, pag.* 1920-1921.

Réponse à la Lettre écrite de Soissons sur saint Front, insérée dans le Merc. d'Avril, 1731. *Mercure*, 1732, *Mars, pag.* 466-484.]

— Vie de saint Fulbert, Evêque de Chartres.
Voyez Ev. de Chartres. *Métr. de Paris.*

— Vie de saint Fulcran, Evêque de Lodève.
Voyez Ev. de Lodève. *Métr. de Narbonne.*

— Vie de saint Fulrade, Abbé de saint Denys.
Voyez Abb. de S. Denys, *Ord. de S. Benoît.*

— Vita sancti Furfæi, Abbatis Latiniacensis.
Voyez Abb. de Lagny, *Ord. de S. Benoît.*

4428. Passio sanctorum Fusciani & Victorini.

Les Actes de ces Saints, qui ont souffert le martyre vers l'an 287 de Jesus-Christ, n'ont nulle autorité: ils sont à la *pag.* 156 de la seconde partie de l'*Histoire Ecclésiastique de France*; par François Bosquet: *Parisiis*, 1636, *in*-4. Ils paroissent être du huitième siècle; le style en est rampant & barbare: les circonstances, dont l'Auteur accompagne ordinairement les faits, en ruinent souvent la vraisemblance.

4429. Vie de saint Fuscien, de saint Victorin & de saint Gentien; par François Giry.

Cette Vie est imprimée dans son *Recueil des Vies des Saints*, au 10 de Décembre.

4430. Vie des mêmes Saints; par Adrien BAILLET.

Cette Vie est imprimée dans son *Recueil des Vies des Saints*, au 10 de Décembre.

G

— Vie de S. Galactoire, Evêque de Lescar.

Voyez Ev. de Lescar. *Métr. d'Auch.*

4431. Vita sanctæ Gallæ, Valentinensis Virginis.

Cette Vie est imprimée dans le *Recueil* de Bollandus, au premier de Février. Cette Sainte a vécu au sixième siècle.

— Vita sancti Galli, Episcopi Arvernensis.

Voyez Ev. de Clermont. *Métr. de Bourges.*

— Vita sancti Galterii, Abbatis sancti Martini.

Voyez Abb. de S. Martin de Pontoise, *Ord. de S. Benoît.*

— Vie de saint Gatien, Evêque de Tours.

Voyez Arch. de la *Métr. de Tours.*

— Vita sancti Gaucherii, Prioris Aurelii.

Voyez Chanoines Réguliers.

— Vie de saint Gaude, Evêque d'Evreux.

Voyez Ev. d'Evreux. *Métr. de Rouen.*

— ☞ Vita B. Gaufridi, Episcopi Cenomanensis.

Voyez Ev. du Mans. *Métr. de Tours.*]

— Vita sancti Gaugerici, Episcopi Cameracensis.

Voyez Arch. de la *Métr. de Cambray.*

— ☞ Vita sancti Gauzlini, Episcopi Tulli-Leucorum.

Voyez Ev. de Toul. *Métr. de Trèves.*]

— Vita sancti Gauslini, Abbatis Floriacensis.

Voyez Abb. de Fleury, *Ord. de S. Benoît.*

— Vie de la Bienheureuse Gélesuithe, Reine de France.

Voyez Reines.

4432. De sancta Gemma, Virgine & Martyre, Sanctoniensi; auctore Godefrido HENSCHENIO, è Societate Jesu.

Cet Ouvrage est imprimé dans le *Recueil* de Bollandus, au 10 de Juin.

4433. ☞ La Vie de sainte Gemme (Patrone d'une Chapelle & d'une Confrairie en l'Eglise de saint Laurent à Paris) dédiée aux Confrères de cette Confrairie; par un Ecclésiastique: *Paris*, Langlois, 1670, *in-8.*]

— Vie de saint Génebaud, Evêque de Laon.

Voyez Ev. de Laon. *Métr. de Reims.*

— ☞ De sancto Generoso, Abbate.

Voyez Solitaires.]

— Vie de saint Genès, Evêque de Clermont.

Voyez Ev. de Clermont. *Métr. de Bourges.*

4434. Vita sancti Genesii, Martyris Arelate; auctore sancto PAULINO, Nolano Episcopo.

Cette Vie est imprimée avec ses Ouvrages: *Antverpiæ*, 1622, *in-8. Parisiis*, 1685, *in-4.* dans les *Acta primorum Martyrum sincera & selecta*; [par Dom Ruinatt: *Parisiis*, 1690, *in-4. Amstelodami*, aucta, 1713, *in-fol.* & dans le *Recueil* de Bollandus, au 25 Août, avec le *Commentaire* de Guillaume CUPER, Jésuite.]

Saint Genès a vécu dans le troisième siècle, & saint Paulin est mort en 431.

4435. Vie de saint Genès; par Sébastien LE NAIN DE TILLEMONT.

Cette Vie est imprimée au tom. V. de ses *Mémoires pour l'Histoire Ecclésiastique*, pag. 569.

4436. Vita sancti Gengulphi, Martyris Varennis in Burgundia, cum Commentario Godefridi HENSCHENII, è Societate Jesu.

La Vie de ce Saint, qui a souffert le martyre vers l'an 760 de Jesus-Christ, n'a pas beaucoup d'autorité. Elle est imprimée dans le *Recueil* de Bollandus, au 11 de Mai.

4437. Vie de saint Gengoux; par François GIRY.

Cette Vie est imprimée dans son *Recueil des Vies des Saints*, au même jour.

4438. Vie du même Saint; par Adrien BAILLET.

Cette Vie est imprimée dans son *Recueil des Vies des Saints*, au même jour.

4439. ☞ Observation tirée de la Vie de saint Gengoul, contre une altération des anciens Manuscrits; avec invitation d'examiner en quel *Varennes*, de Langres ou de Reims, le corps de ce Saint est conservé: *Journal de Verdun*, 1754, *Mars*, pag. 189-194.

Eclaircissemens sur la Question proposée au sujet des Reliques de saint Gengoul; par M. MALLOT, Curé de Crespy, proche Varennes en Argonne. *Journal de Verdun*, 1754, *Novembre*, pag. 363-373.

On y prouve que le lieu où les tantes de S. Gengoul firent revenir son corps, après qu'il eut été massacré dans les Seigneuries qu'il avoit du côté d'Avalon, par l'amant de sa femme & à sa sollicitation, n'est point Varennes en Bourgogne, mais Varennes en Argonne. On y rapporte aussi une Charte, suivant laquelle ce Saint vivoit sous Clotaire III. en 663.]

4440. De sancto Genio, Confessore, & triginta Militibus, Martyribus Lectoræ in Vasconia; Notæ Godefridi HENSCHENII, è Societate Jesu.

Ces Notes historiques sont imprimées dans le *Recueil* de Bollandus, au 3 de Mai.

4441. Vita sancti Genii, sive Hygini; Confessoris.

Voyez ci devant N.° 4404.]

4442. Vita sanctæ Genovefæ, Virginis Parisiis in Gallia, scripta anno 530; ab Auctore anonymo, cum Notis.

Cette Vie est imprimée dans le *Recueil* de Jean Ravisius Textor, intitulé, *De Claris Mulieribus*; dans celui

celui de Bollandus, au trois de Janvier; & dans le Livre du Père Chifflet, intitulé, *De Concordia Bedæ & Fredegarii, &c. Parisiis,* 1681, *in-*4. L'Auteur dit qu'il l'a écrite dix-huit ans après la mort de cette Sainte.

Eadem; studio Petri CHARPENTIER, Canonici Regularis Congregationis Gallicanæ: *Parisiis*, 1697, *in-*8.

Cette dernière édition est la plus correcte. Sainte Geneviéve est morte vers l'an 512 de Jesus-Christ. Les Chanoines Réguliers attribuent cette Vie à SALVIUS; & le Père Doublet, Bénédictin, au Prêtre GENESIUS, dont il est fait mention dans cette Vie. Le Père Chifflet croit qu'elle a été écrite dix-huit ans après la mort de sainte Geneviéve, sous le règne des Enfans de Clovis.

La même; traduite par Pierre LALLEMANT, Chanoine Régulier de sainte Geneviéve: *Paris*, 1663, *in-*12.

La même; avec des Remarques de Claude DU MOULINET, Chanoine Régulier de la même Congrégation: *Paris*, 1683, *in-*12.

La Vie de sainte Geneviéve, publiée par le Père Chifflet, est pleine de fables & de contradictions, au jugement d'Adrien de Valois, *pag.* 106 de la *Défense de son Observation sur les années du règne de Dagobert.* Il ajoute à la page suivante, qu'il n'y a aucune Vie de cette Sainte qui ait été écrite par un Auteur grave & ancien, & qui mérite qu'on y ajoute créance.

4443. Alia Vita: ex veteribus codicibus manuscriptis.

Cette Vie est imprimée dans le *Recueil* de Bollandus, au trois de Janvier. C'est à peu près la même chose que la précédente.

4444. Miracula sanctæ Genovefæ.

Ces Miracles sont imprimés dans le même Livre du Père Chifflet, *De Concordia Bedæ & Fredegarii, &c. Parisiis,* 1681, *in-*4.

4445. Tractatus brevis de Processione Reliquiarum sanctæ Genovefæ, factâ anno 1206.

Ce Traité est imprimé au tom. II. de la *Bibliothèque des Manuscrits* du P. Labbe, *pag.* 661.

4446. Histoire de sainte Geneviéve, prise & recherchée des vieux Livres écrits à la main, des Histoires de France, & autres Auteurs approuvés. Plus, un brief Discours des choses antiques & signalées de ladite Maison: *Paris*, 1586, *in-*16. *Ibid.* 1588, 1630, *in-*8.

Cette Histoire a été colligée par Pierre LE JUGE, Prieur de Lisi, Chanoine Régulier de sainte Geneviéve.

Histoire de la même. Extrait d'un plus long Discours de Pierre LE JUGE: *Paris*, 1616, *in-*8.

4447. Histoire de sainte Geneviéve; par Jean GAUTIER: *Paris*, 1620, *in-*12.

4448. ☞ La Vie & Miracles de sainte Geneviéve; par Jacques CORBIN: *Paris, Sarà*, 1632, *in-*8.]

4449. Vie de la même Sainte; par Paul BEURRIER, Chanoine Régulier de la Congrégation de France: *Paris*, Cramoisy, 1641, *in-*8.

Le Père Beurrier est mort en 1696.

4450. Eloge, ou Abrégé de la Vie de la même; par Pierre LALLEMANT, Chanoine

Régulier de la Congrégation de France: *Paris*, 1660, 1663, 1667, *in-*8.

Le Père Lallemant est mort en 1673.

4451. ☞ Vie de sainte Geneviéve, avec de courtes Réflexions, &c. *Paris*, Estienne, 1725, *in-*12.

Courtes Prières à sainte Geneviéve, &c. *Ibid.*

Le véritable Esprit dans lequel on doit entrer pour profiter de la Procession de sainte Geneviéve, &c. *Ibid.*

Ces trois petits Ouvrages sont de Jean-François MAUGRAS, Prêtre de la Doctrine Chrétienne, mort en 1726.]

4452. Antiquités & Remarques sur la Châsse de sainte Geneviéve, avec les Descentes d'icelle Châsse: *Paris*, Soly, 1625, *in-*8.

4453. ☞ Abrégé historique de la construction de la Châsse de sainte Geneviéve, &c. 1725, *in-*12.]

4454. ☞ Ordre des Cérémonies & Prières qui s'observent avant la Descente de la Châsse de sainte Geneviéve, en la Descente & après la Descente d'icelle: *Paris*, Coustelier, 1694, *in-*4.]

4455. Les Offices de sainte Geneviéve, &c. Cérémonies de la Descente de la Châsse; Vie de la même Sainte, avec l'Histoire chronologique de ce qui est arrivé à son Tombeau, depuis sa mort jusqu'à présent; par le P. Pierre CHARPENTIER, Chanoine Régulier: *Paris*, 1697, *in-*8.

4456. Basilicæ sanctæ Genovefæ Parisiensis Decora, emblematibus illustrata à Ludovico BRETHE, Claromontano, Canonico Regulari: *Parisiis*, 1661, *in-fol.*

4457. De sancta Genovefa, ejus gestis, de die & anno ejus obitûs, & de ejus sepulturâ; auctore Gerardo DU BOIS, Congregationis Oratorii Presbytero.

Ce Discours est imprimé au Liv. I, Chap. IX, de son *Histoire de l'Eglise de Paris.*

4458. ☞ Georg. WALLINI, de sancta Genovefa Disquisitio historico-critico-theologica: *Vittembergæ*, 1723, *in-*4.

On trouve un extrait de cette Dissertation dans les *Actes de Léipsick*, 1724, *pag.* 91.

Voyez aussi sur cet Ouvrage, *Biblioth. Germanique,* tom. VII. pag. 89. = *Voyage littéraire* de Jordan, pag. 39.]

4459. ☞ Sancta Genovefa Parisiorum Patrona, latino græcoque carmine celebrata à Dionysio PETAVIO, Societatis Jesu: *Parisiis*, Cramoisy, 1638, *in-*4.]

4460. ☞ Diva tutelaris Lutetiæ Genovefa; auctore Petro PELLEPRATO.

Cette Pièce se trouve dans ses *Prolusiones Oratoriæ: Parisiis*, J. Libert, 1644, *in-*8.]

4461. ☞ Ludovici ROUGET hymni in Beatam Genovefam: *Parisiis*, Langlois, 1728, *in-*8.

4462. Ejusdem, Genovefa, epicum Carmen,

Tome I. O o

per litteras diſtributum : *Pariſiis*, 1743, *in*-8.]

4463. ☞ Panégyrique de ſainte Geneviéve, Patrone de Paris & de la France; par M. l'Abbé DE LA ROCHE : (*Paris*) Ballard, 1737, *in*-4.]

4464. ☞ Statuts & Réglemens de la Compagnie des Porteurs de la Châſſe de ſainte Geneviéve : *Paris*, 1731, *in*-4.]

4465. Diſcours de l'Hiſtoire du Miracle des Ardens, par les Prières de ſainte Geneviéve, du tems de Louis VIII. par René BENOIST, Docteur en Théologie : *Paris*, Belot, 1568, *in*-8.

Cet Auteur eſt mort en 1608.

4466. Vie de ſainte Geneviéve; par François GIRY.

Cette Vie eſt imprimée dans ſon *Recueil des Vies des Saints*, au trois de Janvier.

4467. Vie de la même Sainte; par Adrien BAILLET.

Cette Vie eſt imprimée dans ſon *Recueil des Vies des Saints*, au même jour.

4468. Vie de la même Sainte; par Sébaſtien LE NAIN DE TILLEMONT.

Cette Vie eſt imprimée au tom. IV. de ſes *Mémoires pour l'Hiſtoire Eccléſiaſtique*, pag. 622.

4469. ☞ Abrégé de la Vie de ſainte Geneviéve; par le Père MASSINOT : 1756, *in*-12.]

4470. ☞ Obſervations ſur quelques endroits de l'Hiſtoire de France de l'Abbé Velly, principalement par rapport à ſainte Geneviéve. *Journal de Verdun*, 1763, *Juillet*, pag. 40-49.

Elles ſont de M. MIGNOT, Grand-Chantre de l'Egliſe d'Auxerre, qui les a lues à la Société Littéraire de cette Ville.]

— De ſancto Gentio, Solitario.

Voyez Solitaires.

— Vita ſancti Genulfi, Epiſcopi Bituricenſis.

Voyez Arch. de la *Métr. de Bourges*.

— Vita ſancti Genulphi, Epiſcopi Cadurcenſis.

Voyez Ev. de Cahors. *Métr. d'Alby.*

— Vita ſancti Genulphi, Abbatis Stradenſis.

Voyez Abb. de S. Genou, *Ord. de S. Benoît.*

4471. De ſancta Georgia, Virgine, Deo devota, Claromonte; auctore Joanne BOLLANDO, è Societate Jeſu.

Ce Diſcours eſt imprimé dans ſon *Recueil des Vies des Saints*, au 15 de Février. Cette Sainte a vécu au cinquième ſiècle.

4472. Sancti ODONIS, Abbatis Cluniacenſis, de Vita ſancti Geraldi, Comitis Auriliacenſis, Libri quatuor.

Ces Livres ſont imprimés dans la *Bibliothèque de Cluni*, du Père Marrier, pag. 65 : *Pariſiis*, 1614, *in-fol.* Saint Odon eſt mort en 942.

La même Vie, traduite du Latin par COMPAING, Curé de Savènes au Dioceſe de Toulouſe : *Aurillac*, Vialanes, 1715, *in*-8.

4473. ☞ Vie de ſaint Gérauld, Comte & Protecteur de la Ville d'Aurillac.

Elle ſe trouve dans l'*Hiſtoire paranétique des trois Saints Protecteurs de la haute Auvergne*, par le Père DOMINIQUE DE JESUS, Carme : *Paris*, 1635, *in*-8.]

4474. Elogium hiſtoricum ejuſdem; auctore Joanne MABILLON, Benedictino è Congregatione ſancti Mauri.

Cet Eloge eſt imprimé au tom. VII. des *Actes des Saints de l'Ordre de S. Benoît*, pag. 6.

4475. Diſſertatio de die & anno nativitatis & obitûs ſancti Gerardi Comitis, Fundatoris Cœnobii Auriliacenſis; auctore Ægidio LACARRY, è Societate Jeſu : *Claromontii*, 1674, *in*-4.

4476. Mſ. Vie de ſaint Gérard, Comte de Rouſſillon; tranſlatée de Latin en François par le commandement de Phélippe, Duc de Bourgogne, & Comte de Flandre : *in-fol.*

Ce Manuſcrit [eſt à la Bibliothèque du Roi, manuſcrit] de M. Colbert, num. 1904, & dans la Bibliothèque du Vatican, parmi les Manuſcrits de la Reine Chriſtine, num. 787.

— Vita B. Geranni, Epiſcopi Autiſſiodorenſis.

Voyez Ev. d'Auxerre. *Métr. de Sens.*]

— Vita ſancti Gerardi, Abbatis Bronienſis.

Voyez Abb. de Brogne, *Ord. de S. Benoît.*

— Vita ſancti Gerardi, Abbatis Sylvæ-Majoris.

Voyez Abb. de Sauve-Majeur, *Ord. de S. Benoît.*

— Vita ſancti Gerardi, Epiſcopi Tullenſis.

Voyez Ev. de Toul. *Métr. de Trèves.*

— Vita ſancti Geremari, Abbatis Flaviacenſis.

Voyez Abb. de S. Germer, *Ord. de S. Benoît.*

4477. ☞ Des Actes de ſaint Géri, Pélerin, natif de Lunel.

Ces Actes ſe trouvent dans la *Note* 38 du tom. III. de l'*Hiſtoire du Languedoc*, par DD. DE VIC & VAISSETTE.]

— ☞ De ſancto Gerico, Epiſcopo Senonenſi.

Voyez Arch. de la *Métr. de Sens.*]

— Vita ſancti Gerlaci, Eremitæ.

Voyez Solitaires.

4478. Vita ſancti Germani, Martyris Ambiani; auctore anonymo, cum Notis Joannis BOLLANDI, è Societate Jeſu.

Cette Vie eſt imprimée dans ſon *Recueil des Vies des Saints*, au 2 de Mai. Ce Saint eſt mort dans le cinquième ſiècle; & l'Auteur de ſa Vie l'a écrite après le dixième ſiècle.

— Vita ſancti Germani, Epiſcopi Autiſſiodorenſis.

Voyez Ev. d'Auxerre. *Métr. de Sens.*

— Vita ſancti Germani, Abbatis Grandivallenſis.

Voyez Abb. de Granval, *Ord. de S. Benoît.*

— Vita sancti Germani, Episcopi Parisiensis.
Voyez Arch. de la *Métr. de Paris.*

— Vita sancti Germani, Episcopi Vesontionensis.
Voyez Arch. de la *Métr. de Besançon.*

— Vita sancti Germerii, Episcopi Tolosani.
Voyez Arch. de la *Métr. de Toulouse.*

— Vita sanctæ Gertrudis, Abbatissæ Nivalensis.
Voyez Chanoinesses.

— De sancto Gervino, Abbate Aldemburgensi.
Voyez Abb. d'Aldembourg, *Ord. de S. Benoît.*

— Vita sancti Gervini, Abbatis Centulensis.
Voyez Abb. de S. Riquier, *Ord. de S. Benoît.*

— Vie de saint Gézelin, Solitaire.
Voyez Solitaires.

— Vita sancti Gibriandi, Presbyteri.
Voyez second Ord. du Clergé.

— De sancto Gilberto, Episcopo Meldensi.
Voyez Ev. de Meaux. *Métr. de Paris.*

— Vita sancti Gilberti, Abbatis Novemfontium.
Voyez Abb. de Neuf-Fontaines, *Ord. de Prémontré.*

— Vita sancti Gildardi, Episcopi Rotomagensis.
Voyez Arch. de la *Métr. de Rouen.*

— ☞ De sancto Gildardo, Presbytero Nivernensi.
Voyez second Ord. du Clergé.]

— Vita sancti Gildasii, Abbatis Ruycensis.
Voyez Abb. de S. Gildas de Ruys, *Ord. de S. Benoît.*

— Vita sancti Gilduini, Canonici Dolensis.
Voyez second Ord. du Clergé.

4479. Vie de saint Giniez, Greffier, ou Notaire, à Arles, Martyr; par Adrien BAILLET.
Cette Vie est imprimée dans son *Recueil des Vies des Saints*, au 25 d'Août. Ce Saint a souffert le martyre dans le troisième siècle.

— De sancto Giraldo, Episcopo Matisconensi.
Voyez Ev. de Mâcon. *Métr. de Lyon.*

— Vita sancti Girardi, Monachi sancti Albini.
Voyez Abb. de S. Aubin, *Ord. de S. Benoît.*

— Vita sancti Gisleni, Cellæ in Hannonia.
Voyez Abb. de S. Guislain, *Ord. de S. Benoît.*

— Vita sanctæ Glodesindis, Abbatissæ Metensis.
Voyez Religieuses *Bénédictines.*

— Vita sancti Goaris, Anachoretæ.
Voyez Solitaires.

— Vita sancti Gobani, Presbyteri.
Voyez second Ord. du Clergé.

4480. ☞ Ms. Vita B. Goberti, Comitis Asperimontis, & posteà Religiosi Monasterii Villaxiensis in Brabantiâ anno 1263, transcripta anno 1631 : *in-8.*
Ce Manuscrit est dans la Bibliothèque du Roi, & vient de M. Lancelot.]

4481. Vita sanctæ Godebertæ, Virginis Novioduni ; auctore fortè RATBODO, Episcopo Noviomensi ; cum Notis præviis Danielis PAPEBROCHII, è Societate Jesu.
Cette Vie est imprimée dans le *Recueil* de Bollandus, au 11 d'Avril. Cette Sainte est morte vers l'an 700; & Ratbod a vécu en 1067.

— Vie de sainte Godeberte, Patrone & Titulaire de l'Eglise de Noyon ; traduite en François & illustrée de Notes par Louis DE MONTIGNI, Chanoine & Archidiacre de Noyon: *Paris,* de Bresche, 1630, *in-8.*

4482. Vie de la même Sainte ; par François GIRY.
Cette Vie est imprimée dans son *Recueil des Vies des Saints*, au 11 d'Avril.

4483. Vie de la même Sainte ; par Adrien BAILLET.
Cette Vie est imprimée dans son *Recueil des Vies des Saints*, au même jour.

— Vita sancti Godefridi, Episcopi Ambianensis.
Voyez Ev. d'Amiens, *Métr. de Reims.*

4484. Vita & Martyrium sanctæ Godolevæ, in Diœcesi Boloniensi ; auctore DROGONE, Monacho Bergensi ad sanctum Vinochum & Sacerdote coætaneo.
Cette Vie est imprimée dans le *Recueil des Vies des Saints* de Surius, au 6 de Juillet. Cette Sainte a souffert la mort en 1070; & Drogon est mort Evêque de Térouane en 1079.

4485. Vie de sainte Godeliéve ; par Adrien BAILLET.
Cette Vie est imprimée dans son *Recueil des Vies des Saints*, au même jour.

— Vita sancti Godegrandi, Episcopi Sagiensis.
Voyez Ev. de Séez. *Métr. de Rouen.*]

— Vita sancti Godonis, Abbatis Augiensis.
Voyez Abb. d'Augie, *Ord. de S. Benoît.*

— Vie de saint Godon, Evêque de Metz.
Voyez Ev. de Metz. *Métr. de Trèves.*

— Vie de saint Goéric, Evêque de Metz.
Voyez ibid.

— Vie de saint Gombert, issu de la Famille Royale de France.
Voyez Généal. de la première Race.

4486. De sancto Gondeleberto, Martyre Aveniaci in Territorio Remensi ; Notæ historicæ Danielis PAPEBROCHII, è Societate Jesu.
Ces Notes historiques sont imprimées dans le *Recueil* de Bollandus, au 29 d'Avril.

— ☞ De sancto Gondulpho, Episcopo Metensi.
Voyez Ev. de Metz. *Métr. de Trèves.*]

— Vie de saint Gontran, Roi des Bourguignons.

Voyez Hist. de la première Race.

— Vita sancti Goswinii, Monachi Aquicinetiniensis.

Voyez Abb. d'Anchin, *Ord. de S. Benoît.*

4487. Vita sanctæ Gudulæ, Virginis in Belgio; auctore Huberto.

Cette Vie est imprimée dans le *Recueil* de Bollandus, au 8 de Janvier. Cette Sainte est morte en 670; & l'Auteur de sa Vie a vécu après l'an 1047.

Alia Vita; auctore anonymo.

Cette autre Vie est imprimée dans le même *Recueil*, au même jour.

4488. Vie de sainte Gudule; par François Giry.

Cette Vie est imprimée dans son *Recueil des Vies des Saints*, au même jour.

4489. Vie de la même; par Adrien Baillet.

Cette Vie est imprimée dans son *Recueil des Vies des Saints*, au même jour.

4490. Vie de sainte Goule: *Bruxelles*, Foppens, 1703, *in*-12.

L'Auteur de cette Vie, s'appelloit Paul-Ernest Ruthd'Ans, Chanoine de sainte Gudule, à Bruxelles: [il est mort en 1728.]

— Vie de saint Grat, Evêque de Chalon-sur-Saone.

Voyez Ev. de Chalon. *Métr. de Lyon.*

— Vita sancti Gregorii, Episcopi Aniciensis.

Voyez Ev. du Puy. *Métr. de Bourges.*

— Vita sancti Gregorii, Eremitæ.

Voyez Solitaires.

— Vita sancti Gregorii, Episcopi Lingonensis.

Voyez Ev. de Langres. *Métr. de Lyon.*

— Vie de saint Grégoire, Evêque de Tours.

Voyez Arch. de la *Métr. de Tours.*

— ☞ Vita sancti Gregorii, Administratoris Episcopatûs Ultrajectensis.

Voyez Ev. d'Utrecht. *Métr. de Cologne.*]

— Vita sancti Grodegandi, Episcopi Metensis.

Voyez Ev. de Metz. *Métr. de Trèves.*

— Vita beati Gualteri, Episcopi Laudunensis.

Voyez Ev. de Laon. *Métr. de Reims.*

— Vita beati Gualteri, Abbatis Stirpensis.

Voyez Abb. d'Esterp, *Chan. Réguliers.*

— Vita sancti Guiberti, Monachi Gorziensis.

Voyez Abb. de Gemblours, *Ord. de S. Benoît.*

4491. Vita sancti Guidonis, Confessoris Anderlaci.

Cette Vie est imprimée dans le *Recueil* de Surius, au 12 de Septembre. Ce Saint est mort en 1122.

4492. Vie de saint Guidon; par François Giry.

Cette Vie est imprimée dans son *Recueil des Vies des Saints*, au même jour.

4493. Vie du même Saint; par Adrien Baillet.

Cette Vie est imprimée dans son *Recueil des Vies des Saints*, au même jour.

— Vita sancti Guillelmi, Ducis Aquitaniæ.

Voyez Abb. de S. Guillem, *Ord. de S. Benoît, &* Hist. Civ. des Provinces, *Orléanois.*

— Vita sancti Guillelmi, Abbatis sancti Benigni.

Voyez Abb. de S. Bénigne, *Ord. de S. Benoît.*

— Vita sancti Guillelmi, Archiepiscopi Bituricensis.

Voyez Arch. de la *Métr. de Bourges.*

4494. Vita sancti Guillelmi Firmati, Moritonii in Normannia; auctore Stephano, Episcopo Redonensi.

Cette Vie est imprimée dans le *Recueil* de Bollandus, au 24 d'Avril. Ce Saint est mort vers l'an 1090; & Estienne en 1178.

— Vita sancti Guillelmi, Fundatoris Cœnobii Olivæ.

Voyez Abb. d'Olive, *Ord. de S. Benoît.*

— ☞ Vita sancti Guillelmi, Episcopi Briocensis.

Voyez Ev. de Saint-Brieux. *Métr. de Tours.*]

— De sancto Guillelmo, Episcopo Pictaviensi.

Voyez Ev. de Poitiers. *Métr. de Bordeaux.*

— Vita sancti Guillelmi, Abbatis Roschildensis.

Voyez Abb. de sainte Geneviève, *Chan. Réguliers.*

— Vita beati Guillelmi de Tolosano.

Voyez Augustins.

— Vita sancti Guinaili, Abbatis Landeveneci.

Voyez Abb. de Landevénec, *Ord. de S. Benoît.*

4495. Vie de saint Guisy, Patron de la Ville de Péronne; par Jacques Desmay, Chanoine de Péronne: *Paris*, Foucault, 1623, *in*-12.

4496. Vita sancti Gummari in Brabantia.

Cette Vie est imprimée dans le *Recueil* de Surius, au 11 d'Octobre. Elle est d'un Auteur inconnu, mais grave. Ce Saint est mort en 774.

4497. La Vie de saint Gomer; par Adrien Baillet.

Cette Vie est imprimée dans son *Recueil des Vies des Saints*, au même jour.

— Vita sancti Gundelberti, Episcopi Senonensis.

Voyez Arch. de la *Métr. de Sens.*

H

— Vita sancti Hadalini, Conditoris Cellæ in Hannonia.

Voyez Abb. de Selles, *Ord. de S. Benoît.*

— Vita sancti Haduini, Episcopi Cenomanensis.

Voyez Ev. du Mans. *Métr. de Tours.*

Vies des Saints.   293

— De sancto Hadulpho, Episcopo Cameracensi.
Voyez Arch. de la *Métr. de Cambray.*

— Vita venerabilis Halinardi, Archiepiscopi Lugdunensis.
Voyez Arch. de la *Métr. de Lyon.*

— De sancto Harduino, Monacho Fontanellensi.
Voyez Abb. de S. Wandrille, *Ord. de S. Benoît.*

— Vita sanctæ Harlindis, Abbatissæ Eikensis.
Voyez Religieuses *Bénédictines.*

— Vita beati Philippi Harvengi, Abbatis Bonæspei.
Voyez Abb. de Bonne-Espérance, *Ord. de Prémontré.*

4498. ☞ Vita sancti Heldradi, Abbatis Novaliceusis.
Ce Saint, qui mourut vers l'an 874, étoit Provençal. On trouve sa Vie dans le *Recueil* de Bollandus, au 13 de Mars.]

4499. ☞ La Vie de sainte Hélène, dont le corps apporté de Grèce, est tout entier en l'Eglise de Troyes; traduite du Latin d'un ancien Manuscrit non encore imprimé; avec quelques Observations, &c. *Troyes*, Moreau, 1634, *in-*8.]

4500. ☞ Lettre de M. LANGEY, au sujet d'une sainte Hélène révérée à Troyes. *Mercure*, 1738, *Juin, pag.* 1338-1340.]

4501. ☞ La Vie & les Miracles de sainte Hélène, avec l'Abrégé des Vies du Fondateur, des Patrons, & autres Tutélaires de l'Abbaye d'Hautvillers; par un Religieux de ladite Abbaye: septième édition: *Chaalons*, Seneuze, 1687, *in-*12.]

— De sancto Helladio, Episcopo Autissiodorensi.
Voyez Ev. d'Auxerre. *Métr. de Sens.*

— Vita beati Henrici, Cardinalis.
Voyez Cardinaux.

— Vita beati Heraclii, Episcopi Senonensis.
Voyez Arch. de la *Métr. de Sens.*

4502. Vita sanctæ Herdelandis, Virginis in Brabantia; auctore anonymo.
Cette Vie est imprimée dans le *Recueil* de Bollandus, au 3 de Février. Cette Sainte est morte vers l'an 700 de J. C. & cet Anonyme a vécu après l'année 1000 de J. C.

— De sancto Heribaldo, Episcopo Autissiodorensi.
Voyez Ev. d'Auxerre. *Métr. de Sens.*

— Vita sancti Heriberti, Episcopi Coloniensis.
Voyez Arch. de la *Métr. de Cologne.*

— Vita sancti Herluini, Abbatis Beccensis.
Voyez Abb. du Bec, *Ord. de S. Benoît.*

— Vita sancti Hermelandi, Abbatis Antrensis.
Voyez Abb. d'Aindre, *Ord. de S. Benoît.*

— Vita sancti Hervei, Abbatis in Britannia.
Voyez Solitaires.

— Vita sancti Hervei, Solitarii.
Voyez ibid.

— Elogium sancti Hidelmanni, Episcopi Bellovacensis.
Voyez Ev. de Beauvais. *Métr. de Reims.*

— De sancto Hidulfo, Abbate Lobiensi.
Voyez Abb. de Laubes, *Ord. de S. Benoît.*

— Vita sancti Hidulfi, Episcopi Trevirensis.
Voyez Arch. de la *Métr. de Trèves.*

— Vita sancti Hilarii, Episcopi Arelatensis.
Voyez Arch. de la *Métr. d'Arles.*

— De sancto Hilario, Episcopo Carcassonensi.
Voyez Ev. de Carcassonne. *Métr. de Narbonne.*

— Vita sancti Hilarii, Episcopi Pictaviensis.
Voyez Ev. de Poitiers. *Métr. de Bordeaux.*

— De sancto Hilario, Episcopo Tolosano.
Voyez Arch. de la *Métr. de Toulouse.*

— De sancto Hilarione, Presbytero, Martyre.
Voyez second Ord. du Clergé.

4503. Vita venerabilis Hildeburgis, Viduæ, juxtà Pontisaram in Francia; cum Commentario Danielis PAPEBROCHII, è Societate Jesu.
Cette Vie est imprimée dans le *Recueil* de Bollandus, au 3 de Juin.

— Vie de sainte Hildegarde, Reine de France.
Voyez Reines.

— Vita sanctæ Hildegardis, Abbatissæ in Monte sancti Roberti.
Voyez Religieuses de Cîteaux.

— De sancto Hildegrimo, Episcopo Cabillonensi.
Voyez Ev. de Chalon-sur-Saone. *Métr. de Lyon.*

— De sancto Hildeverto, Episcopo Meldensi.
Voyez Ev. de Meaux. *Métr. de Paris.*

— Vita sanctæ Hildetrudis, Virginis, filiæ Conditorum Monasterii Lætiensis.
Voyez Religieuses *Bénédictines.*

— Vita sancti Himmelini, Presbyteri & Confessoris.
Voyez second Ord. du Clergé.

— Vie de la bienheureuse Hombeline, de l'Ordre de Cîteaux.
Voyez Religieuses de Cîteaux.

— Vita sancti Honorati, Episcopi Ambianensis.
Voyez Ev. d'Amiens. *Métr. de Reims.*

— Vita sancti Honorati, Episcopi Arelatensis.
Voyez Arch. de la *Métr. d'Arles*, & Abb. de Lérins,

4504. Vie de sainte Honorine; [par Baudin:] *Paris*, 1623, *in-*8.

4505. Translatio sanctæ Honorinæ, Virginis & Martyris Confluentii in Francia; cum Commentario Godefridi Henschenii, è Societate Jesu.

Cette Vie est imprimée dans le *Recueil* de Bollandus, au 27 de Février.

4506. Histoire de la Translation de cette Sainte; par Adrien Baillet.

Cette Histoire est imprimée dans son *Recueil des Vies des Saints*, au même jour.

4507. ☞ Remarques sur les Reliques de sainte Honorine, Vierge & Martyre; par M. l'Abbé Lebeuf. *Journal de Verdun, Octobre*, 1752, *pag.* 281-284.

L'article du Journal dont il s'agit, est intitulé: *Remarques sur l'importance de bien déchiffrer les anciens Titres, pour y apprendre quelques faits historiques.*]

— Vie de saint Hospice, Reclus.

Voyez Solitaires.

4508. De sancta Hoylde, Virgine, Deo devotâ, Trecis; Notæ historicæ Danielis Papebrochii, è Societate Jesu.

Ces Remarques historiques sont imprimées dans le *Recueil* de Bollandus, au 30 d'Avril. Cette Sainte a vécu dans le cinquième siècle.

— Vita sancti Huberti, Episcopi Leodiensis.

Voyez Ev. de Liége. *Métr. de Cologne.*

— Vita sancti Hucberti, Monachi Britanniaci.

Voyez Abb. de Brétigny, *Ord. de S. Benoît.*

— ☞ Vita sancti Hugonis, Episcopi Autissiodorensis.

Voyez Ev. d'Auxerre. *Métr. de Sens.*]

— Vita sancti Hugonis, Monachi Æduensis.

Voyez Abb. S. Martin d'Autun, *Ord. de S. Benoît.*

— Vita sancti Hugonis, Monachi Bonævallis.

Voyez Abb. de Bonnevaux, *Ord. de S. Benoît.*

— Vita sancti Hugonis, Abbatis Cluniacensis.

Voyez Abb. de Cluni, *Ord. de S. Benoît.*

— Vita sancti Hugonis, Episcopi Gratianopolitani.

Voyez Ev. de Grenoble. *Métr. de Vienne.*

— Vita sancti Hugonis, Burgundi, Episcopi Lincolniensis.

Voyez Ev. François hors du Royaume.

— Vita sancti Hugonis, Abbatis Præmonstratensis.

Voyez Abb. de Prémontré.

— Vita sancti Hugonis, Episcopi Rotomagensis.

Voyez Arch. de la *Métr. de Rouen.*

4509. ☞ Vita sancti Hugonis, Peregrini in Nanvigne Diœcesis Autissidorensis, ex manuscripto Gallico Latinè versa: Appendicem

dedit Jo. Bapt. Sollerius, è Societate Jesu.

Voyez le *Recueil* de Bollandus, au 6 de Juillet.]

— Vie de saint Hugues, Abbé de Pontigny.

Voyez Abb. de Pontigny, *Ord. de Cîteaux.*

— Vita sancti Humberti, Conditoris Abbatiæ Marifcolensis.

Voyez Abb. de Mairolles, *Ord. de S. Benoît.*

— De sancto Hunefrido, Episcopo Tarvanensi.

Voyez Ev. de Boulogne. *Métr. de Reims.*

— Vie de sainte Hunégonde, Religieuse de Homblière.

Voyez Religieuses Bénédictines.

J

— Vita sancti Jacobi Eremitæ.

Voyez Solitaires.

— Vita sancti Jacobi, Episcopi Tullensis.

Voyez Ev. de Toul. *Métr. de Trèves.*

4510. ☞ Recherche & Avis sur le corps de saint Jacques le Majeur, à l'occasion d'un Oratoire du même Saint qui est dans l'Eglise de saint Maurille d'Angers: *Angers*, Hernault, 1610, *in-*8.]

4511. Vita beatæ Idæ, Viduæ, Comitissæ Boloniæ; auctore Monacho Wastanensi coataneo; cum Commentario Godefridi Henschenii, è Societate Jesu.

4512. Alia Vita; auctore Joan. Gallemans, Canonico Regulari.

Ces deux Vies sont dans le *Recueil* de Bollandus, au 13 d'Avril. Sainte Ide est morte en 1113.

4513. Vie de sainte Ide; par François Giry.

Cette Vie est imprimée dans son *Recueil des Vies des Saints*, au même jour.

4514. ☞ La Vie de sainte Ide, Comtesse de Boulogne, dont le corps repose aux Bénédictines, rue Cassette à Paris: *Paris*, 1692, *in-*12.]

4515. Vie de la même; par Adrien Baillet.

Cette Vie est imprimée dans son *Recueil des Vies des Saints*, au même jour.

— De sancta Ideburga, Sanctimoniali.

Voyez Chanoinesses.

— Vie du bienheureux Jean, Abbé de Bonnevaux.

Voyez Abb. de Bonnevaux, *Ord. de Cîteaux.*

— Vie de la bienheureuse Jeanne, Reine de France.

Voyez Reines.

— Vita sancti Illidii, Episcopi Claromontani.

Voyez Ev. de Clermont. *Métr. de Bourges.*

4516. De sanctis Injurioso, ejusque Uxore, Conjugibus Virginibus in Alvernia; ex Gregorio Turonensi Episcopo.

Cette Vie est imprimée dans le *Recueil* de Bollandus,

Vies des Saints. 295

au 25 de Mai. Ces Saints ont vécu vers l'an 500 de Jesus-Christ.

— Vita sancti Innocentii, Episcopi Cenomanensis.

Voyez Ev. du Mans. *Métr. de Tours.*

— De beata Joanna, Reclusa.

Voyez Solitaires.

— Vita beati Joannis, Abbatis Gorziensis.

Voyez Abb. de Gorze, *Ord. de S. Benoît.*

— De sanctis Joanne, Desiderio, Flavio, Episcopis Cabillonensibus.

Voyez Ev. de Chalon. *Métr. de Lyon.*

— Vita beati Joannis, Episcopi Morinorum.

Voyez Ev. de Boulogne. *Métr. de Reims.*

— Vita sancti Joannis, Episcopi Valentinensis.

Voyez Ev. de Valence. *Métr. de Vienne.*

— De sancto Joanne, Presbytero.

Voyez second Ord. du Clergé.

— Vita sancti Joannis, Abbatis Reomaensis.

Voyez Abb. de Monstier-Saint-Jean, *Ord. de S. Benoît.*

— ☞ Vita sancti Joannis de Monte-Mirabili.

Voyez Ord. de Cîteaux.]

— Elogium beati Josberti, Monachi.

Voyez Solitaires.

4517. ☞ La Vie de S. Josse, Prince de Bretagne, avec des Observations historiques sur cette Vie, & sur les Abbayes de saint Josse-sur-Mer & de saint Josse de Dammartin; par Louis ABELLY, Evêque de Rodez: *Paris*, Lambert, 1666, *in-12.*]

4518. ☞ Ms. Vie de saint Josse; par le R. P. Dom Charles TEISSIER, Religieux Bénédictin de la Congrégation de saint Maur.

Ce Manuscrit est dans la Bibliothèque de l'Abbaye de Saint-Josse-sur-Mer.]

— De sancto Jovino, in Pictaviensibus.

Voyez Abb. de S. Jouin, *Ord. de S. Benoît.*

— Vita sancti Irenæi, Episcopi Lugdunensis.

Voyez Arch. de la *Métr. de Lyon.*

— ☞ De sancto Ismidone, Episcopo Diænsi.

Voyez Ev. de Die. *Métr. de Vienne.*]

— Vie de sainte Isabelle, sœur de S. Louis, Roi de France.

Voyez Généal. de la troisième Race.

— Vita beati Israëlis, Canonici Doratensis.

Voyez second Ord. du Clergé.

— ☞ Vita sancti Isarni, Abbatis Massiliensis.

Voyez Abb. de S. Victor de Marseille, *Ord. de S. Benoît.*]

— ☞ De sancto Itherio, Episcopo Nivernensi.

Voyez Ev. de Nevers. *Métr. de Sens.*]

— Vita sancti Judoci, Anachoretæ.

Voyez Solitaires.

— Vita beatæ Ivetæ, sive Ivittæ.

Voyez ibid.

4519. Acta Martyrii sanctæ Juliæ & Sociarum ejus, Tricassibus.

Ces Actes sont à la pag. 381 du *Promptuaire des Antiquités de Troyes* DE CAMUSAT: *Trécis*, 1619. *in-8.* [On les trouve aussi avec un Appendix du P. J. B. SOLLIER, dans le *Recueil* de Bollandus, au 21 de Juillet.] Ce martyre est arrivé l'an 275 de J. C.

4520. ☞ La Vie & Martyre de sainte Juliane, honorée en l'Eglise de saint Germain-au-Val, près Dourdan: *Orléans*, Rouzeau, 1730, *in-12.*]

4521. Passio sancti Juliani, Martyris & Patroni Brivatensis in Alvernia.

Ces Actes sont à la *pag.* 176 de la seconde partie de l'*Histoire Ecclésiastique de France*, par François DU BOSQUET: *Parisiis*, 1636; & au tom. II. de la *Nouvelle Bibliothèque des Manuscrits* du Père Labbe, *pag.* 567. Les Actes de ce Saint, qui a vécu dans le troisième siècle, sont anciens; mais ils ne sont pas originaux, & ne paroissent pas sûrs par-tout: on les croit de la fin du cinquième siècle.

4522. ☞ Ejusdem secunda Passio, ab incerto Auctore scripta.

Elle est, aussi-bien que la première, dans le *Recueil* de Bollandus, au 27 d'Août, avec le *Commentaire* de Jean STILTING.]

4523. Ms. Vie de saint Julien de Brioude: *in-fol.*

Ce Manuscrit [étoit] conservé dans la Bibliothèque de M. Colbert, num 4119. [aujourd'hui à la Bibl. du Roi.]

— ☞ De sancto Juliano, Episcopo Benearnensi seu Lascurrensi.

Voyez Ev. de Lescar. *Métr. d'Ausch.*]

— Vita sancti Juliani, Episcopi Cenomanensis.

Voyez Ev. du Mans. *Métr. de Tours.*

— Vita sancti Juliani, Episcopi Viennensis.

Voyez Arch. de Vienne.

— Vita sancti Juniani, Abbatis Mariacensis.

Voyez Abb. de Mairé, *Ord. de S. Benoît.*

4524. ☞ La Vie de sainte Julle & de saint Claudien, tirée des Manuscrits de Jouare (où leurs corps sont en dépôt): *Paris*, le Petit, 1679, *in-12.*]

4525. Martyrium sancti Justini, pueri septem annorum: ex Venerabili BEDA.

Ces Actes sont imprimés dans le *Recueil des Vies des Saints* de Surius, au 17 d'Octobre; & dans le tom. II. de la *Nouvelle Bibliothèque des Manuscrits* du P. Labbe, *pag.* 579. Ce Père les croit suspects [& il s'y trouve bien des fables.]

4526. ☞ De sancto Justino puero, Martyre in territorio Parisiensi: ejus vita metrice scripta: Commentarius Jo. Bapt. SOLLERII, è Societate Jesu.

Cette Vie est imprimée dans le *Recueil* de Bollandus, au premier d'Août.]

4527. Vie de saint Justin; par Franç. GIRY.

Cette Vie est imprimée dans son *Recueil des Vies des Saints*, au premier d'Août.

4528. Vie du même Saint; par Adrien BAILLET.

Cette Vie est imprimée dans son *Recueil des Vies des Saints*, au même jour.

— Vita sancti Justi, Episcopi Lugdunensis.
Voyez Arch. de la Métr. de Lyon.

— De sancto Justo, Episcopo Viennensi.
Voyez Arch. de la Métr. de Vienne.

— ☞ De sancto Justo, Episcopo Claromontano.
Voyez Ev. de Clermont. *Métr. de Bourges.*]

4529. Elogium historicum sancti Justi, Confessoris, Discipuli sancti Ursini primi Biturigum Antistitis.

Cet Eloge est imprimé au tom. II. de la *Nouvelle Bibliothèque des Manuscrits* du P. Labbe, *pag.* 410.

4530. ☞ Vie de saint Juvin; par Jean PIERQUIN: *Nancy*, Charlot, 1732, *in*-8.

Voyez les *Mémoires de Trévoux*, 1746, *Août*, *pag.* 1723.]

L

— Vita sancti Læti, Eremitæ.
Voyez Solitaires.

— Vita sancti Læti, Monachi Miciacensis.
Voyez Abb. de S. Mesmin, *Ord. de S. Benoît*.

— Vie de saint Lain, Evêque de Séez.
Voyez Ev. de Séez. *Métr. de Rouen*.

— Vie de saint Lambert, Evêque de Lyon.
Voyez Arch. de la Métr. de Lyon.

— Vie de saint Lambert, Evêque de Tongres.
Voyez Ev. de Liége. *Métr. de Cologne*.

— Vie de saint Lambert, Evêque de Vence.
Voyez Ev. de Vence. *Métr. d'Embrun*.

— Vita sancti Landelini, Abbatis Crispinii.
Voyez Abb. de S. Crespin, *Ord. de S. Benoît*.

— Vita sancti Landelini, Abbatis Lobiensis.
Voyez Abb. de Laubes, *Ord. de S. Benoît*.

— Vita sancti Landerici, Episcopi Metensis.
Voyez Ev. de Metz. *Métr. de Trèves*.

— Vita sancti Landoaldi, Archipresbyteri.
Voyez second Ord. du Clergé.

— Vie de sainte Landrade, Abbesse de Munster-Bilsen.
Voyez Religieuses *Bénédictines*.

— Vie de saint Landry, Evêque de Meaux.
Voyez Ev. de Meaux. *Métr. de Paris*.

— Vie de saint Landry, Evêque de Paris.
Voyez Arch. de la Métr. de Paris.

— Vita beati Lanfranci, Abbatis Beccensis.
Voyez Abb. du Bec, *Ord. de S. Benoît*.

— ☞ De sancto Laudo, vel Lautone, Episcopo Constantiensi, in Normannia.
Voyez Ev. de Coutance. *Métr. de Rouen*.]

— ☞ De sancto Laudulpho, Episcopo Ebroicensi.
Voyez Ev. d'Evreux. *Métr. de Rouen*.]

4531. ☞ De sancto Lauro, Abbate in Diœcesi Maclovienfi apud Armoricos; Sylloge Constantini SUYSKENI, è Societate Jesu.
Voyez le Recueil de Bollandus, au 30 de Septembre.]

— Vita sancti Launomari, Abbatis Curbionensis.
Voyez Abb. de S. Lomer, *Ord. de S. Benoît*.

— Vie de saint Lazare, Evêque de Marseille.
Voyez ci-devant, N.° 3970. & *suiv*.

— Vita sancti Lebwini, Presbyteri & Confessoris.
Voyez second Ord. du Clergé.

— Vita sancti Lenogesili, Presbyteri.
Voyez ibid.

— Vie de saint Léobard, Reclus.
Voyez Abb. de Marmoûtiers, *Ord. de S. Benoît*.

— Vita sancti Leobini, Episcopi Carnotensis.
Voyez Ev. de Chartres. *Métr. de Paris*.

— Vita sancti Leodegarii, Episcopi Augustodunensis.
Voyez Ev. d'Autun. *Métr. de Lyon*.

— Vita sancti Leodegarii, Presbyteri.
Voyez second Ord. du Clergé.

— Vie de saint Léon, Evêque de Saint-Paul-de-Léon.
Voyez Ev. de Léon. *Métr. de Tours*.

— Vita sancti Leonis, Abbatis.
Voyez Abb. de Mantenay, *Ord. de S. Benoît*.

— Vita sancti Leonis IX. Papæ.
Voyez Papes François.

— De sancto Leone, Episcopo Senonensi.
Voyez Arch. de la Métr. de Sens.

— Vie de saint Léon, Archevêque de Rouen.
Voyez Arch. de la Métr. de Rouen.

4532. ☞ Histoire de la Vie & du Culte de saint Léonard du Limosin; par M. l'Abbé OROUX, Chanoine de saint Léonard de Noblac: *Paris*, Barbou, 1760, *in*-12.

On en trouve un extrait assez étendu dans le *Journal de Verdun*, 1760, *Septembre*, pag. 166-174.]

4533. Passio sancti Leonardi, Monachi & Martyris, tempore Regis Clotarii.

Alia Vita priore contractior.

Ces deux Vies se trouvent dans le tom. II. de la *Nouvelle Bibliothèque des Manuscrits* du Père Labbe, *pag.* 415 & 424.

— Vita sancti Leonardi, Anachoretæ.
Voyez Solitaires.

— Vie de S. Léonare, Evêque en Bretagne.
Voyez Ev. de Rennes. *Métr. de Tours*.

Vie

— Vie de saint Léonce, Archevêque de Bordeaux.

Voyez Arch. de la *Métr. de Bordeaux.*

— De sancto Leontio, Episcopo Forojuliensi.

Voyez Ev. de Fréjus. *Métr. d'Aix.*

— De sancto Leontio, Episcopo Santoniensi.

Voyez Ev. de Saintes. *Métr. de Bordeaux.*

— Vita sancti Lethardi, Episcopi Silvanectensis.

Voyez Ev. de Senlis. *Métr. de Reims.*

— De sancto Leuconio, Episcopo Trecensi.

Voyez Ev. de Troyes. *Métr. de Sens.*

— Vita sancti Leufredi, Abbatis Madriacensis.

Voyez Abb. de la Croix-Saint-Leufroy, *Ord. de S. Benoît.*

4534. Vita & Martyrium sancti Liberti Malinatis & Mechlinensium Principum, Adonis & Elisæ: historicâ face & poëmatibus variis aucta & illustrata, studio & operâ Joannis Antonii A GURNEZ, Congregationis Oratorii Presbyteri: *Mechliniæ,* Jaye, 1639, *in-4.*

Ce Saint est mort en 775.

— Vita sancti Liborii, Episcopi Cenomanensis.

Voyez Ev. du Mans. *Métr. de Tours.*

4535. De sancta Liceria, Virgine, Martyre Senonibus; Notæ historicæ Danielis PAPEBROCHII, è Societate Jesu.

Ces Remarques historiques sont imprimées dans le *Recueil* de Bollandus, au 4 de Mai.

— Vita sancti Licinii, Episcopi Andegavensis.

Voyez Ev. d'Angers. *Métr. de Tours.*

— Vie de saint Lidoire, Evêque de Tours.

Voyez Arch. de la *Métr. de Tours.*

4536. Vita sanctæ Lidwigis, seu Lidwinæ, Virginis, Schidami in Hollandia; auctore Joanne BRUGMAN, ex Ordine Minorum; cum Commentario Danielis PAPEBROCHII, è Societate Jesu.

Cette Vie est imprimée dans le *Recueil* de Bollandus, au 14 d'Avril. Cette Sainte est morte en 1433; & l'Auteur de sa Vie a vécu en 1455.

4537. Vie de sainte Lidwine; par Guillaume THIERSAULT, Jésuite: *Paris,* Chappelet, 1637, *in-12.*

Cet Auteur est mort en 1666.

4538. Vie de la même; par François GIRY.

Cette Vie est imprimée dans son *Recueil des Vies des Saints,* au 14 d'Avril.

4539. Vie de la même; par Adrien BAILLET.

Cette Vie est imprimée dans son *Recueil des Vies des Saints,* au même jour.

4540. ☞ Vie de saint Lié, Solitaire de la Beausse: *Orléans,* 1694, *in-12.*]

— Vita beati Lietberti, Episcopi Cameracensis.

Voyez Arch. de la *Métr. de Cambray.*

— Vita sancti Lifardi, Abbatis Magdunensis.

Voyez Abb. de S. Lifard, *Ord. de S. Benoît.*

— Vie de saint Lifard, Solitaire.

Voyez Solitaires.

4541. Vita sanctæ Lintrudæ, Virginis in Campania; auctore THEODERICO, Archiepiscopo Trevirensi.

Cette Vie est imprimée dans le *Recueil des Vies des Saints* de Surius, au 22 de Septembre. Elle n'est qu'un abrégé de celle que Thierry, Archevêque de Trèves, qui est mort en 970, avoit écrite; & sainte Lintru est morte en 470.

4542. Vie de sainte Lintru, Vierge en Champagne, & de ses sœurs sainte Amée, sainte Hou, sainte Menéhou & sainte Pusinne, Vierges; par Adrien BAILLET.

Cette Vie est imprimée dans son *Recueil des Vies des Saints,* au 22 de Septembre. Cet Auteur croit que ces Saintes n'ont vécu que dans le cinquième siècle.

4543. Les Actes admirables en prospérité, en adversité & en gloire, du bienheureux Martyr saint Livier, Gentilhomme d'Austrasie; avec les stances de son Hymne, & les vérifications des Miracles faits en la Fontaine dudit Martyr, voisine de l'Abbaye de Salival, près de Vic, en 1623: Histoire non moins agréable qu'utile aux personnes de Noblesse; extraite des Archives, Cartulaires & Manuscrits anciens; par Alphonse RAMBERVILLER, Ecuyer, Lieutenant-Général au Bailliage de Metz: *Vic,* Félix, 1624, *in-8.*

4544. Remarques d'Histoire sur le Discours de la vie & de la mort de saint Livier, & le récit de ses Miracles nouvellement publié; (par Paul FERRY, Ministre des Calvinistes à Metz): 1624, *in-12.*

Ancillon, à l'article LII. de son *Mélange critique & de Littérature,* rapporte pour raison qui empêcha l'Auteur de mettre son nom à ces Remarques, qu'il ne vouloit pas se brouiller avec un homme considérable, & son compatriote, contre lequel il écrivoit.

4545. ☞ Mss. Dissertations historiques & morales sur la Vie de saint Livier; par M. Henri LE FEVRE, Curé de saint Livier de Metz, Docteur en Théologie & ès Droits Canons, ancien Promoteur de M. l'Archevêque d'Embrun.

Cet Ouvrage, partagé en quatre Livres, est conservé dans l'Abbaye de Salival.]

— Vie de saint Lô, Evêque de Coutances.

Voyez Ev. de Coutances. *Métr. de Rouen.*

— Vita sancti Lonegisili, Abbatis Buxianensis.

Voyez Abb. de Boissellière, *Ord. de S. Benoît.*

— Vie du bienheureux Louis le Débonnaire, Roi de France.

Voyez Louis le Débonnaire, *à son Règne.*

— Vie de saint Louis IX. Roi de France.

Voyez S. Louis, *à son Règne*.

— Vie de saint Louis, Evêque de Toulouse.

Voyez Arch. de la *Métr. de Toulouse.*

— Vie de saint Loup, Archevêque de Lyon.

Voyez Arch. de la *Métr. de Lyon.*

4546. Vie de saint Lucain, Martyr en Beauce; par Adrien BAILLET.

Cette Vie est imprimée dans son *Recueil des Vies des Saints*, au 30 d'Octobre.

4547. De sancta Lucentia, Virgine Pruvini in Francia.

Cette Vie est imprimée dans le *Recueil* de Bollandus, au 4 de Juin.

— Vie de saint Lucien; Apôtre de Beauvais.

Voyez Ev. de Beauvais. *Métr. de Reims.*

— Vita sanctæ Ludgardis, Virginis Cisterciensis.

Voyez Religieuses de Cîteaux.

— Vita sancti Lulli, Episcopi Moguntini.

Voyez Arch. de la *Métr. de Mayence.*

4548. Vita & Passio sancti Lupercii, Martyris.

Ces Actes sont à la *pag.* 161 de la seconde partie de l'*Histoire Ecclésiastique de France*; par François BOSQUET: *Parisiis*, 1636, *in*-4.

4549. De sancto Lupercio, Martyre sub Imperatore Decio, in Novempopulania: Sylloge critica Danielis PAPEBROCHII, è Societate Jesu.

Cette Critique est imprimée dans le *Recueil* de Bollandus, au 15 de Juin.

— De sancto Lupicino, Recluso.

Voyez Solitaires.

— Vita sancti Lupicini, Abbatis Jurensis.

Voyez Abb. du Mont-Jura, ou de S. Claude, *Ord. de S. Benoît.*

— Vita sancti Lupi, Episcopi Cabillonensis.

Voyez Ev. de Chalon. *Métr. de Lyon.*

— De sancto Lupo, Episcopo Lemovicensi.

Voyez Ev. de Limoges. *Métr. de Bourges.*

— ☞ Vita sancti Lupi, Episcopi Lugdunensis.

Voyez Arch. de la *Métr. de Lyon.*]

— Vita sancti Lupi, Episcopi Senonensis.

Voyez Arch. de la *Métr. de Sens.*

— Vita sancti Lupi, Episcopi Trecensis.

Voyez Ev. de Troyes. *Métr. de Sens.*

4550. ☞ Vita sanctæ Lutrudis, Virginis in Diœcesi Catalaunensi: auctore anonymo; cum Commentario Joannis PERERII, è Societate Jesu.

Voyez le *Recueil* de Bollandus, au 22 de Septembre.]

— Vie de saint Pierre de Luxembourg, Evêque de Metz.

Voyez Ev. de Metz. *Métr. de Trèves.*

— Vie de saint Lycard, Evêque de Conserans.

Voyez Ev. de Conserans. *Métr. d'Ausch.*

— Vie de saint Lyphard, Neveu du Roi Clovis.

Voyez Généal. de la première Race.

M

— De beato Macalino, Abbate sancti Michaëlis.

Voyez Abb. de S. Michel, *Ord. de S. Benoît.*

— Vita sancti Machutis, Episcopi Aletensis.

Voyez Ev. de Saint-Malo. *Métr. de Tours.*

4551. Acta sanctæ Macræ, Virginis & Martyris in Territorio Remensi.

Ces Actes sont imprimés dans le *Recueil* de Bollandus, au 6 de Janvier. Cette Sainte a été martyrisée vers l'an 287 de J. C.

4552. Vie de sainte Macre, Patrone de Fismes, recueillie par Henri BAZIN, de Fismes: *Reims*, 1644, *in*-16.

4553. Vie de la même Sainte; par François GIRY.

Cette Vie est imprimée dans son *Recueil des Vies des Saints*, au 11 de Juin.

4554. Vie de la même; par Adrien BAILLET.

Cette Vie est imprimée dans son *Recueil des Vies des Saints*, au même jour.

— Ecrits pour & contre la venue de sainte Madeleine en France.

Voyez ci-devant, N.° 3977 *& suiv.*

— Vita sancti Magdegisili, Eremitæ.

Voyez Solitaires.

— Vita sancti Maglorii, Episcopi Dolensis.

Voyez Ev. de Dol. *Métr. de Tours.*

4555. Vita sancti Magneberti, Martyris in Bressia; cum Commentario Godefridi HENSCHENII, è Societate Jesu.

Cette Vie est imprimée dans le *Recueil* de Bollandus, au 13 de Juin. Ce Saint est mort vers l'an 675 de Jesus-Christ.

— Vita sancti Majani, Abbatis in Aremorica.

Voyez Abb. de S. Méen, *Ord. de S. Benoît.*

4556. Vita venerabilis Viduæ & Virginis Mariæ de Malliaco, Turonibus in Gallia; auctore Martino DE BOSCO GUALTERI, ipsius Confessario, ex Ordine Minorum.

Cette Vie est imprimée dans le *Recueil* de Bollandus, au 28 de Mars. Cette Vierge est morte en 1414.

4557. Vita sancti Mainbodi, Martyris, Vesontione.

Cette Vie est dans le même *Recueil*, au 23 de Janvier.

— Vie de saint Mainbœuf, Evêque d'Angers.

Voyez Ev. d'Angers. *Métr. de Tours.*

— Vita sancti Majoli, Abbatis Cluniacensis.

Voyez Abb. de Cluni, *Ord. de S. Benoît.*

4558. Vie de sainte Maixance, Vierge & Martyre; par François GIRY.

Cette Vie est imprimée dans son *Recueil des Vies des Saints*, au 10 de Novembre.

4559. Vie de la même; par Adrien BAILLET.

Cette Vie est imprimée dans son *Recueil des Vies des Saints*, au même jour.

— Elogium sancti Malcaleni, Abbatis Walciodorensis.

Voyez Abb. de Valdor, *Ord. de S. Benoît.*

4560. De Vita, agone & triumpho sancti Mamantis, Lingonensis Ecclesiæ Patroni: Liber RAINALDI Lingonensis Episcopi.

Historia ejusdem.

Ces Actes sont dans le tom. II. de la *Bibliothèque de Fleuri* de Jean du Bois, *pag.* 210 & 140. Cet Evêque a vécu en 1080.

4561. Vie de saint Mamès, Patron de Langres; par Thomas BAILLY: 1613, *in-*12.

4562. Vie du même Saint; par A. C. Chanoine de Langres: *Paris*, Cramoisy, 1650, *in-*8.

Ces lettres A. C. signifient Antoine CORDIER.

— ☞ Relation de saint Mamert.

Voyez Ev. d'Auxerre. *Métr. de Sens.*]

— Vita sancti Mamertini, Abbatis sancti Germani Autissiodorensis.

Voyez Abb. de S. Germain d'Auxerre, *Ord. de S. Benoît.*

— De sancto Mamerto, Episcopo Viennensi.

Voyez Arch. de la *Métr. de Vienne.*

4563. De sancto Mansueto, Martyre, Argentarii in Normannia; Notæ Danielis PAPEBROCHII, è Societate Jesu.

Ces Notes sont imprimées dans le *Recueil* de Bollandus, au 22 d'Avril.

— Vie de saint Mansuy, Evêque de Toul.

Voyez Ev. de Toul. *Métr. de Trèves.*

— Vita sancti Manuæi, Episcopi Bajocensis.

Voyez Ev. de Bayeux. *Métr. de Rouen.*

4564. ☞ Histoire de la Translation des Reliques du glorieux saint Marc, l'Evangéliste, en l'Eglise de Limours, Diocèse de Paris: *Paris*, 1686, *in-*12.]

— Vita sancti Marcellini, Episcopi Ebredunensis.

Voyez Arch. de la *Métr. d'Embrun.*

— De sancto Marcellino, Episcopo Velauniensi.

Voyez Ev. du Puy. *Métr. de Bourges.*

4565. Acta sanctorum Marcelli & Anastasii, Martyrum Argentonii-Biturigum sub Aureliano; cum Commentario Godefridi HENSCHENII, è Societate Jesu.

Ces Actes sont imprimés dans le *Recueil* de Bollandus, au 26 de Juin.

Tome I.

4566. Martyrium beati Marcelli, qui apud Cabillonem pro Christo peremptus est.

Ces Actes sont imprimés dans le *Recueil des Vies des Saints* de Surius, au 4 de Septembre. Ce Saint est mort l'an 179. de J. C.

Eadem Acta Martyrii.

Alia Acta ejusdem Sancti.

Ces deux Actes se trouvent dans les *Preuves de l'Histoire de l'Abbaye de Tournus*; par le Père CHIFFLET, Jésuite, *pag.* 53 & 55: *Dijon*, 1664, *in-*4. & dans le tom. II. de l'*Illustre Orbandale*, ou de l'*Histoire Ecclésiastique de Chalon*, à la tête des Vies des Saints de ce Diocèse. Les premiers Actes sont fort courts, & disent peu de chose; ils ne sont pas anciens. Les seconds sont plus diffus; mais ils ne contiennent rien autre chose. On croit que c'est l'Ouvrage de quelque Moine de l'Abbaye de saint Marcel de Chalon.

4567. Vie de saint Marcel, Martyr; par Adrien BAILLET.

Cette Vie est imprimée dans son *Recueil des Vies des Saints*, au 4 de Septembre.

4568. Vie du même Saint; par Sébastien LE NAIN DE TILLEMONT.

Cette Vie est imprimée au tom. III. de ses *Mémoires pour l'Histoire Ecclésiastique*, *pag.* 35.

— De sancto Marcello, Episcopo Diensi.

Voyez Ev. de Die. *Métr. de Vienne.*

— Vita sancti Marcelli, Episcopi Parisiensis.

Voyez Arch. de la *Métr. de Paris.*

— Vita sancti Marculphi, Abbatis Nantuensis.

Voyez Abb. de Nanteuil, *Ord. de S. Benoît.*

— Vita beatæ Mariæ Oignacensis.

Voyez Religieuses *Béguines.*

— Vita beati Mariani, Solitarii.

Voyez Solitaires.

— Vita beati Marini, Eremitæ.

Voyez ibid.

— Vie de saint Marius, Protecteur d'Auvergne.

Voyez ci-devant, N.° 4242.

— Vita sancti Marii, Abbatis Bodanensis.

Voyez Abb. de Bèze, *Ord. de S. Benoît.*

— De sancto Maro, Episcopo Trevirensi.

Voyez Arch. de la *Métr. de Trèves.*

— Vie de saint Martial, Evêque de Limoges.

Voyez ci-devant, N.° 4063 & *suiv.*

— ☞ Vita sancti Martiani, Abbatis.

Voyez Solitaires.]

— Vita sancti Martii, Abbatis apud Arvernos.

Voyez Abb. de S. Mars, *Ord. de S. Benoît.*

4569. Vie de saint Martin, de Brive; par Jean CONTE: *Brive*, 1635, *in-*8.

— Vita beati Martini, Cardinalis.

Voyez Cardinaux.

— Vie de saint Martin, Abbé à Saintes.

Voyez Solitaires.

Pp 2

— Vita sancti Martini, Episcopi Tungrensis.
Voyez Ev. de Liége. *Métr. de Cologne.*

— Vita sancti Martini, Episcopi Turonensis.
Voyez Arch. de la *Métr. de Tours.*

— Vita sancti Martini, Abbatis Vertaviensis.
Voyez Abb. de Vertou, *Ord. de S. Benoît.*

4570. ☞ Vie de saint Mary, appellé aussi saint May, ou saint Maire.
Voyez Baillet, au 27 de Janvier. Ce Saint, qui est né à Orléans, ou dans le Diocèse, a été omis dans la *Notitia Sanctorum Aurelianensium* de Symphorien Guyon.]

4571. De sancta Mastidia, Virgine, Trecis in Campania, Dissertatio historica Godefridi HENSCHENII, è Societate Jesu.
Cette Dissertation est imprimée dans le *Recueil* de Bollandus, au 7 de Mai.

4572. Historia inventi corporis sanctæ Mastidiæ.
Cette Histoire est dans le même *Recueil*, au même jour.

— Vie de saint Materne, Evêque de Trèves.
Voyez Arch. de la *Métr. de Trèves.*

— Vita sancti Materniani, Episcopi Remensis.
Voyez Arch. de la *Métr. de Reims.*

— Vie de saint Jean de Matha, Fondateur de l'Ordre des Mathurins.
Voyez Mathurins.

— Vie de saint Mathurin, Prêtre en Gâtinois.
Voyez second Ord. du Clergé.

— Vita beati Matthæi, Cardinalis.
Voyez Cardinaux.

— Vie de saint Mauger, Solitaire.
Voyez Solitaires.

4573. Vie de sainte Maure & de sainte Brigide, Vierges honorées en Beauvoisis; par Adrien BAILLET.
Cette Vie est imprimée dans son *Recueil des Vies des Saints*, au 28 de Juillet.

4574. ☞ Histoire des saintes Princesses, Maure & Brigide, martyrisées à Balagny, & transportées à Nogent-les-Vierges, en Beauvoisis: *Beauvais*, 1602, *in-12.*]

4575. Vita sanctæ Mauræ, Virginis, Trecis; auctore PRUDENTIO Episcopo Trecensi.
Sainte Maure est décédée vers l'an 852. Sa Vie, en forme de Sermon & de Panégyrique, se trouve dans un Sermon de saint Prudence, sous lequel cette Sainte avoit vécu, & qui composa à la prière de Sédulie, mère de cette Sainte. Il est mort en 861. Ce Sermon se trouve entre ses *Opuscules*, pag. 598 du tom. XV. de la *Bibliothèque des Pères*, édition de Lyon; & dans le *Promptuaire des Antiquités de Troyes*; par Nicolas CAMUSAT : *Trecis*, 1619, *in-*8.

4576. ☞ Eadem Vita; cùm Commentario Constantini SUYSCHENI, è Societate Jesu.
Voyez le *Recueil* de Bollandus, au 21 de Septembre.]

4577. Vie de sainte Maure; par Adrien BAILLET.
Cette Vie est imprimée dans son *Recueil des Vies des Saints*, au 20 de Septembre.

— Vita sancti Mauri, Eremitæ.
Voyez Solitaires.

— Vita sancti Mauri, Abbatis.
Voyez Abb. de Glanfeuille, & celle de S. Maur, *Ord. de S. Benoît.*

— Vita sancti Maurilii, Episcopi Andegavensis.
Voyez Ev. d'Angers. *Métr. de Tours.*

— De sancto Maurilio, Presbytero.
Voyez second Ord. du Clergé.

— De sancto Maurilio, Archiepiscopo Rotomagensi.
Voyez Arch. de la *Métr. de Rouen.*

4578. ☞ Passio sanctorum Mauricii ac Sociorum ejus, Martyrum (Agaunensium); auctore sancto EUCHERIO, Lugdunensi Episcopo.
Ces Actes sont dans le *Recueil* de D. Thierry Ruinart, & dans celui de Bollandus, au 22 de Septembre, avec le *Commentaire* du P. Jean CLEUS. On peut voir encore les *Mémoires* de M. DE TILLEMONT, *tom. IV.* & Baillet, au même jour. Saint Maurice, & la plus grande partie de ses Compagnons, qui composoient le gros de la Légion Thébéenne, furent martyrisés dans le Vallais, vers l'an 286. Leur culte est très-répandu en France, où quantité d'Eglises portent leur nom, & conservent de leurs Reliques. La Cathédrale de Tours portoit autrefois le nom de saint Maurice; & celles de Vienne, d'Angers & de Mirepoix l'ont encore.]

4579. ☞ Défense de la vérité du Martyre de la Légion Thébéenne, autrement de saint Maurice & de ses Compagnons; pour servir de réponse à la Dissertation critique du Ministre Dubourdieu: avec l'Histoire détaillée de la même Légion; par Dom Joseph DE L'ISLE, Abbé de saint Léopold de Nancy, Ordre de saint Benoît: *Nancy*, Baltazard, 1737, *in-*8.
Cet Ouvrage a été composé en partie sur les *Mémoires* de D. CLARET, Abbé d'Agaune, ou de saint Maurice en Vallais : aussi cet Abbé en a fait la Dédicace au Roi de Sardaigne, parcequ'on honore à Turin, résidence de ce Prince, plusieurs de ces Martyrs, & que le premier Ordre de Chevalerie des Etats de la Maison de Savoye, porte le nom de Saint Maurice.]

4580. ☞ Apologie de la Légion Thébaine, ou de saint Maurice & de ses Compagnons; (par M. Félix DE BALTHASAR, Membre du Conseil Souverain de Lucerne) : *Lucerne*, 1760, *in-*8. en Allemand.
Ce qui a donné occasion à cet Ouvrage, c'est que M. Spreng, Professeur à Basle, très-habile Historien, mais trop sceptique, avoit attaqué l'Histoire de saint Maurice, dans son *Histoire Ecclésiastique des Rauraci.* Le Canton de Soleure (qui honore la mémoire de plusieurs Compagnons de saint Maurice, lesquels y furent martyrisés) demanda à celui de Basle une satisfaction convenable. *Annal. typographiq. tom. I, pag.* 473.]

— Vita sancti Mauritonii, Abbatis Broyli.

Voyez Abb. du Mergen, *Ord. de S. Benoît.*

— ☞ De sanctis Mauro, Salvino & Aratore, Episcopis.

Voyez Ev. de Verdun. *Métr. de Trèves.*]

4581. Vie de saint Mauxe & de saint Vénérand [Patrons du Diocèse d'Evreux]: *Rouen*, 1614, *in-*12.

— Vita sancti Maxentii, Abbatis in agro Pictaviensi.

Voyez Abb. de S. Maixant, *Ord. de S. Benoît.*

4582. De sanctis Maximo & Venerando, Martyribus in Diœcesi Ebroicensi ; Commentarius historicus Godefridi HENSCHENII, è Societate Jesu.

Ce Commentaire historique est imprimé dans le *Recueil* de Bollandus, au 25 de Mai.

4583. ☞ Vie des (mêmes) Bienheureux Martyrs, &c. *Evreux*, Magner, 1752, *in-*12.]

4584. De sancta Maxima, Virgine, Callidiani in Forojuliensi Provinciæ Diœcesi ; auctore Daniele PAPEBROCHIO, è Societate Jesu.

Ce Discours est imprimé dans le *Recueil* de Bollandus, au 16 de Mai.

4585. Josephi ANTELMI, Canonici Forojuliensis, de cultu & patria ejusdem.

Ce Discours se trouve dans le même *Recueil*, au même jour.

4586. ☞ Abrégé de l'Histoire de la Vie de saint Maxime, de la noble famille de Rascas ; par M. J. B. C. 1728, *in-*12. 54 pages.]

— Vie de saint Maximin, Evêque d'Aix.

Voyez ci-devant, N.° 3977 *& suiv.* & Arch. de la *Métr. d'Aix.*

— Vita sancti Maximini, Abbatis Miciacensis.

Voyez Abb. de S. Mesmin, *Ord. de S. Benoît.*

— De sancto Maximino, Episcopo Tungrensi.

Voyez Ev. de Liége. *Métr. de Cologne.*

— Vie de saint Maximin, Evêque de Trèves.

Voyez Arch. de la *Métr. de Trèves.*

— Vita sancti Maximi, Episcopi Regiensis.

Voyez Ev. de Riez. *Métr. d'Aix.*

— Vita sancti Medardi, Episcopi Noviomensis.

Voyez Ev. de Noyon. *Métr. de Reims.*

— Vita sancti Mederici, Abbatis Æduensis.

Voyez Abb. de S. Martin d'Autun, *Ord. de S. Benoît.*

— De sancto Medulpho, Eremita.

Voyez Solitaires.

— Vie de saint Mélaine, Evêque de Rennes.

Voyez Ev. de Rennes. *Métr. de Tours.*

4587. Vie de saint Mélaire ou Mélat, Martyr en Bretagne ; par Yves ARREL, Sieur de Coatmen, Vicaire de Dol : *Morlaix*, Allienne, 1627, *in-*12.

Ce Saint a vécu dans le septième siècle.

— De sancto Melano, Episcopo Trecensi.

Voyez Ev. de Troyes. *Métr. de Sens.*

— Vie de saint Mellon, Archevêque de Rouen.

Voyez Arch. de la *Métr. de Rouen.*

4588. ☞ De sancto Memorio & sociis Martyribus in Brolio, vico territorii Trecensis, Acta ; auctore anonymo, & Commentarius Joan. STILTYNGI, è Societate Jesu.

Ces Actes sont imprimés dans le *Recueil* de Bollandus, au 7 de Septembre.]

4589. De sancto Memorio, Confessore Petrocoricæ in Aquitania ; Commentarius criticus Danielis PAPEBROCHII, è Societate Jesu.

Ce Commentaire critique est imprimé dans le *Recueil* de Bollandus, au 26 de Mai.

4590. Discours concernant les louanges de la vie & mort de sainte Menéhoult, une des sept filles du Comte de Perthois ; par Pierre TESTENOIRE : *Paris*, Bessin, 1632, *in-*12.

— Vita sancti Menelai, Abbatis Menatensis.

Voyez Abb. de Ménat, *Ord. de S. Benoît.*

4591. Vita sancti Menjoli, Martyris Huy in Belgio ; cum Commentario Joannis BOLLANDI, è Societate Jesu.

Cette Vie est imprimée dans son *Recueil*, au 8 de Février. Ce Saint est mort vers l'an 892 ; & l'Auteur de sa Vie l'a écrite vers l'an 970.

4592. ☞ Acta sancti Menulfi, Episcopi in finibus Bituricensium ; cum Commentario Joh. Bapt. SOLLERII, è Societate Jesu.

Ces Actes sont imprimés dans le *Recueil* de Bollandus, au 12 de Juillet.]

4593. ☞ Vie & Miracles de saint Menoux, Evêque Breton, Patron de l'Abbaye de saint Menoux en Bourbonnois ; par Sébastien MARCAILLE : *Molins*, Vernoy, 1606, *in-*12.]

4594. ☞ De sancta Merâ, Virgine & Martyre, Lectoræ ; Appendix Joh. Bapt. SOLLERII, è Societate Jesu.

Voyez le *Recueil* de Bollandus, au 20 de Juillet.]

— De sancto Meriadeco, Episcopo Venetensi.

Voyez Ev. de Vannes. *Métr. de Tours.*

4595. La Charité persécutée, ou saint Mytre, Martyr ; avec un Abrégé de l'Histoire d'Aix, de son tems ; par Gaspard AUGERI, Protonotaire du Saint Siége Apostolique, Prieur de Maganosc : *Aix*, Roize, 1646, *in-*8.

4596. Vie de saint Merre, ou Mitre, Martyr d'Aix en Provence ; par Adrien BAILLET.

Cette Vie est imprimée dans son *Recueil des Vies*

des Saints, au 13 de Novembre. Ce Saint a vécu dans le troisième ou quatrième siècle.

4597. Vie de saint Mesme, Confesseur à Chinon ; par le même.

Cette Vie est imprimée dans son *Recueil des Vies des Saints*, au 10 d'Août.

4598. ☞ Observations historiques sur saint Maime, de Chinon, & sur son ancienne Eglise ; par M. DE LA SAUVAGERE, Chevalier de l'Ordre de Saint Louis, &c. *Journal de Verdun*, 1753, Septembre, *pag.* 206-215.]

— Vie de saint Micomer, Prêtre.

Voyez second Ord. du Clergé.

— ☞ De sancto Mileto, Episcopo Trevirensi.

Voyez Arch. de la *Métr. de Trèves*.]

— Vita sancti Minii, Episcopi Catalaunensis.

Voyez Ev. de Châlons. *Métr. de Reims*.

— Vita sancti Modoaldi, Archiepiscopi Trevirensis.

Voyez Arch. de la *Métr. de Trèves*.

— De sancto Modesto, Episcopo Trevirensi.

Voyez ibid.

4599. Narré véritable de la vie, trépas & miracles de saint Mommolin, Patron de Bordeaux ; par Jean DARNALT, Religieux de sainte Croix : *Bordeaux*, Millange, 1618, *in-12*.

☞ Ce Saint fut Abbé de Fleury-sur-Loire, & mourut à sainte Croix de Bordeaux, où sont ses Reliques.]

— Vie de saint Mommolin, Evêque de Noyon.

Voyez Ev. de Noyon. *Métr. de Reims*.

— Vie de saint Mondol, Evêque de Maestricht.

Voyez Ev. de Liége. *Métr. de Cologne*.

4600. Vita sanctæ Monegundæ, Conjugatæ ; auctore GREGORIO, Turonensi Episcopo, De vitis Confessorum, cap. 19.

Cette Vie est imprimée dans le *Recueil des Vies des Saints* de Surius, au 2 de Juillet. Cette Sainte est morte en 570.

4601. ☞ Eadem ; cum Commentario Joh. Bapt. SOLLERII, è Societate Jesu.

Voyez le *Recueil* de Bollandus, au 2 de Juillet.]

4602. Vie de sainte Monégonde ; par Adrien BAILLET.

Cette Vie est imprimée dans son *Recueil des Vies des Saints*, au même jour.

— Vie de saint Montain, Reclus.

Voyez Solitaires.

4603. Vita sanctæ Montanæ.

Cette Vie est imprimée au tom. II. de la *Nouvelle Bibliothèque des Manuscrits* du Père Labbe ; & dans le tom. III. des *Annales de l'Eglise de France* du Père le Cointe, sur l'année 654, num. 6. Il croit qu'on ne doit point confondre cette Sainte avec sainte Gertrude, quoiqu'il se soit glissé de la Vie de celle-ci bien des choses dans la Vie de sainte Montaine.

— Vita sancti Morandi, Monachi Cluniacensis.

Voyez Abb. de Cluni, *Ord. de S. Benoît*.

— Vie de saint Morand, Evêque de Rennes.

Voyez Ev. de Rennes. *Métr. de Tours*.

— Elogium sancti Mummoli, Abbatis Floriacensis.

Voyez Abb. de Fleury, *Ord. de S. Benoît*.

— ☞ De sancto Mummolo Abbate, Burdigalæ.

Voyez Solitaires.]

N

— Vie de saint Namphase, Ermite.

Voyez Solitaires.

— De sanctis Nectario & Nicetio, Episcopis.

Voyez Arch. de la *Métr. de Vienne*.

— ☞ De sancto Nectario, Episcopo Augustodunensi.

Voyez Ev. d'Autun. *Métr. de Lyon*.]

4604. ☞ Lettre de M. D'AUVERGNE, Avocat au Parlement, au sujet d'un saint (Nerlin) inconnu, & des fragmens de la Chronique d'Hélinand, Moine de Froidmont (touchant l'Akousmate d'Ansacq) : *Mercure*, 1732, Février, *pag.* 298-318.]

— Vie de saint Nicaise, Evêque de Reims.

Voyez Arch. de la *Métr. de Reims*.

— Vie de saint Nicaise, Archevêque de Rouen.

Voyez Arch. de la *Métr. de Rouen*.

4605. Vie de saint Nicaise, Prêtre, de saint Cérin, de sainte Escobille, & saint Pienche, Martyrs au Vexin François ; par Adrien BAILLET.

Cette Vie est imprimée dans son *Recueil des Vies des Saints*, au 11 d'Octobre. Le Martyre de ces Saints est arrivé dans le troisième siècle.

— Epitome Vitæ sancti Nicetii, Episcopi Lugdunensis.

Voyez Arch. de la *Métr. de Lyon*.

— Vita sancti Nicetii, Episcopi Trevirensis.

Voyez Arch. de la *Métr. de Trèves*.

— Vita sancti Nicetii, Episcopi Vesontionensis.

Voyez Arch. de la *Métr. de Besançon*.

4606. ☞ La Vie de saint Nicolas, Evêque de Myre, Patron de Lorraine ; avec un Recueil des Miracles faits par son intercession en l'Eglise de saint Nicolas de Port en Lorraine, & l'Office de ce Saint : *Troyes*, Garnier, *in-12*. *Toul*, Rolin, *in-8*.]

4607. ☞ De sanctâ Ninnocâ, Virgine in Britanniâ minore ; Commentarius historicus Francisci BAERTII, è Societate Jesu.

Ce Commentaire historique est imprimé dans le *Re-*

cueil de Bollandus, au 4 de Juin. Cette Sainte a vécu dans le huitième siècle.]

— Vie de saint Nivard, Archevêque de Reims.

Voyez Arch. de la *Métr. de Reims*.

4608. ☞ Vie de sainte Noitburge, Vierge; par François GIRY.

Cette Vie est imprimée dans son *Recueil des Vies des Saints*, au 24 d'Octobre. Cette Sainte est morte en 714.]

— Vie de saint Pierre Nolasque, Fondateur de l'Ordre de la Mercy.

Voyez Pères de la Mercy.

4609. ☞ De sancto Nomio seu Nummio, propè-Villampirosam, inter Parisios & Houdanum; Appendix Joh. Bapt. SOLLERII, è Societate Jesu.

Voyez le *Recueil* de Bollandus, au 8 de Juillet.]

— Acta sancti Norberti, Fundatoris Ordinis Præmonstratensis.

Voyez Prémontrés.

O

4610. Vie de sainte Ode, grande aïeule de Pépin le Bref; par Jean-Erard FOULON, Jésuite: *Mons en Hainault*, 1641, *in-*8.

Le Père Foulon est mort en 1668.

4611. Vie de la même Sainte; par MODESTE DE SAINT-AMABLE, Carme Déchaussé.

Cette Vie est imprimée au tom. II. de sa *Monarchie Sainte*, pag. 1: *Clermont*, 1671, *in-fol*.

— Vie de sainte Odile, Abbesse de Hohembourg.

Voyez Chanoinesses.

— Vita sancti Odilonis, Abbatis Cluniacensis.

Voyez Abb. de Cluni, *Ord. de S. Benoît*.

— Vita sancti Odonis, Episcopi Cameracensis.

Voyez Arch. de la *Métr. de Cambray*.

— Vita sancti Odonis, Abbatis Cluniacensis.

Voyez Abb. de Cluni, *Ord. de S. Benoît*.

— Vita sancti Onesimi, Episcopi Suessionensis.

Voyez Ev. de Soissons. *Métr. de Reims*.

— Vita sanctæ Opportunæ, Abbatissæ.

Voyez Abb. d'Almenesches, *Bénédictines*.

— ☞ De sanctis, Optato Episcopo, Santino & Memorio, Presbyteris.

Voyez Ev. d'Auxerre. *Métr. de Sens*.]

— Vita sancti Orientii, Episcopi Auscienfis.

Voyez Arch. de la *Métr. d'Aufch*.

— De sancto Ortario, Abbate Landellis.

Voyez Solitaires.

— De sancto Ostiano, Presbytero.

Voyez second Ord. du Clergé.

— De sancto Otgerio, Monacho Benedictino.

Voyez Abb. de S. Faron, *Ord. de S. Benoît*.

4612. ☞ Réponse d'un Chanoine d'A... à la demande proposée par un Chanoine de Beauvais, sur saint Oudard. *Mercure*, 1730, *Mars*, *pag*. 439-446.]

P

— Vita sancti Paduini, Abbatis Cenomanensis.

Voyez Abb. du Maine, *Ord. de S. Benoît*.

— De sancto Palladio, Episcopo Autissiodorensi.

Voyez Ev. d'Auxerre. *Métr. de Sens*.

— De sanctis Paladio & Palladio, Episcopis Bituricensibus.

Voyez Arch. de la *Métr. de Bourges*.

— Acta sancti Palladii, Episcopi Ebredunensis.

Voyez Arch. de la *Métr. d'Embrun*.

— Vie de saint Pallade, Evêque de Saintes.

Voyez Ev. de Saintes. *Métr. de Bordeaux*.

— De sancto Pantagatho, Episcopo Viennensi.

Voyez Arch. de la *Métr. de Vienne*.

— De sancto Papoleno, Abbate Stapulensi.

Voyez Abb. de Stavélo, *Ord. de S. Benoît*.

— Vie de saint Papoul, Prêtre & Martyr.

Voyez second Ord. du Clergé.

— Vita sancti Pardulphi, Abbatis Waractensis.

Voyez Abb. de Guéret, *Ord. de S. Benoît*.

— Vita beati Guidonis Paræi, Archiepiscopi Remensis.

Voyez Arch. de la *Métr. de Reims*.

4613. ☞ La Vie & les Miracles de saint Parre, martyrisé à un quart de lieue de Troyes: *Troyes*, *in*-16.]

4614. Vita sanctæ Paschaliæ, Virginis & Martyris, Divione in Burgundia sub Aureliano Imperatore, ex antiquis recens collecta à Petro Francisco CHIFFLETIO, è Societate Jesu.

Cette Vie est imprimée dans le *Recueil* de Bollandus, au 9 de Janvier.

— Vita sancti Paschasii Radberti, Abbatis Corbeiensis.

Voyez Abb. de Corbie, *Ord. de S. Benoît*.

— De sancto Paschasio, Episcopo Viennensi.

Voyez Arch. de la *Métr. de Vienne*.

— Vita sancti Paterni, Episcopi Abrincensis.

Voyez Ev. d'Avranches. *Métr. de Rouen*.

— Vita sancti Paterni, Monachi sancti Petri vivi.

Voyez Abb. de S. Pierre-le-Vif, *Ord. de S. Benoît*.

— Vita sancti Paterni, Episcopi Venetensis.
Voyez Ev. de Vannes. *Métr. de Tours.*

— Vita sancti Patientis, Episcopi Lugdunensis.
Voyez Arch. de la *Métr. de Lyon.*

— Vita sancti Patientis, Episcopi Metensis.
Voyez Ev. de Metz. *Métr. de Trèves.*

— ☞ De sancto Patricio, Abbate.
Voyez Solitaires.]

4615. Acta sancti Patrocli, Martyris, Trecis in Gallia.

Ces Actes sont imprimés dans le *Recueil* de Bollandus, au 21 de Janvier. Baronius, dans le *Martyrologe Romain*, croit que ces Actes sont sincères; ils [seroient] au moins bien anciens, si c'étoient ceux dont parle saint Grégoire de Tours, chapitre LXIV. de la *gloire des Martyrs*.

4616. Vie de saint Patrocle; par Sébastien LE NAIN DE TILLEMONT.

Cette Vie est imprimée au tom. IV. de ses *Mémoires pour l'Histoire Ecclésiastique*, pag. 203.

— Vie de saint Patrocle, Reclus.
Voyez Solitaires.

— Vita sancti Pauli, Episcopi Leonensis.
Voyez Ev. de Léon. *Métr. de Tours.*

— Vita sancti Pauli, Episcopi Narbonensis.
Voyez Arch. de la *Métr. de Narbonne.*

— ☞ De sancto Paulo, Episcopo Senonensi.
Voyez Arch. de la *Métr. de Sens.*]

— Vita sancti Pauli, Episcopi Virodunensis.
Voyez Ev. de Verdun. *Métr. de Trèves.*

— Vie de saint Paulin, Evêque de Trèves.
Voyez Arch. de la *Métr. de Trèves.*

— Vita sancti Paulini, Episcopi Nolani.
Voyez Ev. François.

— De sancto Pauliniano, Episcopo Velauniensi.
Voyez Ev. du Puy. *Métr. de Bourges.*

4617. Vita sanctæ Pecinnæ, seu Perseverandæ, Virginis, Agri Pictaviensis in Gallia; cum Commentario Danielis PAPEBROCHII, è Societate Jesu.

Cette Vie est imprimée dans le *Recueil* de Bollandus, au 26 de Juin.

4618. ☞ De beatâ Pelagiâ, vidua apud Lemovices, Sylloge Joannis CUPERI, è Societate Jesu.
Voyez le *Recueil* de Bollandus, au 26 d'Août.]

— Vie de saint Pépin, Maire d'Austrasie.
Voyez Maires du Palais.

— Vita sancti Peregrini, Episcopi Autissiodorensis.
Voyez Ev. d'Auxerre. *Métr. de Sens.*

— ☞ De sancto Peregrino, Presbytero.
Voyez second Ord. du Clergé.]

— Vita sancti Perpetui, Episcopi Leodiensis.
Voyez Ev. de Liége. *Métr. de Cologne.*

— Vie de saint Perpétue, Evêque de Tours.
Voyez Arch. de la *Métr. de Tours.*

— Vita venerabilis Petri, Abbatis Cluniacensis.
Voyez Abb. de Cluni, *Ord. de S. Benoît.*

— Vita sancti Petri, Monachi Molismensis.
Voyez Abb. de Molesme, *Ord. de S. Benoît.*

— Vita sancti Phaletri, Presbyteri.
Voyez second Ord. du Clergé.

— Vie de saint Phébade, Evêque d'Agen.
Voyez Ev. d'Agen. *Métr. de Bordeaux.*

— Vie du bienheureux Philippe Berruyer, Archevêque de Bourges.
Voyez Arch. de la *Métr. de Bourges.*

— De sancto Philippo, Episcopo Viennensi.
Voyez Arch. de la *Métr. de Vienne.*

— Vie de saint Piat, Evêque de Tournay.
Voyez Ev. de Tournay. *Métr. de Cambray.*

— Vita sancti Pipionis, Eremitæ.
Voyez Solitaires.

— Vie de la bienheureuse Cécile de Ponconas, Bernardine.
Voyez Religieuses *de Cîteaux.*

4619. ☞ La Vie & les Miracles du glorieux saint Pons, Evêque de Cimiez en Provence: *Aix*, 1670, *in-*12.

Le Siége Episcopal de Cimiez a été transféré à Nice, qui étoit anciennement de la Provence.]

— Vita sancti Pontii, Abbatis sancti Andreæ.
Voyez Abb. de S. André, *Ord. de S. Benoît.*

— Vita beati Pontii de Balmeto, Episcopi Bellicensis.
Voyez Ev. de Belley. *Métr. de Besançon.*

— Vita beati Pontii, Abbatis Cluniacensis.
Voyez Abb. de Cluni, *Ord. de S. Benoît.*

— Vita sancti Popponis, Abbatis Stapulensis.
Voyez Abb. de Stavélo, *Ord. de S. Benoît.*

— Vie de saint Porcaire, Abbé de Lérins.
Voyez Abb. de Lérins, *Ord. de S. Benoît.*

— Vie de saint Pothin, Evêque de Lyon.
Voyez Arch. de la *Métr. de Lyon.*

— Vita sancti Præcordii, Presbyteri.
Voyez second Ord. du Clergé.

— Vita sancti Præjecti, Episcopi Arvernensis.
Voyez Ev. de Clermont. *Métr. de Bourges.*

— Vita sancti Prætextati, Episcopi Rothomagensis.
Voyez Arch. de la *Métr. de Rouen.*

— De sancto Primaele, Eremita.
Voyez Solitaires.

Vita

Vies des Saints. 303

— ☞ Vita sancti Principii, Episcopi Cenomanensis.

Voyez Ev. du Mans. *Métr. de Tours.*]

— Vie de saint Principe, Evêque de Soissons.

Voyez Ev. de Soissons. *Métr. de Reims.*

4620. Acta sanctorum Prisci & Cottæ, aliorumque plurimorum Martyrum Cogiaci in agro Autissiodorensi ; cum Commentario Godefridi HENSCHENII, è Societate Jesu.

Ces Actes sont imprimés dans le *Recueil* de Bollandus, au 26 de Mai. Ils sont postérieurs à ces Saints de plusieurs siècles, & n'ont que peu ou point d'autorité.

4621. Vie de saint Prisque & de saint Cotte; par Adrien BAILLET.

Cette Vie est imprimée dans son *Recueil des Vies des Saints*, au même jour.

— Vie de saint Privat, Evêque de Mende.

Voyez Ev. de Mende. *Métr. d'Alby.*

— Vita sancti Probati, Presbyteri.

Voyez second Ord. du Clergé.

— Vie de saint Prosper d'Aquitaine.

Voyez Ev. de Riez. *Métr. d'Aix.* [quoique S. Prosper n'en ait jamais été Evêque.]

— Vie de saint Prosper, Evêque d'Orléans.

Voyez Ev. d'Orléans. *Métr. de Paris.*

— Vita sancti Protadii, Episcopi Vesontini.

Voyez Arch. de la *Métr. de Besançon.*

— Vie de saint Prudence, Evêque de Troyes.

Voyez Ev. de Troyes. *Métr. de Sens.*

— De sancto Psalmodia, Eremita.

Voyez Solitaires.

— De sancto Pulchronio, Episcopo Virodunensi.

Voyez Ev. de Verdun. *Métr. de Trèves.*

Q

— De sancto Quiniberto, Monacho.

Voyez Solitaires.

— Vita sancti Quinidii, Episcopi Vasionensis.

Voyez Ev. de Vaison. *Métr. d'Avignon.*

— Vie de saint Quintien, Evêque de Clermont.

Voyez Ev. de Clermont. *Métr. de Bourges.*

4622. Vita sancti Quintini, Martyris.

Ces Actes sont imprimés dans le *Recueil des Vies des Saints* de Surius, au 31 d'Octobre. Ils sont assez bien écrits, & paroissent être d'un Auteur qui avoit du sçavoir & de la capacité, qui vivoit vers le commencement du septième siècle. Ils ne sont ni originaux ni authentiques. Ce Saint a été martyrisé en 287.

4623. Inventio secunda sancti Quintini, Martyris.

Cette Invention est imprimée dans le *Recueil* de Surius, au 31 d'Octobre.

4624. Histoire de saint Quentin, Apôtre, Martyr & Patron de Vermandois; enrichie

des Recherches de ses Compagnons, des Rois, Evêques, &c. dévots vers lui; des Lieux marqués de son culte; & plusieurs raretés de la Ville, Eglise & Pays, &c. par Claude DE LA FONS, Avocat: *Saint-Quentin,* 1627 [1629] *in*-8.

☞ Saint Quentin étoit Romain, & fils de Zénon, Sénateur. Il fut envoyé pour prêcher dans la Gaule Belgique, au tems des Empereurs Dioclétien & Maximien. L'Auteur croit qu'il y a souffert le martyre aux environs de l'an 301 ou 302 à Saint-Quentin, alors appellée *Augusta*, Ville Capitale des *Veromandui*, dont le Pays se nomme encore aujourd'hui le Vermandois.]

4625. Vie du même Saint; par François GIRY.

Cette Vie est imprimée dans son *Recueil des Vies des Saints*, au 31 d'Octobre.

4626. Vie du même Saint; par Adrien BAILLET.

Cette Vie est imprimée dans son *Recueil des Vies des Saints*, au même jour.

4627. Vie du même Saint; par Sébastien LE NAIN DE TILLEMONT.

Cette Vie est imprimée au tom. IV. de ses *Mémoires pour l'Histoire Ecclésiastique*, pag. 433 & 700.

— De sancto Quirillo, Episcopo Trajectensi.

Voyez Ev. de Liége. *Métr. de Cologne.*

R

— Vita sancti Rabani Mauri, Episcopi Moguntini.

Voyez Arch. de la *Métr. de Mayence.*

— Vita sanctæ Radegundis, Reginæ Francorum.

Voyez Reines.

4628. Passio sancti Ragneberti, filii Radeberti Regis, quem Ebroinus, Major-Domus Theodorici Francorum Regis interfici jussit.

Ces Actes sont dans le tom. I. du *Recueil des Historiens de France* d'André du Chesne, pag. 625 ; & dans le *Recueil* de Bollandus, au 13 de Juin ; avec un *Commentaire* d'Henschenius.

4629. Passio ejusdem.

Ces Actes sont imprimés à la *pag.* 232 des *Preuves de l'Histoire de Bresse*; par GUICHENON : Lyon, 1650, *in-fol.* Cet Ecrit est fort différent du précédent, & est plus ample.

— De sancto Ragnoberto, Episcopo Bajocensi.

Voyez Ev. de Bayeux. *Métr. de Rouen.*

— Vie de sainte Raingarde, Religieuse de Marsigny.

Voyez Religieuses *Bénédictines.*

— Vita sancti Ratbodi, Episcopi Ultrajectensis.

Voyez Ev. d'Utrecht. *Métr. de Cologne.*

— Vita divi Raymundi, Canonici sancti Saturnini, Tolosæ.

Voyez second Ord. du Clergé.

Tome I. Q q

4630. Vita sanctæ Reginæ, Virginis & Martyris.

Cette Vie est imprimée au tom. II. du *Recueil des Vies des Saints* de Montbritius. Elle ne passe que pour une fiction; elle paroît avoir été tirée de celle de sainte Marguerite. On juge qu'elle n'a pas été composée avant le milieu du neuvième siècle.

4631. * La Vie & Légende de Madame sainte Reine : *Troyes*, *in-8.* gothiq.

4632. ☞ La Fille héroïque, ou sainte Reine, Martyre ; (par MÉAT) : *Paris*, 1644, *in-12.*

C'est l'Histoire de la Vie & du Martyre de sainte Reine, qui n'est pas mal écrite : il se trouve à la fin une apostrophe au Public assez singulière. Elle est adressée *à gens de différens âges & de différens caractères.*]

4633. ☞ Voyage de sainte Reine, &c. (par M. C. JURAIN, Avocat, Prevôt-Royal & antique Mayeur à Auxonne) : *Dijon*, 1612, *in-8.*

Ce Livre contient l'Instruction du Pélerin, la Vie, mort & passion de sainte Reine, en vers ; l'Histoire de la translation de son corps, où l'on trouve plusieurs choses sur les origines de la Ville de Flavigny, d'Alize, d'Autun, & autres Villes de Bourgogne ; enfin plusieurs Pièces & Cantiques spirituels, avec la Messe du jour de la Fête.]

4634. Vie de sainte Reine ; avec une Apologie, pour prouver que l'Abbaye de Flavigny, de l'Ordre de saint Benoît, dans le Diocèse d'Autun, est en possession du sacré corps de cette Sainte ; par George VIOLE, Religieux Bénédictin de la Congrégation de saint Maur : *Paris*, Huot, 1649, *in-8.*

Le Père Viole est mort en 1669.

☞ La même, sous ce titre : Apologie pour la véritable présence du corps de sainte Reine, d'Alise, dans l'Abbaye de Flavigny en Bourgogne, contre une prétendue translation du même Corps, que quelques-uns prétendent avoir été faite en Allemagne, dans l'Eglise Cathédrale d'Osnabruck, sous l'Empire de Charlemagne. Seconde édition, augmentée de quelques Réflexions particulières, en forme de réponse à un Livret intitulé : Eclaircissement sur la véritable Relique de sainte Reine, d'Alise, &c. avec les Preuves tirées de la fondation, & autres chartres & anciens manuscrits de Flavigny ; par le même : *Paris*, 1653, *in-12.*]

4635. ☞ Eclaircissement sur la véritable Relique de sainte Reine, pour servir de réponse au Libelle intitulé : Apologie pour les véritables Reliques de Flavigny ; (par Pierre GOUJON, Cordelier) : *Paris*, 1651, *in-12.*

L'Auteur étoit de Dijon, & il est mort en 1673. Les Ouvrages qui suivent sont du même.]

4636. Histoire & Vie de sainte Reine ; l'élévation & translation de ses Reliques, une authentique approbation de celle qui est présentement dans la Chapelle d'Alise, avec un petit Office ; par un Religieux Observantin de la Province de Saint-Bonaventure : *Châtillon-sur-Seine*, Laymeré, 1651, *Paris*, 1651, *in-12.*

☞ L'Epître dédicatoire à Madame la Comtesse de Nouveau, est signée F. P. G.]

4637. * Histoire de la même ; par un Religieux de saint François : *Autun*, Simonot (sans date) *in-12.*

4638. Vie de la même Sainte [& son Office, en faveur des dévots Pélerins] : *Châtillon-sur-Seine* [1693] 1698, *in-12.*

4639. Vie de la même Sainte ; par Adrien BAILLET.

Cette Vie est imprimée dans son *Recueil des Vies des Saints*, au 7 de Septembre.

4640. ☞ Le Martyre de la glorieuse sainte Reine, d'Alise, Tragédie ; par Claude TERNET, Professeur de Mathématiques, & Arpenteur-Juré au Châlonnois : *Châtillon-sur-Seine*, 1677 : *Troyes*, 1695, *in-8.*]

— ☞ De sancto Reginaldo, Eremita.

Voyez Solitaires.]

— Vie du bienheureux Regnault de saint Gilles, de l'Ordre de saint Dominique.

Voyez Dominicains.

— Vie de saint Régule, Archevêque d'Arles.

Voyez Arch. de la *Métr. d'Arles.*

— ☞ Vita sancti Remacli, Episcopi Ultrajectensis, dein Abbatis Stabulensis.

Voyez Ev. d'Utrecht. *Métr. de Cologne.*]

— Vie de saint Remy, Archevêque de Lyon.

Voyez Arch. de la *Métr. de Lyon.*

— Vie de saint Remy, Archevêque de Reims.

Voyez Arch. de la *Métr. de Reims.*

— Vie de saint Remy, Archevêque de Rouen.

Voyez Arch. de la *Métr. de Rouen.*

— Vie de saint René, Patron d'Angers.

Voyez Ev. d'Angers. *Métr. de Tours.*

4641. ☞ Apologie du sentiment de M. Baillet, sur un point d'Histoire qui concerne l'Eglise de Bayeux (au sujet de saint Rénobert).

Cette Apologie se trouve dans le *Recueil de divers Ecrits* de M. l'Abbé LEBEUF, tom. I. pag. 191-253.]

— Acta sancti Reoli, Archiepiscopi Remensis.

Voyez Arch. de la *Métr. de Reims.*

— Vita sanctæ Resticulæ, Abbatissæ Arelatensis.

Voyez Religieuses *Bénédictines.*

4642. ☞ La Vie & Légende de Madame sainte Restitute, en vers : *in-8.*]

4643. ☞ Vie de sainte Restitute, dont le corps est élevé en l'Eglise d'Arcy, Diocèse de Soissons : *in-12.*]

— Acta sancti Reverani, Episcopi Æduensis.
Voyez Ev. d'Autun. *Métr. de Lyon.*

— ☞ De sancto Reverentio, Presbytero.
Voyez second Ord. du Clergé.]

— Vie de saint Rhétice, Evêque d'Autun.
Voyez Ev. d'Autun. *Métr. de Lyon.*

— Vie de sainte Richarde, Reine de France.
Voyez Reines.

4644. Passio sancti Richardi, Martyris, Parisiis; auctore Roberto GAGUINO, Ordinis Sanctissimæ Trinitatis Ministro Generali.

Cette Vie est imprimée dans le *Recueil* de Bollandus, au 25 de Mai.

4645. Vie de saint Richard; par François GIRY.

Cette Vie est imprimée dans son *Recueil des Vies des Saints*, au même jour.

— Vita sancti Richardi, Abbatis sancti Vitoni.
Voyez Abb. de S. Venne, *Ord. de S. Benoît.*

— Vita sancti Richarii, Abbatis Centulensis.
Voyez Abb. de S. Riquier, *Ord. de S. Benoît.*

— Vita sancti Richmeri, Abbatis apud Cenomanos.
Voyez Abb. du Maine, *Ord. de S. Benoît.*

— Vita sanctæ Richtrudis, Abbatissæ Marcianensis.
Voyez Religieuses *Bénédictines.*

— Vie de saint Rieule, Evêque de Senlis.
Voyez Ev. de Senlis. *Métr. de Reims.*

— Vita sancti Rigoberti, Archiepiscopi Remensis.
Voyez Arch. de la *Métr. de Reims.*

— ☞ Vita sancti Rigomeri, Presbyteri.
Voyez second Ord. du Clergé.]

— De sancto Riocho, Monacho Landeveneci.
Voyez Abb. de Landevenec, *Ord. de S. Benoît.*

— ☞ De sancto Riticio, Episcopo Æduensi [sive Rheticio, *suprà.*]
Voyez Ev. d'Autun. *Métr. de Lyon.*]

— ☞ De sancto Rithberto, aut Raimberto, Abbate.
Voyez Solitaires.]

4646. Vita sancti Roberti, Confessoris, à Lotharingiæ Principibus oriundi, & quondam Bingiorum Ducis; auctore beato HILDEGARDO : *Moguntiæ*, 1612, *in*-4.

— Vie du bienheureux Robert d'Arbrissel, Fondateur de l'Ordre de Fontevrault.
Voyez Abb. de Fontevrault.

— Vita sancti Roberti, Abbatis Casæ-Dei.
Voyez Abb. de la Chaise-Dieu, *Ord. de S. Benoît.*
Tome I.

— Vita sancti Roberti, Fundatoris Ordinis Cisterciensis.
Voyez Ord. de Citeaux.

4647. Vita sancti Rochi, Narbonensis, Confessoris; auctore Francisco DIEGO, Veneto.

Cette Vie est imprimée dans un ancien *Recueil des Vies des Saints*, imprimé à *Véronne* & à *Venise*. Il y a lieu de douter que cet Auteur ait eu d'autres titres pour composer cette Vie, que ce qu'on publioit des avantures & des miracles de ce Saint parmi le Peuple. Diego fleurissoit en 1483.

4648. ☞ Vie & Légende de saint Roch; traduite de l'Italien de François DIEGO : *Paris*, 1619, *in*-12.]

4649. Vita ejusdem Sancti ; auctore Petro Ludovico MADURA : [*Venetiis*, 1516] : *Parisiis* [Badii] Ascentii, 1516, *in*-4.

☞ L'édition de Paris, qui fait mention de celle de Venise, fut dédiée au Chancelier Duprat, par Jean Dupin, de Toulouse (dont Bayle a fait un article dans son Dictionnaire). Elle fut imprimée chez Josse Badius, & se vendoit par Jean le Petit.]

Cette Vie est aussi imprimée dans le *Recueil des Vies des Saints* de Surius, au 16 d'Août. L'Auteur vivoit sur la fin du quinzième siècle. Il n'est point exact; les fautes grossières qu'il fait contre la vérité des faits, & sa manière de penser, font douter s'il étoit sincère, & s'il a eu de bons Mémoires : il n'est que le Copiste de Diego.

4650. ★ Vie de saint Roch, & de saint Prosper d'Aquitaine ; par Pierre LOUVET, Médecin : *Marseille*, 1677, *in*-12.

4651. ☞ De sancto Rocho, Confessore, apud Montem-Pessulanum in Galliâ : plura vitæ sancti hujus exemplaria; Commentarius Joannis PINII, è Societate Jesu.

Ces Vies sont imprimées dans le *Recueil* de Bollandus, au 16 d'Août.]

4652. ☞ Office propre de saint Roch, avec sa Vie; (traduite de Louis Madure; imprimée aux dépens de l'Œuvre de la Paroisse de son nom) : *Paris*, Gasse, 1670, *in*-12. & 1737, *in*-8.]

4653. Histoire de la Vie de saint Roch, Poëme spirituel; par Jean FERMELLUYS, Ecrivain, & Maître d'Ecole à Paris : *Paris*, 1519, *in*-8.

4654. Histoire abrégée de saint Roch; par André LE GROS, Médecin : *Paris*, 1631, *in-fol.*

4655. Vita sancti Rochi; auctore Matthia PAULI, Eburone, ex Ordine sancti Augustini : *Leodii*, 1635, *in*-12.

4656. Vie du même Saint; par Barthelemi DU PUILLE, de l'Ordre des Mathurins : *Douay*, 1635, *in*-12.

4657. Vida de san Roque ; par Bartolme RODRIGUEZ : *En Bruxelles*, 1637, *in*-16.

4658. Vita di san Rocho; da Francesco RUSINI : *In Roma*, 1656, *in*-8.

4659. Vie de saint Roch; par Robert Arnauld, d'Andilly.

Cette Vie est imprimée dans le *Recueil de ses Vies des Saints illustres*, pag. 826 : *Paris, 1676, in-fol.*

4660. Vie du même Saint ; par François Giry.

Cette Vie est imprimée dans son *Recueil des Vies des Saints*, au 16 d'Août.

4661. Vie du même Saint; par Adrien Baillet.

Cette Vie est imprimée dans son *Recueil des Vies des Saints*, au même jour.

4662. ☞ L'Office & la Vie de saint Roch, avec l'Histoire de la Confrairie de ce Saint à Châteaudun : *Châteaudun*, Charles, 1710, *in*-12.]

— Vita sancti Rodingi, Abbatis Bellilocensis.

Voyez Abb. de Beaulieu, Ord. de S. Benoît.

— Vita sancti Rodulphi, Archiepiscopi Bituricensis.

Voyez Arch. de la *Métr. de Bourges.*

4663. ☞ Histoire de sainte Roffoline de Villeneuve, de l'Ordre des Chartreux ; par Pierre-Joseph de Haitze : *Aix*, 1720, *in*-12.]

4664. Passio sanctorum Rogatiani & Donatiani, Martyrum, sub Diocletiano.

Ces Actes sont dans le *Recueil des Actes vrais & sincères des Martyrs*, pag. 294.

— Vita beati Rogerii, Archiepiscopi Bituricensis.

Voyez Arch. de la *Métr. de Bourges.*

— Vita beati Rogerii, Abbatis Ellantii.

Voyez Abb. d'Eslan, Ord. de S. Benoît.

4665. Vita sanctæ Rolendis, Virginis Garpiniæ in Comitatu Namurcensi ; auctore anonymo.

Cette Vie est imprimée dans le *Recueil des Vies des Saints* de Bollandus, au 13 de Mai. Cette Sainte a vécu dans le septième siècle, & l'Auteur de sa Vie dans le douzième.

— Vie de saint Romain, Prêtre.

Voyez second Ord. du Clergé.

4666. ☞ Histoire de saint Romain, Patron de l'Eglise de Seure ; par J. C. I. Ragaine, Prêtre : *Paris*, 1635, *in*-8.]

4667. Vita sanctæ Romanæ, Virginis & Martyris, & fundatio Ecclesiæ sancti Quintini ad Bellovaci muros, anno Domini 1069.

Cette Vie, qui se trouve dans le tom. II. du *Spicilége* de Dom Luc d'Acheri, *pag.* 677, n'est pas fort authentique ; elle ne paroît écrite que vers la fin du onzième siècle, & n'a été composée que sur des traditions populaires. Il semble que l'Auteur ait copié les Actes de sainte Saturnie, Vierge & Martyre.

4668. Vie de sainte Romaine ; par Adrien Baillet.

Cette Vie est imprimée dans son *Recueil des Vies des Saints*, au 8 d'Octobre.

— Vita sancti Romani, Conditoris Fontis Rogæ.

Voyez Ab. de Fontrouge, Ord. de S. Benoît.

— Vita sancti Romani, Abbatis Jurensis.

Voyez Abb. du Mont-Jura, ou de Saint-Claude, Ord. de S. Benoît.

— De sancto Romano, Archiepiscopo Remensi.

Voyez Arch. de la *Métr. de Reims.*

— Vita sancti Romani, Episcopi Rotomagensis.

Voyez Arch. de la *Métr. de Rouen.*

4669. ☞ Comitum par genere, &c. heroicàque virtute inclitum, beatus Godefridus Westphalus, sanctus Romanicus Austrasius ; per Nicolaum Serrarium : *Moguntiæ*, 1605, *in*-12.]

— Vita sancti Romarici, Abbatis Habendensis.

Voyez Abb. de Remiremont, Ord. de S. Benoît.

— Vita sancti Ronani, Eremitæ.

Voyez Solitaires.

4670. De sancta Rotrude, Virgine in Monasterio Andrensi ; Commentarius historicus Godefridi Henschenii, è Societate Jesu.

Ce Commentaire historique est imprimé dans le *Recueil* de Bollandus, au 14 de Juin.

4671. Vita sanctorum Rufini & Valerii, Martyrum in Agro Suessionensi ; cum Commentario Godefridi Henschenii, è Societate Jesu.

Cette Vie est imprimée dans le *Recueil des Vies des Saints* de Bollandus, au 22 de Mai.

☞ Saint Rufin & saint Valère, Apôtres du Diocèse de Soissons, ont souffert le martyre dans un lieu appellé aujourd'hui le *Moulin de Quincampoix*, sur la Rivière de Vesle, vers son embouchure dans l'Aisne. Ce lieu, quoique célèbre par ce Martyre, a été désigné par un pont seulement, & sans nom, dans le num. 44. de la Carte de France de M. Cassini.]

— Vie de saint Rustic, Evêque d'Auvergne.

Voyez Ev. de Clermont. *Métr. de Bourges.*

— De sancto Rustico, Episcopo Lugdunensi.

Voyez Arch. de la *Métr. de Lyon.*

— Vie de saint Rustique, Evêque de Narbonne.

Voyez Arch. de la *Métr. de Narbonne.*

— ☞ De sancto Rustico, Presbytero.

Voyez second Ord. du Clergé.]

— ☞ De sancta Rusticula, Abbatissa.

Voyez Religieuses *Bénédictines.*]

S

4672. Vita sanctæ Sabinæ, Virginis & Martyris, sub Aureliano Imperatore.

Cette Vie est imprimée dans le *Recueil* de Bollandus, au 22 de Janvier.

Vies des Saints.

— Vita sancti Sacerdotis, Episcopi Lemovicensis.

Voyez Ev. de Limoges. *Métr. de Bourges.*

☞ De sancto Sacerdote, Episcopo Lugdunensi.

Voyez Arch. de la *Métr. de Lyon.*]

— Vie de saint Saintin, Evêque de Meaux.

Voyez Ev. de Meaux. *Métr. de Paris.*

— Vita sanctæ Salabergæ, Abbatissæ Laudunensis.

Voyez Religieuses *Bénédictines*.

— Vie de saint François de Sales, Evêque de Genève.

Voyez Ev. de Genève. *Métr. de Vienne.*

— Vie de saint Salvi, Evêque d'Alby.

Voyez Arch. de la *Métr. d'Alby.*

— Vita sancti Salvii, Episcopi Ambianensis.

Voyez Ev. d'Amiens. *Métr. de Reims.*

4673. Vita sancti Salvii, Episcopi & Martyris; auctore anonymo coævo; cum Commentario Godefridi HENSCHENII, è Societate Jesu.

Cette Vie est imprimée dans le *Recueil* de Bollandus, au 26 de Juin.

4674. De eodem Sancto & Superio ejus Discipulo, apud Valencenas.

Ce Discours est dans le *Recueil* précédent, au même jour.

— Vita sancti Samsonis, Episcopi Dolensis.

Voyez Ev. de Dol. *Métr. de Tours.*

— Vita sancti Sangirani, Abbatis Logorethensis.

Voyez Abb. de S. Cyran, *Ord. de S. Benoît.*

— Vie de saint Saturnin, Evêque de Toulouse.

Voyez Arch. de la *Métr. de Toulouse.*

4675. De sancta Saturnina, Virgine & Martyre, in Atrebatensi Diœcesi, cultus & titulus Martyrii; auctore Daniele PAPEBROCHIO, è Societate Jesu.

Ce Discours est imprimé dans le *Recueil* de Bollandus, au 4 de Juin.

4676. Historia sanctæ Savinæ, Virginis, sororis sancti Saviniani, Martyris.

Cette Histoire est à la *pag.* 395 du *Promptuaire des Antiquités de Troyes*; par Nicolas CAMUSAT: *Trecis, 1619, in-8.*

4677. Acta sancti Saviniani, Martyris Trecis sub Aureliano Imperatore.

Ces Actes sont imprimés dans le *Recueil* de Bollandus, au 29 de Janvier.

4678. Acta alia ejusdem; auctore anonymo.

Ces Actes sont à la *pag.* 384 du *Promptuaire des Antiquités de Troyes*, & dans le *Recueil* de Bollandus, au 29 de Janvier. Ces deux Histoires sont entièrement fabuleuses. La seconde n'est que la première raccommodée & plus étendue.

4679. Vie de saint Savinien; par François GIRY.

Cette Vie est imprimée dans son *Recueil des Vies des Saints*, au 29 de Janvier.

4680. Vie du même Saint; par Adrien BAILLET.

Cette Vie est imprimée dans son *Recueil des Vies des Saints*, au même jour.

— Vie de saint Savinien, Archevêque de Sens.

Voyez Arch. de la *Métr. de Sens.*

4681. Passio sanctorum Savini & Cypriani, Martyrum, in Agro Pictaviensi.

Ces Actes se trouvent imprimés dans le tom. II. de la *Nouvelle Bibliothèque des Manuscrits* du Père Labbe, *pag.* 665.

— Vita sancti Savini, Eremitæ.

Voyez Solitaires.

4682. De sancta Scariberga, sancti Arnulphi Martyris uxore, & Virgine, in sylvâ Aquilinâ inter Parisios & Carnutum: ejus Acta; ab auctore anonymo, & Commentarius Guillelmi CUPERI, è Societate Jesu.

Ces Actes sont imprimés dans le *Recueil* de Bollandus, au 18 de Juillet.]

— Vita sanctæ Segolenæ, Abbatissæ Troclariensis.

Voyez Religieuses *Bénédictines*.

— Vie de saint Sénoch, Abbé en Touraine.

Voyez Solitaires.

— Vita sancti Sequani, Abbatis Segestriensis.

Voyez Abb. de S. Seine, *Ord. de S. Benoît.*

— Vie de saint Serdot, Evêque de Lyon, [le même que Sacerdos, *suprà.*]

Voyez Arch. de la *Métr. de Lyon.*

4683. De sancta Serena, Martyre Metis sub Diocletiano Imperatore.

Ce Discours est imprimé dans le *Recueil* de Bollandus, au 16 de Janvier.

4684. Vita sancti Serenici, Confessoris in Pago Oximensi; scripta auctore anonymo ante seculum nonum.

Cette Vie est imprimée au tom. II. des *Actes des Saints de l'Ordre de saint Benoît*, *pag.* 572; & avec le *Commentaire* d'Henschenius, dans le *Recueil* de Bollandus, au 7 de Mai.

4685. Vita sancti Serenedi, fratris sancti Serenici, Confessoris apud Cenomanos.

Cette Vie est imprimée au tom. II. des *Actes des Saints de l'Ordre de saint Benoît*, *pag.* 578.

— Vie de saint Servais, Evêque de Tongres.

Voyez Ev. de Liége. *Métr. de Cologne.*

— De sancta Setrida, Abbatissa Pharæ-Monasterii.

Voyez Abb. de Farmoutiers, *Bénédictines*.

— De sancto Severiano, Episcopo Mimatensi.

Voyez Ev. de Mende. *Métr. d'Alby.*

— Vie de saint Severin, Evêque de Bordeaux.
Voyez Arch. de la *Métr. de Bordeaux.*

— Vita sancti Severini, Abbatis Agaunensis.
Voyez Abb. d'Agaune, *Chan. Réguliers.*

— Vita sancti Severini, Monachi.
Voyez Solitaires.

— Vita sancti Severi, Episcopi Abrincensis.
Voyez Ev. d'Avranches. *Métr. de Rouen.*

— ☞ De sancto Sevoldo, Abbate.
Voyez Abb. de S. Valery, *Ord. de S. Benoît.*]

4686. De sancto Sicario, Martyre Brantolmæ in Petragoricibus; Notæ historicæ Danielis Papebrochii, è Societate Jesu.

Ces Remarques historiques sont imprimées dans le *Recueil* de Bollandus, au 2 de Mai.

— Vita sancti Sidonii Apollinaris, Episcopi Claromontani.
Voyez Ev. de Clermont. *Métr. de Bourges.*

— Vita sancti Sidonii, Abbatis in Caletibus.
Voyez Prieuré de Saens, *Ord. de S. Benoît.*

— De sancto Siffrido, Episcopo Carpentoractensi.
Voyez Ev. de Carpentras. *Métr. d'Avignon.*

— Vita sancti Sigeberti, Francorum Australiorum Regis.
Voyez Hist. de la première Race.

— Vita sancti Sigismundi, Ducis Burgundionum.
Voyez Hist. de Bourgogne.

4687. ☞ De sancta Sigradâ, Viduâ Suessionensi; Sylloge Joan. Bapt. Sollerii, è Societate Jesu.
Voyez le *Recueil* de Bollandus, au 4 d'Août.]

4688. Elogium historicum sanctorum Silvani seu Silvini, Silvestri & Rodenæ.

Cet Eloge historique est imprimé au tom. II. de la *Nouvelle Bibliothèque des Manuscrits* du Père Labbe, *pag.* 444.

— Vie de saint Silvestre, Evêque de Chalon-sur-Saone.
Voyez Ev. de Chalon. *Métr. de Lyon.*

4689. Vie de saint Silvin de Levroux, Confesseur en Berry; par Adrien Baillet.

Cette Vie est imprimée dans son *Recueil des Vies des Saints*, au 22 de Septembre.

— Vita sancti Silvini, Episcopi apud Morinos.
Voyez Ev. de Boulogne. *Métr. de Reims.*

— Vie de saint Silvin, Evêque de Toulouse.
Voyez Arch. de la *Métr. de Toulouse.*

— De sancto Silvio, Episcopo Tolosano.
Voyez ibid.

— Vita sancti Simeonis, Reclusi.
Voyez Solitaires.

— De sancto Similiano, Episcopo Nannetensi.
Voyez Ev. de Nantes. *Métr. de Tours.*

— Vita sancti Simonis, Monachi Benedictini.
Voyez Bénédictins.

— Vita sancti Simplicii, Episcopi Augustodunensis.
Voyez Ev. d'Autun. *Métr. de Lyon.*

— De sancto Simplicio, Episcopo Bituricensi.
Voyez Arch. de la *Métr. de Bourges.*

— De sancto Simplicio, Archiepiscopo Viennensi.
Voyez Arch. de la *Métr. de Vienne.*

4690. Vita sancti Sindulphi, Confessoris Remensis; auctore, ut creditur, Almanno, Monacho Altivillariensi.

Cette Vie est imprimée au tom. I. des *Actes des Saints de l'Ordre de saint Benoît*, pag. 368. Ce Saint est mort vers l'an 600 de J. C. & l'Auteur de sa Vie a paru au neuvième siècle.

4691. Vie de saint Sindoux, ou Sandoux; par Adrien Baillet.

Cette Vie est imprimée dans son *Recueil des Vies des Saints*, au 20 d'Octobre.

— ☞ De sancto Sinerio, Episcopo Abrincensi.
Voyez Ev. d'Avranches. *Métr. de Rouen.*]

— Vita sancti Siviardi, Abbatis Anisolensis.
Voyez Abb. de S. Calais, *Ord. de S. Benoît.*

— Vie de saint Sixte & de saint Sinice, Evêques de Reims & de Soissons.
Voyez Arch. de la *Métr. de Reims.*

— ☞ Vita sancti Solennis, Episcopi Carnutensis.
Voyez Ev. de Chartres. *Métr. de Paris.*]

4692. Vita sanctæ Solongiæ, Virginis & Martyris apud Biturigos.

Alia Vita.

Ces deux Vies sont dans le *Recueil* de Bollandus, au 10 de Mai.

4693. Vie de sainte Sologne; par Honoré Niquet, Jésuite: *Bourges* [1653] 1655; *in-*8.

Cet Auteur est mort en 1667.

— Vita sancti Sori, Eremitæ.
Voyez Solitaires.

— Vita sancti Stephani, Episcopi Diensis.
Voyez Ev. de Die. *Métr. de Vienne.*

— Vita sancti Sulpicii Pii, Archiepiscopi Bituricensis.
Voyez Arch. de la *Métr. de Bourges.*

— Vie de saint Sulpice Sévère, Archevêque de Bourges.
Voyez ibid.

— Vie de saint Sulpice Sévère, Prêtre.
Voyez second Ord. du Clergé.

— Vie de saint Syagre, Evêque d'Autun.
Voyez Ev. d'Autun. *Métr. de Lyon.*

Vies des Saints.

— De sanctis Sylvestro & Frominio, Episcopis Vesontionensibus.

Voyez Arch. de la *Métr. de Besançon.*

— De sancto Sylvestro, Abbate Reomensi.

Voyez Abb. de Moustier-Saint-Jean, *Ord. de S. Benoît.*

4694. Acta sancti Symphoriani, Martyris Augustoduni.

Ces Actes sont imprimés dans le *Recueil des Vies des Saints* de Surius, au 22 d'Août; & dans le *Recueil des Actes vrais & sincères des Martyrs*; par Dom Thietry Ruinart, *pag.* 68. Les Actes de ce Saint, qui a souffert le martyre en 180 de J. C. quoique beaux, & estimés véritables, ne sont pas originaux, ni naturels pour le style; ils ne paroissent pas écrits avant la fin du cinquième siècle.

4695. ☞ Vita & Acta sancti Symphoriani, Martyris Augustoduni, ex Actis sinceris Ruinartii; cum Commentario Guillelmi Cuperi, è Societate Jesu.

Cette Vie & ces Actes sont imprimés dans le *Recueil* de Bollandus, au 22 d'Août.]

4696. Vie de saint Symphorien; par Adrien Baillet.

Cette Vie est imprimée dans son *Recueil des Vies des Saints*, au même jour.

4697. Vie de sainte Syre, avec des Réflexions Chrétiennes: *Troyes*, 1699, *in-16.*

Cette Dame Troyenne, a vécu vers l'an 650 de J. C.

T

4698. De sancta Tarsitia, Virgine apud Ruthenos.

Cette Vie est imprimée dans le *Recueil* de Bollandus, au 15 de Janvier.

— Elogium sancti Tassilonis, Monachi Gemeticensis.

Voyez Abb. de Jumiége, *Ord. de S. Benoît.*

— Vie de saint Taurin, Evêque d'Evreux.

Voyez Ev. d'Evreux. *Métr. de Rouen.*

4699. ☞ De sancta Tenestina, Virgine Cenomanensi; Sylloge historica Joannis Pinii, è Societate Jesu.

Voyez le *Recueil* de Bollandus, au 14 d'Août.]

— Vita sancti Tetrici, Episcopi Autissiodorensis.

Voyez Ev. d'Auxerre. *Métr. de Sens.*

— De sancto Tetrico, Episcopo Lingonensi.

Voyez Ev. de Langres. *Métr. de Lyon.*

— De sancta Thechilda, Filia Theoderici I. Francorum Regis.

Voyez Religieuses *Bénédictines.*

— Vita sancti Theobaldi, Canonici Doratensis.

Voyez second Ord. du Clergé.

— Vita sancti Theobaldi, Abbatis Vallis-Cernaii.

Voyez Abb. de Vaux de Cernay, *Ord. de Cîteaux.*

— De sancto Theobaldo, Episcopo Viennensi.

Voyez Arch. de la *Métr. de Vienne.*

— ☞ Vita sancti Theobaldi, Presbyteri & Eremitæ.

Voyez Solitaires.]

— Vita sancti Theodardi, Archiepiscopi Narbonensis.

Voyez Arch. de la *Métr. de Narbonne.*

— Vita sanctæ Theochildis, Abbatissæ Jotrensis.

Voyez Religieuses *Bénédictines.*

— Vita sancti Theodefridi, Abbatis Corbeiensis.

Voyez Abb. de Corbie, *Ord. de S. Benoît.*

— Vita sancti Theoderici, Abbatis Andaginensis.

Voyez Abb. de S. Hubert, *Ord. de S. Benoît.*

— Vita sancti Theoderici, Episcopi Aurelianensis.

Voyez Ev. d'Orléans. *Métr. de Paris.*

— Vita sancti Theoderici, Abbatis Remensis.

Voyez Abb. de S. Thierry, *Ord. de S. Benoît.*

— Vita sancti Theoderici, Abbatis Uticensis.

Voyez Abb. de S. Evroul, *Ord. de S. Benoît.*

— Vie de saint Théodore, Evêque de Marseille.

Voyez Ev. de Marseille. *Métr. d'Arles.*

4700. ☞ Mf. Vie de sainte Théodore, & Histoire de la Communauté de sainte Théodore à Paris: *in-4.*

Cette Vie est rapportée au num. 2588. du Catalogue de Godefroy.]

— ☞ De sancto Theodosio, Episcopo Autissiodorensi.

Voyez Ev. d'Auxerre. *Métr. de Sens.*]

— De sancto Theodosio, Episcopo Vasionensi.

Voyez Ev. de Vaison. *Métr. d'Avignon.*

— De sancto Theodulpho, Abbate Lobiensi.

Voyez Abb. de Laubes, *Ord. de S. Benoît.*

— De sancto Theodulpho, Presbytero.

Voyez second Ord. du Clergé.

— Vita sancti Theodulphi, Abbatis Remensis.

Voyez Abb. de S. Thierry, *Ord. de S. Benoît.*

— Vita sancti Theofredi, Abbatis Calmeliacensis.

Voyez Abb. de Carmery, *Ord. de S. Benoît.*

— Vita sancti Theuderici, Abbatis Viennensis.

Voyez Abb. de S. Chef, *Ord. de S. Benoît.*

— Vie de S. Thibaut; [*ci-dessus*, Theobaldus.]

Voyez Solitaires.

— Vie du bienheureux Thomas, Prieur de saint Victor-lès-Paris.

Voyez Abb. de S. Victor, *Chan. Réguliers.*

— Vita sancti Turiavi, seu Thuriani, Episcopi Dolensis.

Voyez Ev. de Dol. *Métr. de Tours.*

— Vita sancti Thuribii, Episcopi Cenomanensis.

Voyez Ev. du Mans. *Métr. de Tours.*

— ☞ De sancta Tichilde, seu Theodechilde, Virgine.

Voyez Généal. de la première Race.]

— Vita sancti Tillonis, Monachi Solemniacensis.

Voyez Abb. de Solignac, *Ord. de S. Benoît.*

4701. Vie de saint Timothée & de saint Apollinaire, Martyrs à Reims; par Adrien BAILLET.

Cette Vie est imprimée dans son *Recueil des Vies des Saints*, au 23 d'Août.

— Vita sancti Trelani, Presbyteri.

Voyez second Ord. du Clergé.

4702. Vita sancti Triverii, Confessoris, Dumbarum & Bressiæ Patroni, observationibus illustrata, fundatione Abbatiarum aliquot aucta, & fragmentis vitæ nondum evulgatæ Sanctorum Lugdunensium locupletata; studio Jacobi MOYRON: [*Lugduni*] Gautherin, 1647, *in-8.*

Eadem: ex veteri codice à Petro Francisco CHIFFLETIO eruta.

Cette Vie est imprimée dans le *Recueil* de Bollandus, au 16 de Janvier.

— Vie de saint Troien, Evêque de Saintes.

Voyez Ev. de Saintes. *Métr. de Bordeaux.*

— Vie de saint Trophime, Evêque d'Arles.

Voyez Arch. de la *Métr. d'Arles.*

— Vita sancti Trudonis, Presbyteri.

Voyez second Ord. du Clergé.

4703. Martyrium sanctorum Tuberii & Sociorum, in Gallia Narbonensi.

Cette Vie est imprimée à la *pag.* 174 de l'*Histoire de Languedoc*; par DE CATEL: *Toulouse*, 1633, *in-fol.* L'Histoire de ce Martyre, arrivé dans le troisième siècle, n'est guères différente de celle qu'on lit dans le Catalogue de Pierre de Natalibus, qui n'est presque qu'un tissu de fables.

4704. Vie de saint Tuberi, ou Tyberge, de saint Modeste & de saint Florence, Martyrs dans la Gaule Narbonnoise; par Adrien BAILLET.

Cette Vie est imprimée dans son *Recueil des Vies des Saints*, au 10 de Novembre.

— De sancto Tudino, Abbate Cornubii.

Voyez Solitaires.

— Vie de saint Tugal, Evêque en Basse-Bretagne.

Voyez Ev. de Tréguier. *Métr. de Tours.*

4705. ☞ La Vie & Légende de saint Tyrse, Patron de la Ville & Diocèse de Sisteron, & des saints Marius & Donat, Patrons tutélaires de ce même lieu; par Pierre LOUVET, Docteur Médecin: *Marseille*, Meynier, 1677, *in-12.*

Sur la fin de cet Ouvrage se trouvent encore la Vie de saint Roch, & une Dissertation, où l'on prouve que saint Prosper d'Aquitaine n'a point été Evêque de Riez: on les a indiqués ci-devant, N.° 4650.]

V

— ☞ Vie de saint Vaubert; ou Valbert, ou Gaubert.

C'est le même que saint Waldebert, ci-après.]

— De sancto Valentino, Episcopo Tungrensi.

Voyez Ev. de Liége. *Métr. de Cologne.*

— ☞ Vita sancti Valentini, Presbyteri.

Voyez second Ord. du Clergé.]

4706. Acta sancti Valeriani, Martyris Lugdunensis; auctore, ut videtur, BALDERICO, Dolensi Archiepiscopo.

Ces Actes sont dans la seconde partie de l'*Histoire Ecclésiastique de France*, par François DU BOSQUET: *Parisiis*, 1636, *in-4.* à la *pag.* 113 des *Preuves de l'Abbaye de Tournus*, par le Père Chifflet: *Paris*, 1661, *in-4.* & au tom. II. de l'*Illustre Orbandale*: *Lyon*, 1661, *in-4.* On porte le même jugement de ces Actes, que de ceux de saint Marcel, Martyr à Chalon: [ci-devant, N. 4566.]

4707. ☞ Ms. Dissertation historique sur S. Valérien, Martyr & Apôtre de Tournus, & sur ses Reliques; par M. Pierre JUENIN, Prêtre & Chanoine de Tournus, né à Bourg en Bresse: *petit in-4.*

Elle est dans son Cabinet, ou chez ses héritiers.]

4708. Passio, translatio & miracula ejusdem; auctore GARNERIO, Monacho Trenorciensi.

Ces Actes sont imprimés à la *pag.* 38 des *Preuves de l'Histoire de Tournus*, par le Père Chifflet.

4709. ☞ De sancto Valeriano, Martyre Trenorchii, in Ducatu Burgundiæ: Passio, auctore anonymo, cum Commentario Joannis PERIERI, è Societate Jesu.

Ce Martyre est imprimé dans le *Recueil* de Bollandus, au 15 de Septembre.]

— De sancto Valerico, Eremita.

Voyez Solitaires.

— De sanctis Valerio & Valeriano, Episcopis Autissiodorensibus.

Voyez Ev. d'Auxerre. *Métr. de Sens.*

— Vie de saint Vaneng.

Voyez Abb. de Fécamp, *Ord. de S. Benoît.*

4710. Histoire de la Vie & des Miracles de sainte Vaubourg (honorée dans le Diocèse de de Reims); par Jean LESPAGNOL : *Reims, de Foigny*, 1672, *in*-8.]

— Vita sancti Vedasti, Episcopi Atrebatensis.

Voyez Ev. d'Arras. *Métr. de Reims.*

— De sancto Vedreduno, Episcopo Avenionensi.

Voyez Arch. de la *Métr. d'Avignon.*

— Vie de saint Venant, Abbé de Tours.

Voyez Solitaires.

— Vie de saint Vénérand, Evêque d'Auvergne.

Voyez Ev. de Clermont. *Métr. de Bourges.*

— Vie de saint Vennes, Evêque de Verdun.

Voyez Ev. de Verdun. *Métr. de Trèves.*

— Vie de saint Véran, Evêque de Cavaillon.

Voyez Ev. de Cavaillon. *Métr. d'Avignon.*

— Vie de saint Véran, Evêque de Vence.

Voyez Ev. de Vence. *Métr. d'Embrun.*

— Acta sancti Veroli, Presbyteri.

Voyez second Ord. du Clergé.

4711. De Vita & Miraculis sancti Veroni, Confessoris; auctore OSBERTO, Gemblacensi Abbate : studio Georgii Galopini : *Montibus*, 1636, *in*-4.

Osbert est mort en 1048.

— Vie de saint Victeur, Evêque du Mans.

Voyez Ev. du Mans. *Métr. de Tours.*

4712. Passio sanctorum Victoris, Alexandri, Feliciani & Longini.

Ces Actes sont imprimés dans du Bosquet, au tom. II. de son *Histoire de l'Eglise* : *Parisiis*, 1636, *in*-4.

Eadem ; à Paulo Colomesio emendata.

Cette Passion est imprimée entre ses *Observations sacrées* : *Londini*, 1688, & parmi ses *Œuvres* : *Francofurti*, 1709, *in*-4.

Eadem ; cum Notis D. Theodorici Ruinart.

Dans son *Recueil des Actes vrais & sincères des Martyrs*, *pag.* 289 : *Parisiis*, 1693, *in*-4. [*Amstelodami*, 17.., *in*-fol.] Saint Victor & ses Compagnons ont souffert le martyre vers l'an 290. Leurs Actes sont reçus comme bons & dignes de foi, quoiqu'ils ne soient pas originaux. On croit qu'ils sont de CASSIEN, Prêtre de Marseille, qui vivoit 150 ans après leur mort.

4713. ☞ Eadem, breviora & prolixa, Miraculaque ; cum Commentario prævio Guillelmi CUPERI, Societatis Jesu.

Dans le *Recueil* de Bollandus au 21 de Juillet. Les Actes abrégés paroissent différens de ceux qui suivent, & le P. Cuper les croit être les plus anciens.]

4714. Acta eadem breviora.

Dans Guesnay, *pag.* 131 de ses *Annales de la Province de Marseille* : *Lugduni*, 1657, *in*-fol. Ils sont véritablement courts, mais obscurs & embarrassés ; de plus, ils ne s'accordent pas tout-à-fait avec les précédens : ils sont au plus tard du neuvième siècle, si ce sont ceux qu'Odon a suivis.

4715. Eadem Passio versibus descripta.

Cette Pièce se trouve imprimée au tom. II. de l'*Histoire de l'Eglise* de du Bosquet, *pag.* 138. Les vers Léonins sont très-obscurs : ils ne contiennent que le commencement du martyre de saint Victor.

4716. ☞ Sancti Victoris victoria Virgiliocentonibus descripta ; à F. Steph. PLEURRE : *Parisiis*, Langlois, *in*-4.]

4717. Histoire, ou Vie de saint Victor de Marseille, & de saint Clair-sur-Epte ; par le R. P. L. B. Chanoine Régulier de saint Victor-lès-Paris : *Paris*, Bessin, 1650, *in*-8.

Les lettres initiales signifient le Révérend Père (Matthieu) LE BON.

4718. Vie de saint Victor & de ses Compagnons ; par Adrien BAILLET.

Dans son *Recueil des Vies des Saints*, au 21 de Juillet.

☞ *Voyez* aussi le *Recueil* du P. GIRY.]

4719. Vie du même ; par Sébastien LE NAIN DE TILLEMONT.

Au tom. IV. de ses *Mémoires pour l'Histoire de l'Eglise, pag.* 549.

— Vie de saint Victor, Ermite.

Voyez Solitaires.

— Vita sancti Victoris, Monachi Mosomensis.

Voyez Abb. de Mouson, *Ord. de S. Benoît.*

— ☞ De sancto Victurio, Episcopo Cenomanensi.

Voyez Ev. du Mans. *Métr. de Tours.*]

— Vie de saint Victrice, Archevêque de Rouen.

Voyez Arch. de la *Métr. de Rouen.*

— Vita sancti Victurnalis, Eremitæ.

Voyez Solitaires.

— Vie de saint Vigor, Evêque de Bayeux.

Voyez Ev. de Bayeux. *Métr. de Rouen.*

4720. Acta martyrii sancti Vincentii, Martyris Aginnensis, sub Diocletiano Imperatore.

Cette Vie est assez incertaine, ayant été écrite longtemps après la mort du Saint, & sur des traditions populaires. Elle est à la *pag.* 171 de l'*Histoire Ecclésiastique de France*, par François du Bosquet : *Parisiis*, 1636, *in*-4. Elle est aussi avec le *Commentaire* d'HENSCHENIUS, dans le *Recueil* de Bollandus, au 9 de Juin ; & dans le *Recueil des Actes des Martyrs*, publié par D. Thierry Ruinart.

4721. Alia Acta sancti Vincentii, Martyris.

Ces Actes sont de moindre prix que les précédens, & beaucoup moins corrects. Ils sont dans le *Recueil* de Bollandus, au 9 de Juin.

4722. Vie de saint Vincent, Martyr en Agénois ; par Adrien BAILLET.

Cette Vie est imprimée dans son *Recueil des Vies des Saints*, au 9 de Juin.

4723. Vie du même ; par Sébastien LE NAIN DE TILLEMONT.

Cette Vie est imprimée au tom. IV. de ses *Mémoires pour l'Histoire Ecclésiastique, pag.* 75.

— De sancto Vincentio, Monacho Lirinensi.

Voyez Abb. de Lérins, *Ord. de S. Benoît.*

4724. Elogium sancti Vincentii, seu Maldegarii, Confessoris Sonegiis, in Hannonia; auctore Joanne MABILLON, Monacho Benedictino è Congregatione sancti Mauri.

Ce Saint est mort vers 672. Son Eloge est imprimé au tom. II. des *Actes des Saints de l'Ordre de S. Benoît*, pag. 672.

4725. ☞ Abrégé de la Vie de saint Vincent, dont le corps est dans le Couvent de Notre-Dame de Nazareth, près le Temple; par le Père ARCHANGE, Religieux du Tiers-Ordre de saint François : *Paris*, 1687, *in*-12.]

— ☞ Vie de saint Vincent de Paul.
Voyez Prêtres de la Mission, *Clergé Séculier.*]

— Vie de saint Vindicien, Evêque de Cambray.
Voyez Arch. de la *Métr. de Cambray.*

— ☞ Vie de S. Vigile, Evêque d'Auxerre.
Voyez Ev. d'Auxerre. *Métr. de Sens.*]

— Vita sancti Virgilii, Episcopi Arelatensis.
Voyez Arch. de la *Métr. d'Arles.*

— Vita sancti Vitalis, Abbatis Saviniacensis.
Voyez Abb. de Savigny, *Ord. de S. Benoît.*

4726. De sancta Vitulina, Virgine, Artone apud Arvernos ; Commentarius historicus Joannis BOLLANDI, è Societate Jesu.

Ce Commentaire historique est dans son *Recueil*, au 21 de Février. Cette Sainte a vécu vers l'an 390 de Jesus-Christ.

— Vita sancti Viti, Abbatis Miciacensis.
Voyez Abb. de S. Mesmin, *Ord. de S. Benoît.*

— Vita sancti Viventioli, Episcopi Lugdunensis.
Voyez Arch. de la *Métr. de Lyon.*

— Vita sancti Viventii, Presbyteri.
Voyez second Ord. du Clergé.

— ☞ De sancto Ulfacio, Anachoretâ.
Voyez Solitaires.]

— De sancto Ulgiso, Abbate Lobiensi.
Voyez Abb. de Laubes, *Ord. de S. Benoît.*

4727. Vie de sainte Ulphe, Patrone de Notre-Dame du Paraclet, au Diocèse d'Amiens; par Suzanne DE BRASSEUSE : *Paris*, 1648, *in*-12.

4728. Vie de sainte Ulphe & de saint Domice; par PIERRE DE SAINT-QUENTIN, Capucin : *Amiens*, 1664, *in*-8.

4729. Vie de sainte Ulphe ; par François GIRY.
Cette Vie est imprimée dans son *Recueil des Vies des Saints*, au 22 de Janvier.

— Vita sancti Ultani, Abbatis Fossatensis.
Voyez Abb. du Mont-Saint-Quentin, *Ord. de S. Benoît.*

— Vie de la bienheureuse Ultrogothe, Reine de France.
Voyez Reines.

— Vita sancti Vodoaldi, Reclusi.
Voyez Abb. de S. Médard, *Ord. de S. Benoît.*

— Vita sancti Volusiani, Archiepiscopi Turonensis.
Voyez Arch. de la *Métr. de Tours.*

— Vita sancti Vougæ.
Voyez Solitaires.

4730. ★ Vie de saint Vorle, avec son Office: *Troyes*, 1619, *in*-8.

4731. Vie & Miracles de saint Vorle, Patron de Châtillon-sur-Seine ; par Etienne LE GRAND, Jésuite.
Cette Vie est imprimée dans l'*Histoire Sainte de cette Ville* : *Autun*, Simmonot, 1655, *in*-8.

— Vita sancti Urbani, Episcopi Lingonensis.
Voyez Ev. de Langres. *Métr. de Lyon.*

— Vie de saint Urbice, Evêque de Clermont.
Voyez Ev. de Clermont. *Métr. de Bourges.*

— Vita sancti Ursi, Abbatis in Turonibus.
Voyez Solitaires.

— ☞ De sancto Ursicino, Episcopo Senonensi.
Voyez Arch. de la *Métr. de Sens.*]

— Vie de saint Ursin, Archevêque de Bourges.
Voyez Arch. de la *Métr. de Bourges.*

4732. ☞ De sancto Ursione, fortè Monacho, in Diœcesi Trecensi ; Sylloge Constantini SUYSKENI, è Societate Jesu.
Voyez le *Recueil* de Bollandus, au 29 de Septembre.]

— Vita sancti Ursmari, Abbatis Lobiensis.
Voyez Abb. de Laubes, *Ord. de S. Benoît.*

— ☞ De sancto Urso, Episcopo Autissiodorensi.
Voyez Ev. d'Auxerre. *Métr. de Sens.*]

— ☞ De sancto Urso, Episcopo Trecensi.
Voyez Ev. de Troyes. *Métr. de Sens.*]

W

— Vita venerabilis Walæ, Abbatis Corbeiensis.
Voyez Abb. de Corbie, *Ord. de S. Benoît.*

— Vita sancti Walarici, Abbatis Leuconaensis.
Voyez Abb. de S. Valery, *Ord. de S. Benoît.*

4733. De sanctis Walberto & Bertilla, parentibus sanctarum Waldetrudis & Aldegundis ; Notæ historicæ Danielis PAPEBROCHII, è Societate Jesu.
Ces Remarques historiques sont imprimées dans le *Recueil* de Bollandus, au 11 de Mai.

— Vita sancti Waldeberti, Abbatis Luxoviensis.
Voyez Abb. de Luxeul, *Ord. de S. Benoît.*

Vies des Personnes séculières dévotes.

— Vita sanctæ Waldetrudis, Fundatricis Canonissarum Montensium.

Voyez Chanoinesses.

— Vie de saint Walfraye, Solitaire.

Voyez Solitaires.

— Vita sanctæ Waltradæ, Abbatissæ Metensis.

Voyez Religieuses *Bénédictines*.

4734. Acta sancti Wamberti, Martyris, in Monasterio sancti Petri ad Divam, Sagiensis Diœcesis ; [ex Editione ARTURI, Ordinis Minorum Recollectorum ; cum Commentario] Danielis PAPEBROCHII, è Societate Jesu.

Ces Actes sont imprimés dans le *Recueil* de Bollandus, au 26 de Juin. Saint Wambert a vécu au neuvième ou dixième siècle.

— Vita sancti Wandonis, Abbatis.

Voyez Abb. de S. Wandrille, *Ord. de S. Benoît.*

— Vita sancti Wandregisili, Abbatis Fontanellensis.

Voyez ibid.

— Vita sancti Waningi, Abbatis Fiscanensis.

Voyez Abb. de Fécamp, *Ord. de S. Benoît.*

— Vita sancti Willebrordi, Episcopi Ultrajectensis.

Voyez Ev. d'Utrecht. *Métr. de Cologne.*

— Vita sancti Willelmi, Episcopi Briocensis.

Voyez Ev. de Saint-Brieux. *Métr. de Tours.*

— Vita sancti Winebaudi, Abbatis sancti Lupi, Trecis.

Voyez Abb. de S. Loup, *Ord. de S. Benoît.*

— Vita sancti Winochi, Abbatis in Flandria.

Voyez Abb. de S. Winox, *Ord. de S. Benoît.*

— Vita sancti Winwaloëi, Abbatis Landeveneci.

Voyez Abb. de Landevenec, *Ord. de S. Benoît.*

— De sancto Wlphagio, Presbytero.

Voyez ibid.

— Vita beati Woldobonis, Episcopi Leodiensis.

Voyez Ev. de Liége. *Métr. de Cologne.*

— Vita sancti Wulfrani, Episcopi Senonensis.

Voyez Arch. de la *Métr. de Sens.*

— Vie de saint Wulgis, Prêtre.

Voyez second Ord. du Clergé.

— Vita sancti Wulmari, Abbatis Silviacensis.

Voyez Abb. de S. Samer, *Ord. de S. Benoît.*

— Vie de saint Wulphi, Curé de Rue.

Voyez second Ord. du Clergé.

Y

— Vie de saint Yon, Prêtre.

Voyez second Ord. du Clergé.

— Vita sancti Ysarni, Abbatis sancti Victoris.

Voyez Abb. de S. Victor, *Ord. de S. Benoît.*

— Vie de saint Ythier, Evêque de Nevers.

Voyez Ev. de Nevers. *Métr. de Sens.*

— Vita sancti Yvonis, Presbyteri.

Voyez second Ord. du Clergé.

Z

— De sancto Zacharia, Martyre, Episcopo Viennensi.

Voyez Arch. de la *Métr. de Vienne.*

ARTICLE IV.

Vies des Personnes séculières qui ont vécu dans une haute piété.

4735. ☞ Mf. RECUEIL de diverses Vies, ou Abrégés de Vies.

Ce Recueil est dans la Bibliothèque de M. l'Abbé Goujet, & il contient les Vies suivantes :

I. De Marie d'Agréda (Cordelière Espagnole).
II. De (saint) Vincent de Paul.
III. De la Mère Esprit de Jesus de Jassaud, du Tiers Ordre de S. Dominique.
IV. De la Sœur Barbe de Compiègne.
V. De Jean-Marie Sauvage, Prêtre.
VI. De Pierre-Joseph-Marie Chaumonot, Jésuite.
VII. De Louis de Marillac, Curé de S. Germain l'Auxerrois, puis de S. Jacques de la Boucherie.
VIII. De la Pucelle d'Orléans (Jeanne d'Arc).
IX. De Jean Aumont, dit de la Croix.
X. De François Charron, de Blois.
XI. De Madame la Présidente de Nesmond.
XII. D'Elisabeth-Henriette Guignard, Abbesse de Longchamp, décédée le 8 Février 1714.
XIII. D'Elisabeth de la Croix, Fondatrice des Filles Pénitentes de Notre-Dame du Refuge de Nancy.
XIV. De Marie Amice.
XV. De Madeleine Bavent.]

4736. ☞ Lettre contenant le récit de la conversion & les principales vertus, tant intérieures qu'extérieures, d'un pieux Solitaire (Ithier Aubier) mort le 24 Juillet 1754 (à l'Hôtel-Dieu de Paris): *Ypres*, 1755, *in-12.*]

4737. ☞ Le triomphe de la miséricorde de Dieu sur un cœur endurci, ou Confessions de l'Augustin de France converti, écrites par lui-même : *Paris*, Bouillerot, 1683, *in-12.*]

4738. Vie de Pierre Bachelier de Gentes; par Claude DE BRETAGNE, Religieux Bénédictin de la Congrégation de saint Maur,

Prieur de S. Remy de Reims : *Reims*, Pottier, 1682, *in-8.*

Pierre Bachelier est mort en 1672, & l'Auteur de sa Vie en 1694.

4739. ☞ Lettre d'un Curé de Paris (M. BRUTÉ, Curé de S. Benoît) sur les vertus de Jean Bessard, Paysan de Stains, près S. Denys : *Paris*, Desprez, 1753, *in-12.*

[Jean Bessard est mort à Paris, le 3 Décembre 1752, sur la Paroisse de S. Eustache, âgé de 87 ans.]

4740. ☞ Idée de la Vie de Louis-Antoine Billard, mort à Paris le 25 Février 1741, âgé de 27 ans & trois mois (par Jacques-Nicolas BELIN, Avocat) : *Paris*, 1741, *in-12.*]

4741. Le bon & libéral Officier en la vie & en la mort de (Jean) du Bois, Conseiller en la Cour des Monnoies de Saint-Lo ; par Charles DE SAINT-MARTIN, Docteur en Théologie : *Caën*, 1655, 1658, *in-12.*

Cet Auteur est mort en 1687.

4742. De vita Arnaldi Boreti, Senatoris Tolosani, Libri quatuor ; auctore Petro POSSINO, è Societate Jesu : *Parisiis*, Camusat, 1639, *in-4.*

Ce Conseiller est mort en 1624.

4743. Histoire de la conversion, &c. de M. (Antoine) Chanteau ; par (Nicolas) FEUILLET, Chanoine de S. Cloud : *Paris*, Coignard, 1703 [1706, &c.] *in-12.*

L'Auteur est mort en 1693 [& M. Chanteau en 1667.]

4744. ☞ La Vie de M. (François Galaup) de Chasteuil (né à Aix, & mort en 1644) Solitaire du Mont-Liban ; par M. (François) MARCHETY, Prêtre de Marseille : *Paris*, Petit, 1666, *in-12.*

Cet Ouvrage, qui a été revu par Antoine Arnauld, est très-rare, parcequ la plupart des Exemplaires furent brulés dans le Magasin du Libraire (Pierre le Petit). M. de la Roque en a donné un abrégé dans son *Voyage de Syrie, &c. Paris & Amsterdam*, 1723, à la fin du tom. II.]

4745. Le Séculier parfait, ou Discours de la vie & de la mort de ce grand contemplatif, Antoine le Clerc, Ecuyer, Sieur de la Forest ; par Louis [PROVENSAL] DE LA FOREST, Commissaire Provincial de l'Artillerie de la Province de Picardie : *Paris*, Boulanger, 1644, *in-8.*

☞ M. l'Abbé Lebeuf rapporte plusieurs particularités sur Antoine le Clerc, *pag.* 508-514, du tom. II. de ses *Mémoires concernant l'Histoire d'Auxerre : Paris,* 1743, *in-4.* Il y observe que sa Vie a été encore imprimée à Paris en 1667, dans l'*Histoire du Tiers-Ordre de S. François* (dont il étoit Bienfaiteur) ; en 1686, dans les *Annales Latines du Tiers Ordre ;* & enfin en 1683; à Caen, dans un *Recueil François de plusieurs Vies*, *in-4.*]

4746. ☞ Abrégé de la vie & de la retraite de Juste de Clermont d'Amboise, Chevalier de Reynel ; (par Henri-François, Comte DE LA RIVIERE :) *Paris*, Delespine, 1706, *in-12.*]

4747. ☞ Vie de Jacques Cochois, dit Jasmin, ou le bon Laquais ; par le R. P. T. de S. L. *Paris*, Warin, 1675, 1676, 1686. Troisième édition, 1739, *in-12.*

☞ Les lettres initiales signifient le R. P. TOUSSAINT DE SAINT LUC, Carme Réformé des Billettes.]

La medesima : *In Roma*, 1687, *in-12.*

☞ L'Auteur Laquais, ou Réponse aux objections qui ont été faites au corps de ce nom (Laquais) dans la Vie de Jacques Cochois ; par Jac. VIOLLET DE WAGNON; *Avignon*, Girard, 1750, *in-12.*

C'est un Commentaire & une critique de la Vie écrite par le P. Toussaint de S. Luc. On a mis à la fin un Projet pour l'établissement d'une Maison de retraite pour les Domestiques.]

4748. Idée d'un bon Magistrat en la vie & en la mort de M. de Cordes, Conseiller au Châtelet de Paris ; par A. G. E. D. G. *Paris*, Vitré, 1645, *in-12.*

Ces lettres initiales désignent Antoine GODEAU, Evêque de Grasse, mort en 1672.

4749. ☞ Abrégé de la Vie de M. de Courville, Colonel du Régiment d'Infanterie du Maine, & Brigadier des armées du Roi ; par Henri-François DE LA RIVIERE : *Paris*, Delespine, 1719, *in-12.*

M. de Courville s'appelloit François Arnaud : il mourut de ses blessures l'an 1707.]

4750. ☞ Vie de Jean-Jacques Daumond, (Ecolier à Toulouse ; par le P. LA TOUR, Jésuite) : 1745, *in-16.*

Elle se trouve aussi dans le Recueil intitulé, *La Jeunesse sanctifiée dans ses études : Paris,* Bordelet, 1748, *in-24.*]

4751. ☞ Relation de plusieurs circonstances de la Vie de Jean HAMON, faite par lui-même : *Paris*, 1734, *in-12.*

Vie du même ; (par Jérôme BESOIGNE.)

Elle se trouve *pag.* 245-280, du tom. IV. de son *Histoire de Port-Royal*, 1752 : *in-12.* 6 vol.]

4752. ☞ Abrégé de la Vie de Claude Héliot, Conseiller en la Cour des Aides ; par Jean CRASSET, Jésuite.

Cet Abrégé est au-devant des *Œuvres Spirituelles* de M. Heliot : *Paris*, Coignard, 1710, *in-8.* Il est mort en 1686.

4753. ☞ L'Artisan Chrétien, ou Vie du bon Henri (Buche,) Maître Cordonnier, Instituteur & Supérieur des Frères Cordonniers & Tailleurs ; par Jean-Antoine LE VACHET, Prêtre : *Paris*, Desprez, 1670, *in-12.*

Le bon Henri est mort en 1666, & l'Auteur de sa Vie en 1681.

4754. ☞ Vie de M. Hugy, Calviniste converti ; (par Dom Joseph DE L'ISLE, Bénédictin) : *Nancy*, 1731, *in-12.*]

4755. ☞ Le Pécheur converti, ou l'idée d'un véritable Pénitent, représenté en la vie & la mort de M. Jacques-François Jogues de Bouland, dans une lettre écrite à une de ses niéces, Religieuse Ursuline : *Orléans*, Boyer, 1696, *in-12.*

Vies des Personnes séculières dévotes.

Ce petit Ecrit, qui forme une brochure de quarante-six pages, est de G. Jousset, Curé de Saint Mesmin. M. Jogues étoit né à Orléans en 1637, & y est mort en 1695.]

4756. ☞ Relation de la mort de M. le Duc de Liancourt (Roger du Plessis.)

Elle se trouve *pag*. 446-456, du tom. I. des *Vies intéressantes & édifiantes* : (*Utrecht*) 1750, 4 *vol. in-12*. On voit plusieurs particularités concernant ce pieux Seigneur, dans la Vie de sa sainte Epouse, qui précéde dans le même volume. Ils moururent l'un & l'autre en 1674.]

4757. ☞ Relation de la mort chrétienne de Henri II. Duc de Longueville; par Dominique Bouhours, Jésuite : *Paris* 1663, *in-4*.]

4758. ☞ Abrégé de la Vie d'Antoine le Maître, & de plusieurs autres personnes qui s'unirent à lui pour vivre dans la pénitence, &c. (par Jérôme Besoigne.)

On les trouve dans son *Histoire de l'Abbaye de Port-Royal*, 1752, *in-12*. 6 vol. depuis la *pag*. 504, du tom. III. & dans le volume suivant. *Voyez* les *Mémoires* de M. (Nicolas) Fontaine : (*Cologne*) *Utrecht*, 1735, 1738, *in-8*. 2 vol. & (*Paris*) 3 vol. & ceux de M. (Pierre-Thomas) du Fossé : *Utrecht*, 1739, *in-12*.]

4759. ☞ Vie de Blaise Pascal (par Gilberte Pascal, femme de M. Perrier.)

Elle est au-devant du Livre des *Pensées de M. Pascal*: *Paris*, Desprez, 1669, &c. *in-12*. On trouve encore bien des particularités sur M. Pascal, & sur toute sa pieuse famille, dans un grand Mémoire imprimé, *pag*. 307-404, d'un *Recueil de plusieurs Piéces, &c. Utrecht*, 1740, *in-12*.]

4760. ☞ Abrégé de la Vie de M. le Pelletier, mort à Orléans en odeur de sainteté ; (par Mademoiselle d'Alès du Corbet): *Orléans*, Couret, 1760, *in-12*.

M. le Pelletier naquit à Orléans en 1681, de parens distingués par leur naissance & leur fortune. Elevé dans la religion des Calvinistes, à laquelle il renonça dès ses premieres années, il sçut par le bon usage qu'il fit de cette premiere grace, en mériter de nouvelles. Après avoir marché dans les voies les plus étroites & la pratique la plus constante des vertus Chrétiennes, il mourut en 1756, âgé d'environ 75 ans, parvenu au point le plus sublime & le plus éminent de la perfection Chrétienne. L'Auteur de sa Vie, Mademoiselle du Corbet, étoit sa filleule, & sœur de M. d'Alès, Auteur d'un ouvrage philosophique contre Bayle, intitulé, l'*Origine du mal*; & de plusieurs autres.]

4761. ☞ Conversion de M. de Meillars ; par Pierre Leau: *Tulles*, 1651, *in-4*.]

4762. ☞ Eloge d'un Négociant (Cyprien Morel) fidèle à tous les devoirs de son état: *Paris*, Barois, 1718, *in-12*.

M. Morel, Maître des grosses Forges, mourut en 1717 à Breteuil, Diocèse d'Evreux.]

— Vie de Jean du Pas, Lieutenant-Général au Présidial de Soissons.

Voyez ci-après *Jurisdictions*, à la fin du Liv. III.

4763. Vie de [Jean-Baptiste] Baron de Renti ; par Jean-Baptiste de Saint-Jure, Jésuite : *Paris*, le Petit, 1651, *in-4*. *Rouen*, 1659, *in-12*. *Paris*, 1664, *in-12*.

Le Baron de Renti est mort en 1649, & le Père de Saint-Jure en 1657.

* Le Père Echard, au tom. II. de la *Bibliothèque des Ecrivains de l'Ordre de S. Dominique*, *pag*. 848, soutient que cette Vie est de la Sœur Elisabeth Baillon, dite de l'Enfant Jesus, & que le P. de Saint-Jure l'ayant reçue d'elle & l'ayant augmentée, l'a publiée sous son nom.

La même Vie, imprimée sous ce titre, Le Chrétien réel ; par les soins de Pierre Poiret, (Ministre Protestant:) *Cologne*, 1701, *in-12*.

La medesima Vita : tradotta da un Sacerdote : in *Genova*, Battari, 1660, *in-12*.

La même Vie [en Anglois] ; par E. S. *London*, 1658, 1683, *in-8*.

4764. ☞ Vie de Guillaume Ruffin (Ecolier à la Flèche): *Tours*, 1690, *in-12*.

Elle se trouve aussi dans l'Ouvrage intitulé, *La Jeunesse sanctifiée dans ses Etudes, &c*.: *Paris*, Bordelet, 1748, *in-24*.]

4765. ☞ Remarques sur les vies & conduites de Charles d'Urre, Conseiller du Duc de Lorraine, & de Marie de Marcossey son épouse, &c. par Charles de Gondrecour : *Toul*, 1690, *in-8*.]

4766. Vie des saints Fondateurs de Retraites, Monsieur Kerlivio, Vincent Hubi, & Mademoiselle de Francheville ; par Pierre Phonamie : *Nantes*, 1698, *in-12*.

4767. Histoire Catholique des Hommes & Dames illustres par leur piété, dans les seizième & dix-septième siécles ; par Hilarion de Coste, de l'Ordre des Minimes : *Paris*, Chevalier, 1625, *in-fol*.

Le Père Hilarion de Coste est mort en 1661. [Il s'appelloit Olivier de Coste.]

Liste alphabétique des Eloges des Personnes illustres en piété, contenus en ce volume.

Eloge de Charlotte d'Albert, Duchesse de Valentinois, morte en 1513.

—— d'Anne d'Alençon, Marquise de Montferrat, mariée en 1508.

—— de Françoise d'Alençon, Duchesse de Vendôme, grande-aïeule de Louis XIV. morte en 1550.

—— de Françoise de Bâtarnay, Vidame d'Amiens, morte en 1617.

—— de Marie de Bâtarnay, Vicomtesse de Joyeuse, morte en 1595.

—— d'Antoinette de Bourbon, Duchesse de Guise.

—— de Gabrielle de Bourbon, Vicomtesse de Touars.

—— de Louise de Bourbon, Duchesse de Longueville.

—— d'Anne de Caumont, Comtesse de Saint-Paul & Duchesse de Fronsac, morte en 1642.

—— de Henriette de Clèves, Duchesse de Nivernois & de Réthelois, Princesse de Mantoue.

—— de Marie de Clèves, Princesse de Condé.

—— d'Antoinette Daillon, Comtesse de Guiche, morte en 1631.

—— de Catherine - Marie d'Escoubleau de Sourdis, Comtesse de Tonnerre & de Clermont, morte en 1615.

—— de Gabrielle de Gadagne, Comtesse d'Anjou & de Chevrières, morte en 1635.

—— de Catherine de Gonzagues, Duchesse de Longueville.

—— de Susanne Habert, Dame du Jardin, morte en 1633.
—— de Lucresse de l'Hospital, Demoiselle de Vitry, morte en 1645.
—— de Catherine de Lorraine, Duchesse de Nemours & de Réthelois, morte en 1618.
—— de Christine de Lorraine, Grande Duchesse de Toscane, morte en 1636.
—— de Marie de Luxembourg, Comtesse de Vendôme, morte en 1547.
—— de Charlotte de Montmorency, Duchesse d'Angoulême & Comtesse d'Auvergne, morte en 1636.
—— de Marthe d'Oraison, Baronne d'Allemagne & Vicomtesse de Valernes, morte en 1627.
—— de Madelaine de Savoye, Duchesse de Montmorency, morte en 1586.
—— de Françoise-Marguerite de Silly, Comtesse de Joigny & Dame de Montmirail, morte en 1625.

4768. Vita Margueritæ Comitissæ Albonensis, ante annos 500, pietate florentis; scripta à GUILLELMO, Gratianopolitano Canonico: nunc primùm edita à Dionysio Salvagnio BOESSIO : *Gratianopoli*, Bureau, 1643, *in-*4.

Elle étoit fille d'Estienne, Comte de Bourgogne, mort en 1101. L'Auteur de cette Vie a fleuri en 1310.

☞ La même Vie, traduite en François : *Grenoble*, Galle, 1670, *in-*8.]

4769. Vie de la vénérable Alette; mère de saint Bernard ; par François GIRY.

Cette Vie est imprimée dans son *Recueil des Vies des Saints*, tom. I. pag. 905; *Paris*, 1684, *in-fol.*

4770. Le triomphe de l'Amour Divin dans la Vie de la bonne Armelle Nicolas, pauvre Villageoise ; écrite par une Religieuse Ursuline de Vannes : [*Vannes*, 1672 [1676] 1679, *in-*8. 1707, *in-*12. 2 vol.]

La même Vie, publiée par Pierre Poiret, sous ce titre : L'Ecole pur amour de Dieu, [ouverte aux savans & aux ignorans,] dans la Vie merveilleuse d'Armelle Nicolas, &c. *Cologne* : (*Amsterdam*) 1704, *in-*12.

4771. ☞ Les sentimens & les pratiques de la bonne Armelle, avec un abrégé de sa vie ; par D. O. (Dom Olivier) ECHALLART, Religieux Bénédictin, Prieur-Curé de Monchamp : *Nantes*, 1683, *in-*12. de 152 pages.

Voyez sur cette fille les *Mémoires* d'Artigny, tom. V. pag. 135 & *suiv.*]

4772. ☞ Abrégé des Vies de Marie Dias; de Marie Amice Picard, & d'Armelle Nicolas; par le P. DE LA MARCHE : *Nantes*, Vatar, 1756, *in-*12.]

4773. L'idée de la véritable dévotion en la vie de Mademoiselle de Beaufort ; par Antoine de Saint-Martin DE LA PORTE, Carme Réformé : *Paris*, 1650, *in-*8.

4774. ☞ Le triomphe de la pauvreté & des humiliations, ou la Vie de Mademoiselle de Bellere du Tronchay, appellée communément Sœur Louise; avec ses Lettres (par le P. MAILLARD, Jésuite) : *Paris*, Martin, 1732, *in-*12.]

4775. Vie de Jeanne Biscot, Fondatrice de la Société de Sainte Agnès d'Atras : *Valenciennes*, Henry, 1692, *in-*8.

4776. Eloge funèbre de Louise Boyer, Duchesse de Noailles; par [Antoine] DE LALANE, Prêtre de l'Oratoire : *Aurillac*, 1697, *in-*4.

Cette Duchesse est morte en 1697, & l'Auteur de son Eloge en 1705.

4777. Récit abrégé des vertus & de la mort de la même ; par un Prêtre, Supérieur des Communautés des Nouvelles Catholiques du Diocèse de Châlons : *Châlons*, 1698, *in-*12.

4778. Vie de Mademoiselle de Buhy, de la Maison de Mornay; par René DE MORNAY DE LA VILLETERTRE, Prêtre, Seigneur de Bachaumont : *Paris*, Roullant, 1685, *in-*12.

☞ Cette Vie se trouve aussi imprimée à la suite de l'*Histoire de la Maison de Mornay*; par le même: *Paris*, 1689, *in-*4.]

4779. ☞ Mémoires de Madame C... (Chatdon) née & élevée dans la Religion Prétendue-Réformée, contenant les motifs de sa Conversion à la Religion Catholique; écrits par elle-même : *Paris*, 1755, *in-*12.]

4780. ☞ Histoire du (prétendu) Frère Claude, fille déguisée en homme pour conserver son honneur, & qui a vécu dans la plus grande piété : (*Rouen*) 1665, *in-*12.

On en trouve un abrégé, pag. 167-179, de la *Vie de M. Boudon*, par M. Collet : *Paris*, 1762, *in-*12.]

4781. Oraison Funèbre de Marie de Clèves, Princesse de Condé; par Arnauld SORBIN, Evêque de Nevers : *Nevers*, 1601, *in-*8.

4782. ☞ Ecrit de Madame Anne de Gonzagues DE CLEVES, Princesse Palatine, où elle rend compte de ce qui a été l'occasion de sa conversion; avec l'Oraison funèbre de cette Princesse; par feu M. BOSSUET, Evêque de Meaux : *in-*4.]

4783. Idée d'une Vierge Chrétienne [consacrée aux œuvres de la charité, dans] la Vie de Marie-Anne du Val, dite Dampierre.

Elle est imprimée à la tête des *Fragmens de ses Ecrits*: Liège [& Bruxelles] 1684, *in-*8.

☞ Cette Vie de Marie-Anne du Val, morte en 1674, a été faite par Guillaume LE ROY, Abbé de Haute-Fontaine, Diocèse de Chaalons-sur-Marne, mort en 1684. Mademoiselle du Val étoit du Château du Han, près de Sainte-Ménéhould, même Diocèse.]

4784. Oraison Funèbre de Marie Dudrac; par F. ETIENNE : *Paris*, 1590, *in-*8.

4785. Vie de Jeanne de l'Estonac : *Toulouse*, 1671, *in-*4.

4786. Abrégé de la Vie de Susanne-Henriette de Foix de Candale; par Henry-François-Xavier DE BELSUNCE, Abbé de Chambons, & Grand-Vicaire d'Agen (depuis Evêque de Marseille) : *Agen*, Gayau, 1707, *in-*12.

Vies des Personnes séculières dévotes. 319

4787. Vie de Mademoiselle de Francheville.

Cette Vie est imprimée avec celles des Fondateurs de Retraites : *Nantes*, 1698, *in*-12.

4788. Vie de Pernelle Gaudon, Moulinoise, où l'on voit les grands avantages accordés aux femmes; par GABRIEL DU S. ESPRIT, Carme Réformé, son Confesseur : *Moulins*, Vernoy, 1650, *in*-8.

4789. Histoire de Catherine de Harlay, Dame de la Meilleraye ; par Jacques DE LA VALLÉE : *Paris*, Richer, 1616, *in*-8.

4790. * Vie de Renée Habert, femme de Jacques Boivault, Président en la Chambre des Comptes de Dijon (morte en 1686); par Edme Bernard BOURRÉE, Prêtre de l'Oratoire : *Lyon*, Briasson, 1696, *in*-12.

4791. Vie de Madame Hélyot : *Paris*, 1683, *in*-8. Seconde édition : *Ibid*. 1683, *in*-8. Quatrième édition : *Ibid*. 1697, *in*-8.

Jean CRASSET, Jésuite, est l'Auteur de cette Vie. Il est mort en 1692.

4792. * Ms. Acta seu historia piæ fœminæ Herminæ, ex Picardiâ ortæ, quæ Remis, anno 1395, decessit, examinata & ex parte approbata à Joanne de Gersono, Cancellario Parisiensi, rogatu Joannis MORELLI, Canonici Regularis.

Cet Exemplaire de cette Vie, qu'on croit être l'Original, est conservé entre les Manuscrits de M. de Harlay, [aujourd'hui à la Bibliothèque de S. Germain des Prés.]

4793. ☞ Les merveilles de la vie, des combats & victoires d'Ermine, Citoyenne de Reims; par Jacques DE FOIGNY : *Reims*, de Foigny, 1648, *in*-8.]

4794. ☞ Ms. Vie de Mademoiselle de Lamoignon : *in*-4.

Elle se trouve dans le Cabinet de M. l'Abbé Goujet.]

4795. ☞ Relation de la vie & de la mort de Mademoiselle Marie Laval, décédée le 24 Juin 1757; par M. (Pierre-Luc) BARRE : *in*-12.]

4796. ☞ Histoire de la vie admirable d'Esther Leggnes, jeune fillette Catholique, née de père & mère Calvinistes à Saint-Malo, & décédée en l'âge de neuf ans & neuf mois, (enterrée dans le cimetière des Huguenots à Plouer, & déterrée pour être mise dans l'Eglise Paroissiale dudit lieu) avec quelques notices concernant la Ville de Saint-Malo; par Jacques DOREMET, Prêtre : *Saint-Malo*, 1622, *in*-8.]

4797. ☞ Vie de Madame la Duchesse de Liancourt (Jeanne de Schomberg).

Elle se trouve pag. 411-445, du tom. I. des *Vies intéressantes & édifiantes*, 1750, *in*-12. 4. vol. On peut voir encore sur Madame de Liancourt, le Discours préliminaire que Jacques Boileau (mort Chanoine de saint Honoré en 1735) mit au-devant du Réglement que cette Dame avoit donné à sa petite-fille : *Paris & Bruxelles*, 1698, *in*-12.]

4798. ☞ Vie de Madame de Longueville; par M. (François BOURGOIN) DE VILLEFORE : *Paris*, 1738, *in*-12.

La véritable Vie d'Anne-Geneviève de Bourbon, Duchesse de Longueville ; par l'Auteur des Anecdotes (M. de Villefore): *Amsterdam*, Joly, 1739, *in*-12. 2 vol.

Un petit Avis du Libraire apprend que dans l'édition de Paris on avoit retranché plusieurs détails, qui se trouvent dans celle-ci.]

4799. ☞ Retraite de Madame de Longueville, écrite par elle-même.

Cette Pièce, qui est remplie des plus grands sentimens de piété, se trouve à la fin d'un Recueil imprimé en Hollande en 1718, & commençant par la Relation de la Captivité de la Sœur Briquet. Il ne paroît pas que l'Auteur de la Vie ait eu connoissance de cet Ecrit.]

4800. Vie de Madame de Lumague, veuve de M. Polaillon, Fondatrice de l'Hôpital de la Providence ; par [Victor] FAYDEAU, Chanoine de l'Eglise de Paris : *Paris*, 1659, *in*-12.

Ce Chanoine est mort en 1680.

☞ Madame de Lumague étoit veuve de François Polaillon, Conseiller du Roi, & Résident à Raguse. Le vrai titre de sa Vie est, *La lumière cachée sous le muid, mise au jour, &c.* ou *l'Esprit de défunte D. M. Lumague.*]

4801. ☞ Vie de la même (dans un meilleur ordre & augmentée); par M. COLLIN, Vicaire perpétuel de l'Eglise de Paris ; avec les Pièces justificatives: *Paris*, 1744, *in*-12.]

4802. Panégyrique funèbre de la même ; par Dominique LE BRUN : *Paris*, 1658, *in*-4.

4803. La vie & la mort de Marie de Luxembourg, Duchesse de Mercœur; par Charles-François D'ABRA DE RACONIS : *Paris*, Boulanger, 1625, *in*-12.

Elle est morte en 1623, & l'Auteur de sa Vie [devenu Evêque de Lavaur] est mort en 1646.

4804. Description de la maladie, de la mort & de la vie de la même, en vers ; par BOUVARD, Médecin : *Paris*, 1624, *in*-4.

4805. Oraison Funèbre de la Marquise de Maignelay ; par Jean-François SENAULT, Prêtre de l'Oratoire : *Paris*, le Petit, 1650, *in*-4.

Charlotte-Marguerite de Gondy, Marquise de Maignelay [tante du Cardinal de Retz] est morte en 1650, & le P. Senault, en 1671.

4806. Vie de la même ; par le P. M. D. B. C. P. *Paris*, 1666, *in*-12.

Ces Lettres initiales signifient, le Père MARC DE BAUDUEN, Capucin, Prédicateur.

☞ Bauduen est un Village au Diocèse de Riez, qui avoit donné naissance à ce Capucin. On sçait que ces Pères prennent leur nom du lieu de leur naissance.]

4807. Elogium ejusdem ; auctore Joanne ROUSSE, sancti Rochi Parisiis Parocho primo : *Parisiis*, 1650, *in*-4.

4808. Vie de Marguerite de Mesples, première Directrice des Filles Orphelines de la

Ville de Saint-Paul ; par Dom C. T. Bénédictin de la Congrégation de Saint Maur : *Toulouse*, Efclaſlan, 1691, *in*-12.

☞ Ces lettres initiales ſignifient Chriſtophe TACHON, qui mourut en 1693.]

4809. Vie de Madame de Miramion, Fondatrice d'une Communauté de Filles de ſainte Geneviève ; par [François-Timoléon DE CHOISY, de l'Académie Françoiſe : *Paris*, Dezallier, 1706, *in*-4. [*Ibid.* 1707, *in*-8.]

Elle eſt morte en 1696.

☞ Marie Bonneau, fille de Jacques Bonneau, Seigneur de Rubelle, & de Marie d'Ivry, naquit à Paris le 2 Novembre 1629. Elle épouſa en 1645 Jean-Jacques de Beauharnois, Seigneur de Miramion, qui mourut la même année. Jeune, riche & belle, elle fut recherchée par pluſieurs Seigneurs, qu'elle refuſa conſtamment. M. de Buſſy-Rabutin la fit même enlever. Enfin, après une vie pleine de bonnes œuvres, elle mourut le 24 Mars 1696. Cette vie, outre l'éloge de ſes vertus, contient encore pluſieurs autres particularités ſur différens Etabliſſemens que cette Dame a faits.]

4810. Lettre funèbre ſur la mort de la Préſidente Molé ; par le Père LEON DE S. JEAN, Carme Réformé.

Cette Lettre eſt imprimée avec ſes *Méditations du ſaint Amour de Dieu* : *Paris*, 1653, *in*-12. Renée de Nicolaï, femme de M. le premier Préſident Molé, eſt morte en 1641, & l'Auteur de cette Lettre en 1671.

4811. Vie de Mademoiſelle de Neuvillars, [morte en 1616] ; par Nicolas DU SAULT, Jéſuite : *Paris*, 1649, *in*-8.

Cet Auteur eſt mort en 1655.

4812. Recueil des Vertus & des Ecrits de la Baronne de Neuvillette ; par le P. CYPRIEN [DE LA NATIVITÉ de la Vierge] Carme Déchauſſé : *Paris*, 1668, *in*-8.

Madelaine Robineau, Baronne de Neuvillette, eſt morte en 1657. [Le Père Cyprien ſe nommoit dans le monde André de Compas : il eſt mort en 1680.]

4813. ☞ Diſcours ſur la Vie & les Vertus de Sœur Jeanne de la Noue, Fondatrice de la Maiſon de la Providence de Saumur : *Angers*, 1743, *in*-12.]

4814. L'Amour de la pauvreté, décrit en la vie & en la mort de Marthe, Marquiſe d'Oraiſon, Baronne d'Allemagne, & Vicomteſſe de Valerne : *Paris*, Rocolet, 1632, *in*-8.

L'Auteur de cette Vie eſt un Eccléſiaſtique, Docteur d'Avignon, nommé Pierre BONNET. Cette Marquiſe eſt morte en 1627.

4815. ☞ Autre Vie de la même, plus abrégée ; par le Père MARC DE BAUDUEN, Capucin : *Lyon*, 1671, *in*-12.]

4816. Idée de la véritable piété en la Vie & les Ecrits de Marguerite Piner de Romanet [femme de Claude Aymard] ; par PAUL DU S. SACREMENT, Carme Déchauſſé : *Lyon*, Bourgeat, 1669 : *in*-8.

☞ Vie de Madame Polaillon : ci-devant, Nos 4800. & 4801.

4817. Vie d'Eliſabeth Ranquet, veuve de M. du Chevreuil, Sieur de l'Eſturoille ; (par Thomas FORTIN, Docteur en Théologie, & Proviſeur du Collège de Harcourt) : *Paris*, Savreux, 1655, *in*-12.

Elle eſt morte en 1654.

La même, ſeconde édition, revue, corrigée & augmentée : *Paris*, SAVREUX, 1660, *in*-12.

4818. ☞ Principaux traits de la Vie de Benoiſte Rencurel, ſurnommée la Bergère de Laus.

Dans le *Recueil hiſtorique des Merveilles que Dieu a opérées à Notre-Dame de Laus, près de Gap*, &c. *Grenoble*, 1736, *in*-12.]

4819. ☞ Relation de ce qui s'eſt paſſé pendant la maladie de Madame la Ducheſſe de Rochechouart (Marie-Anne-Eliſabeth de Beauveau, veuve, du 4 Décembre 1730, de Paul-Louis Duc de Rochechouart) : *Paris*, 1752, *in*-12.]

4820. L'Amazone Chrétienne, ou les Avantures de Mademoiſelle de Saint-Balmon ; par J. M. D. V. *Paris*, 1678, *in*-12.

L'Auteur de cette Vie eſt JEAN-MARIE DE VERNON, Religieux du Tiers-Ordre de Saint François.

4821. ☞ Vie de Marie-Angélique de la Providence, nommée communément Madame Simon ; par Henri-Marie BOUDON, Grand-Archidiacre d'Evreux : *Avignon*, Fex, 1760, *in*-12. *Ouvrage poſthume*.

L'Auteur eſt mort en 1702.]

4822. Hiſtoire de la Vie & Mœurs de Marie Teiſſonniere, native de Valence en Dauphiné ; par Loys DE LA RIVIERE, de l'Ordre des Minimes : [*Lyon*, 1650] *Paris*, 1655, *in*-4.

4823. ☞ Relation abrégée de la vie & de la mort de Madame Marie-Eliſabeth Tricalet, veuve de M. le Bœuf : *Paris*, Lottin, 1761, *in*-12.

Rédigée par M. l'Abbé Goujet.]

— Vie de la Baronne de Veuilly [dite Marie de ſaint Charles.]

Voyez Religieuſes *Franciſcaines*.

4824. Vie de Madeleine Vigneron, ſuivant les Mémoires qu'elle a laiſſés par l'ordre de ſon Directeur ; écrite par Matthieu BOURDIN, de l'Ordre des Minimes : *Paris*, 1689, *in*-8.]

4825. ☞ Relation de la converſion & de la mort édifiante d'une jeune Fille complice d'un aſſaſſinat, exécutée à Paris le 12 Janvier 1737 ; (par M. LE BLANC, Adminiſtrateur des aumônes des Priſons) : *in*-4. & *in*-12.]

Article V.

Histoires de la Vie des Personnes se disant inspirées, de Possédées, de Visionnaires, &c. Ouvrages & Pièces historiques à ce sujet.

4826. ☞ Discours des Sorciers, tiré des Procès faits il y a deux cens ans à plusieurs de leur Secte en la terre de S. Oyan de Joux, dite de S. Claude ; par Henry Boquet : *Lyon*, 1605, *in-*12.]

4827. ☞ Arrêt contre Geoffroy Vallée, extrait des Registres du Parlement, du 8 Février 1574.

Se trouve aux *Mémoires* d'Artigny, tom. II. art. XLIV. pag. 278. *Voyez* sur Vallée le *Supplément de Moréry, de* 1735.]

4828. ☞ Cinq Histoires admirables de Démoniaques délivrés par la vertu & puissance du S. Sacrement de l'Autel, en la Ville & Diocèse de Soissons ; par Charles Blendic : *Paris*, Chaudiere, 1582, *in-*8.]

4829. ☞ Discours des choses advenues à Mons à l'endroit d'une Religieuse possédée & depuis délivrée, par Ordonnance de M. l'Archevêque de Cambray : *Douay*, Bogart, 1586, *in-*12.]

4830. ☞ Discours sur le fait de Marthe Brossier de Romorantin, prétendue Démoniaque ; par Michel Marescot (Médecin à Paris, ou Simon Pietre son gendre, aussi Médecin à Paris) : *Paris*, 1599.]

4831. ☞ Traité des Energumènes, suivi d'un Discours sur la possession de la même, (contre Marescot) ; par Leon d'Alexis : *Troyes*, 1599, *in-*8.]

4832. ☞ Discours prodigieux & épouvantable de trois Espagnols & une Espagnole, Magiciens & Sorciers, qui se faisoient porter par les Diables de Ville en Ville, avec leurs déclarations d'avoir fait mourir plusieurs personnes & bétail par leurs sacrilèges, & aussi d'avoir fait plusieurs dégats aux biens de la terre ; ensemble l'Arrêt prononcé contre eux par la Cour de Parlement de Bordeaux, le premier de Mars 1610.]

4833. ☞ Histoire de la possession & conversion d'une Pénitente séduite par un Magicien, conduite à la sainte Baume en 1610, sous l'autorité du Père Sébastien Michaelis, de l'Ordre des Frères Prêcheurs : *Paris*, Chastelain, 1613 : *Douay*, 1613, *in-*8.]

4834. ☞ Histoire des Diables de Loudun, ou de la possession des Religieuses Ursulines, & de la condamnation & du supplice d'Urbain Grandier, Curé de la même Ville ; cruels effets de la vengeance du Cardinal de Richelieu ; (par Aubin) : *Amsterdam*, 1693, 1716, *in-*12.

Ce Livre est assez curieux, & passablement bien écrit. L'Auteur étoit un réfugié de Loudun, retiré en Hollande. Il se déclare ouvertement contre la possession, & en faveur de Grandier. Quelque juste que soit la cause qu'il soutient, il le fait plus en Avocat de Grandier qu'en Historien ; ce qui diminue le mérite de son Ouvrage, & le porte même quelquefois à avancer des faits un peu hasardés. Il prétend, & cela paroit assez probable, que toute cette farce mêlée de tragique, ne fut jouée que pour venger le Cardinal de Richelieu d'un Ouvrage satyrique intitulé, *La Cordonnière de Loudun*, dont on lui avoit persuadé que Grandier étoit l'Auteur. Les deux premiers Livres contiennent l'Histoire de la Possession, & du Procès de Grandier jusqu'à sa mort, & s'étendent depuis 1629 jusqu'en 1634. Dans le troisième Livre, l'Auteur raconte ce qui se passa depuis, jusqu'à la fin de la possession, qui dura encore quelques années après la mort de Grandier.

Voyez sur ce Livre, *Dictionnaire* de Bayle, article *Grandier*. = *Bibliothèque universelle & historique*, tom. XXIV. pag. 224. = Lenglet, *Méthode historique*, tom. IV. pag. 124 & 165. = Son *Supplément*, pag. 174 : = *Histoire des Ouvrages des Sçavans*, 1693, Juin.]

4835. ☞ Examen & discussion de l'Histoire des Diables de Loudun, de la possession des Religieuses Ursulines, & de la condamnation d'Urbain Grandier ; par M. de la Ménardaye, Prêtre (ci-devant de l'Oratoire) : *Liége* : (*Paris*) 1749, *in-*12.

Voyez sur cet Examen, *Mémoires de Trévoux*, 1750, *Février*. = *Journal de Verdun*, 1750, *Mars*.]

On trouve à la fin de l'Ouvrage :

Extrait du Registre de la Commission, &c.

Extrait des Mémoires du Père Surin, Jésuite.

Critique de l'art. II. du tom. II. des *Causes célèbres*, qui traite de l'Histoire des Possessions de Loudun.

Requête du Parlement de Rouen au Roi, en 1670, contenant ses sentimens sur les Personnes accusées de magie & de sortilège.

Lettre de M. de la Court, Missionnaire, &c. à M. Winslow, Docteur en Médecine de Paris, sur quelques Possédés.

Lettre de l'Auteur à M. N.

Abrégé historique de la Possession des Religieuses de Loudun, & de la condamnation d'Urbain Grandier, avec quelques notes & des extraits de diverses Pièces.

Le principal but de l'Examen est de réfuter l'Histoire des Diables de Loudun, écrite par Aubin.

La première partie est une Critique en forme de Dialogue entre un oncle & un neveu. Cette Critique, quoiqu'assez bien écrite, contient beaucoup de puérilités & des choses inutiles ; ce qui est assez ordinaire à cette façon d'écrire, presque toujours fastidieuse. Les autres morceaux qui suivent valent beaucoup mieux, sur-tout l'Abrégé historique. Mais l'Auteur & celui des Diables de Loudun différent si fort entr'eux sur les faits, que si cette affaire ne se trouvoit pas décidée par le jugement qu'en a porté le Public, il seroit difficile de le faire à la vue de ces deux Ouvrages, écrits d'ailleurs par gens qui n'en pouvoient parler que sur le rapport d'autrui, ayant écrit, l'un près de soixante ans, & l'autre cent quinze ans après la condamnation de Grandier.

L'Auteur, dans sa Préface, fait un détail des Pièces qui ont paru dans le tems pour & contre ; mais il en a omis un grand nombre. (On les trouvera la plûpart indiquées dans le *Véritable P. Joseph*, tom. II. pag. 118-146.) Comment pourroit-on d'ailleurs asseoir un jugement sur beaucoup de ces Pièces, faites par des gens passionnés de part & d'autre. Il en est de même de quelques Pièces du Procès, dont on n'a laissé transpi-

qu'une bien petite partie, sur-tout s'il eft vrai, comme on n'en peut guères douter, que M. de Laubardemont, ainfi que les autres Commiffaires, étoient à la dévotion du Cardinal de Richelieu. L'Hiftoire du Réfugié eft trop partiale; mais dans l'Examen, on pouffe la crédulité jufqu'à l'excès.

Les meilleurs Juges de cette affaire font les différens Auteurs, la plûpart contemporains, qui en ont parlé dans leurs Ouvrages, où ils s'accordent tous à la regarder comme une vraie farce; & l'Auteur de l'Examen eft obligé d'en convenir. *Voyez* le *Mafcurat* de Naudé, *pag.* 310.]

4836. ☞ Récit véritable de ce qui s'eft paffé à Loudun contre Meffire Urbain Grandier, &c. *Paris*, 1634.]

4837. ☞ Véritable Relation des juftes procédures obfervées au fait de la poffeffion des Urfulines de Loudun, & au procès de Grandier; par le R. P. Tr. R. C. (le Révérend Père Tranquille, Religieux Capucin) : *Paris*, 1634.

Voyez Longueruana, *pag.* 20. = Lenglet, *Supplément de fa Méthode hiftorique*, *pag.* 174.]

4838. ☞ Relation véritable de ce qui s'eft paffé aux Exorcifmes des Religieufes de Loudun, en la préfence de Monfieur, frère unique du Roi; avec l'atteftation des Exorciftes : *Paris*, 1635.]

4839. ☞ Interrogatoire de Meffire Urbain Grandier, &c. avec les confrontations des Religieufes poffédées, contre ledit Grandier; enfemble la lifte & les noms des Juges députés par Sa Majefté : *Paris*, 1634.

Voyez fur ce morceau, Lenglet, *Supplément*, *pag.* 174.]

4840. ☞ Relation de la fortie du Démon Balam, du corps de la Mère Prieure des Urfulines de Loudun, & fes épouvantables mouvemens & contorfions en l'Exorcifme; avec l'extrait du Procès-verbal defdits Exorcifmes qui fe font à Loudun par ordre de Monfeigneur l'Evêque de Poitiers, fous l'autorité du Roi : *Paris*, 1635.]

4841. ☞ Arrêt de condamnation de mort contre Urbain Grandier, &c. *Paris*, 1634.]

4842. ☞ L'Ombre d'Urbain Grandier, de Loudun; fa rencontre & conférence avec Gaufridy en l'autre monde : 1634.]

4843. ☞ Lettre de N..... à fes Amis, fur ce qui s'eft paffé à Loudun.]

4844. ☞ Difcours de la poffeffion des Religieufes Urfulines de Loudun : 1634.

Cette Pièce eft, felon les apparences, d'un Médecin habile de Saumur, nommé DUNCAN, qui fut fouvent témoin de ce qui fe paffa dans cette affaire, & dont il eft parlé dans l'Hiftoire des Diables de Loudun. Il nie la poffeffion, & la réfute par des raifons affez folides. Cet Auteur paroit d'autant moins fufpect, qu'il s'attache uniquement à combattre les effets de la prétendue poffeffion, & qu'il parle avec les plus grands ménagemens de M. de Laubardemont, de l'Evêque de Poitiers, & de tous ceux qui, comme eux, ont le plus cherché à accréditer la poffeffion. *Voyez* ce qui fe trouve au *Véritable Père Jofeph*, *tom.* II. *pag.* 118, au fujet d'une Relation faite par Duncan, qui n'eft furement pas celle-ci, laquelle n'eft point divertiffante. *Voyez* Lenglet, *Supplément*, *pag.* 174.]

4845. ☞ Les Interrogatoires & Exorcifmes nouvellement faits à un Démon fur le fujet de la poffeffion des Filles Urfulines de la Ville de Loudun; avec les Réponfes du Démon au Révérend Père Matthieu de Luché, Capucin & Exorcifte, fur le même fujet, au grand étonnement du peuple : *Paris*, 1637.]

4846. ☞ Lettre écrite à Monfeigneur l'Evêque de Poitiers, par un des Pères Jéfuites (SURIN) qui exorcifent à Loudun, contenant un brief récit de la fortie de Léviathan, Chef de cinquante Démons, qui poffédent, tant les filles Religieufes que Séculières; avec un extrait du Procès-verbal des Exorcifmes qui fe font à Loudun, par ordre de Monfeigneur l'Evêque de Poitiers, fous l'autorité du Roi : *Paris*, 1635.]

4847. ☞ Les miraculeux effets de la Vierge, de faint Jofeph & de faint François, dans le foulagement & délivrance des Filles Urfulines poffédées à Loudun, contre tous les efforts des Diables & Démons : *Paris*, 1637.

Ces trois dernières Pièces font faites dans le tems, favorables à la poffeffion, & contre Urbain Grandier; mais elles ne peuvent manquer d'être regardées comme fufpectes, étant émanées du Greffe de la Commiffion, décernée pour le perdre, ou faites par les Exorciftes mêmes & autres gens acharnés contre lui. On trouve dans l'exemplaire du Recueil qui les contient, & qui, de la Bibliothèque de M. Secouffe, a paffé en celle de M. Févret de Fontette, Confeiller au Parlement de Dijon, une Note manufcrite qui préfente une idée bien contraire à celle que veulent donner de cette affaire ces Pièces. Elle eft écrite & fignée de la main d'un nommé Pinette : (c'eft peut-être Nicolas Pinette, Prêtre & célèbre Directeur de l'Hôpital de Paris). Je vais la rapporter telle qu'elle fe trouve dans ce Livre, qui avoit probablement appartenu à M. Pinette, avant que d'être à M. Secouffe.

« Le crime de Grandier n'étoit pas la magie. Je l'ai
» appris de fes Juges mêmes, & perfonne ne l'a cru
» Sorcier depuis fon Arrêt; mais il avoit baifé beaucoup
» de belles filles à Loudun, & des Religieufes mêmes,
» qui étoient poffédées de Grandier plutôt que du
» Diable : car moi, qui écris ceci, je les ai vu exorcifer
» beaucoup de fois en ma jeuneffe, fans leur avoir jamais
» rien vu faire de furnaturel. Mais cela n'auroit pas été
» capable d'obliger le Roi d'envoyer un Maître des Requêtes, Commiffaire, fur les lieux, pour faire le procès
» à Grandier, fans aucun autre plus grand crime qu'il
» avoit commis contre un homme qui ne pardonnoit
» pas volontiers. C'eft M. le Cardinal de Richelieu,
» contre lequel, & fa Maifon, il avoit fait un Libelle
» fort diffamant, qu'il me femble avoir oui intituler;
» *La Cordonnière de Loudun*, à qui il faifoit bien dire
» des chofes contre la Maifon de Richelieu en général,
» & le Cardinal en particulier; mais je n'ai jamais vu ce
» Libelle.

PINETTE.

» Lorfque le Roi ne bailla plus d'argent pour exorcifer
» les Religieufes de Loudun, le Diable les quitta; &
» quelque tems après, il y eut à Chinon des Religieufes
» qui voulurent faire les poffédées, comme celles de
» Loudun; mais trois Evêques étant venus à Chinon,
» pour prendre connoiffance de ce fait, ils chafsèrent le
» Diable du corps de ces filles, avec le fouet qu'ils leur
» firent donner. »]

Vies de prétendues Inspirées, & Histoires de possessions, &c. 323

4848. ☞ Mf. Procès-verbal du Bailli de Loudun, touchant les Ursulines de cette Ville.

Se trouve dans le Cabinet de M. Févret de Fontette, Conseiller au Parlement de Dijon.]

4849. ☞ La Démonomanie de Loudun, qui montre la véritable possession des Ursulines : *La Flèche*, 1634, *in*-12.

Voyez Lenglet, *Supplément*, pag. 174.]

4850. ☞ Véritable Relation des Procédures observées au fait de la possession des Ursulines de Loudun, & au Procès d'Urbain Grandier : *La Flèche*, 1634, *in*-12.]

4851. ☞ Traité de la Mélancholie ; sçavoir, si elle est la cause des effets que l'on remarque dans les Possédées de Loudun ; tiré des Réflexions de *** (M. DE LA MÉNARDIERE) sur le Discours de M. D. (Marc Duncan, Médecin) : *La Flèche*, 1635, *in*-8.]

4852. ☞ Miraculeux effets de l'Eglise Romaine sur les horribles actions des Princes des Démons, en la possession des Religieuses de Loudun ; par LA FOUCAUDIERE : *Paris*, 1635, *in*-8.]

4853. ☞ In actiones Juliodunensium Virginum Francisci PIDOUX, Doctoris Medici Pictaviensis Exercitatio Medica, ad D. Duncan, Doct. Medic. *Pictavii*, 1635, *in*-8.]

4854. ☞ Deffensio Exercitationum Francisci Pidoux : *Pictavii*, Thereau, 1636, *in*-8.]

4855. ☞ Récit véritable de ce qui s'est passé aux Exorcismes de plusieurs Religieuses de la Ville de Louviers ; par N. LE GAUFFRE : *Paris*, 1643, *in*-8.]

4856. ☞ Exorcisme de plusieurs Religieuses de Louviers; (par le Sieur LE GAUFFRE) : *Paris*, 1643, *in*-8.

Ce pourroit être le même Ouvrage que le précédent.]

4857. ☞ Trois Questions, touchant l'accident arrivé aux Religieuses de Louviers; *in*-4.]

4858. ☞ Défense de la vérité, touchant la possession des Religieuses de Louviers ; par Jean LE BRETON : *Evreux*, 1643, *in*-4.]

4859. ☞ Examen de la possession des Religieuses de Louviers; (par le Sieur YVELIN) : 1643, *in*-4.]

4860. ☞ Censure de l'Examen, &c. 1643, 38 pages.]

4861. ☞ Réponse à l'Examen, &c. *Rouen*, 1643, *in*-4.]

4862. ☞ Apologie pour l'Auteur de l'Examen de la possession des Religieuses de Louviers : *Rouen*, 1643.]

4863. ☞ Réponse à l'Apologie de l'Examen, &c. *Rouen*, 1644, *in*-4.]

4864. ☞ Mf. Récit de ce qui s'est fait de jours en jours dans le Monastère des Religieuses de Saint Louis, dont la plûpart étoient possédées du Démon, en l'année 1643 : *in-fol.*

Ce Manuscrit est dans la Bibliothèque de Sainte Geneviève de Paris.]

4865. ☞ Traité des marques des possédés, & la preuve de la véritable possession des Religieuses de Louviers ; par P. M. D. en M. *Rouen*, 1644, *in*-4.

Ces deux dernières Pièces ont été faites pour soutenir la réalité de la possession des Religieuses de S. Louis de Louviers, & pour répondre à quelques Pièces contraires. La dernière est de Simon PIETRE, sous le nom de Michel Marescot, son beau-père, mort à Paris en 1605. *Voyez* Guy Patin, *Lettres* à Ch. Spon, 1 vol. *pag.* 49.]

4866. ☞ La Piété affligée, ou Discours historique & théologique de la possession des Religieuses de Louviers ; par le R. P. ESPRIT DU BOSROGER, Capucin : *Rouen*, 1652, *in*-4. *Amsterdam*, 1700, *in*-12.

Les faits contenus dans cet Ouvrage sont des années 1643-1647. Dans le premier Livre, l'Auteur examine ce qu'on doit penser de la magie, & traite des visions, apparitions, sortilèges, &c. Dans le second, il détaille au long les possessions causées par la magie dans le Monastère de Louviers, & comment elles furent découvertes. Le troisième Livre rapporte les aveux des possédées, en particulier la confession de Magdeleine de Bavent (qu'il nomme Bavan) ; les charges contre Mathurin Picard, Prêtre, Curé du Mesnil-Jourdain, & l'Arrêt du Parlement de Rouen contre les mêmes, du 21 Août 1647. Picard étant mort avant cet Arrêt, son corps fut exhumé & brulé. Boullé fut brulé vif. A la fin de l'Ouvrage, l'Auteur examine si le crime de magie doit être puni de mort, & s'il faut exécuter les Sorciers & Magiciens : il décide pour l'affirmative. Il termine son Livre par une Pièce Latine sur le même sujet (la possession des Religieuses de Louviers). C'est une Lettre dont l'inscription est : *Heberto Sacerdoti dignissimo, suus Gislerius salutem*. Elle a dix pages. Il est parlé des mêmes faits en abrégé dans l'*Histoire du Comté d'Evreux* de le Brasseur, chap. XLII. *pag.* 381 & *suiv. in*-4. sous l'Episcopat de François de Péricard.]

4867. ☞ Interrogatoires & Confessions de Magdeleine de Bavent, accusée & convaincue du crime de magie & sortilége, en 1645.]

4868. ☞ Histoire de Magdeleine Bavent, Religieuse du Monastère de saint Louis de Louviers ; avec sa Confession générale & testamentaire, où elle déclare les abominations, impiétés & sacriléges qu'elle a pratiquées & vu pratiquer, tant dans ledit Monastère qu'au Sabat, & les Personnes qu'elle y a remarquées ; ensemble l'Arrêt donné (par le Parlement de Rouen) contre Mathurin Picard, Thomas Boullé, & ladite Bavent, tous convaincus du crime de magie ; dédiée à Madame la Duchesse d'Orléans : *Paris*, le Gentil, 1652, *in*-4.

On dit dans l'Avis au Lecteur, que la Bavent étoit encore, lors de l'impression de cet Ecrit, prisonnière dans la Conciergerie du Palais de Rouen ; & qu'elle avoit mis cette Histoire par écrit, par le conseil du Révérend Père Desmarets, son Confesseur, Prêtre de l'Oratoire, & Sous-Pénitencier de Rouen. A la bonne heure ; mais

Tome I. Ss 2

comment a-t-on pu rendre publiques tant d'infamies, & les dédier même à une Princesse?]

4869. ☞ Récit véritable des Miracles faits à Sainte-Reine, & en la Ville de Beaune, devant l'image de la Vierge, en la guérison de plusieurs maux étranges & incurables, arrivés à une jeune Demoiselle, & des prédictions qu'elle a toujours faites, du lieu, du jour, & de quels maux & de quelle façon elle guérissoit ; avec les attestations des Médecins ; (par le Père François MARMESSE, Cordelier, Confesseur de M. de Longueville ; mort en 1673) : *Dijon*, Palliot, 1649, *in-4.*]

4870. ☞ Mf. Récit véritable de ce qui s'est passé en une maladie qui a duré depuis l'onzième Novembre 1649, jusqu'en 1655, dont les plus habiles Médecins de Paris n'ont pu avoir la connoissance ; & à la fin s'est trouvé que c'étoit possession du Démon : *in-fol.*

Ce Manuscrit est conservé dans la Bibliothèque de Sainte Geneviève de Paris.]

4871. ☞ Mémoire pour faire connoître l'esprit & la conduite de la Compagnie établie en la Ville de Caen, & appellée l'Hermitage ; (par Pierre NICOLE) : 1660, *in-4.*

Cette Société avoit d'abord été formée par M. de Renty ; mais il n'eut aucune part aux désordres d'esprit, de cœur & de conduite qui s'y introduisirent ensuite, & qui sont dévoilés dans ce Mémoire, & auxquels on oppose d'excellens principes.]

4872. ☞ Démonologie, ou Traité des Démons & Sorciers, de leur puissance & impuissance ; par François PERREAUD (Ministre des Prétendus-Réformés de Thoiry au Bailliage de Gex) ; ensemble l'Anti-Démon de Mâcon, ou Histoire particulière & très-véritable de ce qu'un Démon a fait & dit à Mâcon, il y a quelques années, dans la maison du Sieur Perreaud, résident pour lors en ladite Ville, opposée à plusieurs faussetés qui en ont couru : *Genève*, 1653, *in-12.*

Voyez sur ce Livre & son Auteur, *Bibliothèque des Auteurs de Bourgogne*, part. II. pag. 136.]

4873. — ☞ Vies de Marie des Vallées, morte en 1656.

— Vies d'Antoinette Bourignon, morte en 1680.

Ces Histoires de Visionnaires se trouveront dans le dernier article de cette Bibliothèque, parmi celles des Dames fameuses de France.]

4874. ☞ Jugement de MM. les Archevêques, Evêques & Docteurs de Sorbonne, & autres Sçavans députés par le Roi, sur la prétendue possession des Filles d'Auxonne (Diocèse de Chalon-sur-Saone) du 20 Janvier 1662, réimprimé en 1736 : *in-4.* 8 pages.

Le Jugement est, que tout ce que ces Filles faisoient, ne pouvoit partir que du Démon possédant & obsédant leur corps.]

4875. ☞ Mf. Diverses Pièces concernant la possession des Religieuses Ursulines d'Auxonne, en 1661 & 1662.

Elles sont conservées dans le Cabinet de M. Févret de Fontette, Conseiller au Parlement de Dijon.]

4876. ☞ Les Vies de Simon Morin, fanatique, & de François Davenne, son Disciple.

Elles se trouvent dans le tom. XXVII. des *Mémoires* du P. NICERON, *pag.* 36 & 72.]

4877. ☞ Factum pour M. le Procureur du Roi au Châtelet de Paris, accusateur pour le Roi, contre Simon Morin, natif d'Aumale (de Richemont près d'Aumale) ; François Randon (c'est Rondon) Prêtre, Curé de la Magdeleine-lès-Amiens ; Marin Thomet (c'est Thauret) Prêtre, Vicaire de Saint Marcel-lès-Paris ; la femme & le fils dudit Morin ; la Demoiselle Malherbe, & autres, leurs complices, défendeurs & accusés : *in-4.* 15 pages.

Cette Pièce & la suivante, sont réimprimées au tom. III. des *Mémoires* de M. l'Abbé d'Artigny.]

4878. ☞ Le Procès-verbal d'exécution de mort de Simon Morin, brulé vif en la Place de Grève, le 14 Mars 1663, contenant l'abjuration de son hérésie & mauvaise doctrine : *Paris*, Barbatte, 1663, *in-4.* 8 pages.]

4879. ☞ Extrait de Récit fait par M. BARAT, Médecin, de l'abstinence de Catherine Charpy, pour envoyer à Madame la Princesse de Conti.

Lettre à M. Barat, Médecin à Troyes, sur la Fille qui ne mange point, dite Catherine Charpy ; par M. DODART, datée de Juvisy le 9 Mai 1669.

Lettre sur le même sujet ; par M. GAUTIER, à Troyes le 26 Novembre 1670.

Ces Pièces sont imprimées dans les *Mémoires* de M. l'Abbé d'Artigny, tom. III. art. LV. *pag.* 169 & *suiv.*]

4880. ☞ Déclaration de M. l'Evêque de Troyes (François Malier) sur la conduite de Catherine Charpy, du 19 Juillet 1673 : *in-4.* 7 pages.

Cette illuminée abusa longtems de la crédulité publique ; ses fourberies furent enfin reconnues, & l'on procéda contr'elle. Mais le sage Prélat se contenta de la confier à une personne éclairée, pour lui rendre compte de son changement ; & de la suspendre des Sacremens, avec menaces de la faire juger en rigueur & selon les règles, en cas de récidive.]

4881. ☞ Histoire de Catherine Fontaine, autrement la Prieuse ; (par Pierre NICOLE) : 1682.]

4882. ☞ Abrégé de l'Histoire de la Vie de Catherine Fontaine, pour Réponse à un Libelle intitulé : Histoire de Catherine Fontaine (*c'est le Livre précédent*) ; par M. Jacques VILLERY, Prêtre, Licentié en Droit Canon de la Faculté de Paris, & habitué en l'Eglise de Saint Roch : 1688, *in-8.*

Le texte de l'Ecrit de M. Nicole est joint à celui du

Vies de prétendues Inspirées, & Histoires de possessions, &c.

Sieur Villery. Le premier, fait de Catherine Fontaine une femme de mauvaise conduite, hypocrite, visionnaire, qui n'avoit qu'une dévotion affectée, & traite mal le Sieur Villery, qui s'étoit attaché à cette femme, qui l'appelloit son fils. M. Villery traite toutes ces accusations de calomnies, & veut qu'on croie Catherine une Sainte, favorisée des dons du ciel les plus rares, même de celui des miracles. Son Livre est une espèce de Factum, avec les preuves ; le tout dédié au Roi, à qui le Sieur de Villery demande justice des poursuites qui étoient faites contre sa personne.]

4883. ☞ Réponse à l'Ecrit de M. Villery ; (par M. NICOLE).]

4884. ☞ Apologie de Catherine Fontaine, ou Réplique à ladite Réponse ; par M. VILLERY : 1689.]

4885. ☞ Avis, &c. du Sieur VILLERY.

L'Auteur y avance qu'il a été persécuté dès le mois de Janvier 1677, pour avoir retiré de Port-Royal des Champs la Sœur Malin, que M. Nicole vouloit, dit-il, y retenir ; que ce dernier, pour se venger, publia en 1682 son *Histoire de Catherine Fontaine*, où il donna de lui, Villery, des idées si affreuses, qu'on le crut en effet coupable, & qu'en conséquence il fut relégué par lettre de cachet en Janvier 1688, à Autun, où il a demeuré sept ans : que ce fut-là qu'il composa l'*Histoire de la Vie de Catherine Fontaine*, & son *Apologie* : qu'il se crut aussi obligé de défendre la Sœur Malin contre l'Histoire qu'en publia le même M. Nicole ; qu'enfin il fut rappellé de son exil, & laissé depuis en toute liberté.]

4886. ☞ Addition à l'Apologie, contenant l'Eloge de Jacques-Joseph de Lestang, Prêtre & Doyen d'Alet.]

4887. ☞ Histoire de la Sœur Malin, en deux parties ; (par M. NICOLE) : 1688, *in-12*.

☞ La même, avec des Annotations mises à la marge de cette Histoire, & une très-simple réflexion à la fin de chaque partie, pour y servir de réponse ; par Jacques VILLERY : 1690.

Jeanne Malin, Supérieure d'une Maison dite de la Providence, à Ham en Picardie, s'étoit unie avec le Sieur Villery pour canoniser Catherine Fontaine. M. Nicole loue l'esprit, les talens, & l'extérieur de la piété de la Sœur Malin ; mais il ne la regarde pas moins comme une fille qui étoit visionnaire. Le Sieur Villery s'efforce de la justifier, & il y réussit assez mal.]

4888. ☞ Idée d'un dessein pour la gloire de Dieu, & l'avantage de ses véritables servantes ; par Jacques VILLERY, & la Sœur MALIN : 1690, *in-8*.

C'est le plan des exercices journaliers des filles de la Providence.]

4889. ☞ Mf. Recueil de Pièces au sujet du Sieur Villery.

Il est dans la Bibliothèque de M. l'Abbé Goujet : il contient les Pièces suivantes : = Certificats donnés à Autun, en faveur du Sieur Villery. = Deux Requêtes du même au Roi, en 1691 & 1692. = Lettres du même à M. l'Archevêque de Paris, & à M. de Pontchartrain, en 1694, étant encore à Autun. = Lettre du Sieur Palyart Rozel, Docteur de Sorbonne, au Sieur Villery, du 15 Mai 1694. Il le félicite sur son exil, lequel finit la même année. Ce M. Rozel avoit demeuré dix-huit à vingt ans aux Missions Etrangères. = Lettre du Sieur Villery, à un Chanoine de Noyon, en faveur de la Sœur Malin, du 21 Novembre 1695. M. Villery étoit revenu à Paris.]

4890. ☞ Lettre en forme de Dissertation de M. DE RHODES, Ecuyer, Docteur en Médecine, Aggrégé au Collège des Médecins de Lyon, à M. Destaing, Comte de Lyon, au sujet de la prétendue possession de Marie Volet, de la Paroisse de Pouliat en Bresse, dans laquelle il est traité des causes naturelles de ses accidens & de sa guérison : *in-8*. 75 pages.

Cette Lettre est datée de Lyon, du 10 Décembre 1690.]

4891. ☞ Factum pour Marie-Benoist, dite de la Bucaille, Appellante de la réception de la plainte, & de tout ce qui a été fait contre elle par le Bailli de Côtentin, ou son Lieutenant-Criminel à Valogne, ainsi que de la Sentence définitive prononcée le 28 Janvier 1699, en la présence de Jeanne de Launay, aussi Appellante de ladite Sentence, & de Catherine Bedel, dite la Rigolette, autre partie du Procès : *in-4*. 49 pages.]

4892. ☞ Factum pour Catherine Bedel, dite la Rigolette, pour servir de Réponse au précédent, & au Mémoire du Lieutenant-Général de Valogne, contre ladite Marie-Benoist, & le Frère Saulnier, Cordelier, dont le procès a été fait par contumace : *Rouen, Jarres*, 1699, *in-4*.]

4893. ☞ Mémoire contenant les faits extraordinaires rapportés dans le Procès de Marie Bucaille, & les crimes pour lesquels elle a été condamnée : *Rouen, in-4*.

Ce Mémoire est plein de visions, d'apparitions, de prétendues révélations, &c.]

4894. ☞ Réflexions sur le Factum, &c. = Réplique de Marie Bucaille, &c. = Lettre d'un ami à l'Auteur des Réflexions, &c. = Remarques sur la continuation de l'Entretien de Scipion & de Sévère, &c. *Rouen*, 1699, *in-4*.

Toutes ces Pièces sont plus théologiques qu'historiques.

Marie Bucaille fut enfin jugée à Rouen, où elle avoit appellé : elle y fut condamnée de même qu'à Caen & à Valogne, à être fustigée, & ensuite bannie. Elle se retira dans l'Isle de Jersey : depuis elle revint incognito à Caen ; & son ban étant expiré ou révoqué, elle mourut dans la même ville au mois de Septembre 1704. Avant sa mort, elle déclara qu'elle avoit été dans l'illusion, qu'elle n'avoit cherché qu'à en imposer, & que tout ce qu'elle avoit fait paroître d'extraordinaire, avoit été concerté avec le Père Saulnier, son Directeur. En conséquence de ces aveux, on se contenta de lui donner l'absolution & l'Extrême-Onction ; mais on la priva de la Communion de l'Eucharistie. Sa mort fut d'ailleurs en quelque sorte volontaire. On l'avoit saignée pour maladie dans l'Hôpital où elle s'étoit retirée ; elle ôta sa bandelette, laissa couler son sang, & tomba en foiblesse : on s'en apperçut, on la fit revenir ; & ce fut après cela qu'elle fit la déclaration dont on vient de parler. Il y a des personnes qui prétendent qu'elle déchargea le Père Saulnier, & que ce fut à Cherbourg qu'elle mourut.]

4895. ☞ Abrégé de l'Histoire prodigieuse de Jean Bertel, du Comtat d'Avignon ; avec une Dissertation pour distinguer les vraies possessions d'avec les fausses, & un Abrégé du Livre intitulé : Le Triomphe du Saint Sacrement sur le démon; (plus, les Prières pour les Exorcismes): *Paris*, 1732, *in-12.*]

4896. ☞ Histoire de Sibille de Marsal ; par M. BREYÉ.

Elle se trouve dans les *Amusemens*, &c. *Nancy*, le Seurre, 1732, *in-12.*]

L'histoire de cette fille visionnaire est tirée de la *Chronologie de l'Abbaye de Senones*, par Richier, Religieux Bénédictin de cette Abbaye, *liv.* 3, *chap.* 23. Cette Chronique est dans le *Spicilège* de Dom Luc d'Achery, *in-4. tom. III. p.* 271. L'Auteur donne cette Histoire pour véritable, & le Traducteur confirme ce sentiment ; elle est du XIII. siècle. M. Breyé a arrangé les faits à sa manière, & en a retranché plusieurs qui lui ont paru de trop petite conséquence.]

4897. ☞ Mémoire justificatif de la possession de huit personnes de la Paroisse de Landes, Diocèse de Bayeux : 1735, *in-4. 28 pag.*

De ces huit personnes, il y avoit trois Demoiselles, filles de M. Leaupartie, Seigneur de Landes. Après leur avoir fait inutilement tout ce que l'art de la médecine peut prescrire, M. de Leaupartie présenta Requête à M. de Bayeux, qui fit examiner les affligées par quatre fois, & long-temps, par vingt Curés & autres Ecclésiastiques, avec quatre Médecins. Le Prélat les examina lui-même, avec ses Grands-Vicaires. On prétend que tous furent convaincus de la réalité de la possession. Cependant M. de Bayeux ne traitant tout cela depuis que d'imagination, M. de Leaupartie consulta les Docteurs de Sorbonne & de Médecine de Paris. On trouve ici le Mémoire à consulter, qui contient l'exposé des faits, dont quatre sont jugés par les Médecins surpasser toutes les forces de la nature ; & ensuite est la Réponse favorable à la possession, signée de douze Docteurs en Théologie de la Faculté de Paris.]

4898. ☞ Examen de la prétendue possession des filles de la Paroisse de Landes, & Réfutation du Mémoire, par lequel on s'efforce de l'établir : *à Antioche*, chez les Héritiers de la bonne Foi, à la Vérité : 1737, *in-4.* 37 pages.

L'Auteur anonyme tâche de détruire la réalité de la possession, par la discussion des faits, par la ressemblance de ceux-ci, avec divers autres faits qui n'ont jamais été regardés comme surnaturels, & par un grand nombre de raisonnemens philosophiques. Il justifie d'ailleurs, autant qu'il le peut, la conduite de M. de Bayeux dans cette affaire.]

4899. ☞ Mémoire justificatif de la conduite du Sieur Heurtin, Curé de Landes : 1739, *in-12.*

Ce Mémoire, qui est contre l'Examen précédent, contient 140 pages, & est divisé en deux Parties. Dans la première, on justifie sans réplique la conduite tenue par M. Heurtin, dans la Paroisse d'Evrecy, Diocèse de Bayeux, par rapport à Marie Létoc, dite la Sainte d'Evrecy, qui prétendoit que Dieu lui avoit révélé que dans le Cimetière d'Evrecy étoient déposés les corps de Balcfride ou Walfride, Evêque de Bayeux, & de Hugues son Grand-Vicaire, martyrisés par les Danois au IXe siècle. Dans la seconde Partie du Mémoire, on justifie la conduite du même Curé, par rapport aux filles de M. de Leaupartie, à Landes. Dans l'une & l'autre, on taxe l'Auteur de l'*Examen* de mensonges, d'impostures & de calomnies ; & l'on démontre en effet, que cet anonyme avance plusieurs faits de conséquence, qui sont dénués de toute vérité. Mais il ne paroît pas que l'on détruise les raisonnemens philosophiques de l'Examinateur : aussi n'est-ce pas le but de ce Mémoire apologétique pour M. Heurtin. Cet Ecrit n'a été composé que pour faire voir que ce Curé s'étant toujours comporté dans les deux affaires en question, avec sagesse & selon les vraies règles, il n'est nullement coupable de ce dont on l'accuse sans preuves dans l'*Examen* ; & que par conséquent on a eu tort de faire exiler ce Curé à l'Abbaye de Bellestoile, au Diocèse de Bayeux, depuis cinq ans, lors de la publication de ce Mémoire en 1739. On pouvoit aussi reprendre dans l'*Examen* des réflexions peu décentes, & certaines turlupinades qui déshonorent le Philosophe.]

4900. ☞ Le pour & contre de la possession des filles de la Paroisse de Landes : *Antioche*, 1738.]

4901. ☞ Lettre contre l'incrédulité de ceux qui nient les possessions de nos jours : *in-8.*]

4902. ☞ Recueil de plusieurs Histoires très autorisées, qui font voir l'étendue du pouvoir du démon dans l'ordre surnaturel ; par J. B. DESESSARTZ PONCET : (*Paris*) 1748, *in-4.* 95 pages.]

4903. ☞ Dissertation sur les maléfices & les Sorciers, selon les principes de la Théologie & de la Physique, où l'on examine en particulier l'état de la fille de Tourcoing ; (par M. DE VALMONT) : *Tourcoing*, 1752, *in-12.*]

4904. ☞ Ms. Recherches historiques sur les prétendues assemblées de Sorciers & de Sorcières, & sur les procédures faites contre eux en Franche-Comté ; par M. le Marquis DE MONTRICHARD, Associé de l'Académie de Besançon.

Dans les Registres de cette Académie.]

CHAPITRE TROISIEME.

Histoire Ecclésiastique des Provinces & des Villes de France.

J'AI séparé l'Histoire Ecclésiastique des Provinces & des Villes de France, de celle des Diocèses, qui contient les Histoires des Prélats qui les ont gouvernées. Ces Histoires des Diocèses se trouveront ci-après dans l'Article II. du Chap. VIII.

4905. Historiæ Francorum Ecclesiasticæ, ab orbe condito ad annum Christi 591. Libri decem, auctore GREGORIO, Episcopo Turonensi.

Cette Histoire est la même que celle qui est indiquée ci-après entre les Histoires des Rois de France de la *première Race*. Je la marque ici, afin qu'on ne croie pas que je l'aie omise. Elle contient autant l'Histoire Civile que l'Ecclésiastique de ces temps-là.

4906. Ms. HUGONIS [de sancta Maria] Monachi Floriacensis, Historiæ Ecclesiasticæ Libri sex, nuncupati ad Ivonem, Carnotensem Episcopum, ab orbe condito ad annum Christi 1034 : *in-fol.*

Cette Histoire Ecclésiastique est conservée dans la Bibliothèque du Roi, num. 4954, dans celle de M. Colbert, num. 4161, 5461, dans celle de Saint Victor, num 907 [& dans celle de M. le Président de Harlay, à S. Germain-des-Prés, dont l'exemplaire est écrit du temps de l'Auteur]. Du Chesne en rapporte, sous le nom de Chronique, deux fragmens ; le premier, depuis l'an 898, jusqu'en 987, au tom. III. de son *Recueil des Historiens de France*, pag. 347 ; le second, depuis l'an 987, jusqu'en 1034, au tom. IV. *pag.* 142. Cette Chronique est dédiée à [Adele, Comtesse de Chartres.] L'Auteur vivoit encore l'an 1130. Il se trouve encore une autre Chronique, sous le nom de cet Auteur, dédiée à Ives de Chartres. Vossius prétend qu'elle lui est attribuée mal-à-propos. Elle commence au règne de Ninus, Roi des Assyriens ; la fin en est différente dans divers Manuscrits. Dans celui de la Bibliothèque de l'Empereur, elle finit en 840, à la mort de Louis le Débonnaire ; & Lambecius, dans son *Commentaire sur cette Bibliothèque*, en rapporte ce qui concerne cet Empereur. L'exemplaire de la Bibliothèque de Saint Victor, num. 447, se termine en 855, que mourut Lothaire son fils.

☞ Bernard DE ROTTENDORFF a publié en 1638, à Munster, la premiere partie de cette Chronique, qui finit à la naissance de Jesus-Christ.

Voyez sur cette *Histoire le Gendre*, tom. *II*. *pag*. 54, & l'*Histoire Littéraire de la France*, tom. *X*. *pag*. 303.]

4907. Annales Ecclesiastici Francorum ; auctore Carolo LE COINTE, Trecensi, Congregationis Oratorii D. J. Presbytero, è Typographia Regia : *Parisiis*, 1665-1683, *in-fol.* 8 vol.

Je marquerai ici en détail ce que contient chaque volume, à cause du secours qu'on en peut tirer pour l'*Histoire de la première & de la seconde Race de nos Rois*, jusqu'en 845, où les Annales finissent.

Le Tome I. après une introduction chronologique, commence à l'année de Jesus-Christ 253, où il est fait mention des François dans les Auteurs, pour la première fois, & il va jusqu'en l'an 561, que mourut Clotaire premier.

Le II. s'étend depuis l'année 561, jusqu'à la mort de Clovis II. en 632 ; ce qui renferme les règnes des enfans & des petits-enfans de Clotaire.

Le III. commence au règne de Sigebert, que le Roi Dagobert son père déclara Roi d'Austrasie en 633, & se termine en 680, où Thierry III. posséda seul toute la Monarchie Françoise.

Le IV. commence en l'année 680, il contient l'Histoire de ce qui s'est passé depuis cette année là jusqu'à la mort de Thierry IV. dit *de Chelles*, arrivée en 737.

Le V. commence par l'interrègne qu'il y eut après la mort de Thierry IV. qui dura plus de six ans, jusqu'à ce que son fils Childéric III. eut la couronne, & va jusqu'en 771.

Le VI. contient le règne de Charlemagne, depuis la quatrième année de ce règne en 772, jusqu'en l'année de Jesus-Christ 804, qu'il finit la guerre avec les Saxons.

Le VII. comprend l'Histoire, depuis l'an 804 jusqu'en 828, & le VIII. finit en 845. Ce n'est qu'après la mort de l'Auteur, arrivée en 1681, que ce dernier Tome a été publié par le Père du Bois, Prêtre de l'Oratoire, qui a mis au-devant, en forme de Préface, l'*Abrégé de la Vie du Père le Cointe*.

Cet Ouvrage est d'un travail immense ; il contient bien des recherches singulières ; il est fort exact ; la chronologie est différente de celle de tous les autres Auteurs en plusieurs points. Comme cette Histoire est composée de paroles mêmes des anciens Auteurs, le style n'en est pas uniforme, ni fort agréable ; mais l'Auteur y fait paroître beaucoup de discernement dans le choix qu'il fait des Pièces qu'il suit, & de celles qu'il rejette. Il n'a commencé proprement ses Annales qu'avec la Monarchie Françoise ; car ce qu'il dit de ce qui la devance depuis l'an 235, jusqu'en 417, est peu de chose. On lui a reproché de n'avoir pas fait mention de l'origine des Eglises, qui avoient précédé l'établissement de cette Monarchie : mais outre qu'il n'a pas voulu retoucher une matière, qui avoit été traitée il n'y avoit pas long-temps par François Bosquet, Evêque de Montpellier ; c'est que ces origines sont enveloppées de tant d'obscurités, qu'il est très-difficile de les découvrir, n'étant la plupart fondées que sur des traditions fausses, ou du moins douteuses ; & que s'il eût entrepris de les réfuter & de les combattre, il se seroit exposé à la contradiction de ceux qui y sont fort attachés, & qui en auroient pris vivement la défense. Il n'a de plus travaillé à cet Ouvrage que pour faire honneur à la Nation Françoise : ainsi il a cru devoir le commencer à l'année 417, qui a été, selon son opinion, la première du règne de Faramond, & il le termine en 845, sous le règne des enfans de Louis le Débonnaire ; de sorte que dans huit volumes il a renfermé l'Histoire d'un peu plus de quatre cens ans. C'est ce qu'a observé le Père du Bois, dans la *Vie du Père le Cointe*, qui compose la Préface du dernier Tome.

Le Père Pagi, si connu par sa *Critique sur les Annales Ecclésiastiques* de Baronius, » avoit dessein de tra-
» vailler sur celles du Père le Cointe, & de donner deux
» Tomes *in-folio* sur cette matière ; le premier, sous ce
» titre : *Annales Ecclesiastici Francorum, à Christo nato*
» *usque ad Clodovei Magni conversionem & baptismum.*
» Ce Tome seroit précédé par deux Apparats, dont l'un
» expliqueroit ce qu'ont fait les Romains dans les Gau-
» les, avant la naissance de Jesus-Christ ; & l'autre l'état
» du Paganisme & de diverses Idolatries qui y régnoient.
» Après l'Ere Chrétienne, il raconteroit sur chaque an-
» née ce que les Empereurs ont fait dans les Gaules, en
» expliquant les Médailles & les Inscriptions qui regar-
» dent lesdites Actions, les Préfets du Prétoire des Gau-
» les, diverses Loix du Code Théodosien, & autres
» choses qui regardoient la même Nation. Pour les af-

» faires Ecclésiastiques, elles ne commencent proprement que sous l'Empereur Marc-Aurele ; mais après elles sont fort fécondes, sur-tout dans le quatrième & cinquième Siècle de l'Eglise. Il semble que pour la tradition de diverses Eglises, qui prétendent avoir reçu l'Evangile dans le premier siècle, il ne faut qu'en rapporter les fondemens, & ce qu'on peut dire au contraire, sans rien déterminer en une chose où les plus éclairés ne voient goute.

» Le second Tome contiendroit depuis le Baptême de Clovis jusqu'à Hugues-Capet, & seroit un abrégé des huit tomes du Révérend Père le Cointe, corrigé & augmenté, y ayant diverses choses que cet Auteur n'a pas sçues, & d'autres qui ont été découvertes pendant qu'il écrivoit les deux derniers Tomes ; outre que cet Ouvrage plein de longues digressions, est ennuyeux. Il seroit glorieux pour la Nation, qu'on en fit un abrégé sous ce titre : *Annales Ecclesiastici Francorum a R. P. Cointio in lucem editi, abbreviati, & in pluribus illustrati.* A quoi ledit P. Pagi n'auroit pas grande difficulté, puisque dans son second Tome des Notes sur Baronius, il touche les points principaux qui regardent les Rois de France de la première & seconde Race, & d'autres matières Ecclésiastiques, qui concernent la France, que Baronius a traitées fort imparfaitement ». Ceci est tiré du Projet des Ouvrages faits & à faire, publié par le Père Pagi.

☞ M. de Mazaugues assuroit que le neveu du Père Pagi lui avoit dit, que ce Projet n'étoit point de son oncle. Il est inutile de relever ici le mérite de l'Ouvrage du Père le Cointe ; d'autres l'ont assez fait : il suffit de dire qu'il n'y en a pas de plus utile pour l'Histoire de la première Race de nos Rois, & d'une partie de la seconde. Quoique le titre n'annonce qu'une Histoire purement Ecclésiastique, l'Auteur n'y a pas négligé tout ce qui pouvoit avoir rapport à l'Histoire générale des temps qu'elle comprend. Elles sont d'autant plus liées l'une à l'autre, que c'est dans les différens morceaux de l'Histoire Ecclésiastique, comme Actes, Vies des Saints, &c. que se trouvent ceux qui sont les plus utiles à l'Histoire de la première Race. On y trouve aussi des Dissertations curieuses sur plusieurs points de Chronologie, d'Histoire, de Critique, Usages anciens, &c. sur différens Auteurs contemporains, & autres qui ont écrit sur les premiers temps de notre Histoire, non-seulement l'Histoire des Eglises, de leurs Pasteurs, des Personnages illustres par leur piété, des Ordres Religieux & de leurs Monastères, de leurs Règles ; les différens Canons des Conciles particuliers, & tout ce qui appartient naturellement à l'Histoire Ecclésiastique ; mais encore le mérite, les diverses leçons de leurs Ouvrages, & la différence qui se trouve entr'eux. On pourroit donc justement appeller ce Livre une Histoire critique & générale, Civile & Ecclésiastique de France, sous la première Race, &c.

Voyez Journ. de Léips. 1685, pag. 338. = Baillet, Jug. des Sçav. tom. II. p. 87. = Lettr. de Simon, tom. III. pag. 89. = Le P. Niceron, tom. IV. pag. 282. = Journ. des Sçavans, Janvier & Novembre 1666 : Novembre, 1668, & Avril, 1684. = Lenglet, tom. IV. pag. 168 ; Supplément, pag. 169. = République des Lettres, Avril, 1684. = Racine, Histoire Ecclés. tom. XII. pag. 487. = Struvius, pag. 487.]

4908. ☞ Ms. Historia Ecclesiastica Anonymi, usque ad S. Ludovici Francorum Regis obitum : *in-8.*

Cette Histoire est conservée dans la Bibliothèque de la Cathédrale de Reims, N.° C. 100.]

4909. ☞ Ms. Historia della Chieza di Francia divisa in capiti quatredieci.

Ce Manuscrit, de la Bibliothèque de Marquardus Gudius est à présent dans celle de Volfenbutel. Il y est traité de l'établissement de la Religion Chrétienne dans les Gaules, & du zèle que les Rois ont toujours eu pour elle.]

Pour avoir une connoissance exacte de l'Histoire des Eglises de France, les Auteurs suivans peuvent être consultés.

— Gregorii Turonensis, Liber de Gloria Confessorum.

Ce Livre est imprimé avec ses Œuvres.

— Freculphi Chronicon, usque ad annum 600.

Voyez Hist. de la première Race.

— Adonis Chronicon, usque ad annum 874.

Voyez Charles-le-Chauve.

— Rheginonis Chronicon, ad annum 906.

Voyez Rois de la seconde Race.

— Glabri Rodulphi Historia, ad annum 1048.

Voyez Henry I.

— Vincentii Bellovacensis Speculum Historiale, ad annum 1254.

Voyez S. Louis.

— Joannis Laziardi conserta epitomata, usque ad annum 1498.

Voyez Charles VIII.

Centuriatorum Magdeburgensium, Centuria nona : *Basileæ*, 1564, *in-fol.*

Cæsaris Baronii, Cardinalis, Annales Ecclesiastici, usque ad annum 1198 : *Romæ*, 1593-1607, & alibi, *in-fol.*

☞ Le P. Dominique Mansi a commencé à en donner une nouvelle édition à Luques, où il insère la Critique du P. Pagi, & de nouvelles Notes.]

Gilberti Genebrardi Chronologiæ Libri quatuor, usque ad annum 1584 : *Parisiis*, 1585, *in-fol.*

Joannis Gualtheri, Societatis Jesu, Tabula Chronologica Statûs Ecclesiæ Catholicæ : *Lugduni*, 1616, *in-fol.*

Henrici Spondani, Apamiarum Episcopi, Epitome & Continuatio Annalium Baronii usque ad annum 1642 : *Parisiis*, 1643, *in-fol.* 4 vol.

Histoire de l'Eglise jusqu'au dixième siècle ; par Antoine Godeau, Evêque de Vence : *Paris*, 1653-1672, *in-fol.* 5 vol. *Bruxelles*, 1682, *in-12.* 6 vol.

Histoire de l'Eglise jusqu'en 1508 ; par François-Timoléon de Choisy : *Paris*, 1703-1716, *in-4.* 8 vol.

Histoire Ecclésiastique jusqu'en 1414 ; par Claude Fleury, Prieur d'Argenteuil [vingt] volumes ; & la continuation jusqu'en 1595 (par Jean-Claude Fabre, Prêtre de l'Oratoire) seize volumes ; en tout trente-six volumes : *Paris*, Mariette, Emery, Guérin, &c. 1691-1738, *in-4.* & *in-12.*

☞ M. Laurent-Etienne Rondet, a donné en 1758 une Table générale des Matières de cette Histoire, en 1 vol. *in-4.* & 4 vol. *in-12.*]

J'indique

J'indique particulièrement les Auteurs François, parce qu'ils mêlent fort souvent dans l'Histoire générale de l'Eglise, beaucoup de choses qui ont un rapport particulier à celle de France.

☞ On trouve aussi beaucoup de morceaux utiles à l'Histoire Ecclésiastique de France & des Provinces, dans les *Collections* de D. D. Martene, Durand, d'Achery & Mabillon, intitulées: *Thesaurus Anecdotorum,* = *Veterum Scriptorum Collectio* = *Spicilegium* = *Vetera Analecta*. Ces morceaux sont indiqués en particulier, comme les Pièces du Recueil suivant.]

4910. ☞ Dissertations sur l'Histoire Ecclésiastique & Civile de Paris, suivies de plusieurs Eclaircissemens sur l'Histoire de France; par M. l'Abbé LEBEUF: *Paris,* 1739-1743, *in-*12. 3 vol.]

4911. Mss. La France sainte, où l'on rapporte les plus belles Eglises, les Reliques des Saints, & le détail de tout ce qui se conserve de plus précieux en ces Eglises dans toute la France: *in-fol.*

Ce Manuscrit n'est qu'un projet peu rempli. Il est conservé dans la Bibliothèque de M. le Chancelier Séguier, num. 632 [aujourd'hui dans celle de l'Abbaye de S. Germain-des-Prés, au même volume que la *France curieuse*: ci-devant, N.° 2081.]

4912. Le Lys Chrétien, florissant en la Foi Chrétienne; par Tristan DE LESCAGNE, Official de Saint-Julien-du-Sault, près de Sens: *Paris,* 1540, 1611, *in-*4.

4913. L'Etat de l'Eglise & de la Religion de France, depuis l'an 436, jusqu'en 1581; par Jean DE LA HAYE, Baron des Cousteaux.

Cette Histoire est imprimée avec ses *Mémoires & Recherches de la France & de la Gaule Aquitanique*, &c. *Paris*: 1581, *in-*8. Ce Baron fut tué en 1575, dans une sédition.

4914. Le nombre des Ecclésiastiques de France, celui des Religieux & des Religieuses, le temps de leur établissement, & dont ils subsistent, & à quoi ils servent: *Paris, in-*12. imprimé depuis 1600.

☞ Ce Livret est écrit fort sensément & sans passion. Il contient non-seulement un dénombrement en gros de tous les Ecclésiastiques de France, tant Séculiers que Réguliers, mais encore plusieurs réflexions très-utiles sur les changemens & retranchemens qu'il conviendroit d'y faire pour le bien de l'Etat. Parmi les Séculiers, il aime les Curés & les Vicaires, comme gens utiles, & voudroit qu'on leur procurât un revenu plus honnête, tant sur les dîmes qu'aux dépens des Chapelains & Chanoines, qu'il regarde comme gens fort inutiles. A l'égard des Réguliers, il propose plusieurs moyens d'en diminuer le nombre, & de les réduire à leur premier Institut.]

4915. Abrégé de l'Histoire de l'Eglise Gallicane, par demandes & par réponses; par le Prieur de Courcelle: *Paris*, de Launay, 1699, *in-*12.

Ce Prieur de Courcelle se [nommoit] DE GUEULETTE.

☞ Histoire de l'Eglise Gallicane: *in-*4. 18 vol. ci-devant, N.° 3956.]

4916. ☞ Sommaires de ce qui concerne l'Eglise Gallicane, depuis les premiers Siècles jusqu'à l'an 1595.

Ces Sommaires rédigés d'après l'Histoire Ecclésiastique de M. Fleury & du Père Fabre, se trouvent dans la *Table générale des Matières* que M. Rondet a faite de ce grand Ouvrage. *Voyez* pag. précédente, à la fin.]

4917. ☞ Mémoires pour servir à l'Histoire Ecclésiastique, depuis 1600 jusqu'en 1716, avec des réflexions & des remarques critiques; (par le Père D'AVRIGNY, Jésuite): 1710, *in-*12. 4. vol. Seconde édition, 1739, *in-*12. 4 vol.

Hyacinthe Robillard d'Avrigny, Jésuite de Caen, y est mort le 24 Avril 1719. Son Ouvrage a été revu par le Père Lallemant. M. l'Evêque de Rhodès (de Tourouvre) publia en partie contre ces Mémoires, une Lettre Pastorale du 19 Juin 1728. Il en est encore parlé dans la *Préface des Anecdotes sur le Quiétisme;* dans plusieurs *Notes des Lettres* à M. Morénas, édition de 1757; (ci-dessous) & dans les *Mémoires d'Artigny,* tom. I. pag. 463, & *suiv*. Enfin il est cité, *pag.* 519-522, des *Assertions dangereuses,* &c. *in-*4. publiées par le Parlement de Paris, en 1762.]

4918. ☞ Abrégé de l'Histoire Ecclésiastique, contenant les Evénemens de chaque Siècle, avec des Réflexions; (par Bonaventure RACINE): *Cologne* (*Paris*) 1748-1754. Nouvelle édition revue par l'Auteur, 1754, *in-*12. 13 vol. & 1762-1766, *in-*4. 13 vol.

Les Tomes X. XI. XII & XIII. qui sont fort gros, contiennent l'Histoire Ecclésiastique du XVII. Siècle, où en étoit resté le Continuateur de M. l'Abbé Fleury, & ils s'étendent beaucoup par rapport à la France. Voici la suite des différens Articles, après une Table Chronologique du XVII. Siècle:

Tome X.

1. Eglise d'Italie: Suite des Papes.
2. Histoire des Congrégations *de Auxiliis*.
3. Eglise de France: Règnes de Henri IV. & de Louis XIII.
4. Edmond Richer: Disputes sur l'étendue & les bornes de l'autorité du Pape.
5. Auteurs Ecclésiastiques qui ont écrit pendant les cinquante premières années du XVII. Siècle.
6. Suite de l'Eglise de France: Règne de Louis XIV.
7. Affaire de la Régale: Démêlés avec la Cour de Rome sur les bornes de la Puissance Temporelle & Ecclésiastique.
8. Histoire de Port-Royal, depuis l'établissement de la Réforme en 1608, jusqu'à la mort de la Mère Angélique Arnauld, Réformatrice, en 1661.

Tome XI.

9. Disputes sur la grace & la prédestination: Attaques livrées à l'Augustin de Jansénius: Bulle d'Urbain VIII. contre cet Ouvrage: Vie de Jansénius & de M. l'Abbé de S. Cyran.
10. Histoire des cinq Propositions attribuées à Jansénius: Bulle d'Innocent X. Formulaire.
11. Violences exercées contre Port-Royal à l'occasion du Formulaire.
12. Suite des troubles du Formulaire: Formulaire d'Alexandre VII. Zèle & travaux de plusieurs Evêques & Théologiens.
13. Paix rendue à l'Eglise, au sujet du Formulaire sous Clément IX.
14. M. Arnauld: Censure contre lui: son caractère: ses Ouvrages.
15. Suite de l'Histoire de Port-Royal, depuis la paix qui lui fut rendue en 1669: Vies de plusieurs illustres amis de Port-Royal: Renouvellement des troubles du Formulaire: Histoire du Cas de conscience: Destruction de Port-Royal.
16. M. d'Andilly, M. le Maître, M. Singlin, M. de Sainte-Marthe, M. Hamon.
17. Plusieurs autres Solitaires de Port-Royal.

Tome XII.

18. Disputes sur les règles de la Pénitence : Livre de la Fréquente Communion : Attaques livrées à cet Ouvrage par les Jésuites : Travaux de MM. de Port-Royal sur cette matière.
19. Disputes sur la Morale : Principes des Jésuites attaqués par MM. de Port-Royal : Publication des Lettres Provinciales.
20. MM. Nicole & Pascal, défenseurs de la Morale Chrétienne.
21. Condamnation de la Morale des Casuistes.
22. Morale pratique des Jésuites : Leur conduite dans les différentes parties du monde.
23. Disputes sur la lecture de l'Ecriture-Sainte, &c. Version du Nouveau Testament de Mons : Requête au Roi à cette occasion.
24. MM. de Saci, du Fossé, le Tourneux, Fontaine, Floriot, Feideau, Treuvé : leurs Ouvrages.
25. MM. Hermant, de Tillemont, & plusieurs autres Auteurs liés avec Port-Royal.
26. Disputes touchant la puissance du Pape sur le temporel des Rois, touchant la hiérarchie & autres matières, entre MM. de Port-Royal & les Jésuites.
27. Auteurs Ecclésiastiques qui ont écrit vers le milieu du XVII. Siècle.
28. M. Bossuet, Evêque de Meaux, & ses Ouvrages.

Tome XIII.

29. S. François de Sales, M. Pavillon, Evêque d'Alet, M. de Buzanval, Evêque de Beauvais.
30. M. Arnauld, Evêque d'Angers, M. Vialart, Evêque de Chaalons, & plusieurs autres grands Evêques.
31. Nouvelles Congrégations Religieuses : Nouvelles Réformes en France.
32. Plusieurs personnes mortes en odeur de sainteté.
33. Auteurs Ecclésiastiques qui ont écrit à la fin du XVII. Siècle.
34. Le Quiétisme, sa condamnation : Progrès de l'irréligion & de l'incrédulité.
35. Principes des Jésuites sur la calomnie : Fourberie de Douay : Destruction de la Congrégation de l'Enfance ; & autres persécutions.
36. Eglises d'Espagne & de Portugal.
37. Etat du Christianisme en Amérique & dans l'Orient.
38. Eglises de Hollande & d'Angleterre.
39. Eglises d'Allemagne : Empire des Turcs.
40. Réflexions sur l'état de l'Eglise dans le XVII. Siècle.

Bonaventure Racine, Prêtre & Chanoine de Notre-Dame d'Auxerre, Auteur de cet Abrégé de l'Histoire Ecclésiastique, est mort à Paris, sur la Paroisse de Saint Severin, le 15 Mai 1755. Voyez son Eloge dans les *Nouvelles Ecclésiastiques* du 24 Juillet 1755, & à la tête de ses *Opuscules : Paris*, 1759, *in*-12.

On a publié en 1762, sous le titre de *Tom. XIV & XV*. deux volumes qui traitent de l'Histoire du XVIII. Siècle ; mais ils ne font pas de l'Abrégé ; nous en parlerons dans la suite, en indiquant les Histoires de la Constitution *Unigenitus*.

4919. ☞ Lettres (d'Eusebe Philalethe) à M. François Morénas, sur son prétendu Abrégé de l'Histoire Ecclésiastique ; dans lesquelles on réfute les fables ridicules, les erreurs grossières, les monstrueux principes & les horribles calomnies avancées par cet Auteur en faveur des Jésuites, contre les Disciples de Saint Augustin, en particulier contre le sçavant Abbé de Saint Cyran, le grand Arnauld, les Religieuses de Port-Royal, les Saints Solitaires qui ont habité ce désert, les Filles de l'Enfance, les quatre Evêques, le Père Quesnel, & généralement tous ceux qui ont marqué du zèle pour la grace de Jesus-Christ & la pureté de la Morale Chrétienne ; pour servir de Supplément à l'Abrégé de l'Histoire Ecclésiastique de M. Racine ; (par D. Ch. CLEMENCET, Bénédictin) : *Liége*, 1753, *in*-12. 1756. Troisième édition, très-augmentée, 1757.

Les trois Editions ont été faites à Paris avec permission. L'Auteur y critique M. Morénas, Avignonois, Auteur d'un Abrégé de l'Histoire Ecclésiastique de M. Fleury, qui parut dans le même temps que celui de l'Abbé Racine. Il l'accuse de n'être qu'un vain fantôme qui a prêté son nom à quelques Jésuites, & d'avoir sacrifié sa plume à la Société, pour en justifier les excès & la mauvaise doctrine. Il juge cet Ouvrage scandaleux & digne du feu. On trouve dans ces Lettres plusieurs faits sur l'Histoire de France du dernier Siècle. La Préface & les Notes foudroyent les Mémoires Chronologiques du Père d'Avrigny.

4920. ☞ Lettre sur le nouvel Abrégé de l'Histoire Ecclésiastique par M. l'Abbé Racine, &c. par M. D.... 1759 : *in*-12.]

4921. ☞ Lettre de Philippe Gramme, Imprimeur à Liége, à l'Auteur de la Lettre sur le nouvel Abrégé de l'Histoire Ecclésiastique ; (par Dom CLEMENCET) : 1759, *in*-12.]

4922. ☞ Réponse à la Lettre (précédente) ; par M. D.... 1759 : *in*-12.]

4923. ☞ Justification sommaire de l'Histoire Ecclésiastique de M. l'Abbé Racine,&c. (par M. Laurent-Etienne RONDET) : 1760, *in*-12. Nouvelle édition augmentée, 1763.

C'est encore une Réponse aux Lettres de M. D.]

4924. ☞ Dissertation sur le temps de l'établissement des Juifs en France, où l'on examine ce que M. Basnage a écrit sur cette matière ; par Dom Jean LIRON, Bénédictin : *Paris*, 1708, *in*-8.

M. Basnage y a répondu dans la seconde édition de son *Histoire des Juifs* : La Haye, 1716, tom. I. *Avertissement*, pag. xxvij. & tom. VII. pag. 60 *suiv*. Dom Liron a fait une Réplique, qui n'a paru qu'en 1738, dans le tom. II. de ses *Singularités historiques*, &c. pag. 451-499.]

4925. ☞ Mémoire pour servir à l'Histoire des Juifs depuis leur arrivée en Provence, &c. avec quelque détail des Synagogues du Comtat ; par Joseph BOUGEREL, Prêtre de l'Oratoire. *Mém. de Litt*. du P. des Molets, tom. III. part. 2.

Voyez encore l'*Histoire du Languedoc*, par DD. de Vic & Vaissete.]

4926. ☞ Joachimus VADIANUS, de Collegiis & Monasteriis veteribus Germaniæ & Galliæ, cum additionibus Barthol. SCHO-BINGERI.

Se trouve au tom. III. de la Collection de Goldast, intitulée : *Rerum Alamannicarum Scriptores : Francofurti*, Parssius, 1666, *in-fol*.]

Histoire Ecclésiastique d'Anjou & du Maine.

4927. ☞ Mauritiados Andegavensis Libri III. & Capitulum ejusdem Ecclesiæ Cathedralis, à Lud. CELLOTIO, Parisiensi : *Flexiæ*, 1618, *in*-4.]

Des Provinces & Villes. 331

4928. ☞ Dissertation sur l'antiquité de l'Eglise de S. Pierre d'Angers, &c. par M. Cl. ROBIN, Curé de cette Eglise : *Saumur*, veuve Gouy, 1764, *in-*8.

Elle est jointe avec le prétendu *Camp de César au Village d'Empyré* : ci-devant, N.° 97.]

4929. ☞ Réponse à la Dissertation de Messire C. R. (Robin) sur l'antiquité de l'Eglise de Saint Pierre d'Angers, prétendue Cathédrale du Diocèse, sous nos premiers Evêques ; (par M. l'Abbé RANGEART) : *Angers*, Jahyer, 1765, *in*-18.

Cette Réponse, qui est curieuse & intéressante, a été aussi insérée dans l'*Almanach d'Angers*, la même année, *pag.* 95-117.]

4930. * Description de la Procession qui se fait à Angers le jour des Rameaux, contenue dans un Hymne de THÉODULFE, Evêque d'Orléans.

Elle commence par ces mots, *Gloria, laus,* &c. On la trouve dans les *Œuvres* de Théodulfe, publiées par le Père Sirmond, *pag.* 176. Elle contient le dénombrement des Eglises qui étoient alors (en 818) dans le Diocèse d'Angers, & dont les Peuples se joignoient au Clergé de l'Eglise-Mère pour former cette Procession.

4931. ☞ Recherches sur le corps de Saint Jacques le Majeur, à l'occasion d'un Oratoire de ce Saint, qui est en l'Eglise de Saint Maurille d'Angers : *Angers*, 1610, *in*-8.]

4932. ☞ Recueil des Déclarations, Arrêts, Réglemens, &c. pour la police & nourriture des pauvres, & l'établissement d'un Hôpital des renfermés en la Ville d'Angers : *Angers*, 1622, *in*-4.]

4933. ☞ Cahier contenant les Actes qui concernent l'excommunication de P. Garande, Archidiacre d'Angers : *Angers*, 1623, *in*-4.]

4934. ☞ Arrêt du Parlement en faveur des Mendians d'Angers : 1655, *in*-4.]

4935. ☞ Réponse d'un Docteur de Paris à la Lettre d'un Curé d'Angers : 1655, *in*-4.]

4936. ☞ Réponse d'un Docteur de Paris à un Curé d'Anjou : 1656, *in*-4.]

4937. ☞ Dialogue touchant le différend de M. l'Evêque d'Angers (Arnauld) avec les Réguliers : *in*-4.]

4938. ☞ Sentimens désintéressés sur la Censure de MM. les Prélats, contre les Propositions des Mendians d'Angers : *in*-4.]

4939. ☞ Les véritables sentimens des Religieux d'Angers, pour servir d'éclaircissement à la prétendue Censure : *in*-4.]

Voyez sur le sujet de ces six Ouvrages, la *Vie de M. Arnauld, Evêque d'Angers, pag.* 261 & *suiv.* du *tom. I. des Vies des IV. Evêq.* Cologne, 1756, *in*-12; (par Jérôme BESOIGNE.]

4940. ☞ Réponses aux objections que forment les Adversaires de l'Hôpital gouverné par les Filles de S. Joseph, érigées en simple Congrégation en la Ville de la *Fléche*, sous l'autorité de Monseigneur l'Evêque d'Angers : 1674, *in*-8.

Sans nom de lieu ni d'Imprimeur.]

4941. ☞ Lettre & Mémoire sur l'Hôtel-Dieu de *Pouancé*, en Anjou. *Journal Eccléfiastique*, 1761, *Avril, pag.* 73-77.]

4942. ☞ Le grand Miracle arrivé dans le saint Sacrement, en la Paroisse des Ulmas de *Saint-Florent*, près la Ville de Saumur : *Paris*, 1668, *in*-4.]

4943. ☞ Excellences & avantages de la Confrairie de S. Urbain, érigée dans l'Eglise de *Rillé*, en Anjou ; par D. SAYMOND : *la Fléche*, 1654, *in*-16.]

4944. ☞ Réglemens de la Compagnie de Charité établie dans la Ville de *Laval* (au Maine) : *Paris*, Gasse, *in*-12.]

Histoire Ecclésiastique d'Artois.

4945. ☞ Ms. Dissertation sur l'époque de la conversion des Atrébates au Christianisme, & sur la Manne d'Arras ; par M. l'Abbé DE LYS, de la Société Littéraire d'Arras.

Cette Dissertation a été lue dans les Assemblées de cette Société, & est conservée dans ses Registres. Voici en abrégé ce qui concerne la Manne d'Arras. L'an 368, après une grande stérilité, il tomba sur le territoire de cette Ville une pluie mêlée d'une espèce de laine ; ce qui fertilisa tellement les terres, qu'on donna à cette laine le nom de Manne, en la comparant à celle dont les Israélites furent nourris dans le Désert. S. Jérôme, qui vivoit dans le temps de ce prodige, en parle ainsi dans sa Chronique : *Apud Atrebatas lana è cœlo pluvia mixta defluxit.* Il y a à la Cathédrale d'Arras une Châsse très-riche, qui parmi plusieurs Reliques contient, à ce que l'on croit, une portion de cette Manne si salutaire aux anciens habitans de l'Artois.]

4946. ☞ Histoire de la sacrée Manne & de la sainte Chandelle données de Dieu & conservées en la Ville d'Arras ; à laquelle sont ajoutées les miracles des Ardens, tant de ladite Ville, que de Paris & de Tournay, avec la Vie de S. Vaast, &c. par Guill. GAZET : *Arras*, de la Rivière, 1612, *in*-8.]

4947. ☞ Histoire de la sainte Chandelle, donnée de Dieu, & conservée à Arras, depuis l'an 1105 ; par le même : *Arras*, 1625, *in*-8. & 1682, *in*-12.]

4948. ☞ Discours sur le saint Cièrge d'Arras, apporté du ciel par la Sainte Vierge, dans l'Eglise Cathédrale d'Arras, comme le souverain remède de la maladie du feu ardent, le 27 de Mai 1105, suivant ce rare Chronographe CEREVM ; par le P. Nicolas FATON, Dominicain : *Arras*, 1693 & 1744, *in*-12.]

4949. ☞ Mandement de M. l'Evêque d'Arras, au sujet d'un Miracle opéré dans l'Eglise des RR. PP. Jésuites de cette Ville, le 19 Mars 1738 : *Arras & Paris*, 1738, *in*-4.

Ce Miracle fut opéré sur Isabelle le Grand, devant la Croix qui devoit être mise au nouveau Calvaire, près d'Arras.]

4950. ☞ La dévotion du Calvaire d'Arras ; par J. B. LE FEBVRE : *Arras*, 1739, *in*-4.]

4951. ☞ Petite Chronologie du Prieuré d'Aubigny, Bourgade du Pays d'Artois.

Cette Pièce est conservée dans la Bibliothèque de la Société Littéraire d'Arras.]

Histoire Ecclésiastique d'Aunis.

4952. ☞ Bulles, Lettres-Patentes & Arrêts, pour l'établissement du Chapitre de l'Eglise Cathédrale de la Rochelle, &c. *1721, in-4.*]

4953. ☞ Le rétablissement & la célébration de la sainte Messe à la Rochelle; par Monseigneur le Révérendissime Evêque de Saintes: *Paris*, Binet, 1599.

La Rochelle dépendoit alors du Diocèse de Saintes; mais lorsqu'en 1648 on y transféra l'Evêché de Maillesais, cette Ville cessa d'être dans la dépendance de Saintes.]

4954. ☞ Carta fundationis sancti Bartholomæi Apostoli in Alniensi pago, sub Hyensi (Ayensi) Prioratu.

Cette Charte se trouve dans le *Spicilège* de d'Achery, *tom. III. pag.* 501. » Hyensi est une faute qu'on n'a pas » corrigée dans l'*Errata*: lisez *Ayensi*, c'est-à-dire, de la » dépendance du Prieuré de l'Isle d'Aix ». M. Arcere, *Histoire de la Rochelle, tom. I. pag.* 178.]

Histoire Ecclésiastique d'Auvergne.

4955. De sanctis Ecclesiis & Monasteriis Claromontanis, Libri duo Anonymi.

Les éditions de ces Livres sont marquées ci-dessus, N.° 4255.

4956. ☞ Ms. Dissertation sur les 6266 Martyrs dont les Reliques sont conservées dans l'Eglise de S. Allire de *Clermont;* par Dom Chevalier, Bénédictin de la Congrégation de S. Maur, & de la Société Littéraire de Clermont.

Elle est conservée dans les Registres de cette Société. L'Auteur y prouve contre Tillemont, Baillet & plusieurs autres Critiques, que ces Martyrs n'étoient point une Légion de Chrétiens qui fut massacrée les armes à la main pour la foi, du temps de l'irruption de Crocus, mais une suite de Martyrs, qui ont été pendant l'espace de quarante ans les victimes des persécutions de Valérien, Gallien, &c. que leurs corps épars furent réunis par S. Préjet, & ensuite par S. Avit, au septième siècle.]

== Histoire parænétique des trois saints Protecteurs de la Haute Auvergne; par Dominique de Jesus: ci-devant, N.° 4242.

4957. ☞ Hæma-Christo-Latrie, ou Traité du culte & vénération du précieux sang de Jesus-Christ, spécialement de celui qui est à Billion en Auvergne, Diocèse de Clermont, en l'Eglise Collégiale de S. Cerneuf; par J. Seguin, natif de ladite Ville, Docteur en Théologie: *Nantes*, Febvrier, 1619, *in-8.*

Dans l'Epître Dédicatoire au Chapitre de Billion, l'Auteur exhorte les Chanoines » de faire imprimer & » mettre en lumière quelque discours au désir des Mé- » moires & enseignemens que vous en pouvez (dit-il) » avoir en vos Archives ».

4958. ☞ La divine Relique du sang de Jesus-Christ dans la Ville de Billon, en Auvergne: *Lyon*, 1645, *in-12.*]

4959. ☞ Requête de Pierre Faydit, Titulaire de l'Eglise de S. Jean de Riom, l'un des deux demi-Vicaires perpétuels & Chanoines de la Paroisse de S. Amable: *in-4.*

On y trouve plusieurs choses concernant la Ville de Riom, & l'Eglise de S. Amable.]

4960. ☞ Lettre au sujet de quelques Antiquités Ecclésiastiques du Diocèse de *Saint-Flour* (dans la Haute Auvergne). *Mercure*, 1742, *Avril, pag.* 701-706.]

Histoire Ecclésiastique de Beauce.

4961. Ms. Mémoires de [Jean-Baptiste] Souchet, Chanoine de l'Eglise de Chartres, touchant le Pays Chartrain & l'Eglise de Chartres: *in-fol.*

Ces Mémoires manuscrits sont conservés dans les Archives de cette Eglise. L'Auteur est mort en 1654.

4962. Parthénie, ou l'Histoire de l'Eglise de Chartres, avec ce qui s'est passé de plus mémorable au fait de la Seigneurie de ladite Eglise, Ville & Pays Chartrain; par Sébastien Rouillard, de Melun, Avocat au Parlement: *Paris*, Thierry, 1609, *in-8.*

Cet Auteur est mort en 1639.

☞ Ce Livre est plein de fables & écrit sans critique. Il a deux Parties.

La première traite de la religion des Druides; des raisons qui les engagèrent (dit-on) à ériger un Autel à la Vierge qui devoit enfanter, & des cérémonies qu'ils y observèrent. On prétend que cet Autel fut par eux érigé cent ans avant la naissance de Jesus-Christ, sous le règne de Priscus, Roi de Chartres, au milieu d'une grotte qui étoit dans leur Bocage sacré, en la place duquel est à présent l'Eglise Cathédrale de Chartres. Priscus donna, dit-on, sa Seigneurie à la Vierge, & elle fut tenue depuis par le souverain Pontife des Druides. On ajoute qu'environ l'an 44 ou 46 de Jesus-Christ, Saint Potentian vint prêcher l'Evangile à Chartres; qu'il convertit les Chartrains & les Druides mêmes, & bénit l'Autel de l'Image de la Vierge, érigé par eux. Le reste de cette Partie regarde l'Eglise de Chartres, la forme du service qui s'y fait, & les cérémonies qui s'y observent; les Reliques qu'on y trouve, & les Miracles qui s'y opèrent par l'intercession de la Sainte Vierge.

La seconde Partie contient la suite des Evêques, leur jurisdiction spirituelle & temporelle, leur promotion & entrée, les prérogatives du Chapitre; la suite des Comtes & Vicomtes de Chartres; des Vidames établis par les Evêques pour balancer l'autorité des Comtes. Enfin l'Histoire du Peuple Chartrain & de la Ville de Chartres. Ce Peuple étoit l'un des premiers habitans des Gaules. La Ville de Chartres est si ancienne, qu'on ignore le temps de sa fondation. Elle tire, dit-on, son nom du mot Celtique *Chartres*, qui veut dire Ville de géoles, de spelonques & de cavernes, raison pour laquelle Ptolomée l'a appellée *Autricum*. Chalnoth ou *Charnoth*, en Hébreu, signifie aussi des géoles & des gulhes, d'où peut-être est venu le nom de *Carnutes*. Cette étymologie justifie assez son ancienneté, & prouve que lorsqu'elle fut bâtie, on ignoroit encore l'art de l'Architecture, & que ses premiers habitans creusèrent des antres ou des Chartres pour leur servir de retraite.

Voyez sur ce Livre, *Voyage de Munster*, par Joly, *p.* 340. — Le P. Niceron, *tom. XXVII. p.* 255 & 256.

Il y a une édition de 1697, intitulée: Histoire de l'Eglise de Chartres, dédiée par les anciens Druides à une Vierge qui devoit enfanter. Troisième édition, 1697, *in-8.*

Cette édition n'a pas fait tomber la première.]

Des Provinces & Villes.

4963. ☞ Differtatio prima Philologica F. J. FRONTONIS, Canon. Regularis in Monasterio sanctæ Genovefæ, & in Academia Parif. Cancellarii, de Virginitate honorata, erudita, adornata, fœcunda, ad clarissimum & venerabile Carnutum Capitulum : *Lutetiæ Parif.* Cramoify, 1651, *in-4.*]

4964. Histoire de l'auguste & vénérable Eglise de Notre-Dame de Chartres, tirée des Manuscrits & des Originaux de cette Eglise ; par V. (Vincent) SABLON, Chartrain : *Orléans*, 1671, *in-12.*

Seconde édition, augmentée: *Chartres*, 1683, *in-12. Ibid.* 1697, *in-16.*

Quatrième édition : *Chartres*, veuve Machefert, 1707, *in-12.*

Cinquième édition : *Chartres*, le Fort : 1714, *in-12.*

☞ Cet Ouvrage n'est autre chose, qu'un méchant abrégé de la Parthénie de Rouillard, rempli de fautes grossières. D. Liron, *Biblioth. Chartraine, pag.* 180.]

4965. ☞ Mf. Miracles de Notre-Dame de Chartres. *Item*, Fundatio insignis Ecclesiæ Carnotensis : *in-4.*

Se trouve dans la Bibliothèque du Roi, & vient de M. Lancelot.]

4966. ☞ Mf. Traité de M. Etienne PRE-VOST, Official de Chartres, touchant la fondation & création de l'Eglise de Notre-Dame de Chartres : 1558, *in-12.*

Se trouve indiquée au Catalogue de M. Secousse, num. 5045.]

4967. ☞ Mf. Histoire de l'Eglise de Chartres, par le Sieur DUPARC, Huissier du Chapitre de ladite Eglise.

Est dans la Bibliothèque du Roi, & vient de M. Lancelot.]

4968. * Mf. Histoire de l'Eglise de Chartres ; par D. Jean LIRON, Bénédictin.

[Etoit entre les mains de l'Auteur, mort en 1748, au Mans.]

4969. ☞ Lettre de M. DU HAN DE MEZIÈRES, Chanoine de la Cathédrale de Chartres, contenant la description de cette Eglise, &c. *Mercure*, 1733, *Juillet, pag.* 1624-1626.]

4970. ☞ Ptochotrophe urbis Carnutensis ad Carolum Guilardum Episcopum Carnutensem : *Lutetiæ*, Rob. Stephanus, 1557, *in-8.*

Cet Ouvrage est de Vincent LUPANUS, ainsi qu'il paroît par l'Epître Dédicatoire : il regarde le gouvernement des Pauvres & des Hôpitaux.]

4971. ☞ Factum sur les Porches de l'Eglise de Chartres ; par M. THIERS : *Orléans*, 1679, *in-12.*]

Histoire Ecclésiastique de Berry.

4972. Annales Ecclésiastiques de Berry, depuis 1201 jusqu'en 1240 ; par Nicolas CATHERINOT, Avocat à Bourges : *Bourges*, 1684, *in-4.*

Les Eglises de Bourges ; par le même : *Bourges*, 1683, *in-4.*

Cet Auteur est mort en 1688.

4973. ☞ Etablissement de l'Hôpital général de Bourges : *Paris*, 1659, *in-4.*]

4974. ☞ Libertés, immunités & franchises de l'Eglise de Bourges ; par Antoine FRADET : *Paris*, 1618, *in-8.*]

4975. ☞ Arrêt de la Cour de Parlement, du 7 Juin 1601, rendu contre les Confrairies de S. Hiérosme, autrement Pénitens bleus, en la Ville de Bourges, avec le Plaidoyé fait par M. SERVIN : *Paris*, 1601, *in-8.*]

Histoire Ecclésiastique du Duché de Bourgogne, & de la Bresse.

4976. ☞ Récit véritable de l'attentat commis contre l'adorable Sacrement de l'Autel, en l'Eglise Paroissiale d'*Argilly*, & de la punition des coupables, l'indulgence obtenue, &c. par Noël MARGUERON, Curé d'Argilly : *Dijon*, 1674, *in-12.*]

4977. ☞ Mf. De la naissance & fondation de l'Eglise Collégiale d'*Avalon* ; par Pierre FORESTIER, Chanoine d'Avalon : *in-4.* 30 pages.

Voyez la *Bibliothèque des Auteurs de Bourgogne*, *pag.* 221.]

4978. ☞ Mémoires du Procès entre les Doyen, Chanoines & Chapitre de l'Eglise Collégiale de S. Lazare de la Ville d'Avalon, Me Claude-François le Court, Curé, Vicaire perpétuel des Eglises S. Pierre & S. Julien du même lieu, & les Fabriciens desdites Eglises.

Il s'agit de sçavoir quels sont les droits de MM. du Chapitre d'Avalon en leur qualité de Curés primitifs, dans les Eglises de S. Pierre & S. Julien.]

4979. ☞ Histoire Ecclésiastique de la Ville d'*Autun*.

Elle est imprimée avec celle de cette Ville, tirée des *Monumens & Antiquités qui restent*, &c. Lyon, *in-4.*

4980. ☞ Mf. Mémoire & Réponse à des Questions envoyées au Chapitre d'*Auxerre* ; par M. POTEL, Chanoine de cette Eglise, & Membre de la Société Littéraire d'Auxerre.

Ce Mémoire, qui se conserve dans les *Registres* de cette Société, est intéressant. Il contient une Histoire abrégée de l'Eglise Cathédrale d'Auxerre, & des usages anciens & modernes du Chapitre ; une description de l'Eglise & des Tombeaux ; un état des Dignités, Prébendes & Officiers de Chœur ; les Droits, Privilèges & Seigneuries du Chapitre ; les hommes illustres qu'il a fournis ; ses revenus & armoiries ; enfin les cérémonies ridicules qui ont été abolies.]

4981. ☞ Cérémonie singulière faite dans l'Eglise Cathédrale d'Auxerre, au sujet de la réception de M. le Comte de Chastelluz. *Mercure*, 1732, *Juin, pag.* 1248-1251.]

4982. ☞ Lettre de M. l'Abbé LEBEUF, sur

l'usage des habits Canoniaux & Militaires, à l'occasion de ce qui est rapporté dans le Mercure du mois de Juin dernier. *Mercure, 1733, Mars, pag. 472-480.*]

Addition à la Lettre précédente. *Ibid. Avril, pag. 730-732.*

On peut encore voir sur le sujet du Canonicat de la Maison de Chastelluz, les *Mémoires* de M. Lebeuf, concernant l'*Histoire d'Auxerre, tom. I. pag. 809-814 : Paris,* 1743, *in-*4.

4983. ☞ Mf. Mémoire sur les Hôpitaux d'Auxerre, en deux Parties ; par le même M. POTEL.

Ce Mémoire est aussi dans les Registres de la Société Littéraire d'Auxerre. La première Partie, lue en 1761, contient l'Histoire de l'Hôtel-Dieu, sous le titre de la Magdeleine, avec un détail pour ce qui regarde les administrations du spirituel & du temporel, ainsi que les travaux auxquels on y occupe les pauvres. La seconde Partie, qui est de 1764, renferme l'Histoire des autres Hôpitaux établis à Auxerre, & dont plusieurs ne subsistent plus.]

4984. ☞ Mf. Mémoire sur les anciennes Ecoles d'Auxerre, le Collège, le Séminaire, & autres Etablissemens faits pour l'instruction de la Jeunesse, par M. POTEL, Chanoine de l'Eglise d'Auxerre.

Ce Mémoire est conservé dans les Registres de la Société Littéraire de cette Ville. On y trouve l'Histoire des anciennes Ecoles, & des différens Etablissemens de la même espèce jusqu'en 1748. Les recherches en sont curieuses, sur-tout par rapport aux Lazaristes ou Prêtres de la Mission, aux Ursulines & aux Jésuites. Il faut y ajouter qu'après l'expulsion de ceux-ci, en 1762, on établit dans le Collège qu'ils avoient, un Principal & des Régens Séculiers.

On peut voir encore sur Auxerre, le tom. I. des *Mémoires* de M. l'Abbé Lebeuf : *Paris,* 1743, *in-*4. On y trouve non-seulement ce qui regarde les Evêques, mais encore les Dignités de la Cathédrale, & ses quatre Filles ou Communautés de Chanoines Réguliers qui sont à Auxerre. On trouvera dans la Préface de son *Histoire de la Prise d'Auxerre* par les Huguenots : *Auxerre,* 1723, *in-* 8. diverses particularités sur les différentes Eglises d'Auxerre, que l'on a copiées dans les *Almanachs* de cette Ville depuis 1757.]

4985. ☞ Lettres sur les chasses d'Auxerre, & l'origine de la dévotion des Chasseurs à S. Hubert ; (par M. l'Abbé LEBEUF.) *Mercure,* 1725, *Janvier, p.* 67-92.]

4986. ☞ Fondation & Règles du très-célèbre Hôpital de la Ville de *Beaune,* fondé par Messire Nicolas Rollin, &c. extraites du Latin, de mot à autre, des Archives & Registres d'icelui, & traduites fidèlement en François : *Autun,* Simonnot, 1636, *in-*4.]

4987. ☞ Mémoire du Procès de Philibert Boillaud, Sous-Diacre & Chanoine de l'Eglise Collégiale de Beaune, contre les Sieurs Lacurne & Blancheton, Prêtres & Chanoines, & le Chapitre de ladite Eglise.

Il s'agissoit de sçavoir si les Chanoines-Prêtres doivent obtenir les rangs & les honneurs de l'Eglise par préférence sur les Chanoines non-Prêtres plus anciens qu'eux.]

4988. ☞ Mémoires du Procès entre les Maire, &c. & Habitans de Beaune, contre les Doyen, Chanoines, &c. de l'Eglise Collégiale de Notre-Dame de ladite Ville.

Il s'agissoit de sçavoir si lesdits Chanoines devoient assister aux Enterremens, & quels droits ils y devoient percevoir.]

4989. ☞ Mémoires du Procès entre le Bureau Diocésain d'Autun, le Chapitre & les Chartreux de Beaune.

Il s'agissoit de la répartition & de la quotité des décimes du Chapitre & des Chartreux de Beaune, & de la réformation du Bureau Diocésain.]

4990. Histoire Ecclésiastique de la Ville de *Chalon-sur-Saone* ; par Claude PERRY, Jésuite.

Cette Histoire est imprimée avec l'*Histoire Civile de Chalon ;* du même Auteur : *Chalon,* 1659, *in-fol.*

4991. Histoire Ecclésiastique de la Ville & Cité de Chalon.

Cette Histoire est imprimée au tom. II. de l'*Illustre Orbandale : Lyon,* 1662 : *in-*4.

4992. ☞ Histoire Sainte de la Ville de *Châtillon-sur-Seine,* au Duché de Bourgogne, contenant la Vie, les Miracles de S. Vorle, Patron du lieu ; l'Enfance & l'Education de S. Bernard au même lieu ; les Miracles de la Sainte Vierge, & plusieurs autres remarques curieuses ; par le R.P. Etienne LE GRAND, de la Compagnie de Jésus, natif de la même Ville : *Autun,* Simonnot, 1651, *in-*8.

La seconde Partie contient l'origine, la situation, les qualités de la Ville & des Habitans, la Religion & les Eglises.

La Généalogie, éducation, études & vocation de S. Bernard.

Les Miracles de la Sainte Vierge qui donna du lait audit S. Bernard.

L'Histoire prodigieuse de l'Image de S. Antoine, arrivée au même lieu de Châtillon.

L'Auteur est mort en 1681.]

4993. ☞ Le vrai récit ou Discours non tel par ci-devant avéré du fait énorme & plein de blasphèmes d'aucuns soldats, advenu en la Ville de Chastillon-sur-Seine, l'an 1576, contre une Image de S. Antoine, qui étoit au-dessus de l'une des portes de la Ville ; où l'on peut voir quelle punition ont soufferte lesdits soldats : *Troyes,* Ruau, 1586.

Ce Livre est cité dans l'*Histoire Sainte de Châtillon, pag.* 256.]

4994. Mf. Divio Christiana : operâ & studio Petri Francisci CHIFFLETI, è Societate Jesu.

Ce Manuscrit [étoit] dans la Bibliothèque du Collège des Jésuites de Paris.

4995. Mf. Avis du Privé Conseil du Roy, sur la proposition de l'érection d'un second Siège Episcopal de Langres, en sa Sainte Chapelle de *Dijon,* du 29 Février 1639.

Cet Avis manuscrit est conservé dans la Bibliothèque de Philibert de la Mare, Conseiller de Dijon, *pag.* 32. *Conspectus Historicorum Burgundiæ.*

Des Provinces & Villes. 335

4996. Mf. Histoire de la Sainte Chapelle du Roy à Dijon ; de sa liberté & de ses prérogatives, justifiée par titres tirés des Archives de l'Eglise, du Trésor des Chartres de France & de la Chambre des Comptes de Dijon; par Jacques-Auguste DE CHEVANES, Avocat au Parlement de Dijon : *in-4*.

Cette Histoire manuscrite est conservée dans les Archives de cette Eglise.

4997. ☞ Mf. Privilegia indulta sancto Sacello Divionensi.

Dans les mêmes Archives.]

4998. Mf. Réfutation des moyens déduits par M. l'Abbé de S. Etienne, par lesquels il trouble M. le Doyen de la Sainte Chapelle dans la possession d'être Curé du Roi depuis 500 ans ; par le même DE CHEVANES.

Voyez Bibliothèque des Auteurs de Bourgogne, pag. 143.]

4999. Recueil de quelques Pièces pour servir à l'Histoire Ecclésiastique & Sacrée de la Ville de Dijon ; par P. B. Chanoine de la Sainte Chapelle de Dijon : *Dijon*, Palliot, 1649, *in-12*. *Paris*, 1655, *in-8*.

Ces lettres initiales P. B. signifient Philibert BOULIER [qui est mort en 1671.]

5000. Eclaircissemens sur les Lettres-Patentes du Roy, du mois de Juillet 1651, en faveur de la Sainte Chapelle de Dijon ; par le même : 1651, *in-4*.

5001. Sauvegarde du Ciel pour la Ville de Dijon, ou Remarques historiques & chrétiennes sur la sainte & miraculeuse Hostie ; par le même : *Dijon*, Palliot, 1643, *in-8*.

☞ Seconde édition: *Dijon*, Michard, 1662, *in-12*.]

5002. ☞ Histoire abrégée de la sainte Hostie conservée à la Sainte Chapelle du Roi à Dijon, depuis l'an 1433 : *Dijon*, du Fay, 1719, *in-12*.]

5003. Mf. Recueil de plusieurs choses remarquables, concernant la Relique de la sainte Hostie conservée en la Sainte Chapelle de Dijon, les présens faits à icelle, &c. par Etienne PÉRARD.

Voyez Bibliothèque des Auteurs de Bourgogne, part. II. pag. 134.]

5004. ☞ Mémoires du Procès entre le Chapitre de S. Etienne de Dijon, les Mépartistes de S. Michel, le Sieur Joly, Vicaire perpétuel de S. Michel, &c.

Il s'agit des droits du Chapitre de S. Etienne sur l'Eglise de S. Michel, dont il se prétend Curé primitif.]

5005. ☞ Mf. Pièces concernant le Procès de l'Evêque de Dijon, avec les Mépartistes & les Fabriciens de l'Eglise Paroissiale de Notre-Dame.

Ces Pièces sont dans la Bibliothèque de M. Fevret de Fontette, Conseiller au Parlement de Dijon.]

5006. Fondation & Statuts de l'Hôtel-Dieu de sainte Anne de Dijon ; par Pierre ODEBERT & ODETTE MAILLARD : *Dijon*, 1647, *in-4*.

5007. Fondation, Construction & Réglemens des Hôpitaux du Saint-Esprit & de Notre-Dame de la Charité en la Ville de Dijon ; recueillis par Philibert BOULIER : *Dijon*, Palliot, 1649, *in-4*.

5008. ☞ Recueil des Indulgences & des Bénédictions qui se donnent dans les Eglises de Dijon ; par Jean GAUDELET, Avocat : *Dijon*, 1718, *in-12*.]

5009. ☞ La Confrairie des Agonizans, érigée en la Ville de Dijon, dans la Chapelle du Séminaire, sous la protection de S. Joseph, par l'autorité du Pape Innocent XI. en 1686 : *Lyon*, 1699, *in-16*.]

5010. ☞ Abrégé des pratiques & des Réglemens de la Congrégation des Ecoliers de Dijon : *Dijon*, 1683, *in-24*.

On trouve à la tête la Bulle de Grégoire XIII. de 1584, & celle de Sixte V. de 1587, pour l'établissement des Congrégations de Notre-Dame dans les Colléges & Maisons de la Compagnie de Jesus, & les Lettres de l'établissement de celle de Dijon en 1589, par le P. Aquaviva, Général.]

5011. ☞ Abrégé historique de la fondation & administration de l'Hôpital de Notre-Dame de la Charité, établi en la Ville de Dijon, au Fauxbourg d'Ouche ; ensemble des Réglemens qui doivent y être observés pour le bon ordre, rédigé par ordre & délibération de MM. les Intendans du bien des pauvres, du 11 Avril 1734; (par Anselme LE BELIN, l'ainé, Maître des Comptes): *Dijon*, 1734, *in-12*.

La fondation de l'Hôpital de Dijon remonte jusqu'à l'an 1204. Depuis que cet Abrégé est fait, MM. de la Chambre des Comptes craignant d'être présidés par le Maire, en cas d'absence de MM. du Parlement, ont cessé d'entrer au Bureau de l'administration, & n'ont pas voulu risquer de faire juger cette contestation ; ce qui portera un grand préjudice à ce Bureau. Cependant l'administration a été jusqu'à présent fort sage.]

5012. ☞ De l'origine de la Fête des Foux & de l'institution de la Compagnie de la Mere-folle de Dijon.

Voyez les Variétés Historiques, tom. III. pag. 340 *& suiv.*]

5013. ☞ Institution de la Confrairie du S. Sacrement, en l'Eglise Paroissiale de la Ville de *Noyers* : *Paris*, Lambin, 1693, *in-12*.]

5014. Recueil servant à l'Histoire de l'Hôpital de sainte Reine, d'Alize en Bourgogne, dans le Diocèse d'Autun : *Paris*, 1682, *in-fol*.

☞ Ce Recueil contient les Pièces suivantes :

Etablissement de l'Hôpital de Sainte Reine, tiré de la Vie de M. Vincent, écrite par Messire Louis Abelly, Evêque de Rhodez.

Deux Mandemens de M. l'Evêque d'Autun, en faveur de l'Hôpital de Sainte Reine.

Etat présent de l'Hôpital de Sainte Reine.

Factums & Mémoires pour les Administrateurs de l'Hôpital de Sainte Reine, contre Messire Gabriel de

Roquette, Evêque d'Autun; ensemble l'Arrêt rendu au Conseil d'Etat le 23 Mai 1682.]

5015. ☞ Mémoires du Procès entre les Curés & Mépartistes de Notre-Dame de Sémur, & les Religieux du Prieuré de S. Jean.

Il s'agit de sçavoir si des Chanoines Réguliers doivent précéder des Mépartistes.]

5016. ☞ Moyens de faux d'Etienne Guéricard, Curé de Viteaux, contre l'Acte de Humbert, Evêque d'Autun, de 1142, la donation de Henry, Evêque d'Autun, de 1149, les Rescripts des Papes Alexandre & Innocent III. & un accord entre Guillaume, Abbé de Flavigny, & les Religieux de ladite Abbaye, de 1723, contre les Prieur & Religieux de l'Abbaye de S. Pierre de Flavigny, Défendeurs; par Jacques-Auguste DE CHEVANES, Avocat, 1668 : *in*-4.]

5017. ☞ Mémoires du Procès entre le Chapitre des Comtes de S. Jean de Lyon, & le Syndic du Clergé de Bresse & Bugey.

Il s'agissoit d'un droit de cire & d'encens, prétendu par le Chapitre de Lyon sur le Clergé de Bresse.]

5018. ☞ Ms. Mémoire pour les Doyen, Chanoines & Chapitre de l'Eglise Cathédrale de S. Jean-Baptiste de Belley, Intimés, Appellans comme d'abus & Défendeurs; contre Messire François de Madot, Evêque & Seigneur de Belley, Appellant, Intimé & Demandeur; par M⁶ DAVOT, Avocat.

Il s'agit de sçavoir si le Chapitre de Belley a la Jurisdiction sur ses Membres, ou s'il est sujet à celle de l'Evêque.]

5019. ☞ Mémoires du Procès entre les Doyen, Chanoines & Chapitre de l'Eglise Cathédrale de Belley, & Joseph Rey, Prêtre par eux commis à la Rectorie & Chapelle de l'Hôpital de la même Ville.

Sçavoir si ladite Rectorie est un Bénéfice véritable, ou une simple Commission amovible.]

5020. ☞ Factum pour les Prévôt & Chanoines du Chapitre de Notre-Dame de Bourg-en-Bresse, Appellans comme d'abus de deux Ordonnances de M. l'Archevêque de Lyon, des 24 Mai & 13 Juin 1710, contre les Officiers du Siège Présidial de la même Ville.

Il s'agit des droits honorifiques desdits Officiers dans l'Eglise de Notre-Dame de Bourg.]

5021. ☞ Ms. Histoire de la fondation & origine de l'Eglise & Monastère de Brou, proche la Ville de Bourg-en-Bresse, & des curiosités que renferme ladite Eglise, tirée mot à mot des Archives du Couvent Royal de Brou.

Se trouve dans la Bibliothèque de M. le Président Bouhier, à Dijon.]

5022. ☞ Arrest (obtenu par l'Evêque de Genève) qui ordonne la démolition de vingt-trois Temples (des Calvinistes) au Pays de *Gex* : 1661, 17 pages.]

5023. ☞ Paradoxe suivi de quelques observations sur l'Eglise de S. Nicolas, près de Bourg-en-Bresse; par M. BLONDEAU : 1749, *in*-8.]

Histoire Ecclésiastique de Brabant.

5024. Antonii SANDERI, Presbyteri, Chorographia sacra Brabantiæ, sive celebrium aliquot in Provincia Ecclesiarum & Cœnobiorum Descriptio Imaginibus æneis illustrata: *Bruxellæ*, Vleugartius, 1659, *in-fol.*

5025. Ejusdem Brabantia sacra & profana : *Antverpiæ*, 1644, *in-fol.*

☞ Ces deux Ouvrages devenus très-rares, ont été réimprimés dans le Recueil des Œuvres de Sandet : *Hagæ Com.* 1726, *in-fol.*]

Histoire Ecclésiastique de Bretagne.

☞ On doit consulter l'Histoire Ecclésiastique & Civile de Bretagne; par Dom MORICE & Dom TAILLANDIER, Bénédictins : *Paris*, 1750 & 1756, *in-fol.* 2 vol.]

5026. La Fondation & Dotation de l'Eglise de S. Maxent, Diocèse de S. Malo, par Salomon III. Roi de Bretagne, en 869. Extrait d'un ancien Registre & Archive de l'Abbaye de Redon; par Pierre PORCHER, Prêtre & Recteur de ce lieu, par lui traduit en François, avec l'explication d'icelle : *Rennes*, Durand, 1622, *in*-8.

☞ *Voyez* ci-devant, N.° 4217, un Ouvrage du même Auteur, sur la Chapelle de Notre-Dame de Toutes-Aides, dans la même Eglise.]

5027. * Histoire de la célèbre & miraculeuse dévotion de sainte Anne, près d'Auray en Bretagne; par HUGUES DE S. FRANÇOIS, Prieur des Carmes de Pont-l'Abbé : *Paris*, Costereau, 1634, *in*-12. *Ibid.* Guillemot, 1638, *in*-8.

5028. ☞ La gloire de Sainte Anne, ou l'origine & progrès de la dévotion de sa Chapelle : *Vannes*, 1793, *in*-12.]

5029. ☞ La Retraite de Vennes, ou la façon dont la Retraite des hommes se fait dans Vennes, sous la conduite des PP. Jésuites, & les grands biens que Dieu opère par elle : *Vennes*, 1678, *in*-16.]

Histoire Ecclésiastique de Champagne & de Brie.

5030 ☞ Fondation d'une Ecole, de plusieurs Messes & Prières (à *Aujeurre* en Champagne); par M. Moilleron & sa femme : *Paris*, 1666, *in*-12.]

5031. ☞ Réglement pour la Communauté des Régentes du Diocèse de *Chaalons-sur-Marne*, : Chaalons, 1667, *in*-12.]

5032. ☞ Statuts & Constitutions anciennes du Monastère de Vinet-lez-Chaalons, examinées & corrigées par M. l'Evêque Louis-Antoine DE NOAILLES : *Chaalons*, Seneuze, 1691, *in*-12.]

5033. ☞ Recueil de Pièces concernant la fameuse Relique du Saint Nombril de l'Eglise de Notre-Dame en Vaux de Chaalons-
sur

Des Provinces & Villes. 337

sur-Marne, & la visite qui en a été faite en 1707, par M. l'Evêque de Chaalons: 1707, *in-8.*

☞ Le 19 Avril 1707, M. Gaston J. B. Louis de Noailles, Evêque de Chaalons, se fit représenter la Relique du Saint Nombril, adorée dans l'Eglise de Notre-Dame en Vaux, & n'y ayant trouvé que de la cendre & quelques cailloux, il la fit enlever. Les Paroissiens allarmés lui présentèrent une Remontrance, tendante à lui faire voir qu'il n'avoit pu leur soustraire cette Relique sans avoir fait auparavant quelque procédure. L'Evêque pour se justifier fit faire par un de ses Chanoines le récit de ce qui s'étoit passé dans cette visite, avec les Procès-verbaux qui en furent dressés, & on y a ajouté la Remontrance des Paroissiens: cela forme ce petit Recueil imprimé dans le mois de Mai, 1707.]

5034. ☞ Mſ. Réponse de M. l'Evêque de Chaalons, à M. le Procureur-Général: *in-4.*

Cette Pièce, qui regarde la même affaire que le Recueil précédent, est indiquée, comme les Pièces suivantes, dans le *Catalogue* de M. de Cangé; elles se trouvent à la Bibliothèque du Roi.

5035. ☞ Relique du Saint Nombril, conservée dans l'Eglise Paroissiale de Notre-Dame en Vaux, dans la Ville de Chaalons.]

5036. ☞ Lettre d'un habitué de Notre-Dame, à un de ses amis, &c.]

5037. ☞ Mémoires pour soutenir la Relique de Notre-Dame de Chaalons, envoyés par un Paroissien de cette Eglise à M*** Avocat: *Paris, in-8.*]

5038. ☞ Différend sur la Relique du Saint Nombril à Chaalons en Champagne. *Journal de Verdun,* 1707, *Juillet.*]

5039. ☞ Mémoire pour les Chapelains de l'ancienne Congrégation de l'Eglise Cathédrale de Chaalons; contre les Chanoines & Chapitre de la même Eglise: *in-4.*

C'est au sujet d'une autre prétendue Relique.]

5040. ☞ Lettre de M. Bonnevie, sur le nom de sainte Coyère ou Cohière, qu'on donne dans le Diocèse de Chaalons-sur-Marne à la Fête de Saint Pierre aux Liens. *Journal de Verdun,* 1751, *Juillet, pag.* 25.

Ce M. Bonnevie est un Pseudonyme inconnu.]

5041. ☞ Etat de la fondation de la Chapelle sous l'invocation de Jesus, Marie & Joseph, en l'Eglise de *Dammartin-la-Ville-sur-Illon;* par Antoine Guyot: *Toul,* 1662, *in-8.*]

5042. ☞ Exercice de dévotion pratiqué en l'Eglise Paroissiale de Fère en Tardenois; par François Mereau: *Reims,* Potier, *in-12.*]

5043. ☞ Histoire de l'Eglise de *Langres;* par Théodote Tabourot, Chanoine de cette Eglise.

L'Auteur est mort le 7 Avril 1689. On ne sçait ce qu'est devenu son Manuscrit.]

5044. Mſ. Catalogue historique des Doyens de l'Eglise Cathédrale de Langres; par Clément Macheret, Prêtre, Curé d'Orthet.

Ce Catalogue historique est conservé dans la Bibliothèque de François du Moulinet, selon Philibert de la Mare, *pag.* 61, de son Livre intitulé: *Conspectus Historicorum Burgundiæ.*

5045. Langres Chrétienne; par Denys Gaultherot.

Cette Histoire est imprimée dans l'*Anastase de Langres;* par le même: *Langres,* 1649, *in-8.*

5046. ☞ De Episcopali monogamia & unitate Ecclesiastica dissertatio, seu Ecclesiæ Lingonensis deffensio; auctore Andreâ du Saussay: *Parisiis,* Chaudière, 1632, *in-4.*]

5047. ☞ Pièces concernant le Procès mû entre le Chapitre de Langres & la Paroisse de S. Pierre & de S. Paul, avec les Arrêts du 28 Mars 1660, & 23 Février 1664, *in-4.*]

5048. ☞ Recueil de Mémoires, &c. entre les Prêtres de l'Oratoire établis dans la Ville de Langres, & M. l'Evêque de Langres: *in-fol.*

Il s'agissoit de sçavoir si les biens des Prêtres de l'Oratoire de Langres leur appartiennent, ou au Séminaire de ce Diocèse.]

5049. ☞ Lettre au Général de la Congrégation de l'Oratoire, au sujet du Jugement rendu en faveur de M. de Montmorin, & de l'enlèvement qu'on a fait aux Pères de l'Oratoire, du Séminaire de Langres: 1738, *in-4.*]

5050. ☞ Lettre aux Auteurs de la nouvelle Gaule Chrétienne, touchant la Liste des Doyens de l'Eglise de *Meaux,* &c. par Ch. Jos. Thomé, Chanoine de cette Eglise: *Paris,* 1749, *in-12.* 35 pages.]

5051. ☞ Arrêt du Conseil d'Etat, qui confirme l'établissement du Séminaire de Meaux, dans l'Hôpital de Jean Rose, de la même Ville, du 20 Septembre 1736: *Paris,* Simon, 1736, *in-4.*]

5052. Discours sur le rétablissement de l'Eglise Royale de S. Quiriace de *Provins,* prononcé dans ladite Eglise; par le R. P. V. R. P. D. J. Orléans, Boyer, 1666, *in-8.*

Ces lettres initiales signifient, le Révérend Père Vincent Ratier, Prieur des Jacobins.

5053. * Mſ. Histoire de l'Hôtel-Dieu de Provins; (par Eustache Grillon, Médecin): *in-fol.*

Est entre les mains des Chanoines Réguliers qui gouvernent cet Hôtel-Dieu.]

5054. ☞ Miracle arrivé à Provins par la dévotion à la sainte Epine, révérée à Port-Royal, reconnu & approuvé par la Sentence de M. le Grand-Vicaire de M. l'Archevêque de Sens, rendue le 14 Décembre 1656; (par Alexandre Varet): 1657, *in-4.*]

5055. ☞ Lettre d'un Ecclésiastique de Provins, du 27 Février 1668, à un de ses amis, sur l'Ordonnance de M. l'Archevêque de Sens (de Gondrin) du 4 Décembre, au sujet du Collège de Provins, dans lequel les Jésuites vouloient s'établir: *in-4.*]

5056. Ecclesiæ *Remensis* Fabrica : *Remis*, 1651, *in*-8.

5057. ☞ Institution, Réglemens & Prières de l'ancienne Confrairie du Saint Nom de Jesus & de Saint Pierre aux Clercs, établie en l'Eglise de S. Pierre le Vieil de Reims, en 1172 : *Reims*, 1710, *in*-12.]

5058. ☞ L'Office de l'adoration perpétuelle du Saint Sacrement de l'Autel, avec les Statuts de la Confrairie érigée en l'Eglise de S. Hilaire : *Reims*, 1622, 1737, *in*-12.]

5059. ☞ L'Office de S. Hilaire, avec les Saluts & Processions fondés en l'Eglise de S. Hilaire de Reims: *Reims*, 1736, *in*-12.]

5060. ☞ Recueil de Pièces pour l'établissement de deux Séminaires dans le Diocèse de Reims ; par Charles-Maurice LE TELLIER : *Paris*, 1700, *in*-4.]

5061. ☞ Pièces concernant l'établissement des Chanoines Réguliers au Séminaire de Reims : *in*-4.

Ce Recueil se trouve indiqué, num. 6080, du *Catalogue Colbert*.]

5062. ☞ Statuts & Réglemens de l'Hôpital Général de Reims : *Reims*, Potier, 1686, *in*-12.]

5063. ☞ Relation de ce qui s'est passé en la Procession générale & extraordinaire où on a porté le Corps de S. Remy, durant cinq jours consécutifs en la Ville de Reims, pour demander à Dieu d'être délivré de la peste dont elle étoit frappée : *Reims*, Potier, 1658, *in*-4.]

5064. ☞ Avertissement (historique) à la tête de »l'Office de la Fête que l'on célébre »à *Sédan* le jour de S. Matthias, en mé-»moire du rétablissement du culte public »du S. Sacrement en cette Ville » : *Reims*, Multeau, 1745, *in*-8.

On y voit comment ce rétablissement arriva en 1644, par les soins du Maréchal Faber, qui fut le premier Gouverneur de cette Ville après la cession que le Duc de Bouillon en fit au Roi Louis XIII. Les Calvinistes y avoient auparavant une espèce d'Université.]

5065. Ms. Histoire Ecclésiastique & Séculière de la Ville de *Troyes* en Champagne, contenant plusieurs choses remarquables au fait de la Religion, depuis l'an 1550, jusqu'en 1594 ; par Nicolas PITHOU : *in-fol*.

Cette Histoire manuscrite est conservée entre les Manuscrits de M. Dupuy, num. 698.]

5066. ☞ Ms. Calendrier de l'Eglise de Troyes ; par M. MOREL, ancien Lieutenant-Général de Troyes : *in-fol*, 459 pages.

Ce Manuscrit, dont le Bureau de la Ville de Troyes a fait l'acquisition après la mort de l'Auteur, contient, 1.° Annales du Diocèse pour le Calendrier ; 2.° Etablissement de la Religion Chrétienne dans les Gaules & les Diocèses de Sens & de Troyes ; 3.° le Calendrier des Fêtes & des Saints, selon l'ordre des mois & des jours ; 4.° les changemens & variations du culte ; 5.° Actes des Saints du Diocèse ; 6.° Fêtes mobiles ; 7.° Observations & Réglemens sur les Fêtes ; 8.° Fêtes profanes autrefois établies à Troyes, depuis supprimées ; 9.° Topographie des Saints & des Reliques ; 10.° les preuves ; 11.° une Table générale.]

5067. ☞ Mémoire sur l'origine des Droits de Collation & de Dismes, aujourd'hui exercés sur une partie des Cures du Diocèse de Troyes, par différens Chapitres, Abbayes & Prieurés.

On trouve ce Mémoire dans les *Ephémérides Troyennes* de 1764 ; par M. GROSLEY.]

5068. Lettre d'un Ecclésiastique de Troyes, (M. VERLUYSON, Chanoine) à un de ses amis, sur l'incendie arrivé à l'Eglise Cathédrale de la même Ville, le 8 d'Octobre 1700: *Troyes*, Oudot, 1700, *in*-4. [8 pag.]

5069. ☞ Recueil de plusieurs titres pour justifier que Henry I. Comte Palatin de Champagne & Brie, est Fondateur des Chanoines Prébendés de Notre-Dame de l'Eglise Royale de S. Etienne de Troyes : *Troyes*, Jacquart, 1664, *in*-8.

Ce petit Recueil a été publié par Jacques BREVER, d'abord Chanoine de S. Etienne, & ensuite de S. Urbain, mort le 6 Avril 1707.]

5070. ☞ Titres de la fondation de l'Eglise Collégiale de S. Urbain de Troyes : *Troyes*, le Fevre, 1683, *in*-4.

L'Eglise de Saint Urbain fut fondée par le Pape Urbain IV. qui étoit de Troyes, & elle dépend immédiatement du S. Siége. Le Recueil de ses titres fut encore publié par les soins de M. BREYER, à l'occasion d'un Procès. Pour le completter, par rapport à l'Histoire, il faut y joindre les Ecrits d'Urbain IV. & ses Bulles, qui sont au nombre de vingt-cinq ou trente. Il y en a une partie imprimée dans le *Trésor des Anecdotes* de Dom Martenne, & dans le *Recueil des Historiens de France* de du Chesne. Il y a encore plusieurs Pièces Manuscrites dans un Cartulaire de la Bibliothèque du Roi, nommé *Liber Pontificum*; d'où feu M. L'Evêque de la Ravalière, de l'Académie des Belles-Lettres, a tiré deux Bulles, pour servir à la Vie de ce Pape, dans l'Histoire de Thibaud V. Comte de Champagne, au temps duquel vivoit le Pape Urbain.]

5071. * Ecclesiæ sancti *Vinemeri* Decanatus assertus, à Joanne BUCHERIO DE FLOGNY, Monasterii S. Joannis Reomensis Priore : *Parisiis*, Pepingué, 1666, *in*-4.

Ce Doyenné de S. Vinemer est sous l'Archidiaconé de Tonnerre, dans le Diocèse de Langres.]

Histoire Ecclésiastique du Dauphiné.

5072. Ms. Histoire Séculière & Ecclésiastique du Dauphiné ; par Raymond JUVENIS.

Voyez ci-après, Liv. IV. *Histoire des Provinces,* à l'Article *Dauphiné*.]

5073. Viennæ Allobrogum sacræ & profanæ Antiquitates : collectæ à Joanne A BOSCO.

Ces Antiquités sont imprimées, *pag.* 5 & *suiv*. de la seconde partie de l'Ouvrage intitulé : *Bibliotheca Floriacensis*, &c. *pag*. 5 : *Lugduni*, 1605, *in*-8. L'Abbé du Bois, Célestin, Auteur de cet Ouvrage, est mort en 1626.]

5074. Histoire de l'Antiquité & Sainteté de la Ville de Vienne ; par Jean LE LIEVRE,

Abbé de S. Ferreol : *Vienne*, Poyet, 1623, *in-8*.

☞ *Voyez* ci-après, *Métropole de Vienne.*]

5075. ☞ Les éloges françois & latins de Vienne souterraine, & de la sainte Nappe ; avec deux lettres du Sieur DE MANTES, sur l'ancienneté & sainteté de Vienne : *Vienne*, Baudrand, 1668, *in-8.*]

5076. ☞ Institution, Règles & Statuts de la Congrégation de l'Exaltation de la sainte Croix (à *Grenoble*) pour la propagation de la foi : *Grenoble*, 1659, *in-8.*]

5077. ☞ Relation des cérémonies faites à Grenoble dans les deux Monastères de la Visitation, avec les beaux desseins, l'un de S. François de Sales, l'autre de transfigurations sacrées ; par le Père Claude-François MENESTRIER, Jésuite : *Grenoble*, 1666, *in-4.*]

5078. ☞ La nouvelle naissance du Phénix ; décoration pour la canonisation de S. François de Sales ; par le même : *Embrun*, 1667, *in-8.*]

Histoire Ecclésiastique de Flandres & de Hainaut.

5079. Ms. Historia Ecclesiastica Flandriæ ; auctore Dionysio HARDUINO, Gandensi Jurisconsulto.

Cette Histoire manuscrite est citée par Valère André, dans sa *Bibliothèque de Flandres*. Denys Hardouin est mort en 1605.

5080. ☞ Ægidii BUCHERII Belgium Ecclesiasticum usque ad annum Christi 511.

Se trouve dans le Livre du même, intitulé : *Belgium Romanum Ecclesiasticum & Civile* : *Leodii*, Hovius, 1655, *in-fol.*]

5081. Histoire Ecclésiastique de Flandres ; par Guillaume GAZET, Pasteur de sainte Marie-Madeleine d'Arras : *Valenciennes*, 1614, *in-4.*

Gazet est mort en 1601.

5082. Histoire Ecclésiastique de Flandres, tirée des meilleurs Historiens de Flandres ; par Denys MUDZAERT, Chanoine Régulier de l'Ordre de Prémontré [en Flamand] : *Anvers*, Verdussen, 1624, *in-fol.* 2 vol.

5083. Gallo-Flandria sacra & profana ; auctore Joanne BUZELINO, è Societate Jesu : *Duaci*, 1625, *in-fol.*

Cet Auteur est mort en 1619.

5084. ☞ Sacta Belgii chronologia in duas partes distributa : prima continet omnium ferè Metropolitanarum & Cathedralium Ecclesiarum origines & fundationes ; secunda, novarum omnium & quarumdam antiquarum Diœcesium series Episcoporum usque ad annum 1719 ; auctore J. B. L. DE CASTILLON : *Gandavi*, 1719, *in-12.*]

5085. ☞ Heriberti ROSWEYDI Historia Ecclesiæ Belgicæ : *Antverpiæ*, 1623, *in-fol.*]

Tome I.

5086. * Arnoldi RAYSSE Hierogazophylacium Belgicum, sive Thesaurus SS. Reliquiarum Belgii : *Duaci*, Pinchon, 1628, *in-8.*

5087. Auberti MIRÆI, Bruxellensis, Canonici Antverpiensis, Notitia Ecclesiarum Belgii, in qua, tabulis donationum longâ annorum serie digestis, sacræ Germaniæ Inferioris Historia recensetur : *Antverpiæ*, Cnobbarus, 1630, *in-4.*

Cet Auteur est mort en 1640. Tout ce qu'il a fait est estimé. Cet Ouvrage contient des Diplômes & des Chartes qui concernent les Familles des Pays-Bas, & l'Histoire Ecclésiastique de ces Provinces ; il y en a quelques-unes qui sont fausses.

5088. Diplomata Belgica & Donationes piæ in favorem Ecclesiarum Belgicarum : ab Auberto MIRÆO eruta & Notis illustrata : *in-4.* 3 vol. I. & II. *Bruxellæ*, 1624-1628. III. *Antverpiæ*, 1629.

Eadem (& Notitia) cum Supplementis, & 500 novis Diplomatibus : *Bruxellæ*, 1722 & 1734, *in-fol.* 3 vol.

L'Editeur, Jean-François FOPPENS, Chanoine de Malines, dit dans sa *Bibliothèque Belgique*, au mot *Aub. Miræus*, qu'il a encore un quatrième volume à donner.]

5089. ☞ Belgica Christiana, de Episcopis Ecclesiæ Belgicæ : 1634, *in-4.*]

5090. ☞ Julii CHIFFLETII, Aula sacra Principum Belgii, seu Commentarius de Capellæ Regiæ in Belgio principiis, ministris, ritibus, &c. Accedunt pro eadem Capella Donationes, Diarium Officii diurni : edente Joanne Jacobo Chiffletio : *Antverpiæ*, Moretus, 1650, *in-8.*

5091. ☞ Histoire sacrée des saints Ducs & Duchesses de *Douay*, Seigneurs de Merville ; des saintes Gertrude, Adalbade, Rictrude & Maurand, Patrons de Douay, avec un Recueil des Chanoines ; par M. HÆNART : *Douay*, 1637, *in-4.*]

5092. ☞ Triumphus sacer sanctorum Terentiani & socii martyrum, sive sacrorum utriusque corporum, Atrebato Duacum translatio, & Duaci in eâdem translatione publica & solemnis supplicatio, &c. auctore Petro HALLOIX, Soc. Jes. *Duaci*, Wardavoir, 1615, *in-8.*]

5093. ☞ Catalogue des Confrères de l'Archi-Confrairie du S. Sacrement, établie à Dunkerque ; par M. DE RABATON, Evêque d'Ypres, en 1697 : *Dunkerque*, 1719, *in-8.*]

5094. ☞ Défense des droits du Prieuré de *Fives*, en la Châtellenie de Lille ; contre un Factum de MM. de la Sainte Chapelle de Paris, & de S. Nicaise de Reims : 1686, *in-8.*

Cette Défense est de M. DE RUMILLY, & on le pria de la supprimer.]

5095. ☞ La Vie & le martyre de S. Adrien, Titulaire de la Ville de *Grandmont*, avec le commencement & Chronique de son Monastère en ladite Ville ; le tout tiré de la copie Latine de Dom Benoît RUTEAU : *Ath*, Maes, 1637, *in*-12.]

5096. ☞ Origines omnium *Hannoniæ* Cœnobiorum : subnectitur Auctarium de Collegiatis ejusdem Provinciæ Ecclesiis : *Montibus*, 1650, *in*-12.]

5097. ☞ Par sanctorum Martyrum, SS. Marcellinus & Petrus, *Hasnoniensis* Ecclesiæ Patroni, cum ejusdem descriptione, dictorum Martyrum gestis, origine cultûs B. Mariæ Foyensis, Abbatum serie ; item descriptio Basilicæ sanctæ Mariæ Majoris Valencenensis Hasnonio subjectæ, & dicti oppidi Processionis : omnia versibus expressa, à Philip. BRASSEUR : *Montibus*, Havart, 1643, *in*-8.]

5098. ☞ Forma subventionis pauperum quæ apud *Hyperas*, Flandrorum urbem, viget : *Hyperis*, 1531, *in*-8.]

5099. ☞ Explication de l'institution des règles & des usages de la Confrairie de S. Michel (de *Lille*) pour les Agonisans : *Lille*, 1706, *in*-8.]

5100. ☞ Fondation du Couvent de Sainte Marguerite dans la Ville de *Saint-Omer*; par le P. Gilbert DE LA HAYE : *Douay*, 1686, *in*-12.]

5101. ☞ Mémoires sur la collation des Canonicats de l'Eglise de *Tournay*, faite (lors de la guerre) par les Etats Généraux des Provinces-Unies; recueillis par l'Abbé (Nicolas) LENGLET DU FRESNOY : *Tournay*, 1711, 1712, 1713, *in*-8.]

5102. ☞ Lettres sur ces Mémoires : 1711, *in*-12.]

5103. ☞ Mſ. Histoire Ecclésiastique de la Ville & Comté de *Valenciennes*; par Sire Simon LE BOUCQ, Prévôt de cette Ville : *in*-fol.

Cette Histoire est, avec quelques autres Manuscrits du même Auteur, dans le Cabinet de M. Tordreau de Belleverge, Avocat en Parlement & ancien Echevin de Valenciennes. Elle comprend toutes les Paroisses, Couvens, Fondations pieuses, Refuges d'Abbayes, Monts-de-Piété & Hôpitaux.]

Histoire Ecclésiastique du Forez.

5104. L'Astrée sainte, ou Histoire Ecclésiastique du Forez, contenant le Recueil historique des Prélats Foréfiens, ou natifs dudit pays, où l'on découvre les Antiquités de plusieurs Eglises, & les Origines de plusieurs Maisons illustres par des preuves authentiques ; par Jean-Marie DE LA MURE.

Cette Histoire Ecclésiastique occupe la seconde partie de son *Histoire Universelle du Forez* : *Lyon*, 1679, *in*-4. Il l'a intitulée : *L'Astrée sainte*, en faisant allusion au Roman de l'Astrée, composé par Honoré d'Urfé, Foréfien.

5105. ☞ Relation de la Mission faite par les Jéſuites à S. Etienne-en-Forez, l'an 1711;
par M. l'Abbé T***: *Lyon*, Molin, 1712, *in*-4.]

Histoire Ecclésiastique de Franche-Comté.

5106. Mſ. Sequani Christiani, seu Christiana Sequanorum Decas historica, ex publicis, privatisque tabulariis, Necrologorum fastis, Historicorum assertis, Codicibus manuscriptis, aliisque optimæ notæ monumentis, &c. aucta & vindicata : opera & studio ANDREÆ à sancto Nicolao, Doctoris Theologi, Carmelitæ.

Cet Auteur étoit prêt à faire imprimer cet Ouvrage, lorsqu'il mourut en 1713. Il l'a sans doute laissé dans quelque Maison de son Ordre.

5107. ☞ Histoire de l'Eglise, Ville & Diocèse de Besançon ; par François-Jean DUNOD : *Besançon*, 1750, *in*-4. 2 vol.

Voyez ci-après, *Métropole de Besançon*.

5108. ☞ Mſ. Collection de plusieurs Recueils pour servir à l'Histoire Ecclésiastique de l'Eglise de Besançon & du Diocèse.

Cette Collection est dans l'Abbaye de Faverney, en Franche-Comté, & c'est D. Coquelin, Abbé de ce Monastère, qui l'a faite. Elle consiste en Chartes & Mémoires, dont les uns concernent le Chapitre Métropolitain, les autres appartiennent à l'Histoire des Abbayes & Prieurés de la Franche-Comté.]

5109. ☞ Mſ. Collection de plusieurs Recueils, qui ont servi aux Ouvrages historiques de M. Dunod.

Cette Collection se trouve dans la Bibliothèque de MM. Dunod de Charnage, Conseillers au Parlement de Besançon.

Voyez ci-après, *Métropole de Besançon*.]

5110. ☞ Mſ. Cartulaire pour servir à l'Histoire de l'Eglise de Besançon : *in-fol*. 2 vol.

L'Abbaye de S. Vincent de Besançon possède ce Manuscrit, qui renferme plusieurs pièces touchant les Induls des Comtes de Bourgogne pour la provision des Bénéfices Réguliers, sur l'autorité des Légats *à latere*, concernant la Police Royale & Réglemens desdits Bénéfices, avec plusieurs Titres qui regardent le Chapitre Métropolitain.]

5111. ☞ Speculum Inquisitionis Bisuntinæ, ejus Vicariis & Officiariis exhibitum à R. P. Fratre Joanne DES LOIX, sacræ Theologiæ Doctore Ord. Prædicat. Conventûs Audomarensis, per Bisuntinam Diœcesim, & totum Burgundiæ Comitatum, Inquisitore generali, &c. *Dolæ*, Binart, 1628, *in*-8.

Cet Ouvrage donne l'idée d'un Tribunal, qui ne subsiste plus en Franche-Comté.]

5112. ☞ L'Inquisiteur de la Foi représenté : *Besançon*, 1634, *in*-8.

C'est l'abrégé du Livre précédent.]

5113. ☞ De linteis sepulchralibus Christi Salvatoris crisis historica ; auctore Jac. CHIFFLETIO : *Antverpiæ*, Moretus, 1624, *in*-4.

Jacques Chifflet, qui étoit de Besançon, a fait cet Ouvrage principalement au sujet du saint Suaire que l'on conserve en cette Ville.]

5114. ☞ Hiéroſtonie de Jeſus-Chriſt, ou Diſcours des ſaints Suaires de Notre Seigneur, extrait & traduit du Latin de Jac. Chifflet ; par A. D. C. P. *Paris*, Cramoiſy, 1631, *in*-12.]

5115. ☞ Diſſertation ſur le ſaint Suaire de Beſançon ; par Jean-François Dunod de Charnage.

Elle ſe trouve, pag. 401-415, du tom. I. de ſon *Hiſtoire de l'Egliſe de Beſançon, &c. Beſançon*, 1750, *in*-4. 2 vol.]

5116. ☞ Remarques ſur une Danſe Eccléſiaſtique qui ſe faiſoit le jour de Pâques dans les Egliſes Canoniales de Beſançon. *Variétés hiſtoriques*, tom. *III. pag.* 318 *& ſuiv.*

Voyez auſſi *Mercure*, 1742, *Septembre. Choix des Mercures*, tom. *LXVI. pag.* 49, & *Journ. Eccl.* 1764, *Février, pag.* 169-183.]

5117. ☞ Lettre de M. l'Abbé ✱✱✱, écrite de Beſançon à M. le Prieur de ✱✱✱, ſur l'offrande de Glace qui ſe fait dans l'Egliſe Métropolitaine de Beſançon, le 3 Août, & ſur d'autres ſingularités de cette Egliſe. *Mercure*, 1741, *Décembre, pag.* 2776-2795.]

5118. ☞ Lettre de M✱✱✱, écrite de Beſançon au ſujet d'une cérémonie Eccléſiaſtique de l'Egliſe de Beſançon. *Mercure*, 1741, *Juillet, pag.* 1490-1504.]

5119. ☞ Factums de quelques Curés de Beſançon, & des Profeſſeurs en Théologie du Collége des Jéſuites, en réponſe : *in*-4.]

5120. ☞ Projet de la Charité de la Ville de *Dôle* : *Dôle*, Magnin, 1698, *in*-12.

Ce Livret eſt du P. Pierre-Joſeph Dunod, Jéſuite ; il n'a que 58 pages.]

5121. ☞ Etabliſſement de la Charité de la Ville de Dôle, ſelon la nouvelle méthode des Hôpitaux généraux : *Dôle*, Magnin, 1698, *in*-12. 50 pages.]

Hiſtoire Eccléſiaſtique de Guyenne.

5122. Hiſtoire ſacrée d'Aquitaine, première partie, contenant l'état du Chriſtianiſme, depuis la publication de l'Evangile juſqu'à nous ; par Jean Bajole, Jéſuite : *Cahors*, Daluy, 1644, *in*-4.

Le Père Bajole eſt mort en 1650.

5123. ✱ Mſ. Hiſtoire de l'Egliſe Collégiale d'Agen ; par Bernard de la Benazie, Chanoine de cette Collégiale.

☞ Le P. le Long diſoit en 1719, dans ſon *Supplément*, que cette Hiſtoire étoit entre les mains de l'Auteur.]

5124. ☞ Lettres de Louis-le-Gros, de l'année 1137, addreſſées à l'Archevêque de Bordeaux & ſes Evêques Suffragans : divers Arrêts tant du Parlement de Paris, que des Grands-Jours tenus dans les Villes de Poitiers, de Tours & d'Angers, depuis 1540 juſqu'en 1544 : autres Arrêts tant du Conſeil d'Etat, que des Parlemens de Paris & de Bordeaux, depuis 1582 juſqu'en 1703, concernant les affaires Eccléſiaſtiques du Diocèſe de Bordeaux.

La Table raiſonnée des Mémoires du Clergé de France rapporte les dates de toutes ces pièces, qui peuvent ſervir à l'Hiſtoire de l'Egliſe de Bordeaux, & indique les volumes & les pages des Mémoires où ces mêmes pièces ſe trouvent au long.

Voyez cette Table au mot *Bordeaux*, pages 16-17 & 28, de la Partie II. de l'édition de 1752.]

5125. ☞ Diſſertation ſur l'édifice de l'Egliſe Primatiale de Saint André de Bordeaux, &c. par M. Xaupy, Docteur de Sorbonne, Chanoine & Archidiacre de Perpignan, &c. *Bordeaux*, Brun, 1751, *in*-4.]

5126. ☞ Fondation de l'Hôpital de S. André de Bordeaux : 56 pages.

Se trouve à la ſuite de la *Chronique Bordeloiſe*, donnée par Tillet : *Bordeaux*, 1703, *in*-4.]

5127. ☞ Mſ. Bulles, Actes, Tranſactions, &c. pour ſervir à l'Hiſtoire de l'union de l'Egliſe Paroiſſiale de S. Michel de Bordeaux, au Monaſtère de ſainte Croix de la même Ville.

Ces Bulles, Actes, Tranſactions, &c. ſont conſervées dans les Archives du Collége des Prêtres Bénéficiers de la même Egliſe.]

5128. ☞ Le même Recueil imprimé ſous le même titre, par les ſoins de M. Dumage, Prêtre Bénéficier de S. Michel : *Bordeaux*, 1754, *in*-4.

M. Dumage donne dans cet imprimé la traduction Françoiſe de pluſieurs extraits de Bulles, Actes, &c. qui pouvoient éclaircir les privilèges de ce Collége de Bénéficiers, & les prétentions des Religieux Bénédictins de l'Abbaye de ſainte Croix de Bordeaux.]

5129. ☞ Mſ. Recherches curieuſes pour ſervir à l'Hiſtoire de l'Egliſe & du Collége des Bénéficiers de S. Michel de Bordeaux, avec un Recueil de Pièces juſtificatives : *in*-4.

M. Dumage eſt encore l'Auteur de ces Recherches, qui ſont conſervées dans ſon Cabinet.]

5130. ☞ Mſ. Diſſertation ſur le Clocher de l'Egliſe Paroiſſiale de S. Michel de Bordeaux, dans laquelle on prouve, contre l'opinion commune, que cet édifice n'a été conſtruit que depuis l'expulſion des Anglois de la Province de Guyenne. Lue à l'Académie le 25 Août 1761 ; par M. l'Abbé Baurein, Académicien Aſſocié de Bordeaux.

Dans le Dépôt de cette Académie.]

5131. ☞ Inſtruction pour la Confrairie du S. Sacrement de l'Autel, établie à Bordeaux : *Bordeaux*, 1577, *in*-12.]

5132. ☞ Hiſtoire du ſaint Suaire & du ſacré Bandeau de Jeſus-Chriſt, tranſportés de l'Orient dans l'Abbaye de *Cadouin*, de l'Ordre de Citeaux, au Diocèſe de Sarlat, en Périgord ; miſe en lumière par les ſoins des Prieur & Religieux Réformés de ladite Abbaye : *Paris*, Beſſin, 1643, *in*-12.]

5133. ☞ Abrégé de l'Hiſtoire (précédente) ; avec quelques Oraiſons pour honorer cette

Sainte Relique, & un Procès-verbal de l'Evêque de Sarlat (Jean de Lingendes): *Tulles*, Dalluy, 1682, *in*-12.]

5134. ☞ Marci Antonii DOMINICY, Cadurcensis, de Sudario capitis Christi (asservato in Ecclesia Cadurcensi) liber singularis: *Cadurci*, Roussæus, 1640, *in*-4.

Il s'agit ici du Suaire ou de la sainte Coëffe que l'on conserve à *Cahors*. On peut voir à ce sujet, & sur le précédent, non-seulement l'Ouvrage de Jacques Chifflet, (ci-devant, N.° 5113) mais encore ce que dit Adrien Baillet dans son *Histoire des Fêtes Mobiles* (après les Vies des Saints) art. 12. des *Instrumens de la Passion*, au Vendredi Saint; à quoi il faut joindre les Observations que le P. Honoré de sainte Marie a faites, tom. III. de ses *Réflexions sur les règles de la critique*, &c. (*Lyon*, 1720, *in*-4.) pag. 434-436.]

5135. ☞ Traité des Reliques & Vies des saints Hilarion, Agaton & Piamon, Abbés, avec les preuves de la translation de leurs Reliques en France, à *Duravel* en Quercy, & un Recueil des merveilles arrivées à leur tombeau, &c. tiré des Chartes, Titres, &c. par Jean DE VIDAL, Avocat: *Cahors*, Dalvy, 1664, *in*-8.]

5136. ☞ Ms. Histoire Ecclésiastique du Diocèse de *Limoges*; par M. Joseph NADAUD, Curé de Teyjac, près de Montron en Périgord, mais du Diocèse de Limoges.

Cette Histoire est entre les mains de l'Auteur, qui depuis plus de trente ans ramasse tout ce qu'il peut trouver de relatif à l'Histoire de son Diocèse, soit dans les Archives des Chapitres, Monastères & Notariats, soit dans les Livres imprimés.

5137. ☞ Recueil de Litanies, Hymnes & Pseaumes que les Confrères Pénitens bleus de la Ville de Limoges, chantent en faisant leurs Processions: *Limoges*, Dumas, 1626, *in*-8.]

5138. ☞ La Confrairie du S. Sacrement, établie dans l'Eglise de *Montauban* en Quercy: *Montauban*, 1687, *in*-12.]

5139. ☞ Etat de l'Eglise du *Périgord*, depuis l'établissement du Christianisme; par le P. Jean DUPUY, Récollet: *Périgueux*, 1718, *in*-12. 2 vol.]

5140. ☞ Factum pour le Syndic du Clergé de *Sainctes*, contre les Prétendus-Réformés de Sainctonge, sur le sujet des Temples: *in*-4.]

5141. ☞ Privilèges de l'insigne Eglise de S. Emilion, avec un Diptyque d'un grand nombre de Prélats & d'autres personnes illustres qu'elle a eu l'honneur d'avoir à sa tête: *Bordeaux*, Millanges, *in*-8.

L'Auteur de cet Ouvrage est Romain BARBOT, Chanoine-Aumônier de S. Emilion: il étoit fort estimé de son Corps, qui le députa au Concile Provincial de Bordeaux, tenu en 1624.

Dans un Manuscrit en vélin, gros *in*-4. qui a passé de la Bibliothèque de M. de Pontac, Premier Président au Parlement de Bordeaux, dans celle de M. Duplessis, & qui est intitulé: *Martyrologium Burdegalense quod sequitur Regula Sancti Augustini*, on trouve un Recueil de Bulles accordées par les Souverains Pontifes à l'Abbé & aux Chanoines du Chapitre de S. Emilion. Il y en a une entr'autres qui dispense ces MM. de l'Office de Matines. On trouve encore à la fin de ce Recueil plusieurs Obits fondés par différentes personnes de la Ville & Paroisse de S. Emilion, au profit du Chapitre de cette même Ville.]

5142. ☞ Arrêt du Grand-Conseil, homologuant les Statuts & Réglemens de l'Eglise Collégiale de *S. Junien*, Diocèse de Limoges, faits à la requête de Pierre Villebois, Prévôt de cette Eglise: *Paris*, Laquehay, 1622, *in*-8.]

5143. ☞ Recueil d'Ecrits sur le Prieuré de Saint-Orens, au Diocèse d'Auch; par Paul PELLISSON: *in*-12.]

Histoire Ecclésiastique de l'Isle de France.

☞ On ne trouvera rien ici sur *Beauvais*, *Laon*, *Soissons*, &c.

Voyez ci-après l'article de *Picardie*.]

5144. ☞ Histoire de la Ville & de tout le Diocèse de Paris; par M. l'Abbé LEBEUF: *Paris*, Prault, 1754, &c. *in*-12. 15 vol.

Cet Ouvrage contient plutôt des Mémoires qu'une Histoire. Les deux premiers volumes présentent des Observations nouvelles sur les Eglises de Paris, que l'Auteur a principalement tirées de divers Manuscrits. Il s'étend également sur le Temporel comme sur l'Ecclésiastique, dans les volumes suivans; c'est pourquoi on l'indiquera aussi à l'Histoire Civile.]

5145. ☞ Lettre à l'Auteur de l'Histoire du Diocèse de Paris, contenant quelques remarques sur le chapitre ayant pour titre: Luzarches & l'Abbaye d'Hérivaux: *Genève*, 1758, *in*-12. 78 pages.]

5146. ☞ Observations pour servir de conclusion à l'Histoire du Diocèse de Paris, & de Réponse à une Lettre sur Luzarches, &c. (par M. l'Abbé CARLIER).

Elles se trouvent à la fin du tom. XV. de l'*Histoire de la Ville & du Diocèse de Paris*; par M. l'Abbé Lebeuf.]

5147. ☞ Réflexions de D. Toussaint DU PLESSIS, contre l'Histoire du Diocèse de Paris. *Mercure*, 1756, *Juin*, *Juillet*, *Août*, *Septembre*.]

5148. ☞ Réponse aux Réflexions de Dom du Plessis.

Elles terminent le tom. IX. de l'Histoire de l'Abbé Lebeuf, & sont de la main de quelqu'un de ses amis.]

5149. ☞ Histoire des Paroisses de la Ville, Fauxbourgs & Banlieue de Paris, & de celles appellées Cures amovibles, avec les noms de ceux qui y nomment, leur revenu & situation: *Paris*, 1722, *in*-12.]

5150. ☞ Description des curiosités des Eglises de Paris & des environs; par Antoine-Martial LE FEVRE: *Paris*, Gueffier, 1759, *in*-12.

On y trouve, 1.° l'année de la fondation de ces Eglises, leur Architecture, Sculptures, Peintures, &c. 2.° leurs Trésors, Châsses, Reliquaires, &c. 3.° les Sépultures, Tombeaux, Epitaphes remarquables; 4.° les Personnes illustres qui ont honoré les Eglises par leur piété, leur érudition, ou qui les ont enrichies de leurs bienfaits; le tout par ordre alphabétique, pour une plus grande commodité; par le Sieur Antoine-Martial LE FEVRE, Prêtre: *Paris*, 1759, *in-*12.]

5151. ☞ Curiosités de l'Eglise de Notre-Dame de Paris, avec l'explication des Tableaux qui ont été donnés par le Corps des Orfévres: *Paris*, Gueffier, 1753, *in-*12.]

5152. ☞ Lettre de M. l'Abbé COLIN, Trésorier de l'Eglise de Notre-Dame de Paris, contre un Livre intitulé, Curiosités, &c. *Journal de Verdun*, 1757, *Décembre*, *pag.* 433-442.]

5153. ☞ Recueil & Mémoire historique touchant l'origine & l'ancienneté du Tableau votif que les Orfévres de Paris présentent le premier de Mai chaque année, en offrande à la sainte Vierge, dans l'Eglise Métropolitaine: *Paris*, 1685, *in-*8.

Ce Recueil a été fait par Isaac TROUVÉ, Orfévre de Paris.]

5154. ☞ L'Institution de la Confrairie de sainte Anne, & l'origine des Tableaux votifs présentés à la sainte Vierge le premier jour de Mai: *Paris*, 1699, *in-*12.]

5155. ☞ Description des Tableaux de l'Eglise de Notre-Dame de Paris, donnés par les Orfévres: 1671, *in-*12.

Il y a une autre Description plus ample, & qui vient jusqu'en 1699, dans le premier Tome du *Cabinet de Peinture*, &c. du Sieur le Comte, *pag.* 79. Il y a aussi une édition de cette Description intitulée: *Explication*, &c. 1715, *in-*12. Enfin on peut consulter les Curiosités, &c. que l'on vient d'indiquer.]

5156. ☞ Observations sur l'antiquité de l'édifice de Notre-Dame de Paris, avec une Description de trois monumens curieux qui sont dans le Trésor, des Remarques sur les anciennes manumissions, & le Catalogue des Rois de France, tel qu'il étoit exposé à la grande-porte de cette Eglise sous le règne de S. Louis; par M. l'Abbé LEBEUF. *Dissertations sur l'Hist. de Paris*, *tom.* I. *Paris*, 1739, *in-*12. *pag.* 75-102.]

5157. Dissertation de Gabriel DANIEL, Jésuite; sçavoir, si Childebert fit bâtir la Cathédrale de Paris.

Elle est imprimée dans son premier volume de l'*Histoire de France*, *pag.* 522: *Paris*, 1696 [&c.] *in-*4.

5158. * Dissertation sur le premier Fondateur de l'Eglise de Paris; par René AUBER DE VERTOT, de l'Académie Royale des Inscriptions & Belles-Lettres, avec la Réponse de Charles-César DE BAUDELOT, de la même Académie.

Elles sont conservées dans les Registres de l'année 1711.

5159. De Dedicatione Ecclesiæ Parisiensis: Quæstio acta anno 1446: *Parisiis*, 1643.

Claude Joly l'attribue à Jean LE MUNERAT, dans son Traité, *De reformandis Horis Canonicis*, *pag.* 65.

5160. Noms & Offices des Dignités & Chanoines de l'Eglise de Notre-Dame de Paris.

Ils se trouvent à la fin de leur *Ordo* pour réciter l'Office Divin. [On imprime chaque année ce Livre, où l'on trouve les Obits & Fondations.]

5161. Mſ. Histoire du Chapitre de Notre-Dame de Paris; par Nic. PETITPIED, Docteur de Sorbonne, & Chanoine de Notre-Dame.

Cet Auteur est mort en 1705, & son Histoire est entre les mains de ses héritiers.

5162. ☞ Recueil de Mémoires touchant le Réglement du Cloître de l'Eglise Cathédrale de Paris: *Paris*, 1652, *in-*4.

5163. ☞ Abrégé ou Sommaire du Procès pour le Réglement du Cloître de Notre-Dame de Paris, entre M. François Chastelain, Chanoine, &c. & les Doyen, Chanoines & Chapitre de ladite Eglise : *in-*4.

Il s'agissoit des Statuts concernant les Maisons Canoniales, & de trois Appels comme d'abus.]

5164. ☞ Recueil de Factums entre la Chapelle de Notre-Dame, les six Grands-Vicaires, & les Chapitres de S. Germain l'Auxerrois, S. Marcel, S. Maur-les-Fossés, les Abbés de S. Victor, Prieurs de S. Martin des-Champs, & de S. Denys de la Chartre, en 1688 & 1690, avec l'Arrêt du 18 Avril 1692, rendu en faveur du Chapitre de Notre-Dame: *in-*4.]

5165. ☞ Notice historique des Chanceliers de l'Eglise de Paris, depuis l'an 1030 jusqu'en 1627.

On la trouve à la suite de l'Ouvrage de Claude Héméré, intitulé: *De Academia Parisiensi*, &c. *Parisiis*, 1637, *in-*4.

Il faut y joindre la Liste qui est à la tête de l'*Essai sur l'Histoire de la Médecine*, par M. Chomel. Cette Liste a été continuée par M. THOUÉ, Archiviste de l'Eglise de Paris, qui y a suppléé plusieurs omissions du Docteur Héméré.]

5166. Mſ. Recueil de Pièces & Titres concernant les Privilèges & Franchises des dix Francs Archers de l'Eglise de Paris: *in-*4.

☞ Ce Manuscrit paraphé & collationné, étoit (selon le Père le Long) entre les mains de M. Martin, Libraire, lors de la première édition de cette Bibliothèque historique.]

5167. ☞ Calendrier historique & chronologique de l'Eglise de Paris; (par M. Ant. Martial) LE FEVRE, Prêtre & Bachelier en Théologie: *Paris*, 1747, *in-*12.

Voyez le *Journ. de Verdun*, 1748, *Janvier*, *p.* 67.]

5168. ☞ Lettre de M. l'Abbé Lebeuf, sur le Calendrier historique & chronologique de l'Eglise de Paris, de M. le Fevre, au sujet de sainte Geneviéve des Ardens, & de la construction de l'Eglise de S. Denys, par Suger. *Journal de Verdun*, 1748, *Avril*.]

5169. ☞ Lettre à un Curé voisin de Versailles, au sujet du nouveau Calendrier historique de l'Eglise de Paris. *Mercure*, 1748, *Juin*, 1 vol. *pag.* 98 *& suiv.*]

5170. ☞ Joan. LAUNOII de controversiâ super conscribendo Parisiensis Ecclesiæ Martyrologio exortâ, Judicium : *Lauduni*, Reneſſon, *in-8*.

Idem, secunda editio : *Parisiis*, Martin, 1671, *in-8*.]

5171. ☞ Récit du Miracle arrivé en l'Eglise de Paris, le 28 Avril 1626, confirmé par deux enquêtes & informations faites sur icelui, avec le décret d'approbation de M. l'Archevêque de Paris : *Paris*, Juliat, *in-8*.]

5172. ☞ Récit du Miracle arrivé en l'Eglise de Paris, le 16 Juillet 1628 : *Paris*, *in-8*.]

5173. ☞ Récit du Miracle arrivé en l'Eglise de Paris le jour de l'Assomption, 1630, confirmé par des enquêtes, &c. *Paris*, Juliat, *in-8*.]

5174. Hadriani VALESII, Historiographi Regii, Disceptatio de Basilicis quas primi Francorum Reges condiderunt ; an ab origine Monachos habuerint ? *Parisiis*, Cramoisy, 1657, *in-8*.

Ce même Discours est imprimé à la fin du troisième volume de l'*Histoire de France* du même Auteur, p. 583. Il dit dans ce Traité beaucoup de choses de la Basilique de S. Germain ou de S. Vincent, de celle de S. Médard, des Oratoires de S. Martin & de S. Crescent, de l'Eglise de Paris, &c.

☞ L'Auteur examine dans cette Dissertation, si les Eglises que nos premiers Rois ont bâties ont été d'abord desservies par des Moines : il soutient l'affirmative. M. de Launoy attaqua cette pièce, & M. de Valois y répondit assez vivement dans la suivante. Il paroît que cette dispute littéraire ne se passa pas avec toute la politesse qu'on devroit garder dans la critique. Au reste, ces deux morceaux sont pleins de recherches & d'érudition, comme presque tous les autres Ouvrages d'Adrien de Valois, qui mourut le 2 Juillet 1692.]

5175. Joannis LAUNOII Constantiensis, Theologi Parisiensis, Judicium de Hadriani Valesii disceptatione quæ de Basilicis inscribitur : *Parisiis*, Martin, 1658, *in-8*.

5176. Hadriani VALESII Historiographi Regii, Disceptionis de Basilicis Defensio adversùs Joannis Launoii judicium : ejusdem de Vetustioribus Lutetiæ Basilicis Liber : *Parisiis*, Cramoisy, 1660, *in-8*.

5177. Joannis LAUNOII Constantiensis, Theologi Parisiensis, de Antiquis Basilicis Parisiensibus Disquisitio.

Cette Disquisition est imprimée avec ses Opuscules Latins, touchant les deux Saints Denys : *Parisiis*, 1660, *in-8*.

5178. De Basilicis San-Germanensibus ; auctore Theodorico RUINART, Monacho Benedictino, è Congregatione sancti Mauri.

Ce Discours est imprimé dans son Ouvrage intitulé : *Ecclesia Parisiensis vindicata*, &c. *Parisiis*, 1706, *in-12*. Cet Auteur est mort en 1709.

5179. ☞ Histoire Ecclésiastique de la Cour, ou antiquités & recherches de la Chapelle & Oratoire du Roi de France ; par Guillaume DE PEYRAT : *Paris*, 1645, *in-fol*.]

5180. ☞ Histoire de la Chapelle des Rois de France ; par l'Abbé ARCHON : *Paris*, 1704, 1711 : *in-4*. 2 vol.]

5181. Mſ. Ortus, Institutio & dotatio Ministrorum sacræ Capellæ Regalis Palatii Parisiensis.

Ce Manuscrit est conservé parmi ceux de M. Baluze, num. 249 [à la Bibliothèque du Roi.]

5182 ★ Traité de l'antiquité [& privilèges] de la sainte Chapelle du Palais ; par Séb. ROUILLARD : *Paris*, [la Ruelle] 1606, *in-8*.

5183. Fundationes & Dotationes variæ sanctæ Capellæ Beatæ Mariæ in Palatio Parisiensi, & Capellaniarum in ea sitarum : *Parisiis*, 1681, *in-fol*.

5184. ☞ Mſ. Histoire de la sainte Chapelle de Paris, composée par Jean MORTIS, Chantre & Chanoine d'icelle, & Conseiller au Parlement.

Jean Mortis vivoit sous le Roi Louis XI. Son Histoire, qui étoit écrite en langue vulgaire, est demeurée manuscrite. Dom Liron en parle dans ses *Singularités historiques*, tom. III. pag. 337. Elle contient un abrégé de l'état de la sainte Chapelle, tant pour le spirituel que pour le temporel, depuis sa fondation jusqu'en 1457, inclusivement : elle est divisée en neuf parties. D. Jacques Dubreuil l'a presque copiée, dans ses *Antiquités de Paris*.]

5185. Mſ. Mémoires pour servir à l'Histoire de la sainte Chapelle du Palais de Paris ; recueillis par Gilles DONGOIS, Prêtre & Chanoine de cette Eglise : *in-fol*.

Ces Mémoires sont entre les mains [des héritiers] de M. Gillet, Avocat, Exécuteur Testamentaire de M. du Tronchay, Chanoine de cette Eglise. Gilles Dongois est mort en 1708.

5186. ☞ Estampes des Reliques de la sainte Chapelle.]

5187. ☞ Arrêt du Conseil du 5 Mars 1655, entre les Chapelains & les Chantres de la sainte Chapelle, & le Chapitre de Saint-Quentin : *in-fol*.]

5188. ☞ Requêtes des Chapelains de la sainte Chapelle à Paris, contre le Chapitre : *in-fol*.

Quatre Mémoires des mêmes.]

5189. ☞ Factum pour les Chantres, Chanoines & Chapitre de la sainte Chapelle à Paris, contre Messire Claude Auvry, Evêque de Coutances, & Trésorier de ladite sainte Chapelle : *in-4*.]

5190. ☞ Extrait des Titres dont se sert Messire Claude Auvry, ancien Evêque de Coutances, Trésorier de la sainte Chapelle, pour faire voir ses droits de supériorité & de juridiction en icelle : *Paris*, Langlois, 1680, *in-fol*.]

5191. ☞ Déclaration d'une Bulle du Pape Jean XXII. sur l'établissement d'une Cure personnelle pour les Serviteurs & Domestiques de la sainte Chapelle : *in-8*.]

Des Provinces & Villes.   345

5192. ☞ Réponse des Trésorier, Chanoines & Collége de la sainte Chapelle, au Mémoire de MM. les Officiers de la Chambre des Comptes, sur leur prétention de percevoir & administrer la moitié des revenus de l'Abbaye de S. Nicaise de Reims, unis à la sainte Chapelle.

Se trouve dans le *Recueil des Plaidoyers* de Gillet, *tom. I.*]

5193. ☞ Mémoire pour M. le Duc d'Orléans, contre le Chapitre de la sainte Chapelle du Palais à Paris, au sujet de la Seigneurie de Lignerolles; par M. HUSSENOT : *in-fol.*]

5194. ☞ L'Abrégé des Exercices spirituels de la Congrégation de l'Immaculée Conception & de S. Louis, érigée en la Basse sainte Chapelle du Palais de Paris; par Charles DE SAINT-GERMAIN, Médeçin : *Paris*, 1661, *in*-12.]

5195. ☞ Complaintes & défenses pour Messire Pierre Martin, Docteur en Théologie, Curé de S. Eustache, & les Curés de Paris, contre le Chapitre de Notre-Dame : 1652, *in-fol.*]

5196. ☞ Mémoire sur le titre & le rang des Curés de Paris, contestés par ceux de la Banlieue; par M. BORDIER : 1753, *in*-4.]

5197. ☞ Jugemens & Arrêts du Parlement, touchant les prérogatives & fonctions des Curés primitifs, intervenus dans le Procès entre le Chapitre de S. Marcel & le Curé ou Vicaire perpétuel de S. Hippolyte : *Paris*, Targa, 1644, *in*-8.]

5198. ☞ Recueil de plusieurs Arrêts, & en particulier de celui rendu pour la Paroisse de S. Pierre des Arcis, concernant les Logemens & Droits des Curés, &c. par rapport aux Réglemens des Fabriques : *Paris*, 1728, *in*-4.]

5199. ☞ Réglemens des petites Ecoles de Paris; par M. *** (DORSANNE), Grand-Chantre : *Paris*, 1725, *in*-12.]

5200. ☞ Almanach spirituel de Paris : *Paris*, Josse, 1676, 1680, &c. *in*-8.

On y trouve marquées les Fêtes, Confrairies, Indulgences plénières, Prédications, Assemblées & Conférences de piété qu'il y a chaque jour dans les Eglises, Paroisses & Monastères de Paris. Ce fut le P. MARTIAL du Mans, Religieux Pénitent, qui commença à donner ce Livre en 1676, & le revit en 1680. On l'a depuis réimprimé plusieurs fois, & en quelques années on y a mis seulement un frontispice nouveau.]

5201. ☞ Journal des cérémonies & usages qui s'observent à Paris & à la Campagne; par M. MAUPOIN, Avocat.

Se trouve dans le Livre intitulé : *Concordances des Bréviaires de Paris & de Rome* : *Paris*, Durand, 1740, *in-*8.]

5202. ☞ Le Calendrier de toutes les Confrairies de Paris, tant des Métiers que de Dé-
Tome I.

votion; par Jean-Baptiste LE MASSON : *Paris*, Collet, 1621, *in*-8.]

5203. ☞ Réglemens de la Confrairie de la Charité, qui se pratique dans plusieurs Paroisses de Paris : *Paris*, de Bresche, 1655, *in*-12.]

5204. ☞ Réglemens de la Confrairie du S. Sacrement de l'Eglise Paroissiale de S. Barthélemy, du 16 Janvier 1708, *in*-12.

Cette Confrairie est la première érigée en l'honneur du S. Sacrement, en 1541.]

5205. ☞ Réglemens pour les Serviteurs de l'Eglise Royale & Paroissiale de S. Barthélemy : *Paris*, 1683, *in*-12.]

5206. ☞ Chronologie historique de MM. les Curés de S. *Benoît*, depuis 1181 jusqu'en 1752, avec quelques Anecdotes sur les principaux traits qui les regardent, & quelques particularités sur plusieurs personnes de considération enterrées dans S. Benoît, & sur différens articles qui concernent la Paroisse (& les portraits des Curés gravés); par M. *** (BRUTÉ), Curé de ladite Paroisse : *Paris*, 1752, *in*-12.]

5207. ☞ Mémoire en forme de lettre adressé à M. Fenel, Chanoine de l'Eglise de Sens, sur une Eglise de la Ville de Paris, qui est peu connue (sainte Colombe, depuis saint Bon); par M. l'Abbé LEBEUF. *Dissertations sur l'Histoire de Paris*, 1743, tom. III. pag. XLIV. & *suiv.*]

5208. ☞ Mémoire en réponse à celui des Curé & Marguilliers de la Paroisse de *Bonne-Nouvelle* à Paris, pour les Curé & Marguilliers de celle de S. Sauveur; par Me DAIGREVILLE, Avocat.

Il s'agit de droits revendiqués; & ce Mémoire est utile pour l'Histoire de la Ville de Paris.]

5209. ☞ Statuts & Réglemens pour l'Archi-Confrairie Royale des Chevaliers, Voyageurs, Confrères & Sœurs du S. Sépulchre de Jérusalem, instituée par S. Louis en 1254, fondée par le Roi Louis le Hutin, & établie dans l'Eglise des Grands *Cordeliers* de Paris, en 1336, avec la Liste de tous les Confrères & Sœurs, &c. *Paris*, 1751, *in*-8.]

5210. ☞ Martyrologe concernant les Obits, Saluts, Fondations faites en l'Eglise Collégiale de S. *Etienne-des-Grez* à Paris, avec les Chartes & Titres desdites Fondations : *Paris*, du Gast, 1661, *in*-4.]

5211. ☞ Prærogativæ Capiterialis Dignitatis sancti Stephani de Græcis, (imprimé vers l'an 1626) : *in*-8.]

5212. ☞ Droits Episcopaux & Parochiaux de l'Eglise de S. *Etienne-du-Mont* : *in*-4.]

5213. ☞ Sommaire du Procès pour raison de la Procession du S. Sacrement, & autres Droits de l'Eglise de S. Etienne-du-Mont, au préjudice de l'Archevêque de Paris, auquel ils appartiennent : *Paris*, 1641, *in*-4.]

X x

5214. ☞ Arrêt de la Cour de Parlement de Paris, par lequel il est défendu à l'Abbé de sainte Geneviéve d'assister à la Procession du S. Sacrement (de S. Etienne) en habits Pontificaux, & d'y donner la bénédiction; comme de faire promouvoir ses Religieux aux Ordres, par autre que par l'Archevêque de Paris, &c. du 4 Juillet 1668 : *Paris*, 1680, *in-4*.

Cet Arrêt contient des faits historiques curieux.]

5215. ☞ Réglemens des droits & fonctions des Officiers dépendans de la Fabrique de S. *Eustache* : *Paris*, 1669, *in-4*.]

5216. ☞ Réglemens de la Compagnie du rétablissement des pauvres honteux de S. Eustache. *Paris*, 1670, 1722, *in-8*.]

5217. ☞ Réglemens de la Compagnie employée au secours & rétablissement des pauvres honteux valides de la Paroisse de S. Eustache. Nouvelle édition augmentée : *Paris*, Simon, 1730, *in-12*.]

5218. ☞ Plan général de la nouvelle Eglise de sainte *Geneviéve* (*du Mont*); par M. SOUFFLOT : 1757, *in-4*.

Le Roi est venu y poser la premiére pierre le 5 Septembre 1764.]

5219. Martyrologe contenant les fondations de l'Eglise Paroissiale de sainte *Geneviéve* du Miracle *des Ardens* : *Paris*, 1659, *in-4*.

5220. ☞ Requête des Curé & Marguilliers de sainte Geneviéve des Ardens, à M. de Vintimille, Archevêque de Paris, à l'occasion de la suppression de leur Eglise; par M° DE LA LOURCÉ : 1747, *in-4*.

Cette Eglise a été abbattue, & le terrein a servi au nouveau bâtiment des Enfans Trouvés : la Paroisse a été unie à la Madeleine.]

5221. De Ecclesia sancti *Germani Autissiodorensis*, ejusque Dedicatione.

Ce Traité est imprimé au tom. I. de la *Nouvelle Bibliothèque des Manuscrits* du P. Labbe, *pag*. 531.

5222. ☞ Dissertation sur l'origine de l'Eglise de saint Germain l'Auxerrois, à Paris; par M. LEBEUF.

Voyez les *Dissertations sur l'Histoire Ecclésiastique de Paris*, tom. II. Paris, 1741, *p. I - XXXIII*. & *Addition, pag.* 330-333.]

5223. Réglement général de l'Eglise Collégiale & Paroissiale de S. Germain de l'Auxerrois : *Paris*, 1639, *in-12*.

Ce Réglement a été fait par François LE CHARRON, Doyen de cette Eglise.

5224. ☞ Arrêt contre le Chapitre de S. Germain l'Auxerrois & les Chapelains, l'Université, &c. *Paris*, 1677, *in-4*.]

5225. ☞ Réglemens des deux Compagnies de Charité de la Paroisse de S. Germain l'Auxerrois : *Paris*, 1737, *in-8*.]

5226. ☞ Mémoires au sujet de l'Union du Chapitre de S. Germain l'Auxerrois, à celui de Notre-Dame.

En voici les titres particuliers :
Mémoire pour les Marguilliers de la Paroisse de saint Germain l'Auxerrois ; (par M° TEISSIER, quoique signé) par M° Hecquard : 1742. = Addition audit Mémoire. = Plaidoyer pour le Chapitre de S. Germain l'Auxerrois, contre celui de Notre-Dame, au sujet de ladite union; par M° MANNORY: 1741. = Mémoire pour le même Chapitre, contre le même Chapitre de Notre-Dame, sur le même sujet, avec une addition d'Observations sommaires : 1741. = Requête particuliére de Bernard COLLOT, Prêtre, ancien Professeur, Doyen de la Nation de France, Chanoine de S. Germain, contre ladite union, & Mémoire du même sur le même sujet : 1741. = Second Mémoire pour les Curés & Marguilliers de ladite Paroisse, contre le Chapitre de Notre-Dame ; par M° GUEAU DE REVERSEAU : 1741. = Mémoire en réponse, pour le Chapitre de Notre-Dame, avec des Piéces justificatives; par M°SARRAZIN: 1741, *in-fol*.

Le Plaidoyer de M. Mannory se trouve encore dans le tom. XV. des *Plaidoyers & Mémoires* de cet ancien Avocat: *Paris*, Cl. Hérissant, 1765, *in-12*. *pag*. 165-306; mais il y est accompagné des *Motifs de l'Arrêt* du Parlement, qui a autorisé l'union.]

5227. ☞ Statuts & Réglemens dressés en 1711; pour la Confrairie des SS. Roch, Fabien & Sébastien, érigée dans la Paroisse de S. Gervais & S. Protais : *in-fol*.]

5228. ☞ Office de la Providence, Latin-François, dressé selon le Bréviaire & le Missel de Paris : *Paris*, 1742, *in-8*.

Cet Office a été fait pour la Paroisse de S. *Gervais*, où un ancien domestique, qui avoit gagné quelque bien, pour témoigner à Dieu sa reconnoissance, & exciter celle des autres, a fondé une Fête de la Providence, qui se célèbre très-solemnellement chaque année le Dimanche d'après la Saint-Martin.]

5229. ☞ Essai d'une Histoire de la Paroisse de S. *Jacques de la Boucherie*, où l'on traite de l'origine de cette Eglise, de ses antiquités, de Nicolas Flamel, & Pernelle sa femme, & de plusieurs autres choses remarquables, avec les plans & la construction du territoire de la Paroisse; par L. V. (l'Abbé VILLAIN, Prêtre de ladite Paroisse) : *Paris*, 1758, *in-12*.

L'Auteur a joint à son Ouvrage quelques-uns des plus anciens Titres conservés dans les Archives de la Paroisse, & le Testament de Flamel.

Voyez le *Journ. de Verdun*, 1758, *Décembre, p.* 417.]

5230. Etat des Fondations faites en l'Eglise Paroissiale de S. Jacques de la Boucherie: (*Paris*) Chenault, 1678, *in-8*.

5231. ☞ Arrêt du Parlement, du 23 Juillet 1707, pour Ant. de Lausy, Curé de S. Jacques de la Boucherie, contre les Marguilliers de cette Eglise. = Deux Requêtes du même, contre les Prieur & Religieux de S. Martin-des-Champs. = Arrêt du Conseil, du 11 Mars 1743, pour les mêmes, contre Ant. de Lausy : *in-fol*.]

5232. ☞ Sommaire des Statuts & exercices de la Confrairie de la Charité de S. Charles Borromée, instituée dans l'Eglise de S.

Jacques de la Boucherie : *Paris*, 1681, *in-12.*]

5233. Recueil de Pièces concernant l'état & fondation de (Saint *Jacques de l' Hôpital*, ou) l'Hôpital de S. Jacques aux Pélerins, faites à Paris l'an 1321, jusqu'en 1712 : *Paris, in-4.*]

5234. ☞ Mf. Titres, Actes, & autres Pièces concernant l'Eglise Collégiale & Hôpital de S. Jacques, à Paris, avec les Bulles de Jean XXII les Obligations des Chanoines, les Mémoires & Arrêts intervenus sur leurs contestations, &c. *in-4.* 2 vol.

Ce Manuscrit est dans la Bibliothèque de M. l'Abbé Goujet, Chanoine de S. Jacques.]

5235. ☞ Arrêt du Parlement, contenant Réglement pour l'Eglise de S. Jacques de l'Hôpital : 1638, *in-fol.*]

5236. ☞ Diverses Pièces & Mémoires concernant le Procès du Chapitre de S. Jacques de l'Hôpital, avec l'Ordre de S. Lazare.

Ces Pièces sont : = Précis de l'affaire de l'Eglise Collégiale de S. Jacques de l'Hôpital, contre l'Ordre de S. Lazare; par M. DE SERINY, Avocat : 1733. = Mémoire dudit Chapitre, pour répondre au Mémoire de l'Ordre de S. Lazare : 1732. = Mémoire de l'Ordre de S. Lazare sur la même affaire : 1733. = Requête du Chapitre de S. Jacques au Roi, sur le même sujet ; par M. CLOUZIER, 1731, avec les noms des Fondateurs, & l'état des Biens de cette Eglise. = Seconde Requête au Roi par ledit Chapitre. = Requête de M. de Vintimille, Archevêque de Paris, au Roi, sur le même sujet : 1731, *in-fol.*]

5237. ☞ Mémoire pour les Curé & Marguilliers de S. *Jean-en-Grève*, contre les RR. PP. Carmes Billettes établis sur cette Paroisse.

Il s'agissoit de la reconstruction & augmentation de l'Eglise & Maison des Carmes, à laquelle lesdits Marguilliers s'opposoient.]

5238. ☞ Mémoire pour les Curés & Marguilliers de S. Jean-en-Grève, contre les Carmes Billettes (qui cherchoient à envahir beaucoup de terrein) : 1748, *in-4.*].

5239. ☞ Histoire de la sainte Hostie gardée à S. Jean-en-Grève : *Paris*, 1607, *in-8.*]

5240. De Miraculis Hostiæ à Judæo Parisiis, anno 1290, multis ignominiis affecta.

Ce Traité est imprimé dans le tom. I. de la *Nouvelle Bibliothèque des Manuscrits* du P. Labbe, *pag.* 663.

5241. ☞ Le Jeu & Mystère de la sainte Hostie, par personnages : *Paris*, *in-16.* gothique.

C'est une Pièce faite à l'occasion du Miracle de la même sainte Hostie, outragée par le Juif qui demeuroit où fut bâtie l'Eglise occupée actuellement par les Carmes Billettes.]

5242. ☞ Tractatus Miraculi Biletani super Corpore Christi à Judæo confixo, anno 1290 : *Lutetiæ*, 1604, *in-8.*]

5243. Histoire de l'Hostie miraculeuse, avec les preuves ; par M. MILON.

Cette Histoire est imprimée avec son Traité du *Sacrifice de la Croix* : Paris, 1634, *in-8.*

5244. Histoire de l'Hostie miraculeuse de Paris : *Paris*, Rocolet [1653, *in-12.*] 1660, *in-8.*

L'Auteur de cette Histoire est LEON DE S. JEAN, Carme des Billettes, mort en 1671.

Voyez Lenglet, *Méthode Hist.* tom. *IV.* pag. 176.

5245. ☞ Remarques historiques données à l'occasion de la sainte Hostie miraculeuse conservée pendant plus de 400 ans dans l'Eglise Paroissiale de S. Jean-en-Grève, à Paris, avec les Pièces originales des faits avancés dans cet Ouvrage ; par le R. P. THÉODORIC DE S. RENÉ, Carme des Billettes : *Paris*, Deshayes, 1725, *in* 12. 2 vol. *Ibid.* Mesnier, 1727, *in-12.* 2 vol.

Voyez sur ces Remarques, *Journal des Savans, Mars*, 1725. = *Journal de Verdun, Juin*, 1727. = *Mémoires de Trévoux, Mai*, 1726.]

5246. Relation du sacrilège commis à Saint Jean-en-Grève, & de la Procession solemnelle du S. Sacrement, le 13 Août 1648 : *Paris, in-12.*

5247. ☞ Mémoire (de M. PRÉVOST, Avocat au Parlement de Paris) au sujet d'une fondation d'Ecole de charité de Filles, en la Paroisse de S. Jean-en-Grève ; (faite par ledit Avocat) : 1740, *in-4.*

Ce Mémoire contient bien des choses singulières.]

5248. Description générale de l'Hôtel des *Invalides*, établi par le Roi [Louis XIV.] avec les Plans, Profils, Elévations de ses faces, Coupes, Appartenances ; par LE JUME DE POPLENCOURT, Secrétaire de l'Hôtel des Invalides : *Paris*, 1684, *in-fol.*

» Le Roi d'Angleterre & quelques Princes étrangers » ayant souhaité de voir les Plans, & une fidelle Des- » cription de cet Hôtel, Sa Majesté ordonna aussi-tôt » qu'on travaillât à satisfaire leur curiosité. C'est ce que » l'on fait dans cet Ouvrage, où l'on représente cet » Edifice dans toutes les vues que la Géométrie & la » Perspective peuvent fournir, avec un Discours qui » contient tout ce qui regarde le dedans & le dehors de » ce superbe Bâtiment. » *Journal des Sçavans, du* 31 *Juillet*, 1684.

5249. ☞ Plans, Elévations, Vues, Coupes & Profils de l'Hôtel Royal des Invalides ; par MAROT, LE PAUTRE, & autres : *in-fol.*]

5250. L'Eglise des Invalides : Poëme de BELOC, Valet de Chambre ordinaire du Roi : *Paris*, 1702, *in-fol.*

Beloc est mort en 1704.

5251. Description de l'Eglise Royale des Invalides ; par Jean-François FELIBIEN DES AVAUX, Historiographe des Bâtimens du Roi, de l'Académie Royale des Inscriptions : *Paris*, 1702, *in-fol.* & 2 vol. *in-12. Ibid.* Quillau, 1706, *in-12.* avec figures.

Voyez Journal des Sçavans, 1702, *Juillet*, 1707, *Février. Mém. de Trévoux*, 1708, *Octobre*.

5252. Description du Dôme des Invalides ; par le même : *Paris*, 1706, *in-fol.*

5253. ☞ Histoire de l'Hôtel Royal des Invalides; par M. GRANET, 1736, *in-fol*.

Voyez sur cette Histoire, Journ. des Sçavans, 1736, *Juillet.* = *Mercure,* 1736, *Avril.* = *Mém. de Trévoux,* 1735, *Décembre, &* 1738, *Novembre.*]

5254. ☞ Description historique de l'Hôtel Royal des Invalides ; par M. l'Abbé (Gabriel-Louis Calabre) PÉRAU, Licencié en Théologie, de la Maison & Société de Sorbonne ; avec les Plans, Coupes, Elévations géométrales de cet Edifice, & les Peintures & Sculptures de l'Eglise (au nombre de 108 planches bien gravées) dessinées & gravées par le Sieur COCHIN, Graveur du Roi, & de l'Académie Royale de Peinture & Sculpture : *Paris,* 1756, *in-fol.*

Voyez sur ce Livre, Mercure, 1756, *Septembre.* = *Mém. de Trévoux,* 1756, *Décembre.* = *Année Littéraire,* 1756, *tom. VII. pag.* 330.]

5255. ☞ Arrêt du Conseil d'Etat, donné en la présence du Roi & de la Reine Régente, concernant la nourriture & l'entretien des pauvres Gentilshommes, Capitaines & Soldats estropiés, à prendre sur les deniers des places des Religieux Laïcs du Royaume de France : *Paris,* 1611, *in-8.*]

5256. ☞ Recueil des Déclarations & Arrêts du Conseil, rendus au sujet des Pensions des Oblats, ou places des Religieux Laïcs attribués à l'Hôtel Royal des Invalides : *Paris,* 1728, *in-4.*]

5257. ☞ Réglement pour l'Hôtel Royal des Invalides, arrêté au Conseil dudit Hôtel ; par M. DE CHAMILLART, le 30 Mai 1704 : *in-4.*]

5258. ☞ Idée de la Famille de S. *Joseph*, établie au Fauxbourg S. Victor, pour nourrir & établir les Enfans des nobles & honnêtes familles ; par Al. COLAS DE PORTMORAND, Abbé de Pléneselve : *Paris,* Targa, 1644, *in-8.*]

5259. ☞ Arrêt du Parlement, entre les Dames de Montmartre & les Curé & Marguilliers de S. *Laurent*, au sujet de la Justice & droits Curiaux dans le Fauxbourg sainte Anne : 1723.]

5260. ☞ Réglement de la Compagnie de Charité des Dames de la Paroisse de S. *Louis* en l'Isle : *Paris,* 1713, *in-12.*]

5261. Ms. Les Statuts & Ordonnances de la grande Confrairie des Bourgeois de Paris [en l'Eglise de la *Magdeleine de la Cité*]: *in-fol.*

Ce Manuscrit [étoit] conservé dans la Bibliothèque de M. Baluze, num. 204 [aujourd'hui à la Bibliothèque du Roi.]

5262. ☞ Manuel de la grande Phairie (ou Confrairie) des Bourgeois & Bourgeoises de Paris : *Paris,* 1534, *in-8.*]

5263. Recherche de l'origine, antiquité & économie de la grande & Royale Confrairie de la Vierge aux Prêtres & Bourgeois de Paris : *Paris,* 1660, *in-8.*

✱ Ce Livret est fort mal fait, sans titres ni preuves. On y prétend que cette Confrairie a eu pour Instituteur S. Denys l'Aréopagite, Apôtre de toute la France. L'un n'est pas plus vrai que l'autre.

5264. ☞ Mémoire sur la (même) Confrairie. *Mercure,* 1728, *Août, pag.* 1886-1688.]

5265. ☞ Relation du Miracle opéré le 5 Juin 1755, sur la Paroisse de la Magdeleine, à la Procession du S. Sacrement, en la personne d'Anne-Marguerite Per** : 1756, *in-12.*]

5266. ☞ Mémoire curieux, historique & intéressant, sur la fondation, le Patronage, &c. de la Cure de sainte *Marguerite* de Paris ; par M. LESCUYER, Avocat, avec des pièces justificatives : 1738, *in-12.*

Ce Mémoire est en effet très-curieux. On y fait connoître tous les lieux remarquables du Fauxbourg S. Antoine.]

5267. ☞ Réglement pour l'Œuvre & Fabrique de sainte Marguerite au Fauxbourg S. Antoine : *Paris,* Thiboust, 1719, *in-4.*]

5268. ☞ Relation du Miracle arrivé le 31 Mai 1725 au Fauxbourg S. Antoine, en la personne d'Anne Charlier, femme de François de la Fosse, Ebéniste, dressée sur les Procès-verbaux de l'Officialité de Paris ; par Charles-Robert BERTHIER, Prêtre : *Paris,* Babuty, 1726, *in-4.*

Il y a à la fin une Elévation de cœur ou Prière à N. S. J. C. au sujet de ce Miracle.]

5269. ☞ Lettre d'un Médecin de Paris (Philippe HECQUET) à un Médecin de Province, sur le Miracle arrivé sur une femme du Fauxbourg S. Antoine : 1725, *in-4.*]

5270. ☞ Mandement de M. le Cardinal de Noailles, Archevêque de Paris, du 10 Août 1725, à l'occasion du Miracle opéré dans la Paroisse de sainte Marguerite : *Paris,* Delespine, 1725, *in-4.*

On fait tous les ans, à sainte Marguerite, une Procession du S. Sacrement, le Dimanche entre les deux Fêtes-Dieu, en mémoire de ce Miracle.]

5271. ☞ Hymni super patrato in nova Hæmorrhoissa Miraculo ; auctore Carolo COFFIN : *Parisiis,* Thiboust, 1726.

On les trouve aussi dans le *Recueil des Œuvres* de M. Coffin : *Paris,* J. Th. Hérissant, 1755, *in-12.* 1 vol.]

5272. ☞ Discours préliminaire de l'Inventaire des Titres & Papiers étant au Thrésor de la Fabrique sainte *Marine*, &c. dressé en 1758 ; par M. François BRIGEON, Procureur au Châtelet, ancien Marguillier de ladite Eglise : *Paris,* 1760, *in-12.*]

5273. ☞ Statuts & établissement de la Confrairie de la Charité de la Paroisse S. *Martial* à Paris : *Paris,* 1678, *in-12.*

Cette Paroisse ne subsiste plus : elle a été réunie (en plus grande partie) à S. Pierre des Arcis.]

5274. ☞ Institution de la Confrairie des

Agonisans, érigée en 1673 dans l'Eglise de la *Mercy* : 1673, *in*-16.]

5275. ☞ Discussion des Titres du Sieur Roslin, Chéfecier, Curé de l'Eglise S. Médéric (ou *Merry*) pour servir de Factum au Sieur Coquelin, aussi Chéfecier, Curé de la même Eglise : *Paris*, 1667, *in*-4.]

5276. ☞ L'adoration perpétuelle du S. Sacrement, établie dans la Paroisse de S. *Nicolas des Champs* : *Paris*, 1713, *in*-12.]

5277. ☞ Actes & Sentences pour le Curé de S. Nicolas des Champs, entre MM. Jean Aubri & Claude Joli : *in*-4.]

5278. ☞ Mémoire des Curé & Marguilliers de S. *Nicolas du Chardonnet*, contre les Prêtres de la Mission, de la Maison des Bons-Enfans; par Mᵉ MEY: 1742, *in-fol.*

Il s'agit de la Jurisdiction Curiale, & l'on y voit aussi l'Histoire de la Maison & Séminaire des Bons-Enfans, qui est aux Lazaristes ou Prêtres de la Mission.]

5279. ☞ Abrégé du Réglement du Séminaire de S. Nicolas du Chardonnet : *Paris*, Trichard, 1672, *in*-8.]

5280. ☞ Dessein des Assemblées de la Bourse Cléricale, établie à S. Nicolas du Chardonnet : *Paris*, 1657, *in*-12.]

5281. ☞ Réglement des Marguilliers de S. *Paul* : *Paris*, 1696, *in*-12.]

5282. ☞ Réglemens généraux pour MM. de la Compagnie de Charité établie en la Paroisse de S. Paul, dressés par le Curé de cette Paroisse : *Paris*, de la Fosse, 1658, *in*-8.]

5283. ☞ Réglemens au sujet des Serviteurs de l'Eglise de S. Paul : *Paris*, 1696, *in*-8.]

5284. ☞ Statuts & Réglemens pour la Confrairie de S. Roch & de S. Fiacre, érigée dans l'Eglise des *Petites-Maisons* : *Paris*, 1695, *in*-12.]

5285. ☞ Réglemens de la Maison & Hôpital des Filles de la *Providence* de Dieu : *Paris*, Jacquin, 1657, *in*-12.]

5286. ☞ Prières & Instructions à l'usage de la Confrairie Royale de la sainte Vierge, S. Sébastien & S. Roch, érigée en l'Eglise de l'Hôpital Royal des *Quinze-vingts*, à Paris, depuis plus de deux siècles, avec les Statuts, Réglemens & Listes des Confrères, recueillis par Pierre RACINE, l'un des Administrateurs en Charge, avec figures en taille douce : *Paris*, Robustel, 1728, *in*-12.]

5287. ☞ Réglement pour la Compagnie de la Charité de la Paroisse de S. *Roch* : *Paris*, 1717, *in*-8.]

5288. ☞ Relation (& Pièces justificatives) de la maladie & de la guérison miraculeuse opérée le 14 Juin 1759, à la suite d'une Neuvaine au S. Sacrement, sur Marie-Anne Pigalle, épouse du sieur Denys Mascrey, &c. Paroisse S. Roch : 1759, *in*-12.]

5289. ☞ La Couronne de Jésus-Christ, composée en faveur des Confrères de la Confrairie de Notre-Sauveur, érigée en la Paroisse S. *Sauveur*, avec les Bulles & Indulgences octroyées à cette Société, avec l'Office de la Couronne d'Epines ; par F. E. TUBŒUF : *Paris*, 1669, *in*-12.]

5290. Nouveau Martyrologe, ou Mémoire des Offices, Obits, Messes, Saluts, Prières, Prédications & Aumônes, fondés en l'Eglise de S. *Severin* [avec le Catalogue des Curés & des Marguilliers depuis l'an 1405] : *Paris*, 1636, *in-fol.*

☞ Martyrologe, ou Mémoire de toutes les Fondations faites dans l'Eglise de S. Severin ; renouvellé & rédigé par MM. les Marguilliers de ladite Eglise : *Paris*, le Prest, 1678, *in-fol.*

Quelques Exemplaires nomment les Marguilliers jusqu'en 1685, ce qui indique que l'on a fait après-coup une Addition.

5291. ☞ La célèbre cérémonie faite à S. *Sulpice*, au Fauxbourg S. Germain, pour réparation du sacrilège commis contre le S. Sacrement : *Paris*, 1665, *in*-4.]

5292. ☞ Cérémonies de la Dédicace & Consécration de l'Eglise de S. Sulpice : *Paris*, 1745, *in-fol.*]

5293. ☞ Réglemens de la Confrairie de Charité établie dans la Paroisse de S. Sulpice, pour la visite & soulagement des pauvres malades : *Paris*, le Cointe, 1653, *in*-12.]

5294. ☞ Mémoire pour servir de défenses à Messire J. B. Languet, Curé de l'Eglise & Paroisse de S. Sulpice, au sujet des demandes qui lui sont faites (par le Cardinal de Bissi, Abbé de S. Germain) de Droits de lods & ventes & d'indemnités : *in*-4. 31 pag.]

5295. ☞ Relation (& Pièces justificatives) de la maladie & de la guérison miraculeuse opérée (à S. Sulpice) par le S. Sacrement, le 5 Juin 1760, sur Damoiselle Rose-Généreuse-Marie Jouot, veuve de François Mesnard : (1760) *in*-12.]

5296. ☞ Instructions & Prières pour la Confrairie de S. Jean-Baptiste, en l'Eglise S. *Victor*-lez-Paris, avec les Statuts, &c. par le P. GOURDAN, Chanoine Régulier : *Paris*, le Gentil, 1648, *in*-12.]

5297. ☞ Martyrologe des Offices, Vêpres, Saluts, Obits, & autres Prières fondées en l'Eglise de S. *Yves* : *Paris*, 1675, *in*-8.]

5298. ☞ Commencement, Institutions, Règles & Statuts de la Congrégation de l'Exaltation sainte Croix, pour la propagation de la Foi, établie en cette Ville de Paris (par le P. HYACINTHE de Paris, Capucin) le 14 Septembre de l'an 1632, avec la Bulle du Pape, les Lettres-Patentes du Roi, vérification & enregistrement du Grand-Conseil : *Paris*, Cramoisy, 1635, *in*-8.]

5299. Mſ. Titres de la Confrairie & Communauté des Arbalêtriers & Arquebuſiers de la Ville de Paris : *in-fol.*

Ce Manuſcrit eſt conſervé parmi ceux de M. Baluze, num. 481 [dans la Bibliothèque du Roi.]

5300. ☞ Mſ. Statuts & Réglemens pour les Frères Cordonniers de S. Creſpin & S. Crépinien, donnés par M. Hardouin DE PÉRÉFIXE, Archevêque de Paris, en 1664, *in-fol.*

Ces Statuts ſe trouvent indiqués, num. 13201 du Catalogue d'Eſtrées, & ſont dans la Maiſon deſdits Frères, ſur la Paroiſſe de S. André.]

5301. ☞ Plan d'une Maiſon d'Aſſociation, dans laquelle au moyen d'une ſomme très-modique chaque Aſſocié s'aſſurera dans l'état de maladie toutes les ſortes de ſecours qu'on peut deſirer; (par Claude-Humbert DE CHAMOUSSET, Maître des Comptes) avec les additions & éclairciſſemens : 1754, *in-4.*]

5302. ☞ Deux Mémoires ſur la conſervation des Enfans, & ſur les biens de l'Hôpital ſaint Jacques (par M. DE CHAMOUSSET : *Paris*, 1756, *in-12.*]

5303. ☞ Projet d'un établiſſement déja commencé pour élever dans la piété les (petits) Savoyards qui ſont dans Paris; par le Sieur DE PONTBREHAN, Prêtre Breton; avec l'avis important que les (pauvres) enfans des Provinces du Royaume y ſeront auſſi reçus : *Paris*, Coignard, 1735 & 1737, *in-12.*]

5304. La Police des Pauvres de Paris, dédié au Cardinal de TOURNON; par G. MONTAIGNE : *Paris*, 1560; *in-8.*

Cette Police a commencé l'an 1530.

Le même Livre ſous ce titre : La Police & Réglement du Grand Bureau des Pauvres de la Ville & Fauxbourgs de Paris, avec quelques additions ; par Jean MARTIN, Procureur au Parlement : *Paris*, 1580, *in-8.*

5305. Noms & ſurnoms du Procureur-Général, & des Préſidens, Doyens & Commiſſaires du Grand Bureau des Pauvres de Paris, & des Officiers d'icelui : *Paris*, 1711, *in-4.*

Ces Liſtes ſe réimpriment de temps en temps.

5306. Réglemens & Ordonnances concernant l'exercice de la charge de Commiſſaire du Grand Bureau de la Ville & Fauxbourgs de Paris : *Paris*, 1712, *in-4.*

5307. ☞ Deſcription du ſaint ſéjour & demeure Royale des ſept Œuvres de Miſéricorde (ou Projet d'un Hôpital général); par Pierre COHART : *Paris*, 1618, *in-8.*]

5308. ☞ Lettres Royales en forme de Chartes, pour l'érection de l'Hôpital des *Cent Filles* Orphelines, de Notre-Dame de la Miſéricorde : *Paris*, 1623, *in-4.*

Elles ſont au Fauxbourg S. Marcel.]

5309. ☞ Lettre à Monſeigneur l'Archevêque de Paris, ſur le Miracle opéré dans la Maiſon des Cent Filles (à la Proceſſion du S. Sacrement, ſur Agathe Perrin) le jour de la Fête-Dieu de cette année 1764, *in-12.*]

5310. ☞ Avertiſſement & Déclaration de l'Inſtitution de la *Charité Chrétienne*, établie ès Fauxbourg S. Marcel, en 1578; par Nic. HOUEL : *Paris*, Chevillot, 1580, *in-8.*]

5311. ☞ Abrégé hiſtorique de l'établiſſement de l'Hôpital des *Enfans-Trouvés*. *Variétés hiſtoriques*, tom. III. p. 300 & *ſuiv.*]

5312. ☞ Mſ. Livre contenant trois parties de la Fondation, Inſtitution & Ordonnances de la Chapelle, Charité, Confrairie & Hôpital du S. *Eſprit*, fondé en Grève à Paris : *in-fol.*

Ce Livre ſe trouve indiqué au num. 15999 du Catalogue d'Eſtrées.]

5313. Inſtitution des Enfans de l'Hôpital de la ſainte *Trinité*, avec la forme du Gouvernement & Ordonnance de leur vivre, érigée en 1545 : *Paris*, 1582, *in-12.* [Velat, 1618, *in-8.*]

Cette Inſtitution ſe trouve imprimée dans la *Bibliothèque du Droit François*, de Bouchel, pag. 513 : *Paris*, 1667, *in fol.*

☞ La même, nouvelle édition : *Paris*, Muguet, 1715, *in-4.*]

5314. ☞ Réglement général de l'Hôpital de la Trinité (du 12 Décembre 1736) avec des notes inſtructives pour ſon adminiſtration : *Paris*, 1737, *in-8.*]

5315. Hôpital Général charitable : *Paris*, 1657, *in-4.*

C'eſt le projet de l'établiſſement de l'Hôpital Général.

5316. ☞ Edit du Roi portant établiſſement de l'Hôpital Général, pour le renfermement des pauvres Mandians de la Ville & Fauxbourgs de Paris : *Paris*, Imprimerie Royale, 1661, *in-4.*]

5317. Recueil d'Edits, Déclarations, Lettres-Patentes du Roi, Arrêts de Réglement & autres Pièces, concernant l'établiſſement de l'Hôpital Général dans la Ville de Paris, pour le renfermement des Pauvres Mandians : *Paris*, 1661, 1667, *in-4.*

5318. ☞ Recueil contenant l'Edit du Roi donné en 1656, pour l'établiſſement de l'Hôpital Général de Paris, les Déclarations, Réglemens & Arrêts intervenus depuis à ce ſujet, avec une Hiſtoire préliminaire de cet établiſſement, & de l'ordre qui y eſt obſervé : *Paris*, Muguet, 1676, *in-4.*

Il faut y joindre les Déclarations ſubſéquentes, & notamment la Déclaration du 24 Mars 1751, & le Précis des motifs des modifications de l'Arrêt d'enregiſtrement du 20 Juillet ſuivant. On peut voir auſſi les feuilles des *Nouvelles Eccléſiaſtiques* des 12 Juin, 6, 13 & 20 Novembre 1751, & 16 Janvier 1752.]

5319. ☞ Recueil d'Edits & Déclarations concernant l'Hôpital Général de Paris, & autres Maisons unies : *Paris*, 1745, *in-4*.]

5320. ☞ Etat au vrai du bien & revenu de l'*Hôtel-Dieu* de Paris, & de la dépense journalière, & des Hôpitaux de S. Louis & de S. Marcel : *Paris*, 1670, *in-fol.*]

5321. ☞ Autre état au vrai du bien & revenu du même *Hôtel-Dieu*, & de la dépense journalière, comme aussi les nécessités des Hôpitaux de S. Louis & de sainte Anne, qui en dépendent : *Paris*, 1663, *in-fol.*]

5322. ☞ Délibération des Administrateurs de l'Hôtel-Dieu de Paris, touchant la fondation de M. de Nevers : 1647, *in-fol.*]

5323. ☞ Valarandi DE VARANIS de Domo Dei Parisiensi Carmen, cum quibusdam aliis ejusdem auctoris Carminibus : *Parisiis*, Murat (1501) *in-4*.]

5324. ☞ Mémoire pour Louis Frayer, Docteur en Sorbonne, & ancien Maître de l'Hôtel-Dieu de Paris, contre quelques Administrateurs des pauvres de la Charité, &c. 1705, *in-fol.*]

5325. ☞ Mémoire instructif pour les Doyen, Chanoines & Chapitre de Paris, Supérieurs spirituels & temporels de l'Hôtel-Dieu, touchant l'établissement du nouvel Hôpital des Convalescens au Fauxbourg S. Germain.]

5326. ☞ Mémoire de M. LE JEUNE, Docteur en Théologie, & ancien Curé de S. Laurent, sur un projet pour un nouvel Hôtel-Dieu de Paris. *Journal de Verdun*, 1748, Octobre, *pag.* 268-272.]

5327. ☞ Histoire de la Robe sans couture de Notre Seigneur, révérée à *Argenteuil*; par Dom Gabriel GERBERON : *Paris*, Josset, 1677, *in-12*.]

5328. ☞ Mémoire instructif sur le différend touchant la Cure d'*Avon* & de *Fontainebleau*, pour les PP. de la Trinité, contre les Prêtres de la Mission (après 1666) *in-4*.]

5329. ☞ Histoire des Saints de *Corbeil* : *Paris*, 1735, *in-12*.]

5330. ☞ La Bulle & les Statuts de la Confrairie du Saint-Esprit, érigée dans l'Eglise des Religieux Pénitens de *Courbevoye* : *Paris*, 1731, *in-16*.]

5331. ☞ Pélerinage des Saints Côme & Damien, à *Luzarches* ; par C. BAROT : *in-8*.

Voyez encore sur Luzarches : ci-devant, N.os 5145 & 5146.]

5332. * Le bonheur de la vie solitaire, représenté dans la retraite des anciens Hermites du *Mont-Valérien* ; par Guillaume COLLETET & DE LA CROIX : *Paris*, Suret, 1648, *in-8*.

5333. Histoire du Mont-Valérien, dit le Mont de Calvaire, traitant de l'origine, des motifs, & de l'auteur de la dévotion au Mystère de la Croix, établie en cette sainte Montagne : *Paris*, Piot, 1658, *in-12*.

Cette Histoire a été composée par Jean LE ROYER, Supérieur de la Maison du Calvaire.

☞ *Voyez* Lenglet, *Méthode Historique*, tom. *IV*. pag. 178, & Supplément, pag. 171. D'autres disent que cette Histoire est d'Antoine LE NOIR, Prieur de Rantigny.]

5334. ☞ Mons Valerianus ; scriptore Salomone PRIEZACO, Danielis filio : *Parisiis*, 1661, *in-4*.

5335. ☞ Apologie de la Solitude sacrée, & abrégé de la Vie des Reclus du Mont-Valérien & de Senart, & autres choses curieuses, concernant cette Montagne ; par François COLLETET : *Paris*, 1662, *in-12*.]

5336. ☞ Eclaircissemens sur le Mont-Valérien (ses Hermites, &c.) *Variétés historiques*, tom. *III*. pag. 173, & suiv.]

5337. ☞ Ms. Vies & Histoires des Hermites du Mont-Valérien, dit le Calvaire, près de Paris, avec l'Histoire de cette Maison.

Dans la Bibliothèque de M. l'Abbé Goujet.]

5338. ☞ Ms. Dissertation sur un Seigneur nommé Jean Housset, célébre Hermite & Fondateur de l'Hermitage du Mont-Valérien, pour corriger ce qu'en ont rapporté plusieurs Auteurs ; par M. HOUSSET, Médecin des Hôpitaux d'Auxerre, Correspondant de la Société Royale de Montpellier, & Associé résident de la Société Littéraire d'Auxerre.

On en trouve un Précis dans le *Journal de Verdun*, 1766, Septembre, *pag.* 195-202.]

5339. ☞ Remontrances au Cardinal de Rets, sur la supposition d'une Ordonnance de sa part, contre les Prêtres & Hermites du Mont-Valérien, *in-4*.]

5340. ☞ Les Titres des Prêtres du Calvaire ; ensemble les Titres prétendus des Religieux Jacobins Réformés, pour le Mont-Valérien.]

5341. ☞ Factum pour les Prêtres & les Hermites du Mont-Valérien, pour servir de réplique aux Jacobins Réformés de la rue S. Honoré.]

5342. ☞ Factum pour les mêmes, pour servir de réponse à l'Ecrit intitulé : Eclaircissement, & au Factum que les Jacobins ont publié afin de justifier l'usurpation qu'ils ont faite de tout ce qui appartenoit à ces Prêtres & à ces Hermites sur cette Montagne.

Ces deux Factums sont attribués à Alexandre-Louis VARET, qui est mort en 1676.]

5343. ☞ Arrêts du Conseil de 1661, qui renvoye au Parlement de Paris le procès entre les Prêtres du Calvaire & les Jacobins.]

5344. ☞ Arrêt du Parlement de Paris, du 30 Juillet 1664, en faveur des Prêtres du

Calvaire & des Hermites du Mont-Valérien.]

5345. ☞ Le Calvaire profané, ou le Mont-Valérien usurpé par les Jacobins de la rue S. Honoré; (par Jean DUVAL, Prêtre & Bachelier en Théologie: Pièce de 2000 vers): *Cologne*, Marteau, 1670, *in*-12.

Voyez l'*Histoire du Diocèse de Paris*, par l'Abbé Lebeuf, tom. *VII. Article, Mont-Valérien*, pag. 126 & *suiv.* & *pag.* 138 pour cet Ouvrage. On attribue cette Pièce à Duval, Vicaire de S. Gervais. Le fameux Tardieu, Lieutenant-Criminel, est le Magistrat dont il y est parlé: sa femme y joue aussi un rôle.]

5346. ☞ La Règle des Hermites du Mont-Valérien: *Paris*, Valleyre, 1713, *in*-12.]

5347. ☞ Confrairie de la Croix, érigée au Calvaire du Mont-Valérien: *Paris*, 1645, *in*-12.]

5348. ☞ Pélerinage du Calvaire sur le Mont-Valérien; par M. l'Abbé DE PONTBRIAND: *Paris*, 1745, *in*-12. 1751, *in*-16.]

5349. ☞ Recueil de la fondation, privilèges, & antiquités du Monastère de S. Louis de *Poissy: in-fol.*]

5350. ☞ Extrait du Recueil des titres & affaires du Monastère Royal des Dames de Poissy, présenté au Roi dans une Carte en 1706: *in*-4.]

5351. ☞ Abrégé historique de l'Eglise de Notre-Dame de *Pontoise: Troyes*, 1703, *in*-8.]

5352. ☞ Plainte des Pauvres de l'Hôtel-Dieu de Pontoise, & de la plus grande partie des Religieuses Hospitalières du même lieu, qui est de la fondation de saint Louis: 1663, *in*-4.

☞ On ne parle point ici des Ouvrages faits sur le Vicariat de *Pontoise. Voyez* ci-après, *Métr. de Rouen.*]

5353. ☞ Abrégé de l'Office de la sainte Croix, avec une Instruction sur l'établissement de la Confrairie de la Passion, érigée en l'Eglise de S. Maclou de Pontoise: *Paris*, de Lormel, 1724, *in*-12.]

5354. ☞ Actes concernant l'Union de l'Abbaye de S. Denys (ou de sa Manse Abbatiale) à la Maison Royale de S. Louis à *Saint-Cyr: Paris*, Muguet, 1694, *in*-4.]

5355. ☞ Réglemens & usages des Classes de la Maison de S. Louis à Saint-Cyr: *Paris*, 1712, *in*-16.]

5356. ☞ Mss. Obituaire de la Paroisse de *Seaux: in*-4.

Ce Manuscrit sur vélin, écrit vers 1480, est à la Bibliothèque du Roi, & vient de M. Lancelot.]

5357. ☞ Titres & Pièces concernant la fondation faite dans la Paroisse de *Stains*, (près S. Denys) d'un Hôpital & de deux Sœurs de la Charité, d'un Chapelain pour le Château, avec des Ecoles charitables; par M. BELLANGER, Trésorier du Sceau: *Paris*, 1723 & 1732, *in*-4.]

5358. ☞ Réglement pour les Ecoles de la Paroisse de Stains: *Paris*, 1725, *in*-12.]

5359. ☞ Pratique de dévotion en l'honneur de S. Jean Népomucène, à l'usage de la Confrairie Royale érigée dans l'Eglise des Pères Récollets de *Versailles;* par M. l'Abbé CLÉMENT: *Paris*, Garnier, *in*-12.]

5360. ☞ Requête au Roi, pour parvenir à un Réglement général en la sainte Chapelle de *Vincennes*, avec Arrêts en conséquence; par Me PREAUDEAU, Avocat, 1694, *in-fol.*

Nicolas Héron, Docteur en Théologie de la Faculté de Paris, Conseiller & Aumônier de la feue Reine, étoit alors Trésorier de la sainte Chapelle de Vincennes.]

Histoire Ecclésiastique du Languedoc.

☞ On doit consulter l'*Histoire générale du Languedoc;* par Dom DE VIC & Dom VAISSETE: *in-fol.* 5 vol.]

5361. ☞ Mss. Martyrologium *Narbonensis* Ecclesiæ, cui insertum est Necrologium: *in-fol.*

Ce Manuscrit, qui pour le Nécrologe finit en 1714, appartenoit ci-devant à M. de la Berchère, Archevêque de Narbonne: il est conservé dans la Bibliothèque de M. le Marquis d'Aubais.]

5362. ☞ Mss. Sentences & Jugemens rendus par Bernard Gui, de l'Ordre des Dominicains, Inquisiteur de Toulouse, & ensuite Evêque de Lodève: *in*-4.

Dans la Bibliothèque de M. le Marquis d'Aubais, num. 7. On y trouve aussi, num. 101, les Sentences du même Inquisiteur contre les Vaudois.]

5363. ☞ L'Histoire de S. Sernin (de *Toulouse*) ou l'incomparable Trésor de son Eglise Abbatiale (convertie en un Chapitre Séculier); par Raymond DAYDÉ: *Toulouse*, Colomiers, 1661, *in*-12.

5364. ☞ Actes d'opposition du Chapitre de l'Eglise de Toulouse, le Siège vacant, pour empêcher l'établissement d'une Maison de Jésuites: 1613, *in*-4.]

5365. ☞ L'élévation des Reliques de saint Edmond, Roi d'Angleterre, & d'autres saints Martyrs; faite à Toulouse par M. Charles DE MONTCHAL, Archevêque: *Toulouse*, Boude, 1645, *in*-4.]

5366. ☞ Les Estatuts de la tresque devota, nobla & antiqua Confrayria della sagrada Conception de Nostra Dama, Mayre de Nostre Senhor Dieu Jhesu Christ; fundada en la devota & antiquissima Gleysa de la Daurada de Tholosa: *in*-4. vieille édition.]

5367. ☞ Recueil de Mémoires pour le Promoteur de l'Eglise d'*Alet*, contre les Doyen & Chanoines: *Paris*, 1665, *in*-4.]

5368. ☞ Recueil de Pièces concernant la défense de l'Eglise d'Alet: *Paris*, 1665, *in*-4.]

5369. ☞ Histoire du saint Suaire de Jesus-Christ dans l'Eglise des Augustins de *Carcassonne: Toulouse*, *in*-12.]

Des Provinces & Villes.

5370. L'origine, les changemens, & l'état préfent de l'Eglife (Cathédrale) de S. Pierre de *Montpellier*; par le Sieur G. *Montpellier*: 1634, *in*-8.

Cet Ouvrage eft attribué à Pierre GARIEL [Doyen de cette Eglife, & l'Auteur d'une efpèce d'Hiftoire Eccléfiaftique & Civile de Montpellier, dont on parlera dans la fuite.]

5371. ☞ Hiftoire Eccléfiaftique de *Nifmes*.

Elle fe trouve dans l'*Hiftoire générale de Nifmes*; par M. MENARD : *in*-4. 7 vol.]

Hiftoire Eccléfiaftique de Lorraine & des trois Evêchés.

☞ Il faut confulter la grande *Hiftoire de Lorraine* de Dom Auguftin CALMET : *Nancy*, 1728, *in-fol*. 3 vol. que l'on a mis après en fix. La partie Eccléfiaftique y eft fort détaillée.]

5372. ☞ Cérémonial de l'Eglife Cathédrale de Metz, renouvellé par MM. les vénérables Princier, Doyen, Chanoines & Chapitre de ladite Eglife, en l'année 1694, approuvé & autorifé par M. l'Archevêque d'Ambrun, Evêque de Metz : *Metz*, veuve Bouchard, 1697, *in*-4.

Ce Chapitre ayant reçu au commencement du dix-feptième Siècle le Bréviaire & le Miffel Romain, mais voulant toujours fuivre fon ancien Cérémonial, s'apperçut que cela répandoit du défordre & de la confufion dans les exercices du Chœur. C'eft ce qui le détermina à refondre fon ancien Cérémonial, pour le faire cadrer avec le Rit Romain.]

5373. ☞ Réglemens & Indulgences pour les Fidèles de l'Affociation établie à Metz, fous l'invocation de S. Auguftin & de fainte Urfule : *Metz*, 1706, *in*-12.]

5374. ☞ Réglement du Séminaire des Filles de la Propagation de la Foi, établie à Metz; par M. BOSSUET (Grand-Vicaire, depuis Evêque de Condom & de Meaux) : *Paris*, 1672, *in*-18.]

5375. ☞ Réglemens des Confrairies des Agonifans de Notre-Dame du Suffrage & des Morts : *Nancy* : *in*-8.]

5376. ☞ Manuel des Confrères du faint Rofaire; par Th. LE PAIGE : *Nancy*, 1625, *in*-12.]

5377. ☞ Etabliffement des Pénitens blancs de Nancy, avec les Statuts & Indulgences de cette Confrairie : *Nancy*, 1635, *in*-8.]

5378. ☞ Réglemens & établiffement de la Compagnie des Pénitens blancs de Pont-à-Mouffon : *Nancy*, *in*-12.]

5379. Mf. Hiftoire du Chapitre de Saint-Diez; par l'Abbé DE RIGUET, Grand-Prévôt de l'Eglife de Saint-Diez : *in-fol*. 2 vol.

Cet Auteur eft mort avant l'an 1701; fon Hiftoire [étoit] confervée dans les Archives de ce Chapitre.]

5380. ☞ Hiftoire de l'Eglife de Saint-Diez, avec les Pièces juftificatives de fes Immunités & Privilèges; par Meffire Jean-Claude SOMMIER, Archevêque de Céfarée, Grand-Prévôt de la même Eglife : *Saint-Diez*, 1726, *in*-12.

L'Eglife Collégiale de Saint-Diez eft fituée dans les Montagnes de Vofge, du Diocèfe de Toul, & fondée en 660, par S. Dieudonné, vulgairement appellé Saint Diez, Evêque de Nevers. M. DE RIGUET, Grand-Prévôt de Saint-Diez, eft le véritable Auteur de l'Hiftoire publiée par M. Sommier.

Voyez le *Supplément de Moréri*, tom. *IV. pag.* 369, col. *I*. On vouloit alors ériger un Evêché à Saint-Diez.]

5381. ☞ Apologie de l'Hiftoire de l'Eglife de Saint-Diez, 1737, *in*-8.

Cet Ouvrage a été fait contre la *Défenfe de l'Eglife de Toul*, dont on parlera dans la fuite à l'article des Ev. de Toul, *Métr. de Trèves*.]

5382. ☞ Andreæ DE SAUSSAY, de bipartito Domini Clavo Trevirenfi & Tullenfi : *Tulli*, 1660, *in*-4.]

5383. ☞ Hiftoire du faint Clou, partagé à Trèves & à *Toul*; par A. RICHE : *Toul*, 1680, *in*-8.]

5384. ☞ Honneurs rendus à S. Jofeph, par les Eglifes & Ville de Toul, avec les règles de fa Confrairie : *Toul*, 1651, *in*-12.]

5385. ☞ L'Inftitut réformé de la Congrégation des Hermites, érigée au Diocèfe de Toul, fous l'invocation de S. Jean-Baptifte : *Toul*, 1708, *in*-12.]

5386. ☞ Réglement du Séminaire de Toul : *Toul*, 1738, *in*-8.]

5387. ☞ Mémoire fur l'époque de la conftruction de l'Eglife Cathédrale de *Verdun*; par M. l'Abbé LEBEUF. *Journ. de Verdun*, 1755, *Juin*, *pag.* 449-453.]

5388. Verdun voué à S. Jofeph; par J. BAILLOT : *Verdun*, 1653, *in*-8.

Hiftoire Eccléfiaftique du Lyonnois.

5389. Nombre des Eglifes qui font dans l'Enclos & Dépendance de la Ville de Lyon, avec une exacte recherche des temps, & par qui elles ont été fondées : le tout tiré des anciennes Archives; par Ifaac LE FEVRE, Lyonnois : *Lyon*, 1627, *in*-8.

5390. Hiftoire Eccléfiaftique de la Ville de Lyon; par Jean DE SAINT-AUBIN, Jéfuite : *Lyon*, 1666, *in-fol*.

Le Père de Saint-Aubin eft mort en 1660. Cet Ouvrage pofthume a été mis au jour par les foins du Père Méneftrier.

5391. ☞ Lettre d'un Curé du Diocèfe de Lyon, qui explique les cérémonies de l'ufage de Lyon, pour les Offices publics des Paroiffes de la Campagne, &c. *Lyon*, 1702, *in*-12.]

5392. ☞ Mf. Catalogue des Chanoines & Comtes de Lyon depuis 1361, dreffé fur les Actes Capitulaires de cette Eglife.

Cet Extrait, qui eft en forme, fe conferve dans la Bibliothèque de M. de Fontette, Confeiller au Parlement de Dijon.]

Tome I.

5393. Tractatus de bellis & induciis quæ fuerunt inter Canonicos sancti Joannis Lugdunensis & Canonicos sancti Justi, desumptus ex Monasterii Atheniorum Bibliotheca; per Claudium DE BELLIEVRE, Lugdunensem.

Ce Traité a été fait en 1269, il est imprimé dans l'*Histoire de la Ville de Lyon;* par le Père Menestrier : Lyon, 1696, *in-fol.*

5394. ☞ Factum de l'instance d'entre M. le Procureur-Général, les Officiers du Présidial, & les Prévôt des Marchands & Echevins de Lyon, contre les Chanoines & Chapitre de S. Jean de Lyon, auxquels on dispute le titre de Comtes ; avec plusieurs Actes & autres Pièces qui servent de preuves : *Paris,* Vitré, 1648, *in-4.*

Dans le Catalogue Pelletier, num. 2222, on indique une Liasse de Mémoires concernant le différend entre le Chapitre & la Ville de Lyon : *in-fol.* L'affaire a été jugée en faveur des Chanoines de Lyon.]

5395. ☞ Arrêt du Parlement, contre les Officiers du Présidial, Prévôt des Marchands & Echevins de Lyon, déboutés de l'inscription en faux concernant la qualité des Comtes de Lyon : 1650, *in-4.* 32 pag.]

5396. ☞ Pièces du Procès entre le Présidial & les Comtes de Lyon, pour la Justice : 1680.]

5397. ☞ Plaidoyer & Mémoires pour le Chapitre de Lyon, contre les Custodes de Sainte-Croix : 1761 & 1764, *in-4.*

Il s'agissoit de sçavoir si ces Custodes sont Curés, ou seulement Desservans de leur Eglise : question agitée à l'occasion d'un Réglement fait par le Chapitre de Lyon. Les Pièces indiquées sont : = Plaidoyer de Me LOISEAU DE MAULEON, pour les Doyen, Chanoines, Chapitre & Comtes de Lyon, contre les Sieurs de la Forest & de Saint-François, Custodes de Sainte-Croix : *Paris,* Cellot, 1761. = Mémoire pour les Comtes de Lyon, *signé,* CHAUVEAU DE MAUNY : *Paris,* Cellot, 1764, 250 pag. *in-4.* = Observations sur l'indivisibilité du titre de la Cure de l'Eglise de Lyon, &c. *Paris,* Cellot, 1764. = Précis signifié pour les Comtes de Lyon, &c. *in-4.*

Il y eut au mois d'Août 1764, Arrêt du Parlement de Paris rendu en la Grand'Chambre, qui donna gain de cause aux Custodes de Sainte-Croix.]

5398. ☞ Traité de l'établissement du Jubilé de Lyon, &c. *Lyon,* 1666, *in-4.*]

5399. ☞ Instruction sur le Jubilé de l'Eglise Primatiale de S. Jean de Lyon, à l'occasion du concours de la Fête-Dieu, avec celle de S. Jean-Baptiste ; (par le P. DE COLONIA) : *Lyon,* Valfray, 1734, *in-12.*]

5400. ☞ Verbal & information de la ruine de l'Eglise, Cloîtres, Maisons & Château des Chanoines de S. Just de Lyon, démolis par les Religionnaires en 1562 : *Lyon,* 1662, *in-4.*]

5401. ☞ Arrêt du Parlement sur l'égalité des Prébendes des Chanoines de S. Just de Lyon : *Lyon,* Rigaud, 1659, *in-8.*]

5402. Fondation & Antiquités de l'Eglise Collégiale de S. Paul de Lyon ; par M. DE QUIN- CARNON, Ecuyer, ancien Lieutenant de Cavalerie : *Lyon,* 1606, *in-12.*

5403. ☞ Motifs d'une sainte libéralité à MM. les Paroissiens de S. Paul de Lyon, pour les porter à faire rebâtir l'Eglise de S. Laurent ; par Etienne CAVET, Chanoine de S. Paul : *Lyon,* 1635, *in-8.*]

5404. ☞ Les devoirs & saintes occupations des Confrères & Sœurs de la Confrairie de S. Roch & de S. Sébastien, érigée dans l'Eglise Paroissiale de S. Pierre le Vieux : *Lyon,* Juttet, 1726, *in-12.*]

5405. ☞ La dévotion ou la Confrairie établie dans l'Eglise de Plattiere à Lyon : *Lyon,* 1701, *in-12.*]

5406. ☞ La Confrairie de la sainte Trinité & Rédemption des Captifs : *Lyon,* *in-12.*]

5407. ☞ La forme de la direction & économie du grand Hôtel-Dieu de Lyon.

Le Père Ménestrier dans ses *Caractères historiques,* pag. 261 & 262, dit qu'il s'est fait plusieurs éditions de ce Livre & du suivant, toujours avec des additions nouvelles.]

5408. Institution & Réglement de l'Hôpital de la Charité, dite l'Aumône générale de Lyon : [*Rouen,* 1633 & 1699, *in-4.*] : *Paris,* 1652, *in-4.* *Lyon,* 1662. Septième édition : *Ibid.* 1699, 1742, *in-4.*]

5409. ☞ Catalogue des Recteurs pour l'administration de l'Aumône générale de Lyon, depuis son institution jusqu'en Décembre 1686, *in-4.*]

5410. Mf. Observations critiques sur deux Eglises modernes de Lyon (la Charité & le grand Hôtel-Dieu) ; lues à l'Académie de Lyon le 23 Avril 1749.

Elles sont conservées dans le Dépôt de cette Académie.]

5411. ☞ La forme de la direction & économie de l'Hôtel-Dieu de Notre-Dame de Pitié du Pont du Rhône de la Ville de Lyon : *Lyon,* Jullieron : 1646, 1661, *in-4.*

Le titre de l'édition de 1646 porte augmenté par Gaspard THOREL.]

5412. ☞ Relation des Reliques de S. Gatin, données à Madame d'Halincourt (Jacqueline de Harlay) par le Pape Paul V. avec l'attestation du Cardinal Scipion Borghèse, & la cérémonie de leur translation au Collége de la sainte Trinité de Lyon, auquel elles furent données en 1612.]

Histoire Ecclésiastique du Nivernois.

5413. ☞ Récit du différend entre les Curés & les Jésuites de Nevers, au sujet de quelque prétendue Indulgence obligeant de communier en l'Eglise de ces Pères ; avec la Requête à leur Evêque, & les Jugemens rendus au Palais Episcopal & Bailliage de la même Ville : 1658, *in-4.*]

Des Provinces & Villes.

5414. ☞ Fondation faite par le Duc & la Duchesse de Nivernois, pour marier soixante pauvres filles de leurs terres & dépendances : 1664, *in-4.*]

5415. ☞ Relation de la Mission faite à Armes, près Clamecy ; par les Pères ROBOT, LAU, AVIROT, aux mois d'Avril, Mai & Juin, 1751 : *Bruxelles,* 1752, *in-12.*

Clamecy & ses environs sont du Diocèse d'Auxerre, quoique dans le Nivernois.]

5416. ☞ Lettre de M. LEBEUF, touchant l'Evêché (titulaire) de Bethléem. *Mercure,* 1725, *Janvier, pag.* 101-112.

Cet Evêque, qui n'est pas du Clergé de France, a son titre dans une Chapelle près de Clamecy.]

5417. ☞ Mf. Histoire de l'Eglise Collégiale de Franay-les-Chanoines ; par M. LE JEUNE, Doyen de la même Eglise : 1760.

Ce Manuscrit, qui contient des choses assez curieuses, est entre les mains de l'Auteur. M. Parmentier, Assesseur en la Maréchaussée de Nivernois, en a une Copie tirée sur l'original.]

Histoire Ecclésiastique de Normandie.

5418. Orderici VITALIS, Anglicenæ, Cœnobii Uticensis Monachi Historiæ Ecclesiasticæ, à Christo Nato, ad annum 1140. Pars prima.

C'est la première partie de son *Histoire Ecclésiastique,* qui est imprimée dans le *Recueil des anciens Historiens de Normandie* publié par André du Chesne : *Paris,* 1619, *in-fol.* Oudry Vital, Moine de S. Evroul, écrivoit en 1140. Son Histoire regarde particulièrement la Normandie.

5419. Fides Regia, seu Annales Ecclesiæ Anglicanæ, ubi potissimùm Anglorum Catholica, Romana & Orthodoxa Fides, ab anno Domini 1066, ad annum 1189, è Regum & Augustorum factis, & Sanctorum rebus & virtute gestis asseritur ; tomus quartus ; auctore Michaele ALTORFO, alias GRIFFITHO, è Societate Jesu Theologo : *Leodii,* Hovii, 1663, *in-fol.*

Je rapporte ici le quatrième tome de cette Histoire, par la même raison que je rapporte celle d'Angleterre, entre les Histoires de Normandie ; parceque depuis la conquête de ce Royaume par Guillaume, Duc de Normandie, les Anglois & les Normands ont eu entr'eux une étroite liaison.

5420. Mf. Arthuri DU MONSTIER, Ordinis sancti Francisci Recollecti : de Rebus Neustriacis Volumina quinque. Tomus primus & secundus, Neustria Christiana, Archiepiscopos & Episcopos complectens. Tomus tertius, Neustria Pia, seu de omnibus Abbatiis & Prioratibus totius Normaniæ. Tomus quartus, Neustria Sancta, Gesta Sanctorum quolibet die totius anni exhibens. Tomus quintus, Neustria Miscellanea, promiscua proferens propria & particularia Genti Neustriacæ, Libris octo distincta : *in-fol.*

Ces Manuscrits sont conservés dans la Bibliothèque des Récollets de Rouen. Il y en a une partie dans celle des Récollets de Paris, qui a été copiée sur les originaux qui sont à Rouen. De ces cinq tomes, il n'y a eu que le troisième qui ait été publié.

☞ La quantité prodigieuse qu'il contient de Donations faites aux Abbayes, Monastères & autres Eglises de la Province de Normandie, ne forme qu'une très-petite partie des Titres qui se trouvent dans les Archives du même Pays.]

5421. ☞ Histoire Ecclésiastique de la Province de Normandie, avec des Observations critiques & historiques ; par M. Charles TRIGAN, Docteur de Sorbonne, & Curé de Digoville : *Caen,* 1759, &c. *in-4.* 4 vol.

Voyez le *Journal des Sçavans,* 1759, *Juin,* & les *Mémoires de Trévoux,* 1760, *Décembre, pag.* 2981-2997.]

5422. ☞ Le grand Calendrier (Ecclésiastique) ou Journal historique de la Ville & Diocèse de Rouen ; par un Curé du Diocèse : *Rouen,* Machuel, 1698.

Ce Calendrier perpétuel est de M. PEUFFIER, Curé de S. Sever, Fauxbourg de Rouen.]

5423. ☞ Lettre de M. l'Abbé LEBEUF, à M. Clérot, Avocat à Rouen, sur l'Histoire Ecclésiastique de *Rouen,* &c. *Mercure,* 1737, *Mai, pag.* 916-929.]

5424. L'Origine des Eglises & des Monastères de la Ville de Rouen ; par Fr. FARIN.

Cette Origine est imprimée dans son *Histoire de la Ville de Rouen : Rouen,* 1668, *in-12.*

5425. ☞ Description des Cérémonies & autres formalités qui s'observent pour la délivrance du Prisonnier que le Chapitre de Rouen met tous les ans en liberté le jour de l'Ascension ; par M***.

On trouve cette Description dans l'*Abrégé de l'Histoire Ecclésiastique, Civile de Rouen, &c. Rouen,* 1759, *in-12.* & dans le *Journ. de Verdun,* 1760, *Mai, pag.* 360 *& suiv.* On peut voir encore sur ce privilège de l'Eglise de Rouen, plusieurs Ouvrages indiqués ci-après, aux Histoires de la *Métropole de Rouen.*]

5426. * Police générale du Bureau des Pauvres valides de l'Hôpital général de Rouen : *Rouen,* Maury, 1667, *in-4.*

5427. ☞ Anecdotes sur quelques usages, droits & privilèges du Chapitre de *Bayeux ;* par M. BEZIERS, Curé de S. André de cette Ville. *Journal de Verdun,* 1761, *Août, pag.* 127 *& suiv.* & aussi dans les *Nouvelles Recherches,* &c. *Paris,* J. Th. Hérissant, 1766, *tom. I. pag.* 413-420.]

5428. ☞ Ancienne & singulière dévotion de la Ville. d'*Evreux* (appellée Cérémonie de S. Vital). *Variétés historiques, tom. III. pag.* 360 ; & *Journ. Ecclésiastiq.* 1762. *Juillet, pag.* 79-84.]

5429. ☞ Statuts & Constitutions des Religieuses du Monastère de l'Hôpital & Maison de Dieu de *Caen : Paris,* 1645, *in-12.*]

5430. ☞ Relation de ce qui s'est passé en la Canonisation de S. Pierre d'Alcantara, dans l'Eglise des Cordeliers de *Caen ;* par Guillaume MARCEL, Curé de Bafly : (Caen) 1671, *in-4*.]

5431. ☞ Histoire de la solemnité de la Canonisation de S. François de Borgia, dans l'Eglise des Jésuites de Caen; par Guillaume MARCEL, Curé de Bafly : (*Caen*) 1672, *in-4*.]

5432. ☞ Dissertations préliminaires sur l'Histoire Civile & Ecclésiastique du Diocèse de Sais (ou *Seez*); par M. l'Abbé ESNAUT : *Paris*, Desprez, 1746, *in-12*.]

Histoire Ecclésiastique de l'Orléanois.

5433. Histoire Ecclésiastique de la Ville d'Orléans, contenant la Fondation des Eglises & des Monastères, &c. par François LE MAIRE, Conseiller au Présidial d'Orléans.

Cette Histoire est imprimée dans la seconde édition de son *Histoire d'Orléans* : *Orléans*, Borde, 1648, *in-fol*. Cet Auteur est mort en 1654.

5434. Histoire de l'Eglise & Diocèse, Ville & Université d'Orléans; par Symphorien GUYON, Orléanois, Curé de S. Victor : *Orléans*, Borde, 1650, *in-fol*. [2 vol.]

Symphorien Guyon est mort en 1657. La Préface de son Histoire, qui contient la Description de la Ville d'Orléans, est de Jacques Guyon, frère de l'Auteur.

5435. ☞ Description de l'Eglise Cathédrale de Sainte-Croix d'Orléans, suivant la visite faite en 1634, & autres Pièces concernant ladite Eglise : *Orléans*, 1734, 1736, 1740, 1746, *in-4*.]

5436. ☞ Plaidoyer pour les Chanoines d'Orléans; par Mᵉ DU CHASTEAU : 1755, *in-8*.]

5437. ☞ Antiquités historiques de l'Eglise Royale de S. Agnan d'Orléans [avec un Recueil de Pièces qui servent de preuves]; par R. [Robert] HUBERT, Chantre & Chanoine de ladite Eglise : [*Orléans*] Hotot, 1661, *in-4*.

L'Auteur est mort en 1694.

☞ Il y a des recherches & du travail dans cet Ouvrage; mais il auroit été à souhaiter que l'Auteur eût usé d'un peu plus de discernement dans le choix des Pièces & des Manuscrits dont il s'est servi. Quoi qu'il en soit, l'Ouvrage est utile, & peut contribuer à l'éclaircissement de l'Histoire d'Orléans. L'Auteur étoit capable de faire un Ouvrage exact, s'il eût puisé dans des sources non suspectes.]

5438. ☞ Arrêt du Parlement contre l'exemption du Chapitre de S. Agnan d'Orléans : *Paris*, Martin, 1674, *in-4*.]

5439. Factums sur cette affaire.

L'Arrêt fut rendu le 4 Juin 1674, après une Plaidoyerie de onze audiences. Le Chapitre de S. Agnan, qui pour lors relevoit immédiatement du saint Siège, fut soumis par cet Arrêt à l'Ordinaire, & dépouillé des plus beaux droits de sa Jurisdiction, dans l'exercice de laquelle il s'étoit glissé divers abus, ainsi qu'il paroit par le Plaidoyer que M. Talon, Avocat-Général, prononça, & par les Factums qui furent publiés de la part du Sieur Evêque d'Orléans, partie adverse dudit Chapitre d'Orléans. Ces Factums & l'Arrêt méritent d'être lus.]

5440. ☞ Histoire du Crucifix de l'Eglise de S. Pierre le Pueillier, qui jetta des larmes au Xᵉ Siècle, & les Leçons de l'Office qui se faisoit au sujet de ce Miracle.

Dans les *Réflexions sur les règles de la Critique*, par le P. Honoré de sainte Marie, *tom. III*. (Lyon, 1720) *pag.* 340-346.]

5441. ☞ Mémoire où l'on recherche en quelle année la discipline Monastique s'est introduite dans Saint Euverte d'Orléans; par M. POLLUCHE.

Ce Mémoire est imprimé à la suite de la *Description de la Ville d'Orléans*, &c. par D. Toussaints du Plessis : *Orléans*, 1736, *in-8*. On y prouve que l'Eglise de Saint Euverte, qui dans les commencemens étoit une Collégiale, reçut la discipline Monastique sous la règle de S. Augustin, au plûtard au milieu du douzième siècle, c'est-à-dire vers 1145, & non en 1163, comme l'ont écrit tous les Historiens d'Orléans.]

5442. ☞ Fondation de la Chapelle du S. Esprit à Orléans : *Paris*, du Bray, 1628, *in-12*. 37 pages.

Ce fut Samuel PASQUIER qui fit imprimer ce petit Recueil. Il descendoit de la famille du Fondateur, & étoit Chapellain de cette Chapelle. Elle a été fondée en 1363, dans l'Eglise de S. Paul, par Guillaume Turpin & sa femme Gillon, Bourgeois d'Orléans, pour eux, leurs hoirs, parens, amis, alliés, &c. Elle est en Patronage laïc, & le Chapellain est à la présentation d'un de la famille, du plus ancien, & plus proche en dégré de parenté des Fondateurs. La ligne masculine est préférée à la féminine, à qui la présentation ne doit appartenir qu'au défaut des mâles. Cette Chapelle fut dans son origine dottée de 15 liv. Parisis de rente, somme considérable pour lors, à cause de la rareté de l'argent : aussi les Fondateurs, pour la parfaire, donnèrent une grande quantité de biens fonds.]

5443. L'établissement de l'Aumône générale d'Orléans, avec les privilèges attribués à ladite Aumône : *Orléans*, Frémond, 1650, *in-4*.

☞ Avant l'établissement de l'Hôpital général, les pauvres avoient trois différens asyles; sçavoir les hommes & les garçons à l'Hôpital S. Paterne, sis près la Paroisse de ce nom : les femmes & les filles à l'Hôpital S. Paul, sis au Vieux Marché, & les passans à l'Hôpital S. Antoine, où ils étoient logés l'espace d'une nuit seulement. Cette distribution avoit été faite en vertu des Lettres-Patentes de Henry II. données à Blois le 16 Février 1556, qui prescrivit divers réglemens pour le bien & l'avantage de ces Maisons. Les Rois ses successeurs continuèrent également de favoriser ces établissemens; & ce sont les diverses Ordonnances, &c. émanées d'eux, qui forment l'objet de ce Recueil.]

5444. ☞ Statuts pour l'établissement d'un Hôpital général dans la Ville d'Orléans, dressés par l'ordre de Monsieur, frère unique du Roi : 1666, *in-4*.

Ces Réglemens n'eurent pas alors d'exécution, & l'établissement de l'Hôpital général d'Orléans fut encore différé de quelques années, sur quelques difficultés qui survinrent. Ces difficultés ayant été levées, l'établissement de l'Hôpital se fit en 1672. Son Altesse Royale, Monseigneur le Duc d'Orléans, donna de nouveaux Statuts & Réglemens au mois de Juillet 1671, qui furent approuvés & confirmés par Lettres-Patentes du mois d'Avril 1672, & enregistrées au Parlement le 4 Juillet suivant. Les trois autres Hôpitaux ou Aumônes précédentes y furent réunis, & il n'y eut plus qu'une seule Maison destinée à retirer les pauvres de l'un & l'autre sexe. On apprend tous ces détails par les Pièces qui ont été recueillies en 1692, dans l'Ouvrage qui est après le suivant.]

5445. ☞ Discours Chrétien sur l'établissement de l'Hôpital général de la Ville d'Orléans : *Orléans*, Hotot, 1672, *in-4*.

Ce Discours est de François GUÉRIN, Prieur de saint Hilaire, & un des premiers Administrateurs de ce nouvel Hôpital. Il n'y a pas beaucoup d'historique ; mais c'est principalement une pieuse instruction, où l'Auteur fait voir combien ces établissemens sont agréables à Dieu, & utiles aux Villes : d'où il prend occasion d'exhorter les peuples à concourir par leurs aumônes & leurs libéralités à l'accroissement & l'entretien de cet Hôpital.]

5446. Réglemens & Statuts [que Monsieur, fils unique de France, frère unique du Roi, a accordé être dressés pour l'établissement, ordre, police, & direction] d'un Hôpital en la Ville d'Orléans : *Orléans*, Borde, 1692, *in-4*.

☞ On a joint à cet Hôpital ce qui concernoit l'Aumône générale, c'est-à-dire, les anciens Hôpitaux.]

5447. ☞ Règles de S. Augustin, & constitutions & saintes Ordonnances pour les Religieuses du grand Hôpital & Maison-Dieu d'Orléans : *Orléans*, Nyon, 1621 & 1666 ; *in-12*.

Ce petit Ouvrage est divisé en deux Parties. La première concerne le spirituel, ou l'intérieur de la Maison, & la conduite des Religieuses considérées comme Communauté ordinaire. La seconde Partie a pour objet le soin des pauvres, leur gouvernement, & prescrit la conduite des Religieuses à cet égard. Ce sont les Chanoines de sainte Croix, ou de la Cathédrale, qui ont rédigé ces Règles, comme ayant l'inspection sur cette Maison, pour ce qui concerne le spirituel ; & à l'égard du temporel, ils l'ont concurremment avec les Administrateurs laïcs. Le Bailliage d'Orléans rendit le 28 Juillet 1604, une Sentence contre les Chanoines & Chapitre de sainte Croix, pour avoir fait un Livre contenant les Règles de S. Augustin, qu'ils vouloient faire observer aux Religieuses de l'Hôtel-Dieu, comme se prétendant les Fondateurs & Maîtres absolus de cette Maison ; mais il paroît que cela n'eut pas de suite.]

5448. ☞ Histoire du Sacrilège commis contre le saint Sacrement de l'Autel, dans une Paroisse du Diocèse d'Orléans, & d'une Procession solemnelle qui a été faite pour réparation dudit crime ; le tout rédigé par écrit ; par Jacques GUYON, Prêtre Orléanois, dédié aux Grands-Vicaires d'Orléans : *Orléans*, Maria, & *Paris*, 1646, *in-12*.

Le 23 Mars 1646, fut commis un vol dans la Paroisse de la Queuvre (Saint Gaulc) distante de cinq lieues d'Orléans, & d'une & demie de Gergeau. Les voleurs rompirent le Tabernacle, profanèrent les Hosties, & les Vases sacrés qu'ils volèrent en partie. Heureusement le bruit qu'ils firent pour forcer un coffre où ils espéroient trouver le trésor de la Fabrique, les décéla, & fut entendu d'une maison voisine. On avertit le Seigneur de la Queuvre, qui, quoique Calviniste, fit arrêter les voleurs, qui furent exécutés peu de jours après, le 27 du même mois de Mars. Pour réparer un tel sacrilège, les Grands-Vicaires d'Orléans (le Siège étoit vacant) ordonnèrent qu'il seroit fait une Procession par le Chapitre de Gergeau, qui célébreroit une Messe solemnelle dans l'Eglise de la Queuvre. Le concours du peuple & des Ecclésiastiques qui s'y rendirent de tous les pays voisins fut si grand, que l'Auteur en fait monter le nombre à près de vingt mille personnes. Voilà l'objet de cet Ouvrage, qui contient 40 pages d'impression.]

== ☞ Discours des miracles de la Chapelle de Bethléem, à Ferrière en Gâtinois : ci-devant, N.ºs 4099 & 4100.]

5449. ☞ Fortissimi Martyris Christi D. Lauriani, Archiepiscopi Hispaliensis, insignis Ecclesiæ Collegiatæ apud Vastinium (*Gastines*) in Comitatu Blesensi Patroni, agon ; bravium & elogium ; cum Annotationibus eam Ecclesiam & cætera omnia ad ipsam spectantia illustrantibus ; Authore Arthure DU MONSTIER, Ordinis Minorum Recollectorum : *Parisiis*, Couterot, 1656, *in-12*.]

5450. ☞ Discours comme la sainte Larme fut apportée en l'Abbaye de Vendôme, par le noble Comte Geoffroy Martel (en vers) avec les Miracles, Oraisons & Messe de ladite sainte Larme : *Paris*, Nyverd, 1562, *in-8*.]

5451. ☞ Histoire de la sainte Larme conservée au Monastère de la sainte Trinité de Vendôme : *Blois*, 1641, *in-12*.]

5452. ☞ Histoire véritable de la sainte Larme que Notre Seigneur pleura sur Lazare ; comme & par qui elle fut apportée au Monastère de la sainte Trinité de Vendôme ; ensemble plusieurs beaux & insignes Miracles arrivés depuis 630 ans, qu'elle a été miraculeusement conservée en ce saint lieu ; par un Religieux Bénédictin : *Vendôme*, Hyp, 1669, *in-12*.]

5453. ☞ Dissertation sur la sainte Larme de Vendôme ; par J. B. THIERS : *Paris*, Thiboust, 1699, *in-12*.

Elle a été réimprimée *Amsterdam*, 1751, *in-12*. avec la Réponse du même au P. Mabillon, & la Lettre de ce célèbre Bénédictin, qui suivent.]

5454. ☞ Lettre d'un Bénédictin (D. Jean MABILLON) à M. l'Evêque de Blois, touchant le discernement des anciennes Reliques, au sujet de la Dissertation de M. Thiers ; & Mémoires pour servir d'éclaircissemens à l'Histoire de la sainte Larme de Vendôme : *Paris*, de Plats, 1700, *in-12*.]

5455. ☞ Réponse de J. B. THIERS, à la Lettre du Père Mabillon : *Cologne* (*Paris*) Egmond, 1700, *in-12*.]

5456. ☞ Observations sur les Larmes de Jesus Christ, & en particulier sur celle de Vendôme ; par le Père HONORÉ DE SAINTE MARIE, Carme Déchaussé.

Elles se trouvent *pag.* 339-355, du *tom. III.* de ses *Réflexions sur les règles de la Critique, &c. Lyon*, 1720, *in-4*. Il incline à croire que la Larme de Vendôme vient du Crucifix d'Orléans, ci-devant, N.º 5440.]

Histoire Ecclésiastique de Picardie.

5457. * Ms. Mémoires chronologiques pour l'Histoire Ecclésiastique & Civile de la Ville d'Amiens, tirés de plusieurs Auteurs & d'anciens Manuscrits ; par Jean-Joseph DE COURT, Contrôleur-Général des Finances de la Généralité d'Amiens : *in-fol.* 2 vol.

Il sont conservés dans la Bibliothèque de M. de Rousevilles à Amiens.

5458. ☞ Ms. Idée du temps & de la durée de la construction de l'Eglise Cathédrale d'*Amiens* ; par M. D'HANGEST, Théologal d'Amiens, & de l'Académie de cette Ville.

Dans les Registres de cette Académie.]

5459. ☞ Ms. Mémoire sur l'Architecture gothique de la Cathédrale d'Amiens, avec les plans, profils, élévations & perspective de cette Eglise ; par M. DE GOMICOURT, de l'Académie d'Amiens.

Dans les Registres de cette Académie.]

5460. ☞ Arrêt concernant la dignité de Doyen de l'Eglise Cathédrale d'Amiens : *Paris*, Muguet, 1673, *in*-4.

Arrêt qui ordonne l'exécution de l'Arrêt précédent, du 23 Février 1674 : *in*-4.

Extemporalis Oratio in Senatu Parisiensi habita die 17 Januarii 1673, cùm Decanus Ambianensis dignitatis suæ jura vindicaret : *in*-4.]

5461. ☞ Lettre d'un Chanoine sur le Procès d'entre le Chapitre d'Amiens & le Sieur de Hodane, Doyen de cette Eglise, avec plusieurs Pièces sur ce Procès : *in*-4.]

5462. ☞ Le Miroir ardent de la vie & mort de S. Jean-Baptiste ; plus un ample narré de transport de ses saintes Reliques, pour la vérification du sacré chef d'icelui, qui pour le jour-d'huy repose en la Ville d'Amiens ; par Robert VISEUR, Chanoine de ladite Eglise : *Paris*, Thierry, 1604, *in*-8.

Nouvelle édition, revue & augmentée, sous ce titre : *Recueil de la vie, mort, invention & miracles de Saint Jean-Baptiste*, où il est montré que le Reliquaire d'Amiens est son vrai chef ; avec une Lettre du Cardinal Baronius, de 1606, sur ce sujet, &c. *Amiens*, Hurault, 1613, *in*-8.]

5463. ☞ Traité historique du Chef de S. Jean-Baptiste ; par Charles DU FRESNE, Sieur DU CANGE : Cramoisy, 1665, *in*-4.

Ce sçavant Auteur, qui est mort en 1688, fait dans cet Ouvrage une discussion exacte de ce que les Ecrivains anciens & modernes ont écrit du Chef de S. Jean-Baptiste, & en particulier de ses trois inventions : il y donne aussi quelques Traités Grecs sur le même sujet, tirés de la Bibliothèque du Roi.]

5464. ☞ Lettre sur d'anciens Tombeaux découverts en 1694, sous le grand Autel d'une Eglise, qui étoit autrefois l'Eglise Cathédrale d'Amiens : *in*-4.]

5465. ☞ Vita sancti Germani Scoti, Patroni Ecclesiæ Parochialis sancti Germani Ambianensis ; collectore CANCHIO : *Ambiani*, 1646, *in*-12.]

5466. ☞ Factum pour les Maître, Mères & Religieuses de l'Hôtel-Dieu d'Amiens, contre M. Faure, Evêque d'Amiens ; avec le Réglement pour ledit Hôtel-Dieu, fait dans la visite de 1658, & les Réponses en marge dudit Réglement : *in*-4.]

5467. ☞ Histoire Ecclésiastique de la Ville d'Abbeville, & de l'Archidiaconé de Ponthieu, au Diocèse d'Amiens ; par IGNACE JOSEPH DE JESUS MARIA, Carme Déchaussé : *Paris*, Peluan, 1646, *in*-4.

Ce Religieux se nommoit dans le monde, Jacques SANSON ; il étoit neveu de Nicolas Sanson, Géographe du Roi : [il mourut en 1665.]

☞ *Voyez* sur son Livre, *Méthode historique* de Lenglet, tom. *IV.* pag. 191.]

5468. ☞ Institution de la Confrairie de la Charité, érigée dans l'Eglise de S. Georges à Abbeville ; avec un Recueil de Prières : *Paris*, Martin, 1640, *in*-12.]

5469. Ms. Histoire Ecclésiastique & Civile de la Ville & Diocèse de Beauvais ; avec les Titres & Pièces justificatives ; par Godefroy HERMANT, Chanoine de cette Eglise : *in-fol.* 2 vol.

Ce Chanoine est mort en 1690. Son Histoire [étoit] conservée dans la Bibliothèque de M. de Lamoignon.

5470. ☞ Cl. GOVINÆI, Ecclesiæ Bellovacensis Decani, ad Clerum & Populum Bellovacensem de Ædis sacræ Bellovacæ ruina & instauratione Parænesis : *Lutetiæ*, Patisson, 1567, *in*-4.]

5471. ☞ Factum pour Guy Drappier, & le Curé de S. Sauveur de Beauvais, contre les Chanoines de S. Vast de cette Ville : *in*-12.]

5472. ☞ Mémoire pour les Religieuses de l'Hôtel-Dieu de Beauvais, avec leurs moyens d'opposition, contre l'Evêque de Beauvais : 1684, *in*-4.]

5473. ☞ Discours Chrétien sur l'établissement du Bureau des Pauvres de Beauvais ; (par Godefroy HERMANT, Chanoine de Beauvais) : *Paris*, 1655, *in*-12.].

5474. ☞ Réglemens pour la Charité des pauvres malades, établie à Beauvais en 1630 ; par M. Augustin POTIER, Evêque de Beauvais : *Beauvais*, Vallet, 1669, *in*-12.]

5475. ☞ Martyrologe des fondations de l'Eglise de *Boulogne*, &c. Boulogne, 1694, *in-fol.*]

5476. ☞ Histoire du saint Suaire de *Compiegne* ; par Dom Jacques LANGELLÉ, Bénédictin : *Paris*, Coignard, 1684, *in*-12.]

5477. Decanorum Ecclesiæ Laudunensis Catalogus, sive brevis Historia.

Ce Catalogue des Doyens de l'Eglise Cathédrale de *Laon*, se trouve dans le *Recueil de Pièces qui est imprimé avec les Œuvres de Guibert, Abbé de Nogent*, pag. 318 : *Parisiis*, 1651, *in-fol.*

Des Provinces & Villes. 359

5478. Historia de Miraculis Beatæ Mariæ Laudunensis, sive de reparatione ejusdem Ecclesiæ & Urbis; auctore coætaneo HERMANNO, Monacho.

Cet Auteur vivoit environ l'an 1115 de J. C. Son Histoire est imprimée dans le *Recueil* précédent, *p.* 527.

5479. ☞ Histoire du Miracle de J. C. en la sainte Hostie, fait à Laon en 1566; par Jean BOULÆSE : *Paris*, 1573, *in-*12.]

5480. ☞ Le Trésor & l'Histoire de la victoire du corps de Dieu, obtenue sur Belzébuth; par le même : *Paris*, Chesneau, 1578, *in-*4.]

5481. ☞ Réglement de la Communauté Parochiale de *Liencourt*, Diocèse de Beauvais; fondée par Madame (la Duchesse) de Liencourt: 1646, *in-*8.]

5482. ☞ Lettre du Chevalier DE FONTAINES, sur la fondation du Chapitre de *Longpré* aux corps Saints, Diocèse d'Amiens. *Mercure*, 1760, Août, pag. 172 & suiv.]

5483. ☞ Les rayons éclattans du Soleil de Justice, ou Histoire (& Miracles) de la sainte Face, conservée dans l'Abbaye de *Monstreuil*-les-Dames, Diocèse de Laon; par Fr. Gervais HERBELOT, Religieux de Longpont : *Reims*, 1628, *in-*24.]

5484. ☞ Histoire de la sainte Face de Notre-Seigneur, qui est en l'Abbaye de Monstreuil : *Laon*, Reunesson, 1660, *in-*16.

La même, avec l'Office qui se célèbre à ce sujet : *Laon*, Meunier, 1723, *in-*12.]

5485. ☞ Du culte de la sainte Face de Jesus-Christ, & de l'Inscription qui est au bas; par le P. HONORÉ DE SAINTE MARIE, Carme Déchaussé.

Ces Observations se trouvent dans l'Ouvrage intitulé : *Réflexions sur les règles de la Critique*, &c. pag. 594-604, tom. II. *Paris*, 1717, *in-*4. L'Auteur y prétend, avec raison, que l'Inscription est Esclavone ou Russienne.]

5486. ☞ Dissertation du Père HONORÉ DE SAINTE MARIE, Carme Déchaussé, sur l'Inscription de la sainte Face de Monstreuil, où il répond à un Ecrit intitulé : L'Explication Grecque de l'Inscription de la Véronique, &c. *Paris*, Nully, 1716, *in-*4. 28 pages.

Le Père Honoré réfute dans cette Dissertation le Père Hardouin, Jésuite, & soutient que cette Inscription est en langue Esclavone & non en Grec.]

5487. ☞ Dissertation sur un Tableau de Jesus-Christ, qu'on appelle la sainte Face, & qu'on a voulu faire passer pour une Image constellée; M. P. C. D. C. *Amsterdam* (*Paris*) 1742, *in-*8.

Cette Pièce, qui est de M. PIERQUIN, Curé de Chastel, au Diocèse de Reims, est à la suite d'une autre sur la Conception de Jesus-Christ, publiées toutes deux sous le titre général de *Dissertations Physico-Théologiques*. Le premier mot de l'Inscription (Russe) du Tableau de l'Abbaye de Monstreuil, ayant été mal lu, & soupçonné être *Abrasas*, donna lieu à avancer que c'étoit une Image constellée des anciens hérétiques Basilidiens; & c'est ce qui a procuré cette Dissertation.]

5488. Annales de l'Eglise Cathédrale de Noyon, avec une Description & Notice de la Ville, & des Recherches tant des Vies des Evêques, que d'autres Monumens du Diocèse; par Jacques LE VASSEUR, Docteur en Théologie : *Paris*, Sara, 1633, *in-*4.

5489. ☞ Remarques sur l'inventaire de production des Chanoines de l'Eglise Royale de S. Fursy de *Peronne*, pour servir de Factum à M. François Vestier, Chanoine de la même Eglise : *in-*4.

Arrêt rendu au Grand-Conseil du Roi le 30 Mars 1679, concernant la dignité de Doyen dans l'Eglise Collégiale de S. Fursy de Péronne : *in-*4.]

5490. ☞ Histoire abrégée de la vie & de la translation de sainte Euphrosyne, Patrone du Prieuré de S. Louis de *Royaulieu*, dans la Forêt de Compiegne : *Reims*, veuve Bernard, 1666, *in-*12.]

5491. ☞ Titre primordial de 1205, pour l'exemption de la Collégiale de S. Florent de *Roye*. ⇒ L'état de cette Collégiale, avec plusieurs Pièces concernant le Procès entre l'Evêque d'Amiens & le Sieur le Clerc, Doyen de Roye : *in-*4.]

5492. ☞ Procès-verbal d'une excommunication majeure fulminée par M. François Faure, Evêque d'Amiens, contre le Sieur le Clerc, Doyen de l'Eglise Royale de *Roye*; ensemble l'Ordonnance dudit Evêque, pour publier & afficher ladite excommunication, & l'Arrêt du Parlement pour déclarer cette excommunication nulle & abusive : *Paris*, Bouillerot, 1670, *in-*4.]

5493. ☞ La Vie & Histoire du culte de S. Sébastien, avec les Prières pour la Confrairie érigée en l'honneur de ce Saint, en l'Abbaye de Saint *Médard* de Soissons; par Et. CHARLES : *Paris*, 1719, *in-*12.]

5494. ☞ Procès-verbal de la visite de l'Hôpital-Prieuré de *Saint-Nicolas* du Pont, près de Compiegne : 1601, *in-*4.]

5495. ☞ Raretés de la Ville, Eglise & Pays de *Saint-Quentin*; par Claude DE LA FONS.

Ce Traité est imprimé dans la *Vie de S. Quentin*; par le même : *Saint-Quentin*, 1627, *in-*8.

5496. ☞ Institution de l'Aumône commune de la Ville de Saint-Quentin : *Saint-Quentin*, 1703, *in-*12.]

5497. De Scholis publicis, earumque Magisterii Dissertatio pro Regali Ecclesia sancti Quintini. Adjuncta est Tabula Chronologica Decanorum, Custodum, & Canonicorum ejusdem Ecclesiæ; à Claudio HEMERÆO, Doctore Sorbonico, Canonico sancti Quintini : *Parisiis*, la Perière, 1633, *in-*8.

5498. Augusta Veromanduorum vindicata &

illustrata, duobus Libris, quibus Antiquitates Urbis & Ecclesiæ sancti Quintini, Viromanduorumque Comitum series explicantur : adjectum est Registrum veterum Chartarum; eodem auctore : *Parisiis*, Bessin, 1643, *in-4*.

Le Docteur Héméré réfute l'opinion de Jacques le Vasseur, Doyen & Chanoine de Noyon, qui dans le chapitre VII. des *Annales de son Eglise*, nombre 3, prétend que par *Augusta Viromanduorum*, on doit entendre l'Abbaye de Vermand, de l'Ordre de Prémontré. Ces deux Auteurs rapportent tous deux des preuves de leur sentiment; mais à cause des différends qui sont entre ces deux Chapitres, ils paroissent avoir défendu l'un & l'autre leur Patrie ou leur Eglise. Le Cointe, dans le tome premier de ses *Annales Ecclésiastiques de France*, sur l'année 531, num. 24, 25 & 26.

5499. La Défense des Prérogatives de la Ville & Eglise Royale de Saint-Quentin en Vermandois, pour prouver que cette Ville est l'ancienne Auguste des Vermandois; par Claude BENDIER [Chanoine] : *Saint-Quentin*, 1671, *in-4*.

Cet Auteur est mort en 1698.

Les démêlés de l'Eglise Collégiale de Saint-Quentin avec l'Evêque de Noyon, sont rapportés ci-après, chap. VIII.

Voyez Ev. de Noyon. Métr. de Reims.

5500. ☞ L'Eglise de Saint-Quentin, originairement Episcopale, maintenue dans ses droits de Jurisdiction ordinaire, contre les Evêques de Noyon; par Cl. BENDIER (1691): *in-4*.]

5501. ☞ Statuts du Bureau de l'Hôpital des Pauvres enfermés de *Senlis* : *in-12*.]

5502. ☞ Règles de la Société des Adorateurs de Jesus-Christ expirant (établie à *Soissons*): *Soissons*, Asseline, 1707, *in-12*.]

Histoire Ecclésiastique du Poitou.

5503. Antiquitates Urbis & Ecclesiæ Lucionensis; per Joannem BOUNIN : *Fonteniaci*, 1656, 1661, *in-4*.

5504. Titres des Eglises de sainte Radegonde, de sainte Croix, de S. Hilaire & de S. Pierre de Poitiers; recueillis par Jean FILLEAU.

Ces Titres sont imprimés avec son Traité de l'*Université de Poitiers* : *Poitiers*, 1644, *in-fol*.

5505. ☞ Rapport & portrait du Miracle arrivé à Pressac, Diocèse de Poitiers, en la sainte Hostie, le Jeudi Saint, 2 Avril 1643 : *Poitiers*, Thoreau, 1643, *in-4*.]

Histoire Ecclésiastique de Provence.

5506. ☞ Recueil & Inventaire des Corps Saints & autres Reliques qui sont au Pays de Provence : *Aix*, Tholosan, 1622, *in-12*. 32 pages.]

5507. ☞ In Provincia & Comitatu Venaissino, pestiferis inservientes demortui, laureâque Martyrii Christianæ charitatis donati.

Cette Pièce est à la tête d'un Ouvrage du P. Toussaint PASTUREL, de l'Ordre des Minimes, intitulé : *Dissertatio Martyrii pestilentiæ causâ suscepti, &c. Aquis-Sextiis*, Adibert, 1722, *in-4*.]

5508. ☞ La Mendicité abolie dans le Diocèse d'*Aix*, par l'établissement d'un Hôpital Général : *Aix*, sans date, *in-12*.]

5509. ☞ Institution de la Confraternité Notre-Dame de la Miséricorde (d'Aix): *Aix*, 1624, *in-12*.]

5510. ☞ La Compagnie de la Miséricorde établie en la Ville d'Aix, pour le secours & l'assistance de tous les pauvres malades, honteux, & autres personnes affligées; ensemble les ordres, réglemens & usages de la même Compagnie : *Aix*, Roize, 1646, *in-8*.]

5511. ☞ Institution & Réglement de l'Hôpital de la Miséricorde, établi dans la Ville d'Aix : *Aix*, 1688, *in-8*.]

5512. ☞ Etat de la Miséricorde des pauvres malades & honteux de la Ville d'Aix, dressé sur les réglemens, délibérations & usages de cette Maison : *Aix*, Adibert, 1709, *in-8*.]

5513. ☞ Réglement pour l'Hôpital de S. Jacques : *Aix*, 1742, *in-12*.]

5514. ☞ Etat de l'Œuvre pour le secours des Prisonniers ; par Joseph DE HAITZE: *Aix*, 1689, *in-12*.]

5515. ☞ Cérémonial des soins charitables que les Frères Pénitens bleus de S. Joachim de la Ville d'Aix, exercent envers les criminels condamnés à mort : *Aix*, 1712, *in-12*.]

5516. ☞ NUBLI Querela ad Gassendum, de Ludicris quæ Aquis-Sextiis in Solemnitate Corporis Christi ridiculè celebrantur : 1645, *in-4*.]

5517. ☞ De inventione venerandi corporis sanctæ Annæ : venerabilibus viris DD. Decano seu Præposito insignis Ecclesiæ *Aptensis*, Andreas du Saussay, Presbyter, Officialis & Vicarius generalis illustrissimi DD. Archiepiscopi Parisiensis, ad Episcopatum Tutelensem nominatus. *Item*, Responsio Capituli Aptensis, &c. *Aquis-Sextiis*, 1649, *in-12*.]

5518. ☞ Histoire de la fondation du Monastère de la Miséricorde de la Ville d'*Arles*; par le P. ALEXANDRE d'Arles, Capucin : *Aix*, 1705, *in-8*.]

5519. ☞ Motifs pour bâtir dans la Ville d'Arles une Maison de Charité, capable de contenir tous les pauvres Mendians qui sont détenus & enfermés en icelle, pour y travailler aux choses qui leur seront données par les premiers Recteurs de ladite Maison : (sans année, &c.)

5520. ☞ Réglemens de l'Hôtel-Dieu de la Ville d'Arles : *Arles*, 1744, *in-4*.]

5521.

5521. ☞ Réglement pour maintenir le bon ordre dans l'Hôpital-Général de la Charité de la Ville d'Arles : *Arles*, 1736, *in-*8.]

5522. Maſſilia Chriſtiana ; Auctore Joanne Baptiſta GUESNAY, è Societate Jeſu.

Cette Hiſtoire eſt imprimée dans ſes *Annales de Marſeille : Lugduni*, 1657, *in-fol.*

5523. ☞ Hiſtoire Eccléſiaſtique de *Marſeille*; par le Sieur DE RUFFY.

Elle ſe trouve dans la ſeconde édition de ſon *Hiſtoire de Marſeille*...... 1696, *in-fol.*]

5524. ☞ Calendrier ſpirituel pour la Ville de Marſeille, avec un état ſpirituel de tout le Diocèſe ; (par le P. SAINT-ALBAN) : *Marſeille*, 1713, *in-*12.]

5525. ☞ Juſtification des PP. de l'Oratoire de Marſeille, contre les accuſations de l'Evêque de cette Ville : (*Paris*) 1721, *in-*12.]

5526. ☞ Abrégé des Ordonnances & Réglemens de la Maiſon de Notre-Dame de la Charité, fondée en cette Ville de Marſeille : *Marſeille*, Garcin, 1653, *in-*12.]

5527. ☞ La mendicité abolie dans la Ville de Marſeille, par l'Hôpital Général ou Maiſon de Charité : *Marſeille*, Martel, 1699, *in-*8.]

5528. ☞ Réglement pour MM. les Recteurs de la Miſéricorde de Marſeille : *Marſeille*, Meſnier, 1700, *in-*8.]

5529. ☞ Statuts & Réglemens pour la police, gouvernement, direction, & économie de l'Hôpital Général de la Charité de Marſeille, conformément à l'Edit du Roi en forme de Lettres-Patentes ſur l'établiſſement dudit Hôpital : *Marſeille*, Brebion, 1713, *in-*8.]

5530. ☞ Statuts & Réglemens de l'Hôpital des pauvres paſſans, & malades convaleſcens, fondé dans la Ville de Marſeille : *Aix*, David, 1673, *in-*12.]

5531. ☞ Lettres - Patentes & Réglemens de l'Hôpital des paralytiques incurables de la Ville de Marſeille : *Marſeille*, Meſnier, 1703, *in-*12.]

5532. ☞ Réglement de l'Hôpital des inſenſés de la Ville de Marſeille : *Marſeille*, Martel, 1699, *in-*8.]

5533. ☞ Réglement de la Maiſon charitable établie ſous le titre de Notre-Dame de Bon Secours, pour ſervir de retraite pendant la nuit aux pauvres Filles orphelines de la Ville & du terroir de Marſeille : *Marſeille*, Brebion, 1714, *in-*12.]

5534. ☞ Lettres - Patentes de Sa Majeſté, avec les Réglemens du Mont-de-piété, ou Prest charitable, établi en la Ville de Marſeille : *Marſeille*, Brebion, 1696, *in-*8.]

5535. ☞ Réglemens pour les Dames de la Congrégation établie à Marſeille, ſous le titre de la Purification de la très-ſainte Vierge : *Lyon*, Melin, 1710, *in-*8.]

5536. ☞ Règles & exercices de piété pour MM. de la Congrégation érigée à Marſeille l'an 1624, ſous le titre de l'Immaculée Conception de la ſainte Vierge : *Marſeille*, Meſnier, 1718, *in-*12.]

5537. ☞ Aſſociation à l'adoration perpétuelle du ſacré Cœur de N. S. J. C. établie dans le premier Monaſtère de la Viſitation de ſainte Marie de Marſeille : *Marſeille*, Brebion, 1718, *in-*12.]

5538. ☞ Réglemens pour la Confrairie de S. François de Sales, érigée dans l'Egliſe du premier Monaſtère des Religieuſes de la Viſitation de Marſeille : *Marſeille*, Brebion, 1668, *in-*8.]

5539. ☞ Le Pélerinage de *Saint-Maximin*, & de la ſainte Baume en Provence ; par Vincent REBOUL : *Aix*, 1662, *in-*12.]

5540. ☞ Privilèges accordés au Couvent de la Magdeleine de la Ville de Saint-Maximin & de la ſainte Baume : *Paris*, 1666, *in-*4.]

5541. ☞ Réglemens de la Confrairie de S. François de Sales, érigée par l'Evêque de *Senez*, dans la Chapelle de la Viſitation de Caſtellane, & en toutes les Paroiſſes de ſon Diocèſe : *Senez*, 1680, *in-*12.

Les mêmes, avec le Procès-verbal de l'incendie arrivé en l'Egliſe d'Yège, le 31 Mars 1684 : *Aix*, David, 1686, *in-*16.]

5542. ☞ Réglement pour la Société de la Charité érigée en la Ville de *Siſteron*, pour la viſite & ſoulagement des pauvres malades & priſonniers : *Aix*, Roize, 1670, *in-*8.]

5543. ☞ Catalogue des ſacrées Reliques duement authentiquées, qui ſe trouvent dans la ſainte Chapelle des Capucins de la Ville de *Taraſcon* : 1741, *in-fol.* une feuille.]

5544. De Avenione Urbe, & quatenùs ad Pontificem Romanum pervenit, Exercitatio Hiſtorica Magni Petri OLDECOP, Ocſelia-Livoni : *Iena*, 1691, *in-*4.

Hiſtoire Eccléſiaſtique de Touraine.

5545. Chronicon Eccleſiæ ſancti Martini Turonenſis, à nato Chriſto ad annum 1225 ; Auctore anonymo hujus loci Canonico.

André du Cheſne en cite un Fragment, à la page 226 des *Preuves de ſon Hiſtoire généalogique de la Maiſon de Dreux : Paris*, 1632, *in-fol.*

5546. ☞ Diſſertation (de Dom LIRON) où il eſt prouvé qu'il n'y a jamais eu d'Evêques dans l'Egliſe de S. Martin de Tours.

Elle ſe trouve dans les *Singularités hiſtoriques*, tom. II. pag. 15 & ſuiv.]

5547. Mſ. Hiſtoria celebris Eccleſiæ ſancti Martini Turonenſis ; auctore Radulpho Monsnyer, Doctore Theologo Sorbonico, & Canonico ejuſdem Eccleſiæ : *in-fol.*

On avoit commencé l'impreſſion de cette Hiſtoire [juſqu'à la page 207, le reſte n'a pas été imprimé.] L'Auteur a fleuri en 1663. Le Manuſcrit eſt reſté entre les mains de ſes héritiers. [Il étoit chez M. Lancelot, avec des Variantes écrites de la main de M. Baluze.]

5548. Celeberrimæ ſancti Martini Turonenſis Eccleſiæ Jura propugnata contra Launoium ; auctore Radulpho Monsnyer, Doctore Theologo ſacr. Fac. Pariſ. & ejuſdem Eccleſiæ Canonico & Eccleſiaſte : *Pariſiis*, Pepingué, 1663, *in*-8.

5549. ☞ Mémoire & Pièces concernant l'exemption de l'Egliſe Cathédrale (de S. Gatien) de Tours : *Paris*, 1697, *in-fol.*]

5550. Examen de certains Privilèges & autres Pièces du Procès entre l'Archevêque de Tours & le Chapitre de S. Martin : *Paris*, [Martin], 1676, *in*-4.°

[☞ Il y a beaucoup d'érudition dans cet Ouvrage.] Il eſt de Jean de Launoy, Docteur en Théologie, mort en 1678.]

5551. Hiſtoire de la Fondation de l'Egliſe de S. Martin de Tours, & de ce qui s'y eſt paſſé de plus conſidérable juſqu'à préſent ; par Nicolas Gervaise, Prévôt de Suèvre.

Cette Hiſtoire eſt imprimée dans la *Vie de S. Martin de Tours*, 1699, *in*-4. Elle eſt accompagnée de quelques Pièces juſtificatives.

5552. Hiſtoire de l'Egliſe Royale de S. Martin de Tours, pour ſervir de réponſe [au Livre précédent] ; par un Religieux Bénédictin, de la Congrégation de S. Maur : *Tours*, Barthe, 1700, *in*-12.

Le nom de ce Religieux eſt Etienne Badier.

5553. ☞ Particularités touchant les Chanoines honoraires de S. Martin de Tours. *Mercure*, 1699, Janvier, *pag*. 79. = *Choix des Mercures*, tom. *XIV. pag*. 66.

Voyez encore le petit Ouvrage qui ſuit.]

5554. ☞ Mémoire au ſujet de l'Abbaye de S. Martin de Tours, qui a les Rois de France pour Abbés perpétuels. *Variétés hiſtoriques*, tom. *III. pag*. 235 & *ſuiv.*]

5555. ☞ Mſ. Copia libri Statutorum Eccleſiæ Beati Martini Turonenſis : *in-fol.*

Ces Statuts ſont cités *pag*. 366, du *Catalogue* de M. de Cangé, & ſont dans la Bibliothèque du Roi.]

5556. ☞ Mſ. Procès-verbal des bagues, joyaux, reliquaires, & ornemens de S. Martin de Tours, leſquels M. le Prince de Condé avoit commandé être fondus ; par M. Servais Goyet : *in-fol.*

Ce Procès original eſt cité *pag*. 378, du *Catalogue* de M. de Cangé, & eſt à la Bibliothèque du Roi.]

5557. ☞ Lettre de A. M. A. D. S. M. de Tours, ſur une eſpèce de Cuve antique qui ſe trouve dans l'Egliſe de S. Martin de Tours. *Journal de Verdun*, 1754, Mars, *pag*. 194-196.]

Obſervations ſur cette Cuve ; par M. l'Abbé Lebeuf. *Ibid*. 1754, Août, *pag*. 128-133.

M. Lebeuf penſe qu'elle n'a ſervi ni pour le Baptême, ni pour laver les corps des morts, & que ce n'eſt qu'un Sépulchre très-ancien, où l'on renfermoit les corps de pluſieurs perſonnes à meſure qu'elles décédoient.]

5558. ☞ Confrairie des ſoixante-douze, érigée dans l'Egliſe des Frères Prêcheurs de la Ville de Tours, par Simon Roger : *Tours*, 1664, *in*-12.]

5559. ☞ Idée de la Communauté des Dames de la Propagation (établie à Tours) : *Tours*, 1664, *in*-12.]

5560. ☞ Apologia Eccleſiæ *Chinonenſis*, ad ſupremam Apoſtolicam & Romanam Eccleſiam ; in Anonymi cujuſdam opuſculum, quo jura iſtius Eccleſiæ contendit ſubvertere : *Chinonii*, 1664, *in*-16.

On attribue cet Ouvrage à Pierre Santerre, Chanoine de l'Egliſe Collégiale de Chinon.

== ☞ Obſervations hiſtoriques ſur l'ancienne Egliſe de S. Maime de Chinon.

Voyez ci-devant, N.° 4598.]

CHAPITRE QUATRIEME.

Histoires des Contestations qui se sont élevées entre les Théologiens de France.

Il y a eu un nombre presque infini d'Ecrits publiés sur les Contestations mues entre les Théologiens de France ; mais comme la plûpart ne sont que dogmatiques, & que par cet endroit ils ne conviennent point à mon Ouvrage, je ne rapporte ici que ceux qui sont historiques.

5561. Gotteschalci & Prædestinatianæ controversiæ ab eo motæ Historia ; auctore Jacobo USSERIO, Archiepiscopo Armachano : *Dublini*, 1631, *in*-4. *Hanoviæ*, 1662, *in*-8.

Cet Auteur Protestant est mort en 1655, & Gotteschalc, qui étoit Bénédictin, est mort en 840.

5562. Historica & Chronologica Synopsis controversiæ Gotteschalcanæ.

Cet abrégé, qui a été fait par Amable DE BOURZEYS, est imprimé au-devant du second volume de Gilbert Mauguin, Président de la Cour des Monnoies, intitulé : *Vindiciæ Prædestinationis & Gratiæ : Parisiis*, Billaine, 1650, *in*-4. L'Abbé de Bourzeys est mort en 1672.

☞ Dom le Cerf, dans sa *Bibliothèque des Ecrivains de la Congrégation de S. Maur*, dit que Dom Robert QUATREMAIRES est l'Auteur de cet Ouvrage : peut-être y a-t-il travaillé de concert avec l'Abbé de Bourzeys, à qui M. d'Olivet l'attribue dans son *Histoire de l'Académie Françoise*.]

5563. Ludovici CELLOTII, Societatis Jesu, Historia Gotteschalci, Prædestinatiani, & accurata controversiæ per eum revocatæ disputatio : *Parisiis*, Cramoisy, 1655, *in-fol.*

Cet Auteur est mort en 1658.

5564. ☞ Observations sur l'affaire de Gotteschalc ; (par Dom Charles CLEMENCET, Bénédictin.)

Elles ont été faites à l'occasion de quelques nouveaux Ecrivains, & on les trouve, 1.° *pag.* 10 *& suiv.* de la Lettre de M. à un ami de Province, sur le desir qu'il témoigne de voir une réponse à la Lettre contre l'Art de vérifier les dates, & au Journaliste de Trévoux : 1750, *in*-4. = 2.° *pag.* 193-214, de la IV.ᵉ des Lettres à M. Morénas : 1757, *in*-12. (ci-devant, N.° 4919).]

5565. ☞ Dissertation sur l'hérésie (prétendue) des Investitures ; (par Dom Armand-François GERVAISE, ancien Abbé de la Trappe.)

Elle se trouve dans le tom. I. de sa *Vie de Suger* : *Paris*, 1721, *in*-12. 3 vol. On y voit l'Histoire de l'affaire des Investitures depuis l'an 1078, jusqu'au Concile de Latran en 1123, & sur tout la querelle particulière qu'il y eut en France, entre Yves de Chartres & Geoffroy de Vendôme, pour sçavoir s'il y avoit hérésie à soutenir les droits des Princes pour l'Investiture : le premier étoit pour la négative, & le second pour l'affirmative.]

5566. ☞ Catéchisme historique & dogmatique sur les contestations qui divisent maintenant l'Eglise, où l'on montre l'origine & le progrès des disputes présentes, &c. (par Jean-Baptiste-Raymond DE PAVIE Tome I.

DE FOURQUEVAUX) : *La Haye*, 1729 & 1730, 1733, *in*-12. 2 vol.

La même, nouvelle édition, revue, corrigée & augmentée ; (par Louis PARIS VAQUIER, Chanoine de Lectoure) : *Nancy* (*Utrecht*) 1736, *in*-12. 2 vol.

Cette derniere édition a de plus que la premiere, 1.° au commencement du tom. I. un *Mémoire dans lequel on montre le vrai point de vue*, &c. dressé en Juin 1726 ; par M. l'Abbé J. B. LE SESNE D'ETEMARE) 2.° un *Plan d'Etude au sujet des Contestations* (par le même) qui a donné occasion à l'Ouvrage du Catéchisme historique & dogmatique : 3.° à la fin du tom. II. est une Addition ou suite des principaux événemens arrivés depuis la mort du Cardinal de Noailles (en 1729) jusqu'au 20 Avril 1736. Cette Addition, qui a 50 pages, est de l'Editeur, M. Paris Vaquier, qui est mort à Utrecht le 4 Janvier 1765.

On trouve encore l'Histoire de ces Contestations présentée dans un autre ordre, mais également en forme d'Entretiens, dans le premier volume de la nouvelle édition de la *Vérité rendue sensible*, &c. *Utrecht*, 1742, *in*-12. 2 vol. réimprimée (à Paris) en 3 vol.]

== ☞ Abrégé chronologique des principaux événemens qui concernent ces Contestations : ci-après, N.° 5568, & *suiv.*]

5567. ☞ Mémoires pour servir à l'Histoire des Controverses nées dans l'Eglise Romaine sur la Grace ; (par Jean LE CLERC) : *Cologne* (*Amsterdam*) 1689, *in*-12.

On les trouve aussi *pag.* 139-398, du tom. XIV. de *Bibliothèque universelle* du même Auteur, pour laquelle ils paroissent avoir été faits, ayant été imprimés en même-temps à part. Il est bon, en les lisant, d'être en garde contre une certaine tournure donnée aux faits, & qui étoit une suite du caractère d'esprit de Jean le Clerc, Calviniste Arminien : ils sont au reste intéressans.]

5568. ☞ Calendrier Ecclésiastique, & Abrégé chronologique des principaux événemens qui ont précédé & suivi la Constitution *Unigenitus* ; (par Nicolas LE GROS, Docteur & Chanoine de Reims) : *Utrecht*, 1741 & 1742, *in*-24.

La seconde édition n'est pas différente, pour la chronologie, de la première. Depuis 1730, il a paru plusieurs de ces Abrégés chronologiques ; mais on se contente d'indiquer ici les plus complets. Nicolas le Gros commença à donner le sien en 1738, & il crut devoir remonter jusqu'à l'origine de l'Eglise.

Abrégé chronologique, &c. Continuation qui commence à l'année 1741, & finit à la présente année 1759 : *Utrecht*, Vander Weyde, *in*-24.

Après la *pag.* 56, il doit y avoir cinq pages d'additions & corrections, qui manquent dans plusieurs exemplaires. Mais ce petit Ouvrage auroit encore besoin d'autres corrections ; par exemple, en ce qui regarde l'année de la mort de M. l'Evêque de Babylone, qui est de 1741, & non de 1742.]

5569. ☞ Calendrier, &c. Abrégé chronologique & historique des principaux événemens, &c. *Utrecht* (*Paris*) 1757, *in-*16.

Celui-ci est une copie du précédent, jusques vers la fin de 1739; mais depuis la *pag.* 184, jusqu'à la fin, *pag.* 472, c'est toute autre chose, pour le narré & le choix des événemens. Ce dernier Abrégé chronologique finit en Décembre 1755, & l'on voit par le nombre des pages, que la dernière partie est bien plus détaillée que la continuation de Hollande que nous venons d'indiquer.]

5570. ☞ Nécrologe, &c. du dix-septième & du dix-huitième siècle; avec une Table Chronologique des principaux événemens, & Recueil de Pièces importantes sur les affaires de l'Eglise, (accompagné d'une) Histoire abrégée de ces événemens; (par René CERVEAU, Prêtre: *Paris*) 1760-1764, *in-*12. 5 vol. avec figures.]

5571. ☞ Le Prothéïsme de l'erreur, ou Annales historiques (sur-tout) depuis l'établissement des Jésuites; dans lesquelles on fait voir l'histoire du Molinisme, &c. (*Paris*, 1733) *in-*24.

Ces Annales ne vont que jusqu'en 1713. L'Auteur dit en finissant, qu'il n'a eû pour objet que d'instruire le Public de faits, qui pour être trop éloignés, ont été perdus de vue, ou ne sont peut-être jamais venus à la connoissance de bien des gens. Ce petit Ouvrage est le premier qu'ait fait Louis-Adrien LE PAIGE, Avocat au Parlement.]

5572. ☞ Apologie historique des deux Censures de Louvain & de Douay, sur la matière de la Grace, à l'occasion du Livre (du P. Tellier) intitulé: Défense des nouveaux Chrétiens, &c. par M. Gery, Bachelier en Théologie (Pasquier QUESNEL): *Cologne*, 1688, *in-*12.]

5573. ☞ Histoire du Baïanisme, ou de l'hérésie de Michel Baïus, avec des notes, éclaircissemens & pièces justificatives; par le Père J. B. DUCHESNE, de la Compagnie de Jesus: *Douay*, Willerval, 1731, *in-*4.

On critique plusieurs endroits de cette Histoire dans la Dissertation qui suit. Il se trouve encore des éclaircissemens assez étendus sur plusieurs faits allégués par le P. Duchesne, dans un Ouvrage de Nicolas LE GROS, Chanoine & Docteur de Reims, intitulé: *Défense de la vérité & de l'innocence, &c. Utrecht*, 1745, *in-*4.]

5574. ☞ Dissertation sur les Bulles contre Baïus, où l'on montre qu'elles ne sont pas reçues par l'Eglise (& particulièrement en France; par Christophe COUDRETTE): *Utrecht*, 1737, *in-*12. deux parties.

A la fin se trouve, 1.º un Arrêt du Parlement de Paris, du 18 Février 1735, où il est dit que ces Bulles ne sont pas reçues dans le Royaume, à l'occasion d'une Instruction de M. l'Archevêque de Cambray, & d'une Thèse soutenue en Sorbonne: 2.º les Remontrances du Parlement au Roi sur le contenu en l'Arrêt du Conseil, du 10 Mai 1735, &c. 3.º le Mémoire remis par ordre du Roi à MM. du Parlement, pour servir de réponse à leurs Remontrances: 4.º secondes Remontrances du Parlement: 5.º Réponse du Roi: 6.º Arrêté du Parlement du 7 Septembre 1735.]

5575. ☞ Recueil historique des Bulles,

Constitutions & autres Actes concernant les erreurs des deux derniers Siècles; (par Michel TELLIER, Jésuite): *Mons* (*Rouen*) 1697, 1698 Quatrième édition, augmentée, 1704. Cinquième, 1710, *in-*8.]

5576. ☞ Collectio Judiciorum de novis erroribus, &c. Tomus tertius: *Parisiis*, Cailleau, 1736, *in-fol.*

Ce troisième volume est la fin de la Collection commencée par M. Charles du Plessis d'Argentré, Evêque de Tulles. Il va depuis 1633, jusqu'en 1733. Ce sont quelques Docteurs de la Maison de Sorbonne qui l'ont rédigé. Il y a encore quelques Pièces dans le tom. II, que l'on peut consulter.]

5577. ☞ Mss. Mémoires sur l'Histoire Ecclésiastique du XVIIᵉ Siècle; par Godefroy HERMANT, Chanoine de Beauvais: *in-*4. 7 vol.

Ils commencent en 1625, & finissent en 1661 ou 1663. On en conserve un exemplaire dans la Bibliothèque du Curé de sainte Gertrude à Utrecht. Il y a des additions en marge, de l'écriture du P. Pasquier Quesnel, & de Jacques Fouillou.]

5578. ☞ Histoire générale du Jansénisme, contenant ce qui s'est passé dans l'Eglise, au sujet du Livre intitulé: *Cornelii Jansenii Augustinus*, depuis 1640 jusqu'en 1669; par M. l'Abbé ✱✱✱, avec des portraits: *Amsterdam*, de Lorme, 1700, *in-*8. 3 vol.

Dom Gabriel GERBERON, Bénédictin, est l'Auteur de cette Histoire. Il est mort en 1711.

☞ On croit que c'est l'*Abrégé des Mémoires* de M. Hermant.]

5579. ☞ Histoire des cinq Propositions de Jansénius; (par Hilaire DU MAS, Docteur de Sorbonne): *Liége*, Moumal, 1699, *in-*12.

Le même Livre, avec des éclaircissemens. *Ibid.* 1699, *in-*12. 2 vol.

☞ Il s'étend de 1640 à 1669.

Voyez sur ce Livre les *Mémoires d'Artigny*, tom. VI. (*Paris*, Debure, 1753, *in-*12.) *pag.* 181-183. Cet Auteur prétend que l'Ouvrage est véritablement de M. du Mas, & non de Michel Tellier, Jésuite, sous le nom de M. du Mas, comme l'avoit dit le P. le Long. L'Abbé d'Artigny ajoute que ce Père, sur les observations qu'on lui fit, & que cet Abbé rapporte, avoit promis de changer ses expressions. Cependant il n'en a rien fait dans son exemplaire que nous avons sous les yeux, & où il y a un grand nombre de corrections: de nouveaux indices l'ont apparemment fait persévérer dans son premier sentiment. Au reste, l'Abbé d'Artigny convient des liaisons étroites de M. du Mas avec les Jésuites, qui au moins ont bien revu son Ouvrage.]

5580. ☞ La Paix de Clément IX. ou Démonstration des deux faussetés capitales, avancées dans l'Histoire des cinq Propositions, contre la foi des Disciples de S. Augustin, & la sincérité des quatre Evêques, avec l'Histoire de leur accommodement, & plusieurs Pièces justificatives & historiques: *Chamberri* (ou *Bruxelles*) 1700, *in-*12. 2 vol.

Cet Ouvrage est du P. Pasquier QUESNEL.

5581. Défense de l'Histoire des cinq Propo-

Contestations entre les Théologiens.

sitions, contre le Livre intitulé : La Paix de Clément IX. *Liège*, 1701, *in*-12.

Hilaire DU MAS, Docteur de Sorbonne, a passé pour l'Auteur de cette Défense.

5582. Histoire des cinq Propositions, nouvelle édition, augmentée : *Trévoux*, Ganeau, 1702, *in*-12. 3 vol.

5583. ☞ Histoire des disputes sur la Grace, du Formulaire, &c. (par Louis Ellies DU PIN, Docteur en Théologie de la Société de Navarre.)

Cette Histoire est imprimée dans les volumes II. III. & IV. de son *Histoire Ecclésiastique du XVIIe Siècle* : *Paris*, 1714, *in*-8. 4 vol.]

5584. ☞ Ms. Histoire du Jansénisme, ou Mémoire historique de ce qui s'est passé sur les questions de la Grace & du Libre-arbitre, depuis le milieu du dernier siècle, jusqu'à notre temps : *in*-4.

Cet Ouvrage est à la Bibliothèque du Roi, *Théologie*, num. 1908. D. & l'on dit dans le *Catalogue imprimé* (tom. II. pag. 112) qu'il a été écrit en 1690, & qu'il est attribué à Louis Ellies DU PIN.]

== ☞ Histoire des mêmes Contestations ; par Bonaventure RACINE.

Ce qui regarde les cinq Propositions, le Formulaire, &c. occupe le tom. XI. de son *Abrégé de l'Histoire Ecclésiastique* : ci-devant, N.° 4918.]

5585. ☞ Mémoires historiques sur le Formulaire ; (par Christophe COUDRETTE) : *La Haye* (*Paris*) 1756, *in*-12. 2 vol.]

5586. ☞ Ms. Mémoires sur l'origine & le progrès du Jansénisme, dressés en 1684 ; par Henri-Louis de Loménie, Comte DE BRIENNE, ancien Secrétaire d'État, & Confrère de l'Oratoire.

On en cite un assez long Extrait au sujet du Discours de M. Arnauld au Roi, en 1669, pag. 281-284, du tom. II. des *Mémoires historiques & chronologiques sur l'Abbaye de Port-Royal* : *Utrecht* (*Paris*) 1755, *in*-12.]

5587. Ms. Mémoires Historiques de ce qui s'est passé sur les questions de la Grace & du Libre-arbitre, depuis le milieu du dernier siècle jusqu'à notre temps : *in*-4.

Ces Mémoires [étoient] conservés dans la Bibliothèque de M. le Baron d'Hoendortf, Colonel de l'Empereur, [& sont aujourd'hui dans la Bibliothèque Impériale à Vienne.]

Histoires particulières sur le Jansénisme.

5588. Relation véritable de la Conférence entre Dom Pierre de S. Joseph, Feuillant, & le Père Desmares, Prêtre de l'Oratoire, chez M. Olier, Curé de S. Sulpice : 1652, *in*-4.

Le Père Toussaints DESMARES est l'Auteur de cette Relation : il est mort en 1687.

5589. ☞ Ms. Relation de l'Assemblée extraordinaire du Clergé, tenue chez le Cardinal Mazarin en 1653 : *in*-4.

Cette Pièce curieuse, & qui paroît de bonne main,

est conservée dans la Bibliothèque des Prêtres de la Doctrine Chrétienne de S. Charles à Paris, *Recueil* 146.]

5590. Mémorial historique de ce qui s'est passé depuis l'année 1647 jusqu'en 1653, touchant les cinq Propositions, tant à Paris qu'à Rome ; (par Gabriel GERBERON): *Cologne*, Marteau, 1676, *in*-12.

☞ Il paroît que c'est l'Abrégé du grand Ouvrage suivant.]

5591. Journal (de Louis GORIN) DE SAINT-AMOUR, Docteur de Sorbonne, de ce qui s'est fait à Rome dans l'affaire des cinq Propositions, depuis 1646 jusqu'en 1653, avec des Additions, & un Recueil de Pièces : (*en Hollande*) 1662, *in-fol*.

Le même Journal, traduit en Anglois ; par G. HAVERS : *London*, 1664.

Cet Auteur est mort en 1687.

☞ Ce Journal commence en 1646, & finit en 1654. Il est intéressant & curieux. L'Auteur l'a divisé en sept parties. La Iere contient ce qui s'est passé à Paris concernant l'affaire des cinq Propositions, depuis 1646 jusqu'en 1649. La IIe ce qui se passa à Rome depuis la fin de Novembre 1650, jusqu'au mois de Juin 1651. La IIIe depuis le 15 Juin 1651, jusqu'à la fin de l'année. La IVe les six premiers mois de 1652. La Ve les six autres mois. La VIe le premier semestre de l'année 1653, & la VIIe ce qui se passa depuis son départ de Rome jusqu'à l'arrivée de l'Auteur à Paris. M. de Saint-Amour proteste qu'il ne dit rien que pour rendre témoignage à la vérité, contre les faux bruits qu'on répandoit. Il mourut le 15 Novembre 1687, exclus de la Sorbonne, pour n'avoir pas voulu souscrire à la condamnation qu'on avoit faite de M. Arnauld en 1656.

Voyez sur ce Journal, la *Méthode historique* de Lenglet, tom. III. pag. 107, & le *Supplément*, pag. 52. = *Histoire critique des Journaux*, tom. I. p. 139. = *Bibliothèque* de Clément, tom. I. pag. 281. = Racine, *Abrégé de l'Histoire Ecclésiastique*, tom. XII. *in*-12. pag. 404.]

5592. Francisci ANNATI, è Societate Jesu, Notæ in Diarium Sanctamorii : *Parisiis*, 1664, *in*-4.

Cet Auteur est mort en 1670. [Il étoit Confesseur de Louis XIV.]

5593. Relation juridique de Jean FILLEAU, Avocat du Roi à Poitiers, touchant la nouvelle Doctrine des Jansénistes : *Poitiers*, 1654, *in*-8.

Cet Auteur est mort en 1682.

☞ Le Catalogue imprimé de la Bibliothèque du Roi, *Théologie*, tom. II. pag. 42, num. 670, D. indique un Exemplaire de cette Relation, avec des Notes Manuscrites en marge. Elles paroissent du temps même, & d'un homme instruit, qui prétend que la Relation de Filleau est pleine de faussetés.]

5594. Relation des Délibérations du Clergé de France, sur la Constitution & le Bref du Pape Innocent X. par laquelle sont déclarées & définies cinq Propositions en matière de Foi : *Paris*, 1656, *in*-4.

Cette Histoire a été composée par Antoine GODEAU, lors Évêque de Grasse, & mort Évêque de Vence en 1672.

5595. Réflexions sur quelques endroits de la Relation des Évêques de France, assemblés au sujet de la Constitution d'Innocent X. *Cologne*, Drukerus, 1699, *in-*12. 2 vol.

5596. Relation de tout ce qui s'est fait depuis 1653, dans les Assemblées des Evêques, au sujet des cinq Propositions : *Paris*, 1657, *in*-4.

Pierre DE MARCA, qui étoit alors Archevêque de Toulouse, a fait cette Relation : [il mourut en 1662 Archevêque de Paris.]

5597. Belga percontator, seu Francisci PROFUTURI, Theologi Belgæ, scrupuli super narratione rerum gestarum in conventu Cleri Gallicani circa Innocentii X. Constitutionem : *Sylvæducis*, 1657, *in*-4.

Pierre NICOLE, Bachelier en Théologie, qui s'est déguisé sous le nom de *Profuturus*, est mort en 1695.

5598. Jansénius foudroyé par Innocent X. & l'Histoire du Jansénisme, contenant sa conception, sa naissance, son accroissement & son agonie ; par Moyse DU BOURG, Jésuite : *Bordeaux*, 1658, *in-*12.

Cet Auteur est mort en 1662. Son Ouvrage a été traduit en Italien par Benoît de Saint-Maur, Religieux Feuillant.

5599. Relation du Pays de Jansénie, où il est traité des singularités qui s'y trouvent, des coutumes, mœurs & religion des habitans, avec la Carte géographique ; par Louis FONTAINE DE S. MARCEL : *Paris*, Barbin, 1660, *in*-8. [*Liège*] 1688, *in-*12. [&c.]

ZACHARIE DE LISIEUX, Capucin, qui s'est caché sous le nom de Saint-Marcel, est l'Auteur de cette fiction [extrêmement satyrique. *Voyez* ce qui en est dit tom. VIII. de la *Morale pratique des Jésuites*, chap. *XV*. pag. 209 & *suiv.* On y assure que ces Pères en ont fait faire nombre d'éditions.]

5600. ☞ Relation des extravagances que quelques-uns d'une Compagnie appellée l'Hermitage, qui est à Caen, ont faites à Argentan & à Séez, &c. avec la Sentence du Lieutenant-Criminel du Bailliage & Siège Présidial de Caen : 1660 : *in*-4.]

5601. ☞ Relation des Délibérations du Clergé de France, sur les Constitutions de nos SS. PP. les Papes Innocent X. & Alexandre VII. par lesquelles sont déclarées & définies cinq Propositions en matière de Foi ; avec les Brefs & Lettres de Sa Sainteté, au Roi & aux Archevêques & Evêques de ce Royaume ; ensemble les Déclarations de Sa Majesté, & les Lettres des Cardinaux, Archevêques & Evêques, au Pape & aux Evêques du Royaume, avec celles de l'Assemblée de 1661, à Sa Sainteté, sur le sujet desdites Propositions, & les Délibérations, Arrêts du Conseil, & généralement tout ce qui s'est passé sur le sujet des traductions du Missel Romain en François : *Paris*, Vitré, 1661, *in*-4

La Relation est de Pierre DE MARCA, & les différentes Pièces qui l'accompagnent avoient été imprimées séparément, avant de l'être en corps, dans cette édition, où se trouve réuni tout ce qui regarde les Assemblées du Clergé, depuis 1653 jusqu'en 1661. L'Ab-

bé Joseph de Voisin (mort en 1685) étoit l'Auteur de la Traduction du Missel Romain. *Voyez* sur sa condamnation, la *Lettre* 316 de M. Arnauld (*tom. IV. du Recueil de ses Lettres*) & la Défense que ce Docteur a publiée en 1688, des Versions de l'Ecriture & des Offices de l'Eglise, qui sont aujourd'hui si justement autorisées.

Seconde édition, augmentée des Pièces de 1664 & 1665 : *Paris*, Josse, 1677, *in*-4.]

5602. Relation abrégée de ce qui s'est passé depuis un an pour terminer les contestations qui sont entre les Théologiens : premier Août 1663, *in*-4.

Cette Relation a été écrite par [Claude] GIRARD, Licentié en Théologie.

5603. Relation fidelle & véritable de ce qui s'est fait dans l'affaire des Jansénistes ; par le Père (Jean) FERRIER, Jésuite : *Paris*, 1664, *in*-4.

Réflexion sur la Relation du Père Ferrier ; (par lui-même) : 1664, *in*-4.

☞ Le P. Jean Ferrier fut Confesseur du Roi après le P. Annat, & mourut en 1674. Le P. François de la Chaize lui fut substitué.]

5604. Réfutation de la fausse Relation du P. Ferrier, en deux parties : 1664, *in*-4.

Antoine ARNAULD, Docteur de Sorbonne, & Noël DE LA LANE, Abbé de Valcroissant, ont composé cette Réfutation.

5605. ☞ Les desseins des Jésuites, représentés à MM. les Prélats de l'Assemblée tenue aux Augustins le 2 Octobre 1663 ; (par Antoine ARNAULD): *in*-4. réimprimés *in*-12. 1756.]

5606. ☞ Déclaration du Roi, du 29 Avril 1665, sur la Bulle de N. S. P. le Pape Alexandre VII. contenant le Formulaire qui doit être souscrit, &c. *Paris*, 1665, *in*-4.]

5607. ☞ Recueil des Pièces publiées en l'affaire des Evêques d'Alet, de Pamiers, de Beauvais & d'Angers, qui ont été poursuivis pour avoir distingué le fait du droit dans leurs Mandemens sur la signature du Formulaire du Pape Alexandre VII. *Cologne*, Schouten, 1669, *in*-8.

On peut voir ce qui est dit à ce sujet dans la *Vie de* M. Pavillon, Evêque d'Alet ; (par Antoine DE LA CHASSAIGNE : *Utrecht* (*Paris*) 1739, *in-*12. 3 vol. On trouve encore dans la *Vie des quatre Evêques* ; (par Jérôme BESOIGNE) : *Utrecht* (*Paris*) 1756, *in-*12. 2 vol. plusieurs circonstances particulières concernant MM. les Evêques de Beauvais & d'Angers, par rapport au Formulaire, &c.]

5608. Histoire du Formulaire que l'on a fait signer en France, & de la Paix que Clément IX. a rendue en 1668 ; (par Pasquier QUESNEL): *Lille*, 1692 : *Cologne*, 1698, *in-*12.

5609. Histoire abrégée de la Paix de l'Eglise & du Formulaire : *Mons*, 1698, *in-*12.

☞ Quelques Ecrivains l'attribuent au Père Gabriel GERBERON, peut-être parcequ'il l'a mise à la fin de son Histoire du Jansénisme.]

Contestations entre les Théologiens. 367

5610. Relation de ce qui s'est passé dans l'affaire de la paix de l'Eglise, sous Clément IX. avec les Lettres, Actes, Mémoires & autres Pièces qui y ont rapport; (par Alexandre VARET, Grand-Vicaire de Sens): 1706, *in*-12. 2 vol.

☞ Pasquier QUESNEL en est l'Editeur, & y a ajouté une grande Préface, & un Supplément depuis la page 401-459, du tom. II.]

5611. ☞ Eclaircissement sur la (véritable) Médaille frappée lors de la Paix de Clément IX.

Se trouve dans les *Mémoires historiques & chronologiques sur Port-Royal* : Utrecht (Paris) 1755, *in*-12. tom. II. pag. 22 & *suiv*. Il y a aussi dans ce volume, comme dans le précédent, certains détails particuliers sur les circonstances & les suites de cette Paix.]

5612. Récit de ce qui s'est passé dans l'Université d'Angers, pendant les années 1676, 1677 & 1678, au sujet de la Doctrine de Jansénius, & de la signature du Formulaire: 1679, *in*-4.

☞ On peut voir sur cette affaire entre les *Lettres à M. de Bissi*, 1712, la Lettre XIV.]

5613. Préjugés légitimes contre le Jansénisme, avec une Histoire abrégée de cette erreur, depuis le commencement des troubles jusqu'à leur pacification; par un Docteur de Sorbonne: *Cologne*, du Bois, 1686, *in*-12.

Ce Docteur se nommoit DE LA VILLE.

5614. Phantôme du Jansénisme, ou Justification des prétendus Jansénistes, par le Livre même d'un Savoyard, Docteur de Sorbonne, intitulé : Préjugés légitimes, &c. *Cologne*, Schouten, 1686, *in*-12. Seconde édition, 1688. Nouvelle édition : 1714.

Cet Ouvrage est d'Antoine ARNAULD, Docteur de Sorbonne, mort en 1694.

☞ Dans l'édition de 1714, on y a joint le Procès de calomnie, publié par le même Auteur en 1693, & un Mémorial (du Père QUESNEL) touchant l'accusation de Jansénisme, de Rigorisme & de Nouveauté, qui avoit été imprimé en 1696.]

5615. ☞ L'Eglise de France affligée, &c. par Fr. Poitevin (Dom Gabriel GERBERON): *Cologne*, 1688, *in*-8.

Ce petit Ouvrage a aussi paru en Latin.]

5616. Relation sommaire de ce qui s'est passé dans l'affaire de quelques Théologiens de Douay : (*Paris*, Muguet) 1692, *in*-4.

5617. ☞ Illusions de la Relation sommaire, en deux parties; (par le P. Pasquier QUESNEL) : 1692, *in*-4.

Voyez sur cette affaire le Recueil intitulé : *Le faux Arnauld*, 1693, *in*-4 & l'Histoire abrégée qu'en a faite l'Abbé Racine, *tom. XIII. art*. 35, *p*. 378-395, *in*-12.]

5618. Question curieuse, si M. Arnauld, Docteur de Sorbonne, est hérétique : *Cologne*, Schouten, 1690, *in*-12.

L'Auteur de ce Livre est Pasquier QUESNEL, qui dit dans la date de sa Lettre à M. l'Evêque de Beauvais, du 17 Novembre 1716, qu'il commence ce jour-là la soixantième année de son entrée dans l'Oratoire.

☞ Il est mort le 2 Décembre 1719 à Amsterdam, âgé de 85 ans.]

== Histoire abrégée de la Vie & des Ouvrages de M. Arnauld, ci-devant imprimée sous le titre de Question curieuse, si, &c. *Cologne*, Schouten, 1695 : *Liège*, Massot, 1697, *in*-12.

5619. ☞ Recueil de Pièces sur la Vie d'Antoine Arnauld : *Liège*, 1698, *in*-12. 2 vol.]

5620. ☞ Vie de M. Arnauld; par Jérôme BESOIGNE.

Elle se trouve dans son *Histoire de Port-Royal* : *Cologne*, 1752, 6 vol. Elle y occupe au tom. V. les pages 337-591, & au tom. VI. *pag*. 1-106.]

5621. ☞ Lettres de M. Arnauld (de l'édition & avec les Notes de Jac. FOUILLOU): *Nancy* (*Amsterdam*) 1727, *in*-12. 8 vol. Neuvième volume : *Paris*, 1743, *in*-12.

Ces Lettres renferment bien des faits depuis 1640 jusqu'en 1694.]

5622. ☞ Vie de M. (Pierre) Nicole; (par Claude-Pierre GOUGET): *Luxembourg*, (*Paris*) 1732, *in*-12.

Elle a paru sous le titre de *Continuation des Essais de Morale, ou Vie, &c*.]

5623. ☞ Autre; par Jérôme BESOIGNE.

Dans le tom. IV. de son *Histoire de Port-Royal*, 1752, *pag*. 223-336.]

5624. Melchioris LEYDECKERI, in Academia Leidensi Theologiæ Professoris, de Historia Jansenismi Libri sex, quibus de Cornelii Jansenii vita & morte, nec non de ipsius & sequacium dogmatibus : *Trajecti ad Rhenum*, 1695, *in*-8.

5625. ☞ Défense de l'Eglise Romaine & des Souverains Pontifes, contre Melchior Leydecker, Théologien (Calviniste) d'Utrecht; avec un Recueil de plusieurs Ecrits importans pour l'Histoire & la Paix de l'Eglise, &c. servant de quatrième tome à la Tradition de l'Eglise Romaine sur la Grace ; (par Pasquier QUESNEL): *Liège*, Hoyoux, (*en Hollande*) 1696. Seconde édition, augmentée, &c. 1697, *in*-12.]

5626. Histoire abrégée du Jansénisme, &c. *Cologne*, Deckerus, 1696, 1698, *in*-12.

☞ On attribue cet Ouvrage à Jean Louail & à Mademoiselle de Joncoux : mais il est certain qu'il est de Jacques FOUILLOU, qui est mort en 1736. Il y a beaucoup plus de réflexions que d'histoire dans ce Livre, qui a été fait à l'occasion de l'Instruction Pastorale que M. de Noailles, Archevêque de Paris, publia en 1696, sur la Grace & contre l'Ouvrage intitulé : *Exposition, &c*.]

5627. ☞ Histoire du Procès gagné par M. l'Archevêque de Reims (le Tellier) sur les Jésuites : *Rotterdam*, 1698, *in*-12.

C'étoit au sujet des Thèses qu'ils avoient soutenues suivant la Doctrine de Molina, & que cet Archevêque avoit condamnées ; sur quoi ils lui avoient adressé une Remontrance insolente.]

5628. Histoire du Cas de Conscience, signé par quarante Docteurs de Sorbonne; avec les Pièces faites à son occasion, depuis 1701 jusqu'au 29 Mai 1707 : *Nancy* (*Amsterdam*) 1705 - 1712, *in-*12. 8 vol.

C'est plutôt un Recueil de Pièces qu'une Histoire dans les formes.

☞ Elle est de Jean LOUAIL, & de Françoise-Marguerite DE JONCOUX ; mais Jacques FOUILLOU & Nicolas PETITPIED y ont joint diverses observations.]

5629. ☞ Mf. Lettre de Dom Innocent MASSON, Général des Chartreux, au R. P. de la Chaize, Confesseur du Roi, du 9 Février 1703 ; avec la Réponse du Père DE LA CHAIZE, au sujet de la Consultation des quarante Docteurs : *in-*4.

Dans la Bibliothèque du Roi, num. 1208, D. *pag.* 71, du tom. H. du Catalogue des Livres imprimés, *Théologie*.]

Sur le Quiétisme en France.

5630. ☞ Relation sur le Quiétisme ; par Jacques-Benigne BOSSUET, Evêque de Meaux : *Paris*, Anisson, 1698, *in-*8.

La même, traduite en Italien ; par Regnier DESMARAIS : *Ibid*.]

5631. ☞ Remarques de M. BOSSUET, sur la Réponse de M. (l'Archevêque) de Cambrai à la Relation sur le Quiétisme : *Paris*, Anisson, 1698, *in-*8.

M. de Fénélon, Archevêque de Cambrai, y fit une Réponse imprimée comme la première : *Bruxelles*, 1698, *in-*8.]

5632. ☞ Relation de l'origine, du progrès & de la condamnation du Quiétisme répandu en France, avec plusieurs Anecdotes curieuses ; (par Jean PHELIPEAUX, Chanoine de Meaux) : 1732, *in-*8. 2 vol.

L'Auteur commence par donner un précis de la doctrine & des actions du Père Lacombe, Barnabite, & de Madame Guyon : il parle ensuite des liaisons de M. de Fénélon avec cette Dame, & de quelle manière MM. les Evêques de Meaux & de Chartres firent en sorte de le faire revenir. Le reste de l'Ouvrage, & c'en est le principal, est une espèce de Journal de tout ce qui s'est passé à Rome avant la condamnation du Livre des *Maximes des Saints*, publié par M. de Fénélon.]

5633. ☞ Lettres à un ami, au sujet de la Relation du Quiétisme, de M. Phelipeaux : 1733, *in-*12.

M. l'Abbé (Jean-Philippe René) DE LA BLETTERIE, Professeur au Collège Royal, & de l'Académie des Belles-Lettres, mais alors Prêtre de l'Oratoire, est l'Auteur de ces Lettres, qui sont au nombre de trois. On y trouve en particulier une justification des mœurs de Madame Guyon.]

5634. ☞ Relation des Actes & Délibérations concernant la Constitution en forme de Bref de N. S. P. le Pape Innocent XII. portant condamnation du Livre intitulé : *Explication des Maximes des Saints* ; avec la Délibération prise sur ce sujet le 23 Juillet 1700, dans l'Assemblée générale du Clergé de France, à S. Germain-en-Laye : *Paris*, Muguet, 1700, *in-*4.

Cette Relation est de Jacques-Benigne BOSSUET, Evêque de Meaux.]

5635. ☞ Histoire du Bref d'Innocent XII. touchant le Livre intitulé : *Explication des Maximes des Saints sur la vie intérieure*, & de ce qui s'est passé en France en conséquence.

Elle se trouve *pag.* 17-98, du tom. IV. de l'*Histoire Ecclésiastique du XVIIe Siècle* ; par Louis-Ellies DU PIN : *Paris*, 1714, *in-*8.]

5636. ☞ Mf. Histoire du Procès des prétendus Quiétistes de Bourgogne, & autres Pièces concernant le Quillotisme.

Elles sont dans la Bibliothèque de M. Fevret de Fontette, Conseiller au Parlement de Dijon.]

5637. ☞ Histoire du Quillotisme, ou de ce qui s'est passé à Dijon au sujet du Quiétisme, avec une Réponse à l'Apologie en forme de Requête produite au Procès-criminel, par Claude QUILLOT, Prêtre habitué de l'Eglise de S. Pierre de Dijon, ci-devant atteint & convaincu de Quiétisme, par Sentence de l'Official de Dijon, & depuis, les mêmes charges subsistantes, mis hors de Cour par le même Juge : *Zell*, Henriette Hermelle, 1703, *in-*4.

Cette Histoire fut condamnée par une Ordonnance de M. l'Evêque de Langres, du 21 Avril 1703, & par un Arrêt du Parlement de Dijon, du 9 Juin suivant. Elle a été communément attribuée à Jean GAULT, ancien Trésorier de France, mort en 1727, & on l'a cru imprimée à Dijon. Cependant M. Michault, *pag.* 48, du tom. II. de ses *Mélanges historiques & philologiques* (*Paris*, 1754, *in-*12.) rapporte d'après le Père Oudin, que Hubert MAUPARTY, Procureur du Roi au Bailliage de Langres, est, comme il l'a souvent avoué au Père Oudin, le véritable Auteur de l'Histoire du Quillotisme, & qu'elle a été imprimée à Reims, chez Multeau. Cet Ouvrage, au reste, est singulier & rare. Voici ce que M. l'Abbé Papillon, Chanoine de la Chapelle aux riches de Dijon, & connu par sa *Bibliothèque des Auteurs de Bourgogne*, en écrivoit au Père Des-Molets de l'Oratoire, en 1722 ou 1723.

» Je vous ai quelquefois parlé d'un Livre imprimé à
» Dijon, qu'on appelle l'*Histoire du Quillotisme* : il n'est
» pas dangereux à présent de s'expliquer plus ouvertement sur cet Ouvrage. Ce Livre est fait contre Claude
» Quillot, natif d'Arnay-le-Duc, Prêtre mi-partiste de
» la Paroisse de S. Pierre à Dijon, mort le 19 Septembre 1720, âgé de 79 ans. On le chargea de tous les
» crimes dont on accuse les Quiétistes ; il prit la fuite,
» & fut jugé par contumace : neuf Juges opinèrent à la
» mort, & dix autres à un hors-de-Cour. Le crédit de
» Quillot fit valoir cet Arrêt du 27 Août 1700. Il fut
» donc renvoyé à pur & à plein : la Sentence de l'Officialité fut conforme à l'Arrêt. Une personne qui n'étoit pas amie de ce Directeur, en fut choquée : elle fit
» imprimer l'Histoire de l'intrigue de Quillot dans toute
» cette affaire : cela remplit les 122 premières pages de
» l'Histoire du Quillotisme. La seconde partie contient
» des réflexions sur la Requête que Quillot présenta à M.
» Filsjean, Official de Dijon. Quillot lui-même m'a dit
» que cette Histoire étoit l'ouvrage de Jean Gault, Trésorier de France en la Généralité de Bourgogne. Quillot
» prétendoit aussi que la seconde Partie étoit du J. D. M.
» Il n'est pas encore permis de développer le mystère.
» Le Livre n'a jamais été en vente : il est bien imprimé,
» & il y a des connoisseurs qui veulent qu'il ait été imprimé à Trévoux. Les exemplaires furent en partie
» distribués sous le manteau, en partie jettés dans les
» maisons les plus distinguées de la Ville, la veille de
» Pâques 1703. Il y a bien des personnes maltraitées
» dans cette Histoire. L'Auteur fit encore une Lettre de
» 31 pages *in-*4. sur le même sujet : il y prend le titre
» d'Avocat

Contestations entre les Théologiens.

» d'Avocat au Parlement de Bourgogne. Il est certain
» qu'il y a de l'esprit dans ces Ecrits ; mais il faut con-
» venir aussi qu'il y a trop de traits satyriques, qui bles-
» sent la charité & qui sentent la calomnie.]

Sur la Constitution Unigenitus.

5638. ☞ Histoire du Livre des Réflexions morales sur le Nouveau Testament, & de la Constitution *Unigenitus* (en quatre Parties) : *Amsterdam*, 1723 & 1726-1738, *in-*4. 4 vol. & *in-*12. 17 tom. en 23 vol.

Cette Histoire va jusqu'à la fin de 1727. La suite des faits peut se prendre dans les *Nouvelles Ecclésiastiques*, (ci-après, N.º 5652.) puisqu'elles ont commencé en 1728. On peut aussi voir le *Supplément* (N.º 5653.) La première Partie de l'Histoire de la Constitution, qui finit à l'Appel des quatre Evêques en 1717, est de Jean LOUAIL, Théologien de M. l'Abbé de Louvois, mort en 1724. La seconde Partie est terminée en 1721, à la mort du Pape Clément XI. qui a publié la Constitution *Unigenitus*. La troisième renferme le Pontificat d'Innocent XIII. qui mourut en 1724 ; & la quatrième Partie contient les premières années de celui de Benoît XIII. Ces trois dernières Parties sont de Jean-Baptiste CADRY, ancien Théologal de Laon, mort en 1756. On trouve dans cette Histoire une analyse des Ecrits faits pour & contre, au moins des principaux.]

5639. ☞ Histoire (abrégée) de la Constitution *Unigenitus*, & de ce qui l'a précédée, depuis 1700 jusqu'en 1703.

Cette Histoire se trouve dans l'*Abrégé de l'Histoire Ecclésiastique du XVIIIe Siècle* : Cologne (Paris) 1762, *in-*12. 2 vol. lequel a été publié comme suite de l'*Abrégé* de l'Abbé Racine, & servant de tom. XIV & XV.]

5640. ☞ Lettre d'un Solitaire sur les vices d'un Ouvrage en deux volumes, répandu dans le Public sous le titre de Continuation de l'Histoire Ecclésiastique de M. l'Abbé Racine : (1766) *in-*12.]

5641. ☞ Historia Bullarum Clementis VI. & XI. *Unigenitus* dictarum, Curiæ Romanæ fatalium, consilio ductuque Joannis-Andreæ SCHMIDII exposita, & documentis præcipuis ad pleniorem historiæ hujus cognitionem facientibus illustrata, à Christ. Henr. SCHILLING : *Helmstadii*, 1719, *in-*4.

C'est un Ouvrage de Luthériens.]

5642. ☞ Preuves de la liberté de l'Eglise de France dans l'acceptation de la Constitution *Unigenitus*, ou Recueil des ordres émanés de l'autorité séculière pour y faire recevoir cette Bulle ; avec quatre Supplémens : *Amsterdam*, 1726-1728, *in-*4.

Le dernier Supplément n'a point le titre de Quatrième : on l'a joint aux *Nouvelles Ecclésiastiques*, & c'est l'avant-dernier article de la fin de 1728. Il est daté du 11 Novembre de cette année.]

5643. ☞ Anecdotes, ou Mémoires secrets sur la Constitution *Unigenitus* ; (par Jos. François BOURGOIN DE VILLEFORE): 1730 & *suiv. in-*8. 3 vol. Seconde édition : *Utrecht*, 1731, &c. Quatrième édition, 1735.

Ces Mémoires, qui commencent en 1696 & finissent en 1721, ne sont pas tant l'Histoire de la Constitution, que celle du Cardinal de Noailles, qui en est le héros.

Ils furent dressés par ses ordres & sous ses yeux, d'après les Pièces qu'il faisoit fournir à l'Auteur par M. l'Abbé Dorsanne. M. de Villefore n'a rien oublié pour rendre la lecture de son Ouvrage intéressante, soit par le style, soit par les portraits des personnes dont il avoit à parler. Il est mort à Paris le 2 Décembre 1737.]

5644. ☞ Supplément aux Anecdotes, &c. *En France*, 1734, *in-*12.

C'est un Recueil de Pièces que l'Auteur des Anecdotes avoit oubliées, ou dont il n'avoit voulu faire aucun usage.]

5645. ☞ Lettre d'un ami à M. l'Abbé de Villefore, au sujet de son Livre intitulé : Anecdotes, &c. 1732, *in-*12. 28 pages.

Ce n'est qu'une critique très-superficielle. Le titre d'Abbé qu'on y donne à M. de Villefore, est de trop ; cet Ecrivain étoit laïc.]

5646. ☞ Réfutation des Anecdotes, addressée à leur Auteur ; par Messire Pierre-François LAFITAU, Evêque de Sisteron, ci-devant chargé des affaires du Roi auprès du saint Siège : *Gray*, Quouard, 1734, *in-*8. 3 vol.

L'Auteur avoit été Jésuite, & il est mort Evêque de Sisteron, le 5 Avril 1764, âgé de 79 ans. Son Ouvrage a été supprimé par Arrêt du Conseil.]

5647. ☞ Essai de critique sur la Réfutation des Anecdotes, adressé à M. l'Evêque de ✱✱✱ ; par M. l'Abbé de ✱✱✱ : *in-*12.]

5648. ☞ Histoire de la Constitution ; par Messire Pierre-François LAFITAU, Evêque de Sisteron : *Florence* (Avignon) 1737 & 1738, *in-*4. 2 vol. *qui se relient en un* : *Liège*, 1738, *in-*12. 3 vol.

On trouve dans la Préface de l'Ouvrage suivant diverses remarques sur cette Histoire, qui finit en 1736, mais qui est fort abrégée.]

5649. ☞ Journal de M. l'Abbé DORSANNE, Docteur de Sorbonne, Grand-Chantre de l'Eglise de Paris, Grand-Vicaire & Official du même Diocèse ; contenant tout ce qui s'est passé à Rome & en France, dans l'affaire de la Constitution *Unigenitus* ; avec des Anecdotes intéressantes: *Rome* (*Amsterdam*) : *in-*4. 2 vol. & *in-*12. 6 vol.

Antoine Dorsanne est mort le 13 Novembre 1728. Son Journal finit au mois d'Octobre de cette année. On a mis ensuite (dans l'édition de Hollande) une addition, tirée des Ouvrages qui parurent alors, pour continuer l'Histoire du Cardinal de Noailles, jusqu'à sa mort, le 4 Mai 1729, & le récit des changemens qui se firent dans le Diocèse de Paris, dès les premiers mois de M. de Vintimille, son successeur.

Le même Journal, seconde édition, corrigée sur le Manuscrit original, & augmentée d'une Table des matieres (*Paris*) : 1756, *in-*12. 5 vol.

A la tête du premier volume, on trouve un Avertissement différent de la Préface de la première édition, & ensuite cinq petits Mémoires de M. PHILOPALD, Procureur-Général des Missions Etrangeres à Rome, & l'homme de confiance du Cardinal de la Tremoille, Ambassadeur de France. Il y a seulement à la fin du Journal (tom. V.) deux Actes du Cardinal de Noailles, & un petit Ecrit fait en 1728, intitulé : *Jugement équitable sur le Mandement d'acceptation de ce Cardinal*.]

Tome I. Aaa

5650. ☞ Mémoires & Instructions secrettes du Cardinal de Noailles, envoyées à Rome sous le Pontificat de Benoît XIII. avec un Recueil de quelques autres Pièces, pour servir de Supplément au Journal de M. l'Abbé Dorsanne : *1756*, *in-12*.

Il est question de l'acceptation de la Bulle *Unigenitus*, à laquelle on vouloit amener le Cardinal de Noailles, & particulièrement des douze Articles qu'il demandoit & qu'on lui promettoit d'autoriser.]

5651. ☞ Nouvelles Ecclésiastiques (ou Avant - Nouvelles) depuis l'arrivée de la Constitution en France (à la fin de 1713) jusqu'au 23 Février 1728, que les Nouvelles Ecclésiastiques ont commencé d'être publiées : (*Paris*, 1731) *in-4*. 194 pages.

Il y a apparence que ce n'est qu'un extrait des Journaux, & sur-tout des Gazettes de Hollande, où l'on inseroit les Lettres qu'on écrivoit de Paris au P. Quesnel & autres Ecclésiastiques François retirés dans ce Pays. Ces articles des Gazettes excitèrent la bile des Jésuites, qui firent paroître chaque mois une suite de *Supplémens à la Gazette de Hollande*, Ouvrage que le Public nomma bientôt la *Gazette des mensonges*, parcequ'elle en fut convaincue dans plusieurs Tribunaux. On peut voir, par exemple, ce qui en est dit dans les *Avant-Nouvelles*, *pag*. 69, 70, 79, &c. comme dans l'*Histoire du Livre des Réflexions morales & de la Constitution*, *Partie III. pag*. 75-78.]

5652. ☞ Nouvelles Ecclésiastiques, ou Mémoires pour servir à l'Histoire de la Constitution *Unigenitus* : 1728-1765, &c. (*Paris*) *in-4*. 10 vol. &c. Seconde édition : *Utrecht*, 1732, & troisième édition, 1735, *in-4*.

Ces Nouvelles, qui se sont toujours débitées sous le manteau, par demi - feuille chaque semaine, ont commencé le 23 Février 1728. Lorsqu'on les réimprima à Utrecht, on fit une Addition de sept demi - feuilles, pour les faire commencer au premier Janvier ; & l'on dit dans un petit Discours préliminaire, qu'on a tiré ces Nouvelles antérieures, de celles qui étoient auparavant manuscrites, & qui s'envoyoient dans les Provinces. On les voit, en effet, dans le Recueil que nous avons indiqué avant celui-ci, depuis la page 179.

La troisième édition, faite à Utrecht, a de plus, 1.° en tête, un grand *Discours sur les Nouvelles Ecclésiastiques*, dont Nicolas LE GROS, Docteur & Chanoine de Reims, est l'Auteur ; (on l'a réimprimé aussi-tôt à Paris, *in-4*.) 2.° des *Tables des matières*, à la fin de chacun des trois volumes, qui finissent en 1737. Cette édition de Hollande a été interrompue vers 1750, après quoi on l'a reprise par intervalles, quelquefois avec des Notes, contre lesquelles l'Auteur a protesté dans celles de Paris, qui ont toujours continué, & se débitent encore.

D'abord ces Nouvelles n'étoient que la copie de différens extraits de Lettres qui venoient des Provinces, &c. Elles devinrent un Ouvrage travaillé & uniforme, en 1729. Celui qui en a été le principal Auteur depuis 1730, jusqu'en 1761, est Jacques FONTAINE DE LA ROCHE, ancien Curé de Mantelan, Diocèse de Tours, mort à Paris le 26 Mai 1761, sur la Paroisse de Saint Etienne-du-Mont. Charles - Robert BERTHIER, ancien Vicaire de S. Barthélemi, mort sur la Paroisse de S. Severin, le 23 Août 1766, y a eu aussi beaucoup de part.

On a donné à Paris en 1734, deux *Tables des matières* pour les années 1728 & 1729, 1730 & 1731 ; mais on n'a pas continué : cependant cela auroit été utile. (On y peut, en quelque sorte, suppléer par les indications qui se trouvent à la fin des articles du *Nécrologe*, indiqué ci-devant, N.° 5570.) On a publié quelques frontispices gravés, avec figures, sur-tout pour les premières années des Nouvelles. En 1748, 1759 & 1760, le grand *Discours* de Nicolas le Gros, & ceux que l'Auteur des *Nouvelles Ecclésiastiques* a mis au commencement de chaque année depuis 1731, ont été imprimés à part, *in-8*.]

5653. ☞ Supplément des Nouvelles Ecclésiastiques : 1734-1748, *in-4*. 5 vol.

Ce Recueil (*fait par les Jésuites*, dit le Catalogue de la Bibliothèque du Roi, *Théologie*, *tom. II. pag.* 118) est bien plus une Critique qu'un Supplément des Nouvelles Ecclésiastiques. On le donnoit, comme elles, chaque semaine, en demi - feuille à deux colonnes, & en caractères presque semblables. M. le Chancelier d'Aguesseau le fit cesser, à l'occasion de ses invectives contre les Ouvrages moraux de Pierre Nicole. La dernière feuille est du 10 Décembre 1748, la première étoit du premier Janvier 1734.]

5654. ☞ La Constitution *Unigenitus*, déférée à l'Eglise Universelle, ou Recueil général des Actes d'appel interjettés au futur Concile général, de cette Constitution, &c. avec les Arrêts & autres Actes des Parlemens du Royaume, &c. (depuis 1714 jusqu'en 1756) : *Cologne* (*Utrecht*) 1757, *in-fol*. trois Tomes en 4 vol.

Gabriel-Nicolas NIVELLE, Prêtre de Paris, mort le 6 Janvier 1761, en est l'Editeur, & l'Auteur des Préfaces, des Observations qui en lient les différentes Parties, & des Analyses d'Ouvrages considérables qui ne pouvoient entrer dans ce Recueil. Pierre-Gervais LE FÈVRE D'EAUBONNE, Chanoine de l'Eglise de Paris, mort en 1765, a eu aussi part à cet Ouvrage, entrepris par les ordres de M. l'Evêque d'Auxerre (de Caylus).

Chaque Tome a une grande Préface, où il y a beaucoup d'historique. A la fin du dernier volume sont des Additions pour quelques Arrêts de Parlemens qui avoient été omis, & un Appendix concernant les démarches de quelques Cours Etrangères au sujet de la Constitution *Unigenitus*. Ces Cours sont celles de Savoye, des Pays-Bas, & d'Allemagne ou de Vienne.]

5655. ☞ Appellans célèbres ; (par M. Pierre BARRAL) ; avec un Discours sur l'Appel, où l'on expose sommairement l'Histoire des Disputes, &c. par M. L. E. RONDET) : *Paris*, 1753, *in-12*.

On a donné après-coup, pour être placé ensuite de la Préface, les Vies des quatre Evêques, premiers Appellans, & celle de Pasquier Quesnel. Le *Nécrologe des Appellans*, publié en 1755, paroît être le même Ouvrage corrigé en quelques endroits.]

5656. Relations des Délibérations de la Faculté de Théologie de Paris (ou de la Sorbonne) au sujet de la Constitution *Unigenitus*; avec un Recueil de Pièces : 1714-1722, 9 vol.

☞ Les deux premiers volumes sont de Charles WITASSE, Docteur de Sorbonne & Professeur, mort en 1716. L'Auteur des sept autres est Elie-Marcoul BOUCHER, aussi Docteur de Sorbonne, mort en 1754.]

5657. ☞ Acta & Decreta Sacræ Facultatis Theologiæ Parisiensis super Constitutione *Unigenitus*, observandâ & executioni demandandâ : *Parisiis*, Vidua Mazieres, 1730, *in-4*.

La Relation qui se trouve à la *page 16 & suiv*. est de

Honoré TOURNELY, mort peu de temps après, le 26 Novembre 1729.]

5658. ☞ Mémoires pour les Sieurs Lattaignant, Dufault & Consorts, Docteurs (opposans) de la Faculté de Théologie de Paris, &c. deux Parties : 1730, *in-*4. & 1756, *in-*12.

Ce Mémoire, composé par Mᵉ GUILLET DE BLARU, Avocat, fut adopté par soixante-sept autres Avocats au Parlement de Paris.]

5659. ☞ Observations sur le Décret du 15 Décembre 1729, attribué à la Faculté de Paris : (1756) *in-*4.]

5660. ☞ Arrêt de la Cour du Parlement de Paris, du 18 Mai 1756, qui déclare nul & de nul effet le Décret (en question), avec le Discours du premier Président, &c. *in-*4.]

5661. ☞ Extrait des Registres de la Faculté de Théologie de Paris, du 26 Mai 1756, & Arrêt du Conseil du Roi, du 25, qui ordonne l'exécution du Décret, &c. *in-*4.]

5662. ☞ Témoignage de l'Université de Paris, au sujet de la Constitution, &c. 1716, *in-*12.]

5663. ☞ Actes & Exposition des motifs de l'appel interjetté par l'Université de Paris, le 5 Octobre 1718 (en Latin & en François) : Paris, Thiboust, 1718, *in-*4.]

L'Exposition, ou Déclaration, a été dressée en Latin par Charles COFFIN, ancien Recteur, & la traduction Françoise (qui a été réimprimée en 1739) est de Pierre RESTAUT, connu par ses Ouvrages de la Grammaire Françoise, & qui étoit alors Précepteur (chez les Jésuites) au Collège de Louis-le-Grand.]

5664. ☞ Actes de la Faculté des Arts pour la révocation de l'Appel, &c. *Paris*, 1739, *in-*4.]

5665. ☞ Discours de M. GIBERT Syndic, & Acte d'opposition de plusieurs Membres de cette Faculté.

Se trouvent dans le *Recueil des Appels* (ci-devant, N.° 5654) tom. I. part. II. pag. 199 & *suiv.* Il y a eu un grand *Mémoire* imprimé, pour justifier cette opposition ; mais il a été tellement supprimé, qu'à peine en trouve-t-on trois ou quatre exemplaires. Il y en a un dans la Bibliothèque de M. l'Abbé Goujet, avec quelques Observations manuscrites.]

5666. ☞ Mémoire dressé par les Députés de l'Oratoire, exclus par les ordres du Roi de l'Assemblée générale de cette Congrégation, tenue à Paris au mois de Septembre 1729, où l'on prouve la nullité des Assemblées générales de l'Oratoire, depuis 1723, *in-*4.]

5667. ☞ Relation de ce qui s'est passé dans l'Assemblée générale de la Congrégation de la Mission, tenue à Paris le 1 Août 1724, *in-*4.]

5668. ☞ Histoire de la Constitution *Unigenitus*, en ce qui regarde la Congrégation de S. Maur : *Utrecht*, 1736, *in-*12.]

5669. ☞ Histoire des derniers Chapitres généraux de la Congrégation de S. Maur, où l'on voit l'irrégularité de ces Assemblées, l'opposition de ce Corps à la Bulle *Unigenitus*, & par quelles intrigues on est enfin parvenu à faire souscrire un Décret favorable à cette Bulle dans le Chapitre de 1733. pour servir de Supplément à l'Histoire de la Constitution : (*Paris*) 1736, *in-*4.]

5670. ☞ Témoignage des Camaldules, au sujet de la Constitution, &c. 1727, *in* 4.]

5671. ☞ Relation des quatre derniers Chapitres généraux des Religieux Camaldules de la Congrégation de France ; avec les Remontrances des Appellans de cette même Congrégation, juridiquement signifiées au dernier Chapitre général : (*Paris*) 1739, *in-*4.]

5672. ☞ Témoignage des Chartreux au sujet de la Constitution *Unigenitus*, ou Relation de ce qui s'est passé en France dans l'Ordre des Chartreux, au sujet de cette Constitution : 1725, *in-*12.

Cet Ouvrage est de J. B. CADRY, qui fit la même année l'*Apologie* de ceux des Chartreux, qui, étant vexés à cause de la Constitution, se retirerent en Hollande.]

5673. ☞ Lettre de M. l'Evêque de Montpellier au Roi, (sur les vrais auteurs des maux de l'Eglise) : 1728, *in-*4.

Cette Lettre a été réimprimée dans les Œuvres de M. COLBERT, (*in-*4.) tom. II, pag. 367 ; & 1761, *in-*12. à la fin des Mémoires pour l'Université de Reims, par Edmond Pourchot, Syndic de l'Université de Paris.]

Sur divers événemens extraordinaires arrivés dans le cours des Disputes.

== ☞ Miracles à Port-Royal, par (une) sainte Epine (de la Couronne de N. S. J. C.)
Voyez ci-après, Abbaye de Port-Royal : *Religieuses de Cîteaux*.]

5674. ☞ Relation du Miracle arrivé à Avenay, Diocèse de Reims, le 8 Juillet 1727, sur le tombeau de M. Gérard Rousse, Prêtre & Chanoine d'Avenay, décédé le 9 Mai 1727, en la personne d'Anne Augier, paralytique depuis l'espace de vingt-deux ans : 1727, *in-*4.]

5675. ☞ Mémoire & Pièces justificatives sur le même miracle : 1727, *in-*4.]

5676. ☞ Recueil & Pièces justificatives du Miracle arrivé à Avenay, le 16 Mai 1728, sur le tombeau de M. Gérard Rousse, en la personne de Marie-Jeanne Gaulard, épouse de M. François Stapart, avec quelques nouvelles Pièces touchant la guérison miraculeuse d'Anne Augier, &c. 1729, *in-*4.]

5677. ☞ Réflexions sur l'Ordonnance du Roi, du 27 Janvier 1732 ; les Procès-verbaux de plusieurs Médecins & Chirurgiens, & les événemens qui ont suivi, 1732, *in-*4.]

5678. ☞ Recueil des Relations de Miracles opérés par l'intercession de M. François de Pâris ; avec les Requêtes de plusieurs Curés de Paris : *Utrecht*, 1733, 1736 : *in*-12. 3 vol.

Ces Relations avoient été imprimées à Paris, la plus grande partie en dix petits Recueils *in*-4. & plusieurs séparément, depuis 1732.]

5679. ☞ Lettre Pastorale de M. l'Evêque de Montpellier (Charles-Joach. COLBERT DE CROISSY) au sujet d'un Miracle opéré dans son Diocèse (à la Vérune, sur Marie Boissonade, &c.) 1734, *in*-4.]

5680. ☞ Mandement de M. l'Evêque d'Auxerre (Ch. Gabr. DE TUBIERES DE CAYLUS) à l'occasion du Miracle opéré à Seignelay le 6 Janvier 1733, sur la personne d'Edmée des Vignes : 1734, *in*-4.]

5681. ☞ Instruction Pastorale de M. l'Evêque d'Auxerre, au sujet de quelques Ecrits & Libelles contre son Mandement du 26 Décembre 1733, à l'occasion du Miracle opéré dans la Ville de Seignelay : 1735, *in*-4.]

5682. ☞ Consultation de trente Docteurs de Sorbonne, contre les Convulsions : 1735, *in*-4.]

5683. ☞ Ordonnance de M. l'Archevêque de Paris (Ch. Gasp. Guill. DE VINTIMILLE) au sujet des prétendus Miracles, &c. *Paris*, 1735, *in*-4.]

5684. ☞ Lettre de M. l'Evêque de Babylone (Dominique-Marie VARLET) à M. l'Evêque de Montpellier (Colbert de Croissy) pour servir de réponse à l'Ordonnance de M. l'Archevêque de Paris, rendue le 8 Novembre 1735 : *Utrecht*, 1736, *in*-4. 70 pages.]

5685. ☞ Instruction Pastorale de M. l'Archevêque de Sens (Jean-Joseph LANGUET) au sujet des prétendus Miracles, &c. *Paris*, 1735, *in*-4.]

5686. ☞ Requête présentée au Parlement par vingt-trois Curés de Paris, au sujet de l'Instruction Pastorale de M. de Sens : 1735, *in* 4.]

5687. ☞ Instruction Pastorale de M. l'Evêque de Montpellier, pour servir de Réponse à celle de M. l'Archevêque de Sens : 1736, en trois parties, *in*-4.]

5688. ☞ Réflexions (de Julien-René Benjamin DE GENNES) & Pièces justificatives du Miracle opéré à Moisy (Diocèse de Blois) sur Louise Tremasse : 1738, &c. *in*-4. & *in*-12.]

5689. ☞ La Vérité des Miracles, &c. démontrée contre M. l'Archevêque de Sens ; par Basile CARRÉ DE MONTGERON, Conseiller au Parlement : (*Paris*) 1737, *in*-4. & 3 vol. *in*-12.

La même : *Utrecht*, 1737, *in*-4.

Continuation des Démonstrations de Miracles, &c. avec des Observations sur l'Œuvre des Convulsions ; par le même : *Paris*, 1741, *in*-4.

Nouvelle édition (du même Ouvrage) revue & considérablement augmentée par l'Auteur : *Cologne* (*Utrecht*) 1747, *in*-4. 3 vol.

L'Auteur est mort en 1754, dans la Citadelle de Valence.]

5690. ☞ Lettre de (M.) Jean SOANEN, Evêque de Senez (au sujet des Miracles & Convulsions, & contre la *Consultation* des Trente, & les Ecrits des *Systêmes* & des *Vains efforts* qui l'appuient) avec des Observations, &c. historiques & critiques sur les prodiges de nos jours : (*Utrecht*) 1744, *in*-4. 111 pages.]

5691. ☞ Mémoire à consulter, & Consultation de plusieurs de MM. les Avocats au Parlement de Paris, sur le Procès-criminel qui s'instruit à la Tournelle (au sujet des Convulsions) contre M⁰ Pierre de la Barre, Avocat au Parlement de Rouen, Catherine le Franc, Marie-Magdeleine Aise, Marie des Marquets & Elisabeth de Barre, Filles majeures (& Convulsionnaires) : *Paris*, Knapen, 1761, *in*-4.]

5692. ☞ Lettre d'un Conseiller au Parlement de Paris, à un Conseiller au Parlement de Rouen : *in*-12. feuillet.]

5693. ☞ Arrêt du Parlement (de Paris) du 5 Mai 1761, qui condamne des Accusés (ci-dessus) le premier à un bannissement de neuf ans, & les quatre Filles à être renfermées trois ans, pour avoir tenu des assemblées illicites : *Paris*, *in*-4.]

☞ IL faudroit un volume pour rapporter les titres de tous les Ouvrages qui ont paru sur le Jansénisme, la Constitution, &c. On s'est borné ici aux principales Pièces historiques, & à celles qui ont quelque trait marqué à certains faits. Ceux qui en voudront voir davantage, pourront consulter le *Tome II. du Catalogue des Livres imprimés* de la Bibliothèque du Roi, *Théologie*, depuis la page 34 jusqu'à 212. On y trouvera plus de 3000 Articles, & il s'en faut beaucoup que ce soit tout.

On conserve dans cette illustre Bibliothèque, un Catalogue manuscrit, gros *in-folio*, de tous (ou presque tous) les Ouvrages faits sur ces contestations, jusqu'en 1738. Il a été dressé, de concert avec l'Abbé Sallier, Sous-Bibliothécaire du Roi, par M. l'Abbé NIVELLE, dont il a été question ci-dessus, N.° 5654.) On en a suivi l'ordre dans l'arrangement du Catalogue imprimé de la Bibliothèque du Roi, sur ces objets.]

CHAPITRE CINQUIEME.

Histoires des Hérésies nées en France.

ARTICLE PREMIER.

Histoires de Bérenger.

5694. * Histoire de Berengarius (mort vers 1090); par Esprit ROTIER.

Cette Histoire est imprimée dans sa *Réponse aux blasphémateurs de la sainte Messe* : *Paris*, 1564, *in-*8.

5695. Franciscus DE ROYE, Antecessor Andegavensis ad Canonem, *Ego Berengarius* 41. De Consecr. distinct. 2. ubi Vita, hæresis & pœnitentia Berengarii, Andegavensis Archidiaconi : *Andegavi*, 1656, *in-*4.

François de Roye est mort en 1686.

5696. Berengarii veteris novique Historia; auctore Henrico MULLERO, Superintendente Rostochiensi : *Rostochii*, 1674, *in-*4.

Cet Auteur, qui étoit Luthérien, est mort en 1674.

5697. Joannis MABILLONII, Monachi Benedictini, Congregationis sancti Mauri, Observationes de multiplici Berengarii damnatione, fide, professione & relapsu, deque ejus pœnitentia.

Ces Observations sont imprimées au tom. II. des *Analecta* du Père Mabillon, *pag.* 477. Quant à ce qui regarde l'affaire de Bérenger, on peut (encore) consulter la première *Dissertation* du XIe siècle du Père ALEXANDRE, & les chapitres VI & VII. de l'*Histoire de l'Eglise de Paris*; par le Père DU BOIS.

5698. Vie de Bérenger, Archidiacre d'Angers ; par André THEVET.

Cette Vie est imprimée au tom. I. de ses *Vies des Hommes illustres*, *chap.* 62.

5699. ☞ Casimiri OUDINI Dissertatio de Vita, Scriptis & Doctrina Berengarii.

On la trouve dans le Commentaire d'Oudin, *De Scriptoribus Ecclesiasticis* : *Lipsiæ*, 1722, *in-fol*. *tom*. II. *pag*. 622-643.]

5700. ☞ Vie de Bérenger (en Hollandois.)

Au commencement d'un Recueil imprimé en cette Langue ; sous le titre d'*Histoire de la Vie des grands Hommes & des Sçavans* : *Amsterdam*, 1730, *in-* 8. *pag.* 1-30.]

5701. ☞ Histoire de la Vie, des Ecrits & de la Doctrine de Bérenger, Scholastique de Tours; par Dom Antoine RIVET, Bénédictin de la Congrégation de S. Maur.

Dans son *Histoire Littéraire de France*, *tom. VIII*. (*Paris*, 1747, *in-*4.) *pag.* 197-238. L'Auteur est mort en 1749.

On peut voir encore, sur Bérenger, quelques Remarques dans les Réflexions du Père MERLIN, au sujet de l'article donné par Pierre BAYLE : *Mém*. *de Trévoux*, 1738, *Novembre*.]

ARTICLE II.

Histoires des Vaudois.

5702. * Mss. PROCESSUS & Sententiæ contra Valdenses, à Bernardo GUIDONIS, Dominicano, Inquisitore Tolosano (posteà Episcopo Lodovensi) : anno 1325, *in-*4.

Ces procédures sont conservées au Château d'Aubais, près de Nismes, dans la Bibliothèque de M. le Marquis d'Aubais, num. 101.

☞ Dans le *Dictionnaire historique & critique* de Jacques-Georges DE CHAUFEPIE, *p*. 80 & 81, de la Lettre J. (*tom. III.*) il est fait mention d'un manuscrit original (qu'avoit M. de Graverol de Nismes) contenant ce qui fut fait par les Inquisiteurs contre les Albigeois, depuis le 24 Janvier 1281, jusqu'au 24 Octobre 1319 ; & M. de Graverol, dans une Lettre, rapporte l'interrogatoire d'un de ces Albigeois.

5703. Mss. Histoire des Vaudois de la Province de Dauphiné ; par Rostain D'ANCESANE, Archevêque d'Embrun.

Cette Histoire est souvent citée dans l'*Histoire des Vaudois*; par Perrin (ci-après, N.° 5721.) L'Archevêque d'Ancesane, vivoit en 1494.

5704. ☞ De Waldensibus, eorumque doctrina & moribus, liber à Pontificio Doctore (REINERIUM quidam putant) ante 300 annos scriptus : ex veteri codice deproemptus.

Se trouve *pag.* 222-232, des *Script. rerum Bohem.* de Marquard Freher : *Hanoviæ*, 1600, *in-fol*.

5705. ☞ RENERII sive REINERII (SACHONI sive SACCONI) summa de Catharis & Leonistis, seu pauperibus de Lugduno, ex Mss. Rothomagensi & Claromontano.

Est dans le tom. V. *Thesaur*. *nov*. *Anecdot*. du Père Edmond Martene, col. 1759-1766.]

5706. ☞ Anonymi Tractatus de hæresi pauperum de Lugduno.

Dans le même volume, col. 1777-1794.]

5707. ☞ LUCÆ, Tudensis Episcopi, Scriptores aliquot succidanei, contra Sectam Waldensium, cum copiosis prolegomenis & notis Jacobi GRETSERI, S. J.

Se trouve au commencement de la seconde Partie du tom. XII. des *Œuvres* de Gretser : *Ratisbonæ*, 1734, *in-fol.*]

5708. Origine de la Secte des Vaudois, extraite d'une Histoire Latine abrégée des Rois de France ; recueillie par Albert CATANÉE, de Crémone.

Elle est imprimée *pag.* 277, des *Preuves* de Denys Godefroy, sur l'*Histoire de Charles VIII. Paris*, 1684, *in-fol.*

5709. Mss. La Vauderie d'Arras, ou Histoire des Vaudois d'Arras ; tirée du quatrième Li vre de Jacques DU CLERQ, Ecuyer, Seigneur de Beauvoir en Ternois.

Elle est conservée dans la Bibliothèque de M. de Watcant, ci-devant Chanoine de Tournay.

5710. ☞ Mſ. Recherches historiques tirées de plusieurs manuscrits & titres anciens, sur ce qui s'est passé à Arras en 1459 & 1460, au sujet des Vaudois, ou prétendus sorciers, qui y furent condamnés à différens supplices ; lues par M. CAMP, de la Société Littéraire d'Arras, dans les Séances publiques.

Ces Mémoires sont conservés dans les Registres de cette Société.]

5711. ☞ Mſ. Enquêtes faites juridiquement contre les Vaudois de Pragelas & autres Vallées, en 1495. Original : *in-fol.* 2 vol.

Ce Manuscrit étoit conservé dans la Bibliothèque de M. de Seignelay, ou Colbert, & est cité par Jacques-Bénigne Bossuet, num. 101 & *suiv.* de l'Histoire qu'il a faite des Vaudois & Albigeois, Liv. XI. de son *Histoire des Variations des Eglises Protestantes* : Paris, 1688, *&c.* Ce Prélat y réfute plusieurs choses avancées par Perrin & autres Ecrivains Protestans.]

5712. ☞ Jacobi BONJOUR Lucubrationum primitiæ, de Bello in Caprarienses commentaria : *Parisiis*, 1549, *in-4.*]

5713. Jacobi AUBERII, Parisiensis Advocati, pro Merindoliis & Caprariensibus Actio, anno Domini 1551, jussu Henrici II. Galliæ Regis : *Lugduni-Batavorum*, 1619, *in-fol.*

Daniel Heinsius a publié cet Ouvrage.

5714. Mſ. Plaidoyers & autres Actes intervenus en la cause de ceux de Mérindol & de Cabrières en Provence, depuis 1540 jusqu'en 1554 : *in-fol.*

Ces Actes sont conservés entre les manuscrits de M. Dupuy, num. 346, & entre ceux de M. de Brienne, num. 204 [à la Bibliothèque du Roi.] Il y en a une bonne partie qui est imprimée.

5715. Histoire mémorable de la persécution & saccagement du Peuple de Mérindol & de Cabrières, & autres circonvoisins, appellés Vaudois : 1556, *in-8.*

Cette Histoire, qui contient ce qui s'est passé depuis l'an 1540 jusqu'en 1549, a été écrite par un Auteur Protestant.

5716. Histoire des persécutions & guerres faites depuis l'an 1555 jusqu'en 1561, contre le Peuple appellé Vaudois : 1562, *in-8.*]

Eadem Historia, Latinitate donata : *Genevæ*, 1581, *in-8.*

5717. Histoire de l'exécution de Cabrières & de Mérindol, & d'autres lieux de Provence, particulièrement déduite dans le Plaidoyer qu'en fit l'an 1551, par le commandement du Roi Henri II. & comme son Avocat en cette Cause, Jacques Aubery, Lieutenant-Civil au Châtelet de Paris, & depuis Ambassadeur Extraordinaire en Angleterre, pour traiter de la paix l'an 1555. Ensemble une Relation particulière de ce qui se passa aux cinquante Audiences de la Cause de Mérindol : *Paris*, Cramoisy, 1645, *in-4.*

Cette Histoire, qui contient aussi d'autres Pièces sur le même sujet, a été publiée par Louis AUBERY, Sieur du Maurier, mort en 1687.

☞ *Voyez* sur cette Histoire la *Méthode historique* de Lenglet, tom. *IV.* pag. 75.]

☞ La Cour ayant appris qu'en quelques endroits de Provence & du Comté Venaissin, il paroissoit une espèce d'Hérésie, qu'on croyoit être un reste des anciens Vaudois, envoya des ordres précis au Parlement de cette Province, pour l'extirper par toutes sortes de moyens. Les Villages de Cabrières & de Mérindol étoient, entre plusieurs autres, ceux où il y avoit le plus de ces Hérétiques. On en arrêta quelques-uns, & sur leur simple déposition, fut donné le terrible Arrêt du 18 Novembre 1540, qui en condamna par contumace plusieurs, avec leurs femmes & leurs enfans, à être brulés ; d'autres furent bannis, & leurs biens confisqués : il y fut dit que le Village de Mérindol seroit détruit, les forts où les Habitans se retiroient rasés, & les bois coupés à 200 pas à l'entour. Cet Arrêt fut signé par le Premier Président de Chasseneuz, qui en fit cependant retarder l'exécution autant qu'il put, malgré les pressantes sollicitations des Archevêques d'Aix & d'Arles, & des autres Ecclésiastiques qui offroie t d'en faire les frais.

François I. accorda à ces malheureux, par ses Lettres-Patentes du 8 Février 1541, le pardon général, pourvu que dans trois mois ils abjurassent leurs erreurs. Ceux de Mérindol envoyèrent aussi-tôt à Aix deux de leurs Députés, pour demander au Parlement de faire informer de leurs erreurs, & de les leur faire connoître. M. de Chasseneuz les exhorta fort d'y renoncer, & de ne pas obliger le Parlement de sévir contre eux ; qu'ils pouvoient cependant présenter leur confession de foi, & qu'on y pourvoiroit.

Tandis qu'on l'examinoit, Jean Mesnier, Baron d'Oppède, succéda à M. de Chasseneuz, & tint une conduite toute contraire à celle de son prédécesseur ; il envenima l'affaire auprès du Roi, en lui remontrant que ceux de Mérindol & leurs adhérans, étoient des rebelles, qui levoient même des troupes. Cette nouvelle obligea le Roi de donner au mois de Janvier 1545, ses Lettres, portant permission de faire exécuter l'Arrêt donné contre ces Hérétiques. M. d'Oppède ne les montra pas d'abord ; il prit son temps pour pouvoir les surprendre tous à la fois. Ce ne fut que le Dimanche de *Quasimodo*, 12 Avril, qu'il fit assembler sa Cour, & rendre cet horrible Arrêt, qui enveloppa l'innocent avec le coupable, & donna lieu à cette cruelle boucherie, où l'on ne fit aucune différence de sexe & d'âge. On y commit des cruautés inouies, & de vingt-deux Villages qui furent compris dans cette expédition, le peu d'habitans qui fut épargné, fut condamné aux Galères, où ils périrent de faim & de misère ; les plus heureux se sauvèrent à Genève & en Suisse.

Les exécuteurs ne s'oublièrent pas, & l'on a lieu de croire que l'avarice fut un des grands mobiles de cette sanglante expédition. M. d'Oppède obtint le 18 Août des Lettres Royaux pour l'autoriser.

Après la mort du Roi, ces malheureux se pourvurent en Cour, pour obtenir la révision de ce procès. L'affaire fut d'abord portée au Grand-Conseil, & ensuite au Parlement ; elle y fut débattue pendant cinquante jours. Ce fut M. Jacques Aubery, Lieutenant-Civil en la Prévôté de Paris, à qui le Roi donna commission de plaider cette cause en qualité de son Avocat ; il le fit avec beaucoup d'ordre, & d'une manière pathétique, depuis le Jeudi 18 Septembre 1551, jusqu'au Samedi 26, & conclut à ce que sans avoir égard auxdits Arrêts du Parlement de Provence, il fût dit qu'il avoit été mal & outrageusement exécuté, & que les Exécuteurs seroient blâmés ; qu'il fût procédé contre les Hérétiques, suivant les Lettres-Patentes du feu Roi, & enjoint à tous les Prélats de ce Pays de mettre des Curés & des Prédicateurs de bonne vie & doctrine, pour achever de purger la Province des Luthériens & Vaudois.

On s'attendoit à voir punir exemplairement les Auteurs de tant de massacres; mais il en arriva autrement. M. d'Oppéde & ses adhérans furent rétablis dans leurs charges; il n'y eut qu'un nommé Guérin qui, faute de protecteurs, paya de sa tête.

On peut voir dans ce Plaidoyer un plus grand détail. On trouve à la tête ce qu'en rapporte M. de Thou, dans son Histoire.

Voyez sur Jacques Aubery les *Opuscules* de Loysel, 1656, *in-4. pag.* 630.]

5718. ☞ Petri WESENBECII Oratio de Waldensibus & Albigensibus Christianis, anno 1585, habita in Academiâ Ienensi. Adjectæ sunt Principum & Ordinum Protestantium epistolæ, quarum in oratione fit mentio: *Seruestæ*, Schleer, 1603 : *Lipsiæ*, Minger, 1610, *in-4. pag.* 47.

Ce Discours roule presque en entier sur l'exécution de Cabrières & de Mérindol.]

5719. ☞ Observations sur les préliminaires de l'exécution de Cabrières & de Mérindol; par M. DE NICOLAY: *Histoire de l'Académie Royale des Belles-Lettres, tom. XVIII. pag.* 377-384.]

5720. ☞ Examen critique de la critique (faite par le Père Niceron, tom. III. article Chasseneuz) d'un endroit important de l'Histoire de M. de Thou (Liv. VI. an. 1550) au sujet de l'Arrêt rendu contre les Habitans de Cabrières & de Mérindol en Provence, le 18 Novembre 1540; par M. DREUX DU RADIER. *Journal de Verdun*, 1753, *Septembre, pag.* 189 *& suiv.*]

5721. Histoire des Vaudois; par Jean-Paul PERRIN, Ministre [de la Religion prétendue Réformée] de Nyons: *Genève*, 1619, *in* 8.

La même, traduite en Anglois par Sanson LENNARD: *London*, 1624, *in-4.*

☞ Le Synode Provincial de Dauphiné avoit donné ordre à Perrin de dresser cette Histoire. *Voyez* ci-devant, N.° 5711.]

5722. Mf. Traité des Vaudois; par Auguste GALAND.

Ce Manuscrit est conservé avec son Traité des Albigeois, parmi les Mss. du Chancelier Seguier, num. 543. [à S. Germain-des-Prés.] Cet Auteur étoit de la Religion Prétendue Réformée; il est mort Conseiller d'Etat.

5723. Mf. Amphithéâtre des Vaudois; par un homme de Sedan.

Ce Manuscrit est conservé dans la même Bibliothèque.

5724. Chronique des Vaudois, depuis l'an 1160 jusqu'en 1636: *Genève*, 1656, *in-8.*

5725. Joannis HESTERBERGI, Historia Ecclesiæ Valdensium: *Argentinæ*, 1656, *in-4.*

5726. Histoire de l'Eglise des Vallées de Piémont [en Anglois]; par Samuel MORLAND, Chevalier : *London*, 1658, *in-fol.*

5727. ☞ Ægidii STRAUCHII Disquisitio historico-theologica de Waldensibus: *Wittebergæ*, 1659, 1663, *in-4.*]

5728. Histoire Ecclésiastique des Vaudois, [en Flamand]; par Gilles VAN-BREEN: *Amsterdam*, 1663, *in-4.*

5729. Histoire générale des Eglises Evangéliques des Vallées de Piémont, ou Vaudoises; par Jean LEGER, Pasteur des Eglises des Vallées de Piémont, & depuis appellé à l'Eglise Walone de Leyde; le tout enrichi de tailles douces: *Leyden*, le Charpentier, 1669, *in-fol.*

☞ Cette Histoire est divisée en deux Parties: Dans la première, l'Auteur après avoir donné un état des Vallées, remonte à l'origine des Vaudois, qu'il dit venir sans interruption des Apôtres, & avoir été très-connus dès le VIIIe siècle. Il soutient avec Beze, que Pierre Valde de Lyon, loin d'en être l'Auteur & le Dénominateur, ne fut appellé Valde que parcequ'il suivoit leur Doctrine, & que ce mot, *Vaudois*, ne signifie autre chose qu'habitans des Vallées; il fait ensuite l'Histoire de leur créance & de leur discipline. La seconde Partie contient les différentes persécutions que cette Secte a eu à essuyer. *Voyez* ci-devant, N.° 5711.]

5730. ✱ L'Histoire & le cours des Hérésies des Vaudois & Albigeois; par Dom JACQUES DE S. MICHEL: *Toulouse*, 1676, *in-8.*

5731. ☞ Joan. Christoph. HAVER Oratio de Waldensium ortu, progressu & persecutionibus : *Altdorf*, 1686, *in-4.*]

5732. ☞ Histoire de la persécution des Vallées de Piémont, contenant ce qui s'est passé dans la dissipation des Eglises & des Habitans de ces Vallées, arrivée en 1686: *Rotterdam*, Acher, 1688, *in-12.*]

5733. Histoire des Vaudois & des Barbets; par BENOIST DE S. DOMINIQUE, Dominicain.

Cette Histoire est imprimée avec son *Histoire des Albigeois*: *Paris*, 1691, *in-12.* 2 vol.

5734. Remarques de Pierre ALLIX, Trésorier de l'Eglise de Sarum en Angleterre, sur les anciennes Eglises de Piémont, ou des Vaudois [en Anglois]: *London*, Chiswel, 1690, *in-4.*

Cet Auteur a été avant la révocation de l'Edit de Nantes, Ministre de Charenton. [Il est mort en 1717.]

5735. ☞ Eliæ WEIHENMAIERI [Lutherani] Dissertatio historica de vicissitudinibus & fatis Waldensium : *Wittebergæ*, 1690, *in-4.*]

5736. Abrégé de l'Histoire des Vaudois; par P. BOYER : *La Haye*, 1691, *in-12.*

Cet Auteur étoit Ministre de la Religion Prétendue Réformée.

5737. ☞ Mf. Histoire des Vaudois; par Isaac DE BEAUSOBRE: *in-4.*

On dit dans le Dictionnaire de M. de Chaufepié, que Beausobre, Ministre à Berlin, mort en 1738, a laissé cette Histoire avec d'autres qui regardent les Préliminaires de celle de la (prétendue) Réformation, qu'il avoit entreprise, mais qu'il n'a pas achevée, comme on le voit par son Eloge, tom. XLII. de la *Bibliothèque Germanique.*]

5738. ☞ Joh. Conradi FUESLINI de genuinâ Albigensium & Waldensium distinctione.

Cette Dissertation se trouve dans les *Miscellan. Lips. nov. tom. X. pag.* 3 *& suiv.* Elle est destinée à combattre le Père Gretser (ci-dessus, N.º 5707) qui n'admettoit entre les Vaudois & les Albigeois d'autre différence que celle du nom.]

ARTICLE III.
Histoires des Albigeois.

5739. EPISTOLÆ INNOCENTII III. Papæ ad Regem & Principes Galliæ, & Rescripta ejusdem Papæ super negotio Albigensium.

Ce Pape est mort en 1216. Ces Lettres sont imprimées dans le tom. V. du *Recueil des Historiens de France* de Du Chesne, *pag.* 176. Les mêmes Lettres se trouvent aussi dans le *Recueil des Lettres d'Innocent III.* publié à Toulouse en 1635, par François Bosquet, & à Paris en 1682, par Etienne Baluze.

5740. Ordinationes, Tractatus & Statuta LUDOVICI [IX.] Francorum Regis : RAYMUNDI, Comitis Tolosani, & [Petri A CASTRONOVO] Legati Papæ, pro exterminatione hæresis Albigensium.

Ces Actes sont imprimés au tom. V. des *Historiens de France* de Du Chesne, *pag.* 810.

5741. Conciles de Tholose, de Béziers & de Narbonne; ensemble les Ordonnances du Comte RAYMOND, contre les Albigeois, & les Instrumens d'accord entre ledit Comte & saint Loys, Roy de France; Arrests & Statuts pour l'entretien d'icelui; traduits du Latin, par Arnaud Sorbin, dit de sainte Foy, Docteur en Théologie : *Paris*, Chaudière, 1569, *in*-8.

5742. * Mf. Histoire de la guerre touchant les Hérétiques Albigeois & partie du Quercy, écrite en langage du Pays, vers l'an 1212.

Cette Histoire est conservée chez M. le Franc, Docteur Régent de l'Université de Cahors.

5743. Historia Albigensium & belli sacri inter eos, anno Domini 1209, suscepti, Duce & Principe Simone à Monteforti, deinde Comite Tholosano; auctore PETRO, Cœnobii Vallis Sarnensis, Ordinis Cisterciensis in Diœcesi Parisiensi Monacho, Cruciatæ hujus Militiæ teste oculato, nunc primùm edita : *Trecis*, Grisard, 1615, *in*-8.

Cette Histoire finit à la mort du Comte de Montfort, arrivée le 1218; elle est fort détaillée, écrite avec soin, d'un style qui n'est ni bon ni mauvais; l'Auteur fait paroître trop d'animosité contre les Albigeois, dit l'Abbé le Gendre. Elle a été publiée par Nicolas Camusat, Chanoine de Troyes. Elle se trouve aussi dans le tom. V. des *Histoires de France* de Du Chesne, *pag.* 554, & dans le tom. VII. de la *Bibliothèque de l'Ordre de Cîteaux* : *Bonifonti*, 1669, *in-fol.* [plus correcte.]

☞ Mf. La même, traduite en François, par un Auteur inconnu qui vivoit vers 1456.

Ce Manuscrit se trouve parmi ceux de la Bibliothèque d'Urfé, num. LXIII.]

Mf. La même, traduite en François en 1565, par Guillaume PELLICIER, Evêque de Montpellier, sous le titre d'Histoire du Comte de Montfort : *in-fol.*

Cette Traduction est conservée dans la Bibliothèque de sainte Geneviéve, & dans celle du Roi, num. 6945.

La même Histoire, traduite en François par Arnaud SORBIN, & publiée sous ce titre : Histoire de la Ligue sainte, sous la conduite de Simon de Montfort, contre les Albigeois tenant le Béarn, le Languedoc, la Gascogne & le Dauphiné; laquelle donna la paix à la France, sous Philippe Auguste & S. Louis; écrite par PIERRE, Moine de Vaux-de-Cernay : *Paris*, Chaudière, 1569, *in*-8.

»On voit dans l'Abbaye de Quincy, de l'Ordre de »Cîteaux une Histoire des Albigeois, dont le com- »mencement est semblable à celui de l'Abbé de Vaux- »de Cernay ; mais la fin est différente ». Martenne, *Voyage Littéraire, Partie I. pag.* 108.

☞ Pierre de Vaux de Cernay est regardé comme un Auteur infidelle & passionné.

Voyez sur cette Histoire, Lenglet, *Méth. historiq. tom. III. pag.* 122. = Le Gendre, *tom. II. pag.* 50. = *Histoire du Languedoc, tom. III. Avertissement, p.* 1. *& tom. IV. Avertissement, pag.* 12.]

5744. Mf. Francisci ROALDI, in Petri Vallium Sarnaii de Bello Albigensium Historiam, Commentariorum Libri duo : *in-fol.*

Ces Mémoires [étoient] conservés dans le Cabinet de M. Fouquet, Secrétaire du Roi.

5745. Chronicon GUILLELMI de Podio Laurentii ; Capellani Comitis Tolosani [Raymundi] super Historia negotii à Francis, Albigensibus vulgariter appellatis primò *Albijots*; quod olim actum est in Provinciis Narbonensi, Albiensi, Ruthenensi, Cadurcensi, Aginnensi Diœcesibus, pro tuenda Fide Catholica & pravitate hæretica extirpanda.

Cette Chronique est imprimée à la *pag.* 49 de l'*Appendice* de Catel, de son *Histoire des Comtes de Tolose* : *Tolose*, 1623, *in-fol.* & dans le tom. V. du *Recueil des Historiens de France* de Du Chesne, *pag.* 666. Guillaume de Puy-Laurens a vécu en 1245 ; sa Chronique (qui a été continuée) va depuis l'an 1170 jusqu'en 1271. Quoique ce ne soit qu'un abrégé, elle contient bien des choses curieuses racontées dans un grand détail, d'un style net, mais d'un Latin souvent barbare. Il y parle par occasion des principales actions de Louis VIII. & de S. Louis. De Catel prétend que cet Auteur est plus digne de foi que Pierre, Abbé de Vaux-de-Cernay, & les autres qui ont écrit sur le même sujet.

☞ *Voyez* sur cette *Chronique*, le Gendre, *tom. II. pag.* 46. = *Hist. du Languedoc, tom. III. Avertissement, pag.* 1.]

5746. Præclara Francorum Facinora, variaque ipsorum certamina, pluribus in locis, tam contra Orthodoxæ fidei, quàm ipsius Gallicæ gentis hostes, non impigrè gesta, ab anno 1202, ad annum 1311 [vieille édition gothique] : *in*-8.

Eadem ; incerto Auctore, correctiùs edita à Guillelmo De Catel.

Hérésies nées en France.

Cette Histoire est imprimée aussi, *pag.* 111, de l'*Appendice à l'Histoire des Comtes de Tolose* : *Tolose*, 1623, *in-fol.* & dans le tom. V. des *Historiens de France* de Du Chesne, *pag.* 768. De Catel croit que PIERRE V. Evêque de Lodève, qui a vécu en 1312, est l'Auteur de cette Histoire, qu'on appelle communément la *Chronique de Simon de Montfort*.

La même Histoire ; traduite en François par Jean FOURNIER de Montauban, & publiée sous ce titre : Histoire des Guerres faites en plusieurs lieux de la France, tant en Guyenne & Languedoc contre les Hérétiques, qu'ailleurs contre certains ennemis de la Couronne ; & de la Conquête de la Terre-Sainte, & tout ce qui est advenu en France digne de mémoire, depuis l'an 1200 jusqu'en 1311 : *Tolose*, Colomiers, 1562, *in-8.*

5747. Mf. Histoire des Albigeois, en ancienne langue Languedocienne : *in-fol.*

Cette Histoire est conservée [à Aix] dans la Bibliothèque de M. Thomassin de Mazaugues, entre les manuscrits de M. de Peiresc, num. 59 ; elle paroît curieuse. Elle commence au meurtre de Pierre de Castelnau, en 1206, & finit à l'accord fait entre le Roi de France & le jeune Comte de Toulouse, en 1228. L'Auteur étoit Catholique, mais très-affectionné à ses Comtes de Toulouse ; il n'est pas fort éloigné du temps dont il écrit l'Histoire.

Cette Notice vient de M. de Mazaugues. Le style de cette Histoire est fort simple & fort peu travaillé ; on y trouve des faits curieux & qui different des autres Historiens. L'Auteur s'étend beaucoup sur le Siège de Beaucaire. Catel en parle dans son Avis, qui est au-devant de son *Histoire des Comtes de Toulouse*, & au Liv. II. *p.* 252 & *suiv.* il en transcrit les propres termes à la *pag.* 261.

5748. Mf. Histoire des Albigeois : *in-fol.*

Cette Histoire manuscrite est conservée dans la Bibliothèque du Roi, num. 9646.

5749. Mf. Historia Albigensium : *in-4.*

Cette Histoire [étoit] conservée dans la Bibliothèque de M. le Chancelier Seguier, num. 542, [aujourd'hui à S. Germain-des-Prés.]

5750. Mf. Histoire des Guerres contre les Albigeois.

Cette Histoire [étoit] conservée, num. 90, de la Bibliothèque de feu M. le Pelletier le Ministre, [qui a été vendue.]

5751. Mf. Fragmentum Historiæ, incerti auctoris adversùs Albios.

Ces Fragmens se [trouvoient] dans la même Bibliothèque, num. 99.

5752. Mf. GERVASII Tornacensis, Bellum sacrum adversùs Albios Hæreticos factum, Liber scriptus anno 1550.

Cette Histoire [étoit] aussi dans la même Bibliothèque, num. 100.

5753. Mf. Traité des Albigeois & des Vaudois ; par Auguste GALLAND : *in-fol.* 4 vol.

Ce Traité manuscrit [étoit] conservé dans la Bibliothèque de M. le Chancelier Seguier, num. 593, [aujourd'hui à S. Germain-des-Prés.]

5754. Guerre de Simon, Comte de Mont-

fort, contre les Comtes de Tolose ; par Antoine NOGUIER.

L'Histoire de ces Guerres est imprimée dans son *Histoire Tolosaine* : *Tolose*, 1556, *in-fol.*

5755. Histoire du Schisme & des Hérésies des Albigeois ; par Jean GUY, Procureur au Parlement de Tolose : *Paris*, Gaultier, 1561, *in-8.*

5756. Sommaire de l'Histoire de la Guerre faite contre les Albigeois, extraite du Trésor des Chartres ; par Jean DU TILLET, Greffier au Parlement : *Paris*, 1590, *in-12.*

Cet Auteur est mort en 1570.

5757. Histoire des Albigeois, touchant leur doctrine & leur Religion, contre les faux bruits qui ont été semés d'eux, & les Ecrits dont on les a à tort diffamés, & de la cruelle & longue guerre qui leur a été faite pour ravir les Terres & Seigneuries d'autrui, sous couleur de vouloir extirper l'hérésie ; le tout recueilli fidèlement de deux vieux Exemplaires écrits à la main, l'un en langage de Languedoc, l'autre en vieux François, réduit en quatre Livres ; par Jean DE CHAVANION, de Monistrol en Velay : *Genève*, Pierre de Saint-André, 1595, *in-8.*

Cet Auteur étoit de la Religion Prétendue-Réformée.

5758. Histoire des Chrétiens Albigeois, contenant les longues guerres & persécutions qu'ils ont souffertes à cause de la doctrine de l'Evangile ; par Jean-Paul PERRIN : *Genève*, Berjon, 1618, *in-8.*

Ce Lyonnois étoit Ministre de Nyons en Dauphiné.

La même, traduite en Anglois, par Samson Lennard : *London*, 1624, *in-4.*

La même, d'une traduction plus moderne.

Cette nouvelle Traduction est imprimée au tom. I. de l'*Usurpation des Papes, Part.* I. [en Anglois] : *London*, 1712, *in-fol.*

5759. Parallele de l'hérésie des Albigeois & de celle du Calvinisme, dans lequel on fait voir que Louis-le-Grand n'a rien fait qui n'ait été pratiqué par S. Louis ; avec l'Histoire de la dernière révolte des Calvinistes du Vivarais ; par DE LA VALETTE : *Paris*, Roulland, 1686, *in-4.*

L'Auteur, au commencement de cet Ouvrage, promet une Histoire de l'hérésie & de la guerre des Albigeois, dont il ne donne que le prélude. Cette Histoire n'a pas encore été publiée.

Voyez sur cet Ouvrage les *Nouvelles de la République des Lettres*, 1686, Juin.]

5760. Histoire des Albigeois, des Vaudois & des Barbets ; par (Jean) BENOIST DE S. DOMINIQUE, Jacobin : *Paris*, le Feyre, 1691, *in-12.* 2 vol.

☞ Le Tome I. s'étend depuis 1124 jusqu'en 1213. On trouve à la suite quelques pièces servant de preuves à ce premier volume, & quelques généalogies. À la tête du Livre est une espèce de Préface ou Introduction, qui ttaite de la naissance & du progrès de ces Hérétiques, de leur doctrine, & des Auteurs qui en ont parlé.

Le Tome II. contient l'Histoire de la Croisade contre les Albigeois, depuis 1213 jusqu'à leur destruction en 1309, l'Histoire abrégée des Vaudois, depuis 1170 jusqu'en 1690, & quelques pièces qui servent de preuves à ce second volume.

Voyez sur cet Ouvrage, Lenglet, *Méth. historique*, tom. III. p. 122. = *Biblioth. univers. & histor. tom. XX. pag. 197.=Hist. du Languedoc, tom. III. Avertissement, pag. 5.*]

5761. Totius Albigensium facti narratio : de Capitibus hæreseos & sexaginta & uno Conciliis contra eos habitis : de justâ eorum pœnâ, & de bello quo profligati sunt ; auctore Joanne-Jacobo PERCIN, Tolosate, Tolosanique Ordinis Prædicatorum alumno.

Cette Histoire est imprimée dans l'Ouvrage que cet Auteur a intitulé : *Monumenta Conventûs Tolosani, &c. Tolosæ, 1693, in-fol.*

5762. Remarques sur l'Histoire Ecclésiastique des anciennes Eglises des Albigeois, [en Anglois] ; par Pierre ALLIX : *London*, 1692, *in-*4.

☞ Selon M. de Chaufepié (*Dictionnaire critique*, au mot *Allix*) ce Ministre écrivit d'abord son Livre en François, & en fit ensuite la traduction Angloise. Il réunit tous ses efforts pour justifier les Albigeois.

Voyez les *Actes de Léipsick*, 1690, Avril, pag. 169 & *suiv.*]

5763. Histoire des Croisades contre les Albigeois ; par Jean-Baptiste LANGLOIS, Jésuite : *Rouen*, 1703, *in-*12.

» Plusieurs Auteurs ont écrit l'Histoire des Albigeois ; » mais, selon le Père Langlois, il n'y a aucun de ces Ou- » vrages qui soit exempt de défauts : c'est ce qui l'a obli- » gé de travailler de nouveau sur le même sujet. Son » Histoire est écrite d'un style aisé ; il ne s'écarte jamais » de son sujet ; il n'accable point son Lecteur par un » Discours ennuyeux, & il enchaîne les événemens les » uns avec les autres d'une manière fort naturelle ». *Journal des Sçavans du 28 Janvier 1704.*

☞ *Voyez* sur cette Histoire, Journ. *des Sçavans, Janv.* 1704. = *Mém. de Trév. Janv.* 1704. = Lenglet, *Méth. hist. tom. III. pag. 122. = Hist. du Languedoc, tom. III. Avertissement, pag. 5.*]

5764. ☞ Ms. Histoire des Albigeois ; par Isaac DE BEAUSOBRE : *in-*4.

Voyez ci-devant, N.° 5737.]

== ☞ Histoire des Albigeois, dans celle du Languedoc, Tome III. par Dom DE VIC & Dom VAISSETE.

Ce volume entier, la Préface, les notes & les preuves, servent à l'Histoire des Albigeois, & s'étendent depuis 1165 jusqu'à 1272. A la tête des Preuves, on trouve l'Histoire de la guerre des Albigeois, écrite en Languedocien, par un ancien Auteur Anonyme (sur lequel *voyez* l'*Avertissement de ce volume, pag. iv*) avec un Glossaire pour l'intelligence de cette Histoire, qui commence en 1202, & finit en 1219.

Dans l'Ouvrage de Gabriel DE SACONAY, intitulé : *De la Providence de Dieu sur les Rois de France* : (*Lyon, 1568, in-*4.) *pag.* 45, jusqu'à 149, il est amplement traité des guerres contre les Albigeois, & de ce qui les regarde.]

ARTICLE IV.

Histoires des Prétendus – Réformés de France, ou des Calvinistes.

5765. ESSAIS de l'Histoire générale des Protestans ; par Gabriel BOULE, Marseillois, Conseiller - Historiographe du Roi : *Paris*, Vitré, 1646, *in-*8.

Cet Auteur avoit été Ministre [pendant 30 ans] ; mais il s'étoit converti.

☞ Ce qu'il avoit fait de son Histoire générale lors de sa mort, est en Manuscrit dans la Bibliothèque des Feuillans de Marseille.]

5766. Desiderii ERASMI, Roterodami, Epistola de vita & morte Ludovici Berquini.

Cette Lettre est la quatrième du vingtième Livre des *Lettres d'Erasme : Londini*, 1642, *in-fol.* Berquin fut exécuté en 1529, comme Hérétique.

☞ On peut voir ce qui est dit à son sujet, *pag.* 110- 121 du *tom.* II. de la *Vie d'Erasme*, par M. de Burigny : *Paris*, Debure, 1757, *in-*12.]

5767. Le Levain du Calvinisme, ou Commencement de l'Hérésie de Genève ; par Jeanne DE JUSSIE, Religieuse de sainte Claire, & après sa sortie, Abbesse d'Anessy : *Chamberi*, du Four, 1611, *in-*8.

Le même Livre, sous ce titre : Relation de l'Apostasie de Genève ; revue par l'Abbé DE SAINT-RÉAL : *Paris*, 1682, *in-*12.

Cette Histoire contient ce qui s'est passé depuis 1516 jusqu'en 1535.

5768. Histoire Catholique & Ecclésiastique de notre temps, touchant l'état de la Religion Chrétienne depuis l'an 1517 jusqu'en 1548, enrichie de plusieurs choses notables depuis 1546 jusqu'en 1550 ; par Simon FONTAINE, Docteur en Théologie, de l'Ordre de S. François : *Paris*, [Fremy, &] *Anvers*, 1558, *in-*8.

L'Auteur paroît plus rempli d'un zèle amer, que de science & de capacité.

5769. ☞ Histoire de la naissance du Calvinisme en France, dont le Diocèse de Meaux a été comme le berceau.

C'est un morceau intéressant de l'Histoire de l'Eglise de Meaux ; par D. Toussaints DU PLESSIS, Bénédictin : *Paris*, 1731, *in-*4. 2 vol. *Voyez tom. II. p. 325-350.*]

5770. ☞ Ms. Relation de l'Introduction des hérésies de Luther & de Calvin en France, &c. contenant les principaux événemens des guerres excitées pour la Religion, depuis 1559 jusqu'en 1596.

Ce Manuscrit se trouve dans la Bibliothèque de M. Fevret de Fontette, Conseiller au Parlement de Dijon.]

5771. La Confession de Foi d'Anne du Bourg, Conseiller au Parlement de Paris, son Interrogatoire & son Procès, du mois de Juin 1559 : *Anvers*, 1561, *in-*12.

Hérésies nées en France: Calvinistes.

5772. Oraison du Sénat de Paris, sur son emprisonnement : 1561, *in*-8.

5773. La vraie Histoire de son Martyre, & de ce qui s'est fait contre quatre autres Conseillers du Parlement, touchant le fait de la Religion, en 1559 : 1561, *in*-8.

5774. La vraie Histoire contenant le Jugement & la Procédure faite contre Anne du Bourg, & les Réponses d'icelui : *Genève*, [Jacques Brès, 1560, *in*-12.] 1562, *in*-8.

☞ Cette Pièce se trouve encore dans le tom. I. des *Mémoires de Condé: Londres*, 1743, *in*-4.]

5775. ☞ Histoire du procès fait à Anne du Bourg, Conseiller au Parlement, de sa condamnation & de son exécution à mort, avec ses interrogatoires & ses réponses, & de l'emprisonnement de quatre autres Conseillers : *Lyon*, Marceau, 1562, *in*-8.]

5776. ☞ Matthæi WESENBECII Narratio de Anna Bourgio.

Se trouve dans l'Ouvrage de Wesenbeck, intitulé : *Exempla Jurisprudentiæ : Lipsiæ*, 1585, *in*-8. *pag.* 168-264.]

5777. ☞ Esromi RUDIGERI Parallelismus inter Annam Burgium, & Christoph. Herdesianum.

Dans les *Monum. pietatis & litterarum* de Louis Miège : *Francofurti*, 1701, *in*-4. *Part. II. pag.* 61 & *seq.*]

5778. Les Actes des Ministres, & les moyens qu'ils ont tenus pour introduire leur doctrine & leurs Prêches au Royaume de France : (1622) *in*-8.

5779. Mf. Recueil contenant les troubles arrivés en France, au sujet de la Religion Prétendue-Réformée, pendant les règnes de François I. & de Henri II. où se voit la naissance & le progrès de l'hérésie en France : *in-fol.*

Ce Manuscrit est conservé dans la Bibliothèque du Roi, num. 9805.

5780. Mf. Histoire de la naissance & du progrès de l'Hérésie en France ; par Nicolas LE FEVRE, Sieur de Lezeau, Conseiller d'Etat : *in-fol.*

Cette Histoire est conservée dans la Bibliothèque de sainte Geneviève. L'Auteur est mort en 1680, âgé de près de cent ans.

5781. Mf. Assemblée de Fontainebleau, depuis le 21 d'Août jusqu'au 23 dudit mois, en 1560.

La Relation de cette Assemblée se trouve à la *pag.* 183 du dix-septième volume des *Manuscrits* de M. Du Chesne, qui sont dans la Bibliothèque du Roi.

5782. Histoire de la Religion & de l'Etat de France, depuis la mort du Roi Henri II jusqu'au commencement des troubles en 1560 : [*Genève*] 1565, *in*-8.

Du Haillan, dans la Préface de son *Histoire de France*, assure que cet Ouvrage a été fait par DE MONTAGNE, Président de Montpellier, qui étoit de la Religion Prétendue-Réformée.

☞ *Voyez Méth. historique* de Lenglet, *tom. IV. pag.* 77.]

5783. Histoire de l'Etat de France, tant de la République que de la Religion, sous François II. 1576, *in*-8.

L'Auteur de cette Histoire se nommoit DE LA PLANCHE. Il mourut avant l'impression de son Ouvrage. C'étoit un Gentilhomme Parisien, qui suivoit le parti des Huguenots. Il est hardi & trop passionné contre la Maison de Guise. Du Chesne, *pag.* 92, de sa *Bibliothèque des Historiens de France*, l'appelle Ministre. Pierre Dupuy a écrit le nom de cet Auteur sur son Exemplaire, qui est dans la Bibliothèque du Roi ; ce qui y est ajouté, Renier, Sieur de la Planche, est d'une autre main. A la *pag.* 307 de cette Histoire, il est fait mention de Loys Renier, Sieur de la Planche, qui fut interrogé en présence de la Reine-Mère, sur l'affaire de la Conjuration d'Amboise ; & à la *pag.* 404 il est dit qu'il étoit plus politique que religieux ; aveu que personne ne fera jamais en parlant de soi-même.

☞ Le Sieur de la Planche étant Huguenot, il n'est pas étonnant qu'il loue & qu'il exalte fort ceux de cette Secte & leurs actions. Il est vrai que le règne de François II. fut un des plus orageux, & des plus sévères contre ceux qui suivoient la nouvelle Religion ; mais il ne fut pas long, & sa mort fit un peu respirer ce parti. L'Auteur fronde par-tout la Reine-Mère & les Guises. Il les taxe de tyrannie, & accuse ces derniers de viser à la couronne. Il trouve dans toutes leurs actions quelque chose de répréhensible, & ne cesse de les décrier. Au reste, cette Histoire n'est pas trop mal écrite ; elle contient bien des faits singuliers & curieux.

Voyez Lenglet, *Méth. historique, tom. II. pag.* 277, *tom. IV. pag.* 76. = Le Gendre, *tom. II. pag.* 30. = Préface des *Mémoires de Condé, pag.* 3.]

5784. Histoire des persécutions & martyres de l'Eglise de Paris, depuis l'an 1557 jusqu'au règne de Charles IX par A. ZAMARIEL : *Lyon*, 1563, *in*-8.

Ce Ministre de la Religion Prétendue-Réformée, se nommoit Antoine DE CHANDIEU ; il est mort en 1590. Il s'étoit fait connoître sous ces deux noms hébreux, Sadéel & Zamariel, dont le premier signifie, Champ-Dieu ; & le second, Chant-Dieu , par allusion à son nom. *Jacques-Auguste de Thou*, dans son *Histoire de France*, sous l'année 1591.

5785. Commentaires de l'état de la Religion & de la République, sous Henri II. François II. & Charles IX. divisé en sept Livres : 1565 [&c.] *in*-8. & *in*-12.

Pierre DE LA PLACE, Président de la Cour des Monnoies à Paris, étoit d'Angoulême, & suivoit le parti des Huguenots ; il fut tué à la S. Barthélemi. Le Président de Nully, fameux Ligueur, eut sa place. Son Histoire commence en 1556, & finit en 1561, avec le Colloque de Poissy, qui remplit une bonne partie du sixième Livre, & tout le septième. C'est l'Histoire de ce temps-là, plus instructive ; elle est écrite agréablement, & par un Auteur bien informé de ce qu'il rapporte. Il avoit composé trois volumes ; mais celui qui a fait imprimer celui-ci, n'a pu avoir communication des deux autres.

☞ M. Secousse, dans ses *Notes sur la dernière édition des Mémoires de Condé*, (1743) *tom. I. pag.* 51, dit qu'il connoît cinq éditions de ces Commentaires. C'est comme un Journal de tout ce qui se passa dans l'intervalle marqué ci-dessus, par rapport aux affaires de la Religion & de l'Etat. On y trouve beaucoup de faits curieux, des Pièces entières, des Harangues, Discours, Requêtes, &c. pour ce qui concerne les Etats d'Orléans & le Colloque de Poissy. L'Auteur narre avec assez de modération & de vérité.]

5786. ☞ Mf. Les très-sûrs moyens pour mettre en paix les Huguenots avec les Catholiques ; par Guillaume POSTEL : 1561.

C'est le Manuscrit original, en 21 pages. Il est conservé dans la Bibliothèque de M. Fevret de Fontette, Conseiller au Parlement de Dijon.]

5787. Mf. Histoire mêlée des Eglises Réformées de France, contenant plusieurs Pièces qui regardent le Colloque de Poissy, & celui du Cardinal du Perron avec du Plessis Mornay ; recueillie par Jacques BONGARS : *in-fol.*

Cette Histoire mêlée se conserve dans la Bibliothèque de Berne en Suisse, entre les Manuscrits de Bongars, num. 445.

5788. ☞ Complainte apologétique des Eglises Réformées : 1561.]

5789. ☞ Harangue des Protestans du Royaume de France, prononcée devant le Roi Charles IX. en l'Assemblée de Poissy, pour le fait de la Religion ; par Théodore DE BEZE : *Paris*, 1561.]

5790. ☞ Remontrance à la Reine-Mère par ceux qui sont persécutés pour la parole de Dieu ; par Augustin MARLORAT : 1561, *in-12*. sans nom de lieu ni d'Imprimeur.] .

5791. Recueil de plusieurs Lettres, concernant le Colloque de Poissy.

Ce Recueil est imprimé dans le premier tome des Additions de LE LABOUREUR, aux *Mémoires de Castelnau*, chap. IV. du troisième Livre : *Paris*, 1659, *in-fol.*

5792. ☞ Mf. Relation d'une Conférence en présence du Roi, entre les Docteurs Catholiques & les Ministres de la Religion Prétendue-Réformée, sur le fait des Images, en 1561.

Est conservée dans la Bibliothèque de M. Fevret de Fontette, Conseiller au Parlement de Dijon.]

5793. * Hugoneorum Hæreticorum Tolosæ conjunctorum Profligatio ; à G. (Georgio) BOSQUETO, Jurisconsulto : *Tolosæ*, Colomesii, 1563, *in-8.*

La Traduction Françoise de ce Livre a été publiée sous ce titre : *Histoire de G. Bosquet, sur les troubles advenus en la Ville de Tolose, l'an 1561, avec les Remontrances de l'Auteur sur l'Edit de Janvier 1562 : Tolose*, Colomiez, 1563, *in-12.* Cet Auteur, quoique témoin oculaire, n'est pas toujours fidéle dans ce qu'il rapporte, au jugement de la Faille, dans le tom. II. de son *Histoire de Toulouse.*

5794. ☞ Copie de la Requête présentée au Roi très-Chrétien, par les Députés de ceux de la nouvelle Religion, pour avoir des Temples.

Cette Pièce est imprimée au tom. II. des *Mémoires de Condé*, 1743, *in-4.*]

5795. Mf. Commentarii delle attioni del Regno di Francia, concernenti la Religione & altri accidenti, dopo l'anno 1556, sin' al l'anno 1562.

Ces Mémoires sont marqués dans le Catalogue des Manuscrits de M. de Thou, pag. 495.

5796. Mf. Choses mémorables recueillies selon la vérité, & advenues selon les dates, depuis le mois d'Avril 1561, jusqu'au mois de Mai 1562 : *in-12*.

Ce Manuscrit, qui a appartenu à MM. de Sainte-Marthe, étoit conservé dans la Bibliothèque de M. le Baron d'Hoendorsp, Colonel de l'Empereur [aujourd'hui dans la Bibliothèque Impériale.] L'Auteur, qui est Catholique, raconte ce qui s'est passé à Paris & ailleurs, au sujet des Réformés. Il rapporte plusieurs faits, dit-il, dont il a été témoin.

5797. ˙ L'Etat de l'Eglise avec le Discours des temps, depuis les Apôtres jusqu'à présent : (*Genève*) 1562, *in-8. Strasbourg*, 1564, *in-8. Berg-Op-Zoom*, 1605, *in-4.*

On attribue à Jean DE HAINAULT, Ministre de Saumur, cette Histoire, qui fut publiée par les soins de Jean Crespin.

5798. Discours sur le saccagement des Eglises Catholiques par les Hérétiques anciens, & les nouveaux Calvinistes, en l'an 1562 ; par Claude DE SAINTES, Docteur en Théologie : *Paris*, Fremy, 1563, *in-8.*

Ce Théologien est mort Evêque d'Evreux en 1591.

5799. * Invasion de la Ville du Mans en 1562, par les Religionnaires : *Au Mans*, Péguineau, 1667, *in-8.*

5800. ☞ Lettre du Cardinal D'ARMAIGNAC, envoyée à la Reine de Navarre ; ensemble la Réponse d'icelle Dame audit Cardinal.

Dans cette Lettre le Cardinal d'Armagnac se plaint à la Reine de ce qu'elle a fait abbattre plusieurs des Images de l'Eglise de Lescar, détruire les Autels & Fonts-Baptismaux, & enlever les Ornemens. Il lui remontre qu'elle ne viendra pas à bout de faire embrasser la nouvelle Doctrine à ses Sujets, & que d'ailleurs rien ne seroit plus contraire à ses intérêts ; il finit par lui faire sentir les erreurs de cette Religion. La Reine dans sa Réponse ne ménage pas beaucoup le Cardinal, combat pied à pied ses raisons, & l'assure que ses Sujets ne sont pas moins fermes qu'elle dans la Religion Protestante.

Cette Pièce & les trois suivantes se trouvent dans le tom. IV. des *Mémoires de Condé* : *Londres* (*Paris*) 1743, *in-4.*]

5801. ☞ Discours à Chrétienne & très-illustre & vertueuse Princesse la Royne de Navarre, par lequel il est amplement répondu aux Lettres du Cardinal d'Armaignac à ladite Dame.

Ce Discours a le même objet que la seconde Pièce du numéro précédent, qui est de répondre à la Lettre du Cardinal.]

5802. ☞ Lettre du Cardinal d'Armaignac à l'Evêque de Lescar.

L'Evêque de Lescar s'appelloit Louis d'Albret. Le Cardinal se plaint pareillement de ce qu'il a consenti à l'expédition dont il est parlé dans les Pièces précédentes.]

5803. ☞ Discours à M. l'Evêque de Lescar sur les Lettres à lui écrites par le Cardinal d'Armaignac.]

5804. Histoire Ecclésiastique des Eglises Réformées au Royaume de France, en laquelle est décrite au vrai la renaissance & accroissement d'icelles, depuis l'an 1521 jusqu'en 1563, avec un Discours des premiers troubles ou guerres civiles, desquelles la vraie cause est aussi déclarée : *Anvers*, Remy, 1580, *in* 8. 3 vol.

Le Catalogue de M. de Cordes, *pag.* 196, marque que ce Livre a été imprimé à Genève. Théodore DE BEZE, de Vézelai, à qui il est attribué par plusieurs, est mort en 1605. » On met [dit Ancillon, article 28, de » son *Mélange de Critique & de Littérature*] au nombre » des Ouvrages de Beze, l'Histoire Ecclésiastique qui » paroît sous son nom : il est vrai qu'il y a travaillé, & » qu'il y a la meilleure part ; mais il est certain que Ni- » colas DES GALLARS y a mis du sien. Placcius fait cette » remarque dans son Livre *De Anonymis* (num. 429 » & 2327) & je le sçai d'ailleurs ». Ancillon n'est point exact dans le commencement de cette remarque ; car cette Histoire ne marque point le nom de son Auteur dans le titre ; & Antoine de la Faye, qui a composé la Vie de Beze, & y a ajouté le Catalogue de ses Ouvrages, ne fait aucune mention de son Histoire Ecclésiastique. Nicolas des Gallars étoit aussi - bien que Beze, Ministre de Genève.

5805. L'Histoire de notre temps, contenant les Commentaires de l'état de la Religion & de la République, sous les Rois Henri II. François II. & Charles IX. par François RASLE : *Paris*, 1566, *in*-16.

Cette Histoire contient ce qui s'est passé depuis 1559 jusqu'en 1563.

5806. ☞ Historia vera de morte & vita Martini Buceri & aliorum, à variis Autoribus prosâ & carmine scripta : *Argentorati*, 1562, *in*-8.]

5807. Histoire de la vie & mort de Jean Calvin, de Noyon, Ministre de Genève ; par Théodore DE BEZE, [aussi] Ministre de Genève : *Genève*, 1563 : *Orléans*, 1584 : *Genève*, 1657, *in*-8. Ibid. 1681, *in*-12.

Calvin est mort en 1563, & Théodore de Beze en 1605, âgé de quatre-vingt-six ans. La dernière édition a été donnée par Antoine Teissier.

Eadem ; Latinè reddita : *Lausanæ*, 1576, *in*-8.

Cette traduction Latine se trouve aussi au-devant des *Lettres de Calvin* : *Geneve*, 1575, *in-fol.* & à la *page* 365 , du tom. IV. des *Œuvres Théologiques de Beze* : *Geneve*, 1582, *in-fol.* & au-devant du tom. I. des *Œuvres de Calvin* : *Amstelodami*, 1671, *in-fol.*

La même, traduite en Allemand, par Zacharie URSIN : 1564, *in*-8.

5808. Discours de Théodore DE BEZE, contenant la Vie de Jean Calvin : 1564, *in*-8.

Le même Discours est imprimé au-devant du *Commentaire de Calvin sur Josué* : *Genève*, 1565 [*in-fol.* &] *in*-8.

5809. Histoire de la vie, mœurs, actes, doctrine, constance & mort de Jean Calvin ; par Hiérosme Hermes BOLSEC, Théologien, Médecin & Historien : *Paris*, Mallot, 1577 : *Lyon*, 1572 : *Cologne*, 1580 : *Lyon*, 1664, *in* - 8.

Eadem ; Latinè reddita à Jacobo LAINGÆO, Scoto, Doctore Sorbonico : *Parisiis*, 1585 : [*Coloniæ*, 1632] *in*-8.]

La même, en Allemand : *Cologne*, 1581, *in*-8.
Bolsec est mort en 1585.

☞ Son Ouvrage est très-rare. Voyez *Catal. Libr. rarior. Vogtii* (édit. de 1753 , *pag.* 133.) On y parle d'une réponse Allemande que les Protestans y ont opposée. Le Père Maimbourg avoue dans son *Histoire du Calvinisme*, que Bolsec a fait plutôt une invective continuelle qu'une Histoire.]

5810. Vita Joannis Calvini ; auctore Papirio MASSONO : *Parisiis*, 1611, *in*-4.

Cette Vie est aussi *pag.* 407 du tom. II. des *Eloges de Papire Masson*, publiés par Jean Ballesdens : *Parisiis*, 1643 , *in*-8. M. Dupuy prétend que cette Vie n'est pas de Papire Masson, entre les Papiers duquel elle se trouva après sa mort ; mais que c'est Jacques GILLOT, Conseiller-Clerc du Parlement de Paris, qui l'a composée, est mort en 1619. [Ce sentiment est réfuté par Bayle, en son Dictionnaire.]

5811. ✱ Remarques sur la Vie de Jean Calvin ; par Jacques DESMEY : *Rouen*, 1621, *in*-8.

5812. Vie de Jean Calvin ; par Pierre BAYLE.

Cette Vie est imprimée dans son *Dictionnaire historique & critique*. Cet Auteur est mort en 1706.

Voici le Jugement de Varillas sur ces différentes Vies de Calvin, & sur plusieurs autres, excepté celle de Bayle, qui n'avoit pas encore vû le jour. » Il n'y a jamais eu de » Vie écrite avec plus de contrariété, que celle de cet » Hérésiarque, & qui pourtant le fasse moins connoître » Beze en a composé deux , une fort courte, qui n'est » qu'un Eloge ; & une autre fort longue, où il fait le Pa- » négyrique de Calvin, au lieu de rapporter sincèrement » ce qu'il avoit vu ou appris d'ailleurs sur sa conduite ; il » y déguise ses vices, & lui attribue des vertus qu'il n'a- » voit pas.

» Celle de Bolsec est écrite d'un style fort emporté. Il » y rapporte plusieurs mauvaises actions, qui ne sont » appuyées que sur l'autorité de ce Médecin. Jacques » Laingius n'a fait presque que traduire en Latin ce que » Bolsec avoit écrit en François ; ainsi il ne mérite guè- » res plus de créance que lui.

» Ballesdens a inséré dans les Eloges de Papire Masson, » une Vie de Calvin, qu'il aura trouvée parmi ses Pa- » piers , & la lui a attribuée ; cependant le style en est » bien différent de ses autres Ouvrages. Jacques Gillot, » Conseiller-Clerc du Parlement, au rapport de M. Du- » puy, est l'Auteur de cette Vie ; elle n'est pas indigne » de ce grand homme ; c'est même un chef-d'œuvre en » ce genre, & si l'on en a de plus longue, on n'en a pas » de mieux travaillée.

» Celle qu'on attribue à Hugues Grotius, n'est pas si » satyrique que celle de Bolsec & de Laingius ; mais il » s'en faut peu : le génie de l'Arminianisme s'y fait sen- » tir par-tout.

» La dernière Vie de Calvin a été écrite par le Minis- » tre Drelincourt, [sous le titre de *Défense de Calvin*, » & publiée à Genève en 1667] elle est plus agréable » à lire que les autres ; la netteté du style y est jointe à » une assez exacte recherche. Mais l'Auteur se contente » de représenter Calvin agissant dans Genève, & pour » les seuls Genévois ; & ne dit presque rien de ce qu'il » faisoit au dehors ». Varillas, dans sa *Préface de l'Histoire des Hérésies*.

5813. ☞ Remarques sur quelques Lettres de Calvin, & sur la conduite à l'égard de Servet, qui fut brûlé à Genève en 1553, comme Anti-Trinitaire.

Dans le tom. IV. du *Dictionnaire* de M. de Chaufepié, à l'article *Servet*.

Voyez encore *pag.* 694, du même Tome.]

5814. Recueil des choses mémorables faites & passées pour le fait de la Religion & Etat de ce Royaume, depuis la mort de Henri II.

jusqu'au commencement des troubles en 1565 : *Strasbourg*, 1565-1566, *in*-16. 3 vol.

Ce Recueil, qui commence en 1559, est appellé communément : *Mémoires du Prince de Condé*, parcequ'il contient grand nombre de Pièces qui regardent Louis de Bourbon, Prince de Condé, frère d'Antoine, Roi de Navarre. [On en a une plus ample Ed. de 1743.]

5815. Histoire de l'Etat de France & de la Religion, depuis l'Edit de Janvier 1561, jusqu'en 1565 : *Strasbourg*, 1565, *in*-4. *Ibid.* 1566, *in*-8. 3 vol.

5816. ☞ Faits & informations sur lesquels a été informé suivant la Commission de la Cour, du 20 Février 1565, à la Requête de Me Charles DUMOULIN, Docteur ès Droits, ancien Avocat en ladite Cour de Parlement, contre ceux de la R. P. R.

Ces faits sont au nombre de trente-trois. Dumoulin se plaint que les Calvinistes ne cessent de conspirer contre lui & d'en mal parler, pour n'avoir pas voulu consentir à leurs entreprises.

Cette Pièce est imprimée au tom. IV. des *Mémoires d'Etat*, à la suite de ceux *de Villeroi*.]

5817. Mss. Vie de Guillaume Farel (Gentilhomme du Dauphiné, Ministre de Genève, mort en 1565) avec un racourci de l'Histoire de la Réformation de l'Eglise de Genève.

Cette Vie manuscrite est conservée dans la Bibliothèque de Genève.

5818. Vie du même ; par David ANCILLON, Ministre de Metz, puis de Berlin : *Amsterdam*, 1691, *in*-12.

Farel est mort en 1565, & David Ancillon en 1692.

5819. ☞ L'Idée du fidéle Ministre, ou la Vie de Guillaume Farel : *Amsterdam*, Garrel, 1691, *in*-12.]

5820. ☞ Ejusdem Vita.

Elle se trouve *pag.* 57 du *Recueil* de Melchior ADAM, *de Vitis Theologor. Exterorum* : *Francofurti*, 1706, *in-fol.*]

5821. ☞ Actes de la Conférence tenue à Paris en 1566, entre deux Docteurs de Sorbonne & deux Ministres de Calvin : *Paris*, 1568, *in*-8.]

5822. ☞ Remarques sur Jacques-Paul Spifame, Evêque de Nevers, qui embrassa le Calvinisme, & eut la tête tranchée à Genève en 1566, pour avoir fait de faux Contrats.

Voyez son Article dans les *Dictionnaires historiques* de BAYLE & de MARCHAND, le dernier supplée abondamment au premier.]

5823. Des différends & troubles advenus entre les hommes, pour la diversité des Religions ; par Loys LE ROY, dit Regius, Professeur Royal en Grec : *Paris*, Morel, 1567, *in*-8.

Ce Professeur, qui étoit de Coutances, est mort en 1579.

5824. ☞ Mss. Histoire de la guerre civile de la Religion Protestante en Languedoc, commençant en 1560.

Cette Histoire est conservée dans la Bibliothèque de M. le Marquis d'Aubais.]

5825. Historia belli, quod cum Hæreticis rebellibus gessit anno 1567, Claudia de Turaine, Domina Turnonia, &c. auctore Joanne VELLEMINO : *Parisiis*, 1569, *in*-4.

5826. ☞ Histoire de la prise d'Auxerre par les Huguenots, & de la délivrance de la même Ville, les années 1567 & 1568, avec un récit de ce qui a précédé & de ce qui a suivi, &c. par un Chanoine de la Cathédrale d'Auxerre (Jean LEBEUF) : *Auxerre*, Troche, 1723, *in*-8.

On y trouve aussi le récit des ravages commis dans le même temps, à la Charité, Gien, Cône, Donzi, Entrains, Crevan, Iranci, Colanges & autres lieux du Diocèse d'Auxerre, avec une Préface sur les Antiquités de cette Ville, &c.]

5827. ☞ Remarques sur Antoine Caracciol qui quitta l'Evêché de Troyes pour embrasser le Calvinisme, & mourut en 1569 ; par Prosper MARCHAND.

Dans son *Dictionnaire historique & critique*.]

5828. Histoire des Révolutions arrivées en Europe, en matière de Religion ; par Antoine VARILLAS : *Paris*, Barbin, 1686-1687-1689, *in*-4. 6 vol. *Ibid.* 1687-1689, *in*-12. 12 vol.

Varillas, qui est mort en 1696, n'a publié, de quatre-vingt-quinze Livres, dont cette Histoire est composée, que les trente premiers. Il l'a commencée en 1374 ; & qui est imprimé finit en 1569 ; mais il l'avoit poussée jusqu'à la mort du Comte de Montrose, décapité en Angleterre l'an 1650, de sorte que ce qui reste à imprimer, rempliroit plus de deux fois le nombre des volumes qu'il en a publiés. *Voyez* sur cet Auteur, le *Discours sur Varillas*, qui est à la fin de cette Bibliothèque historique. J'ajouterai encore ici ce que l'Auteur dit dans son Avertissement, qui est au-devant du premier tome. » J'ai tiré [dit-il] cet Ouvrage indifférem- » ment des Livres manuscrits & imprimés, des Auteurs » Catholiques & des Protestans ; je me suis servi des » propres termes de ceux-ci, lorsque je les ai trouvé » assez sincères, pour ne pas supprimer ou déguiser les » plus importantes vérités ; & ce n'a été qu'à leur dé- » faut, que j'ai été contraint de recourir aux Catholi- » ques ». M. de Larroque, l'un de ses Critiques, n'a pas été convaincu de sa bonne foi & de son exactitude ; car il assure, qu'il ne voit dans son Histoire que nos propres défigurés, que des faits évidemment faux, qu'une Chronologie renversée, en un mot qu'idées romanesques. Il dit encore à la *pag.* 101 de sa *Critique* : » Que » ceux qui voudront se donner la peine de confronter » l'Histoire des Hussites de Cochlée, & celle de notre » Historien, n'y trouveront aucune différence, excepté » quelques noms propres estropiés, qu'il tronque à son » ordinaire, & quelques faussetés sur lesquelles il ren- » chérit, suivant l'embellissement qu'il veut donner à » son Roman ».

☞ *Voyez* sur cette Histoire, Lenglet, *Méth. histor.* tom. III. *pag.* 123, & tom. IV. *pag.* 171. = *Rep. de Lett. Mars*, 1686. = *Journ. des Sçav. Avril*, 1686, *Août*, 1689. = *Hist. des Ouvr. des Sçav. Nov.* 1689. = *Bibl. univ. & histor.* tom. III. *pag.* 130 : Tom. VII. *pag.* 271, 279, 283. = Le P. Nicéron, tom. V. *pag.* 67. – *Varillasia*, *pag.* 32. = *Journal de Léipsick*, 1686, *pag.* 506 : 1687, *pag.* 455 & 492 : 1691, *pag.* 25.]

5829. L'Histoire de notre temps, contenant un Recueil de choses mémorables passées & publiées pour le fait de la Religion &

Hérésies nées en France : Calvinistes.

l'Etat de France ; depuis l'Edit de pacification, du 23 Mars 1568, jusqu'au premier Août 1570, avec un Prologue contenant une Histoire sommaire de notre temps : 1570, *in-8*.

Cet Ouvrage est un Recueil d'Actes, Pièces, Lettres, Discours, Edits, touchant ce qui s'est passé dans ce temps-là. La Croix du Maine dans sa *Bibliothèque Françoise*, attribue une Histoire de notre temps, écrite en ce temps-là, à deux différens Auteurs ; à Christophe LANDRÉ ou LANDRIN, natif d'Orléans, Docteur en Médecine, & Lecteur du feu Duc d'Orléans en 1545, & à Charles MARTEL, Sieur de Montpinson, mort en 1575. Je ne sçai si l'un des deux est l'Auteur du Livre précédent.

☞ Il y a dans cette Histoire des Pièces sanglantes contre le Cardinal de Lorraine.]

5830. ☞ Les iniquités, abus, nullités, injustices, oppressions & tyrannies de l'Arrêt donné au Parlement de Tolose, contre les Conseillers de la Religion : 1570, *in-12*.

Cet Ecrit passionné rapporte des Lettres de différens Princes, des Actes, des Arrêts, des Edits & Déclarations, & plusieurs pièces de vers, notamment vingt-trois Sonnets, sous le titre de *Complainte de la France*, qui furent faits en ce temps-là contre les Catholiques, & où l'on trouve mille sales injures contre les Ecclésiastiques & la Cour de Rome.]

5831. L'Histoire des Sectes, qui ont oppugné le Saint Sacrement de l'Eucharistie ; par Thomas BEAUXAMIS, Parisien, Carme, Docteur en Théologie : *Paris*, 1570, *in-4*. *Ibid.* 1576, *in-8*.

5832. ☞ Supplication en forme de Lettre missive, à Antoine, Roi de Navarre ; par les fidéles (Protestans) de l'Eglise de Paris : 1571, *in-8*.]

5833. ☞ Histoire de Pierre Viret (qui a été Ministre de Lyon, & est mort à Pau en 1571 ; par le Père NICERON.

Dans ses *Mémoires, tom. XXXV. pag.* 109.]

5834. ☞ Ejusdem Vita.

Dans le *Recueil* de Melchior ADAM, *de Vitis Theologor. Exterorum* (*pag.* 61) : *Francofurti*, 1706, *in-fol*.]

5835. La vraie & entière Histoire des derniers troubles advenus tant en France qu'en Flandres, depuis l'an 1568 jusqu'en 1570, en quatorze Livres : *Cologne*, 1571 : *Basle*, 1572, *in-8*.

Du Haillan, dans la Préface de son *Histoire de France*, attribue cet Ouvrage à Lancelot Voësin DE LA POPELINIERE, Gentilhomme de Poitou, qui étoit de la Religion Prétendue-Réformée, & qui est mort en 1608, Catholique, selon Germain de la Faille, *pag.* 239, du tom. II. de son *Histoire de Toulouse*.

☞ On peut encore consulter l'Histoire DE LA POPELINIERE, & celle de D'AUBIGNÉ qui sont d'une grande utilité, pour ce qui regarde la Religion Prétendue-Réformée en France, ainsi que les *Mémoires de Charles IX.* & ceux *de la Ligue*, dans lesquels il se trouve beaucoup de Pièces à ce sujet ; les *Mémoires du Duc de Rohan*, &c.]

5836. * Petri CARPENTARII Epistola ad Franciscum Portum, Cretensem, quâ docetur persecutiones Ecclesiarum Galliæ, non culpâ religiosorum, sed factiosorum accidisse : 1572, *in-8*.

La même Lettre, en François, 1572, *in-8*.

Eadem Epistola, & ad hanc Francisci PORTI, Cretensis, Responsio : 1574, *in-4*.

Pierre Charpentier avoit enseigné le Droit à Genève ; mais il étoit fort mécontent des Factieux de son parti, sur-tout de Théodore de Beze, contre lequel il s'emporte le plus dans sa Lettre. Non-seulement il y justifie la Journée de S. Barthélemi ; mais il montre fort au long qu'on a eu raison d'en agir ainsi. Sa Lettre est du 14 Septembre 1572, & la Réponse de Portus, ou d'un autre sous son nom, est du premier Mars 1573. Cette Réponse est écrite d'une manière très-emportée. *De Thou, Liv.* 53, *sous l'année* 1573.

5837. La vraie & entière Histoire des troubles & guerres civiles advenues de notre temps, pour le fait de la Religion, tant en France, Allemagne, que Pays-Bas, réduite en dix-neuf Livres ; par Jean LE FRERE, de Laval : *Paris*, 1573-1574, *in-8*.

L'Auteur écrit ce qui s'est passé depuis 1570 jusqu'en 1572. Il est mort en 1583.

La même, revue, corrigée & augmentée jusqu'en 1574, par l'Auteur : *Paris*, de la Noue, 1575, *in-8*.

La même, réduite en vingt Livres, par l'Auteur : *Paris*, 1576, *in-8*. 4 vol.

On a imprimé en 1584, en deux volumes *in-8*. une autre Histoire, sous un titre presque tout semblable ; mais elle ne s'étend point à l'Allemagne, & elle commence en 1560, & finit en 1581. Antoine du Verdier, dans sa *Bibliothèque Françoise*, marque que cette Histoire est celle DE LA POPELINIERE, corrigée par Jean le Frere, qui l'a fait imprimer sous son nom. C'est de quoi se plaint très-vivement la Popeliniere dans la *Préface de l'Histoire de France*, qui lui est attribuée par du Haillan.

5838. ☞ Massacre des Religionnaires de Toulouse, en 1572.

Voyez la Note 6, du tom. V. de l'*Histoire du Languedoc* ; par DD. DE VIC & VAISSETE.]

5839. ☞ Discours du Massacre de ceux de la Religion Réformée, fait à Lyon par les Catholiques Romains : 1574, *in-8*.]

5840. ☞ Amiable Remontrance aux Lyonnois, lesquels par timidité & contre leur propre conscience, continuent à faire hommage aux Idoles ; par J. R. D. L.

Le Massacre de la Saint-Barthélemi porta un furieux coup à la Réforme. Les plus zélés étoient égorgés, les foibles étoient ébranlés, plusieurs suivant le torrent avoient changé de Religion. Le Protestant zélé, qui a fait cette Piéce, tâche par toutes sortes de raisons de leur persuader que ce n'est que par les tribulations & par les souffrances, que J. C. établit son Eglise, &c.]

5841. ☞ Briève & Chrétienne Remontrance aux François révoltés ; par S. G. S. (Simon GOULART, Senlisien.)

Ces deux Remontrances sont imprimées au tom. I. des *Mémoires de Charles IX.*]

5842. Dialogue de plusieurs choses arrivées aux Hérétiques de notre temps : *Basle*, 1573, *in-8*.

☞ Le même Dialogue en Latin, sous ce titre : Hugonotis & Lutheranis Gallis quæ acciderint, Dialogus: *Oragina*, 1573, *in*-8.]

5843. ☞ Confession de reconnoissance de Hugues SUREAU, dit DU ROZIER, touchant sa chûte en la Papauté & les horribles scandales par lui commis, servant d'exemple à tout le monde, de la fragilité & perversité de l'homme abandonné à soi, & de l'infinie miséricorde & ferme vérité de Dieu envers ses élus.

Cette Piéce est imprimée au tom. II. des *Mémoires de Charles IX.*]
Le Ministre du Rozier fut un de ceux qui abjura peu de temps après le massacre. On se servit utilement de lui pour faire changer le Roi de Navarre & le Prince de Condé. Il alla à Sedan avec le Père Maldonat, Jésuite, pour tâcher d'ébranler Madame de Bouillon; ensuite il vint à Metz, d'où il s'échappa le 19 Décembre pour aller à Strasbourg, puis à Heidelberg, où il fit cette Confession, dans laquelle, après avoir rapporté tout ce qu'il a fait depuis son abjuration jusqu'à sa retraite, il demande pardon à Dieu, & à tous ceux à qui il a été un sujet de scandale.

— Commentarii de statu Religionis & Reipublicæ in Regno Galliæ, Libri XV. ab anno 1557, ad annum 1576.

Voyez Règne de Henri III. Ces Commentaires sont de Jean DE SERRE, Ministre de Nismes, mort en 1598.

5844. ☞ Ms. Remontrances au Roi, en 1576.

Cette Piéce est dans la Bibliothèque de M. Fevret de Fontette, Conseiller au Parlement de Dijon. C'est une prétendue justification de la conduite & de la doctrine des Protestans de France.]

— Histoire de France, enrichie des plus notables occurrences, tant pour le fait politique que pour l'ecclésiastique, depuis l'an 1550 jusqu'en 1577.

Voyez Règne de Henri III. Lancelot VOESIN, Sieur DE LA POPILINIERE, est l'Auteur de cette Histoire.

5845. Richardi DINOTHI, de Bello civili Gallico, Religionis causâ susceptô, Libri sex : *Basileæ* [Perna] 1582, *in*-4.

L'Auteur de cet Ouvrage, qui étoit un Huguenot, né à Coutances, dit dans sa Préface, qu'il y a resserré ce que d'autres ont écrit avec plus d'étendue, depuis l'an 1555 jusqu'en 1577, & qu'il a suivi entr'autres, celui qui a écrit l'Histoire Ecclésiastique, depuis 1522 jusqu'en 1563 [ci-devant, N.° 5804]; & celui qui a donné une Histoire de France, qui commence en 1550 jusqu'en 1577 ; c'est l'Histoire précédente de la Popiliniere.

— Histoire de France, contenant les plus notables occurrences & choses mémorables advenues, tant pour le fait Politique qu'Ecclésiastique, depuis l'an 1547 jusqu'en 1580.

Voyez Règne de Henri III. Cette Histoire a été composée par Jean LE FRERE, de Laval, & Paul Emile PIGUERRE.

5846. Histoire de l'état & succès de l'Eglise, en forme de Chronique générale & universelle, où sont contenues les choses les plus mémorables advenues par toutes les parties du monde, tant au fait Ecclésiastique, que Civil & Séculier, depuis la Nativité de Jesus-Christ, jusqu'en 1580, avec ample Description des troubles, hérésies & divisions survenues par toute la Chrétienté. Le tout extrait des plus approuvés Historiens, Chroniqueurs & Annalistes qui en ont écrit ; par Gabriel DU PRÉAU, Docteur en Théologie: *Paris*, Chaudiere, 1583, *in-fol*. 2 vol.

Cet Auteur est mort en 1588.

5847. ☞ Histoire de Louis Cappel (Ministre, mort à Sedan en 1586); par le Père NICERON.

Dans ses *Mémoires, tom. XXII. pag.* 385.]

5848. Recherches sur les commencemens & les premiers progrès de la Réformation de la Ville de la Rochelle, depuis l'an 1534 jusqu'en 1587 ; par Philippe VINCENT, Pasteur de l'Eglise de la Rochelle : *Rotterdam*, Ascher, 1693, *in*-12.

Ce Ministre est mort en 1651.

5849. Théâtre des cruautés des Hérétiques de ce temps : *Anvers*, Adrien, 1588, *in*-4.

5850. ☞ Hæreticorum nostri tempori Theatrum crudelitatum ; id est schismaticorum in Anglia crudelitas, Hugonottorum in Gallia scelera, &c. Poema heroicum : *Antverpia*, 1604, *in*-4. figures.

5851. Le Livre des Martyrs, depuis Jean Hus, jusqu'en 1554 : *Genève*, Crespin, 1554, *in*-8.

Idem, Liber Latinè redditus [à Claudio Baduello] *Geneva*, Crispini, 1556, *in*-8.

Troisième Recueil des Actes des Martyrs: (*Genève*) 1559, *in*-12.

Quatrième Recueil des Actes des Martyrs: (*Genève*) 1561, *in*-12.

Je ne marque pas le second Recueil de ces Actes, parceque je ne l'ai point trouvé. Bayle, dans son *Dictionnaire*, n'attribue à Jean Crespin que l'édition de cet Ouvrage ; cependant, comme cet Imprimeur de Genève, qui mourut en 1572, étoit sçavant dans les Langues Grecque & Latine, il peut bien avoir composé cette Histoire, qui lui est attribuée dans le titre suivant. Son style est plus approchant du Panégyrique que de l'Histoire, au jugement de Varillas.

5852. Histoire des Martyrs persécutés & mis à mort pour la vérité de l'Evangile, depuis le temps des Apôtres jusqu'à présent ; traduite du Latin de Jean CRESPIN, d'Arras ; à laquelle est jointe l'Histoire des Martyrs de Béarn, de l'année 1569 : *Genève*, 1570, *in-fol*.

La même Histoire, publiée sous ce titre : Histoire des vrais témoins de la vérité de l'Evangile, qui de leur sang l'ont signée, depuis Jean Hus, jusqu'au temps présent ; comprise en huit Livres, contenant Actes mémorables, &c. L'ancre de Jean Crespin : 1570, *in-fol*.

La même Histoire, sous le titre d'Histoire des Martyrs,

Hérésies nées en France : Calvinistes.

Martyrs; augmentée jusqu'en 1574; seconde édition : *Genève*, 1582, *in-fol*.

Troisième édition augmentée de deux Livres, jusqu'en 1597 : *Genève*, 1597, *in-fol*.

Cette édition & les suivantes ont été augmentées par Simon GOULART, de Senlis, Ministre de Genève, mort en 1628.

Quatrième édition, revue & augmentée des deux derniers Livres : *Item*, plusieurs Histoires & choses remarquables és précédens : *Genève*, Vignou, 1609, *in-fol*.

Cette édition contient dix Livres.

La même Histoire, fort augmentée, & composée en douze Livres : *Genève*, 1619, *in-fol*.

Cette dernière édition est continuée jusqu'à la mort du Roi Henri IV.

☞ Ce Livre avoit paru d'abord par parties en 1554, &c. sous différens titres, & avec plusieurs augmentations. L'édition en douze Livres est la dernière & la plus complette, puisqu'elle s'étend jusqu'à la mort de Henri IV. Elle a été donnée par Simon GOULART, de Senlis, Ministre de Genève, mort en 1628, âgé de 85 ans. Il est dit dans l'Avis au Lecteur, que c'est M. Jean Crespin, homme docte, qui a fait les Recueils des Martyrs de ce temps : Bayle a cru qu'il n'en avoit été que l'Imprimeur. Quel qu'en soit l'Auteur, il commence son Histoire à Wiclef, après avoir montré la conformité des persécutions dont il s'agit, avec celles des premiers siècles de l'Eglise. On sent assez combien il est partial. On trouve cependant dans cet Ouvrage plusieurs choses qui peuvent servir beaucoup à l'Histoire Ecclésiastique, puisqu'outre les Panégyriques des prétendus Martyrs, il y rapporte des morceaux intéressans, comme Confessions de foi, Lettres, Recueils, Discours & particularités notables, tant sur les souffrances & les tourmens de ses Héros, que sur l'état où étoient alors les Calvinistes de France, & l'Histoire Ecclésiastique du Royaume, depuis 1540 jusqu'en 1597.]

5853. ☞ L'état de l'Eglise dès le temps des Apôtres jusqu'à 1560, avec un Recueil des troubles avenus sous les Rois François II. & Charles IX. par Jean CRESPIN : 1564, *in-8*.]

5854. Généalogie & fin des Huguenots, ou découverte du Calvinisme, contenant l'Histoire des troubles excités en France par lesdits Huguenots ; par Gabriel DE SACONAY, Précenteur de l'Eglise & Comte de Lyon : *Lyon*, 1572, *in-8*.

5855. ☞ La Singerie des Huguenots, marmots & guenons de la nouvelle dérision Théodobézienne, contenant leur Arrêt & Sentence, par jugement de raison naturelle ; composée par M. Artus DESIRÉ, (avec une Epître Dédicatoire au Roi Charles IX. de 150 vers Alexandrins) : *Paris*, Guill. Julien, 1574, *in-8*. 40 feuillets.

Voyez sur ce Livre & pour l'extrait, les *Mémoires* d'Artigny, *tom. II. pag. 41 & suiv.*]

5856. ☞ Le Guidon des Catholiques sur l'Edict du Roi, nouvel publié en sa Cour de Parlement pour la réunion de ses sujets à l'Eglise Catholique : *Paris*, du Coudret, 1587, *in-8*.]

5857. ☞ Remarques sur Jean de Liçarra-

gue, Ministre en Béarn, & Traducteur du Nouveau Testament en Langue Basque ; par Prosper MARCHAND.

Dans son *Dictionnaire historique*, *tom. II. p. 15-20*. Liçarrague étoit très-estimé de la Reine Jeanne d'Albret. Il fit imprimer sa Traduction à la Rochelle en 1571 : elle est très-rare. On ne sçait quand il mourut.]

5858. De Vita Antonii Sadeelis, & Scriptis : Epistola Jacobi LECTII, Jurisconsulti & Senatoris Genevensis, ad Archiepiscopum Cantuariensem : *Genevæ*, 1593, *in-8*.

Eadem Epistola : 1615, *in-8*.

Antoine de Chandieu, connu sous le nom hébreu de Sadéel, étoit un Gentilhomme de [Dauphiné] & Ministre de la Religion Prétendue-Réformée ; il mourut en 1591, & l'Auteur de cette Lettre en 1612.

☞ On la trouve encore à la tête des *Œuvres* de Chandieu : *Genève*, 1593, 1599, 1615, *in-fol*. & l'Abrégé dans le *Recueil* de Melchior Adam, *de Vitis Theologor. Exteror. Francofurti*, 1706, *in-fol*.]

5859. ☞ Histoire de la Vie & des Ouvrages d'Antoine de Chandieu ; par le Père NICERON.

Dans ses *Mémoires*, *tom. XXII. pag. 281*.]

5860. ☞ Réponse d'un Gentilhomme Catholique aux Lettres d'un sien ami, sur la conversion de M.ᵉ Pierre Cayet, ci-devant Ministre de l'Eglise prétendue Réformée, écrite de Paris le 1 Décembre 1595.

Cette Réponse est imprimée au *tom. VI. des Mémoires de la Ligue* : 1602, *in-8*.

Pierre-Victor Cayet ayant soutenu dans ses Ecrits, que la simple fornication n'étoit point péché, & qu'il seroit à souhaiter qu'on rétablît les lieux publics destinés à cet usage, fut destitué du Ministère & chassé du Consistoire : il tâcha inutilement d'y rentrer. Enfin il prit le parti d'embrasser la Religion Catholique. L'Auteur de cette Lettre, qui est fort modérée & curieuse, l'accuse d'impiété, d'impudicité, de magie, de larcin & d'autres crimes, & laisse à juger quel fond on doit faire sur un homme tel que celui qu'il dépeint.]

5861. ★ Remontrance Chrétienne & très-utile à ceux de MM. de la Noblesse de France, qui ne sont point de la Religion Catholique ; par Pierre-Victor Palma CAYET : *Paris*, 1596, *in-8*.

Il y a dans cet Ecrit plusieurs choses qui regardent l'origine & le progrès des Prétendus-Réformés.

5862. Histoire abrégée des Martyrs François, du temps de la Réformation, depuis l'an 1523 jusqu'en 1597 : *Amsterdam*, 1684, *in-12*.

5863. ☞ ·La cabale des Réformés, tirée nouvellement du puits de la Réformation ; par J. D. C. *Montpellier*, 1597, *in-8*.

Dans le *Mercure François*, *tom. II. fol. 154*, on attribue cet Ouvrage au Sieur REBOUL : le nom de la Ville où il a été imprimé, est faux.]

5864. ☞ Les Actes du Synode universel de la sainte Réformation tenu à Montpellier, le 15 Mai 1598, Satyre Menippée ; par le Sieur REBOUL : *Montpellier*, (faux titre) 1600, *in-8*.

L'Auteur, Protestant converti, avoit beaucoup de

goût pour la fatyre. Ayant été à Rome, il en fit une contre le Pape. On le découvrit, & il fut condamné & exécuté à mort en 1611.

Voyez le *Mercure François*, tom. II. pag. 277 & 278. Prosper Marchand a fait un article sur ce personnage, dans son *Dictionnaire historique*, tom. II. p. 160-162.]

5865. ☞ Remarques de Prosper MARCHAND, sur Jean de Serres, mort en 1598, après avoir été Ministre à Nismes, Orange, &c.

Voyez le *Dictionnaire histor.* de Marchand, *tom. II. pag. 197-213.* Le Père le Long a fait un Mémoire sur de Serres, le considérant comme Historien de France : il se trouvera, avec d'autres, à la fin du dernier volume.]

5866. ☞ Plaintes des Eglises Réformées de France, sur les violences & injustices qui leur sont faites en plusieurs endroits de ce Royaume, & pour lesquelles elles se sont en toute humilité à diverses fois addressées au Roi.

Cette Pièce se trouve dans le tom. VI. des *Mémoires de la Ligue*. C'est un récit simple & circonstancié de toutes les vexations qu'on faisoit aux Calvinistes. Ils se plaignent amèrement, mais avec respect, au Roi, qu'on ne leur tient aucun des articles qu'on leur avoit solennellement jurés par les Edits de pacification, & qu'il n'y a point de Ville où on ne leur courre sus comme sur des bêtes féroces. On trouve dans cette Requête beaucoup de faits & de dates propres à éclaircir l'Histoire du temps.]

5867. Recueil historique des accidens les plus mémorables, & des tragiques massacres de France, sous les Règnes de Henri II. François II. Charles IX. Henri III. & Henri IV. *Londres* [en Anglois] 1598, *in-fol*.

5868. Mf. Ludovici MASURII, Nervii, Borboniades, sive de Bello civili ob Religionis causam in Gallia gesto, Libri XIV.

Ces quatorze Livres sont conservés dans la Bibliothèque publique de Genève. Cet Auteur, qui étoit de la Religion Prétendue-Réformée, a fait des Poésies Latines, imprimées la seconde fois en 1579. Le titre de *Borboniades Libri* XIV. fait juger que cet Ouvrage est aussi composé en vers.

5869. L'Antimartyrologe, ou Vérités manifestes contre les Histoires des supposés Martyrs de la Religion Prétendue-Réformée ; par Jacques SEVERT, Docteur en Théologie : *Lyon*, Rigaud, 1622, *in-4*.

☞ C'est une Réfutation de l'*Histoire des Martyrs Protestans* (rapportée ci-dessus, N.º 5852.)

Voyez sur cet Antimartyrologe le *Dictionnaire* de Prosper Marchand, tom. I. pag. 46 & 47.]

5870. ☞ Harangue faite au Roi par les Députés de la Religion, à la présentation de leurs Cahiers.

Cette Harangue est imprimée dans le *Recueil* de Lannel : *Paris*, 1623, *in-4*. Les Calvinistes demandoient le libre exercice de leur Religion, l'égale distribution des charges, & des places de sûreté.]

5871. Vita Francisci Junii, Bituricensis, Professoris Theologi Lugdunensis ; ab ipsomet JUNIO scripta, & edita à Paulo Merula : *Lugduni-Batavorum*, 1594, *in-4*.

La même Vie en Latin, est imprimée, tom. I. de ses Œuvres : *Genevæ*, 1607, *in-fol*. Du Jon est mort en 1602, & Paul Merula en 1607.

5872. Oratio in funere Francisci Junii ; auctore Francisco GOMARO, Professore Groningensi : *Lugduni-Batav.* 1602, *in-4*.

Gomarus est mort en 1641.

5873. ☞ Remarques sur Pierre Merlin, Ministre à Vitré en Bretagne, mort en 1603 ; par Prosper MARCHAND.

Dans son *Dictionnaire historique*, tom. II. p. 63-65.]

5874. ☞ Mf. Procès-verbal de Commissaires pour l'exécution de l'Edit de Nantes, & deux autres Pièces de 1602 & 1603.

Elles sont dans la Bibliothèque de M. Février de Fontette, Conseiller au Parlement de Dijon. Il y est question des demandes des habitans de la Roche-Bernard, contre les Religionnaires, qui avoient usurpé un Prieuré & Hôpital.]

5875. Histoire de la Vie de Théodore DE BEZE, Ministre de Genève, depuis sa naissance jusqu'à sa retraite à Genève.

Cette Histoire, qui est contenue dans sa Lettre à Volmar, se trouve dans les *Œuvres* de Beze : *Genève*, *in-fol*. Il est mort en 1605.

5876. Histoire de la vie, mœurs, actes & doctrine de Théodore de Beze ; par Noël TAILLEPIED, de l'Ordre de S. François : *Paris*, 1577, *in-12*.

Eadem ; Latinè reddita à Pantaleone Thevenino : *Coloniæ*, 1580 ; *in-12*.

5877. Histoire de la vie, mœurs, doctrine & déportemens de Théodore de Beze, dit le Spectacle, Grand-Ministre de Genève, selon que l'on a pû voir & connoître jusqu'à maintenant, en attendant que lui-même, si bon lui semble, y ajoute le reste ; par Hiérosme BOLSEC, Théologien & Médecin à Lyon : *Paris*, Chaudiere [1577 &] 1582, *in-8*.

Bolsec est mort en 1585.

Eadem Historia scripta Gallicè per Hieronymum BOLZEC ; & Latinè reddita per Pantaleonem Theveninum Lotharingium, Commerciensem J. U. D. *Ingolstadii*, [1584 &] 1589, *in-8*.

☞ Ce Livre & la Traduction sont fort rares.]

5878. ☞ De vita, moribus gestis & doctrinâ Theodori Bezæ, à Pantaleone THEVENINO ; ejusdem cento de vita Bezæ : *Ingolstadii*, 1584, *in-8*.]

5879. De vita & moribus Theodori Bezæ : brevis Recitatio Jacobi LAINGÆI, Scoti, Doctoris Sorbonici : *Parisiis*, de Roigny, 1585, *in-8*.

5880. De vita & obitu Theodori Bezæ : Hypomnimation Antonii FAYI, Ministri : *Genevæ*, Chouet, 1606, *in-4*.

La Faye est mort en 1616.

☞ Il y a à la fin de son Livre un grand nombre de vers en toutes Langues, à l'honneur de Beze, sous ce titre : *Epicedia quæ clarissimi aliquot viri, & Th. Bezæ charissimi, scripserunt in ipsius obitum*.]

Hérésies nées en France : Calvinistes. 387

5881. ☞ Eadem vita (paucis resectis.)

Dans le *Recueil* de Melchior Adam, *de Vitis Theologor. Exterorum* (*pag.* 101) : *Francofurti*, 1706, *in-fol.*]

Le même Ouvrage, traduit par Antoine Teissier : *Genève*, 1681, *in-12.*

Brief Discours de la vie & mort de Théodore de Beze ; par [Pierre] SOLOMBEAU : *Geneve*, Cartel, 1610, *in-8.*

☞ Cette Vie de Beze n'est qu'une Traduction de la Vie Latine d'Antoine de la Faye.]

5882. Histoire du même ; par Pierre BAYLE.

Cette Histoire est imprimée dans son *Dictionnaire historique & critique.*

5883. Histoire de la naissance de l'Hérésie en France ; par Florimond DE RÆMOND, Conseiller au Parlement de Bordeaux.

Cette Histoire se trouve au septième Livre de l'*Histoire de la naissance, progrès & décadence de l'Hérésie de ce siècle* : *Paris*, 1605-1610, *in-4.* *Cambray*, 1611, *in-8.* *Rouen*, 1618-1623, *in-4.*

Eadem ; Latinè reddita : *Coloniæ*, 1614, 1655, *in-4.*

La même Histoire, traduite en Allemand ; par Gilles Aubertin : *Munich*, 1614, *in-4.* 2 vol.

Pierre-Matthieu, Auteur du temps, dit dans son *Histoire de la Paix*, qu'on croyoit que Louis Richeome, Jésuite, avoit composé & publié cette Histoire, sous le nom de Florimond de Ræmond. Plusieurs Protestans, à qui cette Histoire a déplu, ont suivi ce sentiment. De Ræmond est mort en 1601. François de Ræmond son fils a pris soin de l'édition.

☞ *Voyez* le *Dictionnaire* de Bayle, & *Méthode historique* de Lenglet, *tom. III. pag.* 126.]

5884. Histoire générale du progrès & décadence de l'Hérésie moderne. Etat de la Religion Huguenote de la République de Genève.

Cette Histoire est comprise dans le septième Livre du tom. II. à la suite du premier de Florimond de RÆ-MOND : *Paris*, 1624, *in-4.* L'Epître Dédicatoire est signée par C. M. H. S. ce qui signifie Claude MALINGRE, Historiographe Sénonois, ainsi qu'il est désigné dans l'Approbation des Docteurs. Selon Naudé, dans sa *Polygraphie politique*, l'Auteur de cette continuation s'est montré de beaucoup inférieur à Florimond de Ræmond en éloquence, en jugement, en diligence.

5885. Histoire générale du progrès & décadence de l'Hérésie moderne, Livre VIII. contenant l'Etat général de la Religion Prétendue-Réformée de France, & généralement tout ce qui s'est passé en France depuis soixante ans jusqu'à présent, au sujet de l'Hérésie ; par le même : *Paris*, Chevalier, 1624, *in-4.*

Malingre finit son Histoire en 1611.

5886. Discours au Roi (sur la réunion de ses Sujets en une même & seule Religion) : 1607, *in-8.*

Ce Discours est de Guillaume RIBIER, alors Lieutenant-Général de Blois, Conseiller d'Etat en 1663.

5887. Réponse au Discours fait au Roi, pour
Tome I.

l'assemblée d'un nouveau Concile : 1607, *in-8.*

De GRIEUX, Conseiller, est l'Auteur de cette Réponse.

5888. Réplique à cette Réponse.

Elle est de Guillaume RIBIER.

5889. Apologie pour le Discours au Roi, sur la réunion de ses Sujets en une même & seule Religion : 1607, *in-8.*

Cette Apologie est du même RIBIER.

5890. Discours au Roi, pour la paix de l'Eglise : 1607, *in-8.*

Ce Discours est signé P. G. D. S. Calviniste.

5891. Réponse au Discours présenté au Roi sur la réunion des deux Religions : 1617, *in-8.*

5892. Le rétablissement de la Religion Catholique, Apostolique & Romaine, au Pays de Béarn, par le Roi, du 19 Février 1608 : *Paris*, Ruelle, 1608, *in-8.*

5893. Ms. Recueil de Pièces touchant le rétablissement de la Religion Catholique dans le Béarn, depuis l'an 1599 jusqu'en 1615.

Ce Recueil est conservé entre les Manuscrits de M. Dupuy, num. 153.

5894. Ms. Propositions des Evêques d'Oléron & de Lescar, avec les Oppositions faites par les Eglises des Prétendus-Réformés de Béarn.

Ces Propositions sont dans le volume précédent.

5895. Avis pour la réunion de la Terre de Béarn à la Couronne de France : 1615, *in-8.*

* Cet Avis n'est placé ici que parcequ'il est des Evêques du Pays, qui demandoient en même-temps le rétablissement de la foi Catholique, & la restitution des biens Ecclésiastiques.

5896. Réponse du Surveillant Béarnois, à l'Avis donné par les Evêques d'Oléron & de Lescar : 1615, *in-8.*

5897. ☞ Remontrance faite au Roi par l'Evêque de Beauvais, au nom du Clergé, sur le fait du rétablissement de la Religion Catholique en Béarn, & sur ce qui s'étoit passé à Milhaud : 1615.

Cette Remontrance est imprimée au tom. IV. du *Mercure François*. Elle est du premier Août, & représente très-pathétiquement les maux de l'Eglise Catholique de Béarn, & un horrible sacrilège commis à Milhaud ; elle en demande justice. Il y eut une seconde Remontrance faite par l'Evêque d'Augustopolis, pour la réception du Concile de Trente, & qui fut très-mal reçue.]

5898. Le Moine au Surveillant endormi ; donné par BANERE son Compatriote, pour réplique à la Réponse du Surveillant Béarnois, aux Evêques d'Oléron & de Lescar : *Avignon*, Eusebe de Carpentras, 1616, *in-8.*

Ce Banere étoit un fou de Pau, selon Malingre.

5899. Plaintes & Remontrances des Catholiques Béarnois, au Roi; & des Cahiers par eux préfentés à Sa Majefté en 1616.

Ces Plaintes font imprimées au chapitre troifième du Liv. IX. de Malingre, touchant le progrès & décadence de l'Hétéfie : ci-devant, N°. 5885.

5900. Difcours fur les Armes n'aguères prifes par ceux de la Religion : 1616, *in-*8.

☞ L'Auteur de ce Difcours eft Proteftant. Il approuve la conduite de fes Frères, & tâche de prouver que c'eft moins contre le Roi qu'ils ont pris les armes, que contre fes mauvais Confeillers qui ont vendu fon État & l'honneur de fa Couronne au Pape, en le faifant reconnoître pour fupérieur aux Rois, tant pour le temporel que pour le fpirituel ; de forte que Louis XIII. n'étoit plus, felon cet Ecrivain, que fon Lieutenant ; d'où il conclud que, comme les Réformés ne reconnoiffent point la puiffance du Pape, on ne peut les taxer du crime de lèze-Majefté.]

5901. Requête contre le Livre intitulé : Le Moine : *Paris*, 1616, *in-*8.

Cette Requête eft de Jean-Paul DE LESCUN, Confeiller en la Cour Souveraine de Béarn. Il étoit de la Religion Prétendue-Réformée. Il fut exécuté à mort en 1622 [comme on le dira ci-après.]

5902. Remontrance faite de la part du Clergé de France à la Roine Mère du Roi, en faveur des Evêques & Eccléfiaftiques de Béarn ; par Denys Simon DE MARQUEMONT, Archevêque de Lyon : *Paris*, 1616, *in-*8.

5903. Avis d'un Gentilhomme de Gafcogne, à MM. des Etats-Généraux du Royaume de Navarre & de la Souveraineté de Béarn, fur la main-levée des Biens Eccléfiaftiques, entrée au Confeil ordinaire & Cour Souveraine & Préfidence aux Etats & autres Octrois, obtenus par les Evêques d'Oléron & de Lefcar, cette année 1617 : (*Paris*) 1617, *in-*8.

Ce Gentilhomme étoit Jean-Paul DE LESCUN, Confeiller en la Cour Souveraine de Béarn.

5904. Mémoires de Jean-Paul DE LESCUN, fur les Oppofitions aux pourfuites des Evêques d'Oléron & de Lefcar, & les demandes faites par les Eglifes Réformées de la Souveraineté de Béarn, & ce qui s'en eft enfuivi depuis le premier Juin 1616, jufqu'au 13 Avril 1617 : *Paris*, 1617, *in-*8.

☞ Ces Mémoires confiftent en plufieurs Pièces, Edits, Arrêts, Difcours, &c. contre les Evêques d'Oléron & de Lefcar, qui demandoient la reftitution entière des biens Eccléfiaftiques en Béarn. M. de Lefcun prétend qu'ils font non-recevables pour n'être fondés de pouvoirs affez amples, & qu'on doit fuivre les Edits & Déclarations données à ce fujet, tant par le feu Roi que par Sa Majefté régnante. Il y a beaucoup de chofes qui concernent les Huguenots de cette Province, & qui font connoître l'état de leur Eglife, la crainte qu'ils avoient d'être réunis à la Couronne, & qu'ils étoient très-difpofés à s'y oppofer par toutes fortes de moyens. Ils commençoient même à faire écrire en conféquence à M. le Duc de Sully, & à en informer l'Affemblée de la Rochelle pour faire agir leurs Députés Généraux. M. de Lefcun fut condamné par Arrêt du Parlement de Bordeaux, du 18 Mai 1622, à avoir la tête & les quatre membres coupés : ce qui fut exécuté le même jour.]

5905. La Complainte du Pays fouverain de Béarn, fur les menaces faites de l'unir à la France ; par DE COLOM : *Lefcar*, de Saride, 1617, *in-*8.

5906. Les Demandes des Eglifes Réformées du Royaume de Navarre, préfentées au Roi : *Paris*, 1618, *in-*8.

Cet Ecrit eft encore de Jean-Paul DE LESCUN.

5907. Le Serment folemnel des Seigneurs Souverains de Béarn, à leur nouvel avénement à la Seigneurie, prêté par le feu Roi Henri IV. l'an 1581, avec les articles du For, & autres Actes extraits des Regiftres des Etats de ladite Souveraineté, pour l'union du Pays à la Couronne, & la mainlevée des Biens Eccléfiaftiques, pourfuivis par les Evêques d'Oléron & de Lefcar : *Paris*, 1618, *in-*8.

5908. Déclaration de ce qui s'eft paffé fur le rétabliffement de la Religion Catholique, Apoftolique & Romaine, au Pays de Béarn : *Paris*, Martin, 1618, *in-*8.

5909. Difcours des Eglifes Réformées de Béarn, touchant la main-levée des Biens Eccléfiaftiques accordée par le Confeil du Roi, aux Eccléfiaftiques de Béarn : *la Rochelle*, 1618, *in-*8.

☞ Les Prétendus-Réformés s'oppoferent à la vérification de l'Edit, & firent imprimer cette efpèce de Manifefte, où ils difent que la Reine Jeanne ayant été contrainte par fes Sujets Catholiques de fe fauver de Béarn en 1568, elle y envoya le Comte de Montgommery pour les foumettre ; qu'enfuite elle fit faifir en 1569 tous les Biens Eccléfiaftiques, & les adjugea aux Pafteurs Réformés ; qu'en 1570, à la réquifition des Etats, elle introduifit la Réforme dans tout le Pays : qu'après la mort Henri le Grand fon fils, jura folemnellement en 1581, de conferver fes Sujets en leurs droits, coutumes & privilèges ; que cependant quelque temps après, il fit mettre fes biens fous fa main, qu'en 1599 il rétablit en Béarn deux Evêques & la Religion Catholique en différens endroits : que Louis XIII. confirma les privilèges. Ils fe plaignent de l'inobfervation de tant d'Edits, & de ce que par une procédure violente on leur ôte un bien qu'ils ont poffédé plus de 50 ans ; qu'ils ne peuvent compter fur un fonds de pareille valeur, qu'on fupprimeroit bien-tôt. Les Catholiques, dans leur réponfe, traitèrent de ridicule la prefcription qu'ils alléguoient, & montrèrent qu'on ne pouvoit leur accorder les dîmes qu'ils demandoient.]

5910. Apologie des Eglifes Réformées de l'obéiffance du Roi & des Etats de la Souveraineté de Béarn, pour juftifier les oppofitions par eux formées contre l'exécution de la main-levée des biens Eccléfiaftiques de ladite Souveraineté, avec un fommaire récit des chofes mémorables arrivées en Béarn & en Navarre, pour le rétabliffement de la Religion Réformée, depuis le règne du Roi Henri jufqu'à préfent ; par Jean-Paul DE LESCUN : *Orthez*, 1618, *in-*8.

5911. Défenfe de Jean-Paul DE LESCUN, contre les impoftures, fauffetés & calomnies publiées contre le fervice du Roi, & la Souveraineté de Béarn, & contre l'Auteur des deux Libelles intitulés : Le Moine & la Mouche : *Orthez*, 1619, *in-*8.

Claude Malingre, à la *pag.* 364 du Liv. VIII. de

l'*Histoire du progrès & décadence de l'Hérésie*, dit que ces deux Livres furent publiés sous les noms, l'un de Banere, & l'autre de Bergassar ; celui-là sol de Pau, & celui-ci de Gau.

5912. Injustice des armes rebelles, sur la question : S'il est loisible aux Sujets de défendre la Religion par armes ; & si celles qu'on a prises sous ce prétexte pour résister au Roi, sont justes & légitimes. Ecrit où l'on prouve combien la rébellion est indigne de bons Chrétiens & de fidéles Sujets ; par Etienne DE BONALD, Juge & Baillif de Milhaud : *Montpellier*, Pech, 1619, *in-8*.

5913. ☞ Opposition de l'Université de Paris contre l'établissement du Collége de Charenton : *Paris*, 1619, *in-8*.]

5914. Le rétablissement des Evêques & des Ecclésiastiques de Béarn, en leur honneur, fonctions de leur charge, & jouissance de leurs bénéfices : *Paris*, Jacquin, 1620, *in-8*.

5915. La Persécution des Eglises de Béarn : *Montauban*, Candire, 1620, *in-8*.

Dans l'Arrêt de mort contre Jean-Paul DE LESCUN, cet Ouvrage lui est attribué. Il parut vers ce temps-là une Histoire tragique de la désolation de Béarn, adressée à l'Assemblée générale de la Rochelle.

5916. * Accord fait en Béarn, entre le Roi & ses Sujets de la Religion Prétendue-Réformée : *Paris*, 1620, *in-8*.

5917. Déclaration de MM. de Béarn faite au Roi, en la Ville de Poitiers, le 8 Septembre 1620, avec leur Harangue, soumission, la réunion de leur Province : *Paris*, Bacot, 1620, *in-8*.

5918. MS. Mémoires curieux de ce qui s'est passé touchant la Religion Prétendue-Réformée, contenant plusieurs affaires, depuis l'an 1598 jusqu'en 1620 : *in-fol*.

Ces Mémoires sont marqués dans le *Catalogue des Manuscrits de Frère Eloy, Augustin Déchaussé de Lyon*, pag. 14.

5919. ☞ Jugement du Synode National de Dordrecht (en Hollande, &) Canon des Eglises Réformées de France, conclu & arrêté au Synode National tenu à Alais aux Cévennes, l'an 1620 ; avec le Serment d'approbation : *Quevilly* (près Rouen) 1621, *in-8*.]

5920. Lettres du Nonce du Pape, envoyées à la Cour, sur les affaires de Béarn : *Paris*, 1620, *in-8*.

Ce Nonce se nommoit Guy BENTIVOGLIO. Il mourut Cardinal en 1644.

5921. ☞ MS. Mémoires sur l'Assemblée des Eglises Réformées de France faite à la Rochelle en 1620.

Ils sont conservés dans la Bibliothèque de M. le Marquis d'Aubais.

Voyez vers la fin de cet article, les Synodes des Prétendus-Réformés.]

5922. * Remontrances au Roi par les Députés des Eglises Réformées de France & Souveraineté de Béarn, assemblées à la Rochelle : *La Rochelle*, 1621, *in-8*.

5923. * Lettre de la même Assemblée au Roi : *La Rochelle*, 1621, *in-8*.

5924. Libre Discours sur l'état présent des Eglises Réformées de France : 1621, *in-8*.

5925. Manifeste ou Déclaration des Eglises Réformées de France & de la Souveraineté de Béarn, de l'injuste persécution qui leur est faite par les ennemis de l'Etat & de leur Religion, & de leur légitime & nécessaire défense : *La Rochelle*, 1621, *in-8*.

☞ Cette Déclaration ne porte que sur des plaintes la plûpart aussi fausses qu'injustes. L'esprit de faction avoit tellement aveuglé ces espèces de Républiquains, qu'ils espéroient anéantir la Monarchie : toutes leurs protestations de fidélité & d'obéissance n'étoient qu'en parole, & pour donner quelque couleur de justice à leurs armes. Leur Ecrit parut au mois de Mai, & fut très-bien réfuté par la Pièce suivante, qui leur représente tout ce qu'on a fait pour eux, & les excès auxquels ils se sont portés.

5926. ☞ Examen de la Déclaration, &c.

Il est imprimé au tom. VII. du *Mercure François*.]

5927. Calamité des Eglises de la Souveraineté de Béarn : *La Rochelle*, Pié de Dieu, 1621, *in-8*.

Ce Traité est encore de Jean-Paul DE LESCUN.

5928. Etat de la Religion Prétendue-Réformée du Pays souverain de Béarn, & du rétablissement de la Religion Catholique dans ce Pays.

Cette Histoire est comprise dans le Liv. IX. de l'*Histoire générale du progrès & décadence de l'Hérésie moderne*; composée par Claude MALINGRE : *Paris*, 1624, *in-4*.

5929. ☞ Apologie pour M. de Châtillon.

Elle est imprimée au tom. VIII. du *Mercure François*. M. de Châtillon fut déclaré déchu de ses Gouvernemens & Charges, par un Acte de l'Assemblée du Cercle du Bas-Languedoc, Dauphiné & Vivarais, le 21 Novembre 1621. L'Auteur de cette Apologie le disculpe de tout ce qu'on lui reprochoit, en faisant un narré clair & simple de la conduite de ce Seigneur & de celle de ses ennemis, qu'il appelle séditieux, ennemis de la paix, & zélés seulement pour leurs propres intérêts. On y trouve un précis de ce qui s'est passé depuis la prise de Privas en Vivarais.]

5930. ☞ Remontrance du Clergé de France faite au Roi ; par Messire Pierre DE CORNULIER, Evêque de Rennes.

Elle contient les plaintes du Clergé contre les Prétendus-Réformés. L'Auteur assure qu'il n'y a rien de plus juste que la guerre entreprise contre eux, & offre un million d'or qui sera particulièrement employé au siége de la Rochelle.]

5931. ☞ Extrait du Livre de LA MILLETIERE, intitulé : Discours des vraies raisons pour lesquelles ceux de la Religion (Réformée) de France pouvoient & devoient en bonne conscience résister par armes à la persécution ouverte que leur faisoient les ennemis de la Religion & de l'Etat ; ensemble la Réponse de TILENUS : 1621.

Ces deux Pièces sont imprimées au tom. VIII. du *Mercure François*. Le Discours de la Milletiere fut fait pour répondre à Tilenus & à son Avertissement à l'Assemblée de la Rochelle. L'Auteur l'a divisé en trois parties. Dans la première, il tâche de persuader que le seul but de cette derniere guerre étoit d'exterminer entierement la Religion Réformée. Dans la seconde, il veut prouver la justice des armes que l'Assemblée de la Rochelle avoit fait prendre. Dans la troisième, il tient la paix désespérée, si l'on ne chasse les Jésuites, & propose un Concile National. La plûpart de ses preuves sont appuyées sur des contes, que Tilenus, dans sa Réponse, traite de faux, ainsi que plusieurs autres faits avancés par la Milletiere. Le jugement qu'on en porta alors, étoit que Tilenus, quoique Silésien, parloit mieux François que la Milletiere, & qu'il en sçavoit beaucoup plus que lui.]

5932. Etat général de la Religion Prétendue-Réformée de la Ville de la Rochelle, depuis 1579 jusqu'au mois de Décembre 1621; par Claude MALINGRE.

C'est le dixième & dernier Livre de son *Histoire du progrès & décadence de l'Hérésie* : [ci-devant, N.° 5885.]

5933. ☞ Le Plan de l'Anarchie Rocheloise, fondée sur les sablons de la mer : Philippique I. par François TERMINEAU, Sieur de Beaulieu, Conseiller & premier Avocat du Roi au Présidial de Nismes : *in-8.*

Le Plan de l'Anarchie : Philippique II. en laquelle sur le sujet des emprisonnemens, géhennes, exécutions capitales, & autres semblables procédures, faites depuis peu en la Ville de Nismes, est représenté le colœuvre de ladite Ville; par le même : *Avignon, 1622, in-4.*

Ces Ecrits ont pour objet l'abbaissement & le décri de la Religion Protestante. Ce sont proprement deux satyres ou déclamations, remplies de mauvais jeux & de froides allusions sur la ressemblance des mots; la première contre la rebellion des Rochellois, & la dernière contre l'usurpation de la justice à Nismes, par les Religionnaires. M. Ménard, *Hist. de Nismes, tom. VII. pag.* 706, *col.* 2.]

5934. Historia prostratæ à Ludovico XIII. Sectariorum in Gallia Religionis; Auctore Gabriele BARTHOLOMÆO GRAMONDO : *Tolosæ,* 1625, *in-4.*

Le nom de famille de cet Auteur, mort en 1654, est BARTHÉLEMY, comme il paroît par la signature de son Epître Dédicatoire, Gabriel Barthélemy. Son Histoire va jusqu'en 1622; elle est fort élégante; on peut voir dans la Préface, pourquoi il l'a écrite en Latin, & de quelle manière il a rendu les noms propres en cette Langue.

☞ Cet Historien reprend les faits, à commencer depuis Henri II. mais ce n'est que très-brièvement & par forme d'introduction à son Histoire, qui, à vrai dire, ne contient pas un grand détail que les années 1621 & 1622. Elle est estimée, & renferme un grand nombre de Pièces relatives à son sujet.

Voyez la *Méthode historique* de Lenglet, *tom. IV. pag.* 121.]

5935. ☞ Discours à la Royne-Mère, sur le sujet de la paix.

L'Auteur l'a écrit en faveur de ceux de la Religion Prétendue-Réformée, & n'a rien oublié pour porter cette Princesse, dont on connoissoit les dispositions à la paix, à s'en rendre médiatrice, & à intercéder pour ceux de ce parti auprès du Roi son fils.]

5936. ☞ Harangue au Roi, par l'Evêque de Montpellier (Pierre DE FENOUILLET.)

Ces deux Pièces sont imprimées au tom. VIII. du *Mercure François*.

Ce fut le 20 Juillet 1621, que ce Prélat prononça cette Harangue, en la Ville de Béziers : elle est bien faite, vive & pathétique. Les malheurs de l'Eglise & les fureurs des Prétendus-Réformés y sont représentées avec beaucoup de force. On ne goûta pas qu'il voulût engager Sa Majesté à faire le Siège de Montpellier pendant l'Automne.]

5937. ☞ Remontrances des fidéles serviteurs du Roi, de la Religion Prétendue-Réformée : 1622, *in-*12.]

5938. ☞ Histoire de la Vie de Jean Fontanier, & diversité de Religion qu'il a exercée : *Paris,* 1621, *in-8.*]

5939. ☞ Discours sur la vie & mœurs de Jean Fontanier, brûlé en 1621, pour avoir enseigné sa fausse Religion : *Paris,* 1621, *in-8.*]

5940. * Discours dressé par Pierre GARIEL, Chanoine de Montpellier, de la guerre contre ceux de la Religion, depuis l'an 1619 jusqu'à la réduction & la paix de Montpellier en 1622 : *in-fol.*

Ce Manuscrit est dans la Bibliothèque de M. le Chancelier Séguier [aujourd'hui à S. Germain-des-Prés.]

5941. Histoire de la Vie de Philippe de Mornay, Seigneur du Plessis, contenant aussi divers avis politiques, ecclésiastiques & militaires, sur les principaux événemens arrivés sous les règnes de Henri III. Henri IV. & Louis XIII. *Leyde,* 1647, *in-4.*

L'Histoire de ce Gouverneur de Saumur, a été dressée depuis l'an 1549 jusqu'en 1606, sur un Journal de Charlotte Arbaleste sa femme, morte cette année-là; elle a été continuée jusqu'à la mort de ce grand politique, arrivée l'an 1623; par David DE LIQUES, Gentilhomme de Picardie, qui lui avoit été fort attaché. Jean Daillé, depuis Ministre de Charenton, l'a publiée avec une Préface de Valentin Conrart, Secrétaire du Roi.

» Cette Histoire [dit David Ancillon, au tom. II. de
» son *Mélange de Critique & de Littérature,* art. 46]
» est un excellent Ouvrage, qu'il ne faut pas lire en
» courant. M. Daillé le père m'a dit, qu'un Gentilhom-
» me de Picardie, nommé David de Liques, avoit com-
» posé la moitié de cette Histoire, & que deux Secré-
» taires de défunt M. du Plessis Mornay, l'avoient ache-
» vée. Il m'a dit aussi, que M. Conrart en avoit fait
» l'Epître Dédicatoire ».

Naudé, à la *pag.* 82, de son *Mascurat,* dit »que
» Madame du Plessis Mornay avoit augmenté de plus
» de moitié l'Histoire de la Vie de son mari. On lit dans
» la *Vie de Daillé, pag.* 13, »que beaucoup de gens lui
» ont attribué cette Histoire : mais il est aisé de voir
» qu'elle n'est pas de son style; & on lui a ouï dire à
» lui-même, que celui qui y a travaillé étoit un Gentil-
» homme, nommé de Liques, qui avoit passé sa vie
» dans la Maison de M. du Plessis; & qu'il l'avoit dres-
» sée sur les Mémoires de Madame du Plessis, comme
» il est marqué dans le Livre même. Mais pour lui, il
» n'avoit fait autre chose que de revoir & corriger, &
» peut-être aussi composer en partie l'édition Latine,
» dont l'Original lui est demeuré ».

☞ Philippe de Mornay naquit à Buhy le 5 Novembre 1549. A l'âge de 9 ou dix ans, il embrassa le Calvinisme, & devint l'un des plus célèbres de son parti. Il en fut le chef & l'ame, & s'y acquit une grande

Hérésies nées en France : Calvinistes.

réputation par sa science, sa valeur & sa probité : c'est ce qui le fit nommer le Pape des Huguenots. Il fut toujours très-attaché à sa Religion & à son Roi, à qui il rendit les services les plus importans ; il fut un de ceux qui contribuèrent le plus à élever sur le trône Henri IV. Voilà les grands événemens qui sont développés dans cette Histoire, qui a beaucoup de connexité avec celle de la Religion & de l'Etat, & qui sert beaucoup à l'éclaircir. M. de Mornay fut dépouillé de son Gouvernement de Saumur en 1621, & mourut à la Forêt sur Sevre, en Poitou, le 11 Novembre 1623.]

5942. ☞ Mag. CRUSIUS, de vita Philippi Mornæi : *Hamburgi*, 1724, *in*-8.]

5943. Synopsis vitæ Jacobi Cappelli, Professoris Theologi Sedanensis.

Cette Vie [se trouve dans l'Ouvrage de Louis Cappel, intitulé : *Commentarius de Vita sua, & de Cappellorum gente*] qui est au-devant de ses *Commentaires Latins sur l'Ancien Testament : Amstelodami*, 1689, *in-fol*. Jacques Cappel est mort en 1624.

5944. ☞ Histoire de la Vie & des Ouvrages de Jacques Cappel ; par le P. NICERON.

Dans ses *Mémoires*, tom. *XXII*. pag. 405.]

5945. ☞ Remarques de Prosper MARCHAND, sur Antoine Fusi, Curé de S. Barthélemi, qui se retira à Genève vers 1616, & y mourut.

Se trouvent dans son *Dictionnaire historique*, tom. *I*. pag. 263-266.]

5946. ☞ Histoire du même ; par le Père NICERON. *Mém*. tom. *XXXIV*. *pag*. 304-314.]

5947. Ms. Mémoires & Advis pour affaires d'Etat, & autres très-importantes touchant les Huguenots, en 1621-1624, &c. *in-fol*.

Ces Mémoires sont conservés dans la Bibliothèque de M. le Chancelier d'Aguesseau.

5948. ☞ L'Hérésie suspecte à la Monarchie : Discours en forme de Remontrance faite à MM. de la R. P. R. par D. CROZILLES : *Paris*, Dubray, 1624, *in*-8.]

5949. ☞ Ms. Conférence tenue entre le Sieur Véron, Prédicateur du Roi, & le Sieur Bancillon, Ministre : en 1625.

Dans la Bibliothèque de M. le Marquis d'Aubais, num. 126.]

5950. Apologie pour les Eglises Réformées de France, où est amplement démontrée la justice des armes prises par ceux de la Religion, pour leur nécessaire défense contre les ennemis de l'Eglise, qui les persécutent sous le nom du Roi ; par Théophile MISATHÉE : De l'Impression de Timothée Philadelphe, 1625, *in*-8.

Ce Livre a été fait dans les guerres des Prétendus-Réformés en France, vers le temps que le Roi assiégeoit Montauban, & se préparoit à attaquer la Rochelle. C'est une Apologie de la prise d'Armes des Protestans, & presque le seul de ce temps-là, où l'on ait osé soutenir dogmatiquement leur révolte : les principes en sont très-séditieux. Il est rempli d'Actes authentiques de la Ville de la Rochelle, & paroît imprimé dans cette Ville.

5951. ☞ Theodori TRONCHINI Oratio funebris Simonis Goulartii, Sylvanectini, in Ecclesia Genevensi Pastoris : Accesserunt Epicedia variorum : *Genevæ*, 1628, *in*-4.]

5952. ☞ Histoire de la Vie & des Ouvrages de Simon Goulart ; par le P. NICERON.

Dans ses *Mémoires*, tom. *XXIX*. pag. 363.]

5953. ☞ Manifeste du Sieur de Soubise, ou Discours sur la prise des armes en 1625.

Il est imprimé au tom. XI. du *Mercure François*. On croit que ce Manifeste a été fait par LA MILLETIERE, Intendant de l'Amirauté des Eglises Réformées. Il tâche de justifier la conduite de M. de Soubise, & prétend qu'il a été contraint de s'armer par l'injustice & la violence des procédés qu'on a tenus envers les Réformés.]

5954. ☞ Réponse au Manifeste, &c. par M. DU FERRIER.

On y découvre tout le but de la conduite de M. de Soubise, & des Eglises Prétendues-Réformées. Cette Pièce met bien au fait de la dispute & des affaires qui y ont rapport.]

5955. ☞ Etat certain de ceux de la Religion en France ; par M. DE MONTMARTIN : *Paris*, 1625, *in*-8.]

5956. Apologie de [Henri] Duc de Rohan, sur les troubles de France, à cause de la Religion ; écrite par lui-même.

Cette Apologie est imprimée avec ses *Mémoires au Discours IX*. 1646, *in*-4. Elle va jusqu'en 1629, & l'Auteur mourut neuf ans après. On peut voir la suite des guerres contre les Huguenots & la prise de la Rochelle, ci-après, *Hist. de Louis XIII*.

5957. ☞ Triomphe de la cause du Roi ; contenant la réfutation du Sieur de Rohan, ci-devant Duc & Pair : 1627, *in*-8.]

5958. ☞ Remontrance à ceux de la Religion Prétendue-Réformée du Bas Languedoc, qui ont pris les armes contre le Roi : 1629, *in*-12.

Elle est imprimée au tom. XV. du *Mercure François*. L'Auteur y expose amplement les attentats des Huguenots, & fait voir qu'ils n'ont eu aucune raison de se révolter ; que les Rois ont le droit de punir les méchans, & qu'il faut obéir. Il le prouve par l'exemple des premiers Chrétiens, & fait ensuite un Abrégé de tout ce qui s'est passé depuis la naissance de l'Hérésie en France.]

5959. ☞ Histoire de Nicolas-Anthoine, (Ministre Calviniste, brûlé à Genève en 1632 pour Judaïsme) ; par Michel DE LA ROCHE.

Dans la *Bibliothèque Angloise*, tom. *II*. pag. 137-270.]

5960. ☞ Relation historique de la Vie & du Procès de Nicolas-Anthoine.

Dans la *Bibliothèque Raisonnée*, tom. *XXXVIII*. pag. 49-65.]

5961. ☞ Remarques sur le même.

Dans le *Dictionnaire historique* de Jacques-Georges DE CHAUFEPIÉ.]

5962. ☞ Notables défauts de la Cène des Ministres, remarqués par M. François VERON, Docteur en Théologie, en son voyage de Charenton, au jour de leur Cène : 1629, *in*-12.

L'Auteur, qui avoit été Jésuite, fut dans la suite Curé de Charenton S. Maurice, & célébre par ses Ouvrages de controverse. Il mourut en 1649.]

5963. ☞ Histoire de Jean Mestrezat, Ministre à Charenton, mort en 1657.

Dans le *Dictionnaire historique & critique* de BAYLE.]

5964. Relatione de gli Ugonotti di Francia: del Cardinale [Guido] BENTIVOGLIO.

Ces Relations sont imprimées avec ses autres Relations ; par Henri Dupuy : (*In Genoua*) 1630, *in-*4. *In Parigi*, 1631 : *In Brussellas*, 1632 : *In Parigi*, 1645, *in-fol*.

La même ; traduite en François par P. GIRAFFY, de l'Observance de S. François.

Elle est imprimée avec ses autres Relations : *Paris*, Rouillard, 1642, *in-*4.

5965. Geneva restituta, sive admiranda Reformationis Genevensis Historia, Oratione seculari explicata à F. S. *Genevæ*, 1635, *in-*4.

Frédéric SPANHEIM le père, mort en 1649, est l'Auteur de ce Discours, qui est aussi imprimé au tom. II. de ses Œuvres, *in-fol*. pag. 1515.

5966. ☞ Naissance, qualités & humeurs des Hérétiques de ce temps, &c. par Léonard THÉVENOT, ci-devant Ministre, & à présent converti : *Paris*, 1635, *in-*8.]

5967. ☞ Remarques sur David Home ; Ecossois, Ministre en France, mort après l'an 1631 ; par Prosper MARCHAND.

Dans son *Diction. histor. tom. I. pag.* 306-310.]

5968. Sommaire de l'Histoire générale des Hérétiques de France, appellés Calvinistes, depuis François I. pour servir d'intelligence de ce qu'ils ont fait sous Louis XIII. par Charles BERNARD, Lecteur ordinaire & Historiographe du Roi.

Elle est imprimée avec son *Histoire de Louis XIII*. *Paris*, 1646, *in-fol*.

5969. ☞ Histoire de la Vie & des Ouvrages de Nicolas Vignier (Ministre à Blois) ; par le Père NICERON.

Dans ses *Mémoires*, *tom*. XLII. *pag*. 27. Nicolas Vignier, après avoir été zèlé Protestant, fut converti dans sa vieillesse, par les soins de Jérôme Vignier son fils, Prêtre de l'Oratoire.]

5970. ☞ Baltas. BEBELII Antiquitates Germaniæ primæ, & in hac Argentoratensis Ecclesiæ Evangelicæ : *Argentorati*, 1661, *in-*4.]

5971. Histoire de la naissance, du progrès & de la décadence de l'Hérésie dans la Ville de Metz, & dans le Pays Messin ; par Martin MEURISSE, Evêque de Madaure, Suffragant de l'Evêché de Metz : *Metz*, Antoine, 1642, 1670, *in-*4.

☞ *Voyez Journ. de Verdun*, 1713 *Janvier*.]

5972. ☞ Ms. Réponse à l'Histoire (précédente) ; par le Sieur FERRI, Ministre à Metz.

Elle est dans plusieurs Bibliothèques de Metz.]

5973. Vita Samuelis Petiti, Professoris Theologi, in Academia Nemausensi ; auctore Petro FORMIO, Medico Doctore : *Gratianopoli*, 1673, *in-*4.

Samuel Petit est mort en 1643, & l'Auteur de sa Vie en 1679.

5974. Généalogie des Hérétiques Sacramentaires ; par André DU SAUSSAY, Docteur en Théologie : *Paris*, 1644, *in-*8.

Cet Auteur est mort Evêque de Toul en [1675.]

5975. ☞ Ms. L'Eglise Réformée de Charenton, à la Reine-Mère, en 1649.

Cette Requête de 47 pages, en original, est dans la Bibliothèque de M. Févret de Fontette, Conseiller au Parlement de Dijon. Il y est traité du devoir des sujets envers leurs Princes, & des Princes envers leurs sujets.]

5976. Histoire de Benjamin Basnage, Ministre de Carentan en Normandie ; par Pierre BAYLE.

Cette Histoire est imprimée dans son *Dictionnaire historique & critique*. Ce Ministre est mort en 1652. [Il a eu des descendans illustres parmi les Protestans.]

5977. ☞ Histoire d'Edme Aubertin, Ministre de Charenton, mort en 1652.

Dans le *Dictionnaire* de Pierre BAYLE.]

5978. ☞ De Reformatæ Religioni addictis ; auctore Joanne LIMNÆO.

C'est le Chapitre IIX. (ou VIII.) du Liv. III. de l'Ouvrage intitulé : *Notitia Regni Francici : Argentorati*, 1655, *in-*4. 2 vol. *tom*. II. *pag*. 173-231. Ce Chapitre, qui est assez curieux, fait un tableau abrégé de l'Histoire des Calvinistes de France, depuis leur commencement jusqu'en 1631, & met sous les yeux nombre de passages de différens Auteurs.]

5979. Histoire Ecclésiastique des Eglises Réformées ; par Pierre GILLES, Ministre de la Tour, dans les Vallées de Lucerne : *Genève*, 1656, *in-*4.

5980. Remontrance du Clergé de France, au Roi [Louis XIV.] par Louis DE GONDRIN, Archevêque de Sens : *Paris*, Vitré, 1656, *in-*4.

Cet Archevêque est mort en 1675. Sa Remontrance roule toute sur les violences & infractions de ceux de la Religion Prétendue-Réformée.

5981. Deux Lettres d'un Habitant de Paris, à un de ses amis dans la Campagne, sur cette Remontrance du Clergé, du mois d'Août : 1656, *in-*4.

Il y a dans ces Lettres d'un Huguenot plusieurs particularités qui concernent ceux de la Religion Prétendue-Réformée. [Bayle l'attribue à Charles DRELINCOURT, Ministre de Charenton.]

5982. * Factums pour le Syndic du Clergé de Saintes, contre les Prétendus-Réformés de Saintonge, sur le sujet des Temples & des exercices publics de leur Religion, qu'ils ont établis dans le Diocèse de Saintes, par contravention aux Edits : *in-*4. imprimés sans année.

Au-devant est une longue Préface historique, & il y a autant de Factums que de Temples établis, c'est-à-dire, trente-huit.

5983. ☞ Abrégé historique de l'établissement du Calvinisme en l'Isle d'Oléron ; par M. LE BERTON DE BOUEMIE : *Bordeaux*, Sejourné, 1699, *in-12*.]

5984. Epitome rerum in inferiore Occitania pro Religione gestarum, ab excessu Henrici IV. Regis, usque ad annum 1657 ; auctore [Petro GARIEL] : *Montispellii*, Pech, 1657, *in-4*.

5985. Synopsis vitæ Ludovici Cappelli, Professoris Theologi Salmuriensis : ab ipso CAPPELLO conscripta.

Cet Abrégé fait partie de son *Commentarius de Cappellorum gente*, qui est au-devant de ses *Commentaires Latins sur l'Ancien Testament* : *Amstelodami*, 1689, *in-fol*. Louis Cappel est mort en 1658.
☞ Il étoit frère de Jacques Cappel, dont on a parlé ci-devant, N.° 5943, & on l'appelle Louis Cappel le jeune, pour le distinguer de Louis Cappel son oncle, N.° 5847.]

5986. ☞ Histoire de la Vie & des Ouvrages du même Louis Cappel ; par le Père NICERON.

Dans ses *Mémoires, tom. XXII. pag.* 390.]

5987. Vita Petri Molinæi, Ministri Carentoniensis.

Cette Vie est imprimée *pag*. 697 du Recueil intitulé : *Vitæ selectorum aliq. virorum*, publié par les soins de Jean Bats : *Londini*, 1682, *in-4*.
Pierre du Moulin est mort en 1658.

5988. ☞ La Légende dorée du Ministre du Moulin, contenant l'Histoire de sa Vie & de ses Ecrits : *Paris*, 1641, *in-8*.]

5989. Oratio funebris in obitum Stephani Curcellæi, Professoris Theologi Amstelodamensis ; auctore Arnaldo POELEMBURGIO.

Cette Oraison funèbre d'Etienne de Courcelles, Arminien, est imprimée au-devant de ses *Œuvres in-fol*. *Amstelodami*, Elzevirii, 1675. Il est mort en 1659.

5990. Etat de l'Affaire pendante au Conseil du Roi, entre les Habitans du Bailliage de Gex, Réformés, & les Ecclésiastiques dudit Pays ; par Pierre LORIDE, Avocat au Conseil : 1662, *in-4*.

5991. Etat des Eglises Réformées du Bailliage de Gex : *in-4*.

5992. La vérité de ce qui s'est passé sur le fait de l'exercice de la Religion Prétendue-Réformée au Pays de Gex ; avec l'Arrêt contradictoire obtenu à la poursuite de l'Evêque & Prince de Genève, qui ordonne la démolition de vingt-trois Temples dans le Pays de Gex : *Paris*, Vitré, 1662, *in-4*.

5993. Suite des maux que souffrent les Eglises du Bailliage de Gex, dans l'exercice de leur Religion : 1663, *in-4*.

5994. Jugement donné par M. Pellot, Intendant de la Justice ès Généralités de Montauban, Poitiers & Limoges ; contre les Habitans de la Religion Prétendue Réformée de la Ville de Milhau : *Lyon*, 1663, *in-4*.

5995. Lettre écrite à un Ecclésiastique de Montauban, sur les affaires présentes de la Ville de Milhau : *Lyon*, 1663, *in-4*.

5996. Historia Hæresis in Gallia ortæ & oppugnatæ, sub postremis Valesiæ & primis Borboniæ stirpis Regibus ab anno 1534, ad annum 1664 ; auctore Benedicto BONNEFOY, è Societate Jesu : *Tolosæ*, Boude, 1662-1664, *in-4*. 2 vol.

* » Le style de cet Historien est pur & même élé-
» gant ; mais il sent trop le déclamateur : l'Auteur a
» ignoré cette noble simplicité qui est, après la vérité,
» le caractère le plus essentiel à l'Histoire ». *Mémoires de Trévoux*, 1718, *Novembre, pag*. 746.

5997. ☞ La Liste & les noms des personnes qui ont fait publiquement abjuration de l'Hérésie pendant l'année 1664, à Paris, avec les principaux motifs de leur conversion : *Paris*, Bessin, 1665 : *in-8*.]

5998. Mf. Mémoires de la naissance & du progrès de l'Hérésie dans la Ville de Dieppe ; par Octavien COLMONT, de Dieppe, Prêtre : *in-4*.

Ces Mémoires, qui commencent en l'année 1557, & finissent en 1664, sont entre les mains de M. Fortin, Marchand à Dieppe.

5999. Histoire de Moyse Amyrault, Ministre & Professeur de Saumur ; par Pierre BAYLE.

Cette Histoire est imprimée dans son *Dictionnaire historique & critique*. Amyrault est mort en 1664.

6000. Relation succincte de l'état où sont maintenant les Eglises Réformées de France en 1666 : *in-4*.

6001. ☞ Recueil des dernières heures de MM. Duplessis, Gigord, River, du Moulin ; avec une excellente Epitre du Sieur du Moulin, adressée à ses enfans au sortir d'une grande maladie, de laquelle il croyoit mourir : *Genève*, 1666, *in-12*.]

6002. Histoire de Jean Labadie ; par François MAUDUIT.

Jean Labadie, Ministre d'Orange, depuis Auteur d'une nouvelle Secte en Hollande, est le sujet de cette Histoire, qui est imprimée dans la Vie de Calvin, par Bolsec : *Lyon*, Offray, 1664, *in-12*.

6003. Histoire de l'Archicoacre Jean Labadie : *Cologne*, 1668, *in-12*.

6004. Histoire curieuse de la vie & conduite, & des vrais sentimens de Jean Labadie ; par Samuel DES MARETS, Professeur de Groningue : *La Haye*, 1670, *in-12*.
Ce Professeur est mort en 1673.

6005. ☞ Lettre du R. P. Antoine SABRÉ, Prêtre, Religieux Solitaire, écrite au Sieur Labadie, sur le sujet de sa profession de la Religion Prétendue-Réformée : 1651, *in-8*. de 8 pages.]

6006. ☞ Lettre d'un Docteur, &c. sur le sujet de l'apostasie du Sieur Jean Labadie : 1651, *in-4*. de 103 pages.
On croit qu'Antoine ARNAULD est Auteur de cette Lettre.]

6007. ☞ Défense de la piété & de la foi, &c. contre les mensonges, blasphêmes, & impiétés de Jean Labadie, Apostat; par le Sieur de Saint-Julien (Godefroy HERMANT): *Paris*, 1651, *in-*4.

Tous ces Ecrits contiennent des faits sur la vie de Labadie, & défendent MM. de Port-Royal contre les Jésuites, qui imputoient l'apostasie de Labadie aux sentimens qu'il avoit sur la Grace, conformes à ceux des Disciples de S. Augustin.]

6008. ☞ Lettre touchant la personne & les Ouvrages de Jean Labadie; par Claude-Pierre GOUJET.

Se trouve au tom. XX. des *Mémoires* du P. Niceron, *pag.* 140-169.]

6009. ☞ Remarques sur Labadie.

Dans le *Dictionnaire historique & critique*, de Jac. Georges DE CHAUFEPIÉ.]

6010. Vita Samuelis Bocharti, Ministri Cadomensis; auctore Stephano MORINO.

Cette Vie est imprimée au-devant de la troisième édition de ses Ouvrages: *Trajecti ad Rhenum*, 1682, *in-fol.*

Bochart est mort en 1667, & Etienne Morin en 1700.

6011. Eloge de Samuel Bochart; par Charles PERRAULT, de l'Académie Françoise.

Cet Eloge est imprimé entre ses Eloges des *Hommes illustres de France*, tom. II. pag. 77: *Paris*, [1696] 1701, *in-fol.*

Charles Perrault est mort en 1703.

6012. Vie du même; par Pierre BAYLE.

Cette Vie est imprimée dans son *Dictionnaire historique & critique.*

6013. ☞ Histoire de la Vie & des Ouvrages de Samuel Bochart; par le P. NICERON.

Dans ses *Mémoires, &c.* tom. *XXVII. pag.* 201.]

6014. ☞ Les dernières heures de Charles Drelincourt, Ministre de l'Eglise Réformée de Paris: *Basle*, Konig, 1671, *in-*8. (en Allemand.)

Charles Drelincourt, Ministre de Charenton, est mort en 1669.]

6015. ☞ Vie du même; par Pierre BAYLE.

Dans son *Dictionnaire historique & critique.*]

6016. Abrégé de la Vie de Jean Daillé, Ministre de Charenton, avec le Catalogue de ses Ouvrages; par Jean DAILLÉ son fils: *Genève*, 1671, *in-*8.

Daillé le père est mort en 1670.

6017. Histoire du même; par Pierre BAYLE.

Cette Histoire est imprimée dans son *Dictionnaire historique & critique.*

6018. ☞ Histoire du même; par le Père NICERON.

Dans ses *Mémoires, &c.* tom. *III. pag.* 66.]

6019. ☞ Récit de ce qui s'est passé au Synode d'Anjou, tenu à Saumur en 1670, pour servir de Factum à M. d'Huisseau, contre cette Compagnie; par le S. D. C. 1671, *in-*12.

Il s'agissoit du Livre de la Réunion du Christianisme, pour lequel d'Huisseau fut condamné par le Synode.

Voyez à ce sujet le *Dictionnaire* de Chaufepié, au mot *Jurieu, Remarq.* B. & l'*Hist. de la Révoc. de l'Ed. de Nantes*, par Benoît, tom. *IV. pag.* 144-146.]

6020. Panégyrique d'Alexandre Morus, de Castres, Professeur en Langue Grecque, en Histoire & en Théologie, puis Ministre de Charenton: *Amsterdam*, 1695, *in-*8.

Ce Ministre est mort en 1670.

6021. ☞ Les derniers discours de M. Morus, dans une Lettre d'Amsterdam: 1680, *in-*8.]

6022. L'Etat des Partages intervenus entre MM. les Commissaires Députés par le Roi, pour l'exécution de l'Edit de Nantes, dans le Diocèse de Montpellier, donné en la poursuite du Jugement au Conseil, par le Syndic du Clergé dudit Diocèse, & les Arrêts donnés sur lesdits partages par Sa Majesté, le 18 Novembre 1670: *Paris*, Rouland, 1670, *in-*4.

6023. ☞ Vita Samuelis Maresii.

Se trouve dans les *Vit. & Effig. Profess. Groning. &c. Groninga*, 1654, *in-fol. pag.* 134.]

6024. Histoire de Samuel des Marests, d'Oisemont en Picardie, Professeur en Théologie à Groningue; par Pierre BAYLE.

Cette Histoire est imprimée dans son *Dictionnaire historique & critique.*

Des Marests est mort en 1673.

6025. ☞ Histoire du même; par le Père NICERON.

Dans ses *Mémoires, &c.* tom. *XXVIII. pag.* 46.]

6026. ☞ Propositions & moyens pour parvenir à la réunion des deux Religions en France: 1677, *in-*4.

L'Auteur est Alexandre D'YSE, Ministre de Grenoble, puis Professeur en Théologie à Die. Ce Livre est rare & peu connu; les Moines (dit Bayle) en firent grand bruit, & les Exemplaires furent portés au Greffe du Châtelet: *Dictionnaire critique, troisième édition, pag.* 1565.]

6027. ☞ Histoire de la suppression du Prêche de Basly (en Normandie) ou deux Lettres écrites sur ce sujet; par Guillaume MARCEL, Curé de Basly (Diocèse de Bayeux): *Caen*, 1680, *in-*12.]

6028. Etat des Réformés de France, depuis la prise de la Rochelle, jusqu'en l'année 1685: [*en Hollande*] 1685, *in-*12.

Voyez la *République des Lettres*, 1685, *Octobre.*]

6029. Ms. De l'origine & du progrès de l'Hérésie de Calvin dans la Ville de Dieppe; par Matthieu MARTIN, de l'Ordre des Minimes.

L'Original de cette Relation, qui contient plusieurs faits curieux & anecdotes, s'est perdu dans le bombardement de Dieppe; mais il y en a une Copie entre les mains de M. de Longchamp, Avocat du Roi au Bailliage d'Arques. L'Auteur est mort en 1668.

☞ *Voyez* encore sur les Calvinistes de Dieppe, ci-devant, N.° 5998.]

Hérésies nées en France : Calvinistes.

6030. ☞ Lettre pour réformer l'erreur qui se trouve dans les Mémoires du Maréchal de la Vieilleville, au sujet du Prêche des Protestans de Dieppe. *Journal de Verdun*, 1759, Mai, pag. 369 & suiv.

Observations sur cette Lettre. *Ibid.* 1760, Septembre, pag. 209.]

6031. Histoire (générale) du Calvinisme de [Louis] MAIMBOURG : *Paris*, Mabre-Cramoisy, 1682, in-4. Troisième édition : *Paris*, 1682, in-12. Ibid. 1686, in-4. ●

Cet Auteur, qui avoit été Jésuite, est mort en 1686. Bayle, dans son *Dictionnaire*, Note D. sous le nom de Maimbourg, parlant de ses Histoires, dit : » Qu'il avoit » un talent particulier pour ces sortes d'Ouvrages ; qu'il » y répandoit beaucoup d'agrément, & plusieurs traits » vifs, & quantité d'instructions incidentes ; qu'il y a » peu d'Historiens, parmi même ceux qui écrivent » mieux que lui, & qui ont plus de sçavoir & d'exacti-» tude, qui aient l'adresse d'attacher le Lecteur autant » qu'il fait ». L'Auteur du Livre suivant, prétend qu'il marque trop de prévention, & qu'aucune matière n'est traitée, dans cette Histoire, sans chaleur.

☞ *Voyez* sur cette Histoire, Lenglet, *Méth. historique*, tom. II. pag. 474, tom. III. pag. 125.=Journal des Sçavans, Mars, 1682.=Journ. de Leipsick, 1683, pag. 97.]

6032. Remarques sur l'Histoire du Calvinisme de M. Maimbourg : *La Haye*, Moëtjens, 1682, in-12.

Jean ROU, Avocat au Parlement, depuis réfugié en Hollande, où il étoit Interprète des Etats-Généraux, a composé ces Remarques.

6033. Histoire du Calvinisme & du Papisme mise en parallele, ou Apologie pour les Réformateurs, pour la Réformation & pour les Réformés, contre l'Histoire du Calvinisme de M. Maimbourg : *Rotterdam*, Leers, 1682, in-4. 2 vol. Ibid. 1683, in-12. 4 vol.

Pierre JURIEU, Ministre de Rotterdam, qui est l'Auteur de cet Ouvrage, y a ramassé bien des choses singulières ; mais il l'a fait en pédant, selon M. Lenglet. Ce Ministre est mort en 1713.

Voyez sur cette Histoire, Journ. de Leipsick, 1683, pag. 520.=1684, pag. 15.=Lenglet, *Méth. histor.* tom. III. pag. 126.]

6034. Critique générale de l'Histoire du Calvinisme de M. Maimbourg : *Villefranche* [*Amsterdam*] 1682, in-12. Seconde édition augmentée : in-12. 2 vol. Ibid. 1683. Troisième édition : *Villefranche*, 1684, in-12.

Cette Critique est de Pierre BAYLE, Professeur en Philosophie & en Histoire à Rotterdam.

6035. Nouvelles Lettres du même Auteur, sur la même Histoire : *Villefranche*, 1685, in-12. 2. vol.

Les vingt-deux Lettres, dont ce Recueil est composé, ne contiennent que la première partie de l'Ouvrage.

Les quatre volumes réimprimés, nouvelle édition : *Villefranche*, 1712, in-12.

Bayle est mort en 1706. Sa Critique est faite avec beaucoup d'esprit ; elle est pleine d'une agréable érudition ; elle n'a pas peu servi, selon M. Lenglet, à faire connoître le mérite du Père Maimbourg. Selon l'Auteur de la Vie de M. Bayle, il fit cette Critique en quinze

Tome I.

jours. Il est vrai, continue cet Auteur, » que cette Critique ne roule pas sur des raisonnemens pressans & sé-» rieux ; c'est une manière de badinage aisé, léger, » tout plein d'esprit & de raison, sans fiel, sans amer-» tume, & fort propre à démonter la gravité de son » adversaire ».

☞ *Voyez* sur cette Critique le P. Niceron, tom. VI. pag. 272.=Lenglet, tom. III. pag. 125.=Mém. secrets de la Rép. des Lettr. tom. IV. Lettr. 10, p. 1061. = Mém. d'Artigny, tom. VII. pag. 47.]

6036. ☞ Exemples édifians de quelques conversions de Protestans à la foi Catholique.

On les trouve, pag. 496 & suiv. du tom. II. de l'*Apologie pour les Catholiques* ; par Antoine ARNAULD : Liège, 1681, & 1682, in-12. *Voyez* aussi pag. 226 & suiv. Il est encore question de la conversion de M. de Turenne, pag. 249 & suiv.]

6037. Histoire véritable du Calvinisme ; ou Mémoires historiques touchant la Réformation, opposée à l'Histoire du Calvinisme de M. Maimbourg : *Amsterdam*, 1683, in-12.

Jean-Baptiste DE ROCOLLES, Auteur de ce Livre, avoit alors embrassé le parti de la Religion Prétendue-Réformée ; mais il est rentré depuis dans l'Eglise Catholique, & il y est mort à Paris en 1696.

6038. ☞ Titres & Pièces qui justifient que les habitans de la Religion Prétendue-Réformée de la Rochelle, ont droit de faire l'exercice public de leur Religion dans ladite Ville : in-4. 60 pages.

Cet Ecrit a été fait un peu avant la révocation de l'Edit de Nantes : il est sans date & sans nom d'Auteur & d'Imprimeur.]

6039. ☞ Les derniers efforts de l'innocence affligée : *La Haye*, Arundeus, 1682, in-12.]

6040. Apologie pour les Réformés, où l'on voit la juste idée des Guerres Civiles de France, & les vrais fondemens de l'Edit de Nantes : Entretien curieux entre un Protestant & un Catholique : *La Haye*, Arundeus, 1683, in-12.

Bayle, dans sa *Lettre sur les Anonymes*, pag. 64, à la fin du Théâtre des Anonymes & Pseudonymes de Placcius, attribue cette Apologie à Paul FETIZON, Ministre Réformé en Champagne, & qui l'a été depuis en Allemagne. Cet Apologiste réfute l'Histoire du Calvinisme de M. Maimbourg.

6041. ☞ Actes de l'Assemblée générale du Clergé de France de 1682, concernant la Religion : *Paris*, Léonard, 1682, in-12.

On y trouve les Pièces suivantes : 1.° Lettre de l'Assemblée à tous les Prélats du Royaume : 2.° Avertissement Pastoral à ceux de la Religion Prétendue-Réformée, pour les porter à se convertir : 3.° Mémoire contenant les diverses méthodes dont on peut se servir pour leur conversion : 4.° Deux Lettres du Roi.]

6042. ☞ Réflexions sur le Monitoire du Clergé de France, addressé aux Protestans du Royaume : 1683, in-12.]

6043. ☞ Remarques sur l'Avertissement Pastoral, avec une Relation de ce qui se passa au Consistoire d'Orléans, quand il y fut signifié, &c. (par Claude PAJON, qui y étoit Ministre) : *Amsterdam*, 1685, in-12.

Ddd 2

On peut en voir un Abrégé dans le *Dictionnaire* de CHAUFEPIÉ, Remarque G. de l'Article *Pajon*.]

6044. Tableau naïf des persécutions qu'on a faites en France à ceux de la Religion Réformée : *Cologne* [ou plutôt en Hollande] 1684, *in-*12.

☞ On y trouve aussi une » Apologie pour le mouvement arrivé dans le Dauphiné, le Vivarais & les » Cévennes.]

6045. Eloge de Matthieu de Larroque, Ministre de Rouen ; par Paul BAUDRY, aussi Ministre de Rouen.

Cet Eloge est imprimé dans l'article V. des *Nouvelles de la République des Lettres*, *de Mars*, 1684, *p.* 50. De Larroque est mort en 1684, & Baudry en 1706.

6046. ☞ Ejusdem Vita ; auctore Daniele DE LARROQUE, filio.

Cet Abrégé est imprimé à la tête de l'Ouvrage [de Matthieu, père] intitulé : *Adversariorum sacrorum, Libri tres* : *Lugduni-Batavorum*, 1688, *in-*8.]

☞ Daniel de Larroque a embrassé dans la suite la Religion Catholique, & est mort à Paris en 1731. *Voyez* son article dans le *Supplément* au *Moréri* de 1749, ou dans la *Nouvelle édition du Moréri*, 1759.]

6047. ☞ Histoire de la Vie & des Ouvrages de Matthieu de Larroque ; par le Père NICERON.

Dans ses *Mémoires*, *&c. tom. XXI. pag.* 223.]

6048. ☞ Actes de l'Assemblée générale du Clergé de France de 1685, & Edits du Roi : *Paris*, Léonard, 1685, *in-*12.

Les Pièces de ce Recueil sont, 1. Requête présentée au Roi par l'Assemblée de 1685, au sujet des injures & calomnies des Prétendus-Réformés contre la Religion Catholique : 2. Doctrine de l'Eglise opposée à leurs calomnies : 3. Edit du Roi en conséquence de ladite Requête : 4. Arrêt du Parlement, pour faire, par M. l'Archevêque de Paris, un état des Livres qu'il jugera nécessaire de supprimer : 5. Mandement dudit Archevêque, & Catalogue desdits Livres : 6. Arrêt du Parlement pour la suppression : 7. Edit du Roi, du 22 Octobre 1685, portant défenses de faire aucun exercice public de la Religion Prétendue-Réformée dans son Royaume, & révocation de l'Edit de Nantes.]

6049. ☞ Histoire de Claude Pajon, Ministre d'Orléans, & qui y mourut en 1685, peu avant la révocation de l'Edit de Nantes.

Dans le *Dictionnaire* de CHAUFEPIÉ.]

6050. Histoire des Réformés de la Rochelle & du Pays d'Aunis, depuis l'an 1660 jusqu'en 1685 ; par [Abraham] TESSEREAU : *Amsterdam*, Savouret, 1689, *in-*12. 1708, *in-*8.

Cet Auteur, qui étoit Secrétaire du Roi, & Huguenot, est mort en 1691.

6051. ☞ Réflexions politiques par lesquelles on fait voir que la persécution des Réformés est contre les véritables intérêts de la France ; (par Charles ANCILLON) : *Cologne*, 1685, *in-*12.

Bayle a mal conjecturé que cet Ouvrage étoit de Sandras de Courtils.

Voyez les *Nouvelles de la République des Lettres*, 1685, *Novembre*.]

== Histoire de la révocation de l'Edit de Nantes, & Ouvrages à ce sujet.

Voyez ci-après, N.° 6184 *& suiv.*]

6052. ☞ Poésies Chrétiennes, ou Méditations sur les divers états de souffrances où l'Auteur & sa famille se sont trouvés à Nérac, les années 1685 & 1686, *in-*12.]

6053. ☞ L'Hérésie détruite, ou Charenton, Poëme héroique en six Chants ; par Eustache LE NOBLE, ancien Procureur-Général au Parlement de Metz : *Paris*, Michallet, 1685, *in-*4.

On trouve un détail de ce qui fut fait en 1685 à Charenton, avec une Description du Temple démoli. *Mercure Galant*, 1686, 2 part. pag. 156-159. *Voyez* aussi les *Nouvelles Recherches sur la France* : (*Paris*, Hérissant fils, 1766) *tom. I. pag.* 181-188.]

6054. La France toute Catholique sous le règne de Louis-le-Grand, ou Entretiens de quelques François : *Lyon*, 1685, *in-*12. 3 vol. [*S. Omer*, 1686.]

Cet Ouvrage a été composé par GAUTEREAU, autrefois Ministre.

6055. Histoire du Calvinisme ; par Pierre SOULIER, Prêtre : *Paris*, 1686, *in-*4.

L'Histoire de Soulier, Prêtre du Diocèse de Viviers, est bonne & appuyée ; aussi le Père Daniel, dans son *Histoire de France*, dit que cet Ouvrage est composé sur les Pièces les plus authentiques.

== Parallele de l'Hérésie des Albigeois & de celle des Calvinistes, avec l'Histoire de la dernière révolte des Calvinistes du Vivarais ; par DE LA VALETTE : ci-devant [N.° 5759.]

Cette révolte a servi, en quelque façon, de prélude & de motifs aux Edits que le Roi commença dès-lors & a continué de donner, pour éteindre l'Hérésie.

6056. Grand Louis, Roi des François, prenez garde que la France ne tremble par la chute des Huguenots. Etat présent de la misère des Huguenots en France, représenté dans des Discours, où l'on voit la cause de leur persécution : 1686, *in-*4. [en Allemand].

6057. ☞ Plaintes des Protestans cruellement opprimés dans le Royaume de France ; (par Jean CLAUDE) : *Cologne*, 1686, *in-*12.

Les mêmes, avec une Préface de Jacques BASNAGE, contenant des Réflexions sur la durée de la persécution, & sur l'état présent des Réformés en France : *Cologne*, 1713, *in-*12.]

6058. ☞ Remarque sur Lucas Jansse, Ministre à Rouen, mort à Rotterdam en 1686.

Dans le *Dictionnaire* de CHAUFEPIÉ. On y voit l'usage que les Protestans ont fait des Pièces badines & satyriques dès le commencement de leur Réforme.]

6059. ☞ Extrait du Registre des Résolutions des Etats de la Province de Groningue & des Ommelandes, touchant les privileges & immunités que lesdits Etats ont ac-

Hérésies nées en France : Calvinistes.

cordés aux Réfugiés François, Février, 1686 : *Groningue, in-12.*

Les autres Provinces des Pays-Bas Protestans firent la même chose que celle de Groningue.]

6060. ☞ Lettres instructives & historiques sur la divinité de Jesus-Christ, & sur ce qui s'est passé en Languedoc à la révocation de l'Edit de Nantes ; par TRIBOLET : *Dijon*, 1709, *in-12.*]

6061. Abrégé de la Vie de Jean Claude, Ministre de Charenton ; par ABR. D. L. D. P. *Amsterdam*, Savouret, 1687, *in-12.*

Ces lettres initiales signifient Abraham DE LA DEVESE, Pasteur ; il l'a été de Castres, puis de la Haye.
Jean Claude est mort en 1687 [à la Haye.]

6062. Histoire du même Ministre ; par Pierre BAYLE.

Cette Vie est imprimée dans son *Dictionnaire historique & critique.*

6063. ☞ Histoire de la Vie & des Ouvrages du même ; par le Père NICERON.

Dans ses *Mémoires, &c. tom. IV. pag.* 381.]

6064. Histoire & Apologie de la Retraite des Pasteurs, à cause de la persécution de France : *Francfort*, Corneille, 1687, *in-12.*

Elie BENOIST, Ministre de l'Eglise Wallone [ou Françoise] de Delft, est l'Auteur de cette Histoire.

6065. Sentiment désintéressé sur la Retraite des Pasteurs de France, ou Examen du Livre précédent ; par Gabriel DARTIS : *Deventer*, Hamel, 1688, *in-12.*

Dartis étoit Ministre de l'Eglise de Berlin en Brandebourg.

6066. Défense de l'Apologie pour les Pasteurs, contre le Livre intitulé : Sentiment désintéressé, &c. par Elie BENOIST : *Francfort*, 1688, *in-12.*

6067. Histoire des Variations des Eglises Protestantes ; par Jacques-Benigne BOSSUET, Evêque de Meaux : *Paris*, 1688, *in-4.* 2 vol. 1690, *in-12.* 5 vol. [&c. Nouvelle édition : *Paris*, 1767, avec les Défenses, &c.]

Le sçavant Auteur de cet excellent Ouvrage est mort en 1704.

6068. Eloge d'Estienne le Moine, de Caen, Professeur en Théologie à Leyde ; par Henry BASNAGE DE BEAUVAL.

Cet Eloge est imprimé dans l'article V. de l'*Histoire des Ouvrages des Sçavans*, 1689, *Avril.*
Le Moine est mort en 1689, & Basnage de Beauval en 1710.

6069. ☞ Histoire de la Vie & des Ouvrages du même ; par le Père NICERON.

Dans ses *Mémoires, &c. tom. XIII. pag.* 79.]

6070. Histoire de la Religion des Eglises Réformées, dans laquelle on voit la succession de leur Eglise, la perpétuité de leur Foi depuis le huitième siècle, l'établissement de leur Réformation, &c. par Jacques BAS-NAGE, Ministre de Rotterdam : *Rotterdam*, Acher, 1690, *in-8.* 2 vol.

Cette même Histoire augmentée, est imprimée dans la quatrième partie de son *Histoire de l'Eglise : Ibid.* 1699, *in-fol.*

6071. Histoire de l'établissement des Réfugiés dans les Etats de son Altesse Electorale de Brandebourg ; par Charles ANCILLON, Historiographe de cette Altesse : *Berlin*, 1690, *in-8.*

☞ » Charles Ancillon composa cet Ouvrage par un
» principe de reconnoissance pour les marques de géné-
» rosité que l'Electeur avoit données aux Réfugiés. On
» y voit que les bontés de ce Prince s'étendirent à tous
» les différens états. Les gens de Lettres y goûterent le
» repos à l'abri des soins rongeans de la misère, & y
» jouirent des douceurs de la Société dans les Conféren-
» ces qui se tenoient chez M. Spanheim, leur Mécène,
» & l'un des ornemens de cette Cour, aussi-bien que de
» la République des Lettres. Les gens de guerre y trou-
» vèrent des emplois pour signaler leur valeur, & les
» Artisans des avantages pour exercer leur industrie.
» Tous ensemble & composoient comme un corps, ran-
» gé sous les Juges de la Nation. L'Electeur eût plutôt
» vu épuiser ses trésors, que sa charité : ce fut-là une
» ample matière à Panégyrique, pour notre Auteur ».
Dictionnaire historique & critique, de Jacques-Georges DE CHAUFEPIÉ, au mot *Ancillon*, Note A.]

6072. ☞ Les Héros de la Ligue, ou la Procession Monacale conduite par Louis XIV. pour la conversion des Protestans : *Paris*, (*Londres*) Peters, 1691, *in-4.*

Vogt, qui le met parmi les Livres rares, dit qu'il contient plusieurs figures bien gravées, & une Explication satyrique.]

6073. ☞ Avis important aux Réfugiés sur leur prochain retour en France, donné pour étrennes à l'un d'eux en 1690 ; par M. C. L. A. A. P. D. P (Pierre BAYLE) : *Paris*, veuve Martin, 1692, *in-12.*]

6074. Vie de Pierre Thominès, Sieur du Bosc, Ministre de Caen ; par Philippe LE GENDRE, ci-devant Ministre de Rouen, à présent de Rotterdam.

Cette Vie est imprimée avec les *Lettres* de du Bosc : *Rotterdam*, 1694, *in-8.* L'Auteur a écrit la Vie de du Bosc, son beau-père, qui a été Ministre à Rotterdam, & qui y est mort en 1691.

☞ Nouvelle Edition : Vie du Ministre Pierre du Bosc, &c. enrichie de Lettres, Harangues, Dissertations & autres Pièces importantes : *Amsterdam*, Wetstein, 1716, *in-8.*]

6075. Histoire de Pierre du Bosc ; par Pierre BAYLE.

Cette Histoire est imprimée dans son *Dictionnaire historique & critique.*

6076. Discours sur la Vie de David Ancillon, & ses dernières heures ; par Charles ANCILLON, son fils, Historiographe de l'Electeur de Brandebourg : *Basle*, 1698, *in-12.*

[Cette] Vie abrégée est [encore] imprimée avec les *Mélanges de Critique, &c.* de David Ancillon, publiés par son fils : *Basle*, 1698, *in-12.* 2 vol.
David Ancillon, ancien Ministre de Metz, est mort [à Berlin] en 1692, & Charles son fils en 1715.

6077. ☞ Eloge du même.

Il se trouve au *Journ. Littéraire de la Haye*, tom. *IX*.]

6078. ☞ Histoire de la Vie & des Ouvrages du même ; par le Père NICERON.

Dans ses *Mémoires, &c.* tom. *VII. pag.* 378.]

6079. ☞ Histoire du même ; par Jacques-Georges DE CHAUFEPIÉ.

Dans son *Dictionnaire historique*.]

6080. Relation des Miracles que Dieu a faits dans les Cévennes en Languedoc ; par Claude BROUSSON, Ministre : *Amsterdam*, 1694, *in*-8.

Ces Miracles sont les attroupemens, &c. que les Calvinistes de ces cantons firent alors, & pour lesquels Brousson fut puni dans la suite. Sur ce qu'on appelloit alors les Petits Prophètes du Dauphiné, &c. [Voyez pag. 70, de la lettre J. du *Dictionnaire historique & critique* de Jacques-Georges DE CHAUFEPIÉ.]

6081. Abrégé de la Vie de Claude Brousson, de Nismes, Avocat au Parlement de Toulouse, puis Ministre dans les Cévennes.

Cette Vie est imprimée avec ses *Lettres & Opuscules* : *Utrecht*, 1701, *in*-8.
Ce Ministre révolté fut exécuté à mort en 1698.

6082. Histoire des divers événemens concernant les Protestans de France ; par Estienne CAMBOLIVE, Avocat au Parlement de Toulouse : *Amsterdam*, 1698, *in*-12.

Cet Auteur de la Religion Prétendue-Réformée est mort en 1706.

6083. ☞ Relation de tout ce qui s'est passé dans les affaires de la Religion Réformée, & pour ses intérêts, depuis le commencement des Négociations de la Paix de Riswyk ; (par Pierre J U R I E U) : *Rotterdam*, 1698, *in*-4.

Le Ministre Jurieu venoit de travailler fortement auprès de toutes les Puissances Protestantes, pour les engager à prendre à cœur les intérêts des Réformés de France : ses soins & ceux de quantité d'autres, n'eurent point le succès qu'ils avoient désiré ; mais à la sollicitation de diverses personnes, il publia cette Relation, dit M. Chaufepié, *pag.* 77. de la Lettre J. de son *Dictionnaire*, tom. *II*.]

6084. ☞ Histoire de la Persécution faite à l'Eglise (Réformée) de Rouen : *Rotterdam*, 1704, *in*-12.

Voyez sur ce Livre, l'*Histoire des Ouvrages des Sçavans*, 1703, *Juin*, par Basnage de Beauval, frère du principal des anciens Ministres de Rouen, dont on trouvera l'Eloge, ci-après, N.os 6130 & *suiv*.]

6085. Relation des [Assemblées & des] persécutions des Fanatiques du Vivarais, contenue dans plusieurs Lettres d'Esprit FLÉCHIER, Evêque de Nismes.

Ces Lettres sont imprimées dans le tom. II. de ses *Lettres choisies*, & dans le tom. II. de ses *Lettres Pastorales* : *Paris*, Estienne, 1712, *in*-12. [*Lyon*, 1734, *in*-12. 2 vol.] Cet Evêque est mort en 1710.
M. Fléchier son neveu, Chanoine de Nismes, a publié ces Lettres choisies.]

6086. Histoire du Fanatisme de notre temps, & le dessein que l'on avoit en France de soulever les mécontens des Calvinistes ; par [David-Augustin] DE BRUEYS, de Montpellier, *Paris*, Muguet, 1692, *in*-12.

Cette première partie finit en 1689, & la suivante va jusqu'en 1701.

Suite de cette Histoire, où l'on voit les derniers troubles des Cévennes ; par le même : *Paris*, le Roy, 1709-1713, *in*-12. 4 vol. *Montpellier*, 1709-1716, *in*-12.

☞ La même Histoire du Fanatisme, continuée jusqu'après 1710 : *Utrecht* (*Paris*, Briasson) 1737, *in*-12. 3 vol.

Voyez sur ce Livre, *Journ. des Sçav.* 1710, *Juillet*. = *Mém. de Trévoux*, 1711, *Juillet & Août*. = Le Père Niceron, tom. *XXXII. pag.* 52. = *Réfl. sur les Ouvr. de Litter.* tom. *II. pag.* 134. = Lenglet, *Méth. histor.* tom. *III. pag.* 124.

David-Augustin Brueys, Avocat à Montpellier, né dans la Religion Protestante, dont il prit la défense contre M. de Meaux, abandonna cette Religion à la révocation de l'Edit de Nantes. Il est mort en 1723.]

☞ La même Histoire, nouvelle Edition augmentée du Traité de l'obéissance des Chrétiens aux Puissances temporelles ; par (le même) M. BRUEYS : *La Haye*, Scheurleer (& *Paris*, Briasson) 1755, *in*-12. 3 vol.]

6087. ☞ Relation de la mort de M. l'Abbé de Langlade du Chayla, &c. par les Fanatiques des Cévennes ; par M. DE RESCASSIER : *Toulon*, 1703, *in*-12.]

6088. Histoire nouvelle & abrégée de la révolte des Cévennes : *Paris*, Pepie, 1712, *in*-8.

☞ *Voyez* sur ce Livre les *Mémoires de Trévoux*, 1713, *Mai*.]

La même, sous ce titre : Histoire du soulèvement des Fanatiques dans les Cévennes, lequel a commencé en 1702, & a été entièrement terminé en 1705 ; par M. D. *in*-12. *Paris*, Nyon, 1713.

Cette Histoire, qui a été composée par DUVAL, comprend ce qui est arrivé dans les Cévennes, depuis l'an 1702, jusqu'en 1705. Mais l'Auteur ne marque ni le temps, ni le lieu où les choses se sont passées, dont il ne rapporte aucun détail.

☞ *Voyez* sur cette Histoire, les *Mémoires de Trévoux*, 1713, *Octobre* ; 1714, *Janvier*.]

6089. Le Fanatisme renouvellé, ou l'Histoire des sacrilèges, des incendies, des meurtres & autres attentats que les Calvinistes révoltés ont commis dans les Cévennes, depuis le commencement de leur Révolte ; par [Jean-Baptiste] LOUVRELOEIL, Prêtre de la Doctrine Chrétienne : *Avignon*, Chastaigner, 1704-1706, *in*-12. 4 vol.

Voyez Lenglet, *Méth. historiq.* tom. *III. pag.* 124.]

La même Histoire traduite en Anglois : *Londres*, 1707, *in*-8.

Cet Ouvrage, qui comprend ce qui s'est passé depuis 1702 jusqu'en 1706, est plutôt un Recueil de Mémoires, qu'une Histoire digérée & faite dans les formes.

6090. Lettre de l'Auteur du Fanatisme re-

Hérésies nées en France : Calvinistes.

nouvellé, à M. Brueys de Montpellier, du 2 Mai 1710 : *in-4*.

M. Brueys avoit critiqué cet Auteur.

6091. Mémoires du Marquis de Guiscard, dans lesquels sont contenues les entreprises qu'il a faites dans le Royaume & hors le Royaume de France, pour le recouvrement de la liberté de sa Patrie : *Delft*, 1705, *in-12*.

☞ Ces Mémoires regardent particulièrement les affaires des Religionnaires dans les Cévennes, en 1701 & 1702, & sur-tout en 1703. C'est une première partie, & il n'y a eu que celle-là d'imprimée. Le Marquis de Guiscard avoit porté le nom d'Abbé de la Bourlie.]

6092. ☞ La Clef des prophéties de M. Marion & des autres Camisards : *Londres*, 1707, *in-12*.]

6093. Le Théâtre sacré des Cévennes, ou Récit des prodiges arrivés dans cette partie du Languedoc, & des petits Prophètes ; par Maximilien Misson : *Londres*, 1707, *in-8*.

Cet Auteur est un François réfugié en Angleterre.

Le même Théâtre, traduit en Anglois : *Londres*, 1707, *in-8*.

☞ Il contient les prétendues dépositions d'une vingtaine de personnes qui rapportent ce qu'elles ont fait ou dit, vu ou entendu dans les Cévennes, relativement à ce qu'elles appellent prophéties. Misson, qui avoit passé jusqu'alors pour un homme d'esprit, poussa dans ce Recueil la crédulité & le fanatisme aussi loin qu'on peut le faire : il mourut à Londres au commencement de 1721.]

6094. ☞ Préservatif contre le Fanatisme & les prétendus Inspirés des derniers siècles ; par Samuel TURRETTIN : *Genève*, 1723, *in-8*.]

6095. Mémoires historiques de la Révolte des Fanatiques ; par DE GRIMAREST : *Paris*, Moreau, 1788, *in-12*.

Cet Auteur se nommoit Jean Léonor le Gallois de Grimarest ; il est mort en 1713.

6096. ☞ Mémoires de la guerre des Cévennes ; par Jean CAVELIER : *Londres*, 1726, *in-12*. (en Anglois.)

Cavelier avoit été le principal Chef des Fanatiques.]

6097. Mf. Relations en forme d'Histoire de la Révolte des Fanatiques Camisards ; par Joseph DE LA BEAUME, Conseiller au Présidial de Nismes.

Ce Conseiller est mort en 1715. Ses Relations sont conservées au Château d'Aubais, près de Nismes, dans la Bibliothèque de M. le Marquis d'Aubais.]

6098. ☞ Mf. Recueil de Pièces concernant les Fanatiques : *in-4*.

Ce Manuscrit est conservé dans la Bibliothèque du Roi, entre les Manuscrits de M. Gaignières.]

6099. ☞ Mf. Mémoires particuliers sur les Assemblées qui furent tenues dans les Montagnes de Castres.

Il y en a une copie dans la Bibliothèque de M. le Marquis d'Aubais, num. 132.]

6100. ☞ Histoire des Camisards, où l'on voit par quelles fausses maximes de politique & de religion la France a risqué sa ruine sous le règne de Louis XIV. *Londres*, 1744, *in-12*. 2 vol.

C'est une espèce de Roman.]

6101. ☞ Histoire des troubles des Cévennes, ou de la guerre des Camisards, sous le règne de Louis-le-Grand, tirée de Manuscrits secrets & authentiques, & d'observations faites sur les lieux mêmes, avec une Carte des Cévennes ; par l'Auteur du Patriote Fran&ois impartial : *Villefranche*, 1760, *in-12*. 3 vol.

Cet Ecrivain est Protestant & très-partial : son Histoire commence en 1702, & finit en 1711.]

6102. ☞ Mf. Mémoires sur les derniers troubles de la Province de Languedoc ; par M. ROSSEL, Baron D'AIGALIERS.

Cet Ouvrage doit être entre les mains de l'Auteur.]

6103. ☞ Récit de la Vie & de la mort d'Elie Saurin (d'abord Ministre à Embrun, & ensuite à Utrecht, où il meurt en 1703.)

A la fin de son Traité de l'*Amour du Prochain* : *Amsterdam*, 1704, *in-8*.]

6104. ☞ Remarques sur le même.

Dans le *Dictionnaire historique & critique*, de M. Jacques-Georges DE CHAUFEPIÉ.]

6105. ☞ Abrégé de la Vie de Charles le Cène (Ministre à Honfleur, retiré ensuite en Angleterre, où il est mort en 1703); par Michel-Charles LE CÈNE son fils.

Dans l'*Avertissement de la Version de la Bible* ; par Ch. le Cène : *Amsterdam*, 1741, *in-fol*.]

6106. ☞ Histoire de Charles le Cène.

Dans le *Dictionnaire* de M. DE CHAUFEPIÉ.]

6107. ☞ Eloge (abrégé) de Marc-Antoine de la Bastide, mort en Angleterre le 4 Mars 1704.

Dans l'*Histoire des Ouvrages des Sçavans*, 1704, *Décembre*, dernier article. De la Bastide étoit de Milhau, l'un des anciens de l'Eglise Réformée de Charenton, & Auteur de quelques Ouvrages de Controverse.]

6108. ☞ Histoire de Louis Tronchin, d'abord Ministre à Lyon, & ensuite à Genève, où il est mort en 1705.

Dans le *Dictionnaire historique & critique*, de M. DE CHAUFEPIÉ. On trouve dans cet article, comme dans celui de *Joseph Saurin*, un détail curieux sur les divisions des Protestans de France, qui donnèrent lieu au Formulaire qu'on fit signer à Genève.]

6109. ☞ Eloge historique d'Isaac Jaquelot (Ministre à Vassy, & mort à Berlin en 1708.)

Dans l'*Histoire des Ouvrages des Sçavans*, 1708, *Décembre*, pag. 686, & dans le *Journal des Sçavans* du même mois.]

6110. ☞ Histoire de la Vie & des Ouvrages du même ; par le Père Jean-Pierre NICERON, Barnabite.

Dans ses *Mémoires, &c. tom. VI. pag. 374*.]

6111. ☞ Remarques sur le même.

Dans le *Dictionnaire* de M. DE CHAUFEPIÉ.]

6112. Oratio funebris Pauli Reboletii, Privasiensis Occitani, Gallicæ Basileensis Ecclesiæ Pastoris; dicta à Jac. Christoph. ISELIO, Historiæ Professore publico: *Basileæ*, Genathii, 1710, *in-4*.

Paul Reboulet est mort en 1710. Il avoit été Ministre à Tournon le Privas, avant qu'il se retirât à Bâle.

6113. ☞ Vita Jacobi Gousset.

Elle se trouve à la tête de son Livre intitulé: *Confutatio Libri Chissouk Emouna*: *Amsterdam*, 1712, *in-fol*. Il fut d'abord Ministre à Poitiers, se retira en Hollande.]

6114. ☞ Histoire de la Vie & des Ouvrages de Jacques Gousset; par le P. NICERON.

Dans ses *Mémoires*, &c. tom. II. pag. 353, & tom. X. 1. part. pag. 100, 2. part. pag. 118.]

6115. ☞ Histoire de Pierre Jurieu, d'abord Ministre à Mer & à Sedan, ensuite à Rotterdam, où il est mort en 1713.

Dans le *Dictionnaire* de M. DE CHAUFEPIÉ.]

6116. ☞ Détail abrégé de la Vie, &c. de M. Charles Icard (d'abord) Ministre en France, & ensuite à Bremen (où il est mort en 1715); par M. ROSSAL (son gendre.)

Dans l'*Histoire critique de la République des Lettres*, 1717, *tom. XIV. pag. 283-301*.]

6117. ☞ Eloge historique de Pierre Allix, (qui a été Ministre à Charenton, & est mort à Londres en 1717.)

Dans les *Nouv. Litter*. (d'Allemagne) *tom. V. p. 286*.]

6118. ☞ Histoire de sa Vie & de ses Ouvrages; par le Père NICERON.

Dans ses *Mémoires*, &c. tom. XXXIV. pag. 23.]

6119. ☞ Remarques sur la Vie du même.

Dans le *Dictionnaire* de M. DE CHAUFEPIÉ.]

6120. ☞ Eloge de Jacques Bernard, Ministre en Dauphiné, & ensuite à Leyde, où il est mort en 1718.

Dans les *Nouvelles de la République des Lettres*, 1718, *Mai & Juin, pag. 289 & 309*.]

6121. ☞ Abrégé de la Vie du même.

Dans l'*Europe sçavante*, *tom. IV. pag. 151*, & dans le *Journal Littéraire*, *tom. X. pag. 222*.]

6122. ☞ Histoire de sa Vie & de ses Ouvrages; par le Père NICERON.

Dans ses *Mémoires*, &c. tom. I. pag. 133.]

6123. ☞ Remarques sur le même.

Dans le *Dictionnaire* de M. DE CHAUFEPIÉ.]

6124. ☞ Abrégé de la Vie de Jean de la Placette.

Dans l'*Europe Sçavante*, *tom. III. pag. 310*.]

6125. ☞ Ejusdem Vita, è monumentis, ab ejus filia, Domina D'APREMON, concinnata.

Dans le Journal intitulé: *Bibliotheca Bremensis*: *Class. III. Fascic. VI. pag. 1106-1116*.]

6126. ☞ Histoire du même; par le Père NICERON.

Dans ses *Mémoires*, &c. tom. II. pag. 1 & *suiv*.]

6127. ☞ De Vita, morte & scriptis Petri Poireti; (auctore Andrea NORELLIO.)

Cette Histoire se trouve dans le Journal intitulé: *Bibliotheca Bremensis*, *Class. III. Fascic. I. p. 75-93*. Pierre Poiret étoit de Metz: il mourut en Hollande en 1719. Il avoit beaucoup de goût pour la mysticité, & il la répandit fort parmi les Protestans.]

6128. ☞ Histoire du même; par le Père NICERON.

Dans ses *Mémoires*, &c. tom. IV. pag. 144, & X. pag. 140.]

6129. ☞ Vie de David Martin (d'abord Ministre près de Castres, & ensuite à Utrecht, où il est mort en 1721.)

Cette Vie, qui est de M. CLAUDE, petit-fils du fameux Ministre de ce nom, se trouve dans les *Mémoires* du Père Niceron, *tom. XXI. pag. 270 & suiv*.]

6130. ☞ Eloge historique de Jacques Basnage (Ministre à Rouen, & ensuite à la Haye, où il est mort en 1723.)

Se trouve à la tête du second volume de ses *Annales des Provinces-Unies*: *Amsterdam*, 1726, *in-fol*.]

6131. ☞ Histoire de sa Vie & de ses Ouvrages; par le Père NICERON.

Dans ses *Mémoires*, &c. tom. IV. pag. 294, & tom. X. pag. 147.]

6132. ☞ Remarques sur le même.

Dans le *Dictionnaire* de M. DE CHAUFEPIÉ.]

6133. ☞ Eloge historique de David Ancillon fils, de Metz, mort Ministre à Berlin en 1723; par M. Samuel FORMEY.

Dans le tom. I. de ses *Eloges*: *Berlin*, 1754, *p. 144*.]

6134. ☞ Histoire de la Vie & des Ouvrages de Jacques Abbadie (de Béarn, mort près de Londres en 1727); par le Père NICERON.

Elle se trouve dans ses *Mémoires*, &c. tom. XXXIII. pag. 381. Elle est faite d'après un Mémoire communiqué.]

6135. ☞ Remarques sur le même.

Dans le *Dictionnaire* de M. DE CHAUFEPIÉ.]

6136. ☞ Histoire d'Elie Benoît, d'abord Ministre à Alençon, & ensuite à Delft en Hollande, où il est mort en 1728.

Dans le *Dictionnaire* de M. DE CHAUFEPIÉ.]

6137. ☞ Mémoire touchant la Vie de M. (Daniel) de Superville (d'abord Ministre à Loudun, ensuite) Pasteur de l'Eglise Wallone à Rotterdam (où il est mort en 1728.)

Dans le *Journal Littéraire*, *tom. XIII. pag. 197*.]

6138. ☞ Remarques sur le même.

Dans le *Dictionnaire* de M. DE CHAUFEPIÉ.]

6139. ☞ Mémoire historique de la Vie, de la mort & des Ouvrages de M. (Jacques) Lenfant (de Basoche en Beauce) mort Ministre à Berlin en 1728.

Dans la *Bibliothèque Germanique*, *tom. XVI. p. 115*,
&

Hérésies nées en France : Calvinistes.

& à la tête de son *Histoire des Hussites* : *Amsterdam*, 1731, *in*-4.]

6140. ☞ Histoire du même ; par le Père NICERON.

Dans ses *Mémoires, &c.* tom. *IX.* pag. 243-257.]

6141. ☞ Remarques sur le même.

Dans le *Dictionnaire* de M. DE CHAUFEPIÉ.]

6142. ☞ Eloge de Philippe Naudé (de Metz, mort à Berlin en 1729 ; par M. Samuel FORMEY.)

Dans la *Bibliothèque Germanique*, tom. *XXXVI.* pag. 177. On trouve dans la *Nouvelle Bibliothèque Germanique*, tom. *V.* part. 1, l'Eloge de Philippe Naudé son fils, qui étoit né à Metz, & qui mourut à Berlin en 1745.

Voyez aussi leurs articles dans le *Dictionnaire* de M. DE CHAUFEPIÉ. Leurs Eloges se trouvent encore dans le *Recueil* de ceux que M. Formey a publiés à *Berlin*, 1757, *in*-12. 2 vol.]

6143. ☞ Eloge historique de Jacques Saurin, de Nismes, Ministre à la Haye, mort en 1730.

Dans les *Lettres sérieuses & badines*, tom. *IV.* p. 603. *Voyez* aussi la *Bibliothèque raisonnée*, tom. *XXVI.* part. *II.*]

6144. ☞ Remarques sur le même.

Dans le *Dictionnaire* de M. DE CHAUFEPIÉ.]

6145. ☞ Eloge de Pierre Daudé (de Marvejols en Gévaudan, mort en Angleterre l'an 1733.)

Dans la *Bibliothèque Britannique*, tom. *I.* pag. 167-183.]

6146. ☞ Eloge de Philippe Forneret, de Beaune, mort Ministre à Berlin en 1736 ; par M. FORMEY.

Dans la *Bibliothèque Germanique*, tom. *XXXV.* & entre les *Eloges* de M. Formey (*Berlin*, 1757) tom. *II.* pag. 14.]

6147. ☞ Mémoire abrégé sur la Vie & les Ouvrages de M. (Isaac) de Beausobre (de Niort, mort Ministre à Berlin, en 1738) ; par M. FORMEY.

Dans la *Biblioth. Germanique*, tom. *XLIII.* pag. 68, & dans le *Recueil des Eloges de Berlin*.]

6148. ☞ Vie de M. de Beausobre ; par M. DE LA CHAPELLE (Ministre à la Haye) ; écrite sur les Mémoires d'une personne très-sûre & très-instruite.

A la fin du tom. *II.* des *Remarques* de M. de Beausobre, *sur le Nouveau Testament* : *La Haye*, 1742.]

6149. ☞ Lettre de M. FORMEY, à M★★★ (de Mauclerc) sur la Vie précédente.

Dans le *Journal Littéraire d'Allemagne*, tom. *II.* pag. 173.]

6150. ☞ Remarques sur M. de Beausobre.

Dans le *Dictionnaire* de M. DE CHAUFEPIÉ, au mot *Beausobre*.

Voyez encore au mot *Toland* (tom. *IV.* pag. 451) où est rapportée une conversation de M. de Beausobre, avec ce fameux Athée Anglois : elle avoit déjà été imprimée au tom. *VI.* de la *Bibliothèque Germanique*, pag. 19 *& suiv.*]

Tome I.

6151. ☞ Histoire de la Vie & des Ouvrages de M. (Mathurin Veyssiere) la Croze : avec des Remarques de cet Auteur sur divers sujets ; par Ch. Et. JORDAN : *Amsterdam*, Changuion, 1741, *in*-8.

On en trouve l'Abrégé dans le *Recueil des Eloges* de M. Formey, tom. *II.* pag. 63-79. Mathurin Veyssiere, de Nantes, avoit été Bénédictin, dont il quitta l'Ordre en 1696, pour embrasser le Calvinisme : il mourut à Berlin Bibliothécaire du Roi de Prusse, en 1739, âgé de 77 ans & près de six mois. Le surnom de la Croze qu'il prit, & sous lequel il est connu, est celui d'une métairie de sa famille.]

6152. ☞ Remarques sur le même.

Dans le *Dictionnaire* de M. DE CHAUFEPIÉ.]

6153. ☞ Eloge historique de Paul Emile Mauclerc, de Paris, Ministre à Stettin, où il est mort en 1742 ; par M. Samuel FORMEY.

Dans la *Nouvelle Bibliothèque Germanique*, tom. *I.* pag. 1-8.]

6154. ☞ Eloge historique de M. Alphonse des Vignoles (d'abord Ministre à Aubais & au Caylar, ensuite à Berlin, où il est mort en 1744) avec le Catalogue de ses Ouvrages ; par M. (Samuel) FORMEY, Secrétaire de la Société Royale de Berlin.

Dans les *Mémoires* de cette Société, tom. *I.* p. 111-119 ; dans la *Nouvelle Bibliothèque Germanique*, tom. *II.* pag. 251, & dans le *Recueil des Eloges* dressés par M. Formey (*Berlin*, 1757) tom. *I.* pag. 1-17.]

6155. ☞ Remarques sur le même.

Dans le *Dictionnaire* de M. DE CHAUFEPIÉ.]

Edits & Ouvrages qui les concernent. Synodes des Prétendus-Réformés. Divers Recueils à leur sujet, &c.

6156. Recueil contenant les Edits de pacification & Articles accordés par le Roi Henri III. à ses Sujets de la Religion Prétendue-Réformée, en 1577 : *in*-8.

6157. ★ Discours sur l'Edit du Roi concernant la réunion de ses Sujets à la Religion Catholique ; par Antoine DE PERUSSE ; *Paris*, Royer, 1586, *in*-12.

6158. ★ Guidon des Catholiques sur l'Edit du Roi nouvellement publié en la Cour du Parlement, pour la réunion de ses Sujets à l'Eglise Catholique, Apostolique & Romaine : *Paris*, du Coudret, 1587, *in*-8.

6159. Edit de Henri IV. Roi de France & de Navarre, sur la pacification des troubles de son Royaume, donné à Nantes en 1598 : *Nantes*, 1598, *in*-8.

» Soffroy CALIGNON, Chancelier de Navarre, étoit
» un homme d'un grand mérite, soit que l'on considère
» son sçavoir, son esprit & son expérience dans les affai-
» res, soit qu'on ait egard à la douceur & à l'honnêteté
» de ses mœurs. J'ai travaillé [dit Jacques-Auguste de
» Thou, sous l'année 1596, de son *Histoire de France*]
» avec lui pendant trois ans à dresser l'Edit de Nan-
» tes ». Ce Chancelier, qui étoit de la Religion Prétendue-Réformée, est mort en 1606.

Ec q

6160. Discours sur l'Edit du mois d'Avril 1598, touchant la Religion : *in-8*.

6161. Articles particuliers, extraits des généraux, que le Roi a accordés à ceux de la Religion Prétendue - Réformée, ensuite de l'Edit de Nantes : *Nantes*, 1598, *in-8*.

6162. Recueil des Edits de pacification, accordés aux Religionnaires, depuis l'an 1561 jusqu'en 1598; par P. D. B. *Genève*, 1599, 1627, *in-8*.

Ce Recueil a été publié par Pierre DE BELLOY.

6163. Conférence des Edits de pacification des troubles émus au Royaume de France, pour le fait de la Religion; par Pierre DE BELLOY, Avocat-Général au Parlement de Tolose : *Paris*, Mettayer, 1600, *in-8*. *Grenoble*, 1659, *in-8*.

Ce Recueil va depuis 1561 jusqu'en 1599.

6164. La Guyenne d'Antoine LOISEL, Avocat au Parlement de Paris, c'est-à-dire, huit Remontrances faites en la Chambre de Justice de Guyenne, sur le sujet des Edits de pacification, &c. *Paris*, 1605, *in-8*.

Cet Auteur est mort en 1617.

6165. Articles particuliers accordés par le Roi [Louis XIII.] à ceux de la Religion Prétendue-Réformée : *Paris*, Morel, 1621, *in-8*.

6166. Décisions Royales sur les principales difficultés de l'Edit de Nantes; par J. A. M. D. L. P. D. D. 1626, *in-8*.

Ces lettres initiales signifient J. A. Ministre de la parole de Dieu.

6167. Recueil des Arrests de la Cour des grands Jours de Poitiers, contre ceux de la Religion Prétendue-Réformée, contre leurs Exercices, leurs Ecoles, leurs Presches, leurs Cimetières, &c. *Poitiers*, 1635, *in-8*.

6168. L'Edit de Nantes, avec les autres Edits & Déclarations des Rois Henri IV. Louis XIII. & Louis XIV. donnés en conséquence d'icelui. *Paris*, Estienne, 1644, *in-8*.

6169. Remontrance au Roi par les Officiers de la Religion Prétendue-Réformée de la Chambre de Guyenne, sur le sujet de l'Edit de Guyenne, sur le sujet de la dernière Déclaration de 1656 : *Montauban*, 1657, *in-4*.

L'Auteur de cette Remontrance se nommoit DE BRANCALAN, Avocat.

6170. ☞ Mémoire pour examiner les infractions faites aux Edits par les Prétendus-Réformés : 1661, *in-4*.]

6171. ☞ Factum ou Défense de ceux de la Religion Prétendue-Réformée, contre les Mémoires envoyés dans les Provinces par les Agens-Généraux du Clergé de France, pour examiner les infractions qu'ils disent avoir été faites aux Edits & Déclarations du Roi, par ceux de ladite Religion : *in-8*. (sans lieu ni datte.)

On met ici cette Pièce, quoiqu'elle n'ait pas un rapport direct avec la précédente.]

6172. ☞ Bernardi MEYNIER, è Societate Jesu : de Executione Edicti Nannetensis in Occitania : *Pezenatii*, 1663, *in-8*.

De ejusdem Executione in. Delphinatu : *Valentiæ*, 1664, *in-8*.

De ejusdem Executione in Provincia Aquitaniæ, Pictaviæ, Ingolismensi, &c. *Augustoriti Pictonum*, 1665, *in-8*.

De l'Edit de Nantes, exécuté selon les intentions du Roi Henri IV. en ce qui concerne l'établissement de l'Exercice public de la Religion Prétendue-Réformée, & selon les ordres qu'il a donnés sur ce sujet, trouvés dans les Manuscrits de la Bibliothèque du Roi; avec les articles secrets de l'Edit du 17 Septembre 1577; par le même Auteur : *Paris*, Vitré, 1670, *in-8*.]

6173. Explication de l'Edit de Nantes, par les autres Edits de Pacification, Déclarations & Réglemens; par Pierre BERNARD, Conseiller au Présidial de Béziers; avec un Recueil des Edits, Déclarations, Arrêts, donnés à l'occasion & contre les Religionnaires de France, depuis l'an 1656 jusqu'en 1666 : *Paris*, Vitré, 1666, *in-8*.

6174. Seconde édition, avec les Observations de Pierre SOULIER : *Paris*, 1683, *in-8*.

6175. Décisions Catholiques, ou Recueil général des Arrêts rendus en toutes les Cours souveraines de France, en exécution ou interprétation des Edits qui concernent l'Exercice de la Religion Prétendue-Réformée; avec les raisons fondamentales desdits Arrêts, tirées de la Doctrine des Pères de l'Eglise, des Conciles, & des Loix civiles & politiques du Royaume. Examiné & approuvé par l'Assemblée générale du Clergé; par Jean FILLEAU, Chevalier de l'Ordre du Roi, Conseiller en ses Conseils d'Etat, son premier & ancien Avocat au Siège Présidial, & Doyen des Docteurs Régens ès Droits en l'Université de Poitiers : *Poitiers*, Fleuriau, 1668, *in-fol*.

Cet Auteur est mort en 1682.

6176. Abrégé des Actes, Titres & Mémoires, concernant les affaires du Clergé de France, & tout ce qui s'est fait contre les Hérétiques, depuis S. Louis jusqu'à présent; par [Charles-Emmanuel] BORJON, Avocat en Parlement : *Paris*, 1680, *in-4*.

C'est l'abrégé du tom. VI. du *Recueil* de le Gentil, sur cette matière. Borjon y a ajouté des Mémoires historiques sur les Edits de Pacification tirés du Livre de Pierre Bernard, avec les Edits depuis l'an 1561 jusqu'en 1629.

☞ Borjon étoit de Pont de-Vaux en Bresse : il est mort le 4 Mai 1691, âgé d'environ 58 ans.]

6177. Abrégé des Edits, des Arrêts & Déclarations de Louis XIV. touchant ceux de la Religion Prétendue-Réformée, avec des Réflexions; par Pierre SOULIER, Prêtre : *Paris*, 1681, *in-12*.

Hérésies nées en France : Calvinistes.

6178. Histoire des Edits de Pacification, & des moyens que les Prétendus-Réformés ont employés pour les obtenir, contenant ce qui s'est passé de plus remarquable depuis la naissance du Calvinisme jusqu'à présent; par le même: *Paris*, Dezallier, 1682, *in-12*.

Ce Livre est fort curieux; le principal dessein de l'Auteur est de faire voir comment tous les Edits accordés en faveur des Protestans, ont été extorqués par la force des armes; & que nos Rois se sont trouvés dans la nécessité de les confirmer, pour entretenir la paix dans leurs Etats.

6179. Recueil d'Edits, Déclarations & Arrêts, tant du Conseil que du Parlement, rendus au sujet de la Religion Prétendue-Réformée : [*en Hollande*] 1682, *in-12*.

6180. Etat des Réformés en France, où l'on fait voir que les Edits de pacification sont irrévocables, que néanmoins on les renverse entièrement, & que par-là on ôte aux Réformés tous les moyens de subsister; avec l'Apologie du projet des Réformés en 1683, pour la conservation de la liberté de conscience : *La Haye*, Beck, 1685, *in-12*. 3 vol. *Ibid.* 1686, *in-8*. 2 vol.

Claude BROUSSON, Avocat de Nismes, depuis Ministre, dont il est parlé ci-dessus, N.° 6080, est l'Auteur de cet Ouvrage.

6181. Nouveau Recueil de tout ce qui s'est passé pour & contre les Protestans, particulièrement en France; par Jacques LE FEVRE, Docteur en Théologie : *Paris*, Léonard, 1686, *in-4*.

Recueil de ce qui s'est passé en France de plus considérable contre les Protestans, depuis la révocation de l'Edit de Nantes; par le même : *Paris*, 1686, *in-4*.

» Ce nouveau Recueil [dit Soulier à la fin de son
» *Histoire du Calvinisme*] contient dans la première par-
» tie un Abrégé fort succinct, ou pour mieux dire un
» Extrait de mon Histoire des Edits, que cet Auteur a
» copié depuis l'an 1574 jusqu'en 1656, qu'il a renfer-
» mé dans une quinzaine de feuilles. La seconde partie
» de ce Recueil est une explication de l'Edit de Nan-
» tes, que cet Auteur a donnée au public huit ou dix
» mois après que cet Edit a été révoqué. Il y a transcrit
» les Observations que M. Bernard avoit faites sur cet
» Edit, il y a vingt-cinq ans, & celles que j'y ai ajoutées
» en 1683, lorsque j'en donnai une seconde édition,
» sans citer ni parler de nos Ouvrages ».

Jacques le Fevre est mort en 1716.

6182. L'Irrévocabilité de l'Edit de Nantes, prouvée par les principes de Droit & de Politique; par C. A. Docteur en Droit, & Juge de la Nation Françoise : *Amsterdam*, 1688, *in-12*.

Ces lettres initiales signifient Charles ANCILLON, mort en 1715.

☞ *Voyez Histoire des Ouvrages des Sçavans*, 1688, *Novembre*. = *Journal de Leipsick*, 1689, *pag*. 260.]

6183. Histoire Apologétique, ou Défense des Libertés des Eglises Réformées de France; avec un Recueil d'Edits, & autres Piè-
Tome I.

ces servant à justifier les principaux faits : *Mayence* [*Amsterdam*, des Bordes] 1688, *in-8*. 2 vol.

6184. ☞ La France intéressée à rétablir l'Edit de Nantes; (par Charles ANCILLON) : *Amsterdam*, des Bordes, 1690, *in-12*.]

6185. Histoire de l'Edit de Nantes, contenant les choses les plus remarquables qui se sont passées en France, avant & après sa publication, à l'occasion de la diversité des Religions, & principalement les contraventions, inexécutions, chicanes, artifices, violences & autres injustices que les Réformés se plaignent d'y avoir souffertes jusqu'à l'Edit de révocation en Octobre 1685, avec ce qui a suivi le nouvel Edit jusqu'à présent; (par Elie BENOIST, Ministre à Delft) : *Delft*, 1693 & 1695, *in-4*. 5 vol.

Ce Livre est écrit avec beaucoup d'aigreur & peu de fidélité : des Protestans même s'en sont plaints.

☞ L'Edit de Nantes est du mois d'Avril 1598. Mais quoique cet Ouvrage commence à l'an 1517, il s'étend principalement depuis 1589, à la mort de Henri III. jusqu'à l'an 1688. On trouve parmi les *Preuves*, quantité de Pièces intéressantes pour la vérité de l'Histoire.

Tome I. depuis 1517 jusqu'à 1610, & les Preuves.
Tome II. ——— 1610 ——— 1643, & les Preuves.
Tome III. ——— 1643 ——— 1665, & les Preuves.
Tome IV. ——— 1665 ——— 1683.
Tome V. ——— 1683 ——— 1688, ou 1693, & les Preuves des deux derniers Tomes.

La même Histoire, traduite en Flamand, publiée sous ce titre : Histoire des Eglises Réformées de France : *Amsterdam*, 1696, *in-fol*. 2 vol.

La même Histoire, traduite en Anglois : *Londres*, 1693, *in-4*.

Voyez sur cette Histoire, *Lettr*. de Bayle, tom. II. pag. 418. = *Hist. des Ouvr. des Sçav*. 1693, *Avril & Septembre* 1695. *Février, Mars, Août*, =Lenglet, *Méth. hist*. tom. III. pag. 126. = *Nouvel. Lettr*. de Bayle, tom. II. pag. 229. = *Journ. de Leipsick*, 1694, *pag*. 81. On a attribué sans raison cette Histoire à M. dans le *Catalogue* de M. d'Estrées, num. 15873, à Aymon.]

6185. ☞ Lettres instructives, &c. sur ce qui s'est passé en Languedoc à la révocation de l'Edit de Nantes.

Cet Ouvrage est indiqué ci-devant, N.° 6060.]

6186. ☞ Apologie de Louis XIV. & de son Conseil, sur la révocation de l'Edit de Nantes, pour servir de Réponse à la Lettre d'un Patriote, sur la Tolérance Civile des Protestans en France; avec une Dissertation sur la journée de S. Barthélemi : (*Paris*) 1758, *in-8*.

L'Auteur est l'Abbé Jean NOVI DE CAVERAC, né à Nismes en 1713, & obligé de sortir de France en 1763, à cause de ses Ecrits pour les Jésuites.

Deux Livres (que l'on indiquera ci-après) ont donné lieu à celui-ci : ils sont intitulés : *Mémoire Théologique & Politique, au sujet des Mariages clandestins des Protestans de France*, & *Lettre d'un Patriote sur la Tolérance, &c.* Quelques Exemplaires de cette Apologie portent le titre suivant : « Paradoxes intéressans sur la cause & les effets de la Révocation de l'Edit de Nantes, la Dépopulation & Répopulation du Royaume, l'Intolérance civile & rigoureuse d'un Gouvernement, pour servir de Réponse, &c. ». On peut en voir l'Extrait dans l'*Année Littéraire*, 1758, tom. *VIII*. Lettre 12.

L'Auteur prétend la tolérance civile des Protestans seroit un très-grand mal, & la plus grande faute que le Ministère pût faire. Il tire ses preuves des maux que la Prétendue-Réforme a faits à ce Royaume, & de ceux qu'on doit en craindre ; de l'esprit d'indépendance de cette Secte, & de son intolérance dans les lieux où elle est la plus forte. Il démontre enfin que deux Religions ne peuvent subsister dans un Etat Monarchique, sans se détruire l'une ou l'autre, & sans ruiner l'Etat, & que la révocation de l'Edit de Nantes n'a pas fait autant de mal qu'on se l'est persuadé : ce qu'il prouve par différens calculs. Son Ouvrage est rempli de critique & de réflexions utiles, sur le luxe, les tailles, la répartition des impôts, le commerce, la population.

On peut voir encore sur cette Apologie, l'*Histoire de Nismes*, tom. *VII*. pag. 696, col. 2, 697, col. 1, 699-701 & 709. M. Ménard répond à différentes critiques de l'Apologiste.]

6187. ☞ Origine, progressi, e ruina del Calvinismo nella Francia, ragguaglio historico di D. Casimiro FRESCHOT : *In Parma*, Pazzari, 1693, *in-4*.

Ce Casimir Freschot, Auteur de l'*Histoire du Congrès de la Paix d'Utrecht*, rapportée ci-après, étoit Franc-Comtois, natif de Mortau, sur la Frontière près de Neufchâtel, & Bénédictin de la Congrégation de Saint-Vannes : il passa d'Italie en Hollande, où il changea de Religion, & fit plusieurs autres Ouvrages.]

6188. ☞ MS. Requête des Protestans au Roi, en 1697 : *in-4*.

Elle se trouve dans la Bibliothèque de MM. les Avocats, à Paris, G. 23, fol. 333.]

6189. ☞ Supplément au Traité dogmatique & historique des Edits & autres moyens spirituels & temporels, dont on s'est servi dans tous les temps pour maintenir l'unité de l'Eglise Catholique ; par un Prêtre de l'Oratoire : *Paris*, de l'Imprimerie Royale : 1703, *in-4*.

Cet Ouvrage, qui sert de Supplément au Traité du Père Thomassin, de l'Unité de l'Eglise, a été composé par Charles BORDES, d'Orléans, Prêtre de l'Oratoire, mort en 1706. Il l'a fait pour répondre à l'*Histoire de l'Edit de Nantes*, écrite par Elie Benoît.

6190. ☞ Mémoire pour montrer que les Réformés François ne doivent pas être privés de la jouissance de leurs biens : *La Haye*, 1707, *in-4*.]

6191. ☞ Nouvelle plainte des Protestans de France, sur la révocation de l'Edit de Nantes, au Congrès de la Paix (qui se tient à Utrecht) : *La Haye*, Johnson, 1712, *in-4*.]

6192. ☞ Lettre à un Protestant François touchant la Déclaration, concernant la Religion, du 14 Mai 1724 ; (par Marc GUITON) : *Londres*, 1725, *in-12*. deux tomes en un volume.]

6193. ☞ Recueil des Edits & Déclarations, concernant la Religion Prétendue-Réformée : *Rouen*, 1729, *in-12*.]

6194. Historia Synodorum Nationalium à Reformatis in Gallia habitarum, Observationibus nonnullis illustrata à Thoma ITTIGIO ; Superintendente Lipsiensi : *Lipsiæ*, 1706, *in-4*.

Ce Docteur Luthérien est mort en 1710.

6195. Recueil des Synodes des Eglises Réformées de France, contenant les Actes, les Décisions, les Décrets, les Canons de ces fameux Synodes, tirés des Originaux ; formé par Jean QUICK, Ministre : *Londres*, Robinson, 1692, *in-fol*. 2 vol. [en Anglois.]

6196. Tous les Synodes Nationaux des Eglises Réformées de France, auxquels on a joint les Mandemens Royaux & plusieurs Lettres politiques, contenant les véritables causes des progrès & des catastrophes de la Religion Réformée, découvertes par la production qu'on y fait de cinquante Lettres écrites au Cardinal Charles Borromée ; par Prosper (DE SAINTE-CROIX) Evêque de Chisame. Le tout mis au jour par Jean AYMON, Théologien (Calviniste) & Jurisconsulte : *Rotterdam*, 1710, *in-4*. 2 vol. (en Italien & en François.)

☞ Les mêmes : *La Haye*, 1736, *in-4*. 2 vol.]

Ce nouveau Prosélyte, autrefois Prêtre du Diocèse de Grenoble, a voulu faire paroître son zèle pour la Communion qu'il venoit d'embrasser, en publiant ces vingt-neuf Synodes. Il y en avoit un Recueil complet dans la Bibliothèque de Jean de Witt, Pensionnaire de Hollande, qui est indiqué à la *pag*. 69, du *Catalogue de ses Manuscrits*.

Prosper de Sainte-Croix est mort en 1589.

Table Chronologique des Synodes Calvinistes, suivant l'ordre des temps.

Tome I.	Ann.	Page
I. de Paris,	1559.	1.
de Poitiers,	1560.	23.
d'Orléans,	1562.	23.
de Lyon,	1563.	33.
II. de Paris,	1565.	58.
de Verteuil,	1567.	71.
I. de la Rochelle,	1571.	98.
de Nismes,	1572.	112.
de Sainte-Foy,	1578.	126.
de Figeac,	1579.	138.
II. de la Rochelle,	1581.	146.
I. de Vitré,	1583.	155.
de Montauban,	1594.	173.
de Saumur,	1596.	194.
de Montpellier,	1598.	213.
de Gergeau,	1601.	223.
de Gap,	1603.	255.
III. de la Rochelle,	1607.	296.
de Saint-Maixant,	1609.	353.
de Privas,	1611.	393.
Tome II.		
de Tonneins,	1614.	1.
II. de Vitré,	1617.	78.
d'Alais,	1620.	138.
I. de Charenton,	1623.	232.
de Castres,	1626.	325.
II. de Charenton,	1631.	426.
d'Alençon,	1637.	527.
III. de Charenton,	1645.	621.
de Loudun,	1660.	707.

6197. ☞ La Discipline des Eglises Réformées de France, ou l'ordre par lequel elles sont conduites & gouvernées : dernière édition, avec le Recueil des Observations, revu, corrigé & amplifié, par J. D'HUISSEAU : *Paris, de Varennes*, 1667, *in*-4.]

6198. ☞ La confirmation de la Discipline Ecclésiastique des. Protestans de France, avec la Réponse des objections proposées à l'encontre : *Paris*, 1576, *in*-8.]

6199. ☞ Police & ordres gardés en la distribution des deniers aumônés aux Pauvres de l'Eglise Réformée en la Ville de Paris, accordés & publiés le 10 Décembre 1561 : *Paris*, 1562, *in*-12.]

6200. Ms. Colloque de Poissy, en 1561 : *in-fol.*

Ce Colloque est conservé entre les Manuscrits de M. Dupuy, num. 355.

6201. Ample Discours des Actes du Colloque de Poissy, avec le Sommaire des Oraisons du Chancelier, de Théodore de Beze, du Cardinal de Lorraine : 1561, *in*-8.

C'est quelque emporté Huguenot qui a publié ce Recueil, & qui a eu l'impudence de mettre le nom de Beze devant celui du Cardinal de Lorraine, sans avoir égard au rang ni à la naissance de ce Cardinal.

6202. ☞ Réponse faite le 4 Septembre 1561, par M. Théodore de Beze, en présence de la Reine-Mère, &c. sur ce que le Cardinal de Lorraine avoit répliqué, contre ce qui avoit été proposé en la première journée du Colloque (de Poissy) &c. *Genève*, 1561, *in*-12.]

6203. ☞ Six Sonnets de l'Assemblée des Prélats de France & des Ministres de la Parole de Dieu, tenue à Poissy l'an 1561, avec une Réponse aux Pasquins détournés de la Sainte-Ecriture, & appliqués à la mocquerie, en faveur desdits Prélats, par une Nonain Jacopine dudit Poissy.

Cette Pièce est imprimée au tom. II. des *Mémoires de Condé* : *Londres*, 1743, *in*-4.]

6204. ☞ Confession Catholique du Saint-Sacrement de l'Autel, faite par MM. les Prélats de France en l'Assemblée de Poissy, avec la Censure de celle que présenta Théodore de Beze & ses adhérans : plus l'Avis des Docteurs Théologiens de Paris & de ceux de Révérendissime & Illustrissime Cardinal de Ferrare, Légat du Saint Siège Apostolique en France, touchant l'usage des Images, présenté, reçu & approuvé en l'Assemblée faite à S. Germain-en-Laye, le 11 Février 1561 : *Paris*, 1562.]

== Actes (Satyriques) du Synode de Montpellier, du 15 Mai 1598.

Voyez ci-dessus, N.º 5864.

6205. ☞ Conférence tenue à Nancy sur le différend de la Religion, à l'effet de convertir Madame, Sœur unique du Roi, à la Catholique, Apostolique & Romaine, &c. *Item*, la Relation du succès de ladite Conférence, extraite des propres Lettres des Ministres J. COUET & D. DE LOSSE, dit la Touche ; & Déclaration de Madame sur ce sujet, par laquelle S. A. ferme l'action ; avec le double des Billets ou Pasquils qui ont couru durant ladite Conférence : 1600.

Cette Conférence fut tenue le 13 Novembre 1599. Le Père Commelet, Jésuite, & Frère Esprit, Provençal, Gardien des Capucins de Nancy, ne réussirent pas. Madame, par sa Déclaration du premier Décembre 1599, dit qu'elle persistoit dans sa Religion. On trouve dans cette Relation les raisons pour & contre.]

6206. ☞ Discours véritable de l'ordre & forme qui a été gardée à l'Assemblée faite à Fontainebleau, par le congé du Roi, pour l'effet de la Conférence accordée entre M. l'Evêque d'Evreux (Jacques-Davi du Perron) & le Sieur du Plessis-Mornay, le Jeudi, 4 du mois de Mai 1600, en présence de S. M. & de plusieurs Prélats, Princes, Seigneurs, &c. touchant la preuve des faussetés remarquées par ledit Sieur d'Evreux, en cinq cens Passages cités par le Sieur du Plessis, au Livre qu'il a n'aguères composé contre les Saints Sacrement de l'Autel & Sacrifice de la Messe, (intitulé : Institution de la Sainte Eucharistie) P. M. A. D. P P. *Anvers*, 1600, *in*-12.

M. du Perron, Evêque d'Evreux, sortit victorieux de cette Assemblée, dans laquelle il n'y eut que neuf Passages vérifiés & reconnus faux. Le Sieur du Plessis quitta la partie, sous prétexte de maladie, & les Commissaires se séparèrent. *Voyez* le *Journ. de Henri IV.*

Il y a deux Discours intitulés : *Discours véritable, &c.* tous deux en 1600. Le premier, qui est celui qui vient d'être rapporté est attribué à M. DU PERRON lui-même. Le second est seulement intitulé : *Discours véritable de la Conférence tenue à Fontainebleau le 4 de Mai 1600*, *in*-4. sans nom de lieu. Il est du Plessis-Mornay, ou d'un de ses partisans. Quoique dans le premier on fasse tout l'honneur à M. du Perron, il est certain que ce fut M. de Bérulle, qui n'étoit pas encore Cardinal, qui brilla le plus dans la Conférence, & que c'étoit lui qui avoit préparé tous les matériaux qui servirent à M. du Perron.]

6207. ☞ Réponse au Livre publié par l'Evêque d'Evreux, sur la Conférence tenue à Fontainebleau ; par Philippe DE MORNAY, Sieur du Plessis-Marly : *Saumur*, 1602, *in*-4.]

6208. ☞ Actes de la Conférence tenue entre le Sieur Evêque d'Evreux & le Sieur du Plessis, en présence du Roi, à Fontainebleau, le 4 de Mai 1600, publiés par permission & autorité de Sa Majesté ; avec la réfutation du faux Discours de la même Conférence (composé par du Plessis-Mornay, sous le titre de Discours véritable) ; par Messire Jacques DAVI (DU PERRON) Conseiller du Roi en son Conseil d'Etat, & son premier Aumônier. Seconde édition, augmentée, &c. *Evreux, le Marie*, 1602, *in*-12.]

6209. Ms. Actes de onze Synodes des Eglises Prétendues-Réformées, depuis 1559 jusqu'en 1612 : *in-fol.*

Les Actes de ces Synodes sont conservés entre les Manuscrits de M. Dupuy, num. 187.

6210. Mss. Vingt-quatre Synodes tenus par ceux de la Religion Prétendue-Réformée, depuis 1559 jusqu'en 1623 : *in-fol.* 2 vol.

Ces Actes sont conservés [à la Bibliothèque du Roi] entre les Manuscrits de M. de Brienne, num. 216-217.

6211. Mss. Synode National tenu à Castres en 1626, & celui de Charenton en 1631 : *in-fol.* 2 vol.

Ces Actes sont [aussi] conservés entre les Manuscrits de M. de Brienne, num. 218-219. » Antoine de Loménie a fait une compilation de Manuscrits. Il a eu soin » de recueillir ce qui a été fait pour & contre les Pro- » testans, depuis l'an 1523 jusqu'en 1634, dont il a » composé vingt volumes, qui [après la mort du Comte » de Brienne, fils d'Antoine de Loménie] ont passé de » la Bibliothèque du Cardinal Mazarin, dans celle du » Roi. Les Procès-verbaux des Assemblées Politiques » des Protestans, depuis la première tenue à Milhau, » l'an 1572, jusqu'à la dernière tenue à la Rochelle, » pendant les années 1621 & 1622, sont contenus en » sept volumes (ci-après énoncés.) Les Synodes Natio- » naux sont insérés en deux volumes (de cet article.) » Les Cahiers présentés à nos Rois, & les Manifestes » que les Calvinistes ont fait publier en divers temps, » occupent les autres onze volumes (énoncés ci-après) ». *Soulier, Préface de l'Histoire du Calvinisme.*

6212. Mss. Synode National de Saint-Maixant, en 1609; d'Alençon, en 1637; de Charenton, en 1645. Synodes Nationaux différens; Synode de Vitré, en 1617 : *in-fol.*

Les Actes de ces Synodes [étoient] num. 552, de la Bibliothèque de M. le Chancelier Séguier, [aujourd'hui à S. Germain-des-Prés.]

6213. Résultat des Assemblées Synodales des Eglises Réformées de France à Saint-Maixant : *la Rochelle*, 1616, *in-8.*

6214. Mss. Actes du Synode National de Paris, de 1559; d'Alais, de 1620, & d'Alençon, de 1637 : *in-fol.* 3 vol.

Les Actes de ces Synodes [étoient] conservés dans la Bibliothèque de M. Foucault [qui a été vendue.]

Quoique tous ces Synodes soient compris dans le Recueil publié par Jean Aymon, je rapporte cependant les Manuscrits, afin qu'on ne puisse justifier si cette édition est exacte & fidelle. [Voyez encore ci-après, N.° 6264.]

6215. Mss. Assemblées Politiques de ceux de la Religion Prétendue-Réformée, ès années 1582, 1593, 1605, 1611, 1615, 1619 & 1625 : *in-fol.*

Les Actes de ces sept Assemblées Politiques, sont conservés entre les Manuscrits de M. Dupuy, num. 213.

6216. Mss. Assemblées générales & politiques de ceux de la Religion Prétendue-Réformée, depuis 1572 jusqu'en 1622 : *in-fol.* 7 vol.

Ces Actes sont conservés entre les Manuscrits de M. de Brienne, num. 220-216 [à la Bibliothèque du Roi. ☞ Voyez encore ci-après, N.° 6264.]

6217. ☞ Mémoires des Assemblées politiques de Loudun, en 1596; de Vendôme, en 1596 & 1597; de Châtellerault, en 1597 : *in-fol.*

Ces Mémoires sont indiqués dans le Catalogue des Manuscrits de M. le Chancelier Séguier [aujourd'hui à S. Germain-des-Prés.]

6218. Mss. Assemblées politiques des mêmes, ès années 1593, 1594, 1595, 1596, 1597, 1601, 1605, 1608 & 1609, avec les Actes & Lettres originales des Prétendus-Réformés : *in-fol.*

Ces Actes sont conservés dans la Bibliothèque de M. le Chancelier Séguier, num. 532 [à S. Germain-des-Prés.]

6219. Mss. Continuation des Assemblées politiques de ceux de la Religion Prétendue-Réformée à Saumur, en 1601, *in-fol.*

Ce Manuscrit est indiqué dans le Catalogue des Manuscrits de M. le Chancelier Séguier [à S. Germain-des-Prés.]

6220. Véritable Discours de ce qui s'est passé en l'Assemblée politique des Eglises Réformées de France, tenue à Saumur l'an 1611. Réglement général dressé en cette Assemblée. Réponse à ce Cahier.

Ce Discours est imprimé dans le *Supplément des Mémoires du Duc de Rohan* : 1646, *in-4.*

6221. Mss. Diverses Pièces concernant l'Assemblée de Saumur.

Elles sont conservées dans la Bibliothèque de M. Févret de Fontette, Conseiller au Parlement de Dijon. Il y en a plusieurs en original, où se voyent les signatures des Chefs du parti ; les autres sont des copies anciennes & du temps.]

6222. ☞ Harangue prononcée par M. le Duc DE SULLY, à l'Assemblée de ceux de la Religion Prétendue-Réformée, tenue à Saumur en 1611.

Il demande conseil sur quatre points, au sujet de la démission qu'il a faite de ses charges : 1.° s'il doit laisser les choses dans l'état où elles sont : 2.° s'il doit demander purement & simplement d'y être rétabli : 3.° s'il doit se contenter de la récompense qu'on lui a promise, & s'il doit la demander : 4.° s'il doit demander une récompense d'honneur & de sûreté, plutôt qu'une de profit & d'utilité.

6223. ☞ Extrait des Actes de l'Assemblée générale des Eglises Réformées convoquée à Saumur, par la permission du Roi, au mois de Mai 1611.

L'Assemblée répond affirmativement à la seconde & à la quatrième question de M. de Sully, & charge ses Députés de se joindre à ce Seigneur, pour en faire instance, comme d'une chose qui regarde l'intérêt général des Eglises.]

6224. ☞ Harangue de M. le Duc DE SULLY, prononcée à ceux de l'Assemblée de Saumur.

Il les remercie de leur bonne affection envers lui, & proteste qu'il n'a aucune envie de rentrer dans ses charges, & qu'en cela ils ont mal interprété son intention.

Ces trois Pièces sont imprimées dans le *Recueil de plusieurs Harangues : Paris*, 1622, *in-8.*]

6225. ☞ Cahier de l'Assemblée de Saumur.

On le trouve imprimé dans le tom. II. du *Mercure François*. Il consiste en cinquante-sept articles, tendant à faire jouir les Prétendus-Réformés, tant ceux du Béarn que ceux de la France, de tout le contenu en l'Edit de

Nantes, qui avoit été modifié & changé en plusieurs choses importantes.]

6226. ☞ A l'Assemblée de Saumur (Discours.)

Cette Pièce est imprimée dans les *Mémoires du Duc de Rohan* : 1646, *in-12.*]

6227. Satyre Menippée, sur ce qui s'est passé en l'Assemblée de Saumur, au mois de Juin; avec la représentation des Tableaux de la Salle, & enrichissement des Bordures ; par DE TANTALE, Ministre de France : 1613, *in-12.*

C'est une Satyre ingénieuse de cette Assemblée de Saumur.

☞ Les principaux Chefs, du Plessis & le Duc de Sully, y sont tournés en dérision. Cette Pièce est suivie des deux Harangues du Duc de Sully, & de quelques Pièces en vers contre lui.]

6228. Mf. Lettres écrites aux Commissaires sur la réception & le renvoi des Députés d'aucunes Assemblées particulières, après la générale de Saumur : *in-12.*

Dans la Bibliothèque de M. Févret de Fontette, Conseiller au Parlement de Dijon.]

6229. ☞ Mf. Déclaration des Eglises Réformées de France, assemblées au Synode National de Privas, en 1612. Acte de la réunion, & Lettre dudit Synode.

Ces trois Pièces sont dans la Bibliothèque de M. Févret de Fontette, Conseiller au Parlement de Dijon.]

6230. ☞ Le Magot Génevois, découvert ès Arrêts du Synode National des Ministres Réformés, tenu à Privas l'an 1612 : 1613, *in-8.*

Voyez sut ce que contient cet Ouvrage (dont il y a une Traduction Latine, sous le titre de *Simius Genevensis detectus : Coloniæ,* 1614, *in-8.*) le *Dictionnaire* de Prosper Marchand, au mot *Barnaud,* Note E.]

6231. Mf. Assemblée générale de ceux de la Religion Prétendue-Réformée, tenue à Grenoble en 1615, transférée à Nismes, & puis à la Rochelle en 1616, avec plusieurs Actes & Pièces : *in-fol.*

Dans la Bibliothèque de M. le Chancelier Séguier, num. 552 [à S. Germain-des-Prés.]

6232. ☞ Mf. Extrait des Actes de l'Assemblée de Grenoble, & diverses Pièces sur celle de Nismes.

Dans la Bibliothèque de M. de Fontette à Dijon.]

On trouve dans l'*Histoire de Nismes* de M. MENARD, beaucoup de choses sur les Protestans de cette Ville, où ils étoient fort puissans, & avoient une Académie ou un grand Collège.]

6233. ☞ Avis du Maréchal DE LESDIGUIÈRES à l'Assemblée de Grenoble.

Cet Avis est imprimé au tom. IV. du *Mercure François.* L'Assemblée vouloit se rompre, parceque les Lettres qu'elle avoit reçues de ses Députés à la Cour, ne lui faisoient pas espérer une réponse favorable à ses Remontrances. M. de Lesdiguières l'exhorte à n'en rien faire, à prendre un parti plus doux & moins dangereux, & leur fait voir les inconvéniens auxquels ils s'exposent. Ce fut le 21 Septembre 1615, qu'il leur donna cet avis, qui partoit d'un homme de grande expérience.]

6234. ☞ Extrait d'un Discours intitulé : Le Repos des Esprits contre la défiance ; par un de la Religion, contre le résultat de l'Assemblée de Nismes.

Cet Extrait est imprimé au tom. IV. du *Mercure François.* L'Auteur fait voir à ses partisans combien folle étoit la confiance qu'ils ont eue au Roi d'Angleterre, & combien dangereuse seroit l'alliance avec l'Espagne. Il leur représente les motifs qui doivent les détourner de faire la guerre au Roi ; qu'il est plus sûr de demander la paix ; & que le serment qu'ils ont fait au Roi d'Angleterre de ne la demander que de son consentement, est injuste dans son principe & dans sa forme. Il prouve ensuite qu'il n'est jamais permis aux Sujets de se révolter, sous prétexte de Religion.]

6235. ☞ Mf. Pardon accordé à ceux de l'Assemblée de Milhau, en 1616, & Publication des Lettres d'abolition.

Dans la Bibliothèque de M. de Fontette, à Dijon. Les Lettres d'abolition sont en parchemin, & c'est l'Original.]

6236. ☞ Mf. Diverses Pièces sur l'Assemblée de Loudun.

Dans la même Bibliothèque. Plusieurs sont en original, & les autres en copies anciennes.]

6237. ☞ Mf. Harangues faites de la part de M. le Prince aux Assemblées des Eglises Réformées de Béarn, Grenoble, Nismes & la Rochelle.

Dans la Bibliothèque de M. Févret de Fontette, Conseiller au Parlement de Dijon.]

6238. Mf. Conférence de Loudun, en 1616: *in-fol.*

6239. Mf. Assemblée de Loudun, en 1619: *in-fol.*

Ces Actes & Pièces, contenus [avec le N.º 6231, ci-dessus] en trois volumes, sont conservés dans la Bibliothèque de M. le Chancelier Séguier, num. 552, [à S. Germain-des-Prés.]

6240. Mf. Les Antipodes pour & contre à l'Assemblée tenue à Loudun, en 1619 : 1620, *in-8.*]

6241. Mf. Actes de l'Assemblée générale des Eglises Réformées de France, tenue en 1621 & 1622 : *in-fol.*

L'Original des Actes de cette Assemblée est conservé dans la Bibliothèque du Roi, num. 9341. Et il y en a une Copie entre les Manuscrits de M. Dupuy, num. 427.

6242. ☞ Avertissement à l'Assemblée de la Rochelle : 1621.

Cet Avertissement parut au commencement du mois de Mars. On le trouve dans le tom. VII. du *Mercure François.* TILENUS, sçavant Ministre, & qui a beaucoup écrit contre M. du Moulin, en est l'Auteur. Il invite les Rochellois à rester dans l'obéissance, & leur représente le danger où ils s'exposent eux & toutes les Eglises Réformées. Il y avoit long-temps qu'il n'avoit rien paru de plus sensé, de plus modéré, & de plus capable de porter les esprits à la paix, que cet Ecrit.]

6243. ☞ Réglement dressé par l'Assemblée de la Rochelle, le 10 Mai 1621.

Il contient la division de la France en huit Cercles ou Départemens, dans chacun desquels on établira un Chef Général pour commander sous l'autorité (prétendue) de Sa Majesté, à tous ceux de la Religion. Ce Réglement est en quarante-sept Articles, tant de police que de discipline.

Cette Pièce est imprimée au tom. VII. du *Mercure François*. On trouve aussi dans ce *Mercure*, le détail de ces Cercles, qu'il réduit cependant à sept, avec les Villes de sûreté, le nombre des Eglises Réformées, & leurs Universités ou Collèges.]

6244. ☞ Recueil de ce qui s'est passé au Synode d'Anjou, tenu à Saumur en 1670; par D. C. (D'HUISSEAU): *in-8*. 1671.]

6245. Ms. Lettres & Mémoires concernant ceux de la Religion Prétendue-Réformée, & l'Edit de Pacification de 1598 [donné à Nantes]: *in-fol.*

Ces Lettres & Mémoires sont conservés entre les Manuscrits de M. Dupuy, num. 618.

6246. Ms. Recueil de Pièces, Lettres, Relations, & autres Mémoires concernant ceux de la Religion Prétendue-Réformée, depuis l'an 1562 jusqu'en 1613: *in-fol.*

Ce Recueil [étoit] dans la Bibliothèque de M. Baluze, num. 238 [aujourd'hui à la Bibliothèque du Roi.]

6247. Ms. Religionnaires: Chambre de l'Edit: *in-fol.*

Ces Pièces sont indiquées dans le Catalogue des Manuscrits de M. le Chancelier Séguier, [à S. Germain-des-Prés.]

6248. ☞ Ms. Actes & Mémoires concernant la Chambre de l'Edit à Castres.

Ce Manuscrit est dans la Bibliothèque de M. le Marquis d'Aubais. Cette Chambre de l'Edit, où les Prétendus-Réformés du ressort du Parlement de Toulouse avoient leurs causes commises, fut transférée en 1679 à Castelnaudari, par Louis XIV. & supprimée en 1685.]

6249. Ms. Edits, Actes & Mémoires, concernant ceux de la Religion Prétendue-Réformée, depuis l'an 1533 jusqu'en 1620, avec un volume d'additions: *in-fol.* 3 vol.

Ces Edits, Actes & Mémoires, sont conservés entre les Manuscrits de M. Dupuy, num. 322-323 & 333.

6250. Autres, depuis 1621 jusqu'en 1630: *in-fol.*

Ces autres Pièces sont conservées entre les mêmes Manuscrits, num. 100, & [étoit] dans la Bibliothèque de M. de Mesmes, num. 112.

6251. Ms. Edits, Arrests & autres Actes, depuis l'an 1523 jusqu'en 1628: *in-fol.* 8 vol.

6252. Ms. Mélanges, depuis 1556 jusqu'en 1629: *in-fol.*

6253. Ms. Autres, des années 1567, 1568, 1577, 1579, 1586, 1589 & 1600: *in-fol.*

Les Edits, Arrêts, &c. contenus en ces trois Articles, sont entre les Manuscrits de M. de Brienne, num. 205, 213, 214, & 215 [à la Bibliothèque du Roi.]

6254. Ms. Autres, depuis l'an 1559 jusqu'en 1635: *in-fol.*

Ce Recueil est conservé entre les Manuscrits de M. Dupuy, num. 428.

6255. Ms. Autres, depuis l'an 1523 jusqu'en 1637: *in-fol.* 13 vol.

Ce Recueil [étoit] conservé dans la Bibliothèque de M. l'Evêque de Séez [& est dans celle du grand Séminaire de S. Sulpice.]

6256. Ms. Lettres, Instructions & Mémoires de l'année 1560, touchant plusieurs poursuites qui se faisoient par l'autorité du Roi, contre ceux de la Religion nouvelle: *in-fol.*

Ces Originaux sont cités, *pag.* 466, des Manuscrits de M. de Thou.

6257. Ms. Recueil de diverses Pièces concernant ceux de la Religion Prétendue-Réformée: *in-fol.*

Ce Recueil est indiqué dans le Catalogue des Manuscrits de M. le Chancelier Séguier, [aujourd'hui à S. Germain-des-Prés.]

6258. ☞ Ms. Recueil de Pièces sur les affaires des Religionnaires: *in-fol.* 3 vol.

Ce Recueil est divisé en neuf Parties; sçavoir: 1.° Mémoires sur l'état des Huguenots en France: 2.° En faveur des Huguenots: 3.ᵃ Procès-verbaux de leurs Synodes, de Loudun en 1659, de Montpellier en 1660, du Vigan en 1660: 4.° Entreprises des Religionnaires & leurs contraventions aux Edits & Réglemens: 5.° Contre les Droits & Usages des Religionnaires du Royaume: 6.° Mémoires sur les moyens d'extirper l'Hérésie en France: 7.° Missions dans le Royaume, pour la conversion des Hérétiques: 8.° Missions d'Angleterre, Ecosse & Irlande, pour la conversion des Protestans: 9.° Moyens pour faire subsister les nouveaux Convertis en France.

Ces Manuscrits, dont la plûpart sont originaux, se trouvent dans le Cabinet de M. Poncet de la Grave, Procureur du Roi au Siège de l'Amirauté de France, à Paris.]

6259. Ms. Edits & Mélanges concernant ceux de la Religion Prétendue-Réformée: *in-fol.* 7 vol.

Ces Edits & Mélanges sont conservés dans la Bibliothèque de M. Colbert, num. 512, [à la Bibliothèque du Roi.]

6260. Ms. Recueil de plusieurs Pièces curieuses, servant à l'Histoire générale de France touchant les Religionnaires: *in-fol.*

Ce Recueil est dans la même Bibliothèque, num. 547.

6261. Ms. Discours des mouvemens de ceux de la Religion Prétendue-Réformée, depuis l'an 1619: *in-fol.*

Ce Discours est dans la même Bibliothèque, num. 552.

6262. Ms. Mémoires & Avis pour affaires d'Etat, & autres choses importantes touchant les Huguenots: *in-fol.*

Ces Mémoires & Avis sont conservés dans la Bibliothèque de M. le Chancelier Daguesseau.

6263. ☞ Ms. Diverses Pièces sur les Protestans de France, la plûpart d'écriture originale, & provenant de la Bibliothèque de Valentin Conrart.

Ces Pièces sont aujourd'hui (en 1766) dans la Bibliothèque de M. Simon Vanel de Milsonneau, âgé de 87 ans, qui possède entr'autres 18 vol. *in-fol.* & 14 vol. *in-4*. de Manuscrits de feu M. Conrart, contenant diverses Pièces Théologiques, Historiques & de Litterature, où il y a beaucoup de choses sur les Protestans.

Cet Académicien étoit de la Religion Prétendue-Réformée: il est mort en 1675.]

6264.

Hérésies nées en France: Calvinistes.

6264. ☞ Recueils de Relations, Mémoires & autres Pièces concernant les Prétendus-Réformés : *in-fol.* 32 vol.

Cette Collection, où se trouvent nombre de Pièces qui n'ont jamais été imprimées, est dans la Bibliothèque du grand Séminaire de S. Sulpice, à Paris. Elle vient de M. Turgot de Saint-Clair, Evêque de Séez, mort en 1727. Nous n'avons pas cru devoir séparer cet article, mais nous donnerons un Etat des parties de cette Collection, conformément au Catalogue dressé en 1730, par le célèbre Gabriel-Martin, Libraire, lors de la vente de la Bibliothèque de M. Turgot, *pag.* 259, num. 3550-3555.

1. Synodes tenus par ceux de la Religion P. R. depuis 1553 (1559) jusqu'en 1632, 5 vol.
2. La Discipline Ecclésiastique des Eglises P. R. de France, corrigée & augmentée sur la copie envoyée de Paris en 1597, & selon les articles des Synodes de Montauban, Saumur, Montpellier & Gergeau : 1 vol.
3. Actes des Assemblées de ceux de la Religion P. R. depuis 1571 jusqu'en 1622, 10 vol. (*Voyez* ci-devant, N.° 6116.)
4. Edits, Arrests & autres Actes concernant les P. R. depuis 1523 jusqu'en 1637, 13 vol. (*Voyez* ci-devant, N.° 6255.)
5. Plaidoyés & Arrests sur le fait de ceux de Cabrières & de Mérindol en Provence, depuis 1540 jusqu'en 1554, 1 vol. (*Voyez* ci-devant, N.° 5714.)
6. Mélanges sur les affaires de la Prétendue Réforme en France, depuis 1556 jusqu'en 1629, 2 vol. (*Voyez* ci-devant, N.° 6252.)

6265. ☞ Histoire de la Réformation en France (Ouvrage écrit en Anglois) : *Londres*, 1737 & 1739, *in-8.* 3 vol.]

6266. ☞ Avis à MM. les Religionnaires de France ; par M. FONBONNE, Prêtre & Chanoine : 1762, *in-12.*]

6267. ☞ Mémoire sur les Mariages des Protestans ; par M. GALAFREY : 1755, *in-8.*]

6268. ☞ Mémoire Théologique & politique au sujet des Mariages clandestins des Protestans de France : 1755, *in-8.*

On a attribué cet Ouvrage à M. Frédéric-Charles Baër, Aumônier de la Chapelle Royale de Suéde à Paris ; mais il l'a désavoué publiquement.]

6269. ☞ Dissertation sur la Tolérance des Protestans, & sur les Mariages clandestins : 1756, *in-12.*]

6270. ☞ La vérité vengée, ou Réponse à cette Dissertation ; par M. l'Abbé DE CAVEYRAC : 1756, *in-12.*]

6271. ☞ Lettre à l'Auteur de la Dissertation sur la Tolérance des Protestans ; par Jean-Henri MARCHAND, Avocat : 1756, *in-12.*]

6272. ☞ Lettre d'un Patriote sur la Tolérance civile des Protestans de France : 1756, *in-8.*]

6273. ☞ La voix du Patriote Catholique, opposée à celle du faux Patriote tolérant : 1756, *in-8.*]

6274. ☞ Mémoire politico-critique, où l'on examine s'il est de l'intérêt de l'Eglise & de l'Etat, d'établir pour les Calvinistes de France une nouvelle forme de se marier ; par M. l'Abbé DE CAVEYRAC : 1756, *in-8.*]

== ☞ Apologie de Louis XIV. (ou) Paradoxes intéressans, &c. par le même : 1758, *in-8.*

Voyez ci-devant, N.° 6186.]

☞ Il y auroit à traiter une partie d'Histoire concernant les Prétendus-Réformés, qui devient aujourd'hui intéressante. C'est ce qui regarde toutes les Colonies, que ceux qui sont sortis du Royaume depuis la Révocation de l'Edit de Nantes, ont établies en Angleterre, en Hollande, en Suisse, en divers Etats d'Allemagne, en Danemarck, &c. où elles forment des Corps distingués, connus sous le nom d'Eglises Françoises. Il faudroit y faire entrer la Notice des plus illustres Personnages en tout genre qui y sont morts, des enfans qu'ils y ont laissé, des avantages qu'ils ont procuré à chaque Pays, &c. l'état de chacune de ces Eglises Réformées, & ce qui s'y est passé : en un mot, on pourroit faire à peu près comme Ancillon a commencé à faire pour l'Eglise Françoise de Berlin. Une pareille Histoire appartient certainement à celle de France, puisqu'elle regarde des François, que chacune de ces Communautés sont comme étrangères dans les Pays où elles sont fixées, & qu'elles y conservent leurs langues, mœurs & usages, même encore aujourd'hui, quoiqu'il y ait pu avoir quelque altération en conséquence des Mariages avec les Etrangers qui leur ont donné l'hospitalité. En attendant cette Histoire, on doit rassembler les Vies éparses des principaux Ministres, & c'est ce qui nous a engagé à les rechercher, & à indiquer dans cette Edition tout ce que nous avons pu trouver.]

Tome I.   F f f f

CHAPITRE SIXIEME.

Actes & Traités concernant l'Histoire générale des Eglises de France.

ARTICLE PREMIER.

Actes des Conciles & des Synodes de France.

6275. ☞ Le Promptuaire des Conciles de l'Eglise Catholique, avec les Scismes & la différence d'iceux; fait par Jean LE MAIRE, de Belges, élégant Historiographe. Traité singulier & exquis, imprimé nouvellement: *Lyon*, Morin, 1532, *in*-12.

[La troisième Partie traite des Conciles de l'Eglise Gallicane. Cet Ouvrage, au reste, n'a d'autre mérite que d'être singulier & peu commun.]

6276. Conciliorum, Synodorumque Galliæ brevis & accurata Historia; auctore Philippo LABBE, è Societate Jesu: *Parisiis*, Henault; 1646, *in-fol.*

Cet Auteur est mort en 1667.

6277. ☞ Synopsis Historica Conciliorum, à Philippo LABBE: *Lutetiæ Parisiorum*, 1661, *in*-4.]

6278. Concilia antiqua Galliæ, tres in tomos ordine digesta; cum Epistolis Pontificum, Principum Constitutionibus, & aliis Gallicanæ rei Ecclesiasticæ monimentis; operâ Jacobi SIRMONDI è Societate Jesu: *Parisiis*, Cramoisy, 1629, *in-fol.* 3 vol.

Ces Conciles commencent au temps de l'Empereur Constantin, & vont jusques vers la fin du dixième siècle. Le Père Sirmond y a mis des notes à la fin de chaque volume; elles sont fort estimées. Il est mort en 1651.

» Le premier volume dédié & présenté à » Louis XIII. à son retour de la Rochelle, imprimé à » Paris en 1629, finit aux Lettres du Pape Zacharie, » environ l'an 751. Le second volume commence au » Concile de Verberie, en 752; & renferme tout le » temps des règnes de Pepin, de Charlemagne & de » Louis le Débonnaire, jusqu'à l'an 840. Il y a dans les » Notes une Notice des Monastères qui doivent au Roi » des soldats, des dons, ou des prières seulement. Le » troisième volume comprend tout le temps du règne » de Charles le Chauve, & des descendans de sa famille, » depuis 840 jusqu'à 987. On n'a pas fait mention dans » cette Collection des deux Conciles de Lyon assem- » blés par S. Irénée, contre les Hérésies de Valentin, de » Marcion, &c. & les Quartodécimans. Cette édition » fut attaquée par Petrus Aurelius, qui se vanta d'y » avoir découvert un nombre considérable d'erreurs, » dont il promit d'informer le Public; mais il ne s'ac- » quitta pas de sa parole. Le Père Sirmond répandit » dans le Public une Lettre pour s'en plaindre, qui fut » suivie de plusieurs réponses & de répliques de part & » d'autre ». *Traité de l'étude des Conciles;* (par François SALMON, Bibliothécaire de Sorbonne: *Paris*, 1724, *in*-4.) *pag.* 230 & *suiv.*

Il y a dans la Bibliothèque du Roi un Exemplaire de la Collection du Père Sirmond, avec des Notes manuscrites du sçavant Etienne Baluze, B. 1688, A. Catalog. tom. I. de la Jurisprudence, *Droit canoniq. pag.* 63.

Voyez encore sur cette Collection, le Père Niceron, tom. *XVII. pag.* 167. = *Vie de Pithou*, tom. *II. p*. 257. = *Mém. de Trévoux*, 1756, *Octobre, pag.* 2437. = Daniel, *Histoire de France, nouvelle édition*, tom. *I. Préf. pag.* 123.]

6279. Conciliorum antiquorum Galliæ à Jacobo Sirmondo editorum Supplementa: operâ Petri DE LA LANDE, Ricomagensis, Thesaurarii Ecclesiæ Regalis sancti Frambaldi Silvanectensis: *Parisiis*, apud Societatem, 1660, *in-fol.*

Ce Recueil contient les Conciles omis par le Père Sirmond. Le nouveau Collecteur y a ajouté ses Notes, pour suppléer à celles de ce Jésuite, qui étoit son grand oncle.

6280. Concilia novissima Galliæ, à tempore Concilii Tridentini celebrata; edita per Ludovicum ODESPUNC DE LA MESCHINIERE: *Parisiis*, Bechet, 1646, *in-fol.*

☞ » Louis Odespunc de la Meschiniere, étoit Prê- » tre de Tours. Il marque dans sa Préface, sa surprise » de ce que l'édition du Louvre contenoit des Conciles » assemblés chez les autres Nations, comme ceux de » Milan, d'Aquilée, de Cologne, de Mayence, & » qu'elle en avoit omis plusieurs de notre France, célé- » brés dans le même temps. On voit par le titre même » que son dessein n'étoit pas de ramasser (tous) les an- » ciens Conciles de France qui avoient été omis, parce- » que s'auroit été une trop grande entreprise ; mais il » s'est borné à ceux qui ont suivi le Concile de Trente; » & il dit qu'il n'y en a qu'un seul qui lui ait échappé, » qui est de la Province d'Embrun, & qu'il n'a jamais » pu le recouvrer...... Aubert le Mire donne en peu de » mots une idée assez juste de cette Compilation, *p*. 339. » de Ses Ecrivains du XVII.e siècle ». *Traité de l'Etude des Conciles, pag.* 235.]

6281. Conciliorum omnium Generalium & Provincialium Collectio Regia: *Parisiis*, è Typographia Regia, 1644, *in-fol.* 37 vol.

Cette édition [désignée ordinairement sous le nom des *Conciles du Louvre*] est la plus belle & la plus magnifique qui ait paru jusqu'à présent; elle est moins ample que celle qui suit. M. Lenglet dit, qu'il a vu des personnes qui assuroient que les Pièces & les Actes qui pouvoient intéresser le pouvoir des Rois, se trouvoient plus exacts dans cette édition, que dans les autres. On y a pourtant laissé passer, que Philippe-le-Bel avoit été justement excommunié.

☞ » On s'est servi de la Collection des Conciles de » France, faite par le Père Sirmond, qu'on y a ajoutée, » mais aussi avec les fautes qui étoient dans le texte, » sans consulter l'*Errata*, où ces fautes étoient corrigées, » & l'on ne sçait pourquoi l'on n'y a pas mis toutes les » Constitutions des Empereurs que le même Père avoit » publiées en 1631, dans son *Appendice du Code Théo- » dosien*, & les autres Pièces qui ont rapport aux Con- » ciles ». *Traité de l'Etude des Conciles, pag.* 209. *Voyez* encore, *pag.* 505 & 506.]

6282. Conciliorum Collectio maxima ad Regiam editionem exacta, quartâ parte auc-

Actes des Conciles & Synodes. 411

tior ; studio Philippi LABBE & Gabrielis Cossartii, è Societate Jesu : *Parisiis*, typis Societatis Typographicæ, 1672, *in-fol.* 18 vol.

Cette Collection est la plus ample que nous ayons.

☞ » Le Père Labbe étant mort au commencement » de 1667, le Père Cossart fut choisi pour continuer » l'Ouvrage ; il acheva les neuvième & dixième volumes » que son prédécesseur avoit commencés. Il donna le on- » zième en entier, avec l'Apparat, & mit la dernière » main à tout l'Ouvrage. La diversité du génie de ces » Auteurs n'a pas peu contribué à embellir cette Edi- » tion, peut-être aussi à y laisser un grand nombre de » fautes, dont elle est remplie. L'un étoit un des plus » actifs & des plus laborieux hommes du monde ; l'autre, » un des plus exacts & des plus judicieux.... Il y a un vo- » lume entier de Tables Chronologiques, Géographi- » ques, Historiques, &c. qui sont très-commodes à » ceux qui s'appliquent à la lecture des Conciles ». *Traité de l'Etude des Conciles*, pag. 210 & 213. *Voyez* encore diverses Remarques, pag. 506-514.

Le Père Labbe a inséré dans sa Collection, à la fin de chaque Concile, des Notes que le Père Sirmond a faites sur les Conciles de France, & qu'on ne peut assez louer.]

6283. ☞ Supplementum ad Concilia Labbæi : *Venetiis*, 1748, *in-fol.* 5 vol.]

6284. Collectio maxima Conciliorum Generalium & Provincialium, Decretalium & Constitutionum summorum Pontificum, Græcè & Latinè ; studio & operâ Joannis HARDUINI, è Societate Jesu : *Parisiis*, è Typographia Regia, 1700-1716, *in-fol.* 11 (ou 12) vol.

La vente de cette nouvelle édition a été arrêtée [pendant 10 ans] par l'autorité des Puissances ; parce-qu'on, sur le rapport des Commissaires nommés à l'examen de cet Ouvrage, il s'y est trouvé un grand nombre de Notes trop favorables aux préjugés des Ultramontains, indiquées dans la Table des Matières avec une espèce d'affectation.

☞ *Voyez* diverses Remarques sur cette Collection, dans le Traité de l'*Etude des Conciles*, par Salmon : (*Paris*, 1724, *in-4.*) pag. 216-227 & 516-547.

La Collection du Père Hardouin n'a été débitée qu'en 1725. Dès 1722 les Examinateurs nommés par le Parlement ayant achevé leur Censure, & de concert avec plusieurs Magistrats, il fut ordonné que leur Avis (ou Censure détaillée) seroit imprimé en Latin & en François, avec les Arrêts du Parlement à ce sujet, & que le tout seroit mis en entier à la tête du premier volume de la Collection du Père Hardouin ; & que dans les suivans il y auroit un Extrait de ce qui les concernoit chacun. Cet Ouvrage fut donc imprimé *in-fol.* en 1722. Mais les Jésuites se remuèrent, & promirent de donner eux-mêmes un volume de Supplément, où l'on corrigeroit ce qui méritoit de l'être. En conséquence la nouvelle Collection des Conciles fut débitée en 1725, ayant seulement en tête un Arrêt du Conseil, qui permet le débit & supprime l'Ouvrage des Censeurs imprimé par ordre du Parlement, lequel est d'une rareté infinie de cette édition *in-fol.*]

6285. ☞ Adjunctio, &c. Addition ordonnée par Arrêt du Parlement, pour être jointe à la nouvelle Collection des Conciles par le Père Jean Hardouin ; (en Latin & en François) : *Paris*, de l'Imprimerie Royale, 1722, *in-fol.*

Cette Addition fut supprimée avec le plus grand soin, comme on vient de le dire. Mais les Jésuites ne pensant point à remplir la promesse qu'ils avoient faite d'un Supplément, on fit réimprimer cette Addition en

Hollande, avec une Préface historique sous le titre suivant :

Avis des Censeurs nommés par la Cour du Parlement de Paris, pour l'examen de la nouvelle Collection des Conciles faite par les soins de Jean Hardouin, Jésuite, avec les Arrêts qui autorisent ledit Avis, & l'Arrêt du Conseil (du 21 Avril 1725) qui en a empêché la publication : *Utrecht*, 1730, *in-4.*

On y a mis un nouveau titre en 1751 ; mais c'est la même édition, comme il paroit par la *page ix.* de l'*Avertissement (historique* de J. B. CADRY :) on y dit qu'il s'est écoulé plus de cinq ans depuis la promesse du Supplément, &c.

Magnus Crusius, sçavant Allemand, avoit promis de publier avec des Observations, cette Censure, qu'il disoit avoir été composée à Paris par des personnes très-éclairées, & brûlée quelque temps après, mais dont il avoit un exemplaire. C'est ce qui se lit dans sa *Dissertatio Epistolica, de scriptis quibusdam integris, fragmentisque hactenus ineditis* : *Lipsiæ*, Gledisch, 1728, *in-4.*

Les Censeurs nommés par le Parlement, étoient Charles WITASSE (mort en 1716) Louis ELLIES DU PIN (en 1719) Philippe ANQUETIL (en 1721) Denys LEGER, tous quatre Docteurs de Sorbonne ; Pierre LE MERRE, Avocat au Parlement & du Clergé de France ; enfin Nicolas BERTIN. Les trois premiers étant morts avant que leur travail fût achevé, les trois autres furent autorisés à le poursuivre, & ils le présentèrent au Parlement, qui l'approuva.

Le célèbre LEIBNITZ, dès 1715, avoit critiqué la Collection du Père Hardouin, dans des Lettres qu'il écrivoit à Struvius : on en trouvera les Extraits au tom V. de ses *Œuvres*, qu'on a commencé à imprimer *in-fol.* en 1765, à Genève, chez les Frères de Tournes.]

6286. ☞ Recueil de Pièces (Manuscrites & imprimées) concernant la nouvelle Collection du Père Hardouin.

Il est dans la Bibliothèque du Roi : *Théologie*, B. num. 1684, A. Les Pièces imprimées sont, l'Addition, ou l'Avis des Censeurs, *in-fol.* & l'Arrêt du Conseil de 1725. Les Pièces Manuscrites sont :

Avis particulier de Pierre LE MERRE, de sa propre écriture.

Additions & changemens à faire suivant l'examen & le Rapport de M. le Cardinal de Rohan, avec Notes sur l'Edition du Père Hardouin, de l'écriture de l'Abbé DE TARGNY, son Théologien, & Sous-Bibliothécaire du Roi.

Mémoire ou Rapport des Commissaires nommés par Sa Majesté (où se trouvent des Remarques sur l'Avis des Censeurs, dont le texte est en marge) : Mémoire qui a donné lieu à l'Arrêt du Conseil de 1725.

Réponses sommaires aux Plaintes qu'on doit avoir été portées par M*** aux Chambres assemblées du Parlement, contre (ledit) Arrêt du Conseil.]

6287. ☞ Sacrorum Conciliorum nova & amplissima Collectio, in quâ, præter ea quæ Phil. Labbæus & Gab. Cossartius S. J. & novissimè Nicolaus Coleti in lucem edidere, ea omnia insuper suis in locis optimè disposita exhibentur, quæ J. Dominicus MANSI, Lucensis, Congregationis Matris Dei, evulgavit : Editio novissima ab eodem Patre MANSI, potissimum favore etiam & opem præstante Eminentiss. Card. Domin. Passioneo S. S. A. Bibliothecario, aliisque item eruditissimis viris manus auxiliatrices ferentibus,

Tome I. Fff 2

curata, novorum Conciliorum, novorumque Documentorum additionibus locupletata, ad Mss. Codices Vaticanos, Lucenses, aliosque recensita & perfecta. Accedunt etiam notæ quamplurimæ, quæ in cæteris editionibus desiderantur : *Florentiæ (Venetiis)* Ant. Zatta : *in-fol.*

On a publié le tom. VII. en 1762. Il comprend les Conciles depuis l'an 462 jusqu'à l'an 492.]

6288. ☞ Analyse des Conciles de l'Eglise Gallicane.

Elle se trouve par morceaux, en différens volumes du *Journal Ecclésiastique*, à commencer par le *Journal de Juin* 1762.]

6289. ☞ Galliæ diversa Concilia, & Statuta Synodalia.

» Les Pères Martenne & Durand (Bénédictins) en visitant les Chartes des Eglises Cathédrales & des Abbayes de France, ont tiré des copies d'une infinité de Pièces qu'ils ont jugées dignes de la curiosité du Public. Ils les ont distribuées en quatre Classes, dont la troisième contient un grand nombre de Conciles, qui ne sont point imprimés dans les éditions du Louvre, ni dans celle du Père Labbe ; les Canons de quelques Conciles qu'on avoit omis dans les éditions précédentes ; plusieurs Statuts Synodaux de Diocèses, & les Statuts faits dans les Chapitres généraux de quelques Ordres Réguliers. Parmi ces Conciles, tenus depuis le VIIIe siècle jusqu'au XVI. qui font la matière du quatrième volume, la plûpart appartiennent à l'Eglise de France ». *Traité de l'Etude des Conciles, p.* 242.]

6290. ☞ Concilia Galliæ Narbonensis, collecta & notis illustrata à Stephano BALUZIO, Tutelensi : *Parisiis*, Muguet, 1668, *in-8.*

Cet Auteur a donné l'an 1683, une nouvelle Collection des Conciles ; le tom. I. ne contient point de Conciles de France ; mais le tom. II. dont il a publié le projet en 1688, est rempli des Conciles de ce Royaume.

☞ Etienne Baluze est mort en 1718. Ses Manuscrits sont à la Bibliothèque du Roi. Il devoit donner quatre volumes. *Voyez* le *Traité de l'Etude des Conciles, pag.* 515 & 516.]

» Les Notes que ce Sçavant a données, tant dans cet Ouvrage, que dans son édition des Capitulaires, sont généralement estimées par tous ceux qui s'appliquent à l'étude des matières Ecclésiastiques ». *Catalogue des Principaux Auteurs*, à la fin du *Traité de l'Etude des Conciles.*]

6291. ☞ Mss. Concilia Galliæ Narbonensis, ab anno Christi 386, usque ad 1609 celebrata ; operâ J. DE RIGNAC, in supremâ Computorum Curiâ Monspeliensi Senatoris, in unum Corpus ex editis & ineditis digesta : *in-fol.*

Cet Ouvrage est conservé dans la Bibliothèque du Château d'Aubais, près de Nismes.]

6292. ☞ Mss. Florilegium sacrum ex Conciliis quatuordecim Galliæ Narbonensis, & tribus Avenionensibus, nec non Valentino, Bituricensi, Romano, Beneventano, Trojano & aliis nondum editis contextum : 3 vol. *in-fol.*

Ce Recueil est aussi dans la Bibliothèque du Château d'Aubais.]

6293. Concilia Ecclesiæ Rotomagensis ; edita studio Francisci POMMERAYE, Benedictini,

è Congregatione sancti Mauri ; cum Notis Antonii GODINI : *Rotomagi*, le Brun, 1677, *in-4.*

Editio nova auctior ; studio Guillelmi BESSIN, ex ejusdem sancti Mauri Congregatione, Officialis Fiscanensis : *Rotomagi* [Vaultier] 1717, *in-fol.*

☞ Dom François Pommeraye est mort en 1687.

» Le Père GODIN travailloit à une Collection des Conciles de la Province de Rouen : il en étoit au Concile de Lillebonne dans le Pays de Caux, tenu en 1080, quand il mourut. Le Père POMMERAYE lui succéda dans ce travail, & augmenta cette Collection (qu'il publia en 1677.) Elle étoit néanmoins encore incomplette : ce qui engagea le Père Julien BELLAISE à déterrer plusieurs Manuscrits, & à recueillir plusieurs Pièces imprimées pour y suppléer. Il y travailloit fortement quand il mourut en 1710 ; pour lors le Père Guillaume BESSIN fut chargé de continuer cet Ouvrage, & de le perfectionner. Sa Collection est divisée en deux parties. La première renferme les Synodes Provinciaux de Normandie, dont il y a des Actes : la seconde, les Synodes des Diocèses, avec les noms des Evêques & le temps auquel ils ont vécu. Il y a cependant une partie des Statuts Synodaux de cette Province, qui a échappé aux recherches du Père Bessin ». *Traité de l'Etude des Conciles, pag.* 244 & *suiv.*]

6294. ☞ Appendix ad Concilia Rotomagensia : *in-4.*]

6295. Concilia Provinciæ Turonensis ; studio Joannis MAAN.

Ces Conciles sont imprimés à la fin de son *Histoire Ecclésiastique de Tours* : *Augusta Turonum*, 1667, *in-fol.*

☞ » Jean Maan étoit Docteur en Théologie de la Faculté de Paris, Chanoine & Chantre de l'Eglise de Tours. Il a inséré [dans son Ouvrage] quelques Conciles tenus hors de la Province de Tours, où ses Archevêques se sont trouvés ». *Traité de l'Etude des Conciles, pag.* 247.]

6296. Canones Ecclesiastici, ad Ecclesiæ Gallicanæ usum collecti ; ab Adriano BEHOTIO, Magno Archidiacono Rotomagensi : *Parisiis*, Chevalier, 1605, *in-8.*

6297. Decretorum Ecclesiæ Gallicanæ, ex Conciliis ejusdem Oecumenicis, Statutis Synodalibus, Patriarchicis, Provincialibus ac Diœcesanis, Regiis Constitutionibus, Senatusconsultis, Episcoporum Galliæ scriptis, aliisque cum veterum tum recentium monimentis collectorum Libri VIII. Laurentii BOCHELLI, Crespeïensis Valesii & in suprema Parisiensi Curia Advocati operâ : *Parisiis*, 1609, 1621, *in-fol.*

Cet Ouvrage est une espèce de Code pour le Droit Canon de France ; il peut beaucoup servir en y joignant les Ordonnances faites depuis. *L'Abbé Lenglet.*

☞ » Laurent Bouchel a fait beaucoup de recherches sur les Conciles de France, & doit tenir lieu parmi les plus habiles Collecteurs, ou du moins parmi ceux qui ont le plus sçavamment rapporté au Droit Canon de France, ce qu'il y avoit de plus utile & de plus instructif dans les Conciles de ce Royaume. Toutes les matières Canoniques y sont traitées avec ordre, aussi-bien que ce qui peut servir à régler les mœurs, & ce qui regarde nos usages. Son Ouvrage est divisé en huit Livres ». *Traité de l'Etude des Conciles, pag.* 296.]

Voyez sur ce Livre, la Croix du Maine, *pag.* 284.

Actes des Conciles & Synodes.

= Struvius, *pag.* 449. = *Catal. des Auteurs du Droit-Canon*, Lenglet, *pag.* 229.]

6298. ☞ Collectio Judiciorum de novis erroribus qui, ab initio Duodecimi Seculi, usque ad annum 1720, in Ecclesiâ proscripti sunt & notati, &c. operâ & studio Caroli DU PLESSIS D'ARGENTRÉ, Episcopi Tutelensis : *Parisiis*, Cailleau, 1728, & ann. seq. *in-fol.* 3 vol.

Cette Collection renferme un très-grand nombre de monumens nécessaires pour l'Histoire de l'Eglise, & particulièrement pour l'Histoire Ecclésiastique de France. M. d'Argentré, mort en 1740, n'en a publié que 2 vol. le troisième l'a été par quelques jeunes Docteurs de Sorbonne, en 1736.]

Table alphabétique des Conciles & des Synodes de France.

Afin d'abréger les Citations des Recueils où se trouvent les Conciles de France, qui composent cette Table, je n'indique que le nom de l'Editeur ; avec le tome & la page de ce tome. Je marque ici les Recueils que je viens de rapporter ; & je désigne la Collection du Louvre, par ces mots : Edition du Louvre.

☞ On a indiqué ici, après les Conciles, les Statuts Synodaux de chaque Diocèse.]

A

6299. Concilium *Abrincatense*, anno 1172, celebratum.

Ce Concile d'Avranches est imprimé dans l'Edition du Louvre, tom. X. *pag.* 1477, Pommeraye, *pag.* 154.

☞ Dans Labbe, tom. X. *pag.* 1457. Hardouin, tom. VI. part. 2, *pag.* 1631. Bessin, *pag.* 84.]

6300. ☞ Synodales Constitutiones Arboricensis (seu Abrincatensis) Diœcesis, per prædecessores venerandos in Christo Patres, ejusdem Ecclesiæ Pontifices, decretæ & institutæ : postmodùm verò juxta variantium temporum qualitatem restauratæ & auctæ, ductû & auspiciis Reverendi in Christo Patris D. Roberti (CENALI) nunc primùm promulgatæ, scilicet sub anno 1550.

On trouve ces Statuts (qui furent imprimés vers ce temps) dans la Collection de Dom Bessin, *pag.* 263-295.]

6301. Statuts Synodaux de François PERICARD, Evêque d'Avranches, au Synode de l'année 1600 : *Rouen*, Petit, 1609, *in-8*.

☞ Ces Statuts sont réimprimés dans la Collection de Dom Bessin, *pag.* 296.]

6302. ☞ Statuts Synodaux de (Charles) DE VIALART, en 1643.

Dans la Collection de Dom Bessin, *pag.* 307.]

6303. ☞ Statuts Synodaux de M. D'AUMONT, en 1646 & 1647.

Dans la même Collection, *pag.* 311.]

6304. ☞ Statuts Synodaux de M. DE TESSÉ, en 1683.

Dans la même Collection, *pag.* 319.]

6305. ☞ Statuts Synodaux pour le Diocèse d'Avranches, lus & publiés dans le Synode de 1693 ; par Pierre-Daniel HUET : *Caen*, Cavelier, 1693, *in-8*.

Ils se trouvent aussi, *pag.* 344, de la Collection de Dom Bessin.]

6306. Concilium in sancti Ægidii Villa, anno: 1056 [vel 1042.]

Ce Concile de Saint-Gilles, Diocèse de Nismes, est imprimé dans Labbe, tom. IX. *pag.* 1082.

☞ Dans Hardouin, tom. VI. part. 1. *pag.* 1041.]

☞ Observations sur l'Epoque du Concile de Saint-Gilles, tenu au milieu du XI° siècle, & de quelques autres Conciles tenus à Narbonne vers le même temps : *Note* 34, du *Tom. II.* de l'*Histoire du Languedoc*, par DD. DE VIC & VAISSETE, *pag.* 611 & 612.

On y prouve que ce Concile de Saint-Gilles doit être de 1041.]

☞ Aliud, anno 1209.

Les Bénédictins, dans leur *Histoire générale du Languedoc*, tom. III. *pag.* 560, art. 2, l'indiquent, & remarquent qu'il a été omis par le Père Labbe, &c.]

Aliud, anno 1210.

Celui de 1210 est imprimé dans Labbe, tom. XI. *pag.* 54.

☞ Dans Hardouin, tom. VI. part. 1, *pag.* 1995.]

6307. Concilium *Agathense*, anno 506.

Ce Concile d'Agde est imprimé dans Sirmond, tom. I. *pag.* 161. Labbe, tom. IV. *pag.* 1381.

☞ Dans Hardouin, tom. II. *pag.* 995.]

6308. ☞ Disquisition historique sur la conduite de Ruricius, Evêque de Limoges, qui refusa d'envoyer au Concile d'Agde.

Dans les *Singularités historiques* de Dom Liron, tom. II. *pag.* 1-14.]

6309. Concilium *Agaunense*, anno 515.

Ce Concile de Saint-Maurice, dans le Pays de Vallais, est imprimé dans de la Lande, *pag.* 48. Labbe, tom. IV. *pag.* 1557 & 1827.

6310. ☞ Agaunensis Concilii Acta an sint supposititia ?

» Cette Question est traitée par ceux qui ont publié » les Actes des Martyrs de la Légion Thébéenne, sur- » tout par le P. le Cointe, au tom. III. de ses Annales, » & par Dom Thierry Ruynard, dans ses Actes sincères » des Martyrs ». Catalogue des principaux Auteurs à la suite du *Traité de l'Etude des Conciles.*]

Conventus Agaunensis circa annum 888.

Cette Assemblée est imprimée dans Labbe, tom. IX. *pag.* 400.

☞ Dans Hardouin, tom. VI. part. 1, *pag.* 399.]

6311. ☞ Statuta (*Aginnensia*) & Constitutiones Synodales illustrissimi Principis ac Reverendissimi in Christo Patris & D D. Joannis miseratione divinâ sacrosanctæ Rom. Ecclesiæ ; sancti Onoffrii, Diaconi Cardinalis A LOTHARINGIA, vulgariter nuncupati, Episcopi & Comitis Aginnensis, edita & promulgata , anno millesimo quingentesimo quadragesimo septimo : *Aginni*, Villote, 1547, *in-4*.

VALERIUS, Evêque de Carlile en Angleterre, Coad-

Juteur, Vicaire-Général & Official du Diocèse d'Agen, est le rédacteur de ces Constitutions. Il nous apprend dans son Epître Dédicatoire au Cardinal de Lorraine, Evêque d'Agen, que ces Statuts Synodaux avoient déja été imprimés.]

6312. Statuts & Réglemens Synodaux du Diocèse d'Agen, publiés depuis l'an 1666, renouvellés dans le Synode tenu en 1673 ; (par Claude LE BOULTZ): *Agen*, Bru, 1673, *in-12.*

6313. Concilium *Agrippinense*, anno 346.

Ce Concile de Cologne est imprimé dans Sirmond, tom. I. *pag.* 11. Edition du Louvre, tom. II. *pag.* 655. Labbe, tom. II. *pag.* 615.

☞ Dans Hardouin, tom. I. *p.* 631. Il est douteux.]

6314. ☞ Réglemens & Ordonnances publiées au Synode tenu à *Aire*; par Gilles BONTAULT : *Bordeaux*, la Court, 1643, *in-4.*]

6315. Concilium *Airiacense*, anno 1010.

Ce Concile d'Airy, dans le Diocèse d'Auxerre, est imprimé dans Labbe, tom. IX. *pag.* 842.

☞ Dans Hardouin, tom. VI. part. 1, *pag.* 825.]

6316. Concilium *Albiense*, anno 1254.

Ce Concile d'Alby est imprimé dans le tom. II. du Spicilège de Dom Luc d'Achery, *pag.* 630. Labbe, tom. XI. *pag.* 720.

☞ Dans Hardouin, tom. VII. *pag.* 455.]

6317. Synodale Diœcesis Albiensis, jussu Enardi DE BOISSY editum: *Lemovicis*, 1527 : *Tolosa*, 1553, *in-4.*

6318. Statuts Synodaux du même Diocèse; publiés par [Charles LE GOUX DE LA BERCHERE] Archevêque d'Alby: *Alby*, 1695, *in-12.*

6319. ☞ Statuts Synodaux du Diocèse d'Alby, publiés au Synode tenu au mois d'Avril 1762, par Léopold-Charles DE CHOISEUL: *Alby*, Baurens, 1763, *in-8.*

A la fin, *pag.* 215-244, est un Etat des Eglises principales, Annexes, Monastères, &c. M. de Choiseul a été transféré en 1764 à l'Archevêché de Cambrai.]

6320. Ordonnances pour le Diocèse d'*Alet*, faites ès Synodes depuis l'an 1640 jusqu'en 1647, publiées par Nicolas PAVILLON : [*Tolose*, Boude, 1647] : *Avignon*, Piot, 1655, *in-8.*

Cet Evêque est mort en 1677.

☞ Autres, jusqu'en 1659 : *Tolose*, Boude, 1660, *in-12.*]

6321. Statuts Synodaux faits depuis l'an 1640 jusqu'en 1670, renouvellés & publiés au Synode de 1670; par le même : *Toulouse*, Bosc, 1670, *in-8.*

☞ Les mêmes, continués jusqu'en 1674 : *Paris*, Savreux & Desprez, 1675, *in-12.*]

6322. Statuta Synodalia Diœcesis *Ambianensis*, à Francisco DE PISSELEU, publicata in Synodo anni 1546 : *in-4.* [vieille édition.]

6323. ☞ Statuts Synodaux d'Amiens, publiés en 1662; par François FAURE, Evêque : *Amiens*, veuve Hubault, 1662, *in-8.* 1683, *in-12.*]

6324. Statuts Synodaux du Diocèse d'Amiens, publiés en 1696, par Henri FEYDEAU DE BROU : *Amiens*, Nic. Hubault, 1696 [& 1697] *in-8.*

6325. Concilium *Andegavense*, anno 453.

Ce Concile d'Angers est imprimé dans Sirmond; tom. I. *pag.* 116. Edition du Louvre, tom. IX. *p.* 442. Maan, partie seconde, *pag.* 5. Labbe, tom. IV. *p.* 1020.

☞ Dans Hardouin, tom. II. *pag.* 777.]

Conventus, anno 530.

Cette Assemblée de 530 est imprimée dans de la Lande, *pag.* 49. Labbe, tom. IV. *pag.* 1818.

Concilium, anno 1269.

Ce Concile de 1269 est imprimé dans Maan, partie seconde, *pag.* 67. Labbe, tom. XI. *pag.* 911.

☞ Dans Hardouin, tom. VII. *pag.* 647.]

☞ Aliud, anno 1279.

Ce Concile est imprimé dans Labbe, tom. XI. *p.* 1074; & dans Hardouin, tom. VII. *pag.* 815.]

Aliud, anno 1365.

Celui de 1365, est imprimé dans Maan, part. 2, *pag.* 68. Labbe, tom. XI. *pag.* 1939.

☞ Dans Hardouin, tom. VII. *pag.* 1771.]

Aliud, sive Turonense, anno 1448.

Celui de 1448 est imprimé dans Maan, part. 2; *pag.* 108. Labbe, tom. XIII. *pag.* 1352.

☞ Dans Hardouin, tom. VIII. *pag.* 1339.]

6326. Statuta Synodalia Nicolai GELANT & Guillelmi MAJORIS auctoritate condita, ab anno 1261, ad annum 1314, collecta ab ipso Majore.

Nicolas Gelant est mort en 1290, & Guillaume le Maire en 1317. Leurs Statuts Synodaux sont imprimés dans le tom. XI. du Spicilège de Dom Luc d'Acheri, *pag.* 201 & 232.

6327. ☞ La Reigle & Guide des Curez, Vicaires & tous Recteurs des Eglises Parochiales, en ce qui appartient au devoir de leur charge, &c. ordonnée par Missire Gabriel BOUVERY, Evêque d'Angers, pour être leue & faitte entendre par les Curez, &c. *Paris*, Chesneau, 1570, *in-8.*]

6328. Statuta HARDUINI, Episcopi Andegavensis, anno 1423.

Ces Statuts sont dans Martenne, au tom. IV. de son nouveau Trésor des Pièces anecdotes, *pag.* 521.

6329. ☞ Constitution Synodale d'Angers, publiée par Henri ARNAULD: *Angers*, Avril, 1651, *in-4.*]

☞ Ordonnance d'Angers contre les Blasphémateurs : *Angers*, 1655, *in-4.*]

☞ Ordonnances Synodales d'Angers : *Angers*, 1655, *in-4.*]

☞ Ordonnance Synodale d'Angers, pour la publication de l'Arrêt du Conseil d'Etat du Roi, touchant la subordination des Ré-

Actes des Conciles & Synodes.

guliers aux Evêques dans les fonctions hiérarchiques : *Angers*, 1660, *in*-4.]

☞ Ordonnance Synodale d'Angers : *Angers*, 1666, *in*-4.]

Statuts Synodaux (depuis environ l'an 1240 jusqu'en 1679) publiés par l'ordre de Henry ARNAULD ; *Angers*, Avril, 1680, *in*-4.

Cet Evêque est mort en 1692.

6330. Concilium *Andeleense*, anno 587.

Ce Concile d'Andelot, au Diocèse de Langres, est imprimé dans le Sirmond, tom. I. *pag*. 393. Edition du Louvre, tom. XIII. *pag*. 96. Labbe, tom. V. *pag*. 993.

6331. Concilium *Anicienfe*, anno 1130.

Ce Concile du Puy en Velay, est imprimé dans Labbe, tom. X. *pag*. 971.

☞ Dans Hardouin, tom. V. part. 2, *pag*. 1181. *Voyez* ci-après, le *Puy*.]

6332. Concilium *Anfanum*, anno 990.

Aliud, anno 994.

Ces deux Conciles d'Anse, proche de Lyon, sont imprimés dans le tom. IV. du nouveau Tréfor des Pièces anecdotes, publiées par D. Martenne, *pag*. 73 & 75.

Aliud, anno 1025.

Ce Concile de 1025 est imprimé dans Labbe, tom. IX. *pag*. 859.

☞ Dans Hardouin, tom. VI. part. 1, *pag*. 839.]

Aliud, anno 1070.

Ce Concile de 1070 est imprimé dans Labbe, tom. IX. *pag*. 1201.

☞ Dans Hardouin, tom. VI. part. 1, *pag*. 1163.]

Aliud, anno 1076.

Ce Concile de 1076 est imprimé dans Labbe, tom. X. *pag*. 359.

☞ Dans Hardouin, tom. VI. part. 1, *pag*. 1567.]

Aliud, anno 1100.

Ce Concile de 1100 est imprimé dans Labbe, tom. X. *pag*. 726.

☞ Dans Hardouin, tom. VI. part. 2, *pag*. 1861.]

Aliud, anno 1112.

Ce Concile de 1112 est imprimé dans Labbe, tom. X. *pag*. 786.

☞ Dans Hardouin, tom. VI. part. 2, *pag*. 1914.]

6333. Conventus *Apamienfis*, anno 1212.

Cette Assemblée de Pamiers est imprimée dans Labbe, tom. XI. *pag*. 80.

☞ Dans Hardouin, tom. V. part. 1, *pag*. 2017.]

6334. Ordonnances Synodales, publiées ès Synodes de 1620 & 1630 ; par Henry SPONDE : *Tolofe*, Colomiez, 1630, *in*-8.

Cet Evêque est mort en 1643.

6335. Concilium *Aptenfe*, anno 1365.

Ce Concile d'Apt est imprimé dans le tom. II. du nouveau Tréfor des Pièces anecdotes de D. Martenne, *pag*. 331.

6336. ☞ Recueil de Mandemens, Lettres Pastorales, Ordonnances & Statuts Synodaux du Diocèse d'Apt; par Joseph-Ignace DE FORESTA DE COLONGUE : *Paris*, Delaulne, 1698, *in*-12.]

6337. Concilium *Aquenfe*, anno 1112.

Ce Concile d'Aix en Provence, est imprimé dans le tom. II. du nouveau Tréfor de D. Martenne, *pag*. 129.

Aliud, anno 1585 : *Parifiis* [Beyfius, 1586] *in*-8.

Ce Concile de 1585 est aussi imprimé dans Odefpunc, *pag*. 445. Labbe, tom. XV. *pag*. 1119.

☞ Dans Hardouin, tom. X. *pag*. 1515.]

☞ Il y a une autre Edition séparée de ce Concile : *Aquis-Sextiis*, David, 1708, *in*-8.]

Aliud [seu potius Congregatio Provincialis] anno 1612.

Ce Concile de 1612 est imprimé dans Odefpunc, *pag*. 624. Labbe, tom. XV. *pag*. 1624.

☞ Dans Hardouin, tom. XI. *pag*. 48. Ses Censeurs ont observé (*pag*. 78, *in*-4.) qu'il ne devoit pas lui donner le nom de Concile, dont cette *Assemblée Provinciale* (comme elle s'est appellée) n'a point eu la forme, & qu'il falloit marquer en quoi consistoient les erreurs de Richer, dont on condamna le petit Livre (*De Ecclefiastica & Politica potestate*) dans cette Assemblée.]

6338. Ordonnances Synodales du Diocèse d'Aix ; publiées par [Jérôme GRIMALDI] Archevêque d'Aix, & Cardinal : *Aix* [David] 1672, *in*-4.

6339. ☞ Ordonnnances Synodales de Daniel DE COSNAC, Archevêque : *Aix*, 1694, *in*-4.]

6340. Ms. Synodus *Aquifgranenfis*, sub Pipino Rege.

Ce Synode d'Aix-la-Chapelle est conservé dans la Bibliothèque de Berne, entre les Manuscrits de Jacques Bongars, num. 432.

6341. Capitulare Aquifgranenfe, anno 789.

Ce Capitulaire est imprimé dans Sirmond, tom. II. *pag*. 129. Labbe, tom. VII. *pag*. 966.

☞ Dans Hardouin, tom. IV. *pag*. 823.]

Concilium, anno 799.

Ce Concile d'Aix-la-Chapelle est dans Sirmond, t. II. *pag*. 216. Edition du Louvre, tom. XX. *pag*. 265. De la Lande, *pag*. 89. Labbe, tom. VII. *pag*. 1151.

☞ Dans Hardouin, tom. IV. *pag*. 929.]

Aliud, anno 802.

Ce Capitulaire de 802 est imprimé dans Labbe, tom. VII. *pag*. 1863.

☞ Dans Hardouin, tom. IV. *pag*. 957.]

Aliud, anno 809.

Celui de 809 est imprimé dans Sirmond, tom. II. *pag*. 256. Edition du Louvre, tom. XX. *pag*. 318. Labbe, tom. VII. *pag*. 1194.

☞ Dans Hardouin, il est seulement marqué dans l'Index du tome quatrième.]

Aliud, anno 816.

Celui de 816 est imprimé [sous ce titre : Reformatio abusuum Cleri, per Ludovicum Imperatorem : *Coloniæ*, 1549, *in*-8. &] dans Sirmond, tom. II. *pag*. 329. Edition du Louvre, tom. XX. *pag*. 318. Labbe, tom. VII. *pag*. 1307.

☞ Dans Hardouin, tom. IV. *pag*. 1055.]

Conventus, anno 817.

Cette Assemblée est imprimée dans Sirmond, tom. II. *p*. 432. Edition du Louvre, tom. XX. *p*. 430. Labbe, tom. VII. *pag*. 1505.

☞ Dans Hardouin, tom. IV. *pag*. 1225.]

Concilium, anno 818.

Ce Concile est imprimé dans de la Lande, *p.* 105. Labbe, tom. VII. *pag.* 1866.

☞ Dans Hardouin, il n'en est fait mention que dans l'Index du tome quatrième.]

Aliud, anno 819.

Celui de 819 est imprimé dans de la Lande, *p.* 106. Edition du Louvre, tom. XXI. *p.* 23. Labbe, tom. VII. *pag.* 1867.

Aliud, anno 836.

Celui de 836 est imprimé dans Sirmond, tom. II. *pag.* 574. Edition du Louvre, tom. XXI. 296. Labbe, tom. VII. *pag.* 1700.

☞ Dans Hardouin, tom. IV. *pag.* 1387.]

Aliud, anno 842.

Celui de 842 est imprimé dans de la Lande, *p.* 143. Edition du Louvre, tom. XXI. *p.* 406. Labbe, tom. VII. *pag.* 1777.

☞ Dans Hardouin, il est seulement marqué dans l'Index du tome quatrième.]

Aliud, anno 860.

Celui de 860 est imprimé dans Sirmond, tom. III. *pag.* 189. Edition du Louvre, tom. XXII. *pag.* 675. Labbe, tom. VIII. *pag.* 696.

☞ Dans Hardouin, tom. V, *pag.* 501.]

Aliud, anno 862.

Celui de 862 est imprimé dans Sirmond, tom. III. *pag.* 197. Edition du Louvre, tom. XXII. *pag.* 734. Labbe, tom. VIII. *pag.* 739.

☞ Dans Hardouin, tom. V. *pag.* 539.]

Aliud, anno 1022.

Celui de 1022 est imprimé dans l'Edition du Louvre, tom. XXV. *pag.* 301. Labbe, tom. IX. *pag.* 853.

☞ Dans Hardouin, tom. VI. part. 1, *pag.* 833.]

Fragmentum Historicum de Concilio Aquisgranensi.

Ce Fragment est imprimé dans le tom. II. des Analectes de Dom Mabillon, *pag.* 52.

6342. Concilium *Aquitanicum*, incerti loci, anno 863.

Ce Concile est imprimé dans de la Lande, *pag.* 175. Labbe, tom. VIII. *pag.* 1936.

☞ Dans Hardouin, tom. V. *pag.* 559.]

6343. Concilium *Arausicanum* I. anno 441.

Ce premier Concile d'Orange est imprimé dans Sirmond, tom. I. *pag.* 70. Edition du Louvre, tom. VII. *pag.* 272. Labbe, tom. III. *pag.* 1446.

☞ Dans Hardouin, tom. I. *pag.* 1783.]

Concilium II. anno 529.

Ce second Concile est imprimé dans Sirmond, tom. I. *pag.* 215. Edition du Louvre, tom. XI. *pag.* 61. Labbe, tom. IV. *pag.* 1666.

☞ Dans Hardouin, tom. II. *pag.* 4 & 1097. Ses Censeurs (*pag.* 19, *in*-4.) se plaignent de ce qu'il l'a seulement indiqué, & de ce qu'il y a joint une Note opposée à la vérité & digne d'être retranchée.]

Le même Concile, en Latin & en François; avec des Remarques d'André D'ABILLON: *Paris*, 1645, *in*-4.

☞ Le titre véritable est:

Le Concile de la grace, ou Explication des Canons du second Concile d'Orange; par André D'ABILLON : *Paris*, Piquet, 1645, *in*-4.]

Aliud, anno 1229.

Ce Concile de 1229 est imprimé dans Labbe, tom. XI. *pag.* 437.

☞ Dans Hardouin, tom. VII. *pag.* 183.]

6344. Concilium *Arelatense*, anno 314.

Ce Concile d'Arles est imprimé dans Sirmond, tom. I. *pag.* 1. Edition du Louvre, tom. II. *pag.* 22. Labbe, tom. I. *pag.* 1421, 1456.

☞ Dans Hardouin, tom. I. *pag.* 259. Ses Censeurs ont observé (*pag.* 12, *in*-4.) que la Note où il dit que S. Silvestre, Pape, est le principal Auteur des Canons de ce Concile, n'a point de fondement.]

Aliud, anno 353.

Ce [faux] Concile de 353 est imprimé dans Sirmond, tom. I. *pag.* 13. Edition du Louvre, tom. III. *pag.* 163. Labbe, tom. II. *pag.* 77.

☞ Dans Hardouin, tom. I. *pag.* 697. Ce faux Concile fut tenu par les Ariens, contre Saint Athanase & S. Paulin, Evêque de Trèves.]

Aliud, anno 451.

Celui de 451 est imprimé dans de la Lande, *pag.* 11.

Aliud, dictum II. anno 452.

Celui de 452 est imprimé dans Sirmond, tom. I. *pag.* 102. Edition du Louvre, tom. IX. *pag.* 428. De la Lande, *pag.* 27. Labbe, tom. IV. *pag.* 1010, 1819.

☞ Dans Hardouin, tom. II. *pag.* 771.]

Aliud, dictum III. anno 455.

Celui de 455 est imprimé dans Sirmond, tom. I. *pag.* 120. Edition du Louvre, tom. IX. *pag.* 447. Labbe, tom. IV. *pag.* 1023.

☞ Dans Hardouin, tom. II. *pag.* 779.]

» M. l'Abbé Antelmy, dans son Ouvrage touchant
» l'origine de l'Eglise de Fréjus, a fait des remarques
» sur le troisième Concile d'Arles, qu'il prétend avoir
» été célébré l'an 450 ou 451, contre le sentiment du
» Père Sirmond, qui le fixe à cette année 455 ». Catalogue des principaux Auteurs, à la suite de l'*Etude des Conciles*.]

Aliud, anno 463.

Celui de 463 est imprimé dans l'Edition du Louvre, tom. IX. *pag.* 428. De la Lande, *pag.* 34. Labbe, tom. IV. *pag.* 1820.

☞ Dans Hardouin. Ce Concile est marqué à l'Index du tome second.]

Aliud, anno 475.

Celui de 475 est imprimé dans Sirmond, tom. I. *pag.* 147. De la Lande, *pag.* 37. Labbe, tom. IV. *pag.* 1041.

☞ Dans Hardouin, tom. II. *pag.* 806.]

Aliud, dictum IV. circa annum 524.

Ce Concile de 524 est imprimé dans Sirmond, tom. I. *pag.* 202. Edition du Louvre, tom. X. *pag.* 33. Labbe, tom. IV. *pag.* 1622.

☞ Dans Hardouin, tom. II. *pag.* 1069.]

Aliud, anno 545.

Celui de 545 est imprimé dans de la Lande, *p.* 329.

Aliud, dictum V. anno 554 (vel 553, juxta Harduinum.]

Celui de 554 est imprimé dans Sirmond, tom. I. *pag.* 298. Edition du Louvre, tom. XII. *pag.* 497. Labbe, tom. V. *pag.* 780.

☞ Dans Hardouin, tom. III. *pag.* 327.]

Aliud, anno 813.

Celui de 813 est imprimé dans Sirmond, tom. II. *pag.* 266. Edition du Louvre, tom. XX. *pag.* 328. Labbe, tom. VII. *pag.* 1231.

☞ Dans Hardouin, tom. IV. *pag.* 1001.]

Aliud

Actes des Conciles & Synodes.

Aliud, anno 1210 [vel 1211.]

Ce Concile est imprimé dans Labbe, tom. XI. p. 2329.

☞ Dans Hardouin, tom. VI. part. 2, pag. 1997. Voyez au sujet de ce Concile la Note 16, du tom. III. de l'*Histoire générale du Languedoc*, art. 3, pag. 560 & 561.]

Aliud, anno 1234.

Celui de 1234 est imprimé dans Labbe, tom. XI. pag. 2339.

☞ Dans Hardouin, tom. VII. pag. 235.]

Aliud, anno 1246.

Celui de 1246 est imprimé dans Labbe, tom. XI. pag. 2348.

Aliud, anno 1260.

Ce Concile de 1260 est imprimé dans Labbe, tom. XI. pag. 2359.

☞ Dans Hardouin, tom. VII. pag. 509.]

Aliud, anno 1275.

Celui de 1275 est imprimé dans Labbe, tom. XI. pag. 2369.

☞ Dans Hardouin, tom. VII. pag. 727.]

Aliud, sive *Avenionense*, anno 1282.

Celui de 1282 est imprimé dans Labbe, tom. XI. pag. 1174.

☞ Dans Hardouin, tom. VII. p. 877.]

6345. Concilium in confinio Provinciarum *Arelatensis* & *Narbonensis*, anno 874.

Ce Concile est imprimé dans de la Lande, p. 296.

6346. Concilium *Aremoricum*, incerti Loci, anno 555.

Ce Concile de Bretagne est imprimé dans Labbe, tom. V. pag. 1852.

☞ Dans Hardouin, il est seulement marqué dans l'Index du tome troisième.]

6347. Statuta Ecclesiæ *Argentinensis*, anno 1335.

Ces Statuts de l'Eglise de Strasbourg sont imprimés dans le tom. IV. du nouveau Trésor des Pièces anecdotes, publiées par Dom Martenne, pag. 539.

6348. ☞ Mandata promulgata in Synodo habita Argentinæ die 18 Junii, anno 1687, per Martinum DE RATABON, Vicarium & Officialem generalem Diœceseos Argentinensis: *Argentinæ*, Schmuckii, 1687, in-4.]

Concilium *Arvernense*. Voyez *Claromontanum*.

6349. Conventus *Arulensis*, anno 1046.

Cette Assemblée d'Arlas, en Roussillon, est imprimée dans Labbe, tom. IX. pag. 943.

☞ Dans Hardouin, tom. VI. part. 1, p. 921.]

6350. Synodus *Atrebatensis*, anno 1025.

Ce Synode d'Atras est imprimé dans le tom. XIII. du Spicilège de Dom Luc d'Acheri, pag. 1.

6351. ☞ Constitutiones Synodales Episcopatûs Atrebatensis: in-4. [vieille édition Gothique.]

6352. Statuta Synodalia Atrebatensia: ordinata per Franciscum RICHARDOTUM, adjectis Prædecessorum Statutis veteribus: *Duaci*, de Winde, 1570, in-4. *Antverpiæ*, Trognæsi, 1588, in-4.

Cet Evêque est mort en 1574.

Tome I.

6353. Statuta Synodi Diœcesanæ, anni 1584, Atrebati celebratæ, Præside Matthæo MEDULLARTIO: *Atrebati*, de Buyens, 1585, in-4.

6354. Réglemens & Ordonnances de Guy DE SEVE DE ROCHECHOUART, faits en 1675, publiés & renouvellés dans son Synode de 1678: *Arras*, Jollet, 1678, 1686, in-12.

Autres, en 1687 & 1691, in-12.

6355. Conventus *Attiniacensis*, anno 765.

Cette Assemblée d'Attigny, dans le Diocèse de Reims, est imprimée dans Sirmond, tom. II. pag. 56. Edition du Louvre, tom. XVII. p. 648. Labbe, tom. VI. pag. 1701.

☞ Dans Hardouin, tom. III. p. 2009.]

Alius, anno 822.

Dans Labbe, tom. VII. pag. 1529, & Hardouin, tom. IV. p. 1247.]

Alius, anno 835.

Cette Assemblée de 835 est imprimée dans de la Lande, pag. 141. Labbe, tom. VII. pag. 1694.

Alius, anno 870.

Celle de 870 est imprimée dans Sirmond, tom. III. pag. 336. Edition du Louvre, tom. XXIII. pag. 782. Labbe, tom. VIII. pag. 1537.

☞ Dans Hardouin, tom. V. p. 1217.]

6356. Concilium *Audomarense*, anno 1099.

Ce Concile de Saint-Omer est imprimé dans Labbe, tom. X. pag. 618.

☞ Dans Hardouin, tom. VI. part. 2, p. 1761.]

6357. ☞ Statuta Audomarensis Synodi, anno 1583 celebratæ: *Duaci*, 1583, in-4.]

6358. ☞ Statuta Synodi Diœcesanæ Audomarensis, anno 1583 celebratæ, renovata, aucta & publicata anno 1640, à Christophoro DE FRANCE: *Audomari*, Boscardi, 1640, in-4.]

6359. Statuta Synodi, anno 1585 celebratæ, Præside Joanne SIX: *Duaci*, Bogardi, 1586, in-4.

Cet Evêque est mort en 1586.

6360. Concilium *Avenionense*, anno 1080, [vel 1060.]

Ce Concile d'Avignon est imprimé dans l'Edition du Louvre, tom. XXVI. p. 599. Labbe, tom. X. p. 390.

☞ Dans Hardouin, tom. VI. part. 1, pag. 1597. Voyez aussi Pagi in Critica Baronii, ad annum 1060, num. 5 & 6.]

Aliud, anno 1109.

Celui de 1109 est imprimé dans le tom. II. du Spicilège de Dom Luc d'Acheri, p. 609. Labbe, tom. XI. pag. 41.

☞ Dans Hardouin, tom. VI. part. 2, p. 1985.]

Aliud, anno 1210.

Celui de 1210 est imprimé dans Labbe, tom. XI. pag. 53.

☞ Dans Hardouin, tom. VI. part. 2, p. 1995.]

Aliud, anno 1212.

Celui de 1212 est imprimé dans le tom. II. du nouveau Trésor des Pièces anecdotes, publiées par Edmond Martenne.

Ggg

Aliud, anno 1270.

Celui de 1270 est imprimé dans Labbe, tom. XI. *pag.* 919.

☞ Dans Hardouin, tom. VII. *p.* 655.]

Aliud, anno 1279.

Celui de 1279 est imprimé dans Labbe, tom. XI. *p.* 1050. C'est le même que le dernier Concile d'Arles.

☞ Dans Hardouin, tom. VII. *p.* 771.]

Aliud, anno 1282.

Celui de 1282 est imprimé dans Labbe, tom. XI. *pag.* 1174.

☞ Dans Hardouin, tom. VII. *pag.* 877. C'est le même que le dernier d'Arles, ci-dessus.]

Aliud, anno 1326.

Celui de 1326 est imprimé avec l'Histoire de Digne, par Pierre GASSENDI : *Parisiis*, 1654, *in*-4. Dans Labbe, tom. XI. *pag.* 1717 & 2476.

☞ Dans Hardouin, tom. VII. *p.* 1491.]

Aliud, anno 1327.

Celui de 1327 est imprimé dans l'Edition du Louvre, tom. XXIX. *pag.* 117. Labbe, tom. XI. *p.* 1774.

☞ Dans Hardouin, tom. VII. *p.* 1537.]

Aliud, anno 1337.

Celui de 1337 est imprimé dans Baluze, *pag.* 341. Labbe, tom. XI. *pag.* 1850.

☞ Dans Hardouin, tom. VII. *p.* 1619.]

Aliud, anno 1457.

Celui de 1457 est imprimé dans Martenne, tom. IV. *p.* 379. Labbe, tom. XIII. *pag.* 1403.

☞ Dans Hardouin, tom. VIII. *p.* 1387.]

Statuta Ecclesiæ Avenionensis, ab anno 1337, ad annum 1462.

Ces Statuts sont dans Martenne, au tom. IV. de son nouveau Trésor des Pièces anecdotes, *pag.* 555.

Concilium, anno 1509.

Celui de 1509 est dans Martenne, tom. IV. *p.* 385.

Aliud, anno 1594.

Celui de 1594 est imprimé dans Labbe, tom. XV. *pag.* 1434.

☞ Dans Hardouin, tom. X. *p.* 1835.]

Synodus Avenionensis, anni 1600: *Avenione*, 1601, *in*-8.

6361. ☞ Decreta Diœcesanæ Synodi Avenionensis, edita à Francisco Mauritio DE GONTERIIS, anno 1712 : *Avenione*, Mallard, 1713, *in*-4.]

6362. ☞ Concilium Provinciale Avenionense, à Fr. Maur. DE GONTERIIS, Archiepiscopo Metropolitano, habitum, an. 1725: *Avenione*, Giroud, 1728, *in*-4.]

6363. Concilium *Augustodunense*, circa annum 663, vel 670 [seu 676.]

Ce Concile d'Autun est imprimé dans Sirmond, tom. I. *pag.* 506. Edition du Louvre, tom. V. *p.* 459. De la Lande, *pag.* 70. Labbe, tom. VI. *p.* 535, 1887.

☞ Dans Hardouin, tom. III. *pag.* 1013. 'Ce Concile est de 676, selon M. Bouhier : *voyez* les Œuvres posthumes de D. Mabillon, tom. I. *pag.* 526 & 531.]

Aliud, circa annum 1065.

Celui de vers l'an 1065 est imprimé dans Labbe, tom. IX. *pag.* 1183.

Aliud, circa annum 1075.

Celui de vers l'an 1075 est imprimé dans Labbe, tom. X. *pag.* 360.

☞ Dans Hardouin, tom. VI. patt. 1, *pag.* 1577.]

6364. ☞ Nouvelles recherches (de Dom LIRON) sur un Concile d'Autun, &c. tenu en 1086. *Singularités historiq.* &c. tom. *IV*. *pag.* 454-494.]

Aliud, circa annum 1094.

Celui de 1094 est imprimé dans Labbe, tom. X. *pag.* 499.

☞ Dans Hardouin, tom. VI. patt. 2, *pag.* 1711.]

Statuta Synodalia Ecclesiæ Æduensis, [vel Augustodunensis] ab anno 1250, ad ann. 1323.

Ces Statuts Synodaux sont imprimés dans le tom. II. du nouveau Trésor des Pièces anecdotes, publiées par Dom Edmond Martenne, *pag.* 467.

★ **Statuts Synodaux du Diocèse d'Autun, en 1503.**

Voyez Thiers, *Traité de l'absolution de l'Hérésie*, *pag.* 177.

6365. ☞ Statuta Curiæ sedis Episcopalis Æduensis, cum glossis & scholiis Joan. BLONDEL : 1534, *in*-8.]

6366. Ordonnances [de Gabriel DE ROQUETTE] Evêque d'Autun [pour le rétablissement de la Discipline Ecclésiastique]: *Autun*, 1669 [& 1678] *in*-8.

6367. Concilium apud *Aureliacum*, anno 1278.

Ce Concile d'Aurillac, au Diocèse de Saint-Flour, est dans Martenne, au tom. IV. de son nouveau Trésor des Pièces anecdotes, *pag.* 189.

Aliud, anno 1294.

Cet autre de 1294 est dans le volume précédent, *pag.* 213.

6368. Concilium *Aurelianense* I. anno 511.

Ce premier Concile d'Orléans est imprimé dans Sirmond, tom. I. *pag.* 177. Edition du Louvre, tom. X. *pag.* 399. Maan, part. 2, *pag.* 12. Labbe, tom. IV. *pag.* 1403.

☞ Dans Hardouin, tom. II. *pag.* 1007.]

Concilium II. anno 533.

Ce second Concile est imprimé dans Sirmond, tom. I. *pag.* 229. Edition du Louvre, tom. XI. *p.* 160. Maan, part. 2, *pag.* 16. Labbe, tom. IV. *pag.* 1779.

☞ Dans Hardouin, tom. II. *p.* 1173.]

Concilium III. anno 538.

Ce troisième Concile est imprimé dans Sirmond, tom. I. *pag.* 247. Edition du Louvre, tom. XI *p.* 483. Labbe, tom. V. *pag.* 294.

☞ Dans Hardouin, tom. II. *pag.* 1421.]

Conciliabulum, anno 540.

Ce Conciliabule est imprimé dans de la Lande, *p.* 50.

Concilium IV. anno 541.

Ce quatrième Concile est imprimé dans Sirmond, tom. I. *pag.* 260. Edition du Louvre, tom. XI. *p.* 633. Labbe, tom. V. *p.* 380.

☞ Dans Hardouin, tom. II. *p.* 1435.]

Concilium V. anno 549.

Ce cinquième Concile est imprimé dans Sirmond, tom. I. *pag.* 277. Labbe, tom. V. *pag.* 390 & 1849.

☞ Dans Hardouin, tom. II. *p.* 1445.]

Aliud, anno 645.

Celui de 645 est imprimé dans Sirmond, tom. I. *pag.* 485. Edition du Louvre, tom. IV. *p.* 654. Labbe, tom. V. *p.* 1834.

Actes des Conciles & Synodes.

Conventus, anno 766.

Cette Assemblée est imprimée dans Sirmond, tom. II. pag. 57. Edition du Louvre, tom. XVII. pag. 649. Labbe, tom. VI. pag. 1703.

☞ Dans Hardouin, tom. III. p. 2011.]

☞ WALTERII, Episcopi Aurelianensis, Capitula.

Ce Recueil de Canons se trouve parmi les Conciles du Père Labbe, tom. VIII. pag. 637. Son Confrère Louis Cellot les avoit déja publiés à la suite du premier Concile de Douzy, imprimé pour la première fois avec ses Notes, à Paris en 1658, in-4. Ces Capitules s'y voyent, pag. 491 & suiv.]

Conventus, anno 1017.

Cette Assemblée de 1017 est imprimée dans le tom. II. du Spicilège de Dom Luc d'Acheri, pag. 670. Dans Labbe, tom. IX. pag. 836.

☞ Dans Hardouin, tom. VI. part. 1, pag. 821.]

☞ Conventus Aurelianensis, anno 1029.

Est imprimé dans Labbe, tom. IX. p. 860.]

☞ Dans Hardouin, tom. VI. part. 1, p. 843.]

Alius, incerto anno [forte 1129.]

Cette Assemblée est indiquée dans Labbe, tom. X. pag. 944.

☞ Dans Hardouin, tom. VI. part. 2, p. 1147.]

Alius, anno 1479.

Cette Assemblée de 1479 est imprimée dans Labbe, tom. XII. pag. 1433.

6369. ☞ Statuta Synodalia per Reverendum in Christo Patrem & D. D. Germanum DE GANAR : *Aureliæ*, de la Roche, 1516, in-4.]

6370. Ordinationes Synodales Diœcesis Aurelianensis, à Joanne D'ORLEANS, Tolosano Archiepiscopo & Episcopo Aurelianensi, publicata, anno 1525 : [*Parisiis*, Chevallon, 1525]: *Aureliæ*, Martine, 1528, in-4.

Cet Evêque d'Orléans est mort en 1533.

6371. Statuta Synodalia, publicata in Synodo Aurelianensi, anno 1587, à [Germano] Valente GUELLIO: *Aureliæ*, Boynard, 1587, in-8.

Cet Evêque étoit fils de Jean Vaillant de Guelle. Ces Statuts sont les mêmes que les précédens, mais avec quelques augmentations.]

6372. * Statuts Synodaux faits par le R. P. en Dieu, Messire Gabriel DE LAUBESPINE, Evêque d'Orléans, au Synode général du 7 Mai 1606 : *Orléans*, Hotot, 1606, in-12.

☞ Ces Statuts ne contiennent que onze pages, & concernent les Mariages.]

6373. Codex Statutorum Synodalium Aurelianensis Diœcesis, auctoritate Alphonsi D'ELBENE collectorum & editorum in Synodo generali anni 1664 : *Aureliæ*, Borde, 1664, in-4.

☞ C'est un des Recueils, en ce genre, les plus parfaits qui aient été publiés.]

6374. ☞ Ordonnances, Réglemens & Avis Synodaux extraits des Procès-verbaux des Synodes tenus par M. l'Evêque d'Orléans (Gaston FLEURIAU) depuis 1707 jusqu'en 1736 : *Orléans*, 1736, in-4.

Ce Recueil, qui n'est que d'une douzaine de pages, sert de Supplément aux précédens.]

6375. Concilium *Auscense*, anno 1068.

Ce Concile d'Ausch est imprimé dans le tom. II. du Spicilège de Dom Luc d'Acheri, p. 509. Dans Labbe, tom. IX. pag. 1195.

☞ Dans Hardouin, tom. VI. part. 1, pag. 1157.]

Aliud, anno 1279.

Celui de 1279 est imprimé dans Labbe, tom. XI. pag. 2375.

☞ Dans Hardouin, tom. VII. p. 763.]

Aliud, anno 1300.

Celui de 1300 est imprimé dans Labbe, tom. XI. pag. 1468.

☞ Dans Hardouin, tom. VII. p. 1245.]

Aliud, anno 1308.

Celui de 1308 est imprimé dans Labbe, tom. XI. pag. 1500.

☞ Dans Hardouin, tom. VII. p. 1281.]

Aliud, apud Marciacum, anno 1329, vel 1330.

Ce Concile est imprimé dans Labbe, tom. XI. p.1782.

☞ Dans Hardouin, tom. VII. pag. 1549.]

☞ Ce peut bien être le Mont de Marsan, jolie Ville du Diocèse d'Aire. *Voyez* MORÉRI, art. Ausch, & ci-après, Concilium *Marciacense*.]

6376. ☞ Constitutiones Synodales Diœcesis Auxitanæ Francisci Cardinalis DE TOURNON: *Tolosæ*, Boudeville, 1543, in-8. gothique.]

6377. ☞ Synodus Auscitana, Latinè & Gallicè : *Tolosæ*, 1624, in-8.

6378. ☞ Statuts & Réglemens de l'Archevêque d'Ausch, Henri DE LA MOTHE HOUDANCOURT, pour les Congrégations de son Diocèse : *Ausch*, Davrio, 1665, in-8.]

☞ Constitutions faites par le même, au Synode du 14 Avril 1665. *Ibid. in-4*.]

6379. * Recueil des Statuts Synodaux du Diocèse d'Ausch, revus & publiés dans le dernier Synode tenu à Ausch; par Anne Tristan DE LA BAUME DE SUZE : *Ausch*, Destadens, 1698, in-8.]

6380. Concilium *Autissiodorense*, anno 578.

Ce Concile d'Auxerre est imprimé dans Sirmond, tom. I. pag. 361. Edition du Louvre, tom. XLII. p. 41. Labbe, tom. V. p. 956.

☞ Dans Hardouin, tom. III. p. 443.]

☞ M. l'Abbé Lebeuf a observé (dans ses *Mémoires concernant l'Histoire d'Auxerre* : Paris, 1743, in-4. tom. I. p. 119 & 120) que ce n'étoit proprement qu'un Synode où assistèrent sept Abbés, trente-quatre Prêtres, & trois Diacres au nom de trois Prêtres absens. Il croit qu'il a été tenu en 580 & 585. On n'en connoissoit que quarante-cinq Canons : il en a découvert un quarante-sixième, & il l'a fait insérer dans le Bréviaire d'Auxerre en 1726, Part. Autumn. pag. 329. C'est au sujet du premier Canon, qu'il a publié en 1738, la Dissertation *de Cervolo & Vetula*, indiquée ci-devant, N.° 5853.]

☞Conventus Autissiodorensis, anno 841. Dans Labbe, tom. VII. pag. 1781.]

Tome I.   Ggg 2

6381. ☞ Extrait & fragment des Statuts d'Auxerre, publiés par Pierre DE LONGUEIL, en 1451 & 1456.

Il en est parlé dans les Mémoires de l'Abbé Lebeuf, tom. I. *pag.* 533.]

6382. Statuta Synodalia sub Francisco A DINTAVILLA edita anno 1552 : *Parisiis*, Gautherot, 1552, *in*-4.

☞ C'est le résultat des précédens, selon l'Abbé Lebeuf, *pag.* 533.]

6383. ☞ Statuts Synodaux de François DE DONADIEU, Evêque d'Auxerre : *Aucerre*, (il est imprimé ainsi) Vatard, 1622, *in*-8. 73 pages.

L'Abbé Lebeuf en fait mention comme d'un Livre rare, &c. *pag.* 661 de ses *Mémoires*. Dans le Mandement qui est à la tête, M. de Donadieu (qui quitta Auxerre en 1625) insiste sur la nécessité des Conciles Il dit »que depuis les Apôtres, les Saints Pères n'ont »rien eu plus en singulière recommandation, que »la convocation générale de toute l'Eglise Universelle »ès Conciles Ecuméniques, & les particuliers Synodes »qu'ils ont ordonné être tenus en chaque Province & »Diocèse».]

6384. ☞ Statuts publiés en 1633, par Dominique SEGUIER.

L'Abbé Lebeuf en parle, *pag.* 685 & 686 de ses *Mémoires*.]

6385. ☞ Ordonnances Synodales de Pierre DE BROC, Evêque d'Auxerre, publiées au Synode de 1642.

L'Abbé Lebeuf en parle, *pag.* 697 du tom. I. de ses *Mémoires*. Cet Evêque, qui est mort en 1671, avoit tenu un Synode la même année, pour faire recevoir un nouveau Bréviaire : on en trouve le résultat dans les Registres de l'Evêché.]

6386. ☞ Ordonnances Synodales d'Auxerre, publiées par Nicolas COLBERT en 1674 : *Auxerre*, Garnier, 1674, *in*-12.

Cet Evêque, qui l'avoit d'abord été à Luçon, est mort en 1676.]

6387. ☞ Ordonnances Synodales, publiées par André COLBERT, au Synode de 1695 : *Auxerre*, Garnier, 1699, *in*-8.

Cet Evêque, qui étoit neveu du précédent, est mort en 1704.]

6388. ☞ Ordonnances Synodales de Charles Daniel-Gabriel DE TUBIERES DE CAYLUS, publiées dans le Synode de 1738, homologuées au Parlement par Arrêts des 3 Mai & 5 Septembre 1741, & imprimées avec un Mandement du 7 Janvier 1742 : *Paris*, Lottin, 1742, *in*-8. 270 pages : *Auxerre*, Garnier, 448 pages.

Cet Evêque est mort en 1754, âgé de 85 ans.]

B

6389. ☞ Conventus *Bajocassinus*, ubi Decretum in Assisia Comitatuum, de Abbatiarum fundatoribus, anno 1157.

Dans Bessin, part. 1, *pag.* 82.]

6390. Concilium *Bajocense*, anno 1300.

Ce Concile de Bayeux est imprimé dans Labbe, tom. XI. *pag.* 1447.

☞ Dans Hardouin, tom. VII. *pag.* 1123.]

6391. ☞ Statuta Synodalia, malè attributa Guillelmo Bouvet, sed reverà Guillelmi DE TRIA, post annum 1317.

Dans Bessin, *pag.* 237.]

☞ Alia, anno 1370.

Dans Bessin, part. 2, *pag.* 243.]

6392. Synodales Constitutiones, per Ludovicum DE CANOSSA publicatæ anno 1518.

Ces Statuts Synodaux sont imprimés à la fin du Traité de Jean, Evêque d'Avranches : *De Divinis Officiis : Rothomagi*, 1679, *in*-8.

☞ On les trouve encore dans Bessin, part. 2, *p.* 244.]

6393. ☞ Statuts & Décrets Synodaux de François SERVIEN, publiés en 1656.

Dans Bessin, *pag.* 247.]

6394. ☞ Statuts publiés par François DE NESMOND, dans les Synodes de Bayeux tenus en 1662, & années suivantes.

Se trouvent dans la Collection de Bessin, *pag.* 250.]

* JE n'ai point marqué ici les Actes du Concile de *Basle*, & par la même raison, depuis l'an 887, je ne rapporte plus les Conciles de *Cologne* ; parceque ces deux Villes n'étoient plus alors sous la domination des Rois de France.

6395. Concilium *Balgenciacense*, ann. 1104.

Ce Concile de Baugency, Diocèse d'Orléans, est imprimé dans Labbe, tom. X. *pag.* 741.

☞ Dans Hardouin, tom. VI. part. 2, *p.* 1875.]

Aliud, anno 1151.

Celui de 1151 est imprimé dans Labbe, tom. X. *p.* 1129.

☞ Dans Hardouin, tom. VI. part. 2, *p.* 1319.]

6396. Conventus *Beccensis*, anno 1077, & anno 1177.

La première de ces Assemblées de l'Abbaye du Bec, (dont la date est assez incertaine) est imprimée dans Pommeraye, *p.* 90.

☞ Dans Bessin, il n'est question des deux qu'à la Table Chronologique, où il cite les Auteurs qui en ont parlé. Il paroit qu'il y eut alors en Normandie plusieurs Assemblées d'Evêques pour la consécration de diverses Eglises.]

6397. ☞ 'Statuta Synodalia Diœcesis *Bellicensis*, edita & promulgata (à Joan. Ant. TINSEAU) in Synodis Diœcesanis annorum 1746, 47, 48 & 49 : *Lugduni*, Delaroche, 1749, *in*-12.

M. l'Evêque du Belley a été transféré à Nevers en 1751.]

6398. Concilium *Bellovacense*, anno 845.

Ce Concile de Beauvais est imprimé dans Sirmond, tom. III. *p.* 23. Edition du Louvre, tom. XXI. *p.* 454. Labbe, tom. VII. *p.* 1826.

☞ Dans Hardouin, tom. IV. *p.* 1473.]

Aliud, anno 1034.

Celui de 1034 est imprimé dans l'Edition du Louvre, tom. XXV. *p.* 409.

Aliud, anno 1114.

Celui de 1114 est imprimé dans l'Edition du Louvre, tom. XXVI. *pag.* 798. Tome II. du Spicilège de Dom Luc d'Acheri, *pag.* 594. Labbe, tom. X. *p.* 797.

☞ Dans Hardouin, tom. VI. part. 2, *p.* 1925.]

Aliud, anno 1119.

Celui de 1119 (ou 20) est imprimé dans Labbe, tom. X. *pag.* 882.
☞ Dans Hardouin, tom. VI. part. 2, *p.* 1101.]

Aliud, anno 1124.

Celui de 1124 est imprimé dans Labbe, tom. X. *pag.* 906.
☞ Dans Hardouin, tom. VI. part. 2, *p.* 1117.]

Aliud, anno 1161.

Celui de 1161 est imprimé dans l'Edition du Louvre, tom. XXVII. *pag.* 350. Labbe, tom. X. *p.* 1406.
☞ Dans Hardouin, tom. VI. part. 2, *p.* 1585.]

Varia Concilia, annis 1232 & 1233, celebrata in causa quæ vertebatur inter Episcopum Bellovacensem & Regem.

Ces Conciles sont dans Martenne, au tom. IV. de son nouveau Trésor des Pièces anecdotes, *p.* 182.

☞ Falsum Concilium Bellovacense, sine anno.

Ce Conciliabule est imprimé dans Hardouin, tom. VI. part. 1, *pag.* 891.]

6399. Statuta Synodalia sancita à Carolo DE VILLIERS DE L'ISLE ADAM : *Parisiis*, Coloniæ, 1531, *in-4.*

Cet Evêque est mort en 1521.

6400. Constitutiones Synodales ; ab Odone DE COLIGNY, Cardinale Castellionensi, editæ anno 1554: *Parisiis*, Chalderii, 1554, *in-4.*

Ce Cardinal étant tombé dans l'Apostasie, fut dégradé en 1563, & mourut en Angleterre en 1572.

6401. Statuts Synodaux d'Augustin POTIER: *Paris*, Vitré [1644] 1646, *in-4.*

Cet Evêque est mort en 1650.

Les mêmes ; revus par Nicolas Choart DE BUZANVAL : *Beauvais*, Vallet, 1653, *in-8.*

Cet Evêque [neveu du précédent] est mort en 1679.

6402. Statuts du Cardinal de JANSON FORBIN, Evêque de Beauvais, publiés dans le Synode tenu en 1699 : *Beauvais*, Courtois, 1700, *in-4.*]

6403. ☞ Statuts Synodaux de *Besançon*.

Voyez ci-après, Concil. & Statut. *Vesuntionensia.*]

6404. Conciliabulum Arianorum *Biterrense*, anno 356.

Ce Conciliabule de Béziers est imprimé dans Sirmond, tom. I. *pag.* 14. Edition du Louvre, tom. III. *pag.* 376. Labbe, tom. II. *pag.* 83.

☞ Dans Hardouin, tom. I. *pag.* 699. On peut voir ce qui est dit de ce Concile dans l'Histoire générale de Languedoc, Note XXXVII. *pag.* 632 & 633.]

Concilium, anno 1090.

Ce Concile de Béziers de 1090 est imprimé dans le quatrième tome du nouveau Trésor des Pièces anecdotes, publiées par Dom Martenne, *pag.* 119.

Aliud, anno 1233 [vel 1234.[

Ce Concile est imprimé dans Labbe, tom. XI. *pag.* 452.

☞ Dans Hardouin, tom. VII. *p.* 207.]

☞ Observations sur le Concile de Béziers, tenu en 1234.

C'est la Note XXVIII. du tom. III. de l'Histoire générale de Languedoc.]

Aliud, anno 1246.

Celui de 1246 est imprimé dans Labbe, tom. XI. *pag.* 676.

☞ Dans Hardouin, tom. VII. *p.* 405. *Voyez* sur ce Concile la Note XXX. du tom. III. de l'Histoire générale de Languedoc, art. 2, *pag.* 586.]

Aliud, anno 1255.

Celui de 1255 est imprimé dans Baluze, *pag.* 64. Labbe, tom. XI. *p.* 753.
☞ Dans Hardouin, tom. VII. *p.* 479.]

Aliud, anno 1277.

Celui de 1277 est imprimé dans Maan, *pag.* 203.

Aliud, anno 1279.

Celui de 1279 est imprimé dans Baluze, *pag.* 81. Labbe, tom. XI. *pag.* 1061.
☞ Dans Hardouin, tom. VII. *p.* 763.]

Aliud, anno 1280.

Celui de 1280 est imprimé dans Baluze, *pag.* 84. Labbe, tom. XI. *p.* 1124.
☞ Dans Hardouin, tom. VII. *p.* 835.]

Aliud, anno 1299.

Celui de 1299 est imprimé dans Baluze, *pag.* 87. Labbe, tom. XI. *p.* 1430. Dans Martenne, *p.* 225.
☞ Dans Hardouin, tom. VII. *p.* 1205.]

Aliud, anno 1310.

Celui de 1310 est dans Martenne, *p.* 227.

Aliud, anno 1351.

Celui de 1351 est imprimé dans Baluze, *pag.* 91. Labbe, tom. II. *p.* 1918. Dans Martenne, *p.* 327.
☞ Dans Hardouin, tom. VII. *p.* 1685.]

6405. Statuta Ecclesiæ Biterrensis, ab anno 1368, ad annum 1437.

Ces Statuts Synodaux sont dans Martenne, au tom. IV. de son nouveau trésor des Pièces anecdotes, *p.* 625.

6406. Concilium *Bituricense*, anno 454.

Ce Concile de Bourges est imprimé dans de la Lande, *pag.* 32. Labbe, tom. IV. *p.* 1819.

Aliud, anno 472.

Ce Concile de 472 est imprimé dans Labbe, tom. IV. *pag.* 1820.

Aliud, anno 767.

Celui de 767 est imprimé dans de la Lande, *p.* 80. Labbe, tom. V. *pag.* 1886.

Aliud, anno 842.

Celui de 842 est imprimé dans de la Lande, *p.* 143. Labbe, tom. VII. *p.* 1874.

Aliud, anno 1031 [vel 1034.]

Ce Concile est imprimé dans l'Edition du Louvre, tom. XXV. *p.* 342. Dans Labbe, tom. IX. *p.* 864.
☞ Dans Hardouin, tom. VI. part. 1, *p.* 847.]

Conventus, anno 1145.

Cette Assemblée de 1145 est imprimée dans Labbe, tom. X. *pag.* 1099.
☞ Dans Hardouin, tom. VI. part. 2, *p.* 1293.]

Statuta, anno 1214.

Ces Statuts sont imprimés dans le tom. IV. du nouveau Trésor des Pièces anecdotes, publiées par Dom Martenne.

Concilium, anno 1215.

Ce Concile de 1215 est imprimé dans Labbe, tom. XI. *pag.* 2333.

☞ Dans Hardouin, tom. VI. part. 2, *p.* 2051.]

Aliud, anno 1225.

Celui de 1225 est imprimé dans Labbe, tom. XI. *pag.* 91.

☞ Dans Hardouin, tom. VII. *p.* 133.]

Aliud, anno 1228.

Celui de 1228 est imprimé dans Labbe, tom. XI. *pag.* 425.

☞ Dans Hardouin, tom. VIII. *p.* 173.]

Aliud, anno 1276.

Celui de 1276 est imprimé dans Labbe, tom. XI. *pag.* 1017.

☞ Dans Hardouin, tom. VII. *p.* 741.]

Aliud, anno 1280.

Celui de 1280 est dans Martenne, tom. IV. de son nouveau Trésor des Pièces anecdotes, *pag.* 191.

Aliud, anno 1286.

Celui de 1286 est imprimé dans Labbe, tom. XI. *pag.* 1246, 2521, dans Martenne, *pag.* 199 & 203.

☞ Dans Hardouin, tom. VII. *p.* 949.]

Aliud, anno 1336.

Celui de 1336 est imprimé dans Labbe, tom. XI. *pag.* 2522.

☞ Dans Hardouin, tom. VII. *p.* 1607.]

Aliud, anno 1438.

Celui de 1438 est imprimé dans l'Edition du Louvre, tom. XXX. *p.* 909. Labbe, tom. XII. *p.* 1419.

☞ *Voyez* Hardouin, tom. VIII. *pag.* 1949. Ses Censeurs, *pag.* 45 (*in*-4.) disent qu'il auroit dû reconnoître que la Pragmatique y fut dressée & publiée. Ils observent (*pag.* 54 & 58) que cette Assemblée souffre plus d'un outrage de la part du Père Hardouin, qui a aussi omis les Actes de deux autres Assemblées de Bourges, en 1432 & 1440 ; enfin (*pag.* 73) que par rapport à cette dernière, il falloit produire, 1.° le Discours de Thomas de Corcellis, Docteur de Paris & Député du Concile de Basle ; 2.° la Réponse de l'Eglise Gallicane rendue dans l'Assemblée de Bourges aux Ambassadeurs du Concile de Basle & à ceux du Pape Eugène IV. le 11 Septembre 1440.]

Aliud, anno 1528.

Celui de 1528 est imprimé dans Labbe, tom. XIV. *pag.* 426.

☞ Dans Hardouin, tom. IX. *p*, 1919.]

6407. Constitutiones Synodales publicatæ in Synodo, anni 1541, à Jacobo REGIO : *Pictaviæ*, Langelier, 1541, *in*-8.

Cet Archévêque est mort en 1572.

☞ Autre Edition gothique, sans année, *in*-4.]

Decreta Concilii Provincialis [Bituricensis à Reginaldo DE BAULNE, Archiepiscopo] anni 1584 : *Parisiis*, Morelli, 1586, *in*-8.

Ces mêmes Décrets sont imprimés dans Odespunc, *pag.* 391. Labbe, tom. XV. *p.* 1067.

☞ Dans Hardouin, tom. X. *pag.* 1512. On peut voir à son sujet l'*Avis des Censeurs*, *pag.* 76, *in*-4.]

6408. Ordonnances Ecclésiastiques & Statuts Synodaux, faits en 1608 ; par André FREMIOT : *Bourges*, Levez, 1608, *in*-8.

6409. ☞ Ordonnances Synodales de Michel PHELIPEAUX DE LA VRILLIERE : *Bourges*, Toubeau, 1680, *in*-4.]

6410. Concilium *Bononiense*, anno 1264.

Ce Concile de Boulogne-sur-Mer est imprimé dans Labbe, tom. XI. *pag.* 829.

☞ Dans Hardouin, tom. VII. *p.* 559.]

6411. Réglemens & Ordonnances faites par Philippe DE LA CHAMBRE : *Saint-Omer*, 1530, *in*-12.

Cet Evêque est mort en 1550.

☞ Autres ; par M. VICTOR, en 1630 : *Saint-Omer*, veuve Boscart, 1630, *in*-12.]

6412. ☞ Statuts Synodaux de François PERROCHEL : *Paris*, Vitré, 1653, *in*-12.]

6413. ☞ Statuts du Diocèse de Boulogne, publiés par Pierre DE LANGLE, 1701, *in*-4.]

6414. Concilium *Brennacense*, anno 580.

Ce Concile de Brenne, dans le Diocèse de Soissons, est imprimé dans Sirmond, tom. I. *pag.* 369. Edition du Louvre, tom. XIII. *p.* 53. Labbe, tom. V. *p.* 965.

☞ Dans Hardouin, tom. III. *p.* 449.]

Conventus Brionensis, anno 1050.

Cette Assemblée est imprimée dans Labbe, tom. IX. *pag.* 1054.

☞ Cette Assemblée qui fut tenue à Brionne, par les Evêques de Normandie, contre les erreurs de Bérenger, se trouve dans Bessin, part. 1, *p.* 45.]

6415. Concilium *Britannicum*, anno 568.

Ce Concile de Bretagne est imprimé dans de la Lande, *pag.* 56.

Aliud, anno 1079.

Celui de 1079 est imprimé dans l'Edition du Louvre, tom. XXVI. *p.* 592. Labbe, tom. X. *p.* 580.

☞ Dans Hardouin, tom. VI. part. I. *p.* 1587.]

6416. Concilium *Brivatense*, anno 1094.

Ce Concile de Brioude en Auvergne, est imprimé dans Labbe, tom. X. *p.* 499.

☞ Dans Hardouin, tom. VI. part. 2, *p.* 1709.]

☞ Dom Liron a fait voir qu'il y en avoit eu un en 1085, ou 1086. *Singularités historiques*, tom. IV. *pag.* 454-494.]

6417. Concilium *Burdegalense*, anno 385.

Ce Concile est imprimé dans Sirmond, tom. I. *p.* 22. Edition du Louvre, tom. III. *p.* 447. Maan, part. 2, *p.* 4. Labbe, tom. II. *p.* 1034.

☞ Dans Hardouin, tom. I. *p.* 859.]

☞ Aliud, anno 1076.

Il est imprimé dans Hardouin, tom. VI. part. I. *pag.* 1551.]

Aliud, anno 1079.

Celui de 1079 est imprimé dans Labbe, tom. X. *pag.* 381.

☞ Dans Hardouin, tom. VI. part. 1, *p.* 1583.]

Aliud, anno 1098.

Celui de 1098 est imprimé dans Labbe, tom. X. *pag.* 614.

☞ Dans Hardouin, tom. VI. part. 2, *p.* 1757.]

Actes des Conciles & Synodes.

Aliud, anno 1255.
Celui de 1255 est imprimé dans Labbe, tom. XI. *p.* 738.
☞ Dans Hardouin, tom. VII. *p.* 470.]

Aliud, anno 1262 [vel 1263.]
Ce Concile est imprimé dans Labbe, tom. XI. *p.* 822.
☞ Dans Hardouin, tom. VII. *p.* 553.]

6418. ☞ Aliud, anno 1582: *Burdigalæ*, Millangii, 1583, *in-8.* Latinè & Gallicè; Idem, 1584, *in-*4. 1623, *in-*8. cum legibus Seminariorum.]

Aliud, anno 1583.
Ce même Concile est imprimé dans Odespunc, *pag.* 279. Labbe, tom. XV. *p.* 944.
☞ Dans Hardouin, tom. X. *p.* 1333.]

☞ Le même (à part) traduit en François, avec le texte Latin à côté: *Bordeaux*, Millanges, 1623, *in-8.*]

6419. Ordonnances & Constitutions Synodales données au Diocèse de Bordeaux, depuis l'an 1600; par François d'Escoubleaux, Cardinal de Sourdis: *Bordeaux*, 1600, 1621, *in-*8.

Ce Cardinal est mort en 1628.

Decreta Synodi Provincialis habitæ ab eodem Cardinale, anno 1624: *Parisiis*, Ant. Stephani, 1625, *in-*8.
Ces mêmes Décrets sont imprimés dans Labbe, tom. XV. *pag.* 1632.
☞ Dans Hardouin, tom. XI. *p.* 59.]

☞ Les mêmes, revus, confirmés & augmentés par Henri d'Escoubleaux de Sourdis, &c. rédigés en divers titres: *Bordeaux*, de la Court, 1639, *in-*8.]

☞ Les mêmes, revus & augmentés par Louis d'Anglure de Bourlaimont: *Bordeaux*, 1686, *in-*8.]

6420. ☞ Decreta Conciliorum Provincialium Burdigal. annis 1583 & 1624, jussu Francisci Eliæ d'Argenson, typis iteratò mandata: *Burdigalæ*, de la Court, 1728, *in-*8.]

6421. * Ordonnances Synodales du Diocèse de Bordeaux, publiées par Armand Bazin de Bezons, Archevêque, &c. dans son Synode tenu le 8 Avril 1704: *Bordeaux*, veuve de la Court, 1704, *in-*8.

☞ Les mêmes, réimprimées par l'ordre de M. d'Argenson: *Bordeaux*, la Court, 1728, *in-*8.]

6422. Concilium *Burgundicum*, incerti loci, anno 955.
Ce Concile est imprimé dans Labbe, tom. IX. *pag.* 639.
☞ Dans Hardouin, tom. VI. part. 1, *pag.* 619.]

6423. Conventus *Buxiensis*, anno 1170.
Ce Concile de Boisse, au Diocèse d'Angoulême, est imprimé dans Labbe, tom. X. *pag.* 1451.
☞ Dans Hardouin, tom. VI. part. 2, *p.* 1625.]

C

6424. Concilium *Cabillonense*, anno 470.
Ce Concile de Chalon-sur-Saone est imprimé dans Sirmond, tom. I. *pag.* 141. De la Lande, *p.* 15. Labbe, tom. IV. *p.* 1820.

Aliud, anno 579.
Celui de 579 est imprimé dans Sirmond, tom. I. *pag.* 367. Edition du Louvre, tom. III. *p.* 52. Labbe, tom. V. *p.* 963.
☞ Dans Hardouin, tom. III. *p.* 447.]

Conventus, anno 589.
Cette Assemblée est imprimée dans Labbe, tom. V. *pag.* 1025.
☞ Dans Hardouin, tom. III. *p.* 489.]

Concilium, anno 594.
Ce Concile de 594 est imprimé dans de la Lande, *pag.* 65. Labbe, tom. V. *pag.* 1854.
☞ Dans Hardouin, il en est seulement fait mention dans l'Index du tome troisième.]

Aliud, anno 603.
Celui de 603 est imprimé dans Sirmond, tom. I. *p.* 469. Edition du Louvre, tom. XIV. *p.* 350. Labbe, tom. V. *p.* 1612.
☞ Dans Hardouin, tom. III. *p.* 541.]

Aliud, circa annum 650.
Celui de 650 est imprimé dans Sirmond, tom. I. *pag.* 489. Edition du Louvre, tom. XV. *p.* 289. Labbe, tom. VI. *p.* 387.
☞ Dans Hardouin, tom. III. *p.* 947.]

Aliud, anno 815, [vel 813.]
Ce Concile est imprimé dans Sirmond, tom. II. *p.* 306. Edition du Louvre, tom. XX. *pag.* 388. Labbe, tom. VII. *p.* 1270.
☞ Dans Hardouin, tom. IV. *pag.* 1029.]

Conventus, anno 839.
Cette Assemblée de 839 est imprimée dans Labbe, tom. VII. *pag.* 1770.]
☞ Dans Hardouin, elle est seulement indiquée à l'Index du tome quatrième.]

Concilium, anno 873.
Ce Concile de 873 est imprimé dans Sirmond, tom. III. *pag.* 406. Edition du Louvre, tom. XXIV. *pag.* 383. De la Lande, *pag.* 282. Labbe, tom. IX. *pag.* 251.
☞ Dans Hardouin, tom. VI. part. 1, *p.* 137.]

Conventus, anno 875.
Cette Assemblée de 875 est imprimée dans Labbe, tom. IX. *p.* 275.
☞ Dans Hardouin, tom. VI. part. *p.* 159.]

Concilium, anno 886.
Ce Concile de 886 est imprimé dans Sirmond, tom. III. *pag.* 523. Edition du Louvre, tom. XXIV. *p.* 570. De la Lande, *p.* 203. Labbe, tom. IX. *p.* 399.
☞ Dans Hardouin, tom. VI. part. 1, *p.* 395.]

Aliud, anno 887.
Celui de 887 est imprimé dans Martenne, tom. IV. de son nouveau Trésor des Pièces anecdotes, *pag.* 33.

Aliud, anno 894.
Celui de 894 est imprimé dans de la Lande, *p.* 310. Labbe, tom. IX. *p.* 437.
☞ Dans Hardouin, tom. VI. part. 1, *p.* 433.]

Aliud, anno 915.
Celui de 915 est imprimé dans Sirmond, tom. III.

P. 571. Edition du Louvre, tom. XXV. *p.* 18. De la Lande, *p.* 320. Labbe, tom. IX. *p.* 578.

☞ Dans Hardouin, tom. VI. part. 1. *p.* 559.]

Aliud, anno 1056.

Aliud, anno 1072.

Ces deux Conciles de 1056 & de 1072, sont imprimés dans le quatrième tome du nouveau Trésor des Pièces anecdotes, publiées par Dom Edmond Martenne, *pag.* 89 & 97.

Aliud, anno 1063.

Celui de 1063 est imprimé dans Labbe, tom. IX. *pag.* 1177.

☞ Dans Hardouin, tom. VI. part. 1. *p.* 1139.]

Aliud, anno 1073.

Celui de 1073 est imprimé dans Labbe, tom. X. *pag.* 1811.

☞ Dans Hardouin, tom. VI. part. 1, *p.* 1515.]

Aliud, anno 1173.

Celui de la même année est imprimé dans Labbe, tom. X. *pag.* 308.

6425. Constitutiones Synodales, editæ anno 1554, à Ludovico GUILLARD : *Lugduni*, Pagani, 1554, *in-8*.

6426. Synodus *Cadomensis*, anno 1061.

Ce Synode de Caën est imprimé dans Pommeraye, *pag.* 71.

☞ Dans Bessin, part. 1, *p.* 48.]

Conventus, anno 1077 [vel 1173.]

Cette Assemblée est imprimée dans Pommeraye, *pag.* 98.

☞ Dans Bessin, part. 1, *p.* 87.]

☞ Concilium, anno 1182.

Ce Concile est dans Bessin, *pag.* 89.]

☞ Concilium Cadomense, anno 1182.

Ce que l'on sçait de ce Concile se trouve dans Bessin, part. 1, *pag.* 89.]

6427. ☞ Statuts Synodaux de *Cahors*.

Voyez ci-après, *Constitutiones Caturcenses*, N.° 6455.]

6428. Acta & Decreta Synodi Diœcesanæ *Cameracensis*, præside Roberto DE CROY, anno 1550, celebratæ. Item, antiqua Statuta Synodalia hujus Diœcesis : *Parisiis*, David, 1551, *in-4*.

6429. Canones & Decreta Concilii Provincialis *Cameracensis*, anno 1565. Præside Maximiliano A BERGIS, adjectis Actis ejusdem : *Antverpiæ*, Silvii, 1566, *in-4*.

Les mêmes sont imprimés dans Odespunc, *p.* 120. Labbe, tom. XV. *pag.* 47.

☞ Dans Hardouin, tom. X. *p.* 1733.]

Concilium Provinciale Cameracense in oppido Montis Hannoniæ habitum, anno 1586, sub præside Ludovico DE BARLAYMONT : *Montibus*, 1587, *in-4*.

☞ Dans Hardouin, tom. IX. *pag.* 2153, & tom. X. *pag.* 1733.]

6430. Decreta Synodi Diœcesanæ Cameracensis ; per Guillelmum DE BERGHE, anno 1604 celebratæ. Adjectæ Synodi Diœcesanæ, annorum 1550 & 1565, & Concilia Provincialia 1565 & 1586 : *Montibus*, 1604 : *Cameraci*, 1614, 1625, *in-8*.

6431. Statuta Curiarum Ecclesiasticarum Provinciæ Cameracensis, de Mandato Francisci VILLANI A GANDAVO, Episcopi Tornacensis, edita : *Tornaci*, Quinqué, 1659, *in-4*.

6432. ☞ Statutorum Synodalium Ecclesiæ Cameracensis Pars I. in qua continentur Synodi Diœcesanæ Cameracenses, ab anno 1550, ad annum 1664. Pars II. in qua continentur Concilia Provinciæ Cameracensis, annis 1565, 1586 & 1631, celebrata : *Parisiis*, Bordelet, 1739 : *in-4*.]

6433. Concilium *Campinacense*, anno 1238.

Ce Concile de Cognac est imprimé dans Labbe, tom. XI. *p.* 556.

☞ Dans Hardouin, tom. VII. *p.* 315.

Voyez encore ci-après, *Conc. Copriniacense*.]

6434. Concilium *Carilocense*, anno 926.

Ce Concile de Charlieu, au Diocèse de Mâcon, est imprimé dans Sirmond, tom. III. *pag.* 579. Edition du Louvre, tom. XXV. *pag.* 21. Labbe, tom. IX. *p.* 582.

☞ Dans Hardouin, tom. VI. part. 1, *p.* 563.]

6435. Concilium I. *Carisiacense*, anno 849.

Ce Concile de Cressy-sur-Serre, dans le Diocèse de Laon, selon le Père Labbe & quelques autres, ou de Kiercy-sur-Oise, selon M. de Valois, le Père Germain & quelques autres, est imprimé dans Sirmond, tom. III. *pag.* 65. Edition du Louvre, tom. XXI. *pag.* 602. De la Lande, *pag.* 149. Labbe, tom. VIII. *pag.* 55.

☞ Dans Hardouin, tom. V. *p.* 17.]

Concilium II. anno 853.

Ce Concile de 853 est imprimé dans de la Lande, *pag.* 160. Labbe, tom. VIII. *pag.* 98.

☞ Dans Hardouin, tom. V. *p.* 57.]

Aliud, anno 854.

Celui de 854 est imprimé dans de la Lande, *p.* 160.

☞ Dans Hardouin, tom. V. *p.* 464.]

Aliud, anno 857.

Celui de 857 est imprimé dans Sirmond, tom. III. *pag.* 110. Edition du Louvre, tom. XXII. *pag.* 15. De la Lande, *pag.* 162. Labbe, tom. VIII. *pag.* 246.

☞ Dans Hardouin, tom. V. *p.* 115.]

Conventus, anno 868.

Cette Assemblée est imprimée dans l'Edition du Louvre, tom. XXII. *p.* 634. De la Lande, *p.* 179. Labbe, tom. VIII. *p.* 1939.

☞ Dans Hardouin, tom. V. *p.* 731.]

6436. Conventus *Carnotensis*, anno 849.

Cette Assemblée de Chartres est imprimée dans de la Lande, *pag.* 151. Labbe, tom. VIII. *pag.* 1928.

☞ Dans Hardouin, tom. V. *p.* 17.]

Concilium, anno 1124.

Ce Concile de 1124 est imprimé dans Labbe, tom. X. *pag.* 906.

Aliud, anno 1146.

Celui de 1146 est imprimé dans l'Edition du Louvre, tom. XXVII. *p.* 182. Labbe, tom. X. *p.* 1102.

☞ Dans Hardouin, tom. VI. part. 2, *p.* 1295.]

6437. * Statuts Synodaux de Milon D'ILLIERS, Evêque de Chartres : 1499, *in-4*.

Voyez Thiers, *De stolâ*, *pag.* 279, & *seq.*]

6438.

Actes des Conciles & Synodes.

6438. Constitutiones Synodales; per Ludovicum GUILLARD ordinatæ, anno 1526: *Parisiis*, Colinæi, 1536, *in*-4.

6439. ☞ Synodus Carnotensis anno 1526, sub Ludovico Episcopo Carnotensi : *Parisiis*, Kerver, 1526 & 1538, *in*-4.]

6440. ☞ Synodus Carnotensis, anno 1550, sub eodem Ludovico : *Carnoti*, 1550, *in*-4.

Cet Evêque l'avoit d'abord été de Tournai, & il quitta Chartres pour aller à Chalon-sur-Saone, & enfin à Senlis, où il mourut en 1565 : Charles Guillard son neveu, lui succéda à Chartres.]

Statuta Synodalia; per eundem publicata in Synodo anni 1555 : [*Carnoti*, Pisson, 1555] : *Aureliæ*, Hotot, 1555, *in*-4.

Aliæ ejusdem Constitutiones, publicatæ anno 1559 : *Aureliæ*, 1559, *in*-4.

6441. * Acta aliquot Synodalia Carnot. ejusdem, an. 1564 : *Carnoti*, Pisson, 1564, *in*-8.

6442. Statuta in Synodo Carnotensi, promulgata sub Nicolao DE THOU, anno 1587 : *Parisiis*, 1587, *in*-8.

* Statuts Synodaux in 1593.
Cités par Thiers, *Traité de l'Hérésie*, pag. 216.

6443. ☞ Réglemens de Ferdinand DE NEUVILLE, pour le Diocèse de Chartres, en 1660 : *Chartres*, Tiger, *in*-4.]

6444. ☞ Statuts Synodaux du même Evêque, renouvellés par Paul GODET DES MARAIS, en 1693 : *Chartres*, Tiger, *in*-4.

Voyez Thiers, dans son *Traité de l'Absolution de l'Hérésie*, pag. 216.]

6445. ☞ Statuta Diœcesis Carnotensis ; per Carolum Franciscum DE MERINVILLE : *Carnuti*, Roux, 1742, *in*-12.]

6446. Concilium *Carpentoractense*, anno 527.
Ce Concile de Carpentras est imprimé dans Sirmond, tom. I. pag. 212. Edition du Louvre, tom. XI. p. 57. Labbe, tom. IV. p. 1663.
☞ Dans Hardouin, tom. II. p. 1095.]

6447. Concilium ad *Castrum Gonterii*, anno 1231.
Ce Concile de Château-Gontier, au Diocèse d'Angers, est imprimé dans Maan, part. 2, p. 51. Labbe, tom. XI. p. 438.
☞ Dans Hardouin, tom. VII. p. 191.]

Aliud, anno 1253.
Ce Concile est imprimé dans Maan, part. 2, p. 64. Labbe, tom. XI. p. 715.
☞ Dans Hardouin, tom. VII. p. 447.]

Aliud, anno 1268.
Celui de 1268 est imprimé dans Maan, part. 2, p. 65. Labbe, tom. XI. p. 909.
☞ Dans Hardouin, tom. VII. p. 645.]

Aliud, anno 1336.
Celui de 1336 est imprimé dans Maan, part. 2, pag. 201. Labbe, tom. XI. p. 1842.
☞ Dans Hardouin, tom. VII. p. 1613.]

6448. ☞ Statuts Synodaux du Diocèse de *Castres*, publiés au Synode tenu le 22 Septembre 1699 ; par Auguftin DE MAUPEOU, Evêque : *Castres*, Raymond, 1699, *in*-12.]

6449. ☞ Concilium ad *Castrum Rodulphi*, circa an. 1120.)
Ce Concile de Château-Roux, au Diocèse de Bourges, est dans Martenne, au tome quatrième de son nouveau Trésor des Pièces anecdotes, pag. 133.

6450. Concilium *Castri Theodorici*, anno 933.
Ce Concile de Château-Thierry, dans le Diocèse de Soissons, est imprimé dans Sirmond, tom. III. p. 580. Edition du Louvre, tom. XXV. p. 39. Labbe, tom. IX. p. 592.
☞ Dans Hardouin, tom. VI. part. 1, p. 573.]

6451. Concilium *Catalaunense*, anno 1115.
Ce Concile de Chaalons-sur-Marne est imprimé dans Labbe, tom. X. p. 802.
☞ Dans Hardouin, tom. VI. part. 2, p. 1929.]

Statuta Synodalia, anni 1393.
Ces Statuts Synodaux sont imprimés dans le quatrième tome du nouveau Trésor des Pièces anecdotes publiées par Dom Martenne, pag. 667.

6452. ☞ Ms. Remarques critiques sur les Statuts Synodaux de GUILLEBERT, Evêque de Chaalons ; lues le 14 Mars 1759, à la Société Littéraire de cette Ville ; par M. BESCHEFER, Chanoine de Notre-Dame de Chaalons.
Ce Mémoire est conservé dans les Regiftres de cette Société.]

Statuta Synodalia, ab Hieronymo BURGENSI, anno 1557 : *Rhemis*, Bacnatii : 1557, *in*-4.

6453. Ordonnances, Mandemens, Lettres Pastorales pour le rétablissement de la Discipline Ecclésiastique & la réformation des mœurs dans le Diocèse de Chaalons, l'an 1660 ; par Felix VIALART : *Chaalons*, Seneuze, 1663, *in*-12.

☞ Les mêmes : *Lyon*, Certe, *in*-12.]

6454. ☞ Statuts, Ordonnances, Mandemens, Réglemens, & Lettres Pastorales, imprimés par ordre de Louis-Antoine DE NOAILLES, pour le Diocèse de Chaalons : *Chaalons*, Seneuze, 1693, *in*-4. & *in*-8.]

6455. Constitutiones Synodales *Caturcenses* editæ & renovatæ, anno 1502, per Antonium DE LUZECH, Episcopum : *Petracoræ*, Carant, 1503, *in-fol*.

Statuts & Réglemens du Diocèse de Cahors ; publiés au Synode tenu en 1638 ; par Alain DE SOLMINIHAC : *Cahors*, Daluy, 1639, *in*-8. *Paris*, Moreau, 1640, *in*-12. & *in*-16. Seconde Edition de *Cahors*, 1647, *in*-16. à laquelle on a été ajourées les Ordonnances publiées aux Synodes depuis (1639) : *Tolose*, Colomiés, 1652. Cinquième Edition.

☞ Alain de Solminihac, dont le Clergé de France en corps a demandé à Rome la Canonisation, est mort en 1659.]

6456. ☞ Ordonnances de François SEVIN, Evêque de Cahors : *Cahors*, 1662, *in*-12.]

6457. ☞ Statuts renouvellés & augmentés par Nicolas DE SEVIN : *Cahors*, 1674, *in*-12.]

6458. ☞ Statuts renouvellés & publiés par Guillaume LE JAY, en 1685 : *Cahors*, Bonnet, 1686, *in*-12.]

6459. Decreta Diœcesanæ Synodi *Cavallicensis* (Cavaillon) à Joanne DE SADE DE MAZAN celebratæ, anno 1680 : *Avenione*, 1681, *in*-8.

6460. Conventus *Cenomanensis*, anno 1188 [vel 1189.]

Cette Assemblée du Mans est imprimée dans Labbe, tom. X. *pag.* 1760.

☞ Dans Hardouin, tom. VI. part. 2, *p.* 1899, & dans Bessin, part. 1, *pag*. 93.]

6461. ☞ Ordonnances publiées par Emery MARC-LA-FERTÉ, aux Synodes du Mans, des années 1640 & 1644 : *au Mans*, Olivier, 1644, *in*-8.]

6462. ☞ Ordonnances Synodales du Diocèse du Mans, imprimées par l'ordre de Charles-Louis DE FROULAY : *Paris*, Coignard, 1747, *in*-12.]

6463. Conventus *Chinonensis*, anno 1167.

Cette Assemblée de Chinon, en Touraine, est imprimée dans Labbe, tom. X. *pag.* 1443.

☞ Dans Hardouin, tom. VI. part. 2, *p.* 1617.]

6464. Concilium *Claromontanum*, seu Arvernense, circa annum 535.

Ce Concile de Clermont en Auvergne, est imprimé dans Sirmond, tom. I. *pag*. 241. Edition du Louvre, tom. XI. *pag.* 190. Labbe, tom. IV. *pag.* 1803.

☞ Dans Hardouin, tom. II. *p.* 1179.]

Aliud, anno 549.

Celui de 549 est imprimé dans Sirmond, tom. I. *pag.* 289. De la Lande, *pag.* 51. Edition du Louvre, tom. XI. *p.* 650. Labbe, tom. V. *p.* 401, 1849.

☞ Dans Hardouin, tom. II. *p.* 1451.]

Aliud, anno 588 [vel 584.]

Ce Concile est imprimé dans Sirmond, tom. I. *pag.* 396. Edition du Louvre, tom. XIII. *pag.* 100. Labbe, tom. V. *pag.* 996.

☞ Dans Hardouin, il n'est qu'indiqué dans l'Index du tome troisième.]

Aliud, anno 1077.

Celui de 1077 est imprimé dans Labbe, tom. X. *pag*. 359.

☞ Dans Hardouin, tom. VI. part. 1, *p.* 1567.]

Aliud, anno 1095.

Celui de 1095 est imprimé dans l'Edition du Louvre, tom. XXVI. *pag*. 662. Labbe, tom. X. *pag.* 506. Martenne, tom. IV. *p.* 121.

☞ Dans Hardouin, tom. VI. part. 2, *p.* 1717.]

6465. ☞ Dissertation sur le Concile tenu à Clermont (en Auvergne) au sujet de la première Croisade ; par M. DE LA CHAPELLE, de la Société Littéraire de Clermont-Ferrand.

L'objet de cette Dissertation, que l'on conserve dans les Registres de cette Société, est de rappeller la part qu'eut l'Auvergne, & sur-tout la Ville de Clermont, à cette fameuse entreprise, d'en fixer l'époque, & de faire connoître les principaux personnages qui s'y sont distingués, & sur-tout ceux qui appartiennent à l'Auvergne.]

Aliud Concilium, anno 1110.

Celui de 1110 est imprimé dans Labbe, tom. X. *pag.* 765.

☞ Dans Hardouin, tom. VI. part. 2, *p.* 1897.]

Aliud, anno 1124.

Celui de 1124 est imprimé dans Labbe, tom. X. *p.* 908.

☞ Dans Hardouin, tom. VI. part. 2, *p.* 1117.]

Aliud, anno 1130.

Celui de 1130 est imprimé dans l'Edition du Louvre, tom. XXVII. *pag.* 102. Dans Baluze, tom. VII. de ses *Miscellanea*, *pag*. 714. Labbe, tom. X. *p.* 972.

☞ Dans Hardouin, tom. VI. part. 2, *p.* 1181.]

Aliud, anno 1295.

Celui de 1295 est dans Martenne, *pag*. 217.

6466. Statuta Synodalia Caroli DE BOURBON : *in*-4. (vieille édition.)

Cet Evêque est mort en 1504.

6467. ☞ Statuta, à Guillermo DE PRATO de novo ordinata, anno 1537 : *Claromonti*, Petit, 1538, *in*-4.]

6468. ☞ Statuts renouvellés par François DE LA ROCHEFOUCAULD, & publiés au Synode tenu à Clermont en 1599 : *Clermont*, Durand, 1599, *in*-8.]

6469. ☞ Canons Synodaux statués par Joachim D'ESTAING, en 1620 : *Clermont*, Durand, 1620, *in*-8.]

6470. Statuts Synodaux du Diocèse de Clermont ; renouvellés & augmentés par Joachim D'ESTAING, au Synode de 1647 : *Clermont*, Barbier, 1647, *in*-8.

6471. ☞ Canons Synodaux du Diocèse de Clermont, revus, corrigés & augmentés, &c. *Clermont*, Jacquard, 1653, *in*-8.]

6472. Concilium *Clippiacense*, anno 628.

Ce Concile de Clichy, Village près de Paris [où étoit une Maison Royale] est imprimé dans de la Lande, *p.* 63. Labbe, tom. V. dans l'Appendice, *p.* 1854.

☞ Il est marqué dans l'Index du tom. III. du Père Hardouin. *Voyez* le Traité de l'*Etude des Conciles*, *pag.* 219.]

☞ Aliud, anno 636.

Dans Hardouin, au même lieu.]

Conventus, anno 659.

Cette Assemblée de 659, est imprimée dans Sirmond, tom. I. *pag.* 497. Edition du Louvre, tom. XV. *pag.* 441. De la Lande, *pag.* 69. Labbe, tom. VI. *pag.* 489.

☞ Dans Hardouin, tom. III. *p.* 987.]

6473. Concilium in *Colonia Villa*, anno 843.

Ce Concile de Coulaines, proche le Mans, est imprimé dans Sirmond, tom. III. *pag.* 4. Edition du Louvre, tom. XXI. *pag.* 414. Labbe, tom. VII. *pag.* 1783-1819.

☞ Dans Hardouin, tom. IV. *p.* 1459.]

6474. Concilium *Coloniense*, anno 782.

Ce Concile de Cologne est imprimé dans Labbe, tom. VI. *p.* 1827.

Actes des Conciles & Synodes.

Aliud, anno 870.

Ce Concile de 870 est imprimé dans de la Lande, p. 202. Labbe, tom. VIII. p. 1539.

Aliud, anno 873.

Ce Concile de 873 est imprimé dans Labbe, tom. XI. p. 252.
☞ Dans Hardouin, tom. VI. part. 1, p. 137.]

Aliud, anno 887.

Celui de 887 est imprimé dans Labbe, tom. IX. p. 596.
☞ Dans Hardouin, tom. VI. part. 1, p. 397.]
Je ne rapporte point les Conciles tenus à Cologne depuis ce temps-là, parcequ'ils n'ont plus de rapport avec l'Histoire de France.

6475. ☞ Statuts Synodaux de *Cominge*, publiés en 1641; par Hugues DE LABATUTS: *Toulouse*, 1642, *in-*8.]

6476. Concilium *Compendiense*, anno 757.

Ce Concile de Compiègne est imprimé dans Sirmond, tom. II. p. 41. Edition du Louvre, tom. XVII. *pag*. 758. Labbe, tom. VII. *pag*. 1094.
☞ Dans Hardouin, tom. III. p. 1003.]

Conventus, anno 758.

Cette Assemblée est imprimée dans de la Lande, p. 79. Labbe, tom. VI. p. 1884.
☞ Dans Hardouin, tom. IV. p. 1377.]

Conventus, anno 833.

Cette Assemblée est imprimée dans l'Edition du Louvre, tom. XXI. *pag*. 149. Labbe, tom. VII. p. 1686.
☞ Dans Hardouin, tom. IV. p. 1377.]

Concilium, anno 1085.

Ce Concile de 1085 est imprimé dans Labbe, tom. X. *pag*. 406.
☞ Dans Hardouin, tom. VI. part. 1, p. 1617.]

Aliud, anno 1235.

Celui de 1235 est imprimé dans Labbe, tom. XI. *pag*. 503.
☞ Dans Hardouin, tom. VII. *pag*. 259. Ses Censeurs ont observé qu'il auroit dû y joindre quelque Note, sur les Remontrances que les Evêques de ce Concile firent au Roi S. Louis.]

Aliud, anno 1270.

Celui de 1270 est imprimé dans Labbe, tom. XI. *pag*. 917.
☞ Dans Hardouin, tom. VII. p. 653.]

Aliud, anno 1277.

Celui de 1277 est imprimé dans Labbe, tom. XI. *pag*. 1031.
☞ Dans Hardouin, tom. VII. p. 751.]

Aliud, anno 1302.

Celui de 1302 est imprimé dans Labbe, tom. XI. *pag*. 1472.
☞ Dans Hardouin, tom. VII. p. 1247.]

Aliud, anno 1304.

Celui de 1304 est imprimé dans Labbe, tom. XI. *pag*. 1492.
☞ Dans Hardouin, tom. VII. p. 1265.]

Aliud, anno 1329.

Celui de 1329 est imprimé dans Labbe, tom. XI. *pag*. 1774.
☞ Dans Hardouin, tom. VII. p. 1541.]

6477. ☞ Statuts Synodaux du Diocèse de *Conaom*, publiés par M. Charles-Louis DE LORRAINE en 1663: *Agen*, Gayau, 1663, *in-*8.]

Tome I.

6478. ☞ Synodalia præcepta *Constantiensis* Ecclesiæ à Rev. Episcopis ejusdem Ecclesiæ variis Synodis in lucem emissa, &c. (ab anno 1294, ad 1487) summâ diligentiâ castigata atque emendata, recenter excusa anno 1538. Alia, anno 1606.

Ces Statuts Synodaux de différens Evêques de Coutances, sont imprimés dans Bessin, part. 2, *pag*. 541-575.]

6479. ☞ Statuts Synodaux du Diocèse de Constances (ou Coutances) publiés par Léonor DE MATIGNON (au Synode de 1637) renouvellés & augmentés par Charles-François DE LOMÉNIE DE BRIENNE (en son Synode): *Constances*, Bessin, 1676, *in-*12.

Ils se trouvent dans la Collection de Dom Guillaume Bessin, part. 2, *pag*. 575.]

6480. Concilium in *Convicino* Villa, prope Silvanectum, anno 863.

Ce Concile [tenu près de Senlis] est imprimé dans Labbe, tom. VIII. *pag*. 761.
☞ Dans Hardouin, tom. V. p. 557.]

6481. Concilium *Copriniacense*, anno 1255.

Ce Concile de Coignac est imprimé dans Labbe, tom. XI. *pag*. 740.
☞ Dans Hardouin, tom. VII. p. 475.]

Aliud, anno 1260.

Celui de 1260 est imprimé dans Labbe, tom. XI. *pag*. 799.
☞ Dans Hardouin, tom. VII. p. 529.]

Aliud, anno 1262.

Celui de 1262 est imprimé dans Labbe, tom. XI. *pag*. 820.
☞ Dans Hardouin, tom. VII. p. 551.]

6482. Conventus *Creissanus*, in territorio Narbonensi, anno 1132.

Cette Assemblée est imprimée dans Labbe, tom. X. *pag*. 989.
☞ Dans Hardouin, tom. VI. part. 2, p. 1195.]

D

6483. Concilium apud *Devillam*, prope Rotomagum, anno 1304 [vel 1305.]

Ce Concile est indiqué dans Pommeraye, *pag*. 282.
☞ Bessin en fait mention dans sa Table Chronologique: il n'en reste rien.]

6484. ☞ Statuts Synodaux de *Die*; par Séraphin PAJOT, Evêque: 1698, *in-*8.]

6485. Concilium *Divionense*, anno 1076, [vel 1077.]

Ce Concile de Dijon est imprimé dans Labbe, tom. X. *pag*. 359.
☞ Dans Hardouin, tom. VI. part. 1, p. 1567.]

* Aliud, anno 1199.

Ce Concile est imprimé dans Labbe, tom. XI. p. 11.
☞ Dans Hardouin, tom. VI. part. 2, p. 195.]

6486. ☞ Statuts Synodaux du Diocèse de Dijon; par Jean BOUHIER, premier Evêque: *Dijon*, Defaint, 1744, *in-*12.

Cet Evêque est mort en 1744.

Hhh 2

6487. Colloquium *Dolenſe*, anno 1094.

Ce Colloque de Dol en Bretagne, eſt imprimé dans Labbe, tom. X. pag. 499.

☞ Dans Hardouin, tom. VI. part. 2, p. 1711.]

6488. Concilium *Durienſe*, ſive in Villa Duria, anno 761.

Ce Concile [ou Aſſemblée de Duren, au Pays de Juliers] eſt dans Sirmond, tom. II. p. 49. Edition du Louvre, tom. XVII. p. 647. De la Lande, p. 77. Labbe, tom. VI. p. 1701.

☞ Dans Hardouin, tom. III. p. 2009.]

Aliud, anno 775.

Celui de 775 eſt imprimé dans Sirmond, tom. II. pag. 81. Edition du Louvre, tom. XVIII. pag. 158. De la Lande, pag. 84. Labbe, tom. VI. pag. 1821.

☞ Dans Hardouin, tom. III. p. 2056.]

Aliud, anno 779.

Celui de 779 eſt imprimé dans l'Edition du Louvre, tom. XVIII. p. 160. Labbe, tom. VI. p. 1823.

6489. Concilium *Duziacenſe*, anno 871.

Ce Concile de Douzy, (au Diocèſe de Reims) près de Sedan, eſt imprimé dans Sirmond, tom. III. p. 397. Edition du Louvre, tom. XXIII. p. 785. De la Lande, pag. 206.

☞ Dans Hardouin, tom. V. p. 1217.]

Idem, cum Notis Ludovici CELLOTII, è Societate Jeſu : *Pariſiis*, Cramoiſy, 1658, *in-*4.

Ce Concile, avec les mêmes Notes, eſt imprimé dans Labbe, tom. VIII. pag. 1539.

Concilium II. anno 874.

Celui de 874 eſt imprimé dans Sirmond, tom. III. pag. 408. Edition du Louvre, tom. XXIV. pag. 387. Labbe, tom. IX. pag. 258.

☞ Dans Hardouin, tom. VI. part. 1, pag. 143.]

E

6490. Concilium *Ebredunenſe*, anno 1267.

Ce Concile d'Embrun eſt imprimé dans le tom. IV. du nouveau Tréſor des Pièces anecdotes, publiées par Dom Martenne, pag. 187.

Aliud, anno 1290.

Celui de 1290 eſt dans le même volume de Dom Martenne, pag. 209.

6491. ☞ Decreta Synodi Provincialis Ebreduni habitæ, anno 1582 à Guill. D'AVANSON, Archiepiſcopo, edita & confirmata : *Lugduni*, Pillehotte, 1600, *in-*4.]

6492. ☞ Concilium Provinciale. Ebreduni habitum à D. Petro DE GUERIN DE TENCIN, Archiepiſcopo Ebredunenſi, anno 1727 : *Gratianopoli*, Faure, 1728, *in-*4.]

6493. ☞ Relation de ce qui s'eſt paſſé dans le Concile Provincial d'Embrun, au ſujet de la condamnation des Ecrits de M. l'Evêque de Senez (Jean SOANEN); par l'Abbé DE MICHEL : *Paris*, 1728, *in-*4.]

6494. ☞ Journal hiſtorique du Concile d'Embrun ; par M*** Bachelier de Sorbonne (le P. François DE MONTAUZAN, Jéſuite) *in-*12. 2. vol.

Ce Journal, compoſé de Lettres & de Pièces, s'étend du 2 Juillet au 15 Octobre 1727. Il devoit avoir une ſuite, qui n'a pas été donnée.

Le Père François de Montauzan, né à Villefranche dans le Beaujollois, le 15 Décembre 1697, eſt l'Auteur de ce Livre. Voyez pag. 756 du tom. *II.* de l'*Hiſtoire Littéraire de Lyon*, par le Père Colonia, qui aſſure qu'on trouve dans ce Journal des pièces & des anecdotes que l'on ne ſe voyent point ailleurs. On n'y trouve pas ces paſſages que l'on a écrits à la tête d'un exemplaire, qui eſt dans la Bibliothèque de M. de Fontette.

» Saint Athanaſe récuſa le Concile de Céſarée, parce-
» que les deux Euſebes de Céſarée & de Nicomédie s'y
» trouvèrent avec divers autres ennemis de ce Saint,
» qui après des ordres de l'Empereur parut à celui de
» Tyr avec ſa fermeté ordinaire, & y récuſa publique-
» ment tous les membres de l'Aſſemblée ». *Voyez* Hermant, *Vie de S. Athanaſe*, Liv. III. ch. 16, & Liv. IV. chap. 2.

» Saint Chryſoſtome en fit de même dans le Concile
» du Cheſne. On l'y cita quatre fois, & lorſqu'il pa-
» rut, il dit : Avant que je me juſtifie, faites ſortir de
» votre Aſſemblée mes ennemis déclarés. Théophile
» avoit dit à Alexandrie, qu'il venoit pour condamner
» Jean ». Hermant, *Vie de S. Chryſoſtome*, Liv. V. chap. 3.

L'Aſſemblée générale du Clergé en 1650, dans ſa Lettre à Innocent X. dit : » C'eſt une loi publique &
» une tradition très-ſolidement établie, que nul Evê-
» que ne doit être accuſé, & encore moins condamné,
» que devant le nombre légitime des Evêques, qui eſt
» marqué par le nombre myſtérieux des XII. Apôtres :
» que toute accuſation doit être pourſuivie dans ſa Pro-
» vince, & jugée par les Evêques Comprovinciaux ; &
» c'eſt même à l'accuſé de choiſir les Juges qui doivent
» être ſuppléés des Provinces voiſines, s'il n'y en a pas
» un nombre ſuffiſant dans la ſienne ».

» Zéphirin même, dans ſa fauſſe Décrétale, dit :
» *Duodecim judices quilibet accuſatus eligat.*]

6495. ☞ Hiſtoire de la condamnation de M. l'Evêque de Senez, par les Prélats aſſemblés à Embrun : 1728, *in-*4. & *in* 8.

Elle eſt de J. B. CADRY, qui l'a dreſſée ſur les Mémoires de Louis BOURRET & J. Bapt. BOULENNOIS, Théologiens de M. de Senez, au Concile d'Embrun, tous deux morts en 1757.]

6496. ☞ Réfutation d'un Ouvrage intitulé : Hiſtoire de la condamnation de M. de Senez ; par Pierre-François LAFITAU, Evêque de Siſteron : *Florence* (*Avignon*), *in-*8.]

6497. ☞ Lettre de XII. Evêques, & autres Pièces au ſujet du Concile d'Embrun : 1728, *in-*4.

Ils s'y plaignent des irrégularités de la procédure, du défaut de liberté, &c.]

6498. ☞ Conſultation des Avocats de Paris, au ſujet du Jugement rendu à Embrun, contre l'Evêque de Senez : *in-*4. & *in-*8.

Elle eſt ſignée par 50 Avocats, & Me AUBRY, l'un d'eux, en eſt Auteur.]

6499. ☞ Arrêt du Conſeil, qui ordonne la ſuppreſſion de cette Conſultation : 1728.]

6500. ☞ Lettre des Cardinaux, Archevêques & Evêques, au ſujet d'une Conſultation d'Avocats ſur le Concile d'Embrun : 1728.

Elle a été précédée & ſuivie de pluſieurs Mandemens, qui attaquent également cette Conſultation.]

6501. ☞ Lettre de M. l'Archevêque d'Utrecht, & de M. l'Evêque de Babylone, (Evêque François) à M. l'Evêque de Senez,

Actes des Conciles & Synodes.

au sujet du Jugement rendu à Embrun contre ce Prélat : 1728, *in-4*. 29 pages.]

6502. ☞ Actes, Requêtes & Mémoires ; pour la défense de M. l'Evêque de Senez, condamné à Embrun.

On trouve ces Pièces rassemblées dans la IVe Partie du tom. I. du Recueil indiqué ci-devant, N.° 5654.]

6503. ☞ Mf. Défense de la Consultation faite par MM. les Avocats du Parlement de Paris, contre le Concile d'Embrun ; par Me Claude-Joseph PREVOST : *in-fol.* 2 vol.

Cet Ouvrage est dans la Bibliothèque de MM. les Avocats, num. 45, E. des Manuscrits.]

Statuta Ecclesiæ Ebredunensis, per Jacobum Archiepiscopum edita.

Ces Statuts sont imprimés dans le tom. IV. du nouveau Trésor des Pièces anecdotes, publiées par Dom Martenne, *pag.* 187 & *suiv.*

6504. ☞ Ordinationes Radulphi DE CHEVRIACO, Episcopi *Ebroicensis*.

Dans Beslin, *pag.* 381. On y trouve ensuite réimprimés les trois Recueils suivans.]

6505. Constitutiones Synodi Æstivalis *Ebroicensis*, pro anno 1576, per Claudium DE SAINCTES : *Parisiis*, 1576, *in-4*.

6506. Statuts & Réglemens du Diocèse d'Evreux ; revus par François PERICARD, dans son Synode de 1644 : *Evreux*, 1644, *in-8*.

6507. ☞ Statuts Synodaux publiés par Henri DE MAUPAS DU TOUR, en 1664 : *Evreux*, Rossignol, 1664, 1665, *in-8*.

☞ Ce fut Henri-Marie BOUDON, Archidiacre, qui dressa ces Statuts, dit M. Collet, *pag.* 131, de sa Vie, nouv. Edit. *Paris*, 1762, *in-12.*]

6508. ☞ Statuts Synodaux ; par Jacques POTIER DE NOVION : *Evreux*, Lalonde, 1698, *in-8*.]

6509. Concilium *Engelenheimense*, anno 948.

Ce Concile de 948 est imprimé dans Sirmond, tom. III. *pag.* 585.

☞ Dans Hardouin, tom. VI. part. 1, *pag.* 603.]

6510. Concilium *Engolismense*, anno 1118.

Ce Concile d'Angoulême est imprimé dans Labbe, tom. X. *pag.* 814.

☞ Dans Hardouin, tom. VI. part. 2, *pag.* 1947.]

Aliud, circa annum 1170.

Celui de vers l'an 1170 est imprimé dans Labbe, tom. X. *pag.* 1452.

☞ Dans Hardouin, tom. VI. part. 2, *pag.* 1625.]

6511. Concilium *Epaonense*, anno 517.

Ce Concile [de la Province de Vienne] est imprimé dans Sirmond, tom. I. *pag.* 195. Edition du Louvre, tom. X. *pag.* 637. Labbe, tom. IV. *pag.* 1573.

☞ Dans Hardouin, tom. II. *pag.* 1045.

On peut voir ci-devant (N.ºs 511-515) plusieurs Dissertations sur le lieu de ce Concile.]

6512. Concilium *Exoldunense*, anno 1081.

Ce Concile d'Issoudun, en Berry, est imprimé dans Labbe, tom. X. *pag.* 399.

☞ Dans Hardouin, tom. VI. part. 1, *pag.* 1607.]

F

6513. ☞ Conventus ad *Falesiam*, anno 1107.

Cette Assemblée est indiquée dans la Table Chronologique de Beslin, qui cite à ce sujet Orderic.]

6514. Conventus *Fiscanensis*, anno 990.

Cette Assemblée de Fécamp est indiquée dans Pommeraye, *pag.* 59.

☞ Dans Beslin, il n'en est fait mention qu'à la Table Chronologique, & l'on cite le Cartulaire de l'Abbaye de Fécamp.]

Alius, anno 1027.

Celle de 1027 est dans Pommeraye, *pag.* 62.

☞ Beslin, dans sa Table Chronologique, marque une Assemblée en 1106, dont il ne reste rien.]

6515. Conventus *Floriacensis*, anno 1107.

Cette Assemblée de Fleury-sur-Loire, est imprimée dans Labbe, tom. X. *pag.* 753.

☞ Dans Hardouin, tom. VI. part. 2, *pag.* 1885.]

Alius, anno 1110.

Celle de 1110 est imprimée dans Labbe, tom. X. *pag.* 766.

☞ Dans Hardouin, tom. VI. part. 2, *pag.* 1897.]

6516. Concilium *Forojuliense*, anno 761.

Ce Concile de Fréjus est imprimé au tom. IV. du nouveau Trésor des Pièces de D. Martenne, *pag.* 58.

☞ Conventus, anno 791.

Cette Assemblée est dans Labbe, tom. VII. *pag.* 991, & dans Hardouin, tom. IV. *pag.* 847.]

6517. Conventus in Regni Francorum & Angliæ limite, anno 1199.

Cette Assemblée est imprimée dans Pommeraye, *pag.* 176.

☞ Dom Beslin, part. 1, *pag.* 102, le place entre Vernon & Andely.]

6518. Concilium *Fuxense*, anno 1226.

Ce Concile de Foix est imprimé dans Labbe, tom. XI. *pag.* 302.

☞ Dans Hardouin, tom. VII. *pag.* 143.]

G

6519. Ordonnances & Statuts Synodaux de *Gap*, faits par Pierre PARARAIN [DE CHAUMONT] Evêque de Gap [en son Assemblée tenue à Baulme-lès-Sisteron, en 1587] : *Paris*, Roigny, 1588, *in-8*.

Cet Evêque est mort en 1600.

6520. Concilium *Gallicanum*, circa annum 197.

Ce Concile de Gaule est imprimé dans de la Lande, *pag.* 1. Labbe, tom. I. *pag.* 599.

Aliud, incerti loci, anno 358 [vel 359.]

Ce Concile est imprimé dans Sirmond, tom. I. *pag.* 15. Edition du Louvre, tom. III. *pag.* 187. De la Lande, *pag.* 10. Labbe, tom. II. *pag.* 790.

☞ Dans Hardouin, tom. I. *pag.* 711.]

Aliud, incerti loci, anno 386.

Celui de 386 est imprimé dans de la Lande, *p.* 12.

Liv. II. Histoire Ecclésiastique de France.

Aliud, incerti loci, anno 429.

Celui de 429 est imprimé dans Labbe, tom. II. *pag.* 1686.

Aliud, incerti loci, anno 444.

Celui de 444 est imprimé dans Sirmond, tom. I. *pag.* 74. Edition du Louvre, tom. VII. *pag.* 291. Labbe, tom. II. *pag.* 636.

Aliud, incerti loci, anno 446.

Celui de 446 est imprimé dans Sirmond, tom. I. *pag.* 56. Labbe, tom. III. *pag.* 1463.

☞ Aliud, anno 451.

Ce Concile est imprimé dans Labbe, tom. III. *pag.* 1329.]

Aliud, incerti loci, anno 515.

Celui de 515 est imprimé jdans Sirmond, tom. I. *pag.* 195. Edition du Louvre, tom. X. *p.* 636. Labbe, tom. IV. *pag.* 1572.

Aliud, incerti loci, anno 588.

Celui de 588 est imprimé dans l'Edition du Louvre, tom. XIII. *pag.* 142. De la Lande, *p.* 60. Labbe, tom. V. *pag.* 1853.

☞ Dans Bessin, part. 1, *pag.* 7.]

Aliud, in confinio trium Provinciarum, Arverniæ, Gabalitanæ & Ruthenæ, anno 590.

Celui de 590 est imprimé dans Sirmond, tom. I. *pag.* 404. Edition du Louvre, tom. XIV. *pag.* 410. Labbe, tom. V. *pag.* 1592.

* Aliud, incerti loci, anno 615.

Ce Concile est imprimé dans Labbe, tom. V. *pag.* 1656.

Aliud, incerti loci, anno 679.

Celui de 679 est imprimé dans de la Lande, *pag.* 71. Labbe, tom. VI. *pag.* 1887.

☞ Hardouin le marque dans l'Index du tome troisième.]

Conventus in villâ Regiâ Theodorici Regis, anno 688.

Cette Assemblée de 688 est imprimée dans de la Lande, *pag.* 72. Labbe, tom. VI. *pag.* 1286.

☞ Elle est, selon ce dernier, de 683 ou 685. On la trouve encore dans Sirmond, tom. I. *pag.* 310. Edition du Louvre, tom. XVII. *pag.* 70. Enfin dans Hardouin, tom. III. *pag.* 1758.]

Concilium, incerti loci, post annum 800.

Ce Concile d'après 800 est imprimé dans Labbe, tom. VII. *pag.* 1863.

Aliud, incerti loci, anno 868.

Celui de 868 est imprimé dans de la Lande, *p.* 185. Labbe, tom. VIII. *pag.* 1941.

Conventus, incerti loci, anno 870 [vel 860.]

Cette Assemblée est imprimée dans Labbe, tom. VIII. *pag.* 1920.

☞ Dans Hardouin, tom. V. *pag.* 669.]

Concilia varia, circa annum 1002.

Ces Conciles de vers l'an 1002 sont imprimés dans Labbe, tom. IX. *pag.* 782.

☞ Dans Hardouin, tom. VI. part. 1, *pag.* 767.]

Concilia varia, anno 1031.

Ces Conciles de 1031 sont imprimés dans Labbe, tom. IX. *pag.* 910.

☞ Dans Hardouin, tom. VI. part. 1, *pag.* 891.]

Concilia varia, anno 1041.

Ces Conciles de 1041 sont imprimés dans Labbe, tom. IX. *p.* 940.

☞ Dans Hardouin, tom. VI. part. 1, *p.* 919.]

Concilium, incerti loci, anno 1163.

Ce Concile de 1163 est dans Martenne, *pag.* 147.

Aliud, incerti loci, anno 1176.

Celui de 1176 est imprimé dans l'Edition du Louvre, tom. XXVI. *pag.* 409.

☞ Sur ces Conciles des Gaules dont on ignore le lieu, *voyez* Hardouin, à la fin du tome XI. *p.* 1778. *Voyez* encore ci-après, les Conciles incertains *in Normannia*.]

6521. Conventus *Gemeticensis*, anno 1167.

Cette Assemblée de Jumiéges, en Normandie, est imprimée dans Pommeraye, *pag.* 75.

☞ Dom Bessin la met en 1067.]

6522. Concilium *Genevense*, anno 773.

Ce Concile de Genève est imprimé dans Sirmond, tom. II. *pag.* 76. Labbe, tom. VI. *pag.* 1799.

☞ Dans Hardouin, tom. III. *p.* 1033.]

6523. ☞ Instructions Synodales de S. François DE SALES, Evêque de Genève: *Paris*, Cramoisy, 1673, *in-*12.

Ce saint Evêque est mort en 1622.]

6524. ☞ Statuts Synodaux publiés par Jean D'ARANTON D'ALEX, Evêque de Genève: *Lyon*, Deville, 1672, *in-*12.]

6525. Concilium *Gentiliacense*, anno 767.

Ce Concile de Gentilly, proche de Paris, est imprimé dans Sirmond, tom. II. *pag.* 60. Edition du Louvre, tom. XVIII. *pag.* 649. Labbe, tom. VI. *p.* 1703.

☞ Dans Hardouin, tom. III. *p.* 2011.]

6526. Acta Concilii *Germiniacensis*, anno 853.

Ce Concile de Germigny, dans le Diocèse d'Orléans, est imprimé dans le tome V. des Actes des Saints de l'Ordre de S. Benoît, *pag.* 249.

6527. Conventus *Gisortianus*, anno 1188.

Cette Assemblée de Gisors, en Normandie, est imprimée dans Labbe, tom. X. *pag.* 1759. Pommeraye, *pag.* 169.

☞ Dans Hardouin, tom. VI. part. 2, *pag.* 1899, & Bessin, part. 1, *p.* 92.]

6528. ☞ Constitutions Synodales pour le Diocèse de Glandève, faites & publiées au Synode tenu l'an 1656; par Jean-Dominique . . . . *Aix*, Roize, 1656, *in-*12.]

== ☞ Ordonnances Synodales de *Grasse*.

Voyez ci-après, *Vence*.]

6529. Ordonnances Synodales du Diocèse de *Grenoble*; par Estienne LE CAMUS: *Paris*, Pralard, 1690, *in-*12.

Ce Cardinal est mort en 1707.

☞ Autres, du même, en 1690: *Grenoble*, Giroud, 1690, *in-fol.* Placard.]

Actes des Conciles & Synodes. 431

H

6530. Concilium *Helenense*, circa annum 947.
Ce Concile d'Elne, dans le Rouſſillon, eſt imprimé dans Labbe, tom. IX. pag. 611.
☞ Dans Hardouin, tom. VI. part. 1, p. 601.]

Aliud, anno 1027.
Celui de 1027 eſt imprimé dans Labbe, tom. IX. p. 1249.
☞ Dans Hardouin, tom. VI. part. 1, p. 841.]

Conventus, anno 1058.
Cette Aſſemblée eſt imprimée dans Labbe, tom. IX. pag. 1259.

6531. Concilium, circa annum 1065.
Ce Concile de 1065 eſt imprimé dans Labbe, tom. IX. pag. 1184.
☞ Dans Hardouin, tom. VI. part. 1, pag. 1147.]

Aliud, anno 1114.
Celui de 1114 eſt imprimé dans le tom. IV. du nouveau Tréſor des Pièces anecdotes, publiées par Dom Martenne, pag. 131.

I

6532. Concilium *Inſulanum*, anno 1251.
Ce Concile de 1251, tenu au Diocèſe de Cavaillon, eſt imprimé dans Labbe, tom. XI. pag. 348.
☞ Dans Hardouin, tom. VII. p. 433.]

Aliud, anno 1288.
Celui de 1288 eſt imprimé dans Labbe, tom. XI. pag. 1335.
☞ Dans Hardouin, tom. VII. p. 1143.]

6533. Concilium *Jotrenſe*, anno 1130.
Ce Concile de Jouarre, en Brie, eſt imprimé dans l'Edition du Louvre, tom. XVII. pag. 104. Labbe, tom. X. pag. 973.
☞ Dans Hardouin, tom. VI. part. 2, p. 1183.]

6534. Statuta Synodi Diœceſanæ *Iprenſis*, anno 1609, ſub Carolo Masio celebrata : *Ipris*, Belloti, 1610, *in*-8.

6535. * Concilium *Judicienſe* (Judes, près Thionville) anno 844.
Se trouve dans Labbe, tom. VII. pag. 1800 & 1820.

6536. ☞ Conventus *Juliobonenſis*, anno 1066.
Cette Aſſemblée de l'Iſlebonne, dans le Pays de Caux, Diocèſe de Rouen, eſt imprimée dans Beſſin, part. 1, pag. 49.]

Concilium, anno 1080.
Ce Concile de l'iſlebonne eſt imprimé dans Labbe, tom. X. pag. 391. Pommeraye, pag. 103.
☞ Dans Hardouin, tom. VI. part. 1. pag. 1597. Ses Cenſeurs ont obſervé qu'il auroit dû donner quelques Pièces ſur ce Concile, qui ſe trouvent dans la grande Collection de Dom Martenne, tom. IV. p. 117 & ſuiv. Voyez encore Beſſin, pag. 67-74.]

6537. Concilium *Juncarienſe*, anno 892.
Ce Concile de Junquières, au Diocèſe de Montpellier, eſt imprimé dans Sirmond, tom. III. pag. 533, dans l'Edition du Louvre, tom. XXIV. pag. 628.

Aliud, anno 909.
Ce Concile eſt imprimé dans Labbe, tom. IX. pag. 519.
☞ Dans Hardouin, tom. VI. part. 1, p. 501.]

K

6538. Concilium *Kalenſe*, anno 1008.
Ce Concile de Chelles, dans le Diocèſe de Paris, eſt imprimé dans Labbe, tom. IX. pag. 787.
☞ Dans Hardouin, tom. VI. part. 1, p. 771.]

6539. Concilium *Karrofenſe*, anno 989.
Ce Concile de Charrou, entre le Poitou & le Berry, eſt imprimé dans Labbe, tom. IX. pag. 733.
☞ Dans Hardouin, tom. VI. part. 1, p. 717.]

Aliud, anno 1028.
Celui de 1028 eſt imprimé dans le même volume, pag. 860.
☞ Dans Hardouin, tom. VI. part. 1, p. 843.]

Aliud, anno 1082.
Celui de 1082 eſt imprimé dans Labbe, tom. X. pag. 401.
☞ Dans Hardouin, tom. VI. part. 1, p. 1609.]

Aliud, anno 1186.
Celui de 1186 eſt imprimé dans le volume précédent, pag. 1747.
☞ Dans Hardouin, tom. VI. part. 2, p. 1889.]

L

6540. Concilium *Langeſienſe*, anno 1270.
Ce Concile de Langez, ou Langeais, en Touraine, eſt imprimé dans Maan, part. 2, pag. 62.

Aliud, abſque anno.
Ce Concile, ſans date, eſt imprimé au même endroit, pag. 77.

Aliud, anno 1278.
Ce Concile de 1278 eſt imprimé au même endroit, p. 210. Dans Labbe, tom. XI. p. 1038.
☞ Dans Hardouin, tom. VII. p. 759.]

6541. Conſtitutiones Diœceſis *Laſcurienſis*, per Jacobum de Fuxo editæ : Typis Joannis de Vingles, 1552, *in*-4.

6542. Concilium *Latiniacenſe*, anno 1142.
Ce Concile de Lagny, en Brie, eſt imprimé dans Labbe, tom. X. pag. 1836.
☞ Dans Hardouin, tom. VI. part. 2, p. 1227.]

6543. Conventus *Laudunenſis*, anno 948.
Cette Aſſemblée de Laon eſt imprimée dans Sirmond, tom. III. p. 593. Edition du Louvre, tom. XXV. pag. 86. Labbe, tom. IX. pag. 632.
☞ Dans Hardouin, tom. VI. part. 1, p. 603.]

Alius, anno 1232.
Celle de 1232 eſt imprimée dans Labbe, tom. XI. pag. 446.
☞ Dans Hardouin, tom. VII. p. 197.]

6544. Concilium *Lauſanenſe*, anno 1449.
Ce Concile de Lauſanne eſt imprimé dans Labbe, tom. XIII. pag. 1335.
☞ Dans Hardouin, tom. IX. p. 1325.]

6545. ☞ Ordonnances Synodales du Diocèſe de Laon, publiées par Louis de Clermont : *Laon*, Rennefort, 1696, *in*-4.]

6546. Concilium *Lauriacenſe*, anno 843.
Ce Concile de Lorris, au Diocèſe d'Orléans, eſt im-

primé dans Sirmond, tom. III. *pag.* 8. Edition du Louvre, tom. XXI. *pag.* 420. Maan, part. 2, *pag.* 38. Labbe, tom. VII. *p.* 1790, 1825.

☞ Dans Hardouin, tom. IV. *p.* 1463.]

6547. Concilium *Lausdunense*, anno 1109.

Ce Concile de Loudun, en Poitou, est imprimé dans le tome VI. du Spicilège de Dom Luc d'Achery, *p.* 24. Labbe, tom. X. *pag.* 762.

☞ Dans Hardouin, tom. VI. part. 2, *p.* 1894.]

6548. Conventus *Lemovicensis*, anno 848.

Cette Assemblée est imprimée dans de la Lande, *pag.* 149. Labbe, tom. VIII. *pag.* 1928.

☞ Dans Hardouin, tom. V. *p.* 17.

M. Martial de l'Espine de Masneuf, Gentilhomme de Limoges, en a un Manuscrit du XIIe siècle, où sont des Variantes considérables, avec la fin des Actes de ce Concile, qui manque dans les imprimés.]

Alius, anno 1029.

Celle de 1029 est imprimée dans l'Edition du Louvre, tom. XXV. *pag.* 337. Labbe, IX. *pag.* 860.

☞ Dans Hardouin, tom. VI. part. 1, *p.* 843.]

Concilium, anno 1031.

Ce Concile de 1031 est imprimé dans l'Edition du Louvre, tom. XXV. *p.* 342. Labbe, tom. IX. *p.* 869.

☞ Dans Hardouin, tom. VI. part. 5, *p.* 853.]

Conventus, anno 1052.

Cette Assemblée de 1052 est imprimée dans Labbe, tom. IX. *pag.* 1068.

☞ Dans Hardouin, tom. VI. part. 1, *p.* 1029.]

Concilium, anno 1095.

Ce Concile est imprimé dans Labbe, tom. X. *p.* 598.

☞ Dans Hardouin, tom. VI. part. 2, *p.* 1741.]

6549. ☞ Ms. Statuta Reginaldi A PORTA, Episcopi Lemovicensis.

Ils sont dans la Bibliothèque du Roi, & M. Baluze les a cités.]

6550. ☞ Ms. Statuta Synodalia Diœcesis Lemovicensis, lecta & publicata anno 1519, per Philippum DE MONTMORENCY : *in-*4.

Ce Prélat mourut la même année.]

6551. ☞ Ms. Statuta Synodalia, denuò revisa & adaucta, per Joannem DE LANGEAC, anno 1533, *in-*4.

Cet Evêque mourut en 1541.]

6552. Statuts Synodaux du Diocèse de Limoges, publiés au Synode de 1619 ; par Raymond DE LA MARTONIE : *Limoges*, Barbou, 1620, *in-*8.

Cet Evêque est mort en 1627.

Les mêmes, revus par Fr. DE LA FAYETTE : *Limoges*, Barbou, 1629, *in-*12.

6553. ☞ Ordonnances Synodales de Louis DE LASCARIS D'URFÉ : *Limoges*, Chapouland, 1683, *in-*16.

Ce Prélat est mort en 1695.]

6554. ☞ Ordonnances Synodales de François DE CARBONEL DE CANISY : *Limoges*, Barbou, 1703, *in-*16.

Cet Evêque se démit en 1705, & est mort en 1723.]

6555. Concilium *Leodiense*, anno 1131.

Ce Concile de Liége est imprimé dans l'Edition du Louvre, tom. XXVIII. *p.* 113. Labbe, tom. X. *pag.* 987.

☞ Dans Hardouin, tom. VI. part. 2, *p.* 1193.]

Aliud, anno 1228 [vel 1226.]

Ce Concile est imprimé dans Labbe, tom. XI. *pag.* 301.

☞ Dans Hardouin, tom. VII. *p.* 141.]

6556. ☞ Statuta Synodalia Leodiensia : *Lovanii*, 1549, *in-*4.]

6557. ☞ Statuta Consistorialia & reformatio judiciorum spiritualium Diœcesis Leodiensis: *Leodii*, 1582, *in-*4.]

6558. ☞ Statuts & Ordonnances du Pays de Liége ; par Gérard DE GROISBEECK, Evêque de Liége.

Voyez à la fin des *Observationes ad Jus Civile Leodiense* ; de C. le Maan : *Leodii*, 1652, *in-fol.*]

6559. Constitutiones Synodales Renati DE RIEUX, Episcopi *Leonensis*, promulgatæ anno 1629 & 1630 : *Parisiis*, Soly, 1630, *in-*8.

Cet Evêque de Léon est mort en 1651.

6560. ☞ Statuts Synodaux du Diocèse de Léon, publiés par Jean-Louis DE BOURDONNAYE : 1706, *in-*4.]

6561. Concilium *Lexoviense*, anno 1055.

Ce Concile de Lisieux est imprimé dans Pommeraye, *pag.* 69.

☞ Dans Bessin, part. 1, *pag.* 46.]

Aliud, anno 1106.

Celui de 1106 est imprimé dans Labbe, tom. X. *pag.* 747. Pommeraye, *pag.* 116.

☞ Dans Hardouin, tom. VI. part. 2, *p.* 1881.]

Aliud, anno 1107.

Celui de 1107 est imprimé dans Pommeraye, *p.* 117.

☞ Conventus, anno 1119.

Dans Bessin, part. 1, *p.* 80.]

6562. ☞ Divers Statuts Synodaux de Lisieux.

On les trouve dans Bessin, *pag.* 479 & *suiv*. Par Addition, est à la page 630 le Synode tenu en 1580.]

Statuta Synodalia : *Lexovii*, *in-*4.

★ Statuts Synodaux de Lisieux ; par Léonor DE MATIGNON : 1651.

Voyez Thiers, *De stolâ*, *pag.* 275.]

== Concilium apud *Lillebonam* in Normannia, anno 1080.

Ce Concile de Lillebonne est le même que le *Juliobonense* (ci-devant, N.° 6536.)

6563. Concilium *Lingonense*, anno 830.

Ce Concile de Langres est imprimé dans de la Lande, *pag.* 139. Labbe, tom. VII. *pag.* 1670.

☞ Dans Hardouin, tom. IV. *p.* 1361.]

Aliud, anno 859.

Celui de 859 est imprimé dans Sirmond, tom. III. *pag.* 136, 153. Edition du Louvre, tom. XXII. *p.* 641. Labbe, tom. VIII. *p.* 673.

☞ Dans Hardouin, tom. V. *p.* 481.]

Aliud, anno 1080.

Celui de 1080 est imprimé dans Labbe, tom. X. *pag.* 397.

☞ Dans Hardouin, tom. VI. part. 1, *p.* 1605.]

Alia,

Actes des Conciles & Synodes.

Alia, anno 1116.

Ces Conciles de 1116 sont imprimés dans Labbe, tom. X. pag. 811.

☞ Dans Hardouin, tom. VI. part. 2, p. 1939.

Statuta Synodalia, sub Ludovico Cardinali DE BARRO, hujus Diœcesis Administratore, sancita anno 1404. Alia sub Joanne D'AMBOISE, Episcopo Lingonensi, anno 1491 : 1491, *in*-4. [*Parisiis*, Petit] 1528 : *Rhemis*, Bacnetii, 1556, *in*-4. [& in *Decret. Eccl. Gallic.* de Bochel.]

☞ L'Edition de Reims de 1556 contient aussi les Statuts Synodaux de Charles, de Philippe, de Guy, & autres Evêques de Reims.]

6564. Statuta Synodalia, ex ordinatione Claudii DE LONGBI, seu LONGOVICO, Cardinalis, recognita & edita. Accedunt Statuta Synodalia præcedentium Episcoporum : *Parisiis*, Parvi, 1538 : *Rhemis*, Bacnetii, 1556, *in*-4.

6565. Statuts & Ordonnances de Sébastien ZAMET : *Langres*, Chauvetet, 1621, & 1629, *in*-12.

Cet Evêque est mort en 1655.

6566. ☞ Statuts & Ordonnances Synodales, publiées en 1679 ; par Louis Marie-Armand DE SIMIANE DE GORDES, Evêque de Langres : *Langres*, Secard, 1679, *in*-8.]

6567. Concilium *Liptinense*, anno 743.

Ce Concile de Lestines, dans le Diocèse de Cambrai, est imprimé dans Sirmond, tom. I. *pag.* 537. Edition du Louvre, tom. XVII. *pag.* 419. Labbe, tom. VI. *pag.* 1537.

☞ Dans Hardouin, tom. III. *p.* 1921.]

Aliud, anno 756.

Celui de 756 est imprimé dans de la Lande, *pag.* 79. Labbe, tom. VI. *pag.* 1883.

6568. Sanctiones & Canones Synodi *Lucionensis*, anno 1565, per Joannem-Baptistam TIERCELIN, Latinè & Gallicè : 1565, *in*-4.

6569. Ordonnances Synodales du Diocèse de Luçon ; par Emery DE BRAGELONGNE : *Fontenay*, 1629, *in*-4.

6570. ☞ Ordonnances de Nicolas COLBERT, Evêque de Luçon, publiées en 1671. *Poitiers*, 1671, 1679, *in*-4.

Cet Evêque fut transféré de Luçon à Auxerre, où il est mort en 1676.]

6571. ☞ Ordonnances Synodales de Luçon, 1674 : *Paris*, 1685, *in*-8.]

6572. ☞ Statuts Synodaux de Luçon, en 1681.

Voyez Thiers, Traité de *l'Absolution de l'hérésie, pag.* 205.]

6573. ☞ Ordonnances Synodales du Diocèse de Luçon ; par Henri DE BARILLON,

Tome I.

faites dans plusieurs Synodes : *Paris*, Dezallier, 1685, *in*-8.]

Autres, du même : *Fontenay* : 1693, *in*-4.

6574. ☞ Ordonnances Synodales de Luçon, publiées par Jean-François DE LESCURE : *Fontenay*, Poirier, 1721, *in*-8.]

6575. Concilium *Lugdunense*, seu Gallicanum, anno 197.

Ce Concile de Lyon est imprimé dans l'Edition du Louvre, tom. I. *pag.* 263. De la Lande, *p.* 1. Labbe, tom. I. *p.* 598.

☞ De la Lande donne un fragment de la Lettre de ce Synode, & Labbe n'en produit que la Notice.]

Aliud, anno 460.

Celui de 460 est imprimé dans de la Lande, *pag.* 33. Labbe, tom. IV. *p.* 1810.

Aliud, circa annum 475 [vel 478.]

Ce Concile est imprimé dans Sirmond, tom. I. *p.* 153. Edition du Louvre, tom. IX. *p.* 551. Labbe, tom. IV. *pag.* 1046.

☞ Dans Hardouin, tom. II. *p.* 809.]

Conventus, anno 499.

Cette Assemblée est imprimée dans de la Lande, *pag.* 43. Labbe, tom. IV. *pag.* 1318.

Concilium, anno 516.

Ce Concile de 516 est imprimé dans Sirmond, tom. I. *pag.* 202.

☞ Aliud, anno 517.

Labbe, tom. IV. *pag.* 1584.]

Aliud, anno 567.

Ce Concile de 567 est imprimé dans Sirmond, tom. I. *pag.* 325. Edition du Louvre, tom. II. *pag.* 584. Labbe, tom. V. *pag.* 647.

☞ Dans Hardouin, tom. III. *p.* 354.]

Aliud, anno 583.

Celui de 583 est imprimé dans Sirmond, tom. I. *pag.* 377. Edition du Louvre, tom. XIII. *pag.* 66. Labbe, tom. V. *pag.* 973.

☞ Dans Hardouin, tom. III. *p.* 455.]

Aliud, anno 814.

Celui de 814 est imprimé dans de la Lande, *p.* 103. Labbe, tom. VII. *pag.* 1864.

Aliud, anno 829.

Celui de 829 est imprimé dans Labbe, tom. VII. *pag.* 1580.

Aliud, anno 847 [vel 848.]

Ce Concile est imprimé dans la Lande, *p.* 319. Labbe, tom. VIII. *pag.* 1927.

☞ Dans Hardouin, tom. V. *p.* 15.]

Aliud, anno 1055.

Celui de 1055 est imprimé dans l'Edition du Louvre, tom. XXV. *pag.* 567. Labbe, tom. IX. *p.* 1080.

☞ Dans Hardouin, tom. VI. part. 1, *p.* 1039.]

Aliud, anno 1080.

Celui de 1080 est imprimé dans l'Edition du Louvre, tom. XXVI. *p.* 599. [Labbe, tom. X. *pag.* 389.]

☞ Dans Hardouin, tom. VI. part. 1, *p.* 1595.]

Concilium I. Œcumenicum, anno 1243 [vel 1245.]

Ce Concile est imprimé dans l'Edition du Louvre,

Iii

tom. XXVIII. *pag.* 413, & dans Labbe, tom. XI. *pag.* 633.

☞ Dans Hardouin, tom. VII. *pag.* 375. Ses Censeurs ont observé (*pag.* 43, *in-*4.) qu'il auroit dû faire une Note au sujet de la Sentence contre l'Empereur Frédéric II. publiée par le Pape Innocent IV.]

Statuta & Constitutiones Ecclesiæ Lugdunensis, anno 1251.

Ces Statuts Synodaux sont imprimés dans le tom. II. du Spicilège de Dom Luc d'Achery, *pag.* 71.

Concilium II. Œcumenicum, anno 1274.

Ce Concile est imprimé dans l'Edition du Louvre, tom. XXVIII. *pag.* 518. Labbe, tom. XI. *pag.* 937.

☞ Dans Hardouin, tom. VII. *pag.* 669.]

6576. ☞ Zegeri Bernardi Van-Espen, Dissertationes historicæ in Concilium Lugdunense primum & secundum.

Ces Dissertations, qui sont suivies d'Observations sur les Décrets cités sous le nom de ces Conciles, se trouvent dans le tom. IV. des Œuvres de ce Canoniste: *Lovanii,* 1753, *in-fol. pag.* 99-137.]

Aliud fictitium, anno 1297.

Ce faux Concile est imprimé dans l'Edition du Louvre, tom. XXVII. *p.* 688. Labbe, tom. XI. *p.* 1425.

6577. ☞ Dissertation touchant le Concile qu'on dit avoir été tenu à Lyon en 1297.

Voyez le Livre de Sulpice de Mandrinis, contre l'*Optatus Gallus.*]

Aliud, anno 1449.

Celui de 1449 est imprimé dans l'Edition du Louvre, tom. XXXIV. *pag.* 5. Labbe, tom. XIII. *p.* 1364.

☞ Dans Martenne, tom. IV. *pag.* 375, & dans Hardouin, tom. IX. *pag.* 1353.]

Aliud, anno 1527.

Ce Concile de 1527 est imprimé dans le tom. IV. du nouveau Trésor des Pièces anecdotes, publiées par Edmond Martenne, *pag.* 397.

6578. Synodicon Lugdunense, anni 1466: *in-fol.* [vieille édition.]

6579. ☞ Manuale, seu Statuta Synodalia Civitatis & Diœcesis Lugdunensis: *in-*4. (vieille édition).]

6580. Statuta Synodalia Lugdunensia: *Lugduni,* 1560 [& 1594] *in-*4.

6581. ☞ Statuts & Ordonnances Synodales de Lyon, revues, augmentées & traduites par l'ordre de Pierre d'Epinac, Archevêque de Lyon, publiées l'an 1577: *Lyon,* Serrarius, 1578, *in-*4.]

Statuts & Ordonnances Synodales de l'Eglise de Lyon: *Lyon,* Serrarius, 1581, *in-*4.

6582. ☞ Statuts de Lyon: 1614, *in-*4.]

6583. ☞ Réglemens & Ordonnances faites par Camille de Neufville: *Lyon,* Jullieron, 1696, *in-*8.]

6584. Statuts, Ordonnances & Réglemens Synodaux faits par Claude de Saint-George: *Lyon,* 1705, *in-*8.

Cet Archevêque est mort en 1713.

6585. Concilium *Lumbariense,* anno 1165.

Ce Concile de Lombers (en Albigeois) est imprimé dans Labbe, tom. X. *pag.* 1470.

☞ Dans Hardouin, tom. VI. part. 2, *pag.* 1643.]

6586. ☞ De l'époque du Concile de Lombers, tenu contre les Albigeois.

C'est la Note (ou Dissertation) 1 du tom. III. de l'*Histoire du Languedoc,* par DD. de Vic & Vaissette, où l'on fait voir que c'est en 1165 & non en 1175, comme l'ont avancé presque tous les modernes, en s'appuyant sur Roger de Hoveden.]

6587. Statuta Synodalia Bernardi de Ornezano [1534, *in-*4]: *Tolosæ,* Veillard, 1537, *in-*4.

Ce sont les Statuts Synodaux du Diocèse de *Lombès.*]

6588. ✱ Ordonnances Synodales pour le Diocèse de Lombès; par Bernard Daffis: *Toulouse,* 1627, *in-*12.

M

6589. Statuta Synodalia Ecclesiæ *Macloviensis;* per Petrum de Montfort recognita: *Parisiis, in-*4. *Ibid.* 1565, *in-*4.

6590. Statuts Synodaux de Saint-Malo; par Guillaume le Gouverneur: *Saint-Malo,* [1619. Seconde édition augmentée: *Saint-Malo,* Marcigay] 1620, *in-*8.

Cet Evêque est mort en 1630.

6591. ☞ Ordonnances de M. François de Villemontée, Evêque de S. Malo, pour être observées dans son Diocèse: *S. Malo,* (1661) *in* 12.]

6592. Concilium Magalonense apud Juncarias, anno 894, celebratum.

Ce Concile de l'Isle de Maguelone est imprimé dans Sirmond, tom. III. *pag.* 533. Edition du Louvre, tom. XXIV. *pag.* 628.

L'Evêché de Maguelone a été transféré à *Montpellier* en 1536.

Aliud, anno 909.

Ce Concile de 909 est imprimé dans Baluze, *pag.* 5. Labbe, tom. IX. *pag.* 519.

☞ Dans Hardouin, tom. VI. part. 1, *pag.* 501.]

☞ *Voyez* ci-après, N.° 6622, les autres Conciles qui portent le nom de Montpellier, *Monspeliensia.*]

6593. Concilium *Magdunense,* anno 891.

Ce Concile de Meun, Diocèse d'Orléans, est imprimé dans de la Lande, *p.* 310. Labbe, tom. IX. *p.* 432.

☞ Dans Hardouin, tom. VI. part. 1, *pag.* 423.]

6594. Ordonnances & Statuts Synodaux du Diocèse de *Maillezais,* en 1623; par Henri d'Escoubleaux: *Fontenay,* 1623, *in-*8.

Cet Evêque est mort en 1645 [étant depuis 17 ans Archevêque de Bordeaux.]

☞ L'Evêché qui étoit à Maillezais, a été transféré en 1648 à la Rochelle. *Voyez* ce mot ci-après, pour de plus nouveaux Statuts du même Diocèse.]

== ☞ Conciles & Statuts du *Mans.*

Voyez ci-dessus, *Cenoman.* N.° 6460.]

6595. Concilium *Mantalense,* anno 879.

Ce Concile de Mente, dans le Diocèse de Vienne,

Actes des Conciles & Synodes.

est imprimé dans Sirmond, tom. III. *pag.* 496. Edition du Louvre, tom. XXIV. *pag.* 473. Labbe, tom. IX. *pag.* 331.
☞ Dans Hardouin, tom. VI. part. 1, *pag.* 345.]

6596. Concilium *Marciacense*, anno 1326.

Ce Concile de 1326 dans le Diocèse d'Ausch, est imprimé dans Labbe, tom. XI. *pag.* 1747.
☞ Dans Hardouin, tom. VII. *pag.* 1515.]

6597. Concilium *Massiliense*, anno 1103.

Ce Concile de Marseille, est imprimé dans le tom. IV. du nouveau Trésor des Pièces anecdotes, publiées par Edmond Martenne.

6598. ☞ Statuts & Ordonnances faites par Estienne DE PUGET, Evêque de Marseille, publiés au Synode par lui tenu le 8 Mai 1647 : *Marseille*, Garcin, *in*-8.]

6599. Ordonnances de Toussaints DE FORBIN DE JANSON, Evêque de Marseille, publiées au Synode tenu en 1673 : *Marseille*, Brebion, 1673.
Ce Cardinal est mort Evêque de Beauvais en 1713.

6600. ☞ Statuts Synodaux du Diocèse de Marseille, lus & publiés dans le Synode tenu dans le Palais Episcopal, le 18 Avril 1712 : *Marseille*, Brebion, *in*-4.
Ils sont de M. François-Xavier DE BELSUNCE, qui avoit été fait Evêque de Marseille en 1710.]

6601. Concilium *Matisconense* I. anno 581.

Ce Concile de Mascon est imprimé dans Sirmond, tom. I. *p.* 370. Edition du Louvre, tom. XIII. *p.* 55. Labbe, tom. V. *p.* 966.
☞ Dans Hardouin, tom. III. *pag.* 449.]

Concilium II. anno 585.

Celui de 585 est imprimé dans Sirmond, tom. I. *pag.* 381. Edition du Louvre, tom. III. *pag.* 73. De la Lande, *pag.* 59. Labbe, tom. V. *pag.* 979.
☞ Dans Hardouin, tom. III. *pag.* 459.]

Aliud, anno 627.

Celui de 627 est imprimé dans Sirmond, tom. I. *pag.* 477. Edition du Louvre, tom. XIV. *pag.* 461. Labbe, tom. V. *pag.* 1686.
☞ Dans Hardouin, tom. III. *pag.* 569.]

Aliud, anno 1286.

Celui de 1286 est dans Martenne, *pag.* 203.

6602. ☞ Statuta Synodalia Matisconensia Stephani DE LONGOVICO : *Parisiis* : *in*-4. gothique.]

Ordonnances Synodales de Mascon [par Gaspar DINET]: *Mascon*, 1602 [*Lyon*, 1602] *in*-8.

6603. Ordonnances Synodales de Jean DE LINGENDES, en 1659 : *Mascon*, Bonard, 1659, *in*-8.

6604. Ordonnances Synodales de Michel COLBERT : *Mascon*, Bonard, 1668, *in*-4.

6605. Concilium *Mechliniense*, anno 1566.

Ce Concile de Malines est imprimé dans Labbe, tom. XV. *pag.* 789.
☞ Dans Hardouin, tom. X. *pag.* 1177.]
☞ L'Archevêché de Malines, comme Métropole, a quelques Paroisses en France, à cause de l'Evêché de Bruges, l'un de ses Suffragans.]

Tome I.

Aliud, anno 1570 : *Antverpiæ*, Plantin, 1571 & 1634, *in*-8.]

Aliud, anno 1574.

Celui de 1574 est dans Martenne, *p.* 463.

Aliud, anno 1607 [sub Mathia HOVIO : *Antverpiæ*, 1608, *in*-4. 1633, *in*-8.]

Celui de 1607 est [aussi] imprimé dans Labbe, tom. XV. *pag.* 1534.
☞ Dans Hardouin, tom. X. *pag.* 1931.]

6606. Concilium *Meldense*, anno 845.

Ce Concile de Meaux est imprimé dans Sirmond, tom. III. *pag.* 25. Edition du Louvre, tom. XXI. *pag.* 458. Labbe, tom. VII. *pag.* 1813.
☞ Dans Hardouin, tom. IV. *pag.* 1475.]

Aliud, anno 962.

Celui de 962 est imprimé dans Sirmond, tom. III. *pag.* 594. Edition du Louvre, tom. XXV. *pag.* 104. De la Lande, *pag.* 325. Labbe, tom. IX. *pag.* 647.
☞ Dans Hardouin, tom. VI. part. 1, *pag.* 625.]

Aliud, anno 1080.

Celui de 1080 est imprimé dans l'Edition du Louvre, tom. XXVI. *pag.* 599. Labbe, tom. X. *pag.* 398.
☞ Dans Hardouin, tom. VI. part. 1, *pag.* 1605.]

Aliud, anno 1082.

Celui de 1082 est imprimé dans Labbe, tom. X. *pag.* 401.
☞ Dans Hardouin, tom. VI. part. 1, *pag.* 1609.]

Aliud, anno 1204.

Celui de 1204 est imprimé dans Labbe, tom. XI. *pag.* 27.
☞ Dans Hardouin, tom. VI. part. 2, *p.* 1969.]

Conventus, anno 1228.

Cette Assemblée de 1228 est imprimée dans Labbe, tom. XI. *pag.* 414.
☞ Dans Hardouin, tom. VII. *pag.* 165.]

Concilium, anno 1240.

Ce Concile de 1240 est imprimé dans Labbe, tom. XI. *pag.* 571.
☞ Dans Hardouin, tom. VII. *pag.* 327.]

6607. Statuta Synodalia Meldensia, anno 1493 : *in*-4. (vieille édition.)

6608. ☞ Statuta Synodalia, Ludovici PINELLE, Episcopi, anno 1501 : *in*-4.]

6609. Statuts Synodaux ; par Dominique SEGUIER : *Paris*, Vitré, 1654, *in*-8.
Cet Evêque est mort en 1659.

6610. ☞ Statuts Synodaux de Meaux ; par Dominique DE LIGNY, en 1675 : *Paris*, Robert & la Caille, 1675, *in*-4.]

6611. Statuts Synodaux & Ordonnances de Jacques-Benigne BOSSUET, publiés en Septembre 1691: *Paris*, 1691, *in*-4.
Cet Evêque est mort en 1704.

6612. ☞ Synodicon Meldense.

Ce Recueil de tous les Statuts Synodaux, anciens & modernes, tant manuscrits qu'imprimés, se trouve à la fin de l'*Histoire de l'Eglise de Meaux*, par D. Toussaints du Plessis : (*Paris*, 1731, *in*-4.) tom. II. *pag.* 477-622. La dernière Pièce après les Ordonnances de M. Bossuet, est la » Compilation des Ordonnances du Dio-» cèse de Meaux, faite (en 1724) par l'Ordre de M. » le Cardinal DE BISSY, Evêque de Meaux ».]

6613. Concilium *Melodunense*, anno 1216.

Ce Concile de Melun (Diocèse de Sens) est imprimé dans Labbe, tom. XI. *pag.* 240.

☞ Dans Hardouin, tom. VII. *pag.* 85.]

Aliud, anno 1225.

Celui de 1225 est imprimé dans Labbe, tom. XI. *pag.* 290.

☞ Dans Hardouin, tom. VII. *p.* 133.]

Conventus, anno 1232.

Cette Assemblée de 1232 est imprimée dans Labbe, tom. XI. *pag.* 448.

☞ Dans Hardouin, tom. VII. *p.* 203.]

Concilium, anno 1300.

Ce Concile de 1300 est imprimé dans Labbe, tom. XI. *pag.* 1431.

☞ Dans Hardouin, tom. VII. *p.* 1207.]

Conventus, anno 1548.

Cette Assemblée de 1548 est imprimée dans Baluze, tom. VII. de ses *Miscellanea*, *pag.* 105.

Prolegomena ad Synodi Provincialis celebrationem per Archiepiscopos & Episcopos in Conventu Melodunensi congregatos, anno 1579 : *in*-4. (vieille édition.

☞ Cet Ecrit est le même que le suivant.]

Constitutiones Conventûs Melodunensis, anno 1579.

Cette Assemblée de 1579 est imprimée dans Odespunc, *pag.* 85.

6614. ☞ Statuts de M. l'Evêque de *Mende*: Lyon, 1634, *in*-12.]

6615. ☞ Statuts Synodaux du Synode tenu à Mende, au mois d'Octobre 1738; par Gabriel-Florent DE CHOISEUL-BEAUPRÉ, Evêque : *Mende*, 1739, *in*-8.]

6616. Concilium *Metense*, anno circiter 550.

Ce Concile de Metz est imprimé dans l'Edition du Louvre, tom. XIV. *pag.* 326. De la Lande, *pag.* 50. Labbe, tom. V. *pag.* 1850.

Aliud, anno 590.

Celui de 590 est imprimé dans Sirmond, tom. I. *pag.* 407. Edition du Louvre, tom. XVII. *pag.* 588. Labbe, tom. V. *pag.* 1596.

☞ Dans Hardouin, tom. III. *p.* 531.]

Aliud, anno 753.

Celui de 753 est imprimé dans Sirmond, tom. II. *pag.* 5. Labbe, tom. VI. *pag.* 1659.

☞ Dans Hardouin, tom. III. *p.* 1991.]

Aliud, anno 835.

Celui de 835 est imprimé dans l'Edition du Louvre, tom. XXI. *pag.* 290. Labbe, tom. VII. *pag.* 1694.

Aliud, anno 859.

Celui de 859 est imprimé dans l'Edition du Louvre, tom. XXII. *pag.* 634. Labbe, tom. VIII. *pag.* 668.

☞ Dans Hardouin, tom. V. *p.* 477.]

Aliud, anno 863.

Celui de 863 est imprimé dans Sirmond, tom. III. *pag.* 227. Edition du Louvre, tom. XXII. *pag.* 741. Labbe, tom. VIII. *pag.* 764.

☞ Dans Hardouin, tom. V. *p.* 571.]

Aliud, anno 869.

Celui de 869 est imprimé dans l'Edition du Louvre, tom. XXIII. *pag.* 777. Labbe, tom. VIII. *pag.* 1531.

☞ Dans Hardouin, tom. V. *p.* 1211.]

Aliud, anno 888.

Celui de 888 est imprimé dans Sirmond, tom. III. *pag.* 524. Edition du Louvre, tom. XXIV. *pag.* 590. Labbe, tom. IX. *pag.* 412.

☞ Dans Hardouin, tom. VI. part. 1, *p.* 409.]

6617. Statuta Synodi Diœcesanæ Metensis, à Martino MEURISSE, Episcopo Madaurensi, Suffraganeo & Administratore Generali, habita anno 1633 : *Metis*, *in*-8.

6618. Statuts Synodaux du Diocèse de Metz, publiés dans le Synode général tenu par M. l'Abbé DE COURSAN; Vicaire-Général, le 8 Juin 1666 : *Metz*, Antoine (1666) *in*-8.]

6619. ☞ Statuta Synodalia Diœcesanæ Metensis habitæ à Georgio D'AUBUSSON DE LA FEUILLADE, anno 1671 : *Metis*, Antoine, 1692, *in*-8.]

6620. * Codex selectorum Canonum Ecclesiæ Metensis quos observari mandavit Illustr. ac Rev. DD. Henricus Carolus DU CAMBOUST DE COISLIN, Episcopus Metensis, in Synodo anni 1699 : *Metis*, Antoine, *in*-8.

Il y est fait mention des Statuts Synodaux du même Diocèse, de 1588, 1604, 1629, 1633, 1666, 1671, 1679.

6621. Concilium *Moguntinum*, anno 813.

Ce Concile de Mayence est imprimé dans Sirmond, tom. II. *pag.* 273. Labbe, tom. VII. *pag.* 1239.

☞ Dans Hardouin, tom. IV. *p.* 1007.]

Aliud, anno 829.

Celui de 829 est imprimé dans Labbe, tom. VII. *pag.* 1580.

Aliud, dictum I. anno 847 [vel 848.]

Ce Concile est imprimé dans Labbe, tom. VIII. *pag.* 39.

☞ Dans Hardouin, tom. V. *p.* 5.]

Aliud, dictum II. anno 848.

Ce Concile est imprimé dans Sirmond, tom. III. *pag.* 64. Labbe, tom. VIII. *pag.* 52.

☞ Dans Hardouin, tom. V. *p.* 15.]

Aliud, dictum III. anno 852.

Celui de 852 est imprimé dans Labbe, tom. VIII. *pag.* 77.

☞ Dans Hardouin, il est seulement indiqué dans l'Index du tome cinquième.]

Aliud, anno 888.

Celui de 888 est imprimé dans Labbe, tom. IX. *pag.* 401.

☞ Dans Hardouin, tom. VI. part. 1, *p.* 401.]

JE ne rapporte pas ceux qui ont suivi, parcequ'ils n'appartiennent plus à l'Histoire de France.

6622. Concilium *Monspeliense*, anno 1162.

Ce Concile de Montpellier est imprimé dans Labbe, tom. X. *pag.* 1410.

☞ Dans Hardouin, tom. VI. part. 2, *p.* 1589.]

Aliud, anno 1195.

Celui de 1195 est imprimé dans Baluze, pag. 28. Labbe, tom. X. pag. 1796.

☞ Dans Hardouin, tom. VI. part. 2, p. 1933.]

☞ Conventus, anno 1211.

Voyez la Note 16, du tom. III. de l'*Histoire générale du Languedoc*, art. 5, pag. 561. On peut encore voir, *pag.* 560, ce qui est dit d'un Concile imaginaire tenu à Montpellier en 1207.]

Concilium, anno 1215.

Celui de 1215 est imprimé dans l'Edition du Louvre, tom. XXVII. pag. 114. Baluze, pag. 38. Labbe, tom. XI. pag. 103, 2330.

☞ Dans Hardouin, tom. VI. part. 2, p. 2051.]

Aliud, anno 1224.

Celui de 1224 est imprimé dans Baluze, p. 58. Labbe, tom. XI. pag. 289, 2333.

☞ Dans Hardouin, tom. VII. p. 131.]

Aliud, anno 1258.

Celui de 1258 est imprimé dans le tom. II. du Spicilège de Dom Luc d'Acheri, pag. 645. Labbe, tom. XI. pag. 778.

☞ Dans Hardouin, tom. VII. p. 505.]

6623. ☞ Statuts & Ordonnances Synodales du Diocèse de Montpellier; par Charles-Joachim COLBERT, Evêque : *Montpellier*, Pech, 1725, *in-4.*]

6624. Concilium *Montiliense*, anno 1209.

Ce Concile de Montilli, en Languedoc, est imprimé dans Labbe, tom. XI. pag. 35.

☞ Dans Hardouin, tom. VI. part. 2, p. 1979.]

6625. Concilium *Montis sanctæ Mariæ Tardanensis*, anno 972.

Ce Concile de Notre-Dame en Tardenois, Diocèse de Soissons, est imprimé dans Sirmond, tom. III. pag. 598. Edition du Louvre, tom. XXV. pag. 207. De la Lande, pag. 326. Labbe, tom. IX. pag. 707.

☞ Dans Hardouin, tom. VI. part. 1, p. 685.]

6626. Concilium *Mosomense*, anno 948.

Ce Concile de Mouson, Diocèse de Reims, est imprimé dans Sirmond, tom. III. pag. 584. Edition du Louvre, tom. XXV. pag. 71. Labbe, tom. IX. p. 622.

☞ Dans Hardouin, tom. VI. part. 1, pag. 603.]

Aliud, anno 995.

Celui de 995 est imprimé dans l'Edition du Louvre, tom. XXV. p. 218. Labbe, tom. IX. pag. 747.

☞ Dans Hardouin, tom. VI. part. 1, p. 734.]

6627. Conventus *Moyssiacensis*, anno 1063.

Cette Assemblée de l'Abbaye de Moissac, dans le Diocèse de Cahors, est imprimée dans Labbe, tom. IX. pag. 1179.

☞ Dans Hardouin, tom. VI. part. 1, pag. 1141.]

6628. Concilium *Murellanum*, propè Tolosam, anno 1213.

Ce Concile de 1213 est imprimé dans Labbe, tom. XI. pag. 99.

☞ Dans Hardouin, tom. VI. part. 2, p. 2035.]

6629. Concilium *Muritanum*, anno 850.

Ce Concile de Moret, en Gâtinois [Diocèse de Sens] est imprimé dans de la Lande, pag. 158. Labbe, tom. VIII. pag. 72.

☞ Dans Hardouin, tom. V. p. 31.]

N

6630. Concilium *Nannetense*, anno circiter 658.

Ce Concile de Nantes est imprimé dans Sirmond, tom. I. p. 495. Edition du Louvre, tom. XV. p. 437. De la Lande, pag. 65. Labbe, tom. VI. pag. 486.

☞ Dans Hardouin, tom. III. p. 985.]

Aliud, anno 900.

Celui de 900 est imprimé dans Sirmond, tom. III. pag. 60. Edition du Louvre, tom. XXIV. pag. 676. Labbe, tom. IX. pag. 468.

☞ Dans Hardouin, tom. VI. part. 1, p. 457.]

Aliud, anno 1127.

Celui de 1127 est imprimé dans Labbe, tom. X. pag. 918.

☞ Dans Hardouin, tom. VI. part. 2, p. 1127.]

Aliud, anno 1264.

Celui de 1264 est imprimé dans Maan, part. 2, p. 64. Labbe, tom. XI. pag. 816.

☞ Dans Hardouin, tom. VII. p. 557.]

Aliud, anno 1431.

Celui de 1431 est imprimé dans Maan, part. 2, pag. 98.

Statuta Synodalia, edita post annum 1499.

Ces Statuts Synodaux sont imprimés dans le tom. IV. du nouveau Trésor des Pièces anecdotes, publiées par Edmond Martenne.

6631. ✱ Statuts du Diocèse de Nantes, sous Gabriel DE BEAUVEAU : 1642, *in-12.*

Autres publiés au Synode de 1682; par Gilles DE BEAUVEAU : *Nantes*, Mareschal, *in-8.*

6632. Concilium *Narbonense*, anno 257.

Ce Concile de Narbonne est imprimé dans Labbe, tom. I. p. 815.

Aliud, anno 589.

Celui de 589 est imprimé dans Sirmond, tom. I. pag. 399. Edition du Louvre, tom. XIII. pag. 145. Labbe, tom. V. pag. 1027.

☞ Dans Hardouin, tom. III. p. 491.]

Aliud, anno 788.

Celui de 788 est imprimé dans de la Lande, pag. 85. Labbe, tom. VII. pag. 964.

☞ Dans Hardouin, tom. IV. p. 821.]

Aliud, anno 902.

Celui de 902 est imprimé dans le tom. IV. du nouveau Trésor des Pièces anecdotes, publiées par Edmond Martenne, pag. 69.

Aliud, anno 906.

Celui de 906 est imprimé dans Labbe, tom. IX. pag. 518.

Aliud apud sanctum Tiberium, anno 907.

Celui de 907 est imprimé dans Labbe, tom. IX. pag. 518.

☞ Dans Hardouin, tom. VI. part. 1, p. 501.]

Aliud apud Fontem coopertum in Agro Narbonensi, anno 911.

Celui de 911 est imprimé dans de la Lande, p. 319. Labbe, tom. IX. p. 568.

☞ Dans Hardouin, tom. VI. part. 1, p. 549.]

Aliud, anno 990.

Celui de 990 est imprimé dans Labbe, tom. IX. pag. 742.

☞ Dans Hardouin, tom. VI. part. 1. p. 729.]

* Duo Conventus Narbonnenses, ann. 1038 & 1040.

Ces deux Assemblées sont imprimées dans Labbe, tom. IX. pag. 938.]

Concilia duo, anno 1043.

Ces deux Conciles sont imprimés dans Martenne, au tom. IV. de son nouveau Trésor des Pièces anecdotes, pag. 84 & 85.

☞ Dans Hardouin, tom. VI. part. 1, p. 921.]

☞ *Voyez* quelques Observations sur l'un de ces Conciles (qui paroît avoir été tenu entre 1032 & 1040) à la fin de la Note 34, du tom. II. de l'*Histoire générale du Languedoc.*]

Aliud, anno 1054.

Celui de 1054 est imprimé dans Labbe, tom. IX. pag. 1071.

☞ Dans Hardouin, tom. VI. part. 1, p. 1033.]

Aliud, anno 1090.

Celui de 1090 est imprimé dans Baluze, pag. 18. Labbe, tom. X. pag. 1818.

☞ Dans Hardouin, tom. VI. part. 2, p. 1687.]

☞ **Aliud, anno 1207 [vel 1208.]**

Ce Concile est imprimé dans Labbe, tom. IV. p. 32, & dans Hardouin, tom. VI. part. 2, p. 1973.]

Aliud, anno 1134 [vel 1140.]

Ce Concile est imprimé dans Labbe, tom. XI. pag. 1824.

☞ Dans Hardouin, tom. VI. part. 2, pag. 1199. On fait voir, pag. 640, du tom. II. de l'*Histoire générale de Languedoc*, que ce Concile ne fut tenu que vers 1140.]

Conventus, anno 1210 [vel 1211.]

Cette Assemblée est imprimée dans Labbe, tom. XI. pag. 55.

☞ Dans Hardouin, tom. VI. part. 2, pag. 1997. *Voyez* sur cette Assemblée, la Note 16 du tom. III. de l'*Histoire générale du Languedoc*, art. 5, pag. 561.]

Concilium, anno 1227.

Ce Concile de 1227 est imprimé dans Labbe, tom. XI. pag. 304.

☞ Dans Hardouin, tom. VII. p. 143.]

Aliud, anno 1235 [vel circa 1244.]

Ce Concile est imprimé dans Labbe, tom. XI. pag. 487.

☞ Dans Hardouin, tom. VII. p. 249.]

6633. ☞ Observation sur l'époque du Concile qu'on prétend avoir été tenu à Narbonne en 1235.

C'est la Note 30 du tom. III. (pag. 585 & 586) de l'*Histoire du Languedoc*, par DD. DE VIC & VAISSETTE. On y prouve qu'il a été tenu entre 1243 & 1245.]

Aliud, anno 1374.

Celui de 1374 est imprimé dans Baluze, pag. 301. Labbe, tom. XI. pag. 2493.

☞ Dans Hardouin, tom. VII. p. 1873.]

Aliud, anno 1430.

Celui de 1430 est imprimé dans le tom. IV. du nouveau Trésor des Pièces anecdotes, publiées par Dom Martenne, pag. 351.

Aliud, anno 1551.

Celui de 1551 est imprimé dans Odespune, p. 731. Labbe, tom. XV. pag. 3.

☞ Dans Hardouin, tom. X. pag. 435. Il y en a une ancienne Édition sous le titre suivant :

Canones seu regulæ Ecclesiasticæ ab Alexandro ZERBINATIS, Vicario Francisci Cardinalis à Pisanis, Archiepiscopi Narbonensis, editæ in Provinciali Concilio Narbonæ celebrato anno 1551 : *Tolosæ*, Boudevillæi, 1552, *in*-4.]

Aliud, anno 1609 : *Bitterris*, Pech, 1612, *in*-8.

6634. Ordonnances publiées au Synode de Narbonne, en 1667 ; par François FOUQUET : *Narbonne*, Besse, 1667, *in*-8.

6635. ☞ Statuts Synodaux du Diocèse de Narbonne, publiés en 1706 ; par Charles LE GOUX DE LA BERCHERE : *Narbonne*, Besse (1706) *in*-8.]

6636. Concilium *Nemausense*, anno circiter 3.

Ce Concile de Nismes est imprimé dans l'Édition du Louvre, tom. III. p. 455. De la Lande, p. 12. Labbe, tom. II. p. 1040.

Aliud, in Portu Villa, anno 886.

Celui de 886 est imprimé dans l'Edition du Louvre, tom. XXIV. p. 563. Labbe, tom. IX. p. 395.

☞ Dans Hardouin, tom. VI. part. 1, p. 397.]

Aliud, anno 898.

Celui de 898 est imprimé dans Labbe, tom. X. pag. 478.

Aliud, anno 1096.

Celui de 1096 est imprimé dans Labbe, tom. X. pag. 604.

☞ Dans Hardouin, tom. VI. part. 2, p. 1747.]

Narratio de eodem Concilio.

Cette Narration est imprimée dans Baluze, tom. VII. de ses *Miscellanea*, pag. 72.

Synodus, anno 1284.

Ce Synode est imprimé dans Labbe, tom. XI. pag. 1200.

☞ Il a été réimprimé à la fin du tom. II. de l'*Histoire des Evêques de Nismes*; par M. MÉNARD : *La Haye* (Lyon) 1737, *in*-12.]

6637. ☞ Ms. Discipline Ecclésiastique tirée des Actes du Synode tenu à Nismes en l'année 1284 ; par Pierre PAULHAN.

Voyez la grande *Histoire de Nismes*, par Ménard, tom. I. pag. 373. Ce Manuscrit, avec beaucoup de remarques en feuilles volantes, & l'Epitre Dédicatoire à M. le Duc de Noailles, Commandant de la Province, est conservé chez M. Paulhan, Avocat du Roi, héritier de l'Auteur.]

6638. Ordonnances Synodales de Nismes, publiées dans le Synode de 1670 ; par Anthime-Denis COHON : *Nismes*, Plasses, 1670, *in*-8.

6639. Conventus *Nemptodorensis*, anno 591.

Cette Assemblée de Nanterre (près Paris) est imprimée dans Sirmond, tom. I. pag. 410. Edition du Louvre, tom. XIV. pag. 330. Labbe, tom. VI. p. 1599.

☞ Dans Hardouin, tom. III. p. 531.]

Actes des Conciles & Synodes.

6640. Concilium *Neustriacum*, anno 877 [vel 878.]

Ce Concile de Normandie est imprimé dans l'Edition du Louvre, tom. XXIV. p. 439. Labbe, tom. IX. pag. 306.

☞ Dans Hardouin, il est seulement marqué à l'Index du tome sixième.]

Aliud, incerti loci, anno 1070.

Celui de 1070 est imprimé dans Pommeraye, p. 84.

6641. Conventus *Nivernensis*, anno 763.

Cette Assemblée de Nevers est imprimée dans Sirmond, tom. II. pag. 52. Edition du Louvre, tom. XVII. pag. 647. De la Lande, pag. 80. Labbe, tom. VI. pag. 1701.

☞ Dans Hardouin, tom. III. p. 2009.]

6642. ☞ Statuta Synodalia, per Jacobum d'ALEBRETZ, ordinata & publicata, anno 1521, *in*-8.]

6643. ☞ Statuts & Ordonnances Synodales de M. l'Evêque de Nevers (Edouard ...) publiés en 1679 : *Paris*, Lambin, 1679, *in*-12.]

6644. Concilium *Nivigellense*, anno 1200.

Ce Concile de Nivelle, dans le Brabant, est imprimé dans Labbe, tom. XI. p. 20.

☞ Dans Hardouin, tom. VI. part. 2, p. 1963.]

6645. Concilium apud *Nobiliacum*, anno 1290.

Ce Concile du Diocèse de Limoges est dans Martenne, pag. 211. [Nobiliacum est la petite Ville de S. Léonard.]

6646. ☞ Concilium in *Normannia*, simul cum Aremoricis Antistitibus, circa annum 950.

Ce Concile dont on ne sçait point le temps au juste, se trouve dans Bessin, p. 36.]

☞ Normannorum Præsulum Decreta, anno 1067.

Ils se trouvent dans Labbe, tom. X. p. 362, & Bessin, p. 50.]

☞ Concilium incerti loci, anno 1070.

Dans Bessin, pag. 52.]

Aliud, incerti loci, anno 1321.

Ce Concile Provincial de Normandie est dans Bessin, pag. 174.

6647. Concilium *Novempopulanum*, anno 1073.

Ce Concile tenu dans le Diocèse d'Ausch, est imprimé dans Labbe, tom. X. pag. 1811.

☞ Dans Hardouin, tom. VI. part. 1, p. 1517.]

6648. Conventus *Noviomagensis*, anno 831.

Cette Assemblée de Nimegue est imprimée dans de la Lande, pag. 240. Labbe, tom. VII. pag. 1673.

☞ Dans Hardouin, tom. IV. p. 1365.]

6649. Concilium *Noviomense*, anno 814.

Ce Concile de Noyon est imprimé dans l'Edition du Louvre, tom. XX. p. 424. Labbe, tom. XI. p. 1303.

☞ Dans Hardouin, tom. IV. p. 1053.]

Aliud, anno 1232.

Celui de 1232 est imprimé dans Labbe, tom. XI. pag. 446.

☞ Dans Hardouin, tom. VII. p. 197.]

Aliud, anno 1299.

Celui de 1299 est imprimé dans Labbe, tom. XI. pag. 1441.

Aliud, anno 1344.

Celui de 1344 est imprimé dans Labbe, tom. XI. pag. 1899.

☞ Dans Hardouin, tom. VII. p. 1667.]

6650. Statuts Synodaux de Noyon, publiés par Henry DE BARADAT : *Paris*, 1646, *in*-8.

6651. ☞ Statuts Synodaux de François DE CLERMONT, publiés en 1667 : *Saint-Quentin*, le Queux, 1667, *in*-8.]

☞ Autres publiés dans le Synode d'Octobre 1673 : *Saint-Quentin*, le Queux, 1677, *in*-8.]

☞ Autres publiés en 1680 : *Saint-Quentin*, le Queux : *in*-4.]

☞ Ordonnances Synodales de l'Eglise & Diocèse de Noyon, publiées par le même, en l'année 1698 : *Noyon*, Cabut, 1698, *in*-12.]

6652. Concilium apud *Novum Mercatum*, anno 1161.

Ce Concile de Neufmarché, en Normandie, est indiqué dans Labbe, tom. X. pag. 1466. Pommeraye, pag. 131.

☞ Dans Hardouin, tom. VI. part. 2, pag. 1585. Bessin en fait seulement mention dans sa Table Chronologique, d'après l'Addition à Sigebert, en observant qu'il n'en reste rien.]

6653. Concilium *Nugarolense*, anno 1290.

Ce Concile de Nogarol, dans le Diocèse d'Ausch, est imprimé dans Labbe, tom. XI. pag. 1353, 2444.

☞ Dans Hardouin, tom. VII. p. 1159.]

Aliud, anno 1303.

Celui de 1303 est imprimé dans Labbe, tom. XI. pag. 1477.

☞ Dans Hardouin, tom. VII. p. 1259.]

Aliud, anno 1315.

Celui de 1315 est imprimé dans Labbe, tom. XI. pag. 1620.

☞ Dans Hardouin, tom. VII. p. 1393.]

O

6654. Conventus apud *Oxellum*, anno 1082.

Ce Concile d'Oissel, proche de Rouen, est imprimé dans Pommeraye, pag. 109.

☞ Dans Bessin, part. 1, pag. 75.]

6655. ☞ Recueil des anciennes & nouvelles Ordonnances du Diocèse d'*Oléron*, par Joseph DE REVOL : *Pau*, Dupaux, 1712, *in*-12.

Voyez le dix-huitième Journal des Sçavans, de 1714.]

P

== Concile de *Pamiers.*
Voyez ci-devant, *Appamienfe* C.]

6656.   Concilium *Parifienfe* I. anno 362 [vel 360.]

Ce Concile de Paris eft imprimé dans Sirmond, tom. I. *pag.* 16. Edition du Louvre, tom. III. *p.* 215. Labbe, tom. II. *pag.* 821.

☞ Dans Hardouin, tom. I. *p.* 727.]

Concilium II. anno circiter 555.

Celui de vers l'an 555 eft imprimé dans Sirmond, tom. I. *pag.* 301. Edition du Louvre, tom. XII. *p.* 530. Labbe, tom. V. *p.* 811.

☞ Dans Hardouin, tom. III. *p.* 335.]

Concilium III. anno circiter 557.

Celui de vers l'an 557 eft imprimé dans Sirmond, tom. I. *pag.* 313. Edition du Louvre, tom. XII. *p.* 534. Labbe, tom. V. *p.* 814.

☞ Dans Hardouin, tom. III. *p.* 336.]

Concilium IV. anno 573.

Celui de 573 eft imprimé dans Sirmond, tom. I. *p.* 350. Edition du Louvre, tom. XII. *p.* 699. Labbe, tom. V. *p.* 918.

☞ Dans Hardouin, tom. III. *p,* 404.]

Concilium V. anno 577.

Celui de 577 eft imprimé dans Sirmond, tom. I. *pag.* 357. Edition du Louvre, tom. XII. *p.* 709. Labbe, tom. V. *p.* 925.

☞ Dans Hardouin, tom. III. *p.* 405.]

Aliud, anno 615.

Celui de 615 eft imprimé dans Sirmond, tom. I. *p.* 470. Edition du Louvre, tom. XIV. *p.* 404. Labbe, tom. V. *p.* 1649.

☞ Dans Hardouin, tom. III. *p.* 551.]

Aliud, anno 649.

Celui de 649 eft imprimé dans de la Lande, *p.* 330.

Conventus, anno 824, de Imaginibus : *Francofurti,* Wecheli, 1596, *in-8.*

☞ C'eft la première édition faite d'après un Manufcrit très-ancien, tiré de la Bibliothèque de Pierre Pithou.]

Cette même Affemblée eft imprimée dans l'Edition du Louvre, tom. XI. *pag.* 81. De la Lande, *pag.* 106, & dans Goldaft, au tom. I. de fon Recueil des Conftitutions Impériales, *pag.* 151 : *Francofurti,* 1615, *in-fol.* Elle fe trouve auffi imprimée avec les Livres Carolins ou de Charlemagne : De Imaginibus : *in-8.* Edition moderne faite fur les anciennes. Les Pères Sirmond & Labbe ne rapportent pas les Actes de ce Synode. Ils ont mis à la place ce que Bellarmin a écrit contre, dans fon Addition au Traité du Culte des Images.

☞ Dans Hardouin, tom. IV. *p.* 1258.]

Concilium VI. anno 829.

Ce Concile de 829 eft imprimé dans Sirmond, tom. II. *p.* 475. Edition du Louvre, tom. XXI. *p.* 149. Labbe, tom. VII. *p.* 1590.

☞ Dans Hardouin, tom. IV. *p.* 1289.]

Aliud, anno 846.

Celui de 846 eft imprimé dans Sirmond, tom. III. *pag.* 58. Edition du Louvre, tom. XXI. *pag.* 511. Labbe, tom. VII. *p.* 1848.

Aliud, anno 847.

Celui de 847 eft imprimé dans Sirmond, tom. III. *p.* 65. Edition du Louvre, tom. XXI. *p.* 573. Labbe, tom. VIII. *p.* 38.

☞ Dans Hardouin, tom. V. *p.* 3.]

Aliud, anno 849.

Celui de 849 eft imprimé dans de la Lande, *p.* 330. Labbe, tom. VIII. *p.* 58 & 1928.

☞ Dans Hardouin, tom. V. *p.* 19.]

Aliud, anno 1050.

Celui de 1050 eft imprimé dans l'Edition du Louvre, tom. XXV. *pag.* 597. Labbe, tom. IX. *p.* 1059.

☞ Dans Hardouin, tom. VI. part. 1, *p.* 1021.]

Aliud, anno 1092.

Celui de 1092 eft imprimé dans Labbe, tom. X. *pag.* 491.

☞ Dans Hardouin, tom. VI. part. 2, *p.* 1703.]

Aliud, anno 1105.

Celui de 1105 eft imprimé dans Labbe, tom. X. *pag.* 742.

☞ Dans Hardouin, tom. VI. part. 2, *p.* 1875.]

Aliud, anno 1129.

Celui de 1229 eft imprimé dans Labbe, tom. X. *pag.* 936.

☞ Dans Hardouin, tom. VI. part. 2, *p.* 1145.]

Aliud, anno 1147.

Celui de 1147 eft imprimé dans l'Edition du Louvre, tom. XXVI. *p.* 184. Labbe, tom. X. *p.* 1105.

☞ Dans Hardouin, tom. VI. part. 2, *p.* 1297.]

Aliud, anno 1170.

Celui de 1170 eft imprimé dans Labbe, tom. X. *pag.* 1828.

☞ Dans Hardouin, tom. VI. part. 2, *p.* 1625.]

Aliud, anno 1186.

Celui de 1186 eft imprimé dans l'Edition du Louvre, tom. XXVIII. *p.* 12. Labbe, tom. X. *p.* 1747.

☞ Dans Hardouin, tom. VI. part. 2, *p.* 1889.]

* Aliud, anno 1188.
* Aliud, anno 1196.

Ces deux Conciles font imprimés dans Labbe, tom. X. *pag.* 1763 & 1800. Dans Hardouin, tom. VI. part. 2, *pag.* 1091 & 1937.]

Aliud, anno 1201.

Celui de 1201 eft imprimé dans Labbe, tom. XI. *pag.* 14.

☞ Dans Hardouin, tom. VI. part. 2, *pag.* 1965.]

6657. ☞ Conftitutiones Gallonis Cardinalis pro Diœcefi Parifienfi edita, anno 1208.

Elles fe trouvent collationnées fur divers Manufcrits, dans la Collection de Beffin, part. 1, *p.* 107.]

Concilium, anno 1209.

Celui de 1209 eft imprimé dans Labbe, tom. XI. *pag.* 49.

☞ Dans Hardouin, tom. VI. part. 2, *p.* 1991.]

Aliud, anno 1212.

Celui de 1212 eft imprimé dans Labbe, tom. XI. *pag.* 57.

☞ Dans Hardouin, tom. VI. part. 2, *p.* 1999.]

Aliud, anno 1223.

Celui de 1223 eft imprimé dans Labbe, tom. XI. *pag.* 288.

☞ Dans Hardouin, tom. VII. *p.* 129.]

Alia duo, anno 1224.

Ces deux Conciles de 1224 font imprimés dans Labbe, tom. XI. *p.* 290.

☞ Dans Hardouin, tom. VII. *p.* 129.]   Alia

Actes des Conciles & Synodes.

☞ Alia duo, anno 1225.
Ils font imprimés dans Hardouin, tom. VII. p. 133.]

Aliud, anno 1226.
Celui de 1226 est imprimé dans Labbe, tom. XI. pag. 289 & 300.
☞ Dans Hardouin, tom. VII. p. 141.]

Alia duo, anno 1228.
Ceux de 1228 sont imprimés dans Labbe, tom. XI. pag. 301.
☞ Dans Hardouin, tom. VII. p. 165.]

Conventus, anno 1228.
Cette Assemblée de 1228 est imprimée dans Labbe, tom. XI. p. 414.
☞ Dans Hardouin, tom. VII. p. 165.]

Concilium, anno 1255.
Ce Concile de 1255 est imprimé dans Labbe, tom. XI. pag. 738.
☞ Dans Hardouin, tom. VII. p. 470.]

Aliud, anno 1260.
Celui de 1260 est imprimé dans Labbe, tom. XI. pag. 793.
☞ Dans Hardouin, tom. VII. p. 527.]

Aliud, anno 1263.
Celui de 1263 est imprimé dans Labbe, tom. XI. pag. 824.
☞ Dans Hardouin, tom. VII. p. 555.]

Aliud, anno 1264.
Celui de 1264 est imprimé dans Labbe, tom. XI. pag. 828.
☞ Dans Hardouin, tom. VII. p. 559.]

Aliud, anno 1284.
Celui de 1284 est imprimé dans Labbe, tom. XI. pag. 1199.
☞ Dans Hardouin, tom. VII. p. 901.]

Aliud, anno 1290.
Celui de 1290 est imprimé dans Labbe, tom. XI. pag. 1358.
☞ Dans Hardouin, tom. VII. p. 1163.]

Conventus, anno 1302.
Cette Assemblée de 1302 est imprimée dans Labbe, tom. XI. pag. 1474.
☞ Dans Hardouin, tom. VII. pag. 1249.]

Concilium, anno 1310.
Celui de 1310 est imprimé dans Labbe, tom. XI. pag. 1535.
☞ Dans Hardouin, tom. VII. pag. 1319.]

Aliud, anno 1314.
Celui de 1314 est imprimé dans Labbe, tom. XI. pag. 1602.
☞ Dans Hardouin, tom. VII. pag. 1379.]

Aliud, anno 1323.
Celui de 1323 est imprimé dans Labbe, tom. XI. pag. 1711.
☞ Dans Hardouin, tom. VII. p. 1485.]

Conventus, anno 1329.
Cette Assemblée de 1329 est imprimée dans Labbe, tom. XI. pag. 1777.
☞ Dans Hardouin, tom. VII. p. 1553.]

Concilium, anno 1346.
Ce Concile de 1346 est imprimé dans Labbe, tom. XI. pag. 1908.
☞ Dans Hardouin, tom. VII. p. 1677.]

Tome I.

Aliud, anno 1394.
Celui de 1394 est imprimé dans Labbe, tom. XI. pag. 2511.
☞ Dans Hardouin, tom. VII. p. 1915.]

★ Conventus, anno 1399.
Cette Assemblée est imprimée dans le nouveau Supplément du Concile de Constance: *Paris*, 1718, *in*-4.

Concilium, anno 1404.
Ce Concile de 1404 est imprimé dans Labbe, tom. XI. pag. 2517.

Aliud, anno 1408.
Celui de 1408 est imprimé dans Labbe, tom. XI. pag. 2518.
☞ Dans Hardouin, tom. VII. pag. 1933.]

Aliud, anno 1429.
Celui de 1429 est imprimé dans Labbe, tom. XII. pag. 382.
☞ Dans Hardouin, tom. VIII. p. 1039.]

★ Aliud Parisiense, seu Senonense, anno 1528.
Celui de 1528 est imprimé dans Hardouin, tom. IX. pag. 1915.]

6658. ☞ Statuta Synodalia Diœcesis Parisiensis à JOANNE Parisiensi Episcopo, ordinata & publicata, anno 1428 : *in*-4.]

6659. ☞ Decreta Synodalia, cum Baculo Curatorum, ac aliis optimis & quotidianis multis in Rubricis specificatis, edita, collecta, explicata, à Joanne RANDINO emendata; & approbata à Stephano PONCHIER, Episcopo Parisiensi in sancta Synodo Parisiaca publicata : *Parisiis*, 1515, *in*-8.]

6660. Synodi Parisiensis Canones; editi & recogniti, anno 1557; per Eustachium DU BELLAY : *Parisiis*, 1557, *in*-4.

6661. Autres, du même, en 1564.
Voyez Thiers, Traité de l'*Absolution de l'héréfie*, pag. 177.

6662. Statuta Synodalia Ecclesiæ Parisiensis; seu GALONIS, Cardinalis, ODONIS & WILLELMI Parisiensium Episcoporum Decreta; [quibus adjecta sunt PETRI & GALTERI, Senonensium Archiepiscoporum Decreta : ad calcem Sancti Ludovici Pragmatica Sanctio, nunc primùm edita, ad Manuscriptorum fidem descripta, curâ & studio Margarini DE LA BIGNE] : *Parisiis*, Mich. Sonnius, 1578, *in*-8.

6663. ☞ Statuta à Petro DE GONDY, Episcopo Parisiensi, in Synodo renovata, anno 1585, *in*-8.]

6664. Statuta Synodalia, à Joanne BROVET, Curiæ Episcopalis Parisiensis Promotore, Commentariis illustrata : *Parisiis*, le Blanc, 1595 [Duchesne, 1596]: *in*-8.

Statuta Synodalia, ab Henrico DE GONDY, in Synodo Parisiensi, anno 1608, renovata : *Parisiis*, Julliot, 1608, *in*-8.

6665. ☞ Réglemens de M. le Cardinal de Retz, contenant l'explication de quel-

Kkk

ques articles des Statuts Synodaux de son Diocèse : *Paris*, Julliot, 1620, *in*-8.]

Concilium I. Provinciæ Parisiensis, sub Joanne Francisco DE GONDY, primo Archiepiscopo Parisiensi, celebratum anno 1640, adversùs Librum inscriptum : Optati Galli de cavendo Schismate, Liber paræneticus.

Ce Concile de 1640 est imprimé dans Odespunc, *pag.* 729.

6666. ☞ Ordonnances de François DE HARLAY, Archevêque de Paris, pour le Réglement de son Diocèse : *Paris*, 1672, *in*-4.]

6667. Synodicon Ecclesiæ Parisiensis ; auctoritate Francisci DE HARLAY editum : *Parisiis*, Muguet, 1674, *in*-8.

* Ce Recueil contient les Statuts Synodaux & autres Réglemens des Evêques de cette Eglise, depuis Odon ou Eudes, de Sully, mort en 1208, jusqu'à la troisième année de François de Harlay, mort en 1695.

6668. Statuts Synodaux, publiés dans le Synode général en 1697 ; par Louis Antoine DE NOAILLES : *Paris*, Josse, 1697, *in*-4.

6669. Ordonnances de Philibert BRANDON, Evêque de *Périgueux*, faites dans son premier Synode, tenu l'an 1649 : *Périgueux*, Daluy, 1649, *in*-8.º

6670. Concilium *Perpinianense*, anno 1408 [vel 1409.]

Ce Concile de Perpignan est imprimé dans Labbe, tom. XI. *pag.* 2108.

☞ Dans Hardouin, tom. VII. p. 1955. Ses Censeurs ont observé (*p.* 44, *in*-4.) qu'il auroit dû le nommer *Conciliabule*, puisqu'il fut tenu par l'Anti-Pape Benoît XIII.]

6671. Conventus *Pictaviensis*, anno 589.

Cette Assemblée de Poitiers est imprimée dans Sirmond, tom. I. *pag.* 397. De la Lande, *p.* 60. Labbe, tom. V. *p.* 1025.

☞ Dans Hardouin, tom. III. p. 489.]

Concilium, anno 590.

Ce Concile de 590 est imprimé dans Sirmond, tom. I. p. 404. Edition du Louvre, tom. XIV. p. 321. De la Lande, p. 61. Labbe, tom. V. p. 1593.

☞ Dans Hardouin, tom. III. p. 527.]

Aliud, anno 999.

Celui de 999 est imprimé dans Labbe, tom. IX. *pag.* 780.

Aliud, circa annum 1030.

Celui tenu vers l'an 1030 est imprimé dans Martenne, tom. IV. *pag.* 75.

Aliud, anno 1032.

Celui de 1032 est imprimé dans Labbe, tom. IX. *pag.* 914.

☞ Dans Hardouin, tom. VI. part. 1, *pag.* 895.]

Aliud, anno 1036.

Celui de 1036 est imprimé dans Labbe, tom. IX. *pag.* 937.

☞ Dans Hardouin, tom. VI. part. 1, p. 917.]

Aliud, anno 1076.

Celui de 1076 est imprimé dans Labbe, tom. X. *pag.* 346.

Aliud, anno 1078.

Celui de 1078 est imprimé dans Labbe, tom. X. *pag.* 366.

☞ Dans Hardouin, tom. VI. part. 1, p. 1573.]

Aliud, anno 1100.

Celui de 1100 est imprimé dans l'Edition du Louvre, tom. XXVI. *pag.* 743. Labbe, tom. X. *pag.* 710.

☞ Dans Hardouin, tom. VI. part. 2, *pag.* 1855.]

Aliud, anno 1106.

Celui de 1106 est imprimé dans l'Edition du Louvre, tom. XXVI. p. 768. Labbe, tom. X. p. 746. Martenne, tom. IV. p. 127.

☞ Dans Hardouin, tom. VI. part. 2, p. 1881.]

Synodus, anno 1280.

Ce Synode de 1280 est imprimé dans Labbe, tom. XI. *pag.* 1137.

☞ Dans Hardouin, tom. VII. p. 849.]

Alia, anno 1284.

Celui de 1284 est imprimé dans Labbe, tom. XI. *pag.* 1234.

☞ Dans Hardouin, tom. VII. p. 939.]

6672. ☞ Statuts Synodaux de Poitiers, en 1363.

Voyez Thiers, *De stolâ, pag.* 269.]

6673. Constitutiones Synodales Claudii Cardinalis DE GIVRY [Ecclesiæ & Episcopatûs Pictaviensis Administratoris perpetui ;] Latinè & Gallicè : *Pictavii*, Bouchet, 1544, *in*-4.

Ce Cardinal est mort en 1561.

6674. Concilium *Pintarvillanum*, an. [1304.]

Ce Concile de Normandie est imprimé dans Pommeraye, *pag.* 282.

☞ Dans Bessin, part. 1, *p.* 167.]

6675. Concilium *Pistense*, anno 862 [vel 861.]

Ce Concile de Pistres, en Normandie [près du Pont-de-l'Arche] est imprimé dans l'Edition du Louvre, tom. XXVII. *pag.* 750. De la Lande, *p.* 171. Labbe, tom. VIII. *pag.* 755, 775, 1935.

☞ Dans Hardouin, tom. V. p. 759. Bessin, part. 1, *pag.* 17 & *suiv.*]

Aliud, anno 863 [vel 864.]

Ce Concile est imprimé dans Pommeraye, *p.* 24.
☞ Dans la Collection de Bessin, part. 1, *p.* 23.]

Aliud, anno 869.

Celui de 869 est imprimé dans de la Lande, *p.* 198. Labbe, tom. VIII. *p.* 1535.

☞ Dans Hardouin, tom. V. *p.* 1215. Bessin, part. 1, *pag.* 24.]

6676. ☞ Concilium ad *Pontem Arcûs*, anno 1310.

Dom Bessin fait mention de ce Concile du Pont-de-l'Arche, au Diocèse d'Evreux, dans sa Table Chronologique, d'après un Manuscrit : il n'en reste rien.]

6677. Concilium ad *Pontem Audomari*, [anno 1257.]

Ce Concile de Pont-Audemer, en Normandie, Diocèse de Lisieux, est dans Bessin, part. 1. *pag.* 256.]

☞ Aliud,] anno 1267.

Ce Concile est imprimé dans Labbe, tom. XI. *pag.* 2530. Pommeraye, *pag.* 258. [Bessin, *pag.* 150.]

Actes des Conciles & Synodes.

☞ Aliud, anno 1270.

Il n'en reste rien, & Bessin cite seulement dans sa Table Chronologique, le Manuscrit qui en fait mention.]

Aliud, anno 1279.

Celui de 1279 est imprimé dans Labbe, tom. XI. *pag.* 1043. Pommeraye, *pag.* 271.

☞ Dans Hardouin, tom. VII. *pag.* 765. Bessin, part. 1, *pag.* 153, avec quelques nouvelles Pièces à son sujet, *pag.* 156 & 157.]

☞ Aliud, anno 1305.

Ce Concile est imprimé dans Bessin, *pag.* 168.]

6678. Concilium *Pontigonense*, anno 876.

Ce Concile de Pont-Yon, proche de Vitry en Champagne, est imprimé dans Sirmond, tom. III. *pag.* 434. Edition du Louvre, tom. XXIV. *pag.* 413. Labbe, tom. IX. *pag.* 280, 1261.

☞ Dans Hardouin, tom. VI. part. 1, *p.* 165.]

6679. ☞ Concilium *Pontisara*, anno 1317.

Ce Concile de Pontoise, au Diocèse de Rouen, est connu par une Protestation de l'Abbé de Fécamp, & il n'en reste rien. *Voyez* la Table Chronologique de Bessin.]

6680. Concilium *Portuense*, anno 886.

Ce Concile tenu dans le Diocèse de Nismes, est imprimé dans Sirmond, tom. III. *pag.* 522. Edition du Louvre, tom. XXIV. *pag.* 563. De la Lande, *p.* 302. Labbe, tom. IX. *pag.* 395.

Aliud, anno 897.

Celui de 897 est imprimé dans de la Lande, *p.* 311. Baluze, *pag.* 1. Labbe, tom. IX. *pag.* 478.

☞ Dans Hardouin, tom. VI. part. 1, *pag.* 463.]

6681. ☞ Concilium *Pratense*, seu apud sanctam Mariam de Prato, anno 1299.

Ce Concile de Notre-Dame de Bonnes-Nouvelles, proche de Rouen, est imprimé dans Bessin, part. 1, *pag.* 162.]

Aliud, anno 1313.

Ce Concile est imprimé dans Pommeraye, *p.* 288.
☞ Dans Bessin, *pag.* 171.]

Aliud, anno 1335.

Celui de 1335 est imprimé dans Pommeraye, *p.* 292.
☞ Dans Bessin, *pag.* 175.]

6682. ☞ Concile du *Puy*.

Voyez ci-devant, *Conc. Aniciense*, N.°. 6331.]

6683. ☞ Ordonnances du Diocèse du Puy, faites & publiées au Synode de 1666; par Armand DE BETHUNE, Evêque : *au Puy*, de la Garde, 1666, *in-*8.]

R

6684. Concilium *Rhedonense*, anno 1273.

Ce Concile de Rennes est imprimé dans Labbe, tom. XI. *p.* 933.

☞ Dans Hardouin, tom. VII. *p.* 663.]

Aliud, absque anno.

Ce Concile, sans date, est imprimé dans Maan, part. 2, *pag.* 71.

6685. ☞ Statuts & Réglemens du Diocèse de Rennes, publiés en 1726, avec le Man-
Tome I.

dement de M. LE TONNELIER, pour maintenir l'exécution des Statuts de M. DE LAVARDIN, publiés en 1682 : *Rennes*, le Barbier, 1726.]

6686. Concilium *Regense*, seu *Rhegiense*, anno 439.

Ce Concile de Riez est imprimé dans Sirmond, tom. I. *p.* 65. Edition du Louvre, tom. VII. *pag.* 40. Labbe, tom. III. *pag.* 1284.

☞ Dans Hardouin, tom. I. *p.* 1747.]

Aliud, anno 1285.

Celui de 1285 est imprimé dans le tom. IV. du nouveau Trésor des Pièces anecdotes, publiées par Edmond Martenne *pag.* 191.

☞ Ce Concile de Riez a été imprimé de nouveau à la fin de l'*Assertio pro unico Eucherio*, &c. par Charles ANTELMY, Prévôt de Fréjus & désigné Evêque de Grasse : *Parisiis*, Briasson, 1726, *in-*4.]

6687. Ordonnances du Diocèse de Riez, publiées en 1675; par Nicolas DE VALAVOIRE : *Riez*, David, 1675, *in-*4.

6688. Conventus *Remensis*, anno 497.

Cette Assemblée de Reims est imprimée dans la Lande, *pag.* 41. Labbe, tom. IV. *pag.* 1827.

Concilium I. anno circiter 630.

Ce Concile de vers l'an 630 est imprimé dans Sirmond, tom. I. *p.* 479. Edition du Louvre, tom. XIV. *pag.* 469. Labbe, tom. V. *pag.* 1688.

☞ Dans Hardouin, tom. III. *p.* 569.]

Concilium II. anno 813.

Ce Concile de 813 est imprimé dans Sirmond, tom. II. *p.* 287. Edition du Louvre, tom. XX. *p.* 361. Labbe, tom. VII. *p.* 1253.

☞ Dans Hardouin, tom. IV. *pag.* 1017.]

Aliud, anno 874.

Celui de 874 est imprimé dans l'Edition du Louvre, tom. XXIV. *pag.* 620. De la Lande, *pag.* 183. Labbe, tom. VIII. *pag.* 587.

☞ Dans Hardouin, il n'est que marqué dans l'Index du tom. VI. part. 1.]

Aliud, anno 879.

Celui de 879 est imprimé dans de la Lande, *p.* 296. Labbe, tom. IX. *p.* 335.

☞ Dans Hardouin, il n'est marqué que dans l'Index du tome VI. part. 1.]

Aliud, anno 893.

Celui de 893 est imprimé dans Sirmond, tom. III. *pag.* 531. Labbe, tom. IX. *p.* 434.

☞ Dans Hardouin, tom. VI. part. 1, *pag.* 429.]

Aliud, anno 900.

Celui de 900 est imprimé dans l'Edition du Louvre, tom. XXV. *pag.* 20. De la Lande, *pag.* 312. Labbe, tom. IX. *pag.* 481.

☞ Dans Hardouin, tom. VI. part. 1, *p.* 465.]

Aliud, anno 923.

Celui de 923 est imprimé dans Sirmond, tom. III. *pag.* 578. De la Lande, *pag.* 322. Labbe, tom. IX. *pag.* 581.

☞ Dans Hardouin, tom. VI. part. 1, *pag.* 561.]

Aliud, anno 975.

Celui de 975 est imprimé dans Sirmond, tom. III. *pag.* 595. Edition du Louvre, tom. XXV. *pag.* 193. Labbe, tom. IX. *pag.* 710.

☞ Dans Hardouin, tom. VI. part. 1, *p.* 701.]

Aliud, anno 989.

Celui de 989 est imprimé dans Labbe, tom. IX. *pag.* 734.

☞ Dans Hardouin, tom. VI. part. 1, *p.* 717.]

6689. Synodus habita Durocortori Remorum in causa Arnulfi, anno 991, cum Apologia ejusdem, scripta à GERBERTO, tunc Archiepiscopo Remensi: *Francofurti*, Wecheli, 1600, *in-*8.

Ce même Synode est imprimé dans l'Edition du Louvre, tom. XXV. *pag.* 214. Labbe, tom. IX. *pag.* 738.

☞ Dans Hardouin, tom. VI. part. 1, *p.* 723.]

Concilium, anno 994.

Ce Concile de 994 est imprimé dans Labbe, tom. IX. *pag.* 740.

☞ Dans Hardouin, tom. VI. part. 1, *p.* 725.]

Aliud, anno 995.

Celui de 995 est imprimé dans l'Edition du Louvre, tom. XXV. *pag.* 219. Labbe, tom. IX. *pag.* 750.

☞ Dans Hardouin, tom. VI. part. 1, *p.* 737.]

Aliud, anno 1015.

Celui de 1015 est imprimé dans le tom. IV. du nouveau Trésor des Pièces anecdotes, publiées par Dom Martenne, *pag.* 77.

Aliud, anno 1049.

Celui de 1049 est imprimé dans l'Edition du Louvre, tom. XXV. *p.* 528. Labbe, tom. IX. *p.* 1028.

☞ Dans Hardouin, tom. VI. part. 1, *p.* 993.]

✶ Conventus Remensis, anno 1059.

Cette Assemblée est imprimée dans Labbe, tom. IX. *p.* 1107 [& dans Hardouin, tom. VI. part. 1, *p.* 1069.]

✶ Alius, anno 1092.

Cette Assemblée est imprimée dans Labbe, tom. X. *p.* 488.

☞ Dans Hardouin, tom. VI. part. 2, *p.* 1699.]

Concilium, anno 1094.

Ce Concile de 1094 est imprimé dans Labbe, tom. X. *pag.* 497, & dans Hardouin, tom. VI. part. 2, *p.* 1707.]

Aliud, anno 1109.

Celui de 1109 est imprimé dans l'Edition du Louvre, tom. XXVI. *pag.* 770. Labbe, tom. X. *p.* 763.

☞ Dans Hardouin, tom. VI. part. 2, *p.* 1895.]

Aliud, anno 1114.

Celui de 1114 est dans Martenne, au tom. IV. de son nouveau Trésor des Pièces anecdotes, *pag.* 131.

Aliud, anno 1115.

Celui de 1115 est imprimé dans Labbe, tom. X. *pag.* 801.

☞ Dans Hardouin, tom. VI. part. 2, *p.* 1929.]

Aliud, anno 1119.

Celui de 1119 est imprimé dans l'Edition du Louvre, tom. XXVII. *p.* 28. Labbe, tom. X. *p.* 862.

☞ Dans Hardouin, tom. VI. part. 2, *p.* 1983.]

Aliud, anno 1131.

Celui de 1131 est imprimé dans l'Edition du Louvre, tom. XXVII. *pag.* 111. Labbe, tom. X. *p.* 979.

☞ Dans Hardouin, tom. VI. part. 2, *p.* 1187.]

Aliud [seu potius Senonense] anno 1140.

Celui de 1140 est imprimé dans Labbe, tom. X. *pag.* 1018.

☞ Dans Hardouin, tom. VI. part. 2, *p.* 1219.]

Aliud, anno 1148.

Celui de 1148 est imprimé dans l'Edition du Louvre, tom. XXVII. *pag.* 187. Labbe, tom. X. *p.* 1107, & dans Martenne, *pag.* 142.

☞ Dans Hardouin, tom. VI. part. 2, *p.* 1299.]

Conventus, anno 1158.

Cette Assemblée de 1158 est imprimée dans Labbe, tom. X. *pag.* 1184.

☞ Dans Hardouin, tom. VI. part. 2, *p.* 1375.]

Concilium, anno 1235.

Ce Concile de 1235 est imprimé dans Labbe, tom. XI. *pag.* 501.

☞ Dans Hardouin, tom. VII. *pag.* 257. Ses Censeurs ont fait (*pag.* 42, *in-*4.) une remarque importante pour les droits de la puissance Royale, &c. & ils en concluent que le Père Hardouin devoit omettre certaines Monitions faites au Roi S. Louis, ou les accompagner d'une Note qui les improuve.]

Aliud, anno 1236.

Celui de 1236 est imprimé dans Labbe, tom. XI. *pag.* 501. [Ce Concile fut tenu à S. Quentin, comme le précédent à Compiègne.]

☞ Dans Hardouin, tom. VII. *p.* 261.]

☞ Aliud, anno 1239.

Celui de 1239 est imprimé dans le tom. VII. de Hardouin, *pag.* 325.]

Aliud, anno 1257.

Celui de 1257 est imprimé dans Labbe, tom. XI. *pag.* 503.

Aliud, anno 1287.

Celui de 1287 est imprimé dans le même volume, *pag.* 1317, & dans Martenne, tom. IV. *pag.* 207.

☞ Dans Hardouin, tom. VII. *p.* 1129.]

Indictio seu Convocatio Concilii Provincialis Capitulorum Ecclesiarum Provinciæ Remensis, anno 1395.

Cette Convocation de 1395 est imprimée dans le tom. XII. du Spicilège de Dom Luc d'Acheri, *p.* 76.

☞ Aliud, anno 1408.
☞ Aliud, anno 1456.

Ces deux Conciles sont seulement indiqués dans Hardouin, le premier à l'Index du tome septième, & le second dans le tome neuvième, *pag.* 1381.]

Mf. Deux Synodes Provinciaux de la Province de Reims, l'un de 1534, & l'autre de 1543: *in-fol.*

Ces deux Synodes manuscrits sont conservés dans le volume 545, des Manuscrits de M. Dupuy.

Concilium, anno 1564.

Ce Concile de 1564 est imprimé dans Odespunc, *pag.* 11. Labbe, tom. XV. *pag.* 43.

☞ Dans Hardouin, tom. X. *p.* 469.]

6690. Aliud, anno 1583 [à Ludovico DE GUYSIA habitum]: *Remis*, de Foigny, 1585, *in-*8.

Ce même Concile de 1583 est imprimé dans Odespunc, *p.* 225. Labbe, tom. XV. *p.* 884.

☞ Dans Hardouin, tom. X. *p.* 1175.]

Le même, traduit par M. H. MEURIER: *Reims*, de Foigny, 1586, *in-*8.

Actes des Conciles & Synodes.

6691. ☞ Mſ. Synodalia Ecclesiæ Remenſis; auctore Guillelmo DE TRIA.

Cet Archevêque est mort en 1334; ſes Statuts Synodaux ſont conſervés dans le Cabinet de M. la Court, Chanoine de Reims.]

6692. Statuts Synodaux de Léonor D'ESTAMPES DE VALENÇAY : *Reims*, 1645, *in-8*.

Cet Archevêque eſt mort en 1651.

6693. ☞ Ordonnances (du même Archevêque) de Reims, en 1647 : *Reims*, Bernard, 1648, *in-8*.]

6694. ☞ Ordonnances & Inſtructions du Synode tenu à Reims en 1669 : *Reims*, Multeau, 1669, *in-8*.

On trouve encore pluſieurs autres Statuts Synodaux de Reims, indiqués dans le Catalogue de la Bibliotheque de M. le Tellier, que ce Prélat a laiſſée à l'Abbaye de Sainte Geneviève de Paris.]

6695. ☞ Ordonnances pour le Dioceſe de la *Rochelle*, publiées ès divers Synodes, depuis l'année 1650 juſqu'en 1658 ; par (Jacques RAOUL) premier Evêque du lieu : *La Rochelle*, de Gouy, 1650, *in-8*. & *Fontenai*, Blanchet, 1658, *in-12*.

Ce premier Evêque eſt mort le 15 Mars 1661. On trouve dans cet Ouvrage un Pouillé des Bénéfices du Dioceſe, dont le Siège Epiſcopal étoit auparavant à Maillezais.]

6696. ☞ Ordonnances & Réglemens Synodaux du Dioceſe de la Rochelle : Meſnier, 1711, *in-8*.]

6697. Concilium *Roffiniacenſe*, anno 1258.

Ce Concile de Ruffec, au Dioceſe de Poitiers, eſt imprimé dans Labbe, tom. XI. *pag.* 775.

☞ Dans Hardouin, tom. VII. *p.* 501.]

Aliud, anno 1327.

Celui de 1327 eſt imprimé dans Labbe, tom. XI. *pag.* 1773.

☞ Dans Hardouin, tom. VII. *p.* 1535.]

6698. ☞ Concilium *Rothomagenſe*, anno 650.

Il eſt imprimé *pag.* 33 de Pommeraye, qui l'a cru de 880. On le trouve mieux dans Beſſin, part. 1, *p.* 8.]

Aliud, anno 682 [vel potiùs 693.]

Ce Concile eſt imprimé dans Sirmond , tom. I. *pag.* 509. Edition du Louvre, tom. XVI. *pag.* 728. Labbe, tom. VI. *pag.* 1240.

☞ Dans Hardouin, tom. III. *pag.* 1727. Beſſin, *pag.* 12.]

☞ Aliud, circa 878.

Il eſt imprimé dans Hardouin, tom. VI. part. 1, *pag.* 105. Beſſin, part. 1, *pag.* 14, le rapporte comme d'un temps incertain.]

☞ Aliud, circa 1026.

Dans Beſſin, *pag.* 39.]

Aliud, anno 1050 [vel 1048.]

Ce Concile eſt imprimé dans Labbe, tom. IX. *pag.* 1047.

☞ Dans Hardouin, tom. VI. part. 1, *pag.* 1011. Beſſin, *p.* 40.]

Aliud, anno 1055 [vel 1061.]

Ce Concile eſt imprimé dans Pommeraye, *p.* 71.
☞ Dans Beſſin, *p.* 47.]

Aliud, anno 1063.

Celui de 1063 eſt imprimé dans Pommeraye, *p.* 73.
☞ Dans Hardouin, tom. VI. part. 1, *pag.* 1141. Beſſin, *pag.* 49.]

☞ Alia duo, annis 1068 & 1069.

Ces deux Conciles ſont imprimés dans Beſſin, *p.* 51 & 52.]

Aliud, anno 1072.

Ce Concile eſt imprimé dans Labbe, tom. IX. *p.* 1225. Pommeraye, *p.* 85.
☞ Dans Hardouin, tom. VI. part. 1, *pag.* 187. Beſſin, *pag.* 54.]

☞ Aliud, anno 1073.

Ce Concile eſt imprimé dans Beſſin, *pag.* 63.]

Aliud, anno 1074.

Celui de 1074 eſt imprimé dans Labbe, tom. X. *pag.* 310. Pommeraye, *pag.* 96.
☞ Dans Hardouin, tom. VI. part. 1, *pag.* 1517. Beſſin, *p.* 64.]

Aliud, anno 1078.

Celui de 1078 eſt imprimé dans Pommeraye, *p.* 100.
☞ Dans Beſſin, *pag.* 66.]

Aliud, anno 1091.

Celui de 1091 eſt imprimé dans Pommeraye, *p.* 112.
☞ Dans Beſſin, *pag.* 76.]

Aliud, anno 1096.

Celui de 1096 eſt imprimé dans Labbe, tom. X. *pag.* 599. Pommeraye, *pag.* 113.
☞ Dans Hardouin, tom. VI. part. 2, *pag.* 1743. Beſſin, *p.* 77.]

Aliud, anno 1108.

Celui de 1108 eſt imprimé dans Labbe, tom. X. *p.* 758. Pommeraye, *p.* 117.
☞ Dans Hardouin, tom. VI. part. 2, *pag.* 1891. Beſſin n'en fait mention que dans ſa Table Chronologique.]

Aliud, anno 1118.

Celui de 1118 eſt imprimé dans Labbe, tom. X. *p.* 824. Pommeraye, *p.* 125.
☞ Dans Hardouin, tom. VI. part. 2, *pag.* 1949. Beſſin, *p.* 80.]

Aliud, anno 1119.

Celui de 1119 eſt imprimé dans Labbe, tom. X. *p.* 881. Pommeraye, *p.* 126.
☞ Dans Hardouin, tom. VI. part. 2, *p.* 1999.]

Aliud, anno 1128.

Celui de 1128 eſt imprimé dans Pommeraye, *p.* 127.
☞ Dans Beſſin, *pag.* 80.]

☞ Aliud, anno 1154.

Ce qu'on ſçait de ce Concile eſt imprimé dans Beſſin, *pag.* 81.]

Conventus, anno 1162.

Voyez Beſſin, dans ſa Table Chronologique, où il cite l'Appendice de Sigebert.]

Concilium, anno 1189.

Celui de 1189 eſt imprimé dans l'Appendice des Œuvres de Pierre de Blois, *pag.* 799 : *Pariſiis*, 1675, *in-fol.* Pommeraye, *p.* 171.
☞ Dans Hardouin, tom. VI. part. 2, *pag.* 1909. Beſſin, *pag.* 94.]

Aliud, anno 1214.

Ce Concile est imprimé dans Bessin, *p.* 110.]

Aliud, anno 1223.

Celui de 1223 est imprimé dans Martenne, *p.* 173.
☞ Dans Hardouin, tom. VII. *pag.* 127. Bessin, *pag.* 130.]

Aliud, anno 1231.

Celui de 1231 est imprimé dans Martenne, *p.* 175.
☞ Dans Hardouin, tom. VII. *pag.* 185. Bessin, *p.* 134.]

Aliud, anno 1282.

Voyez Bessin, dans sa Table Chronologique.

Aliud, anno 1299.

Celui de 1299 est imprimé dans Labbe, tom. XI. *pag.* 1426. Pommeraye, *p.* 278.
☞ Dans Hardouin, tom. VII. *p.* 1201.]

☞ Aliud, anno 1311.

Ce Concile de Rouen fut assemblé pour députer au Concile général de Vienne. On ne le connoît que par une Protestation de l'Abbé de Fécamp, & les Actes n'existent plus. *Voyez* Bessin, à la Table Chronologique.]

☞ Aliud, anno 1315.

Il n'en est fait mention que dans la Table de Bessin.]

Aliud, anno 1335.

Celui de 1335 est imprimé dans Labbe, tom. XI. *pag.* 1835. Pommeraye, *p.* 292.
☞ Dans Hardouin, tom. VII. *p.* 1603.]

Aliud, anno 1437.

Il en est fait mention dans la Table Chronologique de Bessin.]

Aliud, anno 1445.

Celui de 1445 est imprimé dans Labbe, tom. XIII. *pag.* 1303. Pommeraye, *p.* 304.
☞ Dans Hardouin, tom. IX. *pag.* 1295. Bessin, *p.* 183.]

Aliud, anno 1522.

Celui de 1522 est imprimé dans Pommeraye, *p.* 318.
☞ Dans Bessin, *pag.* 189, qui fait ensuite mention d'un autre Concile de 1527, *pag.* 194.]

Institutionum Synodalium Diœcesis Rothomagensis Liber : *in*-4. [vieille édition.]

Concilium, anno 1581 [à Carolo Cardinale Borbonio] : *Parisiis*, [l'Huillier] 1582, *in*-8. [Accedunt Statuta Seminariorum.]

Ce même Concile est imprimé dans Odespunc, *pag.* 169. Labbe, tom. XV. *pag.* 810. Pommeraye, *pag.* 332.

☞ Dans Hardouin, tom. X. *pag.* 1211. Ses Censeurs ont observé (*pag.* 78, *in*-4.) qu'il auroit dû joindre quelque Note aux Pièces qu'il produit, » parcequ'il » s'y trouve plusieurs choses contraires à nos Libertés & » à nos Maximes, particulièrement en ce que les Dé-» crets du Concile de Trente sur la Discipline, & la » Bulle *in Cœna Domini*, y sont produites comme des » Loix de France ».

Dom Bessin a fait imprimer ce Concile, *pag.* 197. Il donne ensuite, dans sa seconde partie, nombre de Synodes de Rouen, que l'on peut voir dans sa Collection.]

Le même ; traduit par Claude DE SAINCTES : *Paris*, 1583, *in*-8. *Rouen*, 1582, 1585, *in*-8. *Ibid.* 1600, *in*-12. *Ibid.* 1624, 1640, *in*-16.

Claude de Sainctes, Evêque d'Evreux, est mort en 1591.

6699. ☞ Ordonnances faites par M. l'Archevêque de Rouen au Synode d'Eté tenu en l'année 1616, pour être observées & gardées par les Ecclésiastiques de son Diocèse : *Rouen*, de Beauvais, 1616, *in*-8.]

6700. ☞ Statuts & Réglemens faits par Messire François DE HARLAY, Archevêque de Rouen, au Synode de son Diocèse, tenu à Rouen le mardi 29 Mai 1618 : *Rouen*, Petitval, 1618, *in*-12. 60 pages.]

6701. Acta Rothomagensis Ecclesiæ, publicata à Francisco HARLÆO : *Parisiis*, Stephani, 1629, *in*-8.

Cet Archevêque est mort en 1653.

6702. ☞ Statuta Synodalia, jussu Fr. DE HARLAIO collecta & edita ; accessit series Archiep. Rothomagensium : *Rothomagi*, Maurri, 1643, *in*-8.]

6703. Francisci II. DE HARLAY, Statuta Synodalia ; Francisci III. jussu iterum edita, anno [1673] : *Rothomagi* [1673] *in*-8.

☞ Le Père le Long avoit mis 1653. Mais cette date est fausse ; car cet Archevêque de Rouen, François III. du nom, est François ROUXEL DE MEDAVY, qui succéda à François II. (de Harlay) en 1671 ou 1672, & probablement cette édition est de 1673.]

═ Decreta Synodalia Ecclesiæ Rothomagensis.

C'est un Recueil des Statuts Synodaux de Rouen & des Evêchés suffragans, qui se trouve dans la seconde Partie de la Collection des Pères Pommeraye & Godin, ci-devant, N.° 6293 ; mais on y a observé que ce Recueil n'est pas complet. Celui de Dom Bessin l'est davantage, quoiqu'il ne le soit pas encore entièrement.]

6704. Statuta Synodalia Ecclesiæ Ruthenensis, sub Gilberto, anno 1340, & Raymundo, anno 1350.

Ces anciens Statuts de Rhodez sont dans Martenne ; au tom. IV. de son nouveau Trésor des Pièces anecdotes, *p.* 671.

6705. Alia, sub auctoritate Georgii Cardinalis D'ARMAIGNAC : *Lugduni*, Mottier, 1556, *in*-8.

6706. Ordonnances Synodales du Diocèse de Rhodez, publiées par Gabriel DE VOYER DE PAULMY : *Rhodez*, le Roux, 1674, *in*-12.

S

6707. Conventus ad *Sablonarias*, anno 862.

Cette Assemblée de Sablonières est imprimée dans Labbe, tom. VIII. *pag.* 754.

6708. ☞ Conventus *Sagiensis*, anno 1126.

Cette Assemblée d'Evêques se fit pour la Dédicace de l'Eglise de Séez, & on ne la connoît que par Orderic. *Voyez* la Table Chronologique de Bessin.]

6709. Statuta Synodalia Sagiensia, Jacobi DE SILLY : 1524, *in*-8.

On trouve aussi ces Statuts de Séez, dans Bessin ; part. 2, *pag.* 429.]

6710. ★ Autres, de 1532.

Voyez Thiers, *De stola*, *pag.* 270.]

6711. Autres, de Jacques DE SUAREZ DE SAINTE-MARIE : 1613, *in*-8.

6712. Autres, de François ROUXEL DE MEDAVI, de 1653 : *Alençon*, 1653, *in*-8.
☞ On les trouve dans Beſſin, *pag.* 439.]

6713. Autres, de Jean FORCOAL, publiés au Synode de 1674 : *Alençon*, 1674, *in*-8.
☞ On les trouve auſſi dans Beſſin, *pag.* 445.]

6714. ☞ Extrait des Mandemens & des Synodes de Mathurin SAVARY, Evêque de Séez, fait en 1695.
On le trouve dans Beſſin, *pag.* 454 & *ſuiv.*]

6715. Concilium *Salmurienſe*, anno 1243.
Ce Concile de Saumur eſt imprimé dans Maan, part. 2, *pag.* 60.

Aliud, anno 1253.
Celui de 1253 eſt imprimé dans Maan, part. 2, *p.* 197. Labbe, tom. XI. *p.* 707.
☞ Dans Hardouin, tom. VII. *p.* 441.]

Aliud, anno 1276.
Celui de 1276 eſt imprimé dans Labbe, tom. XI. *pag.* 1011.
☞ Dans Hardouin, tom. VII. *p.* 735.]

Aliud, anno 1294.
Celui de 1294 eſt imprimé dans Maan, part. 2, *p.* 70. Labbe, tom. XI. *p.* 1395.
☞ Dans Hardouin, tom. VII. *p.* 1169.]

Aliud, anno 1300.
Celui de 1300 eſt imprimé dans Maan, part. 2, *pag.* 213.

Aliud, anno 1315.
Celui de 1315 eſt imprimé dans Maan, part. 2, *pag.* 82. Labbe, tom. XI. *pag.* 1617.
☞ Dans Hardouin, tom. VII. *p.* 1391.]

Aliud, anno 1320.
Celui de 1320 eſt imprimé dans Maan, part. 2, *pag.* 84.

☞ Concilia in *Sancti Ægidii* Villa.
Voyez ci-devant, N.° 6306.]

6716. * Statuts Synodaux de *Saint-Brieux*; par M. DE MARCONNAY, en 1606.
Voyez Thiers, Traité de l'*Abſolution de l'hérésie*, *pag.* 199.]

6717. ☞ Statuts Synodaux de Saint-Brieux, publiés par Pierre-Guillaume DE LA VIEUXVILLE : *Rennes*, Garnier, 1723, *in*-12.]

6718. Concilium apud *Sanctum Dionyſium*, anno 768.
Ce Concile de Saint-Denys en France, eſt imprimé dans Sirmond, tom. II. *pag.* 63. Edition du Louvre, tom. XVII. *p.* 676. Labbe, tom. VI. *p.* 1720.
☞ Dans Hardouin, tom. III. *p.* 2011.]

Aliud, anno 832.
Celui de 832 eſt imprimé dans de la Lande, *p.* 140.

Conventus, anno 834.
Cette Aſſemblée de 834 eſt imprimée dans Sirmond, tom. II. *p.* 566. Edition du Louvre, tom. XXI. *p.* 280. Labbe, tom. VII. *p.* 1693.
☞ Dans Hardouin, tom. IV. *p.* 1383.]

Concilium, anno circiter 997.
Ce Concile d'environ l'an 997 eſt imprimé dans Labbe, tom. IX. *pag.* 770.
☞ Dans Hardouin, tom. VI. part. 1, *pag.* 755.]

Aliud, anno 1054.
Celui de 1054 eſt imprimé dans Labbe, tom. IX. *pag.* 1066.
☞ Dans Hardouin, tom. VI. part. 1, *p.* 1033.]

6719. ☞ Statuta Synodalia *Sancti Flori*, ab Antonio DE LEVIS, Episcopo, de novo ordinata : *Lugduni*, 1552, *in*-4.]

6720. ☞ Ordonnances du Diocèſe de Saint-Flour, ou Statuts Synodaux : *Saint-Flour*, veuve Sardine, 1760, *in*-8.]

6721. Concilium apud *Sanctam Macram*, anno 881.
Ce Concile [tenu dans l'Egliſe de] Fiſmes, proche de Reims, eſt imprimé dans Sirmond, tom. III. *p.* 502. Edition du Louvre, tom. XXIV. *pag.* 479. Labbe, tom. IX. *pag.* 337.
☞ Dans Hardouin, tom. VI. part. 1, *p.* 349.]

Aliud, anno 935.
Celui de 935 eſt imprimé dans Sirmond, tom. III. *pag.* 580. Edition du Louvre, tom. XXV. *pag.* 39. Labbe, tom. IX. *pag.* 593.
☞ Dans Hardouin, tom. VI. part. 1, *p.* 573.]

6722. Concilium *Sancti Maxentii*, anno 1075.
Ce Concile de Saint-Maixant, en Poitou, eſt imprimé dans Labbe, tom. X. *pag.* 345.
☞ Dans Hardouin, tom. VI. part. 1, *p.* 1551.]

6723. ☞ Ordonnances, Inſtructions & Prières pour le Diocèſe de *S. Papoul*, en temps de peſte : *Toloſe*, Boude, 1653, *in*-12.]

6724. Concilia duo ad *Sanctum Quintinum*, anno 1231 & 1232.
Ces deux Conciles de Saint-Quentin, en Vermandois [Diocèſe de Noyon, mais que l'on regarde comme Conciles de Reims, ſa Métropole] ſont imprimés dans Labbe, tom. XI. *pag.* 446.
☞ Dans Hardouin, tom. VII. *p.* 199. Ses Cenſeurs ont obſervé (*pag.* 42, *in*-4.) qu'il auroit dû joindre quelque Note à celui de 1231, au ſujet de l'atteſtation d'une Monition faite à S. Louis, ou ne la pas mettre.]

Aliud, anno 1235.
Celui de 1235 eſt imprimé dans Labbe, tom. XI. *pag.* 501.
☞ Dans Hardouin, tom. VII. *p.* 257.]

Aliud, anno 1236.
Celui de 1236 eſt imprimé dans Labbe, tom. XI. *pag.* 503.
☞ Dans Hardouin, tom. VII. *p.* 261.]

Aliud, anno 1239.
Celui de 1239 eſt imprimé dans Labbe, tom. XI. *pag.* 568.
☞ Dans Hardouin, tom. VII. *p.* 325.]

Aliud, anno 1271.
Celui de 1271 eſt imprimé dans Labbe, tom. XI. *pag.* 922.
☞ Dans Hardouin, tom. VII. *p.* 657.]

6725. Concilium apud *Sanctum Theodericum*, anno 953.
Ce Concile de Saint-Thierry, proche de Reims, eſt

imprimé dans Sirmond, tom. III. *pag.* 599. Edition du Louvre, tom. XXV. *p.* 95. Labbe, tom. IX. *p.* 637.

☞ Dans Hardouin, tom. VI. part. 1, *p.* 615.]

6726. Concilium apud *Sanctum Tiberium*, anno 907.

Ce Concile, tenu dans le Diocèse d'Agde, est imprimé dans Labbe, tom. IX. *pag.* 518, & dans Baluze, au tom. VII. de ses *Miscellanea*, *pag.* 55.

☞ Dans Hardouin, tom. VI. part. 1, *p.* 501.]

Aliud, anno 1050.

Celui de 1050 est imprimé au tom. IV. du nouveau Trésor des Pièces anecdotes, publiées par Dom Martenne, *pag.* 87.

Aliud, anno 1389.

Celui de 1389 est dans Martenne, *pag.* 341.

6727. Concilium *Santonense*, anno 563.

Ce Concile de Saintes est imprimé dans Sirmond, tom. I. *p.* 319. Edition du Louvre, tom. II. *pag.* 582. Labbe, tom. V. *p.* 845.

☞ Dans Hardouin, tom. III. *p.* 353.]

Aliud, anno 579.

Celui de 579 est imprimé dans Sirmond, tom. I. *pag.* 368. Edition du Louvre, tom. III. *pag.* 52.

☞ Dans Hardouin, tom. III. *p.* 449.]

Concilium I. anno 1080.

Celui de 1080 est imprimé dans Labbe, tom. X. *pag.* 397. Martenne, tom. IV. *pag.* 115.

☞ Dans Hardouin, tom. VI. part. 1, *p.* 1605.]

Concilium II. anno 1083.

Celui de 1083 est imprimé dans Labbe, tom. X. *pag.* 402.

☞ Dans Hardouin, tom. VI. part. 1, *p.* 1611.]

Aliud, anno 1089.

Celui de 1089 est imprimé dans Labbe, tom. X. *pag.* 475.

☞ Dans Hardouin, tom. VI. part. 2, *p.* 1683.]

Aliud, anno 1096.

Celui de 1096 est imprimé dans Labbe, tom. XI. *p.* 604.

☞ Dans Hardouin, tom. VI. part. 2, *p.* 1747.]

Synodus, anno 1280.

Ce Synode de 1280 est imprimé dans Labbe, tom. XI. *pag.* 1133.

☞ Dans Hardouin, tom. VII. *p.* 845.]

Alia, anno 1282.

Cet autre de 1282 est imprimé dans Labbe, tom. XI. *pag.* 1180.

☞ Dans Hardouin, tom. VII. *p.* 883.]

Alia, anno 1298.

Cet autre de 1298 est imprimé dans Labbe, tom. XI. *pag.* 1425.

☞ Dans Hardouin, tom. VII. *p.* 1201.]

Constitutiones Synodales Santonensis Ecclesiæ : *Pictaviæ*, 1541, *in*-8.

6728. * Constitutiones Synodales de Julien DE SORDERINIS : 1543, *in*-8.

6729. Statuts Synodaux du Diocèse de Saintes, de l'an 1600, 1618, 1635 : *in*-8.

☞ Concilium apud *Saponarias*, anno 859.

Savonières est à une lieue de Toul en Lorraine. *Voyez* ci-après, Concilium *Tullense*.]

6730. Concilium *Sauriciacense*, anno 589.

Ce Concile, tenu au Diocèse de Soissons, est imprimé dans Sirmond, tom. I. *p.* 396. Edition du Louvre, tom. XIII. *p.* 142. Labbe, tom. V. *p.* 1025.

☞ Dans Hardouin, tom. III. *p.* 489.]

6731. Concilium *Sedenense*, anno 1267.

Ce Concile de Seine, dans le Diocèse de Digne, est imprimé dans Labbe, tom. XI. *p.* 2368.

☞ Dans Hardouin, tom. VII. *p.* 577.]

☞ Statuts, &c. de *Séez*.

Voyez ci-devant, N.° 6708, Conv. &c. Sagiens.]

6732. Concilium *Senonense*, anno circiter 657 [vel 670.]

Ce Concile de Sens est imprimé dans de la Lande, *pag.* 70. Labbe, tom. VI. *pag.* 1878.

☞ Dans Hardouin, tom. III. *p.* 1013.]

Aliud, anno circiter 850.

Celui d'environ l'an 850 est imprimé dans de la Lande, *pag.* 158. Labbe, tom. VIII. *p.* 72.

☞ Dans Hardouin, tom. V. *p.* 39.]

Conventus, anno 853.

Cette Assemblée est imprimée dans de la Lande, *p.* 161. Labbe, tom. VIII. *p.* 1934.

☞ Dans Hardouin, tom. V. *p.* 39.]

Concilium, anno 862.

Ce Concile de 862 est imprimé dans Labbe, tom. VIII. *pag.* 1936.

☞ Dans Hardouin, tom. V. *p.* 537.]

Aliud, anno circiter 920.

Celui d'environ l'an 920 est imprimé dans Labbe, tom. IX. *pag.* 577.

Aliud, anno 980.

Celui de 980 est imprimé dans de la Lande, *p.* 317. Labbe, tom. IX. *p.* 1242.

☞ Dans Hardouin, tom. VI. part. 1, *p.* 709.]

Aliud, anno 1048.

Ce Concile de 1048 est imprimé dans Labbe, tom. X. *pag.* 946.

☞ Dans Hardouin, tom. VI. part. 1, *p.* 925.]

Aliud, anno 1080.

Celui de 1080 est imprimé dans Labbe, tom. X. *pag.* 1016.

☞ Dans Hardouin, tom. VI. part. 1, *p.* 1597.]

Aliud, anno 1140.

Celui de 1140 est imprimé dans l'Edition du Louvre, tom. XXVII. *p.* 141. Labbe, tom. X. *p.* 1018.

☞ Dans Hardouin, tom. VI. part. 2, *p.* 1219.]

Aliud, anno 1198.

Celui de 1198 est imprimé dans Labbe, tom. XI. *pag.* 3.

☞ Dans Hardouin, tom. VI. part. 2, *p.* 1647.]

Aliud, anno 1252.

Celui de 1252 est imprimé dans Labbe, tom. XI. *pag.* 706.

☞ Dans Hardouin, tom. VII. *p.* 439.]

Aliud, anno 1269.

Celui de 1269 est imprimé dans Labbe, tom. XI. *pag.* 912.

☞ Dans Hardouin, tom. VII. *p.* 649.]

Aliud, seu Parisiense, anno 1310.

Celui de 1310 est imprimé dans Labbe, tom. XI. *pag.* 1535.

☞ Dans Hardouin, tom. VII. *p.* 1319.]

Aliud,

Actes des Conciles & Synodes.

Aliud, anno 1320.

Celui de 1320 est imprimé dans Labbe, tom. XI. pag. 1680.

☞ Dans Hardouin, tom. VII. p. 1453.]

Aliud, anno 1323.

Celui de 1323 est imprimé dans Labbe, tom. XI. pag. 1711.

☞ Dans Hardouin, tom. VII. p. 1485.]

Aliud, anno 1346.

Celui de 1346 est imprimé dans le tom. V. du Spicilège de Dom Luc d'Acheri, p. 128.

☞ Dans Hardouin, tom. VII. p. 1677.]

Aliud, anno 1429.

Celui de 1429 est imprimé dans Labbe, tom. XIII. pag. 382.

☞ Dans Hardouin, tom. VIII. p. 1039.]

Aliud, anno 1460 [vel 1461.]

Ce Concile est imprimé dans Labbe, tom. XIII. pag. 1723.

☞ Dans Hardouin, tom. IX. p. 1520.]

Aliud, anno 1485.

Celui de 1485 est imprimé dans le tom. V. du Spicilège de Dom Luc d'Acheri, p. 584. Labbe, tom. XIII. pag. 1721.

☞ Dans Hardouin, tom. IX. p. 1519.]

6733. * Statuta *Petri & Galteri*, Senonensium Archiepiscoporum : *Parisiis*, 1578, *in-8*.

☞ Ces Ordonnances se trouvent encore dans la Collection des Statuts que Margarin de la Bigne publia en 1578, ci-devant, N.° 6661.]

6734. Ordinationes Synodales, editæ à Stephano DE PONCHIER, anno 1524 : *Parisiis*, Chevalon, 1524, *in-4*.

Aliæ, anno 1528 [ab Antonio A PRATO, Senonensi Archiepiscopo, necnon Albigensi Episcopo Franciæ, Cancellario] : *Parisiis*, Colinæi, 1529 : *Trecis*, Pâris, 1546, *in-8*.

Ces mêmes Réglemens sont imprimés dans l'Edition du Louvre, tom. XXXIV. pag. 607.

6735. Ordinationes Synodales, publicatæ à Ludovico Cardinale A BORBONIO, anno 1554 : *Senonis*, de la Mare, 1554, *in-8*.

6736. ☞ Synode de Sens de 1558.

Voyez Catalogue de Colbert.]

Aliæ [Ordinationes] anno 1612.

Ces Réglemens sont imprimés dans Odespunc, p. 623. Labbe, tom. XV. pag. 1628.

☞ Eædem, sub (falso) nomine Concilii.

On les trouve dans Hardouin, tom. XI. pag. 57. Ses Censeurs ont observé (pag. 78, in-4.) qu'il n'auroit pas dû donner à cette Assemblée Provinciale, comme elle s'est appellée (*Congregatio Provincialis*) le nom de Concile, dont elle n'a point eu la forme ; & qu'il falloit marquer les erreurs attribuées à Richer, dont le petit Ouvrage y fut condamné.]

6737. Statuts Synodaux publiés dans le Synode tenu en 1658 ; par Henri DE GONDRIN : *Sens*, Prussurot [1659, *in-8*. Seconde édition] 1665, *in-12*.

Cet Archevêque est mort en 1675.

Tome I.

6738. ☞ Statuts Synodaux de Sens, de 1678.

Voyez Thiers, Traité des *Porches des Eglises*, pag. 63.]

Statuts Synodaux du Diocèse de Sens [revus, augmentés & publiés par Hardouin FORTIN DE LA HOGUETTE, dans le Synode de 1692 : *Sens*, Prussurot, 1693, *in-8*.

6739. Concilium *Silvanectense*, anno 863.

Ce Concile de Senlis est imprimé dans Sirmond, tom. III. pag. 202. Edition du Louvre, tom. XXII. pag. 863. Labbe, tom. VIII. pag. 761.

Aliud, anno 873.

Celui de 873 est imprimé dans Sirmond, tom. III. p. 407. Edition du Louvre, tom. XXIV. p. 385. Labbe, tom. IX. p. 257.

☞ Dans Hardouin, tom. VI. part. 1, p. 143.]

Aliud, anno 990.

Celui de 990 est imprimé dans l'Edition du Louvre, tom. XXV. p. 213. Labbe, tom. IX. p. 736.

☞ Aliud, anno 1235.

Il se trouve dans Hardouin, tom. VII. pag. 261. Ses Censeurs ont observé qu'il auroit dû y joindre quelque Note.]

Aliud, anno 1240.

Celui de 1240 est imprimé dans Labbe, tom. XI. pag. 571.

☞ Dans Hardouin, tom. VII. pag. 329.]

Aliud, anno 1315 [vel 1316.]

Ce Concile est imprimé dans Labbe, tom. XI. pag. 1623.

☞ Dans Hardouin, tom. VII. p. 1397.]

Aliud, anno 1318.

Celui de 1318 est imprimé dans Labbe, tom. XI. pag. 1625.

☞ Dans Hardouin, tom. VII. p. 1403.]

Aliud, anno 1326.

Celui de 1326 est imprimé dans Labbe, tom. XI. pag. 1768.

☞ Dans Hardouin, tom. VII. p. 1531.]

6740. Statuta Synodalia Diœcesis Sylvanectensis, à Francisco Cardinali DE LA ROCHEFOUCAULT publicata, anno 1620 : *Parisiis*, Antonii Stephani, 1621, *in-8*.

6741. ☞ Statuts Synodaux du Diocèse de *Sisteron*, publiés par Louis THOMASSIN : *Aix*, Adibert, 1711, *in-8*.]

6742. Concilium *Sparnacense*, anno 847.

Ce Concile d'Epernay-sur-Marne [au Diocèse de Reims] est imprimé dans l'Edition du Louvre, t. XXI. pag. 517. Labbe, tom. VII. pag. 1852.

☞ Dans Hardouin, tom. IV. p. 1505.]

6743. Concilium *Stampense*, anno 1092.

Ce Concile d'Estampes [au Diocèse de Sens] est imprimé dans Labbe, tom. X. p. 490.

☞ Dans Hardouin, tom. VI. part. 2, pag. 1701.]

Aliud, anno 1099.

Celui de 1099 est imprimé dans Labbe, tom. X. pag. 716.

☞ Dans Hardouin, tom. VI. part. 2, p. 1853.]

Lll

Aliud fictitium, anno 1112.

Celui de 1112 est imprimé dans Labbe, tom. X. pag. 792.

Aliud, anno 1130.

Celui de 1130 est imprimé dans l'Edition du Louvre, tom. XXVII. p. 102. Labbe, tom. X. p. 971.

☞ Dans Hardouin, tom. VI. part. 2, p. 1181.]

Conventus, anno 1147.

Cette Assemblée de 1147, est imprimée dans Labbe, tom. X. pag. 1104.

☞ Dans Hardouin, tom. VI. part. 2, p. 1297.]

6744. Concilium *Stramiacense*, anno 836.

Ce Concile de Crémieu, au Diocèse de Lyon, est imprimé dans l'Edition du Louvre, tom. XXI. p. 396. Labbe, tom. VII. p. 1768.

☞ Dans Hardouin, tom. IV. p. 1447.]

6745. Concilium *Suessionense* I. anno 744.

Ce Concile de Soissons est imprimé dans Sirmond, tom. I. pag. 543. Edition du Louvre, tom. VIII. p. 432. Labbe, tom VI. pag. 1552.

☞ Dans Hardouin, tom. III. p. 1931.]

Aliud, anno circiter 851.

Ce Concile d'environ l'an 851 est imprimé dans de la Lande, pag. 160. Labbe, tom. VIII. pag. 1933.

☞ Dans Hardouin, tom. V. p. 37.]

Concilium II. anno 853.

Celui de 853 est imprimé dans Sirmond, tom. III. pag. 71, 80. Edition du Louvre, tom. XXI. pag. 636. Labbe, tom. VIII. pag. 79.

☞ Dans Hardouin, tom. V. p. 41.]

Aliud, anno 858.

Celui de 858 est imprimé dans de la Lande, p. 154. Labbe, tom. VIII. p. 1935.

☞ Dans Hardouin, tom. V. p. 463.]

Aliud, anno 861.

Celui de 861 est imprimé dans de la Lande, p. 166. Labbe, tom. VIII. pag. 736.

Alia duo, anno 862.

Ceux de 862 sont imprimés dans de la Lande, p. 170. Labbe, tom. VIII. pag. 1936.

☞ Dans Hardouin, tom. V. p. 559.]

Concilium III. anno 866.

Celui de 866 est imprimé dans Sirmond, tom. III. pag. 280. Edition du Louvre, tom. XXII. pag. 866. Labbe, tom. VIII. pag. 808.

☞ Dans Hardouin, tom. V. p. 599.]

Aliud, anno 941.

Celui de 941 est imprimé dans Sirmond, tom. III pag. 581. Edition du Louvre, tom. XXV. pag. 52. Labbe, tom. IX. pag. 606.

☞ Dans Hardouin, tom. VI. part. 1, p. 587.]

Aliud, anno 1078.

Celui de 1078 est imprimé dans Martenne, tom. IV. de son nouveau Trésor des Pièces anecdotes, pag. 99.

Aliud, anno 1092.

Celui de 1092 est imprimé dans Labbe, tom. X. pag. 484.

☞ Dans Hardouin, tom. VI. part. 2, pag. 1695.]

Aliud, anno 1115.

Celui de 1115 est imprimé dans Labbe, tom. X. pag. 801.

☞ Dans Hardouin, tom. VI. part. 2, p. 1929.]

Aliud, anno 1120.

Celui de 1120 est imprimé dans Labbe, tom. X. pag. 885.

☞ Dans Hardouin, tom. VI. part. 2, p. 1103.]

Aliud, anno 1136.

Celui de 1136 est imprimé dans l'Edition du Louvre, tom. XXVII. pag. 116.

Aliud, anno 1155.

Celui de 1155 est imprimé dans Labbe, tom. X. pag. 1175.

☞ Dans Hardouin, tom. VI. part. 2, pag. 1365.]

Aliud, anno 1201.

Celui de 1201 est imprimé dans Labbe, tom. XI. pag. 22.

☞ Dans Hardouin, tom. VI. part. 2, p. 1963.]

Aliud, anno 1456.

Celui de 1456 est imprimé dans Labbe, tom. XIII. pag. 1396.

☞ Dans Hardouin, tom. IX. p. 1381.]

6746. Statuta Synodalia [Suessionensis Diœcesis] sancita à Symphoriano DE BULLIOUD: *Parisiis*, Chaudiere, 1532, in-4. & in-8.

Cet Evêque est mort en 1533.

6747. Statuta Synodalia sancita per Carolum RUCYENSEM (DE ROUCY) : *Suessione*, 1561, in-4.

Cet Evêque est mort en 1585.

6748. * Statuts Synodaux du Diocèse de Soissons ; [publiés par M. DE BOURLON]: *Paris*, 1673, in-12.]

6749. ☞ Statuts Synodaux de M. DE SILLERY, en 1700, imprimés avec les précédens, par ordre de Jean-Joseph LANGUET DE GERGY: *Soissons*, 1730, in-12.]

T

6750. * Ordonnances Synodales du Diocèse de *Tarbes*, imprimées par l'ordre de François DE POUDENX, publiées dans son Synode le 24 Novembre 1705 : *Toulouse*, Robert, 1707, in-12.]

☞ Cet Evêque est mort en 1716.]

6751. Concilium *Tauriacense*, anno 843.

Ce Concile, tenu dans le Diocèse d'Auxerre, est imprimé dans de la Lande, pag. 142. Labbe, tom. VII. pag. 1781.

6752. ☞ Capitulare apud *Theodonis Villam* [Thionville] anno circiter 805.

Ce Capitulaire, résultat d'une Assemblée Ecclésiastique & Politique, est imprimé dans Hardouin, tom. IV. pag. 962.]

6753. Concilium apud Theodonis Villam, anno circiter 821.

Ce Concile de Thionville est imprimé dans l'Edition du Louvre, tom. XXI. pag. 46. Labbe, tom. VII. pag. 1519.

☞ Dans Hardouin, tom. IV. p. 1237.]

Aliud, anno 835.

Celui de 835 est imprimé dans Sirmond, tom. II. pag. 567. Edition du Louvre, tom. XXI. pag. 291. Labbe, tom. VII. pag. 1695.

☞ Dans Hardouin, tom. IV. pag. 1385.]

Actes des Conciles & Synodes. 451

☞ Aliud, anno 844.
Celui de 844 est imprimé dans Hardouin, tom. IV. pag. 1465.]

Aliud, anno 1132.
Celui de 1132 est imprimé dans le tom. IV. du nouveau Trésor des Pièces anecdotes, publiées par D. Martenne, pag. 135.

6754. Concilium *Tolosanum*, anno 507.
Ce Concile de Toulouse est imprimé dans de la Lande, p. 47. Labbe, tom. IV. p. 1827.

6755. ☞ Dissertation où il est prouvé qu'il s'est tenu un grand Concile à Toulouse, l'an de J. C. 507; par Dom Jean LIRON, Bénédictin.
Voyez les Singularités historiques, tom. I. p. 295.]

Aliud, anno 829.
Celui de 829 est imprimé dans Labbe, tom. VII. pag. 1580.

Capitulare, anno 843 [vel 844.]
Ce Capitulaire est imprimé dans Sirmond, tom. III, pag. 1. Labbe, tom. VII. pag. 1780.
☞ Dans Hardouin, tom. IV. p. 1458.]

Concilium, anno 873.
Ce Concile de 873 est imprimé dans la Lande, pag. 301. Labbe, tom. IX. pag. 1235.

Conventus, anno circiter 1020.
Cette Assemblée d'environ l'an 1020 est imprimée dans Labbe, tom, IX. pag. 843, 1248.
☞ Dans Hardouin, tom. VI. part. 1, p. 825.]

Concilium, anno 1056.
Ce Concile de 1056 est imprimé dans l'Edition du Louvre, tom. XXV. pag. 571. Baluze, pag. 8. Labbe, tom. IX. p. 1084, 1254. Martenne, Thes. tom. IV. p. 89.
☞ Dans Hardouin, tom. VI. part. 1, p. 1043.]

Aliud, anno 1068.
Celui de 1068 est imprimé dans Labbe, tom. IX. pag. 1196.
☞ Dans Hardouin, tom. VI. part. 1, p. 1159.]

Aliud, anno 1089, aut 1090.
Ce Concile est imprimé dans l'Edition du Louvre, tom. XXVI. pag. 631. Labbe, tom. X. pag. 479.
☞ Dans Hardouin, tom. VI. part. 2, pag. 1691.]

Aliud, anno 1110.
Celui de 1110 est imprimé dans Labbe, tom. X. pag. 766.

Aliud, anno 1118.
Celui de 1118 est imprimé dans Labbe, tom. X. pag. 814.
☞ Dans Hardouin, tom. VI. part. 2, p. 1947.]

Aliud, anno 1119.
Celui de 1119 est imprimé dans le tom. VI. du Spicilège de Dom Luc d'Acheri, pag. 25. Labbe, tom. X. pag. 856.
☞ Dans Hardouin, tom. VI. part. 2, pag. 1977.]

Aliud, anno 1124.
Celui de 1124 est imprimé dans l'Edition du Louvre, tom. XXVII. pag. 51. Labbe, tom. X. p. 905.

Aliud, anno 1129.
Celui de 1129 est imprimé dans Labbe, tom. X. pag. 939.
☞ Dans Hardouin, tom. VI. part. 2, pag. 1149.]

Tome I.

Aliud, anno 1161.
Celui de 1161 est imprimé dans Labbe, tom. X. pag. 406.
☞ Dans Hardouin, tom. VI. part. 2, pag. 1585.]

Aliud, anno 1229.
Celui de 1229 est imprimé dans le tom. II. du Spicilège de Dom Luc d'Acheri, p. 621. Labbe, tom. XI. pag. 425.
☞ Dans Hardouin, tom. VII. p. 173.]

Aliud, anno 1319.
Celui de 1319 est imprimé dans Labbe, tom. XI. pag. 1680.
☞ Dans Hardouin, tom. VII. pag. 1453.]

6756. Statuta Synodalia [Diœcesis Tolosanæ] per Joannem D'ORLÉANS publicata : *Tolosæ*, 1531, in-4.

Concilium, anno 1590.
Ce Concile de 1590 est imprimé dans Labbe, tom. XV. pag. 378.
☞ Dans Hardouin, tom. X. pag. 1783.]

6757. ☞ Concilium Provinciale Tolosanum à Francisco DE JOYOSA, Cardinali, anno 1590 : *Tolosæ*, Colomezii, 1593, in-4.

Le même, en François : *Tolose*, Colomiez, 1597, in-8.]

6758. ☞ Les anciens Statuts Synodaux de la Cité & Diocèse de *Tolose*, publiés par François, Cardinal DE JOYEUSE, au Synode tenu en 1596, mis en François du commandement de Jean D'ORLÉANS, Archevêque : *Tolose*, Colomiez, 1597, in-8.]

6759. Jus Sacrum Ecclesiæ Tolosanæ, sive Constitutiones Synodales, ab anno 1452, editæ à Simone DE PEYRONNET, [Pastore Ecclesiæ Taurensis] : *Tolosæ*, Colomezii, 1669, in-8. 2 vol.

6760. Ordonnances Synodales faites par Joseph DE MONTPEZAT DE CARBON, dans le Synode tenu en 1677 : *Toulouse*, Colomiez, 1678, in-12.

6761. Ordonnances Synodales de Jean-Baptiste-Michel COLBERT, seconde édition : *Toulouse*, 1698, in-12.

6762. Statuta Synodi Diœcesanæ *Tornacensis*, anno 1509 & 1520 : in-4. [vieille édition.]

6763. Alia; per Gilbertum DOGNYES ordinata, anno 1568 : *Duaci*, 1568 : in-4.

Alia, anno 1589 : *Tornaci*, Laurentii, 1589, in-4.

Alia, anno 1600 : *Duaci*, Belleri, 1600, in-8.

Synodus Diœcesana ; per Maximilianum VILLANI A GANDAVO, anno 1643, celebrata : *Duaci*, Quinqué, 1643, in-8.

6764. ☞ Statuta Synodalia Diœcesis Tornacensis : Accedunt Vitæ Episcoporum Tornacensium : *Insulis*, 1726, in-8.]

6765. Ordonnances Synodales du Diocèse de *Toulon*; par Armand-Louis LE BONNIN DE CHALUCET : *Toulon*, 1704, in-12.

Lll 2

6766. Concilium *Trecense*, sive *Tricassinum* I. anno 867.

Ce Concile de Troyes en Champagne est imprimé dans Sirmond, tom. III. *pag.* 353. Edition du Louvre, tom. XXII. *pag.* 879. Labbe, tom. VIII. *pag.* 868.

☞ Dans Hardouin, tom. V. *pag.* 679.]

Concilium II. anno 878.

Celui de 878 est imprimé dans Sirmond, tom. III. *pag.* 453. Edition du Louvre, tom. XXIV. *pag.* 439. Labbe, tom. IX. *pag.* 306.

☞ Dans Hardouin, tom. VI. part. 1, *p.* 191.]

Aliud, anno 1104.

Celui de 1104 est imprimé dans l'Edition du Louvre, tom. XXVI. *p.* 750. Labbe, tom. X. *p.* 738.

☞ Dans Hardouin, tom. VI. part. 2, *p.* 1873.]

Aliud, anno 1107.

Celui de 1107 est imprimé dans l'Edition du Louvre, tom. XXVI. *p.* 764. Labbe, tom. X. *pag.* 754.

☞ Dans Hardouin, tom. VI. part. 2, *p.* 1887.]

Aliud, anno 1128.

Celui de 1128 est imprimé dans l'Edition du Louvre, tom. XXVII. *p.* 61. Labbe, tom. X. *p.* 922.

☞ Dans Hardouin, tom. VI. part. 2, *p.* 1131.]

Statuta Synodalia, ab anno circiter 1200, usque ad annum 1495.

Ces Statuts sont imprimés dans le tom. II. du nouveau Trésor des Pièces anecdotes publiées par Dom Martenne.

6767. ☞ Statuta Synodalia Trecensis Diœcesis sub Joanne DE BRACQUE & Joanne LESGUISIER: *Trecis*, 1530, *in*-4. gothique.]

6768. Nova Statuta Trecensia, anno 1427, sub Joanne Episcopo Trecensi : *in*-4.]

6769. ☞ Ms. Alia, anno 1499 : *in*-4.

Ce Manuscrit est dans la Bibliothèque du Séminaire de S. Sulpice.]

6770. Statuta Synodalia impressa ex ordinatione Odoardi HENNEQUIN; cum glossis seu apostillis JOANNIS COLETI, ejus Officialis : *Trecis*, le Coq, 1530, *in*-4.

Cet Evêque est mort en 1544.

6771. ☞ Statuts & Réglemens pour le Diocèse de Troyes; (par M. DE BRESLAY): *Troyes*, 1640, 1647, *in*-4.]

6772. ☞ Statuts Synodaux, Ordonnances & Réglemens pour le Diocèse de Troyes, imprimés par l'ordre de Denys-François LE BOUTHILLIER DE CHAVIGNY, Evêque : *Troyes*, Oudot, 1706, *in*-8.]

6773. Concilium *Trenorciense*, anno 944.

Ce Concile de Tournus, en Bourgogne, est imprimé dans Sirmond, tom. III. *pag.* 600. Edition du Louvre, tom. XXV. *pag.* 80. De la Lande, *pag.* 324. Labbe, tom. IX. *pag.* 617.

☞ Dans Hardouin, tom. VI. part. 1, *p.* 597.]

Aliud, anno 1115.

Celui de 1115 est imprimé dans Labbe, tom. X. *pag.* 803.

☞ Dans Hardouin, tom. VI. part. 2, *p.* 1931.]

Aliud, anno 1117.

Celui de 1117 est imprimé dans Labbe, tom. X. *pag.* 812.

☞ Dans Hardouin, tom. VI. part. 2, *p.* 1939.]

6774. Concilium *Trevirense*, anno 386.

Ce Concile de Trèves est imprimé dans Sirmond, tom. I. *p.* 23. Edition du Louvre, tom. III. *p.* 449. Maan, part. 2, *p.* 5. Labbe, tom. 2, *p.* 1035.

Aliud, anno 814.

Celui de 814 est imprimé dans Labbe, tom. VII. *pag.* 1304.

☞ Dans Hardouin, tom. IV, *p.* 1053.]

☞ Aliud, anno 948.

Celui de 948 est imprimé dans Labbe, tom. IX. *pag.* 632.]

Aliud, anno 1148.

Celui de 1148 est imprimé dans Labbe, tom. X. *pag.* 1128.

☞ Dans Hardouin, tom. VI. part. 2, *p.* 1317.]

Aliud, anno 1238.

Aliud, anno 1310.

Ces deux Conciles, l'un de 1238 & l'autre de 1310, sont imprimés dans le tom. IV. du nouveau Trésor des Pièces anecdotes, publiées par D. Martenne, *pag.* 183 & 235.

Aliud, anno 1448.

Celui de 1448 est imprimé dans Labbe, tom. XIV. *pag.* 606.

☞ Synodus, anno 1548.

Ce Synode est imprimé dans Hardouin, tom. IX. *pag.* 2061.]

☞ Concilium, anno 1549.

Ce Concile est imprimé dans Labbe, tom. XIV. *p.* 705. Hardouin, tom. IX. *p.* 2139.]

6775. Concilium *Trosleianum*, anno 909.

Ce Concile de Trosly, dans le Diocèse de Soissons, est imprimé dans Sirmond, tom. III. *pag.* 535. Edition du Louvre, tom. XXIV. *pag.* 716. Labbe, tom. IX. *pag.* 520.

☞ Dans Hardouin, tom. VI. part. 1, *p.* 503.]

Aliud, anno 921.

Celui de 921 est imprimé dans Sirmond, tom. III. *p.* 578. Edition du Louvre, tom. XXV. *p.* 20. Labbe, tom. IX. *p.* 579.

☞ Dans Hardouin, tom. VI. part. 1, *p.* 559.]

Aliud, anno 924.

Celui de 924 est imprimé dans Sirmond, tom. III. *pag.* 579. Edition du Louvre, tom. XXV. *p.* 20. Labbe, tom. IX. *p.* 581.

☞ Dans Hardouin, tom. VI. part. 1, *pag.* 561.]

Aliud, anno 927.

Celui de 927 est imprimé dans Sirmond, tom. III. *p.* 580. Edition du Louvre, tom. XXV. *p.* 21. Labbe, tom. IX. *p.* 582.

☞ Dans Hardouin, tom. VI. part. 1, *p.* 563.]

6776. Concilium *Tullense*, anno 550.

Ce Concile de Toul est imprimé dans Sirmond, tom. I. *p.* 250. Edition du Louvre, tom. II. *p.* 654. Labbe, tom. V. *p.* 404.

☞ Dans Hardouin, tom. II. *p.* 1453.]

Concilium I. apud Saponarias, anno 859.

Ce Concile de Savonières, proche de Toul, est imprimé dans Sirmond, tom. III. *pag.* 137. Edition du Louvre, tom. XXII. *pag.* 641. Labbe, tom. XXVIII. *pag.* 674.

☞ Dans Hardouin, tom. V. *pag.* 485.]

Actes des Conciles & Synodes.

Concilium II. apud *Tusiacum*, anno 860.

Ce Concile de Tousi, dans le Diocèse de Toul, est imprimé dans Sirmond, tom. III. *pag.* 160. Edition du Louvre, tom. XXII. *pag.* 684. De la Lande, *p.* 164. Labbe, tom. VIII. *p.* 702.

☞ Dans Hardouin, tom. V. *pag.* 507.]

Additamentum ad hoc Concilium.

Cette Addition est imprimée dans le tom. I. des Analectes de Dom Jean Mabillon, *pag.* 57.

6777. Statuta Synodalia Tullensis Diœcesis, Bertrandi DE LA TOUR, anno 1359.

Ces Statuts Synodaux sont imprimés dans l'Histoire généalogique de la Maison d'Auvergne; par Estienne BALUZE: *Paris*, 1708, *in-fol.*

☞ Dom Calmet assure dans son Histoire de Lorraine, que le Manuscrit original est dans les Archives de la Cathédrale de Toul.]

Statuta Synodalia; per Hugonem DE HAZARDIS innovata, reformata & aucta: *Parisiis*, 1515, *in-4.*

6778. Statuta Synodi Diœcesanæ Tullensis, ab Andrea DU SAUSSAY, celebratæ, anno 1658: *Tulli Leucorum*, Petin, 1658, *in-8.*

6779. ☞ Statuts du Synode de Toul publiés en 1678; par Jacques DE FIEUX: *Toul*, 1678, *in-8.*]

6780. ☞ Statuts Synodaux de Jacques DE FIEUX, Evêque de Toul, avec les Ordonnances Synodales de MM. Henri DE THIARD DE BISSY & François BLOVET DE CAMILLY, ses successeurs: *Toul*, Laurent, 1712, *in-8.*

☞ Autres, en 1724, *in-8.*]

6781. ☞ Réglement pour les Ecclésiastiques du Diocèse de *Tulles*; par Jean DE GENOILLAC: *Tulles*, Alvitre, 1623, *in-16.*

Cet Evêque est mort en 1652.]

6782. ☞ Statuts & Réglemens du Diocèse de *Tulles*, revus & augmentés, par Humbert ANCELIN, publiés dans le Synode de 1691: *Tulles*, Dalvy, 1692, *in-12.*

M. Ancelin a donné sa démission en 1702.]

6783. Concilium *Turonense* I. anno 461.

Ce Concile de Tours est imprimé dans Sirmond, tom. I. *pag.* 123. Edition du Louvre, tom. IX. *p.* 483. Maan, part. 2, *pag.* 7. Labbe, tom. IV. 1049.

☞ Dans Hardouin, tom. II. 793. Ses Censeurs font une remarque (*pag.* 19, *in-4.*) sur sa leçon par rapport au Canon II. de ce Concile.]

Concilium II. anno 567.

Celui de 567 est imprimé dans Sirmond, tom. I. *pag.* 329. Edition du Louvre, tom. XII. *pag.* 590. De la Lande, *pag.* 18. Maan, part. 2, *pag.* 18. Labbe, tom. V. *pag.* 851.

☞ Dans Hardouin, tom. III. *p.* 355.]

Aliud, anno 800.

Celui de 800 est imprimé dans de la Lande, *pag.* 91. Labbe, tom. VII. *pag.* 1862.

Concilium III. anno 813.

Celui de 813 est imprimé dans Sirmond, tom. II. *pag.* 284. Edition du Louvre, tom. XX. *pag.* 371.

De la Lande, *pag.* 103. Maan, part. 2, *p.* 28. Labbe, tom. VII. *pag.* 1259.

☞ Dans Hardouin, tom. IV. *p.* 1021.]

Concilium IV. seu potiùs Parisiense, anno 849.

Celui de 849 est imprimé dans Sirmond, tom. III. *pag.* 69. Edition du Louvre, tom. XXI. *pag.* 605. Maan, part. 2, *pag.* 89. Labbe, tom. VIII. *pag.* 58.

☞ Dans Hardouin, tom. V. *p.* 19.]

Aliud, anno 912.

Celui de 912 est imprimé dans Labbe, tom. IX. *pag.* 569.

☞ Dans Hardouin, tom. VI. part. 1, *p.* 549.]

Aliud, anno 925.

Celui de 925 est imprimé dans Martenne, tom. I. de sa Collection des anciens Ecrivains, *pag.* 223, & au tom. IV. de son nouveau Trésor des Pièces anecdotes, *pag.* 71.

☞ Dans Hardouin, tom. VI. part. 1, *pag.* 563.]

Aliud, anno 1055.

Celui de 1055 est imprimé dans l'Edition du Louvre, tom. XXV. *pag.* 569. Labbe, tom. IX. *p.* 1081.

☞ Dans Hardouin, tom. VI. part. 1, *p.* 1041.]

Aliud, anno 1060.

Celui de 1060 est imprimé dans Labbe, tom. IX. *pag.* 1108.

☞ Dans Hardouin, tom. VI. part. 1, *p.* 1071.]

Aliud, anno 1096.

Celui de 1096 est imprimé dans l'Edition du Louvre, tom. XXVI. *pag.* 680.

☞ Dans Labbe, tom. X. *pag.* 601, & dans Hardouin, tom. VI. part. 2, *pag.* 1745.]

Aliud, anno 1163.

Celui de 1163 est imprimé dans l'Edition du Louvre, tom. XXVII. *pag.* 352. Maan, part. 2, *pag.* 48. Labbe, tom. X. *pag.* 1411, 1838. Baluze, tom. VII. de ses Mélanges, *pag.* 84.

☞ Dans Hardouin, tom. VI. part. 2, *p.* 1589.]

Addenda ad Concilium, anni 1163.

Cette Addition est dans Martenne, au tom. IV. de son nouveau Trésor des Pièces anecdotes, *pag.* 143.

Aliud, anno 1236.

Celui de 1236 est imprimé dans Maan, part. 2, *pag.* 54. Labbe, tom. XI. *pag.* 503.

☞ Dans Hardouin, tom. VII. *p.* 263.]

Aliud, anno 1239.

Celui de 1239 est imprimé dans Maan, part. 2, *pag.* 57. Labbe, tom. XI. *pag.* 565.

☞ Dans Hardouin, tom. VII. *p.* 323.]

Aliud, anno 1282.

Celui de 1282 est imprimé dans Labbe, tom. XI. *pag.* 1183.

☞ Dans Hardouin, tom. VII. *p.* 885.]

Aliud, seu Salmuriense, anno 1315.

Celui de 1315 est imprimé dans Labbe, tom. XI. *pag.* 1617.

☞ Dans Hardouin, tom. VII. *p.* 1391.]

Aliud, anno 1448.

Celui de 1448 est imprimé dans l'Edition du Louvre, tom. XXXIV. *pag.* 3. Labbe, tom. XIII. *p.* 1350.

☞ Dans Hardouin, tom. IX. *pag.* 1339.]

Aliud, anno 1510.

Celui de 1510 est imprimé dans l'Edition du Louvre, tom. XXXIV. *p.* 66. Labbe, tom. XIII. *p.* 1481.

☞ Dans Hardouin, tom. IX. *pag.* 1555. Ses Censeurs ont observé (*pag.* 68, *in*-4.) qu'il ne devoit pas traiter ce Concile de *Conciliabule*, qu'il devoit en rapporter les Actes en la forme & les caractères convenables, & qu'il falloit supprimer la Note de Bini, & l'Addition de Bail.]

Aliud, anno 1512.

Aliud, anno 1583.

Ces deux Conciles de 1512 & 1583 sont imprimés dans Maan, part. 2, *pag.* 117 & 125.

☞ Dans Hardouin, tom. X. *pag.* 1361. Ses Censeurs ont observé (*pag.* 76, *in*-4.) que par rapport au Concile de 1583, qui fut tenu en partie à Angers, il devoit y joindre quelques Notes.]

✶ Statuta Synodalia, anni 1532.

Voyez Thiers, *De stola, pag.* 270.]

6784. Decreta Synodi (seu Concilii) Provincialis, anni 1583 : *Parisiis*, Beys, 1585, *in*-8.

Le même Concile est imprimé dans Odespunc, *pag.* 330. Maan, part. 2, *pag.* 150. Labbe, tom. XV. *pag.* 1001.]

Le même, traduit par Simon GALLANT : *Paris*, Beys, 1585, *in*-8.

6785. ☞ Ms. Traité des Conciles de la Métropole de Tours ; par M. Nicolas TRAVERS.

La Ville de Nantes a acheté ce Manuscrit des héritiers de M. Travers : elle l'a fait relier en cinq volumes *in*-fol. & l'a mis dans ses Archives.]

6786. ☞ Statuts Synodaux de Tours, en 1537.

Voyez Thiers, *De stola, pag.* 270.

6787. Ordonnances faites par Victor BOUTHILLIER, en 1640 : *Paris*, 1640, *in*-8.

6788. ☞ Casus antiqui reservati in Diœcesi Turonensi, à Victore LE BOUTHILLIER recogniti, castigati & confirmati in Synodo Diœcesana, anno 1647, cum brevi ipsorum elucidatione : *Turone*, Poinsot, 1648, *in*-4.]

6789. ☞ Ordonnances de M. l'Archevêque de Tours, faites & publiées au Synode tenu le 7 Novembre 1674 : *Tours*, Poinsot, 1674, *in*-12.

☞ Autres, en 1681, *in*-12.]

V

6790. Concilium *Valentinianense*, anno 771.

Ce Concile de Valenciennes est imprimé dans Sirmond, tom. II. *p.* 72. Edition du Louvre, tom. XVII. *pag.* 679. Labbe, tom. VI. *pag.* 1726.

☞ Dans Hardouin, tom. III. *p.* 2017.]

6791. Concilium *Valentinum* I. anno 374.

Ce premier Concile de Valence est imprimé dans Sirmond, tom. I. *p.* 18. Edition du Louvre, tom. III. *p.* 309. Labbe, tom. II. *p.* 904.

☞ Dans Hardouin, tom. I. *p.* 795.]

Aliud, anno 419.

Celui de 419 est imprimé dans de la Lande, *p.* 20.

Aliud, anno 529.

Celui de 529 est imprimé dans de la Lande, *p.* 49. Labbe, tom. IV. *p.* 1678.

☞ Dans Hardouin, tom. II. *pag.* 1103.]

Concilium II. anno 584.

Celui de 584 est imprimé dans Sirmond, tom. I. *pag.* 379. Labbe, tom. V. *p.* 976.

☞ Dans Hardouin, tom. III. *p.* 457.]

Concilium III. anno 855.

Celui de 855 est imprimé dans Sirmond, tom. III. *p.* 95. Edition du Louvre, tom. XXI. *p.* 678. Labbe, tom. VIII. *p.* 133.

☞ Dans Hardouin, tom. V. *p.* 87.]

Aliud, anno 890.

Celui de 890 est imprimé dans Sirmond, tom. III. *pag.* 529. Edition du Louvre, tom. XXIV. *pag.* 609. Labbe, tom. IX. *pag.* 424.

☞ Dans Hardouin, tom. VI. part. 1. *p.* 411.]

Aliud, anno 1100.

Celui de 1100 est imprimé dans Labbe, tom. X. *pag.* 717.

☞ Dans Hardouin, tom. VI. part. 2, *p.* 1853.]

Aliud, anno 1248.

Celui de 1248 est imprimé dans Labbe, tom. XI. *pag.* 696.

☞ Dans Hardouin, tom. VII. *p.* 423.]

6792. ☞ Reformatio Cleri Valentini & Diensis, per Joan. MONLUCIUM : *Parisiis*, 1558, *in* 8.]

6793. Concilium *Valliscoloris*, anno 1124.

Ce Concile de Vauxcouleurs, en Champagne, est imprimé dans Labbe, tom. IX. *pag.* 290.

☞ Dans Hardouin, tom. VII. *p.* 133.]

6794. Concilium apud *Vallem Guidonis*, anno 1242.

Ce Concile de Laval, dans le Maine, est imprimé dans Maan, part. 2, *pag.* 58. Labbe, tom. XI. *p.* 590.

6795. Placitum *Varrenis*, anno 889.

Cette Assemblée de Varennes, dans l'ancien Royaume d'Arles, est imprimée dans de la Lande, *pag.* 308. Labbe, tom. IX. *pag.* 423.

☞ Dans Hardouin, tom. VI. part. 1, *p.* 411.]

6796. Concilium *Vasense* I. anno 442.

Ce Concile de Vaison est imprimé dans Sirmond, tom. I. *pag.* 76. Edition du Louvre, tom. VII, *p.* 284. Labbe, tom. III. *pag.* 1458.

☞ Dans Hardouin, tom. I. *pag.* 1784.]

Aliud, incerti temporis.

Ce Concile sans date est imprimé dans l'Edition du Louvre, tom. III. *p.* 11. Labbe, tom. III. *p.* 1456.

Concilium II. anno 529.

Celui de 529 est imprimé dans Sirmond, tom. I. *pag.* 225. Labbe, tom. IV. *pag.* 1679.

☞ Dans Hardouin, tom. II. *p.* 1105.]

6797. ☞ Antiqua Decreta Synodalia *Vasatensis* Diœcesis, de mandato illustrissimi ac Reverendissimi : D. D. Cardinalis DE ALBRETO, Episcopi Vasatensis, redacta & promulgata : *Regulæ* (la Réole) Johannes Maurus, 1500, *in*-4.]

Actes des Conciles & Synodes.

☞ Antiquæ Constitutiones Synodales Vasatensis Diœcesis, per Illustrissimum ac Reverendissimum D. Cardinalem d'Albreto, Episcopum Vasatensem, in ordinem redactæ : Millangius, 1584, *in*-8.

Ce sont les mêmes Décrets & les mêmes Constitutions Synodales. On trouve cependant dans cette Edition en plus petit format & caractère, deux nouvelles Constitutions faites par le même Cardinal, depuis l'Edition de la Réole, & pour lesquelles, après de vives contestations au Parlement de Bordeaux, & devant le Métropolitain, il fut obligé de souscrire à une transaction en faveur de son Chapitre & de son Clergé, devant un Commissaire, nommé, du consentement de toutes les Parties, par M. l'Archevêque d'Ausch.]

6798. ☞ Constitutiones promulgatæ à Reverendissimo D. Arnaldo DE PONTAC, Vasatensi Episcopo, in Synodo habitâ apud Montem-Securum, pridie Calendas Maii 1579 : *Bordeaux*, Millanges, 1580, *in*-12.

Ces nouvelles Constitutions Synodales, & quelques Ordonnances en François de ce sçavant Prélat, se trouvent aussi imprimées à la fin des anciennes Constitutions du Cardinal d'Albret, réimprimées chez le même Millanges en 1584.]

6799. Concilium *Vaurense*, anno 1213.

Ce Concile de Lavaur est imprimé dans l'Edition du Louvre, tom. XXVIII. *pag.* 110. Labbe, tom. XI. *pag.* 81.

☞ Dans Hardouin, tom. VI. part. 2, *pag.* 2019.]

Aliud, anno 1368.

Celui de 1368 est imprimé dans Baluze, *pag.* 112. Labbe, tom. XI. *pag.* 1957.

☞ Dans Hardouin, tom. VII. *p.* 1793.]

6800. Ordonnances & Instructions Synodales d'Antoine GODEAU, Evêque de *Vence* : *Paris*, Camusat, 1644, *in*-8.

☞ Les mêmes : *Paris*, le Petit, 1648, 1660, *in*-12.

Ce Prélat est mort en 1672.]

Ordonnances & Instructions Synodales; par Antoine GODEAU, Evêque de Grasse & de Vence : *Lyon*, Valfray, 1683, *in*-12.]

6801. Concilium *Veneticum*, anno 465.

Ce Concile de Vannes est imprimé dans Sirmond, tom. I. *pag.* 37. Edition du Louvre, tom. IX. *p.* 490. Maan, part. 2, *pag.* 465. Labbe, tom. IV. *p.* 1054.

☞ Dans Hardouin, tom. II. *p.* 795.]

Aliud, anno 818.

Celui de 818 est imprimé dans de la Lande, *p.* 106.

Conciliabulum, anno 846.

Ce Conciliabule de 846 est imprimé dans de la Lande, *pag.* 145. Labbe, tom. VII. *pag.* 1874.]

6802. ☞ Extrait des Ordonnances (de *Vannes*) & Réglemens des cours de Visites de Sébastien DE ROSMADEC : *Vannes*, Moricet, 1642, *in*-8.]

6803. ☞ Ordonnances & Statuts publiés dans le Synode tenu à Vannes le 4 Juin 1648 : (*Vannes*) *in*-8.]

6804. ☞ Ordonnances Synodales du Diocèse de Vannes : *Vannes*, 1693, *in*-12.]

6805. Concilium *Vermeriense* I. anno 735 [vel 752].

Ce Concile de Verberie, en Valois, est imprimé dans Sirmond, tom. II. *pag.* 1. Edition du Louvre, tom. XXI. *pag.* 583. Labbe, tom. VI. *p.* 1656.

☞ Dans Hardouin, tom. III. *p.* 1989.]

Concilium II. anno 853.

Celui de 853 est imprimé dans Sirmond, tom. III. *pag.* 91. Edition du Louvre, tom. XXI. *p.* 667. Labbe, tom. VIII. *pag.* 99.

☞ Dans Hardouin, tom. V. *pag.* 59.]

Aliud, anno 863.

Celui de 863 est imprimé dans de la Lande, *p.* 175. Labbe, tom. VIII. *pag.* 1938.

☞ Dans Hardouin, tom. V. *p.* 559.]

Aliud, anno 869.

Celui de 869 est imprimé dans Sirmond, tom. III. *pag.* 374. Edition du Louvre, tom. XXIII. *pag.* 775. De la Lande, *pag.* 186. Labbe, tom. VIII. *p.* 1527.]

☞ Dans Hardouin, tom. V. *p.* 1211.]

6806. Concilium *Vernense* I. anno 755.

Ce Concile de Vernon [ou de Vern, entre Paris & Compiègne] est dans Sirmond, tom. II. *p.* 27. Edition du Louvre, tom. XVII. *pag.* 394. Labbe, tom. VI. *pag.* 1661.

☞ Dans Hardouin, tom. III. *p.* 1994.] M. l'Abbé Lebeuf a prétendu que ce Concile s'étoit tenu à Vern, Château Royal, (*Voyez* ci-devant, N.° 519) & les Sçavans ont goûté ses raisons.]

Concilium II. anno 844.

Ce Concile de 844 est imprimé dans Sirmond, tom. III. *p.* 17. Edition du Louvre, tom. XXI. *p.* 445. Labbe, tom. VII. *pag.* 1805.

☞ Dans Hardouin, tom. IV. *pag.* 1469.]

6807. ☞ Conventus inter Vernonium & Andeliacum, anno 1199.

Cette Assemblée est imprimée dans Bessin, part. 1, *pag.* 102.]

6808. ☞ Concilium Vernonense, anno 1422.

Ce Concile est rapporté dans Bessin, *pag.* 183.]

6809. Concilium *Vesuntionense*, anno 444.

Ce Concile de Besançon est imprimé dans Labbe, tom. III. *pag.* 1461.

Statuta, edita auctoritate Claudii A BAUMA : *Lugduni*, Rovilii, 1575, *in*-4.

Statuta, ab anno 1480, ad annum 1680, auctoritate Antonii Petri DE GRAMMONT : *Vesuntione*, 1680, *in*-4.

Alia, publicata ab anno 1480, ad annum 1707, auctoritate Francisci Josephi DE GRAMMONT : *Vesuntione*, 1707, *in*-8.

6810. Concilium *Viennense*, anno 474 [vel 475.]

Ce Concile de Vienne, en Dauphiné, est imprimé dans l'Edition du Louvre, tom. IX. *pag.* 543. Labbe, tom. IV. *pag.* 1040.

☞ Les Censeurs du Père Hardouin (*pag.* 23, *in*-4.) ont observé qu'il n'auroit pas dû omettre ce Concile tenu par S. Mamert; & ils renvoyent au *Chronicon Cameracense*, *pag.* 8, publié par Georges Colvenerius : *Duaci*, 1655, *in*-8.]

Aliud, anno 892.

Celui de 892 est imprimé dans Sirmond, tom. III. *pag.* 530. Edition du Louvre, tom. XXIV. *pag.* 620. Labbe, tom. IX. *pag.* 423.

☞ Dans Hardouin, tom. VI. part. 1, *pag.* 429.]

Aliud, anno 907.

Celui de 907 est imprimé dans le tom. XIII. du Spicilège de Dom Luc d'Acheri, *pag.* 267.

☞ Dans Hardouin, tom. VI. part. 1, *pag.* 501.]

Aliud, sub Leodegario Archiepiscopo, circa annum 1044.

Ce Concile est imprimé dans le Trésor de D. Martenne, tom. IV. *pag.* 81.

Aliud, anno 1060.

Celui de 1060 est imprimé dans le tom. I. du Recueil d'anciens Actes, publiés par Dom Martenne, *p.* 224, & au tom. IV. de son Trésor des Pièces anecdotes, *pag.* 93.

☞ Dans Hardouin, tom. VI. part. 1, *pag.* 1073.]

Aliud, anno 1113 [vel 1112.]

Ce Concile est imprimé dans l'Edition du Louvre, tom. XXVI. *pag.* 791. Labbe, tom. X. *pag.* 784.

☞ Dans Hardouin, tom. VI. part. 2, *p.* 1913.]

Aliud, anno 1119.

Celui de 1119 est imprimé dans l'Edition du Louvre, tom. XXVIII. *pag.* 16. Labbe, tom. X. *p.* 825.

☞ Dans Hardouin, tom. VI. part. 2, *p.* 1949.]

Aliud, anno 1124.

Celui de 1124 est imprimé dans Labbe, tom. X. *pag.* 908, & dans Martenne, au tom. IV. de son nouveau Trésor des Pièces anecdotes, *pag.* 135.

Aliud, anno 1199.

Celui de 1199 est imprimé dans Labbe, tom. XI. *p.* 11.

☞ Dans Hardouin, tom. VI. part. 2, *p.* 1955.]

Aliud, anno 1267.

Celui de 1267 est imprimé dans l'Edition du Louvre, tom. XXVIII. *pag.* 497.

☞ Dans Hardouin, tom. VII. *pag.* 579.]

Aliud, anno 1289.

Celui de 1289 est imprimé dans Labbe, tom. XI. *pag.* 1353.

☞ Dans Hardouin, tom. VII. *pag.* 1159.]

Concilium Œcumenicum, anno 1311.

Ce Concile Œcuménique est imprimé dans l'Edition du Louvre, tom. XXVII. *pag.* 701. Labbe tom. XI. *pag.* 1537.

☞ Dans Hardouin, tom. VII. *p.* 1321.

Ce fut pour ce Concile que Guillaume DURAND, Evêque de Mende, qui y assista, avoit composé son Traité *De modo celebrandi Concilii*. Il fut imprimé pour la première fois à Paris en 1545, *in*-8. par les soins de Philippe Probus, Jurisconsulte de Bourges, qui le dédia au Pape Paul III. & aux Evêques qui dévoient assister au Concile de Trente, comme très-utile à ceux qui vouloient travailler à la réforme des mœurs des Chrétiens. Il a depuis été encore imprimé à Paris en 1635, & enfin en 1671, à la tête d'un Recueil de plusieurs Ouvrages de même nature, *in*-8. publié par M. Faure, Docteur en Théologie.]

Statuta Synodalia Concilii Viennensis, anno 1478: *in*-4. [vieille édition.]

Statuta Synodalia Concilii Viennensis, à Petro PALMIER edita, anno 1530: *Lugduni*, de Harsy, 1530, *in*-4.

☞ Ils se trouvent encore avec ceux de 1561, ci-après.]

Concilium, anno 1557.

Ce Concile de 1557 est imprimé dans le tom. II. du nouveau Trésor des Pièces anecdotes, publiées par Dom Martenne, *pag.* 447.

6811. ☞ Statuta Synodalia Viennensia edita sub Joanne DE LA BROSSE, anno 1561.

On les trouve avec ceux de 1530, *pag.* 734-746, de l'*Histoire de la Sainte Eglise de Vienne*, par C. CHARVET: Lyon, 1761, *in*-4.]

6812. Conventus *Vindocinensis*, anno 1040.

Cette Assemblée, tenue à Vendôme, est imprimée dans Labbe, tom. IX. *pag.* 938.

☞ Dans Hardouin, tom. VI. part. 1, *pag.* 917.]

6813. Concilium *Virdunense*, anno 947.

Ce Concile de Verdun est imprimé dans Sirmond, tom. III. *pag.* 583. Edition du Louvre, tom. XXV. *pag.* 70. Labbe, tom. IX. *pag.* 622.

☞ Dans Hardouin, tom. VI. part. 1, *pag.* 603.]

6814. ☞ Prima Synodus Virdunensis, à Carolo A LOTHARINGIA, Virduni habita, anno 1616: *Virduni*, Wapydicti, 1616, *in*-8.]

6815. * ☞ Statuts Synodaux de Verdun, publiés par M. DE MOUCHY HOQUINCOURT, en 1678: *Verdun*, *in*-12.]

6816. ☞ Statuts généraux publiés au Synode tenu par Charles-François D'HALENCOURT: *Verdun*, Fanart, 1750, *in*-4.]

6817. ☞ Recueil des Ordonnances du Diocèse de *Viviers*, renouvellées & confirmées par François Reynaud DE VILLENEUVE, publiées au Synode tenu à Viviers le 20 Octobre 1734: *Bourg S. Andéol*, Chappuy, *in*-12.]

6818. Concilium *Vizeliacense*, anno 1146.

Ce Concile de Vezelay, en Nivernois, est imprimé dans l'Edition du Louvre, tom. XXVII. *pag.* 181, Labbe, tom. X. *pag.* 1100.

☞ Dans Hardouin, tom. VI. part. 2, *pag.* 1293.]

6819. Concilium *Ultrajectense*, anno 697, aut 719.

Ce Concile d'Utrecht est imprimé dans l'Edition du Louvre, tom. XVII. *p.* 210. Labbe, tom. VI. *p.* 1879.

☞ Dans Hardouin, il est seulement marqué à l'Index du tome III: La date de 697 ne peut convenir, puisque ce Concile ne fut tenu qu'après la mort de Radbod, arrivée selon Sigebert en 719.]

6820. Concilium *Volvicense*, anno 761.

Ce Concile, tenu dans le Territoire de Riom, est imprimé dans de la Lande, *pag.* 80. Labbe, tom. VI. *pag.* 1884, dans l'Appendice.

6821.

Actes des Conciles & Synodes.

6821. Conventus *Wormiacensis*, anno 764.

Cette Assemblée de Wormes est imprimée dans Sirmond, tom. II. *pag.* 54.

☞ Dans Labbe, tom. VI. *pag.* 1701, & dans Hardouin, tom. III. *pag.* 2009.]

Concilium anno 770.

Ce Concile de l'an 770 est imprimé dans Sirmond, tom. II. *pag.* 72. Labbe, tom. VI. *pag.* 1725.

☞ Dans Hardouin, tom. III. *p.* 2017.]

Aliud, anno 772.

Celui de 772 est imprimé dans Sirmond, tom. II. *pag.* 73. Labbe, tom. VI. *pag.* 1793.

☞ Dans Hardouin, tom. III. *p.* 2029.]

Aliud, anno 776.

Celui de 776 est imprimé dans Sirmond, tom. II. *pag.* 83. Labbe, tom. VI. *pag.* 1811.

☞ Dans Hardouin, tom. III. *pag.* 2056.]

Aliud, anno 786.

Celui de 786 est imprimé dans Sirmond, tom. II. *pag.* 114. De la Lande, *pag.* 841. Labbe, tom. VI. *pag.* 1861, 1890.

☞ Dans Hardouin, tom. III. *p.* 2071.]

Aliud, anno 790 [& selon Labbe de 787.]

Ce Concile est imprimé dans Sirmond, tom. II. *pag.* 110. Labbe, tom. VII. *pag.* 963.

☞ Dans Hardouin, tom. IV. *p.* 819.]

Aliud, anno 800.

Celui de 800 est imprimé dans Labbe, tom. VII. *pag.* 1863.

☞ Dans Hardouin, tom. IV. *pag.* 939.]

Aliud, anno 829.

Celui de 829 est imprimé dans Sirmond, tom. II. *pag.* 355. Labbe, tom. VII. *pag.* 1669.

☞ Dans Hardouin, tom. IV. *pag.* 1361.]

Conventus, anno 833.

Cette Assemblée de 833 est imprimée dans de la Lande, *pag.* 93. Labbe, tom. VII. *pag.* 1678.

☞ Dans Hardouin, tom. IV. *pag.* 1369.]

Concilium, anno 868.

Ce Concile de 868 est imprimé dans Labbe, tom. VIII. *pag.* 941.

☞ Dans Hardouin, tom. V. *pag.* 733.]

Aliud, anno 890.

Celui de 890 est imprimé dans Labbe, tom. IX. *pag.* 425.

☞ Dans Hardouin, tom. VI. part. I. *pag.* 423.]

6822. ☞ Ordonnances Synodales d'*Uzez*; par Nicolas GRILLÉ : *Nismes*, 1635, *in*-4.]

6823. Ordonnances Synodales du Diocèse d'Uzez; par le même : *Montpellier*, Pech, 1659, *in*-8.

Ce Prélat mourut en 1660.]

Y

6824. ☞ Statuta in Synodis Episcopatûs *Yprensis*, & Decreta per Reverendissimos Dominos Episcopos, reimpressa : *Antverpiæ*, Moreti, 1673, *in*-4.

On a déja observé qu'une partie de l'Evêché d'Ypres s'étendoit en France ; c'est pourquoi l'on indique ici ces Statuts.]

Tome I.

Article II.

Actes & Mémoires des Assemblées générales du Clergé de France, rangés selon l'ordre des temps.

☞ Quoique pour les Pièces manuscrites qui suivent en grand nombre, on ne croie devoir ordinairement citer ici que les dépôts des Bibliothèques du Roi & de Sainte Geneviève, qui sont publiques, cependant on observera que la plûpart de ces Pièces se trouvent encore dans les Bibliothèques de quelques Communautés, telles que celles des grands Augustins, du Séminaire de S. Sulpice, de S. Victor, de S. Germain-des-Prés, &c. On doit encore indiquer ici ce que sont devenues deux ou trois belles Collections sur ce sujet, connues depuis long-temps pour les plus complettes qu'eussent des particuliers ; sçavoir, celle de M. l'Abbé de Rothelin, & celle de M. Delan, Docteur de Sorbonne, dont on trouve le détail dans les Catalogues imprimés de leurs Bibliothèques. Enfin la troisième est celle de l'Abbé de Targny, qui voulant donner une nouvelle Edition des Conciles de France, s'étoit proposé de mettre ensuite les Assemblées du Clergé, dont il avoit recueilli avec soin les Procès-Verbaux : ils sont actuellement dans la Bibliothèque Mazarine. La Collection des Actes & Procès-Verbaux du Clergé, faite par M. l'Abbé de Rothelin, & qui occupe dans son Catalogue les num. 1293, &c. jusqu'à 1362, est maintenant chez M. de Beaumont, Archevêque de Paris, qui se propose de laisser sa Bibliothèque à ses successeurs & à son Clergé. La seconde Collection est dans la Bibliothèque de M. de Montazet, Archevêque de Lyon.]

6825. ☞ Ms. Département des Décimes du Clergé de France, de l'année 1516 : *in-fol.* 4 vol.

Ce Manuscrit étoit dans la Bibliothèque de M. de Rothelin, & est aujourd'hui dans celle de M. l'Archevêque de Paris. On a suivi jusqu'à présent ce Département, quoique pour plusieurs raisons on ait pensé plusieurs fois à en faire un nouveau. Il fut dressé pour une imposition sur le Clergé, que le Pape Léon X. accorda au Roi François I.]

6826. ☞ Ms. Extrait, quant au Clergé, des Etats convoqués à Fontainebleau le 21 Août 1560.

Il se trouve avec les Pièces qui regardent ces Etats, dans la Bibliothèque du Roi, &c.]

6827. ☞ Ms. Extrait, quant au Clergé, des Etats tenus à Orléans, en 1560.

Dans la Bibliothèque du Roi, & celle de S. Germain-des-Prés.]

6828. Ms. Procès-Verbal de l'Assemblée du Clergé tenue à Poissy en 1561, sous Charles IX.

Ce Procès-Verbal est conservé dans la Bibliothèque du Roi, & dans celle de Sainte Geneviève, & entre les Manuscrits de M. Dupuy, num. 353.

On appelle ordinairement cette Assemblée, le Colloque de Poissy ; & quelques-uns lui donnent le nom de Synode National. Il y fut traité non-seulement des Affaires temporelles, mais encore des points de la Religion, pour essayer de ramener à la Foi Catholique les nouveaux Sectaires. Les Actes & Procès-Verbaux de cette Assemblée sont tous imparfaits ; quelques-uns sont imprimés.

Voyez ci-devant, N.os 5787 & *suiv.* 6200-6104.]

M m m

458　Liv. II. *Histoire Ecclésiastique de France.*

6829. Discours de [Charles] Cardinal DE LORRAINE, au Colloque de Poiffy : *Paris*, 1651, *in-*8.

Ample Discours des Actes de Poiffy, &c.

☞ *Voyez* ci-devant, N.° 6201, ce qui est dit de cet Ouvrage.]

6830. Actes du Colloque de Poiffy.

Ces Actes se trouvent imprimés dans les Livres VI. & VII. du Commentaire du Président de la Place, 1565, *in-*8.

6831. Discours des Actes de Poiffy, contenant le commencement de l'Assemblée, l'entrée & l'issue du Colloque, l'ordre y gardé, la Harangue du Roi Charles IX.

Ce Discours est imprimé dans le tom. I. des Mémoires du Prince de Condé, *pag.* 646 : 1565, *in-*8.

6832. ☞ Mf. Bref Recueil & Sommaire de ce qui s'est passé à Poiffy durant l'Assemblée des Prélats de l'Eglise Gallicane, depuis le 26 Juillet jusqu'au 14 Octobre 1561. Procès-Verbal de 1567 : *in-fol.*

Ce Volume se trouve dans la Bibliothèque du Roi.]

6833. Mf. Relation véritable en forme de Journal de ce qui s'est passé au Colloque de Poiffy, en Septembre 1561.

Ce Journal manuscrit est dans le volume 8474, *pag.* 91, des Manuscrits de la Bibliothèque du Roi.

6834. Mf. Plusieurs Pièces concernant ce Colloque : *in-fol.*

Ce Recueil est conservé entre les Manuscrits de M. Dupuy, num. 355.

6835. ☞ Mf. Articles du Clergé présentés au Roi, & répondus au Conseil, en 1561.

Ce Manuscrit, de 15 pages, est dans la Bibliothèque de M. de Fontette, à Dijon.]

6836. Mf. Procès-Verbal de l'Assemblée générale du Clergé, tenue à Paris en 1567 : *in-fol.*

Ce Procès-Verbal est conservé dans la Bibliothèque du Roi [avec le Manuscrit ci-dessus, N.° 6832] & dans celle de Sainte Geneviève. On n'a qu'un Extrait mal digéré de cette Assemblée.];

6837. Mf. Procès-Verbal de l'Assemblée du Clergé, des années 1572 & 1573 : *in-fol.*

Ce Procès-Verbal de 1572 & 1573, est conservé dans la Bibliothèque du Roi. Il ne reste des Actes de cette Assemblée, que le Cahier contenant quarante-cinq Articles, signés par les Cardinaux de Bourbon & de Lorraine.

☞ Dans le Catalogue qui est à la fin de l'*Abrégé des Mémoires du Clergé*, seconde édition, *Paris*, 1764, on lit cette Note. » Le Procès-Verbal de l'Assemblée du » Clergé, tenue à Fontainebleau en 1572 & 1573, n'e- » xiste nulle part. Nous n'en avons qu'un fragment ma- » nuscrit sous le titre de *Copie de la Harangue que fit* » *au Roi le Cardinal de Lorraine, à la départie du* » *Clergé à Fontainebleau, le Jeudi 28 Mai de l'an* » 1573. »]

6838. Actes de ce qui s'est passé dans le Clergé, en 1575 & 1576, aux premiers Etats de Blois.

Ces Actes de 1575 & 1576 sont imprimés dans le Recueil de Guillaume du Taix : *Paris*, 1625, *in* 4.

6839. Mf. Procès-Verbal de l'Assemblée du Clergé, tenue à Melun en 1578 : *in-fol.*

Ce Procès-Verbal de 1578 est conservé dans la Bibliothèque du Roi & dans celle de Sainte Geneviève.

6840. Mf. Procès-Verbal de l'Assemblée du Clergé, tenue à Melun & à Paris en 1579 & 1580 : *in-fol.*

Celui de 1579 & 1580 est conservé dans les mêmes Bibliothèques. Cette Assemblée porte le nom de Melun, parcequ'elle a commencé dans cette Ville ; mais elle finit à Paris. C'est une des plus célèbres qui ait été tenue par le Clergé de France. On en a imprimé les Réglemens sous ce titre : *Constitutiones Conventûs Melodunensis*, ci-devant indiqués au [N.° 6613.]

6841. Mf. Procès-Verbal de l'Assemblée du Clergé, tenue à Paris en 1582 : *in-fol.*

Ce Procès-Verbal est conservé dans la Bibliothèque du Roi.

6842. Mf. Procès-Verbal de l'Assemblée du Clergé, tenue à Paris en 1584 : *in-fol.*

Celui de 1584 est conservé dans la même Bibliothèque.

6843. Mf. Procès-Verbaux des Assemblées du Clergé, tenues en 1585 & en 1586 : *in-fol.*

Ces Procès-Verbaux de 1585 & 1586 sont conservés dans la Bibliothèque du Roi & dans celle de Sainte Geneviève. Les Actes de l'Assemblée de 1585 & 86 se trouvent dans le Recueil de du Taix : *Paris*, 1625, *in-*4.

6844. ☞ Remontrance du Clergé faite au Roi par l'Evêque de Noyon, en l'Assemblée de 1585 : *Paris*, 1585, *in-*4.

6845. Mf. Procès-Verbal de l'Assemblée du Clergé, tenue à Paris en 1586, pour la reddition des comptes : *in-fol.*

Ce Procès-Verbal de 1586 est conservé dans la Bibliothèque du Roi.

☞ On en imprima la même année une Délibération, qui oblige les Bénéficiers à faire serment qu'ils ne tiennent leurs Bénéfices, ni en garde, ni en confidence.]

6846. Mf. Procès-Verbal de l'Assemblée du Clergé, tenue à Paris en 1588 & 1589: *in-fol.*

Il est conservé dans la Bibliothèque du Roi [& dans celle de Sainte Geneviève.]

☞ On a indiqué, dans le Catalogue Bernard, num. 1897, un Procès-Verbal de 1593 ; mais il paroît par le Catalogue publié en 1764, par des personnes attachées au Clergé, qu'il n'y a point eu en 1593 d'Assemblée, & que c'est une erreur : on devoit mettre 1595.]

6847. Mf. Procès-Verbal de l'Assemblée du Clergé, tenue à Paris en 1595 & 1596 : *in-fol.*

Celui de 1595 & 1596 est conservé dans la Bibliothèque du Roi & dans celle de Sainte Geneviève.

6848. Monitiones Conventûs Cleri Gallicani, congregati anno 1595 & 1596, pro restaurando Statu Ecclesiastico.

Ces Avis sont imprimés dans Odespunc, entre les Conciles modernes de France, *p.* 561 : *Parisiis*, 1646, *in-fol.*

6849. ☞ Remontrance du Clergé de France, faite à Folambray, en 1596, par l'Evêque du Mans : *Paris*, 1596, *in-*8.]

Actes des Assemblées du Clergé.

6850. Mſ. Procès-Verbal de l'Aſſemblée du Clergé, tenue à Paris en 1598 : in-fol.

Ce Procès-Verbal de 1598 eſt conſervé dans la Bibliothèque du Roi.

6851. Mſ. Procès-Verbal de l'Aſſemblée du Clergé, tenue à Paris en 1600 : in-fol.

Celui de 1600 eſt conſervé dans la même Bibliothèque.

6852. Mſ. Procès-Verbal de l'Aſſemblée du Clergé, tenue à Paris en 1602 : in-fol.

Celui de 1602 eſt conſervé dans la même Bibliothèque.

6853. Mſ. Procès-Verbaux des Aſſemblées du Clergé, tenues à Paris en 1582, 1586, 1588, 1589 & 1602 : in-fol.

Ces Procès-Verbaux ſont conſervés dans la Bibliothèque du Roi & dans celle de Sainte Geneviève.

6854. Mſ. Procès-Verbal de l'Aſſemblée du Clergé, tenue à Paris en 1605 : in-fol.

Celui de 1605 eſt conſervé dans la Bibliothèque du Roi.

6855. ☞ Mſ. Extrait & Procès-Verbaux de quelques Aſſemblées du Clergé, particulièrement de celle de 1605 : in-fol.

Ce Manuſcrit ſe trouve dans le Cabinet de M. Févret de Fontette, Conſeiller au Parlement de Dijon, & eſt de la main d'un des Prélats de cette Aſſemblée.

C'eſt un Journal exact de l'Aſſemblée de 1605, qui commença le Mercredi 27 Juillet, & ne finit que le Jeudi 20 Avril de l'année ſuivante 1606. On y voit en particulier tout ce qui ſe paſſa au ſujet des comptes du Receveur & des arrérages dûs pour les rentes de l'Hôtel de Ville de Paris. M. de Villars, Archevêque de Vienne, préſenta au Roi le Cahier, & dans ſon Diſcours il s'étendit beaucoup ſur les maux qui affligeoient l'Egliſe. Il en rejetta la cauſe ſur le refus qu'on faiſoit de recevoir le Concile de Trente. Le Roi répondit qu'il déſiroit la réception de ce Concile; mais qu'il ne pouvoit s'accommoder avec les raiſons de l'Etat & les Libertés de l'Egliſe Gallicane; qu'il apportoit tous ſes ſoins dans la Collation des Bénéfices, &c. Il aſſura les Evêques de ſa bonne volonté, mais leur témoigna le peu de contentement qu'il avoit de la durée de leur Aſſemblée, & du grand nombre de Députés qu'on y avoit envoyés. On répondit enſuite plus en détail à toutes leurs demandes, & on accorda au Clergé, entr'autres choſes par un Edit, la faculté de racheter ſes biens qui avoient été vendus à vil prix. On trouve en tête un Sommaire des Contrats paſſés entre le Roi, le Clergé, & l'Hôtel de Ville de Paris : le premier eſt celui de Poiſſy.]

6856. Statuta Conventûs Cleri Franciæ, congregati anno 1606, pro adminiſtratione Juriſdictionis Eccleſiaſticæ.

Ces Statuts ſont imprimés dans Odeſpunc, p. 564 : Pariſiis, 1646, in-fol.

6857. Mſ. Procès-Verbal de l'Aſſemblée du Clergé, tenue pour l'Audition des comptes de François de Caſtille, Receveur-Général dudit Clergé, en 1608 : in-fol.

Ce Procès-Verbal de 1608 eſt conſervé dans la Bibliothèque du Roi & dans celle de Sainte Geneviève.

6858. Mſ. Procès-Verbal de l'Aſſemblée du Clergé, tenue à Paris en 1610 : in-fol.

Ce Procès-Verbal de 1610 eſt conſervé dans la Bibliothèque du Roi.

6859. Mſ. Procès-Verbal de l'Aſſemblée du Clergé, tenue à Paris en 1612 : in-fol.

Celui de 1612 eſt conſervé dans la Bibliothèque du Roi.

6860. Mſ. Procès-Verbal de l'Aſſemblée du Clergé, tenue à Paris en 1615 : in-fol.

Celui de 1615 eſt conſervé dans la Bibliothèque du Roi & dans celle de Sainte Geneviève.

6861. Mſ. Procès-Verbal de la Chambre Eccléſiaſtique des Etats-Généraux, tenus à Paris en 1614 & 1615, recueilli & dreſſé par Pierre DE BEHETY, l'un des Agens du Clergé, & Secrétaire de ladite Aſſemblée; avec le Cahier des Remontrances du Clergé, préſenté au Roi durant la tenue des Etats-Généraux : Paris, 1615, in-fol.

Le même Procès-Verbal : ſeconde Edition : Paris, 1650 : in-fol.

6862. Mſ. Procès-Verbal de l'Aſſemblée du Clergé, tenue à Blois en 1617 : in-fol.

Celui de 1617 eſt conſervé dans la Bibliothèque du Roi. Il eſt imparfait en pluſieurs endroits.

6863. Mſ. Procès-Verbal de l'Aſſemblée du Clergé, tenue à Paris en 1619 : in-fol.

Celui de 1619 eſt conſervé dans la Bibliothèque du Roi & dans celle de Sainte Geneviève.

6864. Mſ. Procès-Verbal de l'Aſſemblée du Clergé, tenue à Paris en 1621 : in-fol.

Celui de 1621 eſt conſervé dans les mêmes Bibliothèques.

Le Sieur Damicour ayant reçu la commiſſion en 1695 de faire une recherche exacte des Procès-Verbaux du Clergé de France, rendit compte à l'Aſſemblée de 1700 par un Mémoire, qu'il les avoit trouvés tous depuis 1561 juſqu'en 1641, excepté ceux de 1573 & 1623.

6865. Mſ. Procès-Verbal de l'Aſſemblée du Clergé, tenue à Paris en 1625, les Sieurs Pierre DE PEYRESSAC, & RICHARD Prieur de Lanſac, Secrétaires : in-fol.

Ce Procès-Verbal de 1625 eſt conſervé dans la Bibliothèque du Roi & dans celle de Sainte Geneviève.

Le même Procès-Verbal : Paris, Eſtienne, 1625, in-4.

Il n'y a eu que quatre cens quarante-huit pages de ce Procès-Verbal qui ayent été imprimées, ce qui fait environ la moitié; encore cette partie imprimée a-t-elle été ſupprimée par l'ordre du Clergé.

Cela fait qu'elle eſt très-rare. L'exemplaire qui étoit dans la Bibliothèque de M. l'Abbé de Rothelin, n'a point paſſé avec le reſte des Procès-Verbaux dans la Bibliothèque de M. l'Archevêque de Paris, parcequ'il ne s'eſt pas trouvé à la vente.

6866. * Mſ. Supplément du Procès-Verbal de 1625, contenant le Manifeſte de M. l'Evêque de Chartres, ou les Avis du Clergé de France à MM. les Archevêques & Evêques du Royaume : in-fol.

Il ſe trouve dans la Bibliothèque de Sainte Geneviève. Cette Aſſemblée du Clergé donna ordre à M. Léonor D'ESTAMPES, Evêque de Chartres, de dreſſer ces Avis, & ils furent examinés & imprimés. Cependant on les ſupprima enſuite, par l'ordre de l'Aſſemblée, avec une partie du Procès-Verbal, qui étoit auſſi

Tome I.

imprimée. Une des causes de la suppression étoit ce qui y étoit dit de l'infaillibilité du Pape.]

6867. ☞ Délibération de l'Assemblée du Clergé, sur l'attentat contre l'Evêque de Léon: *Paris*, 1625, *in-4*.}

6868. ☞ Remontrance au Roi contre les duels, prononcée dans l'Assemblée du Clergé de 1625; par Roland, Archevêque de Bourges: *Paris*, 1625, *in-8*.]

6869. ☞ Mf. Censure ou Déclaration contre plusieurs Libelles séditieux, publiés par M. l'Evêque de Chartres, sous le nom de l'Assemblée du Clergé, avec les Arrêts intervenus ès années 1625 & 1626: *in-fol*.

Ces Censures sont citées N.° 3380 du Catalogue de M. d'Estrées.]

6870. ☞ Avis de l'Assemblée générale du Clergé de France, à MM. les Archevêques & Evêques de ce Royaume: *Paris*, Ant. Estienne, 1625, *in-4*.

Cet Ouvrage est mort très-rare.]

6871. ☞ Relation des Agens-Généraux du Clergé de France, aux Archevêques & Evêques du Royaume, sur tout ce qui s'est passé en l'Assemblée du Clergé, tenue en 1625 & 1626, avec plusieurs autres Pièces concernant le Clergé pendant ledit temps: *Paris*, Estienne, 1626, *in-8*.

☞ Cette Relation est rare.]

6872. Procès-Verbal de l'Assemblée du Clergé, tenue dans les Villes de Poitiers & de Fontenay, en 1627 & 1628: *in-fol*.

Ce Procès-Verbal de 1627 & 1628 est conservé dans la Bibliothèque du Roi & dans celle de Sainte Geneviève.

6873. ☞ Raisons de Louis Odespunc de la Meschiniere, élu Agent du Clergé de France, contre l'opposition formée à son élection, par le Sieur de Sariac, Abbé de Paimpont.

Elles sont imprimées au tom. XV. du *Mercure François*.]

6874. Mf. Procès-Verbal de l'Assemblée du Clergé, tenue à Paris en 1635, les Sieurs Bertet & Estienne Moreau, Secrétaires: *Paris*, Vitré, 1635, *in-fol*.

☞ Cette Edition est très-rare, ainsi que celle du Procès-Verbal de 1625, qui est restée imparfaite.]

Mf. Supplément du Procès-Verbal de 1635: *in-fol*.

Ce Supplément est conservé dans la Bibliothèque du Roi.

6875. Mf. Journal de l'Assemblée du Clergé, tenue à Paris en 1635; composé par Estienne Moreau, Abbé de S. Josse, ancien Agent: *in-fol*. 3 vol.

Ce Journal manuscrit de 1635 est conservé dans la Bibliothèque du Roi & dans celle de Sainte Geneviève. C'est une des Pièces des plus déliées & des plus curieuses en ce genre, selon M. Lenglet.

6876. ☞ Réglement de l'Assemblée de 1636, contre les Evêques qui entreprennent sur les Diocèses des autres: *in-4*.]

6877. Mf. Procès-Verbal de l'Assemblée du Clergé, tenue à Mantes en 1641 [l'Abbé de la Barde, Secrétaire]: *in-fol*.

Ce Procès-Verbal de 1641 est conservé dans les Bibliothèques du Roi & de Sainte Geneviève [& aussi dans celle de la Cathédrale de Reims, num. H. 23.]

☞ M. Boissier, Maître des Comptes, dont la Bibliothèque fut vendue en 1725, avoit un Manuscrit authentique de ce Procès-Verbal, signé de l'Abbé de la Barde, Secrétaire de l'Assemblée, qui fut ensuite Evêque de Saint-Brieux.]

6878. Mf. Journal de l'Assemblée du Clergé, tenue à Mantes en 1641; composé par Charles de Montchal, Archevêque de Toloſe: *in-fol*.

Ce Journal manuscrit de 1641 [étoit] conservé dans les Bibliothèques de MM. les Abbés d'Estrées & de Caumartin. C'est une Pièce très-curieuse & très-estimée. [Elle a été imprimée dans les *Mémoires* de M. de Montchal: *Rotterdam*, 1718, *in-12*. 2 vol.]

Cet Archevêque est mort en 1651.

6879. ☞ Mf. Relation de ce qui s'est passé à l'Assemblée du Clergé de France, tenue à Mantes en 1641; écrite par M. Cohon, Evêque de Nismes: on y a joint le Remerciement fait au nom du Roi à cette Assemblée, par M. d'Emery.

Cette Relation est dans le tom. X. pag. 196, d'un Recueil *in-4*. de M. Motel de Thoisy, conservé à la Bibliothèque du Roi.

Voyez *Catalogue du Droit Canon*. num. 2623.]

6880. ☞ Contrat fait & passé entre le Roi & le Clergé de France, assemblé à Mantes, le 14 Août 1641: *in-4*.]

6881. ☞ Copie d'une Lettre contenant un avis des affaires qui se traitent à Melun; par MM. du Clergé de France, & autres Pièces sur la même matière: *Paris*, *in-8*.]

6882. Procès-Verbal de l'Assemblée du Clergé, tenue à Paris en 1645; les Sieurs Louis d'Hugues, Chanoine & Vicaire-Général d'Embrun, & Jacques Talon, Prieur de S. Paul-aux-Bois, Secrétaires: *Paris*, Vitré, 1645, *in-fol*. [très-rare.]

Jacques Talon est mort en 1671, Prêtre de la Congrégation de l'Oratoire, en laquelle il étoit entré dès l'an 1648.

6883. ☞ Ordinationes Cleri Gallicani circa Regulares conditæ primùm in Comitiis generalibus anno 1625, renovatæ & promulgatæ in Comitiis anno 1645, cum Commentariis Francisci Hallier, Doctoris Theologi & Professoris olim Regii apud Sorbonam, ac deinceps Episcopi Cabellunensis, editæ in lucem jussu Cleri Gallicani, operâ Joannis Gerbais, Doctoris ac Socii Sorbonici: *Parisiis*, Vitré, 1665, *in-4*.]

6884. Procès-Verbal de l'Assemblée du Clergé, tenue à Paris en 1650; le Sieur Michel Tubœuf, Abbé de S. Urbain, Secrétaire: *Paris*, Vitré, 1650, *in-fol*.

Michel Tubœuf est mort Evêque de Castres en 1679.

Actes des Assemblées du Clergé. 461

6885. Procès-Verbal de l'Assemblée du Clergé, tenue à Paris en 1655 & 1656; les Sieurs Henri DE VILLARS, Chanoine de Vienne, & Jean DE MONTPEZAT, Abbé du Mas d'Azil, Secrétaires : *Paris*, Vitré, 1656, *in-fol.*

Henri de Villars est mort Archevêque de Vienne en 1693, & Jean de Carbon de Montpezat est mort Archevêque de Sens en 1688.

6886. * Mf. Histoire de la même Assemblée du Clergé, 1655 & 1656; par Robert FRANÇOIS, dit D'AIGREVILLE, Doyen des Avocats du Parlement.

Cette Histoire est conservée dans la Bibliothèque de M. le Chancelier d'Aguesseau.]

6887. Procès-Verbal de l'Assemblée du Clergé, tenue à Pontoise en 1660 & 1661; le Sieur Matthieu THOREAU, Doyen de Poitiers, Secrétaire : *Paris*, Vitré, 1660 & 1661, *in-fol.*

Matthieu Thoreau est mort Evêque de Dol en 1692.

6888. Procès-Verbal de l'Assemblée du Clergé, tenue à Pontoise & à Paris en 1665 & en 1666; les Sieurs Paul DE FAGET, Prieur de Launac, & François LONGUET, Chanoine de l'Eglise de Paris, Secrétaires : *Paris*, Vitré, 1666, *in-fol.*

6889. Procès-Verbal de l'Assemblée du Clergé, tenue à Pontoise & à Paris en 1670 & 1671; le Sieur Charles DE LYONNE DE LESSEINS, Chanoine de S. Bernard de Romans, Secrétaire : *Paris*, Vitré, 1671, *in-fol.*

6890. Procès-Verbal de l'Assemblée du Clergé, tenue à S. Germain-en-Laye en 1675; les Sieurs [Hardouin FORTIN] DE LA HOGUETTE, & [Armand-Anne Tristan] DE LA BAUME DE SUZE, Secrétaires : *Paris*, Léonard, 1678, *in-fol.*

Hardouin Fortin de la Hoguette est mort Archevêque de Sens en 1715, & Armand-Anne Tristan de la Baume de Suze est mort en 1715, Archevêque d'Aufch.

6891. ☞ Harangues faites en l'Assemblée du Clergé en 1675, suivant l'ordre du Roi, prononcées par M. PONCET, Conseiller d'Etat ordinaire, & au Conseil Royal des Finances, l'un des Commissaires Députés à cet effet par Sa Majesté, omises dans le Procès-Verbal qui en a été dressé : *Paris*, Cramoisy, 1679, *in-4.*

6892. Procès-Verbal de l'Assemblée du Clergé, tenue à S. Germain-en-Laye l'an 1680; le Sieur Louis Jos. ADHEMAR DE GRIGNAN, Prieur des Portes, Secrétaire : *Paris*, Léonard, 1684 : *in-fol.*

Louis Jos. Adhemar de Grignan est mort Evêque de Carcassonne [en 1722.]

6893. Mf. Procès-Verbal de l'Assemblée extraordinaire du Clergé, tenue à Paris en 1681 & 1682 : *in-fol.*

Ce Procès-Verbal est conservé dans la Bibliothèque du Roi.

Procès-Verbal de l'Assemblée du Clergé, tenue à Paris en 1681, pour la Régale : *Paris*, Léonard, 1681, *in-4.*

Ce Procès-Verbal, qui regarde la puissance Ecclésiastique, est un des plus sçavans Procès-Verbaux du Clergé, selon M. Lenglet.

Actes des Assemblées de 1680, 1681 & 1682, au sujet de la Régale, sur l'affaire de Charonne, & concernant la Religion : *Paris*, Léonard, 1682, *in-4.*

== ☞ Actes des Assemblées du Clergé de 1682 & 1685, concernant la Religion, &c. *Voyez* ci-devant, N.° 6041 & 6048.]

6894. Procès-Verbal de l'Assemblée du Clergé, tenue à S. Germain-en Laye en 1685; les Sieurs Armand BAZIN DE BEZONS, Prieur de S. Eusebe de Compiegne, & Claude HENNEQUIN, Vicaire-Général de l'Archevêque d'Alby, Secrétaires : *Paris*, Léonard, 1690, *in-fol.*

Armand Bazin de Bezons [fut ensuite] Archevêque de Bourdeaux.

Voyez sur cette Assemblée le *Journal des Sçavans*, Septembre, 1685.]

6895. Actes & Procès-Verbal de l'Assemblée des Prélats, tenue à Paris en 1688, touchant l'Appel interjetté au futur Concile général : *Paris*, Léonard, 1688, *in-4.*

6896. Procès-Verbal de l'Assemblée du Clergé, tenue à S. Germain-en-Laye en 1690; le Sieur Jacques-Antoine PHELYPEAUX, Prieur de S. Germain de Blet, Secrétaire : *Paris*, Léonard, 1693, *in-fol.*

Jacques-Antoine Phelypeaux a été depuis Evêque de Lodève.

6897. ☞ Procès-Verbal de l'Assemblée du Clergé, tenue à Paris en 1693 & 1694: *Paris*, 1696, *in-fol.*

6898. Procès-Verbal de l'Assemblée du Clergé, tenue extraordinairement à Paris & à S. Germain-en-Laye, l'an 1695; le Sieur Henri D'ANGLURE DE BOURLEMONT, Abbé de S. Pierre du Mont, Agent du Clergé & Secrétaire : *Paris*, Muguet, 1696, *in-fol.*

6899. Procès-Verbal de l'Assemblée du Clergé, tenue à S. Germain-en-Laye en 1695; les Sieurs Henri D'ANGLURE DE BOURLEMONT & Charles-Maurice DE BROGLIE, Secrétaires : *Paris*, Muguet, 1696, *in-fol.*

6900. ☞ Procès-Verbal de l'Assemblée tenue à Paris en 1697, pour la réception de l'Abbé de Lengle à l'Agence générale du Clergé : *in-fol.*]

6901. Procès-Verbal de l'Assemblée du Clergé, tenue à S. Germain-en-Laye en 1700; le Sieur Vincent-François DESMARETS, ancien Agent du Clergé, Secrétaire : *Paris*, Muguet, 1703, *in-fol.*

Vincent-François Desmarest, est mort Evêque de Saint-Malo.

6902. ☞ Actes de l'Assemblée du Clergé de France tenue à S. Germain-en Laye dans l'année 1700 : *Paris*, *in-4.*]

6903. Procès-Verbal de l'Assemblée du Clergé, tenue extraordinairement à Paris en 1701; le Sieur Gabriel DE COSNAC, Evêque de Die, Secrétaire: *Paris*, Muguet, 1702, *in-fol.*

Gabriel de Cosnac est mort Archevêque d'Aix [en 1739.]

6904. ☞ Procès-Verbal de l'Assemblée du Clergé tenue à Paris en 1702: *Paris*, 1702, *in-fol.*

6905. Procès-Verbal de l'Assemblée du Clergé, tenue à Paris l'an 1705; les Sieurs Jacques-Antoine PHELYPEAUX, ancien Agent du Clergé, & Henri Emmanuel DE ROQUETTE Abbé de S. Gildas, Secrétaires; avec un Recueil de Pièces: *Paris*, Muguet, 1706, *in-fol.*

☞ Il y avoit dans ce Procès-Verbal, après la page 310, une Pièce en un feuillet, qui a été supprimée, & qui manque dans tous les Exemplaires. Elle étoit intitulée: » Explication des Maximes établies au sujet de l'ac-» ceptation de la Constitution de N. S. P. le Pape Clé-» ment XI. dans les Séances du Vendredi & Samedi 21 » & 22 Août 1705 ».]

6906. Rapport des anciens Agens-Généraux du Clergé [Charles ANDRAULT DE LANGERON] MAULEVRIER, Abbé de Saint Pierre de Châlon, & de Bernard DE POUDENX, Chanoine & Archidiacre de Tarbes; avec les Pièces justificatives, en 1705: *Paris*, Muguet, 1710, *in-fol.*

6907. Procès-Verbal de l'Assemblée du Clergé, tenue à Paris en 1707; le Sieur Bernard DE POUDENX, Secrétaire; avec un Recueil de Pièces: *Paris*, Muguet, 1707, *in-fol.*

6908. Procès-Verbal de l'Assemblée du Clergé, tenue à Paris en 1710; le Sieur Dominique Barnabé DE TURGOT DE SAINT-CLAIR, présentement Evêque de Séez, Agent du Clergé, Secrétaire: *Paris*, Muguet, 1711, *in-fol.*

6909. ☞ Rapport & Pièces justificatives du Procès-Verbal de l'Agence de M. l'Abbé DE MAULEVRIER, en 1710: *Paris*, veuve Muguet, 1716, *in-fol.*]

6910. Procès-Verbal de l'Assemblée du Clergé, tenue extraordinairement à Paris en 1712; le Sieur François-Guillaume DU CAMBOUT, Agent & Secrétaire: *Paris*, Muguet, 1712, *in-fol.*

6911. Procès-Verbal de l'Assemblée des Cardinaux, Archevêques & Evêques, tenue extraordinairement à Paris en 1714; le Sieur Charles-Maurice DE BROGLIE, Agent & Secrétaire: *Paris*, 1714, *in-fol.*

Elle s'est tenue au sujet de la Bulle *Unigenitus*.

6912. ☞ Procès-Verbal de l'Assemblée du Clergé, tenue en 1715; MM. les Abbés DE BROGLIE & DE MACHECO DE PREMEAUX, Secrétaires: *Paris*, P. Simon, 1723, *in-fol.*

Voyez le *Journal des Sçavans*, Janvier, 1725. On a prétendu que les copies manuscrites de ce Procès-Verbal renfermoient quelques différences qui ne sont point dans l'imprimé, où il manque en effet deux Pièces; sçavoir, 1.° Opération pour connoître en combien d'années le remboursement de deux sommes sera fait,&c. 2.° Remarques sur deux Mémoires qui ont été donnés contre le projet de Réglement concernant les Chambres des Décimes.]

6913. ☞ Rapport des Anciens Agens, contenant ce qui s'est passé depuis l'Assemblée de 1710 jusqu'en 1715: *Paris*, 1725, *in-fol.*

6914. ☞ Mf. Procès-Verbal de l'Assemblée extraordinaire du Clergé, de 1719 & 1720.]

6915. ☞ Procès-Verbal de l'Assemblée du Clergé, tenue en 1723; M. l'Abbé DE BRANCAS, Secrétaire: *Paris*, P. Simon, 1724, *in-fol.*

Voyez le *Journal des Sçavans*, Février, 1725.]

6916. ☞ Procès-Verbal de l'Assemblée du Clergé, de l'année 1725; avec le Rapport des Agens: *Paris*, 1726, *in-fol.*]

6917. ☞ Les Cahiers de l'Assemblée extraordinaire de 1726, avec les Réponses de Sa Majesté; &c. *Paris*, Simon, 1726, *in-fol.*]

6918. ☞ Procès-Verbal de l'Assemblée du Clergé de 1726: *Paris*, 1727, *in-fol.*]

6919. ☞ Procès-Verbal de l'Assemblée de 1730, avec le Rapport de l'Agence: *Paris*, 1730 & 1731, *in-fol.*]

6920. ☞ Lettre Pastorale de M. l'Evêque de Montpellier (Charles-Joachim COLBERT) au sujet de la Lettre écrite au Roi par l'Assemblée générale du Clergé de France, en date du 11 Septembre 1730: (*Paris*) *in*-4.

On la trouve aussi *pag.* 541, du tom. II. des Œuvres de ce Prélat: Cologne (Utrecht) 1740, *in*-4. 3 vol.]

6921. ☞ Procès-Verbal de l'Assemblée extraordinaire du Clergé de 1734: *Paris*, 1734, *in-fol.*

6922. ☞ Procès-Verbal de l'Assemblée de 1735, avec le Rapport de l'Agence: *Paris*, 1735 & 1736, *in-fol.*]

6923. ☞ Rapport de MM. les anciens Agens, contenant les principales affaires du Clergé qui se sont passées depuis l'Assemblée de 1735 jusqu'en celle de 1740; par M. l'Abbé FOUQUET, ancien Agent général du Clergé, à présent Archevêque d'Embrun, & par M. l'Abbé DU VIVIER DE LANSAC, Comte de Lyon; avec les Pièces justificatives: *Paris*, Simon, 1741, *in-fol.*]

6924. ☞ Procès-Verbal de l'Assemblée de 1740, avec le Recueil des Pièces: *Paris*, Simon, 1741, *in-fol.*]

6925. ☞ Procès-Verbal de l'Assemblée générale extraordinaire du Clergé de France, tenue à Paris en 1742; avec le Recueil des Pièces: *Paris*, Simon, 1742, *in-fol.*]

Actes des Assemblées du Clergé.

6926. ☞ Procès-Verbal de l'Assemblée du Clergé, tenue en 1745, avec le Rapport de l'Agence depuis 1740 jusqu'en 1745 : *Paris*, Desprez, 1746, *in-fol.*]

6927. ☞ Procès-Verbal de l'Assemblée du Clergé, en 1747 : *Paris*, Desprez, 1747, *in-fol.*]

6928. ☞ Procès-Verbal de l'Assemblée de 1748 : *Paris*, 1748, *in-fol.*]

6929. ☞ Procès-Verbal de l'Assemblée du Clergé, tenue à Paris en 1750 ; avec le Rapport de l'Agence, depuis 1745 jusqu'en 1750 : *in-fol.*

☞ Les Procès-Verbaux de 1755, 1758, 1760 & 1762, avec les Rapports de l'Agence, ne sont point encore imprimés (en 1766.)

6930. ☞ Actes de l'Assemblée du Clergé, tenue en 1765, sur la Religion : *Paris*, Desprez : 1765, *in-*4.

Ces Actes ont donné lieu à divers Arrêts des Parlemens & du Conseil d'Etat, ainsi qu'à plusieurs Ecrits, dont les principaux sont, 1.° Discours d'un de MM. des Enquêtes, au Parlement (de Paris) Chambres assemblées : *in-*12. 2.° Observations sur les Actes, &c. *in-*12. Il y a encore un grand Réquisitoire de M. de Castillon, Avocat-Général au Parlement de Provence, en tête d'un Arrêt de cette Cour, au sujet des mêmes Actes.]

☞ » Dès qu'on veut avoir connoissance des
» Droits du Clergé de France, il faut non-seulement
» examiner les Mémoires du Clergé, où l'on trouve tant
» ce qui regarde le spirituel que le temporel ; mais il
» faut s'appliquer encore aux Procès-Verbaux. Quoique
» les matières Ecclésiastiques ne soient traitées qu'inci-
» demment dans les Assemblées du Clergé, ce qui s'y
» trouve est exact, & fait connoître les régles de notre
» Droit. Ceux qui voudront sçavoir les affaires tempo-
» relles de l'Eglise de France, peuvent aussi y avoir re-
» cours : mais ce qu'il y a de plus considerable se trouve
» dans les Mémoires manuscrits des Agens du Clergé,
» que l'on communique seulement à ceux qui en ont be-
» soin pour gérer les affaires de l'Eglise de France ».
Lenglet, *Catalogue des Auteurs du Droit Canonique*, pag. 233, à la fin du tome II. du *Commentaire* de Dupuy, sur le Traité des *Libertés* : *Paris*, 1715, *in-*4.]

6931. ☞ Les Procès-Verbaux des Assemblées générales du Clergé de France, tenues depuis 1560 jusqu'à nos jours, rédigés par ordre de matières, & réduits à ce qu'il y a d'essentiel ; par M. l'Abbé Antoine DURANTHON : Tom. I. *Paris*, Desprez, 1767, *in-fol.*

Cet Ouvrage, qui doit avoir cinq ou six volumes, peut tenir lieu, dit-on, de la Collection immense des Procès-Verbaux. On a réuni sous un même titre, tout ce qui a rapport à une même matière dans les différentes Séances de chacune de ces Assemblées. L'Ouvrage a été autorisé par l'Assemblée de 1762 ; fait sous la direction de M. l'Evêque de Mâcon (Gabriel-François MOREAU) & présenté au mois de Juillet 1765 à Nosseigneurs les Commissaires nommés par l'Assemblée générale du Clergé pour l'examiner.]

6932. ☞ Abrégé des Procès-Verbaux du Clergé de France, & de ce qui s'est passé dans ses Assemblées (par rapport aux impositions) depuis 1567 jusqu'en 1750.

On trouve cet Abrégé dans les trois derniers volumes de l'Ouvrage intitulé : *Traité des Droits de l'Etat & du Prince, sur les Biens possédés par le Clergé* : *Amsterdam* (*Paris*, Vincent) 1755, 1757, *in-*12. 6 vol.]

6933. ☞ Ms. Abrégé des Actes des Assemblées du Clergé de France, depuis 1561 jusqu'en 1655 & 1656 : *in-*4. 2 vol.

Dans la Bibliothèque de MM. les Avocats du Parlement de Paris.]

6934. Mémoires des Affaires du Clergé de France, délibérées és premières Assemblées de Blois, & depuis és Assemblées générales tenues en 1585 & 1586, le tout dressé par forme de Journal ; par Guillaume DU TAIX, Chanoine & Doyen en l'Eglise de Troyes, & Député esdites Assemblées : *Paris*, Bouillerot, 1625, *in-*4.

Cet Auteur est mort en 1599.

☞ Il étoit âgé de 66 ou 67 ans. *Voyez* les *Singularités historiques de Dom Liron*, tom. I. pag. 321.]

6935. Ms. Assemblées particulières du Clergé, depuis l'an 1616 jusqu'en 1698 : *in-fol.*

Ces Assemblées particulières [étoient] conservées dans la Bibliothèque de M. de Caumartin [qui est mort Evêque de Blois en 1733.]

6936. Recueil des Remontrances, Edits, Contrats & autres choses concernant le Clergé de France, depuis l'an 1567 jusqu'en 1606 : *Paris*, Richer, 1606, *in-*8.

6937. Recueil des Remontrances, Edits, [Réglemens, Arrêts] Contrats, [Départemens] & autres choses concernant les affaires du Clergé de France ; augmenté jusqu'en 1615, & illustré d'une Conférence sur chaque article des Edits concernant les Immunités & Privilèges du Clergé : *Paris*, Richer, 1615, *in-*8. 3 vol. Seconde Edition, augmentée jusqu'au 15 Mai 1625 : *Paris*, Ant. Estienne, 1625, *in-*8. 3 vol.

Ce Recueil a été fait par Pierre PEYRESSAC [l'un des Agens du Clergé.]

6938. Recueil des Edits, Déclarations, Lettres-Patentes & Arrêts du Conseil d'Etat & Privé du Roi, obtenus pour les affaires du Clergé de France, durant l'Agence & à la poursuite du Sieur Abbé de Paimpont & Prieur de Moustier : *Paris*, Vitré, 1635, *in-*8.

6939. Recueil général des Affaires du Clergé de France [depuis l'an 1570 jusqu'en 1635] : *Paris*, Vitré, 1636, *in-*4. 5 vol.

6940. Actes, Titres & Mémoires concernant les Affaires du Clergé de France ; recueillis & imprimés par le commandement de l'Assemblée générale du Clergé, tenue en 1645 : *Paris*, Vitré, 1646, *in-fol.* 2 vol.

Ce Recueil a été fait avec précipitation par Louis ODESPUNC DE LA MESCHINIERA, qui avoit reçu l'ordre du Clergé de ramasser ces Mémoires à mesure qu'on le lui enverroit ; il n'y a pas gardé beaucoup d'ordre. Son Recueil est divisé en neuf parties, distribuées en deux tomes. Le tome premier, partie première, contient les Remontrances & les Harangues des Députés faites au Roi. La seconde partie contenant ce qui est des Assemblées générales, des Officiers & des Pensionnaires dudit

Clergé. La troisième partie, ce qui est des Subventions faites aux Rois par le Clergé de France. Le tome second, partie première, contenant les Edits, Ordonnances, Lettres-Patentes & Cahiers présentés au Roi par le Clergé. Seconde partie contenant ce qui regarde la police & autorité de l'Eglise. Troisième partie, ce qui regarde les Personnes & Bénéfices Ecclésiastiques. La quatrième, ce qui regarde l'administration temporelle des Biens de l'Eglise. Cinquième partie, contenant les Immunités, Franchises & Privilèges Ecclésiastiques.

6941. Actes, Titres & Mémoires concernant les Affaires du Clergé de France, contenant tout ce qui s'est passé depuis l'Assemblée du Clergé de 1645. Aussi ce qui s'est passé depuis l'Assemblée tenue en 1650 & en 1651: *Paris*, Vitré, 1652, *in-4*.

Ce Recueil *in-4*. est la Continuation, ou le Supplément de l'édition précédente.

6942. Recueil des Edits, Déclarations & Arrêts obtenus en faveur du Clergé de France, pendant l'Agence des Abbés DE ROQUESPINE & THOREAU, depuis 1655 jusqu'en 1660: *Paris*, Vitré, 1660, *in-8*.

6943. Recueil des Edits, Déclarations & Arrêts obtenus en faveur du Clergé de France, pendant l'Agence des Abbés de la HOGUETTE & DE GRAMMONT, depuis 1661 jusqu'en 1675: *Paris*, Léonard, 1676, *in-8*.

6944. Recueil des Actes, Titres & Mémoires concernant les Affaires du Clergé de France, augmenté d'un grand nombre de Pièces, & mis dans un nouvel ordre; le tout divisé en neuf parties; par Jean LE GENTIL, Chanoine & Vidame de l'Eglise de Reims: *Paris*, Vitré, 1675, *in-fol*. 6 vol.

Cette Edition de le Gentil est divisée en neuf parties, distribuées en six tomes. Tome premier, partie première, des Personnes Ecclésiastiques, & de la Discipline & Police de l'Eglise. Tome second, suite de la première partie. Seconde partie, des Bénéfices. Tome troisième, partie troisième, des Biens temporels de l'Eglise. Quatrième partie, des Privilèges, Franchises, Immunités, Exemptions des Eglises, des Personnes Ecclésiastiques & de leurs Biens. Tome quatrième, partie cinquième, des Assemblées du Clergé, de leurs Députés & Officiers, & de leurs Agens Généraux. Sixième partie, des Décimes & Subventions accordées aux Rois par le Clergé de France. Tome cinquième, partie septième, des Comptes, des Décimes & autres Deniers qui se lèvent sur le Clergé. Huitième partie, les Remontrances & Harangues faites au Roi par le Clergé de France. Les Edits, Déclarations & Lettres-Patentes données en conséquence. Tome sixième, partie neuvième, contenant ce qui s'est fait par le Clergé de France contre les Hérétiques.

6945. ☞ Recueil de Pièces concernant les Affaires du Clergé de France en 1681 & 1682: *Paris*, *in-4*.]

6946. Recueil des Actes, Titres & Mémoires concernant les Affaires du Clergé de France, augmenté d'un grand nombre de Pièces & d'Observations sur la Discipline présente de l'Eglise, divisé en douze tomes, & mis dans un nouvel ordre: *Paris*, Muguet [Simon & Desprez] 1716- [1750, *in-fol*. 12 vol.]

Cette nouvelle Edition, dirigée par Pierre LE MERRE, Avocat au Parlement, est divisée en six parties distribuées en douze tomes. La première partie, comprise dans le premier tome, renferme les Pièces concernant la Foi Catholique & la Doctrine de l'Eglise. La seconde partie, comprise dans le second, troisième & quatrième tomes, contient les Pièces qui regardent les Ministres de l'Eglise, tant du premier que du second ordre, Séculiers & Réguliers. La troisième partie, comprise dans le cinquième tome, traite du Culte Divin. La quatrième partie comprend les six & septième tomes, où se trouvent les Pièces qui regardent la Jurisdiction Ecclésiastique. La cinquième partie contient dans les huit, neuf, dix & onzième tomes, les Pièces qui concernent les Biens de l'Eglise & leur Administration, la Collation des Bénéfices, & la qualité de ceux qui peuvent les posséder. La sixième partie, renfermée dans le douzième tome [publié par Pierre le Merre fils, mort en 1763] comprend les Pièces qui regardent les Privilèges de l'Eglise & des personnes de l'Eglise.

☞ *Voyez* sur ce Recueil, *Journ. des Sçav. Juin*, 1717. = *Décemb*. 1719. = *Septemb. & Décemb*. 1721. = *Janv. & Févr*. 1722. = *Journ. historiq. Mars*, 1753. = *Mém. de Trévoux, Août*, 1717. = *Août*, 1742. = *Octob*. 1752.

6947. ☞ Harangues & Remontrances du Clergé de France: *Paris*, 1740, *in-fol*.]

6948. ☞ Abrégé du Recueil des Actes, Titres & Mémoires concernant les Affaires du Clergé de France, ou Table raisonnée des Matières contenues dans ce Recueil; (par M. l'Abbé DU SAULZET): *Paris*, Desprez, 1752, *in-fol*.

Voyez sur cet Ouvrage, *Journal des Sçavans*, 1753; *Mars*, pag. 131, *in-4*. & 387, *in-12*.]

☞ Le même, seconde Edition, revue, corrigée, & considérablement augmentée de différens Articles & d'Extraits tirés des Rapports de l'Agence, depuis 1720 jusqu'à 1750 inclusivement: *Paris*, Desprez, 1764, *in-fol*.]

6949. Recueil en abrégé des Actes, Titres & Mémoires concernant les Affaires du Clergé; par Thomas RENOULT, Docteur en Théologie: *Paris*, Josse, 1677, *in-4*.

6950. Abrégé des Actes, Titres & Mémoires concernant les Affaires du Clergé de France, & tout ce qui s'est fait contre les Hérétiques, depuis le règne de saint Louis jusqu'à présent; par [Charles-Emmanuel] BORJON, Avocat au Parlement: *Paris*, Léonard, 1680, *in-4*.

Ces deux Ouvrages sont des Abrégés du Recueil de le Gentil; le dernier Abrégé est mieux fait que le premier.

6951. Mémoire d'Olivier PATRU, Avocat au Parlement, sur les Assemblées du Clergé.

Ce Mémoire est imprimé dans ses *Œuvres*, pag. 813: *Paris*, Mabre-Cramoisy, 1681, *in-8*. Ibid. Cloufier, 1714, *in-4*. [*Ibid*. 1732, *in-4*. & *in-8*.]

L'Auteur est mort en 1681.

Actes des Assemblées du Clergé.

6952. ☞ Remarques sur les Assemblées du Clergé de France.

Elles se trouvent *pag*. 256-313, du tom. I. de l'Ouvrage intitulé : *De l'autorité du Clergé & du pouvoir du Magistrat politique* : Amsterdam (Paris) 1766, *in*-12. 2 vol.]

6953. ☞ Mſ. Cérémonial des Assemblées générales du Clergé de France, tant Décennalles que des Comptes, tiré des Procès-Verbaux de celles qui ont été tenues à Paris ès années 1650 jusqu'en 1660.

Il se trouve dans la Bibliothèque de M. de Beaumont, Archevêque de Paris, & dans celle de M. la Lourcé, Avocat au Parlement.]

6954. ☞ Discours sur les Assemblées de l'Eglise Gallicane : *Journal Ecclésiastique*, 1761, *pag*. 18. *Octobre, pag*. 33. *Novembre, pag*. 121. *Décembre, pag*. 219.

6955. Mſ. Traités pour les Affaires du Clergé de France ; le premier, de l'origine des Affaires du Clergé, & des prétentions de l'Hôtel-de-Ville de Paris ; le second, des Assemblées du Clergé ; & le troisième, de la Juridiction Ecclésiastique, en ce qui concerne les Décimes ; par Nicolas PINETTE, Maître des Requêtes de l'Hôtel de la défunte Reine, employé aux Affaires du Clergé : *in*-4.

Cet Auteur composa ces petits Traités en exécution de l'ordre du Clergé dans l'Assemblée de 1656. Ils sont conservés à Paris dans le Cabinet de quelques Curieux.

☞ ON peut voir dans le Catalogue imprimé de la Bibliothèque du Roi, *Droit Canonique, num*. 1078 & *suiv*. quantité de Pièces qui ont rapport aux Affaires temporelles du Clergé, & dont la plupart ont été imprimées séparément, avant de trouver leur place dans les Recueils où on les a mis en entier ou en abrégé.]

CHAPITRE SEPTIEME.
Des Droits & des Bénéfices de l'Eglise de France.

☞ C'est à ces deux points importans que se rapportent tous les usages particuliers du Droit Ecclésiastique de la France. Ils forment par conséquent la division naturelle de ce Chapitre. Mais outre les Livres publiés séparément sur quelque point relatif à ces deux objets, il a paru des Ouvrages généraux (la plupart élémentaires) sur toutes les parties de la Jurisprudence Canonique suivie dans le Royaume. On a cru devoir les indiquer dans un Article préliminaire, où l'on trouvera d'abord une courte Notice des sources principales de notre Droit Ecclésiastique.

ARTICLE PREMIER.
Ouvrages généraux sur le Droit Canonique de France.

6956. ☞ **PASCASII QUESNEL**, Dissertatio de Codice antiquo Ecclesiæ Gallicanæ.

[C'est la XVIe des Dissertations qu'il a jointes à son Edition des *Œuvres de S. Léon* : *Parisiis*, 1675, *in-*4. *Lugduni*, 1700, *in-fol*.]

6957. ☞ Zegeri Bernardi VAN-ESPEN de pristino Codice Ecclesiæ Gallicanæ Dissertatio.

[Elle se trouve dans le tom. III. *pag*. 25, des *Œuvres* de cet habile Canoniste : *Lovanii* (*Parisiis*) 1753, *in-fol*. 4 vol.]

6958. Corpus Canonum Apostolorum & Conciliorum ab Adriano I. oblatum Carolo Magno : editum à Joanne VENDELSTINO: *Moguntiæ*, Schoeffer, 1525, *in-fol*.

Le même Recueil publié sous ce titre : Codex Canonum vetus Ecclesiæ Romanæ, & alia : edita à Christophoro JUSTELLO : *Parisiis*, Beys, 1609, *in*-8.

☞ Salmon, dans son Traité de l'*Etude des Conciles*, *pag*. 196, & M. Grosley (*Vie des Pithou*, tom. I. *pag*. 260) disent que ce fut le célèbre François Pithou qui fit imprimer cette seconde édition. C'est aussi le sentiment de Fabricius, *Biblioth. Græca*, tom. XI. *p*. 62.]

Ce même Recueil est imprimé dans Sirmond, tom. II. des *Conciles de France : Parisiis*, 1629, *in-fol*.

Idem Codex à Francisco PITHOEO, ad veteres manuscriptos restitutus, & Notis illustratus : *Parisiis*, è Typographia Regia, 1687, *in-fol*.

Cet Ouvrage a été célèbre autrefois ; il étoit connu sous le titre de *Corps des Canons*. C'est à ce fameux Code que se rapportoient nos anciens Auteurs François, pour la Discipline de l'Eglise, & sur lequel sont appuyées les preuves de nos Libertés : c'est ce qui m'a engagé à le rapporter en ce lieu. La dernière édition, qui a été faite par les soins [de Pasquier Quesnel, & de] M. le Pelletier, lors Contrôleur-Général, est la plus belle & la plus complette.

== ☞ Canones Ecclesiastici ad usum Ecclesiæ Gallicanæ, ab Adriano BEHOTIO.
Voyez ci-devant, N.° 6296.]

== ☞ Laurentii BOCHELLI Decretorum Ecclesiæ Gallicanæ Libri VIII.
Voyez ci-devant, N.° 6297.]

☞ Parmi les sources de notre Droit Canonique, on doit encore compter les *Capitulaires* donnés par nos Rois de la première & de la seconde Race. On y trouve des dispositions très-importantes sur les matières Ecclésiastiques, traitées dans les Assemblées des Etats du Royaume, où étoient les Evêques. Les différentes éditions de ces Ordonnances sont citées ci-après, Liv. III. chap. V. art. 3. La meilleure est celle d'Estienne Baluze : *Parisiis*, 1677, *in-fol*. 2 vol.]

6959. Specimen Juris Canonici apud Gallos usu recepti, complectens Pragmaticas Sanctiones, Concordata, Indultorum genera varia, Legatorum Pontificiorum Mandata, Summam juris Regaliæ, Notitiam Episcopatuum & Abbatiarum Galliæ, & alia ejusdem argumenti ; cum Præfatione Joannis DOUJATII, Antecessoris Parisiensis : *Parisiis*, Alliot, 1671, *in-*12. 2 vol.

Editio secunda à priori diversa, aliis ejusdem materiæ Tractatibus & Opusculis constans: *Parisiis*, 1674, 1678, 1684, *in-*12. 2 vol.

M. l'Abbé Lenglet prétend que toutes ces Editions sont la même.

☞ Jean Doujat, de Toulouse, Professeur en Droit dans la Faculté de Paris, & au Collège Royal, est mort en 1688. Quoique cet Ouvrage regarde principalement les matières Bénéficiales, c'est un Recueil utile sur notre Droit Canonique en général. La Préface contient une Histoire de ses principaux objets. La Pragmatique & les Concordats qu'il renferme, sont une des sources de notre Droit. Les autres Editions qui en ont paru, & les Ouvrages qui y ont rapport, sont indiqués ci-après, (art. III.) avec les Livres sur les Bénéfices.]

6960. ☞ Ordre qu'on doit garder dans l'Etude du Droit Canonique François; (par Pierre LE MERRE, Avocat du Clergé.)

Ce petit Mémoire est dans le tom. I. *pag*. 69, des *Pièces Fugitives* de l'Abbé Archimbaud; & à la fin de l'*Institution au Droit Ecclésiastique*, par M. Fleury, avec les Notes de M. Bouchet d'Argis : *Paris*, 1762, 1766, *in-*12. 2 vol. Le Mémoire de M. le Merre y est plus exact que dans le Recueil de M. Archimbaud. Pierre le Merre est mort en 1728.]

6961. ☞ Institution au Droit Ecclésiastique de France, &c. composée par feu M^e. Charles BONEL, Docteur en Droit Canon à Langres, & revue avec soin par M. DE MASSAC, ancien Avocat au Parlement : *Paris*, Cloutier, 1677, 1679, *in-*12.

Cette Institution est de Claude FLEURY, Auteur de l'*Histoire Ecclésiastique*, mort en 1723. Ce judicieux Ecrivain l'avoit composée en 1666, pour son instruction particulière, & sans aucun dessein de la rendre publique. On en intercepta quelque copie, sur laquelle

Droit Ecclésiastique de France.

l'Ouvrage fut imprimé à son insçu. Charles Bonel, sous le nom duquel il fut publié, & que dans l'édition de 1679 on annonça comme un sçavant du premier ordre, est regardé aujourd'hui comme un être imaginaire. Son existence étoit très-douteuse dès le temps de M. Fleury, qui chercha à s'en instruire. Il n'en est pas de même d'Ange de Massac, qui approuva en 1675 l'Ouvrage qui fut imprimé après sa mort. C'étoit un des plus célèbres Avocats de son temps; il mourut le 24 Avril 1676. Ces deux éditions sont les seules qui aient été publiées sous le nom de Bonel. M. Fleury commença dès 1679 à revoir son Ouvrage; & il se sit paroître lui-même, après l'avoir refait presqu'entièrement. C'est le Livre suivant : il peut passer pour un Traité nouveau.

Institution au Droit Ecclésiastique ; par M. l'Abbé Fleury : *Paris*, 1687, 1688, 1704, *in-12*. 2 vol.

La même (avec des augmentations) : *Paris*, 1711 : *Lyon*, 1712 : *Bruxelles*, 1722 : *Paris*, 1730, 1740, 1753, *in-12*. 2 vol.

La même, augmentée de Notes considérables ; par M. Boucher d'Argis, Avocat au Parlement, avec une Table Chronologique des Loix Ecclésiastiques, &c. *Paris*, J. Th. Hérissant, 1762, 1766, *in-12*. 2 vol.

Eædem Institutiones Latinè versæ, à J. Daniele Gruber, cum animadversionibus Justi Henningi Bohemeri : *Lipsiæ*, 1724, 1733, 1742, 1753 : *Francofurti*, 1759, *in-8*.

La même, en Espagnol, avec des augmentations ; par D. Blasio-Antonio Mattane Ferris, Professeur en Droit à Saragosse : *Madrid*, 1730, *in-8*. 3 vol.

Le Père Jean Interian de Ayala, de l'Ordre de la Mercy, en a publié une autre version Espagnole.

Le grand succès de cette Institution répond au mérite de cet Ouvrage, qui, comme tous ceux de l'Auteur, est recommandable par son exactitude, & par la netteté du style. Quoique M. Fleury ne l'ait point intitulé comme avoit fait le premier Editeur, *Institution au Droit Ecclésiastique de France*, on ne doit pas moins regarder ce Livre comme un Tableau de la Discipline de l'Eglise conforme à nos Usages & à nos Maximes. M. le Chancelier d'Aguesseau en conseilloit la lecture pour cet objet. *Voyez* ses *Œuvres, tom. I. pag.* 433. Les Notes de M. Boucher d'Argis ont abondamment suppléé à ce qui pouvoit manquer dans le travail de M. Fleury. Parmi les Additions qu'il y a faites, on doit remarquer la Table des Loix Ecclésiastiques, dans laquelle on trouve une Liste des Capitulaires, Pragmatiques, Concordats, &c. Ordonnances, Edits, Déclarations & Lettres-Patentes de nos Rois, avec les Arrêts les plus remarquables. Elle s'étend jusqu'à nos jours.

M. Fleury a terminé son Institution par un *Mémoire sur les Affaires du Clergé*, tiré des papiers d'Olivier Patru, célèbre Avocat, qui avoit écrit sur ces matières pour l'instruction du Marquis de Seignelay.]

6961. ☞ Introduction au Droit Ecclésiastique de France ; par le Sieur du Bois, Avocat; enrichie de plusieurs autorités & Observations, par D. Simon, Lieutenant en la Maréchaussée de Beauvais : *Paris*, J. Guignard, 1678, *in-12*.]

☞ Maximes du Droit Canonique de France ; par le Sieur du Bois, Avocat ; enrichies de plusieurs Observations ; par D. Simon. Seconde édition augmentée : *Paris*,
Tome I

Guignard, 1681. Troisième édition, 1686. Cinquième édition, 1703 : *in-12*.]

6963. ☞ Institutionum Canonicarum Libri IV. opus ad præsentem Ecclesiæ Gallicanæ usum accommodatum ; studio & cura Petri Hallæi, Antecessoris Parisiensis : *Parisiis*, le Cointe, 1685, *in-12*.

Pierre Hallé est mort en 1689, âgé de 68 ans.]

6964. ☞ Les Définitions du Droit Canon, contenant un Recueil de toutes les matières Bénéficiales, suivant les maximes du Palais ; avec les Questions décidées conformément aux Libertés de l'Eglise Gallicane, à la nouvelle Ordonnance, & aux Arrêts ; le tout rédigé par ordre alphabétique ; par M. F. C. D. M. (des Maisons) Avocat : nouvelle édition, augmentée de Remarques ; par M. F. P. C. (Perard Castel) Avocat ; avec plusieurs Pièces & Arrêts sur la Régale, & un petit Traité touchant les Prescriptions : *Paris*, 1679, 1700, *in-fol.*

Pérard Castel, né à Vire en Normandie, étoit Avocat au Conseil, & Expéditionnaire en Cour de Rome : il mourut en 1687.]

6965. ☞ Les Loix Ecclésiastiques de France dans leur ordre naturel, & une Analyse des Livres du Droit Canonique, conférés avec les Usages de l'Eglise Gallicane ; par Louis de Héricourt, Avocat au Parlement : *Paris*, Mariette, 1719, *in-fol.* Nouvelle édition, corrigée & augmentée, 1721, 1730, 1743, 1756 : *in-fol.*

Ce Livre est estimé, sur-tout pour ce qui regarde les matières Bénéficiales. On reproche à l'Auteur d'avoir présenté comme des Loix, plusieurs prétentions des Papes & des Evêques, contraires à nos maximes. M. de Héricourt est mort en 1752.]

6966. ☞ Mss. Remarques sur les Loix Ecclésiastiques ; première édition ; Mémoire au sujet du Livre intitulé : Les Loix Ecclésiastiques de France, par M. d'Héricourt ; Observations de la main de M. l'Abbé de Targny, sur la première & la seconde édition de cet Ouvrage ; Réflexions sur les Remarques contre le Livre intitulé : Les Loix Ecclésiastiques de France : *in-fol.*

Ce Recueil Manuscrit est à la Bibliothèque du Roi.]

6967. ☞ La Bibliothèque Canonique, contenant par ordre alphabétique toutes les matières Ecclésiastiques & Bénéficiales, qui ont été traitées par L. Bouchel, Avocat au Parlement de Paris dans sa Somme Bénéficiale, à laquelle ont été ajoutés dans le même ordre plusieurs Traités, Arrêts, Réglemens, Déclarations, Ordonnances, & Notes sur les mêmes matières, selon l'usage présent ; par Claude Blondeau, Avocat au même Parlement : *Paris*, Moette, 1689, *in-fol.* 2 vol.

Ce Dictionnaire Canonique est fait selon les principes de l'Eglise Gallicane. On y a inséré plusieurs Mémoires importans pour nos Libertés.]

6968. ☞ Institutions Ecclésiastiques & Bé-

Nnn 2

néficiales, suivant les principes du Droit commun & les usages de France; par Jean-Pierre GIBERT, Docteur en Théologie: *Paris*, Mariette, 1720, *in-4*.

Seconde édition, corrigée & augmentée considérablement, avec les usages particuliers aux divers Parlemens, & des Observations importantes prises des Mémoires du Clergé: *Paris*, 1736, *in-4*. 2 vol.

C'est le meilleur des Ouvrages de ce célèbre Canoniste, qui est mort le 2 Décembre 1736.]

6969. ☞ Recueil de Jurisprudence Canonique & Bénéficiale, par ordre alphabétique; avec les Pragmatiques, Concordats, Bulles & Indults des Papes, Ordonnances de nos Rois, & Arrêts des différens Tribunaux du Royaume; par Me Guy DU ROUSSEAUD DE LA COMBE, Avocat au Parlement, sur les Mémoires de Me FUET, Avocat: *Paris*, du Mesnil, 1748: *in-fol*.

M. de la Combe est mort en 1749.]

6970. ☞ Dictionnaire de Droit Canonique & de Pratique Bénéficiale, conféré avec les Maximes & la Jurisprudence de France, c'est-à-dire, avec les Usages & Libertés de l'Eglise Gallicane, les Pragmatiques & Concordats, les Ordonnances, Edits & Déclarations de nos Rois, les Arrêts des Parlemens & du Grand-Conseil, les saines Opinions des Auteurs François, & la Pratique des Officialités; par M. Durand DE MAILLANE, Avocat au Parlement (d'Aix): *Paris*, Bauche, 1761, *in-4*. 2 vol.]

6971. ☞ Jus Ecclesiasticum universum, hodiernæ Disciplinæ præsertim Belgii, Galliæ & vicinarum Provinciarum accommodatum; auctore Zegero Bern. VAN-ESPEN, Presb. J. U. D. SS. Canon. Prof. in Acad. Lovan. *Lovanii*, Strickwant, 1700, *in-fol*. 2 vol.

Le même Ouvrage a été réimprimé plus complet dans les deux premiers tomes des Œuvres de ce Canoniste: *Lovanii (Parisiis)* 1753, *in-fol*. On y a joint une addition ou Supplément fait en François, par J. P. GIBERT, sous le titre d'*Usages de France sur toutes les matières Canoniques, &c*. Ces Remarques rendent l'Ouvrage de Van-Espen encore plus utile dans le Royaume.]

6972. ☞ Mf. Histoire de l'usage & de l'autorité du Droit Canonique en France, depuis l'établissement de la Foi jusqu'à présent; par Jean-Pierre GIBERT, Canoniste.

Cet Ouvrage est entre les mains de M. Gibert, Inspecteur-Général du Domaine, parent de l'Auteur.]

6973. ☞ Histoire du Droit public Ecclésiastique François, où l'on traite de sa nature, établissement, variation & décadence: on y a joint quelques Dissertations sur les articles les plus importans & les plus contestés; par M. D. B. (DU BOULAY): *Londres*, 1740, 1741, 1749, *in-12*. 2 vol. 1744, 1750: *in-4*. 2 vol.

Dans cet Ouvrage, M. du Boulay distingue trois Puissances, celle du Souverain, celle du Pape, & celle des Evêques; & il regarde le concours de ces trois Jurisdictions comme ce qui forme le Droit public Ecclésiastique François. Il établit ensuite les Droits du Souverain, l'exercice de ces Droits, l'abus qu'on en a fait, les entreprises sur eux, & les divisions dont elles ont été suivies. Il a fait plusieurs Dissertations pour discuter les articles les plus difficiles & les plus embarrassés qui s'y trouvent. Son Histoire est divisée en quatre parties. La première, depuis l'établissement de la Monarchie jusqu'au temps de Grégoire VII. La seconde, depuis Louis VI. jusqu'aux démêlés de Philippe-le-Bel avec Boniface VIII. La troisième, depuis la mort de ce Pape jusqu'au Schisme, & la quatrième depuis le Schisme jusqu'à la Constitution *Unigenitus*.

Ce Livre a fait du bruit; s'il a eu des admirateurs, il n'a pas manqué de Critiques, qui y ont trouvé des expressions & des raisonnemens hardis. La Faculté de Théologie de Paris, après plusieurs Assemblées générales, arrêta & approuva le 17 Août 1751, la Censure de dix-neuf Propositions qu'elle en avoit extraites. Cette Censure ne fut pas rendue publique, parcequ'elle contenoit elle-même plusieurs choses répréhensibles.

M. du Boulay a mis à la fin du tom. II. les Vies d'Alexandre VI. & de Léon X. Ces deux Papes ont eu souvent de grandes affaires à démêler avec les Rois de France; ce qui fait que leur Vie a beaucoup de connexité avec notre Histoire.]

6974. ☞ Mich. CASALIS Vindiciæ Juris Ecclesiastici, sive Animadversiones in Historiam Juris politici civilis Ecclesiastici Gallicani: *Romæ*, 1759, *in-4*.]

6975. ☞ Histoire particulière du Droit Ecclésiastique de France, depuis Clovis qui a fait monter la Religion Chrétienne sur ce Trône, jusqu'à ce jour; par M. DE RÉAL, Grand-Sénéchal de Forcalquier.

C'est la Section V. du Chap. I. de son Traité du *Droit Ecclésiastique*, qui forme le tom. VII. de la *Science du Gouvernement*: *Amsterdam (Paris)* 1764, *in-4*. p. 68-130.]

6976. ☞ Mf. Traité de la Discipline de l'Eglise de France & de ses Usages particuliers; par Pierre LE MERRE.

Il y en a une copie dans la Bibliothèque de feu M. le Chancelier d'Aguesseau, qui en faisoit grand cas. *Voy*. le *Recueil de ses Œuvres*, tom. I. pag. 431.]

6977. ☞ Mf. Introduction à l'étude des Libertés de l'Eglise Gallicane, par l'explication des articles de M. DU BOIS, du Concordat, & de la Pragmatique-Sanction; par Jean-Pierre GIBERT, Canoniste.

Cet Ouvrage est entre les mains de M. Gibert, Inspecteur-Général du Domaine, parent de l'Auteur.]

ARTICLE II.

Traités des Droits & des Libertés de l'Eglise Gallicane.

CES Libertés, dit M. Patru, ne sont que l'ancienne Liberté de l'Eglise Universelle; c'est-à-dire, le Droit commun & la Discipline des Conciles; ou plutôt, comme s'exprime M. Dupuy, quelque partie du Droit commun de l'Eglise Universelle, conservée en France, contraire à divers établissemens faits & admis en d'autres Provinces.

*» Elles sont indéfiniment contre toutes les nouveau-» tés qu'on voudroit introduire en France. Ce n'est point

» un privilège ni un droit acquis par les François ; mais
» c'est une franchise, de laquelle ils jouissent dès leur pre-
» mier établissement, & qu'ils ont conservée plus qu'au-
» cune autre Nation ». Ant. Hotman, dans son *Traité
des Droits Ecclésiastiques*, &c.

Quoiqu'appellées Gallicanes, ces Libertés ne sont pas particulières à la France : il n'y a point d'Etats où il n'y en ait de semblables, comme on peut le voir par les droits & les exemples tirés des Loix & des Histoires de l'Allemagne, de l'Angleterre, de l'Espagne, &c.

§. I. *Traités généraux sur nos Libertés.*

6978. Les Remontrances faites au Roi Louis XI. par sa Cour de Parlement, sur les Libertés de l'Eglise Gallicane, l'an 1461 : *in*-4. [vieille édition]: *Paris*, Dallier, 1561, *in*-8.

Elles se trouvent aussi dans Jean du Tillet, *Recueil des Rois de France : Paris*, 1618, *in*-4. Cette Pièce est fort-belle & très-sçavante ; elle est forte & vigoureuse. On l'attribue à Jean DE RELY, qui est mort Evêque d'Angers en 1498. L'Auteur y maintient les Elections, & il écrit contre les Annates & autres exactions de la Cour de Rome.

☞ *Voyez* la *Méth. historique* de Lenglet, *tom. IV. pag.* 14.]

Les mêmes Remontrances, traduites en Latin par François DUAREN, & publiées sous ce titre : Pro Libertate Ecclesiæ Gallicanæ adversùs Romanam Aulam, Defensio Parisiensis Curiæ Ludovico XI. Regi oblata.

Cette traduction Latine est imprimée avec le Traité de Duaren : *De Ministeriis & Beneficiis Ecclesiasticis : Parisiis*, 1551, *in*-4. Ibid. 1557, 1585, *in*-8. *Jenæ*, 1687. Entre les Œuvres de Duaren, sur le *Droit Civil : Lugduni*, 1559, 1570, *in*-fol. Elles sont aussi imprimées par François Pinsson, à la fin de son Traité de la *Pragmatique Sanction : Parisiis*, 1666, *in*-fol.

6979. Les Libertez de l'Eglise Gallicane, dédiées au Roy Henry IV. *Paris*, Patisson, 1594, *in*-8.

Ces mêmes Libertés se trouvent dans les Œuvres de Pierre PITHOU, qui en est l'Auteur, ou plutôt le Rédacteur : *Paris*, 1609, 1612, *in*-4. dans le Tillet, tom. II. de son *Recueil des Rois de France*, pag. 283 : *Paris*, 1618, *in*-4. dans les *Recueils des Libertés*, de 1609, 1612, 1639, 1651 [& 1731.]

☞ Elles sont aussi à la tête du tom. II. du *Commentaire* de M. JOUSSE, *sur l'Edit* de 1695 : *Paris*, 1664, *in*-12. M. Durand de Maillane les a encore insérées dans son *Dictionnaire Canonique, tom. II. pag.* 173 & *suiv.* Il a eu soin de joindre à chaque article les citations des Preuves imprimées en 1651.

Ce Traité est un des plus exacts qui ayent été faits sur cette matière. Il est divisé en quatre-vingt-trois articles ; mais le premier, le second, le troisième, le sixième & le dernier, ne sont que de simples titres ou des transitions ; les autres sont des maximes qui » ont en » quelque sorte force de Loi, quoiqu'elles n'en ayent pas » l'authenticité. Le Roi en a reconnu l'importance par » son Edit de 1719, où l'article cinquante est rapporté. » Les Expéditionnaires en Cour de Rome citent les ar-» ticles de nos Libertés dans leurs Certificats ». M. le Président Hénault, *Abrégé de l'Histoire de France, tom. II. pag.* 565.

Voyez sur cet Ouvrage, la *Méth. historiq.* de Lenglet, *tom. IV. pag.* 14. = Niceron, *tom. V. pag.* 58. = *Vie* de Pithou, *tom. I. pag.* 341. = Œuvres de M. d'Aguesseau, *tom. I. pag.* 427 & 431.]

6980. Mémoire & Advis de Jean DU TILLET, Protonotaire & Secrétaire du Roi, & Greffier en sa Cour de Parlement, fait en 1551 sur les Libertés de l'Eglise Gallicane : 1594, *in*-8.

Ce Mémoire est aussi imprimé dans son *Recueil des Rois de France*, tom. II. pag. 320 : *Paris*, 1618, *in*-4.
☞ Il se trouve aussi dans le *Recueil des Libertés.* Voyez *Méth. histor.* de Lenglet, *tom. IV. pag.* 14.]

6981. Traité des Libertés de l'Eglise Gallicane ; fait par Claude FAUCHET, Président en la Cour des Monnoyes : *Paris*, Robinot, 1608, *in*-8.

Ce même Traité est imprimé au tom. II. de ses *Œuvres : Paris*, le Clerc, 1610, *in*-4. L'Auteur est mort en 1603. Il avoit fait ce Traité en 1591, à l'occasion des Bulles Monitoriales décernées par le Pape Grégoire XIV. contre le Roi Henri IV. & les François qui le reconnoissoient. Il ne l'a point digéré ; ce n'est qu'un tissu de faits rapportés sommairement, qui renferment néanmoins bien des particularités qui sont très-curieuses.

☞ *Voyez* le Père Niceron, *tom. XXV. pag.* 327. = Lenglet, *tom. IV. pag.* 14.]

6982. ☞ Traités des Libertés de l'Eglise de France, & des droits & autorité que la Couronne de France a ès affaires de l'Eglise dudit Royaume, par bonne & sainte union avec icelle Eglise ; par Guy COQUILLE, Sieur de Romenay, Avocat au Parlement.

Ces deux Traités sont dans le tom. I. des Œuvres de ce Jurisconsulte : *Paris*, 1665 : *Bordeaux*, 1703, *in*-fol. Le premier qui fut fait en 1594, & qui n'est qu'un projet du second, avoit déja été imprimé parmi les *Œuvres posthumes de l'Auteur : Paris*, 1650, *in*-4. L'autre avoit été perdu pendant soixante ans. M. de Thou en parloit avec regret dans son Histoire sous l'année 1603, & se plaignoit que des observations sur une matière aussi importante eussent péri par un latrcin. Laurent Bouchel déploroit aussi cette perte dans sa *Somme Bénéficiale*, en des termes très-naïfs, que son Editeur (Claude Blondeau) a conservés sans aucune remarque, quoique l'Ouvrage eût été retrouvé & imprimé avant la réimpression de cette Somme, sous le titre de *Bibliothèque Canonique.* » Ce Coquille, grandement instruit en l'His-» toire de France (disoit Bouchel) avoit de son vivant » composé un excellent Traité des Droits & Libertés de » l'Eglise Gallicane, qui pouvoit servir d'un fort rem-» part contre les torrens qui descendent des Alpes. Mais » après son décès, quelques Ecclésiastiques ont tou-» jours voulu faire croire aux idiots, que ces Libertés » n'étoient que des chimères, un certain Prélat, natif » de la même Ville de Nevers, (il mériteroit d'être » nommé pour faire détester sa mémoire à la postérité ; » mais je ne sçaurois forcer mon naturel ;) emprunta l'o-» riginal de sa veuve & héritiers, lequel depuis il a sup-» primé, qui est une très-grande perte & fort regréta-» ble pour la France & autorité de nos Rois ».

Selon la Préface des *Œuvres* de Coquille, ce furent les Jésuites de Nevers qui firent, sans le vouloir, perdre cet Ouvrage précieux qu'on se préparoit à publier, après la mort de l'Auteur. Ces Religieux, amis particuliers du dépositaire, avoient obtenu la lecture de ce manuscrit. Ils le communiquèrent avec trop de facilité à M. Destrapes, Archevêque d'Ausch, qui refusa de le rendre. Après son décès, il passa à une personne que par déférence on n'a point nommée. Quelque attachée qu'elle fût à ce dépôt, elle le prêta à un des premiers Magistrats du Parlement de Toulouse, pour servir dans un procès qui s'étoit élevé entre cette Compagnie, & M. de Montchal, Archevêque de Toulouse. L'Ouvrage parut très-bon ; on en tira une copie qui fut suivie d'une seconde, sur laquelle le Traité fut imprimé, & sortit ainsi des ténèbres, où on le retenoit depuis si long-temps.

Guy Coquille, né à Decize, à sept lieues de Nevers, est mort en 1603, âgé de près de 80 ans. Tous ses Ouvrages sont estimés; ils lui ont mérité le surnom de Judicieux.]

6983. Extrait de l'Institution au Droit François; par Guy COQUILLE.

Cet Extrait est imprimé dans les *Recueils des Libertés de l'Eglise Gallicane* : 1609, 1612, *in*-4. 1649, *in-fol*. Il contient une énumération des Droits & Libertés de cette Eglise.

6984. Extrait du Traité de la Grandeur, Droits, Prééminence des Rois & du Royaume de France : *Paris*, Patisson, 1594, *in*-8.

☞ Le même : *Genève*, 1595 : *Paris*, 1599, *in*-8.

Ce Traité a été fait par François PITHOU, Avocat au Parlement, mort en 1621.

☞ Le Traité dont cet Ouvrage est extrait, n'est point venu jusqu'à nous. François Pithou le composa dans les temps où la Cour de Rome refusoit l'absolution à Henri IV. Il y prouve que l'autorité de l'Eglise ne peut s'étendre dans le droit, & qu'elle ne s'est jamais étendue dans le fait, à excommunier les Rois de France, & à mettre le Royaume en interdit. On peut en voir une analyse dans la *Vie de Pithou*, par M. Grosley, *tom. II. pag. 169 & suiv.* Pithou n'eut point de part à la réimpression de son Ouvrage, qui se fit à Genève. Il s'est plaint, comme on le voit dans les *Pitheana*, de ce que son Editeur a retranché ces mots à la fin en parlant du Pape : » Comme Vicaire de N. S. J. C. en son Eglise, » auquel tout bon Catholique est tenu d'obéir.]

6985. Traité des Droits Ecclésiastiques, Franchises & Libertés de l'Eglise Gallicane, par Antoine HOTMAN, Avocat au Parlement.

Ce Traité est imprimé avec ses Opuscules Françoises : *Paris*, Guillemot, 1616, *in*-8. Il fut fait en 1594, & l'Auteur mourut l'an 1596. En défendant les Libertés de l'Eglise Gallicane, il conserve au Pape ce qui lui est dû.]

6986. De la Liberté ancienne & canonique de l'Eglise Gallicane, aux Cours souveraines de France ; par Jacques LESCHASSIER, Avocat en Parlement : *Paris*, Morel, 1606, *in*-8.

Cet Ouvrage [qui a été réimprimé dans la *Bibliothèque Canonique* de Bouchel, & dans les *Recueils sur les Libertés*] est un des plus précis sur cette matière. L'Auteur est mort en 1625.

☞ Il fit cet Ouvrage pour défendre les Droits du Chapitre de Senlis, dont il étoit le Conseil, contre les prétentions de Guillaume Rose, Evêque de la même Ville, fameux par ses fureurs du temps de la Ligue. Henri IV. approuva ce Traité, *comme utile à la chose publique de notre Royaume* : ce sont les termes du Privilège. Les Evêques firent du bruit, & le censurèrent dans une *Assemblée seulement permise pour ouir un compte*, comme le disoit Henri IV. Jacques Leschassier interjetta appel comme d'abus de la Censure de l'Assemblée, & il intervint un Arrêt du Grand-Conseil, qui supprima la prétendue Censure. L'Assemblée mécontente se donna des mouvemens pour faire casser l'Arrêt du Grand-Conseil ; ce qui obligea Leschassier à présenter une Requête à Henri IV. » Vu cette Requête (dit » Fontanon, habile Avocat, dans son *Appendice de plusieurs Edits & Déclarations*,) » l'Arrêt est demeuré en » sa force & vertu, & n'a été rien innové ».

Voyez sur ce Livre, *Méthode historique* de Lenglet, *tom. IV. pag. 14.*]

Le même Livre, avec un Recueil intitulé : Procédures contre un Ecrit fait à l'occasion du Livre de l'ancienne & canonique Liberté de l'Eglise Gallicane. Mémoires extraits des Ecritures fournies au Procès du Chapitre de Senlis, qui a donné lieu à ces Procédures; par le même.

Ce Recueil est imprimé dans ses *Œuvres*, *pag.* 275 : *Paris*, 1649, *in*-4.

Idem Tractatus Latinè.

Cette traduction Latine est imprimée dans Goldast, au tom. III. de la *Monarchie de l'Empire* : *Francofurti*, 1613, *in-fol*.

6987. ☞ Recueil de diverses Pièces faites à l'occasion du Procès jugé au Grand-Conseil, entre Jacques Leschassier, Avocat en Parlement, pour les Chanoines & Chapitre de Senlis, contre M. Rose, au sujet d'un Libelle diffamatoire, fait sur les Droits des Chapitres & Libertés de l'Eglise Gallicane, publié sous le nom d'une Censure attribuée aux Députés du Clergé, assemblés à Paris ; ledit Leschassier, appellant comme d'abus du Jugement donné à l'Assemblée du Clergé, le 22 Avril 1606, & de ce qui s'en est ensuivi : *Paris*, 1606, 1607 & 1608, *in*-8.]

6988. Contre ceux qui disent, que les Juges de ce Royaume doivent dire & compter, quelles & combien sont les Libertés de l'Eglise Gallicane ; par Jacques LESCHASSIER.

Ce Traité est imprimé dans ses *Œuvres*, *pag.* 317 *& suiv. Paris*, 1649, *in*-4.

6989. * Traités des Droits & Libertés de l'Eglise Gallicane (recueillis par Jacques GILLOT, Conseiller - Clerc au Parlement): *Paris*, Chevalier, 1609, *in*-4.

Ce Recueil, imprimé avec Privilège du Roi, contient :

1.° Le Traité de Pithou, ci-dessus, N.° 6979.
2.° Les Remontrances faites à Louis XI. en 1461, ci-dessus, N.° 6978.
3.° Mémoires dressés pour le Roi très-Chrétien, &c. par Jacques CAPPEL, ci-après.
4.° Mémoire & Advis de Jean du Tillet, ci-dessus, N.° 6980.
5.° Mémoire dressé par Baptiste DU MESNIL, sur les procédures faites à Rome contre la Reine de Navarre, &c. ci-après.
6.° Traité de Claude Fauchet, ci-dessus, N.° 6981.
7.° Discours de Charles Faye d'Espesse, contre les Bulles Monitoriales de Grégoire XIV. ci-après.
8.° Extrait de l'Institution au Droit François, par Coquille, ci-dessus, N.° 6983.
9.° Traité des Droits Ecclésiastiques par HOTMAN, ci-dessus, N.° 6985.
10.° Cl. Goustæi Epistola, quæ Regia Potestas in Ecclesia, &c. ci-après.

Le même, augmenté : *Paris*, 1612, *in*-4.

On a joint de plus dans cette seconde édition :
= Mémoire par Noël BRULART, touchant quelques prétentions du Pape, &c. ci-après.
= Discours de COQUILLE, contre les Bulles de Grégoire XIV. ci-après.
= De la Liberté ancienne, par LESCHASSIER, ci-dessus, N.° 6986.

6990. Traité des Droits & des Libertés de l'Eglise Gallicane, avec les Preuves: 1639, *in-fol.* 3 vol.

☞ On retrouve dans cette Collection les mêmes Traités qui sont dans le Recueil précédent, imprimé chez Chevalier. On y a de plus inséré les Articles de Pithou, ci-dessus, N.° 6979 ; le second Traité de Leschassier, ci-dessus, N.° 6988 ; celui de Milletot sur le délit commun, & enfin le Traité de la Police Royale par Duhamel, ci-après.

Ce Recueil a été dressé par Pierre Dupuy, Conseiller d'Etat, & imprimé à Rouen sur la fin de l'année 1638. Les Traités précédens y sont imprimés plus correctement que dans les autres Editions. Celle-ci eut un si prompt débit, qu'en trois mois tous les exemplaires furent enlevés. Mais comme elle avoit été faite sans Privilège du Roi, quoique tous ces Traités eussent déjà paru avec Privilège, & quoiqu'il n'y eût de nouveau que le volume des Preuves, elle fut supprimée par un Arrêt du Conseil du Roi, en date du vingtième Décembre 1638, à la sollicitation du Cardinal de la Rochefoucault, & de Bologneti, Nonce du Pape, & par complaisance pour le Cardinal de Richelieu. M. de Montchal, *pag.* 32, de ses *Mémoires*, parle autrement du Cardinal de Richelieu. Il assure que ce fut lui qui fit publier cet Ouvrage, dont M. de Montchal parle peu favorablement.

Les Preuves sont composées de près de neuf cens Actes ou Titres tirés par Pierre Dupuy, des Archives du Roi, des Conciles de France, des Greffes des Cours souveraines, des Histoires, &c. tendantes toutes à prouver la jouissance de ces Libertés.

Voyez sur ce Recueil = *Histoire Ecclésiastique* de du Pin, *XVII.ᵉ Siècle*, tom. I. pag. 574. = *Petri Puteani Vita*, p. 52. = *Vie de Pithou*, tom. II. pag. 251. M. Grosley montre dans ce dernier Ouvrage, la part que Pierre Pithou avoit eue à la Collection de ces Pièces importantes publiées par Dupuy.]

6991. Epistola Cardinalium, Archiepiscoporum, Episcoporum Parisiis degentium, de damnandis voluminibus inscriptis : Traités des Libertés de l'Eglise Gallicane, avec les Preuves : *Parisiis*, 1639, *in-4*.]

Cette même Lettre est imprimée dans Odespunc, p. 727, des *Conciles modernes de France : Parisiis*, 1642, *in-fol.* La même Lettre, avec l'Arrêt du Conseil, du 10 Décembre 1638, (qui porte défense d'imprimer ni de vendre le Livre intitulé : *Les Libertés de l'Eglise Gallicane*) est imprimée dans le Gentil, tom. II. des *Mémoires du Clergé, pag.* 115 : *Paris*, 1673, *in-fol.*

Plusieurs Pièces que l'Auteur du Recueil des Preuves avoit insérées dans son Ouvrage contre les Ecclésiastiques, attirèrent cette Censure & l'Arrêt du Conseil.]

6992. Mss. Apologie pour la publication des Preuves des Libertés de l'Eglise Gallicane ; par Pierre Dupuy : *in-fol.*

Une Copie faite sur l'Original, est conservée dans la Bibliothèque de S. Germain-des-Prés. L'Auteur s'exprime avec beaucoup de vivacité ; mais aussi avoit-il été très-mal traité par l'Auteur de la Lettre précédente, écrite au nom de vingt Prélats.

6993. Mss. Lettre d'un Anonyme, écrite contre l'Epître précédente, & sur les Libertés de l'Eglise Gallicane : *in-fol.*

Cette Lettre est conservée entre les Manuscrits de M. Dupuy, num. 749.

6994. Mss. Lettre sur ce qui s'est passé en l'Assemblée générale du Clergé de France, au sujet des Libertés de l'Eglise Gallicane, en 1641 : *in-fol.*

Cette Lettre est conservée dans la Bibliothèque de S. Acheul-lès-Amiens.

6995. Preuves des Libertés de l'Eglise Gallicane : seconde édition, revue & augmentée de plusieurs Observations nouvelles : *Paris*, Cramoisy, 1651, avec Privilège du Roi : *in fol.* 2 vol.

Ces Preuves sont tirées par Pierre Dupuy, du Trésor des Chartres de France, des Greffes du Parlement, des Capitulaires, des Collections de Canons, des Historiens, recueillies dans les chapitres, sous différens titres qui sont autant de chefs des Libertés de l'Eglise Gallicane, ou des Droits de la Couronne établis & maintenus par ces titres. Les Preuves ont été considérablement augmentées dans cette édition, entre lesquelles on a placé les Mémoires de Baptiste du Mesnil, l'Arrêt contre Tanquerel, & celui contre Florentin Jacob. De tous les Traités imprimés dans l'édition précédente, on n'a mis dans celle-ci que le seul Traité de Pierre Pithou, qui est à la tête de cette Collection.

☞ Il y a deux éditions de 1651 ; la seconde est la plus ample. Voyez *Catalogue du Droit Canon*, par Lenglet, *pag.* 228.]

» Les Recueils de M. Dupuy, sur les Libertés de l'E-
» glise Gallicane, sur l'Histoire du différend de Boni-
» face VIII. avec Philippe-le-Bel, l'Histoire de la con-
» damnation des Templiers, l'Histoire de la Pragmati-
» que & des Concordats, le Traité de la Majorité des
» Rois, & plusieurs autres, sont pleins de recherches
» très-curieuses, & écrits avec beaucoup de justesse &
» d'exactitude, tant en Jurisconsulte qu'en Théologien.
» Il n'y a guères d'Ouvrages plus utiles pour la Police
» Ecclésiastique & Séculière ». Louis Ellies du Pin, *Histoire Ecclésiastique du XVII, Siècle*, tom. I. p. 623.

6996. ☞ Ms. Mémoire pour une Edition des Libertés de l'Eglise Gallicane, pris des différens Codes de l'Eglise, des Capitulaires de nos Rois, & des Conciles, jusqu'au IX.ᵉ Siècle inclusivement ; par Jean-Pierre Gibert, Canoniste.

Ce Mémoire est entre les mains de M. Gibert, Inspecteur-Général du Domaine, parent de l'Auteur, & Membre de l'Académie Royale des Belles-Lettres.]

6997. ☞ Traité des Droits & Libertés de l'Eglise Gallicane, avec les Preuves ; nouvelle Edition, augmentée de différentes Pièces qui étoient devenues fort rares, & de notes ; [par Jean-Louis Brunet, Avocat) : *Paris*, 1731, *in-fol.* 4 vol.

On retrouve dans cette édition tous les Traités qui sont dans celle de M. Dupuy. Les Pièces rares que l'Editeur a ajoutées, sont un Discours Latin du Cardinal Bertrand, dans la fameuse dispute qu'il eut avec Pierre de Cugnières, sur la Jurisdiction Ecclésiastique, le Songe du Vergier, & un Ouvrage Latin intitulé : *Remonstrantie Hybernorum*. Ces trois Ouvrages seront indiqués ci-après. M. Brunet y a de plus inséré le Commentaire de Pierre Dupuy, sur le Traité des Libertés, & un autre Traité du même, sur ce qui s'est fait par les Rois & les Empereurs, au sujet de la Jurisdiction criminelle sur les Ecclésiastiques. Les Preuves sont dans le même ordre que dans l'Edition de Dupuy, mais sans aucune augmentation.

M. Prevôt, fameux Avocat, mort en 1753, a laissé à la Bibliothèque de l'Ordre des Avocats de Paris, des Observations manuscrites sur cette nouvelle Edition, avec les titres d'un grand nombre de Pièces qui y manquent. Les remarques critiques font fort courtes, & roulent sur les notes de M. Brunet.]

On conserve dans plusieurs Bibliothèques de Paris, un grand nombre de volumes sur ces matières, que je n'ai pu conférer avec les imprimés; & comme ils peuvent contenir des Pièces qui n'auront peut-être pas été publiées, je les indique ici.

6998. Mſ. Actes & Mémoires pour les Libertés de l'Eglise Gallicane : *in-fol.* 2 vol.

Ces Actes & Mémoires sont conservés entre les Manuscrits de M. Dupuy, num. 422-423.

6999. Mſ. Divers Discours & Mémoires touchant quelques matières Ecclésiastiques & Libertés de l'Eglise Gallicane : *in-fol.*

Ces divers Discours & Mémoires sont conservés entre les mêmes Manuscrits, num. 37.

7000. Mſ. Actes concernant les Libertés de l'Eglise Gallicane, depuis le commencement de la Monarchie jusqu'en 1612 : *in-fol.* 2 vol.

Ces Actes se conservent entre les mêmes Manuscrits, num. 676, 677. Ils ont été imprimés [dans les Recueils indiqués ci-dessus.]

7001. Mſ. Mémoires pour les Libertés de l'Eglise Gallicane : *in-fol.*

Ces Mémoires sont conservés entre les mêmes Manuscrits, num. 493, 539.

7002. Mſ. Libertés & Privilèges de l'Eglise Gallicane, avec les Preuves, depuis l'an 506 jusqu'en 1627, avec l'Inventaire des Pièces : *in-fol.* 12 vol.

Ces Preuves sont conservées entre les Manuscrits de M. de Brienne, num. 150-162 [à la Bibliothèque du Roi.]

7003. Mſ. Additions à ce Recueil : *in-fol.* 3 vol.

Ces Additions sont conservées entre les mêmes Manuscrits, num. 163-165.

7004. Mſ. Libertés de l'Eglise Gallicane : *in-fol.* 7 vol.

Mſ. Défense de ces Libertés : *in-fol.*

Ces deux Manuscrits sont conservés dans la Bibliothèque de M. Joly de Fleury, Procureur-Général du Parlement de Paris, num. 991-1019 & 1023.

7005. Mſ. Traités des Libertés de l'Eglise Gallicane, contre les Excommunications & Interdits des Papes & de leurs Légats : *in-fol.* 2 vol.

Ces Traités sont dans la Bibliothèque de M. le Chancelier Séguier, num. 480 [à S. Germain-des-Prés.]

7006. Mſ. Preuves des Libertés de l'Eglise Gallicane : *in-fol.*

Ces Preuves sont conservées dans la même Bibliothèque, num. 479.

7007. Mſ. Titres & Actes pour les Libertés de l'Eglise Gallicane : *in-fol.* 4 vol.

Ces Titres & Actes sont conservés dans la même Bibliothèque, num. 481.

7008. Mſ. Recueil de Pièces touchant les Libertés & Franchises de l'Eglise Gallicane, dont une bonne partie ne se trouve point dans les Preuves des Libertés imprimées : *in-fol.*

Ce Recueil de Pièces [étoit] conservé dans la Bibliothèque de M. Pelletier le Ministre, num. 75.

7009. Mſ. Mémoires de [Gilles] BOURDIN, Procureur-Général du Parlement, sur les Libertés de l'Eglise Gallicane : *in-fol.*

Ces Mémoires sont conservés entre les Manuscrits de M. Dupuy, num. 47. Gilles Bourdin est mort en 1570.

7010. Quædam Acta Ecclesiæ Gallicanæ pro Libertatibus Ecclesiæ & Juris communis defensione : *Parisiis*, 1608, *in-4.*

7011. Traité des Libertés de l'Eglise Gallicane; par LANIER DE L'EFFRETIER : *Paris*, Robinot, 1608, *in 8.*

Ce Traité se trouve aussi entre les Manuscrits de M. Dupuy, num. 493.

7012. De Juribus & Libertatibus Ecclesiæ Gallicanæ ; auctore Laurentio BOCHELLO.

Ce Traité est imprimé dans le quatrième Livre des Décrets de l'Eglise de France, titre vingt-unième : *Parisiis*, 1609, 1621, *in-fol.* & au tome II. de la Bibliothèque du Droit François : *Paris*, 1667, *in-fol.*

7013. La Tyrannomanie étrangère, ou Plainte libellée au Roi pour la conservation des saints Décrets, des Concordats de France, & de la Nation Germanique, de l'Autorité & Majesté du Roi, des Droits du Royaume & des saintes Libertés de l'Eglise Gallicane; par André VALLADIER [Abbé de S. Arnoul, Docteur en Théologie & Prédicateur du Roi] : *Paris*, Chevalier, 1615, 1626, *in-4.*

☞ Cet Ouvrage promet beaucoup plus qu'il ne donne : il ne s'agit presque que de la Vie de l'Auteur, & des contestations qu'il eut avec les Officiers de Metz. Il ne traite de nos Libertés qu'en passant, & quelquefois pour servir de preuves aux droits qu'on lui disputoit. On doit porter le même Jugement de son *Factum ou Prolégomènes de la Tyrannomanie*, contre *Lazare de Selve, le gros Goulas Panfesy, dit Maghin, & autres leurs complices & persécuteurs de l'Abbaye de S. Arnoul & de tout l'Ordre Ecclésiastique* : 1618, *in-4.* L'Auteur est mort en 1638.]

7014. De la Liberté de l'Eglise Gallicane, & un Echantillon de l'Histoire des Templiers ; par Jean BEDÉ, Angevin, Sieur de la Gormandiere : *Saumur*, 1646, *in-8.*

7015. Des Libertés de l'Eglise Gallicane ; par Estienne PASQUIER.

Ce Discours est imprimé au Livre III. de ses *Recherches de la France.*

7016. Mſ. Discours sur les Libertés de l'Eglise Gallicane, dédié au Clergé en 1650 : *in-fol.*

Ce Discours est conservé dans la Bibliothèque du Roi, num. 9474.

7017. ☞ Des Libertés de l'Eglise Gallicane ; par François EUDES DE MÉZERAY.

Ce petit morceau se trouve dans ses *Mémoires historiques & critiques* : *Amsterdam*, 1732, *in-8.* part. 2. pag. 61.]

7018. Commentaire de Pierre DUPUY, sur le Traité des Libertés de l'Eglise Gallicane. Ensemble

Ensemble un autre Traité de l'origine & progrès des Interdits Ecclésiastiques, &c. *Paris*, Cramoisy, 1652, *in-4*.

Pierre Dupuy est mort en 1651, & Jacques Dupuy, Prieur de S. Sauveur, fit imprimer cet excellent Commentaire, l'année d'après la mort de son frère. Le Traité sur lequel il a travaillé, est celui de Pierre Pithou, [qui, selon M. Grosley, a eu ainsi que son frère, une grande part à ce Commentaire.]

☞ Commentaire de M. DUPUY, sur le Traité des Libertés de l'Eglise Gallicane de M. Pierre Pithou, Avocat en la Cour de Parlement, avec trois autres Traités : 1.° de l'origine & du progrès des Interdits Ecclésiastiques : 2.° des Informations de vie & mœurs des nommés aux Evêchés par le Roi : 3.° l'Histoire de l'origine de la Pragmatique-Sanction du Roi Charles VII. & des Concordats. Nouvelle Edition, revue, corrigée & augmentée de Notes, & d'une Préface historique, dans laquelle on donne la manière d'étudier le Droit Canonique, par rapport aux usages du Royaume, & l'on peut connoître les Livres les plus nécessaires pour cette science ; avec un Recueil de Preuves, qui contient les Pragmatiques & le Concordat, les Edits, Déclarations & Ordonnances des Rois de France sur la Discipline Ecclésiastique ; (par M. Nicolas LENGLET DU FRESNOY) : *Paris*, Musier, 1715, *in-4.* 2 vol.

Cet Ouvrage devient rare. Il y a à la fin du tom. I. un Catalogue des meilleurs Ouvrages pour l'étude du Droit Canonique. Le tom. II. entier contient les Preuves. La Préface de l'Abbé Lenglet a été supprimée dans un grand nombre d'exemplaires. Le Catalogue qu'il a mis à la fin du tom. II. n'est pas aussi-bien fait qu'il auroit pu l'être. *Voyez* le *Journ. des Sçav.* Févr. 1716, & les *Mémoires sur la Vie de l'Abbé Lenglet : Londres*, (*Paris*) 1761, *in-12.* pag. 153, (par M. Michault, de Dijon.)

M. Brunet a fait réimprimer en 1731 ce Commentaire de Dupuy, dans le tom. I. du *Recueil des Libertés*, ci-devant, N.° 6997.]

7019. Joannes LIMNÆUS, de Libertatibus Ecclesiæ Gallicanæ.

Ce Traité est imprimé au Livre III. de l'Ouvrage qui a pour titre : *Notitia Regni Francici, &c. Francofurti*, 1655, *in-4.*

7020. Pernicieuses conséquences touchant les Libertés de l'Eglise Gallicane ; par un Avocat : *Paris*, 1664, *in-4.*

7021. Réflexions sur les Libertés de l'Eglise Gallicane.

Ces Réflexions sont imprimées avec le Discours d'un Bourgeois de Paris, sur les Pouvoirs du Cardinal Chigi, Légat *à latere* en France, (en François & en Anglois) : *Londres*, 1665, *in-4.*

7022. Diverses Pièces Latines & Françoises de Jean-Baptiste NOULLEAU, Théologal de S. Brieu, sur les Libertés de l'Eglise Gallicane : en 1665 & 1666, *in-4.*

7023. Mf. Préface & Plan de l'Ouvrage de François BOSQUET, Evêque de Montpellier, sur les Libertés de l'Eglise Gallicane, contre le Traité de Pierre Pithou ; avec des Recueils de Pièces ramassées pour la composition de cet Ouvrage : *in-fol.* 2 vol.

Ce Manuscrit [étoit] conservé dans la Bibliothèque de M. Colbert de Croissy, Evêque de Montpellier, N.° 270 & 271.

☞ Après la mort de M. Bosquet, arrivée en 1676, on annonça dans le Journal des Sçavans & dans les Nouvelles de la République des Lettres, que Charles de Pradel, son successeur & son neveu, devoit conjointement avec l'Abbé de Lacan, autre neveu de M. Bosquet, publier ce grand Ouvrage, que l'on regardoit comme achevé. Mais rien n'en a encore été publié. M. l'Abbé de Gréfeuille dit même dans son *Histoire Ecclésiastique de Montpellier*, qu'on a assuré que ces Manuscrits n'étoient pas en état de paroître. Ce ne sont que des Mémoires sur des questions relatives à nos Libertés, qui avoient été agitées du temps de l'Auteur.]

7024. Tractatus de Libertatibus Ecclesiæ Gallicanæ, complectens amplam Discussionem Declarationis Cleri Gallicani, anni 1682 ; auctore M. C. Sacr. Th. Doctore : *Leodii*, Hovii, 1684, *in-4.*

☞ Ejusdem Editio tertia, auctior quatuor Opusculis, & Vitâ auctoris : *Romæ*, 1720, *in-4.* 3 vol.

Me Antoine Charlas, désigné par les lettres initiales, Prébendier de Couserans, avoit été pendant quelques années Supérieur du Séminaire de Pamiers sous François Caulet. Après la mort de ce Prélat, il alla à Rome, où il composa cet Ouvrage & la Réponse au Père Alexandre. Il y mourut en 1698.

☞ *Voyez* sur ce Traité, *Républiq. des Lettr. Juin*, 1685. = *Journ. des Sçav. Juin*, 1725. = *Catalogue du Droit Canoniq.* de Lenglet, *pag.* 228.]

7025. ☞ Traduction de deux Lettres touchant le Livre intitulé : *Tractatus de Libertatibus Ecclesiæ Gallicanæ*, écrites l'une par un Ecclésiastique de Rome, & l'autre par l'Auteur du même Livre : 1686, *in-8.*]

7026. ☞ Mf. Apologie des Libertés de l'Eglise Gallicane, où l'on réfute l'Auteur qui a attaqué la Déclaration du Clergé de France en 1682 ; par Jean-Pierre GIBERT, Canoniste.

7027. ☞ Mf. Les Opinions Ultramontaines sappées par leur fondement ; par Jean-Pierre GIBERT, Canoniste.

Ces deux Ouvrages sont entre les mains de M. Gibert, Inspecteur-Général du Domaine, parent de l'Auteur.]

7028. Mf. Traité des Libertés de l'Eglise Gallicane, composé par ordre de M. Colbert ; par Olivier PATRU, Avocat au Parlement.

Ce Traité est cité par l'Abbé Lenglet. Patru est mort en 1681.

☞ On a vendu à Paris en 1766, avec la Bibliothèque de M. de Senicourt, un Recueil Manuscrit qui pouvoit contenir cet Ouvrage. Il est indiqué num. 1649, du Catalogue, sous le titre de »Code Colbert, ou Recueil de différens Traités sur les Libertés de l'Eglise »Gallicane, le Clergé, &c. composé par ordre de M. »Colbert, Ministre d'Etat : *in-fol.* 3 vol.]

7029. Mf. Mémoire historique touchant les Libertés de l'Eglise Gallicane, composé en 1690 ; par Cl. FLEURY, depuis Pricur d'Argenteuil, & Confeſſeur du Roi Louis XV. in-fol.

Ce Manuſcrit [qui, comme on va le voir, a été imprimé] eſt conſervé dans la Bibliothèque de S. Germain-des Prés.

7030. ☞ Diſcours de M. l'Abbé (Claude) FLEURY, ſur les Libertés de l'Egliſe Gallicane (avec des Notes) 1724, 1733, 1750, 1753, 1755.

Ce Diſcours fut publié mal-à-propos ſous le titre de *neuvième Diſcours*, comme s'il devoit ſervir de ſuite aux huit autres que l'Auteur a inſérés dans différens volumes de ſon *Hiſtoire Eccléſiaſtique*. Celui-ci ne fut point fait pour accompagner cette Hiſtoire. On dit que ce fut pour apprendre les élémens de nos Libertés aux Enfans de France, dont l'Auteur étoit Sous-Précepteur.

Les Notes anonymes qui ſont dans la première Edition de ce Diſcours, ſont, diſent les nouveaux Editeurs, de trois ſçavans Eccléſiaſtiques, connus par divers Ouvrages d'Hiſtoire & de Littérature. Quelques perſonnes ont cru (avec raiſon) y reconnoître le ſtyle hardi de l'Abbé DE BONNAIRE, mort en 1752. D'autres ont dit que l'Editeur étoit un nommé M. Petit, qui avoit, ajoute-t-on, dérobé le Manuſcrit de M. Fleury. Mais il paroît que ce fut Alexandre LE ROY, Prieur de Montlhery. Un neveu de M. Fleury (M. de la Vigne de Frecheville, premier Médecin de la Reine, mort en 1758) a ſouvent raconté à des perſonnes dignes de foi, que cet Eccléſiaſtique avoit un accès facile dans le Cabinet de M. Fleury, & que dans l'abſence de cet Auteur célèbre, il avoit copié pluſieurs de ſes Manuſcrits, & en particulier le Diſcours dont il s'agit.

M. Daragon, Profeſſeur au Collège de Montaigu, qui étoit très-lié avec M. de Frecheville, conſerve avec pluſieurs papiers de M. Fleury, l'original de ce Diſcours. Il y a de plus quatre pages *in-4.* ſur le même ſujet, addreſſées en 1707 à M. Dugaz de Lyon, & un autre Ecrit de trois pages qui roule encore ſur les Libertés, & qui eſt auſſi reſté manuſcrit.

Le même Diſcours, revu & augmenté de Notes; par Ant. Gaſp. BOUCHER D'ARGIS, Avocat au Parlement.

Il eſt dans l'Edition complette des Diſcours de M. Fleury : *Paris*, J. Th. Hériſſant, 1763, *in-12*. 2 vol.

Le même, avec un Commentaire ; par M l'Abbé de C. (CHINIAC) de L. (la Baſtide) : Au-delà des Monts, à l'enſeigne de la Vérité : (*Paris*, Butard) 1765, *in-12*. 492 pages.

L'Auteur eſt un jeune homme qui depuis a quitté l'état Eccléſiaſtique & s'eſt fait recevoir Avocat au Parlement de Paris. Il étudioit en Droit, lorſqu'il a publié ce Livre, qui eſt plein de recherches. Le zèle trop vif qui y règne, & des expreſſions trop peu meſurées, ont attiré à l'Auteur pluſieurs critiques, auxquelles il a eſſayé de répondre dans l'Ouvrage ſuivant.]

7031. ☞ Réflexions importantes & apologétiques ſur le nouveau Commentaire, &c. fondées ſur l'Ecriture-Sainte, les Déciſions des Conciles, &c. avec une Lettre à l'Auteur des Nouvelles Eccléſiaſtiques ; par l'Auteur du Commentaire : *Paris*, 1766, *in-12*.

L'Auteur a fait imprimer les Critiques, auxquelles il répond avec beaucoup d'érudition : il a joint à ſes réflexions une Traduction des Thèſes ſoutenues en 1765 à Lisbonne, ſur l'indépendance de l'autorité des Rois.]

7032. ☞ Mémoire ſur les Libertés de l'Egliſe Gallicane, & ſur les moyens de les maintenir ; trouvé parmi les Papiers de Monſeigneur le Dauphin, & compoſé par ſon ordre : *in-12*. 1714.

Ce Mémoire eſt attribué à Claude HENNEQUIN, Docteur en Théologie de la Faculté de Paris : il eſt auſſi imprimé au tom. II. pag. 482, du *Renverſement des Libertés de l'Egliſe Gallicane*, par la Conſtitution *Unigenitus* : *Amſterdam* (& *Paris*) 1716, *in-12*.

7033. ☞ Traité des Libertés de l'Egliſe Gallicane : *Paris*, 1717, *in-12*.]

7034. ☞ Abrégé hiſtorique des Libertés de l'Egliſe Gallicane : 1733, *in-12*.]

7035. ☞ Mémoire ſur les Libertés de l'Egliſe Gallicane ; (par M. l'Abbé MIGNOT, de l'Acad. des B. L. *Amſterdam*, Arkſtée : (*Paris*, Vincent) 1755, *in-12*.

Cet excellent Abrégé de nos Libertés fut compoſé au ſujet des Immunités du Clergé & des différends qui les ſuivirent, pour l'inſtruction de quelques jeunes Magiſtrats. Toutes les maximes qui y ſont détaillées, tendent à conſerver non-ſeulement le Droit des Evêques, mais auſſi ceux du Prince & de ſes Sujets, & à les garantir du joug que la Cour de Rome & certains Eccléſiaſtiques du Royaume voudroient leur impoſer. L'auteur donne à la fin, les moyens de conſerver de ſi précieux uſages ; il les réduit à quatre, dont l'appel comme d'abus eſt le principal.

7036. ☞ Maximes & Libertés Gallicanes, raſſemblées & miſes en ordre, avec leurs Preuves. Mémoire ſur les Libertés, trouvé dans les Papiers d'un grand Prince. Diſcours de M. l'Abbé Fleury, ſur les Libertés : *La Haye*, (*Paris*) 1755, *in-12*.]

7037. ☞ Expoſition de la Doctrine de l'Egliſe Gallicane, par rapport aux prétentions de la Cour de Rome : (*Paris*) 1758, *in-12*.

Céſar CHESNEAU DU MARSAIS, Avocat en Parlement, Auteur de cet Ouvrage, eſt mort le 11 Juin 1756, âgé de près de quatre-vingts ans. Il commença ce Traité à la prière du Préſident de Maiſons, dont il élevoit le fils ; & il l'acheva pour M. le Duc de la Feuillade, nommé par le Roi à l'Ambaſſade de Rome. Cette Expoſition, qui eſt diviſée en trois parties, eſt méthodique & eſtimée.

Voyez l'*Année Littéraire*, 1758, tom. *VIII*. Let. XI. & l'*Eloge de M. du Marſais*, par M. d'Alembert, de l'Académie Françoiſe & de celle des Sciences, à la tête de l'*Encyclopédie*, & dans les *Mélanges* de cet Académicien, tom. *II*. pag. 169 & ſuiv.]

7038. ☞ Des Maximes du Royaume, des Droits de la Couronne, & des Libertés de l'Egliſe de France.

C'eſt la Section XI. du Chap. IV. du Droit Eccléſiaſtique, qui forme le tom. VII. de la Science du Gouvernement, par M. DE RÉAL, Grand-Sénéchal de Forcalquier : 1764, *in-4*. pag. 594-693.

On trouve enſuite, p. 694-770, des détails ſur cette Maxime : L'autorité Eccléſiaſtique n'a aucun pouvoir direct ni indirect ſur le temporel de la Puiſſance ſéculière ; ce qui eſt ſuivi des règles d'obéiſſance pour les Peuples dans le conflit de la Puiſſance ſéculière & de l'autorité Eccléſiaſtique.]

7039. ☞ Abrégé des Libertés de l'Egliſe Gallicane, dédié à M. C. (Chauvelin) Conſeiller de Grand'Chambre : (*Paris*) 1766, *in-12*.

C'eſt, à quelques changemens près, le même Ouvrage que l'extrait publié par Pierre Pithou en 1594.

Le style même n'est guères rajeuni. L'Auteur a suivi un bon guide. Il est souvent plus avantageux de reproduire ainsi des Ouvrages bien faits, que d'en composer de nouveaux, qui n'auroient que le mérite d'un style plus moderne.

» Après les articles de M. Pithou, rien n'est plus » propre à faire naître le goût des véritables principes » de la partie la plus élevée du Droit Ecclésiastique, que » les Discours de MM. les Avocats-Généraux, sur-tout » dans les affaires publiques, où ils ont fait des Remon- » trances & des Réquisitoires, soit pour réprimer les en- » treprises de la Cour de Rome, soit pour exercer leur » censure sur des Ouvrages contraires à nos Maximes. » On trouve plusieurs de ces Discours dans les Preuves » des Libertés de l'Eglise Gallicane. On en trouve en- » core dans les Journaux des Audiences, ou dans d'au- » tres Recueils : ils ont presque tous été imprimés dans » leur temps; & s'il y en a quelques-uns qui ne l'ayent » pas été, ce seroit un Ouvrage digne d'un Avocat- » Général, de les faire chercher dans les Registres du » Parlement, pour tâcher d'en avoir un Recueil com- » plet, auquel il faudroit joindre aussi les Remontran- » ces qui ont été faites à nos Rois par leurs Parlemens, » en différentes occasions, qui concernent la même ma- » tière. Comme les Discours des Avocats-Généraux con- » tiennent toujours une critique sévère des fausses ma- » ximes, ils montrent en même-temps celles qui sont » véritables. Ils accoutument ainsi l'esprit à en faire un » juste discernement, &c. » *Œuvres de M. le Chancelier d'Aguesseau, tom. I. pag. 427.*

§. II. *Traités particuliers sur les Libertés de l'Eglise Gallicane.*

☞ L'objet principal de nos Libertés est la distinction des deux Puissances, Spirituelle & Temporelle. Parmi les Auteurs qui en ont traité, les uns les ont comparées ensemble, pour montrer les limites de chacune ; les autres en ont écrit d'une manière polémique, & ont eu pour but de défendre celle qu'on attaquoit. Ces deux sortes d'Ouvrages sont indiqués séparément, à cause de leur grand nombre, qui ne permet pas de les mêler sans nuire à la clarté. Dans la seconde classe, on a placé les Traités relatifs aux différends que la France a eus avec le Pape. On trouvera ensuite, dans d'autres articles séparés, ce qui regarde les droits du Roi sur le Clergé, la Juridiction Ecclésiastique, l'autorité des Conciles généraux en France, & en particulier la réception du Concile de Trente.]

1. *Traités sur les deux Puissances en général.*

7040. AGOBARDI, Archiepiscopi Lugdunensis, Tractatus de comparatione utriusque regiminis Ecclesiastici & Politici, & in quibus Ecclesiæ dignitas præfulgeat Imperiorum majestati.

Ce Traité est imprimé dans Goldast, au tom. II. de sa *Monarchie de l'Empire* : *Francofurti*, 1613, *in-fol.* au tom. II. des *Œuvres d'Agobard, pag.* 48 : *Parisiis*, Muguet, 1666, *in-8.* & au tom. II. de la grande *Bibliothèque Pontificale de Roccaberti, pag.* 132 : *Romæ*, 1698, *in-fol.* Agobard est mort en 840.

7041. HINCMARI, Archiepiscopi Remensis, Admonitio de Potestate Regia & Pontificia, de utriusque regiminis administratione, anno 884.

Cet Avis est imprimé dans Goldast, au tom. I. de sa *Monarchie de l'Empire* : *Hanoviæ*, 1611 : *in-fol.* & au tom. II. des *Œuvres de cet Archevêque, pag.* 1 : *Parisiis*, Cramoisy, 1645, *in-fol.*
Tome *I.*

7042. * HUGONIS Floriacensis, Tractatus de Regiâ potestate & Sacerdotali dignitate.

Ce Traité est imprimé dans les *Miscellanea* de Baluze, *tom. IV.*

☞ Hugues de Sainte-Marie, plus connu sous le nom de Fleury, qui est celui de l'Abbaye où il demeuroit, vivoit encore dans le douzième siècle. Son Ouvrage est un monument de l'ancienne doctrine de l'Eglise, sur la distinction des deux Puissances. L'Auteur a sçu éviter les préjugés de son siècle. *Voyez* l'*Histoire Litt. de la France, tom. X.*

M. Paul-Charles Lorry, Professeur en Droit de la Faculté de Paris, mort le 6 Novembre 1766, préparoit une édition de ce Traité, avec des Notes. Ce Sçavant, qui a été enlevé à l'âge de 46 ans, étoit très-versé dans le Droit Canonique.

7043. ÆGIDII (COLUMNÆ) Romani, Augustiniani, Archiepiscopi Bituricensis : Quæstio in utramque partem, pro & contra Pontificiam Potestatem, anno 1304.

Cette Question est imprimée dans Goldast, au tom. II. de sa *Monarchie de l'Empire, pag.* 95 : *Francofurti*, 1613, *in-fol.* & dans Richer, au tom. I. des *Défenses de la Doctrine des Anciens* : *Coloniæ*, 1683, *in-4.*
Gilles COLUMNA est mort en 1316.

7044. JOANNIS de Parisiis, Dominicani, Theologi Parisiensis, Tractatus de Potestate Regia & Papali, anno 1305 : *Parisiis*, 1506, *in-4.*

Ce Traité de Jean DU SOURD est imprimé dans Schardius, en son *Recueil des Traités de la Juridiction Impériale, num.* 5 : *Argentorati*, 1609, *in-fol.* dans Goldast, au tom. II. de la *Monarchie de l'Empire, p.* 108 : *Francofurti*, 1613, *in-fol.* & dans Richer, au tom. I. de sa *Défense de la Doctrine des Anciens* : *Coloniæ*, 1683, *in-4.* Jean du Sourd est mort en 1306.

7045. Guillelmi OCKAM, Monachi Franciscani, & Professoris Parisiensis, Disputatio super Potestate Prælatis Ecclesiæ & Principibus commissâ, anno 1305.

Ce Discours est imprimé dans Goldast, au tom. I. de sa *Monarchie de l'Empire, num.* 5 : *Heidelbergæ*, 1611, *in-fol.*

Eadem Disputatio inter Clericum & Militem ; super Potestate, &c. incerto auctore, temporibus Bonifacii VIII. Pontificis Romani, sub forma Dialogi.

Cette Dispute est imprimée dans Richer, au tom. I. des *Défenses de la Doctrine des Anciens* : *Coloniæ*, 1683, *in-4.*

7046. ☞ Mf. Recueil de diverses Pièces sur l'autorité des deux Puissances, Temporelle & Spirituelle : *in-fol.*

C'est un assez gros volume écrit au commencement ou vers le milieu du quatorzième siècle. Il est conservé dans la Bibliothèque de M. de Baritault, Conseiller au Parlement de Bordeaux. Il y est principalement question des affaires de Boniface VIII.]

7047. Opus insigne, cui titulum fecit Autor : Defensorium Pacis, ubi de Potestate Papæ & Imperatoris tractatur ; scriptum tempore Ludovici IV. Imperatoris : à Marsilio MENANDRINO, Patavino, J. C. circa annum 1324 : 1515, *in-fol.*

Idem, cum Præfatione Licentii Evangeli Sacerdotis [Beati Rhenani] : *Basileæ*, 1522, *in-fol.*

Idem [ad demonstrandam Henrici IV. Gall. Regis autoritatem, recensitum à Francisco GOMARO qui notas ad marginem adjecit]: *Francofurti*, Wecheli, 1592, *in-*8.

Idem auctior: [*Heidelbergæ*] Commelini, 1599, *in-*8.

Idem, sub hoc titulo: Legislator de Jurisdictione Pontificis Romani & Imperatoris; per PATERSONIUM: 1613, *in-*8.

Cet Ouvrage est aussi imprimé dans Goldast, au tom. II. de la *Monarchie de l'Empire*, *pag.* 154: *Francofurti*, 1613, *in-fol.* L'Auteur a été un des plus zélés Défenseurs de l'autorité des Princes, en la personne de Louis de Baviere, dont il entreprend la défense. Son Traité est fort curieux.

Albert Pighius a écrit le cinquième Livre de ses Assertions, touchant la Hiérarchie de l'Eglise, contre cet Auteur. Il est imprimé avec les quatre autres Livres, à Cologne en 1544 & en 1572.

7048. Guillelmi OCKAM, Monachi Franciscani, Dialogus de Potestate Imperiali & Papali, anno 1328.

Ce Dialogue est imprimé dans Goldast, au tom. I. de sa *Monarchie de l'Empire*, *pag.* 13.

7049. Ms. Petri DE CUGNERIIS, seu DE CUNERIIS, Advocati Regii, Oratio de duabus Potestatibus, quâ deffendit Regni Galliæ auctoritatem contra Ecclesiasticos, seu Disputatio cum Prælatis Regni Franciæ, anno 1329: *in-fol.*

Ce Discours n'a pas encore été imprimé: » Pierre de » Cugnieres sollicita Philippe de Valois de réfréner les » Jurisdictions Ecclésiastiques, en ce qu'elles entrepren- » nent sur sa Jurisdiction & sur celle de ses Sujets. Cette » Cause fut solemnellement plaidée au Bois de Vincen- » nes l'an 1329, en présence du Roi, qui, après avoir » ouï les Parties, déclara qu'il laissoit les Ecclésiasti- » ques en leur ancienne possession ». Joly, *pag.* 650, des *Opuscules* de Loisel, où il raconte cette Histoire plus au long: *Paris*, 1652, *in-*4.

☞ On n'a de ce Plaidoyer de Pierre de Cugnieres, que les extraits que les défenseurs du Clergé en ont faits dans leur réponse. Antoine Mornac, Avocat célèbre, mort en 1619, dit (*ad. Leg.* 8, *Cod. de Episcop. Aud.*) que de son temps les Manuscrits de ce Magistrat étoient conservés chez M. le Clerc, Conseiller au Parlement, qui les cachoit avec le plus grand soin.]

7050. Libellus pro Ecclesiæ Gallicanæ Libertate super facto Prælatorum, seu de Jurisdictione Ecclesiastica, contra Petrum de Cugneriis: Auctore PETRO BERTRANDO, Cardinale & Archiepiscopo Senonensi, Æduensique Episcopo: *Parisiis*, 1495, *in-*4.

Ce Cardinal est mort en 1349.

☞ Il est aussi dans la *Bibliot. des Pères*, tom. IV. *part.* 1, *pag.* 863, *édit. de Paris.*]

Le même, sous ce titre: Actio Petri DE CUGNERIIS & Petri BERTRANDI, de Jurisdictione Ecclesiastica & Politica coram Philippo Rege Franciæ habita.

Voyez *Catal. des Auteurs du Droit Canon* de Lenglet, *pag.* 181.]

Ce Discours est imprimé dans Goldast, au tom. I. de sa *Monarchie de l'Empire*, *pag.* 1361.

7051. Idem Libellus, purgatus à variis mendis quæ in hactenus editis irrepserant, & restitutus ad fidem duorum Mss. Colbertinorum à Joan. Ludovico BRUNET, in suprema Parisiensis Senatûs Curia Patrono.

Cette édition est dans le tom. I. du *Recueil des Libertés*, publié en 1731. M. Brunet a mis à la tête une Lettre historique sur cette célèbre dispute, où il attaque les Actes qui suivent. Il y dit aussi que toutes les éditions précédentes de cette Conférence sont peu correctes & souvent inintelligibles.]

7052. Tractatus de origine Jurisdictionum, sive de duabus Potestatibus, Temporali scilicet & Spirituali: *Parisiis*, du Pré, *in-*8. *Ibid.* Petit, 1513, *in-*8.

Ce Traité est aussi imprimé avec le Traité de Ruzée, du *Droit de Régale*: *Parisiis*, 1551, *in-*8. dans les *Bibliothèques des Pères*, & dans le *Recueil des Traités du Droit*: *Venetiis*, 1584, *in-fol.*

7053. Ms. Acta controversiæ inter Prælatos Regni Franciæ, & Petrum de Cugneriis, Advocatum Regium, anno 1329: *in-fol.*

Ces Actes [étoient] dans la Bibliothèque de M. Baluze, num. 236 [aujourd'hui à la Bibliothèque du Roi, & dans celle de M. Colbert, N.° 1324.]

7054. Rodolphi PRESLÆI, Consiliarii Regii, & Magistri Libellorum Supplicum in Curia Parisiensi, Tractatus de Potestate Pontificali & Imperiali, seu Regia. Traduit en François en 1370, par le commandement du Roi Charles V.

Ce Traité est aussi élégant qu'il est court. Il se trouve dans Goldast, au tom. I. de sa *Monarchie de l'Empire*, *pag.* 39.

7055. Le Songe du Vergier, qui parle de la disputation du Clerc & du Chevalier, & de la puissance Ecclésiastique & Politique, (sans nom de lieu & sans date): *in-fol.* Paris, Maillet, 1491. *Ibid.* Petit, [1501] *in-fol.*

Le même traduit en Latin, sous ce titre: Aureus de utraque Potestate Temporali scilicet & Spirituali Libellus, in hunc usque diem non visus: Somnium Viridarii vulgariter nuncupatus: formam tenens Dialogi inter Clericum & Militem, ac jam diu Carolo V. Francorum Regi, dum viveret, dedicatus. In quo quidem Libello Miles & Clericus, de utraque Jurisdictione latissimè disserentes, tanquam Advocati introducuntur, & alternativè Partes opponentis & respondentis assumentes jucundissimè & fructuosissimè de ambarum Jurisdictionum disputant potestate, &c. *Parisiis*, du Pré, 1516, *in-fol.*

☞ Cette édition est peu exacte. Il y en a un exemplaire à la Bibliothèque du Roi, avec des notes manuscrites de M. l'Abbé de Targny.]

Le même Livre, en Latin, sous ce titre: Philothei ACHILLINI, Consiliarii Regii, Somnium Viridarii, de Jurisdictione Regia & Sacerdotali.

Ce Traité est imprimé sous ce titre, dans Goldast, au tom. I. de sa *Monarchie de l'Empire*, *pag.* 58.

☞ Cette édition fourmille de fautes.]

Le Songe du Vergier est souvent cité par les Auteurs anciens & modernes. Il a été fait en 1374, par l'ordre du Roi Charles V. Bellarmin & Goldast l'attribuent à

Philippe de Maizières, Ministre d'Etat sous ce Roi; mais comme ce Ministre se retira chez les Célestins de Paris, où il passa les cinq dernières années de sa vie, qu'il les fit légataires de tous ses biens, & même de ses Ouvrages, qui sont conservés dans leur Bibliothèque, & qu'entre ces Ouvrages, celui-ci ne s'y trouve pas, on peut assurer, avec le Père Becquet, Bibliothécaire de cette Maison, qu'il n'en est pas l'Auteur. Aussi Gabriel Naudé, dans son *Addition à l'Histoire de Louis XI. pag.* 360, de la première édition, le donne à Charles de Louviers : il ajoute, qu'il reçut en récompense la charge de Conseiller d'Etat. La Croix du Maine prétend que ce Livre a été écrit en Latin, & traduit ensuite en François : il dit encore, *p.* 427, que Raoul de Presles a fait un abrégé de cet Ouvrage.

☞ M. Lancelot (*Mém. de l'Acad. des Belles-Lettres*, t. XIII. p. 659 & *suiv.*) pense aussi que le Latin est l'original de cet Ouvrage. Il penche à croire que Raoul de Presles en fut plutôt l'Auteur que les autres à qui on en fait honneur. On ne peut point, selon lui, l'attribuer à Nicolas Oresme, à Guillaume de Dormans, à Philippe de Maizières, à Charles de Louviers, non plus qu'à Alain Chartier, qui vivoit sous Charles VII. moins encore à Jean de Vertus, qui fut, dit-on, Secrétaire de Philippe-le-Bel en 1315, & qui auroit eu plus de cent ans lors de la publication de cet Ouvrage, en 1378 ou 1379. Pour le *Philotheus Achillinus*, sous le nom duquel Goldast l'a fait imprimer, » c'est, dit M. Lancelot, » une bévue grossière de cet Editeur. Ayant trouvé » dans la *Sylva Nuptialis* de Jean Nerizan, une cita- » tion de *Philotheus Achillinus in proœmio Viridarii*, il » a cru que cé *Viridarium* étoit le même Ouvrage que » le *Somnium Viridarii*. M. de la Monnoye (*Jugem. des » Sçavans, tom. I. in-4.* 1725) a fait voir que c'est un » Poëme Italien, composé par J. Philotheo Achillini de » Boulogne, & imprimé dans cette Ville en 1513 ».

La rareté de ce *Songe du Vergier* l'a fait réimprimer dans la nouvelle édition des *Preuves de nos Libertés*, 1731, tom. II. avec une Lettre de M. Brunet, qui attribue cet Ouvrage à Jean de Vertus.

» Il est important, dit M. le Chancelier d'Aguesseau, » (*voyez ses Œuvres, tom. I. pag.* 430) de lire cet Ou- » vrage comme un monument de l'ancienne Tradition » de la France sur la distinction des deux Puissances. On » y trouve les meilleurs principes mêlés avec beaucoup » de puérilités, qui étoient fort à la mode dans le » temps où l'Auteur a écrit » .]

7056. Antonii DE ROSELLIS, J. C. Aretini & Consiliarii Imperatorii ac Pontificii Monarchia, seu Tractatus de Potestate Imperatoris & Papæ, & an apud Papam sit Potestas utriusque gladii ; tempore Sigismundi Imperatoris, & Eugenii Papæ IV. scriptus, & sub Frederico III. Imperatore recensitus atque auctus : *Venetiis*, Lichtensstein, 1487, in-fol. [vieille édition, *in-4.*]

Ce Traité est aussi imprimé dans Goldast, au tom. I. de sa *Monarchie de l'Empire, pag.* 252. Eugene a été élu Pape en 1431, & Sigismond est mort en 1437. De Rosellis est mort en 1467.

7057. Opusculum in errores Monarchiæ, seu Replica Fratris Henrici INSTITORIS, Inquisitoris Germaniæ, adversùs dogmata pérversa Antonii Roselli, de Papali Potestate : *Venetiis*, 1499, in-fol.

7058. Jacobi ALMAIN, Senonensis, Doctoris Theologi Parisiensis, Expositio de Potestate Ecclesiastica & Laïca, circa Quæstionum decisiones Magistri Guillelmi Ockam, super Potestate Summi Pontificis, anno 1512: *Parisiis*, Chevallon, 1526, 1537, *in-4*.

Ce même Traité est imprimé dans Gerson : *Parisiis*, 1606 : *Amstelodami*, 1706, *in-fol*. dans Goldast, au tom. I. de sa *Monarchie de l'Empire, pag.* 588, & dans Richer, au tom. III. des *Défenses de la Doctrine des Anciens* : *Coloniæ*, 1683, *in-4*. Ce Traité est bon & fort curieux. L'Auteur est mort en 1515.

7059. Joannis MAJORIS, Scoti, Doctoris Theologi Parisiensis, Disputatio de Potestate Papæ in rebus temporalibus, excerpta ex Commentariis ejus in caput XV. Matthæi.

Cette Dispute est imprimée dans les *Œuvres de Gerson* : *Parisiis*, 1606 : *Amstelodami*, 1706, *in-fol*. & dans Richer, au tom. III. des *Défenses de la Doctrine des Anciens* : *Coloniæ*, 1683, *in-4*. Ce Commentaire sur S. Matthieu avoit été imprimé à Paris dès l'an 1518. L'Auteur est mort en 1548.

7060. Ms. Traité de la Puissance Royale & Sacerdotale ; par Géraud DE MAYNARD, Conseiller au Parlement de Toulouse : *in-fol*.

Ce Traité, [autrefois] dans la Bibliothèque de M. Baluze, num. 376, [est aujourd'hui à la Bibliothèque du Roi.]

7061. Stephani AUFRERI, Præsidis, Repetitio ad Clementinam I. de Officio Ordinarii, de Potestate Seculari super Ecclesiasticos, & de Potestate Ecclesiastica super Laïcos : *Lugduni*, 1533, *in-4. Coloniæ Agrippinæ*, Falkenburg, 1597, *in-8*.

Ces Traités se trouvent aussi dans le grand Recüeil des *Traités du Droit*, au tom. XI. part. 1, *pag*. 329, & au tom. XIII. part. 1, *pag*. 26 : *Venetiis*, 1584, *in-fol*. L'Auteur a été un des plus habiles & des plus exacts Jurisconsultes du seizième siècle.

7062. De vera differentia Regiæ Potestatis & Ecclesiasticæ, & quæ sit ipsa veritas & virtus utriusque : Opus eximium Anonymi Angli : *Londini*, Bertheleti, 1538, *in-8*.

Ce même Livre est imprimé dans Goldast, au tom. III. de sa *Monarchie de l'Empire, pag.* 22 : *Francofurti*, 1613, *in-fol*.

7063. Christianæ Civitatis Aristocratia, Pontificii & Regii Imperii Descriptio brevis ; ex Commentariis rerum quotidianarum Joannis QUINTINI : Hædui, J. C. *Parisiis*, Wechel, 1531, *in-4*.

Quintin, Partisan outré de la Cour de Rome, est mort en 1561.

☞ Cet Ouvrage se trouve encore dans le *Recüeil de ses Œuvres* : *Parisiis*, Wechel, 1552, *in-fol*. & dans le *Tractatus Tractatuum, tom*. XVI. *Venetiis*, 1584, *in-fol*.]

7064. * Ejusdem repetitæ dudùm duæ duorum capitum Prælectiones, cap. de Providentia & de Præbendis : *Parisiis*, Wechel, 1552, *in-fol*. & in *Tract. Tract. tom. XVI*.

7065. ☞ Roberti (CŒNALIS) Abrincensis Episcopi Tractatus de utriusque gladii facultate, usuque legitimo : *Parisiis*, 1546, *in-12*.

Robert Ceneau est mort en 1560.]

7066. ☞ De Conjunctione Religionis &

Imperii libri duo : auctore Adamo BLACUO-DÆO : *Parisiis*, de Roigny, 1575, *in*-8.

Adam Blacuod, Ecossois, étoit Conseiller au Présidial de Poitiers. Il est mort en 1613.]

7067. De la Puissance Royale & Sacerdotale : 1579, *in*-8.

Ce Traité est de François GRIMAUDET, Avocat en Parlement. Il se trouve aussi entre ses Œuvres : *Amiens*, 1669, *in-fol*.

7068. Tractatus de Pontificis & Imperatoris potestate, & alia quædam édita & illustrata à Matthæo BOYS : *Coloniæ*, 1597, *in*-8.

7069. De affinitate Ecclesiasticæ & Regiæ Jurisdictionis, Joannis DROUET Libellus : *Parisiis*, Bouriquant, 1605, *in*-8.

7070. De Ecclesiastica & Politica potestate, Liber Edmundi RICHERII, Theologiæ Doctoris Parisiensis : *Parisiis*, 1611, *in*-4. & *in*-8. *Cadomi*, 1612. *in*-8.

Ce petit Ouvrage est encore imprimé dans Goldast, au tom. III. de sa *Monarchie de l'Empire, pag.* 797 : *Francofurti*, 1613, *in-fol*.]

Le même Livre, traduit en François : *Paris & Caën*, 1612, *in*-8.

Cette Traduction n'est pas excellente, ni pour la fidélité, ni pour l'expression. [L'édition de Caën renferme le texte Latin.] L'Ouvrage n'est qu'un extrait de l'Apologie de Gerson, que Richer avoit fait quelques années auparavant contre un Ecrit Italien du Cardinal Bellarmin. Richer est mort en 1631. Ce Livre [qu'il composa à la prière de Nicolas de Verdun, premier Président,] fut d'abord imprimé sans nom d'Auteur [& seulement pour servir de Mémoire dans une affaire de l'Université contre les Jésuites.] C'est cet Ouvrage qui a donné occasion aux disputes qui sont survenues alors en Sorbonne & dans toute l'Eglise de France, & qui a attiré sur l'Auteur tant de tempêtes.

☞ On ignore l'Auteur de la Traduction de ce Livre de Richer. Ses ennemis l'attribuoient aux Protestans de Charenton. Il ne paroît pas qu'elle soit de lui-même. Ce Docteur dit dans l'Histoire de son Syndicat, *quelqu'un l'ayant alors tellement quellement tourné en notre langue, &c*.]

Idem Richerii Libellus, cum Demonstratione : *Parisiis*, 1660, *in*-12. Ibid. 1662, *in*-4. *Coloniæ* (*Amstelodami*) 1683, [1701] *in*-4.

☞ Voyez *Journ. des Sçavans, Décembre*, 1701. = *Biblioth. ancienne & moderne, tom. XII. pag.* 91. = *Lettr. de Gui Patin, tom. III. pag.* 86. = *Mém. de Trévoux, Janv.* 1703. = Le P. Niceron, *tom. XXVII. pag.* 368. = *Lettr. de Morisot, Cent.* 2, *pag.* 16. = *Vie de Richer, pag.* 96. = *Le véritable Père Joseph, tom. I. pag.* 338. = *Mercure François, tom. II. p.* 303. = Racine, *Abrégé de l'Hist. Ecclésiastiq. tom. X. pag.* 241, 278. = *La Science du Gouvernement*, par M. de Réal, *tom. VIII. pag.* 162.]

7071. La Monarchie de l'Eglise, contre les erreurs d'un certain Livre intitulé : De la Puissance Ecclésiastique & Politique : *Paris*, Huby, 1612, *in*-8.

☞ Il y en a dans la Bibliothèque du Roi un exemplaire, avec des notes manuscrites.]

Le même, avec la Censure du Livre de Richer, faite par MM. les Prélats : *Lyon*, Muguet, 1612, *in*-8.

Pierre PELLETIER, nouveau Converti, Auteur de ce Livre, est le premier qui ait écrit contre les sentimens de Richer.

7072. Advis d'un Docteur en Théologie, sur un Livre intitulé : De la Puissance Ecclésiastique & Politique : *Paris*, 1612, *in*-8.

Ce Docteur se nommoit Claude DURAND. Son Avis est imprimé sans Privilège. Bouju de Beaulieu a aussi écrit en François contre Richer.

7073. Censure par les Evêques de la Province de Sens, du Livre de *Ecclesiastica & politica potestate*, : 1612, *in*-8.

Cette Censure a été dressée [dit-on] par Philippe DE GAMACHE, Docteur & Professeur de Sorbonne, mort en 1625.

7074. Advis contre l'Appel interjetté par Edmond Richer, de la Censure de son Livre ; par Paul DE GIMONT, Sieur d'Esclavolles : 1612, *in*-8.

Jean BOUCHER, Chanoine & Archidiacre de Tournay, y fit imprimer, sous le nom de Gimont, cet Avis sur l'Appel de Richer, & cet Appel se trouve avec la Défense que Richer publia de son Livre.

7075. Jacobi Cosmi FABRICII, Notæ Stigmaticæ in Magistrum 30 paginarum, qui Libello uno Ecclesiasticam & Politicam potestatem complexus est : *Francofurti*, Fischerus, 1612, *in*-4.

Jacques SIRMOND, Jésuite ; qui s'est déguisé sous ce nom, appelle son Adversaire ainsi, parceque son Ouvrage ne contenoit que trente pages. Jacques Gouthière, Avocat au Parlement, a contribué de quelque chose à la composition de ces Notes. Ce Livre, de l'aveu de Richer, est un des plus violens que l'on ait composés contre lui.

7076. Lettre de Simon VIGOR, Conseiller au Grand-Conseil, à un de ses Amis, pour la vérification des faussetés par lui remarquées au Livre du Docteur Durand, intitulé : *Advis*; desquelles il se prétend justifier en une Préface Apologétique, insérée en sa version des Annales de Baronius, tome quatrième.

Cette Lettre est imprimée avec les Œuvres de Simon Vigor : *Paris*, 1683, *in*-4. [L'Auteur est mort en 1614.].

7077. Andreæ DUVAL, Theologi Parisiensis, Elenchus Libelli de Potestate Ecclesiastica & Politica, pro suprema Romani Pontificis autoritate : *Parisiis*, Jacquin, 1612, *in*-8.

Ce Livre imprimé sans Privilège, est le plus outrageux de tous ceux qui furent faits contre Richer.

☞ Nicolas ISAMBERT, Théologien Scholastique, mort en 1642, eut, selon Richer, une grande part aux invectives qui sont répandues dans cet Ouvrage.]

7078. ☞ De la Puissance Ecclésiastique & Politique : Pièce contre un Ecrit qui attaque cet Ouvrage : *Paris*, 1612, *in*-8.]

7079. ☞ Decretum Congregationis Indicis latum die 10 Maii 1613, quo varii Libri, inter quos Joannis Barclaii, & Edm. Richerii Opera de Ecclesiastica & Politica potestate damnantur : *Parisiis*, 1613, *in*-4.]

7080. Deux Advis, l'un sur le Livre de M. Richer, de la Puissance Ecclésiastique &

Politique; l'autre, sur un Livre intitulé: Commentaire de l'Autorité de quelque Concile Général que ce soit, &c. par Théophr. BOUJU, Sieur DE BEAULIEU, Aumônier du Roi: *Paris*, Orry, 1613, *in*-4.]

☞ Demonstratio Libelli, &c. Auctore RICHERIO.

Ci-devant, N.° 7070.]
Elle est encore avec l'Ouvrage suivant.

7081. Ejusdem Defensio Libelli, in quinque divisa Libros, adjecto textu ejusdem; eodem auctore: *Coloniæ* (*Luxemburgi*, Chevalier) 1701, *in*-4. 2 vol.

L'Auteur regardoit ce Livre comme un trésor de l'Antiquité & de la Discipline de l'Eglise.

* Cette Défense a été imprimée sur un Manuscrit de l'Auteur, qui avoit été donné par une de ses nièces, femme de M. Erard, Avocat, au Père Sterlin, Chanoine Régulier de Sainte Geneviève.

☞ M. Grosley dit dans l'Eloge de M. Breyer, Chanoine de Troyes, *pag*. 101, que cette édition est due aux soins de D. Thierry de Viaixnes, Bénédictin, mort en Hollande en 1735, & qu'il la donna sur un Manuscrit qui lui avoit été communiqué par M. Breyer (qui peut-être l'avoit eu du P. Sterlin.)

Voyez le *Catalogue des Auteurs du Droit Canonique*, par Lenglet, *p*. 170.]

7082. Recueil de plusieurs Actes & Mémoires remarquables pour l'Histoire de ce tems: 1612, *in*-4.

☞ Ce Recueil regarde le Livre de Richer. On y trouve les Pièces suivantes:

1. Procédures faites en la Cour de Parlement de Paris, contre la Censure des Evêques de la Province de Sens; à sçavoir un Relief d'appel comme d'abus par Me Edmond Richer, Docteur & Syndic de la Faculté de Paris, Auteur du Livre, *de Ecclesiastica & Politica Potestate*.

2. Requête présentée à la Cour par ledit Richer: Arrêt de communication de ladite Requête à M. le Procureur-Général du Roi, consentant à l'entérinement de ladite Requête.

3. Extraits des Ordonnances des Rois François I. & Henri II. autorisant les articles faits par la Faculté de Théologie de l'Université de Paris, le 10 de Mars 1542, desquelles aucunes des Propositions rapportées audit Livre *de Ecclesiastica & Politica potestate*, sont tirées.

4. Extraits de divers lieux DE NAVARRUS, touchant cette Question; sçavoir si le Concile est par-dessus le Pape.

5. Copie d'une Lettre écrite de Paris par Maître Jehan SUFFREN, Jésuite, à Maître Antoine Suffren, Recteur des Jésuites à Lyon.

6. Copie d'une Lettre écrite de Paris par Maître Barthélemi JACQUINOT, Jésuite, à Maître Antoine Suffren, Recteur du Collége des Jésuites à Lyon.

Elles regardent toutes deux l'affaire de Richer.

7. Censure faite par les Evêques de la Province de Provence, du Livre intitulé, *de Ecclesiastica & Politica Potestate*, sans aucune réservation.

8. Appel comme d'abus de ladite Censure.

9. Arrêts de la Cour du Parlement de Paris, touchant une Assemblée pratiquée en Sorbonne sur le Décret de la Faculté de Théologie, de l'an 1429, & ledit Livre, *de Ecclesiastica & Politica Potestate*.

10. Interrogatoires faits par ladite Cour, à M. Claude Petit-Jean, M. Nicolas Roguenant, M. Edmond Richer, M. Charles Loppé, M. Joachim Forgemont.

Remontrance faite par la Cour à M. Joachim Forgemont, qu'il étoit mauvais François, de communiquer avec l'Etranger sans permission du Roi.

11. Acte contenant la Déclaration faite au Greffe de la Cour par les Jésuites, qu'ils sont conformes & se conforment à la Doctrine de l'Ecole de Sorbonne.

12. Conclusio Sacræ Facultatis Theologiæ Parisiensis facta in Comitiis celebratis die 3 Julii 1612.

13. Défenses de par le Roi, faites aux Docteurs de la Faculté de Théologie, de traiter de l'élection d'un nouveau Syndic.

14. Conclusio Facultatis Theologiæ Parisiensis facta in Comitiis ordinariis, celebratis 1 die Septembris 1612, cum Apologetico Magistri Edmundi Richer pro seipso.

15. Conclusio Facultatis Theologiæ Parisiensis facta in Comitiis ordinariis, celebratis die 1 Octobris 1612, & Actes faits au Collége de Sorbonne le même jour.

7083. Lettre de Philothée, (Joachim FORGEMONT, Docteur en Théologie) à M. Richer, sur les erreurs de son Livre, pour le convier à les effacer, *non atramento, sed lacrymis*: 1614, *in*-8.

7084. ☞ Raisons pour le désaveu fait par les Evêques de ce Royaume, d'un Livret publié avec ce titre: Jugement des Cardinaux, Archevêques, &c. sur quelques Libelles diffamatoires, sans les noms des Auteurs, contre les Schismatiques de ce temps; par François, Cardinal DE LA ROCHEFOUCAULT, au Roi Louis XIII. *Paris*, 1626, *in*-4.]

7085. ☞ Considérations sur un Livre intitulé: Raisons pour le désaveu fait par les Evêques, &c. par Timothée FRANÇOIS, Catholique (Edmond Richer): 1628, *in*-8.

Les oppositions que trouva Richer de la part du Clergé, & de nombre de Théologiens de son temps, l'obligèrent à se justifier. Ce Livre, selon l'Abbé Lenglet, est un des plus estimés: il est rare.]

7086. Déclaration & Protestation d'Edmond RICHER, entre les mains du Cardinal de Richelieu, sur l'Edition de son Livre: *in*-8.

☞ On força Richer en 1620 & en 1629, de donner une explication ultramontaine des principes de son Livre. Mais il protesta contre les violences qu'on avoit employées pour le faire céder. *Voyez* sa Vie, par Adrien BAILLET, &c.]

7087. Relatio eorum quæ acta sunt in sacra Facultate Theologica Parisiensi, sub finem anni 1629, circa Declarationem Edmundi Richerii: *in*-8.

7088. Mss. De Historia rerum gestarum adversùs Richerium propter avitam Doctrinam Scholæ Sorbonicæ, ab illo defensam, & Libellum de Ecclesiastica & Politica Potestate, editum anno 1611, Edmundo RICHERIO auctore.

Cette Histoire, qui commence en 1606, à l'occasion du différend du Pape Paul V. avec la République de Venise, finit en 1630, le 2 Janvier. C'est ce qu'on appelle le Syndicat du Docteur Richer, quoiqu'il n'ait été Syndic de la Faculté de Théologie que depuis 1608 jusqu'en 1612. Il l'a composée d'abord en François, & l'a finie dans cette langue en 1627. Elle est indiquée dans le Catalogue de ses Ouvrages, num. 30 & 31.

☞ Les Manuscrits de Richer étoient, dit M. Grosley, (*Vie de Pithou*, tom. *I*. pag. 276) au commencement de ce siècle entre les mains de Dom Thierry de Viaixnes, Bénédictin. Ils lui furent enlevés par des ordres supérieurs au mois d'Août 1703. Ils ont passé, ajoute ce Sçavant, dans la Bibliothèque des Jésuites de Paris. Cependant ils ne sont point cités dans le Catalogue Latin que Dom Clément a donné en 1764, des Manuscrits qui étoient conservés dans la Maison Professe de ces Religieux, & dans le Collége de Louis-le-Grand.]

7089. ☞ Histoire du Syndicat d'Edmond Richer ; par Edmond RICHER lui-même : *Avignon* (*Paris*) 1753, *in*-8.

Cette Histoire est moins détaillée que la précédente, à laquelle Richer renvoie souvent. Mais elle est aussi très-intéressante. L'Auteur y parle de tout ce qui a été fait contre lui, & des Ecrits qui ont paru à son sujet. Il en cite un qui n'est guères connu, & qui fut fait dans le temps qu'on porta la violence jusqu'à vouloir tuer Richer. » L'avis, dit-il, *pag*. 258, que reçut Richer » de cette sanglante tragédie, donna alors sujet à un » bon & pieux Ecclésiastique du Diocèse d'Angers, qui » demeuroit à l'Hôtel d'Albiac, vis-à-vis le Collége de » Navarre, de composer & adresser une Epître Monitoire Latine à l'Abbé de S. Victor (François de Harlay) en faveur de Richer, contre ceux qui disoient » qu'il le falloit brûler (ou tuer;) laquelle Epître fut » mise en lumière au commencement de l'année 1614. » Comme l'Auteur de cette Epître avoit commencé à » y travailler le dernier Dimanche d'après la Pentecôte, avant le temps de l'Avent de Notre Seigneur, il » commença son Discours par l'Introït de la Messe du » Dimanche : *Ego cogito cogitationes pacis, & non afflictionis*. Ce bon homme se nommoit Pierre COSNIER, & quelques années après il est mort Principal » du Collége de Sablé, au Diocèse du Mans. Cette Epître fut approuvée de tout le monde, & même de » ceux qui ne vouloient guères de bien à Richer ».]

7090. Michaelis MAUCLERI, Doctoris Sorbonici, de Monarchia Divina, Ecclesiastica & Seculari Christiana, deque sancta inter Ecclesiasticam & Secularem illam conjuratione & amico respectu, opus quatuor partibus distinctum : *Parisiis*, Cramoisy, 1622, *in-fol*.

Cet Auteur, après André Duval, étoit l'un des principaux Adversaires de Richer. Dans les premiers Livres, il traite de l'unité de l'Eglise ; mais le reste, selon Richer, qui le réfute dans le quatrième Livre de sa Défense, ne contient que des lieux communs, tirés de Turre-Cremata, de Paludanus, d'Augustin d'Aniane, & sur-tout de Bellarmin, quoiqu'il ne le nomme que fort rarement.

☞ *Voyez* Racine, *Abrégé de l'Histoire Ecclésiastique*, tom. *X*. p. 278, *in-*12.]

7091. ☞ Excerpta è libro cui titulus de Monarchia divina, &c. Auctore Mich. MAUCLERO, cum interpretatione Gallica : *in*-4.]

7092. Petri DE MARCA, Senatûs Navartensis Præsidis, de Concordia Sacerdotii & Imperii, seu de Libertatibus Ecclesiæ Gallicanæ Dissertationum Libri quatuor, tomus primus : *Parisiis*, Camusat, 1641, *in*-4.

Cet Ouvrage, comme il est dit au commencement du premier Chapitre du premier Livre, a été entrepris [en partie] pour réfuter le Livre d'*Optatus Gallus*, [dont il sera parlé plus bas.] L'Auteur étoit alors Président du Parlement de Pau.

☞ Ce ne fut pas seulement pour réfuter l'*Optatus Gallus* de Charles Hersent, que M. de Marca prit la plume, mais principalement pour exposer & défendre les Maximes & Libertés de l'Eglise Gallicane ; & il le fit par l'ordre du Cardinal de Richelieu, qui venoit d'être forcé en apparence de les abandonner, en accordant un Arrêt du Conseil contre la première édition des Preuves de nos Libertés.]

7093. Lettre de M. de Marca au Cardinal Barberin, sur la Doctrine de son Livre.

7094. Ejusdem Auctoris Libellus, quo editionis Librorum de Concordia Sacerdotii & Imperii consilium exponit : *Barcinone*, 1646, *in*-4.

Cette Lettre & ce Livret sont imprimés dans la seconde Edition *de Concordia*, &c. & dans les suivantes.

Petri DE MARCA, Archiepiscopi Parisiensis, Dissertationum de Concordia Sacerdotii & Imperii, seu de Libertatibus Ecclesiæ Gallicanæ, Libri VIII. studio Stephani Baluzii, Tutelensis editi : *Parisiis*, Muguet, 1663, *in-fol*.

☞ M. de Marca étant encore Laïc, fit ce Livre, qui déplut fort à la Cour de Rome. Mais depuis, ayant embrassé l'état Ecclésiastique, il le rétracta, par une grande foiblesse & par une complaisance vraiment intéressée ; aussi fut-il ensuite un des plus forts appuis de la Cour de Rome dans l'affaire du Jansénisme. Une Copie de sa Rétractation se trouve dans la Bibliothèque du Roi, num. 2624 du Droit Canonique, pièce 14, du second volume d'un Recueil de Pièces.]

L'Auteur est mort en 1662. L'Editeur [M. Baluze] marque dans sa Préface ce qu'il a fait pour rendre cette édition plus parfaite. Il dit, » qu'il a inséré dans les » quatre premiers Livres, les Additions faites par l'Auteur, & qu'il a éclaircies par des Notes. Il y a ajouté un » second tome, qui n'avoit point été imprimé, & il a » traduit les Livres sixième & septième en Latin, qui » étoient en François, & les douze derniers chapitres du » huitième Livre ». Le premier Livre traite des fondemens des Libertés de l'Eglise Gallicane ; sçavoir, la suprême autorité du Pape en France (selon les Canons.) Le second Livre expose l'autre fondement, sçavoir le suprême pouvoir du Roi. Le troisième traite de ces Libertés en général ; ce que c'est, &c. Le quatrième, des Appels comme d'abus. Le cinquième, des Nonces des Papes. Le sixième, des Conciles Nationaux & Provinciaux. Le septième, des Jugemens Canoniques des Evêques, & le huitième du Droit de Régale. On peut assurer (dit M. Lenglet) que cet Ouvrage est un des plus accomplis que nous ayons sur les Libertés de l'Eglise Gallicane.

Secunda Editio : auctior & elegantior ; studio Stephani BALUZII : *Parisiis*, Muguet, 1669, *in-fol*.

Tertia Editio : auctior, emendatior & elegantior ; studio Stephani BALUZII, qui Opuscula quædam adjecit : *Parisiis*, Muguet, 1704, *in-fol*. 2 vol.

☞ On trouve à la tête les Eloges de M. de Marca & sa Vie, composée en Latin par M. Baluze, quelques Prolégomènes ou Préfaces des Editions précédentes ; & à la fin, *Steph. BALUZII Dissertatio de Concilio Teleptensi*, & deux Opuscules de Rabanus Maurus, le premier intitulé : *De Chorepiscopis & dignitate atque officio eorum* ; le second adressé à l'Empereur Louis-le-Débonnaire, intitulé : *De Reverentia filiorum erga patres & subditorum erga Reges*. Il y a beaucoup d'érudition dans cet Ouvrage de M. DE MARCA. Il s'y montre aussi grand Jurisconsulte qu'habile Critique. Il mourut âgé de 68 ans, nommé à l'Archevêché de Paris.]

Traités des Libertés de l'Eglise Gallicane. 481

7095. Eorumdem Librorum, poſt tertiam Gallicanam Editionem : Editio in Germania prima curâ & ſtudio Juſti Hennengii BOEHMERI J. U. D. & Prof. in Academia Fridericiana. Quibus acceſſerunt ejuſdem Auctoris Diſſertationes Eccleſiaſticæ varii Argumenti [jam dudum editæ] : *Francofurti*, Fritch, 1708, *in-fol.*

Voyez les *Actes de Léipſick*, 1709, *Novembre, p.*487. Voici ce qu'on lit ſur le Livre de M. de Marca, dans le *Dictionnaire* de Bayle : » Le premier volume des Li-» bertés de l'Eglise Gallicane, que Pierre Dupuy avoit » mis au jour [en 1639] allarma les Partiſans de la Cour » de Rome, & il y en eut qui tâchèrent de perſuader » que c'étoit les préliminaires d'un ſchiſme médité par » le Cardinal de Richelieu ; comme ſi cette Eminence » eût ſongé à l'érection d'un Patriarchat dans le Royau-» me , afin que l'Eglise Gallicane ne dépendît pas du » Pape. Un Théologien François, ſous le nom d'*Opta-*» *tus Gallus*, écrivit ſur ce ſujet , & inſinua que le Car-» dinal avoit gagné un grand Perſonnage, qui feroit » l'Apologie de cette érection. Ce grand Perſonnage » n'étoit autre que Pierre de Marca » [comme le rapporte M. Baluze dans la Vie de ce ſçavant Prélat , *pag.* 23 & 24.] » Le Roi comprenant qu'une accuſation de » cette nature, le rendroit odieux par le contrecoup de » la haine , à quoi elle expoſoit le Cardinal de Riche-» lieu, donna ordre à M. de Marca de réfuter cet *Op-*» *tatus Gallus*, & de garder un certain milieu qui ne » donnât point d'atteinte aux Libertés de l'Egliſe Galli-» cane, en faiſant voir qu'elles ne diminuent pas la ré-» vérence due au Saint Siège. Il accepta cette commiſ-» ſion, & l'exécuta par le Livre de *Concordia Sacerdotii* » & *Imperii*, qu'il fit paroître en 1641 » . *Dictionnaire hiſtorique & critique*, ſous le nom de *Marca* (Note C.) On trouvera dans cet article la ſuite de cette Hiſtoire.

7096. Veri Confinii della poteſtà dominanti, Spirituale è Temporale, del Dottor DI SAN MARIA : *In Colonia*, 1642, *in-*4.

7097. Joannis DAVEZAN, Anteceſſoris Aurelianenſis, Diſſertatio de Pontificia & Regia Poteſtate.

Cette Diſſertation eſt imprimée avec ſon Traité : *De Cenſuris Eccleſiaſticis : Aureliæ*, 1654, *in-*4. ☞ Davezan eſt mort à Paris en 1669.]

7098. Traité de la Puiſſance Eccléſiaſtique & Temporelle, contenant l'explication & les preuves des Propoſitions de la Déclaration du Clergé de 1682, ſur la Puiſſance Eccléſiaſtique, & les Réponſes aux Objections, où l'on établit les fondemens des Maximes & des Libertés de l'Eglise Gallicane ; par Louis Ellies DU PIN : *Paris*, 1707, *in-*8.

» Ce Traité a été compoſé en faveur des jeunes Théo-» logiens engagés à ſoutenir les quatre Propoſitions con-» tenues dans la Déclaration du Clergé, de l'an 1682. » Elles y ſont expliquées dans toute leur étendue, avec » les preuves particulières de chacune de ces Propoſi-» tions, où l'on découvre les principes & les maximes » des Libertés de l'Egliſe Gallicane » . *Supplément du Journal des Sçavans*, du 28 Février 1708.

7099. ☞ Réponſe à un Mémoire donné au Roi par le Père Tellier, contre le Livre de la Puiſſance Eccléſiaſtique & Temporelle, de M. du Pin : *in-fol.*]

7100. ☞ De l'étendue de la Puiſſance Eccléſiaſtique & de la Temporelle, & de leur ſubordination, ſuivant l'ordre que Dieu a établi dans le monde pour le gouvernement *Tome I.*

des hommes; par P. LE MERRE, Avocat au Parlement : (1754) *in-*12. 44 pages.

Pierre le Merre, qui étoit Avocat du Clergé de France, eſt mort en 1728.]

7101. ☞ Traité des bornes de la Puiſſance Eccléſiaſtique & de la Puiſſance Civile; avec un Sommaire Chronologique des entrepriſes des Papes, &c. par un Conſeiller de Grand' Chambre (M. DELPECH DE MEREVILLE) : *Amſterdam*, Changuion, 1734, *in-*8.

Ce Traité eſt, à peu de choſe près, l'Ouvrage même de M. le Vayer de Boutigny, ſur l'Autorité des Rois. Les autres Editions ſont rapportées ci-deſſous. Le Sommaire Chronologique comprend ce qui s'eſt paſſé en France au ſujet de la Bulle *Unigenitus*, & autres affaires du Temps.]

7102. ☞ Principes ſur l'eſſence, la diſtinction & les limites des deux Puiſſances; par le Père DE LA BORDE : 1753, *in-*12.

Les mêmes traduits en Polonois, par un Seigneur de Pologne : *Breſlau*, 1753, *in-*12. avec le texte François.]

7103. ☞ Reflexiones & principia meliora de Juriſdictione Eccleſiaſtica, oppoſita principiis Poloni Nobilis (ab Euſebio AMORT): *Francofurti*, 1757, *in-*4.

Ce ſont les principes du P. de la Borde, que l'on entreprend de réfuter, en répondant à la Préface Polonoiſe de ſon Traducteur. Le Cenſeur montre un zèle très-amer & indécent, pour ſoutenir les prétentions Ultramontaines.]

7104. ☞ Ouverture de Paix entre les deux Puiſſances, ou Eclairciſſemens démonſtratifs & conciliatifs, ſur l'autorité reſpective : 1754, *in*-12.]

7105. ☞ De l'autorité du Clergé, & du pouvoir du Magiſtrat politique, ſur l'exercice des fonctions du Miniſtère Eccléſiaſtique; par M. (François RICHER) Avocat au Parlement : *Amſterdam*, Arckſtée & Merkus, 1766, *in*-12. 2 vol.

Cet Ouvrage a été ſupprimé par un Arrêt du Conſeil, du 18 Juillet 1766, à cauſe de quelques principes peu exacts.]

7106. ☞ Arrêt du Conſeil d'Etat, du 24 Mai 1766, *in*-4.

Le Roi, à l'occaſion des Actes de l'Aſſemblée du Clergé tenue en 1765, des diverſités d'opinions, & des réclamations auxquelles la ſeconde partie de ces Actes a donné occaſion, y rappelle les principes invariables qui ſont contenus dans les Loix du Royaume, au ſujet des deux Puiſſances & de leurs limites, en impoſant un ſilence général & abſolu ſur tout ce qui pourroit exciter dans ſon Royaume du trouble & de la diviſion ſur une matière ſi importante.]

2. *TRAITÉS ſur la puiſſance & les entrepriſes des Papes, leurs Démêlés avec nos Rois, & ſur l'autorité de leurs Bulles & de leurs Légats en France.*

7107. Mſ. Traité des Droits & Uſages du Royaume de France envers l'Eglise & le Saint Siège Apoſtolique : *in-fol.*

Ce Traité eſt conſervé parmi les Manuſcrits de M. Colbert, num. 2319 [à la Bibliothèque du Roi.]

P p p

7108. Mſ. Sommaire des services rendus à l'Egliſe Romaine par nos Rois, & des biens que le Saint Siège a reçus de leur libéralité, [en Italien]: *in-fol.*

Ce Sommaire ſe trouve à la *pag.* 43, d'un Manuſcrit de la Bibliothèque du Roi, num. 5961.

7109. Mſ. Quali Provinciè e citta li Rè ò Principi de Galli e Franceſi donarono alla Chieza Romana & alli Pontefici : *in-4.*

Ce Traité eſt cité dans le Catalogue des Manuſcrits de M. le Chancelier Séguier, *pag.* 22. [Ces Manuſcrits ſont aujourd'hui à S. Germain-des-Prés.]

7110. ☞ Histoire de l'origine & du progrès de la ſouveraineté & grandeur temporelle des Papes; par Jean MORIN, Prêtre de l'Oratoire.

Cette Histoire eſt dans la troisième partie de ſon *Hiſtoire de la délivrance de l'Egliſe Chrétienne, par l'Empereur Conſtantin* : Paris, Moreau, 1630, *in-fol.* Cette partie contient l'Histoire des Donations que les Rois de France ont faites à l'Egliſe Romaine. L'Auteur eſt mort en 1659.

☞ Il a été relevé en quelques endroits par M. SABATHIER, Profeſſeur au Collége de Chaalons ſur-Marne, dans ſon *Eſſai hiſtorique-critique ſur l'origine de la Puiſſance Temporelle des Papes* : La Haye (Chaalons) 1765, *in-12.* Cet Eſſai avoit remporté en 1764 le Prix de l'Académie de Berlin.]

7111. ☞ Origine de la grandeur de la Cour de Rome, & de la nomination aux Evêchés & aux Abbayes de France; par M. l'Abbé DE VERTOT : *La Haye*, Neaulme, 1737, *in-8.*

Il y a trois Parties dans cet Ouvrage. Dans la première M. de Vertot fait voir que pendant plus de 700 ans, les Papes n'ont eu que la ſeule Puiſſance Spirituelle; que ce fut Grégoire II. & Grégoire III. qui ſous prétexte de ſoutenir la foi contre les Empereurs Iconoclaſtes, commencèrent à ſe ſouſtraire à leur obéiſſance; que leurs ſucceſſeurs ſuivirent la même conduite, & s'appuyèrent des Rois de France, qui leur livrèrent toutes les places qu'ils enlevèrent aux Lombards, & que c'eſt à cette époque que commence leur Puiſſance Temporelle, qu'ils ont eu ſi grand ſoin d'augmenter depuis.

Dans la ſeconde partie, il prouve qu'avant que nos Rois euſſent embraſſé le Chriſtianiſme, les Evêques ſe faiſoient par élection, à laquelle les Rois de la première Race prenoient part; que dans la ſeconde, ils ont joui du droit de nomination, mais que les Papes & les Evêques les y ont toujours troublés.

Dans la troisième partie, qui regarde les Abbayes, il dit que nos Rois nommoient les Abbés, les confirmoient, & qu'ils les dépoſoient quand ils le jugeoient à propos. L'Auteur traite cette matière délicate, avec toute la netteté, la préciſion & le ſçavoir qui caractériſent ſes autres Ouvrages. Celui-ci a été donné après ſa mort, arrivée en 1735.]

7112. De la piété & mérites des Rois de France envers l'Egliſe, le Pape & le Saint Siège, depuis l'an 755 juſqu'en 1437.

Ce Diſcours eſt imprimé au chapitre premier des *Preuves des Libertés de l'Egliſe Gallicane* : Paris, 1651, *in-fol.* [& 1731.]

7113. Pietas Francica, ſeu Francorum Regum in Eccleſiam Summoſque Pontifices merita, & horum in Reges injuriæ & odia, diverſis elogiis expoſita : [1662] *in-4.*

Ulric Maurerus, *in Cenſura Anonymorum*, num. 65, attribue ce Livre à Jean FRICHMAN, Conſeiller du Roi de France, & ſon Réſident à Strasbourg.

7114. Mſ. Mémoires du Traité politique des Différends Eccléſiaſtiques arrivés depuis le commencement de la Monarchie, juſqu'en 1646, tant entre les Papes & les Rois de France, que le Clergé de leur Royaume : *in-fol.*

Ces Mémoires ſont conſervés dans la Bibliothèque de M. le Chancelier Séguier, num. 453. [Bibliothèque de S. Germain-des-Prés.]

7115. Divers Actes contre les entrepriſes de la Cour de Rome & des Eccléſiaſtiques François, ſur l'autorité du Roi, ou Recueil de quatre-vingt-onze Pièces, depuis l'an 1059 juſqu'en 1646.

Ce Recueil de divers Actes eſt imprimé au chapitre huitième des *Preuves des Libertés de l'Egliſe Gallicane* : Paris, 1651, *in-fol.*

7116. Acta inter Bonifacium VIII. Benedictum XI. Clementem V. Summos Pontifices, & Philippum Pulchrum Regem Francorum : Accedit eorum hiſtoria ex variis Scriptoribus : 1613, *in-12.*

Eadem auctiora & emendatiora, cum eorumdem Hiſtoria ex variis Scriptoribus [accedit Tractatus ſive quæſtio de poteſtate Papæ, ſcripta circa 1300] : *Pariſiis : Coloniæ,* 1614, *in-4.* & *in-8.*

Simon VIGOR [Conſeiller Laïc au Grand-Conſeil] a compoſé l'Hiſtoire de ce Démêlé [ſelon quelques Auteurs :] ce n'eſt proprement qu'une Collection de Fragmens d'Ecrivains contemporains. Cet Auteur eſt mort en 1624.

☞ M. Groſley (*Vie des Pithou*, tom. II. pag. 199 & ſuiv.) dit que ce Recueil eſt de François Pithou, mort en 1621, & que la première édition qui avoit paru ſans nom de Ville ni d'Imprimeur, avoit été faite à Troyes chez Chevillot.]

7117. ☞ Mſ. Le Livre de franchiſe.

Cet Ouvrage, dédié au Roi Charles VII. par un Diſciple de S. Bernard, & achevé en 1397, ſelon les paroles de l'Auteur, eſt à la Bibliothèque de l'Abbaye de S. Remi de Reims, au N.° 431, R. 15. Il contient deux Parties. » Premièrement (à l'article IV.) ſera mis le cas » comme il avint jadis d'un débat qui fut contre le ſaint » Père de Romme, & le beau Roy Phelippe noble Roy » de France. 2.° Puis après, par manière d'un Dialogue, » ſera démonſtré par pluſieurs raiſons, que la Puiſſance » du Pape & du Roy de France ſont deux Puiſſances » diſjointes & diviſées, & que le Roy de France n'eſt » point ſuget au Pappe ne à l'Empereur, ne à homme » qui ſoit au monde, & que il a plus digne liberté & » plus grant franchiſe que homme qui ſoit au monde, » & toutes ces choſes ſont entendues de la domination » temporelle, &c. »]

7118. Hiſtoire du différend d'entre le Pape Boniface VIII. & Philippe-le-Bel, où l'on voit ce qui ſe paſſa touchant cette affaire, depuis l'an 1296 juſqu'en 1311. Enſemble le Procès-Criminel fait à Bernard, Evêque de Pamiers. Le tout juſtifié par les Actes & Mémoires pris ſur les Originaux, qui ſont au Tréſor des Chartres : Paris, Cramoiſy, 1655, *in-fol.*

☞ On y trouve :

1.° Hiſtoire particulière du différend, &c. Elle a été

réimprimée au tom. VII. de l'Histoire de M. de Thou, édition de Londres, 1733, *in-4.*

2. *Historia peculiaris magni illius Dissidii inter Papam Bonifacium VIII. & Philippum Pulchrum Francorum Regem excitati.*

C'est la Traduction de l'Histoire précédente.

3. Actes & Preuves du Différend, &c.

4. Divers Actes du Procès criminel fait à Bernard, Evêque de Pamiers, pour lequel le Pape Boniface VIII. prit la défense contre le Roi Philippe-le-Bel: 1295-1301.

5. *Quæstio de potestate Papæ.*]

L'Histoire de ce Démêlé, composé par Pierre Dupuy, se trouve en Latin & en François dans cette édition, où les preuves sont en plus grand nombre que dans la précédente. Elles ont été recueillies par lui-même, & publiées par Jacques Dupuy son frère, Prieur de S. Sauveur. Le Procès criminel fait à l'Evêque de Pamiers, en fut *la* première cause; ce qui a engagé M. Dupuy à le joindre à ces Actes.

7119. Histoire des Démêlés du Pape Boniface VIII. & du Roi Philippe-le-Bel; par Adrien BAILLET, Prêtre: *Paris,* Barrois, 1717, *in-12.*

La même, (en plus petit caractère): *Paris,* Barrois, 1718, *in-12.*

* » Cette Histoire de M. Baillet est fort bien faite;
» c'est un Extrait fidèle des Pièces originales: on ne
» peut mieux être instruit de ce différend qu'en la lisant,
» à moins qu'on ne veuille avoir recours aux originaux
» & aux Actes mêmes ». *Europe Sçavante,* 1718, *Septembre, pag.* 81.

☞ On y trouve les Actes & Preuves des Démêlés. Il y a vingt-deux de ces Pièces qui ne se trouvent pas dans le Recueil de M. Dupuy. Elles ont été rassemblées par Jacques LE LONG, Auteur de cette Bibliothèque, qui est l'Editeur de cette Histoire de M. Baillet.]

7120. ☞ Lettre envoyée par tous les Barons du Royaume de France, au Collége des Cardinaux, quand le Roi appella contre Boniface, Pape: *in-8.*]

7121. ☞ *Epistola tempore Philippi Pulchri Regis Christianissimi, scripta contra Bonifacii VIII. usurpationes ex vetere cod. Ms. fideliter:* 1611, *in-8.*

Epître écrite du temps de Philippe-le-Bel, &c. extraite fidèlement d'un vieil Manuscrit, & traduite en François.

Le titre François est suivi de cette Note, qui est aussi en Latin dans l'édition Latine de cette Lettre:
» Tous les François Catholiques qui vivent selon les fa-
» çons anciennes, qui suivent les vestiges de leurs ancê-
» tres, qui obéissent très-fidélement à leur Roi très-
» Chrétien, suivant le commandement de Dieu, en-
» voyent la présente au Cardinal Bellarmin, croyant
» pour certain qu'elle lui peut servir d'avertissement en
» son particulier, & de réponse au Traité de la Puis-
» sance du Pape ès choses temporelles, &c.}

7122. Ms. *Acta quædam inter Bonifacium VIII. & Philippum Pulchrum nondum edita: in-fol.*

Ces Actes, dont quelques-uns n'ont point été imprimés; sçavoir, *Quatuor Bullæ Bonificii; prima, die 1. Martii* 1292, *secunda & tertia, die 8. Aprilis* 1299, *& ultima, die* 4. *Decembris* 1301, avec les moyens d'accusations formées contre le même Pape, par Guillaume de Nogaret & Guillaume de Plaisance, sont conservés dans la Bibliothèque de M. le Chancelier Seguier, num. 66. [à S. Germain-des-Prés.]

7123. *Fasciculus Actorum pertinentium ad Controversiam inter Bonifacium VIII. & Philippum IV. Regem Galliæ.*

Ce Recueil est imprimé à la *pag.* 222, *Mantissæ Codicis Juris Gentium Diplomatici; editore Guillelmo Godefrido Leibnitio: Hanoveræ,* 1697, *in-fol.* Il ne contient aucune Pièce qui n'ait déja vu le jour.

7124. Natalis ALEXANDRI, *ex Ordine Prædicatorum: De Dissidio Bonifacii VIII. & Philippi Pulchri Dissertatio.*

Cette Dissertation est la neuvième du quatorzième siècle de ses *principaux Points de l'Histoire Ecclésiastique: Parisiis,* 1684, *in-8. Ibid.* 1699, 1713, *in-fol.*

☞ Ce différend, qui a tant fait de bruit & qui eut des suites si fâcheuses pour Boniface VIII. est ici discuté avec toute l'exactitude & la modération possibles. L'Auteur, quoique Religieux, est peu favorable aux prétentions Ultramontaines. Il fait voir dans les sept articles dont son Ouvrage est composé, l'origine & les causes de cette affaire; ses progrès; les ressorts qu'on y fit jouer, tant du côté du Roi que du côté du Pape, qui en mourut de chagrin; les tempéramens enfin qu'apportèrent les Papes Benoît XI. & Clément V. pour donner satisfaction au Roi, & pour pacifier les troubles.]

7125. Traité de la différence du Schisme & des Conciles en l'Eglise, & de la prééminence des Conciles de l'Eglise Gallicane, par Jean LE MAIRE, de Belge, Historien: *Lyon,* 1511, *in-4.*

Idem Latinè redditus, per Simonem Schardium.

Cette Version Latine est imprimée à la fin du Livre de Thierry de Niem, des *Schismes de l'Eglise: Argentorati,* 1609, *in-8.*

7126. Ms. Journal du Schisme du temps du Roi Charles VI. en 1406, commençant en 1326: *in-fol.*

Ce Journal est conservé dans la Bibliothèque de M. le Chancelier Séguier, n. 455, & dans celle de M. Colbert.

7127. Ms. Recueil de Pièces touchant le Schisme d'Urbain VI. *in-fol.* 1 vol.

Ce Recueil [étoit] conservé dans la Bibliothèque de M. Colbert. Urbain VI. est mort en 1389.

7128. *Acta varia de Schismate Pontificum Avenionensium, ab anno* 1378, *ad annum* 1428.

Ce Recueil d'Actes est dans Martenne, au tom. II. de son nouveau Trésor des Pièces anecdotes, *p.* 1078.

7129. ☞ *Litteræ & Acta nonnulla quæ ad Schisma quod Concilium Pisanum, anno Christi* 409 *celebratum, præcessit, attinent.*

Ces Pièces commencent en 1378, & finissent en 1409. Elles se trouvent au Spicilège de D. d'Achery, tom. I. *pag.* 763 *& suiv.*]

7130. Histoire générale du Schisme qui a été dans l'Eglise, depuis l'an 1378 jusqu'en 1428, les Papes tenant le Siège en Avignon; par Pierre DUPUY: *Paris,* 1654, *in-4.*

Jacques Dupuy, Prieur de Saint-Sauveur, publia ce Livre après la mort de son frère, arrivée l'an 1651.

7131. Histoire du grand Schisme d'Occident; par Louis MAIMBOURG, Jésuite : *Paris*, 1678, *in*-4. *Ibid.* 1678, *in*-12. 2 vol. *Ibid.* 1686, *in*-4.

Cet Auteur est mort en 1686.

7132. Neutralitas Ecclesiæ Gallicanæ ex Annalibus Francorum, circa annum 1408 : *Parisiis*, Patisson, 1594, *in*-8.

Ce Recueil est de Pierre Pithou, qui l'a publié.

7133. Ecclesiæ Gallicanæ in Schismate status ; ex Actis publicis. Etat de l'Eglise Gallicane durant le Schisme. Extraits des Registres & Actes publics : *Parisiis*, Patisson, 1594, *in*-8.

Cet autre Recueil [qui contient le précédent [est aussi de Pierre Pithou : il est composé de trente Pièces, depuis 1408 jusqu'en 1551. Il se trouve aussi dans le quatrième Livre des *Décrets de l'Eglise de France*, publiés par Bouchel, titre vingt-deuxième : *Parisiis*, 1609, 1621, *in*-fol. & entre les *Œuvres* de Pierre Pithou, p. 535 : *Parisiis*, 1609, *in*-4. Ce même Recueil, composé de cinquante-cinq Pièces, depuis l'an 1408 jusqu'en 1546, est imprimé dans le *Recueil des Preuves des Libertés de l'Eglise Gallicane*, chap. XX. Quoique les premières Editions ne soient pas si amples que la dernière, elles contiennent cependant plusieurs Pièces qui ne se trouvent pas dans celle-ci : telles que sont les Remontrances faites à Louis XI. en 1461, les Arrêts contre Jean Tanquerel, contre Artus Désiré, contre François de Rosières, avec les Procès-Verbaux de l'exécution d'iceux.

7134. Arrêt de la Cour, & Procès-verbal d'icelui, contre Jean Tanquerel, Bachelier en Théologie, en 1561.

Cet Arrêt est imprimé avec l'*Etat de l'Eglise Gallicane durant le Schisme* : *Paris*, Patisson, 1594, *in*-8. & au chap. IV. des *Preuves des Libertés de l'Eglise Gallicane*, num. 26.

☞ *Voyez* aussi le *tom. I. pag. 50, part. 1, de l'édition des Libertés de 1731*. Tanquerel avoit avancé que le Pape peut déposer les Rois. On trouve dans le Procès-verbal de l'exécution de l'Arrêt, le Précis du Discours que Gilles BOURDIN, Procureur-Général, fit contre cette Doctrine séditieuse.]

7135. Mémoires dressés par Noël BRULART, Procureur-Général du Roi, touchant quelques prétentions du Pape sur les Pays de Bretagne & de Provence, contraires aux Libertés de l'Eglise Gallicane, & les moyens d'y remédier, en 1548.

Ces Mémoires sont imprimés pag. 93, *du Recueil des Libertés de l'Eglise Gallicane*, [& dans le tom. I. de l'édition de 1731.] L'Auteur est mort en 1559.

7136. ☞ Monitorium & citatio Officii Sanctæ Inquisitionis contra Illustrissimam & Serenissimam Joannem Albretiam Reginam Navarræ.

Cette Citation est une véritable entreprise de la Cour de Rome, sur une tête couronnée. Ce n'est pas la première : elle ne produisit aucun effet. Elle n'est pas dans les Bullaires & Registres publics de Rome. M. le Chancelier de l'Hôpital & le Connétable s'y opposèrent, selon l'Histoire de M. de Thou, tom. VII. pag. 185. On la trouve, ainsi que la Pièce suivante, dans les *Mémoires de Condé* : *Londres*, 1743, *in*-4.]

7137. Protestation & Remontrance du Roi de France au Pape [Pie IV.] sur la Citation & Monitoire fait à Rome contre la Royne de Navarre [en 1564] : *in*-8.

☞ Le Roi interpelle le Pape de révoquer le Monitoire précédent, par quatre raisons. La Reine de Navarre est femme du premier Prince du Sang (c'étoit la mère de Henri IV.) Elle est son Alliée ; elle est sa Vassale ; mais de plus elle a la dignité Royale. Une pareille entreprise pourroit tirer à conséquence ; & le Roi proteste de recourir, à son grand regret, aux moyens & remèdes qu'on a, dit-il, autrefois suivi en cas semblable.]

7138. Mémoire dressé par Baptiste DU MESNIL, Avocat du Roi au Parlement de Paris ; par le commandement de Sa Majesté, sur les Procédures faites à Rome contre la Royne de Navarre, Princes, Seigneurs, & autres Serviteurs & Sujets de Sa Majesté, envoyé à Rome pour être communiqué au Pape Pie IV. avec le Mémoire particulier au sieur D'OISEL, Ambassadeur de Sa Majesté, & la Protestation & Remontrances dudit Seigneur Roi sur ladite Citation.

Ce Mémoire est imprimé au chap. IV. num. 27, des *Preuves des Libertés de l'Eglise Gallicane*. Le même, sous le titre d'*Instruction*, avec d'autres Pièces, est imprimé au tom. I. de Bouchel, dans sa *Bibliothèque du Droit François*, pag. 549 : *Paris*, 1667, *in*-fol.

L'Auteur est mort en 1571. Il fit ce Traité en 1564, par le commandement de Charles IX. Le sieur d'Oisel se nommoit Jean Clutin.

7139. Sixti V. Papæ Declaratio contra Henricum Borbonium Regem Navarræ, & Henricum Principem Condæum, Hæreticos, eorumque Posteros & Successores, ac Libertatis subditorum ab omni fidelitatis & obsequii debito, die 21 Septembris 1585 : *Romæ*, 1585, *in*-8.

Cette même Bulle est imprimée dans le Recueil intitulé : *Scripta utriusque partis : Francofurti*, 1586, *in*-8. & dans Goldast, au tom. III. de sa *Monarchie de l'Empire*, pag. 124.

La même, en François : *Cologne*, 1585, *in*-8.

Cette même Traduction est imprimée au tom. I. des *Mémoires de la Ligue* : 1590, *in*-8. pag. 236.

7140. Remontrance au Roi par la Cour de Parlement [au sujet de cette Bulle.]

Cette Remontrance est imprimée dans le volume précédent, pag. 250.

☞ Elle a pour objet la Déclaration du 7 Octobre 1585, donnée en exécution de l'Edit de Juillet de la même année, qui ordonne la réunion de tous les Sujets du Roi à leur Religion Catholique, Apostolique & Romaine, & la Bulle rapportée au numéro précédent. Elle est belle & hardie ; la Bulle (porte cette Remontrance) doit être jettée au feu en présence de toute l'Eglise Gallicane, comme il en a été usé en pareil cas par ordre d'un de vos prédécesseurs, dit le Parlement au Roi.]

7141. Opposition faite par le Roy de Navarre & Prince de Condé, contre l'excommunication du Pape Sixte V. du 6 Octobre 1585.

Cette Opposition est imprimée dans le volume précédent, pag. 268.

La même, traduite en Latin.

Elle est imprimée *inter Scripta utriusque partis : Francofurti*, 1586, *in*-8.

Varillas, dans son *Avertissement sur l'Histoire de Henri II.* attribue cet Ecrit à Jacques BONGARS, Gentilhomme Orléanois, de la Religion Prétendue-Réformée. Il assure qu'il eut la hardiesse de l'afficher lui-même dans Rome. [*Voyez* l'*Hist.* de *Thou, lib.* 82.]

7142.   P. Sixti V. brutum fulmen in Henricum Regem Navarræ, & Henricum Borbonium , Principem olim Condæum, vibratum, cujus multiplex nullitas ex Protestatione patet : 1585, *in-*8.

☞ Sixte V. dans cette Bulle, excommunie le Roi de Navarre & le Prince de Condé. Il les traite de génération bâtarde & détestable de la Maison de Bourbon ; les prive eux & leur Maison de leurs Domaines & Fiefs, les déclare incapables de succéder à la Couronne. Le Parlement fit contre cette Bulle les Remontrances les plus fortes, & le Roi de Navarre fit afficher dans Rome, à la porte du Vatican, que Sixte V. soi-disant Pape, en avoit menti, & que c'étoit lui-même qui étoit un hérétique.

Voyez sur ce Livre, *Ducatiana, pag.* 187. = *Hist. de Thou,* tom. IX. *pag.* 378 : *Tom. XV. p.* 483. = *Méth. historiq.* de Lenglet, *tom. IV. pag.* 91. = *Maximes du vieux de la Montagne, p.* 20. = *Mascurat, pag.* 646.]

Idem auctum : (*Leyde*) 1586, *in-*8.

Les mêmes Nullités & protestations sont imprimées dans Goldast, au tom. III. de sa *Monarchie de l'Empire, pag.* 68.

☞ Papæ Sixti V. fulmen brutum in Henricum Navarræ Regem, & Henricum Principem Condæum : (auctore Franc. Hottomanno) Accedunt Responsio ad Bellarminum, &c. Franc. Guicciardini, loci duo ex ipsius Historiis detracti, nunc editi Latinè, Italicè & Gallicè ; & Fr. Petrarchæ Epistolæ XVI. quibus innotescit quid de Pontificatu senserit ; necnon Clementis VIII. Ferrarium ingredientis pompa : 1602, *in-*8.

Hotman composa ce Livre pour faire voir l'injustice & la nullité de la Bulle de Sixte V. Il l'a divisé en quatre Parties, lesquelles il soutient qu'elle blesse tous les droits divins & humains : 1.° par l'incompétence du Juge ; 2.° par le faux allégué ; 3.° par le défaut de formalités ; 4.° par la façon inepte dont elle est conçue. Il traite sçavamment son sujet ; mais il s'emporte contre le Pape. Bayle, article *Hotman,* dit qu'il en fut bien payé par le Roi de Navarre, & cite Nevelet, auteur de la Vie de Hotman, *p.* 225. Voici ce que l'on trouve, *p.* 100, du *Scaligeriana : Brutum fulmen, liber mihi donatus ab ipso Hottomanno, & præclarus liber, multa bene dicit, sed multa addita sunt in editione Leydensi* (1586) *præstat Genevensi.* On trouve à la suite de la Bulle de Sixte V. du 21 Septembre 1585, en Latin, & la Traduction Françoise imprimée à Toulouse, en 1585.

☞ Idem : 1603.

Il contient de plus, = Disputatio Rob. Bellarmini S. J. de primatu Episcopi Romani, & ad eam Responsio. = Alciati, Cujacii & Hottomanni conjecturæ de falsitate, & Disputatio de Donatione Constantini Magni. = Collatio Petri Apostoli cum Papa Romano.]

Les mêmes, traduites en François, & publiées sous ce titre : Protestation & Défense pour le Roy de Navarre Henri IV. premier Prince du Sang, & Henri Prince de Condé, aussi Prince du même Sang, contre l'injuste & tyrannique Bulle de Sixte V. publiée à Rome au mois de Septembre 1585, au mépris de la Maison de France : 1587, *in-*8.

Cette Pièce est des plus sçavantes, & en même temps des plus satyriques. L'Auteur auroit pu défendre avec plus de modération les droits des Souverains, sans se déchaîner, comme il fait, contre les Papes ; mais que ne devoit-on pas attendre d'un Protestant aussi emporté que l'étoit François Hotman, Auteur de cet Ecrit ?

7143.   Nullités, abus & entreprises de la Bulle de Sixte V. contre le Roi de Navarre & le Prince de Condé : 1585, *in-*8.

7144.   Moyens d'abus, entreprises & nullités de Rescrit ou Bulle du Pape Sixte-Quint, contre Henri de Bourbon, Roy de Navarre, premier Prince du Sang, & Henri de Bourbon, aussi Prince du Sang, Pair de France, Prince de Condé ; par un Catholique, Apostolique & Romain, mais bon François & très-fidèle Sujet de la Couronne : *Cologne, Fobin,* 1586, *in-*8.

Pierre Cayet, dans sa *Chronologie Novennaire ; tom.* I. *pag.* 17, attribue ce Livre à Pierre de Belloy.

☞ *Voyez* sur ce Livre, *Ducatiana,* p. 157 : 310 = Lenglet, *tom. IV. p.* 91. = *Mém. de l'Etoile, tom.* I. *pag.* 223. = *Hist. de Thou, tom.* XV. *pag.* 501.

M. de Belloy, dans la première partie, rapporte le texte de la Bulle traduit en François, avec un Commentaire qui en fait sentir les défauts : dans la seconde partie, qui est la plus étendue, il fait voir en détail que le Pape est faillible & même sujet à correction : que plusieurs Papes ont failli : quelle est leur autorité & leur Jurisdiction dans l'Eglise : qu'ils n'en ont aucune sur les Rois : ce que c'est qu'une excommunication : comment elle doit se faire : que lorsqu'elle est injuste, elle doit être regardée comme non-avenue : quel est le devoir du Roi envers l'Eglise : quelle autorité il a sur les choses Ecclésiastiques. Il agite enfin plusieurs autres questions, qui toutes tendent à réduire l'autorité du Pape à ses justes bornes. La matière est traitée à fond.]

7145.   Claudii Grangæi, Bituricensis, Philippica in Sixto V. 1585, *in-*8.

Cet Ecrit d'un Calviniste, est tout-à-fait emporté.

7146.   ☞ Aviso piacevole data alla bella Italia da un nobile Giovane Francesse (Vic. Perrot] sopra la mentita data del Rè di Navarra à Papa Sisto V. *Monaco,* Swartz, 1586, *in-*4.

C'est une satyre contre la Cour de Rome, en prose & en vers. *Voyez* Lenglet, *Méth. hist. tom. IV. p.* 91.]

7147.   ☞ Responsio ad Librum Anonymum cui titulus, *Aviso,* &c.

Cette Réponse, qui est du Cardinal Bellarmin, se trouve dans le *Recueil de ses Opuscules : Colonia,* 1599, *in-*8.]

7148.   Judicium cujusdam boni Sorbonistæ, non addicti Ligæ, super Monitorio Papæ, contra Regem Christianissimum, anno 1588.

Ce Jugement de la Bulle de Sixte V. contre le Roi Henri III. est imprimé dans Goldast, au tom. II. de sa *Monarchie de l'Empire : Francofurti,* 1613, *in-fol.*

7149.   ☞ Avertissement aux Catholiques sur la Bulle de N. S. P. touchant l'excommunication de Henri de Valois, avec plusieurs exemples de punitions étranges & merveilleux jugemens de Dieu sur les Excommuniés: *Paris,* Chaudière, 1589, *in-*8.]

7150.   De Clericis, præsertim Episcopis, qui participarunt in Divinis scienter & sponte cum Henrico Valesio post Cardinalicidium,

T. P. assertio, ejusque illustratio : *Parisiis*, Gorbin, 1589, *in-8*.

Ce Théologien de Paris n'est autre que Gilbert Genebrard, grand Ligueur.

Secunda Editio, sub nomine Theologorum Parisiensium : *Ibid.* 1589, *in-8*.

Le même Livre, traduit en François, & publié sous ce titre : Excommunication des Ecclésiastiques qui ont assisté au Service Divin avec Henri de Valois, après le massacre du Cardinal de Guise : 1589, *in-8*.

☞ *Voyez* sur cet Ouvrage, l'*Histoire de M. de Thou*, Liv. 95, p. 596, du t. X. de la Traduction Françoise, où il dit qu'il y fut fait une réponse par Charles FAYE, Abbé de S. Fuscien, Conseiller Clerc au Parlement de Paris. Ce n'est pas celle rapportée au numéro suivant.]

7151. Ad assertionem, seu famosum Libellum de Clericis, præsertim Episcopis, qui participarunt in Divinis, &c. Responsio : 1589, *in-8*.

Cette Réponse est de Jean PREVOST, Jean LOMMEDÉ, & René BENOIST, ainsi qu'il paroît par une Note écrite dans le temps, & qui se trouve sur un exemplaire de cette réponse provenant de la Bibliothèque de M. Secousse.]

7152. Jurisconsultus Catholicus de Theologorum Assertione ad quemdam Parochum, & tres Excommunicatorum Patronos : 1590, *in-8*.

7153. Theophili BANOSII, Censura orthodoxa in Excommunicationem Sixti V. contra Henricum Borbonium, Galliæ & Navarræ Regem.

Cette Censure est imprimée avec son Traité, intitulé : De Politia Civitatis Dei & Hierarchia Romana : *Francofurti*, Wecheli, 1592, *in-4*.

7154. Traité de la grande prudence & subtilité des Italiens ; par G. B. dit le Royal François : 1590, *in-8*.

7155. De l'Office & préséance de l'Ecclésiastique & du Magistrat ; par le même : 1590, *in-8*.

7156. GREGORII XIV. Papæ Literæ Monitoriales ad Principes, Duces, Marchiones, &c. ad Archiepiscopos, Episcopos, aliosque Ecclesiasticos Regni Francorum qui Regis partes sequuntur ; Romæ, die primâ Martis 1591 : *Romæ*, 1591, *in-8*.

Eædem Literæ Monitoriales & ad eas Senatusconsultum : *Francofurti*, Lechlerus, 1591, *in-8*.

Le même Monitoire du Pape GREGOIRE XIV. à la Noblesse & Tiers-Etat de France, qui suit le parti de Henri de Bourbon, jadis Roy de Navarre : *Reims*, 1591, *in-8*.

7157. ☞ Plaidoyer de M. SEGUIER, contre la Bulle précédente : *Chaalons*, 1595, *in-8*.]

7158. Vindiciæ secundùm Libertatem Ecclesiæ Gallicanæ, & Defensio Regii Status Gallo-Francorum sub Henrico IV. Rege ; per

L. S. A. R. *Augustoriti Turonum*, Mettayer, 1590, *in-8*. *Genevæ*, le Preux, 1593, *in-8*.

Ces mêmes Défenses sont imprimées dans Goldast, au tom. III. de sa *Monarchie de l'Empire*, pag. 178 : *Francofurti*, 1613, *in-fol*. Ces lettres initiales L. S. A. R. signifient Louis SERVIN, Avocat du Roi, qui est l'Auteur de ce Livre.

7159. Arrêt du Parlement de Chaalons, au mois de Juin 1591.

Cet Arrêt est imprimé au tom. IV. des *Mémoires de la Ligue*, p. 395.

7160. Arrêt du Parlement, contre les Défenses faites à Chaalons, sur la publication des Bulles de notre Saint Père le Pape : *Paris*, Thierry, 1591, *in-8*.

Ce même Arrêt du Parlement [Ligueur] de Paris, est imprimé au tom. IV. des *Mémoires de la Ligue*, p. 397.

7161. Lettres-Patentes du Roi, contenant Déclaration de l'intention qu'il a de maintenir l'Eglise Catholique, Apostolique & Romaine dans ce Royaume ; ensemble les Droits & anciennes Libertés de l'Eglise Gallicane ; de Chaalons, le 24 Juillet, 1591 : *Chaalons*, Guyot, 1591, *in-8*.

Ces Lettres-Patentes sont aussi imprimées au tom. IV. des *Mémoires de la Ligue*, pag. 387.

7162. Arrêt du Parlement de Tours, sur les Lettres Monitoriales de Grégoire, soi-disant Pape, &c. du 5 Août 1591.

Cet Arrêt du Parlement de Tours est imprimé dans le volume précédent, p. 393.

7163. Arrêt de la Cour du Parlement, du 4 Septembre 1591, contre certain prétendu Arrêt donné à Tours, sur le fait des Bulles Monitoriales de notre Saint Père le Pape : *Paris*, Nivelle, 1591, *in-8*.

7164. Maintenue & Défense des Princes Souverains & Eglises Chrétiennes, contre les Attentats & Excommunications des Papes de Rome : [1594.]

Ce Traité d'un Protestant, est imprimé au tom. IV. des *Mémoires de la Ligue*, p. 400. On l'attribue à Denys GODEFROY le Jurisconsulte, père de Théodore & de Jacques Godefroy.

☞ Cette Pièce reparut en 1607, sous ce titre :

Défense des Empereurs, Rois, Princes, Etats & Républiques, (& en particulier des Rois de France) contre les Censures & Excommunications des Papes de Rome : (*Genève*) Pierre de Saint-André, 1607, *in-8*.

Le véritable titre de ce Livre est, ainsi qu'il paroît à la première page de la matière : » Réponse aux Commonitoires & Excommunications de Grégoire XIV. » contre le Roy Henri IV. qui, en général & à l'avenir, » peut servir de maintenue & défense à tous Princes » Souverains & Eglises, contre les attentats, usurpa- » tions & excommunications des Papes de Rome ». Il fut donné pour la défense du Roi Henri IV. en 1594, & ensuite l'Imprimeur de Genève, qui en avoit encore des exemplaires en 1607, lors de l'Interdit de Venise par Paul V. y mit le titre de *Défense des Empereurs, &c*. ajoutant ces mots : Traité très-utile & très-nécessaire pour le *Différend d'entre le Pape & l'illustre Seigneurie de Venise*.

Traités des Libertés de l'Eglise Gallicane. 487

☞ Grégoire XIV. non content d'avoir excommunié Henri IV. en 1590, avoit fait en 1591 publier par Landriano, Nonce envoyé exprès en France, des Lettres Monitoriales contre tous ceux qui suivoient le parti de ce Prince. La publication de ces Monitions donna lieu à deux Arrêts des Parlemens de Tours & de Chaalons, qui les cassent, révoquent, ordonnent qu'elles seront lacérées & brûlées; déclarent Grégoire, se disant Pape, fauteur des rebelles, &c. décrètent de prise de corps ledit Landriano, & donnent acte au Procureur-Général de l'Appel par lui interjetté au futur Concile, de l'institution de Grégoire XIV. au Saint Siège. Par Arrêt subséquent le Parlement de la Ligue cassa & annulla ces deux Arrêts, & les condamna au feu. C'est à cette occasion que la Pièce dont il s'agit fut faite. Elle est adressée au Duc de Bouillon. L'Auteur y établit que les Monitoires sont nuls, & ont vingt-six points de nullités, & entr'autres défaut d'autorité du Pape en France. Il entre à cette occasion dans un grand détail sur tout ce qui regarde les deux Puissances, Ecclésiastique & Séculière ; sur la Jurisdiction Spirituelle & Temporelle, que peut avoir le Pape en France, & même en la Ville de Rome, & sur les prérogatives des Rois de France & les Libertés de l'Eglise Gallicane. On y trouve un ramas considérable de tous les faits historiques qui peuvent avoir rapport à cette matière.

7165. Discours des raisons & moyens pour lesquels MM. du Clergé, assemblés à Chartres, ont déclaré les Bulles Monitoriales décernées par le Pape Grégoire XIV. contre les Ecclésiastiques & autres, tant de la Noblesse que du Tiers-Etat, qui sont demeurés en la fidélité du Roi, nulles & injustes, & contre les Droits & Libertés de l'Eglise Gallicane : *Tours*, Mettayer, 1591, 1593, *in-8*.

Charles FAYE, Sieur d'Espesse, Abbé de S. Fuscien, Conseiller au Parlement de Paris, est l'Auteur de ce Discours. Il est mort en 1638.

7166. Discours des Droits Ecclésiastiques & Libertés de l'Eglise Gallicane, & les raisons & moyens d'abus contre les Bulles décernées par le Pape Grégoire XIV. contre la France, en 1591; par Guy COQUILLE.

Ce Discours est imprimé dans les *Recueils des Libertés de l'Eglise Gallicane* : 1612, *in-4*. 1639, *in-fol*.

7167. Autre Traité du même Auteur sur le même sujet, du 21 Septembre 1591.

Cet Ouvrage & les deux précédens se trouvent dans le tom. I. des Œuvres de Coquille : *Paris*, 1665 : *Bordeaux*, 1703, *in-fol*.

☞ Le Discours & le Traité sont à peu de chose près le même Ouvrage. Le second fut fait pour Henriette de Clèves, Duchesse de Nivernois, qui desiroit d'être éclaircie sur les Bulles Monitoriales de Grégoire XIV.]

7168. Sermo Pomponii BELLIEVRII, Franciæ Cancellarii, in quo agitur de Excommunicatione Henrici IV. Francorum Regis.

Ce Discours du Chancelier de Bellièvre est imprimé dans un *Recueil de Pièces, pag.* 239 : *Paris*, Blaise, 1635, *in-8*. Ce Chancelier est mort en 1607.

7169. Défense pour les Bulles Monitoriales du Pape, contre Henri IV. & le Parlement de Chaalons : *Paris*, 1591, *in-8*.

7170. Les Lauriers du Roi, contre les foudres pratiqués par les Espagnols, ou contre les Bulles de Grégoire XIV. *Tours*, Mettayer, 1591, *in-8*. *Caen*, le Bas, 1591, *in-8*.

7171. Ad calumnias & imposturas à Pseudoparlamentis Catalaunensi & Turonensi ac Carnotensi Conventiculo, ad Catholicæ Religionis perniciem Populique deceptionem, impiè confictas in Gregorium XIV. ejusque Monitoriales Literas : Responsio Matthæi ZAMPINI, Recanatensis Jurisconsulti : *Parisiis*, Thierry : *Lugduni*, Pillehote, 1591, *in-8*.

7172. ☞ Remontrances à la Noblesse, avec un Traité de la puissance de l'Eglise & de l'excommunication; par Matthieu DE LAUNOY, Chanoine de Soissons : *Paris*, 1591, *in-8*.

7173. Conseil Chrétien sur les Monitoires & menaces d'Excommunication & Interdiction du Pape Sfondrato, dit Grégoire XIV. contre le Roy, l'Eglise & le Royaume de France, pris de l'exemple de nos prédécesseurs en choses semblables : 1591, *in-8*.

Idem Consilium Latinè conversum à Tussano Berchetto, Lingonensi : *Francofurti*, 1591, *in-8*.

Le même, en Latin, est imprimé dans Goldast, au tom. III. de sa *Monarchie de l'Empire*, p. 131.

7174. De Henrici IV. Regis Christianissimi periculis, & Notata quædam ad Sfondrati Pontificis Romani, Literas Monitoriales : *Francofurti*, 1591, *in-8*.

Gaspard PEUCER, Protestant, est l'Auteur de ce Livre : il est mort en 1602.

7175. ☞ Apologie des raisons pour lesquelles la Bulle du Pape contre le Roy & ses bons & fideles Sujets Catholiques, est nulle & abusive : 1592, *in-8*.]

7176. Bref de GRÉGOIRE XIV. à l'Evêque de Plaisance, sur les affaires du Royaume de France : *Agen*, 1591, *in-8*.]

7177. ☞ Bref du même à la Ville de Paris : *Paris*, 1591, *in-8*.]

7178. ☞ Traduction du Bref du même au Duc de Mayenne : *Paris*, 1591, *in-8*.]

7179. ☞ Bref du même, par lequel il est permis à tous Ecclésiastiques de porter les armes contre les Hérétiques, pour la défense de la Religion : *Paris*, 1591, *in-8*.]

7180. ☞ Facultés données par le même à M. Landriano, son Nonce en France : *Paris*, 1591, *in-8*.]

7181. ☞ Missive du Cardinal CAÉTAN, envoyée à la Faculté de Théologie de Paris : *Paris*, 1591, *in-8*.]

7182. ☞ Bref Avertissement de l'Evêque d'Evreux (DU PERRON) à ses Diocésains, contre un prétendu Arrêt donné à Caen : *Paris*, 1591, *in-8*.]

7183. Renati CHOPINI, Andegavensis Jurisconsulti, Oratio de Pontificis Gregorii XIV.

ad Gallos diplomate à criticôn Notis vindicato : *Parisiis*, Bichon, 1591, *in*-4.

Ce Discours est plutôt un Libelle séditieux, que l'Ouvrage d'un Jurisconsulte, qui a été récompensé par son Prince à Jean de Lettres d'Annoblissement, pour avoir bien écrit du Domaine : Baillet, *Satyres Personnelles, tom. I. p.* 219. Choppin est mort en 1606.

☞ *Voyez* les *Mémoires* du P. Niceron, *t. XXXIV. pag.* 166.]

7184. Antichopinus, imò potiùs Epistola congratulatoria Mag. Nicodemi Turlupini, ad Mag. Renatum Chopinum de Chopinis, sanctæ Unionis Hispan-Italo-Galliæ Advocatum incomparabilissimum in suprema Curia Parlamenti Parisius, data Turonis 27 Augusti anno à Liga nata septimo, & secundùm alios quinto decimo, calculo Gregoriano 1592 : *Antverpiæ* & *Carnuti*, 1592, *in*-8.

☞ *Voyez* Baillet, *Jugemens des Sçavans, tom. VI. p.* 149, & *Mém. de l'Etoile, tom. II. p.* 171.]

Eadem, cui accedit Epistola Benedicti Passavantii, &c. *Villierbani*, 1593, *in*-8.

Baillet, (*Satyres Personnelles, tom. II. p.* 220) attribue à Jean de Villiers-Hottmann. Ce mauvais Libelle écrit en style maccaronique, ou en termes écorchés du Latin.

7185. Philippiques contre les Bulles & autres Pratiques de la Faction d'Espagne, pour le Roy Henri IV. par F. D. C. *Tours*, Mettayer, 1592, *in*-8.

La troisième Philippique de cet Auteur, ne parut qu'après la mort de Grégoire XIV. arrivée le 15 Octobre 1592. Pierre Cayet, *pag.* 453, de sa *Chronologie Novennaire.* Elles sont attribuées à François de Clari, Jurisconsulte.

☞ Les mêmes, au nombre de quatre : *Tours*, 1611, *in*-8. sans nom d'Imprimeur.]

7186. Arrêt de la Cour, & Procès-verbal de l'exécution d'icelui, contre Florentin Jacob, Religieux Augustin, Bachelier en Théologie, en 1595.

Cet Arrêt est imprimé dans le *Recueil des Libertés de l'Eglise Gallicane* de 1651, [& *pag.* 212 du tom. I. de l'édition de 1731.]

☞ Jacob avoit avancé dans sa Thèse que le Pape a la Puissance Temporelle sur toutes sortes de personnes. On trouve dans le Procès-verbal, le Discours de Jacques de la Guesle, Procureur-Général, contre cette Doctrine.]

7187. ☞ Mémoire par lequel il est prouvé que le Roy Henri IV. peut être canoniquement & légitimement absous d'hérésie par les Evêques de son Royaume ; par Pierre Pithou.

Il est fort court, & se trouve dans les *Opuscules de Loysel, p.* 427.]

7188. ☞ De justâ & canonicâ Henrici IV. absolutione, ex exemplari in Italia excuso : *Parisiis*, Typis Regiis, 1594, *in*-8.

Ce Livre est encore de Pierre Pithou. C'est un développement du Mémoire précédent, qui n'avoit pas dessein de publier, & qui n'a été imprimé que plus de cinquante ans après sa mort, sur une copie conservée par Pierre Dupuy. Le Traité Latin fut publié par ordre du Conseil ; mais pour donner le change aux Ultramontains sur l'Auteur de ce Livre, Dupuy fit mettre dans le titre qu'il avoit été imprimé sur un exemplaire venu d'Italie. *Voyez* la *Vie de Pithou*, par M. Grosley, *tom. I. p.* 333, & l'*Histoire de la Ligue*, par Maimbourg, *p.* 496.]

7189. Maintenue de la Loi fondamentale, par les Cardinaux, Archevêques, Evêques, & autres Ecclésiastiques, Cours Souveraines, Universités, Facultés de Théologie, & Curés de Paris, sous Henri-le-Grand, Roy de France & de Navarre : *Troyes*, Chevillot, 1615, *in*-8.

C'est un Recueil de dix-huit Arrêts, Déclarations du Roi, Décrets de l'Université & de la Faculté de Théologie, depuis l'an 1590 jusqu'en 1596. Il a été fait sans doute par Pierre Pithou, & publié par son frère François Pithou.

☞ Il contient les Déclarations & Arrêts contre les Bulles Monitoriales de Grégoire XIV. & la personne de son Nonce Landriano, & autres portant défenses de se pourvoir en Cour de Rome. On y trouve la Déclaration du Clergé assemblé à Mantes, & depuis à Chartres, le 21 Septembre 1591, au sujet desdites Bulles, & l'Avis de la Sorbonne sur l'obéissance due au Roi.]

7190. Des Entreprises des Papes & du Légat, qui étoit en France pour la Ligue ; par Guy Coquille.

Ce Traité est imprimé au tom. II. de ses Œuvres, *p.* 303 : *Paris*, 1665, *in-fol.* [& *Bordeaux*, 1703.].

7191. Doctrine de France, concernant l'Excommunication contre le Roi, & si le Royaume peut être interdit.

C'est un Recueil de neuf Pièces, depuis l'an 800 jusqu'en 1649, imprimé au ch. IV. des *Preuves des Libertés de l'Eglise Gallicane* : *Paris*, 1651, *in-fol.* [& 1731.]

Que les Officiers du Roi, en ce qui concerne l'exercice de leurs Charges & Offices, ne peuvent être excommuniés.

C'est un Recueil de dix-neuf Ecrits, depuis l'an 1205 jusqu'en 1600 ; il est imprimé au chap. V. des mêmes Preuves.

Monitions & Excommunications de diverses sortes déclarées abusives.

Recueil de vingt-trois Pièces, depuis l'an 1270 jusqu'en 1645, imprimé au même chap. V.

Absolutions *ad cautelam*, ordonnées par les Cours de Parlement, pendant les Appellations comme d'abus d'octroi ou publication d'aucuns Monitoires.

Recueil de huit Pièces, depuis 1413 jusqu'en 1639, imprimé dans le chap. VIII.

Citations des Sujets du Roi en Cour de Rome, abusives.

Recueil de vingt Pièces, depuis l'an 1367 jusqu'en 1623, imprimé au chap. IX. des mêmes Preuves.

7192. Traité historique sur le sujet de l'Excommunication & la Déposition des Rois : *Londres*, 1680 : *Paris*, Barbin, 1681, *in*-8.

☞ Ce Traité a été composé en Anglois, par Thomas, Evêque de Lincoln, & traduit en François par le sieur de Rosemond.]

7193. ☞ Causa Valesiana, seu Petri VaLesii Ordinis. S. Franc. Epistolæ tres Apologeticæ, cum appendice duplici, unâ Instrumentorum, alterâ de Gregorio VII. ubi liber Thomæ Ep. Lincolnensis confutatur, & Doctrina præsertim Ecclesiæ Gallic. asseritur : *Londini*, 1684, *in*-8.

Cet Ouvrage est estimé.]

7194. ☞ Mss. Traité de la puissance du Pape envers les Rois ; par R. P. en Dieu, Messire Claude D'ANGENNES DE RAMBOUILLET, Evêque du Mans.

Ce Manuscrit est dans la Bibliothèque de M. Févret de Fontette, Conseiller au Parlement de Dijon.

L'Evêque du Mans, après avoir rapporté succinctement les causes de l'accroissement de la Puissance Ecclésiastique, & en avoir fixé les droits & les devoirs, ainsi que de la Puissance temporelle, conclut que l'une ne doit pas s'ingérer dans les fonctions de l'autre, & que c'est à grand tort que les Papes ont cru pouvoir deposer les Rois, délier leurs sujets du serment de fidélité, &c. Cependant il pense que le Pape, les Evêques même, ont le droit de corriger & d'excommunier les Souverains quand ils négligent de leur obéir dans les choses qui regardent le spirituel ; ce qu'il confirme par plusieurs exemples, notamment par celui de S. Ambroise, & par les Canons du Concile de Latran.]

7195. De Potestate Papæ, an & quatenùs in Reges & Principes seculares jus & imperium habeat : Guillelmi BARCLAII Liber posthumus : *Mussiponti*, 1609, 1610 : *Hanoviæ*, Villieri, 1612, *in*-8.

Ce même Traité est imprimé dans Goldast, au tom. III. de sa *Monarchie de l'Empire*, pag. 621.

Le même Traité, traduit en François : *Pont-à-Mousson*, Huldric, 1611, *in*-8. [*Cologne*, du Marteau, 1687, *in*-12.]

Guillaume Barclai est mort en 1605. Jean Barclai son fils prit soin de publier ce Traité, qui comprend de grands principes & beaucoup de choses.

☞ L'Auteur composa ce Livre quelque temps après la mort du Roi Henri III. Il y réfute avec force & érudition les sentimens ultramontains sur la puissance du Pape : il prouve invinciblement que cette puissance n'est que spirituelle, & qu'elle ne peut s'étendre directement ni indirectement sur l'autorité temporelle des Rois, qu'ils tiennent de Dieu, & à qui seul ils doivent en rendre compte. Il fait voir particulièrement contre Bellarmin, qu'il n'y a & ne peut y avoir aucun cas où le Pape puisse déposer les Rois ; & que tous les passages dont le Cardinal s'est servi, sont ou mal entendus ou forcés. C'est un grand dommage que la mort ait empêché l'Auteur de finir ce précieux Ouvrage, qu'il a dédié à Clément VIII. & dont nous n'avons que les quarante-un premiers Chapitres.

Guillaume Barclai, d'Aberdeen en Ecosse, Jurisconsulte, se retira en France en 1573. Après avoir étudié à Bourges, il professa le Droit à Pont-à-Mousson, fut en faveur auprès du Duc de Lorraine, fit un voyage à Londres, professa à Angers en 1604, & mourut en 1605. *Voyez* le *Catalogue* de du Pin, second vol. *pag*. 1488, & le tom. I. de son *Hist. Eccl. du XVIIe Siècle*.

Guillaume eut un fils nommé Jean, à qui le P. Jacob attribue le Livre *De potestate Papæ*, *pag*. 355, *Bibliot. Pontif.* Ce Jean mourut à Rome en 1621. Il fut enterré dans l'Eglise de S. Laurent hors les murs : on lui éleva une effigie en marbre, *Quæ posteà Decreto S. Congregationis, in Tiberim dejecta* : ce sont les termes du Père Jacob, *ibid*. Mais il n'est pas plus exact sur cela que sur l'autre article.

Voyez sur ce Livre & son Auteur, le Père Niceron, *Tome I.*

tom. XVII. pag. 283. = *Dict. de Bayle*, art. Barclai, *Rem. E.* = *Essais de litter*. 1702, *part*. 2, *p*. 223. = Racine, *Abr. de l'Hist. Eccl. tom.* X. *p*. 210, *in*-12. = *Catal. des Auteurs du Droit Canon*, par Lenglet, *p*. 172. = *La Science du Gouvernement*, par M. de Réal, *t. VIII. pag*. 138 & *suiv*.]

7196. ☞ Remontrance du Président JEANNIN, baillée aux Etats pour & au nom des Rois de France & d'Angleterre.]

7197. Tractatus de potestate summi Pontificis in rebus temporalibus, adversùs G. Barclaium : Auctore Roberto BELLARMINO, Cardinali : *Romæ*, Zanetti, 1610 : *Coloniæ*, Gualtheri, 1611, *in*-8.

Ce même Traité est imprimé au tom. VIII. de ses *Œuvres* : *Coloniæ*, 1617, *in-fol*. & dans le tom. XVIII. de la *Bibliothèque Pontificale de Roccaberti* : *Romæ*, 1698, *in-fol*. L'Auteur est mort en 1621.

☞ *Voyez* sur ce Traité, *Mém. de l'Etoile, tom*. II. *pag*. 349. = *Bibl. de Clément*, tom. III. *p*. 57. = *Merc. Franç*. tom. II. *p*. 23 & 151. = *Catal. des Auteurs du Droit Canon*, par Lenglet, *p*. 160. = *Biblioth. Canon*. de Bouchel, *au mot* Royale puissance.

7198. Tocsin au Roy, à la Royne Régente, mère du Roy, aux Princes du Sang, &c. contre le Livre de la Puissance Temporelle du Pape, mis en lumière par Bellarmin ; par la Statue de Memnon : *Paris*, 1610, *in*-8.

☞ Cet Ecrit est du 17 Novembre, comme il paroît par ce qu'en dit l'Auteur à la fin. Son zèle est juste, ses plaintes partent d'un bon cœur & d'un bon patriote ; mais son érudition est mal placée ; il étoit tout simple de dire que le Livre de Bellarmin étoit pernicieux, qu'il n'y avoit aucune considération qui pût l'empêcher d'être flétri ; tout François le désavoue, & la Cour de Rome n'oseroit maintenant faire avancer de semblables maximes. L'Auteur n'étoit pas ami des Jésuites.]

7199. Le premier coup de la retraite contre le Tocsin sonné par la Statue de Memnon, contre le Livre du Cardinal Bellarmin ; par Alexandre DE MONTRÉAL : 1611, *in*-8.

7200. ☞ Responsio ad Apologiam Bellarmini quam edidit contra Præfationem monitoriam Jac. Regis Britanniæ : *Londini*, 1610, *in*-4.]

7201. Remontrance & Conclusions des Gens du Roi, & Arrêt du Parlement, du 26 Novembre 1610, sur le Livre de Bellarmin, sur la puissance du Pape, sur le temporel des Rois : *Paris*, 1610, *in*-4.

Eadem Latinè : 1611, *in*-8.

☞ Cette Remontrance est de Louis SERVIN, Avocat-Général. Il y expose avec force & érudition les principes de Bellarmin, & les dangereuses conséquences qu'on peut en tirer ; & soutient que le Roi ne reconnoît point de Supérieur dans le temporel de son Royaume, qu'il tient de Dieu, & que telle a toujours été la Doctrine de l'Eglise Gallicane.]

7202. ☞ Commonefactio & postulationes Regiorum Cognitorum, nec non Arrestum Parlamenti Parisiensis, die 26 Novembris 1610, latum adversùs Librum Roberti Bellarmini de Potestate summi Pontificis in temporalibus ; accessit Edictum Philippi III. Hispan. Regis, adversùs Tractatum Cæsaris Baronii de Monarchia Siciliæ : 1611, *in*-8.]

Qqq

7203. ☞ Arrêt du Parlement de Paris, du 6 Avril 1613, avec le Plaidoyé de M. SERVIN, Avocat, sur la distinction de la Juridiction Ecclésiastique & Séculière : *Paris*, 1613, *in-*4.]

7204. ☞ Arrêt donné au Conseil d'Etat, sur ledit Arrêt donné contre le Livre du Cardinal Bellarmin.]

7205. ☞ Extraits de quelques lieux du Livre du Cardinal Bellarmin, par lesquels il appert qu'il enseigne & soutient que le Pape a toute puissance temporelle sur les Rois & Princes, & qu'il leur peut & doit commander; qu'il peut les excommunier, & après délivrer leurs Sujets du serment de fidélité, & les priver de leurs dignités & autorités Royales; que l'exécution en appartient aux autres; que le Roi n'a nulle puissance sur les Evêques & Clercs, & qu'il est faux de dire que les Rois & Princes ayent leur puissance de Dieu.

Ces deux Pièces sont imprimées dans le *Recueil de plusieurs Actes & Mémoires* : 1612, *in-*8.]

7206. Examen du Livre intitulé : Remontrance & Conclusions des Gens du Roi, & Arrêt du Parlement, attribué faussement à M. Servin, Avocat-Général, sur le Livre du Cardinal Bellarmin : 1611, *in-*8.

Michel DE MARILLAC est l'Auteur de cet Examen. Il est mort en 1630. Il avoit été Garde des Sceaux de France.

7207. Les Droits du Roi, contre le Cardinal Bellarmin; par Jean BEDÉ, Sieur de la Gormandière : *Franckendal*, 1611, *in-*8.

Idem Liber Latinè redditus.

L'Auteur de cet Ouvrage étoit de la Religion Prétendue-Réformée. La Traduction Latine est de Goldast, au tom. III. de sa *Monarchie de l'Empire*, p. 806.

☞ M. de la Gormandière divise son Ouvrage en dix Chapitres. En voici le Sommaire tel qu'on le trouve à la tête du Livre. 1.° Le droit du Prince est divin. 2.° En quoi consiste le droit du Prince. 3.° Les Ecclésiastiques étoient Sujets du Prince avant la venue de Jesus-Christ. 4.° Depuis sa venue, le droit des Rois n'est point diminué sur les Ecclésiastiques. 5.° Les Rois Chrétiens sont fondés en titres & en possession des droits ci-dessus déclarés. 6.° Les premiers attentats des Papes ont commencé seulement sous la troisième Race, & cependant les Rois de France ont maintenu leurs droits jusqu'à présent. 7.° Quelle est la puissance Ecclésiastique par le droit divin, & que le Pape n'est fondé en ses prétentions, ni par le droit divin, ni par le droit humain. 8.° Que Bellarmin, & autres Jésuites, mettent le Pape au-dessus de ce qui est dit Dieu au spirituel. 9.° Que le Pape s'élevant sur les Rois en la façon que veut le Cardinal, s'élève par-dessus ce qui est dit Dieu au temporel. 10.° Que l'une des plus pernicieuses hérésies est de mépriser son Roi.

L'Auteur enfin exhorte le Roi à ne point laisser enseigner dans son Royaume une Doctrine aussi damnable & aussi meurtrière que celle du Cardinal Bellarmin.]

7208. Anti-Bellarminus JOANNIS LAUNOII, sive Deffensio Libertatum Ecclesiæ Gallicanæ, contra infallibilitatem Romani Pontificis, sedisque Romanæ deffensores ex Launoii operibus excerpta, &c. *Daventriæ*, 1720, *in-*4.

Ce Livre avoit déja paru sous un autre titre : *Amsterdam*, chez les Vassberges, en 1685, *in-*4. *Voyez* le *Dictionnaire* de Prosper Marchand, au mot *Anti*.

M. de Launoy, Docteur célèbre de la Faculté de Paris, a défendu nos Libertés avec beaucoup de zèle & d'érudition. Ceux de ses Ouvrages dans lesquels principalement il a réfuté Bellarmin, sont ses Lettres Latines, dont la plupart forment des Traités très-sçavans.]

7209. ☞ La Doctrine de J. C. N. S. & celle de Robert, Cardinal Bellarmin, Jésuite, touchant les Rois & Princes, rapportée l'une à l'autre, pour montrer que ainsi que l'une est véritable, ainsi l'autre est fausse, & partant justement condamnée par l'Arrêt du Parlement, du 26 Novembre 1610; (par C. D. S. C.) 1611, *in-*8.

Ce petit Ecrit contient en vingt-sept pages, plusieurs textes de l'Evangile, des Epîtres de saint Paul & de saint Pierre, auxquels on en a joint autant de Bellarmin, diamétralement opposés, & qui contiennent sa Doctrine sur la Souveraineté & la Déposition des Rois.

☞ Il y a eu dans la même année deux Editions de cet Ouvrage.]

7210. Petri MOLINÆI, de Monarchia temporali Pontificis Romani Liber, quo Imperatorum, Regum & Principum jura adversùs usurpationes Papæ defenduntur : *Londini*, 1611 : *Genevæ*, Auberti, 1614, *in-*8.

Le même : (sans nom d'Auteur) sous ce titre : Tractatus de Monarchia temporali Pontificis Romani, seu Defensio Principum adversùs Paparum usurpationes : *Genevæ*, 1687, *in-*8.

Pierre du Moulin, Ministre de Sedan, est mort en 1658.

☞ *Voyez* le *Catalogue des Auteurs du Droit Can.* de Lenglet, *pag*. 173.]

7211. Decreta Facultatis Theologiæ Parisiensis, de potestate Ecclesiastica, & primatu summi Pontificis adversùs Sectarios : *Parisiis*, 1611, *in-*4.

☞ Ils ont aussi été imprimés en Latin & en François, à la suite du Traité de Richer, *De Ecclesiastica & politica potestate, &c. Caen*, 1612, *in-*8.]

7212. Apologia Cardinalis Bellarmini, pro Jure Principum adversùs sui ipsius rationes pro auctoritate Papali Principes sæculares in ordine ad bonum spirituale deponendi : auctore Rogero WIDDRINGTONO, Catholico Anglo : *Cosmopoli*, Pratus, 1611, *in-*8.

Baillet dit qu'il est douteux, si sous le nom de Widdrington s'est caché Thomas PRESTON, Anglois, ou Simon VIGOR, François.

☞ L'Auteur commence par faire voir que c'est sans aucun fondement que les Papes veulent s'attribuer une puissance sans bornes sur les Rois; qu'ils ne l'ont ni directement, ni indirectement, ni de droit divin; que cette Doctrine est nouvelle, & inconnue à la saine antiquité, & qu'elle n'a d'autres sources que l'ambition démesurée de la Cour de Rome, dont Grégoire VII. a voulu le premier se prévaloir. Il démontre les affreuses & les horribles conséquences qui suivent de cette Doctrine. Delà il vient à son but, suit pied à pied & réfute aux faux raisonnemens du Cardinal Bellarmin, & prouve que les exemples qu'il cite sont presque tous pris hors de leur véritable sens; & que d'ailleurs on ne peut pas en inférer que les Papes ont reçu cette puissance de Jesus-Christ. L'Ouvrage est sçavant, poli & bien raisonné. On ne sçait pas trop qui en est l'Auteur.]

7213. Ad Bellarmini Librum, de temporali potestate Papæ Commentatio : *Heidelbergæ*, Lancellotti, 1612, *in*-8.

Ce même Traité est imprimé dans Goldast, au tom. III. de sa *Monarchie de l'Empire*, pag. 836.

7214. Joannis BARCLAII Pietas, seu publicæ pro Regibus ac Principibus & privatæ pro Guillelmo Barclaio parente Vindicatæ adversùs Robertum Bellarminum in Tractatum de potestate summi Pontificis in temporalibus : *Parisiis*, Mettayer, 1612, *in*-4.

Ce même Traité est imprimé dans Goldast, au tom. III. de la *Monarchie de l'Empire*, pag. 847. L'Auteur est mort en 1621. Sa Réponse à Bellarmin n'est pas écrite d'un style aussi figuré que son Euphormion ; mais l'Auteur y raisonne avec beaucoup de justesse, & réfute d'une manière solide les argumens de son Adversaire.

☞ Il y défend les Ouvrages de son père, ci-devant indiqués, N.os 7195. *Voyez* le *Catalogue des Auteurs du Droit Canon*, de Lenglet, *pag.* 172. = Le P. Niceron, *tom. XVII. pag.* 293. = Racine, *Abr. de l'Hist. Eccl.* tom. *X. in*-12. *pag.* 217.]

7215. Varia Facultatis Theologiæ & Curiæ Parisiensis, nec non Theologorum & Jurisconsultorum Opuscula, Decreta & Censuræ, quibus Romani Pontificis potestas & Principatus in Reges evertitur, & de legitima Judicum secularium potestate in personas Ecclesiasticas agitur, &c. *Francofurti*, Richterus, 1612, *in*-8..

7216. Apologie Royale ; par Antoine PIARD, Sieur de Montguenant : 1612, *in*-4.

☞ Ce Livre est fait pour réfuter ceux qui maintiennent la puissance temporelle du Pape, & qui font dépendre l'autorité Royale de la Couronne Sacerdotale & Pontificale. L'Auteur étoit premier Avocat du Roi en la Vicomté de Neufchâtel.]

7217. La grandeur souveraine de nos Rois, & de leur souveraine puissance ; par Théophile DU JAY : *Paris*, 1612 [1615] *in*-8.

☞ Cet Ouvrage de 250 pages, est aussi clair que pressant contre les Ultramontains. Il est dédié à Louis XIII. & divisé en sept Chapitres. Dans le premier, on expose les passages des principaux Auteurs Ultramontains & leurs idées sur tous les Royaumes de l'Europe, qu'ils prétendent être vassaux du Pape : 2.° les raisons au contraire tirées de l'Ecriture Sainte : 3.° les témoignages des anciens Papes, qui ont été éloignés de cette puissance temporelle : 4.° les témoignages des Canons & Décrets de l'Eglise : 5.° les autorités des anciens Docteurs : 6.° les témoignages de plusieurs grands Personnages, qui ont écrit contre le glaive temporel du Pape, depuis l'an 1100 : 7.° les exemples & témoignages de nos Rois.]

7218. Joannis ARNISÆI, de potestate temporali Pontificis in Principes, Tractatus.

Ce Traité est imprimé avec celui du même Auteur, de l'*Exemption des Clercs : Francofurti*, 1612, *in*-4.

7219. Adolphi SCHULCKENII, Apologia pro Bellarmino, de potestate temporali Pontificis, adversùs Librum falsò inscriptum : Apologia Cardinalis Bellarmini pro Jure Principum, &c. *Coloniæ*, Gualtheri, 1613, *in*-8.

Cette même Apologie est imprimée au tom. II. de la *Bibliothèque Pontificale de Roccaberti* : *Romæ*, 1698, *in-fol.* Elle est attribuée à Robert BELLARMIN, qui s'est déguisé sous le nom de Schulckenius.

7220. ☞ Sentence du Prevôt de Paris, contre un Livre intitulé : *Apologia Adolphi Schulckenii*, &c. avec l'Extrait d'icelui : 1613, *in*-4.]

7221. Rogeri WIDRINGTONI Résponsio ad quemdam Theologum ejus Apologiam pro Jure Principum indoctè criminantem : *Parisiis*, 1613, *in*-8.

7222. Odowardi WESTONI, Londinensis, S. Th. D. Sanctuarium Juris Pontificii defensum, ac propugnatum, contra Widringtoni in Apologia & Responso impietatem : 1613, *in*-8.

7223. Epistola Monitoria Andreæ EUDÆMON-JOHANNIS Cydonii, è Societate Jesu, ad Joannem Barclaium, de Libro pro pro patre contra Bellarminum scripto : *Coloniæ*, Kinckii, 1613, *in*-8.

Cette Lettre est aussi imprimée au tom. VIII. des Œuvres de Bellarmin, p. 996 : *Coloniæ*, 1617, *in-fol.* Ce Jésuite, qui est mort en 1625, avoit pris contre Jean Barclai la défense de ce Cardinal.

7224. ☞ Edmundi RICHERII Vindiciæ, Doctrina majorum Scholæ Parisiensis, seu constans & perpetua Scholæ Parisiensis Doctrina, de auctoritate & infallibilitate Ecclesiæ in rebus fidei ac morum, contra defensores Monarchiæ universalis & absolutæ Curiæ Romanæ : *Coloniæ*, 1683, *in*-4.]

7225. Commentarius de auctoritate Concilii generalis supra Papam, ex Responsione Synodali Basileensi Oratoribus Eugenii IV. *Coloniæ*, Francus, 1613, *in*-8.

Le même Commentaire est imprimé avec les Œuvres de Simon VIGOR, Conseiller au Grand-Conseil ; est l'Auteur de ce Livre : *Parisiis*, Auboüin, 1683. Il est mort en 1624.

☞ Tout ce Commentaire est écrit selon les principes de Richer. Vigor maltraite fort Duval, en assurant qu'il ne connoît aucun de ceux contre lesquels il écrit, & aussi qu'il n'avoit vu que deux fois Richer, dont il défend la doctrine.

On attribua dans le temps cet Ouvrage à François PITHOU, qui le nie dans le *Pithæana* : « Je n'ai pas fait, » dit-il, » le Livre de Vigor ; il est de lui : mais bien y » ai-je ajouté ou diminué quelque chose ».]

7226. Guillelmi SINGLETONI, Discussio Concilii Lateranensis de potestate Ecclesiæ in temporalibus : *Moguntiæ*, 1613, *in*-8.

Léonard LESSIUS [Jésuite Flamand] s'est caché sous ce nom ; il est mort en 1623.

7227. ☞ Rogeri WIDDRINGTONI, Catholici Angli, Responsio Apologetica ad libellum cujusdam Doctoris Theol. qui ejus pro jure Principum Apologiam, tanquam Fidei Catholicæ repugnantem falsò criminatur ; in cujus Præfatione quædam dicuntur de novo fidei articulo sive dogmate, invento à Leonardo LESSIO, S. J. Theologo in sua disputatione Apologetica pro potestate summi Pontificis : *Parisiis*, 1613, *in*-8.]

7228. ☞ Guill. BARRET Jus Regis, sive de absoluto & independenti secularium Principum Dominio, & obsequio eis debito: *Basileæ*, 1613, *in-8*.]

7229. De potestate Papæ in temporalibus, sive in Regibus deponendis usurpatâ, adversùs Bellarminum, Libri duo JOANNIS, Episcopi Roffensis: *Londini*, Norton, 1614, *in-4*.

Baillet dit, qu'il est vraisemblable que Jean BUCKERIDGE, Evêque de Rochester, est plutôt l'Auteur de cet Ouvrage qu'aucun autre.

☞ *Voyez* le *Catalogue des Auteurs du Droit Canonique*, de Lenglet, *pag*. 172.]

7230. Andreæ DUVALLII, Doctoris Sorbonici, de suprema Romani Pontificis in Ecclesiam potestate, Quæstio tripartita: *Parisiis*, Langlæi, 1614, *in-8*.

Duval composa ce Livre pour l'opposer au Commentaire de Simon Vigor, sur la Réponse Synodale du Concile de Basle, aux Députés du Pape Eugène.

☞ C'est un des plus sensés qu'on ait faits pour l'autorité du Pape.]

7231. Simonis VIGORII, in Magno Consilio Regis Consiliarii, Apologia de suprema Romani Pontificis in Ecclesiam potestate, adversùs Andream Duval, Doctorem & Professorem Theologiæ : *Parisiis*, 1615 : *Augustæ Tricassinorum*, Chevillot, 1615, *in-8*.

Cette Apologie est aussi imprimée dans le *Recueil de ses Œuvres*: *Parisiis*, Aubouin, 1683, *in-4*.

7232. Défense de la Hiérarchie de l'Eglise & du Pape, contre les faussetés de Simon Vigor; par Théophraste BOUJU, dit de Beaulieu: *Paris*, 1615, 1620, *in-8*.

7233. Sommaire Réponse à cette Défense ; par Simon VIGOR, Conseiller au Grand-Conseil.

Elle est imprimée en forme de Préface à son *Traité de l'Etat & Gouvernement de l'Eglise*: Troyes, Sourdet, 1621, *in-8*. & dans le *Recueil de ses Œuvres* : *Paris*, 1683, *in-4*.

7234. ☞ Arrêt du Parlement en 1614, contre le Livre de François Suarez, Jésuite Espagnol, intitulé, *Defensio Fidei, &c.* contenant des propositions contraires aux Puissances souveraines des Rois, &c. *Paris*, Morel, 1614, *in-4*.]

7235. ☞ Traité des Princes absolument Souverains: 1614.

Ce petit Ouvrage est imprimé dans le tom. III. du *Mercure François*. Il fut fait au sujet du Traité de Suarez, sur la Souveraineté des Rois. On y trouve l'énumération de tous les Empires & Royaumes de l'Europe: l'Auteur prétend qu'il n'y a que la République de Venise, le Pape & le Roi de France, qui soient absolument Souverains ; les autres étant vassaux ou relevans les uns des autres.]

7236. Les Canons des Conciles de Tolède, de Meaux, de Mayence, d'Oxfort & de Constance ; Advis & Censures de la Faculté de Théologie de Paris, par laquelle la Doctrine de déposer & tuer les Rois & Princes, est condamnée ; Propositions d'un Livre intitulé: *Directorium Inquisitorum, &c.* & d'autres Livres, par lesquels il est facile de voir l'origine & le progrès de semblable Doctrine, de déposer & assassiner les Rois & Princes, depuis peu renouvellée : 1615, *in-8*.

Ces Canons ont été recueillis par Simon VIGOR. Ils sont aussi imprimés dans le *Recueil de ses Œuvres*.

LA Harangue que fit le Cardinal DU PERRON dans l'Assemblée des Etats-Généraux, au commencement de 1615, excita beaucoup de bruit; & on lui opposa un grand nombre d'Ecrits, qui sont rapportés à l'Article des *Titres & prééminences*, &c. avec les autres qui traitent de la Souveraineté des Rois de France , (ci-après, Liv. III.)

7237. Edmundi RICHERII, Doctoris Theologi Parisiensis, Tractatus de potestate Ecclesiæ in rebus temporalibus, & Defensio articuli quem tertius Ordo Comitiorum Regni Franciæ, pro Lege fundamentali ejusdem Regni defigi postulavit, anno 1614 & 1615: *Coloniæ*, 1692, *in-4*.

7238. ☞ Traité sur l'impossibilité & impertinence du Concile demandé au Roi : Discours sur l'Histoire de l'Eglise ancienne, & état des Gaules par S. Grégoire, traduit par François D'AMBOISE: *Paris*, 1615, *in-8*.]

7239. Consultation de Jean BEDÉ, Sieur de la Gormandière, Angevin, Avocat au Parlement de Paris, sur la question : Si le Pape est supérieur du Roi en ce qui est du temporel, avec la Réplique du Peuple Chrétien & Royal, contre le Dialogisme du Cardinal B. (Bellarmin) fait pour le Pape contre le Roi ; & l'extrait du Registre de l'Assemblée tenue à Paris sous le nom d'Estats, en l'an 1593, sur la réception du Concile de Trente: *Sedan*, Jannon, 1615, *in-8*.

7240. De l'autorité Royale contre les erreurs présentes : 1615, *in-8*.

7241. Rogeri WIDDRINGTONI, Cathol. Angli, ad Paulum V. Pontificem Max. humillima Supplicatio ; cui adjungitur Appendix in qua plurimæ Calumniæ, quas Adolphus Schulckenius eidem Widdringtono imposuit, deteguntur: *Albionopoli*, Ruf. Lipsius, 1616, *in-8*.

7242. Discussio discussionis decreti Magni Concilii Lateranensis adversùs Leonardum Lessium, nomine Guil. Singletoni personatum ; in qua argumenta ejusdem Lessii pro Papali potestate Principes deponendi refutantur, & quædam Bellarmini artificia deteguntur; à Rogero WIDDRINGTONO: *Augustæ*, Libius, 1618, *in-8*.

7243. De suprema potestate Regia Exercitationes habitæ in Academia Oxoniensi, contra Bellarminum & Suaresium : à Roberto ABBOT, Anglo : *Londini*, 1619, *in-4*. *Hanoviæ*, 1619, *in-8*.

Cet Ouvrage d'un Protestant Anglois est estimé ; mais il doit être lu avec précaution.

7244. De l'Etat & Gouvernement de l'Eglife : [de la Monarchie Ecclésiastique, de l'infaillibilité, de la discipline Ecclésiastique & des Conciles ;] divisé en quatre parties ; par Simon VIGOR, Conseiller au Grand-Conseil : *Troyes*, 1621, *in-*8. *Paris*, 1683, *in-*4.

Ce Traité a été fait contre Louis Richeome, Jésuite. L'Auteur y représente au vrai ce qui est de la puissance Ecclésiastique, & jusqu'où elle s'étend.

7245. Joannis LE JAU, Tractatus de summi Pontificis auctoritate, adversùs Apologeticas Simonis Vigorii objectiones : *Ebroicis*, le Marié, 1621, *in*-8.

Cet Auteur, surnommé le Cocq, & c'est ce que signifie son nom, étoit Pénitencier de l'Eglise d'Evreux. Son Traité n'est qu'un extrait de quelques endroits des Annales de Baronius. Vigor n'y répondit que dans une Préface de la seconde édition de son *Traité de l'Etat & Gouvernement de l'Eglise*.

7246. Libre Discours contre la grandeur & la puissance temporelle du Pape, pour la Défense de nos Rois Très-Chrétiens, & des Libertés de l'Eglise Gallicane : 1625, *in*-8.

Le même Discours, traduit en Latin, & publié sous ce titre : Ingenuus & liber Discursus contra elationem & potestatem temporalem Papæ, pro defensione Regis Christianissimi, & pro immunitate Ecclesiæ.

Cette Traduction Latine est imprimée avec le Traité de Marc-Antoine Marcel, du *Droit temporel des Papes* : *Francofurti*, Rotelii, 1627, *in*-4.

Le même, [en Italien :] Discorso pro el Rè Christianissimo contra la potenza temporal del Papa : 1628, *in*-4.

7247. Réponse au calomnieux Libelle intitulé : *Libre Discours*, 1626, *in*-8.

7248. ☞ La Doctrine des R.R. P.P. de la Compagnie de Jésus, touchant le temporel des Rois, conforme aux saints Conciles & Décrets des Papes : (1626).

C'est un Recueil de passages tirés de plusieurs Auteurs Jésuites, qui prouvent très-bien l'indépendance des Rois, & qui servent de contre-poison à l'opinion de Santarel & de ses suppôts. On imputoit aux Jésuites tous les maux qui sont provenus & qui proviennent encore tous les jours de cette damnable doctrine ; & il est certain que ce n'est que depuis qu'ils furent admis en France, qu'elle a osé y lever la tête, & y a fructifié. *Voyez* la Sentence du Châtelet de Paris, du 29 Décembre 1762, *in*-4. pag. 93-100.]

7249. ☞ Extraits du Livre de Santarel, brulé par Arrêt de la Cour de Parlement, en Mars 1616, & intitulé : *De potestate summi Pontificis*.

Cette Pièce est imprimée au tom. IV. du *Mercure François*.

Santarel prétend que le Pape peut déposer les Rois & absoudre leurs Sujets du serment de fidélité. Ce Livre exécrable, rempli de séditieuses & scandaleuses maximes, tendant à troubler la tranquillité publique, fut condamné à être brûlé ; les Jésuites mandés à la Cour le désavouèrent, & promirent de souscrire à la Censure qui en seroit faite par le Clergé ou par la Sorbonne, & d'enseigner toujours la doctrine contraire. La Sorbonne le censura le 4 Avril.]

7250. ☞ Arrêt du Parlement de Rouen, & Plaidoyé de M. LE GUERCHOIS, Avocat-Général du Roi, contre une Table Chronologique imprimée sous le nom d'un nommé Tanquerel, demeurant près le Collège des Jésuites, lequel a dit que le Père Bertrix la lui a mise entre les mains : *in*-8.

Cet Arrêt est au tom. XV. du *Mercure François*.

On reprochoit aussi à Tanquerel d'avoir fait imprimer cette Table sans permission, de l'avoir remplie de faits faux & contraires aux maximes de ce Royaume, & d'avoir mis au rang des hérétiques le célèbre Pierre de Cugnières. Il fut condamné à cent livres d'amende, & ses Tables supprimées.]

7251. Gallicinium in aliquot falsas damnatasque Antonii Sanctarelli assertiones, pro Rege Christianissimo, Rodolpho BOTEREII, in magno Franciæ Consilio Advocati, Opusculum : *Parisiis*, 1626, *in*-8.

☞ On retrouve à la tête de ce Livre de M. BOUTRAYS, les Censures de la Faculté de Théologie & de l'Université, l'Arrêt du Parlement & le désaveu du Père Provincial des Jésuites & de ses Confrères, sur la doctrine de leur Père Santarel. Après cela l'Auteur établit clairement la distinction du Sacerdoce & de l'Empire. Le premier ne doit point avoir d'autres armes que les prières & les remontrances charitables : telle a été en tous les temps la conduite de tous les Papes. Il combat les propositions de Santarel, par les témoignages formels des Historiens & des Ecrivains Ecclésiastiques. Le Roi de France ne tient son Sceptre & sa Couronne que de Dieu seul. Ainsi c'est à tort que Santarel a eu l'impudence de renouveller une doctrine condamnée aussitôt qu'elle a osé paroître, & capable d'avoir des suites funestes pour la Société.]

7252. Recueil de Pièces concernant la Doctrine & Pratique Romaine, sur la déposition des Rois : 1628, *in*-8.

7253. De la puissance du Pape & des Libertés de l'Eglise Gallicane ; par Marc VULSON, Conseiller en la Chambre de l'Edit de Grenoble : *Genève*, de Tournes, 1635, *in*-4.

Cet Auteur est mort en 1640.

7254. Le triomphe du Saint Siége, contre un Conseiller hérétique de Grenoble ; par Alexandre FICHET, Jésuite : *Grenoble*, Verdier, 1640.

7255. Arrêt du Conseil d'Etat, du 14 Décembre 1639, portant défense aux Parlemens d'enregistrer aucuns Brefs, sans l'avis des Prélats, & Lettres-Patentes de Sa Majesté sur iceux : *Paris*, Vitré, 1639, *in*-8.

7256. Que le Roi ne reconnoît aucun Supérieur au temporel de son Royaume, sinon Dieu seul. Divers Actes contre les entreprises de la Cour de Rome, & des Ecclésiastiques François, sur l'autorité du Roi, de la Justice, & sur le temporel du Royaume.

Recueil de quatre-vingt-dix Pièces, depuis l'an 1059 jusqu'en 1646, imprimé au chapitre VII. des *Preuves des Libertés de l'Eglise Gallicane* : *Paris*, 1651, *in*-fol.

7257. Lettre de l'Eglise de Liége, au sujet d'un Bref de Pascal II. dans lequel la supériorité du Concile & l'indépendance des Rois est établie, en Latin, avec la traduction Françoise de Jean Gerbais, Docteur en Théologie : *Paris*, Léonard, 1697, *in*-8.

7258. Optati Galli, de cavendo Schismate, Liber paræneticus, primâ die Januarii, Lugduni ad Ecclesiæ Gallicanæ Archiepiscopos & Episcopos : *Parisiis*, 1640, *in*-8.

☞ *Voyez* sur ce Livre, *Lettr.* de Simon, tom. *I.* p. 255. = *Bibl. crit.* de S. *Jore*, tom. *II.* ch. 24. = *Mélanges de Vign. Marvil.* tom. *II.* p. 346.= *Elog. de quelques Aut. Franç.* pag. 330. = *Beyeri, libr. rarior.* p. 28. = *Bibliot. Eccl.* de du Pin, *XVII*e *Siècle*, tom. *I.* p. 624. = *Lambert, Hist. Litter. du règne de Louis XIV.* tom. *I.* p. 31, & enfin la *Bibliographie* du sieur de Bure, tom. *II.* pag. 47, imprimée en 1764, *in*-8.]

Il y a un Exemplaire de ce Livre, qui est très-rare, dans la Bibliothèque du Roi. Comme il est écrit avec beaucoup de vivacité, qu'il attaque les puissances, & qu'il étoit capable de mettre la mésintelligence entre le Pape, l'Eglise de France & l'Etat, il fut aussi-tôt proscrit par un Arrêt du Parlement, & censuré par les Evêques. Il contient une exhortation aux Prélats de France, à signaler leur zèle pour la défense du Saint Siège & de la Religion, & à prévenir le Schisme, dont le Royaume étoit menacé. Il traite de l'Immunité Ecclésiastique, des Subsides que le Clergé paye au Roi, de la modération des Annates, des Loix du Mariage, &c. L'Auteur étoit un Parisien, qui s'appelloit Charles Hersent, Chancelier de l'Eglise de Metz ; il est mort après l'an 1660.

7259. Arrêt de la Cour du Parlement, du 23 Mars 1640, contre le Livre d'Optatus Gallus *de cavendo Schismate* : *Paris*, Cramoisy, 1640, *in*-8.

☞ Cet Arrêt est rapporté dans le *Recueil des Libertés de l'Eglise Gallicane*, édition de 1651, pag. 1362.]

7260. Concilium I. Provinciæ Parisiensis, anni 1640, adversùs Libellum ; cui titulus : Optatus Gallus de cavendo Schismate.

Ce Concile est imprimé dans Odespunc, à la page 729 de ses *Conciles modernes de France* : *Parisiis*, 1642, *in-fol.*

7261. Ms. Censure du Livre d'Optatus Gallus, de cavendo Schismate.

Cette Censure est conservée entre les Manuscrits de M. Dupuy, num. 678.

7262. Apotrepticus, adversùs Optatum Gallum, de cavendo Schismate, ad Reverendissimos Ecclesiæ Gallicanæ Primates : *Parisiis*, 1640, *in*-4.

Ce Livre est bien écrit ; l'Auteur imite le style de son Adversaire, & lui répond d'une manière nette & précise.

☞ On trouve à la fin de la Censure de l'*Optatus Gallus*, faite par l'Archevêque de Paris & les Evêques ses Comprovinciaux. On peut voir dans les *Mémoires de Montchal*, tom. *I.* pag. 56, pourquoi M. l'Evêque de Beauvais est si maltraité dans ce Libelle.]

7263. De Consensu Hierarchiæ & Monarchiæ, adversùs paræneticum Opus Optati Galli, Schismatum fictoris, Libri sex. Elucubratio Isaaci Haberti, Parisiensis Canonici & Theologi, Doctoris Sorbonici : *Parisiis*, Blaise, 1641, *in*-4.

Le même Livre, traduit en François ; [par Louis Giry] & publié sous ce titre : De l'Union de l'Eglise avec l'Etat : *Paris*, 1641, *in*-8.

Cet Auteur, qui est mort Evêque de Vabres en 1668, a écrit ce Livre d'un style empoulé, mais avec beaucoup de modération ; il traite les matières plus à fond que les autres ; il cite grand nombre de passages des Conciles & des Pères ; quelquefois il s'écarte de son sujet. C'est la meilleure de toutes les Réponses faites contre l'*Optatus Gallus*, par l'ordre du Cardinal de Richelieu.

☞ M. Habert fut un des premiers qui écrivit contre l'*Optatus*. Il le fit avec autant de force & d'érudition, que de précision & de méthode. Son Ouvrage est divisé en six Livres. Le premier roule sur l'objet de l'Avertissement de cet Auteur. Le second fait voir le peu d'apparence qu'il y a au Schisme ; & le troisième que l'érection d'un Patriarche en France est une chimère. Le quatrième traite de la Défense des Libertés de l'Eglise. Le cinquième, des subsides que le Clergé donne au Pape & au Roi. Dans le sixième, on examine la justice de l'Edit sur les Mariages.]

7264. Nicolai Rigaltii, Dissertatio censoria super editione Libelli paranetici de cavendo Schismate : *Parisiis*, du Puis, 1640, *in*-4.

Cette Dissertation de Nicolas Rigault, est fort courte ; c'est plutôt une déclamation qu'une réponse solide : il semble que l'Auteur n'ait eu en vue que de faire l'Eloge du Cardinal de Richelieu.

☞ Dans cette petite Pièce l'Auteur s'élève fortement contre le Livre de M. Hersent. Il invite les Evêques à le proscrire, comme l'a déjà fait l'Eglise de Paris. Cet Ecrit est daté de Metz, du 2 Avril 1640. L'Auteur est mort au mois d'Août 1654, âgé de 77 ans.

Voyez les *Mémoires du Père Niceron*, tom. *XXI.* pag. 67.]

7265. Observations de Philalethe, sur un Libelle intitulé : *Optatus Gallus, de cavendo Schismate*, & ce qui regarde les Libertés de l'Eglise Gallicane.

Ces Observations de Marin Cureau de la Chambre, Médecin ordinaire du Roi, mort en 1669, sont imprimées avec les *Œuvres posthumes* de Guy Coquille : *Paris*, 1650, *in*-4.

☞ L'Auteur de cet Ecrit attaque l'*Optatus* principalement sur ce qu'il avance d'injurieux contre les deux tomes des Libertés de l'Eglise Gallicane, publiés en 1639. Il fait voir que nos Libertés sont des droits justes & légitimes, puisés dans la source de la vérité, tirés de l'Ecriture-Sainte & des anciens Conciles Œcuméniques, & consacrés par l'antiquité ; qu'elles ne contiennent point de nouveautés ni d'entreprises de la puissance temporelle sur la spirituelle, mais des droits irrévocablement attachés à la Couronne de nos Rois, qui s'y sont toujours maintenus. Tout ce que l'Auteur avance est prouvé par des passages ou des Conciles, ou de l'Histoire Ecclésiastique & Civile. Il dit avoir choisi cette difficulté préférablement aux autres, parcequ'il s'est apperçu que tous ceux qui se sont élevés contre l'*Optatus Gallus* n'ont point fait que glisser sur cette matière si importante, comme s'ils eussent craint de l'agiter. Il a écrit en François pour pouvoir être lu & entendu de tout le monde.]

7266. Joannis Samblancati, Tolosatis, Confutatio Paranetici de cavendo Schismate : *Tolosæ*, Estey, 1640, *in*-8.

7267. La Chimère défaite, ou Réfutation du Livre d'Optatus Gallus ; par Sulpice Mandrini, Sieur de Gazonval : *Paris*, Lorge, 1641, *in*-4.

Le même, traduit en Latin, & publié sous ce titre : Chimæra excisa, seu Confutatio Libelli seditiosi cujus Auctor, ut Schisma politicum excitet in Gallia, Ecclesiasticum se fingit avertere: Liber ex Gallico sermone Latinus factus ab ipsomet auctore: *Parisiis*, 1641, *in-4*.

Jean SIRMOND, de Riom, l'un des quarante de l'Académie Françoise, est l'Auteur de ce Livre. Il y traite la matière plus en Jurisconsulte qu'en Théologien; car il cite quantité d'allégations de Jurisconsultes, de Loix, d'Ordonnances, de Coutumes, d'Exemples. Il est mort en 1649. M. Pélisson lui attribue ce Livre, dans son *Histoire de l'Académie Françoise*.]

☞ Voici les principaux faits qu'il y discute. Il fait voir qu'on n'a rien à craindre pour le Schisme du côté du Roi & de son Ministre: il examine ensuite l'affaire du Cardinal d'Amiens; il traite fort au long des Libertés de l'Eglise Gallicane & de la Bulle de Boniface, au sujet des subsides: il prétend que le Concile de Lyon, cité par M. Hersent, est une chimère; il parle ensuite des Annates & de la Déclaration du Roi, pour réprimer les abus & les scandales des rapts & des Mariages clandestins.]

7268. Michaelis RABARDÆI, è Societate Jesu, Optatus Gallus, de cavendo Schismate, benignâ manu sectus; tardè sed aliquando: *Parisiis*, Camusat, 1641, *in-4*.

Cet Auteur a joint à son Ouvrage les Pièces suivantes: *Censura Archiepiscoporum & Episcoporum Provinciæ Parisiensis, & aliorum plurium Præsulum. Approbatio ejusdem Censuræ, adversùs Optati Galli librum. Arrêt de la Cour du Parlement contre ce Livre; & Probabilis defensio Legum Connubialium*. Il traite les Questions avec plus d'étendue que les autres; il répond assez en détail: mais en ces occasions, il est par un Théologien réussisse. Cette Réponse, qui fut approuvée dans toutes les formes par les Théologiens de la Société, fit plus de bruit que les autres, parcequ'elle contient des choses hardies. Michel Rabardeau, [du Diocèse d'Orléans, né en 1572] est mort en 1649.

☞ Cet Ouvrage est divisé en sept Sections. Dans la première, l'Auteur expose les trois points principaux sur lesquels M. Hersent fondoit la réalité du Schisme. Dans la seconde, il traite de l'immunité des Clercs & des biens Ecclésiastiques; dans la troisième, des subsides qu'ils doivent donner au Roi; dans la quatrième, des Annates. Il soutient, dans la cinquième, qu'on doit recevoir la Loi du Prince sur les Mariages; la sixième contient une défense du Cardinal d'Amiens; la septième roule sur la piété & la religion des Rois de France. L'Auteur finit son Livre par un petit Traité sur la puissance qu'ont les Rois de faire des Loix pour la décence & la validité des Mariages, & pour empêcher les abus qui peuvent s'y commettre. Il y a du bon & du curieux dans cet Ouvrage, qui est plein de recherches. L'Auteur y fait voir de l'érudition & du discernement. L'Inquisition de Rome condamna son Livre, au mois de Mars 1643, & le Clergé de France assemblé en reçut le 19 Septembre 1645 le Décret, qu'il fit enregistrer dans son Procès-Verbal.]

7269. ☞ Mſ. Brief éclaircissement des principales difficultés qu'on remarque dans un Livre composé contre Optatus Gallus: *in-4*.

Ce Manuscrit étoit dans la Bibliothèque du Collége de Louis-le-Grand. Selon Dom Clément, qui a rédigé le Catalogue des Manuscrits de cette Bibliothèque, l'Ouvrage dont il s'agit paroît être du P. Rabardeau.]

7270. ☞ Mſ. Mich. RABARDÆI Breviarium probatorium sententiarum quas R.P.D. Antonius Diana reprobat in Optato benignâ manu secto, cum Epistola apologetica.

Cet Ouvrage & le suivant étoient dans la Bibliothèque des Jésuites.]

☞ Mſ. Ejusdem Auctoris benevola admonitio ad Antonium Diana.

C'est une défense plus étendue des points attaqués par le P. Diana.]

7271. Regimen Reipublicæ Christianæ, seu de Summi Pontificis principatu Libri tres: Auctore Joanne Baptista FRAGOSO: *Lugduni*, 1641, *in-fol*.

Ce long & ennuyeux Traité est aussi imprimé dans le tom. V. de la *Bibliothèque Pontificale de Roccaberti*: *Romæ*, 1698, *in-fol*. C'est un Ouvrage écrit avec peu d'exactitude.

7272. Arrêt de la Cour du Parlement, du 18 Septembre 1641, par lequel défenses sont faites de publier la Bulle du cinquième Juin dernier, intitulée: Constitutio super præservatione Jurium Sedis Apostolicæ, &c. *Paris*, Rocolet, 1641, *in-8*.

7273. ☞ Stravaganze nuovamente seguite nel Christianissimo regno di Francia, eccessi del politicismo colle rigolatione di Lodovico IX Rè di Francia, è d'Errico II. Rè d'Inghilterra, modernamente impugnate nel Libro intitolato; delle Sovrana Jurisdizzione del Rè sopra la politica della Chiesa, colle contrarisposte del Cavaliere Pietro Paolo TORELLI: *In Colonia*, 1646, *in-4*.

Xante MARIALES, Dominicain, s'est caché sous le nom de Torelli.]

7274. ☞ Responsum novum Petri Ant. BoSELLI Vitalengi, de potestate Pontificis in temporalibus per directionem & correctionem, adversùs Tractatum Guil. Barclaii: *Ferrariæ*, Typ. Cameralis, 1647, *in-4*.]

7275. Enormite inaudite, nuovamente uscite in luce, contrà decoro della Sede Apostolica in duo Libri intitolati; l'uno del arrogante potestà de Papi in diffesa della Immunita della Chiesa Gallicana; l'altro di dritto della Regalia: colle contrarisposte del Cavaliere Sigismondo CAMPEGGI: *In Francfort*, 1650, *in-4*.

Xante MARIALES s'est encore déguisé sous le nom de Campeggi; son Livre a été imprimé en Italie.]

7276. ☞ Défense de Notre Saint Père le Pape, &c. contre les erreurs du temps; par Jacques DE VERNANT: *Metz*, 1658, *in-8*.

Cet Ouvrage, qui fit alors grand bruit, est de Bonaventure HEREDIE, Carme de la Réforme de Bretagne, mort à Nantes le 2 Avril 1667.]

7277. Censura Facultatis Theologiæ Parisiensis, in Librum cui titulus: Défense du Pape par Jacques de Vernant: *Parisiis*, 1665, *in-4*.

Ce furent les Curés de Poitiers qui déférèrent l'Ouvrage à la Faculté de Théologie de Paris. La Censure est du 24 Mai 1664, & elle fut confirmée le 26 du même mois. Cependant le Pape Alexandre VII. à qui elle déplut, envoya d'abord à Louis XIV. un Bref en date du 6 Avril 1665, pour engager ce Prince à la faire révoquer, aussi-bien que la Censure que la même Faculté avoit portée le 3 Février 1665, contre le Livre publié par le P. de Moya, Jésuite, sous le nom d'*Amadeus Guimenius*. M. Talon, Avocat-Général, fit sur ce Bref les remarques nécessaires. Le Pape n'ayant pu obtenir du Roi la satisfaction qu'il souhaitoit, donna le 25 Juin 1665, une Bulle dont le Procureur-Général appella comme d'abus. M. Arnauld, M. Nicole & M. Boileau, Docteur de Sorbonne, ont fait des remarques sur cette Bulle; & les Pièces qui ont rapport à cette affaire, ont été publiées dans le Recueil suivant.

7278. Recueil de diverses Pièces concernant les Censures de la Faculté de Théologie de Paris, sur la Hiérarchie de l'Eglise, &c. *Munster*, Raesfeld, 1666, *in-*12.

M. l'Abbé Boileau est l'Editeur de ce Recueil, où l'on trouve les *Confidérations respectueuses* qu'il fit sur la Bulle d'Alexandre VII.

7279. ☞ La condamnation d'un Prêtre de l'Hermitage, par l'Université de Caen, pour avoir soutenu la Doctrine, que le Pape a pouvoir sur le temporel des Rois: 1661, *in-*4.]

7280. Remonstratio Hibernorum, contra Lovanienses, Ultramontanasque Censuras, de incommutabili Regum imperio, subditorumque fidelitate & obedientia indispensabili: ex sacris Scripturis, Patribus, Theologis, &c. vindicata; cum duplici appendice : 1. de Libertate Gallicana, 2. contra infallibilitatem summi Pontificis : Auctore Raymundo CARON, Hiberno, ex Ordine Minorum, Recollecto; cum Licentia & Privilegio Superiorum, 1665 : *in-fol.*

Ce Livre est imprimé en Angleterre : il n'est pas commun. L'Auteur est un habile Théologien, qui soutient avec vigueur les Droits des Souverains. Il est mort en 1665.

☞ Cet Ouvrage, dont presque tous les exemplaires furent consumés dans un incendie arrivé à Londres en 1661, a été réimprimé dans le *Recueil des Libertés,* en 1731, tom. *II.* Il est divisé en cinq parties. On voit dans la première un précis de ce qui s'est fait en France dans les Universités & dans les Parlemens, contre Santarel, Tanquerel, Jacob, Bellarmin, & l'Appendice sur les Libertés de l'Eglise Gallicane y est énoncé sous ce Titre : *Tract. de Libert. G. Parif. editus per G. du Vallé,* 1612.]

7281. ☞ Declaratio Conventûs Cleri Gallicani, anni 1682, de Ecclesiastica potestate.

Cette Déclaration, dont Jacques-Bénigne BOSSUET, Evêque de Meaux, a rédigé les quatre premiers articles, est dans le Procès-Verbal de l'Assemblée rapporté ci-dessus, N.° 6893. Elle a depuis été imprimée plusieurs fois dans différens Recueils.]

7282. ☞ Edit du Roi, sur la Déclaration faite par le Clergé de France, de ses sentimens touchant la Puissance Ecclésiastique; du mois de Mars 1682, enregistré, avec la Déclaration, à Paris en Parlement le 23 Mars : *Paris,* Léonard, 1682, *in-*4.

Cet Edit a été confirmé par Louis XV. en Février 1763.]

Le même Edit, & ce qui s'est passé en l'Université, Sorbonne & Faculté de Droit, pour l'enregistrement: *Paris,* Muguet, 1683, *in-*12.

Ce Livre contient trois Discours, faits en l'Université, &c. par MM. POTIER, premier Président, & Achille DE HARLAY, Procureur-Général. On les trouve encore dans le *Recueil des Censures, &c. Paris,* Delespine, 1717, *in-*4.]

7283. ☞ Mſ. Oratio habita in Comitiis Sorbonæ die 1. Junii 1682, à Magistro CHAMILLARD, propastore S. Nicolaio Cardinetè, in Declarationem Cleri Gallicani, & in Edictum Regis super eâ datum.

Ce Discours est à la Bibliothèque du Roi, dans le tom. IV. d'un Recueil indiqué au N.° 2614, des Livres sur le Droit Canonique. M. Chamillard s'étant opposé à l'enregistrement, fut exilé.]

7284. Ad Illustrissimos Galliæ Episcopos, Disquisitio Theologico-Juridica, super Declaratione Cleri Gallicani, facta 19 Martii 1682, per quemdam S. Th. Professorem : *Leodii,* 1682, *in-*4.

Ce Professeur en Théologie s'appelloit Nicolas DU BOIS.

7285. Doctrina, quam de primatu, auctoritate & infallibilitate Romanorum Pontificorum tradiderunt Lovanienses Sacræ Theologiæ Magistri, ac Professores tam veteres quàm recentiores, &c. Declarationi Cleri Gallicani de Ecclesiastica potestate opposita : per D. A. A. S. Th. Professorem: *Leodii,* Hoyoux, 1682, *in-*4.

Jean-Antoine D'AUBREMONT, de l'Ordre des Dominicains, mort en 1686, est l'Auteur de ce Livre.

7286. ☞ Antigraphum ad Clerici Gallicani de Ecclesiastica potestate Declarationem Optimo, Maximo, Summoque Pontifici Christi Vicario Innocentio XI. urbis & orbis Domino, cœlorum, terrarum, inferorumque janitori unico, fideique oraculo infallibili, dicat, consecrat, præsentat, Nicolaus CEROLI, ex Marchionibus DE CARRETTO: *Coloniæ,* Keirberg (1682) *in-*12.

☞ Ce titre pompeux annonce assez ce qu'il faut penser de cet Ouvrage, où l'Auteur assure que les quatre Articles du Clergé ont tous été tirés des Institutions de Calvin. » J'ai lu l'*Antigraphum*, dit M. Arnauld, » (dans ses *Lettres,* tom. III. pag. 376) *Vicit præsentia* » *famam,* c'est-à-dire, que je l'ai trouvé bien pire » & plus impertinent qu'on ne me l'avoit dit. Ce sont de » continuels solécismes & barbarismes. *Clerici Gallicani* » n'est pas une faute d'impression, comme on le croi- » roit croire; il est par-tout de même.... Le Gazetier » de Hollande s'est déja raillé de ce Livre, par une san- » glante ironie, en disant qu'il est si bien fait & si plein » de bonnes raisons, qu'il persuadera tout le monde... » L'Auteur se vante d'avoir réponse de Rome, tou- » chant l'estime qu'on y fait de son Livre, & dit qu'il » s'en va l'augmenter de la moitié. Si on ne le connoît » pas, & qu'il n'y eût pas mis son nom, on auroit » lieu de soupçonner que ce ne fût un Huguenot ma- » licieux, qui l'auroit fait pour se moquer de la Cour » de Rome ».]

7287. Atlas Antigraphi nuper editi contra Declarationem Cleri Gallicani de Ecclesiastica potestate & extensione Regaliæ; à Nicolao CEROLI: *Coloniæ,* Kerbergius, 1682, *in-*12.

7288. Hercules Gentilis Atlantis Christiani Columen, seu Homonea Ethnicorum contra dictam Declarationem : eodem Authore : *Ibid.* 1683, *in-*12.

7289. Responsio Historico-Theologica ad Cleri

Cleri Gallicani de potestate Ecclesiastica Declarationem; per quemdam Sacræ Theologiæ Professorem : *Coloniæ : Agrippinæ*, Kinckii, 1683, *in-*8.

Cette Réponse est de François D'ENGHIEN.

7290. Nicolai DU BOIS, Professoris Lovaniensis, adversùs hanc Declarationem Consultationes Theologico-Juridicæ. Ejusdem pars prima refutationis Argumentorum, seu errorum Libelli, cui titulus : Les pernicieuses conséquences de la nouvelle Hérésie : *Leodii*, 1683, *in-*4.

☞ Tout ce que cet Auteur a fait contre la Déclaration du Clergé, a été très-méprisé. On publia contre lui à Cologne un Ouvrage sous ce titre : *Histoire de l'intrusion du sieur Dubois dans la Chaire de l'Ecriture-Sainte, qu'il professe à Louvain, &c.* Il y est représenté comme un homme emporté, très-vain, & fort peu sçavant. C'est aussi l'idée que ses Ouvrages en avoient fait concevoir à M. Bossuet & à M. Arnauld. *Voyez* les *Lettres de celui-ci,* tom. *III. Lettre* 220, *& tom. V. Lettre* 368.]

7291. Notæ in Censuram Hungaricam quatuor propositionum Cleri Gallicani : operâ & studio aliquot Doctorum Parisiensium : *Coloniæ*, ab Egmond, 1683, *in-*4.

Jean RICHARD, Curé de Triel, est Auteur de ces Notes ; il est mort vers l'an 1688.

☞ Ce petit Ouvrage fait partie du Livre de Richer, intitulé : *Vindiciæ Doctrinæ majorum*, publié à Cologne en 1683, chez d'Egmond.

La Censure sur laquelle ces Notes ont été faites, est de Georges SZELEPECHEMY, Archevêque de Strigonie & Primat du Royaume de Hongrie. Elle est très-amère & peu digne d'un Evêque. Le Parlement la supprima avec une *Disquisition* de Nicolas du Bois, ci-dessus, N.° 7284, par Arrêt du 23 Juin 1683.]

☞ Les mêmes Notes, traduites en François.

Cette Traduction est au N.° 12 des Pièces qui forment la suite du Traité de M. le Vayer, sur l'*Autorité des Rois : Londres,* 1756, *in-*12.]

7292. Mantissa celebrium in Belgio & Gallia Scriptorum ad tractatum, cui titulus : Doctrina Lovaniensium de Primatu, &c. Declarationi Cleri Gallicani opposita : *Leodii*, 1683, *in-*4.

Jean-Antoine D'AUBREMONT, de l'Ordre des Frères Prêcheurs, est l'Auteur de ce Livre.

7293. Eurythmia Pontificalis adversùs Euroclydam Cleri Gallicani de Ecclesiastica potestate Declarationem; simulque Canonica Dissertatio super cap. *Unam sanctam* de Majorit. & obedient. Utrum summus Pontifex tanquam Christi Vicarius omnibus & in omnibus, sive temporalibus, sive spiritualibus, dominetur & præsit? Authore P. Francisco DE SEQUEYROS & SOTO MAYOR, Augustiniano : *Compluti*, Fernandez, 1683, *in-*4.

7294. ☞ Auctoritas infallibilis & summa Cathedræ S. Petri, extra & supra Concilia quælibet, atque in totam Ecclesiam denuò stabilita adversùs Declarationem nomine Cleri Gallicani editam Parisiis, die 19 Martii 1682, & in quotumdam DD. Parisiensium, & Belgarum theses : opus Cardinalium PORTOCARRERO & MILLINI; accessit ratio eorum quæ gesta sunt ab Innocentio XI. adversùs prætensa jura Ludovici XIV. in quasdam Ecclesias, & in aliquot Præsules Galliæ; insuper & tractatus appendix in quo ostenditur S. Anselmum Archiep. Cantuariensem contraria prædictæ Declarationi tribuisse : autore Fr. Jos. SAENS DE AGUIRRE, Benedictino : *Salmanticæ*, Lucas Perez, 1683, *in-fol.*

Le P. d'Aguirre est mort Cardinal en 1686.

☞ Ce fut cet Ouvrage même qui lui mérita la Pourpre Romaine. Il est triste qu'un homme aussi sçavant, & qui a été loué par ses adversaires les plus illustres, ait employé sa plume pour soutenir une doctrine si contraire aux vrais principes. Au reste, il ne l'a pas fait avec ce zèle fanatique qui animoit les autres défenseurs des prétentions ultramontaines. Il rendoit justice aux talens de ceux qui ne pensoient pas comme lui. Quand il apprit la mort de M. Arnauld, il fit son éloge en plein Consistoire, & avoua qu'il remplissoit moins dignement que ce Docteur, une place qu'Innocent XI. avoit eu dessein de lui donner. En effet, si l'on en croit les bruits publics qui se répandirent alors, M. Arnauld fut sollicité d'écrire contre les Articles du Clergé, & le Chapeau de Cardinal lui fut promis comme la récompense de son travail.]

═══ Ant. CHARLAS Tractatus de Libertatibus Ecclesiæ Gallicanæ, complectens amplam Discussionem Declarationis Cleri Gallicani anni 1682.

☞ *Voyez* ci-devant, N.° 7024.]

7295. Entretiens de Philarete & de Philerene, où sont examinées les Propositions du Clergé de France : *Cologne*, P. Marteau, 1684, *in-*8.

7296. Eugenii LOMBARDI, Regale Sacerdotium Romano Pontifici assertum, & quatuor Propositionibus Cleri Gallicani explicatum : Typis Trogi, 1684, *in-*4.

Editio tertia, auctior tertiâ parte : Typis Monasterii Sancti Galli, Muller, 1693, *in-*4.

Le même Ouvrage est imprimé au tom. III. de la *Bibliothèque Pontificale de Roccaberti* : *Romæ*, 1698, *in-fol.* Célestin SFONDRATE, Abbé de S. Gal, s'est caché sous ce nom. Il est mort Cardinal en 1696.

7297. Francisci D'ENGHIEN, Ordinis Prædicatorum, autoritas Sedis Apostolicæ in Reges vindicata adversùs Natalem Alexandrum : *Coloniæ*, 1684, *in-*8.

7298. Traité historique de l'établissement & des prérogatives de l'Eglise de Rome & de ses Evêques; par Louis MAIMBOURG : *Paris*, Mâbre Cramoisy, 1685, *in-*4. *Ibid.* 1685, *in-*12. *Ibid.* 1686, *in-*4.

Ce Livre a été fait en faveur de la Déclaration du Clergé de France.

☞ *Voyez* sur ce Traité, *Journal de Leipsick,* 1685, pag. 216 : 1723, *pag.* 127.]

7299. Avvertimenti Catolici al Signor Luigi Maimbourg, sopra l'errori & abbaglie del suo Trattato Istorico del stabilimento & progressi della Chieza Romana : 1686, *in-*4.

7300. Considérations sur ce Traité historique : *Cologne*, P. Marteau, 1686, *in-12*.

Ces Considérations sont attribuées à Jacques Boileau, Docteur de Sorbonne, lors Doyen de l'Eglise de Sens, mort Chanoine de la sainte Chapelle à Paris, en 1716.

☞ *Voyez* l'*Histoire des Ouvr. des Sçavans, Mars,* 1688.]

7301. De la puissance Ecclésiastique, ou Réponse au Traité historique de Louis Maimbourg, de l'établissement de l'Eglise de Rome : 1687, *in-4*.

Antoine Charlas est Auteur de ce Livre.

7302. Dissertatio Cœlestini Sfondrati, Abbatis S. Galli, in qua refutantur quæ Maimburgius in favorem quatuor Propositionum Cleri Gallicani conatur producere.

Cette Dissertation est imprimée avec le Traité intitulé : *Gallia vindicata*, 1688, *in-4*.

7303. ☞ Defensio Declarationis celeberrimæ quam sanxit de potestate Ecclesiastica Clerus Gallicanus 19 Martii 1682, à Jac. Benigno Bossuet, Meldensi Episcopo, ex speciali jussu Ludovici Magni scripta & elaborata; nunc primùm in lucem edita, summoque studio ad fidem autographi codicis exacta : *Luxemburgi*, Chevalier, 1730, *in-4*.

Cette édition est très-imparfaite & remplie de fautes grossières.

Eadem cum nonnullis notis : *Amstelodami*, (*Parisiis*) 1745, *in-4*. 2 vol.

L'Ouvrage dans cette édition a la forme que M. Bossuet lui avoit donnée en dernier lieu. Cette Défense, composée dans le cours des années 1683 & 1684, avoit d'abord été rédigée par l'Auteur, dans l'ordre où elle a paru en 1730. Diverses circonstances l'obligèrent de la retoucher & de refondre les trois premiers Livres, dans une Dissertation préliminaire, sous ce titre : *Gallia Orthodoxa, sive Vindiciæ Scholæ Parisiensis totiusque Cleri Gallicani adversùs nonnullos*. Celui contre lequel cette Dissertation est principalement écrite, est Jean-Thomas Roccaberti, Archevêque de Valence, connu par son zèle pour les opinions ultramontaines, & par les vastes compilations qu'il a publiées pour les défendre. Outre cette Dissertation préliminaire, M. Bossuet fit encore d'autres changemens à son Ouvrage, qui est dans cette dernière forme divisé en onze Livres. Les trois premiers de l'édition de 1730, dans celle de 1745, en forme d'*Appendice*. L'Editeur n'a pas cru devoir les omettre, parcequ'ils contiennent plusieurs choses très-utiles, qui n'ont pu trouver place dans la Dissertation que M. Bossuet leur a substituée.]

☞ Défense de la Déclaration du Clergé de France, traduite en François, tom. I. 1735 : *in-4*.

Le Traducteur est Gabriel Charles Buffard, Chanoine de Bayeux, ancien Professeur en Théologie dans l'Université de Caen, mort le 3 Décembre 1763, âgé de 80 ans. Il n'a pu travailler que d'après l'édition de 1730. Il n'a traduit que les trois livres qui forment l'Appendice dans celle de 1745, & les trois premiers Livres du reste de l'Ouvrage. L'original Latin est à côté.]

☞ La même Défense traduite en François, avec des Notes : *Amsterdam* (*Paris*) 1745, *in-4*. 3 vol.

C'est la Traduction entière de l'Ouvrage, faite sous les yeux de M. Bossuet (le neveu), Evêque de Troyes, par M. le Roi, ci-devant Confrère de l'Oratoire.

On trouve au commencement, après la Déclaration du Clergé, un Mémoire que M. Bossuet présenta au Roi contre les trois volumes *in-fol*. de Roccaberti, *De Romani Pontificis autoritate*. Il est suivi du rapport fait par Gilbert de Choiseul, Evêque de Tournay, à l'Assemblée du Clergé, au sujet de la Déclaration. Ce Prélat le fit de concert avec M. Bossuet, auquel il étoit étroitement uni. Ce Rapport, ainsi que le Mémoire contre Roccaberti, n'avoit pas encore paru.

Voyez sur l'Ouvrage même de M. Bossuet, sa *Vie*, par M. de Burigny, p. 267. = *Biblioth. Françoise d'Amsterdam, tom. XVI.* p. 128 & 233, *tom. XVII.* p. 155 & 317, *tom. XIX.* pag. 1. = *Biblioth. des Auteurs de Bourgogne, tom. I.* pag. 62. = *Racine, Abrégé de l'Histoire Ecclésiastique, tom. XII.* pag. 635, *in-12*.]

7304. Ludovici Ellies du Pin, S. Th. Doctoris, de antiqua Ecclesiæ Disciplina, Dissertationes historicæ : *Parisiis*, Seneuse, 1686, *in-4*.

» Ces Dissertations de M. du Pin n'ont été réim-
» primées en Hollande, parceque cette édition, qui
» n'est plus à présent en la possession du Libraire de Pa-
» ris, étoit devenue assez rare. Mais si on vouloit voir
» les pensées de l'Auteur sur la puissance Ecclésiastique,
» (car ces Dissertations roulent sur cette matière) il
» faudroit avoir les endroits qu'on a retranchés, & qui
» se trouvent encore dans les Cartons supprimés de cet
» Ouvrage que j'ai vus à la fin d'un exemplaire de ce
» Traité ». Lenglet, *Catalogue des Auteurs du Droit Canonique*.]

7305. Traité de la puissance Ecclésiastique & Séculière ; par un Docteur en Théologie de la Faculté de Paris : *in-8*.

C'est le même du Pin : *voyez* ci-devant, N.º 7098.]

7306. Tractatus Theologico-Canonicus de Sedis Apostolicæ Primatu, Conciliorum Œcumenicorum auctoritate & infallibilitate, Regum in temporalibus ab omni potestate humana, libertate : Auctore Jacobo Gilbert, Belgâ, S. Th. Licentiato : *Duaci*, d'Assignies, 1687, *in-8*.

☞ *Voyez* le *Catalogue des Auteurs du Droit Canonique de Lenglet*.]

7307. Il Disinganno, Discorso sopra la Dichiaratione del Clero Gallicano della potesta Ecclesiastica, di Don Ettore Albergante : *In Roma*, 1689, *in-4*.

7308. Œcumenica Cathedræ Apostolicæ auctoritas ex occasione quatuor Cleri Gallicani propositionum asserta & vindicata : ab Augustino Reding Abiberegg, Abbate Einsidlensi, seu sancti Eremi in Helvetia : 1689, *in-fol*.

7309. L'Esprit de Gerson, ou Instructions Catholiques touchant le Saint Siège : 1689, *in-12*.

Cet Ouvrage est ordinairement attribué à Eusebe le Noble, ancien Procureur-Général du Parlement de Metz, mort en 1711. Mais d'autres en font Auteur Claude de Saint-Georges, Archevêque de Lyon, mort en 1714, du moins il contient toute sa Doctrine sur cette matière. Ce Livre a été fait ensuite du démêlé de la France, en 1688, avec la Cour de Rome, touchant la franchise des Quartiers, par rapport aux Ambassadeurs.

☞ *Voyez* Lenglet, *Méth. hist. t. IV.* p. 14. = *Bibl. Univers. & hist. tom. XXIII.* pag. 244.]

Le même Livre augmenté & publié sous ce titre : Bouclier de la France, ou les sentimens de Gerson & des Canonistes, touchant les différends des Rois de France avec les Papes : *Cologne*, Sambix, 1691 [& 1692] *in-12.*

☞ Le même, en Italien : (*Napoli*) 1763, *in-12.*

7310. ☞ L'Etat présent de la Faculté de Théologie de Louvain, où l'on traite de la conduite de quelques-uns de ses Théologiens, & de leurs sentimens contre la souveraineté & sûreté des Rois, & contre les Articles du Clergé de France : *Trévoux*, 1701, *in-8.*]

7311. ☞ Dissertatio, &c. An Summus Pontifex potestatem habeat in temporalia & regna ? (Auctore Joanne Opstraet, Licentiato Lovaniensi.)

Cette Dissertation est au commencement du tom. III. de son Ouvrage intitulé : *De locis Theologicis : Insulis*, Brovellio, 1737, *in-12.* 3 vol, L'Auteur, qui est mort en 1720, y soutient les sentimens de l'Eglise de France. Dans celui qui a pour titre : *Antiquæ Facultatis Theologicæ Lovaniensis Discipuli, &c.* Lovanii, 1717, il fait voir quand & par quel dégré l'opinion de l'infaillibilité s'est introduite à Louvain.]

7312. ☞ Traité de l'Autorité du Pape, dans lequel ses droits sont établis, & réduits à leurs Justes bornes, & les principes des Libertés de l'Eglise Gallicane justifiés : *La Haye*, Rogissart, 1720, *in-12.* 4 vol.

Ce Traité est sçavant & estimé. L'Auteur est M. Lévesque de Pouilly de Burigny, aujourd'hui de l'Académie Royale des Inscriptions & Belles-Lettres.]

7313. ☞ Traité Théologique sur l'autorité & l'infaillibilité des Papes ; par Dom Matthieu Petit-Didier, Abbé de Senones : *Luxembourg*, Chevalier, 1724, *in-12.*

Cet Ouvrage a été supprimé par Arrêt du Parlement de Metz, du 8 Juin 1724, & du Parlement de Paris du premier Juillet de la même année. L'Auteur est mort Evêque de Macra en 1728.]

7314. ☞ Le faux Prosélyte, ou première Lettre au R. P. Petit-Didier, &c. (par l'Abbé Louis Debonnaire : *in-4.* 40 pages.

Cette Lettre est contre le Traité précédent. L'Abbé Debonnaire est mort en 1752.

Jacques Lenfant a répondu au même Traité, à la fin de la Dissertation pour Gerson, imprimée dans le second volume de son *Histoire du Concile de Constance*.

On cite encore contre le même Ouvrage de D. Petit-Didier, dans son article du Moréri de 1759, une Dissertation du P. de Gennes de l'Oratoire, sur la faillibilité des Papes : cela n'est pas exact. Cet Oratorien n'a parlé que par occasion de cette matière, dans une Réponse qu'il fit à une Lettre du Bénédictin, du 5 Novembre 1723, sur l'acceptation de la Bulle *Unigenitus*; & ce fut ensuite que D. Petit-Didier publia son Traité.]

7315. ☞ Dissertation où l'on examine si en soutenant l'autorité des Papes en matière de foi, on détruit les Libertés de l'Eglise Gallicane ; (par Dom Petit-Didier.)

Cette Dissertation est à la suite de son Ouvrage intitulé : *Dissertation Historique & Théologique sur le sen-*
Tome I.

timent du Concile de Constance, &c. Luxembourg, 1725, *in-12.* Cet Ouvrage est une suite de son Traité de l'infaillibilité.]

7316. ☞ De suprema Romani Pontificis autoritate hodierna Ecclesiæ Gallicanæ doctrina ; autore N. Collet, in Regia Universitate Taurinensi J. U. D. *Avenione*, Girard, 1747, *in-4.* 2 vol.

Cet Ouvrage, dans lequel on donne pour la doctrine de l'Eglise de France le contraire de ce qu'elle enseigne, a été flétri par plusieurs Arrêts, & en particulier par le Parlement de Paris, le 25 Juin 1748.]

7317. ☞ Discours sur la puissance du Pape : (*Paris*) 1756, *in-12.*]

7318. ☞ Augustissimo Senatui Tolosano, de Ecclesiasticâ potestate Regum ac Principum imperio nequaquam metuendâ, cunctisque hominibus venerandâ & amandâ, ad normam solemnis Declarationis quam edidit Clerus Gallicanus, anno 1682, Assertiones Dogmaticas, Metaphysicas, Historicas, Apologeticas, ad Sacerdotii & Imperii Jus Publicum spectantes, F. F. Prædicatores Tolosani, DD. DD. DD. DD. *Tolosæ*, Casanove, 1764, *in-8.* 32 pages.

La même Thèse, en François : (*Paris*) 1766, *in-12.*

C'est une Thèse sur les quatre Articles du Clergé : elle est du P. Dufour, Dominicain de Toulouse. Avant d'être soutenue, elle a été examinée par quatre Magistrats du Parlement de Toulouse, & par quatre Professeurs de l'Université de la même Ville. L'Université elle-même l'a adoptée solemnellement, & l'a fait soutenir le 19 Août 1764, par un Bachelier de Roussillon. *Voyez*-en l'Extrait dans le *Journal de Verdun*, 1764, *Novembre, pag.* 355-358.]

7319. ☞ Justini Febronii, Jurisconsulti, de Statu Ecclesiæ & legitima potestate Romani Pontificis, liber singularis, ad reuniendos dissidentes in Religione Christianos compositus : *Bullioni*, 1763, *in-4.*

Editio altera, priore emendatior & multò auctior : *Bullioni*, 1765, *in-4.*

Cet Ouvrage, qui est écrit contre les prétentions de la Cour de Rome, a fait beaucoup de bruit en Allemagne. L'Auteur, qui est inconnu, est appellé M. le Fevre, dans le *Journal Encyclopédique* qui paroît à Bouillon. Ce Canoniste est, à ce que l'on croit, engagé dans les Ordres. On dit qu'il occupe une place distinguée dans le Diocèse de Trèves, & que son Ouvrage a été fait par l'ordre de quelques Princes d'Allemagne. La forme de son Livre n'est rien moins qu'agréable ; l'Auteur paroît avoir lu les meilleurs Théologiens, & il cite plusieurs de ceux qui ont défendu nos Libertés. Mais il a des préventions contre le célèbre Richer, qu'il confond avec Marc-Antoine de Dominis, & autres ennemis de l'Eglise.

Les Additions de la seconde Edition sont : 1.° *Justiniani novi animadversiones in Justiniani Frobenii Epistolam ad Justinam Febronium, &c.* Bullioni, 1764. 2.° *J. Clerici Palatini ad Justinum Febronium Epistola excitatoria adversùs observationes quasdam summarias Heidelbergensis Jesuitæ*, (Jos. Kleiner) *in ejus Librum singularem cum notis ad easdem observationes.* 3.° *Auli Jordani Jurisc. examen Dissertationis quam M. Carolus Fridericus Barhdt Lipsiensis, die 14 Decemb. 1764, adversùs Febronii tractatum publico exposuit.*]

7320. ☞ Tractatus de promulgatione Legum Ecclesiasticarum, ac speciatim Bullarum & Rescriptorum Curiæ Romanæ, &c. Auctore Zegero Bern. VAN-ESPEN: *Bruxellis*, T'SERSTEVENS, 1712, *in-4*.

Ce Traité est aussi dans le tom. IV. des *Œuvres de Van-Espen*: *Lovanii* (*Paris*) 1753. Les principes qu'il contient peuvent être très-utiles aux Canonistes François.]

7321. ☞ Arrêt du Parlement de Paris, du 15 Janvier 1716, qui ordonne la suppression des Lettres Monitoriales imprimées à Rome, & dans lequel on établit la nécessité des Lettres-Patentes enregistrées au Parlement, pour l'exécution des Bulles, Décrets, & Constitutions des Souverains Pontifes: *in-4*.]

7322. ☞ Recueil des Titres & Pièces touchant l'Annexe, qui prouvent l'ancienneté de ce droit, dont on a toujours usé en Provence, soit avant, soit après l'institution du Parlement; (par Louis-Hyacinthe D'HESMIVY, Baron de MOISSAC, Conseiller au Parlement de Provence): *Aix*, Senez, 1727, *in-4*. 74 pages.

Le même, continué par M. LE FEVRE DE SAINT HILAIRE, Conseiller au Parlement de Paris: *Avignon* (*Paris*), 1756, *in-12*. 179 pag.

Ce Recueil fut fait & imprimé par l'ordre du Parlement de Provence. Le droit d'Annexe dont il jouit, est le droit de vérifier tout ce qui vient de la Cour de Rome, & de la Vice-Légation d'Avignon. Dans les autres Provinces de France, on l'exerce sous une autre forme: il faut des Lettres Patentes duement enregistrées, pour la publication des Bulles ou Brefs.]

7323. Du Renversement des Libertés de l'Eglise Gallicane, dans l'affaire de la Constitution *Unigenitus*: 1716 [1717] *in-12*. 2 vol.

☞ Cet Ouvrage est de Nicolas LE GROS, Docteur & Chanoine de Reims, mort en 1751.]

7324. Le Rétablissement des Libertés de l'Eglise Gallicane, par la Censure du Clergé de France, contre le Livre du témoignage de la Vérité, dressée dans l'Assemblée tenue à Paris en 1715: (*Paris*) 1716, *in-12*.

7325. Le Miroir de la Vérité: 2 vol.

L'Auteur des *Nouvelles Littéraires*, du 16 Septembre 1716, imprimées à la Haye, chez du Sauzet, parle de cet Ouvrage à la *pag*. 247, en ces termes: « Il paroît que cet Auteur est un zélé Ultramontain; il détruit par-tout nos Libertés, & on sçait que tout le Livre n'est fait que pour établir la supériorité du Pape au-dessus du Concile général, pour rendre tous les Evêques dépendans de celui de Rome, & pour donner une autorité absolue & sans bornes au Pape, non-seulement dans l'Eglise, mais aussi sur le temporel des Rois.... En un mot, on peut regarder cet Ouvrage comme une Critique véhémente des fameuses Propositions du Clergé, & l'Auteur comme l'ennemi & le destructeur de nos Libertés ».

On ne marque point si ce Livre est imprimé.

7326. Mémoire dans lequel on examine si l'Appel interjetté au futur Concile général de la Constitution *Unigenitus*, par quatre Evêques de France, auquel plusieurs Facultés & un grand nombre de Chanoines & de Curés du Royaume ont adhéré, est légitime & canonique, & quels sont les effets de cet Appel: 1717, *in-4*.

L'Auteur, que l'on a cru être Pierre LE MERRE, Avocat au Parlement, soutient que cet Appel est suspensif, & a même un effet rétroactif. A la fin se trouve ledit Appel, avec les Adhésions des Facultés. Il y a une *Réfutation* de ce Mémoire imprimée à Bruxelles en 1718. *in-12*. qui a été supprimée par Arrêt du Parlement de Paris, le 14 Février 1719.

7327. ☞ Dissertation dans laquelle on démontre que la Bulle *Unigenitus* n'est ni Loi de l'Eglise ni Loi de l'Etat: (*Paris*) 1752, 1753, *in-12*. deux parties.

Cet Ouvrage, qu'on attribue à M. l'Abbé MEY, Avocat au Parlement de Paris, est fait pour justifier les démarches des Parlemens.]

7328. ☞ La vraie Loi de l'Eglise & de l'Etat, relativement à la Bulle *Unigenitus*: 1756, *in-12*. deux parties.

L'Auteur prétend que c'est l'Appel comme d'abus interjetté par tous les Parlemens des Lettres *Pastoralis Officii*, qui ordonnoient l'exécution de cette Bulle.]

7329. ☞ Arrêts, Actes & démarches des différens Parlemens du Royaume, à l'occasion des atteintes portées à l'autorité Royale, & pour le maintien de la doctrine établie dans la Déclaration de 1682.

C'est le Chapitre XII. du quatrième volume du Recueil de l'Abbé Nivelle, indiqué ci-devant, N.° 5654. On a recueilli aussi dans ce même volume tous les Arrêts des Parlemens qui ont rapport aux affaires de la Constitution *Unigenitus*, où l'on trouve les principes détaillés des maximes & usages de France.]

7330. ☞ Arrêt du Parlement (de Paris) du 20 Juillet 1729, portant suppression d'une feuille intitulée: Le 25 Mai, Fête de S. Grégoire VII. Pape: *in-4*.

On sçait assez que Grégoire VII, si célèbre par ses différends avec l'Empereur Henri IV, qu'il déclara déchu de l'Empire, est celui de tous les Papes qu'on a vu porter plus loin l'excès & l'injustice des prétentions de la Cour de Rome; & ce qu'il y a de plus étonnant, c'est qu'on ait mis au rang de ses vertus des maximes qu'on pourroit appeller détestables, comme si priver un Roi de son Royaume, & délier ses Sujets du serment de fidélité, étoit un acte propre à mériter un rang dans la classe des Bienheureux.]

7331. ☞ Arrêt du Parlement de Bretagne, du 17 Août 1729: *in-4*.]

7332. ☞ Arrêt du Parlement de Metz, du 1 Septembre 1729: *in-4*.]

7333. ☞ Arrêt du Parlement de Bordeaux, du 12 Septembre 1729, *in-4*.]

7334. ☞ Arrêt du Parlement de Dijon, au sujet de la Légende de Grégoire VII, 4 Février 1731.

Les autres Cours Souveraines eurent défense de rien publier à ce sujet: *voyez pag. lxx*, de la Préface du quatrième volume du Recueil de l'Abbé Nivelle, indiqué ci-devant, N.° 5654.]

7335. ☞ Mandement de l'Evêque de

Troyes, au sujet de l'Office *in Festo Sancti Gregorii VII.* 1729 : *in-4.*

[Cette Pièce est très-solide & bien raisonnée. C'est un abrégé de l'Ouvrage du grand Bossuet son oncle, sur les quatre articles du Clergé de 1682.]

7336. ☞ Mandement de M. l'Evêque d'Auxerre (Ch. Gabriel DE CAYLUS) du 24 Juillet 1729, qui défend de réciter l'Office qui commence par *Die 25 Maii, in Festo S. Gregorii VII.* (1729) : *in-4.*]

7337. ☞ Lettre du même au Roi, au sujet du Bref qui condamne son Mandement sur la Légende de Grégoire VII. 1729, *in-4.*]

7338. ☞ Mandement de M. l'Evêque de Metz, qui défend de réciter l'Office de Grégoire VII. 1729, *in-4.*]

7339. ☞ Mandement de M. l'Evêque de Castres, contre la Légende de Grégoire VII. 1729, *in-4.*]

7340. ☞ Mandement de M. l'Evêque de Verdun, sur le même sujet : 1729, *in-4.*]

7341. ☞ Mandement de M. l'Evêque de Montpellier (Charles-Joachim COLBERT) portant condamnation d'une feuille imprimée, qui contient un prétendu Office pour la Fête de Grégoire VII. 1729, *in 4.*]

7342. ☞ Lettre du même au Roi, dans laquelle, à l'occasion de la Légende de Grégoire VII, il montre combien il est nécessaire de s'opposer au progrès de la Doctrine Ultramontaine, 1730 : *in-4.*]

7343. ☞ Lettre de l'Assemblée du Clergé au Roi, du 11 Septembre 1730 : *in-4.*]

7344. ☞ Lettre Pastorale de M. l'Evêque de Montpellier, au sujet de la Lettre écrite au Roi par l'Assemblée du Clergé, où il justifie celle qu'il a écrite à Sa Majesté, touchant la Légende de Grégoire VII. 1731 : *in-4.*

[Cette Pièce & les deux ci-dessus, sont dans le *Recueil de ses Œuvres*, (Cologne ou Utrecht, 1740, *in-4.* 3 vol.) tom. II. pag. 509-570.]

7345. ☞ La Cause de l'Etat abandonnée par le Clergé de France, ou Réflexions sur la Lettre de l'Assemblée au Roi : 1731, *in-4.*]

7346. ☞ Consultation de quatre-vingt-quinze Avocats du Parlement de Paris, pour M. l'Evêque d'Auxerre, au sujet d'un Bref du Pape sur la Légende de Grégoire VII. La Requête de M. d'Auxerre au Parlement, &c. 1730, *in-4.*]

7347. ☞ Arrêt de la Cour du Parlement (de Paris) du 23 Février 1730, qui déclare abusifs quatre Brefs ou Décrets au sujet de la Légende de Grégoire VII. *Paris*, P. Simon, 1730, *in-4.*]

7348. ☞ Mémoire & Consultations d'Avocats au Parlement de Paris, pour les Religieuses du Calvaire, du 7 Septembre 1740 : *in-4.*

[On cite ici ce Mémoire, pateque, indépendamment de ce qui regarde en particulier ces Religieuses, on y établit, 1.° que le Pape n'a pas le pouvoir par lui-même d'exempter les Monastères de la soumission à l'Evêque dans le Diocèse duquel ils sont établis, & que cette exemption ne peut être accordée sans le consentement de l'Evêque Diocésain : 2.° que les Monastères ainsi exemptés de la soumission à l'Evêque Diocésain, ne peuvent être soumis immédiatement au Pape, mais doivent avoir des Supérieurs dans le Royaume : 3.° que les exemptions de cette sorte sont approuvés dans l'Eglise dès le cinquième siècle, & sont convenables à des Congrégations dont les Monastères sont en plusieurs Diocèses.]

7349. Du pouvoir des Légats de notre Saint Père le Pape, & de la forme qui se doit garder lorsqu'ils entrent en France; par Louis SAVARON : *Tours*, 1590, *in-8.* [curieux, peu commun, & utile]: *Paris*, 1594, *in-8.*]

7350. Des Légats *à latere* envoyés en France par les Papes. Ce Récueil de quatre-vingt-six Pièces, depuis l'an 750 jusqu'en 1625, est imprimé au Chapitre XXIII. des Preuves des Libertés de l'Eglise Gallicane : *Paris*, 1651 *in-fol.*

7351. ☞ Ms. Traité historique des Légats *à latere*.

[Cette Pièce, qui est fort courte, se trouve dans le tom. I. pag. 48, d'un Recueil sur la Cour de Rome, conservé à la Bibliothèque du Roi, num. 2624.]

7352. ☞ Relation de la Réception des Légats *à latere* en France, & de la Vérification de leurs Facultés au Parlement de Paris.

[Elle est dans la même Bibliothèque, num. 2875.]

7353. ☞ Ms. Narration par ordre historique des Inscriptions des Légats, & des Vérifications de leurs Facultés, ordonnées par le Parlement de Paris, sous Louis XII. François I. Henri II. François II. & Charles IX. conformément aux Registres de la Cour : *in-fol.*

[Elle se trouve dans la Bibliothèque de sainte Geneviève de Paris.]

7354. Renaldi CHANDONII Responsum, quo planum fit non esse ampliùs dubitandum quin mortuo Rom. Pontif. adhuc ominò duret potestas Legati Franciæ, etiam quoad facultates specialiter concessas ultra principale Legationis officium : *Parisiis*, Parvus, 1534, *in-4.*

7355. ☞ Tractatus de Officio & potestate DD Georgii de Ambasia S. R. E. Card. Rotomagensis, & in Regno Franciæ de latere Legati, circa derogationem Regulæ Apost. Cancellariæ videlicet : *Si quis in infirmitate constitutus*, &c. & etiam resignationes ad commodum & utilitatem alicujus & non aliter, nec aliàs factas; per Nic. Boerii J. V. Licentiatum de Montepessulano : *Lugduni*, Simon Vincentius, 1509, *in-8.*]

7356. ☞ Pièces contenant l'opposition de l'Université de Paris, au sujet des Bulles de légation du Cardinal d'Amboife, & fon entrée & réception au Parlement de Paris.

Elles fe trouvent au tom. II. *pag.* 245 & 284, de la *Vie du Cardinal d'Amboife*; par M. l'Abbé LE GENDRE, 1724, *in-*12.]

7357. ☞ Facultates conceffæ Reverendiffimo Domno Stephano Archiepifcopo Barrenfi, necnon in Regno Franciæ Legato, unà cum receptione & modificatione ejufdem.

Ces Pièces, qui font de 1522, regardent le pouvoir du Pape & de fes Legats en France.]

7358. ☞ Difcours d'un Bourgeois de Paris fur les pouvoirs du Cardinal Chigi, Légat *à latere*, en Anglois & en François : *Londres*, 1665, *in-*4.]

5. TRAITÉS des Droits du Roi dans l'adminiftration de l'Eglife, fur les Biens & les Perfonnes des Eccléfiaftiques.

7359. Quæ Regia Poteftas, quo debent autore folemnes Ecclefiæ conventus indici cogique; qui in his, cùm emendanda eft omnium ordinum depravatio, Regum, Sacerdotum, &c. locus & ordo confidendi. Epiftola Claudii GOUSTÆI, Jurifc. & Prætoris Senonenfis : *Senonis*, Richebois, 1561, *in-*8.

Cette Lettre eft auffi dans les *Recueils des Libertés*, 1609 & *fuiv.* & dans la *Monarchie de l'Empire*, par Goldaft, *tom. III. pag.* 655.

La même Lettre, traduite en François : 1561, *in-*8.

7360. Renati CHOPINI, Andegavenfis, J.C. & in Regio Parifienfi Senatu Caufarum Patroni, de facra Politia Forenfi Libri tres : *Parifiis*, Chefneau, 1577, *in-fol. Ibid.* 1603, *in-fol.* Tertia editio, *Ibid.* 1607, *in-fol.*

Le même Livre, auquel eft amplement traité des Droits Royaux, felon l'ufage des Cours de France, fur les Perfonnes & Biens Eccléfiaftiques, traduit du Latin; par Jean TOURNET, Avocat en Parlement : *Paris*, 1617, *in-*4.

Ces mêmes Livres, revus & corrigés, font imprimés au tom. IV. des *Œuvres* de Chopin : *Paris*, 1662, *in-fol*. Cet Ouvrage eft eftimé; l'Auteur, qui eft mort en 1606, étoit très-habile dans nos Ufages, & très-verfé dans la connoiffance des Ordonnances des Rois de France.

☞ *Voyez* le P. Niceron, *tom. XXXIV. p.* 166.]

7361. Traités des Libertés de l'Eglife de France, & des Droits & Autorité que la Couronne de France a ès affaires concernant la Police de l'Eglife dudit Royaume par bonne & fainte Union avec icelle Eglife ; par Guy COQUILLE, Avocat en Parlement.

☞ *Voyez* ci-devant, N. 6982.]

7362. Mf. Pouvoirs des Rois fur les Perfonnes & les Biens Eccléfiaftiques, & du Droit de Régale : *in-fol.*

Ce Traité eft indiqué dans le Catalogue des Manufcrits de M. le Chancelier Séguier [à la Bibliothèque de S. Germain-des-Prés.]

7363. La Police Royale fur les Perfonnes & les Biens Eccléfiaftiques ; par Jacques DU HAMEL, Procureur du Roi en la Cour Eccléfiaftique de Rouen : *Paris*, Berjon, 1612, *in-*8.

☞ Cet Ouvrage a été réimprimé dans le *Recueil des Libertés* de 1639 & 1731.]

7364. ☞ Difcours par lequel il eft prouvé que les Princes font plus propres que le refte des hommes au Gouvernement de l'Eglife ; par Cyprien SUSANNE : *Paris*, 1624, *in-*8.]

7365. De la Puiffance Royale fur la Police de l'Eglife, contre les Maximes de l'Evêque d'Angers : *Paris*, Durand, 1625, *in-*8.

* Lo medefimo Trattato in Italiano : *In Parigi*, 1625, *in-*4.

Dans quelques Exemplaires, ce Livre eft imprimé fous le nom de M. SVETTE, Chanoine d'Angers. Il eft compofé contre les Maximes de Charles Miron, Evêque d'Angers ; par Jacques BOUTREUX, Sieur d'Eftiau, [mort vers 1682.]

☞ M. l'Evêque d'Angers a répondu à cet Ouvrage, & le Chapitre lui a répliqué. *Voyez* la fuite de ce différend dans l'article des Evêques d'Angers. *Voyez* auffi les N.os 7473-7475, ci-deffous.

7366. ☞ Hugonis GROTII de Imperio Summarum Poteftatum circa facra, Commentarius pofthumus : *Parifiis*, 1647, 1648, *in-*8. *Hagæ*, 1652, 1661, *in-*8.

Traité du Pouvoir du Magiftrat Politique fur les chofes facrées, traduit du Latin de Grotius; (par M. Charles-Armand LESCALOPIER DE NOURAR, Maître des Requêtes) : *Londres* (*Paris*) 1757, *in-*12.

» Ce Livre de Grotius, dit M. le Chancelier d'Aguef-
» feau, (*Œuvres, tom. I. p.* 429,) eft digne de la profon-
» deur du génie & de la vafte érudition de fon Auteur.
» Aucun Ouvrage, au moins, n'eft plus propre à donner
» lieu d'aller jufqu'au fond d'une matière, dont on peut
» le regarder comme la partie métaphyfique. Il mérite
» peut-être par-là qu'on en dife beaucoup plus de bien
» que de celui de M. le Vayer ; mais en récompenfe on
» peut en dire auffi beaucoup plus de mal. C'eft donc
» un Livre qu'on ne peut lire avec trop de précaution.]

7367. Divers Cas particuliers pour montrer le foin qu'ont les Rois de France, & leurs Officiers, des chofes Eccléfiaftiques, & comme les Juges Royaux en connoiffent.

Ce Recueil de 101 Pièces, depuis l'an 585 jufqu'en 1647, eft imprimé au chapitre XXV. des *Libertés de l'Eglife Gallicane* : *Paris*, 1651, *in-fol.*

7368. Traité de l'autorité du Roi dans l'Adminiftration de l'Eglife Gallicane ; avec quelques Pièces par rapport à cette matière : *Amfterdam*, 1700, *in-*8. *Amfterdam*, [*Rouen*] 1700, *in-*12.

Ce Livre a été fait en 1681, & publié cette année fous ce titre : *Differtation fur l'autorité légitime des Rois en matière de Régale* : *Cologne*, *in-*12. Dans l'Edition de 1700, on l'attribue fauffement à M. Talon : il eft de Rolland LE VAYER DE BOUTIGNY, Intendant de Soiffons, mort en 1685, Ce Traité eft fort curieux.

☞ Le même, fous ce titre : Le Droit des Souverains touchant l'adminiftration de l'Eglife : *Paris*, 1734, *in-*4. 53 pages.

Le même, fous le titre de Differtation fur, &c. revu & corrigé : *Avignon*, 1750, *in*-4. 118 pages.

On a fait dans cette Edition quelque changement.]

☞ Nouvelle Edition (fur le Manufcrit de l'Auteur, avec fa Vie) : *Londres* (*Paris*, Martin) 1753, *in*-12.

Cet Ouvrage eft divifé en deux Parties. La première contient hiftoriquement les exemples les plus confidérables qu'ont peut recueillir chez les Juifs, & fous les Empereurs Romains depuis Conftantin jufqu'à Juftinien, & fous les trois Races des Rois de France ; pour prouver quelle étoit l'autorité qu'ils avoient dans l'adminiftration des chofes Eccléfiaftiques. La feconde Partie eft divifée en cinq Differtations. La première traite de la conduite de l'Eglife en général, & de fon partage entre les puiffances temporelle & fpirituelle ; les quatre dernières, de l'autorité du Roi, touchant l'adminiftration de la foi, de la difcipline qui concerne le culte Eccléfiaftique, des perfonnes Eccléfiaftiques, & de l'adminiftration des Biens de l'Eglife.

L'édition de 1753 a été faite conformément au Manufcrit de l'Auteur, communiqué par M. le Vayer, fon parent, ci-devant Maître des Requêtes, & encore vivant. La Vie qui eft en tête n'eft autre chofe que l'article que M. l'Abbé Goujet a mis dans le Supplément de Moréri.]

7369. ☞ Suite du Traité de l'Autorité des Rois, touchant l'adminiftration de l'Eglife, de M. le Vayer de Boutigny, contenant un Supplément de Pièces importantes : *Londres*, 1756, *in*-12.

Ces Pièces font :

1. Deux Arrêts du Parlement des 17 & 18 Décembre 1607, contre les Thèfes de Droit de Georges Criton, contenant une pofition fur la hiérarchie, (où il foutenoit la fupériorité du Pape fur les Conciles.)

2. Récit abrégé des difputes Théologiques (fur la puiffance du Pape & des Conciles) foutenues dans le Chapitre Général des Dominicains, affemblés à Paris le 26 Mai 1611, traduit du Latin.

3. Extrait des Lettres DE MORISOT, touchant le Livre de Richer, fur la Puiffance Eccléfiaftique & Politique, traduites du Latin.

4. Décret de l'Univerfité de Caen, du 27 Octobre 1660, contre une Thèfe de Richard Foffart, Prêtre, où il foutenoit le pouvoir du Pape de dépofer les Rois; avec la Sentence du Préfidial de la même Ville, du 22 Novembre 1660, contre ledit Foffart.

5. Huit Arrêts du Parlement, des 19, 20, 22 & 31 Janvier, 3, 5, 8 & 12 Février 1663, au fujet d'une Thèfe de Gabriel Drouet de Villeneuve, fur l'autorité du Pape & des Conciles, & fur les Libertés de l'Eglife Gallicane; avec les Difcours de MM. DE LAMOIGNON, premier Préfident, TALON, Avocat-Général, & DE HARLAY, Subftitut de M. de Harlay fon père, Procureur-Général.

6. Deux Arrêts du Parlement, des 13 & 14 Avril 1663, contre la Thèfe du Frère des Plantes, Bernardin, fur l'autorité du Pape, avec le Difcours de M. DE LAMOIGNON, premier Préfident, & de M. TALON, Avocat-Général.

7. Déclaration du Roi du 4 Août 1663, envoyée aux Parlemens du Royaume, portant que les fix Propofitions préfentées à Sa Majefté par la Faculté de Théologie de Paris, & qui ont été regiftrées au Parlement de la même Ville, feront pareillement regiftrées aux autres Parlemens, & envoyées à tous les Bailliages, Sénéchauffées, Jurifdictions & Univerfités, pour y être auffi enregiftrées.

8. Arrêt du Parlement du 14 Mars 1664, contre un Cartulaire produit par le Chapitre de Chartres, dans lequel il étoit écrit qu'il ne reconnoiffoit que le Pape pour Supérieur *in temporalibus & fpiritualibus*.

9. Note fur les Cenfures de Vernant & de Guiménius.

10. Arrêt du Parlement du 16 Février 1677, touchant le pouvoir des Rois fur les empêchemens du Mariage ; avec les Difcours de M. DE LAMOIGNON, premier Préfident, & de M. TALON, Avocat-Général.

11. Arrêt du Parlement du 23 Juin 1683, qui fupprime deux Libelles ; l'un, en forme de Cenfures de l'Archevêque de Strigonie (en Hongrie) ; l'autre, imprimé à Liége, intitulé : *Difquifitio Theologico-Juridica*, tous deux contre la Déclaration du Clergé de France de 1682, avec l'avis Doctrinal de la Faculté de Théologie de Paris, mentionné dans ledit Arrêt.

12. Traduction d'un Ecrit Latin imprimé à Cologne en 1683, *in*-4. fous ce titre : *Nota in Cenfuram Hungaricam IV. Propofitionum Cleri Gallicani; operâ & ftudio aliquot Theologorum Parifienfium.*

13. Arrêt du Parlement du 20 Décembre 1695, qui défend l'entrée & le débit du Livre de Roccaberti, *De Romani Pontificis auctoritate.*

14. Arrêt du Parlement du 15 Janvier 1716, qui fupprime les Lettres Monitoriales de l'Auditeur de la Chambre Apoftolique.

15. Arrêt du Parlement de Rennes du 1 Décembre 1717 & jouts fuivans, au fujet des Propofitions enfeignées par le P. Andry Jéfuite, au Collége de Rennes.

16. Arrêt du Parlement du 11 Juillet 1724, qui fupprime le Traité de l'autorité de l'infaillibilité du Pape, par Dom Petit-Didier.

17. Arrêts du Parlement des 10 & 17 Mai 1730, & 14 Août 1731, qui fuppriment des Thèfes.

18. Arrêt du Parlement du 14 Août 1732, qui fupprime une permiffion du Nonce du Pape, pour lire les Livres défendus & condamnés.

19. Arrêts du Parlement des 23 Février & 5 Juin 1733, qui fuppriment plufieurs Ecrits.

20. Arrêt du Grand-Confeil du 17 Mars 1733, qui fupprime une Collection des Privilèges des Réguliers.

21. Arrêt du Parlement du 18 Février 1735, qui fupprime une Inftruction Paftorale de M. l'Archevêque de Cambrai, & une Thèfe de Sorbonne.

22. Arrêt du Parlement du 25 Juin 1748, qui fupprime le Livre intitulé : *De fuprema Romani Pontificis auctoritate, hodiernâ Ecclefiæ Gallicanæ Doctrinâ.*]

7370. ☞ Apologie de tous les Jugemens rendus par les Tribunaux Séculiers en France, contre le Schifme, &c. (par MM. MEY & MAULTROT, Avocats) 1752, *in*-12. 2 vol. 1753, 4 vol.

Le fecond volume traite de la compétence des Juges Laïcs, pour s'oppofer à tous Actes de Schifme, & des Droits des Princes; comme Protecteurs de l'Eglife & comme Princes, des Sentimens des Papes, Evêques, Théologiens, & des Preuves de la poffeffion dans laquelle font les Princes de s'oppofer au Schifme.]

7371. ☞ Remontrances du Parlement (de Paris) au Roi, du 9 Avril 1753 : *in*-12.

On y parle avec autant de précifion que de dignité, de la Compétence & de la Jurifdiction Royale fur les Eccléfiaftiques, ainfi que contre le Schifme, &c.]

7372. ☞ Le véritable ufage de l'autorité Séculière, dans les matières qui concernent la Religion ; par M. l'Evêque D. P. (Jean-Georges LE FRANC DE POMPIGNAN, Evêque du Puy) : *Avignon*, Girard, 1753, *in*-12.]

7372. * ☞ Réponfe (à l'Ecrit précédent : *Paris*, 1753,) *in*-12. 77 pages.]

7373. Mſ. Diverſes Conſultations & Mémoires ſur le ſujet des Mariages des Princes du Sang, & s'ils peuvent ſe marier ſans le conſentement du Roi: *in-fol.*

Ces Conſultations & Mémoires ſont conſervés entre les Manuſcrits de M. Dupuy, num. 457, & dans la Bibliothèque de M. Godefroy.

7374. Mſ. Exemples tirés de l'Hiſtoire de France, & autres Actes ſur les Mariages des Princes du Sang & autres grands Seigneurs, contractés ſans le conſentement deſdits Rois: *in-fol.*

Ces Exemples ſont conſervés entre les Manuſcrits de M. Dupuy, num. 458, & dans la Bibliothèque de M. Godefroy.

7375. ☞ Extrait, &c. pour juſtifier que les Rois peuvent former des empêchemens aux Mariages des Princes du Sang.

Se trouve dans les *Mém. de Talon*, tom. II. pag. 62.]

7376. ☞ Traité des Droits de la Monarchie, Maiſon, Etat & Couronne de la Maiſon de France: de l'autorité du Roi dans la Famille Royale aux Mariages des Princes du Sang, &c. par François DE FRÉMINEAU: *Nîſmes, 1636, in-4.*]

7377. Mſ. Actes touchant la validité ou invalidité du Mariage de Monſieur le Duc d'Orléans avec Madame Marguerite de Lorraine, en 1632: *in-fol.*

Ces Actes qui concernent le Mariage de Jean-Baptiſte Gaſton de France, ſont conſervés entre les Manuſcrits de M. de Brienne, num. 349, [Bibl. du Roi.]

7378. Mſ. Pièces concernant le ſecond Mariage de Monſieur, en 1632: *in-fol.*

Ces Pièces ſont conſervées dans la Bibliothèque de M. de Meſmes.

7379. Mſ. Pièces particulières contre le Mariage de Monſieur: *in-fol.*

Ces Pièces ſont indiquées dans le Catalogue des Manuſcrits de M. le Chancelier Seguier, [à la Bibliothèque de S. Germain-des-Prés.]

7380. Mſ. Recueil de Pièces touchant la nullité, & autres touchant la validité du Mariage de Monſieur, avec la Princeſſe Marguerite de Lorraine, en 1634, 1635 & 1636: *in-fol.*

Ce Recueil de Pièces eſt conſervé dans la Bibliothèque du Roi, num. 9242, 9244.

LES Recueils précédens, ſur le Mariage de Monſieur, contiennent apparemment les mêmes Pièces, les uns plus & les autres moins; je vais rapporter celles qui ſe trouvent dans le dernier Recueil.

Les Pièces concernant la nullité de ce Mariage ſont:

1. Déclaration du Roi, du 18 Janvier 1634, concernant ce Mariage.

2. Inventaire des Pièces produites par le Procureur-Général du Roi, contre Charles, Duc de Lorraine, Nicolas-François de Lorraine & Henriette de Lorraine.

3. Arrêt du Parlement, du 5 Septembre 1634, par lequel le prétendu Mariage eſt déclaré non-valablement contracté.

4. Mſ. Diſcours fait en l'Aſſemblée générale du Clergé de France; par Pierre DE FENOILLET, Evêque de Montpellier, le 6 Juillet 1635.

☞ Ce Diſcours eſt imprimé au *Mercure François*, tom. XX. pag. 1009.]

5. Sur la Propoſition faite de la part du Roi en cette Aſſemblée, par Léon & Aubry, Conſeillers d'Etat, du 7 Juillet 1635.

☞ Cette Propoſition eſt imprimée au tom. XX. du *Mercure François*. L'Aſſemblée du Clergé déclara le 10 Juillet, d'un conſentement unanime, 1.° que la Coutume peut faire que les Mariages ſoient nuls, quand elle eſt raiſonnable, ancienne, affermie par une preſcription légitime & autoriſée par l'Egliſe. 2.° Que la Coutume du Royaume ne permet pas que les Princes du Sang, & particulièrement les plus proches, & qui ſont préſomptifs héritiers de la Couronne, ſe marient ſans le conſentement du Roi, encore moins contre ſa volonté & ſa défenſe. 3.° Que des Mariages ainſi contractés ſont illégitimes & nuls, par le défaut d'une condition ſans laquelle leſdits Princes ne ſont pas capables de valablement contracter, & que cette Coutume a les conditions ci-deſſus énoncées. Cette Déclaration fut portée au Roi le 15 Juillet 1635.]

6. Mſ. Confirmation de l'Avis de l'Aſſemblée du Clergé de France; par le Préſident Pierre DE MARCA.

7. Avis des Docteurs en Théologie de la Faculté de Théologie de Paris, touchant ce Mariage.

8. Examen déſintéreſſé de quatre Docteurs de Paris, touchant la validité du Mariage des Princes préſomptifs héritiers de la Couronne de France.

9. Conſultation ſur ce Mariage par la Queſtion de droit.

10. Mſ. Réponſe à deux Queſtions importantes. I. Si la puiſſance ſéculière peut mettre des empêchemens eſſentiels au Mariage. II. Si la Coutume peut avoir la même force; par Gervais BIGEON, Curé dans l'Evêché de Séez.

11. Mſ. Nullités des Mariages des Princes du Sang contre la volonté du Roi, juſtifiées par le cinquième Canon du Concile de Compiegne, en 757; fait par Pierre DE MARCA.

12. Mſ. Trois Argumens pour conclure la nullité de ces Mariages; par le même.

13. Mſ. Diſcours ſur le Mariage de Monſieur, pour en prouver la nullité; par [Jacques] LESCOT, Docteur en Théologie [Confeſſeur du Cardinal de Richelieu.] Cet Auteur eſt mort Evêque de Chartres en 1656.

14. Diſcours du même, ſur le Livret de Louvain touchant ledit Mariage, du 21 Octobre 1635.

15. Mémoires de quelques Mariages des Rois & grands Seigneurs, eſquels l'autorité du Pape eſt intervenue pour les diſſoudre.

16. Autre Mémoire, par lequel il ſe fait voir que les Mariages des Princes faits & contractés ſans conſentement des Souverains, ont été tenus pour nuls, & enſuite ont été entièrement diſſous, ſans que le Pape y ſoit intervenu, au moins par autorité, ou comme Juge.

17. Mſ. De l'autorité Eccléſiaſtique & Séculière ſur les Mariages; par le Préſident DE MARCA.

18. Réponſe du même à deux Objections, qui peuvent être faites contre le Canon VI. du Concile de Compiegne.

19. Abrégé des Réponſes qu'on peut alléguer pour la validité ou invalidité des Mariages des Princes du Sang ſans le conſentement du Roi, par le Préſident DE MARCA.

20. Examen des moyens de nullités du Mariage de Monſieur, où les trois premières ſont rejettées, & la quatrième y eſt établie; par le même.

21. Argument, par lequel il eſt prouvé qu'un Mariage fait contre les Coutumes & Ordonnances de l'Etat, eſt invalide.

22.

22. Duæ Quæstiones : prima, Utrum Reges possint apponere impedimenta Matrimoniis ; secunda, Utrum Princeps oriundus è Sanguine Regio possit validè nubere in Francia sine Regis consensu.

23. Ms. Exercitatio Canonica de validitate seu nullitate prædicti Matrimonii ; per Michaelem RABARDEAU, è Societate Jesu.

Les Pièces pour la validité du Mariage de Monsieur, contenues dans le même Recueil sont :

24. Résolution des Docteurs de Louvain sur le Mariage de Monsieur, le 5 Février 1634, en Latin.

25. Déclaration authentique de la bonté & valeur de ce Mariage, selon la résolution des Docteurs de Louvain, du 16 Février 1634. [Cet Ouvrage est attribué à l'Abbé de S. Cyran.]

26. Deux propositions faites par Monsieur le Duc d'Orléans aux Docteurs de Louvain, sur la validité de son Mariage.

27. Réponse des Docteurs de Louvain, sur les Questions proposées.

28. Actes de la ratification du Mariage, en présence de l'Archevêque de Malines, le 25 Février 1634.

29. Ms. Quæstio Theologica de validitate ejusdem Matrimonii ; per GABRIELEM à sancto Joseph, Carmelitam.

30. Tractatus de nullitate ejusdem Matrimonii.

31. Résolutions Morales & Théologiques touchant le Mariage de Monsieur.

32. Ms. Raisons pour soutenir la validité de ce Mariage ; par PASSART, Conseiller d'Etat, Contrôleur-Général des Finances de son Altesse Royale.

33. Ejusdem Matrimonii valoris à Francorum oppugnationibus, Vindicatio ; per Franciscum SALERNUM, Siculum, Theologiæ Doctorem, J. U. D. & Protonotarium Apostolicum : *Madriti*, 1636, *in-4*.

34. Discorso sopra la validita del' detto Matrimonio contrà la Sentenza data in contrario del Parlamento de Paris.

35. Respuesta à la resolution de la Junta de los Ecclesiasticos de Francia en razon de los Matrimonios de los Principes del Sangre, hechos sin el consentimiento del Rey ; por Don Geronymo CAMARGO : *en Madrid*, Martinez, 1636, *in-4*.

36. Ms. Traité du Pouvoir de l'Eglise, & des Princes, sur le Mariage de leurs Sujets ; par Isaac HABERT.

Ce Traité n'est pas favorable aux Princes, à qui l'Auteur n'accorde pas assez sur ce sujet.

37. La bonté & la valeur du Mariage de Monsieur : *in-4*.

Toutes les Pièces qui parurent alors contre la validité de ce Mariage, n'empêchèrent pas qu'il ne fût ratifié.

7381. Joannis LAUNOII, Theologi Parisiensis, Regia in Matrimonium Potestas, vel Tractatus de Jure secularium Principum de sanciendis impedimentis Matrimonium dirimentibus : *Parisiis*, Martin, 1674, *in-4*.

Ouvrage très-utile pour défendre les Droits de nos Princes, à l'égard des Mariages.

7382. Ecclesiastica in Matrimonium Potestas, Domini GALESII Apologema, contra Joannis Launoii doctrinam : *Romæ*, Tinasii, 1676, *in-4*.

7383. Joannis LAUNOII, Theologi Parisiensis, contentorum in Libro Galesii erratorum Index : *Parisiis*, Martin, 1677, *in-4*.

C'est une réfutation du Livre précédent.

7384. In Librum Joannis Launoii, qui inscribitur, Regia in Matrimonium Potestas, Observationes : 1678, *in-4*.

Ce Livre est sans nom d'Auteur ni d'Imprimeur, & sans Approbations de Docteurs. L'Auteur accuse de faux son Adversaire, & prétend qu'il a pris les sentimens qu'il avance, dans les Livres de Marc-Antoine de Dominis. L'Auteur de ces Observations, qui se nomme Jacques LEULLIER, Docteur en Théologie, n'est pas favorable aux Droits des Princes sur les empêchemens du Mariage ; ses Observations ont été imprimées à Louvain.

7385. Traité pacifique du pouvoir de l'Eglise & des Princes sur les empêchemens du Mariage : *Paris*, Masuel, 1690, *in-4*.

Jean GERBAIS, Docteur de Sorbonne, a composé ce Traité, contre celui de M. de Launoy. Il a voulu prendre un milieu ; mais les tempéramens qu'il a proposés n'ont pas plu à tout le monde. Il est mort en 1699. » On » peut dire que M. Gerbais a fait voir clairement dans » la première partie de son Ouvrage, que M. Galesius, » Evêque de Rubo, avoit raison ; & dans la seconde, » que M. de Launoy n'avoit pas tort ; de sorte qu'il a » trouvé le moyen, pour accommoder toutes choses, » de les laisser en l'état où elles sont ; c'est-à-dire, de » faire en sorte que l'Eglise demeure en possession d'é- » tablir des empêchemens du Mariage, & tout cela » fondé sur la piété des Princes, qui en ont eu assez » pour se dépouiller de ce droit ou de cet usage, & en » auront toujours plus qu'il n'en faut pour ne jamais le » reprendre. » C'est le jugement que porte, du Livre de M. Gerbais, l'Auteur qui suit, dans son Avertissement.

☞ *Voyez* le P. Niceron, *tom. XIV. p.* 134. = *Hist. des Ouvr. des Sçav. Décembre*, 1690.]

7386. Traité des empêchemens du Mariage, où l'on fait voir que le droit qu'ont les Rois ou les Princes d'en établir à l'égard de leurs Sujets, n'a pu leur être ôté par violence ou par piété ; par un Professeur en Théologie : *Cologne*, Gymnicus, 1691, *in-8*.

Ce Traité est écrit avec bien du sens ; il est solide, curieux & peu commun : il sert d'Apologie pour les sentimens de M. de Launoy, contre les objections des deux Auteurs précédens, selon M. Lengler. Jacques BOILEAU, Docteur de Sorbonne, mort en 1716, en est l'Auteur. Ce Traité est imprimé à Amsterdam.

☞ *Voyez* le P. Niceron, *tom. XII. pag.* 138.]

Nota. J'AI rapporté ici tous ces Traités, parcequ'ils ont rapport au démêlé survenu en 1634, au sujet du Mariage de Monsieur le Duc d'Orléans, Gaston de France : la Question y est discutée & examinée à fond.

7387. ☞ Regia in Matrimonium potestas duabus orationibus asserta à Lud. FOUET, Antecess. primicerio in Academia Cadomensi : *Cadomi*, Cavelier, 1696, *in-8*.]

7388. ☞ Examen de deux questions importantes sur le Mariage : comment la Puissance Civile peut-elle déclarer des Mariages nuls sans entreprendre sur les droits de la Puissance Ecclésiastique ? Quelle est en conséquence l'étendue du pouvoir des Souverains sur les empêchemens dirimans le Mariage ? (par P. LE RIDANT, Avocat au Parlement) : 1753, *in-4*.

L'Auteur se déclare pour le sentiment de M. de Launoy.]

7389. Juſtification des Uſages de France, ſur les Mariages des enfans de Famille, ſans le conſentement de leurs parens; par [Pierre] le Merre, Avocat au Parlement : *Paris*, 1687, *in-*12.

Ce petit Traité, fait avec beaucoup de modération, renferme ce que peuvent les Princes ſur les empêchemens du Mariage.

☞ *Voyez* le *Journ. des Sçav.* 1688.]

7390. De l'autorité du Roi, ſur l'âge néceſſaire à Profeſſion Religieuſe : *Paris*, Oſmont, 1669, *in-*12.

Rolland le Vayer de Boutigny, Avocat au Parlement, depuis Intendant de Soiſſons, traite fort délicatement dans cet Ouvrage, une matière d'elle-même fort délicate & très-difficile, ſelon M. Lenglet. Ce Livre fit beaucoup de bruit : il parut dans le temps que quatre Généraux d'Ordres vinrent à Paris. Il y eut une Critique de ce Traité, qui fut imprimée ſans nom de Ville ni d'Auteur, en 1672. Celui qui l'a compoſé ſuit la *Diſcipline du Concile de Trente*, & écrit en faveur des Moines ; elle eſt pleine d'invectives [& d'impertinences. En voici le titre :]

7391. ☞ La nouvelle apparition de Luther & de Calvin, ſur les Réflexions faites ſur l'Edit touchant la réformation des Monaſtères, avec un échantillon des fauſſetés & des erreurs contenues dans le Traité de la Puiſſance Politique touchant l'âge néceſſaire à la profeſſion ſolemnelle des Religieux : 1669, *in-*12.

Ce Livre a été compoſé par le P. Bernard Guyard, Dominicain. *Voyez* t. II. *Script. Ord. Prædic.* p.633.]

Les Traités qui concernent le Droit de Régale, ou de nommer à certains Bénéfices dans chaque Evêché, pendant la vacance du Siège, auroient pu trouver ici leur place ; mais parcequ'il y en a un nombre aſſez grand pour remplir une Section, on les a mis à la ſuite des Pragmatiques & des Concordats.

7392. Mſ. Traité ample où il eſt montré que le Roi de ſa ſeule autorité peut, en cas de néceſſité, tirer des Contributions des Eccléſiaſtiques ; par Pierre Dupuy : *in-fol.*

Ce Traité eſt conſervé entre les Manuſcrits de M. Dupuy, num. 595, & dans la Bibliothèque de M. le Chancelier Séguier, num. 487 [à S. Germain-des-Prés.]

7393. Mſ. Divers Actes, Bulles & Mémoires de Contributions & Subſides, auxquels les Eccléſiaſtiques de France ſont obligés envers le Roi ; & à ce faire ils peuvent être contraints, ſans attendre l'intention du Pape : *in-fol.*

Ces divers Actes ſont conſervés entre les Manuſcrits de M. Dupuy, num. 456.

7394. Mſ. Titres originaux concernant les Décimes, diſtribués par le nom des Provinces : *in-fol.* quatre volumes ou paquets.

Ces Titres originaux ſont conſervés dans la Bibliothèque du Roi, entre les Manuſcrits de M. de Gaignières.

7395. Des Contributions, Subſides & autres Devoirs, auxquels les Eccléſiaſtiques de France ſont obligés envers le Roi en cas de néceſſité ; ou Recueil de vingt-neuf Pièces, depuis l'an 743 juſqu'en 1563.

Ce Recueil eſt imprimé au Chap. XXXIX. des *Preuves des Libertés de l'Egliſe Gallicane* : *Paris*, 1651, *in-fol.*

7396. Mſ. Mémoires & Actes de diverſes ſortes d'Aides & Subventions faites aux Rois de France par les Eccléſiaſtiques de leur Royaume, depuis l'an 1212 juſqu'en 1588 : *in-fol.*

Ces Mémoires ſont conſervés entre les Manuſcrits de M. Dupuy, num. 543, & dans la Bibliothèque [du Roi, venant] de M. Baluze, num. 512.

7397. ☞ Plaidoyé fait en la Cour des Aydes ; par Me Paul Descomel, Avocat en Parlement, ſur la queſtion : Si les Eccléſiaſtiques ſont ſujets aux Tailles pour les biens à eux propres & 'particuliers, & qui ne ſont point partie du Patrimoine Eccléſiaſtique, avec l'Arrêt ſur ce intervenu : *Paris*, Pomeray, 1623, *in-*12.]

7398. ☞ Plaidoyé fait en la Cour des Aydes ; par Paul Descomel, Avocat en Parlement, pour la défenſe de la Liberté des Eccléſiaſtiques, & de leur exemption de Tailles & Subſides ; avec l'Arrêt de ladite Cour, les 8, 25 Juillet & 5 Août 1625 : *Paris*, Bacot, 1626, *in-*8.]

7399. ☞ Examen de cette Queſtion : Si les biens Eccléſiaſtiques ſont aſſujettis au payement des Taxes. Poſitions différentes & ſucceſſives du Clergé de France à cet égard.

C'eſt la Section III. du Chap. III. du *Droit Eccléſiaſtique*, qui forme le tom. VII. de la *Science du Gouvernement* ; par M. de Réal, Grand-Sénéchal de Forcalquier : 1764, *in-*4. pag. 308-478.]

7400. Mſ. Impoſitions & Contributions des Eccléſiaſtiques : *in-fol.* 7 vol.

Ces Manuſcrits ſont conſervés dans la Bibliothèque de M. Godefroy, [à Lille.]

7401. ☞ Recueil des Contrats paſſés entre les Rois & le Clergé de France, au ſujet des Décimes & des Subventions extraordinaires données par le Clergé.

C'eſt le tom. IX. du *Recueil des Nouveaux Mémoires du Clergé* : *in-fol.*]

7402. ☞ Mſ. Mémoire hiſtorique & chronologique de toutes les Impoſitions payées par le Clergé de France, depuis l'année 1700 juſques & compris 1750, avec un Avertiſſement, & un Mémoire pour le Clergé de France au ſujet du vingtième ; par M. Rigoley de Juvigny, premier Commis du Clergé de France : *in-fol.*

Ce Manuſcrit eſt cité comme le dernier article du Catalogue qui ſe trouve à la fin de l'*Abrégé des Mémoires du Clergé* : *Paris*, 1766, *in-fol.*]

Nota. Le Roi ayant donné ſon Edit du mois de Mai 1749, portant l'établiſſement du Vingtième, les termes généraux dans leſquels furent énoncés quelques articles, firent penſer que le Clergé y étoit compris. On exigea cet impôt des Evêques des Pays Conquis, qui s'en plaignirent, & fur leurs plaintes le Clergé fit fes Remontrances, où il foutint fortement fes privilèges & fes immunités. Voilà l'époque de la multitude d'Ecrits qui parurent pour & contre fur cette matière. Nous en indiquerons les principaux.]

7403. ☞ Recueil de Pièces concernant les affaires préfentes du Clergé de France, avec des Remarques préliminaires fur chacune : Londres, 1750.

Ce Recueil, qui eft en faveur du Clergé, commence par les Déclarations du Roi du 27 Octobre 1711, & 8 Octobre 1726, confirmatives de l'immunité Ecclésiastique. Elles font comme la bafe de tout ce qui fuit ; auffi a-t-on fait tout ce qu'on a pu pour les infirmer. Le Roi, fur les Remontrances du Clergé du 24 Août 1749, fe réferva de faire connoître fes intentions à l'Affemblée de 1750. Il y envoya le 17 Août quatre Commiffaires, qui, par la bouche de M. d'Ormeffon, propoferent au Clergé une impofition de fept millions cinq cens mille livres, & cinq portions égales pour l'acquit de fes dettes, & la confection d'un nouveau département, par une déclaration exacte des biens de tous les Bénéficiers, & en conféquence parut la Déclaration du Roi du 17 Août 1750, qui renouvelle les fages difpofitions des délibérations du Clergé de 1726, & des Lettres-Patentes du 15 Juin 1727. Quelque utile à l'Eglife & à l'Etat qu'en foit le difpofitif, le Clergé en fut révolté, & témoigna à Sa Majefté les motifs de fes craintes, par fa Lettre du 19 Août 1750. Le Roi y ayant répondu, qu'il vouloit que l'Affemblée délibérât fur le champ, il parut le 10 Septembre deux nouvelles Remontrances. La première, pour fupplier Sa Majefté de révoquer fa Déclaration ; la feconde, pour établir la juftice & la fainteté des immunités du Clergé, reconnues, dit-on, dans tous les fiècles, autorifées par tous les Rois prédéceffeurs de Sa Majefté, & de la gratuité de fes dons. Le Roi y répliqua le 15 Septembre, par une Lettre qui fut portée à l'Affemblée par M. le Comte de Saint-Florentin. Sa Majefté, en leur continuant les affurances de fon zèle & de fa protection, les invite encore à délibérer fur les demandes qu'il leur a fait faire. L'Affemblée délibéra & déclara qu'elle ne pouvoit répondre que par fes larmes. Sur ce refus, M. de Saint-Florentin revint fur les huit heures du foir, & leur remit l'Arrêt du Confeil portant la levée annuelle des quinze cens mille livres pendant cinq années, & une Lettre qui enjoignoit aux Députés de finir l'Affemblée le 20 du mois, & de retourner inceffamment dans leurs Diocèfes. L'Affemblée fit des Remontrances pour établir l'impoffibilité de confentir à cet Arrêt, & la juftification de fa conduite. De plus, avant de fe féparer, elle fit une Déclaration le 19 Septembre, pour mettre à couvert fes immunités, & protester contre tout ce qui pourroit les bleffer.]

7404. ☞ Lettres (fur les Immunités) : *Ne repugnate vestro bono*, &c. nouvelle édition, revue & augmentée, avec des Notes : Londres, 1750, *in-*12.

L'Auteur de ces quatre Lettres s'y déclare clairement contre les prétendues immunités du Clergé. Il tâche de prouver, dans la première, l'obligation indifpenfable de tous les membres d'un Etat, de contribuer à fes befoins & à fes charges, & que les Eccléfiaftiques ne pouvant le faire perfonnellement, ils doivent le faire par une contribution réelle. Dans la feconde, il examine ce qui s'eft pratiqué en France depuis l'établiffement du Chriftianifme, par rapport aux Eccléfiaftiques, concernant les Impôts ; les priviléges qu'ils ont acquis en différens temps ; en quoi ils confiftent, & quelles en doivent être les bornes & l'étendue. Dans la troifième, il analyfe les Déclarations de 1711 & 1726, qui font les deux titres uniques de l'exemption prétendue par le Clergé. Dans la dernière Lettre, il tire les conféquences qui réfultent de ces faits & de ces principes. Ce Recueil de Lettres a été fupprimé par Arrêt du Confeil, du premier Juin 1750, & cenfuré par l'Affemblée du Clergé le 14 Septembre de la même année.
Voyez *Lettres de Clément*, tom. I. pag. 326.]

7405. ☞ Remontrances du Clergé préfentées au Roi, le 24 Août 1749, au fujet de la levée du Vingtième, avec des Notes.

Cet imprimé, qui eft à deux colonnes, contient d'un côté les Remontrances du Clergé, & de l'autre, des Réflexions par lefquelles on fait voir combien ces Remontrances font peu raifonnables ; que le Contrat de Poiffy, & celui de 1580, font les premiers exemples de ces prétendues Immunités. On finit par établir la mauvaife adminiftration des biens du Clergé. Cette Pièce eft auffi avec les Lettres précédentes.]

7406. ☞ Réponfe aux Lettres contre l'immunité des biens Eccléfiaftiques ; (par Antoine DURANTHON, Docteur de Sorbonne, Principal du Collége de Maître Gervais,) avec la fuite : *Amfterdam*, 1750, *in-*12. 2 vol.

Les cinq Lettres qui forment ce Recueil, font employées à réfuter les autres qui font fi contraires aux Immunités Eccléfiaftiques. L'Auteur fuit fon Adverfaire pied à pied, & prétend prouver que fes raifonnemens font de purs paralogifmes, & qu'il a défiguré les faits qu'il rapporte. Il n'oublie rien pour établir ce qu'il avance, & pour démontrer que l'Immunité des biens de l'Eglife eft fondée fur les Maximes les plus inébranlables de la Religion & de l'Etat.

On trouve enfuite des Réflexions fur une Juftification de l'Auteur des Lettres contre le Clergé, intitulée : *Lettre d'un Imprimeur de Londres*, dans laquelle il tâche de rejetter fur cet Imprimeur les fautes qu'on lui a reprochées, & ne répond à fon Adverfaire que par des plaifanteries & par des fatyres contre le Clergé & les Moines.]

7407. ☞ Extrait du Procès-Verbal de l'Affemblée Générale du Clergé de France, tenue en 1750, imprimé par ordre de l'Affemblée : *Paris*, Defprez, 1750, *in-*4.

Cet Extrait contient ce qui regarde l'affaire du Vingtième. Il commence à la Séance du 17 Août, jufqu'à la féparation de l'Affemblée, le 10 de Septembre. On trouve à la fin un Extrait des Procès-Verbaux depuis 1561, qui prouvent que les dons offerts aux Rois par le Clergé, ont toujours été demandés, accordés & reçus comme Dons gratuits, libres & volontaires.]

7408. ☞ Obfervations fur l'Extrait précédent ; (par M. l'Abbé..... CHAUVELIN, Confeiller de Grand'Chambre) : 1750, *in-*4.]

7409. ☞ Réponfe de M✶✶✶, Avocat au Parlement, à la Lettre par lui reçue de M... (Tamponnet) Docteur en Théologie, fur la prétention de l'Affemblée du Clergé de 1750 ; (par M. Jofeph MESTAIS) : 1752, *in-*12.

L'Auteur eft mort en Décembre 1765.]

7410. ☞ Extraits des Procès-Verbaux du Clergé, (à commencer du Colloque de Poiffy en 1561, jufques & compris le Procès-Verbal de l'Affemblée générale extraordinaire du Clergé en 1748) qui prouvent évidemment que les dons offerts aux Rois, par le Clergé, ont toujours été demandés, accordés & reçus comme Dons-Gratuits, libres & volontaires : 1750, *in-*4. 108 pages, (fans nom d'Imprimeur.)

Ces Extraits ont été faits par ordre de l'Assemblée, & furent joints aux Remontrances qu'elle présenta au Roi le 10 Septembre 1750, tant sur le Vingtième que sur le Discours des Commissaires de Sa Majesté. L'Edition en fut arrêtée au moment même qu'elle parut. Cette suppression rend ce volume assez rare.]

7411. ☞ Examen impartial des Immunités Ecclésiastiques, contenant les maximes du Droit public, & les faits historiques qui y ont rapport : *Londres*, 1751, *in-*12.

L'Auteur distingue d'abord deux sortes d'Immunités ; l'une personnelle, & l'autre réelle. Il est très-sûr que les Ecclésiastiques ne tiennent la première que par concession, & de la pure bonté des Princes, qui l'ont accordée pour rendre la Religion plus respectable aux yeux des peuples, & pour donner à ses Ministres plus d'autorité & de considération. Il ne s'agit donc que de l'immunité réelle, & de sçavoir si les biens du Clergé sont exempts de toute imposition. Il n'a jamais refusé à nos Rois de grands secours dans les besoins de l'Etat : il ne les refuse pas encore ; mais il voudroit s'assurer la liberté de ses dons, & l'administration intérieure de ses subsides. Voilà la question que l'Auteur discute dans les deux parties qui forment son Ouvrage. Dans la première, il examine les principes de Droit qui doivent décider de cette immunité : dans la seconde, il rapporte ce qui s'est fait en matière d'imposition sur les biens de l'Eglise, depuis la naissance du Christianisme jusqu'à nos jours. Il y a de l'ordre, de la précision & du bon sens dans cet Ouvrage.]

7412. ☞ Dissertation historique & critique touchant l'état des Immunités Ecclésiastiques sous les Empereurs Romains ; (par M. DE CARONDAS, Chanoine de Soissons) : *Soissons*, Waroquier, 1766, *in-*12.

Cet Ecrit est contre la partie historique de l'Examen précédent.]

7413. ☞ Lettres, ou Réponse aux Lettres, *Ne repugnate*, &c. (par Jean DE CAULET, Evêque de Grenoble) : 1751, *in-*4. 3 vol.

Il n'y a que trois Lettres, dont chacune forme un gros Ouvrage : il y a beaucoup de digressions, & une très-grande profusion d'érudition Ecclésiastique.]

7414. ☞ Recueil des Ecrits pour & contre les Immunités prétendues par le Clergé de France : *La Haye*, 1751 & 1752, *in-*12. 8 vol.

Le Tome I. contient les Lettres *Ne repugnate*.

Le Tome II. les Défenses du Clergé, ou Réponse aux Lettres supprimées, & la Réplique à cette Défense.

Le Tome III. Réponse du Défenseur du Clergé à la Réplique faite à ses trois premières Lettres. = La Voix du Prêtre, la Voix du Sage & du Peuple. = Le B. = La Voix du Prêtre & celle du Lévite. = La Voix de la Femme. = *Necesse est ut veniant scandala.* = Les Commentaires des lettres supprimées.

Le Tome IV. Déclaration du Roi, du 27 Octobre 1711, & du 8 Octobre 1726. = Extrait de l'Edit du mois de Mai 1749. = Discours des Commissaires, du 17 Août 1750. = Réponse de l'Assemblée. = Lettres-Patentes du 15 Juin 1727. = Déclaration du Roi du 17 Août 1750. = Lettre au Roi, du 19 Août 1750. = Deux autres du 15 Septembre 1750. = Trois Remontrances du 10 & du 15 Septembre 1750. = Arrêt du Conseil, qui supprime les Lettres *Ne repugnate*. = Censure dudit Livre.

Le Tome V. Extrait du Procès-Verbal du Clergé, de 1750, & Observations à son sujet.

Le Tome VI. Avis sincère aux Prélats de l'Assemblée de 1750, avec un Supplément. = Avis d'un Docteur de Sorbonne. = Essai sur le réachat des Rentes. = Dissertation, si la grandeur temporelle de l'Eglise n'est point contraire à la loi de Dieu, & aux maximes des temps Apostoliques. = Les preuves de l'obéissance due aux Loix & aux Souverains. = Obligations indispensables du Clergé de payer le Vingtième. = Observations sur le tribut. = La Voix du Pape. = Les Voix intervenantes. = La Voix du Pauvre. = La Voix du Chrétien & de l'Evêque. = La Voix du Fou & des Femmes. = La Voix du Riche. = Mémoires pour servir à l'Histoire des Immunités de l'Eglise, ou les Conférences Ecclésiastiques de M. de **, avec une suite. = Réfutation de la Voix du Sage & du Peuple. = Getcelle, Allégorie. = Epître à MM. du Clergé. = Suite du Commentaire des Lettres *Ne repugnate*.

Le Tome VII. Examen des Observations sur l'Extrait du Procès-Verbal de l'Assemblée du Clergé de 1750. Lettres Critiques sur l'Examen impartial des Immunités Ecclésiastiques, addressées à l'Auteur. = Lettre de l'Archevêque d'Ausch (DE MONTILLET) au Cardinal de Tencin. = Lettre d'un saint Evêque, à un Archevêque bien intentionné. = Lettre de M. l'Abbé de S. P. à M. de M. = Lettre critique sur les devoirs d'un Curé. = Lettre d'un Turc sur les difficultés de la Langue Françoise. = Déclaration du Roi, du 17 Août 1750.

Le Tome VIII. Discours sur les biens Ecclésiastiques de Fra-Paolo, traduit de l'Anglois. = Lettre d'un Imprimeur de Londres. = Défense de l'immunité des biens Ecclésiastiques. = Les obligations indispensables du Clergé de payer le Vingtième. = Avis sincères aux Prélats cidevant assemblés. = Avis d'un Docteur de Sorbonne. = La Voix des Capucins. = Dissertation, si la grandeur temporelle de l'Eglise n'est pas contraire à la Loi de Dieu. = Lettre de M. l'Abbé de S. P. à M. de M. = Les Bulles de Boniface VIII. & de Philippe-le-Bel, accompagnées de maximes auxquelles les Immunités ne doivent jamais donner atteinte. = Réponse critique à la Voix du Sage. = Lettre de M. l'Evêque d'Agen, à M. le Contrôleur-Général.]

7415. ☞ Mémoire sur les Immunités du Clergé ; par M. l'Abbé GUERET : 1751, *in-*12.

Louis-Gabriel Gueret, Docteur de Sorbonne, ancien Vicaire-Général de Rhodès, né à Paris, y est mort le 9 Septembre 1759, âgé de 80 ans.]

7416. ☞ Lettres sur les Droits du Roi envers la personne des Ecclésiastiques, le temporel du Clergé & la vigilance sur la discipline Ecclésiastique, addressées à un Evêque de l'Assemblée de 1755 : 1755, *in-*12.]

7417. ☞ Traités des Droits de l'Etat & du Prince sur les biens possédés par le Clergé ; (par M. l'Abbé MIGNOT, de l'Académie des Belles-Lettres) : *Amsterdam* (*Paris*, Vincent) 1755, 1766, *in-*12. 6 vol.

Cet Ouvrage est curieux, & fait avec soin. L'Auteur y a réuni tout ce qui concerne les différens états du Clergé, depuis le commencement de la Monarchie ; les charges auxquelles il a été sujet ; comment il les a acquittées ; ses Assemblées & les Loix du Prince à cet égard. Le sixième volume est terminé par le Recueil des Pièces que le Clergé a publiées en 1725 & 1750, pour soutenir ses Immunités.]

7418. Bulles & Edits, concernant l'aliénation des Biens Ecclésiastiques en France, en 1586, *in-*8.

Ce Recueil est imprimé au tom. I. de Bouchel,

pag. 132, de fa *Bibliothèque du Droit François*: *Paris*, 1667, *in-fol.*

7419. ☞ Recueil des Edits, Déclarations, Arrêts, &c. rendus sur les Biens d'Eglise aliénés depuis l'an 1556 : *Paris*, Ballard, 1666, *in-12.*]

7420. Recueil des Edits, Déclarations, Lettres-Patentes de Sa Majesté, & Arrêts du Conseil rendus sur les Biens d'Eglise aliénés : *Paris*, Léonard, 1678, *in-12.*

Ce Recueil contient ce qui s'est fait depuis le 13 Juin 1641, jusqu'au 2 Octobre 1677.

7421. Mſ. Répertoires & Titres qui sont en la Chambre des Comptes, concernant les Ecclésiastiques : *in-fol.*

Ces Répertoires sont conservés dans la Bibliothèque de M. le Chancelier d'Aguesseau.

7422. Joannis FILESACI, Theologi Parisiensis, de sacrilegio Laïco Commentarius, seu veteris Ecclesiæ Gallicanæ Querela : *Parisiis*, Macæi, 1603, *in-8.*

Ce même Commentaire est imprimé avec ses Ouvrages : *Parisiis*, 1621, *in-4*. Cet Auteur prétend prouver qu'il est contre l'ancien usage de France, que les Laïcs jouissent des biens & des revenus Ecclésiastiques. Il est mort en 1638.

7423. Mémoire des raisons du Clergé contre les Pensions sur le temporel des Bénéfices à des Personnes Laïques : *in-8.*

7424. Remontrance de François PAUMIER, faite au Roi sur le pouvoir & autorité que Sa Majesté a sur le temporel de l'Etat Ecclésiastique, pour le soulagement de tous ses autres Sujets, tant Nobles que du Tiers-Etat ; avec la Réponse du même, à la Lettre circulaire & Censure du Clergé : *Paris*, Estienne, 1651, *in-4.*

7425. Censure faite par l'Assemblée générale du Clergé, en 1651, d'un Livre intitulé : Remontrance faite au Roi sur le pouvoir, &c. *Paris*, 1651, *in-4.*

La même Censure est imprimée dans le Procès-Verbal de cette Assemblée, *pag.* 734 : *Paris*, 1655, *in-fol.*

7426. Réponse de François PAUMIER, à la Lettre circulaire & Censure de MM. de la dernière Assemblée générale du Clergé de France, pour la juste défense des Droits du Roi, & de la Remontrance faite par le-dit Paumier à Sa Majesté, &c. *Paris*, Estienne, 1651, *in-4.*

7427. ☞ Remontrance du Clergé de France faite au Roi le 23 Novembre 1656 ; par François BOSQUET, Evêque de Montpellier, contre l'usage d'accorder des Pensions sur les Bénéfices : *in-4.*]

7428. Dissertation sur les Pensions selon les Libertés de l'Eglise Gallicane : *Rouen*, 1671, *in-12.*

Cette Dissertation est de [Martin] LE METAYER, Licencié en Théologie.

☞ Dans le Catalogue de la Bibliothèque du Roi, l'Auteur est appellé MENASSIER, Prêtre. L'Abbé le Me-

tayer, qui mourut en 1704, Curé de S. Thomas d'Evreux, fit cet Ouvrage vers 1667, quand il fut nommé à la Cure de Bernières, près Vernon. Elle étoit chargée d'une Pension, qu'il regardoit comme contraire à l'esprit des Canons. Il refusa de la payer à son prédécesseur, qui jouissoit d'ailleurs d'un revenu honnête. Celui-ci l'ayant poursuivi pour le payement, il fit cette espèce de Factum, où il examine la matière ; il fut imprimé à son insçu. On le trouve, sans nom d'Auteur, parmi les Œuvres de Pérard-Castel, Avocat. *Voyez* les *Mélanges de Vigneul-Marville*, tom. II. pag. 334.]

7429. ☞ Traité des Pensions Royales, où il est prouvé que le Roi a droit de donner des pensions sur les Bénéfices de sa nomination & collation, même à des Laïcs ; par l'Abbé RICHARD : *Paris*, le Fevre, 1695, *in-12.*

Seconde Edition : *Paris*, Cailleau, 1719, *in-12.*

René Richard, Chanoine de Sainte-Opportune à Paris, & Censeur Royal, est mort le 21 Août 1727.]

7430. ☞ Dissertation sur le pouvoir de ceux que le Roi nomme aux Bénéfices & aux Abbayes, qui leur est attribué par l'Editeur des Nouveaux Mémoires du Clergé de France : *Bruges*, Beernaerts, (1728) *in-4.*]

7431. Traité de ce qui s'est fait & pratiqué par nos Rois & par les Empereurs, au sujet de la Jurisdiction criminelle sur les Ecclésiastiques ; par Pierre DUPUY.

☞ Ce Traité est imprimé dans le *Recueil des Libertés* de 1731, *tom. I. à la fin.*]

7432. Mſ. Recueil des procédures & Jugemens canoniques contre les Evêques, pour crime de lèze-Majesté & autres cas privilégiés ; par Pierre DUPUY : *in-fol.* 2 vol.

Ce Recueil est conservé entre les Manuscrits de M. Dupuy, num. 392, 393, & dans la Bibliothèque de M. Godefroy, [à Lille.]

7433. ☞ Traité de la Jurisdiction Royale ; & des Cas Royaux & priviligiés d'icelle, &c. par Emmanuel-Philibert DE RYMON, Lieutenant-Général pour le Roi ès Bailliages des Pays & Comté de Charollois : *Paris*, Richer, 1618, *in-8.*

Cet Ouvrage fut entrepris par l'ordre de Louis XIII. dont la Lettre se voit après la Préface de l'Auteur.]

7434. * La vérité & autorité de la Justice, & Jurisdiction du Roi très-Chrétien, en la correction & punition ès maléfices contre les erreurs contenues dans un Libelle diffamatoire : *Toulouse*, Colomiez, 1551.

Ce Traité de Jean DE MANSENÇAL, premier Président au Parlement de Toulouse, a été publié contre un Libelle fait par un Auteur suscité par le Clergé. M. de Mansençal y défend un Arrêt du Parlement de Toulouse, du 26 Octobre 1544. Cet Arrêt & ce Traité sont aussi imprimés dans la Faille, *pag.* 22 & 24, des *Preuves de ses Annales de Toulouse* ; & à la *pag.* 158 & 159, *du tom.* II. *de ses Annales*, il explique à quel sujet cet Arrêt fut rendu, & pourquoi Mansençal en prit la défense. Il ajoute que la Sorbonne censura le Livre du Magistrat ; & la Conclusion de la Faculté de Théologie est imprimée à la *pag.* 43, des *Preuves des mêmes Annales.*

7435. Traité du Délit commun & du Cas privilégié, ou de la Puiſſance légitime des Juges Séculiers ſur les perſonnes Eccléſiaſtiques; par B. M. C. *Paris*, du Carroy, 1611, *in*-8.

Ces Lettres initiales ſignifient Benigne MILLETOT, Conſeiller au Parlement de Dijon, mort en 1640.

Le même, revu & augmenté: *Dijon*, 1615; [1616] *in*-8.

☞ Il eſt auſſi imprimé dans le *Recueil des Libertés de* 1639 & *de* 1731, & dans Bouchel, *Bibliothèque Canonique*, au mot, *Délit commun*.]

Idem Tractatus, Latinè, ſub hoc titulo: De legitima Judicum Sæcularium poteſtate in perſonas Eccleſiaſticas: *Pariſiis*, 1612, *in*-8.

Ce Traité, traduit en Latin, eſt imprimé dans Goldaſt, au tom. III. de ſa *Monarchie de l'Empire: Francofurti*, 1613, *in-fol*. » Il y a quelque temps [dit l'Auteur dans ſa Préface de l'Edition de 1615] que ce » Traité s'eſt échappé de mes mains, ſans nom, ſans » aveu, ſans autorité: il a été improuvé des uns, & ap-» prouvé des autres, qui en ont fait faire diverſes im-» preſſions ſous mon nom, même comme revu & aug-» menté, quoique je n'y euſſe pas encore penſé ». [L'Auteur ajoute] qu'il ne reconnoît que cette Edition de 1615, pour être de lui, dans laquelle ſon Ouvrage eſt preſque tout autre, tant il l'a changé.

7436. ☞ Défenſe du Délit commun: *Dijon*, Guyot, *in*-12.

L'Ouvrage de Milletot ayant été critiqué, il fit imprimer ce Livre, qui n'eſt qu'un Recueil de Vers fait par l'Auteur & par les amis.]

7437. Mſ. Du Délit commun & du Cas privilégié; par Jean DOUJAT, Profeſſeur en Droit: *in*-4.

Ce Traité [étoit] conſervé dans le Cabinet de M. Fouquet, Secrétaire du Roi. L'Auteur eſt mort en 1688.

7437. ☞ De l'exemption des Eccléſiaſtiques en vertu de leur privilège Clérical, tant en matière Civile que Criminelle; par François LANGE, Avocat au Parlement.

Ce petit Traité a été imprimé après ſa mort, dans la treizième édition de ſon *Praticien François*: *Paris*, 1729, *in*-4. 2 vol. & dans celles qui ont ſuivi. L'Editeur de la quatorzième a joint au Traité de M. Lange un Chapitre ſur la procédure Criminelle contre les Eccléſiaſtiques. François Lange étoit de Rheims: il eſt mort en 1684.]

7438. Ælii JORDANI, Itali, Epiſcopi Acernenſis, Tractatus de majoribus Cauſis, nempe capitalibus Epiſcoporum Cauſis ad Papam deferendis, & Romanæ Sedis origine atque autoritate: *Venetiis*, 1572, *in*-4.

Ce même Traité eſt imprimé au tom. XI. de la *Bibliothèque Pontificale de Roccaberti: Romæ*, 1698, *in-fol*. Ce Traité roule beaucoup ſur une matière qui intéreſſe fort le Clergé de France, auquel l'Auteur n'eſt pas favorable.

7439. Preuves du droit qu'a notre S. P. le Pape de juger les Evêques; tirées des Canons de l'Egliſe: *Paris*, Muguet, 1668, *in*-4.

Cet Ecrit a été fait au ſujet de l'affaire des quatre Evêques qui ne vouloient pas ſigner ſimplement le Formulaire d'Alexandre VII. [Pierre NICOLE y répondit dans les Mémoires qu'il fit pour eux.]

7440. De Judiciis Canonicis Epiſcoporum Diſſertatio: Auctore Petro DE MARCA.

Cette Diſſertation eſt contenue dans ſon ſeptième Livre de la *Concorde du Sacerdoce & de l'Empire*. M. de Marca l'avoit compoſée en François, l'an 1640, & M. Baluze l'a traduite en Latin, & l'a publiée d'abord en 1663, & deux fois depuis. Le ſieur David [dont on parlera ci-après] prétend que ce Livre a été fait avant le quatrième Livre des Diſſertations de M. de Marca.

7441. De majoribus Cauſis: ab Antonio Dadino ALTESERRA.

Ce Traité eſt imprimé au Liv. X. de ſa *Défenſe de la Juriſdiction Eccléſiaſtique: Paris*, 1703, *in*-4. Il étoit compoſé dès l'année 1670.

7442. Du Jugement canonique des Evêques, pour ſervir de réponſe à la nouvelle doctrine de pluſieurs Auteurs; par le ſieur DAVID: *Paris*, Martin, 1671, *in*-4.

Jean David, qui étoit Intendant de M. de Soubiſe, eſt fort oppoſé au ſentiment du Clergé de France. Il a compoſé ſon Ouvrage pour la défenſe du Pape, contre le ſeptième Livre de M. de Marca, de la *Concorde du Sacerdoce & de l'Empire*.

☞ Le Père Queſnel a relevé pluſieurs endroits de cet Auteur, dans ſon Edition des *Œuvres de S. Léon. Voyez* ſur-tout la *Diſſertation VIII*.}

7443. Theologi Pariſienſis, Liber de antiquis & majoribus Epiſcoporum Cauſis, in quo SS. Patrum, Pontificum & Conciliorum ſententiæ ſummâ fide proferuntur, ad confutationem errorum Davidis, in Libro Gallicè inſcripto: De Judiciis Canonicis Epiſcoporum: *Leodii*, [*Lugduni*, Aniſſon] 1678, *in*-4.

Ce Livre eſt très-curieux & fort eſtimé. Le nom de ce Théologien eſt Jacques BOILEAU, Docteur de Sorbonne, mort en 1716.

7444. Diſſertatio de Cauſis majoribus ad caput Concordatorum de cauſis: Auctore Joanne GERBAIS, Doctore Pariſienſi, Socio Sorbonico, Regio Eloquentiæ Profeſſore, cum Appendice quatuor Monumentorum, quibus Eccleſiæ Gallicanæ Libertas in retinenda antiqua Epiſcopalium Judiciorum forma confirmatur: *Pariſiis*, Le Cointe, 1679: *Lugduni*, 1685: *Pariſiis*, 1691, *in*-4.

» Cet Ouvrage a été entrepris [en 1665] par l'auto-» rité de Noſſeigneurs du Clergé de France, & honoré » [en 1670] de ſon approbation. Il traite des jugemens » des plus grandes affaires de l'Egliſe, que l'on expli-» que par les termes de *Cauſes Majeures*: elles ſont de » trois eſpèces, ſelon l'ancien droit. Les unes regardent » la Foi, les autres ont pour objet les points douteux de » la Diſcipline; & les dernières regardent directement » la perſonne des Evêques, lorſqu'ils ſe trouvent cou-» pables de quelques crimes qui méritent la dépoſition ». *Journal des Sçavans*, du 22 *Avril* 1679. L'Auteur établit dans cet Ouvrage, que les Evêques de France ne peuvent être jugés en première Inſtance, que par les Evêques leurs Comprovinciaux; & par Appel, par le Saint Siège. Il n'a paru que huit ans après celui du Sieur David, quoiqu'il eût été fait à ſon occaſion.

☞ La première Edition de ce Livre eſt la meilleure. Le Clergé fit changer pluſieurs endroits en 1681, pour appaiſer Innocent XI. qui avoit condamné l'Ouvrage en 1680.

Voyez le P. Niceron, *tom. XIV.* p. 132. = *Journal*

de *Leipfick*, Suppl. 1. pag. 57. = Racine, *Abrégé de l'Hift. Eccl.* tom. X. *in-*12. pag. 456. = Goujet, *Hift. du Collége Royal*, tom. II. pag. 431.]

7445. Mf. Procès criminels faits aux Evêques, depuis l'an 991 jusqu'en 1633 : *in-fol.*

Ces Procès criminels sont conservés dans la Bibliothèque de M. le Chancelier d'Aguesseau, & dans la Bibliothèque du Roi, entre les Manuscrits de M. de Gaignières.

7446. Mf. Procès criminels & Sentences données, tant contre les Ecclésiastiques qu'autres, accusés du crime de lèze-Majesté : *in-fol.*

Ces Procès criminels sont conservés entre les Manuscrits de M. de Brienne, num. 350 [à la Bibl. du Roi.]

7447. ☞ Mf. Recueil d'exemples sur la manière dont les Evêques de France ont été jugés sous les trois Races de nos Rois ; par Pierre LE MERRE.

Il est avec quelques autres Ecrits du même Auteur, dans le tom. II. d'un *Recueil d'Edits, Déclarations, &c.* conservé à la Bibliothèque du Roi, N.° 2618, parmi les Livres imprimés du Droit Canonique.]

7448. ☞ Mémoire où l'on examine, Si un Cardinal François qui commet un crime de lèze-Majesté, est exempt de la Jurisdiction Royale, par sa dignité ; par Henri-François D'AGUESSEAU.

Il est dans le *Recueil de ses Œuvres*, *in-*4. tom. V. p. 199 & *suiv*. Ce Mémoire fut fait en 1700, par les ordres de Louis XIV. pour servir dans l'affaire du Cardinal de Bouillon. On y examine successivement les quatre titres qui sembloient le soustraire à la Jurisdiction du Roi, & M. d'Aguesseau prouve que cette prétention est chimérique, de quelque côté que l'on considère le Cardinal, comme Clerc, comme Evêque, comme Cardinal, comme Evêque d'un Diocèse étranger. Ces quatre objets sont discutés avec ordre, & les raisonnemens y sont toujours appuyés sur des faits. Le Mémoire est suivi d'un Précis qui fut fait pour le Roi, par M. d'Aguesseau lui-même.]

7449. Mf. Recueil des Arrêts rendus contre les entreprises des Ecclésiastiques, sur la Jurisdiction temporelle, depuis l'an 1280 jusqu'en 1424 : *in-fol.*

Ce Recueil [étoit] conservé dans la Bibliothèque de M. Pelletier, le Ministre [qui a été vendue.]

7450. Mf. Recueil de Pièces touchant la Jurisdiction, ou Plaintes des Officiers du Roi, contre les entreprises des Ecclésiastiques, depuis l'an 1329 jusqu'en 1632 : *in-fol.*

Ce Recueil est de Pierre DUPUY, & se conserve entre ses Manuscrits, num. 626. Il peut bien faire partie du Chapitre VII. des *Preuves des Libertés de l'Eglise Gallicane.*

7451. ☞ Tradition des faits qui manifestent le système d'indépendance que les Evêques ont opposé dans les différens siècles aux principes invariables de la Justice souveraine du Roi sur tous ses Sujets ; (par M. C. 1753) *in-*12.]

7452. ☞ Supplément à la Tradition des faits, (par M. M.) 1754 : *in-*12.]

7453. ☞ Nouvelles Réflexions sur l'Instruction Pastorale de M. l'Archevêque de Paris, (de Beaumont) & celles des Prélats ses Adhérans ; où l'on prouve contre ces Prélats la compétence de l'autorité Royale dans les matières Ecclésiastiques : 1763, *in-*12.]

4. *TRAITÉS sur la Jurisdiction Ecclésiastique & les Appels comme d'abus.*

7454. Traité de la Jurisdiction Ecclésiastique de France : *Paris*, Vitré, 1652, *in-*4.

7455. Des Jurisdictions Ecclésiastiques de France, en général & en particulier ; par François HELLO, Avocat en Parlement.

Ces Traités sont imprimés avec la *Jurisprudence Françoise* du même Auteur : *Paris*, 1664, *in-*4. Il y est question en particulier de la Jurisdiction du Légat, des Primats, des Archevêques, &c.

7456. ☞ Du Différend des Evêques & Curés avec les Réguliers & autres personnes se disant exemptes & privilégiées, avec la Réponse de François FONTAINE, aux trois demandes d'un grand Prélat, touchant la Hiérarchie de l'Eglise & la Déclaration de l'Assemblée générale du Clergé de France.

Cette Pièce est imprimée au tom. II. du *Mercure François*. On peut observer ici que cette dispute a fait beaucoup de bruit en différens temps, les Religieux se prétendant exempts de la Jurisdiction Episcopale, à cause des Privilèges qu'ils ont obtenus du Pape. On la renouvella (de ce temps-ci (en 1625) & il parut plusieurs Discours en faveur des Religieux, dont on voit les titres en cet Ouvrage, & ce qu'ils contenoient. Cela donna lieu à des Réglemens de la part du Clergé de France, qui furent confirmés en 1645. *Voyez* ci-devant, N.° 6883.]

7457. ☞ Mf. Projet d'une Déclaration au sujet du Clergé de France, (ou de l'exercice de la Jurisdiction Ecclésiastique) avec les observations sur chaque article ; daté de l'année 1688 : *in-*4.

Ce Projet est à la Bibliothèque du Roi, dans le tom. I. d'un Recueil sur le Clergé, indiqué au num. 623, des Livres imprimés sur le Droit Canonique. On trouve dans le même volume, deux autres Pièces qui peuvent être relatives au même objet. Ce sont 1.° Mémoires pour servir à composer une Ordonnance Ecclésiastique, par Me DUBOIS, Avocat en la Cour, avec les Observations de Me PINSSON. 2.° Projet de réformation de la Discipline Ecclésiastique, de la justice & de la police, donné par Denis TALON, Avocat-Général, & depuis Président à Mortier au Parlement.]

7458. ☞ Edit du Roi, du mois d'Avril 1695, concernant la Jurisdiction Ecclésiastique : *in-*4.

Le même, avec les Edits, Déclarations & Arrêts mentionnés dans ledit Edit : *Paris*, 1699, *in-*4.

Le même, avec les Notes & Observations de Michel DU PERRAY, Bâtonnier des Avocats au Parlement : *Paris*, 1716, 1718, *in-*12. 1723, *in-*12. 2 vol.

Cet Ouvrage de du Perray est sçavant, mais sans ordre. L'Auteur est mort en 1730.

Le même, avec un nouveau Commentaire; par M*** (Jousse) Conseiller au Présidial d'Orléans : *Paris*, 1757, 1764, *in-*12. 2 vol.

Ce Commentaire est estimé comme tous les Ouvrages de l'Auteur. M. Jousse a profité des Observations manuscrites de M. Perelle, Conseiller au Grand-Conseil. Ce Magistrat faisoit sur l'Edit de 1695, des Conférences avec plusieurs Jurisconsultes & Magistrats. Ces Observations sont en partie le fruit de ces Conférences qui ont été rédigées par M. Lambert, Conseiller au Grand-Conseil. Elles ne s'étendent que sur les vingt-cinq premiers articles de l'Edit. Le second volume du Commentaire de M. Jousse contient un Recueil Chronologique depuis 1580, des principaux Edits, Ordonnances, Déclarations, & autres Réglemens qui peuvent servir à l'interprétation de cet Edit. On voit par-là les différens changemens qui sont arrivés depuis 1695, dans la Jurisdiction Ecclésiastique.]

7459. ☞ Mss. Lettres écrites au Chancelier de France, les 11, 25 & 28 Avril 1698; la première par l'Evêque de Tournay; la seconde par cet Evêque, conjointement avec celui d'Ypres; la troisième par l'Evêque d'Ypres seul; au sujet de l'Edit de 1695.

On trouve une copie de ces Lettres à la Bibliothèque du Roi, dans le tom. V. d'un Recueil indiqué au num. 2623, des Livres sur le Droit Canonique.]

7460. ☞ Remontrances faites à Sa Majesté par ses Sujets des Pays conquis, sur l'Edit de 1695; par Me Couet : *Paris*, 1706, *in-fol.*]

7461. ☞ Requête présentée au Roi par les Evêques de S. Omer, de Tournay & d'Ypres, contre un Ecrit intitulé : *Remontrances faites à Sa Majesté*, &c. *in-fol.*]

7462. ☞ Arrêt du Conseil d'Etat du 5 Septembre 1701, qui ordonne que l'exécution de l'Edit du mois d'Avril 1695, demeurera sursise à l'égard de la Province d'Artois, en la même forme & manière portée par l'Arrêt du Conseil du 23 Août 1698 : *in-*4.]

7463. ☞ Conférence de l'Edit de 1695, avec les [principales] Ordonnances précédentes & postérieures, sur la même matière, &c. par feu M. Jean-Pierre Gibert, Docteur en Théologie & Jurisconsulte : *Paris*, Cl. Hérissant, 1757, *in-*12. 2 vol.

L'Auteur a mis dans cet Ouvrage le projet sur lequel l'Edit a été fait, & les Arrêts rendus pour son exécution.

On trouve à la fin du tom. II.

1.º Observations sur l'enregistrement des Ordonnances Royaux en matière Ecclésiastique, où l'on voit l'origine, l'ancienneté, les changemens, les différences & l'usage présent sur ce sujet.

2.º Réflexions sur les modifications apposées par les Cours Supérieures, dans les Arrêts de vérification des Ordonnances qui concernent les matières Ecclésiastiques.]

7464. ☞ Traité de la Jurisdiction Ecclésiastique.

Ce Traité forme les Tomes VI & VII. des *Nouveaux Mémoires du Clergé* : *Paris*, 1716, *in-fol.* Il y a dans ce Traité beaucoup de Recherches sur les Droits de l'Eglise; mais il contient beaucoup de maximes contraires à nos Libertés. Pierre le Merre, Editeur de ce Recueil, a répandu dans le corps de l'Ouvrage des Notes utiles. Mais, suivant la remarque du *Journal des Sçavans*, on est étonné de n'en trouver aucune sur le Discours de la Jurisdiction Ecclésiastique, qui attaque les Droits de nos Rois, &c.]

7465. ☞ Usages de l'Eglise Gallicane concernant les Censures & l'Irrégularité, considérées en général & en particulier; expliqués par des règles tirées du Droit reçu; par Jean-Pierre Gibert, Docteur en Théologie & Jurisconsulte : *Paris*, 1724 & 1750, *in-*4.]

7466. ☞ Traité des Excommunications, dans lequel on a exposé la Discipline de l'Eglise au sujet des Excommunications & des autres Censures; (par M. Louis Ellies du Pin) : *Paris*, 1715, *in-*12. 2 vol.]

7467. ☞ Les pouvoirs légitimes du premier & du second Ordre, dans l'administration des Sacremens, & le gouvernement de l'Eglise; (par M. Travers) : 1744, *in-*4.

7468. ☞ Défense des Droits des Evêques dans l'Eglise; par Pierre Corgne, Docteur en Théologie : *Paris*, Desprez, 1763, *in-*4. 2 vol.]

7469. ☞ Traité des refus publics & secrets de la Communion, avec des maximes sur la distinction des deux Puissances; (par Dominique Simonel) : *Avignon*, 1754, *in-*12. 2 vol.

On trouve dans le tom. III. ou le quatrième volume du grand Recueil de M. l'Abbé Nivelle, ci-devant, N.º 5654, nombre d'Arrêts des Parlemens au sujet de ces refus de Sacremens.]

7470. ☞ Libertés de la France contre le pouvoir arbitraire de l'Excommunication : Ouvrage dont on est spécialement redevable aux sentimens généreux & supérieurs de Mlle Clai** : *Amsterdam* (*Paris*) 1761, *in-*12.

Cet Ouvrage, qui est de Fr. Charles Huerne de la Motte, Avocat au Parlement, n'a pas un objet aussi général que son titre l'annonce. Il a été fait au sujet de l'excommunication encourue par les Acteurs de la Comédie Françoise. L'Auteur fut consulté en 1760, par la Demoiselle de la Tude-Clairon, Actrice de ce Théâtre, qui avoit formé le dessein de faire ériger la Société de ce Spectacle en titre d'Académie de Déclamation. La Lettre qu'elle écrivit à M. de la Motte, est à la tête de l'Ouvrage, avec le Mémoire à consulter qu'elle lui envoya. On trouve ensuite un autre Mémoire beaucoup plus étendu, & en forme de Dissertation, sur la question de l'excommunication, considérée en général & relativement au Théâtre François. Il est suivi d'un *Post-scriptum*, où l'Auteur réfute une Brochure anonyme. La Consultation qui termine l'Ouvrage est signée de M. de la Motte, qui dans le reste du Livre ne s'étoit pas entièrement nommé. Ce Recueil, imprimé avec une sorte de clandestinité, fut dénoncé au Parlement par M. Dains, alors Bâtonnier des Avocats, & le nom de M. de la Motte fut rayé du Tableau de l'Ordre.]

7471. Traité des Appellations comme d'abus; par le Président le Maistre.

Ce Traité est imprimé avec ses *Œuvres* : *Paris*, 1653, 1675,

1675, in-4. Gilles le Maistre, Premier Président au Parlement de Paris, est mort en 1562.

7472. Des Appellations comme d'abus; remède introduit, tant contre les entreprises des Ecclésiastiques, que pour la réformation de leurs mœurs; par Etienne PASQUIER.

Ce Traité est imprimé au chapitre XXXIII. du troisième Livre de ses *Recherches de la France*.

Appel comme d'abus; moyens par lequel on peut se pourvoir contre les entreprises qui se font au préjudice des Libertés de l'Eglise Gallicane.

Ce Traité est imprimé là même, au chapitre XXXIV.

7473. ☞ Requête présentée au Roi par les Prélats qui étoient à sa suite, sur le différend d'entre l'Evêque d'Angers & son Grand-Archidiacre, &c. (1624).

Cette Pièce se trouve dans le tom. X. du *Mercure François*. Charles Miron, Evêque d'Angers, ayant résolu (sous prétexte du refus que lui fit son Chapitre, de lui communiquer ses Statuts & autres papiers) de faire les Cérémonies du Jeudi Saint dans une autre Eglise que dans sa Cathédrale, enjoignit à son premier Archidiacre de l'y suivre, & d'y exercer ses fonctions; celui-ci n'ayant pas voulu le faire, l'Evêque le suspendit & l'excommunia. L'Archidiacre fut relevé par Arrêt, & le temporel de l'Evêque fut saisi. Cette Requête est contre les entreprises des Parlemens sur la Jurisdiction spirituelle, & pour supplier Sa Majesté de faire régler les Appels comme d'abus.]

7474. ☞ Des Appellations comme d'abus, &c.

Cette Pièce est aussi imprimée au tom. X. du *Mercure François*. Cette question est une suite de la même dispute. L'Auteur y fait d'abord la distinction des deux Puissances; il en tire deux propositions: 1.° Que les Rois Très-Chrétiens sont les exécuteurs & protecteurs des Canons. 2.° Qu'ils ont non-seulement la puissance de faire des Loix sur la police extérieure de l'Eglise, mais aussi d'interpréter & de modifier les Canons & Décrets qui la regardent; on en a plusieurs exemples, & l'on s'est toujours servi de l'appel comme d'abus. L'Auteur prouve qu'il est très-ancien, & que dans l'excommunication de l'Archidiacre, il n'est pas question de la foi, mais d'un fait de police; il en fait voir les abus, & traite ensuite de l'absolution *ad cautelam*.]

7475. Examen du Cahier de l'Evêque d'Angers, pour le Grand-Archidiacre de l'Eglise d'Angers, concernant les Appellations comme d'abus; (par Jacques BOUTREUX): 1624, *in-8*.

☞ *Voyez* ci-devant, N.° 4933, & ci-après, à l'article de l'Evêché d'Angers, *Métrop. de Tours*.]

7476. Traité des Appellations comme d'abus; par Edmond RICHER, Docteur en Théologie de la Faculté de Paris: (*Paris*, Simon, 1763, *in-12. 2 vol.*)

Ce Traité peut être utile pour régler les Droits de l'une & l'autre puissance. Il a été fait à l'occasion des mouvemens de Charles Miron, Evêque d'Angers.

7477. Francisci SALGADO de Somoza, Tractatus de Regia Protectione vi oppressorum Appellantium à causis & judicibus Ecclesiasticis: *Lugduni*, 1627, 1654, 1661, 1669, *in-fol.*

Ce sçavant Traité vient d'un des plus habiles Jurisconsultes d'Espagne. Son Ouvrage peut aussi-bien regarder les Droits de Souveraineté de tous les Princes, contre les entreprises de la Jurisdiction du Clergé, que les prérogatives propres de l'Espagne. Les Editions de 1654 & de 1661, sont les plus estimées, selon M. Lenglet.

7478. ☞ Tractatus de recursu ad Principem, & de hujus recursûs effectu: Autore Zegero Bernardo VAN-ESPEN: *Lovanii*, Denique, 1725, *in-4*.

Ce Traité est aussi dans le *Recueil des Œuvres* de ce Canoniste célèbre: *Lovanii*, 1753, *in-fol. tom. IV. pag. 289*.]

7479. De la Jurisdiction Ecclésiastique du Royaume de France, Cas privilégié & Appel comme d'abus; par Adrien BEHOTE, Archidiacre de Rouen: 1635, *in-4*.

7480. De Appellationibus, quæ vulgò dicuntur *ab abusu*, Dissertatio Petri DE MARCA.

Cette Dissertation compose le quatrième Livre de la *Concorde du Sacerdoce & de l'Empire*, du même Auteur.

7481. Angeli PETRICCÆ, ex Ordine Minorum, Disputatio de Appellationibus Ecclesiæ Gallicanæ.

Ce Traité est imprimé avec ses *Disputes sur les Appellations de toutes les Eglises à celle de Rome*: *Romæ*, 1649, *in-fol*. & au tom. III. de la *Bibliothèque Pontificale* de Roccaberti: *Romæ*, 1698, *in-fol*.

7482. Traité de l'Abus, où vrai sujet des Appellations qualifiées du nom d'abus; par Charles FEVRET, Secrétaire du Roi: *Dijon*, Palliot, 1653, *in-fol*.

7483. Remarques sur ce Traité; par une personne de probité, commise par M. le Chancelier: [*Dijon*, Palliot, 1654]: *Paris*, Rocolet, 1659; *in-8*.

7484. Traité de l'Abus, seconde Edition; augmentée par l'Auteur: *Lyon*, Girin, 1667, *in-fol. 2 vol.*

Cette Edition est augmentée de plus de la moitié.

☞ On a ajouté, à la fin, les Remarques précédentes, & les Réponses de l'Auteur aux Remarques & Raisons.]

Troisième Edition, plus correcte & beaucoup plus ample: *Lyon*, Girin, 1677, *in-fol. 2 vol.*

☞ Cette Edition & celles faites depuis, sont les meilleures; cependant on n'y trouve pas l'Epître Dédicatoire de l'Auteur, & plusieurs vers qui servoient comme d'approbation à l'Ouvrage.

On a ajouté à cette Edition, les citations à la marge, & des annotations qui peuvent servir de Commentaires à cet Ouvrage, qui est le plus sçavant & le plus nécessaire qu'il y ait sur les matières de la Jurisdiction Ecclésiastique gracieuse & contentieuse. L'Auteur est mort en 1661.

☞ Quatrième Edition; (donnée par M. BRUNET) corrigée & augmentée de sçavantes Notes. On y a joint, ALTESERRÆ *Ecclesiasticæ Jurisdictionis Vindiciæ*: *Lyon*, Duplain, 1736, *in-fol. 2 vol.*

On trouve de plus, à la tête, un Extrait de la Vie de Charles Févret, composée par M. l'Abbé Papillon, pour sa Bibliothèque des Auteurs de Bourgogne. = Caroli Fevreti Carmen de vitâ suâ. = Un Avis sur cette nouvelle Edition, & à la fin de l'Ouvrage, de nouvelles Remarques sur ce Livre.

Voyez sur ce Traité de l'Abus & ses différentes Editions, le Père Niceron, *tom. II. pag.* 294. = *Journal des Sçavans, Décembre,* 1667, *Juillet,* 1681, *Février,* 1737. = *Diction. de Bayle.* = Journ. *de Verdun, Novembre,* 1736. = *Bibliot. des Auteurs de Bourgogne, tom. I. pag.* 109. = *Mém. de Trévoux, Janvier,* 1737.]

7485. ☞ Mſ. Réflexions générales & critiques sur le Traité de l'abus de M. Fevret.

Elles se trouvent dans la Bibliothèque de M. Févret de Fontette, Conseiller au Parlement de Dijon. Charles Févret étoit son trisayeul.]

7486. Ecclesiasticæ Jurisdictionis Vindiciæ, adversùs Caroli Fevreti, & aliorum Tractatus de Abusu : susceptæ ab Antonio Dadino ALTESERRA, utriusque Juris Professore, & Decano Universitatis Tolosanæ : *Aureliæ,* Devaux, 1702, *in*-4.

De Hauteserre a écrit ce Traité, plutôt en Historien, qui rapporte ce qui s'est passé autrefois, qu'en Jurisconsulte, qui établit le Droit ; aussi son Traité n'est pas conforme à nos usages d'à présent. Il l'entreprit par ordre du Clergé, en 1670. Il y prend la défense de la Jurisdiction Ecclésiastique, qu'il croyoit blessée dans le Traité de Févret. Il est mort en 1682.

☞ Le peu qu'il a repris ne fait pas de tort au Traité de l'Abus.

Voyez Mercure, *Mai,* 1703. = Journ. des Sçavans, *Mars,* 1703. = Les *Actes de Leipsick,* même année, *pag.* 521. Les Auteurs de ce Journal soupçonnent que la Préface qui accompagne cette Edition est de VAILLANT, ancien Avocat au Parlement de Paris.]

7487. Dissertatio de antiquis Gallicanæ Ecclesiæ ad Apostolicam Sedem Appellationibus, adversùs quosdam Novatores : Auctore Christiano LUPO, Ordinis Eremitarum S. Augustini.

Ce Traité est imprimé avec son Livre, intitulé : *Divinum & immobile S. Petri circa Appellationes assertum Privilegium : Moguntiæ,* 1681, *in*-4. Cette Dissertation est écrite contre Pierre de Marca, Jean de Launoy, Jean Gerbais, Jacques Boileau & Pasquier Quesnel, que l'Auteur traite de Novateurs. Il est mort en 1681. Son Ouvrage a été imprimé à Louvain.

7488. De Forma Judiciorum Ecclesiasticorum, Dissertatio, ubi de Appellationibus, adversùs nuperam Christiani Lupi de illis Lucubrationem : Auctore Ludovico ELLIES DU PIN, Theologo Doctore Parisiensi.

Cette Dissertation est la seconde de ses Dissertations de l'*Ancienne Discipline de l'Eglise Romaine : Parisiis,* Seneuse, 1688, *in*-4.

7489. ☞ Des Appels comme d'abus.

Se trouve dans les *Mémoires historiques de* MEZERAY, (*pag.* 11.) *Amsterdam,* 1732 & 1753.]

7490. ☞ Plaidoyé de Mᵉ Louis CHEVALIER, pour la Mère Denise Elisabeth de Sallo, Abbesse des Cordelières du Fauxbourg S. Germain, à Paris, Appellante comme d'abus de la Sentence du Provincial des Cordeliers, qui avoit déclaré son élection nulle : publié avec des Notes historiques & de Droit, qui justifient cet Appel bien fondé, & une Dissertation sur le Droit qu'ont les Religieux de se pourvoir en la Cour, par Appellation comme d'abus, quand il y a abus clair & manifeste : *Soleure,* Bonaventure Maintient, 1717, *in*-12.]

7491. ☞ Mémoire à S. A. R. Monseigneur le Régent.

Ce Mémoire fut présenté par les Ecclésiastiques du second Ordre, au sujet de la Lettre que S. A. R. avoit écrite aux premiers Présidens & Procureurs-Généraux, dans laquelle il paroissoit n'être pas favorable à leurs Appels comme d'abus.]

7492. ☞ Mémoire pour les Curés du Diocèse d'Autun, Appellans comme d'abus des Ordonnances Synodales, &c. du 9 Mai 1726.

Le but de ce Mémoire est de faire voir que les Curés sont d'institution divine, qu'ils sont le Conseil de l'Evêque, & qu'ils doivent décider avec lui tout ce qui regarde le bon ordre & la discipline de son Diocèse.]

7493. ☞ Mémoire pour prouver la nécessité de l'évocation générale des Appels comme d'abus ; (par M. ROBINET, Official de Paris) : 1730, *in*-4.

L'Auteur, après avoir clairement distingué les deux Puissances & la fin pour laquelle elles sont établies, veut prouver que l'unique remède propre à arrêter les entreprises continuelles de l'une sur l'autre, est l'évocation générale au Roi, des Appels comme d'abus, avec l'établissement d'un Tribunal compétent, où des Juges désintéressés s'appliquent sous les yeux de Sa Majesté, à connoître les véritables droits de l'une & de l'autre Puissance, & à contenir les Evêques & les Magistrats dans les justes limites de leur Ministère. Il a divisé son Mémoire en deux parties, qui contiennent les moyens sur lesquels est fondée cette évocation, en conséquence de la justice & de la protection que le Roi doit à l'Eglise. Les premiers se tirent des sujets qu'ont les Evêques de croire que les Parlemens ne sont pas favorables à leur Jurisdiction, & de l'incompétence de ce Tribunal. Les seconds sont appuyés par les Privilèges généraux & particuliers accordés au Clergé, & par l'usage ancien de nos Rois, de connoître immédiatement de ce qui regarde l'exécution des jugemens des Evêques, & la doctrine & la manutention de la discipline. Ce n'est pas d'aujourd'hui que l'Ordre Episcopal a cherché à se soustraire à la gênante formalité des Appellations comme d'abus, ou au moins à en dépouiller les Parlemens.]

7494. ☞ Mémoire pour M. l'Evêque de Laon, dressé par M. FAVIER, & la Requête : Avril, 1731, *in*-4.

M. l'Evêque de Laon (la Fare) ayant publié un Mandement pour la soumission à la Bulle *Unigenitus,* ce Mandement fut supprimé par Arrêt du Parlement ; ce qui obligea ce Prélat d'avoir recours au Roi, pour sa Requête, & de présenter le 13 Avril 1731, à M. le Cardinal de Fleury, ce Mémoire, sur la distinction, l'étendue & l'usage de la Puissance Spirituelle & de la Temporelle. Il tend à prouver que l'Eglise a une véritable Jurisdiction extérieure, & que les Appels comme d'abus ne peuvent être des voies de droit dans des points de doctrine.]

7495. ☞ Traité des deux Puissances, ou Maximes sur l'Abus ; par (Louis-Etienne) DE FOY, Chanoine de Meaux : *Paris,* 1752, *in*-12.]

5. TRAITÉS *sur l'autorité des Conciles Généraux en France, & principalement sur la réception du Concile de Trente.*

7496. ☞ Mſ. Maximes & uſages de France, ſur les Conciles & les Aſſemblées du Clergé, juſtifiées par des Remarques hiſtoriques touchant les Conciles Généraux, &c. par J. P. GIBERT, Docteur en Théologie.

Ce Manuſcrit eſt entre les mains de M. Gibert, Inſpecteur-Général du Domaine, parent de l'Auteur.]

7497. Des Synodes & Aſſemblées Eccléſiaſtiques en France.

Ce Recueil de quarante Pièces, depuis l'an 511 juſqu'en 1640, eſt imprimé au Chap. XI. des *Preuves des Libertés de l'Egliſe Gallicane.*

Que les Conciles généraux ne ſont point reçus ni publiés en France, que par la permiſſion & autorité du Roi.

C'eſt l'objet du Chap. XIV. des mêmes Preuves.

7498. ☞ Inſtructions & miſſives des Rois très-Chrétiens de France, & de leurs Ambaſſadeurs; & autres Pièces concernant le Concile de Trente; priſes ſur les Originaux: (*Paris*) 1607, 1608, *in-*8.

Ce Recueil eſt de Jacques GILLOT, Chanoine de la Sainte-Chapelle de Paris, & Conſeiller au Parlement.

Troiſième Edition donnée par Pierre Dupuy: *Paris*, 1613, *in-*4.

Quatrième Edition tirée de la Bibliothèque de Pierre & Jacques Dupuy: *Paris*, 1654, *in-*4.

Cette édition eſt beaucoup plus ample. M. l'Abbé de Targny a fait ſur ces deux éditions de Dupuy, des Remarques manuſcrites, qui ſont ſur les exemplaires conſervés à la Bibliothèque du Roi.]

7499. Hiſtoire de la réception du Concile de Trente dans les différens Etats Catholiques, avec les Pièces juſtificatives ſervant à prouver que les Décrets & Réglemens Eccléſiaſtiques ne peuvent & ne doivent être exécutés ſans l'autorité des Souverains; (par M. l'Abbé MIGNOT, de l'Académie des Inſcriptions & Belles-Lettres): *Amſterdam* (*Paris*, Vincent) 1756, 1766, *in-*12. 2 vol.

Cette Hiſtoire regarde principalement la France. Elle eſt écrite avec ſageſſe. L'Auteur fait ſouvent parler les Auteurs contemporains.]

7500. Advertiſſement ſur le fait du Concile de Trente, fait en 1564: *Lyon*, 1564, *in-*8.

Cet Avertiſſement eſt de Baptiſte DU MESNIL, Avocat du Roi au Parlement de Paris. Il eſt mort en 1571.]

7501. Conſeil ſur le fait du Concile de Trente; par Charles DU MOLIN, Docteur ès Droits, Juriſconſulte François, Maître des Requêtes de l'Hôtel de la Royne de Navarre: *Lyon*, 1564, *in-*8.

L'Auteur étoit Proteſtant, lorſqu'il fit cet Ecrit.

Idem Latinè: *Lugduni*, 1564, *in-*8.

Idem, cum Præfatione: *Pictavis*, 1565, *in-*8.

☞ Cette Conſultation eſt diviſée en 100 articles, par leſquels du Moulin prouve que le Concile de Trente eſt nul vis-à-vis les Calviniſtes; qu'il eſt contraire aux Droits des Rois de France & aux Libertés de l'Egliſe Gallicane. On a réimprimé cette Conſultation dans l'*Hiſtoire de la réception du Concile*: ci-devant, N.° 7499, tom. II. pag. 212-333. Jean Adam Scherzer a inſéré le Latin dans ſa *Bibliotheca Pontificia*: *Lipſiæ*, 1677, *in-*4. Elle eſt auſſi en Latin & en François (avec la réponſe qui ſuit, N.° 7502) dans le tom. V. pag. 349, des *Œuvres* de du Moulin: *Paris*, 1681, *in-fol.*

On trouve encore dans le tom. II. pag. 1005, des mêmes Œuvres, une autre verſion Latine de ce Conſeil: elle eſt moins élégante, mais plus exacte que celle du tom. V.

Cet Ecrit de du Moulin eſt daté du 28 Février 1564. Il fut fait à l'occaſion des inſtances réitérées que les Légats & Ambaſſadeurs du Pape, de l'Empereur, du Roi d'Eſpagne & du Duc de Savoye, avoient faites à Charles IX. pour la réception du Concile. Ce Prince avoit mandé à ce ſujet les premiers Magiſtrats du Parlement. Baptiſte du Meſnil, premier Avocat du Roi, porta la parole, & fit remarquer dans les neuf ſeſſions du Concile pluſieurs points contraires aux Droits du Roi, & à nos Libertés. Cette Harangue, & l'autorité du Chancelier de l'Hôpital, qui s'oppoſoit aux prétentions du Cardinal de Lorraine, firent remettre l'affaire à deux mois. Ce fut pendant cet intervalle que parut l'Ecrit de du Moulin, au commencement duquel il dit qu'*aucuns vertueux, prudens & excellens perſonnages du Conſeil-Privé du Roi, lui avoient remis les ſeſſions* pour les examiner. Cette aſſertion, & la clandeſtinité même de l'Ouvrage qui avoit paru ſans privilège particulier du Roi, excitèrent la vigilance du miniſtère public. Du Moulin fut mandé au Parlement le 6 Juin 1564, & interrogé en pleine grand'Chambre. Il refuſa de nommer les Magiſtrats du Conſeil qu'il avoit cités; mais il dit qu'il avoit *vaqué avec eux* le Dimanche de la Quinquageſime, & les Lundi, Mardi & Mercredi ſuivans. Il avoua qu'il avoit envoyé ſon Livre à Senneton, Libraire de Lyon, pour le faire imprimer; mais qu'il n'en avoit reçu aucune nouvelle, & que, s'il l'avoit ainſi envoyé lui-même, c'étoit pour empêcher qu'on n'abuſât des copies informes qui ſe répandoient. Après ces interrogatoires, le Livre fut ſupprimé. On enferma l'Auteur dans la Conciergerie du Palais. Le Journal de Brulart dit que ſans ſa vieilleſſe il eût été pendu. Il fut élargi un mois après, par ordre du Roi, qui interdit au Parlement la connoiſſance de cette affaire.

Voyez la *Vie de du Moulin*, par Brodeau, Liv. 3, chap. 3-7. De Courtilz, Hiſtorien décrié par ſes Fables, dit dans la *Vie de l'Amiral de Coligny*, pag. 304, que du Moulin fit cet Ecrit à la ſollicitation de ce Seigneur.]

7502. Réponſe au Conſeil donné par Charles du Moulin, ſur la diſſuaſion de la publication du Concile de Trente en France: *Lyon*, Pillehote, 1584, *in-*16.

Cette Réponſe eſt de Pierre GREGOIRE, Juriſconſulte de Toulouſe, [mort en 1597, Doyen de la Faculté de Droit de Pont-à-Mouſſon.] Elle eſt auſſi imprimée dans le tom. V. des *Œuvres de du Moulin.*

7503. ☞ Mſ. Inſtruction envoyée par le Roi d'Eſpagne au Parlement de Franche-Comté, au ſujet du Concile de Trente; & Obſervations ſur cette Pièce. Extraits des Regiſtres du Conſeil Provincial d'Artois, contenants, 1.° Lettre de la Ducheſſe de Parme, Gouvernante des Pays-Bas, au Conſeil d'Artois, du 7 Juin 1564, au ſujet du Concile de Trente: 2.° Points aviſés au Conſeil Provincial d'Artois, en viſitant les Décrets du Concile général célébré à Trente : 3.° Seconde Lettre de la Duchesse de Parme, du 24 Juin 1565.

Ce Manuscrit est conservé dans la Bibliothèque de M. le Chancelier d'Aguesseau.]

7504. ☞ Le Bureau du Concile de Trente, auquel est montré qu'en plusieurs points icelui Concile est contraire aux anciens Conciles & Canons, & à l'autorité du Roi ; divisé en cinq Livres. Au Roi de Navarre, par Innocent GENTILLET, Jurisconsulte Dauphinois : 1586, *in-*8.

I. G. D. J. (Innocentii GENTILLETI, Doct. Jur.) Examen Concilii Tridentini, &c. *Genève*, 1586 : *Gorinchemi*, 1678, *in-*8.

Le même, en Allemand : *Basle*, 1587, in-8.

» Il suffit, dit M. l'Abbé Lengler, dans son *Catalogue*
» *des Auteurs du Droit Canonique*) il suffit, pour mon-
» trer l'aigreur qui règne dans ce Livre, de dire qu'il
» est d'un rigide Calviniste : ainsi il ne peut être d'usage
» que pour des personnes vraiment habiles, qui sçavent
» tirer avantage de ce qui est le plus dangereux. L'une
» & l'autre Edition n'est pas commune ; mais je ne crois
» pas qu'il y ait grande perte ».

L'Auteur de ce Livre étoit cependant habile Jurisconsulte. Il naquit à Vienne en Dauphiné, & fut Président de la Chambre de l'Edit de Grenoble. Son zèle pour son parti lui fit publier plusieurs Ouvrages remplis de critique & d'érudition, qui lui acquirent une grande estime parmi les Protestans. Il a divisé celui-ci en cinq Livres. Dans le premier, il parle de ce qui a précédé le Concile. Dans le second, de son commencement & de son progrès sous le Pape Paul III. Dans le troisième, de sa continuation sous Jules III. On trouve à la fin de ce Livre, en peu de mots, l'origine des troubles de France. Dans le quatrième, de sa fin sous Pie IV. d'un grand nombre de Canons & de Décrets. L'Auteur, pour éviter d'être trop diffus, n'en a choisi que les principaux, auxquels il a opposé ceux des anciens Conciles, des Pères & des Papes, pour en prouver la différence & les erreurs. Il raconte quels détours & quels moyens les Papes prirent pour s'assurer des suffrages, & que pour rien ne fut résolu à leur désavantage. Leur principal objet, qu'il attaque aussi le plus fortement, fut la supériorité qu'ils prétendoient avoir sur toute l'Eglise. Il prouve qu'elle ne leur est venue que par degrés & par usurpation ; qu'ils n'en ont d'autre que celle de préséance, & que cette puissance imaginaire n'a commencé qu'à Boniface III. successeur immédiat de Saint Grégoire-le-Grand ; il s'étend beaucoup sur la fausse donation de Constantin, & n'échappe aucune occasion de parler contre les Immunités Ecclésiastiques. Il prétend qu'il y a une manifeste collusion dans les Décrets de réformation, qui bien loin de corriger les abus, ouvrent la porte à une infinité d'autres plus graves encore ; & qu'on ne peut rien faire de plus préjudiciable à l'autorité des Souverains, & sur-tout des Rois de France, qui sont d'approuver ce Concile, s'y sont formellement opposés par leurs Ambassadeurs. Dans le cinquième Livre, il traite des nullités de ce Concile, qu'il réduit à onze. Il répond aux deux Remontrances que le Clergé fit le 14 Octobre & 19 Novembre 1585, pour en obtenir la réception & la publication. Il assure que le Clergé ne les demande avec tant d'empressement que par des vues particulières qui tourneroient toutes à son profit & à son élévation, pour laquelle ce Concile a tant travaillé, sans les perdre de vue un seul instant, pour établir la Juridiction Ecclésiastique sur les débris de la Temporelle.]

7505. ☞ Avertissement sur la réception & la publication du Concile de Trente, fait sous la personne d'un Catholique Romain, du dernier Janvier, 1583 : *in-*8.

Cet Avertissement est imprimé au tom. I. des *Mémoires* de du Plessis Mornay, 1624, *in-*4. Il est de Jacques FAYE D'ESPESSES, Avocat-Général au Parlement de Paris. L'Auteur rapporte d'abord les raisons qui ont engagé les Rois Henri II. & Charles IX. à protester contre ce Concile, comme contraire à leurs droits & aux Libertés de l'Eglise Gallicane. Il ajoute ensuite, qu'il trouble la tranquillité & le repos du Royaume, qu'il anéantit les privilèges du Clergé, de la Noblesse & du Tiers-Etat, & enfin qu'il déroge à nos Loix ; ce qui ne peut être contrebalancé par quelques bons Statuts qu'on y trouve. Cet Ecrit est aussi dans la *Bibliothèque Canonique* de Bouchel, au mot *Concile*, & dans le tom. II. pag. 104 , de l'*Histoire* de M. Mignot, ci-devant, N.° 7499.]

7506. Lettre du Roi au Roi de Navarre, sur la publication du Concile de Trente : 1583, *in-*8.

7507. ☞ Extrait des Registres des Etats ou des Députés du Clergé de France, pour les Etats Généraux tenus à Blois (en 1576) sur la réception du Concile de Trente au Royaume de France ; avec la Traduction Italienne à côté : *Paris*, 1594, *in-*8.

L'acceptation du Concile fut inutilement proposée aux Etats de Blois. Tout ce que Henri III. accorda au Clergé, fut d'extraire du Concile les réglemens les plus utiles & les plus conformes aux Loix de l'Etat. Sans approuver ni même nommer le Concile, il les inséra dans un Edit qui fut publié aux Etats, & qui est appellé pour cette raison, *Ordonnance de Blois*. Les articles XIV. XXII. XXIV. XXVII. XXVIII. XXIX. XXX. XXXI. XXXIII. XXXIV. XL. sont pris des Sessions VI. ch. 1, XIV. chap. 1,) XXIII. chap. 18, XXV. chap. 8 & 15, XXIII. chap. 12, XXI. chap. 8, XXV. chap. 5, V. ch. 1, XXIV. chap. 1.

Voyez l'*Histoire de la réception du Concile*, par M. Mignot, *tom. I. pag*. 359 *& suiv.* = *Œuvres* de M. d'Aguesseau, *tom. I. pag.* 425. = *La Science du Gouvernement*, par M. de Réal, *tom. VII. pag.* 102, = les *Opuscules* de Loisel, *pag.* 345. Ce dernier Ouvrage contient un Avis que le célèbre Pierre Pithou fit contre l'exhortation que le Pape Grégoire XIII. envoya en 1581 à Henri III. pour demander la révocation de l'Edit de Blois.]

7508. Remontrance aux trois Etats sur la publication & réception du saint Concile de Trente en France : *Paris*, 1588 : *Lyon*, Tantillon, 1589, *in-*8.

☞ L'Auteur veut qu'on reçoive les Décrets de ce Concile purement, simplement & sans modifications, de crainte que la France ne se perde, comme la Grèce, faute de recevoir le Concile de Florence.]

7509. Extrait des Registres de l'Assemblée tenue à Paris, sous le nom d'Etats, en 1593, sur la réception du Concile de Trente : *Paris*, 1593, *in-*8.

Le Président Jean LE MAISTRE, quoique du parti de la Ligue, fait dans cet Ouvrage l'extrait des endroits du Concile de Trente, qui sont contraires à nos Libertés & à nos Usages. Il mourut en 1596.

☞ Cet Extrait fut dressé pour répondre à la proposition que le Cardinal de Pellevé, Légat du Pape, avoit faite dans les Etats de la Ligue pour faire recevoir ce Concile. Il a été réimprimé en 1615, avec une Consultation de Jean Bedé, ci-devant, N.° 7239. On le trouve aussi dans l'Ouvrage de Bouchel, intitulé : *De-*

treta Eccles. Gallican. Lib. V. p. 916. & dans le tom. II. *pag.* 207. de l'*Histoire de la réception du Concile*, ci-devant, N.° 7499.

Selon M. de Thou, Guillaume DU VAIR, Conseiller au Parlement, qui, comme le Maître, étoit attaché à la Ligue, fit avec ce Magistrat l'Extrait de ces articles ultramontains, qui sont au nombre de vingt-quatre.]

7510. ☞ Remontrance du Président CARPENTIER, sur la publication du Concile de Trente, faite au Parlement de Bretagne en 1593, &c. *Nantes*, 1596, *in-8.*]

7511. Déclaration de MM. les Princes, Pairs, Officiers de la Couronne, & Députés aux Etats assemblés à Paris, sur la publication & observation du saint sacré Concile de Trente : *Paris*, Morel, 1593, *in-8.*

7512. Du Concile de Trente & de la réception & publication d'icelui ; par Guy COQUILLE.

Ce Discours est imprimé au tom. I. de ses *Œuvres*, pag. 298 : *Paris*, 1665, *in-fol*

7513. Consultation de M. A. L. A. E. P. sur la réception du Concile de Trente, faite en l'année 1596. Extraits d'aucuns articles du Concile de Trente, qui semblent être contre & au préjudice de la Justice Royale & des Libertés de l'Eglise Gallicane ; faits par MM. de l'Assemblée tenue à Paris en 1593.

Ces Pièces sont imprimées avec les *Œuvres posthumes* de Guy Coquille : *Paris*, 1650, *in-4*. Ces lettres initiales M. A. L. A. E. P. signifient M° Antoine LOISEL, Avocat en Parlement, qui est Auteur de cette Consultation.

☞ M. Brodeau, dans la *Vie de du Moulin*, dit simplement qu'elle est attribuée à Antoine Loisel, & elle ne se trouve pas dans le Recueil des Opuscules de ce dernier, publié en 1652 par Claude Joly, son petit-fils.]

7514. ☞ Révision du Concile de Trente, contenant les nullités d'icelui, les griefs du Roi de France & autres Princes Chrétiens, de l'Eglise Gallicane, & autres Catholiques ; (par Guillaume RANCHIN) sans lieu ni nom d'impression : (*Genève*) 1600, *in-8.*

La même, traduite en Anglois, par Guillaume LANGBAINS, le Père : *Oxford*, Turner, 1638, *in-fol.*

» La révision du Concile de Trente est un Livre rempli de recherches étonnantes, tant par leur quantité » que par leur choix, de réflexions également sages & » solides, de témoignages authentiques & irréprocha-
» bles des Ecrivains les plus judicieux & les plus respec-
» tables ; en un mot, l'un des meilleurs & des plus irré-
» futables Ecrits qu'on eût jamais fait contre la Cour de
» Rome, & d'autant plus digne de l'étude & de l'ex-
» trême attention des Lecteurs sensés & judicieux, que
» n'étant point composé par un Protestant, mais par
» un très-bon Catholique Romain, on n'a point à y
» craindre cet esprit de parti, si ordinaire & si nuisible
» entre gens de différentes Communions. On peut donc
» très-bien le mettre dans la classe des Vargas, des Mal-
» venda, des Paolo Sarpi, des Richard, des Gillot,
» des Dupuy, & autres illustres Catholiques opposés
» aux maximes Italiennes de la Cour de Rome. *Diction. de Prosper Marchand*, article *Ranchin*, Note B.

L'Auteur de cet Ouvrage l'a divisé en sept Livres. Dans le premier, il parle des nullités du Concile dans sa forme & dans sa procédure. Dans le second, du déni de justice fait aux demandes des Princes Catholiques. Dans les trois, quatre, cinq & sixième, de l'injustice des Décrets, qui élèvent le Pape à une excessive Puissance, en dépouillant les Conciles, les Ecclésiastiques & les Rois, de l'autorité qui leur appartient. Il établit dans le septième, que l'honneur & l'autorité des Princes Chrétiens & des Puissances Séculières y sont comme anéantis. L'Auteur a fait bien des recherches contraires aux prétentions de la Cour de Rome. Il est mort en 1583.

On lit à la tête de l'exemplaire de M. de Fontette, la Note suivante. » In animum induxit (Anton. Thysius)
» invisere Galliam, Gallicasque Ecclesias neque ibidem
» ignavus otiosusque degit, sed ferverte tunc disputatio-
» ne cum Ebroicensi Episcopo Plessiaco ; suam operam
» in Ecclesiasticæ antiquitatis disquisitione impendit. Cum
» D. Ranchino in Monspeliensi scholâ Antecessore, &
» in supremâ Curiâ Occitanâ fisci Advocato (cum quo
» familiariter eodem contubernio vixit) tum operato in
» Concilii Tridentini revisione, ut vocant, operam
» contulit. *Voyez Athen. Batav. Meursii*, pag. 335
» & 336. Les Mélanges d'Ancillon n'attribuent cette
» révision qu'à Ranchin, pag. 136, du tom. II.

» *Page* 112, du troisième volume *Biblioth. Baluz.*
» vers la fin, il est parlé des *Collectanea D. Baluzii*,
» septième Armoire, Recueils qui ont servi à M. Ran-
» chin, pour composer la Révision du Concile de
» Trente, 2 vol.]

7515. Renvoi du Discours de l'Union, contre la publication du Concile de Trente ; par DE GRIEUX, Conseiller : 1607, *in-8.*

7516. ☞ Réponse au Discours fait au Roi pour l'Assemblée d'un nouveau Concile : 1607, *in-8.*]

7517. * De l'impossibilité & impertinence du Concile, tel qu'il est demandé par Requête au Roi ; par Adrien D'AMBOISE, Docteur en Théologie : *Paris*, 1608, 1615 ; *in-8.*

7518. * Contre la Proposition d'assembler un nouveau Concile, ou Défense du Concile de Trente ; par le même : *Paris*, Huby, 1614, *in-8.*

7519. Réponse au Libelle intitulé : Extrait des Registres des Etats, sur la réception du Concile de Trente au Royaume de France, avec ledit Extrait : *Paris*, 1614, *in-8.*

7520. Avertissement aux Etats assemblés par la permission du Roi, en Novembre 1614, sur la proposition de quelques Ecclésiastiques, pour la réception des Décrets de l'Assemblée, nommée le Concile de Trente, 1614, *in-4.*

7521. Réponse à un Avertissement envoyé à MM. de la Noblesse & du Tiers-Etat, sur la proposition faite par tout l'Ordre Ecclésiastique, pour la réception du Concile de Trente en France : [1614] *in-8.*

7522. Discours sur la réception du Concile de Trente en France : 1615, *in-8.*

☞ L'Auteur y fait voir les inconvéniens qu'il y a de recevoir ce Concile, combien il est préjudiciable à l'autorité de nos Rois, & aux Libertés de notre Eglise, & que depuis 50 ans on n'a cessé d'en requérir la publication, qui a toujours été refusée par les mêmes motifs.]

7523. Conventus Cleri Gallicani, congregati anno 1615, pro receptione Concilii Tridentini.

Cette Assemblée est imprimée dans Odespunc, *p. 625*, de ses *Conciles modernes de la France* : *Paris*, 1642, *in-fol.*

7524. Résolutions de MM. de l'Assemblée du Clergé, du 7 Juillet 1615, pour la réception du Concile de Trente en France : (1615) *in-8*.

7525. Sentence du Prévôt de Paris, du 22 Août 1615, contre l'Acte intitulé : Remontrance du Clergé de France sur la réception du Concile de Trente : *Paris*, 1615, *in-8*.

7526. Extrait de plusieurs Articles du Concile de Trente, contraires aux Droits des Rois de France, Libertés de l'Eglise Gallicane, Privilèges & Exemptions des Chapitres, Monastères & Communautés : 1615, *in-8*.

7527. Réponse aux Objections qui se font pour empêcher la réception du Concile de Trente, à Nosseigneurs des Trois Ordres qui composent les Etats-Généraux : *Paris*, Cramoisy, 1614, *in-8*.

Cette Réponse a été faite par un des Evêques, Député du Clergé.

Seconde Edition, revue & augmentée : *Paris*, Delon, 1615, *in-8*.

7528. Brief Discours sur quelques points concernant la Police de l'Eglise & de l'Etat, & particulièrement sur la réception du Concile de Trente : *Paris*, Estienne, 1615, *in-8*.

Ce Discours est signé par D. P. Conseiller d'Etat ; c'est-à-dire, par le Cardinal DU PERRON.

7529. Libre Discours au Roi, pour la réception du Concile de Trente, contre ceux qui s'efforcent de l'empêcher, [où il est prouvé que l'un des meilleurs moyens d'arrêter le cours des hérésies, est de faire valoir l'autorité des Conciles généraux] ; par G. D. S. DE SOULAS : *Paris*, Petitpas, 1615, *in-8*.

☞ *Voyez* le *Catalogue des Auteurs du Droit Canonique*, par l'Abbé Lenglet.]

7530. Mf. Actes publics touchant la réception du Concile de Trente en France : *in-fol.*

Ces Actes sont conservés entre les Manuscrits de M. Dupuy, num. 358.

7531. Mf. Traité contenant les raisons & moyens pour maintenir que le Concile de Trente ne doit point être reçu & publié en France, & que l'on ne doit point avoir égard à la Déclaration du Clergé faite sur ce sujet au mois de Mai [1615] : *in-fol.*

Ce Traité est de Pierre DUPUY, & se conserve entre ses Manuscrits, num. 118.

☞ M. l'Abbé d'Esbiey, Bibliothécaire du Collége Royal de Bordeaux, a une copie authentique de ce Traité.]

7532. Dissertation sur la réception & l'autorité du Concile de Trente en France, dans laquelle sont marqués les endroits du Concile de Trente, qui sont contraires aux Usages de ce Royaume.

Cette Dissertation est imprimée avec les Notes d'Etienne RASSICOD, Avocat au Parlement, sur le Concile de Trente : *Cologne (Bruxelles)* 1706, [1708 & 1711] *in-8*. Elle vient d'une main habile, & qui a manié cette Question avec beaucoup de sçavoir & de tempéramens. L'Auteur est mort en 1718.

☞ Les Notes roulent sur les points les plus importans de la Discipline Ecclésiastique. M. Rassicod les a rédigées d'après les Conférences qu'il avoit avec quatre Conseillers d'Etat, M. DE CAUMARTIN, M. BIGNON, M. LE PELLETIER, M. BAZIN DE BEZONS. *Voyez* la *Bibliothèque Grecque* de Fabricius, *tom.* XI. *pag.* 697, Boivin, *vita Peleterii.* = *Diction. de Moreri*, au mot *Rassicod*.

M. Gibert, célèbre Canoniste, a laissé des additions & corrections pour les Notes de M. Rassicod.

La Dissertation a été réimprimée, *pag.* 344 *& suiv.* de l'*Examen de deux questions importantes sur le Mariage*, &c. publié en 1753, *in-4*. M. le Ridant, Avocat au Parlement, Auteur de cet Ouvrage, a joint quelques Notes à cette Dissertation, soit pour corriger des inexactitudes échappées à l'Auteur, soit pour éclaircir son texte, ou pour le fortifier ; M. le Ridant a aussi évité un grand nombre de fautes d'impression qui s'y sont remarquées dans l'Edition de 1711, dont il s'est servi.]

7533. Mf. Observations sur le Concile de Trente, pour la défense des Droits du Roi Très-Chrétien, Libertés, Franchises & Immunités de l'Eglise Gallicane.

Ces Observations écrites de la main de feu M. [Claude-Alexis] LOGER, Avocat, sont conservées dans la Bibliothèque de M. le Baron d'Hoendorff, Colonel de l'Empereur.

7534. ☞ Sommaire des Décrets du Concile de Trente, touchant la Réformation de la Discipline Ecclésiastique, avec des Observations tirées de l'usage de France ; par le sieur DE SAINT-JEAN, Avocat, Expéditionnaire en Cour de Rome : *Lyon*, Anisson, 1679, *in-12*.]

7535. ☞ Constantini WOLFII *Gedanensis*, Gallia Concilio Tridentino repugnans; Dissertationes duæ : *Witebergæ*, 1687, *in-4*.]

7536. ☞ Hectoris Godefridi MASII, Dissertatio Historico-Theologica, *de contemptu Concilii Tridentini in Gallia* : *Hafniæ*, 1696, *in-8*.

Elle se trouve aussi *pag.* 558, du *Recueil des Dissertations de Masius* : *Hamburgi*, 1719, *in-4*.]

7537. ☞ Mf. Mémoire de M. PIROT, Docteur de Sorbonne, sur l'autorité du Concile de Trente en France.

Le sort de ce Mémoire est inconnu. M. l'Abbé Papillon en parle comme d'un Manuscrit de 100 pages, dans une Lettre écrite en 1710, au P. le Long. M. Bossuet, Evêque de Meaux, le cite avec éloge dans la *tom.* I. de ses *Œuvres posthumes*, *pag.* 236. L'Editeur de ce Recueil dit qu'il a cherché en vain une copie de ce Mémoire, dans les papiers de M. Bossuet & ailleurs. Cet Ecrit de M. Pirot avoit été envoyé au célèbre Leibnitz, qui le lut avec plaisir. Il y fit en 1693 une Réponse qu'il soumit aux lumières de M. Bossuet, & qui est dans les mêmes *Œuvres posthumes*, *tom.* I. *pag.* 391, avec la Réplique de M. Bossuet, & quelques Lettres de ce

Prélat & de Leibnitz, relatives à la même dispute. Elle regardoit principalement l'autorité du Concile en matière de foi. A cet égard il est reçu en France, & dans tous les Royaumes Catholiques.]

☞ M. le Chancelier d'Aguesseau, dans la cinquième Instruction qu'il fit pour son fils aîné, (*voyez ses Œuvres, tom. I. pag.* 436) lui conseille la lecture des Notes manuscrites que M. LE MERRE a faites sur le Concile de Trente, « pour commencer, dit-» il, à y bien distinguer ce qui est contraire & ce qui est » conforme à nos maximes & à nos usages, & appren-» dre les principales règles de notre Droit, en le com-» parant avec celles du Droit que le Concile de Trente » avoit voulu établir. Il viendra un temps, ajoute ce » Magistrat, où il faudra reprendre plus à fond l'étude » de ce Concile, en lire les deux célèbres Histoires, & » les comparer l'une avec l'autre, au moins dans les en-» droits les plus intéressans pour les maximes de France «. Les deux Histoires dont parle M. d'Aguesseau ont été écrites en Italien, l'une par Pierre-Paul Sarpi, Religieux Servite, plus connu sous le nom de *Fra-Paolo*, (ou Frère Paul) & l'autre par le Cardinal Sforza Palavicini. Ces deux Ouvrages doivent être lus avec précaution. Fra-Paolo a mis dans le sien des traits satyriques & des réflexions qui décèlent le cœur d'un Protestant. On trouve dans l'Histoire de Palavicin (Jésuite) des maximes contraires à nos Libertés. Pierre-François le Courayer, Chanoine Régulier de Sainte Geneviève, a donné en 1736 une Traduction du Livre de Fra-Paolo, avec des Notes hardies. Elle a fait beaucoup de bruit, & donné lieu à plusieurs Écrits. Le Livre de Fra-Paolo avoit déja été attaqué plusieurs fois, en particulier par le Père Alexandre, célèbre Dominicain, qui a mis dans son Histoire Ecclésiastique au seizième siècle, une Dissertation sous ce titre: *Dissertatio de sacrâ Synodo Tridentinâ, quâ illius Historia exponitur, & P. Suavis Polani, Caroli Molinæi & Innocentii Gentileti objectionibus adversùs ejus auctoritatem respondetur*. Les Ouvrages de du Moulin & de Gentiller, réfutés par le Père Alexandre, sont rapportés ci-devant, N.os 7501 & 7504.]

ARTICLE III.
Traités sur les Bénéfices de France.

§. I. Pouillés des Bénéfices de France.

☞ CE paragraphe a été transporté ci-devant, N.o 1216 *& suiv.* parmi les Ouvrages sur la Géographie Ecclésiastique de France, avec lesquels les Pouillés ont un grand rapport. Le Père le Long avoit marqué lui-même ce changement, que nous avions aussi cru devoir faire, avant d'avoir vu l'exemplaire qu'il avoit corrigé peu avant sa mort.]

§. II. *Traités sur les Pragmatiques & les Concordats, & autres objets qui y ont rapport.*

7538. SANCTI LUDOVICI, Franciæ Regis Christianissimi, Pragmatica Sanctio, & in eam historica Præfatio, & Commentarius Francisci PINSSONII, Advocati in Curia Parisiensi: *Parisiis*, Muguet, 1663, *in-*4.

La Pragmatique de S. Louis, [faite en 1268] est une des plus sages Ordonnances que nous ayons sur notre Droit; mais elle est de peu d'usage. François Pinsson, qui la publiée, est mort en 1691.

☞ Cette Pragmatique avoit déja été imprimée dans la troisième partie du Recueil de Guillaume du Breuil, connu sous le titre d'*Ancien style du Parlement*, dans la Compilation d'Antoine Fontanon, tom. IV. dans le Décret de Bouchel. On la trouve aussi dans le *Codex juris gentium* de Leibnitz, *in append. pag.* 157, dans le *Supplément au Corps universel Diplomatique du Droit des Gens*, tom. I. part. 1. Dans le tom. II. de l'édition du *Commentaire de Dupuy*, publié par l'Abbé Lenglet; dans le *Recueil des Ordonnances de nos Rois*, publié au Louvre, tom. I. & à la fin du tom. I. du *Dictionnaire du Droit Canonique*, par M. Durand de Maillane.

Quelques Auteurs, & en particulier le Père Griffet, Éditeur de l'Histoire de France du P. Daniel, ont répandu des doutes sur l'Auteur de cette Ordonnance, qu'ils ne croient pas être de S. Louis. *Voyez* contre cette opinion l'*Histoire de France*, par l'Abbé Velly, tom. VI. *pag.* 57, la *Science du Gouvernement*, par M. de Réal, tom. VII. *pag.* 72, & le *Catalogue des Auteurs du Droit Canonique*, par l'Abbé Lenglet, *p.* 126.]

7539. Pragmatica Sanctio CAROLI VII. Francorum Regis, cum Glossis Cosmæ GUYMIER: [*Paris*, Bonhomme, 1486: *Lugduni*, 1496] *Parisiis*, 1514, *in-*4. *Ibid.* 1532, *in-*8. *Lugduni*, 1538, *in-*8.

☞ Ce Commentaire, qui a toujours paru sous le nom de Côme Guymier, Président aux Enquêtes, a été attribué par quelques Auteurs à Jacques MARÉCHAL, Avocat célèbre au Parlement. On trouve cette opinion dans les *Opuscules* de Loisel, *p.* 498, & dans les *Œuvres* de du Moulin, tom. V. *pag.* 163. C'est ce Jurisconsulte qui a le premier répondu à cette Anecdote. Selon lui Guymier étoit parent de Maréchal. Devenu son héritier, il trouva parmi ses papiers le Commentaire dont il s'agit, & le publia, dit-on, comme son Ouvrage. Il ne mit pas cependant son nom sur le titre; mais à la fin du Commentaire, on trouve une note de l'Imprimeur, qui dit que la Pragmatique a été commentée par Guymier. Ce Livre lui fit une grande réputation, & lui mérita même la place qu'il eut au Parlement, quoiqu'il fût, dit du Moulin, d'un esprit & d'un sçavoir assez bornés. Du Moulin cite pour ses garans, d'anciens Avocats qui l'avoient connu, & des Magistrats respectables. Guymier mourut le 3 Juillet 1503. Dans son Epitaphe, qui fut placée sous les Charniers de l'Eglise des SS. Innocens, il est loué comme Auteur du Commentaire sur la Pragmatique.

François Pinsson, qui a publié cet Ouvrage en 1666, soutient aussi qu'il est de Guymier, dont le mérite peut avoir excité la jalousie. *Voyez* contre l'Anecdote de du Moulin, le *Dictionnaire de Moréri de* 1759, art. *Guymier*. M. d'Aguesseau cite encore, (tom. I. *p.* 434) sous le nom de ce Magistrat, cette glose, qui est, dit-il, un Ouvrage estimé depuis long-temps, & qu'on rendroit beaucoup meilleur, si on en retranchoit tout l'inutile.]

Eadem, cum Additionibus Philippi PROBI: *Parisiis*, 1540, 1555 [1561] *in-*8. *Divione*, 1560, *in-*12.

☞ Eadem, cum Glossis Cosmæ GUYMIER & Phil. PROBI & Commentario Guillelmi DE MONTSERRAT: *Parisiis*, 1614, *in-*4.

Eadem: Accedunt Historia Pragmaticæ Sanctionis & Concordatorum ex Gallico Fratrum Puteanorum sermone conversa, & Annotationes marginales, & veterum Instrumentorum Supplementa: studio Francisci PINSSONII: *Parisiis*, Clousier, 1666, *in-fol.*

Cette Édition est la plus ample & la plus estimée, sur-tout à cause des Pièces qu'elle contient.

Ces Pièces sont:
1. Defensorium Concordatorum, subtilis & præclarus Reverendi in Christo Patris DD. ELISÆ, quondam Turonensis Archiepiscopi, Tractatus editus tempore Ludovici XI. Regis Franciæ Christianissimi, &c.

2. Historia completens originem Pragmaticæ Sanc-

tionis Biturigibus editæ & promulgatæ autoritate Regis Caroli VII. anno 1439, usum & possessionem ; quomodo fuerit observata & quibus modis summi Pontifices eam evertere studuerunt : item, originem Concordatorum Bononiæ initorum inter Leonem X. S. P. sedis Apostolicæ commodum procurantem, & Regem Francicum I. anno 1515, iteratas Regis sollicitationes, ut eorum usum in Supremas Curias induceret, & ut tandem approbata fuere admissa.

3. Excerpta ex Libro qui inscribitur Fasciculus rerum expetendarum & fugiendarum, Æneæ Silvii Piccolominei, Senensis, in Commentarios suos de gestis Basileensis Concilii.

4. Exemplum Litterarum quas Julianus, Cardinalis S. Angeli, Legatus in Germania, mirâ libertate scripsit ad Eugenium IV. Pontificem Romanum, conantem dissolvere Concilium Basileense.

5. Retractatio eorum quæ Pontifex in minoribus existens, scripserat pro Concilio Basileensi contra Eugenium IV.

6. Tractatus elegantissimus D. Nicolai de Tudeschis, Siculi, Archiepiscopi Panormitani, sanctæque Romanæ Ecclesiæ Cardinalis, pro Concilio Basileensi editus; in quo potestas Conciliorum ac Papæ argutissimè amplissimèque pertractatur.

7. Approbatio & confirmatio Concilii Basileensis.

8. Summa suasionum habitarum in Curia Parlamenti, mense Maio, anni 1517, super publicatione Concordatorum, inter Leonem X. PP. & Franciscum I. Galliæ Regem.

9. Appellatio Universitatis inclytissimæ atque omnium studiorum matris, eminentissimæ Universitatis Parisiensis, contra Leonem X. in robur ac firmamentum Sacratissimi Basileensis Concilii, non contemnenda appellatio, in quâ omnes ferme (qui in Ecclesia Dei sunt) abusus apertissimè enumerantur.

10. Quomodo Bohemi vocati productique sint ad Basileensem Synodum Œcumenicam, & quid illic egerunt, ex verbosissimis Commentariis compendio relatum.

11. Petitiones Bohemorum postremò propositæ in Sacro-sanctâ Synodo Basileensi, anno 1438, mense Novembri.

12. Disputatio Nicolai de Clemangiis, habita per scriptum, super materia Concilii Generalis, cum quodam Scholastico Parisiensi.

13. De emendatione Ecclesiæ Libellus à Reverendissimo Domino Petro de Alliaco, Cardinali Cameracensi, Patribus olim oblatus in Concilio Constantiensi congregatis; quod Christianissimus Princeps Sigismundus Augustus convocavit non tam ob Ecclesiæ concordiam, quàm communis morum emendationis spe, quæ quominùs processerit, per hunc non stetit, sed per Ecclesiasticos, Germaniæ simplicitati imponente Romanâ astutiâ.

14. Lettre originale de M. de Narbonne, au Roi Charles VII. du 5 Juin 1452.

15. Copie de l'Appellation faite par le Procureur du Roi à l'Assemblée d'Orléans en 1475.

16. Supplementa Annotationum marginalium, & in earumdem probationum Instrumentorum editionis quas marginalis annotationibus brevitas pati non potuit.

17. Privilegiorum quæ exemptiones Ecclesiasticæ dicuntur, Tractatus Joannis Lomédé, in Senatu Parisiensi Patroni.]

7540. La Pragmatique Sanction, en François, contenant les Décrets du Concile National de l'Eglise Gallicane assemblée à Bourges, sous Charles VII. l'an 1439 : *Paris*, Philippe, 1508 : *Ibid.* 1561, *in* 8.

☞ Cette Pragmatique, qui est une extension de celle de S. Louis, est du 7 Juillet 1438. Elle a été enregistrée dans tous les Parlemens de France. Elle le fut au Parlement de Paris, le 15 Juillet 1439. On la trouve dans plusieurs Recueils : dans Goldast, tom. I. *p.* 401, dans le *Corps Universel du Droit des Gens*, tom. III. part. 1, dans le tom. II. du *Commentaire de Dupuy*, & dans le *Dictionnaire Canonique* de M. de Maillane, tom. I.

Voyez sur cette Pragmatique célèbre l'*Abrégé Chronologique du Président Hénaut*, l'*Histoire de France*, par Villaret, tom. *XV. pag.* 261 & *suiv.* la *Science du Gouvernement*, tom. *VII. pag.* 75.]

☞ Remontrances faites au Roi Louis XI.

Voyez ci-devant, N.° 6978.

Elles regardent l'abolition de la Pragmatique que le Pape demandoit au Roi. Ce Prince y consentit ; mais les Lettres de révocation ne furent point enregistrées dans les Parlemens.]

7541. ☞ Pragmaticæ Sanctionis sublatæ querimonia vel passio.

Cette Pièce, qui fut faite en 1461, est dans le tom. VII. *pag.* 160, des *Mélanges de Baluze.* » C'est une espèce » de Parodie de la trahison de Judas, de la prise de J. C. » de sa passion & de sa mort, telle que les Evangélistes » la racontent ; & l'Auteur emploie souvent leurs pro- » pres expressions «. Goujet, *Continuation de du Pin,* tom. *III. pag.* 421.]

7542. ☞ Guillelmi de Montserrat, Commentum super Pragmatica Sanctione : *Parisiis*, 1501, *in*-4.

Il se trouve joint à la Pragmatique, dans l'édition de 1614, & dans celle de 1666.]

7543. Heliæ Bordelii, Galli, Petracoricensis, Minoritæ, Archiepiscopi Turonensis, & Cardinalis, Opus pro Pragmaticæ Sanctionis abrogatione : *Romæ*, 1486, *in-4. Tolosæ*, 1518.

Hélie de Bordeille [ou Bourdeille] mort en 1484.

☞ Il a pris dans cet Ouvrage la défense d'un Concordat qui fut fait en 1472, entre le Roi Louis XI. & le Pape Sixte IV. qui voyoit avec peine qu'on avoit rappelé dans le Royaume l'usage de la Pragmatique abolie en 1461, par les intrigues de Jean Geoffroi, Evêque d'Arras. Ce Concordat, qui est peu connu, fut mal observé ; Sixte IV. s'en plaignit au Roi, par une Lettre qui est dans le tom. VII. du *Spicilège de D. Luc d'Achery*. Mais ses plaintes furent inutiles. Innocent VIII. adressa en 1491 un Bref à Louis d'Amboise, Evêque d'Alby, pour l'exhorter à s'opposer aux nouveaux progrès de la Pragmatique. Ce Bref est dans le tom. VII. des *Mélanges de Baluze*, *pag.* 158.]

7544. De Pragmatica Sanctione Joannis Limnæi Liber.

Ce Discours est imprimé au Livre III. de l'Ouvrage intitulé : *Notitia Regni Franciæ* : Francofurti, 1655, *in*-4. 2 vol.

7545. ☞ Mf. Remarques sur la Pragmatique, faite par l'Eglise de France en 1438; & confirmée par Charles VII. avec des Observations sur les Notes de M. Dubois, Avocat au Parlement, & de quelques autres Jurisconsultes, sur la Pragmatique ; par Pierre le Merre.

Elles sont dans le tom. I. d'un Recueil d'Edits, Déclarations, &c. conservé à la Bibliothèque du Roi, num. 2618, des Livres imprimés sur le Droit Canonique.]

7546. Histoire de l'origine, établissement & abolition

Traités sur les Bénéfices de France. 521

abolition de la Pragmatique Sanction, faite par le Roi Charles VII. l'an 1439, & des Concordats faits en 1515; par Pierre DUPUY.

Cette Histoire est imprimée avec ses Traités concernant l'*Histoire de France* : *Paris*, 1652, *in-4*.

Gilles André de la Roque, au tom. III. des *Preuves de l'Histoire généalogique de la Maison de Harcourt*, pag. 1479, attribue cette Histoire à Pierre PITHOU, Avocat au Parlement.

Eadem, Latinè reddita, à Francisco Pinssonio.

Cette Version Latine est imprimée avec la *Pragmatique de S. Louis* : *Parisiis*, 1660, *in-fol*.

7547. Concordata inter Leonem Papam, X. & Sedem Apostolicam, & Christianissimum Regem Franciscum I. & Regnum Galliæ, publicata anno 1517 : [*Parisiis*, Gerlier, 1518, *in-8*.] Item, cum Defensorio Heliæ BORDELII, Archiepiscopi Turonensis: *Parisiis*, Gerlier, 1520, *in-4*. *Ibid*. 1534, 1551, *in-8*.

Eadem, cum interpretatione Petri REBUFFI : *Parisiis*, 1538, 1546, *in-4*. *Ibid*. 1540, *in-8*.

Sexta Editio : ab Auctore recognita : *Parisiis*, 1555 [1561] *in-8*. *Lugduni*, 1580, *in-8*. *Parisiis*, [1613, *in-4*.] 1620, 1660, *in-fol*.

Cette dernière Edition est la plus complète.

☞ Ce Commentaire de Rebuffe est un des meilleurs Ouvrages de ce Jurisconsulte, qui a joui pendant long-temps d'une grande réputation. Il le fit en 1535, pour ses Leçons publiques de Droit, qu'il donnoit à Paris, où il étoit Professeur. Depuis lui, il y a eu divers changemens dans l'exécution du Concordat, & plusieurs des choses qu'il a commentées n'ont plus lieu aujourd'hui.

Il y a à la suite du Commentaire de Rebuffe deux Traités de ce Jurisconsulte, datés l'un & l'autre de 1536. L'un est intitulé : *Tractatus nominationum in hoc maximè regno, tum utilis, tum necessarius*. L'autre est ainsi : *De Pacificis possessoribus, hoc in regno, ac in toto orbe non minus frequens quàm utilis*.]

Le Concordat entre le Roi François I. & le Pape Léon X. *Paris*, 1561, *in-8*.

7548. Procès-verbal des Remontrances faites au Parlement, en 1517, sur la publication des Concordats : *in-8*.

7549. Ms. Mémoires touchant le Concordat entre le Pape Léon X. & le Roi François I. en 1515; avec plusieurs autres Actes sur le même sujet : *in-fol*.

Ces Mémoires sont de Pierre DUPUY. Ils se trouvent entre ses Manuscrits, num. 117, & entre ceux de M. de Brienne, num. 171.

☞ Histoire du Concordat entre Léon X. & François I: de quelle manière il fut fait à Boulogne, & reçu dans le Concile de Latran; & de ce qui s'est passé en France pour en empêcher l'exécution.

Cette Histoire est dans la *Bibliothèque Ecclésiastique de Dupin, XVI. Siècle, tom. I*.]

7550. Ms. Recueil de Pièces touchant le Concordat, depuis l'an 1515 jusqu'en 1532: *in-fol*.

Ce Recueil est conservé dans la Bibliothèque de M. le premier Président de Mesmes, num. 71.

Tome I.

7551. Fasciculus Actorum pertinentium ad Concordata Nationis Gallicæ inter Leonem X. & Franciscum I.

Fasciculus alter Actorum ejusdem argumenti.

Ces deux Recueils d'Actes touchant le Concordat, sont imprimés aux *pages 157 & 356 Mantissæ Codicis Juris Gentium Diplomatici*, Editore G. G. Leibnitio : *Hanoveræ*, 1700, *in-fol*.

7552. Matthæi A PAZO, Toletani, Commentaria in Concordata Regis Franciæ cum summo Pontifice : *Toleti*, 1537, *in-4*.

7553. Joannis D'AYMA, Commentaria ad Pontificia Regiaque Concordata : *Tolosæ*, 1538, *in-8*.

☞ Les Notes de cet Auteur ne vont que jusqu'au cinquième titre du Concordat.]

7554. ☞ Observations sur le Concordat fait entre Léon X. & François I. par Michel DU PERRAY : *Paris*, 1722, *in-12*. 2 vol.

Le texte même du Concordat se trouve dans ce Livre, tel qu'il est dans les Conciles du P. Labbe.

Voyez le *Journal des Sçavans*, *Avril* & *Juin*, 1722, = *Mars*, 1723.]

7555. ☞ Questions sur le Concordat; par le même : *Paris*, 1723, *in-12*. 2 vol.]

7556. ☞ Ms. Résolutions de plusieurs questions sur le Concordat, avec des Observations sur les diverses Editions de ce Concordat; par Pierre LE MERRE.

Ce Manuscrit est dans le tom. I. d'un Recueil d'Edits, Déclarations, &c. conservé à la Bibliothèque du Roi, num. 2618, des Livres imprimés sur le Droit Canonique.]

7557. ☞ Explication du Concordat; par François BOUTARIC, Professeur en Droit François dans l'Université de Toulouse.

Elle est imprimée avec son *Explication de l'Ordonnance de Blois* : *Toulouse*, 1745, *in-4*. Le texte du Concordat est à la suite du Commentaire. On trouve aussi cette Explication dans le tom. I. du *Recueil des Ouvrages de l'Auteur, sur les Matières Bénéficiales : Toulouse*, 1762, *in-4*. 2 vol. Boutaric est mort en 1733.]

7558. Gilberti GENEBRARDI, Archiepiscopi Aquisextiensis, Liber de sacratum Electionum jure & necessitate ad Ecclesiæ Gallicanæ redintegrationem : *Parisiis*, Nivelle, 1593, *in-12*. [*Lugduni*, 1594 : *Leodii*, 1601, *in-8*.]

Ce Livre fut brûlé à Paris, par ordre du Parlement. Cet Ouvrage, fait contre le Concordat de Léon X. & de François I, fut une des causes de l'Arrêt prononcé contre l'Auteur, le 26 Janvier 1596, par le Parlement de Provence.

7559. La véritable Explication du Concordat, qui fait voir que le Roi a droit de nommer à plusieurs Prieurés, auxquels Sa Majesté ne nommoit pas; par Jean CHASTAIN, Prêtre: *Paris*, Meturas, 1678, *in-4*. & *in-12*.

7560. ☞ Addition à la véritable Explication du Concordat, avec la découverte du droit de nomination du Roi, sur quatre

Vuu

Prébendes de S. Julien de Brioude ; par le même : *Paris*, 1679, *in*-12.]

7561. ☞ Avis de droit sur la nomination à l'Archevêché de Besançon, en faveur de Sa Majesté ; par Jules CHIFFLET, Chanoine de Besançon : 1663, *in*-4.]

7562. ☞ Réflexions sur la nature & l'origine du droit du Roi, de nommer aux Prélatures de son Royaume ; (par M. J. B. GERBIER de la Massilaye, Avocat au Parlement) : 1764, *in*-4.

Ces Réflexions & la Notice suivante ont été faites pour la cause des Abbayes de Chezal-Benoist, en Auvergne, que les Religieux soutenoient exemptes de la nomination Royale.]

7563. ☞ Notice des titres & des textes justificatifs de la possession de nos Rois, de la première, seconde & troisième Races, de nommer aux Evêchés & aux Abbayes de leurs Etats ; par M. BOUQUET, Avocat : 1764, *in*-4.

M. Bouquet a été aidé dans ses recherches par M. THOUET, Archiviste de l'Eglise de Paris.]

7564. ☞ Observations dans la cause des Abbayes de Chezal-Benoist sur les nominations Royales : 1764, *in*-4.

Ces Observations faites pour défendre les droits prétendus par les Religieux, sont signées de MM. MEY, COCHIN, LE GOUVÉ.

Les autres Mémoires faits respectivement dans cette affaire sont indiqués ci-après, parmi les Histoires des Abbayes. On peut les consulter pour ce même objet.]

7565. Specimen Juris Canonici apud Gallos usu recepti, complectens Pragmaticas Sanctiones, Concordata, &c.

Voyez ci-devant, N.° 6959.]

7566. ☞ Recueil des Pragmatiques Sanctions, Concordats, Indults & Bulles des Papes, qui accordent aux Rois la nomination aux Bénéfices, avec les Edits, Déclarations & Ordonnances des Rois de France, sur la Discipline & la Jurisdiction Ecclésiastique.

Ce Recueil forme le tom. II. de l'édition du *Commentaire de P. Dupuy sur Pithou*, publié par l'Abbé Lenglet : *Paris*, 1715, *in*-4.]

7567. Ordonnances, Lettres-Patentes, & autres Actes contre les divers moyens dont l'on se sert en Cour de Rome, pour tirer l'argent de ce Royaume. Que le Pape ne peut faire aucune levée en France, sans le consentement du Roi. Défenses faites en divers temps, de porter or & argent à Rome.

Ce Recueil de Pièces, depuis l'an 1205 jusqu'en 1638, est imprimé au chapitre XXII. des *Preuves des Libertés de l'Eglise Gallicane* : *Paris*, 1651, *in-fol.*

7568. ☞ Libellus Apostolorum nationis Gallicanæ, cum constitutione sancti Concilii Basileensis, & Arresto Curiæ Parlamenti (Parisiensis) super Annatis non solvendis ; cum quibusdam aliis in quibus approbatur Concilium Basileense : *Parisiis*, Petit, 1512, *in*-4.

Les Annates sont, comme on sçait, le droit que les Papes prétendent dans tous les Royaumes Chrétiens, sur les revenus de la première année des Bénéfices vacans. Ce droit fut vivement débattu dans le Concile de Constance. Charles VI. qui vouloit l'abolir, avoit chargé les Ambassadeurs qu'il avoit envoyés au Concile d'y faire approuver sur cet objet les Libertés de l'Eglise Gallicane : mais les Cardinaux s'y opposèrent fortement, & proposèrent seulement la réformation des abus. Ce fut contre leurs prétentions que les Députés François firent l'Ouvrage dont il s'agit. Il est intitulé : *Apostoli & responso dati per nationem Gallicanam*, Dom. Cardinalibus appellantibus ab ejusdem conclusione, voto, deliberatione ac declaratione captis & factis solemniter per eamdem, quòd vacantia ac minuta servitia nullo jure sint debita, & de cætero nihil solvant. Malgré cette protestation des François, l'article demeura tel que les Cardinaux l'avoient dressé. Le Concile de Basle condamna ensuite ce Droit par un Décret qui fut inséré dans la Pragmatique, avec une modification.

Cette Déclaration de la Nation de France sur les Annates, est dans le tom. II. *pag.* 195 de l'*Histoire des Conciles généraux*, par Richer, & dans les *Preuves des Libertés*, par Dupuy, tom. II. *pag.* 21. Ortuinus Gratius l'avoit aussi fait imprimer dans son *Fasciculus rerum expetendarum*, &c. mais cette Edition est tres-peu exacte. Cet Ouvrage y est attribué à Nicolas de Clémangis, qui, selon la remarque de Richer, n'a point assisté au Concile de Constance. Herman Vander-Hart, sçavant Allemand, qui a publié en 1697 à Francfort une vaste compilation sur le Concile de Constance, a inséré cette Pièce dans la treizième partie de son premier tome. Il l'a publiée sous ce titre : *Nationis Gallicanæ publica Declaratio de Annatis non solvendis.*]

7569. ☞ Lettre de M** (l'Abbé GOUJET) sur les Annates, & Relation de l'Assemblée de la Nation de France à Constance, pendant la tenue du Concile, sur le sujet des Annates.

Cette Lettre est dans les *Mémoires de Littérature* du Père des Molets, tom. III. *pag.* 116. 148. C'est un Extrait de ce qui se passa dans le Concile à ce sujet.

Claude-Pierre GOUJET, Chanoine de S. Jacques de l'Hôpital, à Paris, connu par un grand nombre d'Ouvrages, est mort le premier Février 1767.]

7570. ☞ Traité des Annates, où l'on examine aussi si les Secrétaires des Evêques & des autres Collateurs des Bénéfices peuvent, sans simonie, exiger pour leurs expéditions au-delà de ce que les Loix Canoniques leur permettent de recevoir pour leur travail : *Amsterdam* (Rouen) 1718, *in*-12.

Ce qui a donné lieu à cet Ouvrage, c'est une proposition sur les Annates, insérée dans une Thèse soutenue en Sorbonne par M. l'Abbé Beraud (depuis Conseiller Clerc au Parlement de Paris) pour sa *Résompte*, en Juillet 1717. On a attribué ce Traité à M. BERAUD lui-même, aidé de l'Abbé de Longuerue, son intime ami, qui lui avoit vendu sa sçavante Bibliothèque, en s'en réservant l'usufruit sa vie durant ; & il en a joui en effet plusieurs années après la mort de l'Abbé Beraud.]

7571. ☞ Discours sur les Annates ; par Guill. Franç. BERTHIER, Jésuite.

Ce Discours, qui est sçavant & fait avec ordre, est à la tête du tom. XV. de l'*Histoire de l'Eglise Gallicane* : *in*-4.]

7572. Mémoires dressés pour le Roi Très-Chrétien & l'Eglise Gallicane ; par Jacques CAPPEL, Avocat du Roi au Parlement de Paris.

Ce Mémoire est imprimé *pag.* 47, du *Recueil des*

Traités des Libertés de l'Eglise Gallicane, de l'an 1639, [& dans le tom. I. de l'*Edit de* 1731.] L'Auteur est mort en 1540. Il avoit écrit ce Mémoire contre les levées des deniers qui se faisoient au profit de la Cour de Rome.

☞ *Voyez* pour Cappel & ses Ouvrages, les *Singularités historiques* de Dom Liron, tom. *III. p.* 445.]

7573. Edit du Roi [HENRY II.] contre les petites Dates & autres abus de la Cour de Rome en l'impétration des Bénéfices, du 24 Juillet 1550: *Paris*, 1550, *in-*8.

7574. Commentarius ad Edictum Henrici II. contra parvas Datas & abusus Curiæ Romanæ, & antiqua Edicta & Senatusconsulta contra Annatarum, & id genus abusus: Auctore Carolo MOLINÆO, J.C. Parisiensi, & in supremo Parisiorum Senatu Advocato: *Lugduni*, Vincentii, 1552: *Basileæ*, Parei, 1552, *in-*4.

Ce Commentaire, achevé en 1551, fut fatal à son Auteur. Il est aussi imprimé [avec d'autres *Opuscules* de du Moulin: *Paris*, le Preux, 1605, *in-*8. &] au tom. IV. du *Recueil général de ses Œuvres*, *pag.* 299: *Parisiis*, 1681, *in-fol.*

Le même, traduit en François, par l'Auteur : *Lyon*, Robichon, 1554, *in-*4.

Le même, traduit en François, augmenté en 1561, de plus des deux tiers: *Lyon*, 1564, *in-*4.

Cet Ouvrage fut censuré par la Sorbonne, sur-tout à cause de l'Epître Dédicatoire au Roi Henri II. Quatre Jurisconsultes François écrivirent contre du Moulin ; sçavoir, Pierre Lizet, premier Président au Parlement de Paris, puis Abbé Commendataire de l'Abbaye de S. Victor ; Rémond le Roux, Docteur ès Droits, Avocat ; Pierre Rebuffe & Jean Duaren. Je ne rapporte point ici le titre de leurs Ouvrages, parcequ'ils y traitent plutôt des Controverses sur des matières de Religion, que du sujet principal du Livre de du Moulin.

☞ *Voyez* sur le Livre de du Moulin, sa *Vie*, par Julien Brodeau, *in-*4. les premiers Chapitres du Liv. II. & l'*Histoire de l'Eglise Gallicane, in-*4. tom. *XVIII.* à l'année 1552, *pag.* 563 *& suiv.*]

7575. Edit du Roi [HENRY II.] notre Sire, sur la prohibition faite à toutes personnes, Banquiers & autres, de n'expédier & envoyer en Cour de Rome aucuns Courriers ni autres, pour y faire tenir ou ou argent, soit pour matières Bénéficiales, Provisions ou autres Expéditions, du 7 Septembre 1551 : *Paris*, 1551, *in-*8.

Cet Edit du Roi Henri II. & les autres Pièces suivantes ne sont point dans le Recueil précédent.

7576. Arrêt du Grand-Conseil, sur le pouvoir des Œconomes Ecclésiastiques, pour les Provisions des Bénéfices électifs, étant à la nomination du Roi, pendant les empêchemens d'aller à Rome ; avec les Preuves : 1596, *in-*8.

7577. Ordre & Réglement sur les Provisions des Bénéfices en l'Eglise de France, pendant les empêchemens d'aller à Rome : *Paris*, du Val, 1596, *in-*8.

7578. Réponse au Traité précédent, adressée à MM. les Prélats, & autres Ecclésiastiques tenant l'Assemblée générale du Clergé à Paris : 1596, *in-*8.

7579. Arrêt notable du Parlement de Paris, contre l'abus des Coadjutoreries : *Paris*, 1642, *in-*4.

7580. ☞ Du Droit de déport & de son origine ; par Adrien BEHOTTE : *Rouen*, 1630, *in-*8.

Le Déport est une espèce d'Annate dont les Evêques ou leurs Archidiacres, Archiprêtres ou Grands-Vicaires, jouissent sur les Cures & autres Bénéfices vacans. Il a été condamné avec les Annates, par le Concile de Basle, & défendu par la Pragmatique.]

7581. ☞ Traité de la dépouille des Curés, dans lequel on fait voir que selon les Canons des Conciles, les Libertés de l'Eglise Gallicane, les Ordonnances, les Arrêts, &c. les Archidiacres n'ont nul droit sur les meubles des Curés décédés ; par un Docteur en Droit, (Jean-Baptiste THIERS) : *Paris*, Desprez, 1683, *in-*12.]

7582. ☞ Abrégé des matières Bénéficiales, selon l'usage de l'Eglise Gallicane ; par M. HUSSON CHARLOTEAU, Curé d'Iges : *Paris*, 1667, 1683, *in-*12.]

☞ Institutions Ecclésiastiques & Bénéficiales, suivant les usages de France ; par M. GIBERT.

Voyez ci-devant, N.° 6968.]

7583. ☞ Traité des Bénéfices Ecclésiastiques, dans lequel on concilie la Discipline de l'Eglise avec les Usages du Royaume ; & Recueil des Edits, Ordonnances, Déclarations & Arrêts de Réglement, concernant les matières Bénéficiales, & autres qui y ont rapport ; par M. P. G. (Pierre GOHARD, Docteur de Sorbonne) : *Paris*, Langlois, 1734, *in-*4. 3 vol.

Le même, revu, corrigé & augmenté d'un grand nombre de Pièces qui n'avoient point encore paru : *Paris*, Boudet, 1765, *in-*4. 7 vol.

Pierre Gohard, mort en 1749, Archidiacre & Grand-Vicaire de Noyon, étoit Curé de Montfort l'Amaury, lieu de sa naissance, lorsque son Ouvrage fut publié pour la première fois. Un ami à qui il en avoit confié le Manuscrit, le donna à l'Imprimeur plutôt que l'Auteur ne l'auroit désiré. Quoique le Public l'ait reçu dès-lors favorablement, M. Gohard s'est appliqué à le perfectionner, & il en a fait une espèce de Bibliothèque Canonique. On doit estimer sur-tout le Recueil des Pièces qui terminent l'Ouvrage, & dont M. d'Aguesseau conseille la lecture. Elles sont suivies de deux Tables qui en rendent la recherche plus facile ; l'une est Chronologique, & suivant les dates de la publication de ces Pièces & de leur enregistrement dans les Cours Souveraines ; l'autre est suivant l'ordre des matières, qui sont distribuées en dix-neuf paragraphes.]

7584. ☞ Histoire de l'origine & du progrès des revenus Ecclésiastiques, où il est traité selon le droit ancien & nouveau, de ce qui regarde la Régale, les Investitures, les Nominations aux Bénéfices, &c. par Jérôme

Acosta, Docteur en Droit : *Francfort*, 1684, 1703, *in-12*.

La même, augmentée : 1709, *in-12*.

[Richard Simon est l'Auteur de cet Ouvrage. Le nom d'Acosta sous lequel il se cacha, fait allusion aux côtes & aux falaises entre lesquelles est placée la Ville de Dieppe, sa Patrie. Il y est mort en 1712.]

7585. ☞ Traité des Commendes & des Réserves, ou des Provisions des Bénéfices par dérogation à la règle *Regularia regularibus*, & en vertu des usages des Pays conquis ou des Provinces réunies à la Couronne depuis le Concordat; par M. Piales, Avocat au Parlement : *Paris*, 1758, *in-12*. 3 vol. *in-4*.

Cet Ouvrage sert de suite aux Traités que M. Piales a publiés depuis 1753, sur les *Collations & Provisions des Bénéfices*, 8 vol. *in-12*. sur les *Provisions de Cour de Rome à titre de prévention, &c.* 2 vol. sur la *Dévolution, le Dévolut, & les Vacances de plein droit*, 3 vol. &c. Un Canoniste François doit lire tous ces Traités de M. Piales, qui expose le droit commun avec les usages du Royaume. Ils ont mérité à leur Auteur une réputation peu commune.

On peut voir encore pour le même objet les Ouvrages de Michel du Perray, sur les matières Bénéficiales, en 17 vol. *in-12*. Quoique très-peu méthodiques, ils peuvent être consultés avec fruit, à cause de l'érudition de l'Auteur. *Voyez* aussi les *Maximes du Droit Canonique*, par L. du Bois, ci-devant, N.° 6962; les *Définitions du Droit Canon*, par Perard Castel, ci-devant, N.° 6964, & presque tous les Ouvrages indiqués dans le premier article du *Droit Ecclésiastique de France*.]

§. III. *Traités des Droits de Régale & d'Indult.*

7586. Tractatus Juris Regaliorum ; per Arnulphum Ruzæum : *Parisiis*, 1534, *in-4*.

Idem, cum Supplemento Philippi Probi [Biturici, Officialis Ambianensis] : accesserunt Tractatus duo circa Jus Regaliæ : *Parisiis*, à Prato, 1551, *in-8*.

Ce même Traité est imprimé [avec d'autres Ouvrages de l'Auteur : *Parif.* 1542, *in-4*. &] dans le Livre intitulé : *Praxis Beneficiorum*, de Pierre Rebuffe : *Lugduni*, 1564, *in-fol*. [*Parisiis*, 1664,] Ouvrage assez estimé, qui contient divers Droits de la Couronne de France, outre celui qu'on nomme Droit de Régale. L'Auteur étoit un excellent Jurisconsulte.

☞ On trouve encore ce Traité dans la grande Collection faite à Venise en 1584, sous le titre de *Tractatus Tractatuum Juris*, au tom. XII. Le Supplément de Philippe Probus contient soixante-trois questions concernant le Droit de Régale. Les deux Traités qui sont à la suite sont, 1.° les deux Plaidoyers de Pierre Bertrandi, faits en faveur de la Jurisdiction Ecclésiastique, & prononcés au Bois de Vincennes en 1329, en présence de Philippe-de-Valois, contre Pierre de Cugnières : 2.° le Traité du même Bertrandi, intitulé : *Tractatus de origine Jurisdictionum*, dont il est parlé plus haut, au Chapitre des Libertés de l'Eglise Gallicane.

Voyez sur Ruze & sa famille, les *Singularités historiques* de Dom Liron, tom. I. *pag.* 339.]

Nota. On cite ordinairement, parmi les Ouvrages sur la Régale, un Traité intitulé : *Regalium Franciæ Libri II. auctore Carolo de Grassalio*. Ce Livre est rapporté ci-après, Liv. III. parmi les Traités sur les prérogatives de nos Rois. Il n'y a que le second Livre de cet Ouvrage qui ait rapport à la Régale proprement dite.]

7587. * Ms. Discours de François Florent, d'Arnay-le-Duc, Jurisconsulte, au sujet de la Régale.

Ce Discours de Florent, mort en 1650, est conservé dans la Bibliothèque de M. Joly de Fleury, Procureur-Général du Parlement de Paris, num. 691.]

7588. ☞ Suite méthodique de l'usage de la Régale, depuis Clovis jusqu'à présent : 1673, *in-fol*.

7589. Recueil de soixante Pièces touchant le Droit de Régale, depuis l'an 1147 jusqu'en 1638.

Ce Recueil est imprimé au chapitre XVI. des *Preuves des Libertés de l'Eglise Gallicane* : *Paris*, 1651, [& 1731] *in-fol*.

7590. Ms. Registre contenant divers Arrêts de la Cour de Parlement, qui concernent le Droit de Régale dans diverses Eglises du Royaume, depuis l'an 1334 jusqu'en 1400.

Ce Registre est conservé dans la Bibliothèque du Roi, num. 8357, & dans celle de M. le Chancelier Séguier [à S. Germain-des-Prés.]

7591. Ms. Recueil d'Ordonnances & d'Arrêts au sujet de la Régale, depuis 1203 jusqu'en 1495 : *in-fol*.

Ce Recueil est conservé dans la Bibliothèque du Roi. Il lui a été donné par M. Massue, Procureur du Roi au Bailliage de Château-Gontier, & Subdélégué de l'Intendant de Tours.

7592. Ms. Anciens Arrêts touchant la Régale : *in-fol*.

Ces anciens Arrêts [étoient] conservés dans la Bibliothèque de M. Colbert, num. 1561, 1928, 1929, 2036, [& sont aujourd'hui à la Bibliothèque du Roi.]

7593. Ms. Recueil de Pièces touchant la Régale : *in-fol*.

Ce Recueil [étoit] conservé dans la Bibliothèque de M. de Mesmes, & dans celle de M. de Lamoignon.

7594. Ms. De la Régale : Commentaire de François Pithou, sur l'article LXVI. du Traité de Pierre Pithou son frère, des Libertés de l'Eglise Gallicane : *in-fol*.

Ce Commentaire [étoit] conservé num. 76 de la Bibliothèque de M. le Pelletier le Ministre, [qui a été vendue & distraite.]

Ms. Le même Commentaire, avec les Maximes en Régale non écrites ; & des Auteurs qui ont écrit du Droit de Régale : *in-fol*.

Cet Exemplaire [étoit] conservé dans la même Bibliothèque, num. 78.

7595. Ms. De la Régale & du serment de fidélité que les Archevêques & Evêques doivent au Roi, avec plusieurs Pièces anciennes pour les Preuves de la Régale : *in-fol*.

Ce Recueil [étoit] conservé dans la même Bibliothèque, num. 78.

7596. Ms. Traité de la Régale, sous les trois Races de nos Rois, jusqu'en 1673 : *in-4*.

Ce Traité [étoit] conservé dans la Bibliothèque de M. Foucault, [d'où il a passé en celle de M. l'Abbé de Rothelin, qui a été vendue en 1746.]

Des Droits de Régale & d'Indult.

7597. Mf. Diverses Pièces sur la Régale, en 1680 : *in-4*.

Ce Recueil est conservé dans la Bibliothèque de M. le Chancelier d'Aguesseau.

7598. Mf. Traité de la Régale, écrit en 1681 ; par Nicolas FAVIER, Avocat du Roi aux Conférences de Courtray : *in-fol*.

Ce Traité est conservé dans la Bibliothèque du Roi, num. 93573.

7599. Des Régales ; par Gilles LE MAISTRE, premier Président du Parlement de Paris.

Ce Traité [qui est assez estimé] est imprimé avec ses *Décisions notables* : *Paris*, 1567, *in-4*. *Ibid*. 1601, *in-12*. *Lyon*, 1604, avec ses Œuvres : *Bruxelles*, 1662, *in-8*. *Paris*, 1653, 1675, *in-4*. & dans Bouchel, tom. III. pag. 124, de sa *Bibliothèque du Droit François* : *Paris*, 1667, *in-fol*. Gilles le Maistre est mort en 1562.

☞ Idem, Tractatus Latinè versus.

Cette Traduction est dans le *Tractatus Tractatuum*, *tom. XII.*]

7600. De l'ancienneté des Régales en matière d'Archevêchés & Evêchés ; par Etienne PASQUIER.

Ce Traité est imprimé au Liv. III. de ses *Recherches de la France*.

7601. Des Régales ; par Antoine LOISEL.

Ce Traité est imprimé avec ses *Opuscules*, pag. 34 : *Paris*, 1652, *in-4*.

7602. Discours au Roi sur son Droit de Régale ; par Arnauld DE BAVIDE, Chapelain de la Reine : *Paris*, 1619, *in-8*.

7603. Traité du Droit de Régale ; par Germain FORGET, Avocat au Siège Présidial d'Evreux.

Ce Traité est imprimé avec son *Traité des Personnes & des choses Ecclésiastiques* : *Rouen*, 1625, *in-8*.

7604. Belle & curieuse Recherche, traitant de la Jurisdiction de la Chambre des Comptes de Bretagne, sur le fait de la Régale, [& le fournissement d'Aveux du temporel des Evêchés & autres Bénéfices dudit Pays] servant à l'Histoire de Bretagne ; par Albert PADEOLEAU, sieur de Launay, Auditeur, puis Correcteur en ladite Chambre des Comptes : *Nantes*, 1631, *in-4*.

7605. Inventaires des Titres & Enseignemens pour l'exemption de la Régale de la Province de Languedoc ; par LA SERRE, Avocat au Conseil pour la Province : 1638, *in-4*.

7606. Défense & raisons que la Province de Languedoc a employées [& produites par devers le Roi, en exécutant l'Arrêt du Conseil du 16 Octobre 1637, qui l'a obligée à la représentation de ces Titres] pour montrer que l'Etat Ecclésiastique de ladite Province, n'a jamais subi le Droit de Régale ; par le même : *Paris*, Vitré, 1639, *in-fol*.

7607. Nouvelle Défense du Pays de Languedoc contre la Régale ; par HABERT, Avocat : 1642, *in-4*.

☞ Elle est dédiée aux Etats de Languedoc.]

7608. Traité singulier du Droit de Régale ; par Pierre DE LA LANDE : 1642, *in-4*.

7609. ☞ Remarques particulières sur les Droits de Régale & de Nominations aux Bénéfices de fondation Royale, où est montré que le Roi a Droit de Régale dans toutes les Eglises & Abbayes qui sont à sa nomination ; par Pierre DE LA LANDE : 1642, *in-4*.]

7610. * Mf. Traité du Droit de Régale, où il est montré que ce Droit s'étendoit autrefois sur les Abbayes, & qu'il n'a été en usage en ce Royaume sous la troisième Race ; par Christophe BALTHAZAR, Avocat du Roi au Bailliage d'Auxerre.

Ce Traité est cité dans un Mémoire Manuscrit des Ouvrages de cet Auteur, [qui étoit] conservé num. 113, de la Bibliothèque de M. le Chancelier Séguier [aujourd'hui à S. Germain-des-Prés.]

7611. De Jure Regaliæ Dissertatio Petri DE MARCA.

Cette Dissertation, composée en François par l'Auteur en 1649, & traduite en Latin par Etienne Baluze, est contenue dans le Livre VIII. de ses *Dissertations de la Concorde du Sacerdoce & de l'Empire*. Il traite d'abord cette Question, si la Régale doit s'étendre sur toutes les Eglises Cathédrales ; il dit ensuite, que le Parlement ayant donné en 1608 un Arrêt sur ce sujet, le Roi Henri IV. sur les Remontrances du Clergé, défendit à cette Cour de prendre connoissance de ces matières.

7612. Discours fait sur la Régale ; par François BOSQUET, Evêque de Lodève, dans l'Assemblée du Clergé de France, en 1655.

Ce Discours est imprimé dans le Gentil, au tom. II. des *Mémoires du Clergé*, pag. 99 : *Paris*, 1673, *in-fol*. François Bosquet est mort Evêque de Montpellier en 1676.

7613. Mémoire dressé par Pierre DE MARCA, Archevêque de Toulouse, suivant qu'il en avoit été prié par l'Assemblée du Clergé de France, pour servir au Jugement de l'Instance générale de la Régale ; fait en 1657, avec plusieurs autres Actes.

Ce Mémoire est imprimé dans le volume précédent, pag. 102, avec un Sermon sur S. Thomas de Cantorbéry ; par N. MOLINIER, Prêtre Tolosain, pag. 170, *in-12*.

7614. Juris Regaliæ brevis Notitia ; auctore Joanne DOUJAT, Antecessore Parisiensi.

Cette courte Notice est imprimée avec son *Essai du Droit Ecclésiastique reçu en France* : *Parisiis*, 1671, 1674, *in-12*.

7615. Considérations sur la Régale & autres Droits de Souveraineté à l'égard des Coadjuteurs : [*Paris*, 1654] *in-4*.

On les attribue à Matthias PONCET, Sieur de la Rivière, Conseiller d'Etat.

7616. Déclaration du Roi, par laquelle Sa Majesté déclare, que le Droit de Régale lui appartient universellement sur tous les Archevêchés & Evêchés de son Royaume, à la réserve seulement de ceux qui en sont exempts à titre onéreux, le 10 Février 1673 ; *in-4*.

7617. Dissertation historique de la Régale, pour sçavoir si elle peut & doit être étendue sur les Abbayes; par François Pinsson, Avocat au Parlement: *Paris*, 1676, *in-fol.*

Cet Auteur est mort en 1691.

7618. Anciens Droits & Usages de la Régale, confirmés par un Arrêt notable du Parlement de Dijon, touchant la Chancellerie de Toulouse, portant Réglement général pour l'ouverture & clôture de Régale: *Paris*, Guinard, 1677, *in-4.*

7619. Relation de ce qui s'est passé touchant l'affaire de la Régale, dans les Diocèses d'Alet & de Pamiers, 1681, *in-12.*

C'est un Recueil de Pièces, depuis le 30 Mai 1675, jusqu'au 15 Octobre 1677.

Il a été traduit en Latin, augmenté & publié sous le titre suivant:

Præcipua documenta ad Regaliæ causam spectantia, quæ superstitibus adhuc Præsulibus Aletensi & Appamiensi edita sunt, quorum pleraque ex Gallico idiomate translata sunt in Latinum.

Ce nouveau Recueil est dans l'Appendice du Traité général de la Régale, pag. 414, è *Typographia sancti Galli*, 1702, *in-4.* Il comprend quarante-une Pièces, écrites depuis le 3 Mai 1675, jusqu'au 3 Mars 1681.

☞ L'Auteur de cette Relation est Louis-Paul du Vaucel, Théologal d'Alet, connu sous le nom de Valloni, dans les Lettres de M. Arnauld: il l'avoit pris dans ses Négociations à Rome, où il fut plus de 25 ans. Il mourut à Maestricht en 1715.

7620. Traité de la Régale; par [Antoine] Aubery, Avocat au Parlement & au Conseil: *Paris*, Mâbre-Cramoisy, 1678, *in-4.*

Aubery avoit composé ce Traité pour François-Chrétien de Lamoignon, alors Avocat-Général au Parlement, depuis Président à Mortier. » Ceux qui ont » écrit jusqu'ici de la Régale, l'ont fait plutôt en Juris-» consultes ou Canonistes, qu'en Historiens. C'est en » cette qualité que cet Auteur traite de la Régale. Il » commence d'abord par l'ancienne Institution des Pré-» lats en France, & par les motifs qui doivent justifier » le Concordat. Delà il passe à l'origine & progrès de » la Régale; & dans la suite, il traite de l'exemption de » la Régale, prétendue autrefois en Bretagne; de la » soumission uniforme de toutes les Provinces de France » au Droit de Régale; de l'extension de ce Droit aux » Abbayes aussi-bien qu'aux Evêchés; & enfin depuis » quel temps la Régale peut avoir discontinué à l'égard » des Abbayes ». *Journal des Sçavans*, du 12 Septembre 1678. Ce Traité, selon M. Lenglet, n'est pas estimé, parceque, dit-il, l'Auteur n'entendoit pas assez cette matière. Il est mort en 1695.

☞ *Voyez* sur ce Traité le P. Niceron, *tom. XIII.* pag. 310.]

7621. Traité de la Régale, imprimé par l'ordre de M. l'Evêque de Pamiers: *Cologne*, 1680, 1681, *in-12.*

Il medesimo: tradotto in lingua Italiana: 1680, *in-12.*

François-Etienne Caulet, Evêque de Pamiers, fit imprimer ce Traité pour la défense des Droits de son Eglise. Il y eut un Arrêt du Parlement de Paris, du 3 Avril 1680, qui en ordonnoit la suppression. Cet Evêque est mort en 1680. [*Voyez* le *Catal. des Auteurs du Droit Canon*, de Lenglet, *pag.* 205.]

7622. Traité général de la Régale; trouvé parmi les Mémoires de feu M. de Pamiers: 1680, 1681, *in-4.*

Ce Traité est imprimé à Lyon par les soins de l'Abbé de la Borde, mort en 1715, qui étoit fort attaché à M. de Pamiers, du vivant de cet Evêque. [Le Parlement de Toulouse l'ayant décrété de prise de corps, il se retira à Rome.] L'Auteur est Pierre Bertier, alors Evêque de Rieux, mort Evêque de Montauban.

Tractatus generalis de Regalia, qui primùm Gallico sermone prodiit, nunc Latino donatus, auctior & correctior editur, cum aliis Opusculis ad eandem materiam spectantibus: 1689, *in-4.*

Ce Traité est divisé en quatre Livres. Le premier traite de la nature, origine & progrès de la Régale. L'Auteur prétend dans le second, que la Régale ne peut être juste que par concession de l'Eglise. Il soutient dans le troisième, qu'elle ne peut être étendue à tous les Evêques du Royaume; & dans le quatrième, il répond aux difficultés proposées sur cette matière. Il a été imprimé en Latin dans l'Abbaye de Saint-Gal, par les soins du Cardinal Sfondrate, Abbé de ce lieu.

7623. * Ms. Discours sur le Livre imprimé par ordre de M. de Pamiers, au sujet de la Régale: *in-4.*

Ce Discours est dans la Bibliothèque de M. Joly de Fleury, Procureur-Général au Parlement de Paris, num. 534.

☞ Dans un Recueil conservé à la Bibliothèque du Roi, num. 2610, des Livres imprimés sur le Droit Canonique, il y a un Discours de M. l'Abbé de Saint-Firmin, qui porte le même titre, & qui est peut-être le même Ouvrage.]

7624. Renati Rapini, è Societate Jesu; Epistola ad Alderanum Cibo, Cardinalem, pro pacando super Regaliæ negotio Innocentio XI. *Parisiis*, 1680, *in-8.*

☞ La même, traduite sous ce titre: Lettre écrite à M. le Cardinal Cibo, pour appaiser le Pape au sujet de la Régale: *Cologne*, 1684, *in-12.*]

Le Père Rapin est mort en 1687.

☞ » La Traduction (dit le P. Niceron, *tom. XXXII.* » *p.* 159) est attribuée mal faite pour être attribuée au Père » Rapin. On peut voir un Extrait de la Lettre dans les » Nouvelles de la République des Lettres, 1686, Jan-» vier, *p.* 97 ». *Voyez* aussi le tom. VIII. de la *Morale Pratique*, *pag.* 50.]

7625. Inventaire de Pièces concernant la Régale du Diocèse de Pamiers: 1681, *in-4.* *Cologne*, 1681, *in-12.*

Cet Inventaire a été recueilli par François-Etienne Caulet, Evêque de Pamiers, mort en 1680.

7626. ☞ Recueil d'Edits, Déclarations & Arrêts, Brefs du Pape, &c. concernant la Régale & les affaires des Diocèses d'Alet & de Pamiers: *in-fol.* 2 vol.

Ce Recueil, qui contient beaucoup de Pièces manuscrites, est à la Bibliothèque du Roi. *Voyez-en* le détail au num. 2610, des Livres imprimés sur le Droit Canonique. Il y a aussi au num. 2619, un autre Recueil plus court, & relatif au même objet.]

7627. Considérations sur les Affaires de l'Eglise, qui doivent être proposées dans la

Des Droits de Régale & d'Indult. 527

prochaine Assemblée du Clergé : 1680, *in-12.*

Antoine ARNAULD, Docteur de Sorbonne, à qui on attribue ces Considérations, y traite de la Régale, qu'il limite à certaines Provinces.

7628. Oratio de legitimo Regaliorum Jure, adversùs novos ejus impugnatores; dicta ab Antonio DUPUY, Academiæ Cadurcensis Antecessore & Rectore : *Cadurci,* 1681, *in-4.*

7629. ☞ Dissertation historique de l'origine des Investitures & de la Régale ; par M. D. B. *Paris,* Loyson, 1681, *in-4.*]

7630. Observation sur le Procès-verbal de l'Assemblée tenue en Mars & en Mai l'an 1681 : 1681, *in-8.*

7631. Recueil de Pièces concernant la Régale : *Paris,* Leonard, 1681, *in-4.*

Ce Recueil a été fait par les soins des Agens du Clergé de France, & imprimé par l'ordre des Evêques assemblés.

7632. Mss. Observations sur les principales maximes que les Défenseurs de la Régale ont voulu établir en des Discours manuscrits ou imprimés, & dans le Procès-verbal de l'Assemblée de quelques Prélats, tenue à Paris au mois de Mai 1681 : *in-8.*

Ces Observations étoient conservées dans la Bibliothèque de M. Foucault, d'où elles ont passé en celle de M. l'Abbé de Rothelin, qui a été vendue en 1746.]

7633. ☞ Mss. Sentimens de MM. les Gens du Roi, sur l'affaire de la Régale ; avec les Avis de M. Achille DE HARLAY, Procureur Général, & de M. Chrestien-François DE LAMOIGNON, Avocat Général, sur le Mémoire présenté au Roi par les Députés du Clergé, au sujet de la Régale, en 1682 : *in-4.*

Ce Manuscrit est cité au num. 383. du Catalogue de M. Bellanger, & aussi dans le Catalogue qui est à la fin de l'*Abrégé des Mémoires du Clergé : Paris,* 1764, *in-fol.*

On en trouve une copie à la Bibliothèque du Roi. Les sentimens du Ministère public sur la Régale, sont dans le second volume du Recueil indiqué au num. 2619, des Livres imprimés sur le Droit Canonique. Les Avis de M. de Harlay & de M. de Lamoignon sont dans le tom. II. du Recueil cité au num. 2610, même volume.]

7634. ☞ Epistola Cleri Gallicani ad Innocentium XI. *Paris,* 1682, *in-4.*

Cette Lettre concerne la Régale. Dans le même imprimé se trouve encore l'Acte du consentement du Clergé à l'extension de la Régale.]

7635. ☞ Lettre d'un Chanoine (Jean LE NOIR, Théologal de Seez,) à un Evêque, sur la Lettre de l'Assemblée du Clergé, au sujet de la Régale : *in-12.*]

7636. Dissertation sur l'autorité légitime des Rois en matière de Régale : *Cologne,* P. Marteau, 1682, *in-12.* [*Amsterdam* (*Lyon*) 1700, *in-12.*]

Ce petit Traité, qui est fort curieux, a été depuis imprimé sous le nom de M. Talon, avec ce titre : *Traité de l'autorité du Roi, touchant l'Administration de l'Eglise,* rapporté ci-devant au N°. 7368. Cependant il est de Rolland LE VAYER DE BOUTIGNY. *Voyez* sur ce Livre *Histoire des Ouvr. des Sçav.* Nov. 1699.]

7637. Traité de la Régale : *Paris,* 1682; *in-4.*

Ce Traité est conforme aux intentions du Roi; c'est-à-dire, qu'il soutient le Droit de Régale dans tout le Royaume. Il a été composé par M. DU BUISSON, Grand-Vicaire du Diocèse de Chaalons.

7638. Documenta quædam ex Gallico in idioma Latinum translata ad argumentum Regaliæ spectantia.

Ces Enseignemens, traduits en Latin par Célestin Sfondrate, sont imprimés au §. VIII. de la première Dissertation de la *Défense de la France : ex Typographia sancti Galli,* 1702, *in-4.* C'est un Recueil de soixante-trois Pièces, depuis l'an 1678, jusqu'au 7 de Novembre 1682.

7639. Histoire des Droits des Princes, touchant la disposition des Bénéfices Ecclésiastiques & des Loix de l'Eglise ; contenant les prétentions du Royaume de France sur la Régale, & les démêlés de cette Couronne avec la Cour de Rome, & plusieurs Actes & Lettres touchant cette Affaire [en Anglois ;] par Gilbert BURNET, Docteur en Théologie : *Londres,* Chiswel, 1682, *in-8.*

Ce Docteur Anglican est mort Evêque de Salisbery, en 1715.

7640. Nicolaüs CEVOLI de extensione Regaliæ.

Ce Traité est imprimé dans son *Atlas Antigraphi, &c. Colonia,* 1682, *in-12.*

☞ *Voyez* ci-devant N°. 7287.]

7641. Mss. Recueil d'environ soixante Pièces tant manuscrites qu'imprimées, concernant la Régale, depuis l'an 1673 jusqu'on 1683 : *in-fol.*

Ce Recueil ou Porte-feuille se trouve dans la Bibliothèque de M. Fevret de Fontette, Conseiller au Parlement de Dijon, & vient du célèbre Philibert de la Mare.]

7642. Nouveau Traité de la Régale, où l'on prouve le droit de nos Rois ; par Matthieu DE LARROQUE, Ministre à Caën-lès-Rouen : *Rotterdam,* 1685, *in-8.*

Ce Ministre est mort en 1684.

☞ *Voyez* les *Nouvelles de la République des Lettres,* Mai, 1685. = Le *Catalogue des Auteurs du Droit Canonique,* par Lenglet, *pag.* 106.]

7643. Natalis ALEXANDRI, ex Ordine Prædicatorum, Theologi Parisiensis, Dissertatio de Jure Regaliæ ad Canonem XII. Concilii Lugdunensis II. generalis.

Cette Dissertation est la huitième sur les principaux points de l'*Histoire de l'Eglise* des treize & quatorzième siècles : *Parisiis,* 1684, *in-8. Parisiis,* 1699, 1713, *in-fol.*

7644. Cœlestini SFONDRATI, Abbatis sancti Galli, Responsio ad hanc Dissertationem.

Cette Réponse est imprimée dans l'Appendice du Traité général de la Régale, *pag.* 666, *in-4. à Typographia sancti Galli,* 1701. Sfondrate, devenu Cardinal, est mort en 1696.

7645. Causa Regaliæ penitus explicata, seu

Responsio ad Dissertationem Natalis Alexandri, de Jure Regaliæ ; auctore M. T. S. Th. D. *Leodii*, Foppens, 1685, *in-4*.

L'Auteur de cette Réponse est Antoine CHARLAS.

☞ *Voyez* le *Catalogue des Auteurs du Droit Canonique*, par Lenglet, *pag.* 205.]

7646. ☞ Mſ. Réflexions de Pierre LE MERRE, Avocat, sur le douzième Canon du second Concile de Lyon (qui regarde la Régale.)

Elles sont à la Bibliothèque du Roi, dans le tom. I. d'un *Recueil d'Edits*, *Déclarations*, *&c.* sur la Régale, indiqué au num. 1610, des Livres sur le Droit Canonique. L'Auteur y montre que lorsque le Concile condamne le droit de Régale qui n'est point établi sur la fondation ou sur une coutume ancienne, il ne parle point du Roi, mais des Seigneurs particuliers qui levoient des droits sur les Eglises, & qui en prenoient les revenus pendant la vacance des Siéges.]

7647. De la Régale, par Louis MAIMBOURG.

Ce Discours est imprimé dans son *Traité historique des Evêques de Rome* : *Paris*, 1685, *in-4*. *in-12*. 2 vol. *Ibid.* 1686, *in-4*.

L'Auteur [qui avoit été Jésuite] est mort en 1686.

7648. Gallia vindicata, in qua testimoniis, exemplisque Gallicanæ præsertim Ecclesiæ, quæ pro Regalia, & quatuor Parisiensibus Propositionibus à Ludovico Maimburgio, aliisque producta sunt, refutantur ; auctore Cœlestino SFONDRATO, Mediolanensi, Abbate sancti Galli : 1688, *in-4*.

Ce même Traité est imprimé au Livre VI. de la *Bibliothèque Pontificale* de Roccaberti : *Romæ*, 1698, *in-fol.*

Eadem : Editio altera ex posthumis Auctoris autographis auctior reddita : è Typographia sancti Galli, Muller, 1702, *in-4*.

7649. Traité singulier des Régales ou des droits du Roi sur les Bénéfices Ecclésiastiques ; la Conférence de l'Edit du Contrôle, & la Déclaration des Insinuations Ecclésiastiques ; par François PINSSON, Avocat au Parlement : *Paris*, Guignard, 1688, [1701] *in-4*. 2 vol.

Ce Traité est plein de belles recherches sur les matières Ecclésiastiques, & contient plusieurs Actes originaux pour l'étude du Droit Canonique. Plusieurs de ces Actes ne sont cependant pas rapportés fidèlement, surtout ceux qui ont rapport à la Bresse.

☞ On trouve à la fin de cet Ouvrage un *Inventaire des Indults*, *Pièces*, *Titres & Mémoires* qui y sont employés & qui y servent de preuves.

Voyez sur ce Traité, les *Mémoires du Père Niceron*, *tome XXII. pag.* 23. = *Journ. des Sçav. Juillet*, 1688. = *Hist. des Ouvr. des Sçavans*, *Janvier*, 1689. = *Diction. de Bayle*, *Journ. de Leipsick*, *Suppl. I. pag.* 569. = *Catal. des Auteurs du Droit Can.* par Lenglet, *pag.* 205.]

7650. Animadversiones in Tractatum singularem de Regaliis Gallicè editum à Francisco Pinsson.

Ces Remarques sont de Célestin SFONDRATE, depuis Cardinal. Elles se trouvent imprimées dans l'Appendice au Traité général de la Régale, *pag.* 380. *ex Typographia sancti Galli*, 1702, *in-4*.

7651. ★ Joannis Adami OSIANDRI, Theologi Tubingensis, Dissertatio de Jure Regaliæ : *Tubingæ*, *in-4*.]

7652. ★ Joannis Ernesti GERHARDI, Jus tertii in causa Regaliæ, inter Galliæ Regem & Pontificem Romanum disceptatæ, Dissertatione Ecclesiastica evolutum : *Ienæ*, 1694, *in-4*.]

7653. ★ Discorso Istorico del Cardinal CASANATE, sopra l'origine e progresso della Regalia.

Ce Discours étoit conservé dans la Bibliothèque de M. Colbert de Croissy, Evêque de Montpellier, num. 266.]

7654. ALEXANDRI VIII. Pontificis Maximi, Decretum contra extensionem Juris Regaliæ, & Declarationem Cleri Gallicani.

Ce Décret se trouve dans le *Recueil des Synodes* du Cardinal Vincent-Marie Ursini, *pag.* 659 : *Beneventi*, 1695, *in-fol.*

7655. Traité de l'origine de la Régale, & des causes de son établissement ; par Gaspar AUDOUL, Avocat au Parlement & aux Conseils du Roi : *Paris*, Colombat, 1708, *in-4*.

Cet Auteur traite plus de l'origine que de l'usage de la Régale : son Livre a été supprimé par un Arrêt du Parlement de 1710. L'Auteur étoit mort dès l'an 1691.

☞ Cette Remarque n'est pas exacte. Par Arrêt du 18 Avril 1710, le Parlement supprima deux Brefs du Pape, dont l'un condamnoit le Livre d'Audoul, mais lequel la Cour dit seulement, qu'il se trouve des choses dignes de répréhension : le Traité d'Audoul cependant n'est pas nommément condamné. On peut voir, à son sujet, le *Catal. des Aut. du Droit Canon.* par Lenglet, *pag.* 205. = *Journ. des Sçav. Juillet*, 1708. = *Mém. de Trévoux*, *Juin*, 1708. = *République des Lettres*, de Bernard, *Mai*, 1708. = *Journ. de Leipſ.* 1709, *p.* 416. = *Bibliothèque de Clément*, *tom. II. pag.* 204.]

7656. Mſ. Remarques critiques sur le Traité de M. Audoul, avec l'Arrêt ; par François DE CAMPS, Abbé de Signi : *in-fol.*

Ce Manuscrit étoit au troisième volume de ses *Remarques sur les Historiens François*, dans la Bibliothèque de l'Auteur, dont les Manuscrits sont aujourd'hui dans le Cabinet de M. le Marquis de Beringhen, premier Ecuyer du Roi.

7657. ☞ Traité de la Régale, suite des moyens canoniques pour acquérir & conserver les Bénéfices & Biens Ecclésiastiques ; par Michel DU PERRAY : *Paris*, 1729, *in* 12. 4 vol.

Voyez sur ce Traité, le *Journ. des Sçavans*, *Mars*, 1729.]

7658. ☞ Lettre de M. le Président HÉNAULT à M. l'Abbé Velly, au sujet de la Régale, avec la Réponse : *Mercure*, 1755, *Avril*, *pag.* 1111-1129.

M. Velly, qui a fait une espèce de Dissertation sur la Régale dans le tom. I. de son *Histoire de France*, sous le règne de Clovis, prétend trouver l'origine de la Régale dans la nature du droit féodal. Les Fiefs cependant, (& c'est l'objet de la Lettre de M. Hénault) n'ont commencé que vers le règne de Charles le Simple, & l'institution de la Régale remonte au premier Concile d'Orléans, tenu en 511. On trouve aussi des Remarques contre le sentiment de M. Velly, dans l'Ouvrage que M. Houard, Avocat

Avocat au Parlement de Rouen, a publié sous ce titre: *Anciennes Loix des François*, &c. *Rouen*, 1766, *in-*4. 2 vol. *Voyez* la Préface, *pag.* VIII. *& suiv.* & *tom.* I. *pag.* 149-157.]

7659. ☞ Mſ. De l'origine de la Régale; par M. Jean-André MIGNOT, Grand-Chantre d'Auxerre, & de la Société Littéraire de cette Ville.

Cette Dissertation est conservée dans les Registres de cette Société.]

7660. ☞ Mémoire sur le Droit de Joyeux-avénement à la Couronne, sur l'Eglise Métropolitaine de Cambray, & les Eglises d'Arras & de Saint-Omer; par Henri-François D'AGUESSEAU, Chancelier de France.

Ce Mémoire est dans le tome V. *pag.* 344. *& suiv.* des *Œuvres* de ce sçavant Magistrat. On trouve à la suite de ce Mémoire (*pag.* 408.) la décision que le Conseil de Régence donna le 8 Mars 1717, en faveur du Droit de Joyeux-avénement, dont les Eglises des Pays-Bas prétendoient être exemptes.]

7661. ☞ Traité des Droits des Rois de France dans la disposition des Bénéfices Ecclésiastiques de leurs Etats; par Pierre LE MERRE, Avocat.

C'est le onzième volume des *Mémoires du Clergé*, publié par ce Jurisconsulte. Ce Traité est en quatre parties: 1°. du Droit de Régale: 2°. du Droit que nos Rois ont de nommer à une Prébende, tant par leur joyeux-avénement à la Couronne, qu'après qu'ils ont reçu le serment de fidélité des Evêques: 3°. de l'Indult qui leur a été accordé en faveur des Chanceliers de France & des Officiers du Parlement de Paris: 4°. des autres Droits, Titres & Indults particuliers, en exécution desquels ils disposent des Bénéfices de leurs Etats.]

7662. ☞ Traité des Droits du Roi sur les Bénéfices de ses Etats, ouvrage dans lequel on traite aussi de plusieurs Droits des Evêques; par M. *** (Dominique SIMONEL) Avocat au Parlement: 1752, *in-*4. 2 vol.

On examine dans ce Livre la matière de la Régale & le Droit de Joyeux-avénement. Pour celle de l'Indult, l'Auteur renvoie au *Traité* de M. de Saint-Vallier. Il y a à la fin du premier volume un Livre assez étendu sur les *Pensions*. A la fin de chaque tome, on trouve des Pièces justificatives.]

7663. ☞ Traité des Expectatives, de Joyeux-avénement, & de serment de fidélité; par M. PIALES, Avocat au Parlement de Paris.

Il est dans les tomes V. & VI. de son *Traité des Gradués* : *Paris*, Briasson, 1757, *in-*12.]

7664. Raisons des Etats du Pays & Duché de Bretagne, pour justifier l'Indult du Parlement de Paris, & Nomination des Gradués ne doivent point avoir lieu en ladite Province, 1638: [*Rennes*, Coupart, 1659, *in-*8.]

Les mêmes, sous ce titre: *Traité de l'Indult*, [justifiant que les Officiers du Parlement de Paris, & les Gradués, n'ont aucun droit sur les Bénéfices de Bretagne.]

Ce Traité est de Michel SAUVAGEAU, sieur des Burons, Procureur du Roi au Présidial de Vannes. Il se trouve aussi imprimé avec les *Observations* pour la réformation

Tome I.

de la Coutume de Bretagne, par le même Auteur: *Nantes*, 1710, *in-*4.

☞ M. de Saint-Vallier a fait dans le second volume de son *Traité de l'Indult*, *in-*4. *pag.* 357 *& suiv.* une Critique vive de ce Livre de Sauvageau. Celui-ci, selon le témoignage de l'Abbé Richard son neveu, avoit reconnu, avant sa mort, le peu de solidité de l'opinion qu'il avoit soutenue.]

7665. ☞ Recueil des Indults accordés au Roi par Alexandre VII. & Clément IX. pour la disposition des Bénéfices situés dans les pays cédés à Sa Majesté depuis le Concordat: *Paris*, Mâbre-Cramoisy, 1670, *in-fol.*]

7666. Notes sommaires sur les Indults accordés au Roi & à d'autres par Alexandre VII. & Clément IX. avec une Préface historique, & des Notes, Observations & Preuves; par François PINSSON, Avocat au Parlement: *Paris*, 1673, *in-*12. 2 vol.

Cette Collection est utile, à cause des Actes dont elle est composée.

☞ La partie la plus essentielle est réimprimée avec le *Commentaire des Libertez de l'Eglise Gallicane*, Edition de l'Abbé Lenglet: 1715, *in-*4. 2 vol.]

7667. ☞ Indults accordés par Innocent XI. au Roi, pour la nomination aux Evêchés de Saint-Omer & d'Ypres, & autres Bénéfices consistoriaux des pays cédés à Sa Majesté par le Traité de Nimégue: *Paris*, Mâbre-Cramoisy, 1686, *in-fol.* &*in-*4.]

7668. Traité de l'Indult, à M. le Chancelier de France, & autres Officiers du Parlement de Paris; par Claude REGNAUDIN: *Paris*, 1679, 1702, *in-*12.

☞ M. Regnaudin a été pendant cinquante ans Procureur-Général au Grand-Conseil, qui est la Jurisdiction naturelle dans toutes les causes de l'Indult. Ce petit Traité n'est qu'un abrégé des Principes, fait par M. Regnaudin, pour son instruction particulière, sur ce qu'il en avoit vu juger. D'ailleurs ce Magistrat ayant quitté sa Charge dans le temps de la Bulle de Clément IX, il n'avoit plus pensé à suivre la matière de l'Indult. Le Traité de M. de Saint-Vallier (ci-dessous, N.° 7972) est beaucoup plus complet & plus estimé.]

☞ Le même, donné par Claude CHEVALLOT DE LA MADELEINE, Avocat : *Paris*, Colombat, 1712, *in-*12.]

7669. Mémoire sur l'Indult de Messieurs du Parlement, à l'égard de la Bretagne : [*Paris*,] 1695, *in-*4.

Ce Mémoire a été fait en faveur de l'Abbé Pepin, [qui tenoit l'Indult de M. de Pommereux, Conseiller au Parlement, & qui avoit été pourvu le 30 Juillet 1694, du Prieuré de Baud, dans le Diocèse de Vannes, auquel l'Abbé de Barriere, Camérier secret du Pape, avoit aussi été pourvu par Sa Sainteté.]

7670. Requête de l'Abbé de Barriere, pour répondre au Mémoire, pour sçavoir si l'Indult des Officiers du Parlement de Paris doit ou ne doit point avoir lieu sur les Bénéfices de la Province de Bretagne; par GUILLARD, Avocat au Conseil : [*Paris*,] 1695, *in-*4.

René Guillard répond par cette Requête au Mémoire de l'Abbé Pepin.

7671. ☞ Traité du Droit d'Indult ; par François LANGE, Avocat au Parlement.

Ce petit Traité a été imprimé après la mort de l'Auteur, dans la 13e édition du *Praticien François : Paris*, 1729, *in-*4. 2 vol. Il est aussi dans celles qui ont suivi.]

7672. Traité de l'Indult du Parlement de Paris, & du Droit que les Chanceliers de France, les Présidens, Maîtres des Requêtes & autres Officiers du Parlement de Paris, ont sur les Prélatures Séculières & Régulières du Royaume, en vertu de l'Indult accordé par les Papes Eugène IV. Paul III. & Clément IX. aux Rois Charles VIII. François I. & Louis XIV. *Paris*, [1703] 1707, 1712, *in-*12. 2 vol.

Cet Ouvrage est exact & profond. Il est de Melchior COCHET DE SAINT-VALLIER, Président aux Requêtes du Palais, à Paris.

☞ Nouvelle Édition, revue, corrigée & augmentée par l'Auteur : *Paris*, 1747, *in-*4. 3 vol.

M. de Saint-Vallier est mort en 1738, âgé de 74 ans. *Voyez* sur son Traité *Journ. des Sçavans*, Août, 1703, Octobre, 1747. = *Hist. des Ouvr. des Sçavans*, Févr. 1704, & Juin. = *Mém. de Trévoux*, Octobre, 1703. = *Mercure*, Juin, 1703. = *Journ. de Leipsick*, 1704, page 85. = *Bibliothèque des Auteurs de Bourg.* tom. I. pag. 151. = *Catal. des Auteurs du Droit Can.* par Lenglet, *pag.* 106.]

7673. ☞ Dissertation sur l'Indult du Parlement de Paris : contenant les expédiens sûrs d'en rendre la jouissance prompte & utile, avec les moyens de réformer l'abus du Dévolut; par M. l'Abbé René RICHARD: *Paris*, Le Févre, 1723, *in-*8.

L'Abbé Richard étoit Censeur Royal & Chanoine de Sainte Opportune, à Paris : il est mort en 1727. Il prétend que les Princes du Sang & les Ducs & Pairs ont droit de jouir du droit de l'Indult, comme premiers Conseillers du Parlement. *Voyez*, sur cette Dissertation, le *Journ. des Sçavans*, 1724, pag. 94 & 99. = *Journ. de Verdun*, 1723, *Avril & Juillet.* = *Mém. de Trévoux*, 1723, *Septembre*. = *Nouv. Litt.* du P. Desmolets, p. 17. *Dict. de Moréri*, 1759, art. *Richard*.]

7674. ☞ Recueil de Bulles & Brefs des Papes, Mémoires & autres Pièces imprimées & manuscrites, concernant principalement les Indults accordés aux Souverains, & en particulier à nos Rois.

Ce Recueil est à la Bibliothèque du Roi, num. 2611. des Livres imprimés sur le Droit Canonique. *Voyez* dans le Catalogue le détail des Pièces contenues dans ce Recueil. On y trouve entr'autres, un Mémoire manuscrit sur la question de sçavoir si l'Indult a lieu dans les Évêchés de Metz, Toul & Verdun; & un autre, daté du 30 Septembre 1661, touchant l'Indult que Louis XIV. demandoit au Pape pour les Bénéfices d'Artois & de Roussillon.]

7675. ☞ Mf. Négociations du sieur DE COURBOUSON, Conseiller au Parlement de Besançon, à la Cour de Rome, au sujet des Bénéfices de Franche-Comté : *in-fol.*

Ce Manuscrit est dans la Bibliothèque de S. Germain des Prés.

7676. ☞ Histoire des Loix & Usages de la Lorraine & du Barrois, dans les matières Bénéficiales ; suivie d'une Dissertation sur la manière d'accommoder ces Loix & Usages à l'Indult du Pape Clément XII, de 1740, & aux Ordonnances & Maximes de France; par M. François-Timothée THIBAULT, Chevalier, Conseiller d'Etat, Procureur Général du Roi en sa Chambre des Comptes de Lorraine, de la Société Royale des Sciences & Belles-Lettres de Nancy: *Nancy*, Antoine, 1763, *in-fol.*

Le sçavant Magistrat, après avoir profondément parlé des matières Bénéficiales, en vingt-quatre Chapitres, qui sont comme autant de Traités, donne le Pouillé des Bénéfices de la Lorraine & du Barrois, qui sont de Patronage ou Collation Royale, & des places dans les Maisons, Collèges, Hôpitaux & Ermitages, dont Sa Majesté a droit de disposer.]

CHAPITRE HUITIÈME.

Histoires du Gouvernement Ecclésiastique, ou des Métropoles & de leurs Suffragans ; avec les Histoires du second Ordre du Clergé de France.

ARTICLE PREMIER.

Histoires des Papes & des Cardinaux François.

QUOIQUE les Papes & les Cardinaux François, qui n'ont point eu de Prélatures dans ce Royaume, ne soient pas du Clergé de France, je les mets les premiers, à cause de l'éminence de leur dignité.

§. I.

Histoires des Papes François ;

[*Par ordre chronologique.*]

ON peut consulter pour l'Histoire de ces Papes, les Auteurs qui ont écrit *l'Histoire générale des Souverains Pontifes.*

7677. De Gallis summis Pontificibus ; auctore Symphoriano CHAMPIER.

Ce recueil est imprimé avec son *Trophæum Gallorum,* &c. *Lugduni,* 1507, *in-fol.*

7678. ☞ Joan. Adolphi HARTMANNI Vitæ quorumdam Pontificum Romanorum : *Marpurgi,* 1729, *in-8.*]

7679. Vita Gerberti Remensis, deinde Ravennatensis Archiepiscopi, tandem Pontificis Maximi, nomine Sylvestri II. (qui obiit anno 1003) ; auctore Abrahamo BZOVIO, ex Ordine Prædicatorum ; cum Notis TURRIGII : *Romæ,* 1629, *in-4.*

Bzovius est mort en 1637.

7680. Histoire du même ; par François DU CHESNE.

Cette Histoire est imprimée à la *pag.* 1 de l'*Histoire des Cardinaux François* : *Paris,* 1660, *in-fol.*

7681. ☞ Histoire de la Vie & des Ouvrages du Pape Sylvestre II. par Dom Antoine RIVET, Bénédictin.

Dans l'*Hist. Littér. de la France, tom. VI. pag.* 559. *Voyez* aussi l'*Addition, pag.* xxvj. de l'Avertissement du même volume, *pag.* xxvj.]

7682. Vita sancti Leonis Papæ, IX. (qui obiit anno 1054.) Leucorum antea Episcopi, VUIBERTO, Archidiacono Tullensi coævo, auctore ; edita studio Jacobi Sirmondi, Societatis Jesu : *Parisiis,* 1615, *in-8.*

Cette Vie est aussi imprimée au chap. IX. du XLVe Liv. des *Mélanges* de Gaspard BARTIUS, avec ses Notes : *Francofurti,* 1624, *in-fol.* sans ses Notes, aux *pag.* 5 & 585 des *Preuves de l'Histoire des Cardinaux François,* de du Chesne : *Paris,* 1666, *in-fol.*

Eadem, cum Commentario Godefridi HENSCHENII.

Elle est dans le *Recueil* de Bollandus, au 19 Avril.

Eadem, cum Observationibus præviis & notis Joannis MABILLONII.

Dans ses *Actes des Saints* de l'Ordre de S. Benoît, *sæculo VI. part. II. pag.* 49-84, & dans le *Recueil des Hist. d'Italie,* par Muratori, *tom. III. pag.* 278-299.]

7683. Vita ejusdem ; auctore BRUNONE, Segniensi Episcopo.

Cette Vie est imprimée dans le *Recueil des Œuvres* de cet Evêque, avec les *Notes* de Maur Marchesini : *Venetiis,* 1651, *in-fol.* & au tom. XX. de la *Bibliotheque des Pères,* de l'édition de Lyon, *pag.* 294. Saint Brunon est mort en 1125.

7684. ☞ Vita ejusdem, ex Mf. Nicolai DE ROSELLIS.

Dans même *Recueil* de Muratori, *tom. III. p.* 277.]

7685. ☞ Christiani LUPI Dissertatio de S. Leonis IX. Actis adversùs Schisma Michaelis Cerularii, Patriarchæ Constantinopolitani.

Dans les *Œuvres* de Lupus, *tom. IV. pag.* 302 : *Venetiis,* 1725, *in-fol.*]

7686. Vie de S. Leon, IX, Pape ; par Adrien BAILLET.

Elle est imprimée dans son *Recueil des Vies des Saints,* au 19 d'Avril.

7687. ☞ Histoire de la Vie & des Ouvrages de S. Leon, IX, Pape ; par D. ANT. RIVET, Bénédictin de la Congrégation de S. Maur.

Dans l'*Hist. Littér. de la France, tom. VII. p.* 459. D. Rivet est mort en 1749.]

7688. Historia beati Frederici, Cardinalis Lothareni, qui & Stephanus Papa X. dictus IX. (qui obiit anno 1058.) auctore Ludovico Donio D'ATTICHY, ex Ordine Minimorum, Episcopo Æduensi.

L'Histoire de ce Pape est imprimée au tom. I. de l'Ouvrage intitulé : *Flores Cardinalium : Parisiis,* 1660, *in-fol.*

☞ Ce Pape ne le fut que 7 mois & 19 jours : il mourut en 1058.]

7689. Vita ejusdem ; auctore Nicolao DE ROSELLIS, Cardinali Arragoniæ.

Dans le *Recueil des Historiens d'Italie* de Muratori, *tom. III. pag.* 300. *Voyez* aussi ce qui en est dit dans le *Propyleum* du P. Papebroch, au tom. I. du mois de Mai du *Recueil* de Bollandus, *pag.* 192-194.]

7690. ☞ Histoire de la Vie & des Ouvrages du Pape Estienne IX. par Dom RIVET, Bénédictin.

Dans l'*Hist. Littér. de la France, tom. VII. pag.* 480.]

7691. ☞ Histoire du Pape Nicolas II. (mort en 1061.) par le même.

Dans le même volume, *pag.* 515.

7692. ☞ Vita ejusdem; auctore Nicolao DE ROSELLIS.

Dans le *Recueil des Historiens d'Italie*, de Muratori, tom. III. pag. 301.]

7693. Historia beati Ottonis, Episcopi Ostiensis, Cardinalis Castellionæi, qui & Urbanus Papa, II. (qui obiit anno 1099) auctore Ludovico Donio D'ATTICHY.

Cette Histoire est imprimée au tom. I. des *Fleurs de l'Histoire des Cardinaux*, pag. 80 : *Parisiis*, 1660, *in-fol.*

7694. ☞ Vitæ ejusdem; auctoribus Pandulpho ALATRINO, Pisano, & Bernardo GUIDONIS.

Dans le Recueil des Historiens d'Italie de Muratori, tom. III. pag. 352 & suiv.]

7695. Histoire d'Eude Lageri, sous le nom d'Urbain II. par François DU CHESNE.

Cette Histoire est imprimée pag. 52 de son *Histoire des Cardinaux François* : *Paris*, 1660, *in-fol.*

7696. ☞ Vita ejusdem Urbani II. (qui obiit anno 1099.) auctore Theodorico RUINART.

Dans les Ouvrages posthumes de D. Jean Mabillon, &c. Paris, 1724, in-4. tom. III. pag. 1-410. Dom Mabillon en a aussi fait un Eloge abrégé dans ses *Actes des Saints de l'Ordre de S. Benoît*, sæcul. VI. part. 2, pag. 902-904.]

7697. ☞ Histoire de la Vie & des Ouvrages du même; par D. Antoine RIVET, Bénédictin.

Dans l'*Histoire Littéraire de la France*, tom. VIII. pag. 514.

On a encore fait mention dans la même Histoire, tom. X. pag. 216, du Pape Pascal II. mort en 1118, quoiqu'il fût né en Italie, parcequ'il avoit été Religieux en France, à Cluni.]

7698. Vita Callisti II. Guidonis antea dicti, Burgundi, Archiepiscopi Viennensis, deinde Pontificis Maximi, (qui obiit anno 1124); auctore Pandulpho ALATRINO.

Cette Vie est imprimée dans l'*Essai Chronologique des Pontifes Romains*, part. 2, pag. 14, de Daniel Papebroch : *Antverpiæ*, 1686, *in-fol.* Elle est tronquée dans les *Annales de l'Eglise* de Baronius; mais ici elle est entière.

☞ On la trouve encore dans le *Recueil des Hist. d'Italie*, de Muratori, tom. III. pag. 418.]

7699. ☞ Alia, ex Mss. Nicolai DE ROSELLIS.

Dans le même *Recueil* de Muratori, tom. III. p. 418.]

7700. Histoire du même; par François DU CHESNE.

Cette Histoire est imprimée dans son *Histoire des Cardinaux François*, pag. 77 : *Paris*, 1660, *in-fol.*

7701. ☞ Histoire de la Vie & des Ouvrages du Pape Calliste II.

Dans l'*Hist. Littér. de la France*, tom. X. pag. 505.]

7702. ☞ Historia Mauritii Burdini, Antipapæ, sub nomine Gregorii VIII. (mortui circa annum 1125.)

Elle se trouve dans les *Miscellanea* de Baluze, t. III.

7703. Gesta felicis recordationis D. Urbani Papæ, IV. (mortui anno 1264) quæ prosaica facta à Magistro GREGORIO de Napoli (Decano, postea Episcopo) Baiocensi, Consiliario Secretario ejusdem Papæ; quæ versificatus est (versibus elegiacis) THIERRICUS de Vallicolore, ad mandatum D. Antherii Cardinalis, Nepotis prædicti Domini.

Cette Histoire est imprimée dans Papyre Masson, au Liv. V. des Evêques de Rome, pag. 217 : *Parisiis*, Nivelle, 1586, *in-4*. Urbain IV. étoit de Troyes en Champagne. Grégoire de Naples est mort en 1276.

7704. ☞ Vita ejusdem; auctore Bernardo GUIDONIS.

Dans le *Recueil des Historiens d'Italie* de Muratori, tom. III. pag. 568.]

7705. Histoire de Jacques Pantaléon, Pape, sous le nom d'Urbain IV. par François DU CHESNE.

Cette Histoire est imprimée à la pag. 240 de son *Histoire des Cardinaux François* : *Paris*, 1660, *in-fol.*

7706. ☞ Vie du Pape Urbain IV. (par Jean Pierre GROSLEY.)

Dans les *Ephémérides Troyennes*, année 1761, pag. 125.]

7707. Vita Guidonis, Episcopi Sabinensis, Cardinalis Grossi, Archiepiscopi Narbonensis, qui & Clemens Papa IV. (qui obiit anno 1268); auctore Ludovico Donio D'ATTICHY.

Cette Vie est imprimée dans Attichy, au tom. I. des *Fleurs de l'Histoire des Cardinaux* : *Parisiis*, 1660, *in-fol.*

☞ On la trouve encore dans le *Recueil des Hist. d'Italie*, de Muratori, tom. III. pag. 478.]

7708. ☞ Vita Clementis IV. auctore Bernardo GUIDONIS.

Dans le même *Recueil* de Muratori, tom. III. p. 594-597.]

7709. Clemens IV. eruditione, vitæ sanctimoniâ, rerum gestarum gloriâ, & Pontificatu maximus : Reipublicæ Christianæ, Galliæ suæ & Grossorum gentis illustre ornamentum; accessit è re nata Rodulphi de Chevriers gentilitius splendor, &c. operâ Claudii CLEMENTIS, è Societate Jesu : *Lugduni*, 1624, *in-12*.

Claude Clément, Jésuite, est mort en 1643.

7710. Vie du même; par François DU CHESNE.

Cette Vie est imprimée dans son *Histoire des Cardinaux François*, pag. 263 : *Paris*, 1660, *in-fol.*

7711. Abrégé de la Vie de Clément IV. de la famille des Gros : *Lyon*, 1674, *in-8*.

7712. ☞ Eclaircissement sur la famille du Pape Clément IV. par Dom VAISSETE, Bénédictin.

C'est la Note XLIII. du tom. III. de l'*Histoire générale de Languedoc* : *in-fol.*]

7713. Historia Simonis, Cardinalis à Braïa,

Histoires des Papes François.

qui & Martinus Papa IV. dictus, (qui obiit anno 1285); auctore Ludovico Donio d'Attichy.

Cette Histoire est imprimée au tom. I. de ses *Fleurs de l'Histoire des Cardinaux*, pag. 330 : *Parisiis*, 1660, *in-fol.*

7714. Vita ejusdem; auctore Bernardo Guidonis.

Alia, ex Mf. Bibliothecæ Ambrosianæ.

Ces deux Vies sont dans le *Recueil* de Muratori, tom. III. *pag.* 608 & *seq.*

7715. Histoire du même; par François du Chesne.

Cette Vie est imprimée dans son *Histoire des Cardinaux François*, pag. 283.

7716. ☞ Jordani Acta Martini IV.

Dans l'Ouvrage de Dom Papebroch, intitulé : *Conatus Chronologic. ad Catalog. Pontif. Rom. part. II. pag.* 61-63.]

7717. Prima Vita Clementis V. Papæ, (qui obiit anno 1314); auctore Joanne, Canonico sancti Victoris Parisiensis.

Cette Vie est imprimée au tom. I. des *Vies des Papes d'Avignon*, publiées par Etienne Baluze, *pag.* 1: *Parisiis*, 1693, *in-fol.* [& dans le *Recueil* de Muratori.]
Jean de saint Victor fleurissoit en 1322.

7718. Secunda Vita; auctore Ptolomæo, Lucensi, Ordinis Prædicatorum.

Cette Vie est imprimée dans le même volume, p. 23. On a cru que l'Auteur se nommoit Barthélemi de Luques, & non pas Ptolomée; mais le premier n'a pu y travailler, sa Chronique finissant en 1294, comme l'observe le P. Echard, tom. I. de sa *Bibliothèque Dominicaine*, *pag.* 542.

7719. Tertia Vita; auctore Bernardo Guidonis, Episcopo Lodovensi.

Cette Vie & les trois suivantes sont imprimées dans le tom. I. des *Vies des Papes d'Avignon*, publiées par Baluze, *pag.* 55, 61, 85 & 95, & dans le *Recueil* de Muratori.]

7720. Quarta Vita præcedenti prolixior; auctore eodem.

7721. Quinta Vita; auctore quodam Veneto coætaneo.

7722. Sexta Vita; auctore Almerico Augerio, de Biterris, Priori sanctæ Mariæ de Aspirano, in Diœcesi Helenensi.

7723. Histoire de Bertrand Got, Pape, sous le nom de Clément V. par François du Chesne.

Cette Histoire est imprimée avec celle des Cardinaux François, *pag.* 317 : *Paris*, 1660, *in-fol.*

7724. Prima Vita Joannis XXII, Papæ, (qui obiit anno 1334); auctore Joanne, Canonico sanctiVictoris Parisiensis.

7725. Secunda Vita; auctore Bernardo Guidonis, Episcopo Lodovensi.

7726. Tertia Vita; eodem auctore.

7727. Quarta Vita; auctore quodam Veneto coætaneo.

7728. Quinta Vita; ex Appendice Ptolomæi Lucensis.

7729. Sexta Vita; auctore Petro de Harentals, Canonico Præmonstratensi & Priore Floreffiensi.

7730. Septima Vita; auctore Almerico Augerio, Priore B. Mariæ de Aspirano.

Ces sept Vies sont imprimées au tom. I. des *Vies des Papes d'Avignon*, [par Étienne Baluze] *p.*113,133,151, 169, 174, 179, 185, [& dans le *Recueil* de Muratori.]
Pierre de Harentals a fleuri en 1390.

7731. Histoire de Jacques d'Ossa, Evêque d'Avignon, sous le nom de Jean XXII. par François du Chesne.

Cette Histoire est imprimée avec celles des Cardinaux François, *pag.* 400.

7732. Prima Vita Benedicti Papæ (XII. qui obiit anno 1342.) Editio Bosqueti collata cum vetustis Codicibus manuscriptis.

Secunda, tertia, quarta & quinta Vita ejusdem.

7733. Sexta Vita, ex Appendice Ptolomæi Lucensis.

7734. Septima Vita; auctore Petro de Harentals, Priore Floreffiensi.

Ces sept Vies sont imprimées au tom. I. des *Vies des Papes d'Avignon*, pag. 197, 219, 229, 235, 237, 239, [& dans le *Recueil* de Muratori.]

7735. Vita Jacobi Fornerii, Episcopi Appamiensis, & Mirapicensis, qui & Benedictus Papa, XI. [aliis XII.] dictus; auctore Hugone, Menard, Benedictino.

Cette Vie est imprimée à la *pag.* 546 de ses *Observations sur le Martyrologe Bénédictin* : *Parisiis*, 1629, *in*-8.
Dom Ménard est mort en 1644.

7736. Historia ejusdem; auctore Ludovico Donio d'Attichy.

Cette Histoire est imprimée au tom. I. de ses *Fleurs de l'Histoire des Cardinaux*, pag. 376 : *Parisiis*, 1660, *in-fol.*

7737. Histoire du même; par François du Chesne.

Cette Histoire est imprimée avec celles des Cardinaux François, *pag.* 473.

7738. Vita Clementis VI, Papæ (qui obiit anno 1352) Editio Bosqueti collata cum vetustis Codicibus manuscriptis.

7739. Secunda & tertia Vita ejusdem.

7740. Quarta Vita, ex Appendice Ptolomæi Lucensis.

7741. Quinta Vita; auctore Petro de Harentals, Priore Floreffiensi.

Sexta Vita ejusdem.

Ces six Vies sont imprimées au tom. I. des *Vies des Papes d'Avignon*, [par Etienne Baluze] *pag.* 243, 265, 279, 299, 309, 317, [& dans le *Recueil* de Muratori.]

7742. Histoire du Pape Clément VI. par François du Chesne.

Cette Histoire est imprimée avec celles des Cardinaux François, *pag.* 492.

7743. Prima Vita Innocentii VI. (qui obiit anno 1362.) Editio Bosqueti collata cum vetustis Codicibus manuscriptis.

7744. Secunda Vita; auctore quodam Canonico Ecclesiæ Bunnensis in Diœcesi Coloniensi.

7745. Tertia Vita; ex Appendice Ptolomæi, Lucensis.

7746. Quarta Vita; auctore Petro de Harentals, Priore Floreffiensi.

Ces quatre Vies sont imprimées au tom. I. des *Vies des Papes d'Avignon*, pag. 321, 345, 357, 361, [& dans le *Recueil* de Muratori.]

7747. Prima Vita Urbani V, Papæ, (qui obiit anno 1370.) Editio Bosqueti collata cum vetustis Codicibus manuscriptis.

7748. Secunda Vita; auctore Canonico Ecclesiæ Bunnensis.

7749. Tertia Vita; auctore Petro de Harentals, Priore Floreffiensi.

7750. Quarta Vita; auctore Aymerico de Peyraco, Abbate Moyssiacensi.

Ces quatre Vies sont imprimées au tom I. des *Vies des Papes d'Avignon*, pag. 363, 399, 413 & 415, [& dans le *Recueil* de Muratori.]
L'Abbé de Moyssac a fleuri en 1400.]

7751. Vita Urbani V. Pontificis maximi, antea dicti Grimoardi de Grisac, Abbatis sancti Germani Autissiodorensis, deinde sancti Victoris Massiliensis; auctore Francisco Romany, Avenionensi, Theologiæ Doctore & Protonotario Apostolico.

Cette Vie est imprimée dans du Chesne, pag. 407, de son *Histoire des Cardinaux François*: *Paris*, 1660, *in-fol*.

7752. Histoire de ce Pape; par François du Chesne.

Cette Histoire est imprimée dans le volume précédent, *pag*. 580.

7753. Prima Vita Gregorii XI, Papæ, (qui obiit anno 1378) Editio Bosqueti collata cum vetustis Codicibus manuscriptis.

Vita secunda ejusdem.

7754. Tertia Vita; ex Appendice Ptolomæi, Lucensis.

☞ Elle est plus ample dans le *Recueil des Hist. d'Italie* de Muratori, *tom. III. part*. 2, *pag*. 675, que dans les *Vies des Papes d'Avignon*, publiées par Etienne Baluze.]

Quarta Vita ejusdem.

7755. Quinta Vita; auctore Petro de Harentals, Priore Floreffiensi.

Ces cinq Vies sont imprimées au tom. I. des *Vies des Papes d'Avignon*, pag. 425, 451, 477, 481, 483, [& dans le *Recueil* de Muratori.]

☞ On trouve la Relation du Voyage de Grégoire XI. en 1376, pour retourner à Rome, tom. III. de Muratori, *pag*. 690, & son Testament dans le *Spicilège* de D. Luc d'Achery, *tom. VI. pag*. 675.]

7756. Histoire de Pierre Roger de Beaufort, Pape, sous le nom de Grégoire XI. par François du Chesne.

Cette Vie est imprimée dans son *Histoire des Cardinaux François*, pag. 614 : *Paris*, 1660, *in-fol*.

7757. Prima Vita Clementis VII. (qui obiit anno 1394.) Editio Bosqueti collata cum vetustis Codicibus manuscriptis.

La Vie de cet Anti-Pape est imprimée au tom. I. des *Vies des Papes d'Avignon*, pag. 485.

7758. Secunda Vita; auctore Petro de Harentals, Priore Floreffiensi.

Cette Vie est imprimée dans le volume précédent, *pag*. 539.
L'Auteur a fleuri en 1390.

7759. Histoire de Robert de Genève, Pape sous le nom de Clément VII. tenant son Siège à Avignon, pendant qu'Urbain VI. le tenoit à Rome; par François du Chesne.

Cette Histoire est imprimée dans son *Histoire des Cardinaux François*, pag. 651 : *Paris*, 1660, *in-fol*.

Comme les Vies d'Urbain VI. & de Clément VII. appartiennent au grand Schisme d'Occident, il faut voir à leur sujet, l'Ouvrage de Pierre du Puy, intitulé « Histoire générale du Schisme qui a été en » l'Eglise depuis l'an 1378 jusqu'en l'an 1428 ». Cette Histoire se trouve avec son *Histoire de la condamnation des Templiers* : *Paris*....]

7760. Pontificum Romanorum, qui, è Gallia oriundi, in ea sederunt, Historia, ab anno 1305, ad annum 1394, cum Notis Francisci Bosqueti, Narbonensis Jurisconsulti; *Parisiis*, Cramoisy, 1632, *in-8*.

Il y a beaucoup de fautes dans cette Edition; c'est ce qui a engagé M. Baluze à en procurer une nouvelle plus correcte. François Bosquet est mort Evêque de Montpellier en 1676.

7761. Vitæ Paparum Avenionensium : Hoc est Historia Pontificum Romanorum, qui in Gallia sederunt, ab anno Christi 1305, ad annum 1394 ; Stephanus Baluzius, magnam partem nunc primùm edidit, reliquam emendavit ad vetera Exemplaria, notas adjecit & Collectionem Actorum veterum : *Parisiis*, Muguet, 1693, *in-4*. 2 vol.

» Les Vies des Papes, qui ont tenu leur Siège en
» Avignon, sont partie de l'Histoire Ecclésiastique de
» France, de laquelle M. Baluze découvre dans ces deux
» volumes, quantité de circonstances qui jusqu'ici n'a-
» voient point été assez connues. Il n'y a aucun de ces
» Papes, dont la vie n'ait été écrite en Latin par plu-
» sieurs Auteurs Contemporains ou peu éloignés de leur
» temps, & dont quelques-uns ne sont connus que par
» leurs qualités. *Journal des Sçavans*, 22 Mars 1694.

☞ Le premier volume contient une Préface, les différentes Vies & les Notes de M. Baluze.

Le second volume contient les Actes ou Pièces. On trouve à la fin : *Nicolai Episcopi Bottemtinensis Relatio de Itinere Italico Henrici VII, Imperatoris ad Clementem V, Papam*, nunc primùm edita ex Codice 9910 *Bibliothecæ Regiæ*.]

7762. Summorum Pontificum Gallorum res præclarè gestæ; auctore Petro Frizon.

Cet Abrégé des Vies des Papes François est imprimé dans le Livre suivant.

§. II.

Histoires des Cardinaux François.

7763. GALLIA Purpurata, quâ cum Summorum Pontificum, tum omnium Galliæ Cardinalium res præclarè gestæ continentur, ab anno 1049, ad annum 1629, studio Petri FRIZON, Doctoris Parisiensis : *Parisiis*, [1629]. 1638, *in-fol.*

☞ L'Auteur est mort en 1651.]

7764. Antifrizonius, seu Animadversiones historicæ in Galliam Purpuratam Petri Frizonii, [cum Dissertatione de patria Urbani V. Papæ]; auctore Stephano BALUZIO, Tutelensi : *Tolosæ*, 1652, *in-8.*

L'Auteur de cette Critique, [qui est mort en 1718, âgé de 88 ans] avoit environ dix-huit ans lorsqu'il la composa.

☞ Voyez sur ce Livre les *Mémoires* du P. Niceron, tom. I. pag. 194.]

7765. Flores Historiæ Sacri Collegii Cardinalium, à temporibus sancti Leonis Papæ, IX, usque ad annum 1649; auctore Ludovico Donio D'ATTICHY, ex Ordine Minimorum, Episcopo Æduensi : *Parisiis*, Cramoisy, 1660, *in-fol.*

Cet Auteur a inséré dans son Ouvrage quantité d'Eloges des Cardinaux François, que je rapporte dans la suite. Il est mort en 1668.

7766. Dessein de l'Histoire des Cardinaux ; par François DU CHESNE, Historiographe de France : *Paris*, 1655, *in-fol.*

Cet Auteur est mort en 1693.

7767. Histoire de tous les Cardinaux François de naissance, qui ont été promus au Cardinalat par l'expresse recommendation de nos Rois, pour les grands services qu'ils leur ont rendus, comprenant sommairement leurs Légations, Ambassades, &c. enrichies de leurs Portraits, & justifiées par Titres & Chartres du Trésor de Sa Majesté, Arrêts des Parlemens, Donations, Fondations, Epitaphes, &c. par François DU CHESNE, Historiographe de France : *Paris*, 1660-1666, *in-fol.* 2 vol.

André du Chesne avoit commencé cette Histoire depuis l'an 999. Son fils François du Chesne vouloit la continuer jusqu'en 1660, le tout en quatre volumes *in-fol.* mais il n'a pas exécuté son dessein. Le premier volume contient l'Histoire ; & le second les Preuves, entre lesquelles il y a bien des Pièces curieuses.

☞ Voyez sur cette Histoire, *Méthode historique* de Lenglet, tom. IV. pag. 169. = Journal des Sçavans, Juillet, 1680, Juillet, 1699.]

7768. Eloges historiques des Cardinaux François & Etrangers mis en parallele; par Henri ALBI, Jésuite : *Paris*, de Cay, 1644, *in-4.*

Ce Jésuite est mort en 1659.

Le même Livre, sous ce titre : Histoire des Cardinaux illustres, qui ont été employés dans les Affaires de l'Etat; par le Sieur DU VERDIER, & augmentée des Vies des Cardinaux de Bérulle, de Richelieu & de la Rochefoucault : *Paris*, Loyson, 1653, *in-4.*

7769. Relation des Négociations qui se sont faites pour la Promotion au Cardinalat des Sujets proposés par la France, depuis l'an 1644 jusqu'en 1654; par Pierre LINAGE DE VAUCIENNE : *Paris*, de Luyne, 1676, *in-12.*

7770. L'Origine des Cardinaux du Saint Siège, & particulièrement des François ; avec deux Traités curieux des Légats *à latere*, & une Relation exacte de leur réception & des vérifications de leurs facultés au Parlement de Paris : *Cologne*, ab Egmont : Ibid. Pain, 1670, *in-12.*

Ce Livre est curieux & plein de belles recherches. On l'attribue à Guillaume DU PEYRAT, Aumônier du Roi, mort en 1645.

☞ Quelques-uns prétendent qu'il est de Denis DE SALLO, Conseiller au Parlement de Paris. Cependant il y est dit, p. 126 : »Comme nous avons vérifié au pre- » mier Livre de nos Antiquités & Recherches de la » Chapelle du Roi » ; & certainement Guillaume du Peyrat est Auteur de cet autre Ouvrage. *Voyez* sur l'origine des Cardinaux la *Méthode historique* de l'Abbé Lenglet, tom. IV. *in-4.* pag. 169. On a joint à l'Edition de 1670 le Traité de Pise, du 22 Février 1664, avec la Relation de l'insulte des Corses contre le Duc de Créquy, qui donna lieu à ce Traité.]

7771. * Ms. Dissertation de René Auber DE VERTOT, sur l'origine des Cardinaux, & le rang qu'ils tiennent en France.

Cet Ouvrage est indiqué dans l'exemplaire de cette Bibliothèque, apostillé par le P. le Long, qui dit qu'il est entre les mains de l'Auteur, [mort en 1735.]

7772. ☞ Mémoires pour la préséance des Cardinaux au Conseil, recueillis par le Cardinal DE RICHELIEU.

Ils se trouvent dans les *Mémoires pour l'Histoire de ce Cardinal*, recueillis par Aubery, tom. III. *in-12.* pag. 565.]

Vies particulières des Cardinaux François, rangées selon l'ordre alphabétique de leur nom.

7773. Historia beati Alberici, Episcopi Ostiensis, anno 1135; auctore Ludovico Donio D'ATTICHY.

Cette Vie est imprimée au tom. I. des *Fleurs des Cardinaux*, pag. 1666.

7774. ☞ Remarques sur le Cardinal Alberic.

Elles se trouvent dans le *Dictionnaire* de Jacques-Georges DE CHAUFEPIÉ.]

Vita sancti Alberti, Episcopi Leodiensis.

Voyez Evêq. de Liège, Metr. de Cologne.

Vita Ludovici Albretii, Episcopi Cadurcensis.

Voyez Evêq. de Cahors, Métr. d'Alby.

Eloge de Louis Aleman, Archevêque d'Arles.

Voyez Arch. d'Arles.

7775. Historia Philippi de Alenconio, Patriarchæ Aquileïenfis ; auctore Ludovico Donio D'Attichy.

Cette Vie eft imprimée au tom. I. des *Fleurs des Cardinaux*, pag. 44.

Vita Petri de Alliaco, Epifcopi Cameracenfis.

Voyez au Liv. III. *Grands-Aumôniers.*

Vie du Cardinal d'Amboife, Archevêque de Rouen.

Voyez Arch. *de Rouen.*

Eloge de Georges d'Armagnac, Archevêque d'Avignon.

Voyez Arch. *d'Avignon.*

Hiftoire de Pierre d'Aubuffon, Grand-Maître de l'Ordre de faint Jean de Jérufalem.

Voyez au Liv. III. *Officiers de guerre.*

7776. Hiftoria beati Balduini, Archiepifcopi Pifani, anno 1130; auctore Ludovico Donio D'Attichy.

Cette Hiftoire eft imprimée au tom. I. des *Fleurs des Cardinaux*, pag. 160.

Eloge de Jean Balue, Evêque d'Angers.

Voyez au Liv. III. *Grands-Aumôniers.*

Hiftoria Petri à Bauma, Archiepifcopi Bizuntini.

Voyez Arch. de *Befançon.*

7777. Hiftoria Bernardi, Cardinalis, anno 1150; auctore Ludovico Donio D'Attichy.

Cette Hiftoire eft imprimée au tom. I. des *Fleurs des Cardinaux*, pag. 192.

Hiftoria beati Bernaredi, Abbatis fancti Crifpini.

Voyez Abb. de S. Crefpin, *Ord. de S. Benoît.*

7778. Oraifon funèbre de Pierre de Bérulle, Inftituteur des Prêtres de la Congrégation de l'Oratoire de Jefus-Chrift Notre Seigneur; par Jean Gaucher: *Paris*, 1629, *in*-8.

Ce pieux Cardinal eft mort en 1629.

7779. ☞ Philippi Cospeani, Nannetenfium Epifcopi, pro Patre Berullio Epiftola apologetica: *Parifiis*, A. Stephanus, 1622, *in*-8.]

7780. Vie du même; par François Bourgoin, troifième Supérieur-Général de la Congrégation de l'Oratoire.

Cette Vie eft imprimée au-devant des *Œuvres* du Cardinal de Bérulle : *Paris*, 1644. & 1665, *in-fol.* François Bourgoin eft mort en 1662.

7781. Vie du même; par Germain Habert, Abbé de Cerify : *Paris*, Huré, 1646, *in*-4.

Cet Académicien eft mort en 1656.

☞ Son Hiftoire faite prefque auffi-tôt après la mort de M. de Bérulle, eft écrite du ftyle des Panégyriques. On n'y fait point connoître, non plus que dans les fuivantes, l'Homme d'Etat, le Chrétien politique, l'habile Négociateur, &c. C'eft ce qui a été exécuté dans fa Vie encore Manufcrite, par M. l'Abbé Goujet, dont nous parlerons plus bas.]

7782. De Vita & rebus geftis Petri Berulli;

auctore Ludovico Donio D'Attichy, *Parifiis*, Cramoify, 1649, *in*-8.

Hiftoire du même; par (Gilbert Saunier) Sieur du Verdier: [ci-devant, N.° 7768.]

7783. Vie du même; par François Giry, de l'Ordre des Minimes.

Cette Vie eft imprimée dans le *Recueil de fes Vies des Saints*, tom. II. pag. 2013, *Paris*, 1684, *in-fol.*

7784. Eloge du même; par Charles Perrault, de l'Académie Françoife.

Cet Eloge eft imprimé au tom. I. des *Hommes illuftres*, pag. 3. *Paris*, 1699, *in-fol.* Cet Académicien eft mort en 1703.

7785. ☞ Vie du Cardinal de Berulle, Fondateur de la Congrégation de l'Oratoire en France; (par M. le Marquis de Caraccioli): *Paris*, Nyon, 1764, *in*-12.]

7786. ☞ Mſ. Hiftoire du Cardinal de Berulle; par M. l'Abbé (Jean-Pierre) Goujet.

On y fait connoître M. de Berulle dans fon entier. Elle a été dreffée par commiffion & aux inftances du P. de la Valette, Général actuel de l'Oratoire, d'après les Mémoires originaux. *Voyez* ce qu'on dit de cette Hiftoire dans le *Dictionnaire hiftorique*, en 4 vol. *in*-8. imprimé en 1759, art. *Berulle.*]

Hiftoria Davidis Betoun, Epifcopi Mirapicenfis.

Voyez Ev. de Mirepoix. *Métr. de Touloufe.*

Eloge de René de Birague, Evêque de Lavaur.

Voyez au Liv. III. *Chanceliers de France.*

☞ Oraifon funèbre de Henri Thiard de Biffy.

Voyez Ev. de Meaux. *Métr. de Paris.*]

☞ Anecdotes fur le Cardinal du Bois.

Voyez ci-après, Liv. III. *Miniftres d'Etat.*]

☞ Pièces au fujet du Cardinal de Bouillon.

Voyez au Liv. III. *Grands Aumôniers.*]

Eloge de Charles de Bourbon, Archevêque de Lyon.

Voyez Généal. des Princes de la troifième Race.

Vie de Charles de Bourbon, Archevêque de Rouen.

Voyez Ibid. & *Archev. de Rouen.*

☞ Vie de Charles de Bourbon, Cardinal, neveu du précédent.

Voyez Ibid.

Vie de Louis de Bourbon, Archevêque de Sens.

Voyez Arch. *de Sens.*

Eloge de Jean de Brogniac, Archevêque d'Arles.

Voyez Arch. *d'Arles.*

Hiftoria Philippi Cabaffolini, Epifcopi Caballicenfis.

Voyez Ev. de Cavaillon. *Métr. d'Avignon.*

Oraifon funèbre de Pierre de Cambout de Coiflin, Evêque d'Orléans.

Voyez au Liv. III. *Grands-Aumôniers.*

☞ Vies du Cardinal le Camus.

Voyez Ev. de Grenoble. *Métr. de Vienne.*]

Elogium

Elogium Rodulphi de Chevriers, Episcopi Ebroicensis.

Voyez Ev. d'Evreux. *Métr. de Rouen.*

7787. Eloge du Cardinal Matthieu Cointerel.

Cet Eloge est imprimé dans les *Remarques* de Gilles Menage, sur la Vie de Pierre Ayrault : *Parisiis*, 1675, *in-*4. Ce Cardinal est mort en 1586.

7788. ☞ Vie de Pierre de Collemieu.

Elle est dans l'*Histoire des Cardinaux*, par François du Chesne, qui le prétend, mal à propos, Provençal : il étoit Champenois; il mourut en Italie l'an 1253, à Albano, dont il étoit Cardinal Evêque. Il avoit été auparavant Archevêque de Rouen.]

Historia Joannis Raymundi de Convenis, Archiepiscopi Tolosatis.

Voyez Arch. de *Toulouse.*

Oraison funèbre d'Antoine de Créquy.

Voyez Ev. d'Amiens. *Métr. de Reims.*

7789. Historia Nicolai Cusani, Episcopi Brixiensis, anno 1449; auctore Ludovico Donio d'Attichy.

Cette Histoire est imprimée au tom. II. des *Fleurs de l'Histoire des Cardinaux*, *pag.* 190.

Oraison funèbre de Guillaume Egon de Furstemberg, Evêque de Strasbourg.

Voyez Ev. de Strasbourg. *Métr. de Mayence.*

☞ Abrégé de la Vie de César d'Estrées.

Dans le *Dictionnaire histor.* de Moréri : 1759.]

Vie d'Anne d'Escars de Givry.

Voyez Ev. de Metz. *Métr. de Trèves.*

7790. ☞ Histoire d'Estienne, Cardinal, au XIe siècle; par Dom Antoine Rivet, Bénédictin.

Dans l'*Histoire Littér. de la France*, *tom. VIII. p.* 1.]

7791. ☞ Vie de Guillaume Ferrier, Cardinal; par François du Chesne.

Elle se trouve dans son *Histoire des Card. François*. On croit qu'il étoit Provençal; car il eut le chapeau de Cardinal à la sollicitation de Charles II. Roi de Naples, & Comte de Provence : il étoit alors Prevôt de l'Église de Marseille. Il est mort l'an 1295.]

☞ Oraison funèbre & Eloges d'André Hercule de Fleury.

Voyez ci-après, Liv. III. aux *Ministres d'État.*]

Historia Petri de Fuxo, Archiepiscopi Arelatensis.

Voyez Arch. d'*Arles.*

☞ Mémoire de Mercurin de Gattinare, Chancelier du Roi Charles V.

Voyez au Liv. III. *Chanceliers.*]

7792. ☞ Histoire de Gilon, Cardinal & Evêque de Tusculum.

Dans l'*Hist. Littér. de la France*, *tom. XII. pag.* 85.]

Oraison funèbre de Henri de Gondi, Evêque de Paris.

Voyez Arch. de *Paris.*

Mémoires de Jean-François-Paul de Gondi de Retz, Archevêque de Paris.

Voyez ibid.

Oraison funèbre de Pierre de Gondi, Evêque de Paris.

Voyez Ibid.

☞ Histoire du Cardinal de Granvelle.

Voyez Arch. de *Besançon.*]

☞ Elogium Card. Hieronymi Grimaldi.

Voyez Arch. d'*Aix.*

Historia Guillelmi, Archiepiscopi Remensis.

Voyez Arch. de *Reims.*

7793. Historia beati Henrici, Episcopi Albanensis, anno 1179; auctore Ludovico Donio d'Attichy.

Cette Histoire est imprimée au tom. I. des *Fleurs de l'Histoire des Cardinaux*, *pag.* 1841.

7794. ☞ Histoire de Hugues, Cardinal & Evêque d'Ostie.

Dans l'*Histoire Littéraire de la France*, *tom. XII. pag.* 572.]

Vita Hugonis de sancto Caro, Archiepiscopi Lugdunensis.

Voyez Arch. de *Lyon.*

7795. Historia Humberti, Episcopi Sylvæ Candidæ; auctore Ludovico Donio d'Attichy.

Cette Histoire est imprimée dans le tom. I. des *Fleurs de l'Histoire des Cardinaux.*

7796. ☞ Histoire du même; par D. Antoine Rivet, Bénédictin.

Dans l'*Hist. Littér. de la France*, *tom. VII. p.* 527.]

Histoire de François de Joyeuse.

Voyez Arch. de *Rouen.*

7797. ☞ Lettre (de D. Remi Ceillier) au sujet du Cardinal Jouffroy : *Journal de Verdun*, 1738, *Mars*, *pag.* 164-172.]

On y prouve que ce Cardinal étoit d'une très-ancienne Noblesse du Comté de Bourgogne. Il y a des choses intéressantes sur cette famille.]

Eloge de Philippe de Levis, Archevêque d'Arles.

Voyez Arch. d'*Arles.*

Acta Erardi de Lisigniis, Episcopi Autissiodorensis.

Voyez Ev. d'Auxerre. *Métr. de Sens.*

Historia Richardi Longolii, Episcopi Constantiensis.

Voyez Ev. de Coutances. *Métr. de Rouen.*

Vie de Charles de Lorraine, Archevêque de Narbonne.

Voyez Arch. de *Narbonne.*

Vie de Charles de Lorraine, Archevêque de Reims.

Voyez Arch. de *Reims.*

Oraison funèbre de Louis de Lorraine, Archevêque de Reims.

Voyez ibid.

* Vie de Charles de Lorraine.

Voyez Ev. de Verdun. *Métr. de Trèves.*

Eloge de Hugues de Loubens, Grand-Maître de saint Jean de Jérusalem.

Voyez au Liv. IV. *Hist. des Ordres Militaires.*

Vie de saint Pierre de Luxembourg, Evêque de Metz.

Voyez Ev. de Metz. *Métr. de Trèves.*

☞ Oraison funèbre & Eloge de François de Mailly.

Voyez Arch. de *Reims.*]

Vita Erhardi à Marka, Episcopi Leodiensis.

Voyez Ev. de Liége. *Métr. de Cologne.*

7798. Vita beati Martini, Cardinalis, anno 1130; auctore Ludovico Donio D'ATTICHY.

Cette Vie est imprimée au tom. I. des *Fleurs de l'Hist. des Cardinaux*, pag. 164.

Oraison funèbre de Denis-Simon de Marquemont, Archevêque de Lyon.

Voyez Arch. de *Lyon.*

7799. Vita beati Matthæi, Episcopi Albanensis, anno 1126; auctore Hugone MENARD.

Cette Vie est imprimée à la *pag.* 422 des *Observations sur le Martyrologe Bénédictin: Parisiis*, 1629, *in*-8.

7800. Vita ejusdem; auctore Ludovico Donio D'ATTICHY.

Cette Vie est imprimée au tom. I. des *Fleurs de l'Hist. des Cardinaux*, pag. 339.

7801. ☞ Observations sur le Cardinal Matthieu.

Elles se trouvent *pag.* iij *& suiv.* de l'Avertissement du tom. X. de l'*Histoire Littér. de la France.*]

Vie de Jules Mazarin.

Voyez au Liv. III. *Ministres d'Etat.*

Vie de Michel Mazarin, Archevêque d'Aix.

Voyez Arch. d'*Aix.*

Historia Stephani de Montbeliard, Episcopi Metensis.

Voyez Evêq. de Metz. *Métrop. de Trèves.*

7802. ☞ Histoire de Milon, Cardinal & Archevêque de Palestrine.

Dans l'*Hist. Littéraire de la France*, tom. X. *pag.* 19.]

☞ Mémoires sur le Cardinal Louis-Antoine de Noailles.

Voyez Arch. de *Paris.*]

Eloge de Seraphin Olivier, Evêque de Rennes.

Voyez Ev. de Rennes. *Métr. de Tours.*

7803. ☞ Histoire d'Odon, Cardinal & Evêque d'Ostie.

Dans l'*Hist. Littér. de la France*, tom. IX. *pag.* 251.]

Vie d'Arnaud d'Ossat, Evêque de Bayeux.

Voyez Ev. de Bayeux. *Métr. de Rouen.*

Historia Guidonis Paræi, Archiepiscopi Remensis.

Voyez Arch. de *Reims.*

7804. ☞ Abrégé de la Vie du Cardinal Nicolas de Pellevé.

Dans l'*Histoire de la Réception du Concile de Trente: Paris*, 1766, tom. II. pag. 78. Ce Prélat, qui étoit grand Ligueur, fut Evêque d'Amiens, Archevêque de Sens, & ensuite de Reims: il mourut en 1594.]

Histoire de Jacques Davy du Perron, Archevêque de Sens.

Voyez Arch. de *Sens.*

Eloge d'Antoine Perrenot, Archevêque de Besançon.

C'est le même que Granvelle, ci-dessus. *Voyez* Arch. de *Besançon,*

Vie de Jean-Armand du Plessis de Richelieu, Evêque de Luçon.

Voyez au Liv. III. *Ministres d'Etat.*

Vita Alphonsi Ludovici du Plessis de Richelieu, Archiepiscopi Lugdunensis.

Voyez Arch. de *Lyon.*

☞ Eloge de Melchior de Polignac.

Voyez Arch. d'*Auch.*]

☞ Histoire de Richard.

Voyez Arch. de la *Métr. de Narbonne.*]

Vie de François de la Rochefoucault, Evêque de Senlis.

Voyez au Liv. III. *Grands Aumôniers.*

7805. Historia Hugonis Rogerii, Cardinalis Monoterii, anno 1342; auctore Ludovico Donio D'ATTICHY.

Cette Histoire est imprimée au tom. I. des *Fleurs de l'Histoire des Cardinaux*, pag. 388.

☞ Eloge d'Armand-Gaston-Maximilien de Rohan, Evêque de Strasbourg.

Voyez au Liv. III. *Grands Aumôniers.*}

Vie de Jacques Sadolet, Evêque de Carpentras.

Voyez Ev. de Carpentras. *Métr. d'Avignon.*

Eloge de Jerôme de la Souchere, Abbé de Citeaux.

Voyez Ordre de Citeaux.

☞ Vie de Bertrand de Saint-Martin.

Voyez Arch. d'*Arles.*]

Oraison funèbre de François d'Escoubleaux de Sourdis.

Voyez Arch. de *Bordeaux.*

7806. Historia beati Stephani, Episcopi Prænestini, anno 1140; auctore Ludovico Donio D'ATTICHY.

Cette Histoire est imprimée au tom. I. des *Fleurs de l'Histoire des Cardinaux*, pag. 171.

☞ Lettre au sujet du Cardinal Nicolas de Saulx-Tavannes, Archevêque de Rouen.

Voyez au Liv. III. *Grands Aumôniers.*]

Historia Francisci Mariæ Taurusii, Archiepiscopi Avenionensis.

Voyez Arch. d'*Avignon.*]

☞ Vie de Pierre Guerin de Tencin.

Voyez Arch. de *Lyon.*]

Historia Francisci de Turnone, Archiepiscopi Lugdunensis.

Voyez ibid.

7807. Vita Jacobi de Vitriaco, Episcopi Tusculani; à Thoma CANTIMPRATENSI aliisque descripta, ab Andrea Hoïo, Historiæ Professore Regio Duacensi edita.

Cette Vie est imprimée au-devant de l'*Histoire Orientale* de Jacques de Vitry : *Antverpiæ*, Belleri, 1597, *in*-8. Ce Cardinal est mort en 1244, & Thomas de Cantimpré en 1293.

Notices générales des Diocèses.

7808. Historia ejusdem ; auctore Ludovico Donio d'Attichy.

Cette Histoire est imprimée au tom. I. des *Fleurs de l'Histoire des Cardinaux*, pag. 289.

7809. ☞ Ms. Abrégé des Cérémonies pour Messeigneurs les Cardinaux, selon l'usage & pratique ancienne & moderne de la France & de l'Italie : le tout recueilli des nouveaux & anciens Cérémoniaux, Bulles, Constitutions & Ordonnances des Papes; par Messire Frère César de Grolée, Chevalier de Vireville, de l'Ordre de S. Jean de Jérusalem, Grand-Prieur d'Auvergne, &c. natif du Dauphiné. Copié sur l'Original manuscrit, corrigé de l'Auteur, le 17 Juillet 1647; par Fr. Jacques Quetif, Parisien, Religieux Profez (Dominicain) du Couvent de N. D. de l'Annonciade de Paris, de la rue neuve S. Honoré : *in-4.*

Ce Manuscrit est dans la Bibliothèque de Sainte Geneviève. L'Ouvrage, fait avec soin, est dédié au Cardinal de Richelieu, dont on voit l'écusson enluminé, qui occupe une page entière. Dans un Avertissement, le Père Quetif assure qu'il a copié l'original, avec le plus grand soin, en observant l'orthographe, & même les ratures. Si le Manuscrit original de M. de Grolée est perdu, comme cela est fort probable, cette copie mérite l'attention des Curieux.]

Article II.

Histoires des Eglises Métropolitaines de France avec celles de leurs Suffragans.

§. I.

Notices générales des Diocèses.

7810. Ms. Episcoporum in Provinciis Galliæ Syllabus.

Ce Recueil est conservé dans la Bibliothèque de saint Germain-des-Prés, num. 26.

7811. Notitia Episcopatuum Galliæ, ex Codice manuscripto Historiæ Francorum qui desinit in morte Philippi III.

Cette Notice est imprimée dans du Chesne, au tom. I. de son *Recueil des Historiens de France*, pag. 1.

7812. Notitia alia Episcopatuum Galliæ, scripta paulò post annum 1322.

Cette autre Notice est imprimée là même, *pag.* 26.

7813. Notitia Archiepiscoporum & Episcoporum Galliæ, secundùm veterem Provinciarum dispositionem.

Cette Notice est imprimée au tom. I. du *grand Pouillé* : *Paris, 1626, in-8.*

7814. Catalogus Diœcesêon Galliæ.

Ce Catalogue se trouve dans le Livre intitulé : *Provinciale Romanum ante annos ferè quingentos scriptum*, imprimé avec la *Pratique des Bénéfices* de Rebuffe : *Venetiis*, 1568, *in-4.* Lugduni, 1570, 1609, 1610, *in-fol. Parisiis*, 1664, *in-fol.* Ce Catalogue est aussi avec le même Livre, imprimé sous ce titre : *Notitia Episcopatuum Orbis Christiani, quam publicavit*, No-
Tome I.

tisque illustravit *Aubertus Miræus* : *Parisiis*, 1610 : *Antverpiæ*, 1611, 1613 : *Francofurti*, 1614, *in-8.*

7815. Status in quo per universam Franciam, cùm Pippinnus regnare cœpit, Ecclesiarum administratio versabatur ; auctore Carolo le Cointe.

Cette Description est imprimée au tom. V. de ses *Annales de l'Eglise de France*, sous l'année 752, depuis le nombre 72 jusqu'au 192.

7816. ☞ Détail des dix-sept Métropoles qui composoient les Etats de Pepin, &c.

Il se trouve au tom. V. des *Annales* du P. le Cointe, *pag.* 367 *& suiv.*]

7817. ☞ Division des Métropoles qui composoient l'Empire de Charlemagne.

Se trouve au même Ouvrage, *tom. VII. pag.* 161.]

7818. Catalogus Archiepiscoporum & Episcoporum, qui in variis Galliæ Ecclesiis sederunt ; auctore Antonio Monchiaceno Demochare, Doctore Sorbonico : *Parisiis*, 1562, *in-fol.*

Le même Catalogue est aussi imprimé avec son Traité Latin *de la Vérité du Corps de Jesus-Christ dans le Sacrifice de la Messe* : *Parisiis*, 1570 : *Antverpiæ*, 1573, *in-8.* Ce Docteur de Sorbonne est mort en 1574.

7819. Notitia antiqua Episcoporum Galliæ in antiquioribus Galliarum Ecclesiis; auctore Stephano Lusignano , Ordinis Prædicatorum : *Parisiis*, Nigri, 1580, *in-8.*

Cet Auteur est mort en 1590.

7820. Notitia antiqua Episcopatuum Galliæ (cui præmissus est sermo de Dignitate antiqua Ecclesiæ Gallicanæ & de Civitatibus Galliæ quæ Jura Metropolitana obtinuerunt); auctore Carolo à sancto Paulo, Fuliensi.

Cette Notice est imprimée au Liv. V. de sa *Géographie sacrée* : *Parisiis*, 1641 : *Amstelodami*, 1703, *in-fol.* Ce Feuillant est mort Evêque d'Avranches en 1644.

7821. Notitia moderna Archiepiscopatuum & Episcopatuum Galliæ.

Cette Notice est imprimée dans MM. de Sainte-Marthe, à la tête de leur *Gallia Christiana*.

7822. Notitia Episcopatuum Galliæ , quâ Francia est; Papirii Massoni operâ : *Parisiis*, Douceur, 1606, *in-8.*

Editio secunda auctior : *Parisiis*, 1610, *in-8.*

La même Notice est imprimée dans du Chesne, au tom. I. de son *Recueil des Historiens de France*, *pag.* 45.

7823. Archiepiscoporum & Episcoporum Galliæ Chronologica historia, quâ ordo eorumdem à temporibus Apostolorum incœptus, ad nostra usque per traducem succedentium servatus ostenditur ; auctore Joanne Chenu, Biturico, in Senatu Parisiensi Patrono : *Parisiis*, Buon, 1621, *in-4.*

☞ Cet Ouvrage renferme des recherches curieuses sur l'ancienne Géographie, l'Histoire, & les singularités des Provinces & des Villes dont l'Auteur est obligé de parler. On y trouve encore plusieurs Bulles accordées par les Papes à plusieurs Eglises de France; des Dissertations historiques & critiques sur les noms & les parti-

Yyy 2

cularités des premiers Evêques de la plûpart des Siéges de ce Royaume; enfin, un précis de la Vie de nos Prélats les plus célèbres, & quelquefois l'analyse de leurs Ouvrages. Il y a lieu de croire que l'Auteur n'a pas mis la dernière main à ce Livre : on y trouve beaucoup de lacunes dans plusieurs suites chronologiques des Evêques de différens Siéges, & d'autres omissions assez considérables. Il n'y est rien dit de grand nombre d'Evêchés ni d'Evêques de France. *Voyez* les *Mémoires* du P. Niceron, *tom. XL. pag.* 164.]

7824. De Episcopatibus Galliæ Liber; auctore Joanne LIMNÆO.

C'est le Liv. II. de l'Ouvrage intitulé : *Notitia Regni Franciæ : Francofurti,* 1655, *in-*4.

7825. Gallia Christiana, in qua Regni Franciæ, ditionumque vicinarum Diœceses & in iis Præsules describuntur; curâ & labore Claudii ROBERTI, Lingonensis Presbyteri : *Parisiis,* Cramoisy, 1626, *in-fol.*

☞ On trouve à la tête de cet Ouvrage :

Notitia Chronographiæ Episcopatuum Galliæ (qui est une Carte de Bertius;) & Galliæ divisio.

A la fin du Volume on trouve :

Abbatiarum & aliorum quorumdam Beneficiorum Galliæ Nomenclatura, serie litterarum alphabeticâ.

Appendix in tres partes divisa.

Primâ Parte continentur, Franciæ Cancellarii, Ecclesiæ Prælati : les Grands-Maîtres de Malthe : les Généraux de divers Ordres, des Chartreux, Mathurins, Jacobins, Cordeliers, Augustins, Carmes, Minimes, Capucins, Jésuites : enfin le Catalogue des Provinces, des Colléges & Maisons de cette Société dans la Gaule Françoise, Belgique & Italique.

Secundâ Parte, Aquileienses Patriarchæ, Gradenses, Veneti, Archiepiscopi Bononienses, Cantuarienses, Florentini, Genuenses, Mediolanenses, Taurinenses, Toletani : Episcopi Patavini. L'Auteur a cru devoir donner ces suites de Prélats, dont quelques-uns ont rapport à l'Histoire de France.

Tertiâ Parte, Divio, Belna, &c.

Voyez sur cet Ouvrage & son Auteur, la *Bibliothèque des Auteurs de Bourgogne*, par M. l'Abbé Papillon, art. *Cl. Robert.* = Jacob, *de clar. scriptoribus Cabillonensibus, pag.* 88.]

Robert est mort en 1637.

7826. Ms. Historia Ecclesiæ Gallicanæ, seu Notitia Episcopatuum Galliæ; auctore Polycarpo DE LA RIVIERE, Cartusiano.

De Ruffi, dans un Avis au Lecteur qui est à la fin de ses *Dissertations sur l'origine des Comtes de Provence,* dit « que ce Religieux étoit né pour les Belles-Lettres, » & principalement pour la science de l'Antiquité. Voulant cultiver son inclination, il parcourut toute la » France, & il visita tous les Sçavans, pour profiter de » leurs lumières. Il entra dans les plus célèbres Bibliothèques, & dans les Archives des plus anciens Monastères, où il recueillit ce qu'ils renfermoient de plus » rare & de plus curieux. Revenu de son voyage avec » une si ample moisson, il s'occupa à composer l'Histoire » de tous les Evêques de ce Royaume, & il finit par celle » de plusieurs Diocèses, entr'autres, les Annales de l'Eglise & de la Ville d'Avignon. Bouche, qui en vit le » Manuscrit à la Chartreuse de Bombas, entre les mains » de l'Auteur, dit que c'étoit une Pièce excellente, & » prête à voir le jour ». Il ajoute dans son Avertissement qui est au-devant de son *Histoire de Provence*, « que » par certains secrets, à fort peu de gens connus, » l'Auteur disparut, & son Ouvrage fut condamné aux » ténèbres ».

☞ Tout n'a pas péri, puisque les Bénédictins, dans le nouveau *Gallia Christiana*, donnent un long Extrait de son Ouvrage sur les premiers Evêques d'Avignon, *tom. I. pag.* 851-870.]

7827. Gallia Christiana, quâ series omnium Archiepiscoporum, Episcoporum & Abbatum Franciæ, vicinarumque ditionum ab origine Ecclesiarum ad nostra usque tempora, per quatuor tomos deducitur, & probatur ex antiquæ fidei manuscriptis Tabulariis omnium Galliæ Cathedralium & Abbatiarum; opus Fratrum Gemellorum Scevolæ & Ludovici SAMMARTHANORUM auctum & primò in lucem editum à Petro Abelio, & Nicolao Sammarthanis Scevolæ filiis, Ludovici nepotibus : *Parisiis,* Pepingué, 1656, *in-fol.* 4 vol.

Le tom. I. contient les Archevêchés; les tom. II. & III. les Evêchés; & le tom. IV. les Abbayes. « En 1646, il » plut à Nosseigneurs de l'Assemblée du Clergé, de » donner la commission aux sieurs de Sainte-Marthe, » frères, Historiographes du Roi, de travailler à l'Histoire générale des Eglises & Diocèses de France : mais » l'un d'eux [Scevole] étant mort l'an 1650, son frère » jumeau [Louis] étant tombé dans une extrême vieillesse, & décédé à l'âge de 85 ans [en 1656,] les sieurs » de Sainte-Marthe, frères, leurs enfans & neveux, suivant l'agrément de l'Assemblée de 1650, continuèrent » toujours avec soin & diligence ce travail, tant par la » recherche de plusieurs Mémoires, Titres, Manuscrits » & autres Pièces curieuses pour cette Histoire Ecclésiastique, que pour l'impression pénible, qui a duré » cinq ans. » Extrait d'un Mémoire de MM. de Sainte-Marthe à MM. de l'Assemblée générale du Clergé en 1655, dans le Procès-verbal de cette Assemblée.

☞ *Voyez* la *Méthode historiq.* de Lenglet, *tom. IV. pag.* 168.]

7828. Gallia Christiana in Provincias Ecclesiasticas distributa : quæ series & Historia omnium Archiepiscoporum, Episcoporum & Abbatum Franciæ vicinarumque ditionum, ab origine Ecclesiarum ad nostra tempora deducitur, & ex authenticis probatur Instrumentis; operâ & studio Dionysii SAMMARTHANI, Presbyteri & Monachi Ordinis sancti Benedicti, è Congregatione sancti Mauri & aliorum ejusdem Congregationis : è Typographia Regia, 1715, *in-fol.*

Cette nouvelle Edition est fort changée; car l'Histoire y a été revue, corrigée & augmentée jusqu'à notre temps, & les Preuves mises à la fin de chaque volume, y sont en plus grand nombre. La disposition de l'Ouvrage n'est plus la même : les Histoires des Suffragans ont été placées après celles de leur Métropole; & les Histoires des Abbayes sont rangées ensuite des Diocèses où elles sont situées. [On y a joint aussi la suite des Prevôts, Doyens ou Chefs des Chapitres des Eglises Cathédrales, &c.]

☞ Il y a jusqu'à présent onze volumes *in-fol.* & le XIIe s'imprime. Les quatre premiers sont de Dom Denys DE SAINTE-MARTHE, parent des précédens, & mort en 1725 Général de la Congrégation de S. Maur. Les volumes qui suivent sont de D. Etienne BRICE, mort en 1755. D. Felix HODIN, & D. Toussaints DU PLESSIS, qui sont morts, y ont ensuite travaillé; & enfin D. Jacques TASCHEREAU & D. Pierre HENRY, qui vivent encore, continuent ce grand Ouvrage.

Le Tom. I. 1715, contient les Archevêchés d'Alby, Aix, Arles, Avignon & Auch, avec leurs Suffragans & les Abbayes, soit celles qui subsistent, soit celles qui sont détruites.

Notices générales des Diocèses. 541

Le Tom. II. 1720, Bourges & Bordeaux.
Le Tom. III. 1725, Cambray, Cologne & Embrun.
Le Tom. IV. 1728, Lyon & ses Suffragans.
Le Tom. V. 1731, Malines & Mayence.
Le Tom. VI. 1739, Narbonne & ses Suffragans.
Le Tom. VII. 1744, l'Archevêché de Paris, avec ses Chapitres & Abbayes.
Le Tom. VIII. 1744, les Suffragans de Paris.
Les Tom. IX. & X. 1751, Reims & ses Suffragans.
Le Tom. XI. 1759, Rouen & ses Suffragans.
Le Tom. XII. (qui s'imprime) Sens & Tarentaise.

Pour achever, il restera à donner Toulouse, Treves, Tours, Besançon (*Vesontio*), Vienne, & Utrecht (*Trajectum ad Rhenum*, & non *ad Mosam*.)

Voyez sur cet Ouvrage, *Mém. de Trévoux*, *Août* 1716.-*Juillet* 1730.-*Mai*, *Juin* 1745.-*Octobre* 1749. = *Méthode hist.* de Lenglet, tom. *IV*. pag. 168. *Supplément*, pag. 169. = Le P. Niceron, tom. *V*. pag. 96. = *Journal des Sçav.* Septembre 1716.-Janvier, Mars & Mai 1721.-Juin, Juillet, Août 1732.-Juin 1739.-Févr. & Mai 1745.-Octobre 1751.-Avril & Juillet 1753. = *Journ. de Leipf. Suppl. VII.* pag. 1.-1731, pag. 348. = *Mercure*, Mars 1729.-Sept. 1731.-Janvier 1739. *Bibl. crit.* de Saint-Jore, chap. *X*. du tom. *I*. = Racine, *Abrégé de l'Hist. Eccl.* tom. *XIII. in-12*. pag. 254.]

7829. ☞ Gerardi Telesii Apologia Epistolaris pro recentioris *Galliæ Christianæ* auctore eruditissimo D. P. Dionysio DE SAINTE-MARTHE. *Act. Lips. Supplem.* tom. *VI*. p. 373.

Cette Lettre est contre l'Extrait donné dans les *Mém. de Trévoux*, du premier Volume de Dom de Sainte-Marthe. Les Journalistes de Leipsick, à qui un inconnu l'avoit adressée, l'ont publiée toute entière dans leurs Actes, mais en promettant une place semblable à la réponse que les Auteurs attaqués pourroient opposer, & qui n'est pas venue.]

7830. ☞ Lettre de Dom DU PLESSIS, au sujet du Gallia Christiana : *Mercure*, 1746, *Avril*, pag. 85-87.]

7831. ☞ Lettre (d'un Bénédictin,) au sujet du Gallia Christiana : *Mercure*, 1748, *Octobre*, pag. 72-74.]

7832. ☞ Lettre aux Auteurs de la nouvelle Gaule Chrétienne, touchant la Liste des Doyens de l'Eglise de Meaux, & au sujet de plusieurs Abbés de différentes Abbayes du Royaume; par M. Charles-Joseph THOMÉ, Chanoine de l'Eglise de Meaux : *Paris*, Giffart, 1749, *in-12*. 35 pages.

On en trouvera encore une autre du même, ci-après, aux Hist. de Meaux, *Métrop. de Paris*, sur plusieurs Abbés & Abbesses de ce Diocèse.]

7833. Avertissement à Messieurs les Députés du Clergé, sur la décadence de l'Eglise Gallicane : 1615, *in-8*.

7834. Etat du Clergé de France, en 1660; par Antoine VITRÉ, Imprimeur : *Paris*, 1660, *in-8*.

7835. Ad Geographiæ Episcopalis Breviarium Accessiones aliquot. Appendix II. Galliæ Christianæ recens Notitia. Appendix III. Episcopalium Sedium per Parlamenta Divisio. Appendix IV. Præsulum Galliæ Nomenclatura. Appendix VI. Sanctorum Galliæ Episcoporum Kalendarium, &c. per Philippum LABBE, è Societate Jesu.

Ces Additions sont imprimées au tom. II. de l'*Introduction à la Géographie* de CLUVIER : *Parisiis*, 1661, *in-24*.

7836. ☞ De la Primatie des Gaules.

On trouve cette matière traitée dans les *Annales* du P. LE COINTE, tom. *I*. pag. 260 & *suiv*.

7837. Traité des Droits, Prérogatives & Prééminences des Eglises Cathédrales dans les Conciles Provinciaux; par Jean FILLEAU : *Paris*, 1628, *in-8*.

7838. Etat des Eglises Cathédrales & Collégiales; par Jean DE BORDENAVE : *Paris*, 1643, *in-fol*.

7839. De Ecclesiis Cathedralibus, earumque Privilegiis & Prærogativis Tractatus; auctore Michaele Antonio FRANCES, de Urrictigoyti, J. U. D. *Lugduni*, 1666, *in-fol*.

On voit dans ce Livre l'explication de tout ce qui concerne les Eglises Cathédrales. L'Auteur y traite de leur origine & institution; il examine à qui il appartient de les ériger, & quelles sont les causes pour lesquelles il faut les ériger, transférer ou unir plusieurs ensemble, &c. Il explique enfin quels en sont les Privilèges & les exemptions.

7840. ☞ Traité des Droits & des Obligations des Chapitres des Eglises Cathédrales, tant pendant que le Siège Episcopal est rempli, que pendant la vacance du Siège; par…. DU CASSE, Official de Condom : *Paris*, 1707, *in-12*.

7841. ☞ Lettre de M. le Prés. COCHET DE SAINT-VALLIER, sur le Traité précédent. *Mém. de Trévoux*, 1707, *Mai*, p. 911-917.

Cette Lettre regarde principalement les Chanoines honoraires, dont M. du Casse avoit oublié de parler.]

7842. ☞ Traité de la Jurisdiction volontaire des Chapitres des Eglises Cathédrales pendant la vacance du Siège Episcopal, & de leurs droits & prérogatives, tant par rapport au gouvernement particulier de leur Corps, que par rapport à celui des Diocèses, conjointement avec les Evêques.

C'est le cinquième Volume d'un Recueil conservé à la Bibliothèque du Roi, au num. 2623, des Livres sur le Droit Canonique. On trouve à la tête de ce Volume les Réflexions du P. du Moulinet sur l'antiquité des Chanoines Séculiers & Réguliers.]

7843. Ms. Avis touchant la Liberté des Eglises Cathédrales : *in-fol*.

Cet Avis est conservé dans la Bibliothèque de M. le Chancelier d'Aguesseau.

7844. ☞ Les Droits de l'Episcopat sur le second Ordre; par M. Jean-Baptiste Gabriel CORGNE DE LAUNAY, Professeur en Sorbonne : 1760, *in-12*.

7845. Ms. Traité de l'ancienne Hiérarchie, ou Rétablissement de l'ancienne Jurisdiction des Archevêques & des Evêques sur tous les Convens & Monastères de l'un & de l'autre sexe, &c. par Jerôme GATIEN, de la Mère de Dieu : *in-fol*.

Ce Traité [étoit] conservé dans la Bibliothèque de

M. l'Abbé de Caumartin, [mort Evêque de Blois en 1733.]

7846. ☞ Recueil contenant les Pièces des Procès que les Archevêques de Sens, les Evêques de Verdun, de Chartres & de Marseille, ont eu au Conseil contre leurs Chapitres, au sujet de leurs priviléges & exemptions ; ainsi que le Procès de M. Bossuet, Evêque de Meaux, contre Madame de Lorraine, Abbesse de Jouare, avec les Arrêts rendus en conséquence.

Cette Collection est indiquée num. 524 du Catalogue de M. de Pontcarré.]

7847. Mf. Mémoires touchant la Jurisdiction des Archevêchés & Evêchés de France, & de ceux qui ont été séparés de la Couronne, & qui y ont été réunis depuis les Conquêtes : *in-fol.* 4 vol.

Ces Mémoires [étoient] conservés dans la Bibliothèque de M. de Lamoignon.

7848. Mf. Mémoires pour les Evêchés & Abbayes de France : *in-fol.*

Ces Mémoires sont entre les Manuscrits de du Chesne, dans la Bibliothèque du Roi.

7849. Mf. Catalogue des Archevêques & Evêques de France ; par André DU CHESNE : *in-fol.*

Ce Catalogue est conservé entre les mêmes Manuscrits de du Chesne.

7850. Joannis COLUMBI, è Societate Jesu, Noctes Blancalandanæ, Opus varium, quo plures Galliarum Archiepiscopi & Episcopi recensentur : *Lugduni*, 1660, *in-4.*

Cet Ouvrage est imprimé avec les divers Opuscules du même Auteur : *Lugduni*, 1668, *in-fol.* C'est comme un Supplément à la *France Chrétienne* de MM. de Sainte-Marthe.

L'Auteur est mort en 1679.

§. II.

Histoires de la Métropole d'Aix & de ses Suffragans.

7851. ABRÉGÉ de l'Histoire de Provence, tom. II. contenant l'Etat Ecclésiastique de ce Pays, ou des Archevêchés & Evêchés de cette Province ; par Pierre LOUVET, Docteur en Médecine : *Aix*, 1676, *in-12.*

Ce n'est qu'un abrégé & une traduction du *Gallia Christiana* de MM. de Sainte-Marthe, où il n'est pas seulement question de la Métropole d'Aix (capitale de la Provence) mais aussi d'Arles & d'Embrun.]

7852. ☞ De l'époque de la Mission des premiers Evêques de la Narbonnoise, (sçavoir, d'Aix, &c.)

C'est la *Note XXIII.* du *tom. I.* de l'*Histoire du Languedoc*, par DD. DE VIC & VAISSETTE.]

7853. Mf. Actes concernant l'Archevêché d'Aix, & ses Suffragans, & les Abbayes qui sont dans cette Métropole : *in-fol.* 2 vol.

Ces Actes [étoient] conservés dans la Bibliothèque de M. de Gaufridi, Avocat Général du Parlement de Provence : ce sont des Manuscrits de M. de Peiresc, num. 75.]

Histoires de l'Archevêché d'Aix.

7854. Annales de l'Eglise d'Aix, avec des Dissertations historiques contre Jean de Launoy ; par Jean Scholastique PITTON, Docteur en Médecine : *Lyon*, 1668, *in-4.*

7855. ☞ Series & Historia Archiepiscoporum Aquensium.

Dans le *Gallia Christiana* des Bénédictins, tom. I. pag. 299-340 ; & les Preuves à la fin , pag. 63 & *suiv.*]

7856. Vie de saint Maximin , qualifié par quelques modernes, premier Evêque d'Aix en Provence, par Adrien BAILLET.

Cette Vie est imprimée dans le *Recueil de ses Vies des Saints*, au 8 de Juin.

7857. ☞ Histoire de la Vie de Lazare ; par D. Antoine RIVET, Bénédictin.

Dans l'*Histoire Littér. de la France*, tom. *II. pag.* 147. Ce Saint vivoit au commencement du Ve siècle.

7858. Vita Petri Aureoli, dicti Doctoris facundi ; auctore Constantino SERNANO, Cardinale.

Cette Vie est imprimée au-devant de ses Ouvrages : *Roma*, 1596 [& 1605,] *in-fol.* 2 vol. Aureolus est mort en 1322.

7859. Elogium Armandi de Brancesio.

Cet Archevêque est mort en 1348, & son Eloge est imprimé au tom. I. des *Analectes* de D. Jean Mabillon, pag. 611 : *Parisiis*, 1681, *in-8.*

7860. Eloge de Gilbert Génébrard , Religieux de Cluny, nommé à l'Archevêché d'Aix ; par Hilarion DE COSTE.

Cet Eloge est imprimé avec les *Eloges des Hommes illustres, pag.* 618 : *Paris*, 1625, *in-fol.* Génébrard mourut en 1597, sans pouvoir obtenir le consentement de la Cour à sa nomination à l'Archevêché d'Aix, à cause qu'il s'étoit trop déclaré en faveur de la Ligue.

7861. Mf. Gilberti Genebrardi Vita ; scriptore Philiberto DE LA MARE, Senatore Divionensi.

Cette Vie est citée à la *pag.* 69 de son *Plan des Historiens de Bourgogne*.

☞ Ce n'est qu'un Projet.]

7862. ☞ Histoire de la Vie & des Ouvrages de Génébrard ; par le P. NICERON.

Dans ses *Mémoires*, tom. *XXII. pag.* 1-18.]

7863. ☞ Mf. Mémoire sur la Vie & les Ouvrages de Génébrard, Archevêque d'Aix, natif de Riom en Auvergne ; par M. CORTIGIER, Chanoine de Clermont, & de la Société Littéraire de cette Ville.

Ce Mémoire, lû à l'Assemblée publique en 1760, est conservé dans les Registres de cette Société. On en trouve un Extrait dans le *Mercure de 1761, Avril, vol. I. pag.* 117.

7864. ☞ Très-humble Remontrance de la Cour de Parlement de Provence au Roi, sur la poursuite faite au Conseil de Sa Majesté, par M. l'Archevêque d'Aix.

Cette Pièce est imprimée au tom. IV. des *Mémoires d'Etat*, qui sont à la suite de ceux de Villeroi.

Elle est contre Paul Hurault, Archevêque d'Aix, mort en 1625, qui prétendit faire porter la croix devant lui jusqu'à l'Audience, & qui en ayant été empêché par ordre du Procureur Général, l'avoit fait assigner au Conseil pour y répondre. Le Parlement représenta que c'étoit une chose inouie ; que l'Archevêque n'avoit nulle raison de le faire ; & que si on le souffroit, cela n'iroit à rien moins qu'à anéantir la justice & ébranler l'Etat.]

7865. Vie de Michel Mazarin, Cardinal de sainte Cécile; par Théophraste RENAUDOT, Docteur en Médecine : *Paris*, 1648, *in*-4.

Ce Cardinal est mort en 1648, & Théophraste Renaudot en 1653.

7866. ☞ Elogium Anagrammaticum Eminentissimi Cardinalis Hieronymi Grimaldi, Archipræsulis Aquensis: *Romæ*, 1673, Typis Josephi Corvi & Bartholomæi Lupardi, Rev. Cam. Apost. Impressorum.]

7867. ☞ Oraison funèbre de M. le Cardinal Grimaldi, Archevêque d'Aix, prononcée à ses obsèques, en l'Eglise Métropolitaine de S. Sauveur d'Aix, le 10 Novembre 1685 ; par M. DE THORON D'ARTIGNOLE, Docteur en Théologie, Chanoine en ladite Eglise : *Aix*, 1686, *in*-12.]

7868. ☞ Illustrissimo Pontifici bis infulato (Carolo le Goux de la Berchere) Anagrammata (dicit) de REPELLIA, Doctor : *Aquis Sextiis*, 1686, *in*-4.]

7869. ☞ Histoire de Daniel de Cosnac, Archevêque d'Aix ; par M. le Maréchal DE TESSÉ (René de Froulay.)

On la trouve dans le *Recueil* A. Elle est curieuse, & remplie d'Anecdotes. Ce Prélat est mort en 1708.

Il y a une autre Vie manuscrite de M. de Cosnac, que l'on dit écrite par lui-même, & qui se conserve au château de Cosnac en Limousin.]

7870. Apologie en vers, pour M. de Cosnac, Archevêque d'Aix.

Elle se trouve dans le tom. II. de la *Vérité découverte par le Mercure d'Aix*, malgré les ténèbres obscures des *Médisans sacrilèges* : *Aix*, 1693, *in*-12. 2 vol.]

Histoires de l'Évêché d'Apt.

7871. ☞ Series & Historia Episcoporum Aptensium.

Dans le *Gallia Christiana* des Bénédictins, *tom. I.* pag. 349-373, & les *Preuves* à la fin, *pag.* 73.]

7872. ☞ Le Sépulchre de sainte Anne ; par M. Pierre LE GRAND, Champenois, Avocat & Procureur du Roi à Apt, ou l'Histoire de la translation des Reliques de cette Sainte à Apt ; avec quelques particularités de la fondation de ladite Eglise Episcopale : *Aix*, Tolosan, 1605, *in*-8.]

Pitton, à la *pag.* 71 de ses *Sentimens sur les Historiens de Provence*, rapporte que M. GROSSI a fait des Mémoires pour la Ville d'Apt.

7873. La Mission de saint Auspice, premier Evêque d'Apt ; avec un Abrégé chronologique d'une grande partie des Evêques qui lui ont succédé : *Paris*, le Gentil, 1685, *in*-12.

Cet Ouvrage a été composé par Pierre DE MARMET de Valcroissant, de la Ville d'Apt, [Chanoine de la Cathédrale d'Aix.]

7874. ☞ De sancto Castore Episcopo Aptæ Juliæ, Vitæ non satis certæ auctoritatis ; & Commentarius Constantini SUYSCHENI, è Societate Jesu.

Ces Vies sont imprimées dans le *Recueil* de Bollandus, au 21 Septembre.]

7875. ☞ Vie de saint Castor, Evêque d'Apt, traduite du Latin de Raymond Bor, l'un de ses successeurs, (ou Critique de cette Vie) ; par M. DE SAINT-QUENTIN : *Apt*, 1682, & dans les *Pièces fugitives* de M. d'Aiglemont, *Paris*, Giffart, 1705, *pag.* 56 du *tom. IV. in*-12.]

7876. ☞ Histoire de la Vie & des Ouvrages de saint Castor ; par Dom Antoine RIVET, Bénédictin.

Dans l'*Histoire Littér. de la France*, *tom. II. p.* 140. Ce Saint vivoit au V.e Siècle.]

Histoires de l'Évêché de Riez.

7877. Historia & Chronologica Præsulum sanctæ Regiensis Ecclesiæ Nomenclatura ; à Simone BARTEL, Regiensi Theologo. Ejusdem Apologia sancti Fausti, Episcopi Regiensis : *Aquis-Sextiis*, David, 1636, *in*-8.

« Cet Auteur a écrit son Histoire en assez beau Latin, » & il y a allez bien réussi ; mais quand il sort de son » sujet, & qu'il veut s'égayer dans la Chorographie de » Provence, il a des imaginations étranges, & il s'éloi- » gne plus de la vérité que ceux qu'il veut reprendre. » Honoré Bouche, dans sa *Préface de l'Histoire de Provence*. Pitton, dans ses *Jugemens sur les Historiens de Provence*, *pag.* 70, en juge encore plus désavantageusement.

7878. ☞ Series & Historia Episcoporum Regensium.

Dans le *Gallia Christiana* des Bénédictins, *tom. I.* *pag.* 388-417, & les *Preuves* à la fin, *pag.* 81.]

7879. ☞ Nova Regiensium Episcoporum Nomenclatura ; auctore Joanne SOLOMET, *Massiliæ*, 1728, *in*-12.]

7880. Josephi ANTHELMI, Forojuliensis Canonici, Diatriba de Ecclesia Reiensi.

Cet Ouvrage est imprimé avec sa Dissertation : *De initio Ecclesiæ Forojuliensis, &c. Aquis-Sextiis*, 1680, *in*-4. Joseph Anthelmi est mort en 1697.

7881. Ms. Histoire de la Ville & du Diocèse de Riez ; par Jean SOLOMET, Prêtre, Bénéficier de l'Eglise Cathédrale de Riez, Supérieur du Séminaire.

Cet Ouvrage [étoit] entre les mains de l'Auteur, qui a été de la Congrégation de l'Oratoire.

7882. ☞ Prosperi Aquitanici, Episcopi Reiensis Vita ; auctore Joanne Antonio FLAMINIO, Forocorneliensi.

Cette Vie est imprimée au-devant des *Œuvres* de saint Prosper : *Lugduni*, Gryphii, 1539 : *in-fol.*

Flaminius est mort en 1536. Ces Actes ne sont le fruit que de fausses conjectures : ils ne valoient pas la peine que s'est donné le Père le Cointe à les refuter dans les *Annales de l'Eglise de France*, sur l'année 680.

☞ Dans l'Edition de Louvain 1565, il y a une autre Vie Latine de Jean SOTEAUX ; & dans celle de Paris de 1711, la Vie qui s'y trouve n'est qu'une Traduction de celle de M. de Tillemont, indiquée ci-après.]

7883. * Vie de saint Prosper d'Aquitaine ; par Pierre LOUVET, Médecin.

Elle est avec celle de saint Roch : *Marseille*, Meynier, 1677, *in*-12.

7884. Vie de saint Prosper, Docteur de l'Eglise, par Adrien BAILLET.

Cette Vie est imprimée dans son *Recueil des Vies des Saints*, au 25 de Juin.

7885. Vie du même ; par Sebastien LE NAIN DE TILLEMONT.

Cette Vie est imprimée au tom. XVI. de ses *Mémoires pour l'Histoire de l'Eglise*, pag. 1. Ces deux Auteurs refutent la fausse opinion de ceux qui l'ont cru Evêque de Riez.

7886. Vita sancti Maximi ; auctore DYNAMIO, Patricio Galliarum.

Cette Vie est imprimée dans le *Recueil* de Surius, au 27 de Novembre ; & plus exactement dans Barrali, p. 120 de sa *Chronologie de Lérins* : *Lugduni*, 1613, *in*-4. Saint Maxime est mort en 460, & Dynamius en 601.

7887. ☞ Panégyrique de saint Maxime, Evêque de Riez ; par saint Fauste, son successeur : 1644, *in*-4.]

7888. Abrégé de la Vie de saint Maxime, ou de saint Mays, par Jean THEROUDE, Curé de Vernon : *Paris*, Charles, 1635, *in*-8.

7889. ☞ Epistolæ quædam (duodecim) de amicitiâ olim contractâ à diversis Ecclesiis, propter S. Maximum Episcopum Regii in Provinciâ, & Vernonis Patronum, renovatâ ; curâ D. Joan. THEROUDE : *Parisiis*, Charles, 1636, *in*-8.]

7890. Il sacro Trimegisto nella Vita di san Massimo ; dal Francesco Fulvio TRUGONI, dell' Ordine di san Francesco di Paula : *in Taurino*, Zapata, 1666, *in-fol. in Milano*, 1668, *in*-8.

7891. Vie de saint Maxime ; par Adrien BAILLET.

Cette Vie est imprimée dans son *Recueil des Vies des Saints*, au 17 de Novembre.

7892. Vie du même ; par Sebastien LE NAIN DE TILLEMONT.

Cette Vie est imprimée au tom. XVI. de ses *Mémoires pour l'Histoire de l'Eglise*, pag. 408.

7893. ☞ Histoire de la Vie & des Ouvrages de saint Maxime ; par D. Antoine RIVET, Bénédictin.

Dans l'*Histoire Littér. de la France*, tom. II. p. 357. Ce Saint vivoit au Ve siècle.]

Apologia pro sancto Fausto ; auctore Simone BARTEL.

Voyez ci-devant au N.° 7878.

7894. ☞ Histoire de la Vie & des Ouvrages de Fauste ; par D. Antoine RIVET, Bénédictin.

Dans l'*Histoire Littér. de la France*, tom. II. p. 585. Cet Evêque vivoit au Ve siècle. Voyez encore l'Avertissement, pag. xxij. Cet article ayant été critiqué dans une Lettre de l'Abbé LE CLERC de Lyon, insérée dans le *Journ. de Trévoux* (Juillet 1736, pag. 1541), Dom Rivet y répondit dans l'Avertissement de son tom. IV, & justifia ce qu'il avoit dit.]

Histoires de l'Évêché de Fréjus.

7895. ☞ Series & Historia Episcoporum Forojuliensium.

Dans le *Gallia Christiana* des Bénédictins, tom. I. pag. 418-445, & les *Preuves*, pag. 82.]

7896. De initiis Ecclesiæ Forojuliensis Dissertatio historica, chronologica, critica, prophano-sacra ; auctore Josepho ANTHELMIO, Forojuliensi Canonico. Accesserunt I. Præsulum Forojuliensium Nomenclatura chronologica. II. Diatriba de Ecclesia Reiensi & de Monasterio Lerinensi : *Aquis-Sextiis*, David, 1680, *in*-4.

Cette Eglise a commencé vers le milieu du IVe siècle. On voit dans cet Ouvrage des Observations curieuses sur l'antiquité, l'origine, les différens noms & les diverses fortunes de Fréjus. L'Auteur est mort en 1697.

7897. Ms. L'Histoire de la Ville & de l'Eglise de Fréjus ; par le même.

Cette Histoire [étoit] entre les mains de M. Léonce Anthelmi, frère de l'Auteur, Grand Vicaire de Fréjus.

7898. ☞ Histoire de la Ville & de l'Eglise de Fréjus ; par M. G. C. D. C. D. E. T. (Jacques-Félix GIRARDIN) : *Paris*, 1729, *in*-12. 2 vol.

Le tom. I. contient l'*Histoire Civile* ; le tom. II. l'*Histoire Ecclésiastique*.

7899. Sanctus Leontius, Episcopus & Martyr, suis Forojuliensibus restitutus à Ludovico DU FOUR, è Societate Jesu : *Avenione*, Piot, 1638, *in*-8.

Saint Léonce est mort vers l'an 450. Le P. du Four, dit quelque chose de l'Amphithéâtre de Fréjus, de son Aqueduc, de ses Bains & autres monumens de l'antiquité qui s'y trouvent.

7900. Vie de saint Léonce ; par Adrien BAILLET.

Cette Vie est imprimée dans son *Recueil des Vies des Saints*, au premier Décembre.

Histoires de l'Évêché de Gap.

7901. ☞ Series & Historia Episcoporum Vapincensium.

Dans le *Gallia Christiana* des Bénédictins, tom. I. pag. 472-471, & les *Preuves*, pag. 85.]

7902. Ms. Histoire chronologique des Evêques de Gap ; par Artus DE LIONNE, Evêque de Gap.

Citée par Guy Allard, pag. 138 de sa *Bibliothèque du Dauphiné*. Cet Evêque est mort en 1675.

7903. De sancto Constantino, seu Constantio, Notæ historicæ Godefridi HENSCHENII, è Societate Jesu.

Ces Notes historiques sont imprimées dans le *Recueil* de Bollandus, au 12 d'Avril. Ce Saint a fleuri en 517.

7904. Vita sancti Arrigii, seu Aredii ; auctore coætaneo, cum Notis præviis Danielis PAPEBROCHII.

Cette Vie est imprimée dans le *Recueil* de Bollandus, au premier Mai.

7905. Vie de S. Arige, par Adrien BAILLET.

Cette Vie est imprimée dans son *Recueil des Vies des Saints*, au même jour. Ce Saint a fleuri en 585.

7906. Vita sancti Arnulphi ; auctore antiquo anonymo.

Cette Vie est imprimée dans Mabillon, au tom. IX. des *Actes des Saints de l'Ordre de S. Benoît*, pag. 237.

7907. ☞ Ejusdem, Vita & Commentarius Joannis CLEI, è Societate Jesu.

Dans le *Recueil* de Bollandus, au 29 Septembre.]

7908. Oraison funèbre d'Artus de Lionne ; par le Prieur de Charmes : *Grenoble*, 1675, *in*-4.

Histoires de l'Évêché de Sisteron.

7909. ☞ Series & Historia Episcoporum Sistaricensium.

Dans la *Gallia Christiana* des Bénédictins, *tom. I.* pag. 474-505, & les *Preuves* à la fin, pag. 89.]

7910. De rebus gestis Episcoporum Sistaricensium, Libri IV. auctore Joanne COLUMBI, è Societate Jesu : *Lugduni*, 1663, *in*-8.

Ces mêmes Livres sont imprimés avec ses divers *Opuscules* : *Lugduni*, 1668, *in-fol.*

§. III.

Histoires de la Métropole d'Alby & de ses Suffragans.

Histoires de l'Archevêché d'Alby.

7911. ☞ SERIES & Historia Episcoporum & Archiepiscoporum Albiensium.

Dans la *Gallia Christiana* des Bénédictins, *tom. I.* pag. 3-44, & les *Preuves* à la fin, pag. 1 & 202.]

7912. Albiensium Episcoporum & Abbatum Castrensium, Chronicon, ab anno 647, ad annum 1211.

Cette Chronique est imprimée au tom. VII. du *Spicilége* de Dom Luc d'Achery, pag. 335. On fait peu de cas de cette Chronique.

7913. Ms. Recueil de Pièces, avec quelques Dissertations concernant l'Histoire de l'Eglise & de l'Evêché d'Alby, les Eglises Collégiales & Abbatiales du même Diocèse ; par François DE CAMPS, Abbé de Signi : *in-fol.* 2 vol.

Ce Recueil étoit conservé dans la Bibliothèque de l'Auteur, [& est aujourd'hui dans celle de M. de Beringhen, premier Ecuyer de France.]

7914. ☞ Epoque de l'Episcopat de quelques Evêques d'Alby : *Note* IX. du *Tom. II.* de l'*Hist. du Languedoc*, par DD. DE VIC & VAISSETE.]

7915. Vita sancti Salvii, Episcopi Albiensis ; ex GREGORIO Turonensi, cap. V. VI. VII. & VIII. Historiæ Francorum.

7916. ☞ De sancto Salvio, Episcopo Albigæ, Commentarius Joannis STILTINGI, è Societate Jesu.

Dans le *Recueil* de Bollandus, au 10 Septembre.]

7917. Vie de saint Salvi ; par François GIRY.

Cette Vie est imprimée dans son *Recueil des Vies des Saints*, au 10 de Septembre.

7918. Vie du même ; par Adrien BAILLET.

Cette Vie est imprimée dans son *Recueil des Vies des Saints*, au même jour. Saint Salvi est mort en 584.

7919. Défense de l'Eglise & des Evêques, Seigneurs temporels d'Alby, contre les Officiers de la Justice de cette Ville : 1671, *in*-4.

7920. Seconde Défense de l'Eglise & des Evêques d'Alby, ou Factum de M. l'Evêque d'Alby, contre le Viguier de cette Ville : *Paris*, 1671, *in*-4.

Abrégé des principales Questions traitées dans ce Factum : *in*-4.

7921. Eloge d'Hyacinthe Serroni, premier Archevêque d'Alby ; par François DE CAMPS, nommé à l'Evêché de Pamiers : *Paris*, 1687, *in*-4.

Cet Archevêque est mort en 1687.

☞ Son Eloge se trouve aussi dans les *Nouvelles de la République des Lettres*, Janvier, 1687.]

Histoires de l'Évêché de Rhodez.

7922. ☞ Series & Historia Episcoporum Ruthenensium.

Dans la *Gallia Christiana* des Bénédictins, *tom. I.* pag. 198-234, & les *Preuves* à la fin, pag. 49 & 203.]

7923. Ms. Histoire des Evêques de Rhodez, jusqu'en 1585 ; par Antoine BONAL, Juge des Montagnes de Rouergue : *in-fol.*

Cette Histoire [étoit] conservée dans la Bibliothèque de M. Colbert, num. 143, [& est aujourd'hui dans celle du Roi.] L'Auteur est mort en 1628.

7924. Liste des Evêques de Rhodez & de Vabres ; par D. B. Ecclésiastique.

Cette Liste est imprimée avec diverses Questions des Ministres de la Religion Prétendue Réformée : *Lyon*, Amaury, 1680, *in*-12. L'Auteur de ces Questions étoit un Prêtre qui se nommoit BINARD.

7925. Dissertatio de Arisitensis Episcopatûs nomine, situ, institutione, progressu & Præsulibus, qui ab Episcopatu Ruthenensi in partibus Aquitaniæ avulsus fuit & posteà restitutus ; operâ & studio THOMÆ AQUINATIS A SANCTO JOSEPH, Carmelitæ Excalceati.

Cette Dissertation est *pag.* 48 de l'Opuscule intitulé : *Carmen de origine Francorum*, imprimé par ses soins : *Parisiis*, 1644, *in*-4. Elle regarde un Evêché dont il est parlé dans Flodoart & autres Auteurs plus modernes, nommé *Arisitum*, ou *Arisitensis Episcopatus*. Son Territoire étoit placé dans le Rouergue, & assez près d'Uzès.

Chantereau LE FEVRE, dans le Chap. VII. de la seconde partie de son *Discours historique* concernant le mariage d'Ansbert & de Blithilde, traite cette Question : *Si*

Arisse ou *Arisde a été érigé en Évêché?* Il se déclare pour la négative contre la Dissertation précédente.

☞ On peut voir encore le *Mémoire* de M. DE MANDAJORS, ci-devant N.° 498, & ce qu'il a ajouté sur ce sujet dans la suite: *Mémoires de l'Acad. des Belles-Lett. tom. VIII. pag.* 442-449. Il y fait voir que le District de cet ancien Diocèse a été uni à Nîmes.]

7926. Vita sancti Amantii; auctore, ut videtur, Venantio FORTUNATO, Pictaviensi Episcopo.

Cette Vie est imprimée dans le *Recueil* de Surius, au 4 de Novembre.

Eadem pura & integra.

Elle est imprimée au tom. II. de la nouvelle *Bibliothèque des Manuscrits* du Père Labbe, *pag.* 774. Ce Saint a vécu dans le V.e siècle, & Fortunat étoit encore en vie en 600.

7927. Vie de saint Chamant; par Adrien BAILLET.

Cette Vie est imprimée dans son *Recueil des Vies des Saints*, au 4 de Novembre.

7928. ☞ Vita sancti Dalmatii.

Dans le tom. II. de la nouvelle *Bibliothèque* du Père Labbe, dans l'*Appendice*, à la fin.]

7929. Vie de François d'Esteing; par Hilarion DE COSTE.

Cette Vie est imprimée dans son *Recueil des Eloges des Hommes illustres, pag.* 101. M. d'Esteing est mort en 1529.

7930. Vie du même; par Jean-Baptiste BEAU, Jésuite: *Clermont*, Jacquard, [1635] 1656, *in-4.*

7931. Breviculum de Vita Francisci de Stanno; auctore Ægidio LACARRY, è Societate Jesu: *Claromontii*, Jacquard, 1660, *in-8.*

7932. Histoire de la Vie & des Ouvrages de Louis Abelly; par J. Pierre NICERON.

Dans ses *Mémoires, tom. XLI. p.* 182, 190. *Voy.* aussi le *Dictionnaire* de BAYLE. Ce Prélat, qui s'est démis au bout de deux ans, est mort en 1691.]

Histoires de l'Évêché de Castres.

7933. ☞ Series & Historia Episcoporum Castrensium.

Dans le *Gallia Christiana* des Bénédictins, *tom. I. pag.* 66-80, & les *Preuves* à la fin, *pag.* 13 *& suiv.*]

7934 Histoire des Evêques de Castres; par Pierre BOREL.

Dans les *Antiquités de cette Ville: Castres*, Colomiers, 1649, *in-8.*

7935. ☞ Mémoire sur la Vie & les Ouvrages de M. de Beaujeu, Evêque de Castres.

Il se trouve dans les *Mémoires historiques & critiques sur la Légende de Grégoire VII.* 1743, *in-12.*]

☞ Eloge du même; par Cl. Gros DE BOZE.

Dans l'*Hist. de l'Acad. des Inscr. & Bel. Let. tom. XII. p.* 336. Cet Evêque est mort en 1736.]

Histoires de l'Évêché de Cahors.

7936. ☞ Series & Historia Episcoporum Cadurcensium.

Dans le *Gallia Christiana* des Bénédictins, *tom. I. pag.* 118-154, & les *Preuves* à la fin, *pag.* 28 & 203.]

7937. Series & Acta Episcoporum Cadurcensium, quotquot hactenùs summâ curâ inveniri potuerunt; auctore Guillelmo DE LA CROIX, in Cadurcensi Curia Patrono. Accessit Index chronologicus, quo Episcoporum Cadurcensium anni ad Christi Domini, summorum Pontificum & Regum Galliæ annos revocantur: *Cadurci*, [Rousse, 1617,] Daluy, 1626, *in-4.*

Cet Auteur est mort en 1618. Côme son frère a publié son Ouvrage. Il a joint à la fin une Observation, où l'on rétracte quelques endroits de l'Auteur, touchant S. Didier.

☞ Saint Martial, premier Evêque de Limoges, est réputé le premier Apôtre de Cahors: il y fit (dit-on) construire un Temple en l'honneur de S. Etienne, Martyr. S. Génou (Genulphus) fut le premier Evêque de Cahors: on prétend qu'il fut envoyé dans les Gaules par le Pape Sixte, environ l'an de Jesus-Christ 260; sous l'Empire de Valérien & de Gallien.

L'Histoire de Guillaume de la Croix contient la suite des Evêques de Cahors, depuis S. Génou jusqu'à l'année 1615, sous Simon-Etienne de Popiau, Evêque.]

7938. Abrégé de l'Histoire des Evêques, Barons & Comtes de Cahors; par Jean VIDAL: *Cahors*, Daluy, 1664, *in-8.*

7939. Vita sancti Genulphi scripta circa medium seculum decimum.

Cette Vie est imprimée dans le *Recueil* de Bollandus, au 17 Janvier. Ce Saint a vécu dans le [troisième] siècle; l'Auteur de sa Vie n'a nulle autorité.

7940. Alia Vita; auctore Monacho Stradensi.

Cette Vie est imprimée dans du Bois, au tom. II. de la *Bibliothèque de Fleuri, pag.* 1: *Lugduni*, 1605, *in-8.* L'Auteur de cette seconde Vie a fleuri dans l'onzième siècle.

7941. Translatio & Miracula sancti Genulphi: ubi de Stradensis Cœnobii conditione agitur.

Cette Translation est imprimée dans le *Recueil* de Bollandus, au 17 Janvier, & dans le tom. VI. des *Actes des Saints de l'Ordre de S. Benoît, pag.* 225.

7942. Vie de S. Genou; par Adrien BAILLET.

Cette Vie est imprimée dans son *Recueil des Vies des Saints*, au 13 de Novembre.

7943. ☞ Histoire de la Vie de saint Alethe; par D. Antoine RIVET, Bénédictin.

Dans l'*Hist. Litter. de la France, tom. II. pag.* 83. Ce Saint vivoit au cinquième siècle.]

7944. Vita & Miracula sancti Desiderii; auctore anonymo suppari.

Cette Vie est imprimée dans la *France Chrétienne* de MM. de Sainte-Marthe, au tom. II. *pag.* 460; dans Labbe, au tom. I. de sa *Nouvelle Bibliothèque des Manuscrits, pag.* 699. L'Auteur de cette Vie paroît assez grave & digne de foi; il a travaillé sur de bons Mémoires: il rapporte des faits qu'on ne trouve point ailleurs. Selon M. de Valois, c'est un Auteur moderne, puisqu'il parle de plusieurs Prélats qui ont succédé à ce Saint, entre lesquels il n'a point eu de semblable. Le P. Pagi met S. Didier vers le milieu du VIII.e Siècle. Ce Saint est aussi nommé en France, S. Gery.

7945. Vie de S. Gery; par Adrien BAILLET.

Cette Vie est imprimée dans son *Recueil des Vies des Saints*, au 15 de Novembre.

Métropole d'Alby, & ses Suffragans.

7946. Dissertatio de anno & die ordinationis, itemque obitûs sancti Desiderii; auctore Joanne MABILLON, Benedictino, è Congregatione sancti Mauri.

Cette Dissertation est imprimée au tom. III. de ses *Analectes*, pag. 428 : *Parisiis*, 1682, *in-8*.

7947. ☞ Histoire de la Vie & des Ecrits de S. Didier; par D. Antoine RIVET, Bénédictin.

Dans l'*Histoire Littéraire de la France*, tom. III. pag. 580. Ses Lettres sont correctes dans l'Edition des *Leçons antiques de Canisius*, par Basnage, mais encore mieux dans le tom. IV. de la *Collection des Hist. de France*, par D. Bouquet.]

7948. Vita sancti Ambrosii.

7949. Ejusdem Vita prolixiori ac simpliciori stylo.

Ces deux Vies sont imprimées dans Labbe, au tom. II. de sa *Nouvelle Bibliothèque des Manuscrits*, pag. 346. Ce Saint est mort vers l'an 770.

7950. Vie de saint Ambroise; par Adrien BAILLET.

Cette Vie est imprimée dans son *Recueil des Vies des Saints*, au 16 Octobre.

7951. ☞ Histoire de la Vie & des Ouvrages de S. Ambroise de Cahors; par Dom Antoine RIVET, Bénédictin.

Dans l'*Hist. Litter. de la France*, tom. IV. p. 137.]

7952. Historia Ludovici Albretti, Cardinalis; auctore Ludovico Donio D'ATTICHY.

Cette Histoire est imprimée au tom. II. des *Fleurs de l'Histoire des Cardinaux*, pag. 355.
Ce Cardinal est mort en 1461.

7953. Vie d'Alain de Solminiac; par Léonard CHASTENET, Prieur des Chanoines-Réguliers de Notre-Dame de Cahors: *Cahors*, Bonnet, 1663, *in-8*.

Cet Evêque est mort en 1659.

7954. ☞ Eloge du même; par Antoine GODEAU, Evêque de Vence.

Dans ses *Eloges des Evêques illustres* : *Paris*, 1665, *in-4*.]

Histoires de l'Évêché de Vabres.

7955. ☞ Series & Historia Episcoporum Vabrensium.

Dans le *Gallia Christiana* des Bénédictins, tom. I. pag. 277-284, & les *Preuves* à la fin, p. 56 & *suiv*.]

7956. Epistola historica AGIONIS, Abbatis Monasterii Vabrensis; de origine & Fundatione hujus Monasterii.

Catel en rapporte un fragment, dans son *Histoire des Comtes de Tolose*, p. 70 & 71 : *Paris*, 1623 : *in-fol*. Cet Auteur a fleuri au neuvième siècle; son Monastère a été depuis changé en un Evêché.

7957. Liste des Evêques de Vabres.

Elle est imprimée avec celle des Evêques de Rhodez: *Lyon*, 1680, *in-12*.

7958. De sancto Africano, Commentarius historicus Danielis PAPEBROCHII, è Societate Jesu.

Ces Mémoires sont imprimés dans le *Recueil* de Bollandus, au premier Mai. Ce Saint a vécu au quatrième ou cinquième siècle.

7959. De sancto Arigio seu Aredio, notæ historicæ ejusdem.

Ce Saint a vécu après l'an 601. Les Notes historiques qui le regardent, sont imprimées dans le même volume de Bollandus.

Histoires de l'Évêché de Mende.

7960. ☞ Series & Historia Episcoporum Mimatensium.

Dans le *Gallia Christiana* des Bénédictins, tom. I. pag. 86 - 110, & les *Preuves*, pag. 200 & 201.]

7961. ☞ Observations sur l'Eglise du Gévaudan, le martyre de S. Privat & la translation du Siège Episcopal dans la Ville de Mende.

Ce sont les objets des Notes XXX & XLIII. du tom. I. de l'*Hist. du Languedoc*; par DD. DE VIC & VAISSETE.]

7962. De Sancto Severiano.

Ceci est imprimé dans le *Recueil* de Bollandus, au 25 de Janvier.

7963. Vita sancti Privati, Martyris; auctore anonymo.

Cette Vie est imprimée dans le *Recueil* de Surius; au 21 Août. Ce Saint a été martyrisé vers l'an 265. Ses Actes ne sont pas anciens, & n'ont pas beaucoup d'autorité, quoique leur simplicité semble leur donner un air assez naturel.

7964. ☞ De sancto Privato Episcopo & martyre in Occitanica Galliæ Provincia; Commentarius Guillelmi CUPERI, è Societate Jesu.

Dans le *Recueil* de Bollandus au 21 Août.]

7965. Vie de S. Privat; par Adrien BAILLET.

Cette Vie est imprimée dans son *Recueil des Vies des Saints*, au 21 d'Août.

7966. Vie du même; par Sébastien LE NAIN DE TILLEMONT.

Cette Vie est imprimée au tom. IV. de ses *Mémoires pour l'Histoire de l'Eglise*.

7967. ☞ Observation sur Odilon de Mercueur, Evêque de Mende, au milieu du XIIIᵉ Siècle.

C'est le sujet de la Note XLI. du tom. III. de l'*Histoire du Languedoc*; par DD. DE VIC & VAISSETE.]

7968. ☞ Vita Guillelmi Durandi, Speculatoris.

Cette Vie [composée par MAIOLUS] est imprimée au-devant du Traité de [Guillaume Durand II. neveu & successeur du premier,] qui est intitulé : *De modo celebrandi generalis Concilii* : *Parisiis*, 1671, *in-8*. [Le premier Evêque est mort au plûtard l'an 1296, & le second l'an 1328.]

7969. ☞ Observations sur Guillaume Dutanti, Evêque de Mende, surnommé *Speculator*.

Elles se trouvent dans la Note VIII. du tom. IV. de l'*Histoire du Languedoc*; par DD. DE VIC & VAISSETE.]

§. IV.

Histoires de la Métropole d'Arles & de ses Suffragans.

7970. Mſ. Actes anciens concernant l'Archevêché d'Arles & ſes Suffragans : *in-fol.* 2 vol.

Ces Actes [étoient] conſervés dans la Bibliothèque de M. de Gaufridi, Avocat-Général au Parlement de Provence. Ce ſont des Manuſcrits de M. de Peireſc, num. 74.

Histoires de l'Archevêché d'Arles.

7971. ☞ Series & Historia Archiepiſcoporum Arelatensium.

Dans la *Gallia Christiana* des Bénédictins, *tom. I. pag.* 519-596 & les *Preuves, pag.* 93 & 203.]

7972. Mſ. Nomina Epiſcoporum Arelatenſium, uſque ad Roſtagni ſucceſſorem : *in-fol.*

Ce Catalogue [étoit] conſervé dans la Bibliothèque de M. Colbert, num. 1870, [& eſt aujourd'hui dans celle du Roi.] Roſtaing eſt mort en 913.

7973. Mſ. Catalogus Archiepiſcoporum Arelatenſium.

Ce Catalogue, qui a été compoſé du temps du Cardinal de Foix, vers l'an 1460, [étoit] conſervé dans le Cabinet de M. Raybaud, Avocat à Arles.

7974. Diptychon Eccleſiæ Arelatenſis.

Ce Livre eſt imprimé au tom. III. des *Analectes* de Dom Jean Mabillon, *pag.* 432.

7975. Pontificium Arelatenſe, ſive Hiſtoria Primatum Arelatenſis Eccleſiæ ; auctore Petro Saxio, Doctore Theologo, Canonico Arelatenſi : *Aquis-Sextiis*, Roize, 1629, *in-4.*

»Quoique le deſſein de cet Auteur ait été d'écrire
»l'Hiſtoire Eccléſiaſtique, la vie & les actions des Pré-
»lats de cette Ville ; néanmoins il y a fait entrer ſi à pro-
»pos & ſi judicieuſement les affaires temporelles de la
»Province, qu'on peut dire que ſon Livre eſt un abré-
»gé fort racourci de toute l'Hiſtoire Eccléſiaſtique &
»Séculière de la Provence. Je n'ai point trouvé d'Au-
»teur plus ſçavant aux Antiquités géographiques &
»hiſtoriques de cette Province, ni plus judicieux à les
»bien arranger». Honoré Bouche, dans la *Préface de ſon Hiſtoire de Provence.* Pierre Saxi eſt mort en 1637.

Pitton dit dans ſes *Jugemens ſur les Hiſtoriens de Provence, pag.* 67 : »Que c'eſt un travail des plus ache-
»vés que cette Hiſtoire, & une Pièce des mieux écri-
»tes, de laquelle on peut dire qu'il eſt ſorti de grandes
»lumières pour ceux qui ont travaillé à l'Hiſtoire de
»Provence. Je ſouhaiterois [ajoute-t-il] qu'il ſe fût un
»peu plus étudié à bien prouver le Droit de Primatie
»ſur l'Egliſe de Vienne, comme a fait le Père Cabaſſut
»dans ſa Notice Eccléſiaſtique ».

Gaſſendi, dans la Vie de Peireſc, ſous l'année 1626, dit que ce Livre fut défendu par Arrêt du Parlement de Provence, parceque l'Auteur y attaquoit les Droits du Roi ſur cette Province.

☞ L'Ouvrage de Saxi étant devenu rare, a été réimprimé dans le Recueil de Menkenius, intitulé : *Scriptores rerum Germanicarum : Lipsiæ*, 1728, 1730 : *in-fol.* 3 vol. au tom. I. *pag.* 107 & *ſuiv.*]

7976. ☞ De la Juriſdiction des Evêques d'Arles ſur les Provinces des Alpes Maritimes & Grecques ; & ſi les Evêques de Narbonne ont été ſoumis à celui d'Arles, comme à leur Métropolitain, avant Patrocle.

On trouve ces objets traités dans les Notes XLIX. & L. du tom. I. de l'*Hiſtoire du Languedoc*; par DD. de Vic & Vaissete.]

7977. Hiſtoire de l'Egliſe d'Arles, tirée des meilleurs Auteurs anciens & modernes ; par Gilles du Port, Prêtre, [ci-devant de l'Oratoire] Docteur en Droit Canon & Civil : *Paris*, Cavelier, 1690, *in-12.*

☞ Seconde Edition : *Paris*, le Clerc, 1691, *in-12.*

Voyez ſur cette Hiſtoire, *Mercure*, Juin, 1690. = *Journ. des Sçav.* Mai, 1690.]

7978. ☞ Mſ. Acta Eccleſiæ Arelatenſis ; auctore Petro de Sabatier, ejuſdem Eccleſiæ Canonico : *in-4.*

L'Original doit être dans le Cabinet de M. de Jumillac, Archevêque d'Arles, qui a acquis les Livres de ce Chanoine ; il y en a une copie faite pour l'original dans le Cabinet de M. de Nicolaï, à Arles.]

7979. Libellus Ægidii, Abbatis, pro Privilegiis Eccleſiæ Arelatenſis.

Ce Livre ſe trouve au tom. IV. des *Conciles* du Père Labbe, *pag.* 1310. L'Auteur étoit Abbé dans la Gaule Narbonnoiſe.

☞ Cette Pièce ne méritoit nullement le titre de Livre, que lui a donné le Père le Long : c'eſt une Requête qui ne contient pas une page entière, préſentée au Pape Symmaque ; je crois qu'elle eſt de S. Céſaire, Evêque d'Arles, & que cet Abbé ne fit que la préſenter : il falloit auſſi parler de la Pièce ſuivante.]

7980. ☞ Libellus Epiſcoporum Provinciæ Leoni Papæ oblatus de renovando Eccleſiæ Arelatenſi privilegio.

Cette Requête de S. Céſaire, préſentée en 450 par l'Abbé Gilles, ſe trouve au tom. III. des *Conciles* du P. Labbe, *pag.* 1434, & dans les *Œuvres* de S. Léon, publiées par Paſquier Queſnel.]

7981. Vie de ſaint Trophime ; par Adrien Baillet.

Cette Vie eſt imprimée dans ſon *Recueil des Vies des Saints*, au 29 de Décembre. Ce Saint eſt mort l'an 251.

7982. Remarques ſur la Vie du même ; par Sébaſtien le Nain de Tillemont.

Cette Vie eſt imprimée au tom. IV. de ſes *Mémoires pour l'Hiſtoire de l'Egliſe*, *pag.* 703.

7983. Vita ſancti Trophimi ; auctore Antonio Maria Bonnucci, è Societate Jeſu : *Romæ*, 1712, *in-12.*

7984. ☞ Hiſtoire abrégée de la Vie de ſaint Trophime Apôtre, & premier Archevêque d'Arles, traduite de l'Italien du P. Bonnucci : *Arles*, Meſnier, 1734, *in-12.*]

7985. Vie de ſaint Rieule, ſecond Evêque d'Arles, depuis premier Evêque de Senlis ; par Charles Jaulnay : *Paris*, 1648, *in-8.*

Ce ſont deux différens perſonnages.

☞ On peut en voir la preuve dans le tom. I. du *Gallia Christiana* des Bénédictins.]

Métropole d'Arles, & ses Suffragans. 549

7986. ☞ Histoire de Saturnin ; par Dom Antoine RIVET, Bénédictin.

Dans l'*Hist. Littéraire de la France*, tom. *I.* part. 2, pag. 134. Saturnin, célèbre par son zèle pour l'Arianisme, est mort après l'an 361.]

7987. ☞ Histoire de la Vie & des Ouvrages de S. Heros ; par D. Antoine RIVET, Bénédictin.

Dans l'*Hist. Littér. de la France*, tom. II. pag. 147. Ce Saint vivoit au commencement du cinquième siècle.]

7988. Vita Sancti Honorati ; auctore sancto HILARIO, Episcopo Arelatensi : *Parisiis*, 1511, *in-4.*

Cette même Vie est imprimée dans Barrali, au tom. I. de sa *Chronologie de Lérins*, pag. 1 : *Lugduni*, 1613, *in-4.* dans le *Recueil* de Bollandus, au 16 de Janvier ; dans les *Œuvres* de S. Léon, publiées par le P. Quesnel : *Parisiis*, 1675, *in-4.* S. Honorat est mort vers l'an 430. Les Continuateurs de Bollandus prétendent que sa Vie, qui porte le nom de S. Hilaire, est de quelque Evêque plus jeune de quelques années.

☞ La Vie de S. Honoré imprimée à Paris en 1511, *in-4.* quarto, Calendas *Augusti*, curâ & impensis Joannis Parvi, in vico ad sanctum Jacobum ducente, ad intersignium lilii aurei, commorantis, arte & solertiâ Joan. Marchant, n'est pas la Vie de ce Saint écrite par S. Hilaire ; qui se trouve dans Bollandus & autres endroits cités par le Père le Long ; c'est un misérable Ouvrage rempli de fables, qui doivent leur origine à un Troubadour nommé FERAND. *Voyez* Joseph d'Antelmi, dans sa *Dissertation sur les Commencemens de l'Eglise de Fréjus*, pag. 77, qui contient des choses curieuses sur cette Vie.]

7989. Divi HILARII Arelatensis Episcopi, de sancto Honorato Oratio funebris, & Divi EUCHERII, Lugdunensis Episcopi, de Laudibus eremi ; nunc primùm à Lerinensi Bibliothecâ producti : *Parisiis*, 1678, *in-12.*

7990. ☞ Histoire de la Vie & des Ouvrages de S. Honorat ; par D. Antoine RIVET, Bénédictin.

Dans l'*Hist. Littér. de la France*, tom. II. p. 147.]

7991. Vie de saint Honoré ; par Gaspar AUGERI, Prieur de Magnosque : *Aix*, Roize, 1651, *in-8.*

7992. Vie du même ; par François GIRY.

Cette Vie est imprimée dans son *Recueil des Vies des Saints*, au 16 Janvier.

7993. Vie du même ; par Adrien BAILLET.

Cette Vie est imprimée dans son *Recueil des Vies des Saints*, au même jour.

7994. Vita sancti Hilarii ; auctore HONORATO, Episcopo Massiliensi.

Cette Vie est imprimée dans Barrali, au tom. I. de sa *Chronologie de Lérins*, pag. 103 : *Lugduni*, 1613, *in-4.* avec le Commentaire d'Henschenius, dans le *Recueil* de Bollandus, au 5 de Mai, & dans les *Œuvres* de S. Léon, par Pasquier Quesnel : *Parisiis*, 1675, *in-4.* Papebroch attribue cette Vie à Révérend, successeur d'Honorat de Marseille.

S. Hilaire est mort en 449, & Honorat de Marseille a fleuri l'an 474.

☞ Révérend n'a pas succédé à Honorat, Evêque de Marseille. Papebroch croit que cette Vie étoit de RAVENNIUS, son successeur à l'Evêché d'Arles. Le Père Quesnel croit au contraire, que le nom de *Reverentius* qu'elle a dans le Manuscrit est un nom sous lequel saint Honorat s'est caché par modestie, & qu'il est difficile de lui contester cet Ouvrage, après le témoignage de Gennade, qui paroît précis.]

7995. Commentarius prævius ad Vitam sancti Hilarii ; auctore Daniele PAPEBROCHIO, è Societate Jesu.

Ces Mémoires sont imprimés dans le *Recueil* de Bollandus, au tom. VII. de Mai, *pag.* 594.

7996. Vie de saint Hilaire ; par François GIRY.

Cette Vie est imprimée dans son *Recueil des Vies des Saints*, au 5 de Mai.

7997. Vie du même ; par Adrien BAILLET.

Cette Vie est imprimée dans son *Recueil des Vies des Saints*, au même jour.

7998. Vie du même ; par Sébastien LE NAIN DE TILLEMONT.

Cette Vie est imprimée au tom. XV. de ses *Mémoires pour l'Histoire de l'Eglise*, pag. 36.

7999. ☞ Histoire de la Vie & des Ouvrages de saint Hilaire ; par D. Antoine RIVET, Bénédictin.

Dans l'*Hist. Littér. de la France*, tom. II. pag. 261. *Voyez* aussi pag. xxj de l'*Avertissement*. Ce Saint vivoit au Ve siècle.]

8000. Commentationes duæ Ecclesiastico-Polemicæ pro sancto Vincentio Lerinensi & sancto Hilario Arelatensi, & Monasterio Lerinensi ; auctore FRANCISCO à sancto Augustino, ex Ordine Minorum : *Verona*, 1674, *in-4.*

Eædem, sub ficto nomine Brunonis NEUSSER.

Ces Mémoires sont imprimés dans le *Recueil* de Bollandus, au 5 de Mai. Le Père François MACEDO, Cordelier, s'est déguisé sous le nom de Bruno Neusser.

8001. Dissertatio pro sancto Hilario, & antiquis sanctæ Arelatensis Ecclesiæ Juribus ; auctore Paschasio QUESNEL.

Cette Dissertation est imprimée à la fin des *Œuvres* de S. Léon, Dissertation V. *Parisiis*, 1675, *in-4.*

8002. ☞ Histoire de Ravenne ; par Dom Antoine RIVET, Bénédictin.

Dans l'*Hist. Littér. de la France*, tom. II. pag. 354. Ce Saint vivoit au milieu du Ve siècle.]

8003. ☞ Histoire de la Vie & des Ouvrages de Léonce ; par D. Antoine RIVET, Bénédictin.

Dans l'*Hist. Littér. de la France*, tom. II. pag. 511. Cet Evêque est mort en 483.]

8004. ☞ De sancto Æonio, Episcopo Arelatenti ; Sylloge Joann. STILTINGI, è Societate Jesu.

Dans le *Recueil* de Bollandus, au 11 Août.]

8005. Vita & res gestæ sancti Cæsarii duobus libris comprehensæ ; quorum primus, auctore CYPRIANO, Episcopo Tolonensi ; secundus, auctoribus MESSIANO, Presbytero, & STEPHANO, Diacono, sancti Cæsarii Discipulis.

☞ Il est plus que douteux que Cyprien soit l'Auteur du premier Ouvrage.]

Cette Vie [qui est une assez mauvaise pièce] est imprimée dans le *Recueil* de Surius, au 27 d'Août; dans Barrali, *pag.* 228 de sa *Chronologie de Lérins : Lugduni*, 1613, *in-4.* & plus pure au tom. I. des *Actes des Saints de l'Ordre de saint Benoît, pag.* 658. Saint Césaire est mort en 542, & Cyprien avant l'an 599.

8006. ☞ De sancto Cæsario, Episcopo Confessore Arelate in Gallia : Vita, auctoribus Cypriano, Firmino & Viventio Episcopis · Commentarius Joannis Stiltingi, è Societate Jesu.

Dans le *Recueil* de Bollandus, au 27 Août.]

8007. Histoire de la Vie & des Ouvrages de saint Césaire ; par D. Antoine Rivet, Bénédictin.

Dans l'*Hist. Littér. de la France*, tom. III. *pag.* 190. On trouve des Additions dans les Avertissemens du tom. X. *pag.* xv, & du tom. XII. *pag.* vij, par les Continuateurs de D. Rivet. Mais ce sçavant Bénédictin a pris au long la défense de son Histoire de saint Césaire, dans son Avertissement du tom. IV. contre une Lettre critique insérée dans les *Mémoires de Trévoux*, 1736, *pag.* 1542.]

8008. Vie de saint Césaire ; par François Giry.

Cette Vie est imprimée dans son *Recueil des Vies des Saints*, au 17 d'Août.

8009. Vie du même ; par Adrien Baillet.

Cette Vie est imprimée dans son *Recueil des Vies des Saints*, au même jour.

8010. ☞ Observations sur le Vicariat d'Espagne que saint Césaire, Evêque d'Arles, obtint du Pape Symmaque.

C'est la Note LXVI. du tom. I. de l'*Histoire du Languedoc*, par DD. de Vic & Vaissete.]

8011. De necessaria bini Cæsarii Arelatensis Episcopi existentia ; auctore Andrea du Saussay.

Ce Discours est imprimé avec ses *Œuvres mêlées*, Opusc. I. *Parisiis*, 1629, *in-4.*

8012. De sancto Aureliano, Sylloge historica Godefridi Henschenii, è Societate Jesu.

Ce Recueil est imprimé dans celui de Bollandus, au 16 de Juin. Ce Saint est mort en 551.

8013. Vie de saint Aurélien ; par Adrien Baillet.

Cette Vie est imprimée dans son *Recueil des Vies des Saints*, au 16 de Juin.

8014. ☞ Histoire de saint Aurélien ; par D. Antoine Rivet, Bénédictin.

Dans l'*Hist. Littér. de la France*, tom. III. *pag.* 252.]

8015. Vita sancti Virgilii; auctore anonymo.

Cette Vie est imprimée dans Barrali, *pag.* 87 de sa *Chronologie de Lérins : Lugduni*, 1613, *in-4.* & au tom. II. des *Actes des Saints de l'Ordre de S. Benoît*, *pag.* 53. Ce Saint est mort vers l'an 616, & l'Auteur de sa Vie a vécu au commencement du VIIIᵉ siècle. Il y a des fautes grossières, & diverses choses incroyables.

8016. Vie de saint Virgile ; par Adrien Baillet.

Cette Vie est imprimée dans son *Recueil des Vies des Saints*, au 5 de Mars.

8017. ☞ Vie de Bertrand de Saint-Martin, Cardinal, Archevêque d'Arles ; mort en 1274.

On trouve sa Vie dans Saxi, *pag.* 285 & 286; dans l'*Histoire des Cardinaux François* de François du Chesne, tom. I. Liv. II. Il est encore parlé de lui dans les *Histoires manuscrites des Abbayes de Montmajour & de S. André*, par Dom de Chantelou, &c.]

8018. Eloge historique de Pierre, Cardinal de Foix ; par Henri Albi.

Cet Eloge est imprimé dans son *Recueil des Eloges des Cardinaux : Paris*, 1659, *in-4.*

Le Cardinal de Foix est mort en 1464.

8019. Historia ejusdem ; auctore Ludovico Donio d'Attichy.

Cette Histoire est imprimée au tom. II. des *Fleurs de l'Histoire des Cardinaux*, *pag.* 53 : *Parisiis*, 1660, *in-fol.* Ce Cardinal est mort en 1417.

8020. Eloge historique de Jean, Cardinal de Brogniac ; par Henri Albi.

Cet Eloge est imprimé dans son *Recueil des Eloges des Cardinaux*, *pag.* 31. Ce Cardinal est mort en 1426.

8021. Eloge historique de Louis, Cardinal Aleman ; par le même.

Cet Eloge est le même, *pag.* 1844.

☞ Louis Aleman, Cardinal & Archevêque d'Arles, qui avoit présidé au Concile de Bâle, & en avoit été le soutien, fut néanmoins béatifié par une Bulle du Pape Clément VII. du mois d'Avril 1527. Il mourut en 1450. Enée Sylvius dit, en plusieurs endroits de ses Ouvrages « qu'il s'étoit rendu recommandable par sa » doctrine & par ses vertus, sur-tout par sa fermeté & » sa prudence, & que son tombeau fut célèbre par plu- » sieurs miracles dont on étoit persuadé « ce que ce » même Auteur, devenu Pape sous le nom de Pie II. » n'a point révoqué dans sa Bulle de rétractation ni ail- » leurs. » *Avis des Censeurs sur les Conc. du P. Hardouin*, *pag.* 74, *in-4.*

8022. Historia ejusdem; auctore Ludovico Donio d'Attichy.

Cette Histoire est imprimée au tom. II. des *Fleurs de l'Hist. des Cardinaux*, *pag.* 69 : *Parisiis*, 1660, *in-fol.* Ce Cardinal est mort en 1450.

8023. Vie du même ; par Adrien Baillet.

Cette Vie est imprimée dans son *Recueil des Vies des Saints*, au 16 de Septembre.

8024. Eloge historique de Philippe, Cardinal de Lévis; par Henri Albi.

Cet Eloge est imprimé avec ses autres *Eloges des Cardinaux : Paris*, 1659, *in-4.* Ce Cardinal est mort en 1484.

Histoires de l'Évêché de Marseille.

8025. ☞ Series & Historia Episcoporum Massiliensium.

Dans le *Gallia Christiana* des Bénédictins, tom. I. *pag.* 631-676, & les *Preuves*, *pag.* 106.]

8026. Massilia Christiana ; auctore Joanne Baptista Guesnay, è Societate Jesu.

Cette Histoire fait partie de ses *Annales de Marseille : Lugduni*, 1657, *in-fol.*

8027. Mss. Histoire des Evêques de Marseille, avec les Preuves, Titres, Chartes & autres monumens de l'antiquité ; par Louis-Antoine de Ruffi.

Cette Histoire [étoit] entre les mains de l'Auteur.

8028. Mf. Differtation historique, chronologique & critique sur les Evêques de Marseille, suivie d'un Abrégé chronologique de ces Evêques; par le même.

L'Auteur y attaque les Annales de Marseille composées par J. B. Guesnay, & retranche de son Catalogue quarante Evêques qui n'ont jamais été, à ce qu'il prétend, Evêques de Marseille.

☞ Cette Dissertation de M. de Ruffi n'est point imprimée : c'est la Préface de l'Ouvrage précédent, & il vouloit la publier séparément.]

8029. ☞ L'antiquité de l'Eglise de Marseille, & la succession de ses Evêques; par M. François-Xavier DE BELZUNCE de Castelmoron, Evêque de Marseille : *Marseille*, 1747-1751, *in-*4. 3 vol.

On ne regarde M. l'Evêque de Marseille que comme le prête-nom de cet Ouvrage, dont les vrais Auteurs sont quelques Jésuites de la Ville, auxquels il étoit très-uni : on y soutient les fables de saint Lazare, des trois Maries, de sainte Magdeleine, & autres que l'on prétend être venus miraculeusement en Provence.

Voyez *Journ. des Sçav.* Septembre 1750, -Janvier 1751. = *Mém. de Trévoux*, Janvier 1751. = *Année Littér.* 1755, *tom. I. pag.* 289.]

8030. L'Apôtre de Provence, ou l'Histoire de S. Lazare, premier Evêque de Marseille.

Les Ecrits pour & contre l'arrivée de saint Lazare, sainte Marthe, sainte Magdeleine & de saint Maximin, en Provence, sont rapportés ci-devant aux N.os 3970 & *suiv.*

8031. ☞ Panegyricæ de Beatissimo Lazaro, Massiliensi Proto-Præsule & Martyre, Homiliæ; à Philippo DE BAUSSET, Doctore Theologo & Massiliensis Ecclesiæ Canonico, in lucem editæ : *Avenione*, Bramareau, *in-*4.]

8032. Passio sanctorum Victoris, Alexandri, Feliciani atque Longini.

Ces Actes & autres Vies de saint Victor, [mal appellé par quelques-uns Evêque de Marseille, se trouvent ci-devant N.° 4712.]

8033. ☞ Histoire de la Vie & des Ouvrages de saint Procule; par D. Antoine RIVET, Bénédictin.

Dans l'*Hist. Littér. de la France*, *tom. II. pag.* 90. Ce Saint est mort vers l'an 418.]

8034. ☞ Vita sancti Cannatis, Episcopi Massiliensis.

Elle est dans le Livre intitulé : *Vitæ & Sententia Patrum Occidentis*, digestæ operâ & studio Benedicti GONONI, Burgensis, Monachi Cælestini Lugdunensis : *Lugduni*, Durand, 1625, *in-fol.*
Saint Cannat est mort vers l'an 487, & l'on en fait la Fête le 15 Octobre.]

8035. ☞ La Vie de saint Cannat, Evêque de Marseille; par Emmanuel PACHIER, Prêtre & ancien Théologal de cette Eglise : *Marseille*, Garcin, *in*-8. *Aix*, Elzeas, 1713, *in*-8.]

8036. ☞ Histoire de la Vie & des Ouvrages de saint Honorat, par D. Antoine RIVET, Bénédictin.

Dans l'*Histoire Littér. de la France*, *tom. II. pag.* 644. Ce Saint est mort vers l'an 494.]

8037. Vita sancti Theodori; ex GREGORIO Turonensi.

Cette Vie est au Liv. VI. de son *Histoire de France*.

8038. Vie de saint Théodore; par Adrien BAILLET.

Cette Vie est imprimée dans son *Recueil des Vies des Saints*, au 2 de Janvier. Ce Saint est mort vers l'an 594.

8039. ☞ Histoire de saint Théodore; par D. Antoine RIVET, Bénédictin.

Dans l'*Hist. Littér. de la France*, *tom. III. pag.* 370.]

8040. ☞ Elogium Bartholomei Raccoli, ex Priore generali Carmelitarum, Episcopi Massiliensis; auctore Lud. JACOB, Carmelita : *Lugduni*, 1656, *in-fol.*

Ce Général des Carmes fut fait Evêque en 1433, & mourut en 1445.]

8041. ☞ Histoire de la Vie & des Ouvrages de Claude de Seyssel; par J. Pierre NICERON.

Dans ses *Mémoires*, *tom. XXIV. pag.* 322-329. Ce Prélat est mort en 1520.]

8042. ☞ Arrêt donné par la Cour de Parlement de Provence (le 28 Mars 1608) sur l'exécrable meurtre & assassinat proditoirement commis au lieu de Signe, en la personne de feu Révérendissime Fédéric de Ragueneau, vivant Evêque de Marseille : *Aix*, 1608, *in-*4.]

8043. Elogium & Tumulus Nicolai Coëffeteau, ex Ordine Prædicatorum : *Parisiis*, 1623, *in-*4.

Ce Jacobin est mort en 1623.

8044. Eloge du même; par Charles PERRAULT.

Cet Eloge est imprimé au tom. II. de ses *Eloges*, *pag.* 2 : *Paris*, 1701, *in-fol.*

8045. Tableau de la vie & mort de Jean-Baptiste Gault, Prêtre de l'Oratoire; par [Pierre] DE BAUSSET, Docteur ès Droits, Prevôt de l'Eglise Collégiale de sainte Marie Majeure de Marseille : *Paris*, Villery, 1643, *in*-8.

8046. ☞ Le Tableau du vrai Prélat, le Révérend Père en Dieu Jean-Baptiste Gault, avec le Tableau d'un vrai Chrétien; par Gaspard AUGERI, Prieur de Magnosque : *Aix*, Roise, 1643, *in*-8.]

8047. Vie du même; par un Prêtre de l'Oratoire : *Paris*, Petit, 1647, *in*-12.

La signature de l'Epître dédicatoire marque une S; ce qui peut faire croire que l'Auteur de cette Vie est Jean-François SENAULT, Prêtre de l'Oratoire, qui faisoit alors imprimer ses Ouvrages chez Petit, depuis la mort de Camusat.

8048. Vie du même; par François MARCHETTY, Prêtre : *Paris*, Huré, 1650, *in*-4.

Cet Auteur avoit été aussi de la Congrégation de l'Oratoire. Il est mort en 1688.

☞ L'Epître dédicatoire, adressée au Clergé de France, est suivie d'une Lettre Latine de l'Assemblée du même Clergé des années 1645 & 1646, au Pape Innocent X. en faveur de M. Gault, & pour sa béatification, avec une traduction Françoise.]

8049. Vie du même; par [Jean] Puget DE LA SERRE : *Paris*, 1648, *in-fol*.

Honoré Bouche, au tom. II. de son *Hist. de Provence*, pag. 932, parle de trois Vies de ce Prélat : il fait aussi mention d'une quatrième Vie, composée par GARNIER, citoyen de Marseille. [On ne sçait ce que c'est : apparemment qu'elle étoit manuscrite.]

8050. ☞ Discours panégyrique sur la vie, mort & miracles de M. J. B. Gault, Evêque de Marseille, prononcé à l'Anniversaire de son trépas, dans l'Eglise Cathédrale de la même Ville, le 23 Mai 1651 ; par le Père Charles DU FAUR, Prêtre de l'Oratoire : *Marseille*, Garcin, *in-4*.

8051. ☞ Eloge historique du même ; par M. GODEAU.

Dans ses *Eloges des Evêques illustres* : *Paris*, 1665, *in-4*.]

8052. ☞ La Vie d'Eustache Gault, Evêque de Marseille.

Elle se trouve dans les Liv. I. & II. de celle de Jean-B. Gault son frère, par François MARCHETTY. Eustache avoit été aussi de l'Oratoire, & mourut également en odeur de sainteté.]

8053. ☞ Quem designatum Episcopum cecinit, nuper defunctum luget Eustachium Gault, Oratorii Presbyterum, Poeta, Carolus FABER, V. Pibracii & P. Sanjoriani, Fabrorum, consanguineus nepos, Congregationis Oratorii Presbyter : Calendis Aprilis, 1640, *in 4*.]

8054. * Remarques sur les prétendus deux Priviléges d'Urbain V. dont les Religieux de saint Victor de Marseille se servent pour s'exempter de la Jurisdiction de M. l'Evêque de Marseille; (par Jean DE LAUNOI, Docteur en Théologie :) *Paris*, 1672, *in-4*.

8055. ☞ Oraison funèbre de M. de Belzunce ; par le Père Nuiratte : 1756, *in-4*.]

Histoires de l'Évêché de Saint-Paul-des-Trois-Châteaux.

8056. ☞ Series & Historia Episcoporum Tricastinorum.

Dans le *Gallia Christiana* des Bénédictins, tom. I. pag. 705-736, & les *Preuves*, pag. 119.]

8057. ☞ Histoire de l'Eglise Cathédrale de Saint-Paul-des-Trois-Châteaux, avec une Chronologie de ses Evêques, & des Preuves; par le Père Louis-Anselme BOYER de Sainte-Marthe, Prieur du Couvent des Frères Prêcheurs de ladite Ville : *Avignon*, Offray, 1710, *in-4*.

Additions à cette Histoire; par le même.

Ces Additions ont été données après 1730.]

8058. ☞ Ms. Histoire des Evêques de Saint-Paul-des-Trois-Châteaux ; par Esprit SAGE, Chanoine de l'Eglise Cathédrale de Saint-Paul-Trois-Châteaux.

Elle est citée dans l'*Histoire du Dauphiné*, par Chorier, tom. II. pag. 170. Il dit qu'elle ne fera pas un médiocre honneur à ces Evêques, non plus qu'à l'Auteur, quand il l'aura donnée au Public; elle n'a point paru.]

8059. ☞ Histoire de Heracle ; par D. Antoine RIVET, Bénédictin.

Dans l'*Hist. Littér. de la France*, tom. III. pag. 187. Cet Evêque est mort vers l'an 541.]

Histoires de l'Évêché de Toulon.

8060. ☞ Series & Historia Episcoporum Telonensium.

Dans le *Gallia Christiana* des Bénédictins, tom. I. pag. 741-758, & les *Preuves*, pag. 129.]

8061. Vita sancti Cypriani.

Cette Vie est imprimée dans Guesnay, pag. 198 de ses *Annales de la Province de Marseille* : *Lugduni*, 1657, *in-fol*. Ce Saint est mort avant l'an 599.

☞ La Vie dont il est ici question, a été faussement attribuée à Antoine de Felix, Sécretaire du Roi : ce n'est qu'une rapsodie, que le Parlement d'Aix a condamnée comme pleine de faussetés & de fables. M. de Felix en a fait une, dont parle le P. Guesnay, pag. 486; mais elle n'a jamais paru, & on ne sçait où est l'original.]

8062. Vie de saint Cyprien ; par François GIRY.

Cette Vie est imprimée dans son *Recueil des Vies des Saints*, au 3 de Novembre.

8063. Vie du même ; par Adrien BAILLET.

Cette Vie est imprimée dans son *Recueil des Vies des Saints*, au même jour.

8064. ☞ Histoire de la Vie & des Ecrits de saint Cyprien de Toulon ; par D. Antoine RIVET, Bénédictin.

Dans l'*Hist. Littér. de la France*, tom. III. pag. 237. Ce Saint est mort vers l'an 545.]

8065. ☞ Deux Mémoires sur les principales actions de Jacques Danès, Evêque de Toulon, Maître de l'Oratoire du Roi, Conseiller d'Etat ordinaire.

Ces Mémoires sont à la fin de l'*Abrégé de la Vie du célèbre Pierre Danès*, Evêque de Lavaur son parent : *Paris*, Quillau, 1741, *in-4*. Jacques Danès, qui mourut à Paris en 1663, y fut inhumé dans l'Eglise de sainte Geneviéve-des-Ardens; & son corps fut trouvé en entier lors de la démolition de cette Eglise en 1748 : on l'a transporté dans celle de la Magdeleine en la Cité.]

8066. ☞ Lettre sur M. Albert Joly de Chouin, Evêque de Toulon, (mort le 16 Avril 1759) *Journal Chretien*, Octobre 1759, pag. 123 & suiv.]

Histoires de l'Évêché d'Orange.

8067. ☞ Series & Historia Episcoporum Arausicanorum.

Dans le *Gallia Christiana* des Bénédictins, tom. I. pag. 765-786, & les *Preuves*, pag. 131.]

8068. ☞ Histoire de l'Eglise d'Orange ; par M. PREVOST, Capiscole de cette Eglise.

Dom Martenne a dit dans la première partie de son *Voyage Littéraire*, pag. 294, que cet Ouvrage étoit entre les mains de l'Auteur.]

8069. Ms. Mémoire sur l'état Ecclésiastique de

de la Ville & Principauté d'Orange, & la succession de ses Evêques.

M. Séguier, Secrétaire de l'Académie de Nîmes, a une copie *in-4*. en 32 pages, de ce Mémoire, qui est, dit-il, instructif & bien raisonné. Le dernier Evêque dont on y parle, est Philippe de la Chambre, mort en 1562.

8070. Vita sancti Eutropii; auctore VERO, Episcopo Arausiensi, ejus successore.

Cette Vie est imprimée dans le *Recueil* de Bollandus, au 27 de Mai. Cet Evêque est mort [après l'an] 475.

8071. Vie de saint Eutrope; par Adrien BAILLET.

Cette Vie est imprimée dans son *Recueil des Vies des Saints*, au 27 de Mai.

8072. ☞ Histoire de la Vie & des Ouvrages de S. Eutrope, par D. Antoine RIVET, Bénédictin.

Dans l'*Hist. Littér. de la France*, tom. II. pag. 473.]

8073. ☞ Histoire de S. Verus; par Dom Antoine RIVET, Bénédictin.

Dans l'*Hist. Littér. de la France*, tom. II. pag. 663. Ce Saint vivoit au cinquième Siècle.]

8074. Elogium Joannis Vincentii de Tullia; auctore Francisco VILLARMINO: *Arausione*, 1642, *in-4*.

8075. Relation véritable de l'ordre tenu à l'entrée de Jean-Vincent de Tulle, Evêque d'Orange, en sa Ville & en son Eglise Cathédrale; par F. CHAISSY, Correcteur des Bulles de la Légation d'Avignon: *Avignon*, Bramereau, 1609, *in-4*.

§. V.

Histoires de la Métropole d'Auch & de ses Suffragans.

8076. DIssertatio de Episcopis trium Provinciarum Aquitaniæ, ætate Clodovei I. Regis Francorum; auctore Carolo LE COINTE.

Cette Dissertation est imprimée au tom. I. de ses *Annales de l'Eglise de France*, sur l'année 508, pag. 239.

8077. Catalogus Pontificum Vasconiæ Aquitanicæ; auctore Arnoldo OIHENARTO.

Ce Catalogue est imprimé à la pag. 430, de sa *Notice de Gascogne*: *Parisiis*, 1637 [& 1656] *in-4*.

Histoires de l'Archevêché d'Auch.

La Ville Métropole de la troisième Aquitaine s'appelloit Eause, en Latin *Elusa*: lorsqu'elle fut détruite par les Normands, la Ville d'Auch prit sa place.

8078. ☞ Series & Historia Episcoporum Elusanorum, item Episcoporum & Archiepiscoporum Auscientium.

Dans le *Gallia Christiana* des Bénédictins, tom. I. pag. 968-1010, & les *Preuves* à la fin, pag. 159-172.]

8079. ☞ Chroniques Ecclésiastiques du Diocèse d'Auch; par Dom Louis-Clément DE BRUGELLES: *Toulouse*, 1746, *in-4*.]

Tome I.

8080. Vita sancti Orientii, cum Notis præviis Godefridi HENSCHENII.

8081. Alia Vita.

Ces Actes imprimés dans le *Recueil* de Bollandus, au premier de Mai, sont manifestement faux ou fort corrompus. Ce Saint a fleuri [au milieu du] cinquième siècle.

8082. ☞ Histoire de la Vie & des Ouvrages de S. Orient; par D. Antoine RIVET, Bénédictin.

Dans l'*Hist. Littér. de la France*, tom. II. pag. 251.]

8083. Vie de S. Orens; par Adrien BAILLET.

Cette Vie est imprimée dans son *Recueil des Vies des Saints*, au premier de Mai.

8084. ☞ De sancto Austindo, Sylloge historico-critica Constantini SUYSKENI, è Societate Jesu.

Dans le *Recueil* de Bollandus, au 25 Septembre.]

8085. ☞ Eloge de Melchior de Polignac, Archevêque d'Auch & Cardinal; par Claude GROS DE BOZE, Secrétaire de l'Académie des Inscriptions & Belles-Lettres.

Il se trouve dans l'*Histoire* de cette Académie, t. XVI. pag. 307. Le Cardinal de Polignac est mort en 1741.]

8086. ☞ Eloge du même.

Il est imprimé dans les *Mémoires de Trévoux*, 1742, Octobre, = la *Bibliothèque raisonnée*, tom. XXIX, = la *Bibliothèque Françoise* de du Sauzet, tom. XXXV.]

Histoires de l'Évêché d'Acqs.

8087. Diptyque ou Catalogue des Evêques d'Acqs; par Bertrand DE COMPAIGNE, Avocat au Siège d'Acqs: *Orthez*, 1661, *in-8*.

8088. ☞ Series & Historia Episcoporum Aquensium.

Dans le *Gallia Christiana* des Bénédictins, tom. I. pag. 1037-1062, & les *Preuves* à la fin, pag. 173.]

Histoires de l'Évêché de Lectoure.

8089. ☞ Series & Historia Episcoporum Lactorensium.

Dans le *Gallia Christiana* des Bénédictins, tom. I. pag. 1073-1090, & les *Preuves* à la fin, pag. 75.]

Histoires de l'Évêché de Comminges.

8090. ☞ Series & Historia Episcoporum Convenensium.

Dans le *Gallia Christiana* des Bénédictins, tom. I. pag. 1091-1112, & les *Preuves* à la fin, pag. 176.]

8091. De sancto Africano, Episcopo juxta Vabrum in Gallia Narbonensi, Dissertatio historica Danielis PAPEBROCHII, è Societate Jesu.

Cette Dissertation est imprimée dans le *Recueil* de Bollandus, au premier de Mai. Ce Saint a vécu dans le quatrième ou cinquième siècle.

8092. Vie du même; par Adrien BAILLET.

Cette Vie est imprimée dans son *Recueil des Vies des Saints*, au même jour.

Aaaa

8093. Vita sancti Bertrandi; auctore VITALI, Alexandri III, Pontificis Maximi Protonotario.

Cette Vie est imprimée dans Martenne, au tom. III. de son *Nouveau Trésor des Pièces anecdotes*. Ce Saint est mort en 1126, & sa Vie a été écrite en 1166, par un Auteur de Gascogne, qui déclare que tout ce qu'il rapporte lui a été communiqué par des témoins oculaires & dignes de foi.

8094. Vie de saint Bertrand; par Adrien BAILLET.

Cette Vie est imprimée dans son *Recueil des Vies des Saints*, au 15 d'Octobre.

8095. Vie de Barthélemi de Donadieu de Griet; par Etienne MOLINIER: *Paris*, 1639, *in-8*.

Cet Evêque est mort en 1637.

Histoires de l'Évêché de Conserans.

8096. ☞ Series & Historia Episcoporum Conseranensium.

Dans le *Gallia Christiana* des Bénédictins, tom. I. pag. 1123-1144, & les *Preuves* à la fin, pag. 185.]

8097. * Vita sancti Lycerii; auctore Bernardo GUIDONIS, Episcopo Lodoviensi.

Dans la *Nouvelle Bibliothèque* du P. Labbe, tom. II. pag. 588.

☞ Eadem Vita, cum Commentario Joan. STILTINGI, è Societate Jesu.

Dans le *Recueil* de Bollandus, au 27 Août.]

8098. Vie de S. Lycard ou S. Lizier; par Adrien BAILLET.

Cette Vie est imprimée dans son *Recueil des Vies des Saints*, au 7 d'Août. Ce Saint a vécu dans le sixième siècle.

8099. Recueil des Lettres de Dom Bruno RUADE, Chartreux, Evêque de Conserans, touchant sa promotion audit Evêché: *Paris*, Buon, 1623, *in-8*.

8100. J. MAURY Gratulatio Poetica ad Conseranensem Ecclesiam ob consecratum Episcopum Bernardum de Marmiesse, Poema Heroicum; sine anno & loco: *in-4*.

8101. Oraison funèbre de Bertrand de Marmiesse; par Pierre REBOUTIER, Archidiacre de Rieux: *Toulouse*, 1680, *in-4*.

Histoires de l'Évêché d'Aire.

8102. ☞ Series & Historia Episcoporum Adurensium.

Dans le *Gallia Christiana* des Bénédictins, tom. I. pag. 1147-1172, & les *Preuves* à la fin, pag. 181.]

Histoires de l'Évêché de Bazas.

8103. ☞ Series & Historia Episcoporum Vasatensium.

Dans le *Gallia Christiana* des Bénédictins, tom. I. pag. 1191-1214.]

8104. ☞ Histoire de la Vie & des Ouvrages d'Arnaud de Pontac; par J. Pierre NICERON.

Dans ses *Mémoires*, tom. XXII. pag. 293-297. M. de Pontac est mort en 1605.]

8105. Oraison funèbre d'Arnaud de Pontac, par G. DU PUY, Chanoine & Archidiacre de Bazas: *Bourdeaux*, Millanges, 1605, *in-8*.

Cet Evêque est mort en 1605.

8106. ☞ Amanci d'Albreto S. R. E. Cardinalis, tituli sancti Nicolai in Carcere Tulliano, Episcopique Vazatensis funebris Panegyricus; auctore J. D. N. Ecclesiæ Vazatensis Canonici: *in-8*.]

8107. Oraison funèbre de Henri Litolphi [Maroni]; par Antoine GODEAU: *Paris*, Vitré, 1646, *in-4*.

Cet Evêque de Bazas est mort en 1645, & l'Auteur de son Oraison funèbre en 1672.

☞ *Voyez* l'*Hist. Eccl.* de Racine, tom. XIII. in-12. p. 87-92.]

Histoires de l'Évêché de Tarbes.

8108. ☞ Series & Historia Episcoporum Tarbensium.

Dans le *Gallia Christiana* des Bénédictins, tom. I. pag. 1225-1242, & les *Preuves* à la fin, pag. 185.]

8109. ☞ De sancto Fausto, Episcopo Tarbensi in Novempopulania; Sylloge Joannis STILTINGI, è Societate Jesu.

Dans le *Recueil* de Bollandus, au 28 Septembre.]

Histoires des Evêchés de Lescar & d'Oléron dans le Béarn.

8110. ☞ Series & Historia Episcoporum Lascurrensium.

Dans le *Gallia Christiana* des Bénédictins, tom. I. pag. 1285-1302, & les *Preuves* à la fin, pag. 198.]

8111. ☞ Series & Historia Episcoporum Oleronensium.

Dans le *Gallia Christiana* des Bénédictins, tom. I. pag. 1263, 1282, & les *Preuves* à la fin, pag. 197.]

8112. Vie de S. Galactoire, Evêque de Lescar; par Adrien BAILLET.

Cette Vie est imprimée dans son *Recueil des Vies des Saints*, au 7 d'Août. Ce Saint a fleuri l'an 507.

8113. ☞ De sancto Galactorio Episcopo Lascurrensi & Martyre, in Benearnia Galliæ.

Voyez ce qu'en rapporte le Père SOLLIER, Jésuite, dans le *Recueil* de Bollandus, au 27 Juillet.]

8114. ☞ De sancto Juliano Benearnensi, seu Lascurrensi Episcopo; Sylloge Joannis PINII, è Societate Jesu.

Voyez le *Recueil* de Bollandus, au 21 Août.]

8115. ☞ Jugement rendu par des arbitres, du 14 Décembre 1561, sur les différends entre l'Evêque & le Chapitre de Lescar, & l'Abbé & le Chapitre de Pau; avec quelques autres Pièces: imprimé en 1728, *in-4*.]

8116. Le rétablissement de la Religion Ca-

Métropole d'Avignon & ses Suffragans.

tholique, Apostolique & Romaine, au Pays de Béarn, par le Roi [Henri IV.] le 19 Février 1608 : *Paris*, Ruelle, 1608, *in-8*.

8117. Le rétablissement des Evêques & des Ecclésiastiques de Béarn, dans leurs honneurs & fonctions, ou suite de l'heureux Voyage du Roi [Louis XIII.] *Paris*, 1621, *in-8*.

La medesima Relatione : *In Bologna*, 1621, *in-8*.

8118. Relatione de' vantagi della Chieza ottenuti dal Re' Christianissimo, contrò gli Eretici del Bearno ; da Gabriele F A N T I : *In Roma*, 1668, *in-4*.

8119. ☞ Oraison funèbre de feu M. de Revol, Evêque d'Oléron, prononcée par le R. P. D A Y, de la Compagnie de Jesus, le 21 Mars 1740, jour de l'anniversaire de ce Prélat : *Pau*, 1740, *in-4*.]

Histoires de l'Évêché de Bayonne.

8120. ☞ Series & Historia Episcoporum Baionensium.

Dans le *Gallia Christiana* des Bénédictins, tom. I. pag. 1309-1324.]

8121. La Chronique de la Ville & Diocèse de Bayonne ; par Bertrand DE COMPAIGNE, Avocat au Siège d'Acqs : *Paris*, 1660, *in-4*.

§. VI.

Histoires de la Métropole d'Avignon & de ses Suffragans.

Histoires de l'Archevêché d'Avignon.

8122. ☞ SERIES & Historia Episcoporum & Archiepiscoporum Avenionensium.

Dans le *Gallia Christiana* des Bénédictins, tom. I. pag. 795-840, & les *Preuves*, pag. 137.]

8123. Mf. Chronologie, Armes & Blasons des Archevêques d'Avignon : *in-fol*.

Cette Chronologie est rapportée dans le *Catalogue des Manuscrits* de Frère Eloi, Augustin Déchaussé de Lyon, *pag. 13*.

8124. Mf. Histoire Ecclésiastique & Civile du Comté d'Avignon ; par André VALLADIER, Abbé de Saint-Arnoul de Metz : *in-fol*.

Cette Histoire est conservée dans la Bibliothèque de S. Arnoul de Metz. L'Auteur est mort en 1638.

8125. Mf. Annales Ecclesiæ, Urbis & Comitatûs Avenionensis ; à D. Polycarpo DE LA RIVIERE, Carthusiano.

☞ Cet Ouvrage est à la Chartreuse de Villeneuve-lez-Avignon : les Bénédictins en ont donné un Extrait sur les premiers Evêques d'Avignon, au tom. I. du *Gallia Christiana*, *pag. 851-870*.]

8126. Histoire chronologique de l'Eglise, Evêques & Archevêques d'Avignon ; par

François N O G U I E R : *Avignon*, Brammereau, 1659, *in-4*.

8127. Vita & res gestæ sancti Agricolæ.

Cette Vie est imprimée dans Barrali, *pag. 321*, de sa *Chronologie de Lérins* : *Lugduni*, 1613, *in-4*. Ce Saint est mort en 700.

8128. ☞ Sancti Agricolæ, Episcopi & Patroni Avenionensis, Vita ; auctore Anonymo ; & Commentarius Joannis STILTINGI, è Societate Jesu.

Dans le *Recueil* de Bollandus, au 2 Septembre.]

8129. Vita di san Agricola ; di Laureto DE FRANCHIS : *In Avenione*, 1626, *in-4*.

8130. De sancto Vedreduno Sylloge historica Godefridi HENSCHENII, è Societate Jesu.

Ce ramas est imprimé dans le *Recueil* de Bollandus, au 16 de Juin.

8131. Mf. Gesta inter Ægidium Avenionensem Episcopum & Regem Franciæ : *in-fol*.

Ces Gestes sont conservés dans la Bibliothèque du Vatican, num. 3891. Cet Evêque se nommoit Gilles de Bellemere ; il fut élu en 1393, & ce Roi de France étoit Charles VI. mort en 1422.

8132. Eloge historique de Georges, Cardinal d'Armagnac ; par Henri ALBI.

Cet Eloge est imprimé dans son *Recueil des Eloges des Cardinaux* : *Paris*, 1659, *in-4*. Ce Cardinal est mort en 1585.

8133. ☞ Observations sur la Vie de Georges, Cardinal d'Armagnac.

Elles se trouvent dans le *Recueil des Lettres* de Rabelais, donné par M. de Sainte-Marthe, *pag. 187*.]

8134. Historia Francisci Mariæ, Cardinalis Taurusii ; auctore Ludovico Donio D'ATTICHY.

Cette Histoire est imprimée au tom. II. de ses *Fleurs de l'Histoire des Cardinaux*, *pag. 578* : *Parisiis*, 1660, *in-fol*. Ce Cardinal est mort en 1596.

Histoires de l'Évêché de Carpentras.

8135. ☞ Series & Historia Episcoporum Carpentoractensium.

Dans le *Gallia Christiana* des Bénédictins, tom. I. pag. 893-916, & les *Preuves* à la fin, pag. 147.]

8136. ☞ Dissertation pour prouver qu'il y a eu des Evêques à Carpentras & à Venasque, en même temps. *Mém. de Trévoux*, 1742, *Novembre*, *pag. 1942*.]

8137. ☞ Réponse à cette Dissertation. *Ibid. Décembre*, *pag. 2158*.]

8138. ☞ Réplique à cette Réponse. *Ibid*. 1743, *Janvier*, *pag. 38*.]

8139. De sancto Siffrido.

Ceci est imprimé dans Barrali, *pag. 131*, de sa *Chronologie de Lérins* : *Lugduni*, 1613, *in-4*. Ce Saint a vécu vers l'an 550.

8140. Vita Jacobi Sadoleti, Cardinalis ; auctore Antonio FLOREBELLO.

Cette Vie est imprimée au-devant des *Lettres de Sa-*

dolet : *Lugduni*, 1550 : *Coloniæ*, 1590, *in*-8. & au-devant de fes *Œuvres* : *Moguntiæ*, 1607, *in*-8. La Croix du Maine rapporte que François de la Coudraye l'a traduite en François.

8141. Vie du même ; par Michel BELOT.

Cette Vie eſt imprimée dans le tom. II. des *Mémoires* de Ribier, *pag.* 107 : *Blois*, 1666, *in-fol.*
Ce Cardinal eſt mort en 1547.

8142. Eloge du même ; par Henri ALBI.

Cet Eloge eſt imprimé dans ſon *Recueil des Eloges des Cardinaux*, *pag.* 155 : *Paris*, 1659, *in-4.*

Hiſtoires de l'Évêché de Vaiſon.

8143. ☞ Series & Hiſtoria Epiſcoporum Vaſionenſium.

Dans le *Gallia Chriſtiana* des Bénédictins, *tom. I. pag.* 921-938, & les *Preuves*, *pag.* 151.]

8144. ☞ Hiſtoire de l'Egliſe Cathédrale de Vaiſon, avec une Chronologie de tous les Evêques qui l'ont gouvernée, & une Chorographie ou Deſcription en vers Latins & François, des Villes, Bourgs, Villages, Paroiſſes & Chapelles qui compoſent ce Dioceſe ; par le R. P. Louis-Anſelme BOYER de Sainte-Marthe, Profeſſeur en Théologie, de l'Ordre des Frères Prêcheurs, de la Congrégation du ſaint Sacrement : *Avignon*, Chave, 1731, *in-4.*

Cette Hiſtoire s'étend depuis S. Albin, premier Evêque de Vaiſon en 262, juſqu'à Louis-Joſeph de Cohorn de la Palun, ſoixante & dix-neuviéme Evêque, ſacré en 1725. On trouve à la fin un Recueil de Pièces ſervant de Preuves à cette Hiſtoire, la Chorographie qui a été compoſée en vers Latins par Joſeph-Marie SUARÉS, Evêque de Vaiſon, & traduite en vers François par le Père Boyer ; & enfin l'Eloge de l'Auteur en Latin.

Voyez ſur ce Livre le *Mercure* de 1731, *Septembre*, *pag.* 1161.]

8145. De rebus geſtis Epiſcoporum Vaſionenſium, Libri quatuor ; auctore Joanne COLUMBI, è Societate Jeſu : *Lugduni*, 1656, *in-4.*

Ces mêmes Livres ſont imprimés avec ſes divers *Opuſcules* : *Lugduni*, 1668, *in-fol.*

8146. De ſancto Theodoſio Commentarius hiſtoricus Joannis BOLLANDI, è Societate Jeſu.

Ces Mémoires ſont imprimés dans ſon *Recueil* au 4 de Février. Ce Saint eſt mort en 554.

8147. Vita ſancti Quinidii.

Cette Vie eſt imprimée dans le *Recueil* de Bollandus, au 15 de Février. Elle eſt poſtérieure à ſon ſiécle, & fort éloignée de la ſimplicité des anciens ; elle paroît néanmoins faite ſur quelque relation originale, & contient quelques faits qu'on ne ſçauroit nier. Ce Saint eſt mort en 578.

8148. Vie de S. Quiniz ; par Adrien BAILLET.

Cette Vie eſt imprimée dans ſon *Recueil des Vies des Saints*, au 15 de Février.

8149. ☞ Hiſtoire de S. Veran ; par Dom Antoine RIVET, Bénédictin.

Dans l'*Hiſt. Littér. de la France*, *tom. III. pag.* 356.
Ce Saint Evêque eſt mort vers 590.

8150. ☞ Hiſtoire de la Vie & des Ouvrages de Joſeph-Marie Suarès ; par J. Pierre NICERON.

Dans ſes *Mémoires*, *tom. XXII. pag.* 297-306.
Le Prélat eſt mort en 1677.]

8151. ☞ Hiſtoire de la Vie & des Ouvrages de François Genet, Evêque de Vaiſon.

Dans les *Mémoires* de NICERON, *tom. XV.* p. 394-401. M. Genet ſe noya dans un petit torrent en 1702.]

Hiſtoires de l'Évêché de Cavaillon.

8152. ☞ Series & Hiſtoria Epiſcoporum Cabellionenſium.

Dans le *Gallia Chriſtiana* des Bénédictins, *tom. I. pag.* 939-960, & les *Preuves*, *pag.* 155.]

8153. Vita ſancti Verani.

Cette Vie eſt imprimée dans Labbe, au tom. II. de ſa *Nouvelle Bibliothéque des Manuſcrits*, *pag.* 690. Ce Saint eſt mort après l'an 549. On ne ſçait de quel temps, ni de quelle autorité eſt l'Auteur de ſa Vie, qui paroît aſſez grave.

8154. Vie de S. Vrain ; par Adrien BAILLET.

Cette Vie eſt imprimée dans ſon *Recueil des Vies des Saints*, au 11 de Novembre.

8155. Hiſtoria Philippi, Cardinalis Cabaſſolini ; auctore Ludovico Donio D'ATTICHY.

Cette Hiſtoire eſt imprimée au tom. I. des *Fleurs de l'Hiſtoire des Cardinaux*, *pag.* 402 : *Pariſiis*, 1660, *in-fol.* Ce Cardinal eſt mort en 1398.

§. VII.

Hiſtoires de la Métropole de Beſançon & de ſes Suffragans.

Hiſtoires de l'Archevêché de Beſançon.

8156. CATALOGUS Epiſcoporum Veſontionenſis Eccleſiæ ; auctore Petro Franciſco CHIFFLETIO, è Societate Jeſu.

Ce Catalogue eſt imprimé avec ſes *Illuſtrationes Claudianæ*, dans le *Recueil* de Bollandus, au 6 de Juin.
Cet Auteur eſt mort en 1681.

8157. De Epiſcopis Biſontinis & aliis Civitatis Biſontinæ Eccleſiaſticis rebus, ab anno Chriſti 540, ad annum 1618 ; auctore Joanne Jacobo CHIFFLETIO.

Cette Hiſtoire eſt imprimée dans la ſeconde partie de ſon Livre intitulé : *Veſuntio Civitas Imperialis libera*, &c : *Lugduni*, 1618 & 1650, *in-4.*

8158. ☞ Hiſtoire de l'Egliſe, Ville & Dioceſe de Beſançon ; qui comprend la ſuite des Prélats de cette Métropole depuis la fin du ſecond ſiécle, leur vie, leurs actions, l'illuſtration de leur Siège par la qualité & les droits de Princes de l'Empire, ce qui s'eſt paſſé de plus mémorable dans leur Dioceſe, ſa diſcipline ancienne, & les changemens qui y ſont arrivés ; l'Hiſtoire abrégée de ſes principaux Bénéfices, Abbayes, Prieurés & Chapitres, & de l'établiſſement des Ordres Religieux qui y ont des Mo-

Métropole de Besançon, & ses Suffragans.

nastères; la Relation de plusieurs faits notables qui appartiennent à cette Histoire; des Dissertations sur d'autres qui sont contestés, & le Gouvernement Civil de la Ville de Besançon; par M. F. J. DUNOD: *Besançon*, 1750, *in-*4. 2 vol.

Au Tom. I. qui contient l'Histoire des Prélats & de l'Eglise Métropolitaine, on trouve, pag. 4 : *Dissertation sur l'Episcopat de saint Ferréol*; pag. 40 : *Dissertation sur le saint Suaire de Besançon, & les Preuves*.

Au Tom. II. qui comprend l'Histoire du Diocèse & de la Discipline, on trouve, pag. 178 : *Dissertation où l'on examine si le Concile de Trente a été publié au Comté de Bourgogne, & comment, &c.* Voyez sur cet Ouvrage le *Journal des Sçav.* 1750, Octobre; & 1751, Mars.

M. Dunod avoit déja donné un *Essai critique* du commencement de cette Histoire jusqu'au Ve siècle, dans la seconde partie du tom. I. de son *Histoire des Séquanois, &c. Dijon*, de Fay, 1735, *in-*4. *pag.* 1-90. Il est plus précis à ce sujet dans la grande *Histoire Ecclésiastique*. Il y a fait usage, entr'autres, de plusieurs manuscrits qui suivent, & de quelques autres que l'on indiquera dans les *Histoires de la Province de Franche-Comté*, & dans les *Généalogies*.]

8159. ☞ Mss. Catalogue des Archevêques de la Cité de Chrysopolis, à présent Besançon, commençant l'an 54 sous saint Lin, & finissant à Ferdinand de Rye, avec les Chroniques des Empereurs depuis JESUS-CHRIST jusqu'à l'Empereur Mathias; les Priviléges de la Cité de Besançon, & autres Pièces qui la concernent : *in-fol.*

8160. ☞ Mss. Acta Archiepiscoporum Chrysopolitanorum : *in-fol.*]

8161. ☞ Mss. Histoire & Succession des Archevêques de Besançon, avec un Recueil des antiquités de cette Ville : *in-fol.*]

8162. ☞ Mss. Abrégé chronologique de l'Histoire de l'Eglise de Besançon; par Dom COQUELIN, Bénédictin.

C'est une Chronologie des Archevêques de Besançon & de tout ce qui s'est passé sous leur Episcopat. Elle est entre les mains de l'Auteur, qui est actuellement Abbé de Faverney, en Franche-Comté.]

8163. ☞ Mss. Supplique de Ferdinand de RYE, Archevêque de Besançon, à l'Empereur, en réponse aux plaintes formées par les Gouverneurs contre les droits de l'Archevêque.

Cette Supplique, qui est dans la Bibliothèque de l'Abbaye de saint Vincent de Besançon, contient une énumération des différens Diplômes qui donnoient aux Archevêques les droits Régaliens dans la Ville de Besançon, &c. Ferdinand de Rye fut Archevêque depuis l'an 1586 jusqu'en 1636.]

8164. ☞ Mss. Supplique d'Antoine-Pierre de Grammont, Archevêque de Besançon, Prince de l'Empire, avec plusieurs Pièces imprimées *pro tuitione Jurium Regaliæ sibi suæque Ecclesiæ competentium* : *in-*4.]

Se trouve dans la Bibliothèque de MM. Dunod de Charnage. Antoine-Pierre de Grammont, sacré Archevêque en 1663, est mort en 1698.]

8165. Mss. Réponse & Réfutation aux prétentions des Archevêques de Besançon; compilées par BUSON, Gouverneur de cette Ville, Hugues HENRY & NARDIN, jusqu'en 1630 : *in-fol.*

Ces Pièces [étoient] conservées dans la Bibliothèque de M. Foucault, [d'où elles ont passé dans celle de M. l'Abbé de Rothelin, qui a aussi été vendue.]

8166. ☞ Dissertatio canonica utrum aliquid juris competat Archiepiscopo Bisuntino circa visitationem Ecclesiæ Dolanæ; à Guidone Francisco CHIFFLET: *Dolæ*, 1652, *in-*12.

Eadem, quibusdam additis & mutatis : *Dolæ*, 1700, *in-*12.]

8167. Avis de droit sur la nomination à l'Archevêché de Besançon, en faveur de Sa Majesté; par Jules CHIFFLET, Abbé de Ballerne : [*Besançon*,] 1663, *in-*4.

8168. Synopsis rerum gestarum circa Decanatum Majorem Ecclesiæ Metropolitanæ Bisuntinæ, ab anno 1661, ad annum 1667 : 1667, *in-*4.

L'Auteur de cet Abrégé est N. DORIVAL, Archidiacre & Official de Besançon.

8169. Pro Capitulo Imperiali Bisuntino, super Jura eligendi suos Archiepiscopos & Decanos, Commentarius : 1672, *in-*4.

8170. ☞ Refutatio scripti Româ transmissi, contra jura Capituli Bisuntini, &c. *Stuttgardiæ*, 1701, *in-*4.]

8171. Concordat fait entre Louis XIV, Roi de France, & MM. les Haut-Doyen & Chanoines du Chapitre de l'Eglise Métropolitaine de Besançon : *Besançon*, Benoît, 1698, *in-*4.

Le même est imprimé avec les Titres & Actes concernant les Droits & Priviléges de MM. les Haut-Doyen & Chanoines de cette Eglise : *Besançon*, 1712, *in-*4.

8172. De sanctis Sylvestro & Frontinio, Episcopis, Notæ historicæ Godefridi HENSCHENII, è Societate Jesu.

Ces Notes historiques sont imprimées dans le *Recueil* de Bollandus, au 10 de Mai. Ces Saints ont vécu dans le IVe siècle.

8173. Vita sancti Germani, Martyris.

Cette Vie est imprimée dans le Livre de Jean-Jacques Chifflet, intitulé : *Vesuntio Civitas libera*, au tom. II. pag. 53 : *Lugduni*, 1618, *in-*4. S. Germain a souffert le martyre en 407. Son Histoire est un peu embarrassée; on pourroit même la prendre pour une fable, ce qui suit sa mort.

8174. Alia Vita prolixior.

Cette Vie est du XIIIe ou XIVe siècle : elle est moins supportable que la première. On la trouve dans le même volume, & au tom. II. des *Actes des Saints de l'Ordre de saint Benoît*, pag. 1065.

8175. Vie de S. Germain; par Adrien BAILLET.

Cette Vie est imprimée dans son *Recueil des Vies des Saints*, au 11 d'Octobre.

8176. Epitome Vitæ sancti Antidii, cum Commentario prævio Godefridi HENSCHENII, è Societate Jesu.

8177. Alia Vita apocrypha.

Ces deux Vies sont imprimées dans le *Recueil* de Bollandus, au 25 de Juin.

8178. ☞ De sancto Aniano, Commentarius Joan. STILTINGI, è Societate Jesu.

Dans le *Recueil* de Bollandus, au 5 de Septembre.]

8179. Vita sancti Claudii.

Cette Vie est imprimée au tom. II. des *Actes des Saints de l'Ordre de saint Benoît*, & avec le Commentaire d'HENSCHENIUS, dans le *Recueil* de Bollandus, au 6 de Juin. Elle est du XIe siècle, & a peu d'autorité: elle peut être cependant de quelque considération, parce que l'Auteur y a renfermé plusieurs choses qu'il a vûes & lûes dans les Monastères de Mont-Jou. Saint Claude est mort en 581.

8180. Ejusdem miraculorum Libri quatuor.

Ces Livres des miracles sont imprimés dans le volume précédent, de Bollandus.

8181. Claudio-Mastix, seu Refutatio Vitæ & Miraculorum sancti Claudii; à Jacobo LECTIO, Jurisconsulto & Senatore Genevensi: *Genevæ*, 1610, *in-4*. [*Genève*, 1615, avec les autres Discours de Lectius: *in-8.*]

Cet Auteur Protestant est mort en 1611.

8182. Claudio-Mastigis Confutatio; auctore Gasparo SCIOPPIO: *Moguntiæ*, 1612, *in-4.*

Scioppius est mort en 1649.

8183. Illustrationes Claudianæ Petri Francisci CHIFFLETII, è Societate Jesu, Opusculum posthumum.

Ces Eclaircissemens sont imprimés dans le *Recueil* de Bollandus, au 6 de Juin.

8184. Les actions de la vie & de la mort de saint Claude; par Henry BOGUET, Grand-Juge de la Ville de Saint-Oyans de Joux: *Lyon*, 1609, *in-8*. *Lyon*, 1627, *in-12*.

8185. Compendium Vitæ & Miraculorum sancti Claudii; auctore FRANCISCO à sancto Nicolao: *Romæ*, de Lazaris, 1652, *in-4.*

Ce Religieux étoit Feuillant, & il avoit été connu dans le monde sous le nom de Coquelin.

8186. Compendio della Vita è Miracoli di sancto Claudio; descritto da Francesco COQUELIN, di Salins, Procurator General de Monachi di san Bernardo: *in Roma*, de Lazari, 1652, *in-4*.

8187. Vie de saint Claude; par François GIRY.

Cette Vie est imprimée dans son *Recueil des Vies des Saints*, au 6 de Juin.

8188. Vie du même; par Adrien BAILLET.

Cette Vie est imprimée dans son *Recueil des Vies des Saints*, au même jour.

8189. ☞ Remarques sur saint Claude; par D. Antoine RIVET, Bénédictin.

Dans l'*Histoire Littéraire de la France*, tom. III. pag. 649.]

8190. Vita sancti Nicetii; auctore anonymo.

Cette Vie est imprimée dans le *Recueil* de Bollandus, au 8 de Février. Ce Saint a vécu dans le VIIe siècle.

8191. Vita sancti Protadii; auctore Anonymo.

Cette Vie est imprimée dans le même *Recueil*, au 10 de Février. Ce Saint est mort en 626.

8192. ☞ Vie de saint Protade; par Dom Antoine RIVET, Bénédictin.

Dans l'*Hist. Littér. de la France*, tom. III. pag. 531.]

8193. ☞ Histoire de la Vie & des Ecrits de saint Donat.

Dans le volume précédent, p. 570. Ce Saint est mort vers l'an 651.]

8194. ☞ Mf. Juramenta Notariorum practicantium statuta, ars Notariatûs, stilus cum formis Expletorum Curiæ Bisuntinæ, & Minutis plurium rerum ad utilitatem juvenum Clericorum in eâdem Curiâ practicari incipientium.

Ce Manuscrit, qui est conservé dans la Bibliothèque de l'Abbaye de S. Vincent de Besançon, est du XVIe siècle. A la tête, on lit une Formule de serment que les Notaires de l'Officialité avoient coutume de prêter avant d'exercer leur Office. Ensuite, une Ordonnance de Charles de Neufchâtel, Archevêque de Besançon, donnée en 1476, pour régler les droits de ces Notaires. = Les Ordonnances de Quentin Mesnard, aussi Archevêque de Besançon (mort en 1462), & les Formules des différens Actes à l'usage des Notaires. = Enfin, une liste de tous les Notaires de l'Officialité de Besançon, depuis le milieu du XVIe siècle, avec un Calendrier contenant les jours de Fériés pour l'Official.]

8195. ☞ Statuta Curiæ Bisuntinæ.

Ces Statuts furent faits par l'Archevêque Charles de Neufchâtel; ils prescrivent la manière de rendre la justice, & les droits des Notaires. On y trouve bien des particularités sur l'administration de la justice par l'Official de Besançon.]

8196. Vita Petri, Cardinalis à Bauma, anno 1539; auctore Ludovico Donio D'ATTICHY.

Cette Vie est imprimée au tom. II. de ses *Fleurs de l'Hist. des Cardinaux*, pag. 268: *Parisiis*, 1660, *in-fol*.

8197. Eloge d'Antoine Perrenot, Cardinal de Granvelle; par Henri ALBI.

Cet Eloge est imprimé dans le *Recueil de ses Eloges*, pag. 279: *Lyon*, 1659, *in-4*. Ce Cardinal est mort en 1586.

8198. ☞ Lettre de J. B. BOISOT, Abbé de saint Vincent de Besançon, à M. Pélisson, contenant un projet de la Vie du Cardinal de Granvelle, qu'il avoit dessein d'écrire, & un état des mémoires & papiers de ce Cardinal, qu'il avoit rassemblés: *Mémoires de Littérature*, publiés par le Père des Molets, tom. *IV*. pag. 27.

Voyez aussi l'*Histoire Littéraire de l'Europe*, tom. I. pag. 59, 99 & 302.]

8199. ☞ Mémoires pour servir à l'Histoire du Cardinal de Granvelle, premier Ministre de Philippe II. Roi d'Espagne; par D. Prosper LEVESQUE, Religieux Bénédictin de la Congrégation de saint Vannes: *Paris*, Desprez, 1753, *in-12*. 2 vol.

Cet Ouvrage est intéressant, sur-tout à cause des Pièces. Voyez Mém. de Trévoux, 1754, Mai, vol. 2.]

8200. ☞ Histoire du Cardinal de Granvelle, Archevêque de Besançon, Vice-Roi de Na-

Métropole de Besançon, & ses Suffragans.

ples, Ministre de l'Empereur Charles-Quint & de Philippe II. Roi d'Espagne; (par M. DE NANS DE COURCHETET, Secrétaire des Villes Anséatiques, &c.): *Paris*, Duchesne, 1761, *in-12.*

L'Auteur a été Jésuite. *Voyez* sur son Ouvrage, le *Journal Encyclopédique, Mai* 1761, *seconde Partie*, & *Mém. de Trévoux, Juin*, pag. 1350-1368.]

8201. ☞ Observations critiques sur l'Histoire du Cardinal de Granvelle : *Journal Encyclopédique, Juillet* 1761.]

8202. ☞ Mss. Eloge historique de M. de Grammont, Archevêque de Besançon, l'un des quatre Directeurs nés de l'Académie ; par feu M. DE COURBOUZON, Président au Parlement de Franche-Comté, & Secrétaire perpétuel de l'Académie de Besançon.

Cet Eloge est dans les Registres de cette Académie. M. François-Joseph de Grammont, successeur de son oncle (Antoine-Pierre) est mort en 1717.]

Histoires de l'Évêché de Bellay.

8203. Episcoporum Bellicensium Chronologica series ; operâ Samuelis GUICHENON, Burgi Sebusianorum Advocati : *Parisiis*, Dupuis, 1642, *in-4.*

8204. Vita beati Pontii de Balmeto, Cartusiæ Mayoræv is in Bugesio Fundatoris.

Cette Vie est imprimée par Guichenon, dans son *Histoire de Bresse*, pag. 6 des Preuves : *Lyon*, 1650. *in-fol.* Cet Evêque est mort en 1140.

8205. ☞ Vie du bienheureux Ponce de Balmei.

Dans l'*Hist. Littér. de la France, tom. XI. pag.* 716.]

8206. Vita sancti Anthelmi, primùm Cartusianorum Prioris, deinde Episcopi Bellicensis ; auctore coævo & familiari, cum Commentario prævio Godefridi HENSCHENII.

Cette Vie est imprimée dans le *Recueil* de Bollandus, au 26 de Juin. Ce Saint est mort en 1178.

8207. ☞ La Vie & les Miracles du glorieux saint Anthelme, Chartreux & Evêque de Bellay, recueillie des Vies des Saints écrites par le R. P. Laurent Surius, Chartreux, & autres Auteurs approuvés, avec les formalités observées en la translation du corps dudit saint Anthelme, & le Discours fait sur ce sujet en l'Eglise Cathédrale de Bellay, le 26 Juin 1630 ; par François MONIER, Chanoine & Théologal de ladite Eglise : *Lyon*, Muguet, 1633, *in-12.*]

8208. Vie de saint Anthelme ; par Adrien BAILLET.

Cette Vie est imprimée dans son *Recueil des Vies des Saints*, au 26 de Juin.

8209. ☞ Vie de Bernard des Portes.

Dans l'*Hist. Littér. de la France, tom. XII.* pag. 410. Il quitta son Evêché, & mourut Chartreux en 1152.]

8210. Oraison funèbre de Jean-Pierre Camus ; par Antoine GODEAU, Évêque de Vence : *Paris*, Vitré, 1653, *in-4.*

Cet Evêque de Bellay est mort en 1652, & l'Auteur de son Oraison funèbre, en 1672.

8211. ☞ Réponse au Libelle intitulé : *Dom Pacifique d'Avranches*, publié par les Jésuites contre la mémoire de feu M. l'Evêque de Bellay, &c. (par Antoine ARNAUD) : 1654, *in-4.*]

8212. ☞ Histoire de la Vie & des Ouvrages de Jean-Pierre Camus ; par Jean-Pierre NICERON.

Dans ses *Mémoires, tom. XXXVI.* pag. 91-138.]

Histoires de l'Évêché de Lausanne.

8213. ☞ Succession des Evêques de Lausanne, qui ont été d'abord à Avanche, & enfin à Fribourg.

Elle se trouve dans l'*Abrégé de l'Hist. Ecclésiastique du Pays de Vaud*; par Abraham RUCHAT : *Berne*, 1707, *in-8.*

8214. ☞ L'Evêché de Lausanne, & ses Evêques.

Dans l'*Hist. Ecclésiastique d'Allemagne* : *Bruxelles*, Foppens, 1724, *in-8. tom. II.* pag. 216-226.]

8215. ☞ Mss. Epoque de l'Eglise & des Evêques d'Avanche, dite de Lausanne, depuis son établissement jusqu'à l'année 1723, avec quelques Réflexions sur l'Ouvrage d'Abraham Ruchat, Ministre de la Religion Prétendue Réformée.

Est dans la Bibliothèque du Roi, provenant de M. Lancelot.]

8216. Mss. Chronicon Episcoporum Lausanensium, adhuc ineditum.

« Ruchat a promis de publier cette Chronique, & de » la joindre à l'Histoire Ecclésiastique du Pays de Vaud. » *Nouvelles de la République des Lettres* de l'an 1734, *tom. II.* pag. 463.

8217. ☞ Histoire du bienheureux Marius, Evêque d'Avanche ; par D. Antoine RIVET, Bénédictin.

Dans l'*Hist. Littér. de la France, tom. III.* pag. 400. Ce Saint est mort en l'an 596.]

8218. Vie de saint Amédée de Clermont de Hauterive, Religieux de Clervaux, puis Evêque de Lausanne ; écrite par un Auteur anonyme peu après la mort de ce Saint.

Cette Vie est imprimée au chap. III. des *Vies de plusieurs Saints de la Maison de Tonnerre* : *Paris*, 1698, *in-12.* Ce Saint est mort l'an 1159.

8219. ☞ Histoire du même ; par D. RIVET, Bénédictin.

Dans l'*Hist. Littér. de la France, tom. III.* pag. 570.]

8220. Vita beati Bonifacii ; auctore anonymo : Monacho Cisterciensi, cum Commentario prævio Joannis BOLLANDII.

8221. Alia Vita ; auctore anonymo, Canonico Regulari Rubeævallis.

Ces deux Vies sont imprimées dans le *Recueil* de Bollandus, au 19 de Février. Ce Saint est mort en 1265.

8222. Vie de saint Boniface; par Adrien BAILLET.

Cette Vie est imprimée dans son *Recueil des Vies des Saints*, au même jour.

Histoires de l'Évêché de Basle.

8223. Breve Chronicon Basileensium Episcoporum; à Walao sub Gregorio Papa III. usque ad Berengarium.

Cette Chronique est imprimée dans Martenne, au tom. III. de son *Nouveau Trésor des Pièces Anecdotes*, pag. 1385.

8224. Episcoporum Basileensium Catalogus; auctore Christiano URSTITIO.

Ce Catalogue est imprimé avec son *Abrégé de l'Hist. de la Ville de Bâle*: Basileæ, 1577, in-8.

8225. Basilea sacra, sive Episcopatûs & Episcoporum Basileensium series, Joanni Conrado, Episcopo Basileensi ad sacram inaugurationem dicata à Collegio Brunthrutano, Societatis Jesu: *Brunthruti*, 1658, in-4.

Claude SUDAN, Jésuite, est l'Auteur de cet Ouvrage, au rapport de Hottinger, part. 1, de son *Histoire Ecclésiastique de Suisse*, pag. 553.

8226. Basileæ Monumenta sacra, seu Episcoporum Basileensium origines: *Basileæ*, 1658, in-18.

8227. ☞ L'Evêché de Basle, & ses Evêques.

Dans le tom. II. de l'*Hist. Ecclésiast. d'Allemagne*: Bruxelles, Foppens, 1724, pag. 203-215.]

8228. ☞ Histoire de la Vie & des Ouvrages de Hetton; par Dom Antoine RIVET, Bénédictin.

Dans l'*Hist. Littér. de la France*, tom. IV. pag. 523. *Voyez* aussi pag. XVI. de l'*Avertissement* du tom. V. Cet Evêque vivoit dans le IXe siècle.]

☞ L'EVESCHÉ de Constance, qui étoit autrefois à *Vindonissa* ou *Windisch*, Ville de Suisse, près du confluent de l'Aar & du Russ, dépendoit anciennement de Besançon: il est aujourd'hui sous Mayence. *Voyez* ci-après cette Métropole.]

§. VIII.

Histoires de la Métropole de Bordeaux & de ses Suffragans.

8229. CATALOGI Pontificum Vasconiæ Aquitanicæ.

Voyez ci-devant N.° 8077.]

8230. ☞ Observations sur quelques Evêchés érigés en Guyenne par le Pape Jean XXII. & sur leurs premiers Evêques.

C'est un des objets de la Note XVII. du tom. IV. de l'*Hist. gén. de Languedoc*, par DD. DE VIC & VAISSETE.]

Histoires de l'Archevêché de Bordeaux.

8231. ☞ Series & Historia Episcoporum Burdigalensium.

Dans la *Gallia Christiana* des Bénédictins, tom. II. pag. 787-856, & les *Preuves*, à la fin, pag. 261.]

8232. L'Eglise Métropolitaine & Primatiale de saint André de Bordeaux, avec l'Histoire de ses Archevêques, & le Pouillé des Bénéfices du Diocèse, avec quelques Actes; par Jerôme LOPEZ, Chanoine & Théologal de cette Eglise: *Bordeaux*, de la Court, 1668, in-4.

8233. ☞ Dissertation sur l'édifice de saint André de Bordeaux, &c. par l'Abbé XAUPI: *Bordeaux*, 1751, in-4.]

8234. ☞ Catalogus Archiepiscoporum Burdigalensium; auctore Gabriele LURBE.

Ce Catalogue est imprimé avec sa Chronique de la Ville de Bordeaux: *Bordeaux*, 1594, &c. in-4.]

8235. Vie de saint Delphin; par François GIRY.

Cette Vie est imprimée dans son *Recueil des Vies des Saints*, au 24 Décembre. Ce Saint est mort en 402.

8236. Vie du même; par Adrien BAILLET.

Cette Vie est imprimée dans son *Recueil des Vies des Saints*, au même jour.

8237. Vie du même; par Sebastien LE NAIN DE TILLEMONT.

Cette Vie est imprimée au tom. X. de ses *Mémoires pour l'Histoire de l'Eglise*, pag. 521.

8238. ☞ Histoire de la Vie & des Ouvrages de saint Delphin; par D. Antoine RIVET, Bénédictin.

Dans l'*Hist. Littér. de la France*, tom. II. pag. 44. Ce Saint vivoit au Ve siècle.]

8239. De sancto Amando Commentarius historicus Godefridi HENSCHENII, Societatis Jesu.

Ces Mémoires sont imprimés dans le *Recueil* de Bollandus, au 18 de Juin. Ce Saint est mort en 431.

8240. Vie de saint Amand; par Adrien BAILLET.

Cette Vie est imprimée dans son *Recueil des Vies des Saints*, au même jour.

8241. Vie du même; par Sebastien LE NAIN DE TILLEMONT.

Cette Vie est imprimée au tom. X. de ses *Mémoires pour l'Hist. de l'Eglise*, pag. 553.

8242. ☞ Histoire de la Vie & des Ouvrages de saint Amand; par D. Antoine RIVET, Bénédictin.

Dans l'*Hist. Littér. de la France*, tom. II. pag. 175. *Voyez* aussi des *Additions* dans l'*Avertissement* du même tom. II. pag. XX.]

8243. Vie de saint Séverin ou Surin; par Adrien BAILLET.

Cette Vie est imprimée dans son *Recueil des Vies des Saints*, au 23 d'Octobre. Ce Saint a vécu au IVe ou Ve siècle. [Il est douteux s'il a été Evêque de Bordeaux.]

8244. ☞ De sancto Leontio Episcopo; Sylloge Joannis PINII, è Societate Jesu.

Dans le *Recueil* de Bollandus, au 21 d'Août.]

8245. Vie de saint Léonce; par Adrien BAILLET.

Cette Vie est imprimée dans son *Recueil des Vies des Saints*, au 15 de Novembre.

8246.

Métropole de Bordeaux, & ses Suffragans. 561

8246. ☞ Histoire de la Vie & des Ecrits d'Amat, (mort en 1101.)

Dans l'*Hist. Littér. de la France, tom. IX. p. 226.*]

8247. ☞ Histoire de Geoffroi de Loroux, (mort en 1158.)

Dans le même Ouvrage, *tom. XII. pag. 541.*]

8248. ☞ Dissertation sur l'élection à l'Archevêché de Bordeaux, faite par le Chapitre de cette Eglise en 1529, en faveur de Gabriel de Grammont, depuis Cardinal; présentée à l'Académie de Bordeaux, par M. l'Abbé (Joseph) XAUPI, Docteur de Sorbonne, Chanoine & Archidiacre de Perpignan, Abbé de Jau, & Correspondant de l'Académie : *Bordeaux*, Brun, 1751, *in-4*.

Cette Dissertation est jointe à une autre, aussi présentée à la même Académie, & qui est ci-devant indiquée N.° 8233.]

8249. ☞ Lettre écrite par l'Auteur du *Gallia Christiana*, à MM. de l'Académie de Bordeaux, au sujet de Gabriel de Grammont: *Mercure*, 1752, *Novembre*.]

8250. Oraison funèbre de François d'Escoubleau, Cardinal de Sourdis; par Gilbert DE GRIMAULD, Théologal de l'Eglise de Bordeaux : *Bordeaux*, 1628, *in-8*.

8251. Mémoire de ce qui s'est passé au Parlement de Bordeaux, en l'affaire que le Duc d'Espernon a eue contre l'Archevêque de Bordeaux (Henri de Sourdis) : 1634, *in-8*.

8252. Ms. Actes & Mémoires de ce qui s'est passé au différend entre l'Archevêque de Bordeaux & le Duc d'Espernon, Lieutenant-Général pour le Roi en Guyenne, en 1633 & 1634 : *in-fol*.

Ces Actes & Mémoires de Henri d'Escoubleau de Sourdis, Archevêque de Bordeaux, & de Jean-Louis de Nogaret, Duc d'Espernon, sont conservés entre les Manuscrits de M. Dupuy, au num. 391; entre ceux de M. de Brienne, au num. 344, [à la Bibliothèque du Roi] & en deux vol. *in-4* dans la Bibliothèque des Minimes à Paris, num. 40 & 41.

8253. ☞ Ms. Relation véritable des attentats commis par M. le Duc d'Espernon à la personne de M. de Sourdis, Archevêque de Bordeaux, avec le Recueil de toutes les Pièces originales & justificatives.

Cette Relation & toutes les Pièces justificatives sont conservées dans les Archives de l'Archevêché de Bordeaux, en plusieurs gros cahiers *in-4*.]

8254. ☞ Ms. Procès-verbaux, Actes, Procédures, Sentences, Mandemens, Ordonnances, Rapports, Lettres, Arrêts, Discours, Mémoires & autres Pièces servant à l'Histoire de l'attentat à la personne de M. de Sourdis, Archevêque de Bordeaux, & les Censures qui s'en sont ensuivies, depuis le mois d'Octobre 1633, jusqu'en Septembre 1634.

Ce Recueil est conservé dans les Archives du Chapitre de saint André à Bordeaux.]

8255. ☞ Ms. Discours du sieur DE GRI-
Tome I.

MAULD, Chanoine, Théologal de l'Eglise de Bordeaux, à M. le Duc d'Espernon, sur l'attentat commis par le sieur Naugai, Lieutenant de ses Gardes, & à MM. de la Cour de Parlement, sur le même attentat, & l'atrocité des excès commis par le Duc d'Espernon contre la sacrée personne de M. l'Archevêque de Bordeaux : 1634, *in-4*.

Ce Manuscrit est conservé chez M. l'Abbé Pacaran, Chanoine de l'Eglise de saint André de Bordeaux.]

8256. ☞ Origine & première cause du différend entre le Duc d'Espernon & M. de Sourdis, Archevêque de Bordeaux, ses suites, & comment terminé.

Tout ce détail est imprimé au tom. VII. des *Mémoires du Clergé de France*, depuis la *pag.* 1153 jusqu'à 1240, de l'Edition de Paris, Muguet, 1719 : *in-fol*.]

8257. ☞ Différend entre l'Archevêque de Bordeaux & M. le Duc d'Espernon : 1633.

Cette Pièce est imprimée au tom. XIX. du *Mercure François*. La Relation de ce différend est fort rare : on la trouve quelquefois à la fin de ce tome, mais le plus souvent elle y manque. On a réimprimé cette Pièce séparément, ces années dernières, *in-8*. & encadrée *in-4*. Elle contient tout ce qui se passa entre Henri de Sourdis & le Duc d'Espernon. La dispute s'éleva sur les prétextes les plus frivoles & peu dignes d'un Archevêque & d'un Gouverneur; mais elle dégénéra à un point qui eut des suites assez grandes, l'Archevêque ayant excommunié le Duc, & les Cours de Rome & de France ayant pris part à ce différend.]

8258. Ms. Histoire particulière, en forme de Journal, de ce différend, avec tous les Arrêts rendus de part & d'autre, depuis le 10 d'Octobre 1633, jusqu'au 24 d'Avril 1635 : *in-fol*.

Cette Histoire est conservée entre les Manuscrits de M. de Brienne, au n. 348, [en la Bibliothèque du Roi.]

8259. ☞ HENRICI, Archiepiscopi Burdigalensis, &c. apud Philip. Nannetum Episcopum, paterna expostulatio de Litteris ejus nomine pervulgatis *ex falsa quadam narratione nefarii & sacrilegi facinoris* adversùs eumdem Archiep. à Naugasio Prætorianorum Espernonii Ducis præfecto, &c. 1634, *in-8*. 157 pag.]

8260. L'Hermite de Cordouan, avec le récit de tout ce qui s'est passé le 26 d'Octobre 1634, entre l'Archevêque de Bordeaux & le Duc d'Espernon : 1634, *in-8*.

C'est une Pièce contre le Duc d'Espernon.

8261. Oraison funèbre de Henri d'Escoubleau; par Denis DE LA BARDE, Evêque de Saint-Brieux : *Paris*, Vitré, 1646, *in-4*.

Cet Archevêque est mort en 1645.

8262. ☞ Henrici Bethunii, Archiepiscopi Burdigalensis, & Aquitaniæ Primatis, immortalitas : *Burdigalæ*, Millangius, 1680, *in-4*.

Léonard FRIZON, Jésuite, est l'Auteur de ce petit Poëme historique.]

8263. ☞ Henrico Bethunio, Archiepiscopo Burdigalensi, & Aquitaniæ Primati,

B b b b

funebris Panegyricus, dictus Burdigalæ à Joanne Josepho GUIBERT, Jesuitâ : *Burdigalæ*, Millangius, 1680, *in*-4.]

8264. ☞ Oraison funèbre de M. Henri de Bethune, Archevêque de Bordeaux, & Primat d'Aquitaine : *Bordeaux*, de la Court, 1680, *in*-4.

Le P. CAZEDEPATZ, Jésuite Béarnois, prononça cette Oraison funèbre au mois de Septembre 1680.]

Histoires de l'Évêché d'Agen.

8265. ☞ Series & Historia Episcoporum Aginnensium.

Dans le *Gallia Christiana* des Bénédictins, tom. II. pag. 894-934, & les *Preuves* à la fin, pag. 427.]

8266. Mf. Histoire du Diocèse d'Agen ; par Bernard DE LABENAZIE, Chanoine de la Collégiale d'Agen.

Cette Histoire [étoit] entre les mains de l'Auteur.

8267. Excerptum ex Historiâ Diœcesis Aginnensis.

Se trouve à la fin de la Dissertation de Labenazie, intitulée : *De tempore quo primùm Evangelium est prædicatum in Galliis* : 1691.]

8268. Gesta sancti Caprasii.

Ces Gestes sont imprimés dans le *Recueil* de Surius, au 20 d'Octobre. Ce Saint est mort [vers 287.]

8269. Præconium divi Caprasii Aginnensis, ejusque Episcopalis dignitas, seu Dissertatio de antiquitate Ecclesiæ sancti Caprasii Aginnensis ; auctore Bernardo DE LABENAZIE, Canonico S. Caprasii : *Aginni*, 1714, *in*-12.

8270. De sancto Phœbadio seu Fegadio, Sylloge historica Godefridi HENSCHENII, è Societate Jesu.

Cette Collection est imprimée dans le *Recueil* de Bollandus, au 25 d'Avril.

8271. Vie du même ; par Adrien BAILLET.

Cette Vie est imprimée dans son *Recueil des Vies des Saints*, au même jour.

8272. Histoire du même ; par D. Antoine RIVET, Bénédictin.

Dans l'*Hist. Littéraire de la France*, tom. I. part. 2, pag. 266.]

8273. * Réponse au Factum des Réguliers d'Agen, pour servir au Procès entre M. l'Evêque d'Agen & lesdits Réguliers : 1667, *in*-4.

Cette Pièce est de Jean DE LAUNOY, Docteur en Théologie de la Faculté de Paris.

8274. Oraison funèbre de Jules Mascaron ; par Bernard DE LABENAZIE, Chanoine d'Agen : *Agen*, 1703, *in*-4.

Cet Evêque, qui avoit été Prêtre de l'Oratoire, est mort en 1703.

8275. Vie du même.

Cette Vie est imprimée au-devant du *Recueil de ses Oraisons funèbres* : *Paris*, 1706, *in*-12.
Charles BORDES, Prêtre de l'Oratoire, Auteur de cette Vie, est mort en 1706.

8276. ☞ Histoire de la Vie & des Ouvrages de Jules Mascaron.

Dans les *Mémoires* de NICERON, tom. II. p. 300-301. Mascaron est mort en 1703. *Voyez* son Eloge, à la tête de ses *Oraisons funèbres*, par Charles Bordes, Prêtre de l'Oratoire.]

Histoires de l'Évêché d'Angoulême.

8277. ☞ Series & Historia Episcoporum Engolismensium.

Dans le *Gallia Christiana* des Bénédictins, tom. II. pag. 975-1022, & les *Preuves* à la fin, pag. 443.]

8278. Mf. Catalogus Episcoporum Engolismensium usque ad annum 1558, *in*-fol.

Ce Catalogue est conservé dans la Bibliothèque du Vatican, entre les Manuscrits de la Reine de Suède, au num. 248.

8279. Mf. Historia de gestis Pontificum & Comitum Engolismensium ; ex Historia HUGONIS, Engolismensis, descripta : *in*-fol.

Cette Histoire est conservée dans la même Bibliothèque, num. 168, & [étoit] dans celle du Collège des Jésuites de Paris. Du Chesne, qui rapporte un fragment de cette Histoire dans son *Recueil des Historiens de Normandie*, p. 19, attribue cette Histoire à ADEMARE, Moine de saint Cybar d'Angoulême. Besly en rapporte aussi plusieurs fragmens, pag. 391, 417, 442, 460, 475, 476 des *Preuves* de son *Histoire des Comtes de Poitou*.

8280. Notitia Pontificum & Comitum Engolismensium, scripta anno 1159.

Cette Notice est imprimée dans Labbe, au tom. II. de sa *Nouvelle Bibliothèque des Manuscrits*, pag. 149. On ne sçait point le nom de l'Auteur de cette *Pièce* ; mais il est certain qu'il étoit Chanoine d'Angoulême, & qu'il a vécu en 1115.

8281. Engolismenses Episcopi ; auctore Gabriele CARLONIO, Engolismensi : *Engolismæ*, Minieri, 1597, *in*-4.

8282. Vita nova sancti Ausonii ; auctore Francisco CORLÆO.

Cette Vie est imprimée dans du Bosquet, au tom. II. de son *Hist. des Eglises*, pag. 114 : *Paris*, 1636, *in*-4.

8283. * Eadem, cum Commentario Danielis PAPEBROCHII, è Societate Jesu.

Dans le *Recueil* de Bollandus, au 11 de Juin.

8284. Vetus Legenda apocrypha.

Saint Ausone a vécu dans le III. ou IVe siècle. Cette Légende apocryphe est aussi imprimée dans le *Recueil* de Bollandus, au même jour.

8285. Vie de saint Ausone ; par COURLAY : 1636, *in*-8.

Ne seroit-ce point par DE CORLIEU ?

8286. Vie du même ; par Adrien BAILLET.

Cette Vie est imprimée dans son *Recueil des Vies des Saints*, au 11 de Juin.

8287. ☞ Histoire de (Macarius, ou) Mererius ; par D. Antoine RIVET, Bénédictin.

Dans l'*Hist. Littér. de la France*, tom. III. pag. 317. Cet Evêque est mort vers l'an 576.]

Métropole de Bordeaux, & ses Suffragans.

8288. ☞ Histoire de la Vie & des Ecrits de Hugues.

Dans le même Ouvrage, tom. VI. pag. 492. Cet Evêque est mort vers l'an 993.]

8289. ☞ Histoire de la Vie & des Ecrits de Gérard.

Dans le même Ouvrage, tom. XI. pag. 596. Cet Evêque est mort en 1135.]

Histoires de l'Évêché de Saintes.

8290. ☞ Series & Historia Episcoporum Santonensium.

Dans le *Gallia Christiana* des Bénédictins, tom. II. pag. 1054-1089, & les *Preuves*, à la fin, pag. 457.]

8291. Privilèges de l'Eglise Cathédrale de Saintes : 1621, in-4.

8292. ☞ Factums du Clergé de Saintes, contre les Pères Réformés de Saintonge, in-4.

8293. De sancto Eutropio, Martyre, Notæ historicæ Godefridi HENSCHENII, è Societate Jesu.

Ces Notes historiques sont imprimées dans le *Recueil* de Bollandus, au 30 d'Avril. Ce Saint a vécu dans le IIIe siècle.

8294. Vie de saint Eutrope : *Saintes*, 1619, in-12.

8295. Vie du même ; par François GIRY.

Cette Vie est imprimée dans son *Recueil des Vies des Saints*, au 30 d'Avril.

8296. Vie du même ; par Adrien BAILLET.

Cette Vie est imprimée dans son *Recueil des Vies des Saints*, au même jour.

8297. ☞ Vita sancti Bibiani, seu Viviani, Episcopi ; auctore anonymo suppare, cum Commentario Joannis STILTINGI, è Societate Jesu.

Dans le *Recueil* de Bollandus, au 28 d'Août. Ce Saint vivoit en 450. *Voyez* ce qui en est dit dans l'*Avertissement* du tom. X. de l'*Hist. Littéraire de la France*, pag. LVII.]

8298. ☞ De sancto Ambrosio Episcopo, Sylloge Joannis STILTINGI, è Societate Jesu.

Voyez le *Recueil* de Bollandus, au 28 Août.]

8299. Vie de S. Troyen ; par Adrien BAILLET.

Cette Vie est dans le *Recueil de ses Vies des Saints*, au 30 de Novembre. Ce Saint est mort en 532.

8300. Vie de saint Pallade ou Palais ; par le même.

Cette Vie est imprimée dans le même *Recueil*, au 7 d'Octobre. Ce Saint est mort après l'an 596.

8301. De sancto Leontio.

Cette Vie est imprimée dans le *Recueil* de Bollandus, au 19 de Mars. Ce Saint a vécu dans le VIe siècle.

8302. De sancto Dicentio, seu Dizantia, Commentarius historicus Danielis PAPEBROCHII, è Societate Jesu.

Ces Mémoires sont imprimés dans le *Recueil* de Bollandus, au 25 de Juin. Ce Saint a vécu dans le VIIIe siècle.

Tome I.

8303. De venerabili Goderanno, Abbate Malleacensi, Dissertatio Joannis MABILLON, Benedictini, Congregationis sancti Mauri.

Cette Dissertation est imprimée au tom. IX. des *Actes des Saints de l'Ordre de saint Benoît*, pag. 315. Cet Abbé est mort en 1074.

8304. * Oraison funèbre de Pierre de Bassompierre ; par Philippe LE FERON, Docteur en Théologie de la Maison & Société de Sorbonne : *Saintes*, 1676, in-4.

8305. ☞ Oraison funèbre de M. de la Brunetière du Plessis de Gete ; par le P. VOISIN, Jésuite : *Saintes*, Bichon, 1702, in-4.

M. de la Brunetière est mort en 1702.]

Histoires de l'Évêché de Poitiers.

8306. ☞ Series & Historia Episcoporum Pictaviensium.

Dans le *Gallia Christiana* des Bénédictins, tom. II. pag. 1138-1211, & les *Preuves*, à la fin, pag. 325.]

8307. Des Evêques de Poitiers, avec les Preuves ; par Jean BESLY : *Paris*, 1647, in-4.

☞ Jean Besly étoit Conseiller & Avocat du Roi honoraire au Siège Royal de Fontenay-le-Comte. Cet Ecrivain étoit un des plus judicieux Critiques du XVIIe siècle. *Voyez* les *Mémoires de Trévoux*, 1712, *Avril*, pag. 675. Cet Ouvrage finit à M. de la Rochepossi, cent troisième Evêque de Poitiers. Après quoi l'on trouve un détail des Chapitres & des Abbayes de ce Diocèse.]

8308. ☞ Ordre chronologique des Evêques de Poitiers, d'après Besly & les Auteurs du *Gallia Christiana* de la dernière édition, avec quelques Additions ; par M. DREUX DU RADIER.

Cet ordre chronologique est à la tête du tom. I. de la *Bibliothèque historique & critique du Poitou* : *Paris*, 1754, in-12. 5 vol. Un Mémoire communiqué par M. l'Abbé Lebeuf à M. du Radier, & dont il a fait grand usage dans ce Catalogue, l'a engagé à s'écarter en plusieurs points des Auteurs du *Gallia Christiana*. Il a cru, par exemple, devoir mettre à la tête des Evêques de Poitiers S. Nectaire, quoiqu'il ne paroisse point dans le Catalogue de Dom Denys de Sainte-Marthe, ni dans celui de ses oncles.]

8309. Vita sancti Hilarii ; auctore SULPICIO SEVERO.

Cette Vie est imprimée au Liv. II. de son *Histoire Ecclésiastique*, & dans le *Recueil* de Bollandus, au 14 de Janvier. Saint Hilaire est mort en 367.

8310. Vita ejusdem, carmine heroïco ; auctore Venantio FORTUNATO, Episcopo Pictaviensi.

C'est un FORTUNAT, Evêque d'Italie, qui a écrit cette Vie l'an 565. D'autres disent que Fortunat est plutôt le paraphraste & le continuateur de la Vie de ce Saint, que le premier Auteur. Cette Vie est imprimée dans le volume précédent [de Bollandus] & à la tête des *Œuvres de S. Hilaire* : *Parisiis*, 1652, in-fol.

8311. De sancto Hilario, ex ejus Scriptis, & aliorum virorum doctissimorum Excerpta ; auctore Joanne GILLOT, Campano.

Cette Vie est imprimée au-devant des *Œuvres de S. Hilaire* : *Parisiis*, 1572, 1631, in-fol.

Bbbb 2

8312. Vie de S. Hilaire; par François GIRY.

Cette Vie est imprimée dans son *Recueil des Vies des Saints*, au 14 de Janvier.

8313. Vita ejusdem; auctore Petro COUSTANT, Benedictino, Congregationis sancti Mauri.

Cette Vie est imprimée au-devant des *Œuvres de ce Saint* : *Parisiis*, 1693, *in-fol.*

8314. Vie du même; par Adrien BAILLET.

Cette Vie est imprimée dans son *Recueil des Vies des Saints*, au 14 Janvier.

8315. Vie du même; par Sébastien LE NAIN DE TILLEMONT.

Cette Vie est imprimée au tom. VII. de ses *Mémoires pour l'Histoire de l'Eglise*, *pag.* 432 & 745.]

8316. ☞ Histoire de la Vie & des Ecrits de S. Hilaire; par Dom Antoine RIVET, Bénédictin.

Dans l'*Hist. Littér. de la France*, tom. I. part. 2, *pag.* 139. *Voyez* des Additions, *pag.* xvij. de l'Avertissement du tom. II.]

8317. Vita Venantii Clementiani Fortunati; auctore Christophoro BROUVERO, è Societate Jesu.

Cette Vie est imprimée au-devant des *Œuvres* de Fortunat : *Monguntiæ*, 1603, 1616, *in-4.*
Cet Evêque a vécu l'an 600.

8318. ☞ Histoire de la Vie & des Ecrits de S. Fortunat; par Dom Antoine RIVET, Bénédictin.

Dans l'*Hist. Littér. de la France*, tom. III. *pag.* 464. *Voyez* encore une Addition, *pag.* 1. de l'Avertissement du même volume.]

8319. Vita sancti Emmerandi, Martyris; auctore CYRINO, vulgò ARIBONE, Episcopo Frisingensi.

Cette Vie est imprimée dans le *Recueil* de Surius, au 22 de Septembre, & au tom. II. *Lectionis antiquæ Canisii.* Ce Martyr a souffert en 625.

8320. De sancto Guillelmo.

Ceci est imprimé dans le *Recueil* de Bollandus, au 29 de Mars.

8321. ☞ Histoire de la Vie & des Ouvrages de Gilbert de la Porrée; par D. Remi CEILLIER, Bénédictin.

Dans l'*Hist. des Auteurs Ecclésiastiques*, tom. XXII. *pag.* 193. Cet Evêque est mort en 1154.]

8322. Oraison funèbre de François Ignace de Braglion de Saillant; par Jacques CHESNON, Jésuite : *Poitiers*, 1698, *in-4.*

Cet Evêque avoit été Prêtre de l'Oratoire; il est mort en 1698.

8323. ☞ Oraison funèbre d'Antoine Girard, Evêque de Poitiers; par le P. DUCROS, Jésuite : *Poitiers*, Fleuriau, 1702, *in-4.*

Cet Evêque, après avoir été Précepteur de M. le Grand Amiral de France, avoit successivement passé de l'Eglise de Lorraine à celle de Boulogne, & de celle-ci à celle de Poitiers, où il mourut en 1702.]

8324. ☞ Oraison funèbre de Jean-Claude de la Poype de Vertrieu, Evêque de Poitiers : *Poitiers*, Faulcon, 1733 : *Bordeaux*, de la Court, 1733, *in-4.*

Cet Evêque est mort en 1732.]

8325. ☞ Oraison funèbre de M. de Foudras, Evêque de Poitiers; par M. ARNAULT, 1749, *in-4.*]

Histoires de l'Évêché de Périgueux.

8326. ☞ Series & Historia Episcoporum Petrocoriensium.

Dans le *Gallia Christiana* des Bénédictins, tom. II. *pag.* 1446-1487, & les *Preuves* à la fin, *pag.* 485.]

8327. L'Etat du Périgord depuis le Christianisme, ou l'Histoire des Evêques de Périgueux; par Jean DU PUIS, Récollet : *Périgueux*, Daluy; 1629, *in-4.* [*Ibid.* 1716, *in-12.*]

8328. Vita sancti Frontonis; auctore GAUSBERTO, Canonico Lemovicensi.

Cette Vie est imprimée dans du Bosquet, part. 2, de son *Histoire des Eglises*, *pag.* 5 : *Parisiis*, 1636, *in-4.* Saint Front a vécu au trois ou quatrième siècle, & Gausbert dans le neuvième. Ses Actes sont insoutenables, tant par la composition que pour le fond. Un Auteur du onzième siècle dit que c'est une fable composée fort tard par Gausbert, Chorévêque de Limoges.

8329. Vie de S. Front; par François GIRY.

Cette Vie est imprimée dans son *Recueil des Vies des Saints*, au 25 d'Octobre.

8330. Vie du même; par Adrien BAILLET.

Cette Vie est imprimée dans son *Recueil des Vies des Saints*, au même jour.

8331. Fragmentum de Petracoricensibus Episcopis, ab anno 976, ad annum 1182; auctore anonymo.

Ce Fragment est imprimé dans Labbe, au tom. II. de sa *Nouvelle Bibliothèque des Manuscrits*, *pag.* 737.

8332. ☞ Vie abrégée de Guillaume le Boux.

☞ Cette Vie est dans la Préface du Recueil de ses *Sermons prêchés devant le Roi, &c.* Rouen, Besongne, 1766, *in-12.* 2 vol. M. le Boux est mort le 6 Août 1693. Il avoit été Prêtre de l'Oratoire.]

Histoires de l'Évêché de Condom.

8333. ☞ Series & Historia Episcoporum Condomensium.

Dans le *Gallia Christiana* des Bénédictins, tom. II. *pag.* 961-974, & les *Preuves*, à la fin, *pag.* 437.]

8334. Condomensis Abbatiæ, nunc Episcopatûs, Historia usque ad annum 1320.

Cette Histoire est imprimée au tom. XX. du *Spicilège* de Dom Luc d'Achery, *pag.* 432. L'Auteur fait d'abord connoître, par les exagérations dont il se sert, de quel Pays il est. Dom d'Achery a retranché le commencement, qui est rempli de fables ridicules, lesquelles auroient donné atteinte à tout le reste de l'Ouvrage; la variété du style fait voir qu'il n'est pas tout d'une même main.

Histoires de l'Évêché de la Rochelle.

8335. ☞ Series & Historia Episcoporum Malleacensium, nunc Rupellensium.

Dans le *Gallia Christiana* des Bénédictins, tom. II. pag. 1370-1379, & les *Preuves* à la fin, pag. 379.]

8336. ☞ Henrici de Bethune Malleacensis Episcopi ac Domini, Episcopalis inauguratio : 1631, *in-fol.*

Hilaire SOULAS, Jésuite, est l'Auteur de ce petit Poëme.]

8337. Factum pour Michel Bauldri, Religieux de la Congrégation de saint Maur, Grand-Prieur de l'Eglise Collégiale & Régulière de Maillezais, les Religieux dudit Maillezais, & Supérieurs & Religieux de ladite Congrégation de S. Maur, Appellans comme d'abus de l'exécution de la Bulle de Sécularisation de ladite Eglise, du 14 Janvier 1632, & de la Translation de la même Eglise à la Rochelle, du 12 Mai 1648, contre Jacques Raoul, Evêque dudit Maillezais : 1654, *in-fol.*

L'Auteur de ce *Factum* est Jacques GUICHON, Avocat.

8338. ☞ Réglemens faits par M. l'Evêque de la Rochelle, (Henri DE LAVAL) : *La Rochelle*, Blanchet, 1672, *in-8.*]

8339. Eloge de Charles Madeleine de Frezeau de la Frezeliere ; par M. TARDIF : *Paris*, Mercier, 1703, *in-4.*

Cet Evêque est mort en 1701.

8340. Oraison funèbre du même ; par François RAGOT, Curé de Marans : *La Rochelle*, 1703, *in-4.*

Histoires de l'Évêché de Luçon.

8341. ☞ Series & Historia Episcoporum Lucionensium.

Dans le *Gallia Christiana* des Bénédictins, tom. II. pag. 1406-1417, & les *Preuves* à la fin, pag. 389.]

8342. Excerptum ex Bulla Joannis Papæ XXII, pro distractione Episcopatûs & Dioecesis Lucionensis & Pictaviensis. Bulla Secularisationis insignis Ecclesiæ Lucionensis data à Paulo Papa II. Ejusdem insignis Ecclesiæ Statuta confirmata à Paulo Papa IV, unà cum edicto Regio, & excerpto ex Registris supremi Senatûs Parisiensis : quibus additus est Catalogus Episcoporum Lucionensium : *Lucioni*, Nelain, 1700 : *in-fol.*

8343. ☞ Factum & Arrêt du Parlement, pour Nicolas Colbert, Evêque de Luçon, contre son Chapitre : 1671, *in-4.*]

══ Vie d'Armand Jean du Plessis, Cardinal de Richelieu.

Voyez ci-après, Liv. III. *Ministres d'Etat.*

8344. Oraison funèbre de Henri de Barillon ; par DU PUY, Archidiacre de Luçon : *Paris*, 1704, *in-4.*

Cet Evêque est mort en 1699. Germain du Puy, Prêtre de l'Oratoire, est mort en 1713.

8345. ☞ Abrégé de la Vie de M. Henri de Barillon, Evêque de Luçon, avec des Résolutions pour bien vivre, des Pensées Chrétiennes sur les maladies, des Réflexions sur la mort, la manière de s'y préparer, & des consolations contre ses frayeurs ; par le même Prélat : *Delft* (*Rouen*) 1700, *in-12.*

La Vie est de Germain DU PUY, Prêtre, ci-devant de l'Oratoire, & ensuite Chanoine de S. Jacques de l'Hôpital, puis Chanoine-Théologal de Luçon, Auteur des Conférences de ce Diocèse, en partie.]

8346. ☞ Abrégé de la Vie de Samuel Guillaume de Verthamon.

Dans le *Supplément du Dictionnaire hist. littéraire & critique*, 1758, *in-8.* à la fin du tom. IV.
Ce Prélat est mort le 1 Novembre 1758.]

8347. ☞ Relation, &c. de la mort de M. de Verthamon, Evêque de Luçon, &c. *in-12.*]

Histoires de l'Evêché de Sarlat.

8348. ☞ Series & Historia Episcoporum Sarlatensium.

Dans le *Gallia Christiana* des Bénédictins, tom. II. pag. 1512-1531, & les *Preuves* à la fin, pag. 495.]

§. IX.

Histoires de la Métropole de Bourges & de ses Suffragans.

Histoires de l'Archevêché de Bourges.

8349. ☞ SERIES & Historia Episcoporum Bituricensium.

Dans le *Gallia Christiana* des Bénédictins, tom. II. pag. 4, 111, & les *Preuves*, pag. 2.]

8350. Ms. Bituricensium Archiepiscoporum nomina : *in-fol.*

Ce Catalogue [étoit] conservé dans la Bibliothèque de M. Colbert, num. 1228, [aujourd'hui à la Bibliothèque du Roi.]

8351. Brevis Historia omnium Archiepiscoporum Ecclesiæ Bituricensis, & Catalogus Beneficiorum ; auctore Joanne CHENU, Biturico.

Cette Histoire est imprimée avec son Traité intitulé : *Stylus Jurisdictionis Ecclesiæ Bituricensis* : *Parisiis*, 1603, *in-8.*

Chronologia historica Patriarcharum, Archiepiscoporum Bituricensium & Aquitaniarum Primatum, secunda Editio ; eodem auctore : *Parisiis*, 1621, *in-4.*

8352. Patriarchium Bituricense, sive Historia Patriarcharum, Archiepiscoporum Bituricensium ; auctore anonymo Ordinis sancti Benedicti, in Asceterio Sulpiciano in Bituricensi suburbano commorante, cum Notis, Emendationibus & Appendicibus.

Cette Histoire est imprimée dans Labbe, au tom. II. de sa *Nouvelle Bibliothèque des Manuscrits*, pag. 1 : *Parisiis*, 1656, *in-fol.* Les uns nomment cet Auteur Christophe ULIERDEN ; d'autres, Benoît VENIER.

8353. Le Catalogue des Evêques soumis à la Primatie de Bourges ; par Philippe LABBE, Jésuite : *Paris*, 1648, *in-4*.

8354. Diptychon Bituricense ex Consulari factum Episcopale, Alexandri WILTHELMII, Societatis Jesu, notis illustratum.

Ce Diptyque est imprimé avec celui de Liège : *Leodii*, 1659, *in-fol*.

8355. Le Patriarchat de Bourges & de sa Primatie sur les deux Aquitaines, & l'Eloge de ses Evêques depuis saint Ursin jusqu'à présent ; par Gaspard THAUMAS DE LA THAUMASSIERE.

Cette Histoire est imprimée au Livre IV. de son *Hist. de Berry* : *Bourges*, 1689, *in-fol*. Cet Auteur est mort en 1702.

8356. Les Archevêques de Bourges ; par Nicolas CATHERINOT : *Bourges*, 1683, *in-4*.

8357. Traité de la Primatie d'Aquitaine ; par Jean DE BOIS-ROUVRAY : *Lyon*, 1628, *in-8*.

☞ Le vrai titre est :

Traité & Décision de l'ancienne dispute entre les Archevêques de Bourges & de Bordeaux, sur la Primatie d'Aquitaine, contenant l'antiquité de la Ville de Bourges, &c. le nombre des Officiers de l'Archevêque & des Curés de son Diocèse, des Bénéfices & Commanderies, &c. par J. DE BOIS-ROUVRAY, Sieur de Marçay, Avocat à Bourges : *Lyon*, (Lauverjat, à *Bourges*,) 1628, *in-8*.]

8358. Pro Clemente Quinto Papa Vindiciæ, seu de Primatu Aquitaniæ Dissertatio ; à Paschali Francisco DE LA BROUSSE : *Parisiis*, Cramoisy, 1657, *in-4*.

8359. Les Libertés, Immunités & Exemptions de l'Eglise Patriarchale & Métropolitaine de Bourges, [avec les Arrêts & Réglemens obtenus par les Doyen, Chanoines & Chapitre de ladite Eglise, ès années 1542 & 1618, & Statuts d'icelle Eglise ; ensemble les Réglemens concernant les droits de Sceau & Collations des Archevêques & Evêques] : *Bourges*, 1618, *in-8*, [*Paris*, Jacquin, 1618, *in-8*.]

8360. ☞ Mémoire pour M. l'Archevêque de Bourges, contre M. l'Archevêque d'Alby : *in-fol*.]

8361. Arrêt de la Cour sur le fait de l'Exemption du Chapitre de l'Eglise de Bourges, de la Jurisdiction de l'Archevêque, en 1542.

Cet Arrêt est imprimé au chap. XXXVIIIe des *Preuves des Libertés de l'Église Gallicane*, pag. 1470 : *Paris*, 1651, *in-fol*.

8362. ☞ Lettre de M. l'Abbé LEBEUF, au sujet de quelques anciens Evêques de Bourges : *Journal de Verdun*, 1756, *Février*, pag. 122.]

8363. Vita sancti Ursini, sive Ursicini.

Cette Vie est imprimée dans Labbe, au tom. II. de sa *Nouvelle Bibliothèque des Manuscrits*, pag. 455 : *Parisiis*, 1656, *in-fol*. Ce Saint a vécu dans le IIe siècle. Sa vie a été composée par un inconnu, qui n'est pas ancien, & qui n'a aucune autorité, n'ayant travaillé que sur des Traditions populaires.

8364. Vie de S. Ursin ; par Adrien BAILLET.

Cette Vie est imprimée dans son *Recueil des Vies des Saints*, au 29 de Décembre.

8365. Vita sancti Genulphi ; auctore vetusto.

Cette Vie est imprimée au tom. II. de la *Bibliothèque de Fleury*, pag. 1 : *Lugduni*, 1605, *in-8*. & dans le *Recueil* de Bollandus, au 16 de Janvier. Ce Saint a vécu dans le IIIe siècle.

8366. Alia Vita ; auctore anonymo.

Cette Vie est imprimée dans le *Recueil* de Bollandus, au même jour.

8367. De sanctis Paladio & Palladio II. Notæ historicæ Godefridi HENSCHENII, è Societate Jesu.

Ces Saints ont vécu dans le IVe siècle. Ces Notes historiques sont dans le même *Recueil*, au 16e jour de Mai.

8368. De sancto Simplicio Commentarius historicus.

Ce Saint est mort vers l'an 480. Ces Mémoires sont dans le même *Recueil*, au premier de Mars.

8369. Elogium historicum seu Vita sancti Desiderati ; auctore Abbate Boviensi.

Cet Eloge est imprimé dans Labbe, au tom. II. de sa *Nouvelle Bibliothèque des Manuscrits*, pag. 303, & dans le *Recueil* de Bollandus, au 8 de Mai. Saint Désiré est mort en 550. L'Histoire de sa Vie n'est qu'une copie de celle de saint Oüen, comme on peut le reconnoître en les confrontant l'une & l'autre dans le premier volume des *Annales des Eglises de France* du Père le Cointe, sur l'année 549, *num*. 70 ; ce qu'il y a de différent, n'a nulle autorité. Son Auteur paroît assez moderne.

8370. Vie de S. Désiré ; par Adrien BAILLET.

Cette Vie est imprimée dans son *Recueil des Vies des Saints*, au 8 de Mai.

8371. Res gestæ & Miracula sancti Austregisili, Libri tres ; auctoribus antiquis seu anonymis.

Ces Gestes sont imprimés dans Labbe, au tom. II. de sa *Nouvelle Bibliothèque des Manuscrits*, pag. 350. Les mêmes premier & second Livres sont imprimés au tom. II. des *Actes des Saints de l'Ordre de saint Benoît*, p. 95. Ces trois Livres sont de différens Auteurs, de différens temps & de différens mérites : les deux derniers ne sont que des Relations de miracles incertains. Le premier, qui contient la Vie du Saint, est d'un Auteur contemporain au Saint, ou peu éloigné de son temps. Ce Saint est mort en 629.

8372. Eædem, cum Commentario Godefridi HENSCHENII, è Societate Jesu.

Dans le *Recueil* de Bollandus, au 20 de Mai.

8373. Vie de saint Austregisil, ou Oustril ; par Adrien BAILLET.

Cette Vie est imprimée dans son *Recueil des Vies des Saints*, au 20 de Mai.

8374. ☞ Vie de saint Sulpice-Sévere ; par Adrien BAILLET.

Dans son *Recueil des Vies des Saints*, au 29 de Janvier. Ce Saint est différent du suivant, que l'on a surnommé *Pius* ou le *Débonnaire*, & qui a été sur le même Siège 50 ans après.]

8375. Vita sancti Sulpicii; auctore anonymo Sulpiciano, ferè coævo.

Cette Vie de saint Sulpice est imprimée dans le *Recueil* de Bollandus, au 17 de Janvier, & au tom II. des *Actes des Saints de l'Ordre de saint Benoît, pag.* 167. Cet anonyme se nommoit Jean FERNAND, Moine de Chezal-Benoît.

8376. Alia Vita brevior; auctore coætaneo anonymo.

Cette Vie est imprimée dans le *Recueil* de Bollandus, au même jour. Ces deux Vies sont censées originales, composées par des Auteurs contemporains, quoique plus jeunes. Ils exagèrent un peu. La plus ample & la plus élégante, est celle de Jean Fernand. Ce Saint est mort en 644.

8377. Vie de S. Sulpice; par Adrien BAILLET.

Cette Vie est imprimée dans son *Recueil des Vies des Saints*, au 17 de Janvier.

8378. Ejusdem Miracula.

8379. Elogium historicum ejusdem.

Ses Miracles & son Eloge sont imprimés dans Labbe, au tom. II. de sa *Nouvelle Bibliothèque des Manuscrits, pag.* 451.

8380. ☞ Histoire de saint Sulpice le Pieux; par D. Antoine RIVET, Bénédictin.

Dans l'*Hist. Littér. de la France, tom. III. pag.* 559.]

8381. De sancto Aygulpho, seu Aïulfo, Commentarius historicus Godefridi HENSCHENII, è Societate Jesu.

Ces Mémoires sont imprimés dans le *Recueil* de Bollandus, au 22 de Mai.

8382. Vie de saint Aygulfe, ou Ayou; par Adrien BAILLET.

Cette Vie est imprimée dans son *Recueil des Vies des Saints*, au même jour. [Saint Aygulfe vivoit vers l'an 835.]

8383. ☞ De sancto Arcadio; Sylloge Joan. Bapt. SOLLERII, è Societate Jesu.

Dans le *Recueil* de Bollandus, au 1 d'Août.]

8384. Elogium sancti Rodulphi; auctore Joanne MABILLON, Benedictino, Congregationis sancti Mauri.

Cet Eloge est imprimé au tom. II. des *Actes des Saints de l'Ordre de saint Benoît, pag.* 156, & dans le *Recueil* de Bollandus, au 21 de Juin. Ce Saint est mort en 866.

8385. De eodem Sylloge historica Godefridi HENSCHENII, è Societate Jesu.

Dans le *Recueil* de Bollandus, au même jour.

8386. ☞ Histoire de la Vie & des Ecrits de saint Raoul; par D. Antoine RIVET, Bénédictin.

Dans l'*Hist. Littér. de la France, tom. V. pag.* 321.]

8387. ☞ Histoire de Vulfade; par le même.

Dans le même volume, *pag.* 477. Cet Archevêque est mort en 876.]

8388. ☞ Histoire de la Vie & des Ecrits de Gauzlin; par le même.

Dans l'*Hist. Littér. de la France, tome VII. pag.* 279. Cet Archevêque est mort en 1029.]

8389. ☞ Histoire de Léger.

Dans la *Continuation de l'Histoire Littéraire de la France*, ou *tom. X. pag.* 280. Cet Archevêque est mort en l'année 1110.]

8390. ☞ Histoire d'Alberic de Reims.

Dans le même Ouvrage, *tom. XII. pag.* 72. Cet Archevêque est mort en 1141.]

8391. Vita sancti Guillelmi, Eremitæ; auctore coætaneo anonymo.

8392. Alia vita; auctore anonymo coætaneo.

8393. Ejusdem Vitæ compendium; auctore anonymo coætaneo.

Ces trois Vies sont imprimées dans le *Recueil* de Bollandus, au 10 de Janvier. Ce Saint est mort en 1109.

8394. Vita & Miracula ejusdem; auctore Canonico Bituricensi.

8395. Vitæ & rerum gestarum summa Capita.

Ces deux dernières Vies sont imprimées dans Labbe, au tom. II. de sa *Nouvelle Bibliothèque des Manuscrits, pag.* 97.

8396. ☞ Vita sancti Guillelmi, Abbatis Caroli loci, posteà Archiepiscopi, Primatis & Patriarchæ Bituricensis.

Cet Ouvrage est de Pierre VIREY, Abbé de Charlieu. *Voyez* Jacob, *de Script. Cabillon. pag.* 13.]

8397. Vie de saint Guillaume; par François GIRY.

Cette Vie est imprimée dans son *Recueil des Vies des Saints*, au 10 de Janvier.

8398. Vie du même; par Adrien BAILLET.

Cette Vie est imprimée dans son *Recueil des Vies des Saints*, au même jour.

8399. Vita Philippi Bituricensis; auctore Monacho Sulpiciano.

Cette Vie est imprimée dans Labbe, au tom. II. de sa *Nouvelle Bibliothèque des Manuscrits, pag.* 110; & dans Martenne, au tom. III. de son *Trésor des Pièces anecdotes, pag.* 1927. Cet Evêque est mort en 1260.

8400. Vie du même; par François GIRY.

Cette Vie est imprimée dans son *Recueil des Vies des Saints*, au 9 de Janvier.

8401. Vie du même; par Adrien BAILLET.

Cette Vie est imprimée dans son *Recueil des Vies des Saints*, au même jour.

8402. Vita beati Rogerii; auctore Monacho Bituricensi.

Cette Vie est imprimée dans le *Recueil* de Bollandus, au premier de Mars. Ce Saint est mort en 1368.

8403. ☞ Stephani CLAVERII Panegyricus in adventum Andreæ Fremiotti, Archiepiscopi Bituricensis: *Biturigibus*, 1604, *in*-4.]

8404. Discours d'honneur à la mémoire de Messire André Fremyot, Archevêque de Bourges, Abbé de saint Etienne; par François-Jean NARDOT, Prêtre: *Dijon*, Pierre Palliot, 1641, *in*-4.

Cet Orateur est mort Curé de saint Pierre de Dijon, en 1682.]

8405. * Discours funèbre prononcé en l'Eglise de saint Etienne de Dijon, sur le cœur de M. André Fremyot; par R. D.C. *Dijon*, Palliot, *in*-4.

8406. ☞ Extrait d'une Lettre écrite de Provins le 30 Août 1728, par M. Rivot, Médecin, sur le tombeau du Cardinal de Beaulieu, Archevêque de Bourges : *Mercure, 1728, Novembre*, 1ᵉʳ vol.]

Histoires de l'Evêché de Clermont.

8407. ☞ Series & Historia Episcoporum Claromontensium.

Dans le *Gallia Christiana* des Bénédictins, *tom. II. pag.* 225-304, & les *Preuves, pag.* 74.]

8408. Catalogue des Evêques de Clermont; par Jean Savaron, Lieutenant-Général de Clermont.

Ce Catalogue est imprimé dans ses *Antiquités de Clermont : Clermont*, 1607, *in-*8. Cet Auteur est mort en 1622.

8409. Gesta & Passio sancti Austremonii, solutâ & strictâ oratione descripta.

Ces Gestes sont imprimés dans Labbe, au tom. II. de sa *Bibliothèque des Manuscrits, pag.* 482. Au jugement du Pere Labbe, ce n'est qu'un tissu de fables. Ce Saint a vécu dans le IIIᵉ siècle.

8410. Vie de saint Austremoine.

Cette Vie est imprimée avec le Livre de l'*Origine des Eglises de France : Paris*, 1688, *in-*8. dont l'Auteur est Jean de Fraisse, Chanoine de Clermont.

8411. Vie du même; par Adrien Baillet.

Cette Vie est imprimée dans son *Recueil des Vies des Saints*, au premier de Novembre.

8412. Vita sancti Illidii; auctore Gregorio, Turonensi Episcopo, cum Commentario prævio Godefridi Henschenii.

8413. Alia Vita.

Ces deux Vies sont imprimées dans le *Recueil* de Bollandus, au 5 de Juin. La première a été composée sur les Mémoires d'un de ses Disciples. Ce Saint est mort en 385.

8414. ☞ Mſ. Dissertation sur le temps où a écrit Vinnebrand, Auteur de la Vie de saint Allire, Evêque de Clermont; par Dom Deschamps, de la Société Littéraire de Clermont.

Cette Dissertation est dans les Registres de cette Société. La Vie de saint Allire donnée par cet Auteur, est en manuscrit aux Archives de l'Abbaye de saint Allire de Clermont. Ce Manuscrit est cité par M. Savaron; & presque tous les Historiens ont traité de l'Auvergne, Dom Mabillon, les Auteurs du *Gallia Christiana*, s'autorisent de son témoignage : mais on n'a point encore donné d'époque sûre à ce Manuscrit. On a dit qu'il est de Vinnebrand, Moine de saint Allire, *cujus ætas ignoratur.* . . . . . L'Auteur de la Dissertation rapporte ce Manuscrit & le temps où a vécu son Auteur, à la fin du VIIIᵉ siècle, ou au commencement du IXᵉ; il donne en même temps un extrait de ce Manuscrit.]

8415. Vie de saint Allire; par François Giry.

Cette Vie est imprimée dans son *Recueil des Vies des Saints*, au 5 de Juin.

8416. Vie du même; par Adrien Baillet.

Cette Vie est imprimée dans son *Recueil des Vies des Saints*, au même jour.

8417. Vie du même; par Sébastien le Nain de Tillemont.

Cette Vie est imprimée au tom. VII. de ses *Mémoires pour l'Histoire de l'Eglise, pag.* 424.

8418. ☞ Vita sancti Aviti; & Commentarius Guillelmi Cuperi, è Societate Jesu.

Dans le *Recueil* de Bollandus, au 21 Août.]

8419. De sancto Venerando.

Ceci est imprimé dans le *Recueil* de Bollandus, au 28 de Janvier. Ce Saint est mort en 423.

8420. Vie de saint Vénérand; par Adrien Baillet.

Cette Vie est imprimée dans son *Recueil des Vies des Saints*, au 14 de Décembre.

8421. ☞ De sancto Justo, Notæ Joannis Pinii, è Societate Jesu.

Dans le *Recueil* de Bollandus, au 2 de Septembre.]

8422. De sancto Urbico.

Ceci est imprimé dans le *Recueil* de Bollandus, au 3 d'Avril. Ce Saint est mort dans le IV ou Vᵉ siècle.

8423. Vie de S. Urbice; par Adrien Baillet.

Cette Vie est dans son *Recueil des Vies des Saints*, au même jour.

8424. ☞ Vita sancti Rustici; & Commentarius Joannis Perieri, è Societate Jesu.

Dans le *Recueil* de Bollandus, au 24 de Septembre.]

8425. Vie de S. Rustic; par Adrien Baillet.

Cette Vie est dans ses *Vies des Saints*, au 24 de Septembre. Ce Saint a vécu dans le Vᵉ siècle.

8426. Vie de saint Eparce & de saint Namase; par Sébastien le Nain de Tillemont.

Cette Vie est imprimée au tom. XV. de ses *Mémoires pour l'Histoire de l'Eglise, pag.* 409. Saint Eparce est mort en 472.

8427. Vita sancti Sidonii Apollinaris; auctore Joanne Savaron.

Cette Vie est imprimée au-devant des Œuvres de ce Saint : *Parisiis*, 1598, *in-*8. & ce Saint est mort en 482.

8428. Ejusdem Vitæ Compendium; auctore Jacobo Sirmondo, è Societate Jesu.

Cet Abrégé est imprimé au-devant des Œuvres de ce Saint : *Parisiis*, 1614, *in-*8. *Ibid.* 1652, *in-*4. & au tom. I. des Œuvres du P. Sirmond, *pag.* 818: *Parisiis*, 1696, *in-fol.* La Vie de ce Saint a été écrite avec beaucoup de travail par le Président Savaron, puis abrégée par le P. Sirmond, qui en a rectifié quelques endroits.

8429. ☞ Vita sancti Sidonii Apollinaris; & Commentarius Guillelmi Cuperi, è Societate Jesu.

Dans le *Recueil* de Bollandus, au 23 Août.]

8430. Vie de saint Sidoine Apollinaire; par François Giry.

Cette Vie est imprimée dans son *Recueil des Vies des Saints*, au même jour.

8431. Vie du même ; par Adrien Baillet.

Cette Vie est imprimée dans son *Recueil des Vies des Saints*, au même jour.

8432. Vie du même; par Sébastien le Nain de Tillemont.

Cette Vie est imprimée au tom. XVI. de ses *Mémoires pour l'Histoire de l'Eglise, pag.* 195.

8433. ☞ Histoire de la Vie & des Ouvrages de saint Apollinaire Sidoine ; par D. Antoine Rivet, Bénédictin.

Dans l'*Hist. Littér. de la France, tom. II. pag.* 550.]

8434. ☞ Remarques sur Apollinaire Sidoine.

Dans le *Dictionn.* de Jacq. Georges de Chauffepié.]

8435. ☞ Mf. Mémoire sur la Vie de Sidoine Apollinaire, Evêque de Clermont ; par M. Dufraisse de Vernines, de la Société Littéraire de Clermont-Ferrand.

Il est dans les Registres de cette Société. L'Auteur fixe le temps de la naissance de Sidoine Apollinaire à l'an 431 ou 432. Il rapporte les discussions de Savaron & du Père Sirmond, sur le lieu de sa naissance, & laisse à juger aux Critiques, paroissant néanmoins se déterminer en faveur de Clermont.]

8436. De sancto Aprunculo, Notæ Godefridi Henschenii, è Societate Jesu.

Ces Notes sont imprimées dans le *Recueil* de Bollandus, au 14 de Mai. Ce Saint a vécu vers l'an 488.

8437. Vie de saint Euphraise ; par Adrien Baillet.

Cette Vie est imprimée dans son *Recueil des Vies des Saints*, au 15 de Mai. Ce Saint est mort en 515.

8438. Vie de saint Quentin ; par le même.

Cette Vie est dans le même *Recueil*, au 15 de Juin. Ce Saint est mort en 527.

8439. Vita sancti Galli ; auctore Gregorio, Turonensi Episcopo, ejus nepote.

Cette Vie est imprimée dans le *Recueil* de Surius, au premier de Juillet, & au tom. I. des *Actes des Saints de l'Ordre de saint Benoît*, pag. 16. Ce Saint est mort vers l'an 554.

Eadem : *Francofurti, 1623, in-8.*

☞ Eadem, cum Commentario Johan. Bapt. Sollerii, è Societate Jesu.

Dans le *Recueil* de Bollandus, au premier de Juillet.]

8440. Vie de saint Gal ; par Adrien Baillet.

Cette Vie est imprimée dans son *Recueil des Vies des Saints*, au même jour.

8441. Vita sancti Genesii, cum Commentario prævio Godefridi Henschenii.

Cette Vie est imprimée dans le *Recueil* de Bollandus, au 3 de Juin. C'est plutôt un Eloge qu'une Histoire. Lorsque l'Auteur veut y particulariser quelques faits par des circonstances, il se rend suspect de faussetés. Ce Saint est mort l'an 662.

8442. Vie de S. Genest ; par François Giry.

Cette Vie est imprimée dans son *Recueil des Vies des Saints*, au même jour.

8443. Vie du même ; par Adrien Baillet.

Cette Vie est imprimée dans son *Recueil des Vies des Saints*, au même jour.

8444. Vita sancti Præjecti, Martyris ; auctore anonymo synchrono.

Cette Vie est imprimée dans le *Recueil* de Bollandus, au 15 de Janvier, & au tom. II. des *Actes des Saints de l'Ordre de saint Benoît*, pag. 640.

8445. Alia Vita ; auctore alio synchrono.

Cette Vie est imprimée au tom. II. des *Actes des Saints de l'Ordre de S. Benoît, p.* 645. Ces deux Vies sont anciennes ; mais ou elles sont glosées par des Ecrivains postérieurs, ou leurs Auteurs, qui semblent avoir vécu dans le même siècle que ce Saint & dans le suivant, n'ont pas été exacts & scrupuleux par-tout. L'Auteur de la première ne mérite aucune créance dans le mal qu'il dit contre des gens à qui il en veut. La seconde est préférable à la première ; mais l'une & l'autre ne suffit pas pour sçavoir bien la Vie de ce Saint, qui est mort en 674.

8446. Vie de S. Prix ; par Adrien Baillet.

Cette Vie est imprimée dans son *Recueil des Vies des Saints*, au 15 de Janvier.

8447. ☞ Histoire de saint Préject ; par D. Antoine Rivet, Bénédictin.

Dans l'*Hist. Littér. de la France, tom. III. pag.* 615.]

8448. De sancto Avito II.

Cette Vie est imprimée dans le *Recueil* de Bollandus, au 21 de Janvier. Ce Saint a fleuri l'an 688.

8449. Vita sancti Boniti seu Bonifacii ; auctore Monacho Summonensi in Alvernia coætaneo.

Cette Vie est imprimée dans le *Recueil* de Bollandus, au 15 de Janvier, & au tom. III. des *Actes des Saints de l'Ordre de S. Benoît*, pag. 89. Elle est corrompue par des additions. Ce Saint est mort vers l'an 710.

8450. Vie de saint Bont, ou Bonet ; par Adrien Baillet.

Cette Vie est imprimée dans son *Recueil des Vies des Saints*, au 15 de Janvier.

8451. ☞ Histoire de saint Bonet ; par Dom Antoine Rivet, Bénédictin.

Dans l'*Histoire Littéraire de la France, tom. IV.* pag. 42. Ce Saint est mort vers l'an 709.]

8452. ☞ Histoire de la Vie & des Ouvrages de Bernowin ; par D. Antoine Rivet, Bénédictin.

Dans le même Ouvrage, tom. IV. pag. 481. Cet Evêque paroît être mort vers l'an 825.]

8453. ☞ Histoire de Durand ; par le même.

Dans le même Ouvrage, *tom. VIII. pag.* 424. *Voyez* aussi l'*Addition* de l'*Avertissement*, pag. XVII. Cet Evêque est mort en 1095.]

8454. ☞ Lettre de M. ** au sujet de Gui de la Tour, Evêque de Clermont sous le règne de S. Louis : *Mercure, 1743, Août, pag.* 1699-1706.

Cet Evêque étoit Dominicain : il mourut en 1285, à Ouzoir, Diocèse d'Auxerre.

Voyez son Eloge dans l'Ouvrage du Père Touron, des *Illustres de l'Ordre de saint Dominique.*]

8455. Eloge de Guillaume du Prat ; par Hilarion de Coste, de l'Ordre des Minimes.

Cet Eloge est imprimé dans son *Recueil des Eloges des Hommes illustres*, pag. 306 : Paris, 1625, *in-fol.*

8456. ☞ Vie de Jean-Baptiste Massillon, Evêque de Clermont, auparavant Prêtre de l'Oratoire, mort en 1742.

Elle se trouve p. 377 & *suiv.* des *Mémoires* de Joseph Bougerel, Prêtre de l'Oratoire, sur les *Hommes illustres de Provence : Paris,* 1752, *in-12.*]

Tome I. Cccc

Histoires de l'Évêché de Limoges.

8457. ☞ Series & Historia Episcoporum Lemovicensium.

Dans le *Gallia Christiana* des Bénédictins, tom. II. pag. 499-544, & les *Preuves*, pag. 162.]

8458. Mf. Lemovicenses Episcopi usque ad annum 1118, ex Manuscripto codice Monasterii Grandimontensis: *in-fol.*

Ce Catalogue [étoit] conservé entre les Manuscrits de du Chesne, dans la Bibliothèque de M. Colbert.

8459. Mf. Gesta Lemovicensium Episcoporum usque ad annum 1138; auctore incerto.

Cette Histoire [étoit] conservée entre les mêmes Manuscrits.

8460. Nomina & Gesta Lemovicensium Episcoporum, à beato Martiali usque ad annum 1273; [per Bernardum GUIDONIS, Episcopum Lodovensem.]

Cette Histoire est imprimée dans Labbe, au tom. II. de sa *Nouvelle Bibliothèque des Manuscrits*, pag. 265: *Parisiis*, 1656, *in-fol.*

8461. Mf. Nomina Episcoporum Lemovicensium, à Protopræsule & Primate Aquitaniæ beatissimo Martiale usque ad annum 1319; auctore Bernardo GUIDONIS, ex Ordine Prædicatorum, Episcopo Lodovensi: *in-fol.*

Cette Histoire [étoit] conservée entre les Manuscrits du Chesne, dans la Bibliothèque de M. Colbert.

8462. Vita sancti Martialis; ab AURELIANO, ejus Discipulo descripta: *Parisiis*, 1522, *in-8.*

Cette Vie est aussi imprimée avec l'Histoire [fabuleuse] des Apôtres, par Abdias de Babylone: *Basileæ*, 1552, *in-fol.*[*Parisiis*, 1571, *in-8.*] Elle passe pour une fiction mal tissue, & le fruit de quelque imposteur du X ou XIe siècle. Ce Saint a vécu dans le troisième.

☞ *Voyez* dans l'*Hist. Littéraire de la France*, par D. Antoine Rivet, Bénédictin, des Observations sur ces faux Actes de saint Martial, tom. VI. pag. 415 & *suiv.* Ces Actes n'ont commencé à être connus qu'au Xe ou XIe siècle.]

8463. ☞ Mf. Codex PETRI SCHOLASTICI de Apostolo Christi Martiale.

C'est un Poëme en neuf Livres, qui est dans le Cabinet de M. de l'Epine, à Limoges. L'Auteur parle comme témoin du Miracle des Ardens. Dom Rivet, dans son *Hist. Littér. de la France*, l'a reculé d'un siècle.]

8464. Analecta de Ecclesiis & Reliquiis, & Cultu sancti Martialis.

Ceci est imprimé dans le *Recueil* de Bollandus, au 30 de Juin.

8465. Vita di san Martiale; da Gregorio LOMBARDELLI: *in Firenze*, 1595, *in-4.*

━━ La Vie de S. Martial, ou Défense de son Apostolat; par BONAVENTURE de Saint-Amable.

Voyez ci-devant N.° 4063.

8466. Vie du même; par François GIRY.

Cette Vie est imprimée dans son *Recueil des Vies des Saints*, au 30 Juin.

8467. Vie du même; par Adrien BAILLET.

Cette Vie est imprimée dans son *Recueil des Vies des Saints*, au même jour.

8468. ☞ Histoire du martyre de saint Martial, dont le chef est dans l'Eglise de Stains, Diocèse de Paris, avec une Instruction Chrétienne sur les Reliques des Saints; par M. CORNET-LAIL, alors Seigneur de Saint-Denys: *Paris*, Martin, 1723, *in-18.*]

8469. De sancto Aureliano, sancti Martialis Discipulo, & in ejus Episcopatu Successore, Notæ historicæ Godefridi HENSCHENII, è Societate Jesu.

Ces Notes sont imprimées dans le *Recueil* de Bollandus, au 7 d'Avril.

8470. ☞ Histoire de la Vie & des Ecrits de saint Rutice; par D. Antoine RIVET, Bénédictin.

Dans l'*Hist. Littér. de la France*, tom. III. pag. 49. Ce Saint est mort vers l'an 507.]

8471. ☞ Dissertation historique (de Dom LIRON) sur la conduite de Ruricius, Evêque de Limoges, qui refusa d'envoyer (en 506) au Concile d'Agde.

Elle se trouve tom. II. des *Singularités historiques, &c. Paris*, 1738, *in-12.* pag. 1-14.]

8472. Vita sancti Sacerdotis, scripta linguâ Lemosinâ paulo post Sancti obitum, & in Latinum sermonem translata, abbreviata & correcta ab HUGONE Floriacensi, circa annum 1130.

Cette Vie est imprimée dans Labbe, au tom. II. de sa *Nouvelle Bibliothèque des Manuscrits*, pag. 661. [Hugues en changea le style, qui étoit fort barbare.] & cela rend cette Vie suspecte. Saint Sacerdos est mort vers l'an 530.

Eadem, cum Commentario prævio Godefridi HENSCHENII, è Societate Jesu.

Dans le *Recueil* de Bollandus, au 6 de Mai.

8473. Vita ejusdem; auctore Bernardo GUIDONIS. Adjecta est Disquisitio seculi, quo vixit sanctus Sacerdos; auctore Stephano BALUZIO, Tutelensi: *Tutelæ Lemovicum*, 1655, *in-8.*

8474. Vie de saint Sadroc, ou Sardot; par Adrien BAILLET.

Cette Vie est imprimée dans son *Recueil des Vies des Saints*, au 5 de Mai.

8475. Vita sancti Ferreoli.

Cette Vie est imprimée dans Labbe, au tom. II. de sa *Nouvelle Bibliothèque des Manuscrits*, pag. 525. Ce Saint est mort en 585.

8476. ☞ Sancti Ferreoli Vita, auctore anonymo; & Commentarius Joannis STILTINGI, è Societate Jesu.

Dans le *Recueil* de Bollandus, au 18 de Septembre.]

8477. Vie du même; par Adrien BAILLET.

Cette Vie est imprimée dans son *Recueil des Vies des Saints*, au 18 de Septembre.

8478. De sancto Lupo, Sylloge historica

Godefridi HENSCHENII, è Societate Jesu.
Cette Collection est imprimée dans le *Recueil* de Bollandus, au 22 de Mai. Ce Saint est mort après l'année 637.

8479. ☞ Histoire de la Vie & des Ecrits de Jourdain ; par D. Antoine RIVET, Bénédictin.
Dans l'*Hist. Littér. de la France*, tom. *VII*. pag. 451. Cet Evêque est mort en 1052.]

8480. ☞ Oraison funèbre de François de la Fayette ; par Jean PERIERE, Chanoine de S. Martial : *Limoges*, 1676, *in-4*.
L'Auteur est mort en 1684.]

8481. ☞ Oraison funèbre de Louis de Lascaris d'Urfé, Evêque de Limoges ; par François-Rigald-César DU PUY de Saint-Pardoux, Archiprêtre de Saint-Exuperi. : *Tulles*, 1695, *in-4*.
M. de Lascaris est mort en 1695, & l'Auteur en 1705.]

8482. ☞ Oraison funèbre du même ; par l'Abbé du Carrier (Joseph COGNIESSE, Ex-Jésuite en 1729) : *Limoges*, 1695, *in-4*.]

8483. ☞ Portrait de feu Louis de Lascaris d'Urfé ; par le même : *Poitiers*, 1698, *in-12*.]

Histoires de l'Evêché du Puy-en-Velay.

8484. ☞ Series & Historia Episcoporum Aniciensium.
Dans le *Gallia Christiana* des Bénédictins, tom. *II.* pag. 688-740, & les *Preuves*, à la fin, pag. 222.]

8485. Discours historique de la très-ancienne Dévotion de Notre-Dame du Puy en Velay, & plusieurs belles Remarques concernant particulièrement les Evêques de Velay, & autres choses, tant Ecclésiastiques que Séculières ; par Odo DE GISSEY, Jésuite : *Lyon*, Muguet, 1620 : *au Puy*, Varoles, 1644, *in-8*.
Cet Auteur, qui est mort en 1643, traite particulièrement de l'Eglise & des Reliques de Notre-Dame du Puy, comme des miracles qui y ont été opérés. Il y dit aussi quelque chose de l'Histoire de la Ville du Puy & du Pays de Velay, dont elle est la Capitale.

8486. Histoire de l'Eglise Angelique de Notre-Dame du Pui : *Tolose*, 1677 : *au Puy*, de la Garde, 1693, *in-8*.
On dit que Frère THÉODORE, Ermite, Prêtre de l'Institut de saint Jean-Baptiste, étoit de la Maison de Bochard : il est l'Auteur de cette Histoire, dans laquelle il traite de celle des Evêques du Puy.
☞ Elle est assez mal écrite, & fort peu exacte.]

8487. De Translatione Sedis & Dedicatione Ecclesiæ & Altaris beatæ Mariæ de Podio Aniciensi.
Ce Discours est imprimé dans du Bosquet, II.e partie de son *Histoire des Eglises, p*. 109 : *Pariſiis*, 1636, *in-4*.

8488. ☞ De l'Epoque de la Translation du Siège Episcopal de Velay dans la Ville du Puy.
C'est le sujet de la *Note* LXXX. du tom. I. de l'*Hist. générale du Languedoc*, par DD. DE VIC & VAISSETE.]

8489. ☞ Lettre écrite à M. l'Abbé Lebeuf, au sujet d'une Coutume de l'Eglise du Puy-
Tome I.

en-Velay. *Mercure*, 1736, *Décembre*, tom. *I.* pag. 2611-2616.]

8490. Vita sancti Gregorii.
Cette Vie est imprimée dans le volume précédent de du Bosquet, *pag*. 130.

8491. De sancto Marcellino, Commentarius historicus Godefridi HENSCHENII, è Societate Jesu.
Ces Mémoires sont imprimés dans le *Recueil* de Bollandus, au 7 de Mai.

8492. De sancto Pauliniano, Commentarius historicus Joannis BOLLANDI, è Societate Jesu.
Ces Mémoires sont imprimés dans le *Recueil* précédent, au 24 de Février.

8493. De sanctis martyribus Agripano & Urficino Podii, Vita duplex.
Ces Saints ont vécu en 655 ; leurs Actes sont imprimés dans le *Recueil* précédent, au premier de Février.

8494. Vita Guidonis II. Monasterii sancti Petri Aniciensis Fundatoris.
Cet Evêque est mort en 996. Sa Vie est imprimée au tom. VII. des *Actes des Saints de l'Ordre de S. Benoît*, pag. 835.

8495. ☞ Histoire de la Vie & des Ecrits de Gui II. & d'Etienne son successeur ; par D. Antoine RIVET, Bénédictin.
Dans l'*Histoire Littéraire de la France*, tom. *VI.* pag. 507 & 511.]

8496. ☞ Histoire d'Adhemar ; par le même.
Dans le tom. VIII. du même Ouvrage, *p*. 468. Cet Evêque mourut à Antioche en 1098, lors de la première Croisade.]

8497. ☞ Observations sur quelques Evêques du Puy.
C'est le sujet de la *Note* XXVIII. du tom. II. de l'*Histoire générale du Languedoc*, par DD. DE VIC & VAISSETE.]

Histoires de l'Evêché de Tulles.

8498. ☞ Series & Historia Episcoporum Tutelensium.
Dans le *Gallia Christiana* des Bénédictins, tom. *II.* pag. 667-678, & les *Preuves*, pag. 203.]

8499. ☞ Historia Ecclesiæ Tutelensis ; auctore Stephano BALUZIO, Tutelensi : *Parisiis*, ex Typographia Regia, 1717, *in-4*.
Il y a un grand nombre de Pièces après cette Histoire.
☞ Voyez le Journ. des Sçav. 1718, Janv. Mém. de Trévoux 1715, Mai. = Le P. Niceron, tom. *I.* p. 201. = *Nouvelles Littér.* tom. *VII*. pag. 54. = *Biblioth. de Clément*, tom. *II.* p. 388.

8500. ☞ Institutio Tutelensis Ecclesiæ ; auctore Bertrando DE LA TOUR, ejusdem Ecclesiæ Decano, &c. *Tolose*, 1636, *in-8*.
L'Auteur est mort en 1646.]

8501. ☞ Oraison funèbre de Charles du Plessis d'Argentré ; par le P. Joseph GENTRAC, Jésuite : *Tulles*, Daluy : *Bordeaux*, de la Court, 1740, *in-4*.]

8502. ☞ Mémoire sur la Vie & les Ouvrages de Messire Charles du Plessis d'Argentré, Evêque de Tulles; par M. l'Abbé DU MABARET, Curé de S. Michel de la Ville de S. Léonard. *Mém. de Trevoux*, 1743, *Février, p.* 223.]

8503. ☞ Oraison funèbre de M. de Beaumont d'Autichamp, Evêque de Tulles; par M. l'Abbé MELON DE PRADOU : 1762, *in-*4.]

Histoires de l'Evêché de Saint-Flour.

8504. ☞ Series & Historia Episcoporum sancti Flori.

Dans le *Gallia Christiana* des Bénédictins, *tom. II. pag.* 422-435, & les *Preuves, pag.* 127.]

8505. Ms. Historia Fundationis sancti Flori, ejusque Subjectionis Monasterio Cluniacensi : scripta ab anonymo Monacho, seculo IX. *in-fol.*

Cette Histoire de l'Abbaye de Saint-Flour, qui est devenue depuis un Siège Episcopal, est conservée dans les Archives de cette Eglise.

8506. ☞ Lettre sur quelques Antiquités Ecclésiastiques du Diocèse de Saint-Flour. *Mercure*, 1742, *Avril, pag.* 701-706.]

8507. ☞ Remarques historiques & critiques sur le Propre du Diocèse de S. Flour, à M. B. C. de Saint-Flour, le 15 Décembre 1727.

Voyez les *Mémoires de Littérature* du P. des Molets, *tom. VI.*]

8508. ☞ Seconde Lettre à M. B. Chanoine de Saint-Flour, contenant les Remarques critiques & historiques sur le même Propre.

Dans les *Mémoires de Littérature, tom. VIII.*]

8509. ☞ Troisième Lettre sur le même sujet.

Dans le tom. XI. des *Mémoires de Littérature* du Père des Molets.]

§. X.

Histoires de la Métropole de Cambray & de ses Suffragans.

8510. HISTOIRE Ecclésiastique des Pays-Bas, contenant l'ordre & la suite des Evêques & Archevêques de chaque Diocèse, avec un Recueil de leurs faits les plus illustres. Ensemble un Catalogue des Saints qui y sont spécialement honorés, les Fondations des Eglises, Monastères, Collèges & autres Lieux, &c. Plus, la succession des Comtes d'Artois, & les choses mémorables arrivées de leur temps; par Guillaume GAZET, Pasteur de sainte Marie-Madeleine d'Arras : *Arras*, de la Rivière, 1614, *in-*4.

Cet Auteur est mort en 1602.

— Notitia Ecclesiarum Belgii ; auctore Auberto MIRÆO.

Voyez ci-devant, l'*Hist. Ecclésiastique de Flandres.*

8511. * L'ordre & suite des Evêques des Pays-Bas; par Guillaume GAZET.

Cette suite est imprimée dans son Ouvrage intitulé : *Tableaux sacrés de la Gaule Belgique* : *Arras*, la Rivière, 1610, *in-*8.

☞ On en trouve encore une autre dans son *Histoire Ecclésiastique des Pays-Bas* : *Arras*, 1614, *in-*4.]

8512. Belgica Christiana, sive Synopsis successionum Episcoporum Belgicæ Provinciæ; auctore Arnoldo RAISSIO, Duacensi, divi Petri Canonico : *Duaci*, 1634, *in-*4.

Cet Auteur fleurissoit cette année là.

8513. Arnoldi HAVENSII, Sylvæducensis, Societatis Jesu, Commentarius de Erectione novorum in Belgio Episcopatuum. Accessit Vita Guillelmi Lindani & Henrici Cuykii Episcoporum Ruræmondensium : *Coloniæ*, 1609, *in-*4.

Arnold Havens est mort Chartreux en 1609.

8514. ☞ Sacra Belgii Chronologia, in duas Partes distributa : prima continet omnium ferè Metropolitanarum, Cathedralium & Collegiatarum Ecclesiarum origines & fundatores : altera, novarum omnium & quarumdam antiquarum Diœcesium series Episcoporum; studio Joan. Bapt. Ludovici DE CASTILION : *Bruxellis*, Léonard, 1719, *in-fol.*

L'Auteur est mort Evêque de Bruges.]

EN 1559 le Pape Pie IV, à la sollicitation de Philippe II, Roi d'Espagne & Prince des Pays-Bas, érigea dans ce Pays trois nouvelles Métropoles, Cambray, Malines & Utrecht. Les Suffragans de Cambray furent les Evêques d'Arras, de Tournay, de Saint-Omer & de Namur; ces deux derniers furent de nouvelle création; les deux autres, avec l'Eglise de Cambray, étoient de la Métropole de Reims. Les Suffragans de Malines furent les Evêques d'Anvers, de Bruges, de Gand, d'Ypres, de Ruremonde & de Bosleduc, tous de nouvelle création. Les Suffragans d'Utrecht furent les Evêques de Middelbourg, de Harlem, de Deventer, de Groningue & de Leuvarde, ces trois derniers au-delà du Rhin en Allemagne. A peine cette Métropole fut érigée, que les Hérétiques s'emparèrent de toutes ces Eglises. [Il y resta cependant un grand nombre de Catholiques, qui ont été gouvernés sans interruption, par une suite d'Archevêques, jusqu'au commencement de ce siècle. En 1725 le Chapitre d'Utrecht a élu un nouvel Archevêque, qui a eu jusqu'à présent trois successeurs; & il y a deux Evêques Suffragans, Harlem & Deventer. Avant 1559 Utrecht relevoit de l'Archevêché de Cologne, où nous en parlerons.

8515. ☞ Bulles d'érection des nouveaux Evêchés dans les Pays-Bas, & Protestations des Archevêques de Reims.

Se trouvent dans les *Concil. novissim. Galliæ*, *Parisiis*, 1646, *in-fol. pag.* 54, 60-75 & 274, comme dans le tom. XV. des Conciles du P. Labbe, *pag.* 117-136. 917-940.]

8516. * Protestation de Messire Charles-Maurice le Tellier, Archevêque Duc de Reims, &c. contre la prétendue érection de l'Eglise de Cambray en Métropole, avec la signification de ladite Protestation, du 14 Février 1678 : *Paris*, Léonard, 1678, *in-fol.*

☞ Le Roi de France étant rentré en possession de Cambrai, M. l'Archevêque de Reims crut devoir renouveller les Protestations de ses prédécesseurs.]

8517. * Mémoire présenté au Roi, au mois de Janvier 1695 ; par Messire Charles-Maurice le Tellier, Archevêque Duc de Reims, &c. contre l'érection de l'Eglise de Cambray en Archevêché : *Paris*, Imprimerie Royale, 1695, *in-4*.

L'affaire fut accommodée, & M. le Tellier consentit à l'érection de l'Archevêché de Cambray, à condition que l'Abbaye de S. Thierry de Reims seroit unie à perpétuité audit Archevêché de Reims.

Histoires de l'Archevêché de Cambray.

☞ LE Diocèse de Cambray étoit autrefois beaucoup plus étendu qu'il n'est aujourd'hui. Lorsqu'il fut érigé en Archevêché, l'an 1559, on en tira les Archidiaconés de Bruxelles & de Brabant, pour en former le nouveau Diocèse de Malines. On peut voir sur son ancien état, ce que dit par rapport au moyen Age le Père WASTELAIN, dans sa *Description de la Gaule Belgique*, &c. Lille, 1761, *in-4. pag.* 430-456.]

8518. ☞ Series & Historia Episcoporum & Archiepiscoporum Cameracensium.

Dans le *Gallia Christiana* des Bénédictins, *tom. III. pag.* 2-64, & les *Preuves* à la fin, *pag.* 1. Les Eglises de Cambray & d'Arras furent unies depuis environ l'an 500 jusqu'en 1095 (*pag.* 24) qu'Arras eut un Evêque particulier. Celui de Cambray fut fait Archevêque en 1559 (*pag.* 53.)

8519. Ms. Series & Vita Episcoporum & Archiepiscoporum Cameracensium.

Cette suite est citée par Sanderus, au tom. I. de sa *Bibliothèque des Manuscrits de Flandres*, *pag.* 294.

☞ » Elle est presque toute imprimée au Liv. II. de
» *Belgica Christiana* d'Arnoud de Raisse : *Duaci*, 1634,
» *in-4*. & il dit qu'elle lui a été envoyée par Yaxlé, Sacristain de l'Eglise de Cambray. L'Auteur, qui est
» anonyme, commence à S. Diogène, & finit à l'Archevêque François Buisseret, (mort en 1615.) Il écrivoit
» en l'année 1625. Il le dit expressément au Chapitre LIV. où il parle de Guy de Collemede, & au
» Chapitre LXVI. où il traite de Pierre d'Ailly. Il cite
» Julien de Lingne, qui rapporte la mort de ce Cardinal à l'année 1424. J'ai cet Ouvrage en manuscrit, il
» commence ainsi : *Anacephalaiosin, seu recapitulationem quamdam texturus de successione Episcoporum
» Cameracensium* ». Remarques communiquées par M. Mutte, Doyen de l'Eglise Métropolitaine de Cambray.]

8520. ☞ Ms. Series & Acta Episcoporum Cameracensium ; auctore Petro PREUDHOMME, Canonico Cameracensi.

Cet Ouvrage, qui traite de l'Histoire des Evêques, ainsi que de la Ville & du Diocèse de Cambray, forme un gros volume *in-4*. J'ai l'original. Preudhomme suit
» l'ordre Chronologique des Evêques ; & finit à Henri
» de Berghes (qui mourut en 1502.) Il a fait usage de
» quantité de Chartes & de Diplômes anecdotes. Il
» étoit également exact & intelligent. Il mourut en 1628,
» après 53 ans de Canonicat, ayant été long-temps Secrétaire de Louis de Barlaimont, notre deuxième Archevêque ». Remarques de M. Mutte.]

8521. Chronicon Cameracense, usque ad annum 1030 ; auctore Sacellano Gerardi I. Episcopi Cameracensis, qui obiit anno 1049.

Cette Chronique est imprimée avec celle [attribuée à] Balderic, [& indiquée ci-après, N.° 8523.]

8522. Ms. Historia Episcoporum Cameracensium, & rerum gestarum ab anno 1108 usque ad annum 1170 ; auctore Lamberto WATERLOSIO, Canonico Regulari Cœnobii sancti Auberti, in Urbe Cameracensi.

Cette Histoire est citée par Sanderus, au tom. I. de sa *Bibliothèque des Manuscrits de Flandres, pag.* 25, & au *tom. II. pag.* 138. Waterlos vivoit en 1160.

☞ » Il entra dans le Monastère de S. Aubert de Cambray, en 1118. On a fait depuis quelque temps toutes les recherches possibles pour retrouver son Histoire, mais inutilement. On n'en a que des Fragmens jusqu'à l'année 1148. Depuis cette année on l'a toute entière de la main d'un Praticien, qui la transcrivit en 1664, ce qui prouve qu'elle subsistoit encore au siècle passé.
» Colvenere, Editeur de la Chronique attribuée à
» Balderic, se proposoit de publier aussi l'Histoire que
» Waterlos a écrite de son temps. François Duchesne en
» promettoit autant dans son Index des Historiens de
» France.
» L'ancien Manuscrit de Waterlos existoit encore à
» S. Aubert en 1664 : il a été égaré depuis. J'en ai un
» Extrait assez ancien, qui comprend les 21 dernières
» années, c'est-à-dire, depuis 1149 jusqu'en 1170. Dom
» André Potier en a rapporté des passages assez étendus dans son Histoire manuscrite du Câteau-Cambresis, & on a en quelques autres Extraits faits par Michel le Leu, Religieux de S. Aubert, en 1631 ». *Remarques de M. Mutte.*]

8523. Chronicon Cameracense & Atrebatense, sive Historia utriusque Ecclesiæ, ab hinc sexcentis annis conscripta, à BALDERICO Noviomensi & Tornacensi Episcopo ; nunc primùm edita & Notis illustrata ; per Georgium COLVENERIUM : *Duaci*, Bogard, [1615] *in-8*.

Cette Chronique commence au temps de Clovis I, Roi de France, & finit en 1070. Elle est assez estimée, & n'est pas commune. L'Auteur assure dans sa Préface qu'il n'y a rien mis de douteux & de feint, rien qu'il n'ait trouvé dans les anciennes Annales & Histoires, dans les Vies des Rois, dans les Chartes & Archives des Eglises.

☞ Cet Ouvrage regarde plus particulièrement l'Histoire Ecclésiastique que l'Histoire civile de Cambray & d'Arras. Ces deux Eglises furent unies sous un même Evêque jusqu'à l'an 1094, qu'elles furent séparées en deux Diocèses. On ignore le temps de la fondation des Villes d'Arras & de Cambray ; ce qu'il y a de sûr, c'est qu'elles existoient du temps de Jules-César. Le premier Livre de Balderic contient l'Histoire des Evêques depuis S. Vaast, qui fut le premier environ l'an 500, jusqu'à Gérard I. en 1014. Le second Livre traite des Eglises & des Monastères. Le troisième, de ce qui s'est passé sous Gérard I. & Lietbert, qui mourut en 1076. Les Notes de Colvenere qui sont à la fin de l'Ouvrage, sont presqu'aussi amples que le reste. On trouve à la tête du Livre une Dissertation sur Balderic, Auteur de cette Chronique, & sur le temps auquel il l'a composée ; & à la fin un petit Glossaire des mots de la basse Latinité, qui se trouvent dans la Chronique.

La Chronique dont il est ici question, » est anonyme
» dans les Manuscrits d'après lesquels Georges Colvenere la fit imprimer. Quelques anciens Ecrivains l'indiquent sous le titre, de *Gesta Pontificum Cameracensium
» & Gesta Episcoporum*. L'Auteur étoit, comme il se fait
» entendre, membre du Clergé de Cambray, & il y avoit
» passé une bonne partie de sa vie. Il entreprit sa Chronique par ordre de Gérard I. du nom, Evêque de
» Cambray, qui mourut en 1049. Les deux premiers
» Livres furent composés durant l'Episcopat de Gérard :
» le troisième ne fut achevé que sous Lietbert son successeur. La fin de l'Ouvrage est perdue, & il y a quelques lacunes dans l'Edition de Colvenere.

» Cet Editeur trompé par une prétendue Inscription
» du Tombeau de Balderic, dont on lui avoit envoyé
» une copie, attribua la Chronique dont il est question
» à Balderic, Evêque de Noyon & de Tournay, qui
» mourut en 1112, sans faire attention qu'un homme
» qui avoit été choisi dès l'an 1040, ou même plutôt,
» pour écrire cette Chronique, ne pouvoit guères être
» le même, qui soixante & douze ans après occupoit le
» Siège Episcopal de Noyon & de Tournay. D'ailleurs
» l'Eglise de Noyon, en faisant part aux autres Eglises
» de la Province de Reims de l'élection qu'elle venoit
» de faire de Balderic (*Baluzii Miscell. tom. V. p.* 309)
» leur annonce qu'elle a pour Père & pour Chef, celui
» qu'elle a porté dans son sein depuis sa tendre jeunesse,
» & qui n'en est jamais sorti.

» Il est impossible de concilier ces faits avec ce que
» l'Auteur de la Chronique dit de lui-même & de son
» établissement à Cambray. *Voyez* les Bollandistes au
» 11 Août, dans leurs *Préliminaires sur la Vie de*
» *S. Gery, Evêque de Cambray.* La fausse Inscription
» du Tombeau de Balderic, Evêque de Noyon, a donné
» lieu à une seconde erreur à son sujet. On l'a dit Au-
» teur d'une Chronique de Terouenne. Je crois que cette
» Histoire de Terouenne n'a jamais existé : personne ne
» dit l'avoir vue, quoiqu'on l'ait cherchée bien long-
» temps.

» Gilles Bouchier (*Bucherius*) sçavant Jésuite d'Ar-
» ras, promettoit une nouvelle Edition de cette Chro-
» nique, enrichie de Notes. Il en parle *pag.* 7 de sa
» *Dissertation historique sur les Evêques de Tongres* ».
Remarques de M. Mutte.]

8524. ☞ Mſ. Chronicon (abbreviatum) Cameracensium, usque ad annum 1198; auctore anonymo.

» Cet Anonyme du douzième siècle, fit un abrégé de
» l'Historien précédent. On trouve son Ouvrage ma-
» nuscrit dans un ancien Cartulaire conservé dans la Bi-
» bliothèque de l'Eglise de Cambray, coté A. Il est écrit
» sur vélin, & paroît être de la fin du douzième siècle.

» Cet Abbréviateur avoit sous les yeux un manuscrit
» du Chronicon plus correct que ceux dont s'est servi
» Colvenere. On y apprend que le Comte Mayon,
» Abbé Séculier de S. Gery, avoit fait bâtir la magnifi-
» que Eglise de S. Gery, qui fut réduite en cendres par
» les Normands en 881, sous l'Episcopat de Rotrad, ou
» Rothard I. Il y est aussi parlé de la donation faite par
» le Roi Charles-le-Simple à l'Evêque Etienne, du Vil-
» lage de Mareuil, & d'un Territoire étendu sur les
» bords du Crinchon. On sent par-là combien il seroit
» utile, en cas d'une réédition du *Chronicon* précédent,
» d'en comparer le texte avec cet Abrégé manuscrit,
» auquel il manque une page à la fin, ce qui a induit en
» erreur plusieurs Ecrivains ». Les premiers mots de
cet Abrégé sont : *Auctores & Cameraca & Attrebati ci-*
vitatis penitùs ignorantur, licet antiquitas in defensio-
nem sui erroris, &c. Remarques de M. Mutte.]

8525. ☞ Mſ. Continuatio Chronici, &c. per anonymum Cameracensem.

» Dans le Cartulaire de Cambray, coté A, la conti-
» nuation fait contexte avec l'Abrégé, sans aucun titre
» ni autre marque de séparation. La main qui a écrit
» l'Abrégé a aussi écrit la continuation, jusqu'à ces mots:
» *Alius quem adhuc vagina concludit, efficaciter conse-*
» *ratur.* L'Auteur vivoit sous l'Evêque Roger de Wa-
» vrin, vers la fin du douzième siècle. A la fin de cette
» continuation, on trouve une quinzaine de lignes qui
» ne sont pas de même main, mais à peu près du même
» temps, où il est parlé de la mort de Roger (en 1191)
» & de deux de ses successeurs, Jean d'Antoing, &
» Jean II. mort en 1196 ». Remarques de M. Mutte.]

8526. ☞ Altera Continuatio Chronici; per anonymum Atrebatensem.

» Cet Ecrivain commence sa Préface par ces mots :
» *Auctores Cameracensis & Atrebatensis urbis ignoran-*
» *tur, quando quidem nec fama superstes, &c.* Il emprunte
» des phrases entières du Poëme de notre Continuateur
» de Cambray. Il donne fort succinctement l'Histoire
» des Evêques d'Arras, depuis S. Vaast jusqu'à Robert,
» Prévôt de l'Eglise Collégiale d'Aix, élu Evêque d'Ar-
» ras (en 1173.) La copie manuscrite de cette Continua-
» tion, qui est dans l'Abbaye du S. Sépulchre à Cam-
» bray, ne va pas au-delà de ce Robert : elle n'est que
» du quinzième siècle. Grammaye, dans son *Camera-*
» *cum* (indiqué ci-après) *Liv. I. Sect. III. pag.* 3, cite
» les deux premières lignes de ce Continuateur d'Arras,
» & avertit dans la Note A, sur cette même Section,
» que la Chronique d'où il a tiré ce Passage, est conser-
» vée manuscrite dans la Cathédrale d'Arras. *Voyez* Lo-
» crius, dans sa *Chronique Belgique, pag.* 194 & 212 »,
Remarques de M. Mutte.]

8527. ☞ Mſ. Traduction de l'Abrégé du Chronicon & du Continuateur de Cambray, faite dans le XIII° siècle, sous Enguerran de Créquy.

« Cette Traduction, en vieux François, est conservée
» en vélin dans la Bibliothèque de la Cathédrale de
» Cambray. Elle y est précédée d'une Table chronolo-
» gique des Evêques, écrite de la même main, où En-
» guerran de Créquy se trouve le dernier. Le texte de
» la Traduction n'est pas entier ; il n'arrive qu'au com-
» mencement de l'Episcopat de Nicolas I. du nom, suc-
» cesseur de Liéthard ; mais il est précieux d'ailleurs,
» parcequ'il représente les deux anciens fragmens des
» *Gestes* sur Gerard II. & sur le Schisme qui a suivi sa
» mort, & il les représente avec d'autres détails qui for-
» ment une narration plus suivie & mieux circonstanciée:
» c'est ce qui fait connoître que le Compilateur du Ma-
» nuscrit du saint Sépulchre (de Cambray), qui rapporte
» ces fragmens en Latin, les a abrégés ; au lieu que le
» Traducteur du XIII° siècle, qui les avoit entiers,
» les a rendus fidèlement. *Remarques de M. Mutte]*

8528. ☞ Mſ. Gesta Episcoporum Cameracensium.

» Après la Chronique vulgairement connue sous le
» nom de *Balderic*, & que d'anciens Auteurs ont dési-
» gnée sous le titre de *Gesta Pontificum Cameracensium*,
» on a dressé des Mémoires assez étendus sur le sujet des
» Evêques de Cambray ; & ils ont aussi été appellés
» *Gesta Episcoporum.* Le Continuateur anonyme de
» Cambray, à l'article de Burchard, après *avoir fait*
» l'éloge de cet Evêque, renvoie, pour un plus grand
» détail, aux Gestes & aux Ecrits de son Episcopat : *in*
» *Gestis & Scriptis ejus legitur pleniùs.* Ce qui regarde
» Burchard en particulier, est perdu. Nous avons deux
» Fragmens considérables des anciens Gestes sur l'Evêque
» Gerard II. mort en 1092, & sur le Schisme qui a dé-
» solé ensuite l'Eglise de Cambray.

» Le premier de ces morceaux commence ainsi : *Sub*
» *tempore quo Henricus secundus Romanorum tenebat*
» *Imperium, secundus Geraldus ad Cameracensium*
» *Episcopatum, &c.* Pour commencement du deuxième
» on lit : *Post mortem Gerardi Episcopi multa & gravia*
» *mala, &c.*

» Ces deux Fragmens se trouvent dans une petite
» Compilation historique qui renferme des détails par-
» ticuliers touchant la Ville de Cambray & l'Eglise de
» saint Géry ; mais le Compilateur les a abrégés.

» Grammaye, dans son *Cameracum, Section* 5, rap-
» porte un long Extrait de la même Compilation. Il
» avertit qu'elle est d'un Ecrivain qui vivoit en 1118,
» (il faut lire 1181) & qu'elle se trouve dans un Manuscrit
» de l'Eglise du saint Sépulchre de Cambray. On la voit
» en effet dans un assez gros volume manuscrit de cette
» Abbaye, qui contient entr'autres choses la Vie du bien-
» heureux Liébert, Evêque de Cambray, écrite par
» Rodulfe au XII° siècle. La copie de la Compilation
» dont je parle n'est que du XV°,

» Il peut se faire que le premier des deux Fragmens
» ci-dessus mentionnés, soit ce que Grammaye appelle
» la Vie de Gerard II. & qu'il cite dans son *Cameracum*,
» *Liv. III. Sect. 2. lett.* C. & *Sect. XI. lett.* F. Mais
» comment a-t-il sçu que cet Ecrit avoit été composé
» par le Chapelain de Gerard II, comme il le dit ? » *Re-*
» *marques de M. Mutte.*]

8529. ☞ Ms. Chroniques de Cambray ; par Adam GELICQ.

» Ce Manuscrit, ou une copie, est à l'Abbaye de saint
» André du Câteau-Cambresis ; & j'en ai une du temps.
» Adam Gelicq écrivit les Annales de Cambray depuis
» sa fondation, qu'il attribue à un Cambro, Duc des
» Huns, du temps de Servius Tullius, Roi de Rome,
» jusques à Guillaume de Croy, Administrateur de l'E-
» vêché de Cambray, qui fut ensuite Cardinal & Arche-
» vêque de Tolède. Sa Préface commence par ces mots :
» *Moi, contemplant plusieurs Ecritures, Histoires &*
» *Gestes*. Il rend ensuite compte de son dessein, & dit
» qu'étant Cambresien, il *se devoit mieux appliquer à*
» *décrire des Chroniques de Cambray, que d'autres Na-*
» *tions*. Son ouvrage est divisé en trois Livres. Il y avance
» bien des fables sur les origines des Villes du Pays-Bas ;
» mais il fournit des détails intéressans pour les derniers
» siècles. Gelicq écrivoit sous le règne de Maximilien I.
» Empereur, & sous celui de Louis XII. c'est-à-dire,
» vers 1500. *Remarques de M. Mutte.*]

8530. ☞ Ms. Histoire des Evêques de Cambray, en François ; par un Auteur anonyme.

» C'est le titre que donne Sanderus, dans sa *Biblio-*
» *thèque des Manuscrits des Pays-Bas*, à une Chro-
» nique manuscrite des Evêques de Cambray, qui étoit
» dans le Cabinet d'Olivier de Vreed de Bruges, connu
» par plusieurs Ouvrages historiques sur la Flandre, &
» qui avoit passé depuis dans le Cabinet de M. Cupis,
» de la même Ville. Ce Manuscrit m'a été donné par
» D. Denys Cambier, Prévôt de l'Abbaye de S. Chartin
» de Tournay, qui l'avoit acheté à la vente des Livres
» de feu M. Cupis.

» Voici le titre & le commencement du Livre : *S'en-*
» *suevent les Chroniques des Evesques, ayant été*
» *Evesques de Cambray. Et premier Diogenes, qui*
» *étoit natif de Greche, fut Evesque dudit Cambray,*
» *& fut Martyr au temps que les Wandales gastèrent le*
» *Pays*......

» La narration se continue jusqu'au 5 de Novembre
» 1536. Il y a dans cette Chronique beaucoup de passa-
» ges copiés d'après l'ancien Abrégé du Chronicon & d'a-
» près son Continuateur, que l'on traduisit au XIIIe siècle.

» J'ai vû une dixaine de copies de ces Chroniques
» vulgaires. Le commencement est le même par tout ;
» mais les unes vont seulement jusqu'à la mort de Henri
» de Berghes en 1502 ; d'autres vont jusqu'en 1529 ;
» d'autres jusqu'en 1556, avec différentes Additions.

» Le même Sanderus, dans la Bibliothèque que je viens
» de citer, indique encore *pag*. 275, les *Evêques de*
» *Cambray en Chroniques*, Livre manuscrit du Cabinet
» de feu M. Meurshin en 1569, & qui appartenoit en
» 1640 à M. Philippe de Boulogne. Je conjecture que
» ce Manuscrit de M. de Meurshin étoit une copie des
» Chroniques vulgaires dont je viens de donner la No-
» tice. » *Remarques de M. Mutte*.]

8531. ☞ Mss. Mémoriaux de Jean LE ROBERT & de Philippe BLOQUET, Abbés de S. Aubert de Cambray, en François.

On les conserve dans cette Abbaye. Jean le Robert, né à Haveluy près de Valenciennes, fut long-temps Abbé de saint Aubert, & il fit sa démission en 1469. Philippe Bloquet, de Cambray, lui succéda, & mourut vers l'an 1504. Leurs Mémoires regardent les événemens de leur temps : on en a donné quelques morceaux (que nous citerons) dans les *Almanachs historiques de Cambray* : *in*-12.]

8532. De Episcopis Cameracensibus ; auctore Christiano MASSÆO.

Cette suite est imprimée avec sa Chronique : *Antverpiæ*, 1540, *in-fol*.

8533. ☞ Ms. Mémoires sur les Evêques de Cambray & d'Arras, écrits vers l'an 1600 ; par Claude DESPRETS, Avocat au Conseil d'Artois à Arras, & Seigneur de Quéant.

» L'Auteur écrivit ces Mémoires en François. Georges
» Colvenere, à qui il les avoit communiqués, en cite
» quelques morceaux dans ses Notes sur la Chronique
» de Cambray & d'Arras, qu'il a publiée sous le nom
» de Balderic (ci-devant N.º 8523.) On peut voir les
» *pag*. 404, 419, 472, 473, 479, 486, 496, 576,
» 577, 578, 584. Desprets, peu exercé à la critique,
» ou trop crédule, donne des détails singuliers sur le lieu
» de la naissance des Evêques, sur leur Nation, sur leurs
» Familles. On ne sçait où il a puisé ce qu'il dit, & il ne
» l'appuie d'aucun témoignage valable. » *Remarques de M. Mutte*.]

8534. Annales des Evêques de Cambray ; par François VINCHANT.

Elles sont imprimées dans ses *Annales du Hainault* : *Mons*, 1648, *in-fol*.

8535. L'ordre & la suite des Evêques de Cambray & d'Arras, avec une briève Histoire de leurs faits plus illustres ; par Guillaume GAZET : *Arras*, 1598, 1604, *in*-8.

8536. Ms. Discours de l'état ancien & moderne de Cambray & du Cambrésis : *in-fol*.

Ce Discours est conservé dans la Bibliothèque de MM. des Missions Etrangères, à Paris.

8537. Historiæ & Antiquitatum Urbis Cameracensis summa capita ; auctore Joanne Baptista GRAMMAYE : *Antverpiæ*, 1608, *in*-8.

Les mêmes sont imprimées avec ses *Antiquités de Flandres* : *Lovanii*, 1708, *in-fol*.

8538. ☞ Chronique raccourcie des Evêques de Cambray ; par M. CHOQUEZ, Récollet : *Tournay*, 1662, *in*-4.

Elle se trouve avec l'*Abrégé de la Vie de S. Géry*.]

8539. Histoire de Cambray & du Pays Cambrésis, contenant ce qui s'y est passé sous les Empereurs & sous les Rois de France & d'Espagne, avec les Vies des Evêques & Archevêques de Cambray, &c. par Jean LE CARPENTIER, Historiographe : *Leyde*, 1664, *in*-4. 2 vol.

☞ L'Auteur étoit Religieux de saint Aubert de Cambray, Apostat & retiré en Hollande. Son Histoire est accompagnée de Titres faux, dont plusieurs sont en langage du Pays, c'est-à-dire, en Wallon. Le Père le Long en avoit d'abord parlé ici avantageusement ; mais ensuite, mieux instruit, il s'est retracté, comme on le verra à l'article des Généalogies.

» Jean le Carpentier étoit né à Abscons en Ostrevant,
» Diocèse d'Arras. Comme les anciens Atrebates, qui
» étoient à la gauche de l'Escaut, occupoient le canton
» de l'Ostrevant, Jean le Carpentier, uniquement par
» la qualité de Diocésain d'Arras, affecte de se nommer
» *Joannes le Carpentier Atrebas* ; & par cette équivoque
» il se met de pair avec les *le Carpentier*, anciens & no-

» tables Bourgeois de la Ville d'Arras, dont quelques-
» uns se sont distingués dans le Barreau & dans la Répu-
» blique des Lettres.

» Jean le Carpentier fut Chanoine Régulier de l'Ab-
» baye de saint Aubert à Cambray. Il se déroba, on ne
» sçait pas trop pourquoi, à l'obéissance de ses Supé-
» rieurs, pour se retirer en Hollande, où il mourut
» assez avancé en âge: (vers 1670, dit Foppens dans sa
» *Bibliothéque Belgique*, où il avance, mais mécontent
» de n'avoir pas été élu Supérieur, il se retira avec une
» fille, dont il eut plusieurs enfans, &c.) Il y gagnoit sa
» vie (en Hollande) à faire des Livres & des Généalo-
» gies, ou à composer des Traductions Françoises.

» L'Histoire de Cambray & du Cambrésis, qu'il pu-
» blia en 1664, est ce qui l'a fait le plus connoître. On
» y trouve une Histoire générale de Cambray, puis des
» détails Généalogiques, & enfin un Recueil assez con-
» sidérable de Pièces pour servir de preuves. Grand
» nombre de ces Pièces sont fabriquées à plaisir, ou al-
» térées & interpolées, sur-tout pour les noms de fa-
» milles. Les Généalogies qui précèdent sont mêlées de
» bien des mensonges.

» Le Carpentier avoit un certain nombre de noms
» qu'il vouloit célébrer. Sa Collection de titres étoit pré-
» parée relativement à ses desseins. Il écrivoit au milieu
» de la Hollande, sans contradicteurs intéressés à relever
» les bévues & sa mauvaise foi. Il avoir sçu plaire par
» son travail à des personnes fort en état de bien payer.
» Les Généalogies des *le Sohier* & des *le Plat*, impri-
» mées en grand *in-folio*, sont de sa façon. Il n'y manque
» rien du côté de l'impression & de la gravure; mais
» c'est tout ce que l'on en peut dire de bon.

» Une chose caractérise l'effronterie de le Carpentier:
» il produit de faux Titres, & néanmoins il ose mettre
» une indication à la marge pour désigner le lieu du
» dépôt & les Archives où se trouve l'original. Souvent
» des Gentilshommes intéressés à cause de leur nom &
» de leur Maison aux Chartes ainsi indiquées, ont fait
» diligence pour en avoir communication; & après des
» recherches inutiles, ils ont eu pour réponse qu'il ne
» se trouvoit dans les Archives ni original ni copie de
» ce que l'on demandoit, & que les Inventaires même
» anciens n'indiquoient rien d'approchant. Les personnes
» qui ont soin des Archives des Chapitres ou des Mo-
» nastères de Cambray & du Cambrésis, ont été presque
» toutes dans le cas de chercher de prétendus originaux
» dans leur dépôt, sur les indices donnés par le Car-
» pentier, & ont reconnu que ce n'étoit qu'illusion pour
» bien des Titres. Un Auteur qui en use ainsi, calomnie
» les dépôts anciens, & donne lieu de croire qu'ils con-
» tiennent des Actes faux & controuvés ; il trompe le
» Public dans le temps qu'il paroît lui inspirer la con-
» fiance. » *Remarques de M. Mutte.*]

8540. ☞ Mss. Recherches sur les Evêques de Cambray & sur ceux de Liége; par Gilles VANDER-HECKEN, Chanoine Régulier de Bois-Seigneur-Isaac.

Ce Prieuré du Bois-Seigneur-Isaac est du Diocèse de Cambray, & de la Congrégation de Windeshem, en Allemagne. On connoît les Recueils historiques de Vander-Hecken par J. B. Wyaert son Confrère, qui en parle au chap. XV. de l'*Histoire du Prieuré de Sept-Fontaines*, imprimée à Bruxelles en 1688.]

8541. ☞ Ms. Histoire des Evêques de Cambray, de la Ville du Câteau-Cambrésis, & des Abbés de S. André en la même Ville; par D. André POTIER, Prieur de ce Monastère, en Latin.

Cette Histoire chronographique est divisée en deux Livres. Le premier s'étend jusqu'à Gerard II. Evêque de Cambray, & le second jusqu'à l'année 1148. On croit que l'Auteur a fait la suite. Quoiqu'il n'ait pas mis son nom à cette Histoire, on a beaucoup d'indices pour la lui attribuer.]

8542. ★ Liste des Evêques de Cambray, depuis l'an 499 jusqu'à présent (1718); par Michel DE LEWARDE, Prêtre de l'Oratoire.

Se trouve au commencement du tom. I. de son *Histoire du Hainault*: le Mans, 1718, *in*-8.

8543. ☞ Catalogue des Evêques de Cambray, formé en 1722, pour être mis dans le chœur de la Métropole.

Il y a été mis en effet, & on le trouve imprimé à la fin de l'*Almanach historiq. &c.* Cambray, Berthoud, 1759, *in*-12.

8544. Cameracum, seu Encomium Urbis & Populi Cameracensis; auctore Antonio MEYERO.

Cet éloge est imprimé dans son Livre intitulé: *Comites Flandriæ: Antverpiæ*, *in*-8.

8545. ☞ Histoire de Cambray & du Cambrésis, avec celle de ses Evêques; (par M. DUPONT, Chanoine Régulier de saint Aubert de Cambray.)

Elle se trouve depuis l'an 400 jusqu'en 1596, dans les différens volumes de l'*Almanach Ecclésiastique, Militaire & Civil de Cambray*, imprimés en cette Ville chez Berthoud, depuis 1759 jusqu'en 1764 : mais il est bon d'observer qu'il n'y en a point eu en 1761.]

8546. ☞ Consultationes & Deliberationes Regiæ in Hispaniâ habitæ super negotio restitutionis Ecclesiæ Cameracensis; agente illic R. D. Henrico de Broide, Canonico Cameracensi, postmodùm Archidiacono: 1623 & 1624, en Latin & en Espagnol, *in-fol*. 38 pag.]

8547. Legatus Ecclesiasticus pro Ecclesia Cameracensi ad Regem Catholicum Ecclesiæ Cameracensis Protectorem: [1646] *in-fol*.

☞ Ce Mémoire (attribué à l'Archevêque Jean DE BERGAIGNE, mort en 1647,) fut fait pour être présenté à la Cour de Madrid. On y traite des anciens droits temporels de l'Eglise de Cambray, & de celui dont jouissoit encore le Chapitre de cette même Eglise pour l'élection ou la postulation de ses Archevêques.

Le Siège Archiépiscopal ayant vaqué en 1644, par le décès de M. François Vander-Burch, il s'éleva plusieurs difficultés pour l'élection, la nomination & la confirmation du Successeur. Ce fut Joseph de Bergaigne, Evêque de Ruremonde, qui étoit un des Plénipotentiaires du Roi d'Espagne au Congrès d'Aix-la-Chapelle, qui fut élu.

Il y a dans la Bibliothèque du Chapitre de Cambray, un exemplaire du *Legatus Ecclesiasticus*, qui a appartenu à Etienne Baluze, & à la tête duquel ce Sçavant a noté de sa main, que Joseph de Bergaigne avoit fait le *Legatus*, & l'avoit publié en 1646.

Cette date me paroît exacte; & quoique Bergaigne n'ait pas mis son nom à cet Ouvrage, il est au moins fort probable qu'il y a eu beaucoup de part.

Avec ce Mémoire sont imprimés nombre d'anciens Diplômes & d'autres Pièces intéressantes. Deux ou trois de ces Diplômes ont été donnés avec de fausses dates & sur des copies défectueuses qui avoient déja paru dans d'autres Recueils; mais dans les originaux qui existent encore, & que j'ai consultés, les caractères chronologiques sont exacts.

Dans le *Legatus*, pag. 60, on trouve un Diplôme du Roi Charles, donné le 11 des Kalendes de Juin, l'an 14 de

Métropole de Cambray, & ses Suffragans.

de son Règne. On y prend ce Charles pour l'Empereur Charles-le-Chauve, suivant l'opinion d'Aubert le Mire, qui avoit déja fait imprimer cette Charte parmi les *Diplomata Belgica*, chap. 10. Il suffisoit de remarquer que la Charte est donnée à Etienne, Evêque de Cambray & d'Arras, qui fut Evêque sous le règne de Charles-le-Simple, long-temps après la mort de Charles-le-Chauve.

Pag. 61 du *Legatus*. Le Diplôme d'Othon I. donné à Ingelhem le 3 des Kalendes de Juin, est daté de l'année 940. L'original porte l'année 941.

Pag. 62. La Charte d'Othon III. donnée l'an 12 de son règne, à Aix-la-Chapelle, est datée dans l'original du 8 des Kalendes de Mai l'an 995. L'imprimé porte 983; ce qui fait une différence de douze années.

Tout ceci est tiré des *Remarques* de M. Mutte. On peut encore voir l'*Almanach historique* de Cambray, 1765, *Cambray*, Berthoud, *in-*12. *pag.* 118 & *suiv.* On y trouve à la fin plusieurs Pièces sur l'ancienne souveraineté des Evêques & Archevêques de Cambray, & ce qui arriva lorsque les Espagnols se rendirent maîtres de cette Ville.]

8548. ☞ Mf. Mémoires historiques sur l'érection de la Citadelle de Cambray.

Ce Manuscrit se trouve à l'Abbaye de saint André du Câteau-Cambrésis : il y en a quelques copies dans Cambray. L'*Almanach historique* de cette Ville, 1764, donne les Lettres de l'Empereur Charles-Quint pour cette érection.]

8549. ☞ Dilucida brevis & succincta narratio originis difficultatum quæ in provisionibus Reverendissimorum Archiepiscoporum ad Cathedram Cameracensem occurrunt, & his annis 1645 & 1646 occurrêre: *in-fol.* 6 pag.]

8550. Déduction succinte de ce qui s'est passé dans le Comté de Cambrésis depuis l'an 1007 jusqu'en 1666, touchant les prétentions de l'Archevêque & de l'Eglise Métropolitaine de Cambray : 1667, *in-fol.*

8551. Mémoriaux & Pièces pour la restitution des droits temporels de l'Eglise de Cambray, présentés au Roi d'Espagne au mois de Janvier 1662, en Espagnol: *in-fol.*

— ☞ Protestations contre l'érection de Cambray en Archevêché.

Voyez ci-devant N.os 8516 & *suiv.*]

8552. Vita sancti Gaugerici ; auctore anonymo.

Cette Vie est imprimée dans le *Recueil* de Surius, au 11 d'Août. Ce Saint [en François saint Géry] est mort en 619. Sa Vie est écrite assez gravement & avec assez d'exactitude par un anonyme du VIIIe siècle.

8553. ☞ Sancti Gaugerici Acta ; auctore anonymo, & Commentarius Petri Boschii, è Societate Jesu.

Dans le *Recueil* de Bollandus, au 11 d'Août.]

8554. ☞ Abrégé de la Vie & des Miracles de S. Géry ; par le P. Choquez, Récollet, *Tournay*, 1662, *in-*4.]

8555. Vie de S. Gery; par Adrien Baillet.

Cette Vie est imprimée dans son *Recueil des Vies des Saints*, au 11 d'Août.

8556. Vita S. Autberti ; auctore Fulberto, Episcopo Carnotensi.

Cette Vie est imprimée dans le *Recueil* de Surius, au
Tome I.

13 de Décembre. Ce Saint est mort en 669, & Fulbert en 1028. La Vie de ce Saint a été assez bien écrite par un anonyme, Moine de Cambray, qui fleurissoit dans le XIe siècle. Quoique cet Auteur se soit beaucoup étendu, il n'a pas néanmoins rapporté toutes les actions de ce Saint.

8557. Vie de S. Autbert ; par Adrien Baillet.

Cette Vie est imprimée dans son *Recueil des Vies des Saints*, au 13 de Décembre.

8558. Vita sancti Vindiciani ; auctore Francisco Doresmieux, Abbate Montis Eligiani.

Cette Vie est imprimée dans le *Recueil* de Bollandus, au 11 de Mars. Ce Saint est mort en 712, & l'Auteur de sa Vie en 1640.

8559. Vie du même ; par François Giry.

Cette Vie est imprimée dans son *Recueil des Vies des Saints*, au même jour.

8560. Vie du même ; par Adrien Baillet.

Cette Vie est imprimée dans son *Recueil des Vies des Saints*, au même jour.

8561. De sancto Hadulpho, Commentarius historicus Godefridi Henschenii, è Societate Jesu.

Ces Mémoires sont imprimés dans le *Recueil* de Bollandus, au 19 de Mai. Ce Saint est mort en 728.

8562. De sancto Ableberto, seu Enneberto ; auctore Joanne Bollando, è Societate Jesu.

Ceci est imprimé dans le *Recueil* précédent, au 15 de Janvier. Ce Saint a vécu au commencement du VIIIe siècle.

8563. Epistola Chron-Historica de falso & commentitio Altergerio Episcopo Carnotensi à Blondo supposito, & vero Halitcario Episcopo Cameracensi.

Cette Pièce se trouve dans les *Opusc.* de Du Saussay: *Parisiis*, 1629, *in-*4.

☞ Cet Evêque est celui qu'on nomme en François Halitgaire, mort en 831.]

8564. ☞ Histoire de la Vie & des Ouvrages d'Halitgaire ; par D. Antoine Rivet, Bénédictin.

Dans l'*Hist. Littér. de la France*, tom. *IV.* pag. 504.]

8565. ☞ Histoire de Wibolde ; par Dom Antoine Rivet, Bénédictin.

Dans l'*Hist. Littér. de la France*, tom. *VI.* pag. 311. Cet Evêque est mort en 965.]

8566. ☞ Histoire de la Vie & des Ecrits de Gérard I. par le même.

Dans le tom. VII. du même Ouvrage, *pag.* 431. Cet Evêque est mort en l'année 1051.]

8567. Vita sancti Lietberti ; auctore Radulpho, Monacho sancti Sepulchri, ferè coævo.

Cette Vie est imprimée au tom. X. du *Spicilège* de Dom Luc d'Achery, *pag.* 675. Ce Saint est mort en 1076.

Eadem, cum Commentario Godefridi Henschenii, è Societate Jesu.

Dans le *Recueil* de Bollandus, au 23 de Juin.

☞ Le Manuscrit de cette Vie détaillée, qui se conserve à l'Abbaye du saint Sépulchre de Cambray, que saint Liébert avoit fondée, est sans aucune marque d'interpolation, & du XIIe siècle, temps auquel vivoit Rodulphe, Religieux Bénédictin de ce Monastère. Le plus ancien Nécrologe du Saint Sépulchre, rédigé avant le milieu du même siècle, contient l'article suivant écrit de la première main. *II. Non. Julii obiit Radulphus noster, Monachus professus & sacerdos, qui Domni & Patroni nostri Lietberti, Cameracensis Pontificis, vitam & sudores, quos pro eâdem sudavit Ecclesiâ in finem vitæ præsentis, in uno volumine, luculento sermone descripsit.*]

8568. ☞ Histoire de la Vie & des Ecrits de Gérard II. par D. Antoine Rivet, Bénédictin.

Dans l'*Hist. Littér. de la France*, tom. VIII. p. 396. Cet Evêque mourut en 1092, & fut le dernier qui gouverna conjointement les Diocèses de Cambray & d'Arras, celui-ci ayant eu ensuite son Evêque particulier.]

8569. Vita beati Odonis; auctore coævo Amando de Castello, tunc Priore Aquicinctino, deinde Abbate Marcianensi.

Cette Vie est imprimée par Raisse, dans son Livre intitulé : *Auctuarium ad Natales Sanctorum Belgii* : Duaci, 1626, in-8.

Eadem, cum Commentario Henschenii.

Dans le *Recueil* de Bollandus, au 19 de Juin. Ce Saint est mort en 1113.

8570. Histoire du bienheureux Odon.

Dans le même Ouvrage, tom. IX. pag. 583.

8571. Remarques sur Odon, Evêque de Cambray.

Dans le *Dictionnaire historique & critique* de M. de Chauffepié.]

Vita Petri Cardinalis de Alliaco.

Voyez ci-après Liv. III. *Hist. des Grands-Aumôniers.*

8572. ☞ Mss. Histoire des difficultés que Pierre d'Ailly essuya pour sa prise de possession de l'Evêché de Cambray, & pour ses Ordonnances concernant les Monnoies.

Ce Manuscrit est dans les Archives du Chapitre de Cambray : il est écrit en François d'une main du XVe siècle, sur vélin.]

8573. ☞ Relation des obsèques de Pierre d'Ailly, à Cambray; par Jean le Robert, Abbé de S. Aubert.

Elle se trouve pag. 10 des Pièces qui sont à la fin de l'*Almanach historiq de Cambray* : 1764, *in-12*. Cette Relation, écrite dans le temps même, fixe la mort de Pierre d'Ailly, sur laquelle on a beaucoup varié, à l'an 1420, ainsi que les Actes d'un Chapitre général des Chartreux, tenu dans le même temps. Il s'étoit démis de son Evêché en 1411.]

8574. ☞ Relation des funérailles de Jean de Lens, en 1438 ou 1439, & de l'entrée solemnelle de Jean de Bourgogne son successeur; par le même J. le Robert.

Dans l'*Almanach histor.* de Cambray : 1763, *in-12*.]

8575. ☞ Relation de l'entrée de Henri de Berghes, en 1482, & de ses obsèques en 1502, telles qu'elles furent écrites dans le temps; par Philippe Bloquet, Abbé de S. Aubert de Cambray.

Elle se trouve à la fin du même *Almanach historiq.* de Cambray.]

8576. Vita & Panegyris Francisci Buissereti; auctore Nicolao Guisio, Hannoniensi, Canonico Cameracensi : *Cameraci*, 1616, *in-4*.

La Vie a 53 pages, & le Panégyrique 24.] Cet Archevêque est mort en 1615.

8577. Epitome Vitæ [& virtutum] Francisci Vander-Burch ; auctore Ludovico Foulon : *Insulis*, de Rache, 1647, *in-4*.

Cet Archevêque est mort en 1644.

La même Vie traduite en François : *Mons*, 1712, *in-4*.

8578. ☞ Histoire de la Vie de Messire François de Salignac de la Motte-Fénelon, Archevêque Duc de Cambray : *La Haye*, 1723 : *Bruxelles*, Fricx, 1725, *in-12*. de 150 pag.

L'Auteur de cette Histoire, qui a quelques petites différences dans l'Edition de Bruxelles, est André-Michel de Ramsay, noble Ecossois, que les conversations de M. de Fénelon avoient persuadé d'embrasser la Religion Catholique. Le Prélat est mort en 1715, & le Chevalier de Ramsay en 1743.]

8579. ☞ Histoire de la Vie & des Ouvrages de M. de Fénelon ; par le P. Niceron.

Dans ses *Mémoires*, tom. XXXVIII. pag. 346-364.]

8580. ☞ Recueil des principales vertus de M. François de Salignac de la Motte-Fénelon ; par un Ecclésiastique : *Nancy*, Cusson, 1725, *in-12*.

8581. ☞ Histoire ou Récit abrégé de la Vie de M. François de Salignac de la Motte-Fénelon, &c. accompagnée de la Généalogie de sa famille, & d'une Liste exacte de ses Ouvrages : *La Haye*, Neaulme, & *Londres*, Davis, 1747, *in-8*.

Ce Récit avoit déja été imprimé avec l'Edition de son *Télémaque* : *Amsterdam*, 1734, *in-fol.* & *in-4*. Elle fut alors supprimée par des ordres supérieurs. M. Bossuet y est fort maltraité à cause de l'affaire du Quiétisme.

Voyez sur cet Ouvrage & sur M. de Fénelon, le *Dictionnaire* de Prosper Marchand, art. *Salignac*, note *H*.]

8582. ☞ Remarques sur M. de Salignac de Fénelon ; par M. de Chauffepié.

Voyez son *Dictionnaire historique & critique*.]

Histoires de l'Évêché d'Arras.

8583. ☞ Series & Historia Episcoporum Atrebatensium.

Dans la *Gallia Christiana* des Bénédictins, tom. III. pag. 320-353, & les *Preuves* à la fin, pag. 78.]

8584. Chronicon Atrebatense, [publicatum sub nomine] Balderici.

Voyez ci-dessus N.° 8523.]

8585. ☞ Historia Episcoporum Atrebatensium, ab anno 510 ad annum 1593 ; auctore Carolo Tiliano, Abbate Fanopitensi : *in-4*.

Cette Histoire est conservée dans la Bibliothèque de l'Abbaye de Hennin-Liétard, Ordre de S. Augustin, Diocèse de... Charles du Tilleul, ou du Til, Abbé de Pha-

Métropole de Cambray, & ses Suffragans.

lemplin, du même Ordre, Diocèse de Tournay, Châtellenie de Lille, a divisé son Ouvrage en deux Livres, qu'il a dédiés à Baudouin de Glen, Abbé de Hennin-Liétard. Le premier est proprement un Abrégé de la Chronique imprimée sous le nom de Balderic. Du Til, qui écrivoit avant l'Edition de Colvenere, l'appelle *Historia Gerardina*, parcequ'elle avoit été composée par l'ordre de Gerard I. Evêque de Cambray & d'Arras. Il fait mention d'une Chronique manuscrite que lui avoit communiqué Baudouin de Glen, laquelle commençoit au bienheureux Liébert, en 1049, & alloit jusqu'à Aymeric, Evêque d'Arras, en 1361. Pour remplir son plan, il s'est aussi servi de plusieurs Chartes, Actes & Mémoires. Le style de Tilianus est assez pur. L'original est un gros in-4. d'une belle écriture.]

Ordre & suite des Evêques d'Arras; par Guillaume GAZET.

Voyez ci-devant, N.° 8511.]

Les Catalogues des Evêques d'Arras sont imparfaits : c'est ce que Dom Liron a fait voir en traitant du Pays où l'Abbé Suger est né, & d'Alvise, Evêque d'Arras, mort en 1147, & qu'il croit frère de Suger : *Singularités historiques, &c. Paris*, 1738, tom. II. pag. 44 & *suiv.*

8586. ☞ Gesta de restitutione Episcopatûs Atrebatensis, anno 1092.

Ces Actes sont imprimés au tom. V. des *Miscellanea Baluzii, pag.* 235 & *seq.* d'après le Manuscrit de la Cathédrale d'Arras. « La copie envoyée à M. Baluze contenoit certaines dates qui ne sont pas dans l'original; & ces dates, que l'on prend pour être réellement du texte ancien, font naître des difficultés chronologiques qui s'évanouissent quand on sçait qu'elles ne procédent que de cette interpolation. » *Remarq.* de M. Mutte, Doyen de l'Eglise Métrop. de Cambray.]

8587. ☞ Mémoire sur ce qui se passa lors de la séparation de l'Evêché d'Arras d'avec celui de Cambray, après la mort de Gérard, & depuis l'érection de Lambert jusqu'à sa consécration; lû dans la Société Littéraire d'Arras en 1761, par M. l'Abbé DE LYS.

Il est conservé dans les Registres de cette Société. *Voyez* le *Mercure*, 1761, *Septembre, pag.* 146.]

8588. Variorum Epistolæ de rebus Atrebatensibus.

Ces Lettres sont imprimées au tom. V. des *Miscellanea* de M. Baluze, *pag.* 401.

8589. ☞ Mémoire servant d'éclaircissement à ce qui s'est passé par-devant l'Archevêque de Cambray, au sujet du différend qui est entre l'Evêque d'Arras d'une part, & les Dames Abbesse & Religieuses d'Avesnes d'autre part, pour la nomination d'un Confesseur : 1683, *in-fol.*

8590. ☞ Trois Requêtes du Conseil supérieur d'Artois, au Roi. La première sans date. La seconde, signée LAUTHIER, datée de 1708. La troisième, avec la Réponse au Mémoire donné contre ledit Conseil par M. l'Evêque d'Arras, le tout signé LAUTHIER : 1708, *in-4.*

Ces Pièces regardent le conflit de Jurisdiction entre les Officiers du Conseil d'Artois & ceux de l'Evêque, au sujet de deux Curés accusés de révélation de confession.]

8591. ☞ Mss. Dissertation sur l'antiquité de l'Eglise d'Arras; lûe à la Société Littéraire de cette Ville; par M. BINOT.

Elle est conservée dans les Registres de cette Société.]

8592. ☞ Mss. Mémoires pour servir à l'Histoire Ecclésiastique du Diocèse d'Arras : le premier, depuis son origine jusqu'à la mort de saint Géry : le second, depuis saint Géry jusqu'à la mort de saint Vindicien : & le troisième, depuis la mort de saint Vindicien jusqu'au décès de l'Evêque Treuvard; par M. l'Abbé GALHAULT, de la Société Littéraire d'Arras.

Ces Mémoires, qui ont été lûs aux Assemblées de cette Société, sont conservés dans ses Registres.]

8593. Vita sancti Vedasti.

Cette Vie est imprimée dans du Chesne, au tom. I. de son *Recueil des Historiens de France, pag.* 6. Saint Vaast, qui étoit Evêque d'Arras & de Cambray, mourut vers 540.

8594. Alia Vita; ab Alcuino emendata.

Cette Vie est imprimée avec les *Œuvres* d'Alcuin : *Parisiis*, 1617, *in-fol.* & dans du Chesne, au tom. I. de son *Recueil des Historiens de France*. La première Vie est assez courte; elle est ancienne, mais défectueuse : quelques-uns la croyent du siècle où le Saint est mort. Il s'en est fait une autre plus ample depuis, & peut-être à l'occasion de la Translation que saint Aubert fit de son corps en 667 : c'est celle qui fut corrigée par Alcuin, cent ans après. On croit que d'autres y ont fait des additions.

Voyez Act. Lips. 1760, *pag.* 239.]

Eædem Vitæ, & Commentarius Godefridi HENSCHENII, è Societate Jesu.

Dans le *Recueil* de Bollandus, au 6 de Février.]

8595. Vedastiados in laudem sancti Vedasti, seu Galliæ Christianæ, Libri quinque carmine heroïco; auctore Panagio SAULIO, Audomarensi : *Duaci*, 1591, *in-4.*

Cet Auteur est mort en 1595.

8596. Vie de saint Waast; par Guillaume GAZET : *Arras*, 1622, *in-8. Ibid.* 1682, 1701, *in-12.*

8597. Vie du même; par François GIRY.

Cette Vie est imprimée dans son *Recueil des Vies des Saints*, au 6 Février.

8598. Vie du même; par Adrien BAILLET.

Cette Vie est imprimée dans son *Recueil des Vies des Saints*, au même jour.

8599. Elogium historicum Hadulphi; auctore Joanne MABILLON, Benedictino, è Congregatione sancti Mauri.

Cet Eloge est imprimé au tom. III. des *Actes des Saints de l'Ordre de saint Benoît, pag.* 471. Cet Evêque est mort en 728.

8600. Gesta de restitutione Episcopatûs Atrebatensis, anno 1092.

Ces Gestes sont imprimés au tom. V. des *Miscellanea* d'Etienne Baluze, *pag.* 235.

8601. ☞ Histoire de la Vie & des Ecrits de Lambert.

Dans l'*Histoire Littéraire de la France*, tom. X. *pag.* 38. Cet Evêque est mort l'an 1115.]

8602. Laudatio in funere Francisci Richardot; auctore Thoma STAPLETONO, Anglo,

Theologiæ Doctore: *Atrebati*, 1598, *in-8*.

Cette Oraison funèbre est imprimée dans les Ouvrages de Stapleton : *Parisiis*, 1620, *in-fol*. Cet Evêque est mort en 1574, & Stapleton en 1598.

8603. ☞ Mf. Mémoire sur la Vie de François Richardot, Evêque d'Arras, contenant le détail des Cérémonies observées à l'entrée solemnelle de ce Prélat dans la Ville & dans la Cité; par M. l'Abbé DE LYS, de la Société Littéraire d'Arras.

Lû aux Assemblées de cette Société, & conservé dans ses Registres.]

8604. Laudatio funebris Matthæi Moulartii; auctore Ferreolo LOCRIO : *Atrebati*, 1600, *in-4*.

8605. ☞ Pauli Boudot Elogium; per Franciscum SIZÆUM : *Parisiis*, 1604, *in-8*.

Cet Evêque est mort en 1635.]

8606. ☞ Ejusdem Panegyricus; dictus à Petro VALENTE : *Ibid. in-8*.]

8607. ☞ Ejusdem Laurus Theologica; ab eodem Petro VALENTE : *Ibid. in-8*.]

Histoires de l'Evêché de Tournay.

8608. ☞ Series & Historia Episcoporum Tornacensium.

Dans le *Gallia Christiana* des Bénédictins, *tom. III. pag.* 208-247, & les *Preuves*, à la fin, *pag.* 43.]

8609. Mf. Histoire des Evêques de Tournay, depuis Théodore I. jusqu'à Jean de Vendeville; composée par Ferdinand DE CARDEVACQUE, Seigneur de Beaumont, Gentilhomme d'Artois: *in 4*.

Cette Histoire est citée par Sanderus, au tom. I. de sa *Bibliothèque des Manuscrits de Flandres*, pag. 290. Cet Auteur est mort en 1614.

8610. Mf. Series Episcoporum Tornacensium; auctore Nicolao DU FIEF : *in-4*.

Ce Catalogue [étoit] entre les mains de M. de Vatcant, ci-devant Chanoine de Tournay. Il ne contient que des Mémoires pour l'Histoire de ces Evêques.

8611. Mf. Recueil de plusieurs Titres concernant les Evêques & l'Evêché de Tournay : *in-fol.* 4 vol.

Ce Recueil [étoit] conservé dans la Bibliothèque de M. Colbert, [& est dans celle du Roi.]

8612. Series Episcoporum Tornacensium usque ad annum 1620; auctore Joanne BUZELINO.

Cette suite est imprimée dans son Livre intitulé : *Gallo-Flandria sacra & profana : Duaci*, 1625, *in-fol*.

8613. Histoire de Tournay, ou quatre Livres des Chroniques, Annales ou Démonstrations du Christianisme de l'Evêché de Tournay ; par Jean COUSIN, Tournésien, Chanoine de l'Eglise Cathédrale de Tournay: *Douai*, Wion, 1619, 1620, *in-4*. 2 vol.

Cet Auteur est peu judicieux, sans exactitude, & donne dans la fable.]

8614. Guillelmi MARLOT, Ordinis sancti Benedicti, brevis & ingenua discussio an Tornacensis Civitas vel Bavacum in Hannonia, Nerviorum caput sit, ac primaria sedes Episcopalis: *Insulis*, de Rache, 1662, *in-4*.

Cet Auteur est mort en 1667.

8615. Illustrium Virorum pondus & statera de Civitate seu Metropoli, necnon Cathedra Episcopali Nerviorum ; auctore Andrea CATULLIO, Nervio.

Cet Ouvrage est imprimé à la fin du Livre qu'il a intitulé : *Tornacum : Bruxellæ*, 1652, *in-4*.

8616. De l'ancien Diocèse de Tournay; par WASTELAIN.

Ces Observations se trouvent *pag.* 398-417, de sa *Description de la Gaule Belgique : Lille*, 1761 *in-4*.]

8617. ☞ Essai sur l'Histoire de l'Eglise de Tournay, dans l'Institution de ses Evêques; par M. POULAIN.

Cette espèce de Dissertation se trouve *pag.* 719-760, de l'*Histoire de la Ville & Cité de Tournay : La Haye, Moetjens*, 1750, *in-4*. » Ce n'est point, dit l'Auteur, » un plan général de l'Histoire de cette Eglise qu'on » entreprend de donner, ce n'est qu'un abrégé de celle » de sa naissance, où l'on sera voir succinctement quels » furent ses premiers Evêques ».]

8618. ☞ Factum de l'Evêque de Tournay contre son Chapitre, touchant les fonctions Episcopales, (environ en 1617.)

Le Pape Paul V. avoit donné un Bref en faveur de l'Evêque, contre le Chapitre, en 1609, le 9 Mai. En 1611 le même Pape ayant sçu que ce Chapitre n'avoit pas voulu obéir, lui adressa un Bref pour l'exhorter à se soumettre. L'Evêque, nommé Michel Desne, mourut en 1614. Le Chapitre présenta à la Cour de Bruxelles une Requête le 21 Juillet 1617, avec un Avertissement, auquel le nouvel Evêque répondit par ce Factum.]

8619. ☞ Acta sancti Piati, aut Piatonis, Presbyteri, Apostoli Tornacensium & Martyris; cum Commentario prævio Joannis STILTINGI, è Societate Jesu.

Dans le *Recueil* de Bollandus, au tom. I. du mois d'Octobre, *pag.* 1. Saint Piat vivoit dans le troisième siècle, & étoit l'un des Compagnons de S. Denys de Paris.]

8620. Vie de saint Piat, Martyr; par Adrien BAILLET.

Cette Vie est imprimée dans son *Recueil des Vies des Saints*, au premier d'Octobre.

8621. Assertion de l'Episcopat de S. Piat, avec un brief Discours de son martyre, & de l'établissement de l'Eglise de Tournay: *Tournay*, 1619, *in-8*.

Cette Assertion est signée par P. R. Sieur DU PLESSIS.

8622. Salvation pour l'Assertion de l'Episcopat de S. Piat; ou Réponse à quelques Contredits publiés contre cette Assertion; par le même : *Tournay*, 1620, *in-8*.

8623. Abrégé du Martyre de saint Piat: *Tournay*, 1665, *in-12*.

8624. Vita sancti Eleutherii; auctore anonymo, sed antiquo, cum prævio Commentario Godefridi Henschenii.

8625. Alia Vita auctior.

8626. Vita tertia; auctore GUIBERTO, seu WIBERTO, ex Ordine Minorum.

8627. Vita quarta.

Ces quatre Vies sont imprimées dans le *Recueil* de Bollandus, au 20 de Février. La première a été écrite du temps de Louis-le-Débonnaire; les deux suivantes sont plus amples, mais aussi plus insoutenables en beaucoup de choses. Saint Eleuthere est mort en 532. Wibert vivoit en 1270.

8628. Vie du même; par Adrien BAILLET.

Cette Vie est imprimée dans son *Recueil des Vies des Saints*, au 20 Février.

8629. ☞ Histoire de S. Eleuthere; par D. Antoine RIVET, Bénédictin.

Dans l'*Hist. Littér. de la France, tom. III. pag.* 153.]

8630. Historia restaurationis Episcopatûs Tornacensis, anno 1146.

Cette Histoire est imprimée dans Martenne, au tom. III. de son *Nouveau Trésor des Pièces anecdotes*.

8631. Ms. De Vita & obitu Andreæ Ghin de Florentia & Joannis de Pratis; auctore Ægidio LI MUSIS, Abbate sancti Martini Tornacensis.

Cette Vie est citée par Valere André, dans sa *Bibliothèque de Flandres*. André Ghin est mort en 1342. Jean des Prez en 1349, & Li Musis en 1353.

8632. Sermon funèbre de Pierre de Pantaflour; par Jean COTREAU, Archidiacre de Tournay: *Paris*, 1580, *in-*8.

8633. Vita Joannis Vandwillii; auctore Nicolao ZOESIO, Jurisconsulto: *Duaci*, 1598, *in-*8.

Cet Evêque est mort en 1592.

8634. Eloge [en style lapidaire] de Gilbert de Choiseul du Plessis-Praslin.

Il est imprimé dans le neuvième *Journal des Sçavans de* 1690. Cet Evêque, [qui l'avoit été de Cominges depuis 1646 jusqu'en 1670] est mort [le dernier Décembre 1689.]

8635. ☞ Ms. Eloge historique du même; par M. MOREILHON, Docteur en Théologie & Curé de Portès, au Diocèse d'Auch: *in-*4.

Il est conservé dans la Bibliothèque de MM. les Avocats, à Paris.]

8636. Oraison funèbre de Louis-Marcel de Coetlogon; par Robert Philippe, Jésuite: *Tournay*, 1717, *in-*4.

Cet Evêque est mort en 1705.

Histoires de l'Évêché de Saint-Omer.

Cette Eglise, celle d'Ypres & celle de Boulogne, ont été formées de celle de Terouenne, après la destruction de cette Ville en 1553; ainsi on peut consulter, sous l'Histoire de Boulogne, celle de Terouenne, pour le temps qui a précédé l'établissement de l'Evêché de Saint-Omer. *Voyez* ci-après, Boulogne, *Métr. de Reims.*]

8637. ☞ Series & Historia Episcoporum Audomarensium.

Dans le *Gallia Christiana* des Bénédictins, *tom. III. pag.* 474-481, & les *Preuves* à la fin, *pag.* 99.]

8638. ☞ La Vérité de l'Histoire de l'Eglise de Saint-Omer, & son antériorité sur l'Abbaye de Saint-Bertin; ou Réfutation de la Dissertation historique & critique sur l'origine & l'ancienneté de l'Abbaye de Saint-Bertin: *Paris*, le Breton, 1754, *in-*4.

Cet Ouvrage, imprimé par ordre de M. l'Evêque & du Chapitre de Saint-Omer, a été donné comme achevé dès 1739. On auroit dû le retoucher sur ce qui a été écrit dans l'intervalle par les Bollandistes, dans les volumes des 2 & 3 Septembre, aux articles qui concernent S. Bertin & S. Omer; car ils ont prévenu & résolu la plupart des grandes difficultés qu'on oppose aux Religieux de S. Bertin. Le jugement des Bollandistes avoit été précédé de celui des Commissaires du Conseil, qui, par Arrêt du 8 Mai 1741, ont adjugé à l'Abbé de Saint-Bertin plusieurs droits honorifiques qui faisoient l'objet du démêlé.

Les questions agitées dans cette controverse étoient principalement de sçavoir, 1.° si l'Eglise de la Vierge, aujourd'hui Cathédrale de Saint-Omer, fut bâtie par ce saint Evêque avant que S. Bertin & ses Compagnons quittassent l'Abbaye de Luxeu, pour aller s'établir dans le Diocèse de Terouenne: 2.° si Adroal, Seigneur de la Terre de Sithiu, aujourd'hui Saint-Omer, donna cette Terre à S. Bertin & à ses Compagnons, pour y fonder un Monastère, & si la Charte de cette Donation mérite de faire foi dans une controverse réglée: 3.° si S. Omer donna cette Eglise de la Vierge à S. Bertin & à ses Compagnons, pour leur servir de sépulture, & si la Charte de cette Donation doit être regardée comme authentique: 4.° si cette Eglise de la Vierge fut sécularisée vers l'an 820. Sur toutes ces questions, les Journalistes de Trévoux, (*Octobre* 1754) paroissent pancher, d'après les Bollandistes, pour l'affirmative.]

8639. Laudatio funebris in obitum Jacobi Pamelii, Episcopi designati; auctore Guillelmo TABEOMIO, Brugensi, Archidiacono Audomaropolitano: *Antverpiæ*, Belleri, 1589, *in-*4.

Cet Evêque est mort en 1587.

8640. Oratio in funere Joannis de Vernois; auctore Adriano FABRO, Atrebatensi, Canonico Atrebatensi: *Audomari*, 1600, *in-*4.

Cet Evêque est mort en 1600.

Histoires de l'Évêché de Namur.

8641. ☞ Series & Historia Episcoporum Namurcensium.

Dans la *Gallia Christiana* des Bénédictins, *tom. III. pag.* 544-549, & les *Preuves* à la fin, *pag.* 125.]

8642. ☞ Evénemens Ecclésiastiques du Comté de Namur; par le P. Jean-Baptiste DE MARNE, de la Compagnie de Jésus.

Voyez son *Histoire du Comté de Namur*: Liège, 1754, *in-*4. Dans sa Préface historique, on trouve ceux qui ont précédé les Comtes héréditaires, *pag.* 62-90. Les autres sont à la fin de l'Histoire de chaque Prince, dans le Recueil Chronologique, qui suit le Livre IV. & enfin dans les deux premières Dissertations qui sont à la fin de son Ouvrage.]

§. XI.

Histoires de la Métropole de Cologne, & de ses Suffragans.

Histoires de l'Archevêché de Cologne.

8643. TOPOGRAPHIA Archiepiscopatûs Coloniensis; per Matthæum MERIANUM.

Cette Topographie est imprimée avec celle de l'Archevêché de Mayence: *Francofurti*, 1641, *in-fol.*

8644. Archidiœcesis Coloniensis Descriptio historica : *Coloniæ*, Stevesdorff, *in-*12.

8645. ☞ Hermanni CROMBACHII, è Societate Jesu, Chorographica descriptio omnium Parochiarum ad Archi-Diœceseos Coloniensis Hierarchiam pertinentium : (anno 1650.)

Cette Description, tirée des Annales manuscrites de Cologne, par le Père de Crombach, qui sont conservées dans le Collège des Jésuites de cette Ville, a été publiée par le P. Joseph Hartzeim, à la tête de sa *Bibliotheca Coloniensis* : *Coloniæ*, 1747, *in-fol.*]

8646. ☞ Series & Historia Archiepiscoporum Coloniensium.

Dans le *Gallia Christiana* des Bénédictins, *tom. III.* *pag.* 611-715, & les *Preuves* à la fin, *pag.* 135.]

8647. Omnium Archiepiscoporum Coloniensium ac Trevirensium, à primis usque ad modernos Catalogus, brevisque Descriptio Suffraganeorum ; item Coepiscoporum Coloniensis Metropolis, &c. Collectore F. Petro CRATEPOLIO, Minoritâ : *Coloniæ Kempensis*, 1578, *in-*8.

Secunda Editio, duplo penè auctior. *Ibid.* 1580, *in-*8.

Tertia. *Ibid.* Lurtzenkirken, 1592, *in-*8.

Pierre Cratepoil, surnommé *Merſæus*, du Bourg de Moers sa patrie, est mort à Cologne le premier Août 1605. En 1622, Bernard Gualtieri faisant imprimer à Francfort une Chronologie Ecclésiastique de tous les Evêques, inséra dans le tom. I. la seconde Edition de Cratepoil, mais défigurée par des retranchemens.

8648. Electorum Ecclesiasticorum, id est Coloniensium, Moguntinensium, & Trevirensium, à primis usque ad eos qui jam præsident, Catalogus ; auctore Petro CRATEPOLIO, Mersæo, Minoritâ : *Coloniæ*, 1592, 1596, *in-*8.

8649. Levoldi A NORTHOFF, Equitis Marcani, Comitis Leodiensis, Catalogus Archiepiscoporum Coloniensium, à Materno primo Episcopo, ad Wilhelmum de Gennepe, anno 1349.

Ce Catalogue est dans le *Recueil des Historiens d'Allemagne* de Meibomius : (*Helmstadii*, 1688, *in-fol.*) *tom. II. pag.* 4.

8650. ☞ Catalogus Archiepiscoporum Coloniensium vetustus.

Dans la Collection *Monumentorum veterum* de Hahnius : *Brunsvigæ*, 1724 & 1726, *in-*8. 2 vol. tom. I.]

8651. ☞ Epitome Chronologica Archiepiscoporum Coloniensium ; auctore Hermanno CROMBACH, è Societate Jesu.

Cet Abrégé est à la fin de son Ouvrage intitulé : *Martyrium sanctæ Ursulæ* : *Coloniæ*, 1674, *in-fol.*]

8652. ☞ Conatus Chronologicus ad Catalogum Episcoporum, Archiepiscoporum, &c. Coloniæ Agrippinensium ; auctore Michaele MORCKENS, Cartusiano : *Coloniæ*, 1745, *in-*4.

Voyez les *Mém. de Trévoux*, 1747, Mars, *pag.* 556, & les *Actes de Leipsick*, 1747, *pag.* 137.]

8653. ☞ Mss. Decem Chronicæ Coloniensies, ineditæ ex quibus septem Anonymæ.

Elles sont conservées dans le Collège des Jésuites de Cologne, à l'exception des deux dernières, & le Père Hartzeim a donné connoissance dans sa *Bibliotheca Coloniensis*, *pag.* 60.

La première a pour titre : *Successio historica Episcoporum & Archiepiscoporum Coloniensium à Materno ad Philippum*, anno 1196. Elle a été tirée d'un très-ancien Manuscrit.

La seconde est intitulée : *Nomina & Actus Pontificum Coloniensium* ; on la croit de Césaire D'HESTRBACH : elle finit à Henri de Molenarck, qui est mort en 1237.

La troisième a pour titre : *Chronica sive series Archiepiscoporum Coloniensium, à sancto Materno usque ad Solentinum*, anno 1573.

La quatrième est intitulée : *Chronica Præsulum Coloniensium*, & va jusqu'à Ernest.

La cinquième a pour titre : *Series Archiepiscoporum & Electorum Coloniensium* ; elle va jusqu'à Maximilien Henri.

La sixième est un fragment qui finit à Adolphe, & qui a été écrit par un Chanoine de S. Séverin, que l'on croit être Herman DE WESAL.

Le septième est en original dans le Monastère de S. Laurent de Liège, dont l'Abbé en a envoyé une copie au P. Hartzeim, à Cologne.

La huitième est une Histoire des Archevêques de Cologne, écrite par Conrad ISERZHUYFF, depuis saint Materne jusqu'en 1515.

La neuvième étoit entre les mains de M. Schannat, qui en a parlé de son vivant au P. Hartzeim, lequel ajoute qu'il ignore si elle est différente des précédentes.

La dixième est citée dans la *Bibliothèque des Manuscrits* de Dom Bernard de Montfaucon, comme étant à Oxford. On ne sçait si elle est semblable à quelqu'une de celles dont on vient de parler.

8654. ☞ Mss. Annales Ecclesiastici & Civiles Metropolis Ubiorum & sedium Sufftaganeorum, ab anno ante Christum 63, ad annum Æræ nostræ 1675 ; auctore Hermanno CROMBACH, è Societate Jesu : *in-fol.* 3 vol.

Ces Annales sont dans le Collège des Jésuites de Cologne, où l'Auteur a demeuré presque toute sa vie, & où il est mort le 7 Février 1680. Le tom. I. comprend depuis l'an 63 jusqu'à 899, en 1395 pages. Le second, depuis l'an 900 jusqu'à 1400, en 1395 pages. Le troisième, depuis 1401 jusqu'à 1675. Le P. Hartzeim a fait imprimer à la tête de sa *Bibliotheca Coloniensis*, la Description que le Père Crombach a faite du Diocèse de Cologne, ci-devant, N.° 8645.]

8655. ☞ Mss. Historia Coloniensis, ab initio urbis, usque ad annum 1635 ; auctore Joanne WILMIO, Decano Kempensi : *in-fol.*

Cette Histoire est dans le volume XX. des Recueils de Gelenius, qui sont conservés à l'Hôtel de Ville de Cologne.]

8656. ☞ De initio Metropoleos Ecclesiasticæ Coloniæ, &c. Disquisitio ; (auctore Josepho HARTZEIM, è Societate Jesu) : *Coloniæ*, Engelert, 1731, *in-*4. 32 pages.

Ignace Roderique, dans un Ouvrage indiqué ci-dessous, à l'article de l'Abbaye de *Stavelo* (Ordre de S. Benoît) avoit soutenu que Cologne n'avoit été érigée en Métropole Ecclésiastique qu'en 745, par le Pape Zacharie. Ce sentiment est combattu dans cette Dissertation, dont le but est de prouver, 1.° que la dignité Archiépiscopale a commencé dans l'Eglise de Cologne avec S. Materne, son premier Evêque, qui y fut envoyé par S. Pierre : 2.° que cette dignité fut renouvellée au

Métropole de Cologne, & ses Suffragans.

milieu du VIII.e siècle, après avoir été obscurcie par les troubles de plusieurs guerres. On trouve un Extrait de cette Dissertation dans les *Mémoires de Trévoux*, 1732, *Janvier, pag.* 142 & *suiv.*]

8657. ☞ Sanctæ Coloniensis Ecclesiæ de suæ Metropoleos origine Traditio vindicata à propugnationibus Disquisitionis Anonymi ; auctore Ignatio Roderique : *Coloniæ*, Langenberg, 1732, *in*-4. 64 pages.]

8658. ☞ De initio Metropoleos Ecclesiasticæ Coloniæ Disquisitio secunda Historico-Canonica ; & Disquisitio tertia critica : scriptæ à Patre Jos. Hartzeim : *Coloniæ*, Putz, 1732, *in*-4.]

8659. Erhardi Vinheim, Cartusiani, Sacrarium Agrippinæ, seu Designatio Ecclesiarum Coloniensium, Antiquitatum, &c. *Coloniæ*, 1606, *in*-4. [1607, *in*-8.]

8660. ☞ Ægidii Gelenii, Chronici sancti Andreæ Coloniensis, Pretiosa Hierotheca, &c. *Coloniæ*, 1634, *in*-4.

On y trouve les Vies de plusieurs Evêques de Cologne, ainsi que dans un autre Ouvrage du même Auteur, intitulé : *De admiranda Coloniæ magnitudine : Coloniæ*, 1645, *in*-4.

Gelenius est mort à Osnabrug en 1656.]

8661. Suffraganei Colonienses ; auctore [Henrico] Heister : *Coloniæ*, [1641] 1670, *in*-4.

☞ Le P. Hartzeim, (*Biblioth. Colon. pag.* 10) met cet Ouvrage parmi ceux de Gelenius, & fait entendre qu'il a été publié par Henri Heister, neveu & confrère de ce Chanoine. Le même Bibliographe dit (*p.* 178) que Jean Grothaus a fait des augmentations à l'Edition de 1670.]

8662. Elogium constantiæ Senatûs Coloniensis in asserenda Religione Catholica ; auctore Maximiliano Sandæo, è Societate Jesu : *Coloniæ*, 1635, *in*-4.

☞ Vita sancti Materni.

Voyez ci-après, Archev. de la *Métrop. de Trèves*. Ce Saint a été l'Apôtre des Tongrois, (ou Diocèse de Liège) de Cologne & de Trèves.]

8663. Vita sancti Cuniberti ; auctore anonymo.

Cette Vie est imprimée dans le *Recueil* de Surius, au 12 Novembre. Elle a été écrite long-temps après la mort de ce Saint, arrivée l'an 663.

8664. Vie de saint Cunibert ; par Adrien Baillet.

Cette Vie est imprimée dans son *Recueil des Vies des Saints*, au même jour.

8665. ☞ Histoire de la Vie & des Ecrits de Gonthier ; par Dom Antoine Rivet, Bénédictin.

Dans l'*Hist. Littér. de la France*, tom. *V. pag.* 364. Cet Evêque est mort en 869.]

8666. Vita sancti Brunonis ; auctore Rogerio, Abbate Cœnobii de Cruce sancti Leufredi, Ordinis Cisterciensis.

Cette Vie est imprimée dans le *Recueil* de Surius, au 11 Novembre, & d'une manière plus correcte, [avec son Testament & son Epitaphe] dans Leibnitz,

au tom. I. des *Historiens de Brunswic, pag.* 273 & *suiv.* Hanoveræ, 1707, *in-fol*. L'Auteur qui vivoit du temps d'Othon I. & d'Othon II. morts, l'un en 973, l'autre en 983, Empereurs d'Allemagne, est estimé pour son exactitude & sa fidélité. S. Brunon est mort en 965.

8667. Vie du même ; par François Giry.

Cette Vie est imprimée dans son *Recueil des Vies des Saints*, au 11. Novembre.

8668. Vie du même ; par Adrien Baillet.

Elle se trouve dans son *Recueil des Vies des Saints*, au même jour.

8669. ☞ Histoire de la Vie & des Ecrits de S. Brunon ; par Dom Antoine Rivet, Bénédictin.

Dans l'*Hist. Littér. de la France*, tom. *VI. pag.* 304. *Voyez* les Additions dans l'Avertissement du même volume, *pag.* xxiv.]

8670. Vita sancti Heriberti ; auctore Ruperto, Abbate Tuitensi.

Cette Vie est imprimée au tom. II. des *Œuvres* de Rupert : *Parisiis*, 1638, *in-fol*. Ce Saint est mort en 1021, & Rupert en 1135.

8671. Vita ejusdem, versibus Elegiacis celebrata ; per Matthæum Agricium : *Coloniæ*, 1572, *in*-8.

8672. Vita sancti Annonis ; auctore Lamberto, Schaffnaburgio.

Cette Vie est imprimée dans sa *Chronique*, depuis l'an 1050 jusqu'en 1075, & avec les *Historiens d'Allemagne*, publiés par Pistorius : *Francofurti*, 1581, *in-fol*. & dans le *Recueil* de Surius, au 4. de Décembre.

Ce Saint est mort en 1075, & l'Auteur de sa Vie a vécu en 1077.

8673. Vie de saint Annon ; par Adrien Baillet.

Cette Vie est imprimée dans son *Recueil des Vies des Saints*, au même jour.

8674. Vita sancti Engelberti, Martyris ; auctore Cæsario, Heisterbacensi, Ordinis Cisterciensis, synchrono.

Cette Vie est imprimée dans le *Recueil* de Surius, au 7 de Novembre. L'Auteur de cette Vie y paroît plus exact que dans d'autres de ses Ouvrages, & il est digne de foi dans la plupart des choses qu'il y rapporte ; car quoiqu'il soit simple & crédule, il est fidèle & bien informé de tout ce qui regarde ce Saint. On trouve en lui un caractère de sincérité qui ne lui a pas fait dissimuler ce qu'il y a de peu édifiant dans sa conduite. Saint Engelbert a souffert le martyre en 1225.

☞ Cette Vie a été achevée l'an 1237. L'Auteur est mort vers 1240.]

8675. Vindex Libertatis Ecclesiasticæ & Martyr sanctus Engelbertus, cum annalibus suæ ætatis ex Archivis depromptis ; auctore Ægidio Gelenio : *Coloniæ*, 1633, *in*-4.

C'est la Vie précédente, illustrée des Notes de Gelenius.

8676. Vie de saint Engelbert ; par Adrien Baillet.

Cette Vie est imprimée dans son *Recueil des Vies des Saints*, au 7 de Novembre.

8677. ☞ Ad Romanum Breviarium lectiones de Patriæ Coloniensis Sanctis, quæ in Romano Breviario alioquin desiderantur, &c.

auctore Petro Cratepolio : *Coloniæ Kempensis*, 1589, *in-8.*]

8678. ☞ Historia defectionis & schismatis Hermanni Comitis de Weda, Archiepiscopi Coloniensis (ann. 1543 & 1544); authore Arnoldo Meshovio, Lipsiensi : *Coloniæ*, 1620, *in-4.*]

8679. Commentatio brevis de causa Coloniensis Archiepiscopi Gebhardi [Truchsesii,] contra causam Pontificis Romani : *Antverpiæ*, 1527, *in-8. Coloniæ*, 1588, *in-4.*

8680. Michaëlis ab Isselt, Libri quatuor, de Bello Coloniensi, ab electione Gebhardi Truchsesii usque ad recuperatam ab Ernesto Duce Bavariæ Westphaliam : *Coloniæ*, 1584, *in-4.*

☞ Secunda Editio, auctior : *Coloniæ Kempensis*, 1586, *in-8.*

Tertia : *Ibid.* 1620, *in-8.*

L'Auteur est mort le 17 Octobre 1597.]

8681. Arnoldi Meshovii, Rerum per totam Diœcesim Coloniensem, & in ipsa Diœcesi, anno 1584 ad annum 1620, gestarum perbrevis Relatio : *Coloniæ*, 1620, *in-8.*

Gilles de Liége a fait des Additions aux deux Histoires précédentes.

Histoires de l'Évêché de Liége.

8682. ☞ Series & Historia Episcoporum Leodiensium, qui primò Tungrenses.

Dans le *Gallia Christiana* des Bénédictins, *tom. III.* pag. 807-912, & les *Preuves*, à la fin, *pag.* 145.]

8683. Ms. Historia Principum Tungrensium. Historia Episcoporum Tungrensium : *in-fol.*

Cette Histoire est conservée dans la Bibliothèque des Chanoines Réguliers de Tongres, au rapport de Sanderus, au tom. II. de sa *Bibliothèque des Manuscrits de Flandre*, pag. 200.

8684. Disputatio historica de primis Tungrorum, seu Leodiensium Episcopis : item Chronologia posteriorum ; studio & operâ Ægidii Bucherii, è Societate Jesu. Addenda ad hanc Disputationem.

Cette dispute historique est imprimée dans Chapeauville, à la fin du tom. I. de son *Recueil des Historiens des Evêques de Liége* : *Leodii*, 1612, *in-4.* & les Additions sont à la fin du tom. II.

☞ Le P. Bouchier prétend qu'il n'y a jamais eu d'Evêché à Mastricht. Son sentiment a eu des partisans & des censeurs, que l'on va indiquer, quoiqu'il soit aujourd'hui démontré que saint Servais, Evêque de Tongres, transporta son Siége à Maestricht vers l'an 380, & que ce fut S. Lambert qui le transféra de cette Ville à Liége vers l'an 720.]

8685. De Episcopatu Tungrensi & Trajectensi, Episcoporum Regumque Franciæ eis cœvorum Chronologia, & populis Diœcesi illi subjectis; Diatriba Godefridi Henschenii, è Societate Jesu : ex Actis Sanctorum ab illo illustratis: *Antverpiæ*, Meursii, 1653, *in-4.*

Ce même Traité, revu & changé par l'Auteur, est imprimé dans le *Recueil* de Bollandus, au commencement du tom. VII. du mois de Mai. Henschenius a écrit contre ceux qui confondent l'Evêché de Maestricht avec celui d'Utrecht, & qui nient que Maestricht ait été le Siége d'un Evêque.

8686. ☞ Veritatis & Ecclesiæ Tungrensis breves Vindiciæ, adversùs longam & supervacuam Diatribam de Episcopatu Trajectensi : *Leodii*, Streel, 1653, *in-12.* 26 pag.

Cet Ouvrage est de Jean Erhard Foulon, Jésuite.]

8687. ☞ G L. Baronis de Crassier, brevis elucidatio Quæstionis Jesuiticæ de prætenso Episcopatu Trajectensi ad Mosam : *Leodii*, 1738, *in-12.*

M. le Baron de Crassier combat, comme il paroît par le titre seul, le sentiment d'Henschenius, & renouvelle les prétentions des Liégeois. Le Père Bertholet, Jésuite, a pris le parti du Baron de Crassier, dans une Dissertation qui est à la fin du tom. VII. de son *Histoire de Luxembourg* : 1741, *in-4.*]

8688. ☞ Observationes Apologeticæ pro Episcopatu Trajectensi ad Mosam quam R. P. God. Henschenius, Hagiographus piæ memoriæ, jampridem asseruerat, at perillustris D. Baro de Crassier, nuper negavit; auctore R. P. Petro Dolmans, è Societate Jesu, Theologo: *Antverpiæ*, Evereerts, 1740.

On trouve un extrait des Preuves du P. Dolmans, & même des Objections de M. de Crassier, dans les *Mém. de Trévoux*, 1740, *Septemb.* pag. 1795.

Voyez encore le Discours qui est à la tête des Actes de saint Remacle, au 3 de Septembre du *Recueil* de Bollandus.]

8689. ☞ Additamentum ad brevem elucidationem Quæstionis Jesuiticæ de prætenso Episcopatu Trajectensi ad Mosam; auctore G. L. B. de Crassier, Suæ Celsitudinis consiliario : *Leodii*, Kints, 1742, *in-12.*]

8690. ☞ Dissertation où l'on examine s'il y a eu des Evêques de Tongres avant saint Servais, & si après ce Saint, le Siége Episcopal des Tongrois a été transferé à Maestricht; par le P. Jean Baptiste de Marne, Jésuite.

Elle se trouve à la fin de son *Histoire du Comté de Namur*: *Liége & Bruxelles*, 1754, *in-4. Dissertations*, pag. 41-78. Il y prouve de nouveau la translation du Siége à Maestreicht, & répond aux Objections.]

8691. Ms. La Succession des Evêques de Liége : *in-fol.*

Cette Succession est conservée dans la Bibliothèque du Roi, num. 7632.

8692. Ms. Gesta Episcoporum Tungrensium, Trajectensium & Leodiensium à sancti Materni temporibus ad obitum sancti Remacli; auctore Notgero, Episcopo Leodiensi : *in-fol.*

Cette Histoire est conservée dans la Bibliothèque de saint Martin de Liége. La Vie de saint Remacle est bien écrite, & contient plusieurs choses qui regardent les règnes de Dagobert I, de Sigébert fils de Dagobert, & des fils de Clovis II. sous lesquels ce Saint a vécu. Cet Auteur est homme de bon sens, qui aimoit la vérité, selon l'Abbé le Gendre. Saint Remacle est mort en 664, & Notger en 1007. Valère André remarque que Notger a écrit avec Hariger, Abbé de Lobes.

8693.

8693. Mf. Res gestæ Leodienfium, ab anno 988 ad annum 1194; auctore Lamberto Parvo, Cœnobii fancti Jacobi Leodienfis Monacho: *in-fol.*

Cette Hiftoire eft confervée dans la Bibliothèque de ce Monaftère, felon Sanderus, au tom. I. de fa *Bibliothèque des Manufcrits de Flandre*, *pag.* 25. Cet Auteur eft mort en 1194.

☞ Cet Ouvrage & le fuivant (que le P. le Long défignoit comme Mf.) ont été depuis imprimés dans la Collection *Veterum Scriptorum* de D. Martenne, *tom. V. pag. 1 & fuiv.*]

8694. Mf. Hiftoria Leodienfis, ab anno 1194 ad annum 1230; auctore Reinero, ejus Cœnobii Religiofo: *in-fol.*

Cet Ouvrage & le précédent font confervés dans les Archives de l'Églife de faint Jacques de Liége: Sanderus, *tom. I. pag. 7* de fa *Bibliothèque des Manufcrits de Flandre.*

8695. Mf. Hiftoria Rerum atque Epifcoporum Leodienfium ufque ad annum 1340; auctore Joanne Warnantio, ex Ordine Præmonftratenfi, quem excipit Joannes Ultramosanus.

Cette Hiftoire eft citée par Valère André, dans *Bibliothèque de Flandre*. Ce dernier Auteur a vécu vers l'an 1390.

8696. Mf. Chronicon Leodienfe, à fancto Materno ad annum Chrifti 1449; auctore Joanne Stabulano, Cœnobii fancti Laurentii Leodienfis Monacho: *in-fol.*

Cette Chronique eft confervée dans la Bibliothèque de ce Monaftère: Sanderus, au tom. I. de fa *Bibliothèque des Manufcrits de Flandre*, *pag.* 25. Cet Auteur eft mort en 1449. On n'a que l'abrégé de fa Chronique. Gerard-Jean Voffius s'eft trompé, lorfqu'il a affuré dans fon IIIe Liv. des Hiftoriens Latins, chap. VI. *pag.* 563; que Chapeauville avoit fait imprimer cette Chronique.

8697. Mf. Chronique de la Ville & Pays de Liége: *in-fol.*

Cette Chronique eft confervée dans la Bibliothèque du Roi, entre les Manufcrits de M. de Gaignieres.

8698. Mf. Gefta Pontificum Tungrenfium; Trajectenfium & Leodienfium, ufque ad Ludovicum Borbonium; auctore Joanne a Meerhout.

Cette Hiftoire eft citée par Sanderus, au tom. II. de fa *Bibliothéque des Manufcrits de Flandre*, *pag.* 52. Louis de Bourbon fut facré l'an 1461.

8699. ☞ Chronicon Cornelii Zant-Fliet, fancti Jacobi Leodienfis Monachi, ab anno 1230 ad 1461.

Cette Chronique fe trouve dans la Collection *Veterum Scriptorum* de D. Martenne, *tom. V. pag. 67.*]

8700. Mf. Chronicon Leodienfe continuatum ufque ad annum 1483; ab Adriano de Vetere-Busco, Monacho fancti Laurentii Leodienfis.

Cette Chronique eft citée par Valere André, dans fa *Bibliothèque de Flandre.*

☞ Elle a été imprimée depuis, & fe trouve dans la Collection *Veterum Scriptorum* de Dom Martenne, *tom. IV. pag. 1199.*]

8701. Mf. Res geftæ Epifcoporum Leodienfium & Ducum Brabantiæ, à temporibus

fancti Materni ufque ad annum 1505; auctore Joanne Brusthemio, Francifcano, Trudopolitano.

Cette Hiftoire eft citée par Sanderus, au tom. I. de fa *Bibliothèque des Manufcrits de Flandre*, *pag.* 24. Cet Auteur a fleuri l'an 1545.

8702. Mf. De origine, rebufque geftis Trajectenfium ad Mofam; auctore Matthæo Herbeno, Servatianæ Scholæ Præfecto.

Ce Difcours eft cité dans la même Bibliothèque, *pag.* 26. Cet Auteur a vécu l'an 1505.

8703. Mf. Res Leodienfes, ab anno 1449 ad annum . . . . ; auctore Joanne, Loffenfi, Cœnobii fancti Laurentii Leodienfis Abbate.

Cette Hiftoire eft citée ainfi dans la même Bibliothèque, *pag.* 25.

8704. Catalogus omnium Antiftitum Tungrenfium, Trajectenfium & Leodienfium; per Joannem Placentinum, Dominicanum: *Antverpiæ*, Vofterman, [1529] *in-8.*

Ce Catalogue eft auffi imprimé dans la *Refpublica Leodienfis* de Boxhornius: *Amftelodami*, 1632, *in-24.* Il y a bien des fables dans ce Catalogue. Thomas de Liége, dans la Préface de fes *Mémoires des Peuples de Tongres*, tâche de juftifier l'Auteur fur ce défaut, en difant qu'il a rapporté ce qu'il a trouvé écrit avant lui.

8705. Diptychon Leodienfe, ex Confulari factum Epifcopale, & in illud Commentarius Alexandri Wilthelmii, è Societate Jefu: *Leodii*, Hovius, 1659, *in-fol.*

Ejufdem Appendix in aliud Leodienfe Diptychon: *Leodii*, 1660, *in-fol.*

8706. Hiftoria facra & prophana nec-non politica, in qua non folùm reperiuntur Gefta Pontificum Tungrenfium, Trajectenfium & Leodienfium, verùm etiam Pontificum Romanorum atque Imperatorum & Regum Franciæ ufque ad Ludovicum XIII. nunc primùm ftudio Joannis Chapeavilli, Ecclefiæ Leodienfis Canonici & Vicarii Generalis edita & Annotationibus illuftrata: *Augustæ Eburonum*, Ouvrex, 1612-1616, 1618, *in-4.* 3 vol.

Je vais rapporter en détail toutes les Pièces contenues dans ce Recueil.

8707. Harigeri, Abbatis Lobienfis, Gefta Pontificum à beato Materno ufque ad beatum Remaclum, cum Additionibus Ægidii de Leodio, Aureæ Vallis Religiofo.

Cette Hiftoire eft imprimée dans Chapeauville, au tom. I. *pag.* 1. Saint Remacle eft mort en 664. Hariger, qui a fleuri en 980, paroît n'avoir compofé cette Hiftoire que fur les Mémoires de Notger, Évêque de Liége, mort en 1007; de forte qu'il fem ble que ce foit la même Ouvrage: d'autres difent que ces deux Auteurs ont travaillé enfemble. Sanderus, au tom. I. de fa *Bibliothèque des Manufcrits de Flandre*, *pag.* 24.

8708. Anselmi, Canonici Leodienfis, eorumdem Gefta à beato Theodardo ufque ad obitum Wazonis, cum Additionibus Ægidii de Leodio.

Cette Hiftoire eft imprimée dans Chapeauville, au tom. I. *pag.* 99. Cet Auteur a écrit l'Hiftoire de Liége depuis l'an 664 jufqu'en l'an 1048, auquel il fleuriffoit.

Il dit dans sa Lettre à Annon, Archevêque de Cologne, qu'il n'a rien mis dans son Histoire que ce qu'il a lû ou appris de personnes dignes de foi, ou vu lui-même.

8709. Ægidii à Leodio, Aureæ Vallis Religiosi, eorumdem Gesta à Theoderico ad Henricum III.

Cette Histoire est imprimée dans Chapeauville, au tom. II. pag. 1. Ce Moine d'Orval, qui a fleuri en 1240, a écrit l'Histoire depuis 1047 jusqu'en 1246. Valère André l'appelle éloquent pour son temps.

Gilles de Liége a fait des Additions aux deux Histoires précédentes.

8710. Joannis Hocsemii, Canonici Leodiensis, Gesta Pontificum Leodiensium, ab Henrico Gueldrensi ad Adulphum à Marcka.

Hocsemius, qui est mort en 1348, a écrit cette Histoire depuis 1246 jusqu'en 1344. Elle est imprimée au tom. II. de Chapeauville, pag. 273.

8711. Radulphi DE RIVO, Decani Tungrensis, Gesta eorumdem ab anno tertio Engelberti à Marcka usque ad Joannem à Bavaria.

Cet Auteur est mort en 1403. Il a écrit cette Histoire depuis l'an 1348 jusqu'en 1390. Elle est imprimée au tom. III. pag. 1.

8712. Suffridi PETRI, Jurisconsulti, Gesta eorumdem, à Joanne à Bavaria usque ad Erhardum à Marcka.

Ce Jurisconsulte est mort en 1595. Il a écrit cette Histoire depuis l'an 1390 jusqu'en 1506. Elle est imprimée au tom. III. pag. 69.

8713. Joannis CHEAPEAVILLI, Canonici Leodiensis, Gesta eorumdem ab Erhardo à Marcka usque ad Ferdinandum Bavarum.

Ce Chanoine, qui a fleuri en 1615, a écrit cette Histoire depuis 1506 jusqu'en 1513. Elle est imprimée au tom. III. pag. 235.

8714. Ms. Chronique & vraie Histoire de Liége, depuis l'an 1417 jusqu'en 1597.

Cette Histoire est conservée dans la Bibliothèque de Berne en Suisse, entre les Manuscrits de Bongars, n. 491. Elle est de Pernet DU PIN, de la Rochelle.

8715. Stephani RAUSINI [seu REUSINI,] Belloranni J. U. D. Leodium Ecclesiæ Cathedralis, sive de Dominio, Regalibus, mero mixtoque Imperio, & omnimoda Jurisdictione Episcopo & Principi in Urbe Leodiensi sacro Romano Imperio mediatè subjecta : Namurci, 1639, in-4.

8716. Chronologie des Comtes & Evêques de Liége, avec l'Histoire du Château & de la Ville d'Huy, [en Flamand]; par Laurent MELLART, Bourguemestre de Huy : Liége, 1641, in-fol.

8717. ☞ Ms. Gesta Pontificum Tungrensium, Trajectensium & Leodiensium ; per Dominum Joan. MILAR : in-fol.

Ce Manuscrit se trouve dans la Bibliothèque du Frère Eloi, Augustin déchaussé de Lyon.]

8718. Legia Catholica, quò ostenditur Leodienses Episcopos omnes à sancto Materno Catholicos fuisse, &c. auctore Joanne ROBERTO, Arducnate, è Soc. Jesu : Insulis, 1633, in-16.

Le même Livre, traduit en François par Alard le Roy : Liége, 1641, in-12.

8719. Historiæ Leodiensis I. pars hoc titulo: sancta Legia, Romanæ Ecclesiæ filia, &c. auctore Bartholomæo FIZEN, Leodiensi, è Societate Jesu : Leodii, 1642, [1696] in-fol.

8720. Historiæ Leodiensis universæ Compendium per annos digestum ; auctore Joan. Erhardo FULLONIO, è Societate Jesu : Leodii, 1654, in-12.

Eadem auctior : Leodii, 1656, in-8.

Cet Auteur est mort en 1668. Son Abrégé comprend l'Histoire depuis l'année 614 avant Jesus-Christ jusqu'en 1656 de Jesus-Christ.

8721. ☞ Historia Leodiensis per Episcoporum & Principum seriem digesta ab origine populi usque ad Ferdinandi Bavari tempora ; studio & accurato labore R. P. FOULLON, Soc. Jesu, quondam deducta; nunc primùm ex eruditorum scriniis in lucem edita, & doctorum quorumdam curâ ad ætatem nostram suppleta, &c. Leodii, Keims, 1735, & seq. in-fol. 3 vol.

On en trouve un extrait dans les Mém. de Trévoux, 1737, Août, pag. 1347.]

8722. Gloria Leodiensis Ecclesiæ petita à summorum Pontificum majestate, à purpura Cardinalitia, aliisque id genus prærogativis petita per septem prima secula continuatâ serie ; auctore Jacobo LOBBETIO, Leodiensi, è Societate Jesu : Leodii, Hovii, 1660, in-8.

8723. Vita sancti Materni, Tungrensis Episcopi, cum Commentario prævio Godefridi Henschenii.

Cette Vie est imprimée dans le Recueil de Bollandus ; au 20 de Juin. Ce Saint a vécu vers l'an 216.

8724. De sancto Maximino, Sylloge ejusdem HENSCHENII.

Ce Saint a vécu vers l'an 300. Ce Recueil est imprimé dans le volume précédent.

8725. De sancto Valentino, Episcopo Tungrensi ; & de sancto Candido, Episcopo Trajectensi ad Mosam, Martyribus.

Ceci est imprimé dans le même Recueil, au 7 de Juin. Ces Saints sont morts dans le IVe siècle.

8726. De sancto Servatio, Episcopo Trajectensi ; auctore Godefrido HENSCHENIO, è Societate Jesu.

Ceci est imprimé dans le Recueil de Bollandus, au 13 de Mars. Ce Saint est mort en 384.

8727. Vita sancti Servatii, cum Officio ; auctore Joanne LEURENIO, è Societate Jesu : Coloniæ, Hulting, 1649, in-12.

Cet Auteur est mort en 1656.

8728. Dissertatio de sancto Servatio : Leodii, 1684, in-8.

Cette Dissertation est composée par Guillaume SLUZE, Chanoine de Liége.

8729. Vie de saint Servais ; par Jean HELIN, Jésuite : Liége, 1625, in-4.

Métropole de Cologne, & ses Suffragans.

8730. Abrégé de la Vie de saint Servais, extrait de l'ample Légende mise depuis peu en lumière : *Maestricht*, 1663, *in-12*.

8731. Vie du même ; par François GIRY.

Cette Vie est imprimée dans son *Recueil des Vies des Saints*, au 13 de Mars.

8732. Vie du même ; par Adrien BAILLET.

Cette Vie est imprimée dans son *Recueil des Vies des Saints*, au même jour.

8733. Vie du même ; par Sébastien LE NAIN DE TILLEMONT.

Cette Vie est imprimée au tom. VIII. de ses *Mémoires pour l'Histoire de l'Eglise*, pag. 382 & 769.

8734. ☞ Histoire de la Vie & des Ecrits de saint Servais ; par D. Antoine RIVET, Bénédictin.

Dans l'*Histoire Littér. de la France*, tom. I. part. 2, pag. 242.]

8735. De sancto Quirillo, Notæ historicæ Godefridi HENSCHENII.

Ces Notes historiques sont imprimées dans le *Recueil* de Bollandus, au 30 d'Avril.

8736. De sanctis Episcopis Trajectensibus Euchario & Falcone, fratre ejus germano, Commentarius historicus Joannis BOLLANDI, è Societate Jesu.

Ces Mémoires sont imprimés dans son *Recueil*, au 20 de Février. Saint Falcon est mort en 532.

8737. Vita sancti Domitiani.

Cette Vie est imprimée dans le *Recueil* de Bollandus, au 7 de Mai. Ce Saint est mort en 560.

8738. Vie de saint Modoalde ; par Adrien BAILLET.

Cette Vie est imprimée dans son *Recueil des Vies des Saints*, au 16 de Juillet. Ce Saint est mort en 609.

8739. Historia admiranda curationum quæ divinitùs, ope D. Perpetui Episcopi Leodiensis ad ejus reliquias Dionanti (Dinant) anno 1595 contigerunt ; adjecta Vita sancti Perpetui, descriptio oppidi Dionantensis :] *Leodii*, Hovii, 1601, *in-4*.

Ce Saint est mort en 630.

8740. Vita sancti Amandi ; auctore BAUDEMUNDO ejus Discipulo, Abbate Blandiniensi, cum fusiori Commentario prævio Godefridi Henschenii.

Cette Vie est imprimée dans le *Recueil* de Bollandus, au 6 de Février, pag. 815 & 848. Saint Amand est mort en 684, & Baudemond a vécu l'an 700. La Vie qu'il en a écrite est assez fidèle ; mais elle est confuse pour l'ordre des temps.

8741. Alia Vita ; auctore Philippo HARVENGIO de Eleemosyna, Abbate Bonæ-Spei, Ordinis Præmonstratensis.

Cette Vie est aussi imprimée dans le *Recueil* de Bollandus, au même jour. L'Auteur y donne des marques de sa piété & de sa capacité : il est mort en 1183.

8742. Alia Vita metrica ; auctore MILONE, Monacho Elnonensi.

Cette Vie est imprimée au même endroit. L'Auteur est mort en 871.

Tome I.

8743. Vie de S. Amand ; par Adrien BAILLET.

Cette Vie est imprimée dans son *Recueil des Vies des Saints*, au 6 de Février.

8744. Vita sancti Remacli, Episcopi Trajectensis (& Tungrensis,) ac dein Abbatis Stabulensis ; Stabuleti in Germaniâ ; auctore anonymo, & Commentarius Joannis VELDII, è Societate Jesu.

Dans le *Recueil* de Bollandus, au 3 de Septembre.]

8745. ☞ Vita sancti Theodardi ; & Commentarius Joannis LIMPENI, è Societate Jesu.

Dans le *Recueil* de Bollandus, au 10 de Septembre. Ce Saint est mort en 668.]

8746. * Fragmentum Vitæ sancti Landeberti ; ab Auctore contemporaneo scriptæ.

Ce Fragment est imprimé au tom. I. du *Recueil des Historiens* de du Chesne, pag. 674.

8747. Vita sancti Lamberti, Martyris ; auctore STEPHANO, Episcopo Leodiensi.

Cette Vie est imprimée dans le *Recueil* de Surius, au 17 de Septembre. Sigebert de Gemblours, dans le chapitre CXXVI. des *Ecrivains Ecclésiastiques*, dit qu'Etienne, Evêque de Liège, a retouché la Vie de ce Saint, écrite par GODESCALC, Clerc de cette Eglise, & l'a dédiée à Herman, Archevêque de Cologne : d'autres disent qu'il a composé son Ouvrage sur les Mémoires de THÉODOEN, Disciple de saint Lambert. Les autres Vies de ce Saint sont moins bonnes à mesure qu'elles s'écartent de cet Original, qui n'est pas excellent par lui-même. Saint Lambert est mort en 696, & Etienne de Liège en 920.

8748. Appendix quatuor Auctorum præcipuorum, qui gesta sancti Lamberti, Martyris, seorsim scripserunt, GODESCALCI ; Diaconi & Cardinalis Leodiensis; STEPHANI, Episcopi Leodiensis ; NICOLAI, Canonici Leodiensis, & REINERI, ad sanctum Laurentium prope Leodium, Monachi.

Ces Vies sont imprimées dans Chapeauville, au tom. I. de son *Recueil des Historiens de Liège*, pag. 316 : *Leodii*, 1612, *in-4*. Godescalc a fleuri en 910. Etienne est mort en 920. Nicolas a fleuri en 1120, & Reinerus vers l'an 1130. » Tous ces Historiens, joints à beaucoup d'au-
» tres qui les ont suivis, ne vaudroient pas tous ensemble
» un Historien qui auroit été judicieux & exact. Godes-
» calc mérite la préférence, parcequ'il est le plus ancien,
» & qu'il a copié presque de mot à mot l'Auteur contem-
» porain qui a écrit la Vie de ce Saint. Reinerus ne s'est
» attaché à aucun des Auteurs précédens, mais il a com-
» posé une nouvelle Histoire, selon Baillet. Plusieurs ont
» composé la Vie de saint Lambert ; il eût mieux valu
» qu'il n'y en eût eu qu'un seul qui eût été exact. Mais
» plusieurs voulant les uns après les autres illustrer les
» actions de ce Saint en les amplifiant, ils les ont défigu-
» ries par le grand nombre de fables & par les fautes
» grossières dont ils ont rempli son Histoire. » Mabillon, dans son *Commentaire sur la Vie de saint Lambert*, cité par Jacques le Roy, *Lib. VII. Cap. II. Topographiæ Gallo-Brabantiæ*.

8749. ☞ Vita sancti Lamberti, Martyris & Episcopi Trajectensis ; auctore anonymo : & Revelatio sancti Lamberti, Martyris ; eodem Autore.

On les trouve au tom. II. des *Leçons Antiques* de Canisius, *pag. 172*.]

8750. ☞ Vitæ ejusdem; & Commentarius Constantini SUYSKENI, è Societate Jesu.

Dans le *Recueil* de Bollandus, au 17 de Septembre. On peut voir ce qui en est dit *pag.* xxiij de l'Avertissement du tom. XII. de l'*Hist. Littér. de la France.*]

8751. Vita sancti Lamberti; auctore Joanne ROBERTO, è Societate Jesu : *Leodii*, Tournay, 1633, *in-*12.

Cet Auteur est mort en 1651.

La même, traduite en François; par Alard le Roy, Jésuite : *Liége*, 1634, *in-*8.

8752. Vie du même.

Cette Vie est imprimée avec l'*Abrégé de l'Histoire de Liége* : *Liége*, 1673, *in-*8.

8753. Le Courtisan Chrétien, immolé en victime d'Etat à la passion de la Cour, ou la Vie de saint Lambert; par DU BOSC DE MONTANDRÉ : *Liége*, 1657, *in-*4.

Du Bosc de Montandré fit imprimer cette Vie pendant sa retraite hors de France. Ce titre fait connoître son caractère, & qu'il a pu composer durant les guerres de Paris ce grand nombre de Libelles qu'on lui a attribués.

8754. De causa Martyrii sancti Lamberti; auctore Carolo LE COINTE, Congregationis Oratorii Presbytero.

Cette Dissertation est imprimée au tom. IV. de ses *Annales de l'Eglise de France*, sous l'année 708, depuis le nombre 9 jusqu'au 39.

8755. Dissertatio de eodem argumento: *Leodii*, 1674, *in-*8.

8756. * De tempore & causa martyrii ejusdem, Diatriba chronologica & historica : *Leodii*, 1679, *in-*12.

Ce Discours a été composé contre un endroit du tom. V. de l'*Histoire Ecclésiastique* de M. Godeau.

8757. ☞ Commentaire de D. Jean MABILLON sur la Vie de saint Lambert, Evêque de Liége.

Il est imprimé avec la *Topographie historique du Brabant* de Jacques le Roy : *Amsterdam*, 1693, *in-fol.*]

8758. Vie de saint Lambert; par François GIRY.

Cette Vie est imprimée dans son *Recueil des Vies des Saints*, au 17 de Septembre.

8759. Vie du même; par Adrien BAILLET.

Cette Vie est imprimée dans son *Recueil des Vies des Saints*, au même jour.

8760. ☞ La Vie de saint Lambert, Martyr, Evêque de Tongres, Patron de la Cité & Pays de Liége; par J. ROBERTI, traduite par Alard le Roy : *Liége*, 1734, *in-*12.]

8761. Vita sancti Huberti, ultimi Tungrensis Episcopi, primi Leodiensis; auctore quodam ejus Discipulo vel Familiari.

Cette Vie est imprimée dans le *Recueil* de Surius, au 3 de Novembre. Elle est très-digne de créance dans les choses que l'Auteur ne rapporte pas sur la foi d'autrui, sur des rapports incertains. Saint Hubert est mort en 727 ou 731.

Eadem Vita , cum Notis & Paralipomenis Joannis ROBERTI, è Societate Jesu, ad vitam & quæstionibus Hubertinis ; quibus dubia circa vitam explicantur: *Luxemburgi*, Reulandi, 1621, *in-*4.

8762. Histoire de la Vie de ce Saint: *Paris*, le Prest, 1678, *in-*8.

8763. ☞ Vie de S. Hubert: *Estival*, *in* 12.]

8764. Vie du même; par François GIRY.

Cette Vie est imprimée dans son *Recueil des Vies des Saints*, au 3 de Novembre.

8765. Vie du même; par Adrien BAILLET.

Cette Vie est imprimée dans son *Recueil des Vies des Saints*, au même jour.

8766. Abrégé de la Vie & des Miracles de ce Saint ; par un Religieux de l'Abbaye de saint Hubert en Ardennes : *Liége*, J. Fr. Broncart, 1697, *in-*12.

8767. De sancto Floreberto, Notæ historicæ Godefridi HENSCHENII, è Societate Jesu.

Ces Notes sont imprimées dans le *Recueil* de Bollandus, au 15 d'Avril. Ce Saint est mort en 746.

8768. Vie de saint Florebert; par MODESTE de saint Amable.

Cette Vie est imprimée au tom. I. de sa *Monarchie sainte*, *pag.* 476 : *Paris*, 1670, *in-fol.*

8769. ☞ Histoire de la Vie & des Ecrits d'Estienne; par D. Antoine RIVET, Bénédictin.

Dans l'*Hist. Littér. de la France*, tom. VI. *pag.* 168. Cet Evêque est mort en 920.]

8770. ☞ Histoire de la Vie & des Ecrits de Notger, par le même.

Dans le même Ouvrage, tom. VII. *pag.* 208. Cet Evêque est mort en 1008.]

8771. Vita sancti Wolbodonis.

8772. Alia Vita ; auctore REINERO, Monacho Leodiensi.

Ces deux Vies sont imprimées dans le *Recueil* de Bollandus, au 21 d'Avril. Ce Saint est mort en 1021, & Reinerus fleurissoit en 1130.

8773. Vie de saint Wolbode ; par MODESTE de saint Amable.

Cette Vie est imprimée au tom. II. de sa *Monarchie sainte*, *pag.* 545 : *Paris*, 1672, *in-fol.*

8774. ☞ Vie de saint Volbodon ; par Dom Antoine RIVET, Bénédictin.

Dans l'*Hist. Littér. de la France*, tom. VII. p. 243.]

8775. ☞ Histoire de la Vie & des Ecrits de Wazon ; par le même.

Dans le volume précédent, *pag.* 388, cotée par erreur 588. Cet Evêque est mort en 1048.]

8776. ☞ Histoire de la Vie & des Ouvrages de Theoduin ; par le même.

Dans l'*Histoire Littéraire de la France*, tom. VIII. *pag.* 23. Cet Evêque est mort en 1075.]

8777. ☞ Histoire de la Vie & des Ecrits de Henri, surnommé le Pacifique ; par le même.

Dans le volume précédent, *pag.* 352. Cet Evêque est mort en 1091.]

Métropole de Cologne, & ses Suffragans. 589

8778. ☞ Histoire de la Vie & des Ouvrages de Otbert.

Dans la *Continuation de l'Hist. Littér. de la France*, au tom. X. Cet Evêque est mort en 1119.

8779. Vita sancti Federici, Martyris; auctore coævo REINERO, Monacho sancti Laurentii, cum Commentario Godefridi Henschenii.

Cette Vie est imprimée dans le *Recueil* de Bollandus, au 17 de Mai. Ce Saint a souffert le martyre en 1121 [par le poison.]

☞ *Voyez* aussi dans Martenne, *Amplissim. Collect.* tom. I. pag. 653, & tom. IV. pag. 1023.]

8780. Vie de saint Fédéric; par MODESTE de saint Amable.

Cette Vie est imprimée au tom. II. de sa *Monarchie sainte*, pag. 562: *Paris*, 1672, *in-fol.*

8781. ☞ Histoire de Frédéric.

Dans l'*Hist. Littér. de la France*, tom. X. pag. 319.]

8782. Vita & Martyrium sancti Alberti, Cardinalis; auctore anonymo ejus Domestico, inserta Historiæ Leodiensi, quam scripsit ÆGIDIUS Leodiensis, curâ & studio Auberti Miræi: *Antverpiæ*, 1610, *in-fol.*

Cette même Vie est tirée de son Histoire, rapportée ci-devant au N.° 8709. Elle est aussi imprimée dans du Chesne, pag. 149 des *Preuves de l'Histoire des Cardinaux*: *Paris*, 1666, *in-fol*. Ce Saint a souffert le martyre en 1192, & Gilles, Moine d'Orval, a fleuri en 1240.

La même, traduite par Christophe Beys: *Lille*, 1613, *in-8.*

8783. Le Pourtrait du vrai Pasteur, ou Histoire mémorable de saint Albert, Evêque de Liége; par G. D. R. sieur d'Escœuvres: *Paris*, Huby, 1613, *in-8.*

Les lettres initiales signifient Guillaume DE REBREVIETTE.

8784. Historia ejusdem; auctore Ludovico Donio D'ATTICHY.

Cette Histoire est imprimée au tom. I. de ses *Fleurs de l'Histoire des Cardinaux*, pag. 232: *Parisiis*, 1660, *in-fol.*

8785. La Vida de lo mismo; traducida por Andrea de Soto: *en Brussellas*, 1613, *in-8.*

8786. La Vie du même; par Adrien BAILLET.

Cette Vie est imprimée dans le *Recueil de ses Vies des Saints*, au 21 de Novembre.

8787. Historia Erhardi Cardinalis à Marcka; auctore Ludovico Donio D'ATTICHY.

Cette Vie est imprimée au tom. II. de ses *Fleurs de l'Histoire des Cardinaux*, pag. 78: *Parisiis*, 1660, *in-fol*. Ce Cardinal est mort en 1538.

8788. ☞ REINERI, Monachi sancti Laurentii Leodiensis, de claris Scriptoribus Monasterii sui: Item, de Vitâ Corachi & Reginardi, Episcoporum Leodiensium.

Se trouve dans le tom. IV. du *Thesaurus Anecdotorum novissimus* de Dom Pez: *Augustæ Vindelicorum*, 1721 & seq. in-fol. 7 vol.]

Histoires de l'Évêché d'Utrecht.

Quoique cette Eglise ait été érigée en Métropole l'an 1559, je la considère néanmoins ici au nombre des Suffragans de la Métropole de Cologne, comme elle l'étoit auparavant.

8789. De Urbis Ultrajectinæ situ, Episcopis, &c. ex Lamberto Hortensio, Ænea Sylvio, Raphaële Volaterrano & Hadriano Junio; excerpta à Petro SCRIVERIO.

Ce Discours est imprimé à la *pag.* 39 de son *Batavia illustrata*: *Leidæ*, 1611, *in-4.*

8790. WILLELMI, Monachi & Procuratoris Egmondani, Chronicon ab anno 647 usque ad annum 1333, cum Observationibus Antonii MATTHÆI.

Dans le tom. IV des *Analectes* de Matthæus: 1697, *in-8*. ou le tom. II. de l'Edition d'*Hoynck*, 1738, *in-4*. C'est le plus ancien Ecrivain de Hollande, & il est regardé comme très-digne de foi.]

8791. Chronicon Episcoporum Ultrajectensium & Comitum Hollandiæ; auctore Joanne de BEKA, cum Appendice Suffridi PETRI, ab anno 1546 ad annum 1574, in lucem edita à Bernardo Gerbrando Furmerio: *Lugduni-Batav*. & *Frankeriæ*, Doyema, 1612, *in-4.*

Cette même Chronique est imprimée avec les *Annales des Comtes de Hollande*: *Francofurti*, 1620, *in-fol*. Jean de Beka est mort en 1345.

☞ On a joint à cette Edition *Lamberti* HORTENSII, *Monfortii, Secessionum Ultrajectinarum Libri*. Cet Ouvrage est intéressant. L'Histoire de Beka se trouve en Flamand, avec des Notes, dans les *Analectes* de Matthæus, *tom. V. Lugd. Batav*. 1697, *Hag. Comit.* 1758.]

8792. Disquisitio Conradi JANNINGII, Societatis Jesu, in Chronicon Joannis de Beka, de Episcopis Ultrajectinis, quo anno illud ipse terminavit.

Cette Disquisition est imprimée dans le *Recueil* de Bollandus, au tom. VI. de Juin, *partie* 2, *pag*. 175. L'Auteur y prouve que cette Chronique finit en 1346.]

8793. Historia Ultrajectina, in qua Joannes DE BEKA, Canonicus Ultrajectinus, & Wilhelmus HEDA, Præpositus Aronhemensis de Episcopis Ultrajectinis, recogniti & Notis illustrati ab Arnoldo BUCHELIO, Batavo Jurisconsulto; cum Suffridi PETRI Appendice ad Historiam Ultrajectinam: *Ultrajecti*, Doorn, 1643, *in-fol.*

Arnold Bouchel d'Utrecht a fait imprimer les Histoires des Evêques d'Utrecht, qui avoient été mal imprimées par Futmerius; il les a revues sur les manuscrits; il y a ajouté de longues Notes & des Commentaires, & en a composé le corps d'Histoire intitulé: *Historia Ultrajectina*. Mais il mourut en 1641, lorsqu'il y travailloit; & Gisbert Loppius de Waurea, Jurisconsulte, en a achevé l'édition, de l'année 1643, *in-fol.*

8794. ☞ Chronica de Trajecto & ejus Episcopatu, ac ortu Frisiæ, sive Auctor rerum & Trajectensium & Hollandicarum Anonymus, ab ipsis Episcopatûs initiis, usque ad Maximilianum & ejus filium Philippum; & quantum ad Trajectensia, ad Davidem Burgundum. Antonius MATTHÆUS adjecit Ob-

Liv. II. *Histoire Ecclésiastique de France.*

servationes, Acta publica & Instrumenta, Electionis Episcoporum, modumque Electionis, & Diplomata Pontificia, ex Archivis Ultrajectinæ majoris Ecclesiæ.

☞ Cette Chronique se trouve dans le tom. VIII. des *Analectes* de Matthæus, édition de 1697, *in-8.* & dans le tom. V de celle de Hoynck, 1738, *in-4.*]

8795. ☞ De Episcopis Trajectinis; auctore Adriano BARLANDO.

Cet Ouvrage est avec celui qui est intitulé: *De Comitibus Hollandiæ : Antverpiæ,* 1520. *in-4.* & il a été ensuite réimprimé en 1584, *in-fol.*]

8796. Catalogus Episcoporum Ultrajectensium; auctore Gerardo GELDENHAURIO, Noviomago: *Marpurgi,* 1642, *in-8.*

☞ Ce Catalogue se trouve aussi dans la Collection intitulée: *Germanicarum historiarum illustratio : Magdeburgi,* 1541 (& non 1642) *in-8.*

Le même Catalogue & le suivant ont encore été imprimés dans la *Batavia illustrata* de Pierre Scriverius: *Lugd. Batav.* Elzevir, 1611, *in-4.*

8797. Catalogus Episcoporum Trajectensium, & res gestæ; auctore Adriano BARLANDO, Zelando: *Coloniæ,* 1603, *in-8.* [*Francofurti,* 1685, *in-8.*]

Cet Ouvrage est aussi imprimé dans la *Batavia Sacra* de Scriverius: *Leidæ,* 1611, *in-4.*

8798. Catalogus & Historia Episcoporum Ultrajectensium & Antistitum Egmondanorum; auctore Petro Cornelissonio BROCKENBERGIO: *Lugduni-Batavorum,* 1586, *in-8.*

8799. Batavia sacra, sive res gestæ Apostolicorum virorum qui fidem Bataviæ primi intulerunt, in duas partes divisa, cum typis æneis industriâ & studio T. S. F. H. S. T. L. P. U. T. (Hug. Franc. VAN HEUSSEN, Sacr. Theol. Lic. & Eccles. Traj. Vicarii): *Bruxellis,* 1714, *in-4.*

☞ Eadem: *Ultrajecti,* 1754, *in-fol.*

Cet Ouvrage est divisé en deux Livres; on rapporte dans le premier les Vies de soixante Evêques d'Utrecht.

8800. Fundationes & Fata Ecclesiarum, quæ Ultrajecti & ejus Suburbiis & Diœcesi fuerunt, Libri duo, quibus Chronica, Acta publica, &c. illustrantur ab Antonio MATTHÆO, Jurisconsulto: *Lugduni-Batavorum,* 1704: [*Hagæ Comit.* 1740] *in-4.*

8801. ☞ Historia Episcopatuum Fœderati Belgii, utpotè Metropolitani Ultrajecti, nec non Suffraganeorum Harlemensis, Daventriensis, Leovardiensis, Groningensis & Middelburgensis: *Antverpiæ,* 1719, 1733, *in-fol.* 2 vol.]

8802. ☞ Historia de rebus Ecclesiæ Ultrajectensis à tempore mutatæ Religionis in fœderato Belgio: *Bruxellis,* 1725, *in-4.*]

8803. ☞ Historia Ecclesiæ Ultrajectinæ, à tempore mutatæ Religionis in Fœderato Belgio, in qua ostenditur ordinaria Sedis Archiepiscopalis & Capituli jura intercidisse, &c. auctore Corn. Paulo HOYNCK VAN PAPENDRECHT: *Mechliniæ,* 1725, *in-fol.*

Cette Histoire & la précédente ont été attaquées par plusieurs Ouvrages, tels que les *Tractatus Historici V. in - 4.* de Nicolas BROEDERSEN; la seconde Apologie de M. l'Evêque de Babylone, (Dominique-Marie VARLET): *Amstelodami,* 1727, *in-4.* & autres indiqués dans l'Histoire qui suit, & qui a été faite en faveur du Clergé d'Utrecht.]

8804. ☞ Histoire abrégée de l'Eglise Métropolitaine d'Utrecht, principalement depuis la révolution arrivée dans les sept Provinces-Unies des Pays-Bas, sous Philippe II, jusqu'à présent: *Utrecht (Paris)* 1765, *in-12.*

C'est un volume de plus de 600 pages.]

8805. ☞ Corn. Pauli HOYNCK VAN PAPENDRECHT, Catalogus Historico-Chronologicus Præpositorum & Decanorum quinque Ecclesiarum Ultrajectensium, à Seculo VII. usque ad finem Seculi XVI. Accessit Catalogus Abbatum sancti Pauli, Ordinis sancti Benedicti in civitate Ultrajectina, editus ex codice Manuscripto.

Dans le tom. V. des *Analecta Belgica,* publiés par Hoynck: *Hagæ-Comit.* Block, 1743, *in-4.* 6 vol. On trouve encore un Ouvrage d'Arnold DRAKENBORCK, sur les Chanoines d'Utrecht, dans le *Recueil* des Edits de cette Province, publié en 1729, par J. Van de Vater: *in-fol.* 3 vol.]

8806. ☞ De ortu & processu Calvinianæ Reformationis in Belgio, in quo exhibentur pacta & fœdera ibidem inita, & demonstratur nullam eorum à Reformatoribus habitam esse rationem; auctore C. L. S. V. V. *Coloniæ,* Vredenburg, 1673, *in-8.*

Cette Histoire est accompagnée des principales Ordonnances faites en Hollande contre les Catholiques, malgré les premières conventions, & ainsi cela fait partie de l'Histoire Ecclésiastique du Pays: heureusement ces Ordonnances ne sont pas aujourd'hui en usage. On trouve à peu près les mêmes choses dans un Ouvrage intitulé: *La Souveraineté des Rois défendue,* contre *Melchior Leydecker, Calviniste : Paris,* Josset, 1704 & 1712, *in-12.* Cet Ouvrage est de Pasquier QUESNEL.]

8807. ☞ Vindiciæ de Canonicis Ultrajectensibus, adversùs Essenium; auctore Samuele MARESIO, Ministro Groningensi: *Groningæ,* 1660, *in-4.*

☞ Nous aurions pu ôter cet Article, parcequ'il n'appartient point à l'Histoire Ecclésiastique d'Utrecht; mais on auroit peut-être cru que nous l'aurions omis par négligence, & quelqu'un l'auroit rétabli d'après le Père Long. Cependant il ne se connoissoit que par un Catalogue, & il paroît avoir cru qu'il s'agissoit dans cet Ouvrage des Chanoines de l'Eglise (Catholique) d'Utrecht; au lieu qu'il n'y est question que des Protestans qui possèdent les biens temporels des cinq anciens Chapitres de la Ville d'Utrecht, enlevés aux Catholiques en 1612, ce qui donna occasion à l'Archevêque Rovenius (lequel avoit été autorisé par Paul V. à nommer aux Canonicats vacans dans les mois réservés au Pape) de former en 1633 le Collége ou Vicariat, qui fut depuis le Chapitre de la Métropole. Cependant quelques Ministres de la nouvelle Religion, entr'autres Voet, firent tous leurs efforts pour faire supprimer ces espèces de Canonicats laïcs, & en attribuer les biens à leur Consistoire, soit pour assister les pauvres, soit pour augmenter les gages des Ministres. Ce fut ce qui donna lieu à divers Ecrits pour & contre. Celui du Ministre des Marets paroît avoir été le dernier. On peut voir un petit détail sur cette affaire, dans les *Mémoires* du Père Niceron, *tom. XII. pag.* 571 *& suiv.* Les Magistrats voulurent que les Canonicats fussent conservés, & ceux qui les possèdent forment encore le premier Ordre des Etats de la Province d'Utrecht, comme autrefois l'Ordre Ecclésiastique. C'est la seule des sept Provinces-Unies qui ait ainsi trois Ordres, comme dans les Etats Catholiques.

Voyez sur cette querelle intentée aux Chanoines d'Utrecht, & les autres Ouvrages qu'elle a produits, Struvius, *Bibl. histor. pag.* 546.]

8808. ☞ Diatriba de primis veteris Frisiæ Apostolis, &c. auctore Willibrordo Bosschaerts, Abbate Tongerlonensi : *Mechliniæ,* 1650, *in*-8.]

8809. Vita sancti Willebrordi, Libri duo, primus solutâ, secundus strictâ oratione scriptus ab Alcimo Alcuino, circa annum 789.

Cette Vie est imprimée dans les *Œuvres* d'Alcuin : *Parisiis,* 1617, *in-fol.* & au tom. III. des *Actes des Saints de l'Ordre de S. Benoît.*

☞ Elle est aussi dans Surius, & dans les *Leçons antiques de Canisius*, *tom. II. part.* 1, *pag.* 460, *édition de Basnage* : *Antverpiæ,* Westein, 1725, *in-fol.*]

8810. Vie de saint Willebrord ; par Adrien Baillet.

Cette Vie est imprimée dans son *Recueil des Vies des Saints*, au 7 de Novembre.

8811. ☞ Vita sancti Gregorii, Ultrajectinæ Ecclesiæ Rectoris ; auctore sancto Ludgero Episcopo ; cum Commentario Joannis Stiltingi, è Societate Jesu.

Dans le *Recueil* de Bollandus, au 25 Août. Ce Saint, qui n'étoit que Prêtre, & Abbé, gouverna plusieurs années le Diocèse d'Utrecht, après la mort de S. Boniface, & celle d'Eoban son successeur : il est mort en 776.]

8812. ☞ Observations sur l'Evêque Albéric ; par D. Antoine Rivet, Bénédictin.

Dans l'Avertissement du tom. V. de l'*Histoire Littéraire de la France*, *pag.* xj. Cet Evêque, neveu de S. Grégoire, est mort en 784. Ils étoient d'une famille issue de la race des Rois François.]

8813. Acta sancti Federici Martyris ; auctore anonymo, qui eam scripsit seculo undecimo.

Cette Vie est imprimée dans le *Recueil* de Surius, au premier d'Août. Ce Saint a souffert le martyre en 838.

8814. Vita sancti Ratbodi ; auctore anonymo.

Cette Vie est imprimée dans le *Recueil* précédent, au 29 de Novembre, & au tom. VI. des *Actes des Saints de l'Ordre de S. Benoît.* Ce Saint est mort en 918.

8815. Vie de saint Ratbod ; par Adrien Baillet.

Cette Vie est imprimée dans le *Recueil de ses Vies des Saints*, au 29 de Novembre.

8816. ☞ Histoire de la Vie & des Ecrits de saint Ratbod ; par D. Antoine Rivet, Bénédictin.

Dans l'*Hist. Littér. de la France*, *tom. VI. pag.* 158.]

8817. ☞ Histoire de la Vie & des Ouvrages d'Adelbode ; par le même.

Dans l'Ouvrage précédent, tom. VII. *pag.* 252. Cet Evêque est mort en 1027.]

8818. ☞ Histoire de la Vie & des Ecrits de Conrad ; par le même.

Dans le tom. VIII. *pag.* 500. Cet Evêque est mort en 1099.]

8819. ☞ Conclave Ultrajectinum, seu vetus Instrumentum quod ritum continet & modum eligendi olim & imponendi Diœcesi Episcopum, anno 1322.

Aliud Conclave Ultrajectinum, anno 1496.

Ces deux Pièces se trouvent aux tom. I & IV. des *Analectes* de Matthæus, édition de 1697, & au tom. I. & II. de l'Edition d'Hoynck, en 1738. Il s'agissoit dans la première élection, de Jacques de Outskorne ; & dans la seconde, de Frédéric de Baden, prédécesseur de Philippe de Bourgogne.]

8820. ☞ Ordinum seu trium Statuum Trajectensium & cis & trans Isalam, contra Papam (Martinum V.) Libellus (anni 1426) & cur imperium abrogarint Zuedero van Culemburch Episcopo Trajectensi.

Dans les *Analectes* de Matthæus, tom. VI. de la première Edition, & III. de la seconde.]

== Vita Philippi à Burgundia ; auctore Gerardo Geldenhaurio.

Voyez ci-après, *Généalogies des Princes de la troisième Race.*

8821. ☞ Joannis Knippenberg Historia Ecclesiastica Geldriæ : *Bruxellis,* 1719 ; *in-*4.]

Je ne rapporte point ici les Histoires des autres *Suffragans* de la Métropole de Cologne, parcequ'étant au-delà du Rhin, ils ne font point partie de l'Eglise de France [ou des Gaules.]

§. XII.

Histoires de la Métropole d'Embrun & de ses Suffragans.

8822. ☞ Histoire Chronologique des Archevêques d'Embrun, & des Evêques de Grenoble, de Valence, de Die, de S. Paul-trois-Châteaux, & de Gap.

Elle se trouve dans le tom. II. de l'*Histoire du Dauphiné,* par Chorier : *Grenoble,* 1671, *in-fol.*]

Histoires de l'Archevêché d'Embrun.

8823. ☞ Series & Historia Episcoporum Ebredunensium.

Dans le *Gallia Christiana* des Bénédictins, *tom. III. pag.* 1052-1101, & les *Preuves* à la fin, *pag.* 177.]

8824. Histoire générale des Alpes Maritimes ou Colbiennes, & particulièrement de leur Métropolitaine Embrun, Chronographique, & mêlée de la Séculière avec l'Ecclésiastique; par Marcellin FORNIER, Jésuite, Tournonois : *in-fol.*

Cette Histoire [étoit] conservée dans la Bibliothèque des Jésuites de Lyon, [qui depuis leur expulsion est celle du Collége de la Ville.] L'Auteur l'a composée en 1642.

8825. Vita sancti Marcellini.

Cette Vie est imprimée dans le *Recueil* de Bollandus, au 20 d'Avril. Ce Saint est mort vers l'an 354.

8826. Vie du même; par Adrien BAILLET.

Cette Vie est imprimée dans son *Recueil des Vies des Saints*, au même jour.

8827. ☞ Observations sur l'Auteur de la Vie de S. Marcellin, premier Evêque d'Embrun; par D. Antoine RIVET, Bénédictin.

Dans l'*Hist. Litter. de la France*, tom. III. p. 44.]

8828. Vita sancti Peladii, sive Palladii, cum Commentario prævio Danielis PAPEBROCHII.

Cette Vie est imprimée dans le *Recueil des Vies des Saints* de Bollandus, au 21 de Juin.

8829. ☞ La Vie de S. Libérat.

Elle se trouve avec celle de S. Martin de Brive; par Jean CONTE, seconde Edition : *Brive*, 1688, *in-8*. Elle ne se trouve pas dans la première, ci-devant, N.° 4569.]

Histoires des Evêques de Grasse.

8830. ☞ Series & Historia Episcoporum Grassensium, qui primò Antipo;itani.

Dans le *Gallia Christiana* des Bénédictins, tom. III. p. 1146-1185; & les *Preuves* à la fin, p. 189 & 209.]

8831. ☞ Histoire de la Vie & des Ecrits de S. Eusebe; par Dom Antoine RIVET, Bénédictin.

Dans l'*Hist. Littér. de la France*, tom. III. pag. 303. Ce Saint est mort vers 570.]

Histoires de l'Évêché de Digne.

8832. ☞ Series & Historia Episcoporum Diniensium.

Dans le *Gallia Christiana* des Bénédictins, tom. III. pag. 1109-1138 & les *Preuves* à la fin, pag. 187.]

8833. Historia Ecclesiæ Diniensis ; auctore Petro GASSENDO, Theologo Doctore, Ecclesiæ Diniensis Præposito : *Parisiis*, [Vid. Dupuis] 1654, *in*-4.

Cette Histoire est aussi imprimée au tom. V. de ses Œuvres : *Lugduni*, 1658, *in-fol*. L'Auteur est mort en 1655.

8834. Vita sancti Domnini; eodem auctore.

Cette Vie est imprimée dans le *Recueil* de Bollandus, au 13 de Février.

Histoires de l'Evêché de Vence.

8835. ☞ Series & Historia Episcoporum Vinciensium.

Dans le *Gallia Christiana* des Bénédictins, tom. III. p. 1212-1223, & les *Preuves* à la fin, p. 193 & 231.]

8836. ☞ De sancto Verano Episcopo, Commentarius Joannis PERIERI, è Soc. Jesu.

Voyez le *Recueil* de Bollandus, au 10 de Septembre.]

8837. Vie de S. Véran; par Adrien BAILLET.

Cette Vie est imprimée dans son *Recueil des Vies des Saints*, au 9 de Septembre. Ce Saint a vécu dans le cinquième siècle.

8838. ☞ Histoire de S. Véran; par Dom Antoine RIVET, Bénédictin.

Dans l'*Hist. Littér. de la France*, tom. II. pag. 476.]

8839. Vita sancti Lamberti ; auctore coævo & oculato.

Cette Vie est imprimée dans Barrali, au tom. I de sa *Chronologie de Lérins*, p. 181 : *Lugduni*, 1637, *in*-4. Ce Saint est mort en 1154.

8840. Vie de saint Lambert ; par Adrien BAILLET.

Cette Vie est imprimée dans son *Recueil des Vies des Saints*, au 16 de Juin.

8841. Discours de Guillaume LE BLANC, Evêque de Grasse & de Vence, touchant le déloyal assassinat entrepris sur sa personne, & inopinément découvert le 29 Septembre 1596 : *Aix*, 1596, *in*-8.

8842. Consolation sur le trépas de Guillaume le Blanc ; par Charles DE SAINT-SIXT, Evêque de Riez : *Aix*, Tholosan, 1601, *in*-8.

8843. Oraison funèbre d'Antoine Godeau ; par François TOURTOUREAU, de la Congrégation de la Doctrine Chrétienne : *Avignon*, Duperrier, 1678, *in*-8.

8844. Eloge d'Antoine Godeau ; par Charles PERRAULT.

Cet Eloge est imprimé avec ses *Eloges des Hommes illustres*, au tom. I. pag. 11 : *Paris*, 1699, *in-fol*. Cet Evêque est mort en 1672.

8845. ☞ Histoire de la Vie & des Ouvrages d'Antoine Godeau ; par J. Pierre NICERON.

Dans ses *Mémoires*, tom. XVIII. pag. 61-89.]

8846. ☞ Eloge du même.

Il est imprimé dans les *Mémoires* de l'Abbé D'ARTIGNY, tom. V. art. 79.]

Histoires de l'Évêché de Nice.

8847. ☞ Series & Historia Episcoporum Niciensium & Cemeneleonensium.

Dans le *Gallia Christiana* des Bénédictins, tom. I. pag. 1269-1294, & les *Preuves* à la fin, pag. 237.]

8848. Nicæa Civitas, monumentis illustrata : opus Petri JOFFREDI, Sacerdotis Niciensis, in quo præter Antiquitatum notitiam Sanctorum & Sanctitate illustrium gesta describuntur, notationibus illustrantur, Episcoporum Cornelio-Niciensium, nec non Abbatum Monasterii Sancti Pontii successiones, aliaque Ecclesiastica decora recensentur : *Augustæ Taurinorum*, Rustit, 1658, *in-fol*.

» Cet Ouvrage est composé en fort beau Latin
» achevé pour la connoissance de l'antiquité de cette
» Contrée,

Métropole de Lyon, & ses Suffragans.

» Conttée, qui a suivi les mêmes Maîtres que la Pro-
» vence ». Honoré Bouche, dans la *Préface de son Histoire de Provence*. Goffredi est mort Abbé de Saint-
Pons-de-Cimiers, en 1692.

8849. ☞ Histoire de la Vie & des Ouvrages de S. Valérien ; par D. Antoine Rivet,
Bénédictin.

Dans l'*Histoire Littéraire de la France*, tom. *III.*
pag. 318. Ce Saint vivoit au milieu du cinquième siècle.
Il étoit Evêque de Cemele ou Cimiers, dont le Siege
Episcopal fut peu après uni ou transféré à Nice.]

Histoire de l'Évêché de Glandève.

8850. ☞ Series & Historia Episcoporum
Glandevensium.

Dans le *Gallia Christiana* des Bénédictins, tom. *III.*
pag. 1236-1249, & les *Preuves* à la fin, *pag.* 195.]

Histoires de l'Évêché de Sénez.

8851. ☞ Series & Historia Episcoporum
Senecensium.

Dans le *Gallia Christiana* des Bénédictins, tom. *III.*
pag. 1251-1264, & les *Preuves* à la fin, *p.* 197 & 233.]

8852. ☞ Vie de Messire Jean Soanen,
Evêque de Sénez, avec ses Lettres : *Cologne*
(*Paris*) 1750, *in-4.* 2 vol.

Cette Vie a aussi été imprimée à part, 1750, *in-12.*
L'Auteur est Jean-Baptiste Gaultier, Théologien de
M. Colbert, Evêque de Montpellier, mort en 1755.]

8853. ☞ Tableau historique de Jean Soanen, Evêque de Sénez, né le 10 Janvier
1647, mort à la Chaise-Dieu le 25 Décembre 1740, *in-12.* avec fig.

Voyez ci-devant, N.os 6492 & *suiv.*]

§. XIII.

Histoires de la Métropole de Lyon & de ses Suffragans.

8854. Chronologia historica Antistitum
Archiepiscopatûs Lugdunensis, Gallicani
Primatis & Suffraganeorum Diœceseon ; à
Jacobo Severtio, Theologo Parisiensi, Ec-
clesiaste Lugdunensi : *Lugduni*, 1607, *in-4.*

8855. Chronologia historica successionis Hie-
rarchicæ Antistitum Lugdunensium ; necnon latior Ecclesiæ Cathedralis & cætera-
rum Diœceseos Lugdunensis Historia. Secunda Editio auctior & emendatior. Accessit Chronologia Episcoporum Matiscomen-
sium, nec-non mixta Tractatio præcipuarum totius Diœceseos Ecclesiarum, secunda
Editio. Item brevior Chronologia reliquo-
rum pene omnium Antistitum Galliæ Celticæ, seu integerrimi Primatûs Lugdunensis ;
eodem auctore : *Lugduni*, Rigaud, 1628,
in-fol.

Cet Ouvrage est mal digéré ; il est écrit d'un style
fort obscur & peu Latin, & rempli de remarques inutiles & tirées de loin.

Histoires de l'Archevêché de Lyon.

8856. ☞ Series & Historia Archiepiscoporum Lugdunensium.

Dans le *Gallia Christiana* des Bénédictins, tom. *IV.*
pag. 4-197, & les *Preuves* à la fin, *pag.* 1.]

8857. Lugdunensium Præsulum Catalogus;
auctore Leonardo Saraceno, Lugdunensi
Cive & Ecclesiaste.

Ce Catalogue est imprimé avec celui des Archevêques de France : *Parisiis*, 1561, *in-fol.*

8858. Histoire Ecclésiastique de la Ville de
Lyon ; par Jean de Saint-Aubin, Jésuite.

Cette Histoire est imprimée avec celle de la Ville de
Lyon, du même Auteur : *Lyon*, 1666, *in-fol.*

8859. Histoire Ecclésiastique du Diocèse de
Lyon, traitée par la suite chronologique
des Vies des Archevêques ; avec les plus
mémorables Antiquités de l'Eglise Cathédrale, de toutes les Collégiales, Abbayes &
Prieurés ; par Jean-Marie de la Mure :
Lyon, Gautherin, 1671, *in-4.*

8860. Ms. Titres & Mémoires pour servir
à l'Histoire des Archevêques de Lyon : *in-4.*

Ce Recueil [étoit] conservé à Dijon, dans la Bibliothèque de M. de la Mare, [& est actuellement dans
celle du Roi.]

8861. Notes & corrections faites sur le Bréviaire de Lyon ; par Claude le Laboureur,
Prévôt de l'Isle Barbe : *Lyon*, Champion,
1643, *in-8.*

☞ Il étoit échappé à le Laboureur de dire quelque
chose de peu obligeant pour la Cathédrale de Lyon, ce
qui donna lieu à l'Ecrit qui suit.]

8862. Apologie pour l'Eglise de Lyon, contre les Notes & prétendues corrections sur
le nouveau Bréviaire de Lyon ; par Besian
Arroy, Théologal de l'Eglise de Lyon :
Lyon, 1644, *in-8.*

Cette Apologie contient l'Eloge des premiers Archevêques de Lyon, dont l'Auteur releve la noblesse,
l'antiquité & la sainteté.

8863. Ecclesiæ Lugdunensis Christiana simul
ac humana majestas, & stemma illustre à
Martyrum profectum fortitudine, deductum
per sanctissimorum Præsulum & per illustrium Comitum augustam seriem, & propagatum perpetuo splendore, ad hæc usque
tempora feliciter. Oratio habita in solemni
studiorum instauratione, in aulâ Collegii
Lugdun. Soc. Jesu, à Claudio Clemente,
Soc. Jesu. X. Cal. Nov. 1622 : *Lugduni*,
1628, *in-8.*

8864. ☞ Sommaire des Preuves des droits
de mutation par échange dus aux Archevêques, Chanoines & Comtes de Lyon, & autres Seigneurs du Forest & Lyonnois ; par le
Comte de Fenoyl : 1687, *in-4.*]

8865. Ecclesiæ Lugdunensis Hierarchia, quæ
est Franciæ prima Sedes ; auctore Sympho-

Tome I. Ffff

riano CHAMPIER, Medico: *Lugduni*, 1537, *in-fol.*

Le même Livre, traduit par Léonard de Ville: *Lyon*, 1545, *in-4.*

L'Auteur s'eſt déguiſé ſous le nom de ce Traducteur. Son Ouvrage eſt plein de fables.

8866. Petri DE MARCA, Epiſcopi Conſeranenſis, Diſſertatio de Primatu Lugdunenſi: *Pariſiis*, 1644, *in-fol.* & *in 8.*

Cette Diſſertation eſt auſſi imprimée avec d'autres du même Auteur: *Pariſiis*, 1669, *in-8.* & dans Labbe, au tom. X. des Conciles, pag. 519: *Pariſiis*, 1672, *in-fol.* L'Auteur de cette Diſſertation étoit alors Evêque de Couſerans; il y touche avec une ſingulière érudition pluſieurs points de l'ancienne Hiſtoire.

8867. ☞ Carolus LE COINTE, de Primatu Lugdunenſi.

On trouve ſes Obſervations à ce ſujet, dans ſes *Annales Eccl. Franc.* tom. I. pag. 83 & ſeq. *Pariſiis*, 1665, *in-fol.*]

— Senonenſis Eccleſiæ Querela de Primatu Galliarum, adversùs Lugdunenſem; auctore Joanne-Baptiſta DRIOT.

Voyez ci-après, Arch. de la *Métrop. de Sens.*

8868. Primatûs Lugdunenſis Apologeticon, ſeu ad Querelam Eccleſiæ Senonenſis prior Reſponſio; auctore Bediano MORANGE, Doctore Sorbonico: *Lugduni*, 1658, *in-8.*

8869. Theophili RAYNAUDI, è Societate Jeſu, Aſſertio Primatûs Lugdunenſis.

Cet Ouvrage eſt imprimé avec ſon *Hagiologe de Lyon: Lugduni*, 1662, *in-fol.* & au tom. VIII. de ſes *Œuvres: Lugduni*, 1668, *in-fol.*

8870. Lettre de l'Abbé GUIMONEAU, ou Diſſertation ſur la Primatie de Lyon.

Cette Lettre eſt imprimée dans l'Article premier, du tom. I. du *Recueil des Pièces Fugitives*, publié par l'Abbé Archimbaud: *Paris*, Lameſle, 1717, *in-12.*]

8871. ☞ Mſ. Mémoire pour la prééminence de l'Egliſe de Lyon.

Dans la Bibliothèque de M. Févret de Fontette, Conſeiller au Parlement de Dijon.]

8872. Recueil de tout ce qui s'eſt paſſé entre les Archevêques de Lyon & de Rouen, touchant la Primatie: ſçavoir, une Requête au Roi, de Claude DE SAINT-GEORGE, Archevêque de Lyon, Demandeur; contre Jacques-Nicolas Colbert, Archevêque de Rouen, Défendeur, en 1698. Une Requête au Roi, de Jacques-Nicolas COLBERT, pour le Jugement de l'Inſtance pendante au Conſeil, pour cauſe de la Primatie prétendue par l'Archevêque de Lyon dans la Province de Normandie, contre Claude de Saint-George; par René COUET de Montbayeux, Avocat au Conſeil; & autres Pièces: *Paris*, 1698, *in-fol.*

☞ *Voyez* ſur ce Recueil, *Journal des Sçavans*, 1700, Juillet. = *Hiſt. des Ouvr. des Sçav.* 1699, Janv. L'Abbé de Longuerue, dans le *Longueruana*, pag. 74, dit que le Docteur Ellies du Pin étoit l'Auteur de l'une de ces Requêtes pour l'Archevêque de Lyon. Il ajoute que lui, Abbé de Longuerue, l'a réfutée par un autre Ecrit qui n'a pas été imprimé, mais qui, ſelon lui, étoit ſi perſuaſif & ſi bien appuyé, qu'il fit perdre le Procès à M. de Saint-George. L'Arrêt du Conſeil d'Etat du Roi qui maintient la Métropole de Rouen dans ſon ancienne poſſeſſion, d'être ſoumiſe immédiatement au Saint Siège, eſt du 12 Mai 1702.]

8873. Nouvelle Edition du Recueil précédent: *Paris*, 1702, *in-fol.*

Cette Edition eſt plus ample, & l'Arrêt y eſt. *Voy.* ſur cette affaire le *Recueil d'Arrêts* de M. Froland, chap. 59 pag. 804 & *ſuiv.*

8874. ☞ Lettre de M. l'Archevêque de Lyon (Antoine DE MALVIN DE MONTAZET,) à M. l'Archevêque de Paris (de Beaumont): *Lyon*, 1760, *in-4.* & *in-12.*

On y trouve (*in-4.* pag. 13-56) les preuves de ces deux points: Autorité de la Primatie de Lyon, & Droit des Evêques d'Autun pendant la vacance du Siège de Lyon.]

— Acta Martyrii ſancti Photini.

Voyez ci-devant, N.os 4274 & 4275.

8875. Vita ſancti Irenæi, Martyris; auctore Franciſco FEUARDENTIO, Minorita, Doctore Theologo.

Cette Vie eſt imprimée au-devant des *Œuvres* de ce Saint: *Pariſiis*, 1639, *in-fol.* S. Irénée a ſouffert le martyre en 202, & Feuardent eſt mort en 1610.

8876. De ſancto Irenæo, Commentarius hiſtoricus Danielis PAPEBROCHII, è Societate Jeſu.

Ces Mémoires ſont imprimés dans le *Recueil de Bollandus*, au 28 de Juin.

8877. De variis ſancti Irenæi Actis, olim conſcriptis, eorumque auctoritate; auctore Conrado JANNINGO, è Societate Jeſu.

Cette Diſſertation eſt imprimée dans le *Recueil de Bollandus*, au tom. VI. de Juin, *pag.* 624 & *ſuiv.*

8878. Vie de S. Irénée; par François GIRY.

Cette Vie eſt imprimée dans ſon *Recueil des Vies des Saints*, au 28 Juin.

8879. Vie du même; par Adrien BAILLET.

Cette Vie eſt imprimée dans ſon *Recueil des Vies des Saints*, au même jour.

8880. Vie du même; par Sébaſtien LE NAIN DE TILLEMONT.

Cette Vie eſt imprimée au tom. III. de ſes *Mémoires pour l'Hiſtoire de l'Egliſe*, pag. 77.

8881. Diſſertatio de ſancti Irenæi Vita & Scriptis; auctore Renato MASSUET, Benedictino, è Congregatione ſancti Mauri.

Cette Vie eſt imprimée au-devant de ſon Edition des *Œuvres de ce Saint: Pariſiis*, 1710, *in-fol.*
Le Père Maſſuet eſt mort en 1716.

8882. La Vie de S. Irénée, ſecond Evêque de Lyon, Docteur de l'Egliſe & Martyr; (par Dom François GERVAISE): *Paris*, 1723, *in-12.* 2 vol.]

8883. ☞ Hiſtoire de la Vie & des Ecrits de S. Irénée; par Dom Antoine RIVET, Bénédictin.

Dans l'*Hiſt. Littér. de France*, tom. I. part. 2, p. 324.]

Métropole de Lyon, & ses Suffragans.

8884. ☞ Histoire de Fauſtin, par le même.

Dans le même Ouvrage, tom. I. part. 2, pag. 405. Cet Evêque vivoit au milieu du troiſième ſiècle.]

8885. Vita ſancti Juſti.

Cette Vie eſt imprimée dans le *Recueil* de Surius, au 2 de Septembre, & dans Barrali, à la *pag.* 317 de ſa *Chronologie de Lérins : Lugduni*, 1613, *in-*4. Saint Juſt a fleuri en 380. Sa Vie eſt écrite par un Anonyme du ſixième ſiècle. Elle a quelque choſe d'aſſez beau, & qui fait connoître que ſon Auteur ſçavoit écrire.

8886. ☞ Sancti Juſti Vita ; auctore anonymo ; & Commentarius Joannis Stiltingi, è Societate Jeſu.

Dans le *Recueil* de Bollandus, au 2 Septembre.]

8887. Vie de S. Juſt ; par François Giry.

Cette Vie eſt imprimée dans ſon *Recueil des Vies des Saints*, au même jour.

8888. Vie du même ; par Adrien Baillet.

Cette Vie eſt imprimée dans ſon *Recueil des Vies des Saints*, au même jour.

8889. Vie du même ; par Sébaſtien LE Nain DE Tillemont.

Cette Vie eſt imprimée au tom. VIII. de ſes *Mémoires pour l'Hiſtoire de l'Egliſe, pag.* 546 & 798.

8890. ☞ Hiſtoire de la Vie & des Ecrits du même S. Juſt ; par Dom Antoine Rivet, Bénédictin.

Dans l'*Hiſt. Littér. de la France*, tom. I. part. 2, p. 254-547, & dans l'Avertiſſement du tom. X *p. xij.*]

8891. ☞ De ſancto Elpidio ; Sylloge Joan. Stiltingi, è Societate Jeſu.

Dans le *Recueil* de Bollandus, au 2 Septembre.]

8892. De ſancto Sicario.

Ceci eſt imprimé dans le *Recueil* de Bollandus, au 26 de Mars. Ce Saint a vécu vers l'an 425.

8893. Vita ſancti Eucharii & ſanctæ Conſortiæ ejus filiæ.

Cette Vie eſt imprimée dans le Livre du P. Chifflet, intitulé : *Paulinus illuſtratus : Divione*, 1662, *in*-4. La même Vie, traduite en François ; par Robert Arnauld d'Andilly.

Cette Vie eſt imprimée dans ſon *Recueil des Vies des Saints illuſtres, pag.* 257 : *Paris*, 1675, *in-fol.* Ce Saint eſt mort en 450.

8894. Vies des deux ſaints Euchers de Lyon ; par François Giry.

Ces Vies ſont imprimées dans ſon *Recueil des Vies des Saints*, au 16 Novembre. Le premier a vécu dans le cinquième ſiècle, & le ſecond dans le ſixième. Saint Eucher le jeune n'a pas été Evêque de Lyon, mais Suffragant d'Arles.

8895. ☞ Aſſertio pro unico ſancto Eucherio Lugdunenſi Epiſcopo (primùm Litinenſi Monacho) ; auctore Joſ. Antelmio : accedit Concilium Regienſe anni 1285 ; cum notis Caroli Antelmii, Epiſc. Graſſenſis : *Pariſiis*, Briaſſon, 1726, *in-*4.]

8896. Vie de ſaint Eucher ; par Adrien Baillet.

Cette Vie eſt imprimée dans ſon *Recueil des Vies des Saints*, au 16 de Novembre.

Tome I.

8897. Vie du même ; par Sébaſtien LE Nain DE Tillemont.

Cette Vie eſt imprimée au tom. XV. de ſes *Mémoires pour l'Hiſtoire de l'Egliſe, pag.* 120 & 848.

8898. ☞ Hiſtoire de la Vie & des Ouvrages de S. Eucher ; par D. Antoine Rivet, Bénédictin.

Dans l'*Hiſt. Littér. de la France*, tom. II. pag. 275. Ce Saint eſt mort en 449 ou 450.]

8899. Encomium ſancti Patientis ; auctore Sidonio Apollinari, Arvernorum Epiſcopo, coætaneo.

Cet Eloge eſt imprimé dans le *Recueil* de Surius, au 11 de Septembre, & dans les *Œuvres* de Sidoine Apollinaire, Lettre douzième du ſixième Livre : *Lugduni*, 1552, 1598 : *Pariſiis*, 1598, *in-*4. Ibid. 1652, *in-*4. C'eſt plutôt un Panégyrique, qu'une Hiſtoire de ce Saint, qui eſt mort en 490.

8900. ☞ De ſancto Patiente ; commentarius Joan. Stiltingi, è Societate Jeſu.

Dans le *Recueil* de Bollandus, au 11 Septembre.]

8901. Vie de ſaint Patient ; par Adrien Baillet.

Cette Vie eſt imprimée dans ſon *Recueil des Vies des Saints*, au 11 de Septembre.

8902. Vie du même ; par Sébaſtien LE Nain DE Tillemont.

Cette Vie eſt imprimée au tom. XVI. de ſes *Mémoires pour l'Hiſtoire de l'Egliſe, pag.* 97.

8903. ☞ Hiſtoire de la Vie & des Ouvrages de S. Patient ; par D. Antoine Rivet, Bénédictin.

Dans l'*Hiſt. Littér. de la France*, tom. II. pag. 504.]

8904. De ſancto Ruſtico, Notæ hiſtoricæ Joannis Bollandi, è Societate Jeſu.

Ces Notes hiſtoriques ſont imprimées dans ſon *Recueil*, au 13 de Février. Ce Saint a vécu vers l'an 500.

8905. ☞ Hiſtoire de la Vie & des Ouvrages de S. Ruſtice ; par D. Antoine Rivet, Bénédictin.

Dans l'*Hiſt. Littér. de la France*, tom. II. pag. 675.]

8906. ☞ De ſancto Viventiolo ; Sylloge Joh. Bapt. Sollerii, è Societate Jeſu.

Dans le *Recueil* de Bollandus, au 12 Juillet.]

8907. Vie de ſaint Viventiol ; par Adrien Baillet.

Cette Vie eſt imprimée dans ſon *Recueil des Vies des Saints*, au même jour. Ce Saint a fleuri l'an 517.

8908. ☞ Hiſtoire de S. Viventiole ; par Dom Antoine Rivet, Bénédictin.

Dans l'*Hiſt. Littér. de la France*, tom. III. pag. 94.]

8909. ☞ Sancti Lupi Acta, ex veteri Breviario Lugdunenſi ; & Commentarius Joannis Perieri, è Societate Jeſu.

Dans le *Recueil* de Bollandus, au 25 de Septembre.]

8910. Vie & Miracles de S. Loup ; par Jean Fontaine : *Lyon*, 1634 ; *in*-8.

Saint Loup eſt mort en 542. Sa Vie n'a guères d'autorité.

8911. Vie du même; par Adrien BAILLET.

Cette Vie est imprimée dans son *Recueil des Vies des Saints*, au 15 de Septembre.

8912. ☞ De sancto Sacerdote; Commentarius Constantini SUYSCHENI, è Societate Jesu.

Dans le *Recueil* de Bollandus, au 12 de Septembre.]

8913. Vie de S. Serdot; par Adrien BAILLET.

Cette Vie est imprimée dans son *Recueil*, au 12 de Septembre. Ce Saint est mort après l'an 551.

8914. Epitome Vitæ sancti Nicetii; auctore GREGORIO, Turonensi Episcopo.

Cet Abrégé est imprimé dans le *Recueil* de Bollandus, au 2 d'Avril. Ce Saint est mort en 573.

☞ *Voyez* sur l'Auteur d'une autre Vie, l'*Histoire Littéraire de la France*, tom. III. pag. 360.]

8915. Vie de S. Nisier; par Adrien BAILLET.

Cette Vie est imprimée dans son *Recueil des Vies des Saints*, au même jour.

8916. ☞ De sancto Prisco, Commentarius historicus, Conradi JANNINGI, è Soc. Jesu.

Ces Mémoires de Saint Prisque, mort en 585, sont imprimés dans le *Recueil* de Bollandus, au tom. VI. de Juin, pag. 120.]

8917. ☞ Lettre de M***, au sujet d'un endroit du Breviaire de Lyon (sur S. Priscus) écrite de Paris à M***. *Mercure*, 1735, *Juin*.]

8918. ☞ De sancto Ætherio; Sylloge Joannis STILTINGI, è Societate Jesu.

Dans le *Recueil* de Bollandus, au 27 Août. Ce Saint est mort en 602.]

8919. ☞ De sancto Arigio, vel Aredio; Sylloge Joannis PINII, è Societate Jesu.

Dans le *Recueil* de Bollandus, au 10 Août.]

8920. Vie de saint Arrige; par Adrien BAILLET.

Cette Vie est imprimée dans son *Recueil des Vies des Saints*, au 10 d'Août. Ce Saint est mort l'an 613.

8921. ☞ Sancti Annemundi, alias Dalfini, Acta; auctore anonymo; & Commentarius Joannis PERIERI, è Societate Jesu.

Dans le *Recueil* de Bollandus, au 28 Septembre. Ce Saint est mort vers 660.]

8922. Vie de saint Chaumont (ou Annemond;) par Claude CHASTELAIN, Chanoine de Notre-Dame de Paris : *Paris*, 1697, *in-12*.

L'Abbé Chastelain est mort en 1712.

8923. Vie du même; par Adrien BAILLET.

Cette Vie est imprimée dans son *Recueil des Vies des Saints*, au 28 de Septembre.

8924. Fragmentum Vitæ sancti Lamberti; auctore Chronographo Fontanellensi.

Ce Fragment est imprimé dans le *Recueil* de Bollandus, au 14 d'Avril, & au tom. IV. des *Actes des Saints de l'Ordre de S. Benoît*, pag. 462.
Ce Saint est mort vers l'an 698.

8925. Dissertatio historica Godefridi HENSCHENII, è Societate Jesu, de eodem.

8926. Analecta ex Actis Sanctorum Ansberti, Hermelandi, Eremberti & Condedi.

Cette Dissertation & ces Analectes sont imprimées dans le *Recueil* de Bollandus, au 14. d'Avril.

8927. ☞ Histoire de la Vie & des Ouvrages de S. Leidrade; par D. Antoine RIVET, Bénédictin.

Dans l'*Hist. Littér. de la France*, tom. IV. pag. 433.
Cet Archevêque vivoit dans le IXe siècle : il abdiqua & désigna Agobard pour son successeur.]

8928. De sancto Agobarto, Sylloge Godefridi HENSCHENII, è Societate Jesu.

Ceci est imprimé dans le *Recueil* de Bollandus, au 6 de Juin. Ce Saint est mort l'an 840.

8929. Vie de saint Agobard; par Adrien BAILLET.

Cette Vie est imprimée dans son *Recueil des Vies des Saints*, au même jour.

8930. ☞ Histoire de la Vie & des Ouvrages d'Agobard; par Dom Antoine RIVET, Bénédictin.

Dans l'*Hist. Littér. de la France*, tom. IV. pag. 567.]

8931. ☞ Remarques sur Agobard, Archevêque de Lyon.

Dans le *Dictionnaire* de Jacques-Georges DE CHAUFEPIÉ.]

8932. ☞ Remarques sur Amulon (ou Amolon) Archevêque de Lyon en 852; par le même.

Elles se trouvent dans le même Dictionnaire.]

8933. ☞ Histoire de la Vie & des Ecrits d'Amolon; par Dom Antoine RIVET, Bénédictin.

Dans l'*Hist. Littér. de la France*, tom. V. pag. 104.]

8934. Vie de S. Remy; par Adrien BAILLET.

Cette Vie est imprimée dans son *Recueil des Vies des Saints*, au 18 d'Octobre. Ce Saint Evêque est mort l'an 875.

8935. ☞ Histoire de la Vie & des Ecrits de S. Remy; par Dom Antoine RIVET, Bénédictin.

Dans l'*Hist. Littér. de la France*, tom. V. pag. 549.]

8936. Elogium historicum sancti Aureliani : auctore Joanne MABILLON, Benedictino, è Congregatione sancti Mauri.

Cet Eloge est imprimé au tom. IV. des *Actes des Saints de l'Ordre de S. Benoît*, pag. 490.
Ce Saint est mort en 985.

8937. ☞ De sancto Aureliano, Commentarius Joh. Bapt. SOLLERII, è Societate Jesu.

Dans le *Recueil* de Bollandus, au 4 Juillet.]

8938. Vita sancti Halinardi; auctore anonymo, ejus Discipulo.

Cette Vie est imprimée au tom. IX. des *Actes des Saints de l'Ordre de S. Benoît*, pag. 34. Ce Saint est mort en 1052.

8939. ☞ Histoire de la Vie & des Ecrits d'Halinard; par Dom Antoine RIVET, Bénédictin.

Dans l'*Hist. Littér. de la France*, tom. VII. p. 447.]

8940. ☞ Histoire de la Vie & des Ecrits de S. Gébouin, ou Jubin; par le même.

Dans le même Ouvrage, tom. VIII. p. 104. Ce Saint est mort en 1082.]

8941. ☞ Histoire de la Vie & des Ecrits de Hugues; par le même.

Dans le même Ouvrage, tom. IX. pag. 303. Cet Archevêque est mort en 1103.

8942. ☞ Histoire de Josceran.

Dans le même Ouvrage, tom. X. pag. 147. Cet Archevêque est mort vers l'an 1120.]

8943. ☞ Histoire de la Vie & des Ecrits de Rainald.

Dans le même Ouvrage, tom. XI. pag. 85. Cet Archevêque est mort en 1129.]

8944. Vita Hugonis de sancto-Caro, seu de sancto-Theodorico, Ordinis Prædicatorum, Cardinalis; auctore Vincentio JUSTINIANO, ejusdem Ordinis.

Cette Vie est imprimée au-devant de ses Commentar. in Sacr. Scripturam: Coloniæ Agrippinæ, 1621, in-fol. Hugues de Saint-Cher est mort en 1269.

8945. Historia ejusdem.

Cette Histoire est imprimée au tom. I. du Spicilège de Dom Luc d'Achery, pag. 307.

Eloge de Charles II. Cardinal de Bourbon.

Voyez ci-après, Généalogies des Princes de la III.e Race.

8946. ☞ Joannis PELLISONIS, Oratio in laudem Cardinalis Turnonis: Lugduni, Gryphius (1562): in-4.]

8947. Vita Francisci, Cardinalis à Turnone; auctore Petro ROVERIO, è Societate Jesu.

Cette Vie est imprimée dans son Histoire de l'Abbaye du Moutier-Saint-Jean: Parisiis, 1637, in-4. Ce Cardinal est mort en 1562.

8948. Eloge du même; par Hilarion DE COSTE, de l'Ordre des Minimes.

Cet Eloge est imprimé dans son Recueil des Eloges des Hommes illustres: Paris, 1621, in-fol.

8949. Autre Eloge; par Henri ALBI, Jésuite.

Cet Eloge est imprimé dans son Recueil des Eloges des Cardinaux: Lyon, 1659, in-4.

8950. Historia ejusdem; auctore Ludovico Donio D'ATTICHY.

Cette Histoire est imprimée au tom. III. des Fleurs de l'Histoire des Cardinaux, p. 91: Parisiis, 1660, in-fol.

8951. ☞ Histoire du Cardinal de Tournon, Ministre de France, sous François I, Henri II, François II, & Charles IX. par le P. Charles FLEURY, Jésuite: Paris, 1728, in-8.

Voyez sur cette Histoire, Lenglet, Méth. hist. Suppl. p. 161. = Journ. de Verdun, 1728, Décembre. = Mém. de Trévoux, 1729, Mars. = Journal des Sçav. 1729, Févr. = Mercure, 1728, Octobre.

On peut voir encore ce qui est dit du Cardinal de Tournon, dans les Mémoires de Trévoux, Avril, 1747, pag. 748.]

8952. ☞ Abrégé de la Vie de Pierre d'Espinac.

Dans l'Histoire de la Réception du Concile de Trente: Paris, 1766, tom. II. pag. 81. Ce Prélat fut grand Ligueur, & mourut en 1599.]

8953. Oraison funèbre de Denys-Simon de Marquemont, Cardinal; par JACQUES de Saint-Denis; Religieux Feuillant: Paris, 1626: Lyon, 1627, in-8.

8954. Vita Alphonsi Ludovici Plessæi Richelii, Cardinalis; auctore M. D. P. Parisiis, Vitré, 1653, in-12.

Ce Cardinal est mort en 1653. Ces lettres initiales signifient Michel DE PURE, qui est l'Auteur de cette Histoire, selon Gui Patin, dans sa Lettre 74, écrite à Charles Spon, le 25 Novembre 1653.

8955. Eloge funèbre de Camille de Neufville de Villeroy (mort en 1693); par Jean-Baptiste MASSILLON, Prêtre de l'Oratoire.

Cette Oraison funèbre est imprimée au tom. III. du premier Recueil de ses Sermons: Trévoux, 1708, in-12. & au tome des Oraisons funèbres dans le dernier Recueil: Paris, 1745, in-12.

8956. Vie du même; par [Germain] GUICHENON, Religieux Augustin: Trévoux, 1695, in-12.

Cet Archevêque est mort en 1693.

8957. Oraison funèbre de Claude de Saint-George; par Dominique COLONIA, Jésuite: Lyon, Laurent, 1714, in-4.

8958. ☞ Vie de Pierre Guérin de Tencin, Cardinal & Archevêque de Lyon.

Cet Ouvrage satyrique a été imprimé en Hollande. M. de Tencin est mort en 1758.

Voyez le Dictionnaire Littéraire historique & critique: (Paris) 1758, tom. V. in-8.]

Histoires de l'Évêché d'Autun.

8959. ☞ Series & Historia Episcoporum Augustodunensium.

Dans la Gallia Christiana des Bénédictins, tom. IV. pag. 326-431, & les Preuves à la fin, pag. 39.]

8960. Ms. Episcoporum Æduensium Historia, auctore anonymo.

Cette Histoire est conservée dans la Bibliothèque de M. de la Mare, Conseiller au Parlement de Dijon.

8961. Autun Chrétien, la Naissance de son Eglise, les Evêques qui l'ont gouvernée, & les Hommes illustres qui en ont été tirés; par Claude SAULNIER, Prévôt & Chantre de cette Eglise: Autun, 1686, in-4.

Vies des Saints Patrons, &c. d'Autun; (par Pierre FORESTIER, Chanoine d'Avalon): Dijon, Augé, & Paris, Robustel, 1713, in-12.

Voyez ci-devant, N.° 4241.

8962. Acta sanctorum Reveriani, Episcopi; Pauli, Presbyteri, & decem Sociorum Martyrum Augustoduni; cum Commentario prævio Godefridi HENSCHENII.

Ces Actes sont imprimés dans le Recueil de Bollandus, au premier de Juin. Henschenius croit que saint Révérian a été Evêque d'Autun. Ces Martyrs ont souffert l'an 282.

8963. ☞ De sancto Riticio, Sylloge historica Guillelmi CUPERI, è Societate Jesu.

Dans le Recueil de Bollandus, au 19 Juillet.]

8964. Vie de saint Rhétice ; par Adrien BAILLET.

Cette Vie est imprimée dans son *Recueil des Vies des Saints*, au 19 Juillet. Ce Saint est mort après l'an 314.

8965. ☞ Histoire de la Vie & des Ecrits de S. Rétice ; par Dom Antoine RIVET, Bénédictin.

Dans l'*Histoire Littér. de la France, tom. I. part.* 2. *pag.* 59.]

8966. Vie de S. Cassien; par Adrien BAILLET.

Cette Vie est imprimée dans son *Recueil*, au 5 d'Août. Ce Saint a vécu dans le quatrième siècle.

Il y a plusieurs Actes de la Vie de S. Cassien, Evêque d'Autun, dans les *Antiquitates Hortæ Coloniæ Etruscorum*, par Juste Fontanini : *Rome*, 1708, *in*-4.

8967. Vita sancti Simplicii ; auctore GREGORIO, Episcopo Turonensi, de Gloria Martyrum, capite 77 & 78 ; cum Commentario prævio Godefridi HENSCHENII.

Cette Vie est imprimée dans le *Recueil* de Bollandus, au 24 de Juin. Saint Simplice vivoit au quatrième siècle. Saint Grégoire, qui a vécu cent cinquante ans après ce Saint, témoigne avoir tiré ce qu'il en dit des Actes qui sont perdus depuis.

8968. Vie de saint Simplice ; par Adrien BAILLET.

Cette Vie est imprimée dans son *Recueil des Vies des Saints*, au même jour.

8969. Vie du même; par Sébastien LE NAIN DE TILLEMONT.

Cette Vie est imprimée au tom. X. de ses *Mémoires pour l'Histoire de l'Eglise, pag.* 675.

8970. ☞ De sancto Euphronio, Appendix Petri BOSCHII, è Societate Jesu.

Dans le *Recueil* de Bollandus, au 3 d'Août.]

8971. Vie de saint Euphrone ; par Adrien BAILLET.

Cette Vie est imprimée dans son *Recueil des Vies des Saints*, au 4 d'Août. Ce Saint est mort [vers 480.]

8972. ☞ Histoire de la Vie & des Ouvrages de saint Euphrone ; par D. Antoine RIVET, Bénédictin.

Dans l'*Hist. Littér. de la France, tom. II. pag.* 465.]

8973. ☞ Sancti Syagrii Vita, ex Breviario Æduensi ; & Commentarius Joannis STILTINGI, è Societate Jesu.

Dans le *Recueil* de Bollandus, au 27 d'Août.]

8974. Vie de saint Siagre ; par MODESTE de Saint-Amable.

Cette Vie est imprimée au tom. I. de sa *Monarchie sainte, pag.* 153 : *Paris*, 1670, *in*-fol.

8975. Vie du même ; par Adrien BAILLET.

Cette Vie est imprimée dans son *Recueil des Vies des Saints*, au 27 d'Août.

8976. ☞ De sancto Evantio, Appendix Joannis STILTINGI, è Societate Jesu.

Dans le *Recueil* de Bollandus, au 12 Septembre. Ce Saint a vécu au sixième siècle.]

8977. ☞ De Sancto Nectario, Sylloge Joannis STILTINGI, è Societate Jesu.

Dans le *Recueil* de Bollandus, au 13 Septembre. Ce Saint a vécu au sixième siècle.]

8978. Vita sancti Leodegarii, Martyris ; auctore anonymo, Monacho Augustodunensi.

Cette Vie est imprimée dans du Chesne, au tom. I. de son *Recueil des Historiens de France*, *pag.* 600, & au tom. II. des *Actes des saints de l'Ordre de S. Benoît*, *pag.* 679. Le Moine d'Autun, Auteur de cette Vie, l'a écrite en 687, & ce Saint a souffert le martyre en 678. Selon du Chesne, cette Vie contient une narration fidèle des choses qui se sont passées sous Childéric & Thierry, fils de Clovis II. omises par les autres Historiens de France : mais au sentiment de M. l'Abbé le Gendre, c'est moins une Histoire qu'une Apologie de S. Léger, & une satyre sanglante contre ses persécuteurs. Cet Anonyme se trompe, lorsqu'il dit que Childéric étoit le plus jeune des enfans de Clovis II. car il étoit le second, & Thierry le troisième.

☞ *Voyez* l'*Histoire de France de l'Abbé le Gendre*, tom. II. p. 101. = *Préf. du Recueil des Historiens des Gaules & de France*, par D. Bouquet, tom. II. p. 15 & 609.]

8979. Alia Vita ; auctore URSINO.

Cette Vie est imprimée dans le *Recueil de Surius*, au 2 d'Octobre ; & plus exacte dans du Chesne, au tom. I. de sa *Collection des Historiens de France*, *pag.* 617, & encore plus correcte au tom. II. des *Actes des Saints de l'Ordre de S. Benoît*, *pag.* 698. Cet Auteur l'a écrite par l'ordre d'Ansoalde, Evêque de Poitiers, qui vivoit en 682. Cette Vie est moins exacte & moins circonstanciée que la précédente, dont l'Auteur avoit été témoin de beaucoup de choses, ou avoit mieux réussi qu'Ursin à s'en informer. Il n'y a que le seul Ursin qui dise que ce Saint ait été Maire du Palais : tous les Auteurs de ce temps-là parlent de Vulfrade, comme occupant alors cette dignité.

La même, traduite en François ; par Robert Arnauld D'ANDILLY.

Cette Vie est imprimée dans son *Recueil des Vies des Saints illustres, pag.* 367 : *Paris*, 1675, *in*-fol.

8980. ☞ Vitæ sancti Leodegarii, & sancti Gerini Comitis, fratrum Martyrum ; cum Commentario Cornelii BYEO, è Societate Jesu.

Dans le *Recueil* de Bollandus, au tom. I. d'Octobre, *pag.* 355-491.]

8981. Vie du même ; par François GIRY.

Cette Vie est imprimée dans son *Recueil des Vies des Saints*, au 2 d'Octobre.

8982. Vie du même ; par Adrien BAILLET.

Cette Vie est imprimée dans son *Recueil des Vies des Saints*, au même jour.

8983. ☞ La Vie & l'Office de S. Léger d'Autun : *Paris*, 1711, *in*-12.]

8984. ☞ Eclaircissement sur le lieu du martyre de S. Léger. *Journal de Verdun*, 1728, *Mai*, *pag.* 327-329.

Ce Saint eut la tête coupée sur un côteau contigu à la Forêt de Leucheu en Picardie, Diocèse d'Arras, & fut enterré au Village de Sercin, qui fait actuellement un canton de Leuchen.]

8985. ☞ Histoire de la Vie & des Ecrits de

S. Léger ; par Dom Antoine RIVET, Bénédictin.

Dans l'*Hist. Littér. de la France, tome III. pag.* 618. *Voyez* encore l'Avertissement du tom. V. *pag. vij.*]

8986. De sancto Albrico, seu Aldrico, Excerpta ex schedis Petri Francisci CHIFFLETII, è Societate Jesu.

Ces Extraits sont imprimés dans le *Recueil* de Bollandus, au 15 de Juin. Ce Saint est mort après l'an 800.

8987. ☞ Histoire de la Vie & des Ouvrages de Modoin ; par Dom Antoine RIVET, Bénédictin.

Dans l'*Hist. Littér. de la France*, *tom. IV. pag.* 547. Cet Evêque est mort vers l'an 838.]

8988. ☞ Histoire de la Vie & des Ecrits d'Aganon ; par Dom Antoine RIVET, Bénédictin.

Dans l'*Hist. Littér. de la France, tom. VIII. p.* 461. Cet Evêque est mort en 1098.]

8989. ☞ Histoire de la Vie & des Ouvrages d'Etienne de Baugé.

Dans le même Ouvrage, tom. XI. *pag.* 710. Cet Evêque abdiqua en 1136, & s'étant retiré à Cluni, il y mourut vers 1140.]

8990. ☞ La très-ancienne & très-auguste Ville d'Autun couronnée de joie, d'honneur & de félicité, par la nouvelle & heureuse promotion de Monseigneur l'Illustrissime & Révérendissime Louis Doni d'Attichi dans son Siège Episcopal ; par Léonard BERTAUT, Minime : *Châlon-sur-Saone*, Tan, 1653, *in-4.*]

8991. Oraison funèbre de Louis Doni d'Attichi ; par Gérard GUERIN, Minime : *Châlon*, Tan, 1664, *in-4.*

8992. Elogium Ludovici Donii d'Attichi, ex Ordine Minimorum ; auctore Renato THUILLIER, ex eodem Ordine.

Cet Eloge est imprimé dans son *Journal de la Province de France : Parisiis*, 1709, *in-4.* Cet Evêque est mort en 1664, & le P. Thuillier en 1714.

8993. ☞ Histoire de la Vie & des Ouvrages de Louis Doni d'Attichi ; par J. Pierre NICERON.

Dans ses *Mémoires, tom. XXIV. pag.* 372-375.]

8994. Réponse pour Gabriel Roquette ; Evêque d'Autun, au Factum des Chanoines de Vézelay, avec le Factum : *in-4.*

8995. Requête du même au Roi, sur la même Affaire, depuis l'an 1668, *in-4.*

8996. * Réflexions sur la procédure des Doyen & Chanoines de Vézelay, pour servir de Factum à M. l'Evêque d'Autun ; (par Jean DE LAUNOY) : *Paris*, 1672, *in-4.*

Histoires de l'Évêché de Langres.

8997. ☞ Series & Historia Episcoporum Lingonensium.

Dans le *Gallia Christiana* des Bénédictins, *tom. IV. pag.* 510-643, & les *Preuves* à la fin, *pag.* 125.]

8998. Ms. Episcopi Lingonenses.

Ce Catalogue est conservé dans la Bibliothèque du Roi, num. 525.

8999. Ms. Gesta Præsulum Lingonensium : *in-fol.*

Cette Histoire est conservée dans la Bibliothèque de M. Colbert, num. 775.

9000. Ms. De Pontificibus Urbis Lingonicæ & antiquitate & laude Civitatis ; auctore Claudio FELICE, Lingonensi Canonico ; cum Notis Jacobi Vignerii, è Societate Jesu.

Ce Traité est conservé dans la Bibliothèque de M. de la Mare de Dijon, *pag.* 59, de son *Plan des Historiens de Bourgogne*. L'Auteur est mort en 1518.

9001. Ms. Historia brevis Lingonensium Episcoporum ; auctore Joanne DE CAVANYAC, Cancellario & Canonico Lingonensi.

Cette Histoire est conservée dans la même Bibliothèque. Cet Auteur vivoit en 1560.

9002. Ms. Histoire du Diocèse de Langres, divisée en dix livres ; par Jacques VIGNIER, Jésuite.

Cet Auteur est mort en 1669. Son Histoire est conservée dans la Bibliothèque [publique du Collége] de Dijon : *in-4.* 4 vol.

9003. ☞ Histoire Ecclésiastique & Civile, Politique, Littéraire & Topographique du Diocèse de Langres, & de celui de Dijon, qui en est un démembrement ; par M. l'Abbé MANGIN, Doyen & Grand-Vicaire du Diocèse de Langres : *Paris*, Bauche, 1765, *in-12.* 3 vol.

Voyez sur cette Histoire le *Mercure*, 1765, *Juillet, pag.* 107 & *suiv.*]

9004. ☞ De Episcopali Monogamia & unitate Ecclesiastica Dissertatio, seu Ecclesiæ Lingonensis scissuram detrectantis Defensio ; auctore Andrea DU SAUSSAY, SS. Lupi & Ægidii, Lutetiæ Pastore : *Parisiis*, 1632, [& 1634] *in-4.*

9005. ☞ Premier dessein de l'entrée de l'Evêque de Langres en sa Ville Episcopale : 1656.]

9006. ☞ Histoire du grand martyre saint Mametz, Patron de l'Eglise de Langres, divisée en deux Livres ; par A. C. Chanoine & Archidiacre de la même Eglise : *Paris*, 1650, *in-8.*]

9007. Acta sancti Desiderii Episcopi & aliorum Martyrum ; à WARNAHARIO exculta ; cum Commentario prævio Godefridi Henschenii.

Cette Vie est imprimée dans le *Recueil* de Bollandus, au 22 de Mai. Ces Saints ont souffert le martyre vers l'an 264. Leurs Actes écrits par Warnahaire, qui vivoit au septième siècle, n'ont pas beaucoup d'autorité.

9008. Vie de saint Didier ; par François GIRY.

Cette Vie est imprimée dans son *Recueil des Vies des Saints*, au même jour.

9009. Vie du même ; par Adrien BAILLET.

Cette Vie est imprimée dans son *Recueil des Vies des Saints*, au même jour.

9010. Vie du même ; par Sébastien LE NAIN DE TILLEMONT.

Cette Vie est imprimée au tom. II. de ses *Mémoires pour l'Histoire de l'Eglise*, pag. 539.

9011. Vita sancti Urbani ; auctore Monacho sancti Remigii Divionensis.

Cette Vie est imprimée dans le *Recueil* de Bollandus, au 23 de Janvier. Ce Saint a vécu dans le Ve siècle.

9012. Vita sancti Gregorii ; auctore GREGORIO, Turonensi Episcopo, ejusque abnepote, cap. VIII. Vitarum Patrum.

Cette Vie est imprimée dans le *Recueil* de Bollandus, au 4 de Janvier. Ce Saint est mort en 538.

9013. Vie du même ; par Adrien BAILLET.

Cette Vie est imprimée dans son *Recueil des Vies des Saints*, au même jour.

9014. De sancto Tetrico.

Cette Vie est imprimée dans le *Recueil* de Bollandus, au 18 de Mars. Ce Saint est mort en 572.

9015. ☞ Histoire d'Isaac ; par D. Antoine RIVET, Bénédictin.

Dans l'*Hist. Littér. de la France*, tom. V. pag. 528. Cet Evêque est mort en 880.

9016. Elogium historicum Angrini ; auctore Joanne MABILLON, Benedictino, è Congregatione sancti Mauri.

Cet Eloge historique est imprimé au tom. VII. des *Actes des Saints de l'Ordre de S. Benoît*, pag. 22. Cet Evêque est mort en 913.

9017. ☞ Histoire de la Vie & des Ecrits de Hugues ; par Dom Antoine RIVET, Bénédictin.

Dans l'*Hist. Littér. de la France*, tom. VII. pag. 438. Cet Evêque est mort en 1051.]

9018. ☞ Histoire de la Vie & des Ouvrages de Rainard ; par le même.

Dans le même Ouvrage, tom. VIII. pag. 125. Cet Evêque est mort en 1085.]

9019. ☞ Histoire de la Vie & des Ecrits de Robert ; par le même.

Dans le même Ouvrage, tom. IX. pag. 510. Cet Evêque est mort en 1110.]

9020. Abrégé de la Vie de Sébastien Zamet, Réformateur des Religieuses de l'Abbaye de Tart ; (par Edme Bernard BOURRÉ, Prêtre de l'Oratoire) : *Lyon*, Certe, 1699, in-8.

Cet Evêque est mort en 1655.

9021. ☞ Particularités sur l'Abbé (Louis) Barbier de la Riviere, favori de Gaston, Duc d'Orléans.

Dans les *Mémoires de Littérature* de l'Abbé d'Artigny, tom. II. p. 34. Cet Evêque est mort en 1670.]

Histoires de l'Évêché de Châlon-sur-Saone.

9022. ☞ Series & Historia Episcoporum Cabillonensium.

Dans le *Gallia Christiana* des Bénédictins, tom. IV. pag. 861-949, & les *Preuves* à la fin, pag. 221.]

9023. Ms. De Episcopis Cabillonensibus ; opus Petri NATURELLI, Præcentoris, Officialis & Magni Vicarii Ecclesiæ Cabillonensis.

Cet Ouvrage est conservé dans la Bibliothèque de Philbert de la Mare, Conseiller au Parlement de Dijon, pag. 48, de son *Plan des Historiens de Bourgogne*. Cet Auteur est mort en 1581. Pierre de Saint-Julien rapporte le Sommaire de cet Ouvrage, dans la seconde partie de ses *Antiquités de Chalon*. Le Père Perry, Jésuite, à la pag. 110 de son *Histoire de cette Eglise*, assure que Pierre de Saint-Julien a traduit en François l'Histoire que Pierre Naturel avoit écrite en Latin.

9024. Ms. Historia Ecclesiæ Cathedralis sancti Vincentii Cabillonensis.

Cette Histoire est citée par Louis Jacob, qui dit, pag. 31, *De Claris Cabillonensibus*, qu'elle se trouve dans plusieurs Bibliothèques de Chalon.

☞ Pierre Naturel en est aussi l'Auteur. Voici ce qu'en dit le Père Jacob, pag. 34 & 35, de ses *Ecrivains de Châlon* : » Petrus Naturel ex Canonico Ecclesiæ Cathedralis Cabillon. Præcentor, Officialis & major Vicarius quinque Episcoporum Cabillonensium, Archidiaconus, Trenorchianus, atque Thesaurarius Ecclesiæ Lingonensis, Prior sancti Juliani in Gerasio & Balmæ de rupe. Scripsit latinè historiam Ecclesiæ Cathedralis sancti Vincentii Cabillonensis, quâ potitus est Petrus Sanjulianus Balleureus in suâ Hist. Cabillonensi. Exstat Ms. in museo D. Bernardi Durandi Cabillonensis Advocati & in amplissimâ Bibliothecâ cl. v. Joannis Christophori Virey Cabillonensis Magistri Cameræ computorum Burgundiæ ».]

9025. Ms. Cabillonensium Episcoporum & Comitum Historia, jussu Jacobi Nuchesii, hujus Ecclesiæ Episcopi, composita anno 1649, à Nicolao Carolo DE SAINTE-MARTHE : *in-fol.*

Cette Histoire est conservée dans la Bibliothèque du Roi, num. 9482. Cet Auteur est mort en 1662.

9026. Histoire Ecclésiastique de Châlon-sur Saone ; par Claude PERRY, Jésuite.

Cette Histoire est imprimée avec celle de la Ville & Cité de Châlon ; par le même Auteur : *Châlon*, 1659, in-fol. [Claude Perry est mort en 1685.]

9027. Eloges historiques des Evêques de Châlon.

Ils sont imprimés au tom. II. de l'*Illustre Orbendale* de Léonard BERTAUD, pag. 278 : *Châlon*, 1661, in-4.

9028. De sanctis Joanne, Desiderio, Flavio, Episcopis, ac Desiderato, Presbytero, Notæ historicæ Danielis PAPEBROCHII, è Societate Jesu.

Ces Notes historiques sont imprimées dans le *Recueil* de Bollandus, au 15 d'Avril. Ces Saints ont vécu dans le cinquième & sixième siècle.

9029. Vie de saint Sylvestre ; par Adrien BAILLET.

Cette Vie est imprimée dans son *Recueil des Vies des Saints*, au 20 de Novembre. Ce Saint est mort en 532.

9030. De sancto Agricola Commentarius historicus.

Ces Mémoires sont imprimés dans le *Recueil* de Bollandus, au 17 de Mars. Ce Saint est mort en 580.

9031. Vie de saint Agricole ; par Adrien BAILLET.

Cette Vie est imprimée dans son *Recueil des Vies des Saints*, au même jour.

9032. Vita sancti Lupi.

Cette Vie est imprimée dans le *Recueil* de Bollandus, au 27 de Janvier. Ce Saint a vécu au commencement du septième siècle.

9033. * Vita sancti Grati.

Aux *Preuves de l'Histoire de Châlon*, de Cl. Perry, & dans l'*Illustre Orbandale*, tom. II.

Saint Grat est mort en 652.

9034. Vie de S. Grat; par Adrien BAILLET.

Cette Vie est imprimée dans son *Recueil des Vies des Saints*, au 8 d'Octobre.

9035. De sancto Hildegrimo Commentarius historicus Godefridi HENSCHENII, Societatis Jesu.

Ces Mémoires sont imprimés dans le *Recueil* de Bollandus, au 19 de Juin. Ce Saint est mort en 827.

9036. ☞ Histoire de la Vie & des Ouvrages de Pontus de Tyard; par J. Pierre NICERON.

Dans ses *Mémoires*, tom. *XXI*. p. 292-302. Ce Prélat est mort en 1605.]

9037. ☞ Panegyris Illustrissimi D. Jacobi de Neufcheses Episcopi Cabillonensis; auctore Claudio PERRY, è Societate Jesu: *Cabilloni*, 1652, *in*-4.]

9038. * Oraison funèbre de Jacques de Neufcheses; par le P. LÉANDRE DE DIJON, Capucin: *Châlon*, Tan, 1658, *in*-4.

9039. Oraison funèbre de Jean de Maupeou, Evêque de Châlon; par THESUT Niquevard: *Châlon*, Tan, 1677, *in*-8.

9040. ☞ Harangue funèbre de M. Jean de Maupeou, Evêque & Comte de Châlon-sur-Saone; prononcée par Jean SOUSSELIER, Ecclésiastique, en l'Eglise des Ursulines, le 15 Juin 1677: *Châlon*, 1677, *in*-4.]

9041. ☞ Autre Oraison funèbre de M. Jean de Meaupeou; par le Père ARCHANGE DE LYON, Capucin: *Châlon*, 1677, *in*-4.]

Histoires de l'Évêché de Mâcon.

9042. ☞ Series & Historia Episcoporum Matisconensium.

Dans le *Gallia Christiana* des Bénédictins, tom. *IV*. pag. 1039-1106, & les *Preuves* à la fin, pag. 263.]

9043. Index vetus Episcoporum Matisconensium.

Cet Indice est imprimé au tom. II. des *Analectes* de Dom Jean Mabillon, pag. 413.

9044. Chronologia historica eorumdem; auctore Jacobo SEVERTIO.

Cette Chronologie est imprimée avec celle de l'Eglise de Lyon: *Lugduni*, 1628, *in*-fol.

☞ Bruno COLIN DE SERRE, Grand-Archidiacre & Official de Mâcon, travailloit il y a plusieurs années à une Histoire de l'Eglise de Mâcon: on ne sçait s'il l'a finie, & ni où est le Manuscrit.]

9045. De sancto Giraldo, Sylloge historica Danielis PAPEBROCHII, è Societate Jesu.

Ce Recueil est imprimé dans celui de Bollandus, au 29 de Mai. Ce Saint est mort en 942.

Tome I.

9046. ☞ Ms. Vie de Gaspard Dinet, Evêque de Mâcon; par Antoine GAYOT, Jésuite: *in*-4. 1138 pages.

Cette Vie est conservée dans la Bibliothèque publique du Collège de Dijon. Le Père Antoine Gayot la dédia à Louis Dinet, neveu & successeur de Gaspard. Celui-ci naquit à Moulins la nuit de la Fête des Rois de l'année 1559, & mourut le 30 Novembre 1619. L'Auteur dit l'avoir commencée à Dijon le 29 Août 1647, & finie à Pont-à-Mousson le 9 du même mois de l'année 1650.]

9047. ☞ Eloge de M. Henri-Constance Delore de Valras, Evêque de Mâcon, né à Béziers en 1690, & mort à Paris le 10 Novembre 1763. Lu dans l'Assemblée publique de l'Académie de Béziers en 1765.

Il est conservé dans les Registres de cette Académie.]

Histoires de l'Évêché de Dijon.

☞ Voyez ci-devant, N.° 9003, l'*Histoire de Langres* de l'Abbé MANGIN; Dijon, Capitale du Duché de Bourgogne, ayant été démembré de Langres & érigé en Evêché l'an 1731.]

9048. ☞ Ms. Acte contenant l'opposition des Bénédictins de Dijon, contre l'érection d'un Evêché en ladite Ville.

Dans la Bibliothèque de M. Févret de Fontette, Conseiller au Parlement de Dijon.]

9049. ☞ Bulle du Pape Clément XII. & Lettres-Patentes de LOUIS XV. pour l'érection d'un Evêché à Dijon: *Dijon*, 1731, *in*-4.]

9050. ☞ Ms. Deux Mémoires de M. l'Evêque de Dijon contre M. l'Evêque d'Autun, pour la préséance aux Etats de Bourgogne.]

9051. ☞ Requête & Réponse de l'Evêque de Dijon aux Requêtes & Mémoires présentés au Conseil par M. l'Evêque d'Autun, au sujet de leurs séances aux Etats de Bourgogne: 1733, *in*-fol.]

9052. ☞ Oraison funèbre de M. Claude Bouhier, second Evêque de Dijon; par un Religieux Bénédictin (D. JOURDAIN, alors de la Maison de S. Martin d'Autun): *Dijon*, Sirot, 1755, *in*-4.

Elle devoit être prononcée dans l'Eglise de S. Bénigne; mais elle ne le fut pas.]

Histoires de l'Évêché de Saint-Claude.

☞ Cet Evêché, érigé en 1742, a été formé de plusieurs territoires de Lyon & de quelques-uns de Besançon. Les Histoires particulières de l'Abbaye de *Saint-Claude*, aujourd'hui Evêché, se trouveront ci-après, aux *Abbayes* de l'*Ordre de S. Benoît*.]

9053. ☞ Extrait ou abrégé de la Bulle de N. S. P. le Pape, Benoît XIV. pour la Sécularisation de l'Abbaye de Saint-Claude, & son érection en Evêché; du 22 Janvier 1742.

Dans la dernière Edition de la *Description de la France* par Piganiol: *Paris*, 1754, *tom. XIII*. pag. 195 & *suiv*.]

Gggg

9054. ☞ Requêtes, Mémoires, &c. de M. l'Evêque de Saint-Claude & de son Chapitre, sur les contestations nées & à naître. = Arrêt du Conseil, (en faveur de l'Evêque, & portant un Réglement par rapport au Chapitre); du 23 Octobre 1750 : *in-fol.*]

§. XIV.

Histoires de la Métropole de Malines & de ses Suffragans.

☞ On a vu ci-devant, *p*. 572, que cette Métropole est nouvelle; mais l'Histoire Ecclésiastique des Pays-Bas appartenant en partie à la Gaule & à la France, nous avons cru devoir placer ici les Histoires suivantes.]

9055. ☞ Series & Historia Archiepiscoporum Mechliniensium.

Dans le *Gallia Christiana* des Bénédictins, *tom*. *V. pag*. 5-24, & les *Preuves* à la fin, *pag*. 289 & 427.]

9056. ☞ Historia sacra & profana Archiepiscopatûs Mechliniensis, sive Descriptio Archidiœcesis illius, item urbium, oppidorum, pagorum, Dominiorum, Monasteriorum, Castellorumque sub eâ, in XI. Decanatus divisa. Studio ac operâ Cornelii Van-Gestel, Pastoris in Westrem : *Hagæ Comitum*, Van Lom, 1725, *in-fol*. 2 vol.]

9057. ☞ Series & Historia Episcoporum Antverpiensium.

Dans le *Gallia Christiana* des Bénédictins, *tom*. *V. pag*. 127-138, & les *Preuves* à la fin, *pag*. 307.]

9058. ☞ Historia Episcopatûs Antverpiensis, continens Episcoporum seriem, & Capitulorum, Abbatiarum & Monasteriorum fundationes : *Bruxellis*, Foppens : *Leodii*, Broncart, 1717, *in-4*.]

9059. ☞ Series & Historia Episcoporum Gandavensium.

Dans le *Gallia Christiana* des Bénédictins, *tom*. *V. pag*. 161-168, & les *Preuves* à la fin, *pag*. 325.]

9060. ☞ Series & Historia Episcoporum Brugensium.

Dans le *Gallia Christiana* des Bénédictins, *tom*. *I. pag*. 249-256, & les *Preuves* à la fin, *pag*. 351.]

9061. ☞ Series & Historia Episcoporum Yprensium.

Dans le *Gallia Christiana* des Bénédictins, *tom*. *V. pag*. 309-32● & les *Preuves*, à la fin, *pag*. 373.]

9062. ☞ Series & Historia Episcoporum Ruremundensium.

Dans le *Gallia Christiana* des Bénédictins, *tom*. *V. pag*. 373-388, & les *Preuves* à la fin, *pag*. 389.]

9063. ☞ Series & Historia Episcoporum Sylvæducensium.

Dans le *Gallia Christiana* des Bénédictins, *tom*. *V. pag*. 395-404, & les *Preuves* à la fin, *pag*. 407.]

9064. ☞ Historia Episcopatûs Sylvæ-Ducensis; autore J. F. Foppens : *Bruxellis*, 1721, *in-4*.]

§. XV.

Histoires de la Métropole de Mayence & de ses Suffragans.

Histoires de l'Archevêché de Mayence.

☞ Voyez au Liv. IV. à l'Histoire des trois Electorats Ecclésiastiques, pour ce qui est contenu dans la Collection des Historiens de Mayence.]

9065. ☞ Series & Historia Episcoporum & Archiepiscoporum Moguntinensium.

Dans la *Gallia Christiana* des Bénédictins, *tom*. *V. pag*. 433-532, & les *Preuves* à la fin, *pag*. 441.]

9066. Annales Archiepiscopatûs Moguntini, * ac duodecim Episcoporum Suffraganeorum: à Gregorio Buschio.

Ces Annales sont imprimées dans l'*Abrégé* de son grand Ouvrage de tous les Evêchés d'Allemagne : *Norimbergæ*, 1549, *in-8*.

9067. Catalogus Episcoporum Moguntinensium, à primis usque ad eos qui jam præsident; auctore Petro Merssæo.

Ce Catalogue est imprimé avec celui des Evêques de Cologne: *Coloniæ*, 1560, *in-8*.

9068. ☞ Joannis Latomi Catalogus Episcoporum & Archiepiscoporum Moguntinensium, usque ad annum 1582; cum notis Hermanni, Virili de Luigen.

Se trouve dans le *Recueil* de Menkenius, *Scriptorum Rerum Germ. tom. III. pag*. 407.]

9069. ☞ Elenchus Cancellariorum Electoralium Moguntinensium, ab anno 1093, usque ad annum 1728.

Se trouve dans le *Recueil* de Gudenus, intitulé : *Sylloge variorum Diplomatariorum*, &c. *Francofurti ad Mœnum*, 1728, *in-8*.]

9070. Conradi, Episcopi, Chronicon rerum Moguntinarum, ab anno 1142, ad annum 1251 : *Basileæ*, 1525, 1532, *in-fol*. Ibid. Hervagii, 1555, *in-8*.

* Comme dans plusieurs Editions le nom de l'Auteur n'est désigné que par la lettre C. Nicolas Serrarius, dans son *Histoire de Mayence*, attribue cette Chronique à Chrétien II. Archevêque de Mayence, qui fut dépossédé l'an 1251, & il appuie cette pensée par de bonnes raisons.

Cette même Chronique est imprimée dans Urstitius, au tom. I. de son *Recueil des Historiens d'Allemagne*, *pag*. 566, & dans Reuberus, au tom. I. de son *Recueil des Historiens d'Allemagne*. Vossius, au Liv. II. de ses *Historiens Latins*, au chap. LIX. *pag*. 479, dit, que c'est peut-être ce Conrad, Archevêque de Cologne, dont il est parlé dans cette Chronique, à l'année 1249.

Idem Chronicon, cum Notis & Additionibus Georgii Helwich : *Francofurti*, 1630 [*Moguntiæ*, 1716] *in-8*.

9071. Chronique de Mayence, avec une briève Histoire de l'Archevêché & de ses douze Suffragans; par Jean Herolden : *Francfort*, 1551, *in-fol*. [en Allemand.]

9072. Nobilitas Moguntinæ Diœceseos; auctore Ægidio Periandro, Brabantino, Bruxellensi : *Moguntiæ*, 1568, *in-8.*

9073. Tredecim Icones Electorum Moguntinensium; auctore Georgio Helwich, Metropolitanæ Ecclesiæ Moguntinæ Vicario : *Francofurti*, 1624, *in-fol.*

9074. Nobilitas Ecclesiæ Moguntinæ, hoc est omnium Canonicorum Metropolitanæ Ecclesiæ Moguntinæ Nomina, ab anno 1500, ad annum 1614; collectore Georgio Helwich : *Moguntiæ*, 1614.

☞ Cet Ouvrage est réimprimé sous le titre d'*Elenchus Nobilitatis, &c.* au tom. II du *Recueil* de Georges Chrétien Joannis, *Rerum Moguntiacarum : Francofurti*, 1722, *in-fol.*]

9075. ☞ Syllabus Præpositorum, Decanorum, Custodum, Scholasticorum, Cantorum & Canonicorum Ecclesiæ Metropolitanæ Moguntinensis ; à Valentino Ferdinando, congestus, digestus verò à G. Chr. Joannis, cum Elencho Suffraganeorum Moguntinensium, ex schedis Helvichianis concinnato, ejusdemque Joannis operâ aucto.

Dans le tom. II. du Recueil dont on vient de parler. Cette Liste est plus exacte & plus complete que celle d'Helwich.]

9076. ☞ Necrologium Ecclesiæ Metropolitanæ Moguntinæ.

Se trouve au commencement du tom. I. du Recueil de Frédéric Schannat, intitulé : *Vindemiæ Litterariæ: Lipsiæ*, 1723, *in-fol.*]

9077. Archiepiscoporum Moguntinensium Historia ; auctore Nicolao Serrario, è Societate Jesu.

Cette Histoire est imprimée dans son *Histoire de Mayence : Moguntiæ*, 1604, *in-4.* Cet Auteur est mort en 1609.

9078. Moguntia devicta, hoc est de dissidio Moguntinensi, quòd fuit inter duos Archiepiscopos Moguntinos, Dietherum Isembergium, & Adolphum Nassavium, Comites, de Archipræsulatu contendentes ; ac de urbis illius expugnatione, direptione, ac devastatione lamentabili, anno 1462, Narratio historica, ex variis tum editis, tum manuscriptis auctoribus ; per Georgium Helwich, Moguntinum, Metropolitanæ Ecclesiæ, ibidem Vicarium : *Francofurti*, 1626 : *Moguntiæ*, 1715, *in-8.*

☞ Cette Pièce historique a été réimprimée par les soins de Georges Chrétien Joannis, tom. II. dans son Recueil, *Rerum Moguntiacarum : Francofurti*, 1722, *in-fol.*]

9079. De Jure coronandi Reges Romanorum, Dissertatio : *Moguntiæ*, 1655, *in-4.*

9080. Du Droit de couronner le Roi des Romains : *Bonne*, 1659, *in-4.* (en Allemand.)

9081. Hermanni Conringii Assertio Juris Moguntini in coronandis Regibus Romanorum : *Francofurti*, 1656, *in-4.* Tertia editio auctior & emendatior : *Helmstadii*, 1664, *in-4.*

9082. Anti-Conringiana Defensio Juris Coloniensis in coronandis Regibus Romanorum, contra Hermanni Conringii assertionem Juris coronandi primam & alteram auctiorem : *Bonnæ*, 1656, *in-4.*

9083. Castigatio Libelli, cui titulus : Anticonringiana Defensio Juris Coloniensis in coronandis Romanorum Regibus : *Francofurti*, 1656, *in-4.* Secunda Editio : *Helmstadii*, 1664, *in-4.*

9084. Hermanni Conringii, iterata Dissertatio contra vindicias Colonienses de Jure coronandi Regem Romanorum : *Moguntiæ*, 1656 : *Helmstadii*, 1664, *in-4.*

9085. Iteratæ vindiciæ Juris coronandi reges Romanorum pro Archidiœcesi Coloniensi : *Bonnæ*, 1656, *in-4.*

9086. Iteratarum vindiciarum Juris coronandi pro Archidiœcesi Coloniensi Examen, quo ad Coloniensium Advocatorum argumenta respondetur ; auctore Hermanno Conringio : *Francofurti*, 1656 : *Helmstadii*, 1664, *in-4.*

Ce Procès fut terminé par un Décret de la Cour Impériale, qui ordonna que quand le Roi des Romains seroit couronné à Aix-la-Chapelle, l'Archevêque de Cologne feroit la cérémonie, & que lorsqu'il seroit couronné à Francfort, ce droit appartiendroit à l'Archevêque de Mayence.

9087. ☞ Joan. G. Pertsch, Tractatio canonica de origine, usu & autoritate Pallii Archiepiscopalis : *Helmstadii*, 1754, *in-4.*

Le principal objet de cet Ouvrage est de défendre les droits du Siège de Mayence contre l'Evêque de Wurtzbourg, qui venoit d'obtenir le *Pallium* du Pape Benoît XIV. L'Auteur prétend que le Souverain Pontife ne peut faire aucune innovation dans l'Empire, que du consentement de l'Empereur & des Etats.]

9088. Vita sancti Bonifacii, Martyris ; auctore Williealdo, ejus Discipulo, Episcopo Eistatensi.

Cette Vie est imprimée dans Canisius, au tom. V. du Livre intitulé : *Lectiones antiquæ*, & entre les *Œuvres* de S. Boniface : *Moguntiæ*, 1605, *in-4.* & avec les Remarques de Dom Jean Mabillon, au tom. IV. des *Saints de l'Ordre de S. Benoît, pag.* 1 ; & avec le *Supplément* d'un Prêtre de Mayence, & le *Commentaire* d'Henschenius, dans le *Recueil* de Bollandus, au 15 de Juin. Ce Saint a souffert le martyre en 754, & l'Auteur de sa Vie est mort en 781.

☞ Dans la nouvelle Édition que Jacques Basnage a donnée en 1725 (*Antverpiæ*, *in-fol.*) des *Lectiones antiquæ* de Canisius, la Vie de S. Boniface se trouve au tom. II. part. 1, *pag.* 232.]

9089. Altera Vita ; auctore Presbytero sancti Martini Ultrajecti, qui eodem, quo Willibaldus, vixit tempore.

Cette Vie est imprimée dans le *Recueil* de Bollandus, au 5 de Juin.

9090. Vita tertia ; auctore Othlono, Monacho Cœnobii sancti Bonifacii, qui eam scripsit initio seculi duodecimi.

Cette Vie est imprimée dans le *Recueil* de Surius, au même jour ; dans Serrarius, au Liv. III. de l'*Histoire de*

Mayence, *pag.* 322, & au tom. IV. des *Actes des Saints de l'Ordre de S. Benoît.*

9091. Vie du même ; par François GIRY.

Cette Vie est imprimée dans son *Recueil des Vies des Saints*, au même jour.

9092. Vie du même ; par Adrien BAILLET.

Cette Vie est imprimée dans son *Recueil des Vies des Saints*, au même jour.

9093. ☞ Histoire de la Vie & des Ouvrages de S. Boniface ; par D. Antoine RIVET, Bénédictin.

Dans l'*Hist. Littér. de la France*, tom. IV. pag. 92.]

9094. Vita sancti Lulli.

Cette Vie est imprimée au tom. IV. des *Actes des Saints de l'Ordre de S. Benoît.*
Ce Saint est mort en 787.

9095. Vie de S. Lul ; par Adrien BAILLET.

Cette Vie est imprimée dans son *Recueil des Vies des Saints*, au 6 d'Octobre.

9096. ☞ Histoire de la Vie & des Ouvrages de S. Lulle ; par Dom Antoine RIVET, Bénédictin.

Dans l'*Hist. Littér. de la France*, tom. IV. pag. 171.]

9097. Vita beati Rabani Mauri ; auctore RODULFO, Monacho Fuldensi ejus Discipulo, cum Commentario prævio Godefridi Henschenii.

Cette Vie est imprimée dans le *Recueil* de Bollandus, au 4 de Février.

9098. Eadem, cum Notis Joannis MABILLON.

Dans le tom. IV. des *Actes des Saints de l'Ordre de S. Benoît*, pag. 2. Ce Saint est mort en 856.

9099. Historica Commentatio de eodem ; auctore beato LUDGERO.

Ces Mémoires sont imprimés dans le Livre de Brouwer, intitulé : *Sydera illustrantia : Moguntiæ*, 1616, *in-fol.*

9100. Vita alia ; auctore Joanne TRITHEMIO, Abbate Hirsaugensi.

Cette Vie est imprimée dans le *Recueil* de Bollandus, au 4 de Février.

9101. Elogium historicum ejusdem ; auctore Joanne MABILLON, Benedictino, è Congregatione sancti Mauri.

Cet Eloge est imprimé au tom. IV. des *Actes des Saints de l'Ordre de S. Benoît.*

9102. ☞ Histoire de la Vie & des Ecrits de Raban ; par D. Antoine RIVET, Bénédictin.

Dans l'*Hist. Littér. de la France*, tom. V. pag. 151.]

9103. ☞ Histoire de Hatton ; par le même.

Dans le même Ouvrage, tom. VI. *pag.* 144. Cet Archevêque est mort en 912.]

9104. ☞ De beato Bardone Commentarius Conradi JANNINGII, è Societate Jesu.

Dans Bollandus, au tom. VI. de Juin, p. 87. Ce Saint est mort en 1051.]

9105. ☞ Histoire d'Albert I, Archevêque de Mayence, mort en 1137.

Dans le *Diction.* de Jacques-Georges DE CHAUFEPIÉ.]

Histoires de l'Evêché de Wormes.

9106. ☞ Series & Historia Episcoporum Vormatiensium.

Dans le *Gallia Christiana* des Bénédictins, tom. V. pag. 661-692, & les *Preuves* à la fin, *pag.* 451.]

9107. Georgii HELWICH, Annalium Wormatiensium Prodromus, hoc est Wormatiensis Chronici futuri brevis Narratio secundùm seriem Episcoporum : *Moguntiæ*, 1615, *in-4.*

9108. ☞ Historia Episcopatûs Wormatiensis, Pontificum Romanorum Bullis, Regum, Imperatorum Diplomatibus, Episcoporum ac Principum Chartis, aliisque pluribus documentis authenticis asserta ac illustrata ; auctore J. Friderico SCHANNAT : *Francofurti*, Varrentrapp, 1734, *in-fol.* 2 vol.

Le premier tome, divisé en trois parties, présente aux yeux du Lecteur une Notice du Diocèse de Wormes, l'Histoire, les Droits, &c. des Evêques, des Eglises & des Monastères. Le second volume est un Recueil de 360 Diplômes, Chartes, &c. destiné à servir de preuves. *Voyez* les *Actes de Leipsick*, 1735, *p.* 55.]

9109. Vita Burchardi, Episcopi Wormatiensis ; auctore anonymo coæquali.

Cette Vie est imprimée au-devant du *Recueil des Décrets* de Burchard : *Coloniæ*, 1560, *in-fol.*
Cet Evêque est mort en 1026.

Histoires de l'Évêché de Spire.

9110. ☞ Series & Historia Episcoporum Spirensium.

Dans le *Gallia Christiana* des Bénédictins, tom. V. pag. 715-738, & les *Preuves* à la fin, *pag.* 453.]

Histoires de l'Évêché de Strasbourg.

9111. ☞ Series & Historia Episcoporum Argentoratensium.

Dans le *Gallia Christiana* des Bénédictins, tom. V. pag. 777-822, & les *Preuves*, à la fin, *pag.* 457.]

9112. Jacobi WIMPHELENGII, Selestadiensis, Presbyteri Ecclesiæ Spirensis, Catalogus Episcoporum Argentinensium : *Argentorati*, Grienenger, 1508, *in-4.*

Cet Auteur est mort en 1529.

Idem, cum Supplemento Joannis Michaelis Moschorschii, Hanoviensis : *Argentorati*, 1651, 1660, *in-4.*

9113. ☞ Balthasaris BEBELII, Antiquitates Germaniæ primæ, & Argentoratensis Ecclesiæ : *Argentorati*, 1669, *in-4.*]

9114. ☞ Origines & Fata Christianismi ; Item, Hierarchia Christiana Alsatiæ sub Romanis ; auctore Jo. Daniele SCHOEPFLINO.

On trouve ces morceaux dans son *Alsatia illustrata*, &c. tom. I. (*Colmar:æ*, 1751) : *in-fol.* pag. 326 & suiv. Dans le tom. II. (*ibid.* 1761) on trouve le détail des terres de l'Evêque & du Chapitre de Strasbourg, *pag.* 135-172.]

9115. ☞ ERCKEMBALDI, sub Othone I & II.

Episcopi Argentinensis, Carmen de antecessoribus suis in Episcopatu.

Ce Poëme est cité par Obhrecht, Historien d'Alsace, indiqué ci-après dans l'*Histoire Civile*, Liv. *IV*. Erckembalde est mort en 991.]

9116. ☞ Ms. Chronique de Strasbourg; par Sebald Buheler : (en Allemand).

Ce Manuscrit est dans la Bibliothèque de M. Schœpflin, laquelle est en même temps celle de la Ville de Strasbourg. C'est l'Ouvrage de Buheler, père & fils, qui ont vécu dans le XVI. siècle à Strasbourg, où ils gardoient l'Arsenal : ils ne sont point entrés dans le changement de Religion arrivé alors.

9117. ☞ Ms. Chronique de Strasbourg; par Balthasar Kogmann : (en Allemand).

Dans la même Bibliothèque.]

9118. Francisci Guillimanni, in Academia Friburgensi Historiæ Professoris, de Episcopis Argentinensibus Liber Commentarius: *Friburgi-Brisgoiæ*, Langii, 1608, *in*-4.

Ce Livre, qui est très-curieux & peu commun, va jusqu'en 1607.

9119. ☞ Ms. Dissertatio historica de Argentinæ Ecclesiæ fundatore, primoque sedis illius Episcopo : (9 pages).

Cette Pièce & les deux suivantes sont dans la Bibliothèque de M. Févret de Fontette, Conseiller au Parlement de Dijon.]

9120. ☞ Ms. Noblesse, antiquité & privilèges de l'Eglise de Strasbourg : 11 pages.]

9121. ☞ Ms. Discours sommaire sur le fait de l'Eglise de Strasbourg : 6 pages.]

9122. ☞ Statuta & Leges chori Cathedralis Ecclesiæ Argentinensis, publicata anno 1694 : *Argentorati*, *in*-4.]

9123. ☞ Factum pour les Senior, Députés & Prébendés du Grand Chœur de l'Eglise de Strasbourg, contre les nouveaux prétendus Summissaires de ladite Eglise : 1693, *in*-4.]

9124. Dagobertus Rex, Argentinensis Episcopatûs Fundator prævius, in quo de utriusque Alsatiæ, finitimisque rebus ad sacram civilemque Notitiam non pauca memorantur ; à Judoco Coccio, è Societate Jesu : *Molesheimii*, Harmanni, 1622, *in*-4.

Henschenius dans son *Traité des trois Dagoberts*, publié en 1653, & Obhrecht dans son *Prodrome de l'Histoire d'Alsace*, chap. *IX*. *pag.* 174, détruisent l'opinion de Coccius, touchant l'érection de l'Evêché de Strasbourg par le Roi Dagobert.

☞ Dagobert I, fils de Clotaire II, commença à régner en 628, & mourut en 638. Les premiers Chapitres traitent des Gaulois, des Celtes & des François, de l'Austrasie jusqu'à Dagobert, de l'Alsace & du Diocèse de Strasbourg, de quelques Monastères de cette Province, des ancêtres du Roi Dagobert. Les derniers Chapitres contiennent sa Vie, son éloge, & sur-tout l'Histoire des Eglises qu'il a construites, & des fondations qu'il a faites dans cette Province. On trouve à la fin de chaque Chapitre une Note ou Dissertation sur différentes matières.

Voyez sur ce Livre la *Méth. historique* de Lenglet, *in*-4. tom. *IV*. pag. 50, & le Supplément, *pag.* 159.]

9125. ☞ Mémoires historiques sur le règne des trois Dagoberts, au sujet des fondations de plusieurs Eglises d'Alsace, & particulièrement de celle de Haslach : *Strasbourg*, 1717, *in*-8.

M. Berain, Prévôt de la Collégiale de Haslach, est l'Auteur de ce Traité, qui est bon.]

9126. ☞ De la grande Eglise de Strasbourg; par N. Schadé : *Strasbourg*, 1617, *in*-4. (en Allemand).

9127. ☞ Excerpta historica de Encæniis summi Templi Argentinensis & mercatu Adolphino : *Argentorati*, 1680, *in*-4.]

9128. ☞ Description nouvelle de la Cathédrale de Strasbourg, traduite de l'Allemand; par François-Joseph Bohm : *Strasbourg*, Kursner, 1733, *in*-12. avec fig.]

9129. ☞ Conradi Dasipodii, Heron Mechanicus, seu Horologii Argentorati Descriptio : *Argentorati*, 1580, *in*-8.]

9130. ☞ Ms. Vita sancti Florentii Episcopi Argentinensis.

Elle est citée dans l'Ouvrage de Coccius. M. Berain, Chanoine & Custos de l'Eglise de Haslac, dans ses *Mémoires historiques sur les trois Dagoberts*, (ci-dessus, N.° 9125) a donné une Vie de ce Saint.]

9131. * Panégyrique de S. Florent : *Bienne*, 1713, *in*-12.

Voyez les *Mémoires historiques sur les trois Dagoberts*, dont on vient de parler, *pag*. 85.

9132. ☞ Vita sancti Arbogasti ; auctore Uthone, Episcopo Argentinensi.

Dans le *Recueil* de Bollandus, au 21 Juillet, *p.* 170. Dom Rivet, dans son *Histoire Littéraire des Gaules*, tom. *III*. pag. 621, fait quelques remarques au sujet de ce saint Evêque, qui est mort en 678.]

9133. ☞ Histoire de la Vie & des Ecrits d'Uthon; par Dom Antoine Rivet, Bénédictin.

Dans l'*Hist. Littér. de la France*, tom. *VI*. pag. 302. Cet Evêque est mort en 965.

9134. ☞ Histoires d'Erkembalde ; par le même.

Dans le même volume, pag. 467. Cet Evêque est mort en 991.]

9135. ☞ Histoire de Brunon.

Dans la continuation du même Ouvrage, au *tom. XI*. pag. 156. Cet Evêque fut déposé pour la seconde fois en 1131.]

9136. ☞ Alberti Argentinensis, Commentarius de vita & rebus gestis Bertholdi II. à Bucheeke.

Cette Vie est imprimée dans Urstitius, au tom. *II*. de son *Recueil des Historiens d'Allemagne*, pag. 167. Cette Vie commence en 1328, & finit en 1353. L'Auteur vivoit sous Charles IV. Empereur, [mort en 1378.]

9137. ☞ Statuta & Decreta Synodi Diœcesanæ Argentoratensis : *Moguntiæ*, *in-fol*.

Nous plaçons ici ce Synode, qui auroit dû être ci-devant; mais nous ne l'avions pas alors, & nous avons mieux aimé le mettre en cet endroit, que de le renvoyer à l'*Errata*.]

9138. ☞ Motifs de l'Election de Georges de Brandebourg, faite par le Grand Chapitre de Strasbourg, en 1592 : *in-4*. (en Allemand).

On y trouve les Actes de cette Election.]

9139. ☞ Remarques de Charles de Lorraine sur les troubles de l'Evêché de Strasbourg, en 1592 : *in-4*. (en Allemand).

Charles étoit le rival de Georges, & il obtint l'Evêché de Strasbourg : il est mort en 1607.]

9140. ☞ Primitiæ Archiducalis Academiæ Molshemianæ: *Molshemii*, 1618, *in-4*.

C'est l'Histoire de l'inauguration de l'Université Episcopale de Molsheim : le Chapitre de Strasbourg a demeuré à Molsheim tant que les Lutheriens ont été maîtres de Strasbourg.]

9141. ☞ La magnifique entrée de François Egon de Furstemberg, Evêque de Strasbourg, le 20 Octobre 1681, avec la réception du Roi (Louis XIV.) par l'Evêque : *in-4*.]

9142. ☞ Oraison funèbre de François Egon de Furstemberg, prononcée à Strasbourg en 1682 ; par Michel GOURDIN : *in-4*.]

9143. ☞ Mandata promulgata in Synodo Argentinensi, anno 1687 : *Argentinæ, in 4*.]

9144. Oraison funèbre de Guillaume Egon de Furstemberg, Cardinal ; par Pierre Robert LE PREVOST : *Paris*, Benard, 1705, *in-4*.

9145. ☞ Oraison funèbre de très-haut, très-puissant Prince, Armand Gaston Maximilien de Rohan, Cardinal Prêtre ; prononcée dans l'Eglise Cathédrale de Strasbourg, le 15 Septembre 1749 ; par le Révérend Père Louis-Antoine CUNY, de la Compagnie de Jesus : *Paris*, Guérin, 1750, *in-4*.]

9146. ☞ Eloge historique de M. le Cardinal de Rohan ; par Jean-Pierre DE BOUGAINVILLE, Secrétaire de l'Académie Royale des Inscriptions & Belles-Lettres.

Dans l'*Hist. de cette Académie*, tom. *XXIII. p.* 338.]

Nota. DES douze Suffragans de la Métropole de Mayence, il n'y a que les Eglises de Strasbourg, de Wormes & de Spire, qui possédent des Terres en deça du Rhin, & qui fassent partie des Eglises des Gaules. On trouvera dans les Histoires des Provinces quelques Chroniques de Spire, qui contiennent quelque chose de l'Histoire Ecclésiastique de cette Ville-là. Toutes les autres Eglises suffragantes de Mayence sont au-delà du Rhin ; ainsi leurs Histoires n'entrent point dans le Plan de cet Ouvrage. [Il faut cependant indiquer encore Constance.]

Histoires de l'Évêché de Constance.

☞ On a déja observé que cet Evêché avoit anciennement son Siège à Vindonisse, & étoit Suffragant de Besançon. Il s'étend encore dans la Suisse Orientale, qui étoit terre Gauloise, mais beaucoup plus en Allemagne.]

9147. ☞ Gabrielis BUCELINI Constantiæ Rhenanæ Metropolis sacra & profana : *Francofurti*, 1667, *in 4*.]

9148. ☞ Series & Historia Episcoporum Vindonissensium postea Constantiensium.

Dans la *Gallia Christiana* des Bénédictins, tom. *V*. pag. 891-929, & les *Preuves* à la fin, *pag*. 507.]

9149. ☞ Jacobi MANLII Chronicon Episcopatûs Constantiensis, ab anno 68, ad annum 1607.

Cette Chronique est imprimée dans le *Recueil* de Pistorius : *Francofurti*, 1584, 1613, *in-fol*.]

9150. ☞ Histoire de la Vie & des Ecrits de Salomon ; par Dom Antoine RIVET, Bénédictin.

Dans l'*Hist. Littér. de la France*, tom. *VI. pag*. 164. Cet Evêque est mort l'an 920.]

§. XVI.

Histoires de la Métropole de Narbonne & de ses Suffragans.

Histoires de l'Archevêché de Narbonne.

9151. DIVISIO terminorum Episcopatuum Provinciæ Narbonensis, dum Gothis parebat, æra Gothorum 704.

Cette Division est imprimée dans du Chesne, au tom. I. de son *Recueil des Historiens de France, p.* 835.

9152. ☞ Ms. Différens Catalogues des Evêques de Languedoc, recueillis par M. de Rignac.

Dans la Bibliothèque du Marquis d'Aubais, au n. 47.]

9153. ☞ Series & Historia Archiepiscoporum Narbonensium.

Dans le *Gallia Christiana* des Bénédictins, tom. *VI.* pag. 5-126, & les *Preuves* à la fin, *pag*. 1.]

9154. Ms. Chronicon Narbonense seu de rebus Narbonensibus, ab anno 1058, ad annum 1600, excerptum ex Hagiologiis & Necrologiis Sanctorum Justi & Pastoris, & sancti Pauli Narbonensis [quæ ferè eadem sunt] à variis quidem Canonicis vario tempore auctum & ad seriem temporum digestum.

Cette Chronique est conservée dans l'Abbaye de saint Germain-des-Prés, au tom. VIII. des *Fragmens d'Histoire, pag*. 101, recueillis par le P. Estiennot.

9155. Histoire des Archevêques de Narbonne ; par Guillaume DE CATEL.

Cette Histoire est imprimée avec ses *Mémoires pour l'Histoire de Languedoc*, Liv. *V. pag*. 727 : *Tolose*, 1633, *in-fol*.

9156. Ms. Varia summorum Pontificum ad Archiepiscopos Narbonenses Rescripta, ab anno 1097, ad annum 1153, ob querelam Richardi Archiepiscopi contra Aymericum Narbonensium Comitem.

Ces Actes sont conservés dans l'Abbaye de S. Germain-des-Prés, au tom. XII. des *Fragmens historiques, pag*. 281, recueillis par le P. Estiennot.

9157. Collectio Actorum veterum quæ spectant Ecclesiam Narbonensem, vel ejus Diœcesis Ecclesias quasdam & Monasteria.

Ce Recueil est imprimé à la fin du volume des *Con-*

Métropole de Narbonne, & ses Suffragans.

ciles de Narbonne, par Etienne Baluze : *Parisiis*, 1668, in-8.

9158. * Mf. Recueil d'Actes concernant les Archevêques de Narbonne & d'autres Eglises de Languedoc, depuis l'an 782 jusqu'en 1454 : *in-fol.*

C'est le num. 84 des Manuscrits de M. Baluze, [aujourd'hui à la Bibliothèque du Roi.]

9159. Mf. Recueil de Pièces anciennes servant à l'Histoire de l'Eglise & des Evêques de la Province de Languedoc : *in-fol.*

Ce Recueil [étoit] conservé dans la Bibliothèque de M. l'Abbé de Camps [& est dans celle de M. de Beringhen.]

9160. * Mf. Cayer des doléances & Remontrances des Gens d'Eglise de la Province de Languedoc, assemblés aux Etats de Beaucaire, vers l'an 1569. Présenté au Roi Charles IX. & répondu par lui.

Il [étoit] conservé dans la Bibliothèque de M. le Chancelier Séguier, [aujourd'hui à Saint Germain-des Prés.]

9161. Dissertation sur la Métropole de Narbonne, où l'on fait voir que Perpignan est de sa dépendance ; par PECH : *in-4.*

9162. ☞ Examen de cette Question : Si les Archevêques de Narbonne ont été soumis à la Primatie de Bourges.

C'est le sujet de la *Note* LXXXVIII. du tom. I. de l'*Hist. du Languedoc*; par DD. DE VIC & VAISSETE.]

9163. Vita sancti Pauli.

Cette Vie est imprimée dans Bosquet, au tom. II. de son *Histoire des Eglises*, pag. 106 : *Parisiis*, 1646, in-4. Elle a été écrite par une personne de Narbonne, vers le cinquième siècle ; le style en est assez grave & assez bon. Ce Saint a vécu dans le troisième siècle.

9164. Vie de saint Paul ; par François GIRY.

Cette Vie est imprimée dans son *Recueil des Vies des Saints*, au 22 de Mars.

9165. Vie du même ; par Adrien BAILLET.

Cette Vie est imprimée dans son *Recueil des Vies des Saints*, au même jour.

9166. De eodem, Commentarius historicus Godefridi HENSCHENII, è Societate Jesu.

Ces Mémoires sont imprimés dans le *Recueil* de Bollandus, au 22 de Mars.

9167. ☞ Remarques sur l'Auteur de la Vie de S. Paul ; par D. Antoine RIVET, Bénédictin.

Elles se trouvent tom. II. de l'*Histoire Littéraire de la France*, pag. 689.]

9168. Vie de saint Rustique ; par Adrien BAILLET.

Cette Vie est imprimée dans son *Recueil des Vies des Saints*, au 26 d'Octobre. Ce Saint est mort en 461.

9169. Vie du même ; par Sébastien LE NAIN DE TILLEMONT.

Cette Vie est imprimée au tom. XV. de ses *Mémoires pour l'Histoire de l'Eglise*, pag. 401.

9170. ☞ Histoire de la Vie & des Ouvrages de S. Rustique ; par D. Antoine RIVET, Bénédictin.

Dans l'*Hist. Littér. de la France*, tom. II. pag. 362.]

9171. Vita sancti Theodardi, seu Audardi, cum Notis Godefridi Henschenii.

Cette Vie est imprimée dans le *Recueil* de Bollandus, au premier de Mai. Elle a été écrite dans le quatorzième siècle ; elle n'a pas beaucoup d'autorité ; il s'y trouve des faussetés & diverses choses suspectes de fiction.

Ce Saint est mort vers l'an 893.

9172. Vie de saint Théodart ; par Adrien BAILLET.

Cette Vie est imprimée dans son *Recueil des Vies des Saints*, au même jour.

9173. ☞ Histoire d'Agion ; par D. Antoine RIVET, Bénédictin.

Dans l'*Hist. Littér. de la France*, tom. VI. pag. 199. Cet Archevêque est mort en 926 ou 927.]

9174. ☞ Histoire de Richard, Cardinal & Archevêque de Narbonne.

Dans l'*Hist. Littér. de la France*, tom. X. pag. 316. Ce Prélat est mort en 1121.]

9175. Le Catholique Enterrement de Charles, Cardinal de Lorraine, par Edmond DU BOUILLAY, Roi d'Armes de Lorraine : *Paris*, 1550, *in*-8.

Ce Cardinal est mort en 1550.

9176. ☞ La Vie de Simon Vigor, Archevêque de Narbonne, mort en 1575 : *in*-12.]

9177. Oraison funèbre de Claude de Rebé ; par Guillaume DABBES, Chanoine de saint Paul de Narbonne : *Narbonne*, 1659, *in*-4.

9178. ☞ Eloge de François Fouquet ; par René RAPIN, Jésuite : *Paris*, 1669, *in*-12.]

9179. ☞ Oraison funèbre de M. de la Berchere, Archevêque de Narbonne ; par le P. BEAUFILS : 1709, *in*-4.]

9180. ☞ Oraison funèbre de Charles le Goux de la Berchere, Archevêque de Narbonne ; par Jacques MABOUL, Evêque d'Alet : *Montpellier*, Pech, 1720, *in*-4.]

9181. ☞ Oraison funèbre de M. de Beauveau, Archevêque de Narbonne, prononcée à Montpellier le 23 Janvier 1740, dans l'Eglise de Notre-Dame des Tables, devant l'Assemblée des Etats-Généraux de Languedoc ; par M. GUERGUIL : 1740, *in*-4.

Seconde Edition, avec son portrait, dessiné par Cochin, gravé par Schmidt : *Paris*, 1740, *in*-4.]

9182. ☞ Oraison funèbre de M. de Crillon, Archevêque de Narbonne ; par M. GUERGUIL : 1753, *in*-4.]

Histoires de l'Evêché de Béziers.

9183. ☞ Series & Historia Episcoporum Biterrensium.

Dans le *Gallia Christiana* des Bénédictins, tom. VI. pag. 294-377, & les *Preuves*, à la fin, pag. 127.]

9184. Catalogue des Evêques de Béziers ; par Pierre ANDOQUE : *Béziers*, 1650, *in-*4.

9185. Histoire de S. Aphrodise, Martyr ; par J. D. G. *Béziers*, 1638, *in-*8.

9186. Vie du même ; par François GIRY.

Cette Vie est imprimée dans son *Recueil des Vies des Saints*, au 28 Avril.

9187. Histoire de la Vie & des Ouvrages de Paulin ; par Dom Antoine RIVET, Bénédictin.

Dans l'*Hist. Littér. de la France*, tom. II. pag. 131. Cet Evêque vivoit au commencement du Ve siècle.]

9188. ☞ Histoire de Sedatus ; par le même.

Dans le même Ouvrage, tom. III. pag. 362. Cet Evêque vivoit à la fin du VIe siècle.]

9189. ☞ Observations sur Guillaume de Landorre, Evêque de Béziers, au milieu du XIVe siècle.

C'est la *Note XXIII*. du tom. IV. de l'*Hist. générale du Languedoc*; par DD. DE VIC & VAISSETE.]

9190. ☞ Thomæ Bonsii Biterrarum Antistitis profectio ; auctore Joan. Henrico AUBERY, è Societate Jesu : *Biterris*, 1625, *in-*4.]

9191. Oraison funèbre de Thomas de Bonzi ; par Antoine LAMOUR, de Cambray, Jésuite : *Béziers*, Marcel, 1628, *in-*4.

Cet Evêque est mort en 1628, & le Père Lamour en 1629.

9192. ☞ Relation du Service fait le 3 Avril 1702, dans l'Eglise de la Madelaine, pour Armand Jean de Rotondy de Biscarat, Evêque de Béziers : *in-*4.]

Histoires de l'Évêché d'Agde.

9193. ☞ Series & Historia Episcoporum Agathensium.

Dans le *Gallia Christiana* des Bénédictins, tom. VI. pag. 665-702, & les *Preuves* à la fin, pag. 311.]

9194. ☞ Notitiæ Sanctorum Diœcesis Agathensis.

Elles se trouvent dans le nouveau Bréviaire de cette Eglise, imprimé à Paris en 1766, *in-*4. & *in-*12. L'Auteur est l'Evêque actuel, M. Ch. Fr. Simeon DE SAINT-SIMON. Ce Prélat a fait beaucoup de recherches sur l'Histoire du Pays, & le Public pourra en jouir bientôt.]

Histoires de l'Évêché de Carcassonne.

9195. ☞ Series & Historia Episcoporum Carcassonensium.

Dans le *Gallia Christiana* des Bénédictins, tom. VI. pag. 862-929, & les *Preuves* à la fin, pag. 411.]

9196. Chronicon historicum Episcoporum, & rerum memorabilium Ecclesiæ Carcassonensis ; auctore Gerardo DE VIC, Presbytero, Canonico : ex Typographia Salvii, *in-fol.*

Il y a quelques Auteurs cités dans ce Recueil, peu de rapportés ; l'Auteur, selon M. Lancelot, qui a examiné cette Chronique, ne paroît pas fort exact. Elle a été imprimée vers l'an 1667.

☞ Bernard D'ESTILLAT a fait un *Indiculus* des Evêques de Carcassonne, qui est cité dans la Chronique de l'Abbaye de Grasse.]

9197. ☞ Des premiers Evêques de Carcassonne, & de quelques-uns de leurs successeurs.

Ce sont les objets des *Notes XXVII.* du tom. I. de l'*Histoire générale du Languedoc*; par DD. DE VIC & VAISSETE, & XIII. du tom. II.]

9198. De sanctis Hilario & Valerio Notitia ex Auctoribus recentioribus ; auctore Godefrido HENSCHENIO, è Societate Jesu.

Cette Notice est imprimée dans le *Recueil de Bollandus*, au 3 de Juin. Ces Saints ont vécu dans le quatrième siècle.]

Histoires de l'Évêché de Nismes.

9199. ☞ Series & Historia Episcoporum Nemausensium.

Dans le *Gallia Christiana* des Bénédictins, tom. VI. pag. 427-466, & les *Preuves* à la fin, pag. 169.]

9200. ☞ Histoire des Evêques de Nismes, où l'on voit ce qui s'est passé de plus mémorable dans cette Ville pendant leur Episcopat, par rapport à la Religion ; par M. (Léon) MÉNARD, Conseiller au Présidial de la même Ville, Associé de l'Académie des Belles-Lettres de Marseille, (& depuis de celle de Paris) : *La Haye* (*Lyon*) 1737, *in-*12. 2 vol.

Le Tom. I. s'étend depuis Félix, premier Evêque, en 400 ou 407, & finit à Pierre de Valernod, mort en 1625.

Le Tom. II. commence à Claude de S. Bonnet de Thoiras, & finit à la mort de Jean-César Rousseau de la Parisière, en 1736.

On trouve à la fin de ce dernier volume :

Synodus Nemausensis circa annum Domini, 1284.

Bulla secularisationis Ecclesiæ Cathedralis B. Mariæ sedis Nemausensis, quondam Ordinis sancti Augustini, en 1540.

Voyez sur ce Livre, *Nouvelle Bibliothèque*, 1739, *Février.* = *Journ. des Sçavans*, 1738, *Novembre.*

Cette Histoire a depuis été refondue & augmentée dans la grande Histoire Civile & Ecclésiastique de Nismes, par le même Auteur : *Paris*, 1750-1758, *in-*4. 7 vol. On trouve dans les Notes quantité d'éclaircissemens.]

9201. ☞ Lettre de M. de M *** à M. l'Abbé de la Calmette, au sujet de l'Histoire des Evêques de Nismes. *Mercure*, 1737, *Novembre.*]

9202. ☞ Lettre à M. Ménard, Associé à l'Académie Royale de Marseille, au sujet de son Histoire des Evêques de Nismes. *Mercure*, 1738, *Janvier.*]

9203. ☞ Réponse de M. MÉNARD, Conseiller au Présidial de Nismes, à la (précédente) Lettre anonyme. *Mercure*, 1738, *Avril.*]

9204. ☞ Observations sur les premiers Evêques de Nismes.

C'est la *Note XXIV*. du tom. I. de l'*Histoire générale du Languedoc*; par DD. DE VIC & VAISSETE.]

Métropole de Narbonne, & ses Suffragans.

9205. ☞ Histoire de Sedatus ; par Dom Antoine RIVET, Bénédictin.

Dans l'*Hist. Littér. de la France*, tom. *III. pag.* 96. Cet Evêque vivoit au sixième siècle.

9206. Oraison funèbre [d'Esprit] Flechier ; par [Laurent] JUILLARD du Jarry : *Paris*, 1710, *in-*4.

La même Oraison funèbre est imprimée dans le *Recueil des Mandemens de cet Evêque* : *Paris*, 1712, *in-*12. Il est mort en 1710.

9207. Eloge du même.

Cet Eloge est imprimé dans les *Mémoires de Trévoux*, art. 161, de Novembre 1711, [& dans le *Journ. des Sçav.* Août 1712, & Mai 1713.]

9208. ☞ Elogium Fleschierii, Episcopi Nemausensis.

Dans les *Actes de Léipsick, Suppl.* tom. *V. p.* 372.]

9209. ☞ Histoire de la Vie & des Ouvrages d'Esprit Fléchier ; par Jean-Pierre NICERON, Barnabite.

Dans ses *Mémoires*, tom. *I. pag.* 359-368, *& tom.* X. part. 1, *pag.* 73.]

Histoires de l'Évêché de Montpellier.

9210. ☞ Series & Historia Episcoporum Magalonensium, nunc Monspeliensium.

Dans le *Gallia Christiana* des Bénédictins, tom. *VI. pag.* 730-823, & les *Preuves* à la fin, *pag.* 341.]

9211. Arnaldi DE VERDALA, Episcopi Magalonensis, Episcoporum Magalonensium Series chronologica.

Cette suite est imprimée dans Labbe, au tom. I. de sa *Nouvelle Bibliothèque des Manuscrits*, *pag.* 793. [Elle a été réimprimée à la fin de l'Histoire de M. d'Egrefeuille, ci-dessous.] Arnauld de Verdala est mort en 1351.

9212. ☞ Ms. Chronicon Præsulum Magalonensium, quorum vitæ descriptæ fuerunt ab Arnoldo DE VERDALA, uno ex his Præsulibus.

Il est conservé dans la Bibliothèque de M. le Marquis d'Aubais. Ce Catalogue est plus étendu que celui qui est dans Labbe, *Bibl. Manus.* tom. I. & après Gualtérius ; il continue jusqu'en 1539.]

9213. Series Præsulum Magalonensium & Montispeliensium, ab anno 451, ad annum 1652 ; auctore Petro GARIEL, J.U.D. *Tolosæ*, 1652, *in-fol.*

☞ Series Præsulum Magalonensium & Monspeliensium, variis Guillelmorum Monspelii Dominorum, Comitum Melgoriensium, Regum Majoricensium, Arragoniorum & Gothorum, Historia locupletata, & per annorum, ordinem digesta ab anno 451, ad annum 1665 ; auctore Petro GARIEL, Juris utriusque Doctore, & in Ecclesia Cathedrali Monspel. Canonico & Decano. Editio secunda in duas partes divisa, auctior multò & locupletior : *Tolosæ*, 1665, *in-fol.*

Gariel a commenté fort au long l'Histoire précédente d'Arnauld de Verdala. Sotuel, dans la *Bibliothèque des Écrivains Jésuites*, attribue cet Ouvrage à Benoît de Bonnefoy [Jésuite, qui y a eu peut-être quelque part.]

9214. ☞ Observation sur l'Eglise de Maguelonne.

C'est la *Note* XXVI. du tom. I. de l'*Hist. générale du Languedoc*, par DD. DE VIC & VAISSETE.]

9215. ☞ Epoque du rétablissement de la Ville & du Siège Episcopal de Maguelonne, & de la Dédicace de la nouvelle Cathédrale de cette Ville.

C'est la *Note* XXX. du tom. II. de la même Histoire.]

9216. * Bulla Secularisationis Ecclesiæ Monspeliensis : *Lugduni*, 1599, *in-*8.

9217. ☞ Histoire Ecclésiastique de Montpellier, contenant l'origine de son Eglise, la suite de ses Evêques, ses Eglises particulières, ses Monastères anciens & modernes, ses Hôpitaux, avec un Abrégé historique de son Université & de ses Collèges ; par M. D'EGREFEUILLE, Chanoine de l'Eglise Cathédrale de S. Pierre : *Montpellier*, 1739, *in-fol.*]

9218. Etat véritable des Affaires Ecclésiastiques dans la Ville de Montpellier, par un Prêtre du Diocèse : *Montpellier*, 1650, *in-*4.

C'est le détail du Procès d'une partie du Chapitre de cette Eglise, avec leur Evêque Pierre de Fenoillet : il pourroit bien être de Gariel.

9219. Examen de l'Apologie du Syndic du Chapitre de l'Eglise Cathédrale de Montpellier, touchant les différends du Chapitre avec l'Evêque : 1652, *in-*4.

9220. ☞ Histoire de la Vie & des Ecrits de Gautier.

Dans l'*Hist. Littér. de la France*, tom. *XI. pag.* 81. Cet Evêque est mort vers 1130.]

9221. Oraison funèbre de François Bosquet : *Avignon*, 1676, *in-*4.

9222. Eloge du même.

Cet Eloge est imprimé dans le dix-septième *Journal des Sçavans* de 1676. Cet Evêque est mort en 1676.

9223. ☞ Histoire de la Vie & des Ouvrages de François Bosquet ; par Jean-Pierre NICERON, Barnabite.

Dans ses *Mémoires*, tom. *XII. pag.* 168-175.]

9224. ☞ Abrégé de la Vie & idée des Ouvrages de Charles-Joachim Colbert, Evêque de Montpellier, avec le Recueil de ses Lettres (& son portrait gravé) : *Cologne*, (*Utrecht*) 1740, *in-*4.

L'Auteur de la Vie & de la Notice des Ouvrages est Jean-Baptiste GAULTIER, Prêtre & Théologien du Prélat. M. Colbert est mort en 1738, & son Théologien en 1755.]

9225. ☞ Mémoire sur la Vie & les Ecrits de M. Colbert, Evêque de Montpellier.

Il se trouve dans les *Mémoires historiques, &c.* sur la Légende de Grégoire VII. 1743, *in-*12.]

Histoires de l'Évêché de Lodève.

9226. ☞ Series & Historia Episcoporum Leutevensium.

Dans le *Gallia Christiana* des Bénédictins, tom. *VI. pag.* 526-579, & les *Preuves* à la fin, *pag.* 263.]

9227. Chronologia Præsulum Lodovensium; auctore Joanne PLANTAVITIO, de la Pause, Episcopo Lodovensi : *Aramontii*, 1634, *in-4*.

Cet Auteur est mort en 1651.

9228. ☞ Observations sur les premiers Evêques de Lodève.

C'est la *Note* XXV. du tom. I. de l'*Histoire générale du Languedoc*, par DD. DE VIC & VAISSETE.]

9229. Histoire de S. Flour, premier Evêque de Lodève ; par François GIRY.

Cette Vie est imprimée dans son *Recueil des Vies des Saints*, au 2 de Novembre. Ce Saint est mort en 389.

9230. Vie du même ; par Adrien BAILLET.

Cette Vie est imprimée dans son *Recueil des Vies des Saints*, au même jour.

9231. Vita sancti Fulchranni ; auctore Bernardo GUIDONIS, Episcopo Lodovensi.

Cette Vie est imprimée dans le *Recueil* de Bollandus, au 13 de Février. Ce Saint est mort en 1006, & l'Auteur de sa Vie en 1331. [Il dit qu'il écrit en diminuant ce qui étoit superflu dans les anciens Actes.]

9232. Vie de S. Fulcran : *Paris*, 1651, *in*-8.

François BOSQUET, alors Evêque de Lodève, depuis de Montpellier, a composé cette Vie.

9233. Vie du même ; par Adrien BAILLET.

Cette Vie est imprimée dans son *Recueil des Vies des Saints*, au 13 de Février.

9234. Brevis Chronica de vita & moribus ac scriptis & operibus Bernardi Guidonis.

Cette Chronique est imprimée dans Labbe, au tom. II. de sa *Nouvelle Bibliothèque des Manuscrits*, pag. 511 & 820. De la Guionie est mort en 1331.

9235. ☞ Observations de M. D. S. J. sur les Ouvrages de Bernard GUIDONIS, Dominicain & Evêque de Lodève, pour servir à l'Histoire Littéraire de France du XIVᵉ siècle. *Mercure*, 1737, *Novembre*.

Réponse du P. M. T. (TEXTE) Dominicain, auxdites Observations. *Mercure*, 1738, *Avril*.]

Histoires de l'Évêché d'Uzès.

9236. ☞ Series & Historia Episcoporum Uceticensium.

Dans le *Gallia Christiana* des Bénédictins, tom. *VI*. pag. 610-649, & les *Preuves* à la fin, pag. 293.]

9237. Ms. Preuves des Evêques & des Seigneurs d'Uzès : *in*-4.

Ces Preuves sont conservées dans le Château d'Aubais, près de Nismes, dans la Bibliothèque de M. le Marquis d'Aubais [num. 88.]

9238. Vita sancti Firmini.

Ce Saint est mort en 553. Sa Vie est imprimée dans du Bouchet, *pag.* 23, de ses *Preuves de l'Origine de la seconde & de la troisième lignée* : *Paris*, 1642, *in-fol*. Elle n'a aucune autorité ; car l'Auteur, selon Chantereau le Fevre, paroît excessivement ignorant & léger, ayant rempli sa Légende d'impertinences, de fausses visions & de prétendus miracles. Le même Auteur fait une critique de cette Vie au chapitre troisième de la seconde partie de son *Discours historique*, concernant le mariage d'Ausbert & de Blithilde.

9239. Vie de S. Firmin ; par MODESTE de S. Amable.

Cette Vie est imprimée au tom. II. de sa *Monarchie sainte*, *pag.* 12 : *Clermont*, 1670, *in-fol.*

[Ce Saint est mort en 553.]

9240. Vie du même ; par Adrien BAILLET.

Cette Vie est imprimée dans son *Recueil des Vies des Saints*, au 11 d'Octobre.

9241. ☞ Histoire de S. Firmin ; par Dom Antoine RIVET, Bénédictin.

Dans l'*Hist. Littér. de la France*, tom. III. pag. 261.]

9242. Vitæ sancti Ferreoli Excerptum.

Cette Vie est imprimée dans du Bouchet, *pag.* 30, des *Preuves de l'Origine de la seconde & de la troisième lignée* : *Paris*, 1642 : *in-fol*. Ce Saint est mort en 581.

9243. Vitæ alterius Excerptum.

Cet Extrait est imprimé dans Dominicy, *pag.* 27, des *Preuves de son Assertor Gallicus* : *Parisiis*, 1646, *in-4*. Cette seconde Vie est écrite d'un style simple & naturel ; il faut la distinguer de la première, qui est apocryphe, selon Baillet ; mais Chantereau le Fevre prétend qu'elle est de même trempe que la première. Il en fait la critique dans le Chapitre XVI. de la seconde partie de son *Discours historique* concernant le mariage d'Ausbert.

9244. Vie de saint Ferréol ; par Adrien BAILLET.

Cette Vie est imprimée dans son *Recueil des Vies des Saints*, au 18 de Septembre.

9245. Histoire du même ; par D. Antoine RIVET, Bénédictin.

Dans l'*Hist. Littér. de la France*, tom. III. pag. 324.]

9246. Chronicon excerptum ex Archivis sancti Theodorici Uceticensis, ab anno 743, ad annum 887.

Cette Chronique, ou plutôt ce Fragment, est imprimé avec des Preuves, à la *pag.* 185 du *Traité* de Caseneuve *du Franc-Alleu*, de la seconde édition.

9247. ☞ Remarques de M. MÉNARD, sur l'ancienne Chronique d'Uzès. *Histoire de l'Acad. des Belles-Lettres*, tom. XXIX. *pag.* 287.]

Histoires de l'Évêché d'Alet.

9248. ☞ Series & Historia Episcoporum Electensium.

Dans le *Gallia Christiana* des Bénédictins, tom. *VI*. pag. 273-286, & les *Preuves*, à la fin, pag. 101.]

9249. ☞ Relation d'un Voyage d'Alet ; (par Claude LANCELOT) contenant des Mémoires pour servir à l'Histoire de la Vie de M. Nicolas Pavillon, Evêque d'Alet' : En France, chez Théophile, Imprimeur, à la Vérité. — Suite desdits Mémoires, où l'on fait le récit des traverses qui lui ont été suscitées ; avec la Relation de la dernière maladie de M. François-Etienne de Caulet, Evêque de Pamiers, & la Vie de ses principaux Chanoines qui ont eu part à la persécution sufcitée contre lui, au sujet de la Régale: 1735, *in-12.*

La Relation du Voyage de Claude Lancelot a été réimprimée parmi les Pièces qui accompagnent ses Mémoires sur la Vie de l'Abbé de Saint-Cyran : *Utrecht,* 1738, *in-12.* 2 vol.]

9250. ☞ Vie de M. (Nicolas) Pavillon, Evêque d'Alet : *Saint-Mihel* (*Chartres*) 1738, *in-12.* 3 vol.

Seconde Edition : *Utrecht, Rouen,* 1740, *in-12.* 2 vol.

Cet Ouvrage est divisé en deux parties. La première, qui contient la Vie pastorale du Prélat, ses bonnes œuvres & ses vertus, est de Charles-Hugues LE FEVRE DE S. MARC, Laïc, Parisien. La seconde, où l'on traite solidement les affaires du Jansénisme & de la Régale, auxquelles M. d'Alet a eu tant de part, est d'Antoine DE LA CHASSAGNE, Docteur de Sorbonne, ancien Directeur du Séminaire des Missions Etrangères, mort en 1760. Le tout a été composé principalement sur des Mémoires faits la plûpart ou revus par M. DUVAUCEL, dont il est si souvent parlé dans les Lettres de M. Arnauld.]

9251. Oraison funèbre de Nicolas Pavillon, par D'AUTHERIVE, Théologal de S. Paul de Fenouillede, au Diocèse d'Alet : *Lyon, Cette,* 1678, *in-*4.

Cet Evêque est mort en 1677.

Histoires de l'Évêché de Saint-Pons.

9252. ☞ Series & Historia Episcoporum sancti Pontii Tomeriarum.

Dans le *Gallia Christiana* des Bénédictins, *tom. VI. pag.* 237-254, & les *Preuves* à la fin, *pag.* 73.]

9253. Histoire des Evêques de Saint-Pons, (de Tomiers) : *Béziers,* 1703, *in-*4.

Ce n'est qu'une Brochure.

9254. ☞ Recueil de ce qui s'est passé entre les Evêques de Saint-Pons & de Toulon, au sujet du Rituel d'Alet, avec la suite : *in-12.* 2 vol.]

Histoires de l'Évêché de Perpignan.

9255. ☞ Series & Historia Episcoporum Helenensium & Perpinianensium.

Dans le *Gallia Christiana* des Bénédictins, *tom. VI. pag.* 1031-1077, & les *Preuves* à la fin, *pag.* 474.]

9256. Ms. Recueil de trente & un Actes publics & Bulles des Papes envoyés aux Archevêques de Narbonne, touchant l'Evêché d'Elne [ou de Perpignan;] avec le Procès-verbal, qui justifie ces Actes, fait en 1643, par l'ordre de l'Archevêque de Narbonne : *in-fol.*

Ce Recueil [étoit] conservé entre les Manuscrits de M. Fouquet, Secrétaire du Roi.

Dissertation où l'on fait voir que Perpignan est de la dépendance de Narbonne.

☞ *Voyez* ci-devant, N°. 7161.]

9257. ☞ Observations sur l'Eglise d'Elne.

C'est la *Note XXVIII.* du tom. I. de l'*Hist. générale du Languedoc;* par DD. DE VIC & VAISSETE.]

9258. Requête présentée au Roi par Jean
Tome I.

HARVIEU Basan de Flamanville, Evêque d'Elne ou de Perpignan, pour faire voir que les Officiers du Conseil Supérieur de Perpignan entreprenent sur les Droits de l'Evêque d'Elne, du Clergé & de la Jurisdiction Ecclésiastique de ce Diocèse, contre les Usages & Constitutions qui servent de Loi dans le Roussillon : *Paris,* de Laune, 1701, *in-fol.*

Histoires de l'Evêché d'Alais.

9259. ☞ Series & Historia Episcoporum Alesiensium.

Dans le *Gallia Christiana* des Bénédictins, *tom. VI. pag.* 517-518, & les *Preuves* à la fin, *pag.* 225.]

9260. ☞ Recherches sur l'Evêché d'*Arisidium* ou *Aresetum;* par M. DE MANDAJORS. *Hist. de l'Acad. des Inscr. & Belles-Lettres, tom. V. pag.* 336 *& suiv.*

L'Auteur fait voir que cet ancien Evêché répondoit à celui d'Alais, qu'il fut uni à celui de Nismes, dont il a été démembré en 1694, sous le nom d'Alais.]

9261. ☞ Observations sur le Pays & l'Evêché d'Arsat.

C'est la *Note LXVIII.* du tom. I. de l'*Hist. générale du Languedoc;* par DD. DE VIC & VAISSETE.]

9262. Lettre de Gédéon PONTIER, Protonotaire du Saint Siège, à François Chevalier, premier Evêque d'Alais, sur son Sacre, contenant les circonstances de l'Eglise Collégiale d'Alais, changée en Cathédrale, une description du lieu & les premières fonctions du Prélat dans son Diocèse ; avec la Réponse de François CHEVALIER, Evêque d'Alais, du 31 Mai 1695 : *Paris,* 1696, *in-12.*

Cet Evêque & Gédéon Pontier sont morts en 1713.

§. XVII.

Histoires de la Métropole de Paris & de ses Suffragans.

Histoires de l'Archevêché de Paris.

9263. ☞ SERIES & Historia Episcoporum & Archiepiscoporum Parisiensium.

Dans le *Gallia Christiana* des Bénédictins, *tom. VI. pag.* 4-191, & les *Preuves* à la fin du volume.]

9264. Ms. Catalogus Episcoporum Parisiensium, à sancto Dionysio ad Stephanum PONTCHIER : *in-fol.*

Ce Catalogue est conservé dans la Bibliothèque de M. Pelletier le Ministre. Ce Prélat fut désigné Evêque de Paris, l'an 1503.

9265. Ms. Catalogus Episcoporum Parisiensium, cum Officiis & Dignitatibus in Ecclesia Parisiensi constitutis, & Fundatione Abbatiæ sancti Victoris, & aliquot Hugonis à sancto Victore gestis : collectus à Joanne PICARDO, Canonico Regulari sancti Victoris : *in-fol.*

Ce Catalogue est conservé dans la Bibliothèque de
Hhhh 2

S. Germain-des-Prés, num. 705, & dans celle de S. Victor, num. 123. Cet Auteur est mort en 1615.

9266. Mss. Chronicon Parisiense Ecclesiasticum, à passione Domini ad nostra usque tempora ; auctore Andrea Sausseio, Episcopo Tullensi.

Cet Auteur a cité cet Ouvrage dans le Catalogue de ses Œuvres, qui est à la fin de son Traité intitulé : *De Scriptoribus Ecclesiasticis : Tulli-Leucorum*, 1665, *in*-4.

9267. Mss. Histoire de l'Eglise de Notre-Dame de Paris : *in-fol.*

Cette Histoire est conservée dans la Bibliothèque du Roi, entre les Manuscrits de M. de Gaignieres.

9268. ☞ Mss. Antiquités de l'Eglise de Paris ; sçavoir, l'Histoire de ses Evêques, de ses Chanoines, Papes, Cardinaux, &c. les Epitaphes qui s'y voyent, &c.

Ce Manuscrit est dans la Bibliothèque du Roi, & vient de M. Lancelot.]

9269. ☞ Procès-verbal de ce qui s'est trouvé dans le Sanctuaire, & dessous & autour du grand Autel de l'Eglise de Paris, lors de la démolition en 1699 : *Paris*, Muguet, 1701, *in*-4.]

9270. ☞ Observations sur des Monumens d'Antiquité trouvés dans l'Eglise Cathédrale de Paris ; par M. Moreau de Mautour : *Paris*, Cot, 1711, *in*-4.]

9271. ☞ Description des Bas-reliefs anciens, trouvés depuis peu dans l'Eglise Cathédrale de Paris ; par M. Baudelot : *Paris*, Cot, 1711, *in*-4.]

9272. ☞ Dissertation ou Observations sur les restes d'un ancien Monument trouvé dans le Chœur de Notre-Dame de Paris, le 16 Mars 1711.

Elle se trouve à la tête du tom. I. de l'*Hist. de Paris*; par D. Michel Felibien : *Paris*, 1725, *in-fol.* p. cxxix-clij. On peut voir encore sur les Monumens anciens, l'Ouvrage intitulé : *Religion des Gaulois*, de D. Martin : *Paris*, 1727, *in*-4. *tom. II. pag.* * 44-* 110.]

9273. Historia Ecclesiæ Parisiensis ; auctore Gerardo du Bois, Aurelianensi, Congregationis Oratorii Presbytero : *Parisiis*, Muguet, 1690-1710, *in-fol.* 2 vol.

Cet Auteur a mis au jour le premier volume, qui va jusqu'en 1108 ; mais le second, qui finit en 1283, a été publié par les soins de Barthélemi de la Ripe, Prêtre de l'Oratoire. L'Epître Dédicatoire est de Pierre Nicolas des Molets, aussi Prêtre de la même Congrégation. Cet Ouvrage est bien fait, assez exact, mais trop diffus. L'Auteur est mort en 1695.

☞ Voyez sur cette Histoire, *Méth. historique de* Lenglet, *tom. IV. pag.* 174. = *Journ. des Sçav.* 1690, *Juillet.* = *Journ. de Leips. Suppl.* 11, *pag.* 114. = Le P. Niceron, *tom. V. pag.* 153. = *Histoire des Ouvrages des Sçavans, au volume de Juin, Juillet & Août* 1695, *pag.* 528. On y dit que le P. du Bois est mort, que son second volume est sous presse, & qu'il a laissé des Mémoires pour achever le troisième, au Père de la Ripe, qui a travaillé sous lui.]

9274. ☞ Panegyricus Ecclesiæ Parisiensis à Jos. Jouvency, è Societate Jesu, dictus: *Parisiis*, Martin, 1686, *in*-12.]

9275. ☞ Histoire abrégée de l'Eglise de Paris ; par Jean Grancolas, Docteur de Sorbonne : *Paris*, 1728, *in*-12. 2 vol.

Elle a été supprimée par le Ministère public, sur les plaintes de M. le Cardinal de Noailles. L'Auteur est mort en 1732.]

9276. ☞ Mss. Mémoire pour prouver que ce n'est point à M. le Grand-Aumônier, mais à l'Archevêque de Paris, à confirmer le Roi.

Cette Dissertation est conservée dans la Bibliothèque de MM. les Avocats de Paris, num. E. 27.]

9277. ☞ Sommaire du Procès pendant au Conseil, pour l'Archevêque de Paris, contre l'Abbé de sainte Geneviève, pour les droits par lui prétendus à S. Etienne-du-Mont : 1641, *in*-4.]

9278. ☞ Factum pour Hardouin de Péréfixe de Beaumont, Archevêque de Paris, contre Ferdinand de Neuville, Evêque de Chartres : *in*-4.]

9279. ☞ Arrêt du Conseil d'Etat pour M. l'Archevêque de Paris, contre François de Verthamon : *Paris*, 1666, *in*-4.]

9280. ☞ Transaction entre M. l'Archevêque de Paris & les Abbé & Religieux de Saint Germain-des-Prés, le 20 Septembre 1668 : *in-fol.*]

9281. ☞ Passio sanctorum Martyrum Dionysii, Episcopi Parisiensis, Rustici & Eleutherii.

Ces Actes sont imprimés dans Bosquet, à la seconde partie de son *Histoire des Eglises*, *pag.* 68 : *Parisiis*, 1636, *in*-4. & dans Félibien, *pag.* 162, des *Preuves de son Histoire de l'Abbaye de S. Denys* : *Paris*, 1706, *in-fol.* Ils sont de la fin du septième siècle ou du commencement du huitième ; ils n'ont pas grande autorité, n'ayant été composés que sur des traditions & des bruits populaires.

9282. ☞ La Chronique de S. Denys, Pasteur de France : *in*-4. gothique.]

9283. Vie de saint Denys ; par Adrien Baillet.

Cette Vie est imprimée dans son *Recueil des Vies des Saints*, au 9 d'Octobre.

9284. Vie du même ; par Sébastien Le Nain de Tillemont.

Cette Vie est imprimée au tom. IV. de ses *Mémoires pour l'Histoire de l'Eglise, pag.* 439-703.

== Ecrits pour & contre S. Denys l'Aréopagite, Evêque de Paris.

Voyez ci-devant [N.° 4012 & *suiv.*]

9285. Detectio corporum sanctorum Dionysii, Rustici & Eleutherii, facta anno 1050.

Cette Histoire est imprimée dans Felibien, *pag.* 166, des *Preuves de son Histoire de S. Denys.*

9286. ☞ Observations sur Massus, Evêque de Paris, au IV° siècle ; par Dom Antoine Rivet, Bénédictin.

Dans l'*Hist. Littér. de la France*, tom. I. part. 2, p. 49.]

9287. ☞ Histoire de Paul ; par le même.

Dans le même volume, *pag.* 132. Cet Evêque est mort vers la fin du quatrième siècle.]

9288. Vita sancti Marcelli; auctore Venantio FORTUNATO, Episcopo Pictaviensi.

Cette Vie est imprimée dans le *Recueil* de Surius, au premier de Novembre. Ce n'est point Fortunat de Poitiers qui est l'Auteur de cette Vie; mais un Evêque Italien de même nom, qui a fleuri en 565.

Ce Saint est mort l'an 436.

9289. Vie de saint Marcel; par François GIRY.

Cette Vie est imprimée dans son *Recueil des Vies des Saints*, au même jour.

9290. Vie du même; par Adrien BAILLET.

Cette Vie est imprimée dans son *Recueil des Vies des Saints*, au même jour.

9291. Vie du même; par Sébastien LE NAIN DE TILLEMONT.

Cette Vie est imprimée au tom. X. de ses *Mémoires pour l'Histoire de l'Eglise*, pag. 415.

9292. ☞ Dissertation sur le temps auquel le corps de S. Marcel a été transféré de l'Eglise de son nom dans celle de Notre-Dame; avec les preuves comme il y étoit long-temps avant le règne de Philippe-Auguste; par M. l'Abbé LEBEUF. *Dissertations sur l'Hist. de Paris, &c.* 1739, tom. I. p. 103-139.]

9293. Vita sancti Germani; auctore coævo Venantio FORTUNATO, Episcopo Pictaviensi.

Cette Vie est imprimée au tom. I. des *Actes des Saints de l'Ordre de saint Benoît*, pag. 234; & avec le Commentaire d'Henschenius, dans le *Recueil* de Bollandus, au 28 de Mai. Ce Saint est mort en 576, & Fortunat étoit encore en vie l'an 600.

La même Vie; traduite par Jean JAILLERY, Curé de Villeneuve-Saint-Georges : *Paris*, 1623, *in-8*.

9294. Historia Translationis ejus; auctore Monacho sancti Germani à Pratis, cum Observationibus de Monasterio Pratensi.

Cette Histoire est imprimée dans le *Recueil* de Bollandus, au 28 de Mai; & au tom. IV. des *Actes des Saints de l'Ordre de saint Benoît*, pag. 92.

9295. Historia Miraculorum ejusdem; auctore AIMOINO, Monacho Pratensi.

Cette Histoire est imprimée dans le *Recueil* de Bollandus, au 28 de Mai. L'Auteur de cette Vie, qui vivoit dans le IX.e siècle, rapporte les ravages que les Normands firent alors aux environs de Paris.

9296. Vie du même; par François GIRY.

Cette Vie est imprimée dans son *Recueil des Vies des Saints*, au 28 de Mai.

9297. Vie du même; par Adrien BAILLET.

Cette Vie est imprimée dans son *Recueil des Vies des Saints*, au même jour.

9298. Ms. Vie du même; par Laurent JUILLARD du Jarry : *in-4*.

Cette Vie [étoit] conservée dans la Bibliothèque de M. l'Abbé Bignon.

9299. ☞ Abrégé de la Vie de saint Germain, Evêque de Paris, (avec une Description de l'Eglise & de l'Autel de S. Germain-des-Prés, ses Reliques, &c.) imprimé par l'ordre du Cardinal d'Estrées : *Paris*, Debats, 1705, *in-8*.]

9300. ☞ Histoire de la Vie & des Ecrits de saint Germain; par D. Antoine RIVET, Bénédictin.

Dans l'*Histoire Littéraire de la France*, tom. III. pag. 310.]

9301. ☞ De sancto Ceraunio vel Cerauno, Commentarius Joannis PERIERI, è Societate Jesu.

Dans le *Recueil* de Bollandus, au 27 de Septembre.]

9302. Vie de S. Céran; par Adrien BAILLET.

Cette Vie est imprimée dans son *Recueil des Vies des Saints*, au 27 de Septembre. Ce Saint est mort vers l'an 620.

9303. ☞ Histoire du même; par D. Antoine RIVET, Bénédictin.

Dans l'*Hist. Littér. de la France*, tom. III. pag. 526.]

9304. De sancto Landerico; ex triplicis ætatis Breviariis Sylloge Godefridi HENSCHENII, è Societate Jesu.

Ce Ramas est imprimé dans le *Recueil* de Bollandus, au 10 de Juin. Ce Saint est mort vers l'an 660. On n'a rien d'original de lui, ni d'ancien.

9305. ☞ Dissertation contre MM. de Valois & Sauval, où l'on assure à l'Eglise de Paris un saint Evêque du nom de Landry.

Voyez *Dissert. sur l'Hist. de Paris*; par LE BEUF : tom. II.]

9306. ☞ Addition sur ce qui a été écrit sur saint Landry & sur saint Germain.

Voyez Ibid.]

9307. Vie de S. Landry; par François GIRY.

Cette Vie est imprimée dans son *Recueil des Vies des Saints*, au 10 de Juin.

9308. Vie du même; par Adrien BAILLET.

Cette Vie est imprimée dans son *Recueil des Vies des Saints*, au même jour.

9309. Vie de saint Agilbert; par MODESTE de saint Amable.

Cette Vie est imprimée au tom. I. de sa *Monarchie sainte*, pag. 529 : *Paris*, 1670, *in-fol*. Ce Saint est mort en 680.

9310. Vie du même; par Adrien BAILLET.

Cette Vie est imprimée dans son *Recueil des Vies des Saints*, au 11 d'Octobre.

9311. Eloge d'Anscheric, Grand Chancelier du Roi Eudes; par Charles D'AUTEUIL.

Cet Eloge est imprimé dans son *Histoire des Ministres d'Etat*, p. 4 : *Paris*, 1642, *in-fol*. Cet Evêque est mort en 892, & de Combault, Baron d'Auteuil, en 1670.

9312. ☞ Histoire de Galon.

Dans l'*Hist. Littéraire de la France*, tom. X. pag. 94. Cet Evêque est mort en 1116.]

9313. ☞ Histoire d'Estienne de Senlis.

Dans le même Ouvrage, tom. XII. pag. 159. Cet Evêque est mort en 1142.]

9314. ☞ Histoire de la Vie & des Ecrits de Pierre Lombard.

Dans le même volume, pag. 585. Cet Evêque est mort en 1160, ou 1164.

Voyez à son sujet les *Mémoires de Trévoux*, 1759, pag. 2641, & 1764, Novembre, pag. 1238-1248.]

9315. Elogium Bartholomæi.

Cet Evêque est mort en 1227. Son Eloge est imprimé au tom. II. des *Analectes* de D. Jean Mabillon pag. 608.

9316. ☞ Histoire de la Vie & des Ouvrages de Guillaume d'Auvergne ; par D. Remi Ceillier.

Dans l'*Hist. des Auteurs Ecclésiastiques*, tom. XXIII. pag. 460. Cet Evêque est mort en 1248.]

9317. ☞ Observations de M. Besiers, sur Guillaume Chartier. *Journal de Verdun*, 1759, Juillet, pag. 39.

Cet Evêque est mort en 1472.]

9318. Harangue funèbre de Pierre, Cardinal de Gondi, par Hiérôme de Benevent : *Paris*, 1616, in-8.

Ce Prélat est mort en 1616.

☞ Chenu, Historien de Bourges, dit que Bénévent s'appelloit Bienvenu, & qu'il étoit Trésorier de l'Eglise de Bourges.]

Laudatio funebris ejusdem ; auctore Joanne Tarino, Andegavensi : *Parisiis*, 1616, in-4.

Cet Auteur est mort Professeur Royal d'Eloquence, en 1666.

9319. Oraison funèbre de Henri de Gondi, Cardinal de Retz, dernier Evêque de Paris ; par Jean le Blanc : *Paris*, 1622, in-8.

Ce Cardinal est mort en 1622.

9320. Bulla Apostolica erectionis Archiepiscopatûs Parisiensis : *Parisiis*, 1623, in-8.

9321. Acta & Instrumenta ad erectionem Episcopatûs Parisiensis in Archiepiscopatum & in indemnitatem Senonensis Metropoleos, pertinentia.

Ces Actes sont imprimés dans la première partie des *Additions du Recueil des Synodes de Paris* : *Parisiis*, 1674, in-8.

☞ Ces Pièces se trouvent aussi dans les *Mémoires du Clergé*, tom. II. pag. 46 & suiv. On y voit que l'Evêché de Paris fut érigé en Archevêché, à condition qu'il demeureroit soumis à la Primatie de Lyon, comme celui de Sens.]

9322. L'Erection de l'Evêché de Paris en Archevêché, avec les Lettres-Patentes de Sa Majesté, & l'Arrêt de la Cour de Parlement, portant la confirmation & vérification d'icelle : *Paris*, Vitré, 1623, in-8.

9323. La Métropole Parisienne, ou Traité des causes légitimes de l'érection de l'Evêché de Paris en Archevêché par Grégoire XV, avec les Bulles, Lettres-Patentes & Arrêts touchant ladite Erection ; par André du Saussay, Curé de saint Leu : *Paris*, Petit-pas, 1625, in-8.

La Traduction Latine est imprimée dans les *Opuscules* de du Saussay : *Parisiis*, 1629, in-4..[sous le titre suivant.]

☞ Metropolis Parisiensis, seu Tractatus Apologeticus, pro erectione Archiepiscopatûs Parisiensis facta à SS. Patre N. D. Gregorio XV, adversùs Encyclicam Capituli Senonensis Epistolam. Hoc in opusculo origo Archiepiscopatuum & Primatuum demonstratur.

C'est une espèce de Factum ou de Dissertation en faveur de l'érection de l'Eglise de Paris en Archevêché, en 1622, contre les prétentions de l'Eglise Métropolitaine de Sens ; où il fait voir que le Pape a le pouvoir de soustraire un Evêché à sa Métropole, pour l'ériger lui-même en Métropole.]

9324. ☞ Andreæ du Saussay, de sacro ritu præferendi crucem majoribus Prælatis Ecclesiæ, libellus apologeticus pro Archiepiscopo Parisiensi contra conatum Archi-Antistitis Lugdunensis Galliæ Celticæ Primatis : *Parisiis*, Rob. Stephanus, 1628, in-4.]

9325. ☞ Titres & Actes par lesquels le droit de l'Archevêque de Paris sur le territoire du Fauxbourg saint Germain, est reconnu & rétabli : *Paris*, Muguet, 1669, in-4.]

9326. ☞ De negotio illustrissimi ac Reverendissimi Archiepiscopi Parisiensis, cum Abbate & Monachis sancti Germani à Pratis propè Parisios : *Parisiis*, Muguet, 1670, in-4.

C'est l'Histoire de ce différend.]

9327. ☞ Mémoire de l'Archevêque de Paris, au sujet de la Jurisdiction spirituelle dans le Fauxbourg saint Germain pendant la vacance du Siège, & autres Pièces sur ce sujet : *Paris*, 1695, in-fol.]

9328. ☞ Répliques du Cardinal de Furstemberg, Abbé de saint Germain-des-Prés, avec les Réponses & la Transaction de l'Archevêque de Paris avec les Abbé & Religieux de cette Abbaye : 1695, in-fol.]

9329. Oraison-funèbre de Jean-François de Gondi, premier Archevêque de Paris ; par Nicolas Mazure, Docteur de Sorbonne : *Paris*, 1654, in-4.

9330. Mss. Mémoires touchant le Cardinal de Retz : in-fol.

Ces Mémoires sont [à la Bibliothèque de S. Germain-des-Prés, & viennent de celle] de M. le Chancelier Seguier. Jean-François-Paul de Gondi, Cardinal de Retz, est mort en 1679.

9331. Mss. Pièces pour & contre le Cardinal de Retz : in-fol.

Ces Pièces [étoient] conservées dans la Bibliothèque de M. Colbert, [& sont aujourd'hui à la Bibliothèque du Roi.]

9332. Mss. Recueil de Pièces concernant l'Affaire du Cardinal de Retz, pour l'Archevêché de Paris : in-fol.

Ce Recueil [étoit] conservé dans la Bibliothèque de M. l'Evêque de Seez, [qui a été vendue.]

9333. Pièces pour & contre le Cardinal de Retz, depuis 1641 jusqu'en 1651 : in-fol. & in-4.

Ces Pièces sont imprimées.

9334. ☞ Recueil de Pièces pour & contre

le Cardinal de Retz, depuis 1654 jusqu'en 1660.

Ce Recueil contient:

1. Mémoires des entreprises faites contre l'Eglise, en l'affaire du Cardinal de Rets : 1654.
2. Lettres du Cardinal de Rets, au Roi, écrite de Rome le 14 Décembre 1654 : = : à la Reine : = aux Archevêques & Evêques de l'Eglise de France.
3. Remarques sur la conduite du Cardinal de Rets, & sur ses trois Lettres, au Roi, à la Reine, aux Evêques.
4. Lettre du Cardinal de Rets aux Curés de Paris, du 8 Août 1654.
5. Bref du Pape Innocent X, au Cardinal de Rets, du 30 Septembre 1654.
6. Lettre écrite au Cardinal de Rets, par un de ses confidens de Paris, dont la copie a été envoyée de Rome. (C'est une Réponse très-vive à sa Lettre écrite aux Archevêques & Evêques, rapportée ci-dessus.)
7. Seconde Lettre, d'un bon François, où est examinée celle de M. le Cardinal de Rets aux Archevêques & Evêques de France.
8. Réflexions sur le changement de Grands-Vicaires fait par le Cardinal de Rets, contre ce Cardinal; par M. DU SAUSSAY : 1655.
9. Lettre du Cardinal de Rets, aux Doyen, Chanoines & Chapitre de l'Eglise de Paris, écrite de Rome le 22 Mai 1655.
10. Autre du même, à M. le Duc de Rets touchant sa démission de l'Archevêché de Paris.
11. Lettres de plusieurs Ecclésiastiques confidérables du Diocèse de Paris, à M. le Cardinal de Rets leur Archevêque, du 18 Avril 1656.
12. Lettre du Cardinal de Rets à MM. les Archevêques & Evêques de l'Assemblée générale du Clergé, le 8 Mai 1656.
13. Lettre du même aux Doyen, Chanoines & Chapitre de l'Eglise de Paris, du 18 Juin 1656.
14. Ordonnance du Roi, du 1 Juillet 1656, contre le Cardinal de Rets & ses adhérens.
15. Lettre du Roi, à MM. de l'Assemblée générale du Clergé, touchant le procédé du Cardinal de Rets en la révocation du Grand Vicaire de l'Archevêché de Paris, du 2 Juillet 1656.
16. Lettres du Cardinal de Rets, au Pape Innocent X, du 18 Octobre 1656 : = à l'Assemblée du Clergé, du 15 Septembre 1656 : = au Clergé, du 12 Octobre 1656.
17. Lettre du Roi au Clergé, au sujet de la seconde Lettre du Cardinal de Rets au Clergé, le 6 Novembre 1656.
18. Lettre du Cardinal de Rets au Clergé, écrite du Plessis, le 31 Octobre 1656.
19. Relation de ce qui s'est passé dans l'Assemblée générale du Clergé de France, touchant l'affaire du Cardinal de Rets, du 14 Novembre 1656.
20. Réponse à une Lettre qui a été publiée depuis peu & qui traite de ce qui s'est passé dans cette Assemblée, sur le sujet de l'affaire du Cardinal de Rets.
21. Réponse à la Lettre de M. l'Archevêque de Toulouse, sur la Délibération du Clergé, du 14 Novembre 1656.
22. Lettre du Cardinal de Rets à MM. les Cardinaux, Archevêques, Evêques & autres Députés de l'Assemblée générale du Clergé, en Mars 1657.
23. Lettre du même, aux mêmes, du 1 Juin 1657.
24. Réflexions Ecclésiastiques sur la détention du temporel de l'Archevêché & des Abbayes de M. le Cardinal de Rets.
25. Aristi ad Philotimum suum Epistola de Historiâ Eminentissimi Cardinalis de Rets. (Lettre très-forte écrite contre ce Cardinal, sous le Pontificat d'Alexandre VIII.)

26. Lettre du Cardinal de Rets, au Roi, du 30 Avril 1660.
27. Manifeste du Cardinal de Rets, à tous les Evêques, Prêtres & Enfans de l'Eglise, du 14 Avril 1660. (Ce Manifeste, qui est très-bien fait, contient tout le détail de l'affaire du Cardinal de Rets, dit Joly, dans ses *Mémoires*, tom. II. pag. 388.)]

9335. Ms. Recueil de Pièces concernant le Cardinal de Rets, depuis le 20 Août 1654 jusqu'au 9 Janvier 1658: *in-fol.*

Ce Recueil [étoit] conservé dans le Cabinet de M. l'Abbé de Louvois, num. 67.

9336. Ms. Histoire & Mémoires de M. le Cardinal DE RETS, écrits par lui-même.

Ces Mémoires ne commencent qu'en 1636, ce qui précède manquant, & ils finissent au mois de Novembre 1653. Il dit au commencement, qu'il s'est fixé à ne s'arrêter proprement que sur ce qu'il avoit connu par lui-même. Il y rapporte un grand détail des Guerres de Paris, où il eut beaucoup de part. Ils sont conservés dans le Cabinet de quelques Curieux de Paris.

☞ Ces Mémoires ont été imprimés, aussi-bien que ceux de Guy JOLY, concernant le même Cardinal. *Voyez* ci-après, *Règne de Louis XIV.*]

9337. Ms. Mémoires concernant tout ce qui s'est fait en France, en Espagne, en Italie & ailleurs, touchant le Cardinal de Rets, avant & depuis sa détention dans le Château de Vincennes, au mois de Septembre 1652, & sa sortie ou évasion de celui de Nantes, jusqu'en 1660, dressés sur les Pièces, la plus grande partie originales, qui ont été soigneusement recueillies & fidèlement rapportées; par Robert FRANÇOIS, dit D'AIGREVILLE, Doyen des Avocats du Parlement de Paris : *in-fol.*

Cet Auteur a été témoin de tout ce qui s'est fait en France contre le Cardinal de Rets. Il avoit, en 1718, quatre-vingt-dix-huit ans passés. Ses Mémoires [étoient] entre ses mains.

9338. Vita Petri de Marca; auctore Paulo DE FAGET, in Sacro Consistorio Consiliario.

Cette Vie est imprimée au-devant des *Dissertations* de Pierre de Marca, publiées par Paul de Faget son neveu : *Amstelodami*, 1669, *in-12*.

9339. Stephani BALUZII, Tutelensis, Epistola ad Samuëlem Sorberium, de vita, rebus gestis & scriptis Petri de Marca : *Parisiis*, Muguet, 1663, *in-8*.

Cette même Lettre, changée en plusieurs endroits, & datée de Paris l'an 1704, se trouve à la tête de la troisième Edition de l'Ouvrage intitulé : *De Concordia Sacerdotii & Imperii : Parisiis*, 1704, *in-fol.*

9340. Eloge du même ; par Charles PERRAULT.

Cet Eloge est imprimé dans son *Recueil des Eloges des Hommes illustres*, au tom. I. pag. 7 : *Paris*, 1699, *in-fol.*

9341. Vie du même; par Pierre BAYLE.

Cette Vie est imprimée dans son *Dictionnaire historique & critique*, au nom *Marca*.

9342. ☞ Histoire de la Vie & des Ouvrages de Pierre de Marca ; par Jean-Pierre NICERON, Barnabite.

Dans ses *Mémoires*, tom. XII. pag. 313.]

9343. ☞ Eloge de M. de Marca, Archevêque de Paris, Discours qui a remporté le Prix de l'Académie des Sciences & Beaux-Arts de Pau ; par M. BOMBART, Aumônier de M. l'Archevêque de Paris : *Paris*, Cl. Hérissant, 1762, *in*-8.

Voyez les *Mém. de Trévoux*, 1762 Juillet, 1 vol. pag. 1646-1658. M. de Marca avoit été Premier Président au Parlement de Pau, avant que d'être Ecclésiastique.]

9344. Oraison funèbre d'Hardouin de Péréfixe ; par Jacques DE CASSAGNES, Docteur en Théologie, de l'Académie Françoise : *Paris*, 1671, *in*-4.

Cet Archevêque est mort en 1671, & l'Abbé de Cassagnes en 1679.

9345. Autre Oraison funèbre ; par Jacques GAUDIN, Official de Paris : *Paris*, 1671, *in* 4.

Cet Official est mort en 1694.

9346. ☞ Autre Oraison funèbre ; par Jean-Louis DE FROMENTIERES : *Paris*, *in*-4.]

9347. ☞ Autre ; par le P. AUGUSTIN de saint Nicolas, Carme : *Paris*, Chenault, 1671, *in*-4.]

9348. ☞ Illustrissimi & Rever. Principis Harduini de Perefixe de Beaumont, Paris. Archiep. Carmen Epicedio - Panegyricum ; auctore Petro MARCEL : *Parisiis*, 1671, *in*-4.

Ce Poëme est dédié à M. de Nesmond, Evêque de Baïeux, d'où étoit l'Auteur, alors Professeur de Rhétorique au Collége de Montaigu, à Paris.]

9349. Oraison funèbre de François de Harlay de Chanvallon ; par Honoré GAILLARD, Jésuite : *Paris*, Muguet, 1696, *in*-4.

Cet Archevêque est mort en 1695.

9350. Eloge du même ; par Louis LE GENDRE, Chanoine de Notre-Dame : *Paris*, Langlois, 1695, *in*-12.

Autre ; par le même : *Paris*, 1696, *in*-8.

9351. ☞ Ludovici LE GENDRE Laudatio Francisci de Harlay, &c. *Parisiis*, 1698, *in*-4.]

9352. * De Vitâ Francisci de Harlay Rothomagensis, deinde Parisiensis Archiepiscopi, Libri VI. auctore Ludovico LE GENDRE : *Parisiis*, Langlois, 1720, *in*-4.

☞ Cette Vie est bien écrite, remplie de faits & de détails. L'Auteur ne dissimule pas entièrement les défauts de son héros, mais souvent aussi il le loue avec excès ; & l'on sent trop qu'il lui devoit tout.]

9353. Eloges historiques [avec les Portraits] des Archevêques de Paris qui ont gouverné cette Eglise depuis environ un siècle, jusqu'au décès de François de Harlay : *Paris*, Muguet, 1698, *in*-4.

Etienne Algay DE MARTIGNAC, l'Auteur de ces Eloges, est mort en 1698.

— ☞ Mémoires sur Louis-Antoine, Cardinal de Noailles.

Ce Prélat, qui méritoit qu'on écrivît sa Vie, fut transféré de Chaalons, en 1695, à Paris, où il est mort en 1729. L'*Hist. des Réflexions morales*, les *Anecdotes*, le *Journal de Dorsanne* & le *Recueil* de l'Abbé Nivelle, (ci-devant Nos. 5638, 5643, 5649 & 5654.) renferment nombre de particularités & de Pièces qui le concernent. On a aussi un Recueil de ses Mandemens : *Paris*, Delespine, 1718, *in*-4.]

Histoires de l'Évêché de Chartres.

9354. ☞ Series & Historia Episcoporum Carnotensium.

Dans le *Gallia Christiana* des Bénédictins, tom. *VIII*. pag. 1093-1196, & les *Preuves* à la fin, pag. 287.]

9355. Ms. Series Episcoporum Carnotensium, à Monachis sancti Petri Carnotensis, variis temporibus aucta & ad annum ferè 1325 producta.

9356. Ms. Chronicon Episcoporum Carnotensium ad annum 1373 ; ab anonymo Monacho sancti Petri Carnotensis.

Ces deux Manuscrits sont conservés dans la Bibliothèque de saint Germain-des-Prés, au tom. XVI. des *Fragmens d'Histoires*, recueillis par Claude Estiennot, pag. 1 & 4.

9357. Catalogus Episcoporum Carnutensium ; per Carolum DE VILLIERS.

Ce Catalogue est imprimé avec les Lettres de Fulbert, Evêque de Chartres : *Parisiis*, Blaise, 1608, *in*-8. & dans la *Parthénie* de Rouillard : *Paris*, 1609, *in*-8.]

9358. ☞ Quorumdam Episcoporum Carnutensium obitus, & Elogia.

Dans les *Analectes* de D. Jean MABILLON, pag. 230.]

9359. Ms. Mémoires pour servir à l'Histoire des Evêques de Chartres, des Saints, des Abbayes, & des plus illustres Abbés du Diocèse, tirés des Auteurs originaux, avec des Notes pour éclaircir les principales difficultés : *in*-4.

Ces Mémoires sont [de Dom Jean LIRON, Bénédictin, ils étoient] entre les mains de l'Auteur.

9360. Traités entre les Comtes, les Evêques & Chapitre de Chartres, & Abbés & Religieux de saint Pere dudit Chartres : *Paris*, 1630, *in*-8.

9361. ☞ Histoire d'Arbogaste ; par D. Antoine RIVET, Bénédictin.

Dans l'*Hist. Littér. de la France*, tom. *II.* pag. 548. Cet Evêque vivoit sur la fin du Ve siècle.]

9362. * Requête du Chapitre de Notre-Dame de Chartres, pour établir son Exemption & Jurisdiction quasi-Episcopale, avec les Pièces justificatives ; (par M. DE LA FLECHE, Chartrain, & Chanoine de cette Eglise) : 1700, *in-fol.*

9363. ☞ Arrêt du Conseil, du 10 Août 1700, *in-fol.*

Cet Arrêt décide pour l'Evêque, contre ledit Chapitre.]

9364. Ms. Vita sancti Solemnis.

Cette Vie est conservée dans la Bibliothèque du Roi ; tom. XX. pag. 233, des Manuscrits de du Chesne. Ce Saint est mort en 509.

9365. ☞ De sancto Solenne ; auctore anonymo,

Métropole de Paris, & ses Suffragans.

nymo; Commentarius Joannis CLEI, è Societate Jesu.

Dans le *Recueil* de Bollandus, au 25 de Septembre.]

9366. Vie de saint Souleine; par Adrien BAILLET.

Cette Vie est imprimée dans son *Recueil des Vies des Saints*, au 14 de Décembre.

9367. Vita sancti Leobini.

Cette Vie est imprimée dans Labbe, au tom. II. de sa *Nouvelle Bibliothèque des Manuscrits*, pag. 582. Ce Saint est mort vers l'an 556.

☞ Cette même Vie se trouve aussi dans le *Recueil* de Bollandus, au 14 Mars, pag. 349, & dans les *Actes des Saints de l'Ordre de saint Benoît*, par D. Mabillon, *tom. I. pag.* 123. *Voyez* sur l'Auteur de cette Vie, l'*Hist. Littér. de la France*, par D. Rivet, *tom. III. pag.* 357.]

9368. * Chronologie de la Vie de S. Lubin; (par D. Jean LIRON.)

Elle se trouve *pag.* 29 de la part. 2 de ses *Aménités de Critique & de Littérature : Paris*, 1718, *in-*12.

9369. Vie de saint Caletrie, ou Caltry; par Adrien BAILLET.

Cette Vie est imprimée dans son *Recueil des Vies des Saints*, au 8 d'Octobre. Ce Saint est mort en 567.

9370. ☞ Vita sancti Betharii, seu Boharii, & Commentarius Petri BOSCHII, è Soc. Jesu.

Dans le *Recueil* de Bollandus, au 3 Août. *Voyez* ce qui en est dit *pag. v.* de l'Avertissement du tom. V. de l'*Hist. Littér. de la France*.]

9371. Vie de S. Fulbert; par Adrien BAILLET.

Cette Vie est imprimée dans son *Recueil des Vies des Saints*, au 10 d'Avril. Ce Saint est mort en 1029.

9372. Brevis Epitome de Fulberti Vita.

Cet Abrégé étoit conservé avec ses *Œuvres*, dans la Bibliothèque de M. le Premier Président de Harlay, dont les Manuscrits [étoient] en la possession de M. Chauvelin, Avocat-Général du Parlement, [& sont aujourd'hui à saint Germain-des-Prés.]

9373. ☞ Histoire de la Vie & des Ecrits de saint Fulbert; par D. Antoine RIVET, Bénédictin.

Dans l'*Hist. Littér. de la France*, *tom. VII. pag.* 261. *Voyez* aussi *pag.* xxv. de l'Avertissement du tom. XI.]

9374. Vita Ivonis; auctore Joanne FRONTONE, Canonico Regulari Congregationis Gallicanæ.

Cette Vie est imprimée au-devant des *Œuvres* d'Ives de Chartres : *Parisiis*, 1647, *in-fol.* Cet Evêque est mort en 1115 [ou 1116.]

Eadem, cum Commentario Godefridi HENSCHENII.

Dans le *Recueil* de Bollandus, au 20 de Mars.

9375. Vie du même; par Adrien BAILLET.

Cette Vie est dans son *Recueil des Vies des Saints*, au 13 de Décembre.

9376. ☞ Histoire de la Vie & des Ecrits de saint Ives de Chartres.

Dans l'*Hist. Littér. de la France*, *tom. X. pag.* 102.]

9377. L'esprit d'Ives de Chartres dans la conduite de son Diocèse & dans les Cours de

France & de Rome : *Paris*, Anisson, 1701, *in-*12.

Ce Livre a été extrait des *Mémoires* d'Antoine VARILLAS, mort en 1696.

9378. Quorumdam Episcoporum Carnutensium Obitus & Elogia, ab anno 858 ad annum 1276.

Ces Eloges sont imprimés dans Mabillon, au tom. II. de ses *Analectes*, *pag.* 550.

══ De falso Altergerio, Episcopo Carnotensi, &c. Blondo supposito; Opusculum Andreæ DU SAUSSAY.

Voyez ci-devant, aux *Archevêques de Cambray*, N°. 8563.]

9379. ☞ Histoire de la Vie & des Ouvrages de Jean Petit de Sarisbery, Evêque de Chartres, par D. Remi CEILLIER, Bénédictin.

Dans l'*Hist. des Auteurs Ecclésiastiq.* tom. *XXIII.* pag. 270. Cet Evêque est mort vers 1181.]

9380. ☞ Histoire de la Vie & des Ouvrages de Pierre de Celle, Evêque de Chartres; par le même.

Dans le même Ouvrage, au tom. ci-dessus, *pag.* 280. Cet Evêque est mort en 1187.

9381. ☞ Recueil de la Vie & des Miracles du bienheureux Lamy, Evêque de Chartres & Patriarche de Jérusalem, mort en 1360; par Luc LAMY, Vicaire de la Vicairie fondée par ledit Patriarche : *Limoges*, Chapouland, *in-*8. (sans date.)

9382. ☞ Factum pour J. B. THIERS, Curé de Champrond, & Bachelier en Théologie de la Faculté de Paris; contre le Chapitre de Chartres : *in-*12. sans date.

Cet Ouvrage est plein de faits concernant l'Eglise de Chartres.]

9383. ☞ La Sauce-Robert (du même) ou Avis salutaire à Jean Robert, Grand-Archidiacre de Chartres : première partie, 1676, seconde partie, 1678, *in-*8.

Cet Ouvrage critique est rare.]

9384. ☞ La Sauce-Robert justifiée, à M. de Riantz, Procureur du Roi au Châtelet ; ou Pièces employées pour la justification de la Sauce-Robert : 1679, *in-*8.]

9385. Oraison funèbre de Paul Godet des Marais; par [Pierre-Robert] LE PREVOST, Prêtre : *Paris*, 1710, *in-*4.

☞ Elle est aussi dans le *Recueil des Oraisons funèbres* de l'Auteur : *Paris*, Lottin, 1766, *in-*12.]

9386. Le Prélat accompli, ou Abrégé de la Vie & des Vertus pastorales du même, contenant le tombeau héroïque, hiéroglyphique & anagrammatique de cet auguste Prince de l'Eglise ; par [Jean] ESPITALIER, Curé du Diocèse de Chartres : *Chartres*, 1711, *in-*4.

Ces sortes d'Ouvrages n'acquièrent pas toujours à leurs Auteurs autant de réputation, qu'ils leur ont coûté de peine & de travail.

☞ Espitalier étoit de Bargemont, Diocèse de Fréjus : il est mort en 1720. M. Godet des Marais, né en 1648, est mort en 1709.]

9387. ☞ Eloge historique de Paul Godet des Marais, Evêque de Chartres.

Il se trouve au commencement du tom. XV. des *Lettres & Mémoires* de Madame de Maintenon : *Amsterdam (Avignon,)* 1757.]

9388. ☞ L'esprit & les vertus de Charles de Montiers de Mérinville, Evêque de Chartres : *Chartres,* 1765, *in-12.*]

Histoires de l'Évêché de Meaux.

9389. ☞ Series & Historia Episcoporum Meldensium.

Dans le *Gallia Christiana* des Bénédictins, *tom. VII. pag.* 1597-1664, & les *Preuves,* à la fin, *pag.* 547.]

9390. ☞ Mf. Mémoires historiques pour la Ville & Evêché de Meaux ; par Jean Lenfant, Procureur à Meaux : *in-4.*

Ils sont conservés dans la Bibliothèque de l'Abbaye de saint Faron de Meaux : l'Auteur les fit en 1613. On prétend qu'ils sont remplis de fautes, ainsi que les suivans.]

9391. ☞ Mf. Les Fastes & Annales des Evêques de Meaux, les Conciles où ils ont assisté ; Fondations, Compositions de quelques Vies des Saints de la Ville & Diocèse, commençant à saint Saintin, l'an 12 après Notre-Seigneur : Histoire spirituelle & temporelle ; par Mr Pierre Janvier, Prêtre, Curé de saint Thibaut de Meaux : Ouvrage dédié à Messire Jacques-Bénigne Bossuet, Evêque de Meaux : 1684, en six gros vol. *in-fol.*

Ce Manuscrit est conservé dans l'Abbaye de saint Faron de Meaux. On peut dire que Janvier a fait un Recueil considérable ; qu'il a donné des copies assez exactes des Pièces qu'il a tirées des Cartulaires anciens & nouveaux : néanmoins il y a bien du temps à perdre pour les retrouver dans ses Mémoires, & en faire quelque profit. Son style est aussi mauvais que satyrique. Ce grand Compilateur est mort le 19 Avril 1689.]

9392. ☞ Recueil de tous les Evêques de Meaux ; par Bordereau, Avocat au Siége Présidial de Meaux.

Il est cité par Guy Bretonneau, dans son *Histoire Généalogique de la Maison des Briçonnets : Paris,* 1621, *in-4. pag.* 163.]

9393. ☞ Mf. Chronique ou Histoire des Evêques de Meaux, jusqu'à la mort de M. de Ligny (en 1681); par Jean Phelipeaux, Prêtre du Diocèse d'Angers, Trésorier & Chanoine de Meaux : *in-fol.*

Ce Manuscrit est conservé dans la Bibliothèque de l'Abbaye de saint Faron. L'Auteur est mort le 3 Juillet 1708. Il a fait usage des Mémoires de Janvier & de Lenfant, qui sont remplis de fautes. Son nom a été mal écrit avec deux *pp*, par Dom du Plessis, à qui l'on prétend que cette Histoire a été fort utile. *Voyez* l'Avertissement de la *Relation du Quiétisme,* ci-devant N°. 5632.]

9394. Mf. Mémoites sur l'Histoire & les Antiquités du Diocèse de Meaux ; par François Ledieu, Chancelier de l'Eglise de Meaux, (& Secrétaire de M. Bossuet :) *in-fol.* 3 vol.

Ce ne sont que des brouillons, sans ordre, sans méthode, sans suite & sans liaison, qui sont conservés dans la Bibliothèque de saint Faron. L'Auteur, qui étoit né à Péronne, mourut à Paris le 7 Octobre 1713, & fut enterré à Meaux le 9 du même mois.]

9395. ☞ Histoire de l'Eglise de Meaux, avec des Notes ou Dissertations, & les Pièces justificatives : on y a joint un Recueil complet des Statuts synodaux de la même Eglise, divers Catalogues des Evêques, Doyens, Généraux d'Ordre, Abbés & Abbesses du Diocèse, & un Pouillé exact ; par D. Toussaints du Plessis, Bénédictin de la Congrégation de saint Maur : *Paris,* Gandouin, 1731, *in-4.* 2 vol.

Le Tom. I. contient le corps de l'*Histoire,* les *Catalogues* & les *Dissertations ;* & deux *Lettres,* l'une de M. Lancelot, de l'Académie des Inscriptions & Belles-Lettres ; & l'autre, en réponse, de D. du Plessis.

Le Tom. II. renferme les *Pièces justificatives,* les *Statuts Synodaux,* (indiqués ci-devant N°. 6612.) & le *Pouillé,* qui sera *exact,* quand il aura été revu & corrigé.

L'Auteur, qui étoit de Paris, est mort à S. Denis, le 13 Mai 1764. On ignore pourquoi il a supprimé deux de ses noms. Car les Registres des Bénédictins portent : *Michael Tussanus Chrétien du Plessis ;* cela fait bien, *Michel Toussain,* & non *Toussaints.* Apparemment que *Chrétien* étoit son nom de famille, & *du Plessis,* le nom de quelque Seigneurie.

Par Délibération Capitulaire en date du 7 Août 1733, après le rapport de Commissaires, le Chapitre de Meaux a protesté contre cette Histoire, *comme contenant différentes choses contraires tant à la vérité en plusieurs faits, qu'au respect dû à la mémoire de personnes distinguées par leur mérite & par leur dignité, même Episcopale ; injurieuse à l'Eglise de Meaux, & donnant atteinte à l'honneur & aux droits de la Compagnie.* Cette Protestation a été déposée chez le sieur Laideguive, Notaire à Paris, par Acte du 17 Avril 1736. *Voyez* sur cette Histoire, la *Nouvelle Liste du Parnasse, Lettr.* 19, 21, 30. = *Journal de Verdun, Mai* 1731. = *Journ. des Sçavans, Août* 1731. = *Mém. de Trév. Février, Mars & Mai* 1732, & *Avril* 1740, *pag.* 612. = Lenglet, *Suppl. pag.* 173. = Racine, *Abrégé de l'Hist. Ecclés. tom. XIII. in-12. pag.* 348. = *Relat. du Quiétisme, Avertissement.*]

9396. ☞ Lettre de M. l'Abbé (Chaperon) de Saint-André, Grand-Vicaire de Meaux, à un de ses amis, au sujet de la nouvelle Histoire de Meaux, donnée par D. du Plessis : *Meaux,* Alart, *in-4.*

L'Abbé de Saint-André étoit Chanoine de Meaux, & Vicaire-Général du Diocèse, sous le Cardinal de Bissy : il est mort à Meaux le 14 Août 1740.]

9397. ☞ Réponse de Dom Toussaints du Plessis, à la Lettre précédente : *in-4.*]

9398. ☞ Extrait du Journal des Sçavans, en forme de Réfutation de la précédente Réponse : *Meaux, in-4.*]

9399. ☞ Lettres pour M. Bossuet, Evêque de Meaux, contre les Auteurs de l'Histoire de Meaux & du *Gallia Christiana.*]

9400. ☞ Remarque sur un endroit de l'Histoire de l'Eglise de Meaux : *Mercure, Avril,* 1732, *pag.* 687-692.

Il s'agit dans cette Remarque de l'Inscription d'une cloche de Nanteuil le Haudoin, où D. du Plessis a cru voir le nom de Raoul, Comte de Senlis, au lieu qu'il s'agit d'un Raoul, fondeur.]

9401. ☞ Lettre de D. du Plessis, écrite de Rouen le 14 Novembre 1732, sur quel-

Métropole de Paris, & ses Suffragans.

ques endroits de son Histoire de l'Eglise de Meaux : *Mercure*, 1732, *Décembre, I. vol. pag.* 2591-2594.]

9402. ☞ Lettres de ... au R. P. ... Chanoine Régulier, au sujet d'un petit Supplément à l'Histoire de Meaux, avec les Réponses du P. DU PLESSIS à ce sujet : *Mercure*, 1736, *Octob. p.* 2225-2236. & *Décembre, pag.* 2662-2680.]

9403. ☞ Lettres à D. Toussaints du Plessis, au sujet de la prétendue vente des Reliques de saint Saintin, premier Evêque de Meaux, & de la Translation de la Châsse de saint Fiacre, Patron de la Brie ; par M. Charles-Joseph THOMÉ, Chanoine de Meaux, & Licentié en Droit Canon & Civil de la Faculté de Paris ; avec les Réponses de D. du Plessis : *Paris*, Giffart, 1747, *in-*4.]

☞ Autre Lettre du même Abbé THOMÉ.

Voyez ci-devant, N°. 7832.]

9404. Lettre de M. Charles-Joseph THOMÉ, Chanoine de Meaux, aux Auteurs de la Nouvelle Gaule Chrétienne & de l'Histoire de Meaux, touchant plusieurs Abbés & Abbesses du Diocèse de Meaux : *Paris*, Giffart, 1748, *in-*4.

9405. ☞ Lettre du même, à D. Toussaints du Plessis, au sujet d'un Jugement rendu par le Connétable de Châtillon, en faveur du Chapitre de Meaux, contre plusieurs Nobles, à l'occasion d'un Chanoine blessé, & de son Clerc tué; & d'un Arrêt du Parlement, qui condamne un Bailli de Meaux à faire mener une bûche en forme d'homme, dans une charrette, à la Justice de Meaux, &c. *Paris*, Giffart, 1748, *in-*4.

M. THOMÉ, Chanoine de Meaux, travaille depuis plusieurs années à une Histoire de Meaux, d'après les Cartulaires, Registres du Chapitre, Patentes des Rois, & autres Actes originaux. Il y insérera ce qu'on a pu avoir omis; corrigera, autant qu'il lui sera possible, les fautes échappées, & tâchera de faire un nouveau Pouillé, avec une Liste des Doyens, Archidiacres, Trésoriers, Chantres, Chanceliers, Théologaux, Souchantres, &c. S'il ne peut finir son Ouvrage, à cause de ses infirmités, il laissera le tout à son Chapitre. Il est né près de Coulommiers, Diocèse de Meaux, le 8 Avril 1699.]

9406. Vie de saint Saintin ; par Adrien BAILLET.

Cette Vie est imprimée dans son *Recueil des Vies des Saints*, au 22 de Septembre. Ce Saint fut Evêque de Meaux vers l'an 375, & l'on y fait sa Fête le 11 d'Octobre.

9407. Vita sancti Faronis ; auctore, ut videtur, HILDEGARIO, Episcopo.

Cette Vie est imprimée au tom. II. des *Actes des Saints de l'Ordre de S. Benoît, pag.* 606. Ce Saint est mort en 672, & Hildegaire [l'un de ses successeurs, est mort en 875.] On croit que cet Auteur, [si l'Ouvrage est de lui] a travaillé sur quelques Mémoires trouvés dans les Archives de son Eglise. Le Père le Cointe dit que cette Vie est pleine de fables, qu'il réfute dans le tom. III. de ses *Annales de l'Eglise de France*, sur l'année 692, nombre 6 & suiv.

Tome I.

9408. Vie du même ; par François GIRY.

Cette Vie est imprimée dans son *Recueil des Vies des Saints*, au 28 d'Octobre.

9409. Vie du même ; par Adrien BAILLET.

Cette Vie est imprimée dans son *Recueil des Vies des Saints*, au même jour.

9410. De sancto Hildeverto, Commentarius historicus Danielis PAPEBROCHII, è Societate Jesu.

Ces Mémoires sont imprimés dans le *Recueil* de Bollandus, au 27 de Mai. Ce Saint est mort vers l'an [680, selon le Bréviaire de Meaux.]

9411. ☀ Vie de S. Hildevert, en rithmes Françoises ; par M. GAUDIN, de Gournay : *Rouen*, Crevel, (1615) *in-*8.

9412. Vie du même ; par Adrien BAILLET.

Cette Vie est imprimée dans son *Recueil des Vies des Saints*, au 27 Mai.

9413. ☞ De sancto Ebregisilo vel Ebraisilo, Notæ Joannis PINII, è Societate Jesu.

Dans le *Recueil* de Bollandus, au 31 Août.]

9414. Vie de S. Ebregisil ; par MODESTE de Saint-Amable.

Cette Vie est imprimée au tom. I. de sa *Monarchie sainte, pag.* 543 : *Paris*, 1670, *in-fol.* [Ce Saint est mort au VIII.e siècle, & on en fait la Fête à Meaux le 8 Août.]

9415. Vie de S. Landry, qui avoit été Religieux de Soigny ; par le même.

Cette Vie est imprimée dans le tom. II. de la *Monarchie sainte, pag.* 221 : *Paris*, 1670, *in-fol.*

9416. ☞ Histoire de la Vie & des Ecrits d'Hildegaire ; par Dom Antoine RIVET, Bénédictin.

Dans l'*Hist. Littér. de la France*, tom. V. *pag.* 474. Cet Evêque est mort en 875.]

9417. De sancto Gilleberto, seu Gisleberto, Commentarius historicus Joannis BOLLANDI, è Societate Jesu.

Ces Mémoires sont imprimés dans le *Recueil* de Bollandus, au 15 d'Avril. Ce Saint est mort en [1009. Sa Fête se célèbre à Meaux le 13 Février.]

9418. Elogium Simonis.

Cet Eloge est imprimé au tom. II. des *Actes des Saints de l'Ordre de S. Benoît, pag.* 609. Cet Evêque [vivoit encore en l'année 1185.]

9419. ☞ Lettre de M. l'Abbé LEBEUF, sur une offrande singulière faite en forme de satisfaction (à Jean DE MAULART, Evêque de Meaux en 1347.) *Journ. de Verdun*, 1753, Juillet, *pag.* 48-52.]

9420. ☞ Histoire de Philippe de Vitry, mort en 1361 ; par Prosper MARCHAND.

Dans son *Dictionnaire historique & critique*, tom. II. *pag.* 305-308.]

9421. ☞ Sommaire de la Vie de Guillaume Briçonnet, Evêque de Meaux, tiré des Manuscrits de M. BORDEREAU, Avocat au Siège Présidial de la même Ville.

Elle se trouve dans l'*Histoire généalogique de la Maison des Briçonnets*, de Guy BRETONNEAU : *Paris*, 1621, *in-*4. *pag.* 106.]

Iiii 2

9422. Oraison funèbre de Dominique Seguier; par Jacques BIROAT, Docteur en Théologie : *Paris*, 1659, *in*-4.

9423. ☞ Oraison funèbre de Philippe de Miremont; par M. ROUSSEL : 1668, *in*-4.]

9424. Oraison funèbre de Jacques-Bénigne Bossuet; par Charles DE LA RUE, Jésuite : *Paris*, 1704, *in*-4.

9425. Eloge du même; par François Timoléon DE CHOISY, de l'Académie Françoise : *Paris*, 1704, *in*-4.

Ce même Eloge est imprimé dans un *Recueil de Pièces de l'Académie Françoise* : *Paris*, Coignard, 1704, *in*-12.

9426. Eloge du même.

Cet Eloge, composé par Joseph SAURIN, de l'Académie Royale des Sciences, est imprimé dans le trente-sixième *Journal des Sçavans* de 1704.

9427. Eloge du même.

Cet Eloge est imprimé dans les *Mémoires de Trévoux*, 1704, *Novembre*.

9428. ☞ L'immagine del Vescovo rappresentata nelle virtu di M. Bossuet; dal Alessandro MAFFEI : *Roma*, 1705, *in-fol*.]

9429. ☞ Histoire de la Vie & des Ouvrages de Jacques-Bénigne Bossuet; par Jean-Pierre NICERON, Barnabite.

Dans ses *Mémoires*, tom. II. pag. 248-267.]

9430. ☞ Vie de M. Bossuet, Evêque de Meaux; par M. DE BURIGNY, de l'Académie des Inscriptions & Belles-Lettres : *Bruxelles* (*Paris*) 1761, *in*-12.

On en promet une autre plus complette à la fin de la nouvelle Edition des Œuvres de ce Prélat, dont on a publié un *Prospectus* à Paris en 1766, chez Boudet.

A la fin du tom. XII. de l'*Hist. Eccl.* de l'Abbé Racine, il y a un Catalogue raisonné de ses Ouvrages.]

9431. ☞ Oraison funèbre de Henri Thiard de Bissi, Cardinal, & Evêque de Meaux, prononcée dans l'Eglise de Meaux le 5 Décembre 1737; par Joseph SEGUY, Abbé de Genlis Chanoine, de Meaux, de l'Académie Françoise : *Paris*, Prault, 1737, *in*-4.

On trouve nombre de choses sur ce Prélat dans les *Histoires de la Constitution*, indiquées ci-devant, N.os 5638 & *suiv*. L'Abbé Seguy est mort à Meaux le 18 Mars 1761.]

Histoires de l'Evêché d'Orléans.

9432. ☞ Series & Historia Episcoporum Aurelianensium.

Dans le *Gallia Christiana* des Bénédictins, *tom. VIII*. pag. 1410-1499, & les *Preuves* à la fin, *pag*. 479.]

9433. Notitia Episcoporum Aurelianensium accurata.

Cette Notice est imprimée au commencement du *Recueil des Statuts Synodaux de ce Diocèse*, intitulé : *Codex Statutorum, &c. Aurelia*, 1667, *in*-4. Elle est de Charles MEUSNIER, Docteur de Sorbonne, & Doyen de l'Eglise Cathédrale d'Orléans, qui est mort en 1667.

☞ Cet Ouvrage, quoique peu considérable (de 12 pages) contient plusieurs remarques critiques & historiques. On y apprend plusieurs faits omis par les Historiens du Pays, & on y relève leurs erreurs.]

9434. Annales Ecclesiæ Aurelianensis, seculis & libris sedecim, ad annum 1653; auctore Carolo SAUSSEYO, Aurelianensi, Doctore Sorbonico, Decano Ecclesiæ Aurelianensis. Addito tractatu de veritate Translationis corporis sancti Benedicti ex Italia in Gallias ad Monasterium Floriacense, Diœcesis Aurelianensis : *Parisiis*, Drouart, 1615, *in*-4.

» Cet Ouvrage ne donne (au jugement d'un habile
» homme) qu'une connoissance très-imparfaite & peu
» sûre de l'Histoire Ecclésiastique du Diocèse d'Orléans,
» par le grand nombre des faits qui y manquent, &
» par les fautes dont il est rempli. L'Auteur s'est con-
» tenté de lire le Livre rouge ou Cartulaire de l'Eglise
» d'Orléans, sans recourir aux titres originaux trans-
» crits dans ce Livre, & dont on conserve encore un
» grand nombre; il a même souvent mal lû les Actes de
» ce Cartulaire & les autres dont il s'est servi. La Dis-
» sertation (sur la Translation du Corps de S. Benoît)
» qui est à la fin, est ce que renferme de meilleur ce
» volume ». De la Saussaie est mort en 1621.

☞ *Voyez* sur cet Auteur les *Singularités historiques* de Dom Liron, *tom. III. pag*. 140. La Dissertation sur le Corps de S. Benoît ne se trouve pas toujours à la fin de son Ouvrage. D. Mabillon a parlé de cette Dissertation avec éloge. *Annal. Bened. tom.II.p*.337.]

9435. Historia chronologica Episcoporum Ecclesiæ Aurelianensis; à Symphoriano GUYON.

Cette Histoire est imprimée avec sa *Notice des Saints de cette Eglise* : *Aurelia*, veuve Hotot, 1637, *in*-8.

Cet Auteur est mort en 1657.

9436. ☞ Histoire de l'Eglise, Ville & Université d'Orléans; par le même : *Orléans*, *Maria* : *Paris*, 1647, *in-fol*.

Cette Histoire est languissante & pleine de digressions; cependant il y a des recherches & du travail. Le petit Ouvrage précédent vaut beaucoup mieux.]

9437. Antiquités & choses remarquables de l'Eglise & du Diocèse d'Orléans; ensemble la Vie des Evêques; par François LE MAIRE : *Orléans*, 1645, *in*-4.

La même Histoire de l'Eglise & Diocèse d'Orléans, augmentée en cette seconde Edition de plusieurs choses remarquables, par l'Auteur : *Orléans*, Borde, 1648, *in-fol*.

Cet Auteur est mort en 1654.

9438. Histoire de l'Eglise, Diocèse, Ville & Université d'Orléans, jusqu'en 1650; par Symphorien GUYON, Orléanois, Curé de la Paroisse de S. Victor : *Orléans*, 1647, 1650, *in-fol*. 2 vol.

La Préface est de Jacques Guyon, frère de l'Auteur, qui est mort en 1657.

» Le style de cet Historien est plus supportable que
» celui de François le Maire, qui a écrit la même His-
» toire : il a plus d'ordre, mais il a aussi peu de goût
» & de discernement que lui ». C'est le jugement d'un habile Orléanois, qui a étudié avec soin l'Histoire de son Pays.

9439. ☞ Dissertation sur l'établissement de la Religion Chrétienne à Orléans.

Voyez ci-devant, N.° 4077.]

9440. Examen d'un passage de l'Histoire Ecclésiastique d'Ordéric Vital, qui regarde l'Eglife d'Orléans; par M. POLLUCHE. *Mercure*, 1745, Mars, *pag.* 77-83.]

9441. ☞ Mf. Ingreffus Epifcopi Chriftophori de Brilhac, in urbem Aurelianenfem : 1504.

C'eft une copie ancienne, de 12 pages, qui eft confervée dans la Bibliothèque de M. Févret de Fontette à Dijon, comme les deux Pièces qui fuivent.]

9442. ☞ Mf. Proceffus de ingreffu Epifcopi Aurelianenfis : 1522.

Manufcrit du temps, en 38 pages.]

9443. ☞ Mf. Eclairciffement fur le Privilège des Evêques d'Orléans, à leur première entrée.

Lettre originale, de 3 pages.]

9444. ☞ Petri BARBEROUSSE, Oratio ad introitum Epifcopi Aurelianenfis, ejufque in reis liberandis jus : *Aureliæ*, Hotot, 1632, *in-*12.

L'Auteur a envifagé fon fujet moins en Hiftorien qu'en Jurifconfulte.]

9445. ☞ Factums pour Meffire Maximilien de Béthune, Duc de Sully, Pair & Maréchal de France, contre Meffire Nicolas de Netz, Evêque d'Orléans. = Mémoires touchant les Factums du fieur CHOLET, Avocat, publiés pour M. Maximilien de Béthune, contre Meffire Nicolas de Netz, Evêque d'Orléans : 1640, *in-*4. = Réponse au Libelle intitulé : Mémoires touchant les Factums, &c.

Il eft remarqué dans les *Opufcules* de Loifel, *p.* 687, que cette Réponfe eft de CHOLET, auffi-bien que les autres Factums pour M. de Sully, mais qu'elle n'a point été publiée quoiqu'elle ait été imprimée. Il y a eu plufieurs autres Mémoires de part & d'autre; mais on n'a pu découvrir que ceux-ci. Au refte, ces Factums font fort curieux, & intéreffent particulièrement l'Hiftoire d'Orléans, ayant été faits au fujet, 1.° du Privilège qu'ont les Evêques d'Orléans d'être portés à leur entrée par quatre Barons, dont M. le Duc de Sully étoit du nombre : 2.° de la délivrance des Criminels à cette même cérémonie. Il intervint un Arrêt qui adjugea gain de caufe à M. de Netz, Evêque.]

9446. La folemnelle & joyeufe Entrée des Evêques d'Orléans ; par Jacques GUYON : *Orléans*, 1648, *in-*12.

Seconde Edition avec ce titre : Le Triomphe de la piété, ou les cérémonies obfervées en la folemnelle & magnifique entrée de Meffeigneurs les Evêques d'Orléans ; avec les particularités & circonftances de la Proceffion qui s'y fait ; où le Privilège defdits Seigneurs Evêques de délivrer les criminels le jour de leurdite entrée, eft rapporté & prouvé par autorité & antiquité ; comme auffi la difpofition & état auquel fe doivent rendre les criminels, & ce qu'il leur convient faire pour jouir dudit Privilège ; par Jac. GUYON, Prêtre & Curé de faint Victor d'Orléans : *Orléans & Paris*, 1666, *in-*8.

Jacques Guyon étoit frère de celui qui a donné l'Hiftoire d'Orléans.]

9447. L'Entrée célèbre des Evêques d'Orléans, & Defcription des Cérémonies qui y font pratiquées, avec des Remarques hiftoriques. Differtation fur le Privilège des Evêques d'Orléans, qui accordent la grace aux Criminels qui leur font préfentés le jour de leur Entrée folemnelle dans leur Ville Epifcopale : *Orléans*, Borde, 1707, *in-*8.

Louis DU SAUSSAY, Grand-Pénitencier de l'Eglife d'Orléans, (mort en 1718) a paffé pour l'Auteur de cet Ouvrage, [ou de ces deux Pièces qui fe trouvent quelquefois féparées ;] mais elles font prefque en entier de Michel PERDOUX de la Perrière, comme je l'ai fçu d'un de fes amis.

☞ Cet Ouvrage contient en particulier la Relation de ce qui s'eft paffé à l'entrée de M. de Coiflin, Evêque d'Orléans en 1666.]

9448. ☞ Mf. Procès-verbal de l'Entrée de Révérend Père en Dieu, Jean d'Orléans, en 1522.]

9449. ☞ Mf. Procès-verbal de l'Entrée de Meffire Nicolas de Netz, en 1632.]

9450. ☞ Mf. Procès-verbal de l'Entrée de M. Fleuriau, en 1707.

Ces Manufcrits font dans la Bibliothèque publique de Bonne-Nouvelle d'Orléans.]

9451. ☞ Defcription de l'Entrée des Evêques d'Orléans; par M.(Daniel)POLLUCHE : *Orléans*, 1734, *in-*8.

C'eft le Traité le plus exact qui ait paru fur ce fujet.]

9452. ☞ Difcours fur l'origine du Privilège accordé aux Evêques d'Orléans, de délivrer les Prifonniers le jour de leur Entrée folemnelle dans cette Ville ; par M. POLLUCHE : *Orléans*, 1734, *in-*8.

C'eft ce qu'on a de mieux & de plus raifonnablement écrit fur la matière de ce Privilège, dont l'origine extrêmement ancienne, eft peu connue, & dont l'étendue a été reftreinte par l'Edit de 1758.]

9453. ☞ Diverfes Pièces fur le Privilège des Evêques d'Orléans.

Elles fe trouvent *pag.* 58-67, des Preuves du tom. I. de l'*Hiftoire de l'Orléanois, &c. Amfterdam* (*Paris*) 1766, *in-*4.]

9454. ☞ Edit du Roi concernant la délivrance des Prifonniers pour crimes qui fe trouvent à l'avénement des Evêques d'Orléans ; donné à Verfailles au mois d'Avril 1758, regiftré au Parlement le 18 du même mois, & au Bailliage d'Orléans le 28.

Cet Edit reftreint extrêmement le Privilège des Evêques d'Orléans. La grace accordée par ces Evêques étoit une abfolution entière (comme dit l'Auteur du Difcours fur ce Privilège, *pag.* 28.) une rémiffion plénière que les Evêques prononçoient aux criminels, & cette grace s'étendoit univerfellement fur tous ceux qui avoient recours à la faveur de ce Privilège. Mais l'Edit ne laiffe aux Evêques d'Orléans qu'une fimple faculté d'accorder aux criminels qui participent à la folemnité de leur Entrée, des lettres d'interceffion & de déprécation adreffées à Sa Majefté, fur lefquelles nous accorderons, (porte l'Edit) & ferons expédier fans aucuns frais auxdits criminels nos Lettres de grace, rémiffion, ou pardon, fur ce néceffaires, à la fupplication defdits Evêques, dont les Lettres déprécatoires feront attachées fous le contre-fcel, pour être, nofdites Lettres, enthétinées pareillement sans aucuns frais, par nos Cours & Juges, en la manière accoutumée.... De plus, ce Privilège n'a plus lieu que pour crimes commis seulement dans l'étendue & limites du Diocèse d'Orléans. Les abus qui s'étoient glissés dans l'exercice de ce Privilège ont pu contribuer à sa restriction.]

9455. ☞ Dissertation sur les premiers Evêques d'Orléans.

Elle se trouve *pag.* 22-40, des Preuves du tom. I. de l'*Histoire de l'Orléanois, &c.* Amsterdam (Paris) 1766, *in-*4. & l'on dit, *pag.* 41, qu'elle est d'un Ecclésiastique Orléanois très-instruit.]

9456. ☞ Dissertation sur l'Offrande de cire, appellée les Goutières, que l'on présente tous les ans le 2 Mai à l'Eglise d'Orléans, & sur l'usage où sont les Evêques de cette Ville d'être portés le jour de leur entrée; par M. POLLUCHE : *Orléans,* 1734, *in-*8.

L'Auteur, après avoir écarté tout le fabuleux de ces redevances, fait voir qu'elles n'ont d'autre origine que le droit de vasselage dû aux Evêques d'Orléans par les Propriétaires de certaines Terres qui relevoient de l'Evêché.]

9457. Vita sancti Evertii.

Cette Vie est imprimée dans le *Recueil* de Surius, au 7 de Septembre. Ce Saint est mort en 390. L'Histoire de sa Vie est de la fin du huitième siècle, ou du commencement du neuvième. Si elle n'est pas entièrement supposée, on ne peut douter qu'elle ne soit falsifiée en divers endroits.

9458. ☞ Remarques sur la Vie de S. Euvert, donnée par les Bollandistes le 7 Septembre.

Dans l'*Avertissement du tom. X. de l'Hist. Littér. de France, pag.* xxxvj.]

9459. Vie de saint Euverte; par Adrien BAILLET.

Cette Vie est imprimée dans son *Recueil des Vies des Saints,* au 7 de Septembre.

9460. Vita sancti Aniani.

Cette Vie est imprimée dans le *Recueil* de Surius, au 17 de Novembre. Ce Saint est mort en 453.

Eadem Latinè & Gallicè.

Cette Traduction est imprimée au commencement des *Antiquités historiques de l'Eglise de Saint-Agnan d'Orléans* : *Paris,* 1661, *in*-4.

9461. Vita del medesimo Santo ; tradotta per Francisco Intorcetta, de la Compagnia di Giesu : *In Messana,* 1648, *in*-4.

9462. Vie de saint Aignan ; par François GIRY.

Cette Vie est imprimée dans son *Recueil des Vies des Saints,* au 17 de Novembre.

9463. Vie du même ; par Adrien BAILLET.

Cette Vie est imprimée dans son *Recueil des Vies des Saints,* au même jour.

9464. ☞ Mémoire de M***, sur le lieu de la sépulture de SAINT-AIGNAN, Evêque d'Orléans. *Merc.* 1733, *Septembre, p.* 1983-1988.

En la donnant de nouveau dans le tom. I. de l'*Histoire de l'Orléanois, &c.* (*Amsterdam,* 1766) on dit, *pag.* 47 *des Preuves,* que c'est l'abrégé d'une Dissertation plus étendue faite par J. B. LE BRUN DESMARETTES.

Cet abrégé a été publié par Dom Toussaints du Plessis, Bénédictin.]

9465. ☞ Lettre de M. LEBEUF, aux Auteurs du Mercure à ce sujet. *Mercure,* 1734, *Mai, pag.* 838-849.

Elle se trouve aussi dans l'*Histoire de l'Orléanois, &c. Preuves, pag.* 50-56.]

9466. ☞ De sancto Prospero ; Synopsis Joh. Bapt. SOLLERII, è Societate Jesu.

Dans le *Recueil* de Bollandus, au 29 Juillet.]

9467. Vie de S. Prosper; par Adrien BAILLET.

Cette Vie est imprimée dans le même *Recueil,* au 29 de Juillet. Ce Saint est mort après l'an 463. Nous n'avons qu'une Lettre de Sidoine Apollinaire, qui nous donne une connoissance certaine de ce Saint ; ce qu'on en dit de plus, est faux ou peu assuré.

9468. Vita sancti Eucharii ; auctore anonymo ejus æquali, cum Commentario prævio Godefridi HENSCHENII.

Cette Vie est imprimée dans le *Recueil* de Bollandus, au 20 de Février, & au tom. III. des *Actes des Saints de l'Ordre de S. Benoît, pag.* 594. Ce Saint est mort l'an 738. Sa Vie a été donnée dans sa première pureté. L'Auteur avoit consulté les deux sœurs de ce Saint pour la première partie, & divers témoins oculaires pour la seconde.

* On ne trouve pas dans cette Vie la Fable de la damnation de Charles-Martel, qui se lit dans les Actes donnés par Surius.

9469. Vie de saint Eucher ; par Adrien BAILLET.

Cette Vie est imprimée dans son *Recueil des Vies des Saints,* au 20 de Février.

9470. ☞ Histoire de la Vie & des Ouvrages de Théodulphe ; par D. Antoine RIVET, Bénédictin.

Dans l'*Hist. Littér. de la France, tom. IV. pag.* 459. Cet Evêque est mort en 821.]

9471. ☞ Histoire de la Vie & des Ecrits de Jonas ; par le même.

Dans la même *Hist. Littér. tom. V. pag.* 20. Cet Evêque est mort en 842 ou 843.]

9472. ☞ Histoire de Vautier ; par le même.

Dans le même volume, *pag.* 655. Cet Evêque est mort vers l'an 892.]

9473. ☞ Histoire de la Vie & des Ecrits d'Arnoul ; par le même.

Dans l'*Hist. Littér. de la France, tom. VI. pag.* 521. Cet Evêque est mort vers l'an 998.]

9474. Vita sancti Theodorici.

Cette Vie est imprimée dans le *Recueil* de Bollandus, au 27 de Janvier, & au tom. VIII. des *Actes des Saints de l'Ordre de S. Benoît, pag.* 192. Ce Saint est mort en 1022. Sa Vie est écrite en peu de mots par un Auteur de bonne foi.

9475. Vie de saint Thierry ; par Adrien BAILLET.

Cette Vie est imprimée dans son *Recueil des Vies des Saints,* au même jour.

9476. Eloge d'Etienne de Garlande ; par Charles D'AUTEUIL.

Cet Eloge est imprimé dans son *Histoire des Ministres d'Etat, pag.* 150 : *Paris,* 1642, *in-fol.* Cet Evêque est mort vers l'an 1050.

9477. ☞ Mémoire où l'on examine s'il y a eû trois Evêques d'Orléans du nom de Manassès, ou si l'on n'en doit compter que deux; (par M. POLLUCHE.) *Mercure*, 1747, *Décembre, II. vol. pag.* 43-51.

Elle est aussi *pag.* 67-71, des Preuves du tom. I. de *l'Histoire de l'Orléanois, &c. Amsterdam* (Paris) 1766, *in*-4.]

9478. ☞ Mémoire sur Philippe le Berruyer; par le même. *Merc.* 1746, *Mai*, *p.* 16-24.

Elle se trouve encore *pag.* 79, des Preuves de l'*Histoire de l'Orléanois*.]

Vita Petri Castellani, Magni Eleemosynarii Franciæ.

Voyez ci-après, Liv. III. *Histoire des Grands-Aumôniers*.

Eloge de Jean de Morvilliers, Garde des Sceaux.

Voyez ci-après, *Hist. des Chanceliers*.

9479. Narratio felicis ad Deum obitûs Gabrielis Albaspinei; operâ Claudii PAULINI, Aurelianensis, è Societate Jesu.

Ce Récit est imprimé au-devant des *Œuvres de saint Optat*, illustrés *des Commentaires* de Gabriel de Laubespine : *Parisiis*, 1631, *in-fol*. Cet Evêque est mort en 1630 [âgé de 52 ans, au grand regret des Sçavans, de l'Eglise & de son Diocèse.]

9480. L'Entrée pompeuse & magnifique d'Alphonse d'Elbene en son Eglise, décrite en quatre Langues, Françoise, Italienne, Espagnole & Latine; par François CHEVILLARD : *Orléans*, Hotot, 1638, *in*-4.

9481. ☞ Lettre en forme de Relation, contenant les particularités de l'Entrée de M. l'Evêque d'Orléans en ladite Ville d'Orléans; par le sieur DE SAINTE-MARIE : *Paris*, Pépingué, 1666, *in*-12.

C'est plutôt une Historiette ou un Roman, qu'une Relation.]

9482. ☞ L'origine de la Ville d'Orléans, &c. avec son triomphe par celui de la magnifique entrée de Messire Pierre du Camboust de Coislin son Evêque: *Orléans & Paris*, 1666, *in*-8.

C'est un Poëme qui a plus de 800 vers.]

9483. ☞ Illustrissimi Ecclesiæ Principis Petri du Camboust de Coislin, Episcopi Aurelianensis, currus sacer : *Parisiis*, le Petit, 1666, *in-fol*.

Il est aussi dans les *Œuvres* de SANTEUIL, qui est Auteur de ce Poëme.]

Oraison funèbre de Pierre du Camboust de Coislin.

Voyez Hist. des Grands Aumôniers.

9484. ☞ Histoire de l'Entrée de Louis-Gaston Fleuriau d'Armenonville, Evêque d'Orléans : *Paris*, 1707, *in*-4.]

9485. ☞ Discours académique sur l'Entrée solemnelle de ce même Prélat : *Orléans*, Borde, 1707, *in*-4.]

Histoires de l'Évêché de Blois.

[Cet Evêché a été détaché de celui de Chartres, en 1697.]

9486. ☞ Series & Historia Episcoporum Blesensium.

Dans le *Gallia Christiana* des Bénédictins, *tom. VIII. pag.* 1344-1345, & les *Preuves* à la fin, *pag.* 411.]

9487. ☞ Eloge historique de Jean-François-Paul le Febvre de Caumartin; par Claude (GROS) DE BOZE, Sécrétaire de l'Académie Royale des Inscriptions & Belles-Lettres.

Il se trouve dans l'*Hist.* de cette Acad. *in-4. tom. IX. pag.* 255. & *in-*12. *tom. III. pag.* 159. Cet Evêque est mort en 1733.]

9488. ☞ Eloge abrégé du même.

A la tête du Catalogue de sa Bibliothèque : *Paris*, 1734, *in*-12.]

§. XVIII.

Histoires de la Métropole de Reims & de ses Suffragans.

☞ CETTE Métropole comprenoit anciennement celle de Cambray, & par conséquent celle de Malines, qui en a été détachée.]

Histoires de l'Archevêché de Reims.

9489. ☞ Series & Historia Episcoporum Remensium.

Dans le *Gallia Christiana* des Bénédictins, *tom. IX. pag.* 2-164, & les *Preuves* à la fin du *tom. X. pag.* 1.]

*9490. FLODOARDI, Presbyteri, Ecclesiæ Remensis Canonici, Historiæ Ecclesiæ Remensis Libri quatuor, nunc primùm Latinè, ac multò quàm Gallica versio exhibebat, auctiores ; cum Appendice Anonymi & aliis Opusculis ad eandem Ecclesiam spectantibus; studio Jacobi SIRMONDI, Societatis Jesu: *Parisiis*, Cramoisy, 1611, *in*-8.

Eadem Historia; studio & cum scholiis Georgii COLVENERII, sacræ Theologiæ Doctoris & Academiæ Duacensis Cancellarii. Addita est Appendix & Catalogus Archiepiscoporum Remensium : *Duaci*, Bogardi, 1617, *in*-8.

Cette seconde Edition est préférable à la précédente. Elle a été revue sur les Manuscrits conservés dans la Bibliothèque de l'Eglise Métropolitaine de Reims, & dans celle de l'Abbaye de saint Remi de la même Ville ; & sur un troisième, de l'Abbaye d'Igny, qui ne contient qu'un abrégé de Flodoard.

Cette même Histoire est imprimée dans toutes les Editions des *Bibliothèques des Saints Pères* ; & dans le *Nouveau Recueil des Historiens de France, tom. VIII.*] Flodoard a fini son Histoire en 948. Il est exact & sincère : son style est à la vérité rude, mais simple & convenable à l'Histoire. Il est mort en 966. L'Auteur anonyme, qui l'a abrégé, étoit aussi Chanoine de Reims : il a vécu en 1140.

☞ *Voyez* la *Bibliothèque Ecclés.* de du Pin, *X*e *siècle*, *pag.* 150. = Lenglet, *Méthode historique*, *tom. IV. pag.* 195. = *Hist. Litter. de la France*, *tom. VI. pag.* 313. = *Recueil des Historiens de France, tom. VIII.* Préface, *pag.* 13.]

L'Histoire de Flodoard est citée dans le Livre intitulé: *Index Bibliothecæ Barberinæ*, sous le nom de Théodore, Chanoine de Reims, sur l'autorité de la Table des Auteurs, qui est au commencement du *tom. X.* de la

Bibliothèque des Pères, de l'Edition de Cologne; mais c'est une faute manifeste: car cette Histoire, qui se trouve à la *pag.* 446, de ce tome, y est rapportée sous le nom de son véritable Auteur, c'est-à-dire, de Flodoard. M. de Targny, de Noyon, Trésorier de l'Eglise de Reims, & l'un des Gardes de la Bibliothèque du Roi, [mort en 1733, préparoit] une nouvelle Edition de tous les Ouvrages de cet Auteur, plus ample & plus exacte que les précédentes.

☞ M. l'Abbé Papillon, *Biblioth. des Auteurs de Bourgogne, pag.* 25, attribue à M. BEGAT la première Edition, & il s'appuye sur l'autorité de Vignier.]

La même Histoire, traduite en François par Nicolas Chesneau, Doyen & Chanoine de saint Symphorien de Reims: *Reims*, de Foigny, 1581, 1586, *in*-4.

Chesneau n'a traduit, selon Colvenerius, qu'une partie de cette Histoire. Il ne s'est point assujetti au texte de son Auteur; il en a transposé & retranché plusieurs endroits.

9491. Mf. Histoire des Archevêques de Reims, jusqu'en 1075: *in-fol.*

Cette Histoire est conservée dans la Bibliothèque du Roi, num. 9861.

9492. Metropolis Remensis Historia à Flodoardo primùm auctiùs digesta, nunc demùm aliundè accersitis plurimùm aucta & ad nostrum seculum deducta, tomus primus in quo Remorum gentis origo, vetus dominium, Christianæ Religionis per Provinciam Belgicam initia & incrementa, Archiepiscoporum vera successio, Basilicarum natales, & alia id genus distinctè referuntur; studio Domni Guillelmi MARLOT, Doctoris Theologi, sancti Nicasii Remensis Magni Prioris: *Insulis*, de Rache, 1666, *in-fol.*

Ejusdem Historiæ, tomus secundus, seu Supplementum Flodoardi, ab anno 970 ad annum 1605, productum, in quo præter seriem Historicam Præsulum, Bullæ Pontificum, Regum Diplomata, tituli Fundationum, à quinque summis Pontificibus Remis coacta Concilia, Ecclesiarum Origines ac in eis sacra Lipsana referuntur; studio ejusdem Guillelmi MARLOT, Opus posthumum: *Remis*, le Lorrain, 1679, *in-fol.*

☞ *Voyez* sur ce Livre, Lenglet, *Méth. historique, tom. IV. pag.* 196. = *Journ. des Sçavans, Févr.* 1680. = Anquetil, *Hist. de Reims*, Discours prélim. pag. 41.]

9493. Mf. Histoire de la Ville, Cité & Université de Reims, contenant l'état Civil & Ecclésiastique du Pays; par le même MARLOT: *in-fol.* 3 vol.

Cette traduction est conservée dans la Bibliothèque du Monastère de saint Nicaise de Reims.

« Dom Marlot la fit pendant sa retraite dans le Prieuré » de Fives, près de Lille en Flandre, où il finit ses jours » en 1667. Il n'avoit pas dessein de la faire imprimer: » il l'a divisée en douze parties. La première n'est qu'une » compilation du dessein de l'Histoire de Reims par Ni- » colas Bergier, où il traite de l'origine des Eglises de » la Province de Reims, & donne la suite des Evêques » qui les ont gouvernées: cette suite est fautive. Cet » Auteur a rendu, par son travail, un grand service à sa » Patrie, quoiqu'il y ait des choses à reprendre. Les » Chartes qu'il rapporte sont tirées de mauvaises copies. ☞ Sa critique ne remonte pas au-delà de Baronius; son » style n'a point d'uniformité. Les fragmens des Auteurs » qu'il insère dans leurs propres termes, forment plutôt » une chaîne de citations qu'une narration historique. » Cette Histoire Françoise est diffuse, & on y apprend » peu de choses qui ne soient dans la Latine. Le second » tome est rempli de Pièces & de Chartes, & on y cite » plusieurs morceaux que nous n'avons plus. » Cette Notice & les suivantes viennent de M. Lacourt, Chanoine de l'Eglise de Reims, qui a fait de très-grandes recherches des Pièces qui peuvent servir à l'Histoire de cette Eglise, [à laquelle il travailloit.]

9494. Mf. Antonii COLARDI, Fatrensis, Canonici Remensis, Annalium Libri septem, quibus Remensium Antistitum res gestæ explicantur: *in*-4.

Cette Histoire est conservée à Reims dans la Bibliothèque du Monastère de saint Nicaise. « L'Auteur n'est » ni judicieux dans les faits, ni exact dans l'ordre des » tems. Il dit, dans son Epître dédicatoire à Jean le Be- » gue & à Gentien Hervet, Chanoines de Reims, qu'il » lui étoit tombé en main un Manuscrit sur l'Histoire de » Reims, d'un style barbare & confus dans l'arrangement » des faits; qu'il s'en est servi pour dresser des Tables » chronologiques plus exactes, & continuées jusqu'à son » temps. Il finit en 1580, au Cardinal Louis de Guise. » Il se contente de marquer le nom des Prélats, & quel- » ques événemens de leur Episcopat. La Vie des vingt » premiers Archevêques de Reims est pleine de fables. » *Mémoire* de M. Lacourt.

9495. ☞ Registrum Epistolarum ALEXANDRI III. Papæ, pro Remensi Provincia, quibus nonnulla aliorum Summorum Pontificum aliæque præmittuntur Epistolæ, ex mf. codice insignis Monasterii Atrebatensis sancti Vedasti.

Ces Lettres se trouvent dans la Collection *Veterum Scriptorum* de DD. Martene & Durand, *tom. II. p.* 622.]

9496. * Archiepiscoporum quorumdam Remensium brevis successionis narratio; per Acrosticha: *Remis*, 1598, *in-*4.

9497. Table chronologique de l'Histoire de Reims, extraite sur l'Histoire de l'Eglise, Ville & Province de Reims; composée par Pierre COCQUAULT, Chanoine de l'Eglise de Reims: *Reims*, Bernard, 1650, *in*-4.

Cet Auteur est mort en 1645.

« Cette Table de Cocquault n'est qu'un Recueil de » matières qu'il avoit dressé, & qui a été publié après sa » mort. Il a suivi le même ordre qu'il s'étoit proposé » dans son Ouvrage, qui contient cinq vol. *in-fol.* Son » vaste dessein renferme l'Histoire Ecclésiastique & Ci- » vile de la Province de Reims: il y fait cependant quel- » ques écarts, parlant quelquefois de l'Histoire générale. » L'Auteur s'appuye sur les Chartes & les Chroniques » anciennes, qui sont les véritables sources de l'Histoire. » Cette Compilation a été le fruit de ses longues & pé- » nibles recherches; & quoiqu'elle soit imparfaite, elle » peut être d'un grand secours pour ceux qui travaillent » à l'Histoire de Reims. » *Mémoire* manuscrit de M. Lacourt, Chanoine de Reims.

9498. ☞ Mf. Mémoires de Pierre COCQUAULT, pour servir à l'Histoire Ecclésiastique de la Ville & des Provinces de Reims, commençant au Déluge, jusqu'en 1642: *in-fol.* 5 vol.

Supplément à ces Mémoires: *in*-4.

Cet Ouvrage de Cocquault, dont on vient de parler, est aujourd'hui conservé dans la Bibliothèque de la Cathédrale de Reims; les Mémoires, aux num. C. 103 & *seq.* & le Supplément, au num. C. 110.]

Métropole de Reims, & ses Suffragans. 625

9499. ☞ Les Ordonnances & Droits de la Vicomté de Reims, accordés à l'Archevêque : *Reims*, Bazin, 1600, *in-8.*]

9500. ☞ Recueil de toutes les Piéces qui concernent les différends du P. Jacques Desmothes, Prêtre, de la Compagnie de Jesus, & Prédicateur du Collége des Jésuites d'Amiens, avec les Curés de la même Ville, touchant la Confession paschale ; & le jugement définitif que M. l'Archevêque Duc de Reims, premier Pair de France, a rendu sur cette affaire le 22 Mars 1687. On y a joint quelques autres Piéces curieuses qui regardent la Jurisdiction & la Dignité de l'Eglise Métropolitaine de Reims ; sçavoir, quelques Ordonnances touchant la Confession paschale ; une Requête & satisfaction faite à M. l'Archevêque de Reims par M. l'Avocat, Evêque de Boulogne, en 1680, sur un attentat par lui fait à l'autorité Métropolitaine de Reims ; une Protestation contre l'érection de l'Eglise de Cambray en Métropole, en 1678, & un Mémoire sur le fait de la séance des Pairs Ecclésiastiques aux Lits de Justice, présenté au Roi par M. l'Archevêque de Reims, en 1673, contre la prétention des Cardinaux : *Paris*, Muguet, 1687, *in-4.*]

9501. ☞ Ms. Mémoires pour la revendication des Eglises des Pays-Bas, en 1625 ; par Pierre Cocquault : *in-4.*

Ces Mémoires sont conservés à la Bibliothèque de la Cathédrale de Reims, num. C. 108.]

== Mémoire présenté au Roi, au mois de Janvier 1695.

Ce Mémoire, (indiqué ci-devant N.° 8517) est contre l'érection de l'Eglise de Cambrai en Archevêché, & contient beaucoup de choses sur les Prérogatives de l'Eglise de Reims.

9502. Recueil de Piéces pour l'établissement d'un Séminaire dans le Diocése de Reims ; [par M. le Tellier, Archevêque] : *Paris*, Muguet, 1700, *in-4.*

9503. Piéces concernant l'établissement des Chanoines Réguliers de l'Ordre de saint Augustin de la Congrégation de France dans ce Séminaire, l'an 1702 : *Paris, in-4.*

9504. ☞ Entretiens entre l'Archevêque de Reims (M. le Tellier) & le Père Recteur des Jésuites : *Aix*, 1690, *in-12.*]

== ☞ Histoire du Procès gagné, &c.

Voyez ci-devant N.° 5627.]

9505. ☞ Histoire du différend d'entre M. de Mailly, & six de ses Prêtres : *Roterdam*, 1716, *in-12.*]

9506. ☞ Mémoire pour le Chapitre de l'Eglise de Reims, contre François de Mailly, Archevêque de Reims : *Paris*, 1717, *in-4.*]

9507. Martyrium sanctorum Sixti & Sinicii, Remensis Ecclesiæ & Suessionensis Apostolorum ; assertum ab Andræa du Saussay.

Ces Actes sont imprimés avec les *Opuscules* du même Auteur : *Parisiis*, 1629, *in-4.* Ces Saints ont vécu dans le IIIe siècle.

9508. ☞ Remarques sur les Actes des saints Sixte & Sinice.

Dans l'*Hist. Littér. de la France*, tom. X. Avertissement, *pag.* xxiv.]

9509. Vie de ces deux Saints ; par Adrien Baillet.

Cette Vie est imprimée dans son *Recueil des Vies des Saints*, au premier de Septembre.

9510. Vie de saint Donatien ; par le même.

Cette Vie est imprimée dans le même Recueil, au 4 d'Octobre.

9511. Passio sancti Nicasii & Sociorum ejus Martyrum.

Ces Actes sont imprimés dans le *Recueil* de Surius, au 14 de Décembre. Ils sont courts, & disent peu de choses. Ces Saints ont souffert le martyre en 407.

9512. Vie de S. Nicaise ; par François Giry.

Cette Vie est imprimée dans son *Recueil des Vies des Saints*, au même jour.

9513. Vie du même ; par Adrien Baillet.

Cette Vie est imprimée dans son *Recueil des Vies des Saints*, au même jour.

9514. Vita sancti Materniani ; cum Notis præviis Danielis Papebrochii, è Societate Jesu.

Cette Vie est imprimée dans le *Recueil* de Bollandus, au 30 d'Avril. Ce Saint est mort dans le IVe siècle, & sa Vie a été écrite dans le VI. ou VIIe siècle.

9515. Vita sancti Remigii ; auctore Fortunato, Episcopo Pictaviensi.

Cette Vie est imprimée dans le *Recueil* de Surius, au premier d'Octobre. Ce n'est qu'un abrégé d'un autre Ouvrage fait peu après la mort du Saint, qui étoit écrit d'une manière fort étendue. Ce Saint est mort l'an 530, & Fortunat de Poitiers vivoit encore en 600.

9516. Vita & Encomium ejusdem scripta anno 860, ab Hincmaro, Archiepiscopo Remensi.

Cette Vie, imprimée dans le *Recueil* de Surius, au 13 de Janvier, n'a été écrite que sur de vieilles Chroniques, qui souvent ne sont pas exactes. Hincmar est mort en 882.

☞ On n'a point de preuve que la Vie imprimée dans Surius, ait été écrite en 860, comme dit le Père le Long. Cette Vie paroît être d'Hincmar, quoi qu'en ait pensé le P. Sirmond, qui n'a pas daigné la mettre au nombre des Ouvrages de ce Prélat. Dom Rivet & Dom Ceillier ne sont pas non plus portés à l'attribuer à Hincmar. Il y a à la Bibliothèque de l'Abbaye de saint Remi de Reims, un Manuscrit de cette Vie, très-beau & très-bien conservé, au num. 305, R. 14, *in-fol.* L'écriture est du IXe siècle ; on ne peut le contester raisonnablement. Il seroit tout à fait singulier que du temps de Hincmar on eût transcrit aussi publiquement un Ouvrage qui portât son nom, & qui ne fût cependant pas de lui. Ce Manuscrit est plus entier que celui dont s'est servi Surius.]

9517. ☞ Sancti Remigii, Episcopi Remensis & Francorum Apostoli, Vita brevis ; auctore Fortunato : Vita prolixior ; auctore Hincmaro : Testamentum sancti Remigii : Translationes sancti corporis ; auctore Rotfrido & Flodoardo : Dedicatio Ecclesiæ, & Appendix de Miraculis ; cum Commen-

Tome I.   K k k k

tario Conftantini SUYSKENI, è Societate Jefu.

Dans le *Recueil* de Bollandus, au *tom. I.* d'Octobre, *pag.* 59-187.]

9518. Vie de faint Remi ; par RIVAREL : *Barcelone*, 1609, *in-*12.

9519. De Gloria fancti Remigii, proprii Francorum Apoftoli, Libri quatuor; authore Andrea DU SAUSSAY, Epifcopo Tullenfi : *Tulli Leucorum*, 1661, *in-*4.

9520. ☞ Mſ. Nicolai DE LARISVILLA, cognomento Picardi, Tractatus in tres fermones diftinctus, de vitâ, progreffu, obitu, tranflationibus, miraculis fancti Remigii... de ejufdem Apoftolatu, & Patronatu fuper Francos. = Sequuntur alia miracula quæ, anno 1349, operatus eft fanctus Remigius.

Ce Manufcrit eft à la Bibliothèque de l'Abbaye de faint Remi de Reims, num. 471. Marlot (*Hift. de l'Eglife de Reims*, an. 1349) parle de ces miracles & de leur authenticité.]

9521. ☞ Mſ. Nicolai DE LARISVILLA, brevis Chronologia Vitæ fancti Remigii; accedunt verfus Rithmici 396, de Vitâ & Miraculis ejufdem : *in-*8.

Ce Manufcrit eſt dans la même Bibliothèque, n. 474, *S.* 15.]

9522. ☞ Mſ. Traité en vers François, avec figures, de la Vie, excellence & miracles de faint Remi ; de fes Tranflations, de la Dédicace de fon Eglife, &c. *in-fol.*

Ce Traité, compofé en 1377, eft à la même Bibliothèque, num. 463, *F.* 22. La critique répond à la poéfie de l'Agiographe : il a fuivi les vieilles Traditions & les anciennes Légendes.]

9523. ☞ Mſ. Autre Vie de faint Remi, en vers François : *in-*4.

Ce Manufcrit, qui a environ 400 ans, eft dans la même Bibliothèque, num. 155, *L.* 36.]

9524. Les heureux commencemens de la France Chrétienne, ou l'Apôtre de nos Rois faint Remi, ou la Vie de faint Remi ; par René de CERISIERS, Jéfuite : *Reims, Bernard*, 1633, *in-*4. 1647, *in-*8.

C'eft le même Auteur, qui a pris depuis la qualité d'Aumônier du Roi.

9525. ☞ Le Tombeau du grand S. Remi ; par Guillaume MARLOT, Bénédictin : *Reims, Bernard*, 1647, *in-*8.]

9526. Vie du même ; par François GIRY.

Cette Vie eſt imprimée dans fon *Recueil des Vies des Saints*, au premier d'Octobre.

9527. Vie du même ; par Adrien BAILLET.

Cette Vie eſt imprimée dans fon *Recueil des Vies des Saints*, au même jour.

9528. Hiftoire de la Vie du même ; par (Jean) DORIGNY, Jéfuite : *Châlon*, [*Paris*, Cailleau], 1714, *in-*12.

☞ Cet Auteur fuit les difcuffions critiques ; il déclare même dans fa Préface, qu'il écrit pour ceux qu'une fage & pieufe crédulité met en difpofition de profiter de fon travail. Il n'a pas cru, dit-il, devoir s'inquiéter pour juftifier les différens traits de la vie du Saint, & prendre parti dans la diverfité des fentimens. Il fuit par-tout avec docilité la commune opinion.

9529. ☞ Hiſtoire de la Vie & des Ecrits de faint Remi ; par D. Antoine RIVET, Bénédictin.

Dans l'*Hift. Littér. de la France, tom. III. pag.* 155.]

9530. De fancto Romano, Commentarius hiftoricus Godefridi HENSCHENII, è Societate Jefu.

Ces Mémoires font imprimés dans le *Recueil* de Bollandus, au 29 de Février. Ce Saint eſt mort en 533.

9531. ☞ Hiſtoire de Mapinius ; par Dom Antoine RIVET, Bénédictin.

Dans l'*Hift. Littér. de la France, tom. III. pag.* 306. Cet Evêque vivoit au milieu du VIe fiècle.]

9532. ☞ Hiſtoire de Sonnace ; par le même.

Dans le même volume, *pag.* 538. Cet Evêque vivoit en 620.]

9533. ☞ Vita fancti Nivardi ; auctore ALMANNO, Monacho Altivillarenfi ; & Commentarius Joannis STILTINGI, è Societate Jefu.

Dans le *Recueil* de Bollandus, au 1 de Septembre. Ce Saint Evêque eſt mort en 669.]

9534. Vie de faint Nivard ; par MODESTE de faint Amable.

Cette Vie eſt imprimée au tom. I. de fa *Monarchie fainte* : *Paris*, 1670, *in-fol.*

9535. Vie du même ; par Adrien BAILLET.

Cette Vie eſt imprimée dans fon *Recueil des Vies des Saints*, au 1 de Septembre.

9536. Acta Tranflationis fancti Reoli.

Ces Actes font imprimés dans Martenne, au tom. III. de fon *Nouveau Tréfor des Pièces anecdotes*. Ce Saint eſt mort en 688.

9537. Vita fancti Rigoberti.

Cette Vie eſt imprimée dans le *Recueil* de Bollandus, au 4 de Janvier. Ce Saint eſt mort vers l'an 743. Sa Vie a été écrite par un Auteur d'affez bonne foi, mais facile & crédule.

9538. Vie de faint Robert ou Rigobert ; par François GIRY.

Cette Vie eſt imprimée dans fon *Recueil des Vies des Saints*, au même jour.

9539. Vie du même ; par Adrien BAILLET.

Cette Vie eſt imprimée dans fon *Recueil des Vies des Saints*, au même jour.

9540. Vie de faint Abel ; par François GIRY.

Cette Vie eſt imprimée dans fon *Recueil des Vies des Saints*, au 5 d'Août. Ce Saint a vécu dans le VIIIe fiècle.

9541. ☞ Hiſtoire de la Vie & des Ecrits de Tilpin ; par D. Antoine RIVET, Bénédictin.

Dans l'*Hiftoire Littéraire de la France*, tom. *IV. pag.* 105. Cet Archevêque eſt mort l'an 800.]

9542. Vita Ebbonis ; auctore HINCMARO, Epifcopo Remenfi.

Cette Vie eſt imprimée dans les *Œuvres* d'Hincmar : *Parifiis*, 1615, *in-*4. *Ibid.* 1641, *in-fol.* Ebbon eſt mort en 851, & Hincmar en 882.

9543. Narratio Clericorum Remensium, qualiter Ebbo Remorum Archiepiscopus, quòd in Ludovicum Pium Imperatorem conspiraverat, ab Episcopis depositus est anno 835, & post ipsius Ludovici mortem Sedi suæ restitutus est, ac deinde iterùm dejectus est.

Cette Histoire est imprimée dans du Chesne, au tom. II. de son *Recueil des Historiens de France, p.* 340. ☞ *Voyez* sur cette Pièce, les *Annales* du Père le Cointe, *tom. VIII. pag.* 629 *& suiv.*]

9544. ☞ Excerpta super depositione Ebbonis, ex posteriori Opere Hincmari adversus Gothescalcum, & ex Epistolâ CAROLI Calvi ad Nicolaum Papam.

Ces Morceaux se trouvent dans la *Collection des Historiens de France* de D. Bouquet, *tom. VI. pag.* 252 & 254.]

9545. ☞ Ms. Visio ostensa Raduino, in Monasterio S. Remigii, de Ebbonis Archiepiscopi depositione : *in-fol.*

Cette Narration est dans un Manuscrit d'environ 600 ans, conservé dans la Bibliothèque de l'Abbaye de saint Remi de Reims, num. 457. F. 17.]

9546. EBBONIS Apologeticum, anno 840.

Cet Apologétique est imprimé dans d'Achery, au tom. VII. de son *Spicilège, pag.* 175 ; & dans Labbe, au tom. VII. des *Conciles, pag.* 1772.

9547. ☞ J. Christoph. HARENBERGII Exercitatio Ecclesiastica de Ebbone, Archiepiscopo Remensi, Apostolo terrarum Germaniæ septentrionalium, &c.

Cette Pièce se trouve dans les *Miscellan. Lipsiens. nov. tom.* X. *part.* I. *pag.* 32.]

9548. ☞ Histoire de la Vie & des Ecrits d'Ebbon ; par D. Antoine RIVET, Bénédictin.

Dans l'*Hist. Littér. de la France, tom.* V. *pag.* 100.]

9549. ☞ Histoire de la Vie & des Ecrits d'Hincmar ; par le même.

Dans le même volume, *pag.* 544.]

9550. ☞ Histoire de la Vie & des Ecrits de Foulques ; par le même.

Dans le même volume, *pag.* 688. Cet Archevêque fut tué en 900 ; ce qui donna lieu à la Pièce suivante.]

9551. Excommunicatio hominum Balduini, Comitis Flandriæ, propter occisionem Fulconis ab illis perpetratam, anno 900.

Cette Sentence est imprimée dans du Chesne, au tom. II. du *Recueil des Historiens de France, pag.* 585.

9552. ☞ Histoire de la Vie & des Ecrits d'Hervé ; par D. Ant. RIVET, Bénédictin.

Dans l'*Hist. Littér. de la France, tom.* VI. *pag.* 181. Cet Archevêque est mort en 922.]

9553. Eloge de Seulphe, Légat du saint Siége Apostolique ; par Charles D'AUTEUIL.

Cet Eloge est imprimé dans son *Histoire des Ministres d'Etat, pag.* 30 : *Paris,* 1642, *in-fol.* Seulphe est mort en 925.

9554. ☞ Histoire de la Vie & des Ecrits d'Artaud ; par D. Antoine RIVET, Bénédictin.

Dans l'*Hist. Littér. de la France, tom.* VI. *pag.* 295. Cet Archevêque est mort en 961.]

9555. ☞ Histoire d'Adalbéron ; par le même.

Dans le même volume, *pag.* 444. Cet Archevêque est mort en 988.]

9556. ☞ Histoire d'Arnoul ; par le même.

Dans le tom. VII. de l'Ouvrage précédent, *pag.* 145.]

9557. Historia depositionis Arnulphi ob ipsius à fidelitate Regum Hugonis & Roberti defectum, anno 991.

Cette Histoire est imprimée dans du Chesne, au tom. IV. de son *Recueil des Historiens de France, p.* 101.

9558. ☞ Histoire de la Vie & des Ecrits de Gervais ; par Dom Antoine RIVET, Bénédictin.

Dans l'*Hist. Littér. de la France, tom.* VII. *pag.* 572. Cet Archevêque est mort en 1067.]

9559. Epistolæ STEPHANI X, NICOLAI II. & ALEXANDRI II. Pontificum Romanorum ad Gervasium, Remensem Archiepiscopum sub Philippo I. Francorum Rege.

Ces Lettres ont été écrites l'an 1057 & suivantes. Elles sont imprimées dans le volume précédent, *pag.* 198.

9560. ☞ Histoire de Manassé I. par Dom Antoine RIVET, Bénédictin.

Dans l'*Hist. Littér. de la France, tom.* VIII. *pag.* 648. Cet Archevêque fut déposé en 1080.]

9561. MANASSÆ Apologia pro se ipso conscripta.

Cette Apologie, qui a été écrite en 1080, est imprimée dans Mabillon, *pag.* 117 du tom. I. de son *Musæum Italicum : Parisiis,* 1687, *in-*4.

9562. ☞ Histoire de la Vie & des Ecrits de Renauld ; par D. Antoine RIVET, Bénédictin.

Dans l'*Hist. Littér. de la France, tom.* VIII. *pag.* 438. Cet Archevêque est mort en 1096.]

━ Vita Gerberti, Pontificis Maximi, nomine Silvestri II.

Voyez ci-devant N.ᵒˢ 7679, *& suiv.*

9563. ☞ Histoire de la Vie & des Ecrits de Manassé II.

Dans l'*Hist. Littér. de la France, tom.* IX. *pag.* 297. Cet Archevêque est mort en 1106.]

9564. ☞ Ms. Recherches historiques touchant la Vie & les Ouvrages de Manassé II. Archevêque de Reims ; par M. FRADET, Avocat au Parlement.

Ces Recherches, que l'Auteur a lues à la Société Littéraire de Châlons, dans les séances publiques des 14 Mars & 5 Septembre 1759, 27 Février & 3 Septembre 1760, sont conservées dans les Registres de cette Société.]

9565. Historia Guillelmi, Cardinalis ; auctore Ludovico Donio D'ATTICHY.

Cette Histoire est imprimée au tom. I. des *Fleurs de l'Hist. des Cardinaux, pag.* 210 : *Parisiis,* 1666, *in-fol.* Ce Cardinal est mort en 1202.

9566. Elogium ejusdem.

Cet Eloge est imprimé au tom. II. des *Analectes* de Dom Mabillon, *pag.* 596.

9567. Histoire de Guillaume de Champagne, premier Ministre d'Etat en France.

Cette Histoire est imprimée dans du Chesne, à la pag. 165 de l'*Histoire des Cardinaux François*.

9568. Eloge du même; par Charles D'AUTEUIL.

Cet Eloge est imprimé dans son *Histoire des Ministres d'Etat*, pag. 313 : *Paris*, 1642, *in-fol*.

9569. Historia beati Guidonis Paré, Cardinalis; auctore Ludovico Donio D'ATTICHY.

Cette Histoire est imprimée au tom. I. de ses *Fleurs de l'Histoire des Cardinaux*, pag. 216 : *Paris*, 1660, *in-fol*. Ce Cardinal a vécu l'an 1190.

9570. ☞ Remarques sur Guy de Roye, mort Archevêque de Reims en 1409.

Dans le *Dictionn. histor.* de Prosper MARCHAND, tom. II. pag. 162 & 163.]

9571. Ms. L'Entrée ducale de Robert de Lénoncourt, faite le 21 Juillet 1509 : *in-4*.

Ce Cahier, de douze pages, est fort curieux. Il étoit conservé dans le Cabinet de M. Lacourt, Chanoine de Reims, [& a passé dans la Bibliothèque du Chapitre.]

9572. Oraison funèbre de Charles, Cardinal de Lorraine ; par Nicolas BOUCHER, Précepteur des Princes de Lorraine : *Paris*, 1577, *in-8*.

Le Cardinal de Lorraine est mort en 1574, & Boucher, devenu Evêque de Verdun, est mort en 1593.

9573. ☞ Caroli Lotharingi Cardinalis & Francisci Ducis Guisii, Litteræ & Arma in funebri Oratione habita ; à Nicolao BOCHERIO : *Lutetiæ*, Morellus, 1577, *in-4*.

C'est une augmentation de l'Oraison funèbre précédente. On en donna une traduction sous le titre suivant :

Conjonction des Lettres & des Armes des deux frères Princes Lorrains, Charles Cardinal de Lorraine, & François Duc de Guise; par Nicolas BOUCHER, traduit du Latin par Jacques TIGEOU : *Reims*, 1579, *in-4*.

9574. ☞ La Légende de Charles Cardinal de Lorraine, & de ses frères de la Maison de Guise : 1576, *in-8*.

C'est un Ecrit très-satyrique : on l'a réimprimé dans le tom. VI. de la nouvelle Edition des *Mémoires de Condé* : 1743, *in-4*.

9575. ☞ Relation de la mort du Cardinal Charles de Lorraine.

Elle se trouve *pag*. 448 du tom. II. des *Mémoires de Littérature* de l'Abbé d'Artigny : *Paris*, Debure, 1749, *in-12*.]

9576. Vie du Cardinal Charles de Lorraine; par Hilarion DE COSTE, de l'Ordre des Minimes.

Cette Vie est imprimée dans son *Recueil des Eloges des Hommes illustres, pag.* 408 : *Paris*, 1625, *in-fol*.

9577. Eloge du même; par Henri ALBY, Jésuite.

Cet Eloge est imprimé dans son *Recueil des Eloges des Cardinaux*, pag. 289 : *Paris*, 1659, *in-4*.

9578. Ordre des Cérémonies gardées en l'entrée & réception de Louis de Lorraine, Cardinal de Guise, faite le dernier jour d'Avril & le premier de Mai 1583 : *Reims*, de Foigny, 1583, *in-8*.]

Relation de la mort de Louis de Lorraine, Cardinal de Guise, l'an 1588.

Voyez Hist. de Henri III.

9579. La mort généreuse d'un Prince Chrétien, tirée sur les dernières actions & paroles de Louis de Lorraine, Cardinal de Guise ; par André CHAVYNEAU, de l'Ordre des Minimes : *Paris*, 1623, *in-12*.

9580. Oraison funèbre du même; par Gabriel DE SAINTE-MARIE, ou Guillaume de GIFFORD : *Reims*, 1621, *in-8*.

9581. Discours funèbre de Gabriel de Sainte-Marie, ou de Guillaume de Gifford ; par Henri DE MAUPAS, Abbé de saint Denis de Reims : *Reims*, 1629, *in-8*.

Gifford est mort en 1629, & Henri de Maupas est mort Evêque d'Evreux en 1681.

9582. Autre Oraison funèbre du même; par Guillaume MARLOT, Grand-Prieur de saint Nicaise de Reims : *Reims*, 1629, *in-4*.

Seconde Edition, 1630, *in-12*.

9583. ☞ Oraison funèbre de François, Cardinal de Mailly, Archevêque de Reims; par le P. Candide CHALIPPE, Récollet : 1722, *in-4*.]

9584. ☞ Eloge du Cardinal de Mailly.

Il est imprimé dans les *Mém. de Trév.* 1723, *Août*.]

Histoires de l'Evêché de Soissons.

9585. ☞ Series & Historia Episcoporum Suessioniensium.

Dans le *Gallia Christiana* des Bénédictins, tom. IX. pag. 334-385, & les *Preuves* à la fin du tom. X. p. 95.]

9586. Suite des Evêques de Soissons, & Remarques sur son Clergé & son Eglise Cathédrale ; par Claude DORMAY.

Cette suite est imprimée dans son *Histoire de la Ville de Soissons* : *Soissons*, 1663, *in-4*.

9587. Vindiciæ Jurium Episcopi & Ecclesiæ Suessionensis, adversùs Librum qui inscribitur : Privilegium sancti Medardi Suessionensis propugnatum à Roberto Quatremaire; auctore Paulo MOREAU, Doctore Theologo : *Parisiis*, 1659, *in-8*.

☞ Dissertations sur l'époque de la Religion Chrétienne dans le Soissonnois, & sur ses premiers Evêques.

Voyez ci-devant, N.os 4070-4072.]

9588. ☞ Ms. Compendiosum Diœcesis Suessionensis speculum (historicum,) in duas partes distinctum; authore Antonio MULDRAC : *in-fol*. 2 vol.

Ce Manuscrit est dans la Biblioth. de l'Abbaye de Longpont, où l'Auteur est mort en 1667. M. Jardel, Officier du Roi, résident à Braine, près de Soissons, a dans son Cabinet un exemplaire *in-4*. de ce même Ouvrage, qui porte ce titre : *Speculum historicum Diœcesis Suessionensis, in duas partes distinctum*. C'est, dit-il, l'Original qui a été écrit vers 1640. Il en a aussi un abrégé François, fait par l'Auteur lui-même. M. l'Abbé Carlier, qui a eu occasion de voir l'Ouvrage de D. Muldrac, dit (*Hist. du Valois*,) que c'est une Histoire abrégée du Diocèse de Soissons, depuis l'an 304 de J. C. jusqu'en 1661 ; que cette Compilation, dont il loue la science, étoit approuvée de deux Censeurs dès 1662, & qu'elle alloit être imprimée lorsque l'Auteur mourut.]

9589. * Remarque sur le second Inventaire de Productions des Prevôt, Doyen & Chanoines de l'Eglise Cathédrale de Soissons, pour servir de Factum à M. l'Evêque de Soissons, en l'Instance pendante au Conseil-Privé, &c. [par Jean de LAUNOY, Docteur en Théologie :] *Paris*, Martin, 1671, *in-4*.

9590. ☞ Mémoire pour M. l'Evêque de Soissons, contre l'Abbaye du Val-de-Grace & les Bénédictins de saint Corneille de Compiégne : *Paris*, Maziere : *in-4*.

Mémoire pour les Religieuses du Val-de-Grace & les Religieux de saint Corneille de Compiégne, contre M. l'Evêque de Soissons.

Il s'agissoit des privilèges & de l'exemption de l'Abbaye de saint Corneille.]

9591. ☞ La Translation des corps & reliques des Martyrs saint Gervais & saint Protais, Patrons de l'Eglise Cathédrale de Soissons; par Paul MOREAU : *Soissons*, Mauroy, 1685, *in-8*.]

Martyrium sancti Sinicii.

Voyez ci-devant N.° 9507, aux *Arch. de Reims*.

9592. Vita sancti Onesimi.

Cette Vie est imprimée dans le *Recueil* de Bollandus, au 13 de Mai. Ce Saint a vécu vers l'an 360.

9593. Vita sancti Bandaridi, ex Manuscripto Ecclesiæ Cathedralis Suessionensis; & Commentarius Joan. Bapt. SOLLERII, è Societate Jesu.

Dans le *Recueil* de Bollandus, au 1 d'Août. Cet Evêque vivoit vers 565.]

9594. ☞ De sancto Principio, Sylloge Joannis CLEI, è Societate Jesu.

Dans le *Recueil* de Bollandus, au 25 de Septembre.]

9595. Vie de saint Principe ; par Adrien BAILLET.

Cette Vie est imprimée dans son *Recueil des Vies des Saints*, au même jour. Ce Saint a vécu dans le VIIe siècle.

9596. ☞ Vita sancti Ansarici ; auctore anonymo : & Commentarius Joannis STILTINGI, è Societate Jesu.

Dans le *Recueil* de Bollandus, au 5 de Septembre. Ce Saint vivoit vers 650.]

9597. Vita sancti Drausii seu Drauscionis ; auctore anonymo Suessionensi.

Cette Vie est imprimée dans le *Recueil* de Bollandus, au 5 de Mars. Saint Drausin est mort après l'an 675, & l'Auteur de sa Vie a fleuri dans le Xe siècle. Il n'y a pas gardé l'ordre des temps, & tous les faits qu'il rapporte ne sont pas certains.

9598. Vie de S. Drausin ; par François GIRY.

Cette Vie est imprimée dans son *Recueil des Vies des Saints*, au même jour.

9599. Vie du même ; par Adrien BAILLET.

Cette Vie est imprimée dans son *Recueil des Vies des Saints*, au même jour.

9600. ☞ Histoire de Riculfe ; par D. Antoine RIVET, Bénédictin.

Dans l'*Hist. Littér. de la France*, tom. VI. pag. 81. Cet Evêque est mort vers 902.]

9601. Vita sancti Arnulphi ; auctore HARIULFO, Abbate Aldenburgensi coæquali, & à sancto Liziardo, Episcopo Suessionensi coæquali, ut videtur, recognita.

Cette Vie est imprimée dans le *Recueil* de Surius, au 15 d'Octobre ; & au tom. IX. des *Actes des Saints de l'Ordre de saint Benoît*, pag. 501. Ce Saint est mort en 1087.

9602. ☞ Eadem Vita, & Commentarius Guillelmi CUPERI, è Societate Jesu.

Dans le *Recueil* de Bollandus, au 15 d'Août.]

9603. Vie de saint Arnoul ; par MODESTE de saint Amable.

Cette Vie est imprimée au tom. II. de sa *Monarchie sainte*, pag. 570.

9604. Vie du même ; par François GIRY.

Cette Vie est imprimée dans son *Recueil des Vies des Saints*, au 13 d'Octobre.

9605. Vie du même ; par Adrien BAILLET.

Cette Vie est imprimée dans son *Recueil des Vies des Saints*, au même jour.

9606. ☞ Histoire de Lisiard, Evêque de Soissons.

Dans l'*Hist. Littér. de la France*, tom. XI. pag. 26. Cet Evêque est mort vers 1125 ou 1126.]

9607. ☞ Histoire de la Vie & des Ecrits de Joscelin.

Dans le même Ouvrage, *tom. XII. pag.* 412. Cet Evêque est mort en 1151.]

9608. Symphorianus de Bouilloud, Lugdunensis, olim Episcopus Glandavensis, Vasatensis & Suessionensis, è tenebris Historiæ eductus in lucem [cum probationibus, in quibus non pauca ad familias Lugdunenses pertinentia reperies] : *Lugduni*, 1645, *in-4*.

Cet Ouvrage est de Pierre BULLIOUD, Jésuite. Cet Evêque est mort en 1533.

9609. Oraison funèbre de Charles de Bourlon ; par [N.] RATOUYN, Chanoine de Soissons : *Soissons*, 1686, *in-4*.

9610. ☞ L'ordre qu'a tenu M. de Sillery, Evêque de Soissons, pour la subsistance des pauvres en 1694 ; par le sieur PETIT, Chanoine : *Soissons*, 1699, *in-12*.]

9611. ☞ Eloge historique de Fabio Brulart de Sillery ; par Claude (Gros) DE BOZE, Secrétaire de l'Académie Royale des Inscriptions & Belles-Lettres.

Dans l'*Histoire* de cette Académie, *tom. III. pag.* 315, *in-4. & tom. I. pag.* 210, *in-8.*]

Histoires de l'Évêché de Châlons-sur-Marne.

9612. ☞ Series & Historia Episcoporum Catalaunensium.

Dans le *Gallia Christiana* des Bénédictins, tom. IX. pag. 858-903, & les *Preuves*, à la fin du tom. X. p. 147.]

9613. Annales Ecclésiastiques de Châlons en Champagne, par la succession des Evêques de cette Eglise, depuis saint Menje jusqu'en 1636; par Charles RAPINE, Récollet: *Paris*, Sonnius, 1636, *in-8.*

9614. ☞ Ms. Mémoires & Recherches sur les Evêques de Châlons-sur-Marne; par M. l'Abbé ISLETTE, Chanoine de la Cathédrale de Châlons: *in-fol.* 2 vol.

L'Original de ces Mémoires est à l'Abbaye de Toussaints, dans la même Ville. Mais on prétend que l'on en a enlevé différens cahiers. M. Fradet, Avocat au Parlement, à Châlons, en a une copie plus entière. M. l'Abbé Islette, né à Reims en 1671, est mort à Châlons le 24 Mars 1747, âgé de 76 ans.]

9615. ☞ Mémoires imprimés & manuscrits pour le Chapitre de Châlons, contre Louis-Antoine de Noailles, Evêque de cette Ville: 1691, *in-4.*]

9616. Vita sancti Minii, [seu Memii.]

Cette Vie est imprimée dans Bosquet, à la seconde partie de son *Histoire des Eglises*, pag. 1: *Parisiis*, 1636, *in-4.* Elle a été écrite par un Auteur du VIIᵉ siècle, & n'a point d'autorité. Ce Saint est [dit-on] mort l'an 135 de Jésus-Christ, [ce qui est au moins fort douteux.]

9617. Histoire de la Vie & des Miracles de saint Menje; par F. BOULENGIER: *Châlons*, 1608, *in-8.*

9618. Discours de la vie, mort & miracles de saint Menje, avec un Catalogue des Evêques qui lui ont succédé; par Charles RAPINE, Récollet: *Châlons*, Nobily, 1625, *in-12.*

9619. Vie du même; par François GIRY.

Cette Vie est imprimée dans son *Recueil des Vies des Saints*, au 5 d'Août.

9620. Vie du même; par Adrien BAILLET.

Cette Vie est imprimée dans son *Recueil des Vies des Saints*, au même jour.

9621. ☞ Ms. Dissertation sur l'époque de la Mission & sur divers Actes de S. Memie, premier Evêque & Apôtre de Chaalons; par M. BESCHEFER, Chanoine de Notre-Dame de Chaalons.

Dans les Registres de la Société Littéraire de cette Ville.]

9622. ☞ Vita sancti Alpini; auctore anonymo, & Commentarius Joannis STILTINGI, è Societate Jesu.

Dans le *Recueil* de Bollandus, au 7 Septembre. Ce Saint vivoit sur la fin du Vᵉ siècle.]

9623. ☞ Mémoire pour servir à l'Histoire de S. Alpin, premier Evêque de Chaalons en Champagne; (par le sieur FARON, Notaire à Chaalons): *Paris*, 1725, *in-12.*]

9624. ☞ De sancto Elaphio, Sylloge Joan. Bapt. SOLLERII, è Societate Jesu.

Dans le *Recueil* de Bollandus, au 19 Août.]

9625. ☞ Vita sancti Leudomeri, vel Leodemeri; cum Commentario Constantini SUYSKENI, è Societate Jesu.

Dans le *Recueil* de Bollandus, au tom. I. d'Octobre, pag. 330. Ce Saint Evêque vivoit au VIᵉ siècle.]

9626. ☞ Histoire de la Vie & des Ecrits de Guillebert; par Dom Antoine RIVET, Bénédictin.

Dans l'*Histoire Littér. de la France*, tom. V. p. 481. Cet Evêque vivoit vers la fin du IXᵉ siècle.]

9627. ☞ Ms. Dissertation sur Guillebert, Evêque de Chaalons, lue à la Société Littéraire de cette Ville, le 6 Septembre 1758; par M. BESCHEFER.

Elle est conservée dans les Registres de cette Société.]

9628. ☞ Histoire de la Vie & des Ecrits de Guillaume de Champeaux.

Dans l'*Histoire Littéraire de la France*, tom. X. pag. 307. Cet Evêque est mort en 1111.]

9629. ☞ Histoire de la Vie & des Ecrits de Geoffroi.

Dans le même Ouvrage, tom. XII. pag. 185. Cet Evêque est mort en 1142.]

9630. ☞ Ms. Mémoires pour servir à la Vie de Mamion, lus le 2 Septembre 1761, à la Société Littéraire de Chaalons; par M. BESCHEFER.

Ils sont conservés dans les Registres de cette Société.]

9631. ☞ Ms. Dissertation sur le lieu de la sépulture de Jean de Mandevelani, Chanoine de Clermont, & successivement Evêque d'Arras, de Nevers, & de Châlons-sur-Marne; par M. CORTIGIER, Chanoine de Clermont, & de la Société Littéraire de cette Ville. *Mercure*, 1755, *Juin*.

Le but de cette Dissertation est de rectifier quelques erreurs qui s'étoient glissées dans les Catalogues des Sièges que cet Evêque a occupés, & d'indiquer le lieu de sa sépulture.]

9632. ☞ La Vie de M. Félix Vialart de Herse, Evêque & Comte de Châlons en Champagne, Pair de France; (par Claude-Pierre GOUJET, Chanoine de S. Jacques-l'Hôpital): *Cologne* (*Utrecht*) 1738, *in-12.*]

9633. ☞ Recueil des Pièces concernant les informations juridiques faites par ordre de M. Gaston J. B. Louis de Noailles, Evêque de Châlons, sur les miracles opérés par l'intercession de M. Félix Vialart, &c. *Nancy*, (*Utrecht*) 1735, *in-12.*]

Histoires de l'Évêché de Laon.

9634. ☞ Series & Historia Episcoporum Laudunensium.

Dans le *Gallia Christiana* des Bénédictins, tom. IX. pag. 508-559, & les *Preuves* à la fin du tom. X. p. 187.]

Métropole de Reims, & ses Suffragans.

9635. GISLEBERTI, [seu GUIBERTI] Abbatis de Novigento, Historia Ecclesiæ Laudunensis.

Cette Histoire est citée par du Chesne, pag. 248, de sa Bibliothèque des Historiens de France. Du Chesne [s'est] trompé ; il a pris cet Auteur pour celui dont je vais rapporter l'Ouvrage [au N.° 9637] ; car il n'y a point eu de Gislebert Abbé de Nogent.

☞ Voyez l'Hist. Litt. de la France, tom. X. pag. 445-452 & 499.]

9636. Ms. Histoire du Diocèse de Laon ; par Claude LE LEU, Archidiacre de cette Eglise : in-fol.

Cette Histoire, plus ample & plus complette que la précédente, [étoit] dans le Cabinet de l'Auteur.

9637. HERMANNI, Monachi Cœnobii sanctæ Mariæ de Novigento, Guiberti Abbatis coætanei, de Miraculis beatæ Mariæ Laudunensis, Libri tres.

Voyez l'Hist. des lieux consacrés à la Vierge.

9638. Catalogus Episcoporum & Decanorum Ecclesiæ Laudunensis ; auctore Antonio BOLETTE, Canonico & Decano.

Ce Catalogue est imprimé au commencement du Livre intitulé : Ritus Ecclesiæ Laudunensis, &c. Parisiis, Savreux, 1662, in-fol.

9639. Examen de plusieurs Privilèges accordés par les Papes, pour servir au procès d'entre l'Evêque de Laon & les Religieux de S. Martin de Laon : in-8.]

9640. ☞ Le Poliphême ou Apologétic en la cause de la vérité, à MM. de Laon, pour Cl. Chambellan, Chanoine de Laon, contre le Chapitre de cette Eglise : Paris, 1628, in-12.]

9641. ☞ Examen du Privilège d'Alexandre V. pour servir au procès entre l'Evêque de Laon & les Religieux de S. Martin de Laon ; par Jean DE LAUNOY : Paris, 1671, in-8.]

9642. ☞ De sancto Chagnoaldo, Commentarius Constantini SUYSKENI, è Societate Jesu.

Dans le Recueil de Bollandus, au 6 Septembre. Cet Evêque est mort en 632.]

9643. Vie de saint Guénébaud ; par Adrien BAILLET.

Cette Vie est imprimée dans son Recueil des Vies des Saints, au 5 de Septembre. Ce Saint est mort après l'an 549.

9644. ☞ Vita sancti Genebaudi, vel Genebaldi ; auctore HINCMARO Remensi Episcopo ; Commentarius Joannis Stiltingi, è Societate Jesu.

Ces Actes sont imprimés dans le Recueil de Bollandus, au 5 Septembre.]

9645. Vie de S. Cagnou ; par le même.

Cette Vie est imprimée dans le même Recueil, au 6 de Septembre. Ce Saint est mort en 632.]

9646. De sancto Chenoaldo Dissertatio Hugonis MENARD, Benedictini, è Congregatione sancti Mauri.

Cette Dissertation est imprimée dans ses Observations sur le Martyrologe Bénédictin, pag. 681 : Parisiis, 1629, in-8. Cet Auteur est mort en 1644.

9647. Vita Hincmari, per Ludovicum CELLOTIUM, è Societate Jesu.

Cette Vie est imprimée au-devant du Concile de Douzi : Parisiis, 1658, in-4. & dans Labbe, au t. VIII. des Conciles généraux, pag. 1339. Hincmar de Laon est mort avant l'année 882, & le P. Cellot en 1658.

9648. ☞ Histoire de la Vie & des Ecrits d'Hincmar, Evêque de Laon ; par D. Antoine RIVET, Bénédictin.

Dans l'Hist. Littér. de la France, tom. V. pag. 522. Cet Evêque est mort peu avant le célèbre Hincmar, Archevêque de Reims, son oncle, c'est-à-dire, en 881 ou 882.]

9649. ☞ Histoire de la Vie & des Ecrits d'Adalbéron ; par le même.

Dans l'Ouvrage précédent, tom. VII. pag. 290. Cet Evêque est mort en 1030.]

9650. Panegyricum de laudibus Berengarii Augusti, & ADALBERONIS, Episcopi Laudunensis, Carmen ; ad Robertum Francorum Regem, ab Hadriano VALESIO, è veteri Codicibus manuscriptis erutum & Notis illustratum : Parisiis, 1663, in-8.

Adalbéron dédia son Poëme au Roi Robert en 1008. [L'Auteur y touche d'une manière ironique, & presque toujours allégorique, ce qui se passoit dans le Royaume, & qui lui paroissoit contre le bon ordre, particulièrement ce qui regardoit les nominations aux Bénéfices.]

9651. Vita beati Gualteri, ex variis & antiquis Scriptoribus fideliter descripta à Joanne LE PAIGE, ex Ordine Præmonstratensi.

Cette Vie est imprimée dans le Liv. II. de la Bibliothèque de son Ordre, pag. 445 : Parisiis, 1633, in-fol. Ce Saint est mort en 1153.

9652. ☞ Histoire de la Vie & des Ecrits de Barthélemi de Jura (ou de Vir.)

Dans l'Hist. Littér. de la France, tom. XII. pag. 524. Cet Evêque est mort en 1158.]

9653. ☞ Lettre touchant l'erreur des Historiens sur Ancelin ou Ascelin, Evêque de Laon : 1618, in-8.]

9654. ☞ Abrégé de la Vie de César d'Estrées, Evêque de Laon, & Cardinal.

Dans le Dictionnaire de Moréri, édition de 1759. Ce Prélat est mort en 1714.]

Histoires de l'Évêché de Senlis.

9655. ☞ Series & Historia Episcoporum Silvanectensium.

Dans le Gallia Christiana des Bénédictins, tom. X. p. 1380-1455, & les Preuves, à la fin, p. 203 & 423.]

9656. Histoire ou Annales de l'Eglise de Senlis, contenant plusieurs choses mémorables arrivées depuis quinze cens ans sous l'Episcopat de chaque Evêque ; par Charles JAULNAY, Doyen & Chantre de l'Eglise de S. Rieule.

Cette Histoire est imprimée avec la Vie de ce Saint : Paris, 1648, in-8.

9657. ☞ Recueil de Discours & de Titres

servant d'Apologie à Charles Jaulnay, sur son Histoire des Evêques de Senlis : *Paris*, 1653, *in*-8.

9658. Vita sancti Reguli; auctore anonymo, cum Commentario prævio.

9659. Alia Vita brevior.

Ces deux Vies sont imprimées dans le *Recueil* de Bollandus, au 30 de Mars. Ce Saint a vécu dans le quatrième siècle, & l'Auteur de la première Vie dans le neuvième.

9660. Vie de S. Rieule, avec l'Histoire ou Annales de l'Eglise de Senlis; par Charles JAULNAY, Doyen & Chantre de l'Eglise de S. Rieule : *Paris*, 1648, *in*-8.

☞ Le véritable titre est :

Le Parfait Prélat, ou la Vie & les miracles de S. Rieule, Apôtre & Patron de la Ville & Diocèse de Senlis, avec une Histoire des choses les plus remarquables arrivées depuis plus de 1500 ans, sous l'Episcopat de chacun Evêque de Senlis, au nombre de quatre-vingt-huit; par Charles JAULNAY. Seconde Edition : *Paris*, Passe, 1648, *in*-8.

La première est de Paris 1642 ; mais la seconde est plus ample de moitié.]

9661. Vie du même ; par François GIRY.

Cette Vie est imprimée dans son *Recueil des Vies des Saints*, au 30 de Mars.

9662. Vie du même; par Adrien BAILLET.

Cette Vie est imprimée dans son *Recueil des Vies des Saints*, au même jour.

9663. Vita sancti Lethardi ; auctore anonymo, cum Commentario prævio Godefridi HENSCHENII.

Cette Vie est imprimée dans le *Recueil* de Bollandus, au 24 de Février. Ce Saint a vécu au commencement du septième siècle.

9664. ☞ Histoire de Frolland; par D. Antoine RIVET, Bénédictin.

Dans l'*Histoire Littéraire de la France*, tom. *VIII*. pag. 17. Cet Evêque est mort vers l'an 1071.]

9665. Eloge de François Guérin, Chevalier de l'Hôpital de S. Jean-de-Jérusalem ; par Charles D'AUTEUIL.

Cette Vie est imprimée dans son *Histoire des Ministres d'Etat*, pag. 382 : *Paris*, 1642, *in-fol*. Cet Evêque est mort en 1228.

— Vie de François, Cardinal de la Rochefoucault, Grand-Aumônier de France.

Voyez ci-après, au Liv. III. *Grands-Aumôniers*.

Histoires de l'Evêché de Beauvais.

9666. ☞ Series & Historia Episcoporum Bellovacensium.

Dans le *Gallia Christiana* des Bénédictins, *tom. IX*. p. 694-769, & les *Preuves* à la fin du tom. X. p. 239.]

9667. Petri LOUVET, Jurisconsulti Bellovacensis, Nomenclatura & Chronologia rerum Ecclesiasticarum Diœcesis Bellovacensis : *Parisiis*, 1618, *in*-8.

Cet Auteur est mort en 1646.

9668. Mémoire de l'Evêché & Evêque de Beauvais; par Antoine LOISEL, Avocat en Parlement : *Paris*, 1617, *in*-4.

Cet Auteur est mort en 1617.

9669. Histoire & Antiquités du Diocèse de Beauvais; par Pierre LOUVET, Avocat : *Beauvais*, Valet, [1631] 1635, *in*-8.

☞ Il y a plusieurs titres de fondations, &c. rapportés dans cette Histoire. *Voyez* d'ailleurs à son sujet la *Méthode historique* de l'Abbé Lenglet, *in*-4. *tom. IV.* pag. 189.]

9670. ☞ Supplément à l'Histoire du Beauvoisis; par Denys SIMON, Conseiller au Présidial de Beauvais : *Paris*, Cavelier, 1704, *in*-12.

Ce Livre contient les Conciles tenus à Beauvais, les Antiquités de la Cathédrale, les noms de tous les Evêques, avec des Remarques sur leurs vies & actions.

9671. Additions à l'Histoire du Beauvoisis; par le même : *Paris*, 1706, *in*-12.

9672. Ms. Histoire Ecclésiastique du Diocèse de Beauvais; par Godefroy HERMANT, Docteur en Théologie, Chanoine de Beauvais : *in-fol*.

Cette Histoire [étoit] conservée avec l'Histoire civile de cette Ville, dans la Bibliothèque de M. le Président de Lamoignon, [mais elle est aussi à Beauvais.] L'Auteur est mort en 1690.

9673. ☞ Ms. Titres qui servent de preuves à cette Histoire, recueillis des Archives du Chapitre de Beauvais ; par le même : *in-fol*. 2 vol.

Ils sont conservés dans le Trésor du Chapitre.]

9674. ☞ Libertates, immunitates & privilegia insignis Ecclesiæ Cathedralis Bellovacensis : 1614, *in*-8.]

9675. ☞ Anthodosis pro felici Belvacensis Episcopi adventu ; auctore Jacobo DE NULLY; necnon ejusdem insignia Præsulum Belvacensium Symbola, &c. *Bellovaci*, Valet, 1618, *in*-4.]

9676. Vita sancti Luciani, Apostoli Bellovacensium, & Martyris; auctore ODONE, Bellovacensi Episcopo.

Cette Vie est imprimée dans le *Recueil* de Bollandus, au 8 de Janvier. Ce Saint a souffert le martyre l'an 290, & Eudes est mort en 880.

9677. Vita ejusdem ; auctore Monacho anonymo.

Cette Vie est imprimée dans le *Recueil* précédent. Ces deux Vies n'ont nulle autorité ; la seconde est d'un Moine qui l'a composée en 809 ; elle est plus ancienne & moins mauvaise que la première.

9678. Vita ejusdem.

Cette Vie est imprimée dans Mombritius, au tom. I. de son *Recueil des Vies des Saints*, *in-fol*. très-ancienne édition. Elle a presque tous les mêmes défauts de celle du Moine anonyme.

9679. Vie de S. Lucien ; par François GIRY.

Cette Vie est imprimée dans son *Recueil des Vies des Saints*, au 8 de Janvier.

9680. Vie du même; par Adrien Baillet.

Cette Vie est imprimée dans son *Recueil des Vies des Saints*, au même jour.

9681. Elogium historicum sancti Hidelmanni; auctore Joanne Mabillon, Benedictino, è Congregatione sancti Mauri.

Cet Eloge est imprimé au tom. V. des *Actes des Saints de l'Ordre de S. Benoît*, pag. 597. Ce Saint est mort en 848.

9682. Vie du même; par Adrien Baillet.

Cette Vie est imprimée dans son *Recueil des Vies des Saints*, au 8 de Décembre.

9683. ☞ Histoire de la Vie & des Ecrits d'Odon; par Dom Antoine Rivet, Bénédictin.

Dans l'*Hist. Littér. de la France*, tom. V. pag. 530. Cet Evêque est mort en 881.]

9684. ☞ Histoire de Drogon; par le même.

Dans le tom. VII. de l'Ouvrage précédent, *p.* 570. Cet Evêque est mort vers 1047.]

9685. Eloge d'Etienne de Garlande, Chancelier & Sénéchal sous Louis le Gros; par Charles d'Auteuil.

Cet Eloge est imprimé dans l'*Histoire des Ministres d'Etat*: *Paris*, 1642, *in-fol.*

9686. Mf. Abrégé de la Vie de Nicolas Choart de Buzenval, contenant une partie de ce qu'il a fait & souffert pour le Gouvernement & la Discipline de son Diocèse; par Antoine Roger [de] Bridieu, Archidiacre & Chanoine de cette Eglise: *in-4*.

Cet Abrégé [étoit] conservé dans la Bibliothèque de M. le Président de Lamoignon. Cet Evêque est mort en 1679, [& M. de Bridieu en 1708.]

9687. ☞ Idée de la Vie & de l'esprit de M. Nicolas Choart de Buzenval, Evêque & Comte de Beauvais, Vidame de Gerberoy, Pair de France; (par François-Philippe Mesenguy, Acolythe de Beauvais): *Paris*, Barois, 1717, *in-12*.

Il y a à la fin un Abrégé de la Vie de M. Hermant, Chanoine de Beauvais, par le même. L'Auteur est mort en 1763, âgé de 85 ans & six mois.]

9688. ☞ Vie du même; (par Jérôme Besoigne.)

Elle se trouve dans son *Histoire des IV. Evêques, &c.* Cologne (*Paris*) 1756, 2 vol. tom. II. pag. 1-113.]

— ☞ Abrégé de la Vie du Cardinal Janson.

Voyez ci-après, Liv. III. *Grands-Aumôniers*.]

9689. Procès-verbal de l'Entrée solemnelle de François-Honorat-Antoine de Beauvilliers de Saint-Agnan, en sa Ville de Beauvais, contenant les principales choses observées à sa Réception, suivant l'ancien usage; avec un Supplément, &c. en 1713: *in-fol.*

Histoires de l'Evêché d'Amiens.

9690. ☞ Series & Historia Episcoporum Ambianensium.

Dans le *Gallia Christiana* des Bénédictins, tom. X. pag. 1150-1217, & les *Preuves* à la fin, pag. 281.]

9691. Catalogue des Evêques d'Amiens; par Adrien de la Morliere, Chanoine de l'Eglise d'Amiens.

Ce Catalogue est imprimé avec ses *Antiquités de la Ville d'Amiens*: *Paris*, 1642, *in-fol.*]

9692. ☞ Mf. Histoire des Evêques d'Amiens; par Alexandre Cellier de Riencourt, mort en 1716, Doyen de l'Eglise d'Amiens: *in-fol.*

Elle est conservée chez M. de Masclef, à Amiens.]

9693. ☞ Réponse à M. de la Roque; (par l'Abbé Lebeuf) sur un Mémoire venu d'Amiens, au sujet de quelques cérémonies de la première Entrée des Evêques de cette Ville. *Mercure*, 1733, *Juillet*, pag. 1615.]

9694. * L'Etat de l'Eglise de S. Florent de Roye: *in-4*.

Cet Ecrit a été fait au sujet du différend de l'Evêque d'Amiens avec le Doyen de Roye, sur la Jurisdiction.

9695. Gesta sancti Firmini, Martyris.

Ces Gestes sont imprimés dans Bosquet, à la seconde partie de son *Histoire des Eglises*, pag. 146 : *Parisiis*, 1636, *in-4*. Ces Actes n'ont pas beaucoup d'autorité; on y trouve bien des particularités peu dignes de foi. L'Auteur peut être du VIe ou VIIe siècle.

Ce Saint a souffert le martyre dans le troisième siècle.

9696. ☞ Vita sancti Firmini Episcopi & Martyris, ex duobus Manuscriptis, & Commentarius Joannis Suyskeni, è Soc. Jesu.

Dans le *Recueil* de Bollandus, au 25 Septembre.]

9697. ☞ Panegyricus de beato Firmino, habitus Aureliis, &c. ab Andrea Lallemant, Juris studioso: *Aureliis*, 1598, *in-4*. 19 pag.]

9698. Vie de saint Firmin, Martyr; par François Giry, Minime.

Cette Vie est imprimée dans son *Recueil des Vies des Saints*, au 25 de Septembre.

9699. Vie du même; par Adrien Baillet.

Cette Vie est imprimée dans son *Recueil des Vies des Saints*, au même jour.

9700. Translatio corporis sancti Firmini, Dagoberto I, Francorum Rege, præcipiente, facta è Piquiniensi Castro in Sandionysianam Ecclesiam.

Cette Histoire est imprimée dans l'*Appendice des Œuvres* de Guibert, Abbé de Nogent, pag. 567 : *Parisiis*, 1651, *in-fol.*

9701. ☞ Acta sancti Firmini Episcopi & Confessoris; auctore anonymo, & Commentarius Joannis Stiltingi, è Societate Jesu.

Dans le *Recueil* de Bollandus, au 1 de Septembre. Ce Saint est mort dans le quatrième siècle.]

9702. Vie de saint Firmin le Confes; par Adrien Baillet.

Cette Vie est imprimée dans son *Recueil des Vies des Saints*, au premier de Septembre.

9703. Lettre à un Curieux, sur d'anciens Tombeaux découverts en 1697, sous le grand Autel de l'Abbaye de Notre-Dame, dite de S. Acheul, qui étoit autrefois l'Eglise Cathédrale d'Amiens: 1697, *in-4*.

9704. Ordonnance de Henri FAIDEAU DE BROU, Evêque d'Amiens, sur la précédente Lettre : *Amiens*, 1698, *in*-4.

Cet Evêque est mort en 1706.

9705. Dissertation de Jean-Baptiste THIERS, Curé de Vibraye, sur le lieu où repose présentement le corps de S. Firmin le Confès ; seconde Edition : *Liége*, Foppens, 1699, *in*-12.

Cet Auteur est mort en 1703.

☞ Il soutient, dans cette Dissertation, que c'est dans l'Eglise des Chanoines Réguliers de S. Acheul-lès-Amiens, qu'il repose, & non dans l'Eglise Cathédrale.]

9706. Dissertation sur la Translation du corps de S. Firmin, troisième Evêque d'Amiens, contre ce qu'en ont écrit deux Auteurs nouveaux ; par [Nicolas] DE LESTOCQ, Docteur de Sorbonne, Chanoine & Théologal d'Amiens : *Amiens*, Hubault, 1711, *in*-8.

Cette Dissertation est contre les Ouvrages précédens.

9707. L'Ombre de M. Thiers, ou Réponse à la Dissertation de M. de Lestocq, avec une Critique de la Vie de S. Salve, Evêque d'Amiens, faite par Jean-Baptiste THIERS : *Liége*, 1712, *in*-8.

9708. Justification de la Translation de saint Firmin le Confès ; par [Nicolas] DE LESTOCQ : *Amiens*, 1714, *in*-8.

C'est une Critique du Livre précédent.

9709. Remarques critiques sur la Justification de la Translation de saint Firmin : 1714, *in*-12.

9710. Lettres [de Nicolas] DE LESTOCQ, sur ces Remarques : *Amiens*, 1714, *in*-16.

9711. Procès-verbal de l'ouverture de la Châsse de S. Firmin le Confès, faite dans l'Eglise Cathédrale d'Amiens, le 10 Février 1715, avec le Mandement de Pierre DE SABATIER, Evêque d'Amiens, sur l'Ouverture de cette Châsse ; la vérification des Reliques de S. Firmin ; portant condamnation des Libelles publiés pour combattre la vérité de ses Reliques ; du 12 Janvier 1715.

Ces Pièces sont imprimées dans les *Mémoires de Trévoux*, art. 32, *de Février* 1715, *pag.* 319. L'Abbé de S. Acheul ayant appellé de la Sentence de l'Evêque d'Amiens au Métropolitain, a obtenu en sa faveur un Jugement de l'Official de Reims, dont l'Evêque d'Amiens a appellé au Saint Siège.

9712. Vita sancti Honorati.

Cette Vie est imprimée dans le *Recueil* de Bollandus, au 16 de Mai. Ce Saint est mort en 600. Ses Actes sont sans autorité, & paroissent écrits cinq à six cens ans après sa mort ; aussi sont-ils pleins de fautes.

9713. Vie de S. Honoré ; par François GIRY.

Cette Vie est imprimée dans son *Recueil des Vies des Saints*, au même jour.

9714. Vie du même ; par Adrien BAILLET.

Cette Vie est imprimée dans son *Recueil des Vies des Saints*, au même jour.

9715. Vita sancti Salvii.

Cette Vie est imprimée *pag.* 449, des *Observations* de Hugues Ménard, sur le *Martyrologe Bénédictin : Parisiis*, 1629, *in*-8. & dans le *Recueil* de Bollandus, au 11 de Janvier. Cette Vie a été écrite par un François sous les derniers Rois de la première Race ; mais on a tout sujet de douter si l'original que nous avons est dans sa première pureté, & si l'Auteur est digne de foi dans la plupart des faits qu'il rapporte. Ce Saint est mort l'an 612.

9716. Critique de la Vie Latine de S. Sauve ; par Jean-Baptiste THIERS.

Cette Critique est imprimée avec l'*Ombre* de M. Thiers, ou *Réponse à la Dissertation* de M. de Lestocq : *Liége*, 1712, *in*-8. [ci-dessus, N.° 9707.]

9717. ☞ Remarques sur la Vie de S. Sauve.

Dans l'*Hist. Littér. de la France*, Avertissement du tom. X. *pag.* xxv.]

9718. Vie de saint Sauve ; par Adrien BAILLET.

Cette Vie est imprimée dans son *Recueil des Vies des Saints*, au 6 de Mai.

9719. ☞ Histoire de Jessé ; par D. Antoine RIVET, Bénédictin.

Dans l'*Hist. Littér. de la France*, tom. *IV. pag.* 527. Cet Evêque est mort en 838.]

9720. ☞ Histoire de la Vie & des Ecrits de Guy ; par le même.

Dans l'*Hist. Littér. de la France*, tom. *VIII. pag.* 29. Cet Evêque est mort vers l'an 1075.]

9721. Vita sancti Godofridi, auctore NICOLAO, Monacho sancti Crispini Suessionensis, ejus æquali.

Cette Vie est imprimée dans le *Recueil* de Surius, au 8 de Septembre. Ce Saint est mort en 1181.

Vie du même ; traduite par Robert Arnauld d'Andilly.

Cette Traduction est imprimée dans son *Recueil des Vies des Saints illustres, pag.* 587 : *Paris*, 1675, *in-fol.*

9722. Vie du même ; par François GIRY.

Cette Vie est imprimée dans son *Recueil des Vies des Saints*, au même jour.

9723. Vie du même ; par Adrien BAILLET.

Cette Vie est imprimée dans son *Recueil des Vies des Saints*, au même jour.

9724. ☞ Consultation de Paris pour la Noblesse de Picardie, contre le Cardinal de Créquy, Evêque d'Amiens.

Cette Consultation est imprimée dans le cinquième volume des *Mémoires de Condé : Paris*, 1743, *in*-4. Elle est de Charles DU MOULIN, & se trouve parmi ses Œuvres, *t. V. p.* xxiij. Il est d'avis que le Vidame d'Amiens, pour & au nom de la Noblesse du pays, peut s'opposer à la promotion de cet Evêque par plusieurs moyens, dont les deux principaux sont : 1.° qu'il n'a pas été élu par les trois Ordres selon les Canons & la Pragmatique : 2.° Sa vie scandaleuse & son humeur violente.]

9725. Oraison funèbre d'Antoine, Cardinal de Créquy ; par Jacques SAGUIER, Docteur en Théologie & Chanoine d'Amiens : *Paris*, Belot, 1575, *in*-8.

Ce Cardinal est mort en 1574.

9726. ☞ Lettre contenant un récit abrégé de la Vie sainte, & de la mort édifiante de M. Pierre de Sabatier, Evêque d'Amiens, décédé à Amiens le 20 Janvier 1733 : *Amiens, 1733, in-4*.]

9727. ☞ Lettre sur le Mausolée de feu M. de Sabatier, Evêque d'Amiens. *Journal de Verdun, 1749, Mai, pag. 550-552*.]

Histoires de l'Évêché de Noyon.

Les Eglises de Noyon & de Tournay ont été unies depuis l'an 623 jusqu'en 1147 ; ainsi les Histoires de ces temps-là sont communes à ces deux Eglises.

9728. ☞ Series & Historia Episcoporum Noviomensium, simul ac Tornacensium ; item, Noviomensium à Tornacensibus separatorum (anno 1147).

Dans le *Gallia Christiana* des Bénédictins, *tom. IX. p. 979-1032, & les Preuves à la fin du tom. X. p. 359*.]

9729. Histoire de quelques Evêques de Noyon ; par Jean COUSIN.

Cette Histoire est imprimée dans celle des Evêques de Tournay, du même Auteur : *Douai, 1619, in-4*.

9730. Annales de l'Eglise Cathédrale de Noyon, avec une Description & Notice de la Ville, & des Recherches tant des Vies des Evêques, que d'autres Monumens du Diocèse ; par Jacques LE VASSEUR, Docteur en Théologie : *Paris, Sara, 1633, in-4*. 2 vol.

☞ *Voyez* sur cet Ouvrage la *Méth. historique* de Lenglet, *tom. IV. pag. 191, in-4*.]

9731. Requête de François de Clermont, Evêque de Noyon, contre les Doyen, Chanoines & Chapitre de l'Eglise Collégiale de Saint-Quentin, touchant la Jurisdiction Episcopale ; par [Georges] LE ROY, Avocat au Conseil : 1690, *in-4*.

9732. Mémoire du même, contre le Chapitre de Saint-Quentin : *Paris, 1699, in-fol*.

9733. L'Eglise de S. Quentin en Vermandois, originairement Episcopale & Royale de fondation, toujours maintenue dans ses droits de Jurisdiction ordinaire contre les Evêques de Noyon : (1691) *in-4*.

Ce Mémoire historique a été composé par Claude BENDIER, Chanoine de l'Eglise Royale de Saint-Quentin.

9734. Réponse des Doyen, Chanoines & Chapitre de l'Eglise de Saint-Quentin ; par MOISET, Avocat au Conseil : *in-fol*.

9735. ☞ Mémoire du Chapitre de l'Eglise Royale & pro-Episcopale de Saint-Quentin, contre l'Evêque de Noyon. ⸺ Autre Mémoire pour le même Chapitre, avec des Observations contre la Requête de l'Evêque de Noyon, & une Réponse du même Chapitre : 1702, *in-fol*.]

9736. Requête présentée au Roi, par Claude Maur d'Aubigné, Evêque de Noyon, [depuis Archevêque de Rouen] contre les mêmes, sur l'Exemption ; par [Pierre] GOURDANT, Avocat au Conseil, le 28 Janvier 1702 : *Paris, 1702, in-fol*.

9737. Mémoire pour les Doyen, Chanoines

& Chapitre de l'Eglise Royale de Saint-Quentin ; contre Charles-François de Châteauneuf de Rochebonne, Evêque & Comte de Noyon ; par Dominique FAVIER, Avocat au Conseil : 1716, *in-fol*.

9738. Mémoire pour les mêmes, Appellans comme d'abus contre le même : 1716, *in-fol*.

9739. Requête au Roi, présentée par les Maire & Echevins de la Ville de Saint-Quentin, qui interviennent dans le démêlé du Chapitre de cette Ville, contre l'Evêque de Noyon : *Paris*, Bouillerot, [1717] *in-fol*.

9740. Autre, présentée par les Doyen, Chanoines & Chapitre de l'Eglise Royale de Saint-Quentin : *Paris*, Bouillerot, [1717] *in-fol*.

9741. Vita metrica sancti Medardi ; auctore Venantio FORTUNATO, Presbytero.

Cette Vie de Fortunat, depuis Evêque de Poitiers, est imprimée dans la *Bibliothèque de Fleury* de Jean du Bois, part. 2, *pag. 113 : Lugduni, 1605, in-8*. Ce Saint est mort en 545, & Fortunat a écrit sa Vie en 570.

9742. Acta sancti Medardi multùm ab anonymo aucta.

Ces Actes sont imprimés dans le *Recueil* précédent, *pag. 397*. Cette Vie paroit être supposée, à la place de la véritable, au jugement de Guillaume Cave.

9743. Eadem, cum Commentario Danielis PAPEBROCHII.

Dans le *Recueil* de Bollandus, au 8 de Juin.

9744. Vita ejusdem prosâ ; eodem FORTUNATO auctore.

Cette Vie est imprimée dans le même *Recueil*.

Eadem, cum Supplemento.

Cette Vie est imprimée dans d'Achery, au tom. VIII. de son *Spicilège, p. 391*. Cette nouvelle Edition peut beaucoup servir à l'éclaircissement de quelques Antiquités de France.

9745. Vita alia ; auctore RADBODO, Episcopo Noviomensi.

Cette Vie est imprimée dans le *Recueil* de Bollandus, au 8 de Juin. Radbod est mort en 1098.

9746. Vie de S. Médard ; par François GIRY.

Cette Vie est imprimée dans son *Recueil des Vies des Saints*, au même jour.

9747. Vie du même ; par Adrien BAILLET.

Cette Vie est imprimée dans son *Recueil des Vies des Saints*, au même jour.

9748. Le Prélat accompli, ou Eloge de la vie, mort & miracles de S. Médard ; par Charles FRETEVILLE, Curé de Mars en Oth : *Troyes, 1642, in-12*.

9749. Vie de saint Acaire ; par Adrien BAILLET.

Cette Vie est imprimée dans son *Recueil des Vies des Saints*, au 27 de Novembre. Ce Saint est mort en 639.

9750. Vita sancti Eligii ; auctore sancto AU-

DOENO, seu DADONE, Episcopo Rotomagensi.

Cette Vie est imprimée dans le *Recueil* de Surius, au premier de Décembre; & plus purement, dans d'Achery, au tom. V. de son *Spicilege*, *pag.* 141. Saint Eloy est mort en 665, [ou plutôt en 659] & saint Ouen a écrit, d'un style fleuri & coulant, cette Vie l'an 672.

Prologus Vitæ ejusdem.

Ce Prologue est imprimé dans Labbe, au tom. II. de sa *Nouvelle Bibliothèque des Manuscrits*.

La même, traduite par Louis de Montigny: *Paris*, Seb. Cramoisy, 1626, *in*-8.

La même Vie, traduite de nouveau, avec ses Sermons: *Paris*, Coignard, 1693, *in*-8.

La medesima, tradotta in Lingua Toscana: *in Roma*, 1629, *in*-4.

La misma, traducida por Francesco Valderabeno: *in Madrid*, 1640, *in*-4.

9751. ☞ Homélies de saint Eloy, vingtième Evêque de Vermand, Noyon & Tournay, avec deux Sermons de Ratbod II. cinquante-unième Evêque dudit lieu, traduits avec d'autres Pièces, & enrichis de plusieurs Remarques (la plupart historiques sur la Vie de saint Eloy); par Jacques LE VASSEUR, pour Avant-coureurs de ses Annales & Antiquités: *Paris*, Robert Sara, 1631, *in*-8.]

9752. Vie de saint Eloy; par François GIRY.

Cette Vie est imprimée dans son *Recueil des Vies des Saints*, au 1 de Décembre.

9753. ☞ Vie du même; par M. Levesque: *Paris*, 1693, *in*-8.]

9754. Vie du même; par Adrien BAILLET.

Cette Vie est imprimée dans son *Recueil des Vies des Saints*, au même jour.

9755. ☞ Histoire de la Vie & des Ecrits de S. Eloy; par D. Antoine RIVET, Bénédictin.

Dans l'*Hist. Littér. de la France*, *tom*. III. *pag*. 595.]

9756. Vie de saint Mommolin; par Jean DARNALT : *in*-8.

☞ Le vrai titre de cet Ouvrage est:

Narré véritable de la vie, trépas & miracles de Monseigneur saint Mommolin, auteur de la Translation des sacrées Reliques de M. saint Benoît, du Mont-Cassin en Italie au Monastère de Fleury-sur-Loire, en l'année 664; par Jean DARNALT, Prêtre, Docteur ès sacrés Décrets, Religieux en l'Abbaye de sainte Croix de Bordeaux: *Bordeaux*, Millanges, 1618, *in*-8.

Saint Mommolin est mort en 685.

☞ Il paroit qu'on a confondu ici S. Mommolin de Noyon, avec S. Mommole, Abbé de Fleury, marqué dans les Martyrologes au 8 d'Août : ils vivoient tous deux dans le VIIe siècle.]

9757. ☞ Vie de S. Mommolin (de Noyon); par Adrien BAILLET.

Cette Vie est imprimée dans son *Recueil des Vies des Saints*, au 16 d'Octobre.

9758. ☞ De sancto Eunucio, Sylloge Joannis STILTINGI, è Societate Jesu.

Dans le *Recueil* de Bollandus, au 10 de Septembre. Ce Saint est mort en 744.]

9759. ☞ Histoire de la Vie & des Ecrits de Ratbod II.

Dans l'*Hist. Littér. de la France*, *tom*. VIII. *p*. 455. Cet Evêque est mort en 1098.]

9760. ☞ Histoire de la Vie & des Ecrits de Baudri.

Dans le même Ouvrage, *tom*. IX. *pag*. 578. Cet Evêque est mort en 1113.]

9761. Epitaphium Petri Carloti, filii Philippi Augusti.

Cette Epitaphe est imprimée dans du Chesne, au tom. V. de la *Collection des Historiens de France*, *p*. 262.

9762. ☞ Mémoire pour servir à l'Eloge de M. (François) DE CLERMONT TONNERRE, Evêque de Noyon, dicté par lui-même à M. Lucas, Chanoine de la Cathédrale de Noyon, son Secrétaire.

Il falloit que ce Prélat (qui est mort en 1701,) eût une idée bien avantageuse de lui-même. Son Mémoire est imprimé dans le Recueil *A*.]

Histoires de l'Evêché de Boulogne.

JE mets sous l'Histoire de cette Eglise, celle de Térouenne [ou des Morins,] parcequ'elle en est un démembrement ; l'Evêché de Térouenne ayant été partagé entre ceux de Saint-Omer, d'Ipres, & de Boulogne, qui en a eu la principale partie.

☞ *Voyez* sur l'étendue du Diocèse de Térouenne, au moyen âge, la *Description de la Gaule Belgique*, par Charles Wastelain: *Lille*, 1761, *in*-4. *pag*. 387-393.]

9763. ☞ Series & Historia Episcoporum Morinensium.

Dans la *Gallia Christiana* des Bénédictins, *tom*. X. *pag*. 1529-1571.]

9764. ☞ Series & Historia Episcoporum Boloniensium.

Dans la *Gallia Christiana* des Bénédictins, *tom*. X. *pag*. 1572-1579, & les *Preuves*, à la fin, *pag*. 393.]

9765. Ms. Chronicon Morinense, seu breviarium Rerum & præsertim Episcoporum Morinensium, ex Archivis Teruanensis Basilicæ.

Cette Chronique est conservée dans la Bibliothèque des Chanoines Réguliers d'Ipres: Malbranq, *tom*. I. *De Morinis*, *pag*. 685.

9766. Ms. Antiquitates Ecclesiæ Morinensis, ex Archivis ejusdem ; auctore Matthæo DESPRETS, Archidiacono Morinensi seu Teruanensi.

Ces Antiquités sont conservées à Artas, selon Valère André & Jacques Malbranq, là même.

9767. Ms. Elenchus Episcoporum Teruanensium.

Ce Catalogue est conservé dans les Archives de Térouenne, transférés à Ipres : Sanderus, au *tom*. I. de sa *Bibliothèque des Manuscrits de Flandres*, *pag*. 27.

9768. Vita sancti Audomari Monachi Lexoviensis ; scripta ab auctore Anonymo ante Normannorum cladem ; aucta ab FOLCARDO, Abbate sancti Bertini.

Cette Vie est imprimée dans le *Recueil* de Surius, au 9 de Septembre ; &[mieux] au tom. II. des *Actes des saints de l'Ordre de S. Benoît*, *pag*. 559. Ce Saint est mort vers l'an 660, & Folcard a fleuri vers l'an 1060.

9769. ☞ Eadem, cum Commentario Joannis STILTINGI, è Societate Jesu.

Dans le *Recueil* de Bollandus, au 9 de Septembre. On y prouve que la Vie abrégée publiée par Surius, est interpolée; & que celle donnée par le P. Mabillon, d'après un Manuscrit de Corbie, est digne de foi.]

9770. Vie de S. Omer; par François GIRY.

Cette Vie est imprimée dans son *Recueil des Vies des Saints*, au même jour.

9771. Vie du même; par Adrien BAILLET.

Cette Vie est imprimée dans son *Recueil des Vies des Saints*, au même jour.

9772. Vita sancti Silvini, Episcopi apud Morinos; auctore ANTENORE, Episcopo, ab anonymo interpolata; cum Commentario prævio Joannis BOLLANDI.

Cette Vie est imprimée dans son *Recueil*, au 17 de Février, & au tom. III. des *Actes des Saints de l'Ordre de saint Benoît*, pag. 294. Ce Saint est mort en 717, & l'Anonyme a vécu vers le milieu du IXe siècle. Il a cru devoir corriger cette Vie, qui étoit écrite à la vérité d'une manière naïve & assez sincère; mais grossière, & avec peu d'ordre.

9773. Vie de S. Silvin; par Adrien BAILLET.

Cette Vie est imprimée dans son *Recueil des Vies des Saints*, au même jour.

9774. Vita sancti Erkembodonis; auctore JOANNE Iperio Monacho, deinde Abbate Sithivensi, cum Notis præviis Godefridi HENSCHENII.

Cette Vie est imprimée dans le *Recueil* de Bollandus, au 12 d'Avril. Ce Saint est mort en 742, & Jean d'Ipres en 1303.

9775. Vita sancti Folcuini; auctore FOLCUINO, Abbate Laubiensi.

Cette Vie est imprimée au tom. V. des *Actes des Saints de l'Ordre de saint Benoît*, pag. 622. Ce Saint est mort en 855, & l'Auteur de sa Vie a fleuri en 1005. Il est véritable & sincère dans le récit des faits particuliers, quoiqu'il ait composé son Ouvrage de lieux communs.

9776. Vie de saint Folcuin; par MODESTE de saint Amable.

Cette Vie est imprimée au tom. II. de sa *Monarchie sainte*: Paris, 1670, *in-fol.*

9777. Vie du même; par Adrien BAILLET.

Cette Vie est imprimée dans son *Recueil des Vies des Saints*, au 14 de Décembre.

9778. De sancto Hunefrido Commentarius historicus.

Ces Mémoires sont imprimés dans le *Recueil* de Bollandus, au 8 de Mars. Ce Saint est mort en 871.

9779. Vita beati Joannis; auctore Joanne DE COLLEMEDIO, Archidiacono Morinensi coæquali.

Cette Vie est imprimée dans le *Recueil* précédent, au 24 de Février. Ce Saint est mort en 1130.

9780. De sancto Baino Commentarius historicus Godefridi HENSCHENII, è Societate Jesu.

Ces Mémoires sont imprimés dans le même *Recueil*, au 20 de Juin. Ce saint a vécu vers l'an 1210.

9781. ☞ Relation de ce qui s'est passé durant la maladie & à la mort de M. l'Evêque de Boulogne (Pierre de Langle); avec quelques traits principaux de la vie sainte & laborieuse qu'il a menée durant son Episcopat (1724,) *in-4.*]

§. XIX.

Histoires de la Métropole de Rouen & de ses Suffragans.

9782. Ms. NEUSTRIA Christiana Archiepiscopos, Episcopos totius Neustriæ complectens; auctore Arturo DU MONSTIER, Ordinis sancti Francisci, Recollecto: *in-fol.* 2 vol.

Cette Histoire est conservée dans les Bibliothèques des Récollets de Rouen & de Paris. L'Auteur est mort en 1662.

9783. Ms. Histoire Ecclésiastique de Normandie; par Jean LE PREVOST, Chanoine de l'Eglise de Rouen.

Cette Histoire est souvent citée par Gilles-André de la Roque, dans les *Preuves de son Histoire généalogique de la Maison de Harcourt*: il y rapporte plusieurs Actes qui en sont tirés.

9784. La Normandie Chrétienne, ou l'Histoire Chrétienne, première partie, contenant l'Histoire des Evêques qui sont au nombre des Saints; par François FARIN, Prêtre, [Prieur de Notre-Dame du Val:] *Rouen, du Mesnil*, 1669, *in-4.*

9785. * Catalogus omnium Ecclesiarum Normanniæ.

Il se trouve à la fin de l'*Histoire* de Henri HUTINTON, num. 3669, des Manuscrits de M. Colbert [à la Bibliothèque du Roi.]

9786. ☞ Series Archiepiscoporum Rotomagensium, & Episcoporum Suffraganeorum; auctore Guillelmo BESSIN, Benedictino.

Ces suites se trouvent dans sa *Collection des Conciles & Synodes de Normandie*: *Rotomagi*, 1717, *in-fol.*]

9787. ☞ Histoire Ecclésiastique de la Province de Normandie, avec des Observations historiques & critiques; par un Docteur de Sorbonne, (M. TRIGAN, Curé de Digoville:) *Caen*, 1759-1761, *in-4.* 4 vol.

Ce que nous avons de cette Histoire va jusqu'au temps de la réunion de la Province par Philippe Auguste, en 1204. Il y a des Observations à la fin de chaque volume.]

Histoires de l'Archevêché de Rouen.

9788. ☞ Series & Historia Archiepiscoporum Rotomagensium.

Dans le *Gallia Christiana* des Bénédictins, *tom. XI.* pag. 4-115, & les *Preuves* à la fin, pag. 1.]

9789. Series Archiepiscoporum Rotomagensium.

Cette suite est imprimée dans le *Recueil des Statuts Synodaux du Diocèse de Rouen*: *Rotomagi*, [1653,] *in-8.* Gilles-André de la Roque, au *tom. I.* pag. 145 & 437 de ses *Preuves de l'Histoire généalogique de la Maison de Harcourt*, attribue cette suite chronologique des Archevêques de Rouen, à Jean LE PREVOST, Chanoine de cette Eglise.

* Cet Auteur est mort en 1648.

9790. Acta Episcoporum Rotomagensium ; auctore Monacho sancti Audoeni.

Ces Actes sont imprimés dans Mabillon, au tom. II. de ses *Analectes*, *pag.* 425 ; & dans Marteene, au tom. II. de son *Recueil d'anciens Actes*, *pag.* 233.

Le P. Mabillon attribue cette Histoire à un nommé FULBERT ou à THIERRY, qui a dédié à l'Abbé Nicolas la Vie de saint Ouen, écrite en vers.

9791. Ms. Obituarium Ecclesiæ Cathedralis Rotomagensis, scriptum anno Christi 1329.

Cet Obituaire [étoit] conservé dans la Bibliothèque de M. Baluze, num. 136, [& est aujourd'hui dans celle du Roi.]

9792. Ms. Chronique des Archevêques de Rouen, faite du temps de George d'Amboise, jusqu'en 1517 : *in-fol.*

9793. Ms. Autre, jusqu'en 1545 : *in-fol.*

Cette Chronique & la précédente [étoient] dans la Bibliothèque de M. Colbert, [& sont aujourd'hui dans celle du Roi.]

9794. Chronique historiale des Archevêques de Rouen, jusqu'en 1615 ; par Jean DADRÉ, Chanoine , Théologal & Pénitencier de Rouen : *Rouen*, Crevel, 1618, *in-8.*

☞ Elle commence à saint Nigaise, premier Evêque de Rouen, selon l'Auteur, l'an de J. C. 96, & elle finit à François de Harlay, Archevêque en 1615.]

L'Auteur est mort en 1617.

9795. Rotomagensis Ecclesiæ Chronici Fragmentum, ab anno 1227 ad annum 1234.

Ce Fragment est imprimé dans d'Achery, au tom. II. de son *Spicilége, pag.* 819.

Chronicon Rotomagense, à Christo nato ad annum 1344.

Voyez ci-après au Liv. III. *Règne de Philippe de Valois.*

9796. Ms. Chronicon Tolosanum abbreviatum, seu potiùs Normanicum, quia in eo occurrunt Episcopi Rotomagenses, Abbates Fiscanenses & Fontanellenses.

Cette Chronique est citée par du Chesne, dans son *Plan des Historiens de France, pag.* 150.

9797. Histoire des Archevêques de Rouen, traitant de leur vie & mort, de leurs différens emplois, des affaires qu'ils ont négociées depuis leur promotion, &c. par un Religieux Bénédictin de la Congrégation de saint Maur : *Paris*, Maurry, 1667, *in-fol.*

François POMMERAYE a écrit cette Histoire en forme d'Eloges ; elle contient bien des recherches. Il est mort en 1687.

☞ *Voyez* sur cet Ouvrage, la *Méthode historiq.* de l'Abbé Lenglet, tom. *IV. in-4. pag.* 200.]

9798. Histoire de l'Eglise Cathédrale de Rouen , Métropolitaine & Primatiale de Normandie ; par le même : *Rouen*, [1686], *in-4.*

☞ *Voyez* le Journal des Sçav. Novembre 1687.]

9799. Traités des Rois de France avec les Archevêques de Rouen : *Gaillon*, 1643, *in-4.*

9800. Mercure de Gaillon, ou Recueil de Pièces concernant les Privilèges & Prérogatives des Archevêques de Rouen, & leurs différends avec les Réguliers : *Gaillon*, 1644, *in-4.*

Ces deux volumes ont été imprimés par les soins & dans la Maison de campagne de François de Harlay, Archevêque de Rouen.

9801. ☞ Moyens de nullité que propose le Chapitre de l'Eglise de Rouen, contre les Statuts à lui envoyés par le Cardinal de Joyeuse : 1610, *in-8.*]

9802. ☞ Réponse apologétique aux prétendus Moyens de nullité proposés par les Doyen & Chanoines de Rouen, sur le rétablissement de la Discipline Ecclésiastique : *Paris*, 1610, *in-8.*]

9803. ☞ Defensio Episcoporum contra Capitulum Rotomagense : *Ibid.* 1610, *in-8.*]

9804. ☞ Lettre d'Antoine GUYON au Cardinal de Joyeuse, au sujet de ce procès.]

9805. ☞ Réponse au Livre intitulé : *De l'autorité des Chanoines* ; avec l'Arrêt en faveur de l'Archevêque de Rouen : *Paris*, Cramoisy, 1610, *in-8.*]

9806. Défense de l'Eglise Métropolitaine de Rouen, contre les entreprises de préséance, attentées par MM. de la Chambre des Comptes ; par Adrien BEHOTTE, Archidiacre de Rouen : *Rouen*, 1618, *in-4.*

Cet Auteur est mort en 1638.

══ Recueil de ce qui s'est passé au Procès entre l'Archevêque de Lyon & celui de Rouen, touchant la Primatie de Normandie.

Voyez Archevêques de Lyon, ci-devant N.° 8871.]

Il y a dans ce Recueil beaucoup de choses curieuses sur l'Histoire de l'Eglise de France, & en particulier sur celle de Rouen, dont l'Archevêque est demeuré en possession du Droit de Primatie qui lui étoit contesté sur sa Province.

9807. Histoire de l'origine & fondation du Vicariat de Pontoise, ou Recueil de Pièces touchant ce Vicariat ; par Guy BRETONNEAU, Pontaisien, Chanoine de saint Laurent de Plancy : *Paris*, Targa, 1633, *in-4.*

9808. Rotomagensis Cathedra, seu Rotomagensium Pontificum dignitas & auctoritas in suam Diœcesanam Pontesiam ; auctore Roberto DENYALDO, Gisortiano Decano : *Parisiis*, Chastelain, 1633, *in-4.*

9809. Histoire [véritable] de l'antiquité & prééminence du Vicariat de Pontoise ou du Vexin François , servant de Réponse à l'Histoire supposée de son origine & fondation : *Paris*, 1637, *in-4.*

☞ Il y en a deux Editions de la même année : l'une, *Paris*, de la Varenne, 1637, *in-4.* l'autre, *Paris*, veuve Chevalier, 1637, *in-4.* Elles sont différentes en quelques endroits.]

Métropole de Rouen, & ses Suffragans.

Hippolyte FERRET, de Pontoise, Curé de saint Nicolas du Chardonnet à Paris, est l'Auteur de cette Histoire. Il est mort en 1677.

9810. Mémoires & Arrêts pour Nicolas Colbert, Archevêque de Rouen, pour sa Jurisdiction sur la Ville de Pontoise & le Vexin François, en 1693 : 1694, *in-4*.

9811. ☞ Mémoire pour l'Archevêque de Rouen, contre les Habitans de Pontoise, (pour le Vicariat:) *in-fol.*]

9812. Eclaircissement de l'ancien droit de l'Evêque & de l'Eglise de Paris sur Pontoise & le Vexin François, contre les prétentions des Archevêques de Rouen; avec la Réfutation d'un Livre intitulé : *Rotomagensis Cathedra*, &c. par Jean DESLYONS, Doyen de Senlis : *Paris*, Villery, 1694, *in-*8.

☞ M. Deslyons étoit de plus Conseiller, Aumônier & Prédicateur ordinaire du Roi, & Docteur de Sorbonne : il est mort en 1700. L'Ouvrage dont il est ici question, contient beaucoup de choses utiles sur l'Histoire de Pontoise & du Vexin, sur les Archevêques de Rouen, depuis Odon Rigaud, dans le XIIIe siècle, jusqu'à M. Colbert, dans le XVIIe ; sur le Beauvoisis, &c.]

9813. Arrêt du Parlement de Paris, qui maintient l'Archevêque de Rouen dans sa Jurisdiction sur Pontoise & le Vexin François: *Rouen*, Viret, 1694, *in-*4.

9814. ☞ Arrêt du Conseil d'Etat, portant cassation de la Sentence de M. l'Archevêque de Rouen, contre M. l'Evêque de Coutances : 1655, *in-*4.]

9815. ☞ Mémoire pour MM. les Archevêque & Coadjuteur de Rouen, contre les Religieux & Abbé de Fescamp : *in-fol.*]

9816. ☞ Mss. Eglises paroissiales de l'Archevêché de Rouen : *in-fol.*

Cet ancien Manuscrit, sur vélin, indiqué *pag.* 360 du Catalogue de M. de Cangé, est à présent dans la Bibliothèque du Roi.]

9817. Vie & Martyre de saint Nigaise; par Nicolas DAVANNE, Prieur de saint Nicaise de Meulant: *Rouen*, 1620, [1628,] 1643, *in-*12.

Ce Saint est le premier Archevêque de Rouen. Il a souffert le martyre sous l'Empereur Dioclétien.

☞ Le titre de la troisième Edition est :

La Vie & Martyre de saint Nigaise, Archevêque de Rouen, saint Quirin & saint Scuvicule, avec la fondation du Prieuré S. Nigaise de Meullent; par Nicolas DAVANNE : *Rouen*, 1643, *in-*12.]

9818. Vie de S. Mellon; par Adrien BAILLET.

Cette Vie est imprimée dans son *Recueil des Vies des Saints*, au 22 d'Octobre.

9819. De sancto Victricio Dissertatio Joannis Baptistæ LE BRUN DES MARETTES, Clerici Rotomagensis.

Cette Dissertation est imprimée avec les Ouvrages de saint Paulin, *Dissertatio IV. Parisiis*, 1685, *in-*4. Ce Saint est mort l'an 396, & M. des Marettes en 1731.]

9820. Vie de S. Victrice; par François GIRY.

Cette Vie est imprimée dans son *Recueil des Vies des Saints*, au 7 d'Août.

9821. Vie du même; par Adrien BAILLET.

Cette Vie est imprimée dans son *Recueil des Vies des Saints*, au même jour.

9822. ☞ Histoire de la Vie & des Ouvrages de saint Victrice ; par D. Antoine RIVET, Bénédictin.

On la trouve dans l'Avertissement du tom. IV. de l'*Hist. Littér. de la France*, *pag.* xxxix. Ce Saint vivoit au Ve siècle.]

9823. ☞ Discours de saint Victrice, avec un Avertissement historique; par Jean-André MIGNOT, Grand-Chantre d'Auxerre : *Auxerre*, 1764, *in-*12.]

9824. De sancto Gildardo, Commentarius historicus Godefridi HENSCHENII, è Societate Jesu.

Cette Vie est imprimée dans le *Recueil* de Bollandus, au 8 de Juin. Ce Saint est mort après l'an 508.

9825. Vie de S. Gildard ; par Adrien BAILLET.

Cette Vie est imprimée dans son *Recueil des Vies des Saints*, au même jour.

9826. Vie de saint Evode ou Yved ; par François GIRY.

Cette Vie est imprimée dans son *Recueil des Vies des Saints*, au 8 d'Octobre. Ce Saint est mort en 550.

9827. Vie du même ; par Adrien BAILLET.

Cette Vie est imprimée dans son *Recueil des Vies des Saints*, au même jour.

9828. Acta exilii & martyrii sancti Prætextati ; auctore GREGORIO, Turonensi Episcopo, Libro V. VI. & VII. Historiæ Francorum, cum Commentario prævio Godefr. HENSCHENII.

Ces Actes sont imprimés dans le *Recueil* de Bollandus, au 14 de Février. Ils sont sûrs & exacts. Ce Saint a souffert le martyre en 586.

9829. Vie de saint Prétextat ; par Adrien BAILLET.

Cette Vie est imprimée dans son *Recueil des Vies des Saints*, au même jour.

9830. ☞ Histoire de S. Prétextat ; par D. Antoine RIVET, Bénédictin.

Dans l'*Hist. Littér. de la France*, *tom. III. pag.* 351.]

9831. Vita sancti Romani, è veteri Martyrologio edita ; curâ & cum Notis Nicolai RIGALTII. Accessit ejusdem Rigaltii Dissertatio, & ad calcem legitur Privilegium Ludovici XII, in gratiam teretri seu capsæ sancti Romani concessum : *Rotomagi*, 1609, 1652, *in-*8.

Dom Mabillon, au tom. I. de ses *Analectes*, *pag.* 107, soutient que cette Vie a été composée par GIRARD, Prieur du Monastère de saint Médard de Soissons, vers l'an 932, & il en a fait imprimer en cet endroit le Prologue. Dom Martenne, dans l'Avis qui est au-devant de l'Histoire de ce Saint, écrite en vers, soutient que FULBERT, Archidiacre de Rouen, en est l'Auteur. Il se fit Religieux en 1130, dans l'Abbaye de saint Ouen. Dom Martenne a imprimé la Préface de Fulbert, au tom. I. de son *Trésor des Pièces anecdotes*, *p.* 181. Selon M. Baillet, cette Vie est postérieure à Hugues Capet, & par conséquent éloignée du temps du Saint de quatre siècles ; car il est mort en 645. On y trouve, ajoute-t-il, plusieurs choses peu soutenables. Rigaud réfute l'histoire du Dragon dans sa *Dissertation*; & dit qu'elle est le fondement du Privilège de la Fierte saint Romain.

9832. Apologia pro sancto Romano, contra Nicolaum Rigaltium ; per Adrianum BEHOTIUM, Magnum Archidiaconum Rotomagensem : *Parisiis*, Macé, 1609, *in-*8.

9833. Vita ejusdem sancti Romani, carmine heroïco.

Cette Vie est imprimée dans le tom. III. du *Nouveau Tréfor des Pièces anecdotes*, publiées par D. Martenne, fol. 1653.

9834. La Vie & les Miracles de saint Romain : *Rouen*, 1652, *in-*8.

9835. Vita sancti Romani ; auctore P. MARCEL : *Parisiis*, 1669, *in-*8.

9836. Vie du même ; par MODESTE de saint Amable.

Cette Vie est imprimée au tom. I. de sa *Monarchie sainte*, pag. 507 : *Paris*, 1670, *in-fol.*

9837. Vie du même ; par François GIRY.

Cette Vie est imprimée dans son *Recueil des Vies des Saints*, au 23 d'Octobre.

9838. Vie du même ; par Adrien BAILLET.

Cette Vie est imprimée dans son *Recueil des Vies des Saints*, au même jour.

9839. Histoire du Privilège de saint Romain, dont le jour de l'Ascension de Notre Seigneur est fait mention & Procession solemnelle par chacun an en la Ville de Rouen ; par Claude SEQUART, Bachelier en Théologie.

Cette Histoire est imprimée en la Vie de S. Romain, au tom. II. des *Vies des Saints* publiées par Duval : *Paris*, Chesneau, 1577, *in-fol.*

9840. Plaidoyer de Denis BOUTHILLIER, Avocat en Parlement, pour la Fierte de saint Romain de Rouen : *Paris*, 1608, *in-*8.

Cet Avocat est mort en 1622.

9841. Défense du Privilège de la Fierte saint Romain, contre le Plaidoyer de deux Avocats du Grand-Conseil ; par les Doyen, Chanoines & Chapitre de l'Eglise Cathédrale de Rouen : *Rouen*, 1608, *Paris*, 1611, *in-*8.

Cette Défense a été publiée, sous leur nom, par Adrien BEHOTTE, Grand-Archidiacre de Rouen.

9842. Réponse de Denis BOUTHILLIER, sur le prétendu Privilège de la Fierte saint Romain, avec les Actes intervenus au Grand-Conseil contre ledit Privilège : *Paris*, Macé, 1608, *in-*8.

9843. Réfutation de la Réponse & Ecrit de Denis Bouthillier, contre la Défense du Privilège de la Fierte saint Romain : *Paris*, 1609, *in-*8.

Cette réfutation est aussi d'Adrien BEHOTTE.

9844. Plaidoyers & Réponses concernant le Privilège de la Fierte saint Romain ; par Guillaume DE CERISAY, Avocat au Grand-Conseil ; Jean DE MONTREUL, Avocat au Parlement de Paris, & Denis BOUTHILLIER, aussi Avocat en Parlement ; avec les Arrêts intervenus au Grand-Conseil, en 1607 & 1608 : *Paris*, Macé, 1608, *in-*8.

De Cerifay étoit pour Pehu, représentant le Seigneur d'Alegre, meurtrier ; [de Montreul,] dont le fils, de l'Académie Françoise, est] mort en 1651, étoit pour le Chapitre de Rouen ; & Bouthillier, pour les Dames Hallot mère & fille, les Parties du Seigneur d'Alegre. L'Histoire de ce différend est fort bien déduite aux pag. 40 & suiv. des *Remarques sur la Satyre Menippée*, tom. II. de l'Edition de 1711.

☞ Fierte est l'ancien mot de Châsse. La Fierte saint Romain, c'est la Châsse de saint Romain. Le meurtre commis en la personne de François de Montmorency, Sieur de Hallot, Lieutenant-Général pour le Roi en la Province de Normandie, &c. a donné lieu à ces Plaidoyers, où il y a beaucoup de Remarques utiles. Le Privilège de la Fierte consiste dans l'absolution d'un criminel & de ses complices, au jour de la Fête de l'Ascension, pourvu qu'il ne soit pas accusé du crime de Lèze-Majesté, de fausse monnoie, de viol, ou d'assassinat de guet-à-pens. On prétend que le Roi Clotaire II. donna ce Privilège à l'Eglise de Rouen dans le VIIe siècle, en considération de ce que saint Romain, Evêque de cette Ville, ayant engagé un prisonnier convaincu de parricide & de larcin, à se saisir d'un Dragon qui faisoit beaucoup de ravages, ce prisonnier, après que le Saint eut fait le signe de la croix sur l'animal, prit le Dragon & le mena sans résistance jusques dans la place publique de Rouen, où il fut brûlé en présence d'une grande multitude d'habitans. On ajoute que S. Ouen, successeur de S. Romain, obtint ensuite du Roi Dagobert, pour le Chapitre de Rouen, le pouvoir de délivrer tous les ans, le jour de l'Ascension, tel prisonnier qu'il voudroit.

Ce Chapitre avoit Joui tranquillement de ce Privilège jusqu'à la fin du XVIe siècle. Le sieur de la Motte, accusé d'être complice du meurtre du sieur de Hallot, fait en la Ville de Vernon le 22 Septembre 1591, par le Marquis d'Alegre, fut le premier pour lequel on révoqua en doute ce Privilège. Le Chapitre intervint pour le défendre ; & il y eut plusieurs Plaidoyers, qui firent voir que le Miracle du Dragon étoit très-incertain. La Motte fut condamné à un bannissement de neuf ans, & le Privilège fut modifié.]

9845. De la Fierte saint Romain de Rouen, & de son ancien Privilège ; par Etienne PASQUIER.

Ce Discours est imprimé au Chap. XLII. du Liv. IX. de ses *Recherches de la France*. Il y marque la suite de la précédente Plaidoirie.

9846. * Le Plaidoyer & la Réponse en faveur de la Fierte saint Romain : 1617, *in-*8. 2 vol.

9847. * Requête en faveur du Présidial de Rouen, contre le Privilège de la Fierte saint Romain, avec la Réponse de l'Archevêque & du Chapitre de Rouen qui le soutiennent : *in-fol.*

9848. Requête de Nicolas Colbert, Archevêque de Rouen, & du Chapitre de cette Eglise, touchant le Privilège de la Fierte saint Romain ; avec un Inventaire des Titres qu'ils produisent pour sa défense, depuis le Règne de Philippe Auguste jusqu'à présent ; *in-fol.*

Cette Requête a été dressée en 1697, par [René] COUET DE MONTBAYEUX, Avocat au Conseil.

☞ Elle a été réimprimée, *Rouen*, Viret, 1737, *in-*12. avec l'Ouvrage suivant.]

9849.

Métropole de Rouen, & ses Suffragans.

9849. ☞ Requête au Roi, pour les Officiers du Bailliage & Présidial de Rouen, Demandeurs contre M. l'Archevêque & les sieurs Doyen & Chanoines de l'Eglise de Rouen, en la présence de MM. les Procureurs Généraux du Parlement de Paris & de la Cour des Aides de Rouen, & des sieurs Veydeau de Grammont ; où l'on fait voir que le Dragon ou Gargouille portée à Rouen, n'est pas la figure d'un Miracle fait par saint Romain, mais une pure cérémonie d'Eglise ; que le Privilège de délivrer un Prisonnier, ne doit son origine qu'à une simple coutume pieuse des Ducs de Normandie, & que ce Privilège ne s'étend point aux crimes appellés Cas Présidiaux.

Cette Requête ou ce Traité a été composé par M. DE CAUMONT-BAILLARD, Conseiller au Bailliage.]

9850. ☞ Mémoire au Roi, au sujet du privilège de la Fierte saint Romain : *in-fol.*]

9851. ☞ Recueil de Pièces concernant l'Instance pendante au Conseil entre le Chapitre de Rouen & la Cour des Aides, au sujet du Privilège de la Fierte : 1737, *in-12.*]

9852. ☞ Mss. Mémoire sur le Privilège de saint Romain ; par M. LE MOINE, de l'Académie des Belles-Lettres de Rouen : en 1760.

Dans les Registres de cette Académie.]

9853. ☞ Diverses Pièces sur la Primatie de l'Eglise de Rouen.

Elles se trouvent *pag.* 259-267, de la *Collection des Conciles, &c. de Normandie* ; par D. Guillaume BESSIN : *Rotomagi*, 1717, *in-fol.*]

9854. Vita sancti Audoeni ; scripta ab Anonymo.

Cette Vie est imprimée dans le *Recueil* de Surius, au 24 d'Août. Surius a cru que Fridegodus, Diacre de saint Odon, avoit écrit cette Vie en 956. Il dit que cet Auteur y rapporte bien des choses qu'il avoit apprises des Disciples du Saint, & de témoins oculaires ; mais il croit qu'elle a été gâtée par plusieurs fausses dates qu'on y a ajoutées. Ce Saint est mort en 683. Vossius, au Chapitre XL. du Liv. II. de ses *Historiens Latins*, doute que cette Vie soit de Fridegodus, Moine Anglois ; parceque [dit-il] celle qu'il a composée étoit écrite en vers. Le P. le Cointe (*tom. III.* de son *Hist. Eccl. Franc. p.* 104) attribue cette Vie à un Auteur plus ancien que Fridegodus, & qui l'a écrite du temps de Charles Martel. L'Auteur de cette Vie n'est pas toujours discret dans sa narration ; il dit que Dagobert avoit une si grande déférence pour saint Ouen, qu'il faisoit tout ce qu'il disoit. Comment accorder cela avec la vie déréglée de ce Monarque ?

La même Vie, traduite en François par Robert Arnaud d'Andilly.

Cette Traduction est imprimée dans son *Recueil des Vies des Saints illustres, pag.* 359 : *Paris*, 1675, *in-fol.*

9855. ☞ Duæ Vitæ sancti Dadonis, vel Audoëni, ab auctoribus anonymis ; & Commentarius Guillelmi CUPERI, è Societate Jesu.

Dans le *Recueil* de Bollandus, au 14 d'Août.]

Tome I.

9856. Vie de saint Ouen ; par MODESTE de saint Amable.

Cette Vie est imprimée au tom. I. de sa *Monarchie sainte, pag.* 519 : *Paris*, 1670, *in-fol.*

9857. Vie du même ; par François GIRY.

Cette Vie est imprimée dans son *Recueil des Vies des Saints*, au 24 d'Août.

9858. Vie du même ; par Adrien BAILLET.

Cette Vie est imprimée dans son *Recueil des Vies des Saints*, au même jour.

9859. ☞ Histoire de la Vie & des Ecrits de S. Ouen ; par D. Antoine RIVET, Bénédictin.

Dans l'*Hist. Littér. de la France, tom. III. pag.* 623.]

9860. Vita sancti Ansberti, ex Cancellario Abbatis Fontanellensis, deinde Episcopi Rotomagensis ; auctore AIGRADO, Monacho Fontanellensi, cum Commentario prævio Godefridi Henschenii.

Cette Vie est imprimée dans le *Recueil* de Bollandus, au 9 de Février ; & au tom. II. des *Actes des Saints de l'Ordre de saint Benoît, pag.* 1048. Cette Vie mérite beaucoup de créance ; c'est dommage qu'elle ait été fourrée d'additions par quelques Moines postérieurs. Ce Saint est mort en 698, & l'Auteur a fleuri l'an 699.

9861. Vie de S. Ansbert ; par François GIRY.

Cette Vie est imprimée dans son *Recueil des Vies des Saints*, au 9 de Février.

9862. Vie du même ; par Adrien BAILLET.

Cette Vie est imprimée dans son *Recueil des Vies des Saints*, au même jour.

9863. ☞ Histoire de saint Ansbert ; par D. Antoine RIVET, Bénédictin.

Dans l'*Hist. Littér. de la France, tom. III. pag.* 646.]

9864. Vita sancti Hugonis ; auctore anonymo Fontanellensi Chronographo, cum Notis præviis.

Cette Vie est imprimée dans le *Recueil* de Bollandus, au 9 d'Avril ; & au tom. III. des *Actes des Saints de l'Ordre de saint Benoît, pag.* 495. Ce Saint est mort en 730, & le Chronographe de saint Vandrille a fleuri du temps de Louis le Débonnaire.

9865. Vita ejusdem ; auctore BALDERICO, Abbate Burgidolensi.

Cette Vie est imprimée dans Artur du Monstier, *pag.* 282, *Neustria Pia* : *Rotomagi*, 1663, *in-fol.* Balderic est mort en 1131. Il a fourré dans cette Vie bien des fables & des fictions.

9866. Vita sancti Remigii, fratris Pipini, Regis Francorum ; auctore anonymo Rotomagensi.

Cette Vie est imprimée dans le tom. III. du *Nouveau Trésor des Pièces anecdotes* de D. Marienne, *pag.* 1665.

Vita ejusdem.

Cette seconde Vie, écrite en style de Panégyrique, par un inconnu qui vivoit l'an 1090, est imprimée dans Lambecius, au Liv. II. de ses *Commentaires de la Bibliothèque de Vienne, pag.* 908, & dans le *Recueil* de Bollandus, au 19 de Janvier. Il se pourroit bien faire que cette Vie ne fut qu'une paraphrase de ce qui est rapporté dans les *Actes des Archevêques de Rouen*. Ce Saint est mort en 771.

M m m m

9867. Vie du même; par Modeste de Saint-Amable.

Cette Vie est imprimée au tom. II. de sa *Monarchie sainte*, pag. 377 : *Paris*, 1670, in-fol.

9868. Vie du même; par Adrien Baillet.

Cette Vie est imprimée dans son *Recueil des Vies des Saints*, au 14 de Janvier.

9869. Vita sancti Leonis, Martyris, cum Commentario prævio.

Cette Vie est imprimée dans le *Recueil* de Bollandus, au premier de Mars. Elle n'est pas ancienne; on veut qu'elle ait été compilée sur d'anciens Mémoires; ce qui n'empêche pas qu'elle ne soit encore suspecte. Ce Saint est mort vers l'an 900.

9870. Vie du même, par François Giry.

Cette Vie est imprimée dans son *Recueil des Vies des Saints*, au même jour.

9871. Vie du même; par Adrien Baillet.

Cette Vie est imprimée dans son *Recueil des Vies des Saints*, au même jour.

9872. ☞ La vie & la mort du B. Martyr S. Léon, Evêque de Rouen, premier Evêque de la Ville de Bayonne, & Patron d'icelle, en vers François; par Jean-Jacques de Feuga, Docteur en Médecine. Item, Litanies & Oraisons à l'honneur de ce Saint : *Bordeaux*, Guil. de la Court, 1650, in-4.]

9873. De beato Maurilio Dissertatio Joannis Mabillon, Benedictini, Congregationis sancti Mauri.

Cette Dissertation est imprimée au tom. IX. des *Actes des Saints de l'Ordre de S. Benoît*, pag. 222. Ce Saint est mort en 1067.

9874. Vie de saint Maurille; par Adrien Baillet.

Cette Vie est imprimée dans son *Recueil des Vies des Saints*, au 13 de Septembre.

9875. ☞ Histoire de la Vie & des Ecrits du Bienheureux Maurille; par D. Antoine Rivet, Bénédictin.

Dans l'*Hist. Littér. de la France*, tom. VII. p. 587.]

9876. ☞ Histoire de la Vie & des Ecrits de Jean; par le même.

Dans le tom. VIII. du même Ouvrage, *pag. 64*. Cet Archevêque est mort en 1079.]

9877. ☞ Histoire de la Vie & des Ecrits de Guillaume.

Dans le tom. IX de l'Ouvrage précédent, continué par les Confrères de Dom Rivet, *pag.* 496. Cet Archevêque est mort en 1110.]

9878. ☞ Histoire de la Vie & des Ecrits de Hugues d'Amiens, Archevêque de Rouen.

Dans le tom. XII. du même Ouvrage, *pag.* 647. Cet Archevêque est mort en 1164.]

— Vie du Cardinal Georges d'Amboise, Ministre d'Etat sous Louis XII.

Voyez ci-après, Liv. III. aux *Ministres d'Etat*.

9879. Discours sur la maladie & mort du Cardinal Charles de Bourbon; par Antoine de Guynant, Docteur en Médecine : *Paris*, 1594, in-8.

9880. Oraison funèbre du même; par Arnaud Sorbin, Evêque de Nevers : *Nevers*, 1595, in-8.

9881. ★ Oraison funèbre du même; par Christophe Hatton : *au Mans*, 1590, in-4.

9882. Vie de Charles de Bourbon, jadis oncle du Roi Henri IV. avec la Généalogie des Princes de Bourbon; par Jacques du Breul, Bénédictin : *Paris*, 1612, in-4.

9883. Elogium ejusdem; Papirio Massono Autore : *Parisiis*, 1599, in-4.

9884. Oraison funèbre de François, Cardinal de Joyeuse; par Hierôme de Benevent : *Paris*, Mesnier, 1616, in-8.

Ce Cardinal est mort en 1615.

9885. Autre; par Jean de Monstreuil : *Paris*, Cramoisy, 1616, in-8.

9886. Discours funèbre sur la mort du même; par Philippe Vallée : *Paris*, 1615, in-8.

9887. Histoire du Cardinal de Joyeuse, avec plusieurs Mémoires, Lettres, Dépêches, Instructions, Ambassades, Relations & autres Pièces; par [Antoine] Aubery, Avocat au Parlement : *Paris*, Denain, 1654, in-4.

☞ *Voyez* Lenglet, tom. IV. pag. 108. = Les *Mémoires* du P. Niceron, *tom. XIII. pag.* 309. Il étoit second fils de Guillaume II. de Joyeuse, Maréchal de France, & de Marie de Batarnay. Il naquit le 14 Juin 1562, fut successivement Archevêque de Narbonne, de Toulouse & de Rouen, Protecteur des affaires de France à Rome, sous les Rois Henri III, Henri IV. & Louis XIII. Il mourut Doyen des Cardinaux à Avignon, le 13 Août 1615, âgé de 53 ans.]

Cet Auteur raconte la Vie de ce Cardinal, depuis l'an 1562 jusqu'en 1611. Les Mémoires qu'il rapporte ne sont que des Abrégés, excepté l'Inventaire des Pièces qui ont servi à la dissolution du Mariage du Roi Henri IV. d'avec la Reine Marguerite. Aubéry est mort en 1695.

9888. Francisci Ducis de Joyeuse, ab anno ætatis 23 ad annum 53, Acta memorabilia; auctore Antonio Pressac.

Ces Actes sont imprimés avec les *Oraisons* de Jean Grangier : *Parisiis*, 1615 : in-8.

9889. ☞ Anecdotes Ecclésiastiques, &c. *Rouen*, 1760, in-12. en trois parties.

La première, qui est de M. Léonard Sonnes, ancien Curé, write en 1757, commence à l'année 1651, & fait une espèce d'Histoire des Archevêques de Rouen, depuis ce temps jusques vers la mort de l'Auteur. La seconde Partie contient une critique du Mandement du Chapitre sur M. le Cardinal de Tavannes, Archevêque, mort en 1759; & la troisième un Exposé de la conduite du Clergé & des Grands-Vicaires de Rouen. Le tout ressemble assez à un Libelle.]

Histoires de l'Évêché de Bayeux.

9890. ☞ Series & Historia Episcoporum Bajocensium.

Dans le *Gallia Christiana* des Bénédictins, *tom. XI. pag.* 346-399, & les *Preuves* à la fin, pag. 59.]

9891. Ms. Catalogue des Evêques de Bayeux,

Métropole de Rouen, & ses Suffragans.

avec plusieurs Ordonnances & Statuts : *in-8.*

Ce Catalogue [étoit] conservé dans la Bibliothèque de M. Foucault. C'est sans doute ce Catalogue qui est cité pas Gilles-André de la Roque, au tom. I. des *Preuves de l'Histoire généalogique de la Maison de Harcourt, pag.* 567, sous le titre de *Chronologie des Seigneurs Evêques de Bayeux.*

9892. Histoire du Diocèse de Bayeux, première partie, contenant l'Histoire des Evêques, avec celle des Saints & des Hommes illustres ; par M. HERMANT, Curé de Maltot : *Caen,* Doublet, 1705, *in-4.*

☞ *Voyez* sur cette Histoire, *Journal des Sçavans, Juin,* 1705. = *Mém. de Trévoux, Juillet,* 1706. Cet Ouvrage devoit avoir deux autres parties : 1.º l'Histoire des Abbayes & des Prieurés, & une Notice générale de tous les Bénéfices du Diocèse : 2.º celle des Villes & des Bourgs considérables du Diocèse, avec les fondations des Ordres & Maisons Religieuses.]

* Les matériaux de cette Histoire ont été recueillis par M. PETITE, Chanoine & Official de Bayeux, qui n'avoit qu'une médiocre connoissance des antiquités du Pays ; ce qui l'a fait tomber dans bien des fautes : aussi cette Histoire y est peu estimée.

9893. Ms. Vie de S. Exupere ; par Pierre DE SALLEN : *in-fol.*

Cette Vie est conservée dans la Bibliothèque du Roi, num. 9855 4.

9894. La Vie de S. Exupere, autrement dit S. Spire, & comme son corps & celui de S. Loup furent portés & sauvés à Corbeil, lorsque les Danois ravagèrent le Pays de Neustrie ; le tout recueilli par Jean-Baptiste MASSON, Forésien, Archidiacre de Bayeux : *Paris,* 1627, *in-8.*

9895. Les Vies de S. Exupere & de S. Loup, vulgairement appellés S. Spire & S. Leu, premier & troisième Evêques de Bayeux, [& la Translation de leur Corps en la Ville de Corbeil] ; par Jean BOCQUET, Parisien, Chanoine de l'Eglise de S. Spire de Corbeil : *Paris,* Guillard, 1627 [1657] *in-8.*

On n'a point aujourd'hui d'Actes ni d'Histoires raisonnables de S. Exupere, qui a vécu dans le quatrième ou cinquième siècle.

9896. ☞ Les Vies & Miracles de S. Spire & S. Leu, premier & troisième Evêques de Bayeux, avec l'Histoire de la Translation de leurs Reliques au Château de Palluau en Gâtinois, & delà en l'Eglise de Corbeil, &c. par J. F. BEAUPIED, Abbé de S. Spire : *Paris,* Cailleau, 1735, *in-12.*]

9897. Vie de saint Exupere ; par François GIRY.

Cette Vie est imprimée dans son *Recueil des Vies des Saints,* au premier d'Août.

9898. Vie du même ; par Adrien BAILLET.

Cette Vie est imprimée dans son *Recueil des Vies des Saints,* au même jour.

9899. ☞ Histoire de la Vie & des Ouvrages de S. Loup ; par Dom Antoine RIVET, Bénédictin.

Dans l'*Hist. Littér. de la France, tom. II. pag.* 417. Ce Saint vivoit au Ve siècle.]

Tome I.

9900. Vita sancti Manuæi.

Cette Vie est imprimée dans Labbe, au tom. I. de sa *Nouvelle Bibliothèque des Manuscrits, pag.* 779, & avec le Commentaire d'Henschenius, dans le *Recueil* de Bollandus, au 8 de Mai. Ce n'est qu'un extrait, qui n'a presque point d'autorité. Ce Saint a fleuri vers l'an 480.

9901. Vie de saint Manvieu ; par Adrien BAILLET.

Cette Vie est imprimée dans son *Recueil des Vies des Saints,* au même jour.

9902. Vita sancti Contexti.

Cette Vie est imprimée dans le *Recueil* de Bollandus, au 19 de Janvier.

9903. Vita sancti Vigoris.

Cette Vie est imprimée dans le *Recueil* de Surius, au premier de Novembre. Ce Saint a vécu dans le quatrième siècle.

9904. Vie de S. Vigor ; par Adrien BAILLET.

Cette Vie est imprimée dans son *Recueil des Vies des Saints,* au même jour.

9905. De sanctis Confessoribus, Ragnoberto Episcopo, & Zenone Diacono Bajocis in Normannia ; auctore Daniele PAPEBROCHIO, è Societate Jesu.

Ceci est imprimé dans le *Recueil* de Bollandus, au 16 de Mai. Ce Saint a vécu en 630.

9906. Vie de S. Renobert, ou Raimbert ; par Adrien BAILLET.

Cette Vie est imprimée dans son *Recueil des Vies des Saints,* au même jour.

9907. ☞ Apologie du sentiment de M. Baillet, sur un point d'histoire qui concerne l'Eglise de Bayeux, marqué dans ses Vies des Saints au 16 de Mai, & en différens endroits du même Ouvrage ; par M. l'Abbé LEBEUF.

Elle est imprimée dans son *Recueil d'Ecrits, &c. Paris,* 1738, *tom. I. pag.* 191-253. Il s'agit principalement dans cette Dissertation du temps où vivoit S. Regnobert : c'est, selon l'Auteur, au VIIe siècle, & non au troisième. M. Trigan a fait des Réflexions sur cet Ecrit, dans son *Histoire Ecclésiastique de Normandie, tom. I. Caen,* 1759, *in-4. pag.* 394-402.]

9908. Oratio in funere Cardinalis Arnaldi Ossati ; à Tarquinio GALLUCCIO, è Societate Jesu.

Cette Oraison funèbre est imprimée [en François & en Latin] avec les Lettres de ce Cardinal, rapportées ci-après, Liv. III. parmi les *Lettres & Dépêches de* 1601.

☞ Cette Oraison funèbre du Cardinal d'Ossat avoit été imprimée seulement en Latin dans le *Recueil des Oraisons* de Tarquin Galluccius : *Parisiis,* 1619, *in-16.*]

9909. Eloge historique du même ; par Henri ALBI, Jésuite.

Cet Eloge est imprimé dans son *Recueil des Eloges des Cardinaux, pag.* 435 : *Lyon,* 1659, *in-4.*

9910. Vie du même, contenant un abrégé de toutes ses Négociations ; par M. AMELOT DE LA HOUSSAYE.

Cette Vie est dans son Edition des *Lettres* de ce Cardinal : *Paris,* 1697, *in-4.* 2 vol. Abraham Nicolas Amelot de la Houssaye est mort en 1706.

9911. ☞ Remarques sur le Cardinal Ar-

Mmmm 2

nauld d'Ossat ; par Pierre BAYLE, & par Jacques-Georges DE CHAUFEPIÉ, en Supplément au premier.

Dans leurs *Dictionnaires historiques & critiques*.]

9912. ☞ Histoire de la Vie & des Ecrits du même ; par Jean-Pierre NICERON.

Dans ses *Mémoires*, tom. *XXXIV*. pag. 31-40.]

9913. * Oraison funèbre de François de Nesmond ; par Georges MOREL, Curé de Valonne, dans le Diocèse de Bayeux : *Caen*, Doublet, 1715, *in*-8.

Histoires de l'Évêché d'Avranches.

9914. ☞ Series & Historia Episcoporum Abrincensium.

Dans le *Gallia Christiana* des Bénédictins, *tom. XI.* pag. 466-507, & les *Preuves* à la fin, pag. 105.]

9915. Ms. Chronicon ab anno 837, ad annum 1359, quo Abrincensium Episcoporum & Abbatum sancti Michaëlis de Monte series breviter annotatur.

Cette Chronique est citée par du Chesne, dans son Livre intitulé : *Series Auctorum*, pag. 166.

9916. ☞ Histoire Chronologique des Evêques & du Gouvernement Ecclésiastique & politique du Diocèse d'Avranches ; par Julien NICOLE : *Rennes*, 1669, *in*-12.]

9917. Ms. Roberti CŒNALIS, Episcopi Abrincensis, Hierarchia Neustriæ, in qua Abrincensium Episcoporum Historia : *in-fol.*

Cette Histoire est conservée dans la Bibliothèque du Roi, num. 9855⁵. Cet Evêque est mort en 1560.

9918. Vita sancti Paterni, Monachi sancti Ensifensis ; auctore anonymo.

Cette Vie est imprimée au tom. I. des *Actes des Saints de l'Ordre de S. Benoît*, pag. 140. Ce Saint vivoit en 552.

9919. Alia Vita ; auctore Venantio FORTUNATO, Episcopo Pictaviensi ; cum Notis præviis Godefridi HENSCHENII.

Cette autre Vie est imprimée là même, au tom. II. p. 152, & dans le *Recueil* de Bollandus, au 16 d'Avril.

9920. Vie de S. Pair ou Patier ; par Adrien BAILLET.

Cette Vie est imprimée dans son *Recueil des Vies des Saints*, au même jour.

9921. ☞ Abrégé de la Vie de S. Gand, Evêque d'Evreux, de S. Pair, Evêque d'Avranches, de S. Scabilion, Abbé de S. Senier & Evêque d'Avranches, & de S. Aroaste, Prêtre ; tous Anachoretes du désert de Sciey, inhumés dans l'Eglise de Saint-Pair sur mer, Diocèse de Coutances : le tout conforme aux Martyrologes, aux meilleurs Historiens, & particulièrement à un Manuscrit très-ancien qui se trouve dans les Archives de la Paroisse de S. Pair, &c. par M. LE ROUAULT, Curé de Saint-Pair sur mer : *Paris*, Montalant, 1734, *in*-12.]

9922. Vita sancti Severi ; auctore anonymo.

Cette Vie est imprimée dans le *Recueil* de Bollandus, au premier de Février. Ce Saint vivoit dans le sixième siècle.

9923. ☞ La Vie de S. Sever, Evêque d'Avranches & Titulaire de l'Abbaye qui porte son nom, traduite en François par F. M. DU HAMEL, Religieux de la même Abbaye : *Caen*, 1704, *in*-12.

Cette Vie, dit le Traducteur, est tirée d'un ancien Manuscrit conservé dans l'Abbaye de S. Sever. Le même Auteur dit qu'il avoit paru une Vie de S. Sever, Livret imprimé à Rouen, 1696, chez Jean du Mesnil, traduction très-infidèle du même Manuscrit.]

9924. De sancto Autperto, Synopsis historica Godefridi HENSCHENII, è Societate Jesu.

Cet Abrégé est imprimé dans le même *Recueil*, au 18 de Juin. Ce Saint a vécu au commencement du neuvième siècle.

9925. ☞ De sancto Sinerio, Episcopo, Sylloge Joannis STILTINGI, è Societate Jesu.

Dans le *Recueil* de Bollandus, au 18 Septembre.]

9926. ☞ Remarques sur Achard, qui fut fait Evêque d'Avranches en 1162.

Dans le *Dictionnaire* de Jacques-Georges DE CHAUFEPIÉ.]

9927. Ms. Petri Danielis Huetii vita ; ab ipsomet scripta.

Cet Ouvrage [étoit] entre les mains de ce sçavant Evêque, qui, selon l'Auteur de l'*Histoire critique de la République des Lettres*, pag. 378, de l'article XV. de la seconde partie du rom. XII. [devoit] le donner au Public.

9928. * Petri Dan. Huetii Commentarius de rebus ad se pertinentibus (edente Alb. Henrico DE SALLENGRE) : *Amstelodami*, Dusauzet, 1718, *in*-8.

Cette Vie est écrite avec agrément & pureté de style. Il y a beaucoup d'Anecdotes Littéraires ; & quoiqu'elle soit celle d'un Evêque, il n'y a rien qui appartienne à l'Histoire Ecclésiastique.]

9929. Eloge de M. Huet, mort le 26 Janvier 1721.

Cet Eloge est imprimé dans les *Mémoires de Trévoux*, 1721, *Avril*, pag. 708. M. Huet avoit donné sa démission de l'Evêché d'Avranches dès l'an 1699.]

9930. Elogium funebre Petri Danielis Huetii.

Cet Eloge est de Noel-Etienne SANADON, Jésuite, & il se trouve dans les *Mémoires de Trévoux*, 1721, *Mai*, pag. 900.

9931. ☞ Autre Eloge ; par l'Abbé Joseph D'OLIVET.

Il se trouve à la tête du Recueil intitulé, *Huetiana*, 1722, *in*-12. & num. XL. de l'*Hist. de l'Ac. Françoise*.]

9932. ☞ Autre Eloge du même.

Dans les *Mémoires de Littérature* de l'Abbé D'ARTIGNY, *tom. I.* pag. 404 : *Paris*, 1749, *in*-12.]

9933. ☞ Histoire de la Vie & des Ouvrages de Pierre-Daniel Huet ; par Jean-Pierre NICERON, Barnabite.

Dans ses *Mémoires*, tom. I. pag. 49-66, & X. part. 1, pag. 8, & part. 2, pag. 7.]

Métropole de Rouen, & ses Suffragans.

Histoires de l'Évêché d'Evreux.

9934. ☞ Series & Historia Episcoporum Ebroicensium.

Dans le *Gallia Christiana* des Bénédictins, *tom. XI. pag.* 564-621 & les *Preuves* à la fin, *pag.* 123.]

9935. Ms. Episcopi Ebroicenses.

Ce Catalogue est cité par du Chesne, dans le Livre intitulé : *Series Auctorum, pag.* 152.

9936. Series Episcoporum Ebroicensium ; auctore Joanne Paulo LE JAU, Canonico Ebroicensi & Episcopi Generali Vicario : *Ebroicis*, le Marié, 1622, *in* 8.

Cet Auteur est mort en 1631.

9937. Ms. Historia eorumdem; auctore Joanne-Baptista DE MACHAULT, è Soc. Jesu.

Cette Histoire est citée par du Chesne, *pag.* 103, de ses *Preuves de l'Histoire des Cardinaux François* : *Paris*, 1666, *in-fol.*

9938. Vita sancti Taurini ; auctore ADEODATO.

Cette Histoire est imprimée dans Mombritius, tom. II. de son *Recueil des Vies des Saints*, *in-fol.* ancienne Edition. Cette Légende est l'Ouvrage d'un imposteur fort ignorant, & peu capable d'imposer. Ce Saint a vécu dans le troisième ou quatrième siècle de l'Eglise.

9939. Vie du même, avec l'Histoire de l'Invention de son Corps : *Lyon*, 1604, *in-8.*

9940. Vie du même ; par Henri-Marie BOUDON, Grand-Archidiacre de l'Eglise d'Evreux : *Rouen*, Besongne, 1694, *in-24.*

9941. ☞ Divo Taurino Ebroicensium Apostolo Hymnos consecrat D. Joannes BEAUCOUSIN, Benedictinus : *Ebroicis*, 1720, *in-8:* avec la Traduction.]

9942. Vie de saint Gaude ; seconde Edition : *Coutance*, 1664, *in-*12.

9943. Vie du même ; par Adrien BAILLET.

Cette Vie est imprimée dans son *Recueil des Vies des Saints*, au 11 d'Août.

9944. Vie du même ; par Sébastien LE NAIN DE TILLEMONT.

Cette Vie est imprimée au tom. IV. de ses *Mémoires pour l'Histoire de l'Eglise, pag.* 720.

9945. ☞ De sancto Laudulfo, seu Landulfo, Sylloge Petri BOSCHII, è Societate Jesu.

Dans le *Recueil* de Bollandus, au 13 d'Août.]

9946. Vita sancti Aquilini.

Cette Vie est imprimée dans le *Recueil* de Surius, au 19 d'Octobre. Elle est écrite avec beaucoup de gravité & d'onction, & paroît digne de foi. Ce Saint est mort en 695.

9947. Vie de saint Aquilin ; par Adrien BAILLET.

Cette Vie est imprimée dans son *Recueil des Vies des Saints*, au même jour.

9948. ☞ De sancto Æterno ; Notæ Johan. Baptistæ SOLLERII, è Societate Jesu.

Dans le *Recueil* de Bollandus, au 15 de Juillet.]

9949. ☞ Histoire de Gislebert.

Dans l'*Hist. Littér. de la France, tom. X. pag.* 18. Cet Evêque est mort l'an 1112.]

9950. Rodolphi de Chevriers, Cardinalis Albani gentilitius splendor, contestata pietas, & obitorum in Gallia munerum, Clementisque IV. nomine Legationum amplitudo; opera Claudii CLEMENTIS, è Societate Jesu.

Ce Discours est imprimé avec la Vie du Pape Clément IV. *Lugduni*, 1624, *in*-12.

9951. Oraison funèbre de Henri de Maupas du Tour ; par DE SAINT-MICHEL, Prêtre du Séminaire de Lisieux : *Rouen*, 1681, *in*-4.

Histoires de l'Évêché de Séez.

9952. ☞ Series & Historia Episcoporum Sagiensium.

Dans le *Gallia Christiana* des Bénédictins, *tom. XI. pag.* 674-713 ; & les *Preuves* à la fin, *pag.* 151.]

9953. ☞ Dissertations préliminaires sur l'Histoire du Diocèse de Séez ; par l'Abbé ESNAULT : *Paris*, 1746, *in*-12.

Il y a trois Dissertations. La première, sur les Osismiens & les Pays qu'ils habitoient. La seconde, sur le lieu où le Siège Episcopal de Séez a été d'abord établi, & sur les Villes d'Hiêmes & de Séez. La troisième, sur l'établissement de la foi en Normandie, & les premiers Evêques de Séez.

Voyez sur ces Dissertations, *Mémoires de Trévoux*, Octobre, 1746. = Journ. des Sçav. Janv. 1748. = Merc. Mai, 1746.]

9954. Ms. Catalogus Episcoporum Sagiensium.

Ce Catalogue est conservé dans la Bibliothèque de S. Victor-lès-Paris, num. 1041.

9955. Ms. Series & Chronicon Episcoporum Sagiensium, à Monachis sancti Martini Sagiensis, variis temporibus auctum & compilatum ab editis varium : ex Codice Tironensi descripta.

Cette Chronique est conservée dans l'Abbaye de S. Germain-des-Prés, au tom. XV. des *Fragmens d'Histoires*, recueillis par Claude Estiennot, *pag.* 451.

9956. Sagiensium Episcoporum Catalogus ; auctore Petro VALLA, Doctore Sorbonico.

Ce Catalogue est imprimé avec celui des Archevêques, &c. *Parisiis*, 1562, *in-fol.* Ce Docteur est mort en 1564.

9957. Catalogue des Evêques de Séez ; par Gilles BRY DE LA CLERGERIE, Avocat en Parlement.

Ce Catalogue est imprimé dans son *Histoire de Perche & d'Alençon* : *Paris*, 1621, *in*-4.

9958. ☞ Ms. Histoire Ecclésiastique du Diocèse de Séez ; par Marin PROUVERE BRICHETAUX, Dominicain d'Argentan : *in*-4. 790 pages.

Les Dominicains d'Argentan firent présent de l'original de cet Ouvrage à M. de Medavy, Evêque de Séez, & il y a apparence que c'est le même exemplaire qui appartient aujourd'hui à l'Abbaye de S. Martin de

Séez. Il y en a une copie dans le Cabinet de M. Odolant Desnos, Docteur en Médecine à Argentan, & Secrétaire perpétuel de l'Académie d'Agriculture dans la Généralité d'Alençon.

Cette Histoire fut composée en 1624, & dédiée à M. le Camus de Pontcarré, alors Evêque de Séez. Il y a d'abord un Avant-propos sur le dessein de l'Auteur, & ensuite un *Apparat à l'Histoire de Séez*, dont la première partie contient la Description générale du Diocèse ; la seconde traite de l'autorité de l'Evêque, de ses droits & de ses devoirs ; la troisième, du Chapitre en corps, & de ses Dignités en particulier. Après cela vient l'Histoire proprement dite du Diocèse de Séez.

On y trouve en particulier une Vie de sainte Opportune, écrite en vers par un Auteur inconnu, & qui n'a jamais été imprimée. Voici comment elle commence :

» Seigneurs & Dames, entendez,
» Qui à Dieu service rendez,
» De sainte Opportune dirai
» La Vie cin qu'appris en ai.

Une Note mise au commencement de cette Histoire, dit que le Père Marin Brichetaux est mort à Argentan en 1635, & non en 1636, comme l'a marqué l'Auteur des Ecrivains de l'Ordre de S. Dominique. *M. Odolant Desnos.*]

9959. Mf. Mémoires par années des Evêques de Séez ; par M. PILATRE, Grand-Chantre de l'Eglise de Séez : *in-fol.* 5 vol.

Cet Auteur, mort vers l'an 1670, a laissé encore plusieurs autres Recueils touchant l'Eglise de Séez, qui sont dans les Archives de l'Evêché de Séez, & dans celles du Chapitre de cette Eglise.

☞ M. Trigan cite ces Mémoires dans son *Histoire Ecclésiastique de Normandie*. M. Savari, Chanoine de la Cathédrale de Séez, a encore de M. Pilatre une espèce de Pouillé du Diocèse.]

9960. ☞ Mf. Historia Diœcesis Sagiensis ; auctore Simone PROUVERE, Presbytero : *in-4.*

Cet Auteur, qui étoit né à Argentan en 1635, fut fait Prêtre en 1661. M. de Forcoal, Evêque de Séez, l'engagea de composer l'Histoire de ce Diocèse. Aussitôt il mit la main à l'œuvre, & rassembla les matériaux conservés dans les Chartriers des Maisons Religieuses du Pays, dans les Bibliothèques & dans les Collecteurs des monumens historiques. Il travailloit à rédiger le tout & à en former un corps d'Histoire, lorsqu'il tomba malade, & mourut le 23 Septembre 1678, à Argentan. Un Ecclésiastique, dont on ignore le nom, fut chargé de rassembler ce qui se trouvoit dans ses papiers, & il en forma un assez gros *in-4.* en y joignant quelques Pièces. Le tout étoit en état d'être imprimé en 1680.

Ce qui est de Prouvere est très-digne d'impression, & l'Histoire y est approfondie. L'Auteur remonte partout aux Auteurs originaux, n'omet jamais de copier les Chartes en entier, & joint de bonnes Dissertations ou Notes, aux faits qui demandent la discussion. Après l'Avertissement, on trouve une Description du Diocèse de Séez, tirée principalement des Mémoires de Pilatre : ensuite la Vie de Simon Prouvere, la suite Chronologique des Evêques ; puis une Introduction à l'Histoire, par Prouvere lui-même. La partie historique à laquelle cet Ecrivain paroît avoir presque mis la dernière main, ne contient pas la Vie entière d'Yves de Belleme, c'est-à-dire qu'elle finit vers l'an 1053. L'Ouvrage de Prouvere contient cependant des faits postérieurs à cette époque, puisqu'on trouve sous chaque Evêque les fondations d'Abbayes, Prieurés, &c. faites pendant son Episcopat, & tout de suite leur histoire complete jusqu'à son temps. Celle de l'Abbaye d'Alméneches étoit fort avancée lorsque Prouvere mourut, & il en étoit à Jacqueline Heudé, dix-huitième Abbesse. On chercha inutilement dans ses papiers de quoi remplir les lacunes de son Ouvrage : tout ce que l'on put faire fut de rassembler quelques Notes sur chaque Evêque, depuis Yves de Belleme. Ces Notes forment comme un Abrégé de l'Histoire des Evêques. J'ignore le nom du Collecteur : c'est sans doute de lui dont est le style ; le Latin en est bien inférieur à celui de Prouvere. M. le Frou, Curé de S. Gervais de Séez, mort depuis quelques années, possédoit un exemplaire de cet Ouvrage, qui me paroit l'original. J'ai une Traduction de la partie qui vient jusqu'à Yves de Belleme. *M. Odolant Desnos.*]

9961. ☞ Mf. Mémoires pour servir à l'Histoire Ecclésiastique & Civile du Diocèse de Séez ; par M. CALIMAS, Curé de Courthomer : *in-4.* 2 vol.

Cet Ouvrage étoit muni d'Approbation, & prêt à être imprimé, lorsque l'Auteur mourut en 1756 ou 1757. Son Manuscrit est conservé dans l'Abbaye de saint Martin de Séez. L'Ouvrage est divisé en deux parties, précédées d'une Epître Dédicatoire à M. de Neel, actuellement Evêque. La première partie contient les actions des Evêques & des Seigneurs, ainsi que les principaux événemens auxquels ils ont eu part, c'est-à-dire l'Histoire générale du Diocèse. On trouve à la suite quelques Dissertations, entre autres une sur l'Abbaye d'Alméneches, où l'Auteur examine six questions : 1.° où étoit placé le Monastère de sainte Opportune : 2.° s'il étoit différent de celui de sainte Lantilde, qui s'appelloit Almeneches : 3.° s'il étoit éloigné de cet autre Monastère : 4.° en quel siècle ces Monastères ont été fondés : 5.° quand ils ont été détruits : 6.° pourquoi le lieu où étoit bâti le petit Monastère de sainte Opportune a pris le nom d'Almeneches. Dans la seconde Partie, l'Auteur fait par ordre des Archidiaconés & Doyennés du Diocèse, la Description des Villes, des Abbayes, des Communautés Religieuses, & leur Histoire particulière. Il donne les noms François & Latins de chaque Paroisse, les noms des Seigneurs, quand il les connoît, & ceux des gros Décimateurs.

L'Auteur auroit eu besoin, pour sa seconde Partie, de Mémoires plus étendus : en général, son Ouvrage est beaucoup moins chargé de Chartes & de remarques sçavantes, que l'auroit été celui de Simon Prouvere. Il paroit que M. Calimas n'a eu aucune connoissance de celui-ci ; mais il a sçu tirer un grand profit des découvertes & des recherches de l'Abbé du Moulinet dits Tuilleries, sur le Diocèse de Séez. On a prétendu que celui-ci avoit composé une Histoire complete de ce Diocèse, qui est perdue : j'ai eu recours à ses héritiers, & j'ai fait agir des personnes à qui ils ne pouvoient rien refuser ; ils ont répondu que tous les papiers de leur oncle avoient été brûlés. M. l'Abbé Lebeuf avoit l'exemplaire du Dictionnaire de la France (imprimé chez Saugrain) qui avoit appartenu à l'Abbé des Tuilleries, & qui étoit chargé de corrections & d'additions manuscrites, pour un grand nombre d'articles du Diocèse de Séez, & du reste de la Normandie. *M. Odolant Desnos.*]

9962. ☞ Factum pour les sieurs Prévôt, Dignités & Chapitre de l'Eglise de Séez, contre M° Claude le Noir, Curé de Saint-Ouen de la même Ville : *in-4.* 36 pages.

Ce Mémoire parut au commencement de ce siècle, dans un Procès que ce Curé suscita au Chapitre. Il est très-intéressant pour l'Histoire de Séez, étant presque entièrement historique. Le Chapitre y prouve l'authenticité d'une Charte par laquelle Guillaume de Bellesme donna vers l'an 1022, à l'Evêque de Séez, la Ville de Séez, ou plutôt une partie de cette Ville. On entre à ce sujet dans la discussion de plusieurs autres Titres, & de beaucoup de faits historiques. On y fait voir en particulier, que depuis cette donation, la plus ancienne qui soit conservée dans le Chartrier de l'Evêché, les Evêques ont toujours été en possession d'une partie de la Seigneurie de Séez.]

9963. ☞ Le Droit du Roi, en trois parties : *in-4.*

Elles ont paru en différens temps. La première contient onze pages, la seconde, soixante-quatre, & la troisième quarante-quatre. Elles furent publiées par Charles d'Angennes, Seigneur de Fontaineriau, qui avoit été nommé Gouverneur de la Ville de Séez, le 27 Novembre 1677. M. de Forcoal, alors Evêque, lui disputa ce titre, & prétendit qu'il étoit attaché à son Evêché : il publia de son côté les deux Ecrits suivans.]

9964. ☞ Mémoire pour Messire Jean de Forcoal, servant de Réponse à l'Ecrit du sieur d'Angennes : *in-4.*]

9965. ☞ Inventaire de M. l'Evêque de Séez : *in-4.*]

9966. ☞ Mémoires pour servir à l'Histoire de l'Eglise de Séez : *in-4.* 37 pages, sans nom d'Imprimeur.

Cet Ecrit a été composé en 1763 ou 1764, à l'occasion de quelque différend que M. l'Evêque de Séez, (Néel de Cristot) a actuellement. On y apprend les arrangemens que les héritiers d'un grand nombre d'Evêques ont pris avec leurs successeurs, pour les réparations de l'Eglise Cathédrale, & qu'il y avoit anciennement à Séez, dans cette Eglise, une Confrairie sous le nom de S. Gervais, qui produisoit des sommes considérables, lesquelles étoient employées aux réparations de la Cathédrale.]

9967. ☞ Requêtes (au nombre de quatre) du Théologal de Séez, Jean LE NOIR, contre Monseigneur l'Evêque de Séez (de Medavy) accusé, par ledit Théologal, d'avoir publié des Ecrits imprimés hérétiques, & d'avoir transféré la Jurisdiction Ecclésiastique aux Juges Séculiers ; à Monseigneur l'Illustrissime & Religiosissime Archevêque de Rouen, des 11 & 12 Février, 8 & 15 Mars 1670 : *in-fol.* = Raisons de l'Appel interjetté, par le même, le 19 Mars : *in-fol.* 200 pag.

On trouve dans ces Pièces nombre de particularités concernant l'Histoire du Diocèse de Séez. Il parut ensuite plusieurs libelles contre l'Evêque de Séez, nommé à l'Archevêché de Rouen, & contre M. de Harlay, qui fut transféré de Rouen à Paris, dans le détail desquels nous ne pouvons entrer. On peut voir l'Histoire abrégée de Jean le Noir, *pag.* 12, de la première partie des *Anecdotes Ecclésiastiques de Rouen*, ci-devant, N.° 9889.]

9968. De sancto Latuino, nomen, cultus, vita incerta.

Cette Vie est imprimée dans le *Recueil* de Bollandus, au 20 de Juin.

9969. Vie & Miracles de S. Lain, traduits du Latin en vieilles rimes Françoises ; par Jean LE ROY, Curé d'Escrou : *Paris*, Trepperel, *in-4.* [vers l'an 1500.]

9970. De sancto Alnoberto, seu Annoberto ; auctore Godefrido HENSCHENIO, è Societate Jesu.

Ceci est imprimé dans le *Recueil* de Bollandus, au 6 de Mai.

9971. Vies des Saints Latuin, Sigibolde, Landry, Milhard, Annobert, Lohier, Godegrand & Hadelin, Evêques de Séez.

Ces Vies sont imprimées dans le *Propre des Saints de l'Eglise de Séez* : Alenconii, de la Mothe, 1680, *in-12.*

9972. ☞ Vita sancti Chrodegandi ; auctore HERARDO, Archiepiscopo Turonensi, & Commentarius Joannis STILTINGI, è Soc. Jesu.

Dans le *Recueil* de Bollandus, au 3 Septembre. Ce Saint fut tué vers l'an 770. *Voyez* sur sa Vie l'Avertissement du tom. X. de l'*Hist. Littér. de la France, p.* xlvij.]

9973. ☞ Mandement de M. l'Evêque de Séez (Louis-François NEEL DE CRISTOT) pour la Translation des Reliques de saint Godegrand, Evêque de Séez & Martyr : *Séez*, Briard, 1733, *in-4.* 18 pages.

On trouve dans ce Mandement l'Histoire de la découverte de ces Reliques à Beaumont-lès-Randan, dans le Diocèse de Clermont en Auvergne, par M. PHELIBÉE, Prévôt de la Cathédrale de Séez, neveu du Curé de la Paroisse de Beaumont ; & les moyens qu'on a mis en usage pour les obtenir. A la fin du Mandement sont les Pièces justificatives de l'authenticité de ces Reliques. Il fut attaqué par la Lettre qui suit.]

9974. ☞ Réponse d'un Docteur à la Lettre de M***, au sujet de la prétendue Relique de S. Godegrand : (1735.)

Elle parut sans nom d'Imprimeur, & on l'attribua à M. EROUARD, l'un des Archidiacres de Séez.]

9975. ☞ Lettre Pastorale de M. l'Evêque de Séez, contre le Libelle (précédent) : *Séez*, Briard, 1736, *in-4.* 19 pages.

Il s'y propose de prouver deux choses ; la première, que les Reliques en question sont dignes d'être exposées à la vénération des fidèles ; la seconde, que ce sont celles de saint Godegrand.]

9976. ☞ Lettre d'une Dame à M. Phelibée : *in-4.* 4 pages.

C'est une Réponse à la Lettre Pastorale.]

9977. ☞ Histoire de la Vie & des Ecrits d'Adelhelme ; par Dom Antoine RIVET, Bénédictin.

Dans l'*Hist. Littér. de la France*, tom. VI. pag. 130. Cet Evêque est mort vers l'an 910.]

9978. ☞ Histoire de Serlon.

Dans la continuation du même Ouvrage, au tom. X. pag. 341. Cet Evêque est mort en 1122.]

9979. Oraison funèbre de Louis du Moulinet ; par Claude DE MORENNE, son successeur : *Paris*, 1605, *in-8.*

M. Du Moulinet est mort en 1601, & M. de Morenne en 1606.]

9980. Oraison funèbre de Mathurin Savari ; par MOREL, Docteur en Théologie : [*Paris*] 1699, *in-4.*

Cet Evêque est mort en 1698.

9981. Oraison funèbre de Louis d'Acquin ; par BENOIST de Rouen, Capucin d'Alençon, seconde Edition : *Alençon*, Angureau, 1711, *in-8.*

Cet Evêque est mort en 1710.

9982. ☞ Ms. Mémoires pour servir à l'Histoire de la Vie de M. d'Acquin.

M. Sannegon, Curé de Nuilly, au Diocèse de Séez, fort habile dans l'Histoire du Pays, mort depuis quelques années, en avoit un exemplaire. On croit que ces Mémoires ont été dressés par un Ecclésiastique de Mortagne au Perche.]

9983. ☞ Mſ. Abrégé de la Vie de Jacques-Charles Alexandre Laſlemant, Evêque de Séez, (mort à Paris, en 1740.)

On l'attribue à M. DADIN, Grand - Vicaire. Outre l'exemplaire qui eſt entre ſes mains, il y en avoit un autre dans le Cabinet de M. Lallemant de Levignen, ancien Intendant de la Généralité d'Alençon, frère de l'Evêque.]

Hiſtoires de l'Evêché de Liſieux.

9984. ☞ Series & Hiſtoria Epiſcoporum Lexovienſium.

Dans le *Gallia Chriſtiana* des Bénédictins, tom. XI. pag. 763-810, & les *Preuves* à la fin, pag. 199.]

9985. Mſ. Lexoviorum, qui reperiri potuerunt, Epiſcoporum Nomenclatura, Notis illuſtrata à Joanne PICARDO, Bellovæo, Canonico Regulari ſancti Victoris ad Pariſios, & Decano anno 1609: *in-fol.*

Cette Nomenclature eſt conſervée entre les Manuſcrits de M. Fouquet, Secrétaire du Roi. Cet Auteur eſt mort en 1615.

9986. Mſ. Series Epiſcoporum Lexovienſium quam ordinavit Petrus DE GLATIGNY, Lexovienſis, Presbyter Congregationis Oratorii D. N. J. C. anno 1647.

Gilles-André de la Roque en cite un Fragment dans le tom. I. des *Preuves de l'Hiſtoire généalogique de la Maiſon de Harcourt,* pag. 568.

9987. ☞ Hiſtoire de la Vie & des Ecrits de Fréculfe; par Dom Antoine RIVET, Bénédictin.

Dans l'*Hiſt. Littér. de la France,* tom. V. pag. 77. Cet Evêque eſt mort vers l'an 850.]

9988. ☞ Hiſtoire de la Vie & des Ouvrages d'Arnoul, Evêque de Liſieux; par Dom Remi CEILLIER, Bénédictin.

Dans l'*Hiſt. des Auteurs Eccléſiaſtiques,* tom. XXIII. pag. 311. Cet Evêque vivoit dans le XIIᵉ ſiècle.]

9989. ☞ Eclairciſſement du P. (Matthieu) TEXTE, Dominicain, au ſujet de la Profeſſion Religieuſe de Jean Hennuyer, Evêque & Comte de Liſieux en 1559. *Mercure,* 1741, *Octobre, pag.* 2003-2018.]

9990. ☞ Réponſe à la Diſſertation précédente; (par feu M. l'Abbé PREVOST, Chanoine de S. Germain-l'Auxerrois, puis de Notre-Dame de Paris:) *Mercure,* 1742, *Octobre, pag.* 2129-2172.

Voyez encore le Moréri de 1759.]

9991. ☞ Lettre au ſujet d'une action héroïque de charité de Jean Hennuyer, Evêque & Comte de Liſieux, en faveur des Huguenots de ſon Diocèſe: *Mercure,* 1746, *Juin,* 1 vol. pag. 59-80.]

Réponſe à cette Lettre: *Ibid.* 1746, *Décembre,* 1 vol. pag. 20-37.

9992. Relation véritable de la mort de Guillaume du Vair, Garde des Sceaux de France; enſemble ſes dernières paroles, & celles que le Roi lui a dites ſur ſon trépas: *Paris,* Saugrain, 1621, *in-*8.

9993. Diſcours funèbre du même; par Etienne MOLINIER: *Paris,* 1621, *in-*8.

9994. Eloge hiſtorique du même; par Charles PERRAULT.

Cet Eloge eſt imprimé dans ſon *Recueil des Eloges des Hommes illuſtres,* tom. I. pag. 31 : *Paris,* 1699, *in-fol.*

9995. ☞ Hiſtoire de la Vie & des Ouvrages du même; (par Jean-Bernard MICHAULT.)

Dans les *Mémoires* du Père Niceron, tom. XLIII. pag. 114-164.]

9996. Oraiſon funèbre de Philippe Coſpean; par David DE LA VIGNE: *Paris,* 1646, *in-*4.

Cet Evêque eſt mort en 1646.

9997. Le Prélat accompli, ou la Vie du même: *Saumur,* Leſnier, 1646, *in-*4.

Cette Vie a été écrite par René LE MÉE, Cordelier.

Hiſtoires de l'Évêché de Coûtances.

9998. ☞ Series & Hiſtoria Epiſcoporum Conſtantienſium.

Dans le *Gallia Chriſtiana* des Bénédictins, tom. XI. pag. 864-909, & les *Preuves* à la fin, pag. 217.]

9999. Hiſtoire des Evêques de Coutances; par Touſſaints de BILLY, Curé du Meſnil-au-Parc.

Cette Hiſtoire eſt citée par Malleville, au tom. I. de ſon *Hiſtoire de Normandie,* pag. 450.

10000. ☞ Abrégé de la Vie des Evêques de Coutances, depuis ſaint Ereptiole, premier Apôtre du Côtentin, juſqu'à M. Léonor Gouyon de Matignon; avec un Catalogue des Archevêques de Rouen, & tous les Evêques de Normandie, les années de leur promotion, & leur mort; (par M. LE ROUAULT, Curé de Saint-Pair:) *Coûtances,* 1742, *in-*12.]

10001. ☞ Obſervations de M. L...... ſur l'Abrégé de la Vie des Evêques de Coutances: *Mercure,* 1743, *Août, pag.* 1734-1742.]

10002. ☞ De ſancto Laudo, vel Lautone, Commentarius Conſtantini SUYSKENI, è Societate Jeſu.

Dans le *Recueil* de Bollandus, au 22 de Septembre.]

10003. Vie de S. Lo; par Adrien BAILLET.

Cette Vie eſt imprimée dans ſon *Recueil des Vies des Saints,* au 20 de Septembre. Ce Saint eſt mort après l'an 563.

10004. Hiſtoria Richardi Longolii, Cardinalis; auctore Ludovico Donio D'ATTICHY.

Cette Hiſtoire eſt imprimée au tom. II. des *Fleurs de l'Hiſtoire des Cardinaux,* pag. 239 : *Pariſiis,* 1660, *in-fol.*

10005. Relation des cérémonies obſervées à l'Entrée de Claude Auvry, prenant poſſeſſion de l'Evêché de Coutances, le 15 de Septembre 1647; par MOREL, Conſeiller au Préſidial: *Coutances,* 1647, *in-*4.

Métropole de Sens, & ses Suffragans.

10006. Oraison funèbre du même ; par P. DE BLANGER, Vicaire-Général & Official de Coutances ; *Coutances*, 1687, *in-4*.

§. XX.
Histoires de la Métropole de Sens & de ses Suffragans.

Histoires de l'Archevêché de Sens.

10007. ☞ **Series** & Historia Archiepiscoporum Senonensium.

Dans le *Gallia Christiana* des Bénédictins, *tom. XII. pag.* 1-107, & les Pièces, à la fin, *pag.* 1-98, & 359-370.]

10008. Senonenses Archiepiscopi.

Ce Catalogue des Archevêques de Sens est conservé dans la Bibliothèque [du Roi, Manuscrits] de M. Colbert, num. 1223.

— ODORANNI, Monachi sancti Petri vivi Senonensis, Chronicon ab anno 675 ad annum 1032.

Voyez ci-après, *Règne de Henri I.*

— Chronicon Monasterii sancti Petri Vivi Senonensis, ab anno Domini circiter 400 ad annum 1109.

Voyez Abb. de S. Pierre-le-Vif, *Ordre de S. Benoît.*

10009. Mss. Chronicon Senonense usque ad annum 1179.

Cette Chronique est citée par Besly, à la *pag.* 394 de son *Histoire des Comtes de Poitou*: Paris, 1647, *in-fol.*

— Chronicon sancti Petri Senonensis, ab anno 442 ad annum 1184 ; auctore CLARIO, Monacho ejus Cœnobii.

Voyez ci-après, *Règne de Philippe Auguste.*

— Breve Chronicon Senonense sanctæ Columbæ, ab anno 708 ad annum 1193.

Voyez le même Règne.

— Mss. Chronicon, à Christo nato ad annum 1200 ; auctore Monacho sanctæ Columbæ.

Voyez Ibid.

— Chronicon Autissiodorense, ab origine Mundi ad annum Christi 1211, cum Appendice ad annum 1223.

Voyez Ibid.

Cette Chronique traite plus de l'Histoire de Sens que de celle d'Auxerre. L'Auteur est bon pour son temps.

— Mss. Chronicon Senonense, ab anno 708 ad annum 1201.

Voyez Ibid.

10010. Mss. Chronicon Senonense, ab anno 998 ad annum 1267.

10011. Mss. Libellus Gaufredi DE COLLONE, Monachi sancti Petri vivi Senonensis, super Nominibus, Actibus & Sepulcris Senonensium Archiepiscoporum, à Christo nato ad annum 1295 : *in-fol.*

[*Voyez* Singular. histori*q*. de D. Liron, *t. III. p.* 474.]

10012. Mss. Compendium de gestis eorumdem, usque ad annum 1390.

10013. Mss. Chronicon Senonense, ab anno Domini 35 ad annum 1429.

Ces quatre Manuscrits étoient conservés dans la Bibliothèque de M. Colbert, entre ceux de Du Chesne, [& sont aujourd'hui à la Bibliothèque du Roi.]

10014. Mss. Historia Archiepiscoporum & aliorum Virorum illustrium Diœcesis Senonensis, quam collegit & scripsit Petrus BURETEAU, Monachus Cœlestinus Senonensis, (usque ad annum 1520 :) *in-fol.*

Cette Histoire est conservée dans la Bibliothèque des Célestins de Sens.

L'Auteur déclare dans un Avis, qui est sur la couverture en-dedans de ce volume, qu'il n'a fait que transcrire ce qu'il a trouvé, & qu'il n'a pas eu le temps de le revoir, parcequ'il fut envoyé à Rouen. Il y fait paroître trop de crédulité. Il y a peu de choix, & peu de critique. Il s'est souvent mépris dans les Vies des premiers Evêques de Sens, qu'il fait contemporains de saint Pierre, ainsi que les Auteurs qui l'ont précédé ; ce qui fait voir qu'il ne peut être utile que pour son temps. Plusieurs autres Auteurs y ont ajouté la suite des Evêques de la Province, & des Abbés qui ont possédé les Abbayes des Fauxbourgs & proche de la Ville de Sens.

10015. Mss. Fasciculus Archiepiscoporum Senonensis Civitatis Metropolitanæ, incipiens à beato Saviniano primo illius Archipræsule, usque ad præsentem annum 1552 ; auctore Petro COQUINO, Pastore Salignii propè Senonas : *in-12.*

Cet Ouvrage est dans la Bibliothèque de l'Abbaye de saint Pierre-le-Vif, à Sens. L'Auteur a dédié son Histoire à Nicolas Marthre, Secrétaire du Cardinal de Bourbon, depuis Doyen de Sens, mort en 1554. Mais l'Auteur l'a continuée depuis jusqu'en 1557. Il est assez exact pour les derniers siècles : il suit pas à pas ceux qui l'ont précédé.

10016. Mss. Nomina, tempora & Vitæ Archiepiscoporum Senonensium : *in-fol.*

✶ Cet Ouvrage est cité dans le *Catalogue des Manuscrits* de M. de Thou, *pag.* 426.

10017. Mss. Urbani REVERSY, Præcentoris Ecclesiæ Senonensis, Opus de Episcopis Senonensibus, seu Annales Ecclesiæ Senonensis usque ad annum 1558 : *in-fol.* 7 vol.

Cet Auteur a été fait Préchantre de Sens en 1549, & est mort en 1560. Son Ouvrage est cité dans le *Catalogue des Manuscrits* de M. de Thou, *pag.* 464.

10018. Mss. Compendium de gestis Archiepiscoporum Senonensium usque ad Nicolaum Pelvé, sive ad annum 1563 : *in-fol.*

Nicolas Pelvé a été nommé Archevêque de Sens en 1563, & Cardinal en 1570. Il est mort en 1594. Cet Abregé étoit conservé dans la Bibliothèque de M. Colbert, entre les Manuscrits de Du Chesne, [aujourd'hui à la Bibliothèque du Roi.]

10019. Senonensium Archiepiscoporum Vitæ, Actusque variis è locis collecti ; à Jacobo TAVELLO, Senonensi Jurisconsulto : *Senonis*, Nyvert, 1608, *in-4.*

TAVEAU, Avocat, est mort en 1614. Il avoit conduit cette Histoire jusqu'en 1578. Son style est clair & net ; mais pour lui il n'est pas exact dans les dates, ce qui étoit le défaut de son temps. Son Histoire a été commentée, ou plutôt enrichie d'un très-grand nombre de Notes, par Hierôme MAULMIRAY, ancien Conseiller au Présididial de Sens, mort en 1650. Ce Commentaire est très-exact, & plus curieux que l'Ouvrage de Taveau. Il est entre les mains de M. l'Archer son petit-fils, Avocat à Sens.

Ce Livre de Taveau, avec des Notes manuscrites de François Juret, est aussi dans la Bibliothèque de M. le Président Bouhier, à Dijon.

☞ *Voyez* ce qui est dit de cet Auteur & de son Ouvrage, dans la *Bibliothèque des Ecrivains de Bourgogne*, *pag.* 359.]

10020. Mf. Abrégé des Vies des Archevêques de Sens, jusqu'en 1613 : *in-4.*

Cet Abrégé, qui a été fait en 1613, n'est qu'une copie des Auteurs Latins qui avoient écrit sur ce sujet. Il est bon pour ce qui s'est passé du temps de l'Auteur. Il est entre les mains de M. Farinade, Procureur au Bailliage de Sens.

10021. Mf. Histoire des Archevêques de Sens, jusqu'en 1617; par Nicolas Milachon, Curé de Fouchères, dans le Diocèse de Sens.

L'Original est conservé dans le Cabinet de M. Fenel, Doyen de Sens, qui m'a communiqué les Remarques précédentes & quelques-unes des suivantes. Milachon est mort en 1645.

10022. Catalogus Archiepiscoporum Senonensium, ad fontes Historiæ noviter accuratus; auctore Hugone Mathou, Benedictino, è Congregatione sancti Mauri.

Cet Auteur est mort en 1705. Son Catalogue est imprimé avec son Traité intitulé : *De vera Senonensium Origine Christiana : Parisiis*, Langronne, 1688, *in-4.* Il n'a pas toujours gardé assez d'ordre dans son Ouvrage, où il lui est échappé quelques fautes grossières. Il se sert quelquefois de la critique; mais il n'en fait pas tout l'usage qu'il en eût pu en faire. Son style est obscur & affecté. Enfin son Livre ne peut donner qu'une légère teinture de l'Histoire des Archevêques de Sens.

☞ *Voyez* le *Journ. des Sçav.* Juillet, 1688. = *Journal de Leipsick, Supplém. I. pag.* 386.]

10023. Mf. Mémoires pour servir à l'Histoire des Archevêques de Sens, jusqu'en 1716; par Charles-Maurice Fenel, Doyen de l'Eglise Métropolitaine de Sens : *in-fol.* 3 vol. dont le dernier contient les Preuves.

M. Fenel, par modestie, n'a donné à son Ouvrage que le titre de Mémoires, quoiqu'il les ait travaillés avec soin sur un grand nombre d'Auteurs manuscrits & autres, & sur des Chartes originales. Il suit ceux qui ont écrit avant lui, mais sans trop s'y attacher; & il réfute souvent les faits qu'ils ont avancés, en rapportant les Titres anciens qui les contredisent. Il s'est attaché à une exacte Chronologie. Comme plusieurs Prélats de cette Eglise, qui a été long-temps la Métropole de la Cour, ont eu un mérite distingué, qu'ils ont rempli des postes considérables à la Cour, & qu'ils ont eu part à beaucoup de grands événemens, l'Auteur a cru qu'il devoit, pour rendre son Ouvrage plus complet, y mêler ce qu'il a jugé nécessaire, soit de l'Histoire de France, soit des circonstances les plus intéressantes de l'Histoire Ecclésiastique, sur-tout celles où ces Prélats ont eu part, afin de rendre son Histoire plus utile & plus agréable.

☞ L'Auteur en mourant a laissé ces Mémoires à son neveu, M. Maçon, Chanoine de Sens, qui en a fait part aux Bénédictins, pour leur *Gallia Christiana*.]

10024. La Sénonoise au Roi, sur le démembrement de son Archevêché; par Daniel Baltazar, Sieur de Malherbe, Sénonois: *Paris*, 1625, *in-4.*

10025. Senonensis Ecclesiæ Querela de Primatu Galliarum adversùs Lugdunensem, & de Jure Metropolitano adversùs Parisiensem; auctore Joanne Baptista Driot, Doctore Theologiæ & Decano Braienci : *Senonis*, Prussurot, 1652, *in-8.*

Cet Auteur est mort en 1673.

10026. Recueil de Pièces produites au Procès de Louis-Henri de Gondrin, Archevêque de Sens, contre les Doyen, Chanoines & Chapitre de l'Eglise Métropolitaine de Sens : *Paris*, 1669-1670, *in-4.*

☞ Ces Pièces sont :

1. Factum de M. de Gondrin, pour servir de réponse à l'Inventaire de production & aux Contredits du Chapitre de Sens : 1664, *in-4.*

2. Inventaire des Pièces produites par le même M. de Gondrin, contre ledit Chapitre de Sens: *in-4.*

3. Contredits de M. l'Archevêque de Sens, contre la Production de son Chapitre, pour soutenir l'Exemption: *Paris*, Léonard, 1670, *in-4.*

4. Salvations de M. l'Archevêque de Sens, aux Contredits du Chapitre, avec ces mêmes Contredits du Chapitre contre la Production de M. l'Archevêque de Sens: *in-4.*

5. Mémoire touchant la prétendue prescription alléguée par le Chapitre de Sens : *in-4.*

6. Second Mémoire, où l'on examine cette maxime avancée par le Chapitre de Sens dans son Inventaire : *Tout ce qui est concessible, est prescriptible* : *in-4.*

7. Troisième Mémoire, par lequel on fait voir que le Chapitre de Sens n'a aucun titre légitime & canonique d'Exemption : *in-4.*

8. Quatrième Mémoire, où l'on montre que le Chapitre de Sens ne sçauroit prétendre de possession d'Exemption paisible & non interrompue : *in-4.*

9. Cinquième Mémoire, où l'on répond à la Table que le Chapitre a fait imprimer des Titres de son Exemption prétendue : *in-4.*

10. Mémoire pour servir au Procès pendant au Parlement, entre M. de Gondrin & le Chapitre de Sens: *Paris*, Leonard, 1670, *in-4.*

11. Extraits du Concile de Constance & de la Pragmatique Sanction, pour justifier que l'Exemption du Chapitre de Sens par la Bulle de Clément VII, de 1390, a été révoquée, & que le Décret de révocation a été reçu en France : *in-4.*

12. Remarques sur la prétendue Bulle de Clément VII, qui est l'unique fondement de l'Exemption prétendue du Chapitre de Sens : *in-4.*

13. Arrêt de la Cour de Parlement, pour M. l'Archevêque de Sens, contre les prétentions du Chapitre de ladite Eglise, du 2 Septembre 1670 : *Paris*, Léonard, 1670, *in-4.*

14. Factum pour le Chapitre de Sens, contre M. de Gondrin, *in-4.*

15. Contredits de production du Chapitre de Sens, contre M. de Gondrin, &c. *in-4.*

16. Factum pour le Chapitre de Sens, pour répondre à celui de M. l'Archevêque : *Paris*, Nego, *in-4.*

17. Production nouvelle du Chapitre de Sens, pour justifier son Exemption & sa sujettion immédiate au saint Siège avant le décès de Grégoire XI, *in-4.*

18. Arrêt du Parlement, portant homologation du premier Concordat fait entre Guillaume des Dormans, Archevêque de Sens, & le Chapitre, avec Actes, Concordats, &c. *in-4.*]

10027. Factum pour les Doyen, Chanoines & Chapitre de l'Eglise de Sens, pour servir de Réponse à celui de l'Archevêque de Sens, avec d'autres Pièces : *Paris*, 1669, *in-4.*

Métropole de Sens, & ses Suffragans.

10028. Sur la même Affaire, pour le Chapitre : *Paris*, 1670, *in*-4.

10029. Arrêts du Conseil d'État, qui confirment les Arrêts du Parlement que l'Archevêque de Sens a obtenus pour remettre le Chapitre de son Eglise Métropolitaine sous sa Jurisdiction : *Sens*, 1671, *in*-4.

10030. ☞ Recueil de Pièces concernant le différend entre M. de Gondrin, Archevêque de Sens, les Jésuites, & quelques Religieux du Diocèse : *in*-4.]

10031. Acta sanctorum Saviniani & Potentiani Martyrum.

Ces Actes sont imprimés dans le *Recueil des Vies des Sains* de Mombritius. Ils sont visiblement supposés & remplis de choses insoutenables. Ces Saints ont souffert le martyre dans le IIIe siècle.

[10032. L'Idée des bons Prélats, & la Vie de saint Savinien & de ses Compagnons ; par Etienne BINET, Jésuite : *Paris*, 1629, *in*-12.

10033. Vies de saint Savinien & de saint Potentien, Martyrs à Sens; par François GIRY.

Ces Vies sont imprimées dans son *Recueil des Vies des Saints*, au 31 de Décembre.

10034. Vies des mêmes ; par Adrien BAILLET.

Ces Vies sont imprimées dans son *Recueil des Vies des Saints*, au même jour.

10035. ☞ De sancto Ursicino, Animadversiones Jo. Bapt. SOLLERII, è Soc. Jesu.

Dans le *Recueil* de Bollandus, au 24 de Juillet. Ce Saint est mort vers l'an 380.]

10036. ☞ De sancto Ambrosio, Sylloge Joannis STILTINGI, è Societate Jesu.

Dans le *Recueil* précédent, au 3 de Septembre. Ce Saint est mort vers l'an 435.]

10037. De sancto Agricio, Sylloge Godefridi HENSCHENII, Societatis Jesu.

Cette Collection est imprimée dans le *Recueil* précédent, au 13 de Juin. Ce Saint est mort en 487.

10038. Vita sancti Heraclii, cum Commentario prævio Godefridi HENSCHENII.

Cette Vie est imprimée dans le *Recueil* précédent, au 8 de Juin. Ce Saint a vécu vers l'an 522.

10039. ☞ De sancto Paulo, Appendix Jo. Bapt. SOLLERII, è Societate Jesu.

Dans le même *Recueil*, au 9 de Juillet. Ce Saint étoit frère de saint Héraclius, & fut son successeur : il mourut avant l'année 533.]

10040. De sancto Leone; Notæ historicæ Godefridi HENSCHENII, è Societate Jesu.

Cette Vie est imprimée dans le même *Recueil*, au 22 d'Avril. Ce Saint est mort en 540.

10041. ☞ Histoire de saint Léon ; par Dom Antoine RIVET, Bénédictin.

Dans l'*Hist. Littér. de la France*, tom. III. pag. 244.]

10042. De sancto Arthemio Notæ historicæ.

Ces Notes sont imprimées dans le *Recueil* de Bollandus, au 28 d'Avril. Ce Saint a vécu sur la fin du VIe siècle.

10043. Vita sancti Lupi.

Cette Vie est imprimée dans le *Recueil* de Surius, au premier de Septembre. Elle est d'un Auteur Inconnu, qui a vécu dans le IXe siècle, & qui a été assez bien informé sur plusieurs faits. Elle est d'une autorité incertaine. Ce Saint est mort en 623.

10044. ☞ Eadem, cum Commentario Joannis VELDII, è Societate Jesu.

Dans le *Recueil* de Bollandus, au 1 de Septembre. On peut voir dans l'Avertissement du tom. X. de l'*Histoire Littér. de la France*, quelques Remarques sur saint Leu ou Loup, pag. xxvii.]

10045. Vie de S. Loup ; par François GIRY.

Cette Vie est imprimée dans son *Recueil des Vies des Saints*, au même jour.

10046. Vie du même ; par Adrien BAILLET.

Cette Vie est imprimée dans son *Recueil des Vies des Saints*, au même jour.

10047. Vita sancti Gundelberti, ex Episcopo Senonensi Abbatis Vallis Galileæ, in Vosago ; ex Chronico Senoniensi RICHERII, Monachi.

Cette Vie est imprimée au tom. IV. des *Actes des Saints de l'Ordre de S. Benoît*, pag. 468. Ce Saint est mort vers l'an 675, & Richer a vécu vers l'an 950.

10048. De eodem Sancto, Fundatore Monasterii Senoniensis Commentarius, historicus Godefridi HENSCHENII, è Soc. Jesu.

Ces Mémoires sont imprimés dans le *Recueil* de Bollandus, au 21 de Février.

10049. Vita sancti Amati.

Cette Vie est imprimée dans le *Recueil* de Surius, au 13 de Septembre. Elle est fort courte, & n'est pas excellente. Ce Saint est mort en 690.

10050. ☞ Eadem, cum Commentario Joannis PERIERI, è Societate Jesu.

Dans le *Recueil* de Bollandus, au 13 Septembre.]

10051. ☞ Lettre de M. l'Abbé (Jean) LEBEUF, sur saint Amé : *Mém. de Trévoux*, 1753, *Juin*, pag. 1338-1342.

L'Auteur y prétend que S. Amé étoit Évêque de Sion en Valais, & non pas de Sens. *Voyez* sus ces deux opinions, les *Mém. de Trévoux*, 1753, *Nov.* pag. 2658, & 1754, *Mai*, pag. 1235.]

10052. Vie de S. Aimé ; par François GIRY.

Cette Vie est imprimée dans son *Recueil des Vies des Saints*, au même jour.

10053. Vie du même ; par Adrien BAILLET.

Cette Vie est imprimée dans son *Recueil des Vies des Saints*, au même jour.

10054. Vita sancti Vulframni ; auctore JONA, Monacho Fontanellensi, deinde interpolata, cum Commentario prævio.

Cette Vie est imprimée dans le *Recueil* de Bollandus, au 20 de Mars, & au tom. III. des *Actes des Saints de l'Ordre de saint Benoît*, pag. 355. Ce Saint est mort l'an 720, & Jonas a fleuri l'an 719.

Eadem, ex triplici editione, Suriana, Henscheniana, purgata mendis & interpolationibus.

Cette Vie est imprimée dans le Cointe, au tom. IV. de ses *Annales de l'Eglise de France*, sous l'année 704, nombre 34.

10055. Vie de S. Vulfran ; par François GIRY.

Cette Vie est imprimée dans son *Recueil des Vies des Saints*, au 20 de Mars.

10056. Vie du même; par Adrien BAILLET.

Cette Vie est imprimée dans son *Recueil des Vies des Saints*, au même jour.

10057. Vita sancti Ebbonis; auctore anonymo.

Cette Vie est imprimée au tom. II. des *Actes des Saints de l'Ordre de saint Benoît*, pag. 647. Ce Saint est mort vers l'an 742.

10058. ☞ Eadem Vita & beati Gerici, Guerici vel Goërici; cum Commentario Joannis STILTINGI, è Societate Jesu.

Dans le *Recueil* de Bollandus, au 17 d'Août.]

10059. Vie de saint Ebbes ou Ebbon; par Adrien BAILLET.

Cette Vie est imprimée dans son *Recueil des Vies des Saints*, au même jour.

10060. ☞ Histoire de la Vie & des Ouvrages de Magnon, ou Magnus; par D. Antoine RIVET, Bénédictin.

Dans l'*Hist. Littér. de la France*, tom. *IV*. pag. 426. Cet Archevêque est mort vers l'an 820.]

10061. Vita sancti Aldrici; auctore Monacho Ferrariensi.

Cette Vie est imprimée au tom. V. des *Actes des Saints de l'Ordre de saint Benoît*, pag. 556.

Eadem, cum Commentario Godefridi HENSCHENII.

Dans le *Recueil* de Bollandus, au 6 de Juin, *pag.* 751. Ce Saint est mort en 840. Sa Vie, quoiqu'elle soit du XIe siècle, a de l'autorité.

10062. Vie de saint Audry; par Adrien BAILLET.

Cette Vie est imprimée dans son *Recueil des Vies des Saints*, au 10 d'Octobre.

10063. ☞ Histoire de la Vie & des Ouvrages d'Aldric; par Dom ANTOINE RIVET, Bénédictin.

Dans l'*Hist. Littér. de la France*, tom. *IV*. pag. 529.]

10064. Elogium historicum venerabilis Egilis seu Egilonis; auctore Joanne MABILLON, Benedictino, Congregationis sancti Mauri.

Cet Eloge est imprimé au tom. VI. des *Actes des Saints de l'Ordre de saint Benoît*, pag. 237. Cet Archevêque est mort en 870.

10065. ☞ Histoire de Vautier; par Dom Antoine RIVET, Bénédictin.

Dans l'*Hist. Littér. de la France*, tom. *VI*. pag. 188. Cet Evêque est mort en 923.]

10066. De sancto Anastasio.

Dans le *Recueil* de Bollandus, au 7 de Janvier. Ce Saint est mort en 989.

10067. Oratio funebris de obitu Ludovici Cardinalis Borbonii; auctore Petr. GEMELLO: *Parisiis*, 1557, *in*-4.

Ce Cardinal est mort en 1556.

10068. Vie du même; par Hilarion DE COSTE, de l'Ordre des Minimes.

Cette Vie est imprimée dans le *Recueil des Eloges des Hommes illustres*, pag. 259 : *Paris*, 1625, *in-fol*.

10069. Oraison funèbre de Jacques Davy, Cardinal du Perron : *Paris*, 1618, *in*-8.

Ce Cardinal est mort en 1618.

10070. Autre; par Barthélemi DE PROVENCHERE : *Paris*, 1618, *in*-8.

10071. Autre; par DE NEUVILLE : *Paris*, 1618, *in*-8.

10072. Histoire abrégée de sa vie & de sa mort; par T. PELLETIER : *Paris*, 1618, *in*-8.

Cette Histoire est aussi imprimée au tom. I. des *Œuvres diverses* de ce Cardinal : *Paris*, 1622, *in-fol*.

10073. Eloge du même; par Henri ALBY, Jésuite.

Cet Eloge est imprimé dans son *Recueil des Eloges des Cardinaux* : *Lyon*, 1659, *in*-4.

10074. Eloge du même; par Charles PERRAULT.

Cet Eloge est imprimé dans son *Recueil des Eloges des Hommes illustres*, tom. *II*. pag. 1 : *Paris*, 1701, *in-fol*.

10075. Oraison funèbre d'Octave de Bellegarde; par Antoine GODEAU, Evêque de Vence.

Cet Archevêque est mort en 1646. Son Oraison funèbre est imprimée au tom. I. des *Œuvres Chrétiennes & Morales* de M. Godeau, *pag*. 248 : *Paris*, le Petit, 1658, *in*-8.

10076. Harangue funèbre de Louis-Henri de Gondrin, prononcée dans l'Eglise de Sens le 19 de Décembre 1675; par Jacques THORENTIER, Prêtre de l'Oratoire : *Toulouse*, 1675, *in*-4.

Cet Archevêque est mort en 1675, & le P. Thorentier en 1713.

10077. Autre du même; par [Jacques] CHAUMONT, Curé de saint Didier à Sens : *Sens*, 1675, *in*-4.

10078. Oraison funèbre de Hardouin Fortin de la Hoguette; par M. HUERNE, Bachelier en Théologie : *Paris*, Couterot, 1716, *in*-4.

Cet Archevêque est mort en 1715.

Histoires de l'Evêché de Troyes.

10079. ☞ Series & Historia Episcoporum Trecensium.

Dans le *Gallia Christiana* des Bénédictins, tom. *XII*. pag. 483-524, & les Pièces à la fin, *pag*. 247-296.]

10080. Bref Recueil des Evêques de Troyes; par Pierre PITHOU.

Ce Recueil est imprimé avec ses *Œuvres mêlées* : *Parisiis*, 1609, *in*-4. & avec son *Commentaire sur la Coutume de Troyes* : *Troyes*, 1628, *in*-4. L'Auteur est mort en 1596.

10081. ☞ Catalogue des Evêques de Troyes, & le temps de leur élection; (par Pierre-Jean GROSLEY.)

Il est imprimé dans les *Ephémérides Troyennes* (que M. Grosley publie depuis 1757,) vol. de 1760. On a joint à ce Catalogue un petit Mémoire de M. MAITREJEAN, Chanoine de Troyes, qui contient une discussion assez étendue sur René Benoît, Curé de saint Eustache de Paris, & sur MM. Vignier & de Mesgrigny, nommés tous trois à l'Evêché de Troyes, & morts sans en avoir pris possession.]

10082. Promptuarium sacrarum Antiquitatum Tricassinæ Diœceseos, in quo series Tricassinorum Episcoporum, cum brevi rerum ab iisdem gestarum descriptione; auctore Nicolao CAMUSAT, Tricassino : & Miscellanea historica ejusdem Diœceseos ab eodem collecta cum auctuario : *Augustæ-Trecarum*, Moreau, 1610, *in-8*.

Camusat produit dans ce Recueil de fort bonnes Pièces, tirées des Archives de l'Eglise & de divers Monastères, auxquelles il joint de sçavantes & curieuses Remarques. Il est mort en 1655.

☞ *Voyez* sur ce Recueil, Lenglet, *tom. IV. p. 197.* = Le P. Niceron, *tom. XXX. pag. 220.* = *Nouvelle Biblioth. Barat, tom. I. pag. 71.*]

10083. ☞ Mémoires (de M. GROSLEY,) pour servir de Supplément aux Antiquités Ecclésiastiques du Diocèse de Troyes; par N. CAMUSAT : (*Troyes*,) 1750, *in-8*.

Ce Recueil est fait uniquement contre les Jésuites. Il contient entr'autres Pièces :

1.° Discours véritable (fait par François PITHOU, Avocat, à Troyes, mort en 1521,) de ce qui s'est passé en la Ville de Troyes, sur les poursuites faites par les Jésuites pour s'y établir, depuis l'an 1603 jusqu'au mois de Juillet 1611.

2.° Procès-verbal des Assemblées tenues à Troyes en 1624, dont copie fut donnée aux Jésuites en les chassant. Il avoit déja été imprimé en 1626, dans le *Mercure Jésuite*, pag. 193, sous ce titre : *Opiniâtreté au séjour de Troyes*, contre la volonté du Roi & de la Ville.

3.° Un Procès-verbal de l'Assemblée tenue à Troyes en 1638, au sujet de la seconde expulsion des Jésuites.

4.°. Récit de quelques autres faits sur le même sujet, qui se sont passés en 1684, 1688 & 1750.

On a ajouté à la fin l'Arrêt contre Jean Châtel.

Les mêmes, seconde Edition, considérablement augmentée d'un grand nombre de Pièces : 1756, *in-12*.

Elles sont toutes relatives aux différens efforts qu'ont fait les Jésuites pour s'introduire dans la Ville de Troyes. Elles s'étendent jusqu'à 1751.]

10084. Vies des Evêques de Troyes ; par Nicolas DES GUERROIS.

Ces Vies sont imprimées dans son Livre intitulé : *La Sainteté Chrétienne*, contenant les Vies de plusieurs Saints de France : *Troyes*, 1637, *in-4*.

10085. ☞ Mémoire sur le Cérémonial qui se pratiquoit autrefois aux Entrées des Evêques de Troyes, & sur les quatre Pairs de l'Evêché ; par M. GROSLEY.

Ce Mémoire est dans les *Ephémérides Troyennes*, 1761, *pag. 131 & suiv.*]

10086. De sancto Melano, Notæ historicæ Godefridi HENSCHENII, è Societate Jesu.

Ces Notes sont imprimées dans le *Recueil de Bollandus*, au 22 d'Avril. Ce Saint a vécu sur la fin du IVe siècle.

10087. ☞ De sancto Urso, Sylloge Joh. Bapt. SOLLERII, è Societate Jesu.

Dans le *Recueil* de Bollandus, au 28 Juillet. Cet Evêque mourut vers l'an 426, & fut le prédécesseur de saint Loup.]

10088. Vita sancti Lupi ; auctore anonymo.

Cette Vie est imprimée dans le *Recueil* de Sutius, au 29 de Juillet ; & dans Bartali, à la pag. 104 de sa *Chronologie de Lérins : Lugduni*, 1613, *in-4*.

Ms. Eadem Vita, cum Notis Jacobi COUSINET, Canonici Regularis, Congregationis Gallicanæ : *in-fol*.

Cette Vie est insérée dans le Livre intitulé : *Le Trésor des Antiquités de l'Eglise de saint Loup de Troyes*, conservé dans la Bibliothèque de sainte Geneviève de Paris. Ce Saint est mort vers l'an 479. L'Auteur de cette Vie a vécu dans le IXe siècle, ou peu après les courses des Normands dans le Diocèse de Troyes, selon le P. le Cointe : *Hist. Eccl. Franc. tom. III. ad ann.* 650, *p.* 283.

10089. ☞ Sancti Lupi varia Acta, & Commentarius PETRI BOSCHII, è Societate Jesu.

Dans le *Recueil* de Bollandus, au 29 Juillet.]

10090. Vie de S. Loup ; par François GIRY.

Cette Vie est imprimée dans son *Recueil des Vies des Saints*, au 1 Juillet.

10091. Vie du même ; par Adrien BAILLET.

Cette Vie est imprimée dans son *Recueil des Vies des Saints*, au même jour.

10092. Vie du même ; par Sébastien LENAIN DE TILLEMONT.

Cette Vie est imprimée au tom. VI. de ses *Mémoires pour l'Histoire de l'Eglise*, pag. 126.

10093. ☞ Histoire de la Vie & des Ouvrages de saint Loup ; par D. Antoine RIVET, Bénédictin.

Dans l'*Hist. Littér. de la France*, tom. II. pag. 486. *Voyez* encore, sur l'ancien Auteur de sa Vie, *p. 690.*]

10094. Sancti Lupus & Memorius cum Attila Rege ; auctore Nicolao DES GUERROIS : *Trecis*, Nicot, 1643, *in-12.*

10095. ☞ Lettres de saint Loup, Evêque de Troyes, & de saint Sidoine, Evêque de Clermont, avec un Abrégé de la Vie de saint Loup ; par Remy BREYER, Chanoine de Troyes : *Troyes*, de Barty, 1706, *in-12.*

L'Auteur est mort en 1749.]

10096. ☞ Dissertation (de M. l'Abbé TRASSE) sur les causes de l'exil de S. Loup : *Mercure*, 1754, Février, *pag.* 29.]

10097. ☞ Lettre à M. L. T. D. M. sur la Dissertation où il examine les causes de l'exil de S. Loup. *Journal de Verdun*, 1754, *Mai, pag.* 377.]

10098. ☞ Lettre de M. l'Abbé TRASSE, en réponse aux Observations de M. Grosley sur les causes de l'exil de S. Loup. *Journal de Verdun*, 1755, *Février, pag.* 127.]

10099. ☞ Remarques de M. l'Abbé LEBEUF, à l'occasion de la Dissertation d'un Chanoine de Troyes, sur les causes de ce qu'il appelle l'exil de saint Loup. *Journal de Verdun*, 1755, *Mai, pag.* 368.]

10100. ☞ Observations de M. GROSLEY, sur les Remarques précédentes. *Ibid.* 1755, *Juin, pag.* 459.]

10101. ☞ De sancto Cameliano, Sylloge Joh. Bapt. Sollerii, è Soc. Jesu.

Dans le *Recueil* de Bollandus, au 28 Juillet. Ce Saint est mort en 525 ou 526.]

10102. De sancto Leuconio.

Dans le *Recueil* de Bollandus, au 1 d'Avril. Ce Saint est mort en 665.

10103. ☞ Recherches sur Waymer, Evêque de Troyes dans le septième siècle; (par M. Grosley.)

On trouve ces Recherches dans les *Ephémérides Troyennes*, 1763, pag. 149-168.]

10104. Vie de saint Prudence; par Adrien Baillet.

Cette Vie est imprimée dans son *Recueil des Vies des Saints*, au 6 Avril. Ce Saint est mort en 861.

10105. ☞ Les Vies de S. Prudence, Evêque de Troyes, & de sainte Maure, Vierge, où l'on trouve des éclaircissemens sur quelques faits de l'Histoire Ecclésiastique du IX° siècle, & des remarques sur quelques points de discipline; par Remi Breyer, Chanoine de Troyes : *Troyes*, le Fevre, 1725, *in-*8.]

10106. Défense de l'Eglise de Troyes, sur le culte qu'elle rend à S. Prudence, contre ceux qui prétendent que sa sainteté n'est pas assez avérée pour être placée dans le Recueil des Vies des Saints : *Paris*, Osmont, 1736, *in-*8.

Cette défense est contre un passage des *Mémoires de Trévoux*, Avril, 1736, part. 1.
Ces Journalistes avoient dit dans l'Extrait du tom. VI. de l'Histoire du P. Longueval, que la sainteté de Prudence n'avoit pas semblé assez avérée aux Bollandistes, Auteurs des *Acta Sanctorum*, pour le placer dans leur Recueil.]

10107. ☞ Suite de la défense (précédente): *Paris*, 1738, *in-*8.

C'est contre l'Ecrit intitulé : *Doute au sujet des Auteurs des Annales de S. Bertin*, inséré dans le *Mercure de Décembre*, 1736, & contre les *Mémoires de Trévoux*, Décembre, 1736.]

10108. ☞ Réponse à l'Auteur de la suite de la Défense; (par M. Levêque de la Ravalliere, Auteur du Doute, &c.) *Mémoires de Trévoux*, 1736, Décembre, vol. II. pag. 2694 & suiv.]

10109. ☞ Histoire de la Vie & des Ecrits de S. Prudence; par Dom Antoine Rivet, Bénédictin.

Dans l'*Hist. Littér. de la France*, tom. V. pag. 240-254. *Voyez* aussi une Addition dans l'Avertissement du tom. XII. pag. xix.]

10110. ☞ Histoire d'Atton.

Dans le même Ouvrage, tom. XII. pag. 226. Cet Evêque est mort vers l'an 1150.]

10111. ☞ Histoire d'Antoine Caracciol, Evêque de Troyes, mort en 1569.

Dans le *Dictionnaire historique & critique* de Prosper Marchand.]

10112. Oraison funèbre de François Mallier du Houssay; par Nicolas Denise, Chantre & Chanoine de Troyes : *Troyes*, 1678, *in-*4.

Histoires de l'Évêché d'Auxerre.

10113. ☞ Series & Historia Episcoporum Autissiodorensium.

Dans le *Gallia Christiana* des Bénédictins, tom. XII. pag. 282-350, & les Pièces, à la fin, pag. 98-236.]

10114. ☞ Mémoires concernant l'Histoire Ecclésiastique d'Auxerre ; par M. l'Abbé (Jean) Lebeuf.

C'est le tom. I. de son *Histoire Ecclésiastique & Civile d'Auxerre* : *Paris*, 1743, 2 vol. *in-*4. On y trouve ce qui regarde 101 Evêques, depuis S. Pélerin, en 258, jusqu'à Nicolas Colbert, mort en 1676, & la suite des Dignités de la Cathédrale, &c. L'Abbé Lebeuf est mort en 1760.]

— Chronicon Autissiodorense Roberti, Monachi sancti Meriani Autissiodorensis.

Voyez ci-après, *Règne de Philippe Auguste*.

10115. Gesta Autissiodorensium Episcoporum : ab Anonymis Scriptoribus, diversis consignata temporibus, ac duas in partes seu tomos distributa, collectore prorsùs ignoto.

Cette Histoire est imprimée dans Labbe, au tom. I. de sa *Nouvelle Bibliothèque des Manuscrits*, pag. 411 & *suiv*. La première partie contient les Actes de ces Evêques, depuis saint Péregrin (ou Pélerin) jusqu'en 1227, que mourut Erard de Lusigny. Ce tome n'est qu'un Extrait fidèle d'un Manuscrit d'Alexandre Petau, Conseiller au Parlement de Paris, qui a passé depuis dans la Bibliothèque du Vatican, avec les autres Manuscrits de la Reine Christine de Suède. Cet Extrait contient les Actes des Evêques d'Auxerre, depuis 1277 jusqu'en 1362, & les Vies de François I, de Dinteville, de François II, de Dinteville, & celle de Jacques Amyot mort en 1593. Les Auteurs de ces Gestes rapportent, selon Baillet, divers faits incertains, & quelques-uns insoutenables. Quoique le Père Labbe ait marqué dans le Titre, que ces Actes avoient été composés par des Auteurs anonymes, on sçait pourtant le nom de plusieurs : à la page 434 de ce tome, on lit que l'Evêque Wala avoit beaucoup de considération pour les Gens de Lettres, & que sous son Pontificat deux Lumières du Chapitre d'Auxerre, qu'on nomme Rainogala & Alagus, aidés du Moine Eric, qui étoit alors en grande réputation dans l'Abbaye de S. Germain d'Auxerre, écrivirent un Abrégé des Actes des Prélats de cette Eglise. On leur pardonne aisément les fautes de Chronologie qui leur sont échappées, sur tout dans les commencemens, où l'on ne comprend rien; c'est assez pour eux d'avoir laissé par écrit les faits qu'ils rapportent. Wala est mort en 878. Ils ne lui ont pas, selon les apparences, survécu. On ne connoît pas les Auteurs de la Vie des onze Prélats suivans. Celles de Guillaume Champaleman & de Robert son successeur, mort en 1094, sont attribuées à un certain Frodon, qu'on croit être celui qui étoit Chanoine & Archiprêtre de l'Eglise d'Auxerre. Il est nommé dans les Vers rapportés par le P. Labbe, à la page 454, & dans le Prologue qui est à la page 454; on lit que ces Vies furent composées trois ans après la mort de Robert. Fromond, Chanoine d'Auxerre, passe pour l'Auteur de la Vie de l'Evêque Guillaume de Toucy : il vivoit sous cet Evêque, qui est mort en 1181. Il semble être son Commensal; car il signe à tous les Actes accordés par cet Evêque, & il prend la qualité de Maître, qui dans le douzième siècle ne se donnoit qu'à ceux qui écrivoient. On croit que la Vie de Hugues de

Métropole de Sens, & ses Suffragans.

Noyers a été composée par un EUSTACHE, Chanoine d'Auxerre, dont il est fait mention à la page 479. Celles de Guillaume de Ségnelay & des suivans, jusqu'à Erard de Lusigny inclusivement, ont été écrites par des Auteurs contemporains, dont on ignore le nom. François MARCHAND, Chanoine d'Auxerre, est l'Auteur de la Vie de François I, de Dinteville, mort en 1530; il l'a écrite en 1548, & Félix CHRÉTIEN, aussi Chanoine de la même Eglise, a écrit en 1566 celle de François II, de Dinteville, mort en 1554, & enfin Regnaud MARTIN, aussi Chanoine de cette Eglise, a fait un abrégé du Discours que Frédéric MOREL avoit écrit sur la Vie de Jacques Amyot, mort en 1593. Je tiens ces Observations de M. Lebeuf, Chanoine & Sous-Chantre de cette Eglise, qui travaille avec soin sur les Vies de ces Prélats. [On a indiqué son Ouvrage, ci-devant, N.º 10114.]

La première partie de ces Gestes a été imprimée sous ce titre : Autricum Christianum, seu Gesta Pontificum Autissiodorensium, ex manuscripto codice evulgata : curâ & studio Ludovici NATALIS ab Amico, Canonici Autissiodorensis : *Autissiodori, in-4.*

Louis NOEL, surnommé d'Amy, est mort âgé de quatre-vingt-sept ans, en 1686. Il a fait d'amples Collections sur l'Histoire des Evêques d'Auxerre, qui [étoient] entre les mains de M. Lebeuf, Chanoine & Sous-Chantre de cette Eglise.

10116. Ms. Epitome Vitarum Episcoporum Autissiodorensium.

Dom Georges Viole, Bénédictin, fait mention de cette Epitome à la *pag. 258 de sa Vie de S. Germain d'Auxerre.*

10117. Ms. Episcoporum Autissiodorensium Vitæ & Gesta usque ad annum 1554.

Cette Histoire est conservée dans la Bibliothèque de M. le Président Bouhier, à Dijon.

10118. Ms. Catalogus eorumdem, usque ad Dominicum Seguier, sive ad annum 1635.

Ce Catalogue a été fait par Charles DE VILLIERS, Chanoine d'Auxerre, qui préparoit une Histoire des Evêques de cette Eglise, qui n'a [point paru.] Ce Catalogue [étoit] dans la Bibliothèque de M. Colbert, entre les Manuscrits de M. Du Chesne, [& est aujourd'hui à la Bibliothèque du Roi.]

10119. Abrégé de la Vie de plusieurs Evêques d'Auxerre.

Cet Abrégé se trouve imprimé avec la *Description des saintes Grottes de l'Eglise de S. Germain d'Auxerre,* dont l'Auteur se nomme Dominique FOURNIER, Religieux Bénédictin de cette Abbaye; imprimée à Auxerre en 1714.

✴ Ce sont des espèces de Sermons historiques, où l'Auteur fait paroître peu de critique.

10120. Vita sancti Peregrini.

Cette Vie est imprimée dans Labbe, au tom. I. de sa *Nouvelle Bibliothèque des Manuscrits, pag. 526.*

☞ Eadem, cum Commentario Godefridi HENSCHENII.

Dans le *Recueil* de Bollandus, au 16 de Mai. S. Pérégrin a vécu dans le troisième siècle. Ses Actes sont simples, mais ils ne sont pas originaux; ils n'ont été faits qu'après la paix de l'Eglise, ou bien ils ont été corrompus.

☞ *Voyez* ce qui en est dit dans l'*Histoire Littéraire de la France, tom. III. pag. 42.]*

10121. Vie de saint Pérégrin ; par François GIRY.

Cette Vie est imprimée dans son *Recueil des Vies des Saints,* au même jour.

10122. Vie du même ; par Adrien BAILLET.

Cette Vie est imprimée dans son *Recueil des Vies des Saints,* au même jour.

10123. ☞ Vie de S. Pélerin, premier Evêque d'Auxerre ; par M. l'Abbé (Jean) LEBEUF : *Auxerre, 1716, in-8.*]

10124. De sanctis Valerio & Valeriano, Notæ historicæ Godefridi HENSCHENII, è Soc. Jesu.

Ces Notes sont imprimées dans le *Recueil* de Bollandus, au 6 de Mai. Ces Saints ont vécu dans le quatrième siècle.

10125. De sancto Heladio vel Fladio, Notæ historicæ ejusdem.

Ces Notes sont imprimées dans le même *Recueil,* au 8 de Mai. Ce Saint a vécu vers l'an 387.

10126. Vita sancti Amatoris ; auctore STEPHANO, Africano, Presbytero, cum Notis præviis Godefridi HENSCHENII.

Cette Vie est imprimée dans le *Recueil* précédent, au premier de Mai. Ce Saint est mort en 418, & Etienne a vécu vers l'an 580. Sa Vie a été composée à la prière de S. Aunaire. Il est difficile de croire que l'Histoire qu'il a composée, n'ait pas été altérée dans la suite des années.

10127. Vie du même ; par Adrien BAILLET.

Cette Vie est imprimée dans son *Recueil des Vies des Saints,* au même jour.

10128. Vie du même ; par Sébastien LENAIN DE TILLEMONT.

Cette Vie est imprimée au tom. XIV. de ses *Mémoires pour l'Histoire de l'Eglise, pag. 835.*

10129. Vita sancti Germani ; auctore CONSTANTIO, Presbytero.

Cette Vie est imprimée dans le *Recueil* de Surius, au 3 de Juillet.

La même ; traduite par Robert Arnauld d'Andilly.

Cette Traduction est imprimée dans son *Recueil des Vies des Saints illustres, pag. 550 : Paris, 1675, in-fol.* Cette Vie est autorisée ; l'Auteur est exact, & l'on voit un caractère de sincérité dans tout l'Ouvrage. Ce Saint est mort en 448, & Constant a fleuri vers l'an 478.

10130. Vita ejusdem carmine scripta ; auctore HERICO, Monacho Benedictino : edita studio Petri PESSELERII, Autissiodorensis Cœnobitæ : *Parisiis,* Colinæi, 1543, *in-8.*

10131. De Vita & Miraculis sancti Germani, Libri duo ; eodem auctore.

Ces Livres sont imprimés dans Labbe, au tom. I. de sa *Nouvelle Bibliothèque des Manuscrits, pag. 531.* Cet Auteur a fleuri l'an 880.

10132. ☞ Ejusdem Vita, à variis auctoribus scripta, & Commentarius Petri BOSCHII, è Societate Jesu.

Dans le *Recueil* de Bollandus, au 31 Juillet.]

10133. Ms. Vie de S. Germain, écrite l'an 1485 ; par G. BEGINE.

Cette Vie est conservée dans la Bibliothèque de saint Germain-des-Prés.

10134. Vie de S. Germain ; par Jean JALB, Curé de Villeneuve-Saint-Georges : *Paris,* 1623, *in-8.*

10135. Vie du même, avec un Catalogue des personnes illustres du Diocèse d'Auxerre ; par Georges VIOLE, Religieux Bénédictin, de la Congrégation de S. Maur : *Paris*, Billaine, 1656, *in-4*.

Cet Auteur est mort en 1669.

10136. ☞ Elogia sancti Germani Autissiodorensis Episcopi, & aliorum Sanctorum quorum corpora in sacro ejus Cœnobio Autissiodori condita sunt : *Autissiodori*, Garnier, 1687, *in-4*.]

10137. Vie du même ; par François GIRY.

Cette Vie est imprimée dans son *Recueil des Vies des Saints*, au 31 de Juillet.

10138. Vie du même ; par Adrien BAILLET.

Cette Vie est imprimée dans son *Recueil des Vies des Saints*, au même jour.

10139. Vie du même ; par Sébastien LENAIN DE TILLEMONT.

Cette Vie est imprimée au tom. XV. de ses *Mémoires pour l'Histoire de l'Eglise*, pag. 1 & 833.

10140. ☞ Histoire de la Vie & des Ouvrages de S. Germain ; par D. Antoine RIVET, Bénédictin.

Dans l'*Hist. Littér. de la France*, tom. II. pag. 256. Ce Saint vivoit au Ve siècle.]

10141. ☞ Lettres critiques, dans lesquelles on fait voir le peu de solidité des preuves apportées par ceux qui poursuivent la vérification des prétendues Reliques de S. Germain : 1753, *in-12*.

L'Auteur est Dom VIDAL, Bénédictin, Sous-Prieur de l'Abbaye de S. Germain d'Auxerre, qui est mort en 1760.]

10142. ☞ Réponse aux Lettres précédentes, dans lesquelles on montre le peu de solidité des objections contre la vérification des Reliques de saint Germain : *Auxerre*, Fournier, 1753, *in-12*.

Il y a sept Lettres de Dom Vidal, & trois pour la Réponse.]

10143. ☞ Lettre des Bollandistes au R. P. D. V. (Dom Vidal) pour le féliciter de ses Ecrits contre l'authenticité des Reliques qu'on dit être de S. Germain ; (par M. ROUX) : *Anvers* (*Auxerre*) 1752, *in-12*.]

10144. ☞ Remarques sur la vérification des ossemens attribués à S. Germain d'Auxerre. *Journal de Verdun*, 1753, *Mai*, pag. 356-362.]

10145. ☞ Mémoire pour la vérification des Reliques prétendues de S. Germain, Evêque d'Auxerre, trouvées en 1717 dans l'Abbaye de S. Marien d'Auxerre : *Paris*, veuve Lottin, 1754, *in-8*.

Ce Mémoire est intéressant & curieux. L'Auteur est M. DETTEY, second Archidiacre d'Auxerre. On y trouve l'Histoire de ce qui concerne toutes les Reliques de saint Germain, & par rapport aux nouvelles, les réponses aux objections des Bollandistes, & à celles des Lettres critiques, avec un abrégé des procédures faites pour la vérification.

» La mort de M. de Caylus, Evêque d'Auxerre, arrivée en 1754, l'empêcha de vérifier authentique-
» ment les Reliques du grand S. Germain, comme il
» l'avoit résolu. La procédure pour y parvenir étoit
» toute instruite ; & on venoit d'imprimer un Mémoire
» qui établit la vérité de ces saintes Reliques nouvelle-
» ment découvertes, avec toute la certitude dont ces
» sortes de matières peuvent être susceptibles. M. d'Au-
» xerre s'étoit proposé de monter en Chaire le jour de
» la manifestation de ce précieux trésor «. *Vie de M. de Caylus*, (indiquée ci-après, N.° 10171) tom. *II. p. 417*.]

10146. ☞ De sancto Fraterno, Commentarius Joannis PERIERI, è Soc. Jesu.

Dans le *Recueil* de Bollandus, au 16 Août. Ce Saint fut le successeur de saint Germain.]

10147. ☞ De sancto Alodio, Commentarius ejusdem.

Dans le même *Recueil*, au 28 de Septembre. Ce Saint est mort vers l'an 472.]

10148. ☞ De sancto Urso, Sylloge Johan. Bapt. SOLLERII, è Soc. Jesu.

Dans le *Recueil* de Bollandus, au 30 Juillet. Ce Saint est mort vers l'an 508.]

10149. ☞ De sancto Theodosio, Sylloge ejusdem.

Dans le même *Recueil*, au 17 Juillet. Ce Saint est mort vers 515.]

10150. ☞ De sanctis Optato Episcopo, Santino & Memorio Presbyteris, Sylloge Joannis STILTINGI, è Soc. Jesu.

Dans le *Recueil* de Bollandus, au 31 Août.]

10151. ☞ De sancto Eleutherio, Notæ Joh. Bapt. SOLLERII, è Societate Jesu.

Dans le même *Recueil*, au 16 Août.]

10152. Vie de S. Eleuthere ; par Adrien BAILLET.

Cette Vie est imprimée dans son *Recueil des Vies des Saints*, au 16 d'Août. Ce Saint est mort [vers l'an] 561.

10153. ☞ De sancto Ætherio, Notæ historicæ Joh. Bapt. SOLLERII, è Soc. Jesu.

Dans le *Recueil* de Bollandus, au 27 Juillet. Ce Saint est mort vers l'an 571.]

10154. Vita sancti Aunarii.

Cette Vie est imprimée dans Labbe, au tom. I. de sa *Nouvelle Bibliothèque des Manuscrits*, pag. 528. Elle n'a pas grande autorité, non plus que l'Histoire des Evêques d'Auxerre. Ce Saint est mort vers l'an 603.

10155. ☞ Acta sancti Aunarii, seu Aunacharii ; auctore Anonymo ; & Commentarius Joannis PERIERI, è Societate Jesu.

Dans le *Recueil* de Bollandus, au 25 de Septembre.]

10156. Vie de saint Aunaire ; par Adrien BAILLET.

Cette Vie est imprimée dans son *Recueil des Vies des Saints*, au 25 de Septembre.

10157. ☞ Histoire de la Vie & des Ecrits de S. Aunacaire ; par Dom Antoine RIVET, Bénédictin.

Dans l'*Hist. Littér. de la France*, tom. *III. pag. 493*.]

10158. ☞ De sancto Palladio, Notæ historicæ Godefridi HENSCHENII, è Societate Jesu.

Ces Notes sont imprimées dans le *Recueil* de Bollandus, au 10 d'Avril. Ce Saint est mort vers l'an 661.

10159. De sancto Tetrico, Notæ historicæ ejusdem.

Ce Saint est mort vers l'an 661. Ces Notes historiques sont imprimées dans le même *Recueil*, au 11 d'Avril.

10160. Vita sancti Tetrici, Abbatis sancti Germani.

Cette Vie est imprimée au tom. III. des *Actes des Saints de l'Ordre de S. Benoît*, pag. 101.

10161. ☞ Histoire de la Vie de S. Vigile, Evêque d'Auxerre (mort en 683); par M. l'Abbé (Jean) LEBEUF: 1722, *in*-8. de 16 pages.

Le même fit imprimer à Dijon, la même année: *Relation authentique de la Conversion de S. Mamert* (qui fut depuis Abbé à Auxerre); & il la donna comme le fondement de l'*Histoire Ecclésiastique de ce Diocèse*.]

10162. ☞ Elogium sancti Angelelmi, à Labbeo editum; & Commentarius Johan. Bapt. SOLLERII, è Societate Jesu.

Dans le *Recueil* de Bollandus, au 7 Juillet. Ce Saint est mort en 828.]

10163. De sancto Heribaldo, Notæ historicæ Godefridi HENSCHENII, è Societate Jesu.

Ces Notes historiques sont imprimées dans le *Recueil* de Bollandus, au 15 d'Avril.

10164. De Heribaldo, Abbone, Christiano & Bettone, Episcopis Autissiodorensibus piissimis, Dissertatio historica Joannis MABILLON, è Congregatione sancti Mauri.

Cette Dissertation est imprimée au tom. VI. des *Actes des Saints de l'Ordre de S. Benoît*, pag. 573.

10165. ☞ Vita sancti Geranni, ab auctore anonymo; & Commentarius PETRI BOSCHII, è Societate Jesu.

Dans le *Recueil* de Bollandus, au 28 Juillet. Ce Saint est mort en 914.]

10166. ☞ Vita sancti Hugonis; & Commentarius Joannis PINII, è Soc. Jesu.

Dans le *Recueil* de Bollandus, au 10 Août. Ce Saint, qui se nommoit Hugues de Montaigu, est mort en 1136.]

10167. Vie du Bienheureux Hugues de Mâcon, premier Abbé de Pontigny, & depuis Evêque d'Auxerre; par PIERRE LE NAIN.

Cet Evêque est mort en 1151. Sa Vie est au tom. I. de l'*Essai de l'Histoire de l'Ordre de Cîteaux*, pag. 155.

10168. ☞ Histoire de la Vie & des Ecrits du même.

Dans l'*Hist. Littér. de la France*, tom. XII. p. 408.]

10169. Acta Erardi de Lisigniis, Cardinalis, desumpta ex Autrico Christiano.

Ces Actes sont imprimés dans du Chesne, à la page 214. de ses *Preuves de l'Histoire des Cardinaux François*: *Paris*, 1666, *in-fol*.

— Vie de Jacques Amyot, Grand-Aumônier de France.

Voyez ci-après, au Liv. III. *Grands-Aumôniers*.

10170. * Le Chariot d'honneur sur les principales vertus de feu Gilles de Souvré; par Paul DE GARRA, Dominicain: *Paris*, 1632, *in*-8.

Tome I.

10171. ☞ Vie de M. (Daniel-Charles-Gabriel de Thubières) de Caylus: *Amsterdam*, (*Paris*) 1765, *in*-12. 2 vol.

On a prétendu donner deux Supplémens à cette Vie, dans les *Nouvelles Ecclésiastiques* du 26 Juin 1766, & du 24 Août.]

Histoires de l'Évêché de Nevers.

10172. ☞ Series & Historia Episcoporum Nivernensium.

Dans le *Gallia Christiana* des Bénédictins, tom. XII. & les *Preuves* à la fin, *pag.* 297-358.]

10173. ☞ Ms. Suite Chronologique des Evêques de Nevers; par M. PARMENTIER, Avocat au Parlement, & Assesseur en la Maréchaussée de Nivernois.

Ce Mémoire, dressé sur les Chartes & sur les Pièces les plus authentiques, a servi aux réformateurs du *Gallia Christiana*, pour établir l'article du Diocèse de Nevers. Il est entre les mains de l'Auteur.]

10174. Ms. Historia Episcoporum & Comitum Nivernensium, usque ad annum 1623; auctore Henrico BETORT, Scutifero, Domino du Marest.

Cette Histoire est citée par du Chesne, *pag*. 225 de la *Bibliothèque des Historiens de France*.

10175. Catalogue historial des Evêques de Nevers; par Michel Cotignon, Archiprêtre de l'Eglise de Nevers: *Paris*, Pommeraye, 1616, *in*-8.

☞ » Ce Catalogue n'a pas été bien réfléchi, & il est » plein d'anachronismes. Les Evêques y sont à tout mo- » ment déplacés, & l'on prête fort souvent à l'un ce qui » appartient à l'autre ». *Note* de M. Parmentier.]

10176. ☞ De sancto Aregio, vel Aredio; Commentarius Joannis PINII, è Soc. Jesu.

Dans le *Recueil* de Bollandus, au 16 Août. Ce Saint vivoit au sixième siècle.]

10177. Vie de saint Arey; par François GIRY.

Cette Vie est imprimée dans son *Recueil des Vies des Saints*, au 16 d'Août.

10178. Vie du même; par Adrien BAILLET.

Cette Vie est imprimée dans son *Recueil des Vies des Saints*, au même jour.

10179. De sanctis Eoladio & Agricola, Episcopis, Commentarius historicus Godefridi HENSCHENII, è Societate Jesu.

Cette Vie est imprimée dans le *Recueil* de Bollandus, au 21 de Février. Ces Saints ont vécu dans le sixième siècle.

10180. Vita sancti Deodati; Abbatis Vallis Galileæ; auctore Deodatensi Monacho, deinde à Mediatensi Monacho interpolata.

Cette Vie est imprimée au tom. IV. des *Actes des Saints de l'Ordre de S. Benoît*, pag. 473. Ce Saint est mort vers l'an 680. L'Auteur de sa Vie est sujet à bien des fautes.

10181. Vie de S. Dié; par Adrien BAILLET.

Cette Vie est imprimée dans son *Recueil des Vies des Saints*, au 19 de Juin.

Oooo

10182. ☞ De sancto Eulalio, vel Euladio, Sylloge Joannis PINII, è Societate Jesu.

Dans le *Recueil* de Bollandus, au 26 Août. Ce Saint est mort vers l'an 580.]

10183. ☞ De sancto Itherio, Sylloge Joh. Baptist. SOLLERII, è Societate Jesu.

Dans le *Recueil* de Bollandus, au 8 de Juillet.]

10184. Vie de S. Ythier; *Bourges*, Toubeau, 1657, *in-8*.

MM. de Sainte-Marthe rapportent que le corps de ce Saint repose dans l'Eglise de Noien, lieu de sa naissance, dans le Diocèse de Sens, depuis l'an 691.

☞ » Le Corps de ce Saint ne repose pas, comme » on le croit, & comme le disent MM. de Sainte-Mar- » the, à (Noien ou) Nogent sur Vernisson, Diocèse de » Sens. Il y a seulement dans l'Eglise de cette Paroisse » une très-petite portion de son bras (ce n'est qu'une » fraction de doigt) qui y a été apportée en 1656, du » Trésor de la Collégiale de Sully-sur-Loire. Au reste, » cette Vie est apocryphe, & il faut avoir bien de la » foi pour lui en accorder ». *Note de M. Parmentier*.]

10185. ☞ Remarques sur Jacques-Paul Spifame, Evêque de Nevers.

Dans les *Dictionnaires* de Pierre BAYLE & de Prosper MARCHAND. Cet Evêque ayant embrassé le Calvinisme, & s'étant retiré à Genève, y eut la tête tranchée pour un faux Contrat, en 1566.]

Histoires de l'Evêché de Bethléhem.

L'Evêque de Bethléhem, qui est un Evêque *in partibus*, n'a & ne peut avoir aucune sorte de Jurisdiction dans la Ville de Clamecy, en Nivernois, dans le faux-bourg de laquelle est son Siège ou son Titre. Ce qu'on appelle l'Evêché de Bethléhem, n'étoit anciennement qu'un Hôpital fondé en 1147, par le Comte Guillaume III, & donné en 1168 par Guillaume IV. à l'Evêque titulaire & effectif de Bethléhem en Palestine, pour lui servir de retraite en France, en cas qu'il fût chassé de son Siège par les Infidèles, comme il lui arriva en 1188, le IV. des Kalendes de Novembre, ou le 29 Octobre 1211. Des arbitres choisis par les Evêques d'Auxerre & d'Autun ont décidé que cet Hôpital ou Chapelle étoit du Diocèse d'Auxerre.

━━ Lettre de M. l'Abbé LEBEUF, touchant l'Evêché de Bethléhem.

Voyez ci-devant, N.° 5416.]

10186. ☞ Series & Historia Episcoporum Bethlehemitanorum.

Dans le *Gallia Christiana* des Bénédictins, tom. XII. & les *Preuves* à la fin, pag. 237-246, & 371-376.]

10187. ☞ Mf. Suite Chronologique de tous les Evêques de Bethléhem, qui ont possédé cette Chapelle ou Hôpital, depuis Régnier en 1223, jusqu'à présent ; par M. PARMENTIER, Avocat au Parlement, & Assesseur en la Maréchaussée de Nivernois.

C'est sur ces Mémoires & autres preuves du même Auteur, que cet article est rédigé au *Gallia Christiana* des Bénédictins.]

10188. Vie de Christophle d'Authier de Sisgau, Evêque de Bethléhem, Instituteur de la Congrégation du Saint Sacrement ; par Nicolas BORELY, de la même Congrégation :

Paris, 1667, *in-8*. *Lyon*, Certe, 1703, *in-12*.

Cet Evêque est mort en 1667.

§. XXI.

Histoires de la Métropole de Tarantaise.

L'ARCHEVÊCHÉ de Tarantaise, ou de Moustier en Tarantaise, ainsi que l'Evêché de Sion, l'un de ses deux Suffragans, étoient autrefois de la Gaule, & ont été de France pendant un temps ; ainsi ils doivent être indiqués ici. *Tarantaise* est aujourd'hui en Savoie ; & *Sion* est dans le Valais, qui fait partie de la Suisse.

10189. ☞ Mémoires pour l'Histoire Ecclésiastique des Diocèses de Genève, Tarantaise, Aoste & Maurienne, & du Décanat de Savoie (qui est du Diocèse de Grenoble) ; par M. BESSON, Curé de Chapeiry, Diocèse de Genève : *Nancy*, Henault, 1759, *in-4*.

On trouve à la fin du volume (que nous citons ici pour la Métropole de Tarantaise) un grand nombre d'anciens Titres intéressans, pour servir de Preuves.]

10190. ☞ Series & Historia Episcoporum & Archiepiscoporum Tarantasiæ.

Dans le *Gallia Christiana* des Bénédictins, tom. XII.]

10191. ☞ Series & Historia Episcoporum Octodurensium, posteà Sedunensium.

Dans le même Tome.]

10192. ☞ Histoire de la Vie & des Ouvrages de S. Salvius, Evêque d'Octodure ; par D. Antoine RIVET, Bénédictin.

Dans l'*Hist. Littér. de la France*, tom. II. pag. 294. Ce Saint vivoit au V.e siècle. Le Siège Episcopal a été transféré vers 581 d'Octodure à Sion.]

Nous n'indiquons point ici l'Evêché d'Aoste qui est en Piémont, & qui n'a jamais fait partie de la Gaule.]

§. XXII.

Histoires de la Métropole de Toulouse & de ses Suffragans.

10193. Les Archevêchés & Evêchés de Languedoc ; par Guillaume CATEL.

Ces Catalogues sont imprimés avec ses *Mémoires pour l'Histoire du Languedoc*, Liv. V. *Tolose*, 1633, *in-fol*. L'Auteur n'a fait que l'Histoire des Archevêques, & fort peu de celle des Evêques : ce ne sont que des Catalogues. Il n'a pu achever, la mort l'ayant prévenu en 1626.

10194. Mf. Recueil de Pièces anciennes servant à l'Histoire des Eglises & des Evêques de la Province de Languedoc : *in-fol*.

Ce Recueil (étoit) conservé dans la Bibliothèque de M. l'Abbé de Camps, [qui a passé à M. de Béringhen, premier Ecuyer.]

10195. ☞ Observations sur quelques Evêchés érigés dans le Languedoc, par le Pape Jean XXII. & sur leurs premiers Evêques.

Dans la *Note* XVII. du tom. IV. de l'*Hist. générale du Languedoc* ; par DD. DE VIC & VAISSETE.]

Histoires de l'Archevêché de Toulouse.

10196. Mſ. Nomina Episcoporum Diœceſis Tolosanæ, usque ad annum 1318; auctore Bernardo GUIDONIS, Episcopo Lodovensi; cum Appendice ab Anonymo adjecta, usque ad annum 1439.

☞ Mſ. Vitæ quorumdam Episcoporum Sanctorum Ecclesiæ Tolosanæ, (nempe S. Saturnini fusior, S. Exuperii, S. Germerii; (necnon &) S. Papuli Martyris, & S. Berengarii; eodem auctore.

Ces Manuscrits étoient, num. 2763 de la Bibliothèque de M. Colbert, entre les Manuscrits de du Chesne, [& sont aujourd'hui dans la Bibliothèque du Roi.]

☞ Mſ. Episcopi Tolosani, quorum ultimus Gaillardus de Preſſac; auctore Bernardo GUIDONE, Ordinis Fratrum Prædicatorum, Inquisitore hæreticæ pravitatis in Regno Franciæ, deinde Episcopo Lodovensi.

Ce Manuscrit, qui paroît le même que le premier des précédens, est dans la Bibliothèque de M. le Marquis d'Aubais, près de Nismes, num. 29, in-fol.]

10197. ☞ Suite chronologique & historique des Evêques & Archevêques de Toulouse; par J. RAYNAL, Avocat au Parlement, de l'Académie des Sciences, Inscriptions & Belles-Lettres de Toulouse.

Cela se trouve dans son Histoire de la Ville de Toulouse: Toulouse, 1759, in-4. pag. 403-457. Il y a inséré une notice des Conciles de Toulouse, & des établissemens de toutes les Communautés Religieuses, séculières & régulières, qui sont dans cette Ville.]

== Jus Sacrum Ecclesiæ Tolosanæ; auctore [Simone] DE PEYRONET, &c.

Voyez ci-devant, N.° 6759.

10198. ☞ Moyens de nullité & d'abus pour M. Louis de la Valette, Archevêque de Toulouse; contre la déclaration de la vacance de son Siège, faite le 15 Décembre 1618, par le Chapitre de l'Eglise Métropolitaine; (par Guillaume MARAN) 1620, in-8.]

10199. ☞ Réponse pour le Chapitre de l'Eglise Métropolitaine de Toulouse, touchant la déclaration par lui faite de la vacance du Siège Archiépiscopal, le 15 Décembre 1618, aux prétendus Moyens de nullité & d'abus de Mᵉ Guill. Maran, Docteur en Droit, pour Messire Louis de la Valette, pour servir au procès pendant au Privé-Conseil, entre ledit Seigneur & ledit Chapitre; par P. TAILLASSON: 1620, in-8.]

10200. ☞ Arrêt du Conseil d'Etat, portant réglement pour la préséance de l'Archevêque de Toulouse, sur le premier Président & autres gens du Parlement de Toulouse: 1629, in-4.]

10201. Vita sancti Saturnini, Martyris.

Cette Vie est imprimée dans le *Recueil* de Surius, au 29 de Novembre; & dans Ruinart, *pag.* 107, des *Actes vrais & sincères des Martyrs: Parisiis*, 1693,

in-4. Ce Saint a souffert le martyre vers l'an 254. Ses Actes sont anciens & dignes de considération, quoiqu'ils ne soient pas authentiques du premier ordre. L'Auteur, qui n'est pas contemporain, y fait paroître de l'esprit, de l'éloquence, de la piété & de la gravité.

10202. Vie de S. Sernin, par Odo DE GISSEY, Jésuite: *Tolose*, 1628, in-8.

10203. Vie de S. Saturnin; par François GIRY.

Cette Vie est imprimée dans son *Recueil des Vies des Saints*, au 29 de Novembre.

10204. Vie du même; par Adrien BAILLET.

Cette Vie est imprimée dans son *Recueil des Vies des Saints*, au même jour.

10205. Vie du même; par Sébastien LE NAIN DE TILLEMONT.

Cette Vie est imprimée au tom. III. de ses *Mémoires pour l'Histoire de l'Eglise, pag.* 297.

10206. ☞ De l'époque du martyre de saint Saturnin, premier Evêque de Toulouse, & de l'authenticité de ses Actes.

Ce sont les objets de la *Dissertation* ou *Note* XXXI. du tom. I. de l'*Hist. générale du Languedoc*, par DD. DE VIC & VAISSETE, Bénédictins.]

10207. ☞ Remarques sur les Actes de saint Saturnin; par Dom Antoine RIVET, Bénédictin.

Dans l'*Hist. Littér. de la France*, tom. II. pag. 161.]

10208. De sancto Hilario, Sylloge historica Godefridi HENSCHENII, è Soc. Jesu.

Cette Collection est imprimée dans le *Recueil de* Bollandus, au 21 de Mai.

10209. De sancto Silvio.

Ceci est imprimé dans le *Recueil* de Bollandus; au 31 de Mai. Ce Saint a vécu dans le IVᵉ siècle.

10210. Vita sancti Exuperii; ex divo HIERONYMO, Stridonensi.

Cette Vie est imprimée dans le *Recueil* de Surius, au 28 de Septembre. Catel, dans ses *Mémoires de Languedoc, au Liv. V.* réfute une bonne partie des erreurs commises dans la vie de ce Saint, qui est mort vers l'an 416.

10211. ☞ De sancto Exuperio, Sylloge Joannis STILTINGI, è Societate Jesu.

Dans le *Recueil* de Bollandus, au 28 de Septembre.]

10212. Vie de S. Exupere; par François GIRY.

Cette Vie est imprimée dans son *Recueil des Vies des Saints*, au même jour.

10213. Vie du même; par Adrien BAILLET.

Cette Vie est imprimée dans son *Recueil des Vies des Saints*, au même jour.

10214. ☞ Observations où l'on fait voir que Maxime n'a point été Evêque de Toulouse, ni d'une autre Ville.

Dans les *Singularités historiques* de D. Jean LIRON, tom. III. pag. 314.]

10215. Vita sancti Germerii; ab auctore antiquo & satis accurato scripta, sed posteà miraculis aucta ; cum Commentario prævio Danielis Papebrochii.

Cette Vie est imprimée dans le *Recueil* de Bollandus, au 16 de Mai. Excepté quelques faits généraux, on ne sçait ce qu'on doit recevoir ou rejetter dans cette Vie, au jugement d'Adrien Baillet.

10216. ☞ Observations sur les Actes de S. Germier, Evêque de Toulouse.

C'est la *Note LXIX*. du tom. I. de l'*Histoire générale du Languedoc;* par DD. DE VIC & VAISSETE.]

10217. Vie de saint Germer ou Germier; par Adrien BAILLET.

Cette Vie est imprimée dans son *Recueil des Vies des Saints,* au 16 Mai.

10218. Vita sancti Eremberti, Monachi Fontanellensis; auctore antiquo Monacho Fontanellensi.

Cette Vie est imprimée au tom. II. des *Actes des Saints de l'Ordre de S. Benoît,* pag. 605, & dans le *Recueil* de Bollandus, au 14 de Mai. Ce Saint est mort [en 671 ou 678.]

10219. Vie de saint Erembert ; par Adrien BAILLET.

Cette Vie est imprimée dans son *Recueil des Vies des Saints,* au même jour.

10220. Vie de S. Silvin ; par François GIRY.

Cette Vie est imprimée dans son *Recueil des Vies des Saints,* au 17 de Févr. Ce Saint [est mort] vers l'an 715.
☞ De bons Critiques prétendent qu'il n'étoit qu'Evêque régionaire, né seulement à Toulouse.]

10221. ☞ Remarques sur les Evêques de Toulouse, depuis la fin du IXe siècle, jusqu'à la fin du XIIe.

Elles forment la *Dissertation ou Note XIX.* du t. II. de l'*Hist. générale du Languedoc;* par DD. DE VIC & VAISSETE.]

10222. Vita sancti Ludovici, filii Caroli II. Regis Siciliæ ; auctore anonymo coætaneo. Henricus SEDULIUS, ex Ordine Minorum, è tenebris eruit, stilo & commentario illustravit : *Antverpiæ,* Moreti, 1602, *in-*8.

La même, traduite en François ; par Robert Arnauld d'Andilly.

Cette Vie est imprimée dans son *Recueil des Vies des Saints illustres* : *Paris,* 1675, *in-fol.* pag. 815.
Ce Saint est mort en 1297.]

10223. Vie du même; par François GIRY.

Cette Vie est imprimée dans son *Recueil des Vies des Saints,* au 19 d'Août.

10224. Vie du même ; par Adrien BAILLET.

Cette Vie est imprimée dans son *Recueil des Vies des Saints,* au même jour.

10225. Histoire de S. Louis, Evêque de Toulouse : *Avignon,* Offray, 1713, [1714] *in-*12.

Cette Histoire est de Louis-Antoine DE RUFFI, à qui on ne doit point attribuer quelques fautes qui s'y rencontrent ; parceque l'Auteur n'étoit pas sur les lieux lorsqu'on imprimoit cette Histoire. Ce qu'il dit du culte de ce Saint est fort curieux & très-recherché.

☞ L'Auteur est mort en 1724. Il avoit recueilli les Chartes qui en font les preuves ; mais elles n'ont pas été imprimées.]

10226. Vita e Miracoli di san Luigi, Vescovo di Tolosa, de Minori Ossevanti; per Pasqualio CODRETTO, del medesimo Ordine : *in Montereale,* 1651, *in-*8.

10227. Historia Joannis Raymundi, Cardinalis de Convenis, primi Archiepiscopi Tolosatis; auctore Ludovico Donio D'ATTICHY.

Cette Histoire [de Raymond de Comminges, qui fut fait premier Archevêque de Toulouse en 1317] est imprimée au tom. I. des *Fleurs de l'Histoire des Cardinaux,* pag. 373 : *Parisiis,* 1660, *in-fol.*

10228. Oratio in funere Pauli Foxii ; auctore Marco Antonio MURETO, Lemovicensi, Cive Romano : *Parisiis,* 1584, *in-*4.

Elle se trouve aussi dans les *Œuvres* de Muret, édition d'Ingolstadt & dans celle de Léipsick.
Paul de Foix est mort en 1584, & Muret en 1586.

10229. ☞ La même traduite en François ; par André du Val : *Paris,* 1584, *in-*8.

Cette même Traduction est imprimée au-devant des *Lettres* de ce Cardinal : *Paris,* 1628, *in-*4.

10230. ☞ Mémoire historique & critique pour servir à l'Histoire de Messire Paul de Foix ; par Denis-François SECOUSSE. *Mém. de l'Académie des Inscr. & Belles-Lettres,* tom. XVII. pag. 620.

M. Secousse est mort en 1754.]

10231. * Relation de ce qui s'est passé aux honneurs funèbres de Charles de Montchal, Archevêque de Toulouse ; par M. D. R. P. D. S. A. *Toulouse,* Colomiez, 1651, *in-*4.

L'Auteur est Michel de Reillac, Prieur de S. Amand.

10232. Oraison funèbre de Jean-Baptiste-Michel Colbert de Villacerf ; par Guillaume BEAUFILS, Jésuite : *Toulouse,* 1710, *in-*4.

Cet Archevêque est mort en 1710.

Histoires de l'Évêché de Pamiers.

10233. Msc. Recueil de Pièces collationnées sur les Originaux par de Malenfant, Juge Mage du Présidial de Pamiers, servant à l'Histoire de l'Eglise de Pamiers, depuis son érection en Evêché, avec les copies du Plaidoyer du Comte de Foix ; & les Défenses de Bernard de Saicetti, dernier Abbé de S. Antonin, & premier Evêque de Pamiers, sur le Droit de Régale, prétendu par le Comte de Foix : *in-fol.*

Ce Recueil est conservé dans la Bibliothèque de M. l'Abbé de Camps.

10234. Divers Actes du Procès criminel fait à Bernard, Evêque de Pamiers, pour lequel le Pape Boniface VIII. prit la défense contre le Roi Philippe-le-Bel, en 1295 & 1301.

Ces Actes sont imprimés ensuite de l'*Histoire du Différend de Boniface VIII. avec Philippe-le-Bel,* p. 621 : *Paris,* 1655, *in-fol.*

10235. Gesta in captura Bernardi Sager, Episcopi Appamiensis.

Ces Gestes sont imprimés dans Martenne, au tom. I. de son *Nouveau Trésor des Pièces anecdotes,* p. 1319.]

10236. ☞ Arrêt du Conseil d'Etat, du 12 Février 1642, en faveur de Jean de Sponde, Evêque de Pamiers, contre les Syndics de l'Eglise Cathédrale dudit Pamiers, & de l'Eglise Collégiale de Notre-Dame de Camp : *in-*4.]

10237. Vita Henrici Spondani ; autore Petro FRIZON.

Cette Vie est imprimée dans sa *Continuation des Annales* de Baronius : *Parisiis*, 1659, *in-fol.* & dans les éditions suivantes. Cet Evêque est mort en 1643, & Frizon en 1650.

10238. Eloge du même ; par Charles PERRAULT.

Cet Eloge est imprimé dans son *Recueil des Eloges des Hommes illustres*, tom. I. p. 5 : *Paris*, 1699, *in-fol.*

10239. ☞ Histoire de la Vie & des Ouvrages du même ; par Jean-Pierre NICERON.

Dans ses *Mémoires*, tom. XI. pag. 16-23, & tom. XX. pag. 7.]

10240. Relation de ce qui s'est passé pendant la maladie & à la mort d'Etienne-François de Caulet, en 1680 ; par François GON : *in-*12.

10241. ☞ Vie du même Etienne de Caulet ; (par Jérôme BESOIGNE.)

Elle se trouve dans son *Histoire des quatre Evêques : Cologne (Paris)* 1756, *in-*12. 2 vol. tom. II. pag. 114-238. Il y fait ensuite l'Histoire du Chapitre de Pamiers, par rapport à l'affaire de la Régale, &c.]

10242. Ms. Mémoires sur la Vie du même, & l'Histoire de son Chapitre ; par Louis-Paul DU VAUCEL, Théologal d'Alet.

Ces Mémoires détaillés sont cités par plusieurs Auteurs, & l'original est conservé à Utrecht chez le Pasteur de sainte Gertrude. M. du Vaucel, qui est le même que ce M. Valloni à qui M. Arnauld a écrit tant de Lettres, est mort à Maestricht en 1715.]

Histoires de l'Évêché de Mirepoix.

10243. ☞ Mémoire pour M. l'Evêque & le Chapitre de Mirepoix, contre M. le Marquis de Mirepoix : *in-fol.*]

10244. Historia Davidis Betoun, Martyris ; auctore Ludovico Donio D'ATTICHY.

Cette Histoire est imprimée au tom. III. des *Fleurs de l'Histoire des Cardinaux*, pag. 249 : *Parisiis*, 1660, *in-fol.* Ce Cardinal est mort en 1546.

10245. ☞ Vie de Pierre de la Broue.

Dans l'Addition faite après coup à l'Ouvrage intitulé : *Nécrologe des Appellans*, &c. 1755, *in-*12. Cet Evêque est mort en 1720.]

10246. ☞ Eloge de Jean-François Boyer, ancien Evêque de Mirepoix ; par Charles LE BEAU.

Dans l'*Histoire de l'Académie des Inscriptions & Belles-Lettres*, tom. XXVII. pag. 215. Cet Evêque, qui avoit fait sa démission en 1735 (lorsqu'il fut nommé Précepteur de M. le Dauphin) est mort en 1755.]

10247. ☞ Eloge du même ; par M. Jean-Paul GRANDJEAN DE FOUCHY. *Histoire de l'Académie des Sciences*, année 1755.

Il se trouve aussi parmi les *Eloges* imprimés à part, pag. 402-413 : *Paris*, Brunet, 1761, *in-*12.]

Histoires de l'Évêché de Rieux.

10248. ☞ Mémoires pour servir à l'Eloge historique de Jean de Pins, Evêque de Rieux, avec un Recueil de plusieurs de ses Lettres de Négociations, à François I. &c. (par Etienne-Léonard CHARRON, Jésuite) : *Avignon (Toulouse)* 1748, *in-*12.]

10249. ☞ Oraison funèbre de Jean-Louis de Bertier, Evêque de Rieux, prononcée dans l'Eglise de Rieux, le 26 Juin 1662 ; par Gilbert DE CHOISEUL-Praslin, Evêque de Comminges : *Paris*, 1662, *in-*4.]

Histoires de l'Évêché de Saint-Papoul.

10250. ☞ Abrégé de la Vie de Jean-Charles de Ségur, ancien Evêque de Saint-Papoul : *Utrecht (Paris)* 1749, *in-*12.)

On y trouve son Mandement d'abdication du 26 Février 1735, un Recueil de Lettres, & d'autres Pièces. M. de Ségur est mort le 28 Septembre 1748, à Paris, âgé de 53 ans. Il fut inhumé le 30 dans le Cimetière de S. Gervais, au pied de la Croix. Il avoit été de la Congrégation de l'Oratoire, où il étoit entré après avoir quitté le service militaire.]

Histoires de l'Évêché de Lavaur.

10251. Discours sur la mort de Georges de Selve ; par Raimond LE ROUX, Avocat.

Ce Discours est imprimé avec sa *Réponse à Charles du Moulin, touchant la Dignité du Pape* : *Paris*, 1551, *in-*8. Cet Evêque est mort en 1541.

10252. Oraison funèbre de Pierre Danès ; par Gilbert GENEBRARD, Docteur en Théologie : *Paris*, 1577, *in-*8.

Danès est mort en 1577, & Génébrard en 1597.

10253. ☞ Abrégé de la Vie du célèbre Pierre Danès, Ambassadeur du Roi François I. au Concile de Trente, Evêque de Lavaur, Précepteur & Confesseur de François II. &c. mort le 23 Avril 1577, avec ses Opuscules, son Oraison funèbre par Génébrard, &c. *Paris*, Quillau, 1731, *in-*4.

C'est feu M. l'Abbé DANÈS, Conseiller-Clerc au Parlement de Paris, qui a donné ce Recueil : il y a joint deux Mémoires sur Jacques Danès, Evêque de Toulon, indiqués ci-devant, N.° 8065.]

10254. ☞ Histoire de la Vie & des Ouvrages de Pierre Danès ; par Jean-Pierre NICERON, Barnabite.

Dans ses *Mémoires*, tom. XIX. pag. 143-156.]

10255. Eloge du même ; par Hilarion DE COSTE, de l'Ordre des Minimes.

Cet Eloge est imprimé dans son *Recueil des Hommes illustres*, pag. 540 : *Paris*, 1625, *in-fol.*

Oraison funèbre du Cardinal de Birague, Chancelier de France.

Voyez ci-après, au Liv. III. *Hist. des Chanceliers*.

§. XXIII.

Histoires de la Métropole de Tours & de ses Suffragans.

10256. Mſ. CATALOGUS Episcoporum Turonensium, Pictaviensium, Andegavensium, Cenomanensium & Abbatum sancti Albini: *in-fol.*

Ce Catalogue est conservé dans la Bibliothèque de S. Germain-des-Prés, num. 173.

10257. Mſ. Nomina Archiepiscoporum Turonensium, Episcoporum Andegavensium, Cenomanensium, Nannetensium & Pictaviensium: *in-fol.*

Ces Catalogues [étoient] conservés dans la Bibliothèque de M. Colbert, num. 2578. [aujourd'hui à la Bibliothèque du Roi.]

10258. L'Histoire chronologique des Evêques de Bretagne; par Augustin DU PAZ, Jacobin.

Cette Histoire est imprimée dans son *Histoire généalogique de Bretagne : Paris*, 1620, *in-fol.*

10259. Catalogue chronologique & historique des Evêques des neuf Evêchés de la Province Armorique; par ALBERT le Grand, de Morlaix, Jacobin.

Ce Catalogue est imprimé avec les *Vies des Saints de cette Province : Nantes*, 1637, *in-4.*

10260. Quomodo Nomenoius Tyrannus Britonum, de quatuor Episcopatibus fecit septem tempore Caroli Calvi Francorum Regis.

Cette Narration est imprimée dans du Chesne, au tom. II. de son *Recueil des Historiens de France*, *pag.* 407.

10261. Mémoire sur l'Etat du Clergé & de la Noblesse de Bretagne; par TOUSSAINTS de Saint-Luc, Carme Réformé : *Paris*, 1692, *in-8.* 2 vol.

Cet Auteur est mort en 1694. Son Livre n'est qu'un Extrait de la dernière réformation de la Noblesse de cette Province, & quelques Remarques sur l'état du Pays, tant par rapport à l'Eglise, que par rapport à la Noblesse. *Lobineau*, dans la Préface de son *Histoire de Bretagne.*

Histoires de l'Archevêché de Tours.

10262. Mſ. Historia Ecclesiæ Turonensis.

Cette Histoire est conservée dans la Bibliothèque du Vatican, entre les Manuscrits de la Reine de Suede.

10263. De Commendatione Turonicæ Provinciæ, & nominibus & actibus Episcoporum Civitatis Turonicæ, Opus Monachi anonymi Majoris Monasterii.

Cet Ouvrage est imprimé avec les autres de cet Auteur; par les soins de Laurent Bouchel : *Parisiis*, Chevalier, 1610, *in-8.*

10264. ☞ De Gestis Episcoporum Turonensium & Abbatum Majoris Monasterii: *in-8.*]

10265. Histoire des Archevêques de Tours écrite en vers; par Olivier CHERREAU, Tourangeau : *Tours*, Poinsot, 1654, *in-4.*

☞ Ce Livre est en vers François, qui ne sont pas fort bons; l'Auteur a fait mettre en marge les noms des Papes, &c. On y trouve des faits assez particuliers. A la fin, l'Auteur a ajouté les noms des premiers Archevêques & Evêques de France.]

10266. Abrégé du Paradis de la Touraine, qui comprend dans une briève Chronologie les Archevêques de la Ville de Tours, particulièrement la Vie de S. Martin; par Martin MARTEAU de saint Gatien, Religieux Carme : *Paris*, du Fossé, 1661, *in-8.*

10267. Sancta & Metropolitana Ecclesia Turonensis, sive series Turonensium Archiepiscoporum, & Statuta Conciliorum & Synodorum hujusce Ecclesiæ; auctore Joanne MAAN, Theologiæ Doctore : *Augustæ Turonum*, in ædibus autoris, 1667, *in-fol.*

Cet Ouvrage contient l'Histoire de cette Eglise depuis l'an de Jesus-Christ 251, jusqu'en 1655.

☞ *Voyez* Bibliot. de Harley, tom. II. pag. 541. Journ. des Sçav. Septembre, 1668.]

— Histoire des Archevêques de Tours; par Pierre CARREAU.

Dans son Histoire de la Touraine, indiquée ci-après, [parmi les Histoires Civiles des Provinces.]

10268. Mémoires & Pièces touchant le différend de M. l'Archevêque de Tours avec l'Eglise Cathédrale & Métropolitaine, au sujet de l'Exemption : *Paris*, Muguet, 1697, *in-fol.*

10269. Recueil des principales Ecritures & Pièces concernant l'Exemption du Chapitre de l'Eglise Métropolitaine de Tours; contre M. Matthieu Isoré d'Hervaux, Archevêque de Tours; par [Georges] LE ROY, Avocat au Parlement : *Paris*, 1700, *in-fol.*

═ La Défense des Privilèges de S. Martin contre l'Archevêque de Tours, avec l'Examen de ses Privilèges.

Voyez l'*Histoire Eccl. de la Touraine* [ci-devant N.° 5548.]

10270. Sommaire touchant la Jurisdiction pour l'Archevêque de Tours, contre le Chapitre de S. Martin; par [Pierre] LE MERRE, Avocat : [*Paris*, 1709] *in-fol.*

10271. ☞ Observations sur Verus, Evêque de Tours : correction proposée dans Grégoire de Tours.

Voyez les *Singularités historiques* de Dom LIRON; tom. III. pag. 316.]

10272. Vie de saint Gatien; par Adrien BAILLET.

Cette Vie est imprimée dans son *Recueil des Vies des Saints*, au 18 de Décembre. Ce Saint a vécu dans le troisième siècle.

10273. ☞ De sancto Lidorio, aut Litorio, Sylloge Joannis STILTINGI, è Soc. Jesu.

Dans le *Recueil* de Bollandus, au 13 de Septembre.]

Métropole de Tours, & ses Suffragans.

10274. Vie de saint Lidoire; par Adrien BAILLET.

Cette Vie est imprimée dans son *Recueil des Vies des Saints*, au 13 de Septembre. Ce Saint est mort en 371.

10275. SULPICII Severi de Vita sancti Martini, Libri duo. ODONIS Cluniacensis, de sancto Martino. GREGORII Turonensis Opuscula, edita ab Hieronymo Chlictovæo: *Parisiis*, Parvi, 1511, *in-4*.

☞ » Ce Jérôme Chlictove étoit neveu de Josse: ce » dernier n'a eu aucune part à cette Edition, qui auroit » été meilleure s'il y avoit mis la main ». *Singularités historiques* de Dom Liron, *tom. III. p. 389.*]

10276. Vita sancti Martini; auctore SULPICIO Severo, ejus Discipulo.

Cette Vie est imprimée dans le *Recueil* de Surius, au 11 de Novembre; & avec les *Œuvres* de Sulpice Sévère, dans les *Bibliothèques des Pères*.

La même, traduite en François; par Pierre DU RIER: *Paris*, Billaine, 1660, *in-12.*

Sulpice Sévère a écrit [au plus tard] l'an 399, en partie sur ce qu'il a vu; il a rapporté le reste sur le témoignage de S. Martin & de ses Disciples. Cet Ouvrage est fort estimé pour l'élégance du style & pour la fidélité de l'Auteur; mais son calcul n'est pas toujours exact pour les temps qui ont précédé l'Episcopat de ce Saint, qui est mort l'an 400 [au plus tard. *Voyez* ci-après.]

☞ » Sulpice Sévère n'a écrit la Vie de ce Saint que » peu de temps avant sa mort, & par conséquent en » 399 ou même en 400 ». *Singularités historiques* de D. Liron, *tom. III. p. 390. Voyez* le *Journ. des Sçav. Juin 1710.* = *Biblioth. choisie, tom. XX. pag. 201*. Il y a aussi des choses intéressantes pour les Vies de S. Martin, dans les *Actes de Léipsick*, 1759, p. 248, 353 & 529.

On trouve à la suite des *Codices manuscripti Quedlinburgenses*, (*Quedlinburgi*, Sievert, 1723, *in-4.*) des Variantes sur la Vie de S. Martin, par Sulpice Sévère, tirées d'un Manuscrit très-ancien, qui est conservé dans cette Ville de la haute Saxe. *Voyez* aussi les *Actes de Léipsick* 1724, *pag.* 278. Tobie Eckhard, Recteur du Collége de Quedlinbourg, à qui on doit la publication de ces Variantes, y a joint des vers sur faint Martin, avec des Notes; deux Lettres de Grégoire de Tours sur la mort de ce Saint, une [attribuée à] S. Ambroise sur la Translation de ses Reliques, & une Vie de S. Brice, successeur & Disciple de S. Martin, imprimée comme les autres Pièces, d'après un Manuscrit.]

10277. De Vita sancti Martini, Libri sex metrici; auctore beato PAULINO, Episcopo Nolano, dicati Perpetuo Episcopo Turonensi, cum Notis Francisci Jureti: *Parisiis*, 1585: [*Moguntiæ*, Lippius, 1630] *in-8*.

Ces mêmes Livres sont imprimés dans toutes les Bibliothèques des Pères.

Idem, cum Francisci Jureti Notis, Gasparis Barthii Animadversionibus, & Joannis Friderici Gronovii Observationibus, editi à Christiano Daumio, qui & ipse Notas adjecit: *Lipsiæ*, 1681, *in-8*.

Cette Vie, qui est écrite en vers héroïques, est de Paulin de Périgueux; il l'a composée en 466, & l'a dédiée à Perpétue, Evêque de Tours, qui a présidé en 461 à un Concile de Tours. Cet Auteur n'a fait que tendre en vers assez grossiers, l'élégante Prose de Sulpice Sévère. Tous les Auteurs du moyen âge, & même avant eux Grégoire de Tours, ont attribué cet Ouvrage à S. Paulin, Evêque de Nole, sous le nom duquel il a été plusieurs fois imprimé; & ce n'est qu'en 1686, que Daumius le restitua à son véritable Auteur. Guillaume Cave, dans son *Histoire Littéraire, sous l'année* 461.

☞ » Le Père le Long a voulu dire que Daumius est » le premier qui a fait imprimer la Vie de S. Martin en » vers, sous le nom de Paulin de Périgueux; car le Père » Sirmond avoit remarqué long-temps auparavant que » cet Ouvrage est de ce Paulin, & non de S. Paulin de » Nole. Juret même avoit reconnu sa bévue, Barthius » & le Père Labbe l'avoient répété, & tous les Sçavans » en convenoient avant l'édition de Daumius, qui pa- » rut à Léipsick l'an 1686 ». *Singularités historiques* de Dom Liron, *tom. III. pag.* 384.]

10278. Venantii Honorii Clementiani FORTUNATI, Episcopi Pictaviensis, de Vita sancti Martini, Libri quatuor versibus heroicis.

Ces Livres sont imprimés avec les *Œuvres* de cet Auteur; par Christophe Brouwer, Jésuite: *Moguntia*, Lippius, 1607, *in-4*. Fortunat n'a fait qu'une Paraphrase de ce qu'avoit écrit de faint Martin Sulpice Sévère, & l'a mis en vers avec assez peu de succès. Cet Evêque vivoit encore l'an 600.

10279. GREGORII Turonensis Episcopi, de Miraculis sancti Martini, Libri quatuor.

Ces Livres sont imprimés avec les *Œuvres* de Grégoire de Tours. Il les composa l'an 595.

10280. Albini ALCUINI Scriptum de Vita sancti Martini.

Cet Ecrit est imprimé avec les *Œuvres* d'Alcuin: *Parisiis*, 1617, *in-fol*.

☞ Cet Ecrit d'Alcuin a aussi été imprimé avec les Notes de Laurent Bouchel, & l'Ouvrage de Grégoire de Tours: *Paris*, Chevalier, 1610, *in-8*.]

10281. ☞ Vie & Miracles de S. Martin; par Jean D'ASSIGNIE, de l'Ordre de Citeaux: *Douai*, Kellam, 1625, *in-8*.]

10282. Vita beati Martini per annos digesta, ex Sulpicio & Gregorio, quorum concordia declaratur à Petro MENANDRO, Turonensi, scripta anno 1656.

Cette Vie est imprimée dans l'*Histoire des Archevêques de Tours* de Maan: *Augusta Turonum*, 1667, *in-fol*.

10283. La Vie du Prélat Apostolique saint Martin; par Martin MARTEAU.

Cette Vie est imprimée dans son *Abrégé du Paradis de Touraine*: *Paris*, 1661, *in-8*.

10284. Vie du même; par François GIRY.

Cette Vie est imprimée dans son *Recueil des Vies des Saints*, au 11 de Novembre.

10285. Vie du même; par Adrien BAILLET.

Cette Vie est imprimée dans son *Recueil des Vies des Saints*, au même jour.

10286. Vie du même; par Sébastien LE NAIN DE TILLEMONT.

Cette Vie est imprimée au tom. X. de ses *Mémoires pour l'Histoire de l'Eglise*, pag. 309 & 771.

10287. Vie de S. Martin, avec l'Histoire de la fondation de son Eglise, & de ce qui s'y est passé de plus considérable jusqu'à présent: *Tours*, Barthe, 1699, *in-4*.

Nicolas GERVAISE, d'Orléans, Prévôt de Sueure, est l'Auteur de cette Vie. [*Voyez* Lenglet, *Méthode historique*, *Suppl. pag.* 174. = *Journal des Sçavans*, *Septembre* 1699.]

10288. ☞ Office de S. Martin de Tours, avec l'Abrégé de sa Vie : *Paris*, Desprez, 1712, *in-8.*]

10289. ☞ Histoire de la Vie de S. Martin ; par D. Antoine RIVET, Bénédictin.

Dans l'*Histoire Littér. de la France*, *tom. I. part. 2, pag.* 413.]

10290. Mf. Dissertation sur l'année de la mort de S. Martin; par Louis CHANTEREAU LE FEVRE.

Cette Dissertation est conservée dans son *Traité de la Loi Salique*, qui se trouve dans la Bibliothèque du Roi. La date de la mort de S. Martin varie fort dans les Auteurs; elle est pourtant une époque considérable, par rapport à notre ancienne Histoire, à cause que Grégoire de Tours marque que la mort de Clovis arriva cent douze ans après celle de ce saint Prélat. Le Fevre est mort en 1658.

10291. Inquisitio de anno quo obiit sanctus Martinus, scilicet anno 397, sub finem; auctore Carolo LE COINTE, Congregationis Oratorii Presbytero.

Cette Recherche est imprimée au tom. I. de ses *Annales de l'Eglise de France*, sous l'année 498, *p.* 202.

☞ Il fixe la mort de S. Martin au Dimanche qui étoit le 8 Novembre de l'an 397, & suit en cela l'autorité de Grégoire de Tours. Il réfute ensuite l'opinion de ceux qui la reculoient jusqu'à l'année 400.]

10292. Petri Francisci CHIFFLETII, è Societate Jesu, de sancti Martini, Turonensis Episcopi, tempore, Dissertatio.

Cette Dissertation est imprimée avec ses *Opuscules, pag.* 213 : *Parisiis*, de la Caille, 1675, *in-8.* L'Auteur est mort en 1681.

☞ Il y a, dans cette Dissertation, plusieurs choses qui ne regardent que la Vie de ce Saint & l'Histoire Ecclésiastique. La seule qui puisse servir à l'Histoire de France, est l'année de la mort de S. Martin, qui fait époque en beaucoup d'endroits : il y a plusieurs sentimens. Les uns la fixent à l'an 397, d'autres à 398, quelques-uns à 402, plusieurs à 400; & c'est l'opinion de Chifflet.]

10293. De ætate sancti Martini Turonensis, & quorumdam ejus gestorum ordine, anno emortuali, nec non de sancto Brictio ejus successore, Josephi ANTHELMI, Canonici Forojuliensis, Epistola ad Antonium Pagi Minoritam : *Parisiis*, Dezallier, 1693, *in-8.*

10294. Dissertation sur le temps de la mort de S. Martin.

L'Abbé GERVAISE, Auteur d'une Vie de S. Martin, (ci-devant, N.º 10287) y a joint cette Dissertation à la *pag.* 355. Il prétend y prouver que ce Saint est mort l'an 396 de Jesus-Christ.

10295. Mf. Nouvelle Dissertation sur la mort de S. Martin, où sont expliquées les principales difficultés qui se trouvent dans Sulpice Sévere & dans Grégoire de Tours, au sujet de cette mort; par Pierre CARREAU, Procureur du Roi en l'Election de Tours : *in-4.*

Cette Dissertation [étoit] entre les mains de son fils, Curé de Nogent-sur-Marne. L'Auteur est mort en 1708.

10296. ☞ Dissertation sur l'année de la mort de S. Martin ; par Jacques LONGUEVAL, Jésuite.

A la fin du tom. IV. de son *Histoire de l'Eglise Gallicane*, *pag.* 555-562.]

10297. ☞ Problême historique : Comment concilier S. Sulpice Sévere avec lui-même & avec saint Grégoire de Tours, sur diverses époques de la Vie de S. Martin; par L. E. RONDET.

Dans les *Mém. de Trévoux*, 1765, Mai, *p.* 1238-1269.]

10298. Tractatus de Reversione sancti Martini è Burgundiâ, cui præmittitur Epistola ad Comitem Andegavensem; auctore ODONE, Abbate Cluniacensi.

Ce Traité, qui concerne le rapport des Reliques de S. Martin, est imprimé dans Marrier, *pag.* 65 de sa *Bibliothèque de Cluni*, & au tom. XVII. de la *Bibliothèque des Pères*, de l'édition de Lyon.

10299. Dissertation où l'on fait voir que l'Histoire de la Translation & du Retour du corps de S. Martin à Tours, attribuée à S. Odon de Cluny, est une Piéce supposée.

Cette Dissertation est de Claude du Moulinet, sieur DES THUILLERIES ; elle est imprimée avec celles du même Auteur, sur la *Mouvance de Bretagne : Paris*, 1711, *in-12.*

10300. ☞ Dissertation où il est prouvé qu'il n'y a jamais eu d'Evêque dans l'Eglise de S. Martin de Tours, & que S. Martin étoit vivant l'an 399, contre M. de Tillemont.

Cette Dissertation est dans le tom. II. des *Singularités historiques* de D. LIRON, *pag.* 15-36. L'époque de la mort de S. Martin est assez douteuse, quoique très-nécessaire pour en fixer plusieurs autres dans notre Histoire.]

10301. Miracula beati Martini, post ejus reversionem, sive ejus corporis depositionem; edita ab HERBENO, priùs Abbate Majoris Monasterii, post Archiepiscopo Turonis Civitatis.

Cette Histoire est imprimée dans Baluze, au tom. VII. de ses *Mélanges, p.* 169 : *Parisiis*, 1715, *in-8.* Herbenus ou Herbert a fleuri l'an 912. Le retour des Reliques de saint Martin de Bourgogne s'est fait du temps d'Ingelrere, Comte d'Anjou.

10302. Mémoire où l'on prouve que le Livre des Miracles de S. Martin, attribué à Herbert, est d'un imposteur.

Ce Mémoire de Claude du Moulinet, Sieur DES THUILLERIES, est imprimé dans l'article LXXII. des *Mémoires de Trévoux*, Juin, 1716, *p.* 1149.

☞ L'Abbé des Thuilleries étoit né à Séez d'une famille noble : il est mort à Paris le Samedi 14 Mai 1728, âgé de 67 ans & plus.]

10303. Vita sancti Brictii; auctore GREGORIO Turonensi, cap. 1, libri II. Historiæ Francorum, & cap. 3, libri 9, ejusdem Historiæ.

Cette Vie est imprimée avec ses Œuvres. Ce Saint est mort en 444.

10304. Vie de S. Brice; par François GIRY.

Cette Vie est imprimée dans son *Recueil des Vies des Saints*, au 13 de Novembre.

10305.

10305. Vie du même; par Adrien BAILLET.

Cette Vie est imprimée dans son *Recueil des Vies des Saints*, au même jour.

10306. ☞ De sancto Eustochio, Sylloge Joannis CLEI, è Soc. Jesu.

Dans le *Recueil* de Bollandus, au 19 de Septembre.]

10307. Vie de saint Eustoche; par Adrien BAILLET.

Cette Vie est imprimée dans son *Recueil des Vies des Saints*, au même jour. Ce Saint est mort en 461.

10308. De sancto Volusiano, Martyre.

Dans le *Recueil* de Bollandus, au 19 de Janvier. Ce Saint a vécu l'an 490.

10309. ☞ La Vie de S. Volusien, Evêque de Tours & Martyr, Patron de la Ville de Foix; par le P. DE LA COUDRE, Chanoine Régulier de la Congrégation de France: *Limoges*, Meilhac, 1722, *in-16*.]

10310. De sancto Perpetuo, Dissertatio historica Godefridi HENSCHENII, è Societate Jesu.

Cette Dissertation est imprimée dans le *Recueil* de Bollandus, au 18 d'Avril. Ce Saint est mort l'an 491.

10311. Vie de saint Perpétue; par Adrien BAILLET.

Cette Vie est imprimée dans son *Recueil des Vies des Saints*, au 30 de Décembre.

10312. Vie du même; par Sébastien LE NAIN DE TILLEMONT.

Cette Vie est imprimée au tom. XVI. de ses *Mémoires pour l'Histoire de l'Eglise*, pag. 393.

10313. ☞ Histoire de la Vie & des Ouvrages de S. Perpétue; par D. Antoine RIVET, Bénédictin.

Dans l'*Hist. Littér. de la France*, tom. II. pag. 619.]

10314. Vita sancti Arnulphi.

Cette Vie est imprimée au tom. II. de la *Bibliothèque* de Fleury, p. 240: *Lugduni*, 1605, *in-8*.

10315. Vie de S. Arnoul; par MODESTE de Saint-Amable.

Cette Vie est imprimée au tom. II. de sa *Monarchie sainte*, pag. 192: *Paris*, 1670, *in-fol*.

10316. Vie de saint Arnoul & de sainte Scariberge son épouse; par L. P. J. M. *Paris*, 1677, *in-16*.

Ces lettres initiales signifient, le Père JEAN-MARIE de Vernon, du Tiers-Ordre de S. François.

10317. ☞ De sancto Euphronio, Sylloge Joan. Bapt. SOLLERII, è Soc. Jesu.

Dans le *Recueil* de Bollandus, au 4 d'Août.]

10318. Vie de saint Euphrone; par Adrien BAILLET.

Cette Vie est imprimée dans son *Recueil des Vies des Saints*, au 4 d'Août. Ce Saint a vécu dans le sixième siècle.

10319. Vita sancti Gregorii; per Clericos Turonenses descripta.

Cette Vie est imprimée dans le *Recueil* de Surius, au 17 de Novembre. Ce Saint est mort en 595.

* Les Auteurs se sont trompés en beaucoup de choses, mêlant des contradictions à de grandes absurdités dans leur narration.

10320. Vita ejusdem; attributa ODONI, Abbati.

Cette Vie est imprimée dans les *Œuvres* de ce Saint: *Parisiis*, 1699, *in-fol*. Ces deux Vies ne sont point différentes; mais elles sont attribuées à différens Auteurs. Plusieurs croyent que c'est l'Ouvrage de S. Odon, Abbé de Cluni, qui mourut en 942. Il n'en est point l'Auteur. Celui qui l'a écrite n'y a mis presque rien des actions de S. Grégoire depuis son Episcopat. Ce Saint en rapporte lui-même un grand nombre dans son Histoire de France.

10321. Vie du même; par François GIRY.

Cette Vie est imprimée dans son *Recueil des Vies des Saints*, au 17 de Septembre.

10322. Vie du même; par Adrien BAILLET.

Cette Vie est imprimée dans son *Recueil des Vies des Saints*, au même jour.

10323. ☞ Histoire de la Vie & des Ecrits de Grégoire de Tours; par Dom Antoine RIVET, Bénédictin.

Dans l'*Hist. Littér. de la France*, tom. III. pag. 372.]

10324. ☞ Nouvelle Vie de S. Grégoire, Evêque de Tours, premier Historien des François; par M. LÉVÊQUE DE LA RAVALIERE. *Mém. de l'Acad. des Inscr. & Bel. Lettr.* tom. XXVI. pag. 598-637.]

10325. ☞ Ms. Mémoire sur la Vie de Grégoire de Tours; par M. DUFFRAISSE DE VERNINES, de la Société Littéraire de Clermont en Auvergne.

Il est conservé dans les Registres de cette Société. L'Auteur prouve contre M. Faidit, Ecrivain Riomois, que Grégoire de Tours est né à Clermont dans le sixième siècle; il rapporte quelques particularités de sa Vie, & s'étend sur-tout sur l'autorité de ses différens Ouvrages, & la qualité de ses éditions.]

10326. ☞ Histoire de la Vie & des Ecrits de Hérard; par Dom Antoine RIVET, Bénédictin.

Dans l'*Hist. Littér. de la France*, tom. V. pag. 391. Cet Evêque est mort en 871.]

10327. ☞ Histoire d'Herberne; par le même.

Dans le tom. VI. du même Ouvrage, pag. 146. *Voyez* aussi une Addition dans l'*Avertissement* de ce volume, pag. xxij. On y observe qu'il ne doit pas être regardé comme Auteur.]

10328. Vita Hildeberti, ex ejus scriptis & veterum Monumentorum testimoniis adornata ab Antonio BEAUGENDRE, Benedictino, è Congregatione sancti Mauri; cum Notis D. DE LOYAUTÉ, in suprema Parlamenti Parisiensis Curia Patroni.

Cette Vie est imprimée à la tête des *Œuvres* d'Hildebert: *Parisiis*, 1708, *in-fol*. Le Père Beaugendre est mort en 1709.

10329. ☞ Histoire de la Vie & des Ecrits du vénérable Hildebert.

Dans l'*Hist. Littér. de la France*, tom. XI. pag. 250. Cet Archevêque, qui avoit d'abord été Evêque du Mans, est mort en 1133 ou 1134.]

10330. Vita Jacobi Gelu usque ad annum 1421, ab ipso conscripta.

Cet Archevêque de Tours fut nommé à l'Archevêché d'Embrun en 1427, & il mourut en 1432. Sa Vie est imprimée au tom. III. du *Nouveau Trésor des Pièces anecdotes*, publiées par Dom Martenne, *p.* 1947.

10331. Oraison funèbre de Matthieu Ysoré d'Hervault ; par M. (Jean) FOUCHER, Chanoine Théologal de l'Eglise Cathédrale de Tours: *Tours*, Masson, 1717, *in*-4.

10332. ☞ Abrégé de la Vie de Louis-Jacques Chapt de Rastignac.

Dans le Supplément du *Dictionnaire historique littéraire & critique*, 1758, *in*-8. à la fin du tom. IV. Ce Prélat est mort en Août 1750.]

Histoires de l'Évêché du Mans.

10333. Nomina Episcoporum Cenomanensium.

Ce Catalogue est imprimé dans Mabillon, au tom. III. de ses *Analectes : Parisiis*, 1682, *in*-8.

10334. Acta eorumdem à sancto Juliano ad Innocentium Episcopum ; cum variis Regum etiam primæ stirpis diplomatibus, & aliarum illustrium personarum instrumentis, ex Archivo Cenomanensis Ecclesiæ deprompta.

10335. Additiones ad Acta eorumdem usque ad Claudium d'Angenne Episcopum, sub finem decimi sexti seculi.

Ces Actes avec les Additions sont imprimés dans le volume précédent, *pag.* 50 & 540. Ils ont été recueillis dans le neuvième siècle.

10336. ☞ Observations critiques sur les Actes des Evêques du Mans ; par M. DE FONCEMAGNE. *Mém. de l'Acad. des Inscr. & Bel. Lettr. tom. XX. pag.* 211-223.]

10337. ☞ Autres Observations sur les mêmes Actes ; par Dom Antoine RIVET, Bénédictin.

Dans l'*Hist. Littér. de la France*, *tom. V. pag.* 144-151.]

10338. Nomenclatura, seu Legenda aurea Pontificum Cenomanensium, ex vetustissimis Cathedralis Ecclesiæ Codicibus in compendium fideliter digesta ; auctore Joanne MORELLO, Theologiæ Doctore & Canonico Cenomanensi : 1572, *in*-8.

Cette Nomenclature est imprimée dans le *Recueil* de Bollandus, au 16 d'Avril.

10339. Recueil des Vies des Evêques du Mans ; par Jean BROUILLIER, Chanoine de l'Eglise Cathédrale du Mans.

Ce Recueil est cité par la Croix du Maine, dans sa *Bibliothèque*. Brouillier fleurissoit en 1584.

10340. Histoire des Evêques du Mans, & de ce qui s'est passé de plus mémorable dans le Diocèse pendant leur Pontificat ; par Antoine LE COURVAISIER DE COURTEILLES, Lieutenant-Criminel au Siège Présidial du Mans : *Paris*, Cramoisy, 1648, *in*-4.

Cet Auteur, en parlant de S. Julien, premier Evêque du Mans, suit la même époque qu'ont marqué Sulpice Sévère & Grégoire de Tours. Il finit son Histoire en 1639.

10341. Défense anticipée de cette Histoire ; par le même : *au Mans*, 1650, *in*-4.

Le Courvaisier ayant eu communication de l'Histoire suivante, prévint la critique qu'on y faisoit de son Ouvrage, & réfuta les objections qu'il y trouva contre lui.

10342. Les Vies des Evêques du Mans, restituées & corrigées ; avec plusieurs belles Remarques sur la Chronologie ; par Dom Jean BONDONNET, Bénédictin de l'Abbaye de S. Vincent du Mans. Avec la Réponse sommaire à la défense anticipée de l'Histoire des Evêques du Mans : *Paris*, Martin, 1651, *in*-4.

Bondonnet, selon le Père le Cointe, au tom. I. de ses *Annales Ecclésiastiques*, sur l'année 471, n'a fait qu'abréger l'Histoire précédente, & y a ajouté les corrections qu'il y a jugées nécessaires dans les endroits où il a cru que l'Auteur s'étoit trompé, principalement sur l'époque de S. Julien.

Cependant Ménage, *pag.* 27 de son *Histoire de Sablé*, traite le Père Bondonnet d'homme intelligent dans la Chronologie.

10343. Dissertatio Joannis LAUNOII, Theologi Parisiensis, de primi Cenomanorum Præsulis Epocha : *Parisiis*, Martin, 1651, *in*-8. Editio secunda auctior : *Parisiis*, 1670, *in*-8.

10344. Vita sancti Juliani ; auctore LETHALDO, Monacho Miciacensi.

Cette Vie est imprimée dans Bosquet, seconde partie de son *Histoire des Eglises*, *pag.* 73 : *Parisiis*, 1636, *in*-4. & dans le *Recueil* de Bollandus, au 27 de Janvier. Ce Saint est mort en 338, & Lethalde a vécu vers l'an 1000. Quoiqu'il soit assez judicieux, & l'un des bons Ecrivains de son temps, cependant son Ouvrage n'a pas grande autorité. Cette Vie est prise d'une plus ancienne d'environ cent cinquante ans, qui contenoit beaucoup de choses insoutenables, & dont il a fait de grands retranchemens.

10345. Vie de S. Julien ; par François GIRY.

Cette Vie est imprimée dans son *Recueil des Vies des Saints*, au 27 de Janvier.

10346. Vie du même ; par Adrien BAILLET.

Cette Vie est imprimée dans son *Recueil des Vies des Saints*, au même jour.

10347. Vita sancti Thuribii, cum Dissertatione historica Godefridi HENSCHENII, è Societate Jesu.

10348. Alia Vita ejusdem.

Ces deux Vies sont imprimées dans le *Recueil* de Bollandus, au 6 de Février. Elles ne paroissent pas fort anciennes ni fort authentiques ; elles n'ont aucune autorité. Ce Saint est mort vers l'an 305.

10349. Vie de S. Thuribe ; par Sébastien LE NAIN DE TILLEMONT.

Cette Vie est imprimée au tom. IV. de ses *Mémoires pour l'Histoire de l'Eglise*, *pag.* 730.

10350. ☞ Vita sancti Pavacii Romani, tertii Cenomanensis Episcopi.

Voyez *Bibl. Floriacensis*, *pag.* 240.]

Métropole de Tours, & ses Suffragans. 667

10351. Vita sancti Liborii ; auctore anonymo.

Cette Vie est imprimée dans le *Recueil* de Surius, au 23 de Juillet. Elle est écrite avec assez de gravité & de bonne foi, & ne contient rien pour les faits qui ne se trouve dans l'Histoire des Evêques du Mans. Ce Saint est mort en 397. Baronius attribue cette Vie au Prêtre IDON, qui a fleuri vers l'an 850.

10352. Vita ejusdem & Commentarius Joannis BOLLANDI, è Societate Jesu : *Antverpiæ*, Meursii, 1638, *in-8*.

Ce Jésuite est mort en 1665.

10353. ☞ Plures ejusdem Vitæ, & Commentarius.

Dans le *Recueil* de Bollandus, au 24 de Juillet.]

10354. Vie du même ; par François GIRY.

Cette Vie est imprimée dans son *Recueil des Vies des Saints*, au 23 de Juillet.

10355. Vie du même ; par Adrien BAILLET.

Cette Vie est imprimée dans son *Recueil des Vies des Saints*, au même jour.

10356. Vie du même ; par Sébastien LE NAIN DE TILLEMONT.

Cette Vie est imprimée au tom. X. de ses *Mémoires pour l'Histoire de l'Eglise, pag*. 307.

10357. Notitia della vita, morte, miracoli & translatione del san corpo di san Liborio ; racolte dal Comte Girolamo Curtio CLEMENTINI : *In Roma*, 1702 ; *in-12*.

10358. ☞ De sancto Victorio, seu Victurio Sylloge critica Joannis STILTINGI, è Societate Jesu.

Dans le *Recueil* de Bollandus, au 1 de Septembre.]

10359. Vie de saint Victeur ; par Adrien BAILLET.

Cette Vie est imprimée dans son *Recueil des Vies des Saints*, au 1 de Septembre. Ce Saint est mort en l'an 490.

10360. ☞ Vita sancti Principii ; auctore anonymo, & Commentarius Urbani STICKERI, è Societate Jesu.

Dans le *Recueil* de Bollandus, au 16 de Septembre. Ce Saint est mort vers l'an 530.]

10361. Gesta sancti Innocentii ex Actibus Episcoporum Cenomanensium seculo nono collectis, cum Commentario prævio Danielis Papebrochii.

10362. Appendix Chronologica de ejusdem Successoribus usque ad seculum decimum.

Cette Vie & l'Appendice suivant sont imprimées dans le *Recueil* de Bollandus, au 19 de Juillet. Ce Saint est mort en 542.

10363. Vita sancti Domnoli ; auctore Presbytero Cenomanensi coævo, cum Notis præviis Danielis Papebrochii.

Cette Vie est imprimée dans le *Recueil* précédent, au 3 de Mai. Elle est assez bien reçue à cause de son antiquité. Ce Saint est mort en 581.

10364. Gesta ejusdem ; auctore Benedicto PISONE, Monacho Calmarum in Diœcesi Senonensi.

Cette Vie est imprimée avec les *Œuvres* de Pison : *Parisiis*, 1529, *in-fol*. Cet Auteur a fleuri dans le seizième siècle.

Tome I.

10365. Vie de saint Domnole ; par Adrien BAILLET.

Cette Vie est imprimée dans son *Recueil des Vies des Saints*, au 1 de Décembre.

10366. ☞ Histoire de S. Domnole ; par Dom Antoine RIVET, Bénédictin.

Dans l'*Hist. Littér. de la France, tom. III. pag*. 518.]

10367. ☞ Vita beati Gaufridi, ab autore anonymo, sed coævo, scripta ; & Commentarius Petri BOSCHII, è Soc. Jesu.

Dans le *Recueil* de Bollandus, au 3 d'Août.]

10368. Ms. Gesta Bertigramni, seu Bertramni : *in-fol*.

Cette Vie [étoit] conservée dans la Bibliothèque du Collége des Jésuites de Paris, num. 97. Cet Evêque est mort en 623.

10369. Vie de saint Bertram ; par Adrien BAILLET.

Cette Vie est imprimée dans son *Recueil des Vies des Saints*, au 6 de Juin.

10370. Testamentum ejusdem.

Ce Testament est imprimé dans Mabillon, au tom. III. de ses *Analectes, pag*. 210, & avec le Commentaire de PAPEBROCH, dans le *Recueil* de Bollandus, au 6 de Juin.

10371. ☞ Histoire de la Vie de saint Bertchran ; par Dom Antoine RIVET, Bénédictin.

Dans l'*Hist. Littér. de la France, tom. III. pag*. 527.]

10372. Vita sancti Haduini.

Ce Saint est mort en 653. Sa Vie est imprimée au tom. II. de Janvier du *Recueil* de Bollandus, *pag*. 1140.

10373. Vie de saint Chadouin ; par Adrien BAILLET.

Cette Vie est imprimée dans son *Recueil des Vies des Saints*, au 20 d'Octobre.

10374. Gesta Aldrici ab ejus Discipulis scripta, anno 861.

Cette Vie est imprimée dans Baluze, au tom. III. de ses *Mélanges, pag*. 1.

10375. Vita ejusdem ; auctore Joanne MOREAU, Canonico Cenomanensi, ex Gallica versione Petri VIELLI, iterùm Latinè reddita à Joanne Bollando.

Cette Vie est imprimée dans son *Recueil*, au 7 de Janvier. Ce Saint est mort en 856.

10376. Vie de saint Aldric ; par Adrien BAILLET.

Cette Vie est imprimée dans son *Recueil des Vies des Saints*, au même jour.

10377. ☞ Histoire de la Vie & des Ecrits du même ; par D. Antoine RIVET, Bénédictin.

Dans l'*Hist. Littér. de la France, tom. V. pag*. 141.]

Histoires de l'Évêché d'Angers.

10378. Vita sancti Maurilii ; auctore FORTUNATO.

Cette Vie est imprimée dans le *Recueil* de Surius, au 13 de Septembre. Elle n'est ni de Fortunat, ni de

Pppp 2

Grégoire de Tours ; c'est peut-être celle que S. Mainbœuf, Evêque d'Angers, avoit composée l'an 606, mais fourrée & corrompue par les Additions de Raimon, Evêque de la même Ville, qui vivoit au dixième siècle, & qui, après avoir inventé tout ce qu'il a jugé à propos, a tâché de faire passer cette Vie pour un Ouvrage de Grégoire de Tours. Saint Maurille est mort en 437.

10379. Vita ejusdem; auctore sancto MAGNOBODO, ejusdem Urbis Episcopo.

Cette Vie est imprimée avec les Dissertations de Jean de Launoy, intitulées : *De sanctis Maurilio & Renato: Parisiis*, 1663, *in-8*. Saint Mainbœuf a fleuri en 630.

10380. Eadem vita, & Commentarius Joannis STILTINGI, è Soc. Jesu.

Dans le *Recueil* de Bollandus, au 13 de Septembre.]

10381. ☞ Ludovici CELLOTII Libri tres Mauritiados Andegavensis, Carmine : *Flexia*, 1638 : *Francofurti*, 1654, *in-12*.]

10382. Vie de saint Maurille ; par François GIRY.

Cette Vie est imprimée dans son *Recueil des Vies des Saints*, au même jour.

10383. Vie du même ; par Adrien BAILLET.

Cette Vie est imprimée dans son *Recueil des Vies des Saints*, au même jour.

10384. Vie de S. RENÉ ; par René BENOIST, Curé de S. Eustache à Paris.

Cette Vie est imprimée dans le *Recueil des Vies des Saints* de du Val : *Paris*, 1626, *in-fol*. Ce Curé est mort en 1608.

10385. Vie du même ; par Adrien BAILLET.

Cette Vie est imprimée dans son *Recueil des Vies des Saints*, au 12 de Novembre.

10386. Dissertatio duplex; una continens Judicium de auctore Vitæ sancti Maurilii, Episcopi Andegavensis, ex Manuscripto Andegavensi eruta : altera, Historiam sancti Renati, Andegavensis Episcopi, fictitiam attingens, unà cum Apologia pro Nessingo, Episcopo Andegavensi ; auctore Joanne LAUNOIO, Theologo Parisiensi : *Parisiis*, Martin, 1649, *in-8*.

Editio secunda auctior : accedit Ægidii MENAGII, ad Guillelmum Fratrem Epistola : *Parisiis*, Martin, 1650, *in-8*.

Editio tertia auctior & correctior, cum Vita sancti Maurilii aliquot Observationibus illustrata : *Parisiis*, Martin, 1663, *in-8*.

10387. Epistola Capituli Andegavensis pro sancto Renato, Episcopo Andegavensi, adversùs Disputationem duplicem Joannis Launoii : *Andegavi*, 1658, *in-8*.

Cette Lettre a été écrite par Jacques EVEILLON, Chanoine de l'Eglise d'Angers.

10388. Apologia Capituli Ecclesiæ Andegavensis, pro sancto Renato Episcopo : *Andegavi, Avril*, 1650, *in-8*.

10389. ☞ Ms. Dissertation de l'Abbé Gilles MÉNAGE.

Nous ne la connoissons que par ce qu'il en dit lui-même dans ses *Remarques sur la Vie de Pierre Ayrault*. Il nous y apprend qu'il a fait cet Ouvrage sur les deux Dissertations de M. de Launoy, & sur l'Apologie de M. Eveillon, dans laquelle il croit avoir démontré contre M. de Launoy l'existence de S. René, & contre M. Eveillon la fausseté de l'Histoire.]

10390. Vita sancti Albini; auctore FORTUNATO, Episcopo Pictaviensi, cum Commentario prævio.

Cette Vie est imprimée au tom. I. des *Actes des Saints de l'Ordre de S. Benoît, pag.* 108, & dans le *Recueil* de Bollandus, au 1 de Mars. Ce Saint est mort en 550, & Fortunat vivoit encore en 600.

10391. Vie de saint Aubin ; par François GIRY.

Cette Vie est imprimée dans son *Recueil des Vies des Saints*, au même jour.

10392. Vie du même ; par Adrien BAILLET.

Cette Vie est imprimée dans son *Recueil des Vies des Saints*, au même jour.

10393. Vita sancti Licinii; auctore anonymo Andegavensi & propè suppari, ex relatione Danielis ejus Discipuli, & aliorum quorumdam qui hunc probè noverant, cum Commentario prævio.

Cette Vie est imprimée dans le *Recueil* de Bollandus, au 13 de Février.

10394. Alia Vita ; auctore MARBODO, Episcopo Redonensi.

Cette Vie est imprimée dans le *Recueil* précédent, & avec les *Œuvres* de Marbodus : *Parisiis*, 1708, *in-fol*.

La même traduite en François ; par Robert Arnauld d'Andilly.

Cette Traduction est imprimée dans son *Recueil des Vies des Saints illustres, pag*. 287 : *Paris*, 1675, *in-fol*. Cette dernière Vie est la même que la précédente ; mais elle est mise en un style plus étudié, retouchée en divers endroits, & augmentée en d'autres. S. Lezin est mort en 616, & Marbodus en 1123.

10395. Vie de saint Lézin ; par MODESTE de saint Amable.

Cette Vie est imprimée au tom. I. de sa *Monarchie sainte, pag*. 545 : *Paris*, 1670, *in-fol*.

10396. Vie du même ; par Adrien BAILLET.

Cette Vie est imprimée dans son *Recueil des Vies des Saints*, au 13 de Février.

10397. Ms. Vita sancti Magnobaudi : *in-fol*.

Cette Vie est conservée dans la Bibliothèque du Roi, au vingtième volume des manuscrits de du Chesne, *pag*. 120. Ce Saint a fleuri en 630.

10398. Vie de S. Mainbœuf, ou Mainbeu; par Adrien BAILLET.

Cette Vie est imprimée dans son *Recueil des Vies des Saints*, au 16 d'Octobre.

10399. ☞ Histoire du même ; par D. Antoine RIVET, Bénédictin.

Dans l'*Hist. Littér. de la France, tom. III. pag*. 573.]

10400. ☞ Histoire d'Eusebe ; par le même.

Dans le même Ouvrage, *tom. VIII. pag*. 99. Cet Evêque est mort en 1081.]

10401. ☞ Histoire de la Vie & des Ecrits d'Ulger, mort en 1148.

Dans l'*Hist. Littér. de la France, tom. XII. pag*. 301.]

Métropole de Tours, & ses Suffragans.

10402. Guillelmi MAJORIS Gesta ab ipso-met relata, anno 1290.

Cette Histoire est imprimée dans d'Acheri, au tom. X. de son *Spicilège*, *pag*. 247. Ces Gestes contiennent bien des choses qui concernent les Droits de l'Eglise d'Angers.

10403. Alia in Gestis omissa.

Ces autres Gestes sont imprimés au même endroit.

10404. Eloge de Jean Cardinal de la Ballue; par Henri ALBI.

Cet Eloge est imprimé dans son *Recueil des Eloges des Cardinaux*, *pag*. 147 : *Lyon*, 1659, *in-*4.

10405. ☞ Abrégé de la Vie, du Culte & des Miracles du Bienheureux Jean-Michel, Evêque d'Angers : 1739, *in-*12.

Ce Prélat vivoit dans le XVe siècle : il étoit de Beauvais, où sa famille subsiste encore. On prouve dans ce Livre qu'on ne doit pas le confondre avec un autre Jean-Michel, Auteur du Mystère de la Passion, en vers François.]

10406. Plaidoyers & Arrêts de la Cour sur l'Exemption du Chapitre de l'Eglise d'Angers, de la Jurisdiction de l'Evêque d'Angers, en 1538.

Ces Plaidoyers sont imprimés au chap. XXXVIII. des *Preuves des Libertés de l'Eglise Gallicane*, *p.* 1454: *Paris*, 1651, *in-fol.*

10407. ☞ Sentence arbitrale de 1613, entre Charles Miron, Evêque d'Angers, & le Chapitre : *in-*8.]

10408. Défense du Chapitre de l'Eglise d'Angers, contre les calomnies publiées par divers Libelles & faux bruits, sur le sujet de la Procession du Sacre : *Paris*, 1624, *in-*8.

La Procession qui se fait à Angers le Jour du Saint Sacrement, s'appelle la Procession du Sacre.

☞ Cette Défense de l'Eglise d'Angers est de M. Jacques EVEILLON, Chanoine d'Angers.

En 1623, il survint un différend entre Messire Charles Miron, Evêque d'Angers, & le Chapitre de la Cathédrale de cette Ville. Le sujet étoit que l'Evêque refusa de faire les fonctions Episcopales dans l'Eglise Cathédrale, pendant la semaine de Pâques 1623, jusqu'à ce que le Chapitre lui eût communiqué les statuts & cérémonies de l'Eglise, le nombre & qualités des Officiers & Chanoines, le service qu'ils y doivent, les Bénéfices de leur nomination, &c. se plaignant qu'on manquoit de dire beaucoup de Messes dont on étoit chargé : il somma l'Archidiacre Garande de venir avec lui officier le Jeudi-Saint dans une autre Eglise que la Cathédrale, & sur son refus l'interdit & l'excommunia. Le Chanoine en appella au Parlement de Paris. Cela causa un Procès, & fit naître plusieurs Ecrits ; entr'autres : 1.° Le Cahier du Sieur Evêque d'Angers, contenant les Actes qui concernoient l'excommunication encourue de droit par Me Pierre Garande, Grand-Archidiacre d'Angers, déclarée par ledit Sieur Evêque, pour le transport de la Jurisdiction spirituelle & la temporelle, & de ce qui s'en étoit passé au Parlement & au Conseil-Privé du Roi ; (ledit Cahier mis en lumière le 21 Novembre 1623.) 2. °Les Mémoires & Actes de ce qui s'étoit passé à Angers touchant la Procession du Saint Sacrement, en Juin 1624. 3.° L'Examen dudit Cahier pour ledit Garande, concernant les Appellations comme d'abus. 4.° La Défense du Chapitre de l'Eglise d'Angers, &c. rapportée au numéro précédent. L'Evêque ne vouloit point que lorsqu'on reposoit le Saint Sacrement dans l'Eglise des Religieuses de Ronceray, leur Chœur s'ouvrît, que les Séculiers y entrassent, qu'elles en sortissent elles-mêmes pour venir se mêler avec le peuple, suivant la coutume. Le Chapitre, fortifié de plusieurs Arrêts, le prétendoit. L'Evêque fit la Procession sans le Chapitre à cause de cela, n'y porta point le Saint Sacrement de l'Eglise Cathédrale, &c. On peut voir la suite de ce différend dans le *Mercure François de 1624*, *tom. X.* depuis la page 513 jusqu'à 648 ; & dans le *Choix des Mercures*, *tom. XXII. pag. 18 & suiv.*]

== De la Puissance Royale ; (par Jacques BOUTREUX.)

Voyez ci-devant, N.° 7365. Ce Traité est contre les Maximes avancées par Charles Miron, Evêque d'Angers, dans le démêlé mû entre lui & son Chapitre.

☞ *Voyez* dans le *Moréri de* 1759, l'article Boutreux.]

10409. Plainte apologétique pour M. d'Angers, contre le Livre précédent ; par Claude MÉNARD, Prêtre : *Angers*, 1625, *in-*8.

Cet Auteur est mort en 1651. Il a écrit en faveur de Charles Miron, Evêque d'Angers.

10410. Réponse du Chapitre de l'Eglise d'Angers, au Livre intitulé : Plainte apologétique pour M. l'Evêque d'Angers : *Paris*, Durand, 1626, *in-*8.

☞ Cet Ecrit de près de 700 pages, qui est, avec raison, recherché des curieux, est de Jacques EVEILLON, né à Angers, & mort Chanoine de la Cathédrale de cette Ville, en Décembre 1651, âgé de 79 ans. Le P. Niceron, qui en parle au tom. XIV. *pag*. 297, de ses *Mémoires*, ne connoissoit pas cet Ouvrage, dont il ne rapporte ni le titre, ni la forme, ni la date de l'impression.]

10411. Histoire du Démêlé de l'Evêque d'Angers avec son Chapitre, par Edmond RICHER.

☞ Elle forme le Liv. IV. de son *Traité des Appellations comme d'abus*, fait au sujet de ce démêlé. Cet Ouvrage est indiqué ci-devant, N.° 7476.]

10412. ☞ Mémoires sur la vie & sur la mort de feu Messire Henri Arnauld.

Dans les *Mémoires de Littérature* du P. Des Molets, *tom. III.* *pag*. 369-389. Cette Pièce est aussi édifiante que curieuse.]

10413. ☞ Vie du même ; (par Jérôme BESOIGNE.)

On la trouve dans la *Vie des IV. Evêques* : Cologne (*Paris*) 1756, 2 vol. *tom. I. pag*. 232-304. Il y a plus de faits que dans le Mémoire précédent.]

10414. ☞ Défense des Ordonnances de M. l'Evêque d'Angers (Henri Arnauld) & de l'autorité Episcopale, contre deux Libelles, dont l'un a pour titre : Très-humble Remontrance faite par les Religieux à un grand Prélat de France, touchant certains articles de ses Ordonnances, où ils prétendent être grévés ; & l'autre : Sentiment d'un Docteur en Théologie, &c. avec la Censure desdits Libelles, faite par l'Assemblée générale du Clergé : *Angers*, Avril & Boulanger, 1656, *in-*4.]

10415. ☞ Réflexion sur la Défense des Ordonnances de M. l'Evêque d'Angers : 1657, *in-*4.]

10416. ☞ Justification des Privilèges des

Réguliers présentée au Pape & au Roi ; par les Religieux Mendians de la Ville d'Angers, pour Réponse au Livre intitulé : Défense des Ordonnances, &c. *La Flèche*, 1658 : *in-4. Paris*, 1658, *in-4*.]

10417. ☞ L'Autorité Episcopale défendue contre l'entreprise de quelques Réguliers Mendians du Diocèse d'Angers ; par François BONICHON : *Angers*, Avril, 1658, *in-4*.]

10418. ☞ Oraison funèbre de M. de la Riviere ; par le P. MERIGOT : 1730, *in-4*.]

Histoires des Évêchés de Bretagne.

10419. ☞ Catalogue historique des Evêques de Bretagne.

Ce sont ceux des Diocèses qui suivent. Ce Catalogue se trouve à la fin du tom. II. de l'*Histoire Ecclésiastique & Civile de Bretagne*, par DD. MORICE & TAILLANDIER : *Paris*, 1750 & 1756, *in-fol*.]

Histoires de l'Évêché de Rennes.

10420. * Vita sancti Leonorii, Episcopi ; & Commentarius Johan. Bapt. SOLLERII, è Societate Jesu.

Dans le *Recueil* de Bollandus, au 1 de Juillet.

10421. Vie de S. Leonore, Evêque Régionnaire en Bretagne ; par Adrien BAILLET.

Cette Vie est imprimée dans son *Recueil des Vies des Saints*, au 1 de Juillet. Ce Saint vivoit au sixième siècle.

10422. De sancto Melanio.

Cette Vie est imprimée dans le *Recueil* de Bollandus, au 6 de Janvier. Ce Saint est mort l'an 530.

10423. Vie de saint Melaine ; par Adrien BAILLET.

Cette Vie est imprimée dans son *Recueil des Vies des Saints*, au même jour.

10424. ☞ Histoire de saint Melaine ; par Dom Antoine RIVET, Bénédictin.

Dans l'*Hist. Littér. de la France*, tom. III. pag. 323.]

10425. Vie de S. Moran ; par le même.

Cette Vie est imprimée dans le même *Recueil*, au 22 d'Octobre. Ce Saint est mort en 730.

10426. ☞ Histoire de la Vie & des Ecrits de Marbode.

Dans l'*Hist. Littér. de la France*, tom. X. pag. 343. Cet Evêque quitta son Evêché peu avant sa mort, arrivée en 1123.]

10427. Epistola Encyclica Monachorum sancti Albini Andegavensis de obitu Marbodi.

Cette Lettre circulaire est imprimée dans Martenne, dans la partie seconde de son *Recueil d'anciens Actes*, pag. 64 : *Rotomagi*, 1700, *in-4*. & au tom. I. de son *Nouveau Trésor des Pièces anecdotes*, p. 355.

10428. Eloge historique de Séraphin Olivier, Cardinal ; par Henri ALBI.

Cet Eloge est imprimé dans son *Recueil des Eloges des Cardinaux*, pag. 507 : *Lyon*, 1659, *in-4*. Ce Cardinal est mort en [1609.]

10429. ☞ Oratio habita in exequiis Cardinalis Seraphini Olivarii (à Joanne A Bosco, ou Jean DU BOIS) : *Romæ*, 1609, *in-4*.]

10430. ☞ Remarques sur le Cardinal Séraphin Olivier.

Dans le *Diction*. de Prosper MARCHAND, tom. II. pag. 107-111 : il y est prouvé qu'il n'étoit pas bâtard du Chancelier Olivier, comme plusieurs le croient : cela se trouve encore dans l'excellent *Abrégé chronologique* du Président Hénault.]

10431. Vie du bienheureux Yves Mahieuc, Jacobin ; par JEAN de sainte Marie, du même Ordre.

Cette Vie est imprimée avec deux autres *Vies de Saints de cet Ordre* : *Paris*, 1634, *in-12*. Cet Evêque est mort en 1541, & Jean de sainte Marie en 1660.

Histoires de l'Évêché de Nantes.

10432. ☞ Histoire abrégée des Evêques de Nantes, où les faits les plus singuliers de l'Histoire de l'Eglise & du Comté de Nantes sont rapportés ; par M. (TRAVERS) Prêtre du Diocèse de Nantes.

On la trouve dans le tom. VII. des *Mémoires de Littérature* du Père des Molets, pag. 314-428. Elle commence à S. Clair, environ l'an 280, & contient une suite de 102 Evêques, jusqu'à Christophe-Louis Turpin de Sansai, transféré de l'Evêché de Rennes à celui de Nantes, le 17 Octobre 1723.]

10433. De sancto Similino seu Similiano, Sylloge historica Godefridi HENSCHENII, è Societate Jesu.

Cette Collection est imprimée dans le *Recueil de Bollandus*, au 16 de Juin. Ce Saint a vécu dans le IV. siècle.

10434. Vie de saint Semblin ; par Adrien BAILLET.

Cette Vie est imprimée dans son *Recueil des Vies des Saints*, au même jour.

10435. De sancto Felice, Commentarius Joh. Bapt. SOLLERII, è Soc. Jesu.

Dans le *Recueil* de Bollandus, au 7 de Juillet.]

10436. Vie de S. Felix ; par Adrien BAILLET.

Cette Vie est imprimée dans son *Recueil des Vies des Saints*, au même jour. Ce Saint est mort en 587.

10437. ☞ Histoire de S. Félix ; par Dom Antoine RIVET, Bénédictin.

Dans l'*Hist. Littér. de la France*, tom. III., p. 330.]

10438. De sancto Æmiliano, Martyre, Commentarius historicus Danielis PAPEBROCHII, è Societate Jesu.

Ces Mémoires sont imprimés dans le *Recueil* de Bollandus, au 25 de Juin. Ce Saint a souffert le martyre vers l'an 726.

10439. ☞ De sanctis Gohardo Episcopo, & Sociis Martyribus, Nannetibus in Brittannia Aremorica ; Commentarius Conradi JANNINGII, è Societate Jesu.

Ces Martyrs ont souffert la mort en 843, & cette Collection est imprimée dans le *Recueil* de Bollandus, au tom. VI. de Juin, pag. 244.

10440. ☞ Oraison funèbre de Gilles de la Beaume le Blanc de la Valiere ; par Martial-

Louis DE BROSSARD, Doyen de la Cathédrale de Tulle : *Tulle*, Chirac, 1709, *in-*4.

M. de la Valiere est mort en 1709, & l'Abbé Brossard en 1734.]

10441. ☞ Mémoire sur la vie & la mort de M. Christophe-Louis Turpin Crissé de Sansay, Evêque de Nantes ; (par un Négociant de la Province de Bretagne.)

Dans le *Journal Chrétien*, 1759, *Février, pag.* 107 & *suiv.* Cet Evêque est mort le 29 Mars 1746.]

Histoires de l'Évêché de Vannes.

10442. Vita sancti Paterni, cum Commentario prævio Godefridi HENSCHENII.

Cette Vie est imprimée dans le *Recueil* de Bollandus, au 15 d'Avril. Elle est jugée ancienne ; mais son premier Auteur n'est pas d'une grande autorité. Ce Saint est mort vers l'an 555 [selon l'opinion commune.]

10443. Vie de saint Paterne ; par Adrien BAILLET.

Cette Vie est imprimée dans son *Recueil des Vies des Saints*, au même jour.

10444. ☞ Remarques (de D. Jean LIRON) pour prouver que S. Paterne fut ordonné Evêque de Vannes dans le Concile tenu dans cette Eglise vers l'an 465.

Elles se trouvent tom. IV. des *Singularités historiques, &c.* Paris, 1740, *pag.* 537-541.]

10445. De sancto Meriadeco, Sylloge Godefridi HENSCHENII, è Societate Jesu.

Ces Mémoires sont imprimés dans le *Recueil* de Bollandus, au 7 de Juin. Ce Saint a vécu dans le septième siècle.

10446. De sancto Bilio, Martyre, Excerpta Danielis PAPEBROCHII, è Societate Jesu.

Ces Extraits sont imprimés dans le même *Recueil*, au 25 de Juin.

10447. ☞ Dissertation (de D. Jean LIRON) où il est prouvé que Maracaire, qui assista l'an 568 à la Dédicace de l'Eglise de saint Pierre de Nantes, étoit Evêque de Vannes.

Elle se trouve au tom. III. des *Singularités historiques, &c.* Paris, 1739, *pag.* 264-282.]

Histoires de l'Évêché de Cornouaille, ou de Quimper.

10448. Vita sancti Corentini, Aremorici ; auctore Juliano MAUNOIR, è Societate Jesu : Crisopiti, 1685, *in-*12.

On ne sçait rien de ce Saint, que son établissement ; tout ce qu'on en dit de plus, passe pour fabuleux, au jugement d'Henschenius. Ce Saint est mort en 401, & l'Auteur de sa Vie en 1683.

10449. Vie de saint Corentin ; par François GIRY.

Cette Vie est imprimée dans son *Recueil des Vies des Saints*, au 5 de Septembre.

10450. Vie du même ; par Adrien BAILLET.

Cette Vie est imprimée dans son *Recueil des Vies des Saints*, au même jour.

Histoires de l'Évêché de Léon.

10451. Mf. Mémoires & Recherches de l'Evêché de Saint-Paul de Léon ; par Yves LE GRAND, Chanoine de cette Eglise.

Ces Mémoires sont cités par Albert le Grand, *pag.* 28, des *Vies des Saints de Bretagne : Vie de S. Riok* : *Nantes,* 1637, *in-*4. Yves le Grand vivoit en 1471.

10452. Vita sancti Pauli ; auctore Monacho Floriacensi.

Cette Vie est imprimée dans la *Bibliothèque* de Fleuri, au tom. I. *pag.* 418 : *Lugduni*, 1605, *in-*8. & avec un Commentaire dans le *Recueil* de Bollandus, au 12 de Mars. Elle est remplie de faits incertains & visiblement fabuleux. Ce Saint est mort en 573, & l'Auteur de sa Vie a fleuri vers l'an 980.

10453. Vie de S. Léon ; par François GIRY.

Cette Vie est imprimée dans son *Recueil des Vies des Saints*, au même jour.

10454. Vie du même ; par Adrien BAILLET.

Cette Vie est imprimée dans son *Recueil des Vies des Saints*, au même jour.

10455. * Vita sancti Colveni, & Commentarius Johan. Bapt. SOLLERII, è Soc. Jesu.

Dans le *Recueil* de Bollandus, au premier de Juillet. Ce Saint vivoit au VIe siècle.

Histoires de l'Évêché de Tréguier.

10456. Vie de S. Tugal, Evêque de Lexobie en Basse-Bretagne, Patron de Tréguier : Rennes, 1605, *in-*8.

Ce Saint est mort en 553.

10457. Vie du même ; par Adrien BAILLET.

Cette Vie est imprimée dans son *Recueil des Vies des Saints*, au 30 de Novembre.

10458. ☞ Histoire de la Vie & des Ouvrages d'Adrien d'Amboise ; par le Père Jean-Pierre NICERON, Barnabite.

Dans ses *Mémoires, tom. XXXIII. pag.* 346-348. Ce Prélat est mort en 1616.]

Histoires de l'Évêché de Saint-Brieux.

10459. ☞ Requêtes contre la prétention du Chapitre de Saint-Brieux, que les dîmes ne sont point comprises dans la Régale de cet Evêché ; par PELISSON : *in-*12.]

10460. Vita sancti Brioci, cum Notis præviis Godefridi Henschenii.

Cette Vie est imprimée dans le *Recueil* de Bollandus, au 1 de Mai. Ce Saint est mort dans le sixième siècle. Ses Actes sont ou visiblement faux, ou fort corrompus.

10461. Vie de saint Brieux ; par François GIRY.

Cette Vie est imprimée dans son *Recueil des Vies des Saints*, au même jour.

10462. Vie du même ; par Adrien BAILLET.

Cette Vie est imprimée dans son *Recueil des Vies des Saints*, au même jour.

10463. Vita sancti Wilhelmi ; auctore Godefrido CALVO, Bituricensi Archiepiscopo.

Cette Vie est imprimée dans le *Recueil* de Surius, au 29 de Juillet. Elle a été faite par l'intime ami de ce Saint. L'Auteur de la Généalogie de la Maison de Fiesque remarque que la Vie de ce Saint a été écrite par le Pape INNOCENT IV. qui étoit de cette Maison. En effet, il n'y a point d'Archevêque de Bourges qui s'appelle Géoffroy le Chauve. Saint Guillaume est mort en 1234.

10464. ☞ Eadem Vita, & Commentarius Johan. Bapt. SOLLERII, è Soc. Jesu.

Dans le *Recueil* de Bollandus, au 29 de Juillet.]

10465. Vie & Miracles de S. Brieux & de S. Guillaume, [ensemble la Translation des Reliques dudit Saint-Brieux, & la Canonisation dudit S. Guillaume; par le Pape Innocent IV.] avec des Remarques & des Observations; par L. G. DE LA DEVISON, Chanoine de l'Eglise de Saint-Brieux : *Saint-Brieux*, Doublet, 1627, *in-8*.

10466. Vie d'Etienne de Vilazel : *in-4*.

Cet Evêque est mort en 1641.

Histoires de l'Évêché de Saint-Malo.

10467. Mf. Histoire des Evêques de Saint-Malo; par Pierre DES HAYES, Chanoine Régulier de la Congrégation de France, sur les Mémoires recueillis d'Abain le Large, de la même Congrégation.

Cette Histoire [étoit] entre les mains de l'Auteur.

10468. ☞ Discours pour la défense de M. l'Evêque de Saint-Malo, contre la prétention du Chapitre : *in-4*.]

10469. Vita sancti Machutis; auctore BILIO, Episcopo decimo quarto Aletensi : *Maclovii*, 1555, *in-12*.

10470. Vita ejusdem.

Cette Vie est imprimée dans la *Bibliothèque* de Fleuri, au tom. I. *pag*. 485 : *Lugduni*, 1605, *in-8*.

10471. Vita ejusdem; auctore SIGEBERTO, Gemblacensi Monacho.

Cette Vie est imprimée dans le *Recueil* de Surius, au 15 de Novembre, & au tom. I. des *Actes des Saints de l'Ordre de S. Benoît*, pag. 217. Ce Saint est mort en 565. Cette dernière Vie est la plus supportable de toutes celles qu'on a publiées. Sigebert, qui en est l'Auteur, vivoit en 1100.

10472. Vie de S. Malo; par François GIRY.

Cette Vie est imprimée dans son *Recueil des Vies des Saints*, au 15 de Novembre.

10473. Vie du même; par Adrien BAILLET.

Cette Vie est imprimée dans son *Recueil des Vies des Saints*, au même jour.

10474. De sancto Curvallo, Commentarius historicus Godefridi HENSCHENII, è Societate Jesu.

Cette Vie est imprimée dans le *Recueil* de Bollandus, au 6 de Juin. Ce Saint a vécu dans le VIIe siècle.

10475. Vita sancti Joannis de Craticula, ex variis collecta à Joanne A BOSCO, è Societate Jesu.

Cette Vie est imprimée dans le *Recueil* précédent, au 1 de Février. Ce Saint est mort l'an 1163.

10476. Oratio de laudibus Dionysii Briçoneti, Cardinalis; auctore Joachimo PERIONIO, ex Ordine sancti Benedicti : *Parisiis*, Colinéi, 1536, *in-8*.

Ce Cardinal est mort en 1536, & Perionius en [1561.]

☞ Cette Oraison funèbre de Perionius est encore imprimée à la suite de l'*Histoire Généalogique des Briçonnets*, par Gui Bretonneau : *Paris*, Daumale, 1620, *in-4*.]

Histoires de l'Évêché de Dol.

10477. Gesta Pontificum Dolensium; auctore BALDERICO, Archiepiscopo Dolensi.

Ces Gestes sont imprimés avec la Vie de Robert d'Arbriselles, par Michel Cosnier : *Flexia*, 1641, *in-4*. Balderic (ou Baudri) est mort en 1131.

☞ On ne sçait d'où le Père le Long a tiré cette remarque. La Vie de Robert d'Arbriselles qu'il cite, est le même Livre qui est indiqué ci-après à l'Histoire de l'Ordre de Fontevrault, & on n'y trouve certainement pas les *Gesta Dolensium Episcoporum*. Dans l'*Histoire Littéraire de la France*, tom. XI. pag. 107, on relève cette fausse citation, & on observe que ces *Gesta* sont cités dans l'Histoire de Bretagne de le Baud, &c. mais on ne dit pas où ils se trouvent. Il y a apparence qu'ils sont avec quelque Manuscrit de la Vie de Robert d'Arbriselles, qui a été composée par le même Auteur, & Cosnier a fait imprimer avec des Notes.]

10478. Lettre d'un Abbé de Bretagne établi depuis peu à Paris, à un Provincial de ses amis, sur l'antiquité de l'Evêché de Dol. *Mercure*, 1703, *Mai, pag.* 22-46.]

10479. Vita sancti Samsonis; ab Anonymo subæquali conscripta.

Cette Vie est imprimée au tom. I. *Bibliotheca Floriacensis*, pag. 464 : *Lugduni*, 1605, *in-8*.

10480. Vita ejusdem; auctore anonymo.

Ce Saint est mort l'an 565, & cet Anonyme a fleuri l'an 615. Sa Vie est imprimée au tom. I. des *Actes des Saints de l'Ordre de saint Benoît*, pag. 165. Elle contient des choses assez incroyables; elle est cependant plus supportable que la précédente.

10481. Vie de S. Samson; par Louis CHARDON : *Paris*, Lesselin, 1647, *in-8*.

Cet Auteur est mort en 1651.

10482. Vie du même; par François GIRY.

Cette Vie est imprimée dans son *Recueil des Vies des Saints*, au 28 de Juillet.

10483. Vita sancti Maglorii.

Cette Vie est imprimée dans le *Recueil* de Surius, au 4 d'Octobre; & au tom. I. des *Actes des Saints de l'Ordre de saint Benoît*, pag. 228. Ce Saint est mort environ l'an 575. L'Auteur de sa Vie n'est que du treizième siècle; ou s'il est du dixième, elle a été retouchée par un Auteur du treizième siècle : il dit peu de choses, & les dit mal.

10484. Vie de saint Magloire; par François GIRY.

Cette Vie est imprimée dans son *Recueil des Vies des Saints*, au même jour.

10485. Vie du même; par Adrien BAILLET.

Cette Vie est imprimée dans son *Recueil des Vies des Saints*, au même jour.

10486.

Métropole de Trèves, & ses Suffragans.

10486. Vita sancti Thuriani.

Cette Vie est imprimée dans le *Recueil* de Surius, au 13 de Juillet. Elle paroît être du onze ou douzième siècle. Ce Saint est mort en 749.

10487. ☞ Eadem Vita, & Commentarius Johan. Bapt. SOLLERII, è Soc. Jesu.

Dans le *Recueil* de Bollandus, au 13 de Juillet.]

10488. Vie de saint Turiaw; par Adrien BAILLET.

Cette Vie est imprimée dans son *Recueil des Vies des Saints*, au même jour.

10489. ☞ Histoire de la Vie & des Ecrits de Baudri.

Dans l'*Histoire Litteraire de la France*, tom. XI. pag. 98. Cet Evêque est mort en 1131.]

10490. Epistola Synodi Tullensis ad Episcopos Britonum qui à Metropolitano suo desciverant, & cum excommunicatis communicabant.

Cette Lettre est imprimée dans du Chesne, au tom. II. de son *Recueil des Historiens de France*, pag. 439.

10491. Acta varia in causa Dolensis Episcopatûs, ab anno 859, ad annum 1340.

Ces Actes, qui traitent du Droit de Métropolitain attribué à l'Eglise de Dol pendant trois cens ans, contre celle de Tours, sont imprimés dans Martenne, au tom. I. de son *Recueil d'anciens Actes*, pag. 38 : *Rotomagi*, 1697, *in*-4. & au tom. III. de son *Nouveau Trésor des Pièces anecdotes*, pag. 850.

10492. La Providence de Dieu sur les Justes, ou l'Histoire admirable de S. Budoc, Evêque de Dol, & de la Princesse Azenor de Léon sa mère, Comtesse de Tréguier; par ALBERT le Grand, de Morlaix, Jacobin : *Rennes*, 1640, *in*-4.

§. XXIV.

Histoires de la Métropole de Trèves & de ses Suffragans.

10493. HISTORIA Archiepiscoporum Trevirensium & Episcoporum Ecclesiæ Trevirensis Suffraganeorum; auctore Christophoro BROUVERO, è Societate Jesu : *Coloniæ*, 1626, *in-fol.*

Cet Auteur est mort en 1617. Il avoit parcouru avec beaucoup de soin & de travail tout le Pays de Trèves, & avoit ramassé tout ce qui convenoit à son dessein dans toutes les Archives de ces Contrées. La première partie composée de dix-huit Livres, parut après la mort de l'Auteur; elle fut ramassée à Trèves & à Cologne par Gaultier, en 1626. Sotuel, dans sa *Bibliothèque des Ecrivains Jésuites*.

Histoires de l'Archevêché de Trèves.

10494. Catalogus Episcoporum Trevirensium; auctore Joanne MERSSÆO, Minoritâ.

Ce Catalogue est imprimé avec celui des *Electeurs Ecclésiastiques* : *Coloniæ*, 1560, *in*-8.

10495. ☞ Gesta Trevirorum, seu Historia Trevirensis (ab Ascensione Domini, usque ad annum 1132.)

Cette Histoire est imprimée à la tête des Preuves du Tome I.

tom. I. de l'*Histoire de Lorraine*, par Dom Augustin Calmet : *Nancy*, 1728, *in-fol.* Il n'en a donné que la partie qui fait connoître les premiers Archevêques de Trèves. On trouvera cette Histoire indiquée en entier ci-après, Liv. IV. dans l'Histoire Civile de cet Electorat, & imprimée par les soins de Dom Luc d'Acheri & de Léibnitz.]

10496. ☞ GOLSCHERI & anonymi cujusdam Gesta Archiepiscoporum Trevirensium ab anno 1132, usque ad annum 1259, continuata.

Cet Ouvrage se trouve dans le *Recueil* d'Eccardus, intitulé : *Corpus historicum medii ævi* : *Lipsiæ*, 1723, *in-fol.* 2 vol. *tom. II. pag.* 2198.]

10497. Chronicon Ecclesiæ Trevirensis.

Cette Chronique est imprimée dans Léibnits, au tom. I. de ses *Augmentations historiques*, pag. 37 : *Hanoveræ*, 1697, *in*-4.

10498. ☞ Historia Trevirensis Diplomatica & Pragmatica, exhibens origines Trevericas, Gallo-Belgicas, Romanas, Francicas, &c. Jus publicum particulare Archiepiscopatûs & Electoratûs Trevirensis, sed & Historiam Civilem & Ecclesiasticam, ab anno 418, ad annum 1745; per Jo. Nic. DE HONTHEIM: *Veithemii*, 1750, 3 vol. *Augustæ Vindelic.* 1757, 2 vol. *in-fol.*

Voyez sur cet Ouvrage les *Actes de Léipsick*, 1754, pag. 490 & *suiv.* où l'on trouve diverses Remarques intéressantes sur ce qui concerne l'Histoire de Trèves.]

10499. Archiepiscopatus & Electoratus Trevirensis per refractarios Monachos Maximinos turbati : *Augustæ-Trevirorum*, 1633, *in*-4.

10500. Defensio Abbatiæ Imperialis sancti Maximini juxtà muros Trevirenses : in Abbatia sancti Maximini, 1638, *in-fol.*

Nicolas ZYLLESIUS, Préfet des Offices de cette Abbaye, est l'Auteur de cette Défense.

10501. ☞ Dissertation de Dom Augustin CALMET, Bénédictin de S. Vannes, sur les premiers Evêques de Trèves, avec une Liste Chronologique de tous ses Evêques & Archevêques.

Dans son *Histoire de Lorraine*, tom. I. Nancy, 1728, *in-fol.*]

10502. Vita sanctorum Eucharii, Valerii & Materni; auctore GOLSCHERO, Monacho Trevirensi.

Cette Vie est imprimée dans Bosquet, partie seconde de son *Histoire des Eglises*, pag. 39 : *Parisiis*, 1636, *in*-4. & dans le *Recueil* de Bollandus, au 29 de Janvier. Ce Moine a vécu l'an 1140. La Vie de ces Saints, qu'il a écrite, est toute fabuleuse & insoutenable presque par tout.

10503. Vie de S. Eucaire & de S. Valere son successeur; par Adrien BAILLET.

Cette Vie est imprimée dans son *Recueil des Vies des Saints*, au 8 Décembre.

10504. ☞ Vita sancti Materni, & Commentarius Joannis PERIERI, è Soc. Jesu.

Dans le *Recueil* de Bollandus, au 14 de Septembre.]

10505. Vie de S. Materne; par Adrien BAILLET.

Cette Vie est imprimée dans son *Recueil des Vies*

des Saints, au même jour. Ce Saint a vécu dans le trois & quatrième siècle, [quoique plusieurs Ecrivains, comme les Bollandistes, prétendent que ce soit dans le premier.]

10506. ☞ Dissertation du P. Jean-Baptiste DE MARNE, Jésuite, où il examine en quel temps S. Materne prêcha l'Evangile dans les Gaules.

Elle se trouve après la *pag.* 520 de son *Histoire de Namur : Liège*, Bassompierre, & *Bruxelles*, Vanden Berghen, 1754, *in*-4. L'Auteur établit que la prédication de S. Materne, que l'on met parmi les Evêques de Cologne, comme de Trèves, se fit à la fin du troisième siècle, & au commencement du quatrième. M. de Hontheim a soutenu la même chose dans son *Historia Diplomatica*, ci-dessus, N.° 10498.]

10507. De sancto Celso, Commentarius Joannis BOLLANDI, è Societate Jesu.

Ces Mémoires sont imprimés dans son *Recueil*, au 23 de Février.

10508. Vita sancti Agricii sive Agrœcii.

Cette Vie est imprimée dans le *Recueil* de Bollandus, au 13 de Janvier. Ce Saint est mort vers l'an 335.

10509. Vita sancti Maximini ; per anonymum Monachum Maximiniensem descripta, cum Commentario prævio Godefridi Henschenii.

Cette Vie est imprimée dans le *Recueil* de Bollandus, au 10 de Mai. L'Auteur a fleuri sur la fin du huitième siècle. Il n'y a presque rien inséré de remarquable que des miracles imaginaires, & entassés sans discernement. Ce Saint est mort l'an 349.

10510. Vita alia scripta anno 839, à LUPO.

Cette Vie est imprimée dans les *Œuvres* de Loup de Ferrieres : *Parisiis*, 1664, *in*-8. & au tom. XI. de la *Bibliothèque des Pères*, de l'Edition de Lyon, *pag.* 1. Cette Vie est polie & plus grave que la précédente ; l'Auteur en a retranché beaucoup de choses fabuleuses, & ce qu'il y en a laissé lui ôte beaucoup de son prix. Elle n'est pas de Loup de Ferrieres, mais de LOUP, Evêque de Châlons, qui vivoit du temps de Louis-le-Débonnaire ou de Charles-le-Chauve.

10511. Ms. De rebus gestis & honoribus sancti Maximini, Libri decem ; auctore Joanne Guillelmo WILTHEIM, Luxemburgensi, è Societate Jesu.

Ces Livres sont cités par Valere André, dans sa *Bibliothèque de Flandres*. Cet Auteur est mort en 1636.

10512. Vie de saint Maximin ; par François GIRY.

Cette Vie est imprimée dans son *Recueil des Vies des Saints*, au 29 de Mai.

10513. Vie du même ; par Adrien BAILLET.

Cette Vie est imprimée dans son *Recueil des Vies des Saints*, au même jour.

10514. Vie du même ; par Sébastien LE NAIN DE TILLEMONT.

Cette Vie est imprimée au tom. VII. de ses *Mémoires pour l'Histoire de l'Eglise*, pag. 247.

10515. ☞ Histoire de S. Maximin ; par D. Antoine RIVET, Bénédictin.

Dans l'*Hist. Littér. de la France, tom.* I. part. 2, pag. 110.]

10516. ☞ Vita sancti Paulini ; auctore anonymo, & Commentarius Joannis PINII, è Societate Jesu.

Dans le *Recueil* de Bollandus, au 31 d'Août.]

10517. Vie de saint Paulin ; par Adrien BAILLET.

Cette Vie est imprimée dans son *Recueil des Vies des Saints*, au 31 d'Août. Ce Saint est mort l'an 358.

10518. ☞ Histoire de S. Paulin ; par Dom Antoine RIVET, Bénédictin.

Dans l'*Hist. Littér. de la France*, tom. I. part. 2, pag. 121.]

10519. De sancto Britonio, Notæ Godefridi HENSCHENII, è Societate Jesu.

Ces Notes sont imprimées dans le *Recueil* de Bollandus, au 5 de Mai. Ce Saint a vécu vers l'an 386.

10520. De sancto Felice.

Ceci est imprimé dans le même *Recueil*, au 31 d'Août. Ce Saint est mort vers l'an 400.

10521. Vie de saint Félix ; par Adrien BAILLET.

Cette Vie est imprimée dans son *Recueil des Vies des Saints*, au même jour.

10522. De sancto Cyrillo.

Ceci est imprimé dans le *Recueil* de Bollandus, au 19 de Mai. Ce Saint a vécu vers l'an 458.

10523. De sancto Maro.

Ceci est imprimé dans le même *Recueil*, au 26 de Janvier. Ce Saint a vécu dans le cinquième siècle.

10524. ☞ De sancto Mileto, Notæ Joannis CLEI, è Societate Jesu.

Dans le *Recueil* de Bollandus, au 19 de Septembre. Ce Saint est mort en 542.]

10525. De sancto Modesto, Commentarius historicus Godefridi HENSCHENII, è Societate Jesu.

Ces Mémoires sont imprimés dans le *Recueil* de Bollandus, au 21 de Février. Ce Saint est mort en 486.

10526. De sancto Abrunculo, Notæ historicæ ejusdem.

Ces Notes sont imprimées dans le même *Recueil*, au 22 d'Avril. Ce Saint est mort l'an 532.

10527. Vita sancti Nicetii ; auctore GREGORIO, Turonensi Episcopo, capite decimoseptimo Vitarum Patrum Galliæ.

Cette Vie est imprimée dans le *Recueil* de Surius, au 5 de Décembre.

10528. Vie de saint Nicesse ou Nicet ; par Adrien BAILLET.

Cette Vie est imprimée dans son *Recueil des Vies des Saints*, au même jour.

10529. ☞ Histoire de S. Nicet, par Dom Antoine RIVET, Bénédictin.

Dans l'*Hist. Littér. de la France, tom.* III. p. 291.]

10530. Vita sancti Modoaldi ; auctore STEPHANO, Abbate sancti Jacobi Leodiensis.

Cette Vie est imprimée dans le *Recueil* de Bollandus, au 12 de Mai. Ce Saint est mort en 1112.

10531. Vita sancti Basini ; auctore NIZONE, Abbate Mediolacensi.

Cette Vie est imprimée dans le même *Recueil*, au 4

de Mai. Ce Saint est mort vers l'an 700, & Nizon a fleuri l'an 1050. Cet Auteur a ramassé ce qu'il a pu de mémoires & de traditions, pour composer cette Vie; il a fait beaucoup de fautes, & on le croit inventeur d'une bonne partie de ce qu'il a écrit.

10532. Vie de saint Basin; par Adrien BAILLET.

Cette Vie est imprimée dans son *Recueil des Vies des Saints*, au même jour.

10533. Vita sancti Hidulphi.

Cette Vie est imprimée dans le *Recueil* de Surius, au 11 de Juillet, & dans Martenne, au tom. III. de son *Nouveau Trésor de Pièces anecdotes, pag.* 1093. Ce Saint est mort en 707.

10534. Vie de S. Hidulphe, Fondateur du Monastère de Moyen-Monstier en Vosge; par les Abbés & Religieux de ce Convent: *Toul*, 1623, 1628, *in-*8.

Cette Vie a été prise du Manuscrit de ce Monastère, & a été traduite en François.

10535. Vie du même; par Adrien BAILLET.

Cette Vie est imprimée dans son *Recueil des Vies des Saints*, au 11 de Juillet.

10536. Vita sancti Amalarii Fortunati; auctore Constantino CAIETANO, Benedictino: *Romæ*, 1612, *in-*4.

Ce Saint est mort en 822, & l'Auteur de sa Vie en 1650.

10537. ☞ Histoire de la Vie & des Ouvrages d'Amalaire; par Dom Antoine RIVET, Bénédictin.

Dans l'*Hist. Littér. de la France*, tom. IV. *pag.* 418.]

10538. ☞ Histoire de Rotger; par le même.

Dans le tom. VI. du même Ouvrage, *pag.* 201. Cet Archevêque est mort vers l'an 930.]

10539. MS. Historia Successorum sancti Hidulphi; auctore beato LEONE, IX, Papa.

Ce Saint Pape est mort en 1054. Le Père Benoît, Capucin de Toul, cite cette Vie.

10540. Acta sancti Conradi sive Cunonis, Martyris, designati Archiepiscopi; auctore THEODORICO, Monacho Theologiensi coævo.

Ces Actes sont imprimés dans le *Recueil* de Bollandus, au premier de Juin. Ce Saint fut désigné Archevêque l'an 1066.

10541. ☞ Gesta Balduini de Luczemburch, Archiepiscopi Trevirensis, & Henrici VII. Imperatoris.

Cette Histoire se trouve dans la *Collection des Historiens d'Allemagne* de Reuberus: *Francofurti*, 1584, *in-fol. pag.* 956.]

Histoires de l'Évêché de Metz.

10542. Nomina Pontificum Metensium.

Ce Catalogue est imprimé dans Freher, *pag.* 177, de son *Recueil des Historiens de France*.

10543. ☞ Dissertation de Dom Augustin CALMET, sur les premiers Evêques de Metz; Tome I.

avec une Liste Chronologique de tous les Evêques.

A la tête du tom. I. de son *Histoire de Lorraine*: *Nancy*, 1728, *pag.* xj & *suiv.*]

10544. Chronica Metensium Episcoporum, [auctore PAULO, Diacono;] cui alii duo auctores subjecere plura, usque ad annum 1260.

Cette Chronique, qui finit en 1120, est imprimée dans d'Achery, au tom. VI. de son *Spicilège, pag.* 643.

☞ Elle se trouve aussi, *pag.* 51 & *suiv.* des *Preuves du tom. I.* de l'*Histoire de Lorraine*, de D. Augustin Calmet: *Nancy*, 1728, *in-fol.* Paul, Diacre, à la prière d'Angelram, Évêque de Metz, & Grand-Aumônier de Charlemagne, réduisit par ordre les Actes des Evêques de Metz, qu'il dédia à ce Prélat. Un Prêtre du Diocèse de Metz, qui n'a pas déclaré son nom, continua cette Histoire depuis Angelram jusqu'à Etienne de Bar, qui commença son Episcopat en 1120. Cet Auteur vivoit du temps de cet Evêque, comme le voit par ces paroles: *Quoniam adhuc vitâ floret, & ætate viget, &c.* parlant d'Etienne. Un autre Prêtre du Diocèse de Metz l'a continué jusqu'en 1200, & un troisième Anonyme jusqu'en 1260.]

10545. MS. Histoire des Evêques de Metz jusqu'en l'an 1483: *in-fol.*

Cette Histoire est conservée dans la Bibliothèque de M. Colbert, num. 4791 [aujourd'hui à la Bibliothèque du Roi.]

10546. MS. Histoire Ecclésiastique de la Ville de Metz, contenant le Catalogue de ses Evêques, & autres Antiquités de cette Ville: *in-fol.*

Cette Histoire est conservée dans la Bibliothèque de sainte Geneviève.

10547. MS. Reprises, Hommages & Reconnoissances de l'Evêché de Metz: *in-fol.*

Ces Pièces [étoient] conservées dans la Bibliothèque de M. Baluze, num. 124 [aujourd'hui à la Bibliothèque du Roi.]

10548. Histoire des Evêques de Metz; par Martin MEURISSE, Evêque de Madaure, Suffragant de Metz: *Metz*, Antoine, 1634, *in-fol.*

10549. MS. Histoire de la Ville & des Evêques de Metz; par le P. BENOIST, [Picard] Capucin de Toul.

Cette Histoire [étoit] entre les mains de l'Auteur. Elle a été composée sur les meilleures chroniques, sur les titres de la Chancellerie de Metz, de Lorraine, de la Chambre des Comptes de Bar, des Chapitres & des Abbayes de la Province.

☞ L'Auteur de l'*Histoire Ecclésiastique & Civile de Verdun*, dit en 1745, que cette Histoire manuscrite est en 3 vol. *in-fol.* & entre les mains de M. de Seron, Grand-Vicaire de Metz.]

10550. ☞ Scripta concernentia Jura trium Episcoporum, Metensis, Tullensis & Virodunensis: 1673, *in-*4.]

10551. Fragmentum de Episcopis Metensis Ecclesiæ, tempore Caroli Magni: ex Libro PAULI Diaconi.

Ce Fragment est imprimé dans Pithou, au tom. II. des *Historiens contemporains, pag.* 89, dans celui de Freher, *pag.* 171, & dans le tom. II. de du Chesne, *pag.* 101. Il finit à l'Evêque Angelram, à qui il dédie son Ouvrage, & qui est mort en 791. Il y rapporte bien des choses des règnes de Pepin & de Charlemagne. Paul, Diacre, se nommoit WINFRIDE, & étoit fils de Warnefride.

☞ Ce Fragment, dont il est ici question, est tiré de l'Ouvrage indiqué ci-devant, N.° 10544.]

10552. Vita sancti Clementis.

Cette Vie est imprimée dans Bosquet, partie seconde de son *Histoire des Eglises*, pag. 27 : *Parisiis*, 1636, *in-4*.

10553. Vita sancti Patientis.

Cette Vie est imprimée dans le *Recueil* de Bollandus, au 8 de Janvier. Ce Saint est mort vers l'an 153.

10554. ☞ Vita sancti Adelphi, & Commentarius Joannis STILTINGI, è Soc. Jesu.

Dans le *Recueil* de Bollandus, au 19 d'Août.]

10555. ☞ De sancto Auctore, Commentarius Joan. Bapt. SOLLERII, è Soc. Jesu.

Dans le même *Recueil* au 10 d'Août.]

10556. Vie de S. Aigulphe ; par MODESTE de Saint-Amable.

Cette Vie est imprimée au tom. II. de sa *Monarchie sainte*, pag. 18. Ce Saint est mort en 593.

10557. Vie de S. Arnoalde ; par le même.

Cette Vie est imprimée dans le volume précédent, pag. 24. Ce Saint vivoit l'an 610.

10558. Vita sancti Arnulphi ; auctore Monacho anonymo coævo.

Cette Vie est imprimée dans le *Recueil* de Surius, au 16 d'Août ; dans Barrali, pag. 144 ; de sa *Chronologie de Lérins*; au tom. II. des *Actes des Saints de l'Ordre de S. Benoît*, pag. 148 ; dans du Bouchet, pag. 41, de ses *Preuves de l'origine de la seconde & troisième lignée des Rois de France*.

La même, traduite en François, par Robert Arnauld d'Andilly.

Cette Traduction est dans son *Recueil des Vies des Saints illustres*, pag. 318 : *Paris*, 1675, *in-fol*. Cette Vie, que le P. Labbe attribue à Paul Diacre, ne contient rien qui sente l'antiquité, & l'homme sage, pieux & fidèle, au jugement de Louis Chantereau le Fevre. Ce Saint est mort en 640.

10559. ☞ Eadem, cum Commentario Petri BOSCHII, è Soc. Jesu.

Dans le *Recueil* de Bollandus, au 18 de Juillet.]

10560. Vie du même ; par MODESTE de Saint-Amable.

Cette Vie est imprimée dans le tom. II. de sa *Monarchie sainte*, pag. 64 : *Paris*, 1670, *in-fol*.

10561. Vie du même ; par François GIRY.

Cette Vie est imprimée dans son *Recueil des Vies des Saints*, au 16 d'Août.

10562. Vie du même ; par Adrien BAILLET.

Cette Vie est imprimée dans son *Recueil des Vies des Saints*, au même jour.

10563. ☞ Vita sancti Goerici, seu Abbonis ; auctore anonymo, & Commentarius Joannis CLEI, è Soc. Jesu.

Dans le *Recueil* de Bollandus, au 19 de Septembre.]

10564. Vie de S. Goéric ; par MODESTE de Saint-Amable.

10565. Vie de S. Godon ; par le même.

Ces deux Vies sont imprimées au tom. II. de sa *Monarchie sainte*, pag. 28 & 179. S. Goéric est mort en 667, & S. Godon dix ans après.

10566. Vita sancti Clodulphi ; auctore anonymo.

Cette Vie est imprimée au tom. II. des *Actes des Saints de l'Ordre de S. Benoît*, p. 1048 ; par D. Jean Mabillon. Ce Saint est mort en 696, & l'Auteur de sa Vie paroît l'avoir écrite dans le dixième siècle.

Eadem, cum Commentario Godefridi HENSCHENII, è Soc. Jesu.

Dans le *Recueil* de Bollandus, au 8 de Juin.

10567. Vie de S. Cloud ; par MODESTE de Saint-Amable.

Cette Vie est imprimée au tom. II. de sa *Monarchie sainte*, pag. 81 : *Paris*, 1670, *in-fol*.

10568. Vie du même ; par Adrien BAILLET.

Cette Vie est imprimée dans son *Recueil des Vies des Saints*, au 8 de Juin.

10569. Vita sancti Landerici, cum Dissertatione prævia Godefridi HENSCHENII, è Societate Jesu.

Cette Vie est imprimée dans le *Recueil* de Bollandus, au 17 d'Avril. Ce Saint est mort vers l'an 700.

10570. De sancto Abbone, Notæ historicæ Godefridi HENSCHENII, è Soc. Jesu.

Ces Notes sont imprimées dans le même *Recueil*, au 15 d'Avril. Ce Saint est mort l'an 707.

10571. Vita sancti Grodegandi ; auctore PAULO Diacono.

Cette Vie est imprimée au Liv. VI. de son *Histoire des Lombards* : *Lugduni*, 1594, *in-8*. Ce Saint est mort en 766, & Paul Diacre fleurissoit en 791.

10572. De eodem, Commentarius historicus Joannis BOLLANDI, è Soc. Jesu.

Ce Commentaire est imprimé dans son *Recueil*, au 6 de Mars.

10573. Vie de S. Grodegand ; par MODESTE de Saint-Amable.

Cette Vie est imprimée au tom. II. de sa *Monarchie sainte*, pag. 366 : *Paris*, 1670, *in-fol*.

10574. Vie du même ; par Adrien BAILLET.

Cette Vie est imprimée dans son *Recueil des Vies des Saints*, au 6 de Mars.

10575. ☞ Histoire de la Vie & des Ouvrages de S. Chrodegang ; par Dom Antoine RIVET, Bénédictin.

Dans l'*Hist. Littér. de la France*, tom. IV. pag. 118.]

10576. ☞ De sancto Gondulpho, Sylloge Joannis LIMPENII, è Soc. Jesu.

Dans le *Recueil* de Bollandus, au 6 de Septembre.]

10577. ☞ Histoire de la Vie & des Ouvrages d'Angelramne ; par D. Antoine RIVET, Bénédictin.

Dans l'*Hist. Littér. de la France*, tom. IV. pag. 173. Ce Saint est mort l'an 791.]

10578. Epitaphium Drogonis, filii Caroli Magni.

Cette Epitaphe est imprimée dans du Chesne, au

tom. II. de son *Recueil des Historiens de France*, p. 320. [Drogon est mort en 855.]

10579. ☞ Histoire de S. Advence ; par D. Antoine RIVET, Bénédictin.

Dans l'*Hist. Littér. de la France*, tom. V. pag. 429. Ce Saint est mort en 873.]

10580. ☞ Histoire de Robert ; par le même.

Dans le même Ouvrage, tom. VI. pag. 156. Cet Evêque est mort en 916.]

10581. ☞ Histoire de Wigeric ; par le même.

Dans l'*Hist. Littér. de la France*, tom. VI. pag. 198. Cet Evêque est mort en 984.]

10582. Vita Theoderici I. ex stirpe Witikindea ; scripta à SIGEBERTO, Levita sancti Vincentii.

Cette Vie est imprimée dans Léibnits, au tom. I. de son *Recueil des Historiens de Brunswick*, pag. 239 : Hanovere, 1707, in-fol. Cet Evêque est mort en 984.

10583. ☞ Histoire de Thierry I ; par Dom Antoine RIVET, Bénédictin.

Dans l'*Hist. Littér. de la France*, tom. VI. pag. 430.]

10584. Vita Adalberonis II. auctore anonymo, Abbate sancti Symphoriani Metensis.

Cette Vie est imprimée dans Labbe, au tom. I. de sa *Nouvelle Bibliothèque des Manuscrits*, pag. 630. Cet Evêque est mort en 1005. Cet Anonyme se nommoit RICHER ; il étoit Abbé de S. Symphorien de Metz. Il est mort en 1056.

10585. ☞ Histoire de la Vie & des Ecrits d'Hérimanne ; par Dom Antoine RIVET, Bénédictin.

Dans l'*Hist. Littér. de la France*, tom. VIII. pag. 330. Cet Evêque est mort en 1090.]

10586. ☞ Histoire de Poppon.

Dans le même Ouvrage, tom. IX. pag. 274. Cet Evêque est mort en 1103.]

10587. ☞ Histoire de Théodger.

Dans le même Ouvrage, tom. X. Cet Evêque est mort en 1120.]

10588. Historia Stephani de Bar, Cardinalis de Montbelliar, auctore Ludovico Donio D'ATTICHY.

Cette Histoire est imprimée au tom. I. de ses *Fleurs de l'Histoire des Cardinaux*, pag. 137 : *Parisiis*, 1660, in-fol. Ce Cardinal est mort en 1162.

10589. Vita beati Petri Cardinalis Luxemburgi ; auctore Monacho Cisterciensi anonymo.

Cette Vie est imprimée dans du Chesne, à la pag. 533 de ses *Preuves de l'Histoire des Cardinaux François* : *Paris*, 1666, in-fol. Ce Cardinal est mort l'an 1387, & l'Auteur de cette Vie l'a écrite un an après la mort de ce Saint.

10590. * Eadem, cum Commentario Joannis PINII, è Societate Jesu.

Dans le *Recueil* de Bollandus, au 2 Juillet.]

10591. Vita ejusdem ; auctore Ludovico Donio D'ATTICHY.

Cette Vie est imprimée au tom. I. des *Fleurs des Cardinaux*, pag. 137 : *Parisiis*, 1660, in-fol.

10592. Vie, mort & miracles de S. Pierre de Luxembourg ; par François-Martin DU BOUREY, Célestin de Rouen : *Paris*, Fouet, 1622 : *Lyon*, 1624, in-8. *Paris*, Noël, 1645, in-24.

La même, retouchée : *Paris*, 1630, in-12.

Cette édition a été retouchée par Etienne CARNEAU, de l'Ordre des Célestins.

* Eadem, Latinè reddita.

Dans le *Recueil* de Bollandus, au 2 de Juillet.]

10593. Vie du même ; par Henri ALBI, Jésuite : *Lyon*, 1632, in-12.

10594. Les Fleurons sacrés du Bienheureux Pierre de Luxembourg ; par [Nicolas] BERNARD, Célestin de Paris : *Paris*, 1638, in-12.

10595. Vie du même : *Paris*, Josset, 1681, in-12.

Nicolas LE TOURNEUX, Prêtre, Prieur de Villiers, a composé cette Vie sur les Mémoires de Bonaventure BAUDUIT, Célestin. M. le Tourneux est mort en 1686.

10596. Vie du même ; par François GIRY.

Cette Vie est imprimée dans son *Recueil des Vies des Saints*, au 5 de Juillet.

10597. Vie du même ; par Adrien BAILLET.

Cette Vie est imprimée dans son *Recueil des Vies des Saints*, au même jour.

10598. Ms. Négociations du Sieur (Jean) VETUS, Conseiller au Parlement de Dijon, envoyé par Charles, Cardinal de Lorraine, Evêque de Metz, & Archevêque de Reims, à la Ville d'Ausbourg, depuis le 6 de Janvier jusqu'en Mai 1566, où est la reprise pour l'Evêché de Metz : *in-fol*.

Ces Négociations sont conservées entre les Manuscrits de M. Dupuy, num. 544.

☞ Jean Vetus est le même que le Traducteur du Recueil de Lancelot de Carle, sur le Duc de Guise, rapporté ci-après, Liv. III. parmi les Histoires des *Grands-Maîtres de la Maison du Roi*. Ce Vetus, de Précepteur des enfans de Gilles Bourdin, Procureur-Général, devint Maître des Requêtes & Président au Parlement de Bretagne. Il étoit de Saint-Amour en Franche-Comté. Gilbert Cousin l'appelle *nostras* : le Cardinal de Lorraine l'employa ; on a de lui plusieurs autres Ouvrages.]

10599. Epitaphe panégyrique, ou le Pontife Chrétien, sur la vie, les mœurs & la mort d'Anne d'Escars, dit Cardinal de Givry ; par André VALLADIER, Docteur en Théologie : *Paris*, Chevalier, 1612, in-8.

Ce Cardinal est mort en 1612.

10600. Eloge du même ; par Henri ALBI.

Cet Eloge est imprimé dans son *Recueil des Eloges des Cardinaux*, pag. 411 : *Lyon*, 1659, in-4.

10601. Historia ejusdem ; auctore Ludovico Donio D'ATTICHY.

Cette Histoire est imprimée au tom. II. de ses *Fleurs de l'Histoire des Cardinaux*, pag. 583 : *Parisiis*, 1660, in-fol.

10602. ☞ Vie du Cardinal Jules Mazarin, Evêque de Metz.

Voyez ci-après, Liv. III. aux *Ministres d'Etat*.]

10603. ☞ Oraison funèbre de Henri Charles du Cambout, Evêque de Metz, Duc de Coiflin, &c. prononcée en l'Eglise Cathédrale de Metz, le 27 Février 1733, par un Chanoine Régulier : *Metz*, 1733, *in-4*.

Cet Evêque est mort le 28 Novembre 1732.]

10604. ☞ Eloge de Henri Charles du Cambout de Coiflin ; par Claude Gros DE BOZE.

Dans l'*Histoire de l'Académie des Inscriptions & Belles-Lettres*, tom. IX. pag. 247, *in-4*. & tom. III. pag. 135, *in-8*.]

Histoires de l'Évêché de Toul.

10605. Mſ. Catalogue des Evêques de Toul : *in-fol*.

10606. Mſ. Mémoires historiques, concernant la Ville & les Evêques de Toul, les Abbés de S. Apres & de S. Mansuy, & la Souveraineté du Roi sur la Ville de Toul : *in-fol*.

Ces deux Manuscrits [étoient] conservés dans la Bibliothèque de M. l'Abbé de Camps, [qui a passé à M. de Beringhen.]

10607. ☞ Dissertation de Dom Augustin CALMET, sur les premiers Evêques de l'Eglise de Toul, & la Liste chronologique de tous ses Evêques.

Dans les Pièces préliminaires du tom. I. de son *Histoire de Lorraine* : *Nancy*, 1728, *in-fol*. pag. xxvj. & *suiv*.]

10608. Mſ. Historia Pontificum Tullensium.

Cette Histoire est citée par du Chesne, à la *pag.* 230 de sa *Bibliothèque des Historiens de France*.

10609. Acta Pontificum Tullensium, usque ad annum 1107, auctore anonymo, qui ineunte seculo duodecimo floruit.

Cette Histoire est imprimée dans Martenne, au tom. III. de son *Nouveau Trésor des Pièces anecdotes*, *pag.* 990. C'est peut-être la même que la précédente.

☞ Dom Augustin Calmet l'a donnée en entier, *pag*. 83, des Preuves du tom. I. de son *Histoire de Lorraine* : *Nancy*, 1728, *in-fol*. & il dit qu'on attribue la plus grande partie de cette Histoire à ADSON, Abbé de Montier-en-Derf, au Diocèse de Châlons-sur-Marne, vers 970.]

10610. ☞ Cedulæ cujuslibet Episcopi Tullensis, usque ad annum 1530.

Cette Histoire abrégée est imprimée *pag.* 165, des Preuves du tom. I. de l'*Histoire de Lorraine* de Dom Calmet.]

10611. Des Evêques & Comtes de Toul, jusqu'en 1509 ; par Symphorien CHAMPIER.

Cette Histoire est imprimée dans sa *Chronique du Royaume d'Austrasie* : *Lyon*, 1509, *in-fol*.

10612. * Mſ. Mémoires pour servir à l'Histoire des Evêques de Toul, continuée jusqu'à l'entrée de Henri de Thiard de Bissy, en 1692, dans la Ville de Toul : *in-4*.

On attribue ces Mémoires à Charles-Claude DE L'AIGLE, Archidiacre & Official de cette Eglise : ils [étoient] dans le Cabinet de M. de Vaubourg, Conseiller d'Etat.

10613. ☞ Mſ. Mémoire sur les Evêques de Toul ; par M. MIDOT, Grand-Prévôt de S. Gengoulph de Toul.

Il est conservé dans la Bibliothèque de l'Abbaye de Senones, en Lorraine.]

10614. ☞ Mſ. Mémoire pour l'Histoire de Toul ; par Louis MASCHON, Chanoine de Toul, Archidiacre de Port, & Greffier des Insinuations Ecclésiastiques des Diocèses de Toul & de Metz : *in-fol*.

Ils sont dans le Cabinet de M. Vaultrin, Chanoine de S. Gengoulph, à Toul.]

10615. Histoire Ecclésiastique & Politique de la Ville & Diocèse de Toul ; par BENOIST de Toul, Capucin : *Toul*, 1707, *in-4*.

☞ Le premier Livre traite de la Ville & des anciens Leuquois, dont elle étoit la Capitale ; des Villes qui composoient anciennement leur Pays ; du Toulois, Chaumontois, Saintois ; Pays de Scarpone, Saunois, des Pays de Voine, de Beden, des Vaux, d'Ornes, du Barois & de ses Comtes & Ducs ; des Pays de Souloſſe, Baſſigny, Toulois, Duché de Mosellane, qui composent tout le Diocèse de Toul. Le second Livre traite du Gouvernement politique de la Ville de Toul, des commencemens de l'Eglise de Toul, qu'il place au milieu du troisième siècle ; de l'Eglise Cathédrale, Chanoines & Dignités ; des prérogatives de ses Evêques ; enfin, de quelques médailles trouvées en 1700, dans les nouvelles fortifications de cette Ville. Les trois derniers Livres contiennent l'Histoire de cette Ville & de ses Evêques, depuis Saint Mansuy, Apôtre des Leuquois, & premier Evêque de Toul, sur la fin du quatrième siècle ; jusqu'à François Blouet de Camilly, quatre-vingt-huitième Evêque en 1705.

On trouve à la fin une Carte du Diocèse de Toul, par Guillaume Delisle, avec un Avertissement sur cette Carte, & ensuite un Recueil de Pièces & Actes servant de preuves à cette Histoire.]

Le nom de famille du P. Benoît est Picard.

10616. Système chronologique & historique des Evêques de Toul jusqu'au temps de Charlemagne, avec des Mémoires pour la Vie de S. Dié ; par l'Abbé RIGUET, Grand-Prévôt de l'Eglise de S. Dié, & une Dissertation pour prouver que la Ville de Toul est le Siège Episcopal des Leuquois : *Nancy*, Barbier, 1701 [1707] *in-8*.

Cette Dissertation est du Père BENOIST de Toul, Capucin.

☞ On croit le corps de l'Ouvrage de l'Abbé Riguet, & la Préface seulement du Père Benoît. D'autres attribuent cette Préface à Ch. Louis HUGO, Abbé d'Estival. Quoi qu'il en soit, elle n'a point été réimprimée dans l'édition de 1707.]

10617. Défense de l'antiquité de la Ville & Siège Episcopal de Toul, contre la Dissertation précédente ; par le Sieur D'ANTIMON : *Paris*, Langlois, 1702, *in-8*.

Nicolas CLEMENT, de Toul, l'un des Gardes de la Bibliothèque du Roi, s'est déguisé sous ce nom. Il est mort en 1712.

☞ La plus grande partie de ce Livre est de Simon-Claude DE L'ISLE DE LERISSEL, frère de Guillaume le Géographe. D. Calmet assure que plusieurs personnes l'attribuent au Père Benoît. Il manque dans cette Défense de l'ordre & de la précision. On y parle assez amplement de l'Auteur de l'Itinéraire d'Antonin. On avoit dit affirmativement dans la Préface du Système Chronologique, que l'ancien Siège des Leuquois étoit à Grand, &

Métropole de Trèves, & ses Suffragans.

non pas à Toul ; & c'est contre cette prétention qu'est faite cette défense. Grand étoit une ancienne ville, actuellement détruite. *Voyez* ci-devant, N.° 291.]

☛ Jura Episcopi Tullensis.

Voyez ci-devant, N.° 10550.]

10618. ☛ Mf. Traité historique de la Jurisdiction Ecclésiastique de la Ville & du Diocèse de Toul.

Il se trouve dans un Recueil conservé à la Bibliothèque des Doyens de S. Gengoulph, à Toul, & qui contient d'ailleurs les Mémoires de Jean du Pasquier, Syndic de cette Ville, dont il sera parlé ci-après dans les Histoires des Provinces.]

10619. ☛ Mf. Mémoire présenté au Roi (dans le Siècle dernier) pour le Chapitre de Toul, contre le Procureur-Général du Parlement de Metz, à l'occasion de la Jurisdiction.

Ce Mémoire est très-instructif, & se trouve dans la même Bibliothèque.]

10620. ☛ Arrêts des Conseils Privé & d'Etat, pour le rétablissement de la haute, moyenne & basse Justice de l'Evêque de Toul : *Paris*, 1656, *in-4.*]

10621. ☛ Mf. Recueil des anciennes Ordonnances Ecclésiastiques de Lorraine, & de plusieurs Pièces manuscrites & imprimées au sujet des démêlés survenus entre la Cour de Lorraine & les Evêques de Toul (en 1700, & années suivantes.)

Ce Recueil a été fait par M. Pernot, Président au Présidial de Toul, & est entre ses mains. On y trouve entr'autres un Extrait des Conférences tenues sur ces démêlés à la Malegrange, Château du Duc de Lorraine, près de Nancy.]

10622. ☛ Mf. Mémoire contenant tout ce qui concerne l'accommodement projetté entre M. l'Evêque de Toul & la Cour de Lorraine.

Ce Manuscrit est dans la Bibliothèque de M. Vaultrin, Chanoine de S. Gengoulph à Toul. C'est un Recueil des Pièces & Mémoires produits à la Malegrange & à Rome, à l'occasion de l'Ordonnance de Lorraine de 1704, & du Rituel de Toul.]

10623. ☛ Ordonnance de l'Abbé d'Estival (Charles-Louis Hugo) portant condamnation des réquisitions du Promoteur de l'Evêque de Toul, & du Jugement rendu en conséquence contre un Mandement dudit Abbé d'Estival : 1726, *in-4.*]

10624. ☛ Ordonnance de M. l'Evêque de Toul, contre la précédente Ordonnance de l'Abbé d'Estival : *Toul*, Rollin, 1726, *in-4.*]

10625. ☛ Réfutation d'un Ecrit qui a paru sous le titre d'*Ordonnance de M. l'Abbé d'Estival*, &c.]

10626. ☛ Deux Lettres des Agens du Clergé, des 2 Avril & 17 Mai 1727, concernant le désaveu fait par l'Abbé de Prémontré, de cette Ordonnance de l'Abbé d'Estival : *in-fol.*

Estival, Abbaye de Lorraine, est de l'Ordre de Prémontré.]

10627. ☛ Mf. Mémoire de François Blouet de Camilly, Evêque & Comte de Toul, pour justifier son opposition à l'érection d'un Evêché dans la Ville de S. Diez en Lorraine : *in-fol.*

Il est dans la Bibliothèque du Roi, & vient de M. Lancelot.]

☛ Histoire de l'Eglise de S. Diez, &c. par Jean-Claude Sommier.

Voyez ci-devant, N.° 5380. Cette Histoire, utile pour la connoissance de celle de Lorraine, est proprement l'Ouvrage de M. François de Riguet, Grand-Prévôt de S. Diez, mort en 1699. M. Sommier se l'attribua, profita du Manuscrit de l'Auteur, y fit quelques changemens & additions, ajouta les preuves que M. de Riguet s'étoit contenté d'indiquer, composa l'Epître Dédicatoire au Pape Benoît XIII, & publia le tout sous son nom.]

10628. ☛ Défense de l'Eglise de Toul avec l'Ordonnance de M. l'Evêque de Toul, contre les entreprises du Chapitre de S. Diez, & des Abbayes de la Vosge (Estival, Moyen-Moustier, &c.) avec les preuves de cette Défense : *Toul*, 1727, *in-4.*

Cet Ouvrage est de Nicolas de Brouilly, Chanoine de Toul & Archidiacre de Ligny.]

☛ Apologie de l'Histoire de l'Eglise de S. Diez.

Voyez ci-devant, N.° 5381. Jean-Claude Sommier, qui en est l'Auteur, a mis à la fin le Catalogue de ses Ouvrages, avec les Approbations qui leur ont été données.]

10629. ☛ Mf. Siège quasi Episcopal de l'Eglise de S. Diez, ou Recueil de Lettres pour servir de réplique à la Défense de l'Eglise de Toul; par M. Thouvenot, Chanoine de S. Diez.

Ce Manuscrit est conservé dans les Archives du Chapitre.]

10630. ☛ Mémoire pour servir de Réponse à celui de l'Archevêque de Césarée, Prévôt de S. Diez : *in-4.*

Nicolas de Brouilly est l'Auteur de ce Mémoire, qui a 41 pages.]

10631. ☛ Réflexions sur les Remarques de Dom Augustin Calmet, pour servir de suite à la Défense de l'Eglise de Toul : *Toul*, 1746, *in-4.* 33 pages.

C'est encore un Ouvrage de M. de Brouilly.]

10632. Vita sancti Mansueti ; auctore Adsone, Abbate Dervensi.

Cette Vie est imprimée dans Bosquet, à la partie seconde de son *Histoire des Eglises de France*, pag. 13 : *Parisiis*, 1636, *in-4.* Le second Livre, qui contient ce qui s'est passé après son décès & ses miracles, est imprimé dans Martenne, au tom. III. de son *Nouveau Trésor des Pièces anecdotes*, pag. 1013. Adson vivoit au dixième siècle : cette Vie est tout-à-fait mauvaise.

☛ On la trouve encore pag. 86, des Preuves du tom. I. de l'*Histoire de Lorraine* du P. Calmet.]

10633. Vie de saint Mansuy ; par Adrien Baillet.

Cette Vie est imprimée dans son *Recueil des Vies des Saints*, au 3 de Septembre.

10634. ☞ De sancto Auspicio, Sylloge Johan. Bapt. SOLLERII, è Soc. Jesu.

Dans le *Recueil* de Bollandus, au 28 Juillet. Ce Saint est mort vers l'an 380.]

10635. ☞ Histoire de S. Auspice; par D. Antoine RIVET, Bénédictin.

Dans l'*Hist. Littér. de la France, tom. II. pag.* 478.]

10636. ☞ Vita sancti Apri; auctore incerto; & Commentarius Constantini SUYSKENI, è Soc. Jesu.

Dans le *Recueil* de Bollandus, au 15 de Septembre.]

10637. Vie de S. Evre; par le même.

Elle est imprimée dans le même *Recueil*, au 15 de Septembre. Ce Saint vivoit dans le Ve siècle.

10638. ☞ Observations sur Autmonde; par D. Antoine RIVET, Bénédictin.

Dans l'*Hist. Littér. de la France, tom. III. pag.* 359. Cet Evêque vivoit au VIe siècle.]

10639. De sancto Jacobo, Sylloge historica Godefridi HENSCHENII, è Soc. Jesu.

Cette Collection est imprimée dans le *Recueil* de Bollandus, au 22 de Juin. Ce Saint a vécu dans le VIIIe siècle.

10640. ☞ Histoire de la Vie & des Ecrits de Frothaire; par Dom Antoine RIVET, Bénédictin.

Dans l'*Hist. Littér. de la France, tom. V. pag.* 52. Cet Evêque est mort en 848.]

10641. ☞ Acta sancti Gauzlini; auctore anonymo, & Commentarius Joannis STILTINGI, è Soc. Jesu.

Dans le *Recueil* de Bollandus, au 7 de Septembre. Ce Saint est mort en 962.]

10642. Vita sancti Gerardi; auctore coævo VINDRICIO, Abbate sancti Apri; cum Notis præviis Godefridi HENSCHENII.

Cette Vie est imprimée dans le même *Recueil*, au 23 d'Avril; dans Martenne, au tom. III. de son *Nouveau Trésor des Pièces anecdotes*, pag. 1048, & p. 134 des Preuves de l'*Histoire de Lorraine* du Père Calmet. Saint Gérard est mort en 994.]

10643. Vie de S. Gérard; par le P. BENOIST [PICARD] de Toul, Capucin, avec des Notes historiques: *Toul*, Rolin, 1700, *in-12*.

10644. Vie du même; par Adrien BAILLET.

Cette Vie est imprimée dans son *Recueil des Vies des Saints*, au même jour.

10645. Ms. Remarques critiques de François DE CAMPS, Abbé de Signy, sur la Vie de S. Gérard, publiée par le Père Benoît: *in-fol*.

10646. Requête présentée au Roi par les Doyen, Chanoines & Chapitre de Saint Euchaire de Liverdun, Diocèse de Toul, & les Habitans & Communauté de la même Ville, (contre les entreprises des deux derniers Evêques de Toul;) par N. HUSSENOT, Avocat: *Paris* (1716) Huguier, *in-fol*.

10647. Ms. Réfutation & Réponse aux nouvelles preuves rapportées par le P. Benoît, pour justifier que Frédéric, Duc de Lorraine, a fait construire deux Châteaux, l'un à Fains l'an 951, & l'autre à Bar l'an 964; par François DE CAMPS, Abbé de Signy.

Ces Remarques & cette Réfutation sont conservées dans la Bibliothèque de l'Auteur, [aujourd'hui chez M. de Beringhen.]

Vita Brunonis, seu sancti Leonis, IX, Papæ, Leucorum antea Episcopi.

Voyez ci-devant, N.ºs 7682 & *suiv*. Ce Pape conserva l'Evêché de Toul, & y vint même de Rome faire une visite pastorale.]

10648. ☞ Histoire de la Vie & des Ouvrages d'André du Saussay; par Jean-Pierre NICERON, Barnabite.

Dans ses *Mémoires*, tom. XL. *pag.* 36-52. Ce Prélat est mort en 1675.]

10649. ☞ Oraison funèbre de Scipion-Jérôme Bégon, Evêque de Toul, Prince du S. Empire; prononcée en l'Eglise Cathédrale de Toul, le 30 Janvier 1754; par M. l'Abbé CLÉMENT: *Nancy, in-4*.]

Histoires de l'Evêché de Verdun.

10650. BERCHARRII, Presbyteri, Historia brevis Virdunensium Episcoporum.

Voyez le Gendre, tom. II. *pag.* 17.

10651. Continuatio ejusdem Historiæ, usque ad annum 1043, per Monachum sancti Vitoni Virdunensis.

10652. Historia eorumdem; auctore LAURENTIO de Leodio, Monacho sancti Laurentii.

10653. Continuatio ejusdem Historiæ, usque ad annum 1295; auctore Monacho anonymo sancti Vitoni Virdunensis.

Cette Histoire, avec ses Continuations, sont imprimées dans d'Achery, au tom. XII. de son *Spicilège*, p. 251, 270, 274 & 333. Bercaire l'a finie en l'an 888, où il fleurissoit. Le second Continuateur l'a poussée jusqu'en 1197.

☞ Les mêmes Histoires sont aussi imprimées parmi les Preuves du tom. I. de l'*Histoire de Lorraine* de Dom Augustin Calmet: *Nancy*, 1728, *in-fol*. p. 191 & *suiv*.]

10654. Anonymi series chronologica Episcoporum Virdunensium.

Se trouve au tom. II. du Recueil de Schannat, intitulé: *Vindemia Litteraria: Lipsiæ*, 1724, *in-fol*.]

10655. Chronicon Virdunense, à quibusdam dictum Flaviniacense, Historiæ Ecclesiasticæ Thesaurus incomparabilis, à Nativitate Domini ad annum 1102; auctore HUGONE; primùm Monacho sancti Vitoni Virdunensis, tum Abbate sancti Petri Flaviniacensis in Burgundia.

Cette Chronique, qui concerne sur tout les Affaires du onzième siècle, est imprimée dans Labbe, au tom. I. de sa *Nouvelle Bibliothèque des Manuscrits*, *pag.* 75. Hugues II. fut élu Abbé de S. Pierre de Flavigny l'an 1097. Cet Auteur, sur l'année 446, reconnoît Clodion pour le premier Roi des François.

10656. ☞ Anonymi series Chronologica Episcoporum Virdunensium.

Cette Pièce est imprimée dans la Collection II. du Recueil

Recueil intitulé : *J. Frid. Schannat Vindemiæ Litterariæ, seu Veterum monumentorum ad Germaniam sacram præcipuè spectantium : Fuldæ & Lipsiæ*, Weidmann, 1724, *in-fol.*]

10657. ☞ Histoire des Evêques de Verdun jusqu'en 1508; par Richard DE WASSEBOURG.

Elle se trouve très au long dans ses *Antiquités de la Gaule Belgique* : *Paris*, 1549, *in-fol.*]

10658. Mf. Histoire de l'Eglise & Diocèse de Verdun, composée en l'année 1663 : *in-fol.*

Cette Histoire [étoit] conservée dans la Bibliothèque de M. Baluze, num. 795, [aujourd'hui dans celle du Roi.]

10659. Mf. Histoire de la Ville & Evêché de Verdun; par BENOIST, Capucin de Toul.

Cette Histoire [étoit] entre les mains de l'Auteur.

10660. ☞ Dissertation de Dom Augustin CALMET, sur les premiers Evêques de l'Eglise de Toul, avec la Liste Chronologique de tous ses Evêques.

A la tête du tom. I. de son *Histoire de Lorraine* : *Nancy*, 1728, *in-fol.* pag. xxxv. & *suiv.*]

10661. ☞ Histoire Ecclésiastique & Civile de Verdun, avec un Pouillé, la Carte du Diocèse & le Plan de la Ville ; par un Chanoine de la même Ville : *Paris*, P. Guill. Simon, 1745, *in-4.*

Cette Histoire, à laquelle M. l'Abbé Lebeuf a eu part, & qu'il a fait imprimer, est plus Ecclésiastique que Civile. Après un préliminaire sur les Antiquités de Verdun, elle fait l'Histoire de Saint Saintin, premier Evêque en 332, & de ce qui s'est passé sous ses successeurs jusqu'à Hippolyte de Béthune, 92e Evêque, mort en 1720. Les Histoires de chaque Evêque forment autant de Chapitres. Un second Livre, ou la seconde Partie, qui est la moins considérable, contient le dénombrement des Eglises de la Ville & du Diocèse. A la fin du volume on trouve des Notes sur quelques endroits de l'Histoire, & un Recueil de Pièces, pour servir de Preuves. La Carte du Diocèse n'est autre que celle de Sanson, où l'on a conservé la date véritable de 1656.]

☞ Jura Episcopi Virodunensis.

Voyez ci-devant, N.º 10550.]

10662. ☞ De sanctis Mauro, Salvino & Aratore, Sylloge Joannis LIMPENI, è Soc. Jesu.

Dans le *Recueil* de Bollandus, au 4 de Septembre. Ces Saints ont été les successeurs de S. Saintin, premier Evêque.]

10663. ☞ Vie de S. Firmin, Evêque de Verdun, avec l'Histoire de la Translation de ses Reliques au Prieuré de Flavigny en Lorraine : *in-12.*]

10664. De sancto Pulchronio Commentarius historicus Joannis BOLLANDI.

Ces Mémoires sont imprimés dans son *Recueil*, au 20 de Février. Ce Saint est mort l'an 470.

10665. Vita sancti Vitoni.

Cette Vie est imprimée dans le *Recueil* de Surius, au 9 de Novembre. Ce Saint est mort en 525. L'Auteur de sa Vie n'est pas ancien & n'est pas d'une grande autorité.

10666. Vie de saint Vennes ; par Adrien BAILLET.

Cette Vie est imprimée dans son *Recueil des Vies des Saints*, au même jour.

10667. Vie de saint Airy ou Agri ; par le même.

Cette Vie est imprimée dans le même *Recueil*, au premier de Décembre.

10668. Vita sancti Pauli; auctore anonymo, cum Commentario prævio Joan. BOLLANDI.

Cette Vie est imprimée dans son *Recueil*, au 8 de Février, & au tom. II. des *Actes des Saints de l'Ordre de S. Benoît*, pag. 268. Elle a été écrite après le dixième siècle : elle passe pour grave & fidèle, quoique l'Auteur ait été éloigné du temps du Saint, qui est mort vers l'an 649.

10669. ☞ Histoire de Dadon ; par Dom Antoine RIVET, Bénédictin.

Dans l'*Hist. Littér. de la France*, tom. VI. pag. 196. *Voyez* aussi pag. 154. Cet Evêque est mort en 923.]

10670. ☞ Histoire de la Vie & des Ecrits de Thierri ; par le même.

Dans le même Ouvrage, tom. VIII. pag. 246. Cet Evêque est mort en 1088.]

10671. ☞ Histoire de Richer ; par le même.

Dans le tom. IX. pag. 346. Cet Evêque est mort en 1107.]

10672. ☞ Histoire d'Alberon.

Dans la continuation de l'*Hist. Littér. de la France*, au tom. XII. pag. 517. Cet Evêque est mort en 1158.]

10673. ☞ Vie & Tombeau de Charles de Lorraine, Cardinal de Vaudemont, en vers ; par l'Abbé DE SAINT-POLYCARPE : *Paris*, 1588, *in-8.*]

Ce Cardinal est mort en 1587.]

10674. ☞ Réponse du Sérénissime Prince Charles de Lorraine, Cardinal de Vaudemont, à la première nouvelle & Harangue touchant son institution au dégré de Cardinal, &c. *Reims*, 1578.]

10675. ☞ Le Cantique & Vœu de Sérénissime Prince Charles de Lorraine, après avoir reçu le bonnet de Cardinal, tourné de Latin en François.]

10676. ☞ Virdunensis Episcopatus Nicolai BOCHERII Episcopi, sive ejus Apologeticum ad obreptionis illi institutam actionem ad DD. Judices Romæ in S. Datæ auditorio : *Virduni*, Gregorii, 1592, *in-4.*

Nicolas Boucher fut Evêque de Verdun depuis 1585, jusqu'au 19 Avril 1593.]

10677. ☞ Apologia prima Nic. MARII, Decani Ecclesiæ Cathedr. Virdunensis, contra accusationes & maledicta quorumdam ex confratribus suis : *Parisiis*, Prevosteau, 1605, *in-4.*]

10678. ☞ Præcedentis Apologiæ, seu potius famosi Libelli in Confratres confutatio, & pro parte Virdunensis Capituli animadversio : *Virduni*, Wapy, 1606, *in-4.*]

§. XXV.

Histoires de la Métropole de Vienne & de ses Suffragans.

10679. Chronicon Episcoporum Viennensium, cui titulus est : De Sanctis Viennensibus Episcopis.

Mf. Aliud Chronicon Episcoporum Viennensium usque ad annum 1239, jussu Joannis Archiepiscopi Viennensis compilatum, ut auctor testatur in proœmio.

Ces deux Manuscrits sont conservés au tom. VI. du *Recueil des Fragmens de l'Histoire du Père Estiennot*, *p.* 126 & 145, dans l'Abbaye de S. Germain-des-Prés.

Histoires de l'Archevêché de Vienne.

10680. Mf. Fundatio sanctæ Viennensis Ecclesiæ, quando & à quibus dotes & bona tam spiritualia quàm temporalia obtinuit.

Cet Acte est conservé dans le Cartulaire de cette Eglise.

10681. Series Archiepiscoporum Viennensium.

Cette suite est imprimée dans Mabillon, au tom. I. de ses *Analectes*, *pag.* 101.

10682. Catalogus Præsulum Viennensium.

Ce Catalogue est imprimé au tom. II. des *Opuscules* de Pierre de Villars, Archevêque de Vienne : *Lyon*, Roussin, 1598, *in-8*.

10683. Viennæ Allobrogum Primatum & Archiepiscoporum Elenchus historicus à Joanne a Bosco collectus.

Cette Histoire abrégée de Jean du Bois est imprimée au tom. I. de sa *Bibliotheca Floriacensis*, *pag.* 109 : *Lugduni*, 1605, *in-8*.

10684. Histoire de l'antiquité & sainteté de la Ville de Vienne ; par Jean le Lievre, Abbé de S. Ferréol : *Vienne*, Poyet, 1623, *in-8*.

☞ L'Auteur, après avoir dit quelque chose de la fondation de Vienne, de sa situation & de ses différens accroissemens, s'attache principalement à la suite de ses Evêques, dont le premier fut, dit-on, S. Crescent, qui fut consacré par S. Paul, passant à Vienne environ l'an 62 de la naissance de J. C. Le Père le Lievre finit son Histoire à l'an 1622, sous Jérôme de Villars, 103e Evêque ou Archevêque de Vienne.]

10685. Histoire de la sainte Eglise de Vienne, contenant la vie & les actions remarquables de cent six Archevêques qui en ont tenu le Siège, depuis l'an 62 de Jesus-Christ, qu'elle fut fondée par S. Crescent, jusqu'en 1708, composée sur diverses Pièces authentiques & originales, tirées des Archives de l'Archevêché & du Chapitre de cette Eglise ; par [Jean] Drouet de Maupertuis : *Lyon*, Certe, 1708 [1711,] *in-4*.

10686. ☞ Histoire de la sainte Eglise de Vienne ; par C. Charvet, Archidiacre : *Lyon*, 1761, *in-4*.

Elle est plus détaillée & mieux faite que la précédente. On trouve à la fin plusieurs Dissertations & diverses Pièces qui servent de preuves.]

10687. Primatiæ Viennensis Privilegia quædam, Antiquitates & alia Opuscula ad Viennensem pertinentia, Rescripta Pontificum & Principum.

Ces Privilèges sont imprimés au tom. II. de la *Bibliotheca Floriacensis*, *pag.* 1 : *Lugduni*, 1605, *in-8*.

On peut consulter sur cette Primatie le Cardinal Baronius, dans le cinq ou sixième tome de ses *Annales de l'Eglise* ; le Père Morin, *lib.* I. *Exercit. Ecclesiastic. Exercit.* 23 & 24 ; François Hallier, *lib.* iv. *cap.* 2, *art.* 4, *De Hierarchia Ecclesiastica*, & Charles le Cointe, au tom. I. de ses *Annales de l'Eglise de France*, sur l'année 508, num. 56.

10688. ☞ Factum pour M. Henri de Villars, Archevêque de Vienne, contre l'Abbé de S. Antoine de Viennois : *in-fol.*]

10689. Vie de saint Crescent ; par François Giry.

Cette Vie est imprimée dans son *Recueil des Vies des Saints*, au 27 de Juin. Ce Saint est mort dans le second siècle.

10690. Vie du même ; par Adrien Baillet.

Cette Vie est imprimée dans son *Recueil des Vies des Saints*, au même jour.

10691. De sancto Zacharia, Martyre sub Trajano, Sylloge historica Godefridi Henschenii, è Soc. Jesu.

Cette Collection est imprimée dans le *Recueil* de Bollandus, au 27 de Mars.

10692. De sancto Justo, Notæ historicæ ejusdem.

Ces Notes sont imprimées dans le même *Recueil*, au 6 de Mai. Ce Saint a vécu en 178.

10693. De sancto Dionysio, Notæ historicæ ejusdem.

Ces Notes sont imprimées dans le *Recueil* précédent, au 8 de Mai. Ce Saint a vécu vers l'an 190.

10694. De sancto Paschasio ; auctore Joanne Bollando, è Soc. Jesu.

Ceci est imprimé dans son *Recueil*, au 23 de Février. Ce Saint est mort vers l'an 313.

10695. De sancto Claudio, Sylloge historica Godefridi Henschenii, è Soc. Jesu.

Cette Collection est imprimée dans le *Recueil* de Bollandus, au 5 de Mai. Ce Saint a vécu au commencement du quatrième siècle.

10696. De sanctis Nectario & Nicetio, Notæ historicæ ejusdem.

Ces Notes sont imprimées dans le même *Recueil*, au 5 Mai. Ces Saints ont vécu dans le IVe siècle.

10697. De sancto Simplicio ; auctore Joanne Bollando, è Societate Jesu.

Ceci est imprimé dans son *Recueil*, au 3 de Février. Ce Saint a vécu au commencement du Ve siècle.

10698. Vita sancti Alcimi Aviti.

Cette Vie est imprimée dans Labbe, au tom. I. de sa *Nouvelle Bibliothèque des Manuscrits*, *pag.* 695, & avec le *Commentaire* de Papebrock, dans le *Recueil* de Bollandus, au 5 de Février. Ce Saint est mort en 525, & l'Auteur de sa Vie a vécu depuis Adon, qui est mort en 875.

10699. Vitæ ejuſdem ; auctore Joanne GAGNÆO, Theologiæ Doctore.

Cette Vie eſt imprimée au-devant des Œuvres de S. Avit : *Lipſiæ*, 1604, *in-8*.

10700. Vie de ſaint Avit ; par Adrien BAILLET.

Cette Vie eſt imprimée dans ſon *Recueil des Vies des Saints*, au 5 de Février.

10701. ☞ Hiſtoire de la Vie & des Ecrits de S. Avit ; par D. Antoine RIVET, Bénédictin.

Dans l'*Hiſt. Littér. de la France*, tom. *III. pag.* 115.]

10702. De ſancto Juliano, Notæ hiſtoricæ Godefridi HENSCHENII, è Soc. Jeſu.

Ces Notes ſont imprimées dans le *Recueil* de Bollandus, au 22 d'Avril. Ce Saint eſt mort vers l'an 532.

10703. De ſancto Pantagatho, Notæ hiſtoricæ.

Ces Notes ſont imprimées dans le même *Recueil*, au 17 d'Avril. Ce Saint eſt mort vers l'an 541.

10704. De ſancto Philippo.

Ceci eſt imprimé dans le *Recueil* précédent, au 3 de Février. Ce Saint a fleuri l'an 572.

10705. De ſancto Mamerto, Notæ hiſtoricæ Godefridi HENSCHENII, è Soc. Jeſu.

Ces Notes ſont imprimées dans le même *Recueil*, au 11 de Mai. Ce Saint eſt mort en 575.

10706. Vie de ſaint Mamert ; par Adrien BAILLET.

Cette Vie eſt imprimée dans ſon *Recueil des Vies des Saints*, au même jour.

10707. ☞ Hiſtoire de la Vie & des Ecrits de S. Mamert ; par Dom Antoine RIVET, Bénédictin.

Dans l'*Hiſt. Littér. de la France*. tom. *II. pag.* 480.]

10708. De ſancto Evantio.

Ceci eſt imprimé dans le *Recueil* de Bollandus, au 3 de Février. Ce Saint a fleuri l'an 582.

10709. ☞ Hiſtoire de S. Evance ; par Dom Antoine RIVET, Bénédictin.

Dans l'*Hiſt. Littér. de la France*, tom. *III. pag.* 345.]

10710. Martyrium ſancti Deſiderii.

Ces Actes ſont imprimés dans Caniſius, au tom. VI. de ſes *Leçons antiques*, *pag.* 441. Ce Saint a ſouffert le martyre en 608. ADON, Evêque de Vienne, l'a écrit l'an 870, ſur d'anciens Mémoires, & l'a envoyé avec des Reliques de ce Saint, par le Prêtre Berold, aux Moines de S. Gal, ſelon Adrien de Valois, au tom. III. de ſon *Hiſtoire de France*, *pag.* 536.

10711. Vita ejuſdem, cum Commentario prævio Godefridi HENSCHENII.

Cette Vie eſt imprimée dans le *Recueil* de Bollandus, au 22 de Mai. Henſchenius croit que cette Vie eſt d'un Auteur contemporain, qui écrivoit ſous le ſucceſſeur de ce Saint ; mais bien des choſes le diſſuadent : l'Auteur n'eſt pas fort exact ſur tout ce qu'il dit de Brunehault, ni fort grave dans tout le reſte.

10712. Vie de S. Didier ; par François GIRY.

Cette Vie eſt imprimée dans ſon *Recueil des Vies des Saints*, au 21 de Mai.

10713. Vie du même ; par Adrien BAILLET.

Cette Vie eſt imprimée dans ſon *Recueil des Vies des Saints*, au même jour.

10714. De ſancto Domnolo Commentarius hiſtoricus God. HENSCHENII, è Soc. Jeſu.

Ces Mémoires ſont imprimés dans le *Recueil* de Bollandus, au 16 de Juin. Ce Saint eſt mort vers l'an 618.

10715. De ſancto Ætherio, Notitia ex Adone & Martyrologiis.

Cette Notice eſt imprimée dans le même *Recueil*, au 14 de Juin. Ce Saint a vécu dans le VIIIᵉ ſiècle.

10716. De ſancto Dodolino, Sylloge Godefridi HENSCHENII, è Societate Jeſu.

Ceci eſt imprimé dans le même *Recueil*, au 26 de Mai. Ce Saint a fleuri vers l'an 718.

10717. De ſancto Auſtreberto, Sylloge hiſtorica ejuſdem.

Ceci eſt imprimé dans le même *Recueil*, au 15 de Juin. Ce Saint eſt mort en 719.

10718. Vita ſancti Barnardi ; auctore anonymo incertæ ætatis.

Cette Vie eſt imprimée dans le *Recueil* de Bollandus, au 23 de Janvier ; & au tom. IV. des *Actes des Saints de l'Ordre de S. Benoît*, *pag.* 579. Elle a été écrite par un Auteur du X ou XIᵉ ſiècle, & corrompue par quelque ignorant. Ce Saint eſt mort en 842.

10719. Vitæ ejuſdem Fragmenta duo.

Ces Fragmens ſont imprimés au tom. VI. des *Actes des Saints de l'Ordre de S. Benoît*, *pag.* 561.

10720. Vie de ſaint Barnard ; par Adrien BAILLET.

Cette Vie eſt imprimée dans ſon *Recueil des Vies Saints*, au 23 de Janvier.

10721. ☞ La Vie de S. Bernard, Archevêque de Vienne ; par le P. Charles FLEURY TERNALS, Jéſuite : *Paris*, Cailleau, 1722, 1728, *in*-12.

Cette Vie eſt intéreſſante, & renferme les événemens les plus remarquables du règne de Charlemagne & de Louis le Débonnaire. S. Bernard de Vienne eſt mort en 843.]

10722. Elogium hiſtoricum ſancti Adonis ; auctore Joanne MABILLON, Benedictino, è Congregatione ſancti Mauri.

Cet Eloge eſt imprimé au tom. II. des *Actes des Saints de l'Ordre de S. Benoît*, *pag.* 262. Ce Saint eſt mort l'an 875.

10723. Vie de S. Adon ; par François GIRY.

Cette Vie eſt imprimée dans ſon *Recueil des Vies des Saints*, au 16 de Décembre.

10724. Vie du même ; par Adrien BAILLET.

Cette Vie eſt imprimée dans ſon *Recueil des Vies des Saints*, au même jour.

10725. ☞ Hiſtoire de la Vie & des Ecrits de S. Adon ; par D. Ant. RIVET, Bénédictin.

Dans l'*Hiſt. Littér. de la France*, tom. *V. pag.* 461, & Avertiſſement du tom. X. *pag.* XLVIII.]

10726. De ſancto Theobaldo, Sylloge recentiorum Elogiorum.

Ceci eſt imprimé dans le *Recueil* de Bollandus, au 21 de Mai. Ce Saint a vécu dans le Xᵉ ſiècle.

⚌ Vita Callixti II. Papæ Guidonis antea dicti.

Voyez ci-devant [N.os 7698 & *suiv.*]

10727. Sommaire de la Vie d'Angelo Catto, Cardinal.

Cette Vie est imprimée à la fin des *Mémoires* de Philippe de Comines, de l'édition de Godefroy : *Paris*, 1649, *in-fol.* Ce Cardinal est mort en 1497.

10728. * Vita ejusdem ; auctore Joanne Sleidano.

A la tête de sa Traduction Latine des Mémoires de Comines.

10729. Elogium Petri de Villars ; auctore Nicolas Chorier : *Vienna*, 1640, *in-8.*

Cet Archevêque est mort en 1626.

10730. Oraison funèbre de Henri de Villars; par Jean-Baptiste Massillon, Prêtre de l'Oratoire.

Cette Oraison funèbre est imprimée au tom. III. de ses *Sermons* : *Trévoux*, Ganeau, 1708, *in-12.* [& dans le *Recueil de ses Oraisons funèbres* : *Paris*, 1745, *in-12.*] M. de Villars est mort en l'an 1693.

Histoires de l'Evêché de Valence.

10731. ☞ Antiquités de l'Eglise de Valence, avec des Réflexions sur ce qu'il y a de plus remarquable dans ces Antiquités ; par Jean de Catellan, Evêque de la même Ville : 1724, *in-4.*

Voyez le *Journ. de Verdun*, *Septemb.* 1716. = *Journ. des Sçav. Février*, 1726.]

10732. Mf. Chronicon Episcoporum Valentinensium à variis auctoribus, diversis seculis auctum, ab anno 419 usque ad Jacobum à Turnone, seu ad annum 1537.

Cette Chronique est conservée au tom. VI. des *Fragmens d'Histoires recueillis* par Claude Estiennot, *p.* 187, dans l'Abbaye de S. Germain-des-Prés.

10733. Joannis Columbi, è Societate Jesu, Libri quatuor de rebus gestis Valentinorum & Diensium Episcoporum : *Lugduni*, 1638, 1652, *in-4.*

Ces mêmes Livres sont imprimés avec ses autres *Opuscules* : *Lugduni*, 1668, *in-fol.*

☞ Les Evêchés de Valence & de Die ont été séparés jusqu'à l'an 1276, qu'ils furent réunis ; ils ont été séparés de nouveau en 1688.

Le premier Livre contient l'Histoire & la suite des Evêques de Valence, à commencer par S. Ruf, que l'Auteur croit avoir été le premier Evêque de cette Ville au temps de S. Paul. Cette suite est interrompue jusqu'à Emilien, qui a été vraiment le premier Evêque, environ l'an 300 de J. C. Ce Livre finit en 1276. Le second contient l'Histoire & la suite des Evêques de Die, depuis S. Nicaise en 325 (quoique selon quelques-uns cette suite remonte jusqu'à S. Mars (Martius, en 220) jusqu'à l'an 1276, que cette Eglise fut réunie à celle de Valence, sous l'Episcopat d'Amédée de Roussillon. Le troisième & le quatrième Livre contiennent la suite des Evêques depuis la réunion jusqu'à l'an 1651, sous Charles-Jacques de Gelas, Evêque. On trouve à la tête du premier & du second Livre quelque chose concernant les Villes & Territoires de Valence & de Die. Les Conciles de Valence sur la Grace y sont bien exposés, & solidement traités. En général, c'est un des meilleurs Ouvrages qu'on ait composés sur l'Histoire d'une Eglise particulière.]

10734. Abrégé chronologique des Evêques de Valence & de Die ; par Mr. Jean Molinier Fabrègues, Docteur ès Droits en 1650, 1680, *en une feuille.*

10735. Mf. Droits de l'Evêché de Valence; Recueil d'Actes fait par le même en 1650.

Ce Recueil est conservé dans les Archives de cette Eglise. Cet Auteur dit dans sa Préface, qu'il ne parlera pas des Evêques, parcequ'il a fait un Ouvrage qui doit être imprimé en marge de celui que le Père Colombi, Jésuite, fait pour une seconde fois sur les Mémoires qu'ils ont dressés ensemble, & qu'il lui a envoyés à diverses fois à Lyon.

10736. Vita sancti Apollinarii ; auctore coætaneo Monacho Lerinensi.

Cette Vie est imprimée dans Barrali, *pag.* 377 de sa *Chronologie de Lérins* : *Lugduni*, 1613, *in-4.* & dans Labbe, au tom. I. de sa *Nouvelle Bibliothèque des Manuscrits*, *pag.* 686. Ce Saint est mort avant l'an 525. Sa Vie n'apprend pas grand'chose.

10737. Vie de saint Apollinaire ; par Adrien Baillet.

Cette Vie est imprimée dans son *Recueil des Vies des Saints*, au 5 d'Octobre.

10738. Vita sancti Joannis.

Cette Vie est imprimée dans Martenne, au tom. III. de son *Nouveau Trésor des Pièces anecdotes*, *p.*1693. Ce Saint est mort l'an 1144.

⚌ Vie du même ; par Pierre Lenain, Sous-Prieur de la Trappe.

Voyez Abbaye de Bonnevaux, Ordre de Cîteaux.

10739. Mf. Vita Amedei de Roussillon ; auctore anonymo.

Cette Vie est conservée dans les Archives de Notre-Dame de Die. *Voyez* la première partie du *Voyage Littéraire* de Dom Martenne, *pag.* 266, ci-devant, N.° 2337.]

10740. Arrêt du Grand-Conseil en faveur de Jean de Montluc, Evêque de Valence & de Die, contre Felix de Vermort, Doyen de l'Eglise de Valence, qui l'accusoit de favoriser les hérétiques, &c. imprimé par l'ordre de Jacques de Léberon, Evêque de Valence & de Die [son petit-neveu] : *in-8.*

10741. Joannis Columbi, è Societate Jesu, Liber singularis, quòd Joannes Monlucius non fuerit Hæreticus : *Lugduni*, 1640, *in-4.*

Ce même Livre est imprimé avec ses autres *Opuscules* : *Lugduni*, 1668, *in-fol.*

10742. ☞ Cleri Valentini & Diensis reformatio, per Joannem Monlucium Episcopum : *Parisiis*, Vascosan, 1558, *in-8.*]

Histoires de l'Evêché de Die.

10743. Joannis Columbi, de rebus gestis Episcoporum Diensium, Liber.

Ce Livre est imprimé avec son *Histoire des Evêques de Valence*, [ci-devant, N.° 10733.]

10744. ☞ Statuts & Réglemens de l'Eglise Cathédrale de Die, sur le service divin, Vie, Mœurs, & Discipline Ecclésiastique, faits par

M. Séraphin DE PAJOT de Plouy : *Grenoble*, Giroud, 1597, *in*-4.]

10745. De sancto Marcello, Dissertatio historica Godefridi HENSCHENII, è Societate Jesu ; cum duobus Vitæ Fragmentis.

Cette Dissertation est imprimée dans le *Recueil* de Bollandus, au 9 d'Avril. Ce Saint a vécu au commencement du sixième siècle.

10746. ☞ De sancto Ismidone, vel Ismione, Sylloge Joannis STILTINGI, è Societate Jesu.

Dans le *Recueil* de Bollandus, au 28 de Septembre. Ce Saint est mort en 1119.]

10747. Vita sancti Stephani.

Cette Vie est imprimée dans le *Recueil* de Surius, au 7 de Septembre. Ce Saint fleurissoit en 1127.

La même, traduite en François ; par L. DE GILBERT, avec la Chronologie des Evêques de Die : *Grenoble*, Verdier, 1688, *in*-12.

10748. ☞ Eadem, cum Commentario Joannis PERIERI, è Societate Jesu.

Dans le *Recueil* de Bollandus, au 7 de Septembre.]

10749. Vie de saint Etienne ; par Adrien BAILLET.

Cette Vie est imprimée dans son *Recueil des Vies des Saints*, au 7 de Septembre.

Histoires de l'Évêché de Grenoble.

10750. Nomina Episcoporum sanctæ Gratianopolitanæ Ecclesiæ.

10751. Series Episcoporum ejusdem Sedis.

Ces deux Catalogues sont imprimés dans Mabillon, au tom. I. de ses *Analectes*, pag. 100 & 101.

10752. Catalogue des Evêques de Grenoble ; par Claude DE BALMI, Curé de S. Hugues de Grenoble.

Ce Catalogue est imprimé dans son Livre intitulé : *Entrée au Sanctuaire* : *Grenoble*, 1624, *in*-8.

10753. Recueil de Pièces & Factums, Mémoires & Instructions employés au Procès de l'Evêque de Grenoble, au Parlement de Dijon, contre la Prieure & Religieuses de Montfleuri, de l'Ordre de saint Dominique, &c. *Dijon*, 1685, *in*-4.

Ce même Factum est imprimé dans le *Recueil de Factums*, au tom. I. pag. 550 : *Lyon*, Posuel, 1710, *in*-4.

10754. Réponse des Religieuses de Montfleuri, à M. l'Evêque de Grenoble : *in*-4.

10755. Vita sancti Hugonis ; auctore GUIGONE, Priore Cartusiensi coævo ; cum Commentario prævio, God. HENSCHENII.

Cette Vie est imprimée dans le *Recueil* de Bollandus, au 1 d'Avril. Elle est estimable par la réputation de son Auteur, lequel a été témoin de la dernière partie de la Vie de ce Saint, qui est mort en 1132.

10756. Vie du même ; par François GIRY.

Cette Vie est imprimée dans son *Recueil des Vies des Saints*, au même jour.

10757. Vie du même ; par Adrien BAILLET.

Cette Vie est imprimée dans son *Recueil des Vies des Saints*, au même jour.

10758. ☞ Histoire de la Vie & des Ecrits du même S. Hugues.

Dans l'*Hist. Littér. de la France*, tom. XI. pag. 149.]

10759. ☞ Abrégé de la Vie de M. (Etienne) le Camus, Evêque & Prince de Grenoble, avec l'Extrait de ses Ordonnances Synodales, sa Lettre aux Curés pour l'instruction des nouveaux Réunis, & son Mandement pour le Jubilé ; (par Ambroise LALLOUETTE, Prêtre, mort Chanoine de sainte Opportune à Paris) : *Paris*, Estienne, 1720, *in*-18.

Cet Abrégé est dans un Recueil de pièces qui commence par *Dissertation sur la pauvreté Religieuse*. Etienne le Camus est mort le 12 Septembre 1707, & M. Lallouette en 1725, âgé de plus de 70 ans. *Voyez* une Lettre de Benserade à M. le Camus, sur sa promotion au Cardinalat, & la réponse de M. le Camus, dans le *Recueil des Pièces choisies, ou Bigarures curieuses* : 1686, *in*-12. tom. II.]

10760. ☞ Discours sur la Vie & la mort de M. le Cardinal le Camus, accompagné d'une Epître à ses Diocésains, qui renferme l'état des fondations & legs qu'il a faits dans son Diocèse, & un Extrait de plusieurs de ses lettres, avec des notes critiques & historiques ; (par M. GRAS DU VILLARD, Chanoine de S. André de Grenoble) : *Lausanne* (*Grenoble*) 1748, *in*-12.

M. du Villard paroît dans son Discours & dans ses Notes un Ecrivain dont la prévention a conduit la plume, & qui a très-peu d'érudition Littéraire : par exemple, dans une Note qui est au bas de la page xxxv. de son Epître, il confond le fanatique Labadie, avec le célèbre Abbadie, Auteur du Traité si connu, *De la Vérité de la Religion Chrétienne*. A la fin du volume, on trouve un Eloge Latin de M. le Camus, en forme d'épitaphe.]

Histoires de l'Evêché de Viviers.

10761. De rebus gestis Episcoporum Vivariensium, Libri quatuor ; auctore Joanne COLUMBI, è Soc. Jesu : *Lugduni*, 1651, *in*-4.

Ces mêmes Livres sont imprimés avec ses autres *Opuscules* : *Lugduni*, 1668, *in-fol.*

10762. ☞ Des premiers Evêques de Viviers.

C'est l'objet de la Dissertation ou *Note XXIX.* du tom. I. de l'*Histoire générale du Languedoc* ; par DD. DE VIC & VAISSETE.]

10763. ☞ Remarques sur Thomas II, Evêque de Viviers.

Dans l'*Hist. Littér. de la France*, tom. XII. pag. 442. Cet Evêque vivoit au douzième siècle.]

Histoires de l'Evêché de Genève.

10764. ☞ Histoire des Evêques de Genève ; par Pierre MONOD, Jésuite.

Du Chesne en cite un fragment, pag. 513, de ses *Preuves de l'Histoire des Cardinaux François*.]

10765. ☞ Lettre & Mémoire d'un sçavant Génevois, à M. Rémond de S. Albine, sur les Evêques de Genève, pour être envoyés aux Auteurs du *Gallia Christiana*. *Mercures, Septembre, Octobre, Novembre,* 1749.

Ce morceau est curieux & plein de recherches & de discussions historiques sur les premiers Evêques de cette Ville.]

10766. Mſ. Codex antiquus rerum Genevensium.

Ce Manuscrit est cité par MM. de Sainte-Marthe, au tom. II. de leur *Gallia Christiana, pag.* 595, num. 55 & ailleurs.

━━ ☞ Mémoires de M. Besson, sur le Diocèse de Genève, &c.

Voyez ci-devant, N.º 10189.]

10767. ☞ Histoire de la Vie & des Ouvrages de S. Salone ; par Dom Antoine Rivet, Bénédictin.

Dans l'*Hist. Littér. de la France, tom. II. pag.* 433. Ce Saint est mort vers l'an 474.]

10768. Vie de Claude de Granier ; par Boniface Constantin, Jésuite : *Lyon,* 1640, *in-*4.

Cet Evêque est mort en 1602, & l'Auteur de l'Histoire de sa Vie en 1651.

10769. Vie du Bienheureux François de Sales ; par Philibert de Bonneville, Capucin (de Savoie) : *Lyon,* 1623, *in-*8.

La même, sous ce titre : Le Soleil des parfaits & vertueux Prélats ce siècle, le Bienheureux François de Sales : *Lyon,* 1625, *in-*8.

Le Saint Evêque étoit mort en 1622.

10770. ☞ Oraison funèbre pour l'anniversaire de François de Sales ; par le P. Pierre de Flottes de S. Bernard, Feuillant : *Lyon,* 1624, *in-*4.

L'Auteur est mort en 1666.]

10771. Vie du Bienheureux François de Sales ; par Jean de S. François, Feuillant : *Paris,* 1624, *in-*4.

L'Auteur de cette Vie a été Général des Feuillans ; il s'appelloit Goulu dans le monde ; il est mort en 1629.

10772. Vie du même ; par de Longueterre : *Lyon,* 1624, *in-*8.

10773. Vie du même ; par Louis de la Riviere, de l'Ordre des Minimes : *Lyon,* Rigaud, 1625, *in-*8. Quatrième Edition : *Rouen,* 1631, *in-*8.

10774. Caroli Augusti Salesii Tulliani, Doctoris Theologi, Præpositi, Canonici & Vicarii Generalis, & Officialis Ecclesiæ Gebennensis : De Vita & rebus gestis servi Dei, eximiæ sanctitatis, Patris ac Patrui sui Francisci Salesii, Libri decem : *Lugduni,* Juillard, 1634, *in-*4.

La même Vie, traduite en François ; par l'Auteur : *Lyon,* Juillard, 1634, *in-*4.

10775. Vie du même ; par Nicolas Talon, Jésuite : *Paris,* Cramoisy, 1640, *in-*4.

Cette même Vie est imprimée au-devant des *Œuvres de S. François de Sales : Paris,* 1641, *in-fol.* Le Père Talon est mort en 1691.

10776. Poëme sur la Vie du même, & autres Pièces ; par Chauvin, Conseiller en la Cour des Monnoies : *Paris,* 1645, *in-*4.

10777. Compendio della Vita del medesimo ; per Christoforo Giarda, Novarese, Superiore del Collegio de' Chierici Regolari di san Paolo : *In Roma,* Rossi, 1648, *in-*4.

10778. Vie du même ; par Henri de Maupas du Tour, Evêque du Puy : *Paris,* Huré, 1657, *in-*4. avec figures.

10779. Vita, Virtutes & Miracula ejusdem ; auctore Antonio Franciotto Cardinali : *Romæ,* Typis Cameræ Apostolicæ, 1662, *in-fol.*

Cet Auteur est mort en 1666.

La medesima tradotta in Lingua Italiana ; per Josepho Fozio, della Compagnia di Giesu : *In Roma,* 1662, *in-*8.

10780. Eloge du même ; par Antoine Godeau, Evêque de Vence : *Aix,* 1663, *in-*8. *Paris,* 1663, *in-*12.

10781. La Vie symbolique du même [sous le voile de 52 Emblêmes ;] par Adrien Gambart, Prêtre : *Paris,* 1664, *in-*12.

10782. Abrégé de la Vie du même : *Paris,* 1666, *in-*12.

10783. ☞ Vie de S. François de Sales ; par le Père Nicolas Fleury, Jésuite : *in-*12.]

10784. ☞ Origine de la Maison de S. François de Sales ; par Nicolas de Hauteville, Chanoine de l'Eglise Cathédrale de Genève : *Paris,* 1669, *in-*4.]

10785. Vie du même ; par François Giry.

Cette Vie est imprimée dans son *Recueil des Vies des Saints,* au 28 de Janvier.

10786. Vie du même : *Paris,* Pepie, 1689, *in-*4.

Cotolendi, Avocat, est l'Auteur de cette Vie.

10787. Vie du même ; par [Jacques] Marsolier, Chanoine d'Uzès : *Paris,* 1700, 1701, [&c.] *in-*12. 2 vol.

☞ Cinquième Edition : *Paris,* Quillau, 1758, *in-*12. 2 vol.

La même Vie a été traduite en Italien : *Venetia,* 1711, *in-*4.]

10788. Abrégé de la Vie du même ; par Louise de Bussy Rabutin, Religieuse de la Visitation : *Paris,* 1700, *in-*12.

☞ Voyez *Bibliothèque des Auteurs de Bourgogne, part.* 2, *pag.* 180.]

10789. Vie du même ; par Adrien Baillet.

Cette Vie est imprimée dans son *Recueil des Vies des Saints,* au 28 de Janvier.

10790. ☞ Lettre de M. Guillaume PARRA, Prêtre, Bachelier en Théologie, Primicier & Chanoine de Belley, & Secrétaire de MM. les Evêques du Puy, de Belley & de Maurienne, Juges & Commissaires Apostoliques députés en la cause de la Béatification & Canonisation du vénérable serviteur de Dieu, François de Sales, sur ce qui est arrivé à Anneci en l'ouverture du tombeau, &c. *Lyon*, 1655, 1657, *in-*8.]

10791. ☞ Descriptions des réjouissances & cérémonies faites à Chambéry, pour la Béatification du Bienheureux Evêque de Genève, François de Sales ; par le P. Claude-François MENESTRIER, Jésuite : *Lyon*, 1662, *in-*4.]

10792. ☞ Relation des cérémonies faites à Annecy, à l'occasion de la solemnité de la Fête de S. François de Sales ; par le même : *Grenoble*, 1666, *in-*4.]

― Relation des cérémonies faites à Grenoble, &c. par le même.

Voyez ci-devant, N.° 5077.]

― ☞ La nouvelle naissance du Phénix, décoration, &c. par le même.

Voyez ci-devant, N.° 5078.]

10793. ☞ Relation de ce qui s'est passé en la solemnité de la Canonisation de saint François de Sales, dans l'Eglise des Religieuses de la Visitation de sainte Marie de Moulins, par les soins & la sage conduite de très-auguste & pieuse Princesse, Madame la Duchesse de Montmorenci, Supérieure dudit Monastère : *Moulins*, Vernoy, 1664, *in-*4.]

10794. ☞ Récit envoyé par un particulier à un sien ami, touchant ce qui s'est passé de plus considérable en la solemnité de la Canonisation de S. François de Sales, au Monastère de sainte Marie de Beaune, le 17 Juillet 1666 : *in-*4.

On attribue cette Relation à Philippe MINOT, Prêtre de Dijon, mort en 1680.]

10795. ☞ Le cours de la sainte vie, ou les triomphes sacrés des vertus : Carrousel pour la canonisation de S. François de Sales ; par le Père Claude-François MENESTRIER : 1667, *in-*4.]

10796. ☞ Relation de la solemnité de la Canonisation de S. François de Sales, célébrée en l'Eglise des Religieuses de la Visitation de sainte Marie d'Orléans : *Orléans*, Hotot, 1667, *in-*12.]

10797. Vie de Jean d'Aranthon d'Alex ; par Innocent LE MASSON, Général des Chartreux : *Lyon*, Comba, 1697, *in-*8.

Cet Evêque est mort en 1695, & le Général des Chartreux, en 1703.

10798. ☞ Eclaircissemens sur la vie du même ; avec de nouvelles preuves de son zèle contre le Jansénisme & le Quiétisme ; (par Dom Innocent LE MASSON, Général des Chartreux) : *Chambéry*, 1699, *in-*8.]

10799. ☞ La Vie de M. (Michel-Gabriel) de Rossillon de Bernex, Evêque & Prince de Genève ; (par M. (Claude) BOUDET, Chanoine Régulier de S. Antoine) : *Paris*, Lambert, 1751, *in-*12. 2 parties.

Ce Prélat est mort en 1734.]

§. XXVI.

Histoires de l'Evêché de Québec, qui est indépendant.

10800. ☞ ECCLESIA Kebecensis.

Dans le tom. II. du *Gallia Christiana* des Bénédictins, *pag.* 170. Le P. de Sainte-Marthe, au milieu des Abbayes du Diocèse de Bourges, & après avoir parlé de celle de *Millebec*, dont les revenus ont été annexés à l'Evêché de Québec en Canada, a jugé à propos de former en cet endroit, la nomenclature des Evêques de cette Ville, depuis 1675 jusqu'en 1720. Ses Continuateurs en ont publié une suite plus complette, sous le titre suivant.

10801. ☞ Episcopi Quebecenses, & Vicarii Apostolici in Canada, seu Novâ Franciâ.

Dans le tom. VII. du *Gallia Christiana* des Bénédictins, *pag.* 1037.]

10802. ☞ Etat de l'Eglise & de la Colonie Françoise de la Nouvelle France ; par M. l'Evêque de Québec, (Jean DE SAINT-VALLIER) : *Paris*, 1688, *in-*8]

ARTICLE III.

Histoires des Evêques François qui ont possédé des Prélatures hors du Royaume.

10803. VITA sancti Ambrosii, Galli, Episcopi Mediolanensis & Ecclesiæ Doctoris ; auctore PAULINO, ejus Secretario & Discipulo.

Cette Vie est imprimée au-devant des *Œuvres de S. Ambroise*. Ce Saint étoit né dans les Gaules. Paulin composa sa Vie quelques années après sa mort, arrivée l'an 397, sur ce qu'il avoit vu lui-même, ou appris de sainte Marcelline, sœur de S. Ambroise, & de diverses autres personnes dignes de foi, qui en avoient été témoins. Mais outre qu'il ne garde ni l'ordre des temps, ni celui des matières, on peut dire que ce qu'il rapporte ne fait qu'une très-petite partie de ce qui méritoit d'être sçu d'une Vie si importante.

10804. Vita ejusdem ; auctore anonymo Græco.

Cette Vie est aussi imprimée au-devant des *Œuvres de S. Ambroise* : *Parisiis*, 1656, *in-fol.*

10805. Theophili RAYNAUDI, Societatis Jesu, Ambrosius, succus cœlestis, ubi Galliarum expressus, seu Lucubratio de natali solo sancti Ambrosii in Galliis : *Lugduni*, Cardon, 1632, *in-*12.

Eadem de sancti Ambrosii natali solo Dissertatio ex qua judicatur an ortu Lugdunensis.

Cette Dissertation est imprimée dans le tom. VIII. des Œuvres du P. Raynaud : *Lugduni*, *1668*, *in-fol.* Cet Auteur dit que S. Ambroise n'est né ni à Lyon, ni à Trèves, mais à Arles.

10806. Vie de S. Ambroise ; par Godefroy HERMANT, Docteur en Théologie, Chanoine de Beauvais : *Paris*, *1678*, *in-4.*

Ce Chanoine a composé cette Vie en douze Livres ; les neuf premiers contiennent l'Histoire de la Vie de S. Ambroise & les principaux événemens de l'Eglise ; & les trois derniers représentent son esprit, sa conduite & ses sentimens. L'exactitude y répond à l'abondance & à la capacité avec laquelle l'Auteur traite ses matières. Il est mort en 1690.

✱ Il a eu l'avantage de travailler sur les Mémoires de M. de Tillemont, qui les lui avoit communiqués.

10807. Vita seu Annales ejusdem ; auctoribus Jacobo DE FRICHE & Nicolao LE NOURRY, Benedictinis, è Congregatione sancti Mauri.

Cette Vie est imprimée au tom. I. des Œuvres de S. Ambroise : *Parisiis*, *1686*, *in-fol.* Dom de Friche est mort en 1693, [& Dom le Nourry en 1724.]

10808. Vie du même; par François GIRY.

Cette Vie est imprimée dans le *Recueil des Vies des Saints*, au 8 de Décembre.

10809. Vie du même; par Adrien BAILLET.

Cette Vie est imprimée dans son *Recueil des Vies des Saints*, au même jour.

10810. Vie du même; par Sébastien LENAIN DE TILLEMONT.

Cette Vie est imprimée au tom. X. de ses *Mémoires pour l'Histoire de l'Eglise*, *pag. 835*.

10811. ☞ Histoire de la Vie & des Ecrits du même S. Ambroise ; par Dom Antoine RIVET, Bénédictin.

Dans l'*Hist. Littér. de la France*, tom. I. part. 2, pag. 325, & l'Avertissement du tom. II. pag. xix.]

10812. ☞ Histoire d'Elzéar François des Achards de la Baume, Evêque d'Halicarnasse, & Visiteur Apostolique à la Cochinchine ; par François FABRE, Prêtre.

Dans ses *Lettres sur la Visite Apostolique, &c.* Venise, 1753, *in-12.* 3 vol. & *in-4.*]

10813. Vie d'Ignace Cotolendi, de la Ville d'Aix, Evêque de Métellopolis, Vicaire Apostolique en la Chine Occidentale ; par Gaspard AUGERI, Prédicateur du Roi : *Aix*, *David*, *1673*, *in-12*.

10814. Vita d'Ignatio Cotolendi, della Citta d'Aix, Vescovo de Metellopoli, Vicario Apostolico nella China Occidentale, transportata del Francesce nel Toscano : *In Livorno*, *Suardi*, *1681*, *in-4*.

Ce Vicaire Apostolique de Nanquin, étoit né à Brignole, d'une famille qui étoit d'Aix, mais qui s'étoit retirée à Brignole, à cause de la peste qui étoit à Aix.

10815. ☞ Vie de S. Ennodius, Evêque de Pavie.

Adrien Baillet a rapporté sa Vie au 17 de Juillet, & les PP. Sirmond & Schott à la tête des Editions qu'ils ont données des Œuvres d'Ennodius. Ce Saint mourut en 521. Le P. Grossellier, de l'Oratoire, a fait une Dissertation qui est restée manuscrite, où il prouve qu'Ennodius est né à Arles, & que tous ses parens y demeuroient. Ce Saint est mort en 521.]

10816. ☞ Histoire de la Vie & des Ecrits du même ; par Dom Antoine RIVET, Bénédictin.

Dans l'*Hist. Littér. de la France*, tom. III. pag. 96.]

10817. Vita Guillelmi, Tyrii Archiepiscopi ; auctore Henrico PANTALEONE, Basileensi, Medico Doctore.

Cette Vie est imprimée au-devant de son *Histoire Orientale* : *Basileæ*, *1564*, *in-fol.* Cet Archevêque étoit François, selon Baudouin ; il mourut en 1188, & Pantaléon est mort en 1595.

10818. ☞ Avis à l'Abbé de Bourgueil, touchant la sépulture de Guillaume, Archevêque de Tyr, trouvée en l'Eglise de Notre-Dame de Nantilly de Saumur : *Saumur*, 1614, *in-4.*]

10819. Vita sancti Hugonis, Burgundi, Prioris Cartusiæ Vothamensis, Episcopi Lincolniensis in Anglia.

Cette Vie est imprimée dans le *Recueil* de Sutius, au 17 de Novembre. Elle n'est que l'extrait d'un Ouvrage plus ample, composé en cinq Livres, par un inconnu, qui avoit vécu fort particulièrement avec le Saint.

10820. ☞ Diverses Pièces sur Charles Maigrot, Evêque de Conon, & Vicaire Apostolique en Chine.

Les principales sont, 1.º l'Ordonnance qu'il donna en 1693, sur les cultes Chinois : elle se trouve *pag. 451* de l'*Apologie des Dominicains* : (Cologne, 1700, *in-11.*) & *pag. 114* de l'*Histoire Ecclésiastique du XVII.ᵉ siècle*, de M. du Pin, &c. 2.º Mémoire de M. de Conon à la Congrégation de la Propagande, en 1700. Il est à la fin du tom. VII. des *Anecdotes de la Chine*. 3.º Diverses Remarques qui se trouvent *pag. 163 & suiv.* du *tom. III.* de ce même Recueil, tom. I. part. 2, p. 42, & tom. II. pag. 76, &c. On a promis de donner une Vie de cet Evêque, qui est mort à Rome en 1730 : elle ne peut manquer d'être intéressante.]

10821. Vita sancti Paulini [Galli] Episcopi Nolani ; auctore Francisco SACCHINO, è Societate Jesu.

Cette Vie est imprimée au-devant des Œuvres de ce Saint : *Antverpiæ*, *1622*, *in-8.* *Parisiis*, *1685*, *in-4.* & dans le *Recueil* de Bollandus, au 22 de Juin.

10822. Paulinus illustratus, seu res gestæ sancti Paulini ; auctore Petro Francisco CHIFFLETIO, è Societate Jesu : *Divione*, *1662*, *in-4.*

10823. Vie de S. Paulin ; par François GIRY.

Cette Vie est imprimée dans son *Recueil des Vies des Saints*, au 22 de Juin.

10824. Vie du même, avec des remarques & des éclaircissemens : *Paris*, *1686*, *in-8*.

Cette Vie est de Jean-Baptiste LE BRUN DES MARETTES, qui a publié les Œuvres de ce Saint en 1685.

10825. Vie du même ; par Adrien BAILLET.

Cette Vie est imprimée dans son *Recueil des Vies des Saints*, au même jour.

10826.

10826. Vie du même S. Paulin ; par Sébastien LENAIN DE TILLEMONT.

Cette Vie est imprimée au tom. XIV. de ses *Mémoires pour l'Histoire de l'Eglise*, pag. 1 & 710.

10827. ☞ Histoire de la Vie & des Ecrits de S. Paulin ; par Dom Antoine RIVET, Bénédictin.

Dans l'*Hist. Littér. de la France*, tom. II. pag. 179. *Voyez* encore l'Avertissement du tom. XI. pag. v.]

10828. ☞ Vie de M. François Picquet, Consul de France & de Hollande à Alep, ensuite Evêque de Babylone, &c. (par Léonce ANTHELMI, Prévôt & Grand-Vicaire de Fréjus) : *Paris*, 1732, in-12.

On en trouve un Extrait dans le *Journal de Verdun*, 1732, *Septembre*, pag. 174, dans le *Mercure* de la même année, *Décembre*, II. vol. pag. 2785, & dans les *Mémoires de Trévoux*, 1732, *Décembre*, p. 2145.]

10829. ☞ Observations sur S. Raymond, Evêque de Balbastro.

C'est l'objet de la *Note XLVIII.* du tom. II. de l'*Histoire du Languedoc*; par DD. DE VIC & VAISSETE. S. Raymond fut Prieur ou Abbé de S. Saturnin de Toulouse, avant que d'être Evêque de Balbastro en Aragon. Il mourut en 1126.]

10830. ☞ Histoire de la Vie & des Ouvrages de Jean-Claude Sommier (Archevêque de Césarée) ; par le P. NICERON.

Dans ses *Mémoires*, tom. XLI. pag. 49-63. M. Sommier fut sacré Archevêque *in partibus* à Rome, & devint ensuite Prévôt de S. Diez en Lorraine, où il est mort en 1737.]

10831. ☞ Apologies de M. l'Evêque de Babylone (Dominique-Marie VARLET:) *Amsterdam*, 1728 & 1729, in-4.

Il y a deux Apologies, précédées d'Avertissemens en partie historiques. Cet Evêque est mort en 1742. *Voyez* son Histoire abrégée dans les *Nouvelles Ecclésiastiques* du 8 Juillet 1742.]

10832. ☞ Oraison funèbre de Claude de Visdelou, Evêque de Claudiopolis, & Vicaire Apostolique en Chine ; par le Père NORBERT, Capucin, avec des Notes historiques & plusieurs Pièces : *Cadix*, 1742, in-8.

Elle a été réimprimée, sans les Notes & Pièces, dans les nouveaux *Mémoires* présentés au Pape Benoit XIV. par le P. Norbert : *Luques*, 1744, in-4. 2 vol. p. 235, du tom. II.]

ON auroit pu sans doute ajouter ici plusieurs Vies des François qui ont possédé des Prélatures dans les Pays étrangers ; mais il auroit fallu bien des recherches trop éloignées de celles que cet Ouvrage demandoit.

☞ Pour y suppléer, nous indiquerons ici quelques Articles, dont le premier est assez ample.]

10833. ☞ Histoires de la Vie & des Ecrits de plusieurs Evêques, dont il est fait mention dans les XII. volumes de l'*Histoire Littéraire de la France*, (qui vont jusqu'au milieu du XIIe siècle.)

Voici la Liste Alphabétique de ces Evêques étrangers, avec l'indication du volume & de la page.

Adelmare, Evêque de Brescie, tom. VII. *pag. 542.*
Aktfride, Ev. de Mimigernedorf (ou Munster) V. 57.
Tome I.

S. Ambroise, (ci-devant, N.° 10803, & *suiv.*)
S. Anscaire, Arch. de Hambourg, V. 277.
S. Anselme, Arch. de Cantorbéri, IX. 398.
S. Aribon, Ev. de Frisingue, IV. 165.
Arnoul, Ev. de Rochester, X. 425.
Atton, Ev. de Verceil, VI. 281.
Bernard, Arch. de Tolède, XI. 56.
Caius, Ev. régionnaire, I. (part. 2.) 356.
Ebremar, Patriarche de Jérusalem, X. 394.
S. Ennode, (ci-devant, N.° 10815.)
Félix, Ev. en Angleterre, V. *Avert.* p. iv.
S. Firmin, Ev. régionnaire, IV. 124.
Gérard, Arch. d'Yorck. IX. 376.
Gibelin, Patriarche de Jérusalem, IX. 565.
Gilbert, Ev. de Londres, XI. 236.
Gondulphe, Ev. de Rochester, IX. 369.
Guillaume, Ev. de Durham, VIII. 433.
Guitmond, Ev. d'Averse, VIII. 553.
Haimon, Ev. de Halberstat, V. 111.
Hermanne, Ev. de Sarisbéri, VIII. 59.
S. Hippolyte, Ev. régionnaire, I. 361.
Hugues, Arch. d'Edesse, X. 60.
Hugues, Ev. de Porto en Portugal, XI. 115.
Le Bh. Lanfranc, Arch. de Cantorbéri, VIII. 260.
S. Ludger , Ev. de Mimigernedorf (ou Munster) IV. 359.
S. Norbert, Arch. de Magdebourg, XI. 243.
S. Oldegaire, Arch. de Taragone, XI. 632.
Oliba, Ev. de Vic, VII. 366.
S. Osmond, Ev. de Sarisbéri, VIII. 573.
Parménien, Ev. Donatiste de Carthage, I. (part. 2) pag. 250.
Pierre de Librana, Ev. de Saragoce, XI. 12.
Raoul, Arch. de Cantorbéri, X. 336.
Rathier, Ev. de Vérone, VI. 339.
S. Rembert, Arch. de Hambourg, V. 631.
Robert, Ev. de Herford, VIII. 414.
Rodolphe, Ev. d'Orviette, VI. 459.
S. Simpert, Ev. d'Augsbourg, IV. 362.
Théotmar, Arch. de Saltzbourg, VI. 97.
Thomas I, Arch. d'Yorck, VIII. 641.
Thomas II. Arch. d'Yorck , X. 32.
Turstain, Arch. d'Yorck, XI. 722.
S. Willibalde, Ev. d'Eichstat, IV. 167.]

10834. ☞ Vie de Jean de Cardaillac, Curé de l'Eglise Archiépiscopale de Toulouse, nommé Patriarche d'Alexandrie.

Elle se trouve pag. 69 des *Essais de Littérature*, &c. *Amsterdam*, 1702, in-12.]

10835. ☞ Episcopi pro Missionibus exteris, seu Vicarii Apostolici Siamenses, Tunquini, & Cocincinæ.

Dans le *Gallia Christiana* des Bénédictins, tom. *VII.* pag. 124-140.]

10836. ☞ Relation abrégée des Missions & des Voyages des Evêques François envoyés aux Royaumes de la Chine, Cochinchine, Tonquin & Siam ; par M. François PALLU , Evêque d'Héliopolis : *Paris*, Bechet, 1668, 1682, in-8.]

10837. ☞ Relation du Voyage de M. l'Evêque de Beryte (de la Motte-Lambert) Vi-

Ssss

caire Apostolique du Royaume de la Cochinchine; par M. DE BOURGES, Prêtre & Missionnaire Apostolique: *Paris*, Bechet, 1666, 1668, 1683, *in-*8.]

10838. ☞ Relations des Missions des Evêques François: *Paris*, Petit, 1674, & Angot, 1680, *in-*8. 3 vol.]

10839. ☞ Mémoriaux de M. PALLU, Evêque d'Héliopolis.

A la fin du tom. VII. de la *Morale Pratique, &c.*]

10840. ☞ Actes des Congrégations tenues à Rome au sujet des Missions des Indes Orientales: (1677-1686.)

C'est le tom. VII. des *Anecdotes sur l'état de la Religion dans la Chine*: (*Paris*) 1742, *in-*12.]

10841. ☞ Episcopi Babylonis, & in Perside Vicarii Apostolici.

Dans le *Gallia Christiana* des Bénédictins, *tom. VII.* pag. 1034. *Voyez* ci-devant, sur deux des Evêques François, les N.os 10828 & 10831, & sur Jean Duval, le tom. II. des *Mém. de l'Hist. d'Auxerre*, par l'Abbé Lebeuf, *pag.* 519.]

10842. ☞ Recueil de Pièces, manuscrites & imprimées, sur les Missions étrangères & de France, depuis 1615, jusques en 1684: *in-*4.

Il est conservé dans la Bibliothèque du Séminaire de S. Sulpice, à Paris. On y trouve plusieurs Pièces fugitives, qui se distribuoient dans le temps, au sujet des Missions.

10843. ☞ Pièces diverses sur les Missions Orientales.

On les conserve dans le Séminaire des Missions Etrangères, à Paris.]

ARTICLE IV.

Histoires du second Ordre du Clergé Séculier de France.

CE second Ordre est composé des Archidiacres & des Curés, des Doyens & Chanoines, des Abbés & Prieurs Commendataires, & des autres Ecclésiastiques élevés au Sacerdoce, &c. entre lesquels sont compris les Prêtres des Congrégations de la Doctrine Chrétienne, de l'Oratoire de Jesus, de la Mission, &c.

10844. ☞ De Congregatione Clericorum Secularium Doctrinæ Christianæ, & series Præpositorum Generalium.

Dans le *Gallia Christiana* des Bénédictins, *tom. VII.* pag. 966-968. Cet Article a été dressé par Noël-Philippe BAIZÉ, Prêtre de cette Congrégation & Bibliothécaire de la Maison de S. Charles à Paris. *Voyez* encore à la fin du même volume, les Pièces qui concernent cette Congrégation, *pag.* 201. 203. 208. 217.]

10845. ☞ Notice de la Congrégation de la Doctrine Chrétienne.

Ce morceau, qui est intéressant & de bonne main, a été inséré dans le *Dictionnaire de Trévoux*, des dernières Editions.]

10846. ☞ Constitutiones Clericorum Regularium S. Majoli Papiæ, Congregationis Somaschæ, & Doctrinæ Christianæ in Francia: *Romæ*, 1626, *in-*4.

Les Prêtres de la Doctrine Chrétienne furent pendant un temps unis aux Religieux Somasques d'Italie.]

10847. ☞ Constitutiones Congregationis Patrum Doctrinæ Christianæ: *Parisiis*, 1673, *in* 12.]

10848. ☞ Recueil des Nullités survenues dans l'Institution de la Congrégation de la Doctrine Chrétienne en France; par G. DE TREGOUIN: *Paris*, 1645, *in-*4.]

10849. ☞ Apologie pour la Congrégation de la Doctrine Chrétienne; par Antoine DE LASTIC: *Avignon*, 1644, *in-*8.]

10850. ☞ Recueil de Pièces concernant les Prêtres de la Doctrine Chrétienne: *in-*4.

Ce Recueil est indiqué dans le Catalogue de M. Lancelot, num. 927, & contient les Pièces suivantes:

1. Recueil des Pièces produites en Justice pour justifier la Congrégation des Prêtres de la Doctrine Chrétienne; (par G. DE TREGOUIN, sieur de Ricardelle): 1657.

2. Recueil des Nullités survenues dans l'Institution prétendue Régulière de la même Congrégation; par G. DE TREGOUIN, sieur de Ricardelle, Aumônier du Roi: *Paris*, Gaillard, (1645).

3. Abrégé des Abus & Nullités commises dans l'Institution de l'Ordre prétendu des Pères de la Doctrine Chrétienne en France.

4. Arrêt du Conseil, portant désunion de la Congrégation des Pères de la Doctrine Chrétienne, d'avec les Somasques d'Italie; du 22 Mai 1646: *Paris*, Sassier, 1646.

5. Innocentii X. Breve super separatione Congregationis Doctrinæ Christianæ Regni Franciæ, à Congregatione Clericorum Regularium de Somaschâ, illisque in pristinum statum Sæcularem sub obedientiâ Ordinariorum restitutione, 3 Julii, 1647: *Romæ*, (1647.)

6. Deliberatio Doctorum super Pontificio Diplomate pro Presbyteris Christianæ Doctrinæ nuncupatis, edito sub hoc anno 1651, 6 Kal. Febr.

7. Bref du Pape Innocent X. portant confirmation & exécution de deux autres Brefs donnés en 1647 & 1652, pour le rétablissement de la Congrégation de la Doctrine Chrétienne en son premier état Séculier, du 21 Mars 1654.

8. Bref du Pape Innocent X. portant nouvelle confirmation de l'état Séculier de la Congrégation de la Doctrine Chrétienne, du 16 Novembre 1654.

9. Factum pour les Pères de la Doctrine Chrétienne, opposans à la vérification des Lettres-Patentes du Roi, concernant leur établissement, contre ceux de la même Congrégation qui poursuivent ladite vérification au Parlement.

10. Extrait de la Requête présentée au Roi & au Conseil, par les PP. Antoine Sauret, Daulmoy, Touret, Matcassus & Consorts, opposans contre les prétendus Supérieur & Procureur de ladite Congrégation, le 1 Avril 1655: *Paris*, 1655.

11. Bref du Pape Alexandre VII. ordonnant tout ce qu'il faut observer pour l'Assemblée du Chapitre Général de la Congrégation de la Doctrine Chrétienne en la Ville d'Avignon, & portant défense de la réunir avec celle des Somasques, du 5 Mars 1657.

12. Requête à la Reine, pour faire réprimer la rébellion de la part des prétendus Supérieur & Procureur contre l'autorité du S. Siège, & faire sceller les Lettres en faveur de l'état Séculier.

13. Raisons tirées des Conciles & des Décrets des

Papes, pour montrer que les Prêtres de la Doctrine Chrétienne des Maisons de S. Charles & de S. Julien de Paris, ont encouru l'excommunication, contenant quatre sujets d'excommunication.]

10851. ☞ Recueil de Pièces imprimées & manuscrites, concernant les Prêtres de la Doctrine Chrétienne : *in-4*. 4 vol.

Il est dans leur Bibliothèque de S. Charles, à Paris. Les Pièces que l'on vient d'indiquer s'y trouvent, & un très grand nombre d'autres.]

10852. ☞ Lettres-Patentes en forme d'Edit, concernant les Prêtres de la Doctrine Chrétienne, du mois de Septembre 1726 : *in-4*.

On les trouve aussi *pag.* 117 des Pièces du tom. VII. du *Gallia Christiana* des Bénédictins. Elles achevent de fixer en tous points l'état de cette Congrégation.]

10853. De Congregatione Sacerdotum à Missione, (vulgò sancti Lazari) & Series Præpositorum Generalium.

Dans le *Gallia Christiana* des Bénédictins, tom. *VII*. *pag.* 998 & 1001.]

10854. Regulæ seu Constitutiones Congregationis Missionis : *Parisiis*, 1658, *in-16*.]

10855. ☞ De Congregatione Oratorii Domini Jesu, & Series Præpositorum Generalium.

Dans le *Gallia Christiana* des Bénédictins, tom. *VII*. *pag.* 976 & 978.]

10856. Articles concernant la Congrégation de l'Oratoire, aux Illustrissimes & Révérendissimes Cardinaux, Archevêques, Evêques de l'Assemblée du Clergé : 1626, *in-8*. 16 pages.

L'Epître Dédicatoire est signée Philippe MOREL & Jacques LE FEBVRE. C'est une critique des Statuts par des Notes qui sont à la marge des Articles. On dit que le véritable Auteur de ce Libelle est le P. Jean MORIN.]

10857. ☞ Jugement sur la Congrégation de l'Oratoire : 1626, *in-8*.]

10858. ☞ Réglement des Frères Servans de la Congrégation de l'Oratoire : *Paris*, 1682, *in-8*.]

10859. ☞ Recueil des sept Assemblées des Pères de l'Oratoire : *Paris*, 1654, *in-4*.]

10860. De Congregatione Sacerdotum seu Seminario sancti Nicolai de Cardineto; & Series Œconomorum, qui Superioris vicem gerunt.

Dans le *Gallia Christiana* des Bénédictins, tom. *VII*. *pag.* 1011 & 1014.]

10861. ☞ De Congregatione Presbyterorum sancti Sulpicii, & Series Præpositorum Generalium.

Dans le *Gallia Christiana* des Bénédictins, tom. *VII*. *pag.* 1016 & 1018.]

10862. ☞ De Congregatione Sacerdotum de Calvaria, & Series Superiorum.

Dans le *Gallia Christiana* des Bénédictins, tom. *VII*. *pag.* 1004. On a uni à cette Congrégation, une autre Congrégation de l'Exaltation de la sainte Croix, érigée d'abord aux Capucins de Paris, rue S. Honoré, dont il est parlé dans le même Tome, *pag.* 1003. *Voyez* encore ci-devant, N.° 5198.]

10863. ☞ De Seminario Christi Familiæ, vulgariter dictum Triginta trium (Parisiis) & Series Directorum Præfectorum.

Dans le *Gallia Christiana* des Bénédictins, tom. *VII*. *pag.* 1022 & 1023.]

10864. ☞ De Seminario sancti Petri & sancti Ludovici (Parisiis).

Dans le même Tome, *pag.* 1041.]

10865. ☞ De Sodalitio & Seminario sancti Spiritûs (Parisiis;) & Series Superiorum.

Dans le même Tome, *pag.* 1042 & 1044.]

== ☞ Nécrologe des XVII° & XVIII° siècles.

== ☞ Appellans célèbres, &c.

Voyez ci-devant, N.°⁵ 5570 & 5655. On trouve dans ces deux Livres plusieurs Vies abrégées d'Ecclésiastiques. Le premier cite les Ecrits d'où il a tiré ce qu'il rapporte.]

10866. ☞ Mémoires (sur MM. de Port-Royal, ou) pour servir à l'Histoire de Port-Royal ; par M. (Nicolas) FONTAINE : *Cologne* (*Utrecht*) 1735, 1738, *in-8*. 2 vol. (*Paris*, Desaint) 1753, *pet. in-12*. 4 vol.]

10867. ☞ Mémoires sur les mêmes ; par M. (Pierre THOMAS) DU FOSSÉ : *Utrecht*, 1739, *in-12*.]

10868. ☞ La Réalité du Projet de Bourg-Fontaine, démontrée par l'exécution : *Paris*, veuve Dupuy, 1755, *in-12*. 2 vol.

C'est un Ouvrage contre MM. de Port-Royal, composé par quelque Jésuite.]

10869. ☞ Arrêt du Parlement de Paris, qui condamne un Libelle intitulé, *la Réalité, &c.* du 21 Avril 1758 : *in-4*.

En conséquence, ce Livre a été lacéré & brûlé, comme » contenant des principes contraires aux Loix, Maxi-» mes & Usages du Royaume, & renouvellant mali-» cieusement des faits faux & calomnieux, en imputant » un système de Déïsme & d'impiété à des Prélats, Doc-» teurs, Magistrats, & autres personnes également re-» commandables par leur piété, leurs lumières & leur » attachement à la Religion ».]

10870. ☞ La vérité & l'innocence victorieuses de l'erreur & de la calomnie, ou (VIII) Lettres à un ami sur la Réalité du projet de Bourg-Fontaine : *Cologne* (*Paris*) 1758, *in-12*. 2 vol.]

HISTOIRES PARTICULIÈRES, *par ordre Alphabétique.*

A

10871. ☞ Histoire de la Vie & des Ouvrages de Gaspard Abeille ; par Jean-Pierre NICERON.

Dans ses *Mémoires*, tom. *XLII*. p. 348-352. L'Abbé Abeille est mort en 1718.]

10872. Acta suspecta sancti Adalgisi, seu Algisi, Presbyteri in Thierascia, Picardiæ

Regiuncula ; cum Commentario prævio Francisci BAERTII, è Societate Jesu.

Ces Actes sont imprimés dans le *Recueil* de Bollandus, au 2 de Juin. Ce Saint a vécu dans le VIIe siècle.

10873. Vie de S. Adelrad, Archidiacre & Chanoine de Troyes (au Xe Siècle), restaurateur de la Communauté des Chanoines; par Etienne BINET, Jésuite : *Paris*, Cramoisy, 1633, *in*-12.

Le Père Binet est mort en 1639.

10874. Vita sancti Aderaldi, Ecclesiæ Trecensis Canonici & Archidiaconi ; auctore anonymo, ejus æquali & familiari ; curâ Remigii Brayer : 1724, *in*-12.

Cette Vie paroît être du XIe siècle. M. Brayer, Chanoine de Troyes, l'a accompagnée d'une Préface très-judicieuse.

10875. ☞ Lettre de M. l'Abbé LEBEUF, touchant la Vie de S. Aderald, Chanoine de Troyes. *Journal de Verdun*, 1752, *Juillet, pag.* 42.]

10876. ☞ Jacobi Alleaume Sorbonæ Domûs Doctoris & sub-Decani, sancti Pauli nuper Pastoris, & urbis Aurelianensis Concionatoris dignissimi, Laudatio funebris ; auctore Ægidio LENAIN, Doct. Theologo, Aurelian. Canonico : *Aureliani*, 1665, *in*-4.

Cet Eloge, qui est dédié à Pierre le Fevre, Curé de S. Paul, n'a que 16 pages : c'est un court récit des vertus de ce Pasteur, plutôt que des détails historiques sur sa Vie.]

10877. Vita sancti Alpiani, Presbyteri, Discipuli sancti Martialis.

Cette Vie est imprimée dans Labbe, au tom. II. de sa *Nouvelle Bibliothèque des Manuscrits, pag.* 472.

10878. ☞ Eadem cum Notis Dan. PAPEBROCHII, è Societate Jesu.

Dans le *Recueil* de Bollandus, au 27 d'Avril.]

10879. Vita sancti Amabilis, Presbyteri Ricomagi in Alvernia; auctore JUSTO.

Cette Vie est imprimée dans le *Recueil* de Surius, au 1 de Novembre ; & avec le *Commentaire* de Papebrock, dans le *Recueil* de Bollandus, au 2 de Juin, *pag.* 465.

10880. ☞ La lumière d'Auvergne, ou saint Amable, Panégyrique ; par le sieur A. BAUDUYN, dédié à Madame de Villesavin : *Paris*, Sommaville, 1642, *in*-4.]

10881. La Vie de S. Amable, Prêtre & Curé de la Ville de Riom en Auvergne, mort en 475, sous l'Episcopat de S. Sidoine Apollinaire, écrite en Latin par un Auteur ancien, nommé Juste, Archiprêtre, vers l'an 1225, & traduite sur un Manuscrit non encore imprimé, avec des notes & des éclaircissemens sur notre Histoire Ecclésiastique & Civile d'Auvergne, des Ve & XIIe siècles, tirés des Auteurs originaux & contemporains ; par Pierre FAYDIT : *Paris*, Moreau, 1702, *in*-12.

Cette Vie est l'Ouvrage d'un Auteur qui a vécu près de mille ans après ce Saint, lequel est mort en 474. On n'y apprend presque rien. Il y a dans les Notes quelques éclaircissemens sur l'Histoire d'Auvergne. Ce Livre fut supprimé, parceque l'Auteur des Notes y avoit choqué plusieurs personnes de mérite. Il est mort en 1709, à Riom, où il étoit né.

10882. Vie du même ; par François GIRY.

Cette Vie est imprimée dans son *Recueil des Vies des Saints*, au 1 de Novembre.

10883. Vie du même ; par Adrien BAILLET.

Cette Vie est imprimée dans son *Recueil des Vies des Saints*, au même jour.

10884. Histoire de la Vie du même, avec deux Dissertations sur le temps & le lieu de sa mort ; par Antoine CHEVALIER, Chanoine de l'Eglise de S. Amable de Riom.

Cette Vie est imprimée avec son *Office* : Lyon, Barbier, 1701, *in*-12. C'est contre cette Histoire que l'Abbé Faydit a écrit dans ses Notes sur la Vie de ce Saint.

10885. Défense de Savaron, ou Réponse à la seconde Dissertation de M. Chevalier, sur le lieu de la mort de S. Amable ; avec la réfutation des deux impostures de l'Abbé Faydit, la première contre les Chanoines de la Cathédrale de Clermont, la seconde contre les Habitans de cette Ville ; par Guillaume MAJOUR, Docteur de Sorbonne, & Chanoine de Clermont : *Clermont*, Boutaudon, 1702, *in*-12.

10886. ☞ Apologie des Chanoines de la Cathédrale & des Citoyens de Clermont, contre les nouveaux égaremens de l'Abbé Faydit ; par Guillaume MAJOUR : *Clermont*, Boutaudon, 1713, *in*-8.

On y a joint l'Ouvrage de l'Abbé Faydit, qui contient ces égaremens, & une Requête donnée sous le nom des deux Curés de Mausac.]

10887. ☞ Notice historique de Jacques-Marie d'Amboise, Docteur de Sorbonne; par Claude-Pierre GOUJET.

Dans son *Mémoire historique sur le Collége Royal* : *Paris*, 1758, *in*-12. *tom. II. pag.* 210-222. D'Amboise est mort en 1611.]

10888. ☞ Histoire de la Vie & des Ouvrages de Claude Ameline, Grand-Archidiacre de l'Eglise Cathédrale de Paris ; par Jean-Pierre NICERON.

Dans ses *Mémoires, tom. XXXVI. p.* 81-83. M. Ameline est morte en 1706.]

10889. ☞ Histoire de la Vie & des Ouvrages de Denys Amelote, Prêtre de l'Oratoire ; par le même.

Dans le tom. XXXVII. de ses *Mémoires, pag.* 287-290. Le Père Amelote est mort en 1678.]

10890. ☞ Remarques sur le même.

Dans le *Diction.* de Jacq. Georges DE CHAUFEPIÉ.]

10891. ☞ Eloge de l'Abbé (Antoine) Anselme ; par M. DE BOZE.

Dans le tom. XIV. de l'*Histoire de l'Académie des Inscriptions & Belles-Lettres, in*-4. *p.* 285, & tom. III. de l'*in*-8. *pag.* 288. L'Abbé Anselme est mort en 1737.]

10892. ☞ Histoire de la Vie & des Ouvrages de Joseph Antelmi, Chanoine de Fréjus; par le P. Niceron.

Dans ses *Mémoires, tom. V. pag.* 149-151. M. Antelmi est mort en 1697.]

10893. ☞ Remarques sur Joseph Antelmi, Prévôt de Fréjus.

Dans le *Dictionnaire* de Jacques-Georges DE CHAUFEPIÉ. On y corrige plusieurs fautes de M. du Pin.]

10894. Vie de saint Aoust, Prêtre en Berry; par Adrien BAILLET.

Cette Vie est imprimée dans son *Recueil des Vies des Saints*, au 7 d'Octobre. Ce Saint est mort vers l'an 560.

10895. ☞ Lettre de M. LEBEUF, au P. du Sollier, Jésuite d'Anvers, Continuateur des Recueils de BOLLANDUS, sur un nouveau Saint (Nicolas Appleine) Chanoine du Diocèse de Nevers. *Mercure*, 1732, *Juillet*.]

⬅ Histoire de la Vie d'Antoine Arnauld, Docteur de Sorbonne.

Voyez ci-devant, N.os 5618-5620. On peut voir encore l'article que Pierre BAYLE en a donné dans son Dictionnaire.

10896. ☞ Notice historique de Jean Aubert, Chanoine de Laon, & Professeur Royal en langue Grecque; par Claude-Pierre GOUJET.

Dans son *Mémoire historique sur le Collége Royal, tom. I. pag.* 569-572. Aubert est mort en 1650.]

10897. Vie de l'Abbé d'Aubignac.

Voyez ci-après, Hédelin d'Aubignac.

10898. ☞ Histoire de la Vie & des Ouvrages de Jean d'Aubry; par le P. NICERON.

Dans ses *Mémoires, tom. XXII.* p. 261-281. L'Abbé d'Aubry est mort vers l'an 1667.]

10899. ☞ Mf. Mémoires sur la Vie d'Hercules Audiffret, premier Général de la Congrégation de la Doctrine Chrétienne, après qu'elle fut séparée des Religieux Somasques; recueillis par le Père CHEVALIER, Prêtre de la même Congrégation.

Ces Mémoires manuscrits sont dans la Bibliothèque de la Maison de S. Charles, à Paris. Le Père Audiffret y est mort en 1659. Il étoit oncle de M. Fléchier.]

10900. Vita sancti Aventini, Archidiaconi Castrodunensis, ex Rithmo Gallico succinctè concinnata.

Cette Vie est imprimée dans le *Recueil* de Bollandus, au 7 de Février. Ce Saint est mort vers l'an 534.

10901. ☞ Remarques sur Jean Aurey, Prêtre, & sur ses Ouvrages; par D. Jean LIRON, Bénédictin.

Dans ses *Singularités historiques, tom. I. pag.* 473: *Paris*, 1738, *in*-12.]

B

10902. ☞ Mémoires historiques sur la Vie & les Ouvrages de M. l'Abbé Babin, Doyen de la Faculté de Théologie d'Angers, recueillis par M. l'Abbé DU MABARET. *Mém. de Trévoux*, 1743, *Octobre, pag.* 2575; & 1746, *Avril, pag.* 917.]

10903. ☞ Mémoires sur la Vie & les Ouvrages d'Adrien Baillet, Prêtre, Bibliothécaire de M. de Lamoignon, Président à Mortier.

Ces Mémoires sont imprimés dans le *Supplément des Journaux des Sçavans du mois de Janvier* 1707, *pag.* 41. [M. Baillet est mort en 1706.]

10904. ☞ Abrégé de la Vie de M. Baillet; par M. FRION, ci-devant Professeur de Rhétorique au Collége de Beauvais.

Il se trouve au tom. I. des *Jugemens des Sçavans* de M. Baillet: *Paris*, 1722, *in* 4.]

10905. Mémoires de Charles ANCILLON, concernant la Vie & les Ecrits du même.

Ils sont imprimés *pag.* 233 de ses *Mémoires sur la Vie de divers Sçavans: Berlin*, 1709, *in* 12. Baillet est mort en 1706, & Ancillon en 1715.

10906. ☞ Mf. Eloge d'Adrien BAILLET; par Chrétien DE LAMOIGNON.

Il se trouve à la tête d'un Projet de Catalogue pour une Bibliothèque, dressé par M. Baillet; qui est conservé dans la Bibliothèque de MM. les Avocats du Parlement de Paris.]

10907. Histoire de la Vie & des Ouvrages du même; par Jean-Pierre NICERON.

Dans ses *Mémoires, tom. III. pag.* 15-35. & *tom. X.* part. 2, *pag.* 128.

10908. ☞ Remarques sur le même.

Dans le *Dictionnaire* de CHAUFEPIÉ.]

10909. ☞ Eloge de Noël-Philippe Baizé, Prêtre de la Doctrine Chrétienne, & Bibliothécaire de la Maison de S. Charles à Paris; par le P. DE VISMES, Prêtre de la même Congrégation. *Mercure*, 1746, *Juin*, 1 vol.

Le Père Baizé étoit mort le 24 Janvier.]

10910. Epitome vitæ sancti Baldomeri, Subdiaconi Lugduni; auctore anonymo coætaneo, cum Commentario prævio Godefridi HENSCHENII.

Ces Actes sont imprimés dans le *Recueil* de Bollandus, au 27 de Février. Ce Saint, qu'on nomme en France Galmier ou Geaumer, est mort vers l'an 660.

10911. Vita sancti Balduini, Archidiaconi Laudunensis.

Cette Vie est imprimée dans le même *Recueil*, au 8 de Janvier. Ce Saint est mort dans le VIIe siècle.

10912. ☞ Fragmentum de vita, moribus & scriptis Stephani BALUZII, ex ipsius autographo.

Ce petit Mémoire est à la tête du Catalogue de M. Baluze: *Paris*, 1719, & il se trouve en François, dans le *Nouveau Mercure*, 1719, *Juillet, pag.* 21. M. Baluze est mort en 1718.]

10913. ☞ Eloge du même.

Dans l'*Europe Sçavante, tom. IV. pag.*293-301.]

10914. ☞ Histoire de la Vie & des Ouvrages du même; par le P. NICERON.

Dans ses *Mémoires, &c. tom.* I. p.189-201, & *tom. X. pag.* 16.]

10915. ☞ Remarques sur le même.

Dans le *Dictionnaire* de Jacques-Georges DE CHAUFEPIÉ.]

10916. ☞ Notice historique du même; par Claude-Pierre GOUJET.

Dans son *Mémoire historique sur le Collége Royal de France*, tom. III. pag. 415-420.]

10917. ☞ Elogium Stephani Baluzii.

A la tête de ses *Miscellanea*, édition du Père Mansi: *Lucæ*, 1761, *in-fol.*]

10918. ☞ Notice historique de Jean Banneret, Docteur de Sorbonne & Professeur en Hébreu; par Claude-Pierre GOUJET.

Dans son *Mémoire historique sur le Collége Royal*, tom. I. pag. 361-364. Banneret est mort en 1673.]

10919. ☞ Eloge de l'Abbé (Antoine) Bannier; par M. DE BOZE, Secrétaire de l'Académie des Inscriptions & Belles-Lettres.

Dans les *Mémoires* de cette Académie, *Hist*. tom. XVI. pag. 99, *in-4.*]

10920. ☞ Mf. Mémoire sur la Vie & les Œuvres de M. l'Abbé Bannier, de l'Académie des Inscriptions & Belles-Lettres, adressé à la Société Littéraire de Clermont; par M. BANNIER son neveu.

Ce Mémoire est conservé dans les Registres de cette Société. Il contient la Notice des Ouvrages de M. Bannier, & la date des éditions. L'Abbé Bannier est né à Dallet, près de Clermont, le 2 Novembre 1673, & il est mort à Paris le 19 Novembre 1741.]

10921. Vie de S. Baudille.

☞ *Voyez* ci-devant, N.º 4327 & *suiv.*]

10922. ☞ Eloge de l'Abbé Michel-Antoine Baudrand.

A la tête de son *Dictionnaire Géographique* (en François) : *Paris*, 1705, *in-fol.* 2 vol. L'Abbé Baudrand est mort en 1700.]

10923. ☞ Histoire de la Vie & des Ouvrages du même; par le P. NICERON.

Dans ses *Mémoires*, &c. tom. II. pag. 10-15.]

10924. Sermon sur la Vie exemplaire & la mort bienheureuse de Bernard Bardon de Brun, Prêtre, natif de Limoges; par Pierre TALOIS, Chanoine & Official de Limoges: *Limoges*, 1626, *in-8*.

Ce Prêtre est mort en 1625, [& l'Auteur en 1732.]

10925. Vie du même; par Etienne PETIOT, Jésuite: *Bordeaux*, Millanges, 1636 : [*Limoges*, 1644, 1668] *in-8*.

☞ L'Auteur est mort en 1675.]

10926. ☞ Mémoires sur la Vie de Charles (Walon) de Beaupuis, Prêtre de Beauvais.

Ils occupent presque tout le volume imprimé sous le titre de *Suite des Vies des Amis de Port-Royal*: *Utrecht* (Rouen) 1751, *in-12*. M. de Beaupuis est mort en 1687.]

10927. ☞ Histoire de la Vie & des Ouvrages de Joachim du Bellay, Chanoine & Archidiacre de Paris; par le Père NICERON.

Dans ses *Mémoires*, tom. XVI. pag. 390-401, & tom. XX. pag. 101. Du Bellay est mort en 1560.]

10928. ☞ Eloge de l'Abbé (Jean-Baptiste du Morvan) de Bellegarde; par René-Joseph DE TOURNEMINE, Jésuite: *Mercure*, 1735, *Novembre*, pag. 2390-2394.]

10929. ☞ Extrait d'un Mémoire sur la Vie du même, communiqué par M. DE CHASEREY. *Mercure*, 1735, *Novembre*, pag. 2394-2399.]

10930. Vita sancti Benigni, Presbyteri & Martyris Divione, Aureliano Imperatore.

Cette Vie est imprimée dans le *Recueil* de Surius, au 1 de Novembre. Elle est pleine de fautes, & n'a aucune autorité. Elle est aussi imprimée avec l'*Office propre de ce Saint* : *Dijon*, de Fay, 1709, *in-8*.

10931. Vie de saint Bénigne; par François GIRY.

Cette Vie est imprimée dans son *Recueil des Vies des Saints*, au même jour.

10932. Mf. Vie de S. Bénigne; par François-Jean-Baptiste BONAMOUR, Prêtre, Chanoine de la Chapelle aux Riches à Dijon: *in 8*.

Cet Auteur est mort en 1708. Il [avoit] laissé son Manuscrit à M. Papillon, son Confrère.

10933. Vie du même; par Adrien BAILLET.

Cette Vie est imprimée dans son *Recueil des Vies des Saints*, au 1 de Novembre.

10934. Vie du même; par Sébastien LENAIN DE TILLEMONT.

Cette Vie est imprimée au tom. III. de ses *Mémoires pour l'Histoire de l'Eglise*, pag. 38.

10935. Vie du même : *Dijon*, Michard, 1716, *in-12*.

Jean GAUDELET, Avocat, est l'Auteur de cette Vie.

10936. ☞ Office propre de S. Bénigne, Martyr, Apôtre de Bourgogne, Latin-François, dans lequel est contenue sa Vie, avec les Hymnes traduites en François; par M. DE LA MONNOYE: *Dijon*, 1709, *in-8*.

On attribue les Hymnes & la Prose de la Messe au P. Charles-François ROSTAIN, Prieur de S. Bénigne de Dijon en 1703. Il étoit né proche de Blois, & mourut à Auxerre vers l'an 1720, âgé de 75 ans. Les Hymnes ont été traduites par M. de la Monnoye, & la Prose par François BAUDOT, Maître des Comptes de Dijon, mort en 1711, âgé de 73 ans.]

10937. Oraison funèbre de René Benoît, Curé de S. Eustache, Doyen de la Faculté de Théologie de Paris; par Pierre Victor CAHIET, Docteur en Théologie : *Paris*, Bouriquant, 1608, *in-8*.

Benoît est mort en 1608, & Cahiet en 1610.

10938. ☞ •Histoire de la Vie & des Ouvrages du même; par le P. NICERON.

Dans ses *Mémoires*, tom. XLI. pag. 1-49. *Voyez* encore ci-devant la Note du N.º 10081.]

10939. Testament du R. P. Claude BERNARD, & ses Pensées dévotes sur sa vie, sa vocation & sur sa mort : *Paris*, 1641, *in-8*.

Le P. Bernard, dit le bon Prêtre, est mort en 1641.

10940. Récit des choses arrivées à la mort du R. P. Bernard: *Paris*, 1641, *in-8*.

☞ M. l'Abbé Papillon, dans sa *Bibliothèque des*

Second Ordre du Clergé Séculier.

Auteurs de Bourgogne, cite encore deux Pièces sur Claude Bernard. La première intitulée : *Ses Entretiens pendant sa maladie* : *in-8*. La seconde, *ses Funérailles* : *Paris*, 1642.]

10941. Harangue funèbre du même ; par Claude CROCHARD, de l'Ordre des Minimes : *Paris*, 1641, 1643, *in-8*.

10942. ☞ Panegyris elegiaca Beatissimi Patris Cl. Bernard, Presbyteri Divionensis, Lutetiæ vitâ functi, an. 1641, 23 Martii : *Cabilloni*, 1659, *in-4*. 24 pages.

Cette Pièce est de Claude LEZAND, Curé de Sevrey, Diocèse de Châlon.]

10943. Eloge du même ; par Jean-Pierre CAMUS, Evêque de Bellay : *Paris*, 1641, *in-8*.

10944. Vie du même ; par François GERSON, Vicaire-Général de Rouen : *Paris*, 1642, *in-8*.

10945. Vie du même, avec figures ; par [Jean] PUGET DE LA SERRE : *Paris*, 1642, *in-8*.

10946. Vie du même ; par Thomas LE GAUFFRE, Prêtre, [Maître des Comptes à Paris] : *Paris*, 1642, 1680, *in-8*.

10947. Vie du même ; par François GIRY.

Cette Vie est imprimée dans son *Recueil des Vies des Saints*, au tom. I. *pag*. 1664 : *Paris*, 1684, *in-fol*.

10948. Vie du Vénérable Père Bernard, natif de Bourgogne, Prêtre du Diocèse de Paris ; par Jacques LEMPEREUR, Jésuite : *Paris*, 1708, *in-12*.

☞ Cette Vie est entièrement ridicule : Prosper MARCHAND, dans son Dictionnaire, au mot *Bernard*, en a donné un Extrait, qui lui a fourni matière à une note fort singulière.]

10949. ☞ Histoire de la Vie & des Ouvrages de François Béroalde de Verville, Chanoine de Tours ; par le P. NICERON.

Dans ses *Mémoires*, tom. *XXXIV*. *pag*. 224-237. Ce Chanoine est mort vers 1613.]

10950. ☞ Abrégé de la Vie de Laurent-Dominique Bertel, Fondateur & premier Supérieur de la Congrégation des Prêtres Missionnaires de Notre-Dame de sainte Garde (né à Avignon) ; par un Prêtre de la même Congrégation : *Avignon*, 1758, *in-12*.]

10951. ☞ Mémoire sur la Vie & les Ouvrages de Jérôme Besoigne, Docteur de Sorbonne ; (par Laurent-Etienne RONDET.)

Il se trouve à la tête du Catalogue de la Bibliothèque de M. l'Abbé Besoigne : *Paris*, 1763, *in-8*. (8 pages.)

Le même, (revu & augmenté) : *in-8*.

Il a été publié à part en 1764, 16 pages. M. Besoigne est mort en 1763.]

10952. ☞ Histoire de la Vie & des Ouvrages de Marguerin de la Bigne, Théologal de Bayeux ; par le P. NICERON.

Dans ses *Mémoires*, tom. *XXXII*. *pag*. 279-282. De la Bigne est mort vers 1589.]

10953. ☞ Eloge de l'Abbé (Jean-Paul) Bignon ; par Nicolas FRERET.

Dans le tom. XVI. de *l'Hist. de l'Acad. des Inscr. & Belles-Lettres*, *pag*. 367. L'Abbé Bignon est mort en 1743.]

10954. ☞ Eloge du même ; par J. Dortous DE MAIRAN. *Histoire de l'Académie des Sciences*, année 1743, *pag*. 185.

Il se trouve dans ses *Eloges in-12*. *pag*. 288.]

10955. ☞ Idée de la Vie de Louis-Antoine Billard ; par M. BELIN : 1741, *in-12*.]

10956. Elogium Jacobi Billii Prunæi, Abbatis sancti Michaelis in Eremo ; à Joanne CHATARDO, Priore Fossiniaco : *Parisiis*, 1582, *in-4*.

L'Abbé de Billy est mort en 1581. On trouve encore son Eloge à la fin des *Œuvres de S. Grégoire de Nazianze* : *Parisiis*, 1583, *in-fol*.]

10957. Eloge du même ; par Hilarion DE COSTE, de l'Ordre des Minimes.

Cet Eloge est imprimé dans son *Recueil des Eloges des Hommes illustres*, *pag*. 365 : *Paris*, 1625, *in-fol*.

10958. ☞ Histoire de la Vie & des Ouvrages du même ; par J. Pierre NICERON.

Dans ses *Mémoires*, tom. *XXII*. *pag*. 177-193.]

10959. Vie de Germain Binois, Curé de S. Benoît à Paris ; par Thomas GALLIOT : *Paris*, 1598, *in-12*.

10960. * Vie de Thomas Elie de Biville, Curé de l'Eglise de S. Maurice, dans le Diocèse de Coutances ; par François LE MYERE, Cordelier : *Bayeux*, le Roux, *in-12*.

10961. ☞ Lettre d'un Docteur en Théologie, au sujet de M. (Antoine) Blache, Prêtre, (ancien Curé de Ruel) : *in-12*.

Cet Ecclésiastique est mort en 1714, & cette Lettre a été imprimée en 1762.]

10962. Vita sancti Blitharii, Presbyteri ; cum Commentario prævio Dan. PAPEBROCHII.

Cette Vie est imprimée dans le *Recueil* de Bollandus, au 10 de Juin. Ce Saint vivoit au septième siècle.

10963. ☞ Lettre d'un Bénéficier de l'Eglise d'Arles, sur la mort de M. l'Abbé de Boche, Sacristain de la même Eglise, du 25 Août 1721 : (*Arles*) *in-4*.]

10964. ☞ Vie & Ouvrages de Lazare André Bocquillot, Chanoine d'Avalon : (*Paris*) 1745, *in-12*.

Il est mort en 1728.]

10965. ☞ Histoire du même ; par le Père NICERON.

Dans ses *Mémoires*, tom. *VIII*. *pag*. 400-408, & tom. *X*. part. 1, *pag*. 184.]

10966. ☞ Histoire de Jacques Boileau, Docteur de Sorbonne ; par le même.

Dans ses *Mémoires*, tom. *XII*. p. 128-144, & tom. *XX*. *pag*. 46. M. Boileau est mort en 1716.]

10967. ☞ Histoire de la Vie & des Ouvrages d'Etienne du Bois de Bretteville ; par le même.

Dans ſes *Mémoires*, tom. *XVI*. p. 154-156. M. du Bois eſt mort en 1688.]

10968. ☞ Hiſtoire de la Vie & des Ouvrages de Gérard du Bois, Prêtre de l'Oratoire ; par M. B. D. L. (Joſeph BOUGEREL de l'Oratoire.)

Dans les *Mémoires* de Niceron, tom. *V.* pag. 151-155. Le Père du Bois eſt mort en 1696.]

10969. ☞ Hiſtoire de la Vie & des Ouvrages de Jean du Bois, Abbé de Beaulieu ; par le P. NICERON.

Dans ſes *Mémoires*, tom. *XVI.* pag. 159-164. Jean du Bois eſt mort en 1616.]

10970. ☞ Remarques ſur le même.

Dans le *Dictionnaire* de Proſper MARCHAND.]

10971. ☞ Hiſtoire de la Vie & des Ouvrages de Philippe du Bois, Chanoine de ſaint Etienne-des-Grès, à Paris ; par le Père NICERON.

Dans ſes *Mémoires*, tom. *XVI.* pag. 156-158. Philippe du Bois eſt mort en 1703.]

10972. Lettre ſur la mort de Jean - Baptiſte Boiſot, Abbé Commendataire de S. Vincent de Beſançon : *Dijon*, 1694, *in-*4.

Cet Abbé eſt mort en 1694. La Lettre a été écrite par Etienne MOREAU, Avocat-Général en la Chambre des Comptes de Dijon.

10973. ☞ Eloge du même.

Cet Eloge eſt imprimé dans les *Mémoires de Littérature* du Père des Molets, tom. *IV.* part. 1.]

10974. Lettre à Mademoiſelle de Scuderi, contenant l'Eloge de l'Abbé Boiſot.

Cette Lettre eſt imprimée dans le vingt-deuxième *Journal des Sçavans* de 1695. Noël BOSQUILLON, de l'Académie de Soiſſons, eſt l'Auteur de cette Lettre.

10975. ☞ Hiſtoire de la Vie & des Ouvrages du même ; par le P. NICERON.

Dans ſes *Mémoires*, tom. *V.* pag. 371-381.]

10976. ☞ Hiſtoire de la Vie & des Ouvrages de François (le Metel) de Boiſrobert.

Dans ſes *Mémoires* de Niceron, tom. *XXXV.* p. 53-67. L'Abbé de Boiſrobert eſt mort en 1662.

Voyez encore l'*Hiſtoire de l'Académie Françoiſe*, par M. Pelliſſon & par M. l'Abbé d'Olivet: (*Paris*, 1730, *in*-12.) pag. 98, &c.]

10977. ☞ Eloge de l'Abbé Jean-Baptiſte (Thiaudiere) de Boiſſy ; par M. DE BOZE.

Dans l'*Hiſtoire de l'Acad. des Inſcriptions*, tom. *VII.* pag. 425. On peut voir encore le *Dictionnaire hiſtorique* de Jacques-Georges DE CHAUFEPIÉ. Cet Abbé eſt mort en 1719.]

10978. Vie d'Antoine Bonoſier, Prêtre, Catéchiſte, Miſſionnaire ès Provinces de Lyonnois, Forez & Beaujolois ; par Gabriel PALERNE, Sieur de Surdon : *Paris*, 1645, *in*-12.

10979. Diſcours funèbre ſur la mort de Charles Bouvard, Abbé de S. Florent, & Tréſorier de la ſainte Chapelle ; par Louis TEXIER, Prêtre, Prieur d'Allonne : *Saumur*, 1648, *in*-8.

10980. Vie de Henri - Marie Boudon, Archidiacre d'Evreux: *Anvers*, Foppens, 1705, *in*-12.

Cet Archidiacre eſt mort en 1702.

10981. ☞ Vie du même ; (par Pierre COLLET, Prêtre de la Miſſion) : *Paris*, 1753, *in*-12. 2 vol.]

La même, abrégée, ou ſeconde Edition : *Paris*, 1762, *in*-12.]

10982. ☞ Hiſtoire de la Vie & des Ouvrages de Charles de Bouelles, Chanoine de Noyon ; par le P. NICERON.

Dans ſes *Mémoires*, tom. *XXXIX.* pag. 158-171. M. de Bouelles eſt mort vers 1556.]

10983. ☞ Eloge du R. P. (Joſeph) Bougerel, de l'Oratoire ; par Cl. Pierre GOUJET. *Journal de Verdun*, 1753, *Juin*.]

10984. Eloge d'Iſmaël Bouillaud, Prêtre, Aſtronome & Hiſtorien.

Cet Eloge eſt imprimé dans le huitième *Journal des Sçavans* de 1695. Ce Prêtre eſt mort en 1694.

10985. Eloge du même ; par Charles PERRAULT.

Cet Eloge eſt imprimé dans ſon *Recueil des Hommes illuſtres*, tom. *II.* pag. 73 : *Paris*, 1701, *in-fol.*

10986. ☞ Hiſtoire de la Vie & des Ouvrages du même ; par le P. NICERON.

Dans ſes *Mémoires*, tom. *I.* pag. 327-332, & tom. *I.* part. 1, pag. 61, & part. 2, pag. 291.]

10987. ☞ Hiſtoire de la Vie & des Ouvrages de Nicolas Bourbon l'ancien ; par le P. NICERON.

Dans ſes *Mémoires*, tom. *XXVI.* pag. 48-51. L'Abbé Bourbon eſt mort en 1550.]

10988. ☞ Hiſtoire de la Vie & des Ouvrages de Nicolas Bourbon le jeune ; par le même.

Dans ſes *Mémoires*, tom. *XXVI.* pag. 52-61. L'Abbé Bourbon le jeune eſt mort en 1644.]

10989. Vie d'Adrien Bourdoiſe ; premier Prêtre de S. Nicolas du Chardonnet, (ou Inſtituteur du Séminaire) : *Paris*, Fournier, 1714, *in*-4.

Ce Prêtre eſt mort en 1655. Sa Vie a été écrite par Philibert DESCOURREAUX, ſur les Mémoires du Sieur COURTIN, tous deux Prêtres du Séminaire de S. Nicolas du Chardonnet.

10990. ☞ Oraiſon funèbre de François (d'Anglure) de Bourlemont, Abbé de S. Florent le Vieux, &c. par le Père Hyacinthe AVRIL, Bénédictin : *in*-4.

L'Auteur eſt mort en 1737.]

10991. ☞ Hiſtoire de la Vie & des Ouvrages d'Amable de Bourzeys ; par le P. NICERON.

Dans ſes *Mémoires*, tom. *XXIV.* p. 357-366. L'Abbé de Bourzeys eſt mort en 1672.]

10992. ☞ Vie de Geoffroy Bouſſard, Doyen de

de la Faculté de Théologie de Paris ; par D. Jean LIRON, Bénédictin.

Dans ses *Singularités historiques*, tom. III. pag. 51-72 : *Paris*, 1739, *in*-12.]

10993. ☞ Eloge de François Boutard ; par Claude Gros DE BOZE.

Dans le tom. VII. de l'*Hist. de l'Acad. des Inscriptions & Belles-Lettres, in*-4. pag. 413 , & tom. III. de l'*in*-8. pag. 63. *Voyez* sur cet Eloge la *Vie de M. Pithou*, par M. Grosley : (*Paris*, 1756, *in*-12. (tom. II. pag. 330.)

10994. ☞ Vie de M. de Bretigny, Prêtre, Fondateur des Carmélites en France & aux Pays-Bas ; par le P. (Gilles-François) DE BEAUVAIS, Jésuite : *Paris*, 1747, *in*-12.]

10995. ☞ Mémoire sur la Vie & les Ouvrages de Guillaume le Breton (Chapelain du Roi Philippe-Auguste ;) par M. de la Curne DE SAINTE-PALAYE. *Mém. de l'Acad. des Inscr. & Belles-Lettres*, tom. *VIII*. p. 536.

Le Breton florissoit en 1214.]

10996. ☞ Histoire du même ; par le Père NICERON.

Dans ses *Mémoires*, tom. *XXVIII*. pag. 91-104.]

10997. ☞ Eloge historique & critique de M. (Remi) Breyer, Chanoine de l'Eglise de Troyes (Auteur des Vies de sainte Prudence & sainte Maure, &c.) 1753 : *in*-12.

Cet Ecrit a été imprimé à Troyes, & a pour Auteur M. Pierre-Jean GROSLEY, Avocat au Parlement de Paris, résident à Troyes, sa patrie.]

10998. ☞ Eloge de Christophe Bernard de Bragelongne, Doyen & Comte de S. Julien de Brioude ; par Jean-Paul Grandjean DE FOUCHY. *Mém. de l'Acad. des Sciences*, année 1744, *pag*. 65.

On le trouve aussi dans ses *Eloges in*-12. tom. I. pag. 1.]

10999. ☞ Eloge historique de Pierre le Brun, Prêtre de l'Oratoire ; par le P. Joseph BOUGEREL, de la même Congrégation.

Dans le *Journal des Sçavans*, 1729, *Mars*, & dans le tom XIII. de la *Bibliothèque Françoise : Amsterdam*, du Sauzet.]

11000. ☞ Histoire de la Vie & des Ouvrages du même ; par le P. NICERON.

Dans ses *Mémoires*, tom. XI. p. 138-147, & tom.XX. pag. 18.]

11001. ☞ L'original multiplié, ou Portraits de Jean Bruslé, Namurois : *Liège*, 1712, *in*-8.]

11002. Vie du Bienheureux César de Bus, Fondateur de la Doctrine Chrétienne, composée sur les propres déclarations, mémoires de sa Vie , & fideles rapports de ceux qui l'ont familièrement connu ; par Jacques MARCEL, Prêtre de la même Congrégation : *Lyon*, Morillon, 1619, *in*-8.

Nouvelle Edition , corrigée & augmentée : *Lyon*, 1646, *in*-8.
Tome I.

La medesima, tradotta in Lingua Toscana : *In Bologna*, 1652, *in*-8.

César de Bus est mort en 1607.

11003. Vie du même ; par GALAUD, Docteur en Théologie : *Paris*, Huré, 1639, *in*-12.

11004. ☞ Vie du même ; par Jacques VESTIER, de la même Congrégation : *Toulouse*, 1643, *in*-16.

Cette Vie est dédiée à MM. les Viguier, Consuls & Juges d'Avignon.]

11005. Vie du même ; par Jacques BEAUVAIS, de la même Congrégation : *Paris*, Huré, 1645, *in*-4.

Le P. Beauvais, Doctrinaire, est mort en 1652.

11006. Homo Dei, Cæsar de Bus, cæcus videns, fortis & patiens, strictus & Malleatoris incus ; auctore Theophilo RAYNAUDO, è Societate Jesu.

Cette Vie de César de Bus est imprimée dans le *Recueil* que Théophile Raynaud a intitulé : *Trias Fortium David*, part. 3 : *Lugduni*, 1657, *in*-4. & au tom. IX. de ses *Œuvres* : *Lugduni*, 1668, *in*-fol.

11007. Abrégé de la Vie du même ; par un Père de la même Congrégation.

Cet Abrégé est imprimé au-devant des *Instructions familières de César de Bus, sur le Catéchisme Romain : Paris*, Josse, 1666, *in*-8. Le Père Baudouin DE BREUX, Auteur de cet Abrégé, a été le second Général de sa Congrégation : il est mort en 1668.

Le même Abrégé : *Paris*, & ailleurs plusieurs fois, *in*-12.

Il compendio tradotto in Italiano, da un Sacerdote della Dottrina Christiana : *In Roma*, Ercole, 1707, *in*-12.

Cet Abrégé a été traduit par le Père Joseph Boriglioni.

11008. Vita ejusdem ; auctore Jacobo GOUDOUR, Neracensi, ejusdem Congregationis Theologo : *Tolosa*, 1671, *in*-12.

Le Père Goudour dit dans sa Préface, que »Jacques » Marcel, Jacques Vestier & Jacques Beauvais, tous » trois Prêtres de la Doctrine Chrétienne, ont écrit en » François la Vie de César de Bus ; que le premier a rap- » porté ce qu'il a vu, ou ce qu'il a appris de témoins » oculaires : son style est foible, ajoute-t-il, & n'a point » d'ornemens que sa simplicité & la fidélité avec laquelle » elle est écrite. Le second est fort court. Le troisième » est plus élégant & plus poli ; il joint l'agrément à l'ins- » truction : mais comme il avoit le goût de la Prédica- » tion , il met trop souvent ce talent en œuvre ; de sorte » que son Histoire tient beaucoup du Panégyrique ».
Le Père Goudour est mort en 1690.

11009. Vie du même ; par François GIRY.

Cette Vie est imprimée dans son *Recueil des Vies des Saints*, au tom. I. pag. 1718 : *Paris*, 1684, *in*-fol.

11010. Vie du même ; par Adrien BAILLET.

Cette Vie est imprimée dans son *Recueil des Vies des Saints*, au 15 d'Avril.

11011. Vie du même ; par Pierre DU MAS, Prêtre de la Doctrine Chrétienne : *Paris*, Guérin, 1703, *in*-4.

Le Père du Mas est mort en 1703.

C

11012. ☞ Histoire de la Vie & des Ouvrages de Jean Cabassut, Prêtre de l'Oratoire; par le P. Niceron.

Dans ses *Mémoires*, tom. *XXXVIII*. pag. 172-175. Le P. Cabassut est mort en 1685.]

11013. Discours funèbre de Pierre Victor Palma Cahier, Docteur en Théologie, & Professeur Royal ès Langues Orientales; par L. P. T. *Paris*, 1610, *in*-8.

Cahier ou Cahiet, ou Cayet, est mort en 1610.]

11014. Histoire du même; par Pierre Bayle.

Cette Vie est imprimée dans son *Dictionnaire historique & critique*, au nom de Cayet.

☞ Il faut voir sur cet article, les remarques de l'Abbé Joly, de Dijon, dans son *Dictionnaire critique* contre Bayle.]

11015. ☞ Histoire du même; par le Père Niceron.

Dans ses *Mémoires*, tom. *XXXV*. pag. 386-409.]

11016. ☞ Notice historique du même; par Cl. Pierre Goujet.

Dans son *Mémoire historique sur le Collége Royal*: (Paris, 1758, *in*-12.) tom. *I*. pag. 316-323.]

11017. ☞ Mss. Eloge de Jean Caillé, Docteur en Théologie, & Prébendier de la Cathédrale de Béfiers, lu dans l'Académie de cette Ville; par M. Foulquier, ancien Prieur de Murviel, (actuellement Principal du Collège Royal de Béfiers.)

Cet Eloge est conservé dans les Registres de cette Académie. M. Caillé est mort en 1762.]

11018. ☞ Eloge de M. l'Abbé (Nicolas-Louis) de la Caille; par un de ses Elèves.

Dans l'*Année Littéraire*, 1762, t. *II*. p. 199 & *suiv*.]

11019. Eloge du même; par Jean-Paul Grandjean de Fouchy. *Histoire de l'Académie des Sciences*, 1762.]

11020. ☞ Discours historique sur la Vie & les Ecrits du même; (par M. l'Abbé Claude Carlier.)

Il se trouve à la tête du *Journal historique du Voyage fait au Cap de Bonne-Espérance, par M. l'Abbé de la Caille, de l'Académie des Sciences*: Paris, Guillyn, 1763, *in*-12.]

11021. ☞ Clarissimi viri Nicolai Lud. de la Caille Vita, ad Cl. V. Joannem Dominicum Maraldi, scriptore Gabriele Brotier (è Societate Jesu:) *Parisiis*, Guerin, 1763, *in*-4. 24 pages.

On trouve à la fin le Catalogue de ses Ouvrages. Cette Vie a été faite pour précéder un Ouvrage posthume de l'Abbé de la Caille, intitulé : *Cœlum Australe stelliferum*, &c. On en a tiré quelques Exemplaires séparés.]

11022. Eloge de Marie-Jean-François de Cailus, Prieur de Langogne, mort en 1726; par M. Berti, Doyen des Conseillers du Roi, au Sénéchal & Siège Présidial de Béfiers; lu dans la Société Littéraire de cette Ville.

Il est imprimé pag. 53, du *Recueil de cette Société*: *Béfiers*, 1736, *in*-4.]

11023. Vita sancti Caluppani, Presbyteri Reclusi; auctore Gregorio, Episcopo Turonensi.

Cette Vie est imprimée dans le *Recueil* de Bollandus, au 3 de Mai. Ce Saint a vécu en 576.

11024. ☞ Mémoires pour servir à l'Histoire de la Vie & des Ouvrages de François de Camps, Abbé de Signi.

Dans la *Bibliothèque Françoise*, tom. *III*. pag. 104-117. Cet Abbé est mort en 1723.]

11025. ☞ Ms. Dissertation critique sur l'Abbé de Camps; par M. Boullanger de Rivery.

L'objet de cette Dissertation est de prouver que M. de Camps étoit d'une honnête famille d'Amiens, & non pas d'une basse extraction, comme l'ont avancé tous ceux qui ont parlé de lui.

Cette Dissertation est avec les autres Manuscrits de l'Auteur, entre les mains de sa veuve, à Amiens.]

11026. ☞ Histoire de la Vie de Nicolas Camusat, Chanoine de Troyes; par le Père Niceron.

Dans ses *Mémoires*, tom. *XXX*. pag. 217-222. Camusat est mort en 1655.]

11027. ☞ Eloge historique de Claude Capperonnier, Diacre du Diocèse d'Amiens, & Professeur Royal en Langue Grecque; par Charles-Hugues le Fevre de Saint Marc.

Dans l'Edition des *Œuvres de Boileau*, en 5 vol. *in*-8. Paris, 1747. Avertissement du tom. *V*. pag. *v*.-*xix*. L'Abbé Capperonnier est mort en 1744.]

11028. ☞ Notice historique du même; par Cl. Pierre Goujet.

Dans son *Mémoire historique sur le Collége Royal*: (Paris, 1758, *in*-12.) tom. *I*. pag. 609-615.]

11029. Vita Petri Casenovæ, Presbyteri; scripta à Bernardo Medonio, postulante Daniele Heinsio, cui dicata est: *Tolosæ*, 1659, *in*-4.

Cette Vie est imprimée dans le *Recueil des Vies choisies* : *Uratislaviæ*, Bauchii, 1711, *in*-8. Casenouve est mort en 1652.

La même, traduite en François par l'Auteur.

Cette Traduction est imprimée avec le *Traité des Jeux Floraux* de Casenueve: *Tolose*, 1669, *in*-4.

11030. ☞ Histoire de la Vie & des Ouvrages du même; par Jean-Pierre Niceron.

Dans ses *Mémoires*, tom. *XVIII*. pag. 90-96.]

11031. ☞ Histoire de la Vie & des Ouvrages de Jacques Cassagnes; par le Père Niceron.

Dans ses *Mémoires*, tom. *XXII*. pag. 109-113. Cet Abbé est mort en 1679. *Voyez* ce qu'en a dit l'Abbé d'Olivet, dans la continuation de l'*Histoire de l'Académie Françoise*, pag. 170 & *suiv*.]

11032. Cassianus illustratus, sive Chronologia vitæ sancti Joannis Cassiani; studio Joannis Baptistæ Guesnay, è Societate Jesu : *Lugduni*, Cellier, 1652, *in*-4.

Cassien est mort en 434, & le Père Guesnay en 1658. Le Cardinal de Noris parlant de cet Ouvrage dans le chapitre septième du livre second de son *Histoire Pélagienne*, dit que le Père Guesnay imitant la Cyropédie de

Xénophon, nous repréſente Caſſien, non tel qu'il a été, mais comme il auroit voulu qu'il eût été.

11033. Vie du Bienheureux Caſſien ; par Adrien BAILLET.

Cette Vie eſt imprimée dans ſon *Recueil des Vies des Saints*, au 23 de Juillet.

11034. Vie du même ; par Sébaſtien LENAIN DE TILLEMONT.

Cette Vie eſt imprimée au tom. XIV. de ſes *Mémoires pour l'Hiſtoire de l'Egliſe*, pag. 157.
☞ *Voy.* encore *Hiſt. Lit.* de D. Rivet, *t. II, p. 215.*]

11035. ☞ Vie de M. Caulet, Curé de Mireval, mort en 1736 ; par M. DE LA TOUR : *in-12.*]

11036. Vita ſancti Cerenici, Diaconi in Sagienſi Diœceſi, cum Notis præviis Godefridi HENSCHENII.

Cette Vie eſt imprimée dans le *Recueil* de Bollandus, au 7 de Mai. Ce Saint a vécu ſur la fin du VII.e ſiècle.

11037. ☞ Hiſtoire de la Vie & des Ouvrages de Pierre (Cureau) de la Chambre, Curé de S. Barthélemi, à Paris ; par le Père NICERON.

Dans ſes *Mémoires*, *t. XXVII. pag.* 397-400. M. La Chambre eſt mort en 1693. *Voyez* encore l'*Hiſtoire de l'Académie Françoiſe*, par M. d'Olivet, *tom. II. p. 301 & ſuiv.*]

11038. ☞ Mſ. Abrégé de la Vie de feu François Chanſiergues, Inſtituteur des Séminaires de la Providence.

Ce Manuſcrit eſt conſervé dans le Séminaire connu à Paris ſous le nom de S. Louis, qui eſt la Maiſon principale de cette Inſtitution ; (ci-devant, N.o 10864.) M. de Chanſiergues n'a jamais été que Diacre, par humilité. Il naquit au Pont S. Eſprit, Diocèſe d'Uſez, en 1634, & mourut à Paris en 1691. Il appartenoit par ſa mère aux Princes Colonnes d'Italie, qui reconnoiſſent ſes parens, dont pluſieurs ſe ſont diſtingués dans les armes & la littérature.

11039. ☞ Cl. BALURGEY, Divionenſis, Ode Græca in D. de Chanvallon, ſancti Victoris Abbatis, obitum : *Pariſiis*, 1611, *in-8.*]

— Perioche vitæ Joannis de Chapeauville, Canonici Leodienſis.

Voyez à la fin, *Vies des Hiſtoriens François.*

11040. Vie de Pierre Charron, [Chantre & Théologal de Condom ;] par G. M. D. R. (Gabriel-Michel de la ROCHE-MAILLET.)

Charron eſt mort en 1603. Sa Vie eſt au-devant de ſon Traité, *De la Sageſſe*, dans les Editions faites depuis ſa mort.

11041. ☞ Vie du même ; par Pierre BAYLE.

Dans ſon *Dictionnaire.*]

11042. ☞ Hiſtoire de la Vie & des Ouvrages du même ; par Jean-Pierre NICERON.

Dans ſes *Mémoires*, *tom. XVI. pag.* 217-227.]

11043. ☞ Hiſtoire de la Vie & des Ouvrages de l'Abbé Guillaume Amfrye de Chaulieu ; par le même.

Dans ſes *Mémoires*, *tom. XXXVII. pag.* 357-363. L'Abbé de Chaulieu eſt mort en 1720. A la tête de la dernière édition de ſes *Œuvres poétiques*, (*Londres*, 1740) *Paris*, 1751, *in-12.* 2 vol. eſt un Eloge de cet Abbé.]

Tome I.

11044. ☞ Eloge d'Antoine Chevalard, Directeur des Religieuſes du S. Sacrement, avec ſon Epitaphe en vers François : *in-16.*]

11045. ☞ Hiſtoire de la Vie & des Ouvrages d'André Chevillier, Docteur de Sorbonne ; par le P. NICERON.

Dans ſes *Mémoires*, *tom. XXXVI. pag.* 76-78. André Chevillier eſt mort en 1700.]

11046. ☞ Notice hiſtorique de Jacques de Chevreul ; par Cl. Pierre GOUJET.

Dans ſon *Mémoire hiſtorique ſur le Collége Royal:* (*Paris*, 1758, *in-12.*) *tom. II. pag.* 251-274. Ce Profeſſeur eſt mort en 1649.]

11047. ☞ Hiſtoire de la Vie & des Ouvrages de Philippe Chifflet ; par le P. NICERON.

Dans ſes *Mémoires*, *tom. XXV. p.* 174-276. L'Abbé Chifflet mourut vers 1664.]

11048. ☞ La Vie de l'Abbé (François Timoléon) de Choiſy : *Lauſanne*, 1741, 1748, *in-8.*]

11049. ☞ Vie de M. l'Abbé de Ciceri, Abbé Commendataire de Notre-Dame en baſſe Touraine, & Prédicateur du Roi.

Cette Vie, qui eſt un Eloge d'environ 10 pages, termine le tom. VI. de ſes *Sermons & Panégyriques: Avignon*, 1761, *in-12.* Paul Céſar de Ciceri, né à Cavaillon le 24 Mai 1678, eſt mort le 27 Avril 1759.]

11050. Vie de S. Clair, Prêtre en Touraine ; par Adrien BAILLET.

Cette Vie eſt imprimée dans ſon *Recueil des Vies des Saints*, au 8 de Novembre. Ce Saint a vécu dans le quatrième ſiècle.

11051. ☞ Vita ſancti Clari in pago Vulcaſſino ; auctore Roberto DENYALDO : *Pariſiis, Targa*, 1633, *in-4.*]

11052. ☞ Hiſtoire de la Vie, Martyre & Miracles de S. Clair, Prêtre & Ermite au Pays du Vexin, Diocèſe de Rouen ; par Robert DENYAU : *Rouen, Malaſſis*, 1645, *in-8.*]

11053. Vie de S. Clair, Moine, Prêtre & Martyr ; par Jacques BOIREAU, Jéſuite : *Paris*, Meturas, 1656, *in-12.*

11054. Vie de S. Clair, Prêtre & Martyr au Vexin ; par Adrien BAILLET.

Cette Vie eſt imprimée dans le même *Recueil*, au 4 d'Octobre. Ce Saint a ſouffert le martyre dans le troiſième ſiècle.

11055. Vita Nicolai de Clemangis, Doctoris Pariſienſis ; per Joannem LYDIUM.

Cette Vie eſt imprimée au-devant des Ouvrages de Clémangis : *Lugduni-Batavorum*, 1613, *in-4.* & dans les *Œuvres* de Gerſon, *au tom. I. pag.* 39 : *Antverpiæ*, [*Amſtelodami*] 1706, *in-fol.* Clémangis eſt mort en 1440.

11056. Vita ejuſdem, cum Notis ; auctore Hermanni VONDER-HARDT.

Cette Vie eſt imprimée dans le tom. I. des *Actes du Concile de Conſtance*, *pag.* 71, *part.* 2 : *Francofurti*, 1700, *in-fol.*

11057. Vie de Joſeph-Ignace le Clerc de Coulennes, Chanoine de l'Egliſe Cathédrale du Mans ; par François BONDONNET,

Tttt 2

Chanoine honoraire de S. Pierre du Mans: au Mans, 1694, in-12.

11058. ☞ Eloge de Laurent Josse le Clerc, Prêtre de Lyon. *Mercure*, 1737, *Février*, pag. 267.

L'Abbé le Clerc est mort en 1736.]

11059. ☞ Histoire de la Vie & des Ouvrages du même ; par le P. NICERON.

Dans ses *Mémoires* tom. *XL*. pag. 373-378.]

11060. Abrégé de la Vie de François de Clugny, Prêtre de la Congrégation de l'Oratoire; par un Prêtre de la même Congrégation : *Lyon*, Briasson, 1698, in-12.

Edme Bernard BOURRÉE est l'Auteur de cette Vie. Le Père de Clugny est mort en 1694.

11061. ☞ Histoire de la Vie & des Ouvrages du même ; par le P. NICERON.

Dans ses *Mémoires*, tom. *XXXVII*. pag. 61-65.]

11062. ☞ Eloge historique de Charles Coffin, ancien Recteur de l'Université de Paris, & Principal du College de Beauvais.

A la tête du tom. I. de ses *Œuvres* : *Paris*, 1755, in-12. Il a été composé par Daniel-Charles Coffin son neveu, Conseiller au Châtelet, mort en 1751; & par M. LANGLET, Avocat, Editeur de ce Recueil. Charles Coffin est mort en 1749.]

11063. ☞ Relation de ce qui s'est passé au sujet (de la maladie & de la mort) de M. de Coignou, Chanoine d'Orléans : 1754, in-12.]

11064. Eloge de Charles le Cointe, Prêtre de l'Oratoire.

Cet Eloge est imprimé dans le septième *Journal des Sçavans* de 1681. Il a été composé par Joachim LE GRAND, Prieur de Neuville-les-Dames.

11065. Vita ejusdem ; auctore Gerardo DU BOIS, ejusdem Congregationis Presbytero.

Cette Vie est imprimée au-devant du tom. VIII. de ses *Annales de l'Église de France : Parisiis*, 1684, *in-fol*. Le Père le Cointe est mort en 1681, & le Père du Bois en 1695.

11066. ☞ Histoire de la Vie & des Ouvrages du même ; par B. D. L. (Joseph BOUGEREL, de l'Oratoire.)

Dans les *Mémoires* du P. Niceron, tom. *IV*. pag. 269-293, & tom. *X*. part. 1, pag. 147.]

11067. ☞ Vie abrégée du même ; (par M. GROSLEY, Avocat.)

Dans les *Ephémérides Troyennes* de l'année 1764.]

11068. Vie de Charles de Condren, second Supérieur-Général de la Congrégation de l'Oratoire de Jesus; par Denys AMELOTTE, Docteur en Théologie, Prêtre de la même Congrégation : *Paris*, 1643, in-4.

La même Vie, refaite & augmentée par l'Auteur : *Paris*, Huré, 1657, in-8.

Le Père de Condren est mort en 1641, & le Père Amelotte en 1675.

11069. Vie du même ; par François GIRY.

Cette Vie est imprimée dans son *Recueil des Vies des Saints*, au tom. I, pag. 1616 : *Paris*, 1684, *in-fol*.

Cette Vie est écrite d'un style plus convenable à l'Histoire que la précédente.

11070. ☞ Histoire de la Vie & des Ouvrages de Louis Geraud de Cordemoy, Abbé de Fenieres ; par le P. NICERON.

Dans ses *Mémoires*, tom. *XXXVII*. pag. 49-54. L'Abbé de Cordemoy est mort en 1722.]

11071. Vita Joannis Cordesii, Ecclesiæ Lemovicensis Canonici ; auctore Gabriele NAUDÆO.

Cette Vie est imprimée au-devant du Catalogue de la Bibliothèque de M. de Cordes : *Parisiis*, 1643, in-4. Jean de Cordes est mort en 1643, & Naudé onze ans après.

11072. ☞ Histoire de la Vie & des Ouvrages du même ; par Jean-Pierre NICERON.

Dans ses *Mémoires*, tom. *XIX*. pag. 70-76, & t. *XX*. p. 172.]

11073. ☞ Remarques sur le même Abbé de Cordes.

Dans le *Dictionnaire* de Jacques-Georges DE CHAUFEPIÉ.]

11074. De sancto Coriodemo, Diacono Autissiodorensi, Notæ historicæ Godefridi HENSCHENII, è Societate Jesu.

Ces Notes sont imprimées dans le *Recueil* de Bollandus, au 4 de Mai. Ce Saint a vécu dans le IIIe siècle.

11075. Eloge de Jean-Baptiste Cotelier, Bachelier de Sorbonne, Professeur Royal en Langue Grecque.

L'Eloge de Cotelier, mort en 1686, est dans le vingt-troisième *Journal des Sçavans* de cette année.

11076. Epistola Stephani BALUZII, ad Emericum Bigotium, de Vita J. B. Cotelerii : *Parisiis*, (1686) in-fol.

Elle est au-devant du tom. I. du Recueil de Cotelier, appellé ordinairement *Patres Apostolici* : *Amstelodami*, 1698, in-fol.

11077. Mémoires pour la Vie de J. B. Cotelier ; par François GRAVEROL, Avocat à Nismes.

Graverol est mort en 1695. Ses Mémoires pour cette Vie sont imprimés au commencement du *Sorberiana* : *Toulouse*, 1691 : *Paris*, 1694, in-12.

11078. Mémoires concernant l'Histoire & les Ouvrages du même ; par Charles ANCILLON.

Ils sont imprimés pag. 329, de ses Mémoires sur la Vie & les Ouvrages de plusieurs Modernes, &c. *Amsterdam*, 1709, in-12.

11079. ☞ Histoire de la Vie & des Ouvrages du même ; par Jean-Pierre NICERON.

Dans ses *Mémoires*, tom. *IV*. pag. 243-249, & tom. *X*. part. 1, pag. 145.]

11080. ☞ Notice historique du même ; par Cl. Pierre GOUJET.

Dans son *Mémoire historique sur le Collége Royal*, tom. *I*. p. 581-585.]

11081. ☞ Eloge de l'Abbé Charles Cotin; par l'Abbé Joseph D'OLIVET.

Dans la continuation de l'*Hist. de l'Académie Françoise*, ou tom. *II*. (*Paris*, 1730, in-12.) p. 187-194.]

11082. Oraison funèbre de Nicolas Cornet, Grand-Maître du Collége de Navarre; par Jacques Bénigne BOSSUET: *Amsterdam*, Westein, 1698, *in-12*.

Ce Docteur est mort en 1663, & le Prélat en 1704.

☞ M. Bossuet n'étoit pas encore Evêque alors; car cette Oraison funèbre fut prononcée en 1663. On trouve à la suite :

Eloge de M. Cornet, avec des Remarques sur la précédente Oraison; par Me Charles-François CORNET, Avocat du Roi au Présidial d'Amiens, son neveu.

11083. ☞ Histoire de la Vie & des Ouvrages de Gilbert Cousin, Chanoine de Nozeret; par le P. NICERON.

Dans ses *Mémoires*, tom. *XXIV*. pag. 45-68. Cousin est mort en 1567.]

11084. ☞ Eloge de l'Abbé Jean-Baptiste Couture; par Claude Gros DE BOZE.

Dans le tom. VII. de *l'Hist. de l'Acad. des Inscr. & Belles-Lettres*, *in-4*. pag. 405, & tom. *III*. de *l'in-8*. pag. 37. L'Abbé Couture est mort en 1728.]

11085. ☞ Histoire de la Vie & des Ouvrages du même; par le P. NICERON.

Dans ses *Mémoires*, tom. *XXVII*. pag. 85-97.]

11086. ☞ Notice historique du même; par Cl. Pierre GOUJET.

Dans son *Mémoire historique sur le Collége Royal*, tom. *II*. pag. 451-456.]

11087. Vie de Jacques Cretenet, Prêtre, Instituteur des Prêtres Missionnaires (de S. Joseph) de Lyon; par un Prêtre de cette Congrégation: *Lyon*, 1680, *in-12*.

11088. ☞ Abrégé de la Vie de M. (Nicolas) Creusot, Curé de la Paroisse de S. Loup d'Auxerre, décédé en odeur de sainteté le 31 Déc. 1761: (*Auxerre*) 1764, *in-12*.]

D

11089. ☞ Eloge de l'Abbé Louis (de Courcillon) de Dangeau.

Dans la *Bibliothèque Françoise*, tom. *I*. pag. 295. Cet Abbé est mort en 1723.]

11090. ☞ Histoire de la Vie & des Ouvrages du même; par Jean-Pierre NICERON.

Dans ses *Mémoires*, tom. *XV*. pag. 227-243.]

11091. ☞ Notice historique de Jean Dartis, Professeur-Royal en Droit Canon; par Cl. Pierre GOUJET.

Dans son *Mémoire historique sur le Collége Royal*: (*Paris*, 1758, *in-12*.) tom. *III*. pag. 379-392. Dartis est mort en 1651.]

11092. ☞ Eloge de Philippe Delamet, Doyen des Docteurs de la Faculté de Théologie de Paris, de la Société Royale de Navarre, & Curé de S. Laurent; par M. H. C. (Henri COLAS): *Paris*, Giffey, 1737, *in-12*.

Cet Eloge est en vers François.]

11093. ☞ Oraison funèbre, ou Panégyrique de Jacques Denisot, Vicaire de saint Etienne de Dijon; par Gabriel BASSET, de la Maison Blanche, Avocat: *in-4*. 7 pages.

C'est une Pièce singulière & des plus naïves.]

— ☞ Vie de l'Abbé des Fontaines.

Voyez ci-après, Fontaines.]

11094. ☞ Histoire de la Vie & des Ouvrages d'Artus Désiré; par le P. NICERON.

Dans ses *Mémoires*, tom. *XXXV*. pag. 284-294. Désiré est mort vers 1580.]

11095. ☞ Histoire de la Vie & des Ouvrages de Jean Deslyons, Doyen de l'Eglise de Senlis; par le même.

Dans ses *Mémoires*, tom. *XI*. p. 322-342, & tom. *XX*. pag. 51. M. Deslyons est mort en 1700.]

11096. ☞ Lettre au P. Niceron, sur la Vie précédente, ou Justification de M. Arnauld, au sujet de M. Deslyons.

Dans la *Biblioth. Raisonnée*, tom. *VIII*. p. 408-430.]

— ☞ Vie de M. des Mahis.

Voyez ci-après, Grostête des Mahis.]

11097. ☞ Caractère & Abrégé de la Vie de Toussaints-Guy Desmares, Prêtre de l'Oratoire, avec deux Relations à son sujet.

Dans le tom. I. des *Vies intéressantes, &c.* (*Amsterdam*) 1750, *in-12*. (4 vol.) pag. 457-496. Ce Père est mort en 1687.]

11098. ☞ Lettre de M. l'Abbé GOUJET, Chan. de S. Jacq. de l'Hôp. à M. Bonamy, de l'Académie Royale des Belles-Lettres, sur la Vie & les Ouvrages du P. Pierre (Nicolas) Des-Molets, de l'Oratoire. *Journ. de Verdun*, 1764, *Octobre*, pag. 283-296.

Voyez à la fin de *Novembre*, pag. 400, une correction de M. l'Abbé Goujet, sur ce qu'il avoit attribué la Vie du P. Hubert au P. Des-Molets.]

11099. ☞ Oraison funèbre de Jean-Baptiste Descontes, Conseiller d'Etat, Doyen de l'Eglise de Paris, prononcée en l'Eglise des Augustins de Châtillon-sur-Indre; par le P. DESCHAMPS, Augustin, le 16 Septembre 1679: *in-4*.]

11100. Eloge d'Emery Dreux, Prêtre, Docteur en Théologie, Chanoine & Sous-Chantre de l'Eglise de Paris, décédé en 1698; par P. BARRILLEAU, Etudiant en Théologie: *Paris*, le Mercier, [1698] *in-8*.

11101. ☞ Histoire de la Vie & des Ecrits de Dudon, Doyen de S. Quentin; par D. Antoine RIVET, Bénédictin.

Dans l'*Hist. Littér. de la France*, tom. *VII*. pag. 236-239. Ce Doyen est mort vers le milieu du XIe siècle.]

11102. ☞ Vie de M. (Jacques-Joseph) Duguet, avec le Catalogue de ses Ouvrages; (par Cl. Pierre GOUJET): 1741, *in-12*.

Elle se trouve aussi à la tête de l'*Institution d'un Prince*: *in-12*. 3 vol. L'Abbé Duguet est mort en 1733, & l'Abbé Goujet en 1767.]

11103. ☞ Eloge historique de M. (Joseph-Nicolas-Maurice (Dulérain,) Chanoine d'Auxerre) lu dans l'Assemblée publique de la Société des Sciences, Arts & Belles-Lettres (de cette Ville) le 3 Déc. 1764 ; par le Secrétaire perpétuel (M. MARIE DE S. GEORGES) : *Auxerre*, Fournier, 1764, *in*-8.]

11104. ☞ Histoire de Louis Ellies Du-Pin, Docteur de Sorbonne, mort en 1719.

Voyez sa *Bibl. des Aut. Ecclés.* du 17e. Siècle, *suite de la V. Part. pag.* 1-222 ; & la *Continuation* de l'Abbé Goujet, tom. I, *pag.* 1 *& suiv.* On peut consulter aussi le *Dictionnaire* de M. DE CHAUFEPIÉ.]

11104.* ☞ Notice sur Jean Dupuis, Recteur de l'Université de Paris, & Professeur au Collége Mazarin.

Elle se trouve dans le *Nécrologe*, &c. tom. I. p. 357, & dans le *Dictionnaire historique*, 1759, art. Dupuis. M. Dupuis qui s'est distingué par sa piété & par son zèle, pour l'éducation de la Jeunesse, est mort le 27 mars 1739.]

E

11105. Vie du vénérable Prêtre Thomas-Elie, Aumônier de S. Louis ; par Franç. GIRY.

Cette Vie est imprimée dans son *Recueil des Vies des Saints*, au tom. II. p. 2019 : *Paris*, 1684, *in-fol.* Ce Prêtre est mort l'an 1257.

11106. Vita sanctorum Emani, Presbyteri, Maurilli & Almari, Martyrum in Agro Carnotensi.

Cette Vie est imprimée dans le *Recueil* de Bollandus, au 16 de Mai. Ces Saints ont souffert le martyre dans le sixième siècle.

11107. ☞ La Victime des pauvres, ou le Triomphe de l'innocence opprimée & reconnue en la personne du sieur Espitallier, Curé de la Folie-Herbaut : *Chartres*, Massot, 1695, *in*-12.]

11108. ☞ Vita sancti Eptadii, ab auctore anonymo coævo scripta ; & Commentarius Guillelmi CUPERI, è Soc. Jesu.

Dans le *Recueil* de Bollandus, au 24 d'Août.]

11109. ☞ Histoire de la Vie & des Ouvrages de Claude d'Espence, Docteur de Sorbonne ; par Jean-Pierre NICERON.

Dans les *Mémoires* du P. Niceron, (qui l'a tirée d'un Mémoire du Père LE PELLETIER, Chanoine Régulier) tom. XIII. *pag.* 183-209, & tom. XX. *pag.* 63. D'Espence est mort en 1671.]

11110. ☞ Observations sur la Famille de Claude d'Espence ; par (Charles-Joseph) THOMÉ, Chanoine de Meaux. *Journal de Verdun*, 1759, *Juillet, pag.* 34-39.]

11111. Vie de S. Etienne, Grand-Archidiacre de Sion, contenant les singularités de S. Etienne-des Grès ; par Jacques DOUBLET, Religieux Bénédictin, Doyen de l'Abbaye de S. Denys : *Paris*, de Bresche, 1648, *in*-8.

Ce Religieux est mort en 1648 ; [il avoit 88 ans quand il fit imprimer cet Ouvrage.] L'Archidiaconé de Sion est dans le Diocèse de Paris.

11112. ☞ Histoire de la Vie & des Ouvrages de Jacques Eveillon, Chanoine d'Angers ; par le P. NICERON.

Dans les *Mémoires* du P. Niceron, (qui l'a tirée d'un Mémoire Manuscrit) tom. XIV. p. 297-303, & t. XX. *pag.* 76. Eveillon est mort en 1651.]

F

11113. ☞ Vita Joachimi Faultrier, Abbatis, &c.

Elle se trouve à la tête du Catalogue de sa Bibliothèque : *Parisiis*, 1709, *in*-8.]

11114. ☞ Vie de Matthieu Feydeau, Prêtre ; par Jérôme BESOIGNE.

Dans le tom. V. de l'*Histoire de Port-Royal* : (*Cologne*, 1752, *in*-12. 6 vol.) pag. 161-222. Matthieu Feydeau est mort en 1694.]

11115. Acta Vitæ & Martyrii sanctorum Felicis Presbyteri, Fortunati & Achillei Diaconorum, Martyrum, Valentiæ in Gallia ; auctore coævo, cum Notis præviis Godefridi HENSCHENII.

Ces Actes sont imprimés dans le *Recueil* de Bollandus, au 23 d'Avril. Ces Saints sont morts vers l'an 292.

11116. ☞ Eloge de Jean-Basile Fenel, Chanoine de Sens ; par Pierre DE BOUGAINVILLE. *Hist. de l'Acad. des Inscr. & Belles-Lettres*, *in*-4. tom. XXV. *pag.* 279.

Cet Abbé est mort à Paris en 1753.]

11117. Vie de saint Fergeon ; par Adrien BAILLET.

Cette Vie est imprimée dans son *Recueil des Vies des Saints*, au 16 de Juin.

11118. Acta sanctorum Ferreoli Presbyteri, & Ferruccii Diaconi, Martyrum, Vesuntione in Burgundia, cum Commentario prævio Godefridi HENSCHENII, è Soc. Jesu.

Ces Actes sont imprimés dans le *Recueil* de Bollandus, au même jour. Ces Saints ont souffert le martyre avant l'année 217.

11119. ☞ Histoire de la Vie & des Ouvrages de Nicolas le Fevre.

Dans les *Mémoires* de Niceron, tom. VII. *pag.* 131, 138. M. le Fevre est mort en 1612.]

— Sa Vie ; par LE BEGUE.

11120. ☞ Epitaphe de Révérend Père en Dieu, M. Michel le Fevre, Docteur de la Société de Sorbonne ; (*il y avoit dans les premières feuilles*, Compagnon de Sorbonne ; *mais on a collé un papier dessus*;) Théologal & Chanoine dans l'Eglise d'Orléans, Prêtre de l'Oratoire de Jesus : *Orléans*, Hotot, 1659, *in*-4.

C'est un Poëme de plus de 200 vers : il est historique : l'Auteur est François CHEVILLARD.]

11121. Vie de Jacques Fevret, Bachelier en Théologie, Prêtre du Séminaire de Dijon ; par [Edme-Bernard] BOURRÉE, Prêtre de l'Oratoire : *Lyon*, Briasson, 1698, *in*-12.

Ce Bachelier est mort en 1694.

11122. ☞ Notice historique de Valérien de Flavigny, Docteur de Sorbonne, Chanoine de Reims & Professeur-Royal en Hébreu ; par cl. Pierre GOUJET.

Dans son *Mémoire historique sur le Collège Royal* : (*Paris*, 1758) tom. I. *pag.* 340. M. de Flavigny est mort en 1674.]

Second Ordre du Clergé Séculier.

11123. ☞ Histoire de la Vie & des Ouvrages de Claude Fleury, Prieur d'Argenteuil; par Jean-Pierre NICERON.

Dans ses *Mémoires, tom. VIII. p. 389-399.* L'Abbé Fleury est mort en 1723.]

11124. Vita Flodoardi, Presbyteri, Canonici Remensis; auctore Georgio COLVENERIO.

Cette Vie est imprimée au-devant de son *Histoire de Reims : Duaci,* 1617, *in-8.* & au tom. XVIII. de la *Bibliothèque des Pères*, de l'Edition de Lyon, *p. 500*. Flodoatt [ou Frodoard] est mort en 966. [*Voyez* encore l'*Hist. Littér*. de D. Rivet, *tom. VI, pag.* 313.]

11125. ☞ Sancti Florentii, Acta, dubiæ fidei; auctore anonymo; & Commentarius Joannis PERIERI, è Soc. Jesu.

Dans le *Recueil* de Bollandus, au 22 de Septembre.]

11126. Vie de S. Florent, Prêtre, par Toussaints BRIDOUL, Jésuite : *Liège,* 1653, *in-8.*

11127. ☞ Eloge de Pierre Floriot, Prêtre.

Dans un *Recueil de Pièces*, imprimé à Rouen, sous le nom de *Bruxelles,* 1745, comme *tome sixième* de la *Morale du Pater,* imprimé au même lieu, 1741, *in-12.*]

11128. ☞ Histoire abrégée de la Vie de Pierre-François (Guyot) des Fontaines.

Dans le tom. I. de l'*Esprit de l'Abbé des Fontaines : Paris,* 1757, *in-12.* 4 vol. *Voyez* encore l'Extrait que les *Mémoires de Trévoux* ont donné de cet Ouvrage, Août, 1757. L'Abbé des Fontaines est mort en 1745.]

11129. ☞ Eloge de l'Abbé Louis-François de Fontenu; par M. (Charles) LE BEAU.

Dans le tom. XXIX. de l'*Histoire de l'Académie des Inscriptions & Belles-Lettres, in-4. pag.* 349. L'Abbé de Fontenu est mort en 1759.]

11130. ☞ Recueil des vertus de Louis de Fougasse Labatie d'Entrechaux, Chanoine de Notre-Dame de Dons; par François ROQUE, Dominicain : *Avignon,* Offray, 1710, *in-12.*

Ce Chanoine est mort le 15 Février 1706.]

11131. ☞ Eloge de l'Abbé Michel Fourmont; par Nicolas FRERET.

Dans le tom. XVIII. de l'*Histoire de l'Académie des Inscriptions & Belles-Lettres, in-4. pag.* 432. Cet Abbé est mort en 1746.]

11132. ☞ Notice historique du même; par Cl. Pierre GOUJET.

Dans son *Mémoire historique sur le Collége Royal :* (*Paris,* 1758, *in-12.*) *tom. III. pag.* 448.]

11133. ☞ La Vie, les Maximes, &c. de Claude-Joseph Fournet : *Moulins,* 1703, *in-12.*

¶ 11134. ☞ Eloge de l'Abbé Claude-François Fraguier; par Claude Gros DE BOZE. *Hist. de l'Acad. des Inscr. & Belles-Lettres, tom. VII. pag.* 394.

Il se trouve dans l'Edition *in-8. tom. III. pag.* 1. Cet Abbé est mort en 1728.]

11135. ☞ Autre Eloge; par l'Abbé Joseph D'OLIVET.

Cet Eloge, qui est en latin, se trouve à la tête des Poésies de l'Abbé Fraguier : *Paris,* 1729, *in-12* ; & dans le Recueil intitulé : *Poetarum ex Academiâ Gallicâ,* &c. *Paris.* 1738, *in-12, pag.* 319-328.]

11136. ☞ Histoire de la Vie & des Ouvrages du même; par le P. NICERON.

Dans ses *Mémoires, tom. XVIII. pag.* 269-277.]

11137. ☞ Remarques sur le même.

Dans le *Dictionnaire* DE CHAUFEPIÉ.]

— ☞ Histoire de Jean Froissard.

Voyez à la fin de cette Bibliothèque, *Historiens François.*]

G.

11138. ☞ Notice historique de Pierre Galland, Chanoine de Notre-Dame de Paris, & Professeur Royal en Langue Grecque; par Cl. Pierre GOUJET.

Dans son *Mémoire historique sur le Collége Royal, tom. I. pag.* 438-457. M. Galland est mort en 1559.]

11139. Vie de Jacques Gallemant, Prêtre, Docteur en Théologie, premier Supérieur des Carmélites de France; par Placide GALLEMANT, Récollet : *Paris,* Couterot, 1653, *in-4.*

Ce Docteur est mort en 1630.

11140. Eloge historique de Jean Gallois, de l'Académie Françoise, & de celle des Sciences, Prêtre, Abbé de Cores; par Bernard (LE BOVYER, sieur) DE FONTENELLE, Secrétaire de l'Académie des Sciences.

Cet Eloge de l'Abbé Gallois, mort en 1707, est imprimé dans l'*Histoire de cette Académie,* de l'année 1710, & au tom. I. de l'*Histoire du renouvellement de cette Académie : Paris,* 1708, *in-12.* [& *pag.* 179 du *tom. V.* des *Œuvres* de M. de Fontenelle : *Paris,* 1742, *in-12.*]

11141. ☞ Histoire de la Vie de Jean Gallois; par le P. NICERON.

Dans ses *Mémoires, tom. VIII. pages* 153-160; & *tom. X. part.* 2, *pag.* 259.]

11142. ☞ Notice historique du même; par Cl. Pierre GOUJET.

Dans son *Mémoire historique sur le Collége Royal, tom. I. pag.* 585-590.]

11143. ☞ Abrégé de la Vie d'Adrien Gambart, Prêtre Missionnaire : *Paris,* 1670, *in-12.*

Ce Missionnaire est mort en 1668.]

11144. * Oraison funèbre de Pierre Gassendi, Prévôt de l'Eglise de Die; par Nicolas TAXIL, Chanoine : *Lyon,* 1656, *in-4.*

11145. Dissertatio Samuelis DE SORBIERE, de vita & moribus Petri Gassendi, Diensis Ecclesiæ Præpositi.

Cette Vie est imprimée au tom. I. des *Œuvres* de Gassendi : *Lugduni,* 1658, *in-fol.* dans le *Recueil de la Philosophie d'Epicure : Lugduni,* 1659, *in-4.* & dans Witten, *pag.* 202, de son Traité intitulé : *Memoriæ Philosophorum.* Ce Philosophe est mort en 1655, & de Sorbiere en 1670.

Eadem : *Londini,* 1662, *in-12.*

Patin, dans sa cent cinquante-sixième Lettre à Spon, parle fort mal de cette Vie, & de son Auteur.

11146. Eloge du même; par Ch. Perrault.

Cet Eloge est imprimé dans son *Recueil des Hommes illustres*, au tom. I. pag. 64 : *Parisiis*, 1699, *in-fol.*

11147. ☞ La Vie du même; (par le Père Joseph Bougerel, de l'Oratoire) : *Paris*, Vincent, 1737, *in-12.*]

11148. ☞ Lettre critique & historique sur cette Vie ; par Jacques - Philippe de la Varde, Chanoine de S. Jacques-de-l'Hôpital : *Paris*, 1737, *in-12.*]

11149. ☞ Notice historique sur Gassendi; par Cl. Pierre Goujet.

Dans son *Mémoire historique sur le Collége Royal*, tom. II. pag. 157-167.]

11150. Vita Ambrosii le Gauffre, Cenomanensis, Bajocensis Magni Vicarii & Officialis; auctore Huberto Francisco le Gauffre, Regi à Secretis, ejusdem Ambrosii nepote.

Cette Vie est imprimée au-devant de sa *Synopse des Décrétales : Parisiis*, 1656, *in-fol.* Cet Official est mort en 1635.

11151. ☞ Lettre écrite par M. l'Abbé Lebeuf, au R. P. (Niceron) au sujet d'un Auteur de Bourgogne très-peu connu (Annibal Gantez, Chanoine à Auxerre.) *Mercure*, 1738, *Décembre*, pag. 2548-2557.]

11152. ☞ Ms. Eloge de Pierre Gayet, Chanoine - Camérier de la Cathédrale de Béfiers, Vicaire-Général du Diocèse, & Abbé de Villemagne, mort en 1752; par M. Cambucerès, Docteur de Sorbonne.

Il est conservé dans les Registres de l'Académie de Béfiers. L'Auteur est mort en 1758.]

11153. ☞ Histoire de la Vie & des Ouvrages de Guillaume Gazet, Curé & Chanoine d'Arras; par Jean-Pierre Niceron.

Dans ses *Mémoires*, tom. XLIII. pag. 271-276. Gazet est mort en 1612.]

11154. ☞ Eloge de l'Abbé Nicolas Gédoyn, Chanoine de la Sainte-Chapelle; par Nicolas Freret. *Hist. de l'Acad. des Inscr. & Belles-Lettres, in-4. t. XVIII. p. 399.*]

11155. ☞ Mémoire sur la Vie de M. l'Abbé Gédoyn; (par M. l'Abbé Joseph d'Olivet.)

A la tête des *Œuvres diverses* de M. Gédoyn : *Paris*, Debure, 1745, *in-12.* Cet Abbé est mort en 1744.]

11156. ☞ Mémoire sur la Vie de M. Gédoyn; par Louis Petit de Bachaumont, à la tête de la Traduction de Quintilien, nouvelle édition : *Paris*, 1754, *in-12.* 4 vol.]

11157. ☞ Eloge de l'Abbé François Geinoz; par Pierre de Bougainville.

Dans le tom. XXV. de l'*Hist. de l'Acad. des Inscr. & Belles-Lettres, in-4. p. 239.*]

11158. Vie de Gennadius, Prêtre de Marseille; par André Thevet.

Cette Vie est imprimée au tom. I. de ses *Vies des Hommes illustres*, chap. LXI. Gennadius est mort en 495.

☞ *Voy.* encore l'*Hist. Lit.* de D. Rivet, t. II. p. 632.]

11159. ☞ Vie du P. (Julien-René-Benjamin) de Gennes, Prêtre de l'Oratoire.

Elle se trouve pag. 67-115, de l'Ouvrage intitulé : *Suffrages, &c.* 1749, *in-12.*]

11160. ☞ Extrait du Testament, &c. de Louis le Gendre, Chanoine de Paris.

Dans le *Mercure*, 1734, *Octobre*, p. 157. On trouve une Histoire abrégée de sa Vie, de ses Ouvrages, &c. dans le *Dictionnaire de Moreri*, 1759.]

11161. ☞ Histoire de la Vie & des Ouvrages de Jean Gerbais, Docteur de Sorbonne; par le P. Niceron.

Dans ses *Mémoires*, tom. XIV. pag. 130-139, & tom. XX. pag. 76. M. Gerbais est mort en 1699.]

11162. ☞ Notice historique du même; par Cl. Pierre Goujet.

Dans son *Mémoire historique sur le Collége Royal*, tom. II. pag. 433-441.]

11163. Epitome Vitæ Joannis Gersonii, Doctoris Facultatis Theologiæ & Cancellarii Universitatis Parisiensis.

Cet Abrégé de sa Vie est imprimé au-devant de ses *Œuvres : Basileæ*, 1518 : *Antverpia*, [*Amstelodami*] 1706, *in-fol.*

11164. Vita ejusdem ex Operibus collecta.

Cette Vie, qui est d'Edmond Richer, Docteur de Paris, est au-devant des *Œuvres* de Gerson : *Parisiis*, 1606, & *Amsterdam*, 1706, *in-fol.* & avec l'*Apologie* de Gerson, par le même Richer : *Leide*, 1676, *in-4.* Il composa cette Apologie en 1606, pour l'opposer à un Ecrit Italien, que Bellarmin avoit fait contre deux Traités de Gerson, imprimés en Italie pour la défense de la République de Venise, contre le Pape Paul V.

Gerson est mort en 1429, & Richer en 1631.

11165. Vita ejusdem, cum Notis: auctore Hermanno Vander-Hardt, Germano.

Cette Vie est imprimée au tom. I. des *Actes du Concile de Constance*, pag. 26, de la quatrième partie : *Francofurti*, 1700, *in-fol.*

11166. Joannes Charlierus de Gerson, in tumulo gloriosus; auctore Stephano Verney, Præbendario Ecclesiæ sancti Pauli Lugdunensis, in qua sepultus est Gersonus : *Lugduni*, 1643, *in-4.*

Ce Discours est imprimé avec l'*Apologie* de Gerson : *Leide*, 1676, *in-4.* & au commencement du tom. I. de ses *Œuvres : Antverpia*, 1706, *in-fol.*

☞ En 1643, comme on creusoit la terre pour enterrer une femme dans l'Eglise de S. Laurent, qui est à côté de la Collégiale de S. Paul de Lyon, on découvrit le tombeau de Gerson : c'est sur cette découverte que fut fait cet Ecrit.]

11167. ☞ Lettre écrite à M. Gibert, Professeur de Rhétorique au Collége Mazarin, Syndic & ancien Recteur de l'Université de Paris, où l'on trouve un Abrégé de la Vie de M. (Jean-Pierre) Gibert, Canoniste, son Cousin; (par le P. Joseph Bougerel, de l'Oratoire) : *Paris*, Vincent, 1737, *in-12.*]

11168. ☞ Histoire de la Vie & des Ouvrages du même; par le P. Niceron.

Dans ses *Mémoires*, tom. XL. pag. 264-268.]

Second Ordre du Clergé Séculier.

11169. ☞ Vie du même ; par Joseph BOUGEREL, de l'Oratoire.

Dans ses *Mémoires sur les Hommes illustres de France*: (*Paris*, 1752, *in-12.*) *pag.* 339-376.]

11170. Vita sancti Gibriani, Presbyteri in Diœcesi Catalaunensi.

Cette Vie est imprimée dans le *Recueil* de Bollandus, au 8 de Mai. Ce Saint est mort vers l'an 404.

☞ Les Religieux de S. Remi de Reims communiquèrent dans le temps aux Continuateurs de Bollandus, deux Vies de ce Saint, l'une écrite en François & l'autre en Latin. Ils en ont encore une autre écrite en François, & composée par Jean DAGONEAU, Chartreux du Mont-Dieu. Elle appartenoit à la Confrairie de S. Gibrien, établie autrefois dans l'Eglise de S. Remi. Elle ne contient rien de particulier, & qui ne soit dans les autres.]

11171. Vita sancti Gilduini, Canonici Dolensis in Britannia ; auctore Monacho Carnotensi anonymo.

Cette Vie est imprimée dans le *Recueil* de Bollandus, au 27 de Janvier. S. Gilduin est mort en 1077. Sa Vie a été écrite vers l'an 1147, par un Moine de l'Abbaye de S. Pere de Chartres, qui paroit bien instruit.

11172. ☞ De sancto Gildardo, Sylloge Joannis PINII, è Societate Jesu.

Dans le *Recueil* de Bollandus, au 24 d'Août.]

11173. ☞ Oraison funèbre de M. de Gondrecourt ; par D. Placide OUDENOT : 1735.]

11174. ☞ Essai sur la mort de M. l'Abbé (Claude-Pierre) Goujet, par M. DAGUES DE CLAIRFONTAINE, Membre de l'Académie d'Angers, *in-12.*

Ce petit Discours, de 4 pages, est à la fin de la nouvelle Edition de la Vie de M. Nicole : 1767. On peut voir dans le Moréri 1759, la Liste des Ouvrages de l'Abbé Goujet, qui est mort le 2 Février 1767. Il a laissé des Mémoires historiques sur sa Vie.]

11175. Epistola Guillelmi PROUSTEAU, Antecessoris Aurelianensis, ad Petrum de Porrade Massiliensem ; de obitu & virtutibus Marini Grostête des Mahis, Diaconi & Canonici Aurelianensis : *Aureliis*, 1695, *in-12.*

Marin des Mahis est mort en 1695, & Guillaume Prousteau en 1714.

11176. Eloge du même.

Cet Eloge est imprimé dans le quatorzième *Journal des Sçavans* de 1696.

11177. ☞ Eloge historique de feu M. des Mahis, Chanoine de l'Eglise d'Orléans, ci-devant Ministre de la Religion Prétendue-Réformée.

Il est imprimé à la tête d'un Ouvrage de M. des Mahis, intitulé : *La Vérité de la Religion Catholique, prouvée par l'Ecriture-Sainte : Paris*, le Guerrier, 1697, *in-12.* Les uns l'attribuent à Pasquier QUESNEL, Prêtre de l'Oratoire, & d'autres à Gilles JOUSSET, Curé de S. Mesmin d'Orléans.]

11178. Vie de Robert Guériteau, Curé de sainte Croix de Mantes ; par Philippe LE COUSTURIER : *Paris*, 1651, *in-8.*

Ce Curé est mort en 1644.

11179. ☞ Vie admirable de M. Guériteau, Prêtre ; par Simon FAROUL : *Paris*, 1654, *in-4.*]

11180. Vita sancti Gobani, Presbyteri Hi-
Tome I.

berni & Martyris apud sui nominis Oppidum in Gallia, cum Commentario prævio.

Cette Vie est imprimée dans le *Recueil* de Bollandus, au 26 de Juin.

11181. ☞ Eloge historique de M. l'Abbé le Grand ; par le P. (Joseph) BOUGEREL, Prêtre de l'Oratoire, ou Abrégé de cet Eloge. *Mercure, 1731, Février.*]

11182. ☞ Histoire de la Vie & des Ouvrages de Joachim le Grand ; par M. B. D. L. (Joseph BOUGEREL, de l'Oratoire.)

Dans les *Mémoires* du Père Niceron, *tom. XXVI.* *pag.* 123-150. L'Abbé le Grand est mort en 1733.]

11183. ☞ Abrégé de la Vie de Martin Grandin.

A la tête du tom. I. de sa Théologie, donnée par l'Abbé d'Argentré : l'Extrait s'en trouve dans les *Mémoires de Trévoux*, 1710, *p.* 1027. M. Grandin est mort en 1691.]

11184. ☞ Francisci Granet, Ecclesiæ Aqui-Sextanæ Diaconi Elogium ; auctore Carolo-Francisco GARNIER : *in-12.*]

══ ☞ Histoire de Guillaume le Breton.
Voyez ci-devant, N.º 10995.]

11185. Vita Francisci Guyeti, Andegavensis, Prioris sancti Andradi ; auctore Antonio PERIANDRO, Rhæto.

Cette Vie est imprimée au-devant de son *Commentaire sur Térence*, par les soins de Jean Boecler : *Argentorati*, 1657, *in-8.* Jean PORTNER, Conseiller de Ratisbonne, s'est déguisé sous le nom de Periander.

H

── Vita sancti Hadelini Presbyteri, Discipuli Remacli.

Voyez, ci-après, Abb. de Selles, Ord. de S. Benoît.

11186. Histoire de M. du Hamel, Curé de S. Merry à Paris : 1682, *in-12.*

Ce Curé est mort en 1682.

☞ Cette Vie est de Simon-Michel TREUVÉ, Docteur en Théologie, & Chanoine-Théologal de Meaux.]

11187. Mémoire sur la Vie & les Ecrits de Jean-Baptiste du Hamel, Prieur de S. Lambert, de l'Académie Royale des Sciences.

Ce Mémoire est imprimé dans le *Supplément du Journal des Sçavans, au mois de Février 1707.* Cet Académicien, qui est mort en 1706, avoit été Prêtre de la Congrégation de l'Oratoire.

11188. Eloge du même ; par Bernard DE FONTENELLE.

Cet Eloge est imprimé dans l'*Histoire de l'Académie des Sciences* de l'année 1706, & au tom. I. de l'*Histoire du renouvellement de cette Académie* : *Paris*, 1708, *in-12.*

11189. ☞ Histoire de la Vie & des Ouvrages du même ; par Jean-Pierre NICERON.

Dans ses *Mémoires*, *tom. I. pag.* 265-274, & *tom. X. part.* 1, *pag.* 46.]

11190. Lettre de M. BOSCHERON à M***, contenant un Abrégé de la Vie de [François Hédelin] Abbé d'Aubignac, & l'Histoire de ses Ouvrages.

Cette Lettre est imprimée dans la seconde partie du

V u u u

tom. I. des *Mémoires de Littérature* de Henri de Sallengre, art. 5, *pag.* 284 : *La Haye*, 1716, *in-*12. L'Abbé d'Aubignac, Conseiller, Aumônier & Prédicateur du Roi, est mort en 1673.

11191. ☞ Histoire de la Vie & des Ouvrages de l'Abbé d'Aubignac ; par le Père Niceron.

Dans ses *Mémoires*, *tom. IV.* p. 120-144, & *tom. X.* part. 2, *pag.* 139.]

11192. ☞ Remarques sur le même.

Dans le *Dictionnaire* de Jacques-Georges de Chaufepié.]

11193. Vie de Godefroy Hermant, Docteur en Théologie, Chanoine de Beauvais; par Adrien Baillet : *Amsterdam* (*Paris*) 1717, *in-*12.

Godefroy Hermant est mort en 1690, & Adrien Baillet en 1706.

☞ On a un Abrégé de cette Vie, par François-Philippe Mesenguy, à la fin de celle de M. de Buzenval, Évêque de Beauvais : *Paris*, Barois, 1718, *in-*12.

On en trouve un autre Abrégé dans le *Journal des Sçavans*, 1717, Novembre.]

11194. ☞ Histoire de la Vie & des Ouvrages du même; par le P. Niceron.

Dans ses *Mémoires*, *tom. III.* pag. 195-209.]

11195. Vita Hervei, sancti Martini Archiclavis.

La Vie de ce Trésorier de S. Martin de Tours, qui fleurissoit au commencement du onzième siècle, est imprimée *pag.* 1689, du tom. III. du *Nouveau Trésor des Pièces anecdotes* publiées par Dom. Martenne.

11196. ☞ Histoire de la Vie & des Ouvrages de Gentien Hervet, Chanoine de Reims; par le P. Niceron.

Dans ses *Mémoires*, tom. *XVII.* pag. 187-200, & tom. *XX.* pag. 108. Hervet est mort en 1584.]

11197. De sancto Hilarione, Presbytero, Martyre in Ruthenis, Notæ historicæ Danielis Papebrochii, è Societate Jesu.

Ces Notes sont imprimées dans le *Recueil* de Bollandus, au 15 de Juin.

11198. Vita sancti Himmelini, Presbyteri & Confessoris Feneci in Brabantia ; auctore Joanne Gallemant, Canonico Regulari Aureæ Vallis.

Cette Vie est imprimée dans le *Recueil* de Bollandus, au 10 de Mars. Ce Saint a vécu dans le huitième siècle, & l'Auteur de sa Vie en 1460.

11199. ☞ Mf. Eloge historique de M. l'Abbé Hocart; par M. Meunier; lu à la Société Littéraire de Chaalons, le 6 Septembre 1758.

Dans les Registres de cette Société.]

11200. ☞ Vita Henrici Holdeni, in Sacra Facult. Paris. Doctoris Theologi.

Dans la nouvelle édition de son Ouvrage, intitulé: *Divina fidei analysis*, &c. *Parisiis*, Barbou, 1767, *in-*12.]

11201. Lettre d'un Ami à un autre, sur le trépas de Jean de Hollandre, Curé de saint Sauveur à Paris : *Paris*, 1628, *in-*8.

11202. ☞ Dissertation de Jean Lebeuf, où l'on combat le sentiment commun, qu'il a existé autrefois dans l'Eglise d'Autun un Prêtre nommé Honorius, &c.

Elle se trouve au *Recueil de divers Ecrits* de l'Abbé Lebeuf: (*Paris*, 1738) tom. *I.* pag. 254-280.]

11203. ☞ Histoire de la Vie & des Ecrits d'Honoré, Scholastique d'Autun.

Dans l'*Hist. Littér. de la France*, tom. *XII.* pag. 165-184. On y répond à la Dissertation précédente, & l'on soutient qu'Honoré, ou Honorius, appartenoit à Autun : il vivoit dans le XIIe siècle.]

J

11204. ☞ Eloge historique du P. Jaillot, de l'Oratoire ; par le Père Louis-Etienne Arcere, de la même Congrégation : 1750, *in-*4.]

11205. Oraison funèbre de Jean le Jau, Doyen de l'Eglise d'Evreux; par Nicolas Hubert, Chanoine & Théologal d'Evreux : *Evreux*, Hamilton, 1631, *in-*8.

Ce Doyen est mort en 1631.

11206. Discours sur la vie & la mort de Jean le Jeune, Prêtre de l'Oratoire, dit l'Aveugle; par Gabriel Rubens, Docteur en Théologie : [*Limoges*, 1674] *Toulouse*, 1679, *in-*8.

Le Père le Jeune est mort en 1672, & Gabriel Rubens est mort Prêtre de l'Oratoire en 1693.

11207. De sancto Joanne Monasteriensi, Presbytero Caïnone in Diœcesi Turonensi, Notæ Godefridi Henschenii, è Societate Jesu.

Ces Notes sont imprimées dans le *Recueil* de Bollandus, au 5 de Mai. Ce Saint a vécu dans le VIe siècle.

11208. Vie de Bénigne Joly, Chanoine de S. Etienne de Dijon, Fondateur des Religieuses Hospitalières ; par un Religieux Bénédictin de la Congrégation de S. Maur : *Paris*, Guérin, 1700, *in-*8.

Ce Chanoine est mort en 1694, & l'Auteur de sa Vie, qui est Antoine Beaugendre, est mort en 1709.

11209. Elogium Claudii Joly, Præcentoris & Canonici, netnon Officialis Parisiensis ; auctore Ludovico le Gendre, Canonico Ecclesiæ Parisiensis : *Parisiis*, 1700, *in-*8.

M. Joly est mort en 1700.

11210. ☞ Eloge du même.

Cet Eloge est imprimé dans le *Journal des Sçavans*, du 8 Février 1700.]

11211. ☞ Histoire de la Vie & des Ouvrages du même ; par le P. Niceron.

Dans ses *Mémoires*, tom. *IX.* p. 116-127, & tom. *X.* part. 1, pag. 188, & part. 2, pag. 271.]

11212. ☞ Notice historique de François Jourdain, Professeur-Royal en Hébreu ; par Cl. Pierre Goujet.

Dans son *Mémoire historique sur le Collège Royal*, tom. *I.* pag. 310-313. Jourdain est mort en 1599.]

11213. Vita beati Israelis, Canonici Doratensis.

Cette Vie est imprimée dans Labbe, au tom. *II.* de

Second Ordre du Clergé Séculier. 707

la *Nouvelle Bibliothèque des Manuscrits*, *pag.* 566. [Le Bienheureux Israël est mort en 1014.]

K

11214. ☞ Vies de M. de Kerlivio, de Vincent Huby, & de Mademoiselle de Francheville, Fondateurs des Maisons de Retraite : *Nantes*, 1698, *in-*12.]

11215. Vie de Louis Eudo de Kerlivio, natif de Hennebond, Prêtre, Grand-Vicaire de Rennes: *Troyes*, le Fevre, 1702, *in-*12.

Ce Grand-Vicaire est mort en 1685.

L

11216. ☞ La Vie de Pierre Labelle, Curé d'Arc en Barrois; par Jean-Claude Grand, Curé de S. Martin d'Arc : *Dijon*, Augé, 1734, *in-*12.]

11217. ☞ Histoire de la Vie & des Ouvrages de Jean le Laboureur, Prieur de Juvigné; par le P. Niceron.

Dans ses *Mémoires*, *tom. XIV. p.* 114-129, & *t. XX. pag.* 75. Le Laboureur est mort en 1675.]

11218. ☞ Eloge de Jean-François de Negre de Lacan, Archidiacre de Montpellier; par M. Gauteron, Secrétaire de la Société Royale de cette Ville.

Dans le tom. I. de l'*Histoire de cette Société* : *Lyon*, 1766, *in*-4. *p.* 268. L'Abbé de Lacan est mort en 1715.]

11219. ☞ Eloge historique de Jean-Baptiste Ladvocat, Docteur & Bibliothécaire de Sorbonne.

Dans le *Nécrologe des hommes illustres*, morts en 1766 : *Paris*, 1767, *in-*12.]

11220. ☞ Histoire de la Vie & des Ouvrages d'Ambroise Lallouette, Chanoine de sainte Opportune, à Paris; par le Père Niceron.

Dans ses *Mémoires*, *tom. XXXIX*. *pag.* 5-9. Lallouette est mort en 1724.]

11221. ☞ Histoire de la Vie & des Ouvrages de Joseph-Lambert, Prieur de Palaiseau; par le Père Niceron.

Dans ses *Mémoires*, *tom. XLII. p.* 389-395. M. Lambert est mort en 1722.]

11222. Vita Bernardi Lamy, Congregationis Oratorii Presbyteri ; auctore Petro (Nicolas) des Molets, ejusdem Congregationis.

Le Père Lamy est mort en 1715. Sa Vie est à la tête de son Ouvrage *De Tabernaculo fœderis*, &c. *Parisiis*, Delespine, 1720, *in-fol.*

11223. ☞ Histoire de la Vie & des Ouvrages du même; par Jean-Pierre Niceron.

Dans ses *Mémoires*, *tom. VI. pag.* 96-120, & *tom. X.* part. 1, *pag.* 166.]

11224. Vita sancti Landoaldi, Archipresbyteri; ab Harigero scripta ; cum Commentario prævio.

Cette Vie est imprimée dans le *Recueil* de Bollandus, au 19 de Mars. Cet Archiprêtre est mort en 646, & Hariger en 1007.

Tome I.

11225. Vie de saint Landoul ; par Adrien Baillet.

Cette Vie est imprimée dans son *Recueil des Vies des Saints*, au même jour.

11226. ☞ Relation de la mort de l'Abbé Langlade du Chayla, & de plusieurs autres personnes massacrées par les Fanatiques des Cévennes; par M. de Rescossier: *Toulouse*, veuve Boude, 1703, *in-*12.]

11227. ☞ Eloge de Louis Irland de Lavau; Trésorier de S. Hilaire le Grand de Poitiers.

Il est imprimé *pag.* 305, du tom. II. de l'*Hist. de l'Acad. Françoise*; par l'Abbé Joseph d'Olivet: *Paris*, 1730, *in-*12. L'Abbé de Lavau est mort en 1694.]

11228. Elogium Joannis Launoii, Constantiensis, Theologi Parisiensis: *Londini*, Pleyfort, 1685, *in-*8.

Ce Docteur est mort en 1678.

11229. Eloge du même; par Ch. Perrault.

Cet Eloge est imprimé au tom. II. de son Recueil des *Eloges des Hommes illustres*, *pag.* 9 : *Paris*, 1701, *in-fol.*

11230. Eloge du même, par Pierre Bayle.

Cette Vie est imprimée dans son *Dictionnaire historique & critique*, au nom de Launoy.

11231. ☞ Histoire de la Vie & des Ouvrages du même; par Jean-Pierre Niceron.

Dans ses *Mémoires*, *tom. XXXII*. *pag.* 84-139.]

== ☞ Remarques sur le même ; par Jacques-Georges de Chaufepié.

Dans son *Dictionnaire historique*.]

11232. ☞ Eloge de M. l'Abbé (Jean) Lebeuf, Sous-Chantre de l'Eglise d'Auxerre; par M. le Beau.

Dans l'*Hist. de l'Acad. des Inscr. & Belles-Lettres*, tom. XXIX. *in-*4. *p.* 372. Cet Abbé est mort en 1760.]

11233. ☞ Ms. Eloge du même; par M. le Pere, Secrétaire de la Société Littéraire d'Auxerre.

Il est conservé dans les Registres de cette Société.]

11234. ☞ Eloge historique du même ; par M. Dreux du Radier. *Journal de Verdun*, 1760, *Juillet*, *pag.* 39.]

11235. ☞ J. Lebeuf Presbyteri Autissiodoræi, Encomium funebre, ab Andræa Potel, Autissiodorensis Ecclesiæ Canonico, & è Societate Scientiarum & Litterarum Autissidiorensi.

Cet Eloge, en style lapidaire, est dans le *Journal de Verdun*, 1761, *Février*, *pag.* 133.]

11236. Vita sancti Lebwini, Presbyteri & Confessoris ; scripta ab Hucbaldo, Elnonensi Monacho.

Cette Vie est imprimée dans le *Recueil* de Surius, au 16 de Novembre. Ce Saint est mort en 776; & Hucbalde en 930.

11237. ☞ Eloge de Sébastien Lenain de Tillemont, Prêtre; par Charles Perrault.

Cet Eloge est imprimé au tom. II. de son *Recueil des Eloges des Hommes illustres*, *pag.* 13 : *Paris*, 1701, *in-fol.*

Vuuu 2

11238. Idée de la Vie & de l'Esprit de M. (Sébastien) Lenain de Tillemont, Prêtre : *Nancy,* 1706, *in*-12.

Le même Ouvrage, retouché & publié sous ce titre : Vie de M. Lenain de Tillemont : *Cologne,* 1711, *in*-12.

Michel Tronchay, son Secrétaire & l'Auteur de sa Vie, dit qu'il l'écrivit aussi-tôt après sa mort (arrivée en 1698), mais que certaines raisons l'empêchèrent alors de la donner au Public. [M. Tronchay est mort en 1733.]

11239. ☞ Histoire de la Vie & des Ouvrages du même ; par le P. Niceron.

Dans ses *Mémoires, tom. XV. pag.* 308-318, & *tom. XX. pag.* 87.]

11240. ☞ Remarques sur le même.

Dans le *Dictionnaire* de Jacques-Georges de Chaufepié.]

11241. ☞ Mort de l'Abbé (Nicolas) Lenglet du Fresnoy. *Année Littéraire,* 1735, *tom. III. pag.* 116.]

11242. ☞ Mémoires pour servir à l'Histoire de la Vie & des Ouvrages du même : *Londres* (*Paris,* Duchesne) 1761, *in*-12.

Ces Mémoires sont de Jean-Bernard Michault, Avocat, demeurant à Dijon, & ancien Secrétaire de l'Académie de cette Ville. Voyez ce qui est dit de cet Ouvrage dans les *Mémoires de Trévoux,* 1761, *Avril, pag.* 773-789.]

11243. Vita sancti Lenogesili, Presbyteri apud Cenomanos.

Cette Vie est imprimée dans le *Recueil* de Bollandus, au 13 de Janvier. Ce Saint a vécu dans le VIIe siècle.

11244. Vita sancti Leodegarii, Presbyteri in Agro Pertensi Campaniæ.

Cette Vie est imprimée dans le *Recueil* de Bollandus, au 23 de Mai. Ce Saint a vécu dans le Ve siècle.

11245. Vie de François Lévesque, Prêtre de l'Oratoire : *Paris,* le Petit, 1684, *in*-12.

Le Père Lévesque est mort en 1684. Jean-Paul Bignon, depuis Conseiller d'Etat, étoit dans la Congrégation de l'Oratoire, lorsqu'il composa cette Vie.

11246. ☞ Eloge de M. (Alexandre) Levier, Prêtre, inhumé dans le Chœur de l'Eglise de S. Leu, à Paris ; par Claude-Pierre Goujet : 1735, *in*-4.]

11247. Vie d'Etienne Litaud, Curé de l'Hôpital de S. Didier, modèle des Ecclésiastiques & père des Pauvres : *Paris,* 1687, *in*-12.

Etienne Litaud avoit été Prêtre de l'Oratoire. Jean Maillard, Jésuite, est l'Auteur de cette Vie.

11248. ☞ Vie de Jean Litoust, Curé de S. Saturnin : *Nantes, in*-12.]

11249. ☞ Abrégé de la Vie de M. (Pierre) Lombert ; (par Claude-Pierre Goujet.)

Elle est en tête de la nouvelle édition de sa traduction de la Cité de Dieu, de S. Augustin : *Paris,* Rollin, 1736, 4 vol. *in*-12.]

11250. ☞ Elogium Jacobi le Long, Presbyteri Oratorii Jesu ; (auctore Nicolao des Molets, ejusdem Congregationis.)

Cet Eloge du Père le Long se trouve au commencement de la seconde édition de sa *Bibliotheca Sacra, &c. Parisiis,* 1724. Il est mort en 1721.

On a donné sa Vie au commencement de ce Volume.]

11251. ☞ Histoire de la Vie & des Ouvrages du même ; par le P. Niceron.

Dans ses *Mémoires, tom. I. pag.* 154-160, & *tom. X. part.* 1, *pag.* 12.]

11252. ☞ Histoire abrégée de Louis du Four de Longuerue ; par Jacques-Marie Barois.

Elle se trouve en tête du Catalogue de la Bibliothèque de ce sçavant Abbé, qui est mort en 1733 : *Paris,* 1735, *in*-12. On peut voir encore son article dans le Dictionnaire de Moréri de 1759. Le *Longueruana,* imprimé en 1754, *in*-12. 2 vol. renferme aussi plusieurs particularités concernant cet Abbé : on les trouvera aisément par la Table des matières. Il y a eu une Lettre critique sur le *Longueruana,* insérée dans l'*Année Littéraire,* 1756, *tom. IV. pag.* 332.]

11253. ☞ Eloge de M. l'Abbé Camille (le Tellier) de Louvois ; par Bernard de Fontenelle.

Dans l'*Histoire de l'Académie des Sciences,* 1718, *pag.* 101, & dans les Œuvres de M. de Fontenelle.]

11254. ☞ Eloge du même ; par Claude Gros de Boze.

Dans l'*Histoire de l'Académie des Inscriptions & Belles-Lettres, tom. V. in*-4. *pag.* 367, *in*-8. *tom. II. pag.* 132.]

11255. ☞ Eloge du même.

Dans les *Mémoires de Trévoux,* 1722, *Septembre.*]

M

11256. Eloge historique de Nicolas Malebranche, Prêtre de l'Oratoire.

Cet Eloge se trouve dans le quarante-quatrième *Journal des Sçavans, de l'année* 1715 [& *Février,* 1716.]

11257. Eloge du même ; par Bernard de Fontenelle.

Cet Eloge du Père Malebranche, mort en 1715, est imprimé au tom. II. de l'*Histoire du renouvellement de l'Académie des Sciences, pag.* 337 : *Paris,* 1717, *in*-12. & dans le *tom. II. in*-4. de l'*Hist.* de cette Académie.

11258. ☞ Elogium Nic. Malebranchii. *Act. Lips.* 1716, *pag.* 232.]

11259. Ms. Vie du même, avec l'Histoire de ses Ouvrages.

Cette Vie [étoit] entre les mains de l'Auteur [le Père Jacques le Long.]

11260. ☞ Histoire de la Vie & des Ouvrages du même ; par le P. Niceron.

Dans ses *Mémoires, tom. II. p.* 122-134, & *tom. X. part.* 2, *pag.* 107.]

11261. ☞ Remarques sur le même.

Dans le *Dictionnaire* de Chaufepié.]

11262. ☞ Eloge d'Edme Mallet, Docteur & Professeur de Théologie au Collége de Navarre, (mort en 1755.)

Dans l'Avertissement du tom. VI. de l'*Encyclopédie, pag.* iij-v. Il se trouve aussi *pag.* 155 du *tom. II.* des *Mélanges* de M. d'Alembert, qui en est l'Auteur : *Amsterdam,* 1759, *in*-12.]

11263. ☞ Relation abrégée de la Vie de Pierre Manguelen, Chanoine de Beauvais, &c. par Charles Wallon DE BEAUPUIS.

Elle se trouve imprimée *pag. 438 & suiv.* des *Mémoires sur la Vie de l'Auteur*, indiqués ci-devant, N.° 10916. M. Manguelen est mort en 1646.]

11264. ☞ Vie de Gilles Marie, Curé de S. Saturnin de Chartres : *Chartres, 1736, in-12.*]

11265. ☞ Lettre sur le même ; par M. L. B. de Chartres. *Journal Chrétien*, 1759, *Septembre, pag.* 115.

Cette Lettre est un Extrait de la Vie précédente.]

11266. ☞ Oraison funèbre de feu Messire André de Marilhac, Docteur de Sorbonne & Doyen de l'insigne Eglise Collégiale de S. Emilion : *Bordeaux*, de la Court, 1680, *in-4.*

M. de Marilhac est mort en 1680. Ce fut M. de JANIGE, Chanoine Théologal de S. Emilion, qui prononça ce Discours à Libourne, dans l'Eglise des Dames du Séminaire de la Foi, où le cœur de M. de Marilhac a été inhumé.]

11267. ☞ Mſ. Eloge historique de M. l'Abbé Marion, Chanoine de Cambray ; par feu M. DE COURBOUZON, Président du Parlement, & Secrétaire perpétuel de l'Académie de Besançon.

Il est conservé dans les Registres de cette Académie.]

11268. Mémoires de Michel DE MAROLLES, Abbé de Villeloin, contenant ce qu'il y a de plus remarquable en sa vie, depuis l'an 1600 jusqu'en 1656 ; ses entretiens avec les Sçavans, & les Généalogies de quelques familles alliées à la sienne, & divers Discours sur différens sujets : *Paris*, 1656, *in-fol.* 2 vol.

Cet Abbé est mort en 1681. Il a écrit lui-même ces Mémoires, qui sont curieux. Le Privilège fut obtenu en 1655, sous le titre de *Vie de Michel de Marolles, Abbé de Villeloin, écrite par lui-même*. C'étoit un Ecrivain ra-
» pide, dont le style étoit n'y a voit de moins mau-
» vais dans ses Ouvrages ; mais il étoit sans aucun juge-
» ment. Il traduisoit mal ; ce qu'il faisoit de mieux étoit
» des Généalogies » ; c'est le jugement qu'en a porté Costar dès l'an 1654, dans son Mémoire manuscrit sur les gens de lettres de son temps.

☞ Les mêmes Mémoires, avec des Notes historiques & critiques (nouvelle édition, donnée par l'Abbé Claude-Pierre GOUJET): *Amsterdam* (*Paris*) 1755, *in-12.* 3 vol.

Le Tome I. contient les Mémoires proprement dits, qui s'étendent de 1600 à 1655.

Le Tome II. comprend les Entretiens de l'Abbé de Marolles, avec quelques Sçavans de son temps, sur différens sujets ; les témoignages des Historiens touchant le combat de MM. de Marolles & de Lisle-Marivaut, le jour de la mort de Henri III. 1589 ; additions contenant les Eloges de plusieurs personnes illustres, que l'Abbé de Marolles a connues ; enfin plusieurs petits Traités sur divers sujets curieux.

Le Tome III. contient la suite des Traités sur divers sujets, & le Dénombrement où se trouvent (par ordre alphabétique) les noms de ceux qui ont donné de leurs Livres à l'Abbé de Marolles, & qui l'ont honoré extraordinairement de leurs civilités (avec quelques particularités sur eux & sur leurs Ouvrages).

On n'a pas réimprimé dans cette Edition les Généalogies : elles ont paru à l'Editeur peu intéressantes & dénuées de preuves.

Voyez sur ces Mémoires la *Méthode historiq.* de Lenglet, *Suppl. pag.* 182. = Le P. Niceron, *tom. XXXII. pag.* 223. = *Mém. de Trév.* 1755, *Octob.* = *Journ. de Verdun*, 1756, *Février.* = *Année Littér.* 1755, *tom. IV, pag.* 145. = *Mém.* d'Artigny, *tom. I. p.* 377.]

11269. Eloge du même Abbé de Marolles.

Cet Eloge, fait par Joachim LE GRAND, est imprimé dans le *Journal des Sçavans*, au mois d'*Avril* 1681.

11270. ☞ Lettre sur la mort de l'Abbé de Marolles. *Mercure*, 1727, *Avril.*]

11271. ☞ Histoire de la Vie & des Ouvrages du même ; par le P. NICERON.

Dans ses *Mémoires, tom. XXXII. p.* 114-233.]

11272. ☞ Lettre sur la mort de l'Abbé de Maroulle. *Mercure*, 1727, *Avril, pag.* 686, 689.]

11273. ☞ Histoire de la Vie & des Ouvrages de Jacques Marsollier ; Prévôt & Archidiacre d'Uzès ; par le P. NICERON.

Dans ses *Mémoires, tom. VII. p.* 61-67, *& tom. X. part.* 1, *pag.* 175, & *part.* 2, *pag.* 232. M. Marsollier est mort en 1724.]

11274. ☞ Eloge de l'Abbé Guillaume Massieu ; par Claude Gros DE BOZE.

Dans le tom. V. de l'*Hist. de l'Académie des Inscriptions & Belles-Lettres, in-4. pag.* 421, & *tom. II.* de l'*in-8. pag.* 307. *Voyez* encore la *Bibliothèque Françoise* de Du Sauzet, *tom. I.* L'Abbé Massieu est mort en 1722.]

11275. ☞ Histoire de la Vie & des Ouvrages du même ; par le P. NICERON.

Dans ses *Mémoires, tom. XII. p.* 51-59, & *tom. XX. pag.* 41.]

11276. ☞ Notice historique du même ; par Claude-Pierre GOUJET.

Dans son *Mémoire historique sur le Collège Royal* : (*Paris*, 1758, *in-12.*) *tom. I. pag.* 603-608.]

11277. ☞ La Mandarinade, ou Histoire Comique du Mandarinat de M. l'Abbé de S. Martin, Marquis de Miskon, Docteur en Théologie, & Protonotaire Apostolique, (avec son portrait gravé, mais chargé) : *La Haye* (*Caen*) 1738, *in-12.* 2 vol.

On attribue cet Ouvrage critique & satyrique, mais plaisant & singulier, à M. PORÉE, ancien Curé de Louvigny, près de Caen, Membre de l'Académie de cette Ville, frère du Père Porée, Jésuite. La moitié du premier volume, & le second, contiennent diverses Pièces en prose & en vers, Latines & Françoises, qui ont rapport à la prétendue dignité de Mandarin, donnée à l'Abbé de S. Martin, ou qui concernent sa Vie & ses Ouvrages, avec des Notes de l'Editeur.]

11278. ☞ La vie, l'esprit & les sentimens de piété du vrai serviteur de Dieu, M. François Mathon, Prêtre, Chapelain des RR. Mères Carmelites de la Ville d'Amiens, recueillis par le P. Pierre PASTEL, Chanoine Régulier de S. Jean d'Amiens, Ordre de

Prémontré : *Amiens*, Lebel, 1710, *in-12*.

M. Mathon est mort le 16 Octobre 1708, âgé de 90 ans & 12 jours.]

11279. Vita sancti Mathurini, Presbyteri.

Cette Vie est imprimée dans le *Recueil des Vies des Saints* de Montbritius. Ces Actes sont ou supposés ou corrompus ; aussi l'Histoire de ce Saint est fort incertaine. Il vivoit dans le IVe ou Ve siècle.

11280. Vie de saint Mathurin ; par Adrien BAILLET.

Cette Vie est imprimée dans son *Recueil des Vies des Saints*, au 9 de Novembre.

11281. ☞ Eloge de François de Maucroix, Chanoine de Reims.

A la tête de ses *Œuvres posthumes : Paris*, 1710, *in-12*. Cet Ecclésiastique est mort en 1708.]

11282. ☞ Histoire de la Vie & des Ouvrages du même ; par le P. NICERON.

Dans ses *Mémoires*, tom. *XXXII*. p. 170-187.]

11283. De sancto Maurilio, Presbytero in Diœcesi Trecensi, Sylloge historica Godefridi HENSCHENII, è Societate Jesu.

Cette Collection est imprimée dans le *Recueil* de Bollandus, au 21 de Janvier. Ce Saint a vécu dans le sixième siècle.

11284. Eloge de Gilles Ménage, Doyen de S. Pierre d'Angers.

Cet Eloge est imprimé dans le trentième *Journal des Sçavans* de 1692. Ce Doyen est mort en 1692.

11285. Mémoires pour servir à la Vie du même.

Ces Mémoires sont imprimés au tom. I. du *Menagiana : Paris*, 1694 : *Amsterdam*, 1695 : *Paris*, 1715 [1729] *in-12*.

☞ Ces Mémoires sont de Bernard DE LA MONNOYE.]

11286. Eloge du même ; par Charles PERRAULT.

Cet Eloge est imprimé au tom. II. de son Recueil des *Eloges des Hommes illustres*, pag. 68 : *Paris*, 1701, *in-fol*.

11287. ☞ Histoire de la Vie & des Ouvrages du même ; par le P. NICERON.

Dans ses *Mémoires*, tom. I. p. 305-316, & tom. X. part. 1, pag. 60, & part. 2, p. 76.]

11288. ☞ Remarques sur l'Abbé Ménage.

Dans le *Dictionnaire* de Jacques-Georges DE CHAUFEPIÉ.]

11289. Vita Matthæi Menagii, primi Canonici-Theologi Andegavensis ; auctore Ægidio MENAGIO : *Parisiis*, 1674, *in-8*. *Ibid*. 1692, *in-4*.

☞ L'Edition de 1692 est augmentée & corrigée. Cette Vie est remplie de Pièces & de Remarques Françoises très-curieuses.]

11290. ☞ Histoire de la Vie & des Ouvrages de Bon de Merbes.

Dans les *Mémoires* du P. Niceron (qui l'a tirée d'un Manuscrit) tom. *XXX*. pag. 48-55. De Merbes est mort en 1684.]

11291. ☞ Mémoire sur la Vie de M. (François-Philippe) Mesenguy ; (par Claude LEQUEUX).

Il se trouve à la tête du Catalogue de ses Livres : *Paris*, 1763, *in-8*. Cet Ecclésiastique est mort en 1763.]

Le même : *in-12*.

On peut voir encore la Préface du *Mémoire justificatif* de M. Mesenguy : elle est aussi de M. LEQUEUX, qui se propose de donner une Vie plus ample.]

11292. De sancto Micomero, Presbytero Ternodori in Campania, Notæ historicæ Danielis PAPEBROCHII, è Soc. Jesu.

Ces Notes sont imprimées dans le *Recueil* de Bollandus, au 30 de Mars. Ce Saint a vécu vers l'an 440.

11293. La découverte d'un Saint caché dans la Ville de Tonnerre, ou l'Histoire de saint Micomer, Prêtre & Chanoine ; par Robert LUYT, Chanoine de Tonnerre : *Sens*, Pussurot, 1657, *in-8*.

11294. Ms. Abrégé de la vie & de la mort de François Mirapeau, Prêtre de la Doctrine Chrétienne : *in-4*.

Cet Abrégé est conservé dans la Bibliothèque de S. Charles à Paris. Ce Prêtre est mort en 1624.

11295. ☞ Eloge de l'Abbé Privat de Molieres ; par Jean-Jacques Dortous DE MAIRAN.

Dans l'*Hist. de l'Acad. des Sciences*, 1742, p. 195, & dans les *Eloges* de M. de Mairan : (*Paris*, 1747, *in-12*.) p. 201.]

11296. ☞ Notice historique du même ; par Claude-Pierre GOUJET.

Dans son *Mémoire historique sur le Collège Royal* : (*Paris*, 1758, *in-12*.) tom. II. pag. 315-320.]

11297. ☞ Eloge de l'Abbé Nicolas Hubert de Mongault ; par Nicolas FRERET.

Dans le tom. XVIII. de l'*Hist. de l'Acad. des Inscr. & Belles-Lettres*, *in-4*. pag. 447.]

11298. ☞ La Vie de Louis-Marie (Grignion) de Montfort, Prêtre, Missionnaire Apostolique, composée par un Prêtre du Clergé : *Nantes*, 1724, *in-12*.

Joseph GRANDET, Curé de Sainte-Croix d'Angers, & Supérieur du Séminaire de S. Sulpice de la même Ville, mort le 1 Décembre 1724, est l'Auteur de cette Vie.]

11299. Le Tombeau dressé à la mémoire de Claude de Montigny, Prêtre de l'Oratoire ; par Jacques LE VASSEUR, Doyen de l'Eglise Cathédrale de Noyon : *Paris*, 1625, *in-8*.

☞ Le Père de Montigny étoit né à Noyon, & il est mort à Orléans le 16 Novembre 1624.]

11300. ☞ Histoire de Pierre de Montmaur, avec ses Ouvrages, & Satyres à son sujet.

Dans les *Mémoires de Littérature* publiés par SALLENGRE : *La Haye*, 1715, *in-12*. 2 vol. L'Abbé de Montmaur est mort en 1648.]

11301. ☞ Notice historique du même ; par Claude-Pierre GOUJET.

Dans son *Mémoire historique sur le Collège Royal*, tom. I. pag. 555-566.]

Second Ordre du Clergé Séculier.

11302. * La Vie d'un Curé de Poitou (René Moreau) Bachelier de Sorbonne, Vicaire-Général du Diocèse de la Rochelle, mort en odeur de sainteté: *Paris*, Mongé, 1719, *in-12*.

Il étoit Curé de Notre-Dame de Fontenai-le-Comte, & il est mort en 1671.

11303. Vie de Jean-Baptiste Morel, Curé de Villiers-Vimeux, proche de Tonnerre, Diocèse de Langres: *Troyes*, 1702, *in-12*.

Ce Curé est mort en 1683. M. DU FAïS, Prêtre, a composé cette Vie.

11304. ☞ Histoire de la Vie & des Ouvrages de Louis Moréri; par le P. NICERON.

Dans ses *Mémoires*, tom. XXVII. pag. 308-316. Moréri est mort en 1680.]

11305. ☞ Histoire de la Vie & des Ouvrages de Mathieu de Morgues; par le même.

Dans ses *Mémoires*, tom. XXXV. pag. 374-386. L'Abbé de Morgues est mort en 1670.]

11306. Sciagraphia Vitæ Joannis Morini Blesensis, Congregationis Oratorii Presbyteri: *Parisiis*, 1660, *in-4*.

Ce Crayon de la vie du Père Morin, composé par Michel CONSTANTIN, Prêtre de l'Oratoire, est aussi imprimé à la tête de ses *Exercitations sur la Bible*: *Parisiis*, 1660, *in-fol*. Le Père Morin est mort en 1659, & le Père Constantin en 1663.

11307. Vita ejusdem Morini.

Cette Vie est imprimée au commencement du Livre intitulé: *Antiquitates Ecclesiæ Orientalis*: *Londini*, 1682, *in-8*. Elle est attribuée à Richard SIMON, mort en 1711. C'est une vraie satyre contre le Père Morin, mais qui fait plus de tort à son Auteur qu'à celui contre lequel il l'a écrite, par le mauvais caractère qu'il se donne.

11308. Eloge historique du Père Morin; par Charles PERRAULT, de l'Académie Françoise.

Cet Eloge est imprimé dans le tom. I. de ses *Eloges des Hommes illustres*, pag. 21: *Paris*, 1699, *in-fol*.

11309. ☞ Histoire de la Vie & des Ouvrages du même; par le P. NICERON.

Dans ses *Mémoires*, tom. IX. pag. 11-32, & tom. X. part. 1, p. 186.]

11310. ☞ Histoire de la Vie & des Ouvrages de Pierre Morin; par le même.

Dans ses *Mémoires*, tom. XXV. pag. 10-18. Pierre Morin est mort à Rome en 1608.]

11311. ☞ Histoire de la Vie & des Ouvrages de Siméon de Muis, Chanoine de Soissons; par le même.

Dans ses *Mémoires*, tom. XXXII. pag. 332-337. De Muis mourut en 1644.]

11312. ☞ Notice historique du même; par Claude-Pierre GOUJET.

Dans son *Mémoire historique sur le Collège Royal*: (*Paris*, 1758, *in-12*.) tom. I. pag. 328-338.]

11313. ☞ Francisci BENTII Oratio in funere Marci Antonii Mureti: *Parisiis*, 1587, *in-8*.

Muret est mort en 1585.]

11314. ☞ M. A. Mureti Vita.

Elle est à la tête du Recueil de ses Œuvres: *Veronæ*, 1727, &c. *in-8*.]

11315. ☞ Histoire de la Vie & des Ouvrages de Muret: par le P. NICERON.

Dans ses *Mémoires*, tom. XXVII. pag. 143-175.]

N

11316. ☞ Elogia Petri Naturelli Præcentoris, Petri San-Juliani Baleurrei Decani; Claudii Roberti, majoris Archidiaconi, & Guillelmi Bernardoni, Decani Ecclesiæ Cabilonensis; auctore Ludovico JACOB, Carmelita.

Ces Eloges se trouvent au tom. II. de l'*Histoire de Châlon*: 1662, *in-4*. parmi les Preuves.]

11317. Elogium Gabrielis Naudæi, Canonici Ecclesiæ Virdunensis, Prioris Artigiæ; à Petro HALLÆO, J. U. D. & Antecessore, in Epistola de ejus splendore: *Genevæ*, 1661, *in-8*.

Gabriel Naudé est mort en 1653, & Pierre Hallé en 1689.

11318. ☞ Gabrielis Naudæi tumulus, complectens Elogia, epitaphia, carmina, tum Latina tum Gallica, &c. curâ Ludovici JACOB: *Parisiis*, Cramoisy, 1659, *in-4*.]

11319. Lettre de M. l'Abbé Claude NICAISE, (Chanoine de la sainte Chapelle de Dijon) à M. Cartel, où il fait un abrégé de sa vie, par rapport à ses Ouvrages de Littérature, & à son commerce avec les Sçavans.

——— Seconde Lettre sur la même matière.

Elles sont datées de 1700 & 1701, & imprimées dans les *Nouvelles de la République des Lettres* du mois de Septembre 1703. Claude Nicaise est mort en [1701, le 20 Octobre, âgé de 71 ans.]

11320. ☞ Extrait d'une Lettre de M. LE GOUX, sur la mort de M. l'Abbé Nicaise. *Mém. de Trévoux*, 1701, *Novemb*. p. 251.]

== ☞ Vie de Pierre Nicole.

Voyez ci-devant, N.os 5622 & 5623.]

11321. ☞ Vie du même; par le P. NICERON.

Dans ses *Mémoires*, tom. XXIX. pag. 285-333.]

11322. Vie de [Michel] le Noblets, Prêtre & Missionnaire en Bretagne; par Antoine DE SAINT-ANDRÉ; *Paris*, Muguet, [1666] 1668, *in-8*.

Ce Missionnaire est mort en 1652. Sa Vie a été écrite, selon Adrien Baillet, par Antoine VERJUS, Jésuite, mort en 1706. L'Auteur du *Journal des Sçavans*, du 12 Décembre 1668, reconnoît qu'elle est écrite d'une manière très-élégante; qu'il y a un Tableau de la Vie Chrétienne, dont l'invention n'est pas moins ingénieuse que celle du Tableau de Cébès, ni l'explication moins agréable.

☞ Le Père Gobien, dans sa Lettre sur la mort du Père Verjus, dit positivement que cette Vie de Michel le Noblets est de lui. Plusieurs Bretons contemporains assuroient une partie des actions de piété qui y sont rapportées. M. le Noblets étoit d'une ancienne famille noble de Bretagne, Diocèse de Léon.]

11323. ☞ Vie de M. (Jean) de la Noë-Ménard, Prêtre du Diocèse de Nantes, Directeur du Séminaire, & premier Directeur de la Communauté Ecclésiastique de S. Clément, Auteur du Catéchisme de Nantes, mort en odeur de sainteté, le 15 Avril 1717, avec l'Histoire de son Culte, & les Relations des Miracles opérés à son tombeau; (par M. GOURMEAU, Curé de Gien): *Bruxelles* (*Paris*) 1734, *in-*12.]

O

11324. Vie de M. Olier, Curé de S. Sulpice à Paris; par François GIRY, de l'Ordre des Minimes: *Paris*, 1687, *in-*12.

Jean-Jacques Olier est mort en 1657, & le P. Giry en 1688.

11325. De sancto Ostiano, Presbytero in Vivariensi Territorio.

Ceci est imprimé dans le *Recueil* de Bollandus, au 30 de Juin.

P

11326. Eloge de Noël Paillet, Docteur en Théologie; par Hilarion DE COSTE, de l'Ordre des Minimes.

Cet Eloge est imprimé dans son *Recueil des Eloges des Hommes illustres*, pag. 347: *Paris*, 1625, *in-fol*. Noël Paillet est mort en 1592, & le Père de Coste en 1661.

11327. ☞ Eloge de M. l'Abbé de la Palme, l'un des Auteurs du Journal des Sçavans. *Journ. des Sçav. Janvier*, 1760, *pag*. j.]

11328. ☞ Eloge historique de M. (Philibert) Papillon, Chanoine de la Chapelle aux Riches de Dijon; (par Philippe-Louis JOLY, Chanoine de la même Eglise): *Dijon*, 1738, *in-*8.

Il est encore dans le *Mercure*, 1738, *Juin*, p. 1066, & à la tête de la *Bibliothèque de Bourgogne*: *Dijon*, 1742, *in-fol*.]

11329. * Eloge d'Isaac Papin.

A la tête de son Livre intitulé: *Les deux voyes*, &c. *Liège*, 1713, *in-*12. [& dans la nouvelle édition de ses Œuvres: *Paris*, 1723, *in-*12. 3 vol. Papin, Ministre converti de la Religion Prétendue-Réformée, est mort en 1709.

11330. ☞ Histoire de la Vie & des Ouvrages du même; par le P. NICERON.

Dans ses *Mémoires, tom. III.* p. 13-22, & *tom. X*. part. 1, p. 111, & part. 2, p. 122.]

11331. ☞ Remarques sur le même.

Dans le *Dictionnaire* de Jacques-Georges DE CHAUFEPIÉ.]

11332. Vie de S. Papoul, Prêtre & Martyr; par Adrien BAILLET.

Cette Vie est imprimée dans son *Recueil des Vies des Saints*, au 2 de Novembre. Ce Saint a vécu dans le troisième siècle.

11333. ☞ Histoire de la Vie & des Ouvrages de Guillaume Paradin, Doyen de la Collégiale de Beaujeu; par le P. NICERON.

Dans ses *Mémoires, tom. XXXIII.* pag. 164-172. Paradin vivoit en 1581.]

11334. ☞ La Vie d'un parfait Ecclésiastique, ou Vie de M. (François) de Pâris, Diacre: *Bruxelles* (*Paris*) 1731, *in-*12. 223 pages, sans la Préface.

Ce Livre, qui est de Pierre BOYER, Prêtre de l'Oratoire, avoit été présenté à M. le Cardinal de Noailles, qui l'avoit bien reçu.]

11335. ☞ Relation des Miracles de S. Pâris, avec un Abrégé de la Vie du Saint, & un Dialogue sur les Neuvaines, suivie d'une Chanson sur ce sujet, avec des Remarques du Docteur Mathanasius; (par le P. Guillaume Hyacinthe BOUGEANT, Jésuite): *Bruxelles*, *in-*12.

Cet Ouvrage n'est qu'un tissu de basses plaisanteries.]

11336. ☞ Vie de M. (François) de Pâris, Diacre du Diocèse de Paris, avec des Réflexions à la fin: (*Paris*) 1731, *in-*12. *Utrecht*, 1752, avec les Requêtes des Curés de Paris, &c.

Cette Vie est de M. Barthélemi DOYEN, Prêtre de Paris.]

11337. ☞ Vie du même, nouvelle édition, augmentée de plusieurs faits qui ne se trouvent dans aucune des précédentes: *En France*, 1733, *in-*12. réimprimée en 1738.

La Préface, les trente premières pages, & la traduction en vers François des deux Epitaphes qui sont à la fin, sont de l'Abbé GOUJET. Le reste est conforme à l'édition précédente.]

11338. ☞ Vie du même, avec un Recueil de Pièces intéressantes: nouvelle édition, plus ample qu'aucune des précédentes: *Utrecht*, 1743, *in-*12.

Cet Ouvrage a deux parties. La première contient la Vie de M. de Pâris, avec un Supplément & des Réflexions. La seconde partie comprend un Recueil de Pièces, divisé en trois Sections. La première concerne l'Histoire de M. de Pâris, & celles de M. Louis-Firmin Tournus son compagnon, & de M. Gérard Roussé, Chanoine d'Avenay: la seconde regarde les Miracles de M. de Pâris: la troisième contient des prières & instructions sur sa Vie.

Voyez ci-devant les N.os 5677-5693.]

11339. ☞ La Vie de M. Paté, Curé de Cherbourg, décédé en odeur de sainteté (le 21 Mars 1728) où se trouve recueillie l'Histoire abrégée de plusieurs autres personnages recommandables en piété, tant avant lui que de son temps; (par M*** TRIGAN, Curé de Digoville): *Coutances*, Fauvel, 1748, *in-*8.]

11340. ☞ Mf. Janoti Patoilleti, sanctæ Sedis Protonotarii; (auctore Philiberto DE LA MARE.)

Cette Vie est dans la Bibliothèque de M. Fevret de Fontette, Conseiller au Parlement de Dijon.]

11341. Eloge de Jean le Pelletier, Curé de S. Jacques de la Boucherie à Paris; par Hilarion DE COSTE, de l'Ordre des Minimes.

Cet Eloge est imprimé dans son *Recueil des Eloges des Hommes illustres*, pag. 507: *Paris*, 1625, *in-fol*. Ce Curé est mort en 1503.

11342. ☞ Histoire de la Vie & des Ouvrages

Second Ordre du Clergé Séculier.

ges de Nicolas Petitpied, Docteur de Sorbonne; (par Gabriel-Nicolas NIVELLE.)
C'est ce qui compose la Préface historique qui est au-devant de l'*Examen pacifique, &c.* 1749, *in*-12. 3 vol.
Seconde édition, même année : 2 vol.
M. Petitpied est mort en 1749.]

11343. ☞ Abrégé de la Vie de François Perdoulx; (par Gilles JOUSSET, Curé de S. Mesmin d'Orléans) *in*-12.
Cet Abrégé ne forme que 4 pages. Il est placé à la tête des Epîtres & Evangiles pour toute l'année, avec les Explications, &c. dont M. Perdoulx est Auteur, & dont la meilleure édition est de 1710 : *Orléans*, Rouzeau, *in*-12. 2 vol. La première partie de cet Abrégé a pour objet les Ecrits de M. Perdoulx, & la seconde renferme quelques détails sur sa personne, & principalement sur les vertus chrétiennes dont il fut rempli.]

11344. ☞ De sancto Peregrino, Sylloge P. BOSCHII, è Soc. Jesu.
Dans le *Recueil* de Bollandus, au 28 de Juillet.]

11345. ☞ Mf. Vie de M. Jacques-Simon Périer, Prêtre, Chapelain de la Compagnie Royale & Patronale de S. Eustache & de sainte Agnès à Paris, écrite par lui-même.
Dans la Bibliothèque de M. l'Abbé Goujet, qui a passé à M. le Duc de Charost.]

11346. ☞ Joh. BUSÆI, historica Relatio de Petri Blesensis vita, moribus & scriptis.
A la tête des *Œuvres* de Pierre de Blois : *Moguntiæ*, 1600, *in-fol.* & dans le tom. XXIV. de la *Bibliothèque des Pères*, édition de Lyon.]

11347. ☞ Vita Petri Blesensis, Bathoniensis in Anglia Archidiaconi : ex ipsius Epistolis & Scriptoribus cœtaneis concinnata à PETRO DE GUSSANVILLA, Carnotensi.
Cette Vie est imprimée au-devant de ses *Œuvres* : *Parisiis*, 1667, *in-fol.* Pierre de Blois est mort en 1200.
☞ On peut voir encore l'*Histoire de Blois*; par J. Bernier : (*Paris*, 1682, *in-*4.) *pag.* 349-357.]

11348. La Réponse d'un Aumônier des Rois Henri IV. & Louis XIII. à ses amis, sur sa solitude & sa retraite de la Cour : *Troyes*, Chevillot [1624] *in*-8.
Guillaume DU PEYRAT, Auteur de cette Réponse, y a inséré plusieurs circonstances particulières de sa Vie. Il est mort en 1645.

11349. ☞ Vita sancti Phaletri, Presbyteri & Confessoris.
Cette Vie est imprimée dans Labbe, au tom. II. de sa *Nouvelle Bibliothèque des Manuscrits*, *pag.* 455.

11350. Vie de S. Phalere, Confesseur; par Louis CHARPENTIER : *Paris*, 1632, *in*-8.

11351. Vie de S. Phalier, Patron de Chabry, en Berry; par François BRUNEAU : *Paris*, Blageart, 1643, *in*-8.

11352. ☞ Notice historique de Nicolas Piat, Professeur Royal en Eloquence Latine; par Cl. Pierre GOUJET.
Dans son *Mémoire historique sur le Collége Royal*, tom. II. *p.* 466-473. *Voyez* aussi la *Préface de l'Hist. de l'Université*, par M. Crevier. M. Piat est mort en 1756.]

11353. ☞ Vie de Jean Pierquin, Curé de Chastel, en Champagne.
On trouve cette Vie dans la Préface des *Œuvres Physiques & Géographiques* de ce Curé : *Paris*, 1744, *in*-12.]

11354. ☞ Eloge de l'Abbé Michel Pinard, Théologal de Sens; par M. DE BOZE.
Dans le tom. III. de l'*Histoire de l'Académie des Inscriptions & Belles-Lettres*, *in*-4. *pag.* 352, & tom. II. de l'*in*-8. *p.* 123. Cet Ecclésiastique est mort en 1717.]

11355. Le parfait Ecclésiastique, ou l'Histoire de la vie & de la mort de François le Picard, Seigneur d'Attilly & de Villeron, Docteur en Théologie de la Faculté de Paris, & Doyen de S. Germain de l'Auxerrois, & les Eloges de quarante Docteurs de la même Faculté; par Hilarion DE COSTE, de l'Ordre des Minimes : *Paris*, Cramoisy, 1658, *in*-8.
Ce Doyen est mort en 1556, & le P. de Coste en 1661.

11356. * Regrets sur la mort de François Pigenat, Curé de S. Nicolas des Champs; par Georges L'APOSTRE : 1590, *in*-8.
Ce Curé étoit un grand Ligueur.

11357. ☞ Histoire de la Vie & des Ouvrages de Louis Ellies du Pin, Docteur de Sorbonne; par le P. NICERON.
Dans ses *Mémoires*, *t. II. p.* 25-48, & *t. X. part.* 1, *p.* 75, & *part.* 2, *p.* 80. Ce Docteur est mort en 1719. On en a déjà parlé ci-devant, N.° 11104.]

11358. ☞ Notice historique du même; par Claude Pierre GOUJET.
Dans son *Mémoire historique sur le Collége Royal*, tom. II. *pag.* 295-303. On peut voir encore ce qu'il en a dit au commencement du tom. I. de sa Continuation de la *Bibliothèque des Auteurs Ecclésiastiques* : *Paris*, 1736, *in*-8.]

11359. ☞ Notice historique de Jacques Pinssonat, Docteur de Sorbonne, Curé des Petites-Maisons, & Professeur Royal en Hébreu; par le même.
Dans son *Mémoire sur le Collége Royal*, tom. I. *pag.* 370-372. M. Pinssonat est mort en 1723.]

11360. ☞ Eloge historique de M. l'Abbé (Antoine) Pluche; (par Robert ESTIENNE, Libraire.)
Il se trouve à la tête de la *Concorde de la Géographie des différens âges* : *Paris*, Estienne, 1764, *in*-12. Ouvrage posthume de cet Abbé, mort en 1761.]

11361. ☞ Relation de la Vie de M. l'Abbé (Sébastien-Joseph du Cambout) de Pontchâteau.
Dans le *Recueil de plusieurs Pièces, &c. Utrecht*, 1740, *in*-12. *pag.* 411-450.]

11362. ☞ Vie du même; par Jérôme BESOIGNE.
Dans son *Hist. de Port-Royal* : *Cologne*, 1652, *t. IV.* *pag.* 601-646.]

11363. ☞ Eloge de l'Abbé (Henri-Charles Arnauld) de Pomponne; par Charles LE BEAU.
Dans le tom. XXVII. de l'*Hist. de l'Acad. des Inscr. & Belles-Lettres*, *in*-4. *p.* 154. Cet Abbé, le dernier de la branche célèbre des Arnaulds, est mort en 1756.]

11364. ☞ Mf. Eloge de Joseph-François Portalon, Prébendier de la Cathédrale de

Tome I. Xxxx

Béfiers, mort en 1724; par M. MASSIP, Avocat.

Il est conservé dans les Registres de l'Académie de Béfiers.]

11365. ☞ Histoire de la Vie & des Ouvrages de Philippe des Portes, Abbé de Tiron; par le P. NICERON.

Dans ses *Mémoires*, tom. *XXV*. *p*. 307-316. L'Abbé des Portes est mort en 1606.]

11365.* ☞ Anecdotes sur le même; par M. DREUX DU RADIER : 1757, *in-12*.]

11366. Mémoire pour servir à la Vie de Guillaume Postel, Prêtre.

Ces Mémoires sont imprimés au tom. I. des *Mémoires de Littérature, pag.* 1 : *La Haye*, du Sauzet, 1715, *in-12*. Postel est mort en 1581. Henri DE SALLENGRE est l'Auteur de ce Mémoire.

☞ On y examine tout ce qu'on a dit de cet homme extraordinaire & de ses Ouvrages. On y fixe l'époque de sa mort, que la plupart des Sçavans avoit ignorée. Il mourut le 6 de Septembre 1581. Quoiqu'on ne puisse déterminer au juste l'année de sa naissance, il paroît probable à l'Auteur qu'il mourut âgé de 77 ans.]

11367. ☞ Eloge du même.

Cet Eloge est imprimé dans les *Observationes Hallenses*, tom. *I*. *Observ*. 21, & tom. *IV*. *Observ*. 12.]

11368. ☞ Eclaircissement sur l'Histoire de Guillaume Postel; par l'Abbé Cl. SALLIER. *Mém. de l'Acad. des Inscr. & Bel. Lettres*, tom. *XV*. *pag*. 809.]

11369. ☞ Histoire de la Vie & des Ouvrages du même; par le P. NICERON.

Dans ses *Mémoires*, tom. *VIII*. *pag*. 295-356, & tom. *X*. *part*. 2, *pag*. 268.]

11370. ☞ Remarques sur le même; par Jacques-Georges DE CHAUFEPIÉ.

Dans son *Dictionnaire historique*. Ces Remarques sont intéressantes.]

11371. ☞ Notice historique du même; par Cl. Pierre GOUJET.

Dans le tom. II. de son *Mémoire historique sur le Collège Royal, pag.* 14-20. M. Goujet croit qu'il mourut âgé de 71 ans & quelques mois.

L'Abbé JOLY, Chanoine à Dijon, a laissé une Vie de Postel très-intéressante, qui est prête à être imprimée.]

11372. Vita sancti Præcordii, Presbyteri Corbeiæ in Gallia.

Cette Vie est imprimée dans le *Recueil* de Bollandus, au 1 de Février. Ce Saint a vécu dans le VI° siècle.

11373. ☞ Notice historique de Pierre Pradet; par Cl. Pierre GOUJET.

Dans son *Mémoire historique sur le Collège Royal*, tom. *II*. *pag*. 274-286. M. Pradet est mort en 1665.]

11374. ☞ Eloge de M. l'Abbé Prevost, Chanoine de Chartres, Prédicateur du Roi; par M. l'Abbé CHERET, son Confrère. *Merc.* 1736, *Octob. pag.* 2191-2198.

On le retrouve à la tête du Recueil des *Oraisons funèbres* de M. Prevost : *Paris*, 1765, *in-12*. précédé d'un *Précis de sa Vie*, par Augustin-Martin LOTTIN.]

11375. ☞ Vie abrégée de l'Abbé Antoine-François Prevost d'Exilles.

A la tête de ses *Pensées & Maximes* : *Paris*, 1764. Cet Abbé est mort en 1763.]

11376. Vita sancti Probati, Presbyteri Novigenti in Pago Patisiensi.

Cette Vie est imprimée dans le *Recueil* de Bollandus, au 4 de Février. Ce Saint a vécu en 986, dans Nogent, appellé à présent S. Clou.

Q

11377. Le grand Pécheur converti, représenté dans la Vie de Pierre Quériollet, Prêtre, Conseiller au Parlement de Rennes; par DOMINIQUE de sainte Catherine, Carme de la Province de Touraine : *Paris*, 1663, 1665, *in-12*.

Ce Conseiller est mort en 1660.

11378. ☞ Abrégé de la Vie de Pasquier Quesnel, Prêtre de l'Oratoire.

A la tête du Livre intitulé : *Appellans célèbres, &c.* 1753, *in-12*. *Voyez* encore son article dans le *Dictionnaire* de Moréri, où l'on trouve la Liste de tous ses Ouvrages. Il parut la première fois dans le Supplément de Hollande donné en 1716, par Jacques-Bernard, qui avoit engagé une personne à interroger par intervalles le Père Quesnel sur les faits qui le concernoient, & à les écrire aussi-tôt. Ce Père ayant vu dans la suite son article, fut fort surpris de ce qu'on sçavoit son histoire aussi bien que lui-même : il est mort à Amsterdam, le 2 Décembre 1719.]

11379. ☞ Histoire de la sortie du P. Quesnel des Prisons de l'Archevêché de Malines (à Bruxelles) : *Paris*, 1718, *in-12*.]

11380. ☞ Relation de la maladie & de la mort du P. Quesnel; (par Jacques FOUILLOU) : *in-4*.]

R

11381. Rabelæsiana Elogia, de vita & gestis Francisci Rabelæsii; auctore Ant. LE ROY, Philosophiæ in Harcuriano Collegio Profess.

Ces Eloges sont à la tête de son *Floretum philosophicum, &c. Parif.* 1649, *in-4*. [Rabelais est mort en 1553.]

11382. Jugement & nouvelles Observations sur la Vie & les Œuvres de François Rabelais; [par Jean BERNIER, Médecin de Blois] : *Paris*, d'Houry, 1697, *in-12*.

11383. Vie de François Rabelais, de Chinon.

Elle est imprimée au-devant de ses *Lettres* : *Paris*, 1651 : *Bruxelles*, 1710, *in-8*. & à la tête de ses *Œuvres* : *Amsterdam*, 1663, *in-12*. [&c.]

11384. ☞ Histoire de la Vie & des Ouvrages du même; par Jean-Pierre NICERON.

Dans ses *Mémoires*, tom. *XXXII*. *pag*. 337-408.

Elle a été réimprimée avec quelques notes dans le tome I du *Rabelais moderne* (de l'Abbé Marly) : *Amsterd*. (*Paris*) 1752, *in-12*, 8 vol. On y dit que cette histoire est la plus judicieuse & la plus propre à faire connoître Rabelais.]

11385. ☞ Vie du même; par Gabriel-Louis (CALABRE-) PÉRAU, Diacre, Licentié de Sorbonne, & Prieur de Châteauroux.

A la tête des *Œuvres choisies de Rabelais* : *Paris*, 1752, *in-12*. 3 vol. Cette Vie est bien faite.

L'Abbé Pérau est mort en 1767. Il a donné aussi une notice curieuse de Rabelais, dans l'édition qu'il a publiée de la *Description de Paris* par Piganiol : *Paris*, Desprez, 1765, *in-12*. 10 vol. *Voyez* le tom. *IX*. *pag*. 289-296, & les additions, *p*. 532-536.]

11386. ☞ Remarques sur le même Rabelais ; par Jacques-Georges DE CHAUFEPIÉ.
Dans son *Dictionnaire historique*.]

11387. ☞ Notice du même ; par J. ASTRUC.
Elle est pag. 316-331 de l'*Histoire de la Faculté de Montpellier* ; par M. Astruc : *Paris*, 1767, *in-4*.

M. DREUX DU RADIER, dans son Mémoire, sur deux monumens anciens de Jurisprudence Romaine, (*Journal de Verdun*, 1756, pag. 178), a donné des Anecdotes sur quelques Ecrits de Rabelais.]

11388. ☞ Abrégé de la Vie de M. l'Abbé (Bonaventure) Racine, Prêtre, Chanoine de Notre-Dame de la Cité d'Auxerre.
On le trouve à la tête du tom. XIII. de son *Abrégé de l'Histoire Ecclésiastique*, 1767, *in-4*. M. Racine est mort en 1755. On attribue cette Vie à L. E. RONDET.]

11389. Vita divi Raimundi, nunc primùm à Bernardo VERDONIO ex voto concinnata : *Tolosæ*, Boude, [1656] 1666, *in-12*.
Ce Saint, qui est né à Toulouse, & qui y a été Chanoine de S. Sernin, est mort dans l'onzième siècle.

11390. ☞ Ejusdem Vitæ, & Commentarius Joh. Bapt. SOLLERII, è Soc. Jesu.
Dans le *Recueil* de Bollandus, au 3 de Juillet.]

11391. ☞ Relation abrégée de la maladie & de la mort d'Hyacinthe Ravechet, Docteur de la Maison & Société de Sorbonne, & Syndic de la Faculté de Paris, avec sa Profession de foi, & un Acte par lequel il a confirmé avant que de mourir tout ce qu'il a fait dans son Syndicat : 1717, *in-12*.
Ce Docteur est mort en 1717.

11392. Eloge de Mathurin Regnier, Chanoine de Chartres.
Il est à la tête de ses Poësies, Edition de *Londres*, 1729, *in-4*. M. Regnier est mort en 1613.

11393. ☞ Histoire de la Vie & des Ouvrages du même ; par le P. NICERON.
Dans ses *Mémoires*, *t. XI. p.* 390-398, & *t. XX. p.* 33.]

11394. ☞ Abrégé de la Vie de François Séraphin Regnier Desmarest, Abbé de S. Laon de Tours, de l'Académie Françoise ; composé par lui-même.
Cet Abrégé est imprimé au tom. I. des *Mémoires de Littérature* (de Sallengre) *pag.* 59-75 : *La Haye*, du Sauzet, 1715, *in-12*. & au-devant des *Poësies Françoises* de l'Abbé Regnier Desmarest : *La Haye*, 1716, *in-12*. [& dans les Éditions suivantes.] L'Auteur l'avoit composé en 1712, pour l'envoyer à l'Académie de la Crusca, dont il étoit membre. Il est mort en 1713.

11395. ☞ Eloge du même.
Cet Eloge est imprimé dans le *Journ. des Sçav.* 1723, Août, & dans les *Mémoires de Trévoux*, 1722, Avril.]

11396. ☞ Histoire de la Vie & des Ouvrages du même ; par le P. NICERON.
Dans ses *Mémoires*, tom. V. pag. 355-365.]

11397. Vie de M. (Pierre) Ragot, Curé du Crucifix au Mans, décédé en odeur de sainteté, le 13 Mars 1683 : *Le Mans*, 1685, 1697, *in-12*.

11398. ☞ Vie du Bienheureux Regnault de Saint-Gilles, Doyen de S. Aignan (d'Orléans) : *Paris*, 1645, *in-12*.]

11399. ☞ Discours funèbre d'Edmond Relly, Prieur d'Armack, prononcé dans l'Eglise de Notre-Dame des Ardilliers, en présence de Monseigneur l'Evêque d'Angers : *Saumur*, 1669, *in-4*.]

11400. Idée d'un véritable Prêtre en la vie de François Renar, Prêtre, Directeur des Religieuses de Saint Thomas ; par Louis ABELLY : *Paris*, 1691, *in-12*.
Ce Directeur est mort en 1653, & Louis Abelly, depuis Evêque de Rhodez, est mort en 1691.

11401. ☞ Eloge d'André Renau, Prêtre & Docteur en Théologie, avec un Catalogue de ses Ouvrages ; par Jean-Pierre JOLY, Chanoine de la Chapelle aux Riches de Dijon.
Dans ses *Eloges de quelques Auteurs François* : *Dijon*, 1742, *pag.* 118-125.]

11402. ☞ Eloge d'Eusebe Renaudot ; par M. DE BOZE.
Dans le tom. V. de l'*Histoire de l'Académie. des Inscriptions & Belles-Lettres*, *in-4. p.* 384, & *tom. II.* de l'*in-8. pag.* 188. L'Abbé Renaudot est mort en 1720.]

11403. ☞ Histoire de la Vie & des Ouvrages du même ; par le P. NICERON.
Dans ses *Mémoires*, *t. XII. p.* 25-41, & *t. XX. p.* 35.]

11404. ☞ Eloge de l'Abbé Jean-François du Resnel ; par Charles LE BEAU.
Dans le tom. XXXI. de l'*Histoire de l'Académie des Inscriptions & Belles-Lettres*, *in-4*. L'Abbé du Resnel est mort en 1761.]

11405. ☞ Mſ. Eloge du même, lu dans l'Assemblée de l'Académie de Rouen ; par M. DU BOULLAY.
Dans les Registres de cette Académie.]

11406. ☞ Lettre sur un saint Prêtre de l'Eglise de Bayeux (S. Révérent). *Journal de Verdun*, 1754, Février.]

11407. ☞ De sancto Reverentio, Sylloge Constantini SUYSKENI, è Soc. Jesu.
Dans le *Recueil* de Bollandus, au 12 de Septembre.]

11408. ☞ Eloge de Charles Reyneau, Prêtre de l'Oratoire ; par Bernard DE FONTENELLE.
Dans l'*Histoire de l'Académie des Sciences*, 1728, *pag.* 112, & dans le *Recueil* des Œuvres de M. de Fontenelle.]

11409. Vie d'Edmond Richer, Docteur en Théologie & Grand-Maître du Collège du Cardinal-le-Moine, par Adrien BAILLET : *Liége*, 1714, *in-8*. *Bruxelles*, 1715 ; *Amsterdam*, 1715, *in-12*.

Richer est mort en 1631, & l'Auteur de sa Vie en 1706. « En travaillant à cette Vie, M. Baillet eut en vue » le bien de l'Eglise, les intérêts de la Patrie, le salut » des Rois, & la conservation du dépôt de l'ancienne » Doctrine de Sorbonne. . . . Le Public est redevable » de cet Ouvrage posthume à un ami de cet illustre dé- » funt ; il doit lui sçavoir gré du présent qu'il lui fait », dit l'Auteur de la Préface. On peut ajouter que cette Vie a été composée sur les Mémoires de Richer. Elle a été imprimée d'abord à Nancy : on [devoit] la réimprimer plus complette.

11410. ☞ Histoire de la Vie & des Ouvrages du même Richer; par le P. Niceron.

Dans ses *Mémoires, tom. XXVII. p. 356-373.*]

— Histoire du Syndicat de Richer: (ci-devant, N.° 7089.)

On trouve à la fin de la Vie du Père Joseph, par l'Abbé Richard, 1701, *in-12*. & dans cette Vie même, plusieurs détails concernant Richer & son Livre de la Puissance Ecclésiastique.]

11411. ☞ Vitæ plures sancti Rigomeri, & Commentarius Joannis Pinii, è Societate Jesu.

Dans le *Recueil* de Bollandus, au 24 d'Août.]

11412. Vita Roberti Sorbonæ, sancti Ludovici Regis Galliarum Confessarii; auctore Margarino Binæo, Doctore Sorbonico.

Cette Vie est imprimée au tom. IV. de la *Bibliothèque des Pères: Parisiis*, 1589, *in-fol*. Robert Sorbon est mort en 1271, & de la Bigne en 1587.

11413. ☞ Lettre de M. Piganiol de la Force à M. S. (sur Robert Sorbon). *Mercure*, 1748, Juillet.

Il faut voir encore son article dans le *Dictionnaire historique portatif* de l'Abbé Ladvocat, Bibliothécaire de Sorbonne.]

11414. ☞ Eloge de Charles Rollin, ancien Recteur de l'Université de Paris; par M. de Boze, Secrétaire de l'Académie des Inscriptions & Belles-Lettres.

Dans l'*Histoire de cette Académie, tom. XVI. p.* 287. On le trouve aussi à la tête du tom. VIII. de l'*Histoire Romaine* de M. Rollin, & dans le tom. XLIII. des *Mémoires* de Niceron, *pag.* 217. Il avoit été imprimé d'abord dans le tom. XII. des *Amusemens du cœur & de l'esprit*, mais d'après une copie très-peu exacte, qui avoit été faite à mesure que M. de Boze lisoit cet Eloge. M. Rollin est mort en 1741.]

11415. ☞ Lettre de J. B. Louis Crevier, aux Auteurs du Journal des Sçavans (pour justifier M. Rollin.) *Journal des Sçavans*, 1757, *Juin, pag.* 353.]

11416. Vie de S. Romain, Prêtre de Blaye en Guyenne, au Diocèse de Bordeaux; par Adrien Baillet.

Cette Vie est imprimée dans son *Recueil des Vies des Saints*, au 24 de Novembre. Ce Saint est mort en 382.

11417. Vie du Père Romillon, Prêtre de l'Oratoire, Fondateur de la Congrégation des Ursulines en France; par [Claude] Bourguignon, Prêtre de Marseille: *Marseille*, Garcin, 1669, *in-8*.

Jean-Baptiste Romillon est mort en 1622. Il avoit commencé avec César de Bus l'établissement de la Congrégation de la Doctrine Chrétienne. L'Auteur de cette Vie, qui avoit été quelque temps de l'Oratoire, est mort vers l'an 1680, Curé de Cassis.

11418. Examen de cette Vie, avec plusieurs éclaircissemens sur la première Institution de la Congrégation de la Doctrine Chrétienne & des Ursulines en France; par Augustin Riboti, Prêtre de cette Congrégation: *Toulouse*, Pech, 1676, *in-8*.

On conserve dans les Archives de la Maison des Prêtres de l'Oratoire de la Ville d'Aix en Provence, des Titres originaux qui contiennent un détail exact de la séparation du Père Romillon & du Père César de Bus, telle que l'a décrite Claude Bourguignon. Si le Père Riboti en avoit eu connoissance, il n'auroit pas entrepris de réfuter ce que cet Auteur en a dit.

11419. ☞ Histoire de la Vie & des Ecrits de Roscelin, Chanoine de Compiégne; par Dom Antoine Rivet, Bénédictin.

Dans l'*Hist. Littér. de la France, tom. IX. pag.* 358-368. Il est mort vers 1108.]

11420. ☞ Eloge de l'Abbé Charles d'Orléans de Rothelin; par Nicolas Freret.

Dans le tom. XVIII. de l'*Histoire de l'Académie des Inscriptions & Belles-Lettres, in-4. pag.* 387. L'Abbé de Rothelin est mort en 1744.]

11421. ☞ Eloge de Henri de Rouch, Sieur d'Arnoy, Prieur de la Flèche, mort en 1725, lu dans la Société Littéraire de Béziers; par M. Racolis, Avocat.

Cet Eloge est imprimé *pag.* 29, du *Recueil de cette Société: Béziers*, 1736, *in-4*.]

11422. Vie d'Antoine Roussier, Prêtre, Catéchiste, Missionnaire de Lyon; par Gabriel Palerne, Sieur de Sardon: *Paris*, 1645, *in-12*.

11423. Vie d'Edme Roi, Curé de Persé, proche Tonnerre, Diocèse de Langres; seconde Edition: *Troyes*, 1702, *in-12*.

L'Auteur de cette Vie est Jean-Baptiste Morel, Curé de Villiers-Vimeux.

11424. ☞ Réponse de M. Morel à M. le Grand-Vicaire de Langres, sur la vie & mort de M. le Curé de Persé : *Langres*, 1678, *in-12*.]

11425. Vie de Guillaume Rufin, Docteur en Théologie: *Tours*, 1690, *in-12*.

11426. ☞ De sancto Rustico, Appendix Johan. Bapt. Sollerii, è Soc. Jesu.

Dans le *Recueil* de Bollandus, au 19 de Juillet.]

S

11427. ☞ Vie d'Isaac le Maître de Saci, Prêtre; par Jérôme Besoigne.

Dans le tom. IV. de son *Histoire de Port-Royal*: (*Cologne*, 1752, *in-12*. 6 vol.) *pag.* 523-583. M. de Saci est mort en 1684. Il est beaucoup parlé de lui dans les Mémoires de M. Fontaine, ci-devant, N.° 10866.]

11428. Mss. Mémoires de Sébastien Lenain de Tillemont, touchant Guillaume de Saint-Amour, Docteur en Théologie, & les Démêlés des Jacobins & des Cordeliers avec la Faculté de Théologie de Paris, depuis 1252 jusqu'en 1271, avec des Notes: *in-4*.

Ces Mémoires [étoient] entre les mains de M. Tronchay, Secrétaire de M. de Tillemont. Guillaume de Saint-Amour a fleuri en 1270.

11429. ☞ Mémoires touchant la Vie de M. de Saint-Cyran.

Voyez ci-après, N.os 11507 *& suiv*.]

Second Ordre du Clergé Séculier. 717

11430. ☞ Histoire de la Vie & des Ouvrages de Pierre de Saint-Julien ; par le Père Niceron.

Dans ses *Mémoires*, tom. XXVII. pag. 176-179. Pierre de Saint-Julien est mort en 1593.]

11431. Vie de François Saint-Pé, Prêtre de l'Oratoire ; par Charles Cloyseault, Prêtre de la même Congrégation : *Paris*, 1696, in-12.

Le Père Saint-Pé est mort en 1678.

11432. Oraison funèbre de M. de Sainte-Colombe Jourdan, Aumônier de l'Hôpital de Bourg en Bresse ; par Pierre Poisson, Cordelier : *Bourg, Ravoux*, 1707, in-4.

11433. ☞ Histoire de la Vie & des Ouvrages de Claude de Sainte-Marthe ; par le P. Niceron.

Dans ses *Mémoires*, tom. VIII. pag. 31-33, & tom. X. part. 1, p. 177. M. de Sainte-Marthe est mort en 1690.]

11434. ☞ Idée de la Vie du même.

Dans le tom. I. des *Vies intéressantes, &c.* (*Amsterdam*) 1750, in-12. (4 vol.) *pag.* 45 & *suiv.*]

11435. ☞ La Vie de Jean-Baptiste de la Salle, (Docteur en Théologie) Instituteur des Frères des Ecoles Chrétiennes ; par M*** (Blin) : *Rouen*, 1733, in-4. 2 vol.

Dans le second volume se trouve l'Abrégé de la Vie de quelques Frères de l'Institut des Ecoles Chrétiennes, morts, dit-on, en odeur de sainteté.

L'Auteur, auparavant Chanoine de Noyon, alla à Rouen avec M. d'Aubigné, qui fut transféré de l'Evêché de Noyon à l'Archevêché de Rouen, où il est mort âgé de 80 ans. M. de la Salle est mort aussi à Rouen en 1719.]

11436. ☞ Relation de la manière dont le corps de feu M. de la Salle, inhumé dans la Paroisse de S. Séver, Faubourg de Rouen, a été transporté le 16 Juillet 1734, chez les Frères des Ecoles Chrétiennes, dans leur Eglise nouvellement bâtie & dédiée au Saint Enfant Jesus : 1734, in-4. (4 pages.)

Cette Relation est souvent jointe à la Vie précédente.]

11437. ☞ Eloge historique de M. François Salmon, Docteur & Bibliothécaire de Sorbonne : *Paris*, 1737, in-12.

Elle se trouve à la tête du Catalogue de sa Bibliothèque.]

11438. ☞ Eloge de l'Abbé Claude Sallier ; par Charles le Beau.

Dans le tom. XXXI. de l'*Histoire de l'Académie des Inscriptions & Belles-Lettres*, in-4. L'Abbé Sallier, Garde des Livres imprimés de la Bibliothèque du Roi, est mort en 1761.]

11439. La Vie de Joseph-François de Salvador, second Supérieur de la Congrégation des Prêtres de Notre-Dame de Sainte-Garde : *Avignon*, 1761, in-12.]

11440. Vita Salviani, Presbyteri Massiliensis, delineata à Conrado Ritterhusio.

Cette Vie est imprimée dans la *Préface de ses Œuvres : Norimberge*, 1623, in-8. Salvien est mort après l'an 495, & Ritterhusius, en 1670.

11441. ☞ Alia ejusdem Salviani Vita ; auctore Stephano Baluzio.

Elle est dans son Edition des Œuvres de Salvien : *Parisiis*, 1684, in-8. pag. 374 & *suiv.*]

11442. Vie de Salvien ; par Adrien Baillet.

Cette Vie est imprimée dans son *Recueil des Vies des Saints*, au 22 de Juillet.

11443. Vie du même ; par Sébastien Lenain de Tillemont.

Cette Vie est imprimée au tom. XVI. de ses *Mémoires pour l'Histoire de l'Eglise*, pag. 181.

11444. ☞ Vie de René François de Santerre, Prêtre du Diocèse d'Orléans, mort en 1732 : *Lyon, la Roche*, 1747, in-8.

L'Auteur est Joseph Devoyon, aujourd'hui Chanoine de la Cathédrale de Limoges. M. de Santerre naquit le 1 Février 1698, à Ingrébourg, à deux petites lieues d'Orléans, & est mort en 1732, âgé de 34 ans.]

11445. ☞ Notice historique de J. Baptiste Sarrasin, Docteur de Sorbonne & Professeur en Hébreu ; par Cl. Pierre Goujet.

Dans son *Mémoire sur le Collège Royal*, tom. I. pag. 373-377. L'Abbé Sarrasin est mort en 1719.]

11446. Vie de Charles de Saveuse, Prêtre, Conseiller en la Grand'Chambre du Parlement de Paris, Supérieur & Restaurateur des Ursulines de Magny ; par Jean-Marie de Vernon, du Tiers-Ordre de S. François : *Paris, Meturas*, 1678, in-8.

Charles de Saveuse est mort en 1670.

11447. Abrégé de la Vie [& de la mort] de Charles de la Saussaie, Curé de S. Jacques de la Boucherie de Paris ; par le Sieur de la Saullaye : *Paris*, 1622, in-12.

11448. ☞ Histoire de la Vie & des Ouvrages du même ; par le P. Niceron.

Dans ses *Mémoires*, tom. XXXIX. pag. 368-371.

M. de la Saussaie naquit à Orléans en 1565, sur la Paroisse de S. Paul, d'une des meilleures familles de cette Ville. Entré dans l'état Ecclésiastique, il fut Docteur de Sorbonne, fut nommé Doyen d'Orléans, dignité qu'il quitta vers 1616, pour la Cure de S. Jacques de la Boucherie de Paris, où il mourut en 1621.]

11449. ☞ Eloge de Jean Laurent le Sémélier, Prêtre de la Doctrine Chrétienne ; (par Noël-Philippe Baizé, de la même Congrégation). *Mercure*, 1725, Juillet, p. 1522-1524.]

11450. Eloge historique de Jean-François Sénault, quatrième Supérieur-Général de la Congrégation de l'Oratoire ; par Charles Perrault.

Cet Eloge est imprimé dans son *Recueil des Eloges des Hommes illustres*, tom. I. pag. 13 : *Paris*, 1699, in-fol. Le Père Sénault est mort en 1672.

11451. ☞ Vita sancti Sereni, Presbyteri ; cum Commentario Cornelii Byei, è Societate Jesu.

Dans le *Recueil* de Bollandus, au tom. I. d'Octobre, pag. 337. On croit que ce Saint vivoit au VIIe siècle ; sa Vie est pleine de fables.]

11452. ☞ Eloge de l'Abbé François Sevin; par M. DE BOZE.

Dans le tom. XVI. de l'*Histoire de l'Académie des Inscriptions & Belles-Lettres*, in-4. pag. 179.]

11453. Mémoire pour servir à l'Histoire de la Vie & des Ouvrages de Richard Simon, Prêtre.

Ces Mémoires sont imprimés dans le douzième *Journal des Sçavans de l'année* 1714, & plus amples dans le *Journal Littéraire de la Haye*, du mois de Janvier 1716. Ils sont de Zéphirin SANSON, Chantre & Chanoine de l'Eglise Collégiale de sainte Catherine de Charles-Mesnil, proche de Dieppe. Richard Simon a vécu quatorze ans dans la Congrégation de l'Oratoire, d'où il est sorti en 1678, & il est mort en 1711.

11454. ☞ Vie du même; par M. (Augustin) Bruzen DE LA MARTINIERE (son neveu.)

Elle se trouve à la tête des *Lettres choisies* de M. Simon: *Amsterdam*, 1730, 4 vol. in-12.]

11455. ☞ Histoire de la Vie & des Ouvrages du même; par le P. NICERON.

Dans ses *Mémoires*, tom. I. pag. 231-245, & tom. X. part. 1, pag. 21, & part. 2, pag. 58-245.]

11456. ☞ Vie de M. (Antoine Singlin) Prêtre; (par Claude-Pierre GOUJET): 1736, *in-12*.

Elle est encore à la tête des *Instructions Chrétiennes*; nouvelle Edition: *Paris*, Rollin, 1736, *in-12*. 12 vol. en gros caractère, & 6 vol. en petit. Antoine Singlin, Directeur de Port-Royal, est mort en 1661.]

11457. ☞ Eloge de Samuel Sorbiere; par M. DE GRAVEROL.

Il se trouve à la tête du *Sorberiana*: *Toulouse*, 1691, *in-12*.]

11458. ☞ Histoire de la Vie & des Ouvrages du même; par le P. NICERON.

Dans ses *Mémoires*, tom. IV. p. 82-98, & tom. X. part. 1, pag. 133, & part. 2, pag. 136. L'Abbé Sorbiere est mort en 1670.]

11459. ☞ Inscriptum Joanni-Baptistæ Souchay, Regis Consiliario, Cathedralis Ecclesiæ Rutenensis Canonico, Regiæ Inscriptionum & humaniorum Litterarum Academiæ Socio, &c. Autore Carolo Francisco GARNIER, Doctore Theologo: (1746) *in-*4.]

11460. ☞ Eloge de l'Abbé Souchay; par Nicolas FRERET.

Dans le tom. XVIII. de l'*Histoire de l'Académie des Inscriptions & Belles-Lettres*, in-4. pag. 458. L'Abbé Souchai est mort en 1746.]

11461. ☞ Notice historique du même; par Claude-Pierre GOUJET.

Dans son *Mémoire sur le Collége Royal*, tom. II. pag. 462-466.]

11462. De Sulpicio Severo, Presbytero.

Ceci est imprimé dans le *Recueil* de Bollandus, au 29 de Janvier. Sulpice Severe a vécu dans le quatrième & le cinquième siècle.

11463. Remarques sur la Vie & les Ouvrages de Sulpice Severe; par Jean LE CLERC, de Genève.

Ces Remarques se trouvent dans la seconde partie du tom. XX. de sa *Bibliothèque choisie*, pag. 325.

11464. ☞ Ms. Dissertation sur la Vie & les Ouvrages du même; lue le 6 Juin 1719, à l'Acad. de Lyon; par M. l'Abbé TRICAUT.

Dans les Registres de cette Académie.]

T

11465. ☞ Particularités de la Vie de Guillaume de Taix, Doyen de l'Eglise de Troyes; par D. Jean LIRON.

Dans ses *Singularités historiques, &c.* (*Paris*, 1738, *in-12*.) tom. I. pag. 321-324.]

11466. ☞ Histoire de la Vie & des Ouvrages de François Tallemant; par Jean-Pierre NICERON.

Dans ses *Mémoires*, tom. XXII. pag. 157-160. François Tallemant est mort en 1693.]

11467. ☞ Eloge de l'Abbé Paul Tallemant; par Claude DE BOZE.

Dans le tom. III. de l'*Histoire de l'Académie des Inscriptions & Belles-Lettres*, in-4. p. 307, & tom. I. in-8. pag. 307. Paul Tallemant, frère du précédent, est mort en 1712.]

11468. ☞ Histoire de la Vie & des Ouvrages du même; par le P. NICERON.

Dans ses *Mémoires*, tom. XXII. pag. 147-156.]

11469. ☞ Eloge de l'Abbé (Jean) Terrasson; par Jean-Paul Grandjean DE FOUCHY.

Dans les *Mémoires de l'Acad. des Sciences*, 1751, & dans le Recueil des Eloges, par M. de Fouchy, tom. I. pag. 147.

11470. ☞ Réflexions (de Jean le Rond D'ALEMBERT) sur la personne & les Ouvrages de M. l'Abbé Terrasson. *Merc.* 1751, *Janvier, pag.* 29-44.

Ces Réflexions, qui sont plus philosophiques qu'historiques, sont aussi à la tête d'un Ouvrage de l'Abbé Terrasson, qu'on a intitulé: *La Philosophie applicable à tous les objets de l'esprit & de la raison*: *Paris*, Prault, 1755, *in-12*. On y a joint les deux Pièces suivantes.

Les mêmes Réflexions sont réimprimées sous le titre d'Eloge de l'Abbé Terrasson, dans le tome II. des *Mélanges de Littérature* de M. d'Alembert, *in-12*.]

11471. ☞ Lettre de M. (François-Augustin Paradis) DE MONCRIF, à Milady ***, sur le même sujet.

Elle est aussi dans le tom. II. de ses *Œuvres*.]

11472. ☞ Lettre de M ***, à l'Editeur de cette Philosophie applicable, &c.

C'est proprement un Eloge historique de l'Abbé Terrasson, dans lequel on trouve des traits échappés aux deux Panégyristes précédens. L'Auteur de l'*Année Littéraire* de 1755, tom. I. pag. 262, y a ajouté, en l'analysant, une Anecdote & le titre d'un Ouvrage de l'Abbé Terrasson.]

11473. ☞ Notice historique sur le même; par Claude-Pierre GOUJET.

Dans son *Hist. du Collége Royal*, tom. II. p. 310-314.]

11474. ☞ Mémoire de M. l'Abbé LEBEUF, pour donner au Clergé de Nevers un ancien Ecrivain Ecclésiastique (nommé TETERE) que quelques modernes prétendent avoir été du Clergé d'Auxerre. *Mercure*, 1750, *Mars*.]

Second Ordre du Clergé Séculier. 719

11475. Vita sancti Theobaldi, Confessoris & Canonici Doratensis.

Cette Vie est imprimée dans Labbe, au tom. II. de sa *Nouvelle Bibliothèque des Manuscrits*, pag. 683.

11476. De sancto Theodulpho, Presbytero Treviris, Notæ historicæ Danielis PAPEBROCHII, è Soc. Jesu.

Ces Notes sont imprimées dans le *Recueil* de Bollandus, au premier de Mai.

11477. Elogium Claudii Thévenin, Ecclesiæ Parisiensis Canonici; auctore Ludovico LE GENDRE, ejusdem Ecclesiæ Canonico : *Parisiis*, 1697, *in-8*.

Claude Thévenin est mort en 1697.

11478. ☞ Histoire de la Vie & des Ouvrages d'André Thevet; par Jean-Pierre NICERON.

Dans ses *Mémoires*, tom. XXIII. pag. 74-83. Thévet, après avoir été Cordelier, passa à l'État Ecclésiastique, & fut Aumônier de la Reine Catherine de Médicis : il est mort en 1590.]

11479. ☞ Histoire de la Vie & des Ouvrages de Jean-Baptiste Thiers; par le Père NICERON.

Dans ses *Mémoires*, tom. IV. p. 341-353, & tom. X. part. I. pag. 153, & part. II. pag. 146. M. Thiers est mort Curé de Vibray, au Diocèse du Mans, en 1703.]

11479. * Vie du même par M. DREUX DU RADIER. Elle est parmi ses *Éloges des Hommes Illustres du Thimerais*, 1749, *in-12*.]

11480. Vita Ludovici Thomassini, Aquensis, Congregationis Oratorii Presbyteri, à J. BORDES, ejusdem Congregationis Presbytero.

Cette Vie est imprimée au-devant de son *Lexicon universel hébraïque* : *Parisiis*, 1697, *in-fol*. Le P. Thomassin est mort en 1695, & le P. Bordes en 1706.

11481. Eloge du même Père Thomassin.

Cet Eloge est imprimé dans le onzième *Journal des Sçavans* de 1696. [Le P. Pierre LE BRUN, Prêtre de l'Oratoire en est l'Auteur.]

11482. Eloge du même; par Charles PERRAULT.

Cet Eloge est imprimé dans son *Recueil des Hommes illustres*, tom. I. pag. 15 : *Paris*, 1699, *in-fol*.

11483. ☞ Histoire de la Vie & des Ouvrages du même; par le P. NICERON.

Dans ses *Mémoires*, tom. III. pag. 163-179.]

11484. Les trois fleurs de Lys spirituelles de la Ville de Péronne, ou la Vie de M. Thuet, Docteur en Théologie & Théologal de Péronne; la Vie de M. Oubrel, Docteur en Théologie & Théologal de Péronne; & la Vie de Mademoiselle Raynard, du Tiers-Ordre de S. François : trois Vierges considérables ; par Catherine LEVESQUE : *Paris*, [Cusson, 1685] 1690, *in-8*.

M. Thuet est mort en 1646, & M. Oubrel en 1650.

11485. ☞ Eloge de l'Abbé (Jean-Marie la Marque) de Tilladet; par Claude Gros DE BOZE.

Dans l'*Hist. de l'Acad. des Inscriptions & Belles-Lettres*, *in-4*. tom. III. pag. 331, & *in-8*. tom. II. p. 55. L'Abbé de Tilladet est mort en 1715.]

11486. ☞ Histoire de la Vie & des Ouvrages du même ; par Jean-Pierre NICERON.

Dans ses *Mémoires*, tom. VIII. pag. 187-192.]

Vie de M. de Tillemont.

Voyez ci-devant, N.° 11238.

11487. ☞ Lettre sur la mort du R. P. de la Tour, Supérieur-Général de la Congrégation de l'Oratoire. *Mercure*, 1733, *Avril*, pag. 626-641.]

11488. ☞ Vie de Nicolas le Tourneux, Prêtre ; par Jérôme BESOIGNE.

Dans le tom. V. de l'*Hist. de Port-Royal* : (Cologne, 1752, *in-12*. 6 vol.) p. 101-117. M. le Tourneux est mort en 1686.]

11489. ☞ Eloge historique du même; par Claude-Pierre GOUJET.

Dans la *Continuation de la Bibliothèque Ecclésiastique*, tom. III. pag. 82-104.]

11490. Vita sancti Trelani, Presbyteri in Campania ; auctore anonymo, cum Commentario historico.

Cette Vie est imprimée dans le *Recueil* de Bollandus, au 7 de Février.

11491. ☞ Vie de S. Trêsain, Curé de Mareuil sur Marne, Patron d'Avenay.

Elle est à la suite de la Vie de sainte Berthe, &c. *Reims*, Gombert, 1700, *in-12*.]

11492. ☞ Abrégé de la Vie de M. (Pierre-Joseph) Tricalet, Directeur du Séminaire de S. Nicolas du Chardonnet à Paris : *Paris*, Lottin, 1762, *in-12*.

Ce petit Ouvrage a été rédigé par M. l'Abbé GOUJET, d'après les Mémoires de M. l'Évêque de Nevers, (Jean-Antoine TINSEAU.) Il se trouve aussi dans le tom. IX. de la *Bibliothèque portative des Pères de l'Église*, par M. Tricalet : *Paris*, Lottin, 1761, *in-8*. Il y a aussi dans le tom. VII. un *Précis de la Vie* du même, dressé par Aug. Martin LOTTIN.]

11493. Vita sancti Trudonis, Presbyteri & Confessoris in Hasbania; auctore DONATO, Diacono Ecclesiæ Metensis.

Cette Vie est imprimée au tom. II. des *Actes des Saints de l'Ordre de S. Benoît*, pag. 1069. Ce Saint est mort vers l'an 698, & Donat a fleuri vers l'an 710.

11494. Vita ejusdem; auctore THEODERICO, Abbate.

Cette Vie est imprimée dans le *Recueil* de Surius, au 23 de Novembre. C'est une amplification de la précédente, avec quelques fournitures étrangères. L'Auteur de cette Vie a fleuri vers l'an 1099.

11495. Vita sanctorum Trudonis, Liberii & Eucherii ; auctore Gerardo MORINGO, Pastore & Rectore ad sanctum Trudonem. Et Vita sancti Trudonis, carmine heroïco; auctore Guillelmo WOLF : *Lovanii*, 1640, *in-4*.

11496. Vie de S. Tron ; par Adrien BAILLET.

Cette Vie est imprimée dans son *Recueil des Vies des Saints*, au 23 de Novembre.

V

11497. ☞ Eloge de l'Abbé Joseph de Vaccon.

Dans le *Recueil des Pièces d'Éloquence* présentées

à l'Académie de Marseille, en 1734: *Marseille*, Boy, *in-12*.]

11498. Vie de Jean-Antoine le Vachet, Prêtre, Instituteur des Sœurs de l'Union Chrétienne; par [Réné] RICHARD, Chanoine de sainte Opportune: *Paris*, Warin, 1692, *in-12*.

Le Vachet est mort en 1681.

11499. ☞ Histoire de la Vie & des Ouvrages d'André du Val; par le P. NICERON.

Dans ses *Mémoires*, tom. XXXI. pag. 406-410, Le Docteur du Val est mort en 1638.]

11500. ☞ Notice historique de François Vatable ou Watblé, Professeur en Hébreu, & Abbé de Bellozanne; par Claude-Pierre GOUJET.

Dans son *Mémoire sur le Collége Royal*, tom. I. p. 255-266. Vatable est mort en 1547.]

11501. ☞ Vita sancti Valentini, & Commentarius Joh. Bapt. SOLLERII, è Soc. Jesu.

Dans le *Recueil* de Bollandus, au 4 de Juillet.]

11502. ☞ Histoire de la Vie & des Ouvrages d'Alexandre Varet; par le P. NICERON.

Dans ses *Mémoires*, tom. XXXVII. p. 363-370. M. Varet est mort en 1676.]

11503. ☞ Eloge de Pierre Varignon; par Bernard DE FONTENELLE.

Dans l'*Hist. de l'Acad. des Sciences*, année 1722, & dans les *Œuvres* de M. de Fontenelle.]

11504. ☞ Histoire de la Vie & des Ouvrages du même; par le P. NICERON.

Dans ses *Mémoires*, tom. XI. p. 153-176, & tom. XX. p. 16.]

11505. ☞ Notice historique du même; par Claude-Pierre GOUJET.

Dans son *Mémoire sur le Collége Royal*, tom. II. p. 303-308.]

11506. ☞ Eloge de l'Abbé Velly; par Elie-Catherine FRERON.

Dans son *Année Littéraire*, 1760, tom. III. p. 279.]

11507. ☞ Mémoires touchant la Vie de M. (Jean du Vergier de Hauranne, Abbé) de S. Cyran; par (Claude) LANCELOT: *Cologne* (*Utrecht*) 1738, *in-12*. 2 vol.

Ces Mémoires sont accompagnés de beaucoup de Notes historiques & de Pièces qui y ont rapport. Le fameux Abbé de S. Cyran est mort en 1643, & Claude Lancelot en 1695.]

11508. ☞ Mémoires de M. (Robert ARNAULD) D'ANDILLY, au sujet du même.

Ils sont imprimés à la tête du tom. I. des *Vies intéressantes*, &c. (*Amsterdam*) 1750, *in-12*. 4 vol.]

11509. ☞ Histoire du même Abbé de Saint-Cyran; par Jérôme BESOIGNE.

Dans le tom. III. de l'*Hist. de Port-Royal*, pag. 343-504: (*Cologne*, 1752, *in-12*. 6 vol.]

11510. Abrégé de la Vie de [Jean] Verjus, Docteur de Sorbonne, Aumônier du Roi; par François VERJUS, son frère, Prêtre de l'Oratoire.

Cet Abrégé est imprimé dans la *Préface des Panégyriques des Saints*; par Jean Verjus: *Paris*, Muguet, 1664, *in-4*. Jean Verjus est mort en 1663, & François est mort Evêque de Grasse en 1710.

11511. Acta sancti Veroli, Presbyteri Castilione ad Sequanam.

Ces Actes sont imprimés dans le *Recueil* de Bollandus, au 17 de Juin. Ce Saint a vécu vers l'an 600.

11512. L'Idée d'un parfait Chanoine & véritable Ecclésiastique, en la personne de feu Jean Vialan, Prêtre, Chanoine & Vidame de Reims; par Pierre AUGIER: *Reims*, 1649, *in-12*.

11513. Eloge de Jérôme Vignier, Prêtre de l'Oratoire; par Charles PERRAULT.

Cet Eloge est imprimé dans son *Recueil des Eloges des Hommes illustres*, tom. I. pag. 27: *Paris*, 1699, *in-fol*. Ce Prêtre de l'Oratoire est mort en 1661.

11514. ☞ Histoire de la Vie & des Ouvrages du même; par le P. NICERON.

Dans ses *Mémoires*, tom. II. pag. 356-359. Il étoit fils d'un Ministre Calviniste de Blois, nommé Nicolas Viguier, qu'il eut la consolation de voir embrasser la Religion Catholique: on trouve son Histoire dans les *Mémoires* du Père NICERON, tom. XLII. p. 27-31.]

11515. Oraison funèbre de Vincent de Paul, Fondateur des Prêtres de la Mission; par Henri [Cauchon] DE MAUPAS du Tour, Evêque du Puy: *Paris*, 1661, *in-4*.

Cet Auteur est mort Evêque d'Evreux en 1680.

11516. Vie du même; par Louis ABELLY: *Paris*, 1664, *in-4*. *Ibid*. 1668, 1684, *in-8*.

Cet Auteur est mort ancien Evêque de Rhodez en 1691.

La medesima, tradotta da Domenico Reami: *in Roma*, Trisoni, 1677, *in-4*.

11517. * Défense de M. Vincent de Paul, contre les Discours du Livre de sa Vie publiée par M. Abelly: 1668, *in-4*. 1672, *in-12*.

Cet Ecrit est de Martin de Barcos, Abbé de saint Cyran après son oncle Jean du Vergier: il est mort en 1678.

11518. * La vraie Défense des sentimens du Père Vincent de Paul; par Louis ABELLY: *Paris*, 1668, *in-4*.

11519. * Réplique à l'Ecrit que M. Abelly a publié pour défendre le Livre de la Vie de M. Vincent: *Paris*, 1668, *in-4*. 1672, *in-12*.

Cette Réplique est aussi de M. de BARCOS, Abbé de S. Cyran.

11520. Vie du même Vincent de Paul; par François GIRY.

Cette Vie est imprimée dans son *Recueil des Vies des Saints*, au tom. II. pag. 1003: *Paris*, 1684, *in-fol*.

11521. Vita de Vincente de Paul; por JUAN del Sanctissimo Sacramento: *en Napoles*, de Bonis, 1701, *in-4*.

11522. ☞ Précis de la Vie du même: *Paris*, 1737, *in-8*.]

11523.

Second Ordre du Clergé Séculier.

11523. ☞ La Vie de saint Vincent de Paul; (par Pierre COLLET, Prêtre de la Mission:) Nancy, 1748, in-4. 2 vol.]

☞ Histoire abrégée du même, avec un grand nombre d'anecdotes importantes; par M. COLLET, Docteur en Théologie, &c. Paris, [Avignon, Fez, 1764, in-12.]

☞ La Vie du même, en vers: in-12.]

11524. ☞ Abrégé de la Vie & des Vertus du B. Vincent de Paul; par le Père NOIRET : Paris, 1729 & 1733, in-12.]

11525. ☞ Office pour la Fête du bienheureux Vincent de Paul : Paris, 1729, in-12.]

☞ Le même, avec l'Abrégé (précédent) de la Vie du Saint : Paris, Garnier, 1754, in-16.

Cet Abrégé a été supprimé sur le Requisitoire de M. Joly de Fleury, par Arrêt du Parlement du 27 Août 1767.]

11526. ☞ Bulle de canonisation, par Clément XII, du 16 Juin 1737 : Paris, Simon, 1737, in-4.]

11527. ☞ Arrêt du Parlement de Paris, du 4 Janvier 1738, avec Réquisitoire de M. Gilbert de Voisins, qui supprime ladite Bulle : in-4.]

11528. ☞ Arrêt du Conseil d'Etat du Roi, qui arrête l'exécution du précédent : in-4.]

11529. ☞ Consultation d'Avocats, & Opposition, du 22 Janvier, par vingt Curés de Paris, à l'enregistrement de ladite Bulle : in 4]

11530. ☞ Remontrances du Parlement sur le même sujet, du 28 Juin 1739 : in 12.]

11531. ☞ Lettre sur saint Vincent de Paul : Journ. Ecclésiastiq. 1761, Avril, p. 39-46.]

11532. ☞ Recueil de différentes Pièces concernant M. (Gaspard Donneau) de Vizé, ancien Prêtre de l'Oratoire : 1763, in-12.

Cet Ecclésiastique est mort à Paris en 1761.]

11533. Vita sancti Viventii, Presbyteri Vergiaci in Burgundia, scripta ante annum millesimum.

Cette Vie est imprimée dans le Recueil de Bollandus, au 13 de Janvier. Saint Vivant est mort vers l'an 400. Le Moine qui a composé cette Vie après l'an 924, n'a lû que des Légendes ; il n'a nulle teinture de la Géographie, & encore moins de la Chronologie. Cette Vie n'est qu'une fable mal concertée, selon M. l'Abbé Chastelain, pag. 200 de son Martyrologe.

11534. ☞ Vita sancti Vulgisi, Presbyteri ; cum Commentario Constantini SUYSKENI, è Societate Jesu.

Dans le tom. I. du mois d'Octobre, du Recueil de Bollandus, pag. 188. On croit que ce Saint vivoit au VI° siècle.]

11535. ☞ Vie de saint Vulgis, Prêtre & Patron de la Ferté Milon : in-8. (sans année ni lieu d'impression.)

Elle est dédiée, au nom des Habitans de la Ferté, à M. Bourlon, Evêque de Soissons ; & P. SCUNIN, qui en est apparemment l'Auteur, a signé l'Epître dédicatoire. M. Bourlon a été Evêque depuis 1656 jusqu'en 1685.]

Tome I.

11536. Vie de saint Vulphy, Curé & Patron de Rue, Diocèse d'Amiens ; par Jacques BROUSSE, Docteur en Théologie : Paris, 1644, in-12.

11537. De sancto Vulphlagio, Presbytero, Curione Ruensi in Pontivo, Commentarius historicus Godefridi HENSCHENII, è Societate Jesu.

Ces Mémoires sont imprimés dans le Recueil de Bollandus, au 7 de Juin. Ce Saint a vécu dans le VI° siècle.

11538. ☞ La Vie de saint Wlphli, Patron de Rue en Ponthieu ; par Simon MARTIN, Minime : in-12.]

11539. ☞ Mémoire sur la Vie & les Ouvrages de Charles Witasse, Docteur & Professeur de Sorbonne.

Dans le troisième Journal des Sçavans de 1718. Ce Docteur est mort en 1716.]

Y

11540. ☞ Vita sancti Yonii, Martyris; per Henricum LE MAISTRE : Parisiis, Huby, 1612, in 8.]

11541. Vie de saint Yon, Prêtre, Martyr, au Diocèse de Paris ; par Adrien BAILLET.

Cette Vie est imprimée dans son Recueil des Vies des Saints, au 5 d'Août. Ce Saint a souffert le martyre en 275.

11542. Le vrai Serviteur de Dieu, ou Eloge d'Antoine Yvan, Prêtre Provençal, Fondateur des Religieuses de la Miséricorde ; par LEON DE S. JEAN, Carme des Billettes : Paris, 1654, 1657, 1678, in-12.

Le Père Yvan est mort en 1653, & le Père Leon de saint Jean en 1671.

11543. L'Imitateur de Jesus-Christ en la vie du vénérable Père Yvan, Prêtre, Instituteur de l'Ordre de Notre-Dame de la Miséricorde, & l'Histoire de la Fondation du même Ordre ; par Gilles GONDOU, Prêtre & Docteur en Théologie : Paris, Roulland, 1662, in-4.

11544. Summarium vitæ sancti Yvonis, Presbyteri Trecorii in Britannia.

Cet Abrégé est imprimé dans le Recueil de Bollandus, au 19 de Mai. Saint Yves est mort en 1303.

11545. Processus de vita & miraculis ejus.

Ce Procès de la Vie de ce Saint est imprimé dans le même Recueil.

11546. Vita ejusdem prolixior ; auctore Mauricio GAUFFRIDO, ex Ordine Prædicatorum.

Cette Vie est imprimée dans le Recueil précédent. Cet Auteur a fleuri l'an 1364.

11547. De divi Yvonis laudibus & vita, Oratio conscripta ab Henrico CORANSTI, J.U.D. Coloniæ, Cholini, 1574, in-4.

11548. Vita ejusdem ; auctore Boetio EPONE, Jurisconsulto.

Cette Vie est imprimée dans le Recueil des Antiquités

Ecclésiastiques du même Auteur: *Duaci*, 1578, *in*-8. Cet Auteur est mort en 1599.

11549. Vita ejusdem; à Laurentio Surio, Cartusiano, scripta: *Romæ*, 1603, *in*-8.

11550. * Vie du même saint Yves: *Paris*, 1618, *in*-8.

11551. ☞ Ms. La vie, les miracles & la canonisation de S. Yves, extrait d'un Manuscrit Latin, traduit de bas-Breton en François; par M⁺ François Quesnaye, à la diligence de M⁺ Pierre Besnard, Chirurgien de longue robe: *in*-4.

Ce Manuscrit original se trouve dans la Bibliothèque du Roi, parmi ceux de M. Lancelot.]

11552. Vie du même, extraite d'un ancien Livre, & traduite en François par Pierre de la Haye, Jurisconsulte: *Morlaix*, 1623; *in*-16.

La même, en Langue Bretonne: *Ibid.* 1623, *in*-16.

11553. Vita del medesimo; da Pietro Chevet: *in Roma*, 1640, *in*-4.

11554. Vie de S. Yves; par François Giry.

Cette Vie est imprimée dans son *Recueil des Vies des Saints*, au 19 de Mai.

11555. Vie du même, écrite sur le Procès-verbal de sa canonisation; par Jean de Lœuvre, Prieur de saint Yves: *Paris*, Guignard, 1695, *in*-12.

11556. Vie du même; par Adrien Baillet.

Cette Vie est imprimée dans son *Recueil des Vies des Saints*, au 19 de Mai.

CHAPITRE NEUVIÈME.

Histoires du Clergé Régulier, ou des Ordres Monastiques, & autres Communautés Religieuses.

ARTICLE PREMIER.
Histoires générales des Réguliers de France.

11557. ☞ ORDINUM Religiosorum in Ecclesiâ militante Catalogus, eorumque indumenta iconibus expressa, Latinè & Italicè; auctore Philippo BONANNI : *Romæ*, 1706, *in-4*. 2 vol.

On trouve dans cet Ouvrage, & le suivant, ce qui regarde les Ordres Religieux qui sont en France.]

11558. ☞ Histoire des Ordres Monastiques, Religieux, Congrégations séculières, &c. par Pierre HELYOT, Religieux du Tiers-Ordre de S. François : *Paris*, Coignard, 1714-1721, *in-4*. 8 vol. *avec figures.*]

11559. * Joachimus VADIANUS de Collegiis & Monasteriis veteribus Germaniæ & Galliæ; cum Additionibus Bartholomæi SCHONBENGERI.

Ce Traité est imprimé dans le *Recueil* de Goldast, *Script. rer. Aleman. Francofurti*, 1666, *in-fol*.

11560. ☞ Franc. FLORENTIS Dissertationes, inter quas una de antiquo statu Religiosorum Ordinum in Galliâ : 1630, *in 12*.]

☞ Ordinationes Cleri Gallicani circa Regulares, &c.

Voyez ci-devant N.° 6883.]

11561. ☞ Abbatiarum & aliorum quorumdam Beneficiorum Galliæ Nomenclatura, serie litterarum alphabeticâ.

Cette Nomenclature est imprimée dans la *Gaule Chrétienne* de Claude ROBERT de Langres : *Parisiis*, 1626, *in-fol*.

On en trouve une plus ample dans le tom. IV. du *Gallia Christiana* de MM. de Sainte-Marthe : *Parisiis*, 1656, *in-fol*. & une autre plus correcte dans celle de Dom Denys de Sainte-Marthe : *Parisiis*, 1715 ou 1716, & années suivantes, *in-fol*.

☞ On observera ici que le premier tome fut imprimé chez J. B. Coignard, en 1715 ; mais que le Directeur de l'Imprimerie Royale en ayant fait l'acquisition, comme devant continuer ce grand Ouvrage, y mit un frontispice avec l'année 1716 : de là vient que le premier tome est cité diversement, selon les exemplaires.]

Dans cette Edition [des Bénédictins] la suite des Abbayes de France est placée sous les Evêchés, comme les Evêchés le sont sous leur Métropole.

11562. ☞ Alphabet des Abbayes de France; par Pierre DU VAL : *Paris*, 1658, *in-12*.

Ce petit Ouvrage est aussi imprimé dans l'*Alphabet de France*, du même Auteur: *Paris*, 1650, *in-12*.

= *Voyez* encore ci-devant, dans la *Géographie Ecclésiastique*, N.os 1228, 1295-1297, &c.]

Tome I.

11563. Histoire des Abbayes du Diocèse de Bourges ; par Gaspard THAUMAS DE LA THAUMASIERE.

Cette Histoire est imprimée au Liv. X. de son *Hist. de Berry* : *Bourges*, 1689, *in-fol*.

11564. Mf. Histoire des Fondations des Eglises & des Abbayes de Hainault.

Cette Histoire est conservée dans la Bibliothèque de l'Abbaye d'Anchin, proche de Douai.

☞ Il y a apparence que ce Manuscrit est le tom. X. des XIII. que François DE BAR, Grand-Prieur d'Anchin, a laissés en mourant l'an 1616. *Voyez* la *Bibliotheca Belgica* de Jean-François Foppens : *Bruxellis*, 1739, *in-4. tom. I. pag*. 285.]

11565. ☞ Philippi LE BRASSEUR, Origines Cœnobiorum Hannoniæ, cum auctuario de Collegiatis ejusdem Provinciæ Ecclesiis : *Montibus*, 1650, *in-8*.

11566. Mf. Noms des Fondateurs des Abbayes de Normandie : *in-fol*.

Ce Catalogue est conservé dans la Bibliothèque du Roi, entre les Manuscrits de M. Bigot, num. 126.

11567. ROBERTI de Monte, Tractatus de Immutatione Monachorum, de Abbatibus & Abbatiis Normannorum, & ædificationibus earum.

Ce Traité est imprimé à la *pag.* 811 de l'*Appendice aux Œuvres* de Guibert de Nogent : *Parisiis*, 1651, *in-fol*.

11568. Neustria pia, seu de omnibus Abbatiis & Prioratibus totius Normanniæ; auctore Arthuro DU MONSTIER, ex Ordine Minorum, Recollecto. Opus posthumum : *Rothomagi*, Berthelin, 1663, *in-fol*.

Cet Auteur est mort en 1662.]

11569. Monasticon Anglicanum ; Collectoribus Rogero DODSWORTH & Guillelmo DUGDALE, Anglis : *Londini*, 1655, 1661, 1673, *in-fol*. 3 vol.

Secunda Editio auctior & emendatior : *Londini*, 1682 & 1683, *in-fol*. 3 vol.

Dugdale est mort en 1686. Ce Recueil contient plusieurs choses qui concernent les Eglises, les Abbayes & les Bénéfices de Normandie [& des Provinces du Maine, de Touraine & d'Anjou,] leurs Fondations & leurs Privilèges.

☞ Jean STEVENS a donné un Supplément de cet Ouvrage en 2 vol. *in-fol. Lond.* 1722 & 1723, dans lequel il a rapporté l'origine de tous les Ordres Religieux qui ont existé en Angleterre, & desquels Dugdale & Dodsworth n'avoient fait aucune mention, avec plusieurs Chartes, Titres, &c.]

11570. ☞ Arrêts du Conseil d'Etat, des 23 Mai & 31 Juillet 1766, pour établir des Commissaires (Evêques & Conseillers d'E-

Yyyy 2

tat) au sujet des abus qui se sont introduits dans les Monastères : *in-*4.]

11571. ☞ Mémoire à présenter à MM. les Commissaires préposés par le Roi, pour procéder à la Réformation des Ordres Religieux : (*Paris*) 1767, *in-*12.]

ARTICLE II.

Histoires des Moines & des Solitaires.

§. PREMIER.

Histoires des Moines & des Solitaires dont l'Ordre n'est pas connu.

11572. DE sancto Abraham, Abbate Claromonte in Arvernia ; ex sancto GREGORIO, Episcopo Turonensi, & SIDONIO Apollinari, Sylloge Godefridi HENSCHENII, è Societate Jesu.

Cette Vie est imprimée dans le *Recueil* de Bollandus, au 15 de Juin. Ce Saint a vécu après l'an 472.

11573. Vita sancti Ægidii, Abbatis Arelatensis ; auctore Aloïsio A LIMBORCH, ad sanctum Ægidium apud Leodienses Abbate : *Leodii*, 1637, *in-*8.

Ce Saint est mort en 552.

11574. Opusculum Chron-historicon de vero sæculo quo claruit sanctus Ægidius Abbas, deque binâ Cæsarii Arelatensis Episcopi necessariâ existentiâ ; auctore Andreâ DU SAUSSAY, Pastore sancti Ægidii Parisis.

Cet Ouvrage est imprimé avec ses Opuscules : *Parisiis*, 1629, *in-*4.

☞ L'Auteur soutient que saint Gilles est venu en France sous Charles Martel, l'an 714 ; & comme il est venu sous Césaire, Evêque d'Arles, du Saussay prétend qu'il y a eu deux Césaires Evêques d'Arles ; l'un mort en 544, l'autre qui vivoit en 714.]

11575. Vie de S. Gilles ; par Adrien BAILLET.

Cette Vie est imprimée dans son *Recueil des Vies des Saints*, au 1 de Septembre.

11576. ☞ Remarques sur le même ; par DD. DE VIC & VAISSETTE.

C'est ce qui compose la Note LXV. du tom. I. de l'*Hist. générale du Languedoc.*]

11577. ☞ Observations de M. l'Abbé (Jean) LEBEUF, sur le tome I. des *Acta Sanctorum* des Bollandistes, du mois de Septembre , (& en particulier sur saint Gilles) : *Journal de Verdun*, 1753, *Avril*, pag. 291-298.

L'Auteur fait voir qu'outre le S. Gilles du Languedoc, il y en a encore eu un autre dans le Côtentin.]

11578. Vita sancti Almiri, Monachi Anisolensis.

Cette Vie est imprimée dans Labbe, au tom. II. de sa *Nouvelle Bibliothéque des Manuscrits*, pag. 469. Ce Saint a fleuri l'an 537.

11579. Vita sancti Baomiri, Monachi Anisolensis.

Cette Vie est imprimée dans le même *Recueil*, p. 508.

11580. De sancto Benedicto, Monacho in Campania.

Cette Vie est imprimée dans le *Recueil* de Bollandus, au 24 de Mars. Ce Saint a vécu dans le VIe siècle.

11581. Elogium historicum sancti Dulcardi Monachi.

Cet Eloge est imprimé dans Labbe, au tom. II. de sa *Nouvelle Bibliothéque des Manuscrits*, pag. 320, & dans le *Recueil* de Bollandus, au 2 de Février. Cet Eloge ne mérite aucune créance ; parcequ'il ce n'est qu'un abregé de la Vie de saint Lié. Le Père le Cointe rapporte l'une & l'autre dans ses *Annales de l'Eglise de France*, sous l'année 533, nombre 61, & pour en faciliter la conviction à ceux qui voudront les comparer.

11582. ☞ Vita sancti Ebrulfi, Abbatis Bellovaci ; auctore anonymo, & Commentarius Guillelmi CUPERI, è Societate Jesu.

Dans le *Recueil* de Bollandus, au 25 de Juillet.]

11583. Vita sancti Ethbini, Abbatis Tauracensis in Britannia minori.

Cette Vie est imprimée dans le *Recueil* de Surius, au 19 d'Octobre. Ce Saint a vécu dans le VIe siècle.

11584. ☞ Vita sancti Filiberti, Abbatis in Herio insulâ Galliæ ; auctore anonymo, & Commentarius Guillelmi CUPERI, è Societate Jesu.

Dans le *Recueil* de Bollandus, au 20 d'Août. Ce Saint vivoit au VIIe siècle.]

11585. ☞ De sancto Frambaldo, Abbate vel Solitario, Commentarius Joan. Bapt. SOLLERII, è Societate Jesu.

Dans le même *Recueil* au 16 d'Août. Ce Saint vivoit au VIe siècle.]

11586. Vita sancti Francovæi, Monachi in Nivernensi Diœcesi.

Cette Vie est imprimée dans le même Ouvrage, au 16 de Mai.

11587. ☞ De sancto Generoso, Sylloge Joan. Bapt. SOLLERII, è Societate Jesu.

Dans le même *Recueil*, au 10 de Juillet. Ce Saint est mort vers 681.]

11588. Vita sancti Hervæi, Abbatis in Britannia minori, cum Commentario prævio ; auctore Alberto LE GRAND, ex Ordine Prædicatorum.

Cette Vie est imprimée dans le même Ouvrage, au 17 de Juin. Ce Saint a vécu dans le VIe siècle. L'Auteur s'est trompé dans la Chronologie & dans quelques circonstances de la Vie de ce Saint.

11589. Elogium historicum beati Josberti, Monachi.

Cet Eloge est imprimé dans Labbe, au tom. II. de sa *Nouvelle Biblioth. des Manuscrits*, pag. 410.

11590. ☞ Vita sancti Martiani, ex Breviario Aptensi ; & Commentarius Joannis PINII, è Societate Jesu.

Dans le *Recueil* de Bollandus, au 25 d'Août.]

11591. Vie de saint Martin, Abbé à Saintes, & de S. Europe son successeur; par Adrien BAILLET.

Cette Vie est imprimée dans son *Recueil des Vies des Saints*, au 7 de Décembre. Ce Saint a vécu dans le IV. ou Ve siècle.

11592. ☞ De sancto Mummolo, Abbate Burdigalæ; Appendix Joan. Bapt. SOLLERII, è Societate Jesu.

Dans le *Recueil* de Bollandus, au 8 d'Août.]

11593. De sancto Ortario, Abbate Landellis, Commentarius historicus Danielis PAPEBROCHII, è Societate Jesu.

Ces Mémoires sont imprimés dans le *Recueil* de Bollandus, au 11 de Mai. Ce Saint est mort avant le Ve siècle.

11594. ☞ De sancto Patricio, Abbate in territorio Nivernensi; Sylloge Guillelmi CUPERI, è Societate Jesu.

Dans le *Recueil* de Bollandus, au 24 d'Août. Ce Saint est mort vers l'an 700.]

11595. De sancto Quiniberto, Monacho in Hannonia; Commentarius historicus Godefridi HENSCHENII, è Societate Jesu.

Ces Mémoires sont imprimés dans le même *Recueil*, au 11 de Février.

11596. ☞ De sancto Reginaldo, Eremitâ; Sylloge Joannis STILTINGI, è Societate Jesu.

Dans le *Recueil* de Bollandus, au 17 de Septembre.]

11597. ☞ De sancto Rithberto, aut Raimberto, Notæ Joannis STILTINGI, è Societate Jesu.

Dans le même *Recueil*, au 15 de Septembre.]

11598. Vita sancti Senochi, Abbatis in Turonibus; auctore GREGORIO, Episcopo Turonensi, capite decimo quinto Vitarum Patrum Galliæ.

Cette Vie est imprimée dans ses Œuvres. Saint Senoch est mort en 579.

11599. Vie de saint Senoch; par Adrien BAILLET.

Cette Vie est imprimée dans son *Recueil des Vies des Saints*, au 24 d'Octobre.

11600. ☞ De sancto Sulino, Abbate, in vico sui nominis, Diœcesis Macloviensis; Sylloge Joannis STILTINGI, è Soc. Jesu.

Dans le *Recueil* de Bollandus, au tom I. d'Octobre, pag. 196. Ce Saint vivoit au VI ou au VIIe siècle.]

11601. De sancto Tudino, Abbate Cornubii in Britannia, Notæ historicæ Godefridi HENSCHENII, è Societate Jesu.

Ces Notes sont imprimées dans le même *Recueil*, au 9 de Mai.

11602. Vie de saint Venant, Abbé de Tours; par Adrien BAILLET.

Cette Vie est imprimée dans son *Recueil des Vies des Saints*, au 31 d'Octobre.

11603. Vita sancti Ursi, Abbatis in Turonibus; auctore GREGORIO, Turonensi Episcopo, capite decimo octavo Vitarum Patrum Galliæ.

Cette Vie est imprimée dans ses Œuvres. Saint Ours est mort vers l'an 508.

§. II.

Histoires de l'Ordre de S. Benoît.

Des Bénédictins.

LE Père Du Bois rapporte en ces termes le démêlé survenu entre le Père le Cointe, Prêtre de l'Oratoire, & Dom Jean Mabillon, Religieux Bénédictin de la Congrégation de saint Maur, touchant l'antiquité de l'Ordre de saint Benoît en France. « Le Père le Cointe, dit-il, » avoit écrit dans le troisième volume de ses *Annales*, » que la Règle de saint Benoît étoit différente de celle » de saint Colomban, & qu'elles n'avoient été unies que » dans le VIIIe siècle. Le Père Mabillon, qui voyoit que » ce sentiment retranchoit de l'Ordre de saint Benoît » un grand nombre de Saints qu'il croyoit être de cet » Ordre, soutint dans la Préface du second siècle des » *Actes des Saints* de son Ordre, que la Règle de saint » Colomban avoit été confondue avec celle de saint Benoît aussi-tôt après le Concile de Mâcon, vers l'an 625.
» Le Père le Cointe réfuta dans son tome IV, ce que » le Père Mabillon avoit avancé sur cette matière. Celui-» ci répliqua dans sa Préface du *troisième Siècle Bénédictin*. Le Père Bastide, de la même Congrégation de » saint Maur, se joignit à lui, & fit un Ouvrage séparé » sur l'établissement de l'Ordre de saint Benoît en France.
» Le Père le Cointe crut avoir réfuté le Père Mabillon » dans la Réponse qu'il fit au Père Bastide, laquelle se » trouve au tom. V. de ses *Annales*. Cette dispute finit » là, du moins de la part du Père le Cointe. » DuBois, dans la *Vie* de ce sçavant Annaliste.

11604. Dissertatio de antiqua Ordinis sancti Benedicti intrà Gallias propagatione; auctore Philippo BASTIDE, Benedictino, è Congregatione sancti Mauri: *Parisiis*, 1672, *in*-4.

Cette Dissertation est aussi imprimée à la fin de l'Ouvrage suivant, [& à la fin de la seconde partie du IIIe siècle des *Actes des Saints de l'Ordre de S. Benoît*: *Parisiis*, 1672, *in-fol.*] L'Auteur, qui est mort en 1690, a fait ce Livre contre ce qu'avoit écrit le Père le Cointe touchant la distinction de la Règle de saint Colomban d'avec celle de saint Benoît, au tom. IV. de ses *Annales de l'Eglise de France*. Le Père le Cointe répondit aux Objections du Père Bastide dans le tome V, & le Livre suivant est une Réponse à cette Réplique.

11605. De Ordinis sancti Benedicti Gallicanâ propagatione Liber unus, in quo Benedictinæ Regulæ per Gallias omnes progressus, sæculis septimo, octavo & nono explicantur, &c. auctore eodem Philippo BASTIDE: *Autissiodori*, 1683, *in*-4.

11606. * Ms. Chronicon Ordinis sancti Benedicti, ab anno Christi 500, ad annum 1520, initia Ordinis Cœnobiorum & reformationum complectens: *in-fol.*

Cette Chronique est conservée dans la Bibliothèque de l'Abbaye de Gemblours. Grammaye l'attribue à un Moine nommé TICUVIUS.

11607. Annales Ordinis sancti Benedicti, in quibus, non modò res Monasticæ, sed etiam Ecclesiasticæ Historiæ non minima pars continetur, ab anno 700, usque ad annum 1116; auctore Joanne MABILLON, Benedictino, è Congregatione sancti Mauri:

Parisiis, Robustel, 1703-1713, *in-fol.* 5 vol. Tomus sextus, ab anno 1116 ad 1157 : *Parisiis*, 1739.]

Le Père MABILLON a fait imprimer les quatre premiers volumes ; sa mort, arrivée en 1707, l'empêcha de continuer cette impression. Ainsi D. René MASSUET, de la même Congrégation, a donné au public le cinquième volume qu'avoit achevé son prédécesseur, & il continuoit cet Ouvrage quand la mort le surprit en 1716.

☞ Le tom. VI. a été donné par Dom Edmond MARTENNE.]

Ces volumes sont remplis, soit dans les Préfaces, soit dans la suite de l'Histoire, de beaucoup de faits historiques qui appartiennent à l'Histoire Ecclésiastique du Royaume.

☞ *Voy.* sur ces Annales, la *Biblioth. Harlei*, tom. II. pag. 731. = *Journal des Sçav.* Septembre, 1703. - Mars, 1705. - Mai & Juillet, 1707. - Novemb. 1713. - Août, 1739. = *Mém. de Trévoux*, Mai, 1704. - Juin, 1705. - Juillet, 1709. - Mars, 1710. - Nov. 1713. = *Hist. des Ouvrages des Sçav.* Juin & Sept. 1707. = Le P. NICERON, tom. *VII.* pag. 368. = *Mercure*, Janv. 1739.]

11608. ☞ Acta Sanctorum Ordinis S. Benedicti per Sæcula ; (ab anno 500, ad 1100) : *Parisiis*, 1668-1702, *in-fol.* 9 vol.

D. Luc d'ACHERI & D. Jean MABILLON y ont joint des Observations & des Notes.]

11609. * De sancti Mauri missione in Galliis, deque Benedictini instituti facto per eum accessu ; auctore Joanne MABILLONIO.

Dans la Préface du second *Siècle Bénédictin*, §. *V.*

11610. Apologie de la mission de saint Maur, Apôtre des Bénédictins en France ; par Dom Thierry RUINART, Religieux Bénédictin de la Congrégation de saint Maur : *Paris*, de Bats, 1702, *in-8.*

Eadem Latinè reddita ab Auctore.

Cette Version est imprimée à la fin du tom. I. des Annales de l'Ordre de saint Benoît, pag. 629 : *Parisiis*, 1703, *in-fol.* Cet Auteur, qui est mort en 1709, a réfuté ici MM. Basnage & Baillet.

11611. Matthæi WEISS Lycæum Benedictinum, sive de Alcuino, aliisque bonarum artium ex Ordine sancti Benedicti Professoribus Historia : *Parisiis*, Leonard, 1661, *in-12.*

11612. Lettre de François PINSSON, Avocat au Parlement, à M. de Cramailles, sur les personnes illustres de la Congrégation de saint Maur : du 1 Mai 1694, *in-4.*

Cette Lettre a été imprimée à Paris en 1694.

11613. ☞ Lettre de M. l'Abbé de N. D. de ***, à M. l'Abbé de saint Pierre de ***, où l'on examine quels gens ce sont que les Convers de la Congrégation de saint Maur, ou quelle est leur condition : 1700, *in-12.*]

11614. Bibliotheca Benedictina Mauriana, seu de Ortu, Vitis & Scriptis Patrum Benedictinorum è celeberrima Congregatione sancti Mauri in Francia, Libri duo ; auctore Bernardo PEZ, Benedictino & Bibliothecario Mellicensi : *Augustæ Vindelic.* Veith, 1716, *in-8.*

Cet Auteur a mis d'abord une Dissertation intitulée :

De ortu & progressu celeberrimæ Congregationis sancti Mauri. Il commence sa Bibliothèque par le Père Hugues Ménard, mort en 1644, & finit en 1711.

11615. ☞ Bibliothèque historique & critique des Auteurs de la Congrégation de saint Maur, où l'on fait voir quel a été leur caractère particulier, ce qu'ils ont fait de plus remarquable, & où l'on donne un Catalogue exact de leurs Ouvrages, & une idée générale de ce qu'ils contiennent ; par Dom Philippe LE CERF de la Vieville, Religieux Bénédictin de la Congrégation de S. Maur : *La Haye*, Gosse, 1726, *in-12.*

Cet Ouvrage a bien des fautes. Dom René-Prosper TASSIN travaille actuellement à une Histoire Littéraire de la Congrégation de S. Maur, qui sera bien supérieure : elle aura 2 vol. *in-4.*]

11616. ☞ Lettre de D. P. le Richoulx de Norlas (Michel-Gab. PERDOULX,) à un de ses Confrères, sur la Bibliothèque historique & critique des Auteurs de la Congrégation de saint Maur, &c. *Orléans*, Rouzeau, *in-12.*

Cette Lettre n'est que de 12 pages.]

11617. ☞ Défense du Livre qui a pour titre : Bibliothèque des Auteurs de la Congrégation de saint Maur, au R. P. D.** Religieux de la même Congrégation ; par le Sieur DE LA PIPARDIERE : *Paris*, Chaubert, 1727, *in-12.* 19 pages.

On conjecture que le sieur de la Pipardière est un Pseudonyme.]

11618. ☞ Seconde Lettre de D. Pierre le Richoulx (Michel-Gabr. PERDOULX,) à un de ses Confrères, sur la Bibliothèque, &c. *Orléans*, Rouzeau, 1728, *in-12.* 15 pages.

Michel-Gabriel Perdoulx de la Perière est mort à Orléans le 20 Octobre 1753, âgé de 83 ans.]

11619. Ms. Monasticon Gallicanum, seu Historiæ Monasteriorum Ordinis sancti Benedicti in compendium redactæ, cum Tabulis topographicis centum & octoginta Monasteriorum, quibus hoc anno 1687, constat sancti Mauri Congregatio ; auctore Domno Michaele GERMAIN, ejusdem Ordinis & Congregationis Presbytero & Monacho : *in-fol.* 3 vol.

Cet Auteur est mort en 1694. Son Ouvrage est conservé dans l'Abbaye de saint Germain-des-Prés.

☞ On s'en est servi pour le *Gallia Christiana.* On conserve dans la Bibliothèque un Recueil des Plans seulement, au nombre de 152 ; car l'Ouvrage n'a pas été achevé.]

11620. Ms. Recueil de Pièces pour servir à l'Histoire de l'Ordre de saint Benoît en France, rangées par l'ordre alphabétique des noms des Monastères de cet Ordre ; par D. DU LAURA, Religieux Bénédictin de la Congrégation de saint Maur : *in-fol.* 2 vol.

Ce Recueil est conservé dans la même Abbaye.

☞ Dom Etienne du Laura est mort en 1706.]

11621. Ms. Antiquitates Benedictinæ, seu Chronica Cœnobiorum Ordinis sancti Benedicti in Gallia ; scilicet in Archiepiscopatibus Avenionensi & Arelatensi cum Suffraganeis, in Diœcesibus Arelatensi, Bituricensi, Carnotensi, Claromontensi, Engolismensi, Lemovicensi, Lugdunensi & Bellicensi, Petracoriensi & Sarelatensi, Podiensi, Sancti Flori & in Vasconia ; è Schedis veteribus, Cartulariis, Necrologiis, aliisque venerandæ antiquitatis Monumentis, ab anno 1673, ad annum 1682, contexta & compilata studio & operâ Domni Claudii ESTIENNOT, Monachi Benedictini, Congregationis sancti Mauri : *in-fol.* 13 vol.

Cet Auteur est mort en 1699. Son Ouvrage est conservé dans l'Abbaye de saint Germain-des-Prés.

11622. Origines Cœnobiorum Benedictinorum in Belgio, quibus antiquæ Religionis ortus progressusque deducitur ; studio Auberti MIRÆI, Bruxellensis, Canonici Antverpiensis : *Antverpiæ,* 1606, *in-8.*

Cet Auteur est mort en 1640.

11623. Statuta & Decreta Reformationis Congregationis Benedictinorum nationis Gallicanæ, ex editione Joan. DARNALT : *Par. siis,* 1605, *in-8.*]

11624. SIMPLICII, Monachi sancti Sulpicii Bituricensis, de senio & inclinatione Ordinis sancti Benedicti in Galliis, & ipsius speranda in integrum restitutione, Dialogorum libri tres, ad universos Galliarum Benedictinos : *Gratianopoli,* 1627, *in-12.*

11625. ☞ Compendiosa Congregationis reformatæ sancti Mauri, Ordinis sancti Benedicti, Historia, & Series Præpositorum Generalium.

Dans le *Gallia Christiana* des Bénédictins, tom. VII. pag. 474-490.]

11626. ☞ Défense de D. Grégoire Tarisse, Supérieur général de la Congrégation de S. Maur, (décédé en 1648) ; par D. Claude JOURDAIN ; 1766, *in-4.*]

11627. ☞ Bulle de l'établissement de la Congrégation de saint Maur, du 17 Mai 1621, avec des Remarques de Jean DE LAUNOY sur cette Bulle.

Dans le *Recueil de diverses Pièces* de M. de Launoy, touchant les Priviléges & Exemptions : *Paris,* 1672, *in-4. pag.* 342 & 349.]

11628. ☞ Constitutiones Congregationis S. Mauri : *Parisiis,* 1645, 1735, *in-8.*]

11629. ☞ Annales Congr. S. Mauri ; auctore D. MEGE, (ab anno 1610, ad 1653) : *in-fol.* 7 vol.

On les conserve dans l'Abbaye de S. Germain-des-Prés, à la Bibliothèque du Régime, ainsi que l'Histoire suivante.]

11630. ☞ Histoire de la Congrégation de S. Maur ; par D. Edmond MARTENNE, (continuée depuis 1739 jusqu'en 1747 ; par Dom FORTET) : *in-fol.* 3 vol.]

══ ☞ Histoire de la Constitution, &c. & des derniers Chapitres, &c.

Voyez ci-devant N.°ˢ 5668 & 5669.]

11631. ☞ Arrêt du Conseil d'Etat, du 6 Juillet 1766, qui confirme les Bulles & Lettres-Patentes d'érection de la Congrégation de S. Maur, & qui ordonne l'exécution provisoire des Déclarations sur la Règle, & des Constitutions de ladite Congrégation : (1766) *in-4.*]

11632. Ms. Histoire de tous les Monastères du Comté de Bourgogne ; par Dom Albert CHASSINET, Religieux Bénédictin de Château, près Salins.

Cette Histoire, qui est composée avec beaucoup de soin, fut donnée par l'Auteur à Dom Martenne, comme il le dit, *pag.* 171 de la première partie de son *Voyage Littéraire,* [ci-devant N.° 2337.]

11633. Ecrits publiés sur les différends des Bénédictins, pour les Chanoines Réguliers de saint Augustin, touchant la préséance aux Etats de Bourgogne, contre les Moines des Ordres de saint Benoît & de Cîteaux ; (par Nicolas de SAINT-SAUVEUR, Chanoine Régulier :) *Paris,* 1680, *in-4.*

11634. Réponse des Religieux Bénédictins de la Province de Bourgogne, à l'Ecrit des Chanoines Réguliers, [& le Précis de la Défense desdits Bénédictins ;] par D. Jean MABILLON : *in-4.*

11635. ☞ Réponse des Chanoines Réguliers de la Province de Bourgogne, à l'Ecrit des Religieux Bénédictins de la même Province, touchant la préséance dans les Etats ; (par Jean-Bapt. D'ANTECOURT, Chanoine Régulier : (1687) *in-4.*]

11636. Réplique des Religieux Bénédictins de cette Province, au second Ecrit des Chanoines Réguliers ; (par D. Jean MABILLON :) *in-4.*

Cette Réplique, & le premier Ecrit des Bénédictins, ont été traduits en Latin par Herman SCHINCH, Bénédictin & Bibliothécaire de l'Abbaye de S. Gal, & imprimés *Constantiæ,* Parci, 1706, *in-4.*

11637. * Ms. Réponse des Chanoines Réguliers, à la Réplique des Religieux Bénédictins ; (par J. B. D'ANTECOURT.)

Cette seconde Réponse est demeurée manuscrite, parceque les Etats ne voulurent pas terminer le fond du différend. Les Bénédictins gardèrent leur place, & on en donna une hors de rang aux Chanoines Réguliers. « Quoique ce Procès semble purement civil, il y a entre » néanmoins une question Ecclésiastique, touchant l'état, » la dignité & l'antiquité des Chanoines Réguliers & » des Moines. La question de la préséance n'a pas été » jugée ; & quant à ce qui regarde l'honneur des deux » Ordres, chacun a cru l'avoir emporté. » Du Pin, *Hist. Ecclésiastique* du XVIIᵉ siècle, *part. V. pag.* 83.

11638. ☞ Histoire de la Vie & des Ecrits de Jonas, que l'on croit avoir été Abbé d'Elnone ; par D. Antoine RIVET, Bénédictin.

Dans l'*Hist. Littér. de la France*, tom. III. pag. 603-608. Jonas est mort après le milieu du VIIᵉ siècle.]

11639. Elogium historicum sancti Carlomanni, Ducis Francorum, postea Monachi Cassinensis ; auctore Joanne MABILLON.

Cet Eloge est imprimé au tom. IV. des *Actes* des

Saints de l'Ordre de S. Benoît, pag. 23. Ce Saint, qui est mort en 755, étoit frère de l'Empereur Charlemagne, & fils du Roi Pepin le Bref.

11640. Vie de saint Carloman; par Adrien BAILLET.

Cette Vie est imprimée dans son *Recueil des Vies des Saints*, au 17 d'Août.

11641. Vita sancti Simonis, Comitis Crespeiensis, deinde Monachi Benedictini; auctore synchrono.

Cette Vie est imprimée à la pag. 631 de l'*Appendice des Œuvres* de Guibert de Nogent : *Parisiis*, 1651, *in-fol*.

11642. Vita sancti Ayberti, Presbyteri Reclusi Ordinis sancti Benedicti in Hannonia; auctore ROBERTO, Archidiacono Ostrevandiæ, eidem coætaneo.

Cette Vie est imprimée dans le *Recueil* de Bollandus, au 7 d'Avril. Ce Saint est mort en 1140.

11643. Vie du même; par Adrien BAILLET.

Cette Vie est imprimée dans son *Recueil des Vies des Saints*, au même jour.

11644. ☞ Epistola encyclica Monachorum Burgidolensis Abbatiæ, Vitam Librosque Hervei continens.

Cette Lettre se trouve dans le *Spicilège* de d'Achery, tom. II. p. 514. Hervé, qui étoit Prieur de Bourgdeols, ou Bourg-Dieu, en Berry, est mort en 1145.]

11645. ☞ Mémoire sur sa Vie & ses Ouvrages; par D. Jean LIRON, Bénédictin.

Dans ses *Singularités historiq.* tom. III. pag. 29-41 : *Paris*, 1739, *in*-12.]

11646. ☞ Histoire de la Vie & des Ecrits du même.

Dans l'*Histoire Littéraire de la France*, tom. XII. pag. 344-349.]

11647. Vie de Noël Mars, Prieur claustral du Mont de Lehon-sur-Rame, près Dinan, & premier Vicaire-Général des Bénédictins Réformés en Bretagne ; par Jacqueline (BOUETTE) DE BLEMUR, Religieuse Bénédictine du Saint Sacrement.

Cette Vie est imprimée au tom. II. de ses *Vies des Illustres de l'Ordre de saint Benoît*, pag. 219 : *Paris*, 1667, *in*-4. Cette Religieuse est morte en 1696.

11648. * Ms. Vie du même; par D. Noël MARS, son neveu.

Elle est conservée dans le Monastère du Mont de Lehon.

11649. ☞ Abrégé de la Vie de D. Charles Dupont.

Dans l'Ouvrage intitulé : *Les Appellans célèbres :* (*Paris*,) 1753, *in*-12, pag. 103-107. Ce Religieux est mort à Lessai, Diocèse de Coutances, en 1735.]

11650. ☞ Abrégé de la Vie de D. François Louvard.

Dans le même Ouvrage, *pag.* 251-274. Ce Religieux est mort en 1739, chez les Chartreux de Schonaw, près d'Utrecht.]

11651. ☞ Abrégé de la Vie de Dom Guillaume Laparre.

Dans le même Ouvrage, *pag.* 397-402. Ce Religieux est mort dans l'Abbaye de Mas-Garnier, Diocèse de Toulouse, en 1741.]

11652. ☞ Anglo-Benedictina Congregatio in Francia, & Series Præsidum, seu Præpositorum Generalium.

Dans le *Gallia Christiana* des Bénédictins, tom. *VII*. pag. 1068 & 1078.]

Histoires des Abbayes d'Hommes de l'Ordre de S. Benoît en France, rangées selon l'ordre alphabétique.

☞ On peut voir le *Gallia Christiana* des Bénédictins, où la Notice de chaque Abbaye est rangée sous les Diocèses indiqués ci-devant.]

Histoire de l'Abbaye d'Afflighem, au Diocèse de Malines, dans le Brabant.

11653. Historia Affligemensis, seu Monasterii sancti Petri Affligemensis Chronicon; & Continuatio ejusdem Historiæ.

Cette continuation, dont l'Auteur est Eudes DE CAMBIER, Religieux d'Afflighem, est imprimée dans d'Achery, [à la suite de l'Histoire qu'on trouve] au tom. X. de son *Spicilége*, pag. 585.

11654. ☞ Ms. Huberti PHALESII Chronicon Affligemense.

Il est conservé dans la Bibliothèque de l'Abbaye.]

11655. ☞ Histoire de la Vie & des Ecrits de Francon, second Abbé d'Afflighem.

Dans l'*Histoire Littéraire de la France*, tom. *XI.* pag. 588-596. Cet Abbé est mort en 1135.]

Histoire de l'Abbaye d'Agaune, ou de Saint Maurice en Valais ; (aujourd'hui aux Chanoines Réguliers.)

11656. * Fundatio & dotatio Agaunensis Monasterii, per Sigismundum Burgundionum Ducem, in Concilio ibidem habito, anno 515.

Dans le tom. IV. des Conciles du P. Labbe, *p*. 1557.

11657. * Vita sancti Severini, Abbatis Agaunensis; auctore FAUSTO ejus discipulo, deinde interpolata ab anonymo, & Commentarius Godefridi HENSCHENII.

Cette Vie est imprimée dans le *Recueil* de Bollandus, au 11 de Février.

Eadem, absque Commentario.

Dans le tom. I. des *Actes des Saints* du P. Mabillon, dans l'*Appendice*.

L'Interpolateur anonyme a fleuri sous Louis le Débonnaire. « Vers l'an 816, Maignon, Archevêque de » Sens, donna ordre à un particulier de transcrire la Vie » de saint Severin, supposée écrite autrefois par Fauste, » qui avoit demeuré trente ans avec lui. Ce particulier » lui obéit, & fit un Prologue, dans lequel il avertit » qu'il a cru en devoir changer le style. Voilà la Vie » qu'on a de saint Severin; car celle de Fauste ne paroît » plus, quoique Dom Mabillon ait cru la donner ». L'Abbé Chastelain, *pag.* 618 de son *Martyrologe Romain*.

Histoire de l'Abbaye d'Aindre, en Bretagne.

✠ Elle a été détruite par les Normands en 843.

11658. Historia sancti Hermelandi, Abbatis Antrensis in Aremorica; auctore anonymo suppari, cum Commentario prævio.

Cette Histoire est imprimée dans le *Recueil* de Bollandus, au 25 de Mars; & sans Commentaire, au tom. III. des *Actes des Saints de l'Ordre de S. Benoît*, pag. 383. Ce Saint est mort vers l'an 720.

11659. Vindicatio pro auctoritate hujus Vitæ, de vocabulo Antrum, & ejus antiquitate; auctore Conrado JANNINGIO, è Soc. Jesu.

Cette Défense est imprimée dans Bollandus, au tom. VI. de Juin, pag. 247.

11660. Vie de saint Erblain, ou Ermelan; par François GIRY.

Cette Vie est imprimée dans son *Recueil des Vies des Saints*, au 25 de Mars.

11661. Vie du même; par Adrien BAILLET.

Cette Vie est imprimée dans son *Recueil des Vies des Saints*, au même jour.

Histoire de l'Abbaye d'Anchin, proche de Douay, dans le Diocèse d'Arras.

11662. Vita sancti Gosvini, Aquicinensis Abbatis; à duobus Monachis ejusdem Cœnobii exarata, & à Richardo Gibbono edita: *Duaci*, Wyon, 1620, *in*-8.

Molanus, dans ses Notes sur Usuard, au 6 d'Octobre, attribue cette Vie à ALEXANDRE, Abbé d'Anchin, ce qui ne peut être, puisque l'Auteur de cette Vie n'a vécu que sous Simon, successeur d'Alexandre. Saint Gosvin est mort en 1196.

11663. MS. Annales Aquicinensis Monasterii in Belgio, ab anno 1049, usque ad annum 1288 : *in-fol.*

Ces Annales étoient conservées dans la Bibliothèque de M. Baluze, num. 259, [aujourd'hui à la Bibliothèque du Roi.]

11664. * MS. Historia Monasterii Aquicinensis, à fundatione ad finem seculi XVI, cum probationibus : *in-fol.*

Cette Histoire est conservée dans cette Abbaye d'Anchin.

Histoire de l'Abbaye d'Aniane, proche de Montpellier, (unie à la Congrégation de saint Maur.)

11665. MS. Annales Monasterii Anianensis; ab anno 670, ad annum 821 : *in-fol.*

Ces Annales [étoient] conservées dans la Bibliothèque de M. Baluze, num. 88, [aujourd'hui dans celle du Roi.]

11666. Lettre de quatre Moines de saint Corneille, près d'Aix-la-Chapelle, à saint Ardon, Moine de saint Sauveur d'Aniane, touchant la Vie de saint Benoît (d'Aniane); traduite en François par Claude CHASTELAIN, Chanoine de Notre-Dame de Paris.

Cette Traduction est imprimée à la *pag.* 620 de son Tome I.

Martyrologe Romain, où il dit que pour avoir une notice exacte de la Vie de ce Saint, il ne faut que lire cette Lettre.

11667. Vita sancti Benedicti, Abbatis Anianensis; ab ARDONIO conscripta, & edita ab Hugone MENARDO, Benedictino, è Congregatione sancti Mauri, cum ejus Notis.

Cette Vie est imprimée à la *pag.* 470 de ses *Observations sur le Martyrologe Bénédictin : Parisiis*, 1629, *in*-8. dans le *Codex Regularis : Parisiis*, 1638, *in*-4. avec le Commentaire d'HENSCHENIUS, dans le *Recueil* de Bollandus, au 12 de Février; & au tom. IV. des *Actes des Saints de l'Ordre de S. Benoît*, pag. 191. Ce Saint est mort en 821, & Ardonius, qui est aussi nommé Smaragdus, son disciple, est mort en 843. Cette Vie est fort exacte. L'Auteur a amplifié ce que quatre Moines lui avoient mandé; & il s'est encore servi d'autres Mémoires.

11668. Vie de saint Benoît, Abbé d'Aniane; par Adrien BAILLET.

Cette Vie est imprimée dans son *Recueil des Vies des Saints*, au 12 de Février.

11669. ☞ Histoire de la Vie & des Ecrits du même; par D. Antoine RIVET, Bénédictin de la Congrégation de S. Maur.

Dans l'*Histoire Littéraire de la France*, tom. IV. pag. 447-459.]

11670. ☞ Histoire de la Vie & des Ecrits de saint Ardon Smaragde; par le même.

Dans le même Ouvrage, tom. V. pag. 31-35. Ce Religieux d'Aniane est mort en 843.]

Histoire de l'Abbaye d'Aisnay, à Lyon, (sécularisée depuis 1680.)

11671. MS. Chronicon Abbatum Athanacensium, è variis Scriptoribus, variisque temporibus auctum; compilavit Domnus DE LA MARE.

Cette Chronique est conservée dans l'Abbaye de saint Germain-des-Prés, au tom. V. des *Fragmens d'Histoires*, recueillis par Claude Estiennot, *pag.* 206.

11672. ☞ De sancto Badulpho, Abbate Athanacensi, Notæ Joannis PINII, è Societate Jesu.

Dans le *Recueil* de Bollandus, au 19 d'Août. Saint Badour, comme on l'appelle, est mort vers l'an 900.]

Histoire du Monastère d'Anderne, dans le Diocèse de Térouenne.

11673. Chronicon Monasterii Andrensis; auctore GUILLELMO, Abbate hujus loci.

Cette Chronique est dans d'Achery, au tom. IX. de son *Spicilége*, *pag.* 338. L'Auteur a fleuri l'an 1228. Il a composé la Chronique sur l'Histoire d'ANDRÉ, Prieur de Marchienne, sur la Chronique de saint Bertin, & sur celles des Eglises voisines: elle commence en 1082, depuis la fondation de son Monastère, & va jusqu'en 1234. L'Auteur y rapporte bien des choses qui regardent les Comtes de Flandres, de Guisnes, de Boulogne, & les Rois d'Angleterre; mais il parle peu de l'Histoire de France. Raphaël de Beauchamp en a fait imprimer une partie à la fin du tom. II. de l'Ouvrage intitulé : *Synopsis historiæ Merovingicæ : Duaci*, 1633, *in*-4.

Histoire du Prieuré d'Argenteuil, dans le Diocèse de Paris, (uni à la Congrégation de saint Maur.)

11674. Dissertation sur la Tunique de Notre Seigneur Jesus-Christ, qui se conserve dans le Monastère d'Argenteuil ; par Gabriel DE GAUMONT, Seigneur de Chevanes, seconde édition : *Paris*, 1667, *in-12*. *Ib.* 1671, *in-4*.

11675. Histoire de la sainte Robe, conservée dans ce Monastère, avec un abrégé de l'Histoire de ce Monastère ; par un Religieux Bénédictin : *Paris*, 1676, 1677, *in-12*. 1686, *in-16*. *Beauvais*, 1703, 1706, *in-12*. *Paris*, 1712, [1746,] *in-12*.

Gabriel GERBERON, Auteur de cette Histoire, est mort en 1711.

☞ Il paroît avoir fait usage d'un Ecrit Latin Manuscrit de D. Robert WYARD, que M. Jardel conserve dans sa Bibliothèque, à Braine.]

Histoire de l'Abbaye d'Augie, ou d'Oye, dans le Diocèse de Troyes.

11676. Vita sancti Godonis, Abbatis Augiensis, cum Commentario prævio Godefridi HENSCHENII, è Societate Jesu.

Cette Vie est imprimée dans le *Recueil* de Bollandus, au 26 de Mai. C'est un extrait de celle de saint Vandrille, son oncle, qui a été composée par un Auteur contemporain. Saint Godon est mort vers l'an 690.

11677. Sylva, cui titulus, Godo, sive Vita metrica sancti Godonis ; auctore Claudio ESPENSÆO, Doctore Sorbonico.

Cette Vie est imprimée à la *pag.* 1040 des Œuvres de Claude d'Espense : *Parisiis*, 1629, *in-fol*. & au tom. II. des *Actes des Saints de l'Ordre de S. Benoît*, *pag.* 465. Ce Docteur est mort en 1571.

11678. Vita ejusdem ex veteribus Monumentis composita ab Hugone MENARDO, Benedictino.

Cette Vie est imprimée à la *pag.* 235 de ses *Observations sur le Martyrologe Bénédictin* : *Parisiis*, 1629, *in-8*.

11679. Vie de saint Gon ; par MODESTE de saint Amable.

Cette Vie est imprimée au tom. II. de sa *Monarchie sainte*, *pag.* 112 : *Paris*, 1670, *in-fol*.

11680. Vie du même ; par Adrien BAILLET.

Cette Vie est imprimée dans son *Recueil des Vies des Saints*, au 26 de Mai.

Histoire de l'Abbaye d'Aurillac, dans le Diocèse de Saint-Flour.

11681. Breve Chronicon Auriliacensis Abbatiæ in Diœcesi Arvernensi, ab anno 972, ad an. 1128 ; auctore anonymo hujus loci.

Cette Chronique est imprimée dans Mabillon, au tom. II. de ses *Analecta*, *pag.* 237. Cet Auteur anonyme a fleuri l'an 1129.

☞ *Voyez* l'*Histoire Littér. de la France*, *tom.* X. *pag.* 408.]

Histoire de l'Abbaye de Baume, dans le Diocèse de Besançon, (sécularisée.)

11682. ☞ Histoire de l'Abbaye de Baume, & du Prieuré de Gigny ; par François-Jean DUNOD, Professeur Royal en l'Université de Besançon.

Elle se trouve dans le tom. I. de son *Histoire des Séquanois*, &c. *Dijon*, 1735, *in-4*. IIe part. *pag.* 120 & suiv. & les *Preuves*, à la fin du vol. *pag.* XCIV. L'Abbaye se nomme Baume-les-Messieurs, pour la distinguer d'une Abbaye de Filles, appellée Baume-les-Dames.]

11683. ☞ Mss. Epitome de Monumens illustres de l'Abbaye de Baume - les - Messieurs.

Il est conservé dans cette Abbaye (depuis peu sécularisée & changée en Chapitre.) Il y en a une copie dans la Bibliothèque de MM. Dunod, à Besançon.]

11684. De sancto Euticio, Abbate Balmæ in Burgundia ; auctore Joanne BOLLANDO, è Societate Jesu.

Cette Vie est imprimée dans son *Recueil*, au 12 de Janvier. Ce Saint est mort vers l'an 855.

11685. Elogium historicum ejusdem ; auctore Joanne MABILLON, Benedictino, è Congregatione sancti Mauri.

Cet Eloge est imprimé au tom. V. des *Actes des Saints de l'Ordre de S. Benoît*, *pag.* 654.

11686. ☞ Vita sancti Adegrini, Monachi Balmensis, & Commentarius Joan. Baptistæ SOLLERII, è Societate Jesu.

Dans le *Recueil* de Bollandus, au 2 de Juillet. Ce Saint vivoit dans le Xe siècle.]

Histoire du Monastère de Beaulieu, dans le Diocèse de Limoges, (uni à la Congrégation de saint Maur.)

11687. Mss. Historia Monasterii Belliloci Lemovicensis ; à BERTRANDO, Pictaviensi.

Cette Histoire est conservée dans la Bibliothèque du Vatican, entre les Manuscrits de la Reine de Suède, num. 168.

Histoire de l'Abbaye de Beaulieu, dans le Diocèse de Verdun.

11688. Vita sancti Rodingi, Abbatis Bellilocensis in Argonna ; auctore beato RICHARDO, Abbate.

Cette Vie est imprimée dans Ménard, *pag.* 690 de ses *Observations sur le Martyrologe Bénédictin* : *Parisiis*, 1629, *in-8*. & au tom. VI. des *Actes des Saints de l'Ordre de S. Benoît*, *pag.* 531.

11689. Alia Vita ejusdem.

Cette Vie est imprimée dans Ménard, *pag.* 910 de ses *Observations sur le Martyrologe Bénédictin* : *Parisiis*, 1629, *in-8*.

11690. Vie de saint Rouin ; par Adrien BAILLET.

Cette Vie est imprimée dans son *Recueil des Vies des Saints*, au 7 de Septembre.

Histoires des Abbayes de l'Ordre de S. Benoît.

Histoire de l'Abbaye du Bec, dans le Diocèse de Rouen, (unie à la Congrégation de saint Maur.)

— Chronicon Beccense, ab anno 1034, ad annum 1136.

Voyez ci-après, *Règne de Louis VI.*

— Aliud Chronicon usque ad annum 1154.

Voyez ci-après, *Règne de Louis VII.*

11691. Mss. Petri Divensis, Carmina historica de Fundatione Monasterii Beccensis, & de ejus Abbatibus.

Ces Vers historiques, ou cette Chronique en vers [étoit] conservée dans la Bibliothéque de M. Baluze, [aujourd'hui en celle du Roi,] num. 433; & au tom. II. des *Mélanges* du Père Jean Durant, dans l'Abbaye de saint Germain-des-Prés.

11692. Chronicon Abbatum Monasterii Beccensis, ab ipsa Fundatione anno 1034, ad ad annum 1467.

Cette Chronique est imprimée à la pag. 1 de l'*Appendix des Œuvres* de Lanfranc : *Parisiis*, 1648, *in-fol.*
Dans un Manuscrit de cette Chronique, qui est dans l'Abbaye du Bec : elle est attribuée à Robert de Torrigny, ou du Mont Saint-Michel. Comme il est mort en 1184, si elle est de lui, elle aura été continuée par un autre Auteur.

11693. Mss. Tomi duo Additionum ad Chronicon Beccense. : *in-fol.* 2 vol.

Le tom. I. est dans l'Abbaye de S. Germain-des-Prés; & le tom. II. dans celle du Bec.

11694. Appendix ad Chronicon Beccense, ab anno 1492, ad annum 1591.

Cet Appendice est imprimé dans l'*Appendix des Œuvres* de Lanfranc : *Parisiis*, 1648, *in-fol.* Il est pris de l'Histoire [qui suit] de cette Abbaye, composée par François Carteau, Moine de cette Abbaye.

11695. Mss. In Annales Beccenses Epitome, variis Gallorum, Anglorumque illustrata conatibus; auctore Francisco Carræo, Lexovæo, Monacho Benedictino.

Cet Abrégé [étoit] conservé dans la Bibliothéque de M. Colbert, num. 4212, & dans celle de M. Baluze, num. 433, [l'un & l'autre en la Bibliothèque du Roi.] L'Auteur a composé son Ouvrage en 1162.

11696. Mss. Inventaire des Titres de l'Abbaye du Bec : *in-fol.*

Cet Inventaire étoit conservé dans la Bibliothéque de M. Colbert, [aujourd'hui dans celle du Roi.]

11697. Vita beati Herluini, Beccensis Abbatis primi & Conditoris hujus Monasterii; auctore Gisliberto Crispino, Abbate Westmonasteriensi, ejus Discipulo.

Cette Vie est imprimée dans Ménard, *pag.* 399, de ses *Observations sur le Martyrologe Bénédictin* : *Parisiis*, 1629, *in-8.* & à la page. 32 de l'*Appendix des Œuvres* de Lanfranc : *Parisiis*, 1648, *in-fol.* Ce Saint est mort l'an 1078.

11698. Vita beati Lanfranci, Abbatis Beccensis, deinde Archiepiscopi Cantuariensis; auctore Milone Crispino, Cantore Beccensi.

Cette Vie est imprimée dans l'*Appendix des Œuvres* de Lanfranc : *Parisiis*, 1648, *in-fol.*

Tome I.

11699. Alia Vita; auctore Eadmero, Monacho Cantuarensi.

Ces deux Vies sont imprimées dans le *Recueil* de Bollandus, au 28 de Mai. Le bienheureux Lanfranc est mort en 1089. Crispin fleurissoit en 1109, & Eadmer en 1110.

11700. Vie du bienheureux Lanfranc; par Adrien Baillet.

Cette Vie est imprimée dans son *Recueil des Vies des Saints*, au 28 de Mai.

11701. ☞ Histoire de la Vie & des Ecrits du même; par D. Antoine Rivet, Bénédictin.

Dans l'*Hist. Littér. de la France, tom. VII. pag.* 160-305.]

11702. ☞ Histoire de la Vie & des Ecrits de Roger, Moine du Bec.

Dans le même Ouvrage, tom. XI. *pag.* 420-494. Roger est mort vers 1095.]

11703. Vita beati Anselmi, Abbatis Beccensis, deinde Archiepiscopi Cantuariensis; auctore Eadmero, Monacho Cantuariensi, ejus Discipulo : *Antverpiæ*, 1551, *in-8.*

11704. Alia Vita, ex Historia novorum in Anglia; eodem auctore.

Ces deux Vies sont imprimées au-devant des *Œuvres* de S. Anselme : *Coloniæ*, 1612 : *Parisiis*, 1630, 1675, *in-fol.* & avec le *Commentaire* d'Henschenius, dans le *Recueil* de Bollandus, au 21 d'Avril. Ce Saint est mort en 1109, & Eadmer son Disciple a fleuri en 1110. Au jugement de Selden, c'est un des meilleurs Ecrivains d'Angleterre, pour sa fidélité, son discernement, son exactitude & même pour son style.

11705. Vita ejusdem; auctore Joanne Sarisburiensi, Episcopo Carnotensi.

Cette Vie est imprimée dans Warthon, au tom. II. de son *Anglia sacra*, *pag.* 149 : *Londini*, 1691, *in-fol.* Jean de Salisberi est mort en 1181.

11706. Vie de saint Anselme; par François Giry.

Cette Vie est imprimée dans son *Recueil des Vies des Saints*, au 21 d'Avril.

11707. Vie du même; par Adrien Baillet.

Cette Vie est imprimée dans son *Recueil des Vies des Saints*, au même jour.

11708. Mss. Vie du même, avec des réfléxions sur ses Ouvrages; par Dom Michel Felibien, Religieux Bénédictin de la Congrégation de S. Maur : *in-4.*

Cette Vie [qui étoit] entre les mains de l'Auteur, [mort en 1719, est dans l'Abbaye de S. Germain-des-Prés.]

11709. ☞ Histoire de la Vie & des Ecrits du même; par Dom Antoine Rivet, Bénédictin.

Dans l'*Hist. Littér. de la France, tom. IX. pag.* 398-465.]

11710. Vita Guillelmi, Abbatis Beccensis III. auctore Milone Crispino, Cantore Beccensi.

11711. Vita Bosonis, Abbatis IV. eodem auctore.

11712. Vita Lethardi, Abbatis VI. eodem auctore.

Ces trois Vies sont imprimées dans l'*Appendix des Œuvres* de Lanfranc, *pag.* 41-47 & 52. Guillaume est mort en 1124, Boson en 1136, Létharde en 1149.

11713. ☞ Histoire de la Vie & des Ecrits de Boson, Abbé du Bec.

Dans l'*Hist. Littér. de la France*, tom. XI. pag. 619-623.]

11714. ☞ Histoire des Ecrits d'Etienne de Rouen, Moine du Bec.

Dans l'*Hist. Littér. de la France*, tom. XII. p. 675-677. Ce Religieux est mort vers la fin du XIIe siècle.]

11715. ☞ Abrégé de la Vie de Dom Jean Daret.

Dans l'Ouvrage intitulé : *Les Appellans célèbres* : (*Paris*) 1753, *in*-12. pag. 122-131. Ce Religieux est mort en 1736.]

Histoire du Monastère de Bévon, ou de La-Val-Saint-Benoît, dans le Diocèse de Sisteron.

☞ Il ne subsiste plus depuis le IXe Siècle.]

11716. Vita sancti Marii, Abbatis Bodanensis, scripta primùm à DYNAMIO, Patritio Galliarum, deinde à quodam anonymo abbreviata.

Cette Vie est imprimée dans le *Recueil* de Bollandus, au 27 de Janvier. Saint Mary est mort en 555, & Dynamius a fleuri l'an 590.

11717. De sancto Mario.

Cette Vie n'est qu'un extrait de celle qui a été composée par cet Auteur. Elle se trouve imprimée dans le volume précédent de Bollandus.

11718. Vie de S. Mary ; par Adrien BAILLET.

Cette Vie est imprimée dans son *Recueil des Vies des Saints*, au même jour.

Histoire de l'Abbaye de Beze, aujourd'hui du Diocèse de Dijon, & auparavant de Langres, (unie à la Congrégation de Saint Maur.)

11719. * Chronicon rerum memorabilium, seu etiam Chartarum Monasterii Besuensis, ab anno 620, ad annum 1229 ; auctore JOANNE, Monacho hujus loci.

Cette Chronique est imprimée dans le *Spicilège* de d'Acheri, tom. I. *pag.* 489. On y a omis le commencement, qui est semblable à celui de la Chronique de Dijon, imprimée dans le même volume. Le premier Auteur de la Chronique de Beze copie souvent Frédégaire ou l'éclaircit. Il semble avoir vécu vers l'an 754 ; car *pag.* 503, parlant d'une Angloise que (Remi, frère de) Pepin, aimoit, & à qui il donna ce Monastère, il dit l'avoir appris des personnes qui étoient présentes. Cette Chronique a été continuée par d'autres jusqu'en 1229.

11720. ☞ Histoire de la Vie & des Ecrits de Jean, Moine de Beze.

Dans l'*Hist. Littér. de la France*, tom. X. pag. 270. Ce Religieux est mort vers l'an 1110.]

11721. ☞ Histoire de Thibault, Moine de Beze.

Dans le même Ouvrage, tom. XI. *pag.* 120 & 121. Ce Religieux vivoit au douzième siècle.]

Histoire de l'Abbaye de Boisselière, au Maine.

11722. Vita sancti Lonegisili, Abbatis Buxaniensis.

Cette Vie est imprimée dans le *Recueil* de Bollandus, au 13 de Janvier, dans l'*Appendix*. Ce Saint est mort en 653.

11723. * Testamentum ejusdem.

Il contient un Abrégé de sa Vie, d'un style simple & grossier. Il est imprimé au tom. III. des *Annales* de Dom Mabillon, *pag.* 151, & au tom. I. de ses *Annales de l'Ordre de S. Benoît*, pag. 330.

11724. Vie de saint Longis ; par Adrien BAILLET.

Cette Vie est imprimée dans son *Recueil des Vies des Saints*, au même jour.

☞ Le Père Mabillon ne fait aucune mention, dans ses Actes ni dans ses Annales, de S. Longis, ni de l'Abbaye de Boisselière.]

Histoire de l'Abbaye de Bonneval, dans le Diocèse de Chartres, (unie à la Congrégation de S. Maur.)

11725. Ms. Historia Fundationis Abbatiæ Bonævallis in Diœcesi Carnotensi.

Cette Histoire [étoit] conservée dans la Bibliothèque de M. Colbert, [aujourd'hui en celle du Roi] entre les Manuscrits de du Chesne, au tom. I. des *Extraits des Cartulaires.*

11726. Breve Chronicon Monasterii Bonævallis apud Carnutes, ab anno 840.

Cette Chronique est imprimée au tom. VI. des *Actes des Saints de l'Ordre de S. Benoît*, pag. 504. Elle contient la Fondation de ce Monastère. Ce pourroit bien être la même chose que l'Histoire précédente. Elle a été écrite par un Religieux de cette Abbaye, qui vivoit à la fin du dixième siècle.

11727. ☞ Histoire de la Vie & des Ecrits d'Ernaud, Abbé de Bonneval.

Dans l'*Hist. Littér. de la France*, tom. XII. pag. 535-541. Ernaud est mort après l'an 1156.]

Histoire de l'Abbaye du Bourdieux, dans le Diocèse de Bourges.

11728. Chronicon Dolensis Abbatiæ sanctæ Mariæ, ab anno 917, ad annum 1345, incerto auctore, cum Appendice ab anno 1459, ad annum 1550.

Cette Chronique est imprimée au tom. I. de l'*Abrégé Royal de l'Alliance chronologique* du P. Labbe, *p.* 779 : *Paris*, 1647, *in*-4. & au tom. I. de sa *Nouvelle Bibliothèque des Manuscrits*, pag. 315.

Idem, ab eodem Philippo Labbe editum, cum Notis : *Parisiis*, 1651, *in*-4.

11729. Epistola encyclica Monachorum Burgodolensis Abbatiæ, vitam librosque Hervei continens.

Cette Lettre circulaire est imprimée dans d'Achery, au tom. II. de son *Spicilège*, *pag.* 514. Hervé, Moine du Bourdieux, a fleuri en 1110.

Histoires des Abbayes de l'Ordre de S. Benoît. 733

Histoire de l'Abbaye de Bousonville, dans le Diocèse de Metz.

11730. Historia seu Charta Fundationis Abbatiæ Bosonisvillæ in Lotharingia, an. 1123.

Cette Histoire est imprimée dans le *Gallia Christiana* [de MM. de Sainte-Marthe,] au tom. III. des Abbayes, *pag.* 191; & parmi les Preuves de l'Ouvrage de Jérôme Vignier, intitulé: *De l'origine de la Maison d'Alsace*: Paris, 1640, *in-fol.*

Histoire du Monastère de Bretigny, dans le Diocèse de Soissons.

11731. Vita sancti Huberti, Monachi Britanniaci; auctore Benedicto Pisone, Monacho Calmensi, licentiùs amplificata, cum Commentario prævio Dan. Papebrochii.

Cette Vie est imprimée dans le *Recueil* de Bollandus, au 2ς de Mai. Saint Hubert est mort vers l'an 712, & le Moine Pison a écrit sa Vie l'an 1539.

Histoire de l'Abbaye de Brogne, ou de saint Gérard, dans le Diocèse de Namur.

11732. Ms. Catalogus Abbatum Cœnobii Broniensis usque ad annum 1518; auctore Gerardo Sorio, ejusdem Cœnobii Priore.

Ce Catalogue est conservé dans la Bibliothèque de ce Monastère, au rapport de Valère André, dans sa *Bibliothèque de Flandre*, [& dans la *Bibliothèque Belgique* de Foppens: (*Bruxellis*, 1739, *in-*4.) *pag.* 360.]

11733. Vita sancti Gerardi, Abbatis Broniensis; auctore anonymo Monacho.

Cette Vie est imprimée dans le *Recueil* de Surius, au 3 d'Octobre; & du style de l'Auteur, au tom. VII. des *Actes des Saints de l'Ordre de S. Benoît*, pag. 248. Saint Gérard est mort en 959, & l'Auteur de sa Vie vivoit au X ou XIe siècle.

La même, traduite par Gérard Souris, Prieur de Brogne: *Namur*, 1618, *in-*8.

11734. Vie de S. Gérard; par Adrien Baillet.

Cette Vie est imprimée dans son *Recueil des Vies des Saints*, au 3 d'Octobre.

Histoire du Monastère de Carmery, ou Moustier-Saint-Chaffre, dans le Diocèse du Puy.

11735. Historia sancti Calmini, seu Monasterii sancti Theofredi, in Diœcesi Aniciensi; auctore Bernardo Guidonis, Episcopo Lodovensi.

☞ Cette Vie de saint Calmin est tirée du *Traité des Saints du Diocèse de Limoges* de Bernard Guy; lequel est imprimé dans la *Biblioth. des Manuscrits* du P. Labbe, & rapporté par le P. le Long, ci-devant N.° 4268.]

La même Histoire en François; par Thomas d'Acquin, Carme Déchaussé: *Tulles*, Daluy, 1646, *in-*8.

☞ Le titre véritable est:

Histoire de la Vie de saint Calmine, Duc d'Aquitaine, Fondateur des Monastères de saint Théophréde (ou Chaffrey) en Velay, & de Mossac en Auvergne, Patron de l'Eglise de Laguenne, proche de Tulles; enrichie de deux Vies anciennes du même Saint, & de quelques autres Pièces; par le P. Thomas d'Acquin, &c.

☞ Cette Histoire de saint Calmin, en François, n'est point une traduction de la précédente; & l'on trouve de plus dans ce Livre: = Vita sancti Calmini, ex veteri codice Ms. Monasterii Musiacensis. = Vita ejusdem ex Sanctorali Ecclesiæ Acquinæ, (que le P. Thomas prétend être la même que celle de Bernard Guy.) = Testamentum Guillelmi Sudré, Cardinalis, avec une petite Vie de ce Cardinal; par le P. Thomas. On y voit encore des choses curieuses sur l'Abbaye de Mausac ou Mossac.]

11736. Vita sancti Theofredi, Martyris.

Cette Vie est imprimée dans Ménard, à la page 756 de ses *Observations sur le Martyrologe Bénédictin*: *Parisiis*, 1629, *in-*8. Ce Saint a souffert le martyre vers l'an 728. Sa Vie est d'un Auteur assez grave.

11737. Elogium ejusdem, & alia Passio uberior.

Ces Ecrits sont imprimés dans Labbe, aux pages 624 & 625 de sa *Nouvelle Bibliothèque des Manuscrits*; & l'Eloge est aussi imprimé au tom. III. des *Actes des Saints de l'Ordre de S. Benoît*, pag. 403.

11738. Vie de saint Chaffre; par Adrien Baillet.

Cette Vie est imprimée dans son *Recueil des Vies des Saints*, au 19 d'Octobre.

11739. Ms. Chronicon Cœnobii sancti Theofredi Cameliacensis usque ad annum 1119.

Cette Chronique est conservée dans l'Abbaye de saint Germain-des-Prés, au tom. III. des *Fragmens d'Histoire*, recueillis par Claude Estiennot. L'Auteur de cette Chronique étoit un Moine de saint Chaffre, qui vivoit en 1100.

Histoire de l'Abbaye de la Chaise-Dieu, en Auvergne, (unie à la Congrégation de saint Maur.)

11740. Historia Abbatum Casæ-Dei, in Arvernia, ex Libro tripartito beati Roberti, Abbatis Casæ-Dei; auctore Bernardo, [vel potius, Bertrando,] Monacho ejus loci.

Cet Auteur a fleuri l'an 1160. Son Ouvrage est imprimé dans Labbe, au tom. II. de sa *Nouvelle Bibliothèque des Manuscrits*, pag. 637.

11741. Ms. Mémoires de l'Abbaye de la Chaise-Dieu: *in-fol.*

Ces Mémoires sont conservés à Dijon, dans la Bibliothèque de M. de la Mare.

11742. Ms. Casa-Dei Benedictina, seu Lucubratio chronologica inclyti Monasterii Casæ-Dei; operâ & studio Simonis Genoux, Monachi Benedictini, è Congregatione sancti Mauri.

Cette Histoire est conservée dans la Bibliothèque de ce Monastère.

☞ Dom Simon Genoux est mort en 1667.]

11743. Ms. Historia Monasterii Casæ-Dei, ab anno 1052, ad annum 1661: *in-fol.*

Ms. Histoire de ce Monastère, depuis l'introduction de la Réforme, en 1640, jusqu'en 1671.

Ces deux Manuscrits sont conservés dans l'Abbaye de saint Germain-des-Prés.

11744. Vita sancti Roberti, Conditoris & primi Abbatis Casæ-Dei ; scripta à GERARDO, Venetensi, ejus Discipulo, & in compendium redacta à MARBODO, Redonensi Episcopo.

Cette Vie est imprimée dans le *Recueil* de Bollandus, au 24 d'Avril ; & au tom. IX. des *Actes des Saints de l'Ordre de S. Benoît*, pag. 183 ; & entre les Œuvres de Marbodus : *Parisiis*, 1708, *in-fol*. Ce Saint est mort en 1058, & Marbodus en 1123.

11745. Elogium breve ejusdem, & Catalogus Abbatum Casæ-Dei.

Cet Eloge est imprimé dans Labbe, au tom. II. de sa *Nouvelle Bibliothèque des Manuscrits*, pag. 659.

11746. Dissertatio de anno & die obitûs ejusdem ; auctore Ægidio LACARRY, è Societate Jesu : *Claromontii*, 1674, *in-4*.

11747. Vie du même ; par François GIRY.

Cette Vie est imprimée dans son *Recueil des Vies des Saints*, au 24 d'Avril.

11748. Vie du même ; par Adrien BAILLET.

Cette Vie est imprimée dans son *Recueil des Vies des Saints*, au même jour.

11749. Vita sancti Alealmi, Monachi Casæ-Dei, Abbatis Burgensis in Hispania.

Cette Vie est imprimée dans l'*Histoire de l'Ordre de saint Benoît*, par Yepès. Ce Saint est mort en 1100.

11750. Vida del Confessor san Lesmes ; por Alfonso VENERO, de la Orden de san Domingo : *en Burgos*, 1563, *in-8*.

11751. Vida del mismo ; por Juan DE MARIETA, de la Orden de san Domingo.

Cette Vie est imprimée dans son *Recueil des Vies des Saints* d'Espagne, *Concha*, 1596, *in-fol*. L'Auteur est mort en 1611. Il a fait plusieurs fautes dans cette Vie, que l'Abbé Chastelain a remarquées à la page 464 de son *Martyrologe Romain*.

11752. Vie de saint Aleaume ; par Adrien BAILLET.

Cette Vie est imprimée dans son *Recueil des Vies des Saints*, au 30 de Janvier.

Histoire du Prieuré de la Charité-sur-Loire, Diocèse d'Auxerre, (uni à l'Ordre de Cluni.

11753. ☞ RICHARDI, Monachi Cluniacensis, Narratio de fundationibus Monasterii Caritatis ad Ligerim : *Recueil d'Ecrits* publiés par M. l'Abbé Lebeuf : *Paris*, 1738, tom. I. pag. 376-416.

Richard vivoit en 1130. M. Lebeuf, en publiant son Histoire, y a joint un Avertissement & quelques Notes.]

11754. Abrégé chronologique du Prieuré & de la Ville de la Charité-sur-Loire : *Bourges*, Cristot, 1709, *in-8*.

Cet Abrégé a été composé par M. BERNOT DE CHARANT, Maire de la Ville de la Charité-sur-Loire. [L'Ouvrage précédent peut y fournir des corrections.]

11755. ☞ Ms. Histoire chronologique du Prieuré de la Charité-sur-Loire : *in-fol*.

Ce Manuscrit, composé par un Religieux du même Monastère, n'est pas absolument bien écrit ; mais il paroît exact, & l'on y reconnoît par-tout l'honnête homme : il va jusqu'en 1702 inclusivement. On trouve à la fin une façon de Cartulaire, où sont inscrites un assez grand nombre de Chartes de tous âges. C'est sur cet Ouvrage que M. Bernot de Charant a formé, en 1709, son Abrégé, dont il n'y a pas grand fruit à tirer.]

11756. Catalogus Priorum Charitatis ad Ligerim : item Prioratuum & aliarum Ecclesiarum ex eo dependentium ; operâ Samuëlis GUICHENON.

Ce Catalogue est imprimé avec la suite des Evêques de Bellay, du même Auteur : *Parisiis*, 1642, *in-4*.

11757. Ms. Inventaire général des Titres de Notre-Dame de la Charité-sur-Loire : *in-fol*.

Cet Inventaire [étoit] conservé dans la Bibliothèque de M. Colbert, [aujourd'hui à la Bibliothèque du Roi.]

Histoire de l'Abbaye de Chézal-Benoît, dans le Diocèse de Bourges, (unie à la Congrégation de saint Maur.)

11758. Epistola encyclica Monachorum Casalis-Benedicti, in qua gesta Abbatum hujus Monasterii describuntur, anno 1111.

Cette Lettre circulaire est imprimée dans Mabillon, au tom. II. de ses *Analecta*, pag. 518.

11759. ☞ Réformationis Monasticæ Vindiciæ, &c. (auctore) Guidone JUVENALI : *Parisiis*, 1503, *in-12*.

L'Ouvrage est curieux & utile. Son Auteur étoit Abbé de S. Sulpice de Bourges : on en parlera ci-après. Il s'étoit fait en 1488 une Réforme à Chézal-Benoît, dans laquelle étoient entrés plusieurs Monastères : *Gall. Chr.* tom. II. pag. 165. Cette Congrégation s'unit vers 1640, à celle de S. Maur.]

11760. Procédures faites pour l'union des deux Abbayes de saint Vincent du Mans & de saint Germain-des-Prés, dépendantes de la Congrégation de Chézal-Benoît, à la Congrégation de saint Maur : *Paris*, 1638, *in-4*.

11761. Mémoire, qui justifie le droit de Nomination du Roi aux cinq Abbayes de Chézal-Benoît, contre le Supérieur-Général des Bénédictins, &c. pour servir à l'Instance qui est à juger devant Sa Majesté, avec les Arrêts & Déclarations, &c. *in-4*.

Ces cinq Abbayes [étoient] Chézal-Benoît & S. Sulpice de Bourges, S. Allyre de Clermont, S. Vincent du Mans, & saint Martin de Séez.

11762. Avis de C. B. Avocat au Parlement, sur l'état de ces Abbayes : *Paris*, 1650, *in-fol*.

Charles BLONDEAU est l'Auteur de cet Avis.

☞ Il s'agissoit de sçavoir si ces Abbayes sont à la nomination du Roi ou à l'élection triennale du Chapitre général de la Congrégation de saint Maur, qui prétend avoir succédé aux privilèges de la Congrégation de Chézal-Benoît. Cet Avis est contre la Congrégation de saint Maur. Il se trouve encore à la fin de l'Edition que Blondeau a donnée de la *Bibliothèque canonique* de Bouchel : *Paris*, Moette, 1689, *in-fol*. 2 vol.]

11763. Première Démonstration du Droit de Nomination [du Roi] à ces cinq Abbayes, du 10 Janvier 1683 : *in-4*.

Cet Ecrit est de François CHAPPÉ, Moine Bénédictin,

qui, à cause de ses différends avec ceux de son Ordre, s'étoit retiré chez les Jacobins.

Seconde Démonstration de ce Droit ; par le même : *in-4.*

Reprise des deux Démonstrations de ce Droit, &c. par le même, du 23 de Janvier 1683 ; *in-4.*

11764. Second Eclaircissement du Droit de Sa Majesté sur ces cinq Abbayes ; par F. F. C. M. B. *in-4.*

Ces Lettres initiales signifient Frère François CHAPPÉ, Moine Bénédictin.

11765. Remarques & Observations sur l'établissement des Elections triennales des cinq Abbayes de la Congrégation de Chézal-Benoît, continuées dans la Congrégation de saint Maur ; par le même : *in-4.*

11766. ☞ Vérités décisives de la contestation touchant l'Election triennale des cinq Abbayes de Chézal-Benoît : *in-fol.*

Elles ont été réimprimées, en 1764, *in-4.* pour servir dans la contestation dont il s'agit dans les Pièces suivantes.]

11767. ☞ Mémoire pour les Abbés, Prieurs & Religieux des Abbayes de saint Vincent du Mans, de saint Martin de Seez, de S. Sulpice de Bourges, &c. par M.ᵉ MEY, Avocat : *Paris*, Lambert, 1764, *in-4.* 595 pages.

On a joint, à quelques exemplaires, des Pièces justificatives.]

11768. ☞ Mémoire pour M. l'Archevêque de Lyon, M. l'Evêque d'Orléans, M. l'Abbé le Noir, &c. nommés par le Roi aux Abbayes de saint Allyre de Clermont, de saint Vincent du Mans, de saint Sulpice de Bourges, &c. par Mᵉ LAGET-BARDELIN, Avocat : *Paris*, Chardon, 1764, *in-4.* 163 pages ; & Pièces justificatives, 28 pages.

M. Laget a fait aussi, pour les Brévetaires du Roi, un Précis de 38 pages, auquel on a opposé, de la part des Religieux, une *Réponse sommaire* de 63 pages. L'Arrêt qui a été rendu le premier Septembre 1764, sur les conclusions de M. Joly de Fleury, a jugé que les cinq Abbayes dont il s'agissoit sont à la nomination du Roi, ainsi que les autres Prélatures de son Royaume. *Voyez* aussi, sur la même affaire, les Pièces indiquées ci-devant, N.° 7562, 7563, 7564.]

Histoire de l'Abbaye de Cluni, Chef-d'Ordre, dans le Diocèse de Mâcon.

11769. Fundatio Cluniacensis Monasterii.

Cet Acte est imprimé dans l'Ouvrage de Martin Martier, intitulé, *Bibliotheca Cluniacensis, &c. Parisiis*, 1614 ; & dans le *Gallia Christiana* [des Bénédictins, *tom. IV.* p. 272 des Preuves.]

11770. Mſ. Historia Fundationis Monasterii Cluniacensis, ex relatione EBERHARDI, Episcopi Bambergensis : *in-fol.*

Cette Histoire est conservée dans la Bibliothèque de M. Colbert, n. 4642, [aujourd'hui dans celle du Roi.]

11771. Mſ. Cluniacensis Monasterii Descriptio & Historia.

Cette Histoire est conservée dans la Bibliothèque du Vatican, num. 3922, num. 20.

11772. Mſ. Fragmentum Chronici Cluniacensis, ab anno 1108, ad annum 1198.

Ce Fragment est imprimé dans Martenne, au tom. III. de son *Nouveau Recueil des Pièces anecdotes*, p. 1387.

11773. Mſ. Excerpta ex Chronico Cluniacensi, ante annum 1130, magnâ sui parte compilato, & à Monachis Cluniacensibus aucto, ab anno 888, ad annum 1237, quæ desunt in Bibliotheca Cluniacensi, edita.

Ces Extraits sont conservés dans l'Abbaye de saint Germain-des-Prés, au tom. VI. des *Fragmens d'histoire*, recueillis par Claude Estiennot, *pag.* 221.

11774. Mſ. Chronicon breve Monasterii Cluniacensis. Aliud Chronicon Cluniacense, ab orbe condito, usque ad annum Christi 1274 ; auctore GERARDO de Arvernia, Monacho Cluniacensi.

Ces Chroniques sont conservées dans la Bibliothèque du Vatican, entre les Manuscrits de la Reine Christine, num. 1185.

11775. Mſ. Historia Abbatum Cluniacensium.

Cette Histoire [étoit] dans la Bibliothèque de M. Baluze, num. 258, [aujourd'hui à la Bibliothèque du Roi.]

11776. ☞ Series & Historia eorumdem Abbatum.

Dans le *Gallia Christiana* des Bénédictins, *tom. IV.* pag. 1122-1163.]

11777. Venerabilium Abbatum Cluniacensium Chronologia, ab anno 910, ad annum 1614.

Cette Chronologie est imprimée dans la *Bibliotheca Cluniacensis*, pag. 1618 : *Parisiis*, 1614, *in-fol.*

11778. Chronicon Cluniacense ; à Francisco RIVO, Doctore Theologo, Priore Majoris Monasterii Cluniacensis conscriptum, ab anno 910, ad annum 1485.

Cette Chronique est imprimée dans le volume précédent, *pag.* 1627. L'Auteur fleurissoit l'an 1483.

11779. Adjuncta ex Chronico Nicolai D'OLERY, Prioris Claustralis Cluniacensis, ab anno 1485, ad annum 1529.

11780. Excerpta ex Chronico recentiori, ab anno 1529, ad annum 1572.

11781. Catalogus Abbatiarum, Prioratuum & Decanatuum Monasterio Cluniacensi subditorum.

Ces trois dernières Pièces sont imprimées dans le même volume, *pag.* 1685, 1687, 1706.

11782. ☞ Reformatæ Cluniacensis Congregationis brevis Historia ; & Series Superiorum generalium.

Dans le *Gallia Christiana* des Bénédictins, *tom. VII.* *pag.* 544-550.]

11783. ☞ Mſ. Histoire des Maisons de l'Ordre de Clugni, dans le Comté de Bourgogne, ou la Franche-Comté ; par Dom CHASSIGNET, Religieux du même Ordre.

Ces Histoires sont conservées dans les Monastères de Cluni qui sont dans le Comté de Bourgogne ; & Dom

Coquelin, Abbé de Faverney, en a fait copier la plûpart, qui sont avec ses autres Manuscrits, dans son Abbaye.]

11784. ☞ Mémoire pour Mre Frédéric Constantin de la Tour d'Auvergne, Prieur de Nantua, & Mre Emanuel-Théodose de la Tour d'Auvergne, Cardinal de Bouillon, Abbé de Cluni : contre Mre François du Cambout ; par Me CAPON, Avocat.

Il s'agissoit de sçavoir si le Prieuré de Nantua, en Bresse, est collatif & à la disposition de l'Abbé de Cluni; ou s'il est conventuel & électif, & à la nomination du Roi.]

11785. ☞ Capitula generalia Ordinis Cluniacensis, ann. 1685, 1693, 1697, 1701 & 1704 : *Parisiis*, 1704, *in*-4.]

11786. ☞ Bullarium Ordinis Cluniacensis: *Lugduni*, 1680, *in-fol.*]

11787. Bibliotheca Cluniacensis, in qua ejus Antiquitates, Chronica, Privilegia, Chartæ & Diplomata collecta sunt ; opera Martini MARRIER, sancti Martini à Campis Monachi & Professi, & Andreæ QUERCETANI, qui hanc Notis illustravit: *Parisiis*, 1614, *in fol.*

Du Chesne est mort en 1640, & Marrier en 1644.

11788. ☞ Union entre l'Ordre de Cluni & la Congrégation de saint Maur, &c. *Paris*, 1623, *in*-4.]

★ Consultation de quatre Avocats du Parlement de Paris, du mois de Janvier 1643, touchant l'élection de l'Abbé de Cluni, & la validité de l'union de l'Abbaye & de l'Ordre de Cluni à la Congrégation de saint Maur, suivant le Concordat fait entre eux l'an 1634, confirmé par Lettres-Patentes duement régistrées : *in*-4.

Cette Consultation fut faite & imprimée (en 1643) après la mort du Cardinal de Richelieu, qui avoit été Abbé de Cluni. [L'union fut dissoute en 1644.]

11789. ★ Traité du Droit d'Election de l'Abbaye de Cluni, divisé en cinq chapitres : *in*-4.

Ce Traité a été fait en 1671, après la mort du Cardinal d'Este, qui en étoit Abbé.

11790. ☞ Instruction servant au Procès du Cardinal Mazarin, Abbé de Cluni, & Emmanuel-Joseph de Vignerot, Prieur de saint Martin ; contre le Prieur de saint Denys-de-la-Chartre à Paris : *in*-4.]

11791. Mémoire servant pour l'exercice de la Jurisdiction du Cardinal de Bouillon, sur l'Ordre de Cluni; par Antoine LE VAILLANT, Avocat, avec tous les Chapitres généraux dudit Ordre, Lettres-Patentes, Brefs, Arrêts du Grand-Conseil, qui confirment l'exercice de ladite Jurisdiction : *Paris*, Langlois, 1705, *in*.4.

11792. ☞ Mémoire pour servir à l'établissement de la Jurisdiction des Abbés Généraux de Cluni sur tout l'Ordre de Cluni ; (par le même): *Paris*, Vaugon, 1706, *in-fol.*]

11793. ☞ Mémoire contre la Jurisdiction régulière & Monastique que M. le Cardinal de Bouillon prétend exercer sur tous les Monastères & Religieux de l'Ordre de Cluni; (par Rolland DU BOURG) : *Paris*, Muguet, 1707, *in-fol.*]

11794. ☞ Mémoires & Recueil de diverses Pièces concernant la Jurisdiction Régulière & Monastique de l'Abbé de Cluni : *Paris*, 1707, *in-fol.*]

11795. ☞ Recueil de Pièces concernant l'Ordre de Cluni : *in*-4.

Ces Pièces sont :

1. Capitula generalia sacri Ordinis Cluniacensis, habita annis 1685 & 1693, sub Serenissimo Principe ac Eminentissimo Cardinale Bullionio, Abbate, &c. *Parisiis*, 1694.

2. Mémoire au Conseil (par Antoine LE VAILLANT, dressé en 1697,) pour Messire Henri Oswald de la Tour d'Auvergne, Coadjuteur de l'Abbaye de Cluni, Intimé; contre D. Pierre Boulzains, Religieux de Cluni, Mansionnaire du Prieuré de saint Pierre-le-Moustier, Appellant comme d'abus ; & encore contre D. Jacques de la Motte, se disant avoir pouvoirs particuliers de quelques Communautés de l'Ordre de Cluni ; Intervenant.

3. Discours prononcé à Cluni, par M. le Cardinal de Bouillon, au Chapitre général de 1704.

4. Actes concernant ce qui s'est passé au Chapitre général de l'Ordre de Cluni, assemblé le 7 Octobre 1708.]

11796. ☞ Autre Recueil de Pièces concernant l'Ordre de Cluni : *in*-4.

Ces Pièces sont :

1. Actes du Chapitre général de l'Ordre de Cluni, année 1738 : *Paris*, Simon, 1739.

2. Jugement des Commissaires du Conseil, députés par le Roi, portant Réglement pour les sept Monastères de l'Etroite Observance de Cluni, situés en Franche-Comté, & celui de Tierbak, en Alsace, du 8 Juin 1739, & Lettres-Patentes en conséquence.

3. Lettre d'un Bénédictin de l'Abbaye de Cluni, au sujet de deux Mandemens de l'Evêque de Mâcon, adressés au peuple de Cluni : 1740. C'est une Défense des droits, & une Apologie de Cluni.

4. Sommaire du Procès des PP. Ozan & autres, au sujet du Prieuré de saint Denys de Nogent-le-Rotrou.

5. Requêtes & Mémoires de D. Antoine Frere, & autres Religieux de l'Etroite Observance de Cluni, contre les injustices commises à leur égard, divers abus de l'Ordre, en particulier du Monastere de saint Martin-des-Champs, &c. 1747, avec le véritable esprit d'un Religieux de l'Etroite Observance de Cluni; le jugement des Commissaires, portant Réglement pour tous les Monastères de ladite Etroite Observance, du 26 Octobre 1748.]

11797. ☞ Requêtes & Mémoires pour M. le Cardinal d'Auvergne, Abbé de Cluni; contre M. l'Evêque de Mâcon, au sujet de la Jurisdiction Episcopale sur la Ville & les Bans de Cluni, & ceux de l'Evêque de Mâcon : 1739-1744, *in-fol.*

L'Avocat de l'Abbé de Cluni étoit M. BOCQUET DE CHANTERENNE. Ces Ecrits sont accompagnés de quantité de Pièces justificatives, & d'un Inventaire détaillé des Titres de Cluni. Le tout est important pour l'Histoire Ecclésiastique & Monastique, comme pour les droits respectifs des Evêques & des Réguliers.]

Histoires des Abbayes de l'Ordre de S. Benoît. 737

11798. Vita beati Bernonis, primi Abbatis Cluniacensis.

Cette Vie est imprimée dans la *Bibliotheca Cluniacensis*, (ci-devant N.° 11787.) & dans le *Recueil* de Bollandus, au 13 de Janvier. Elle n'est composée que de diverses Pièces & de Fragmens d'Auteurs ramassés par le Père Marrier. Ce Saint est mort en 927.

11799. Elogium historicum ejusdem; auctore Joanne MABILLON, Benedictino, Congregationis sancti Mauri.

Cet Eloge est imprimé au tom. VIII. des *Actes des Saints de l'Ordre de S. Benoît*, pag. 67.

11800. Vie de saint Bernon; par Adrien BAILLET.

Cette Vie est imprimée dans son *Recueil des Vies des Saints*, au 13 de Janvier.

11801. Vita sancti Odonis, Abbatis Cluniacensis; scripta à JOANNE Monacho, ejus Discipulo.

Cette Vie est imprimée dans le *Recueil* de Surius, au 18 de Novembre, & aussi, du style de l'Auteur, au tom. VII. des *Actes des Saints de l'Ordre de S. Benoît*, pag. 150. Ce Saint est mort l'an 942. L'Auteur de sa Vie est jugé très-digne de foi, parcequ'il avoit appris beaucoup de choses de la bouche de ce Saint & de celle du Cardinal Hildebrand.

11802. Vita ejusdem; auctore NALGODO; Monacho Cluniacensi.

11803. Elogium historicum ejusdem; auctore Joanne MABILLON, Benedictino, Congregationis sancti Mauri.

Cette Vie & cet Eloge sont imprimés au tom. VII. des *Actes des Saints de l'Ordre de S. Benoît*, pag. 186 & 124. Nalgodus a fleuri l'an 1101. Il n'a fait qu'un abrégé de la Vie écrite par Jean [qui précède] & il l'a mis en meilleur ordre.

11804. Vie de saint Odon, ou Eudes; par François GIRY.

Cette Vie est imprimée dans son *Recueil des Vies des Saints*, au 18 de Novembre.

11805. Vie du même; par Adrien BAILLET.

Cette Vie est imprimée dans son *Recueil des Vies des Saints*, au même jour.

11806. ☞ Histoire de la Vie & des Ecrits du même; par D. Antoine RIVET, Bénédictin.

Dans l'*Histoire Littéraire de la France*, tom. VI. pag. 229-253.]

11807. Elogium historicum beati Aymardi, Abbatis; auctore Joanne MABILLON.

Cet Eloge de saint Aymard, mort en 963, est imprimé au tom. VII. des *Actes des Saints de l'Ordre de S. Benoît*, pag. 316.

11808. Vita sancti Majoli, Abbatis; auctore NALGODO, ejus Discipulo, cum Commentario prævio Godefridi HENSCHENII.

Cette Vie est imprimée dans le *Recueil* de Bollandus, au 11 de Mai.

11809. Vita ejusdem; auctore SYRO, Monacho Cluniacensi, Glossis aucta ab Alexandro, Monacho hujus loci coætaneo.

Cette Vie est imprimée dans le même *Recueil*, au 11 de Mai; & sans les Gloses, au tom. VII. des *Actes des*
Tome I.

Saints de l'Ordre de S. Benoît, pag. 786. Ce Saint est mort en 994, & le Moine Syrus a fleuri en 1010.

11810. De Vita beati Majoli Libellus, à sancto ODILONE, Abbate Cluniacensi, editus.

11811. Vita ejusdem; auctore Monacho Silviniacensi.

11812. Alia Vita ejusdem.

Ces trois Vies de saint Mayeul sont imprimées dans la *Bibliotheca Cluniacensis*, pag. 279, 1763 & 1783 : *Parisiis*, 1614, *in-fol.* La première l'est aussi dans le *Recueil* de Bollandus, au 11 de Mai; & au tom. VII. des *Actes des Saints de l'Ordre de saint Benoît*, p. 755. Saint Odilon est mort en 1048.

11813. De Vita & rebus gestis ejusdem, Libri tres historicè & dogmaticè scripti à Joanne Baptista ALBERTI, Savonensi: *Genuæ*, Farroni, 1638, *in-8*.

11814. Abrégé de la Vie de saint Mayeul, pour l'instruction du peuple de Valencole; par CHRYSOSTOME de Saint-Denys, de la Congrégation des Trinitaires Déchaussés : *Marseille*, Martel, 1709, *in-12*.

Valencole est une petite Ville du Diocèse de Riez, dans laquelle saint Mayeul étoit né.

11815. Elogium Historicum ejusdem; auctore Joanne MABILLON, Benedictino, Congregationis sancti Mauri.

Cet Eloge est imprimé au tom. VII. des *Actes des Saints de l'Ordre de S. Benoît*, pag. 760.

11816. Vie de saint Mayeul; par Adrien BAILLET.

Cette Vie est imprimée dans son *Recueil des Vies des Saints*, au 11 de Mai.

11817. ☞ Histoire de la Vie & des Ecrits du même; par D. Antoine RIVET, Bénédictin.

Dans l'*Histoire Littéraire de la France*, tom. VI. pag. 498-503.]

11818. Vita sancti Odilonis, Abbatis; auctore JOTSALDO, Monacho, ejus Discipulo.

Cette Vie est imprimée dans le *Recueil* de Bollandus, au premier de Janvier. Ce Saint est mort l'an 1048.

11819. Alia Vita; auctore beato Petro DAMIANO, Cardinali.

Cette Vie est imprimée dans la *Bibliotheca Cluniacensis*, pag. 315 : *Parisiis*, 1614, *in-fol.* & dans le *Recueil* de Bollandus, au 1 de Janvier. Pierre Damien est mort en 1153.

11820. JOTSALDI, Monachi, Planctus de transitu Domni Odilonis. = Appendix ad ejus Vitam.

Ces deux Pièces sont imprimées dans la *Bibliotheca Cluniacensis*, pag. 330 & 334.

11821. Elogium historicum ejusdem; auctore Joanne MABILLON, Benedictino.

Cet Eloge est imprimé au tom. VII. des *Actes des Saints de l'Ordre de saint Benoît*, pag. 631.

11822. Vie du même; par François GIRY.

Cette Vie est imprimée dans son *Recueil des Vies des Saints*, au 1 de Janvier.

Aaaaa

11823. Vie du même S. Odilon ; par Adrien BAILLET.

Cette Vie est imprimée dans son *Recueil des Vies des Saints*, au même jour.

11824. ☞ Histoire de la Vie & des Ecrits du même ; par D. Antoine RIVET.

Dans l'*Histoire Littéraire de la France*, tom. *VII. pag.* 414-425.]

11825. ☞ Mémoire de M. DE LA CURNE ; sur Rodulphe Glaber : *Mém. de l'Acad. des Inscript. & Belles-Lettr. tom. VIII. p.* 549.

Ce Religieux vivoit dans le XIe siècle.]

11826. ☞ Histoire de la Vie & des Ouvrages du même ; par J. Pierre NICERON.

Dans ses *Mémoires*, tom. *XXVIII. pag.* 139-150.]

11827. ☞ Histoire du même ; par Dom Antoine RIVET, Bénédictin.

Dans l'*Histoire Littéraire de la France*, tom. *VII. pag.* 389-405. Yves est mort vers 1110.]

11828. ☞ Histoire de la Vie & des Ecrits de Jotsauld, Moine de Cluni ; par le même.

Dans le même Volume, *pag.* 487-491.]

11829. ☞ Histoire de saint Ulric, Moine de Cluni ; par le même.

Dans l'*Histoire Littéraire de la France*, tom. *VIII. pag.* 385 & 386.]

11830. Vita sancti Hugonis, Abbatis ; auctore HILDEBERTO, Episcopo Cenomanensi.

Cette Vie est imprimée dans la *Bibliotheca Cluniacensis*, pag. 413 : *Parisiis*, 1614, *in-fol.* & entre les Œuvres d'Hildebert : *Parisiis*, 1708, *in-fol.* Saint Hugues est mort en 1109, & Hildebert en 1134.

Eadem, cum Commentario Danielis PAPEBROCHII.

Dans le *Recueil* de Bollandus, au 29 d'Avril.

11831. Alia Vita ; auctore RAINALDO, Abbate Vezeliacensi.

Cette Vie est imprimée dans la même *Biblioth. Cluniacensis*, pag. 648. L'Abbé Rainald est mort en 1109.

11832. Synopsis Vitæ Metricæ ; eodem auctore.

11833. Epitome Vitæ ejusdem, ab EZELONE atque GILONE, Monachis Cluniacensibus, proximè ab obitu Sancti scripta ; per anonymum excerpta.

11834. Analecta ex aliis in Bibliotheca Cluniacensi collectis.

Les trois Pièces précédentes sont imprimées dans le même Ouvrage.

11835. ☞ Histoire de la Vie & des Ecrits de saint Hugues, Abbé de Cluni ; par Dom Antoine RIVET, Bénédictin.

Dans l'*Histoire Littéraire de la France*, tom. *IX. pag.* 465-487.]

11836. Vita beati Morandi, Confessoris, Monachi Cluniacensis, Discipuli sancti Hugonis, Abbatis ; ab eodem sancto HUGONE scripta.

Cette Vie est imprimée dans la *Bibliotheca Cluniacensis*, pag. 582 ; & plus correctement dans Lambecius ; au Liv. II. de son *Commentaire sur la Bibliotheque de Vienne*, pag. 889.

Eadem Vita, ab Hugone MENARDO contracta.

Cet Abrégé est imprimé dans ses *Observations sur le Martyrologe Bénédictin* : *Parisiis*, 1629, *in-8*.

Ejusdem Vita, ab anonymo ferè coætaneo composita, & in Lectiones sex divisa.

Cette Vie est imprimée là-même, *pag.* 503.

11837. Vie & Miracles de saint Morand ; par Jean MORAND, Prêtre : *Paris*, Sassier, 1662, *in-12*.

11838. ☞ Histoire de la Vie & des Ecrits d'Yves, Prieur de Cluni ; par D. Antoine RIVET.

Dans l'*Histoire Littéraire de la France*, tom. *IX. pag.* 513 & 514. Yves est mort vers 1110.]

11839. Vita beati Pontii, Abbatis, ex Libro secundo Miraculorum PETRI Venerabilis, Abbatis Cluniacensis.

Cette Vie est imprimée dans la *Bibliotheca Cluniacensis*, pag. 551 : *Parisiis*, 1614, *in-fol.* & dans du Chesne, pag. 58 de ses *Preuves de l'Histoire des Cardinaux François* : *Paris*, 1666, *in-fol.* Ce Saint est mort en 1124, & l'Auteur de sa Vie en 1156.

11840. Vita ejusdem scripta à quodam Monacho Andanoensi, jussu Petri, Abbatis ejusdem loci, & Discipuli sancti Pontii, ejusque Successoris.

Cette Vie est imprimée dans Hugues Ménard, *p.* 512 de ses *Observations sur le Martyrologe Bénédictin* : *Parisiis*, 1629, *in-8*.

11841. ☞ Histoire de la Vie & des Ecrits de Ponce, Abbé de Cluni.

Dans l'*Hist. Littér. de la France*, tom. *XI. p.* 20-26.]

11842. Elogium Algeri, Scholastici, Monachi Cluniacensis ; auctore NICOLAO, Leodiensi Canonico.

Cet Eloge est imprimé dans Mabillon, au tom. I. de ses *Analectes*, pag. 303. Alger a fleuri en 1131, & Nicolas, Chanoine de Liége, vers l'an 1148.

11843. ☞ Histoire de la Vie & des Ecrits d'Alger, Scholastique de Liége, & ensuite Moine de Cluni.

Dans l'*Histoire Littéraire de la France*, tom. *XI. pag.* 158-167. Alger vivoit au XIIe siècle.]

11844. ☞ Histoire de Nalgode, Religieux de l'Abbaye de Cluni.

Dans le même Volume, *pag.* 167 & 168.]

11845. Pro Petro Abælardo, Monacho Cluniacensi, Apologia, sive Præfatio Apologetica Francisci D'AMBOISE.

Cette Apologie est imprimée au-devant des Œuvres d'Abélard : *Parisiis*, 1616, *in-4*. Abélard est mort en 1142.

11846. Historia calamitatum ejusdem, ab ipsomet ABÆLARDO scripta. = Notæ ad hanc Historiam ; per Andream QUERCETANUM.

Ces deux Pièces sont imprimées dans le Volume précédent, *pag.* 3 & 1141.

Histoires des Abbayes de l'Ordre de S. Benoît.

11847. Sommaire de la Vie d'Abélard; par Etienne PASQUIER.

Ce Sommaire est imprimé au Chap. XVII. du Liv. VI. de ses *Recherches de la France*. Ce n'est que la traduction de la Lettre Latine d'Abélard.

11848. Vita ejusdem; auctore Jacobo THOMASIO, Jacobi filio.

Cette Vie se trouve au tome I. du *Recueil* de Chrétien THOMASIUS, intitulé: *Histoire de la Sagesse & de la Folie*, pag. 81: *Halæ*, 1693, *in*-8.

11849. Histoire du même; par Pierre BAYLE.

Cette Vie est imprimée dans son *Dictionnaire historique & critique*, au nom d'Abélard.

11850. ☞ Histoire d'Héloïse & d'Abélard, avec la Lettre passionnée qu'elle lui écrivit, traduite ou imitée du Latin, & deux autres avantures galantes fort singulières: *La Haye*, Albert, 1693, 1694, *in*-12.]

11851. ☞ Amours d'Abélard & d'Héloïse: 1675, *in*-12.

Allard, *pag*. 9, de sa *Bibliothèque de Dauphiné*, dit que Jacques ALLUIS, de Grenoble, est Auteur de ce Livre. Plusieurs Ecrivains l'ont ensuite changé & augmenté, en le faisant imprimer sous les titres de *Philosophe Amoureux*, 1696, d'*Amours & Infortunes*, &c. par M. DUBOIS: *La Haye*, 1711, cinquième Edition. Mais ce sont plutôt des Romans que des Histoires.]

11852. ☞ La Vie de Pierre Abeillard & celle d'Héloïse son épouse; (par D. François Armand GERVAISE, ancien Abbé de la Trappe): *Paris*, Musier, 1720, *in*-12. 2 vol.

☞ Le P. Jacob, *pag*. 143, de *Scriptor. Cabillon*. a parlé d'une Vie d'Abélard manuscrite, qui étoit dans la Bibliothèque de M. Mentel, & d'une autre que le sieur Colletet avoit faite en partie: à *Joanne* PICARDO, *Canonico San-Victoriano*, & à *Guillelmo* COLLETETIO.]

11853. ☞ Histoire de la Vie & des Ouvrages du même; par Jean-Pierre NICERON.

Dans ses *Mémoires*, tom. IV. p. 1-45, & tom. X. part. 1, *pag*. 133.]

11854. ☞ Histoire du même.

Dans l'*Hist. Litter. de la France*, t. XII. p. 86-152.]

11855. ☞ Abrégé de la Vie d'Abailard; par M. MARIN, Censeur Royal.

Il est à la tête d'une Traduction en Prose d'une Epître de Pope, intitulée *Lettre d'Héloïse à Abeilard*. M.Colardeau l'a fait réimprimer à la tête de sa Traduction libre en vers de la même Epître: *Paris*, 1766, *in*-8.]

11856. Vita Petri Mauricii, dicti Venerabilis, Abbatis; ex Chronico Cluniacensi.

Cette Vie est imprimée au-devant de ses *Œuvres*: *Parisiis*, 1614, *in*-4. & à la pag. 589, de la *Bibliotheca Cluniacensis*: *Parisiis*, 1614, *in-fol*. Cet Abbé est mort en 1156.

11857. Vie de Pierre Maurice, dit le Vénérable; par Adrien BAILLET.

Cette Vie est imprimée dans son *Recueil des Vies des Saints*, au 25 de Décembre.

11858. ☞ Légende de D. Claude de Guise, Abbé de Cluni.

Voyez ci-après, *Règne de Charles IX*.]

11859. ☞ Histoire de la Vie & des Ouvrages de Jean Raulin; par Jean-Pierre NICERON.

Dans ses *Mémoires*, tom. XI. pag. 216-224. Raulin est mort en 1514.]

11860. ☞ Mf. Mémoire sur Philibert Poissenot, Editeur de l'Histoire Sacrée de Guillaume, Archevêque de Tyr, & sur Antoine de Roche, Fondateur du Collége de S. Jérôme à Dole, l'un & l'autre originaires de Franche-Comté, & Moines de Clugni; par M. DE FRASNE, Avocat Général Honoraire du Parlement de Besançon, & de l'Académie de cette Ville.

Dans les Registres de cette Académie.]

11861. Eloge de Claude de Vert, Religieux de l'Ordre de Cluni.

Cet Eloge est imprimé dans les *Mém. Trév*. p. 1321, de l'année 1708. Ce Religieux est mort en 1708.

11862. Eloge du même.

Cet Eloge a été composé par Pierre-Nicolas DESMOLETS, Prêtre de l'Oratoire: il est imprimé au-devant du tom. III. de l'*Explication des cérémonies de la Messe*, par Cl. de Vert: *Paris*, 1713, *in*-8. 4. vol.

11863. ☞ Histoire de la Vie & des Ouvrages du même; par Jean-Pierre NICERON.

Dans ses *Mémoires*, tom. XI. pag. 316-322.]

11864. Eloge de Paul Rabusson, Religieux de Cluni.

Dans le *Journ. des Sçavans*, Octobre, 1718, & dans les *Mémoires de Trévoux*, 1718, Février, pag. 283. Dom Rabusson est mort en 1717.]

11865. ☞ Histoire de la Vie & des Ouvrages du même; par Jean-Pierre NICERON.

Dans ses *Mémoires*, tom. I. pag. 111-116.]

☞ *Voyez* sur les Révolutions de l'Ordre de Clugni, l'*Hist. des Ord. Monastiq*. du Père HELYOT: (*Paris*, 4171, &c. *in*-4.) tom. V. pag. 209-226.]

Histoire de l'Abbaye de Conches, dans le Diocèse d'Evreux, (unie à la Congrégation de S. Maur.)

11866. Chronicon Conchensis Monasterii, seu nomina Abbatum Conchensium qui fuerunt post destructionem Saracenorum.

Cette Chronique est imprimée dans Martenne, au tom. III. de son *Nouveau Trésor des Pièces anecdotes*, pag. 1387.

Histoire de l'Abbaye de Conques, Diocèse de Rhodès.

11867. ☞ Mf. Histoire du Monastère de Conques, Abbaye de l'Ordre de S. Benoît, Evêché de Rhodès: *in-fol*.

Ce Manuscrit, qui est original, est cité p. 379 du Catalogue de M. de Cangé. Il est à la Bibliothèque du Roi.]

Histoire de l'Abbaye de Corbie, dans le Diocèse d'Amiens, (unie à la Congrégation de S. Maur.)

11868. Mf. Historia Monasterii sancti Petri Corbeiensis, Diœcesis Ambianensis.

Cette Histoire est citée par du Chesne, *pag*. 25, de sa *Bibliothèque des Historiens de France*.

Tome I.

11869. Mſ. Chronique de l'Abbaye de Corbie.

Cette Chronique eſt citée par du Cheſne, pag. 198 des *Preuves de l'Hiſtoire généalogique de la maiſon de Béthune*, où il en rapporte un Fragment.

11870. Mſ. Fragmentum hiſtoricum de deſtructionibus Eccleſiæ Corbeienſis.

Ce Fragment eſt imprimé dans du Cheſne, au tom. II. de ſon *Recueil des Hiſtoriens de France*; pag. 588.

11871. Elogium hiſtoricum ſancti Theodefridi, ex Abbate Epiſcopi primi ; auctore Joanne MABILLON, Benedictino, è Congregatione ſancti Mauri.

Cet Eloge eſt imprimé au tom. II. des *Actes des Saints de l'Ordre de S. Benoît*, pag. 1039. Ce Saint eſt mort vers l'an 690.

11872. Vita ſancti Adhalardi, Abbatis ; auctore Paſcaſio RADBERTO, ejus Diſcipulo.

Cette Vie eſt imprimée dans du Cheſne, au tom. II. de ſon *Recueil des Hiſtoriens de France*, pag. 652, dans le *Recueil* de Bollandus, au 2 de Janvier, & au tom. V. des *Actes des Saints de l'Ordre de S. Benoît*, pag. 306. Ce Saint eſt mort en 826, & Paſcaſe en 865.

11873. Alia Vita ; auctore GERARDO, tum Corbeienſi Monacho.

Cette Vie eſt imprimée dans le *Recueil* de Bollandus, au 2 de Janvier, & au tom. V. des *Actes des Saints de l'Ordre de S. Benoît*. Gérard a fleuri en 1050. Il n'a fait qu'abréger la Vie précédente, qu'il a miſe en meilleur ordre. Il a donné un ſtyle hiſtorique à cette Vie, que Paſcaſe Radbert avoit écrite en manière de Panégytique.

11874. Vie du même; par MODESTE de ſaint Amable.

Cette Vie eſt imprimée au tom. II. de ſa *Monarchie ſainte*, pag. 332 : *Paris*, 1670, *in-fol.*

11875. Vie du même; par François GIRY.

Cette Vie eſt imprimée dans ſon *Recueil des Vies des Saints*, au 2 de Janvier.

11876. Vie du même; par Adrien BAILLET.

Cette Vie eſt imprimée dans ſon *Recueil des Vies des Saints*, au même jour.

11877. ☞ Hiſtoire de la Vie & des Ecrits de S. Adalhard ; par Dom Antoine RIVET, Bénédictin.

Dans l'*Hiſt. Littér. de la France*, tom. IV. pag. 484-490.]

11878. ☞ Remarques ſur le même ; par Jacques-Georges DE CHAUFEPIÉ.

Dans ſon *Dictionnaire hiſtorique*.]

11879. Vita venerabilis Walæ, ſive Arſenii, Abbatis : à Paſcaſio RADBERTO ejus æquali ſcripta dialogico modo.

Cette Vie eſt imprimée au tom. V. des *Actes des Saints de l'Ordre de S. Benoît*, pag. 458. Wala eſt mort en 835. Il étoit couſin de l'Empereur Charlemagne. » L'Auteur de ſon Hiſtoire en a changé les noms » propres ; il a donné aux principaux Acteurs des noms » feints, qui leur convenoient le mieux, par rapport à » leur dignité, afin que les faits qu'il rapporte ne fuſſent » pas connus de tout le monde, & que l'Auteur, par ſon » récit, ne fit pas des affaires à ceux qui y jouoient leur » perſonnage : par exemple, il a donné le nom d'Ar- » ſenne à l'Abbé Wala, parceque, comme l'illuſtre Solitaire de ce nom, il avoit le don des larmes ». *Mabillon, pag.* 151, de la Préface de ce volume. Cette Hiſtoire eſt écrite, à la vérité, par un Auteur contemporain ; mais il étoit bien avant dans le parti de Lothaire. Le Père Daniel avoue dans la *Préface de ſon Hiſtoire de France*, qu'il a trouvé dans l'Hiſtoire anecdote de Wala, un grand détail des intrigues & de la conſpiration des fils de l'Empereur Louis le Débonnaire contre leur père. Le P. Mabillon dit, au tom. II. des *Annales* de ſon Ordre, *pag.* 576, « que Paſcaſe Radbert a écrit, d'un » ſtyle d'Orateur, deux Livres de l'Hiſtoire de l'Abbé » Wala, ſous le titre d'Epitaphe. Il s'eſt ſervi de la forme » du Dialogue, & a déguiſé le nom de ſes perſonnages. » Il appelle toujours l'Abbé Wala, Arſenne, l'Empe- » reur Louis, Juſtinien, l'Impératrice Judith, Juſtine. » Il avoit compoſé le premier Livre du vivant de cet » Empereur ; & il écrivit le ſecond vers le milieu du » IX. ſiècle. Il ſe ſervit de noms feints, de peur que s'il » marquoit les véritables, il ne ſe fit des affaires avec les » deux partis qui diviſoient l'Empire. Dans le ſecond » Livre, il ne s'attache qu'à juſtifier l'Abbé Wala.]

11880. Vie de S. Wala ; par MODESTE de ſaint Amable.

Cette Vie eſt imprimée au tom. II. de ſa *Monarchie ſainte*, pag. 346 : *Paris*, 1670, *in-fol*.

☞ *Voy*. pag. xviij. de l'Avertiſſement du tom. XII. de l'*Hiſt. Littér. de la France*.]

11881. Vita ſancti Paſcaſii Radberti, Abbatis : auctore Monacho Corbeienſi anonymo.

Cette Vie eſt imprimée au tom. VI. des *Actes des Saints de l'Ordre de S. Benoît*, pag. 567. Ce Saint eſt mort en 865. Cette Vie n'eſt qu'un abrégé fort imparfait.

11882. Alia Vita : auctore Hugone MENARD, Benedictino, è Congregatione ſancti Mauri.

Cette Vie eſt imprimée à la pag. 554 de ſes *Obſervations ſur le Martyrologe Bénédictin* : *Paris*, 1629, *in-8*.

11883. Alia Vita : auctore Jacobo SIRMONDO, è Societate Jeſu.

Cette Vie eſt imprimée dans le *Recueil* de Bollandus, au 26 d'Avril.

11884. Elogium hiſtoricum ejuſdem ; auctore Joanne MABILLON, Benedictino, è Congregatione ſancti Mauri.

Cet Eloge eſt imprimé au tom. VI. des *Actes des Saints de l'Ordre de S. Benoît*, pag. 122.

11885. Vie du même; par Adrien BAILLET.

Cette Vie eſt imprimée dans ſon *Recueil des Vies des Saints*, au 26 d'Avril.

11886. ☞ Hiſtoire de la Vie & des Ecrits du même Paſchaſe Radbert ; par D Antoine RIVET, Bénédictin.

Dans l'*Hiſt. Littér. de la France*, tom. V. p. 287-314.]

11887. ☞ Hiſtoire de Ratramne.

Dans le même volume, pag. 332-351. Ce Religieux vécut au moins juſqu'en 868.]

11888. ☞ Hiſtoire de la Vie & des Ecrits d'Angilbert, Abbé ; par D. Antoine RIVET, Bénédictin.

Dans l'*Hiſt. Littér. de la France*, tom. V. p. 648-649. Angilbert eſt mort en 890.]

11889. ☞ Hiſtoire de la Vie & des Ecrits

de Nevelon ; Moine de Corbie ; par le même.

Dans le tom. VIII. du même Ouvrage, *p.* 590-592. Nevelon est mort vers l'an 1100.]

11890. De Constructione Monasterii novæ Corbeiæ in Saxonia, quæ cum imperio & voluntate Ludovici Pii Imperatoris facta est, & de translatione sancti Viti ad idem Monasterium anno 836. Libellus antiqui Scriptoris.

Cette Narration est imprimée dans du Chesne, au tom. II. de son *Recueil des Historiens de France*, *p.* 344. Je rapporte ici cette Pièce, afin de ne rien omettre de ce qui est contenu dans le Recueil de du Chesne.

Histoire de l'Abbaye de Cormeri, dans le Diocèse de Tours, (unie à la Congrégation de S. Maur.)

11891. ☞ Histoire de l'Abbaye de Cormeri, en Touraine; par Dom Joachim PÉRION, Prieur de la même Abbaye.

» Cette Histoire, écrite en Latin sur les Archives de
» cette Abbaye, avec quantité de Pièces originales, étoit
» entre les mains de Jean Maan, qui s'en est servi dans
» son Histoire des Archevêques de Tours. Le Père Ma-
» billon en avoit aussi une copie, comme il paroît par
» ses Annales de l'Ordre de S. Benoît. Joachim Périon,
» connu par un grand nombre d'Ouvrages, est mort en
» 1561, & non en 1559, comme l'a dit le P. le Long,
» sous ses numéros 1034 & 4326 ». *Singularités historiques* de Dom Liton, tom. III. pag. 391.]

11892. ☞ Histoire de la Vie & des Ecrits de Thibault II. Abbé de Cormeri.

Dans l'*Hist. Littér. de la France*, tom. XI. *pag.* 703. Thibaut est mort vers 1136.]

11893. ☞ Histoire de la Vie & des Ouvrages de Joachim Perion ; par Jean-Pierre NICERON.

Dans ses *Mémoires*, tom. *XXXVI*. *p.* 33-42.]

Histoire de l'Abbaye de Crespin, dans le Diocèse de Cambray.

11894. Cœnobiarchia Crespiniana, seu Abbatum de Crespinio res gestæ : *Duaci*, Bardou, 1641, *in*-8.

11895. Vita sancti Landelini, Abbatis primi Crispini in Hannonia ; auctore Antiquo.

11896. Alia Vita priore fortè antiquior : quâ solâ usus fuisse videtur Philippus Abbas Bonæspei.

Ces deux Vies sont imprimées au tom. II. des *Actes des Saints de l'Ordre de S. Benoît*, pag. 873, & dans le *Recueil* de Bollandus, au 15 de Juin. Ce Saint est mort en 696. L'Auteur de la première Vie dit dans sa Préface, qu'il ne rapporte que ce qu'il a cru véritable.

11897. Alia Vita ; auctore Philippo HARVENGIO Bonæspei Abbate.

Cette Vie est imprimée dans les Ouvrages de cet Auteur : *Duaci*, 1621, *in-fol*. Il est mort l'an 1182.

11898. Vie de saint Landelin ; par Adrien BAILLET.

Cette Vie est imprimée dans son *Recueil des Vies des Saints*, au 15 de Juin.

Histoire de l'Abbaye de la Croix-Saint-Leufroy, dans le Diocèse d'Evreux.

11899. Vita sancti Leufredi, Abbatis Monasterii Madriacensis, quod in Normannia situm, Crux sancti Audoeni dicebatur, nunc appellatur sancti Leufredi ; auctore Cœnobita ejusdem loci : *Parisiis*, 1598, *in* 8.

Cette Vie est imprimée dans Barralli, *pag.* 198, de sa *Chronologie de Lérins* : *Lugduni*, 1613, *in*-4. au tom. III. des *Actes des Saints de l'Ordre de S. Benoît*, *pag.* 582, & avec le *Commentaire* d'Henschenius, dans le *Recueil* de Bollandus, au 21 de Juin. Elle a été écrite par un Moine du neuvième siècle, dont la bonne foi paroît suspecte en plusieurs endroits ; elle n'a pas grande autorité. Ce Saint a fleuri dans le huitième siècle.

11900. Vie de saint Leufroy ; par François GIRY.

Cette Vie est imprimée dans son *Recueil des Vies des Saints*, au 21 de Juin.

11901. Vie du même ; par Adrien BAILLET.

Cette Vie est imprimée dans son *Recueil des Vies des Saints*, au même jour.

Histoire de l'Abbaye de Cusance, Diocèse de Besançon, aujourd'hui Prieuré.

11902. ☞ Vita sancti Ermenfredi primi Abbatis Cusantiensis in Comitatu Burgundiæ ; auctore EGILBERTO, præposito Cusantiensi ; & Commentarius Constantini SUYSKENI, è Societate Jesu.

Cette Vie est imprimée dans le *Recueil* de Bollandus, au 25 de Septembre. Ce Saint est mort vers l'an 670.]

Histoire de l'Abbaye d'Ebersmunster, dans le Diocèse de Strasbourg.

11903. Historia Novientensis, seu Apri-Monasterii, patrio sermone Ebersmunster, auctore anonymo, qui eam scripsit circa annum 1235.

Cette Histoire est imprimée dans Martenne, au tom. III. de son *Nouveau Trésor des Pièces anecdotes*, *pag.* 1126.

Histoires de l'Abbaye de Faverney, Diocèse de Besançon.

11904. ☞ Ms. Histoire de l'Abbaye de Faverney ; par Dom BEBIN.

Elle est conservée dans ce Monastère. Il y a une assez bonne Dissertation sur ses commencemens. Les Chartes sur lesquelles cette Histoire est établie sont intéressantes pour la Franche-comté. L'Auteur est mort en 1676.]

11905. ☞ Ms. Cartulaire de la même Abbaye ; par Dom COQUELIN.

Il est dans ce Monastère, dont l'Auteur est actuellement Abbé ; il commence vers le milieu du douzième siècle, & continue jusqu'au dix-septième.]

11906. ☞ Ms. Relation & autres Pièces authentiques concernant un Miracle arrivé dans cette Abbaye l'an 1608.

L'original est dans les Archives de l'Archevêché de Besançon.]

Histoire de l'Abbaye de Fescan, Diocèse de Rouen, (unie à la Congrégation de S. Maur.)

11907. Mf. Nomina & Acta Abbatum qui Monasterium Fiscanense rexerunt.

11908. Mf. De revelatione, ædificatione & auctoritate Fiscanensis Cœnobii, Liber.

11909. Mf. Descriptio Monasterii Fiscanensis ; auctore BALDERICO, Archiepiscopo Dolensi.

Ces trois Ecrits sont conservés dans la Bibliothèque de ce Monastère, selon du Chesne, *pag.* 152, *Seriei Auctorum.*

11910. Chronicon Fiscanense in Caletensi Pago, à Christo nato ad annum 1220.

Cette Chronique est imprimée dans Labbe, au tom. I. de sa *Nouvelle Bibliothèque des Manuscrits*, *pag.* 325. Vossius, dans son *Traité des Historiens Latins*, Liv. III. Chap. VII. pag. 782, attribue cette Chronique à ROBERT, Moine de Fescan, qui fleurissoit en 1280.

11911. Mf. Histoire de l'Abbaye de Fescan, du Prieuré de S. Gabriel & autres dépendances de ladite Abbaye ; par Antoine DE MARESTE D'ALGE, Avocat-Général du Roi en la Cour des Aydes de Rouen : *in-4.*

Cette Histoire est conservée dans la Bibliothèque du Roi, entre les Manuscrits de M. Bigot, num. 328. Gilles-André de la Roque en cite un Fragment, au tom. I. de ses *Preuves de l'Histoire généalogique de la Maison d'Harcourt*, *pag.* 167.

☞ C'est de M. de Mareste, Seigneur d'Alge, que Vigneul de Marville a parlé dans ses *Mélanges*, tom. I. *pag.* 184, de l'édition de l'Abbé Banier en 1725.]

11912. Factum pour le Prince de Neubourg, Abbé Commendataire de Fescan, contre les Religieux Bénédictins de la Congrégation de S. Maur : [*Paris*] 1675, *in-fol.*

Ce même Factum est imprimé au tom. II. de la *Bibliothèque critique*, *pag.* 1 : *Amsterdam*, [ou plutôt à Nanci,] 1708, *in-12*. Richard SIMON, qui étoit alors Prêtre de l'Oratoire, est l'Auteur de ce Factum : il est mort en 1711.

11913. Requête des Religieux de l'Abbaye de Fescan, présentée au Roi & aux Commissaires députés par Sa Majesté, pour examiner les Titres de l'Exemption de l'Abbaye de Fescan, avec l'Inventaire des Pièces justificatives du Droit dont jouit cette Abbaye depuis sa Fondation, contre François Rouxel de Médavy, Archevêque de Rouen ; par Me LE VASSEUR, Avocat : 1688, *in-4.*

11914. Requête de François Rouxel de Médavy, Archevêque de Rouen, présentée au Roi, au sujet de sa Jurisdiction sur l'Abbaye de Fescan, contre les Religieux de cette Abbaye : [*Paris*] 1688, *in-fol.*

11915. ☞ Mémoire pour M. de Médavy, Archevêque de Rouen, & M. Colbert, Coadjuteur, contre les Abbé & Religieux de Fescan : *in-fol.*

L'Auteur de la Défense dit que ce Mémoire est la même chose que la première Requête, qu'on crut ne devoir pas être donnée au Public dans l'état où elle a été signifiée ; de sorte qu'après en avoir retranché quelques endroits trop durs, & en avoir adouci quelques autres, on y a ajouté quelques faits & raisonnemens nouveaux : on l'a imprimée sous le nom de Mémoire, & on l'a fait signifier aux Religieux une seconde fois.]

11916. Défense de l'Exemption & de la Jurisdiction de l'Abbaye de Fescan, pour servir de Réponse à la Requête & au Mémoire de l'Archevêque de Rouen, présenté en 1689 : 1690, *in-fol.*

Dom Gabriel DEUDAN, Religieux Bénédictin de la Congrégation de S. Maur, est l'Auteur de cette Défense, qui a été imprimée à Paris.

☞ La Requête & le Mémoire y sont insérés mot à mot. On y répond, & on y joint des notes.]

11917. * Réponse aux raisons qu'apporte l'Archevêque de Rouen contre l'exemption de l'Abbaye de Fescan : *in-fol.*

L'Auteur est D. Guillaume FILLIASTRE, de la même Congrégation.

— Vie de S. Guillaume.

Voyez Hist. de l'Abb. de S. Bénigne de Dijon.

11918. Fragmentum Vitæ sancti Waningi, Confessoris & Fundatoris Monasterii Fiscanensis.

Aliud Fragmentum.

Ces Fragmens, dont le plus moderne est du XIIe siècle, sont imprimés dans le *Recueil* de Bollandus, au 9 de Janvier.

11919. Vie de S. Vaneng, Fondateur de l'Abbaye de Fescan, & Patron de la Ville de Ham en Picardie : *Paris*, de Laulne, 1700, *in-12.*

Cette Vie a été écrite par Christophe LABBÉ, Chanoine Régulier de la Congrégation de France, Curé de S. Sulpice au Fauxbourg de Ham. L'Abbé Chastelain dit, *pag.* 151 de son *Martyrologe*, qu'elle est excellente. Il y a à la fin des Pièces originales.

11920. ☞ Histoire de la Vie & des Ecrits de Jean, Abbé de Fescan ; par D. Antoine RIVET, Bénédictin.

Dans l'*Hist. Littér. de la France*, tom. *VIII. pag.* 48-59. Cet Abbé est mort en 1078.]

Histoire de l'Abbaye de Ferrières en Gâtinois, (unie à la Congrégation de S. Maur.)

11921. Histoire de l'Abbaye de Ferrières ; par Guillaume MORIN, Grand-Prieur de cette Abbaye : *Paris*, 1613, *in-12.*

☞ Cette Histoire se trouve en abrégé au Liv. VI. de son *Histoire du Gâtinois* : *Paris*, 1630, *in-4. p.* 737-784.]

11922. Vita Albini Alcuini, Abbatis & Levitæ ; auctore anonymo feré æquali.

Cette Vie est imprimée au-devant de ses *Œuvres* : *Parisiis*, 1617, *in-fol.* au tom. V. des *Actes des Saints de l'Ordre de S. Benoît*, *pag.* 145, & avec le Commentaire d'HENSCHENIUS, dans le *Recueil* de Bollandus, au 19 de Mai. Alcuin est mort en 804, [à S. Martin de Tours.] SIGULFE, son Disciple, a écrit sa Vie.

11923. Elogium historicum ejusdem ; auc-

Histoires des Abbayes de l'Ordre de S. Benoît.

tore Joanne MABILLON, Benedictino, è Congregatione sancti Mauri.

Cet Eloge est imprimé au tom. V. des *Actes des Saints de l'Ordre de S. Benoît*, pag. 145.

11924. Vie du même; par Adrien BAILLET.

Cette Vie est imprimée dans son *Recueil des Vies des Saints*, au 19 de Mai.

11925. ☞ Alcuini Epitaphium, à se ipso compositum.

On la trouve dans la *Collection des Historiens de France*, par D. BOUQUET, tom. V. pag. 414.]

11926. ☞ Jacobi BASNAGII, Observatio de Alcuino.

Dans son édition *in-fol*. des *Lect. antiq.* de Canisius, tom. III. part. 2, pag. 381.]

11927. ☞ Histoire de la Vie & des Ecrits du bienheureux Alcuin; par Dom Antoine RIVET, Bénédictin.

Dans l'*Hist. Littér. de la France*, tom. IV. p. 295-347. On peut voir encore sur Alcuin, les *Annales* de LE COINTE, tom. VI. pag. 786, & tom. VII. pag. 18, & les Remarques de M. CHAUFFEPIÉ, dans son *Dictionnaire historique*.]

11928. ☞ Histoires de la Vie & des Ecrits de Loup, Abbé de Ferrières, par le même.

Dans le même Ouvrage, tom. V. p. 255-272. Loup est mort après l'an 862.]

Histoire de l'Abbaye de Figeac, dans le Diocèse de Cahors.

11929. Historia Monasterii Figiacensis.

Cette Histoire est imprimée dans Baluze, au tom. II. de ses *Miscellanea*, pag. 298.

Histoire de l'Abbaye de Flavigny, dans le Diocèse d'Autun, (unie à la Congrégation de S. Maur.)

11930. Analecta quædam monumentorum sancti Petri Flaviniacensis.

11931. Series Abbatum ejusdem Monasterii.

Ces deux Ecrits sont imprimés dans Labbe, au tom. I. de sa *Nouvelle Bibliothèque des Manuscrits*, p. 269.

11932. Ms. Histoire de l'Abbaye de Flavigny; par Dom Georges VIOLE, Religieux Bénédictin de la Congrégation de S. Maur.

Cette Histoire est conservée à [Flavigny. *Voyez*] M. de la Mare, Conseiller au Parlement de Dijon, p. 43, de son *Plan des Historiens de Bourgogne*.

11933. Elogium venerabilis Widradi, Abbatis & Conditoris Monasterii Flaviniacensis, in quo duplex ejus testamentum & origo Monasterii; auctore Joanne MABILLON, Benedictino, è Congregatione sancti Mauri.

Cet Eloge est imprimé au tom. III. des *Actes des Saints de l'Ordre de S. Benoît*, pag. 682. Ce Saint a fleuri en 745.

11934. ☞ Histoire de la Vie & des Ecrits de Hugues, Abbé de Flavigny.

Dans l'*Hist. Littér. de la France*, tom. X. Cet Abbé vivoit au commencement du XII° siècle.]

Histoire de l'Abbaye de Fleuri ou de S. Benoît-sur-Loire, dans le Diocèse d'Orléans, (unie à la Congrégation de S. Maur.)

11935. Chronicon Floriacense [fundatum est hoc Monasterium anno 623] ab anno 688, usque ad annum 1028.

Cette Chronique est imprimée dans du Chesne, au tom. I. des *Historiens de France*, p. 354.

Idem Chronicon ab anno 627, ad annum 1060.

Cette Chronique est imprimée dans Baluze, au tom. III. de ses *Miscellanea*, p. 303. Elle est très-courte & peu exacte; par exemple, elle marque la mort du Roi Pepin en 763, quoiqu'elle soit arrivée, selon tous les Historiens, en 768. L'Auteur étoit fort crédule.

☞ *Voyez* sur cette Chronique l'*Hist. de France*, par le Gendre, tom. II. p. 24.]

11936. ☞ Histoire abrégée de la très-célèbre Abbaye de S. Benoît, à Fleuri-sur-Loire; par Guillaume MORIN.

On la trouve dans son *Histoire du Gâtinois*: Paris, 1630, in-4. p. 253-269.]

11937. Catalogus Abbatum Floriacensium.

Ce Catalogue est imprimé dans Baluze, au tom. I. de ses *Miscellanea*, p. 491.

11938. ☞ Ms. Collectanea Chronologica, sive Apparatus ad Historiam universalem insignis Abbatiæ sancti Benedicti Floriacensis: operâ & studio D. Jacobi JANDOT, anno 1681, in-fol.

Ce Manuscrit est conservé dans la Bibliothèque du Monastère. L'Auteur, qui avoit fait Profession à Fleuri, est mort à S. Laumer de Blois, en 1683.]

11939. ☞ Ms. Historica Cœnobii Floriacensis; auctore D. Francisco CHAZAL, anno 1723: in-fol. 2 vol.

Cette Collection est dans la même Bibliothèque. L'Auteur étoit Prieur du Monastère lorsqu'il la composa: il est mort à Pontlevoy, Diocèse de Blois, en 1729.]

11940. Floriacensis vetus Bibliotheca Benedictina, Sancta, Apostolica, Pontificia, Cæsarea, Regia, Franco-Gallica: opus Joannis A Bosco, Parisiensis, Cœlestini Lugdunensis: [Lugduni, Cardon] 1605, in-8.

L'Abbé du Bois est mort en 1626. Il avoit été long-temps Célestin, lorsqu'il quitta cette Congrégation. Son Ouvrage contient bien des choses qui regardent l'Histoire de France.

☞ On peut voir sur Jean du Bois, le Dictionnaire de Prosper Marchand, article *du Bois*, où il est parlé amplement de lui & de ses Ouvrages, sur-tout de sa Bibliothèque de Fleuri, & des Pièces qu'elle contient, (tom. I. pag. 110.) *Voyez* aussi ci-devant, N.° 10669 & *suiv*.]

11941. Historia Translationis sancti Benedicti & sanctæ Scholasticæ; auctore [ADALBERTO] Monacho Floriacensi.

Cette Histoire est imprimée au commencement du volume précédent, [dans le *Recueil* de Bollandus, au 21 de Mars, p. 300-305, & dans les *Annales de l'Ordre de S. Benoît, sæcul*. 2, pag. 353.] L'Auteur a écrit sous le règne de Charles-le-Chauve; il a inféré dans sa Relation plusieurs choses, qui appartiennent à notre Histoire.

☞ On a cru, pendant un temps, que c'étoit ADREVALD; mais D. Mabillon a fait voir que c'étoit Adalbert: les *Actes des Saints de l'Ordre de S. Benoît*, (*sæcul. 4, part. 2, pag.* 377.) & les Auteurs de l'*Hist. Littéraire de France, tom. V. p.* 516, sont du même sentiment. *Voyez* aussi le *Recueil* de Bollandus, au 21 Mars, *p.* 302.]

11942. ☞ Brevis narratio de Translatione Corporis sancti Benedicti.

Dom Mabillon a publié cette Histoire, *pag.* 451 du *tom. IV.* de ses *Analectes*, & il l'avoit trouvée à Ratisbonne, dans un Manuscrit de l'Abbaye de S. Emmeran, qui avoit plus de 900 ans d'antiquité. Il conjecture, avec fondement, que l'Auteur vivoit dans le temps que la translation du corps de S. Benoît a été faite du Mont-Cassin à Fleuri, c'est-à-dire, vers l'an 660. Comme le nom de cet Auteur est inconnu, on l'appelle l'*Anonyme de Ratisbonne*.]

11943. ☞ Historia Translationis sancti Benedicti & sanctæ Scholasticæ; auctore AIMOINO, Floriacensis Cœnobii Monacho.

Cette Histoire, qui est en vers, se trouve dans les *Actes des Saints de l'Ordre de S. Benoît, sæcul. II. pag.* 359.]

11944. ☞ Tractatus de conservatione Corporis S. Patris Benedicti Abbatis in Floriacensi Cœnobio; auctore Joanne A Bosco, Parisiensi, ex fideli atque veraci Seniorum Floriacensis Cœnobii relatu.]

11945. ☞ Inventarium authenticorum descriptorum, pro vera corporis Beatissimi Patris Benedicti Abbatis Casinensis, apud Floriacum Galliæ præsentia, in quatuor capita; per Joannem A Bosco, distributum.

Ces deux Traités se trouvent *pag.* 232 & *suiv.* de l'Ouvrage intitulé : *Floriacensis Bibliotheca*, (ci-devant, N.° 11940.)

11946. ☞ De vera existentia Corporis sancti Benedicti in Casinensi Ecclesia, deque ejus translatione; autore Matthæo LAURETO, Cervariensi Hispano, Abbate S. Salvatoris de Castellis : *Neapoli*, 1607, *in*-8.

On conserve du même Auteur, dans les Archives du Mont-Cassin, un *Appendix* Manuscrit au Traité précédent. Dom Lauret s'y propose de réfuter ce que Yepès avoit dit dans ses Annales Bénédictines en Espagnol, aussi-bien que la Dissertation de la Saussaye, indiquée ci-après.

Gottola, dans l'Histoire de l'Abbaye du Mont-Cassin, croit que Dom Lauret s'est servi de deux Dissertations que Dom Bernardin SAIVERDA, Abbé du Mont-Cassin, avoit composées dans sa jeunesse, en Italien, pour prouver que le corps de S. Benoît n'avoit jamais été déplacé du Mont-Cassin. On conserve dans cette Abbaye ces deux Dissertations manuscrites.]

11947. ☞ Traité de la translation du Corps de S. Benoît; par Dom Simon - Germain MILLET : *Paris*, 1624.

Dom Millet composa ce Traité avant son entrée dans la Congrégation de S. Maur, qui fut le 19 Juin 1632. Il prit le nom de Simon lorsqu'il embrassa la Réforme, & mourut à S. Denis le 28 Janvier 1647.]

11948. ☞ Gloria Cœnobii Floriacensis, seu de vera translatione corporis sancti Benedicti, è Monasterio Casinensi ad Floriacense; auctore Carolo SAUSSEYO, Aurelianensi.

Ce Traité se trouve à la fin de ses *Annales Ecclésiastiques d'Orléans : Parisiis*, 1639, *in*-4. D. Mabillon, (*Act. Sanct. Ord. S. Bened. Sæcul. II. pag.* 337) fait un grand cas du travail de la Saussaye, & dit que c'est celui qui a le mieux écrit sur ce sujet.]

11949. ☞ Ms. De sacri Benedicti corporis numquam interruptâ possessione, vindiciæ Casinenses conduplicatæ; auctore ANTONIO Neapolitano, Monacho Casinensi.

Ce Manuscrit est conservé dans l'Abbaye du Mont-Cassin.]

11950. ☞ Angelus DE NUCE, Abbas Casinensis in appendice Romanis typis excusa ad Chronicon Casinense : *Parisiis*, anno 1668, ipsius curâ editum & illustratum.

Le Cardinal Quirini nous apprend (*Epist.* 1. *ad Abbatem Wesofont. pag.* 19, indiquée ci-après) que cette Dissertation ou Appendix fut entièrement supprimée par les Libraires de Paris, qu'on ne la trouve que séparément, de l'impression de Rome, & que les exemplaires étant devenus rares, il l'a fait imprimer à la suite de sa Vie de S. Benoît : *Venetiis*, 1723.]

11951. ☞ In Historiam Translationis Corporum SS. Benedictini & Scholasticæ in Galliam Dissertatio; auctore Joanne MABILLONIO.

Cette Dissertation se trouve parmi les Actes des Saints de l'Ordre, *sæcul. II. p.* 337. Elle est contre l'Ouvrage d'Ange de Nuce.]

11952. ☞ Angeli DE NUCE, Appendix tertia ad Chronicon Casinense, hoc est iterata Responsio adversùs nuperum assertorem, (D. Mabillon) Translationis sanctissimi Patris Benedicti.

Cet Appendix est imprimé au tom. IV. *Script. rerum Italicarum*, de Muratori.]

11953. ☞ Dissertatio de existentia Corporum SS. Benedicti & Scholasticæ, apud Cassinum, contra Joannem Mabillonium; auctore Petro Maria JUSTINIANÆO, Monacho Cassinensi postea Episcopo Sagonensi.

Cette Dissertation est imprimée à la suite du tom. VI. des *Annales Bénédictines* de l'édition de Lucques, en 1745.]

11954. ☞ Carolus LE COINTE de Translatione Corporis sancti Benedicti.

Ce Père de l'Oratoire traite cette Question en deux endroits de ses *Annales Eccles. Franc.* (tom. III. ann. 673, *num.* 42, & tom. V. ann. 755, *num.* 6) & il la décide en faveur de l'Abbaye de Fleuri.]

11955. ☞ Controversia de Translatione Reliquiarum sancti Benedicti; auctore Gerardo CASTAEL, Canonico Ordinis sanctæ Crucis, Domûs Duisburgensis Priore.

C'est la trente-quatrième de ses Controverses Ecclésiastiques historiques : *Coloniæ*, 1734, *in*-4. L'Auteur rapporte les différens sentimens des Religieux du Mont-Cassin & de Fleuri, & il ne prend aucun parti.]

11956. ☞ Ad Reverendissimum Patrem D. Bedam, Abbatem Wesofontanum, & Congregationis Benedictinæ-Bavaricæ Præsidem

Histoire des Abbayes de l'Ordre de S. Benoît. 745

fidem generalem, (Angeli Mariæ QUIRINI) Epistola, Brixiæ, 15 Septembris 1753.

Ad eundem Abbatem (ejusdem) Epistola altera.

Le Cardinal Quirini a prétendu prouver que jamais le corps de S. Benoît n'avoit été transféré du Mont-Cassin à Fleuri. Ce Cardinal est mort à Bresce, dont il étoit Evêque, en 1755, étant Associé honoraire de l'Académie des Inscriptions & Belles-Lettres.]

☞ Dans un *Epitome Chronicorum Casinensium*, attribué faussement à Anastase, & désigné comme manuscrit par Cave, sous l'an 754, on suppose la vérité de la Translation à Fleuri, mais on prétend que le corps de S. Benoît a été rapporté au Mont-Cassin. Antoine Yepez, dans ses *Chroniques générales de l'Ordre de S. Benoît*, à l'année 660, & Arnoul de Wion, ont suivi le sentiment de ce faux Anastase. M. Muratori, qui a publié cette Chronique pour la première fois au commencement du tom. II. *Scriptor. rer. Italicarum*, n'en fait pas grand cas, & assure qu'elle n'a été écrite qu'après l'an 1000.]

☞ Le Père Jean STILTING, dans son Commentaire sur la Vie de S. Aigulphe, (*Recueil* de Bollandus, tom. I. de Septembre, *pag.* 728) essaie de prouver que les Religieux de Fleuri n'enlevèrent qu'une partie du corps de S. Benoît.]

11957. ☞ Ms. Dissertation sur la Translation du Corps de S. Benoît & de sainte Scholastique, du Mont-Cassin à Fleuri; par Dom Louis FABRE, Religieux Bénédictin, Bibliothécaire du Monastère de Bonne-Nouvelle, à Orléans: *in-4.*

Ce Manuscrit est conservé dans la Bibliothèque de S. Benoît-sur-Loire, ou de Fleuri. L'Auteur l'a composé à l'occasion des deux Lettres du Cardinal Quirini, & du Commentaire du Père Stilting: il ne s'est pas contenté de répondre à ces deux Auteurs, il a encore ramassé tout ce qui pouvoit prouver la Translation, & a tâché de satisfaire à toutes les objections des Religieux du Mont-Cassin.]

11958. ☞ Historia Translationis S. P. Benedicti Reliquiarum; auctore DIEDERICO, Monacho.

Cette Histoire est parmi les *Actes des Saints de l'Ordre de S. Benoît, sæc. II. pag.* 343. La translation dont il y est question, arriva lorsqu'on rapporta à Fleuri les Reliques de S. Benoît, qu'on avoit transportées à Orléans en 843, à cause des ravages des Normans. Diédéric étoit Allemand: comme il passa quelque temps au Monastère de Fleuri, au commencement du XI. siècle, il composa cette Histoire à la prière de l'Abbé & des Religieux.]

11959. ☞ Ms. Miracula sancti Benedicti patrata in Gallia, post translationem ad medium usque Sæculum nonum, Scripta ab ADREVALDO, Monacho Floriacensi, Caroli Calvi principatu.

Dans les *Actes des Saints de l'Ordre de S. Benoît, sæc. II. pag.* 369. Il y a dans cet Ouvrage & dans les suivans, beaucoup de choses concernant l'Histoire de France. On les trouve aussi dans la *Bibliotheca Floriacensis, pag.* 13.]

11960. ☞ De Miraculis sancti Patris Benedicti, Libri duo; auctore AIMOINO, Floriacensi Monacho, anno 1005.

Dans le même Ouvrage, *sæc. IV. part. 2, pag.* 356.]

11961. ☞ Miracula sancti Benedicti, Abbatis, à Rodulfo TORTARIO, Floriacensi Monacho, sub finem sæculi XI.

Dans le même Ouvrage, *sæc. IV. part. 2, pag.* 390.]

11962. ☞ Ms. Liber Miraculorum sancti Benedicti; auctore HUGONE à sancta Maria, Monacho Floriacensi.

Cet Ouvrage est conservé dans la Bibliothèque de S. Benoît-sur-Loire. L'Auteur ne l'a composé que comme un Supplément à celui de Raoul Tourtier, ou Tortaire. Il est mort vers l'an 1130.]

11963. Elogium historicum sancti Mummoli, Abbatis; auctore Joanne MABILLON, Benedictino.

Ce Saint est mort vers l'an 678. Son Eloge est imprimé au tom. II. des *Actes des Saints de l'Ordre de S. Benoît, p.* 674.

☞ *Voyez* ci-devant, N.° 9756.]

11964. Vie de saint Momble; par François GIRY.

Cette Vie est imprimée dans son *Recueil des Vies des Saints*, au 18 de Novembre.

11965. ☞ Histoire de la Vie & des Ecrits d'Adrevald, Moine de Fleuri; par D. Antoine RIVET, Bénédictin.

Dans l'*Histoire Littér. de la France, tom. V. p.* 515-522. Ce Religieux est mort vers 878.]

11966. ☞ Histoire de la Vie & des Ecrits de Richard, Abbé de Fleuri; par Dom Antoine RIVET, Bénédictin.

Dans l'*Hist. Littér. de la France, tom. VI. pag.* 393-395. Cet Abbé est mort l'an 979.]

11967. ☞ Histoire de la Vie & des Ecrits de Gérauld & d'Isembart, Moines de Fleuri; par D. Antoine RIVET, Bénédictin.

Dans l'*Histoire Littér. de la France, tom. VI. p.* 438-440, & tom. *VII. p.* 183 & 184. Ces Religieux vivoient au dixième siècle.]

11968. Vita sancti Abbonis, Abbatis & Martyris; auctore AIMOINO, Monacho, ejus Discipulo.

Cette Vie est imprimée dans Pithou, au tom. II. de son *Recueil des Ecrivains contemporains, p.* 428. Dans la *Bibliotheca Floriacensis, tom. I. p.* 299, & au tom. VIII. des *Actes des Saints de l'Ordre de S. Benoît, p.* 682. Ce Saint est mort en 1004. Aimoin de Fleuri fut témoin d'une partie de sa Vie; il le fut aussi de sa mort; il avoit appris le reste, qui regardoit ce Saint, de personnes dignes de foi.

11969. Vie de saint Abbon; par Adrien BAILLET.

Cette Vie est imprimée dans son *Recueil des Vies des Saints*, au 13 de Novembre.

11970. ☞ Histoire de la Vie & des Ecrits du même; par Dom Antoine RIVET, Bénédictin.

Dans l'*Hist. Littér. de la France, tom. VII. pag.* 159-181.]

11971. ☞ Histoire de la Vie & des Ecrits d'Aimoin, Moine de Fleuri; par D. Antoine RIVET, Bénédictin.

Dans l'*Hist. Littér. de la France, tom. VII. p.* 216-227. Ce Religieux est mort vers 1008.]

Tome I. Bbbbb

11972. Mſ. De Vita Gauſlini, Abbatis; auctore Andrea, Floriacenſi Monacho.

Cette Vie eſt conſervée dans la Bibliothèque du Vatican, entre les Manuſcrits de la Reine de Suède, num. 46. Gauſlin fut élu Abbé l'an 1005, & eſt mort Archevêque de Bourges en 1029.

☞ Voyez ſa Vie par D. Rivet, dans l'*Hiſt. Littér. de la France*, tom. *VII.* p. 279-283.]

11973. ☞ Hiſtoire de la Vie & des Ecrits de Diédéric, Moine de Fleuri; par D. Antoine Rivet, Bénédictin.

Dans l'*Hiſt. Littér. de la France*, tom. *VII.* p. 295-299. Ce Religieux eſt mort en 1030.]

11974. ☞ Hiſtoire de la Vie & des Ecrits d'Helgaud, Moine de Fleuri.

Dans l'*Hiſt. Littér. de la France*, tom. *VII.* p. 405-409. Ce Religieux eſt mort vers 1148.]

11975. ☞ Hiſtoire de la Vie & des Ecrits de Raoul Tortaire, Moine de Fleuri.

Dans l'*Hiſt. Littér. de la France*, tom. *X.* pag. 85-94. Ce Religieux eſt mort vers 1115.]

11976. ☞ Hiſtoire de la Vie & des Ecrits de Hugues de Sainte-Marie, Moine de Fleuri.

Dans l'*Hiſt. Littér. de la France*, tom. *X.* p. 285-306. Ce Religieux eſt mort au commencement du XIIe ſiècle.]

Hiſtoire de l'Abbaye de Fontaine-lès-Dijon, dans le Diocèſe de Dijon, ci-devant du Diocèſe de Langres.

11977. Fondation de l'Abbaye de Fontaine-lès-Dijon.

Cet Acte eſt imprimé avec le Livre intitulé : *Fondation de l'Ordre de S. Antoine* : Paris, 1632, in-8.

Hiſtoire de l'Abbaye de Fontenai-Louvet, dans le Diocèſe de Séez.

11978. Vita ſuſpecta ſancti Ebremundi, Fontanenſis ad Ornam Abbatis; cum Commentario prævio Godefridi Henschenii.

Cette Vie eſt imprimée dans le *Recueil* de Bollandus, au 12 de Juin. Ce n'eſt qu'une rapſodie, tiſſue de quelques lambeaux pris de la Vie de S. Evroul, Abbé d'Ouche, & de quelques autres Saints. S. Evremont a fleuri vers l'an 720.

11979. Vie de ſaint Evremont; par Adrien Baillet.

Cette Vie eſt imprimée dans ſon *Recueil des Vies des Saints*, au même jour.

Hiſtoire du Monaſtère de Font-rouge, dans le Diocèſe d'Auxerre.

11980. Vita ſancti Romani, Conditoris Monaſterii Fontis-rogi; auctore Gisleberto, Monacho.

Cette Vie eſt imprimée dans la *Bibliotheca Floriacenſis*, au tom. II. pag. 65, & au tom. I. des *Actes des Saints de l'Ordre de S. Benoît*, pag. 81, & avec le *Commentaire* d'Henschenius, dans le *Recueil* de Bollandus, au 22 de Mai. Ce Saint avoit nourri S. Benoît dans ſa première retraite; il a vécu dans le ſixième ſiècle. L'Auteur de ſa Vie a fleuri l'an 1050. Je le place au nombre des Saints de l'Ordre de S. Benoît, parceque ſa Vie ſe trouve dans le *Recueil des Actes des Saints de cet Ordre*, publié par D. Jean Mabillon.

Hiſtoire de l'Abbaye de Gambron-ſur-l'Aution, en Anjou.

11981. Vita ſancti Alberti, Abbatis, auctore anonymo.

Cette Vie eſt imprimée au tom. IV. des *Actes des Saints de l'Ordre de S. Benoît*, pag. 526. Le Père Mabillon, dans la Préface de ce volume, dit que ces Actes ſont les mêmes que ceux qu'on a publiés de S. Evroul; & à la pag. 161 de ſes Annales, il écrit qu'ils ſont ſuppoſés à Albert de Gambron. Saint Albert eſt mort dans le ſeptième ſiècle.

Hiſtoire de l'Abbaye de Giblou ou de Gemblours, dans le Diocèſe de Namur.

11982. Libellus de Geſtis Abbatum Gemblacenſium; auctore Monacho ejuſdem Monaſterii.

Ce Livre eſt imprimé dans d'Achery, au tom. VI. de ſon *Spicilége*, pag. 505. Il commence en 948, & finit en 1113. Cet Ouvrage eſt attribué, dans un Manuſcrit, à Sigebert, Moine & Hiſtoriographe de ce Monaſtère; mais ce qui détruit ce ſentiment, eſt que l'Auteur dit à la page 538, qu'il a été inſtruit par Sigebert : & lorſqu'il parle des Ouvrages de cet Auteur, il ne fait aucune mention de celui-ci.

11983. * Mſ. Chronicon Gemblacenſis Cœnobii, ab anno 900 ad 1590; auctoribus Sigeberto, Papinio, Sombecho.

Cette Chronique eſt conſervée dans la Bibliothèque de ce Monaſtère, ſelon Grammaye.

11984. Vita Guiberti, Monachi Gorzienſis, Cœnobii Gemblacenſis Conditoris; auctore Sigeberto, Monacho Gemblacenſi, cum Commentario prævio Godefridi Henschenii.

Cette Vie eſt imprimée dans le *Recueil* de Bollandus, au 23 de Mai, [avec le Commentaire de Godefroi Henschenius;] & plus correctement au tom. VII. des *Actes des Saints de l'Ordre de S. Benoît*, p. 249. Elle eſt compoſée ſur de bons Mémoires. Saint Guibert eſt mort en 962.

11985. Vie de ſaint Guibert; par François Giry.

Cette Vie eſt imprimée dans ſon *Recueil des Vies des Saints*, au même jour.

11986. Vie du même; par Adrien Baillet.

Cette Vie eſt imprimée dans ſon *Recueil des Vies des Saints*, au même jour.

11987. Mſ. Guiberti, Gemblacenſis & Florinenſis Abbatis, Narratio Combuſtionis Monaſterii Gemblacenſis.

Cette Narration d'un Auteur contemporain, & témoin de cet accident, arrivé l'an 1137, eſt conſervée dans la Bibliothèque de l'Empereur.

11988. ☞ Hiſtoire de la Vie & des Ecrits d'Olbert, Abbé de Gemblou; par D. Antoine Rivet, Bénédictin.

Dans l'*Hiſtoire Littéraire de la France*, tom. *VII.* pag. 392-398. Cet Abbé eſt mort en 1048.]

11989. ☞ Hiſtoire de la Vie & des Ecrits

de Sigebert, Moine de Gemblou ; par le même.

Dans le même Ouvrage, *tom. IX. pag.* 535-565. Ce Religieux est mort l'an 1112.]

11990. ☞ Histoire de la Vie & des Ecrits d'Anselme, Abbé de Gemblou.

Dans l'*Histoire Littéraire de la France*, *tom. XI. pag.* 623-626. Cet Abbé est mort en 1136.]

Histoire de l'Abbaye de S. Gildas de Ruis, Diocèse de Nantes, (unie à la Congrégation de saint Maur.)

━━ Vie de Pierre Abailard, Abbé.
☞ *Voyez* ci-devant, N.° 11846. *& suiv.*]

Histoire de l'Abbaye de Glanfeuil, ou de S. Maur-sur-Loire, dans le Diocèse d'Angers, (unie à la Congrégation de S. Maur.)

11991. Historia Translationis sancti Mauri Abbatis, Discipuli sancti Benedicti ; auctore ODONE, Abbate Glannafoliensi.

Saint Maur est décédé en 584. Eudes commença cette Histoire en 868, vers la mi-Novembre, & la finit en 869, après la mi-Février : il la composa à la prière d'Almodus son ami, Archidiacre du Mans. Au commencement de sa Préface, il nomme cet Ouvrage : l'*Histoire du renversement & du rétablissement de saint Maur de Glanfeuille*. Il est imprimé dans le Recueil de Bollandus, au 15 de Février. L'Abbé Chastelain l'éclaircit par des Notes, dans son *Martyrologe Romain*, au même jour.

11992. Vita sancti Mauri, Abbatis Glannafoliensis ; auctore FAUSTO, ejus Discipulo ; ODONE, Abbate Glannafoliensi interpolatore.

Cette Vie est imprimée dans le *Recueil* de Bollandus, au 15 de Janvier ; & au tom. I. des *Actes des Saints de l'Ordre de saint Benoît*, pag. 276. « On a une autre Histoire [dit l'Abbé Chastelain, à la pag. 258 de son *Martyrologe Romain*] sous le nom du même Eudes, avec » l'Epître dédicatoire au même Almodus. Le style est tout » différent de celui du vrai Eudes ; & il s'y trouve diver- » ses marques de suppositions, qui ont fait dire au Père » le Cointe de l'Oratoire, qu'il jugeoit que cet Ouvrage » étoit d'un Moine plus récent qu'Eudes ; & au Père Pa- » pebrok, Jésuite, que c'étoit une fiction du siècle sui- » vant. Il paroît que son Auteur avoit lû le vrai Eudes. » L'Abbé Chastelain fait ensuite la critique de cette Vie, qui n'a pas été écrite avant le IX.e siècle : [ainsi elle n'est pas de Fauste, telle que nous l'avons.]

11993. ☞ La Vie de M. saint Maur ; par Jacques DU BOIS, Prêtre, Licentié ès Loix, & Aumônier de M. le Prince de Condé : *Paris*, Barbote, 1621, *in-*8.

Dans ce Livre, il y a quelques pages qui regardent l'origine & les faits des Normans.]

11994. Vie de saint Maur, Abbé de Glanfeuille ; par Adrien BAILLET.

Cette Vie est imprimée dans son *Recueil des Vies des Saints*, au 15 de Janvier.

━━ De la Mission de saint Maur dans les Gaules ; par D. MABILLON & D. RUINART.
☞ *Voyez* ci-devant, N.° 11609. *& suiv.*]

11995. ☞ Histoire de Fauste, Moine de Glanfeuil ; par D. Antoine RIVET.

Dans l'*Histoire Littéraire de la France*, *tom. III.*

Tome I.

pag. 496-498. Ce Religieux, qui étoit venu d'Italie en France avec saint Maur, est mort vers 815, à Rome, où il est honoré comme un Saint.]

11996. ☞ Histoire de la Vie & des Ecrits d'Odon, Abbé de Glanfeuil & des Fossés ; par D. Antoine RIVET, Bénédictin.

Dans l'*Histoire Littéraire de la France*, *tom. V. pag.* 383-386.]

Histoire de l'Abbaye de Gorze, dans le Diocèse de Metz.

11997. Vita sancti Joannis, Abbatis Gorziensis ; auctore JOANNE, Abbate Metensi, ejus Discipulo.

Cette Vie est imprimée dans Labbe, au tom. I. de sa *Nouvelle Bibliothèque des Manuscrits*, pag. 741 ; & au tom. VII. des *Actes des Saints de l'Ordre de S. Benoît*, pag. 363. Ce Saint est mort en 973. L'Auteur de sa Vie, qui l'avoit connu, paroît exact & sincère. Il manque à cette Vie les treize derniers chapitres.

Eadem, cum Commentario Joannis BOLLANDI.

Dans son *Recueil des Vies des Saints*, au 27 de Février.

11998. Vie du bienheureux Jean de Gorze ; par Adrien BAILLET.

Cette Vie est imprimée dans son *Recueil des Vies des Saints*, au même jour.

Histoire de l'Abbaye de Granval, ou Grand-Vaux, au pied du Mont-Jou, Diocèse de Besançon.

11999. Vita sancti Germani, Abbatis primi Grandivallensis, Martyris ; auctore BOBO-LENO, Monacho ferè æquali.

Cette Vie est imprimée dans le *Recueil* de Bollandus, au 21 de Février ; & au tom II. des *Actes des Saints de l'Ordre de saint Benoît*, pag. 311. Ce Saint a souffert le martyre vers l'an 666, & Bobolène a fleuri l'an 690.

12000. Vie de saint Germain ; par Adrien BAILLET.

Cette Vie est imprimée dans son *Recueil des Vies des Saints*, au 23 de Février.

12001. Titres de cette Abbaye.

Ces Titres sont imprimés dans Labbe, au tom. II. de son *Mélange curieux*, pag. 450, de son *Abrégé de l'Alliance chronologique*, *&c. Paris*, 1664, *in*-4.

Histoire de l'Abbaye de la Grasse, Diocèse de Carcassonne, (unie à la Congrégation de saint Maur.)

12002. ☞ Mss. • Chronicon Regalis Abbatiæ B. Mariæ de Crassâ, Ordinis sancti Benedicti, ad sanctam Romanam Ecclesiam nullo medio pertinentis, Libris V. distinctum.

« In primo, agitur de primariâ Crassensis Cœnobii » origine, ejusdemque incrementis. In secundo, Cras- » sensis Basilicæ dedicatio, ejusdemque variæ refectiones, » sacrarum exuviarum hactenus in ea reconditarum se- » ries, necnon rei divinæ apparatûs adumbratio. In ter- » tio, Crassensium Abbatum Cœnobiique jura & immu- » nitates. In quarto, de Abbatiis, Prioratibus, Præpo- » sitalibus, aliisque Beneficiis, Crassensis Cœnobii ditio- » nis. In quinto, Crassensium Abbatum syllabus, ubi &

» de cæteris obfervatu dignioribus ad præmiſſos libros
» minus collimantibus ».

Cette Chronique a été compoſée en 1677.]

12003. ☞ Synopſis rerum memorabilium Craſſenſis beatæ Mariæ ad Orobionem fluvium in Occitania Abbatiæ, in quâ Diplomata ſolidè, alia verò Monumenta quæ extant, ferè omnia ipſiſſimis eorum verbis compendioſè, chronologico ordine, exhibentur, ab anno 778, ad annum 1499 : *in-fol.*

Cet Abrégé eſt conſervé dans l'Abbaye de S. Germain-des-Prés. Il ne contient que des Actes en entier ou en extraits.]

Hiſtoire de l'Abbaye de Guéret, dans la Marche, Diocèſe de Limoges.

12004. Vita ſancti Pardulphi, Abbatis Waractenſis in Lemovicis; auctore anonymo ſuppari.

Cette Vie eſt imprimée dans Hugues Ménard, *p.* 728 de ſes *Obſervations ſur le Martyrologe Bénédictin* : *Pariſiis,* 1629, *in*-8. dans Labbe, au tom. II. de ſa *Nouvelle Bibliothèque des Manuſcrits, pag.* 599; & enfin, au tom. *II. des Actes des Saints de l'Ordre de ſaint Benoît, pag.* 572.

☞ Saint Pardou, ou Pardulphe, eſt mort l'an 737. Sa Vie eſt encore imprimée dans les *Vitæ Patrum Occidentis* de Benoît Gonon, *tom. IV.*]

12005. Vie de ſaint Pardou, Abbé de Guéret; par Adrien BAILLET.

Cette Vie eſt imprimée dans ſon *Recueil des Vies des Saints*, au 6 d'Octobre.

12006. ☞ L'Office de ſaint Pardoux, Abbé & Confeſſeur ; par Pardoux Aubayſle le jeune : *Guéret*, Aubayſle, *in-*12.]

Hiſtoire de l'Abbaye de Haſnon, dans le Diocèſe d'Arras.

12007. Hiſtoria Haſnonienſis Monaſterii ; auctore TOMELLO, Balduini cognomento Montani, Flandriæ & Hannoniæ Comitis Secretario.

Cette Hiſtoire eſt imprimée dans Mattenne, au tome III. de ſon *Nouveau Tréſor des Pièces anecdotes, pag.* 778. Cet Auteur, qui étoit Moine dans ce Monaſtère, a fleuri en 1070.

12008. ☞ Mſ. De la fondation de l'Abbaye de Haſnon, & de celle de ſaint Jean de Valenciennes ; par Simon LE BOUCQ, Prévôt du Chapitre de cette Ville.

Ces Manuſcrits ſont conſervés dans le Cabinet de M. Tordreau de Belleverge, Avocat en Parlement, & ancien Echevin, à Valenciennes.]

Hiſtoire de l'Abbaye de Hautvilliers, dans le Diocèſe de Reims.

12009. ☞ Hiſtoire de la Vie & des Ecrits d'Almanne, Moine de Hautvilliers; par D. Antoine RIVET.

Dans l'*Hiſtoire Littéraire de la France, tom. V. pag.* 618-625. Ce Religieux eſt mort après l'an 882.]

12010. ☞ Hiſtoire de la Vie & des Ecrits de Notcher, Abbé de Hautvilliers; par le même.

Dans le même Ouvrage, *tom. VIII. pag.* 581-583. Cet Abbé eſt mort vers 1099.]

Hiſtoire de l'Abbaye de l'Iſle-Barbe-lès-Lyon.

12011. Brieve & dévote Hiſtoire de l'Abbaye de l'Iſle-Barbe; par Beſian ARROY, Théologal de Lyon : *Lyon*, Libéral, 1668, *in*-12.

Cette Hiſtoire a été faite pour l'oppoſer à la première partie de l'Ouvrage ſuivant. Ce n'eſt pas le ſeul démêlé que les deux Auteurs ont eu enſemble.

12012. Les Mazures de l'Abbaye de l'Iſle-Barbe-lès-Lyon, ou Recueil hiſtorique de tout ce qui s'eſt fait de plus mémorable dans cette Egliſe; avec le Catalogue de ſes Abbés. Première partie, contenant les Réguliers ; par Claude LE LABOUREUR, ancien Prévôt de cette Abbaye : *Lyon*, Galbit, 1665, *in-*4. Seconde partie, contenant les Abbés Séculiers; par le même : *Paris*, Couterot, 1682, *in-*4. Suite des mêmes Mazures, contenant les Généalogies & Preuves de la Nobleſſe de ceux qui ont été reçus dans cette Abbaye : *Paris*, 1682, *in-*4.

« C'eſt l'Hiſtoire de tout ce qui s'eſt paſſé dans ce
» lèbre Monaſtère. On y voit les généalogies & les
» preuves de la Nobleſſe de ceux qui y ont été reçus.
» Comme il y en a qui ſont ſortis des plus illuſtres Mai-
» ſons du Lyonnois, Forès, Beaujolois, Bourgogne,
» Provence, Dauphiné, & autres Provinces de France,
» pluſieurs grandes familles ſe trouvent d'autant plus in-
» téreſſées dans cette Hiſtoire, qu'elles ne trouveroient
» point ailleurs ce que M. le Laboureur ajoute ici en leur
» faveur ». *Journal des Sçavans*, du 17 Novembre 1682.

☞ Voyez ſur cet Ouvrage, la *Méthode hiſtoriq.* de l'Abbé Lenglet, *in-4. tom. III. pag.* 137 ; & les *Mémoires* du P. Niceron, *tom. XIV. pag.* 128.

On a écrit juſqu'à préſent, que Claude le Laboureur étoit oncle de Jean, qui a publié les Mémoires de Caſtelnau, &c. Mais M. d'Hozier, dans ſes Notes manuſcrites ſur un Exemplaire des Mazures de l'Iſle-Barbe, qui eſt à la Bibliothèque du Roi, obſerve que c'étoit ſon couſin.]

12013. ☞ Deux Mémoires de Mᵉ BLANCHARD, Avocat, pour Mᵉ Antoine de Thélis de Valorge, Abbé de l'Iſle-Barbe, contre le Chapitre de ſaint Jean de Lyon : *Paris*, Dumeſnil & Knapen, 1736, *in-fol.*]

12014. ☞ Réflexions pour le même Abbé; par Mᵉ POTHOUIN D'HUILLET, Avocat : *Paris*, Dumeſnil, 1736, *in-fol.*]

12015. ☞ Deux Mémoires pour M. Jean Peſchet, Archidiacre de l'Iſle-Barbe, & Louis Fabry, Chambrier; contre le Chapitre de Lyon : *Paris*, 1744, *in-fol.*

Il s'agit, dans ces trois articles, de l'union de l'Iſle-Barbe avec le Chapitre de Lyon, qui l'a obtenu par Arrêt du 10 Décembre 1744.]

Hiſtoire de l'Abbaye de Jumiége, dans le Diocèſe de Rouen, (unie à la Congrégation de ſaint Maur.)

12016. De fundatione, ruina & inſtauratione Abbatiæ Gemetenſis, ADRIANI, Monachi Gemetenſis, Carmen. Recueil d'Antiquités, & Fondation de cette Abbaye : *in-*8.

Histoire des Abbayes de l'Ordre de S. Benoît.

12017. Vita sancti Filiberti, Abbatis; auctore Gemeticensi Monacho anonymo suppari.

Cette Vie est imprimée dans le *Recueil* de Surius, au 20 d'Août; & au tom. II. des *Actes des Saints de l'Ordre de saint Benoît*, pag. 816.

12018. De Vita, Translationibus & Miraculis ejusdem, Libri tres; auctore ERMENTARIO, Abbate Congregationis sancti Filiberti.

Cette Vie est imprimée dans Chifflet, *pag.* 70 de ses *Preuves de l'Histoire de l'Abbaye de Tournus: Dijon*, 1664, *in*-4. Ce Saint est mort vers l'an 684, & Ermentaire a fleuri l'an 863.

12019. Vie du même; par Adrien BAILLET.

Cette Vie est imprimée dans son *Recueil des Vies des Saints*, au 20 d'Août.

12020. Vita sancti Aicadri, Abbatis secundi; auctore Monacho Gemeticensi anonymo.

Cette Vie est imprimée au tom. II. des *Actes des Saints de l'Ordre de saint Benoît*, pag. 952. Ce Saint est mort l'an 697, & l'Auteur de sa Vie a fleuri vers l'an 920.

12021. Alia Vita ejusdem; auctore FULBERTO, Gemeticensi Monacho.

Cette Vie est imprimée dans le Recueil de Surius, au 15 de Septembre. Cet Auteur a fleuri l'an 1100. La première Vie est la plus ancienne & la plus supportable; cependant elle n'a pas grande autorité.

☞ Dans l'*Hist. Litt. de la Fr.* tom. *VIII.* p. 483. & 484. On prétend que Fulbert étoit Moine de S. Ouen.]

12022. ☞ Vitæ plures sancti Aichardi, seu Aichadri; auctoribus anonymis, & Commentarius Joannis PERIERI, è Soc. Jesu.

Dans le *Recueil* de Bollandus, au 15 de Septembre.]

12023. Vie de saint Aicard; par François GIRY.

Cette Vie est imprimée dans son *Recueil des Vies des Saints*, au même jour.

12024. Vie du même; par Adrien BAILLET.

Cette Vie est imprimée dans son *Recueil des Vies des Saints*, au même jour.

12025. Elogium historicum sancti Tassilonis, Ducis Bajoariorum, deinde Monachi Gemeticensis; auctore Joanne MABILLON, Benedictino, Congregationis sancti Mauri.

Cet Eloge est imprimé au tom. IV. des *Actes des Saints de l'Ordre de saint Benoît*, pag. 443. Ce Saint est mort vers l'an 798.

12026. ☞ Histoire de la Vie & des Ecrits de Guillaume, Moine de Jumiége; par D. Antoine RIVET, Bénédictin.

Dans l'*Histoire Littéraire de la France*, tom. *VIII.* pag. 167-173. Ce Religieux vivoit sur la fin du XIe siècle.]

Histoire de l'Abbaye de Kemperlay, dans le Diocèse de Kimpercorentin, (unie à la Congrégation de saint Maur.)

12027. Chronicon Kemperligense in Britannia, ab anno 842 ad annum 1280.

Cette Chronique est imprimée dans Baluze, au tom. I. de ses *Miscellanea*, pag. 520.

Histoire de l'Abbaye de Lagny, dans le Diocèse de Paris, (unie à la Congrégation de saint Maur.)

12028. Vita sancti Fursei, Abbatis Latiniacensis; auctore anonymo ferè coævo.

Cette Vie est imprimée dans le *Recueil* de Bollandus, au 16 de Janvier; & au tom. II. des *Actes des Saints de l'Ordre de saint Benoît*, pag. 299. Ce Saint est mort vers l'an 650; & cette Vie a été écrite l'an 665.

12029. Alia Vita; auctore anonymo.

Cette Vie est imprimée dans le même *Recueil*, au 16 de Janvier. Cet Anonyme a écrit après le temps qu'a vécu le vénérable Bede. Il est peu scrupuleux & trop crédule: il a copié la première Vie en plusieurs endroits; mais il a ajouté bien des choses qui ne sont pas véritables.

12030. Vie de saint Fursy; par Jacques DESMAY, Chanoine [d'Escouis, puis] de l'Eglise Collégiale de S. Fursy de Péronne: *Paris*, 1607, 1623, *in*-12.

La même, troisième Edition, dont le style est retouché: *Péronne*, 1714, *in*-12.

C'est un Chanoine de Péronne qui a retouché cette Vie.

Eadem Latinè reddita ab Eugenio Galchurio.

Cette Vie Latine est imprimée dans le *Recueil des Vies des Saints d'Irlande*; par Jean Colgan, au tom. I. *Lovanii*, 1645, *in*-fol.

12031. Vie de S. Fourcy; par François GIRY.

Cette Vie est imprimée dans son *Recueil des Vies des Saints*, au 16 de Janvier.

12032. Vie du même; par Adrien BAILLET.

Cette Vie est imprimée dans son *Recueil des Vies des Saints*, au même jour.

12033. Histoire de la Vie de saint Fursy, Patron de Péronne, avec les Vies de S. Follain & de S. Ultain ses freres; par MIGNON, Docteur de Sorbonne: *Péronne*, le Beau, 1715, *in*-12.

12034. De sancto Æminiano, Abbate.

Dans le *Recueil* de Bollandus, au 10 de Mars. Ce Saint est mort vers l'an 675.

12035. Vita ejusdem.

Cette Vie est imprimée au tom. III. des *Actes des Saints de l'Ordre de saint Benoît*, pag. 653.

12036. ☞ Histoire de la Vie & des Ecrits d'Arnoul, Abbé de Lagny; par D. Antoine RIVET, Bénédictin.

Dans l'*Histoire Littéraire de la France*, tom. *IX*. pag. 290-293. Cet Abbé est mort l'an 1106.]

Histoire de l'Abbaye de Landevenec, dans le Diocèse de Kimpercorentin, (unie à la Congrégation de saint Maur.)

12037. De sancto Riocho, Monacho Landeveneci, Commentarius historicus Godefridi HENSCHENII, è Societate Jesu.

Ces Mémoires sont imprimés dans le *Recueil* de Bollandus, au 12 de Février. Ce Saint a vécu sur la fin du Ve siècle.

12038. Vita sancti Winwaloëi, Abbatis primi, cum Commentario prævio.

12039. Alia Vita.

12040. Tertia Vita; auctore GURDISTINO, Monacho.

Ces trois Vies sont imprimées dans le *Recueil* précédent, au 3 de Mars. Ce Saint est mort au commencement du VIe siècle.

12041. Vie de saint Guignolé ou Guingalois; par Adrien BAILLET.

Cette Vie est imprimée dans son *Recueil des Vies des Saints*, au même jour.

12042. Vita sancti Guinaïli, Abbatis secundi; auctore anonymo.

12043. Alia Vita; auctore GUIDONE, Abbate sancti Dionysii in Francia.

Ces deux Vies sont imprimées aux pages 365 & 368 des *Observations* du Père Ménard, sur le *Martyrologe Bénédictin*. Cet Abbé de saint Denys est mort en 1305. La Vie de ce Saint, qu'il a composée, est différente de la première, parcequ'elle est plus fleurie. Si la première a peu d'autorité, à cause des prodiges qu'on y rapporte, la seconde en a encore moins.

12044. Vie de saint Guénaud; par Adrien BAILLET.

Cette Vie est imprimée dans son *Recueil des Vies des Saints*, au 3 de Novembre.

12045. ☞ Histoire de Gurdistin, Abbé de Landevenec.

Dans l'*Histoire Littéraire de la France*, tom. V. pag. 625 & *suiv*. Cet Abbé vivoit dans le IXe siècle.]

Histoire de l'Abbaye de Laubes, ou Lobes, dans le Diocèse de Cambray.

12046. Mf. Gesta Abbatum Lobiensium; auctore HILDUINO, cognomento Tassonio, ex Abbate Lobiensi, Mediolanensi Archiepiscopo.

Cette Histoire est citée par Valère André, dans sa *Bibliothèque de Flandres*. Cet Auteur est mort en 941.

12047. Gesta Abbatum Laubiensis Monasterii, Diœcesis Cameracensis, ab anno circiter 641, ad annum 990; auctore FOLCUINO, Abbate Laubiensi.

12048. Continuatio sive excerpta quædam ex antiquis Monumentis, variisque auctoribus Abbatiæ Lobiensis. Sequuntur iterum quatuor Quaterniones de Gestis Abbatum Lobiensium, ab anno 1094, ad annum 1601.

Cette Histoire & ses diverses continuations sont imprimées dans le tom. VI. du *Spicilége* de Dom Luc d'Achery, *pag*. 541, 584 & 597.

12049. Breve Chronicon Lobiense, ab anno 640, ad annum 1641.

Cette Chronique est imprimée dans Martenne, au tom. III. de son *Nouveau Trésor des Pièces anecdotes*, *pag*. 1409. Cet Auteur réforme souvent le troisième Continuateur de l'Histoire précédente.

12050. Chronologie de l'Abbaye de Laubes, avec la Vie des SS. Ursmar, Erme, Théo-dulphe, Abel, Hidulphe & de sainte Amalberge; par Gilles DE WAULDE, de Bavay, Curé de Binche : *Mons*, 1628, *in-4*.

12051. Tetrarchia, seu Vitæ SS. Landelini, Ursmari, Ermini & Dodonis, Abbatum & Pontificum Laubiensium, Carmine heroïco: *Duaci*, Bogardi, *in-8*.

12052. De sancto Hidulpho Duce, aliis Episcopo & Abbate Laubiensi, Sylloge ejusdem.

Cette Collection est imprimée dans le *Recueil* de Bollandus, au 23 de Juin. Ce Saint a vécu vers l'an 700.

12053. Vita sancti Ursmari, Episcopi & Abbatis Laubiensis; auctore ANSONE, Abbate Laubiensi suppari; cum Commentario prævio Godefridi Henschenii, Societatis Jesu.

Cette Vie est imprimée dans le même *Recueil*, au 18 d'Avril; & au tom. III. des *Actes des Saints de l'Ordre de saint Benoît*, pag. 246. Ce Saint est mort en 713, & Anson, en 800; ainsi ils n'ont pas été du même temps.

Vita ejusdem; auctore RATHERIO, Episcopo Veronensi.

Cette Vie est imprimée dans le *Recueil* de Bollandus, & dans le *tom. III*. des *Actes des Saints de l'Ordre de saint Benoît*, *pag*. 250. Ces deux Vies ne sont que la même, composée par Anson, & corrigée par Ratherius de Vérone, comme le dit Folcuin, dans sa *Chronique de Lobes*. Ratherius est mort en 974.

12054. Vie de S. Ursmar; par François GIRY.

Cette Vie est imprimée dans son *Recueil des Vies des Saints*, au 18 d'Avril.

12055. Vie du même; par Adrien BAILLET.

Cette Vie est imprimée dans son *Recueil des Vies des Saints*, au même jour.

12056. De sancto Theodulpho, Episcopo & Abbate Laubiensi; Sylloge historica Godefridi HENSCHENII, è Societate Jesu.

Cette Collection est imprimée dans le *Recueil* de Bollandus, au 24 de Juin. Ce Saint est mort en 776.

12057. Vita sancti Ermini, Episcopi & Abbatis Laubiensis; auctore ANSONE, Abbate subæquali.

Cette Vie est imprimée dans le *Recueil* de Bollandus, au 25 d'Avril; & au tom. III. des *Actes des Saints de l'Ordre de S. Benoît*, *pag*. 564. Ce Saint est mort en 737, & Anson en 800.

12058. Vie de S. Erme; par Adrien BAILLET.

Cette Vie est imprimée dans son *Recueil des Vies des Saints*, au 25 d'Avril.

12059. ☞ Hist. de S. Erme, Abbé de Laubes. Dans l'*Hist. Litt. de la France*, tom. IV. pag. 62.

12060. De sancto Ulgiso seu Wlgiso, Episcopo & Abbate Laubiensi; Commentarius historicus Joannis BOLLANDI, è Soc. Jesu.

Ces Mémoires sont imprimés dans son *Recueil*, au 4 de Février. Ce Saint a fleuri l'an 738.

12061. De sancto Amulwino, Episcopo & Abbate Laubiensi.

Ceci est imprimé dans le même *Recueil*, au 7 de Février. Ce Saint a vécu dans le VIIIe siècle.

Histoire des Abbayes de l'Ordre de S. Benoît.

12062. ☞ Histoire de la Vie & des Ecrits d'Anson, Abbé de Laubes; par D. Antoine RIVET, Bénédictin.

Dans l'*Histoire Littéraire de la France*, tom. IV. pag. 203 & 204. Cet Abbé est mort en 800.]

12063. ☞ Histoire de la Vie & des Ecrits de Folcuin, Abbé de Laubes.

Dans le même Ouvrage, tom. VI. pag. 451-458. Cet Abbé est mort en 990.]

12064. ☞ Histoire de la Vie & des Ecrits de Hériger, Abbé de Laubes; par D. Antoine RIVET, Bénédictin.

Dans l'Ouvrage précédent, tom. VII. pag. 194-208. Cet Abbé est mort l'an 1007.]

Histoire de l'Abbaye de Lérins, dans le Diocèse de Grasse, (unie à la Congrégation du Mont-Cassin.)

12065. Chronologia Sanctorum & aliorum Virorum illustrium & Abbatum sacræ Insulæ Lerinensis; à Vincentio BARRALI, Salerno, Monacho Lerinensi compilata; cum Annotationibus ejusdem: *Lugduni*, Rigaud, 1613, *in-4*.

12066. Mss. Varia venerandæ antiquitatis Monumenta pro Historia Archisterii sancti Honorati Lirinensis in Chronico ejusdem Domûs, à Vincentio Barrali, aut omissa, aut decurtata; hîc collecta studio Claudii ESTIENNOT, Monachi Benedictini, Congregationis sancti Mauri.

Ces Actes sont conservés au tom. XII. des *Fragmens d'Histoires*, recueillis par le même, *pag*. 103, dans l'Abbaye de saint Germain-des-Prés.

12067. Ecloga de laudibus Insulæ Lerinensis; Dionysii FAUCHERII, Abbatis [vel potiùs Monachi] Monasterii Lerinensis & Civjs Arelatensis.

12068. Catalogus Abbatum Lerinensium, ab anno 815, ad annum 1515, in quo cœpit Congregatio Cassinensis ipsum regere Monasterium.

Ces deux dernières Pièces sont imprimées dans le volume précédent, *pag*. 19 & 150.

12069. Mss. Histoire de l'Abbaye de Lérins; par Joseph ANTHELMI, Chanoine de Fréjus.

L'Auteur est mort en 1697. Son Histoire de Lérins est entre les mains de M. Léonce Anthelmi, Prevôt & Grand-Vicaire de Fréjus, son frère.

12070. Mss. La Vida de san Honorat, y de los otros santos de Lerins, en Lengua Catalana.

Ce Livre a été écrit l'an 1300: *in-4*.
Cette Vie est rapportée dans le Catalogue imprimé des *Manuscrits* de Frère Eloy, Augustin Déchaussé de Lyon, *pag*. 16.

12071. Le Trésor de Lérins, ou Abrégé de la Chronologie de l'Abbaye & vénérable Monastère de saint Honorat; par Gaspard AUGERY: *Aix*, Roize, 1644, *in-8*.

12072. Vita sancti Caprasii, Abbatis; auctore anonymo.

Cette Vie est imprimée dans Barrali, *pag*. 690 de sa *Chronologie de Lérins*; & avec le Commentaire d'Henschenius, dans le *Recueil* de Bollandus, au 1 de Juin.

12073. Vie de S. Caprais; par François GIRY.

Cette Vie est imprimée dans son *Recueil des Vies des Saints*, au même jour.

12074. Vie du même; par Adrien BAILLET.

Cette Vie est imprimée dans son *Recueil des Vies des Saints*, au même jour.

== Commentatio Ecclesiastico-Polemica de sancto Vincentio Lerinensi, & ejus Monasterio.

☞ *Voyez* ci-devant, N.° 8000.]

12075. De sancto Vincentio, Lerinensi Monacho, Commentarius historicus Danielis PAPEBROCHII, è Societate Jesu.

Ces Mémoires sont imprimés dans le *Recueil* de Bollandus, au 24 de Mai. Ce Saint est mort vers l'an 450.

12076. Vie de saint Vincent de Lérins; par Adrien BAILLET.

Cette Vie est imprimée dans son *Recueil des Vies des Saints*, au même jour.

12077. Vie du même; par Sébastien LE NAIN DE TILLEMONT.

Cette Vie est imprimée au tom. XV. de ses *Mémoires pour l'Histoire de l'Eglise*, pag. 43 & 850.

12078. ☞ Histoire de la Vie & des Ecrits du même Vincent de Lérins; par D. Antoine RIVET, Bénédictin.

Dans l'*Histoire Littéraire de la France*, tom. II. pag. 305-315.]

12079. Vita beati Antonii Syri, Monachi Lerinensis; auctore Felice ENNODIO, Episcopo Ticinensi.

Cette Vie est imprimée dans Barrali, *pag*. 143 de sa *Chronologie de Lérins*; & entre les *Œuvres* d'Ennode: *Tornaci*, 1610, *Parisiis*, 1611, *in-8*. dans les Bibliothèques des Pères. Ce Saint est mort l'an 526, & Ennodius l'an 531.

12080. Vie de saint Antoine; par Adrien BAILLET.

Cette Vie est imprimée dans son *Recueil des Vies des Saints*, au 28 de Décembre.

12081. Vita sancti Attalæ, Abbatis; auctore JONA, Scoto, Abbate, ejus Discipulo.

Cette Vie est imprimée dans Barrali, *pag*. 97 de sa *Chronologie de Lérins*. Ce Saint a fleuri l'an 626.

12082. Vita sancti Aigulfi, Abbatis & Martyris; auctore ADREVALDO, Monacho Floriacensi.

Cette Vie est imprimée dans le *Recueil* de Surius, au 3 de Septembre; & au tom. II. des *Actes des Saints de l'Ordre de S. Benoît*, *pag*. 656. Ce Saint a souffert le martyre vers l'an 675, & Adrevalde a fleuri l'an 860.

12083. Vita ejusdem, ex antiquis Codicibus; auctoribus anonymis.

Cette Vie est imprimée dans Barrali, *pag*. 327 de sa *Chronologie de Lérins*.

12084. ☞ Vita ejusdem & Sociorum Martyrum; cum Commentario Joan. STILTINGI, è Societate Jesu.

Dans le *Recueil* de Bollandus, au 3 de Septembre.]

12085. * Vie de saint Ayoul, suivant le Martyrologe Romain, Baronius, de Sainte-Marthe, & autres Auteurs qui en ont écrit, (en vers); par le sieur LELLERON, Avocat, Provins, 1674, in-12.

12086. Abrégé de la Vie de saint Ayeul, Abbé & Martyr, avec un Office pour sa Fête & celle de ses Compagnons, Martyrs: Paris, Lambin, 1698, in-12.

12087. Vie de S. Aïou; par Adrien BAILLET.

Cette Vie est imprimée dans son Recueil des Vies des Saints, au 5 de Septembre.

12088. Martyrium beatissimi Porcarii, Abbatis Lerinensis, & quinquaginta Martyrum passim in Insula Lerinensi.

Ces Actes sont imprimés dans le Recueil de Surius, au 11 d'Août; & dans Barrali, pag. 220 de sa Chronologie de Lérins. Ce Martyre est arrivé vers l'an 730. La Relation en est jugée très-sincère, & d'un Auteur très-ancien.

12089. Vie de S. Porcaire & de ses Compagnons; par Adrien BAILLET.

Cette Vie est imprimée dans son Recueil des Vies des Saints, au 11 d'Août.

12090. ☞ Mémoire pour Charles-Léonce-Octavien d'Antelmi, Évêque de Grasse; contre l'Abbaye de Lérins: 1735, in-4.

Cet Ecrit est très-utile pour l'Histoire de cette Abbaye, si célèbre autrefois, & qui a produit tant de saints & grands Hommes.]

Histoire de l'Abbaye de Liessies, en Hainaut, Diocèse de Cambray.

12091. Ms. Libellus Chronicorum Monasterii Lætiensis, à primis fundamentis.

Ce Livre est conservé dans la Bibliothèque de l'Eglise Cathédrale de Tournay, selon Sanderus, tom. I. de sa Bibliothèque des Manuscrits de Flandres, pag. 210.

12092. Vita & Effigies præcipuorum Fundatorum Religiosorum in Ecclesia Lætiensis Monasterii sancti Benedicti. Excudi fecit Stephanus BINETUS, Societatis Jesu: Antverpia, 1634, in-8.

12093. Vita venerabilis Blosii Abbatis; auctore Monacho Benedictino.

Cette Vie est imprimée dans le Recueil de Bollandus, au 7 de Janvier. Blosius est mort en 1566.

12094. De Vita ejusdem; auctore Joanne DE CASTANIZA Concionatore Aulico Regio Hispanico.

Cette Vie est imprimée au-devant de ses Œuvres: Campidone, 1632, in-4. Lovanii, in-fol.

12095. Vie de Louis de Blois; par François GIRY.

Cette Vie est imprimée dans son Recueil des Vies des Saints, au 7 de Janvier.

12096. Vie du même; par Adrien BAILLET.

Cette Vie est imprimée dans son Recueil des Vies des Saints, au même jour.

Histoire du Monastère de Li-Hons, ou Li-Huns, en Picardie, Diocèse d'Amiens.

12097. Li-Huns en Sang-ters, ou Discours de l'Antiquité, Priviléges & Prérogatives du Monastère de Li-Huns, vulgairement Li-Hons en Sang-ters, près de Roye en Picardie, originairement de l'Ordre de saint Benoît, depuis incorporé, sous le titre de Doyenné, en l'Ordre de Cluni; par Sébastien ROUILLARD: Paris, 1627, in-4.

L'Auteur est mort en 1639.

☞ Son Ouvrage, qui n'est pas commun, est rempli de recherches assez curieuses; mais on y trouve des fables, au commencement, sur l'origine du nom de Li-Huns en Sang-ters, qu'il tire de la défaite des Huns, du sang desquels ce territoire fut, dit-il, couvert. A la fin du volume sont les copies des Priviléges du Monastère : le plus ancien est de 1095.]

Histoire de l'Abbaye de Lire, dans le Diocèse d'Evreux, (unie à la Congrégation de saint Maur.)

12098. Breve Chronicon Lirensis Monasterii, ab anno 814, ad annum 1248.

Cette Chronique est imprimée dans Martenne, au tom. II. de son Nouveau Trésor des Pièces anecdotes, pag. 1432.

Histoire de l'Abbaye de Longeville, Diocèse de Metz.

12099. ☞ Oraison funèbre de Dom Hilarion de Bar, Abbé Régulier de Longeville, Diocèse de Metz, Ordre de S. Benoît, prononcée dans l'Eglise de cette Abbaye, le 17 Juillet 1715; par D. Sébastien MOUROT, Religieux du même Ordre : Toul, 1715, in-4.

Voyez le Journal de Verdun, Octobre, 1715.]

Histoire de l'Abbaye de Lure, dans le Diocèse de Besançon.

12100. Vita sancti Deicolæ, Abbatis Lutrensis primi in Burgundia; auctore Monacho anonymo.

Cette Vie est imprimée dans le Recueil de Bollandus, au 18 de Janvier, & au tom. II. des Actes des Saints de l'Ordre de S. Benoît, pag. 103. Ce Saint est mort vers l'an 625, & l'Auteur de sa Vie a fleuri vers l'an 975. Cette Vie est suspecte de quelques additions étrangères. L'Auteur a eu de bons Mémoires; mais il paroît qu'il les a falsifiés, pour dire des choses extraordinaires.

12101. Vie de S. Diel ou Deile; par Adrien BAILLET.

Cette Vie est imprimée dans son Recueil des Vies des Saints, au même jour.

12102. De venerabili Beltrano, Abbate, Dissertatio Joannis MABILLON, Benedictini, è Congregatione sancti Mauri.

Cette Dissertation est imprimée au tom. VII. des Actes des Saints de l'Ordre de S. Benoît, pag. 277. Cet Abbé est mort l'an 960.

Histoire

Histoire de l'Abbaye de Luxeul, dans le Diocèse de Besançon.

12103. ☞ Eductum è tenebris Luxovium, seu Chronicon Luxovicum, è vetustis illius monumentis, tanquam ex pulvere excerptum.

Cette Histoire, qui est conservée à Luxeul, a pour Auteur Dom Placide DE VILLIERS, mort en 1695. Elle finit à l'année 1685.]

12104. ☞ Histoire de l'Abbaye de Luxeul; par D. Constance GUILLOT : *in-4*.

Elle se trouve dans l'Abbaye de Faverney, qui est également dans le Diocèse de Besançon.]

12105. ☞ Histoire de la même Abbaye; par D. FAUSTE, Abbé, mort en 1727.

Elle est conservée dans ce Monastère.]

12106. ☞ Cartularium Luxoviense.

Il se trouve dans les Archives de cette Abbaye, & il y en a une copie dans celui de Faverney. Il comprend près de 200 Titres collationnés concernant l'historique de l'Abbaye de Luxeul, depuis le commencement du IXe siècle jusqu'au XVe. Les Sçavans de Franche-Comté y peuvent trouver des Pièces intéressantes pour l'Histoire Civile de cette Province.]

12107. Vita sancti Columbani, Abbatis Luxoviensis; auctore JONA, Monacho Bobiensi.

Cette Vie est imprimée dans le *Recueil* de Surius, au 21 de Novembre; dans Barrali, *pag.* 83, de sa *Chronologie de Lérins*, & plus correctement au tom. II. des *Actes des Saints de l'Ordre de S. Benoît, pag.* 5.

La Vie de S. Colomban, & celle de S. Attale, sont imprimées dans les Œuvres du Vénérable Bede, au tom. III. *pag.* 200 & 243 : *Coloniæ Agrippinæ*, 1612, *in-fol.* mais elles lui sont faussement attribuées.

La même, traduite par Robert Arnauld d'Andilly.

Cette Traduction est imprimée dans son *Recueil des Vies des Saints illustres, p.* 296 : *Paris*, 1675, *in-fol.* Ce Saint est mort l'an 615, & Jonas a fleuri vers l'an 656. Il n'a connu ce Saint que par ses Disciples, avec lesquels il a vécu. Il passe pour bon Auteur; mais il se trompe quelquefois, & n'est pas toujours d'accord avec l'Histoire publique : son calcul est assez souvent défectueux. Il a inséré dans cette Vie bien des choses qui peuvent éclaircir l'Histoire des Règnes de Thierry, Duc de Bourgogne, & de Théodebert, Roi d'Austrasie.

☞ *Voyez* le Gendre, tom. II. *pag.* 64.]

12108. Vie de S. Colomban; par Adrien BAILLET.

Cette Vie est imprimée dans son *Recueil des Vies des Saints*, au 12 de Novembre.

12109. ☞ Histoire de la Vie & des Ecrits de S. Colomban; par D. Antoine RIVET, Bénédictin.

Dans l'*Hist. Littér. de la France*, tom. III. *pag.* 505-523.]

12110. ☞ Apologie de S. Colomban, & de Jonas son Historien, contre l'Abbé Velly.

Dans l'*Avertissement* du tom. XII. de l'*Hist. Littér. de la France, pag.* ix-xviij.]

12111. Vita sancti Eustasii, Abbatis secundi; *Tome I.*

eodem JONA auctore; cum Commentario prævio.

Cette Vie est imprimée dans le *Recueil* de Bollandus, au 29 de Mars, & au tom. II. des *Actes des Saints de l'Ordre de S. Benoît, pag.* 116.

12112. Alia Vita compendiosa; auctore anonymo.

Cette Vie est imprimée dans le *Recueil* de Bollandus, au même jour. Ce Saint est mort en 625.

12113. Vie du même; par Claude PERRY, Jésuite : *Metz*, 1645, *in-12*.

12114. Vie du même; par François GIRY.

Cette Vie est imprimée dans son *Recueil des Vies des Saints*, au même jour.

12115. Vie du même; par Adrien BAILLET.

Cette Vie est imprimée dans son *Recueil des Vies des Saints*, au même jour.

12116. ☞ Histoire de la Vie & des Ecrits du même Saint Eustase; par Dom Antoine RIVET, Bénédictin.

Dans l'*Hist. Littér. de la France*, tom. III. *pag.* 534-537.]

12117. Elogium historicum sancti Waldeberti, Abbatis tertii; auctore Joanne MABILLON, Benedictino.

Cette Vie est imprimée au tom. II. des *Actes des Saints de l'Ordre de S. Benoît, pag.* 503. Ce Saint est mort en 665.

12118. Liber de ejus miraculis; auctore ADSONE, sive HEMERICO, Abbate Luxoviensi, cum compendio vitæ.

Ce Livre est imprimé dans le *Recueil* de Bollandus, au 2 de Mai, & au tom. IV. des *Actes des Saints de l'Ordre de S. Benoît, pag.* 455. Adson a vécu dans le dixième siècle.

12119. De eodem sancto, Dissertatio historica Godefridi HENSCHENII, è Soc. Jesu.

Cette Dissertation est imprimée dans le *Recueil* de Bollandus, au 1 de Mai.

12120. Vie de S. Valbert ou Gaubert; par Adrien BAILLET.

Cette Vie est imprimée dans son *Recueil des Vies des Saints*, au même jour.

12121. ☞ Mss. Eloges des hommes illustres de l'Abbaye de Luxeul; par D. Hilaire COULON, mort à Besançon en 1741 : *in fol.*

Ce Manuscrit est conservé dans l'Abbaye de Luxeul. L'Auteur divise son Ouvrage en six Livres. Le premier parle des principaux Abbés de Luxeul; le second, des Evêques tirés de Luxeul; le troisième, des Apôtres & Martyrs que cette Abbaye a produits; le quatrième, de ses Ecrivains; le cinquième, des Abbés & Fondateurs que cette Abbaye a donnés à de nouveaux Monastères; le sixième enfin, des Solitaires & Religieux qui s'y sont sanctifiés.

Suivent sept Dissertations, dont les sujets sont relatifs à l'Histoire de l'Abbaye de Luxeul. Dom Coulon examine dans la cinquième, si Childéric III, Roi de France, y a reçu l'habit Monastique : il se décide pour l'affirmative.]

12122. ☞ Mss. Examen critique de plusieurs Antiquités Profanes & Ecclésiastiques de l'Abbaye & de la Ville de Luxeul; par
Ccccc

Dom GRAPPIN, Religieux Bénédictin de Franche-Comté.

Ce Manuscrit est entre les mains de l'Auteur.]

12123. ☞ Histoire de la Vie & des Ecrits d'Angelome, Moine de Luxeul; par Dom Antoine RIVET.

Dans l'*Hist. Littér. de la France*, tom. V. pag. 133-140. Ce Religieux est mort vers l'an 855.]

12124. ☞ Mf. Historia Martyrii Monachorum Luxoviensium.

Cette Relation se trouve dans l'Histoire manuscrite de RICHERIUS, qui est conservée dans l'Abbaye de Senones, en Lorraine. Dom Martenne, qui a fait imprimer cette Histoire, a omis le Chapitre qui traite de ce Martyre.]

Histoire de l'Abbaye de Maillesais, dans le Diocèse de Poitiers.

☞ Cette Abbaye fut convertie en Evêché l'an 1318, & cet Evêché en 1648 fut transféré à la Rochelle. Voyez ci-devant, N.° 8335.]

12125. Chronicon Malleacense, seu Abbatiæ sancti Maxentii, seu potius Excerpta ex ingenti opere Chronologico ab ortu rerum ad annum 1140, quod ex cujusdam Julii Flori Historia, aliisque hinc inde collectum fuit, iisque præcipuè auctum quæ ad res Aquitanicas pertinent.

Cette Chronique est imprimée dans Labbe, au tom. II. de sa *Nouvelle Bibliothèque des Manuscrits*, pag. 190. Elle finit en 1134. L'Auteur a fleuri en 1140, dans l'Abbaye de saint Maixant. Besly en rapporte un long Fragment à la *pag*. 443, de son *Histoire des Comtes de Poitou*, depuis l'an 1095 jusqu'en 1125.

12126. De antiquitate & commutatione in melius Malleacensis Insulæ & translatione corporis sancti Rigomeri, Libri duo; auctore PETRO, Malleacensi Monacho.

Ces Livres sont imprimés dans Labbe, au tom. II. de sa *Nouvelle Bibliothèque des Manuscrits*, p. 222.

12127. ☞ Histoire de la Vie & des Ecrits de Pierre, Moine de Maillesais; par Dom Antoine RIVET, Bénédictin.

Dans l'*Hist. Littér. de la France*, tom. VII. pag. 599-602. Ce Religieux vivoit sur la fin du XIe siècle.]

12128. De Monasterii Malleacensis devastatione facta à Gauffrido de Leziniaco, Narratio, scripta circa annum 1230, à Monacho hujus loci anonymo.

Cette Narration est imprimée dans Labbe, au tome II de sa *nouvelle Bibliothèque des Manuscrits*, pag. 238.

12129. De venerabili Goderanno, Abbate Malleacensi, Dissertatio Joannis MABILLON, Benedictini, Congregationis sancti Mauri.

Cette Dissertation est imprimée au tom. IX. des *Actes des Saints de l'Ordre de S. Benoît*, pag. 315.

Histoire d'une Abbaye dans le Maine.

12130. Vita sancti Paduini, Abbatis Cenomanensis.

Cette Vie est imprimée au tom. I. des *Actes des Saints de l'Ordre de S. Benoît*, pag. 271. Elle est écrite par un inconnu, qui paroît avoir été éloigné du temps du Saint; elle n'a guères d'autorité. Ce Saint est mort en 580.

12131. Vie de S. Pavin; par Adrien BAILLET.

Cette Vie est imprimée dans son *Recueil des Vies des Saints*, au 15 de Novembre.

12132. Vita sancti Richmeri, Abbatis apud Cenomanenses; auctore anonymo ferè æquali.

Cette Vie est imprimée dans Hugues Ménard, p. 484, de ses *Observations sur le Martyrologe Bénédictin: Parisiis*, 1629, in-8. & dans le *Recueil* de Bollandus, au 17 de Janvier, & au 13 d'Avril.

12133. ☞ Vita sancti Rigomeri & sanctæ Tenestinæ Virginis, ex Codice manuscripto sancti Germani à Pratis.

Dans les *Dissertations* de M. l'Abbé Lebeuf: (*Paris*, 1739, in-12.) tom. I. pag. 211-218.]

12134. ☞ Raisons (de l'Abbé Jean LEBEUF) qui prouvent la distinction des saints Rigomer & Richmir, morts au Pays du Maine, qui ont été confondus.

Dans le même volume, *pag*. 193-210.]

12135. ☞ Vita sancti Ernei, Abbatis apud Cenomanos, ab auctore anonymo, sed suppari, scripta; & Commentarius Petri BOSCHII, è Soc. Jesu.

Dans le *Recueil* de Bollandus, au 9 d'Août.]

Histoire de l'Abbaye de Mairé, dans le Diocèse de Poitiers.

12136. Vita sancti Juniani, Abbatis Mariacensis, auctore Vulfino BOETIO, Episcopo Pictaviensi.

Cette Vie est imprimée dans Hugues Ménard, [qui l'a raccourcie] pag. 300, de ses *Observations sur le Martyrologe Bénédictin : Parisiis*, 1629, in-8. & [elle est entière] au tom. I. des *Actes des Saints de l'Ordre de S. Benoît*, pag. 307. Ce Saint est mort en 587, & Boëce, qui a fleuri l'an 835, semble avoir composé sa Vie sur une autre, d'un Auteur presque contemporain, qui avoit appris plusieurs choses de son Disciple Aurémond; il y a ajouté ce qu'il a jugé à propos.

☞ Eadem Acta, & Commentarius Guillelmi CUPERI, è Soc. Jesu.

Dans le *Recueil* de Bollandus, au 13 d'Août.]

12137. Vie de S. Junien; par Adrien BAILLET.

Cette Vie est imprimée dans son *Recueil des Vies des Saints*, au 13 d'Août.

12138. ☞ De sancto Auremundo Abbate Mariacensi, Appendix Johan. Bapt. SOLLERII, è Societate Jesu.

Dans le *Recueil* de Bollandus, au 9 de Juillet.]

12139. ☞ Histoire d'Auremond, Abbé de Mairé; par D. Antoine RIVET, Bénédictin.

Dans l'*Hist. Littér. de la France*, tom. III. pag. 537-538. Cet Abbé est mort après l'an 625.]

Histoire de l'Abbaye de Marchienne, dans le Diocèse d'Arras.

12140. De antiquitate Monasterii Marcianensis; auctore Raphaele DE BEAUCHAMPS, ejusdem Monasterii Religioso.

Ce Discours est imprimé au tom. II. de sa *Synopsis Hist. Merovingicæ*, ou Abrégé de l'Histoire des Rois Mérovingiens: *Duaci*, 1633, in-4.

12141. ☞ Histoire de la Vie & des Ecrits d'Amand du Châtel, Abbé de Marchiennes.

Dans l'*Hist. Littér. de la France*, tom. XI. pag. 211-213. Cet Abbé est mort vers l'an 1133.]

12142. ☞ Histoire de la Vie & des Ecrits de Galbert, Moine de Marchienne.

Dans l'*Hist. Littér. de la France*, tom. XI. pag. 412-415. Ce Religieux est mort l'an 1134.]

12143. Vita Hugonis, Abbatis; scripta à Monacho ejus Discipulo.

Cette Vie est imprimée dans Martenne, au tom. III. de son *Nouveau Trésor des Pièces anecdotes*, p. 1709. Cet Abbé est mort en 1158.

Histoire de l'Abbaye de Marmoutier lès-Tours, (unie à la Congrégation de S. Maur.)

12144. De Nominibus & Operibus Abbatum Majoris Monasterii, & de destructione & ædificatione ejusdem Ecclesiæ; & quare dicitur Majus Monasterium.

Ce Discours est imprimé dans l'*Appendix de l'Histoire des François*, de Grégoire de Tours, pag. 79 : *Parisiis*, de Fossé, 1610, *in*-8.

12145. De Majori Monasterio & Abbatibus ejus.

Ce Discours est imprimé dans d'Achery, au tom. II. de son *Spicilège*, pag. 508.

12146. Elenchus Abbatum, seu Epitome Historiæ Majoris Monasterii; auctore Monacho ejusdem Cœnobii.

Cet Abrégé est imprimé pag. 586 de l'*Appendix des Œuvres de Guibert de Nogent : Parisiis*, 1651, *in-fol.* Cet Auteur a vécu l'an 1444.

12147. Mf. Histoire de l'Abbaye de Marmoutier, avec les Preuves ; par Edmond MARTENNE, Religieux Bénédictin de la Congrégation de S. Maur : *in-fol.* 2 vol.

Cette Histoire est conservée dans l'Abbaye de S. Germain-des-Prés.

12148. La sainteté de l'état Monastique, où l'on fait voir l'Histoire de l'Abbaye de Marmoutier, &c. pour servir de Réponse à la Vie de S. Martin, composée par l'Abbé Gervaise ; par Etienne BADIER, Religieux de ce Monastère : *Tours*, 1700, *in*-12.

☞ Voyez la *Bibliothèque des Auteurs de la Congrégation de S. Maur*, (ci devant, N.° 11615. pag. 6.) D. Badier est mort en 1709.]

12149. ☞ Recueil de Pièces sur le Monastère de Marmoutier ; par Raoul MONSNIER : *in-fol.*]

☞ Voyez encore l'*Hist. des Ordres Monastiq.* du P. HELYOT. tom. *VI.* pag. 265.]

12150. ☞ Plaidoyer de Denys BOUTHILLIER, pour les Religieux de Marmoutier, contre le Visiteur de la Congrégation des Bénédictins : *Paris*, 1706, *in*-12.]

12151. Vita sancti Leobardi, Reclusi in Majori Monasterio; auctore GREGORIO, Turonensi Episcopo.

Cette Vie est imprimée dans le *Recueil* de Bollandus, au 18 de Janvier. Ce Saint a vécu vers l'an 583.

12152. Vie de saint Léobard ; par Adrien BAILLET.

Cette Vie est imprimée dans son *Recueil des Vies des Saints*, au 18 de Janvier.

12153. De sancto Bartholomæo, Abbate, Dissertatio Joannis MABILLON, Benedictini.

Cette Dissertation est imprimée au tom. IX. des *Actes des Saints de l'Ordre de S. Benoît*, p. 384.

12154. ☞ Histoire de la Vie & des Ecrits d'Albert, Abbé de Marmoutier ; par Dom Antoine RIVET, Bénédictin.

Dans l'*Hist. Littér. de la France*, tom. *VII.* p. 553-554.]

12155. Vie de Dom Claude Martin, Religieux Bénédictin, décédé à Marmoutier en 1696 ; par l'un de ses Disciples : *Tours*, Masson, 1697, *in*-8.

Dom Edmond MARTENNE est l'Auteur de cette Vie.

☞ Cet Ouvrage a été supprimé par ordre des Supérieurs de la Congrégation.]

Histoire de l'Abbaye de Maroilles, en Hainaut, dans le Diocèse de Cambray.

12156. Vita sancti Humberti, Maricolensis Abbatis in Hannonia ; auctore anonymo Monacho hujus loci, cum Commentario prævio.

Cette Vie est imprimée dans le *Recueil* de Bollandus, au 25 de Mai ; & au tom. II. des *Actes des Saints de l'Ordre de S. Benoît*, p. 800. Ce Saint est mort vers l'an 682 ; & l'Auteur de cette Vie, laquelle n'est pas originale, & n'a pas beaucoup d'autorité, a fleuri dans l'onzième siècle.

12157. Vie de saint Humbert ; par François GIRY.

Cette Vie est imprimée dans son *Recueil des Vies des Saints*, au 25 de Mai.

12158. Vie du même ; par Adrien BAILLET.

Cette Vie est imprimée dans son *Recueil des Vies des Saints*, au même jour.

Histoire de l'Abbaye de Mausac, dans le Diocèse de Clermont.

12159. Mf. Historia Mausiacensis Monasterii ; auctore LANFREDO, Monacho.

Cette Histoire est citée par Savaron, dans son Livre des *Origines de Clermont : Clermont*, 1607, *in*-8.

Histoire de l'Abbaye de Menat, dans le même Diocèse.

12160. Vita sancti Menelei, Abbatis Menatensis in Arvernia ; auctore anonymo incertæ ætatis.

Cette Vie est imprimée dans Labbe, au tom. II. de sa *Nouvelle Bibliothèque des Manuscrits*, pag. 591, & au tom. III. des *Actes des Saints de l'Ordre de S. Benoît*, p. 404. Elle est pleine de fautes, & n'a d'autorité que pour les endroits qui s'accordent avec d'autres Auteurs sûrs & plus connus. Ce Saint est mort en 720.

12161. Vie de saint Ménelé; par Adrien BAILLET.

Cette Vie est imprimée dans son *Recueil des Vies des Saints*, au 22 de Juillet.

Histoire de l'Abbaye de Mentenay, (ou Mantenay) dans le Diocèse de Troyes.

12162. Vita sancti Leonis, Abbatis Mantuaniaci.

Cette Vie est imprimée dans Camusat, *pag.* 357, de son *Promptuaire des Antiquités de Troyes : Trecis*, 1610, *in-*8.

12163. De eodem, Sylloge historica Godefridi HENSCHENII, è Societate Jesu.

Cette Collection est imprimée dans le *Recueil* de Bollandus, au 25 de Mai.

Histoire de l'Abbaye du Merghem, en Flandres.

12164. Synopsis Vitæ sancti Mauritonii, Abbatis Broili in Belgio; cum Notis præviis Godefridi HENSCHENII.

Cet Abrégé est imprimé dans le *Recueil* de Bollandus, au 5 de Mai. Ce Saint est mort en 701.

12165. Vie de saint Mauronte; par Adrien BAILLET.

Cette Vie est imprimée dans son *Recueil des Vies des Saints*, au même jour.

Histoire du Prieuré de Modiran, dans le Diocèse de Tarbes.

12166. Initia Modirensis Monasterii, scripta ab anonymo, qui tempore Urbani Papæ II. vixit.

Cette Histoire est imprimée dans Martenne, au tom. III. de son *Nouveau Trésor des Pièces anecdotes*, *p.* 1203.

Histoire de l'Abbaye de Moyen-Moutier, dans le Diocèse de Toul.

12167. De Gestis Abbatum Mediani Monasterii, Libri duo; auctore, ut aiunt, BRUNONE, Episcopo Tullensi, qui postea fuit Leo Papa IX.

Jean-Jacques Chifflet, dans son *Commentaire sur la Lorraine*, lui attribue cet Ouvrage, qui est imprimé dans Martenne, au tom. III. de son *Nouveau Trésor des Pièces anecdotes*, *pag.* 1091. Cette Histoire finit au milieu du XIe siècle.

12168. Mſ. Histoire de l'Abbaye de Moyen-Moutier; par Jean DE BAION, de l'Ordre de S. Dominique.

Cette Histoire est conservée dans la Bibliothèque du Collège des Jésuites de Nancy. C'est, selon le Père Benoît de Toul, un excellent Ouvrage pour l'Histoire des premiers Ducs de Lorraine & des Comtes de Verdun. L'Auteur l'a écrit en 1325. Il s'étoit réfugié dans cette Abbaye.

Dom Mabillon, au tom. II. des *Annales de son Ordre*, *pag.* 18, dit que Dom Hyacinthe Alliot, Abbé Régulier de ce Monastère, lui avoit donné une Copie de cette Histoire, composée sur les manuscrits de cette Maison, & sur des Vies de quelques Saints, par Jean de Baion, qui y étoit exilé en 1326.

12169. ☞ Historia Mediani, in monte Vosago, Monasterii Ordinis sancti Benedicti; auctore D. Humberto BELHOME, ejusdem Monasterii Abbate : *Argentorati*, Dulsſecker, 1724, *in-*4.

Cette Histoire commence à la fondation du Monastère, & finit en 1720. Le plan de Moyen-Moutier est à la tête. Il y a quelques autres gravures dans le corps de l'Ouvrage. *Voyez* à son sujet, les *Actes de Leipsick* : 1725, *pag.* 67.]

Histoire de l'Abbaye de Molesme, dans le Diocèse de Langres, (unie à la Congrégation de S. Maur.)

12170. Mſ. Chronica Abbatiæ Molismensis.

Cette Chronique, qui commence à l'année de sa fondation, en 1075, est citée par du Chesne, *pag.* 54. de son *Histoire généalogique de la Maison de Bar-le-Duc*, où il en rapporte un Fragment.

— Vita sancti Roberti, Abbatis primi Molismensis, & Fundatoris Ordinis Cisterciensis.

Voyez ci-après, l'*Histoire de l'Ordre de Cîteaux*.

12171. Mſ. Histoire de cette Abbaye; par Simon BRIOT, Religieux Bénédictin.

Cette Histoire est conservée dans la Bibliothèque de ce Monastère. L'Auteur est mort en 1701.

12172. ☞ Histoire de Gui, second Abbé de Molesme.

Dans l'*Histoire Littéraire de la France*, *tom.* XI. *pag.* 208-210. Cet Abbé est mort en 1132.]

12173. Vita beati Petri Juliacensis, Puellarum Monasterii Prioris, Monachi Molismensis.

Cette Vie est d'un Auteur qui vivoit presque du même temps; elle se trouve imprimée dans le Livre du Père Chifflet, intitulé : *Sancti Bernardi Genus illustre assertum*, *pag.* 132 : *Divione*, 1660, *in-*4. & avec le Commentaire de PAPEBROCK, dans le *Recueil* de Bollandus, au 23 de Juin.

Histoire de l'Abbaye de Monstier-en-der, ou Montirendé, dans le Diocèse de Châlons-sur-Marne.

12174. Historia Dervensis Monasterii.

Cette Histoire est imprimée dans Camusat, *pag.* 85 de son *Promptuaire des Antiquités de Troyes : Trecis*, 1610, *in-*8.

12175. Catalogus Abbatum Dervensium.

Ce Catalogue est imprimé dans la *Bibliothèque de Cluni*, parmi les *Notes* d'André du Chesne, sur la Lettre XXIVe du Livre I. des *Lettres de Pierre de Cluni : Parisiis*, 1614, *in-*fol.

12176. Passio sancti Bercharii, Abbatis Dervensis & Martyris; auctore ADSONE, Abbate Dervensi, cum Notis Nicolai Camusat.

Ces Actes sont imprimés, *pag.* 63 de son *Promptuaire des Antiquités de Troyes : Trecis*, 1610, *in-*8. & au tom. II. des *Actes des Saints de l'Ordre de S. Benoît*, *pag.* 831. Ce Saint est mort en 685. L'Ouvrage est sujet à bien des fautes; & l'on ne peut s'y fier que pour les points les plus généraux.

Histoires des Abbayes de l'Ordre de S. Benoît.

12177. Vie de saint Berchaire ; par François GIRY.

Cette Vie est imprimée dans son *Recueil des Vies des Saints*, au 6 de Février.

12178. Vie du même ; par Adrien BAILLET.

Cette Vie est imprimée dans son *Recueil des Vies des Saints*, au 16 d'Octobre.

12179. ☞ Histoire de la Vie & des Ecrits d'Anson, Abbé de Monstier-en-der ; par D. Antoine RIVET, Bénédictin.

Dans l'*Histoire Littéraire de la France*, tom. VI. pag. 471-491. Cet Abbé est mort en 992.]

Histoire de l'Abbaye de Montbourg, dans le Diocèse de Coutances.

12180. Ms. Historia Monasterii Fundationis beatæ Mariæ de Montisburgo.

Cette Histoire est conservée dans la Bibliothèque de M. Colbert, entre les Manuscrits de du Chesne.

Histoire de l'Abbaye de Mont-Jura, ou de saint Oyend de Jou, dit saint Claude, dans le Diocèse de Lyon.

☞ Cette Abbaye a été érigée en Evêché l'an 1742. *Voyez* ci-devant N.os 9053 & *suiv*.]

12181. ☞ Histoire de l'Abbaye de saint Claude ; par François-Ignace DUNOD, Professeur Royal en l'Université de Besançon.

Elle se trouve dans le tom. I. de son *Histoire des Séquanois*, &c. *Dijon*, 1735, *in-4. part. 2, pag.* 91-119, & les *Preuves*, à la fin du volume, *pag.* LXI-XCIV.]

12182. ☞ Ms. Abbaye de saint Claude, en Franche-Comté, & ses dépendances : *in-fol.* 2 vol.

Cette Histoire se trouve citée au num. 16310 du Catalogue de M. le Maréchal d'Estrées.]

12183. ☞ Visite de l'Abbaye de S. Claude, faite en 1448, par ordre de Nicolas V, Souverain Pontife, à la réquisition de Philippe-le-Bon, Duc & Comte de Bourgogne.

Cette Pièce a été imprimée, en 1720, par les soins de M. d'Angeville, alors Grand-Prieur de S. Claude.]

12184. ☞ Projet & modèle du Traité de sécularisation de MM. de l'Abbaye Royale de saint Claude, en 1701.

Le P. Joseph-Marie Dunand, Gardien des Capucins d'Auxonne, qui a beaucoup de matériaux pour l'Histoire de Franche-Comté, & Provinces voisines, en a une copie.]

12185. ☞ Statuta Monasterii sancti Claudii, edita à Johan. Cardinale d'Estrées, ejusdem Monasterii Abbate, cum Notis & Declarationibus lat. & gall. *Parisiis*, Guillery, 1704, *in-4*.]

12186. ☞ Appendix ad eadem Statuta Cardinalis d'Estrées, continens varia Instrumenta, Edicta, &c. *in-4*.

On y trouve aussi l'Ordonnance en forme de Réglement, pour l'Abbaye de saint Victor de Marseille, &c.]

12187. ☞ Requête du Cardinal d'Estrées, Abbé de saint Claude, au Roi, contre les Religieux de ladite Abbaye, opposans à ces Statuts, &c. *in-4*.]

12188. ☞ Seconde Requête du Cardinal d'Estrées, servant de Réponse à la seconde Requête des Religieux de ladite Abbaye, appellans comme d'abus des Statuts : *Paris*, veuve Guillery, 1707, *in-4*.

12189. ☞ Requête au Roi, pour les Religieux & Chapitre de la même Abbaye de saint Claude, appellans & demandeurs ; contre le Cardinal d'Estrées leur Abbé, où l'on fait voir l'abus & nullité des Statuts faits à Rome par ledit Cardinal : *Paris*, Debats, 1707, *in-4*.]

12190. ☞ Troisième Requête du Cardinal d'Estrées, servant de Réponse & de Contredits aux Ecrits & Pièces produites par les Religieux de ladite Abbaye : *Paris*, veuve Guillery, 1709, *in-4*.]

12191. ☞ Mémoire pour le Chapitre de l'Abbaye de saint Claude & les Chevaliers de saint Georges, représentans la Noblesse du Comté de Bourgogne, intervenans & adhérans aux conclusions du Chapitre, contre M. le Cardinal d'Estrées : *Paris*, Debats, *in-4*.]

12192. ☞ Second Mémoire du Chapitre de saint Claude, servant de Réponse à la troisième Requête de M. le Cardinal d'Estrées : *in-4*.]

12193. ☞ Mémoire pour le noble Chapitre de saint Claude, contre M. Jacques d'Angeville, Grand-Prieur, en 1720 : *in-4*.]

12194. ☞ Requête pour le Chapitre de l'Abbaye de saint Claude, contre le sieur d'Angeville, Grand-Prieur de ladite Abbaye, appellant comme d'abus, & demandeur, servant de Réplique à la Réponse imprimée & intitulée : Réponse au Plaidoyer du Chapitre, (1721), *in-4*.]

12195. ☞ Requête du sieur d'Angeville, Grand-Prieur de saint Claude, contre les Religieux de cette Abbaye.]

12196. ☞ Mémoire pour le même, contre ces Religieux. == Sommaire dudit Procès. ==Requête au Conseil, du Grand-Prieur de saint Claude.]

12197. Vita sancti Romani, Abbatis Jurensis, seu Condatescensis in Burgundia ; auctore Monacho Condatescensi coævo, cum Commentario prævio Godefridi Henschenii.

12198. Alia Vita.

Ces deux Vies sont imprimées dans le *Recueil* de Bollandus, au 28 de Février. Ce Saint est mort en 460.

12199. Vie de saint Romain ; par François GIRY.

Cette Vie est imprimée dans son *Recueil des Vies des Saints*, au même jour.

12200. Vie du même S. Romain; par Adrien BAILLET.

Cette Vie est imprimée dans son *Recueil des Vies des Saints*, au 28 de Février.

12201. Vie du même; par Sébastien LENAIN DE TILLEMONT.

Cette Vie est imprimée au tom. XV. de ses *Mémoires pour l'Histoire de l'Église*, pag. 432.

12202. Vita sancti Lupicini, Abbatis; auctore Monacho Condatescensi coævo, cum Commentario prævio.

Cette Vie est imprimée dans le *Recueil* de Bollandus, au 21 de Mai. Ce Saint est mort vers l'an 480.

12203. Vie de saint Lupicin; par Adrien BAILLET.

Cette Vie est imprimée dans son *Recueil des Vies des Saints*, au même jour.

12204. Vie du même; par Sébastien LENAIN DE TILLEMONT.

Cette Vie est imprimée au tom. XV. de ses *Mémoires pour l'Histoire de l'Église*, pag. 142.

12205. Vita sancti Eugendi, Abbatis; auctore anonymo ejus Discipulo.

Cette Vie est imprimée dans le *Recueil* de Bollandus, au mois de Janvier.

12206. Vie de saint Oyend, Abbé de Mont-Jou; par Adrien BAILLET.

Cette Vie est imprimée dans son *Recueil des Vies des Saints*, [au premier de Janvier.] Ce Saint est mort en 510. Les trois Vies rapportées aux N.os 12197, 12202 & 12205, ont été écrites sur de bons Mémoires, par un Auteur fidèle, qui avoit été lui-même Disciple de saint Oyend. Aucuns de ces Saints n'ont été de l'Ordre de S. Benoît, puisqu'ils sont morts avant que ce Saint l'eût établi: aussi Dom Jean Mabillon a mis cette dernière Vie dans l'*Appendix* de son *premier Siècle Bénédictin*; mais je les place entre ceux de cet Ordre, parceque depuis long-temps il est en possession de cette Abbaye.

12207. Mss. Chronicon Condatescensis Cœnobii, ab anno 428, usque ad Simonem, Comitem Campaniæ & Monachum.

Cette Chronique, qui a été composée vers l'an 1100, ou même plutôt, est conservée dans le *Recueil* du Père Estiennot, intitulé: *Antiquité de l'Ordre de S. Benoît dans le Diocèse de Lyon*, pag. 470, dans l'Abbaye de saint Germain-des-Prés.

12208. ☞ Vie de saint Simon de Crépy, fondateur du Prieuré de Mouthe, (au Bailliage de Pontarlier, en Franche-Comté;) par le Père Pierre-Joseph DUNOD, Jésuite: *Besançon*, Rochet, 1728, *in-12*.

Ce Saint, qui a été Moine de saint Claude, est mort à Rome en 1080.]

Histoire de l'Abbaye de Mont-Majour, dans le Diocèse d'Arles, (unie à la Congrégation de saint Maur.)

12209. Mss. Histoire de l'Abbaye de Mont-Majour d'Arles, & de celle de saint André d'Avignon; par Dom Claude CHANTELOU, Religieux Bénédictin, de la Congrégation de saint Maur.

Cette Histoire est conservée dans les Archives de l'Abbaye de Mont-Majour, & [étoit] entre les mains de Dom Denys de Sainte-Marthe. Dom Chantelou est mort en 1664.

Histoire de l'Abbaye du Mont-saint-Michel, dans le Diocèse d'Avranches, (unie à la Congrégation de saint Maur.)

12210. Mss. Compendiosa Monasterii sancti Michaelis in periculo maris, Historia ex veteribus Manusc. excerpta anno 1677: *in-fol*.

Cette Histoire est conservée dans l'Abbaye de saint Germain-des-Prés.

12211. Series Abbatum sancti Michaelis de Monte, ab anno 966, ad annum 1411.

Cette Suite est imprimée dans Labbe, au tom. I. de sa *Nouvelle Bibliothèque des Manuscrits*, pag. 350.

12212. Chronicon sancti Michaelis de Monte in periculo maris, ab anno 421, ad 1056.

12213. Aliud Chronicon, ab anno 506, ad annum 1154.

Ces deux Chroniques sont imprimées dans le volume précédent; la première, *pag*. 349, & la seconde, *p*. 347.

12214. Histoire de la Fondation de l'Eglise & de l'Abbaye du Mont-saint-Michel, au péril de la mer; par François FEUARDENT, Docteur en Théologie, de l'Ordre de saint François: *Constance*, 1604, *in-12*. *Ib*. 1611, *in-24*.

*Cet Auteur est mort en 1610.

12215. ☞ Chronicon apparitionum & Gestorum sancti Michaelis, Archangeli; auctore Michaele NAVEO, Canonico Tornacensi: *Duaci*, Beller, 1632, *in-8*.

Depuis la page 189, jusqu'à 232, il y est parlé du Mont-saint-Michel, &c.]

12216. Mss. Histoire générale de l'Abbaye du Mont-saint-Michel, composée l'an 1638; par Jean HUYNES, Religieux Bénédictin audit Mont-saint-Michel, & revue & corrigée par l'Auteur, en 1640: *in-fol*.

☞ Dom Jean Huynes est mort en 1651.]

12217. Mss. Histoire de l'Abbaye du Mont-saint-Michel, depuis l'an 780, jusqu'en 1648: *in-fol*.

Ces deux Manuscrits sont conservés dans l'Abbaye de saint Germain-des-Prés.

12218. Histoire du Mont-saint-Michel, en Normandie: *Paris*, 1668, *in-12*.

12219. La Fondation de l'Eglise & Abbaye du Mont-saint-Michel, des miracles, reliques & indulgences; par P. F. ARDANT, Docteur en Théologie: *Avranches*, Menuet, 1664, *in-12*.

12220. ☞ Histoire abrégée du Mont-saint-Michel, avec les motifs pour faire le Pélerinage, &c. par un Religieux de la Congrégation de saint Maur: *Avranches*, Lecourt, *in-12*.]

☞ On trouve une Description du Mont S. Michel, par l'Abbé DES THUILLERIES: *Mercure*, 1727. Novembre, pag. 2385.]

Histoire de l'Abbaye du Mont-saint Quentin, dans le Diocèse de Noyon, (unie à la Congrégation de saint Maur.)

12221. Chronologicum Abbatum Monasterii sancti Quintini de Monte Summarium, ab anno 643, ad annum 1650.

Cet Abrégé est imprimé *pag.* 618 de l'*Appendix* des *Œuvres* de Guibert de Nogent : *Parisiis*, 1651, *in-fol.*

12222. De sancto Ultano, Abbate Fossis Peronæ, Dissertatio historica Godefridi Henschenii, è Societate Jesu.

Cette Dissertation est imprimée dans le *Recueil* de Bollandus, au 1 de Mai.

12223. Elogium historicum ejusdem ; auctore Joanne Mabillon, Benedictino, è Congregatione sancti Mauri.

Cet Eloge est imprimé au tom. II. des *Actes des Saints de l'Ordre de saint Benoît, pag.* 785. Ce Saint est mort l'an 686.

12224. Vie de saint Outain, Abbé du Mont-saint-Quentin ; par Adrien Baillet.

Cette Vie est imprimée dans son *Recueil des Vies des Saints,* au 31 d'Octobre.

12225. De sancto Bertranno, Abbate Montis sancti Quintini.

Ceci est imprimé dans le *Recueil* de Bollandus, au 24 de Janvier. Cet Abbé a vécu dans le VII siècle.

12226. Versus Theodulphi, Episcopi Aurelianensis, de Fulrado Abbate.

Ces vers sont imprimés dans du Chesne, au tom. II. de son *Recueil des Historiens de France, pag.* 648. Cet Abbé fut élu en 784, & Théodulphe est mort en 821 ou 822.

Histoire du Monastère de Morey, au Diocèse de Besançon.

12227. ☞ Ms. Histoire de l'Abbaye de Morey ; par D. Fauste, Abbé.

12228. ☞ Ms. Autre, en vers ; par D. Casimir Fraichot.

12229. ☞ Ms. Vie & Catalogue des Ouvrages de D. Fraichot ; par lui-même.

Ces trois Manuscrits sont conservés dans l'Abbaye de Faverney, au Diocèse de Besançon.]

Histoire de l'Abbaye de Morigny, dans le Diocèse de Sens.

12230. Histoire de l'Abbaye de Morigny ; par Basile Fleureau, Clerc Régulier de l'Ordre des Barnabites.

Cette Histoire est imprimée avec ses *Antiquités de la Ville d'Etampes* : *Paris*, 1683, *in-4*.

— Chronicon Morigniacense, usque ad annum 1147.

Voyez ci-après, *Règne de Louis VII.*

12231. ☞ . Histoire de la Vie & des Ecrits de Thomas, Abbé de Morigny.

Dans l'*Histoire Littéraire de la France, tom. XII. Pag.* 218-222. Il est mort l'an 1144.]

Histoire de l'Abbaye de Mouson, dans le Diocèse de Reims, (unie à la Congrégation de saint Maur.)

12232. Monasterii Mosomensis Chronicon, ab anno 971, ad annum 1033, cum additione ad annum 1212.

Cette Chronique est imprimée dans d'Achery, au tom. VII. du *Spicilége, pag.* 623.

12233. Epitome hujus Chronici ; operâ Nicolai Haberti, Prioris Claustralis Mosomensis: *Caropoli*, Raoult, 1628, *in-*8.

12234. De Mosomensis Monasterii instauratione [anno 971.] Dissertatio Joannis Mabillon, Benedictini, è Congregatione sancti Mauri.

Cette Dissertation est imprimée au tom. VI. des *Actes des Saints de l'Ordre de saint Benoît, pag.* 356.

12235. Vita sancti Victoris Mosomensis.

Cette Vie est imprimée dans le *Recueil* de Bollandus, au 9 de Février.

Histoire de l'Abbaye de Moustier-la-Celle, proche de Troyes.

12236. Vita sancti Frodoberti, Abbatis primi Cellensis ; auctore Monacho Cellensi, cum Notis Nicolai Camusat.

Cette Vie est imprimée dans son *Promptuaire des Antiquités de Troyes, pag.* 1 : *Trecis*, 1610, *in-*8. dans le *Recueil* de Bollandus, au 8 de Janvier ; & au tom. II. des *Actes des Saints de l'Ordre de saint Benoît, p.* 152. Ce Saint est mort vers l'an 673. Le Moine anonyme de Moustier-la-Celle a vécu après le Règne de Charles-le-Chauve. Dom Mabillon, au tom. I. des *Annales* de son Ordre, *pag.* 514, l'appelle Lupellus, & le fait Disciple du Saint. Au livre second de la Vie de S. Bercaire, [ci-devant, N.° 11176,] il est marqué que la Vie de saint Frobert avoir été écrite par Adson, Abbé de Montirendé, au X° siècle ; mais on ne sçait si cette Vie est la même que la précédente. L'Abbé Chastelain, *pag.* 25 de son *Martyrologe*.

12237. Vie de saint Frobert ; par Adrien Baillet.

Cette Vie est imprimée dans son *Recueil des Vies des Saints*, au 31 de Décembre.

Histoire de l'Abbaye de Moustier-neuf, dans le Diocèse de Poitiers.

12238. Fragmentum Historiæ Monasterii novi Pictaviensis ; auctore Martino, Monacho ejusdem loci.

Ce Fragment est imprimé dans Martenne, au tom. III. de son *Nouveau Trésor des Pièces anecdotes, pag.* 1210.

Histoire de l'Abbaye de Moustier-saint-Jean, dans le Diocèse de Langres, (unie à la Congrégation de saint Maur.)

12239. Historia Monasterii sancti Joannis Reomaensis, in Tractu Lingonensi. Vitas Abbatum excipit Catalogus antiquus eorumdem, cum antiquis Notis Chronicis, [pag. 437.] Ejusdem Monasterii Necrologium vetus, [pag. 448.] Novus & integer Catalogus Abbatum, cum Chronicis characteribus præfecturæ eorum, [pag. 451.] Notitia Dignitatum & Ecclesiarum Reomaensium, & illustrationes Ecclesiæ Reomaensis, [pag. 462.] Hæc omnia collecta & illustrata à Petro ROVERIO, è Societate Jesu: *Parisiis*, Cramoisy, 1637, *in-4*.

☞ Cette Histoire est importante pour l'Histoire Ecclésiastique & Civile de France. Le P. Rouviere, Jésuite d'Avignon, est mort en 1649.]

12240. Monachi Reomaenses sub Regula sancti Macarii, anno 496; auctore Carolo LE COINTE, Congregationis Oratorii Presbytero.

Cette Dissertation est imprimée au tom. I. de ses *Annales de l'Eglise de France*, sous l'année 496, *p.* 175.

12241. Vita sancti Joannis, Abbatis & Institutoris Monasterii Reomaensis; auctore Monacho Reomaensi anonymo suppari.

Cette Vie est imprimée dans le *Recueil* de Surius, au 22 de Septembre; dans Barrali, *pag.* 367 de sa *Chronologie de Lérins: Lugduni*, 1613, *in-4*. & plus ample, dans l'*Histoire de ce Monastère: Paris*, 1637, *in-4*. & au tom. I. des *Actes des Saints de l'Ordre de S. Benoît*, *pag.* 633. L'Abbé Jonas, Disciple de saint Colomban, a retouché cette Vie, & y a fait des Additions l'an 663, comme il le dit lui-même dans la Préface. Saint Jean de Reomay est mort en 539.

12242. Vie de saint Jean de Reomay; par Adrien BAILLET.

Cette Vie est imprimée dans son *Recueil des Vies des Saints*, au 28 Janvier.

12243. De sancto Sylvestro, Abbate, Notæ historicæ Godefridi HENSCHENII, è Societate Jesu.

Ces Notes sont imprimées dans le *Recueil* de Bollandus, au 15 d'Avril. Ce Saint, qui a été Disciple de saint Jean, est mort vers l'an 585.

12244. Wilhelmi, primi Abbatis, rerum Gestarum Liber; auctore GLABRO Rodulpho, Monacho Cluniacensi.

Cette Vie est imprimée dans l'*Histoire de ce Monastère*, *pag.* 131, [N.° 12239.] Ce Saint est mort en 1031, & Glaber a fleuri en 1046.

Histoire de l'Abbaye de Munster, en basse-Alsace, dans le Diocèse de Strasbourg.

12245. Mf. Histoire de l'Abbaye de Munster; par Dom Augustin CALMET, Religieux Bénédictin de la Congrégation de S. Vanne.

Cette Histoire est conservée dans la Bibliothèque de l'Abbaye de Munster.

Histoire de l'Abbaye de Murbach, dans la haute-Alsace, Diocèse de Basle.

12246. ☞ Ignatii GROPP, Historia Monasterii Amorbacensis: *Francofurti*, 1736, *in-fol.*]

Histoire de l'Abbaye de Mure, en Suisse.

12247. Origines Murensis Monasterii in Helvetiis, atque adeo Europa universa celeberrimi, seu Acta Fundationis cum brevi Chronico seculi undecimi quo major Scriptorum penuria fuit, atque in primis antiquissima Principum Fundatorum Genealogia, &c. *Spirembergii*, Bruckausenius, 1618, *in-4*.

Les mêmes Origines sont imprimées dans Ludwigh, au tom. II. de sa *Collection des Historiens d'Allemagne*, *pag.* 399: *Francofurti*, 1717, *in-fol.* Ce Monastère fut fondé vers l'an 1130. L'Auteur de l'Ouvrage étoit Moine de Mure; il a fleuri l'an 1142. On trouve dans son Histoire la véritable origine de la Maison d'Autriche.

☞ *Voyez* encore la fin du tome I. de l'Ouvrage de D. Marquart HERGOTT, intitulé: *Genealogia Diplomatica Domûs Hasburgicæ*, &c. *Viennæ Austr.* 1737. *in-fol.*]

Histoire de l'Abbaye de Nanteuil, dans le Diocèse de Coutances.

12248. Vita sancti Marculfi, Abbatis Nantuensis: Scriptore anonymo.

12249. Alia Vita.

Ces deux Vies sont imprimées avec le *Commentaire* d'HENSCHENIUS, dans le *Recueil* de Bollandus, au 1 de Mai; & la première, au tom. I. des *Actes des Saints de l'Ordre de S. Benoît*, *pag.* 128. Ce Saint est mort vers l'an 558, & l'Auteur de sa Vie a vécu avant le Règne de Charles le Simple.

12250. Translatio sancti Marculfi Corbiniacum, ubi de ejus potestate in strumas Francorum Regibus communicata; auctore anonymo.

Cette Histoire est imprimée au tom. I. des *Actes des Saints de l'Ordre de S. Benoît*, *pag.* 134.

12251. Vie de S. Marcoul, Abbé & Confesseur: *Reims*, 1619, *in-8*.

12252. Vie du même; par Simon FAROLD, Doyen & Official de Mantes: *Paris*, 1633, *in-8*.

12253. ☞ Abrégé de la Vie du même Saint; par Louis TEXIER: *Saumur*, 1648, *in-8*.]

12254. Vie du même; par François GIRY.

Cette Vie est imprimée dans son *Recueil des Vies des Saints*, au 1 de Mai.

12255. Abrégé de la Vie du même, avec son Office: *Laon*, 1686, *in-12*.

Histoire du Monastère de Notre-Dame des Blancs-Manteaux à Paris, uni à la Congrégation de S. Maur.

12256. ☞ Du Prioré des Blancs-Manteaux, de l'Ordre de S. Benoît.

Cette Histoire est imprimée *pag.* 665-668, du *Théâtre des Antiquités de Paris*; par Jacques DU BREUL, Bénédictin; (seconde édition: *Paris*, 1639, *in-4*.) On peut voir encore *pag.* 374-380, du tom. I. de l'*Histoire de Paris*, par D. Michel FELIBIEN: *Paris*, 1725, *in-fol.* & les Pièces justificatives, *tom. III. pag.* 372-374. Ce fut dans ce Monastère que la Réforme, qui a donné lieu à la Congrégation de S. Maur, commença à être établie à Paris en 1618, & elle y a été soutenue ces dernières années par la *Réclamation*, ci-après.]

12257. ☞ Eloge de Dom Maur Dantine; (par D. Charles CLEMENCET).

Il se trouve *pag.* x-xiv. de la Préface de l'*Art de vérifier les dates, &c. Paris*, Desprez, 1750, *in-4*. Dom Dantine est mort en 1746.]

Histoires des Abbayes de l'Ordre de S. Benoît.

12258. ☞ Elogium D. Martini Bouquet ; (auctore D. Carolo HAUDIQUER.)

Il est imprimé *pag.* 1-IX. du tom. IX. de la nouvelle *Collection des Historiens de France*, à laquelle D. Bouquet a travaillé 24 ans. Ce Religieux est mort en 1754.]

12259. ☞ Eloge historique de D. Charles-François Toustain ; par Dom René-Prosper TASSIN.

Dans la Préface du tom. II. de la *Nouvelle Diplomatique* : *Paris*, 1755. Dom Toustain est mort en 1754.]

12260. ☞ Remarques historiques sur Dom Prudent Maran.

Elles se trouvent *pag.* 293-298, de la *Bibliothèque de la Congrégation de S. Maur*, par D. LE CERF : (ci-devant, N.° 11615.) Mais comme Dom Maran a vécu encore bien des années, il y a beaucoup de choses à ajouter sur son sujet : on les trouvera dans l'Histoire Littéraire de Dom Tassin, qui a vécu long-temps avec ce saint & sçavant Religieux. Il est mort dans la Maison des Blancs-Manteaux, en 1762. Il étoit né à Sézanne en Brie, & non à Troyes, comme l'a dit D. le Cerf.]

12261. ☞ Réclamation des Religieux Bénédictins du Monastère des Blancs-Manteaux, contre la Requête des Religieux de saint Germain-des-Prés : (*Paris*) 1765, *in*-4.

Après un petit Avertissement, on y trouve une Requête au Roi, & ensuite pour en développer les moyens, un Mémoire intitulé : *La Discipline Monastique vengée*, (pour la conservation de l'habit, & le maintien de l'abstinence & des veilles) *des outrages* de la Requête des Religieux de S. Germain ; & enfin, cette Requête même.]

Histoire de l'Abbaye de Notre-Dame de Nogent sous Coucy, dans le Diocèse de Laon, (unie à la Congrégation de S. Maur.)

12262. Series Abbatum beatæ Mariæ de Novigento ; auctore Luca D'ACHERY, Benedictino, Congregationis sancti Mauri.

Cette Suite est imprimée à la *pag.* 626 de l'*Appendix des Œuvres de Guibert, Abbé de Nogent* : *Parisiis*, 1651, *in-fol*. Dom Luc est mort en 1685.

12263. GUIBERTI, Abbatis, de Vita sua, sive Monodiarum Libri tres ; in primo, de Actis à se ; in secundo, Historia Novigentii Monasterii ; in tertio, de Descriptione primariæ Ecclesiæ & devastatione Urbis Laudunensis.

12264. Vita ejusdem Abbatis ; auctore Luca D'ACHERY, Monacho Benedictino.

Guibert est mort en 1124, & ses deux Vies sont imprimées dans le volume précédent.

12265. ☞ Histoire de la Vie & des Ecrits du même.

Dans l'*Hist. Littér. de la France*, tom. X. p. 433-500.]

Histoire du Prieuré de Notre-Dame de Sémur en Auxois, dans le Diocèse d'Autun.

12266. ☞ Copies & Extraits de quelques Titres du Prieuré de Notre-Dame de Sémur en Auxois : *Dijon*, 1728, *in-fol*.]
Tome I.

Histoire de l'Abbaye de Noyers, dans le Diocèse de Tours, (unie à la Congrégation de S. Maur.)

12267. ☞ Ms. Cartularium Abbatiæ S. Mariæ de Nuchariis, Ordinis S. Benedicti, Diœcesis Turonensis, descriptum ex autographo ; per Nicolaum PREVOST, illius Monasterii Ascetam : ann. 1674.]

12268. ☞ Ms. Elenchus Benefactorum & testium qui continentur in Cartulario Monasterii B. Mariæ de Nuchariis juxta seriem & ordinem Abbatum ejusdem Monasterii, & alphabetico digestus ordine ; per D. Nicolaum PREVOST ; anno 1674.

Ces deux Manuscrits sont conservés dans la Bibliothèque de S. Benoît sur Loire.

L'Auteur, en rapportant les noms des Bienfaiteurs, a placé leurs écus & armes, & y a joint plusieurs choses relatives à leurs familles. Ce ne sont pas des Généalogies, mais des matériaux propres à former les Généalogies. Dom Prévôt étoit d'Orléans ; il fit profession le 26 Juillet 1663, dans l'Abbaye de Vendôme, âgé de 21 ans ; il est mort dans l'Abbaye de S. Benoît sur Loire, le 20 Août 1717.]

Histoire de l'Abbaye d'Orbais, dans le Diocèse de Soissons, (unie à la Congrégation de S. Maur.)

12269. ☞ Histoire de la Vie & des Ecrits de Gothescalc, Moine d'Orbais ; par Dom Antoine RIVET, Bénédictin.

Dans l'*Hist. Littér. de la France*, tom. V. pag. 552-554. Ce Religieux est mort en 868 ou 869.]

Histoire du Prieuré de Perreci, dans le Diocèse d'Autun.

☞ *Voyez* sur sa Fondation les *Annales de l'Ordre de S. Benoît*, par D. Jean Mabillon, tom. I. pag. 197.]

12270. ☞ Histoire de la nouvelle Réforme du Monastère de Perreci en Bourgogne.

Elle se trouve *pag.* 393, du tom. VI. de l'*Histoire des Ordres Monastiques*, &c. du Père HELYOT : *Paris*, 1714, &c. Cette Réforme, qui est la dernière qui ait été faite vers la fin du dernier siècle, a pour Auteur Louis Berrier, qui se proposa pour modèles la Trappe & Septfonts.]

Histoire de l'Abbaye du Pont, en Auvergne.

12271. Ms. Gesta Bertrandi, Pictaviensis, primi Domûs de Ponte in Arvernia Fundatoris.

Cette Histoire est citée par du Chesne, à la *pag.* 181, du *Plan de son Recueil des Historiens de France*.

Histoire de l'Abbaye de Préaux, dans le Diocèse de Lisieux, (unie à la Congrégation de S. Maur.)

12272. Ms. Histoire de la Fondation de l'Abbaye de Préaux, de sa Restauration, & de ses principaux Bienfaiteurs.

Cette Histoire est conservée dans la Bibliothèque de

Ddddd

S. Germain-des-Prés. Gilles-André de la Roque rapporte des Fragmens de la Chronique manuscrite de l'Abbaye de Préaux, dans les Preuves de l'*Histoire généalogique de la Maison de Harcourt*, tom. I. p. 20.

12273. ☞ Histoire de la Vie & des Ecrits de Richard, Abbé de Préaux.

Dans l'*Hist. Littér. de la France*, tom. XI. pag. 169-176. Cet Abbé est mort en 1131 ou 1132.]

Histoire de l'Abbaye de Pruim, dans le Diocèse de Trèves.

12274. Elogium historicum Macwardi, Abbatis Prumiensis, qui claruit anno 830; auctore Joanne MABILLON, Benedictino, è Congregatione sancti Mauri.

Cet Eloge est imprimé au tom. V. des *Actes des Saints de l'Ordre de S. Benoît*, p. 606.

12275. ☞ Histoire de la Vie & des Ecrits de Wandalbert, Moine de Pruim; par Dom Antoine RIVET.

Dans l'*Hist. Littér. de la France*, tom. V. pag. 377-388. Ce Religieux est mort vers l'an 870.]

12276. ☞ Histoire de la Vie & des Ecrits de Réginon, Abbé de Prom (ou Pruim;) par le même.

Dans le même Ouvrage, tom. VI. p. 148-154. Cet Abbé est mort en 915.]

Histoire de l'Abbaye de Rebais, dans le Diocèse de Meaux, (unie à la Congrégation de S. Maur.)

12277. Vita sancti Agili, Abbatis Resbacensis; auctore anonymo subæquali.

Cette Vie est imprimée au tom. II. des *Actes des Saints de l'Ordre de S. Benoît*, pag. 315. Elle a été écrite par un inconnu, qui paroît avoir vécu près d'un siècle après ce Saint qui est mort en 660, si l'on n'aime mieux dire, qu'il y a eu des Additions d'une main postérieure. L'Auteur est sujet à faillir; mais sa négligence ne lui ôte pas toute l'autorité qu'il mérite dans le reste.

12278. ☞ Eadem, cum Commentario Joannis STILTINGI, è Soc. Jesu.

Dans le *Recueil* de Bollandus, au 30 d'Août.]

12279. Vie de S. Ayle; par Adrien BAILLET.

Cette Vie est imprimée dans son *Recueil des Vies des Saints*, au même jour.

Histoire de l'Abbaye de Redon, dans le Diocèse de Vannes, (unie à la Congrégation de S. Maur.)

12280. Ms. Rothonensis Monasterii Abbates : ex Cartulario ejusdem Monasterii.

Ce Catalogue [étoit] conservé dans la Bibliothèque de M. Colbert, entre les Manuscrits de M. du Chesne, [aujourd'hui à la Bibliothèque du Roi.]

12281. Vita sancti Conwoionis, Abbatis Rothonensis in Aremorica; auctore anonymo.

Cette Vie est imprimée au tom. VI. des *Actes des Saints de l'Ordre de S. Benoît*, pag. 184. Ce Saint est mort l'an 868, & l'Auteur de sa Vie a vécu dans le onzième siècle. Son Ouvrage ne peut être d'une grande autorité; mais le suivant, qui est plus ancien, quoique défectueux dans les commencemens, est rempli de singularités fort remarquables pour l'Histoire de ce tems-là.

12282. De Gestis Sanctorum Rothonensium, Conwoionis, & aliorum, Libri tres; auctore Monacho anonymo, sancti Conwoionis Discipulo.

Cette Histoire est imprimée dans le volume précédent, pag. 195.

12283. Vita ejusdem; auctore Hugone MENARD, cum ejus Notis.

Cette Vie est imprimée à la pag. 784, de ses *Observations sur le Martyrologe Bénédictin : Parisiis*, 1629, in-8.

12284. Vie de saint Conwoïon; par Adrien BAILLET.

Cette Vie est imprimée dans son *Recueil des Vies des Saints*, au 18 de Décembre.

Histoire de l'Abbaye de Remiremont, dans le Diocèse de Toul.

☞ Ce Monastère étoit double, c'est-à-dire, qu'il y avoit autrefois des Religieux & des Religieuses : depuis long-temps il n'y a plus que de ces dernières, qui même sont devenues Chanoinesses séculières.]

12285. Ms. Histoire de l'Abbaye de Remiremont; par Jacques BRUYER, Prêtre de Remiremont, dédiée à Barbe de Salm, Abbesse de Remiremont & du Lys.

Cette Histoire [étoit] conservée à Nancy dans le Cabinet du Père Hugo, Prémontré. Barbe de Salm fut nommée Abbesse du Lys en 1576.

12286. Ms. Registre des Antiquités & choses mémorables de S. Pierre de Remiremont : in-4.

Ce Registre [étoit] conservé dans la Bibliothèque de M. le Baron d'Hoendorff, [aujourd'hui dans celle de l'Empereur.] On croit que le Prieur d'Hervaulx en est l'Auteur. Il a été composé en 1583.

12287. ☞ Ms. Les Usages & Coutumes de l'Eglise de S. Pierre de Remiremont en Lorraine, in-fol.

Ce Manuscrit se trouve dans la Bibliothèque du Roi, & vient de M. Lancelot.]

12288. Ms. Histoire de Remiremont, dans laquelle il y a plusieurs choses qui concernent l'Histoire de Lorraine; par VALDENVINE.

Cette Histoire [étoit] conservée dans la Bibliothèque de M. de Camps, Abbé de Signy, [qui a passé à M. de Béringhen.] Valdenvine vivoit vers la fin du seizième siècle.

12289. Vita sancti Amati, Abbatis Habendensis primi; auctore anonymo Monacho suppari.

Cette Vie est imprimée dans le *Recueil* de Surius, au 13 de Septembre, & plus entière au tom. II. des *Actes des Saints de l'Ordre de S. Benoît*, p. 129. Ce Saint est mort vers l'an 627.

12290. Vie de S. Aimé ou Amet; par François GIRY.

Cette Vie est imprimée dans son *Recueil des Vies des Saints*, au même jour.

12291. Vie du même S. Aimé; par Adrien BAILLET.

Cette Vie est imprimée dans son *Recueil des Vies des Saints*, au même jour.

12292. Vita sancti Romarici, Abbatis; auctore Monacho anonymo æquali.

Cette Vie est imprimée dans Hugues Ménard, p. 405 de ses *Observations sur le Martyrologe des Bénédictins : Parisiis*, 1629, in-8. & dans Labbe, au tom. I. de sa *Nouvelle Bibliothèque des Manuscrits*, pag. 781, & plus correctement au tom. II. des *Actes des Saints de l'Ordre de S. Benoît*, pag. 415. Ce Saint est mort en 653.

12293. Vie de S. Romaric; par MODESTE de S. Amable.

Cette Vie est imprimée au tom. I. de sa *Monarchie sainte*, p. 555.

12294. Vie du même; par Adrien BAILLET.

Cette Vie est imprimée dans son *Recueil des Vies des Saints*, au 8 de Décembre.

12295. ☞ Comitum par genere heroïcâque virtute inclytum, Beatus Godefridus Westphalus & sanctus Romaricus Austrasius, è Manuscriptis cum notatiunculis; per Nicolaum SERARIUM, Societatis Jesu : *Moguntiæ*, Lippius, 1605, in-8.]

12296. Vita sancti Adelphii, Abbatis; auctore anonymo æquali.

Cette Vie est imprimée dans Labbe, au tom. I. de sa *Nouvelle Bibliothèque des Manuscrits*, pag. 665, & au tom. II. des *Actes des Saints de l'Ordre de S. Benoît*, pag. 602. Ces trois Vies, rapportées aux numéros 12290, 12293, 12297, sont du même Auteur inconnu, qui a été le compagnon des Disciples de Saint Amat.

12297. Vie de S. Adelphe, neveu de S. Romaric; par MODESTE de saint Amable.

Cette Vie est imprimée au tom. I. de sa *Monarchie sainte*, p. 568.

12298. Ms. Registre des choses mémorables de l'Eglise de S. Pierre de Remiremont; par un Moine du Prieuré de Hurault, en 1583 : *in-4*.

Ce Registre [étoit] conservé à Paris dans le Cabinet de M. Lancelot, [aujourd'hui à la Bibliothèque du Roi.]

12299. Lettre de Dom Jean MABILLON, Religieux Bénédictin, touchant le premier Institut de cette Abbaye : *Paris*, 1678, *in-4*.

✴ Le Père Mabillon y fait voir 1.° que l'Abbaye de Remiremont n'a pas été fondée d'abord pour des Chanoinesses, mais pour des Religieuses : 2.° que la Règle de S. Benoît y a été gardée de temps immémorial, & enfin qu'ç a été bien long-temps après la fondation de cette Abbaye, que les Religieuses de ce lieu ont été changées en Chanoinesses.]

12300. ☞ Histoire abrégée des Chanoinesses séculières de Remiremont, en Lorraine.

Dans l'*Hist. des Ord. Mon. & Relig.* du P. HELYOT: (*Paris*, 1714, &c. *in-4*.) tom. *VI*. pag. 402-419.]

12301. ✴ Ms. Ecrit préliminaire des Dames Chanoinesses de Remiremont.

Il est attribué à Madame de BOURDONNÉ, Chanoinesse de Remiremont. On le trouve inséré dans la troisième Partie de l'Ouvrage suivant, avec les réponses.

Tome I.

12302. ✴ Ms. Histoire monastique de l'Abbaye de Remiremont, où l'on fait voir, 1.° qu'il est très-probable que cette Abbaye a été, dès sa fondation, de l'Ordre de S. Benoît : 2.° que la Règle de S. Benoît y a été gardée de temps immémorial, & qu'elle y a persévéré jusqu'à nos jours : 3.° on y réfute tous les titres & raisons rapportés dans l'Ecrit préliminaire; par le P. ✱ ✱ ✱, Procureur-Général de la Congrégation de S. Vanne & de S. Hidulphe : *in-4*.

Ce Manuscrit, composé en 1678, [étoit] dans le Cabinet de M. de Vaubourg, Conseiller d'Etat.

12303. Ms. Quartiers & Pièces concernant les Chanoinesses de Remiremont : *in-fol*.

Ce Recueil est conservé dans la Bibliothèque du Roi, entre les Manuscrits de M. de Gaignières.

12304. ☞ Arrêts du Conseil d'Etat du Roi, des années 1692, 1693, 1694 & 1695, en forme de Réglement, pour l'Eglise insigne Collégiale & Séculière de S. Pierre de Remiremont en Lorraine, entre Madame Dorothée Rhingraff, Princesse de Salm, Abbesse de ladite Eglise, & les Dames Doyenne, Chanoinesses, & Chapitre de ladite Eglise : *Paris*, Langlois, 1695, *in-4*.]

12305. ☞ Réglement & usages du Chapitre de S. Pierre de Remiremont : 1735, *in-fol*.]

Histoire de l'Abbaye de Renty, en Flandres, Diocèse de Saint-Omer.

12306. Vita sancti Bertulfi, Abbatis Renticæ in Belgio; auctore Monacho Blandiniensi, cum Commentario prævio Joannis Bollandi.

Cette Vie est imprimée dans son *Recueil*, au 5 de Février, & au tom. III. des *Actes des Saints de l'Ordre de S. Benoît*, pag. 45. Ce Saint est mort en 705. L'Auteur de sa Vie, qui a fleuri l'an 1073, l'a composée sur une plus ancienne; elle n'a pas beaucoup d'autorité.

12307. Vie de saint Bertoul; par Adrien BAILLET.

Cette Vie est imprimée dans son *Recueil des Vies des Saints*, au 5 de Février.

Histoire de l'Abbaye de Rosoy, dite Ville-Chasson, dans le Diocèse de Sens.

12308. Ms. Mémoire de l'Abbaye de Rosoy, avec la Vie de sainte Elisabeth, première Fondatrice de cette Maison.

12309. Ms. Histoire de la même Abbaye; par Jacques VIGNIER, Jésuite.

L'Auteur est mort en 1669; son Histoire est conservée dans la Bibliothèque de M. Philibert de La Marre, Conseiller au Parlement de Dijon.

Histoire de l'Abbaye de Saint-Aignan, à Orléans.

12310. Testamentum LEODEBODI, Abbatis Sancti-Aniani, anno 623.

On indique ici ce Testament, parcequ'il se trouve

dans la *Collection des Historiens de France* de du Chesne, au tom. IV. *pag.* 59.

Histoire de l'Abbaye de S. Allyre de Clermont.

12311. Mf. Chronicon Monasterii Sancti-Illidii Claromontensis; auctore WINEBRANDO, Monacho.

Cette Chronique est citée par Savaron, dans son *Traité des Origines de Clermont* : Clermont, 1607, *in*-8.

12312. ☞ Histoire de Winebrand, & de ses Ecrits ; par Dom Antoine RIVET, Bénédictin.

Dans l'*Hist. Littér. de la France*, tom. *VI. pag.* 176-178. Ce Religieux vivoit dans le Xe siècle.]

Histoire de l'Abbaye de Saint-Amand, dans le Diocèse de Tournay.

12313. Breve Chronicon Elnonense, Abbatum Cœnobii Sancti-Amandi, res gestas complectens, ab anno 534, ad annum 1223.

Cette Chronique est imprimée dans Martenne, au tom. III. de son *Nouveau Trésor des Pièces anecdotes*, *pag.* 1390.

12314. De Libertate & Immunitate Monasterii Sancti-Amandi in Papula Diœcesis Tornacensis Historica Dilucidatio ; avec d'autres Pièces sur le différend de l'Evêque de Tournay & l'Abbaye de S. Amand, pour la Jurisdiction de ladite Abbaye : *Duaci*, de Spira, 1643, *in*-4.

12315. Vita Sancti-Amandi, Abbatis Elnonensis; auctore BAUDEMUNDO, ejus Discipulo, Abbate Blandiniensi.

☞ *Voyez* ci-devant, N.° 8740.]

12316. Ejus Vitæ Supplementum, cum Historia elevationis & translationis corporis Sancti-Amandi; auctore MILONE, Monacho Elnonensi.

Voyez Ibid.

12317. Vita alia ; auctore Philippo HARDENGO, [seu HARVENGIO] Abbate de Eleemosyna.

☞ *Voyez* ci-devant, N.° 8741.]

Ce Saint est mort en 678, & Baudemond en 731 : Milon en 872, & Philippe, Abbé de l'Aumône, en 1182. Ces Vies, avec le Supplément, sont imprimées dans les Œuvres de ce dernier, *pag.* 707 : *Parisiis*, 1621, *in-fol.*

12318. De beato Andrea, Abbate, Commentarius historicus Godefridi HENSCHENII, è Soc. Jesu.

Dans le *Recueil* de Bollandus, au 13 de Janvier.

12319. ☞ Histoire de la Vie & des Ecrits de Milon, Moine de S. Amand; par Dom Antoine RIVET, Bénédictin.

Dans l'*Hist. Littér. de la France*, tom. *V. pag.* 409-416. Ce Religieux est mort en 872.]

12320. ☞ Histoire de la Vie & des Ecrits d'Hucbald, Moine de S. Amand; par le même.

Dans l'*Hist. Littér. de la France*, tom. *VI. pag.* 210-221. Ce Religieux est mort en 931 ou 932.]

12321. ☞ Histoire de la Vie & des Ecrits de Gilbert, Moine de S. Amand; par le même.

Dans l'*Hist. Littér. de la France*, tom. *VIII.* p. 429-432. Ce Religieux est mort en 1095.]

Histoire de l'Abbaye de S. André d'Avignon, (unie à la Congrégation de S. Maur.)

12322. Mf. Histoire de l'Abbaye de S. André d'Avignon ; par Claude CHANTELOU, Religieux Bénédictin de la Congrégation de S. Maur.

Cette Histoire est conservée dans la Bibliothèque de l'Abbaye de Montmajour d'Arles; [elle étoit aussi] entre les mains de Dom Denys de Sainte-Marthe, Religieux Bénédictin.

12323. Vita sancti Pontii, Abbatis, ab auctore coævo & Discipulo scripta.

Cette Vie est imprimée dans le *Recueil* de Bollandus, au 26 de Mars. Ce Saint est mort en 1088.

12324. Vita ejusdem ; auctore RAYMUNDO, æquali & ejusdem loci Monacho.

Cette Vie est imprimée au tom. IX. des *Actes des Saints de l'Ordre de S. Benoît*, *pag.* 493.

Histoire de l'Abbaye de S. André du Câteau-Cambresis, dans le Diocèse de Cambray.

12325. ☞ Mf. Historia duorum primorum circiter Sæculorum Abbatiæ Sancti-Andreæ in Castello Cameracensi.

Ce Manuscrit se trouve dans cette Abbaye. On croit que l'Auteur est un Religieux de ce Monastère, appellé Dom POTIER, qui vivoit au siècle passé. On trouve dans cette Histoire plusieurs fragmens du Manuscrit de Waterlos, indiqué ci-devant, N.° 8522.]

Histoire de l'Abbaye de S. Arnoul de Metz.

12326. Mf. Tractatus de Ecclesia Sancti-Arnulphi Metensis & ejus incrementis.

Ce Traité [étoit] conservé dans la Bibliothèque de M. Colbert, entre les Manuscrits de du Chesne, [aujourd'hui à la Bibliothèque du Roi.]

12327. Mf. Ancienne Chronique de l'Eglise de S. Arnoul de Metz : *in-fol.*

Cette Chronique est conservée dans la Bibliothèque du Roi, num. 9861.

12328. L'auguste Basilique de l'Abbaye Royale de S. Arnoul, contenant les Bulles, Fondations, Donations, Exemptions de cette Abbaye, défendues ; par André VALLADIER, Abbé de S. Arnoul : *Paris*, Chevalier, 1615, *in*-4.

Cet Auteur est mort en 1638.

12329. ☞ Celebris Consultatio ex parte Religiosorum Abbatiæ Sancti-Arnulphi Metensis, super postulatione Andr. Valladerii in Abbatem : Lat. Gall. *Parisiis*, Nivelli, 1612, *in*-8.]

Histoires des Abbayes de l'Ordre de S. Benoît.

☞ Paralipomena ad Consultationem : *Parisiis*, 1612, *in*-8.]

12330. Acta Abbatum quatuor, scilicet de Arberto Abbate primo; de Ansteo, Abbate secundo; de Joanne I. Abbate tertio; & de Joanne II, Abbate quarto.

Ces Actes sont imprimés dans Martenne, au tom. III. de son *Nouveau Trésor des Pièces anecdotes*, p. 1199.

12331. De venerabili Ansteo, Abbate, ubi de Alberone I, Episcopo Metensi ; auctore Joanne MABILLON, Benedictino.

Ceci est imprimé au tom. VIII. des *Actes des Saints de l'Ordre de saint Benoît*, pag. 690. Cet Abbé est mort en 960.

12332. ☞ Histoire de la Vie & des Ecrits de Jean, Abbé de Saint-Arnoul; par Dom Antoine RIVET, Bénédictin.

Dans l'*Histoire Littéraire de la France*, tom. *VI*. pag. 421-429. Cet Abbé est mort en 983.]

12333. ☞ Histoire de la Vie & des Ecrits de Guillaume, surnommé Walon, Abbé ; par le même.

Dans le même Ouvrage, *tom. VIII.* pag. 305-312. Cet Abbé est mort l'an 1089.]

12334. ☞ Histoire de la Vie & des Ouvrages d'André Valladier, Abbé de S. Arnoul.

Dans les *Mémoires* du Père Niceron, (qui a reçu cet Article de Toulouse :) tom. *XVIII.* pag. 157-169. Cet Abbé est mort en 1638.]

12335. ☞ Lettre de Claude-Pierre GOUGET, sur le même, au P. NICERON.

Dans les mêmes *Mémoires*, tom. *XX*. pag. 114-139.]

Histoire de l'Abbaye de Saint-Aubin d'Angers, (unie à la Congrégation de saint Maur.)

12336. Chronicon Sancti-Albini Andegavensis, ab anno 768, ad annum 1106. Addenda ab anno 1047, ad annum 1106.

12337. Aliud Chronicon Sancti-Albini Andegavensis, ab anno 929, ad annum 1200.

Ces Chroniques sont imprimées dans Labbe, au tom. I. de sa *Nouvelle Bibliothèque des Manuscrits* : la première, pag. 280; & la seconde, pag. 275.

12338. Ms. Fragmentum alterius Chronici Sancti-Albini, ab anno 1187, ad annum 1220.

Ce Fragment [étoit] conservé dans la Bibliothèque de M. Colbert, entre les Ms. de du Chesne, [Bibl. du Roi.]

12339. Ms. Histoire de cette Abbaye ; par D. Robert HARDI, Religieux Bénédictin, de la Congrégation de saint Maur : *in-fol*.

Cette Histoire est conservée dans la Bibliothèque de ce Monastère.

☞ L'Auteur est mort en 1687.]

12340. Vita sancti Girardi, Monachi Sancti-Albini; auctore Hugone MENARD, Benedictino, è Congregatione sancti Mauri.

Cette Vie est imprimée à la page 733 de ses *Observations sur le Martyrologe Bénédictin : Parisiis*, 1629, *in*-8.

Histoire du Monastère de Saint-Aventin, proche de Troyes.

12341. Vita sancti Fidoli, Abbatis Sancti-Aventini, propè Trecas ; auctore anonymo.

Cette Vie est imprimée dans Camusat, pag. 235 de son *Promptuaire des Antiquités de Troyes : Treüis*, 1610, *in*-8. & dans le *Recueil* de Bollandus, au 16 de Mars. Ce Saint est mort l'an 570, & l'Auteur de cette Vie a fleuri l'an 620.

12342. Vita ejusdem recentior.

Cette Vie est imprimée dans Labbe, au tom. II. de sa *Nouvelle Bibliothèque des Manuscrits*, pag. 559 ; & au tom. I. des *Actes des Saints de l'Ordre de S. Benoît*, pag. 340.

Histoire de l'Abbaye de Saint-Augustin de Limoges, (unie à la Congrégation de saint Maur.)

12343. Ms. De fundatione & progressu Monasterii Sancti-Augustini Lemovicensis, cum serie Abbatum hujus loci.

Ce Discours est cité par du Chesne, *pag.* 186 du Plan de son *Recueil des Historiens de France*.

12344. ☞ Ms. Histoire de l'Abbaye de Saint-Augustin de Limoges ; par Dom Augustin DU PIN, Religieux de ce Monastère.

Elle est conservée dans cette Abbaye.]

Histoire de l'Abbaye de Saint-Bavon de Gand.

12345. Ms. Chronicon Gandense, seu Cœnobii Gandensis, quod posteà à Fundatore Bavonico est dictum.

Cette Chronique est citée par du Chesne, *pag*. 42 de ses *Preuves de l'Histoire généalogique de la Maison de Guines*, où il en rapporte un Fragment.

12346. Ms. Excerpta Chronici, ab anno 474, ad annum 1170.

Ces Extraits sont conservés dans la Bibliothèque du Roi, entre les Manuscrits de du Chesne, num. 19. L'Auteur de cette Chronique copie souvent Frédégaire, ou l'éclaircit.

Histoire de l'Abbaye de S. Bénigne de Dijon.

12347. Ms. Chronicon breve Sancti-Benigni Divionensis.

Cette Chronique est conservée dans la Bibliothèque de ce Monastère, & dans celle de M. le Président Bouhier, à Dijon.

12348. Chronica venerandorum Abbatum illustriumque Sancti-Benigni Divionensis Monasterii Benefactorum atque Fundatorum, ab anno 485, usque ad annum 1052 ; auctore anonymo Monacho hujus loci.

Cette Chronique est imprimée dans d'Achery, au tom. I. de son *Spicilége*, pag. 353. « Il y a beaucoup » de choses semblables dans la Chronique de S. Bénigne » de Dijon, & dans celle de Beze ; ensorte que la pre- » mière paroît avoir été copiée de l'autre. Dom Luc » d'Achery, qui les a données toutes deux dans le pre- » mier volume de son Spicilége, a omis plusieurs en- » droits de la dernière, déja imprimés dans celle de » saint Bénigne, qui est néanmoins la plus récente ».

C'est ce que dit le Père le Cointe, au tom. V. de ses *Annales de l'Eglise de France*, sur l'année 754, num. 60 & 66. Adrien de Valois croit le contraire ; car il dit que la première est plus ancienne, ce qu'il assure *pag.* 58 de la *Défense* de son *Observation sur les années du Règne de Dagobert*. « L'Auteur de la Chronique de S. Bénigne » de Dijon a vécu, dit-il, environ quatre cens ans après » Frédégaire, qui étoit mort en 641, & celui de la Chro- » nique de la Fontaine de Beze, a vécu environ cinq » cens ans après le même Frédégaire. Il ajoute ensuite, » que ces deux Chroniqueurs l'ont copié avec négligence, » & qu'ils se sont plus mis en peine de rapporter ce qui » regardoit les affaires de leurs Monastères, que ce qui » concernoit celles du Royaume ». Cet habile homme a sans doute jugé de ces deux Chroniques par leurs dernières dates ; celle de S. Bénigne de Dijon, finissant en 1052, & celle de Beze, en 1229. Mais il n'a pas fait attention que celle-ci a été continuée environ l'an 754 ; car l'Auteur dit qu'il a appris de témoins oculaires un fait qui se passa vers ce temps-là : il parle d'une Angloise (qui étoit la Maîtresse de Remi, frère de Pepin, lequel Remi gratifia cette Angloise des revenus de l'Abbaye de Beze : c'est ce qu'a observé le Père Pommeraye, dans la Vie de saint Remi, selon M. l'Abbé des Thuilleries, qui m'a communiqué cette Observation.) Cela arriva en 754, depuis l'élection de Pepin, & avant son second sacre.

12349. Ejusdem Chronici continuatio usque ad annum 1513.

Cette Continuation est imprimée au tom. I. du *Spicilége* de D. Luc d'Achery, *pag.* 472.

☞ *Voyez* sur cette Chronique, le Gendre, *tom. II. pag.* 23. = *Recueil des Historiens de France*, *tom. III. Préface, pag.* 14.]

12350. Ismaelis BULLIALDI Diatriba de sancto Benigno, scripta anno 1640 : *Parisiis*, 1657, *in-8*.

☞ Le Père des Molets a fait réimprimer dans ses *Mém. de Littérature*, *tom. IV. pag.* 206, *part.* 1. cette Dissertation d'Ismaël Bouillaud.]

Cet Auteur est mort en 1694. Il fait une critique de la Chronique précédente.

☞ M. Bouillaud ne critique que l'époque de la mission de saint Bénigne. En avouant qu'on ne peut rien déterminer sur le temps de la vie & de la mort de ce Saint, il prétend prouver qu'il n'a pu être envoyé dans les Gaules par S. Polycarpe, après la mort de S. Irénée, ni souffrir lui-même le martyre sous Marc-Aurèle, que le Chronologue anonyme appelle, par ignorance, Aurélien.]

12351. ☞ Dissertation dans laquelle on montre que l'Auteur de la Chronique Latine de Saint-Bénigne de Dijon, est un Religieux anonyme ; par M. l'Abbé (Philibert) PAPILLON.

Elle se trouve dans les *Mém. de Littérature* du Père Des-Molets, *tom. IV. part.* 1. *pag.* 224.]

12352. Excerpta ex Chronico Sancti-Benigni Divionensis, ab anno 753, ad annum 1223.

Ces Extraits sont imprimés dans Labbe, au tom. I. de sa *Nouvelle Bibliothèque des Manuscrits*, *pag.* 293. Cette Chronique est différente de la précédente.

12353. Mf. Series Abbatum Sancti-Benigni Divionensis, usque ad annum 1651 ; à Petro Francisco CHIFFLETIO, è Societate Jesu : excerpta ex Appendice quam Chronico Benigniano adjecit.

Cette suite est conservée [à Paris] dans la Bibliothèque des Prêtres de l'Oratoire de saint Magloire, entre les Manuscrits de MM. de Sainte-Marthe.

12354. ☞ Mf. Histoire du Monastère de Saint-Bénigne de Dijon, ou plutôt, petites Remarques & Mémoires des choses anciennes & nouvelles arrivées en icelui, pour plus facilement, par quelque personne intelligente, en composer une Histoire fidèle ; le tout recueilli & composé sur les titres & enseignemens gardés ès Archives & Trésor dudit Saint-Bénigne, &c. par Dom Thomas LE ROY, Célérier & Procureur de ce Monastère : *in-4*. de 1121 pages.

Cette Histoire, qui est conservée dans la Bibliothèque de cette Abbaye, finit le 8 Juin 1671. L'Auteur mourut peu de temps après.]

12355. ☞ Mémoire apologétique, pour les Religieux de Saint-Bénigne de Dijon, sur l'accusation de s'être prévalus de Bulles fausses & supposées, &c. 1761. = Mémoire pour les mêmes, (au Grand-Conseil) contre M. Poncet de la Rivière, Evêque de Troyes, Abbé de Saint-Bénigne, & le sieur Pioret, pourvu du Doyenné-Cure de saint Jean de Dijon : 1762, *in-4*. = Mémoire pour le sieur Pioret, &c. contre lesdits Religieux : 1762, *in-fol*.

Il s'agit, dans ces Pièces, du droit de nomination à la Cure de saint Jean, qui a été jugé alternatif entre l'Abbé de saint Bénigne & les Religieux.]

12356. De sancto Bertillone, Chorepiscopo & Abbate Monasterii Sancti-Benigni apud Divionem ; auctore Joanne MABILLON, Benedictino, è Congregatione sancti Mauri.

Ceci est imprimé au tom. VI. des *Actes des Saints de l'Ordre de S. Benoît*, p. 338. Ce Saint est mort en 878.

12357. Vita sancti Guillelmi, Abbatis ; auctore GLABRO Rodulpho, Monacho Cluniacensi ejus æquali.

Cette Vie est imprimée dans Roverius, qui a publié l'*Histoire de l'Abbaye de Moustier-saint-Jean* : *Parisiis*, 1637, *in-4*. dans le *Recueil* de Bollandus, au 1 de Janvier ; & au tom. VIII. des *Actes des Saints de l'Ordre de saint Benoît*, *pag.* 320. Ce Saint est mort dans l'Abbaye de Fécamp, dont il est censé le premier Abbé.

12358. Il Monachismo illustrato di san Gulielmo, Abbate Divionense, Panegirica Storia ; di Francesco Amedeo ORMEA, della Congregatione dell' Oratorio : *in Torino*, Zapatta, 1623, *in-fol*.

La même Histoire, traduite de l'Italien ; par Antoine Girard, Jésuite : *Paris*, 1676, *in-12*.

12359. ☞ Histoire de la Vie & des Ecrits du même saint Guillaume ; par D. Antoine RIVET, Bénédictin.

Dans l'*Histoire Littéraire de la France*, *tom. VII. pag.* 318-325. Cet Abbé est mort en 1031.]

12360. ☞ Histoire de la Vie & des Ecrits de Javenton, Abbé de S. Bénigne de Dijon ; par le même.

Dans le même Ouvrage, *tom. IX. pag.* 526-554. Cet Abbé est mort en l'année 1112 ou 1113.]

Histoire de l'Abbaye de S. Benoît-sur-Loire.

☞ *Voyez* ci-devant, N.os 11935 & *suiv.* celle de l'*Abbaye de Fleury*.]

Histoire de l'Abbaye de Saint-Bertin, dans le Diocèse de Saint-Omer.

12361. Mf. Chronica feu Historia Abbatum Sithiensium feu Sancti-Bertini, quam scripsit FOLQUINUS, Levita Sithiensis, ab anno 630, usque ad annum 961, perducta. Illam continuavit SIMON, Gandensis, Abbas Sithiensis, usque ad annum 1148. Alter Monachus anonymus Sancti-Bertini post Simonem, usque ad annum 1179. Tertius perduxit usque ad annum 1229, quo scribebat.

Cette Chronique est conservée dans la Bibliothèque de ce Monastère, & dans la Bibliothèque du Roi, entre les Manuscrits de M. de Gaignières, & dans celle de S. Germain-des-Prés. Folquin, qui a été depuis Abbé de Lobes, en 1005, a ramassé les Chartes de son Monastère, qu'il a ainsi rangées en forme de Chronique, & qu'il a éclaircies, sur-tout à l'égard du temps, par ses diverses Observations. Il a été si exact à rapporter ces anciens titres tels qu'il les avoit trouvés, qu'il a omis même les lettres qui font connoître l'année de Jesus-Christ, lorsqu'elles ne se trouvoient pas dans les Pièces qu'il copioit. C'est ce que rapporte le Père Mabillon, au chapitre II. de sa *Diplomatique*, nombre 9. [Il y regarde aussi ce Cartulaire comme le premier & le plus ancien de la France.] Simon, qui l'a continué, est mort en 1148.

12362. Chronicon, sive Historia Monasterii Sancti-Bertini, ab anno 590, ad annum 1294; auctore JOANNE IPERIO, sive de Ipra, Cœnobii hujus Abbate.

Cette Chronique est imprimée dans Martenne, au tom. III. de son *Nouveau Trésor des Pièces anecdotes*, pag. 492. Cet Abbé est mort l'an 1303. Il a fait entrer dans sa Chronique, la précédente, composée par divers Auteurs.

☞ *Voyez* sur cette Chronique, le *Recueil des Historiens de France*, tom. IX. *Préface*, pag. 22.

M. l'Evêque de Saint-Omer & son Chapitre, dans les Ecrits indiqués ci-après, ont prétendu qu'il y avoit bien des erreurs dans les Ouvrages d'Iperius.]

12363. ☞ Mémoire pour Mre Alphonse de Valbelle, Evêque de Saint-Omer; contre D. Benoît Petitpa, Révérend Abbé de Saint-Bertin, en trois parties, avec les Pièces servant de Preuves à la fin.

Ce Mémoire est de M. l'Abbé DEBONNAIRE, quoique signé de Me Bouchaud, Avocat.]

12364. ☞ Mémoire pour les Doyen, Chanoines & Chapitre de l'Eglise Cathédrale de Saint-Omer, Parties intervenantes dans l'Instance pendante au Conseil entre Mre de Valbelle, Evêque de Saint-Omer, & les Abbé, Prieur & Religieux de l'Abbaye de Saint-Bertin; avec les Pièces justificatives: 1735 & 1736, *in-*4.

Ce Mémoire est de M. DE RENDER, Docteur de Sorbonne, & Chanoine de Saint-Omer. Il y en a encore un autre, intitulé: *Sommaire, &c.* qui est de M. POITEVIN, Avocat.]

12365. ☞. Dissertation historique & critique sur l'origine & l'ancienneté de l'Abbaye de Saint-Bertin, & sur la supériorité qu'elle avoit autrefois sur l'Eglise de Saint Omer, où l'on répond à la Critique publiée depuis quelque temps contre les titres de cette Abbaye; par un Religieux de l'Abbaye de Saint-Bertin (D. CLETY, Bibliothécaire de cette Abbaye:) Paris, 1737, *in-*12.

Voyez sur cette Dissertation, Merc. Décemb. 1737. = Journal des Sçav. Juin, 1738. = *Observat. sur les Ecrits moder.* Lettr. 134. Mém. de Trév. Janv. Févr. Mars, 1738.

C'est la réponse au Mémoire de l'Evêque de Saint-Omer.]

12366. ☞ Observations générales sur l'Ecrit intitulé: Dissertation historique, &c. 1738, *in-*4.]

12367. ☞ Réponse aux Observations; (par D. CLETY:) 1738.]

12368. ☞ Lettre à M. l'Abbé de ** (Debonnaire) sur un Ecrit intitulé: Dissertation sur la prétendue sécularisation de l'Eglise de Saint-Omer, &c. *in-*12.]

== ☞ La vérité de l'Histoire de l'Eglise de Saint-Omer, &c.

Voyez ci-devant, N.° 8638.

Consultez sur cet Ouvrage, (qui est de l'Abbé DEBONNAIRE) l'*Année Littér.* 1754, tom. IV. pag. 107. = Mém. de Trév. 1754, Octobre. = Mercure, 1754, Août. = Pour & Contre, tom. XIII. n.° 186. = Journ. des Sçav. 1754, Décembre.]

12369. Vita sancti Bertini, Abbatis; auctore FOLCARDO, Monacho ejusdem loci.

Cette Vie est imprimée au tom. II. des *Actes des Saints de l'Ordre de S. Benoît*, pag. 104. Ce Saint est mort vers l'an 709. Folcard a fleuri environ l'an 1060. La Vie qu'il a écrite de ce Saint est fort mal faite, & n'a point d'autorité.

☞ Plures Vitæ, &c. cum Commentario Joan. STILTINGI, è Societate Jesu.

Dans le *Recueil* de Bollandus, au tom. II. de Septembre, pag. 549-630.]

12370. Vie de S. Bertin; par François GIRY.

Cette Vie est imprimée dans son *Recueil des Vies des Saints*, au 5 de Septembre.

12371. Vie du même; par Adrien BAILLET.

Cette Vie est imprimée dans son *Recueil des Vies des Saints*, au même jour.

12372. ☞ Histoire de la Vie & des Ecrits de Folcuin, Moine de Saint-Bertin; par Dom Antoine RIVET.

Dans l'*Histoire Littéraire de la France*, tom. VI. pag. 384 & 385. Ce Religieux est mort vers l'an 975.]

Histoire de l'Abbaye de Saint-Calais, dans le Diocèse du Mans, (unie à la Congrégation de saint Maur.)

12373. Vita sancti Carilefi, Abbatis primi Anisolensis; auctore SIVIARDO, Abbate hujus loci.

Cette Vie est imprimée au tom. I. des *Actes des Saints de l'Ordre de saint Benoît*, pag. 642. Ce Saint est mort vers l'an 540.

12374. ☞ De eodem Commentarius Joh. Bapt. SOLLERII, è Soc. Jesu.

Dans le *Recueil* de Bollandus, au 1 de Juillet.]

12375. Vie de S. Calais ; par Adrien BAILLET.

Cette Vie est imprimée dans son *Recueil des Vies des Saints*, au 1 de Juillet.

12376. Vita sancti Siviardi, Abbatis ; auctore coætaneo Monacho hujus loci.

Cette Vie est imprimée dans le *Recueil* de Bollandus, au 1 de Mars ; & au tom. III. des *Actes des Saints de l'Ordre de saint Benoît*, pag. 350. Ce Saint est mort l'an 687.

Histoire de l'Abbaye de Sainte-Catherine-du-Mont, près de Rouen, (aujourd'hui unie à la Chartreuse de Gaillon)

12377. Ms. Vitæ quorumdam Abbatum Monasterii Sanctæ-Trinitatis, aliàs Sanctæ-Catharinæ de Monte propè Rhotomagum ; per Guillelmum FORESTIER, ejusdem Cœnobii Monachum, versibus conscriptæ anno 1304.

Ces Vies sont conservées dans la Bibliothèque de saint Germain-des-Prés.

12378. Histoire de l'Abbaye de Sainte-Catherine ; par François POMMERAYE, Religieux Bénédictin de la Congrégation de saint Maur.

Cette Histoire est imprimée avec son *Histoire de l'Abbaye de S. Ouen: Paris* [& *Rouen*,] 1662, *in-fol.*

Histoire de l'Abbaye de Saint-Chef de Vienne.

12379. Vita sancti Theuderici, Abbatis Viennensis ; auctore ADONE, Episcopo Viennensi.

Cette Vie est imprimée au tom. I. des *Actes des Saints de l'Ordre de saint Benoît*, pag. 678. Ce Saint est mort vers l'an 575, & Adon a fleuri au IX.º siècle.

12380. Vie de S. Chef ; par Adrien BAILLET.

Cette Vie est imprimée dans son *Recueil des Vies des Saints*, au 29 d'Octobre.

Histoire de l'Abbaye de Saint-Chinien, ou Chignan, dans le Diocèse de Saint-Pons, (unie à la Congrégation de saint Maur.)

12381. * Testamentum Leodibodi, Abbatis, anno 623.

J'indique ici ce Testament, parcequ'il se trouve dans la *Collection des Historiens de France* de du Chesne, tom. *IV*. pag. 59.

Histoire de l'Abbaye de Saint-Claude.

☞ *Voyez* ci-devant, N.ᵒˢ 12181 & *suiv.* celle de l'*Abbaye du Mont-Jura.*]

Histoire de l'Abbaye de Sainte-Colombe de Sens, (unie à la Congrégation de saint Maur.)

12382. Ms. Chronicon rerum magis notabilium Cœnobii Sanctæ-Columbæ Senonensis, ab anno Domini 275, usque ad annum 1648 ; studio & operâ Domni Victoris COTRONII, Monachi Benedictini, Congregationis sancti Mauri : *in-fol.*

Cette Chronique, dont l'Epître préliminaire est écrite en 1648, est conservée dans la Bibliothèque de cette Abbaye.

Histoire de l'Abbaye de Saint-Corneille de Compiégne, (unie à la Congrégation de saint Maur.)

12383. Les huit Barons ou Fieffés de l'Abbaye Royale de S. Corneille, leur Institution, leur noblesse & leur antiquité, [avec le Catalogue des Abbés ;] par Louis DE GAYA, Sieur de Tréville : *Noyon*, Mauroy, 1686, *in-12.*

12384. Inventaire du Trésor de l'Abbaye de S. Corneille de Compiégne : *Paris*, Debats, 1698, *in-12.* *Soissons*, 1704, [Courtois, 1730.]

== ☞ Histoire du saint Suaire de Compiégne, (qui se conserve à S. Corneille).

Voyez ci-devant, N.º 5476.]

12385. ☞ Histoire de la réception du corps de saint Corneille, Pape, à Compiégne, écrite en prose & en vers ; par un Auteur du X.º siècle. *Recueil de divers Ecrits, &c.* de M. l'Abbé Lebeuf : (*Paris*, 1738, *in-12.*) tom. *I.* pag. 352-360.]

12386. ☞ Mémoire pour les Religieuses du Val-de-Grâce, & les Religieux de S. Corneille de Compiégne ; contre M. Languet, Evêque de Soissons : *Paris*, 1726, *in-fol.*]

Histoire de l'Abbaye de S. Crépin de Soissons, (unie à la Congrégation de saint Maur.)

12387. Ms. Histoire de l'Abbaye de Saint-Crépin-le-Grand ; par Jean ELIE, Moine de cette Abbaye, en 1689.

Cette Histoire est conservée dans la Bibliothèque de ce Monastère, & dans l'Abbaye de S. Germain-des-Prés.

12388. ☞ Histoire de la Vie & des Ecrits de Teulfe, Abbé de S. Crépin.

Dans l'*Hist. Littér. de la France*, tom. *XI.* pag. 689-694. Cet Abbé est mort l'an 1138.]

12389. ☞ Histoire de la Vie & des Ecrits de Nicolas, Moine de S. Crépin.

Dans le même volume, pag. 729-736. Ce Religieux vivoit dans le XII. siècle.]

12390. Historia sancti Bernaredi, Abbatis Sancti-Crispini, Episcopi Cardinalis Prænestini ; auctore Ludovico Donio D'ATTICHY.

Cette Histoire est imprimée au tom. I. des *Fleurs de l'Histoire des Cardinaux*, pag. 209 : *Parisiis*, 1660, *in-fol.*

Histoire de l'Abbaye de S. Cybar d'Angoulême.

12391. Vita sancti Eparchii, ex Cancellario Abbatis Inculismensis ; auctore anonymo coætaneo.

Cette Vie est imprimée dans le *Recueil* de Surius, au 1 de Juillet ; & au tom. I. des *Actes des Saints de l'Ordre de saint Benoît*, pag. 267. Ce Saint est mort l'an 581. L'Auteur de sa Vie paroît avoir un caractère de bonne

bonne foi & de sincérité, quoiqu'il dise des choses extraordinaires, & qu'il soit obscur en bien des endroits.

12392. ☞ Eadem, cum Commentario Joh. Bapt. SOLLERII, è Societate Jesu.

Dans le *Recueil* de Bollandus, au 1 de Juillet.]

12393. Vie de S. Cybar; par François GIRY.

Cette Vie est imprimée dans son *Recueil des Vies des Saints*, au même jour.

12394. Vie du même; par Adrien BAILLET.

Cette Vie est imprimée dans son *Recueil des Vies des Saints*, au même jour.

12395. ☞ Histoire de la Vie & des Ecrits d'Ademar, Moine de S. Cybar; par D. Antoine RIVET, Bénédictin.

Dans l'*Histoire Littéraire de la France*, tom. VII. pag. 300-308. Ce Religieux est mort en 1028.]

12396. ☞ Lettre aux Auteurs des Mémoires de Trévoux, sur le même: *Mémoires de Trévoux*, 1760, pag. 376-382.]

Histoire de l'Abbaye de Saint-Cyprien-lès-Poitiers.

12397. Historia Regalis Abbatiæ sancti Cypriani Martyris, ad Clinum extra Muros Pictaviensfes; auctore Renato DU CHER, Monacho Benedictino, Congreg. sancti Mauri: *in-fol.*

Cette Histoire, qui a été achevée en 1680, est conservée dans l'Abbaye de S. Germain-des-Prés. L'Auteur est mort en 1690.

Histoire de l'Abbaye de Saint-Cyran, dans le Diocèse de Bourges.

☞ La Manse Abbatiale a été unie au Séminaire de Nevers, & la Conventuelle au Collége que possédoient les Jésuites.]

12398. Vita sancti Sangirani [seu Sigirani,] Abbatis Longoretensis.

Cette Vie est imprimée dans Hugues Ménard, p. 399 de ses *Observations sur le Martyrologe Bénédictin : Parisiis*, 1629, *in-8.* dans Labbe, au tom. II. de sa *Nouvelle Bibliothèque des Manuscrits*, p. 439; & au tom. II. des *Actes des Saints de l'Ordre de S. Benoît*, pag. 432. Ce Saint est mort vers l'an 655. L'Auteur de sa Vie est ancien; mais il n'est pas du temps, ni de celui de ses Disciples. Son Ouvrage est défectueux vers la fin.

12399. Elogium ejusdem.

Cet Eloge est imprimé dans Labbe, au tom. II. de sa *Nouvelle Bibliothèque des Manuscrits*, pag. 441.

12400. Vie de S. Cyran; par Adrien BAILLET.

Cette Vie est imprimée dans son *Recueil des Vies des Saints*, au 4 de Décembre.

12401. ☞ Histoire de Dom Claude Lancelot, Moine de S. Cyran; par Jean-Pierre NICERON, Barnabite.

Dans ses *Mémoires*, tom. XXXV. pag. 238-254. Ce Religieux est mort en 1695.]

12402. ☞ Vie du même; par Claude-Pierre GOUJET.

Elle se trouve à la tête des *Mémoires* de (Dom) Lancelot, touchant M. de Saint-Cyran : *Cologne*, (*Utrecht*,) 1738, *in-12*. 2 vol. dans lesquels il y a plusieurs faits qui concernent l'Abbaye de S. Cyran, où la réforme fut

établie par Martin de Barcos, neveu du fameux Abbé de S. Cyran, (Jean du Vergier de Hauranne,) ci-devant Nos 11507 & *suiv.*]

Histoire de l'Abbaye de Saint-Denys en France, (unie à la Congrégation de saint Maur.)

12403. ☞ Dissertation sur le temps de la fondation de l'Abbaye de Saint-Denys.

Elle se trouve au commencement du tom. I. de l'*Histoire de l'Abbé Suger*, ci-après N.º 12432.]

12404. Ms. Origine de l'Abbaye de Saint-Denys : *in-4.*

Il y en [avoit] un Exemplaire, écrit l'an 1495, dans la Bibliothèque de M. Foucault.

12405. Series Abbatum Sancti-Dionysii in Francia.

Cette Suite est imprimée à la fin du tom. II. de l'*Histoire de l'Eglise de Paris*; par le Père du Bois : *Parisiis*, 1710, *in-fol.*

12406. ☞ De la construction & dotation de l'Abbaye de Saint-Denys, par le Roi Dagobert, & sur la translation des Reliques de ce Saint.

Voyez les *Annales Franc.* du Père le Cointe, tom. II. pag. 819 & *suiv*. Il prouve 1.º que ce fut hors de Paris, à cinq milles de la Ville, que Dagobert construisit ce Monastère, dans le même endroit où il subsiste encore. 2.º La fausseté des Chartes qui contiennent les donations qu'on dit que ce Prince lui fit. 3.º Qu'il y institua des Moines qu'il tira de la petite Eglise que sainte Geneviève avoit fait bâtir dans le voisinage, qui ne suivoient ni la Règle de S. Benoît, ni celle de S. Colomban. Ce fut, sous ce Règne, le Dimanche 22 Avril 630, que se fit la Translation des Reliques de ce Saint, & de celles des SS. Rusticus & Eleutherius.]

12407. ☞ Lettre historique à M. Lebeuf, Chanoine & Sous-Chantre de l'Eglise d'Auxerre : *Mém. de Trévoux*, 1740, *Septembre*, pag. 1785.

L'Auteur anonyme de cette Lettre, qui est un Prêtre du Diocèse de Paris, y fournit de nouvelles Preuves de la distinction soutenue par M. l'Abbé Lebeuf, de deux Tombeaux de S. Denys; l'un antérieur, dans l'Eglise de S. Denys de l'Estrée; l'autre postérieur, au lieu même où Dagobert fit construire l'Abbaye & sa première Eglise.]

12408. Ms. Chronicon Cœnobii Sancti-Dionysii in Francia, ab anonymo Monacho ejusdem loci scriptum.

Cette Chronique est conservée dans la Bibliothèque du Vatican, entre les Manuscrits de la Reine de Suède. Cette Chronique a été composée dans le X siècle ; il n'en reste plus que les chapitres 50, 51 & 52.

12409. SUGERII, Abbatis Sancti-Dionysii, Libellus de consecratione Ecclesiæ à se ædificatæ, & translatione corporum sanctorum Dionysii & Sociorum ejus, facta anno 1140.

Ce Livret est imprimé dans du Chesne, au tom. IV. de son *Recueil des Historiens de France*, pag. 350; & dans Félibien, pag. 187 des *Preuves de l'Histoire de l'Abbaye de S. Denys.*

Ejusdem Libelli Supplementum.

Ce Supplément est imprimé dans Mabillon, au tom. I. de ses *Analectes*, pag. 328.

12410. Mf. Histoire de l'Abbaye de Saint-Denys.

Cette Histoire est conservée dans la Bibliothèque du Roi, num. 1201, selon le Père Labbe, *pag.* 328 de sa *Nouvelle Bibliothèque des Manuscrits.*

12411. De Sandionysiana Basilica; auctore Joanne DE LAUNOY, Doctore Theologo.

Cette Dissertation est imprimée avec sa Disquisition, intitulée : *De antiquis Basilicis : Parisiis,* 1660, *in-*8.

12412. Les Antiquités & Singularités de l'Abbaye de Saint-Denys, Cimetière des Rois de France.

Ces Antiquités sont imprimées avec les Chroniques de ces Rois : *Paris,* Bonfons, 1575, *in-*8.

12413. Histoire de l'Abbaye de Saint-Denys en France, contenant les Antiquités d'icelle, les Fondations, Prérogatives & Privilèges : ensemble les Tombeaux & Epitaphes des Rois, Roynes, Enfans de France, & autres signalés Personnages ; par Jacques DOUBLET, Religieux Bénédictin de cette Abbaye : *Paris,* Buon, 1625, *in-*4. 2 vol.

Cet Auteur est mort en 1648.

12414. ☞ Mf. Histoires des Abbayes de Saint-Denys & de Saint-Germain-des-Prés : *in-*8.

Ce Manuscrit se trouve dans la Bibliothèque du Roi, & vient de M. Lancelot. Il y a des détails assez curieux, principalement sur l'Abbaye de S. Germain-des-Prés, de laquelle il paroît que l'Auteur étoit Moine. Cette Histoire va jusques vers 1630.]

12415. Histoire de l'Abbaye Royale de Saint-Denys en France, contenant la Vie des Abbés qui l'ont gouvernée depuis onze cens ans, les Hommes illustres qu'elle a donnés à l'Eglise & à l'Etat, ses Privilèges, &c. avec la description de l'Eglise & de tout ce qu'elle contient de remarquable ; le tout justifié par des Titres authentiques, & enrichi de Plans, de Figures & d'une Carte topographique ; par Dom Michel FELIBIEN, Religieux Bénédictin de la Congrégation de saint Maur : *Paris,* Leonard, 1706, *in-fol.*

Cette Histoire est sensément écrite ; elle contient bien des recherches, & s'étend depuis l'an 358 de Jesus-Christ, jusqu'en 1692.

☞ *Voyez* sur cette Histoire, *Journ. des Sçav. Mars,* 1706. = Le Père Niceron, tom. *XXVIII.* pag. 330. = *Mém. de Trév.* Septemb. & Octobre, 1706. = *Journ. de Leipsick,* 1707, *pag.* 193. = Lenglet, *Méth. hist. in-*4. tom. *II.* p. 474. tom. *III,* pag. 137.]

12416. L'union de l'Abbaye de Saint-Denys à la Réforme de saint Maur, par le Cardinal de la Rochefoucault, Commissaire à ce député par le Saint Siége : *Paris,* de Bresche, 1623, *in-*8.

12417. Le Trésor & Inventaire des Reliques & autres précieux joyaux qui se voient en l'Eglise de Saint-Denys : ensemble les Tombeaux des Rois & Reines ensépulturés en icelle, depuis le Roi Dagobert jusqu'à Louis XIII. avec un Abrégé des choses plus notables arrivées de leur Règne ; par Germain MILLET, Religieux Bénédictin de cette Abbaye, seconde Edition : *Paris,* 1638, 1640, 1645, *in-*12.

12418. Les Tombeaux & Mausolées des Rois inhumés dans l'Eglise de Saint-Denys, depuis le Roi Dagobert jusqu'à Louis XIII. avec un Abrégé de leurs actions plus mémorables, en vers ; par François Gilbert DE LA BROSSE, Religieux de la même Abbaye : *Paris,* Pepingué, 1656, *in-*8.

12419. Mémoires des Reliques qui sont dans le Trésor de Saint-Denys ; par [Gilbert Saunier] Sieur DU VERDIER : *Paris,* 1665, *in-*12.

12420. Inventaire du Trésor de Saint-Denys, où sont déclarées toutes les Pièces, selon l'ordre des Armoires ; par un Religieux Bénédictin : *Paris,* 1700, *in-*8. *Ibid.* Debats, 1703, *in-*12.

12421. ☞ Recueil sur le Trésor de Saint-Denys, Tombeaux, &c. 1715 : *in-*12.]

12422. Inventaire & Dénombrement tant des Corps saints & Tombeaux des Rois, qu'autres raretés qui se voient en l'Eglise de Saint-Denys, hors du Trésor ; par un Religieux Bénédictin : *Paris,* 1700, *in-*8. *Ibid.* Debats, 1705, *in-*12.

12423. ☞ Lettre sur la Procession qui se fait tous les sept ans par les Religieux de Saint-Denys, à Montmartre ; (par Dom FORTET:) 1749, *in-*4.

Voyez encore le *Mercure,* 1742, *Juillet* ; & dans le *Choix des Mercures,* tom. *LXIII.* pag. 66.]

12424. De sancto Fulrado, Abbate, Palatii Regni Archicancellario, Commentarius historicus Godefridi HENSCHENII, è Societate Jesu.

Ces Mémoires sont imprimés dans le *Recueil* de Bollandus, au 17 de Février. Ce Saint est mort en 784.

12425. Elogium historicum ejusdem ; auctore Joanne MABILLON, Benedictino, Congregationis sancti Mauri.

Cet Eloge est imprimé au tom. IV. des *Actes des Saints de l'Ordre de saint Benoît,* pag. 334.

12426. Epitaphia Fulradi & Maginarii, Abbatum Sancti-Dionysii ; auctore ALCUINO.

Ces Epitaphes sont imprimés dans du Chesne, au tom. II. de son *Recueil des Historiens de France,* p. 690.

12427. Vie de saint Fulrade ; par MODESTE de Saint-Amable.

Cette Vie est imprimée au tom. II. de sa *Monarchie sainte,* pag. 471 : *Paris,* 1670, *in-fol.*

12428. ☞ Histoire de la Vie & des Ecrits de Hilduin, Abbé de Saint-Denys ; par Dom Antoine RIVET, Bénédictin.

Dans l'*Histoire Littéraire de la France,* tom. *IV.* pag. 607-613. Cet Abbé est mort vers l'an 840.]

12429. Eloge d'Eble, Abbé de Saint-Denys ; par Charles D'AUTEUIL.

Cet Eloge est imprimé *pag.* 9 de son *Histoire des Ministres d'État : Paris,* 1642, *in-fol.*

12430. SUGERII, Abbatis, Liber de rebus in sua administratione gestis, in quo multa ad Historiam Ludovici Grossi & Ludovici Junioris pertinentia annotantur, nunc primùm editus.

Ce Livre est imprimé dans du Chesne, au tom. IV. de son *Recueil des Historiens de France*, pag. 331.

Idem, studio Francisci du Chesne [seorsim] editus: *Parisiis*, Bouillerot, 1648, *in-8*.

Le même est imprimé dans Félibien, pag. 172 des *Preuves* de son *Histoire de Saint-Denys*: Paris, 1706, *in-fol*. Du Chesne dit que quelques Manuscrits portent le nom de Guillaume, Moine de ce Monastère, & qui vivoit sous l'Abbé Suger, sous le nom duquel il l'a composé: le style est tout différent de celui de Guillaume.

12431. Vita Sugerii, Abbatis, qui præcipua Franciæ Negotia, regnantibus Ludovico VI. & Ludovico VII. administravit; auctore GUILLELMO, Sancti-Dionysii Monacho, & Sugerii ipsius Domestico.

Cette Vie est imprimée pag. 270 de l'*Histoire des Ministres d'Etat*; par Charles d'Auteuil: Paris, 1642, *in-fol*. dans Félibien, pag. 194 des *Preuves* de l'*Histoire de l'Abbaye de Saint-Denys*: Paris, 1706, *in-fol*.

12432. Le Ministre fidèle, représenté sous Louis VI. en la personne de Suger, Abbé de S. Denys en France, & Régent du Royaume sous Louis VII. tiré du Manuscrit Latin de Frère GUILLAUME, avec des Lettres historiques du Pape Eugène III. & du Roi Louis VII. le tout de la traduction de Jean Baudouin: Paris, Courbé, 1640, *in-8*.

12433. ☞ Histoire de Suger, Abbé de Saint-Denys, Ministre d'Etat & Régent du Royaume sous le Règne de Louis le Jeune; (par Dom François-Armand GERVAISE, ancien Abbé de la Trappe): *Paris*, Barrois, 1721, *in-12*. 3 vol.

Le premier volume commence à la naissance de Suger, & finit en 1112. On trouve à la tête quatre Dissertations: la première, sur le temps de la fondation de l'Abbaye de S. Denys: la seconde, sur l'année de la mort de l'Abbé Suger: la troisième, sur les Ouvrages de l'Abbé Suger: la quatrième, sur l'hérésie des Investitures.

Le second volume commence en 1113, & finit en 1137.

Le troisième volume commence en 1137, & finit en 1152.

Voyez sur cet Ouvrage, le *Supplément* de la *Méthode histor*. de l'Abbé Lenglet, *in-4*. pag. 160. = *Journal des Sçav*. Novembre & Décembre, 1721, & Janvier, 1722. = *Mém. de Trév*. Janvier & Février, 1722. = *Journal de Leipsick*, 1722, pag. 286.]

12434. ☞ Défense de la nouvelle Histoire de l'Abbé Suger, avec l'Apologie pour feu M. l'Abbé de la Trappe, D. Armand-Jean Bouthillier de Rancé; contre les calomnies & les invectives de D. Vincent Thuillier, Religieux de la Congrégation de saint Maur, répandues dans son Histoire des Contestations sur les Etudes Monastiques, insérées dans son premier tome des Œuvres posthumes de D. Mabillon; (par D. François-Armand GERVAISE, ancien Abbé de la Trappe): *Paris*, Bauche, 1724 & 1725, *in-12*.

Voyez sur cette Défense, le *Journ. des Sçav. Mars*,

1725. = *Mém. de Trév. Mai*, 1725. *Biblioth. Françoise* de Camusat: (*Amsterdam*, du Sauzet,) *tom. V.* p. 139.]

12435. ☞ La gloire de l'Artois: Dissertation où il est prouvé que Suger, Abbé de Saint-Denys, est né dans l'Artois.

Elle se trouve dans les *Singularités historiq*. de D. Jean Liron, *tom. II*. Les preuves ne paroissent pas assez solides pour donner une entière conviction. L'Auteur prétend que Suger étoit né à Saint-Omer ou aux environs, & qu'il avoit pour frère Alvise, Evêque d'Arras, mort en Orient l'an 1147.

12436. ☞ Histoire de la Vie & des Ecrits de Suger.

Dans l'*Histoire Littéraire de la France*, tom. *XII*. pag. 361-405.]

12437. Histoire de l'Administration de l'Abbé Suger; par Michel BAUDIER: *Paris*, 1645, *in-4*.

12438. Eloge du même; par Charles D'AUTEUIL.

Cet Eloge est imprimé dans son *Histoire des Ministres d'Etat*, pag. 199.

12439. SUGERII, Abbatis, Constitutiones duæ, quarum secunda est anni 1125, & ejus Testamentum anni 1137, & duæ ejusdem Epistolæ.

Ces Constitutions & Lettres sont imprimées dans du Chesne, au tom. IV. de son *Recueil des Historiens de France*, pag. 546, 555.

== Histoire de Pierre Abélard, qui fit Profession à Saint-Denys.

☞ *Voyez* ci-devant, N.os 11846 & *suiv*.]

12440. ☞ Histoire de la Vie & des Ecrits de Guillaume, Moine de Saint-Denys, & Secrétaire de l'Abbé Suger.

Dans l'*Hist. Littér. de la France*, tom. *XII*. pag. 545-549.]

12441. ☞ Histoire de la Vie & des Ecrits d'Odon de Deuil, Abbé de S. Denys.

Dans le même volume, pag. 614-624. Cet Abbé est mort l'an 1162.]

12442. Vie de Matthieu de Vendôme, Abbé de Saint-Denys; par Charles DE COMBAULT D'AUTEUIL: *au Mans*, 1642, *in-4*.

Cet Abbé est mort en 1286, & l'Auteur de sa Vie en 1670. Elle est aussi imprimée à la page 461 de son *Histoire des Ministres d'Etat*: Paris, 1642, *in-fol*.

12443. ☞ Processus Officialis seu Officii Fiscalis Curiæ Ecclesiasticæ Mechliniensis, contra Gabrielem Gerberon, &c. *Bruxellis*, *in-4*.

On y entre dans le détail des Ouvrages de D. Gerberon, qui est mort en l'Abbaye de S. Denys en 1711. *Voyez* aussi son article dans le *Dictionnaire* de Moréri de 1759. Il est tiré du Supplément de l'Abbé Goujet.]

12444. Chronicon breve Sancti-Dionysii in Francia, ab anno 986, ad annum 1234.

Cette Chronique est imprimée dans d'Achery, au tom. II. de son *Spicilège*, pag. 808; & dans Félibien, pag. 103 des *Preuves* de son *Histoire de l'Abbaye de S. Denys*: Paris, 1706, *in-fol*.

Histoire de l'Abbaye de S. Etienne de Caen, dans le Diocèse de Bayeux, (unie à la Congrégation de saint Maur.)

12445. Mſ. De Fundatione Ecclesiæ Sancti-Stephani Cadomensis.

Cet Acte est conservé dans la Bibliothèque de cette Abbaye.

12446. Nomina Abbatum Sancti-Stephani Cadomensis, ab anno 1066.

Ce Catalogue est imprimé à la page 31 des *Notes* sur la Vie de Lanfranc, dans ses *Œuvres : Parisiis*, 1648, *in-fol.*

12447. Annalis Historia brevis in Monasterio Sancti-Stephani Cadomensis conscripta, ab anno 633, ad annum 1296.

Cette Histoire est imprimée dans du Chesne, *p.* 1015 de ses *Historiens de Normandie.*

12448. * Cogitationes Leviticæ super ingressu Monachorum.

12449. ☞ Mſ. Histoire de l'Abbaye de Saint-Etienne de Caen; ses Abbés & leurs blasons enluminés; des Moines & leurs blasons, & des Monumens qui y sont : le tout dessiné par Jacq. DESTOUCHES, Ecuyer, Sieur de Rochomont, sous les ordres de M. Foucauld, Intendant de Caen : *in-fol.*

Ce Manuscrit est dans la Bibliothèque du Roi, & vient de M. Lancelot.]

Histoire de l'Abbaye de S. Etienne de Dijon.

☞ Cette Eglise fut d'abord une Collégiale, mais au commencement du XIIe siècle elle devint une Abbaye, qui a subsisté jusqu'en 1611, que le Pape Paul V. la rendit de nouveau Séculière ou Collégiale. Elle est devenue l'Eglise Cathédrale, lorsqu'on démembra Dijon de Langres, pour y ériger un Evêché, en 1731.]

12450. Mſ. Series chronologica Abbatum Sancti-Stephani Divionensis.

Cette suite est citée par du Chesne, *pag.* 139 du Plan de son *Recueil des Historiens de France.*

12451. De Ecclesiæ sancti Stephani Divionensis Antiquitate, Dignitate, sacris Opibus, Statu multiplici, variis Casibus & Præfectis; Petri Francisci CHIFFLETII, è Societate Jesu, Dissertatio : *Divione*, 1657, *in-8.*

12452. Histoire de l'Eglise Abbatiale & Collégiale de Saint-Etienne de Dijon, avec les Preuves & le Pouillé des Bénéfices dépendans de cette Abbaye; (par Claude FYOT, Abbé de Saint-Etienne de Dijon:) *Dijon, Ressaire*, 1696, *in-fol.*

L'Abbé Fyot a été aidé dans la composition de cette Histoire, par le Père ANDRÉ, Carme, natif de Remiremont, & mort à Besançon en 1713. Elle est précédée d'une Dissertation sur l'antiquité de la Ville de Dijon, & sur la Mission de saint Bénigne. L'Abbé Fyot les met toutes deux sous l'Empire de Marc-Aurèle, en quoi il ne s'accorde pas avec ce qu'en a écrit Ismael Bouillaud, dans sa Dissertation sur saint Bénigne, [ci-devant N.° 12350.] *Journ. des Sçav. du 22 d'Avril* 1697.

☞ L'Abbé Fyot étoit Dijonnois, grand-oncle du Premier Président du Parlement de Dijon (en 1767.) Il étoit né le 6 Octobre 1630, & est mort le 27 Avril 1721.

Voyez sur cette Histoire, *Journal des Sçav. Avril,* 1697. = *Biblioth. des Auteurs de Bourgogne*, tom. I. *pag.* 233.]

12453. Vita Warnerii seu Garnerii de Malleio, filii Humberti, Domini de Malleio & Fauverneio, Præposito Sancti-Stephani Divionensis.

Cette Vie est imprimée dans Pérard, *pag.* 124 de son *Recueil de Pièces* servant à *l'Histoire de Bourgogne : Paris*, 1664, *in-fol.* & dans l'*Histoire de l'Abbaye de Saint-Etienne de Dijon, pag.* 58.

Histoire du Prieuré de S. Etienne de Nevers, Ordre de Cluni.

12454. ☞ Mſ. Les Chroniques du Prieuré de Saint-Etienne; par D. Jean DE LA VEINE, Religieux du même Prieuré : *in-fol.*

Cet Ouvrage, fait en 1685, est conservé dans les Archives de ce Prieuré. C'est un gros volume, où il y a des Anecdotes relatives à la Province du Nivernois en général.]

Histoire de l'Abbaye de S. Evre-lès-Toul.

12455. ☞ Mſ. Notice de l'Abbaye de Saint-Evre, composée sur les Pièces originales; par D. Mathieu GESNEL, commençant depuis la fondation de cette Abbaye, & finissant à l'année 1537.

Ce Manuscrit est conservé dans les Archives de Saint-Evre.]

☞ Dom Claude GRAND-DIDIER a aussi fait des Recherches curieuses pour servir à l'Histoire de cette Abbaye.]

Histoire de l'Abbaye de S. Evroul, dans le Diocèse de Lisieux, (unie à la Congrégation de S. Maur.)

12456. Mſ. Catalogus Abbatum Sancti-Ebrulfi & Benefactorum ad hoc pertinentium. La Vie & les Miracles de S. Evroul : *in-4.*

Ce Manuscrit est conservé dans la Bibliothèque de S. Germain-des-Prés, num. 728.

12457. ☞ Mſ. Histoire de l'Abbaye de S. Evroul; par Dom CARRAUGET, Bénédictin.

Il la cite dans son Histoire manuscrite de S. Martin de Séez, indiquée ci-après.]

12458. Vita sancti Ebrulfi, Abbatis Uticensis: auctore anonymo; aucta à quodam Continuatore.

Cette Vie est imprimée au Livre VI. d'Ordric Vital, qui l'attribue à ARNOUL, Chantre de l'Eglise de Chartres; & il ajoute qu'il la publia à la prière de l'Abbé Robert, depuis Evêque de Chartres. Elle est dans du Chesne, *pag.* 609, de son *Recueil des Historiens de Normandie*; & plus correctement au tom. I. des *Actes des Saints de l'Ordre de S. Benoît, pag.* 354. Ce Saint est mort l'an 596, & l'Auteur de sa Vie a fleuri après l'année 750.

12459. Vie de saint Evroul ; par Adrien BAILLET.

Cette Vie est imprimée dans son *Recueil des Vies des Saints*, au 29 de Décembre.

12460. Vita sancti Theodorici, Abbatis Uticensis ; excerpta ex Libro tertio & quarto Historiæ Ecclesiasticæ Orderici VITALIS.

Cette Vie est imprimée dans Hugues Ménard, p. 649 de ses *Observations sur le Martyrologe Bénédictin* : *Parisiis*, 1629, *in*-8. S. Théodoric florissoit en 1060.

12461. De eodem Dissertatio historica Joannis MABILLON, Benedictini, è Congregatione sancti Mauri.

Cette Dissertation est imprimée au tom. IX. des *Actes des Saints de l'Ordre de S. Benoît*, pag. 127.

12462. ☞ Histoire de la Vie & des Ecrits de Jean, Moine de S. Evroul.

Dans l'*Hist. Littér. de la France*, tom. XI. p. 15-20. Ce Religieux est mort en 1125.]

12463. ☞ Histoire de la Vie & des Ecrits de Roger du Sap, Abbé, & d'Odon son frère.

Dans l'*Hist. Littér. de la France*, tom. XI. p. 30-33. Roger est mort en 1126.]

12464. ☞ Histoire de la Vie & des Ecrits de Guérin des Essars, Abbé, & de quelques-uns de ses Religieux.

Dans l'*Hist. Littér. de la France*, tom. XI. pag. 637-639. Guérin des Essars est mort l'an 1137.]

12465. ☞ Histoire de la Vie & des Ecrits de Richard de Leycestre, Abbé de Saint-Evroul.

Dans l'*Hist. Littér. de la France*, tom. XI. pag. 714-715. Cet Abbé est mort l'an 1140.]

12466. ☞ Histoire de la Vie & des Ecrits d'Ordric Vital, Moine, de S. Evroul.

Dans l'*Hist. Littér. de la France*, tom. XII. p. 190-204. Ce Religieux est mort après l'an 1143.]

Histoire de l'Abbaye de S. Faron, dans le Diocèse de Meaux, (unie à la Congrégation de S. Maur.)

12467. De Otgerio Duce, Benedicto & Rotgario, Monachis piis in Cœnobio sancti Faronis, Elogium historicum Joannis MABILLON, Benedictini.

Ces Saints ont vécu en 860. Leur Eloge est imprimé au tom. V. des *Actes des Saints de l'Ordre de S. Benoît*, pag. 656.

12468. ☞ Ms. Histoire du Prieuré de Saint-Fiacre, (qui dépend de l'Abbaye de S. Faron) ; par D. Robert Florimond RACINE.

Cette Histoire, qui est conservée à S. Faron, a de grands rapports avec celle de cette Abbaye : elle a été faite en 1761.]

Histoire de l'Abbaye de S. Florent le Vieux, dans le Diocèse d'Angers, (unie à la Congrégation de S. Maur.)

12469. Historia Eversionis sancti Florentii veteris à Britonibus & Normannis, Translationis ejusdem Sancti, Fundationis & Abbatum Monasterii Salmuriensis.

Cette Histoire, arrivée l'an 1061, est imprimée dans Martenne, au tom. II. de son *Recueil d'anciens Actes* : *Rotomagi*, 1699, *in* 4. & au tom. III. de son *Nouveau Trésor des Pièces anecdotes*, pag. 843.

Histoire de l'Abbaye de S. Florent-lès-Saumur, dans le Diocèse d'Angers, (unie à la Congrégation de saint Maur.)

12470. Ms. Historia Monasterii sancti Florentii de Salmurio, in Episcopatu Andegavensi ; auctore MICHAELE, Abbate hujus loci, cum Serie Abbatum aliâ manu recentiori.

Cette Histoire est conservée dans la Bibliothèque de Rocloitre en Flandres. Cet Abbé est mort en [1220.] Dom Lobineau, dans le tom. II. de l'*Histoire de Bretagne*, pag. 82, rapporte un Fragment de cette Chronique, depuis le commencement, sous Elie I, dans le dixième siècle, jusqu'à Pierre de Nozèle, en 1251.

☞ « Je pense que le Père le Long [s'étoit] trompé » ici, & qu'il a attribué à Michel II. [mort, comme il » disoit, en 1325,] ce qui appartient à Michel I. Celui- » ci né à Saumur, prit l'habit de S. Benoît dans l'Abbaye » de S. Florent près cette Ville, alors gouvernée par » l'Abbé Maynier, qui étant mort l'an 1203, Michel, » Prieur du Monastère, homme de grand mérite, sça- » vant & éloquent, fut élu pour lui succéder. Il fut le » dix-huitième Abbé de ce Monastère, & mourut le 5 » de Juillet 1220. Il entreprit d'écrire l'Histoire de son » Abbaye, & la continua jusqu'à son élection. Mais il a » été facile d'ajouter à cet Ouvrage ce qui s'est passé » depuis, comme nous voyons qu'on a fait à la Chroni- » que de Vendôme & à d'autres semblables Ouvrages. » Au reste, Michel I, étoit un grand homme, capable » d'entreprendre & d'exécuter un si grand dessein, au » lieu que Michel II. n'a pas gouverné plus d'un an ; La » Gaule Chrétienne confirme ce que je viens de dire ». *Singularités historiques de D. Liron*, tom. *III*. p. 585.]

12471. Chronicon breve in Monasterio sancti-Florentii scriptum, ab anno 635, ad annum 1236.

Cette Chronique est imprimée depuis l'an 837, jusqu'à la fin, dans le Père Lobineau, au tom. II. de l'*Histoire de Bretagne*, pag. 91.

12472. Ms. Historia hujus Abbatiæ, ex vetustis Monumentis, Tabulis atque Diplomatibus ; auctore Joanne HUYNES, sancti Florentii, Congregationis sancti Mauri, Priore.

Cette Histoire, que l'Auteur a finie en 1647, est conservée dans l'Abbaye de S. Germain-des-Prés, & dans la Bibliothèque de S. Magloire, entre les Manuscrits de MM. de Sainte-Marthe. C'est de cette Histoire qu'ils ont tiré ce qui est rapporté à la pag. 388 & suiv. du tom. IV. de leur *Gallia Christiana*.

Histoire de l'Abbaye de S. Fuscien, dans le Diocèse d'Amiens, (unie à la Congrégation de S. Maur.)

12473. Vita sancti Ebrulfi, Abbatis ; auctore coæquali.

Cette Vie est imprimée dans le *Recueil* de Surius, au 16 de Juillet. Ce Saint est mort en 598.

12474. Vita ejusdem ; auctore anonymo.

Cette Vie est imprimée au tom. I. des *Actes des Saints*

12475. Vie de saint Evrol ou Evroul ; par Adrien BAILLET.

Cette Vie est imprimée dans son *Recueil des Vies des Saints*, au 16 de Juillet.

Histoire de l'Abbaye de S. Génou, dans le Diocèse de Bourges.

12476. Vita sancti Genulfi, Liber primus ; auctore anonymo vetusto atque erudito. Liber secundus in quo multa de Cœnobio Stradensi seu Sancti-Genulfi : alio auctore anonymo & vetusto.

Cette Vie est imprimée dans la *Bibliotheca Floriacensis*, tom. II. pag. 1 & 25 : *Lugduni*, 1605, *in-8*.

Histoire de l'Abbaye de S. Germain d'Auxerre, (unie à la Congrégation de saint Maur.)

12477. De Gestis Abbatum Sancti-Germani Autissiodorensis ; auctore Fratre GUIDONE, Abbate ejusdem loci, anno Domini 1290, incœpta ab anno Domini 989, cum Appendice de eodem Guidone Abbate.

Cette Histoire de Guy de Munois, mort en 1313, est conduite jusqu'en 1277. Elle est imprimée dans Labbe, au tom. I. de sa *Nouvelle Bibliothèque des Manuscrits, pag. 570 : Parisiis*, 1656, *in-fol.*

12478. Mss. Historia Abbatum Monasterii Sancti-Germani Autissiodorensis: additis quæ sub eorum regimine in eodem Monasterio præclarè contigerunt, ab anno Christi 560, ad annum 1650; auctore Georgio VIOLE, Benedictino, Congregationis sancti Mauri : *in-fol.* 5 vol.

12479. Mss. Chronicon ejusdem Monasterii ; auctore Victore COTRONIO, Benedictino, ejusdem Congregationis : *in-fol.*

12480. Mss. Abrégé de l'Histoire de cette Abbaye, fait en 1682, sur les Mémoires des Pères Viole & Cotron : *in-fol.* 2 vol.

Tous ces Manuscrits sont conservés dans la Bibliothèque de S. Germain d'Auxerre. Le Père Viole est mort en 1669, le Père Cotron en 1673, & l'Auteur de cet Abrégé s'appelloit BARGEDÉ ; il étoit Assesseur au Présidial d'Auxerre.

☞ Lettres critiques, &c. = Mémoire sur des Reliques prétendues de S. Germain d'Auxerre.

Voyez ci-devant, N.os 10141-10145.]

12481. Vita sancti Mamertini, Abbatis Sancti-Germani Autissiodorensis ; cum Notis præviis Godefridi HENSCHENII, è Soc. Jesu.

Cette Vie est imprimée dans le *Recueil* de Bollandus, au 20 d'Avril. Il n'y a point d'Abbé de ce nom dans MM. de Sainte-Marthe, entre ceux qui ont conduit le Monastère de S. Germain d'Auxerre. Henschenius marque que ce Saint a vécu dans le cinquième siècle, & S. Aunaire, qui est considéré comme le premier Abbé, fut fait Evêque en 560.

☞ Saint Mamert, ou Mamertin, fut Abbé d'un Monastère d'Auxerre, connu ensuite sous le nom de S. Marien, & qui venoit d'être fondé par S. Germain, Evêque d'Auxerre. *Voyez l'Hist. Littér. de la France*, tom. II. pag. * 367.]

12482. Conversio ejusdem Sancti, à seipso conscripta.

Constance nous a conservé la Relation de cette Conversion, l'ayant insérée en propres termes dans la Vie de S. Germain ; c'est une vision assurément extraordinaire, mais elle a opéré une conversion très-sincère, jointe à un miracle fait à la vue de tout le monde. De Tillemont, au tom. XV. de ses *Mémoires pour l'Histoire de l'Eglise*, pag. 14. *Voyez* la *Vie de S. Germain, Evêque d'Auxerre*, par le Prêtre Constance, [ci-devant, N.° 10129.]

12483. ☞ Relation authentique de la Conversion de S. Mamert, Abbé à Auxerre, décrite par lui-même ; ou fondement de l'Histoire Ecclésiastique du Diocèse d'Auxerre ; par M. l'Abbé (Jean) LEBEUF: *Dijon*, 1712, (1722.)

Nous avons cru devoir mettre ici cet article à la suite des deux autres, qui sont déplacés, mais que l'on auroit pu croire avoir été omis, si nous les avions retranchés, sauf à les indiquer seulement ci-après, sous le titre de *l'Abbaye de S. Marien*.]

12484. De sancto Errico, seu Herico, Monacho Autissiodorensi, Commentarius Joannis BOLLANDI, è Soc. Jesu.

Ces Mémoires sont imprimés dans son *Recueil*, au 24 de Juin. Ce Saint a fleuri en 880. Il est l'Auteur [d'une] Vie de S. Germain, Evêque d'Auxerre.

12485. ☞ Histoire de la Vie & des Ecrits de S. Heiric, ou Héric ; par D. Antoine RIVET, Bénédictin.

Dans l'*Hist. Littér. de la France*, tom. V. pag. 535-543.]

12486. ☞ Histoire de la Vie & des Ecrits de Remy, Moine de S. Germain d'Auxerre ; par le même.

Dans le même Ouvrage, tom. VI. pag. 99-122. Ce Religieux est mort vers l'an 908.]

Vita Urbani V. Papæ, antea dicti Grimoardi, Abbatis Sancti-Germani Autissiodorensis.

Voyez ci-devant, [N.° 7747, *& suiv.*]

12487. De Gauchero, Abbate ; auctore Odone DE VAUCEMANI, Priore dicti Monasterii.

Cet Abbé est mort en 1334. Sa Vie est imprimée dans Labbe, au tom. I. de sa *Nouvelle Bibliothèque des Manuscrits, pag.* 589.

12488. ☞ De Guidone, Abbate ; auctore AYMONE. *Ibid. pag.* 586.]

12489. Descriptions des saintes Grotes de l'Eglise de l'Abbaye Royale de S. Germain d'Auxerre, contenant l'Abrégé de la Vie des Saints dont les Corps y reposent ; par un Religieux Bénédictin de l'Abbaye de saint Germain : *Auxerre*, Troche, [1714] *in-12.*

L'Auteur de cet Ouvrage se nomme Dom Dominique FOURNIER. Il y fait l'abrégé de la Vie, ou mention d'un grand nombre d'Evêques de cette Ville, jusqu'au quarante-neuvième, mort Religieux de saint Germain d'Auxerre, en 1139.

On trouve à la fin :

Proceſſus verbalis de reſeratione Sanctorum in Baſilicâ Sancti-Germani ſepultorum.

Ce Procès-verbal a été dreſſé par M. SEGUIER, Evêque d'Auxerre, en 1634 & 1636.

☞ *Voyez* les *Mémoires* pour l'Hiſtoire d'Auxerre, par l'Abbé LEBEUF, tom. II. *pag.* 133, & une Lettre du même, dans le *Mercure* de *Nov.* 1748, *tom.* I. *pag.* 85, où il relève diverſes fautes de l'Ouvrage du P. Fournier.]

12490. ☞ Particularités de la Vie & des Ecrits de Daniel-Georges Viole ; par Dom Jean LIRON.

Dans ſes *Singularités hiſtoriques*, tom. I. *pag.* 478-481 : (*Paris,* 1738) *in-*12.]

Hiſtoire de l'Abbaye de S. Germain-des-Prés, à Paris, (*Monaſtère principal de la Congrégation de S. Maur.*)

12491. ☞ Hiſtoire de l'Abbaye Royale de S. Germain-des-Prés, contenant la Vie des Abbés qui l'ont gouvernée depuis ſa fondation ; les Hommes illuſtres qu'elle a donnés à l'Egliſe & à l'Etat ; les Privilèges accordés par les Souverains Pontifes & par les Evêques ; les Dons des Rois, des Princes & des autres Bienfaiteurs ; avec la Deſcription de l'Egliſe, des Tombeaux & de tout ce qu'elle contient de plus remarquable : le tout juſtifié par des Titres authentiques, & enrichi de Plans & de Figures, [avec un Catalogue des Livres compoſés par les Religieux de S. Germain-des-Prés, & autres de la Congrégation de S. Maur;] par Dom Jacques BOUILLARD, Religieux Bénédictin de la Congrégation de S. Maur : *Paris,* Dupui, 1724, *in-fol.*

On trouve à la tête :

Plan du Fauxbourg S. Germain & de ſes environs.

Et à la fin :

Réponſe aux Remarques d'un Auteur anonyme, ſur les figures du grand portail de l'Egliſe de S. Germain-des-Prés.

Deſcription de l'Egliſe de S. Germain-des-Prés.

Voyez ſur cette Hiſtoire, la *Méthode hiſtorique* de Lenglet : *in-*4. tom. II. *pag.* 475 ; tom. III. *pag.* 138 ; & *tom.* IV. *pag.* 177. = *Journal des Scav. Avril,* 1724. = *Journ. de Verdun,* Sept. 1722, *Proſpectus.* = *Mercure,* Juill. 1722. = *Mém. de Trévoux, Août,* 1724.]

12492. ☞ Remarques ſur diverſes explications que les PP. Mabillon & Ruinart ont données des ſtatues du grand Portail de l'Egliſe de l'Abbaye Royale de S. Germain-des-Prés : *Mercure,* 1723, *Mai, pag.* 895-908.

Lettre en Réponſe auxdites Remarques ; (par le P. BOUILLARD :) *Mercure,* 1724, *Janvier, pag.* 24-34.

Examen de la Réponſe du R. P. Bouillard, &c. *Mars, pag.* 472-486, *Avril, pag.* 613-624, *Mai, pag.* 826-839.

Dernière Réponſe de l'Auteur de l'Hiſtoire de l'Abbaye de S. Germain, à l'Auteur anonyme de l'Examen : *Mercure,* 1724 ; *Juillet, pag.* 1472-1482.

Toutes ces Remarques & les Réponſes ſont pleines de Recherches. L'Auteur des Remarques, (qui eſt l'Abbé Claude du Molinet, Sieur DES THUILLERIES) ſoutient que le Portail de S. Germain-des-Prés eſt poſtérieur de deux ſiècles à l'opinion ordinaire, & qu'il ne fut bâti que ſur la fin du VIII*e*.]

Réplique à la dernière Réponſe du R. P. Bouillard, pour la défenſe de la grande antiquité du Portail de l'Egliſe de S. Germain-des-Prés.

Voyez les *Mém. de Littérature* du Père Des-Molets, tom. XI. *pag.* 120-222.

☞ Le P. Bouillard eſt mort à S. Germain-des-Prés, en 1726.]

12493. Mſ. Chronicon, in quo interjecti ſunt Regum aliquot Francorum, & Abbatum Sancti-Germani Pariſienſis obitus.

Cette Chronique eſt conſervée dans la Bibliothèque de cette Abbaye, num. 547.

12494. Chronicon Abbatum Regalis Monaſterii Sancti-Germani à Pratis ; auctore Jacobo DU BREUL, ejuſdem Monaſterii Monacho.

Cette Chronique eſt imprimée dans ſon Edition de l'*Hiſtoire de France,* écrite par Aimoin : *Pariſiis,* 1603, *in-fol.* Du Breul eſt mort en 1614.

Dom Mabillon, au *tom.* II. des *Annales* de ſon Ordre, *pag.* 48, cite une Hiſtoire manuſcrite de cette Abbaye, compoſée par le même Auteur.

☞ On trouve dans l'Edition que le P. du Breul a donnée d'Aimoin, pluſieurs Pièces qui peuvent ſervir à l'Hiſtoire de S. Germain-des-Prés. *Voyez* la Table qui eſt en tête.]

12495. Supplementum Antiquitatum Urbis Pariſiacæ, quoad Sancti-Germani à Pratis & Sancti Mauri Foſſatenſis Cœnobia ; eodem Auctore : *Pariſiis,* 1614, *in-*4.

12496. ☞ De Regali Abbatia Sancti-Germani à Pratis, prope Pariſios ; D. Theodorici RUINART, Diſſertatio.

Elle a été imprimée *pag.* 1370 de ſon Edition des *Œuvres* de Grégoire de Tours : *Pariſiis,* 1699 ; & on la trouve encore au tom. II. de la *Nouvelle Collection des Hiſtoriens de France,* de D. Bouquet, *pag.* 722.]

12497. Inquiſitio in Chartam immunitatis, quam beatus Germanus, Pariſienſis Epiſcopus, ſuburbano Monaſterio dediſſe fertur ; auctore Joanne DE LAUNOY, Conſtantienſi, Theologo Pariſienſi : *Pariſiis,* Martin, 1657, 1676, *in-*4.

☞ C'eſt un Ouvrage curieux, & plein de Remarques ſçavantes.]

Du Breul avoit fait imprimer ce Privilège dans ſon Edition de l'*Hiſtoire d'Aimoin, pag.* 75.

12498. Privilegium Sancti-Germani, adverſus Joannis Launoii Inquiſitionem propugnatum ; auctore Roberto QUATREMAIRE, Monacho Benedictino, Congregationis ſancti Mauri : *Pariſiis,* Bechet, 1657, *in-*8.

☞ Cet Auteur eſt mort en 1671.]

12499. Inquiſitionis in Chartam immunitatis Sancti-Germani Aſſertio ; auctore Joanne

LAUNOIO, Theologo Parisiensi : *Parisiis*, Martin, 1658, *in-8*.

☞ M. de Launoy composa ces Ecrits pour défendre les prétentions de l'Eglise de Paris, dont le Doyen avoit ordonné aux Religieux de Saint-Germain-des-Prés de ne pas indiquer des stations pour le Jubilé de 1656, dans le territoire de ladite Abbaye, sans son consentement. Ces Religieux n'y avoient eu aucun égard, se fondant sur une Charte d'exemption que saint Germain, Evêque de Paris, avoit, dit-on, accordée. *Voyez* sur cela l'*Histoire de l'Abbaye de Saint-Germain*, par D. Bouillart, *pag.* 255 & 256.]

12500. ☞ Examen de certains Priviléges & autres Pièces, pour servir au jugement du Procès entre l'Archevêque de Paris & les Moines de S. Germain-des-Prés; par Jean DE LAUNOY : *in-4*. sans date, mais de l'an 1657 ou de l'année suivante.

Le même Ouvrage, augmenté de moitié : 1662, *in-4*.

Cette seconde Edition contient plusieurs différences. Il est fait en faveur des droits de l'Archevêque de Paris.]

12501. Joannis Baptistæ DU HAMEL, Ecclesiæ Bajocensis Cancellarii, Dissertatio de Privilegiis Sancti-Germani: *Parisiis*, 1668, *in-12*.

Le même Livre, traduit en François : *Paris*, 1668, *in-12*.

12502. Regalis Ecclesiæ Sancti-Germani à Pratis Jura brevi compendio propugnata; auctore Roberto QUATREMAIRE, Benedictino : *Parisiis*, Billaine, 1668, *in-4*.

Cet Ecrit a été fait contre les deux précédens.

Défense des droits de l'Abbaye de S. Germain-des-Prés, traduite du Latin : *Paris*, Billaine, 1668, *in-12*.

Cette Défense a été traduite du Latin, par Louis Bulteau.

12503. Recensio paradoxorum Joannis Launoii & Joannis-Baptistæ du Hamel; auctore Roberto QUATREMAIRE, Monacho Benedictino : *Parisiis*, 1668, *in-4*.

Le même Livre traduit en François sous ce titre :

Les paradoxes de MM. de Launoi, Docteur en Théologie, & du Hamel, Chancelier de l'Eglise de Baïeux, recueillis de leurs Ecrits, contre les Priviléges de Saint-Germain-des-Prés; par Robert QUATREMAIRE. Troisième partie de la défense desdits Priviléges : *Paris*, Billaine, 1668, *in-12*.

12504. Ms. De Privilegiis Monasterii Sancti-Germani Parisiensis; Joannis Baptistæ DU HAMEL, Baïocensis Cancellarii, Dissertatio altera.

Cette seconde Dissertation [étoit] conservée à Paris, dans le Cabinet de M. Billet de Fannière.

12505. * De Ecclesia Sancti-Vincentii, & de ejus Fundatione, Dedicatione & Privilegiis; auctore Gerardo DU BOIS, Congreg. Oratorii Presbytero.

Cette Pièce se trouve dans son *Historia Eccles. Parisi.* (*Parisiis*, 1690, *in-fol*.) *lib.* 2, *cap.* 6. L'Eglise de Saint-Germain-des-Prés eut d'abord le nom de Saint-Vincent. Le Père du Bois, pour ne point renouveller la dispute précédente, dit qu'il n'y entrera point, puisqu'il y a eu, en 1668, une convention entre l'Archevêque de Paris & les Religieux de Saint-Germain.

12506. ☞ Relation de ce qui s'est passé dans la translation d'une portion considérable de la vraie Croix, d'un saint Clou de Notre Seigneur, du Sang miraculeux, & de quelques Reliques apportées de l'Hôtel de Madame la Princesse Palatine, à l'Abbaye de Saint-Germain-des-Prés : *Paris*, Muguet, 1684, *in-12*.]

12507. ☞ Production au Conseil, pour la Manse Abbatiale de l'Abbaye de S. Germain-des-Prés, contre la fondation du Collége des Quatre-Nations, touchant le droit d'indemnité & l'affranchissement prétendu de l'Hôtel de Nesle; (par Paul PÉLISSON); *in-12*.]

12508. ☞ Pièces justificatives de la maladie de Madeleine-Elisabeth Bailleux (de Beauvais,) & de sa guérison opérée par N. S. J. C. à l'intercession de S. Maur, le 12 Juin 1764, (en l'Eglise de S. Germain-des-Prés :) *Paris*, 1765, *in-12*.

En 1750, on avoit transféré dans cette Abbaye le corps de S. Maur, qui étoit auparavant dans celle de Saint-Maur-des-Fossés. *Voyez* ci-après, les Histoires de cette Abbaye.]

12509. Vita sancti Droctovei, Abbatis Sancti-Vincentii propè Parisios, nunc Sancti-Germani à Pratis; auctore anonymo.

Cette Vie est imprimée au tom. I. des *Actes des Saints de l'Ordre de saint Benoît*, *pag.* 232; & dans le *Recueil* de Bollandus, au 10 Mars. Ce Saint est mort vers l'an 586.

☞ Dom Mabillon, au tom. I. des *Annales* de son Ordre, *pag.* 237, attribue cette Vie à GISLEMAR, sur l'autorité des vers acrostiches qui sont au-devant, dont les lettres initiales forment ce sens: *Gislemar a écrit ceci*. Cet Auteur a vécu avant le XIe siècle.]

12510. ☞ Histoire de la Vie & des Ecrits d'Usuard, Moine de S. Germain-des-Prés; par D. Antoine RIVET.

Dans l'*Hist. Littér. de la France*, tom. V. *pag.* 436-445. Ce Religieux est mort entre 869 & 877.]

12511. ☞ Histoire de la Vie & des Ecrits d'Aimoin, Moine; par le même.

Dans le même volume, *pag.* 641-648. Ce Religieux est mort en 888 ou 889. Il ne faut pas le confondre avec l'Historien Aimoin, qui étoit Moine de Fleuri cent ans après.]

12512. ☞ Histoire de la Vie & des Ecrits d'Abbon, Moine de S. Germain; par le même.

Dans le tom. VI. de l'*Hist. Littéraire de la France*, *pag.* 189-194. Ce Religieux vivoit dans le Xe siècle.]

12513. ☞ Elogium (breve) Nicolai Hugonis Ménard; auctore Luca d'ACHERY.

Cet Eloge se trouve à la tête de l'*Epître Catholique de S. Barnabé*, avec les *Notes* de D. Ménard : *Parisiis*, 1645, *in-4*.]

12514. ☞ Histoire de la Vie & des Ouvrages de Nicolas-Hugues Ménard ; par Jean-Pierre NICERON.

Dans ses *Mémoires, tom. XXII. pag.* 92-96. D. Ménard est mort en 1644.]

12515. ☞ Eloge de D. Luc d'Achery.

Cet Eloge est imprimé au *Journal des Sçav.* du 26 Novembre 1685. Dom d'Achery est mort cette même année.]

12516. ☞ Histoire de la Vie & des Ouvrages de Louis Bulteau ; par le P. NICERON.

Dans ses *Mémoires, t. XI. pag.* 212-215, & *tom. XX. pag.* 30. Louis Bulteau est mort en 1693, à S. Germain, où son humilité l'a toujours retenu dans le nombre de ceux qu'on appelle Commis, avec la simple tonsure.]

12517. Abrégé de la Vie de D. Jean Mabillon, Religieux de S. Germain-des-Prés, de la Congrégation de S. Maur ; par D. Thierry RUINART, de la même Congrégation : *Paris*, 1709, *in*-12.

Dom Jean Mabillon est mort en 1707, & son Disciple Dom Thierry, en 1709.

Eadem Vita Latinè reddita & aucta : *Patavii*, 1714, *in*-12.

Cette Traduction a été faite par Dom Claude de Vic, Religieux Bénédictin, de la Congrégation de S. Maur.

12518. Eloge historique du même ; par Claude GROS DE BOZE, Secrétaire perpétuel de l'Académie Royale des Inscriptions : *Paris*, Cot, 1708, *in*-4.

Dans le tom. I. de l'*Histoire de cette Académie* : *in*-4. pag. 355, & *in*-8. pag. 69.

12519. Eloge du même.

Cet Eloge est imprimé dans les *Mém. de Trévoux*, article 79 de Juin, 1708, [& au Journal des Sçavans, Janvier, 1708.]

12520. Synopsis Vitæ ejusdem ; auctore Renato MASSUET, Benedictino, è Congregatione sancti Mauri.

Cet Abrégé est imprimé au-devant du tom. V. de l'*Hist. de l'Ordre de S. Benoît* : *Parisiis*, 1713, *in-fol.*

12521. ☞ Joan. Mabillonii Epitaphia, cum aliquot Epigrammatibus : *Parisiis*, Debats, 1708, *in*-4.]

12522. ☞ Histoire de la Vie & des Ouvrages de Dom Jean Mabillon ; par le Père NICERON.

Dans ses *Mémoires, tom. VII. pag.* 336-370 ; & *X. part.* 2, *pag.* 248.]

12523. ☞ Remarques sur D. Mabillon.

Dans le *Dictionnaire* de Jacq. Georges DE CHAUFEPIÉ.]

12524. Synopsis Vitæ Theoderici Ruinart, Benedictini, è Congregatione sancti Mauri ; auctore Renato MASSUET.

Cet Abrégé est imprimé à la suite de celui que le même Auteur a fait de D. Mabillon, (ci-devant N.° 12520.) D. Massuet est mort à S. Germain en 1715.

12525. ☞ Elogium ejusdem.

Au commencement de la Préface de la seconde Edition de ses *Acta primorum Martyrum* : *Amstelodami*, Westein, 1713, *in-fol.*]

Tome I.

12526. Abrégé de la Vie du même ; par Jean LE CLERC, de Genève.

Dans le tom. XXVI. de la *Bibliothèque Choisie* : *Amsterdam*, 1716, *in*-12.

12527. ☞ Histoire de la Vie & des Ouvrages du même D. Thierry Ruinart ; par le P. NICERON.

Dans ses *Mémoires, tom. II. pag.* 314-320.]

12528. ☞ Histoire de la Vie & des Ouvrages de Dom Pierre-François Lamy ; par le même.

Dans ses *Mémoires, tom. III. pag.* 344-353 ; & *X. part.* 1, *pag.* 122. Ce Religieux est mort en 1711.]

12529. ☞ Mémoire sur la Vie & les Ouvrages de D. Jean Martianay.

Dans le *Journal des Sçav.* 1717, Octobre.]

12530. ☞ Histoire du même ; par le Père NICERON.

Dans ses *Mémoires, tom. I. pag.* 100-111. Dom Martianay est mort en 1717.]

12531. ☞ Elogium D. Antonii Augustini Touttée.

Il se trouve à la tête des *Œuvres* de S. Cyrille de Jérusalem : *Parisiis*, 1720, *in-fol.* D. Touttée est mort en 1718.]

12532. ☞ Eloge de D. Michel Félibien ; par D. Gui-Alexis LOBINEAU.

Il est imprimé à la tête de l'*Histoire de la Ville de Paris*, 1725, *in-fol.* Dom Félibien est mort en 1719.]

12533. ☞ Histoire de la Vie & des Ouvrages du même ; par le P. NICERON.

Dans ses *Mémoires, tom. XXVIII. pag.* 329-331.]

12534. ☞ Eloge du R. P. (Pierre) Coustant.

Dans le *Journal des Sçav.* 1722, Février. D. Coustant est mort en 1721.]

12535. ☞ Eloge historique de D. Nicolas le Nourry.

Dans le *Journal des Sçav.* 1724, Octobre. Ce Religieux étoit mort au mois d'Août précédent.]

12536. ☞ Histoire de la Vie & des Ouvrages du même ; par le P. NICERON.

Dans ses *Mémoires, tom. I. pag.* 275-278 ; & *tom. X. part.* 1, *pag.* 47.]

12537. ☞ Lettre sur la mort de D. Simon Mopinot.

Dans le *Mercure*, 1724, Décemb. pag. 2553-2565.]

12538. ☞ Eloge du même ; (par l'Abbé GOUJET.)

Dans les *Mémoires de Littérature* du P. Des-Molets, *tom. X. part.* 1, *pag.* 24-35.]

12539. ☞ Eloge de D. Denys de Sainte-Marthe.

Dans le *Mercure*, 1725, *Juin*, *pag.* 1065-1078 ; & dans l'*Hist. Littéraire de l'Europe, tom.* I. Le P. de Sainte-Marthe est mort le 30 Mars de cette année.]

12540. ☞ Lettre sur la mort du même ; par Joseph CASTEL : *Paris*, Vincent, 1725, *in*-4.]

Fffff

12541. ☞ Domni Dionyſii de Sainte-Marthe Vitæ ſynopſis.

Elle ſe trouve à la tête du tom. IV. du *Gallia Chriſtiana*, donné en 1718. Il avoit fait les trois premiers volumes, & il mourut le 30 Mars 1725.]

12542. ☞ Hiſtoire de la Vie & des Ouvrages du même Père de Sainte-Marthe ; par Jean-Pierre NICERON.

Dans ſes *Mémoires*, tom. *V*. *pag.* 89-101.]

12543. ☞ Eloge de D. Jean Gellé.

Dans le *Mercure*, 1725, *Août*, *pag.* 1800-1803. Ce Religieux eſt mort le 6 Juillet de cette année. C'eſt lui qui a publié le *Dictionnaire géographique* de l'Abbé Baudrand, augmenté, & en François : *Paris*, 1701, *in-fol.* 2 vol.]

12544. ☞ Lettre d'un Bénédictin, ſur la mort de Dom Claude de Vic.

Dans la *Biblioth. Françoiſe d'Amſterdam*, tom. *XIX*. Ce Religieux eſt mort en 1734.]

12545. ☞ Eloge de D. Edmond Martenne.

Dans le *Mercure*, 1739, *Août*, *pag.* 1784.]

12546. ☞ Eloge de D. Bernard de Montfaucon ; par Claude GROS DE BOZE, Secrétaire perpétuel de l'Académie des Inſcriptions & Belles-Lettres.

Dans l'*Hiſtoire* de cette *Académie*, tom. *XVI*. *in-4.* *pag.* 320. Le P. de Montfaucon eſt mort en 1741. On peut voir dans le Dictionnaire de Moréri de 1759, la liſte de ſes Ouvrages.]

12547. ☞ Elogium D. Stephani Gabrielis Brice.

A la tête du tom. XI. du *Gallia Chriſtiana*, auquel ce Religieux a travaillé pendant vingt-quatre ans. Il eſt mort en 1755.]

12548. ☞ Requête (de nombre) des Religieux de Saint-Germain-des-Prés, au Roi : (1766,) *in-4.*

On la trouve auſſi après la *Réclamation* de ceux des Blancs-Manteaux, ci devant, N.° 1261.]

12549. ☞ Requête des Supérieurs de la Congrégation, & du plus grand nombre des Religieux qui la compoſent ; contre la Requête précédente : *in-4.*]

Hiſtoire de l'Abbaye de S. Germer de Flaye, dans le Dioceſe de Beauvais, (unie à la Congrégation de S. Maur.)

12550. Hiſtoriæ Flaviacenſis Monaſterii, in Diœceſi Bellovacenſi, Compendium, ab anno 660, ad annum 1550.

Cet Abrégé eſt imprimé, *pag.* 601 de l'*Appendix des Œuvres* de Guibert, Abbé de Nogent : *Pariſiis*, 1651, *in-fol.*

12551. Vita ſancti Geremari, Abbatis ; ſcriptore perantiquo.

Cette Vie eſt imprimée dans le volume précédent, *pag.* 667. Ce Saint eſt mort vers l'an 688, & l'Auteur de la Vie a fleuri vers l'an 760. Il eſt jugé aſſez grave, quoiqu'il ſe trompe en quelques faits.

12552. ☞ Eadem, cum Commentario Joannis PERIERI, è Soc. Jeſu.

Dans le *Recueil* de Bollandus, au 24 de Septembre.]

12553. Vie de ſaint Germer ; par Adrien BAILLET.

Cette Vie eſt imprimée dans ſon *Recueil des Vies des Saints*, au 24 de Septembre.

Hiſtoire du Monaſtère [ou Prieuré] de S. Gervais & S. Protais, dans le Dioceſe de Mende.

12554. Mſ. Hiſtoria Fundationis & Dotationis Monaſterii Sanctorum-Gervaſii & Protaſii ad Elaverim & Lingoniam Fluvios ; ab anonymo Monacho decimi ſeculi ſcripta, & ab alio recentiori continuata.

Cette Vie eſt conſervée dans la Bibliothèque de ce Monaſtère. Le Continuateur a vécu dans le XIIIe ſiècle.

Hiſtoire de l'Abbaye de S. Gildas de Ruiz, dans le Dioceſe de Vannes, (unie à la Congrégation de S. Maur.)

12555. Vita ſancti Gildaſii, Abbatis Ruyenſis ; auctore Ruyenſi Monacho anonymo.

Cette Vie eſt imprimée page 340 du tom. I. de la *Bibliotheca Flariocenſis* : *Lugduni*, 1605, *in-8.* Elle eſt auſſi, avec un Commentaire, dans le *Recueil* de Bollandus, au 29 de Janvier ; & au tom. I. des *Actes des Saints de l'Ordre de S. Benoît*, *pag.* 460.

12556. Vie de S. Gildas ; par Adrien BAILLET.

Cette Vie eſt imprimée dans ſon *Recueil des Vies des Saints*, au même jour.

12557. Chronicon Ruyenſe, ab anno 1008, ad annum 1291.

Cette Chronique eſt imprimée dans Lobineau, au tom. II. de l'*Hiſtoire de Bretagne*, *pag.* 369.

☞ Hiſtoire d'Abélard, qui a été Abbé de ce Monaſtère.

Voyez ci-devant, N.ºs 11846 & ſuiv.]

Hiſtoire de S. Guilliem du Déſert, dans le Dioceſe de Lodève, (unie à la Congrégation de S. Maur.)

12558. Vita ſancti Guillelmi, Septimaniæ Ducis, tum Monachi Gellonenſis ; auctore grayi anonymo, edita per Carolum Stengelium : *Auguſtæ Vindelicorum*, 1611, *in-4.*

Cette Vie eſt auſſi imprimée avec le Commentaire d'HENSCHENIUS, dans le *Recueil* de Bollandus, au 10 de Mai ; & au tom. V. des *Actes des Saints de l'Ordre de ſaint Benoît*, *pag.* 70. Ce Saint eſt mort vers l'an 812 ; & l'Auteur de ſa vie ſemble avoir vécu dans le XIe ſiècle.]

12559. Miracula ejuſdem, à Monacho Gellonenſi ſcripta.

Ces Miracles ſont imprimés dans le *Recueil* de Bollandus, au 9 de Mai ; & au tom. VI. des *Actes des Saints de l'Ordre de S. Benoît*, *pag.* 556.

12560. Vie du même ; par Adrien BAILLET.

Cette Vie eſt imprimée dans ſon *Recueil des Vies des Saints*, au 10 de Février.

12561. ☞ Généalogie de la famille de ſaint Guillaume, Duc de Touloufe ou d'Aquitaine.

C'eſt la Note LXXXVII. du tom. I. de l'*Hiſtoire de Languedoc*, par DD. DE VIC & VAISSETE.]

Histoire de l'Abbaye de S. Guislain, dans le Diocèse de Cambray.

12562. Vita sancti Gisleni, Conditoris Cellæ in Hannonia.

Cette Vie est imprimée dans le *Recueil* de Surius, au 9 d'Octobre. Ce Saint est mort l'an 691.

12563. Alia Vita; auctore anonymo.

Cette Vie est imprimée au tom. II. des *Actes des Saints de l'Ordre de S. Benoît*, pag. 788 & 796. Cet Anonyme a fleuri vers l'an 940. Charles du Cange le nomme RAINIER, Moine de Saint-Guislain.

12564. Abrégé de la Vie de S. Guislain; par Jérôme MARLIER, Abbé du même lieu: *Mons*, Havart, 1655, *in-*12.

12565. Vie du même; par Adrien BAILLET.

Cette Vie est imprimée dans son *Recueil des Vies des Saints*, au 9 d'Octobre.

Histoire de l'Abbaye de Saint-Hilaire de Poitiers.

12566. Vita sancti Fridolini; auctore WALTHERO, Monacho Seckingano.

Cette Vie est imprimée dans le *Recueil* de Bollandus, au 6 de Mars. Ce Saint est mort l'an 538, & Walther a fleuri vers l'an 940.

Histoire de l'Abbaye de S. Hubert en Ardennes, dans le Diocèse de Liége.

12567. Ms. Histoire de l'Abbaye de Saint-Hubert en Ardennes : *in-fol.*

Cette Histoire [étoit] conservée dans la Bibliothèque de M. l'Abbé de Camps, [& est aujourd'hui dans la Bibliothèque de M. de Beringhen.] Du Chesne, à la p. 53 des *Preuves de l'Hist. généalogique de la Maison de Luxembourg*, en cite un Fragment.

12568. ☞ Remarques historiques sur l'Abbaye de S. Hubert.

Elles se trouvent dans les *Variétés historiq. tom. III.* pag. 326. L'Auteur observe, en finissant, que cette Abbaye est sous la protection du Roi de France.
On trouve, pag. 101 du même volume, des Remarques sur la dévotion des Chasseurs pour S. Hubert.]

12569. ☞ Histoire abrégée de la Vie de S. Hubert, Patron des Ardennes ; par un Religieux de l'Abbaye : *Liége*, 1704, *in-*12.]

12570. ☞ Vita sancti Beregisi, Abbatis ; cum Commentario Cornelii BYEI, è Societate Jesu.

Dans le *Recueil* de Bollandus, au tom. I. d'Octobre, pag. 494. Ce Saint, qui fut le Fondateur de l'Abbaye, à laquelle on donna dans la suite le nom de Saint-Hubert, vivoit sur la fin du VIII siècle.]

12571. Vita sancti Theodorici, Abbatis Andaginensis, sive Sancti-Huberti in Arduenna sylva ; auctore anonymo æquali.

Cette Vie est imprimée au tom. I. des *Actes des Saints de l'Ordre de S. Benoît*, pag. 557. Ce Saint est mort l'an 1087.

12572. ☞ Histoire de la Vie & des Ecrits de Thierri II, Abbé de S. Hubert; par Dom Antoine RIVET.

Dans l'*Hist. Littér. de la France*, tom. IX. pag. 487-490. Cet Abbé est mort en 1109.]

12573. ☞ Histoire abrégée de la Réforme établie à S. Hubert; par D. Nicolas FANSON, en 1618.

Dans l'*Hist. des Ordr. Mon. du P. HELYOT* (Paris, 1714, &c. *in-*4.) tom. VI. pag. 296-299.]

Histoire de l'Abbaye de S. Jean de Laon, (unie à la Congrégation de S. Maur.)

12574. Abbatum sancti Joannis Laudunensis Tabula chronologica.

Cette Suite est imprimée, p. 619 de l'*Appendix des Ouvrages de Guibert de Nogent* : *Parisiis*, 1651, *in-fol.*

12575. Nonnullarum Abbatissarum ejusdem Monasterii Nomenclatura.

Ce Catalogue est imprimé au même endroit, p. 826.

Histoire de l'Abbaye de S. Jouin des Marnes de Poitiers, (unie à la Congrégation de saint Maur.)

12576. De sancto Jovino in Pictaviensi Diœcesi, Sylloge historica Godefridi HENSCHENII, è Societate Jesu.

Cette Collection est imprimée dans le *Recueil* de Bollandus, au 1 de Juin. Ce Saint a vécu dans le IV siècle.

Histoire de l'Abbaye de S. Julien de Tours, (unie à la Congrégation de S. Maur.)

12577. De sancto Antonio, Abbate Sancti-Juliani, Notæ historicæ ejusdem.

Ces Notes sont imprimées dans le même *Recueil*, au 4 de Mars.

12578. Ms. Res gestæ in Monasterio Sancti-Juliani Turonensis duobus Libris descriptæ, ab anonymo.

Cet Anonyme vivoit dans le XI siècle. Son Ouvrage est cité par le P. Mabillon, au tom. I. des *Annales de son Ordre*, pag. 238.

Histoire du Monastère de S. Liffard à Meun, dans le Diocèse d'Orléans.

12579. Vita sancti Lifardi, Abbatis Magdunensis; auctore anonymo Magdunensi Monacho.

Cette Vie est imprimée au tom. I. des *Actes des Saints de l'Ordre de S. Benoît*.

Eadem, cum Commentario prævio Godefridi HENSCHENII de sanctis Liffardo & Urbicio, Abbatibus Magdunensibus.

Cette Vie est imprimée dans le *Recueil* de Bollandus, au 3 de Juin.

12580. Vie de saint Liffard ; par Adrien BAILLET.

Cette Vie est imprimée dans son *Recueil des Vies des Saints*, au même jour.

Histoire du Prieuré de S. Lomer de Meinsac, en Auvergne.

12581. Chronicon Prioratûs sancti Launomari de Magenciaco apud Arvernos, seu ejusdem Prioratûs Historiola.

Cette Chronique est imprimée au tom. VI. des *Actes des Saints de l'Ordre de saint Benoît*, pag. 254.

Histoire de l'Abbaye de Saint-Lomer de Blois, (unie à la Congrégation de S. Maur.)

12582. Vita sancti Launomari, Abbatis Curbionensis.

Cette Vie est imprimée au tom. I. des *Actes des Saints de l'Ordre de S. Benoît*, pag. 335. Ce Saint est mort l'an 594. Cette Vie contient presque les mêmes faits que la suivante.

12583. Alia Vita ; auctore Monacho Curbionensi anonymo, ejus Discipulo.

Cette Vie est imprimée là même, *pag.* 339 ; & dans le *Recueil* de Bollandus, au 19 de Janvier. Elle est reconnue pour assez fidèle : l'Auteur paroît sincère, & ne se dément point. Il n'a écrit, au plutôt, que sous Clovis II, soixante ans après la mort du Saint, sur des Mémoires conservés dans l'Abbaye de Saint-Martin de Courgeon, dans le Perche. Ces deux Historiens paroissent avoir été Moines de ce lieu : ils apprennent des faits qui ne se trouvent point ailleurs.

12584. Vie de S. Lomer ; par François GIRY.

Cette Vie est imprimée dans son *Recueil des Vies des Saints*, au même jour.

12585. Vie du même ; par Adrien BAILLET.

Cette Vie est imprimée dans son *Recueil des Vies des Saints*, au même jour.

12586. Translatio ejusdem in Oppidum Blesas, ubi de Curbionensis Monasterii fortuna & instauratione, & Blesensis Monasterii primordiis ; auctore anonymo æquali.

Ce Discours est imprimé au tom. VI. des *Actes des Saints de l'Ordre de saint Benoît*, pag. 245.

Histoire de l'Abbaye de Saint-Loup de Troyes.

Cette Abbaye est unie à présent aux Chanoines Réguliers de saint Augustin de la Congrégation de France, [ou de sainte Geneviève.]

12587. Vita sancti Winebaudi, Abbatis.

Cette Vie est imprimée dans Camusat, *pag.* 288 de son *Promptuaire des Antiquités de Troyes* : Trecis, 1610, in-8. & avec des Notes, dans le *Recueil* de Bollandus, au 6 d'Avril. Elle est ancienne ; elle est écrite par un Auteur anonyme, qui paroît sincère dans sa simplicité. Ce Saint est mort vers l'an 620.

12588. Vie de saint Winebaud ; par Adrien BAILLET.

Cette Vie est imprimée dans son *Recueil des Vies des Saints*, au 6 d'Avril.

Histoire de l'Abbaye de Saint-Maixant, dans le Diocèse de Poitiers, (unie à la Congrégation de S. Maur.)

12589. ☞ Mss. Histoire de l'Abbaye de Saint-Maixant ; par D. François CHAZAL, Bénédictin & Prieur de ladite Abbaye.

Elle est en Latin. Dom Chazal a depuis été Prieur de l'Abbaye de Saint-Benoît-sur-Loire. On ne sçait s'il a laissé un exemplaire de cette Histoire dans le Monastère de Saint-Maixant ; mais il y en a un dans la Bibliothèque de Saint-Benoît-sur-Loire.]

12590. Vita sancti Maxentii, Presbyteri, Abbatis in Agro Pictaviensi ; auctore coævo.

Cette Vie est imprimée au tom. I. des *Actes des Saints de l'Ordre de S. Benoît*, pag. 578, Ce Saint a vécu vers l'an 515.

Eadem, cum Commentario Godefridi HENSCHENII, è Societate Jesu.

Dans le *Recueil* de Bollandus, au 26 de Juin.

12591. Vie de saint Maixant ; par Adrien BAILLET.

Cette Vie est imprimée dans son *Recueil des Vies des Saints*, au même jour.

Histoire de l'Abbaye de Saint-Marcel de Vienne.

12592. Vita sancti Clari, Abbatis Sancti-Marcelli Viennensis ; auctore anonymo.

Cette Vie est imprimée dans le *Recueil* de Bollandus, au 1 de Janvier. Ce Saint est mort vers l'an 660. L'Auteur de sa Vie paroît sincère.

12593. Vie de S. Clair ; par François GIRY.

Cette Vie est imprimée dans son *Recueil des Vies des Saints*, au même jour.

12594. Vie du même ; par Adrien BAILLET.

Cette Vie est imprimée dans son *Recueil des Vies des Saints*, au même jour.

Histoire de l'Abbaye de S. Mars, en Auvergne.

12595. Vita sancti Martii, Abbatis apud Arvernos ; auctore GREGORIO, Episcopo Turonensi.

Cette Vie est imprimée dans le *Recueil* de Bollandus, au 13 d'Avril. Ce Saint est mort l'an 525.

12596. Vie de S. Mars ; par Adrien BAILLET.

Cette Vie est imprimée dans son *Recueil des Vies des Saints*, au même jour.

Histoire de l'Abbaye de Saint-Martial de Limoges.

☞ C'est aujourd'hui une Eglise Collégiale, dont l'Abbé est la première dignité.]

12597. Mss. Abbatum Sancti Martialis Lemovicensis Catalogus & brevis Historia, ab anno 848.

Cette Histoire est conservée dans la Bibliothèque du Vatican, entre les Manuscrits de la Reine de Suède, num. 214.

☞ Il y en a une partie d'imprimée, jusqu'en 1060, dans Martenne, au tom. III. de son *Nouveau Trésor de Pièces anecdotes*, pag. 1400, où se trouve une lacune depuis l'an 952 jusqu'en 1010.]

12598. Mss. Chronicon Abbatum sancti Martialis Lemovicensis, à Pipino Rege ad annum 1316.

Cette Chronique étoit dans la Bibliothèque de M. de Cordes, Chanoine de Limoges, selon le Père Labbe, pag. 6 de sa *Nouvelle Biblioth. des Manuscrits* : Parisiis, 1653, in-4.

☞ M. de l'Epine, à Limoges, conserve cette Chronique manuscrite, qui peut servir à corriger les fautes qui se trouvent dans l'Edition du Père Labbe.]

12599. Commemoratio Abbatum Lemovicensium Abbatiæ Sancti-Martialis, ab ADEMARO, ejusdem loci Monacho scripta.

Cette Suite est imprimée dans Labbe, au tom. II. de sa *Nouvelle Bibliothèque des Manuscrits*, pag. 271. Cet Auteur vivoit l'an 1110.

12600. Ms. Chronicon Wilhelmi GODELLI, Monachi Sancti-Martialis Lemovicensis, ab orbe condito ad annum Christi 1172 : *in-fol.*

Cette Chronique [étoit] conservée dans la Bibliothèque de M. Colbert, num. 223, [& est aujourd'hui à la Bibliothèque du Roi.]

12601. Ms. Chronicon Sancti-Martialis Lemovicensis, ab anno 1161 ad annum 1220; auctore Bernardo ITHERIO, Monacho & Armario hujus Cœnobii.

Cette Chronique [étoit] conservée dans la Bibliothèque de ce Monastère, [& est aujourd'hui en la Bibliothèque du Roi.] Elle a été écrite l'an 1220.

Ms. Idem usque ad annum 1310, à diversis hujus loci Monachis conscriptum : *in-fol.*

Cette Chronique [étoit] conservée dans la Bibliothèque de M. Colbert, num. 1020, [& est maintenant en celle du Roi.]

12602. ☞ Histoire de la Vie & des Ecrits d'Odolric, Abbé de Saint Martial de Limoges; par D. Antoine RIVET, Bénédictin.

Dans l'*Histoire Littéraire de la France*, tom. VII. pag. 346-348. Cet Abbé est mort vers 1048.]

Histoire de l'Abbaye de S. Martin d'Autun, (unie à la Congrégation de S. Maur.)

12603. Vita Sancti-Mederici, Abbatis Æduensis ; auctore anonymo.

Cette Vie est imprimée au tom. III. des *Actes des Saints de l'Ordre de S. Benoît*, pag. 8. Ce Saint est mort vers l'an 700, & l'Auteur de sa Vie a vécu après l'an 900.

12604. ☞ Eadem, cum Commentario Joannis STILTINGI, è Soc. Jesu.

Dans le *Recueil* de Bollandus, au 29 d'Août.]

12605. Vie de S. Médéric ou Merry; par François GIRY.

Cette Vie est imprimée dans son *Recueil des Vies des Saints*, au même jour.

12606. Abrégé de la Vie du même; par [Nicolas] BLAMPIGNON, Curé de la Paroisse de S. Médéric à Paris.

Cette Vie est imprimée avec l'Office de ce Saint: *Paris*, 1696, 1714, *in-8*. Ce Curé est mort en 1711.

12607. Vie du même; par Adrien BAILLET.

Cette Vie est imprimée dans son *Recueil des Vies des Saints*, au 29 d'Août.

12608. ☞ La Vie de S. Merry, celles de S. Pierre, S. Frou ou Frodulphe, & de S. Léonard, Patrons de l'Eglise Paroissiale de son nom, les Inscriptions qui sont aux Tapisseries, & les noms de ceux qui les ont données : *Paris*, Cailleau, 1714, *in-8*.]

12609. Vita sancti Hugonis, Monachi Æduensis ; auctore anonymo Monacho Æduensi.

Cette Vie est imprimée au tom. VII. des *Actes des Saints de l'Ordre de S. Benoît*, pag. 90, & dans le *Recueil* de Bollandus, au 20 d'Avril. Ce Saint est mort l'an 930, & l'Auteur de sa Vie a fleuri l'an 1040.

Histoire du Monastère de Saint-Martin de Cagnon (ou Canigou) dans le Diocèse de Perpignan.

12610. Chronicon breve Monasterii Sancti-Martini Canigonensis in Diœcesi Helenensi.

Cette Chronique, qui est très-courte, se trouve imprimée dans Baluze, au tom. I. de ses *Miscellanea*, pag. 309.

Histoire du Prieuré de S. Martin-des-Champs, à Paris, de la Congrégation de Cluni.

12611. Regalis Monasterii Sancti-Martini de Campis, Parisiensis, Ordinis Cluniacensis, Historia; per Domnum Martinum MARRIER, ejusdem Monasterii Priorem Claustralem : *Parisiis*, Cramoisy, 1637, *in-4*.

Ce Prieur est mort l'an 1644. [C'est le même qui a publié *Bibliotheca Cluniacensis.*]

☞ Dans le premier Livre on donne la Charte de la fondation du Monastère, ses Privilèges, &c. Dans le second, ses Statuts & ce qui a été fait pour la Réforme. Dans le troisième, une Notice chronologique & historique des Prieurs. Dans le quatrième, on parle des Prieurés dépendans du Monastère de S. Martin-des-Champs. Dans le cinquième, des Prébendes & Chapelles qui lui étoient soumises, & qui depuis sont devenues Eglises Paroissiales. Dans le sixième Livre, on entre dans le détail des Epitaphes, Inscriptions, Tombeaux, & autres Monumens qui sont dans ce Monastère.]

12612. ☞ La Vie de S. Paxent, Martyr, & de sainte Albine, Vierge & Martyre, Titulaires & Tutélaires du Royal Monastère de S. Martin-des-Champs, où leurs Corps reposent; traduit du Latin, avec des Réflexions; par M. l'Abbé LESCALOPIER : *Paris*, Bessin, 1664, *in-8*.]

☞ La même, traduite par un Religieux de l'ancienne Observance de Cluni : *Paris*, Quillau, 1719, *in-8*.]

12613. ☞ Mémoire des Curé & Marguilliers de S. Nicolas-des-Champs, contre les Religieux de S. Martin-des-Champs.

La contestation rouloit sur deux Chefs. Le premier, si le terrein qui est entre l'Eglise de Saint Nicolas-des-Champs & le Prieuré de Saint-Martin, appartient à l'Eglise de S. Nicolas : le second, si les Religieux de Saint-Martin sont Curés primitifs de cette Paroisse.]

12614. ☞ Réflexions sur le Mémoire.]

12615. ☞ Additions au premier Mémoire.]

12616. ☞ Mémoire des Religieux de Saint-Martin.]

12617. ☞ Réponse des Curé, &c. de Saint-Nicolas, aux trois derniers Mémoires des Religieux.]

12618. Martiniana, seu Litteræ, Tituli, Chartæ, Privilegia & Statuta Prioratûs Sancti-Martini de-Campis, Parisiensis : *Parisiis*, du Fossé, 1606, *in-8.*

12619. Vita Matthæi Rhemensis, Prioris Sancti-Martini-à-Campis, Cardinalis, Episcopi Albanensis : auctore Petro MAURICIO, dicto Venerabili, Abbate Cluniacensi.

Cette Vie est imprimée dans son Livre II. des *Miracles* ; dans la *Bibliothèque de Cluni* : *Parisiis*, 1614, *in-fol.* dans la *Bibliothèque des Pères*, & dans du Chesne, *pag.* 81, de ses *Preuves de l'Histoire des Cardinaux François*. Matthieu de Reims est mort en 1135, & Pierre le Vénérable en 1156.

12620. Vie de Martin Marrier, Religieux & Prieur Claustral de S. Martin-des-Champs lès-Paris ; par D. Germain CHÉVAL, Religieux de ce Monastère : *Paris*, 1644, *in-8.*

Le Père Marrier est mort en 1644.

12621. ☞ Eloge de Dom Pierre François Pernot, Religieux de S. Martin-des-Champs ; (par M. l'Abbé CARLIER, Prieur d'Andrely.) *Journal de Verdun*, 1758, *Juillet*, *p.* 54.

Ce Religieux, qui étoit Bibliothécaire de la Maison, est mort cette même année 1758.]

Histoire de l'Abbaye de S. Martin de Limoges, (unie à la Congrégation des Feuillens.)

12622. Mſ. Chronicon Sancti-Martini Lemovicensis, quod ab anno 618, ad annum 1247, perductum est : auctore Petro CORAL, Abbate ejus loci, hoc anno 1247, electo ; ab aliis deinde continuatum, ab anno 1221, usque ad annum 1296.

Cette Chronique est conservée dans la Bibliothèque de Monastère, & dans celle du Roi, num. 3892, des Manuscrits de M. Colbert. Elle se trouve aussi, *pag.*1, des *Fragmens de l'Histoire d'Aquitaine*, recueillis par Claude Estiennot, & conservés dans l'Abbaye de S. Germain-des-Prés.

Histoire de l'Abbaye de S. Martin de Massay, dans le Diocèse de Bourges.

12623. Breve Chronicon Sancti-Martini Masciacensis, ab anno 722, ad annum 1013.

Cette Chronique est imprimée dans Labbe, au tom. II. de sa *Nouvelle Bibliothèque des Manuscrits*, *pag.* 732.

Histoire de l'Abbaye de S. Martin de Pontoise, dans le Diocèse de Rouen, (unie à la Congrégation de S. Maur.)

12624. Mſ. Historiæ Regalis Monasterii Sancti-Martini supra Viosnam propè & contra muros Pontis-Isaræ in Vulcassino Franciæ, Libri tres. Primus, complectens seriem gestaque Abbatum, ab anno 1069 Fundationis, ad annum 1670. Liber secundus, complectens Catalogum præcipuorum Benefactorum, Notitias Familiarum eorumdem, itemque in Vulcassino Antiquarum & Nobilium, Vitam Solitariam & Sanctimonialem in præfato Monasterio olim profitentium. Itemque totius Vulcassini Francici veneranda quæ supersunt Antiquitatis monumenta : ex Archivis Monasteriorum, Inscriptionibus, Epitaphiis & Scriniis excerpta ; itemque Vulcassini viciniora. Liber tertius, continens Probationes pro duobus aliis Libris ejusdem Historiæ : auctore Claudio ESTIENNOT, Monacho Benedictino, Congregationis Sancti-Mauri ; tribus voluminibus : *in-fol.*

Cette Histoire, qui a été achevée en 1670, est conservée dans la Bibliothèque de S. Germain-des-Prés.

12625. Vita sancti Galterii, Abbatis Sancti Martini prope Pontisaram in Gallia.

Cette Vie est imprimée au tom. I. des *Actes des Saints de l'Ordre de S. Benoît*, *pag.* 811, & dans le *Recueil* de Bollandus, au 8 d'Avril. Ces Actes sont abrégés en partie des suivans, & en partie rendus plus complets, par ce qui y a été joint d'ailleurs. Ce Saint est mort en 1097.

12626. Alia Vita ; auctore Monacho Pontisarensi ; ejus Discipulo.

Cette Vie est imprimée dans les deux *Recueils* précédens, aux mêmes endroits que la première ; & avant, dans Hugues Ménard, *pag.* 586, de ses *Observations sur le Martyrologe Bénédictin* : *Parisiis*, 1629, *in-8.*

12627. Historia Miraculorum : eodem auctore ejus Discipulo.

Cette Histoire est imprimée dans le *Recueil* de Bollandus, au même jour.

12628. Histoire de S. Gaultier ; par Jacques GAULTIER : *Paris*, 1599, *in-8.*

Histoire de l'Abbaye de S. Martin de Séez, (unie à la Congrégation de S. Maur.)

12629. ☞ Mſ. Antiquités de la Ville de Séez, (ou Histoire de l'Abbaye de S. Martin de Séez ;) par Dom Jean CONARD, Religieux de ce Monastère : *in-4.*

Ce Manuscrit est dans la Bibliothèque de l'Abbaye. L'Auteur ne lui a donné que le premier titre ; mais le second lui convient davantage, puisque c'est proprement l'Histoire de l'Abbaye, qui a été écrite en 1612. Elle renferme un grand nombre de méprises ; mais l'Auteur y a inséré des Pièces entières qui n'ont point été imprimées.]

12630. Mſ. Histoire de la [Royale] Abbaye de S. Martin de Séez ; par Dom Dominique CARROUGET, Religieux Bénédictin, de la Congrégation de S. Maur : [*in-fol.* 390 pag.]

Cette Histoire est conservée dans la Bibliothèque de cette Abbaye, num. 34.

☞ A la tête de l'Ouvrage, on trouve une Préface, où l'Auteur s'étend beaucoup sur la vicissitude des choses humaines. Le corps de l'Ouvrage est divisé en quatre Parties. Dans la première, l'Auteur donne l'Histoire généalogique de la Maison de Bellême & de celle de Montgomery, qui ont fondé ce Monastère. Dans la seconde, il fait l'Histoire des Princes qui ont possédé Alençon & le Perche, jusqu'à François, Duc d'Alençon, mort en 1584. Dans la troisième, il traite de la restauration de l'Abbaye de Séez, & donne la suite Chronologique des Abbés qui ont gouverné cette Maison. La quatrième contient la Description de l'Abbaye, telle qu'elle étoit en l'année

Histoires des Abbayes de l'Ordre de S. Benoît.

1642 ou 1648, que l'Auteur écrivoit. Il fait à tous momens des digreſſions, & l'on y trouve une éloquence affectée. En retranchant le ſuperflu, on réduiroit tout l'Ouvrage à moins de 50 pages.]

12631. ☞ Mſ. Hiſtoire de la Royale Abbaye de S. Martin de Séez : 1654, *in*-4.

Elle eſt conſervée dans la même Bibliothèque. L'Auteur n'eſt point nommé ; & il paroît que ce n'eſt que l'Ouvrage précédent refondu, & où l'on a corrigé beaucoup de fautes.

12632. ☞ Mſ. Abrégé Chronologique de l'Hiſtoire de l'Abbaye de S. Martin de Séez ; par M. DU FRICHE de la Nojamme, Sénéchal de ladite Abbaye : 1704, *in-fol*.

Ce Manuſcrit a paſſé après la mort de l'Auteur, entre les mains de ſes filles. L'Ouvrage eſt dédié à Dom Charles du Jardin, Abbé : le ſtyle paroît avoir cent ans au moins plus que la date ; il y a bien des anachroniſmes, des contradictions, &c. L'Auteur étoit très-âgé, & parent de Dom du Friche, qui a été Général de la Congrégation de S. Maur.]

12633. ☞ Mſ. Nécrologe de S. Martin de Séez : *in*-12.

Il eſt conſervé dans cette Abbaye. Ce qu'on appelle le Livre Rouge renferme la Collection des Donations faites à la Maiſon, collationnées ſur les Originaux par l'autorité des Ducs d'Alençon. Le Livre Blanc en contient auſſi pluſieurs autres.]

Hiſtoire de l'Abbaye de S. Martin de Tournay.

12634. Mſ. Catalogus Antiſtitum Cœnobii Martiniani, uſque ad annum 1350, rhithmico Latino & Gallico : auctore Ægidio LI MUSIS, hujus Cœnobii Abbate.

Ce Catalogue eſt cité par Valère André, dans ſa *Bibliothèque de Flandres*. Cet Abbé eſt mort en 1333.

12635. Mſ. Geſta Abbatum Sancti-Martini Tornacenſis ; conſcripta à Jacobo MARQUAIS, hujus Cœnobii Abbate.

Cette Hiſtoire eſt conſervée dans la Bibliothèque de ce Monaſtère, ſelon Sanderus, au tom. I. de ſa *Bibliothèque des Manuſcrits de Flandres, pag.* 144.

12636. Hiſtoria ſeu Narratio reſtaurationis Sancti-Martini Tornacenſis, ab ipſa fundatione ad annum 1127 : auctore HERIMANNO, Abbate hujus loci, & perducta à Canonico Regulari ejuſdem Domûs, uſque ad annum 1160.

Cette Hiſtoire eſt imprimée dans d'Achery, au tom. XII. de ſon *Spicilège, pag*. 358. Cette Abbaye a été fondée l'an 1092, & l'Auteur de cette Hiſtoire fleuriſſoit l'an 1145. Il y a beaucoup de choſes qui regardent les Rois de France, ou les Règnes de Philippe I, de Louis le Gros & de Louis le Jeune ; comme auſſi les Comtes de Flandres. Valère André marque dans ſa *Bibliothèque de Flandres*, que Thomas le Roy, Prieur de S. Martin de Tournay, a traduit cette Hiſtoire en François, & qu'il y a fait des Additions.

Vita beati Odonis, Abbatis Sancti-Martini Tornacenſis, deinde Epiſcopi Cameracenſis.

Voyez Arch. de Cambray.

☞ Ci-devant, N.ºs 8569, & *ſuiv*. Au N.° 8570, il faut lire : Dans l'*Hiſt. Littér. de la France, tom. IX. pag.* 583. Le Bienheureux Odon eſt mort en 1113.]

12637. ☞ Hiſtoire de la Vie & des Ecrits de Hériman, Abbé de S. Martin de Tournay.

Dans l'*Hiſtoire Littéraire de la France, tom. XII. pag.* 279-288. Cet Abbé eſt mort vers 1148.]

Hiſtoire de l'Abbaye de S. Maur-des-Foſſés, dans le Dioceſe de Paris.

Cette Abbaye a été changée [l'an 1535] en un Chapitre de Chanoines, [qui depuis 1750 a été uni à celui de S. Louis du Louvre, à Paris.]

12638. De Sancti-Mauri-Foſſatentis Cœnobio : auctore Jacobo DU BREUL, Benedictino.

Ce Diſcours eſt imprimé dans ſon *Supplément des Antiquités de Paris : Pariſiis*, 1614, *in*-4.

12639. ☞ Mſ. Pouillier de l'Abbaye de S. Maur.

Il eſt à la fin d'une Bible du IXe ſiècle, qui eſt conſervée dans la Bibliothèque du Roi, & connue ſous le nom de *Codex Amawretha*, num. 3561. M. Baluze en a donné un Extrait dans ſes *Miſcellanea*, tom. II. p. 387. Ce Pouillier, qui n'eſt qu'un fragment de trois pages, paroît être de la fin du XIIIe ſiècle, ou du commencement du XIVe.]

12640. Vie de S. Maur des Foſſés, avec les Antiquités de cette Abbaye ; par IGNACEJOSEPH de Jeſus Maria, Carme Déchauſſé : *Paris*, 1640, *in*-8.

12641. Vita ſancti Baboleni, primi Abbatis Foſſatenſis : auctore Monacho Foſſatenſi, cum Notis Petri-Franciſci CHIFFLETII.

Cette Vie eſt imprimée dans ſon *Traité de la Concorde de Bede & de Frédégaire, &c. au Chap. VI. Pariſiis,* 1681, *in*-4. Ce Saint eſt mort l'an 570, & l'Auteur de ſa Vie a fleuri en 970. D'autres le croient plus récent. Cette Vie eſt pleine de fautes & de fables ; auſſi eſt-elle rejettée par-tous les Sçavans.

12642. De eodem Sancto, ejuſque variis tranſlationibus.

Ceci eſt imprimé dans Labbe, au tom. I. de ſa *Nouvelle Bibliothèque des Manuſcrits, pag.* 360.

12643. Elogium hiſtoricum ejuſdem : auctore Joanne MABILLON, Benedictino.

Cet Eloge eſt imprimé au tom. II. des *Actes des Saints de l'Ordre de S. Benoît, pag.* 590.

12644. Ejuſdem [Vita &] Miracula, cum Commentario prævio God. HENSCHENII.

Ces Miracles ſont imprimés dans le *Recueil* de Bollandus, au 26 de Juin.

12645. Vie de S. Babolein ; par Simon MARTIN, de l'Ordre des Minimes : *Paris*, 1650, *in*-12.

✱ Ce Père a fait beaucoup d'Ouvrages, dont les titres ſe voient à la tête de ſon Livre poſthume, intitulé : *Les Reliques du Déſert*, avec ſa Vie. Le Père Giry n'a fait que travailler ſur ſes Mémoires.

12646. Vie du même ; par Adrien BAILLET.

Cette Vie eſt imprimée dans ſon *Recueil des Vies des Saints*, au 26 de Juin.

12647. Vita Domni Burchardi venerabilis, Comitis Melodunenſis, Monachi Foſſatensis, qui sub Regibus Hugone Capeto & ejus filio Roberto floruit : auctore ODONE, Monacho Fossatensi.

Cette Vie est imprimée dans le *Supplément des Antiquités de Paris*; par Jacques du Breul, Bénédictin : *Parisiis*, 1614, *in-4*. & au tom. IV. du *Recueil* de du Chesne, des *Historiens de France, pag*. 115. Ce Comte est mort après l'an 999, & sa Vie a été écrite l'an 1058, d'un style assez net. Comme il avoit été Favori de Hugues Capet & de Robert son fils, sa Vie contient plusieurs circonstances qui peuvent éclaircir l'Histoire de leur Règne.

La même, traduite en François; par Sébastien Roulliard.

Cette Vie est imprimée dans son *Histoire de la Ville de Melun* : *Paris*, 1628, *in-4*.

12648. Eloge du même; par Charles D'AUTEUIL.

Cet Eloge est imprimé dans son *Histoire des Ministres d'Etat* : *Paris*, 1642, *in-fol*.

12649. ☞ Histoire de la Vie & des Ecrits de Rainaud, Religieux de S. Maur, & Prieur de S. Eloi à Paris.

Dans l'*Hist. Littér. de la France, tom*. XI. *pag*. 719-722. Ce Religieux est mort vers le milieu du XIIe siècle.]

Histoire de l'Abbaye de Saint-Médard de Soissons, (unie à la Congrégation de Saint Maur.)

12650. Sancti-Medardi Abbatiæ Suessionensis Chronicon, ab anno 497, ad annum 1269; auctore anonymo Benedictino ejusdem Asceterii.

Cette Chronique est imprimée dans d'Achery, au tom. II. de son *Spicilège, pag*. 781. L'Auteur de cette Chronique parle peu du Règne de nos Rois, & ne le fait pas toujours avec soin; il marque la mort de Clovis en 512, & celle de Clotaire son Successeur en 567, après avoir dit qu'il a régné cinquante-un ans.

☞ *Voyez* le Gendre, tom. II. p. 25. = *Recueil des Histor. de France*, tom. III. *Préface*, pag. 15.]

12651. Inquisitio in Privilegium quod Gregorius, Papa I, Monasterio Sancti-Medardi dedisse fertur : auctore Joanne LAUNOIO, Theologo Parisiensi : *Parisiis*, Martin, 1657, *in-8*.

Cet Auteur est mort en 1678.

12652. Privilegium Sancti-Medardi propugnatum; à Roberto QUATREMAIRE, Benedictino, è Congregatione sancti Mauri, adversùs Joannem Launoïum : *Parisiis*, 1659, *in-8*.

12653. Joannis LAUNOII, Assertio Inquisitionis in Monasterii Sancti-Medardi Privilegium : Opus in tres partes distributum. In primâ, confirmatur inquisitio : in secundâ, ostenditur quænam sint subreptæ Exemptiones & Privilegia subrepta : in tertiâ, quid valeant non suppositæ, nec subreptæ, si darentur, Exemptiones, docetur : *Parisiis*, Martin, 1661, *in-4*.

L'Auteur parle dans ce Livre des Exemptions & des Privilèges surpris, & de ceux qui ne le sont pas.

12654. Antonii Dadini ALTESERRÆ, Jurisconsulti, in Privilegium Sancti-Medardi Suessionensis Judicium.

D'Hautesferre est mort en 1682, & il inséra ces Remarques dans ses *Observations sur le Liv. XII. des Lettres de S. Grégoire*, Pape.

12655. * Epistola Joannis LAUNOII, ad Michaelem Girardum, Vertoliensem Abbatem, in qua confutantur Annotationes Ant. Dadini Alteserræ, Jurisconsulti Tolosani, in Privilegium Monasterii Sancti-Medardi, scripta anno 1669.

Cette Lettre est la première du tom. VII. des Lettres de M. de Launoi.

12656. * Epistola ejusdem LAUNOII, ad eundem Girardum, in quâ id defenditur quod in primâ ad eundem Epistolâ, adversùs Privilegium San-Medardense scriptum fuerat: anno 1670.

Cette Lettre est la dernière du tom. VII. de ses Lettres, *pag*. 237.

12657. Vita sancti Vodoaldi, cognomento Benedicti, Monachi Suessionensis : auctore Suessionensi anonymo.

Cette Vie est imprimée dans le *Recueil* de Bollandus, au 5 de Février, & plus exactement au tom. IV. des *Actes des Saints de l'Ordre de S. Benoît, pag*. 544. Ce Saint est mort vers l'an 800, & l'Auteur de la Vie a fleuri cent ans après.

12658. Vie de saint Voel; par Adrien BAILLET.

Cette Vie est imprimée dans son *Recueil des Vies des Saints*, au même jour.

12659. ☞ Histoire de la Vie & des Ecrits d'Odilon, Moine de S. Médard de Soissons; par D. Antoine RIVET, Bénédictin.

Dans l'*Hist. Littér. de la France, tom*. VI. *pag*. 173-176. Ce Religieux est mort vers l'an 910.]

Histoire du Monastère de S. Meen de Gael, dans le Diocèse de Saint-Malo.

☞ Il a été donné vers l'an 1640, aux Prêtres de la Mission, pour y établir un Séminaire.]

12660. Vita sancti Maiani, sive Mevenni, Abbatis in Britannia Aremorica : auctore Alberto LE GRAND, Ordinis Prædicatorum; Latinè reddita cum Commentario prævio, Franc. Baertii, è Soc. Jesu.

Cette Vie est imprimée dans le *Recueil* de Bollandus, au 21 de Juin.

12661. Vie de S. Mandé; par François GIRY.

Cette Vie est imprimée dans son *Recueil des Vies des Saints*, au même jour.

12662. Vie de saint Meen, ou Maen; par Adrien BAILLET.

Cette Vie est imprimée dans son *Recueil des Vies des Saints*, au même jour.

Histoire de l'Abbaye de S. Mesmin de Micy, dans le Diocèse d'Orléans.

Cette Abbaye est aujourd'hui unie à la Congrégation des Feuillens.

12663. * Fundatio Abbatiæ Miciacensis, nunc

nunc sancti Maximini, à Clodoveo I. Francorum Rege Christiano.

L'Acte de cette fondation, faite vers l'an 504, est imprimé dans d'Achery, au tom. V. de son *Spicilège*, pag. 303, & dans la *Diplomatique* de Dom Mabillon, pag. 461. C'est un Monument d'une vérité certaine, auquel le Père Germon a été forcé de faire grace.

12664. Examen des Titres & du Cartulaire de Saint-Mesmin, ajouté au Factum pour Lié Chaffinat, Chanoine de l'Eglise d'Orléans, contre les Religieux Feuillens de Saint-Mesmin, en 1662 : *in-4*.

Nicolas Toynart [sçavant Critique, mort en 1706] a fait la meilleure partie de ce Factum.

12665. Ms. Vita sancti Euspicii, primi Abbatis Miciacensis.

Cette Vie est conservée dans la Bibliothèque du Roi, entre les Manuscrits de du Chesne, num. 20, pag. 190.

12666. ☞ Ejusdem Vita; auctore anonymo: & Commentarius Guillelmi CUPERI, è Societate Jesu.

Dans le *Recueil* de Bollandus, au 20 de Juillet.]

12667. Vita sancti Aurelii, Abbatis Miciacensis : auctore ferè coævo, cum Commentario prævio Godefridi HENSCHENII.

Cette Vie est imprimée dans le *Recueil* de Bollandus, au 17 de Juin. Ce Saint a vécu vers l'an 527.

12668. Vita sancti Aviti, Abbatis Miciacensis; auctore ferè coævo, cum Commentario prævio Godefridi HENSCHENII.

Ce Saint est mort l'an 570. L'Auteur de sa Vie est exact & judicieux. Elle est imprimée dans le *Recueil* précédent, au 17 de Juin.

12669. Vie de saint Avy ou Avite ; par François GIRY.

Cette Vie est imprimée dans son *Recueil des Vies des Saints*, au même jour.

12670. Vie du même ; par Adrien BAILLET.

Cette Vie est imprimée dans son *Recueil des Vies des Saints*, au même jour.

12671. Vita sancti Maximini, Abbatis Miciacensis ; auctore perantiquo anonymo.

12672. Alia Vita ; auctore BERTHOLDO, Monacho Miciacensi.

Ces deux Vies sont imprimées au tom. I. des *Actes des Saints de l'Ordre de S. Benoît*, p. 580 & 591. Ce Saint est mort vers l'an 610, & Bertholde a écrit dans le neuvième siècle.

12673. Vie de saint Mesmin ; par François GIRY.

Cette Vie est imprimée dans son *Recueil des Vies des Saints*, au 15 de Décembre.

12674. Vie du même ; par Adrien BAILLET.

Cette Vie est imprimée dans son *Recueil des Vies des Saints*, au même jour.

☞ On y trouve aussi une Dissertation historique sur la Vie de S. Gérard, écrite par l'Abbé VUIDRIC.]

12675. De venerabili Annone, Abbate Miciacensi, Dissertatio historica Joannis MABILLON, Benedictini, è Congregatione Sancti-Mauri.

Cette Dissertation est imprimée au tom. III. des *Actes*

Tome I.

des Saints de l'Ordre de S. Benoît, p. 360. Cet Abbé est mort l'an 973.

12676. Vita sancti Læti, Monachi Miciacensis.

Cette Vie est imprimée au tom. II. de la *Bibliothèque de Fleury*, pag. 259 : *Parisiis*, 1605, *in-8*.

12677. Vie de S. Frambourg ; par JOLLAIN, Curé d'Ivry lès-Paris : *Paris*, 1676, *in-12*.

12678. Vie de S. Frambourg, Religieux de l'Abbaye de Micy, l'un des Patrons de la Paroisse d'Ivry-sur-Seine ; par ESTOR : *Paris*, Muguet, 1699, *in-12*.

On lit dans la Préface, que HUART, Docteur en Théologie, écrivit en 1584, la Vie de ce Saint ; & Sébastien ROUILLARD en écrivit aussi une autre quelques années après.

12679. Vie du même ; par François GIRY.

Cette Vie est imprimée dans son *Recueil des Vies des Saints*, au 16 d'Août.

12680. Vie du même ; par Adrien BAILLET.

Cette Vie est imprimée dans son *Recueil des Vies des Saints*, au même jour.

12681. ☞ Histoire de la Vie & des Ecrits de Létald, Moine de Mici (ou de S. Mesmin;) par D. Antoine RIVET, Bénédictin.

Dans l'*Histoire Littéraire de la France*, tom. VI. pag. 528-537. Ce Religieux est mort au commencement du onzième siècle.]

Histoire de l'Abbaye de S. Michel en Tiérasche, dans le Diocèse de Laon, (unie à la Congrégation de S. Vanne.)

12682. De sancto Macalino, Abbate in Thierascia.

Ceci est imprimé dans le *Recueil* de Bollandus, au 21 de Janvier. Ce Saint est mort l'an 978.

Histoire de l'Abbaye de S. Mihel, dans le Diocèse de Verdun.

12683. Ms. Historia fundationis Sancti-Michaelis de Sancto-Michaele.

Cette Histoire est citée par du Chesne, pag. 1, des *Preuves de son Histoire généalogique de la Maison de Bar-le-Duc*, où il en rapporte un Fragment.

12684. Chronicon Monasterii Sancti-Michaelis in Pago Virdunensi.

Cette Chronique est imprimée dans Mabillon, au tom. II. de ses *Analectes*, pag. 374.

12685. ☞ De l'état & qualité de l'Abbaye de S. Mihel : 1634, *in-8*.]

12686. ☞ Histoire de l'Abbaye de S. Mihel : *Toul*, 1684, *in-8*.]

12687. ☞ Histoire de l'ancienne & célèbre Abbaye de S. Mihel, & de la Ville qui en porte le nom, précédée de cinq Discours préliminaires ; par le R. P. Dom Joseph DE LISLE, Abbé de S. Léopold (de Nancy) Prieur de l'Abbaye de S. Mihel : *Nancy*, Hœner, 1758, *in-4*.]

12688. ☞ Histoire de la Vie & des Ecrits

de Smaragde, Abbé de S. Mihel ; par Dom Antoine RIVET, Bénédictin.

Dans l'*Histoire Littéraire de la France*, tom. IV. *pag.* 439-447. Smaragde est mort vers l'an 820.]

Histoire du Prieuré de S. Nicaise de Meulan, dans le Diocèse de Chartres.

12689. Mf. Chronicon Monasterii Sancti-Nicasii Melletensis, à prima sua fundatione ad annum 1672, operâ & studio Victoris COTRON, Monachi Benedictini, Congregationis Sancti-Mauri, ejusdem Coenobii Prioris Claustralis : *in-fol.* 3 vol.

Cette Chronique, où l'Auteur réfute celui qui a fait des Remarques jointes à la Vie de saint Nicaise de Meulan, est conservée dans l'Abbaye de S. Germain-des-Prés.

12690. ☞ Recueil des Actes & Contrats regardans le Prieuré de S. Nicaise, au Fort de Meulan, &c. *Rouen*, 1656, *in-4*.]

12691. ☞ Brieve Description du Prieuré de S. Nicaise de Meulan : 1656, *in-4*.]

Histoire de l'Abbaye de S. Nicaise de Reims, (unie à la Congrégation de S. Maur.)

12692. Monasterii Sancti-Nicasii Remensis initia & ortus; auctore Guillelmo MARLOT, Benedictino, Majore hujus Coenobii Priore.

Cette Histoire est imprimée *pag.* 636, de l'*Appendix des Œuvres* de Guibert de Nogent : *Parisiis*, 1651, *in-fol.*

12693. Mf. Historia renovationis seu instaurationis Basilicae Joviniae, seu Monasterii Sancti-Nicasii Remensis, cujus auctor fuit, ut quidam opinantur, HERIMARUS, Abbas Sancti-Nicasii, sub Gervasio, Archiepiscopo Remensi, anno 1066.

Cette Histoire [étoit] conservée dans la Bibliothèque de M. Colbert, [aujourd'hui dans celle du Roi] entre les Manuscrits de du Chesne, dans le volume où se trouve la Vie de S. Arnoul.

== Epitome Chronici Sancti-Nicasii Remensis, ab anno Christi 35, ad annum 1248.

Voyez ci-devant, [N.° 9492.]

Histoire de l'Abbaye de S. Nicolas d'Angers, (unie à la Congrégation de S. Maur.)

12694. Breviculum Fundationis & Series Abbatum Sancti-Nicolai Andegavensis; auctore Laurentio LE PELLETIER, Monacho hujusce Monasterii : *Andegavi*, Hernault, 1616, *in-4*.

Editio secunda aucta, *sous ce titre* : Rerum scitu dignissimarum à prima Fundatione Monasterii Sancti-Nicolai Andegavensis ad hunc usque diem Epitome, necnon ejusdem Monasterii Abbatum Series; per eumdem : *Andegavi*, [Mauger] 1635, *in-4*.

12695. Mf. Histoire de l'Abbaye de Saint-Nicolas d'Angers ; par Pierre LE DUC, Bénédictin de l'Abbaye de S. Serge.

Cette Histoire est conservée dans la Bibliothèque de S. Nicolas d'Angers. [L'Auteur est mort en 1699.]

☞ Gilles Ménage ; qui cite cette Histoire dans la Vie de Pierre Ayrault, *pag.* 225, appelle l'Auteur Jean, & non Pierre.]

12696. ☞ Constitutions pour la réforme du Monastère de S. Nicolas : *Angers*, Hernault, 1633, *in-12.*]

12697. Eloge de Geoffroy, dit Martel, Comte d'Anjou, Religieux de S. Nicolas d'Angers ; par Charles D'AUTEUIL.

Cet Eloge est imprimé *pag.* 76, de son *Histoire des Ministres d'Etat* : *Paris*, 1642, *in-fol.*

Histoire de l'Abbaye de S. Ouen lès-Rouen, (unie à la Congrégation de S. Maur.)

12698. Mf. Ancienne Chronique des Abbés de S. Ouen de Rouen.

Cette Chronique est conservée dans la Bibliothèque du Roi, entre les Manuscrits de M. Bigot, num. 477, & [étoit] dans celle de M. Colbert, num. 907, [aujourd'hui également dans celle du Roi.] Gilles André de la Roque en cite un Fragment au tom. II. de ses *Preuves de l'Histoire généalogique de la Maison de Harcourt*, *pag.* 275.

12699. Histoire de l'Abbaye de Saint-Ouen de Rouen, ensemble des Abbayes de Sainte-Catherine & de Saint-Amand ; par François POMMERAYE, Religieux Bénédictin, de la Congrégation de saint Maur : *Paris*, Piget, 1662 : [*Rouen*, Lallemand, 1662,] *in-fol.*

Cet Auteur est mort en 1687.

12700. ☞ Histoire de la Vie & des Ecrits de Jean, Diacre, & Moine de Saint-Ouen.

Dans l'*Hist. Littér. de la France*, tom. X. p. 262-264. Ce Religieux est mort vers l'an 1120.]

Histoire du Monastère de Saint-Papoul, en Languedoc.

Ce Monastère a été depuis érigé en Evêché du même nom, [sous la Métropole de Toulouse.]

12701. Vita sancti Berengarii, Monachi in Urbe Sancti-Papuli ; auctore coaetaneo [Flavio] ANSELMO, Beccensi Monacho.

Cette Vie est imprimée dans Hugues Ménard, *p.* 580 de ses *Observations sur le Martyrologe Bénédictin* : *Parisiis*, 1629, *in-8.* & au tom. IX. des *Actes des Saints de l'Ordre de S. Benoît*, *pag.* 773.

Histoire de l'Abbaye de Saint-Père-en-Vallée-lès-Chartres, (unie à la Congrégation de S. Maur.)

12702. Mf. Histoire de l'Abbaye de Saint-Père-en-Vallée : *in-fol.*

Cette Histoire est conservée dans la Bibliothèque du Roi, entre les Manuscrits de M. de Gaignières.

12703. * Historia Monasterii Sancti-Petriin-Valle, juxta Carnotum; auctore PAULO, ejusdem loci Monacho.

Cette Histoire est citée dans le *Glossaire* latin de du Cange, au Catalogue des Auteurs dont il a fait usage.

12704. ☞ Les Coutumes du Duché & Bailliage de Chartres, avec les Notes & Apostilles de Jean COUART; ensemble les Traités entre les Comtes & Evêques, Chapitres & Abbaye de Saint-Père: *Paris*, Moreau, 1630, *in-8.*]

12705. Elogium historicum venerabilis Alvei, Abbatis Carnotensis; auctore Joanne MABILLON, Benedictino, è Congregatione sancti Mauri.

Cet Eloge est imprimé au tom. VII. des *Actes des Saints de l'Ordre de S. Benoît, pag.* 279. Cet Abbé est mort l'an 960.

12706. Vita sancti Arnulphi, Abbatis.

Cette Vie est imprimée dans Hugues Ménard, *p.* 327. Ce Saint est mort vers l'an 1030.

12707. De eodem; Dissertatio Joannis MABILLON, Benedictini.

Cette Dissertation est imprimée au tom. VIII. des *Actes des Saints de l'Ordre de saint Benoît, pag.* 315.

Histoire du Monastère de Saint-Pierre d'Arles.

12708. De sancto Florentino, Abbate Arelatensi, Sylloge historica Danielis PAPEBROCHII, è Societate Jesu.

Cette Collection est imprimée dans le *Recueil* de Bollandus, au 21 de Mai. Ce Saint est mort en 553.

Histoire de l'Abbaye de Saint-Pierre de Châlons-sur-Marne, (unie à la Congrégation de S. Vanne.)

12709. Chronicon Sancti-Petri Catalaunensis, ab anno 1009, ad annum 1223.

Cette Chronique est imprimée dans Labbe, au tom. I. de sa *Nouvelle Bibliothèque des Manuscrits, pag.* 296: *Parisiis*, 1656, *in-fol.*

Histoire de l'Abbaye de Saint-Pierre-sur-Dive, dans le Diocèse de Seez, (unie à la Congrégation de saint Maur.)

12710. Histoire des Miracles faits par l'entremise de la sainte Vierge, dans la première restauration de l'Eglise de l'Abbaye de Saint-Pierre-sur-Dive, environ l'an 1140, tirée d'un ancien Manuscrit de AIMON, Abbé de ce lieu, traduit du Latin par Bernard Blanchet, Bénédictin, de la Congrégation de S. Maur: *Caen*, 1671, *in-16.*

Histoire de l'Abbaye de Saint-Pierre de Gand.

12711. Ms. Chronica Sancti-Petri Blandiniensis juxta Gandavum.

Cette Chronique est conservée dans la Bibliothèque de ce Monastère, selon Sanderus, au tom. I. de sa *Bibliothèque des Manuscrits de Flandres, pag.* 337; & dans celle de l'Abbaye de Saint-Amand, selon le même Sanderus, *tom. I. pag.* 49.

Histoire de l'Abbaye de Saint-Pierre-le-Vif de Sens, (unie à la Congrégation de S. Maur.)

12712. Ms. Chronicon Monasterii Sancti-Petri-Vivi Senonensis, ab anno circiter quadringentesimo, usque ad annum 1109: *in-4.*

Cette Chronique est conservée dans la Bibliothèque de ce Monastère.

12713. Chronicon aliud, ab anno 442, ad annum 1184; auctore CLARIO, Monacho hujus loci.

Cette Chronique, dont l'Auteur vivoit en 1184, est imprimée dans d'Achery, au tom. II. de son *Spicilége, pag.* 705. Il regarde Clodion comme le premier Roi des François; il est vrai que sa Chronique est fautive dans les faits, & sur-tout dans les dates, (comme le fait voir le P. le Cointe, *tom. IV. Annal. Franc. Eccl. p.* 50.) quoiqu'il soit plus exact dans ce qui regarde les Archevêques de Sens.

12714. Ms. Historia Sancti-Petri Senonensis, auctore Gauffrido DE COLLONE, Monacho hujus loci.

Cette Histoire [étoit] entre les mains de D. Martenne, Religieux Bénédictin de S. Germain-des-Prés. Geoffroy de Collone fleurissoit en 1295.

12715. Vita sancti Paterni, Monachi Sancti-Petri-Vivi, & Martyris.

Cette Vie est imprimée au tom. III. des *Actes des Saints de l'Ordre de saint Benoît, pag.* 464. Ce Saint a souffert le martyre l'an 726. Sa Vie a été écrite par un inconnu, qui n'est ni ancien ni exact; ainsi elle n'a pas grande autorité.

12716. ☞ Vie de saint Paterne, Religieux de Saint-Pierre-le-Vif: *Provins*, 1685, *in-12.*]

12717. Vie de saint Paterne ou de saint Paire; par Adrien BAILLET.

Cette Vie est imprimée dans son *Recueil des Vies des Saints*, au 12 de Novembre.

12718. ☞ Histoire de la Vie & des Ecrits d'Odoranne, Moine de Saint-Pierre-le-Vif, par Dom RIVET, Bénédictin.

Dans l'*Hist. Litter. de la France, tom. VII. pag.* 356-359. Ce Religieux est mort vers 1050.]

12719. ☞ Histoire de la Vie & des Ecrits de Clarius, Moine de Saint-Pierre-le-Vif.

Dans le même Ouvrage, *tom. X. pag.* 501-504. Ce Religieux est mort vers 1124.]

Histoire de l'Abbaye de Saint-Rambert, en Bugey, dans le Diocèse de Lyon.

12720. Vita sancti Domitiani, Fundatoris Monasterii Sancti-Ragnoberti.

Cette Vie est imprimée dans Guichenon, *pag.* 228 des *Preuves* de son *Histoire de Bugey: Lyon*, 1650, *in-fol.*

Histoire de l'Abbaye de Saint-Remy de Reims, (unie à la Congrégation de S. Maur.)

12721. Historia Dedicationis Sancti-Remigii apud Remos, anno 1049, facta à Leone IX,

Papa ; auctore ANSELMO, ejusdem loci Monacho & æquali.

Cette Histoire est imprimée au tom. VIII. des *Actes des Saints de l'Ordre de saint Benoît*, pag. 711.

12722. ☞ Ms. Nicolai DE LARISVILLA, cognomento Picardi, de ejusdem Ecclesiæ dedicatione & dignitate.

Cette Piéce historique est dans la Bibliothèque de l'Abbaye de Saint-Remi de Reims, num. 471, R. 16. L'Auteur écrivoit en 1410, comme il le dit lui-même dans ce Manuscrit, qui semble être l'original.]

12723. ☞ Ms. Poncardi DE VENDERESCA, Remigiani Ascetæ, dicta de eadem dedicatione : in-8.

Ce Manuscrit est dans la même Biblioth, num. 472, M. 30. Il est d'environ 400 ans.]

12724. ☞ Ms. Petri GRACILIS, Eremitæ Augustiniani, motiva quibus inductus Leo Papa IX, creditur in die dedicationis præfatæ Ecclesiæ plenariam indulgentiam annuatim concessisse.

Ce Manuscrit est avec le précédent.]

12725. Le Tombeau de saint Remi, Apôtre titulaire des François, ses translations, &c. par Guillaume MARLOT, Bénédictin, Grand-Prieur de l'Abbaye de Saint-Nicaise : *Reims*, 1647, *in-8*.

☞ L'Auteur est mort en 1665.]

12726. De venerabili Hincmaro, Abbate, Dissertatio Joannis MABILLON, Benedictini.

Cette Dissertation est imprimée au tom. VII. des *Actes des Saints de l'Ordre de saint Benoît*, pag. 397.

12727. ☞ Histoire des Ecrits d'Anselme, Moine de Saint-Remi de Reims ; par D Antoine RIVET, Bénédictin.

Dans l'*Hist. Littér. de la France*, tom. VII. pag. 477-479. Ce Religieux vivoit au milieu du XI.ᵉ siècle.]

12728. ☞ Histoire de la Vie & des Ecrits de Robert, Abbé de Saint-Remi.

Dans le même Ouvrage, tom. X. pag. 332-331. Cet Abbé est mort vers l'an 1122.]

12729. ☞ Ms. Mémoire concernant la Vie & les Ouvrages de Robert, Abbé de Saint-Remi de Reims, lû le 6 Septembre 1758, à la Société Littéraire de Châlons, par M. FRADET, Avocat au Parlement.

Il est conservé dans les Registres de cette Société.]

12730. ☞ Histoire de la Vie & des Ecrits d'Odon, Abbé de Saint-Remi de Reims.

Dans l'*Hist. Littér. de la France*, tom. XII. pag. 405-407. Cet Abbé est mort en l'année 1151.]

Histoire de l'Abbaye de Saint-Remi de Sens, (unie à la Congrégation de saint Maur.)

12731. Ms. Histoire des Abbés de Saint-Remi de Sens, tirée des Archives de cette Abbaye ; par D. Victor COTRON, Moine Bénédictin : *in-fol.*

Cet Auteur est mort en 1673. Cette Abbaye est unie à celle de Saint-Pierre-le-Vif de Sens, & son Histoire est conservée dans la Bibliothèque de ce Monastère.

Histoire de l'Abbaye de Saint-Riquier, dans le Diocèse d'Amiens, (unie à la Congrégation de saint Maur.)

12732. Ms. Chronicon Abbatiæ Sancti Richarii ; per Joannem DE CAPELLA, Presbyterum.

Cette Chronique est conservée dans la Bibliothèque de M. Colbert, entre les Manuscrits de du Chesne.

☞ Jean de la Chapelle étoit natif du village d'Houneu, Curé du même lieu, & Notaire Apostolique. Il a composé cette Chronique en 1492. *Voyez l'Hist. Ecclésiastique d'Abbeville*, pag. 521.]

12733. Chronicon Centulensis Abbatiæ, sive Sancti-Richarii, Libri quatuor, ab anno 625, ad annum 1088 ; auctore HARIULFO, Monacho Benedictino.

Cette Chronique est imprimée dans d'Achery, au tom. IV. de son *Spicilége*, pag. 49. Cet Auteur a fleuri l'an 1105. Le Manuscrit de cette Chronique est plus ample que cette Edition. Jacques Malbrancq porte son jugement sur cet Ouvrage, dans son second Livre, intitulé : *De Morinis*, [ci-devant N.° 324.] pag. 206. Il y a dans cette Chronique une Histoire abrégée de nos Rois, fort séche & peu exacte. Si Hariulf a continué sa Chronique jusqu'en 1088, comme il est marqué à la fin, il n'a pu être Silentiaire de Charlemagne, c'est-à-dire, Secrétaire de son Cabinet, comme le dit l'Abbé Chastelain à la page 687 de son *Martyrologe*.

✱ La Chronique de Saint-Riquier que le P. Malbrancq a eue entre les mains, est différente de celle de Hariulf ; car elle a été composée par cinq Auteurs. Le premier & le plus ancien est ALCUIN, qui a écrit sous le règne de Charlemagne : le second est RADBERT, qui a fleuri sous Louis-le-Débonnaire & sous ses enfans. SAXOIVAL est le troisième : il a écrit plus tard, mais on ne sçait pas en quel temps. Le quatrième est HARIULF, qui finit en 1088. Le Cointe, *Hist. Eccl. Franc.* tom. III. ad ann. 650, pag. 269.

☞ *Voyez* sur cette Chronique, le Gendre, tom. II. pag. 50.]

12734. Ms. Chronici Centulensis, seu Sancti-Richarii Continuatio, ab anno 1089, ad annum 1673 ; operâ & studio Victoris COTRON, Monachi Benedictini, Congregationis sancti Mauri, ejusdem Abbatiæ Prioris : *in-fol.*

Cette Chronique est conservée dans l'Abbaye de Saint-Germain-des-Prés.

12735. Ms. Chronique de l'Abbaye de Saint-Riquier, depuis l'an 662, jusqu'en 1530 : *in-fol.*

Cette Chronique est conservée dans l'Abbaye de Saint-Germain-des-Prés.

12736. Vita sancti Richarii, Abbatis Centulensis primi ; auctore Albino ALCUINO.

Cette Vie est imprimée à la page 1419 des *Œuvres* d'Alcuin : *Parisiis*, 1617, *in-fol*. au tom. II. des *Actes des Saints de l'Ordre de saint Benoît*, pag. 187. Ce Saint est mort l'an 645, & Alcuin l'an 804.

Eadem, cum Commentario Joannis BOLLANDI, è Societate Jesu.

Dans le *Recueil des Vies des Saints* de Bollandus, au 16 d'Avril.

12737. Alia Vita ; ab ANGELRANNO, Abbate Centulensi.

Cette Vie est imprimée dans ces deux derniers *Re-*

Histoire des Abbayes de l'Ordre de S. Benoît.

eueils; dans le premier, *pag.* 101; dans le second, au même jour. Angelranne eft morte en 1045.

12738. Vie de faint Riquier; par MODESTE de faint Amable.

Cette Vie eft imprimée au tom. I. de fa *Monarchie fainte*, pag. 168 : *Paris*, 1670, *in-fol.*

12739. Vie du même; par Adrien BAILLET.

Cette Vie eft imprimée dans fon *Recueil des Vies des Saints*, au 26 d'Avril.

12740. Vita fancti Angilberti, Abbatis; ex HARIULFI Libro fecundo Hiftoriæ Centulenfis.

Cette Vie eft imprimée dans Hugues Ménard, *p.* 488 de fes *Obfervations fur le Martyrol. Bénédictin* : *Parifiis*, 1629, *in-8.* & au tom. IV. des *Actes des Saints de l'Ordre de faint Benoît*, pag. 108. Saint Angilbert eft mort en 814.

Eadem, cum Commentario Joannis BOLLANDI, è Societate Jefu.

Dans fon *Recueil des Vies des Saints*, au 8 de Février.

12741. Alia Vita; auctore ANSCHERO, Abbate Centulenfi.

Cette Vie eft imprimée au tom. IV. des *Actes des Saints de l'Ordre de faint Benoît*, pag. 123. Anfcher a fleuri l'an 1110.

12742. Elogium ejufdem; auctore Joanne MABILLON, Benedictino.

Cet Eloge eft imprimé dans le même volume, *p.* 91.

12743. ☞ Hiftoire de la Vie & des Ecrits de faint Angilbert, Abbé de Centule (ou de Saint-Riquier;) par D. Antoine RIVET.

Dans l'*Hift. Littér. de la France*, *tom.* IV. *pag.* 414-418. Cet Abbé eft mort vers 814.]

12744. Remarques fur Angilbert, Abbé de Saint-Riquier.

Dans le *Dictionn.* de Jacq.-Georges DE CHAUFEPIÉ.]

12745. ☞ Hiftoire des Ecrits de Michon, Moine de S. Riquier; par D. Ant. RIVET.

Dans l'*Hift. Littér. de la France*, *tom.* V. *p.* 319-321. Ce Religieux eft mort vers l'an 865.]

12746. Vita venerabilis Angilranni, Abbatis; ex HARIULF.

Cette Vie eft imprimée au tom. VIII. des *Actes des Saints de l'Ordre de faint Benoît*, pag. 404. Cet Abbé eft mort en 1045.

12747. ☞ Hiftoire de la Vie & des Ecrits (du même) Enguerran, Abbé de Saint-Riquier; par D. Antoine RIVET.

Dans l'*Hift. Littér. de la France*, *tom.* VII. *pag.* 351-355.]

12748. Vita fancti Gervini, Abbatis; auctore Joanne DE CAPELLA.

Cette Vie eft imprimée dans le *Recueil* de Bollandus, au 3 de Mai. Ce Saint eft mort vers l'an 1075.

12749. Alia Vita; auctore HARIULF, fubæquali.

Cette Vie eft imprimée au tom. IX. des *Actes des Saints de l'Ordre de faint Benoît*, pag. 318.

12750. ☞ Hiftoire de la Vie & des Ecrits d'Anfcher, Abbé de Saint-Riquier.

Dans l'*Hift. Littér. de la France*, tom. XI. *pag.* 611-618. Cet Abbé eft mort en l'année 1136.]

12751. ☞ Abrégé de la Vie de D. Edme Perreau.

Dans l'Ouvrage intitulé : *Les Appellans célèbres* : (*Paris*,) 1753, *in-12*, *pag.* 457-461. Ce Religieux eft mort en 1741.]

Hiftoire du Prieuré de S. Saens, ou Sidoine, dans le Pays de Caux, Diocèfe de Rouen.

12752. Vita fancti Sidonii, Abbatis in Caletibus.

Cette Vie eft imprimée dans Hugues Ménard, *p.* 747 de fes *Obfervations fur le Martyrologe Bénédictin* : *Parifiis*, 1629, *in-8.*

☞ Ce Saint vivoit en 674.]

Hiftoire de l'Abbaye de Saint-Seine, dans le Diocèfe de Dijon, (unie à la Congrégation de faint Maur.)

12753. Vita fancti Sequani, Abbatis Segeftrienfis in Burgundia; auctore anonymo æquali.

Cette Vie eft imprimée dans Hugues Ménard, *p.* 323 de fes *Obfervations fur le Martyrologe Bénédictin* : *Parifiis*, 1629, *in-8.* & au tom. I. des *Actes des Saints de l'Ordre de faint Benoît*, pag. 263. Elle a été écrite par un de fes Difciples, qui a mieux aimé être trop court, que de dire des chofes qu'il ne fçavoit pas. Ce Saint eft mort vers l'an 580.

☞ Eadem Vita, & Commentarius Joannis CLEI, è Societate Jefu.

Dans le *Recueil* de Bollandus, au 19 de Septembre.]

12754. Caroli LE COINTE, Congregationis Oratorii Prefbyteri, Differtatio de Sancto Sequano.

Cette Differtation eft imprimée au tom. I. de fes *Annal. Eccl. Franc.* fur l'année 518, num. 4.

12755. Vie de S. Seine; par Adrien BAILLET.

Cette Vie eft imprimée dans fon *Recueil des Vies des Saints*, au 19 de Septembre.

Hiftoire de l'Abbaye du Saint-Sépulchre de Cambray.

12756. ☞ Lifte des Abbés du Saint-Sépulchre.

Dans l'*Almanach hiftoriq. de Cambray*, 1759, *p.* 99.]

Hiftoire de l'Abbaye de Saint-Serge d'Angers, (unie à la Congrégation de faint Maur.)

12757. Mf. Chronica duo Sancti-Sergii Andegavenfis.

Ces deux Chroniques font citées par du Chefne, à la *pag.* 176 du Plan de fon *Recueil des Hiftoriens de France*. Il cite auffi un Fragment d'une de ces Chroniques, au tom. II. de fa *Collection*, pag. 386. Ce Fragment contient la guerre de Bretagne entre Rainaud, commandant les armées de Charles-le-Chauve, & le Comte Lambert, en 843. Il en rapporte un autre à la page 400 du même volume, qui concerne la prise d'Angers par les Normans, en 871.

12758. ☞ Mſ. Histoire de l'Abbaye de Saint-Serge.

Elle est gardée dans ce Monastère, & citée par l'Abbé Ménage, dans son *Histoire de Sablé*.]

Histoire de l'Abbaye de Saint-Sulpice de Bourges, (unie à la Congrégation de saint Maur.)

12759. Mſ. Historia Monasterii Sancti-Sulpicii Bituricensis ; quam scribebat Domnus C. L. B. Asceta Sancti Sulpicii : *in-4*.

Ce Manuscrit, & le suivant, sont conservés dans l'Abbaye de Saint-Germain-des-Prés.]

12760. Mſ. Collectio rerum memorabilium quæ sub unoquoque Abbate in Monasterio Sancti-Sulpicii Bituricensis evenerunt, à Fundatione ad annum 1672 : *in-fol*.

12761. Remarques sur Gui Jouvenneaux, Abbé de Saint-Sulpice de Bourges; par D. Jean LIRON.

Dans ses *Singularités historiq. tom. III. pag.* 41-51 : *Paris*, 1739, *in*-12. Cet Abbé est mort en 1505.]

Histoire de l'Abbaye de Saint-Taurin d'Evreux, (unie à la Congrégation de S. Maur.)

12762. ☞ Mſ. Arrêt du Parlement de Rouen, pour la réformation de l'Abbaye de Saint-Taurin.

Il est conservé dans la Bibliothéque de M. Fevret de Fontette, Conseiller au Parlement de Dijon.]

Histoire de l'Abbaye de S. Thierry du Mont-d'Hor, proche de Reims, (unie à la Congrégation de saint Maur.)

12763. Vita sancti Theodorici, Abbatis & Discipuli sancti Remigii.

Cette Vie est imprimée dans le *Recueil* de Surius, au 1 de Juillet ; au tom. II. des *Actes des Saints de l'Ordre de S. Benoît, pag.* 614 ; & au tom. I. des *Annales de cet Ordre, pag.* 681. Ce Saint est mort l'an 523. Sa Vie a été écrite par un inconnu de peu d'autorité.

12764. Miracula ejusdem , scripta ab ADALCISO, Monacho.

Ces Miracles sont imprimés au tom. I. des *Actes des Saints de l'Ordre de saint Benoît, pag.* 622.

12765. ☞ Ejusdem Vitæ varii Scriptores, & Commentarius Joh. Bapt. SOLLERII, è Societate Jesu.

Dans le *Recueil* de Bollandus, au 1 de Juillet.]

12766. ☞ Tableau de la Vie & des Miracles de saint Thierry , premier Abbé & Patron de l'Abbaye Royale du Mont-d'Hor, près de Reims, & de saint Theodulphe; par le sieur BAILLY : *Paris*, 1632, *in*-8.]

12767. Vie de saint Thierry; par François GIRY.

Cette Vie est imprimée dans son *Recueil des Vies des Saints*, au 1 de Juillet.

12768. Vie du même ; par Adrien BAILLET.

Cette Vie est imprimée dans son *Recueil des Vies des Saints*, au même jour.

12769. Vita sancti Theodulphi, Abbatis ; cum Notis præviis Godefridi HENSCHENII, Societatis Jesu.

Cette Vie est imprimée dans le *Recueil* de Bollandus, au 1 de Mai. [Saint Théodulphe (ou Thiou,) fleurissoit vers l'an 590.]

12770. Alia Vita brevior & limatior.

Cette Vie est imprimée au tom. V. des *Actes des Saints de l'Ordre de S. Benoît, pag.* 350.

12771. Vie de saint Théodulphe ; par Paul BAILLY.

Cette Vie est imprimée avec celle de saint Thierry : *Paris*, 1632, *in*-8.

12772. Vie de saint Thiou ; par Adrien BAILLET.

Cette Vie est imprimée dans son *Recueil des Vies des Saints*, au 1 de Mai.

== ☞ Titres & Procédures pour l'extinction du titre de l'Abbaye de Saint-Thierry, & l'union de sa Manse Abbatiale à l'Archevêché de Reims : 1695 & 1696, *in*-4.

Voyez ci-devant N.° 8517.]

12773. ☞ Histoire de la Vie & des Ecrits d'Adalgise , Moine de Saint-Thierry.

Dans l'*Hist. Littér. de la France, tom.* XI. p. 10-12. Ce Religieux est mort au-delà de l'année 1123.]

12774. ☞ Histoire de la Vie & des Ecrits de Guillaume, Abbé de Saint-Thierry.

Dans le même Ouvrage , *tom. XII. pag.* 312-333. Cet Abbé est mort vers l'an 1150.]

Histoire de l'Abbaye de Saint-Tron, dans le Diocèse de Liége.

12775. * Chronicon Trudonopolitani Cœnobii, ab anno 600 ad annum 1560 ; auctore ROBERTO, Abbate, & quatuor Monachis continuatoribus post eum.

Cette Chronique est citée par Grammaye, dans son *Catalogue des Historiens du Brabant*.

12776. Gesta, seu Chronicon Abbatum Sancti-Trudonis, ab anno 999, ad annum 1130; auctore RODULPHO, Abbate ejusdem Monasterii.

Cette Chronique est imprimée dans d'Achery , au tom. VII. de son *Spicilége, pag.* 344.

12777. Mſ. Chronicon Trudonense , ab anno 1410 ; auctore Gerardo MORINGO, Geldrensi , ad Sanctum - Trudonem Pastore , post quem continuavit quidam Monachus Sancti-Trudonis.

Cette Chronique est citée par Valère-André , dans sa *Bibliotheca Belgica*. Cet Auteur est mort l'an 1556.

12778. Mſ. Historia Monasterii Sancti-Trudonis in Hasbania; auctore Joanne LATOMO, Bergizomio, Canonico Regulari sancti Augustini.

Cette Histoire est conservée dans la Bibliothèque de

et Monastère : Sanderus, au tom. I. de sa *Bibliothèque des Manuscrits de Flandres*, pag. 160.

12779. ☞ Histoire de la Vie & des Ecrits de Thierry, Abbé de Saint-Tron.

Dans l'*Hist. Littér. de la France*, tom. IX. pag. 336-346. Cet Abbé est mort en l'année 1107.]

12780. ☞ Histoire de la Vie & des Ecrits de Rodulphe, Abbé de Saint-Tron.

Dans le même Ouvrage, tom. XI. pag. 675-686. Cet Abbé est mort en 1138.]

Histoire de l'Abbaye de Saint-Valery, dans le Diocèse d'Amiens, (unie à la Congrégation de saint Maur.)

12781. Vita sancti Walarici, Abbatis Leuconaensis primi ; à RAGIMBERTO, Leuconaensi Abbate tertio, propè coævo, primùm scripta, posteà ab alio Monacho expolita ; cum Commentario prævio.

Cette Vie est imprimée dans le *Recueil* de Bollandus, au 1 d'Avril ; & au tom. I. des *Actes des Saints de l'Ordre de saint Benoît*, pag. 70. Ce Saint est mort l'an 622. MM. de Sainte-Marthe nomment le troisième Abbé de Saint-Valery, Ragembalde. (Dom Mabillon, au tom. I. des *Annales* de son Ordre, pag. 318, l'appelle Raimbert.) L'Anonyme qui a interpolé cette Vie, vivoit dans le XIe siècle.

12782. Vie de S. Valery ; par François GIRY.

Cette Vie est imprimée dans son *Recueil des Vies des Saints*, au même jour.

12783. Vie du même ; par Adrien BAILLET.

Cette Vie est imprimée dans son *Recueil des Vies des Saints*, au même jour.

12784. Vita sancti Blithmundi, Abbatis.

Cette Vie est imprimée dans Hugues Ménard, *p.* 171 de ses *Observations sur le Martyrologe Bénédictin : Parisiis*, 1629, *in-*8.

☞ Ce Saint vivoit au VIIe siècle.]

12785. Vie de saint Blimond ; par François GIRY.

Cette Vie est imprimée dans son *Recueil des Vies des Saints*, au 3 de Janvier.

12786. Parergon Lucæ D'ACHERY, Benedictini, de Privilegiis sancti Walarici.

Cet Ecrit est imprimé dans l'*Appendix* des *Œuvres* de Guibert de Nogent : *Parisiis*, 1651, *in-fol.*

12787. ☞ Histoire de Raimbert, Abbé de Leucone, (ou de Saint-Valery) ; par Dom Antoine RIVET, Bénédictin.

Dans l'*Hist. Littér. de la France*, tom. III. pag. 600-602. Cet Abbé vivoit au VIIe siècle. Il succéda à saint Blithmond, & fut le troisième Abbé de Saint-Valery.]

12788. ☞ De sancto Sevoldo, in Abbatia sancti Walarici & Abbatis-Villæ, Notæ Joan. STILTINGI, è Societate Jesu.

Dans le *Recueil* de Bollandus, au 16 de Septembre.]

12789. Concilii Remensis, quod in causa Godefridi Ambianensis Episcopi celebratum fertur, falsitas demonstrata ; auctore Roberto QUATREMAIRE, Benedictino, Congregationis sancti Mauri : *Parisiis*, Billaine, 1663, *in-*4.

Ce Discours a été fait pour la défense des Droits de l'Abbaye de Saint-Valery.

✠ Il est dit dans la Vie de Geoffroy, Evêque d'Amiens, qu'il avoit convaincu les Moines de Saint-Valery d'avoir fabriqué un Privilège : c'est ce que le Père Mabillon a réfuté, pag. 24 de son Ouvrage intitulé : *De re diplomaticâ*.

Histoire de l'Abbaye de Saint-Vast d'Arras.

12790. Ms. Historia Monasterii Sancti-Vedasti, Atrebatensis : *in-fol.*

Cette Vie a pour Auteur GUYMAN d'Arras, Moine de cette Abbaye. Il a fleuri l'an 1170. Elle [étoit] conservée dans la Bibliothèque de M. Colbert, num. 699, [aujourd'hui à la Bibliothèque du Roi.]

12791. Ms. Panagii SALII, Audomarensis ; Vedastiados, seu Galliæ Christianæ, Libri quinque, in quibus Abbatum Sancti-Vedasti Historia breviter perstringitur.

Cette Histoire est citée par Valère-André, dans sa *Bibliotheca Belgica*.

12792. ☞ Annales Vedastini.

Ils commencent en 877, & finissent en 900. On les trouve dans la *Collection des Historiens de France* de D. Bouquet, *tom. VIII.* pag. 79 *& suiv.*]

12793. Ms. Gesta Abbatum Monasterii Sancti-Vedasti ; auctore Joanne DE MARQUAIS, ejusdem Cœnobii Magno Priore.

Cette Histoire est conservée dans la Bibliothèque de ce Monastère, selon Valère André, *Biblioth. Belgicâ.* De Marquais est mort en 1604.

12794. Ms. Chronicon Vedastinum cum Abbatum serie ; auctore Philippo CAVERELLIO, ejusdem Cœnobii Abbate.

Cette Chronique est citée par Valère André, là-même. Cet Auteur est mort en 1636.

12795. Ms. Celeberrimi Vedastini Cœnobii ortus, progressus, illustriores eventus, series Abbatum cum eorum adscriptis elogiis.

Cette Histoire est citée par du Chesne, dans sa *Bibliothèque des Historiens de France*, pag. 254.

12796. De venerabili Federico, Præposito Sancti-Vedasti, Dissertatio historica Joannis MABILLON, Benedictini, è Congregatione Sancti Mauri.

Cette Dissertation est imprimée au tom. VIII. des *Actes des Saints de l'Ordre de S. Benoît*, pag. 185. Fédéric est mort l'an 1022.

☞ L'Abbaye de Saint-Vast est comme le Chef-lieu d'une de ces Congrégations de Bénédictins Exempts, qui se formèrent après le Concile de Trente. *Voyez* l'*Hist. des Ordr. Monastiq.* du P. HELYOT : (*Paris*, 1714, &c. *in-*4.) tom. *VI.* pag. 253.]

Histoire de l'Abbaye de Saint-Vanne de Verdun.

☞ C'est le Chef-lieu de la Congrégation des Bénédictins réformés de Saint-Vanne & de Saint-Hidulphe. La Bulle qui autorisa cette Congrégation est de l'an 1604. D. Didier de la Cour, Prieur de ce Monastère, fit revivre le premier esprit de saint Benoît dans près de trois cens Maisons, & donna occasion à la Congrégation de saint Maur, outre celle de saint Vanne, & à la Réformation de Cluni. On peut voir à ce sujet l'*Histoire des Ord. Monastiq.* du P. Helyot: (*Paris,* 1714, &c. *in-*4.) tom. *VI. pag.* 272-278.

La Congrégation de S. Vanne est composée de 50 Abbayes ou Monastères, en Lorraine, Champagne & Franche-Comté : il y en a de plus, une en Picardie, & une autre en Alsace.]

12797. Chronicon Sancti-Vitoni Virdunensis, ab anno 952, ad annum 1598.

Cette Chronique est imprimée dans Labbe, au tom. I. de sa *Nouvelle Biblioth. des Manuscrits, pag.* 400.

12798. De venerabili Fingenio, Abbate, Dissertatio Joannis Mabillon, Benedictini.

Cette Dissertation est imprimée au tom. VIII. des *Actes des Saints de l'Ordre de saint Benoît, pag.* 25. Cet Abbé est mort l'an 1004.

12799. Vita sancti Richardi, Abbatis; auctore Monacho Sancti-Vitoni ferè æquali.

Cette Vie est imprimée dans le volume précédent, *pag.* 515. Ce Saint est mort vers l'an 1006.

12800. Alia Vita; ex Chronico Virdunensi Hugonis, Abbatis Flaviniacensis, cum Commentario prævio Danielis Papebrochii.

Cette Vie est imprimée dans le *Recueil* de Bollandus, au 14 de Juin.

12801. ☞ Histoire de la Vie & des Ecrits du bienheureux Richard, Abbé de Saint-Vanne; par D. Antoine Rivet, Bénédictin.

Dans l'*Hist. Littér. de la France, tom. VII. pag.* 359-366. Cet Abbé est mort en 1046.]

12802. ☞ Histoire de la Vie & des Ecrits de Laurent, Abbé de Saint-Vanne de Verdun.

Dans le même Ouvrage, *tom. XI. pag.* 704-709. Cet Abbé est mort en 1139.]

12803. ☞ Ms. Vie de Dom Didier de la Cour, Prieur de Saint-Vanne, & Réformateur d'une grande partie de l'Ordre de saint Benoît.

Elle se trouve à Saint-Vanne, & dans la plupart des Monastères de Lorraine. L'essentiel est imprimé au tom. IV. des *Chroniques de l'Ordre de S. Benoît.* Dom de la Cour est mort en 1622.]

12804. Abrégé de la Vie précédente; par D. Augustin Calmet, Bénédictin de la Congrégation de Saint-Vanne.

Elle est dans le tom. III. de son *Histoire de Lorraine:* (*in-fol.*) *pag.* 133-148.]

12805. ☞ Autre, par la Mère Jacqueline (Bouette) de Bremur.

Dans l'*Année Bénédictine:* (*in-*4.) au mois de Juin.]

12806. ☞ Constitutiones Congregationis Sancti-Viti: *Tulli Leucorum,* 1626, *in-*12.]

12807. ☞ Lettre (de l'Abbé Claude-Pierre Goujet,) sur la Vie & les Ouvrages de Dom Remi Ceillier, de la Congrégation de Saint-Vanne, & Prieur titulaire de Flavigny en Lorraine: *Journ. de Verdun,* 1764, *Mars, pag.* 213-220.

D. Ceillier est mort en 1761. L'Abbé Goujet a pris soin de l'Edition de son *Histoire des Auteurs sacrés &* ecclésiastiques, qui va jusqu'au douzième siècle, & au XXIIIᵉ tome: *Paris,* 1729-1763, *in-*4.]

Histoire de l'Abbaye de Saint-Victor en Caux.

12808. ☞ Recueil de Pièces concernant l'union de la Manse conventuelle de l'Abbayede S. Victor en Caux, Ordre de S. Benoît, au Séminaire Archiépiscopal de Rouen: *Rouen,* Boulenger, 1742, *in-*4.

La Manse conventuelle de cette Abbaye a été unie à ce Séminaire; & M. François Christophe Terrisse, Abbé Commandataire de Saint-Victor, & aujourd'hui Doyen du Chapitre de l'Eglise Métropolitaine de Rouen, a fait imprimer ce Recueil.]

12809. ☞ Mémoire sur l'origine de l'Abbaye de Saint-Victor en Caux, & les droits prétendus sur cette Abbaye par celle de Saint-Ouen de Rouen: (*Rouen,* Boulenger,) 1742, *in-*4.

L'Auteur de ce Mémoire est François-Christophe Terrisse; mais les Notes qui se trouvent au bas des pages, sont de Jean Saas, alors Bibliothécaire, & aujourd'hui Chanoine de l'Eglise de Rouen.]

12810. ☞ Défense des Titres & des Droits de l'Abbaye de Saint-Ouen de Rouen, contre le Mémoire précédent, où l'on discute plusieurs points d'Histoire & de critique; avec la Réfutation de l'Ecrit d'un anonyme, intitulé : *Défense d'un Acte qui fait foi qu'un Moine de Saint-Medard de Soissons, nommé* Guernon, *fabriqua de faux Priviléges au nom du Saint Siége, en faveur de plusieurs Eglises, vers le commencement du* XIIᵉ *siècle;* par Dom Charles-François Toustain & Dom Prosper Tassin, Religieux Bénédictins de la Congrégation de saint Maur: (*Rouen,*) 1743, *in-*4.

D. Toustain est mort le premier Juillet 1754. (*Voyez* ci-devant, N.º 12259.) D. Tassin vit encore, (en 1767.) Il est seul Auteur de la *Réfutation de l'Ecrit d'un Anonyme;* & cet Anonyme est le sieur Clerot, Avocat à Rouen. Ces deux Bénédictins sont Auteurs de la nouvelle *Diplomatique.*]

12811. ☞ Justification du Mémoire sur l'origine de l'Abbaye de Saint-Victor en Caux, contre l'Ouvrage précédent ; (par le même M. Terrisse, aidé, comme pour le Mémoire, par M. l'Abbé Saas:) *Rouen,* 1743, *in-*4.]

12812. ☞ Justification de D. Toussaint du Plessis, (Bénédictin,) contre quelques endroits des deux Ecrits précédens: 1743, *in-*4.]

12813. ☞ Premier Supplément à la Défense des Titres & des Droits de l'Abbaye de Saint-Ouen, contre le Mémoire de M. Terrisse; avec la Réfutation d'un Ecrit de Ciceron, qui fait foi qu'un Titrier, nommé Marc-Antoine, fabriqua de faux Priviléges vers le commencement du VIIIᵉ siècle de Rome: (*Rouen,*) 1743, *in-*4.

Ce premier Supplément peut passer pour une continuation du *Mémoire* de M. Terrisse; mais c'est une ironie

Histoires des Abbayes de l'Ordre de S. Benoît.

nie perpétuelle, où l'on fait parler les Bénédictins. Il a été composé par l'Abbé SAAS.]

Histoire de l'Abbaye de Saint-Victor de Marseille, (changée depuis quelques années en Chapitre Séculier.)

12814. Chronologia Monasterii Sancti-Victoris à sancto Johanne Cassiano Massiliâ conditi ; operâ & studio Joannis GUENAY, è Societate Jesu.

Cette Chronologie est imprimée avec le Livre du même Auteur, intitulé : *Sanctus Johannes Cassianus illustratus* : Lugduni, Ceillier, 1652, *in-4*.

12815. * Ms. Chronologie ou Démonstration selon la suite des temps, des choses plus mémorables intervenues au Monastère de Saint-Victor-lès-Marseille, en son origine, fondation, dotation, pancartes, privilèges, &c. jusqu'à présent (1626) ; dédiée au Prince Antoine de Bourbon, Comte de Moret, Abbé du susdit Monastère ; par J. F. FABRY, Sieur de Barras, Avocat : *in-fol*.

Ce Manuscrit [étoit] dans la Bibliothèque de M. le Chancelier Séguier, [& est aujourd'hui à S. Germain-des-Prés.] C'est le Sommaire de la plupart des Titres qui sont dans les Archives de Saint-Victor de Marseille : ils sont rangés par ordre de matières, & entr'eux, par ordre chronologique.

12816. *Excerpta ex Chronico Sancti-Victoris Massiliensis, ab anno 538, ad annum 1564.

Ces Extraits sont imprimés dans Labbe, au tom. I. de sa *Nouvelle Bibliothèque des Manuscrits*, pag. 33.

12817. ☞ Histoire de l'Abbaye de Saint-Victor de Marseille.

Elle se trouve au tom. II. de l'*Histoire de Marseille* d'Antoine de RUFFY, seconde Edition : *Marseille*, 1696.]

12818. Remarques sur les Bulles d'Urbain V. touchant la prétendue exemption du Monastère de Saint-Victor de Marseille : (*Paris*,) *in-4*.

Jean DE LAUNOY, Docteur en Théologie, fit imprimer à Paris ces Remarques, qu'il avoit composées.

12819. ☞ Histoire de Jean Cassien, Prêtre & Abbé de Marseille, (ou premier Abbé de Saint-Victor ;) par D. Antoine RIVET.

Dans l'*Histoire Littéraire de la France*, tom. II. pag. 215-230. *Voyez* encore ci-devant, N.º 11032 & *suiv*. Cassien est mort en 434 ou 435.]

12820. ☞ Acta concordiæ initæ inter Canonicos Ruthenenses & Monachos Massilienses (Sancti-Victoris.)

Dans le *Recueil* de Baluze, intitulé : *Miscellanea*, Lib. II. pag. 216.]

12821. Vita sancti Ysarni, Abbatis ; auctore anonymo æquali.

Cette Vie est imprimée dans Hugues Ménard, *p.* 696 de ses *Observations sur le Martyrologe des Bénédictins* : *Parisiis*, 1629, *in-8*. & au tom. VIII. des *Actes des Saints de l'Ordre de saint Benoît*, pag. 607.

Tome I.

Eadem Vita, cum Commentario Constantini SUYSKENI, è Societate Jesu.

Dans le *Recueil* de Bollandus, au 24 de Septembre.]

12822. ☞ Arrêt du Conseil d'Etat, du 26 Juillet 1669, contenant des Réglemens pour l'Abbaye de Saint-Victor de Marseille.

On le trouve, avec ce qui y a donné occasion, dans l'*Hist. des Ordr. Monastiques* du P. HELYOT, tom. V. pag. 162, &c. où l'on peut voir aussi l'Histoire abrégée de ce fameux Monastère, & ce qui regarde la Congregation dont il a été le Chef.]

12823. ☞ Motifs de l'Arrêt du Parlement de Provence, du 1 Mars 1723, contenant Réglement pour l'Abbaye de Saint-Victor, avec l'Arrêt du Conseil du 15 Janvier 1725 : *Aix*, 1725, *in-4*.]

12824. ☞ Bulla sæcularisationis tàm in capite quàm in membris Monasterii Sancti-Victoris Massiliensis, &c. de die 17 Decembris 1739 : *Paris*, 1740, *in-4*.]

12825. ☞ Bulla reformationis quorumdam articulorum præcedentis, de die septima Octobris 1742 : *Paris*, 1743, *in-4*.]

12826. ☞ Secunda Bulla reformationis, de die 12 Aprilis 1745 : *Parisiis*, 1745, *in-4*.]

Histoire de l'Abbaye de Saint-Vincent de Besançon.

12827. ☞ Ms. Histoire de l'Abbaye de S. Vincent de Besançon ; par Dom Constance GUILLOT, Bénédictin.

Elle est conservée dans la Bibliothèque de cette Abbaye. L'Auteur est mort en 1730.]

12828. ☞ Ms. Ancien Nécrologe de l'Abbaye de S. Vincent de Besançon.

Il est dans la même Abbaye.]

Histoire de l'Abbaye de S. Vincent de Laon, (unie à la Congrégation de S. Maur.)

12829. Ms. Historia Sancti-Vincentii Laudunensis ; auctore Æmiliano DE LA BIGNE, Benedictino, Congregationis Sancti-Mauri.

Cette Histoire est citée par D. Luc d'Achery, qui en a extrait le *Summarium Abbatum*, rapporté ci-après.

☞ Cette Histoire est conservée dans l'Abbaye de Saint-Vincent. Elle a été faite sur les Chartes & autres monumens, tant de la Ville que de l'Abbaye, sur les Livres d'Hermannus, sur ceux de Guibert de Nogent, & sur l'Histoire de l'Abbaye de Foigny.]

12830. ☞ Ms. Histoire de l'Abbaye de Saint-Vincent de Laon ; par Claude WIALART, Religieux Bénédictin de ladite Abbaye : *in-fol*.

Cette Histoire est conservée dans la Bibliothèque de ce Monastère.]

12831. Summarium Historiæ & Abbatum Series Sancti-Vincentii Laudunensis.

Cet Abrégé est imprimé pag. 648, de l'*Appendix des Œuvres* de Guibert de Nogent : *Parisiis*, 1651, *in-fol*.

Hhhhh

Histoire de l'Abbaye de S. Vincent du Mans, (unie à la Congrégation de S. Maur.)

12832. Mſ. Compendium hiſtoriale Sancti-Vincentii Cenomanenſis, à primo Cœnobii conditu [anno 658] ad annum 1612.

Cet Abrégé eſt conſervé dans la Bibliothèque de ce Monaſtère, au rapport de Charles le Cointe, dans les *Annales de l'Egliſe de France, ſous l'année* 658, n. 30.

12833. ☞ Abrégé de la Vie de D. Antoine Rivet, Bénédictin de la Congrégation de S. Maur; (par D. Charles TAILLANDIER.)

A la tête du tom. IX. de l'*Hiſt. Littér. de la France*. Dom Rivet eſt mort au Mans en 1749.]

12834. ☞ Circonſtances notables de la Vie du même.

Dans l'Ouvrage intitulé : *Suffrages, &c.* 1749, *in-12*, pag. 116-132.]

Histoire de l'Abbaye de S. Vincent de Metz.

12835. Chronicon breve Sancti-Vincentii Metenſis, ab anno 511, ad annum 1279.

Cette Chronique eſt imprimée dans Labbe, au tom. I. de ſa *Nouvelle Bibliothèque des Manuſcrits*, pag. 344.

Histoire de l'Abbaye de S. Wandrille, dans le Diocèſe de Rouen, (unie à la Congrégation de S. Maur.)

12836. Mſ. Hiſtoria Monaſterii Sancti-Wandregiſili, anno 944 : *in-4*.

Cette Hiſtoire eſt conſervée dans la Bibliothèque du Roi, num. 4452.

12837. Mſ. Geſta Abbatum ejuſdem Monaſterii : *in-fol*.

Cette Hiſtoire eſt conſervée dans la même Bibliothèque, num. 9855.

12838. Chronicon Fontanellenſis Abbatiæ, nunc Sancti - Wandregiſili nuncupatæ , ab anno 645, cum Appendice ad annum 1053.

Cette Chronique eſt imprimée dans d'Achery, tom. III. de ſon *Spicilège*, pag. 185. Ce Père croit que la Généalogie d'Arnoul, qui eſt au-devant, eſt d'un Auteur plus moderne, qui a vécu juſqu'en 885. Cette Chronique eſt différente de la ſuivante. L'Auteur, qui étoit Moine de cette Abbaye, vivoit en 834 : il eſt plus étendu, & rapporte pluſieurs choſes curieuſes. Deux autres ont continué cette Chronique. Le premier, qui étoit un Auteur du temps, eſt fort court. Le ſecond eſt plus étendu; il finit en 1053. Ces deux Continuateurs n'écrivent pas mal, & parlent aſſez librement, comme l'a obſervé M. l'Abbé le Gendre; mais ils s'étendent peu ſur l'Hiſtoire de France. Du Cheſne en rapporte au tom. II. de ſa *Collection des Hiſtoriens de France*, pag. 383, un Fragment, depuis l'an 841 juſqu'en 856, qui regarde l'incurſion des Normands.

☞ *Voyez* ſur cette Chronique le Gendre, *Hiſt. de France*, tom. II. pag. 24. = Préface du *Recueil des Hiſtoriens de France*, de Dom Bouquet, tom. II. p. 18.]

12839. ☞ Chronicon alterum Fontanellenſe, ab anno 841, uſque ad annum 856.

L'Auteur de cette autre Chronique, qui étoit un homme diſtingué par ſes tettres, fut fait Prêtre en 872. Il traite des courſes que les Normands firent juſqu'en 856. Cette Chronique eſt imprimée dans du Cheſne, au tom. II. de ſon *Recueil des Hiſtoriens de France*, pag. 383.]

— Chronicon Fontanellenſe, uſque ad annum 1110.

Voyez ci-après, Liv. III. *Règne de Louis VI*.

12840. * Mſ. Hiſtoria ejuſdem Abbatiæ; auctore Alexio BREARD, Benedictino, Congregationis Sancti-Mauri : *in-fol*. 2 vol.

Cette Hiſtoire eſt conſervée dans la Bibliothèque de l'Abbaye.

12841. Vita ſancti Wandregiſili, Abbatis Fontanellenſis primi ; auctore Monacho Romanenſi, anonymo & æquali.

Cette Vie eſt imprimée dans le *Recueil* de Surius, au 22 de Juillet; dans Labbe, au tom. I. de ſa *Nouvelle Bibliothèque des Manuſcrits*, pag. 784, & au tom. II. des *Actes des Saints de l'Ordre de S. Benoît*, pag. 584. Ce Saint eſt mort l'an 672. L'Auteur anonyme prodigue mal-à-propos les louanges, ſur-tout à l'égard du Roi Dagobert, ſous le règne duquel il vivoit. Il rapporte ce qu'il a vu ou appris de témoins oculaires.

12842. Alia Vita ejuſdem; auctore Monacho Fontanellenſi coævo, aliquot in locis interpolata.

Cette Vie eſt imprimée au tom. II. des *Actes des Saints de l'Ordre de ſaint Benoît*, pag. 534.

12843. ☞ Eadem Vita; cum Commentario Petri BOSCHII, è Societate Jeſu.

Dans le *Recueil* de Bollandus, au 22 de Juillet.]

12844. Vie de S. Wandrille; par MODESTE de ſaint Amable.

Cette Vie eſt imprimée au tom. II. de ſa *Monarchie ſainte*, pag. 98.

12845. Vie du même; par Adrien BAILLET.

Cette Vie eſt imprimée dans ſon *Recueil des Vies des Saints*, au 22 de Juillet.

== Vita ſancti Anſberti, Abbatis Fontanellenſis, deinde Epiſcopi Rotomagenſis.

☞ *Voyez* ci-devant, N.os 9860 & ſuiv.]

12846. Vita ſancti Condedi, Monachi Fontanellenſis; ex Chronico Fontanellenſi.

Cette Vie eſt imprimée au tom. II. des *Actes des Saints de l'Ordre de S. Benoît*, pag. 862. Ce Saint eſt mort l'an 723.

== De ſancto Baïno, Epiſcopo Tarvanenſi, deinde Abbate Fontanellenſi.

☞ *Voyez* ci-devant, N.° 9780.]

12847. Vita ſancti Benigni, Abbatis : ex Chronico Fontanellenſi.

Cette Vie eſt imprimée au tom. IV. des *Actes des Saints de l'Ordre de S. Benoît*, pag. 133. Ce Saint eſt mort l'an 723.

12848. Vita ſancti Wandonis, Abbatis; auctore Chronographo Fontanellenſi ſuppari.

Ce Saint eſt mort l'an 756. Sa Vie eſt imprimée dans le volume précédent, pag. 130.

12849. De venerabili Harduino, Preſbytero & Cœnobii Fontanellenſis Recluſo, Elogium hiſtoricum, deque aliis claris ejuſdem loci

Histoires des Abbayes de l'Ordre de S. Benoît.

Viris seculi noni; auctore Joan. MABILLON, Benedictino.

Ce Reclus est mort l'an 810; son Eloge est imprimé au tom. II. des *Actes des Saints de l'Ordre de S. Benoît*, pag. 69.

12850. Vita sancti Ansegisi, Abbatis; auctore Chronographo Fontanellensi anonymo, ejus æquali.

Cette Vie est imprimée dans le même Volume, *p. 630.*

12851. ☞ Eadem Vita, & Commentarius Petri BOSCHII, è Soc. Jesu.

Dans le *Recueil* de Bollandus, au 20 de Juillet.]

12852. ☞ Histoire d'Anségise, Abbé de Fontenelle, & de ses Ecrits; par D. Antoine RIVET, Bénédictin.

Dans l'*Hist. Littér. de la France, tom. IV. pag.* 509-511.]

12853. De venerabilibus Gerardo, Gradulpho & Girberto, Abbatibus Fontanellensibus, & de venerabili Guntardo, Abbate Gemeticensi, Dissertatio Joannis MABILLON, Benedictini.

Cette Dissertation est imprimée au tom. VIII. des *Actes des Saints de l'Ordre de S. Benoît*, pag. 361. Gérard est mort en 1031.

Histoire de l'Abbaye de S. Vigor, dans le Diocèse de Bayeux.

12854. ☞ Histoire de la Vie & des Ecrits de Robert, Abbé de S. Vigor; par D. Antoine RIVET, Bénédictin.

Dans l'*Hist. Littér. de la France, tom. VIII. pag.* 334-341. Cet Abbé paroit être mort vers l'an 1090.]

Histoire de l'Abbaye de Saint-Vilmer ou de Samer, Diocèse de Boulogne, (unie à la Congrégation de S. Maur.)

☞ Cette Abbaye est plus connue sous le nom de Samer, qui est le nom du Bourg où elle est située; mais le Patron est S. Vilmer.]

12855. ☞ Ms. Sameracense Cœnobium, seu Chronologia historialis vetustissimi Cœnobii beatæ Mariæ Sameracensis.

Ce Manuscrit est dans la Bibliothèque de Samer.]

12856. ☞ Ms. Sancti Vulmari, Sylviacensis, in agro Bononiensi primordia.

Ce Manuscrit est dans la même Bibliothèque.]

12857. ☞ Ms. Vita sancti Vulmari, Abbatis & fundatoris Marianæ Sameraci Ecclesiæ, ex diversorum Authorum testimoniis composita.

Cette Vie, & la suivante, sont aussi conservées dans la Bibliothèque de l'Abbaye.]

12858. ☞ Ms. (Altera) Vita sancti Vulmari, Confessoris atque Abbatis.

12859. Vita sancti Vulmari, Abbatis Silviacensis primi; auctore anonymo pervetusto.

Ce Saint est mort vers l'an 710. On croit que l'Auteur de sa Vie étoit Moine de ce lieu là. Elle est imprimée au tom. III. des *Actes des Saints de l'Ordre de S. Benoît*, pag. 253.]

Tome I.

12860. ☞ Eadem Vita sancti Vulmari, & Commentarius Guillelmi CUPERI, è Societate Jesu.

Dans le *Recueil* de Bollandus, au 20 de Juillet.]

12861. Vie de S. Samer ou Vulmer; par Adrien BAILLET.

Cette Vie est imprimée dans son *Recueil des Vies des Saints*, au 10 de Juillet.

Histoire de l'Abbaye de S. Yriex de la Perche, dans le Diocèse de Limoges.

12862. Vita sancti Aredii, Abbatis Lemovicensis, & in Aula Theodeberti Cancellarii.

Cette Vie est imprimée au tom. I. des *Actes des Saints de l'Ordre de S. Benoît*, p. 349. Ce Saint est mort en 591.

12863. Alia Vita; ex GREGORIO, Turonensi Episcopo.

Cette seconde Vie est imprimée dans Mabillon, au tom. IV. de ses *Analectes*, p. 352, qui la préfère à la précédente; & dans les *Œuvres* de S. Grégoire de Tours, pag. 1283 : *Parisiis*, 1699, *in-fol.*

12864. ☞ Observations de M. DE FONCEMAGNE, où il fait voir que Grégoire de Tours n'est pas Auteur de la Vie de S. Yriez. *Mém. de l'Acad. des Inscript. & Belles-Lettres, tom. VII. pag. 278.*]

12865. ☞ Plures Vitæ sancti Aredii, & Commentarius Guillelmi CUPERI, è Societate Jesu.

Dans le *Recueil* de Bollandus, au 25 d'Août.]

Histoire de l'Abbaye de Savigny, dans le Diocèse d'Avranche.

☞ Cette Abbaye fut dans ses commencemens, de l'Ordre de S. Benoît; c'est pour cela que nous indiquerons ici les premières Pièces qui la concernent. Les autres se trouveront ci-après, dans l'*Ordre de Cîteaux*; Serlon, quatrième Abbé, ayant fait passer son Abbaye sous cette Réforme en 1147. *Voyez* le P. HELYOT, *tom. VI. pag. 109. & suiv.*]

12866. Vita sancti Vitalis, Abbatis : auctore Orderico VITALI; ex Libro octavo Historiæ Ecclesiasticæ ejusdem.

Cette Vie de saint Vital, mort en 1122, est imprimée dans le Recueil de Bollandus au 7 de Janvier. Oudri [ou Orderic] Vital, Moine de Saint-Evroul, est mort [après l'an 1143.]

12867. ☞ Histoire de saint Vital, premier Abbé de Savigny.

Dans l'*Hist. Litt. de la France, tom. X. p.* 332-334.]

Histoire de l'Abbaye de Savigny, dans le Diocèse de Lyon.

12868. Ms. Breve Chronicon Saviniacense, seu Abbatiæ Saviniacensis, ab anno 809, ad annum 827.

Cette Chronique est dans le *Recueil* de D. Estiennot, qui est conservé en l'Abbaye de S. Germain-des-Prés, au volume des *Antiquités de l'Ordre de S. Benoît*, dans le Diocèse de Lyon, *pag. 423.*

12869. Ms. Gesta quorumdam Abbatum Saviniacensium, à sancto Gausmaro, qui electus fuit anno 760, ad annum 1096.

Cette Histoire est conservée dans le volume précédent, *pag. 425.*

Hhhhh 2

Selon ce que rapporte D. Mabillon, au tom. II, des *Annales de son Ordre*, pag. 385. On peut attribuer la Chronique à l'Abbé Ponce, & les Gestes à Benoît Maillard, Docteur en Droit Canon, Grand-Prieur de l'Abbaye, qui vivoit vers la fin du XV*.* siècle.

12870. ☞ Catalogus Abbatum Saviniacensium : 3. pages.

Monasterii Saviniacensis quædam Capita exscripta : 26. pages.

Ces deux Pièces sont dans la Bibliothèque de M. Févret de Fontette, Conseiller au Parlement de Dijon.]

Histoire de l'Abbaye de Sauve-Majoure, dans le Diocèse de Bordeaux, (unie à la Congrégation de S. Maur.)

12871. Vita sancti Gerardi, Fundatoris Sylvæ-Majoris in Aquitania ; auctore ferè synchrono hujus loci Monacho.

Cette Vie est imprimée dans Hugues Ménard, à la *pag*. 520, de ses *Observations sur le Martyrologe Bénédictin* : *Parisiis*, 1629, *in*-8. Ce Saint est mort en 1095.

12872. ☞ Eadem, cum Commentario Danielis Papebrochii, è Soc. Jesu.

Dans le *Recueil* de Bollandus, au 5 d'Avril.]

12873. Alia Vita ; auctore Christiano, Monacho ejusdem loci.

Cette Vie est imprimée dans les Ouvrages précédens, & au tom. IX. des *Actes des Saints de l'Ordre de S. Benoît*, *pag*. 866. L'Auteur de cette seconde Vie fleurissoit vers l'an 1195.

12874. Vie de saint Géraud ; par Adrien Baillet.

Cette Vie est imprimée dans son *Recueil des Vies des Saints*, au 5 d'Avril.

12875. ☞ Histoire de la Vie & des Ecrits de S. Gérauld, Abbé de Sauve-Majoure ; par D. Antoine Rivet, Bénédictin.

Dans l'*Hist. Littér. de la France*, tom. VIII. p. 407-413. Cet Abbé est mort en 1095.]

☞ L'Abbaye de Sauve-Majoure a été pendant un temps le Chef-lieu d'une Congrégation particulière. Voyez l'*Histoire des Ordres Monastiques* du P. Helyot : (Paris, 1714, *in*-4.) tom. V. *pag*. 326-331.]

Histoire de l'Abbaye de Selles, en Berry, Diocèse de Bourges.

12876. Fragmenta Vitæ sancti Eusithii, Abbatis Cellensis.

Cette Vie est imprimée dans du Chesne, au tom. I. de son *Recueil des Historiens de France*, 463. Ce Saint est mort l'an 542.

12877. Elogium historicum ex variis collectum.

Cet Eloge est imprimé dans Labbe, au tom. II. de sa *Nouvelle Bibliothèque des Manuscrits*, *pag*. 371.

Miracula ejusdem.

Ces Miracles sont imprimés dans le même Ouvrage.

12878. ☞ La Vie & les Miracles de Monsieur S. Eusice, Abbé dans le Berry : 1516, *in*-4.]

12879. Vie de S. Eusice ; par François Giry.

Cette Vie est imprimée dans son *Recueil des Vies des Saints*, au 17 de Novembre.

12880. Vie du même ; par Adrien Baillet.

Cette Vie est imprimée dans son *Recueil des Vies des Saints*, au même jour.

Histoire de l'Abbaye de Selles, proche de Dinant, au Diocèse de Liége.

12881. Vita sancti Hadalini, Conditoris Monasterii Cellensis ; cum Commentario prævio.

Cette Vie est imprimée dans le *Recueil* de Bollandus, au 3 de Février ; & au tom. II. des *Actes des Saints de l'Ordre de S. Benoît*, *pag*. 1013. Ce Saint a fleuri vers l'an 680. Il ne paroît pas avoir été Moine ; mais il est Fondateur de l'Abbaye de Selles en Ardennes. L'Histoire de sa Vie est assez autorisée. Elle a été écrite par Notger, Evêque de Liége, au jugement de Bollandus.

12882. Vie de saint Hadelin ; par Adrien Baillet.

Cette Vie est imprimée dans son *Recueil des Vies des Saints*, au 3 de Février.

Histoire de l'Abbaye de Sénone, dans le Diocèse de Toul.

12883. Chronicon Senoniensis Abbatiæ in Vosago, ab ipsa ejus fundatione ad annum 1167 ; auctore Richerio, ejusdem loci Monacho.

Cette Chronique est imprimée dans d'Achery, au tom. III. de son *Spicilège*, *pag*. 271. Cet Auteur vivoit encore en 1280. Il commença sa Chronique à l'année 720 ; c'étoit un Auteur crédule, qui écrit d'un style assez grossier. Son troisième Livre contient des particularités du règne de Philippe Auguste, sur-tout une ample Description de la Bataille de Bouvines ; & dans le suivant il y a une Histoire du Voyage de S. Louis en Egypte. Lui seul rapporte que ce saint Roi vouloit se faire Jacobin, si sa femme y eût consenti ; ce que les autres Auteurs contemporains n'ont osé écrire.

12884. ☞ Oraison funèbre de D. Claude Petit-Didier, Abbé de Sénone ; par Dom Oudenot : (*Nancy*) 1728, *in*-4.

Cet Abbé est mort cette même année : on peut voir l'Histoire abrégée de sa Vie & la Liste de ses Ouvrages, dans le *Dictionnaire de Moréri* de 1759, tiré du Supplément de l'Abbé Goujet.]

12885. Eloge de Dom Calmet ; par M. Dreux du Radier. *Journal de Verdun*, 1758, *Janvier*, *pag*. 31-35.]

12886. ☞ Vie de Dom Augustin Calmet, Bénédictin de S. Vanne & Abbé de Sénone, avec l'Histoire de ses Ouvrages ; (par Dom Augustin Fangé, son neveu & son successeur) : *Sénone*, Paris, 1763, *in*-8.

Dom Calmet est mort à Sénone le 15 Octobre 1757.]

Histoire de l'Abbaye de Solignac, dans le Diocèse de Limoges, (unie à la Congrégation de S. Maur.)

12887. ☞ Histoire de l'Abbaye de Solignac ; par D. François Chazal, Prieur.

Elle est conservée dans ce Monastère.]

Histoires des Abbayes de l'Ordre de S. Benoît. 797

12888. Vita sancti Tillonis, Monachi Solemniacensis.

Cette Vie est imprimée dans le *Recueil* de Bollandus, au 7 de Janvier; & au tom. II. des *Actes des Saints de l'Ordre de S. Benoît*, pag. 994. S. Theau est mort en 702. L'Anonyme, qui a donné sa Vie, s'est rendu suspect, parceque pour orner ou grossir son Ouvrage, il a copié en quelques endroits la Vie de S. Antoine; il y a fouré aussi d'autres lambeaux étrangers.

Histoire du Prieuré de Souvigny, en Bourbonnois.

12889. Antiquités du Prieuré de Souvigny en Bourbonnois, de l'Ordre de Clugni, & choses remarquables de la Maison de Bourbon, qui en est Fondatrice; par Sébastien MARCAILLE, dudit Ordre : *Moulins*, Vernoy, 1610, *in-8*.

☞ Ce Livre contient aussi plusieurs petits Traités particuliers, comme de la Prière des Saints, de leur Invocation, de l'Eau-bénite, des Pélerinages, vénération des Reliques, &c.]

Histoire de l'Abbaye de Stavelo, dans le Diocèse de Liège.

12890. ☞ Vetera monumenta Imperialis Monasterii Stabulensis, in Arduenna.

Ces Pièces se trouvent dans l'*Amplissim. Collect. vet. Monum.* de D. Martenne, *tom. II. pag.* 1-152. Voyez encore les Observations qu'il a mises dans la Préface de ce Volume, *pag. ij-ix*.]

12891. ☞ Ignatii RODERIQUE, Disceptationes duæ de Abbatibus, origine primævâ, & hodiernâ constitutione Abbatiarum inter se unitarum, Malmundariensis & Stabulensis, &c. *Virceburgi*, Engman, 1728, *in-fol*.

Le but de ces deux Dissertations est de combatre Dom Martenne, qui fait trop valoir, selon M. Roderique, les Titres de l'Abbaye de Stavelo.]

12892. ☞ Imperialis Stabulensis Monasterii jura propugnata, &c. Vindice D. Edmundo MARTENNE : *Coloniæ*, 1730, *in-fol*.]

12893. ☞ Ignatii RODERIQUE de Abbatibus Monasteriorum Malmundariensis & Stabulensis Disceptatio tertia, adversùs Defensionem Edmundi Martenne : *Coloniæ*, 1731, *in-fol*.

On trouve des Extraits fort étendus de toutes les Pièces de ce Procès Littéraire, dans les *Mémoires de Trévoux*, 1731, *Août*, pag. 1362-1392, & *Octobre*, pag. 1695-1715.]

12894. Mf. Chronicon Abbatum Stabulensium, Diœcesis Leodiensis.

Cette Chronique est citée par du Chesne, dans ses Mémoires manuscrits.

══ ☞ Vita sancti Remacli, Abbatis, anteà Episcopi Trajectensis.

Voyez ci-devant, N.° 8734.]

12895. De sancto Papoleno, Episcopo & Abbate Stabulensi, & Malmundariensi, Sylloge Godefridi HENSCHENII, è Soc. Jesu.

Cette Collection est imprimée dans le *Recueil* de Bollandus, au 26 de Juin. Ce Saint a fleuri en 694.

12896. Vita sancti Popponis, Abbatis; auctore coætaneo ONULFIO, rogatu Everhelmi, Abbatis Altimontensis in Hannonia, ejus parenti; & ab eodem EVERHELMO abbreviata.

Cette Vie est imprimée dans le *Recueil* de Bollandus, au 25 de Février. Ce Saint est mort l'an 1069.

12897. Vie de S. Poppon; par Adrien BAILLET.

Cette Vie est imprimée dans son *Recueil des Vies des Saints*, au même jour.

12898. ☞ Histoire de la Vie & des Ecrits de Wibaud, Abbé de Stavelo & de Corbie en Saxe.

Dans l'*Hist. Littér. de la France*, *tom. XII. pag.* 550-571. Cet Abbé est mort en 1158.]

Histoire de l'Abbaye de Tiron, dans le Diocèse de Chartres, (unie à la Congrégation de S. Maur.)

☞ Cette Abbaye a été pendant un temps le Chef-lieu d'une Congrégation de Bénédictins. Voyez l'*Hist. des Ordres Monastiques* du Père HELYOT : (*Paris*, 1714, &c. *in-4*.) *tom. VI. pag.* 115 *& suiv*.]

12899. Vita sancti Bernardi, Fundatoris, & primi Abbatis Sanctissimæ Trinitatis de Tironio; auctore coætaneo GAUFFRIDO Grosso, ejusdem loci Monacho; nunc primùm prodest in lucem; operâ & studio Joannis Baptistæ SOUCHETI, sacræ Theologiæ Doctoris & Carnotensis Canonici, qui & Observationes ac Notas adjecit, ubi præcipuè ejusdem Monasterii & aliorum ipsi subjacentium antiqua Monumenta exhibentur : *Parisiis*, Billaine, 1649, *in-4*.

Cette Vie de S. Bernard de Tiron a été écrite vers l'an 1135. Geoffroy l'a composée sur ce qu'il a vu lui-même ou appris de personnes dignes de foi; mais des critiques prétendent qu'il a embelli les faits.

Cette Vie est aussi imprimée avec un Commentaire de HENSCHENIUS, dans le *Recueil* de Bollandus, au 14 d'Avril. Elle est assez estimée, tant pour l'exactitude que pour l'élégance, qui n'est pas médiocre pour son temps. Ce Saint est mort en 1117.

12900. Vie de saint Bernard; par François GIRY.

Cette Vie est imprimée dans son *Recueil des Vies des Saints*, au même jour.

12901. Vie du même; par Adrien BAILLET.

Cette Vie est imprimée dans son *Recueil des Vies des Saints*, au même jour.

12902. ☞ Histoire de la Vie & des Ecrits du même Bernard, Abbé de Tiron.

Dans l'*Hist. Littér. de la France*, *tom. X. pag.* 210-215. Cet Abbé est mort en 1118.]

12903. Vita sancti Adjutoris, Monachi Tironensis : auctore HUGONE, Archiepiscopo Rotomagensi ipsi coævo; cum Notis præviis.

Cette Vie est imprimée dans le *Recueil* de Bollandus, au 3 d'Avril; & dans Martenne, au tom. II. de son *Recueil d'anciens Actes* : *Rotomagi*, 1699, *in-4*. & au tom. V. de son *Nov. Thesaur. anecdot*. pag. 1011.

Saint Adjuteur est mort vers l'an 1131.

11904. Vie de S. Adjuteur; par Jean Theroude : *Paris, 1638, in-8.*

☞ Il y a à la fin de ce Livre un Sommaire de ce qu'il y a de remarquable dedans & autour de la Ville de Vernon, où ce Saint est honoré.]

11905. Vie du même S. Adjuteur; par François Giry.

Cette Vie est imprimée dans son *Recueil des Vies des Saints*, au 3 d'Avril.

11906. Vie du même; par Adrien Baillet.

Cette Vie est imprimée dans son *Recueil des Vies des Saints*, au même jour.

Histoire de l'Abbaye de Tournus en Bourgogne, Diocèse de Châlon, (changée en Collégiale l'an 1623.)

11907. Histoire de l'Abbaye de Tournus ; par Pierre de Saint-Julien, [Sieur de Baleure.]

Cette Histoire est imprimée avec ses *Origines des Bourguignons* : *Paris*, 1581, *in-fol.*

☞ Il l'avoit dédiée en 1578, à François, Abbé de Tournus, qui fut depuis le Cardinal de la Rochefoucauld. Elle étoit alors intitulée : » Recueil de l'antiquité » & choses remarquables de l'Abbaye & Ville de Tour-» nus ».]

11908. L'origine de la Ville & Abbaye de Tournus, de fondation Royale, sous le nom de S. Valérien, ou, selon le vulgaire, de S. Valérin, martyrisé au même lieu, dédiée ensuite à l'honneur de Notre-Dame & de S. Philibert; sa sécularisation & changement en l'Eglise Collégiale, avec l'établissement & distinction des Justices Laïques & Séculières, des Ressorts des Elus & Députés des trois Ordres du Comté de Mâconnois, en la Généralité de Bourgogne, où sont marquées les causes des nécessités publiques, les expédiens pour y remédier, les réglemens de Police, les devoirs d'un chacun, & autres particularités très-utiles pour connoître les droits des Seigneurs hauts Justiciers; (par Jean Machoud, Lieutenant ès Justices de Tournus): *Châlon, 1662, in-8.*

☞ Il y avoit eu une première Edition séparée de cet Ouvrage : *Châlon*, Tan, 1657, *in-12*. La dernière Edition ne contient que quelques légères augmentations. Cet Ouvrage est divisé en deux Parties. La première, qui est historique, est un abrégé fort succinct ; la seconde, qui traite des matières judiciaires & de police, est plus étendue : elle contient quelques détails & avis intéressans sur la peste qui affligea Tournus les années 1629, 1630 & 1631 ; sur les droits des Officiers Municipaux & de Justice. Tout dans cet Ouvrage annonce un bon Citoyen, & respire le plus zélé Patriotisme. Jean Machoud est mort à Tournus le 17 Décembre 1668. *Voyez* sur ce Livre, la *Bibliothèque des Auteurs de Bourgogne, tom. II. pag. 2.*]

Cette Histoire est aussi imprimée au commencement de la seconde Edition de la *Pratique Judiciaire* : *Châlon*, Tan, 1662, *in-8.*

11909. Histoire de l'Abbaye Royale & de la Ville de Tournus, avec les Preuves, enrichie de plusieurs Pièces très-rares. Catalogus Abbatum Trenorciensium, ab anno 677, ad annum 1655. Chronicon Trenorciense; auctore Falcone, Trenorciensi Monacho; par Pierre-François Chifflet, Jésuite : *Dijon*, Chavance, 1664, *in-4.*

Falco a fleuri dans le XIe siècle. Il a fini sa Chronique à Géraud, quinzième Abbé de ce lieu, mort vers l'an 1066. Le Père Chifflet est mort en 1682.

☞ *Voyez* sur cet Ouvrage la *Bibliothèque* de Harley, *tom. II. pag. 545*, & la *Méthode historique* de Lenglet, *tom. III. in-4. pag. 138.*

Falcon, Moine de Tournus, dans le XIe siècle, écrivit par ordre de Pierre, premier du nom, la Chronique de son Abbaye, & la commença par le martyre de saint Valérien. Elle contient ensuite la Relation abrégée des Translations du corps de S. Philibert, l'Histoire de cinq Abbés de la Congrégation du nom de ce Saint, &c. celle des Abbés de Tournus, depuis l'an 875 jusqu'en 1087, vers le milieu du gouvernement de l'Abbé Pierre I. Le nom de l'Auteur n'est désigné que par la lettre initiale F. mais on ne peut pas douter que ce ne soit Falcon, parceque Garnier, autre Moine de Tournus, qui écrivit aussi l'Histoire de S. Valérien & de sa Translation dans le XIIe siècle, sous l'Abbé Pierre II, dit positivement, que Falcon, qu'il qualifie de *Vir admodùm litteratus & religiosus*, y avoit travaillé avant lui. Ces deux Manuscrits, *Chronicon Trenorciense, auctore* Falcone, & *Passio, Translatio, & Miracula sancti Valeriani Martyris, auctore* Garnerio, *Monacho Trenorciensi*, sont imprimés avec plusieurs autres monumens précieux dans la Partie des Preuves de l'Histoire de Tournus, du Père Chifflet, & de celle de Juenin, qui suit.]

11910. ☞ Nouvelle Histoire de l'Abbaye Royale & Collégiale de S. Philibert de la Ville de Tournus, avec figures; une Table Chronologique, des Remarques critiques sur le tome IV. de la Nouvelle Gaule Chrétienne, les Preuves de l'Histoire, le Pouillé des Bénéfices dépendans de l'Abbaye, & un Essai sur l'origine & la Généalogie des Comtes de Châlon & de Mâcon, & des Sires de Baugé ; par un Chanoine de la même Abbaye, (Pierre Juenin): *Dijon*, Defay, 1733, *in-4.*

Voyez sur cette Histoire, *Journ. des Scav.* 1734, Mars. = *Journ. de Verdun*, 1733, Novembre. = *Mém. de Trévoux*, 1733, Décembre.

Pierre Juenin acquit pendant un grand nombre d'années une parfaite connoissance des Archives de l'Abbé & du Chapitre. Il lui fut aisé de s'appercevoir que Falcon n'avoit dit que très-peu de choses ; que Pierre de Saint-Julien n'étoit point exact, & que le Pere Chifflet n'avoit pas mis tout le temps nécessaire à la perfection de cet Ouvrage, n'ayant demeuré qu'un mois à Tournus dans deux voyages qu'il y fit pour s'instruire. Aussi n'a-t-il pas connu tous ses Abbés; plusieurs Chartes lui ont échappé ; il a souvent laissé des fautes dans celles qu'il a lues, & quelquefois même il en a ajouté de nouvelles. Ces raisons déterminèrent Pierre Juenin, ainsi qu'il le dit lui-même dans sa Préface, à composer une nouvelle Histoire. Elle est, sans contredit, la plus complette & la plus exacte. On reproche seulement à l'Auteur quelques négligences dans le style, & quelques détails trop minutieux. Pierre Juenin étoit né à Bourg en Bresse, le 11 Décembre 1668. Il obtint, par ses grades, un Canonicat de S. Philibert de Tournus en 1691, & fut nommé Chantre de cette Eglise le 30 Octobre 1734, & élu Doyen le 30 Juin 1740. Il se démit du Doyenné, le 28 Août de la même année, & conserva la Chantrerie jusqu'à sa mort, arrivée le 17 Novembre 1747.]

11911. ☞ Lettre de M** (Jean Lebeuf) au sujet de la Nouvelle Histoire de la Ville & Abbaye de S. Philibert de Tournus, dé-

Histoires des Abbayes de l'Ordre de S Benoît.

diée à son Eminence M. le Cardinal de Fleury, Abbé de Tournus. *Mercure*, 1734, *Avril*, pag. 679-686.]

12912. ☞ Lettre écrite à M. (Lebeuf); par M. JUENIN, Chanoine de Tournus, Auteur de la Nouvelle Histoire de cette Ville, au sujet de S. Valérien, Martyr du même pays. *Mercure*, 1734, *Juillet*, pag. 1533-1538.]

Histoire de l'Abbaye de la Trinité de Poitiers.

12913. Eloge de Jean Guichard, Abbé de la Trinité ; par Jacqueline (BOUETTE) DE BLEMUR, Religieuse du Saint Sacrement.

Cet Eloge est imprimé au tom. I. des *Vies des Illustres de l'Ordre de S. Benoît* : *Paris*, 1667, *in-4*. Cet Abbé est mort en 1631.

Histoire de l'Abbaye de la Trinité de Vendôme, dans le Diocèse de Blois, (unie à la Congrégation de saint Maur.)

12914. Catalogus Abbatum Monasterii Sanctissimæ Trinitatis Vindocinensis. Item, Vita Goffridi, Abbatis Vindocinensis ; auctore Jacobo SIRMONDO, è Societate Jesu.

Ce Catalogue est imprimé avec les *Œuvres de Geoffroy de Vendôme* : *Parisiis*, 1610, *in-8.* & au tom. III. des *Œuvres* du P. Sirmond : *Parisiis*, 1696, *in-fol.*

12915. Inquisitio in Chartam Fundationis & Privilegia Vindocinensis Monasterii ; auctore Joanne LAUNOIO, Theologo Parisiensi: *Parisiis*, Martin, 1661, *in-8*.

12916. ☞ Histoire de la Vie & des Ecrits de Geoffroy, Abbé de Vendôme, & Cardinal.

Dans l'*Hist. Littér. de la France*, *tom. XI.* pag. 177-108. Cet Abbé est mort en 1132.]

== ☞ Histoires de la sainte Larme de Vendôme.

Voyez ci-devant N.os 5450-5456.]

Histoire du Prieuré du Val-des-Choux, Chef-d'Ordre, dans le Diocèse de Langres.

12917. ☞ Histoire de l'Ordre du Val-des-Choux ; par Pierre HELYOT.

Elle se trouve pag. 178 du tom. VI. de son *Hist. des Ordres Monastiq. Paris*, 1714, &c. *in-4*.]

12918. ☞ Ms. Mémoire touchant l'Ordre du Val-des-Choux.

Dans la Bibliothèque de M. Fevret de Fontette, Conseiller au Parlement de Dijon.]

Histoire de l'Abbaye de Vassor, dans le Diocèse de Namur.

12919. Ms. De Fundatione Monasterii Walciodorensis ; auctore ROBERTO, Abbate ejusdem loci.

Cet Acte est cité par Valère André, dans sa *Bibliothèque de Flandres*. Cet Auteur a fleuri l'an 1340.

12920. Vita sancti Cadroæ, Abbatis; auctore REIMANNO vel OUSMANNO ejus æquali, cum Commentario prævio.

Cette Vie est imprimée dans le *Recueil* de Bollandus, au 6 de Mars. Ce Saint est mort l'an 974.

12921. Elogium historicum beati Malcaleni, Abbatis, auctore Joanne MABILLON, Benedictino, Congregationis sancti Mauri.

Cet Eloge est imprimé au tom. VII. des *Actes des Saints de l'Ordre de saint Benoît*, pag. 548. Ce Saint est mort en 978.

12922. Vita sancti Foranni, Episcopi & Abbatis Walciodorensis ; auctore OSBERTO, Monacho, cum Notis præviis Danielis Papebrochii.

Cette Vie est imprimée dans le *Recueil* de Bollandus, au 30 d'Avril. Ce Saint est mort l'an 982, & Osbert a vécu dans le XIIe siècle.

Histoire du Prieuré de Vaux, dans le Diocèse de Besançon.

12923. ☞ Ms. Histoire du Prieuré de Vaux-sur-Poligny; par Colomban BOBAN.

Ce Manuscrit est conservé dans ce Prieuré, & il y en a une copie dans la Bibliothèque de MM. Dunod de Besançon.]

12924. ☞ Ms. Histoire du Prieuré conventuel de Notre-Dame de Vaux-sur-Poligny; par Dom CHASSIGNET, Bénédictin.

Cette Histoire, présentée à l'Académie de Besançon, est entre les mains de l'Auteur.]

Histoire du Prieuré de Vertou, en Bretagne, (uni à la Congrégation de saint Maur.)

Saint-Martin de Vertou, Diocèse de Nantes, n'est qu'un Prieuré ou Prevôté.

12925. Vita sancti Martini, Vertaviensis, in Aremorica ; auctore anonymo.

Cette Vie est imprimée dans Hugues Ménard, *p.* 358 de ses *Observations sur le Martyrologe Bénédictin* : *Parisiis*, 1629, *in-8.* & au tom. I. des *Actes des Saints de l'Ordre de S. Benoît*, pag. 371. Ce Saint est mort l'an 600. L'Auteur de sa Vie a fleuri en 890, c'est-à-dire, depuis la course des Normans, 300 ans environ après la mort du Saint. Elle n'a guères d'autorité, quoiqu'elle ne paroisse pas à rejetter.

12926. Alia Vita ; auctore anonymo.

Cette Vie est imprimée au tome précédent des *Actes des Saints*, pag. 681. Cet anonyme fleurissoit en l'an 1000 de Jesus-Christ.

12927. Vie du même ; par Adrien BAILLET.

Cette Vie est imprimée dans son *Recueil des Vies des Saints*, au 24 d'Octobre.

Histoire de l'Abbaye de Vézelay, dans le Diocèse d'Autun.

☞ Cette ancienne Abbaye a été changée en un Chapitre de Chanoines, l'an 1538.]

12928. Chronicon Vizeliacense, ab anno 660, ad annum 1316.

Cette Chronique a été imprimée dans Labbe, au tom. I. de sa *Nouvelle Bibliothèque des Manuscrits*, pag. 394. Elle commence à la naissance de Jesus-Christ ; mais le P. Labbe en a omis ce qui précède l'année 660.

12929. Vizeliacensis Monasterii Historia, ab anno 846, ad annum 1164; auctore Hugone, Pictaviensi.

Cette Histoire est imprimée dans d'Achery, au tom. III. de son *Spicilége*, pag. 446. Ce n'est qu'un Recueil de Chartes qui concernent cette Abbaye, que Hugues, Secrétaire de l'Abbé Guillaume, commença par l'ordre de l'Abbé Ponce, en 1156, & qu'il n'acheva que sous l'Abbé Guillaume, en 1168. Du Chesne, au tom. IV. des *Historiens de France*, pag. 424, en avoit déja publié un Fragment, depuis l'an 1161, jusqu'en 1664.

☞ *Voyez* sur cette Histoire, le Gendre, *tom. II*. pag. 54, & la *Bibliothèque de Poitou*, tom. I. pag. 166. Elle est bien écrite, & accompagnée de plusieurs anciens monumens. Cependant il est bon d'avertir qu'il y a de grandes lacunes dans l'édition qu'a donnée D. Luc d'Achery. L'Auteur y mêle les plus grands événemens de l'Histoire civile & ecclésiastique de son temps.]

12930. Testamentum GERARDI, Comitis de Rossiglione, sive Fundationis Tabula Monasteriorum Pultheriensis & Vizeliacensis; & alia Acta ad Monasterium Vizeliacense pertinentia.

Ces Actes sont imprimés à la *pag. 653 de l'Appendix* des *Œuvres* de Guibert de Nogent : *Parisiis*, 1651, *in-fol*.

12931. ☞ Histoire de Hugues de Poitiers, Moine de Vézelay.

Dans l'*Hist. Littér. de la France*, tom. XII. p. 668-675. Ce Religieux vivoit au milieu du XII.e siècle.]

12932. ☞ Factums & Mémoires concernant l'affaire de l'Evêque d'Autun contre le Chapitre de Vézelay, avec l'Arrêt du Conseil de 1673 : *in-4*.

Ces Pièces sont :

1. Réflexions sur la procédure des Doyen, Chanoines & Chapitre de Vézelay, pour servir de Factum à M. l'Evêque d'Autun, en l'Instance pendante au Conseil-Privé; (par Jean DE LAUNOY, Docteur de Paris.)

2. Factum pour l'Evêque d'Autun, contre ledit Chapitre, & M.e Gabriel Antoine, l'un des Chanoines.

3. Factum pour les Doyen, Chanoines & Chapitre de l'Eglise Séculière & Collégiale de Sainte-Marie-Magdeleine de Vézelay; contre M.re Gabriel de Roquette, Evêque d'Autun.

4. Réponse pour l'Evêque d'Autun, au Factum précédent.

5. Requête de l'Evêque d'Autun.

6. Observations servant de preuves de la nullité, de l'inutilité, des abus & de la fausseté de la prétendue Bulle d'Innocent IV. communes aux prétendues Bulles de Luce III. & d'Honoré III. produites par les Chanoines de Vézelay.

7. Observations pour l'Evêque d'Autun, sur la copie d'une Bulle prétendue du Pape Paschal, produite par les Chanoines de Vézelay.

8. Observations pour le même, sur la copie d'une Bulle prétendue du Pape Innocent.

9. Abrégé des contestations à juger entre l'Evêque d'Autun & le Chapitre de Vézelay.

10. Factum pour M.e Gabriel Antoine, Prêtre & Chanoine de Vézelay, appellant comme d'abus, &c. contre M.e Jean Gevalyé, Promoteur, & l'Evêque d'Autun.

11. Réponse de M. l'Evêque d'Autun, au Factum précédent.

12. Arrêt du Conseil d'Etat, par lequel l'Evêque d'Autun & Ses successeurs sont maintenus en la possession de toute Jurisdiction & de tous droits de visite sur l'Eglise Abbatiale & Collégiale de Sainte-Marie-Magdelaine de Vézelay, sur l'Abbé, les Dignités, Chanoines, Bénéficiers, Officiers, Suppôts & Chapitre de ladite Eglise, & sur toutes les autres Eglises, Curés, Clergé & peuple de la Ville & Prévôté dudit Vézelay; du 25 Janvier 1673.]

Histoire de l'Abbaye de Villeloin, dans le Diocèse de Tours, (unie à la Congrégation de saint Maur.)

12933. Ms. Extraits des Titres & Mémoires pour les Abbayes de Villeloin & de Baugerais, avec les fondations de ces deux Monastères, & une brièveChronologie pour l'un & pour l'autre; par Michel DE MAROLLES, Abbé de Villeloin & de Baugerais.

Ces Titres sont cités par l'Auteur, à la *pag. 5 du Catalogue* des Livres qu'il a composés, où il dit qu'il a fait, en 1627, deux tomes de ces Extraits. Ce Catalogue se trouve à la fin du tom. II. de sa *Traduction de l'Eneide de Virgile*, en vers : *Paris*, 1673, *in-4*.

Histoire de l'Abbaye d'Userche, dans le Diocèse de Limoges.

☞ Cette Abbaye a été changée en un Chapitre de Chanoines, l'an 1745.]

12934. Chronicon historiæ Cœnobii Userciensis, usque ad Eugenium III, Papam, ex Chartulario Userciensi excerptum.

Cette Chronique est imprimée dans l'*Appendix* de l'*Histoire de Tulle*, publiée en Latin par Etienne Baluze : *Parisiis*, 1717, *in-4*.

12935. Fondation de l'Abbaye d'Userche; ex Tabulario Lemovicensi.

Cet Acte est imprimé dans Besly, à la *pag. 273 des Preuves historiques* de son *Histoire des Comtes de Poitou* : [Paris, 1647, *in-fol*.]

Histoire de l'Abbaye de Worholt, en Flandre.

12936. Vita sancti Winochi, Abbatis Voromholtensis; auctore anonymo.

Cette Vie est imprimée dans le *Recueil* de Surius, au 6 de Novembre; & au tom. III. des *Actes des Saints de l'Ordre de S. Benoît*, pag. 301.

12937. Vie de saint Vinoch; par Adrien BAILLET.

Cette Vie est imprimée dans son *Recueil des Vies des Saints*, au même jour.

§. III.

Histoires de l'Ordre de Cîteaux en France.

CET Ordre est une des principales branches de celui de saint Benoît, dont saint Robert suivit la Règle à la lettre, sans y ajouter aucune Constitution, lorsqu'il institua l'Ordre de Cîteaux. Il étoit alors Abbé de Molesme : il prit avec lui vingt-un de ses Religieux, & se rendit à Cîteaux, où il fit en 1098 le chef de ce non nouvel Institut, lequel se répandit bientôt dans la France, & hors du Royaume.

12938. Origines Cisterciensis Ordinis; incertis auctoribus.

Ces Origines sont imprimées dans Labbe, au tom. I. de sa *Nouvelle Bibliothèque des Manuscrits*, pag. 640.

12939.

12939. Exordium Ordinis Cisterciensis Minus, scriptum circa annum 1120, jussu sancti Stephani, tertii Abbatis Cisterciensis; per Religiosum ejusdem Ordinis anonymum, plurimis in locis auctum & Notis illustratum ab Ignatio Firmino DE HIBERO, Fiterensis Cœnobii in Regno Navarræ Abbate : *Fiteri*, 1610, *in-fol.*

Le même Ouvrage est imprimé sous ce Titre :

Exordium Cœnobii atque Ordinis Cisterciensis, à primis Patribus Cisterciensibus conscriptum : *Coloniæ*, 1614, *in-*4. [& dans la *Bibliotheca Patr. Cisterciensium* de Tissier : *Bonofonte*, 1660, *in-fol.* 6 vol.]

Exordium magnum Ordinis Cisterciensis, circa annum 1212, à Religioso anonymo scriptum.

Ange Manrique en rapporte, dans les *Annales* de son Ordre, sous les années 1136 *& suivantes*, plusieurs endroits. Ignace Firmin de Hibero a fait aussi des Notes sur cet Ouvrage, qui ne sont pas imprimées.

Exordia sacri Ordinis Cisterciensis ; alterum à sancto Roberto, sancto Alberico & sancto Stephano pridem ejusdem Ordinis Fundatoribus ante quingentos annos : alterum, ante quadringentos annos, ab anonymo hactenus Monacho Clarevallensi, sed revera à sancto Helinando accuratè conscripta ; edita & recollecta per Ignatium Firminum de Hibero, Abbatem perpetuum Fiteriensem : *Pampilone*, 1631, *in-fol.*

Ange Manrique, dans les *Annales* de son Ordre, sous l'année 1110, au tom. I. chap. 1, num. 3, réfute ceux qui attribuent ce dernier Ouvrage à Hélinand.

Ces deux Traités du commencement de l'Ordre de Citeaux, sont aussi imprimés dans Tissier, au tom. I. *Bibliothecæ Patrum Cisterciensium*, *pag.* 1 & 13 : *Bonofonte*, 1660, *in-fol.* (6 vol.) Bertrand Tissier assure que CONRAD, qui s'étoit fait Moine à Clairvaux, est l'Auteur du dernier Traité. Il étoit Moine d'Eversbac, dans le Diocèse de Mayence.

❦ Dom Pierre Lenain, [frère du célèbre M. de Tillemont] à la fin de sa Préface de l'*Essai de l'Histoire de Citeaux*, avertit « ceux qui n'auroient pas grande con-
» noissance de l'Exorde [ou du commencement de cet
» Ordre,] que cette Histoire est très-fidèle, très-certai-
» ne, & d'une telle autorité, qu'on ne croit pas qu'il y
» en ait, après les Ecrits des Auteurs canoniques & des
» Docteurs de l'Eglise, qui mérite plus de créance. Elle
» est écrite d'un style pieux & plein d'onction, & a été
» composée par des Religieux qui n'y ont rien rapporté
» que ce qu'ils sçavoient par eux-mêmes, ou sur des re-
» lations certaines & indubitables. Ces saints Religieux
» . . . . . n'avoient garde de rien écrire qui ne fût dans la
» plus exacte vérité ; ce qu'il faut toutefois entendre des
» premiers Livres de cette Histoire, qui ayant été faite
» par différens Religieux, est très-différente d'elle-même.
» Car les deux derniers Livres n'ont rien qui se ressem-
» ble des deux ou trois premiers, & ont été composés
» par des Auteurs qui ayant, ce semble, peu de lumière
» & de discernement, y débitent des fables avec autant
» d'assurance, que si c'étoient des histoires les plus cer-
» taines du monde ».

12940. * Ms. Compendium Ordinis Cisterciensis, ab anno 1180, usque ad annum 1200 ; auctore incerto.

Cet Abrégé est conservé dans l'Abbaye de Villiers en Brabant, selon Grammaye.

12941 Cisterciensium seu verius Ecclesiasti-

corum Annalium, tomi quatuor ; auctore Angelo MANRIQUE, Ordinis Cisterciensis, Monacho & Historiographo : *Lugduni*, [Anisson,] 1642-1653, *in-fol.*

☞ Tomus I. continens ab anno 1098, ad 1144, inclusivè : *Lugduni*, 1642.

On trouve à la fin de ce volume, la suite des Abbés de Citeaux & de ses quatre Filles, qui sont la Ferté, Pontigny, Clairvaux & Morimont.

Tom. II. ab anno 1145, usque ad 1173 : *Lugduni*, 1642.

On trouve à la fin, la suite des Abbés de trois Maisons de cet Ordre, en Espagne.

Tom. III. ab anno 1174, usque ad 1212 : *Lugduni*, 1649.

On trouve à la suite les Grands-Maîtres de l'Ordre de Calatrava, & quelques Abbesses de l'Ordre de Citeaux.

Tom. IV. continens annos Cistercii 24, atque occasione Abbatum Palaciocensium compendium reformationis Hispaniæ, quæ prima sub Cistercio, per annos 212 continuatum : *Lugduni*, 1659.

Ces Annales s'étendent ainsi jusqu'en 1236.]

L'Auteur, [le Père Manrique] est mort en 1649.

12942. ☞ Notitia rarissimi Libri de Statutis Ordinis Cisterciensis.

Cette Notice se trouve dans le Livre intitulé : *J. Ch. Coleri Anthologia* : *Lipsiæ*, 1725, *in-*8. *tom.* I. *fascicul.* 3.]

12943. ☞ Onomasticon Cisterciense, seu antiquiores Ordinis Cisterciensis Constitutiones à R. P. D. Juliano PARIS, Monasterii Fulcardi-montis, strictioris Observantiæ, ejusdem Ordinis, Abbate, collectæ ac notis & observationibus adornatæ : *Parisiis*, Alliot, 1664, *in-fol.*]

12944. * Menologium Cisterciense, notationibus illustratum ; auctore R. P. Chrysostomo HENRIQUEZ, Hortensi, Sacr. Theol. Magistro, Ordinis Cisterciensis, Historiographo generali : accedunt seorsùm Regulæ, Constitutiones & Privilegia ejusdem Ordinis, & Congregationum & Monasticarum, & Militarium, quæ Cisterciensi institutum observant, collecta, & in ordinem redacta per eumdem : *Antverpiæ*, Moret, 1630, *in-fol.*

12945. Ms. Cisterciense Chronicon ; auctore quodam Monacho ejusdem Ordinis.

Cette Chronique est conservée dans l'Abbaye d'Aunay, selon le Père de Visch, *pag.* 78 *Bibliothecæ Cisterciensis*.

12946. ☞ Ms. JO. DE CIREY, Abbatis Cisterciensis Chronicon breve earum rerum quæ in Burgundiæ Ducatu gestæ sunt, & circa Cisterciense Monasterium per annos 1473, 74, 75, 76, 77, 78, 79 & 1480 : *in-fol.*

Cette Histoire se trouve dans la Bibliothèque de M. le Président Bouhier, à Dijon.]

12947. Ms. Chronicon de Gestis Monachorum Ordinis Cisterciensis ; auctore Augustino JAFAUGATO, Florentino, Monacho sancti Salvatoris de Septimio, sex voluminibus.

La Chronique de cet Auteur, mort en 1499, est conservée dans la Bibliothèque de ce Monastère.

12948. Ms. Speculum elevationis, exaltationis, depressionis & enervationis Ordinis

Cisterciensis; per Abbatem Clarevallensem.

[Ce Discours est conservé dans la Bibliothèque de l'Abbaye de Morimond, quatrième Fille de Cîteaux; & à Dijon, dans celle de M. le Président Bouhier.]

12949. Chronicon del Orden del Cister, Primera parte; por Barnaba DE MONTE-ALVO, de la misma Orden, Monje de Monte Sion: *en Madrid*, 1602, *in-fol*.

Cette partie est en cinq Livres; l'Auteur a laissé deux autres Livres de sa Continuation. De Visch, *pag.* 32 *Bibliothecæ Cisterciensis*.

12950. Historia de la Orden de Cister, onde se contan as cousas principais desta Religiaon; por Bernardo BRITO, de la misma Orden: *em Lisboa*, 1602, *in-fol*.

Cet Auteur Portugais est mort en 1617.

12951. Chronicon Cisterciense [à sancto Roberto, Abbate Molismensi primùm inchoatum, posteà à sancto Bernardo, Abbate Clarevallensi, mirificè auctum ac propagatum;] Aubertus MIRÆUS, Bruxellensis, Decanus Antverpiensis publicavit: *Coloniæ*, 1614, *in*-8.

12952. ☞ Cistertium bis tertium, seu Historia Ordinis Cisterciensis ab ejus origine usque ad annum 1698: auctore Aug. SARTORIO: *Pragæ*, 1700, *in-fol*.

[Il est plus utile pour l'Allemagne que pour la France.]

12953. Notitia Abbatiarum Ordinis Cisterciensis, [per universum Orbem, Libris X. quibus singulorum Monasteriorum origines, incrementa, Benefactorum aliorumque illustrium virorum, Diplomata Donationesque recensentur; auctore Gaspare JONGELINO, Ordinis Cisterciensis:] *Coloniæ*, Hennengii, 1640, *in-fol*.

☞ *Voyez* sur cet Ouvrage, J. Ch. Coleri *Anthologia*, au tom. I. *Fascicul.* 1: *Lipsiæ*, 1725, *in*-8. & les *Actes de Leipsick*, 1725, *pag.* 517.

12953.* Compendium Sanctorum Ordinis Cisterciensis; auctore Joanne de CIREY, Cisterciensis Domûs Abbate: *Divione*, 1491.

Cet Abbé est mort en 1503.

12954. ☞ Menologium Cisterciense: *Antverpiæ*, Plantin, 1630, *in*-4.]

12955. Vies des Personnes illustres en sainteté de l'un & de l'autre sexe de l'Ordre de Cîteaux; par Jean d'ASSIGNIES, Abbé de Nizelle, dans le Brabant: *in*-4. 2 vol. le premier: *Douay*, Bellère, 1598; le second, *Mons*, Michel, 1606.

12956. ☞ Fasciculus Sanctorum Ordinis Cisterciensis complectens Cisterciensium Ascetarum præclarissima gesta, hujus Ordinis exordium, incrementum, progressum, præcipuarum abbatiarum per universum orbem fundationes, Ordinum Militarium origines, nova editio; auctore R. P. F. Chrysostomo HENRIQUEZ Hortensi, &c. *Coloniæ*, 1631, *in*-4. 2 vol.

La première Édition est *Bruxellis*, 1623, *in-fol*.]

12957. Gasparis JONGELINI purpura sancti Bernardi, seu elogia Pontificum, Cardinalium, & Præsulum qui ex Ordine Cisterciensi in Ecclesiâ floruerunt: *Coloniæ Agrippinæ*, Krafft, 1644, *in-fol*.]

12958. Series Sanctorum & illustrium Virorum sacri Ordinis Cisterciensis; auctore Claudio CHARLEMOT, hujus Ordinis, Abbate sanctæ Mariæ de Columba: *Parisiis*, Alliot, 1660, *in*-4.

Le P. de Visch, à la *pag.* 78 *Bibliothecæ Cisterciensis*, fait mention des Annales Latines de son Ordre, par le même, 2 vol.

☞ Le Père Charlemot est mort en 1667. On conserve en l'Abbaye de la Colombe, Diocèse de Limoges, plusieurs de ses Manuscrits sur l'Histoire de l'Ordre de Cîteaux.]

12959. MS. Dissertation sur l'origine de la Maison & Ordre de Cîteaux; par Dom COTHERET, Docteur de Sorbonne, Bibliothécaire de la Maison de Cîteaux.

MS. Remarques sur cette Dissertation.

Ces Manuscrits sont dans la Bibliothèque de M. Fevret de Fontette, Conseiller au Parlement de Dijon.]

12960. ☞ Description historique des principaux Monumens de l'Abbaye de Cîteaux; par M. MOREAU DE MAUTOUR: *Hist. de l'Acad. des Bell. Lett. tom. IX. pag.* 193.

On y trouve des Remarques intéressantes sur les Ducs de Bourgogne de la première Race, qui ont leur sépulture en cette Eglise.]

12961. Sommaire des Remarques chronologiques touchant la supériorité, prééminence & autorité de l'Abbé de Cîteaux, Chef & Supérieur Général de cet Ordre: [*Paris*,] *in*-4.

12962. ☞ Recueil de Pièces concernant l'Ordre de Cîteaux, les différends entre les Abstinens & l'ancienne Observance dudit Ordre, la réforme faite par le Cardinal de la Rochefoucault, &c.

Ce Recueil est indiqué dans le *Catalogue* de M. Lancelot, *num*. 905: *in*-4. 7 vol.]

12963. Essais de l'Histoire de l'Ordre de Cîteaux; par D. Pierre LENAIN, Sous-Prieur de l'Abbaye de la Trappe: *Paris*, 1696; 1697, *in*-12. 9 vol.

Le premier tome contient les Vies de saint Robert, premier Abbé de Cîteaux, de saint Albéric, & de saint Étienne ses successeurs. Le second, la Vie de saint Jean, Abbé de Bonnevaux. Les tomes III. & IV. la Vie de saint Bernard, Abbé de Clairvaux. Le tom. V. les Vies de plusieurs saints Religieux & Abbés qui ont vécu sous le gouvernement de saint Étienne, troisième Abbé de Cîteaux. Le tom. VI. les Vies de ceux qui ont vécu sous Rainard, quatrième Abbé. Les trois derniers tomes contiennent la suite des Abbés & Religieux de Cîteaux, jusques vers l'an 1250. Dom Pierre Lenain est mort en 1713.

☞ *Voyez* sur ce Livre, Lenglet, *Méthode historiq*. tom. III. *pag.* 144. = *Journal des Sçav.* Mars & Juillet 1696; Janv. 1698.]

12964. ☞ Bibliotheca Patr. Cisterciensium, à Fr. Bertrando TISSIER, Bonifontis Priore, *Bonifonte*, 1660: 8 tom. en 4 vol. *in-fol*.]

12965. ☞ Privilegia Ordinis Cisterciensis per plures Romanos Pontifices concessa : *Divione*, 1491, *in-*4. Goth.

[Cette Collection a été faite par Jean DE CIREY, Abbé de Cîteaux. *Voyez*, pour une seconde Edition de 1630, *Bibliothèque des Auteurs de Bourgogne, pag*. 147.]

12966. ☞ Liber quorumdam Privilegiorum sacro Ordini Cisterciensi per summos Pontifices concessorum, necnon per quosdam Galliæ Reges, novissimè per Ludovicum XIII Regem, confirmatorum : *Parif*. 1620, *in-*12.]

12967. ☞ Liber Privilegiorum Ordinis Cisterciensis : *Parisiis*, 1666, *in-*8.]

12968. ☞ Priviléges de l'Ordre de Cîteaux ; par le P. Louis MESCHET : *Paris*, 1713, *in-*4.]

12969. ☞ Eclaircissement sur le nouveau Recueil des Priviléges de l'Ordre de Cîteaux ; par D. MONTANBON : *in-*4.]

12970. ☞ Bullaire de l'Ordre de Cîteaux.

[*Voy.* sur ce Recueil, les *Singularités historiq.* de Dom Liron, *tom. III*.]

12971. ☞ Traité historique du Chapitre Général de l'Ordre de Cîteaux : 1737, *in-*4.

[Ce Traité a été supprimé par les soins de l'Abbé de Cîteaux.]

12972. ☞ Du premier esprit de l'Ordre de Cîteaux, où sont traitées plusieurs choses nécessaires pour la connoissance du gouvernement & des mœurs de cet Ordre, & pour l'intelligence de la Régle de saint Benoît ; par le R. P. D. Julien PARIS, Abbé de Foucarmont : *Paris*, 1653, *in-*4.

On trouve à la suite :

Directoire pour les Novices. ⸗ Epistola venerabilis STEPHANI, Abbatis de sanctâ Genovefâ, ad Robertum Pontiniacensem Monachum.]

12973. ☞ Le véritable gouvernement de l'Ordre de Cîteaux, pour servir de Réponse à plusieurs Libelles & Factums qui ont été donnés au Public, contre la vérité du Régime de cet Ordre, & au préjudice de la Jurisdiction de l'Abbé de Cîteaux, qui en est le Pere, le Chef & le Supérieur-Général ; par D. Louis MESCHET, Abbé de la Charité : *Paris*, Cramoisy, 1678, *in-*4.]

12974. ☞ Réponse au Livre précédent : *in-*4.]

12975. ☞ Réflexions sur cette Réponse ; (par D. MESCHET :) *Paris*, Cramoisy, 1679, *in-*4.]

12976. ☞ Sommaire des Remarques chronologiques touchant la supériorité, prééminence & autorité du Révérendissime Abbé de Cîteaux : *in-*4.

[On attribue cet Ouvrage à D. Jean TEDENAT, Religieux de Bonne-Combe, mort environ l'an 1670, selon une Note de l'Abbé Papillon, qui est à la tête d'un Exemplaire. Il dit le tenir de D. Prinstet, Procureur-Général de l'Ordre.

Tome I.

La premiere partie de cet Ouvrage contient l'Histoire du siècle I. de l'Ordre de Cîteaux, c'est-à-dire, depuis la fondation de l'Abbaye de Cîteaux par saint Robert son Instituteur & premier Abbé, en 1098, jusqu'à l'an 1200, relativement à son sujet. La seconde partie contient des Remarques sur la convocation & célébration des Chapitres-Généraux & Provinciaux de Cîteaux. La troisième partie devoit contenir le second siècle de Cîteaux, depuis 1200 jusqu'à 1300 ; mais les Exemplaires que l'on connoît finissent à la page 172 & à l'année 1206. On assure qu'il n'y a eu que cela d'imprimé.]

12977. ☞ Mémoire contre M. l'Abbé de Cîteaux.

[Il prétendoit que l'Ordre de Cîteaux ayant été établi sur le modéle de la Hiérarchie Ecclésiastique, il devoit jouir dans cet Ordre de la même infaillibilité & du même pouvoir que les Ultramontains attribuent au Pape.]

12978. ☞ Diverses Piéces au sujet de l'Abbé de Cîteaux.

Ces Piéces sont :

1. Requête au Roi, pour les Evêques qui ont entrée aux Etats de Bourgogne ; contre le sieur Abbé de Cîteaux.

2. Mémoire par lequel on justifie que M. l'Abbé de Cîteaux n'est pas fondé en droit d'avoir aux Etats un siége pareil à celui des Evêques.

3. Mémoire contre la prétendue possession de M. de Cîteaux.

4. Mémoire sur l'Enquête de M. de Cîteaux.

5. Abrégé de l'Instance pendante au Conseil-d'Etat, (en 1696) pour les mêmes, contre le même.

6. Factum pour les mêmes, avec les Piéces Justificatives.

7. Réponse à la déposition des témoins ouis en l'Enquête de M. de Cîteaux, & à sa Réplique auxdites Réponses.]

12979. ☞ Des droits & prérogatives des Supérieurs de l'Ordre de Cîteaux : *in-*8.

[On prouve dans cet Ouvrage que les quatre Abbés Supérieurs de l'Ordre de Cîteaux, ne sont point inférieurs à l'Abbé chef de l'Ordre.]

12980. ☞ La maniere de tenir le Chapitre général de l'Ordre de Cîteaux ; (par Dom Louis MESCHET :) *Paris*, 1683, *in-*4.

L'Auteur est mort en 1714, âgé de 80 ans.

Le Chapitre général de Cîteaux est dans cet Ordre, ce qu'est le Concile œcuménique dans l'Eglise. Il fut institué par saint Etienne, troisième Abbé, & confirmé par le Pape Callixte II. en 1119. Il devoit se tenir tous les ans, & tous les Abbés de l'Ordre devoient y assister, à l'exception de ceux qui étoient trop éloignés. En 1477, pour la premiere fois, il cessa d'être annuel, & on ne le tint plus que tous les trois ans. Il est devenu depuis encore moins fréquent. Il doit se tenir dans la Maison même de Cîteaux : l'Abbé y préside, & a seul le droit de le convoquer.]

12981. ☞ Histoire abrégée de tout ce qui concerne l'Ordre de Cîteaux, & ses différentes Réformes ; par Pierre HELYOT.

[Dans son *Hist. des Ordr. Monastiq.* (*Paris*, 1714, &c. *in-*4.) *tom. V. pag.* 341 & *suiv.* avec les deux premiers Chapitres du *tom. VI*.]

12982. ☞ Histoire générale de la Réforme de l'Ordre de Cîteaux, en France : Tom. I. qui contient tout ce qui s'est passé depuis son origine jusqu'en 1716 ; (par Dom Armand-François GERVAISE :) *Avignon*, 1746, *in-*4.]

12983. ☞ Recueil de Pièces pour la réformation de Cîteaux : *in-*4.

Ces Pièces sont :

1. Défense des Réglemens faits par les Cardinaux, Archevêques & Evêques, pour la réformation de l'Ordre de Cîteaux, par commission des Papes, à l'instance du Roi, par les Abbés & Religieux de l'étroite Observance du même Ordre : *Paris*, Bessin, 1656. La première Partie contient un abrégé de l'Histoire de la naissance & du progrès de l'Ordre de Cîteaux, depuis 1098 jusqu'en 1656 : les deux autres Parties renferment beaucoup de faits particuliers.

2. Factum pour les Abbés, Prieurs & Religieux de l'étroite Observance de l'Ordre de Cîteaux ; contre Dom Pierre Viart & Dom Jean Tedenat, soi-disans Commissaires du Chapitre général du même Ordre, appellans comme d'abus des Réglemens de réformation de M. le Cardinal de la Rochefoucault, en 1634 & 1635, & de la Sentence contradictoire des Archevêques de Sens, Evêques d'Uzès, & d'Auxerre, Juges délégués de S. S. du 13 Juin 1644, & les RR. Abbés de Cîteaux, la Ferté, Pontigny, Clairvaux & Morimont, joints auxdits appellans. = Abrégé desdits Réglemens & Sentence.

3. Réponse aux dernières Objections des premiers Abbés de l'Ordre de Cîteaux. = Bulle d'Alexandre VII, du 10 Novembre 1657, & deux Requêtes desdits Abbés, &c. de l'étroite Observance, au parlement de Paris. = Réponse à une prétendue raison d'Etat, &c.

4. Arrêt du Parlement de Paris, pour la confirmation des Réglemens faits par M. le Cardinal de la Rochefoucault, pour la réformation de l'Ordre de Cîteaux en France : du 3 Juillet 1660.]

12984. ☞ Recueil de Pièces contre la réformation de Cîteaux : *in-*4.

Ces Pièces sont :

1. Apologie pour l'Ordre de Cîteaux, contre un projet de Sentence pour le rétablissement de l'Observance régulière ; (par l'Abbé de Foucarmont, Julien PARIS :) *Paris*, 1635.

2. Réponse des Abbés & Religieux de l'étroite Observance de l'Ordre de Cîteaux, à la précédente Apologie : *Paris*, 1635.

3. Griefs & moyens d'appel proposés par-devant Nosseigneurs les Archevêque de Sens, Evêques d'Auxerre & d'Uzès, Juges délégués de S. S. & déduits par les Religieux de Cîteaux, distingués par la qualité d'Anciens, de ceux qui se sont donné celle de Réformés, appellans tant du prétendu projet de Sentence dressé par Mgr le Cardinal de la Rochefoucault, l'année 1634, comme commis de sa Sainteté, que du tout le procédé fait les années 1636, 1637 & autres, sous l'autorité de M. le Cardinal de Richelieu, concernant leur expulsion de Cîteaux, l'introduction dans la même Maison des soi-disans Réformés, intimés ; la réception des Novices, & leur admission à la profession audit Cîteaux, & appellans généralement de tout ce qui s'en est ensuivi ; (par Nicolas DE CHEVANNES, Avocat :) *Dijon*, 1643.

Il y a eu encore trois autres Pièces composées par le même Nicolas de Chevannes, sur cette affaire, indiquées dans *la Bibliothèque des Auteurs de Bourgogne*, p. 145.

4. Lettre du Révérendissime Abbé Général de Cîteaux, (D. Claude VAUSSIN,) à tous les Abbés, Prieurs, Religieux, &c. pour déclarer la justice de sa conduite, la sincérité de ses intentions, & l'équité de ses desseins, contre un Libelle diffamatoire composé par l'Abbé de Prières (Jean JOUANT,) qui se vend chez Bessin, Imprimeur à Reims, & est intitulé : *Réflexions sur la Lettre circulaire du Révérend Abbé de Cîteaux* : 1662.

5. Breve SS. DD. nostri Alexandri Papæ VII. pro Generali Ordinis Cisterciensis reformatione : 1666.]

12985. ☞ Réponse des Abbé, Prieur & Religieux de Cîteaux, à la Requête présentée au Roi par le sieur Gautier, Lieutenant-Général du Bailliage de Dijon, touchant la garde-gardienne par lui prétendue pendant la vacance de l'Abbaye de Cîteaux, avec ladite Requête.]

12986. ☞ . Mémoire pour les Abbés de la Ferté, de Pontigny & de Clairvaux, contre l'Abbé de Cîteaux ; par Me AUBRY : 1733, *in-fol.*

Il s'y trouve bien des choses qui regardent l'Histoire de ces Abbayes.]

12987. ☞ Mémoires du Procès entre les Religieux de la Ferté-sur-Grosne, Ordre de Cîteaux, & Me Benoît David, Curé de Cersot.

Il s'agissoit du Privilége prétendu par l'Ordre de Cîteaux, d'exemption de Novales.]

12988. ☞ Requête à Nosseigneurs de la Chambre souveraine du Clergé de France, établie par le Roi à Lyon, pour Jean-Baptiste Girard, Doyen de l'Eglise de S. Georges de Chalon, Syndic du Clergé du même lieu ; contre M. l'Abbé de Cîteaux.

Il s'agissoit de sçavoir pour quelle portion l'Abbaye de Cîteaux doit contribuer aux Décimes.]

12989. Journal des Saints de l'Ordre de Cîteaux, pour être honorés chaque jour dans l'Abbaye de Notre-Dame de Tart, première Maison de Filles de cet Ordre sacré ; (par Claudine Fevret, Abbesse Triennale des Bernardines de Dijon :) *Dijon*, Ressayre, 1706, *in-*8.

12990. Vita sancti Roberti, Abbatis Molismensis & Fundatoris Ordinis Cisterciensis ; auctore Monacho Molismensi anonymo, cum Commentario prævio.

Cette Vie de saint Robert, mort en 1108 [ou 1110,] est imprimée dans le *Recueil* de Bollandus, au 29 d'Avril. L'Auteur anonyme a vécu dans le XIIe siècle.

12991. Processus Canonizationis sancti Roberti.

Ce Procès est imprimé dans Labbe, au tom. I. de sa *Nouvelle Bibliothèque des Manuscrits*, pag. 647.

12992. Vie de S. Robert ; par François GIRY.

Cette Vie est imprimée dans son *Recueil des Vies des Saints*, au 29 d'Avril.

12993. Vie du même ; par Pierre LENAIN, Sous-Prieur de la Trappe.

Cette Vie est imprimée au tom. I. de son *Essai de l'Histoire de Cîteaux* : *Paris*, 1690, *in-*12.

12994. Vie du même ; par Adrien BAILLET.

Cette Vie est imprimée dans son *Recueil des Vies des Saints*, au même jour.

12995. ☞ Histoire de la Vie & des Ecrits du même saint Robert.

Dans l'*Hist. Litt. de la France*, tom. X. pag. 1-11.]

12996. ☞ Histoire d'Ildebod, Compagnon de saint Robert.

Dans le même volume, *pag.* 11. Ce Religieux est mort vers l'an 1115.]

Histoires de l'Ordre de Cîteaux.

12997. Vita sancti Alberici, Abbatis secundi; auctore Chrysostomo Henriquez, ejusdem Ordinis.

☞ C'est le second Abbé, si l'on compte saint Robert pour le premier. D'autres, qui regardent saint Robert comme Fondateur, mettent saint Albéric premier Abbé; & il est appellé *Abbas primus* dans les Bollandistes, dès le titre même.]

La Vie de ce Saint, mort en 1107, est imprimée dans le *Recueil* de Bollandus, au 29 de Janvier.

12998. Vie de saint Albéric; par D. Pierre Lenain.

Cette Vie est imprimée dans son *Essai de l'Histoire de l'Ordre de Cîteaux*, au tom. I. *Paris*, 1696, *in-12.*

12999. Vita sancti Stephani, Abbatis tertii; auctore Godefrido Henschenio, è Societate Jesu.

Cette Vie est imprimée dans le *Recueil* de Bollandus, au 17 d'Avril. Ce Saint est mort l'an 1134.

13000. Vie de S. Etienne; par François Giry.

Cette Vie est imprimée dans son *Recueil des Vies des Saints*, au même jour.

13001. Vie du même; par D. Pierre Lenain.

Cette Vie est imprimée au tom. I. de son *Essai de l'Histoire de Cîteaux* : *Paris*, 1696, *in-12.*

13002. Vie du même; par Adrien Baillet.

Cette Vie est imprimée dans son *Recueil des Vies des Saints*, au même jour.

13003. ☞ Histoire de la Vie & des Ecrits du même Etienne, troisième Abbé de Cîteaux.

Dans l'*Hist. Littér. de la France*, tom. *XI. pag.* 213-236. Cet Abbé est mort en 1134.]

13004. ☞ Histoire de la Vie & des Ecrits de Rainald, quatrième Abbé.

Dans l'*Hist. Littér. de la France*, tom. *XII. pag.* 417-420. Cet Abbé est mort en 1151.]

13005. ☞ Histoire de Fastrède, Abbé de Cîteaux.

Dans le même volume, *pag.* 625-627. Cet Abbé est mort en 1163.]

13006. De sancto Petro à Castronovo, ex Ordine Cisterciensi, Legato Apostolico, primo Inquisitore Fidei, Martyre in Gallia; Commentarius historicus Joannis Bollandi, è Societate Jesu.

Ces Mémoires sont imprimés dans son *Recueil*, au 5 de Mars. Ce Saint a souffert le martyre en 1208.

13007. Vie de saint Pierre de Castelnau; par Adrien Baillet.

Cette Vie est imprimée dans son *Recueil des Vies des Saints*, au même jour.

13008. Vita Alani, Insulensis, Cisterciensis Monachi; auctore Carolo de Visch, ex eodem Ordine.

Alain est mort en 1294. Sa Vie se trouve au-devant de ses *Œuvres*, imprimées par les soins du même Auteur : *Antverpiæ*, 1653, *in-fol.*

13009. Mss. Vie de Jean de Cirey, Abbé de Cîteaux; par un Religieux du même Ordre.

Cette Vie est conservée à Dijon, dans la Bibliothèque de Philibert de la Mare, *pag.* 70 de son *Plan des Historiens de Bourgogne.* Cet Abbé est mort en 1503.

13010. Lettre au Cardinal de Richelieu, contenant la Relation de l'Election faite de son Eminence pour être Abbé de Cîteaux: *Dijon*, Palliot, 1635, *in-4.*

Jacques le Belin, Avocat à Dijon, [& depuis, Conseiller,] mort en 1647, est l'Auteur de cette Lettre.

13011. Eloge de D. Jerôme de la Souchere, Abbé de Cîteaux; par Hilarion de Coste, de l'Ordre des Minimes.

Cet Eloge est imprimé dans son *Recueil des Eloges des Hommes illustres*, *pag.* 374: *Paris*, 1625, *in-fol.* Cet Abbé est mort en 1571.

13012. Historia ejusdem; auctore Ludovico Donio d'Attichy.

Cette Histoire est imprimée au tom. III. des *Fleurs des Cardinaux François*, *pag.* 497: *Parisiis*, 1660, *in-fol.*

13013. ☞ Pièces & Emblêmes divers des affaires passées au sujet de la Généralité de l'Ordre de Cîteaux, & particulièrement de la joie que tous les Religieux dudit Ordre ont de la jouissance paisible de Msr D. Claude Vaussiez leur Général; par feu M. Theullier : *Paris*, 1646, *in-fol.*]

13014. Eloge de Paul-Yves Pezron, Religieux de l'Ordre de Cîteaux, ancien Abbé de la Charmoye.

Cet Eloge est imprimé dans les *Mém. de Trévoux*, art. 23 de Juillet 1707. Le P. Pezron est mort en 1706.

13015. ☞ Histoire de la Vie & des Ouvrages du même; par Jean-Pierre Niceron.

Dans ses *Mémoires*, tom. *I. pag.* 173-178; & tom. *X. pag.* 6.]

13016. ☞ Eloge de D. (Jean-Baptiste) Moreau, ancien Prieur de l'Abbaye de Cîteaux, Vicaire-Général de l'Ordre, & Bachelier de Sorbonne; par Philibert Moreau de Mautour : *Nancy*, Cusson, 1728, *in-4.*]

Histoires des Abbayes d'Hommes de l'Ordre de Cîteaux en France, rangées selon l'ordre alphabétique.

Histoire de l'Abbaye d'Aldenbourg, en Flandres.

13017. Mss. Chronicon Abbatiæ Aldenburgensis in Flandria.

Cette Chronique est conservée dans la Bibliothèque de cette Abbaye, selon Sanderus, tom. *I.* de sa *Bibliothèque des Manuscrits de Flandres*, *pag.* 224 & 226.

13018. Mss. Georgii Cabelliau, Monachi Aldenburgensis, Historia Urbis & Abbatum Aldenburgensium.

Cette Chronique est conservée dans la Bibliothèque de l'Abbaye, selon Sanderus, *Ibid. pag.* 225.

13019. De sancto Gervino, Abbate Aldenburgenfi, Notæ hiftoricæ Godefridi Henschenii, è Societate Jefu.

Ces Notes font imprimées dans le *Recueil* de Bollandus, au 17 d'Avril. Ce Saint eſt mort en 1107.

Hiſtoire de l'Abbaye de Beaulieu, dans le Dioceſe de Langres.

13020. ☞ Vita ſancti Rodingi, vel Chraudingi, Fundatoris & Abbatis Bellilocenſis : auctore fortè beato Richardo, Abbate ſancti Vitoni ; & Commentarius Conſtantini Suyscheni, è Soc. Jefu.

Dans le *Recueil* de Bollandus, au 17 de Septembre. Ce Saint fleuriſſoit dans le XIIe ſiècle.]

Hiſtoire de l'Abbaye de Bégar, dans le Dioceſe de Tréguier.

13021. Mſ. Hiſtoria Monaſterii beatæ Mariæ de Begaris, ex Memoriis & Hiſtoria hujus Monaſterii ; auctore Guillelmo Gauthier, Monacho Abbatiæ de Precibus.

Cette Hiſtoire eſt conſervée dans la Bibliothèque de S. Magloire, [à Paris] entre les Manuſcrits de MM. de Sainte-Marthe.

Hiſtoire de l'Abbaye de Beuil, dans le Dioceſe de Limoges.

13022. ☞ Mſ. Hiſtoire de l'Abbaye de Beuil, Ordre de Cîteaux, compoſée ſur les Titres de ce Monaſtère ; par Joſeph Nadaud, Curé de Teyjac.

Cet Ouvrage eſt entre les mains de l'Auteur, dont on a parlé ci-devant, N.º 5136. Mais il faut y lire que Teyjac eſt près de Nontron, & non de Montron.]

Hiſtoire de l'Abbaye de la Blanche, en l'Iſle de Noirmoutier, dans le Dioceſe de Luçon.

13023. Mſ. Hiſtoria Monaſterii beatæ Mariæ de Blancha : eodem auctore.

Cet Auteur a écrit cette Hiſtoire en 1648, lorſqu'il étoit dans l'Abbaye de Noirmoutier. Elle eſt conſervée dans la Bibliothèque de S. Magloire, à Paris.

Hiſtoire de l'Abbaye de Bonlieu, dans le Dioceſe de Limoges.

13024. Mſ. Hiſtoire de l'Abbaye de Bonlieu en Limouſin, extraite en 1649, du Cartulaire de cette Abbaye.

Cette Hiſtoire ſe conſerve dans la Bibliothèque précédente, au volume ſeptième des Mémoires manuſcrits de MM. de Sainte-Marthe.

Hiſtoire de l'Abbaye de Bonnevaux, dans le Dioceſe de Vienne.

☞ De Vita & Miraculis beati Joannis, Abbatis primi Bonævallis, deinde Valentinenſis Epiſcopi.

☞ *Voyez* ci-devant, N.º 10738.]

13025. Vie de S. Jean, premier Abbé de Bonnevaux ; par D. Pierre Lenain.

Cette Vie eſt imprimée au tom. I. de ſon *Eſſai de l'Hiſtoire de Cîteaux* : Paris, 1696, *in-*12. Ce Saint fut fait Abbé en 1119.

13026. Vita ſancti Hugonis, Abbatis Bonævallis ; auctore Monacho Ciſtercienſi.

Cette Vie eſt imprimée dans le *Recueil* de Bollandus, au 1 d'Avril. Ce Saint a vécu dans le XIIe ſiècle, & l'Auteur de ſa Vie l'a écrite peu de temps après la mort du Saint.

13027. Vie de ſaint Hugues ; par Adrien Baillet.

Cette Vie eſt imprimée dans ſon *Recueil des Vies des Saints*, au même jour.

Hiſtoire de l'Abbaye de Bonrepos, dans le Dioceſe de Quimpercorentin.

13028. Mſ. Hiſtoria Monaſterii de Bonarequie.

Cette Hiſtoire eſt conſervée dans la Bibliothèque de S. Magloire, entre les Manuſcrits de MM. de Sainte-Marthe.

Hiſtoire de l'Abbaye de Cadouin, dans le Dioceſe de Sarlat.

☞ Hiſtoire du Saint Suaire & du ſacré Bandeau (qu'on y conſerve.)

Voyez ci-devant, à l'*Hiſt. Eccléſiaſtique de Guyenne*, N.ºˢ 5132-5134.]

Hiſtoire de l'Abbaye de Calers, dans le Dioceſe de Rieux.

13029. Mſ. Breve Chronicon beatæ Mariæ à Calertio, modò Diœceſis Rivenſis juxta Galliacum ad rivulum Calertii, ab anno 1147, ad annum 1272.

Cette Chronique eſt dans le *Recueil* du Père Eſtiennot, au tom. XII. de ſes *Fragmens d'Hiſtoire*, p. 316, conſervés dans l'Abbaye de S. Germain-des-Prés.

Hiſtoire de l'Abbaye de Cambron, dans le Dioceſe de Cambray.

13030. ☞ Hiſtoria Camberonenſis Abbatiæ ; auctore Antonio le Waitte : *Pariſiis,* 1672, *in*-4.]

Hiſtoire de l'Abbaye de Carnoet, dans le Dioceſe de Quimpercorentin.

13031. Mſ. Hiſtoria Monaſterii ſanctæ Mariæ à ſancto Mauritio Carnoetenſi : *in-fol.*

Cette Hiſtoire eſt conſervée dans la Bibliothèque de S. Germain-des-Prés.

Hiſtoire de l'Abbaye de Cercamp, dans le Dioceſe d'Amiens.

13032. Mſ. Chronicon Abbatiæ Caricampi : auctore anonymo Religioſo hujuſce Domûs.

Ferry de Locre a eu cette Chronique, & en a inſéré

dans sa *Chronique de Flandres* plusieurs endroits qui concernent les Comtes de Saint-Paul & quelques Ducs de Vendôme, selon le Père de Visch, *pag.* 61, *Bibliotheca Cisterciensis.*

Histoire de l'Abbaye de Chaalis, dans le Diocèse de Senlis.

13033. Ms. Copie collationnée des Titres de l'Abbaye de Chaalis : *in-fol.*

Ces Titres sont conservés dans la Bibliothèque de M. le Chancelier d'Aguesseau.

13034. ☞ Extrait d'une Lettre de Jean DE MONTREUIL, contenant une Description de l'Abbaye de Chaalis, Ordre de Citeaux. *Mercure,* 1736, *Novembre, pag.* 2452.

Voyez aussi celui de Septembre, même année, *pag.* 1953.]

13035. ☞ Lettre de M. L. L. à M. de la Roque, en lui envoyant d'anciens vers qui contiennent la fondation de l'Abbaye de Chaalis. *Mercure,* 1740, *Juillet, pag.* 1502.]

Histoire de l'Abbaye de Champagne, dans le Diocèse du Mans.

13036. ☞ Deux Factums concernant l'Abbaye de Champagne : *in-*4.]

Histoire de l'Abbaye de Charlieu, dans le Diocèse de Besançon.

13037. ☞ Ms. Cartulaire des principaux Titres de l'Abbaye de Charlieu, en Franche-Comté, depuis la fondation de cette Abbaye, jusqu'au milieu du XIIIe siècle.

L'Original est à Charlieu, & la copie parmi les Manuscrits de Dom Coquelin, dans l'Abbaye de Faverney, du même Diocèse.]

Histoire de l'Abbaye de la Chassagne, dans le Diocèse de Lyon.

13038. Ms. Breve Chronicon Abbatum beatæ Mariæ de Cassania : ab anonymis Monachis.

Cette Chronique est conservée dans l'Abbaye de S. Germain-des-Prés, au tom. VI. des *Fragmens d'Histoires,* recueillis par Claude Estiennot, *pag.* 212.

Histoire de l'Abbaye de Clairvaux, dans le Diocèse de Langres.

13039. Descriptio Positionis seu Situationis Monasterii Clarevallensis.

Cette Description est imprimée au tom. II. des *Œuvres de S. Bernard,* p. 1306 : *Parisiis,* 1690, *in-fol.*

13040. ☞ Observations historiques sur la Maison de Clairvaux ; par le Père MERLIN, Jésuite.

Voyez sur cet Ouvrage, les *Mém. de Trévoux,* 1739, Août.]

13041. Vita & res gestæ sancti Bernardi, Abbatis, Libris quinque comprehensæ. Liber primus : auctore WILHELMO, Monacho Signiacensis Cœnobii, deinde Abbate sancti Theoderici Remensis. Liber secundus : auctore ERNARDO seu ARNALDO, Bonævallis Abbate in Agro Carnotensi. Liber tertius, quartus & quintus : auctore GAUFRIDO, Monacho Clarevallensi, ejusdem sancti Notario.

Cette Vie est imprimée dans le *Recueil* de Surius, au 20 de Septembre, & au tom. II. des *Œuvres de S. Bernard, pag.* 1058 : *Parisiis,* 1690, *in-fol.*

La même, traduite en François ; par Philippe LE BEL.

Cette Vie est imprimée au-devant de la *Traduction des Œuvres de S. Bernard : Paris,* 1622, *in-fol.* Ce Saint est mort en 1153. Sa Vie a été composée par différentes personnes, qui ont mérité la créance du public. Geoffroy, qui l'a achevée, est mort l'an 1164. Du Chesne, au tom. IV. de son *Recueil des Historiens de France, pag.* 323, rapporte des Fragmens de la Vie de S. Bernard, composée par Arnauld, Abbé de Bonnevaux, qu'il nomme Bernard. Ces Fragmens contiennent bien des choses qui regardent Louis-le-Gros & Louis-le-Jeune, sous les Règnes desquels S. Bernard eut un grand crédit. On trouve aussi beaucoup de choses particulières qui concernent ces deux Règnes, dans la Vie de ce Saint, écrite par Geoffroy de Clairvaux.

13042. Vita alia : auctore seu Compilatore ALANO, Episcopo Autissiodorensi, deinde Monacho Clarevallensi.

Cette Vie est imprimée au tom. II. des *Œuvres de S. Bernard, pag.* 1235 : *Parisiis,* 1690, *in-fol.* Alain est mort en 1180.

13043. Vita ejusdem ; auctore JOANNE, Eremita.

Cette Vie est imprimée par Chifflet, dans son Livre intitulé : *Sancti Bernardi Genus illustre, pag.* 94 : *Divione,* 1660, *in-*4. Cet Auteur est mort en 1183.

13044. ☞ Excerpta ex Collectaneis, de vita & gestis sancti Bernardi Clarevallensis.

Ces Extraits se trouvent parmi les *Opuscules* du Père Fr. CHIFFLET : *Parisiis,* Martin, 1679, *in* 8.]

13045. ☞ Vitæ sancti Bernardi, à variis auctoribus scriptæ, & Commentarius Joannis PINII, è Societate Jesu.

Dans le *Recueil* de Bollandus, au 20 d'Août.]

13046. PHILOTHEI, Monachi Cisterciensis, de vita & moribus sancti Bernardi, Carmen Encomiasticon.

Cet Eloge est imprimé au tom. II. des *Œuvres de S. Bernard, pag.* 1294 : *Parisiis,* 1690, *in-fol.*

13047. Vita ejusdem Sancti : auctore GILBERTO de Hoylandia

Cette Vie est imprimée au-devant des *Œuvres de S. Bernard,* de l'Edition d'Horstius : *Parisiis,* 1640, *in-fol.*

13048. Vita ejusdem carmine scripta : à Francisco CÆSARE, Religioso beatæ Mariæ de Dunis : *Parisiis,* 1483, *in-*4.

Cet Auteur, qui étoit Docteur en Théologie de la Faculté de Paris, fleurissoit vers l'an 1293.

13049. Ms. Liber de vita & miraculis ejusdem : auctore Bernardo DE ROSERGIO, Archiepiscopo Tolosano.

Pierre du Rosier est mort en l'année 1474 ou la suivante. Cet Ouvrage est cité par Nicolas Bertrand, *fol.* 68, verso, *Operis de Tholosanorum gestis* : *Tholosæ*, 1515, *in-fol.*

13050. ☞ Vie de Monseigneur S. Bernard, dévot Chapelain de la Vierge Marie, translatée du Latin de Me Guillaume Flameng : *Paris, in-4.* en Gothique.]

Vie de S. Bernard ; par Guillaume FLAMENG, jadis Chanoine de Langres : *Troyes*, Pantoul, (vieille Edition) : *Paris*, Regnault, (1520) *in-4.*

Gonsalve de Sylva, de l'Ordre de Cîteaux, qui a fleuri en 1541, a traduit cette Vie en Portugais, au rapport de Manrique.

13051. Vita & Miracula sancti Bernardi æneis formis expressa : operâ & industriâ Congregationis Regularis Observantiæ : *Romæ*, 1587, *in-fol.*

13052. Vida y milagros de san Bernardo : por Juan ALVARES, Arragonese, de la misma Orden : *en Saragoça*, 1595, *in-4.*

Cet Auteur est mort en 1621.

13053. Vida y milagros del san Bernardo : por Christoval Gonzales DE PERALES, de la misma Orden : *en Valladolid*, 1601, *in-4.*

Eadem Vita Latinè reddita : *Ibid.* 1601, *in-fol.*

Cet Auteur rapporte plusieurs choses qui ne se trouvent pas dans les autres Vies de ce Saint.

13054. Vie de S. Bernard ; par CHICHERÉ, Bailli de Cîteaux : *Paris*, 1601, *in-12.*

13055. ☞ De sancti Bernardi Vita & Miraculis, Poema heroicum : *Nanceii*, 1609, *in-12.*]

13056. Vita di san Bernardo : per Philippo MALABAYLA, dello medesimo Ordine : *In Torino*, Tarini : *In Napoli*, Gaffari, 1634, *in-4.*

13057. Vie de S. Bernard, en six Livres ; par le Sieur LAMY : *Paris*, Vitré, 1648, *in-4.* Ibid. 1649, 1656, 1663, 1674, *in-8.*

Les trois premiers Livres sont traduits du Latin de trois Abbés, [dont le premier étoit Bénédictin, & les deux autres de l'Ordre de Cîteaux ;] & les trois derniers Livres sont tirés des Ouvrages de S. Bernard ; par Antoine LE MAISTRE, Avocat en Parlement, qui s'est déguisé sous le nom du Sieur Lamy.

☞ Saint Bernard, natif du Village de Fontaine, près de Dijon, étoit fils de Técelin, & d'Alette ou Alix de Montbard. Il naquit en 1091, & mourut en 1153.]

13058. ☞ La Généalogie, études, vacations, &c. de S. Bernard.

Ce morceau se trouve avec l'Histoire sainte de Châtillon-sur-Seine ; par le Père LE GRAND.]

13059. Sanctus Bernardus, Apis Gallica, Clarevallensium Pater : auctore Theophilo RAYNAUDO, è Soc. Jesu.

Cette Vie de S. Bernard est imprimée dans le *Recueil* que Théophile Raynaud a intitulé : *Trias Fortium David : Lugduni*, Canier, 1657, *in-4.* & dans le tom. IX. de ses Œuvres : *Lugduni*, 1665, *in-fol.*

13060. Sommaire de la Vie de S. Bernard, [avec son Office, & l'érection d'une Confrairie en son honneur, à Fontaines près Dijon] : *Dijon*, Palliot, 1653, *in-8.*

13061. L'innocentia triomphante nella Vita di san Bernardo ; per Gio-Francesco MINARDO, del medesimo Ordine : *In Bologna*, 1654, *in-4.*

13062. Vita ejusdem ; auctore Nicolao HACQUEVILLE.

Cette Vie est imprimée dans les Œuvres de S. Bernard : *Parisiis*, 1667, *in-fol.*

13063. Sancti Bernardi Gesta illustriora, elegiaco relata stilo : à Luca BERTOLOTTO, Ordinis Cisterciensis Abbate : *Romæ*, 1682, *in-4.*

13064. Vida di san Bernardo ; por Joseph ALMONAZID, de la misma Orden : *en Madrid*, 1682, *in-fol.*

13065. Vie de saint Bernard ; par François GIRY.

Cette Vie est imprimée dans son *Recueil des Vies des Saints*, au 20 de Septembre.

13066. Vie du même ; par D. Pierre LENAIN.

Cette Vie est imprimée au tom. II. & III. de son *Essai de l'Histoire de Cîteaux* : *Paris*, 1697, *in-12.*

13067. Vie du même ; par Adrien BAILLET.

Cette Vie est imprimée dans son *Recueil des Vies des Saints*, au 20 de Septembre.

13068. Vie du même ; par (François-Joseph Bourgoin) DE VILLEFORE : *Paris*, Nully, 1704, *in-4.*

☞ La même, seconde Edition : *Paris*, Praslard, 1723, *in-4.*

Cette Vie est divisée en six Livres : elle est purement & solidement écrite. Voyez Journ. des Sçavans, 1704, Novembre.]

13069. ☞ Apologie de S. Bernard, contre les calomnies qui sont répandues dans le Dictionnaire de Bayle ; par le Père MERLIN, Jésuite. *Mém. de Trév.* 1739, Mars, p. 581-764.]

13070. ☞ Deo Opt. Max. & sancto Bernardo, pro nova Basilicæ Fontanensis instauratione Sacrum, JOANNIS à sancto MALACHIA Fuliensi : *Divione*, Guyot, 1620. Secunda Editio : *Parisiis*, 1625, *in-12.*

Fontaines, Village à un quart de lieue de Dijon, dans lequel il y a un Monastère de Feuillants. Le père de S. Bernard en étoit Seigneur, & ce Saint y prit naissance.]

13071. Vie du Bienheureux Gérard, frère de S Bernard ; par Adrien BAILLET.

La Vie de ce Bienheureux, qui est mort en 1138, se trouve imprimée dans son *Recueil des Vies des Saints*, au 11 de Juin.

13072. Vie du Bienheureux Conrad, Abbé de Clairvaux ; par D. Pierre LENAIN, Sous-Prieur de la Trappe.

Conrad est mort en 1227 ; sa Vie est imprimée au tom. VII. de l'*Essai de l'Histoire de Cîteaux, pag.* 343.

13073.

13073. Chronicon Clarevallense, ab anno 1147, ad annum 1192.

Cette Chronique est imprimée par Chifflet, dans son Traité intitulé : *Sancti Bernardi Genus illustre assertum : Divione*, 1660, *in-4*.

13074. Laudatio funebris Dionysii de Largentier, Abbatis Clarevallensis : auctore Laurentio DE LA ROCHE, ex Ordine Cisterciensi, Abbate Auræævallis : *Luxemburgi*, Reulland, 1624, *in-4*.

Denys de Largentier est mort en 1624, & Laurent de la Roche en 1638.

Histoire de l'Abbaye de Clairefontaine, dans le Diocèse de Besançon.

13075. ☞ Ms. Histoire de l'Abbaye de Clairefontaine, en Franche-Comté.

Elle a été composée sur les Manuscrits de cette Abbaye, par Dom COQUELIN, entre les mains duquel elle se trouve.]

Histoire de l'Abbaye de Clairemaresch, dans le Diocèse de S. Omer.

13076. ☞ Chronicon breve Clarismarisci, ab anno 1098, ad annum 1286.

Cette Chronique est imprimée dans Martenne, au tom. III. de son *Nouveau Trésor des Pièces anecdotes*, *pag.* 1385.]

Histoire de l'Abbaye de Dunes, dans le Diocèse de Bruges.

13077. Ms. Historia Monasterii Dunensis, usque ad annum 1468.

Cette Histoire est conservée dans la Bibliothèque de ce Monastère. Sandérus, au tom. I. de sa *Bibliothèque des Manuscrits de Flandres*, *pag.* 183 [& dans Foppens, *pag.* 11.] Adrien BUTIUS (ou DE BUTH) Moine de cette Abbaye, en est l'Auteur. Il est mort en 1488.

13078. Vitæ sanctorum Patrum Eremi Dunensis, Libri duo : auctore Chrysostomo HENRIQUEZ, Ordinis Cisterciensis : *Bruxellis*, 1626, *in-4*.

13079. Vita sancti Edesbaldi, Abbatis : ex Compendio chronologico Caroli DE VISCH, ejusdem Ordinis.

Cette Vie est imprimée dans le *Recueil* de Bollandus, au 18 d'Avril. Ce Saint est mort l'an 1167, & l'Auteur de sa Vie en 1666.

13080. Histoire de la Vie & du Ministère du Bienheureux Abbé Idesbalde, sous Thierry d'Alsace, Comte de Flandres, entichie de Notes critiques & morales; par M. (D'HERMANVILLE) Docteur en Théologie : *Bruxelles*, Léonard, 1715, *in-12*. [1718, *in-8*.]

L'Auteur a inséré dans son Ouvrage les événemens du douzième siècle, qu'il a cru avoir plus de liaison à son sujet; & une Dissertation sur le Culte des Saints & sur leurs Reliques.

13081. Vita Adriani Budsii, Religiosi beatæ Mariæ de Dunis, sacræ Theologiæ Parisiensis Baccalaurei : auctore Carolo DE VISCH, *Tome I*.

ejusdem Ordinis : *Brugis*, Bregelii, 1655, *in-8*.

Adrien de Budt est mort [comme on l'a déjà dit] en 1488, [& Charles de Visch, en 1666.]

Histoire de l'Abbaye de l'Escale-Dieu, dans le Diocèse de Tarbes.

13082. ☞ Ms. Mémoires servans à l'Histoire de l'Abbaye de l'Escale-Dieu, Ordre de Cîteaux.

Ce Manuscrit est dans la Bibliothèque de M. Févret de Fontette, Conseiller au Parlement de Dijon.]

Histoire de l'Abbaye d'Eslan, dans le Diocèse de Reims.

13083. Vita sancti Rogerii, Abbatis Elantii.

Ce Saint est mort vers l'an 1175. Sa Vie est imprimée dans le *Recueil* de Bollandus, au 4 de Janvier.

Histoire de l'Abbaye de la Ferté, dans le Diocèse de Châlon.

13084. ☞ Ms. Antiquitates Monasterii de Firmitate, Ordinis Cisterciensis : auctore Josepho BRECHILLET, Priore hujus Monasterii.

Voyez la *Bibliothèque des Auteurs de Bourgogne*, part. 1, *pag.* 103. M. Févret de Fontette, Conseiller au Parlement de Dijon, a cet Ouvrage en Manuscrit.]

Histoire de l'Abbaye de Feuillens, Chef de la Congrégation de ce nom, (dans le Diocèse de Rieux.)

13085. Ms. Liber de origine & progressu Congregationis sanctæ Mariæ Fuliensis ; & Vita Joannis Barrerii, Fundatoris ejusdem : auctore LUDOVICO à sancto Malachia, ex eodem Ordine.

Ces deux Ouvrages sont cités par Charles de Visch, à la pag. 133, *Bibliotheca Cisterciensis* : [*Duaci*, 1649: *Colonia*, 1656, *in-4*.]

13086. Cisterciensis reflorescentis, seu Congregationum Cistercio-Monasticarum beatæ Mariæ Fuliensis, in Gallia, & Reformatorum sancti Bernardi in Italia chronologica Historia : auctore Carolo-Josepho MOROTIO, ex strictiori ejusdem Observantia : *Augustæ Taurinorum*, Zappata, 1690, *in-fol*.

13087. Eloge de Jean de la Barrière, Abbé & Général des Feuillens; par Hilarion DE COSTE, de l'Ordre des Minimes.

Cet Eloge est imprimé dans son *Recueil des Eloges des Hommes illustres*, *pag.* 632 : *Paris*, 1625, *in-fol*. Cet Abbé est mort en 1600.

13088. Vie du même; par François GIRY.

Cette Vie est imprimée dans son *Recueil des Vies des Saints*, au tom. I. *pag.* 1718 : *Paris*, 1684, *in-fol*.

— La conduite du même, pendant le trouble de la Ligue.

Voyez ci-après, *Règne de Henri III.*

13089. Vie de Charles de saint Bernard, Feuillent, Fondateur du Monastère de Fon-

Kkkkk

taine; par de TOURNEMEUL, Paris, de Hucqueville, 1622, *in-8*.

Un Religieux Feuillent s'eft déguifé fous le nom de *Tournemeul*, felon Morotius, *pag.* 46, *part.* 3, de fon Livre intitulé : *Ciftercii reflorefcentis Hiftoria : Taurini*, 1690, *in-fol*. Charles de faint Bernard eft mort en 1601.

13090. Eloge de Jean Goulu, dit de faint François, Général : *Paris*, Buon, 1629, *in-*4.

Ce même Eloge eft imprimé au-devant de fa Verfion des Œuvres de faint Denys, feconde Edition : *Paris*, 1629, *in-*4. Ce Général eft mort en 1629.

13091. Hiftoire du même; par Pierre BAYLE.

Cette Hiftoire eft imprimée dans fon *Diction. hiftorique & critique*, fous le nom de *Goulu*.

13092. Vie de Dom Euftache de faint Paul Asseline, Docteur de Sorbonne, & Religieux de la Congrégation de Notre-Dame des Feuillens : ensemble quelques Opuscules spirituels, utiles aux Ames pieuses & religieuses; le tout recueilli par un Religieux de la même Congrégation : *Paris*, Joffe, 1646, *in-*8.

Dom Euftache de faint Paul eft mort en 1640. L'Epître dédicatoire de fa Vie eft fignée, F. A. D. S. P. R. F. I. ce qui fignifie, Frere ANTOINE DE SAINT PIERRE, (dit le JEUNE dans le monde,) Religieux Feuillent indigne. Cet Auteur eft mort en 1656.

13093. ☞ Hiftoire de la Vie & des Ouvrages de Pierre Guillebaud; par le Père NICERON.

Dans fes *Mémoires*, tom. XIX. *pag.* 137-142. Le P. Guillebaud eft mort en 1667.]

Hiftoire de l'Abbaye de Foigny, dans le Diocèfe de Laon.

13094. Hiftoria Fufniacenfis Cœnobii, [necnon collationes feu fermones quorumdam Monachorum ejusdem loci;] operâ & ftudio Joannis DE LANCY, ejusdem Cœnobii Religiofi & Prioris : *Bono-Fonte*, 1670 : [*Lauduni*, Reneffon, 1671,] *in-*4.

Cette Hiftoire commence en 1121, & finit en 1667.

Hiftoire de l'Abbaye de Fontaine-Jean, dans le Diocèfe de Sens.

13095. ☞ Hiftoire de l'Abbaye de Fontaine-Jean, Ordre de Cîteaux; par D. Guillaume MORIN.

Dans fon *Hift. du Gâtinois*, *pag.* 197-212 : *Paris*, 1630, *in-*4.]

Hiftoire de l'Abbaye des Fontaines, dans le Diocèfe de Tours.

13096. Hiftoria Prælatorum & Poffeffionum Ecclefiæ beatæ Mariæ de Fontanis, anno 1134; auctore PEREGRINO, ejusdem Cœnobii Abbate.

Cette Hiftoire eft imprimée dans d'Achery, au tom. X. de fon *Spicilége*, *pag.* 367. Cet Auteur fleuriffoit l'an 1134.

Hiftoire de l'Abbaye de Grand-Selve, dans le Diocèfe de Touloufe.

13097. ☞ Grandis-Silva, Ciftercienfis Ordinis in Aquitaniâ, Cœnobium : Poema in duos cantus divifum, quorum prior fitum, habitum & multorum qui in eo floruerunt, Præfulum, &c. Elogia; pofterior, orandi & vivendi in præfato Ordine rationem, &c. complectitur; auctore Francifco VALETTE, Lingonenfi : *Tolofæ*, d'Eftey, 1651, *in-*4.]

Hiftoire de l'Abbaye d'Igni, dans le Diocèfe de Reims.

13098. ☞ Mf. Collectanea Chartarum fundationis, necnon dotationum Abbatiæ fanctæ Mariæ Igniacenfis : *in-*4.

Ce Recueil eft confervé dans la Bibliothèque de M. Jardel, Officier du Roi, demeurant à Braine, près de Soiffons.]

13099. ☞ Hiftoire de la Vie & des Ecrits du bienheureux Guerric, Abbé d'Igni, Diocèfe de Reims.

Dans l'*Hiftoire Littéraire de la France*, tom. XII. *pag.* 450-454. Cet Abbé eft mort vers l'an 1153.]

Hiftoire de l'Abbaye de Lieu-croiffant, dans le Diocèfe de Befançon.

13100. ☞ Mf. Hiftoire de l'Abbaye de Lieu-croiffant, autrement dite, des Trois-Rois, en Franche-Comté; par Dom TAVERNIER, Prieur de cette Abbaye.

Ce Manufcrit eft entre les mains de Dom Coquelin, Abbé de Faverney, Diocèfe de Befançon. Il y a une bonne critique dans cette Hiftoire, & elle mérite des éloges à bien des égards.]

13101. ☞ Mf. Chroniques de l'Abbaye de Lieu-croiffant, en Franche-Comté.

On en a une copie dans la Bibliothèque de l'Abbaye de S. Vincent de Befançon : c'eft un des plus beaux monumens qui foient en ce genre dans le Comté de Bourgogne. Cette Chronique commence à l'an 1133, & finit à l'an 1190. On y trouve plufieurs chofes intéreffantes pour l'ancienne Nobleffe de la Province.]

Hiftoire de l'Abbaye de Longpont, dans le Diocèfe de Soiffons.

13102. Compendium Abbatiæ Longiponti Sueffionenfis Chronici; collectore Antonio MULDRAC, ejusdem Monafterii Superiore : *Parifiis*, Beffin, 1652, *in-*8.

Ce Livre contient l'Hiftoire de cette Abbaye, depuis l'an 1131, jufqu'en 1648. Il s'y trouve plufieurs chofes dignes d'être lûes, fur-tout la fondation du Prieuré de S. Lazare de l'Ordre de Cîteaux, la Vie du bienheureux Jean de Montmirel, la converfion & la mort de Pierre le Chantre.

☞ C'eft proprement un Recueil de Chartes & de Pièces originales, rangées par ordre de dates, touchant les biens de l'Abbaye de Longpont, répandus dans le Valois.]

Histoires de l'Ordre de Cîteaux.

13103. Vita beati Joannis de Montemirabili.

Cette Vie est imprimée dans Hugues Ménard, p. 704 de ses *Observations sur le Martyrologe Bénédictin* : *Paris*, 1629, in-8. & dans le Livre précédent. Cette Vie est tirée de celle qu'a composé Gauthier d'Ochies, Abbé de Longpont, qui a fleuri en 1222. Celle-ci est conservée dans cette Abbaye. Saint Jean de Montmirel est mort en 1207.

13104. ☞ Ejusdem Vita; auctore anonymo: & Commentarius Constantini Suyskeni, è Societate Jesu.

Dans le *Recueil* de Bollandus, au 29 de Septembre.]

13105. Histoire de Jean de Montmirel & d'Oisy, Châtelain de Cambray, puis Religieux de Longpont; par Jean-Baptiste de Machault, Jésuite, avec un Abrégé de la Fondation & des choses mémorables de cette Abbaye, & plusieurs Chartes & Titres originaux : *Paris*, Cramoisy, 1641, in-8.

☞ C'est un Ouvrage posthume de l'Auteur, qui est mort en 1640.]

13106. Vie du même ; par François Giry.

Cette Vie est imprimée dans son *Recueil des Vies des Saints*, au 29 de Septembre.

13107. Vie du même ; par Adrien Baillet.

Cette Vie est imprimée dans son *Recueil des Vies des Saints*, au même jour.

Histoire de l'Abbaye dite le Miroir, dans le Diocèse de Lyon.

13108. Mss. Historia Fundationis Abbatiæ Miratorii.

Cette Histoire [étoit] conservée dans la Bibliothèque de M. Colbert, [& est aujourd'hui en celle du Roi,] entre les Manuscrits de M. du Chesne, à la fin du volume qui contient des Extraits des Cartulaires.

Histoire de l'Abbaye de Morimond, dans le Diocèse de Langres.

13109. ☞ Mss. Series Abbatum Morimondi, & de Jurisdictione eorumdem.

Ce Manuscrit est conservé dans la Bibliothèque de M. Fevret de Fontette, Conseiller au Parlement de Dijon.

L'Abbé de Morimond est électif, & l'un des quatre Pères de l'Ordre de Cîteaux : il est aussi Supérieur immédiat des Ordres militaires d'Alcantara & de Christ, en Espagne & en Portugal.]

13110. ☞ Histoire de la Vie & des Ecrits d'Odon, Abbé de Morimond.

Dans l'*Hist. Littér. de la France*, tom. XII. p. 610-613. Odon de Morimond est mort en 1161.]

Histoire de l'Abbaye de Mortemer, dans le Diocèse de Rouen.

13111. Chronicon Monasterii Mortui-Maris, ab anno 1113, ad annum 1530.

Cette Chronique est imprimée dans Martenne, au tom. III. de son *Nouveau Trésor des Pièces anecdotes*, pag. 1437.

Histoire de l'Abbaye d'Obasine, dans le Diocèse de Limoges.

13112. ☞ Histoire abrégée de l'Abbaye d'Obasine.

Dans l'*Hist. des Ordres Monastiques* du P. Helyot : (*Paris*, 1714, &c. in-4.) tom. V. pag. 363-365.]

13113. Vita sancti Stephani, Abbatis Obazinensis ; auctore anonymo ejus Discipulo.

Ce Saint est mort en 1159. Sa Vie est imprimée dans le *Recueil* de Bollandus, au 8 de Mars ; & dans Baluze, au tom. IV. de ses *Miscellanea*, pag. 69. Elle a été composée d'un style fort élégant, par un de ses Disciples qui assure n'y avoir mis que des choses dont il a été lui-même le témoin oculaire, ou qu'il a apprises de gens dignes de foi.

☞ Le Manuscrit dont s'est servi M. Baluze est encore dans l'Abbaye, & M. Nadaud, Curé de Teyjac, (dont on a parlé N.° 5136,) s'en est servi pour corriger les fautes de l'imprimé.]

13114. * De Stephano Obasinæ fundatore, Gosfrido, Rogerio & Auberto , Tractatus Bernardi Guidonis Episcopi Lodovensis.

Cette Histoire est imprimée dans le *Recueil* du Père Labbe, intitulé : *Nouvelle Bibliothèque des Manuscrits*, tom. I. pag. 636.

Histoire de l'Abbaye d'Olive, en Hainaut.

13115. Vita beati Guillelmi, Presbyteri & Eremitæ, Fundatoris Cœnobii Olivæ in Hannonia, scripta à Confessario Virginum Olivensium ; cum Commentario prævio Joannis Bollandi.

Cette Vie est imprimée dans son *Recueil*, au 11 de Février. Ce Saint est mort l'an 1241.

Histoire de l'Abbaye d'Orval, au Pays de Luxembourg, dans le Diocèse de Trèves.

13116. Mss. Chronique du Monastère d'Orval.

Cette Chronique est conservée dans la Bibliothèque de cette Abbaye, selon le P. Martenne, part. 2 de son *Voyage Littéraire*, pag. 150, (ci-devant, N.° 2538.)

13117. ☞ Histoire abrégée de la Réforme de l'Abbaye d'Orval, & de la Vie de Dom Bernard de Montgaillard, Réformateur.

Dans l'*Hist. des Ord. Monastiq.* du P. Helyot : (*Paris*, 1714, &c. in-4.) tom. V. pag. 180 & *suiv.* On y trouve une Relation de l'Abbé Chastelain, Chanoine de Notre-Dame de Paris, qui fit un voyage à Orval en 1684.]

13118. Les saintes Montagnes & Collines d'Orval & de Clairvaux, vive représentation de la vie exemplaire & du religieux trépas de Dom Bernard de Persin de Montgaillard, Abbé d'Orval, sur le modèle de saint Bernard, Abbé de Clairvaux, au jour & célébrité de ses Exèques ; par André Valladier, Abbé de saint Arnoul de Metz : *Luxembourg*, 1629, in-4.

Cet Abbé d'Orval se nommoit, au temps de la Ligue, le petit Feuillent. Il est mort en 1628, & Valladier en 1638.

« Cette Vie n'est qu'un Panégyrique qui fut fait au » petit Feuillent pendant trois jours, les 10, 11 & 12 » Octobre 1628, quatre mois & deux jours après sa

Tome I.

Kkkkk 2

» mort. Vous pouvez vous imaginer ce que c'est qu'un
» Panégyrique d'un homme comme lui, par un autre du
» même caractère, dans un pays tel que le Luxembourg.
» Tout y est rempli de révélations, de contemplations
» & d'extases ». *Remarques sur la Satyre Ménippée,
tom. II. pag. 58.*

13119. ☞ Mf. Mémoire sur la vie, l'esprit & la conduite de D. Charles-Henri de Bentzeradt, Abbé d'Orval.

Ils sont conservés dans cette Abbaye. Cet Abbé, qui a conduit à sa perfection la Réforme commencée par D. Bernard de Montgaillard, en profitant des lumières de M. l'Abbé de Pontchâteau, (qui, de Port-Royal, étoit venu à Orval,) est mort en 1707.]

13120. ☞ Diverses particularités concernant l'Histoire d'Orval.

Elles se trouvent dans les *Mémoires historiq. sur... les Pays-Bas*: (Bruxelles, 1755, in-12. 4 vol.) *tom. II. pag. 325-407; & IV. pag. 207-217. Voyez* aussi les *Nouvelles Ecclésiast.* du 15 Sept. 1765, où il est question des moyens pris à Orval pour y soutenir la Réforme.]

☞ Histoire de D. Claude-Bernard Barhom, mort en 1764.

Elle se trouve *pag. 283-296. du tom. VI. du Nécrologe*, indiqué N.° 5570.]

Histoire de l'Abbaye de Perseigne, dans le Diocèse du Mans.

13121. Mf. Histoire de l'Abbaye de Perseigne.

Cette Histoire est citée par Ménage, à la *pag. 302 de son Histoire de Sablé : Paris, 1686, in-fol.* [Elle étoit alors dans l'Abbaye; mais on ne sçait depuis long-temps ce qu'elle est devenue.]

13122. ☞ Mf. Registre du Prieur D. Vau: *in-fol.*

Il est conservé dans l'Abbaye de Perseigne. L'Auteur vivoit au milieu du dernier siècle : il a donné dans son Registre une Notice des possessions de cette Maison, avec la Charte de donation.]

13123. ☞ Mf. Notitia Regalis Abbatiæ beatæ Mariæ de Persenia, Ordinis Cisterciensis : *in-fol.*

Ce Manuscrit est dans la même Abbaye. Si l'on en croit un passage, D. Gobbé en est Auteur; le voici : *Hujusce domûs notitiam texuit D. Yvo-Josephus Gobbé, humilis Persenia Prior*; mais selon les Religieux de la Maison, D. Carnet en est le véritable Auteur. Cependant on a une Notice, qui paroît l'original, & dont l'Auteur est appellé D. Alexis Ruellan. Cela semble indiquer que plusieurs y ont travaillé. C'est au reste une Histoire abrégée, où l'on trouve les motifs qui ont engagé Talva III, Comte de Belême, à faire la fondation de ce Monastère; la suite des Abbés, tant Réguliers qu'en Commende, une Liste des personnes dont les tombeaux étoient à Perseigne, lesquels sont détruits depuis quelques années, &c.]

Histoire de l'Abbaye de Pontigny, dans le Diocèse d'Auxerre.

13124. Historia Monasterii Pontiniacensis per chartas & instrumenta ejusdem Cœnobii.

Cette Hist. est imprimée dans Martenne, au *tom. III. de son Nouveau Trésor des Pièces anecdotes, pag. 1222.* Ce n'est qu'un Recueil de Chartes & d'autres Actes ramassées par George Viole, Bénédictin de la Congrégation de saint Maur.

13125. Vie du bienheureux Hugues, Abbé de Pontigny; par Dom Pierre Lenain.

Cette Vie est imprimée au tom. II. de son *Essai de l'Histoire de Cîteaux : Paris, 1697, in-12.*

Histoire de l'Abbaye de Saint-Aubin-des-Bois, dans le Diocèse de Saint-Brieu.

13126. Mf. Historia Monasterii Sancti Albini de Bosco; auctore Guillelmo Gauthier, hujus Monasterii Subpriore.

Cette Histoire est conservée dans la Bibliothèque de Saint-Magloire, à Paris, entre les Manuscrits de MM. de Sainte-Marthe.

Histoire de l'Abbaye de Saint-André, en Gouffern, dans le Diocèse de Seez.

13127. ☞ Mf. La Chronique de Henri de Chatelraut, Religieux de Saint-André en Gouffern.

C'est l'Histoire de cette Abbaye, qui y est conservée.]

Histoire des Abbayes de Saint-Martin de Limoges, & de Saint-Mêmin, aujourd'hui unies aux Feuillens.

☞ *Voyez* ci-devant, N.ᵒˢ 12622 & 12663.]

Histoire de l'Abbaye de Saint-Vivant, sous Vergy, près de Nuits en Bourgogne, Diocèse d'Autun.

13128. ☞ Mf. Histoire du Monastère de Saint-Vivant ; par Simon Crevaisier, Prieur claustral, & Chambrier de ce Monastère : petit *in-fol.*

Cette Histoire se trouve dans la Bibliothèque de cette Abbaye. Simon Crevaisier est mort le 16 Janvier 1658, âgé de plus de 88 ans.]

Histoire du Monastère de Salvanaise, dans le Diocèse de Vabres.

13129. Tractatus de Conversione Pontii de Larazio, & exordii Salviniensis Monasterii vera Narratio; auctore Hugone, Francigena, Monacho ejusdem Monasterii.

Ce Traité est imprimé dans Baluze, au *tom. III. de ses Miscellanea, pag. 205.*

Histoire de l'Abbaye de Savigny, dans le Diocèse d'Avranches.

☞ *Voyez* ci-devant, N.ᵒˢ 12868. *& suiv.*]

13130. Chronicon Saviniacense seu Monasterii Saviniacensis in Normannia, ab anno 1112, ad annum 1378.

Cette Chronique est imprimée dans Baluze, au tom. II. de ses *Miscellanea, pag. 110.*

13131. ☞ Histoire de la Vie & des Ecrits du Vénérable Serlon, Abbé de Savigny.

Dans l'*Histoire Littéraire de la France, tom. XII. pag. 521-523.* Cet Abbé est mort en 1158.]

13132. Discours sommaire de la vie & du trépas de Claude du Bellay, Abbé de Savigny ; par Louis Texier, Prêtre, Prieur d'Alonne, son Confesseur.

Cet Abbé est mort en 1609. Sa Vie se trouve impri-

Histoires de l'Ordre de Cîteaux.

mée dans le *Tréfor des Ames dévotes*, extrait de faint Bernard, par Claude du Bellay.

Histoire de l'Abbaye de Sept-Fonts, dans le Diocèfe d'Autun.

— ☞ Relation de l'Abbaye de Sept-Fonts.

Voyez ci-deffous, N.° 13137 & 13157.]

13133. Histoire de l'Abbaye de Sept-Fonts ; par [Jean] DROUET DE MAUPERTUIS : *Paris*, 1702, *in-12*.

13134. Lettre de l'Abbé de Sept-Fonts, fur la précédente Histoire, du 14 Mai 1702, *in-12*.

Euftache DE BEAUFORT, Abbé de Sept-Fonts, a défavoué dans cette Lettre l'Histoire précédente.

☞ C'eft principalement l'humilité de ce pieux Réformateur, qui lui fit faire ce défaveu : il eft mort en 1709, & fa Réforme s'eft foutenue dans fa Maifon. On peut en voir l'Histoire abrégée dans l'*Hift. des Ordres Monaftiq.* du P. HELYOT : (*Paris*, 1714, &c. *in-4*.) tom. *VI. pag.* 15-21. *Voyez* auffi les *Ord. Mon.* de MUSSON : (*Berlin*, 1751, *in-12*.) *t. II. p.* 171. & 209.]

Histoire de l'Abbaye de Signy, dans le Diocèfe de Reims.

13135. Mf. Histoire chronologique des Abbés de Notre-Dame de Signy, avec les Titres de cette Abbaye; par François DE CAMPS, Abbé de Signy.

Cette Histoire [étoit] confervée dans la Bibliothèque de l'Auteur, [qui eft aujourd'hui à M. de Beringhen.]

Histoire de l'Abbaye de la Trappe dans le Diocèfe de Seez.

13136. Defcription de la Trappe : *Paris*, [Michallet] 1671, [1678,] 1682, 1689, *in-12*.

Cette Defcription a été faite par André FELIBIEN, Sieur des Avaux, Hiftoriographe du Roi, mort en 1695.

13137. Defcription de la même Abbaye, avec les Conftitutions, les Réflexions fur icelles, la mort de quelques Religieux de ce Monaftère. Plufieurs Lettres du R. P. Abbé, une briève Relation de l'Abbaye de Sept-Fons : *Lyon*, Aubin, 1683, *in-12*.

Cette nouvelle Defcription a été écrite en 1677, par Touffaint DESMARES, Prêtre de l'Oratoire, & Curé de Liancourt, mort en ce lieu l'an 1687 : & les Relations de la mort de cinq Religieux de ce Monaftère, font d'Armand-Jean LE BOUTHILLIER DE RANCÉ, Abbé Réformateur de cette Abbaye.

13138. Defcription des Plan & Relief de l'Abbaye de la Trappe, préfentée au Roi par Frère PACÔME, Religieux Solitaire : *Paris*, Colombat, 1708, *in-4*.

13139. ☞ Conftitutions de l'Abbaye de la Trappe : *Paris*, le Petit, 1671, *in-12*.

M. Jardel, Officier du Roi à Braine, près de Soiffons, a dans fon Cabinet ces Conftitutions en manufcrit, précédées d'un Difcours fur la Réforme de la Trappe, où l'on femble cenfurer les autres Monaftères.]

13140. ☞ Réglemens de l'Abbaye de la Trappe, en forme de Conftitutions : *Ibid.* 1690, & 1718, *in-12*.

Cet Ouvrage & le précédent font de M. DE RANCÉ.]

13141. ☞ Réflexions fur lefdites Conftitutions; (par le même :) *Paris*, 1671, *in-12*.]

13142. ☞ Réglemens généraux pour la même Abbaye ; par D. Armand-Jean LE BOUTHILLIER DE RANCÉ : *Paris*, 1701, *in-12*. 2 vol.]

13143. ☞ Histoire des Religieux Bernardins Réformés de la Trappe.

Dans l'*Hift. des Ordr. Monaftiq.* du P. HELYOT : (*Paris*, 1714, &c. *in-4*.) tom. *VI. pag.* 1-15.]

13144. * Lettres à M. l'Abbé de la Trappe, où l'on examine fa Réponfe au Traité des Etudes Monaftiques (de D. Mabillon,) & quelques endroits de fon Commentaire fur la Règle de S. Benoît : *Amfterdam*, Desbordes, 1692, *in-12*.

Recueil de quelques Pièces concernant les quatre Lettres écrites à M. l'Abbé de la Trappe : *Cologne*, Sambix, 1693, *in-12*.

« Dans le défir qu'on a de faire bonne guerre au Père » (Denys) DE SAINTE-MARTHE, on commence d'abord » par lui déclarer qu'il eft Auteur des quatre Lettres & » du Recueil, & on propofe les raifons qu'on a de le » croire ». C'eft ainfi que s'explique l'Auteur de l'Ouvrage fuivant, dans fa Préface.

* Apologie pour M. l'Abbé de la Trappe, au R. P. Denys de Sainte-Marthe, Moine Bénédictin de la Congrégation de faint Maur.

Cet Ouvrage eft de J. B. THIERS, Curé de Champron.

13145. Relation de la mort de quelques Religieux de la Trappe : *Paris*, [Michallet, 1678,] Delaulne, 1696 & *fuiv. in-12*. 4 vol.

Ces Relations ont été faites par Armand-Jean LE BOUTHILLIER DE RANCÉ, Abbé Réformateur de cette Abbaye.

☞ La même, nouvelle Edition, augmentée de plufieurs Vies, (quatre,) & d'une Defcription abrégée de l'Abbaye : *Paris*, Defprez, 1755, *in-12*. 5 vol.

On dit dans la Préface, que la Communauté de la Trappe étoit alors compofée de 150 perfonnes. La Defcription eft celle du P. DESMARES, (ci-deffus, N.° 13137.) mais corrigée par des Notes, parcequ'lorfqu'elle fut compofée, la Réforme n'étoit pas encore parvenue au point où elle fut quelques années après. Elle eft fuivie de la Relation d'un Voyage fait à la Trappe, qui contient une nouvelle Defcription des pratiques de cette Abbaye.

Ce Recueil renferme cinquante-fept Vies ; & à la fin, la Lifte des Religieux de la Trappe morts depuis le commencement de la Réforme : elle eft compofée de près de cinq cens noms.]

13146. ☞ Les véritables motifs de la Converfion de l'Abbé de la Trappe, avec des Réflexions fur fa Vie & fur fes Ecrits; par DE LA ROQUE : *Cologne*, 1685, *in-12*.]

13147. ☞ Lettre de M. DE TILLEMONT, à M. l'Abbé de la Trappe : *Colog.* 1705. *in-12*.

Elle eft curieufe, & fait connoître les différentes difpofitions de M. de Rancé, au fujet de l'affaire du Janfénifme.]

13148. Relation de quelques circonftances des dernières heures de la maladie & de la vie d'Armand-Jean le Bouthillier de Rancé, vingt-quatrième Abbé Régulier & Réformateur de l'Abbaye de Notre-Dame de la Trappe : *Paris*, 1700, *in-12*.

Cet Abbé est mort en 1700.

13149. Imago ejusdem, en Latin & en François; par Louis D'ACQUIN, Evêque de Seez : *Seez*, 1701, *in-4*.

Cet Evêque est mort en 1710.

13150. Eloge funèbre du même; par Pierre MAUPEOU, Curé de la Ville de Nonnancourt : *Paris*, Muguet, 1700, *in-12*.

13151. Vie du même; par le même Curé: *Paris*, d'Houry, 1702, *in-12*. 2 vol.

13152. Vie du même; par [Jacques] MARSOLIER, Chanoine d'Uzès : *Paris*, de Nully, 1702, *in-4. Ib.* 1703, [1758,] *in-12*. 2 vol.

13153. ☞ Jugement critique, mais équitable, des Vies de feu M. l'Abbé de Rancé, Réformateur de l'Abbaye de la Trappe, par les sieurs Marsolier & Maupeou, divisé en deux parties; où l'on voit toutes les fautes qu'ils ont commises contre la vérité de l'Histoire, contre le bon sens, contre la vraisemblance, contre l'honneur même de M. de Rancé & de la Maison de la Trappe: *Londres*, (*Reims*,) 1742, *in-12*.

Cet Ouvrage, très-curieux, mais trop satyrique, surtout contre l'Abbé Marsolier, est de D. Armand GERVAISE, ancien Abbé de la Trappe, connu par ses aventures & par la multitude de ses Ecrits. A la pag. 25, d'Auteur reprend avec raison ce que l'Abbé Marsolier a dit d'un prétendu Commentaire de M. de Rancé sur Anacréon. Mais où D. Gervaise a-t-il pris lui-même l'Epître dédicatoire Latine qu'il rapporte à la page 26? J'ai vu l'Edition d'Anacréon par M. de Rancé: *Parisiis ex Typographia Jacobi Dugast*, 1639, *in-8*. elle est toute Grecque: l'Epître dédicatoire au Cardinal de Richelieu, est toute Grecque aussi, & très-différente de la Latine rapportée par D. Gervaise.]

13154. Vie du même Abbé de la Trappe; par Dom Pierre LENAIN, ancien Sous-Prieur de ladite Abbaye : [*Rouen*,] 1715, *in-12*. 3 vol.

13155. ☞ Abrégé de la Vie du même.

Dans la nouvelle Edition du *Recueil* ci-dessus, N.° 13145.]

13156. ☞ Character genuinus, seu Vita Armandi-Joan. Butcillerei Rancæi, Abbatis Monasterii beatæ Mariæ Domûs Dei de la Trappe, Ordinis Cisterciensis, Institutoris, à Malachia D'INGUIMBERT: *Romæ*, 1718, *in-4*.]

13157. ☞ Recueil de plusieurs Lettres du R. P. Abbé de la Trappe, (de Rancé,) avec la Relation de la mort de quelques autres Religieux de cette Maison, la Description de l'Abbaye de Sept-Fonts, & un Discours du R. P. Abbé, touchant la réforme outrée qu'on dit être dans son Monastère : *in-12*. sans date.

On trouve dans ce Recueil la Lettre de M. de Rancé à M. le Roy, Abbé de Haute-Fontaine, touchant les humiliations qui se pratiquent dans les Cloîtres. Il y a huit Relations de morts, entr'autres celle de l'Abbé de Châtillon, & celle du Frère Jean, décédé dans l'Abbaye de Sept-Fonts.]

13158. ☞ Relation de la vie & de la mort de Frère PALEMON, nommé dans le monde le Comte de Santena : *Paris*, 1695, *in-12*.]

13159. Compendio della Vita di Frate Arsenio di Gianson, Monacho Cisterciense della Trappa, chiamato nel secolo il Comte di Rosemberg; scritta dal Abbate e Monaci dell' Abbadia di Buon-Solazzo : *in Firenze*, 1711, *in-12*.

Ce Religieux est mort en 1710.
L'Auteur de cet Abrégé est D. Alexis D'AVIA, Moine Italien de la Trappe.

Le même Abrégé, traduit en François: *Paris*, 1711, *in-12*.

Cette Traduction est d'Antoine Lancelot.

Le même, traduit par [Jean] DROUET DE MAUPERTUIS : *Avignon*, 1711, *in-12*.

13160. ☞ Recueil de plusieurs Lettres de D. ARSENNE (DE JOUGLA, Toulousain,) Religieux Profès de la Trappe, sur sa conversion : 1701, *in-12*.]

13161. Mss. La Vie du Frère D. Muce, Religieux de la Trappe : *in-4*.

Ce Manuscrit étoit dans la Bibliothèque de M. l'Abbé Goujet, aujourd'hui à M. le Duc de Charost.]

13162. La Vie de D. Pierre Lenain, Religieux, & ancien Sous-Prieur de la Trappe.

☞ Cette Vie est de M. d'Atnaudin, neveu du Docteur de ce nom. Dom Lenain étoit frère du célèbre M. Lenain de Tillemont.

Dom Pierre Lenain est mort en 1713. Sa Vie est imprimée avec deux Traités de piété qu'il avoit composés, &c. *Paris*, Delaulne, 1715, *in-8*. 3 vol. Elle a été aussi imprimée séparément la même année.]

Elle est écrite avec éloquence, & d'un style d'éloge. Il y a à la fin le Catalogue des Religieux morts à la Trappe depuis le 15 de Septembre 1667, jusqu'au 13 d'Octobre 1714. Ils sont au nombre de deux cens soixante, dont plusieurs sont passés à la Trappe de divers Ordres Religieux, & même des plus austères. Quelques-uns ont été distingués dans le monde, ou par leur naissance ou par leurs emplois.

13163. ☞ Histoire de la Vie du même; par le P. NICERON.

Dans ses *Mémoires*, tom. II. pag. 311-314; & X. part. 1. pag. 99.]

Histoire de l'Abbaye de Valricher, dans le Diocèse de Bayeux.

13164. Vie de Dominique George, Abbé de Valricher; par Claude BUFFIER, Jésuite: *Paris*, Boudot, 1696, *in-12*.

Cet Abbé est mort en 1693, [& l'Auteur en 1737.]

Histoire de l'Abbaye de Vaucelles, dans le Diocèse de Cambray.

13165. ☞ Mss. Catalogus Abbatum Valcellensium ; authore Gaspare DE SOEF, Religioso Valcellensi.

Ce Manuscrit est conservé dans cette Abbaye. On y trouve fort au long la Vie du bienheureux Radulphe, qui fut établi par S. Bernard, premier Abbé de ce Monastère.]

13166. ☞ Mf. Chronicorum Valcellensium Libri duo.

L'Auteur de ces Chroniques, qui se conservent dans l'Abbaye, est D. Richard MORENO, mort Abbé en 1720. Le premier Livre contient la suite des Abbés de Vaucelles; & le second traite principalement de ce qui s'est passé dans le Cambresis, pendant la guerre qui dura depuis 1635 jusqu'en 1649.]

13167. ☞ Liste chronologique des Abbés de Vaucelles.

Dans l'*Almanach historique de Cambray*, 1759, pag. 102.]

Histoire de l'Abbaye de Vaux-de-Cernay, dans le Diocèse de Paris.

13168. ☞ Mf. Catalogue, ou Liste des Abbés, tant Réguliers que Commendataires, de l'Abbaye de Vaux-de-Cernay, leurs noms, surnoms & qualités, avec le temps du gouvernement d'un chacun d'eux, & ce qui s'est passé de plus considérable pendant leur administration, le tout fidèlement tiré & extrait des anciens Monumens, Chartes, Titres, Manuscrits & Pièces authentiques de la Maison; par F. N. L. D. E. T. D. L. F. D. P. E. P. D. L. A. *in-*8.

Cet Auteur dit qu'il avoit fait autrefois, à la prière de MM. de Sainte-Marthe, un Recueil des Abbés de Vaux de Cernay, qu'ils ont inséré, (en 1656,) dans le *Gallia Christiana*, dressé sur les Mémoires de D. Claude CHALEMOT, Docteur en Théologie de la Faculté de Paris & Abbé de la Colombe ; mais que comme il y a reconnu des fautes, il a pris le dessein d'en faire un plus ample.

Les Lettres initiales ci-dessus doivent s'expliquer: Frère Nicolas LOUVET, Docteur en Théologie de la Faculté de Paris, & Prieur de l'Abbaye. Cette Histoire vient jusqu'à Armand-Louis Bonnin de Chalucet, pourvu de cette Abbaye le 27 Avril 1673.

A la fin, est une petite Histoire de *Port-Royal*, ou la fondation de ce Monastère de Filles, sous la Juridiction des Religieux de Vaux-de-Cernay.

13169. Vita sancti Theobaldi, Abbatis Vallis-Cernaï; auctore Monacho hujus loci.

Cette Vie est imprimée dans Hugues Ménard, p. 624 de ses *Observations sur le Martyrologe Bénédictin: Parisiis*, 1619, *in-*8. Ce n'est qu'un abrégé de celle qui a été écrite en prose & en vers par un Religieux anonyme; laquelle est conservée en manuscrit à Paris, dans la Bibliothèque de Saint-Victor. Saint Thibauld est mort en 1247.

13170. Vie de saint Thibauld; par François GIRY.

Cette Vie est imprimée dans son *Recueil des Vies des Saints*, au 8 de Juillet.

13171. Vie du même; par D. Pierre LENAIN, Sous-Prieur de la Trappe.

Cette Vie est imprimée au tom. IX. de l'*Essai de l'Histoire de Cîteaux*, pag. 1 : *Paris*, 1697, *in-*12.

13172. Vie du même; par Adrien BAILLET.

Cette Vie est imprimée dans son *Recueil des Vies des Saints*, au 8 de Juillet.

Histoire de l'Abbaye de Villers, en Brabant, dans le Diocèse de Namur.

13173. Historia Monasterii Villariensis, in Brabantia, ab hujus loci Monacho inchoata, atque ab aliis posteà ad nostra usque tempora producta.

Cette Histoire est imprimée dans Martenne, au tom. III. de son *Nouveau Trésor des Pièces anecdotes*, pag. 1267. Elle est composée par trois Auteurs, dont le premier a vécu en 1240; le second l'a continuée jusqu'en 1333, & le troisième jusqu'en 1485.

13174. Sol Cisterciensis in Belgio, seu de Viris sanctitate conspicuis, qui virtutibus & miraculis claruerunt in sacra Villariensium Eremo, cum eorum Beatorum Vitis in compendio scriptis; auctore Chrysostomo HENRIQUEZ, Ordinis Cisterciensis : *Bruxellis*, 1622, *in-fol.*

13175. Vita sancti Caroli VIII, Abbatis; auctore Monacho Villariensi.

La Vie de ce Saint, qui vivoit au commencement du XIIIe siècle, est imprimée dans le *Recueil* de Bollandus, au 29 de Janvier.

13176. Mf. Vita beati Goberti, quondam Comitis Asperi Montis in Lotharingia, posteà Monachi Villariensis, tribus Libris distincta.

Cette Vie est conservée dans la Bibliothèque de ce Monastère. Ce Saint est mort en 1263.

13177. ☞ Mf. Vita venerabilis & pii Goberti, nobilissimi Militis & Domini Asperi-Montis, posteà humilis & pauperis Monachi Villariensis, 1263, *in-*16.

Cette Vie est conservée dans la Bibliothèque du Roi, parmi les manuscrits de M. de Cangé.]

13178. Vita beati Arnulphi, Monachi Villariensis; auctore Goswino, Cantore Villariensi & coævo, edita studio Francisci Moschi Nivellensis, cum duplici aliorum vita : *Atrebati*, 1600, *in-*8.

Eadem (correctior,) cum Commentario Daniel PAPEBROCHII, è Societate Jesu.

Dans le *Recueil* de Bollandus, au 30 de Juin.]

La même Vie, traduite en François; par Jean d'Assignies, Abbé de Nizelle, en Brabant.

Cette Traduction est imprimée au tom. II. des *Vies des Personnes illustres de l'Ordre de Cîteaux* : *Mons*, Michel, 1606, *in-*4.

§. IV.

Histoires des autres Ordres Religieux, qui portent le nom de Moines.

*⁕C*ES Religieux sont les *Grandmontins*, les *Célestins*, les *Chartreux* & les *Camaldules*.]

Les Religieux de *Fontevrauld*, qui suivent la Règle de S. Benoît, à laquelle ils ont ajouté quelques Constitutions particulières, auroient pu être placés en cet endroit; mais il m'a paru à propos de les mettre [ci-après,

§. V. comme étant dans une classe particulière, puisqu'ils ont pour Supérieure-Générale l'Abbesse de Fontevrauld.]

I. *Histoire de l'Ordre de Grandmont.*

Saint Etienne établit sa Congrégation en 1076, à Muret, dans le Limousin, d'où ses Disciples passèrent après sa mort à Grandmont : c'est de ce lieu que cet Ordre a pris son nom. Ils ne suivent ni la Règle de saint Augustin, ni celle de saint Benoît, mais des Constitutions qu'ils nomment la *Vie.*

13179. Mf. Historia Monasterii Grandimontensis ; adjectâ Serie Priorum & Abbatum ejusdem loci.

Cette Histoire est citée par du Chesne, à la *pag.* 181 du Plan de son *Recueil des Historiens de France.*

13180. Mf. Gesta Priorum Grandimontensium, usque ad annum 1317 ; auctore anonymo.

Cette Histoire [étoit] entre les mains de D. Edmond Martenne, Bénédictin.

☞ Ce Religieux a publié quantité d'Ecrits concernant l'Ordre de Grandmont, dans le tom. I. de son *Amplissim. Collect.* On ne peut s'empêcher d'observer ici qu'on l'a assez mal servi, puisque M. Nadaud, (dont nous avons parlé ci-dessus, N.° 5136.) nous a marqué que son Exemplaire étoit rempli de quantité de corrections qu'il a faites sur l'Original de Gérard Ithier, qui est en l'Abbaye de Grandmont.]

13181. Bernardi GUIDONIS, Episcopi Lodovensis, de Ordinibus Grandimontensi & Artigiæ, & Monasterio sancti Augustini Lemovicensis.

Ce Discours est imprimé dans Labbe, au tom. II. de sa *Nouvelle Bibliothèque des Manuscrits,* pag. 275 ; & au tom. I. de son *Abrégé de l'Alliance chronologiq. &c.* pag. 608 du *Recueil historique de Pièces : Paris,* 1664, *in-4.*

13182. Annales Ordinis Grandimontensis, nunc primùm editi, & in Epitomen redacti ; auctore & collectore Joanne LEVESQUE, Trecensi, Priore Villamediano : *Trecis*, Regnault, 1662, *in-8.*

Cette Histoire est continuée jusqu'en 1661.

13183. ☞ Mf. Historia Ordinis Grandimontensis ; auctore Richardo DU BOIS.

L'Auteur, qui étoit Prieur de la Haye & de Montguion, a été Evêque de Vérie & suffragant d'Angers : il est mort en 1506. Son Manuscrit & les quatre suivans, sont conservés en l'Abbaye de Grandmont.]

13184. ☞ Mf. Speculum Grandimontis ; auctore F. PARDOUX DE LA GARDE : 1591.]

13185. ☞ Mf. De Ordine Grandimontensi ; auctore Joanne ROUDET.

Cet Ouvrage est plein de fautes. L'Auteur est mort en 1643.]

13186. ☞ Annales Ordinis Grandimontensis ; auctore P. LEVESQUE : *in-fol.*]

13187. ☞ De Ordine Grandimontensi : auctore P. BONNET : *in-4.* 3 vol.]

13188. ☞ Histoire de l'Ordre de Grandmont, & de ses Religieux réformés ou de l'étroite Observance, avec l'abrégé de la Vie de saint Etienne de Muret, & de celle de Charles Fremon, Réformateur.

Dans l'*Histoire des Ordr. Monastiques* du P. HELYOT : (*Paris*, 1714, &c. *in-4.*) tom. *VII.* pag. 406-425.]

13189. ☞ Regula sancti Stephani Ordinis Grandimontensis Fundatoris : *Rothomagi*, 1671, *in-12.*]

13190. Vita sancti Stephani Thiernensis, Fundatoris Grandimontensis.

Cette Vie est imprimée dans Labbe, au tom. II. de sa *Nouvelle Bibliothèque des Manuscrits,* pag. 674. Ce Saint est mort en 1124.

13191. Vita alia ; auctore Gerardo ITHIER, Priore Grandimontano, cum Commentario prævio Joannis Bollandi.

Cette Vie est imprimée dans son *Recueil*, au 8 de Février ; & à la *pag.* 19 des *Annales de Grandmont : Trecis*, 1662, *in-8.* Ithier a écrit cette Vie en 1158. C'est un Recueil des Mémoires de sa Canonisation, & d'autres Relations, sans aucun ordre de temps & de matière.]

13192. Mf. Epitome Vitæ ejusdem, cum Catalogo Priorum & Abbatum Grandimontensium.

Cet Abrégé [étoit] conservé dans la Bibliothèque de M. Baluze, num. 896, [& est aujourd'hui dans celle du Roi.]

13193. Vie de saint Etienne ; par Charles FREMON, Religieux du même Ordre : *Dijon*, 1647, *in* 8.

☞ L'Auteur est mort en 1689, après avoir fait une Réforme dans son Ordre.]

13194. Vie du même ; par Adrien BAILLET.

Cette Vie est imprimée dans son *Recueil des Vies des Saints*, au 8 de Février.

13195. Vie du même ; par Henri DE LA MARCHE de Parnac, Abbé-Général de cet Ordre : *Paris*, le Mercier, 1704, *in-12.*

☞ Henri de la Marche est mort en 1715.]

13196. ☞ Lettre d'un Religieux, (le même Henri DE LA MARCHE,) sur le Livre intitulé : *Les Moines empruntés* : 1697, *in-16.*

Elle roule sur le Monachisme & la Règle de S. Etienne de Muret.]

13197. ☞ Histoire de la Vie & des Ecrits de saint Etienne de Muret.

Dans l'*Hist. Littér. de la France*, tom. X. pag. 410-425.]

13198. ☞ Mf. Vie de saint Etienne de Muret, avec des Dissertations ; par Joseph NADAUD, Curé de Teyjac.

Elle est entre les mains de l'Auteur.]

13199. Mf. Vita Hugonis de Lacerta, sancti Stephani Discipuli ; auctore suppare Guillelmo DE SANCTO SAVINO.

Cette Vie, écrite vers l'an 1200, [étoit] entre les mains de D. Martenne, Religieux Bénédictin.

13200. Vita ejusdem, brevior reddita ab auctore quodam, qui fuit Gerardo Ithier, Priore Grandimontensi, proximus.

Cette Vie est imprimée à la *pag.* 66 des *Annales de Grandmont : Trecis,* 1662, *in-8.* [ci-dessus, N.° 13182.]

13201.

Histoires des Célestins & des Chartreux.

13201. Vie du même, par Charles Fremon.

Cette Vie est imprimée avec la Vie de saint Etienne de Grandmont : *Dijon*, 1647, *in-8*.

13202. Titres de cette Abbaye.

Ces Titres sont imprimés au tom. II. de l'*Abrégé de l'Alliance chronologique, &c. pag.* 450 du *Mélange curieux* : *Paris*, 1664, *in-4*.

13203. ☞ Inscription ou Description antique de la vraie Croix de l'Abbaye de Grandmont; par François Ogier : *Paris*, Henault, 1658, *in-8*.]

II. Histoire de la Congrégation des Célestins.

Saint Pierre Célestin, qui étoit de l'Ordre de S. Benoît, & en suivoit la Règle, établit une nouvelle Congrégation, & fit approuver son Institut par le Pape Grégoire X, en 1273, dans le Concile général de Lyon.

13204. ☞ Histoire des Moines Célestins ; (par le P. Pierre Helyot, Religieux Pénitent.)

Dans son *Histoire des Ordres Monastiques* : (*Paris*, 1714, &c. *in-4.*) tom. *VI*. pag. 180-191.]

13205. ☞ Supplément & Remarques critiques sur le vingt-troisième Chapitre du sixième tome de l'Histoire des Ordres Monastiques (du Père Helyot) où il est traité de l'Ordre des Célestins ; par Ant. Becquet : *Paris*, 1726, *in-4*.

Il y a eu une première Edition dans les *Mém. de Trévoux*, 1721, *Mai, pag.* 858-880.]

13206. Gallicanæ Cœlestinorum Congregationis Monasteriorum fundationes ; Virorumque Vitâ & Scriptis illustrium Catalogus Chronico-historicus : auctore Antonio Becquet, Sacerdote, Parisino, ex Ordine Cœlestinorum, Bibliothecæ Domûs Parisiensis Præfecto : [*Paris*, Delaulne, 1719, *in-4*.]

13207. Ms. De Viris illustribus & Factis mirabilibus Ordinis Cœlestinorum : auctore Claudio Firmino, Parisino, Cœlestino: *in-4*.

Cette Histoire est conservée dans la Bibliothèque des Célestins de Paris. Cet Auteur est mort en 1558.

13208. ☞ Constitutiones Fratrum Cœlestinorum Provinciæ Franco-Gallicanæ : *Parisiis*, 1670, *in-12*.]

13209. * La Vérité pour les Pères Célestins; (par Nicolas Bernard, Célestin) : *Paris*, 1615, *in-12*.

Ce Livre contient en abrégé les faits & dits mémorables de quelques Célestins illustres de France.

13210. * Ms. Brevis Historia Cœlestinorum Galliæ : auctore Benedicto Gonon, Cœlestino.

L'Auteur a fait mention de cet Ouvrage, dans un autre intitulé : *Histoire des Célestins de Lyon*, dit le Père Becquet, *pag.* 105, [de son Livre ci-dessus, N.° 13204.]

13211. ☞ Factum pour les Célestins, sur la Requête présentée au Roi le 26 Novembre 1668 : *in-4*.

Il s'agissoit d'une affaire entre le Prieur & les Religieux.]

13212. Histoire du Monastère & Convent des Célestins de Paris, contenant les Antiquités, Privilèges; ensemble les Tombeaux & Epitaphes des Rois, des Ducs d'Orléans, & autres illustres Personnages ; par Louis Beurrier, Célestin : *Paris*, Chevalier, 1634, *in-4*.

13213. Nicolai de Leville, Atrebatis, Prioris Cœlestinorum Heverleensium, Heverlea Cœlestina : *Lovanii*, Covestini, 1661, *in-8*.

C'est une Description historique du Monastère de Héverlay, proche de Louvain, dans le Brabant. L'Auteur est mort en 1669.

13214. Vita beati Joannis Basseni, Prioris Monasterii Colis Madii in Italia.

Cette Vie est imprimée dans Hugues Ménard, à la *pag.* 670, de ses *Observations sur le Martyrologe Bénédictin : Parisiis*, 1629, *in-8*. Ce Prieur, qui étoit François, est mort l'an 1445.

13215. ☞ Histoire de la Vie & des Ouvrages de Pierre Crespet, Célestin, Prieur dans le Vivarez ; par le Père Niceron.

Dans ses *Mémoires*, tom. *XXIX.* pag. 252-257. Le Père Crespet est mort en 1594.]

13216. ☞ Histoire de la Vie & des Ouvrages de Nicolas le Comte, Célestin de Paris; par le même.

Dans le même volume, *pag.* 257-258. Le Père le Comte est mort en 1689.]

III. Histoire de l'Ordre des Chartreux.

13217. De Institutionibus Ordinis Cartusiensis, seu de quinque primis Cartusiæ Prioribus.

Ce Discours est imprimé dans Labbe, au tom. I. de sa *Nouvelle Bibliothèque des Manuscrits, pag.* 168.

13218. Ms. Chronica de narratione inchoationis & promotionis Ordinis Cartusiensis. Chronica de exordio ejusdem Ordinis : *in-fol.*

Ces Chroniques [étoient] conservées dans la Bibliothèque de M. Colbert, num. 3806, [aujourd'hui à la Bibliothèque du Roi.]

13219. De Carthusiani Ordinis origine anonymi Anagraphe, versibus hexametris descripta in minore Claustro Carthusiæ Parisiensis : *Parisiis*, 1551, *in-4*.

Le même Livre en Vers Latins & en Vers François, sous le titre suivant :

Description de l'Origine & première Fondation de l'Ordre sacré des Chartreux ; par François Jarry, Prieur de la Chartreuse de Notre-Dame de la Prée-lès-Troyes : *Paris*, 1578, *in-4*.

Les Vers Latins sont sur les murailles du petit Cloître des Chartreux de Paris.

☞ Nicolas Thiboust, Libraire-Imprimeur de l'Université, en a donné en 1756 une nouvelle traduction Françoise], *in-fol.* & *in-4*.]

13220. Petri Dorlandi, Diestensis Cartusiæ Prioris, Chronicon Cartusiense, studio Theodori Petræi, Cartusiæ Coloniensis Alumni

Tome I. L llll

publicatum : *Coloniæ - Agrippinæ*, 1608, *in-8.*

Dorlandus est mort en 1507. Sa Chronique traite de l'Origine & des hommes illustres en sainteté de l'Ordre des Chartreux.

☞ Petræus a non-seulement fait imprimer cette Chronique, mais il y a encore ajouté des Notes & des éclaircissemens.]

La même Chronique, traduite en François par Adrien Briscart, Curé de Notre-Dame de Tournay : *Tournay*, 1644, *in-8.*

13221. ☞ Domni Guigonis Statuta & Privilegia Ordinis Cartusiensis, &c. *Basileæ*, 1510, *in-fol.*

Ce Livre est très-rare.]

13222. Ludovici de la Tour, Cartusiani Leodiensis, Generales omnes Ordinis Cartusiani, à divo Brunone ad sua usque tempora, carmine numerali descripti : *Coloniæ*, 1597 : *Wiceburgi*, 1606, *in-8.*

Cet Auteur est mort en 1632.

13223. Nomina Provinciarum & Domorum Ordinis Cartusiani. Item Generalium jam inde à sancto Brunone : auctore Theodoro Petræo, Cartusiano.

Cette Liste est imprimée avec le Livre du même Auteur, intitulé : *Confessio Bernardina* : *Coloniæ*, 1606, *in-8.*

13224. Chronologia di tutti li Priori della Gran Cartosa ; per Meleagro de Pentimalli : *In Roma*, 1622, *in-8.*

13225. ☞ Histoire Chronologique des Prieurs Généraux de l'Ordre des Chartreux.

Elle se trouve dans le tom. II. de l'*Histoire du Dauphiné*, par Nicolas Chorier : *Lyon*, 1672, *in-fol.*]

13226. Description en Vers de la grande Chartreuse ; par Antoine Godeau : *Paris*, 1650, *in-4.*

Cet Auteur est mort Evêque de Vence en 1672.

13227. ☞ La grande Chartreuse, Poëme ; par un dévot Religieux : *Paris*, Soly, 1658, *in-4.*]

13228. Histoire sacrée de l'Ordre des Chartreux, & du très-illustre S. Bruno leur Patriarche ; par Jacques Corbin, Avocat en Parlement : *Paris*, 1659, *in-4.*

☞ Cet Ouvrage est regardé par les Connoisseurs comme un pieux Roman, dit Dom Rivet : *Hist. Littér. de la France*, tom. IX. pag. 249.]

13229. Annales Ordinis Cartusiensis, tribus tomis distributi. Tomus primus complectens ea quæ ad Institutionem, Disciplinam & Observantias Ordinis spectant : auctore Innocentio le Masson, Ordinis hujus Præposito Generali : *Correriæ*, Fremon, 1687, *in-fol.*

Dom Innocent le Masson, Supérieur Général de l'Ordre des Chartreux, mort en 1703, avoit fait imprimer son Ouvrage à la Correrie, lieu proche de la grande Chartreuse ; il ne contient rien d'historique que l'origine des Chartreux. L'Auteur rapporte l'Histoire du Docteur de Paris, qui déclare publiquement après sa mort, qu'il est damné ; & l'approuve en y retranchant quelques circonstances. Le reste de ce volume ne contient que des Constitutions ; & je ne le marque ici, que parcequ'il est intitulé : *Annales de l'Ordre des Chartreux*, & qu'on croiroit que je l'aurois omis par inadvertence.

13230. ☞ Histoire des Chartreux : origine & progrès de cet Ordre.

Dans l'*Hist. des Ordres Monastiques* du P. Helyot : (*Paris*, 1714, &c. *in-4.* tom. *VII.* pag. 366-406.]

13231. ☞ Eloge de l'Ordre des Chartreux ; par l'Abbé de Fourcroi. *Merc.* 1741, Septembre, pag. 1946, & *Décembre*, p. 2835.

On trouve dans ce dernier Mercure des choses intéressantes sur les Filles Chartreuses.]

13232. ☞ Témoignage, &c. ou Relation de ce qui s'est passé en France dans l'Ordre des Chartreux, au sujet de la Constitution : 1725, *in-12.*]

13233. Vita sancti Brunonis, carmine heroïco : auctore Zacharia Benedicto, Cartusiano.

Cette Vie est imprimée au-devant des *Œuvres* de ce Saint : *Parisiis*, Ascencii, 1524, *in-fol.* Ce Saint est mort en 1101, & l'Auteur de cette Vie en 1508.

13234. Vita ejusdem, seu Bruniado Libri quatuor versibus scripti : auctore Joanne Morocurtio, Cartusiæ Valencenarum Priore : *Antverpiæ*, 1540, *in-8.*

Cet Auteur est mort en 1548.

13235. Vita ejusdem : ex aliis Scriptoribus collecta à Laurentio Surio, Cartusiano.

Cette Vie est imprimée dans son *Recueil des Vies des Saints*, au 6 d'Octobre. Elle a été d'abord composée par François du Puits, vingt-troisième Général de l'Ordre des Chartreux, vivant sous Léon XI, augmentée ensuite par Pierre Blomerenne, Prieur de la Chartreuse de Cologne, retouchée depuis & mise en Paraphrase, par Laurent Surius, Chartreux de cette Maison.

13236. Vida de san Bruno ; por Juan de Madariago de la misma Orden : *en Valencia*, 1596, *in-4.*

13237. Vie de S. Bruno, peinte au Cloître de la Chartreuse de Paris, par Eustache le Sueur, Peintre du Roi, & gravée par François Chauveau, de l'Académie Royale de Peinture & de Sculpture : *Paris*, Cousinet, 1678, [*Ibid.* 1717,] *in-fol.*

Cette Vie est décrite en Vers Latins & François. [*Voyez* ci-devant, N. 13219.]

13238. ☞ Trinitas Patriarcharum, S. Bruno stylita mysticus, S. Franciscus Paulanus ex luce & veritate compactus, & S. Ignatius Loyola anima mundi, à Th. Raynaudo, Soc. Jesu : *Lugduni*, 1646, *in-8.*

Cet Ouvrage, où l'Auteur met son père bien au-dessus des autres, se trouve encore pag. 1, du tom. IX. de ses *Œuvres* : *Lugduni*, 1665, *in-fol.*]

13239. De causa conversionis sancti Brunonis Epistola didascalica Andreæ du Saussay : *Coloniæ*, 1645 : *Parisiis*, 1646, *in-8.*

Cet Auteur soutient l'Histoire du Docteur de Paris, qui déclare publiquement après sa mort, pendant trois jours consécutifs, qu'il est accusé, qu'il est jugé, & qu'il est condamné.

13240. Joannis LAUNOII, Theologi Parisiensis, Defensa Breviarii Romani correctio circa Historiam sancti Brunonis, sive de vera causa secessûs sancti Brunonis in eremum: *Parisiis*, Cramoisy, 1646, *in-8*.

Eadem, edita studio Joannis Portneri: *Argentorati*, 1656, *in-8*.

Editio tertia auctior & correctior: *Parisiis*, Martin, 1662, *in-8*.

Ce Livre est écrit contre Polycarpe de la Rivière, Chartreux, qui a composé une Notice des Evêchés de France, & contre ce qu'avoit dit Théophile Raynaud, dans son Livre intitulé : *Antemurale adversùs fortia ingenia*, au tom. VIII. de ses Œuvres. Ce Jésuite répondit au Docteur de Launoy, dans le Livre qu'il a intitulé : *Hercules Commodianus Johannes Launoïus, pro Breviario Romano*, &c. *Aquis-Sextiis*, 1648, *in-8*. Il est aussi imprimé dans le tom. VIII. de ses Œuvres : *Lugduni*, 1668, *in-fol*.

13241. Traité de la cause de la Conversion de S. Bruno : *Paris*, 1656, *in-4*.

C'est un Extrait d'une Lettre d'André du Saussay, & de la Réponse d'Epon NEHUSIUS.]

13242. Joannis COLUMBI, è Societate Jesu, Dissertatio de Cartusianorum initiis, seu quòd Bruno adactus fuerit in eremum vocibus hominis redivivi Parisiis, qui se accusatum, judicatum, damnatum exclamabat.

Cette Dissertation est imprimée à la *pag. 1, du Recueil de ses Opuscules : Lugduni*, 1668, *in-fol*. Elle est contre le Docteur de Launoy.

13243. Vie de S. Bruno; par François GIRY.

Cette Vie est imprimée dans son *Recueil des Vies des Saints*, au 6 d'Octobre.

13244. Vie du même ; par Adrien BAILLET.

Cette Vie est imprimée dans son *Recueil des Vies des Saints*, au même jour.

13245. Histoire de la Vie & des Ecrits de S. Bruno ; par Dom Antoine RIVET, Bénédictin de la Congrégation de S. Maur.

Dans l'*Hist. Littér. de la France*, tom. IX. pag. 233-251.]

13246. ☞ Histoire de la Vie & des Ecrits de Guigues I, cinquième Prieur de la grande Chartreuse.

Dans le même Ouvrage, tom. XI. *pag*. 640-656.]

☛ Vita Pontii de Balmeto, Religiosi & Fundatoris Cartusiæ Majorævi [vulgo Meriat] deinde Episcopi Bellicensis.

Voyez ci-devant [N.° 8204.]

☛ Vita sancti Anthelmi, primùm Cartusianorum Prioris, deinde Episcopi Bellicensis.

Voyez ci-devant [N.° 8205.]

13247. Origines Cartusiarum Belgii. Publicabat Arnoldus RAISSIUS, Duacenas: *Duaci*, Bogardi, 1632, *in-4*.

13248. Vie de D. Jérôme Marchant, [quarante-troisième] Général des Chartreux, [avec une Table Chronologique de tous les Prieurs de la (grande) Chartreuse]; par Claude DELLE, de l'Ordre de S. Dominique.

Cette Vie est imprimée au tom. III. de son *Histoire [ou Antiquités de l'Etat] Monastique : Paris*, 1699, *in*-12. 4 vol. Cet Auteur est mort en 1699, [& D. Marchant en 1593.]

13249. ☞ Mf. Chronique de la Chartreuse de Bellary (près Donzy, Diocèse d'Auxerre) depuis 1209, jusques vers 1267, écrite par un Chartreux anonyme.

Il y en a une copie de 1403, dans la Bibliothèque de la Société Littéraire d'Auxerre: l'original a été perdu. L'Auteur y fait l'Histoire de la fondation de cette Chartreuse en 1209, par Hervé, Comte de Nevers, de ses premiers habitans, & des onze premiers Prieurs.

13250. Mf. Historia Cartusiæ Bonipassûs, à quodam Cartusiano digesta.

Cette Histoire, de la Chartreuse de Bompas, Diocèse de Vaison, est fort abrégée. Elle est écrite en assez bon Latin. L'Auteur l'a composée en 1664. Il y a mis quelques Actes à la fin. Elle est conservée dans la Bibliothèque de la Maison, & à Aix dans celle de M. Thomassin de Mazaugues.

13251. ☞ Mf. Diverses Pièces & Mémoires concernant la Chartreuse de Dijon.

Dans la Bibliothèque de M. Fevret de Fontette, Conseiller au Parlement de Dijon.]

13252. ☞ Abrégé du Procès des Religieux & Prieur de la Chartreuse du Mont-Dieu, contre les Syndic & Députés du Clergé du Diocèse de Reims, au sujet d'une taxe à eux imposée : (imprimé après 1657) *in-4*.]

13253. ☞ Privilèges Royaux & confirmation d'iceux pour la Chartreuse de Notre-Dame du Mont-Dieu, Diocèse de Reims, depuis 1625 jusqu'en 1670, avec plusieurs autres Pièces concernant les mêmes Privilèges : *in-4*.]

13254. ☞ Choses remarquables arrivées dans la Chartreuse de Paris, (depuis l'an 1260 jusqu'en 1721 ; par un Chartreux.)

Ce petit Mémoire historique est imprimé sans aucune addition ou changement, dans les *Variétés historiques, &c*. tom. I. pag. 73.]

13255. ☞ Lettre de M. D. L. R. (DE LA ROQUE) au sujet des Chartreuses de Paris & de Marseille. *Mercure*, 1742, Décembre, *pag*. 2820 =& 1743, *Avril*, *pag*. 627.]

13256. ☞ Factum pour les Chartreux d'Orléans, contre M. le Grand-Vicaire & les Chevaliers de S. Lazare.

Les Chevaliers de S. Lazare, en vertu de l'Edit du Roi qui les avoit remis en possession de leurs biens, demandoient aux Chartreux d'Orléans la Maladrerie de S. Mesmin, qui leur avoit été donnée par Louis XIII.]

13257. ☞ Lettre de M. l'Abbé SOUMILLE, Prêtre & Bénéficier de l'Eglise Collégiale de Villeneuve-lès-Avignon, (au sujet de la Chartreuse qui est près de cette Ville). *Mercure*, 1743, *Décembre*, pag. 2553-2566.]

13258. ☞ Mémoire sur la Vie & les Ecrits de Pierre Cousturier, nommé vulgairement

Sutor, Docteur de Sorbonne, puis Chartreux; par Dom Jean Liron, Bénédictin.

Dans les *Singularités histor.* : (*Paris*, 1739, *in*-12.) *tom. III. p.* 422-438. Ce Chartreux est mort en 1537. Il a fait une espèce d'Histoire de son Ordre, & en particulier de la Chartreuse du Parc, au Maine, dans un Ouvrage intitulé : *De Vita Carthusiana* : *Parisiis*, Petit, 1522, *in-*4.]

13259. ☞ Vie de Dom Bruno Ménard, Chartreux de Gaillon : *Rouen*, 1677, *in*-8.]

13260. ☞ Histoire de la Vie & des Ouvrages de Dom Noël (Bonaventure) d'Argonne, Chartreux de Gaillon ; par Jean-Pierre Niceron.

Dans ses *Mémoires*, *tom.* XL. *pag.* 252-255. Ce Chartreux est mort en 1704.]

13261. ☞ Remarques sur le même ; par Jacques-Georges de Chaufepié.

Dans son *Dictionnaire historique*.]

13262. ☞ Mémoire pour les Chartreux de Paris, (1723) : *in*-4.

On y attaque la grande autorité que le Prieur de Chartreuse exerce dans tout l'Ordre.]

== ☞ Témoignage des Chartreux, &c.

Voyez ci-devant, N.° 5672.]

13263. ☞ Relation de la mort de D. Maurice Roussel, ancien Prieur de Gaillon : *in*-4.

Ce Chartreux est mort en Hollande l'an 1732.]

13264. ☞ Vie abrégée de D. Jacques Jubié.

Dans l'Ouvrage intitulé : *Les Appellans célèbres*, &c. 1753, *in*-12. *pag.* 87-95. Ce Chartreux, Prieur de ceux qui se retirèrent en Hollande, y est mort en 1734.]

IV. *Histoire des Camaldules.*

☞ Ces Religieux, qui ont été institués en Italie, suivent la Règle de S. Benoît, avec des Constitutions particulières. Ils forment en France une Congrégation, & ils y ont six Maisons : la principale est celle de Grosbois, à quatre ou cinq lieues de Paris. Le Majeur ou Général de cette Congrégation Françoise y réside.]

13265. ☞ Augustini Florentini Historiæ Camaldulenses, 1ª *Pars* : *Florentiæ*, 1575, 2ª *Venetiæ*, 1579; *in*-4. 2 vol.]

13266. ☞ Regola della Vita Eremetica, overo Constituzioni Camaldolensi : *Fiorenze*, 1575, *in*-4.]

13267. ☞ Forma vivendi Eremitarum Ordinis Camaldulensis à sancto Romualdo instituti : *Parisiis*, 1671, *in*-8.]

13268. ☞ Des Ermites Camaldules de France, ou de Notre-Dame de Consolation.

Dans l'*Histoire des Ordres Monastiques* du P. Pierre Helyot : (*Paris*, 1714, &c. *in*-4.) *tom.* V. *p.* 275-279. Ce Chapitre a été dressé sur des Mémoires communiqués par le Père J. B. Carbonier, Majeur.]

13269. ☞ Témoignage & Relation des Chapitres généraux des Camaldules, &c.

Voyez ci-devant, N. 5670 & 5671.]

13270. ☞ Abrégé de la Vie de Maur Boucault, Religieux Camaldule.

Dans l'Ouvrage intitulé : *Les Appellans célèbres* : (*Paris*,) 1753, *in*-12. *pag.* 371-384. Ce Religieux est mort en 1741.]

§. V.

Histoires des Solitaires de France, rangées selon l'Ordre alphabétique.

Les Solitaires ont mené une vie ascétique & séparée du monde, laquelle approche assez de celle des Moines, & n'en diffère souvent qu'en ce qu'ils n'ont pas vécu comme eux en société. Cette conformité de vie m'a porté à mettre l'Histoire des Solitaires à la suite de celles des Moines.

13271. * Vita sancti Alberti, Presbyteri & Reclusi Crispiniensis : auctore Roberto, Archidiacono Ostrovandiæ.

Cette Vie est imprimée dans le *Recueil* de Surius, au 7 d'Avril.]

13272. Vita beatorum Amandi & Juniani Anachoretarum, ex veteribus Ecclesiæ monumentis : auctore Joanne Collino, Ecclesiaste Lemovicensi : *Lemovicis*, Catre, 1657, *in*-4.

13273. Vita sancti Aventini, Confessoris & Eremitæ in territorio Tricassino, cum Notis.

Cette Vie est imprimée dans Camusat, *p.* 56, de son *Promptuarium Antiquitatum Tricassinarum* : *Trecis*, 1610, *in*-8. & dans le *Recueil* de Bollandus, au 4 de Février. Elle est assez ancienne ; elle n'a pas néanmoins une grande autorité.

13274. De eodem, Notæ historicæ Danielis Papebrochii, è Societate Jesu.

Ces Notes sont imprimées au même endroit.

13275. Ejusdem breve Elogium.

Cet Eloge est imprimé dans Labbe, au *tom.* II. de sa *Nouvelle Bibliothèque des Manuscrits*, *pag.* 349.

13276. Vie de S. Aventin ; par Adrien Baillet.

Cette Vie est imprimée dans son *Recueil des Vies des Saints*, au 4 de Février.

== Vita sancti Aviti, Eremitæ.

Voyez ci-devant, à l'Abbaye de *Saint Mesmin*, N.° 12668 & *suiv.*]

— Vie de sainte Aurélie, fille de Hugues Capet, Solitaire.

Voyez ci-après, *Généalogies de la* III*ᵉ Race.*

13277. De sanctis Baronto & Desiderio, Gallis, Eremitis in Etruria, cum Commentario.

Ceci est imprimé dans le *Recueil* de Bollandus, au 25 de Mars, & au *tom.* II. des *Actes des Saints de l'Ordre de S. Benoît*, *pag.* 380. Ces Saints ont vécu dans le septième siècle.

13278. Vie de S. Baront & de S. Didier, Ermites ; par Adrien Baillet.

Cette Vie est imprimée dans son *Recueil des Vies des Saints*, au même jour.

13279. Vita sancti Basoli, Eremitæ Remensis : auctore Monacho anonymo.

Cette Vie est imprimée au *tom.* II. des *Actes des Saints de l'Ordre de S. Benoît*, *pag.* 64. Ce Saint est mort vers l'an 620, & l'Auteur de sa Vie a vécu vers l'an 900.

Histoires des Solitaires.

13280. Alia Vita ; auctore Adsone, Abbate Dervensi.

Elle est imprimée dans le volume précédent, pag. 67. Ce Saint est mort en 992.

13281. Histoire de la Vie & Miracles de saint Basle, Confesseur ; par Jean Soret, Religieux : *Reims*, Moreau, 1632, *in*-8.

13282. Vie de S. Basle ; par Adrien Baillet.

Cette Vie est imprimée dans son *Recueil des Vies des Saints*, au 26 de Novembre.

13283. Vita sancti Bavonis, Confessoris & Eremitæ : auctore Theoderico, Abbate sancti Trudonis.

Cette Vie est imprimée dans le *Recueil* de Surius, au 1 d'Octobre. Ce Saint est mort l'an 631, & l'Auteur de sa Vie a fleuri vers l'an 1100.

13284. ☞ Sancti Bavonis, aliàs Alloyni, Vitæ tres, gloria posthuma & Miracula ; cum Commentario Joannis Perieri, è Societate Jesu.

Dans le *Recueil* de Bollandus, au tom. I. d'Octobre, *pag.* 198-303. On y trouve beaucoup de choses sur la Ville de Gand, & sur le Monastère de S. Bavon.]

13285. Vie de S. Bavon, Ermite de Gand ; par Modeste de saint Amable.

Cette Vie est imprimée au tom. II. de sa *Monarchie sainte*, *pag.* 119 : *Paris*, 1670, *in-fol.*

13286. Vie du même ; par François Giry.

Cette Vie est imprimée dans son *Recueil des Vies des Saints*, au 1 d'Octobre.

13287. Vie du même ; par Adrien Baillet.

Cette Vie est imprimée dans son *Recueil des Vies des Saints*, au même jour.

13288. Vita sancti Bernardi, pœnitentis Audomari : auctore Joanne, Monacho Bertiniano coætaneo.

Cette Vie est imprimée dans le *Recueil* de Bollandus, au 19 d'Avril. Ce Saint est mort l'an 1172.

13289. ☞ Miroir de toute sainteté, en la Vie de S. Bernard de Menton, Fondateur des Monastères & Hôpitaux de Mont-joux & de Colomne joux, situés ès Alpes Pénines & Graies, dites de lui grand & petit S. Bernard ; par Roland Viot, Prévôt desdites Maisons : *Lyon*, Labottière, 1627, *in* 12.

Ce Saint, qui étoit Génevois, est mort en 1008. Il y a à la fin de sa Vie une Liste des Prévôts de ces Maisons, depuis le Fondateur jusqu'à l'Auteur de l'Ouvrage.]

12290. De sancto Berthaldo & Amando, Eremitis & Presbyteris in Remensi Diœcesi, Commentarius historicus Danielis Papebrochii, è Soc. Jesu.

Ces Mémoires sont imprimés dans le *Recueil* de Bollandus, au 16 de Juin.

13291. * Vie du glorieux saint Berthauld, (réputé) premier Abbé de Chaumont en Portien ; par Jean Lietau, Prieur d'icelle Abbaye : *Reims*, Constant, 1634, *in*-12.

— ☞ Vies de S. Cloud, petit-fils de Clovis.

Voyez ci-après, *Généalogies* des Princes de la première Race.]

13292. Vie de S. Constantin, Solitaire au Pays du Maine ; par Adrien Baillet.

Cette Vie est imprimée dans son *Recueil des Vies des Saints*, au 1 Décembre.

13293. Compendium Vitæ sancti Deodati, Abbatis Blesis.

Cet Abrégé est imprimé dans le *Recueil* de Bollandus, au 24 d'Avril. Ce Saint a vécu dans le VIe siècle.

❋ Cette Vie a été écrite dans le IXe siècle, & il y a diverses particularités qui marquent une grande antiquité.

13294. Elogium historicum ejusdem.

Cet Eloge est imprimé dans Labbe, au tom. II. de la *Nouvelle Bibliothèque des Manuscrits*, *pag.* 364.

13295. Vie de S. Dié, Anachorète du Blésois, & de S. Baudemire son compagnon, nouvellement traduite en François : *Blois*, 1658, *in*-8.

13296. ☞ Ms. Vita sancti Dominii.

Cette Vie est parmi les Manuscrits de M. Baluze, dans la Bibliothèque du Roi. Saint Duminy est mort à Gimel en Limosin, le 13 Novembre, au VIIe siècle.

La même, traduite en François ; par le Père Bonaventure de S. Amable, Carme Déchaussé.

Elle se trouve *pag.* 174, du tom. III. de son *Recueil* sur la Vie de S. Martial, &c. ci-devant, N.° 4063.]

12297. ☞ De sancto Donato, Presbytero & Eremita, Sylloge Joan. Bapt. Sollerii, è Societate Jesu.

Dans le *Recueil* de Bollandus, au 19 d'Août. Ce Saint est mort dans le Diocèse de Sisteron, vers l'an 535.]

13298. Vita sancti Drogonis, Reclusi Saburgi in Hannonia : ab anonymo, sub annum 1320, compilata ; cum prævia Dissertatione Danielis Papebrochii, Societatis Jesu.

Cette Vie est imprimée dans le *Recueil* de Bollandus, au 16 d'Avril. Ce Saint est mort l'an 1186.

13299. Vie de S. Drogon ou Druon, ou S. Dreux ; par François Giry.

Cette Vie est imprimée dans son *Recueil des Vies des Saints*, au même jour.

13300. Vie du même ; par Adrien Baillet.

Cette Vie est imprimée dans son *Recueil des Vies des Saints*, au même jour.

Vie de sainte Enimie, fille de Clotaire II, Vierge & Solitaire.

Voyez Généal. de la première Race.

13301. Vita sancti Fiacrii, Confessoris & Anachoretæ.

Cette Vie est imprimée dans le *Recueil* de Surius, au 30 d'Août. Ce Saint est mort vers l'an 670. Sa Vie est récente & n'a point d'autorité.

13302. Les Vies de saint Fiacre, sainte Geneviève, sainte Marguerite & sainte Catherine : les Rues & les Eglises de Paris, avec la dépense qui s'y fait par jour : *in*-4. vieille Edition.

13303. Vie de S. Fiacre ; par Dom Michel

Pirou, Bénédictin de la Congrégation de S. Maur : *Paris*, 1625, 1636, *in*-12.

13304. Elogium historicum ejusdem : auctore Joanne Mabillon, Benedictino.

Cet Eloge est imprimé au tom. II. des *Actes des Saints de l'Ordre de S. Benoît*, pag. 598.

13305. Vie de S. Flavie, Ermite; par François Giry.

Cette Vie est imprimée dans son *Recueil des Vies des Saints*, au tom. II. pag. 1891. Ce Saint a vécu vers l'an 620.

13306. Vie du même; par Adrien Baillet.

Cette Vie est imprimée dans son *Recueil des Vies des Saints*, au 30 d'Août.

13307. Vita sancti Frambaldi, Solitarii in Diœcesi Cenomanensi.

Cette Vie est imprimée dans Labbe, au tom. II. de sa *Nouvelle Bibliothèque des Manuscrits*, pag. 559. Ce Saint a vécu dans le septième siècle.

13308. Vita sancti Friardi, Reclusi propè Nannetes; auctore Gregorio, Episcopo Turonensi, capite decimo Vitarum Patrum Galliæ.

Cette Vie est imprimée dans ses *Œuvres*. Saint Friard est mort l'an 583.

13309. ☞ Eadem Vita, & Commentarius Joan. Bapt. Sollerii, è Societate Jesu.

Dans le *Recueil* de Bollandus, au 1 d'Août.]

13310. Vie de saint Friard; par Adrien Baillet.

Cette Vie est imprimée dans son *Recueil des Vies des Saints*, au même jour.

== Vie de François Galaud de Chasteuil, Solitaire du Mont-Liban.

☞ *Voyez* ci-devant, N.° 4744. On trouve à la fin: *Elogium funebre ejusdem; à Carolo Josepho* Suarezio, *Avenionensi Canonico*, (frère de l'Evêque de Vaison). Cet Ouvrage devenu rare, contient beaucoup de choses concernant les Maronites. Outre l'Edition de Paris 1666, il y en a eu une première, *Aix*, 1658, *in*-12. sous ce titre : Le Provençal Solitaire au Mont-Liban, ou Vie, &c.]

13311. ☞ Vie du même; par Gaspar Augeri, Prieur de Manosque : *Aix, in*-12.]

13312. ☞ Lettre à M***, sur une Ode Provençale de M. Galaup de Chasteuil, où l'on trouve quelque détail de ceux de cette Famille (d'Aix) qui se sont fait connoître par leur mérite; par le P. Joseph Bougerel, Prêtre de l'Oratoire.

Dans les *Mémoires de Littérature*, publiés par le Père Des-Molets, *tom. VIII. part. II.*]

13313. De sancto Gentio, Solitario, Baussseti in Carporactensi Diœcesi; auctore Daniele Papebrochio, è Soc. Jesu.

Ceci est imprimé dans le *Recueil* de Bollandus, au 16 de Mai.

13314. Vita sancti Gerlaci, Eremitæ in Belgio; auctore anonymo.

13315. Alia Vita; auctore Wilhelmo Crispio.

Ce Saint est mort en 1170. Ses deux Vies sont imprimées dans le *Recueil* de Bollandus, au 5 de Janvier. La première a été écrite par un Prémontré, en 1225.

13316. * Vie de S. Gerlac, [réputé] de l'Ordre de Prémontré; par Charles Veron, du même Ordre : *Tournay*, 1618, *in*-12.

13317. Vita sancti Geselini, Eremitæ; auctore Archardo, Monacho Clarevallensi, edita ab Arnaldo Raissio : *Duaci*, 1626, *in*-4.

Archard a fleuri l'an 1140.

☞ Du Cange, Cave & du Pin, ont cru aussi que cet Archard ou Archard étoit Moine de Clairvaux. Mais selon Chaufepié, (*Dictionnaire historique*) c'étoit un Chanoine Régulier, second Abbé de S. Victor, & depuis Evêque d'Avranches, qui fleurissoit aussi dans le douzième siècle.]

13318. Vie de S. Gézelin ou Scocelin, Solitaire au Diocèse de Trèves; par Adrien Baillet.

Cette Vie est imprimée dans son *Recueil des Vies des Saints*, au 6 d'Août.

13319. Vita sancti Goaris, Confessoris & Anachoretæ; auctore anonymo subæquali.

Cette Vie est imprimée au tom. II. des *Actes des Saints de l'Ordre de S. Benoît*, pag. 275. Ce Saint est mort vers l'an 649, & l'Auteur de sa Vie a fleuri l'an 700. Il ne paroît pas croyable en tout.

13320. Alia Vita; auctore Wandalberto, Diacono & Monacho Prumiensi.

Cette Vie est imprimée dans le *Recueil* de Surius, au 6 de Juillet, & au tom. II. des *Actes des Saints de l'Ordre de S. Benoît*, pag. 281. Wandalbert a écrit cette Vie l'an 830. Il a voulu polir l'Ouvrage de l'anonyme; mais il a fait des fautes, qui ne se trouvent pas dans l'autre.

13321. Vie de S. Goar; par François Giry.

Cette Vie est imprimée dans son *Recueil des Vies des Saints*, au 6 de Juillet.

13322. Vie du même; par Adrien Baillet.

Cette Vie est imprimée dans son *Recueil des Vies des Saints*, au même jour.

13323. Vita sancti Gregorii, Nicopolitani, Eremitæ Aurelianensis; auctore anonymo coætaneo.

Cette Vie est imprimée ensuite des *Annales de l'Eglise d'Orléans*, par de la Saussaye : *Parisiis*, 1615, *in*-4. Saint Grégoire d'Arménie, Reclus à Pluviers, est mort l'an 1000 de Jesus-Christ. Sa Vie a été écrite par un Anonyme, qui a été témoin d'une partie de sa vie, & avoit appris l'autre de ses parens, qui étoient venus d'Arménie, après sa mort, pour le voir.

13324. Abrégé de la Vie du même; par du Pille, Docteur en Théologie : *Grenoble*, Verdier, 1680, *in*-12.

13325. Vie du même; par Adrien Baillet.

Cette Vie est imprimée dans son *Recueil des Vies des Saints*, au 16 de Mars.

13326. Acta sancti Heribaudi, seu Heribaldi, Solitarii in Britanniâ Aremoricâ; auctore anonymo; cum Commentario prævio Conradi Janningii, è Soc. Jesu.

Ces Actes sont imprimés dans le *Recueil* de Bollandus, au tom. VI. de Juin, *pag.* 202. On ne sçait pas le

13327. Mf. Vita fancti Hervei, Turonenfis Ecclefiæ Archiclavi, Solitarii propè Ecclefiam fancti Martini, tempore Roberti Regis.

Cette Vie [étoit] entre les mains de Dom Edmond Martenne, Religieux Bénédictin.

13328. Vita fancti Hofpicii, Reclufi; auctore GREGORIO, Epifcopo Turonenfi; cum Commentario hiftorico Danielis PAPEBROCHII.

Cette Vie eft imprimée dans le *Recueil* de Bollandus, au 21 de Mai. Ce Saint eft mort vers la fin du fixiéme fiècle.

13329. Vie de S. Hofpice, Reclus en Provence ; par François GIRY.

Cette Vie eft imprimée dans fon *Recueil des Vies des Saints*, au même jour.

13330. Vie du même; par Adrien BAILLET.

Cette Vie eft imprimée dans fon *Recueil des Vies des Saints*, au même jour.

13331. Vita fancti Jacobi, Eremitæ & Martyris in Bituricibus ; auctore Monacho Sulpiciano anonymo.

Cette Vie eft imprimée au tom. VI. des *Actes des Saints de l'Ordre de faint Benoît*, pag. 142. Ce Saint eft mort l'an 865. Quelques-uns attribuent cette Vie à Benoît VENIER ; du moins l'Auteur de cette Vie a vécu dans le XVIe fiècle.

13332. Elogium hiftoricum ejufdem.

Cet Eloge eft imprimé dans Labbe, au tom. II. de fa *Nouvelle Bibliothèque des Manufcrits*, pag. 395 : *Parifiis*, 1656, *in-fol.*

13333. Vie du même; par Adrien BAILLET.

Cette Vie eft imprimée dans fon *Recueil des Vies des Saints*, au 19 de Novembre.

13334. Vie d'un Solitaire inconnu, qu'on a cru être le Comte de Moret, mort en Anjou en odeur de fainteté, le 24 Décembre 1692 : *Paris*, Couftelier, 1699, *in-12*.

Ce Solitaire fe nommoit Jean-Baptifte ; il eft mort à l'âge de quatre-vingt-dix ans dans l'Ermitage des Gardelles, à deux lieues de Saumur; quelques-uns ont cru que c'étoit le Comte de Moret, fils naturel du Roi Henri IV. Sa Vie a été écrite par Jofeph GRANDET, Curé de fainte Croix d'Angers.

Voyez le *Journal des Sçavans*, 1700, Février.

☞ » Henri IV. eut de Jacqueline de Beuil, Com-
» teffe de Moret, Antoine de Bourbon, Comte de Mo-
» ret, qui fut tué fous le règne de Louis XIII. à la ba-
» taille de Caftelnaudary, felon que le racontent les Hif-
» toires de ce temps - là. Elles ont été contredites par
» une autre intitulée : *Vie d'un Solitaire inconnu*, par le
» Sieur Grandet, qui a paru depuis quelques années, fe-
» lon laquelle ce Prince fe fauva de la déroute, fe fit
» Ermite, & eft mort en Anjou l'an 1693 (il faut 1692)
» en odeur de fainteté. L'Auteur fur ce fujet rapporte
» plufieurs conjectures, & fait beaucoup de fonds fur la
» grande reffemblance de vifage que cet Ermite avoit
» avec le Roi Henri IV. Il eft certain qu'il dit des cho-
» fes qui donnent bien de la vraifemblance à ce fait ».
Daniel, *Hiftoire de France*.

Le Père d'Avrigny & plufieurs autres ont nié que le Solitaire inconnu fût le Comte de Moret, lequel, felon eux, fut tué au combat de Caftelnaudary. Le P. Griffet, dans la nouvelle Edition qu'il a donnée en 1758, des Mémoires d'Avrigny, a combattu fon fentiment, pour embraffer celui de Grandet.]

13335. De beata Joanna, Reclufa Ripatorii, in Diœcefi Trecenfi, anno 1226 : Notæ.

Ces Notes font imprimées dans le *Recueil* de Bollandus, au 4 de Mai.

13336. De Fratre Joanne Gandavenfi, fancti Claudii Eremita.

Cette Vie eft imprimée dans Camufat, pag. 322, de fon *Promptuarium Antiquitatum Tricaffinarum* : *Trecis*, 1610, *in-8*.

13337. Vita fancti Judoci in Pontivo ; auctore anonymo.

Cette Vie eft imprimée au tom. II. des *Actes des Saints de l'Ordre de S. Benoît*, pag. 565. Ce Saint eft mort vers l'an 668, & l'Auteur de fa Vie l'a écrite dans le huitième fiècle.

13338. Alia Vita ; auctore FLORENTIO, Abbate.

Cette Vie eft imprimée dans le *Recueil* de Surius, au 12 de Décembre. Cet Abbé a fleuri dans l'onzième fiècle ; ce que cette Vie a de plus que la première, eft fort fufpect.

13339. Vita ejufdem, carmine heroïco ; auctore Rodolpho AGRICOLA.

Cette Vie eft imprimée au tom. II. *Bibliotheca Ecclefiaftica* de Corneille Schulting : *Coloniæ*, 1599, *in-fol.* Agricola eft mort en 1485.

13340. Vita fanctæ Ivetæ, feu Ivittæ, Viduæ reclufæ Hui in Belgio ; auctore HUGONE, Floreffenfi Canonico Regulari, Ordinis Præmonftratenfis, ejus familiari.

Cette Vie eft imprimée dans le *Recueil* de Bollandus, au 13 de Janvier. Cet Auteur a fleuri l'an 1237.

13341. * Vie de S. Joffe ; par Louis ABELLY : *Paris*, Lambert, 1666, *in-12*.

13342. ☞ Mf. Vita fancti Juniani ; auctore FROTOMUNDO.

Cette Vie eft dans les Archives du Chapitre de S. Junien en Limofin.]

13343. ☞ Vie de S. Juvin, Ermite ; par Jean PIERQUIN, Curé de Chaftel (au Diocèfe de Reims) : *Nancy*, 1732, *in-12*.]

13344. Vita fancti Læti, Eremitæ in Bituricibus.

Cette Vie eft imprimée au tom. II. de la *Bibliothèque de Fleuri*, pag. 254 : *Lugduni*, 1605, *in-8*. Ce Saint eft mort l'an 543. Cette Vie eft remplie de faits peu vraifemblables.

13345. Vie de S. Lié, Confeffeur ; recueillie par le R. P. D. D. S. A. R. D. L. D. C. *Charleville*, 1675, *in-8*.

13346. Vie de S. Lié, Solitaire dans la Beauce ; par Claude PROUST, Céleftin : *Orléans*, 1694, *in-8*.

13347. Vie de faint Lié ; par Adrien BAILLET.

Cette Vie eft imprimée dans fon *Recueil des Vies des Saints*, au 5 de Novembre.

13348. Vita fancti Leonardi, Anachoretæ in Bituricibus.

Cette Vie eft imprimée dans le *Recueil* de Surius, au

15 d'Octobre. Ce Saint est mort en 565. Sa Vie n'a nulle autorité, & elle renferme beaucoup de choses insoutenables.

13349. ☞ Vita sancti Leonardi, Anachoretæ in Lemovicensibus.

Cette Vie est imprimée dans le *Recueil* de Surius, au 6 de Novembre.]

13350. La Vie, Translation & Miracles de S. Léonard ; par J. C. (Joseph CHALARD) : *Saint-Léonard, 1624, in-12.*]

13351. Vie de S. Léonard ; par MODESTE de saint Amable.

Cette Vie est imprimée au tom. I. de sa *Monarchie sainte, pag.* 180 : *Paris, 1670, in-fol.*

13352. Autre ; par Jean ROUGERIE, dit Bernardin de tous les Saints, Carme Déchaussé : *Limoges, 1681, in-8.*

L'Auteur est mort en 1688.]

13353. Vie du même ; par François GIRY.

Cette Vie est imprimée dans son *Recueil des Vies des Saints*, au 6 de Novembre.

13354. Vie du même ; par Adrien BAILLET.

Cette Vie est imprimée dans son *Recueil des Vies des Saints*, au même jour.

13355. Vie du même.

Cette Vie est imprimée avec celle de saint Merry : *Paris*, Cailleau, 1714, *in-8.*

13356. ☞ Autre Vie de S. Léonard ; par l'Abbé OROUX : *Paris, 1760, in-8.*

A la fin est une Notice du Chapitre de S. Léonard de Noblac.]

13357. Vita sancti Lietfardi, Solitarii.

L'Abrégé de cette Vie est imprimé dans le *Recueil* de Bollandus, au 4 de Février.

13358. Vie de saint Liffart, Solitaire ; par MODESTE de saint Amable.

Cette Vie est imprimée au tom. I. de sa *Monarchie sainte, pag.* 188 : *Paris, 1670, in-fol.*

13359. De sancto Lupicino, incluso Transaliaci in Bituricibus, Sylloge historica Danielis PAPEBROCHII, è Societate Jesu.

Cette Collection est imprimée dans le *Recueil de Bollandus*, au 24 de Juin. Ce Saint a vécu au quatrième siècle.

13360. Vita sancti Magdegisili, Confessoris & Eremitæ in Pontivo : auctore HARIULPHO, Monacho Centulensi ; cum Commentario prævio Godefridi HENSCHENII.

Cette Vie est imprimée dans le *Recueil* de Bollandus, au 30 de Mars. Ce Saint a vécu dans le VIIe siècle, & Hariulphe a vécu l'an 1115. Cette Vie n'a rien de trop singulier pour la faire rejetter ou recevoir.

13361. Vita ejusdem, ex veteribus Monumentis Monasterii Centulensis composita ab Hugone MENARD, Benedictino, è Congregatione sancti Mauri.

Cette Vie est imprimée à la *pag.* 236, de ses *Observations sur le Martyrologe Bénédictin : Parisiis*, 1629, *in-8.*

13362. ☞ De sancto Mariano, in Biturigibus, Commentarius Joan. Bapt. SOLLERII, è Soc. Jesu.

Dans le *Recueil* de Bollandus, au 19 d'Août.]

13363. Vie de saint Mauguille ; par Adrien BAILLET.

Cette Vie est imprimée dans son *Recueil des Vies des Saints*, au 30 de Mars.

13364. Vita sancti Mariani, Solitarii.

Cette Vie est imprimée dans Labbe, au tom. II. de sa *Nouvelle Bibliothèque des Manuscrits, pag.* 432. Elle n'a point d'autorité.

13365. Vie de saint Marian ; par Adrien BAILLET.

Cette Vie est imprimée dans son *Recueil des Vies des Saints*, au 19 d'Août.

13366. Vita sancti Marini, Eremitæ & Martyris Mauriaci in Alvernia.

Cette Vie est imprimée au tom. IV. des *Actes des Saints de l'Ordre de S. Benoît, pag.* 330, &, dans le *Recueil* de Bollandus, au 8 de Juin. Ce Saint a souffert le martyre vers l'an 731.

13367. Vie de saint Mauger, Solitaire ; par Adrien BAILLET.

Cette Vie est imprimée dans son *Recueil des Vies des Saints*, au 24 de Juillet. Ce Saint est mort vers l'an 677.

13368. Vita sancti Mauri, seu Mortuonoti, Eremitæ Hui in Belgio.

Cette Vie est imprimée dans le *Recueil* de Bollandus, au 15 de Janvier.

13369. De sancto Medulpho, Eremita in Armenia, Sylloge Godefridi HENSCHENII, è Soc. Jesu.

Cette Collection est imprimée dans le *Recueil* de Bollandus, au 1 de Juin.

13370. Vie de saint Montain, Patron de la Ville de la Fère ; par Jean JACQUES, Docteur en Médecine : *Paris*, 1656, *in-8.*

13371. Vie du même ; par François GIRY.

Cette Vie est imprimée dans son *Recueil des Vies des Saints*, au 17 de Mai. Ce Saint a vécu vers l'an 460.

13372. Vie de S. Namphase, Ermite ; par MODESTE de saint Amable.

Cette Vie est imprimée au tom. II. de sa *Monarchie sainte, pag.* 483 : *Paris*, 1670, *in-fol.*

13373. Vie de S. Patrocle, Prêtre Reclus en Berry ; par Adrien BAILLET.

Cette Vie est imprimée dans son *Recueil des Vies des Saints*, au 19 de Novembre. Ce Saint est mort en 876.

13374. Vie de Pierre l'Hermite, Chef & Conducteur des Princes Chrétiens dans les Croisades, Fondateur de l'Abbaye de Neuf-Moutiers, au Pays de Liége ; par Pierre D'OULTREMAN, Jésuite : *Paris*, Boulanger, 1645, *in-12.*

☞ On trouve dans cette Vie un récit des Croisades qui ont suivi la première, dont Pierre l'Hermite fut l'Auteur en 1095, avec un Abrégé de l'Histoire de Jérusalem, jusqu'à la perte de ce Royaume.]

13375. ☞ Lettre de M. MORAND le fils, Docteur en Médecine, de la Faculté de Paris, sur Pierre l'Hermite.

Dans l'*Année Littéraire*, 1761, *tom. IV. p.* 277.]

13376.

Histoire des Solitaires.

13376. Vita sancti Pipionis, Eremitæ.

Cette Vie est imprimée dans Labbe, au tom. I. de la *Nouvelle Bibliothèque des Manuscrits*, pag. 779. Ce Saint est mort l'an 1300.

13377. De sancto Primaele, Sacerdote, Eremita in Britannia Aremorica; auctore Godefrido Henschenio, è Soc. Jesu.

Ceci est imprimé dans le *Recueil* de Bollandus, au 15 de Mai.

13378. De sancto Psalmodio, Eremita in Diœcesi Lemovicensi, Sylloge ejusdem.

Cette Collection est imprimée dans le même *Recueil*, au 13 de Juin.

13379. ☞ De beato Reginaldo, Eremita, propè Flexiam, in Provincia Andegavensi, Sylloge Joannis Stiltingi, è Soc. Jesu.

Dans le *Recueil* de Bollandus au 17 Septembre. Ce Saint est mort au commencement du XIIe siècle.]

13380. ☞ Vie du bienheureux Nicolas de la Roche, Ermite de la Vallée d'Undervald; par J. L. d'Hauteval : *Strasbourg*, 1737, *in-*8.]

13381. Vita sancti Ronani, Eremita in Britannia; cum Commentario prævio Godefridi Henschenii.

Dans le *Recueil* de Bollandus, au 8 de Juin. Ce Saint a vécu dans le sixième siècle.

13382. Vita sancti Savini, Eremitæ.

Cette Vie est imprimée dans Labbe, au tom. II. de sa *Nouvelle Bibliothèque des Manuscrits*, pag. 666.

13383. ☞ Vita sancti Severini, Solitarii, Parisiis.

Dans le nouveau Bréviaire de Paris, au 24 Novembre. Ce Saint, qui est mort vers 555, a été confondu avec S. Severin, Abbé d'Agaune, ci-après, N.° 13413.]

13384. Vie de Sébastien Sicler, Ermite de l'Arbroye, dans le Diocèse de Noyon, mort en odeur de sainteté en 1695 : *Lyon*, 1698, *in-*12.

13385. Vita sancti Simeonis, Reclusi in Porta Trevirensi : auctore Eberwino, Abbate Sancti-Martini Treviris; cum Commentario prævio Godefridi Henschenii.

Cette Vie est imprimée dans le *Recueil* de Bollandus, au 1 de Juin. Ce Saint est mort l'an 1035, & l'Auteur de sa Vie a fleuri l'an 1040. Elle est écrite d'une manière grave & fidèle par cet Auteur, qui a été témoin d'une partie de ses actions.

13386. Vie de S. Siméon; par Adrien Baillet.

Cette Vie est imprimée dans son *Recueil des Vies des Saints*, au même jour.

13387. Vita sancti Sori, Eremitæ apud Petracorios in Gallia; auctore anonymo.

Cette Vie est imprimée dans Labbe, au tom. II. de sa *Nouvelle Bibliothèque des Manuscrits*, pag. 667; & dans le *Recueil* de Bollandus, au 1 de Février. Ce Saint a vécu dans le sixième siècle.

13388. Vita sancti Theobaldi, è Comitibus Campaniæ, Eremitæ; auctore Petro Abbate Vangadiciæ, æquali.

Cette Vie est imprimée au tom. IX. des *Actes des Saints de l'Ordre de S. Benoît*, pag. 156. Ce Saint est mort l'an 1066.

☞ Eadem, cum Commentario Godefridi Henschenii, è Soc. Jesu.

Dans le *Recueil* de Bollandus, au 30 de Juin.]

13389. Vie de S. Thibault, Confesseur, Patron de la Ville de Provins; avec la Généalogie des Comtes de Brie & de Champagne; par Jean Rayer, Chanoine de Notre-Dame du Val : *Provins*, 1679, *in-*12.

13390. Vie de S. Thibauld; par François Giry.

Cette Vie est imprimée dans son *Recueil des Vies des Saints*, au 1 de Juillet.

13391. Vie du même; par Adrien Baillet.

Cette Vie est imprimée dans son *Recueil des Vies des Saints*, au même jour.

13392. ☞ Vie de S. Thibaud, Ermite, (Patron de Provins & de Lagny en Brie; par le P. le Pelletier, Chanoine Régulier :) *Paris*, Simard, 1729, *in-*12.]

13393. ☞ Vie de S. Thibaud, Ermite (né à Provins.)

Voy. Mém. de Littérature de Des-Molets, *tom. VII.*]

13394. * Vita sancti Tillonis, Monachi Solemniacensis, posteà Eremitæ, qui obiit anno 702.

Cette Vie est imprimée dans le *Recueil* de Bollandus, au 17 de Janvier; & dans les *Actes des Saints* de Mabillon, *tom. II.* pag. 994. L'Auteur anonyme a rendu son Ouvrage suspect, parceque pour l'orner, il y a joint des lambeaux étrangers, entr'autres, quelques endroits de la Vie de saint Antoine.

13395. De sancto Valerico, Eremita in Territorio Lemovicensi.

Cette Vie est imprimée dans le *Recueil* de Bollandus, au 10 de Janvier. Saint Vaulri [ou Valeric] est mort dans le VIe siècle.

13396. ☞ Vie de saint Valeric; par Jean Mousnier, Curé de Saint-Vaulri ou Valeric, au Diocèse de Limoges : 1704, *in-*16. sans lieu d'impression.

Ce Curé est mort en 1710.]

13397. Vita sancti Victoris, Eremitæ & Confessoris, cum Notis.

Cette Vie est imprimée dans Camusat, *pag.* 388 de son *Promptuaire des Antiquités de Troyes : Trecis*, 1610, *in-*8. & avec le Commentaire d'Henschenius, dans le *Recueil* de Bollandus, au 26 de Février.

13398. Vie de S. Victor; par Adrien Baillet.

Cette Vie est imprimée dans son *Recueil des Vies des Saints*, au même jour.

13399. Vita sancti Victurniani, Eremitæ & Confessoris.

Cette Vie est imprimée dans Labbe, au tom. II. de sa *Nouvelle Bibliothèque des Manuscrits*, pag. 695.

13400. Vita sancti Vincentiani.

Elle se trouve dans les *Annal. Franc. Ecclés.* du P. le Cointe, an. 667.]

13401. ☞ Vie du même; par J. Jeouffre, Curé de Saint-Viance : *Brive*, 1669, *in-*8.]

13402. ☞ De sancto Ulfacio, Anachoreta; Sylloge Joannis Stiltingi, è Soc. Jesu.

Dans le *Recueil* de Bollandus, au 19 de Septembre. Ce Saint vivoit au VIIe siècle.]

Tome I, Mmmmm

13403. Vita sancti Vougæ seu Vii, Episcopi, Eremitæ in Britannia Aremorica, ex Gallico sermone Latinè reddita.

Cette Vie est imprimée dans le *Recueil* de Bollandus, au 15 de Juin. Ce Saint est mort vers l'an 585.

13404. Vie de saint Walfroy ou Ouflet, Solitaire; par Adrien BAILLET.

Cette Vie est imprimée dans son *Recueil des Vies des Saints*, au 22 d'Octobre. Ce Saint a vécu dans le VIe siècle.

13405. Vie de l'Hermite de Compiegne; par Claude BUFFIER, Jésuite : *Paris*, 1692, *in-12*.

ARTICLE III.

Histoires des Chanoines Réguliers de France.

☞ CET Article sera partagé en trois paragraphes. Le premier concernera les anciens Chanoines Réguliers; le second, l'Ordre des Prémontrés; & le troisième contiendra les Histoires de la Congrégation de France, connue sous le nom de *Sainte-Geneviève*.]

§. PREMIER.

Histoires des anciens Chanoines Réguliers.

13406. ☞ PETRI CRISII, Canonici Regularis S. Joannis apud Vineas Suessionensis, de Clericis Regularibus Historia : *Parisiis*, Sevestre, 1620, *in-4*.]

13407. ☞ Gab. PENNOTTI Historia Canonicorum Regularium: *Coloniæ*, 1645, *in-fol*.]

13408. ☞ Canonicorum Ordinis sancti Augustini instituta & progressus : *Venetiis*, 1648, *in-4*.]

13409. ☞ Réflexions sur les Antiquités des Chanoines; par Claude DU MOLINET: *Paris*, 1674, *in-4*.]

13410. ☞ Disquisitiones de Canonicorum Ordine : *Parisiis*, 1697, *in-4*.]

13411. ☞ Ms. Mélange de plusieurs Dissertations & autres Pièces curieuses concernant l'Histoire de l'Ordre des Chanoines Réguliers : *in-fol*.

Ce Recueil se trouve dans la Bibliothèque de Sainte-Geneviève, à Paris.]

13412. ☞ Origine des Chanoines Réguliers, &c.

Dans l'*Hist. des Ordr. Mon. & Rel.* du P. HELYOT, *tom. II. pag.* 11, 63, &c.]

Histoire de l'Abbaye d'Agaune, ou de Saint-Maurice en Vallais.

☞ *Voyez* ci-devant, N.os 11656 & 11657.]

13413. Vie de saint Severin, Abbé d'Agaune; par Adrien BAILLET.

Cette Vie est imprimée dans son *Recueil des Vies des Saints*, au 11 Février.

13414. ☞ Des Chanoines Réguliers de Saint-Maurice d'Agaune.

Dans l'*Hist. des Ord. Mon. & Relig.* du P. HELYOT. (*Paris*, 1714, &c. *in-4*.) *tom. II. pag.* 78-84.]

Histoire de l'Abbaye d'Arrouais, ou Aroaise, dans le Diocèse d'Arras.

☞ Elle est le Chef-lieu d'une Congrégation de même nom Sa situation est sur les limites de l'Artois & de la Picardie, à l'Est du chemin qui conduit de Bapaume à Perrone. M. MAILLART, Avocat, a donné sur ce sujet une Lettre dans le *Mercure de Juillet*, 1737.]

13415. Fundatio Monasterii Aroasiæ propè Bapalmum, circa annum 1090, à beato Haldemaro.

Ces Actes sont imprimés dans le *Recueil* de Bollandus, au 13 de Janvier.

13416. ☞ Histoire abrégée des Chanoines Réguliers d'Aroaise.

Dans l'*Histoire des Ordres Monastiq.* du P. HELYOT: (*Paris*, 1714, &c. *in-4*.) *tom. II. pag.* 106 & *suiv.*]

Histoire du Prieuré d'Aureil, dans le Diocèse de Limoges.

13417. Vita sancti Gaucherii, Prioris Canonicorum Regularium Aurelii.

Cette Vie est imprimée dans Labbe, au *tom. II.* de sa *Nouvelle Bibliothèque des Manuscrits, pag.* 5603 & avec les Notes d'Henschenius, dans le *Recueil* de Bollandus, au 9 d'Avril. Elle est écrite d'une manière qui paroît sincère. Ce Saint est mort [l'an] 1140.]

13418. Vie de saint Gaucher, Fondateur & premier Abbé de Saint-Jean d'Aurèle; traduite du Latin par François DE BLOIS, Lieutenant-Général de Meulan : *Paris*, 1652, *in-12*.

13419. Vie du même; par François GIRY.

Cette Vie est imprimée dans son *Recueil des Vies des Saints*, au 9 d'Avril.

13420. Vie du même; par Adrien BAILLET.

Cette Vie est imprimée dans son *Recueil des Vies des Saints*, au même jour.

Histoire de l'Abbaye de Cantimpré, à Cambray.

13421. ☞ Liste des Abbés de Notre-Dame de Cantimpré.

Dans l'*Almanach historiq. de Cambray* : 1759, *p.* 96.]

13422. ☞ Ms. Vie du bienheureux Jean de Cantimpré, Instituteur & premier Abbé de l'Abbaye de Notre-Dame de Cantimpré, Chanoines Réguliers de Saint-Victor, à Cambray; par THOMAS de Cantimpré.

C'est la Vie d'un grand Prédicateur, qui mourut vers l'an 1208. Thomas, qui est connu par d'autres Ouvrages de piété, étoit né de famille noble en Brabant. Il fut pendant quinze ans Chanoine Régulier à Cantimpré. Il n'y avoit pas dix ans que le bienheureux Jean étoit décédé, quand Thomas y entra. Quelques-uns de ses premiers Disciples vivoient encore, & la mémoire du saint Abbé y étoit toute récente. Thomas, poussé par le desir d'un genre de vie plus austère, & pour

Histoire des Chanoines Réguliers.

travailler plus assidûment au salut des ames, passa dans l'Ordre de saint Dominique ; mais on continua de le nommer Thomas de Cantimpré. Il avoit ébauché cette Histoire étant encore dans cette Abbaye, & il ne la finit que long-temps après, à la prière de Nicolas, quatrième Abbé du Monastère.

Thomas y traite du bienheureux Jean, de ses premiers Disciples, & des Veuves de condition qui formèrent l'Abbaye de Notre-Dame de Prémy, à Cambray, sous sa direction & sa dépendance. Elles avoient embrassé l'Institut de S. Victor, & formèrent un Ordre ou Congrégation de Chanoinesses Régulières qui se répandirent dans les Pays-Bas, & dont l'Abbesse de Prémi étoit Supérieure générale.

J'ai fait des Notes historiques sur cette Vie du bienheureux Jean, une Notice des Maisons qui étoient de la Congrégation de Prémy, & une Suite chronologique en Latin, des Abbés de Cantimpré & des Abbesses de Prémy. Le seul Manuscrit ancien que je connoisse de cet Ouvrage de Thomas de Cantimpré, est à la Bibliothèque de Sainte-Geneviève, à Paris ; mais la fin y manque. *Remarq. de M. Mutte*, Doyen de l'Eglise de Cambray.]

Histoire de l'Abbaye de la Chancelade, dans le Diocèse de Périgueux.

13423. ☞ Des Chanoines Réguliers de la Réforme de la Chancelade, avec la Vie de Mre Alain de Solminiach, Abbé Régulier & leur Réformateur, mort Evêque de Cahors en 1659.

Dans l'*Histoire des Ordr. Monastiq.* du P. Helyot : (*Paris*, 1714, &c. *in-4.*) *tom. II. pag.* 401-414.]

13424. Le Portrait fidèle des Abbés & autres Supérieurs Réguliers, dans la Vie de Jean Garat, Abbé de la Chancelade ; par un Chanoine Régulier de cette Abbaye : *Paris*, 1691, *in-4.*

L'Auteur de cette Vie est Léonard Roche, Chanoine Régulier de cette Abbaye.

Histoire de l'Abbaye de Chaumousay, dans le Diocèse de Toul.

13425. ☞ Mf. Histoire de l'Abbaye de Chaumousay.

[L'original est conservé dans les Archives de cette Abbaye.]

13426. De Primordiis Calmosiacensis Monasterii Libri duo ; auctore Sehero, primo ejusdem Monasterii Abbate.

Cet Auteur vivoit sur la fin du XIe siècle ; son Ouvrage est imprimé dans Martenne, au tom. III. de son *Nouveau Trésor des Pièces anecdotes*, pag. 1159.

13427. ☞ Histoire de la Vie & des Ecrits de Sehère, premier Abbé de Chaumousay.

Dans l'*Histoire Littéraire de la France*, tom. XI. pag. 70-76. Cet Abbé est mort en 1128.]

Histoire de l'Abbaye de Daoulas, dans le Diocèse de Kimper.

13428. Mf. Mémoires pour servir à l'Histoire de l'Abbaye de Daoulas ; par Louis Pinsson de Louderi, Religieux de ce Monastère : *in-4.*

Ces Mémoires [étoient] conservés à Paris, dans le Cabinet de M. Pinsson, Avocat, son frère.

Tome I.

Histoire du Monastère de Gatines, dans le Diocèse de Saint-Omer.

13429. Chronicon Monasterii Watinensis ; auctore Ebrardo, ejusdem Congregationis Canonico Regulari.

Cette Chronique est imprimée dans Martenne, a tom. III. de son *Nouveau Trésor de Pièces anecdotes* pag. 798.

Histoire de l'Abbaye de Hennin-Liétart, dans le Diocèse d'Arras.

13430. Mf. Chronicon, seu Historia Abbatum Cœnobii Henniacensis ; auctore Balduino de Glen, Atrebatensi, Antistite ejusdem Monasterii.

Cette Chronique est citée par Valère André, dans sa *Bibliothèque de Flandres* ; [& pag. 117 de celle de Foppens : *Bruxellis*, 1739, *in-4.*] L'Auteur a écrit cette Chronique l'an 1584.

Histoire de l'Abbaye du Mont-Saint-Eloy, dans le Diocèse d'Arras.

13431. Mf. Histoire de l'Abbaye du Mont-Saint-Eloy, avec la suite de ses Abbés ; par André Vaillant, Prieur de ce Monastère.

Cette Histoire est citée par Valère André, dans sa *Bibliothèque de Flandres* ; [& dans celle de Foppens : (*Bruxellis*, 1739,) pag. 60.] L'Auteur est mort l'an 1625, Abbé du Mont-Saint-Eloy.

13432. ☞ Des Chanoines Réguliers du Mont-Saint-Eloy.

Dans l'*Hist. des Ordres Monastiques* du P. Helyot : (*Paris*, 1714, &c. *in-4.*) *tom. II. pag.* 76 & 77.]

Histoire de l'Abbaye de Saint-Antoine, Chef-d'Ordre, en Dauphiné, [Diocèse de Vienne.]

13433. ☞ Etablissement de la Communauté Réformée de l'Ordre de S. Antoine de Viennois : *in-4.*]

13434. ☞ Mf. Anonymi cujusdam Religiosi Ordinis sancti Antonii Viennensis, nuda & brevis historiæ Ordinis Antoniani idea.

Cette Histoire abrégée est citée par le sieur Jacob, dans ses *Ecrivains de Châlon*, pag. 93, comme étant dans la Bibliothèque de M. de Harlay.]

13435. Antonianæ Historiæ Compendium, ex variis Scriptoribus collectum per Aymarum Falconem, Ordinis Ministrorum Hospitalis Ordinis Antoniani Præceptorem : *Lugduni*, 1554, *in-fol.*

☞ Il y a eu une première Edition : *Lugduni*, 1533, *in-4.*]

El mismo traducido por Fernandes Suarez de la Orden del Carmen : *in Sevilla*, Perez, 1603, *in-fol.*

13436. La Fondation, Vie & Règle du grand Ordre Militaire & Monastique de S. Antoine : *Paris*, 1632, *in-8.*

Mmmmm 2

13437. De l'origine de S. Antoine en Viennois, avec le Recueil des Bulles des Papes, Patentes des Rois & Statuts du même Ordre : *Paris*, 1620, *in-*4.

13438. Le Crayon des grandeurs de S. Antoine de Viennois ; par Claude Allard, Religieux du même Ordre : *Paris*, 1653, *in-*12.

Cet Auteur est mort en 1658.

13439. ☞ Des Religieux de S. Antoine de Viennois.

Dans l'*Hist. des Ordres Monastiques du P.* Helyot : (*Paris*, 1714, &c. *in-*4.) tom. *II*. pag. 108-114.]

13440. ☞ Ms. Discours dressé par M. du Puy, & envoyé à Rome au Maréchal d'Estrées, en 1637, pour être présenté à sa Sainteté, au sujet de la nomination du Général de l'Ordre de S. Antoine.

Il est conservé dans la Bibliothèque de M. Févret de Fontette, Conseiller au Parlement de Dijon.]

13441. ☞ Réponse pour l'Econome des Chanoines de l'Ordre de S. Antoine de la Ville de Marseille, à l'Avertissement de l'Econome des Religieux Mendians de ladite Ville : 1704, *in-*4.]

13442. ☞ Mémoire où l'on établit le droit des Abbés Généraux de S. Antoine, de présider aux Etats de Dauphiné en l'absence de l'Evêque de Grenoble, & de siéger au Parlement de la même Province en qualité de Conseillers-nés ; & où l'on trouve une idée générale de l'origine de l'Ordre de S. Antoine, de ses progrès, & des grands hommes qu'il a donnés à l'Eglise & à l'Etat ; (par M. Boudet, Chanoine Régulier dudit Ordre, Supérieur de la Maison de S. Antoine de Paris depuis 1747) : *in-*4.]

13443. ☞ Mémoire, si les Religieux de saint Antoine sont Chanoines Réguliers : *in-fol.*]

13444. ☞ Réponse au Libelle diffamatoire auquel on a donné le titre : Etat de l'Ordre de S. Antoine : *in-*4.]

13445. ☞ Mémoire pour la Congrégation de S. Antoine ; par M^e del'Averdy : *in-fol.*

On y prouve que les Antonins sont Chanoines Réguliers.]

☞ Autres sur le même sujet, avec une Addition ; par Me Cochin : & une Réponse aux Ecritures des Chanoines Réguliers de Sainte-Geneviève ; par M^e del'Averdy : *in-fol.*]

13446. ☞ La Vie de Monseigneur S. Antoine, & des choses merveilleuses qui lui advinrent ès déserts, ensemble comment son glorieux corps fut trouvé par révélation divine & porté à Constantinople, & delà transporté en Viennois : *Lyon*, 1555, *in-*4.]

13447. Vie de Pierre de Sanejehan, premier Supérieur Réformateur de Saint-Antoine du Viennois ; par Jean de Loyac, Abbé de Gondon : *Paris*, 1643, *in-*8.

13448. Le bon Prélat, ou la Vie d'Antoine Tholosani, Abbé Général de l'Ordre de S. Antoine du Viennois ; par le même : *Paris*, 1648, *in-*8.

Histoire de l'Abbaye de Saint-Aubert de Cambray.

☞ Voyez l'*Hist. des Ordres Monast. du P.* Helyot : (*Paris*, 1714, &c. *in-*4.) tom. *II*. pag. 77.]

13449. ☞ Liste des Abbés de S. Aubert.

Dans l'*Almanach historique de Cambray*, 1759, *pag.* 93.]

Histoire de l'Abbaye de Saint-Jean de Valenciennes.

13450. Ms. De Origine & Fundatione Abbatiæ sancti Joannis apud Valencenas ; Item, Res gestæ & Vita Abbatum ; auctore Antonio d'Oultreman, ejusdem Cœnobii Priore.

Ces Histoires sont citées par Valère André, dans sa *Bibliothèque de Flandres*, [& dans celle de Foppens, *pag.* 84.]

13451. ☞ Abrégé de la naissance & progrès de l'Abbaye de S. Jean à Valenciennes, & l'entrée joyeuse des Martyrs S. Pierre & S. Julien ; par Louis Mercier, Religieux de la Maison : *Douai*, 1635, *in-*12.]

Histoire de l'Abbaye de S. Jean-des-Vignes à Soissons.

13452. Chronicon breve Abbatialis Canonicæ Sancti-Joannis apud Vineas ; à Petro Grisio, ejusdem Ordinis Canonico Regulari : *Suessione*, 1617, *in-*8.

Idem auctius [cui adjecta sunt Statuta sive Constitutiones ejusdem] : *Parisiis*, Sevestre, 1619, 1628, *in-*8.

13453. ☞ Statuta sive Constitutiones Abbatialis Canonicæ Sancti-Joannis apud Vineas Suessionensis, actionibus distinctæ, à Petro le Gris : *Parisiis*, 1620, *in-*8.]

13454. Histoire de l'Abbaye Royale de Saint-Jean-des-Vignes ; par Charles-Antoine de Louen, Chanoine Régulier de la même Congrégation, Prieur-Curé de Latilly : *Paris*; de Nully, 1710, *in-*12.

☞ Voyez aussi l'*Histoire des Ordres Monastiques* du P. Helyot : (*Paris*, 1714, &c. *in-*4.) tom. *II*. p. 84-99.]

13455. ☞ Histoire de la Vie & des Ecrits de Hugues Farsit, Chanoine Régulier.

Dans l'*Hist. Littér. de la France*, tom. *XII*. pag. 294-298. Ce Religieux est mort vers le milieu du douzième siècle. On l'a confondu avec un Abbé de Saint-Jean de Chartres, de même nom.]

13456. ☞ Plaidoyé de F. Pierre Oudin, Chanoine de Saint-Jean-des-Vignes de Soissons, Prieur-Curé de la Ferté-Milon, contre F. Charles Destourmelle, Prieur de Saint Vulgis, contenant les preuves de l'obligation des Religieux à la résidence dans leur

Monaſtère, & du droit des Curés ſur les Prêtres de leurs Paroiſſes : (1678) *in*-4.]

13457. ☞ Factum pour Louis-Germain, Chanoine de Saint-Jean-des-Vignes de Soiſſons, & Prieur-Curé de Vendières; M. de Bourlon, Evêque de Soiſſons; le Chevalier de Lorraine, Abbé de Saint-Jean-des-Vignes, & les Religieux de ladite Abbaye : contre Pierre-Norbert Humbelot, Prémontré, ſoi-diſant pourvu comme Gradué de ladite Cure de Vendières; & les Recteur, Doyen & Suppôts de l'Univerſité de Paris : *in*-4.]

Hiſtoire de l'Abbaye de S. Léger de Soiſſons.

13458. ☞ Factum pour les Religieux de l'Abbaye & Paroiſſe de Saint-Léger de Soiſſons, contre les Religieux de la Congrégation de Sainte-Geneviève de Paris : *in*-4.]

13459. ☞ Autre Factum pour les Paroiſſiens de la Paroiſſe de Saint-Léger, Oppoſans contre les mêmes Religieux de Sainte-Geneviève, Défendeurs à l'oppoſition : *in*-4.]

13460. ☞ Extrait des moyens des Religieux de Saint-Léger de Soiſſons, le Curé & Paroiſſiens de la Paroiſſe y annexée, & les Maire & Echevins de Soiſſons, contre les Religieux de ſainte Geneviève ; avec le Sommaire des preuves & conteſtations pour montrer combien la prétention deſdits Religieux ſur ladite Abbaye & Paroiſſe eſt injuſte & inſoutenable : *in*-4.

Dès l'année 1657 les Religieux de Sainte-Geneviève de Paris avoient tenté de s'emparer de l'Abbaye de S. Léger de Soiſſons, en faiſant élire Claude Bourlon, Religieux de Sainte-Geneviève, & frère de l'Evêque de Soiſſons, Prieur Clauſtral dudit S. Léger. Celui-ci eut de ſi mauvais procédés avec ſes Religieux, qu'après pluſieurs plaintes, le Parlement rendit un Arrêt le 4 Septembre 1662, qui ordonnoit que le Lieutenant-Général de Laon informeroit ſur les lieux de l'état de la Maiſon, tant au ſpirituel qu'au temporel. Enfin, après beaucoup de tentatives, même de quelques violences, les Religieux de Sainte-Geneviève ont échoué, & n'ont pu réuſſir dans leur projet.]

13461. ☞ Mémoire des moyens des Habitans de la Paroiſſe de Saint-Léger de Soiſſons, contre M. Claude de Bourlon, Abbé de l'Abbaye de Saint-Léger, & le Supérieur Général des Chanoines Réguliers de la Congrégation de France, & des juſtes ſujets qu'ils ont de ne point entendre à l'union propoſée de la Cure de ladite Paroiſſe de Saint-Léger, à la Prioraturie : 1697, *in*-4.]

13462. ☞ Mſ. Harangue de M. Hébert, Maire de Soiſſons, faite au Roi à ce ſujet: *in*-4.

Ce Manuſcrit eſt dans la Bibliothèque de M. Jardel, à Braine, Diocèſe de Soiſſons.]

Hiſtoire de l'Abbaye de S. Ruf, dans le Diocèſe de Valence.

13463. De Origine Congregationis Sancti-Rufi.

Ce Diſcours eſt imprimé à la *pag*. 592, des *Opuſcules* du Père Colomby, Jéſuite : *Lugduni*, 1668, *in-fol.*

13464. Tenor quorumdam Privilegiorum Canonicorum Regularium ſacræ Abbatiæ & Ordinis Sancti Rufi Valentiæ, per Summos Pontifices conceſſorum, necnon per Chriſtianiſſimum Regem Henricum IV. confirmatorum : *Lugduni*, Caiſne, 1641 : *Pariſiis*, Beſſin, 1621, 1641, *in*-8.

13465. ☞ Conſtitutiones Canonicorum Regularium Ordinis Sancti-Rufi : *Valentiæ*, 1712, *in*-12.]

13466. ☞ Hiſtoire abrégée des Chanoines de S. Ruf.

Dans l'*Hiſt. des Ordres Monaſtiques* du P. HELYOT : (*Paris*, 1714, &c. *in*-4.) tom. *II*. pag. 67-72.]

13467. ☞ Hiſtoire de la Vie & des Ecrits de Lietbert, Abbé de S. Ruf; par Dom Antoine RIVET, Bénédictin de la Congrégation de S. Maur.

Dans l'*Hiſt. Littér. de la France*, tom. *IX*. pag. 570-578. Lietbert eſt mort vers l'an 1111. On trouve dans les *Mém. de Trév.* 1764, Juillet, art. *XII*. une Diſſertation ſur un Ouvrage qu'on doit attribuer à cet Abbé.]

13468. ☞ Mémoire à conſulter (& Conſultations d'Avocats de Paris) ſur la Sécularisation de l'Ordre de S. Ruf : *Paris*, J. Th. Hériſſant, 1765, *in*-4.]

Hiſtoire de l'Abbaye de S. Victor lès-Paris.

13469. Mſ. De Fundatione Sancti-Victoris Pariſienſis, & primis Prioribus.

Cet Acte eſt conſervé dans la Bibliothèque de cette Abbaye, num. 122.

13470. Abrégé de la Fondation de l'Abbaye de S. Victor lès-Paris, Succeſſion des Abbés, Privilèges & Singularités d'icelle ; par Jean DE THOULOUSE, Religieux de cette Abbaye: *Paris*, 1630, *in-fol.*

☞ *Voyez* ſur cet Ouvrage la *Méthode hiſtorique* de l'Abbé Lenglet, *in*-4. tom. *IV*. pag. 177.]

13471. ☞ Des Chanoines Réguliers de S. Victor.

Dans l'*Hiſt. des Ord. Monaſt. & Rel.* du P. HELYOT : (*Paris*, 1714, &c. *in*-4.) tom. *II*. pag. 149-155.]

13472. Mſ. Antiquitates ejuſdem Abbatiæ : J. DE THOULOUSE auctore, ſub nomine STELLARII : *in-fol.*

Ces Antiquités ſont conſervées dans la Bibliothèque de cette Maiſon. L'Auteur eſt mort en 1659.

13473. ☞ Annales Eccleſiæ Sancti-Victoris Pariſienſis, ab anno 1110 ; eodem auctore, tùm hujus Domûs Priore : *in-fol.* 7 vol.

Ces Annales ſont conſervées dans la même Bibliothèque, num. 86-92.

13474. Mſ. Chronicon ejuſdem Abbatiæ ; auctore Joanne PICARDO, Canonico Regulari Sancti-Victoris.

Cette Chronique eſt conſervée dans la Bibliothèque de cette Maiſon, num. 122. L'Auteur eſt mort en 1615.

13475. Mſ. Les Vies & les Maximes ſaintes des Hommes illuſtres qui ont fleuri dans l'Abbaye de S. Victor de Paris; avec les Eloges que leur ont donné les plus célèbres Auteurs Ecclésiastiques, depuis le douzième siècle jusqu'à présent; par Simon GOURDAN, Chanoine Régulier de cette Maison: *in-fol.* 6 vol.

☞ Dans la même Bibliothèque. L'Auteur est mort en 1729.]

13476. Vita & Martyrium Magistri Thomæ, Canonici Regularis & Prioris Sancti-Victoris; auctore Philippo GOURREAU, Canonico Regulari & Priore ejusdem Domûs: *Parisiis*, 1645, 1665, *in-12*.

Ce Martyre est arrivé l'an 1130. Philippe Gourreau de la Proustière, qui l'a écrit, est mort en 1694.

13477. Vie du Bienheureux Thomas; par Adrien BAILLET.

Cette Vie est imprimée dans son *Recueil des Vies des Saints*, au 20 d'Août.

13478. Vita Hugonis à Sancto-Victore, Canonici Regularis, Theologiæ Doctoris Parisiensis; auctore Thomas GARZONIO.

Cette Vie est imprimée à la tête des *Œuvres* de Hugues de S. Victor: *Venetiis*, 1588: *Coloniæ*, 1617, *in-fol.* 3 vol. *Rothomagi*, 1648, *in-fol.* 2 vol. Hugues de S. Victor est mort l'an 1140, & l'Auteur de sa Vie a fleuri l'an 1588.

13479. ☞ Histoire de la Vie & des Ecrits de Hugues de S. Victor.

Dans l'*Hist. Littér. de la France*, tom. XII. p. 1-72. Voyez encore l'Article XXXIII. du vol. 1 d'Avril, 1766, des *Mémoires de Trévoux*, [par M. MERCIER, Chanoine Régulier de sainte Geneviève.]

13480. ☞ Histoire de la Vie & des Ecrits de Gilduin, Abbé de S. Victor.

Dans l'*Hist. Littér. de la France*, tom. XII. pag. 476-478. Cet Abbé est mort en 1155.]

13481. ☞ Tombeau de M. Santeuil, Chanoine Régulier de S. Victor, & son Eloge: *Paris*, de Nain, 1698, *in-4*.

L'Auteur est Valentin FAYDIT.]

13482. Eloge historique de Jean-Baptiste Santeuil, Chanoine Régulier de S. Victor; par Charles PERRAULT.

Cet Eloge est imprimé dans le tom. II. de son *Recueil des Eloges des Hommes illustres*, pag. 15: *Paris*, 1701, *in fol.*

Santeuil est mort en 1697, à Dijon, par un fâcheux accident. Son corps, après y avoir été enterré, fut enlevé furtivement, & apporté à Paris, par le Coche d'eau, dans un sac de tan. Les Poëtes à l'envi firent des Epitaphes : celle de M. Rollin eut la préférence, & se voit dans le Cloître de S. Victor. Elle finit par ces vers:

Fama hominum fit versibus æqua profanis:
Mercedem posount carmina sacra Deum.

13483. ☞ La Vie & les bons mots de Santeuil: *Cologne*, 1735, *in-12*.]

13484. Recueil de Poësie Latine & Françoise, & d'Epitaphes qui ont été faites depuis la mort de M. Santeuil, & qu'il a été enterré dans l'Eglise de S. Etienne de Dijon, le 5 Août 1697, [intitulé: *Funus Santolinum*] *Dijon*, Michard, 1698, *in-4*.

Ce Recueil a un Discours préliminaire, qui a été fait par M. Pierre LE GOUX, Conseiller au Parlement de Dijon, [ainsi que la plupart des Poësies.]

☞ M. le Goux est mort en 1702, âgé de 62 ans.]

13485. ☞ Eloge ou Vie du même.

Dans le *Journal Chrétien*, 1760, *Février*, p. 138.]

13486. ☞ Eloge de Simon Gourdan, Chanoine Régulier de S. Victor.

Il est imprimé dans les *Mémoires de Trévoux*, 1729. Ce Père venoit de mourir.]

13487. ☞ La Vie de Simon Gourdan, Chanoine Régulier de S. Augustin, dans l'Abbaye Royale de S. Victor : *Paris*, 1755, *in-12*.]

13488. ☞ Lettre à l'Auteur de cette Vie : *Liége* (*Paris*) 1756, *in-12*.

La Vie réfutée dans cette Lettre est remplie de fanatisme : la Lettre le démontre.]

Histoire du Monastère de Vaux-verd, proche de Bruxelles.

13489. Mf. De exordio & progressu Monasterii Viridis Vallis, ad annum 1506, inscriptum, Virologium; auctore Joanne SILICEO, Canonico Regulari in Viridi-Valle.

Cette Histoire est conservée dans la Bibliothèque de ce Monastère : Valère André dans sa *Bibliothèque de Flandres*; (Foppens, pag. 728.)

13490. Menologium Monasterii Viridis Vallis; per Marcum MARTELLUM, Canonicum Regularem : 1621, *in-4*.

13491. Vita Joannis Rusbrochii, Prioris Viridis Vallis, Ordinis Canonicorum Regularium, auctore Chrysostomo HENRIQUEZ, Ordinis Cisterciensis: *Bruxellis*, Pepetnani, 1622, *in 8*.

Rusbrock est mort en 1381, & Henriquez en 1632.

13492. * La Vie du même: *Toulouse*, Colomiez, 1606, *in-12*.

Histoire de l'Abbaye de Sablanceaux, dans le Diocése de Saintes.

13493. ☞ Notice sur l'Abbaye de Sablanceaux, avec la Liste des Abbés de ce Monastère.

Cette Notice, (qui se trouve tom. II. des *Nouvelles Recherches sur la France : Paris*, 1766) pag. 122-134, est tirée d'une Lettre du Père DURAND, & de quelques Remarques de M. DE LA SAUVAGERE, à qui l'on doit aussi la Liste des Abbés.]

Histoire des Chanoines Réguliers de Sainte-Croix.

13494. Fondation de l'Ordre & Monastère de Sainte-Croix à Paris : *Paris*, 1632, *in-8*.

13495. ☞ Histoire abrégée des Religieux Porte-Croix en France & aux Pays-Bas, appellés communément Croisiers ou de Sainte-

Histoire des Chanoines Réguliers.

Croix ; avec la Vie du R. P. Théodore de Celles, leur Fondateur (mort en 1244 ou 1246.)

Dans l'*Hist. des Ord. Mon. & Rel.* du P. Helyot : (*Paris*, 1714, *&c. in-4.*) tom. II. pag. 227-234. On peut voir sur leur Monastère de la Bretonnerie, l'*Hist. de Paris*, de Dom Félibien : (*Paris*, 1725, *in-fol.*) tom. I. pag. 372 & 373.]

13496. Vie de Théodore de Celles, Restaurateur du très-ancien Ordre Canonial, Militaire & Hospitalier de Sainte-Croix, vulgairement des Croisiers : Origine des Croisades & Ordres Croisés ; avec un Traité de l'antiquité de l'Ordre ; par Pierre Verduc, Chanoine Régulier du même Ordre : *Périgueux*, Daluy, 1681, *in-4.*

13497. ☞ Narré pour les Religieux de Sainte-Croix de la Bretonnerie, fondée par S. Louis : *in-4.*]

13498. * Récit des persécutions faites au Couvent de Sainte-Croix de la Bretonnerie : 1640, *in-4.*

Histoire des Chanoines Réguliers de S. Sauveur en Lorraine.

13499. ☞ Histoire de la Congrégation de Notre Sauveur.

Dans l'*Hist. des Ord. Mon. & Rel.* du Père Helyot : (*Paris*, 1714, *&c. in-4.*) tom. II. pag. 415-425.]

13500. Vie de Pierre Fourrier, dit le Père de Matincourt, Réformateur & Général des Chanoines Réguliers de la Congrégation de Notre Sauveur ; par Jean Bedel, Chanoine Régulier de cette Congrégation : *Paris*, Piquet, 1645, *in 8.*

Pierre Fourrier est mort en 1636.

La même, revue de nouveau par un Ecclésiastique : *Paris*, 1664, 1666, 1668, *in 12.*

La même, revue & augmentée de plusieurs Miracles : *Toul*, Laurent, 1673, *in-8.*

Vie du même : *Paris*, 1678, 1687, *in-12.*

Cette Vie a été tirée de la précédente, & écrite dans un meilleur langage, par J. de B. Religieuse indigne ; c'est la signature de l'Epître dédicatoire. Ces lettres initiales signifient Jacqueline (Bouette) de Blemur.

Eadem Latinè reddita : *Augustæ Vindelicorum*, 1668, *in-8.*

13501. ☞ Imago boni Parochi, seu Acta beati Petri Forerii, Matincuriæ Parochi : *Nancæii*, 1731, *in-8.*]

13502. ☞ Vie ou Eloge historique du bienheureux Pierre Fourrier, dit vulgairement le Père de Matincourt, Réformateur & Général des Chanoines Réguliers de la Congrégation de Notre Sauveur, & Instituteur des Religieuses de la Congrégation de Notre-Dame ; (par le Père Friant, Supérieur de la Maison de Saint Mihiel) : *Nancy*, 1746, *in-12.*

L'Auteur est mort vers 1730. Voyez sur le même sujet l'*Histoire de Lorraine* de Dom Calmet, tom. III. pag. 148 & suiv.]

Histoire de la Congrégation de Windesem en Flandres.

13503. Chronicon Windesemense Canonicorum Regularium : *Antverpiæ*, 1621, *in-8.*

※ Cette Chronique est d'un Auteur inconnu, qui la commence en 1440, & la finit en 1530.

13504. De Windesemensi & aliis Congregationibus Canonicorum Regularium, &c. recensuit Aubertus Miræus, Bruxellensis, Decanus Antverpiensis : *Bruxellæ*, 1622, *in-8.*

13505. ☞ Histoire abrégée des Chanoines Réguliers de Windesem.

Dans l'*Hist. des Ordres Monastiques* du P. Helyot : (*Paris*, 1714, *&c. in-4.*) tom. II. pag. 344-348. L'Abbaye de Château-Landon, en Gâtinois, a été unie pendant un temps à cette Congrégation qui est en Flandres & en Allemagne, pag. 353.]

Histoire de divers autres Chanoines Réguliers.

13506. ☞ Des Chanoines Réguliers de la Réforme de Bourgachard, en Normandie, (Diocèse de Rouen.)

Dans l'*Hist. des Ord. Monast. & Rel.* du P. Helyot : (*Paris*, 1714, *&c. in-4.*) tom. II. pag. 442-456. Au Prieuré de Bourgachard se sont unis quelques autres Prieurés & Abbayes de Chanoines Réguliers, qui forment une Congrégation particulière. L'Abbaye d'Hivernaux, Diocèse de Paris, en est.]

13507. ☞ De l'Ordre des Chanoines Réguliers du Saint-Esprit à Montpellier.

Dans l'*Hist. des Ord. Monast. & Rel.* du P. Helyot : (*Paris*, 1714, *&c. in-4.*) tom. II. pag. 195-198.]

13508. ☞ Des Chanoines Réguliers associés du S. Esprit.

Dans le même volume, pag. 219-221. Leurs Constitutions ont été imprimées : *Paris*, 1588, *in-12.* Ibid. 1630, *in-4.* Cependant cette Congrégation n'a pas subsisté.]

13509. ☞ Des Chanoines Réguliers de S. Côme lès-Tours.

Dans l'*Hist. des Ord. Monast. & Rel.* du P. Helyot : (*Paris*, 1714, *&c. in-4.*) tom. II. pag. 249-251.]

13510. ☞ Des Chanoines Hospitaliers de S. Jacques du Haut-Pas.

Dans le même volume, pag. 278 & suiv. Le Père Helyot fait voir ensuite que, selon les apparences, ils ont été confondus avec les Religieux Pontifes ou Faiseurs de Ponts, dont il parle, pag. 281, & auxquels on a donné pour Fondateur S. Benezet, qui a dirigé le Pont d'Avignon. Cet Ordre ne subsiste plus, & ce qui en restoit à Avignon a été sécularisé ; & on les y appelle les Prêtres Blancs.]

13511. ☞ Des Chanoines Réguliers de S. Laurent d'Oulx, (ci-devant du Briançonnois, en Dauphiné, mais du Diocèse de Turin.)

Dans l'*Hist.* du P. Helyot, tom. II. pag. 72-75. Ce Monastère fut fondé vers 1055, par Gérard Charbrerius, qui fut ensuite élu Évêque de Sisteron.]

§. II.

Histoires de l'Ordre de Prémontré en France.

Histoire de l'Abbaye de Prémontré, Chef-d'Ordre, dans le Diocèse de Laon.

13512. Mf. CHRONICA brevis Abbatum Monasterii Præmonstratensis.

Cette Chronique est conservée dans la Bibliothèque de M. Colbert, entre les Manuscrits de M. du Chesne.

13513. De Fundatione novem Abbatiarum Ordinis Præmonstratensis in Diœcesi Laudunensi ; auctore HERMANNO, Monacho.

Ce Discours est imprimé à la pag. 527 de l'*Appendix des Œuvres* de Lanfranc : *Parisiis*, 1648, *in-fol.*

13514. ☞ Réflexions sur le projet de réduire le Chapitre annuel de Prémontré en Chapitre triennal, par N. FRANÇOIS : *Bar-le-Duc*, 1733, *in-8.*]

13515. Ordinis Præmonstratensis Chronicon, in quo Cœnobiorum istius instituti per Orbem Christianum origines, &c. recensentur ; auctore Auberto MIRÆO, Bruxellensi : *Coloniæ Agrippinæ*, Gualteri, 1613, *in-8.*

13516. Annales breves Ordinis Præmonstratensis : auctore Mauricio DU PRÉ, ejusdem Ordinis : *Ambiani*, 1645, *in-8.*

Cet Auteur est mort l'an 1645. Ses Annales entières avec un état des Monastères de cet Ordre & le Nobiliaire des Abbés (étoient) entre les mains de M. l'Abbé le Roy.

13517. ☞ Histoire abrégée de l'Ordre de Prémontré, & de la Réforme qui y a été faite.

Dans l'*Histoire des Ordres Monastiques*, par le Père HELYOT : (*Paris*, 1714, &c. *in-4.*) tom. II. p. 156-194.]

13518. ☞ Caroli Ludovici HUGONIS Annales Ordinis Præmonstratensis : *Nanceii*, Cusson, 1734 & 1736, *in-fol.* 2 vol.

L'Auteur est mort, en son Abbaye d'Estival, Evêque de Ptolémaïde, en 1739.]

13519. ☞ Jugement des Ecrits de M. Hugo, Abbé d'Estival, Historiographe de l'Ordre de Prémontré ; par Jean BLAMPAIN, Religieux du même Ordre : (*Nancy*) 1736, *in-8.*

Ce bon Ouvrage fit beaucoup de peine à M. Hugo. Voyez *Bibl. des Écrivains de Lorraine*, de D. Calmet : *in-fol.*]

13520. ☞ Lettre de M. l'Abbé DE BRISACIER, Docteur de Sorbonne, à M. l'Abbé Général de Prémontré : 1737, *in-12.*

On y venge sur-tout la mémoire de Laurent de Brisacier & de Jacques-Charles de Brisacier son oncle, Abbés de Flabémont, contre les injures répandues à leur sujet dans l'Ouvrage de M. Hugo.]

13521. ☞ Joannis LE PAIGE, Bibliotheca Præmonstratensis Ordinis : *Parisiis*, 1633, *in-fol.*

Cet Ouvrage contient les origines de l'Abbaye de Prémontré, ses Statuts, &c.]

13522. ☞ Joan. Chrysostomi VANDER-STERRE, Natales Sanctorum Ordinis Præmonstratensis : *Antverpiæ*, Wolschat, 1625, *in-4.*

☞ Cet Ouvrage a été inséré par Sanderus, dans son *Brabantia illustr.* Vander-Sterre, Abbé de S. Michel d'Anvers, y est mort en 1652.]

13523. ☞ Joannis MIDOTII, Vindiciæ Communitatis, Nortbertinæ, antiqui rigoris : *Mussiponti*, Bernard, 1632, *in-4.*]

13524. ☞ Ejusdem Commentarius causarum firmitati Communitatis Nortbertinæ, antiqui rigoris adstipulantium. *Ibid.* 1633, *in-4.*]

13525. ☞ Sanctorum Confessorum Præmonstratensis Ordinis Vitæ, per Joannem LE PAIGE, ejusdem Ordinis : *Paris.* 1620, *in-8.*]

13526. ☞ Petri DESBANS, Status strictioris reformationis in Ordine Præmonstratensi institutæ : *Mussiponti*, 1630, *in-4.*]

13527. ☞ Sigismundi KOHEL, Vitæ nonnullorum Patrum Ordinis Præmonstratensis : *Lucæ ad fluvium Dia*, 1608, *in-4.*]

13528. ☞ Mf. Statuta Ordinis Præmonstratensis, scripta 29 Julii 1595, *in-4.*

Ces Statuts (dont un exemplaire est conservé à Braine, dans la Bibliothèque de M. Jardel, Officier du Roi) ont été faits & acceptés dans un Chapitre Général convoqué au mois d'Avril 1530, par Jean, Abbé de Prémontré, qui y a joint un Mandement de convocation adressé à tous les Abbés, Prélats, Prieurs, Supérieurs, Chanoines, Chanoinesses, &c. Ensuite de ces Statuts sont les Lettres de confirmation du Roi Charles IX. données à Paris au mois de Juin 1567, avec les Lettres-Patentes du même Roi, datées du Château de Boulogne, le 27 de Janvier 1571, & enfin l'enregistrement qui en a été fait au Parlement le 12 Mai de la même année 1571, par du Tillet. Toutes ces formalités manquent aux Statuts dont l'Ordre de Prémontré fait usage aujourd'hui, lesquels ont été dressés dans un Chapitre Général tenu en 1630, & imprimés ensuite. Il n'est fait aucune mention dans ceux-ci de ceux dont j'indique ici le Manuscrit, quoiqu'il paroisse qu'on s'en soit servi dans plusieurs articles. Le Général de Prémontré a perdu depuis quelques années plusieurs Procès, contre différens Religieux de son Ordre, n'ayant pu se servir de ces Statuts de 1630, qui ne sont point reconnus : peut-être même ignore-t-il l'existence de ceux-ci, auxquels il auroit pu avoir recours, pour faire valoir sa supériorité. Charles IX, appelle, dans ses Lettres-Patentes, les Chanoines de Prémontré, *ses amés & dévots Orateurs.*]

13529. ☞ Statuta Ordinis Præmonstratensis renovata, *Lovanii*, 1631 : *Parisiis*, Cramoisy, 1632, *in-8.*]

13530. ☞ Statuta Ordinis Præmonstratensis renovata, ab anno 1630, à Capitulo generali acceptata, &c. Editio secunda, Notis & Commentariis adornata, à Carolo SAULNIER ; cum Regulâ sancti Augustini, &c. *Stivagii*, Heller, 1725, *in-4.*]

13531. ☞ Joannis LAUNOII, Inquisitio in Privilegia Præmonstratensis Ordinis : *Parisiis*, 1658, *in-8.*]

13532. ☞ Responsio ad Inquisitionem Launoii, per Norb. CAILLIEU : *Parisiis*, 1661, *in-8.*

Cette Réponse fut condamnée par Arrêt du Prévôt

de Paris, du 16 Juin, comme contenant plusieurs propositions erronées, &c. *Voyez pag. 176, de l'Ouvrage suivant.*]

13533. ☞ Censura dictæ Responsionis, per Joan. LAUNOIUM : *Parisiis*, 1663, 1676, *in-8.*]

13534. ☞ Factum pour les Prémontrés de S. Martin de Laon, contre M. d'Estrées, Evêque de Laon : *in-4.*

13535. ☞ Examen du Privilège d'Alexandre V, pour le jugement du Procès de M. de Laon, & des Prémontrés de l'Abbaye de S. Martin de Laon ; (par Jean DE LAUNOY): *in-8.*]

13536. ☞ Joan. LAUNOII, jus Capituli Laudunensis in Monasteria Præmonstratensium Diœcesis: *Parisiis*, 1659, *in-8.*]

13537. ☞ Remontrances présentées par l'Abbé de Sainte-Marie, du Pont-à-Mousson, pour l'établissement & le progrès de la Réforme en quelques Maisons de l'Ordre, à M. Colbert, Abbé de Prémontré: *Nancy*, 1672, *in-4.*]

13538. Vita sancti Norberti, Præmonstratensis Ordinis Fundatoris, deinde Archiepiscopi Magdeburgensis ; auctore Canonico Præmonstratensi coævo, edita curâ Joannis VANDER-STERRE: *Antverpiæ*, 1624, *in-4.*

Eadem, cum Notis; per Polycarpum DE HARTOGHE: *Antverpiæ*, 1656, *in-8.*

Cette même Vie, avec le Commentaire de Daniel Papebrock, est imprimée dans le *Recueil* de Bollandus, au 6 de Juin. La dernière Edition est la plus sincère. Cette Vie a été écrite par un Auteur contemporain, & ne peut être de HUGUES DE FLOREFFE, qui a vécu près d'un siècle après ce Saint. Le tour de la phrase & la diction font connoître que l'Auteur étoit François, selon que l'a remarqué Aubert le Mire, dans sa *Chronique de Prémontré*, sur l'année 1134.

13539. Analecta Norbertina.

Ces Analectes sont imprimés dans le *Recueil* de Bollandus, au 6 de Juin.

13540. Vita ejusdem ; per Michaëlem MALACORPIUM, Fosianum, Præmonstratensem : *Leodii*, 1599, *in-8.*

13541. Ms. Vita ejusdem, versibus elegiacis; auctore Joanne Antonio PELTANO, Præmonstratensi.

Cette Vie est citée par Valère André, dans sa *Bibliothèque de Flandres*. L'Auteur est mort en 1606.

13542. Vie de S. Norbert, contenant le progrès & l'avancement de l'Ordre de Prémontré ; par Maurice DU PRÉ, Religieux de S. Jean d'Amiens: *Paris*, 1627, *in-8.*

13543. Vita sancti Norberti : ex ea quæ per sanctum Hugonem ejus Discipulum, & per auctorem anonymum Chronici Cathedralis Ecclesiæ Laudunensis, & alios conscripta ; à Joanne LE PAIGE, Præmonstratensi.

Cette Vie est imprimée dans la seconde partie de sa *Bibliothèque de Prémontré* : *Parisiis*, 1633, *in-fol.*

Tome I.

13544. Vita ejusdem ; auctore Cornelio POLYCARPO : *Antverpiæ*, 1630, *in-8.*

13545. Compendio della Vita di san Norberto, racolta da Cornelio HANEGRAVIO, del mismo Ordine: *In Roma*, 1632, *in-4.*

13546. Vita ejusdem lyrica ; auctore Petro WAGHENARE, ejusdem Ordinis: *Duaci*, Belleri, 1637, *in-8.*

13547. Vie de l'Homme Apostolique, ou la Vie de S. Norbert : *Caen*, 1640, *in-8.*

Cette Vie a été écrite par Jean-Pierre CAMUS, Evêque de Bellay, mort en 1652.

13548. Vita & res gestæ ejusdem ; per Joannem Baptistam SCHELLEMBERG : *Augustæ Vindelicorum*, 1641, *in-8.*

13549. Vie du même, avec plusieurs Pièces concernant son Ordre : *Charleville*, 1674, *in-4.*

13550. Historia ejusdem ; auctore Gasparo SAGITTARIO, Germano : *Ienæ*, 1683, *in-8.*

Cet Auteur Luthérien est mort en 1694.

13551. Vie du même ; par François GIRY.

Cette Vie est imprimée dans son *Recueil des Vies des Saints*, au 6 de Juin.

13552. Vie du même ; par Adrien BAILLET.

Cette Vie est imprimée dans son *Recueil des Vies des Saints*, au même jour.

13553. Vie du même ; par Charles-Louis HUGO, de l'Ordre des Prémontrés, avec des Notes pour l'éclaircissement de son Histoire: *Luxembourg*, Chevalier, 1704, *in-4.*

☞ Il y a dans les Notes de cet Ouvrage des choses curieuses.]

13554. ☞ Apologie de la Dissertation sur l'apparition de la sainte Vierge à S. Norbert, pour servir de réplique à la Réponse du Père Hugo; (par le P. GAUTIER : 1705) *in-4.*]

13555. Appendix Conradi JANNINGII, Societatis Jesu, ad Commentarium de sancto Norberto, Ordinis Præmonstratensis Institutore.

Cette appendice est imprimée dans *Bollandus*, au tom. VI de Juin, *pag.* 3. L'Auteur y réfute d'abord le Père Hugo, ensuite les Vindices Norbertines de Philippe Muller, Professeur d'Iene, imprimées en 1603, & enfin l'Ouvrage de Gaspar Sagittarius. Ces deux derniers Auteurs sont Luthériens.

13556. ☞ Histoire de la Vie & des Ecrits de S. Norbert.

Dans l'*Histoire Littéraire de la France*, tom. XI. *pag.* 243-250.]

13557. ☞ Histoire de la Vie & des Ecrits de Vivien, l'un des premiers disciples de S. Norbert.

Dans le même volume, *pag.* 695-698.]

13558. Vita beati Hugonis, Præmonstratensis Ecclesiæ primi Abbatis, & ejusdem Ordinis post sanctum Norbertum Præpositi Generalis ; auctore Joanne LE PAIGE.

Cette Vie est imprimée dans la seconde partie de sa

Bibliotheca Præmonstrat. (*Parisiis*, 1633, *in-fol.*) pag. 416. Ce Saint est mort en l'an 1164.

13559. ☞ Abrégé de la Vie du Bienheureux Alexandre Sauly: *Paris*, 1740, *in-12.*]

Histoire des Abbayes de Prémontrés en Alsace, dans le Diocèse de Strasbourg.

13560. ☞ Documenta XXII. ad Monasterium omnium SS. Præmonstrat. Ordinis Argentinensis Diœcesis pertinentia; edente J. Friderico SCHANNAT, *Vindemia Litterariæ*, Collect. I.]

Histoire de l'Abbaye de Beauport, dans le Diocèse de Saint-Brieux.

13561. Mf. Fragmentum Chronici Belliportûs in Britannia.
Ce Fragment est cité par du Chesne, à la *pag.* 181, du Plan de son *Recueil des Historiens de France.*

Histoire de l'Abbaye de Blanche-Lande, dans le Diocèse de Coûtance.

13562. Dissertatio de Blancalanda Cœnobio & Lucerna in Pago Abrincensi; auctore Joanne COLUMBI, è Societate Jesu: *Lugduni*, 1660, *in-4.*
Cette même Dissertation est imprimée *pag.* 547 de ses *Opuscules*: *Lugduni*, 1668, *in-fol.*

Histoire de l'Abbaye de Bonne-Espérance, dans le Diocèse de Cambray.

13563. ☞ Chronicon Ecclesiæ Beatæ Mariæ Virginis Bonæ-Spei, Ordinis Præmonstratensis, ex Archivis ejusdem & quibusdam auctoribus compositum; per R. D. F. Engelbertum MAGHE, quadragesimum secundum Abbatem: *Bonæ-Spei*, sacræ Majestatis Catholicæ permissu, 1704, *in-4.*]

13564. Vita beati & venerabilis Philippi Harvengii, Abbatis secundi Bonæ-Spei; auctore Joanne LE PAIGE, Ordinis Præmonstratensis.
Cette Vie est imprimée au Liv. II. de sa *Bibliothèque de Prémontré*, pag. 508: *Parisiis*, 1633, *in-fol.* Cet Abbé est mort en 1134.

Histoire de l'Abbaye de Chaumont, dans le Diocèse de Reims.

13565. Historia Abbatiæ Calvimontis, ex Monumentis ipsius loci; auctore Daniele PAPEBROCHIO, è Soc. Jesu.
Cette Histoire est imprimée dans le *Recueil* de Bollandus, au 16 de Juin, §. III, des Vies de S. Bertauld & de S. Amand, Anachorètes.

Histoire de l'Abbaye de Joyenval, dans le Diocèse de Chartres.

13566. ☞ Mf. De fundatione inclyti ac Regalis Cœnobii Gaudii-Vallis: *in-12.*
Ce Manuscrit original est cité *pag.* 369 du Catalogue de du Cange, & se trouve dans la Bibliothèque du Roi.]

Histoire de l'Abbaye de Neuf-Fontaines, dans le Diocèse de Clermont.

13567. Vita sancti Gilberti Abbatis, Petronillæ conjugis, Pontiæ filiæ, Ordinis Præmonstratensis; auctore Joan. LE PAIGE, ejusdem Ordinis: *Parisiis*, Martin, 1620, *in-8.*
Cette même Vie est imprimée au Liv. II. de sa *Bibliotheca de Præmonstratensis*, p. 482: *Parisiis*, 1633, *in-fol.* & avec le *Commentaire* d'Henschenius, dans le *Recueil* de Bollandus, au 6 de Juin.

13568. Vie de S. Gilbert, premier Abbé de Neuf-Fontaines, & de sa femme sainte Pétronille, première Abbesse d'Aubeterre; par François GIRY.
Cette Vie est imprimée dans son *Recueil des Vies des Saints*, au 4 de Février.

13569. Vie des mêmes; par Adrien BAILLET.
Cette Vie est imprimée dans son *Recueil des Vies des Saints*, au 3 d'Octobre.

Histoire de l'Abbaye du Parc, proché de Louvain.

13570. Summaria Chronologica insignis Ecclesiæ Parcensis, sita propè muros Urbis Lovanii: ex Archivo dictæ Ecclesiæ in ordinem redacta per F. L. P. S. T. L. ejusdem Ecclesiæ Canonicum Professum: *Lovanii*, 1662, *in-4.*
Ces lettres initiales signifient, Frère Libert (DE) PAEPE, Licentié en Théologie, [mort en 1682.]
☞ Sanderus a inséré cet Ouvrage au tom. I. de son *Brabantia illustr.* & Jerôme de WAERSEGGHERE y a fait un Supplément en 1726. Foppens, *pag.* 821.]

Histoire du Monastère appellé Postulanum, dans le Brabant.

13571. Dissertatio historica de origine & progressu Cœnobii Postulani in Brabantia; auctore Augustino WICHMANS, Canonico Regulari Ordinis Præmonstratensis: *Antverpiæ*, 1628, *in-4.*

Histoire de l'Abbaye de S. André-aux-Bois, dans le Diocèse d'Amiens.

13572. Abrégé des choses plus remarquables de l'Abbaye de Saint-André-aux-Bois, avec le Catalogue & la suite de ses Abbés; par Claude SALLÉ, Religieux de ladite Abbaye: *Paris*, 1634, *in 8.*
☞ Le même Abrégé, avec la suite des Seigneurs de Beaurain, tombés en la Maison de Croy: *Saint-Omer*, 1651, *in-4.*]

Histoire de l'Abbaye de S. Martin de Laon.

13573. De Monasterio Sancti-Martini Laudunensis, quomodò videlicet sancto Norberto hæc ipsa concessa est Ecclesia; & Syllabus Abbatum ejusdem.
Ce Discours est imprimé à la *pag.* 832 de l'*Appendice* des *Œuvres* de Guibert, Abbé de Nogent: *Parisiis*, 1651, *in-fol.*

Histoire de l'Abbaye de S. Paul de Besançon.

13574. ☞ Cartulaire de l'Abbaye de Saint-Paul, intitulé: *Res Canonicæ sanctæ-Mariæ & Sancti-Pauli ante medium septimi sæculi ad annum* 1707.

Il y en a une copie dans la Bibliothèque de MM. Dunod de Charnage, Conseillers au Parlement de Besançon, & le Professeur Dunod, leur père, s'en est servi pour ses Ouvrages historiques sur la Franche-Comté.]

Histoire de l'Abbaye de Saint-Yved de Braine, dans le Diocèse de Soissons.

13575. ☞ Mémoire pour Frère Michel-Alexandre le Moine, Religieux Profès & Procureur Conventuel de l'Abbaye de Saint-Yved de Braine, appellant comme d'abus du Jugement contre lui rendu par le Général Abbé de Prémontré, le 23 Août 1756; contre le Frère Louis Parchape de Vinaz, Abbé & Général de l'Ordre de Prémontré, Intimé; par Mᵉ Gervaise de la Touche, Avocat: *Paris*, 1760, *in-4*.

Ce Mémoire traite une question importante, sçavoir: Si le Supérieur Monastique qui n'a point de Jurisdiction, mais seulement une autorité correctionnelle sur ses Religieux, peut arbitrairement, sans forme d'instruction ni d'information, condamner un Religieux sous des qualifications atroces & à des peines spirituelles & temporelles qui renversent son état, & emportent infamie dans l'Ordre & au-dehors; telles que l'excommunication, l'amende-honorable, la prison, une peine de très-grieve coulpe qu'on n'explique point, &c. L'Arrêt du Parlement, du 22 Août 1760, décharge en plein le Frère le Moine, des condamnations prononcées contre lui par son Général, & condamne ledit Général en tous les dépens envers ledit Frère le Moine.]

13576. ☞ Précis pour le même Frère le Moine, contre le même Frère Parchape de Vinaz, Général de Prémontré; par Mᵉ Gervaise de la Touche, Avocat: *Paris*, 1760, *in-4*.]

Histoire de l'Abbaye de Vicogne, dans le Diocèse d'Arras.

13577. Viconiensis Monasterii Fundatio, seu brevis Historia Canonicorum Ordinis Sancti Augustini, anno 1115.

Cette Histoire est imprimée dans d'Achery, au tom. XII. de son *Spicilège*, pag. 533.

13578. Chronicon Viconiense, ab anno 1115, ad annum circiter 1250.

Cette Chronique [étoit] entre les mains de D. Edmond Martenne, Religieux Bénédictin de la Congrégation de S. Maur. C'est sans doute la même Histoire que la précédente.

13579. * Ms. Annales Cœnobii Viconiensis; auctore Nicolao à Montignea, Canonico Viconiensi, deinde Abbate sancti Martini ad Scarpum fluvium.

Ce Manuscrit est cité par Valère André, dans sa *Bibliothèque des Auteurs de Flandres*, [& Foppens, *Bibliot. Belgic.*]

13580. Chronique abrégée de la Fondation de l'Abbaye de Vicogne; par Adrien David, Religieux de cette Abbaye.

Cette Chronique est imprimée avec le Trésor sacré des Reliques conservées dans cette Abbaye: *Valenciennes*, 1634, *in-8*.

☞ L'Abbaye de Vicogne est de la dépendance de Valenciennes, dont elle est éloignée de deux lieues.]

§. III.
Histoires des Chanoines Réguliers de la Congrégation de France.

Histoire de l'Abbaye de Sainte-Geneviève du Mont, à Paris.

13581. ☞ Ms. Tempus & causa mutationis Canonicorum Secularium Sanctæ-Genovefæ, in Regulares.

Cette petite Pièce est dans le tom. XIV. d'un *Recueil* conservé dans la Bibliothèque du Roi, & indiqué au num. 2623 des Livres sur le Droit Canonique.]

13582. ☞ Liber de origine Congregationis Canonicorum Regularium Reformatorum in Regno Franciæ, anno Christi 1496, à contemporaneo Canonico Sancti Severini Castrinantonis, ex autographo hîc transcriptus; ubi habetur etiam Vita Mauburnii, aliorumve, cum pluribus Epistolis: *in-fol*.

Dans la Bibliothèque de Sainte-Geneviève.]

13583. ☞ Ms. Plan de l'Histoire ancienne & moderne de l'Ordre des Chanoines Réguliers de France, en 12 Tomes, dont il y en a six de l'Histoire ancienne & six de la moderne: *in-4*.

Cet Ouvrage est conservé dans la même Bibliothèque.]

13584. ☞ Ms. Liber Ordinis seu Regula antiqua Canonicorum Regularium Sanctæ-Genovefæ Parisiensium, fol. membranaceis: *in-4*.

Cette Règle se trouve dans la Bibliothèque de Sainte-Geneviève.]

13585. ☞ Regula Canonicorum Regularium per Hugonem de sancto Victore declarata: *Parisiis, in-8*. Goth.]

13586. ☞ Constitutiones Canonicorum Regularium Sancti Augustini Congregationis Gallicanæ: *Parisiis*, 1663, *in-8*.]

13587. ☞ Regulæ Canonicorum Regularium Congregationis Gallicanæ de Pastoribus animarum & Beneficiatis: *Parisiis*, 1662, *in-8*.]

13588. ☞ Décrets des Chapitres Généraux des Chanoines Réguliers de la Congrégation de France, revus & confirmés par le Chapitre Général de 1694: *Paris*, Langlois, 1694, *in-8*.]

13589. Histoire des Chanoines, ou Recherches historiques & critiques sur l'Ordre Canonique: *Paris*, 1699, *in*-4. & *in*-12.

Cette Histoire est divisée en deux Livres ; dans le premier, Raymond CHAPPONEL, Chanoine Régulier de la Congrégation de France, qui en est l'Auteur, traite de l'origine & du progrès de l'Ordre Canonique ; dans le second, de ses Droits & de ses Prérogatives. Il est mort en 1700.

13590. Critique de cette Histoire ; par Charles-Louis HUGO, Prémontré : *Luxembourg*, 1700, *in*-8.

13591. ☞ Histoire abrégée des Chanoines Réguliers de la Congrégation de France, vulgairement appellée de Sainte-Geneviève ; avec l'Abrégé de la Vie du R. P. Charles Faure, Instituteur de cette Congrégation.

Dans l'*Histoire des Ordres Monast. & Rel.* du Père HELYOT : (*Paris*, 1714, &c. *in*-4.) tom. II. pag. 378 & *suiv.*]

13592. Discours des choses antiques & signalées de la Maison de Sainte-Geneviève ; par Pierre LE JUGE, Religieux de cette Abbaye.

Ce Discours est imprimé avec la *Vie de Sainte Geneviève;* par le même : *Paris*, 1586, *in*-16.

13593. ☞ Ms. Centuria Virorum illustrium in Ordine Canonico ; per V. Patrem Ludovicum DE CLERMONT, Ecclesiæ Sanctæ-Genovefæ Canonicum Regularem : *in-fol.*

Cet Ouvrage est conservé dans la Bibliothèque de Sainte-Geneviève, aussi-bien que les Manuscrits suivans.]

13594. Ms. Histoire de Sainte-Geneviève & de son Abbaye Royale & Apostolique ; par Claude DU MOULINET, Chanoine Régulier de cette Maison : *in-fol.*

13595. Ms. Histoire des Chanoines Réguliers de S. Augustin, de la Congrégation de France, depuis le commencement de la Réformation [en 1635] jusqu'en 1670 ; par le même : *in-fol.* 5 vol.

13596. Ms. L'origine & le progrès de l'Ordre des Chanoines Réguliers en France ; par le même : *in-fol.*

13597. Ms. Les Vies des Hommes illustres en sainteté, en doctrine & en dignité, de l'Ordre des Chanoines Réguliers en France ; par le même : *in-fol.* 2 vol.

13598. Ms. Les Vies des Hommes illustres en sainteté, en doctrine & en dignité, des Chanoines Réguliers de la Congrégation de France ; par le même : *in-fol.*

Ces Manuscrits sont conservés dans la Bibliothèque de Sainte-Geneviève. Le Père du Moulinet, Bibliothécaire de cette Maison, est mort en 1687.

13599. ☞ Ms. Histoire de l'Abbaye de Sainte-Geneviève ; par Claude PREVOST, Chanoine Régulier & Bibliothécaire de cette Abbaye.

Elle est conservée dans la Bibliothèque de Sainte-Geneviève. *Voyez* le *Journal de Verdun*, 1753, *Février*, *pag.* 123.]

— Ecrits publiés sur le différend entre les Chanoines Réguliers & les Bénédictins, touchant la préséance dans les Etats de Bourgogne.

☞ *Voyez* ci-devant, N.ᵒˢ 11633-11637.]

13600. Ms. Recueil de Pièces concernant la Réformation des Chanoines Réguliers de S. Augustin en ce Royaume, faite par les soins du Cardinal de la Rochefoucault en 1635, & suivantes : *in*-4.

Ce Recueil se trouve dans la Bibliothèque de Sainte-Geneviève, [& est marqué] à la *pag.* 178 du Catalogue des Livres que M. le Tellier, Archevêque de Reims, a laissés à cette Bibliothèque.

13601. ☞ Recueil de plusieurs Actes concernant la Fondation & l'Histoire des Maisons & Abbayes des Chanoines Réguliers en France : *in-fol.*

Ce Recueil est conservé dans la même Bibliothèque.]

13602. ☞ De Abbatibus Sanctæ-Genovefæ Parisiensis, qui simul Præpositi generales Congregationis Canonicorum Regularium Franciæ.

Dans le *Gallia Christiana* des Bénédictins, tom. *VII.* *pag.* 783-815. On trouve auparavant l'Histoire abrégée de l'Abbaye de Sainte-Geneviève avant l'institution de sa Congrégation.]

13603. Vita sancti Guillelmi, Canonici Regularis Sanctæ-Genovetæ, & Roschildensis in Dania Abbatis ; auctore anonymo ejus Discipulo.

Cette Vie est imprimée dans le *Recueil* de Bollandus, au 6 d'Avril. Ce Saint est mort l'an 1203.

13604. Vie de saint Guillaume ; par Adrien BAILLET.

Cette Vie est imprimée dans son *Recueil des Vies des Saints*, au même jour.

13605. ☞ Factum du Procès des Religieux, Abbé & Couvent de Sainte-Geneviève-du-Mont, Demandeurs ; contre Frère Martin Citolle, Curé de S. Etienne, & les Marguilliers ; & aussi desdits Religieux, contre M. l'Archevêque de Paris : *in-fol.*]

13606. Sommaire du Procès pendant au Conseil du Roi, pour raison de la Procession du Saint Sacrement & autres Droits Episcopaux & Parochiaux de l'Eglise de Saint-Etienne-du-Mont, prétendus par les Abbés & nouveaux Religieux Réformés de Sainte-Geneviève, au préjudice de M. l'Archevêque de Paris & du Curé, auxquels ils appartiennent de droit Divin & Canonique, &c. 1641, *in*-4.

Il y eut un Arrêt rendu en faveur de l'Archevêque.

13607. Vie de Charles Faure, Abbé de Sainte-Geneviève, où l'on voit l'Histoire des Chanoines Réguliers de la Congrégation de France, [dont il a été le premier Supérieur général] : *Paris*, Anisson, 1698, *in* 4.

Cet Abbé est mort en 1644. François-Antoine CHARTONNET, ancien Prieur de Sainte-Geneviève, en a composé la Vie.

13608. ☞ Ms. Vie du R.P. Faure ; par le

Histoires des Chanoines Réguliers de la Congrégation de France. 837

Père Bernard CAIGNET, Chanoine Régulier : *in-8.*

Elle est conservée dans la Bibliothèque de Sainte-Geneviève.]

13609. ☞ Mss. La Vie du R. P. François Blanchart, Supérieur-Général des Chanoines Réguliers de la Congrégation de France, & Abbé de Sainte-Geneviève ; par le R. P. LE ROYER : *in-fol.*

Dans la même Bibliothèque. Cet Abbé est mort en 1675.]

13610. ☞ Mss. La Vie du R. P (Paul) BEURRIER, Abbé de Sainte-Geneviève, & Supérieur Général des Chanoines Réguliers de la Congrégation de France ; par lui-même.

Elle est conservée dans la même Bibliothèque. Cet Abbé est mort en 1696.]

13611. Vitæ synopsis Joannis Fronteau, Canonici Regularis Sancti Augustini, & Academiæ Parisiensis Cancellarii ; auctore Petro LALLEMANT, Remensi, ejusdem Congregationis : *Parisiis*, 1662, *in-4.*

Le Père Fronteau est mort en 1662, & le Père Lallemant en 1673.

13612. Ejusdem Memoria, disertos per amicos, virosque sagacissimos encomiis celebrata : *Parisiis*, 1663, *in-4.*

13613. ☞ Histoire de la Vie & des Ouvrages de Jean Fronteau, Chanoine Régulier de Sainte-Geneviève ; par Pierre LALLEMANT, son confrère.

Dans les *Mémoires* de Niceron, *tom. XXI. p.* 74-91.]

13614. Elogium seu Vitæ synopsis Petri Lallemantii, Prioris Sanctæ Genovefæ, & Universitatis Parisiensis Cancellarii ; auctore Jacobo GAUDINO, Canonico & Officiali Parisiensi : *Parisiis*, 1679, *in-4.*

M. Gaudin est mort en 1694.

13615. Memoria ejusdem ; auctore Philiberto TETELETO, ejusdem Congregationis : *Parisiis*, Blaizot, 1679, *in-4.*

Le Père Tetelet est mort en 1680.

13616. Eloge historique du même Père Lallemant ; par Charles PERRAULT.

Cet Eloge est imprimé dans le tom. II. de son *Recueil des Eloges des Hommes illustres*, pag. 11 : *Paris*, 1701, *in-fol.*

13617. ☞ Mss. Recueil pour servir à la Vie du même, avec un Journal dressé par lui-même : *in-4.*

Dans la Bibliothèque de Sainte Geneviève.]

13618. ☞ Mss. Abrégé de la Vie du R. P. Pierre Guillery, Curé de la Ferté-Milon.

Dans la Bibliothèque de Sainte-Geneviève.

M. Biondel en a donné un Extrait à la fin de sa *Vie des Saints* : *Paris*, Desprez, 1722, *in-fol.* Le Père Guillery est mort en 1673.]

13619. Mémoire touchant la Vie & les Ouvrages de René le Bossu, Chanoine Régulier de Sainte-Geneviève ; par Pierre-François LE COURAYER, de la même Congrégation, Bibliothécaire de Sainte-Geneviève.

Ce Mémoire est imprimé au-devant du *Traité du Poëme Epique* ; par le P. le Bossu : *La Haye*, Scheurleer, 1714, *in-12.*

13620. ☞ Vie du même ; par le Père NICERON.

Dans ses *Mémoires, tom. VI. pag.* 68. Le P. le Bossu est mort en 1680. On peut voir encore le *Dictionnaire* de M. DE CHAUFFEPIÉ.]

13621. Eloge d'Anselme de Pâris, Chanoine Régulier de Sainte-Geneviève.

Cet Eloge est imprimé dans le septième *Journal des Sçavans* de 1683. Le Père de Pâris est mort en 1683.

13622. Eloge de Claude du Moulinet, Chanoine Régulier de Sainte-Geneviève.

Cet Eloge est imprimé dans le second *Journal des Sçavans* de 1687. Le Père du Moulinet est mort en 1687.

☞ Il est encore à la tête de sa *Description du Cabinet de la Bibliothèque de Sainte-Geneviève* : *Paris*, 1692, *in-fol.*]

13623. Fr. Petr. LE COURAYER, Epistola, de Vita & scriptis Molineti.

Elle se trouve dans la *Bibliotheca Theolog. hist. Witteberga*, 1732, *in-8. tom. I. part.* 2, *pag.* 81-85.]

13624. ☞ Vie abrégée de Simon Picard.

Dans l'Ouvrage intitulé : *Les Appellans célèbres, &c.* 1753, *in-12. pag.* 466-474. Ce Chanoine Régulier est mort en 1742.]

13625. ☞ Lettre de M. l'Abbé LEBEUF, sur le Père Prevost, Bibliothécaire de l'Abbaye de Sainte-Geneviève. *Journal de Verdun,* 1753, *Février, pag.* 122-124.]

Voyez encore au mois de *Novembre*, 1751, *p.* 400.]

13626. ☞ Vie abrégée de Jean Scoffier.

Elle se trouve *pag.* 415-424, du *tom. VI.* du *Nécrologe* indiqué ci-devant, N.° 5570 : (*Paris*) 1767, *in-12.* Ce Chanoine Régulier est mort en 1765.]

Histoire de l'Abbaye de la Couronne, dans le Diocèse d'Angoulême.

13627. Mss. Historia Abbatum Monasterii de Corona ; Ordinis Sancti-Augustini.

Cette Histoire est citée par Justel, dans son *Histoire généalogique de Turenne*, qui en rapporte un Fragment : [*Paris*, 1645, *in-fol.*]

Histoire du Prieuré de la Couture Sainte-Catherine, à Paris.

13628. * Mss. Histoire de ce Prieuré, avec des Actes & des Titres : *in-fol.*

Elle a été faite sous les yeux du Père du Moulinet, & elle est conservée dans la Bibliothèque de Sainte-Geneviève.

☞ C'est l'Ouvrage, dont voici le véritable titre, qui en donne une idée plus complète :

Mss. L'Histoire du Prieuré de Sainte-Catherine de Paris, de l'Ordre des Chanoines Réguliers du Val-des-Ecoliers, divisé en trois Livres, dont le premier traite de la

Fondation & Construction, du Fondateur & des Bienfaiteurs dudit Prieuré : le second contient la Liste & l'Histoire des Prieurs : le troisième traite des Priviléges & autres choses considérables de ce Prieuré ; par le R. P. Nicolas QUESNEL, Chanoine Régulier de la Congrégation de France, Supérieur de ladite Maison : *in-fol.*]

13629. ☞ Lettres-Patentes du Roi, en forme de Déclaration, qui ordonnent la construction d'un Marché dans les terreins & bâtimens du Chapitre & Communauté des Chanoines Réguliers du Prieuré Royal de la Couture, lesquels seront transportés dans la Maison & Eglise de S. Louis, qu'occupoient les Jésuites, rue S. Antoine : données le 23 Mai 1767, & enregistrées le 25 : *Paris, P. G. Simon, in-4.*]

Histoire de l'Abbaye de l'Esterp, dans le Diocèse de Limoges.

☞ On en trouve l'Histoire dans les *Annales de Limoges*, & dans le *Gallia Christiana* des Bénédictins, *tom. II. pag.* 620.]

13630. ☞ Mf. Histoire de cette Abbaye, dressée sur les Titres du Monastère ; par Joseph NADAUD, Curé de Tayjac.

Elle est entre les mains de l'Auteur.]

13631. Vita beati Gualteri, Abbatis & Canonici Stirpensis; auctore MARBODO, Andegavensi Archidiacono.

Cette Vie est imprimée dans le *Recueil* de Bollandus, au 11 de Mai. Ce Saint est mort en 1070. Marbodus a écrit sa Vie l'an 1070. On y voit des marques de l'esprit & de l'habileté de cet Auteur, qui a suivi une Vie plus ample, écrite par un Disciple du Saint, ou par un témoin de sa vie, dont il a choisi ce qui convenoit le plus à son sujet.

13632. Vie de saint Gautier ; par Adrien BAILLET.

Cette Vie est imprimée dans son *Recueil des Vies des Saints*, au même jour.

Histoire de l'Abbaye de Mauléon, dans le Diocèse de la Rochelle.

13633 Mf. Histoire de l'Abbaye de Mauléon, de l'Ordre des Chanoines Réguliers de la Congrégation de France ; par Jacques THIEULIN, de la même Congrégation : *in-4.*

Cette Histoire est conservée dans la Bibliothèque de Sainte-Geneviève.

Histoire de l'Abbaye de Notre-Dame, de Meaux.

13634. ☞ Mf. Table chronologique des Abbés de Notre-Dame à Meaux, avec un autre petit Traité, intitulé : *Series Abbatum Ecclesiæ Sancti-Severini de Contumerulâ*; par le R. P. Jacques COUSINET, Chanoine Régulier de la Congrégation de France : *in-fol.*

Dans la Bibliothèque de Sainte-Geneviève.]

Histoire de l'Abbaye d'Oigny, dans le Diocèse de Namur.

13635. Cœnobiarcha Oignacensis, seu Catalogus Antistitum Monasterii Oignacensis ad Sabim Belgii fluvium siti ; auctore Francisco Mosco, Nivellensi-Brabanto ad sanctum Piatum in Brabantia Canonico : *Duaci*, 1598, *in-8.*

Histoire de l'Abbaye de Pébrac, dans le Diocèse de Saint-Flour.

13636. Vitæ & Miracula Sancti Petri de Chavanon, Fundatoris ac primi Præpositi Ecclesiæ sanctæ Mariæ de Piperaco, in Episcopatu Sancti-Flori, à STEPHANO, ejusdem Ecclesiæ Canonico Regulari, ante annos 500 conscripta.

Cette Vie est imprimée dans d'Achery, au tom. II. de son *Spicilége, pag.* 691. Cette Abbaye a été fondée en 1062.

13637. ☞ Eadem Vita & Commentarius Joannis LIMPENI, è Societate Jesu.

Dans le *Recueil* de Bollandus, au 9 de Septembre.]

13638. ☞ Histoire de la Vie & des Ecrits d'Etienne, Chanoine Régulier.

Dans l'*Hist. Litt. de la France*, tom. XI. pag. 122-124. Etienne, Auteur de la Vie de S. Pierre de Chavanon, vivoit au XII siècle.]

Histoire de l'Abbaye de Pinpont, dans le Diocèse de Saint Malo.

13639. Chronicon breve, quod videtur fuisse Abbatiæ Panispontis, aut Montfortis in Britannia minore, ab anno 1154, ad annum 1305.

Cette Chronique est imprimée dans Labbe, au tom. II. de sa *Nouvelle Bibliothèque des Manuscrits, p.* 368.

Histoire de l'Abbaye de Saint-Acheul lès-Amiens.

13640. Mf. Histoire de l'Abbaye de Saint-Acheul, dans ses quatre Etats, de Cathédrale, de Collégiale, de Régulière & de Réformée ; par Pierre DE PONSSEMOTHE DE L'ETOILLE, Abbé Régulier de cette Abbaye, & Chanoine Régulier de la Congrégation de France : *in-4.*

Cette Histoire est conservée dans la Bibliothèque de cette Abbaye.

Histoire de l'Abbaye de Saint-Chéron-lès-Chartres.

13641. Mf. Histoire de l'Abbaye de Saint-Chéron-lès-Chartres, jusqu'en 1633 : *in-fol.*

Cette Histoire est conservée dans la Bibliothèque de Sainte-Geneviève.

Histoire de l'Abbaye de Saint-Euverte d'Orléans.

☞ Les Chanoines Séculiers qui y furent d'abord, prirent, vers 1163, l'habit & la Règle des Chanoines Réguliers de S. Victor de Paris. Enfin cette Abbaye a été donnée à la Congrégation de France.]

13642. ☞ Michaelis Violæi, divi Evurtii apud Aurelios Cœnobiarchæ, Laudatio funebris : auctore Vincentio CABOTIO, Aurelian. Academiæ Antecessore ; & ejusdem Tumulus : *Aureliæ*, Hotot, 1592, *in-4*.]

Histoire de l'Abbaye de Saint-Jacques de Montfort, dans le Diocèse de S. Malo.

☛13643. ☞ Mf. Discours chronologique de la fondation, privilèges, personnes illustres, établissement & autres choses remarquables de l'Abbaye de Saint-Jacques de Montfort, de l'Ordre des Chanoines Réguliers ; par le R. P. Vincent BARLOUF, Prieur de ladite Abbaye : *in-4*.
Dans la Bibliothèque de Sainte-Geneviève.]

☛13644. ☞ Abrégé de la Vie du R. P. de Sefy, Chanoine Régulier de l'Ordre de Sainte-Geneviève ; par le Père Hippolyte TABARY, Chanoine Régulier du même Ordre : Rennes, veuve Garnier, 1726, *in-12*.]

Histoire de l'Abbaye de Saint-Jacques de Provins.

☛13645. Lettre écrite de Provins, sur la vie & la mort de François d'Aligre, fils & petit-fils de Chanceliers de France, Chanoine Régulier, Abbé Commendataire de S. Jacques de Provins : *Paris*, 1712, *in-4*.

Cet Abbé est mort en 1712. Cette Lettre a été écrite par un Chanoine Régulier de S. Jacques de Provins.

☞ On croit cette Lettre du Pere LE COURT, qui étoit alors Sous-Prieur de Saint-Aiou de Provins. Elle contient plusieurs choses peu exactes.]

13646. Oraison funèbre du même ; par [Philibert Bernard] LENET, de la même Congrégation : *Paris*, Estienne, 1712, *in-12*.
☞ L'Auteur est mort en 1748. *Voyez les Nouv. Eccl. du 24 Juillet 1749*.]

Histoire de l'Abbaye de S. Jean de Sens.

☛13647. ☞ Histoire de la Vie & des Ecrits de Pierre, Prieur de S. Jean de Sens.
Dans l'*Hist. Litter. de la France, tom. XII. pag.* 230-232. Pierre est mort après l'an 1144.]

Histoire de l'Abbaye de Saint-Jean en Vallée, dans le Diocèse de Chartres.

☞ On l'appelle simplement S. Jean de Chartres, depuis que les Religieux ont été transportés dans la Ville.]

13648. ☞ Histoire abrégée des Chanoines Réguliers de S. Jean-en-Vallée.
Dans l'*Hist. des Ordres Monast. du Père* HELYOT : (*Paris*, 1714, &c. *in-4*.) tom. II. *pag*. 100-103 & 395.

Ce Monastère fut fondé en 1097, par Yves de Chartres, qui fut alors l'un des plus illustres Réformateurs des Chanoines Réguliers en France.]

13649. ☞ Histoire de la Vie & des Ecrits de Hugues Farsit, Abbé.
Dans l'*Hist. Littér. de la France, tom. XI. pag.* 626-630.]

Histoire de l'Abbaye de S. Irénée de Lyon.

13650. ☞ Pièces du Procès entre les Comtes de Lyon & les Chanoines Réguliers de S. Irénée : *in-fol*. & *in 4*.

Il s'agissoit de sçavoir si ces Chanoines Réguliers, qui font partie de la Congrégation de Sainte-Geneviève, avoient le droit de porter, comme ceux des autres Eglises Collégiales, le camail & le rochet au Chœur, comme les Comtes de Lyon. Il y a eu un Arrêt du Grand-Conseil, qui a donné gain de cause aux Chanoines de Saint-Irénée.]

Histoire du Prieuré de Saint-Lô de Rouen.

13651. Mf. Antiquités & Dignité du Prieuré de Saint-Lô de Rouen, composées en 1636, par Thomas AVICE, Curé de S. Lô : *in-4*.
Ces Antiquités sont conservées dans la Bibliothèque du Roi, entre les Manuscrits de M. Bigot, num. 345.

Histoire de l'Abbaye de S. Loup de Troyes.

13652. Mf. Chronologia Regalis Abbatiæ Sancti-Lupi Trecensis, cum Appendice de Statu ejusdem Abbatiæ, anno 1663 ; auctore Jacobo COUSINET, Canonico Regulari Congregationis Gallicanæ : *in-fol*.

Cette Chronologie est conservée dans le volume intitulé : *Thesaurus Antiquitatum Ecclesiæ sancti Lupi Trecensis*, dans la Bibliothèque de Sainte-Geneviève.

Histoire de l'Abbaye de Saint-Martin-aux-Bois, dit Ruricourt, dans le Diocèse de Beauvais.

13653. Chronicon Abbatum Abbatiæ divi Martini in Nemore.

Cette Chronique est avec la Vie de S. Thomas de Cantorbéry, par Thomas Stapleton, *pag*. 135 : *Coloniæ Agrippinæ*, 1612, *in-8*.

Histoire de l'Abbaye de S. Vincent de Senlis.

13654. Mf. Histoire de l'Abbaye de Saint-Vincent de Senlis ; par Nicolas QUESNEL, Chanoine Régulier de la Congrégation de France.

Cette Histoire est conservée dans la Bibliothèque de cette Abbaye. L'Auteur est mort en 1687.

Histoire de l'Abbaye du Val-des-Ecoliers, dans le Diocèse de Langres.

13655. De Origine Vallis Scholarium, in Diœcesi Lingonensi.

Ce Discours est imprimé dans Labbe, au tom. I. de *la Nouvelle Bibliothèque des Manuscrits, pag*. 341.

13656. Histoire du Val-des-Ecoliers; par Denys LE COINTRE, premier Abbé de Landève: *Reims*, 1626, *in-12*.

13657. ☞ Des Chanoines Réguliers du Val-des-Ecoliers, unis à la Congrégation de France.

Dans l'*Histoire des Ordres Monastiques & Religieux* du Père HELYOT: (*Paris*, 1714, &c. *in-4*.) tom. II. pag. 390-395.]

Autres Monastères.

13658. ☞ Des Chanoines Réguliers des deux Amans, de Saint-Lô de Rouen, de Saint-Martin d'Espernay, unis à la Congrégation de France, & de quelques autres.

Dans l'*Hist. des Ordres Monastiques & Religieux* du P. HELYOT: (*Paris*, 1714, &c. *in-4*.) tom. II. p. 396 & suiv.]

ARTICLE IV.

Histoires des Religieux Mendians de France.

☞ CES Religieux sont les *Augustins*, les *Carmes*, les *Dominicains* ou *Frères Prêcheurs*, appellés vulgairement, sur-tout à Paris, *Jacobins*; enfin les *Franciscains*, qui se subdivisent en *Cordeliers*, *Récollets*, *Capucins* & *Pénitens*, ou Religieux du *Tiers-Ordre*.]

13659. ☞ Histoire de l'établissement des Moines Mendians, &c. *Avignon*, 1767, *in-12*.

On y traite de l'origine des Moines, de leur première ferveur, de leur relâchement, de leur décadence, de leurs différentes Réformes, jusqu'à S. Dominique & S. François: des progrès rapides des deux Ordres que ces Saints établirent, du relâchement qu'ils occasionnèrent dans la discipline & des troubles qu'ils ont causés dans l'Eglise & dans l'Etat.

On trouve *pag.* 235-238, quelques Observations sur les Jésuites, qui sont eux-mêmes une espèce d'Ordre de Mendians.]

13660. ☞ Ordres Monastiques: Histoire extraite de tous les Auteurs qui ont conservé à la postérité ce qu'il y a de plus curieux dans chaque Ordre: (*Berlin: Paris*, Claude Hérissant) 1751, *in-12*. 5 vol. ou 7 parties.

Cet Ouvrage, composé par M. MUSSON, Docteur de Navarre & Professeur en Théologie, contient l'abrégé des Règles & Usages des Religieux Mendians, (& de ceux qui suivent,) lesquelles ne sont pas à la portée de tout le monde. L'Auteur y a joint diverses singularités tirées des Histoires que quelques-uns d'eux ont publiées.]

§. PREMIER.

Histoires des Augustins.

☞ LES Augustins sont en France partagés en trois espèces, dont les deux premières ont le même Général. Ce sont, 1.° les Grands Augustins: 2.° les Petits Augustins, de la Communauté Réformée de Bourges: 3.° les Augustins ci-devant Déchaussés, appellés aujourd'hui Réformés de la Congrégation de France.]

13661. ☞ Histoire abrégée des Augustins, des différentes Congrégations formées après l'union générale faite en 1256, & de la Réforme des Augustins (ci-devant) Déchaussés.

Dans l'*Hist. des Ord. Monast. & Rel.* du P. HELYOT: (*Paris*, 1714, &c. *in-4*.) tom. III. pag. 31-71.]

══ Orbis Augustinianus.

Voyez ci-devant N.° 1190-1212.]

13662. ☞ Monasticon Augustinianum, in quo omnium Ordinum sub Regula Sancti Augustini, militantium, præcipuè tamen Eremitarum, &c. Historia; auctore Nicolao CRUSENIO, Augustiniano: *Monachii* Herstroy, 1623, *in-fol*.]

13663. ☞ Encomiasticon Augustinianum, in quo personæ Ordinis Eremitarum S. P. N. Augustini, sanctitate, prælaturâ, legationibus, scriptis, &c. præstantes enarrantur; auctore Philippo ELSSIO, Belgâ, ejusdem Ordinis Religioso: *Bruxellis*, Vivienus, 1654, *in-fol.*]

13664. ☞ Virorum illustrium ex Ordine Eremitarum D. Augustini Elogia, cum singulorum expressis ad vivum iconibus; auctore Cornelio CURTIO, ejusdem Ordinis Historiographo, & Diffinitore generali: *Antverpiæ*, Cnobbarus, 1636, *in-4*.]

13665. ☞ Eremus Augustiniana floribus honoris & sanctitatis vernans; per Joannem NÆVIUM, Ordinis Eremit. S. Aug. Mechliniensem: *Lovanii*, Hastenius, 1658, *in-4*.]

13666. ☞ Virorum illustrium arctioris Discalceatorum Instituti, in Eremitano D. Augustini Ordine Athletarum exegesis summaria: (*Pragæ*, 1673) *in-fol*. cum fig.]

13667. ☞ Regula beati Augustini: *Valentiæ*, 1712, *in-12*.]

13668. ☞ Constitutiones Fratrum Eremitarum Discalceatorum Ordinis Sancti Augustini Congregationis Galliatum: *Lugduni*, 1642, *in-12*.]

13669. ☞ Thesis apologetica pro D. Augustini doctrinâ, statu & habitu Monachali, regulâ, aliisque ad statum ejus pertinentibus; per Carolum MOREAU, Ordinis Eremitarum Sancti Augustini: *Parisiis*, Variquet, 1645, *in-4*.]

13670. Felix Augustinensium Communitatis Bituricensis exordium & progressus in Provincia Franciæ, ab anno 1594, ad annum 1620; auctore Christiano FRANCÆO, ejusdem Ordinis Generali: *Parisiis*, 1621, *in-12*.

13671. ☞ Avis touchant l'entrée, expulsion & rétablissement des Augustins Réformés de la Communauté de Bourges, dans

Histoires des Ordres Mendians: Carmes.

le grand Couvent des Augustins de Paris, (imprimé après 1642) in-4.]

13672. Abrégé de l'Histoire des Augustins Déchaussés; par Pierre de sainte Hélène, Religieux du même Ordre: *Rouen*, 1656, *in-12*.

☞ Cet Auteur est mort à Vienne en 1675.]

Nota. Ces Augustins sont chaussés depuis environ 1740, ne portent plus la barbe & chantent depuis 1726, en conséquence de Brefs du Pape. Ils portent maintenant le nom d'Augustins Réformés de la Congrégation de France.]

13673. ☞ Sacra Eremus Augustiniana; authore R. P. Mauritio à Matre Dei, Augustiniano Discalceato Congregationis Galliarum: *Camberii*, Dufour, 1658: *in-4*.

C'est une Histoire générale des Augustins Déchaussés: ce qui concerne la France est contenu dans le Chap. IV. pag. 166 & *suiv*.]

13674. ☞ Constitutiones Fratrum Eremitarum Discalceatorum Ordinis sancti Augustini Congregationis Gallicanæ: *Lugduni*, 1653, *in-12*.

Les mêmes Constitutions en François: *Lyon*, 1653, *in-12*.]

13675. Ms. Chronique des Augustins Déchaussés de la Province de France, & particulièrement du Convent de Notre-Dame des Victoires de Paris; par le Père Isidore, Augustin Déchaussé.

☞ Cet Ouvrage est conservé dans le Couvent. L'Auteur est mort en 1746.]

Il rapporte d'abord l'Histoire de l'établissement de la Réforme des Augustins Déchaussés, le progrès de cette Réforme en France, l'établissement du Couvent de Paris, avec la description de la Bibliothèque.

13676. ☞ Ms. Histoire du Couvent des Augustins de Bourg-en-Bresse: *in-4*.

Elle est conservée dans cette Maison.]

13677. Ms. Description historique de la belle Eglise & du Convent Royal de Brou, situé près de Bourg-en-Bresse, tirée de leurs Archives & des meilleurs Historiens qui en ont écrit; par Raphael de la Vierge Marie, Religieux Augustin Déchaussé.

☞ On la conserve au même endroit.]

13678. ☞ Histoire & Description de l'Eglise Royale de Brou, élevée à Bourg-en-Bresse, sous les ordres de Marguerite d'Autriche, entre les années 1511 & 1536; par le R. P. Pacifique Rousselet, Augustin Réformé de la Congrégation de France, Province de Dauphine: *Paris*, Desaint; & *Bourg*, Comte, 1767, *in-12*.]

13679. ☞ Règles de S. Augustin, avec les Statuts du Couvent de S. Etienne de Reims: *Reims*, 1629, *in-12*.]

13680. Vita beati Guillelmi de Tholofano: auctore Nicolao Bertrandi, Parlamenti Tolosæ Advocati; ex gestis Tolosanorum; *Tome I*.

cum Commentario prævio Danielis Papebrochii.

Cette Vie est imprimée dans le *Recueil* de Bollandus, au 18 de Mai. Ce Saint est mort l'an 1369.

13681. Vie d'Etienne Rabache, Réformateur des Augustins de France: *in-12*.

13682. Vie de Jean de Chify, Religieux de l'Ordre des Ermites de S. Augustin; par Claude Maimbourg, Religieux Augustin: *Paris*, 1658, *in-12*.

13683. ☞ La Vie du Vénérable Frère Fiacre, (Denys Antheaume) Augustin Déchaussé, contenant plusieurs traits d'Histoire des Règnes de Louis XIII & Louis XIV. *Paris*, 1722, *in-12*.

Il y a une première Edition sous ce titre:

Le Dévot Frère Fiacre, Augustin Déchaussé, (ou Ecrits de ce Religieux, contenant ses visions, &c.) *Avignon*, 1711, *in-12*.

☞ *Voyez* sur cette Vie les *Mémoires* d'Artigny, *tom. VI. pag.* 75 & *suiv*. Ce Frère Fiacre étoit fils de François Antheaume, Laboureur de Marly-la-Ville: il naquit en 1609, & est mort à Paris en 1684.]

13684. Eloge d'Anselme de la Vierge Marie, Augustin Déchaussé.

Cet Eloge est imprimé dans le sixième *Journal des Sçavans* de 1694. Le Père Anselme est mort cette même année.

13685. Abrégé de sa Vie.

Cet Abrégé est imprimé dans la Préface de son *Histoire des Grands Officiers de la Couronne*: *Paris*, 1712, *in-fol.* 2 vol. & dans la nouvelle Edition, très-augmentée par les PP. Ange & Simplicien: *Paris*, 1726, *in-fol.* 9 vol.

13686. ☞ Eloge historique du Révérend Père Laurent, Augustin Déchaussé, de la Place des Victoires, (par l'Abbé Jacques de la Tour Dupin): *Paris*, Prault, 1758, *in-8*.]

13687. Eloge d'Augustin Lubin, Religieux Augustin (Réformé de la Reine Marguerite,) Géographe du Roi.

Cet Eloge est imprimé dans le treizième *Journal des Sçavans* de 1695. Le P. Lubin est mort cette année-là.

13688. Histoire de la Vie & des Ouvrages du même; par Jean-Pierre Niceron.

Dans ses *Mémoires*, tom. *XXXI*. pag. 148-153.]

§. II.

Histoires des Carmes.

☞ Les Carmes établis en France sont de deux sortes. Les uns, qu'on appelle Grands Carmes, ou Carmes anciens, sont ceux qui suivent l'ancien Institut de cet Ordre. Ils ont en France sept Provinces. Les autres qui ont dans ce Royaume 44 ou 45 Couvens, sont ceux qui suivent la Réforme introduite par sainte Thérèse, on les nomme Carmes Déchaussés. Ceux de France sont partie de la Congrégation d'Italie, qui comprend tous les Couvens fondés hors d'Espagne & de Portugal.]

Histoire des Carmes de l'ancienne Observance.

13689. ☞ Constitutiones & Articuli pro reformatione & reunione generali omnium Conventuum Galliæ Ordinis Fratrum B. Mariæ de Monte Carmeli : *Parisiis*, 1590, *in*-4.]

13690. ☞ Variorum Auctorum Tractatus de ortu & progressu ac viris illustribus Ordinis Virginis Mariæ de Monte Carmelo : *Coloniæ*, 1643, *in*-8.]

13691. ☞ Elisei MONSIGNANI, Bullarium Carmelitanum, complectens Summorum Pontificum Constitutiones ad Ordinem B. Mariæ Virginis de Monte Carmelo spectantes : *Romæ*, 1715, *in-fol.* 2 vol.]

13692. ☞ Pro Carmelitis opus triplex. Anagraphe Carmelitana in Latinis & Gallicis versibus restituta, per Matur. PIGNERONÆUM: Accedit ejusdem Carmelitani peristylii apud Lutetiam Descriptio & Ordinis commendatio ; item Carmelica sabbathina & piæ precationes : *Parisiis*, 1607, *in*-4.]

13693. ☞ Histoire abrégée de l'Ordre des Carmes, & de ses différentes Réformes.

Dans l'*Histoire des Ordr. Monastiq. & Rel.* du Père HELYOT, tom. I. *pag.* 281-321 & 333-365.]

13694. Delineatio Redonensis Carmelitarum Observantiæ in Provincia Turonensi, ubi prælibata Ordinis Historia, Provinciæ synopsi, Observantiæ progressu, Conventus, Fundationes & subinde Reformationes designantur: auctore LEONE à sancto Joanne, Carmelita Turonensi, Provinciali : *Parisiis*, [Guillemot] 1645, *in*-4.

Cet Auteur est mort en 1671.

13695. ☞ Menologium Carmelitarum ab institutâ Reformatione Redonensi : *in*-4.]

13696. Compendiosa Descriptio Provinciæ Narbonensis Ordinis Carmelitarum ; auctore Ludovico JACOB, Carmelita Reformato : *Parisiis*, 1669, *in* 8.

Louis Jacob, dit de S. Charles, est mort en 1670.

13697. Catalogus Fratrum beatæ Mariæ Virginis de Monte Carmelo in Reformata Turonensi Provincia viventium & mortuorum ad primam diem Novembris in 1662 ; auctore JUSTINO ab Epiphania, Carmelita : *in*-4.

13698. ☞ Regula & Constitutiones Fratrum de Monte Carmeli, pro Conventibus Reformationis Gallicæ in Provinciâ Turonensi : 1636, *in*-4.]

13699. Ms. Necrologium, seu Catalogus Fratrum Carmelitarum Cabillone quiescentium : ab Hugone DURAND, Carmelitâ.

Ce Nécrologe est conservé dans la Bibliothèque du Couvent de Châlon. L'Auteur est mort en 1580.

━━ ☞ Bibliotheca Carmelitana, &c.

Voyez ci-après, N.° 13715.]

13700. Vita venerabilis Petri Thomæ, Carmelitæ, Episcopi Pactensis ; auctore Philippo DE MACERIIS.

Sa Vie a été écrite d'une manière très-naïve, par Philippe de Mazières, Chancelier de Chypre, son ami, à qui il avoit raconté lui-même tout le commencement, étant à Paris ; & qui avoit été témoin oculaire du reste, dit l'Abbé Chastelain, à la *pag.* 102, de son *Martyrologe.* Pierre Thomas est mort en 1366.

13701. Vie de Jean de saint Samson, Carme Réformé ; par DONAT de S. Nicolas, du même Ordre : *Paris*, 1651, *in*-4.

Jean de saint Samson est mort en 1636.

13702. Vita Joannis à sancto Samsone, cœci ab incunabulis, Laïci Ordinis Carmelitarum Reformatæ Provinciæ Turonicæ ; per MATHURINUM de sanctâ Anna, ejusdem Ordinis Alumnum : *Lugduni*, 1654, *in*-4.

13703. L'Idée véritable d'un Supérieur Religieux, formé sur la vie & la conduite de Philippe Thibault, Réformateur en France de l'Ordre des Carmes ; par HUGUES de saint François, Religieux Carme de la Province de Touraine : *Angers*, 1663, *in* 4.

Cet Auteur est mort en 1668.

13704. Vie du même, par LEZIN de sainte Scholastique, du même Ordre : *Paris*, 1673, *in*-4.

Cet Auteur est mort en 1671. [Il s'appelloit dans le monde Claude de Buchamps.]

13705. ☞ Histoire de la Vie & des Ouvrages de Louis-Jacob, Carme ; par J. Pierre NICERON.

Dans ses *Mémoires*, tom. XL. *pag.* 87-102. Il est mort en 1670.]

13706. ☞ Eloge de Jean Truchet, Carme, connu sous le nom du Père Sébastien ; par Bernard DE FONTENELLE. *Hist. de l'Acad. des Sciences*, 1729.

On le trouve aussi dans ses *Œuvres*, tom. VI. p. 384.]

Histoires des Carmes Déchaussés.

13707. ☞ Constitutiones Fratrum Discalceatorum Congregationis Ordinis B. Virginis Mariæ de Monte Carmelo : *Parisiis*, 1638, *in*-16.]

13708. Annales des Carmes Déchaussés de France ; par le P. LOUIS de sainte Thérèse, Visiteur général de cet Ordre : *Paris*, 1665, *in-fol.*

Ces Annales contiennent l'Histoire depuis 1608 jusqu'en 1665. L'Auteur est mort à Paris en 1671.]

13709. ☞ Ms. Histoire des Missions des Carmes Déchaussés en Hollande ; par le même.

On la conserve dans la Bibliothèque du Couvent de Paris, qui envoie de ses Religieux en Hollande pour remplir les fondations faites par la Reine Anne d'Autriche.]

13710. ☞ Les Fleurs du Carmel cueillies du parterre des Carmes Déchaussés de France : *Anvers*, 1670, *in*-4.

Ce Livre est du Père PIERRE de la Mère de Dieu,

Histoires des Ordres Mendians : Carmes. 843

Religieux du même Ordre, qui s'appelloit dans le monde *Abraham Bertius*, & qui mourut en 1683, à Leyde, où il avoit établi une Mission.]

13711. ☞ Mf. Historia Missionis Patrum Carmelitarum Discalceatorum in Hollandia.

Cette Histoire, qui est du même Père, est conservée dans la Bibliothèque de Paris.]

13712. ☞ Necrologium Carmelitarum Discalceatorum Provinciæ Parisiensis : *Parisiis*, 1718, *in-12.*

L'Auteur (le Père François-Joseph) est mort en 1728, & son Ouvrage a été continué en Manuscrit.]

13713. ☞ La Vie de S. Jean de la Croix, premier Carme Déchaussé & Coadjuteur de sainte Thérèse, avec l'Histoire abrégée de ce qui s'est passé de plus considérable dans la Réforme des Carmes ; par le Père Dosithée de S. Alexis, Carme Déchaussé : *Paris*, 1727, *in-4*. 2 vol.

L'Auteur est mort au mois d'Août de l'année 1731. On trouve dans le tome II. l'Histoire de l'établissement des Carmes à Paris, & la Liste de toutes leurs Maisons.

Dans le tom. I. des *Nouv. Recherches sur la France* : (*Paris*, 1766, *in-12. pag.* 207.) il y a quelques détails sur la Fondation du Couvent de Charenton.]

13714. ☞ Bibliotheca Scriptorum utriusque Congregationis & sexûs Carmelitarum Excalceatorum, collecta & digesta ; per P. Martialem à sancto Joanne Baptista : *Burdigalæ*, 1730, *in-4*.

Cet Ouvrage a été fondu dans le suivant.]

13715. ☞ Bibliotheca Carmelitana, notis criticis & dissertationibus illustrata, curâ & labore unius è Carmelitis Provinciæ Turonicæ collecta : *Aurelianis*, 1752, *in-fol.* 2 vol.

On trouve dans cet Ouvrage du Père Cosme de Villiers, beaucoup d'érudition, de recherches & de méthode : *Année Littéraire de M. Fréron*.]

13716. ☞ Mf. Histoire du Couvent des Carmes d'Orléans ; par Nicolas Chateau.

Ce Manuscrit se trouve dans leur Maison. L'Auteur est mort en 1669.]

13717. ☞ Arrêt solemnel rendu par Commissaires au Parlement de Paris, le 2 Juillet 1663, entre les anciens Religieux Mendians Réformés de l'Ordre de Notre-Dame du Mont-Carmel, vulgairement appellés Carmes Déchaussés, & les Religieux Carmes de l'Observance, Augustins & Récollects établis en la Ville d'Orléans : *Paris*, 1663, *in-fol.*]

13718. ☞ Requête présentée par le R. P. Provincial des Carmes Déchaussés, à Monseigneur l'Evêque d'Orléans : 1677, *in-4*.

Ces Religieux, par leur Requête, demandoient à être transférés dans un autre quartier de la Ville.]

13719. ☞ Lettre aux RR. PP. Carmes Déchaussés, sur la Requête présentée à Monseigneur l'Evêque d'Orléans, par leur R. P. Provincial.

On réfute dans cette Lettre la demande proposée par les Pères Carmes.]

Tome I.

13720. ☞ Description des Déserts des Carmes Déchaussés ; par le P. Cyprien de la Nativité de la Vierge, Religieux du même Ordre : *Paris*, Roger, 1651, *in-4*.

L'Auteur est mort à Paris le 16 Septembre 1680.]

13721. ☞ Fondation du saint Désert des Carmes Déchaussés, près Louviers (en Normandie,) faite par le Roi Très-Chrétien Louis XIV, sous le titre de Notre-Dame du Secours : *in-4*.]

13722. ☞ La Vie du Vénérable Père Dominique de Jesus-Marie, [Général des Carmes Déchaussés, composée en Latin ; par le P. Philippe de la Sainte-Trinité, aussi Général des Carmes Déchaussés ; & traduite en François,] par le Père Modeste de S. Amable : *Lyon*, 1669, *in-8*.

Elle est aussi imprimée au tom. I. de sa *Monarchie Sainte* : *Clermont*, 1670, *in-fol*.

13723. ☞ Remarques sur Abraham, Wenceslas & Jean Bertius ; par le P. Niceron.

Dans ses *Mémoires*, tom. *XXXI.* pag. 90-92. Le premier est mort en 1683, le second en 1643, & le troisième en 1662.]

13724. ☞ Moeurs & Entretiens du Frère Laurent, Carme Déchaussé : *Chaalons*, 1694, *in-12.*]

13725. ☞ Lettre à Monseigneur le M. de *** pour servir à la justification du Livre des Moeurs & Entretiens du Frère Laurent de la Résurrection, Carme Déchaussé, imprimé à Chaalons en 1694 : *Paris*, Josse, 1697, *in-4*.

L'Auteur de cette Lettre étoit un Prêtre du Diocèse de Paris.]

13726. ☞ Maximes spirituelles fort utiles aux ames pieuses pour acquérir la présence de Dieu, recueillies de quelques Manuscrits du Frère Laurent, &c. avec l'Abrégé de sa Vie, & quelques Lettres qu'il a écrites à des personnes de piété : *Paris*, Couterot, 1692, *in-12.*]

13727. ☞ Histoire de la Vie & des Ouvrages de Joseph la Brosse, Carme Déchaussé ; par le P. Niceron.

Dans ses *Mémoires*, tom. *XXIX.* pag. 26. Le Père la Brosse est mort en 1697.]

13728. ☞ Lettre à M. l'Abbé Joannet, Auteur du Journal Chrétien, sur la Vie & la mort du R. P. Jean-Pierre (Boyer) Carme Déchaussé ; par M ***. *Journal Chrétien*, 1758, *Mai, pag.* 170.]

13729. ☞ Vie abrégée du R. P. Pacifique de S. Jean-Baptiste, Carme Déchaussé, Prieur à Brest, mort le 4 Avril 1766, à l'âge d'environ 80 ans.

Elle se trouve *pag*. 444-452, du tom. VI. du *Nécrologe, &c. du XVIII*^{e} *siècle*, publié cette année 1767. C'est la suite du ci-devant N.° 5570.]

13730. ☞ Conventuum Fratrum Discalceatorum B. Mariæ de Monte Carmelo Congregationis Italiæ, chorographica & topographica descriptio.

On trouve dans cet Ouvrage la Description Géographique des Maisons des Carmes Déchaussés & Carmélites de France.}

☞ *Nota.* On conserve dans les différentes Bibliothèques de ces Religieux plusieurs Pièces manuscrites & imprimées, relatives à l'Histoire de leur Ordre en France.]

§. III.

Histoires des Dominicains.

13731. Mf. Exordia Fratrum Prædicatorum, & fundationes plurium Conventuum antiquorum ejusdem Ordinis ; auctoribus Stephano de Salangaco & Bernardo Guidonis : *in-fol.*

Ce Manuscrit [étoit] conservé dans la Bibliothèque de M. Baluze, num. 42, [& est aujourd'hui à la Bibliothèque du Roi.]

*13732. ☞ Histoire abrégée de l'Ordre des Frères Prêcheurs ou Dominicains, & de ses différentes Réformes.

Dans l'*Hist. des Ord. Monast. & Rel.* du P. Helyot : (*Paris*, 1714, &c. *in-4.*) tom. III. pag. 198-240. Il est bon d'observer ici que les différentes Réformes n'ont jamais fait de scissions dans cet Ordre, comme dans les autres.]

13733. ☞ Privilegia & gratiæ Summorum Pontificum, gratiæ Magistrorum generalium concessæ Congregationi Franciæ Ordinis Prædicatorum : *Lugduni*, Bevelaqua, 1516, *in-8.*]

13734. ☞ Candor Lilii, seu Ordo FF. Prædicatorum à calumniis & contumeliis Petri A-Valles-clausâ vindicatus : in ejus decem Diatribas, totidem Reflexiones : authore Joanne Casalas, ejusdem Ordinis Provinciæ Tolosanæ strictioris Observantiæ : *Parisiis*, de Launay, 1664, *in-8.*

Ce Petrus *A-Valle-clausâ* est le Jésuite Théophile Raynaud : il y a du raisonnement & des preuves dans la Dissertation du Père Casalas ; mais les sarcasmes & les injures n'y sont pas épargnés, contre un Auteur qui les employoit.]

13735. ☞ Mémoire sur la canonicité de l'Institut de Saint-Dominique, ou Examen de la Question, sçavoir, Si les Frères Prêcheurs ont été reçus dans l'Église en qualité de Chanoines Réguliers, & s'ils doivent être regardés comme tels ; (par le Père Jacob) : *Béfiers*, Barbut, & *Paris*, Debure, 1750, *in-12.*]

13736. ☞ Exposé de l'Etat, du Régime, de la Législation & des obligations des Frères Prêcheurs ; (par le Père de la Bertonie : (*Paris*, 1767) *in-4.* & *in-12.*

13737. La Fondation de tous les Convens des Frères Prêcheurs de l'un & de l'autre Sexe, dans toutes les Provinces du Royaume de France, & dans les dix-sept Provinces des Pays-Bas ; par Jean de Rechac, dit de sainte Marie, Religieux & Historien de cet Ordre.

Cette Pièce est imprimée avec la Vie de S. Dominique : *Paris*, Huré, 1648, *in-4.* 2 vol. L'Auteur est mort en 1660.

13738. ☞ Scriptores Ordinis Prædicatorum recensiti, Notisque historicis & criticis illustrati, &c. Inchoavit Jacobus Quetif, absolvit Jacobus Echard, ejusdem Ordinis : *Parisiis*, Ballard, 1719 & 1721, *in-fol.* 2 vol.

Cet Ouvrage passe pour un chef-d'œuvre en son genre.]

13739. ☞ Histoire des Hommes illustres de l'Ordre de S. Dominique ; c'est-à-dire des Papes, des Cardinaux, des Prélats éminens en science & en sainteté, des célèbres Docteurs, & des autres grands Personnages qui ont le plus illustré cet Ordre depuis la mort du saint Fondateur jusqu'au Pontificat de Benoît XIII, (Dominicain, mort en 1730); par le P. Antoine Touron, Dominicain : *Paris*, 1743-1749, *in-4.* 6 vol.

L'Ouvrage est dédié au Pape Benoît XIV. Nous indiquerons ci-après, les Vies des Dominicains François qui s'y trouvent.

L'Auteur a donné à part la Vie de S. Dominique : (*Paris*, 1737 (& 1740) *in-4.* & celle de S. Thomas d'Aquin : *Paris*, 1739, *in-4.* On y trouve diverses particularités qui regardent l'Histoire de France, puisque S. Dominique y a fondé son Ordre & a eu grande part à l'affaire des Albigeois, & que S. Thomas d'Aquin a enseigné la Théologie à Paris, avec une grande célébrité.]

13740. ☞ Epoque de la Mission de S. Dominique en Languedoc, pour la conversion des Hérétiques.

C'est la Dissertation ou la Note XV. du tom. III. de l'*Histoire générale du Languedoc*; par DD. de Vic & Vaissete : dans le corps de l'Histoire il est parlé en détail de S. Dominique.]

13741. ☞ Mf. Histoire des Frères Prêcheurs, Confesseurs des Rois & Reines de France, & de plusieurs Princes; par le Père Mathieu Texte, Dominicain : 1740, *in-fol.*

Ce Manuscrit est conservé dans la Bibliothèque du Couvent du Fauxbourg S. Germain à Paris. L'Auteur y est mort en 1748.]

13742. Histoire des Hommes illustres du grand Convent des Frères Prêcheurs de Paris; par Antoine Malet, du même Ordre : *Paris*, 1634, *in-8.*

☞ Le vrai titre est :

Histoire des saints Papes, Cardinaux, &c. qui furent Supérieurs ou Religieux du Couvent de Saint-Jacques de l'Ordre des Frères Prêcheurs à Paris; par Antoine Malet : *Paris*, Branchy, 1634, *in-8.*]

13743. ☞ Description des choses plus remarquables qui se sont passées au Chapitre général des Frères Prêcheurs à Paris, le 20 Mai 1611 : *Paris*, Thierry, 1611, *in-8.*]

13744. ☞ Le François contre l'Etranger, ou Plaidoyé de M.ᵉ Charles de Fourcroy,

Histoires des Ordres Mendians : Dominicains. 845

pour les Religieux François de l'Ordre de S. Dominique, contre les Etrangers : 1619, *in-4*]

13745. ☞ Mſ. Nécrologe de la Maiſon ou du grand Couvent de S. Jacques, avec des Diſſertations ; par le Père Mathieu TEXTE, Dominicain.

Ce Manuſcrit eſt conſervé dans la Maiſon du Noviciat, au Fauxbourg S. Germain. A la fin eſt un Extrait du Livre mortuaire de cette Maiſon.]

13746. Les trophées de la piété du Couvent de S. Jacques ; par Yves PINSART : *Paris*, Branchy, 1634, *in-8*.

13747. ☞ Mſ. Chronique de la Congrégation Gallicane des Dominicains, & en particulier du Couvent d'Argentan ; par le P. Marin PROUVERE BRICHETAUX.

Cet Ouvrage étoit poſſédé par les Jacobins d'Argentan ; il n'y eſt plus connu aujourd'hui, ſoit qu'il ait été perdu, ſoit qu'il ſoit enſeveli dans la Bibliothèque ou dans le Chartrier de la Maiſon.]

13748. ☞ Mſ. Hiſtoire du Couvent des Dominicains d'Arras, depuis ſa fondation en 1253, juſqu'à la préſente année 1755 ; par le R. P. J. J. PROVILLE, Religieux de cette Maiſon, Docteur de la Faculté de Paris, & Profeſſeur en Théologie au Couvent de la Minerve à Rome : *in-4*.

M. de Grandval, Conſeiller au Conſeil Supérieur d'Artois, a une Copie de cet Ouvrage, revue & donnée par l'Auteur.]

13749. * Les Antiquités du Couvent des Frères Prêcheurs de la Ville de Bourges ; par Hyacinthe CHARPIGNON, du même Ordre.

Ce Manuſcrit eſt cité par le P. Jacques Echard, dans [ſes *Scriptores Ord. Prædic.* ci-devant, N°. 13739] *pag.* 724.

13750. Prædicator Carnutenſis, ſive Inſtitutio Conventûs Carnutenſis FF. Prædicatorum ; auctore Nicolao LE FEVRE : *Carnuti*, Peigné, 1637, *in-8*.

Cet Auteur eſt mort en 1653.

13751. Agématologie, ou Diſcours de l'Aſſemblée du Chapitre Provincial de la Province de France, de l'Ordre des Frères Prêcheurs, célébré au Convent de S. Jacques de Chartres ; par le même : *Angers*, 1625, *in-8*.

Il y a dans ce Livre un Diſcours concernant le Peuple & la Ville de Chartres.]

13752. Factum pour le Père Provincial de la Province de Paris, contenant un Récit hiſtorique de l'antiquité & établiſſement de cet Ordre dans la Ville de Metz, &c. *in-4*.

13753. ☞ Recueil de Factums & autres Piéces du Procès, entre M. l'Evêque de Grenoble & les Religieux de Mont Fleur, de l'Ordre de S. Dominique : *Dijon*, 1686, *in-4*.]

13754. * Mſ. Hiſtoria Conventuum Sancti-Jacobi Rotomagenſis, & Sancti-Jacobi Cadomenſis ; auctore Oliverio FOURNIER, Ord. Prædicatorum.

Ce Manuſcrit eſt conſervé chez les Dominicains de la rue S. Honoré, à Paris.

13755. Monumenta Conventûs Toloſani Ordinis FF. Prædicatorum ex vetuſtiſſimis Manuſcriptis originalibus tranſcripta & ſanctorum Eccleſiæ Patrum placitis illuſtrata : in quibus Hiſtoria almi hujus Conventûs per annos diſtribuitur ; refertur totius Albigenſium facti Narratio, &c. auctore Joanne Jacobo PERCIN, Toloſate, Toloſanique Conventûs Alumno : *Toloſæ*, Pech, 1693, *in fol*.

Il y a dans cet Ouvrage beaucoup d'érudition & de recherches curieuſes, qui ſervent à l'Hiſtoire de Touloſe, dit la Faille, dans ſes Additions. Le Père Percin eſt mort en 1711.

☞ Cet Ouvrage eſt ſans ordre & ſans goût.]

13756. * Mſ. Congregationis Occitaniæ poſteà ſancti Ludovici dictæ, hiſtorica ſinceraque Narratio, ab ejuſdem inchoatione anno 1395, ad annum 1618 ; auctore Jacobo ARCHIMBAUD, Ord. Prædicatorum.

Ce Manuſcrit eſt conſervé dans le Convent de Touloſe.]

13757. ☞ Arrêt du Parlement de Toloſe, prononcé en l'appellation comme d'abus relevée par Frère Jean Journé, Provincial de l'Ordre de S. Dominique en la Province de Toloſe, ſur la procédure contre lui ordonnée par les Evêques de Condom & d'Aire, contenant le Plaidoyé de Pierre DE BELOY, Avocat-Général audit Parlement : *Toloſæ*, Colomiez, 1611, *in-8*.]

13758. ☞ Mſ. Hiſtoire de la fondation du Couvent des RR. PP. Prêcheurs, à Toul ; par le P. Louis VILLEROI, Dominicain.

Elle eſt conſervée dans la Maiſon, & il y en a pluſieurs copies dans la Ville.]

13759. ☞ Mſ. Collectanea Chartarum de fundatione Domûs Fratrum Prædicatorum Oppidi de Veliaco, Sueſſionenſis Diœceſis : *in-4*.

Dans la Bibliothèque de M. Jardel, à Braine, près de Soiſſons.]

13760. Prædicatorium Avenionenſe, ſeu Hiſtoria Conventûs Avenionenſis FF. Prædicatorum ; auctore Joanne MAHUET, ejuſdem Ordinis : *Avenione*, du Perrier, 1678, *in-8*.

Cet Auteur eſt mort en 1688.

13761. De Sanctis Belgii ex Ordine Prædicatorum, Liber ſingularis ; auctore Hyacintho CHOQUETIO, Inſulenſi, Ordinis Prædicatorum : *Duaci*, 1618, *in-8*.

Cet Auteur eſt mort en 1645.

13762. Vies & actions mémorables des trois plus ſignalés Religieux en ſainteté & vertu de l'Ordre des Frères Prêcheurs de la Province de Bretagne en France ; du Père Mahyeux, Evêque de Rennes ; du bienheureux Alain de la Roche, Docteur en Théologie,

& du vénérable Père Pierre Quintin : le tout extrait des Œuvres de Jean Rechac, du même Ordre : *Paris*, 1634, *in-*12.

13763. Vie du bienheureux Regnault de Saint-Gilles, Doyen de Saint-Agnan d'Orléans, & depuis Religieux de S. Dominique, (mort en 1220) par J. F. *Paris*, Camusat, 1645, *in-*12.

Jean-François Senault, Prêtre de l'Oratoire, est Auteur de cette Vie.

13764. Vie du même ; par Jean de Rechac, du même Ordre : *Paris*, 1646, *in-*8.

13765. ☞ Histoire du même ; par le Père Touron, Dominicain.

Dans sa *Vie de S. Dominique* : (*Paris*, 1739, *in-*4.) *pag.* 688-694. Le bienheureux Regnault de S. Gilles est mort en 1220, & il fut un des premiers Disciples François de S. Dominique, ainsi que ceux dont il est question dans les deux articles suivans.

13766. ☞ Histoire de l'Abbé Matthieu, premier Supérieur du Couvent de S. Jacques, (mort après l'année 1226) ; par le même P. Touron. *Ibid. pag.* 651-654.]

13767. ☞ Histoires de Bertrand Garrigue, premier Provincial de Provence, (mort en 1230,) de Pierre Callani, Fondateur du Couvent de Limoges, (mort en 1257) & de Raymond de Felgar, depuis Archevêque de Toulouse, (mort en 1270) ; par le même. *Ibid. pag.* 654-694.]

13768. ☞ Histoire de Pierre de Reims, premier Provincial de la Province de France, puis Evêque d'Agen, (mort en 1245) ; par le même. *Ibid. pag.* 732-735.]

13769. ☞ Histoire d'André de Lonjumeau, Envoyé de S. Louis, & Nonce Apostolique ; par le même Père Antoine Touron.

Dans son *Histoire des Hommes illustres de l'Ordre de S. Dominique*, tom. I. *pag.* 157-165. André de Lonjumeau est après l'an 1253.]

13770. ☞ Histoire de Guillaume Perault, célèbre Docteur de Paris ; par le même. *Ibid. pag.* 182-186.]

13771. ☞ Histoire de Vincent de Beauvais, (mort en 1264) ; par le même. *Ibid. pag.* 186-199.]

13772. ☞ Histoire de Hugues de Saint-Cher, Cardinal ; par le même. *Ibid.* p. 200-239.

Voyez encore ci-devant, N.° 8944.]

13773. * Vita Thomæ Cantipratani ; auctore Georgio Colvenero, Doctore Theologo [Duacensi].

Cette Vie de Thomas de Cantipré [ou Catimpré, mort en 1270 ou 1280] est imprimée à la tête de son Traité, *De bono universali, &c. Duaci*, Bellere, 1595, 1603, 1627, *in-*8.]

13774. ☞ Histoire de Thomas de Catimpré ; par le Père Antoine Touron.

Dans ses *Hommes illustres de l'Ordre de S. Dominique*, tom. I. *pag.* 255-262.]

13775. ☞ Histoire de Geoffroy de Beaulieu, Confesseur de S. Louis, & de Guillaume de Chartres, Chapelain du même Roi ; par le même Père Touron. *Ibid. pag.* 292-303.]

13776. ☞ Histoire de Pierre de Saint-Astier, ancien Evêque de Périgueux, (mort en 1275) ; par le même. *Ibid.* p. 303-309.]

13777. ☞ Histoire de Humbert de Romans, cinquième Général, (mort en 1277) ; par le même. *Ibid. pag.* 320-343.]

13778. ☞ Histoire d'Innocent V. Pape, (connu d'abord sous le nom de Pierre de Tarentaise, mort en 1276) ; par le même. *Ibid. pag.* 344-366.]

13779. ☞ Histoire de Guy de Sully, Archevêque de Bourges, (mort en 1281) ; par le même. *Ibid. pag.* 405-409.]

13780. ☞ Histoire de Guy de la Tour du Pin, Evêque de Clermont, (mort en 1286) ; par le même. *Ibid. pag.* 474-480.]

13781. ☞ Histoire de Nicolas de Hanaps, (dernier) Patriarche de Jérusalem, (mort en 1291) ; par le même. *Ibid.* p. 529-541.]

13782. ☞ Histoire de Hugues Aycelin de Billon, (qui devint) Cardinal, Evêque d'Ostie & Doyen du Sacré Collège, (mort en 1297) ; par le même. *Ibid.* p. 573-583.]

13783. ☞ Histoire de Raoul de Granville, Patriarche titulaire de Jérusalem, (mort en 1304) ; par le même. *Ibid. pag.* 652-654.]

13784. ☞ Histoire de Jean de l'Alleu, Chanoine & Chancelier de l'Eglise de Paris, élu Evêque de cette Capitale, (& mort Dominicain en 1306) ; par le même. *Ibid. pag.* 733-737.]

13785. ☞ Histoire de Nicolas de Freauville, Confesseur du Roi Philippe IV. depuis Cardinal, & Légat Apostolique en France ; par le même Père Touron.

Dans ses *Hommes illustres de l'Ordre de S. Dominique*, tom. II. *pag.* 35-44. Nicolas de Freauville est mort en 1324.]

13786. ☞ Histoire de Raymond Béquin, (qui a été) Archevêque de Nicosie & Patriarche de Jérusalem, (& qui est mort en 1328) ; par le même. *Ibid,* p. 51-58.]

13787. ☞ Histoire de Bérenger de Landore, treizième Général des Frères Prêcheurs, Archevêque de Compostelle, & Légat Apostolique auprès des Rois de France, de Castille & de Portugal, (mort en 1330) ; par le même. *Ibid.* p. 63-93.]

13788. ☞ Histoire de Bernard Guidonis, qui fut Evêque de Lodève, Légat Apostolique en Italie, en France & dans les Pays-Bas, (& qui est mort en 1332) ; par le même. *Ibid. pag.* 94-107.]

13789. ☞ Histoire de Durand de Saint-Pourçain (qui fut) Evêque du Puy & en-

Histoires des Ordres Mendians : Dominicains. 847

suire de Meaux (& qui est mort en 1334), par le même. *Ibid.* pag. 136-147.]

13790. ☞ Histoire de Guillaume-Pierre de Godieu, ou de Godin, Cardinal & Légat du Pape en Espagne, (mort en 1336); par le même. *Ibid.*, pag. 174-194.]

13791. ☞ Histoire de Pierre de la Palu, Patriarche de Jérusalem, Légat du Pape Jean XXII. (& mort en 1342); par le même. *Ibid.* pag. 223-237.]

13792. ☞ Histoire de Gérard de Daumar de la Garde, dix-septième Général des Frères Prêcheurs & Cardinal, (mort en 1343 ou 1345); par le même. *Ibid.* pag. 269-274.]

13793. ☞ Histoire de Guillaume de Laudun, (qui fut Archevêque de Toulouse & de Vienne, Légat Apostolique auprès des Rois de France & d'Angleterre, (& qui est mort après l'an 1350); par le même. *Ibid.* pag. 318-327.]

13794. ☞ Histoire de Jean des Moulins, vingtième Général des Frères Prêcheurs, & Cardinal, (mort en 1353, selon Baluze, ou 1358 selon d'autres); par le même. *Ibid.* pag. 328-334.]

13795. ☞ Histoire de Humbert II. Dauphin de Viennois, depuis Dominicain, Patriarche d'Alexandrie & Administrateur de l'Archevêché de Reims, (mort en 1355); par le même. *Ibid.* pag. 365-401.]

13796. ☞ Histoire de Guillaume Sudre, (depuis) Evêque de Marseille & Cardinal, (mort en 1373); par le même.*Ibid.* p. 469-481.]

13797. ☞ Histoire de Charles d'Alençon, (qui fut) Archevêque de Lyon, (& mourut en 1375); par le même. *Ibid.* pag. 481-487.]

13798. ☞ Histoire de Hugues Gaspert, (depuis) Evêque de Ceneda, (en Italie, mort en 1377); par le même. *Ibid.* p. 487-497.]

13799. ☞ Histoire de Nicolas de Saint-Saturnin, Cardinal de la Création de Clément VII. (& qui est mort en 1382); par le même. *Ibid.* pag. 577-586.]

13800. ☞ Histoire de Simon de Langres, vingt-unième Général, Légat Apostolique & Evêque de Nantes, (mort vers 1384); par le même. *Ibid.* pag. 590-603.]

13801. ☞ Histoire de Martin Porée, Confesseur & Conseiller du Duc de Bourgogne, Evêque d'Arras, & Légat du Concile de Constance, auprès des Rois de France & d'Angleterre; par le P. TOURON.

Dans le tom. III. de ses *Hommes illustres*, pag. 144-152. Martin Porée est mort en 1426.]

13802. ☞ Histoire de Jean de Puinoix, Général des Frères Prêcheurs, dans l'Obédience de (l'Antipape) Benoît XIII, depuis Confesseur du Pape Martin V. Evêque de Catane & Vice-Roi de Sicile, (mort en 1431); par le même. *Ibid.* pag. 164-171.]

13803. ☞ Histoire de Barthélemy Texier, Général des Frères Prêcheurs, (mort en 1449); par le même. *Ibid.* p. 488-496.]

13804. ☞ Histoire de Michel-François de Lille, Précepteur de l'Archiduc d'Autriche, Philippe I. depuis son Confesseur, & Evêque titulaire de Sélivrée, (mort en 1502); par le même. *Ibid.* pag. 663-667.]

13805. ☞ Histoire de Jean Clérée, Confesseur de Louis XII, depuis Général de l'Ordre des Frères Prêcheurs,(mort en 1507); par le même. *Ibid.* pag. 685-692.]

13806. ☞ Histoire de Guillaume Parvi, Confesseur & Prédicateur ordinaire des Rois de France Louis XII & François I. Evêque de Troyes, puis de Senlis; par le même Père TOURON.

Dans le tom. IV. de ses *Hommes illustres*, p. 38-47. Guillaume Parvi est mort en 1536.]

13807. ☞ Histoire de Jean Guiencourt, Confesseur du Roi de France Henri II. (mort en 1553); par le même. *Ibid.* p. 155-161.]

13808. ☞ Histoire de Jacques Fourré, Prédicateur des Rois François II. & Charles IX. depuis Evêque de Châlon-sur-Saone, (mort en 1578); par le même. *Ibid.* p. 161-168.]

13809. ☞ Histoire d'Antoine Havet, Prédicateur & Confesseur de Marie d'Autriche, Reine de Hongrie, & premier Evêque de Namur, (mort en 1578); par le même. *Ib.* pag. 438-448.]

13810. ☞ Histoire de Godefroy de Bo'duc, (qui fut) Evêque de Harlem, (Administrateur de Deventer, & qui est mort en 1587); par le même. *Ibid.* p. 551-558.]

13811. Brevis & extemporanea panegyrica Narratio, Sebastiani Michaelis, Ordinis Prædicatorum, Vitam complectens; auctore Petro COLIARD Stampensi, ejusdem Ordinis: *Parisiis*, Sonnius, 1621, *in-*12.

Le Père Michaelis est mort en 1618, [à Paris, en odeur de sainteté;] & le Père Coliard en 1650.

13812. ☞ Histoire du même Père Sébastien Michaelis, Restaurateur de la vie Régulière dans quelques Provinces de France, & Fondateur du Couvent de l'Annonciation à Paris, (rue S. Honoré; (par le P. TOURON.

Dans ses *Hommes illustres*, tom. V. pag. 19-38.]

13813. ☞ Histoire de la Vie & des Ouvrages de Nicolas Coeffeteau, Dominicain, Evêque désigné de Marseille; par le Père NICERON, Barnabite.

Dans ses *Mémoires*, tom. III. pag. 6-13. Coeffeteau est mort en 1623. On a indiqué ci-devant, à l'*Evêché de Marseille*, N.º 8043 & 8044, deux Eloges de lui.]

13814. ☞ Histoire du même Coeffeteau; par le Père TOURON.

Dans ses *Hommes illustres*, tom. *V.* pag. 47-55.]

13815. ☞ Histoire de Louis de Vervins, (qui a été) Archevêque de Narbonne, (& est mort en 1628); par le même. *Ib. p.* 69-78.]

13816. Vie de Pierre Girardel, de l'Ordre des Frères Prêcheurs; par François GIRARDEL, Prêtre; avec la Vie de la Sœur Anne de sainte Marie, Religieuse de S. Dominique: *Langres*, 1682, *in-12.*

Le véritable Auteur de ces Vies est JACQUES de Saint-Dominique, du même Ordre, qui est mort en 1704.

13817. Oraison funèbre de Gabriel Banquet, Jacobin, Inquisiteur de la Foi à Toulouse; par Estienne MOLINIER, Prêtre : *Toulouse*, 1643, *in-8.*

13818. ☞ Histoire de Noël Deslandes, Prédicateur du Roi Louis XIII, & ensuite Evêque de Tréguier, (mort en 1645); par le Père TOURON.

Dans ses *Hommes illustres*, tom. *V.* pag. 268-278.]

13819. ☞ Histoire de la Vie & des Ouvrages de Jacques Goar; par Jean-Pierre NICERON, Barnabite.

Dans ses *Mémoires*, tom. *XIX.* pag. 384-389. Le P. Goar est mort en 1653.]

13820. ☞ Histoire du même; par le Père TOURON, Dominicain.

Dans ses *Hommes illustres*, tom. *V.* pag. 357-363.]

13821. ☞ Histoire de Jean-Baptiste Carré, Fondateur du Noviciat Général à Paris, (Fauxbourg S. Germain, mort en 1656); par le même. *Ibid. pag.* 346-356.]

13822. ☞ Histoire de la Vie & des Ouvrages de Jacques Barrelier; par le Père NICERON, Barnabite.

Dans ses *Mémoires*, tom. *XXXVI.* pag. 89-91. Le Père Barrelier est mort en 1673.]

13823. ☞ Histoire de la Vie & des Ouvrages de Jean Nicolaï; par le même.

Dans ses *Mémoires*, tom. *XIV.* pag. 282-297. Le Père Nicolaï est mort en 1673.]

13824. ☞ Histoire de Vincent Baron, & de Vincent Contenson; par le P. TOURON.

Dans ses *Hommes illustres*, tom. *V.* pag. 489-505. Ces deux célèbres Théologiens sont morts tous deux en 1674.]

13825. ☞ Histoire de la Vie & des Ouvrages de Bernard de Guyard; par le Père NICERON.

Dans ses *Mémoires*, tom. *XXXVIII.* pag. 404-407. Le P. Guyard est mort en 1674.]

13826. Vie d'Antoine du saint Sacrement, Jacobin, Instituteur de l'Ordre du S. Sacrement; par François D'ESCUDIER, Prieur de Chabestan : *Lyon*, Lambert, 1677, *in-12.*

Le Père Antoine du Saint Sacrement s'appelloit dans le monde LE QUIEU; il est mort en 1676.

13827. Vie du même; par ARCHANGE GABRIEL de l'Annonciation, Vicaire-Général de l'Ordre du Saint Sacrement : *Avignon*, 1682, *in-8.* 2 vol.

☞ On trouve dans cette Vie celle de quelques autres Religieux de la même Réforme.]

13828. ☞ Histoire (du même) Antoine le Quieu, Missionnaire Apostolique, & Fondateur de la Congrégation du Saint-Sacrement; par le Père TOURON.

Dans ses *Hommes illustres*, tom. *V.* pag. 513-538. La Réforme, dont le Père le Quieu est l'Auteur, n'a que six Maisons, dont cinq sont en Provence & une en Dauphiné.]

13829. * Dominici LE BRUN, Epistola de monte Francisci Combefis : *Parisiis*, 1679, *in-4.*]

13830. Eloge de François de Combefis; par Charles PERRAULT.

Cet Eloge est imprimé au tom. II. de son *Recueil des Eloges des Hommes illustres*, pag. 17 : *Paris*, 1701, *in-fol.* Ce 1ère est mort en 1679.

13831. ☞ Histoire de la Vie & des Ouvrages du même; par le Père NICERON.

Dans ses *Mémoires*, tom. *XI.* pag. 185-196.]

13832. ☞ Histoire de la Vie & des Ouvrages de Jacques Quétif; par le même.

Dans ses *Mémoires*, tom. *XXIV.* pag. 353-357. Le Père Quétif est mort en 1698.]

13833. Vie d'Antonin Massoulié, Jacobin; par le Père RAISSONS, Religieux Réformé de l'Ordre des Dominicains : *Paris*, 1717, *in-4.*

Le Père Massoulié est mort en 1706.

13834. ☞ Histoire du même; par le Père Antoine TOURON, Dominicain.

Dans ses *Hommes illustres, &c.* tom. *V.* p. 550-573.]

13835. ☞ Histoire d'Alexandre Piny, (mort en 1709); par le même. *Ibid. pag.* 774-782.]

13836. ☞ Histoire d'Antoine Chatagnié, Missionnaire Apostolique dans les Provinces de France, (mort en 1714); par le même. *Ibid. pag.* 782-790.

On trouve ensuite quelque chose sur un autre excellent Religieux, mort en 1715, nommé François Campmas.]

13837. ☞ Lettre d'un Religieux de l'Ordre de S. Dominique à un de ses amis, sur la mort du Père Noël Alexandre, du même Ordre, arrivée à Paris le 21 Août 1724, à l'âge de 86 ans : *Lyon*, 1724, *in-12.*

On promettoit dans ce petit Ouvrage la Vie du Père Alexandre, en 4 vol. *in* 8. qui n'a pas été publiée.]

13838. ☞ Histoire de la Vie & des Ouvrages du même; par Jean-Pierre NICERON, Barnabite.

Dans ses *Mémoires*, tom. *III.* p. 328-343, & tom. *X.* part. 1, pag. 122.]

Histoires des Ordres Mendians : Franciscains.

13839. ☞ Histoire du même Père Alexandre ; par le P. Ant. TOURON, du même Ordre.

Dans ses *Hommes illustres*, tom. V. pag. 804-840.]

13840. ☞ Histoire d'Antonin Cloche, soixantième Général de l'Ordre des Frères Prêcheurs ; par le même.

Dans le tom. VI. du même Ouvrage, pag. 508-580. Le R. P. Cloche est mort en 1710.]

13841. ☞ Histoire de Pierre Paul, Préfet Apostolique dans les Missions d'Amérique ; par le même.

Dans le tom. V. du même Ouvrage, pag. 840-863. Le P. Paul est mort en 1727.]

13842. ☞ Eloge de Michel le Quien.

Cet Eloge est imprimé au *Journal des Sçavans*, 1733, Août. On peut voir aussi, *Act. Lipsiens.* 1734, pag. 43. Le P. le Quien est mort en 1733.]

13843. ☞ Remarques sur le même ; par Jacques-Georges DE CHAUFEPIÉ.

Dans son *Dictionnaire historique*.]

13844. ☞ Vita Hyacinthi Amati de Graveson, (mortui anno 1733).

Cette Vie est imprimée à la tête du *Recueil* de ses *Œuvres : Venetiis*, 1740, in-4. 7 vol.]

13845. ☞ Eloge funèbre du Frère François Romain, de l'Ordre de S. Dominique ; par le Père Mathieu TEXTE, aussi Dominicain, avec son Epitaphe : *in-12*.

Ce Religieux a été un Architecte célèbre : il est mort en 1735.]

13846. ☞ Vie abrégée d'Antoine-Denys-Simon d'Albizzi, mort en 1738.

Dans l'Ouvrage intitulé : *Les Appellans célèbres, &c.* 1753, in-12. pag. 227-235.]

13847. ☞ Histoire de Guillaume Martel, Missionnaire Apostolique dans l'Amérique ; par le Père Antoine TOURON.

Dans le tom. VI. de ses *Hommes illustres de l'Ordre de S. Dominique*, pag. 587-639. Le P. Martel est mort à la Martinique en 1740.]

13848. ☞ Vie abrégée de René-Hyacinthe Drouin, mort en Piémont en 1742.

Dans l'Ouvrage intitulé : *Les Appellans célèbres, &c.* 1753, in-12. pag. 518-524.]

13849. ☞ Vita Antonini Bremondii, Magistri Ordinis Prædicatorum LXIII. (mortui anno 1755.)

Cette Vie est imprimée à la tête du tom. I. des *Annales de l'Ordre des FF. Prêcheurs : Roma*, 1756, le seul volume qui ait été publié, & qui ne contient que la Vie de Saint Dominique.]

§. IV.

Histoires des Franciscains.

☞ LES Religieux de S. François se divisent en trois ou quatre branches principales : Frères Mineurs ou Cordeliers, Récollects, Capucins, & Religieux Pénitens ou du Tiers O dre.

Voyez l'*Hist. des Ordres Monastiques & Religieux* du P. HELYOT, tom. VII. pag. 1-267.]

Tome I.

Histoires des Cordeliers.

13850. ☞ Statuta Fratrum Minorum de Observantia Majoris Conventûs Parisiensis : *Parisiis*, Thierry, 1682, *in-12*.]

13851. ☞ Statuta Provinciæ Franciæ, (Fratrum Minorum) : *Parisiis*, 1610, *in-8*.]

13852. ☞ Annotations sur les Privilèges de l'Ordre des Frères Mineurs de l'Observance Régulière, particuliérement des trois grandes Provinces, de France, Touraine & Saint-Bonaventure ; par François MUDRY, Observantin, &c. *Lyon*, Valfray, 1645, *in-8*.]

13853. ☞ Histoire des Couvens de S. François : *Lyon*, Rigaud, 1619, *in-4*.]

13854. Provinciæ divi Bonaventuræ seu Burgundiæ, Ordinis FF. Minorum Regularis Observantiæ Cœnobiorum initium, progressus & descriptio ; per Claudium PICQUET, Doctorem Theologum, Conventûs Divionensis Alumnum : *Turonni*, Michaelis, 1610 : *Lugduni*, 1617 : *Turonni*, 1621, *in-8*.

13855. Narration historique & topographique des Convens de l'Ordre de S. François & des Monastères de sainte Claire, érigés dans la Province, anciennement appellée de Bourgogne, à présent de S. Bonaventure ; par Jacques FONDERÉ, Religieux de la régulière Observance dudit Ordre : *Lyon*, Rigaud, 1619, *in-4*.

Ces deux Auteurs, au rapport de Wading, ne s'accordent pas toujours dans les faits qu'ils racontent.

13856. ☞ Ms. Nécrologe du Couvent des Frères Mineurs de la régulière Observance de S. François de Dijon, en 1723 ; par le Père François LACHERÉ, Cordelier : *in-fol.* avec fig.

Ce Manuscrit est au Couvent des Cordeliers de cette Ville. L'Ouvrage est curieux & rempli de figures & de desseins. Voyez la *Biblioth. des Auteurs de Bourgogne*, de l'Abbé Papillon, *pag.* 361.]

13857. ☞ Quelques Remarques sur le grand Convent de S. Bonaventure de Lyon ; par Jean-Baptiste BAZIN, Cordelier : *Lyon*, de la Roche, 1692, *in-12*.

13858. Recueil des principaux Fondateurs & Bienfaiteurs du Convent des Cordeliers de Rouen, contenant les Titres & Chartres de leur Fondation, tirés de leurs Archives : *Rouen*, 1660, *in-4*.

Matthieu CASTAIN, Cordelier, a fait ce Recueil.

13859. ☞ Martyrologium Conventûs Carnutensis Fratrum Minorum, per Stephanum GAULTIER : *Parisiis*, Martin, 1655, *in-8*.]

13860. ☞ Dissertation sur l'Inscription du grand Portail des Cordeliers de Reims ; par le Sieur DE SAINT-SAUVEUR, (Jean-Baptiste THIERS) 1673, *in-12*.]

13861. ☞ Réglemens & pratiques du Convent des Frères Mineurs de l'Observance de Nancy : *Toul*, 1698, *in*-8.]

13862. ☞ Factum pour les Religieuses de Sainte-Catherine de Provins, contre les Religieux Cordeliers : 1668, *in*-4.

L'Auteur de ce Factum est Alexandre VARET, Grand-Vicaire de M. de Gondrin, Archevêque de Sens, selon M. l'Abbé Papillon. Dans le Catalogue de M. de Boze, num. 160, il est dit que c'est Jean BURLUGAY, Chanoine de Sens. On établit dans la première partie, que ces Religieuses doivent être sous la Jurisdiction de l'Archevêque, & affranchies de celle des Cordeliers : dans la seconde, que les Cordeliers se sont rendus indignes de cette Direction, par les excès & les désordres qu'ils ont commis dans cette Maison. L'énumération qu'en fait l'Auteur est prouvée par des lettres, des dépositions, & contient des choses aussi abominables que singulières. Ce Factum & l'Ecrit suivant sont recherchés.]

13863. ☞ Toilette de l'Archevêque de Sens, ou Réponse au Factum précédent : 1669, *in*-12.

Ce petit Ouvrage est rare.]

13864. Origines & Descriptiones Conventuum Provinciæ inferioris Germaniæ, tam Fratrum quàm Sororum ; auctore Augustino DE WITTE, Bruxellensi, ex Ordine Minorum : *Antverpiæ*, 1629, *in*-4.

Cet Auteur est mort en 1637.

13865. Epitome Chronologica de creatione, progressu & statu Coloniensis Provinciæ ; auctore Jacobo POLIO, Germano, Marcodurano, Strictioris Observantiæ sancti Francisci : *Coloniæ*, Brachel, 1628, *in*-4.

13866. Synopsis historica, chronologica & topographica ortûs & progressûs Ordinis Sancti-Francisci apud Lotharingos ejusque finitimos Leucos, Metenses & Virdunenses ; auctore BENEDICTO, Tullensi, Capucino.

Cet Abrégé est imprimé avec le Livre du même Auteur, intitulé : *Ordinis Seraphici monumenti nova illustratio : Tulli Leucorum*, 1705 [1708] *in*-12.

13867. ☞ Factum & Arrêt du Conseil d'Etat, entre les Cordeliers du Convent de S. François de Rennes : *Rennes*, 1646, *in*-4.]

13868. ☞ Eclaircissement fait par un Prêtre du Diocèse de Saintes, à M. G. L. P. de Coignac, touchant le démêlé des Cordeliers & des Récollects de la même Ville, pour la Confrairie du Cordon de S. François : *in*-8.]

13869. ☞ Remontrance au Roi sur ce qui s'est passé en la Réforme des Cordeliers : *in*-8.]

13870. ☞ Réponse à la Remontrance : *in*-8.]

13871. ☞ Discours, que les Convens des François sont obligés aux Statuts de Barcelonne : *in*-8.]

13872. ☞ Discours en forme d'Apologie pour les Cordeliers & autres Religieux Mendians : *Paris*, 1622, *in*-8.]

13873. ☞ Histoire de la Vie & des Ouvrages d'Olivier Maillard ; par le P. NICERON, Barnabite.

Dans ses *Mémoires*, tom. *XXIII*. pag. 47-58. Le Père Maillard est mort en 1502.]

13874. ☞ Histoire de la Vie & des Sermons de Michel Menot ; par le même.

Dans ses *Mémoires*, tom. *XXIV*. pag. 386-408. Le Père Menot est mort vers l'an 1518.]

13875. Eloge de Nicolas Gilbert, dit de sainte Marie, de l'Ordre de S. François, premier Visiteur de l'Ordre de l'Annonciade ; par Hilarion DE COSTE.

Cet Eloge est imprimé dans son *Recueil des Eloges des Hommes illustres*, pag. 103 : *Paris*, 1625, *in-fol*. Le Père Gilbert est mort en 1532.

13876. Vie du même ; par Honorat NIQUET, Jésuite : *Paris*, 1655, *in*-8.

☞ Vie d'André Thévet.

Voyez ci-devant, N.° 11478.]

13877. ☞ Tombeau de vénérable Frère Maurice Hylaret, natif d'Angoulême, Religieux de l'Ordre de S. François, Docteur en Théologie de la Faculté de Paris, & Prédicateur ordinaire en la Ville d'Orléans : *Aureliæ*, Hotot, 1592, *in*-4.]

13878. ☞ Histoire de la Vie & des Ouvrages de Maurice Hylaret ; par le Père NICERON.

Dans ses *Mémoires*, tom. *XVIII*. pag. 263-269. Le Père Hylaret est mort en 1591.]

13879. Eloge de Philippe Picart, Religieux de l'Ordre de S. François, Docteur en Théologie ; par Hilarion DE COSTE.

Cet Eloge est imprimé dans son *Recueil des Eloges des Hommes illustres*, pag. 422 : *Paris*, 1625, *in-fol*. Le Père Picart est mort en 1576.

13880. ☞ Poëme succinct de la vie de Jean Porthaise, Cordelier ; par Jean LE MASLE.

Ce Poëme est imprimé avec son *Origine des Gaulois* : *La Flèche*, 1575, *in*-8.

13881. ☞ Vie du même ; par Jean LIRON, Bénédictin.

Dans ses *Singularités historiques* : (*Paris*, 1739, *in*-12. 3 vol.) tom. *III*. pag. 84-94.]

13882. Joannis ROANNII Panegyricus Fevardentinus, seu Francisci Fevardentii, Ordinis Sancti Francisci, Theologiæ Doctoris : *Parisiis*, 1603, *in*-4.

Le Père Feu-ardent est mort en 1610.

13883. ☞ Histoire de la Vie & des Ouvrages du même Fr. Feu-Ardent ; par le Père NICERON.

Dans ses *Mémoires*, tom. *XXXIX*. pag. 311-325.]

13884. Vita Nicolai Vigerii, Provinciæ Coloniensis tertiùm Ministri ; auctore Jacobo POLIO, ejusdem Ordinis : *Coloniæ*, 1646, *in*-12.

13885. L'Homme intérieur, ou la Vie de Jean Chrysostome, Religieux Pénitent du

Histoires des Ordres Mendians : Franciscains.

Tiers-Ordre de S. François; par Henri-Marie BOUDON, Archidiacre d'Évreux : *Paris*, 1684, *in-8*.

Le Père Jean-Chrysostome est mort en 1646.

13886. Vie du parfait Religieux dans le Cloître & dans la Cour, le Père Fernandès, Portugais, Cordelier Observantin, Confesseur de la Reine Anne d'Autriche; par Charles MANGNIER, Cordelier : *Paris*, Pepingué, 1654, *in-8*.

13887. ☞ Monumentum & Elogium Magistri Francisci la Velle, Doct. Theolog. & apud Fratres Minores Custodiæ Arvernæ Custodis, &c. per J. B. JUNOT, Minoritam : *Claromonte*, 1664, *in-4*.]

13888. ☞ Elogium funebre D. Jacobi du Creux, Doct. Sorbon. Provinciæ sancti Bonaventuræ Patris primarii ; eodem auctore : *Camberii*, 1682, *in-4*.]

13889. Laus funerea Francisci le Roux : à Francisco LACHERÉ, Provinciæ sancti Bonaventuræ Definitore : 1697, *in-4*.

13890. Oraison funèbre du Père François le Roux, Cordelier, décédé à Moulins le 7 Octobre 1697, prononcée à Dijon, par le Père Fr. RUFFIER, Gardien du Couvent de Bar-sur-Aube : *Dijon*, 1698, avec le Portrait.

13891. Elogium Antonii Pagi, Ordinis Minorum Conventualium : *in-fol*.

Le Père Pagi est mort en 1699. [Son Éloge est à la tête de sa Critique de Baronius.]

13892. ☞ Histoire de la Vie & des Ouvrages d'Antoine Pagi; par le P. NICERON.

Dans ses *Mémoires*, tom. I. pag. 178-180, & tom. X. part. 1, pag. 13.]

13893. ☞ Vie du même ; par Joseph Bougerel, Prêtre de l'Oratoire.

Dans ses *Mémoires sur les Hommes illustres de Provence* : (*Paris*, 1752, *in-12*.) p. 260-290.]

13894. ☞ Histoire de la Vie & des Ouvrages de François Pagi, Cordelier, (neveu du précédent); par le P. NICERON.

Dans ses *Mémoires*, tom. *VII*. pag. 58-60. Ce Père Pagi est mort en 1721.]

13895. Éloge de Claude Frassen, Religieux de l'Ordre de S. François, Docteur en Théologie.

Cet Éloge est imprimé dans les *Mémoires de Trévoux*, article IX. de Janvier de 1712, [& Journal des Sçavans, 1712.] Ce Docteur est mort en 1711.

— ☞ Vie du P. Jean Soto, Général de l'Ordre de S. François ; par le P. POISSON, Provincial.

Voyez la sixième Pièce du Recueil qui suit.]

13896. ☞ Recueil de Pièces concernant l'Ordre de S. François : *in-4*.

Ce Recueil est cité dans le Catalogue de M. Lancelot, num. 920, & contient les Pièces suivantes :

1. Discours véritable de ce qui s'est passé à la réformation des PP. Cordeliers, & rumeur advenue au grand Couvent de Paris, le 26 Février 1622 ; par P.P. M. *Paris*, 1622.

2. Réglemens du Général de l'Ordre de S. François, pour la réformation de tous les Monastères de France, &c. avec l'Arrêt du Parlement qui les homologue, du 2 Septembre 1672, &c.

3. Panégyrique de S. François d'Assise ; par le Père POISSON : *Paris*, Josse, 1733.

4. Réflexions du Père POISSON, sur le Journal des Sçavans de Juin 1733, au sujet du Panégyrique précédent : *Paris*, vers Octobre 1733.

5. Lettre du P. POISSON, Provincial des Cordeliers, aux Convens, Abbayes & Monastères de la Province, du 6 Juillet 1735 : (*Paris*, Thiboust, 1735.)

6. Seconde Lettre du même, aux mêmes, sur la mort du P. Jean Soto, Général de l'Ordre : première & seconde partie, du 25 Août 1736, & 1 Janvier 1737.]

Histoires des Récollects.

13897. ☞ De l'Institution & Fondation des Pères Récollects.

On trouve cette Pièce dans l'*Histoire du Gâtinois*, par D. Guillaume MORIN : (*Paris*, 1630, *in-4*.) p. 27-34, à l'occasion du Convent des Récollects de la Ville de Montargis, en 1599.]

13898. ☞ Histoire des Récollects.

Dans l'*Hist. des Ordr. Monast. & Rel.* du P. HELYOT : (*Paris*, 1714, &c. *in-4*.) tom. *VII*. p. 133 & *suiv*.]

13899. ☞ Humilis Supplicatio pro tuenda & augenda Reformatione Recollectorum Strictioris Observantiæ Regni Franciæ : *Burdigalæ*, Millangius, 1613, *in-4*.]

13900. Provincia sancti Dionysii FF. Minorum Recollectorum ; auctore Placido GALLEMANT, ejusdem Ordinis : *Catalauni*, 1649, *in-8*.

Cet Auteur est mort l'an 1675.

13901. Histoire chronologique de la Province des Récollects de Paris ; par Hyacinthe LE FEVRE, Récollect : *Paris*, Thierry, 1677, *in-4*.

13902. Historica Descriptio Conventuum Recollectorum Provinciæ sancti Francisci in Gallia ; auctore JUVENALI à Lugduno, ejusdem Ordinis : *Avenione*, 1678, *in-8*.

13903. ☞ Ms. Histoire des Récollects de la Province de la Conception immaculée ; par le P. Hélie JACQUET, Gardien du Convent de Sainte-Valérie à Limoges : 1764.

Cette Histoire est entre les mains de l'Auteur.]

13904. ☞ Ms. Éloge du Père Artus du Monstier, Récollect de Rouen, Auteur du *Neustria pia*, & plusieurs autres Ouvrages ; par M. l'Abbé SAAS, de l'Académie de Rouen.

Dans les Registres de cette Académie. Le Père du Monstier, Auteur de *Neustria pia*, &c. est mort en 1662.]

13905. ☞ Mémoire sur le Révérend Père Dominique l'Écureuil, Commissaire Général & Provincial des Récollects. *Mercure*, 1760, *Août*, pag. 118 & *suiv*.]

Histoires des Capucins.

13906. ☞ Histoire abrégée des Capucins.

Dans l'*Hist. des Ordr. Monast. & Rel.* du P. HELYOT : (*Paris*, 1714, &c. *in*-4.) tom. VII. pag. 164 & *suiv.*]

☞ Bulle de Fondation du Couvent des Capucins de Paris : 1683, *in-fol.*

Une copie collationnée se trouve dans la Bibliothèque du Roi, & vient de M. Lancelot.]

13907. ☞ Sommaire Narration du premier Etablissement de l'Ordre des Capucins en France ; par Ant. MALET : *Paris*, 1609, *in*-4.]

13908. ☞ Discours véritable de ce qui s'est passé en l'Assemblée du Chapitre Provincial des Capucins de la Province de Touraine, convoqué à Orléans, le 19 Avril 1652, par le Mandement du R. P. Général dudit Ordre : *in*-4. 16 pages.

Il y eut de grands troubles dans ce Chapitre, à l'occasion d'un démembrement que le Général vouloit faire de plusieurs Convens de la Province de Touraine, pour les unir à celle de Bretagne. Ces troubles durèrent dix ans, & il fallut le concours des Puissances Séculière & Ecclésiastique, pour terminer ces débats, & rétablir la paix parmi les Capucins, dont plusieurs portèrent l'obstination jusqu'à se laisser excommunier publiquement.]

13909. ☞ Abrégé de la Vie de S. Paschal Baylon : *Toulouse*, 1692, *in*-12.]

13910. Oraison funèbre du Père Ange de Joyeuse, Capucin ; par François HUMBLOT, Minime : *Lyon*, 1608, *in*-12.

Le Père Ange est mort en 1608, & le Père Humblot en 1617.

13911. Le Tableau de la mort peint sur l'heureuse fin du P. Ange de Joyeuse : *Tours*, Siffleau, 1608, *in*-8.

13912. Elogium ejusdem ; è Bibliotheca Papirii MASSONI : *Parisiis*, 1611, *in*-8.

Cet Eloge est aussi imprimé dans le *Recueil des Eloges* de Masson, tom. *I.* pag. 495 : *Parisiis*, 1643, *in*-8.

13913. Vie du même ; par Jacques BROUSSE, Docteur en Théologie : *Paris*, 1621, *in*-8.

Ce Docteur est mort en 1670.

13914. Le Courtisan prédestiné, ou le Duc de Joyeuse, Capucin ; par J. DE CAILLIERE, Maréchal de Bataille des Armées du Roi : *Paris*, 1661, 1672, 1682, *in*-8.

☞ Le même, nouvelle Edition, revue, corrigée & augmentée de Notes : *Paris*, 1728, *in*-12.

Henri de Joyeuse, Comte du Bouchage, Capucin sous le nom de Père Ange, naquit en 1563, & mourut en 1608. Il étoit frère puîné du Duc de Joyeuse, tué à Coutras. Un jour qu'il passoit à Paris à quatre heures du matin, près du Couvent des Capucins, après avoir passé la nuit en débauches, il s'imagina que les Anges chantoient les Matines dans le Couvent : frappé de cette idée il se fit Capucin. Depuis, il quitta son habit, & prit les armes pour la Ligue & contre Henri IV. Le Duc de Mayenne le fit Gouverneur du Languedoc, Duc & Pair & Maréchal de France. Enfin, Henri de Joyeuse fit son accommodement avec le Roi ; mais un jour ce Prince étant avec lui sur un balcon, au-dessous duquel beaucoup de peuple étoit assemblé : *Mon Cousin*, lui dit Henri IV. *ces gens-ci me paroissent fort aises de voir ensemble un Apostat & un Renégat*. Cette parole du Roi fit, dit-on, rentrer Joyeuse dans son Couvent, où il mourut.]

13915. ☞ Lacrymæ in funere Henrici Joiosæ, Capucini : *Parisiis*, 1616, *in*-12.]

13916. Vie d'Honoré de Paris, Capucin, de la Maison de Bochart-Champigny ; par HENRY de Calais, du même Ordre : *Paris*, 1650, *in*-8.

Le Père Honoré est mort en 1624.

13917. ☞ La Liste des merveilles que Dieu a faites en ce Royaume, par les intercessions du R. P. Honoré de Champigny : *Paris*, 1641, *in*-8.]

13918. ☞ Apologie du R. P. Honoré, Supérieur des Missionnaires (Capucins) contre les médisans ; par M. T. B. *Dijon*, veuve Chavance, 1679, *in*-4.

Les lettres initiales signifient M. (Antoine) THOMAS, Bourguignon. On voit qu'il s'agit ici d'un Père Honoré différent du précédent.]

13919. Ms. Vita R. P. Josephi, Capucini.

Cette Vie du Père Joseph le Clerc du Tremblay, est conservée dans la Bibliothèque de S. Victor, num. 55.

13920. Vita & acta Josephi le Clerc : *Parisiis*, 1645, *in*-12.

Le Père FRANÇOIS d'Angers est Auteur de cette Vie, selon Wading, dans la *Bibliothèque des Ecrivains de son Ordre.*

13921. Vie de Joseph le Clerc, Capucin, Commissaire Général de toutes les Missions : *Paris*, Thierry, 1645, *in*-4.

13922. Histoire de la Vie du Père Joseph, Capucin, employé par Louis XIII. dans les affaires de l'Etat ; par l'Abbé [René] RICHARD, [Chanoine de Sainte-Opportune] : *Paris*, 1702, *in*-12. 2 vol.

☞ *Voyez Journ. des Sçavans*, 1702, *Août*. = *Mém. de Trévoux*, 1703, *Janvier*. = *Pièces fugitives* de Flachat, *p*. 104. = *Mercure*, 1702, *Juillet*. = 1703, *Avril*. = *Réponse aux Questions d'un Provincial*, chap. 6, *à la fin.*]

13923. Le Véritable Père Joseph, contenant l'Histoire anecdote du Cardinal de Richelieu : *Saint-Jean-de-Maurienne*, 1704, *in*-12. *Genève*, 1704, avec une Réponse : [1714 : *Paris*, 1750, *in*-12. 2 vol.]

☞ L'Auteur (qui est le même Abbé RICHARD) dit dans sa Préface, que l'Abbé Richard, qui a fait la Vie du Père Joseph, n'a donné que le faux Père Joseph. L'Ouvrage est divisé en deux parties. La première contient la Vie Religieuse du Père Joseph : il y est peint comme homme de bien & bon Religieux. Dans la seconde, qui est plus ample, & qui contient sa Vie politique, on le représente comme un homme de tête, qui étoit le bras droit du Cardinal de Richelieu ; mais en même temps comme un disciple de Machiavel, & comme un homme sans foi ni loi, qui ne craignoit pas de mettre tout en usage pour seconder les vues de ce Ministre. Il y a dans ce Livre plusieurs faits amusans, des détails intéressans, tel que celui concernant le Livre de Richer, *de Ecclesiastica potestate*, celui qui regarde la Diablerie de Loudun ; des réflexions curieuses, telles que celles concernant la Jurisdiction Ecclésiastique, (tom. *I*. p. 298

& *suiv.*) & celles qui regardent la mort de Gustave, Roi de Suede, (*tom. II. pag.* 97 & *suiv.*) outre un grand nombre d'autres anecdotes, dont la plupart néanmoins paroissent fabriquées à plaisir.

Plusieurs personnes ont peine à se persuader que l'Abbé Richard, Auteur de la première Vie du P. Joseph, soit aussi l'Auteur de celle-ci, & de la *Réponse* qui y fut faite, (laquelle se trouve imprimée à la suite de l'Edition de 1704, de la Vie du Père Joseph, & aussi à la suite de l'Edition du véritable Père Joseph, imprimée en 1714. Mais il est bien certain que l'Abbé Richard est Auteur des deux Ouvrages qui sont si différens l'un de l'autre. N'étant pas (dit-on) content de la récompense qu'il attendoit pour avoir travaillé dans le premier le Père Joseph en Saint, & d'ailleurs honteux de ce que ses amis lui en faisoient des reproches, il fit le Véritable Père Joseph.

Voyez sur ce Livre, *Journal des Sçavans*, 1704, *Avril.* = Lenglet, *Méth. hist. tom. IV. in-4. pag.* 164. = *Hist. des Ouvr. des Sçavans*, 1704, *Janv.* = *Mém. de Trév.* 1704, *Mai.* = *Mercure, Mars, Mai*, 1704. = *Pièces fugitives* de Flachat, *pag.* 105.]

13924. Réponse au Livre intitulé : Le véritable Père Joseph : (*Paris*,) 1704, *in*-12.

L'Auteur, pour se déguiser [aux yeux de certaines personnes,] a fait la Critique de son propre Ouvrage.

13925. Oraison funèbre de Joseph Arnaud de Paris, Capucin; par le P. LEON de S. Jean, Carme Réformé : *Paris*, 1649, *in*-4.

13926. ☞ Diverses Vies des Bienheureux Joseph de Léonisse & Séraphin, Capucins : *in*-8.]

13927. Oraison funèbre & panégyrique de Joseph de Morlaix, Capucin, où sont décrites les particularités de sa naissance, de sa vie & de sa mort : *Paris*, 1661, *in*-4.

Cette Oraison funèbre est du Père JOSEPH de Dreux, Capucin.

13928. Vie d'Elzéar de Vire, Clerc, Capucin, Fondateur du Convent des Capucins de Vire, & de la Mère Elisabeth de sainte Anne son Epouse, depuis de l'Ordre de Cîteaux; par Joseph LE CHEVALIER, de l'Ordre de Cîteaux : *Caën*, Vanvercy, 1696, *in*-8.

✻ Elisabeth de sainte Anne se nommoit Anne le Fevre de la Boderie, & étoit fille de Nicolas le Fevre, frère de Gui le Fevre de la Boderie, fameux par ses négociations.

13929. ☞ Eloge du Père Bernardin de Picquigny.

Cet Eloge est imprimé dans les *Mém. de Trévoux*, 1710, *Avril.*]

Histoire des Religieux du Tiers-Ordre.

13930. ☞ Histoire des Pénitens ou des Religieux du Tiers-Ordre de S. François, avec la Vie du Père Vincent Mussart, leur Réformateur; par le Père Pierre HELYOT, du même Ordre.

Cette Pièce se trouve dans son *Histoire des Ordres Monastiques & Religieux :* (*Paris*, 1714, &c. *in*-4.) tom. *VII. pag.* 267 & *suiv.* L'Auteur est mort en 1716, dans le Monastère de Picpus, près de Paris, qui est le Chef-lieu de cette Congrégation de Pénitens. Le Père Mussart est mort en 1637.]

13931. ☞ Statuta generalia Congregationis Gallicanæ Fratrum & Sororum tertii Ordinis sancti Francisci Strictioris Observantiæ : *Lugduni*, 1614, *in*-4.]

ARTICLE V.

Histoires des autres Ordres Religieux de France.

§. PREMIER.

Histoires de l'Ordre de Fontevrauld.

13932. ☞ HISTOIRE abrégée de l'Ordre de Fontevrauld & son progrès ; par le Père Pierre HELYOT.

Dans son *Histoire des Ord. Monast. & Relig.* (*Paris*, 1714, &c. *in*-4.) tom. *VI. pag.* 83-108.]

13933. ☞ La Règle de l'Ordre de Font-Evrauld, imprimée par l'Ordonnance de Madame Jeanne-Baptiste de Bourbon, fille de France, Abbesse, Chef & Générale de tout l'Ordre : *Paris*, Vitray, 1642, *in*-12.]

☞ *Voyez* ci-après, à l'article des *Religieuses de Fontevrauld.*].

13934. Vita beati Roberti de Arbrisello, Fundatoris Ordinis Fontis-Ebraldi, prævio Joannis Bollandi Commentario discussa : auctore BALDERICO, Dolensi Episcopo.

13935. Alia Vita, seu extrema conversatio & transitus ejusdem; auctore Monacho Fontebraldensi.

Ces deux Vies sont imprimées dans le *Recueil* de Bollandus, au 25 de Février. Le Bienheureux Robert est mort l'an 1117, & Baudri en 1131. Cet Auteur est sincère, mais il ne dit pas tout ; ainsi il faut y joindre la seconde Vie, qu'on croit composée par ANDRÉ, Grand-Prieur de Fontevrauld, quoique ce ne soit pas un grand Historien : il avoit été le Confesseur du Bienheureux Robert & son Compagnon de Voyage : il l'avoit même confessé à la mort.

☞ L'Auteur des *Moines empruntés :* (*Cologne*, 1696, *in*-12. tom I. pag. 140 & *suiv.*) a prétendu prouver que Robert d'Arbriselles n'avoit jamais été de l'Ordre de Fontevrauld, quoique son Instituteur.]

13936. Les mêmes Vies sous ce titre : Fontis-Ebraldi Exordium, seu BALDERICI, Dolensis Episcopi, Opusculum de Vita Roberti de Arbrisellis, cum ANDREÆ, Monachi Fontebraldensis, Supplemento : edente Michaele Cosnier, cum Notis & Quæstionibus de potestate Abbatissæ : *Flexiæ*, 1641, *in*-4.

☞ Ce titre n'est point fidèle, voici comme il est :

Fontis-Ebraldi Exordium, complectens Opuscula duo cum notationibus de Vita R. Roberti de Arbrisello, &c.]

La même Vie, traduite du Latin par Yves Magistri, de Laval, de l'Ordre des Frères Mineurs, & publiée sous le titre de Chronique de l'Ordre de Fontevrauld : *Angers*, 1586, *in*-4.

☞ Voici le vrai titre :

Bastion de défense & Mirouer des Professeurs

de la vie régulière de l'Abbaye & Ordre de Fontevrauld; ou Chronique de l'Ordre de Fontevrauld, la Vie de Robert d'Arbrisselles, son Oraison funèbre, par LEGER, Archevêque de Bourges; un Traité *De exemptione Ordinis Fontis-Ebraldi, &c.* par Yves DE MAGISTRI de Laval, Frère Mineur: *Angers*, Esnault, 1586, *in*-4.]

Le même Ouvrage traduit du Latin; par Jean CHEVALIER, Jésuite: *La Flèche*, Grisveau, 1647, *in*-8.

13937. Légende de Robert d'Arbrisselles, avec le Catalogue des Abbesses de Fontevrauld: *Angers*, 1586, *in*-4.

Cette Légende a été composée par Laurent PELLETIER, Moine Bénédictin.

13938. Apologie pour l'Ordre de Fontevrauld; par Honorat NIQUET, Jésuite: *Paris*, Joly, 1641, *in*-4. [en Latin & en François]

Cet Auteur est mort en 1667.

13939. Histoire de l'Ordre de Fontevrauld, contenant la Vie & les merveilles de la sainteté de Robert d'Arbrisselles, & l'Histoire chronologique des Abbesses; par le même Auteur: *Paris*, Joly, 1643, *in*-4.

13940. Vie de Robert d'Arbrisselles; par Robert GANEAU, Religieux de Fontevrauld: *La Flèche*, 1648, *in*-8.

13941. Robertus de Arbrisello, Fundator Fontebraldensis; auctore Theophilo RAYNAUDO, è Societate Jesu.

Cette Vie de Robert d'Arbrisselles est imprimée dans le *Recueil* du même Auteur, intitulé: *Trias Fortium David: Lugduni*, Canier, 1657, *in*-4. & au tom. IX. de ses Œuvres: *Lugduni*, 1665, *in-fol.*

13942. Vie du bienheureux Robert d'Arbrisselles, Patriarche des Solitaires de la France, justifiée par Titres tirés de divers Monastères: *Saumur*, Ernou, 1667, *in*-4.

Balthasar PAVILLON, Aumônier du Roi, est l'Auteur de cette Vie.

13943. Vita ejusdem, transitus, elogia & miracula, ex variis Scriptoribus [supra relatis] & aliis quamplurimis in unum collectis & editis: jussu Joannis-Baptistæ Borboniæ, Abbatissæ Fontebraldensis: *Rotomagi*, 1668, *in*-8.

13944. Vie du même; par François GIRY.

Cette Vie est imprimée dans son *Recueil des Vies des Saints*, au 25 de Février.

13945. Clypeus Fontebraldensis Ordinis, in quo Antiquitates Ordinis referuntur; auctore Joanne DE LA MAINFERME, ejusdem Ordinis; tribus voluminibus: [I. *Parisiis*, 1684. II. 1688. III. *Salmurii*, 1692, *in*-8.

Cet Auteur est mort en 1693.

✴ Son premier volume parut d'abord sous ce titre : »Dissertation sur la lettre fabriquée par l'hérétique »Roscelin, contre Robert d'Arbrisselles».

13946. Vie du même Robert; par Adrien BAILLET.

Cette Vie est imprimée dans son *Recueil des Vies des Saints*, au 25 de Février.

13947. Histoire du même; par Pierre BAYLE.

Cette Histoire est imprimée dans son *Dictionnaire historique & critique*, au nom de Robert d'Arbrisselles.

13948. Dissertation apologétique pour le bienheureux Robert d'Arbrisselles, sur ce qu'en a dit M. Bayle: *Anvers*, 1701, *in*-12. [*Hollande*, Desbordes.]

Cette Dissertation est de Mathurin SORIS, Religieux de Fontevrauld.

13949. ☞ Histoire de la Vie & des Ecrits de Robert d'Arbrisselles.

Dans l'*Hist. Littér. de la France*, tom. X. p. 153-168.]

13950. ☞ Histoire d'André, Grand-Prieur de Fontevrauld.

Dans le même volume, *pag*. 168-170.]

13951. ☞ Mémoires touchant l'institution de l'Ordre de Fontevrauld, présentés au Roi; (par Jeanne de Bourbon, Abbesse): *in*-4.]

13952. ☞ Arrêt du Parlement, qui déclare abusive la permission donnée par l'Abbesse de Fontevrauld à sa sœur de sortir de sa clôture de son Prieuré: *Paris*, 1700, *in*-4.]

13953. Factum pour les Religieux de Fontevrauld, touchant les différends dudit Ordre. Ensuite sont rapportées les raisons pour les Religieux: 1641, *in*-4.

Ce Factum est de Jacques PIGNARD, Profès de cet Ordre.

13954. Réponse d'un Ecclésiastique, à la Lettre d'une Dame Religieuse de Fontevrauld, sur un Libelle imprimé sous ce titre: Factum pour les Religieux de Fontevrauld, touchant les différends dudit Ordre: *Paris*, Joly, 1641, *in*-4.

François CHRESTIEN est le nom supposé de l'Auteur de cette Réponse.

✴ C'est au vrai le Père Jean CHEVALIER, Jésuite, qui publia six ans après la traduction de la Vie de Robert d'Arbrisselles, (ci-devant, N.° 13936.) Il est mort en 1649.]

13955. Arrêt du Conseil d'Etat du Roi, sur les troubles & différends mûs & excités en l'Ordre de Fontevrauld, suivant l'Avis des Commissaires députés par sa Majesté pour en connoître, [dans lequel Avis, outre plusieurs autres choses, sont beaucoup de Pièces produites & communiquées, lesquelles peuvent servir d'inventaire & mémoires des principaux titres & histoire de l'Ordre]: *Paris*, Vitray, 1641, *in*-4.

13956. ☞ Arrêt du Grand-Conseil, du 11 Août 1610, concernant l'exemption des dîmes de Fontevrauld: *in*-4.]

☞ *Voyez* encore ci-après, *Religieuses de Fontevrauld*.]

§. II.

Histoires des Birgittains.

13957. ☞ Des Religieux & Religieuses de l'Ordre du Sauveur, vulgairement appellés Birgittains ; (par le P. Pierre Helyot.)

Dans son *Histoire des Ordres Monastiques & Religieux*, tom. *IV*. pag. 25-40. Ces Religieux, (dont les établissemens principaux sont dans les Pays-Bas & en Allemagne) ressemblent à ceux de Fontevrauld, en ce qu'une fille est la Supérieure générale. Ils ont deux petits Monastères en France, l'un à Auxi-le-Château, dans le Diocèse d'Amiens, & l'autre à S. Sulpice du Désert, près de Dammartin, dans le Diocèse de Senlis. Ils suivent la Règle de S. Augustin, & ont des Constitutions particulières.]

13958. ☞ Règle & Constitutions des Frères Novissimes de l'Ordre du Sauveur, dit de sainte Birgitte : *Douai*, 1622, *in-12*.]

§. III.

Histoires de l'Ordre des Trinitaires ou Mathurins.

13959. ☞ Histoire abrégée des Trinitaires ou Religieux de la Rédemption des Captifs, appellés en France Mathurins, avec l'Histoire de la Congrégation des Réformés, & de celle des Trinitaires Déchaussés.

Dans l'*Hist. des Ordr. Monast. & Rel*. du P. Helyot : (*Paris*, 1714, *in-4*.) tom. *II*. pag. 310-332.]

13960. ☞ Liste des Généraux des Mathurins ; par D. Toussaints du Plessis, Bénédictin.

Elle se trouve dans son *Histoire de Meaux* : (*Paris*, 1731, *in-4*.) à l'article de *Cerfroi*, qui est le chef-lieu de l'Ordre, quoique le Général demeure maintenant à Paris.]

13961. ☞ Regula & Statuta Ordinis SS. Trinitatis, approbata & recepta in generali Capitulo apud Cervum-Frigidum : (*Parisiis*,) 1570, *in-12*.]

13962. ☞ Regula primitiva ejusdem Ordinis : *Parisiis*, 1635, *in-24*.]

13963. ☞ Observations sur le Régime & l'Ordre des Chanoines Réguliers Trinitaires.

Elles se trouvent dans la *Collection des Décisions, &c*. de feu M. Denisart : *Paris*, 1766, cinquième Edition, *tom. III. in-4. pag*. 245 & *suiv*.]

13964. ☞ Annales Ordinis SS. Trinitatis ; auctore Bonaventura Baro, Ordinis Minorum : *Romæ*, 1634, *in-fol*.]

13965. ☞ Ms. Continuatio Annalium ; auctore R P. Ignatio à sancto Antonio, Trinitario Discalceato : *in-fol*. 4 vol.

Cet Ouvrage est chez les Trinitaires d'Aix en Provence. L'Auteur est mort en 1712.]

13966. ☞ Necrologium Religiosorum & Monialium pietate aut scientia, vel aliâ prærogativâ insignium, Ordinis Sanctissimæ Trinitatis Redemptionis Captivorum, Martyrologicè accommodatum : auctore Ignatio a Sancto Antonio, Sedenensi in Gallo-Provinciâ , & ejusdem Ordinis Gallicanæ Congregationis Discalceatæ alumno, &c. *Aquis-Sextiis*, Adibert, 1707, *in-8*.]

13967. ☞ Ms. Relation des Vies des Religieux de l'Ordre de la Sainte-Trinité ; par le R. P. Bonaventure de saint Augustin : *in-fol*.

Cet Auteur étoit du Puget, dans le Comté de Nice : il est mort à Aix en 1687.]

13968. ☞ Ms. Journal des Vies des Religieux & Religieuses de la Sainte-Trinité ; par le P. Ignace de S. Antoine : *in-fol*. 6 vol.

Cet Ouvrage est chez les Trinitaires d'Aix, ainsi que les deux qui suivent.]

13969. ☞ Ms. Divers Mémoires sur la Déchausse, avec les Brefs qui ont été donnés en sa faveur.

Plusieurs de ces Mémoires sont du Père Ignace de S. Antoine.]

13970. Compendio historico de las Vidas de san Juan de Matha & de san Felix de Valois, Fundatores de la Orden de SS. Trinidad de la Redempcion de los Captivos ; per Gilles Gonçalez de Avila, Chronista del Rey Catholico : *en Madrid*, 1630 ; *en Salamanca*, 1638, *in-4*.

13971. Les mêmes Vies traduites de l'Espagnol en François ; par Jean-François Alves, Ministre du Convent réformé dudit Ordre de Tarascon ; augmentées de l'origine & progrès de la Congrégation réformée du même Ordre en France & en Espagne : *Avignon*, Brammereau, 1634, *in-12*.

☞ Cet Auteur est mort en 1667. On voit par la pag. 370, du Nécrologue ou Journal du Père Ignace de S. Antoine, (ci-devant, N.° 13968) que presque dans le même temps le Père Salvator à Mallea, Religieux Espagnol du même Ordre, fit imprimer à Grenade en 1648, la Généalogie de S. Félix de Valois, en Espagnol, & qu'il a aussi composé les Vies de Jean de Matha & de Félix de Valois, qui ont été imprimées en 1682.]

13972. Vita eorumdem ; auctore Francisco [à sancto Augustino, dicto] Macedo, Ordinis Minorum : *Romæ*, Bernabò, 1660, *in-8*.

13973. La misma Vida : por Alonso de Andrada, de la Compañia de Jesu : *en Madrid*, 1668, *in-4*.

13974. Vita eorumdem ; auctore Bonaventura Barone, Hiberno, Ordinis Minorum.

Cette Vie est imprimée dans la quatrième & cinquième partie de l'Addition des *Annales de l'Ordre de saint François* : *Romæ*, 1685, *in-fol*. Quoique S. Jean de Matha & S. Félix de Valois soient François, leur Vie n'a été presque écrite que par des Auteurs Espagnols.

13975. Vie de S. Félix de Valois ; par Adrien Baillet.

Cette Vie est imprimée dans son *Recueil des Vies des Saints*, au 22 de Novembre. Ce Saint est mort en 1212.

13976. Vie de S. Jean de Matha; par François GIRY.

Cette Vie est imprimée dans son *Recueil des Vies des Saints*, au 8 de Février. Ce Saint est mort en 1213.

13977. Vie du même Saint; par Ignace DILOUD. *Paris*, 1695, *in-*8.

13978. Vie de Robert Gaguin, Général des Mathurins; par André THEVET.

Cette Vie est imprimée au tom. II. de ses *Vies des Hommes illustres* : (*Paris*, 1575, *in-fol.*) *pag.* 103. Gaguin est mort en 1501.

13979. ☞ Histoire de la Vie & des Ouvrages de Robert Gaguin; par Jean-Bernard MICHAULT, Avocat à Dijon.

Dans les *Mémoires* du Père Niceron, *tom. XLIII. pag.* 1-30. M. Michault s'est trompé en disant que Gaguin avoit étudié à Provins. Gaguin dit lui-même qu'il étudia in *Monasterio Prævinensi*, qui est le Monastère de Preauvin, Diocèse de Saint-Omer.]

13980. Oraison funèbre de Louis Petit, Grand-Maître de l'Ordre de la Sainte-Trinité; par Nazare ANROUX, Ministre du Convent de la Ville d'Estampes : *Paris*, 1652, *in-*4.

13981. ☞ La vie & la mort de Dom Frère Pierre de la Conception, du Tiers-Ordre de la Sainte-Trinité & Rédemption des Captifs, brûlé tout vif à Alger le 29 Juin 1667 : *Lyon*, Valançot, 1669, *in-*12.]

13982. ☞ Règles & Statuts des Frères & Sœurs Séculiers du Tiers Ordre de la très-sainte Trinité & Rédemption des Captifs : *Rouen*, 1670, *in-*12.]

13983. ☞ La Confrairie du Rédempteur, sous le titre de l'Ordre de la Trinité & Rédemption des Captifs : *Paris*, 1628, *in-*16.]

13984. ☞ La Confrairie de la Trinité & Rédemption des Captifs : *Lyon*, 1666, *in-*12.]

13985. ☞ Recueil de Pièces concernant les Trinitaires ou Mathurins.

Il est indiqué dans le Catalogue de M. Lancelot, num. 928, & il contient les Pièces suivantes:

1. Rédemption des Captifs faite par les Trinitaires, depuis 1630 jusqu'en 1643 : *Placard, in-fol*.

2. Etat des sommes envoyées à Marseille par les Religieux de l'Ordre de la Trinité, depuis 1633 jusqu'au 21 Janvier 1638 : *Manuscrit*.

3. Rôle & Bordereau des deniers que les Religieux qui se disoient ci-devant Réformés des Couvens de Pontoise & Montmorenci & autres, ont interceptés & surpris, depuis 1635 jusqu'en 1643 : *Manuscrit*.

4. Extrait du Procès-Verbal de la Visite faite au Monastère des Mathurins à Paris, le 31 Décembre 1637, & le 4 Janvier 1648, par Charles Faure, Abbé Coadjuteur de l'Abbaye de Sainte Geneviève, commis pour visiter ledit Monastère, en vertu d'une commission du Cardinal de la Rochefoucauld, datée du 30 Décembre 1637, concernant la recette faite pour la Rédemption des Captifs : *Manuscrit*.

5. Factum pour le Général, Ministre & Religieux de l'Ordre de la Très-Sainte Trinité, & Rédemption des Captifs, contre les Provincial, Commandeur & Religieux de l'Ordre de Notre-Dame de la Merci, Défendeurs & Demandeurs.

6. Requête présentée depuis le précédent Factum, par les Religieux de la Trinité, servant de Réponse à la Requête d'emploi pour contredits, donnée par les Religieux de la Merci, le 9 Mars 1638.

7. Commissio R. P. Ludovici Majoris ac Generalis Ministri totius Ordinis Redemptionis Captivorum ad Provincias Capitulares, cæterosque Patres Ministros ejusdem Ordinis, pro restitutione prosequendâ domûs Cervi-frigidi, capitalis Matris ac originalis totius Ordinis, contra Fratres Eremi sancti Michaelis Montis ad Pontisaram, in illam armatâ militæ intrusos, sub prætensâ specie reformationis : 18 Januarii 1633.

8. Litteræ jussionis ejusdem R. Patris ac Generalis ad novatores, specie Reformatos, ut domo Cervi-frigidi cedant tanquàm injusti & indigni usurpatores, & eadem monitoriæ ad Fratres illiusdem prævaricatores.

9. Défense pour le Général de l'Ordre de la Trinité & les Ministres des Provinces dudit. Ordre, contre la conjuration de Frère Simon Chambellan, & ses adhérens, sous le nom de Réformés dudit Ordre : 1636.

10. Triumphus fraternæ pietatis Ordinis SS. Trinitatis Redemptionis Captivorum, Carmen Caroli PUTEANI, Atrebatensis : *Parisiis*, Petit-Pas, 1642.

11. ███████ VII. generale R. P. Ludovici Majoris ac ████████ Ministri totius Ordinis SS. Trinitatis & Redem███████ Captivorum : 1635.

12. Arrêt du Parlement, pour le Général de tout l'Ordre des Mathurins, contre les Religieux du même Ordre, se disant Réformés; sur leur prétendu établissement en la Ville de Paris : *Paris*, Martin, 1617.

13. Rédemption de quarante-un Chrétiens, faite par l'autorité du Général de tout l'Ordre de la Trinité, en la Ville de Salé en Mauritanie, arrivés aux Mathurins de Paris le 22 Décembre 1642.

14. Mémoire tendant à empêcher les abus & divertissemens des quêtes & aumônes faites en toutes les Provinces de ce Royaume, destinées au rachapt des pauvres François Captifs en Barbarie : *Manuscrit*.

15. Autre Mémoire sur les aumônes & charités qui se font pour le rachapt des pauvres Esclaves, étant préférables à toutes les autres, puisque le plus souvent aucuns renient la foi pour vivre en liberté : *Manuscrit*.

16. Certificat de Claude Ralle, Religieux Trinitaire, Procureur pour ladite Rédemption, par lequel il appert que les deniers de la recette & dépense affectée à ladite Rédemption par les Procureurs d'icelle, ont été employés, & ce depuis l'année 1602 jusqu'en 1637 : *Manuscrit*.]

§. IV.

Histoires des Peres de la Mercy.

13986. Histoire de l'Ordre de la Mercy; par Jean DE LATOMY : *Paris*, 1631, *in-*12.

13987. Histoire du même Ordre, écrite par les Religieux de cet Ordre en France : *Amiens*, 1685, *in-fol*.

13988. ☞ Histoire de l'Ordre de Notre-Dame de la Mercy : *Paris*, Couterot, 1691; *in-*12.

C'est l'Abrégé de la précédente.]

13989. ☞ Histoire abrégée de l'Ordre des Religieux de Notre-Dame de la Mercy, de son progrès, & de ses différentes Réformes.

Dans l'*Hist. des Ordres Monast. & Rel.* du P. HELYOT: (*Paris*, 1714, &c. *in-*4.) *tom. III. pag.* 166-295.]

13990. ☞ Regula & Constitutiones Ordinis

Histoires des Pères de la Mercy.

his B. Mariæ de Mercede Redemptionis Captivorum : *Matriti*, 1632, *in-*4.]

13991. ☞ Manifeste ou défense des Religieux de l'Ordre de Notre-Dame de la Mercy ; par F. A. ANDOIRE : *Aix*, Roize, 1660, *in-*12.]

13992. Vita sancti Petri Nolasci, Fundatoris Ordinis sanctæ Mariæ de Mercede Redemptionis Captivorum ; auctore Francisco ZUMEL, ejusdem Ordinis Generali Magistro.

Cette Vie est imprimée dans le *Recueil* de Bollandus, au 31 Janvier. Saint Pierre Nolasque est mort l'an 1249. Nous n'avons point d'original de sa Vie. Bollandus n'a donné que ce qu'en ont écrit Zumel & Ramon : ce qu'il rapporte de ce dernier est tiré de son Histoire générale, & non pas de la Vie de ce Saint, qu'il n'avoit pas vue.

13993. Vida di san Pedro Nolasco, d'Alfonso RAMON, de la misma. Orden : *en Madrid*, 1617, *in-*4.

13994. Additio ad Opusculum de Vita & Gestis sancti Petri Nolasci & quorumdam filiorum ejus ; auctore Bernardo DE VARGAS, Ordinis sanctissimæ Trinitatis : *Messanæ*, 1629, *in-fol.*

Cet Auteur est mort en 1601.]

☞ Cette date n'est-elle pas fausse ? Cet Ouvrage fut imprimé en 1629, & sert de supplément au précédent imprimé en 1617 ; ainsi il ne paroît pas naturel que l'Auteur soit mort en 1601.

13995. Abrégé de la Vie du même ; par le R. P. François DATHIA, Religieux du même Ordre : *Paris*, 1631 : *Tolose*, 1656, *in-*8.

13996. Vita del medesimo ; per Francisco OLIHANA, del medesimo Ordine : *In Roma*, 1668, *in* 4.

13997. Vie de S. Pierre Nolasque ; par François GIRY.

Cette Vie est imprimée dans son *Recueil des Vies des Saints*, au 31 de Janvier.

13998. Vie du même ; par Adrien BAILLET.

Cette Vie est imprimée dans son *Recueil des Vies des Saints*, au même jour.

13999. ☞ Observations sur le même saint Pierre Nolasque, Fondateur de l'Ordre de la Mercy.

C'est ce qui compose la Dissertation ou Note XX. du tom. III. de l'*Histoire générale du Languedoc* ; par DD. DE VIC & VAISSETE.]

§. V.
Histoire des Servites.

☞ CES Religieux, qui sont répandus en Italie, ont sept Maisons peu considérables en Provence, dont la principale est à Marseille. Ce sont des Clercs Réguliers qui suivent la Règle de S. Augustin. L'Abbé Richard ne devoit pas dire, dans son curieux *Voyage d'Italie* : (*Dijon*, 1766, *in-*12. 6 vol.) que ces Religieux n'ont point d'établissemens en France, *tom. II. pag.* 87.]

14000. ☞ Regula & Constitutiones Servorum B. M. Virginis : *Bononiæ*, 1615, *in-*4.

Voyez l'*Hist. des Ord. Monast. & Rel.* du P. HELYOT : *tom.* III. *pag.* 296-310.]

Tome I.

14001. ☞ La Vie de S. Philippe Benizi, cinquième Général, & Propagateur de l'Ordre des Servites ; par François MALAVAL : *Marseille*, Garcin, 1672, *in-*12.

Nous ne citons ici ce Livre que parcequ'il y est parlé des Maisons de Provence. L'Auteur est mort en 1719. Il dit dans l'Avertissement de cette Vie, que pour la composer il a consulté les Chroniques de l'Ordre anciennes & modernes, & les Vies de S. Benizi écrites en Italien.]

§. VI.
Histoires de l'Ordre des Minimes.

14002. HISTOIRE générale de l'Ordre des Minimes, tome I. par Louis Dony D'ATTICHY, Religieux du même Ordre : *Paris*, Cramoisy, 1624, *in-fol.*

Ce Religieux est mort Evêque d'Autun en 1668.

☞ Chronicon generale Ordinis Minimorum ; auctore Franc. LANOVIO, ejusdem Ordinis : *Parisiis*, 1635, *in-fol.*]

14003. ☞ Histoire abrégée des Religieux Minimes.

Dans l'*Hist. des Ordr. Monast. & Rel.* du P. HELYOT, *tom.* VII. *pag.* 416-444.]

14004. ☞ Règle, Correctoire & Cérémonial des Minimes, nouv. édit. avec des Remarques historiques ; par René THUILLIER, Religieux de l'Ordre : *Paris*, 1703, *in-*16.]

14005. ☞ Cosmographia seu Descriptio Provinciarum ac Conventuum omnium Ordinis Minimorum sancti Francisci de Paulâ, ubi ipsorum Tituli, Diœceses, Antiquitates, Fundatores designantur, & debitis encomiis celebrantur ; auctore Stephano ISNAND, ejusdem Ordinis : *Lugduni*, 1632, *in-*8.]

14006. ☞ Chronologia Provinciarum & Conventuum Minimorum, annorumque Fundationum ; per Pacificum MARGUERIT, ejusdem Ordinis : *Aquis-Sextiis*, Roize, 1682, *in-*8.]

14007. ☞ Privilèges concédés à S. François de Paule, & aux Convens de son Ordre ; par les Rois de France : *Paris*, *in-*4.]

14008. ☞ Confutation des mensonges controuvés touchant la Dédicace de l'Eglise des Frères Minimes des Bons-Hommes lès-Paris, avec un Discours de tout ce qui a été fait en ladite Dédicace ; par Fr. François GORACCUS, Florentin, Docteur en Théologie, Escolier de la Reine Mère du Roi : *Paris*, du Caroy, 1578, *in-*8.]

14009. ☞ Discours au Roi en faveur des Minimes François du Couvent de la Trinité du Mont, à Rome, pour la conservation des Privilèges de la Nation ; par F. OGIER : *Paris*, 1629, *in-*4.]

14010. ☞ Présentation des Lettres octroyées par le Roi aux PP. Minimes, pour l'établissement d'un Monastère à Châlon-sur-Saone ; par Bernard DURAND : *Lyon*, Roussin, 1697, *in-*8.]

14011. De Vita & Miraculis sancti Francisci de Paula, Institutoris Ordinis Minimorum, Libellus scriptus ab uno ex ejus Discipulis quinquennio ante Sancti obitum, ex Gallico sermone Latinè redditus, cum Commentario prævio Danielis PAPEBROCHII.

Cette Vie est imprimée dans le *Recueil* de Bollandus, au 2 d'Avril. Ce n'est qu'un tissu de Mémoires imparfaits, qui marquent que l'Auteur étoit simple, peu exact, mais de bonne foi. Saint François de Paule est mort l'an 1507.

14012. Processus informativi ad Canonisationem.

14013. Supplementum historicum ad Acta ejusdem.

Ces deux dernières Pièces sont imprimées dans le volume précédent.

14014. ☞ La Canonisation de S. François de Paule, Instituteur des Minimes, faite par Léon X. à la requête du Roi François I. traduite du Latin : *Paris*, Brumen, 1581, *in-8.*]

14015. Vita ejusdem scripta ab auctore coævo, primùm edita studio JOSEPHI MARIÆ DE PAULA, ejusdem Ordinis; cum Notis & Dissertationibus: *Romæ,* 1707, *in-4.*

14016. Vita ejusdem ; auctore Francisco VICTONS, ejusdem Ordinis, ex unica sororis sancti Francisci de Paula Pronepote.

Cette Vie est imprimée dans Bzovius, au tom. V. de ses *Annales de l'Eglise, sous l'année* 1507. Le Père Victons est mort en 1615.

Eadem : *Romæ,* 1625 : *Parisiis,* 1627, *in-8.*

Abrégé de cette Vie; par le même : *Paris,* 1623, *in-8.*

L'istessa; per Francesco a SAN-SEVERIANO : *In Genua, in-8.*

☞ Voyez *Bibliothèque des Auteurs de Bourgogne*, pag. 130, où il est dit que cette traduction Italienne est celle de la Vie composée par Jean Chappot, (ci-après) & non de celle composée par le Père Victons.]

14017. Vie du même ; par Claude DU VIVIER, du même Ordre : *Rouen,* [1620] 1630, 1640, *in-8.*

Cet Auteur est mort en 1631.

14018. ☞ Lettre à M. du Vivier, (pour prouver que S. François de Paule a eu des Neveux); par Charles-Louis DES ARMOISES, Sieur d'Anfonille : 1623, *in-8.*]

14019. ☞ Lettre à M. du Vivier, quelque part qu'il soit : *in-12.*

Le petits Neveux (ou plutôt les Cousins) de S. François de Paule, qui étoient revêtus en France de grandes charges, ayant écrit pour se plaindre au Général des Minimes, ce Révérend Père ordonna au Père du Vivier de se rétracter ; apparemment que celui-ci ne le voulant pas faire, disparut & se cacha. Quoi qu'il en soit, on peut voir dans le Père HELVOT, (tom. *VII. p.*417) quels sont les descendans de ces Cousins de S. François de Paule. Les plus connus sont MM. d'Ormesson.]

14020. ☞ Epistola apologetica Cl. du Vivier, quòd sanctus Franciscus de Paulâ, Ordinis Minimorum Fundator & Patriarcha, sit unicus parentibus suis, nec habuerit fratrem vel sororem : *Duaci,* 1626, *in-8.*]

14021. Vie & Miracles du même S. François de Paule ; par Jean CHAPPOT, Minime : *Nancy,* 1621, *in-8.*

Cet Auteur est mort en 1631.

14022. * Vita & Miracoli del medésimo, descritta da Paolo REGIO, Vescovo di Vico: *Venetia,* 1625, *in-12.*

14023. * Vita del medésimo ; da Gieronymo LANCEA, Siciliano dello medésimo Ordine : 1630, *in-12.*

14024. Compendio de la Vida de san Francisco de Paula ; por Matteo PINEDO, de lo mismo Orden : *en Madrid,* 1651, *in-8.*

14025. Le Portrait en petit de S. François de Paule, ou Abrégé de sa Vie, Mort & Miracles; par Hilarion DE COSTE, du même Ordre : *Paris,* 1655, *in-4.*

Cet Auteur est mort en 1661.

14026. Prodigiosa Vida y admirable Muerte de san Francisco de Paula ; por Juan DE PRADO : *en Mallaga,* 1669, *in-fol.*

14027. Les figures & abrégé de la Vie du même, avec des Portraits de quelques illustres de son Ordre ; par Antoine DONDÉ, du même Ordre : *Paris,* 1671, *in-fol.*

Cet Auteur est mort en 1670.

14028. Vita del medésimo ; per Bartholomeo MAGGIOLO, dell'istesso Ordine : *in Genoua,* 1678, *in-4.*

14029. Vie du même ; par François GIRY, Minime.

Cette Vie est imprimée dans son *Recueil des Vies des Saints,* au 2 d'Avril.

14030. Vie du même ; par Adrien BAILLET.

Cette Vie est imprimée dans son *Recueil des Vies des Saints,* au même jour.

14031. Dissertatio chronologica de sententia communi anni natalis & ætatis sancti Francisci de Paula, adversùs Danielem Papebrochium : auctore Francisco GIRY, ex Ordine Minimorum : *Parisiis,* 1680, *in-8.*

14032. ☞ Sanctissimo Patriarchæ Francisco è Paula, sacri Minimorum Ordinis Fundatori, in Calabria nato, in Gallia tumulato, utrobique glorioso, Miraculis, virtutibus, ac Ordinis instituto, summè conspicuo, tripartitum Elogium, anagrammatibus ac symbolis illustratum ; à P. F. Gasparo LAUGIER, ejusdem Instituti Sacerdote, Gallo-Provinciæ alumno, elaboratum : *Massiliæ,* Mesnier, 1685, *in-8.*

Il y a dans ce Livre plusieurs Eloges de Religieux Minimes de France.]

14033. ☞ Mémoire instructif des Miracles opérés par S. François de Paule, en faveur des Villes & Provinces affligées de la peste, pour exciter la dévotion des fidéles à récla-

Histoires de l'Ordre des Minimes. 859

mer la protection de ce grand Saint, dans ces temps de calamité ; par le P. Toussaint PASTUREL, Minime : *Aix*, Audibert, 1720, *in-4.*]

14034. Vie de Jean Dehan, de l'Ordre des Minimes ; par Hilarion DE COSTE.

Cette Vie est imprimée dans son *Recueil des Eloges des Hommes illustres*, *pag.* 330 : *Paris*, 1625, *in-fol.* Le Père Dehan est mort en 1562.

14035. Vita Josephi Tellerii, Ordinis Minimorum Generalis : scriptore Ægidio MENAGIO.

Cette Vie est imprimée à la *pag.* 538 de ses *Preuves sur la Vie de Pierre Ayrault* : *Parisiis*, 1675, *in-4.*

14036. Vie de Simon Guichard, Général de l'Ordre des Minimes ; par Hilarion DE COSTE.

Cette Vie est imprimée dans son *Recueil des Eloges des Hommes illustres*, *pag.* 341 : *Paris*, 1625, *in-fol.*

14037. Vie de Caspar Bon ; par François VICTONS, du même Ordre : *Paris*, Cramoisy, 1608, *in-8.*

Cette même Vie est imprimée dans le *Recueil des Vies des Saints* du Père Giry : (*Paris*, 1684, *in-fol.*) *tom. II. pag.* 1991.
Le Père Bon est mort en 1604.

14038. Eloge de Jean Allard ; par Hilarion DE COSTE.

Cet Eloge est imprimé dans son *Recueil des Eloges des Hommes illustres*, au *tom. II. pag.* 668.

14039. Les derniers soupirs d'une Ame religieuse, tirée sur l'heureuse & pieuse mort de François Humblot : *Paris*, Foucault, 1613, *in-8.*

Le Père Humblot est mort en 1612.

14040. Vie de Pierre Moreau, de l'Ordre des Minimes, Fondateur du Couvent de Soissons ; par Fr. M. du même Ordre : *Paris*, 1639, *in-8.*

Le Père Moreau est mort [à Soissons le dernier jour de l'année] 1626, [âgé de 74 ans.]

14041. Vie du même ; par François GIRY, du même Ordre : *Paris*, 1687, *in-12.*

Eadem Latinè reddita à Renato THUILLIER, ejusdem Ordinis.

Cette Traduction est imprimée au *tom. I.* de son *Diarium Ordinis Minim. pag.* 141 : *Parisiis*, 1709, *in-4.*

14042. Elogium Petri Blanchot, ex Ordine Minimorum ; auctore Francisco LANOVIO, ejusdem Ordinis.

Cet Eloge est imprimé au-devant de sa *Bibliothèque des Saints Pères à l'usage des Prédicateurs* : *Parisiis*, 1631, *in-fol.* Le Père Blanchot est mort en 1637, & le Père de la Noue en 1670.

14043. ☞ Histoire de la Vie & des Ouvrages de Jean-François Niceron, Minime ; par Jean-Pierre NICERON, Barnabite.

Dans ses *Mémoires, tom. VII. pag.* 153-157. Le Père Niceron, Minime, est mort en 1646, & le Barnabite en 1738.]

Tome I.

14044. Vie de Marin Mersenne ; par Hilarion DE COSTE : *Paris*, 1649, *in-8.*

Le P. Mersenne est mort en 1648.

14045. Eloge du même ; par Charles PERRAULT.

Cet Eloge est imprimé au *tom. II.* de son *Recueil des Eloges des Hommes illustres*, *p.* 21 : *Paris*, 1701, *in-fol.*

14046. Elogium ejusdem ; auctore Renato THUILLIER, ex eodem Ordine.

Cet Eloge est imprimé *pag.* 9, du *tom. I.* de son *Diarium* ou *Journal des Pères de cet Ordre*, (ci-après.)

14047. ☞ Histoire de la Vie & des Ouvrages du même Père Mersenne ; par Jean-Pierre NICERON, Barnabite.

Dans ses *Mémoires, tom. XXXIII. p.* 142-153.]

14048. ☞ Remarques sur le même ; par Jacques-Georges DE CHAUFEPIÉ.

Dans son *Dictionnaire historique.*]

14049. Vie du [Vénérable serviteur de Dieu, le] Père [Paul] Tronchet ; par François-Antoine MOREL, du même Ordre : *Avignon*, 1656 : [*Arles*, 1668] *in-12.*

14050. Vie de Jacques Martinot ; par le même : [*Avignon*, 1656] : *Toulose*, 1659, *in-4.*

Le Père Martinot est mort en 1650.

☞ Le vrai titre de ce Livre est :

Tableau de la vie dévote commencée, avancée & consommée, représentée en la vie & mœurs de Jacques Martinot de S. François de Paule, Religieux de l'Ordre des Minimes ; par Antoine MOREL, Religieux du même Ordre : *Tholon*, 1659, *in-4.*]

14051. Narratio de Vita & Libris Hilarionis de Coste ; auctore Renato THUILLIER, ejusdem Ordinis.

Cette Narration est imprimée au *tom. II.* du *Journal* ou *Diarium des Pères de cet Ordre*, *pag.* 70 : *Parisiis*, 1709, *in-4.* Le Père de Coste est mort en 1661.

14052. ☞ Histoire de la Vie & des Ouvrages du même Père Hilarion de Coste ; par Jean-Pierre NICERON, Barnabite.

Dans ses *Mémoires, tom. XVII. pag.* 321-326.]

14053. Elogium Ægidii Cossart ; auctore Renato THUILLIER, ejusdem Ordinis.

Le Père Cossart est mort en 1665. Son Eloge est imprimé *pag.* 23, du *tom. II.* du *Diarium*, &c.

14054. ☞ Vie du Père François Martin ; par Antoine MOREL, du même Ordre : *Arles*, Mesnier, 1668, *in-12.*]

14055. Elogium Francisci Lanovii ; auctore Renato THUILLIER.

Le Père de la Noue est mort en 1670. Son Eloge est imprimé dans le *Diarium*, &c. *tom. I. pag.* 7.

14056. De Vita, Moribus & Scriptis Emmanuelis Magnani, Tolosatis, Ordinis Minimorum, Philosophi atque Mathematici præstantissimi, Elogium ; auctore [Joanne] SA-

Qqqqq 2

GUENS, ex eodem ordine: *Tolofæ*, è Typographia Peckiana, 1677, *in*-4.

Le Père Maignan est mort en 1676.

14057. Projet pour l'Histoire du Père Maignan, & Apologie de la doctrine de ce Philosophe, en forme de Lettre à tous les Sçavans, particulièrement à ceux de l'Ordre des Minimes ; par le P. H. P. du même Ordre, sur la copie à *** : 1703, *in*-12.

Ces lettres initiales signifient le P. Henri POIRIER.

14058. ☞ Histoire de la Vie & des Ouvrages d'Emmanuel Maignan ; par Jean-Pierre NICERON, Barnabite.

Dans ses *Mémoires*, tom. *XXXI*. pag. 346-353.]

14059. Vita, Obitus & Elogium Nicolai Barré ; auctore Renato THUILLIER, ex eodem Ordine.

Cette Vie est imprimée au tom. I. de son *Diarium*,&c. pag. 122. Le Père Barré est mort en 1686.

14060. Vie de François Giry ; par Claude RAFFRON, du même Ordre : *Paris*, 1691, *in*-12.

Le Père Giry est mort en 1688.

☞ Il étoit fils de Louis Giry, de l'Académie Françoise, mort en 1665. On a de ce Religieux un Recueil de Vies des Saints & d'autres Ouvrages.]

14061. Elogium ejusdem ; auctore Renato THUILLIER.

Cet Eloge est imprimé au tom. II. de son *Diarium*, pag. 291.

14062. ☞ Histoire de la Vie & des Ouvrages de Charles Plumier ; par Jean-Pierre NICERON, Barnabite.

Dans ses *Mémoires*, tom. *XXXIII*. pag. 398-402. Le Père Plumier est mort en 1704.]

14063. Diarium Patrem, Fratrum & Sororum Ordinis Minimorum Provinciæ Franciæ, seu Parisiensis ; ab anno 1506, ad annum 1700 ; auctore Renato THUILLIER, ejusdem Ordinis : *Parisiis*, Giffart, 1709, *in*-4. 2 vol.

Cet Auteur est mort en 1714. Il a mis au-devant de ce Journal le nombre & la Fondation des Convens de cette Province.

14064. Vie de Jérôme d'Estienne ; par Pierre DE RIANS, du même Ordre : *Aix*, Adibert, 1714, *in*-12.

Jerôme d'Estienne est mort en 1712.

14065. ☞ Vie du P. Claver ; par le Père Bertrand-Gabriel FLEURIAU, Jésuite : *Paris*, 1751, *in*-12.]

14066. ☞ Eloge historique de Jean-Baptiste-Elie Avrillon ; (par Cl. Pierre GOUJET.)

Il se trouve dans l'Avertissement des *Pensées sur divers sujets de morale*, du Père Avrillon (qui est mort en 1729) : *Paris*, 1741, *in*-12.]

14067. ☞ Eloge historique de Michel-Ange Marin.

Dans le *Mercure*, 1767, *Juillet*, pag. 64-71. Ce Minime est mort le 3 Avril de cette même année.]

§. VII.

Histoires des Barnabites.

14068. ☞ HISTOIRE des Clercs Réguliers de la Congrégation de S. Paul, appellés vulgairement Barnabites.

Dans l'*Hist. des Ordr. Mon. & Rel.* du P. HELYOT : (*Paris*, 1714, &c. *in*-4.) tom. *IV*. pag. 100-130.]

14069. ☞ Constitutiònes Clericorum Regularium sancti Pauli decollati : *Mediolani*, 1617, *in*-4.]

14070. ☞ Mémoire sur l'Institut des Barnabites, & leurs premiers Etablissemens en France : *in*-4.

Cet Imprimé paroît avoir été fait vers la fin du dernier siècle.]

14071. ☞ Mss. Acta Clericorum Regularium sancti Pauli in urbe Parisiensi, potissimùm in domo sancti Eligii : *in-fol*.

Ce Manuscrit est conservé dans la Bibliothèque des Barnabites, à Paris.]

14072. ☞ Fondation du Collége des Pères Barnabites en la Ville de Montargis, avec les motifs qui engagèrent les habitans à les faire venir chez eux, (& une Histoire abrégée) de l'origine, fondation & établissement des Clercs Réguliers de S. Paul, vulgairement appellés Barnabites.

Dans l'*Hist. du Gâtinois* de Dom Guillaume MORIN : (*Paris*, 1630, *in*-4.) *p*. 35-48. La Congrégation des Barnabites commença en Italie, à Milan, l'an 1500, sous la protection de Louis XII. Henri IV. fit venir quelques-uns de ces Religieux en Béarn l'an 1609, & Louis XIII. leur permit de s'établir en 1621 à Montargis, & dans tout son Royaume. Leur établissement de Paris s'est fait en 1631.]

14073. ☞ Vita Ludovici Bitosti ; per Fortunatum COLUMBUM, ex relatù Missionis suæ Benearnicæ : *Lascari*, Sarid, 1630, *in*-8.]

14074. ☞ Histoire de la Vie & des Ouvrages de Jean-Pierre Niceron, Barnabite ; (par Claude-Pierre GOUJET.)

Dans les *Mémoires* du P. Niceron, tom. *XL*. p. 379-396. Le Père Niceron est mort en 1738.]

§. VIII.

Histoires des Théatins.

☞ CES Religieux, institués en Italie l'an 1524, n'ont qu'une Maison en France, à Paris, où le Cardinal Mazarin les établit. Quelques Ecrivains ont eu tort de dire que ce Cardinal les fit venir d'Italie : deux d'entre eux y vinrent volontairement en 1644 pour essayer de s'y établir. C'est aussi sans fondement que le Père Thomassin & l'Abbé de Vallemont ont avancé qu'ils faisoient un Vœu particulier de ne posséder en commun aucun bien-fonds.

14075. ☞ Histoire abrégée des Clercs Réguliers Théatins.

Dans l'*Hist. des Ord. Monast. & Rel.* du P. HELYOT : tom. *IV*. pag. 71-99.]

14076. ☞ Conſtitutiones Clericorum Regularium : *Pariſiis*, 1659, *in*-16.]

14077. ☞ Eædem, cum Decretis Capitulorum generalium, uſque ad annum 1750: *Romæ*, 1750, *in*-8.]

14078. ☞ Synopſis veterum religioſorum rituum atque legum, Notis ad Conſtitutiones Clericorum Regularium comprehenſa ; ſtudio Antonii CARACCIOLI, ejuſdem Ordinis: *Pariſiis*, 1628, 1663, *in*-4.

Cet Ouvrage, qui avoit d'abord été imprimé à Rome en 1610, fut réimprimé pour la première fois à Paris en 1628, avant qu'il y eût des Théatins, par les ſoins de M. le Cardinal de Bérulle, qui l'avoit jugé très-utile. M. le Camus, Evêque de Belley, parla dans le même temps avec éloge de ces Pères, dans ſon Livre du *Directeur ſpirituel*.]

14079. ☞ Fundatio Domûs ſanctæ Annæ Regalis, Pariſienſis, anno 1647.

Cette Hiſtoire de la fondation des Théatins à Paris, ſe trouve *pag*. 292 & *ſuiv*. du tom. III. de l'*Hiſt*. Clericor. Regul. auctore *Joſepho* SILOS : *Panormi*, 1666, *in-fol*.

Les deux premiers volumes ſont imprimés, *Romæ*, 1650, 1655, *in-fol*.]

14080. ☞ Mſ. Relation de la Miſſion que les Clercs Réguliers, dits vulgairement Théatins, ont faite en France l'an 1644, &c. traduite de l'Italien du Père François-Marie DEL-MONACO ; par Dom Gaétan CHARPY, Supérieur de Paris en 1671.

Ce Traducteur, qui fut le premier Proſès François, eſt mort en 1683. Le Père Del-Monaco, Sicilien, Fondateur & premier Supérieur de la Maiſon de Paris, eſt mort en 1651, à la Fère en Tartenois, comme il revenoit de Rhétel, avec le Cardinal Mazarin. On conſerve dans la Maiſon de Paris, la Traduction & la Relation Italienne, qui n'eſt qu'un Journal adreſſé au Général de la Congrégation, à Rome.]

14081. ☞ Mſ. Journal (particulier) des épreuves qu'eurent les Théatins dans le temps des troubles de Paris, au ſujet du Cardinal Mazarin (en Italien) : *in-fol*.

Ce Manuſcrit, qui n'a que ſix pages, commence au 6 Janvier 1649, & finit au 11 Mars, *jour de la Paix*. Il eſt conſervé dans la Bibliothèque des Théatins. On peut voir ce qui eſt dit à ce ſujet dans l'*Hiſtoire de l'Ordre*, par SILOS, tom. III. pag. 353 & *ſuiv*.]

14082. ☞ Noms des Théatins de Paris, avec les années de leurs Profeſſions & de leurs morts, & quelques Notes ſur les Ouvrages de pluſieurs d'entr'eux, &c. par Dom Bernard DE TRACY.

Ce Manuſcrit eſt entre les mains de l'Auteur, qui eſt Bibliothécaire de la Maiſon de Paris.]

14083. ☞ Mſ. Relation de la mort du Père André de la Croix, Religieux Théatin, arrivée le 19 Avril 1697 ; par le Père (Ange) QUINQUET, Prédicateur du Roi : *in*-4.

Ce Manuſcrit eſt conſervé dans la Bibliothèque de la même Maiſon.]

14084. ☞ Notice de Dom Louis-Marie Pidou, mort Evêque de Babylone, à Iſpahan en 1717.

On trouve cette Notice dans l'Ouvrage du Père LE BRUN, de l'Oratoire, ſur les Liturgies, tom. *III*. *pag*. 51. *Voyez* auſſi les *Lettres choiſies* de M. Simon : (*Rotterdam*, 1704) tom. *II*. pag. 128 & 134.]

== ☞ Eloge de D. François Boyer, Evêque de Mirepoix, &c.

Voyez ci-devant, N.° 10246 & 10247.]

§. IX.

Hiſtoires des Frères de la Charité.

14085. ☞ HISTOIRE abrégée des Religieux Hoſpitaliers de l'Ordre de S. Jean de Dieu, appellés en France Frères de la Charité.

Dans l'*Hiſtoire des Ordres Monaſtiques & Religieux* du Père HELYOT : (*Paris*, 1714, &c. *in*-4.) *tom*. *IV*. *pag*. 131-164. La Vie de leur Inſtituteur en Eſpagne, S. Jean de Dieu, qui a été publiée par Jean Girard DE VILLETHIERRY : (*Paris*, 1691, *in*-4.) renferme l'Hiſtoire de pluſieurs Religieux de la Charité, diſtingués par leurs vertus.]

14086. ☞ Les Conſtitutions de l'Ordre du bienheureux Jean de Dieu, ou de la Charité : *Paris*, Manſan, (vers 1620) *in*-4.]

14087. ☞ Les mêmes, avec l'ordre des cérémonies & prières qui ſe font à la vêture & la profeſſion des Religieux Novices : *Paris*, 1717, *in*-12.]

14088. ☞ Etabliſſement des Frères de la Charité en France : *Paris*, 1623, *in*-8.]

14089. ☞ Apologie contre Ferrand, ſoi-diſant Religieux & Procureur de la Charité : *in*-8.]

14090. ☞ Placet préſenté au Roi par les Religieux de l'Hôpital de la Charité, concernant un revenu annuel de deux mille cinq cens livres : 1630, *in*-4.]

14091. ☞ Factum pour les pauvres malades de la Charité : 1636, *in*-4.]

14092. ☞ Etat au vrai du bien & du revenu de l'Hôpital de la Charité de Paris : *Paris*, 1669, *in*-4.]

14093. ☞ Ordonnances & Décrets faits dans les Chapitres généraux de Rome, & dans les Chapitres Provinciaux de la Province S. Jean-Baptiſte des Religieux de la Charité de l'Ordre de S. Jean de Dieu en France : *Paris*, 1700, *in*-4.]

§. X.

Hiſtoires des Frères de la Mort.

14094. ☞ HISTOIRE des Religieux de l'Ordre de S. Paul, premier Ermite, appellés auſſi Frères de la Mort.

Dans l'*Hiſt. des Ord. Monaſt. & Rel*. du P. HELYOT : (*Paris*, 1714, &c. *in*-4.) *tom*. *III*. *pag*. 341-357. Leurs Conſtitutions furent imprimées à Paris en 1622 & 1623.]

14095. ☞ Les récits des effets de la vérité,

& la sortie des prisons du mensonge; par Frère Paul de Paris, Prêtre & Religieux Ermite de S. Paul : *Paris*, 1634, *in-8*.

C'est la Défense de cette Congrégation, qui a cessé d'être en France vers 1640.]

Article VI.

Histoires des Jésuites en France.

★ J'ai mis les Jésuites dans un article à part, à cause de la singularité de leur Institut, tant pour son établissement que pour son gouvernement.

14096. ☞ Règles de la Compagnie de Jésus: *Paris*, 1666, *in-16*.]

14097. ☞ Corpus Institutorum Societatis Jesu: *Antverpiæ*, 1635, 1702, *in-4*. 2 vol.]

14098. ☞ Institutum Societatis Jesu : *Pragæ*, 1757, *in-fol*. 2 vol.

C'est sur cette Edition, qui est la plus ample, que les Parlemens ont jugé les Jésuites en France, & les ont déclarés non admissibles, &c. en 1762, 1763, 1764.]

14099. ☞ Constitutions des Jésuites, avec les Déclarations, traduites sur l'Edition de Prague ; (par Charles-Louis Saboureux de la Bonnetrie, Docteur aggrégé en Droit de Paris) : *en France*, 1762, *in-12*. 3 vol.]

══ ☞ Cartes des Provinces [& Maisons] des Jésuites en France.

Voyez ci-devant, N.os 1194 & *suiv*.]]

§. Premier.

Histoires particulières.

Je marque d'abord cinq Ouvrages où l'on trouve des Histoires de plusieurs Jésuites François, entre un grand nombre d'autres qui ne le sont pas.

14100. Los Claros Varones de la Compañia de Jesus; por Juan de Nieremberg, de la misma Compañia : *en Madrid*, 1643, *in-fol*.

14101. Mortes illustres Virorum illustrium Societatis Jesu ; per Philippum Alegambe, ejusdem Societatis : *Romæ*, 1657, *in-fol*.

Cet Auteur est mort en 1652.

14102. Ejusdem Heroes & Victimæ Charitatis : *Romæ*, 1658, *in-fol*.

14103. Joannis Nadasi, è Societate Jesu, Annus dierum memorabilium Societatis Jesu : *Coloniæ*, 1664, *in-4*. *Antverpiæ*, 1665, *in-fol*.

14104. Nathanaëlis Sotuel, è Societate Jesu, Bibliotheca Scriptorum Societatis Jesu : *Romæ*, 1676, *in-fol*.

☞ Le Père François Oudin avoit commencé à travailler à une nouvelle Edition, qui devoit être très-augmentée. *Voyez* les *Mélanges* de M. Michault, de Dijon : (*Paris*, 1754,) tom. II. pag. 246 & *suiv*. Le Père Oudin, (qui est mort en 1752) a fait part de nombres d'articles à M. l'Abbé Goujet, qui les a employés dans son Supplément au Moreri de 1749, & ils sont refondus dans la dernière Edition de ce Dictionnaire, publié en 1759.]

14105. ☞ Mathiæ Tanneri historia Societatis Jesu, sive Vitæ & Gesta præclara in & extrà Europam omnium hujus sanctæ Societatis membrorum : *Pragæ*, 1694, *in-fol*. 2 vol.]

14106. ☞ Histoire de la Vie du Père Edmond Auger ; par le Père Nicolas Bailly, Jésuite : *Paris*, Cramoisy, 1642, *in-8*.]

14107. Historia Vitæ Edmundi Augerii, qui primus è Societate Jesu Carolo IX. & Henrico III. Galliæ Regibus à Concionibus & Confessionis Sacramento fuit; auctore Nicolao Bailly, ejusdem Societatis : *Parisiis*, 1652, *in-8*.

Le Père Auger est mort en 1591, & le Père Bailly en 1657.

14108. Vie d'Edmond Auger, Confesseur & Prédicateur de Henri III, Roi de France & de Navarre, où l'on voit l'Histoire de l'établissement des Jésuites en France, depuis le règne de Henri II. jusqu'à celui de Henri le Grand; par Jean Dorigny, Jésuite: *Lyon*, Laurens, 1716, *in-12*.

☞ Le Père Auger fut le premier Recteur du Collége de Lyon, & on trouve dans sa Vie beaucoup de choses concernant cette Ville.]

☞ La medesima, tradotta nella lingua Italiana : *in Milano*, Marcelli, 1757, *in 12*.

L'Auteur des *Annales Typographiques*, 1767, *p*. 157, nomme l'Auteur François, d'Avrigny, & le titre Italien porte Daurigny.]

14109. Synopsis Vitæ & Mortis Jacobi Salesii & Guillelmi Saltamochi, è Societate Jesu : *Parisiis*, 1658, *in-8*.

Ces deux Pères furent tués par les Hérétiques en 1593.

14110. ☞ Ms. Res gestæ ab Henrico IV. in causâ Societatis Jesu : *pag*. 18, *in-fol*.

Ce Manuscrit est dans la Bibliothèque de M. Fevret de Fontette, Conseiller au Parlement de Dijon.]

14111. Articles du rétablissement & rappel des Jésuites en France, en 1606, avec l'Arrêt contre eux, du 23 Décembre 1611 : *Paris*, Porcheron, 1611, *in-8*.

14112. Recueil de Lettres-Patentes octroyées aux Jésuites par les Rois Henri IV. & Louis XIII. concernant leur rétablissement; avec la Remontrance du Parlement [prononcée en 1603; par M. de Harlai;] les Oppositions de la Faculté de Théologie & de l'Université; les Plaidoyers & Arrêts sur ce intervenus : *Paris*, Petit-Pas, 1612, *in-4*.

14113. ☞ Mémoires pour servir à l'Histoire des révolutions arrivées aux Jésuites du temps de Henri IV. avec une Pièce en vers François, intitulée : *Passeport des Jé-*

Histoires particulières des Jésuites. 863

suites, & le Catalogue des Auteurs qui ont écrit sur l'*Anticoton*.

Ces Mémoires se trouvent dans le *Recueil de Littérature, Philosophie & Histoire*, (par Charles-Etienne JORDAN, de Berlin) : *Amsterdam*, l'Honoré, 1730, *in-12.*]

14114. * Mémoires & Avis pour rendre les Jésuites utiles en France : 1614, *in-8*.

14115. Elogium Frontonis Ducæi, Burdigalensis : *in-fol.*

Le Père Fronton du Duc est mort en 1614.
☞ Son Eloge se trouve aussi dans le *Mercure François*, tom. *X. pag.* 783.]

14116. ☞ Histoire de la Vie & des Ouvrages du même ; par le Père ★★★.

Dans les *Mémoires* de Niceron, tom. *XXXVIII.* pag. 103-139.]

14117. Lettre sur la mort de Pierre Coton, Jésuite, à M. Chenevoux son frère : *Paris*, Martin, 1626, *in-8*.

Le Père Coton est mort en 1626. LE PELLETIER est Auteur de cette Lettre.

14118. De Vita Petri Cotoni, Libri tres ; auctore Petro ROVERIO, è Societate Jesu : *Lugduni*, Liberal, 1660, *in-8*.

14119. Vie du même ; par Joseph D'ORLEANS, Jésuite : *Paris*, Michallet, 1688, *in-4*.

Cet Auteur est mort en 1698.

14120. Histoire de Charles de Lorraine, par Nicolas DE CONDÉ, Jésuite : *Paris*, 1652, *in-12*.

Le Père de Lorraine avoit été Evêque de Verdun ; il est mort en 1631, & le Père de Condé en 1654.

14121. ☞ Histoire de la Vie & des Ouvrages de François Garasse ; par le P. NICERON, Barnabite.

Dans ses *Mémoires*, tom. *XXXI.* pag 378-390. Le Père Garasse est mort en 1631. Pierre BAYLE a, dans son Dictionnaire, un Article à son sujet.]

14122. Vie de Louis Lallemant ; par Pierre CHAMPION, Jésuite : *Paris*, Michallet, 1694 : [*Lyon*, 1735] *in-12*.

Le Père Lallemant est mort en 1635.

14123. Histoire de Jean-François Regis ; par Claude DE LA BROUE, Jésuite : *au Puy*, de la Garde, 1650, *in-8. Paris*, Hénault, 1650, *in-12.*

Le Père Regis est mort en 1640, & le Père de la Broue en 1651.

Eadem Latinè reddita à Francisco Creuxio, Societatis Jesu : *Coloniæ*, 1660, *in-12*.

14124. Ristretto della Vita, virtu è miracoli del medesimo : *In Roma*, 1716, *in-4*.

14125. Vita ejusdem Latinè scripta ab Antonio BONETO, è Societate Jesu : *Tolosæ*, 1692, *in-12*.

14126. La Vie du même ; par [Guillaume] DAUBENTON, Jésuite, Confesseur de sa Majesté Catholique : *Paris*, le Clerc, 1716 : *Lyon*, Bruyset, 1717, *in-4*.

14127. Vita del medesimo, tradotta dal Francese da Carolo Giacinto FERRERO, della medesima Compagnia : *In Torino*, 1717, *in-12*.

14128. Abrégé de la Vie du même : *Lyon*, Bruyset, 1717, *in-12*.

Cet Abrégé est de Dominique DE COLONIA, Jésuite.

14129. ☞ La Vie de S. Jean-François Regis, de la Compagnie de Jesus, (né à Foncouverte, dans le Diocèse de Narbonne, le 31 Janvier 1597, d'une famille noble, dont la branche aînée est retirée en Rouergue, où elle porte le nom de de Plas ; par le Père Anne-Joseph DE LA NEUVILLE, de la même Compagnie : *Paris*, Guérin, 1737, *in-12.*]

14130. ☞ Histoire de la Vie & des Ouvrages de Philibert Monet ; par le P. NICERON.

Dans ses *Mémoires*, tom. *XXXIV.* pag. 199-204. Le Père Monet est mort en 1643.]

14131. Eloge de Nicolas Caussin.

Cet Eloge est imprimé au-devant de son Livre intitulé : *La Cour sainte* : *Paris*, 1653, *in-fol*. Le Père Caussin est mort en 1651.

14132. Henrici VALESII in obitum Dionysii Petavii Oratio : *Parisiis*, 1651, *in-4*.

Ce Discours est aussi imprimé pag. 698 du Recueil de Jean Bates, intitulé : *Vita Virorum illustrium : Londini*, 1681, *in-4*. Le Père Petau est mort en 1651.

14133. Eloge historique du même ; par Charles PERRAULT.

Cet Eloge est imprimé pag. 19, au tom. I. de son *Recueil des Eloges des Hommes illustres* : *Paris*, 1697, *in-fol*.

14134. ☞ Eloge historique du Père Denys Petau ; (par François OUDIN, Jésuite.)

Dans les *Mémoires* du P. Niceron, tom. *XXXVII.* pag. 81-234. La Vie Latine que le Père le Long indiquoit, sous le nom du Père Oudin, & comme publiée à Dijon, 1716, *in-12*. n'a jamais été achevée ni imprimée.]

14135. Henrici VALESII, Oratio in obitum Jacobi Sirmondi : *Parisiis*, 1652, *in-4*.

Ce Discours est aussi imprimé dans Jean Bates, *p.* 681 ; de son *Recueil des Vies choisies des Personnes illustres* : *Londini*, 1681, *in-4*. Le Père Sirmond est mort en 1652.

14136. Elogium ejusdem : *Parisiis*, Cramoisy, 1652, *in-4*.

14137. Vie du même ; par Paul COLOMIEZ : *La Rochelle*, 1671, *in-12*.

Cet Auteur [qui étoit Prêtre Anglican] est mort à Londres en 1692.

14138. Vita ejusdem ; auctore Jacobo DE LA BAUNE, è Societate Jesu.

Cette Vie est imprimée au-devant du tom. I. de ses *Œuvres* : *Parisiis*, 1696, *in-fol*.

14139. Eloge historique du même ; par Charles PERRAULT.

Cet Eloge est imprimé au tom. I. de son *Recueil des Eloges des Hommes illustres*, pag. 17 : *Paris*, 1697, *in-fol*.

14140. ☞ Histoire de la Vie & des Ouvrages du même Père Sirmond; par le Père Niceron.

Dans ses *Mémoires*, tom. *XVII.* pag. 153-180, & tom. *XX.* pag. 107.]

14141. ☞ Histoire de la Vie & des Ouvrages de Georges Fournier; par le Père Niceron, Barnabite.

Dans ses *Mémoires*, tom. *XXXIII.* pag. 250-253. Le Père Fournier est mort en 1652.]

14142. ☞ Vie du Père Léonard Garreau.

Dans l'*Histoire des Saints du Diocèse de Limoges*, ci-devant, N.° 4269.]

14143. ☞ Histoire de la Vie & des Ouvrages de Henri Albi; par le P. Niceron.

Dans ses *Mémoires*, tom. *XXXIII.* pag. 403-408. Le Père Albi est mort en 1659.]

14144. L'Homme de Dieu en la personne de Jean-Joseph Seurin; par Henri-Marie Boudon, Grand-Archidiacre d'Evreux: *Paris & Chartres*, 1683 : *Paris*, 1689, *in*-8.

Le Père Seurin est mort en 1665. Sa Vie est remplie de digressions sur les divers Etats de la Vie spirituelle.

La medesima tradotta da Annibale Adamo, della misma Compagnia : *In Roma*, 1684, *in* 8.

14145. Vie du Père Rigouleuc; par Pierre Champion, Jésuite : *Paris*, 1686, *in*-12. [*Lyon*, Valfray, 1739. Quatrième Edition.]

Le Père Rigouleuc est mort en 1658.

14146. Eloge de Théophile Raynaud; par Louis Boniel, Jésuite : *in*-4.

Le Père Raynaud est mort en 1663.

14147. ☞ Vie du même; par Piere Bayle.

Dans son *Dictionnaire historique*.]

14148. ☞ Histoire de la Vie & des Ouvrages de Théophile Raynaud; par le Père Niceron.

Dans ses *Mémoires*, tom. *XVI.* pag. 248-293.]

14149. * Mémoire pour la Vie de Philippe Labbe; par Jacques le Long.

Ce Mémoire se trouve à la fin de cette Bibliothèque. On n'y parle du Père Labbe que par rapport à ce qu'il a fait sur l'Histoire de France : il est mort en 1667.

14150. ☞ Histoire de la Vie & des Ouvrages du même; par le Père Niceron.

Dans ses *Mémoires*, tom. *XXV.* pag. 18-43.]

14151. ☞ Histoire de la Vie & des Ouvrages de Philippe Briet; par le même.

Dans ses *Mémoires*, tom. *XXXIV.* pag. 79-82. Le Père Briet est mort en 1668.]

14152. Vie d'Anne-François de Beauvau; par Louis Nyel, Jésuite : *Paris*, Cramoisy, 1682, *in*-12.

Le Père de Beauvau est mort en 1669.

14153. Histoire d'une sainte & illustre Famille de ce siècle; par Jacques Lempereur : *Paris*, Pépie, 1698, *in*-12.

Cette Histoire contient la Vie d'Anne-François, Marquis de Beauvau, Jésuite, mort en 1669, de Claude de Beauvau son fils, aussi Jésuite, mort en 1694, & de la femme du Marquis de Beauvau, morte Religieuse en 1663.

14154. ☞ Eloge d'Ignace Pardies.

Dans les *Mémoires de Trévoux*, 1727, pag. 688. Le Père Pardies est mort en 1673.]

14155. ☞ Histoire de sa Vie & de ses Ouvrages; par le Père Niceron.

Dans ses *Mémoires*, tom. *I.* pag. 102-208, & tom. *X.* part. 1, pag. 19.]

14156. ☞ Remarques sur le même; par Jacques Georges de Chaufepié.

Dans son *Dictionnaire historique*.]

14157. ☞ Histoire de la Vie & des Ouvrages de Jacques de Billy; (par François Oudin, Jésuite.)

Dans les *Mémoires* du P. Niceron, tom. *XL.* p. 232-244. Le Père de Billy est mort en 1679.]

14158. * Histoire de Jean Adam; par Pierre Bayle.

Dans son *Dictionnaire historique*. Le Père Adam est mort vers l'an 1680.

14159. Eloge de Jean Garnier.

Cet Eloge est imprimé dans le quatorzième *Journal des Sçavans* de 1684. Le P. Garnier est mort en 1681.

14160. Elogium ejusdem; auctore Joanne Harduino, è Societate Jesu.

Cet Eloge est imprimé au-devant de *Garnerii Opera: Parisiis*, 1684, *in*-fol.

14161. ☞ Histoire de la Vie & des Ouvrages de Jean Garnier; par ***.

Dans les *Mémoires*, du P. Niceron, tom. *XL.* p. 166-179.]

14162. Eloge de François Vavasseur.

Cet Eloge est imprimé dans le quatrième *Journal des Sçavans* de 1683. Le Père Vavasseur est mort en 1681.

14163. * Elogium ejusdem; auctore P. Lucas; in Libro cui titulus, Multiplex & varia Poesis, &c. Vavasloris : *Parisiis*, Thiboust, 1683, *in*-8.

14164. ☞ Histoire de la Vie & des Ouvrages du même Père Vavasseur, par le Père Niceron.

Dans ses *Mémoires*, tom. *XXVII.* p. 132-142.]

14165. ☞ Histoire de la Vie & des Ouvrages de Pierre-François Chifflet; par le Père Niceron.

Dans ses *Mémoires*, tom. *XXV.* pag. 276-281. Le Père Chifflet est mort en 1682.]

14166. Le parfait Missionnaire, ou la Vie de Julien Maunoir; par Antoine Boschet, Jésuite : *Paris*, Anisson, 1697, *in*-12.

Le Père Maunoir est mort en 1683.

14167. * Eloge de René Rapin : *Paris*, 1687, *in*-4.

Le Père Rapin est mort cette même année.

14168.

Histoires particulières des Jésuites.

14168. Eloge du même Père Rapin ; par Henri BASNAGE de Beauval.

Cet Eloge est imprimé dans son *Histoire des Ouvrages des Sçavans*, art. 17, Novembre, 1687.

14169. ☞ Histoire de la Vie & des Ouvrages du même ; par le Père NICERON.

Dans ses *Mémoires, tom. XXXII. pag.* 152-161.]

14170. Abrégé de la Vie du Père Crasset ; par Louis JOBERT, Jésuite.

Cet Abrégé est imprimé au-devant du Traité de la *Foi victorieuse*, par le P. Crasset : *Paris*, 1693, *in-*12. Jean Crasset est mort en 1692.

14171. Vie de Vincent Huby ; par Pierre PHONAMIC.

Cette Vie est imprimée avec celle des Fondateurs de Retraites : *Nantes*, 1698, *in-*12.

☞ Elle a pour véritable Auteur le Père Pierre CHAMPION, Jésuite, selon le Père Oudin, qui en devoit être bien informé. *Voyez* le *Diction. de Moreri de* 1759, d'après le Supplément de l'Abbé Goujet de 1749.]

14172. ☞ Mémoire touchant la Vie & les Ouvrages d'Etienne Des-Champs.

Dans les *Mém. de Trévoux*, 1702, *Février*, p. 168. Ce Père est mort en 1701.]

14173. Eloge historique de Dominique Bouhours : *Paris*, Josse, 1702, *in-*4.

Le Père Bouhours est mort en 1702. Le même Eloge est dans les *Mém. de Trévoux*, article XXIV. *Août* 1702.

☞ Cette Vie du Père Bouhours est aussi imprimée à la fin d'une *Explication de plusieurs termes François que beaucoup de gens confondent*, brochure, sans date, *in-*12.

14174. Eloge du même.

Cet Eloge est imprimé dans le trentième *Journal des Sçavans* de 1702.

14175. ☞ Histoire de la Vie & des Ouvrages du même ; par le Père NICERON.

Dans ses *Mémoires, tom. II. pag.* 278, & *tom. X.* part. 1, *pag.* 97.]

14176. ☞ Eloge d'Antoine Bonnet.

Cet Eloge est imprimé dans les *Mémoires de Trévoux*, 1703, *Décembre*.]

14177. Eloge de Louis Bourdaloue.

Cet Eloge est imprimé dans les *Mémoires de Trévoux*, art. CXIX. *Août* 1704. Le Père Bourdaloue est mort en 1704.

14178. Vie du même ; par Madame DE PRINGY : [*Paris*, Ribou, 1705, *in-*4.]

Cette Dame (étoit) fille de M. de Mérinville, Garde du Trésor de la Chambre des Comptes ; elle a été mariée en premières noces au Comte de Pringy, & en secondes noces à M. d'Aurat, Seigneur d'Antragues.

14179. Lettre sur la Vie du P. Bourdaloue, & Lettre de François-Chrétien DE LAMOIGNON, Président au Mortier du Parlement de Paris, sur le même sujet : *Paris*, 1704, *in-*4.

M. de Lamoignon est mort en 1707. Isaac MARTINEAU, Jésuite, est l'Auteur de la première Lettre. Les mêmes Lettres sont imprimées dans les *Mémoires de Trévoux*, 1704, *Août*, & au commencement du tom. IV. des *Sermons du P. Bourdaloue* : *Paris*, 1707, *in-*8.

14180. ☞ Eloge de Claude-François Ménestrier.

Cet Eloge est imprimé dans les *Mémoires de Trévoux*, 1705, *Avril*. Le Père Ménestrier est mort cette même année.

Son Eloge a été aussi imprimé séparément : 1705, *in-*12. en 34 pages ; & dans cette Edition l'on trouve le Catalogue de ses Ouvrages, & l'explication d'une Médaille de Catherine de Médicis.]

14181. ☞ Histoire de la Vie & des Ouvrages du même ; par le Père NICERON.

Dans ses *Mémoires, tom. I. pag.* 69-84.]

14182. ☞ Lettre aux Jésuites François Missionnaires, sur la mort du Père Antoine Verjus, avec un Abrégé de sa Vie : 1708, *in-*4.]

14183. ☞ Eloge de François de la Chaize ; par Claude GROS DE BOZE.

Dans l'*Hist. de l'Acad. des Inscr. & Belles-Lettres*, tom. I. pag. 373-376, & tom. I. de l'*in-*8. pag. 125. Le Père de la Chaize, Confesseur du Roi Louis XIV. est mort en 1709.

Je ne marque point ici deux Satyres publiées en Hollande, sous le nom de *Vie* & d'*Histoire* de [ce Père] en 1695 & 1710. [La dernière a été réimprimée en 1719, sous le titre de *Jean danse mieux, &c.* On a aussi donné en Hollande, en 1718, des *Entretiens* (Satyriques) du Père de la Chaize & de Louis XIV. *in-*12.]

14184. ☞ Vie de Jean Dez.

A la tête de son Ouvrage intitulé : *La Foi des Chrétiens & des Catholiques justifiée* : *Paris*, 1714, *in-*8. Ce Jésuite est mort en 1712.]

14185. ☞ Histoire de la Vie & des Ouvrages du même, par le Père NICERON.

Dans ses *Mémoires, tom. II. pag.* 333-336.]

14186. ☞ Eloge de Michel le Tellier ; par Claude GROS DE BOZE.

Dans l'*Hist. de l'Acad. des Inscript. & Belles-Lettres*, *in-*4. tom. V. pag. 374 & *in-*8. tom. II. pag. 93. Le Père Tellier, Confesseur du Roi Louis XIV. est mort en 1719. Son Eloge n'occupe pas une page. Dans le *Dictionnaire de Moreri* de 1759, on en trouvera un article plus étendu, sur-tout pour ses Ouvrages. On avoit publié en 1716 un Libelle contre lui, intitulé : *Vie, Miracles, &c. in-*12.]

14187. ☞ Eloge du R. P. Gabriel Daniel. *Mercure*, 1728, *Août*.]

14188. ☞ Eloge historique du même ; (par le Père Henri GRIFFET, aussi Jésuite.)

Cet Eloge occupe une grande partie de la Préface de la nouvelle Edition de l'*Histoire de France* du P. Daniel : *Paris*, 1755, *in-*4. 17 vol.]

14189. ☞ Eloge de Jean Hardouin ; par le Père DE BELINGAN.

Il est imprimé dans la *Bibliothèque Françoise* de Du Sauzet, tom. XXX. part. 1. Le Père Hardouin est mort en 1729.]

14190. ☞ Histoire du même ; par Jacques-Georges DE CHA*EPIÉ.

Dans son *Diction. historiq. & critique*.]

14191. ☞ Eloge de Jacques Longueval,

mort en 1735; par Claude FONTENAI, aussi Jésuite.

A la tête du tom. IX. de l'*Histoire de l'Eglise Gallicane : Paris*, 1739, *in-*4.]

14192. ☞ Eloge de Claude Buffier. *Mém. de Trév.* 1737, *Août.*]

14193. ☞ Eloge de François Catrou. *Ibid.* 1738, *Avril; & Biblioth. Franç.* de du Sauzet, *tom. XXIX.*]

14194. ☞ Eloge de René-Joseph de Tournemine. *Mém. de Trév.* 1739, *Septembre; & Biblioth. Franç. tom. XXXI.*]

14195. ☞ Lettre du Père DE BELINGAN, sur le même. *Observations sur les Ecrits modernes, tom. XVIII. Lett.* 260.]

14196. ☞ Histoire de la Vie & des Ouvrages du même ; par le P. NICERON.

Dans ses *Mémoires, tom. XLII. pag.* 167-183.]

14197. ☞ Remarques sur le même ; par Jacques-Georges DE CHAUFEPIÉ.

Dans son *Dictionnaire historique & critique.*]

14198. ☞ Vie du Père Jacques Vanière; par le Père Théodore LOMBARD, Jésuite : *Paris,* 1739, *in-*12.]

14199. ☞ Eloge du même. *Mém. de Trév.* 1739, *Novembre.*]

14200. ☞ Eloge de Julien Rouillé. *Ibid.* 1741, *Février.*]

14201. ☞ Eloge de Charles Porée. *Ibid. Mars.*]

14202. ☞ Eloge de Dominique de Colonia. *Ibid. Novembre.*]

14203. ☞ Eloge de Pierre-Claude Fontenai, mort en 1742.

Voyez ce qui en est dit à la tête du tom. XI. de l'*Histoire de l'Eglise Gallicane : Paris,* 1744, *in-*4.]

14204. ☞ Eloge de Pierre Brumoy. *Mém. de Trév.* 1742, *Juillet.*

On peut encore voir ce qui en est dit à la tête du tom. XI. de l'*Histoire de l'Eglise Gallicane,* & ce qu'en a dit M. Titon du Tillet, dans son *Supplément du Parnasse François.*]

14205. ☞ Eloge de Jean-François Baltus. *Ibid.* 1744, *Janvier.*]

14206. ☞ Eloge d'Etienne Souciet. *Ibid. Avril.*]

14207. ☞ Eloge de Pierre Poussines. *Mém. de Trév.* 1750, *Novembre.*]

14208. ☞ Histoire de la Vie & des Ouvrages de François Oudin ; par M. MICHAULT.

C'est ce qui forme le tom. II. des *Mélanges* de ce Sçavant de Dijon : *Paris,* Tilliard, 1754, *in-*12. Le Père Oudin est mort à Dijon en 1752.]

14209. ☞ Mort du Père (Louis-Bernard) Castel ; par M. FRERON.

Dans l'*Année Littéraire,* 1757, *tom. I. pag.* 117.]

14210. ☞ Eloge historique du même. *Mém. de Trév.* 1757, *Avril, pag.* 1100-1118.]

14211. ☞ Mss. Eloges de Louis-Antoine Lozeran & du P. Dufesc ; lus par M. Maini, Avocat, dans les Séances de l'Académie de Béziers.

Ces deux Eloges sont conservés dans les Registres de cette Académie, dont ces Pères étoient membres.]

14212. ☞ Mss. Histoire du Père Dominique Parrenin, Jésuite de Franche-Comté, Missionnaire à la Chine ; par le P. RENAUD, Jésuite, & de l'Académie de Besançon.

Cette Histoire est conservée dans les Archives de cette Académie.]

14213. ☞ Eloge du Père (Yves-Marie) André, surnuméraire de l'Académie Royale des Belles-Lettres de Caen ; par M. ROUXELIN, Secrétaire perpétuel de cette Académie : *Caen,* 1764, *in-*8.]

14214. ☞ Eloge historique du même ; par M. l'Abbé GUYOT, Prédicateur du Roi.

Il est à la tête des *Œuvres diverses* du Père André : *Paris,* 1765, &c. *in-*12. 4 vol.]

Ouvrages pour & contre les Jésuites.

14215. ☞ Imago primi sæculi Societatis Jesu, à Provinciâ Flandro-Belgicâ ejusdem Societatis repræsentata : *Antverpiæ,* 1640, *in-fol. fig.*

Cet ouvrage, de prose & de vers, que les Jésuites de Flandres ont enfanté pour leur gloire, n'a pas réussi selon leurs espérances. Comme c'est une espèce d'Histoire générale, il y a plusieurs choses qui concernent ce qui leur est arrivé en France.]

14216. ☞ Historia Societatis Jesu : *Romæ,* Pars I. per Francisc. ORLANDINUM, 1615. Pars II. III. & IV. per Franc. SACCHINUM, 1620, 1649 & 1652. Partis V. Tomus prior ; per Petrum POSSINUM : 1661. Partis V. Tomus posterior ; per Josephum JUVENCIUM : 1710, *in-fol.* 6 vol.

Le dernier, qui traite de ce qui s'est passé en France du temps de Henri IV, a fait beaucoup de bruit, & a donné lieu à plusieurs Ecrits & à un Arrêt du Parlement de Paris : il en sera question ci-après.]

14217. ☞ Mémoires pour servir à l'Histoire générale des Jésuites, ou Extraits (traduits du Latin) de l'Histoire Universelle de M. (Jacq. Auguste) DE THOU, (mort en 1607, & continuée par Nicolas RIGAULT, jusqu'en 1610) *Paris,* 1761, *in-*12.

» On voit dans ces Extraits, qui commencent à l'ori-
» gine des Jésuites, combien cette Société a allarmé tous
» les ordres de l'Eglise & de l'Etat, &c. On y verra avec
» surprise (ajoute-t-on dans l'Avertissement) qu'il s'en
» faut beaucoup qu'on se serve aujourd'hui d'expressions
» aussi fortes que celles dont se sont servi nos pères.

On peut voir sur ce que dit M. de Thou, & ce qu'en pensent les Jésuites, l'Ouvrage indiqué ci-après, N.° 14625, & intitulé : *Observations, &c.*]

14218. ☞ Jugement porté sur les Jésuites par les grands Hommes de l'Eglise & de l'Etat, ou Portrait des Jésuites fait d'après nature par les plus illustres Catholiques, depuis l'an 1540, époque de leur établissement, jusqu'en l'année 1650, avant les disputes qui se sont élevées sur le Livre de Jansénius: *Lisbonne*, (*Paris*,) 1761, *in-*12.

Depuis la *pag.* 400, jusqu'à la fin, *pag.* 431, on trouve le portrait des Jésuites fait par eux-mêmes ou leurs partisans; après quoi l'Auteur a cru devoir ajouter un grand passage de S. Grégoire le Grand & un de S. Irénée.

Le tout a été rédigé par M. Olivier PINAULT, Avocat au Parlement de Paris, à la prière de MM. les Gens du Roi.]

14219. ☞ Lettre à M. ** (par M. LE ROY, ci-devant de l'Oratoire,) dans laquelle on rapporte le jugement qu'ont porté des Jésuites le Cardinal LE CAMUS, Evêque de Grenoble; M. LE TELLIER, Archevêque de Reims; M. BOSSUET, Evêque de Meaux; & le Cardinal DE BERULLE: 1762, *in-12*]

14220. ☞ Abrégé chronologique de l'Histoire de la Société de Jesus: sa naissance, ses progrès, sa décadence, & autres principaux événemens qui affectent la Société, avec des Notes & des Anecdotes; pour servir d'instruction au Procès que le Public fait aux Jésuites, & à la justification des Edits du Roi de Portugal contre ces Peres: (*Paris*,) 1759. Nouvelle édition, corrigée & augmentée par l'Auteur, *en France:* 1760, *in-12*.

L'Auteur est feu M. Jacques TAILHÉ, Prêtre du Diocèse d'Agen.]

14221. ☞ Histoire générale de la naissance & des progrès de la Compagnie de Jesus, & Analyse de ses Constitutions & Priviléges; où il est prouvé, 1.º que les Jésuites ne sont pas reçus spécialement de droit en France, & que quand ils le seroient, ils ne sont pas tolérables; 2.º que par la nature même de leur Institut, ils ne sont pas recevables dans un Etat policé: *Paris*, 1760; *Rouen*, 1761; *Lyon*, 1762, *in-*12. 4 vol.

Supplément à cette Histoire: 1764, *in-*12. en deux parties, ou tom. V.

L'Histoire est de l'Abbé Christophe COUDRETTE, & l'Analyse, de Louis-Adrien LE PAIGE, Avocat & Bailli du Temple.]

14222. ☞ Histoire particulière des Jésuites en France, ou Actes, Dénonciations, Conclusions & Jugemens de la Faculté de Théologie de Paris, touchant les Jésuites, & leur Doctrine, avec les Pièces qui y ont rapport, depuis l'année 1550 jusqu'à ce jour; (par M. l'Abbé MINARD: (*Sorbon* (*Paris*) 1762, *in-*12.]

14223. ☞ Dénonciation des crimes & attentats des soi-disans Jésuites dans toutes les parties du Monde, adressée aux Empereurs, Rois, Princes, Républiques, Pontifes Romains, Patriarches, Archevêques, Evêques, Pasteurs, Magistrats de l'Europe, ou Abrégé chronologique, &c. depuis 1540, jusqu'en 1760: (*Rouen*,) 1761, *in-*12. deux parties.

On attribue cet Ouvrage à un Magistrat de Rouen.]

Tome I.

14224. ☞ Annales de la Société des soi-disans Jésuites, ou Recueil historique chronologique de tous les Actes, Ecrits, Dénonciations, Avis doctrinaux, Requêtes, Ordonnances, Mandemens, Instructions pastorales, Décrets, Censures, Bulles, Brefs, Edits, Arrêts, Sentences, Jugemens émanés des Tribunaux Ecclésiastiques & Séculiers; contre la doctrine, l'enseignement, les entreprises & les forfaits des soi-disans Jésuites, depuis 1552, époque de leur naissance en France, jusqu'en 1763: (*Paris*, Butard,) 1764, &c. *in-*4. (plusieurs volumes.)

Ce Recueil a en tête un grand Discours sur l'Institut des Jésuites, &c. accompagné de Notes historiques, comme le reste de l'Ouvrage. On vient de donner, en 1767, le tom. III. qui va jusqu'en 1647, & qui doit être suivi de plusieurs autres.]

14225. ☞ Observations sur la nouvelle Edition des Mémoires de Sully, dans lesquels on rectifie plusieurs faits concernant l'Histoire des Jésuites sous le Règne de Henri IV, altérés dans cette Edition: *La Haye*, (*Paris*,) 1747, *in-*12.

Cet Ouvrage a été réimprimé en 1762, sous le titre de *Supplément aux Mémoires de Sully*. L'Auteur est Jean-Gabriel (Petit) DE MONTEMPUIS, ancien Recteur de l'Université de Paris, mort Chanoine de Paris en 1765.]

14226. ☞ Caroli MOLINÆI, consilium super commodis, vel incommodis, novæ sectæ, seu factitiæ Religionis Jesuitarum: *Hanoviæ*, 1604, &c. *in-8.*

M. du Moulin, consulté s'il étoit de l'intérêt du Royaume d'admettre les Jésuites, répond formellement que non, & donne plusieurs raisons pour prouver que cette Société y seroit très-préjudiciable. Cette Consultation se trouve deux fois, par erreur, dans le Recueil de ses *Œuvres*: *Parisiis*, 1681, *tom. II. pag.* 1005, & *tom. V. pag.* 445.]

14227. ☞ Fragmentum epistolæ pii cujusdam Episcopi (Ponthi THIARDI, Episcopi Cabillonensis,) quo pseudo-Jesuitæ Caroli & ejus congerronum maledicta depellit: *Hanoviæ*, 1604.

Cet Evêque ne ménage pas son adversaire. Il cite, par occasion, quelques grands personnages de la Société, pour les opposer à ceux de son temps, & à leur doctrine. Les coups de pinceau qu'il leur donne ne leur sont pas avantageux.]

14228. ☞ Procédure faite contre Jean Chastel, & Arrêts du Parlement: *Paris*, 1595, *in-8.*]

14229. ☞ Arrêt de la Cour; ensemble les Vers & Discours Latins de la Pyramide, ez quatre faces: 1595, *in-8.*]

14230. ☞ Le Catéchisme des Jésuites; par Etienne PASQUIER: 1602, &c. *in-8.*

Il est aussi imprimé dans un *Recueil de Pièces historiques & curieuses*: *Delft*, (*Rouen*,) 1717, *in-*12. 2 vol.

On connoît assez cet Ouvrage; & l'Auteur aimoit peu les Jésuites. C'est un répertoire de tout ce qui s'étoit fait contr'eux depuis leur établissement en France, & de tout ce qu'on avoit dit & écrit à leur désavantage: aussi l'ont-ils fait supprimer dans l'Edition des Œuvres de l'Auteur, qui a été imprimée à Trévoux en 1723.]

Rrrrr 2

Cette espèce de Satyre fut originairement composée en Latin; comme on le voit par l'original, écrit de la main même de l'Auteur, qui se conserve à Paris dans la Bibliothèque des Dominicains de la rue S. Honoré, à qui les héritiers de Pasquier en ont fait présent.

Voyez sur cet Ouvrage, *Journ. de Henri III. tom. II. pag.* 356. = *Méthode historiq.* de Lenglet, *Supplément*, *pag.* 46.]

14231. ☞ La chasse du Renard pris en sa tanière, réfutation du Libelle faux marqué le Catéchisme des Jésuites; par Félix DE LA GRACE, (Louis RICHEOME, Jésuite :) *Villefranche*, 1602, *in*-8.]

14232. ☞ Aphorismes ou Sommaire de la Doctrine des Jésuites.]

14233. ☞ Avertissement aux Catholiques, sur l'Arrêt de la Cour de Parlement de Paris, en la cause de Jean Chastel, qualifié Ecolier étudiant au Collège des Jésuites.

Ces deux pièces, en vers, sont fortes & très-satyriques : elles sont imprimées au tom. VI. des *Mémoires de la Ligue*, *in*-8.]

14234. ☞ L'adieu des Jésuites, & leur sortie du Royaume de France : *Paris*, 1595.]

14235. ☞ Jesuita sicarius, hoc est Apologia pro Joanne Castello Parisiensi mortis supplicio affecto, & pro Patribus & Scholasticis Soc. Jesu ; à Francisco DE VERONA : *Lugduni*, 1611.

C'est une traduction de l'Apologie de Jean Chastel, rapportée au Liv. III. sous le Régne de Henri IV.]

14236. ☞ Plaidoyer (de Simon MARION, Avocat-Général,) sur lequel a été donné, contre les Jésuites, l'Arrêt du 16 Octobre 1597, inséré à la fin d'icelui.

Ce Plaidoyer est imprimé dans les *Mémoires de Condé*, *tom*. VI. *La Haye*, 1743, *in*-4.

L'Arrêt du 29 Décembre 1594, qui bannissoit à perpétuité du Royaume les Jésuites, avoit été suivi d'un autre du 21 Août 1597, portant défenses à toutes personnes, Villes & Communautés, de recevoir les Prêtres & Ecoliers de cette Société, quand même ils en auroient abjuré les vœux & la profession. La Ville de Lyon, qui avoit déféré avec zèle au premier, vouloit éluder le second en faveur d'un nommé Porsan, qui avoit quitté les Jésuites, même avant le premier Arrêt, & vouloit se faire Principal du Collège de cette Ville. M. Marion fait voir dans son Plaidoyer, qui est curieux, combien il seroit dangereux de donner atteinte, même indirectement, à la sagesse des précédens Arrêts. Sur quoi intervint celui du 16 Octobre 1597, conforme à ses conclusions.

N°. On peut recourir au Chapitre IV. du Liv. IV. ci-après, à l'Article de l'*Université de Paris*, pour les démêlés de l'Université avec les Jésuites, depuis 1564 jusqu'en 1644.]

14237. ☞ Arrêt du Parlement, contre le sieur de Tournon, qui avoit retenu les Jésuites : *Lyon*, 1598, *in*-8.

Cet Arrêt est remarquable, parceque Tournon fut le seul lieu du ressort du Parlement de Paris d'où les Jésuites ne furent pas expulsés après l'affaire de Jean Chastel.]

14238. ☞ Apologia Societatis Jesu in Galliâ, cum defensione ejusdem Apologiæ; per Jacobum GRETSERUM, Soc. Jesu : *Ingolstadii*, 1599, *in*-8.]

14239. ☞ De Jesuitarum deleto Collegio gratiarum actiones ad Præsules Curiæ Parisinæ; per Academiam Parisiensem, Græc. & Lat. *Parisiis*, 1603, *in*-4.]

14240. ☞ La Sibylle Françoise, ou dernière Remontrance au Roi, où sont brièvement discourues les plus importantes raisons qui peuvent mouvoir S. M. à se résoudre sur le rétablissement des Jésuites : *Villefranche*, 1602.

Cette Pièce, en vers, contre leur rétablissement, est signée, CASSANDRE.]

14241. ☞ Le franc & véritable Discours au Roi, sur le rétablissement qui lui est demandé pour les Jésuites : 1602, 1610, &c. *in*-8.

Ce Discours, qui est d'Antoine ARNAUD, (Avocat, & père du fameux Docteur,) a été réimprimé en 1762, *in*-12, avec une Préface & des Notes, par l'Abbé GOUJET.

L'Auteur fait considérer que les Jésuites sont peu propres à enseigner la Jeunesse ; qu'ils soutiennent, contre le sentiment de l'Eglise Gallicane & de la Sorbonne, que le Pape peut excommunier les Rois & leur enlever leur Couronne ; que les Ecclésiastiques ne leur sont point sujets ; qu'un Souverain peut être privé par la République de ses Etats, à cause de sa tyrannie ; & , par une conséquence nécessaire, qu'on peut le tuer : qu'ils n'ont que trop fait usage de cette affreuse doctrine ; qu'ils sont ennemis de l'Etat, dissimulés, destructeurs de tout ordre : d'où il conclud que pour ces considérations, & plusieurs autres aussi importantes, il faut non-seulement ne les pas rétablir, mais faire exécuter l'Arrêt de leur proscription dans les endroits du Royaume où ils sont encore établis, puisque ce bannissement général portera le coup de la mort à leur malheureuse doctrine, & sera la vie, la gloire & la splendeur de S. M. & de toute la Maison Royale.

Voyez sur cette Pièce, *Dictionnaire* de Bayle, article Guignard, Remarque E. = Ducatiana, *pag*. 147. *Journ. de Henri III. tom. II. pag.* 356. = *Bibliothèque* de Clément, *tom. II. pag.* 121.]

14242. ☞ Plainte apologétique au Roi, pour la Compagnie de Jesus, contre le Libelle intitulé : *Le franc & véritable Discours*, &c. par Louis RICHEOME, Jésuite : *Paris*, 1610, *in*-8.]

14243. ☞ Traité de l'origine des anciens Assassins, Porte-couteaux, avec quelques exemples de leurs attentats & homicides ès personnes d'aucuns Rois, Princes, &c. de la Chrétienté; par Denys LE BEY DE BATILLY, Conseiller du Roi, & Président en la Ville de Metz : 1603, *in*-12.]

14244. ☞ Apologia Jesuitarum, ad Henricum IV.

Cette Pièce se trouve dans l'Ouvrage intitulé : *J. Chr. Colleri Anthologia* : *Lipsiæ*, 1725, *tom. I. fasciculo VI.*]

14245. ☞ Au Roi : Du soin que S. M. doit avoir de la conservation de sa vie : 1603.

Satyre violente contre les Jésuites. Voici les maximes sur lesquelles roule tout ce Discours. Les Espagnols visent à la Monarchie universelle; les Jésuites en sont les instrumens ; le Pape, les Cardinaux y concourent : il n'y a que la France qui soit capable de s'opposer à un pareil dessein. Il est par conséquent hors de doute que l'Espagnol la déteste, & fonde son élévation sur la mort du

Roi. Pour prouver tous ces points, l'Auteur n'omet rien de ce qui peut rendre les Jésuites odieux : sentimens dangereux, opinions détestables, révoltes, meurtres, attentats contre les personnes sacrées des Rois; tout y est peint avec des couleurs même au-delà du vraisemblable. Il en conclud qu'il faut les chasser & les éloigner pour jamais de la Cour, si S. M. veut y être en sûreté.]

14246. ☞ Lettre mystique, Réponse, Réplique. Mars joue son rôle en la première : en la seconde, la bande & le chœur de l'Etat; la troisième, figure l'amour de Polyphême, Galathée & des sept Pasteurs; l'ouverture de la cabale amplifiée; l'Index d'Espagne examiné; le désespoir de l'ombre achevé: le tout dédié à l'Excellence du Prince Maurice (de Nassau;) par M. D. L. F. *Leyden*, 1603, *in-12.*

Le titre de ce Livre n'annonce pas trop ce qu'il contient. Il est composé de quatre Pièces. La première, intitulée: *Lettre mystique touchant le succès de la conspiration dernière, écrite au P. Jean Boucher, par un Gentilhomme des Troupes du Comte Maurice, le 1 Septembre* 1601. Elle traite de la conspiration du Maréchal de Biron, (qui y est caché sous le nom du brave Mars;) comment elle se forma; qu'elle fut l'ouvrage du Roi d'Espagne, du Duc de Savoye & des Jésuites.

La seconde, intitulée: *Cabale mystérielle, révélée par songe, envoyée au P. Jean Boucher, fuyant en Espagne*; est une Pièce de vision en songe, dans lequel l'Auteur est initié aux mystères des Jésuites, & dans lequel il développe leur dévouement au Roi d'Espagne, & leurs maximes pernicieuses à la vie des Souverains.

La troisième est une Réponse en forme d'Observations sur la Lettre mystique & sur la Cabale.

La quatrième est une Réplique à cette Réponse, qui contient les amours de Galathée & de Polyphême, Histoire sûrement allégorique, mais si fort enveloppée, qu'il n'est pas aisé de reconnoître quels en sont les vrais personnages.

Ce Livre est, comme la plupart de ceux de son espèce, dans lesquels la vérité est gâtée par la satyre, & où le bon sens souffre de l'allégorie. Il n'y a aucun Ordre qui ait été exposé à la satyre plus que celui des Jésuites.

Voyez le *Mascurat* de Naudé, *pag.* 653, au sujet de nombre de Libelles faits contre les Jésuites.]

14247. ☞ Remontrance à l'Université, sur les quatre points proposés aux Jésuites.

Elle est imprimée au tom. II. du *Mercure François*.

M. Servin, Avocat-Général au Parlement de Paris, s'étoit fait autoriser à faire signer aux Jésuites quatre points de doctrine contraires à ceux qu'ils enseignoient: 1.° que le Concile est au-dessus du Pape : 2.° que le Pape n'a aucun pouvoir sur le temporel des Rois : 3.° qu'on doit révéler les attentats contre l'Etat & la personne des Rois, connus même par la confession: 4.° que les Ecclésiastiques sont sujets du Prince séculier. On fit du bruit; & l'on prétendit prouver par cette Remontrance qu'il étoit fort inutile d'agiter de pareilles questions. Cet Ecrit ne peut venir que des Jésuites ou de leurs partisans; un bon François ne parlera pas de la sorte.]

14248. ☞ Déclaration & Protestation des Doctes de la France, sur les affaires d'Etat, en laquelle est montré que les Jésuites sont très-ignorans : 1605, *in-8.*]

14249. ☞ Le Passe-par-tout des Jésuites, apporté d'Italie : 1607, *in-8.*

Voyez sur cette Pièce, *Journal de Henri III. tom. II. pag.* 104. = *Dictionnaire* de Prosper Marchand, Article *Aubigné*, Remarque S.]

14250. ☞ Duæ Pyramides una nova de perpetrato, altera vetus inversa de attentato patricidio Ignatianæ sectæ in Henrico IV, Rege Christianissimo: unâ cum aliis ejusmodi argumenti diversorum poëtarum poëmatiis, placituris quibus cordi est christianismus incorruptus, omnia in gratiam Monachorum Ignatianorum qui se Jesuitas indigitant : *Lutetiæ*, *Petit*, *in-4.* 24 pages.

C'est un petit Recueil, mais rare, de différentes Pièces en vers Latins contre les Jésuites, au sujet des assassinats des Rois Henri III. & Henri IV. sur-tout de ceux de Jean Chastel & de Ravaillac. On trouve à la tête deux Pièces Latines écrites en forme pyramidale contre eux à ce sujet. On y a mis aussi par extraits différens passages de Mariana & autres de leur Société, pour établir quelle est leur doctrine au sujet de la vie des Rois, avec quelques Censures de Sorbonne & Arrêts du Parlement de Paris, qui condamnent ces Ecrits.

Voyez sur ce Recueil, la *Méthode historiq.* de Lenglet, *tom. IV. pag.* 113.]

14251. ☞ Epistola M. Arthusii de Cressonieriis Britonis Galli ad Dominum de Parisiis, super attestatione suâ justificante & nitidante Patres Jesuitas.

Cette Lettre se trouve dans le tom. VI. des *Mémoires de Condé*: La Haye, 1743, *in-4.*

La mort de Henri IV. donna matière à bien des bruits contre les Jésuites. La conduite qu'ils avoient tenue précédemment, & la fureur de quelques-uns de leurs Ecrivains, donnoient de violens soupçons contre eux, dont ils eurent bien de la peine de se purger. M. de Gondy, Evêque de Paris, crut pouvoir leur donner une attestation par laquelle il reconnoissoit que ces bruits étoient faux & calomnieux. Le burlesque & satyrique Auteur qui prit le nom d'Arthusius de Cressonieriis, l'a critiqué dans cette Lettre, où la doctrine des Jésuites & M. l'Evêque de Paris sont tournés en ridicule de la façon la plus plaisante & la plus comique.]

14252. ☞ Décret du R. P. Aquaviva, Général de la Compagnie de Jésus, contre la pernicieuse doctrine d'attenter aux sacrées personnes des Rois.

Ce n'est qu'un feuillet qui fut répandu en 1610, pour appaiser les bruits. M. de Monclar, dans son Plaidoyer contre les Jésuites en 1763, (*pag.* 214 & *suiv.* de l'Edition *in-12.*) a prétendu que ce Décret, qui est éblouissant, étoit tourné avec beaucoup d'artifice.]

14253. ☞ Epistola ad aliquem ex Cardinalibus, quâ, ostenso imminente toti Societati Jesu in Galliis periculo; auctor ut publicis Comitiis Societatis Doctrina interfectionis tyrannorum, tanquam infernalis ac feralis censeatur & explodatur, petit atque orat.

Cette Lettre est imprimée, comme la précédente, dans le tom. VI. des *Mémoires de Condé*. Elle est extrêmement sage & modérée. L'Auteur presse le Cardinal à qui il l'adresse, de faire supprimer la doctrine pernicieuse qui est contenue dans les Livres de quelques Auteurs Jésuites. Prosper Marchand, dans son *Diction.* au mot *du Bois*, Remarque L. l'attribue à Jean du Bois Olivier, & il en donne d'assez bonnes raisons.]

14254. ☞ La salade des Iniquistes, ou les vers que ces Rappellés ont appropriés à leur sujet, avec quelques vers sur la mort de Henri IV. 1610, *in-8.*]

14255. Gravis & maximi momenti Deliberatio de compescendo perpetuo crudeli conatu Jesuitarum : 1610, *in*-4.]

14256. ☞ Lettre déclaratoire de la doctrine des Jésuites touchant la vie des Rois; par le P. COTON.

Elle se trouve dans le *Merc. François*, tom. I. p. 848.]

14257. ☞ Aux bons François, ou Réponse à la Lettre déclaratoire.

Elle est de l'Abbé Jean DU BOIS. Il en est parlé au *Journal de Henri IV*. tom. II. pag. 217; & elle se trouve dans le *Mercure François*, tom. XII. pag. 498 & 499.]

14258. ☞ Anti-Coton, ou Réfutation de la Lettre déclaratoire du P. Coton : Livre où il est prouvé que les Jésuites sont coupables & auteurs du parricide exécrable commis en la personne du Roi Très-Chrétien Henri IV, d'heureuse mémoire : 1610 : *in*-8.

Cette Pièce est divisée en cinq Chapitres. Dans les deux premiers, l'Auteur fait voir, par les Ouvrages & par les faits des Jésuites, qu'ils approuvent le parricide des Rois & la rébellion des sujets. Dans le troisième, il établit, par différentes conjectures, qu'ils sont coupables en particulier de celui commis en la personne de Henri IV. Dans le quatrième, il répond & examine la Lettre déclaratoire du P. Coton. Dans le cinquième, il conclud qu'il faut éloigner de la personne du Roi, & les bannir de l'Etat. Pierre Coton : Anagramme, *Perce ton Roi*.

On a attribué cette Pièce à Pierre DU MOULIN. (*Voyez les Lettres* de Bayle, pag. 433,) & à Pierre DU COIGNET : d'autres la donnent à un Avocat de Paris, César DE-PLAIX, Sieur de l'Ormoye, (*ibid*. pag. 435.) A la pag. 58 de cette Pièce, l'Auteur se déclare Avocat, puisqu'il dit : *Nous qui n'entendons que le Latin d'Accurse*. M. Perdoux de la Perrière, (sçavant Laïc d'Orléans,) a découvert ce fait en furetant de vieux Livres, où il l'a trouvé écrit de la main de M. de Gyves, Avocat du Roi à Orléans, & contemporain de De-Plaix, duquel il pouvoit aisément l'avoir appris. C'est ce même De-Plaix qui, après la mort de Henri IV, eut une querelle à démêler avec les trois frères Arnaud, (dont nous parlerons plus bas.) De-Plaix fit, en 1640, étant vieux, deux Plaidoyers pour Sébastien Tridon, Chanoine de S. Lazare d'Avalon, qui fut Calviniste, & se maria. Le Père Véron refuta ces Plaidoyers. Voy. le num. 17 des *Opuscules* de Père, édition de 1645, *in*-8. *Réponse pour le Célibat*, contre le *Plaidoyer de De-Plaix*, Avocat : 1640, &c.

L'Anti-Coton a été réimprimé en 1736, *in*-4. à deux colonnes, avec une Table & les Inscriptions de la Pyramide élevée devant la porte du Palais, contenant la condamnation de Jean Chastel. L'Editeur y a joint un Avant-propos fort vif contre la Société ; je m'étonne qu'il n'y ait rien dit concernant l'Auteur de l'Anti-Coton.

Un Libraire, nommé Joalin, pris pour l'Anti-Coton, condamné au Châtelet à faire amende-honorable, en ayant appellé à la Cour, au rapport de M. de Mesnard : Conseiller, fut absous. *Voyez le Journal de Henri IV*. tom. II. pag. 250. « L'Anti-Coton, dont les exemplaires se vendirent d'abord 5 sols la pièce, se vendit dans la suite jusqu'à une pistole, après que l'Imprimeur eut été emprisonné à la poursuite du P. Coton. » *Voyez* encore le *Remerciement des Beurrières*, pag. 9.

César De-Plaix avoit sans doute quelque part à la satyre; on peut en juger par un endroit du Catalogue de la Bibliothèque de Baluze, où, pag. 296 du second volume, on lit ce titre : « Requête présentée au Parlement par Antoine Arnaud, Avocat, & Isaac Arnaud, Intendant des Finances, frères; contre César De-Plaix, Avocat au Parlement, qui avoit publié contre eux un Libelle diffamatoire très-injurieux, sous prétexte du Procès qu'il avoit contre Louis Arnaud, un de leurs frères ». Il falloit que César De-Plaix fût un jeune Avocat en 1610, lorsqu'il composa l'Anti-Coton; car on ne trouve point son nom dans la Liste des Avocats de 1599, qui est dans les *Opuscules* de Loysel.

Au reste, l'Anti-Coton est une des Pièces des plus fortes & des plus vives qui aient été faites contre les Jésuites. Elle a été réimprimée à la fin du tom. II. de la *Vie de Don Inigo de Guipuscoa*, (S. Ignace) avec une curieuse Dissertation, qui est de Prosper MARCHAND, ainsi qu'il en convient lui-même dans son *Dictionnaire*, au mot *Anti-Coton*. Il a cru que Jean du Bois, connu sous le nom de *Joannes à Bosco*, pourroit bien être l'Auteur de l'Anti-Coton.

Voyez sur ce Livre, *Merc. François*, tom. I. p. 500. = *Bibl*. de Clément, tom. I. pag. 366. = *Journ. de Henri IV*. tom. IV. pag. 200, édit. 1741. = Mascur. p. 646. = Perroniana, p. 88. = Ducatiana, *pag*. 393. = *Mém. de l'Étoile*, tom. II. pag. 353. = Baill. *Jugem. des Sçav.* tom. VI. pag. 36. = Mém. d'Artigny, tom. VII. p. 53.]

14259. ☞ Avis de M' Guillaume, nouvellement retourné de l'autre monde, sur le sujet de l'Anti-Coton; composé par Pierre du Coignet, jadis mort, & depuis n'aguères ressuscité : 1611, *in*-8.]

14260. ☞ Le fléau d'Aristogiton, ou Réponse aux calomnies contre les Pères Jésuites, avancées dans le Livre intitulé : Anti-Coton ; par Louis DE MONTGOMMERY; dédiée à la Reine : 1610, *in*-8.]

14261. ☞ Le Remerciement des Beurrières de Paris, au sieur de Courbouzon de Montgommery : *Niort*, 1610, *in*-8.

C'est une Satyre (en vers) assez vive contre le Livre précédent & son Auteur. Les Jésuites n'y sont pas épargnés; on les y accuse de crimes énormes. Il y a quelques traits contre le sieur Pelletier & la Demoiselle de Gournay, autres amis des Jésuites.]

14262. ☞ Complainte (en vers) de l'Université de Paris, contre aucuns étrangers nouvellement venus, surnommés Jésuites : 1610, *in*-8.]

14263. ☞ Prosopopée de l'Université de Paris, sur l'issue de son Procès : *in*-8.

On lui fait dire qu'elle abandonneroit plutôt la place, que d'admettre dans son sein; mais elle espère que l'équité du Parlement la maintiendra dans son ancien état & splendeur.]

14264. ☞ Réponse apologétique à l'*Anti-Coton* & à ceux de sa suite, présentée à la Reine-Mère, Régente, où il est montré que les Auteurs anonymes de ces Libelles diffamatoires sont atteints des crimes d'hérésie, lèze-Majesté, perfidie, sacrilège, & très-énorme imposture ; par un Père de la Compagnie de Jésus, (BONALD) *au Pont*, 1611, *in*-12.

L'Auteur de ce Livre répond pied à pied à l'Anti-Coton, &, par occasion, à quelques Libelles qui ont le même objet; tels que le Tocsin, le Remerciement des Beurrières, la Remontrance du Parlement, &c. Il contient d'ailleurs quelques faits & des citations curieuses; mais au surplus, il est diffus & mal écrit.]

Responsio apologetica adversùs Anti-Cotoni criminationes ex Gallico unius è Soc. Jesu, Latinè ; per Joannem PERPERATIUM : *Lugduni*, Cardon, 1611, *in*-8.

C'est la traduction de l'Ouvrage précédent.]

14265. ☞ Réponse à l'Anti-Coton, de point en point, pour la défense de la doctrine & innocence des Jésuites; par Adrian Behotte, Archidiacre de Rouen : *Rouen, Osmond*, 1611, *in-8.*]

14266. ☞ Examen catégorique du Libelle intitulé : *Anti-Coton* ; où est corrigé le Plaidoyer de Pierre de la Martelière, & plusieurs Calomniateurs des Jésuites réfutés ; & où sont défendus les droits de la Majesté & personne des Rois; par Louis Richeome, Jésuite : *Bordeaux, Marcan*, 1613, *in-8.*

Ce Livre est divisé en soixante-treize Chapitres, dans lesquels l'Auteur répond à l'Anti-Coton, & aux cinquante-neuf Parallèles du Plaidoyer de M. de la Martelière. Il prétend prouver que tout ce qui est contenu dans l'Anti-Coton est faux, calomnieux, & très-injurieux aux Rois : que M. de la Martellière ayant puisé dans les mêmes sources les mêmes calomnies dont il a orné son Plaidoyer, doit être traité de même, & mérite aussi peu de créance. Si l'air assuré dont ce Père parle est un signe de bonne conscience, il n'y a pas à douter que la vérité ne soit pour lui : il exalte fort ses Confrères; tels que Bonarscius, Eudemon-Joannes, &c.]

14267. ☞ Horoscopus Anti-Cotonis auctior & penè novus; auctore Andræâ Scioppio, Gasparis fratre, prima pars. Secunda pars, in quâ præter Anti-Cotonem & Socios, Pasquelinus sive Lagenius, & Casaubonus tanguntur leviter, eorumque mores & scripta castigantur : *Ingolstadii*, 1616, *in-4.*

Nous sommes plus au temps des Scioppius & des Scaliger, où l'on croyoit que les invectives & les injures étoient une qualité essentielle à la Critique. L'Auteur de ce petit Écrit n'a point voulu céder sur cela à son frère. Dans sa première partie, il pousse l'emportement & la fureur à un excès indigne d'un Sçavant & d'un honnête homme. J'en citerai pour échantillon, l'explication qu'il donne de ces trois Lettres, P. D. C. qui signifient Pierre du Coignet, à qui l'on attribuoit l'Anti-Coton. *Pendebis de cruce, pedes, dentes : cornua : parentibus dubiis creatus : petulans damnatus calumnia : pecus destitutum cerebro : partus dignus catastâ : patibulo debitum Catharma : potentis dedecus Carentonii.* Voilà son horoscope. L'Auteur narre sur le même ton sa vie, sa mort, ses funérailles, son apothéose. Après cela, on ne doit pas s'étonner de ce qu'il dit de MM. de la Martellière & Hardivilliers. Sa seconde partie met le comble à tout. Plus sa bile s'échauffe, plus le fiel coule à grands flots, tantôt sur les Calvinistes, & tantôt sur l'Anti-Coton. Il dit quelque chose de Pasquier; & c'est avec le même pinceau qu'il trace le portrait de Casaubon.

Voyez sur ce Livre, le *Mascurat de Naudé, p. 646.*]

14268. Andr. Eudemon-Joannis, Cydonii, Apologia pro Henrico Garneto, & Confutatio Anti-Cotonis: *Coloniæ*, 1610 & 1611, *in-8.*]

14269. ☞ Véritable Réponse à l'Anti-Coton : *in-8.*]

14270. ☞ Questions faites au Diable par le Père Coton.

Bongars avoue que c'est lui qui les a fait imprimer. Je ne sçais si c'est la même Pièce que celle-ci.]

14271. Epître écrite du temps de Philippe le Bel, contre les usurpations de Boniface VIII, avec les Questions proposées au Diable par le Père Coton ; pour en avoir Réponse.]

14272. ☞ Réponse aux invectives du Livre intitulé : Le Grand Colisée, &c.]

14273. ☞ Vœux des Jésuites à l'usage des Princes.]

14274. ☞ Avis au Roi, sur l'instruction de la Jeunesse.]

14275. ☞ Tropologie sur le retour des Jésuites.]

14276. ☞ Considérations à la France, sur la consolation envoyée de Rome à la Reine, mère du Roi, Régente de France.

C'est une réponse, article par article, & assez vive contre les Jésuites, à la Pièce intitulée : *Consolation envoyée à la Reine Mère, sur la mort de Henri IV*; par Louis Richeome, Jésuite : *Lyon*, 1610, *in-8.*]

14277. ☞ Physignomonia Jesuitica variis opusculis, discursibus, characteribus, epigrammatibus expressa; studio & operâ Petri de Wangen : *Lugduni*, 1610, *in-8.*]

14278. ☞ Jésuites établis & rétablis en France, & le fruit qui en est arrivé à la France : 1611, *in-8.*

C'est un Recueil de différentes Pièces en vers, faites à ce sujet contre les Jésuites, entr'autres : *Remontrances au Roi sur le rétablissement des Jésuites. = Sur la ruine de la Pyramide de Chastel, Disciple des Jésuites. = Le Bouquet de fleurs d'épine. = Le Pater noster des Catholiques. = Le pate-nôtre des Jésuites, Loyolistes, Marianistes, Bellarministes. L'Ave-Maria des Catholiques, avec la suite ; le Credo des Catholiques & celui des Jésuites ; le Confiteor des Catholiques. = Salutation Angélique, ou Avis dédié à la Reine Régente, par les François. = Le Confiteor de Henri le Grand.* Toutes ces Pièces sont médiocres, & assez mal versifiées.]

14279. ☞ Le Tribun François, ou très-humble Remontrance faite à la Royne par son peuple : 1611, *in-8.*

C'est au sujet de la surséance ordonnée à l'exécution d'un Arrêt du Parlement, qui condamnoit deux Livres faits par deux Jésuites, contre l'autorité souveraine des Rois de France. L'Auteur dit à la Reine, qu'elle doit tenir pour maxime infaillible, qu'être Jésuite & bon François, sont deux qualités incompatibles.]

14280. ☞ Copie d'une Lettre écrite à Monseigneur Paulino, autrefois Dattaire sous le Pontificat de Clément VIII, d'heureuse mémoire, traduite du Latin en François: 1611, *in-8.*

Cette Pièce, soussignée par A. D. W. est datée de Douay, du 11 Septembre 1610. Elle fut composée au sujet de la contestation des Jésuites avec l'Université. C'est une Satyre vive contre la doctrine de ces Pères, leurs calomnies & leur façon de s'aggrandir aux dépens des autres Religieux. Elle est pleine d'une infinité de traits curieux.]

14281. Jac. Kelleri Tyrannicidium, seu scitum Catholicorum de Tyranni internecione, adversùs inimicas Calviniani Ministri calumnias in Societatem Jesu jactatas; (ex occasione Libri Marianæ & Henrici IV, Regis Francorum parricidii:) *Monachii, Henricus*, 1611, *in-4.*]

14282. ☞ L'Anti-Jésuite, ou Discours au Roi contre les Jésuites, sur la mort de Henri IV : *Saumur*, 1611, *in-*8.

Cette Pièce, qui est très-vive, a été réimprimée depuis, en 1616, sous le titre de *Courier Breton* ; & encore dans le tom. VI. des *Mémoires de Condé : La Haye*, 1743, *in-*4.

Voyez le *Dictionnaire* de Prosper Marchand, au mot *Anti-Jésuite*. L'Etoile, dans ses *Mémoires*, tom. II. pag. 378, attribue cette Pièce à un jeune homme nommé BONESTAT ; mais il pourroit bien n'en avoir été que l'Editeur, selon que l'a remarqué Prosper Marchand, dans son *Dictionnaire*, article *Montlyard*, qu'il croit en être le véritable Auteur.

Cet Ecrivain attribue la doctrine d'attenter à la vie des Rois, non-seulement à quelques particuliers Jésuites, mais encore à toute la Société, qu'il voudroit qu'on exterminât, comme on a fait les Templiers & les Humiliés, pour des crimes moins grands. On n'a pas besoin de tous les exemples ni de tous ses syllogismes, pour sçavoir que la personne des Rois est inviolable : c'est une maxime de Droit public qu'on ne peut révoquer en doute. Un peu plus de modération n'auroit pas rendu moins bon cet écrit.]

14283. ☞ Censura Facultatis Parisiensis in Librum inscriptum : Trois excellentes Prédications : *Paris*, 1611, *in-*8.

La même, en François, sous le titre suivant :

Censure de la Faculté de Théologie de Paris, contre quatre Propositions tirées d'un Livre intitulé : Trois très-excellentes Prédications prononcées au jour & fête de la béatification du glorieux Patriarche, le bienheureux Ignace, Fondateur de la Compagnie de Jesus ; faite sur la Remontrance de Jehan Fillesac, Docteur de ladite Faculté. Elles sont toutes jugées blasphématoires & impies.

Cette Censure est imprimée au *Recueil de plusieurs Actes & Mémoires* : 1612, *in-*4.]

14284. ☞ Lettre justificative du Père Fr. SOLIER, touchant la Censure de quelques Sermons faits en Espagnol, à l'honneur de S. Ignace : *Poitiers*, 1611, *in-*8.]

14285. ☞ Le Contre-Assassin, ou Réponse à l'Apologie des Jésuites, faite par un Père de la Compagnie de Jesus de Loyola, & réfutée par un très-humble serviteur de J. C. 1612, *in-*8.

Voyez sur cette Pièce & sur David HOME, son Auteur, le *Dictionnaire* de Prosper Marchand, au mot *Home*, où il en donne un extrait.]

14286. ☞ L'assassinat du Roi, ou Maximes du Vieil de la Montagne Vaticane, & de ses assassins pratiqués en la personne du défunt Henri le Grand ; seconde édition, revue, corrigée & augmentée par l'Auteur : 1614, *in-*8.

Le but de cette Pièce est de prouver que les maximes Papales, enseignées & pratiquées par les Jésuites, ont causé la mort de Henri IV. Pour cela l'Auteur expose, 1.º les différens attentats des Papes sur la personne des Rois : 2.º la doctrine des Jésuites à l'égard de l'autorité du Pape sur les Rois : 3.º différens faits & différentes conjectures sur l'assassinat de Henri IV, qui font la plupart tirées de ce qui avoit précédé, & du procès de Ravaillac. Cette Pièce a été réimprimée à la fin du *Sup-* plément aux *Mém. de Condé*, édit. de Genève. L'Auteur est encore David HOME, Ecossois transplanté en France.

Voyez encore le *Dictionnaire* de Prosper Marchand, article *Home*, où il donne un détail de cette Pièce. On peut consulter aussi le *Journal de Henri III*. tom. II. pag. 440.]

14287. ☞ Opposition formée au nom de M. l'Archevêque & du Chapitre de l'Eglise de Toulouse, à l'édification d'une Maison & Eglise des Jésuites Profès, entreprise par les Jésuites en ladite Ville, avec la Consultation faite sur ladite opposition par quatre célèbres Docteurs : 1613, *in-*4.

Lettre du Cardinal de Joyeuse sur cette Consultation, & les Réponses : 1621, *in-*4.]

14288. ☞ Epistola monitoria ad Academicos Parisienses perturbatores P. C. P. A. pro reparandâ Academicis concordiâ & pace : *Cadomi*, 1614, *in-*8.

Cette Lettre, écrite en faveur de Richer & de sa doctrine, est adressée à François de Harlay, Abbé Commendataire de Saint-Victor-lès-Paris. L'Auteur lui impute tous les troubles qui sont en Sorbonne, pour la protection qu'il donne aux Jésuites ; empêchant l'exécution des Arrêts du Parlement rendus contre eux. Il prouve par des exemples depuis S. Louis, que ce sont les Religieux qui ont suscité toutes les querelles qu'on a vues dans cette Faculté ; qu'il vaudroit mieux les employer aux Missions étrangères, que de les nourrir dans l'oisiveté, pour enseigner des dogmes contraires à ceux de l'Evangile & aux Libertés de l'Eglise Gallicane. On trouve à la fin des traits assez forts contre les Jésuites & contre leur envie de s'aggrandir.]

14289. ☞ Mémoires & Avis pour rendre les Jésuites utiles en France, où sont découvertes plusieurs choses de leur Institut, jusqu'à présent cachées : 1614, *in-*8.

Il faudroit, dit l'Auteur, 1.º leur faire quitter leur nom de Jésuites : 2.º qu'ils eussent un Père naturel François : 3.º que tous ceux à qui il seroit permis de vivre en France, fussent sujets du Roi : 4.º qu'ils renonçassent à toutes leurs exemptions, & se remissent au Droit commun : 5.º qu'ils ne fissent plus de quatrième vœu au Pape : 6.º qu'ils jurassent de bonne foi, & sans équivoque, qu'il n'y a aucune puissance en terre, quelle qu'elle soit, qui puisse absoudre les François du serment de fidélité qu'ils doivent à leur Prince, & que les Ecclésiastiques sont sujets à sa jurisdiction : 7.º qu'ils abjurassent les dogmes touchant le meurtre des Rois : 8.º qu'on examinât s'il est bon & utile qu'ils eussent un Collége à Paris, auquel cas il faudroit les incorporer avec l'Université : 9.º que la Société rendit public son Institut, qu'elle a tenu jusqu'à présent caché : 10.º qu'on leur défendît tout trafic & négoce : 11.º qu'ils ne se mêlassent plus de donner des avis sur les cas de conscience : 12.º qu'on leur défendît de suborner les enfans de bonne Maison pour entrer dans leur Société ; qu'on réglât le temps de leurs vœux, la succession qu'ils prétendent de leurs parens, la multiplication de leurs Colléges, leurs revenus & l'acquisition des Bénéfices dont ils dépouillent les autres Ordres.]

14290. ☞ Théophile Eugène, au Très-Chrétien Roi de France & de Navarre, Louis XIII. pour la Réformation des Jésuites en France : 1614.

Ce Discours contient cinq articles de réformation pour le civil. On trouve ensuite : *Théophile Eugène, aux pieds de N. S. P. le Pape Paul V*, pour le même sujet, en ce qui concerne la police Ecclésiastique ; & ce second Discours

Ouvrages pour & contre les Jésuites.

Discours contient quatre articles, dont le but est de ramener la Société à son premier Institut.]

14291. ☞ Avis & Notes données sur quelques Plaidoyers de M. Servin ; par Louis RICHEOME, Jésuite : *Agen*, 1615, *in-8*.]

14292. ☞ Avis de ce qu'il y a à réformer en la Compagnie des Jésuites ; présenté au Pape & à la Congrégation générale par le P. Hernando DE MENDOÇA, du même Ordre ; ensemble plusieurs Lettres des Indes écrites par des Pères Jésuites, & autres de l'Ordre de S. François, traduites du Portugais : 1615.

Cette Pièce, & les deux qui précèdent, furent faites à l'occasion des treize Articles que la Chambre du Clergé & celle de la Noblesse firent insérer, à la sollicitation du Cardinal du Perron, protecteur déclaré des Jésuites, dans leur Cahier général, & présenter au Roi ; dans le second desquels treize articles ils demandoient le rétablissement des Pères Jésuites dans l'Université, (ils n'y avoient jamais été établis,) en les soumettant aux loix de cette Université. Ces treize Articles regardoient principalement la réforme de l'Université de Paris.]

14293. ☞ Apologie pour les PP. Jésuites ; par le sieur DU PERRON : *Paris*, Estienne, 1614, *in-8*.

La même, en Latin : *Paris*, Cramoisy, 1615, *in-8*.

L'Auteur n'étoit pas le Cardinal, mais un homme aujourd'hui peu connu, dont le nom peut faire illusion à certains Lecteurs.]

14294. ☞ Déclaration de l'Institut de la Compagnie de Jesus, pour réponse aux principales objections faites contre les Jésuites ; par le P. Fr. TACON, Jésuite : *Paris*, Chapelet, 1615, *in-8*.]

14295. ☞ Prosecutio, continuatio & innovatio omnium & singularum intercessionum in hanc usque diem factarum ab Universitate Parisiensi, adversùs admissionem Jesuitarum, die 17 Martii, 1615, en Latin & en François : 1615, *in-8*.]

14296. ☞ Avis au Roi, touchant la permission donnée aux Jésuites d'enseigner la Jeunesse à Paris : 1618, *in-8*.]

14297. ☞ Remontrance faite par les Pères Jésuites du Collége de S. Louis d'Angoulême, à M. l'Evêque d'Angoulême, & leur Apologie : (1626.)

Cette Remontrance est imprimée au tom. XII. du *Mercure François*.

Les Jésuites eurent plusieurs différends avec M. l'Evêque d'Angoulême, (Antoine de la Rochefoucauld.) Le premier vint de ce qu'ils avoient, en 1622, passé le contrat de leur établissement sans son consentement & en son absence. Celui dont il s'agit s'éleva au sujet de leur Eglise, qu'ils faisoient bâtir contre les défenses de cet Evêque, qui trouvoit indécent le lieu où ils la construisoient : il les menaça d'excommunication, s'ils persistoient. A cette occasion, ils lui remontrent qu'ils sont directement soumis au Saint Siége, & exempts de la Juridiction des Evêques, qui ne peuvent ni les excommunier ni les interdire ; qu'ils ont droit, malgré leurs défenses, de bâtir des Eglises & des Autels, & d'y dire la Messe, pourvu qu'ils soient approuvés de leur Provincial, & que l'intention du Saint Siège est qu'ils soient maintenus dans leurs Priviléges ; mais qu'ils n'en veulent

pas user sans l'aveu des Evêques. Celui d'Angoulême réfuta leurs prétentions dans son Ordonnance ; & les Jésuites y répondirent par une Apologie, où, après plusieurs raisonnemens, ils avancent qu'on ne peut jetter un interdit en France sans la permission du Pape, & finissent par essayer de montrer la nullité des censures de l'Evêque.

14298. ☞ Recueil de l'Ordre des Jésuites, tiré des bons & assurés Auteurs, & des accidens notoires : (*Paris*,) Petit, 1620, *in-8*.]

14299. ☞ Philander Philanax, de naturâ, fine, mediis Jesuitarum : 1619, *in-8*.]

14300. ☞ Origenes Philanthropos : *in-8*.]

14301. ☞ L'avarice des Jésuites, avec la Réponse : *in-8*.]

14302. ☞ L'Innocence des mêmes : *in-8*.]

14303. ☞ Manifeste des mêmes : *in-8*.]

14304. ☞ Tableau des mêmes : *in-8*.]

14305. ☞ Apologie des mêmes ; par PELLETIER : *in-8*.]

14306. ☞ Sur la mort du Père Coton ; par le même : *in-8*.]

14307. ☞ Doctrine meurtrière du Père Octavius de Hollande : *in-8*.]

14308. ☞ Complainte sur la Pyramide : *in-8*.]

14309. ☞ Perfections & excellences de la Compagnie des Pères Jésuites : *in-8*.]

14310. ☞ Défense des mêmes : *in-8*.]

14311. ☞ Source & origine apostolique des Jésuites, montrant comment ils peuvent être avortons de quelque Apôtre ; inventeurs leur vie & sainteté : *in-8*. (7 pages en vers.)]

14312. ☞ Le Guet des bons Pères Jésuites, pour épier les actions des Rois & Princes Chrétiens, sous prétexte d'avancer la Religion Catholique Romaine, en faveur & avancement de la Maison d'Autriche : 1621, *in-12*.]

14313. ☞ L'innocence des Jésuites, contre les calomnies & fausses imputations de l'Assemblée de la Rochelle : 1621, *in-8*.]

14314. ☞ La Légende des Jésuites, ou sommaire Recueil des raisons pour lesquelles le Peuple de Troyes refuse de recevoir la Société des Jésuites, extraite des Décrets de la Sorbonne, des Remontrances faites au Roi par son Parlement de Paris, des Edits & Arrêts, des Histoires de divers Royaumes, & de plusieurs Bons Auteurs : 1622, *in-8*.

L'Auteur accuse les Jésuites d'impiété, d'être des hommes dangereux en fait de Religion ; inventeurs de damnables & de nouvelles opinions ; ambitieux, séditieux, meurtriers & assassins des Rois, &c. La Réponse qui suit attribue cet ouvrage à un Protestant ; mais l'Auteur des *Mémoires pour servir aux Antiquités Ecclésiastiques de Troyes*, (M. Grosley,) le donne à M. François PITHOU. On ne sçait par quelle raison il n'a point fait usage de cette Pièce dans son Recueil.

14315. ☞ Contrebatterie & Réponse à la Légende des Jésuites, la réfutation de tou-

Tome I. Sssss

tes ses calomnies, & la connoissance de la vérité sur ce sujet : 1622, in-8.

C'est la Réponse à la Pièce précédente, que l'Auteur Jésuite dit être un Libelle qui attaque le Roi, le Parlement & les Edits.]

14316. ☞ Mémoires pour servir à l'Histoire des RR. PP. Jésuites, contenant le Précis raisonné des tentatives qu'ils ont faites pour s'établir à Troyes, avec les Pièces justificatives ; I. N. R. I. (par Pierre-Jean GROSLEY, Avocat à Troyes:) (*Paris*,) 1757, *in*-12.]

14317. ☞ Mystères des Jésuites, par interrogations & réponses: *Villefranche*, 1624.]

14318. ☞ Le Tableau satyrique des Pères de la Société : 1624, en vers.]

14319. ☞ Mémoires de plusieurs Universités contre les Jésuites: 1624, *in*-8.]

14320. ☞ La Société (des Jésuites) en duel contre les Universités de France: 1624, *in*-8.]

14321. ☞ Alitophili veritatis lacrymæ, sive Euphormionis Lusinini continuatio : *Genevæ*, 1624, 1626, *in*-12.

Dans cette dernière Edition, l'Auteur est nommé GABRIEL A STUPEN, qui est le nom sous lequel s'est caché Claude-Barthélemi MORISOT de Dijon, qui est mort en 1661.

Cette sanglante Pièce est remplie de plusieurs visions & d'Histoires allégoriques, dans lesquelles il fait le détail des maux qui affligent la France, & qui en ont banni la Vérité. On y trouve, sous des noms empruntés, quelques Satyres sur des personnes qualifiées de son siècle ; mais ce qu'il y a de plus violent & de plus détaillé, est contre les Jésuites, & notamment ceux de Theonpolis, (Dijon,) qu'il accuse d'un crime horrible. Il parle aussi particulièrement de ceux de Lyon. Ce Livre , qui fit beaucoup de bruit, fut condamné, à la sollicitation des Jésuites, par Arrêt du Parlement de Dijon. *Voyez* le *Menagiana* & la *Bibl. des Auteurs de Bourgogne,* article *Morijot*.]

14322. ☞ Les soupirs d'Alexis, sur la retenue si longue de son ami Théophile: 1624.]

Pièce en vers, qui ne contient proprement rien contre les Jésuites, mais relatives aux suivantes. Ce *Théophile* est un nom emprunté.]

14323. ☞ Theophilus in carcere: 1624.]

14324. ☞ Invective contre le P. Garasse.]

14325. ☞ Apologie de Théophile: 1624.

Il réfute le Père Garasse, qui l'avoit calomnié, & semble accuser ce Père d'un crime horrible.]

14326. ☞ Lettre de Théophile, à son frere: 1624.

Pièce en vers dans laquelle il se plaint de ses calomniateurs.]

14327. ☞ Manifeste du Syndic de l'Université de Cahors, contre les PP. Jésuites, pour être vu devant MM. du Conseil privé du Roi: 1624, *in*-8.]

14328. ☞ Raisons sur lesquelles est intervenu l'Arrêt du Conseil du Roi, contre les PP. Jésuites, demandeurs en cassation d'Arrêt du Parlement de Toulouse, par lequel défenses leur sont faites de prendre le nom, titre & qualité d'Université, & de bailler aucun degré en aucune Faculté, ni aucune nomination aux Bénéfices : *Paris*, 1624, *in*-8.]

14329. ☞ Examen de l'Apologie du sieur Pelletier, pour les PP. Jésuites: *Paris*, Bouillerot, 1625.

C'est une Pièce assez bonne, & forte. L'Auteur accuse le sieur Pelletier d'avoir vomi des blasphèmes & des impiétés contre les Rois, contre la Sorbonne, contre l'Etat & contre ceux qui avoient réfuté, pour sa défense, les ennemis des Rois. Il lui fait voir qu'il fait plus de tort aux Jésuites que de bien, puisqu'en les défendant, il paroît vouloir leur faire approuver la doctrine & tout ce qui est contenu dans les Libelles publiés contre le Roi & son Etat, dans l'Ecrit intitulé : *Mysteria politica*, & autres de cette nature, qui venoient de paroître.]

14330. ☞ Articles de Demandes du Parlement aux Jésuites, & Réponses : 1626.]

14331. ☞ Propositions accordées (dans la Maison de) Sainte Genevieve, sur le fait de la Censure: 1626.]

14332. ☞ Arrêt du Parlement, contre les PP. du Collége de Clermont: *Paris*, 1626.]

14333. ☞ Avis notable & Consultation des six plus fameux Avocats du Parlement de Paris, contre les Frères eux disant Jésuites ou de la Société de Jesus: 1626, *in*-8.

Ces Avocats, qui avoient donné cet Avis le 24 Mars 1564, jugeoient que l'Université ne pouvoit ni ne devoit recevoir & incorporer les Jésuites.]

14334. ☞ Réfutation de la Somme de François Garasse, Jésuite, 1626, *in*-4.

Cet Ouvrage est du fameux Abbé de S. Cyran, Jean DU VERGIER DE HAURANNE, qui quelques années après eut part aux Ouvrages de *Petrus Aurelius*, pour la défense de la Hiérarchie contre les Jésuites.]

14335. ☞ Pro Rege Christianissimo Deffensio adversùs pestilentis doctrinæ Libellum, cui titulus : *Admonitio G. G. R.* Radolpho BOTEREIO scriptore, (Raoul BOUTHRAYS,) in Magno Franciæ Consilio Advocato : *in*-8.]

14336. ☞ Censura S. Facultatis Theol. Parisiensis, in Librum Antonii Santarelli, Jesuitæ, de hæresi, &c. 1626, *in*-8.]

14337. ☞ Notes sur le Livre intitulé : Apologie ou Défense pour les PP. Jésuites, par le sieur Pelletier, faites de la part des Universités de France : 1626. *in*-8.]

14338. ☞ Conclusions de M. Servin, (Avocat-Général,) ou Entretiens de M. Servin & du P. Coton, Jésuite, en l'autre monde : 1626, *in*-8.

C'est un Dialogue allégorique & satyrique entre M. Servin & le Père Coton, contre les Jésuites, au sujet de leur doctrine meurtrière.]

14339. ☞ Le Jubilé d'un Espagnol, d'un Jésuite & d'un bon François, révélé pour le salut de l'Etat à tous les vrais Catholiques, par le bon Génie de la France : 1626, *in*-8.]

14340. ☞ Regia majestas sacrosancta, interprete Joanne FILESACO, Theologo Parisiensi : *Parisiis*, Bouillerot, 1626, *in*-8.]

14341. ☞ La Doctrine des Révérends Pères de la Compagnie de Jesus, touchant le Temporel des Rois, conforme aux saints Conciles & Décrets des Papes : *Paris*, Bacot, 1626, *in-*8.

C'est un extrait de plusieurs Livres composés par des Pères de la Société, pour prouver qu'ils ont toujours distingué les deux Puissances, & attribué à chacune ce qui lui appartient.]

14342. ☞ Désaveu des Jésuites présenté au Roi & à Messieurs de la Cour de Parlement, à Fontainebleau : 1626, *in*-8.

Il concerne les Libelles *Admonitio ad Regem, Mysteria politica,* & le Livre de Santarel. On y a joint les Arrêts du Parlement qui les flétrissent, la Censure de la Sorbonne & le Désaveu fait par les Prélats du Livre intitulé : *Cardinalium, Archiepiscoporum, &c. de famosis Libellis sententia : Lutetiæ Parisiorum,* 1626.]

14343. ☞ Les Prophéties anciennes, pour servir de Miroir aux Pères Jésuites, & à tous les gens de bien : (1626) *in*-8.

C'est un Recueil de plusieurs Pièces depuis 1554 jusqu'en 1625. Les principales sont l'Avis de M. l'Evêque de Paris, (Eustache du Bellay) sur les Bulles obtenues par les Jésuites; la Conclusion de la Faculté de Théologie, du premier Décembre; les Remontrances du Parlement sur leur rétablissement, ou le Discours de M. de Harlay, & plusieurs autres de cette nature.]

14344. ☞ Apologie au Roi : *Paris*, 1626, *in*-8.

Elle est de Théophile, & contient un ample récit de toute son affaire & de son emprisonnement. Il paroît par cette Pièce qu'il étoit en liberté quand il la composa.]

14345. ☞ Considérations d'Etat sur le Livre publié depuis quelques mois, sous le titre d'*Avertissement au Roi* (ou *Admonitio*) : 1626, *in*-8.

L'Auteur de cet Ecrit prétend que l'*Admonitio* n'est pas tant l'Ouvrage d'un particulier, que celui d'une cabale puissante, artificieuse & très-agissante, dont le but a été non-seulement d'engager le Roi à se séparer de ses Alliés, mais encore de jetter le trouble dans le Royaume, d'exciter l'ambition des Grands inquiers, & qui ne peuvent s'accommoder aux Loix d'une juste domination, de faire soulever tous les Ordres, &c. On soutient qu'il est d'autant plus dangereux, qu'il se pare du zèle de la Religion, comme les Ecrits du temps de la Ligue. Les Jésuites n'y sont pas épargnés, ni pour les faits, ni pour la doctrine.]

14346. ☞ La Découverte des équivoques & échappatoires des Jésuites, sur leur prétendu bannissement : 1626, *in*-8.

Ce Livret, sans entrer dans tous les détails des faits qu'on reprochoit aux Jésuites, les accuse d'être les boutefeux & les perturbateurs de l'Etat. L'Auteur dit ingénuement, que ce qui les lui rend odieux, c'est qu'ils prennent le nom de Jésuites, & parceque seuls de tous les Religieux ils enseignent qu'il ne faut point obéir aux Rois qui refusent de se soumettre à l'autorité du Pape.]

14347. ☞ La Santerelle démasquée à la France : (1626) *in*-8.

Cette Pièce en vers contient une imprécation contre l'impie & pernicieux Livre du Jésuite Santarelli, au sujet de la puissance des Rois.]

14348. ☞ Arrêt de la Cour de Parlement sur ce qui s'est passé en Sorbonne, le Samedi 2 de ce mois (de Janvier) : *Paris*, Estienne, 1627, *in*-4. & *in*-8.

Il porte défenses à toutes personnes d'écrire ou mettre en dispute la Proposition contraire à la Censure du Livre de Santarel, faite en Sorbonne les 1 & 4 du mois d'Avril précédent, sur laquelle des amis des Jésuites avoient voulu délibérer de nouveau dans l'Assemblée du 2 Janvier.]

14349. ☞ Acta Universitatis Parisiensis pro electione Rectoris & approbatione eorum quæ ab isto Rectore gesta sunt, à die 10 Octobris 1626, ad 24 Martii 1627, *in*-8.

Il s'agit dans cet Ecrit des Propositions avancées par Têteforte, Santarel, &c. l'*Admonitio, &c.*]

14350. ☞ Sentence du Prevôt de Paris, & toutes les autres Censures faites par le Clergé, les Universités, &c. contre les mêmes Santarel, *Admonitio, Mysteria politica*, la Somme Théologique du Père Garassus, &c. *in*-8.]

14351. ☞ Première Relation de ce qui s'est passé dans la Faculté de Théologie de Paris, au sujet des Ouvrages précédens : *in*-8.

☞ Seconde Relation : *in*-8.

Elle s'étend jusqu'au premier Février 1617.]

14352. ☞ Le Mercure Jésuite, ou Recueil de Pièces concernant les progrès des Jésuites, leurs Ecrits & Différends avec les Universités, &c. depuis l'an 1620 jusqu'en 1626 par Jacques GODEFROY : *in*-8. 2 vol.

Seconde Edition, augmentée : *Genève*, Aubert, 1631, *in*-8. 2 vol.

Quoique ce Recueil n'annonce des Pièces que depuis 1620, on en trouve néanmoins au Tome I. *pag.* 259 jusqu'à 639, une grande quantité, qui toutes s'étendent depuis 1540 jusqu'en 1618.

Le Tome II. renferme, 1.º les défauts du Gouvernement des Jésuites : 2.º leurs différends avec des personnes de haute réputation, & avec les Universités : 3.º les causes de la haine publique où ils sont tombés. Le Traité de Jean MARIANA, Jésuite, touchant les défauts du Gouvernement des Jésuites, est en Espagnol & en François. On y trouve encore une Instruction aux Princes touchant les Jésuites; par Pandolphe MALATESTA, 1617, en Italien.]

Nota. On ne parlera point ici de tous les Ecrits faits contre la Morale des Jésuites. On trouvera les Censures qui ont été publiées à ce sujet, indiquées au commencement de l'Arrêt du Parlement de Paris, du 6 Août 1762, qui condamne l'Institut, &c. D'ailleurs elles se trouveront dans le Recueil indiqué ci-devant, N.º 14214.]

14353. ☞ Mf. Récit fidèle de ce qui s'est passé dans le Parlement & dans l'Université de Bordeaux, au sujet des Lettres Provinciales traduites en Latin, avec des Notes par Wendrock : 1660, *in*-4.

C'est un Recueil de toutes les Pièces, tant manuscrites qu'imprimées, qui furent produites en ce temps-là pour & contre les Lettres Provinciales, & la Version Latine que venoit d'en donner M. Nicole, sous le nom de Vendrockius, dont les Jésuites sollicitoient la condamnation. Ce Recueil, qui appartenoit autrefois à la Bibliothèque de feu M. de Pontac, Premier Président de Bordeaux, est maintenant [en 1765] dans celle de

M. l'Abbé Desbiey, Vicaire de la Paroisse de Peupaulin à Bordeaux, (& depuis Bibliothécaire de la Ville.)]

14354. ☞ Mſ. Relation véritable de ce qui s'est passé sur l'établissement prétendu des Pères Jésuites dans Bayonne, avec les Pièces justificatives : *in-fol.*

Cette Relation est déposée dans les Archives de l'Hôtel de Ville de Bayonne, avec des Copies de tous les Mémoires fournis par les Jésuites, contre les Habitans de Bayonne, des Lettres écrites par les Evêques d'Oloron & de Lescar, en faveur de la Société; de celles écrites par l'Evêque de Dax & par son Official, contre ces Pères; de tous les Arrêts du Parlement de Bordeaux, des Lettres-Patentes obtenues par les mêmes Pères, & de l'Edit du Roi, qui termina cette longue affaire en faveur des Habitans de Bayonne.]

☞ La même Relation a été imprimée sous ce même titre : *Amsterdam*, 1689, *in-4.*

La même, augmentée d'une seconde Relation : *en France*, 1756, *in-4.*

Cette dernière Edition a été réimprimée dans les Procès des Jésuites, Edition de 1760, & dans le Supplément à l'*Histoire générale des Jésuites*, 1765, *in-12.*]

14355. ☞ Arrêt notable de la Cour de Parlement sur cette Question, sçavoir : Si celui est capable de succéder qui a été en la Compagnie des Jésuites, demeurant & portant l'habit & le nom de Jésuite, & y ayant, après deux ans de probation, fait vœu de pauvreté, &c. (30 Janvier) 1631.

Cet Arrêt est imprimé au tom. XVII. du *Mercure François.* Il y est dit que le Jésuite, dans le cas susdit, est un vrai Religieux, qui ne peut aucunement succéder. On trouvera ci-après diverses autres Pièces au sujet de cette Question, qui a été décidée par l'Edit du Roi de 1715.]

14356. ☞ Examen de quelques Actes publiés par les Jésuites, contenant la Déclaration de leur Doctrine touchant le Temporel des Rois : *Paris*, 1633, *in-8.*]

14357. ☞ Jubileum, sive Speculum Jesuiticum : 1643, *in-12.*]

14358. ☞ Les Jésuites mis sur l'échaffaud, pour plusieurs crimes capitaux par eux commis dans la Province de Guyenne, avec la réponse aux calomnies de Jacques Beaufès; par le Sieur Pierre JARRIGE : 1649, *in-12.*

L'Auteur étoit un Jésuite, qui se fit Protestant, & qui revint ensuite dans la Société. *Voyez* la Préface du tom. I. de la *Morale Pratique des Jésuites*, 1669, *in-12.* & le Discours d'un de MM. du Parlement de Paris, du 2 *Avril* 1762, *in-4.*]

14359. ☞ L'Innocence & la Vérité défendues contre les calomnies & les faussetés que les Jésuites ont employées en divers Libelles, pour déchirer les vivans & les morts, & décrier la Doctrine sainte de la Pénitence & de la Grace, & que le Père Brisacier a recueillies dans son Livre censuré par M. l'Archevêque de Paris, & intitulé : *Le Jansénisme confondu*: 1652, *in-4.*

Cet Ouvrage est du Docteur Antoine ARNAULD, & l'on y trouve bien des faits.]

14360. ☞ Réponse au Libelle intitulé : *Dom Pacifique d'Avranches*, rempli d'er-

reurs & de calomnies contre la sainte mémoire de feu M. l'Evêque de Belley, & contre tous les Curés de Paris, composé & distribué par les Jésuites en 1654 : *in-8.*]

14361. ☞ Les Enluminures du fameux Almanach des Jésuites, &c. (par Isaac le Maître DE SACI) : 1654, *in-12.* 1733, *in-16.*]

14362. ☞ Onguent pour la brûlure, ou Secret pour empêcher les Jésuites de brûler les Livres; (par Jean BARBIER D'AUCOUR, Avocat) : *in-4.* 1669, *in-12.*

Ce Poëme a été réimprimé avec le précédent : *Liége*, le Noir, 1683, *in-8.*]

14363. ☞ Procès-verbal (dressé en 1665) dans lequel on établit que les Jésuites n'ont jamais été reçus en France comme Religieux, & que leur réception comme Collége est nulle de plein droit : (*Paris*, 1761) *in-12.*]

14364. ☞ Le Cabinet Jésuitique: *Cologne*, 1674, *in-16.*

Il est divisé en deux parties, dont la première contient un Recueil de Pièces contre les Jésuites, en prose & en vers; les deux principales, qui sont en prose, sont intitulées : *Le Secret des Jésuites*, & *Aphorismes ou Sommaires de leur doctrine.* La première, qui est modérée, est contre leur politique, leur ambition & leur correspondance à Rome avec leur Père Général; la seconde contient des Extraits tirés des Livres de leurs Docteurs sur la puissance du Pape, tant sur le spirituel que sur le temporel, l'obéissance des Sujets & les équivoques.

Il faut que ce Livre soit fort rare; il ne se trouve cité ni par l'Abbé Lenglet, ni dans les autres Bibliothécaires, mais seulement quelques-unes des Pièces qu'il contient.]

14365. ☞ Avis aux RR. PP. Jésuites sur leur Procession de Luxembourg, & sur leur Ballet dansé à Aix, à la réception de M. de la Berchère, Evêque de Lavaur, nommé à l'Archevêché d'Aix, & depuis à celui d'Alby; (par le Docteur Antoine ARNAULD) : *Cologne*, 1687.

Le 10 Mai 1685, les Jésuites firent faire à leurs Ecoliers de Luxembourg une Procession pour transférer l'Image de Notre-Dame de Consolation. Ils firent en cette occasion un mélange profane du S. Sacrement & de la sainte Vierge, avec toutes les Divinités du Paganisme, auxquelles on avoit dressé des théâtres en plusieurs endroits de la Ville, avec des Inscriptions tirées de Virgile & autres Auteurs Payens. Le Docteur Arnauld attaque ces Pères du côté de la Religion & de la Politique. Du côté de la Religion, il leur reproche que dans l'imprimé qu'ils ont donné de cette cérémonie, ils n'ont été occupés qu'à décorer leurs profanes Divinités, qu'ils n'ont pas dit un seul mot de Dieu & de Jesus-Christ, ni cité un seul passage de l'Ecriture. Du côté de la Politique, il leur fait voir qu'ils n'y entendent pas plus qu'à la Religion. Leur Ballet dansé à Aix à la réception de M. de la Berchère, est de cette même nature : aussi l'Auteur ne les épargne-t-il pas davantage sur cette Pièce qu'au sujet de leur Procession.]

14366. ☞ Recueil de toutes les Pièces du différend du Père Jacques Desmothes, Jésuite, avec les Curés d'Amiens, touchant la Confession Paschale, avec le Jugement de M. l'Archevêque de Reims, & quelques

Pièces curieuses sur la Jurisdiction & la Dignité de l'Eglise de Reims : (*Paris*) 1687, *in*-4.]

14367. ☞ Le faux Arnauld, ou Recueil de tous les Ecrits publiés au sujet de la Fourberie de Douay : 1693, *in*-4.]

14368. ☞ Histoire du différend entre les Jésuites & Santeuil, pour l'Epitaphe de M. Arnauld : *Liége*, 1697, *in* 12.]

14369. ☞ Remontrance, (par Gabriel DANIEL, Jésuite) à M. l'Archevêque de Reims, (Michel le Tellier) sur son Ordonnance du 15 Juillet 1697, à l'occasion de deux Thèses de Théologie soutenues dans le Collége des Jésuites de la même Ville, les 5 & 17 Décembre 1696.

Dans l'une de ces Thèses, on soutenoit que » la doctrine de Molina sur la Grace, étoit sortie plus pure de » toutes les épreuves où elle a été mise, & qu'elle est » aussi peu Pélagienne qu'elle est éloignée du Calvi-» nisme ». On avançoit dans l'autre Thèse, qu'*il n'y a rien de plus constant dans la doctrine de S. Augustin, que la Prédestination gratuite*. Cette Remontrance a été mise en Latin par le Père Jouvency, sous ce titre : *Ad Illustriss. Ecclesiæ Principem Archiepisc. Remensem, Libellus supplex apologeticus.*]

14370. ☞ Lettre à M. l'Archevêque de Reims, premier Pair de France, &c. sur son Ordonnance touchant les Thèses des Jésuites de Reims : *in*-12.

L'Auteur de cette Lettre n'est pas aussi modéré que le Père Daniel ; ce n'est d'un bout à l'autre qu'une ironie contre le Prélat à qui elle est adressée.]

14371. ☞ Histoire du Procès gagné depuis peu par M. l'Archevêque de Reims, contre les Jésuites : *Utrecht*, 1698, *in*-12.

Il s'agit dans ce Livret des Pièces qui précèdent. Les Jésuites firent des excuses au Prélat.]

14372. ☞ Causa Societatis Jesu contra novum Magistratum ad gubernationem Provinciarum Galliæ petitum : (anno 1689).

Avec la Traduction, sous ce titre :

Grief de la Compagnie de Jesus, contre la demande d'un nouveau Supérieur pour gouverner les Provinces de France : 1764, *in*-12.

Cet Ecrit a été trouvé chez les Jésuites de Bordeaux, lorsque le Parlement les expulsa en 1762 ; & il a donné lieu à l'Arrêt du Parlement de Bordeaux du 6 Juin 1764, qui condamne cet Ouvrage, & ordonne que l'original sera conservé au Greffe dudit Parlement de Bordeaux, pour faire preuve des vices de l'Institut de la Société. On voit par cet Ecrit qu'elle résista alors fortement à Louis le Grand, qui vouloit qu'elle eût un Supérieur Général en France, &c. c'est ce qu'on n'avoit jamais sçu.]

14373. ☞ Arrêt célèbre du Parlement de Bordeaux, portant réglement sur l'état de ceux qui sont congédiés de la Société des Jésuites, avec les écritures produites au Procès : *Paris*, Guignard, 1697, *in*-12.

Il est question de l'affaire de M. Bernard Fort de Lavie, (depuis Conseiller au Parlement de Bordeaux) qui avoit été Jésuite, & auquel on disputoit le partage qu'il revendiquoit dans les biens de sa famille.]

14374. ☞ Requête au Conseil, Mémoire & Preuves, touchant les droits de ceux que les Jésuites congédient de leur Compagnie, avant qu'ils y aient fait leur dernier vœu ; par M^e DE SACY, Avocat : *Paris*, 1702, *in-fol.* & *in-*4.

Il s'agissoit de sçavoir s'ils pouvoient rentrer dans tous les biens & droits qui leur appartenoient lorsqu'ils étoient entrés dans la Compagnie, & qui leur seroient échus, s'ils avoient continué à vivre dans le monde.]

14375. ☞ Mémoire apologétique pour le Sieur CHANCEY, Prêtre, Docteur en Théologie & Prieur de Sainte-Magdelaine, contre les Jésuites de la Province de Lyon, au sujet de l'affront qu'ils lui ont fait en le chassant sans cause de la Société, après dix-huit ans de travaux : *Paris*, Lamesle, 1717, *in*-8.

Les Jésuites ont été condamnés à faire une pension à l'Abbé de Chancey, que feu M. l'Abbé Bignon employa depuis à la garde des Estampes de la Bibliothèque du Roi, poste dans lequel il fut accusé d'infidélité ; il en fut ensuite privé, enfermé à la Bastille, & enfin exilé.]

14376. ☞ Déclaration du Roi du 16 Juillet 1715, en faveur des Jésuites congédiés : *Paris*, 1715, *in*-4.]

14377. ☞ Mémoire concernant la Déclaration précédente : 1717, *in*-12.]

14378. ☞ Instruction du Procès de calomnie ; par Antoine ARNAULD : *Cologne*, 1695, *in*-12.

C'est le tome VIII. & dernier de la *Morale pratique des Jésuites*, dont le tome I. parut en 1669. Le tome III. renferme plusieurs faits discutés qui concernent la France.]

14379. ☞ Requête des Habitans de Brest, contre les Jésuites : *in-fol.*]

14380. ☞ Mémoire justificatif de la conduite des Jésuites, pour répondre aux calomnies qu'on leur impute dans la Requête présentée au Roi contre eux, sous le nom des Habitans de Brest ; par Me FERRARY, Avocat.

Requête des Jésuites de Brest sur l'union de la Cure de cette Ville au Séminaire de la Marine : *in-fol.*

Il faut voir sur cette affaire le *Procès contre les Jésuites*, Recueil indiqué ci-après, N. 14399.]

14381. ☞ Consultes tenues au Collége de Louis-le-Grand (à Paris) pendant la visite du Père Provincial, pour la réformation de la Maison de Clermont, en l'année 1708 : *Lisbonne*, (*Paris*) 1761, *in*-16. 4 parties.

Ce sont des conversations assez singulières, que l'on prétend avoir été tenues par divers Jésuites. On y a joint une *Comédie en musique* contre les Moines, très-satyrique, que ces Pères ont faite & jouée à Mont-Louis, Maison de campagne du Père de la Chaize.]

14382. ☞ Recueil de Pièces touchant l'Histoire de la Compagnie de Jesus, composée par le Père Jouvency, Jésuite, & supprimée par l'Arrêt du Parlement de Paris, du 24

Mars 1713 : *Liége* (*Amsterdam*) 1716, *in-*12.

L'Editeur & l'Auteur de la Préface, de même que de l'une des Pièces intitulée : *Sentimens des Jésuites pernicieux aux Souverains*, est Nicolas PETITPIED, Docteur de Sorbonne, mort en 1747.]

14383. ☞ Recueil de Pièces secrettes touchant le Livre du P. Jouvency : *En France*, 1761, *in-*12.]

14384. ☞ Récit sommaire des persécutions que les Jésuites ont suscitées aux plus gens de bien depuis un siécle.

Ce Récit est l'Article III. de la Partie XIII. de la Colonne VI. des grands *Hexaples* : (*Amsterdam*, 1721, *in-*4. 7 vol.) Il se trouve encore dans le tom. II. p. 448-505, des *Remarques en forme de Dissertations, &c.* (ou IVᵉ Colonne des *Hexaples*,) que M. de Carbonel, Conseiller au Parlement de Toulouse, fit secrètement imprimer en cette Ville en 1723, *in-*4. 2 vol.]

14385. ☞ Requêtes au Roi, Mémoires & Décrets des Universités de Paris & de Reims, contre les Jésuites, &c. *En France*, 1761, *in-*12. 2 vol.

Ces Pièces sont des années 1723, 1724 & 1732, » à » l'occasion des entreprises de ces Pères contre les Uni- » versités; on (y) développe les vices de leur Institut, » leurs vues dans toutes les conditions auxquelles ils » ont été reçus & rappellés en France, l'étendue de leurs » projets, les moyens qu'ils emploient pour les exécu- » ter, & les maux qui en résulteroient pour l'Eglise & » pour les Etats. On a terminé ce Recueil par un Mé- » moire qui fut présenté aux Plénipotentiaires du Con- » grès de Soissons, & qui est comme un Précis de tout » ce qui est prouvé dans les autres Pièces contre les Jé- » suites ». *Avertissement.*

La principale & la plus considérable, qui occupe un volume & demi, est une Requête de l'Université de Paris, qu'on appelle communément la Défense de toutes les Universités de France. Elle fut faite en 1724, contre les Jésuites qui vouloient être aggrégés à l'Université de Reims; l'Auteur est Guillaume DAGOUMER, alors Recteur de l'Université de Paris, qui étant attaqué de la goutte, l'écrivit à genoux. Par ordre de l'Université, elle fut imprimée en 180 pages *in-fol.* Mais les Jésuites engagérent leurs amis de la Cour à procurer un accommodement, qui donna lieu à la suppression totale de cette terrible Pièce, dont ils jugérent important pour eux que le Public ne fût pas informé. A cette condition ils se désistérent de leurs prétentions sur l'Université de Reims, & l'Université de Paris anéantit l'Edition de sa grande Requête , dont il n'est resté qu'un petit nombre d'exemplaires *in-fol.* que nous avons vus dans quelques Bibliothèques de Paris. Au reste, on peut voir plusieurs anecdotes à son sujet, dans l'Avertissement de cette Edition *in-*12.

On s'est trompé ci-devant, N.º 5673, en attribuant ces Pièces à M. Pourchot, qui est Auteur de celle de 1732.]

14386. ☞ Paralléle de la Doctrine des Payens, avec celle des Jésuites : (*Paris*) 1726, *in-*8. *Amsterdam*, *in-*12.]

14387. ☞ Dénonciation faite à tous les Evêques de France par le Corps des Pasteurs & des autres Ecclésiastiques du second Ordre, zélés pour la conservation du dépôt de la foi & l'honneur de l'Episcopat, des Jésuites & de leur doctrine; (par Louis TROYAT, Prêtre) : 1727, *in-*4. & *in-*8.

Cet Ouvrage est principalement dogmatique & moral. Il fut fait à l'occasion des Remontrances des Jésuites, contre lesquelles M. l'Evêque d'Auxerre avoit donné une Instruction Pastorale. Cette Dénonciation est divisée en 15 Paragraphes, dont les quatre derniers traitent fort au long de la doctrine meurtrière de ces Pères & de leurs sentimens sur l'autorité, la déposition & la vie des Rois. On y cite soixante-cinq de leurs Docteurs, qui tous ont enseigné, les uns plus, les autres moins affirmativement, que le Pape pouvoit déposer les Rois, donner leurs Royaumes, & absoudre du serment de fidélité leurs Sujets, qui pouvoient & devoient s'en défaire. L'Auteur n'a rien omis dans cette sanglante Pièce, de ce qui pouvoit donner une idée peu favorable de ces Pères & de leurs Remontrances, qu'il qualifie d'insolentes, d'affreuses, impudentes, & ouvrant la porte aux plus monstrueuses erreurs, & aux désordres les plus abominables.]

14388. ☞ Mémoire pour MM. les PP. (MM. les Plénipotentiaires assemblés en 1728, à Soissons) : Juste idée que l'on doit se former des Jésuites : *in-*4.

Ce Mémoire, dans cette première Edition, porte le titre de *second*, parcequ'il y en avoit un premier sur un autre sujet. Il a pour Auteur Nicolas PETITPIED, Docteur de Sorbonne, mort en 1747. On l'a réimprimé *in-*12. en 1762, comme on vient de le dire, au N.º 14385; mais dans l'Edition *in-*4. il y a plus de Notes historiques que dans l'*in-*12.]

14389. ☞ La calomnie portée aux derniers excès, &c. Nouvelle Edition, revue, corrigée & augmentée : 1728, *in-*4.

Cet Ecrit, qui renferme bien des choses avancées calomnieusement par les Jésuites, est de Jacques FOUILLOU. La première Edition avoit été publiée en 1727 : *in-*4.]

14390. ☞ Lettre Pastorale de M. l'Evêque de Rhodès (Jean Armand DE TOUROUVRE) au sujet des troubles que des gens mal intentionnés tentent d'exciter dans son Diocèse; du 19 Juin 1728 : *in-*4.]

☞ Lettre de Ch. Joachim COLBERT, au Roi : 1728.

Voyez ci-devant, N.º 5673. Il y est beaucoup question des Jésuites.]

14391. ☞ Mémoire pour les Héritiers Tardif, contre les Pères Jésuites du Noviciat du Fauxbourg saint Germain à Paris; par Mᵉ SOYER : *Paris*, Babuty, 1729, *in-*4.

C'est ce qu'on appelle la Cause des 101 Tableaux qui fit alors beaucoup de bruit, & où MM. Aubry & Cochin plaidérent aussi contre les Jésuites, & parlèrent assez au long de leurs Constitutions & de leur Régime. Les Jésuites perdirent ce Procès, aux Requêtes de l'Hôtel.]

14392. ☞ Recueil général des Pièces concernant le Procès entre la Demoiselle Cadière, de la Ville de Toulon, & le P. Girard, Jésuite, Recteur du Séminaire Royal de la Marine de ladite Ville : 1731, *in-fol.* 2 vol.

On trouve à la fin du second Volume :

Extrait des Registres du Parlement d'Aix, & Arrêt du Conseil.

Motifs des Juges du Parlement de Provence, qui ont été d'avis de condamner le Père Girard.

Lettres écrites d'Aix sur le Procès du Père Girard & de la Cadière, tirées de la procédure pour servir de réponse aux *Motifs, &c.* par M. de M. (Antoine Barri-

Ouvrages pour & contre les Jésuites.

bue DE MONTVALLON) Conseiller en la Grand'Chambre, un des Juges de cette affaire : 1733.]

14393. ☞ Arrêt du Parlement d'Aix dans l'affaire de la Cadiere, du 10 Octobre 1731, & diverses Piéces à ce sujet.]

14394. ☞ Lettres d'un Catholique François à un Anglois, au sujet des Jésuites & de leurs Saints, &c. 1734, in-12.]

14395. ☞ Remontrances des Habitants de Laon, contre l'établissement des Jésuites dans leur Ville : 1736, in-12.]

14396. ☞ Lettre à un Magistrat, où l'on montre, par la multiplicité des conspirations formées dans le sein de l'Etat, & par la nature du seul remède qui puisse être efficace contre tant de maux, que M. de Montgeron n'a fait que ce qu'il étoit indispensablement obligé de faire, & ce que le Corps des Magistrats doit nécessairement faire après lui : 1738, in-4.]

14397. ☞ Lettre à M. de Charancy, Evêque de Montpellier, en réponse à la Lettre Pastorale de ce Prélat, au sujet d'un Ecrit trouvé dans son Diocèse, (& anciennement fabriqué par les Jésuites) : 1741, in-4.

L'Auteur est J. B. GAULTIER, Théologien de M. Colbert de Croissy, prédécesseur de M. de Charancy.]

14398. Défense de la vérité & de l'innocence outragées dans la Lettre Pastorale de M. de Charancy ; (par Nicolas LE GROS, Chanoine & Docteur de Reims) : Utrecht, 1745, in-4.

Cet Ouvrage est principalement dogmatique, mais il y a bien des faits discutés. Dans la Partie II. on fait un long parallèle des Pharisiens avec les Jésuites.]

14399. ☞ Procès contre les Jésuites, pour servir de suite aux Causes Célébres : Brest, (Amsterdam) 1750, in-12

Cet Ouvrage est de Nicolas JOUIN, Laïc, Auteur des Pièces en vers nommées Sarcellades, mort en Février 1757. Le Procès pour la succession d'Ambroise Guis, qui fait partie de ce Recueil, a été imprimé séparément. Les autres sont ceux de Liège, de Fontenay-le-Comte, de Chaalons, de Muneau près Sédan, de Brest, de Bruxelles, &c.

Nouvelle Edition, augmentée : Amsterdam, 1760, in-12.]

14400. ☞ Lettres d'un Théologien à un Evêque, sur cette Question importante, s'il est permis d'approuver les Jésuites pour prêcher & pour confesser ; dédiées au Clergé de France ; avec celles que M. Ch. Joachim COLBERT, Evêque de Montpellier, écrivit au Roi en 1728, (sur les vrais Auteurs des maux de l'Eglise) : Amsterdam (Paris) 1755, in-12.

Les trois premières Lettres du Théologien (Bernard COUET, Chanoine de Paris, mort en 1736) avoient été imprimées en 1715 & 1716. On donne dans cette nouvelle Edition une quatrième Lettre, qui n'avoit pas encore paru. Il y a de plus un grand Avertissement, & une Epitre aux Archevêques & Evêques de France.]

14401. ☞ Démonstration de la cause des divisions qui régnent en France : Avignon, (Paris) 1755, in-12.

L'Auteur est Guy-Michel BILLARD DE LORIERE, Conseiller au Grand-Conseil, mort en 1755. Il attribue ces divisions à la doctrine des Jésuites, à leur conduite, & au crédit qu'on leur laissoit.]

14402. ☞ Arrêt de la Cour de Parlement (de Toulouse) qui condamne au feu la Théologie morale de Herman Busembaum, Jésuite, par Claude LACROIX : Toulouse, 1757, (& Paris, Simon,) in-4.]

14403. ☞ Arrêt du Parlement de Paris, du 5 Septembre 1758, contre la Théologie morale de Busembaum, Jésuite, avec la Déclaration des Supérieurs Jésuites de Paris : in-4.]

14404. ☞ Arrêt du Parlement (de Paris) du 21 Avril 1758, qui condamne au feu un Libelle intitulé : La Réalité du Projet de Bourg-Fontaine, &c. 1758, in-4.

Voyez l'examen de ce Livre des Jésuites, plein de calomnies, ci-devant, N.° 10870.]

14405. ☞ Motifs pressans & déterminans qui obligent en conscience les deux Puissances, Ecclésiastique & Séculière, à anéantir la Société des Jésuites : 1759, in-12.]

14406. ☞ Addition aux Motifs pressans, &c. in-12.

C'est une ironie & l'Ouvrage d'un Jésuite, qui est réfuté dans l'Ecrit suivant.]

14407. ☞ Authenticité des Piéces du Procès de Religion & d'Etat qui s'instruit depuis 200 ans, démontrée, &c. 1760, in-12.]

14408. ☞ Problême historique : Qui des Jésuites, ou de Luther & Calvin, ont le plus nui à l'Eglise Chrétienne ; avec une Addition servant de réponse à un Décret du saint Office contre cet Ouvrage ; (par le feu Sieur MESNIER, Prêtre) : 1757, in-12. 2 vol.

Cet Ouvrage est accompagné de longues Notes, où il est beaucoup question des Jésuites de France.]

14409. ☞ Mémoires pour servir à l'Histoire des RR. PP. Jésuites, contenant le précis des tentatives qu'ils ont faites pour s'établir à Troyes ; avec les Piéces justificatives : 1757, in-12.

Une partie de ces Pièces avoit déjà paru sous le titre de Mémoires de l'Académie de Troyes.]

14410. ☞ Les Jésuites Marchands, Usuriers, Usurpateurs, & leurs cruautés dans l'ancien & nouveau Continent : La Haye, 1759, in-12.]

14411. ☞ Les Jésuites criminels de lèze-Majesté dans la théorie & dans la pratique. Cinquième Edition, plus ample que les précédentes, revue, corrigée & augmentée de Notes, & d'une Table des Matières : Amsterdam, 1760, in-12.]

14412. ☞ Avis paternels d'un Militaire à son fils, Jésuite, ou Lettres où l'on développe les vices de la conſtitution de la Société de Jeſus, &c. (par feu M. l'Abbé Joſeph-Adrien LE LARGE DE LIGNAC, ci-devant de l'Oratoire): 1760, *in-12.*]

14413. ☞ Sentence des Juges Conſuls de Paris, du 30 Janvier 1760, qui condamne tous les Jéſuites de France à payer ſolidairement la ſomme de trente mille livres, &c. *Paris,* 1760, *in-4.*

Les Jéſuites appellèrent de cette Sentence au Parlement, qui commença ainſi à connoître de la banqueroute du Père de la Valette, Chef des Miſſions des Iſles Françoiſes d'Amérique.]

14414. ☞ Mémoire à conſulter & Conſultation pour Jean Lioncy, Créancier & Syndic de la Maſſe de la Raiſon de Commerce établie à Marſeille, ſous le nom de Lioncy Frères & Gouffre; contre le Corps & Société des Peres Jéſuites, du 5 Septembre 1760; (par Me LALOURCÉ): *in-4. & in-12.*

On y trouve un détail ſur le Commerce que faiſoient les Jéſuites, & ſur ce qui regardoit leur état en France.]

14415. ☞ Mémoire à conſulter & Conſultation pour les Jéſuites de France, 10 Mai 1761: *in-4.*]

14416. ☞ Mémoire (pour le Sieur Cazotte, &c.) ſur les demandes formées contre le Général & la Société des Jéſuites, au ſujet des engagemens qu'elle a contractés par le miniſtère du P. de la Valette: *in-12.*]

☞ Second Mémoire pour le Sieur Cazotte & la Demoiſelle Fouque, contre le Général & la Société des Jéſuites: *in-12.*]

14417. ☞ Plaidoyer pour le Syndic des Créanciers des Sieurs Lioncy Frères & Gouffre, Négocians à Marſeille, contre le Général & la Société des Jéſuites; (par Me J. B. LE GOUVÉ): *Paris,* 1761, *in-4.*]

14418. ☞ Réponſe au Mémoire intitulé: *Mémoire ſur les demandes, &c. & Piéces pour les Jéſuites de France: in-4.*]

14419. ☞ Mémoire pour les Jéſuites des Provinces de Champagne, Guyenne, Toulouſe & Lyon, Oppoſans & Défendeurs: *in-4.*]

14420. ☞ Plaidoyer pour les Jéſuites de France: *in-4.*]

14421. ☞ Arrêt du Parlement de Paris, du 8 Mai 1761, qui condamne le Supérieur, & en ſa perſonne le Corps & la Société des Jéſuites, à payer pour 1502266 liv. de Lettres de change, tirées par le Frère de la Valette, &c. *Paris,* P. G. Simon, 1761, *in-4.*

Dans le cours de ce Procès les Jéſuites ayant cité leurs Conſtitutions & autres Piéces concernant leur Inſtitut, imprimées en 1757, à Prague, *in-fol.* 2 vol. le Parlement leur ordonna de les lui apporter, pour les examiner.]

14422. ☞ Idée générale des Vices principaux de l'Inſtitut des Jéſuites, tirée de leurs Conſtitutions & des autres Titres de leur Société: (1761) *in-12.*

Supplément, &c. tiré des Conſtitutions de l'Edition de Prague: 1762, *in-12.*]

14423. ☞ Hiſtoire abrégée de l'extinction de la Société des Jéſuites dans le Royaume de France.

Elle ſe trouve ſous le titre d'*Addition importante*, dans le tom. VIII. *pag.* 337-383, de la *Deſcription hiſtorique de la Ville de Paris & de ſes environs,* par feu M. Piganiol de la Force; nouvelle Édition, augmentée (par l'Abbé Calabre PÉRAU): *Paris,* Deſprez, 1765, *in-12.* 10 vol.]

14424. ☞ Précis de ce qui eſt émané de la Magiſtrature, depuis 1761 (juſqu'au milieu de l'année 1764) au ſujet des Jéſuites.

On le trouve dans le *Supplément à l'Hiſtoire générale,* (ci-devant, N.° 14221) *pag.* 489-645.]

14425. ☞ Edit du Roi, du mois de Novembre 1764, (enregiſtré au Parlement de Paris le 1 Décembre) concernant la Société des Jéſuites: *in-4.*

Le Roi y déclare que s'étant fait rendre un compte exact de tout ce qui concerne cette Société, il veut qu'elle n'ait plus lieu dans ſon Royaume; permettant néanmoins à ceux qui en étoient, de vivre en particuliers, &c.

Déja dix Parlemens du Royaume, & un des Conſeils Souverains, avoient condamné l'Inſtitut. Cet Edit y fut enregiſtré, auſſi-bien que dans les deux Parlemens de Beſançon & de Douay, & dans le Conſeil de Colmar ou d'Alſace, qui n'avoient point encore porté de jugement définitif. Ainſi fut terminée cette grande affaire.]

14426. ☞ Mémoires hiſtoriques ſur les affaires des Jéſuites avec le ſaint Siège; où l'on verra que le Roi de Portugal, en proſcrivant de toutes les Terres de ſa Domination ces Religieux révoltés, & le Roi de France voulant qu'à l'avenir cette Société n'ait plus lieu dans ſes Etats, n'ont fait qu'exécuter le projet déja formé par pluſieurs grands Papes, de la ſupprimer dans toute l'Egliſe: Ouvrage dédié à ſa Majeſté Très-Fidéle (Joſeph I. Roi de Portugal); par M. l'Abbé C. P. PLATEL, ci-devant Miſſionnaire Apoſtolique, & Procureur des Miſſions Etrangères de France en Cour de Rome; avec les Approbations les plus amples & les plus diſtinguées de Liſbone: *Liſbone,* (*Paris*) Ameno, 1766, *in-4.* 7 vol. avec fig.

Ces Mémoires ſont du ci-devant Père Norbert, Capucin, qui de ſon nom propre s'appelle Claude PARISOT: le Pape Clément XIII. lui a permis de paſſer dans l'Etat Eccléſiaſtique Séculier. Les deux premiers volumes de cet Ouvrage avoient déja été imprimés en 1742 & 1750. On y trouve beaucoup de choſes concernant les Colonies Françoiſes des Indes & les Jéſuites François.]

ARRÊTS, &c. du Parlement de Paris, depuis 1761 *juſqu'en* 1767.

☞ ON les a tous réunis en un *Recueil par ordre de dates*: *Paris,* P. G. Simon, Imprimeur du Parlement, 1766, *in-4.* 5 vol. De plus, les Comptes rendus au ſujet des Colléges ſont comme une ſuite, en deux volumes. Nous n'indiquerons ici que les principaux

paux Arrêts, &c. renvoyant au Liv. IV. après les Histoires des *Universités*, ce qui regarde les Comptes rendus, Lettres-Patentes & Arrêts concernant les Colléges & biens des Maisons qui étoient ci-devant de la Société des soi-disans Jésuites.]

14427. ☞ Compte rendu par un de Messieurs (M. l'Abbé Henri-Philippe CHAUVELIN) le 17 Avril 1761, sur les Constitutions des Jésuites : *in-*4.]

14428. ☞ Compte rendu par Me Omer JOLY DE FLEURY, Avocat Général, desdites Constitutions, les 3, 4, 6 & 7 Juillet 1761 : *in-*4.]

14429. ☞ Compte rendu par un de Messieurs (M. l'Abbé CHAUVELIN) sur la Doctrine des Jésuites, le 8 Juillet 1761 : *in-*4.]

14430. ☞ Arrêt du 6 Août 1761, qui reçoit le Procureur Général Appellant comme d'abus des Bulles, Brefs, &c. *in-*4.

On voit dans cet Arrêt les moyens d'abus rendus sensibles par la citation des textes de l'Institut les plus abusifs.]

14431. ☞ Arrêt du même jour, qui condamne au feu grand nombre d'Ouvrages d'Auteurs de la Société : *in-*4.

Ces Livres, qui ont paru avec l'approbation du Régime de la Société, ayant enseigné d'âge en âge le tyrannicide & des propositions attentatoires à la sureté de la personne des Rois, le Parlement, pour arrêter le cours de cette exécrable doctrine, fait défense aux Sujets du Roi de fréquenter les Ecoles des soi-disans Jésuites, après le premier Avril suivant, &c.

On publia dans le même temps *in-*12. un *Extrait* de ces Livres, qui a paru ensuite plus ample dans les *Assertions.*]

14432. ☞ Arrêt du 3 Septembre, qui condamne au feu le Livre d'Horace Turcellin : *in-*4.]

14433. ☞ Lettres-Patentes du Roi du 29 Août, qui surseoient pour un an l'exécution des Arrêts du 6 dudit mois : *in-*4.]

14434. ☞ Arrêt du 16 Février 1762, qui ordonne aux Jésuites l'apport des Titres de leurs Etablissemens, au Greffe de la Cour : *in-*4.]

14435. ☞ Arrêt du 5 Mars 1762 : *in-*4.

Il est à la tête d'un *Recueil des Assertions* (qui suit) que le Parlement ordonne être porté au Roi, & adressé aux Evêques du Ressort.]

14436. ☞ Extraits des Assertions dangereuses & pernicieuses en tout genre, que les soi-disans Jésuites ont, dans tous les temps & persévéramment, soutenues, enseignées & publiées dans leurs Livres, avec l'approbation de leurs Supérieurs & Généraux ; vérifiés & collationnés par les Commissaires du Parlement, &c. *Paris*, P. G. Simon, 1762, *in-*4. & 1764, *in-*12. 4 vol.

Ce Volume *in-*4. forme le tom. II. du *Recueil par ordre de dates*, dont on a parlé ci-devant.]

14437. ☞ Arrêt & Arrêté du 26 Mars, sur un Edit concernant les Jésuites : *in-*4.

Cet Edit projettoit une espèce de Réforme pour les Jésuites de France, quant à leur gouvernement. Leur Général ne voulut pas y consentir, & l'on prétend qu'il répondit : *Sint ut sunt, aut non sint.*]

14438. ☞ Discours d'un de Messieurs, (M. le Président ROLLAND) sur les Jésuites vivans dans le monde en habit séculier, du 2 Avril : *in-*4.]

14439. ☞ Arrêt du 23 Avril, qui ordonne que les Créanciers des ci-devant Jésuites seront tenus de se syndiquer : *in-*4.]

14440. ☞ Arrêt du 24 Avril, qui condamne un imprimé intitulé : *Remarques sur le Compte rendu par M. de la Chalotais*, Procureur-Général du Parlement de Bretagne : *in-*4.]

14441. ☞ Arrêt du 19 Mai, qui homologue l'union des Créanciers de la ci-devant Société *in-*4.]

14442. ☞ Arrêts des 19 & 29 du même mois, concernant le Conseil Provincial d'Artois : *in-*4.

Ce Tribunal, dont plusieurs Membres favorisoient les Jésuites, prétendoit être indépendant, pour cette affaire, du Parlement de Paris.]

14443. ☞ Arrêt du 6 Août, qui juge l'Appel comme d'abus interjetté par M. le Procureur-Général, des Bulles, Brefs, Institut, &c. des Jésuites : *in-*4. & *in-*12.

Cet Arrêt, dont le contenu est considérable, juge définitivement l'affaire des Jésuites, les expulse de leurs Maisons, &c.]

14444. ☞ Arrêt du même jour, qui condamne au feu un grand nombre d'Ouvrages d'Auteurs de la Société : *in-*4. & *in-*12.]

14445. ☞ Textes des Jésuites condamnés au feu, pour leur doctrine meurtrière & régicide : 1761, *in-*12.]

14446. ☞ Arrêt du 13 Août, qui condamne au feu un Ecrit intitulé : *Mes Doutes, &c. in-*4.]

14447. ☞ Arrêt du même jour, concernant les provisions alimentaires & le vestiaire accordé à chacun des ci-devant Jésuites : *in-*4.]

14448. ☞ Arrêt du 18 Août, qui ordonne la correction d'un mot dans (plusieurs exemplaires de) l'Arrêt (du 6 Août) qui juge l'Appel comme d'abus.]

14449. ☞ Arrêt du 7 Septembre, portant défenses d'admettre à aucune fonction publique, dans les Eglises, les ci-devant soi-disans Jésuites : *in-*4.]

14450. ☞ Arrêt du 17 Décembre, qui condamne au feu : *Mémoires présentés au Roi, &c.* (par MM. d'Eguilles, Président au Parlement d'Aix, & de Montvalon :) *in-*4.]

14451. ☞ Arrêt du 29 Décembre, qui condamne le nommé Ringuet, se disant Jésuite, à être pendu, à cause de ses propos séditieux, &c. *in-*4.]

14452. ☞ Lettres-Patentes du Roi, du 2 Février 1763, concernant l'administration d'une portion des biens de la Compagnie & Société des Jésuites : *in*-4.]

14453. ☞ Autres Lettres-Patentes dudit jour, pour l'abréviation des procédures & la diminution des frais dans la discussion des biens des Jésuites : *in*-4.]

14454. ☞ Arrêt du 11 Mars, qui ordonne l'exécution, dans le ressort de la Cour, d'un Arrêt du Parlement d'Aix, contre MM. d'Eguilles, de Montvalon & autres.]

14455. ☞ Arrêt du 19 Mars, qui ordonne que les passages contenus dans le Recueil des Assertions, seront confrontés sur les Auteurs de la Société se disant de Jesus, qui sont dans toutes les Bibliothèques de leurs Maisons dans le ressort : *in*-4.]

14456. ☞ Lettres-Patentes du Roi, des 3 & 14 Juin 1763, concernant la poursuite des biens de la Société & Compagnie des Jésuites (par leurs Créanciers :) *in*-4.]

14457. ☞ Arrêt du 22 Juillet, qui ordonne qu'il sera dressé un état alphabétique de tous ceux des ci-devant soi-disans Jésuites des Maisons du ressort compris dans les différens Etats & Procès-verbaux dressés en exécution des Arrêts de la Cour, qui ne lui ont point présenté leurs Requêtes à fin de pensions annuelles & alimentaires avant le 4 Février dernier : *in*-4.

Cet Etat, qui est curieux, & fait avec beaucoup d'ordre, se trouve après l'Arrêt, qui a ainsi 133 pages.]

14458. ☞ Discours d'un de MM. des Enquêtes, du 16 Janvier 1764, (M. LAMBERT,) sur l'Instruction Pastorale de M. l'Archevêque de Paris, du mois d'Octobre 1763 : *in*-4.]

14459. ☞ Arrêt du 21 Janvier, qui condamne au feu un Imprimé intitulé : *Nouvelles Observations, &c.* & l'Instruction Pastorale de M. l'Archevêque de Paris, du mois d'Octobre : *in*-4.]

14460. ☞ Lettres-Patentes du Roi, du 8 Février, (enregistrées le 24,) concernant le recouvrement des revenus des Bénéfices unis aux Etablissemens de la Compagnie & Société des Jésuites : *in*-4.]

14461. ☞ Lettres-Patentes du 11 Février, concernant la vente & la discussion des biens meubles & immeubles de la Compagnie & Société des Jésuites : *in*-4.]

14462. ☞ Arrêt du 22 Février, qui condamne au feu quatre Imprimés : *Il est temps de parler ; Tout se dira ; Lettre d'un Docteur ; Examen d'un Mandement, &c.* & ordonne une information contre la distribution d'une Instruction Pastorale : *in*-4.

Il y a dans le Réquisitoire de M. le Procureur-Général, des Remarques importantes sur les Jésuites & sur la conduite du Parlement.]

14463. ☞ Arrêt du même jour, qui oblige tous les membres de la ci-devant Société des Jésuites, dans le ressort, à prêter serment de ne plus vivre sous l'empire de leur Institut, &c. *in*-4.]

14464. ☞ Deux Arrêts du 3 Mars, qui condamnent une Lettre Pastorale de M. l'Evêque de Langres, & une Adhésion de M. l'Evêque d'Amiens à l'Instruction Pastorale de M. l'Archevêque de Paris : *in*-4.

On trouve dans les Discours de M. le Procureur-Général, des Observations intéressantes au sujet des Jésuites.]

14465. ☞ Autre Arrêt du 3 Mars, la Cour suffisamment garnie de Pairs, avec le Procès-verbal de vérification des Textes des *Assertions*, (précédé d'un grand Discours de M. le Procureur-Général :) *in*-4.]

14466. ☞ Arrêt du 9 Mars, qui bannit à perpétuité hors du Royaume, tous les membres de la ci-devant Société se disant de Jesus, résidans dans le ressort de la Cour, qui n'ont point prêté le Serment ordonné par l'Arrêt du 6 Août 1762 : *in*-4.]

14467. ☞ Lettres-Patentes du Roi, du 30 Mars, concernant les biens des Colléges & Etablissemens desservis par les ci-devant Jésuites : *in*-4.]

14468. ☞ Déclaration du Roi, du 2 Avril, concernant la subsistance des Jésuites : *in*-4.]

14469. ☞ Neuf Arrêts du 13 Avril, qui déclarent nuls & insuffisans les Sermens prêtés par (nombre des) ci-devant Jésuites : *in*-4.]

14470. ☞ Discours d'un de MM. du 18 Mai, sur deux Brefs des 24 Août 1763, & 15 Février 1764 : *in*-4.]

14471. ☞ Arrêt du 1 Juin, qui supprime lesdits Brefs : *in*-4.]

14472. ☞ Compte rendu au Parlement par M. l'Abbé (Joseph-Marie) TERRAY, au sujet des effets trouvés après le décès du P. Lavaur, (Jésuite) Supérieur des Missions des Indes : *in*-4.]

== ☞ Edit du Roi, du mois de Novembre, concernant la Société des Jésuites, (enregistré au Parlement de Paris le 1 Décembre :) *in*-4.

Voyez ci-devant, N.° 14425. C'est l'Edit qui ordonne que cette Société n'ait plus lieu dans le Royaume, & qui a été enregistré dans tous les Parlemens, sans aucune difficulté.]

14473. ☞ Arrêt du Parlement, du 1 Décembre, (au sujet des ci-devant soi-disans Jésuites, auxquels le Roi donne permission de rester dans le Royaume :) *in*-4.]

14474. ☞ Arrêt du 11 Février 1765, qui supprime un Imprimé intitulé : *Sanctissimi in Christo Patris, &c. in*-4.

Il s'agit ici de la nouvelle Bulle *Apostolicum*, qui confirme l'Institut des Jésuites. M. l'Avocat-Général observe dans son Réquisitoire, que le Pape est le maître de conserver les Jésuites dans ses Etats. Il a paru en Italie, sur

Ouvrages pour & contre les Jésuites. 883

cette Bulle, un Ecrit attribué au Père Conti, Théatin de Venise, qui a été traduit d'Italien en François, & imprimé (à Paris) sous ce titre: « Lettres d'un célèbre » Canoniste d'Italie, sur la Bulle *Apostolicum*, dans les- » quelles il est démontré que cette Bulle est subreptice, » & nulle de toute nullité » : 1765, *in*-12.]

14475. ☞ Arrêt du même jour (11 Février,) qui supprime un Imprimé intitulé : *Brefs*, & renouvelle les défenses de recevoir, publier ou exécuter, imprimer, vendre ou distribuer aucunes Bulles ou Brefs de Cour de Rome, sans Lettres-Patentes du Roi, registrées en la Cour : *in*-4.]

14476. ☞ Arrêt du 15 Février, qui condamne au feu un Libelle ayant pour titre : *Lettre d'un Chevalier de Malthe, à M. l'Evêque de... in*-4.]

14477. ☞ Arrêt du 8 Mars, qui supprime un Imprimé Latin & François, intitulé : *Bref de N. S. P. le Pape Clément XIII, à Monseigneur l'Evêque de Sarlat : in*-4.]

14478. ☞ Arrêt du 19 Mars, qui condamne au feu trois Libelles, ayant pour titre; le premier : *Avis important adressé à Nosseigneurs les Cardinaux, &c.* le second : *Lettre d'un Cosmopolite, &c.* le troisième : *Réflexions impartiales, &c. in*-4.]

14479. ☞ Arrêt du 15 Avril 1766, qui condamne au feu un Libelle intitulé : *Monitoire à publier dans la Capitale de la Provence: in*-4.]

14480. ☞ Discours d'un de MM. de Grand'-Chambre, (M. l'Abbé Chauvelin,) du 29 Avril 1767, (au sujet de la Sanction-Pragmatique du Roi d'Espagne, concernant les Jésuites :) *in*-4.]

14481. ☞ Arrêt du 9 Mai, qui bannit les Jésuites du Royaume, &c. *in*-4.]

14482. ☞ Arrêt du 15 Mai, pour excepter de l'expulsion les Jésuites attaqués de maladies graves & habituelles : *in*-4.]

14483. ☞ Arrêt du 4 Août, qui nomme des Banquiers & des Notaires, pour se charger des procurations des Jésuites (bannis,) à l'effet de toucher leurs pensions alimentaires: *in*-4.]

Arrêts, &c. du Parlement d'Aix, ou de Provence.

14484. ☞ Arrêt du 6 Mars 1762, (pour l'apport des Constitutions des Jésuites, avec un Discours de M. Le Blanc de Castillon, Avocat-Général : (*Paris,*) *in*-12.]

14485. ☞ Extrait des Registres, du 15 Mars, au sujet de l'Edit de ce mois :(*Paris,*) *in*-12.]

14486. ☞ Compte rendu des Constitutions des Jésuites, par Jean-Pierre-François de Ripert de Monclar, Procureur-Général du Roi au Parlement de Provence, les 28 Mai, 3 & 4 Juin 1762, en exécution de l'Arrêt de la Cour du 15 Mai précédent; (avec de longues Notes à la fin) : 1763, *in*-4. & *in*-12.]

1487. ☞ Arrêt du 5 Juin, qui ordonne au Provincial de venir défendre la cause de la Société, &c. *Aix*, veuve David, *in*-4. (*Paris,*) *in*-12.]

14488. ☞ Arrêt du 14 Juin, qui permet, tant aux Commissaires de la Cour qu'aux Juges Royaux à ce commis, d'appeller, &c. dans le cours de la saisie & inventaire des biens des Jésuites, tous ceux qui pourront avoir connoissance des effets, papiers, &c. *Aix, in*-4. (*Paris,*) *in*-12.]

14489. ☞ Extrait des Registres, du 14 Juin, au sujet des Conseillers Congréganistes des Jésuites : (*Paris,*) *in*-12.]

14490. ☞ Arrêt du 28 Juin, au sujet des Economes-Séquestres des biens des Jésuites: (*Paris,*) *in*-12.]

14491. ☞ Arrêt qui condamne au feu un Imprimé intitulé : *Relation de ce qui s'est passé au Parlement d'Aix, dans l'affaire des Jésuites : Aix, in*-4. (*Paris,*) *in*-12.]

14492. ☞ Motifs du 12 Octobre, par M. de Coriolis, Conseiller, de l'opposition, &c. à l'Arrêté du 19 Juin précédent, qui déclare suspects dans la cause des Jésuites, les Juges actuellement Congréganistes, &c. (*Paris,*) *in*-12.]

14493. ☞ Arrêts, Arrêtés & autres Pièces du 12 Novembre 1762, concernant l'affaire des Jésuites : (*Paris,*) *in*-12.]

14494. ☞ Motifs des Arrêts & Arrêtés, &c. des 5, 19 & 30 Juin 1762; 2, 4, 6 & 7 Octobre, adressés au Roi : (*Paris,*) *in*-12.]

14895. ☞ Relation de ce qui s'est passé au Parlement d'Aix dans l'affaire des Jésuites, depuis le 6 Mars 1762, & de ce qui a été statué par le Roi le 23 Décembre : (*Paris,*) *in*-12.

Cette Relation est curieuse; mais elle fut supprimée par le Parlement, à cause de certaines personnalités.]

14496. ☞ Plaidoyer de M. de Ripert de Monclar, dans l'affaire des soi-disans Jésuites, du 4 Janvier 1763 : *in*-4. & *in*-12.]

14497. ☞ Arrêt du 21 Janvier, qui supprime une Relation de ce qui s'est passé au Parlement de Provence. = Autre Arrêt du 16 Avril, qui supprime les Exemplaires d'Affiches d'un Arrêt de la Chambre des Comptes, (au sujet de cette Relation :) *Aix, in*-4. (*Paris,*) *in*-12.]

14498. ☞ Journal des Arrêts & Arrêtés du Parlement de Provence (concernant l'affaire des Jésuites,) depuis le 5 Juin 1762, jusqu'au 6 Octobre, avec diverses Pièces. = Suite dudit Journal, jusqu'au 10 Décembre. = Seconde Suite, depuis le 15 Mars 1762, jusqu'au 7 Janvier 1763. = Troisième Suite,

Tome I. Ttttt 2

depuis le 23 Novembre 1762, jusqu'au 29 Janvier 1763 : (*Paris, in*-12.]

14499. ☞ Arrêt du 28 Janvier 1763, qui condamne l'Institut des Jésuites, &c. *Aix, David, in*-4. (*Paris,*) *in*-12.]

14500. ☞ Arrêté du même jour, au sujet de l'Edit du mois de Mars : (*Paris,*) *in*-12.]

14501. ☞ Arrêt du 26 Février, au sujet d'un Arrêt de la Chambre des Comptes, Aydes & Finances, du 18 de ce mois : *Aix, David, in*-4. (*Paris,*) *in*-12.

Il est précédé d'un grand Discours de M. DE CASTILLON, Avocat-Général, qui explique les intrigues des Jésuites à ce sujet.]

14502. ☞ Arrêt de la Cour des Comptes, Aides & Finances de Provence, du 23 Mars : *Aix, in*-4. (*Paris,*) *in*-12.

Dans l'Edition *in*-12. on a donné d'abord l'Arrêt du 28 Février, dont il est question dans le N.° précédent.]

14503. ☞ Arrêt du 17 Mai, sur la Procédure en Mercuriale contre M. le Président d'Eguilles, M. l'Abbé de Montvalon & autres : (*Paris,*) *in*-12.]

14504. ☞ Arrêt du 18 Janvier 1764, concernant les ci-devant Jésuites qui se trouvent dans le ressort : *Aix, David,* (*Paris,*) *in*-12.]

14505. ☞ Arrêt du 26 Janvier 1765, qui condamne au feu deux Brefs & une Lettre de l'Archevêque d'Aix : *Aix, David, in*-4. (*Paris,*) *in*-12.]

14506. ☞ Arrêt du 5 Mars, qui supprime la Constitution *Apostolicum* : *Aix, David, in*-4. (*Paris,*) *in*-12.]

14507. ☞ Arrêt du 27 Mars, qui condamne au feu divers Libelles : *Aix, David, in*-4. (*Paris,*) *in*-12.]

14508. ☞ Extrait du Registre des Délibérations, du 30 Avril 1765, (avec Arrêt & copie du Monitoire publié au sujet de divers Libelles en faveur des Jésuites :) *in*-12.]

14509. ☞ Arrêt du 30 Mai 1767, qui bannit du Royaume les Jésuites qui n'ont point prêté le Serment ; (avec le Discours de M. le Procureur-Général (DE MONCLAR,) sur la Pragmatique-Sanction du Roi d'Espagne :) *in*-12.]

Arrêts, &c. du Parlement de Besançon.

14510. ☞ Arrêt du 27 Mars 1762, à l'occasion de l'Edit de ce mois, & pour l'apport des Constitutions des Jésuites : (*Paris,*) *in*-12.]

14511. ☞ Compte rendu par un de MM. les Commissaires nommés par le Parlement de Besançon, (Desiré-Joseph-Xavier SIMON,) pour l'examen de l'affaire des Jésuites, sur l'Institut & les Constitutions desdits Jésuites, les 17 & 18 Août 1762 : *in*-12.]

14512. ☞ Pièces importantes concernant les Jésuites de Besançon : *in*-12.]

14513. ☞ Journal de ce qui s'est passé au Parlement de Besançon, dans l'affaire des soi-disans Jésuites, depuis le 17 jusqu'au 23 Août 1762 : *in*-12.]

14514. ☞ Extrait des Registres du même Parlement, des 28 Août & 1 Décembre : *in*-12.]

14515. ☞ Extrait des Registres, du 12 Janvier 1763, & Arrêt du 15, qui condamne les *Mémoires* du Président d'Eguilles : *in*-12.]

14516. ☞ Séance du Parlement, Chambres assemblées, du 7 Mai 1764, au sujet de l'affaire des Jésuites.

Cette Pièce regarde les Membres de ce Parlement qui ont des parens Jésuites, &c.]

14517. ☞ Arrêt du 26 Janvier 1765, qui ordonne l'enregistrement de l'Edit du mois de Novembre 1764, concernant la Société des Jésuites : *Besançon, Daclin, in*-4. (*Paris,*) *in*-12.

Cet enregistrement termina l'affaire des Jésuites dans ce Parlement & la Franche-Comté.]

Arrêts, &c. du Parlement de Bordeaux.

14518. ☞ Arrêt du 22 Septembre 1761, contre le Livre d'Horace Tursellin, Jésuite : *in*-12.]

14519. ☞ Extrait des Registres, des 8 & 12 Mars.]

14520. ☞ Arrêtés du 28 Avril, 13 & 26 Mai 1762 : *in*-12.]

14521. ☞ Compte rendu des Constitutions des Jésuites, par M. Pierre-Jules DUDON, Avocat-Général au Parlement de Bordeaux, les 13 & 14 Mai 1762, avec l'Arrêt du 26, rendu en conséquence, qui le reçoit appellant comme d'abus, &c. *in*-4. & *in*-12.]

14522. ☞ Arrêts du 23 Juin, sur les Livres des Jésuites : = du 28 Juin, qui condamne au feu la Lettre de M. l'Evêque du Puy : = du 23 Juillet, pour les pensions des ci-devant Jésuites : = du 13 Août, au sujet des Collèges & biens unis à la Société : (*Paris,*) *in*-12.]

14523. ☞ Arrêt du 18 Août, sur le Serment à prêter par les Jésuites : *Bordeaux, in*-4. (*Paris,*) *in*-12.]

14524. ☞ Arrêt du même jour, concernant une Mission fondée à Clérac, Diocèse d'Agen, & que les Jésuites desservoient : *in*-12.

Cette Mission est donnée aux Capucins.]

14525. ☞ Arrêt du 27 Septembre, qui défend d'enseigner aucunes propositions qui pourroient se trouver dans le Recueil des *Assertions, &c.* (publié par le Parlement de Paris :) *Bordeaux, in*-4. (*Paris,*) *in*-12.

L'Edition *in*-12. l'a mis à la suite d'un Arrêt du 3 Septembre, qui donne aux Dominicains le Collège d'Agen, ci-devant aux Jésuites.]

14526. ☞ Arrêt du 3 Décembre, au sujet

de l'Econome des biens des ci-devant Jésuites : *in*-4. & *in*-12.]

14527. ☞ Arrêt du 22 (du même mois,) au sujet du Collége de Saintes : *in*-4. & *in*-12.]

14528. ☞ Arrêt du 1 Février 1763, concernant le Collége de la Magdeleine de Bordeaux : *in*-4. & *in*-12.]

14529. ☞ Extraits des Regiſtres, des 28 & 29 Mars, & Arrêt au ſujet des *Mémoires* de M. d'Eguilles : *Bordeaux, in*-4. (*Paris*,) *in*-12.]

14530. ☞ Arrêt du 20 Janvier 1764, concernant la vente des biens des ci-devant Jéſuites, &c. *Bordeaux, in*-4. & (*Paris*,) *in*-12.

Dans cette dernière Edition eſt un Arrêt du même jour, qui homologue un Réglement de l'Univerſité pour le Collége de la Magdeleine, à Bordeaux.]

14531. ☞ Arrêt du 11 Avril, au ſujet des Créanciers des Jéſuites : *in*-12.]

☞ Arrêt du 6 Juin, au ſujet du *Cauſa Societatis.*

Voyez ci-devant, N.° 14372.]

Arrêts, &c. du Parlement de Dijon, ou de Bourgogne.

14532. ☞ Extrait des Regiſtres du Parlement (de Bourgogne, ou) de Dijon, du 8 Mars 1763, au ſujet du projet d'Edit & l'apport des Conſtitutions, &c. (*Paris*,) *in*-12.]

14533. ☞ Extrait des Regiſtres, &c. ou Arrêt du 18 Mars, pour faire apporter par les Jéſuites du reſſort, au Greffe, les Titres de leurs Etabliſſemens : (*Paris*,) *in*-12.]

14534. ☞ Arrêt du même jour, qui ordonne que l'Imprimé intitulé : *Mémoires préſentés au Roi par deux Magiſtrats du Parlement d'Aix,* (MM. d'Eguilles & de Montvalon) ſera lacéré & brulé : *Dijon,* Cauſſe, *in*-4. (*Paris*,) *in*-12.]

14535. ☞ Comptes rendus des établiſſemens de l'Inſtitut & de la Doctrine des ſoi-diſans Jéſuites, par les Conſeillers Commiſſaires, (MM. Charles-Marie FEVRET DE FONTETTE, Pierre-François COTTIN DE JONCY, & Jean-Marie-Léonard-Magdeleine BUREAU DE SAINT-PIERRE,) au Parlement ſéant à Dijon, Chambres aſſemblées, les 4, 5 & 6 Juillet; avec l'Arrêt : 1763, *in*-12.]

14536. ☞ Arrêt (définitif,) du 11 Juillet 1763, qui expulſe du reſſort les ſoi-diſans Jéſuites, &c. *Dijon*, Cauſſe, 1763, *in*-4.

C'eſt la première Edition de cet Arrêt, qui fut enſuite joint aux *Comptes rendus,* imprimés *in*-12.]

14537. ☞ Avis dans l'affaire des Jéſuites, d'un Conſeiller du Parlement ſéant en Bourgogne depuis la réunion de cette ancienne Pairie à la Couronne, du 11 Juillet 1763 : *in*-12.

Cet Avis eſt de M. LOUIS MALTESTE.]

14538. ☞ Extrait des Regiſtres (ou Arrêt) du Parlement de Bourgogne, du 11 Juillet 1763, qui expulſe de ſon reſſort les ſoi-diſans Jéſuites : *Dijon,* Cauſſe, 1763, *in*-4. (*Paris*,) *in*-12.]

14539. ☞ Arrêt du Parlement de Bourgogne, du 12 Août 1763, concernant les ci-devant Jéſuites de ſon reſſort, & l'exécution de l'Arrêt du 11 Juillet : *Dijon,* Cauſſe, 1763, (*Paris*,) *in*-12.]

14540. ☞ Lettre écrite de Dijon, le 12 Juillet 1763.]

14541. ☞ Lettre d'un Magiſtrat, ſur l'Edit de Henri IV, pour l'expulſion des Jéſuites : 1764.]

14542. ☞ Arrêt du 27 Juillet 1764 : *in*-12.]

Arrêts du Conſeil ſupérieur de Colmar, ou d'Alſace.

14543. ☞ Arrêt du 15 Décembre 1764, qui ordonne l'enregiſtrement de l'Edit du mois de Novembre, (par lequel le Roi déclare qu'il ne veut plus que la Société des Jéſuites ait lieu dans ſon Royaume :) .*n*-12.]

14544. ☞ Arrêt du 17 Décembre ſuivant, concernant les Inventaires à faire dans les Colléges & Maiſons de la Société des Jéſuites du reſſort du Conſeil d'Alſace : (*Paris*,) *in*-12. (avec le précédent.)]

Arrêts du Parlement de Douay, ou de Flandres.

14545. ☞ Arrêt du 5 Janvier & 14 Mars 1763, & du 10 Mai 1764, concernant les Jéſuites : *in*-12.]

14546 ☞ Arrêt du 13 Décembre 1764, au ſujet de leurs Colléges : *in*-12.

Ce Parlement avoit enregiſtré, le 7 de ce mois, l'Edit d'extinction de la Société en France, donné au mois de Novembre.]

14547. ☞ Arrêt du 19 Mars 1765, qui ordonne aux Jéſuites de vuider les Colléges & Maiſons du reſſort, &c. *in*-12.]

Arrêts du Parlement de Grenoble, ou de Dauphiné.

14548. ☞ Arrêt du 20 Mars 1762, qui ordonne l'apport des Conſtitutions des Jéſuites : *Grenoble,* Giroud, *in*-4. (*Paris*,) *in*-12.

Il eſt imprimé à la ſuite d'un Arrêt de *Metz*, du 1 Mars 1762.]

14549. ☞ Arrêt du 12 Février 1763, qui condamne au feu les *Mémoires* (de M. d'Eguilles :) *in*-4. & *in*-12.]

14550. ☞ Arrêt du 11 Mars 1763, qui reçoit le Procureur-Général appellant comme d'abus des Bulles, &c. *in*-4. & *in*-12.]

14551. ☞ Autre Arrêt du même jour, ſur l'Edit du mois de Mars : *in*-12.]

14552. ☞ Arrêt du 19 Avril, au sujet des Congrégations des Jésuites, &c. *in-*4. & *in-*12.]

14553. ☞ Arrêt du 29 Août, qui juge l'appel comme d'abus, expulse les Jésuites, &c. *in-*4. & *in-*12.]

14554. ☞ Arrêt du 21 Février 1765, qui supprime la Bulle *Apostolicum*, & trois Brefs en faveur de la Société : *in-*4. & *in-*12.]

Pièce de la Cour de Lorraine.

14555. ☞ Extrait des Regiſtres de Délibérations de la Cour ſouveraine de Lorraine & Barrois, du 5 Août 1766 : *in-*12.

Cette Cour, après avoir parlé au Roi de quelque affaire concernant les Jéſuites de ſon reſſort, demande à Sa Majeſté quelles ſont ſes intentions à leur ſujet, ſon Edit du mois de Novembre 1764 n'ayant pas été publié dans la Lorraine, qui n'étoit point alors réunie à la France. Il n'y a encore rien de ſtatué ſur cela, (en 1767,) & les Jéſuites y ſont encore dans le même état que ci-devant.]

Arrêts, &c. du Parlement de Metz.

14556. ☞ Arrêt du 1 Mars 1762, qui ordonne l'apport des Conſtitutions des Jéſuites : *in-*12.]

14557. ☞ Réquiſitoire de M. le Procureur-Général de Metz, (M. LE GOULLON DE CHAMPEL,) au ſujet des ſoi-diſans Jéſuites, & Arrêt du 28 Mai : *Metz*, Colignon, 1762, *in-*4. (*Paris,*) *in-*12.]

14558. ☞ Demande en profit de défaut, de M. le Procureur-Général, ſur l'appel comme d'abus des Conſtitutions, &c. de la Société ſe diſant de Jeſus, avec pluſieurs Arrêts : *Metz*, Colignon, 1762, *in-*4. (*Paris,*) *in-*12.]

14559. ☞ Comptes rendus des Conſtitutions & de la Doctrine des ſoi-diſans Jéſuites, par les Conſeillers Commiſſaires au Parlement ſéant à Metz, (MM. BERTRAND & MICHELET DE VATIMONT,) les 24 & 25 Mai 1762 : *in-*12.]

14560. ☞ Remontrance de M. le Procureur-Général, & Arrêt définitif, du 20 Septembre 1762 : *in-*4. & *in-*12.]

14561. ☞ Arrêt du 1 Octobre, pour les penſions des ci-devant Jéſuites : *in-*4. & *in-*12.]

14562. ☞ Arrêt du 10 Mai 1763, au ſujet des Confrairies, Congrégations, &c. non autoriſées : *in-*4. & *in-*12.]

Arrêts, &c. du Parlement de Pau, ou de Navarre.

14563. ☞ Arrêtés du Parlement de Pau, des 15 Mars, 23 Avril & 4 Mai 1762, au ſujet de l'Edit du mois de Mars : (*Paris,*) *in-*12.]

14564. ☞ Compte rendu de l'Inſtitut des ci-devant ſoi-diſans Jéſuites, des Titres de leur établiſſement à Pau, & de l'Edit du mois de Mars 1762, par MM. DE BELLOC & DE MOSQUEROS le fils, Conſeillers au Parlement, Commiſſaires à ce députés : *Pau*, Vignancour, *in-*12.]

14565. ☞ Lettre à un Magiſtrat, au ſujet du Compte rendu par M. de Faget, Avocat-Général du Parlement de Navarre, aux Chambres aſſemblées, les 10, 13, 14 Décembre 1762, des Conſtitutions, &c. des ſoi-diſans Jéſuites, du 25 Janvier 1763: *in-*12.]

14566. ☞ Divers Arrêts du même Parlement, au ſujet des ci-devant ſoi-diſans Jéſuites, des 8 Février, 8 Mars & 28 Avril 1763 : *in-*12.

Le dernier eſt définitif, & déclare qu'il y a abus dans l'Inſtitut, &c.]

14567. ☞ Très-humbles Supplications envoyées au Roi, en faveur des ſoi-diſans Jéſuites du Collège de Pau, en conſéquence de l'Arrêté d'une Aſſemblée des Etats de la Province de Béarn, du 12 Mai 1762: *in-*12. Avec des Notes.

Extrait du Brevet des Etats Généraux de Béarn, de l'année 1763.]

14568. ☞ Arrêt du Parlement de Navarre, du 20 Mai 1763, qui caſſe la ſignification faite à M. le Procureur-Général, d'un Arrêté des Etats : *in-*12.]

14569. ☞ Arrêt du 21 Mai, qui condamne au feu deux Lettres de M. l'Evêque de Saint-Pons : *in-*4. & *in-*12.]

14570. ☞ Arrêt du 13 Avril 1764, pour bannir les Jéſuites qui n'ont pas prêté le Serment ordonné : *in-*4. & *in-*12.]

Arrêts, &c. du Conſeil ſupérieur de Perpignan, ou de Rouſſillon.

14571. ☞ Arrêté du 17 Mars 1762, au ſujet de l'Edit de modification du mois de Mars : *in-*12.

Cet Arrêté eſt imprimé à la ſuite d'un Arrêt du Conſeil Provincial d'Artois, du 5 Avril 1762.]

14572. ☞ Arrêt du même jour, qui ordonne l'apport des Conſtitutions des Jéſuites : *in-*12.]

14573. ☞ Arrêt du 30 Mars, au ſujet de l'Edit de ce mois : *in-*12.

Il eſt imprimé *pag.* 13 de l'*Extrait des Regiſtres du Parlement de Provence*, & avec les Arrêts de ceux de Paris & de Bretagne, ſur le même ſujet : *in-*12.]

14574. ☞ Arrêt du 3 Avril 1762, qui condamne une Feuille du Courrier d'Avignon : *in-*12.

Il eſt imprimé avec une Ordonnance du Bailliage de Tours.]

14575. ☞ Compte rendu de l'Inſtitut & des Conſtitutions des ſoi-diſans Jéſuites, par M. DE SALELLES, Sous-Doyen du Conſeil

Souverain de Roussillon, le 21 Mai 1762 : Perpignan, in-4. (Paris,) in-12.]

14576. ☞ Arrêt du 12 Juin, qui déclare qu'il y a abus dans les Constitutions des soi-disans Jésuites : in-4. & in-12.]

14577. ☞ Arrêts des 21 Juin & 1 Juillet, concernant les Jésuites : in-12.]

14578. ☞ Autres Arrêts des 16, 24 & 28 Août, 1 & 9 Septembre 1762 ; 8 & 11 Janvier 1763 : in-12.]

14579. ☞ Arrêtés, Comptes & Arrêt (du 12 Avril,) sur l'analogie & liaison de la morale & doctrine constante des ci-devant soi-disans Jésuites, avec l'Institut de la ci-devant Société : (Paris,) 1763, in-12.]

14580. ☞ Comptes rendus par MM. de SALELLES & DE GISPERT, du 18 Avril 1763, & Arrêt du même jour, qui condamne au feu plusieurs Livres des ci-devant Jésuites : in-4. & in-12.]

Arrêts, &c. du Parlement de Rennes, ou de Bretagne.

14581. ☞ Réquisitoire de M. le Procureur-Général, (Louis-René DE CARADEUC DE LA CHALOTAIS,) du 7 Décembre 1761, au sujet des Jésuites, de leur Institut & de leur Doctrine : in-12.]

14582. ☞ Compte rendu des Constitutions des Jésuites, par le même, les 1, 3, 4 & 5 Décembre 1761, en exécution de l'Arrêt du 17 Août précédent : 1762, in-4. & in-12.]

14583. ☞ Arrêt du 23 Décembre 1761, qui reçoit l'Appel comme d'abus, &c. *Rennes*, Vatar, in-4. (Paris,) in-12.]

14584. ☞ Second Compte rendu, sur l'Appel comme d'abus, des Constitutions des Jésuites, par M. DE LA CHALOTAIS, Procureur-Général, les 21, 22 & 24 Mai 1762 : in-4. & in-12.]

14585. ☞ Arrêt du 27 Mai 1762, qui juge l'Appel comme d'abus des Brefs, Bulles, Constitutions, &c. concernant les Jésuites ; & Extrait des Registres & Arrêté du 28 Mai : in-12.

L'Arrêt définitif du 27 Mai est aussi imprimé à la fin du précédent Compte rendu.]

14586. ☞ Extrait des Registres du 27 Avril (au sujet des papiers, meubles, &c. des Jésuites :) in-12.]

14587. ☞ Arrêt du même jour, qui ordonne que l'Ecrit intitulé, *Remarques sur le Compte rendu* par M. de la Chalotais, sera lacéré & brûlé : *Rennes*, Vatar, in-4. (*Paris*) in-12.]

14588. ☞ Arrêt & Arrêté du 10 Mai, pour la régie des Biens des Jésuites : in-12.]

14589. ☞ Sentence de la Sénéchaussée de Brest, (du 26 Août) qui condamne le Frère d'Ambrin, Prêtre de la ci-devant Société, (fugitif) à être pendu, (pour des discours séditieux) : in-4. & in-12.]

14590. ☞ Arrêt du 21 Juillet, pour les pensions des ci-devant soi-disans Jésuites : *Rennes*, Vatar, in-4. (*Paris*) in-12.]

14591. ☞ Arrêt du 27 Novembre, qui défend de demander le rétablissement des ci-devant soi-disans Jésuites, &c. de les admettre à aucune Station, s'il n'appert de leur Serment, &c. *Rennes*, Vatar, in-4. (*Paris*) in-12.]

14592. ☞ Deux Arrêts du 18 Décembre, l'un au sujet des Jésuites, & l'autre au sujet de la vente de leurs effets : in-4. & in-12.]

14593. ☞ Extrait des Registres du 20 Décembre, & Arrêt du 24, qui condamne au feu l'*Appel à la raison, &c. Rennes*, Vatar, in-4. (*Paris*) in-12.]

14594. ☞ Arrêt du 17 Janvier 1763, qui assigne un nouveau secours aux ci-devant Jésuites : *Rennes*, in-4. (*Paris*) in-12.]

14595. ☞ Arrêt du 31 Janvier, qui condamne au feu les *Mémoires* (de M. d'Eguilles) : *Rennes*, in-4. (*Paris*) in-12.]

Arrêts, &c. du Parlement de Rouen, ou de Normandie.

14596. ☞ Comptes des Constitutions & de la Doctrine de la Société se disant de Jésus, rendus au Parlement de Normandie, toutes les Chambres assemblées, les 16, 18, 19, 21, 22 & 23 Janvier 1762 ; par M. CHARLES, Substitut de M. le Procureur Général : 1762 ; in-12.]

14597. ☞ Arrêt du 12 Février 1762, qui juge l'Appel comme d'abus des Bulles en faveur des soi-disans Jésuites, condamne leur Institut, leurs Vœux, & plusieurs de leurs Ecrits ; ordonne qu'ils vuident leurs Maisons, &c. *Rouen*, le Boullenger, 1762, in-4. (*Paris*) in-12.]

14598. ☞ Arrêt du 1 Mars, qui condamne au feu l'*Idée véridique*, (ou Abrégé de la Vie) de *Gabriel Malagrida*, (Jésuite brûlé en Portugal). *Ibid.* in-4. & in-12.]

14599. ☞ Arrêt du 6 Mars, au sujet de Mᵉ le Roux, ci-devant Jésuite : (*Paris*) in-12.]

14600. ☞ Arrêt du 27 Mars, Arrêtés du mois d'Avril, & Arrêt du 28 Mai, à l'occasion de l'Edit du mois de Mars, & du Recueil des *Assertions* : *Rouen*, in-4. (*Paris*) in-12.]

14601. ☞ Arrêt du 6 Mai, qui condamne au feu les *Remarques sur le Compte rendu de M. de la Chalotais, &c. Rouen*, in-4. (*Paris*) in-12.

L'Edition in-12. se trouve ensuite d'*Arrêtés du Parlement de Pau, des* 15 Mars, &c.]

14602. ☞ Autre Arrêt du 6 Mai, (au sujet des Biens & des Personnes des ci-devant Jésuites) : *Rouen*, in-4. (*Paris*) in-12.]

14603. ☞ Arrêt des 15, 18, 21 & 26 Juin, (sur les mêmes sujets) : *in-4.* & *in-12.*]

14604. ☞ Arrêt du 2 Juillet, qui condamne une *Lettre écrite au Roi par M. l'Evêque D. P. sur l'affaire des Jésuites* : *in-4.* & *in-12.*]

14605. ☞ Arrêt du 14 Juillet, au sujet des Economes-Séquestres des Biens des Jésuites: *in-4.* & *in-12.*]

14606. ☞ Arrêts & Arrêtés des 12, 16, 20 & 24 Juillet 1762, (sur le Serment à prêter par les ci-devant Jésuites) : *in-4.* & *in-12.*]

14607. ☞ Dénonciation faite à Nosseigneurs du Parlement de Normandie, de la conduite que les Jésuites ont tenue depuis leur entrée dans cette Province : *En France*, 1762, *in-12.*]

☞ Recueil de Pièces non (encore) imprimées, extraites des Registres du Parlement de Rouen, & de l'Hôtel de Ville de Caen, pour prouver que les Jésuites sont coupables de toutes sortes d'excès, &c. 1762, *in-12.*]

14608. ☞ Arrêt & Arrêté des 2 & 3 Mars 1763, au sujet des *Mémoires* (du Président d'Eguilles) : *Rouen*, Lallemand, *in-4.* (*Paris*) *in-12.*]

14609. ☞ Lettres-Patentes du Roi, Arrêt & Arrêté du Parlement de Rouen, du 24 Mars, au sujet des Jésuites : (*Paris*) *in-12.*]

14610. ☞ Arrêt du 22 Mars 1764, qui bannit les soi-disans Jésuites : *Rouen*, le Boullenger, *in-4.* (*Paris*) *in-12.*]

14611. ☞ Lettre du Parlement de Rouen à MM. du Parlement de Provence, du 31 Mars 1764 : (*Paris*) *in-12.*]

14612. ☞ Edit du Roi du mois de Novembre 1764, concernant la Société des Jésuites, (qui ne doit plus avoir lieu dans le Royaume.) Arrêt & Arrêtés du Parlement de Rouen, sur ledit Edit, sur plusieurs Brefs & sur la Constitution *Apostolicum* : *in-4.* & *in-12.*]

14613. ☞ Arrêt du 7 Février 1765, qui condamne au feu un Libelle intitulé : *Lettre d'un Chevalier de Malthe, &c. Rouen*, Lallemand, *in-4.* (*Paris*) *in-12.*]

14614. ☞ Discours, Arrêtés & Arrêt du Parlement de Normandie, des 14 & 19 Mai 1767, concernant les ci-devant soi-disans Jésuites, (à l'occasion des conjurations d'Espagne) : *in-4.* & *in* 12.

On y trouve un Récit abrégé de tout ce qui s'est fait au sujet des Jésuites.]

Arrêts, &c. du Parlement de Toulouse.

14615. ☞ Journal de ce qui s'est passé dans l'affaire des Jésuites, depuis le 15 Septembre 1761, jusqu'au 5 Juin 1762. Extrait des Registres du Parlement séant à Toulouse : (*Paris*) *in-12.*

Suite du Journal depuis le 16 Juin, jusqu'au 26 Février 1763. *Ibid. in-12.*]

14616. ☞ Compte rendu des Constitutions des Jésuites ; par M. le Procureur-Général du Roi au Parlement de Toulouse (M. DE CATILHON) les 24, 30 Avril, & 4 Mai 1762, en exécution des Arrêts de la Cour, des 15 Septembre & 14 Novembre 1761 : 1762, *in-12.*]

14617. ☞ Comptes rendus au Parlement séant à Toulouse, toutes les Chambres assemblées, par deux d'entre MM. les Commissaires, au sujet des Constitutions & de la Doctrine des soi-disans Jésuites, les 7, 9, 10 & 11 Mai 1762 : *in-12.*]

14618. ☞ Arrêt du 7 Juin 1762, qui reçoit le Procureur-Général Appellant comme d'abus des Bulles & des Constitutions des Jésuites, &c. *Toulouse*, Dalle, 1762 : (*Paris*) *in-12.*]

14619. ☞ Arrêt du 16 Juin, sur les Livres des Jésuites. = Deux autres, du 19, sur les Bénéfices possédés par eux, & sur le Recueil des Assertions : (*Paris*) *in-12.*]

14620. ☞ Arrêt du 10 Juillet & 11 Septembre, pour l'exécution des Arrêts de la Cour : *in-12.*]

14621. ☞ Déclaration des Jésuites des Maisons de Toulouse, avec des Réflexions, & la Lettre d'un Citoyen : *in-12.*]

14622. ☞ Plaidoyer du Procureur-Général du même Parlement, sur la même affaire, dans les Audiences des 8, 11 & 17 Février 1763, avec l'Arrêt du 26 Février : *in-12.*]

14623. ☞ Arrêt du 26 Février 1763, qui juge l'Appel comme d'abus, ordonne aux soi-disans Jésuites de vuider les Maisons, &c. *Toulouse*, veuve Pijon, *in-4.*

Il est encore *in-12.* à la fin de la *suite du Journal* ci-dessus.]

14624. ☞ Arrêt du 28 Février, au sujet de l'Edit du mois de Mars 1762, concernant les ci-devant soi-disans Jésuites : *Toulouse*, *in-4.* (*Paris*) *in-12.*]

14625. ☞ Arrêt du 4 Mars, qui règle le Vestiaire, l'Itinéraire & les Pensions viagères des ci-devant soi-disans Jésuites : *in-4.* & *in-12.*]

14626. ☞ Arrêt du 16 Mars, qui condamne au feu une Lettre de M. de Saint-Pons, & les *Mémoires* de M. d'Eguilles : *Toulouse*, veuve Pijon : (*Paris*) *in-12.*]

14627.

14627. ☞ Arrêt du 9 Avril & du 14 Mai 1764 : *in*-12.]

14628. ☞ Arrêt du 3 Juin, au sujet des Biens des ci-devant Jésuites.]

14629. ☞ Arrêt du même jour, qui supprime un Décret de l'Inquisition de Rome, contre l'Ordonnance & Instruction Pastorale de M. l'Evêque de Soissons, au sujet des Assertions : *in*-4. & *in*-12.]

14630. ☞ Arrêt du 23 Août, qui condamne au feu un Mémoire attribué à M. de Saint Pons, contre l'Instruction Pastorale de M. de Soissons : *in*-4. & *in*-12.

Il est précédé de deux grands Discours, l'un d'un Conseiller, & l'autre du Procureur-Général.]

14631. ☞ Arrêt du 19 Décembre 1764, en conséquence de l'Edit du mois de Novembre, qui dissout la Société des Jésuites dans le Royaume : *in*-4. & *in*-12.]

14632. ☞ Arrêt des 16 & 23 Février 1765, qui condamne au feu des Brefs, une Lettre d'un Chevalier de Malthe, & des Réflexions importantes d'un François, Papiste & Royaliste : *Toulouse*, veuve Pijon, *in*-4. (*Paris*) *in*-12.]

Arrêts & autres Pièces concernant l'affaire des Jésuites, dans les Colonies Françoises.

14633. ☞ Arrêt du Conseil Supérieur du Cap-François, dans l'Isle de Saint-Domingue, du 13 Décembre 1762, qui condamne la Morale & Doctrine des soi-disans Jésuites, &c. *in*-12.]

14634. ☞ Pièces du Procès instruit contradictoirement au Conseil Supérieur de la Martinique, entre le Procureur-Général d'une part, & la Société des Jésuites d'autre; contenant les Plaidoyers du Procureur-Général, celui des Jésuites, & l'Arrêt intervenu contre eux le 18 Octobre 1763, qui dissout ladite Société, & autres Pièces relatives : *in* 12.]

14635. ☞ Extrait des Registres du Conseil Supérieur de la Martinique, du 18 Octobre 1763, à l'effet de pourvoir à la subsistance desdits Jésuites : *in*-12.]

14636. ☞ Lettres-Patentes du Roi, du 3 Juin 1763, concernant la poursuite des Biens de la Société & Compagnie des Jésuites qui sont dans les Colonies Françoises; (par leurs Créanciers) : *in*-4.

Ces Lettres ont été enregistrées, ainsi que les suivantes, au Parlement de Paris, & imprimées, comme tout le reste, par ses ordres.]

14637. ☞ Lettres-Patentes du 11 Février, concernant la Vente & la discussion des Biens, meubles & immeubles de la Société des Jésuites, en la Colonie de la Louisiane : *in*-4.]

14638. ☞ Lettres-Patentes du 1 Août 1764, portant Réglement pour les Biens des Jésuites, situés dans les Colonies : *in*-4.]

14639. ☞ Lettres-Patentes du 27 Octobre 1764, concernant la Vente des Biens des Jésuites à Saint-Domingue, &c. *in*-4.]

14640. ☞ Lettres-Patentes du 20 Juillet 1765, pour régler la forme de vendre les Biens des Jésuites à la Martinique & à la Guadeloupe : *Paris*, *in*-4.]

Défenses des Jésuites pendant l'examen des Parlemens, Réponses, &c.

14641. ☞ Réponse à l'Idée générale des Vices de l'Institut, &c. (par Théodore LOMBARD, ci-devant Jésuite) : *Avignon*, 1761, *in*-12.

L'Ecrit auquel on répond est ci-devant, N.° 14421.]

14642. ☞ Le Jésuite mal défendu, à M. l'Abbé Platel : *in*-12.]

14643. ☞ Réflexions critiques sur la Réponse à l'Auteur de l'Idée générale : *in*-12.]

14644. ☞ Observations sur l'Institut de la Société des Jésuites; (par Charles Frey DE NEUVILLE , ci-devant Jésuite) : *Avignon*, Giroud, 1761, *in*-12.]

14645. ☞ Recueil de Lettres sur la Doctrine & l'Institut des Jésuites : 1761, *in*-12.]

14646. ☞ Mémoire concernant l'Institut, la Doctrine & l'Etablissement des Jésuites en France; (par Henri GRIFFET, ci-devant Jésuite) : 1761, *in*-12.

Nouvelle Edition, plus ample, plus fidèle & plus correcte : *Rennes*, Vatar, 1762, *in*-12.

C'est la seule Défense des Jésuites qui ait été imprimée avec le nom du Libraire.]

14647. ☞ Mémoire sur le nouvel artifice des Jésuites, dans lequel on fait voir qu'ils donnent en vain une Edition de leurs Constitutions séparées du reste de l'Institut, & l'on prouve, 1.° que les Constitutions ne font qu'une portion de l'Institut : 2.° que presque tous les vices de l'Institut se trouvent dans les Constitutions : 1761, *in*-12.]

14648. ☞ Réponse à un Imprimé qui a pour titre : *Mémoire sur le nouvel artifice, &c.* 1761, *in*-12.]

14649. ☞ Témoins à entendre dans la Cause des Jésuites : *in*-12.]

14650. ☞ Coup d'œil sur l'Arrêt du Parlement de Paris, du 6 Août 1761 : *Avignon*, Chambeau, (1761,) *in*-12.]

14651. ☞ Observations sur les moyens d'abus proposés au Parlement de Paris contre l'Institut des Jésuites : (1761) *in*-12.]

14652. ☞ Lettre à un ami de la vérité, ou Réflexions critiques sur les reproches faits à la Société de Jésus : *in*-12.]

Vuuuu

14653. ☞ Mes Doutes sur la mort des Jésuites : (1762) in-12.

Cette brochure, qui est écrite d'une manière vive, a été condamnée au feu par l'Arrêt du Parlement de Paris, du 13 Août 1762.]

14654. ☞ Réponse aux objections publiées contre l'Institut des Jésuites ; avec une Lettre de M. de Condorcet, Evêque de Lisieux, adressée à M. l'Archevêque de Paris, & une de M. de Lodève à M. le Chancelier : 1761, in-12.]

14655. ☞ Lettre de M. le Marquis de ★★★, sur l'Avis demandé par le Roi aux Evêques : in-12.]

14656. ☞ Moyen de récusation contre plusieurs des Evêques assemblés : in-12.]

14657. ☞ Lettre d'un Evêque à un de ses Confrères assemblés à Paris, concernant l'affaire des Jésuites : in-12.]

14658. ☞ Mémoire dans lequel on prouve, par l'Institut & la conduite des Jésuites, qu'ils ont toujours été les ennemis des Evêques & de l'Episcopat : in-12.]

14659. ☞ Questions sur lesquelles les Evêques assemblés ont à répondre, (avec des Réflexions) : in-12.]

14660. ☞ Problème historique proposé à Nosseigneurs les Evêques, &c. in-12.]

14661. ☞ L'inutilité des Jésuites démontrée aux Evêques : in-12.]

14662. ☞ Avis des Evêques de l'Assemblée du mois de Décembre 1761, (en faveur des Jésuites) : in-12.]

14663. ☞ Réflexions sur l'Avis des Evêques au Roi : in-12.]

14664. ☞ Parallèle de la conduite du Clergé, avec celle du Parlement, à l'égard des Jésuites : 1762, in-12.]

14665. ☞ Avis de M. l'Evêque de Soissons : Paris, 1763, in-12.]

14666. ☞ Lettre écrite au Roi par M. l'Evêque D. P. (M. DE POMPIGNAN, Evêque du Puy,) sur l'affaire des Jésuites : 1762, in-12.

Elle a été condamnée par les Arrêts du Parlement de Bordeaux du 28 Juin 1762, & du Parlement de Rouen du 30 Juillet.]

14667. ☞ Recueil de Poésies Françoises (sur l'affaire des Jésuites) revues, corrigées, augmentées & ornées de figures : La Haye, 1761, in-12.]

14668. ☞ Réplique aux Apologies des Jésuites, trois parties : 1761 & 1762, in-12.]

14669. ☞ Remarques sur le Compte rendu par M. de la Chalotais, Procureur-Général au Parlement de Bretagne : 1762, in-12.

Cet Ecrit, attribué à Henri GRIFFET, ci-devant Jésuite, a été condamné par les Arrêts du Parlement de Paris, du 24 Avril 1762, & de celui de Rennes du 24 du même mois, & de Rouen, du 6 Mai.]

14670. ☞ Lettres de M. de ★★★, au sujet des Remarques (précédentes) : in-12.]

14671. ☞ Observations sur l'Arrêt du Parlement de Provence du 5 Juin 1762, concernant l'Institut des Jésuites (& sur divers Comptes rendus) : 1762, in-12.]

14672. ☞ Le Médiateur d'une grande querelle : Genève, 1762, in-12.]

14673. ☞ Mémoire pour les Jésuites de Franche-Comté : in-12.]

14674. ☞ Lettre aux Jésuites de Besançon : 1762, in-12.]

14675. ☞ Analyse des Réponses à toutes les Apologies des Jésuites & des principaux griefs contre la Société : 1762, in-12.]

14676. ☞ L'Observateur François, sur le Livre intitulé : *Extraits des Assertions, &c.* ou le Mystère Anti-Gallican dévoilé, &c. 1762, in-12.

Cette brochure a été condamnée au feu, par Sentence de la Sénéchaussée de Lyon, du 12 Mars 1763 : Lyon, Valfray, & Paris, P. G. Simon, 1763, in-4. La Sentence est accompagnée d'un grand Réquisitoire de M. Jean-Philibert PEISSON DE BACOT, Procureur du Roi.]

14677. ☞ Lettre à M★★★, Conseiller au Parlement de Paris, (contre l'Extrait des Assertions) : 1763, in-12.]

14678. ☞ Appel à la Raison, des Ecrits & Libelles publiés par la passion contre les Jésuites de France : *Bruxelles*, 1761, in-12.

Nouvel Appel à la Raison, &c. 1762, in-12.

On attribue cet Ouvrage, qui est très-emporté, à l'Abbé de CAVEYRAC, aidé par les Pères Frey DE NEUVILLE & PATOUILLET, Jésuites.]

14679. ☞ Questions proposées à l'Auteur de l'Appel à la Raison : in-12.]

14680. ☞ Sentence du Châtelet de Paris, du 18 Novembre 1762, contre l'*Appel à la Raison*, & la Théologie morale de Mazotta, Jésuite : in-4. & in-12.

On y trouve un grand rapport de Commissaires, où l'on discute ces Ouvrages.

L'Appel à la Raison a aussi été condamné par Arrêt du Parlement de Rennes, du 24 Décembre 1762, &c.]

14681. ☞ L'Avocat du Diable, ou les Jésuites condamnés malgré l'Appel à la Raison : 1762, in-12.

Ce sont des Réflexions sur les Arrêts donnés en 1761, par le Parlement de Paris.]

14682. ☞ Mémoires présentés au Roi par M. d'Eguilles, Président au Parlement de Provence, & par M. de Montvalon, Conseiller, contre les Arrêts & Arrêtés de leur Compagnie : 1762, in-4. & in-12.

Ces Mémoires ont été condamnés par divers Arrêts de Parlements ; de Paris, du 17 Décembre 1762 ; de Rouen, du 2 Mars 1763 ; de Toulouse, du 16 Mars 1763 ; de Dijon, du 18 Mars.]

Les mêmes, avec des Notes (qui montrent les excès de ces Mémoires:) 1762, *in*-12.]

14683. ☞ Apologie générale de l'Institut & de la Doctrine des Jésuites: *Lausanne*, (*Nancy*) 1762, *in*-12. 2 vol. *Soleure*, (*Nancy*) 1763, *in*-8. 1 vol.

On l'attribue à Jean-Antoine CERULTI, ci-devant Jésuite. Il y a une Sentence du Bailliage de Beauvais, du 28 Décembre 1763, (*Paris*, *in*-12.) contre cette Apologie, & elle est discutée dans le Réquisitoire du Procureur du Roi. L'Abbé Cerulti a présenté en 1767 une Requête au Parlement de Paris, où il reconnoît que ses yeux sont ouverts, & offre de faire le serment.]

14684. ☞ L'Apologie des Jésuites convaincue d'attentats contre les Loix divines & humaines: (*Paris*,) 1763, *in*-12. 3 parties.

« Sous le nom d'*Apologie*, (l'Auteur, l'Abbé GUYON,) comprend tout ce qui a été écrit, tout ce qui se dit dans les conversations, tout ce qui se fait en faveur des Jésuites. ». L'Apologie précédente n'étant venue à sa connoissance que lorsqu'il eut mis la dernière main à son Ecrit, il y a joint, par forme d'Addition, un *Examen* de cette Apologie imprimée, dont il donne l'analyse & le caractère.]

14685. ☞ Mémoire sur un Projet au sujet des Jésuites: 1763, *in*-12.]

14686. ☞ Les Jésuites justifiés par les Parlemens: 1763, *in*-12.]

14687. ☞ Il est temps de parler, ou Compte rendu au Public des Pièces légales de M° Ripert de Monclar, & de tous les événemens arrivés en Provence à l'occasion de l'affaire des Jésuites: *Anvers*, 1763, *in*-12. 2 vol.

Cet Ouvrage a été condamné au feu par un Arrêt du Parlement de Paris, du 22 Février 1764.]

14688. ☞ Tout se dira, &c. *in*-12.

Cet Ecrit est principalement dirigé contre M. le Procureur-Général du Parlement de Metz. Il a été aussi condamné par l'Arrêt précédent du Parlement de Paris.]

14689. ☞ Nouvelles Observations sur les Jugemens rendus contre les Jésuites: *Bordeaux*, 1763, *in*-12.

Cet Ouvrage a été condamné par Arrêt du Parlement de Paris, du 21 Janvier 1764.]

14690. ☞ Lettre d'un Chevalier de Malthe, à M. l'Evêque de ***: 1763 & 1764, *in*-12.

Cet Ecrit, qui est très-emporté, a été condamné au feu par divers Arrêts des Parlemens; de Rouen, le 7 Février 1765; de Paris, le 15; de Toulouse, le 23; & d'Aix, le 27 du même mois.]

14691. ☞ Sur la destruction des Jésuites en France; par un Auteur désintéressé: *in*-12.

Ce Livre a été attribué à M. D'ALEMBERT, qui l'a désavoué.]

14692. ☞ Lettre à un ami, sur l'Ouvrage précédent: *in*-12.]

14693. ☞ Le Philosophe redressé, ou Critique impartiale du Livre intitulé: *Sur la destruction*, &c. *Bois-Valon*, 1765, *in*-12.]

14694. ☞ Avis important adressé à Nosseigneurs les Cardinaux, &c. 1765, *in*-12.

Lettre d'un Cosmopolite, &c. *in*-8.

Tome I.

Réflexions impartiales, &c. *in*-12.

Ces trois Ecrits des Jésuites ont été condamnés au feu par l'Arrêt du Parlement de Paris, du 19 Mars 1765; & par un autre, du 27 du même mois, rendu par le Parlement d'Aix.]

14695. ☞ Apologie des jeunes Ex-Jésuites qui ont signé le Serment prescrit par l'Arrêt du 6 Février 1764: (*Paris*,) 1764, *in*-12.]

14696. ☞ Dissertation adressée à Nosseigneurs les Evêques, (sur le même sujet); *in*-12.]

14697. ☞ L'Esprit des Magistrats Philosophes, ou sept Lettres Ultramontaines d'un Docteur de la Sapience, à la Faculté de Droit de l'Université de Paris: *Tivoli*, (*Avignon*,) 1765 & 1766, *in*-8. 2 vol.

Les Magistrats y sont très-mal traités.]

ARTICLE VII.

Histoires des Religieuses de France, rangées selon la lettre alphabétique du nom de leur Ordre ou Congrégation.

§. PREMIER.

Histoires des Religieuses de l'Annonciade.

14698. Les Chroniques ou Institution première des Religieuses de l'Annonciade, fondées par la bienheureuse Jeanne de France; par Nicolas GAZET: *Arras*, 1607, *in*-12.

☞ *Voyez les Vies de Jeanne de Valois, ci-après; Liv. III. aux Reines de France.*]

14699. ☞ Histoire abrégée de l'Ordre de la bienheureuse Vierge Marie, communément appellée de l'Annonciade.

Dans l'*Hist. des Ordr. Monast. & Rel.* du P. HELYOT, (*Paris*, 1714, &c. *in*-4. tom. *VII*.) pag. 339-350.]

14700. ☞ Constitutions pour les Mères de l'Annonciade: *Paris*, 1644: *in*-12.]

14701. ☞ Les Statuts ou Constitutions du Monastère des Annonciades de Boulogne, fondé par la bienheureuse Jeanne, l'an 1501: *Paris*, Sevestre, 1693, *in*-12.]

14702. ☞ Histoire de l'établissement & du progrès du premier Monastère de Religieuses Annonciades célestes de la Ville de Lyon, &c. divisée en deux parties; par la R. M. Marie-Hiéronime CHAUSSE, Religieuse du même Monastère: *Lyon*, Chevance, 1699, *in*-4.]

14703. Vie de Marie Hyacinthe, Religieuse de l'Annonciade; par Etienne PARISOT, Jésuite: *Paris*, 1637, *in*-12.

14704. Vie de Marie-Agnès Dauvaine, l'une des premières Fondatrices du Monastère de l'Annonciade céleste de Paris; par le Père D. L. B. Jésuite: *Paris*, Michallet, 1675, *in*-4.

Le Père DE LA BARRE, Jésuite, a composé cette Vie.

Vuuuu 2

14705. Abrégé de la Vie de Marie Elizabeth, Religieuse Annonciade de Lyon; par Europe MICHAU, Religieux Célestin: *Lyon*, Langlois, 1674, *in-8*.

Cet Auteur est mort en 1676.

14706. ☞ Relation de la captivité de la Mère Des-Forges, Annonciade de Boulogne: 1741, *in-12*.

L'Auteur est J.B. GAULTIER, Théologien de M. Colbert, Evêque de Montpellier.]

§. II.

Histoires des Religieuses Augustines.

14707. ☞ Histoire abrégée des Augustines.

Dans l'Ouvrage du P. HELYOT, tom. III. pag. 94-38.]

14708. Vie de Marie-Jeanne de Jesus, Fondatrice des Religieuses Augustines; par Henri ALBI, Jésuite: *Lyon*, 1640, *in-12*.

Cet Auteur est mort en 1659.

14709. Vie de Marie d'Alvequin de Jesus, Supérieure & Réformatrice des Dames Augustines de S. Magloire; par René BIESSE, Prêtre: *Paris*, 1649, *in-12*.

14710. Vie de la même; par Jérôme LACOUX, Sieur DE MARIVAULT, Prêtre: *Paris*, du Bois, 1687, *in-8*.

14711. Abrégé de la Vie de Jeanne de Cambry, Religieuse de l'Ordre de S. Augustin à Tournay, puis Recluse à Lille; par Pierre DE CAMBRY, Chanoine de Saint-Hermes, à Renais: *Anvers*, 1659, *in-4*. *Tournay*, 1665, *in-8*.

14712. La Vie & les Vertus de Jeanne Perraud, dite de l'Enfant Jesus, Religieuse du Tiers-Ordre de S. Augustin, [née à Martigues en Provence;] par un P. Augustin Déchaussé: *Marseille*, Garcin, 1680, *in-8*.

Le Père RAPHAEL, Auteur de cette Histoire, est mort en 1711.

14713. Vie de Jeanne Chazart de Matel, Fondatrice des Religieuses du Verbe Incarné: *Lyon*, Molin, 1692, *in-8*.

La Vie de cette Religieuse, de l'Ordre de S. Augustin, a été écrite par Antoine BOISSIEU, Jésuite.

§. III.

Histoires des Religieuses Béguines.

14714. DECLARATIO veridica Zegeri van HOTSUM, quòd Beghinæ nomen, institutum & originem habeant à sanctâ Begha, Brabantiæ Ducissâ, & brevis refutatio Petri Coens: *Antverpiæ*, 1628, *in-8*.

14715. Disquisitio historica Petri COENS, Theologiæ Licentiati Lovaniensis, de origine Beghinarum & Beghinagiorum in Belgio; & Noræ in Declarationem veridicam Zegeri van Hotsum de eadem re: *Leodii*, 1629, *in-8*.

14716. Erici PUTEANI de Beghinarum apud Belgas institutione & nomine suffragium, quô controversia recens excitata sopitur: *Lovanii*, 1630, *in-4*.

14717. ☞ Histoire des Religieuses Béguines, avec l'abrégé de la Vie de Lambert le Begue leur Fondateur.

Dans l'*Histoire des Ordres Monastiq. & Rel.* du Père HELYOT, tom. VIII. pag. 1-7.]

14718. La Vie de sainte Bégue, traduite du Latin en François; par David HENRERA; de l'Ordre de S. François: *Louvain*, Masius, *in-8*.

14719. Vita sanctæ Beggæ, Ducissæ Brabantiæ, Begghinarum & Beggardorum Fundatricis, Commentariis illustrata, & Historia Begghinasiorum Belgii; auctore Josepho Geldolpho A RYCKEL, Canonico sancti Augustini: *Lovanii*, 1631, *in-4*.

Cet Auteur est mort en 1642.

14720. Vita beatæ Mariæ Oigniacensis, Beghinæ; auctore Jacobo DE VITRIACO, Cardinali; studio Francisci Moschi, unà cum Vita sancti Arnulphi Villariensis: *Atrebati*, 1600, *in-8*.

Cette Vie est aussi imprimée avec le Commentaire de Papebroek, dans le *Recueil* de Bollandus, au 23 de Juin. La bienheureuse Marie d'Oignies est morte en 1213, & le Cardinal de Vitry en 1234. Il avoit connu particulièrement cette Sainte, & lui avoit servi pendant quelque temps de Directeur.

La même Vie, traduite en François; par Robert ARNAULD D'ANDILLY.

Cette Vie est imprimée dans son *Recueil des Vies des Saints illustres*, pag. 681: *Paris*, 1675, *in-fol*.

La même, traduite en Flamand; par David HENRERA, Cordelier: *Louvain*, Masius, *in-8*.

14721. * Vie, Miracles & Translation de la même Sainte Marie d'Oignies; (par Bernard MOUCHET:) *Louvain*, Rivius, 1670, *in-8*.

14722. Vie de la même; par François GIRY.

Cette Vie est imprimée dans son *Recueil des Vies des Saints*, au 23 de Juin.

14723. Vie de la même; par Adrien BAILLET.

Cette Vie est imprimée dans son *Recueil des Vies des Saints*, au même jour.

§. IV.

Histoires des Religieuses Bénédictines.

14724. ☞ LE Portrait sacré des Filles illustres de S. Benoît, avec des Entretiens curieux sur la conduite de leur vie; par François BLANCHARD, Prêtre & Religieux dudit Ordre: *Lyon*, 1669, *in-4*. *fig*.]

14725. Vita sanctæ Clodesindis, Abbatissæ

Histoires des Religieuses. 893

Metensis ; auctore JOANNE, Abbate Gorziensi.

Cette Vie est imprimée dans Labbe, au tom. I. de sa *Nouvelle Bibliothèque des Manuscrits*, pag. 124; & au tom. II. des *Actes des Saints de l'Ordre de saint Benoît*, 1087. Cette Sainte est morte vers l'an 610, & l'Auteur de sa Vie a fleuri l'an 990. Il est grave ; & quoiqu'éloigné de cette Sainte, il seroit digne de foi, si l'on étoit assuré que cet Ouvrage fût de lui. Quelques-uns croient qu'il est de Jean, Abbé de Saint-Arnoul de Metz, qui a aussi écrit la Vie du bienheureux Jean de Gorze, & qui vivoit vers la fin du Xe siècle.

Ejusdem Vita ; auctore BERNARDO, aliàs ARNOLDO, Abbate Morimundensi.

Cette Vie est imprimée [sous ce titre] dans le *Recueil des Vies des Saints* de Surius, au 25 de Juillet. L'Auteur [auquel on l'attribue] est mort en 1341.

☞ Le Père le Long avoit fait deux articles des Vies publiées par Surius & par le P. Labbe ; cependant c'est la même, attribuée, selon les Manuscrits, à différens Auteurs.]

14726. ☞ Ejusdem sanctæ Glodesindis plures Vitæ, & Commentarius PETRI BOSCHII, è Societate Jesu.

Dans le *Recueil* de Bollandus, au 25 de Juillet.]

14727. Vie de sainte Glossine ; par Adrien BAILLET.

Cette Vie est imprimée dans son *Recueil des Vies des Saints*, au même jour.

14728. ☞ Réglement & Constitutions de l'Abbaye de Sainte-Glossinde de Metz : *Metz*, Antoine, 1693, *in-12.*]

14729. Elogium historicum sanctæ Waldradæ, Abbatissæ Metensis ; auctore Joanne MABILLON, Benedictino, è Congregatione sancti Mauri.

Cet Eloge est imprimé au tom. II. des *Actes des Saints de l'Ordre de S. Benoît*, pag. 63. Cette Sainte est morte vers l'an 620.

14730. Vita ejusdem.

Cette Vie est imprimée dans le *Recueil* de Bollandus, au 5 de Mai.

14731. Vie de sainte Vautrude ; par MODESTE de saint Amable.

Cette Vie est imprimée au tom. I. de sa *Monarchie sainte* : *Clermont*, 1671, *in-fol.*

14732. Vita sanctæ Resticulæ, Abbatissæ Arelatensis ; auctore FLORENTIO, Presbytero Tricastinensi, ferè coævo.

Cette Vie est imprimée au tom. II. des *Actes des Saints de l'Ordre de S. Benoît*, pag. 139. Elle a été écrite sur le témoignage de ceux qui l'avoient connue. Cette Sainte est morte en 632.

14733. ☞ De sancta Resticula, Abbatissa Arelate ; Commentarius Joan. Bapt. SOLLERII, è Societate Jesu.

Dans le *Recueil* de Bollandus, au 11 d'Août.]

14734. Vie de sainte Resticule, Abbesse du Monastère de Saint-Césaire ; par Adrien BAILLET.

Cette Vie est imprimée dans son *Recueil des Vies des Saints*, au même jour.

14735. Vita sanctæ Eustandiolæ, Fundatricis Monasterii Mediani [in Bituricibus] & primæ ejusdem Abbatissæ.

Cette Vie est imprimée dans Labbe, au tom. II. de la *Nouvelle Bibliothèque des Manuscrits*, pag. 376 ; & avec le Commentaire d'Henschenius, dans le *Recueil* de Bollandus, au 8 de Juin. Cette Sainte a vécu dans le VIIe siècle.

14736. Vie de sainte Angadresme, Abbesse d'Oroer, dans le Diocèse de Beauvais ; par François GIRY.

Cette Vie est imprimée dans son *Recueil des Vies des Saints*, au 14 d'Octobre. Cette Sainte a vécu dans le VIIe siècle.

14737. Vie de la même ; par Adrien BAILLET.

Cette Vie est imprimée dans son *Recueil des Vies des Saints*, au même jour.

14738. Vita sanctæ Salabergæ, Abbatissæ Laudunensis ; Auctore anonymo, Scriptore gravi, coævo.

Cette Vie est imprimée à la pag. 679 de l'*Appendice* des *Œuvres* de Guibert de Nogent : *Parisiis*, 1651, *in-fol.* & au tom. II. des *Actes des Saints de l'Ordre de saint Benoît*, pag. 421. Cette Sainte est morte vers l'an 655 ; & l'Auteur de sa Vie, qui a fleuri l'an 675, paroît plus habile & plus exact que le commun des Ecrivains de ce temps-là : aussi son autorité a-t-elle plus de poids.

14739. ☞ Sanctæ Salabergæ Vita ; auctore anonymo suppari, & Commentarius Joannis CLEI, è Societate Jesu.

Dans le *Recueil* de Bollandus, au 22 de Septembre.]

14740. Vie de sainte Salaberge ; par Adrien BAILLET.

Cette Vie est imprimée dans son *Recueil des Vies des Saints*, au 29 de Septembre.

14741. Elogium historicum sanctæ Theodechildis, Abbatissæ Jotrensis primæ ; auctore Joanne MABILLON, Benedictino, è Congregatione sancti Mauri.

Cette Vie est imprimée au tom. I. des *Actes des Saints de l'Ordre de S. Benoît*, pag. 486. Cette Abbesse de Jouare, dans le Diocèse de Meaux, est morte vers l'an 660.

14742. Vie de sainte Theodechilde ; par MODESTE de saint Amable.

Cette Vie est imprimée au tom. I. de sa *Monarchie sainte*, pag. 536 : *Clermont*, 1671, *in-fol.*

14743. Vita sanctæ Antrudis, filiæ sanctæ Salabergæ, Abbatissæ Laudunensis ; auctore anonymo, ferè coævo.

Cette Vie est imprimée au tom. II. des *Actes des Saints de l'Ordre de S. Benoît*, pag. 975. Cette Sainte est morte vers l'an 698.

14744. Vie de sainte Austrude ou Astrade ; par Adrien BAILLET.

Cette Vie est imprimée dans son *Recueil des Vies des Saints*, au 17 d'Octobre.

14745. La Vie & les Miracles de sainte Aure, Abbesse de l'Ordre de S. Benoît, avec l'antiquité, changement & décadence de son Monastère, & fondation des Eglises de saint Martial, de saint Eloi, de saint Paul, & autres antiquités de Paris; par Jacques QUETIF, Bourgeois de Paris : *Paris*, 1623, *in*-8. Seconde Edition, augmentée : *Ibid.* de Cay, 1625, *in-8.*

Cette Abbesse de Saint-Martial, à Paris, est morte l'an 666.

14746. Vie de sainte Aure ou Aurée ; par François GIRY.

Cette Vie est imprimée dans son *Recueil des Vies des Saints*, au 4 d'Octobre.

14747. Vie de la même ; par Adrien BAILLET.

Cette Vie est imprimée dans son *Recueil des Vies des Saints*, au même jour.

14748. ☞ Office de sainte Aure, à saint Martial de Paris; avec l'Eloge ou abrégé de sa Vie : *Paris*, 1729, *in*-8.]

14749. Vita sanctæ Eusebiæ, Abbatissæ Hamaticensis, in Comitatu Hannoniæ; auctore anonymo, cum Commentario prævio.

Cette Vie est imprimée dans le *Recueil* de Bollandus, au 16 de Mars. Cette Abbesse d'Hamay en Hainault, est morte vers l'an 680, & l'Auteur de sa Vie a fleuri vers l'an 880. Il l'a écrite sur des Mémoires plus anciens, qu'on avoit garantis de la fureur des Normans.

14750. Vie de sainte Eusébie, par Adrien BAILLET.

Cette Vie est imprimée dans son *Recueil des Vies des Saints*, au même jour.

14751. Vita sanctæ Aldegundis, Abbatissæ Malbodiensis; auctore æquali.

Cette Vie est imprimée dans le *Recueil* de Bollandus, au 31 de Janvier; & au tom. II. des *Actes des Saints de l'Ordre de saint Benoît*, pag. 36. Cette Abbesse de Maubeuge est morte vers l'an 684.

14752. Vie de la même; par un Capucin de la Province Walone : *Arras*, 1623, *in*-8.

14753. Vie de la même ; par Etienne BINET, Jésuite : *Paris*, 1625, *in*-12.

14754. Vie de la même; par André TRIQUET, Jésuite, septième Edition : *Tournay*, Quinqué, 1666, *in*-4.

Cet Auteur est mort en 1667.

14755. Vie de la même; par Adrien BAILLET.

Cette Vie est imprimée dans son *Recueil des Vies des Saints*, au 31 de Janvier.

14756. Vita sanctæ Hunegundis, Virginis Humolariensis; auctore BERNERO, Abbate Humolariensi.

Cette Vie est imprimée dans le *Recueil* de Surius, au 25 d'Août; & au *Siècle II. des Actes des Saints* de D. Jean Mabillon, *pag.* 1018 : *Parisiis*, 1687, *in-fol*. Cette Vierge d'Homblières en Vermandois, est morte vers l'an 690, & l'Auteur de sa Vie l'a écrite l'an 948.

14757. ☞ Eadem Vita, cum Commentario Joannis STILTINGI, è Societate Jesu.

Dans le *Recueil* de Bollandus, au 25 d'Août.]

14758. Vie de sainte Hunégonde : *Saint-Quentin*, 1687, *in*-12.

14759. Vie de la même; par Adrien BAILLET.

Cette Vie est imprimée dans son *Recueil des Vies des Saints*, au 25 d'Août.

14760. Vita sanctæ Landradæ, primæ Abbatissæ Monasterii Bilseni ; auctore THEODERICO, Abbate sancti Trudonis.

Cette Vie est imprimée dans le *Recueil* de Surius, au 8 de Juillet. Cette Abbesse de Munster-Bilsen ou Bélise, au Pays de Liége, est morte vers l'an 690, & l'Auteur de sa Vie a fleuri vers l'an 1100. Il l'a composée sur de simples traditions, & sur des Mémoires peu exacts. On a quelque préjugé que cet Ouvrage, aussi-bien que les Vies de saint Tron, de saint Bavon, de saint Ruénold & de sainte Amalberge, lui sont faussement attribuées, parce qu'elles ne sont pas dignes de lui.

14761. La Princesse Solitaire, ou la Vie de sainte Landrade, Fondatrice de l'Abbaye de Munster - Bélise : plus, la Vie de saint Amour, Patron du lieu, & celle de sainte Amalberge, Disciple de sainte Landrade; par DESHAYONS : *Liége*, 1665, *in*-8.

14762. Vita sanctæ Richtrudis, Abbatissæ Marcianensis ; ab HUCBALDO, Elnonensi Monacho, scripta anno 907, cum Commentario prævio Danielis Papebrochii.

Cette Vie est imprimée dans le *Recueil* de Bollandus, au 12 de Mai. Cette Sainte est morte en 697, & Hucbalde n'a écrit sa Vie que 219 ans après sa mort, sur des Mémoires assez sûrs. On y remarque qu'il a tâché d'être sincère & naturel.

14763. Vie de sainte Richtrude, par Adrien BAILLET.

Cette Vie est imprimée dans son *Recueil des Vies des Saints*, au même jour.

14764. Vita sanctæ Segolenæ, Viduæ & Abbatissæ Troclariensis in Aquitania primæ; auctore anonymo ejus æquali.

Cette Vie est imprimée au tom. IV. des *Actes des Saints de l'Ordre de S. Benoît*, pag. 540. Cette Abbesse de Troclare en Albigeois, est morte dans le VIII siècle. On veut que cet anonyme soit un Auteur grave : il paroît néanmoins avoir cherché ailleurs que dans son sujet, de quoi rendre son Histoire merveilleuse.

14765. ☞ Eadem Vita, cum Commentario Guillelmi CUPERI, è Societate Jesu.

Dans le *Recueil* de Bollandus, au 24 de Juillet.]

14766. Vie de sainte Segoulaine ; par Adrien BAILLET.

Cette Vie est imprimée dans son *Recueil des Vies des Saints*, au même jour.

14767. ☞ Vita sanctæ Adjolæ, Abbatissæ Bituricensis, cum Commentario Godefridi HENSCHENII, è Societate Jesu.

Dans le *Recueil* de Bollandus, au 1 de Juin. Cette Sainte a vécu dans le VII siècle.]

14768. ☞ De sancta Agilbertâ, Abbatissâ Jotrensi, & brevis Notitia de ejus cultu; per Joan. Bapt. SOLLERIUM, è Societate Jesu.

Dans le *Recueil* de Bollandus, au 11 d'Août. Sainte Aguilberte, Abbesse de Jouarre, au Diocèse de Meaux, vivoit au VII siècle.]

14769. Vita sanctæ Austrebertæ, Abbatissæ Pauliacensis ; auctore coætaneo, cum Commentario prævio.

Cette Vie est imprimée dans le *Recueil* de Bollandus, au 10 de Février; & au tom. III. des *Actes des Saints de l'Ordre de saint Benoît*, pag. 27.

14770. Vita alia; auctore anonymo.

Cette Abbesse de Pavilly, dans le Pays de Caux, est morte l'an 703, & l'Auteur anonyme de cette seconde Vie a fleuri l'an 720. Elle est imprimée au tom. III. des *Actes des Saints de l'Ordre de saint Benoît*, pag. 28.

14771. Vie de sainte Austreberte; par Simon MARTIN, de l'Ordre des Minimes: *Paris*, Huré, 1635, *in*-8.

14772. Vie de la même; par Jean-Baptiste DU TERTRE, de l'Ordre des FF. Prêcheurs: *Paris*, 1658, *in*-8.

14773. Vie de la même; par Jacqueline Bouette DE BLEMUR.

Cette Vie est imprimée au tom. I. de ses *Eloges des Illustres de l'Ordre de saint Benoît : Paris*, 1667, *in*-4.

14774. Vie de la même; par François GIRY.

Cette Vie est imprimée dans son *Recueil des Vies des Saints*, au 10 de Février.

14775. Vie de la même; par Adrien BAILLET.

Cette Vie est imprimée dans son *Recueil des Vies des Saints*, au même jour.

14776. De beata Clotsinde, Abbatissa Marcianensi; Sylloge Godefridi HENSCHENII, è Societate Jesu.

Cette Collection est imprimée dans le *Recueil* de Bollandus, au 30 de Juin. Cette Abbesse est morte vers l'an 703. La Règle de S. Benoît n'étoit pas alors encore établie en France, selon le Père le Cointe.

14777. Vita sanctæ Bertæ, Viduæ & Abbatissæ Blangiacensis apud Morinos; auctore anonymo.

Cette Vie est imprimée au tom. III. des *Actes des Saints de l'Ordre de saint Benoît*, pag. 632; & avec les Notes de PAPEBROEK, dans le *Recueil* de Bollandus, au 4 de Mai. Sainte Berte, Abbesse de Blangi, dans le Diocèse de Boulogne, selon le Père Mabillon, ou Abbesse d'Avenay, dans le Diocèse de Reims, selon le Père Papebroek, est morte vers l'an 720. L'Auteur de sa Vie, qui est pleine de faussetés & d'inepties, étoit un ignorant qui vivoit dans le X.e siècle.

14778. ☞ Alia Vita, ex codice Ms. Cœnobii Blangiacensis, & Commentarius J. Bapt. SOLLERII, è Soc. Jesu.

Dans le *Recueil* de Bollandus, au 4 de Juillet.]

14779. Vie de sainte Berte; par MODESTE de saint Amable.

Cette Vie est imprimée au tom. I. de sa *Monarchie sainte*, pag. 360 : *Clermont*, 1671, *in*-fol.

14780. Vie de la même; par Adrien BAILLET.

Cette Vie est imprimée dans son *Recueil des Vies des Saints*, au 4 de Juillet.

14781. Vita sanctæ Harlendis, Abbatissæ Eikensis in Belgio; auctore anonymo.

Cette Vie est imprimée dans le *Recueil* de Bollandus, au 12 de Mars; & au tom. III. des *Actes des Saints de l'Ordre de S. Benoît*, pag. 654. Cette Abbesse d'Eike, dans le Diocèse de Maëstricht, est morte vers l'an 745 ; & cet Anonyme, qui a écrit sa Vie, a vécu après l'an 850.

14782. Vie de sainte Herdelinde & de sainte Renelle, sœurs, Vierges & Abbesses; par Adrien BAILLET.

Cette Vie est imprimée dans son *Recueil des Vies des Saints*, au 22 de Mars.

14783. Vita sanctæ Hildrudis, Virginis, filiæ Conditorum Monasterii Lætiensis in Belgio; auctore Monacho Walciodorensi anonymo.

Cette Vie est imprimée au tom. IV. des *Actes des Saints de l'Ordre de saint Benoît*, pag. 420. Cette Sainte est morte vers l'an 790, & l'Auteur de sa Vie a fleuri au XI siècle. Comme elle est sujette à quelques fautes, elle n'est pas de grand poids.

14784. Vie de sainte Hiltrude; par Adrien BAILLET.

Cette Vie est imprimée dans son *Recueil des Vies des Saints*, au 27 de Septembre.

14785. Vita sanctæ Aldetrudis, Abbatissæ Malbodii, cum Commentario prævio Godefridi HENSCHENII, Societatis Jesu.

Cette Vie est imprimée dans le *Recueil* de Bollandus, au 15 de Février. Cette Abbesse de Maubeuge a vécu sur la fin du VIII.e siècle.

14786. Vita sanctæ Reingardis, Viduæ, Monialis Marsianensis; auctore Petro MAURICIO, ejus filio, Abbate Cluniacensi.

Cette Vie est imprimée au Livre II. des *Œuvres* de Pierre de Cluni, Lettre 17 : *Parisiis*, 1621, *in*-4. & dans la *Bibliothèque des Pères* & dans celle de Cluni. Cette Religieuse de Marsigny, en Bourgogne, est morte l'an 1135.

La même Vie, traduite par Robert Arnauld d'Andilly.

Cette Vie est imprimée [dans son *Recueil des Vies des Saints Pères des Déserts*, tom. I. p. 634 : *Paris*, 1661, *in*-8. 3 vol. &] dans son *Recueil des Vies des Saints illustres*, pag. 654 : *Paris*, 1675, *in*-fol.

14787. Vie de sainte Reingarde; par Adrien BAILLET.

Cette Vie est imprimée dans son *Recueil des Vies des Saints*, au 24 de Juin.

14788. Vita venerabilis Hildeburgæ, Viduæ & Sanctimonialis propè Pontisaram.

Cette Vie est imprimée dans d'Achery, au tom. II. de son *Spicilége*, pag. 686; & avec le Commentaire de PAPEBROEK, dans le *Recueil* de Bollandus, au 3 de Juin. Cette Religieuse est morte en 1115.

14789. Vita sanctæ Elizabethæ, Virginis, Magistræ Sororum Ordinis sancti Benedicti Schonaugiæ, partim ab ipsamet ELIZABETH dictata, partim ab EGBERTO fratre scripta; cum Commentario prævio Danielis PAPEBROCHII.

Cette Vie est imprimée dans le *Recueil* de Bollandus, au 18 de Juin.

14790. Eloge de [Claudine, dite] Scholastique de Budoz, Abbesse de Saint-Honorat de Tarascon; par Hilarion DE COSTE.

Cet Eloge est imprimé au tom. II. de ses *Eloges des Dames illustres*, pag. 755 : *Paris*, 1630, *in*-4. Cette Abbesse est morte en 1547.

14791. Vie d'Anne le Barbier, Religieuse du Monastère de la Trinité de Caën; par Jacqueline Bouette DE BLEMUR.

Cet Eloge est imprimé au tom. II. de ses *Eloges des*

Illustres de l'Ordre de saint Benoît, pag. 31 : *Paris*, 1667, *in-*4. Cette Religieuse est morte en 1614.

14792. Eloge de Marguerite d'Angennes, Abbesse de Saint-Sulpice de Rennes; par la même.

Cet Eloge est imprimé au tom. I. de ses *Eloges*, *p.* 488.

14793. Eloge d'Antoinette d'Orléans, Marquise de Belle-Isle, Fondatrice des Religieuses de Notre-Dame du Calvaire ; par Hilarion DE COSTE.

Cet Eloge est imprimé dans le tom. I. de ses *Eloges des Dames illustres en piété*, pag. 148 : *Paris*, 1630, *in-*4. Antoinette d'Orléans est morte en 1618.

14794. Eloge de la même; par Jacqueline Bouette DE BLEMUR.

Cet Eloge est imprimé au tom. II. de ses *Eloges des Illustres de l'Ordre de S. Benoît* : *Paris*, 1667, *in-*4.

14795. La Règle de S. Benoît, avec les Constitutions pour la réforme de l'Abbaye de Notre-Dame du Val-de-Grace : *Paris*, 1676, *in-*12.]

14796. Eloge de Marguerite Véni d'Arbouze, dite de sainte Gertrude, Abbesse & Réformatrice de Notre-Dame du Val-de-Grace; par Hilarion DE COSTE.

Cet Eloge est imprimé au tom. II. de ses *Eloges des Dames illustres en piété*, pag. 48 : *Paris*, 1630, *in-*4. Cette Abbesse est morte en 1626.

14797. Vita ejusdem; auctore Hugone MENARD, Benedictino, è Congregatione sancti Mauri.

Cette Vie est imprimée *pag.* 800, de ses *Observations sur le Martyrologe de S. Benoît* : *Parisiis*, 1629, *in-*8.

14798. ☞ B. Margaritæ Arbouziæ Vallis-Gratiæ & aliarum cœnobiticarum familiarum restauratricis Panegyricus; auctore Lud. BONNET : *Parisiis*, Moteau, 1628, *in-*8.]

14799. Vie de la même ; par Jacques FERRAIGE, Docteur en Théologie : *Paris*, 1628, *in-*8.

14800. Vie de la même ; par François GIRY.

Cette Vie est imprimée dans son *Recueil des Vies des Saints*, au tom. II. *pag.* 1995 : *Paris*, 1684, *in-fol.*

14801. Vie de la même; par Claude FLEURI, Abbé du Loc-Dieu, (depuis Prieur d'Argenteuil, & Confesseur de LOUIS XV.) *Paris*, Clousier, 1685, *in-*8.

14802. ☞ Discours funèbre sur la mort de Madame Diane de Clausse, Abbesse de S. Jean-aux-Bois, en la Forêt de Cuyse; par Claude MAROIS, Prieur des Dominicains de Vailly : *Reims*, 1627, *in-*8.]

14803. Eloge d'Antoinette Granger, Fondatrice & première Supérieure des Bénédictines de Montargis ; par Jacqueline Bouette DE BLEMUR.

Cet Eloge est imprimé au tom. I. de ses *Eloges des Illustres de l'Ordre de S. Benoît*, pag. 184 : *Paris*, 1667, *in-*4. Cette Supérieure est morte en 1636.

14804. Oraison funèbre de Constance de Beaufremont, Abbesse de S. Menou, [dans le Diocèse de Bourges]; par Jean CUISSOT, Carme : *Moulins*, 1637, *in-*8.

14805. Abrégé de la Vie de Florence de Werguineul, Réformatrice de l'Abbaye de la Paix à Douay; par Marguerite TRIGAULT, Religieuse Bénédictine de cette Abbaye, & une des quatre qui y vint pour y établir la Réforme.

La Mère de Werguineul est morte en 1638. Sa Vie est imprimée dans Martenne, part. 2, de son *Voyage Littéraire*, *pag.* 219.

14806. Oraison funèbre de Charlotte Flandrine de Nassau, Abbesse de Sainte-Croix de Poitiers ; par le Père JEAN, Cordelier : *Poitiers*, 1640, *in-*4.

Cette Abbesse est morte en 1640.

14807. Le Miroir des Ames Religieuses, ou Vie de la même ; par Claude ALLARD : *Poitiers*, 1653, *in-*4.

14808. Vie de la même ; par Jacqueline Bouette DE BLEMUR.

Cet Eloge est imprimé au tom. I. de ses *Eloges des Illustres de l'Ordre de S. Benoît*, p. 558 : *Paris*, 1667, *in-*4.

14809. Eloge de Marie de Laubespine de Château-neuf, Abbesse de S. Laurent de Bourges ; par la même.

Cet Eloge est imprimé là même, *pag.* 241.

14810. Eloge de Louise de l'Hôpital, Abbesse & Réformatrice de Montivilliers; par la même.

Cette Abbesse est morte en 1643. Son Eloge est imprimé au tom. II. *pag.* 185.

14811. Eloge de Louise Roussard, de sainte Gertrude, Religieuse Bénédictine de Montargis ; par la même.

Cette Religieuse est morte en 1643. Son Eloge est imprimé là même, au tom. I. *pag.* 345.

14812. Oraison funèbre de Françoise Roy, Abbesse de Nidoiseau en Anjou ; par IRÉNÉE de sainte Catherine, Prieur des Carmes d'Arras : *Arras*, 1643, *in-*4.

14813. Eloge de Laurence de Budos, Abbesse de la Trinité de Caën ; par Jacqueline Bouette DE BLEMUR.

Cet Eloge est imprimé au tom. II. de ses *Eloges des Illustres de l'Ordre de S. Benoît*, pag. 113 : *Paris*, 1667, *in-*4. Cette Abbesse est morte en 1650.

14814. Eloge d'Antoinette d'Estrade, Abbesse & Réformatrice de S. Jean-le-Grand d'Autun ; par la même.

Cette Abbesse est morte en 1653. Son Eloge est imprimé là même.

14815. Eloge de Françoise de Faudoas d'Averton, surnommée de S. Joseph, Religieuse Bénédictine ; par la même.

Cette Religieuse est morte en 1655. Son Eloge est imprimé là-même, au tom. I. *pag.* 437.

14816. Epître funèbre contenant en abrégé

Histoires des Religieuses.

la Naissance, Vie & Mort de Marie-Marguerite de la Trémouille, Abbesse de Jouarre: *Paris*, 1655, *in-8*.

Cette Abbesse est morte en 1655. Cette Epître a été composée par la Prieure & Communauté de cette Abbaye.

14817. Histoire de Madame de Sacy, Religieuse Bénédictine en l'Abbaye de Vignals, (proche Falaise); par Thomas LAMY, Prêtre: *Caën*, 1659, *in-8*.

Cette Religieuse est morte en 1655.

14818. Eloge de Luce de Luxe, Abbesse de Saint-Ausone d'Angoulême; par Jacqueline Bouette DE BLEMUR.

Cet Eloge est imprimé au tom. I. de ses *Eloges des Illustres de l'Ordre de S. Benoît*, pag. 1 : *Paris*, 1667, *in-4*. Cette Abbesse est morte en 1656.

14819. Eloge de Blaise de Villegevan, Religieuse Converse de l'Abbaye du Val-de-Gif; par la même.

Cette Converse est morte l'an 1657. Son Eloge est imprimé dans le même Ouvrage, *pag*. 473.

14820. Oraison funèbre d'Anne-Balthilde de Harlay, Abbesse de Notre-Dame de Sens; par Dom COSME de S. Michel, Religieux Feuillent : *Paris*, Muguet, 1668, *in-4*.

Cette Abbesse est morte en 1660. Dom Cosme s'appelloit dans le monde, Roger : il est mort Evêque de Lombès en 1710.

14821. Eloge de Scholastique Gabrielle de Livron-Bourbonne, Abbesse de Juvigny; par Jacqueline Bouette DE BLEMUR, Religieuse Bénédictine : *in-4*.

Cette Abbesse est morte en 1662. Son Abbaye est dans le Diocèse de Trèves.

14822. La grande Réparatrice, Discours funèbre prononcé à l'anniversaire de la même; par François MATTHIEU, Jésuite : *Dijon*, veuve Bernard, 1663, *in-4*.

L'Auteur est mort en 1688.

14823. Eloge de Françoise de Foix, Abbesse de Notre-Dame de Saintes; par la Mère DE BLEMUR.

Cet Eloge est imprimé au tom. I. de ses *Eloges des Illustres de l'Ordre de S. Benoît, pag*. 158 : *Paris*, 1667, *in-4*.

14824. Eloge de Louise le Tellier, dite de S. Joachim, Prieure des Religieuses Bénédictines de Notre-Dame de la Ville-l'Evêque lès-Paris; par la même.

Cette Prieure est morte en 1662. Son Eloge est imprimé là-même, *pag*. 392.

14825. Eloge d'Antoinette de Varennes Nagu, Abbesse de Notre-Dame de Chasaux, dans le Diocèse de Lyon; par la même.

Cette Abbesse est morte en 1666. Son Eloge est imprimé au tom. II. de ses *Eloges des Illustres de l'Ordre de S. Benoît, pag*. 289.

14826. Oraison funèbre de Claude de Choiseul de Praslain, Abbesse & Réformatrice de l'Abbaye de Notre-Dame aux Nonnains, [à Troyes] ; par Pierre COQUERY, Prêtre de l'Oratoire : *Troyes*, 1667, *in-4*.

Cet Auteur est mort en 1711.

14827. Eloge de la même ; par Jacqueline Bouette DE BLEMUR.

Cet Eloge est imprimé au tom. II. de ses *Eloges des Illustres de l'Ordre de S. Benoît*, p. 346 : *Paris*, 1667, *in-4*.

14828. Eloge d'Anne d'Alègre, Coadjutrice de l'Abbesse de Saint-Cyr, dans le Diocèse de Chartres; par la même : *in-4*.

14829. Oraison funèbre de Marie-Agnès de Rouville, Abbesse de Saint-Julien de Dijon; par Jean-Baptiste JUNOT, Cordelier de Châtillon : *Dijon*, Ressayre, 1683, *in-4*.

Cet Auteur est mort en 1713.

14830. Eloge de Guione-Scholastique Rouxel de Médavy, Abbesse & Fondatrice de Saint-Nicolas de Verneuil; par Jacqueline Bouette DE BLEMUR.

Cette Abbesse est morte en 1669. Son Eloge est imprimé au tom. II. des *Eloges des Illustres de l'Ordre de S. Benoît, pag*. 375.

14831. Oraison funèbre d'Angélique du Toc, Abbesse de S. Laurent de Bourges; par Claude MASSON, Prêtre de l'Oratoire : *Bourges*, 1671, *in-4*.

☞ L'Auteur est mort en 1643.]

14832. Eloge de Geneviève Granger, dite de S. Benoît, Supérieure du Monastère de Montargis ; par Jacqueline Bouette DE BLEMUR.

Cette Supérieure est morte en 1674. Son Eloge est imprimé au tom. II. des *Eloges des Illustres de l'Ordre de S. Benoît, pag*. 417.

14833. Eloge de Jeanne de Verthamont, Abbesse de la Règle, dans le Diocèse de Limoges; par la même.

Cette Abbesse est morte en 1675. Son Eloge est imprimé là-même, *pag*.458.

14834. Eloge funèbre de Charlotte-Françoise-Radegonde de Montaud de Navaille, Abbesse de Sainte-Croix de Poitiers; par SIMON de la Vierge Marie, Carme : *Paris*, 1676, *in-4*.

14835. Oraison funèbre de Marie-Eléonore de Rohan, Abbesse de Malnoue; par Antoine ANSELME, Abbé de S. Séver-Cap : *Paris*, 1682, *in-4*.

14836. ☞ Oraison funèbre de Madame Marie-Anne-Agnès de Rouville, Abbesse de Saint-Julien de Rougemont, prononcée dans l'Eglise de cette Abbaye à Dijon, le 1 Septembre 1683 ; par le P. J. B. JUNOT, Provincial des Cordeliers : *Dijon*, 1683, *in-4*.]

14837. ☞ Oraison funèbre de Madame

Charlotte de Varennes-Nangu, Abbesse de Lanchaire le 12 Février 1685 ; par M. l'Evêque de Challon : 1685, *in-4.*]

14838. Vie de Laurence de Bellefons, Supérieure & Fondatrice du Monastère des Religieuses Bénédictines de Notre-Dame des Anges de Rouen : *Paris*, 1686, [Pépie, 1691] *in-8.*

Cette Supérieure est morte en 1683, & Dominique BOUHOURS, Jésuite, Auteur de cette Vie, en 1702.

14839. Oraison funèbre d'Anne de Choiseul de Praslain, Abbesse de Notre-Dame aux Nonnains à Troyes ; par Jean-François GOUIN, Prêtre de l'Oratoire : *Troyes*, 1688, *in-4.*]

Cet Auteur est mort en 1708.

14840. Vie de Madelaine Gautron, Religieuse de la Fidélité : *Saumur*, 1689, *in-12.*

Jean PASSAVANT, Prêtre de l'Oratoire, qui a écrit cette Vie, est mort en 1713.

14841. Eloge de Jacqueline Bouette de Blémur, dite de S. Benoît, Religieuse du Saint-Sacrement.

Cet Eloge est imprimé dans le vingt-quatrième *Journal des Sçavans de* 1696. Il a été composé par Dom Jean MABILLON, Religieux Bénédictin. Cette Religieuse, qui a écrit les *Eloges des illustres de son Ordre*, est morte en 1696, & D. Mabillon en 1707.

14842. ☞ Oraison funèbre d'Anne Berthe de Béthune, Abbesse de Beaumont, prononcée le 8 Août 1690 ; par Dom Denys DE SAINTE-MARTHE, Bénédictin : *Tours*, 1690, *in-4.*]

14843. ☞ Pièces & Mémoires concernant l'Abbaye de Jouarre, pour M. Bossuet, Evêque de Meaux, contre Henriette de Lorraine, Abbesse de Jouarre : *Paris*, 1690, *in-4.*]

14844. ☞ Oraison funèbre de Louise de Harlay, ancienne Abbesse de Notre-Dame de Sens, prononcée dans l'Eglise de cette Abbaye ; (par Nicolas DENISE) le 28 Mai 1706 : *Paris*, Josse, 1706, *in-4.*]

14845. ☞ Eloge funèbre de Marie-Anne Dellales de Rosté, de l'Abbaye Royale de Poulangy ; par le P. JARDINIER, Jésuite : *Chaumont*, 1714, *in-4.*]

14846. ☞ Oraison funèbre de Madame de Choiseul de Framières, Abbesse de Poulangy ; par le même : *Chaumont*, 1715, *in-4.*]

14847. ☞ Oraison funèbre de Madame de Rochechouart, Abbesse de Beaumont ; par le P. MÉRIGOT, Jésuite, 1734, *in-4.*]

14848. ☞ Abrégé de la Vie & des Vertus de Marie de Beauvilliers, Prieure des Bénédictines de Montargis ; par M. JACQUES : *Paris*, 1751, *in-8.*]

14849. ☞ Constitutions pour les Religieuses Bénédictines de la Réforme d'Auxerre : 1649, *in-8.*]

Histoires de l'Abbaye d'Almanesche, dans le Diocèse de Séez.

14850. ☞ Ms. Mémoire de l'Abbaye d'Almanesche, tiré des Archives de cette Abbaye, depuis sa restauration ; par D. JOURDAIN, Doyen de l'Abbaye de S. Martin de Séez.

Il est conservé dans le Cabinet de M. Odolant Desnos, Médecin, à Argentan.]

14851. ☞ Mémoires de la Translation de l'Abbaye d'Almanesche, dans la Ville d'Argentan ; par M. le Marquis DE CHAMBRAY : *Evreux*, Malassis, 1739, *in-4.*]

14852. Vita sanctæ Opportunæ, Virginis & Abbatissæ Monasterioli in Neustria ; ab ADHELINO, Episcopo Sagiensi.

Cette Vie est imprimée dans le *Recueil* de Bollandus, au 22 d'Avril, & au tom. IV. des *Actes des Saints de l'Ordre de S. Benoît*, pag. 220. Cette Sainte est morte l'an 770, & Adhelin ou Adhelme a vécu l'an 880.

14853. ☞ Ms. Vie de sainte Opportune, en vers.

Elle est à la fin de l'*Histoire Ecclésiastique de Séez*, par Marin Prouvere Bricheteaux, ci-devant, N.° 9958.]

14854. Vie de sainte Opportune, enrichie des Antiquités de Paris & de l'Abbaye d'Almanesche ; par Nicolas GOSSET, Cheffecier & Curé de sainte Opportune à Paris : 1654, 1655, [Chrétien, 1659,] *in-8.*

Ce n'est qu'une même Edition qui a changé de titre. L'Histoire du Monastère d'Almanesche se trouve dans un des Chapitres de cette Vie. Cet Ouvrage est divisé en quatre parties ; la première contient la Vie de cette Sainte, composée par S. Adhelin, avec une version Françoise ; la seconde renferme l'élite des Miracles de cette Sainte ; la troisième fait le récit des Translations de ses Reliques au sujet des Guerres ; & la dernière rapporte les Fondations, Droits & Antiquités de ses Eglises de Paris & d'Almanesche.

L'Auteur, comme l'a remarqué Dom Mabillon, au tom. I. des *Annales* de son Ordre, pag. 201, confond le Monastère d'Almanesche avec celui de Montreuil, dont sainte Opportune étoit Abbesse, lorsque Lanthilde l'étoit d'Almanesche.

14855. Vie de sainte Opportune ; par François GIRY.

Cette Vie est imprimée dans son *Recueil des Vies des Saints*, au 22 d'Avril.

14856. Vie de la même ; par Adrien BAILLET.

Cette Vie est imprimée dans son *Recueil des Vies des Saints*, au même jour.

14857. Eloge de Louise Rouxel de Médavy, Abbesse d'Almanesche ; par Jacqueline Bouette DE BLEMUR.

Cet Eloge est imprimé au tom. I. des *Eloges des Illustres de S. Benoît*, pag. 428 : *Paris*, 1667, *in-4.*

Histoires des Religieuses.

Histoires de l'Abbaye des Allois, de celle de Bonnefaigne, toutes deux dans le Diocèse de Limoges; & de celle de Bugue, au Diocèse de Périgueux.

14858. ☞ Mf. Histoire de l'Abbaye des Allois, par Joseph NADAUD, Curé de Teyjac, Diocèse de Limoges.]

14859. ☞ Histoire de l'Abbaye de Bonnefaigne; par le même.]

14860. ☞ Histoire de l'Abbaye de Bugue; par le même.]

Ces trois Histoires sont entre les mains de l'Auteur, qui les a faites sur les Archives de ces Monastères.]

Histoire de Baume-les-Dames, dans le Diocèse de Besançon.

14861. ☞ Histoire de l'Abbaye de Baume-les-Dames; par François-Jean DUNOD, Professeur Royal en l'Université de Besançon.

Elle se trouve dans le tom. I. de son *Hist. des Séquanois, &c. Dijon*, 1735, *in-4. part. II. pag.* 150-162.]

Histoire de l'Abbaye de Château-Châlon, Diocèse de Besançon.

14862. ☞ Histoire de Château-Châlon; par François-Jean DUNOD, Professeur Royal en l'Université de Besançon.

Elle se trouve dans le tom. I. de son *Hist. des Séquanois, &c. Dijon*, 1735, *in-4. part. II. pag.* 140-150, 175-179; & les *Preuves*, à la fin du vol. *p.* XCVI-CIII.]

14863. ☞ Mémoire pour Madame l'Abbesse de l'Abbaye de Château-Châlon, en Franche-Comté : 1765, *in-4.*

Il est intéressant, non-seulement pour l'Histoire de cette Abbaye, mais aussi pour celle de la Province.

Le même, seconde Edition, augmentée, (sous ce titre :) Mémoire & Consultations pour servir à l'Histoire de l'Abbaye de Château-Châlon : *Besançon*, 1766, *in-8.*]

Histoire de l'Abbaye de Chelles, dans le Diocèse de Paris.

14864. ☞ Règle de S. Benoît, avec les Statuts d'Etienne Poncher, Evêque de Paris, pour l'Abbaye de Chelles & autres du même Ordre : *Paris*, Coignard, 1697, *in-12.*]

14865. Vita sanctæ Bathildis, Reginæ Francorum, Sanctimonialis Kalensis ; auctore anonymo ejus æquali.

Cette sainte est morte en 680.

Voyez ci-après, *Liv. III.* aux Reines de France.

14866. Vita sanctæ Bertillæ Abbatissæ Kalensis primæ ; auctore anonymo subæquali.

Cette Vie est imprimée dans Hugues Mesnard, *p.* 372 de ses *Observations sur le Martyrologe Bénédictin* : *Paris*, 1629, *in-8.* & au tom. III. des *Actes des Saints de l'Ordre de S. Benoît, pag.* 21. Cette Sainte est morte vers l'an 702.

14867. Vie de sainte Berthille ; par François GIRY.

Cette Vie est imprimée dans son *Recueil des Vies des Saints*, au 5 de Novembre.

14868. Vie de la même ; par Adrien BAILLET.

Cette Vie est imprimée dans son *Recueil des Vies des Saints*, au même jour.

14869. Eloge de Marie de Lorraine, Abbesse de Chelles ; par Jacqueline Bouette DE BLEMUR.

Cet Eloge est imprimé au tom. II. de ses *Eloges des Illustres de S. Benoît, pag.* 481 : *Paris*, 1673, *in-4.*

14870. Oraison funèbre de la même ; par André BOULANGER, Augustin : *Paris*, 1627, *in-8.*

Cette Abbesse est morte en 1627.

14871. Oraison funèbre de Madeleine de la Porte, Abbesse de Chelles ; par Jean-François SENAULT, Supérieur-Général de la Congrégation de l'Oratoire : *Paris*, Petit, 1671, *in-4.*

14872. Eloge de la même ; par Jacqueline Bouette DE BLEMUR.

Cet Eloge est imprimé au tom. II. de ses *Eloges des Illustres de l'Ordre de S. Benoît, pag.* 400 : *Paris*, 1673, *in-4.*

14873. ☞ Lettres d'un Ecclésiastique, sur la vocation & profession de Madame d'Orléans, Abbesse de Chelles : *Dijon*, 1719, *in-12.*

14874. ☞ Description de la Pompe funèbre & du service solemnel célébré en l'Eglise de Chelles, pour le repos de l'âme de Louise-Adélaïde d'Orléans, Religieuse Professe & ancienne Abbesse de cette Abbaye, morte à Paris au Prieuré de Traisnel, le 20 Février 1743 : *Mercure*, 1743, *Août, pag.* 1869-1883.]

Histoire de l'Abbaye du Cherche-Midi, à Paris.

14875. ☞ La Règle de S. Benoît, traduite en François, avec les Constitutions des Religieuses du Cherche-Midi ; par la Sœur DE LONGUESNAY : *Paris*, 1687, *in-12.*]

Histoire de l'Abbaye d'Estrun, &c.

14876. ☞ Constitutions du Monastère des Religieuses Bénédictines de l'Abbaye d'Estrun : *Arras*, 1679, *in-12.*]

14877. ☞ Histoires de l'Abbaye d'Estrun, & de quelques autres Monastères nobles de Flandres.

Dans l'*Hist. des Ord. Mon. & Rel. du Père* HELYOT, tom. VI. *pag.* 307-314.]

Histoire de l'Abbaye de Farmoutier, dans le Diocèse de Meaux.

14878. Vita sanctæ Burgundo-Faræ, Abbatissæ Eboriacensis primæ, seu potiùs de virtutibus

& rebus mirabilibus in Eboracensi Monasterio factis, tempore Burgundofaræ Abbatissæ; auctore JONA, Hiberno, Monacho Bobiensi.

Cette Vie est imprimée au tom. II. des *Actes des Saints de l'Ordre de saint Benoît*, p. 438. Cette Sainte est morte vers l'an 655, & Jonas a fleuri l'an 930. On trouve une grande partie de la Vie de cette Sainte dans celle de saint Faron son frère, écrite au IXe siècle, par Hildegaire, dont Jonas a presque tout copié ce qu'il en rapporte.

14879. Vie de sainte Fare, recolligée des anciennes Chartes du Trésor de ladite Abbaye; par Sœur Loyse DE LA CHETARDIE, Grande Prieure dudit lieu: *Paris*, Vitré, [1609,] *in-*12.

14880. ☞ Procès-verbal & Attestations d'un signalé Miracle fait en l'Abbaye de Fare-Monstier, le 3 Août 1622, avec la déclaration de M. l'Evêque de Meaux, (Jean DE VIEUX-PONT:) *Paris*, Guerreau, 1623, *in-*8.]

14881. Vie & Miracles de sainte Fare; par Robert REGNAULT, de l'Ordre des Minimes: *Paris*, 1626, *in-*8.

Cet Auteur est mort en 1642.

14882. Vie de la même, avec une suite des Abbesses de cette Abbaye; par Augustin CARCAT, Provincial des Augustins Réformés: *Paris*, 1629, *in-*8.

☞ M. de Carcat étoit de Berry, & est mort en 1655.]

14883. L'Eboriac aux Poëtes François, pour chanter en leurs vers la Vie & les Miracles de sainte Fare; par Françoise FARE DE VAILLANT, Religieuse de Jarzay, de l'Ordre de Fontevrault: *Paris*, Hucqueville, 1629, *in-*8.

[Eboric est, je crois, la montagne sur laquelle est situé Farmoutier.]

14884. * Santa Fara in Borgogna, overo Burgondo-Fara, Virgine taumaturga, Abbadissa del l'Ordine di san Benedetto; por Agostino PAPASIDERA, di Palermo, delle medesimo Ordine delle Congregatione del Monte-Cassino: *in Palermo*, 1662, *in-*8.

14885. Vie de sainte Fare; par François GIRY.

Cette Vie est imprimée dans son *Recueil des Vies des Saints*, au 7 de Décembre.

14886. Vie de la même; par Adrien BAILLET.

Cette Vie est imprimée dans son *Recueil des Vies des Saints*, au même jour.

14887. Vie de sainte Edilburge ou Aubierge, troisième Abbesse de Farmoutier; par le même.

Cette Sainte a vécu dans le VIIe siècle. Sa Vie est imprimée dans le même *Recueil*, au 7 de Juillet.

14888. De sancta Sethrida, Abbatissa Pharæmonasterii.

Ceci est imprimé dans le *Recueil* de Bollandus, au 10 de Janvier. Cette Sainte est morte vers l'an 695, & on fait sa Fête à Meaux le 7 Juillet.]

14889. De sancta Earcungota, Regina, Virgine Angla, nepte sanctæ Edelburgæ, Eboriaci, seu Faremonasterio, Commentarius historicus Godefridi HENSCHENII, è Societate Jesu.

Cette Sainte, qui étoit Religieuse à Farmoutier, a vécu sur la fin du VIIe siècle. Ce Commentaire est imprimé dans le même *Recueil*, au 23 de Février.

☞ Le vrai nom de cette Sainte est *Eartongatha*, comme l'appelle le vénérable Béde, *lib. III. cap.* 8; & ce qu'il en dit est suivi, comme Légende; à Meaux, où l'on fait sa Fête le 23 Février, & non le 7, comme l'a dit Baillet. On nomme aujourd'hui cette Sainte *Artongate.*]

14890. Vie de sainte Arcongathe; par Adrien BAILLET.

Cette Vie est imprimée dans son *Recueil des Vies des Saints*, au 7 de Juillet.

14891. Eloge de Françoise de la Chastres, Abbesse de Farmoutier; par Jacqueline Bouette DE BLEMUR.

Cet Eloge est imprimé au tom. I. des *Eloges des Illustres de l'Ordre de saint Benoît, pag.* 324: Paris, 1667, *in-*4. Cette Abbesse est morte en 1643.

14892. ☞ Lettre circulaire sur la mort de Jeanne-Anne de Plas, Abbesse de Farmoutier: *Paris*, Michallet, 1678, *in-*4.

Cette Abbesse est morte en 1677.]

14893. Eloge de Jeanne-Anne de Plas, Abbesse de Farmoutier; par la Mère DE BLEMUR.

Il est imprimé au tom. II. de ses *Eloges, pag.* 355.]

Histoire de l'Abbaye de la Règle, à Limoges.

14894. Eloge de Jeanne de Verthamont, Abbesse; par Jacqueline Bouette DE BLEMUR.

Cette Abbesse est morte en 1675. Son Eloge est imprimé au tom. II. des *Illustres de l'Ordre de S. Benoît, pag.* 458.]

14895. ☞ Oraison funèbre d'Elisabeth d'Aubusson de la Feuillade, Abbesse; par le P. Jean PERIÉRE, Jésuite: *Limoges*, 1704, *in-*4.

L'Auteur est mort en 1713.]

14896. ☞ Oraison funèbre de Catherine-Elisabeth de Verthamont, Abbesse; par le P. Martial HARDY, Récollect: *Limoges*, 1744, *in-*4.]

Histoire de l'Abbaye de Montivilliers, Diocèse de Rouen.

14897. ☞ Articles de la Réformation des Religieuses de l'Abbaye de sainte Marie de Montivilliers: *Paris*, Morel, 1605, *in-*12.]

Histoire de l'Abbaye de Montmartre, dans le Diocèse de Paris.

14898. De Monasterio Regio Montis Martyrum, Abbatissis & Monialibus ejus.

Ce Discours est imprimé dans l'*Histoire chronologique*

pour la vérité de Saint-Denys, par Jacques Doublet: Paris, 1646, *in-4*.

14899. Abrégé des Antiquités de cette Abbaye; par Leon de saint Jean, Carme Réformé.

Cet Abrégé est imprimé avec sa *Vie de saint Denys*: Paris, 1661, *in-8*.

14900. ☞ Représentation d'une Chapelle souterraine qui s'est trouvée à Montmartre près Paris, le Mardi 12 Juillet 1611, comme on faisoit les fondemens pour aggrandir la Chapelle des Martyrs: *Paris*, 1611, *in-fol.*

On y trouve une Explication historique de la découverte.]

14901. ☞ Histoire des Religieuses de Montmartre.

Dans l'*Hist. des Ord. Monastiq. & Rel.* du P. Helyot, tom. VI. pag. 314-324.]

14902. ☞ Cérémonial monastique des Religieuses de l'Abbaye Royale de Montmartre-lès-Paris; par le R. P. Dom Pierre de sainte Catherine, Feuillent: *Paris*, Vitré, 1669, *in-4*.]

14903. Oraison funèbre de Henriette d'Escoubleau de Sourdis, Coadjutrice de l'Abbesse de Montmartre; par Pierre Darbo, Docteur en Théologie: *Paris*, 1643, *in-8*.

14904. Abrégé de la Vie de Charlotte le Sergent, dite de saint Jean l'Evangéliste, Religieuse de Montmartre; par Jacqueline Bouette de Blemur, Religieuse du S. Sacrement: *Paris*, 1685, *in-12*.

14905. Oraison funèbre de Catherine-Henriette de Beauvilliers, Coadjutrice de l'Abbesse de Montmartre; par Nicolas Caussin, Jésuite: *Paris*, 1634, *in-8*.

Cet Auteur est mort en 1651.

14906. Eloge de Marie de Beauvilliers, Coadjutrice de l'Abbesse de Montmartre; par Jacqueline Bouette de Blemur.

Cet Eloge est imprimé au tom. II. des *Eloges des Illustres de l'Ordre de saint Benoît*, pag. 143: *Paris*, 1677, *in-4*.

Histoire du Prieuré de Notre-Dame de Liesse, à Paris.

14907. ☞ Mémoire (historique) au sujet des Dames de Liesse, établies (à Paris,) rue de Sève, Fauxbourg Saint-Germain, (depuis 1645 jusqu'en 1730.)

Ce Mémoire se trouve à la fin du tom. III. des *Vies intéressantes, &c. des Religieuses de Port-Royal*: 1750, *in-12*.]

14908. ☞ Factum pour les Religieuses Bénédictines du Monastère de N. D. de Liesse, contre la Sœur Marguerite de saint Benoît: *in-4*.]

14909. ☞ Ms. Acte des Religieuses de N. D. de Liesse de Paris, touchant la signature du Formulaire, du 24 Avril 1680.

Ce Manuscrit est à la Bibliothèque du Roi, num. 1246 du tom. II. du Catalogue imprimé: *Théologie*.]

Histoire de l'Abbaye de Notre-Dame de Soissons.

14910. Histoire de l'Abbaye Royale de Notre Dame de Soissons; par un Religieux Bénédictin de la Congrégation de saint Maur: *Paris*, Coignard, 1675, *in-4*.

Dom Michel Germain, Auteur de cette Histoire, est mort en 1694.

14911. ☞ Les Miracles de la sacrée Vierge Marie, tant anciens que modernes, advenus en la Ville de Soissons, en l'Eglise du trèscélèbre Monastère de Notre-Dame; traduits du Latin par Dom Charles Blandecq: *Paris*, 1612, *in-12*.]

14912. ☞ Dissertation sur deux Tombeaux antiques qui se voient dans l'Eglise de Notre-Dame de Soissons; par le P. Spiridion Poupart: *Paris*, 1710, *in-12*.]

14913. Discours funèbre sur la mort de Louise de Lorraine d'Aumale, Abbesse de Notre-Dame de Soissons; par un Capucin: *Paris*, Bessin, 1643, *in-8*.

14914. ☞ Vœux & offrandes à très-haute, très-illustre & très-religieuse Princesse, Madame Henriette de Lorraine, Abbesse de l'Abbaye Royale de Notre-Dame de Soissons, au jour de sa Bénédiction, en l'Eglise de ladite Abbaye, le 6 Janvier 1646; par du Tour: *Paris*, 1646, *in-4*.]

14915. ☞ Factum pour Henriette de Lorraine, contre le Curé de Sacconim: *in-4*.]

14916. ☞ Oraison funèbre de Madame Henriette de Lorraine d'Elbœuf, Abbesse de Notre-Dame de Soissons, prononcée en cette Eglise le 12 Mars 1669; par M. l'Abbé Pile: *Soissons*, Asseline, 1669, *in-4*.]

14917. ☞ Lettre sur la mort de Madame Henriette de Lorraine d'Elbœuf, Abbesse de Notre-Dame de Soissons, écrite par Madame sa nièce à Madame ***, datée de Soissons, du 25 Janvier 1669, *in-4*.

Cette Lettre contient le détail de la vie de cette Abbesse, depuis l'âge de quatre ans qu'elle est entrée dans ce Monastère, jusqu'à sa mort.]

14918. Oraison funèbre d'Armande-Henriette de Lorraine de Harcourt, Abbesse de N.D. de Soissons; par André du Guet, Prêtre de l'Oratoire: *Paris*, le Petit, 1684, *in-4*.

14919. Lettre sur la mort de Gabrielle de la Rochefoucault, Abbesse du même lieu; par les Religieuses de cette Maison: *Soissons*, 1693, *in-4*.

Histoire du Monastère de Notre-Dame du Val de Gif, Diocèse de Paris.

14920. ☞ Ms. Abrégé de la Vie de Mame Anne-Victoire de Clermont-Monglat, Religieuse & Abbesse du Monastère de Gif, décédée le 30 Septembre 1701 ; par Madame Anne-Eléonore-Marie de Béthune d'Orval, Abbesse du même Monastère, morte en 1733.

Cette Vie étoit dans la Bibliothèque de M. l'Abbé Goujet, qui a passé à M. le Duc de Charost.

Dans les *Lettres spirituelles*, imprimées en trois volumes : (*Paris*, Bartois, 1711, *in*-12.) & qui sont du P. Pasquier QUESNEL, il y en a beaucoup qui regardent Madame de Monglat, désignée sous le nom général d'une Abbesse.]

14921. Eloge de Madame de Béthune d'Orval, Abbesse de l'Abbaye Royale de N. D. du Val de Gif, Diocèse de Paris : *Mercure*, 1734, *Février*.]

Histoire de l'Abbaye d'Origny, dans le Diocèse de Laon.

14922. L'Origine, les Progrès, les Priviléges & les divers accidens de l'Abbaye Royale d'Origny, dans l'Histoire de Saint-Quentin ; par Claude DE LA FONS.

Ce Livre est imprimé avec le *Miroir d'Origny*, [l'Ouvrage suivant.]

14923. ☞ Le Miroir d'Origny, dans lequel on voit la vie, la mort & les miracles de sainte Benoîte (& plusieurs choses concernant l'Abbaye d'Origny;) par le P. PIERRE DE SAINT-QUENTIN, Capucin : *Saint-Quentin*, le Queux, 1660, *in*-4.]

14924. ☞ Dissertation sur la fondation de l'Eglise Royale de S. Vaast d'Origny ; par Philippe DESLANDES : *Saint-Quentin*, Boscher, 1722, *in*-12.]

14925. Oraison funèbre de Catherine de Montluc de Balagny, Abbesse d'Origny ; par Marc DOUFRERE, de l'Ordre des Frères Prêcheurs : *Saint-Quentin*, le Queux, 1666, *in*-4.

Cette Abbesse est morte en 1664, & le P. Doufrere en 1686.

Histoire de l'Abbaye du Paraclet, Diocèse de Troyes.

━ * Vie d'Héloïse, première Abbesse du Paraclet.

Voyez ci-devant, [N.° 11852.]

14926. ☞ Histoire de la Vie & des Ecrits d'Héloïse.

Dans l'*Hist. Littér. de la France*, tom. *XII*. pag. 629-646. Héloïse est morte vers l'an 1173.]

Histoire de l'Abbaye de Saint-Amand de Rouen.

14927. Histoire de l'Abbaye de Saint-Amand de Rouen ; par François POMMERAYE, Religieux Bénédictin de la Congrégation de S. Maur.

Cette Histoire est imprimée avec son *Histoire de l'Abbaye de S. Ouen de Rouen* : *Paris*, 1662, *in-fol*.

Cet Auteur est mort en 1687.]

Histoire de l'Abbaye de Saint-Andoche d'Autun.

14928. ☞ Trois Arrêts du Parlement de Bourgogne, touchant l'Abbaye de S. Andoche d'Autun, des 21 Juin 1683, 25 Avril 1684, & 14 Avril 1685 : *in*-4.]

Histoire de l'Abbaye de S. Paul-lès-Beauvais.

14929. ☞ Remarques historiques sur les Religieuses de l'Abbaye de Saint-Paul.

Dans l'*Hist. des Ordr. Monast. & Rel.* du P. HELYOT, tom. *VI*. pag. 324-328.]

14930. Le Trône de Dieu dans une Ame, ou l'idée d'une parfaite Religieuse & d'une sainte Abbesse, dans la vertueuse vie & les grandes actions de Madeleine de Sourdis, Abbesse de Notre-Dame de Saint-Paul-lès-Beauvais : *Paris*, Thierry, 1672, *in*-8.

Cette Abbesse est morte en 1665. Sa Vie a été composée en partie sur les *Mémoires* du P. Pacifique POSTEL, son Confesseur, par Joseph DE DREUX, Capucin, qui est mort en 1671.

14931. Eloge de la même ; par Jacqueline Bouette DE BLEMUR.

Cet Eloge est imprimé au tom. I. des *Eloges des Illustres de l'Ordre de saint Benoît*, pag. 498 : *Paris*, 1667, *in*-4.

14932. Relation de la vie & de la mort de Madeleine de Clermont, Abbesse du même lieu : *Paris*, Mariette, 1709, *in*-12.

Cette Abbesse est morte en 1684. Sa Vie a été composée par Jacques DE GUIJON, [depuis] Précepteur de M. le Comte de Clermont.

14933. Vie de Madeleine de Clermont-Tonnerre, Abbesse du même lieu : *Paris*, Nully, 1704, *in*-12.

Cette Abbesse est morte en 1692. Sa Vie a été composée sur les *Mémoires* de Madame de Sandricourt, Coadjutrice de l'Abbaye de N. D. de Bon-secours ; par François MALINGHEN, Prêtre de l'Oratoire, [mort en 1717.]

Histoire de l'Abbaye de Saint-Pierre de Lyon.

14934. ☞ Constitutions & anciens Statuts du Monastère de Saint-Pierre : *Lyon*, 1665, *in*-12.]

14935. ☞ La merveilleuse Histoire de l'Esprit qui depuis n'aguère est apparu au Monastère de Saint-Pierre de Lyon : *Paris*, 1528, *in*-4.]

14936. ☞ Histoire de l'apparition de Sœur Ales de Thézieux, Religieuse de S. Pierre de Lyon, laquelle s'est apparue après son décès à Sœur Antoinette de Grolée ; par Adrien DE MONTALAMBERT, Aumônier du Roi François I. *Rouen*, Gauthier, 1529, *in*-12.

Voyez tom. VII. pag. 175 des *Mémoires de Littérature* de l'Abbé D'ARTIGNY. Ce petit Livre est fort rare, quoiqu'il y en ait eu trois éditions. *Voyez Bibliothèque curieuse & instructive*, tom. *II*. pag. 86.]

Histoires des Religieuses. 903

Histoire de l'Abbaye de Saint-Pierre de Reims.

14937. Vita sanctarum Virginum Bovæ Abbatissæ, & Dodæ Sanctimonialis.

Cette Vie est imprimée dans le *Recueil* de Bollandus, au 24 d'Avril. Sainte Bove, Abbesse de Saint-Pierre de Reims, est morte en 673, & sainte Dode en 674.

14938. Vie de sainte Bove & de sainte Dode, Fondatrices de l'Abbaye de Saint-Pierre de Reims; par F.P.D.B.P.C. *Reims*, 1655, *in*-8.

Ces Lettres initiales signifient Frère PAULIN DE BEAUVAIS, Prédicateur (Capucin,) qui est l'Auteur de cette Vie.

14939. Vie des mêmes; par MODESTE de saint Amable.

Cette Vie est imprimée au tom. I. de sa *Monarchie sainte*, pag. 283 & 289 : *Clermont*, 1671, *in-fol.*

14940. Vie des mêmes; par François GIRY.

Cette Vie est imprimée dans son *Recueil des Vies des Saints*, au 24 d'Avril.

14941. Vie des mêmes; par Adrien BAILLET.

Cette Vie est imprimée dans son *Recueil des Vies des Saints*, au même jour.

14942. Histoire de la vie & de la mort de Louise de Lorraine, Abbesse de Saint-Pierre de Reims; par Jean BOURGEOIS : *Reims*, de Foigny, 1623, *in*-8.

14943. Eloge de Renée de Lorraine II. du nom, Abbesse de ce lieu; par Jacqueline Bouette DE BLEMUR.

Cet Eloge est imprimé au tom. I. de ses *Eloges des Illustres de l'Ordre de saint Benoît* : pag. 143 : *Paris*, 1667, *in*-4. Cette Abbesse est morte en 1626.

14944. Eloge d'Antoinette de Bourbon, dite de sainte Scholastique, Religieuse de cette Abbaye, par la même.

Cet Eloge est imprimé là même, au tom. II. p. 493.

14945. Oraison funèbre de Marguerite-Angélique de Béthune, Abbesse de Saint-Pierre de Reims; par Nicolas DU PONCET, Jésuite: *Dijon*, Ressaire, 1711, *in*-4.

Histoire du Monastère de S. Remi-lès-Landes, dans le Diocèse de Chartres.

14946. L'Origine & la Fondation Royale des Religieuses Bénédictines de Saint-Remi-des-Landes; par JEAN MARIE de Vernon, Religieux du Tiers-Ordre de S. François.

Cette Histoire est imprimée au Chapitre XIV. & *suiv.* de la Vie de saint Arnould : *Paris*, 1667, *in*-16.

§. V.

Histoires des Religieuses Brigittaines.

14947. ☞ REMARQUES historiques sur l'Ordre du Sauveur, ou de sainte Brigitte.

Dans l'*Hist. des Ordr. Monast. & Rel.* du P. HELYOT, tom. IV. pag. 25 & *suiv.*]

14948. ☞ Vie de Marie-Antoinette Bridoul, Abbesse de Notre-Dame de l'Ordre du Sauveur, dit de sainte Brigitte, en la Cité d'Arras : *Lille*, de Rache, 1667, *in*-12.]

§. VI.

Histoires des Religieuses du Calvaire.

14949. ☞ REMARQUES historiques sur les Religieuses du Calvaire, avec l'abrégé de la Vie du P. Joseph, Capucin, leur Instituteur.

Dans l'*Hist. des Ordr. Monast. & Rel.* du P. HELYOT, tom. VI. pag. 355-370. *Voyez* aussi la *Vie véritable du P. Joseph*, (ci-devant N.° 13923,) pag. 66 & 79-98.]

14950. ☞ Constitutions des Filles du Calvaire : *Paris*, 1635, *in*-12.]

14951. ☞ Cérémonial des mêmes : *in*-8.]

14952. ☞ Abrégé de la Vie de Marie-Catherine-Antoinette de Gondy, Supérieure générale du Calvaire; par Ambroise LALOUETTE : *Paris*, Estienne, 1717, *in*-12. Madame de Gondy est morte en 1716.]

14953. ☞ Pièces concernant le Bref de N. S. P. le Pape Clément XII. qui établit & délégue l'Archevêque de Paris Visiteur & Commissaire Apostolique des Monastères des Religieuses de la Congrégation du Calvaire : 1739, *in*-12.]

☞ Suite du Recueil des Pièces concernant l'affaire des Religieuses du Calvaire : *in*-12.

Voyez sur cette affaire, la *Vie de M. de Caylus*, Evêque d'Auxerre, l'un de leurs Supérieurs, tom. II. pag. 98-112, & 158-168.]

14954. ☞ Mémoire & Consultations d'Avocats pour les Religieuses du Calvaire, du 7 Septembre 1740 : *in*-12.

Dans la première Pièce, on montre la légitimité de la forme de Gouvernement établi pour la Congrégation du Calvaire, dont les Monastères ont été exemptés de l'Ordinaire des lieux, sans être immédiatement soumis au Pape. On relève, dans la seconde partie, les abus du Bref à ce sujet.]

14955. ☞ La Vie de Sœur Emmanuel de Tourny, Religieuse Calvairienne, en forme de Lettres, &c. 1760, *in*-12.]

§. VII.

Histoires des Religieuses Carmélites.

14956. ☞ HISTOIRE abrégée des Carmélites.

Dans l'*Hist. des Ordr. Monast. & Rel.* du P. HELYOT, tom. I. pag. 322 & 366.]

14957. ☞ Histoire des mêmes Religieuses; par l'Abbé MUSSON.

Dans ses *Ordres Monastiques*, tom. II. p. 476 & *suiv.*]

14958. Vita Franciscæ d'Ambosia, Ducissæ Aremoricæ; auctore Christophoro LE ROY, Aremorico : *Parisiis*, 1604, *in*-8.

14959. Vie de Françoise d'Amboise, Duchesse de Bretagne, Fondatrice des anciennes Carmélites de Bretagne; par LEON de saint-Jean,

Carme Réformé : *Paris*, 1634, *in-8. Ibid.* Hénault, 1669, *in-*12.

14960. Vie de la même ; par [Jean] BARRIN, Grand-Chantre, Chanoine & Grand-Vicaire de Nantes : *Rennes*, Garnier, 1704, *in-*12.

14961. ☞ Bullæ Clementis VIII. (1603,) & Pauli V. (1620,) de fundatione Monialium Carmelitarum Parisiensium : *in-*8.]

14962. Différend des Carmes Déchaussés, pour l'établissement du Monastère des Carmélites à Paris, en 1603 : *in-*4.

14963. De l'Erection & Institution des Religieuses de Notre-Dame du Mont-Carmel en France, selon la Réformation de sainte Thérèse ; des troubles excités en cet Ordre, & un Jugement rendu par le Pape au sujet d'iceux ; par Michel de MARILLAC, Conseiller d'Etat, Garde des Sceaux de France : *Paris*, [Martin, 1622,] 1627, *in-*8.

L'Auteur est mort en 1632. Ce fut au sujet des Supérieurs ou Visiteurs qu'il y eut des troubles alors dans cet Ordre.

14964. ☞ De l'Institut des Carmélites réformées par sainte Thérèse ; par l'Abbé D'HAUTESERRE : *Bar-le-Duc*, 1739, *in-*8.]

14965. ☞ Eclaircissement & difficultés mues touchant la Visite & le Gouvernement de l'Ordre des Carmélites de France : *Paris*, 1659, *in-*4.]

14966. ☞ Abrégé de l'établissement des Carmélites en France.

Cet Abrégé est détaché de l'Histoire des Carmes Déchaussés de la Réforme de sainte Thérèse ; par Louis de sainte Thérèse, Carme Déchaussé : *Paris*, 1661, *in-fol*. Il contient ce qui s'est passé dans cet Etablissement, avec la Vie de six Religieuses Espagnoles venues en France, & qui y ont fait des établissemens depuis l'an 1603 jusqu'en 1661. Cet Abrégé n'a pas été entièrement imprimé, le Supérieur de l'Auteur ne voulant rien avoir à démêler avec les Carmélites de France.]

14967. ☞ Histoire des Fondations des Carmélites, traduite par le P. DENYS de la Mère de Dieu : *Paris*, 1616, *in-*12.]

14968. ☞ Défense pour certains Couvens de France des Religieuses de Notre-Dame de Mont-Carmel, selon la Réforme de sainte Thérèse, au sujet des Supérieurs & Visiteurs, (imprimée après 1620) : *in-*4.]

14969. ☞ Bref du Pape Alexandre VII. du 2 Octobre 1659, servant de Règle pour l'établissement du pouvoir des Visiteurs de l'Ordre des Religieuses Carmélites Déchaussées de France : *in-*4.]

14970. ☞ Instruction historique & apologétique, pour servir de Défense aux trois Supérieurs Généraux des Carmélites de France & de Franche-Comté ; contre les Ecrits publiés au préjudice de leur pouvoir légitime (de visite,) & en particulier contre le Factum intitulé : *Eclaircissement* : imprimé après 1661 : *in-*4.]

14971. ☞ Lettres apologétiques pour les Carmélites du Fauxbourg S. Jacques à Paris : 1748, *in-*12.]

14972. ☞ Apologie sommaire des mêmes Carmélites : 1749, *in-*12.]

14973. ☞ Instructions pour les Confrères du Scapulaire de N. D. du Mont-Carmel : *Paris*, le Mercier, *in-*8.]

14974. ☞ Véritable narration de l'affaire des Carmélites, avec les raisons des Censures jettées sur les Religieuses de S. Joseph de Bordeaux ; par M. MIARD, Vicaire-Général du Cardinal de Sourdis : 1622, *in-*8.}

14975. ☞ Relation de RENÉ, Evêque de Léon, envoyé à l'Assemblée du Clergé, 1625, (au sujet des Carmélites de Tréguier :) *in-*8.]

14976. Vie de Barbe Avrillot, dite Marie de l'Incarnation, Religieuse Carmélite Réformée ; par André DUVAL, de Pontoise, Docteur en Théologie : *Paris*, 1621 ; *Saint-Omer*, 1622 ; *Toul*, 1624, *in-*8.

La Mère Marie de l'Incarnation étoit fille de Nicolas Avrillot, Seigneur de Champlâtreux, & veuve de M. Acarie. Elle est morte en 1618, & le Docteur Duval en 1638.

14977. ☞ Vie de la même ; par Daniel HENRY, Prêtre de l'Oratoire : *Paris*, Méturas, 1666, *in-*8.]

14978. ☞ Vie de la même ; par Toussaint LE BRUN : *Paris*, 1689, *in-*8.]

14979. Eloge de la même ; par Hilarion DE COSTE.

Cet Eloge est imprimé dans son *Recueil des Eloges des Personnes illustres en piété*, &c. pag. 721 : *Paris*, 1630, *in-fol*.

14980. Vie de la même ; par Maurice MARIN, Religieux de la Congrégation de S. Paul, dits Barnabites : *Paris*, Rocolet, 1642, *in-*8.

* La même, augmentée : *Paris*, Méturas, 1665, *in-*12.

14981. Vie de la même ; par Daniel HERVÉ, Prêtre de l'Oratoire : *Paris*, Méturas, 1666, *in-*8.

Cet Auteur est mort en 1694.

14982. Vie de la même ; par François GIRY.

Cette Vie est imprimée dans son *Recueil des Vies des Saints*, tom. I. pag. 1730 : *Paris*, 1684, *in-fol*.

14983. ☞ Abrégé de la Vie de la même ; par JEAN MARIE de Vernon, Religieux du Tiers-Ordre de S. François.

Cet Abrégé est imprimé avec l'Ouvrage du même Auteur, intitulé : *Conduite Chrétienne & Religieuse, seconde Edition* : *Paris*, 1692, *in-*8.

14984. La venerab. Mad. Aña de Jesus, Discipula y Compañera de la santa Madre Teresa de Jesus, Fundadora en las Provincias de Francia y Flandres ; por Angelo MANRIQUE, de la Orden de san Bernardo : *en Brussellas*, 1632, *in-*4.

Vie d'Anne de Jésus, Carmélite Espagnole, venue en France, traduite de l'Espagnol de Manrique; par René GAUTIER: *Paris*, Taupinart, 1636, *in-8*.

La même, de beaucoup augmentée: *Bruxelles*, 1639, *in-8*.

[Cette Religieuse est morte en 1621, & Manrique en 1649.]

14985. La Vida de la Madre Aña de Jesus; por Placido DE ARBIETO, de la Orden de san Bernardo: *en Salamanca*, Robles, 1642, *in-8*.

C'est un abrégé de la Vie précédente.

14986. Vie de Catherine de Jésus, Carmélite Réformée; par MADELEINE de S. Joseph, du même Ordre: *Paris*, 1624, 1656, *in-8*.

Madeleine de S. Joseph est morte en 1637.

14987. Vida, virtudes y milagros della venerable Madre Aña de san Bartolome, Compañera de la santa Madre Teresa de Jesus, propagandora insigne de la Religion de las Carmelitas descalças, [muerta in el año 1626]: por Chrysostomo HENRIQUEZ, de la Orden de san Bernardo, & Chronista: *en Brussellas*, 1632, *in-4*.

Vie d'Anne de S. Barthélemy, Carmélite Espagnole, venue en France, traduite de l'Espagnol par René GAUTIER.: *Paris*, Huré, 1633, *in-8*.

[Cette Religieuse est morte en 1626, & Henriquez en 1632.]

14988. ☞ Mſ. Vie de la Mère Louise de Jésus, première Prieure des Carmélites de Dole, morte en 1636; par la Mère Marie THÉRÈSE DE JESUS.

[Il en est parlé dans le Chapitre XXV. de la Vie imprimée de cette dernière, (ci-après, N.° 15001) & on y dit que le Manuscrit est dans le Monastère de Dole.]

14989. Vie de Madeleine de saint Joseph, Carmélite Déchaussée; par un Prêtre de l'Oratoire: *Paris*, le Petit, 1645, 1670, *in-4*.

Cette Religieuse, qui est morte en 1637, s'appelloit du Bois, dans le monde. Jean-François SENAULT a écrit cette Vie, [& est mort en 1672, Général de l'Oratoire.]

14990. La même, revue et augmentée considérablement: *Paris*, le Petit, 1670, *in-4*.

14991. Vie d'Isabelle des Anges, Carmélite Déchaussée; par Sœur FRANÇOISE de sainte Thérèse, du même Ordre: *Paris*, 1658, *in-8*.

Isabelle des Anges est morte en 1644. [La Sœur Françoise avoit pour nom de famille Nicolas de Traslage.]

14992. ☞ Vie de Léonarde du Verdier de la Croix, Carmélite à Nancy, morte en 1643.

[Cette Vie se trouve dans les *Annales de Limoges*, du Père Bonaventure, pag. 845.]

14993. Recueil historique de ce qui s'est passé en la Mère Marie de la Trinité, Religieuse Carmélite de Beaune, Maîtresse & Tome I.

Directrice de la Mère Marguerite du S. Sacrement, du même Monastere: *Lyon*, 1667, *in-8*.

14994. L'Enfance de Jesus & sa Famille honorée en la vie de Marguerite du S. Sacrement, Religieuse Carmélite Déchaussée de Beaune: *Paris*, le Petit, 1654 [&c.] *in-4. & in-8*.

☞ Il y a une Edition de 1652 & une de 1655, qui porte pour titre: « La Vie de Sœur Marguerite du Saint » Sacrement, Religieuse Carmélite du Monastère de » Beaune, composée par un Père de la Congrégation de » l'Oratoire de N. S. J. C. Docteur en Théologie »: *Paris*, le Petit, 1652, 1655, *in-8*.

Cette Religieuse est morte le 26 Mai 1648, étant née le 7 Février 1619. Elle étoit fille de Pierre Parigot, & de Jeanne Bataille. Le Privilège pour imprimer cette Vie a été obtenu sous le nom de Jean Auvray, Prêtre; mais Joseph PARISOT, Prêtre de l'Oratoire, en est l'Auteur. Il mourut le 28 Septembre 1689, & non en 1678, comme le dit M. du Pin, dans son *Catalogue*, tom. III. pag. 374. Dans un Ouvrage que le P. Parisot fit sur la *Dévotion à la sainte Enfance de Jésus*, imprimé en 2 vol. *in-8*. *Aix*, David, il y a, pag. 998-1060, un Chapitre qui a pour titre: « Un jour de la vie de la Sœur » Marguerite du S. Sacrement, dont la mémoire est en » bénédiction ».

M. de Chaufepié, dans son *Dictionnaire*, (tom. I. pag. 293, Note G.) attribue cette Vie au P. Amelotte de l'Oratoire, « qui l'entreprit (dit-il) par l'ordre ex- » près de la Reine Anne d'Autriche, à qui elle est dé- » diée. Cet Ouvrage, ajoute-t-il, souffrit beaucoup de » contradiction, & ne put être publié qu'après que Louis » d'Attichi, Evêque d'Autun, eût vérifié lui-même tous » les faits sur les lieux.]

14995. Vie de la même; par François GIRY.

Cette Vie est imprimée dans son *Recueil des Vies des Saints*, tom. I. pag. 1781: *Paris*, 1684, *in-fol*.

14996. Vie de la même, par A. GÉROTHÉE de la Croix, Carme: *Lyon*, 1685, *in-12*.

14997. Vie de la même; par M. T. D. C. *Paris*, Michallet, 1690, *in-8*.

Cette Vie a été écrite par M. Jean-Pierre TRONÇON de Chenevière, Employé pour le service du Roi dans les Négociations avec les Couronnes du Nord.

14998. Vita della medesima, tradotta per Antonio Patrignani: *In Firenze*, 1704, *in-8*.

14999. * Mſ. Vie de Marguerite de Jésus, première Religieuse Professe des Carmélites Déchaussées des Pays-Bas, écrite en 1662, par une Religieuse du Couvent Royal de Bruxelles, morte en 1664.

Elle est citée dans le Catalogue des Manuscrits du Frère Eloy, Augustin Déchaussé de Lyon, pag. 11.

15000. Vie de Marie-Madeleine de la Trinité, Carmélite Déchaussée de Beaune; par son Confesseur: *Lyon*, 1667, *in-8*.

15001. Vie de Marie-Thérèse de Jésus, Fondatrice des Carmélites en Franche-Comté; par ALBERT de S. Jacques, Provincial des Carmes Déchaussés: *Lyon*, Liberal, 1673, *in-4*.

☞ Cet Ouvrage est si plein d'allégories & de digressions inutiles, qu'il se trouveroit réduit à fort peu de chose, si elles en étoient retranchées. Le P. Albert se nommoit dans le monde Christophe Mercier.]

15002. Vie d'Anne des Anges, Carmélite Déchaussée; par [François] CORDIER, Abbé des Maulets : *Paris*, Remy, 1694, *in-8*.

Cette Religieuse est morte en 1664, & l'Abbé des Maulets en 1693.

15003. Vie de Françoise de S. Joseph, Carmélite Déchaussée, (morte en 1669); par MICHEL-ANGE de S. FRANÇOIS, Carme Déchaussé : *Lyon*, Libéral, 1673, [& Briasson, 1688] *in-4*.

Cette Religieuse est morte en 1669.

15004. Vie de Madeleine du S. Sacrement, Carmélite de Bourdeaux, [morte en 1697]; par Jean MARTIANAY, Religieux Bénédictin, de la Congrégation de S. Maur : *Paris*, Lambin, 1711, *in-12*.

Cet Auteur est mort en 1717.

15005. ☞ Mf. La Vie de Madame d'Epernon, Anne-Marie de Jésus, Carmélite ; par M. (Jacques) BOILEAU, Docteur de Sorbonne, Chanoine du Chapitre de S. Honoré, en deux parties : *in-4*.

Cette Vie, (qui se trouve dans plusieurs Cabinets de Curieux) est parfaitement écrite, & contient des détails de la Cour intéressans.]

15006. ☞ L'Amante convertie, ou l'Illustre Pénitente : seconde Edition, augmentée de la moitié ; par M. B. P. *Lyon*, Vitalis, 1685, *in-12*.

C'est l'Histoire de la Conversion de Madame d'Epernon, & de son entrée aux Carmélites.]

15007. ☞ Récit abrégé de la Vie pénitente & de la sainte Mort de Madame la Duchesse de la Valière, Religieuse Carmélite, connue depuis sa retraite sous le nom de Sœur Louise de la Miséricorde.

Cette Religieuse est morte en 1710, & l'abrégé de sa Vie se trouve avec ses *Réflexions sur la Miséricorde de Dieu* : *Paris*, Dezallier, 1712, [&c. Savoye, 1766] *in-12*.

M. l'Abbé LEQUEUX a aussi donné l'*Abrégé de la Vie pénitente* de cette Dame, à la tête d'un *Recueil de ses Lettres* : *Liège* (*Paris*,) 1767, *in-12*.]

15008. ☞ Le Chemin seur de la perfection Chrétienne, découvert sur la Croix, par la Sœur Eugénie de S. Augustin, Carmélite Déchaussée de la Ville d'Avignon, ou Abrégé de la Vie de cette Sœur : *Marseille*, Chesnier, 1712, *in-8*.

Cette Religieuse étoit de Marseille : elle portoit dans le monde le nom de Jeanne Gautier. L'Auteur est JEAN-LOUIS DE S. AUGUSTIN, Carme Déchaussé, Frère de cette Religieuse.]

15009. ☞ Vie de Marie de sainte Thérèse; par l'Abbé DE BRION : *Paris*, 1720: *in-12*.]

15010. ☞ Abrégé de la Vie de Madame Lenain de Tillemont, Religieuse Carmélite, morte à Soissons en 1765.

On trouve cet Abrégé *pag.* 343, du tom. VI. du *Nécrologe* indiqué ci-devant, N.° 5570 : (*Paris*) 1767, *in-12*.]

§. VIII.

Histoires des Chanoinesses.

15011. REMARQUES historiques sur diverses Chanoinesses, aujourd'hui Séculières, qui sont en Lorraine, en Alsace & dans les Pays-Bas.

Dans l'*Histoire des Ordres Monast. & Rel.* tom. VI. *pag.* 397 & *suiv.*]

15012. Acta Abbatissarum Nivellensium.

Ces Actes sont imprimés dans la seconde partie de la *Topographie du Brabant François*, par Jacques le Roy : *Amstelodami*, 1692, *in-fol.*

15013. Vita sanctæ Gertrudis, Abbatissæ primæ Nivellensis, Pippini Ducis & Majoris Domûs Filiæ ; auctore Monacho anonymo coævo ; cum Commentario prævio.

Cette Vie est imprimée dans le *Recueil* de Bollandus, au 7 de Mars, & au tom. III. des *Actes des Saints de l'Ordre de S. Benoît*, *pag.* 461. Cette Sainte est morte en 658. Il semble qu'on honore sainte Gertrude, dans le Diocèse de Bourges, sous le nom de sainte Montaine, tant l'Histoire de leur Vie se ressemble, comme on peut le voir dans le tom. III. des *Annales de l'Eglise de France* du Père le Cointe, sous l'année 659, numéro 6, où il rapporte les Vies de ces deux Saintes.

15014. Historia ejusdem ; auctore Josepho Gedolpho A RYCKEL, Canonico Regulari sanctæ Gertrudis : *Bruxellæ*, 1637, *in-4*.

Cet Auteur est mort en 1642.

15015. L'Image de la Noblesse de sainte Gertrude & de ses parens, Histoire Ecclésiastique; par Guillaume REBREVIETTE, Sieur des Escœuvres : *Paris*, Huby, 1612, *in-8*.

15016. Vie de sainte Gertrude ; par François GIRY.

Cette Vie est imprimée dans son *Recueil des Vies des Saints*, au 7 de Mars.

15017. Vie de la même; par Adrien BAILLET.

Cette Vie est imprimée dans son *Recueil des Vies des Saints*, au même jour.

15018. Vita della medesima ; per Antonio Maria BONUCCI, de la Compagnia di Giesu : *In Roma*, *in-12*.

15019. Vida della misma ; por Alonso DE ANDRADA, de la Compañia de Jesus : *en Madrid*, 1663, *in-4*.

Cet Auteur est mort en 1671.

15020. De beata Ideburga, sive Itta, Sanctimoniali sub sancta Gertrude filia, Nivellensi, Notæ historicæ Godefridi HENSCHENII, è Societate Jesu.

Ces Notes historiques sont imprimées dans le *Recueil* de Bollandus, au 6 de Mai. Cette Sainte est morte en 652.

15021. Vita sanctæ Waldetrudis, Fundatricis Parthenonis Canonissarum Montibus Hannoniæ ; auctore Monacho anonymo.

Cette Vie est imprimée dans le *Recueil* de Bollandus, au 9 d'Avril, & au tom. II. des *Actes des Saints de l'Ordre de S. Benoît*, *pag.* 320. Cette Sainte est morte en 686, & l'Auteur de sa Vie a fleuri peu de temps après la mort de cette Sainte.

15022. Vie de sainte Vautrude & de S. Vincent son époux, Comte de Hainault, avec des Remarques; par Jacques DE SIMON, Jésuite : *Arras*, 1628, *in-*8.

Cet Auteur est mort en 1649.

15023. Vie de sainte Vautrude; par François GIRY.

Cette Vie est imprimée dans son *Recueil des Vies des Saints*, au 9 d'Avril.

15024. Vie de la même; par Adrien BAILLET.

Cette Vie est imprimée dans son *Recueil des Vies des Saints*, au même jour.

15025. Vita sanctæ Odiliæ, Virginis & Abbatissæ Hoemburgensis in Alsatia; auctore anonymo, qui vixisse seculo undecimo videtur.

Cette Vie est imprimée au tom. IV. des *Actes des Saints de l'Ordre de S. Benoît*, pag. 486. Cette Sainte est morte vers l'an 720.

15026. Vie de sainte Odile; par Adrien BAILLET.

Cette Vie est imprimée dans son *Recueil des Vies des Saints*, au 13 de Décembre.

15027. Vie de la même, par Hugues PELTRE, Chanoine Régulier de Prémontré : *Strasbourg*, 1699, *in-*8. *Ibid.* Storck, 1702, *in-*12.

☞ Cette seconde Edition est bien différente de la première. La fondation de l'Abbaye de Hoembourg est du VII siècle. Les Religieuses ont quitté l'Institut de S. Benoît, pour se faire Chanoinesses, comme celles de Remiremont, &c. Voyez pag. 431, du tom. VI. de l'*Hist. des Ordres Monast.* du Père HELYOT : *Paris*, 1714, &c. *in-*4.]

15028. Vita venerabilis Odæ, Priorissæ Monialium de Rivroelle, Ordinis Præmonstratensis; auctore Philippo HARVENGIO, Abbate Bonæ-spei.

Cette Vie est imprimée avec ses *Ouvrages* : *Duaci*, 1621, *in-fol.* Cette Prieure est morte vers l'an 1158, & Harvenge en 1183.

15029. Eadem, cum Commentario Godefridi HENSCHENII, è Societate Jesu.

Dans le *Recueil* de Bollandus, au 20 d'Avril.

━ ☞ Histoires des Chanoinesses de Remiremont.

Voyez ci-devant, N.° 12300, &c.
Outre les Ouvrages qui y sont indiqués, il y a encore un Recueil Manuscrit sur Remiremont, qui est conservé dans la Bibliothèque de S. Germain-des-Prés.]

15030. ☞ Sépulchre de la Princesse Madame Claude de May, Comtesse de Chaligny, Fondatrice & Religieuse Professe de l'Ordre (des Chanoinesses) du S. Sépulchre de Jérusalem, à Charleville; par P. C. E. M. D. J. *Charleville*, Raoult, 1628, *in-*8.]

15031. ☞ Vie d'Antoinette de Jésus, Chanoinesse de l'Ordre de S. Augustin, en l'Abbaye Royale de Sainte-Perrine; avec la Vie d'Anne de Cotreuil, du même Ordre : *Paris*, 1662, 1685, *in-*12.

15032. Oraison funèbre de Charlotte de Harlay, Abbesse de Sainte-Perrine; par un P. M. *Paris*, 1662, *in-*4.

Cette Oraison est d'un Père Minime.

15033. Oraison funèbre de Charlotte de Harlay [seconde du nom] Abbesse de Sainte-Perrine; par Antoine PHILIPPE, de l'Ordre des Minimes : *Paris*, 1668, *in-*4.

Cette Abbesse étoit niéce de la précédente.

15034. ☞ Sécularisation & Statuts du Noble Chapitre de Neuville-les-Dames, en Bresse : *Lyon*, 1756, *in-fol.* = Ordonnance de M. le Cardinal de Tencin, Archevêque de Lyon, pour servir d'interprétation & de supplément auxdits Statuts : *Lyon*, 1757, *in-fol.*]

§. IX.

Histoires des Filles de la Charité.

15035. VIE de Madame le Gras, Fondatrice des Filles de la Charité, Servantes des Pauvres; par [Nicolas] GOBILLON, Curé de S. Laurent : *Paris*, 1676, *in-*12.

Ce Curé est mort en 1710.

15036. ☞ Abrégé de la Vie & des Vertus de la Sœur Julienne Jouvain, ancienne Supérieure des Filles de la Charité : *Paris*, *in-*12.]

15037. ☞ Vie de la Sœur Françoise Bony, Fille de la Charité, décédée Supérieure de l'Hôpital Royal de Saint-Germain-en-Laye, le 15 Mars 1759; par M. BALLET, ancien Curé de Gif, Prédicateur du Roi : *Paris*, Despilly : 1761, *in-*12.]

§. X.

Histoires des Religieuses de Cîteaux.

15038. ☞ LILIA Cistercii, sive sacrarum Virginum Cisterciensium origo, instituta & res gestæ; auctore Chrysostomo HENRIQUEZ : *Duaci*, Bellère, 1633, *in-fol.*]

15039. ☞ Histoire des Religieuses de Cîteaux.

Dans l'*Hist. des Ordres Monastiques & Religieux* du P. HELYOT, tom. V. pag. 373, 435 & *suiv.*]

15040. Vie de sainte Hombline, sœur de S. Bernard, Religieuse de Cîteaux; par Bonaventure WAUSTRY, Religieux d'Annay : *Louvain*, 1633, *in-*8.

15041. Vie de la même; par Adrien BAILLET.

Cette Vie est imprimée dans son *Recueil des Vies des Saints*, au 21 d'Août.

15042. Vie de Marguerite de Bourgogne, femme de Guy VIII. Comte Dauphin, Fondatrice du Monastère des Hayes, Ordre de Cîteaux, décédée le 18 Février 1363 : *Lyon*, Tronchon, 1674, *in-*12.

15043. Vita sanctæ Hildegardis, Abbatissæ in Monte sancti Roberti ; auctore Theoderico, Abbate Benedicto.

Cette Vie est imprimée dans le *Recueil* de Surius, au 17 de Septembre. Cette Sainte est morte en 1180, & l'Auteur de sa Vie a fleuri l'an 1200.

15044. Vie de sainte Hildegarde ; par Adrien Baillet.

Cette Vie est imprimée dans son *Recueil des Vies des Saints*, au 7 de Septembre.

15045. Quinque prudentes Virgines, sive beatæ Beatricis, Priorissæ in Nazareth ; beatæ Aleydis de Scharenbecha, Sanctimonialis in Camera sanctæ Mariæ ; beatæ Idæ Nivellensis, Sanctimonialis in Monasterio de Rameya ; beatæ Idæ Lovaniensis, Sanctimonialis in Valle-Rosarum ; & beatæ Idæ de Leuvis, Sanctimonialis in Rameya : Ordinis Cisterciensis præclara gesta ex antiquis Manuscriptis eruta : auctore Chrysostomo Henriquez, Ordinis Cisterciensis, Historiographo generali : *Antverpiæ*, Cnobaert, 1630 : *in-*8.

La B. Béatrice est morte en 1268, la B. Aleyde en 1250, la B. Ide de Nivelle en 1231, la B. Ide de Louvain en 1216.

15046. Vita sanctæ Ludgardis, Virginis, Sanctimonialis Aquiriæ in Brabantia ; auctore Thoma Cantipratano, coævo & familiari : cum Commentario prævio.

Cette Sainte est morte l'an 1246. Sa Vie est imprimée dans le *Recueil* de Bollandus, au 16 de Juin. L'Auteur étoit fort crédule, & ce génie règne par-tout dans son Ouvrage.

15047. Vida de santa Lutgarda ; por Bernardo de Villegas, de la Compaña de Jesus : en *Madrid*, 1625, *in-*4.

La medesima tradotta in Lingua Italiana : *in Venetia*, 1661, *in-*4.

Cet Auteur est mort en 1653.

15048. Vie de sainte Lutgarde ; par Adrien Baillet.

Cette Vie est imprimée dans son *Recueil des Vies des Saints*, au 16 de Juin.

15049. ☞ Vita sanctæ Ascelinæ, Virginis Ordinis Cisterciensis, à coetaneo auctore scripta, & Commentarius Guillelmi Cuperi, è Societate Jesu.

Dans le *Recueil* de Bollandus, au 23 d'Août.]

15050. Vita beatæ Julianæ, Virginis, Priorissæ Montiscornelii apud Leodium, Ordinis Cisterciensis ; auctore coævo : cum Commentario prævio Godefridi Henschenii, è Societate Jesu.

La Vie de cette Sainte, qui fut d'abord écrite en François peu après sa mort arrivée l'an 1258, & mise depuis en Latin, est imprimée dans le *Recueil* de Bollandus, au 5 d'Avril : *Insulis*, 1646, *in-fol.*

15051. Vita altera, edita studio Lamberti Ruitii, Domûs Cornelianæ Vicarii : *Leodii*, Vossii, 1598, *in-*12.

La même, sous ce titre : Historia de Vita beatæ Julianæ, & de Origine prima Festi Corporis Christi, Commentario Bartholomæi Fisen, è Societate Jesu, illustrata : *Duaci*, Belleri, 1628 : *Leodii*, Ouvetx, 1629, *in-*8.

Cette même Vie est imprimée sans Notes dans les *Fleurs de l'Eglise de Liège*, par le même Fisen, au 5 d'Avril.

15052. Vita ejusdem ; auctore Francisco Vivario, Ordinis Cisterciensis : *Vallisoleti*, 1618, *in-*8.

15053. Vie de la bienheureuse Julienne ; par François Giry.

Cette Vie est imprimée dans son *Recueil des Vies des Saints*, au 5 d'Avril.

15054. Vie de la même ; par Adrien Baillet.

Cette Vie est imprimée dans son *Recueil des Vies des Saints*, au même jour.

15055. Vie de la même ; par Dom Pierre Lenain, Sous-Prieur de la Trappe.

Cette Vie est imprimée au tom. VIII. de son Abrégé de l'*Histoire de Cîteaux*, p. 164 : *Paris*, 1697, *in-*12.

— ☞ Histoire de l'Abbaye des Clairets.

Elle se trouvera ci-après.]

15056. Ms. Histoire de l'Abbaye de la Piété de Ramerus, dans le Diocèse de Troyes, possédée par des Filles jusqu'en 1440.

Cette Histoire est citée par André du Chesne, à la page 3, de son *Histoire généalogique de la Maison de Montmorency*, où il en rapporte un Fragment.

15057. Eloge de Marguerite de Polastron, dite de sainte Anne, Fondatrice de la Congrégation de Notre-Dame des Feuillentines ; par Hilarion de Coste.

Cet Eloge est imprimé au tom. II. de ses *Eloges des Personnes illustres en piété*, pag. 427 : *Paris*, 1630, *in-*4.

15058. Histoire de la Fondation du Monastère des Religieuses Feuillentines de Toulouse, avec les Eloges de plusieurs Religieuses de cette Maison, remarquables par leur vertu ; par Dom Jean-Baptiste de sainte Anne, Abbé & Général des Feuillens : *Paris*, Muguet, 1699 : [*Bordeaux*, 1696, *in-*12.]

Ce Général des Feuillens se nommoit dans le monde, Pradillon ; il est mort en 1701.

15059. Vie de la bienheureuse Louise-Cécile de Ponconas, Institutrice de la Congrégation des Bernardines Réformées de Dauphiné : *Lyon*, Posuel. 1675, *in-*8.

15060. Vie de Madame de Courcelles de Porlan, dite de sainte Anne, dernière Abbesse Titulaire & Réformatrice de l'Abbaye de Notre-Dame de Tart ; (par Edme Bernard Bourée, Prêtre de l'Oratoire) : *Lyon*, Certe, 1693, *in-*8.

Cette Abbesse de Tart, dans le Diocèse de Langres, est morte en 1651. Tart est un Village à deux lieues de Dijon, où étoit ci-devant une Abbaye qui a été transférée à Dijon.

☞ L'Histoire de cette Translation est rapportée dans celle de l'Abbaye de Saint-Etienne de Dijon ; par M. Fyot, ci-devant, N.º 12452.]

15061. ☞ Les Constitutions du Monastère de Notre-Dame de Tart, de l'Etroite Observance, transféré à Dijon, première Maison des Filles de l'Ordre de Cîteaux ; (par Pierre MAGNIEN, Prêtre) : *Dijon*, 1695, *in-*12.]

15062. ☞ Le Palais de la Sagesse, ou le Miroir de la Vie Religieuse trouvé dans la Vie de la Mère de Néreftang, première Abbesse de l'Abbaye Royale de la Bénisson-Dieu ; par Chérubin DE MARSIGNY, Religieux Récollect : *Lyon*, [Cellier] 1656, *in-*4.

Cette Abbesse est morte en 1652. Son Abbaye est dans le Diocèse de Lyon.]

15063. ☞ Histoire de la Vie & des Mœurs de Marguerite de Soliez, Religieuse de l'Ordre de Cîteaux, Abbesse du Monastère d'Hyères en Provence ; par Joseph Victor THIBAULT, de l'Ordre des Minimes : *Romans*, Guilhermet, [1659] *in-*8. [*Marseille*, Mesnier, 1676, *in-*4]

— ☞ Vie de la Mère Marie des Anges Suireau, Abbesse de Maubuisson, puis de Port-Royal.

Voyez ci-après, N.° 15099.]

15064. Vie de Louise Blanche Thérèse de Ballon, Fondatrice & première Supérieure de la Congrégation des Bernardines Réformées de France & en Savoie ; par Jean GROSSI, Prêtre de l'Oratoire : *Annessy*, 1695, *in-*8.

Cette Supérieure est morte en 1668, & l'Auteur en 1700.

15065. Vie d'Elisabeth de sainte Anne, Religieuse de Cîteaux ; par Joseph LE CHEVALIER, du même Ordre.

Cette Vie est imprimée avec celle d'Elzéar de Vite, Capucin : *Caën*, 1696, *in-*8.

15066. Oraison funèbre de Marie-Françoise Lescuyer, Abbesse du Lys ; par Jean-François SENAULT, Supérieur Général de l'Oratoire : *Paris*, le Petit, 1669, *in-*4.

Cette Abbesse de l'Abbaye du Lys, proche de Melun, est morte en 1668, & le Père Senault en 1671.

15067. Eloge de la même ; par Jacqueline Bouette DE BLEMUR.

Cet Eloge est imprimé au tom. II. des *Eloges des Illustres de l'Ordre de S. Benoît, pag.* 301 : *Paris*, 1673, *in-*4.

15068. Eloge de Charlotte de Bigars, Abbesse de Fontaine-Guérard ; par la Mère DE BLEMUR.

Cette Abbesse est morte en 1676. Son Eloge est imprimé là-même, *pag.* 471.

15069. * Oraison funèbre de la même ; par François DE MAINEVILLE, Capucin : *Rouen*, 1676, *in-*4.

15070. Oraison funèbre de Susanne des Friches de Brasseuse, Abbesse de Notre-Dame du Paraclet, à Amiens ; par Pierre DE PONSSEMOTHE de l'Etoille, Abbé Régulier de Saint-Acheul : *Amiens*, le Bel, 1681, *in-*4.

15071. Oraison funèbre de Françoise Molé, Abbesse de S. Antoine-des-Champs-lès-Paris ; par Joseph (de Fontaine) DE LA BOISSIERE, Prêtre de l'Oratoire : *Paris*, 1686, *in-*4.

15072. Oraison funèbre de Madame Jeanne-Gabrielle Dauvet des Marets, Abbesse de la Maison Royale du Mont Notre-Dame de l'Ordre de saint Bernard, prononcée dans l'Eglise de ladite Abbaye, proche de Provins, au service solemnel célébré le quarantième jour après son décès ; par le R. P. Vincent RATHIER, Docteur en Théologie, Vicaire-Provincial & Commissaire Général sur les Convens de l'Observance de la Province de France, de l'Ordre des Frères Prêcheurs : *Provins*, Monissel, 1690, *in-*4.

15073. ☞ Oraison funèbre de Marie-Esther de Pompadour, ancienne Abbesse de Saint-Bernard de Tulle ; par le P. Jean DUBOIS, Jésuite : *Tulle*, 1705, *in-*4.]

15074. Mémoire sur la vie & les vertus de la Princesse Electorale Louise Hollandine, Palatine de Bavière, Abbesse de Maubuisson ; par les Religieuses de cette Abbaye : *Paris*, Guillain, 1709, *in-*12.

Cette Abbesse est morte en 1709.

15075. Oraison funèbre de la même ; par Jacques MABOUL, Evêque d'Alet : *Paris*, Simart, 1709, *in-*4. & *in-*12. [*Montpellier*, Martel, 1712,] *in-*4.

15076. Vie d'Anne-Louise de Brigueul, fille du Maréchal d'Humières, Abbesse & Réformatrice de l'Abbaye de Mouchy ; par Michel FÉLIBIEN, Religieux Bénédictin de la Congrégation de saint Maur : *Paris*, Estienne, 1711, *in-*8.

Cette Abbesse est morte en 1710.

15077. ☞ Lettre de la Prieure & des Religieuses de l'Abbaye de Saint-Loup, sur la mort de Madame de Châtillon, leur Abbesse, aux Dames Abbesses & aux Religieuses des Abbayes associées à leur Maison : *in-*4. [de 50 pages, sans nom d'Auteur ni d'Imprimeur.]

15078. ☞ Oraison funèbre de Mme Louise-Charlotte de Châtillon, Abbesse de Saint-Loup ; par Messire Nicolas DE BRISACIER, Abbé de N. D. de Flabemont, Docteur de la Maison & Société de Sorbonne, Grand-Vicaire de Toul : *Paris*, Delépine, 1711, *in-*4.

L'Abbaye de Saint-Loup est à l'extrémité d'un Fauxbourg de la Ville d'Orléans.]

15079. ☞ Eloge funèbre de Madame Marguerite le Cordier du Trône, Abbesse de Villiers, Ordre de Cîteaux, près de la Ferté-Aleps, Diocèse de Sens, décédée le 6 Décembre 1719, prononcé dans l'Eglise dudit Monastère le 12 dudit mois ; par J. B. MOREAU, Prieur de Cîteaux, Syndic & Vicaire-Général dudit Ordre : *Paris*, 1720, *in-*4.]

15080. ☞ Oraison funèbre de Madame Claudine le Vergeur de Saint-Souplet, Abbesse de N. D. du Paraclet d'Amiens, prononcée le 6 Février; par un Religieux de l'Ordre de S. Dominique (Gédéon COUPEY:) *Amiens*, Morgan, 1721, *in-4*.]

15081. ☞ Eloge abrégé de Madame Charlotte Colbert de Croissy, Abbesse de Maubuisson, morte en 1765.

Il est imprimé dans les Feuilles des *Nouvelles Ecclésiastiques* des 10 *Avril* & 15 *Juillet* 1767. Cette Abbesse étoit sœur du fameux Evêque de Montpellier, dans les Œuvres duquel on trouve beaucoup de Lettres qui la concernent.]

15082. ☞ Eloge funèbre de Noble & Révérende Dame, Louise-Françoise de Ligny, Abbesse de Notre-Dame de Fervacques, à Saint-Quentin, Ordre de Cîteaux; prononcé dans cette Abbaye, par M. l'Abbé LE COUTURIER, Prédicateur du Roi, Chanoine de Saint-Quentin, le 14 Juillet 1767: *Saint-Quentin*, Hautoy, & *Paris*, Brocas, *in-4*.]

Histoire de l'Abbaye des Clairets, Diocèse de Chartres.

15083. ☞ Oraison funèbre de Louise de Thou, Abbesse des Clairets, de l'Ordre de Cîteaux, prononcée en l'Eglise des Clairets; par J. B. THIERS : *Paris*, 1671, *in-4*.]

15084. ☞ Carte de Visite faite en l'Abbaye de Notre-Dame des Clairets, par M. l'Abbé de la Trappe, (de Rancé,) le 16 Février 1690, &c. *Paris*, 1690, *in-12*.]

15085. * Vie de Françoise-Angélique d'Estampes de Valançay, Abbesse des Clairets, [morte en 1707, après avoir réformé sa Maison sur le pied de l'Abbaye de la Trappe ;] par J. B. THOURON, Prêtre de l'Oratoire.

Elle [étoit] entre les mains de l'Auteur.

Histoire de l'Abbaye de Notre-Dame du Pont-aux-Dames, Diocèse de Meaux.

15086. ☞ Ms. Déclaration du temporel de l'Abbaye de Notre-Dame du Pont-aux-Dames, depuis l'an 1226 : *in-fol*.

Ce Manuscrit est dans la Bibliothèque du Roi, & vient de M. Lancelot. C'est un Extrait des Registres de la Chambre des Comptes, fait en 1673.]

15087. La parfaite Abbesse, ou l'Eloge funèbre de Madame [Catherine] de Baradat, Abbesse du Pont-aux-Dames, [morte en 1651;] par le P. NOEL, Cordelier: *Paris*, 1654, *in-4*.

15088. Oraison funèbre d'Anne-Marie de Lorraine , Abbesse du Pont-aux-Dames; par Dom COSME DE SAINT-MICHEL, Feuillent : *Paris*, Josse, 1653, *in-4*.

☞ Cette Abbesse est morte à Paris en 1652, & son corps fut transporté dans l'Abbaye du Pont-aux-Dames.

Dom Cosme, Auteur de son Oraison funèbre, est mort Evêque de Lombès, en 1710.]

Histoire de l'Abbaye de Port-Royal, Diocèse de Paris.

Il y a eu, jusqu'en 1709, deux Abbayes de ce nom; l'une appellée *Port-Royal des Champs*, & l'autre, *Port-Royal de Paris*, qui, après avoir été unies ensemble, furent séparées l'une de l'autre en 1669. L'Abbaye de Port-Royal des Champs, proche de Chevreuse, fut établie en 1204. « La Mère [Marie] Angélique [de Sainte-Madeleine] Arnauld, qui avoit été nommée par le Roi » Abbesse de ce Monastère, l'an 1602, après y avoir » établi la Réforme, la mit sous la puissance de l'Evê- » que de Paris, & obtint du Roi Louis XIII, l'an 1629, » que l'Abbesse seroit élective & triennale. L'an 1625, » cette Communauté vint s'établir à Paris, au Faux- » bourg Saint-Jacques, & y forma un nouvel Institut de » l'Adoration perpétuelle du S. Sacrement. Pendant qu'il » n'y avoit plus de Religieuses dans l'Abbaye de Port- » Royal des Champs, des Solitaires illustres s'y retirè- » rent, entr'autres, M. Arnauld d'Andilly & M. le Maî- » tre. Cependant, le nombre des Religieuses s'augmen- » tant à Paris, une partie retourna au Monastère de Port- » Royal des Champs, où elles s'établirent sous une » Prieure dépendante de l'Abbesse de Paris. Les affaires » du Jansénisme causèrent beaucoup de troubles dans ces » deux Abbayes. Enfin, l'an 1669, les deux Maisons de » Port-Royal furent séparées en deux titres indépendans » l'un de l'autre, par une Bulle du Pape, autorisée par » des Lettres-Patentes du Roi; & ces deux Abbayes » demeurèrent depuis divisées jusqu'à ce que sur une » Bulle du Pape, du 27 Mars 1708, ces deux Abbayes » ayant été réunies, les Religieuses de Port-Royal des » Champs, qui ne voulurent pas se soumettre à cette » union, ont été dispersées, & les bâtimens de cette » Abbaye abbatus par ordre du Roi ». *Mémoires du Temps*.

☞ On pourra voir dans les Histoires qui suivent, la véritable cause de la destruction de Port-Royal des Champs.]

15089. Histoire abrégée de l'Abbaye de Port-Royal, depuis sa fondation, en 1204, jusqu'à l'enlèvement des Religieuses, en 1709 : (*Paris*,) 1710, *in-12*.

☞ L'Auteur est Michel TRONCHAY, Chanoine de Laval, mort en 1733. Il avoit été Secrétaire de M. de Tillemont, & il a publié les dix derniers volumes de ses *Mémoires sur l'Histoire Ecclésiastique*. C'est lui qui est aussi Auteur d'un grand nombre des Epitaphes qui se voient dans le *Nécrologe* imprimé *de Port-Royal*, & qui portent le nom de *Tronchon*. Son *Histoire abrégée de Port-Royal* a été réimprimée en 1727, ensuite des *Mémoires de M. Fontaine*, en 1736, &c. Elle l'avoit déja été, avec quelques légers changemens, dans les *Mémoires sur la destruction de Port-Royal*, 1711.]

15090. ☞ Abrégé de l'Histoire de Port-Royal; par M. (Jean) RACINE, de l'Académie Françoise, en deux parties: *Vienne : Paris*, Lottin le jeune, 1767, *in-12*.

On avoit déja publié la première partie en 1742 ; & l'on dit, dans l'*Avertissement*, que M. Racine fit cet Ouvrage en 1693, pour apprendre à M. l'Archevêque de Paris ce que c'étoit que Port-Royal. On a lieu de croire que ce fut en 1698, pour M. de Noailles. L'Ouvrage n'a pas été fini, ou l'on n'a pas tout donné ; car l'Auteur se proposoit au moins d'aller jusqu'à la Paix de l'Eglise, en 1668 ou 1669; & cependant cette Histoire finit en 1665. *Voyez* ce qui en est dit dans les derniers *Mémoires historiques*, (ci-après N.º 15116) *tom. III. pag.* 257-284 *& suiv*.]

15091. ☞ Histoire de l'Abbaye de Port-Royal : première Partie, Histoire des Reli-

Histoires des Religieuses. 911

gieuses : seconde Partie, Histoire des Messieurs; (par Jérôme BESOIGNE, Docteur de Sorbonne :) *Cologne*, 1752, *in*-12. 6 vol.

Ce Docteur, à la fin du tom. II. de ses *Vies des quatre Evêques unis à Port-Royal*, (*Paris*,) 1756, *in*-12, a mis deux Lettres adressées à l'Auteur des *Mémoires historiques*, qui lui a répondu. M. Besoigne y compare son Histoire avec la suivante, & avec ces Mémoires.]

15092. ☞ Histoire générale de Port-Royal, depuis la Réforme de cette Abbaye jusqu'à son entière destruction ; (par Dom Charles CLEMENCET, Bénédictin :) *Amsterdam*, (*Paris*,) 1755-1757, *in*-12. 10 vol.]

15093. ☞ Mémoires historiques & chronologiques sur l'Abbaye de Port-Royal-des-Champs, depuis sa fondation, en 1204, première Partie; (par Pierre GUILBERT :) *Utrecht*, (*Paris*,) 1758 & 1759, *in*-12. 2 vol.

Ces Mémoires ne vont pas au-delà de l'année 1633, l'Auteur étant mort en 1759, comme il composoit la suite. On ne trouve que là, les Antiquités du fameux Monastère de Port-Royal. Cette première Partie devoit finir en 1660. La seconde Partie devoit aller jusqu'en 1668 ; & la troisième, jusqu'à la destruction de Port-Royal. Comme l'on avoit peu de chose sur cette dernière, l'Auteur s'y est d'abord appliqué, & a donné sur cela sept volumes qu'on indiquera plus bas.]

15094. Relations écrites par Marie-Angélique ARNAUD, Abbesse & Réformatrice du Monastère de Port-Royal, de ce qui est arrivé de plus considérable dans cette Maison depuis l'an 1602, jusqu'au 12 Janvier 1655 : (*Amsterdam*, 1716,) *in*-4.

Cette Abbesse est morte en 1661.

☞ Relations de la vie de la Mère Angélique, & de la Réforme de Port-Royal; par la Mère Angélique de Saint-Jean ARNAULD D'ANDILLY : (*Paris*) 1737.]

☞ Mémoires pour servir à l'Histoire de P. R. ou Relations des vies de plusieurs Religieuses : (*Paris*,) 1734, *in*-12. 2 vol.

On trouve ces Relations plus exactes, & avec beaucoup d'autres qui y ont rapport, dans les *Mémoires* & *Vies* que l'on va indiquer après les *Constitutions*. Elles ont été données d'après les Originaux même de Port-Royal.]

15095. ☞ Constitutions du Monastère de Port-Royal du S. Sacrement : *Mons*, 1665, *in*-12. &c. *Paris*, 1721, *in*-18.

Ces Constitutions, approuvées par M. l'Archevêque de Paris, ont été dressées par la Mère Agnès de S. Paul ARNAULD, sœur de la Mère Angélique, qui a été aussi Abbesse de Port-Royal, & est morte en 1671. On a joint aux Constitutions quelques autres Pièces, telles que, *Règlement pour les Enfans*, fait par la Sœur Jacqueline de Sainte-Euphémie PASCAL,(morte en 1661;) *Institution des Novices*, dressée par la Sœur Marguerite de Sainte Gertrude DUPRÉ.]

15096. ☞ Mémoires pour servir à l'Histoire de Port-Royal, & à la Vie de la Rév. Mère Marie-Angélique de Sainte-Madeleine Arnauld, Réformatrice de ce Monastère ; (par différentes Religieuses de Port-Royal, &c.) *Utrecht*, 1742, *in*-12. 3 vol.

C'est le Recueil le plus complet, depuis 1602 jus-

qu'en 1661. A la fin du dernier volume, sont les Vies des Religieuses parentes de la Mère Angélique. Les autres auroient dû suivre, comme Tomes IV. & V. mais les Manuscrits étant tombés entre les mains d'une personne différente de l'Editeur, qui avoit collationné le tout, on a mis les Vies des autres Filles de la Mère Angélique dans le Recueil qui est après les Lettres que nous allons indiquer. Le tout a été donné d'après les Originaux qui sont aujourd'hui dans la Bibliothèque de Saint-Germain des Prés.]

15097. ☞ Lettres de la Mère Marie-Angélique ARNAULD : *Utrecht*, 1742 & 1744, *in*-12. 3 vol.

Ces Lettres qui, la plupart, sont utiles à l'Histoire, s'étendent depuis 1620 jusqu'en 1661. On en avoit donné à Paris des Extraits moraux, *in*-12. vers 1734.]

15098. ☞ Vies intéressantes & édifiantes des Religieuses de Port-Royal, précédées (& suivies) de nombre de Lettres & autres Pièces : (*Amsterdam*,) 1750 & 1752, *in*-12. 4 vol.

Les Vies des Religieuses, qui sont la suite des grands Mémoires, ne remplissent que les tomes II. & III. Le reste est occupé par diverses Pièces, dont quelques-unes regardent les Messieurs, amis de Port-Royal.]

15099. ☞ Modèle de foi & de patience, &c. ou Vie de la Mère Marie des Anges Suireau, Abbesse de Maubuisson (pendant vingt-deux ans) & ensuite de Port-Royal (morte en 1658,) deux parties : (*Amsterdam*,) 1754, *in*-12.

Cette Vie a été écrite par la Sœur de Sainte-Eustochie DE BREGY, sur les Mémoires qui lui ont été fournis par la Sœur de Sainte-Candide LE CERF, Religieuse de Maubuisson. Le tout a été revu par Pierre Nicole.

On avoit imprimé la première Partie à Paris, 1737, *in*-12.]

15100. ☞ Extrait des Visites faites à Port-Royal, depuis 1644 jusqu'en 1696.

Ce Manuscrit, qui prouve la pureté de la foi & la régularité de ces Religieuses, est conservé dans la Bibliothèque du Roi, (*Théologie*, tom. II. num 944.) On en trouve un abrégé au commencement de l'*Hist. de la dernière Persécution*, ci-après.

15101. ☞ Rabat-joie des Jansénistes, ou Observations nécessaires sur ce qu'on dit être arrivé à Port-Royal, au sujet de la sainte Epine ; par un Docteur Catholique, (le P. ANNAT, Jésuite :) 1756, *in*-4.]

15102. ☞ Réponse à un Ecrit publié sur le sujet des Miracles qu'il a pleu à Dieu de faire à Port-Royal, depuis quelque temps, par une sainte Epine de la Couronne de Notre Seigneur : *Paris*, 1656, *in*-4.

Cet Ecrit est attribué à l'Abbé (Séb. Jos. du Cambout) DE PONT-CHATEAU. On y trouve les Relations de plusieurs miracles.]

15103. ☞ Défense de la vérité catholique touchant les Miracles, contre les déguisemens & artifices de la Réponse faite par MM. de Port-Royal, à un Escrit intitulé : *Observations nécessaires*, &c. par le sieur de Sainte-Foy, Docteur en Théologie, (le P. ANNAT :) *Paris*, Lambert, 1657, *in*-4.]

15104. ☞ Sentence de M. le Vicaire-Général de M. l'Archevêque de Paris, du 22 Octobre 1656, portant approbation d'un miracle arrivé en la personne de Marguerite Périer, par l'attouchement de la sainte Epine : *Paris*, Targa, 1656, *in-4*.]

15105. ☞ Miracle arrivé à Provins, par la dévotion à la sainte Epine révérée à Port-Royal, reconnu & approuvé par la Sentence de M. le Grand-Vicaire de M. l'Archevêque de Sens, rendue le 14 Décembre 1656, *in-4*.]

15106. ☞ Sentence de MM. les Vicaires-Généraux de Paris, du 29 Août 1657, portant approbation du miracle arrivé à Port-Royal, en la personne de Claude Baudrand, par la vertu de la sainte Epine : *Paris*, Targa, 1657, *in-4*.]

15107. ☞ Divers Actes, Lettres & Relations des Religieuses de Port-Royal du saint Sacrement, touchant la persécution & les violences qui leur ont été faites au sujet de la signature du Formulaire : (1723 & 1724,) *in-4*.

Ce Recueil, qui est quelquefois relié en deux volumes, doit renfermer les Relations suivantes, que l'on trouve souvent séparées, parcequ'elles n'ont pas été distribuées toutes ensemble, & que la plûpart sont sous différens chiffres. Elles ont toutes été écrites par les Religieuses mêmes.

1. Divers Actes, &c. ou Relation de ce qui s'est passé à Port-Royal depuis le mois d'Avril 1661, jusqu'au 17 du même mois de l'année suivante, au sujet des Mandemens de MM. les Grands-Vicaires de M. le Cardinal de Retz, (& quelques Lettres :) 52 pages.

2. Relation depuis le commencement de l'année 1664, ou de la Visite de M. de Péréfixe à Port-Royal de Paris : (115 pages.)

3. Relation de la captivité de la Sœur de Sainte-Eustochie DE BREGY, (avec un Acte du P. Mallebranche,) 36 pages.

4. Relations de la captivité de six Religieuses. = De la Sœur Anne-Eugénie, ou Madame de SAINT-ANGE. = *Page* 29. De la Sœur Marie-Angélique de Sainte-Thérèse ARNAULD D'ANDILLY. = *Pag*. 65. De la Mère Agnès ARNAULD, & ses Avis donnés, en 1665, aux Religieuses de Port-Royal, sur la conduite qu'elles devoient garder, au cas qu'il arrivât du changement dans le gouvernement de la Maison. = *Page* 92. De la Sœur Magdeleine de Sainte-Christine BRIQUET. = *Page* 130. De la Sœur Madeleine de Sainte-Candide LE CERF. = *Page* 150. De la Sœur Marie-Charlotte de Sainte-Claire ARNAULD D'ANDILLY. (Et à la fin, *pag*. 183 : Rétractation de D. Gabriel GERBERON, Bénédictin.)

5. Relation de la captivité de la Sœur Angélique de Saint-Jean ARNAULD D'ANDILLY. (Et à la fin, *pag*. 112 : Rétractation de Mesdames DE LUINES, Religieuses de Jouarre.) Cette Relation avoit déja été imprimée *in-*12.

6. Lettres de la Sœur Angélique de Saint-Jean, à M. Arnauld, (au nombre de vingt-deux,) écrites depuis que la Communauté fut transférée à Port-Royal des Champs, (en 1665,) jusqu'à la Paix de l'Eglise, (en 1669 :) 32 pages.

7. Relation de la Sœur Géneviève de l'Incarnation PINEAU, de ce qui s'est passé à Port-Royal de Paris sous le gouvernement de la Mère Eugénie de la Visitation, depuis le 26 Août 1664, jusqu'au 3 Juillet 1665. (Et à la fin, *pag*. 51 & 52, Lettre de la Mère Agnès, contre les Accommodemens du 18 Août 1666, & Rétractations de D. Jérôme & de D. Turquois, Feuillens.

8. Lettres & Actes de la plûpart des Religieuses, où elles rendent compte de leur situation sous le gouvernement de la Mère Eugénie : (207 pages.)

9. Relation de la Visite de M. de Péréfixe, Archevêque de Paris, à P. R. des Champs, en Novembre 1664, & ses suites : (56 pages.)

10. Lettre de M. l'Abbé (du Cambout) DE PONT-CHATEAU, à M. l'Archevêque de Paris, pour lui demander la liberté de M. de Sacy & des Religieuses de Port-Royal : (8 pages.)

11. Journaux de ce qui s'est passé à Port-Royal, depuis que la Communauté fut transférée à Port-Royal des Champs, (en 1665,) jusqu'à la Paix de l'Eglise, (en 1668 & 1669 :) 199 pages.

Toutes ces Relations, à l'exception d'un petit nombre, n'ont été publiées qu'en extraits, sous prétexte d'éviter des répétitions, ou pour épargner les volumes. On a voulu depuis y suppléer par le Recueil suivant.]

15108. ☞ Histoire des persécutions des Religieuses de Port-Royal, écrites par elles-mêmes : *Villefranche*, (*Amsterdam*,) 1753, *in-*4. (*Tom. I.*)

Ce Volume, qui est le seul qu'on ait publié jusqu'à présent, contient (après un Discours préliminaire) les Pièces suivantes, que l'on a divisées par Chapitres, & auxquelles on a ajouté des Sommaires.

1. Relation de 1661 & 1662 : (82 pages.) C'est celle du num. 1 du Recueil précédent, précédée de la Liste de toutes les Religieuses.

2. Interrogatoires des Religieuses de Paris, par MM. de Contes & Bail, dans la Visite dont il est parlé dans la Relation précédente : (*pag.* 83-156.)

3. Interrogatoires des Religieuses de Port-Royal des Champs, & des Converses de Paris : (*pag.* 157-187.)

4. Lettre de M. de SAINTE-MARTHE, & Pièces concernant la Marquise de Crevecœur, qu'on n'avoit pas voulu recevoir Religieuse à Port-Royal, & qui calomnia ce Monastère : (*pag.* 187-206.) Le *Factum*, ou Réponse à une Lettre imprimée de cette Dame, avoit déja été publié dans le temps même, en 1663, *in-*4. (On l'attribue, dans le Catalogue du Roi, à M. le Maître. Mais ce célèbre Avocat avoit-il travaillé sur cette affaire en 1658, qui fut l'année de sa mort ; ou cette Pièce seroit-elle de M. le Maître de Saint-Elme, Avocat, ou de M. le Maître de Sacy, ses frères?)

5. Relation de ce qui s'est passé à Port-Royal depuis le commencement de l'année 1664, jusqu'au jour de l'enlevement des (principales) Religieuses, qui fut le 26 Août de la même année : (*pag.* 106-309.) Cette Relation répond au num. 2. du Recueil précédent.

6. Avis de la Mère Agnès ARNAULD, (*p.* 310-323;) & Lettre de M. Guillebert, à M. Arnauld. Ces Avis font partie du num. 4. de l'autre Recueil, & ils ont été imprimés plusieurs fois.

7. Relation de la Sœur Géneviève de l'Incarnation PINEAU, depuis le 26 Août 1664, jusqu'au 3 Juillet 1665 : (*pag.* 325-442.) Elle est dite imprimée sur l'original même. Il y a beaucoup de lacunes dans celle du num. 7 du Recueil précédent.

8. Relation de ce qui s'est passé à Port-Royal des Champs, en 1664 & 1665, par la Mère Marie DU FARGIS, Prieure ; avec celles de MM. Paulon & Floriot, Prêtres : (*pag.* 443-496.) Ceci répond au num. 9 de l'autre Recueil, dont les Pièces ne sont pas complettes ; mais dans celui-ci, il y a bien des fautes d'impression, sur-tout pour les noms propres.]

15109. ☞ Relation de la captivité de la Sœur Angélique de Saint-Jean, (ARNAULD D'ANDILLY,) Religieuse de Port-Royal, écrite par elle-même : (*Amsterdam*,) 1711, *in-*12.

Cette Religieuse, qui a été Abbesse de ce Monastère, y est morte en 1684.]

15110. ☞ Relation de la captivité de la Sœur

Histoires des Religieuses.

Sœur Briquet : = Avis de la Mère Agnès : = Retraite de Madame la Duchesse de Longueville : = Relation de la captivité de la Sœur Dupré : (*Amsterdam,*) 1718, *in-*12.

La dernière Relation n'a jamais été imprimée que dans ce Recueil ; & celle qui la précède est plus correcte parmi les Pièces qui accompagnent le *Supplément au Nécrologe de Port-Royal*, (ci-après.) Les deux premières sont encore dans le *Recueil de divers Actes, &c. in-*4. qui précède.]

15111. ☞ Apologie des Religieuses de Port-Royal du saint Sacrement, en quatre parties ; (par Claude de Sainte-Marthe, Antoine Arnauld, & Pierre Nicole :) 1665, *in-*4.]

15112. ☞ Réponse à l'insolente Apologie des Religieuses de Port-Royal ; par Jean Des-Marets de Saint-Sorlin : *Paris*, 1666, *in-*8. 2 vol.

Cet Ouvrage a donné lieu à M. (Pierre) Nicole, de publier les Lettres appellées *Visionnaires*, (*in-*4. & *in-*12.) où il examine l'esprit & la conduite de Saint-Sorlin, & répond à ses principaux raisonnemens. Les Lettres III. IV. & V. sont curieuses, par rapport aux Religieuses de Port-Royal.]

15113. ☞ Défense des Religieuses de Port-Royal & de leurs Directeurs, contre M. Chamillard ; (par Claude de Sainte-Marthe, l'un de ces Directeurs :) 1667, *in-*4.]

15114. ☞ Relation de ce qui s'est passé à Port-Royal de Paris, depuis 1665 ; par la Sœur Melthide Thomas, (sœur de M. du Fossé,) avec une Addition, jusqu'en 1739.

Cette Relation se trouve *pag*. 451 du *Recueil de plusieurs Pièces* de 1740, indiqué ci-après, N.° 15130.]

15115. ☞ Deux Relations sur Port-Royal de Paris, en 1664 & 1665 ; par la Sœur de Saint-Alexis d'Hecaucour de Charmont.

Elles se trouvent *pag.* 271 *& suiv.* du tom. III. des *Vies intéressantes, &c.* ci-devant, N.° 15098.]

15116. ☞ Mémoires historiques & chronologiques sur l'Abbaye de Port-Royal des Champs, depuis la paix de l'Eglise, en 1668, jusqu'à la mort des dernières Religieuses & Amis de ce Monastère ; (par Pierre Guilbert :) *Utrecht*, (*Paris*,) 1755 & 1756, *in-*12. 7 vol.

Cette troisième & dernière Partie a été donnée la première, comme étant peu connue. On y trouve quantité de Pièces insérées au milieu du *Récit historique*. L'Auteur a fait joindre au tom. VII. une Lettre qu'il a écrite, pour défendre son Ouvrage, à l'Auteur de l'Histoire ci-devant, N.° 15091.]

15117. ☞ Discours de la Mère Angélique de Saint-Jean, (Arnauld d'Andilly,) Abbesse de Port-Royal des Champs, appellés Miséricordes, ou Recommandations faites en Chapitre, de plusieurs personnes unies à la Maison de Port-Royal des Champs : *Utrecht*, (*Paris*, Osmont,) 1735, *in-*12.

Cette Abbesse est morte en 1684.]

15118. ☞ Mf. Vie de la Mère Marie de Sainte-Dorothée Perdreau, Abbesse de Port-*Tome I.*

Royal de Paris, morte le 4 Janvier 1685.

Elle étoit dans la Bibliothèque de M. l'Abbé Goujet, qui a passé à M. le Duc de Charost. On peut voir sur cette Vie, les *Mém. historiq. & chronol. de Port-Royal*, qui précèdent, *tom. I. pag.* 198, & *III. pag.* 2 *& suiv*.]

15119. ☞ Lettre (de Pasquier Quesnel) aux Religieuses de la Visitation de Paris, sur la Vie de la R. M. Louise-Eugénie de Fontaine : 1695, *in-*12.

La même, nouvelle Edition, précédée d'une Lettre aux Religieuses Wallones de la Visitation : 1697, *in-*12.

On y trouve diverses particularités au sujet des liaisons que la Mère Angélique Arnauld avoit eues avec saint François de Sales & Madame de Chantal ; ainsi que la justification de Port-Royal contre diverses calomnies avancées dans la Vie de la Mère Eugénie, qui avoit été mise à Port-Royal de Paris, pour gouverner ce Monastère, en 1664.]

15120. ☞ Mémoires sur la destruction de Port-Royal des Champs : (*Amsterdam,*) 1711, *in-*12.

L'Editeur est Jacques Fouillou, qui a fait la Préface de ce Recueil, & corrigé, en quelques endroits, l'*Histoire abrégée* (ci-devant, N.° 15089.) qui est en tête. Plusieurs des Pièces de ce Recueil sont de Françoise-Marguerite de Joncoux.]

15121. ☞ Histoire abrégée de la dernière persécution de Port-Royal ; (par l'Abbé Olivier Pinault,) avec la vie édifiante des Domestiques de cette sainte Maison : Edition Royale : (*Amsterdam*, Rey,) 1750, *in-*12. 3 vol.

L'Abbé Pinault, Prêtre, est mort à Paris en 1737.]

15122. ☞ Recueil de Pièces concernant les Religieuses de Port-Royal des Champs, qui se sont soumises à l'Eglise : *Paris*, Impr. Royale, 1710, *in-*4. & *in-*12.

L'Avertissement est du P. Lallemant, Jésuite.]

15123. ☞ Avertissement sur les prétendues Rétractations des Religieuses de Port-Royal ; par l'Abbé (Jacq.) Fouillou : (*Amsterdam,*) *in-*12.]

15124. ☞ Lettre du Cardinal de Noailles, Archevêque de Paris, aux Religieuses de Port-Royal, qui ne sont point encore soumises ; avec divers Actes & Lettres de celles qui sont rentrées dans l'obéissance de l'Eglise : *Paris*, 1711, *in-*12.]

15125. ☞ Trois Gémissemens d'une ame vivement touchée de la destruction du saint Monastère de Port-Royal des Champs : (*Amsterdam,*) 1710, 1712, 1714, 1734, 1739, *in-*12.

Ces Gémissemens sont de l'Abbé (J. B.) le Sesne d'Etemare, & de Pierre Boyer, Prêtre de l'Oratoire, mort en 1755.]

15126. Relation de la vie & de la mort de Claude-Louise de Sainte-Anastasie du Mesnil de Courtiaux, dernière Prieure du Monastère de Port-Royal des Champs : (*Paris ,*) 1716, *in-*12.

Cette Religieuse est morte [à Blois] en 1716.

Zzzzz

15127. ☞ Nécrologe de l'Abbaye de Notre-Dame de Port-Royal des Champs, de l'Ordre de Cîteaux, &c. *Amsterdam*, 1723, *in-*4.

C'est l'Ouvrage des Religieuses de Port-Royal, mais principalement de la Mère Angélique de Saint-Jean Arnauld d'Andilly. L'Editeur, qui y a joint une grande Préface & quelques Articles, est Dom Antoine Rivet, Bénédictin.]

15128. ☞ Supplément au Nécrologe de l'Abbaye de Port-Royal; (par Charles-Hugues le Fèvre de Saint-Marc:) 1735, *in-*4.

On n'a que le premier volume, ou les six premiers mois; le reste n'a pas été fait. On trouve d'ailleurs, dans la seconde partie de ce volume, un grand nombre de Pièces concernant l'Histoire de Port-Royal.]

15129. ☞ Préface pour servir au Supplément précédent, avec de très-amples Remarques: *in-*4.

M. de Saint-Marc avoit fait cette Préface. Il la communiqua au sieur Tabarie, alors Libraire, ou qui l'avoit été. Celui-ci, qui se piquoit d'érudition, altéra cette Préface, & y joignit des Remarques satyriques, ou peu convenables; il fit ensuite imprimer le tout, sans l'aveu de M. de Saint-Marc, qui en fit supprimer presque toute l'Edition dès qu'il en eut connoissance.]

== ☞ Mémoires de M. Fontaine.

== ☞ Mémoires de M. du Fossé.

== ☞ Mémoires touchant M. de Saint-Cyran; par M. Lancelot.

Ces Mémoires, indiqués ci-devant, N.os 10866, 10867 & 11507, traitent principalement de l'Histoire de Messieurs de Port-Royal; mais il y a aussi beaucoup de choses sur les Religieuses, que l'on trouvera aisément par les Tables. Il en est de même de l'Ouvrage suivant.]

15130. ☞ Recueil de plusieurs Pièces, pour servir à l'Histoire de Port-Royal, ou Supplément aux Mémoires de MM. Fontaine, Lancelot & du Fossé: *Utrecht*, 1740, *in-*12.]

15131. ☞ Quinze Planches, qui représentent l'Abbaye de Port-Royal, ses Bâtimens, Chapitre, Réfectoire, Infirmerie, &c. *in-*4.

Elles ont été gravées sur les plans & desseins de Madeleine de Boulongne.

Autres, chez la Demoiselle Hortemels: 1710, *in-*24.]

15132. ☞ Abrégé chronologique de l'Histoire de Port-Royal des Champs, Office & Pélerinage en l'honneur des Saints & Saintes qui ont habité ce saint Désert; (avec l'indication des) lieux où reposent les corps qui en ont été exhumés: (*Paris*,) 1760, *in-*12.]

§. XI.

Histoires des Religieuses Dominicaines.

15133. ☞ Remarques historiques sur les Dominicaines.

Dans l'*Hist. des Ordr. Monast. & Rel.* du P. Helyot: tom. *III. pag.* 240-265.]

15134. Fondation du Convent de sainte Marguerite dans la Ville de Saint-Omer, des Religieuses du Tiers-Ordre de saint Dominique, venues de l'ancienne Ville Episcopale de Terrouenne; par Gilbert de la Haye, Prieur de saint Thomas d'Acquin: *Douay*, 1671, *in-*8.

15135. ☞ Recueil de Factums, Mémoires & autres Pièces du Procès entre M. l'Evêque de Grenoble & les Dames Prieure & Religieuses du Monastère Royal de Montfleury, de l'Ordre de saint Dominique; le R. P. Vallier, Provincial & Supérieur immédiat desdites Religieuses, & plusieurs Gentilshommes du Dauphiné; avec l'Arrêt du Parlement de Dijon, du 30 Juillet 1685: *Dijon*, 1686.

Le Monastère de Montfleuri fut bâti sur un angle de rocher, à une demi-lieue de Grenoble, par Humbert II, dernier Dauphin de Viennois, en 1342, pour quatre-vingt filles de qualité de ses Etats, qui voudroient se consacrer à Dieu dans l'Ordre de saint Dominique. En 1683, leur clôture n'étoit pas des plus exactes; elles recevoient le monde chez elles; elles avoient des pensions qu'elles employoient comme elles jugeoient à propos; elles vivoient enfin d'une manière assez peu régulière. C'est ce qui donna lieu à une visite de M. le Camus, Evêque de Grenoble, le 12 Avril 1683: &, par son Ordonnance du 5 Avril 1684, il leur enjoignit de mettre leur maison en clôture régulière, suivant les saints Canons. Elles appellèrent d'abus du Procès-verbal & de l'Ordonnance, & soutinrent que M. l'Evêque n'avoit pu ordonner la clôture, sans en avoir préalablement averti leur Provincial, Supérieur immédiat. Celui-ci intervint dans le Procès, avec plusieurs Gentilshommes y dénommés. On allégua cinq moyens d'abus. L'appel fut renvoyé, par Arrêt du Conseil, au Parlement de Bourgogne, qui, par son Arrêt, mit les Parties hors de Cour & de Procès sur les appellations comme d'abus, tant principales qu'incidentes; condamne les Religieuses aux deux amendes de l'abus, & le P. Vallier aussi à l'amende de l'abus envers le Roi, chacune modérée à douze livres, moitié moins envers l'Intimé, dépens compensés. Les Gentilshommes furent déclarés non-recevables en leur intervention, & condamnés aux dépens.]

15136. Vie d'Agnès de Jesus, de l'Ordre de saint Dominique, au Monastère de Langeac, avec l'Abrégé de la Vie de Françoise des Séraphins, Prieure de saint Thomas d'Acquin à Paris; par un Prêtre du Clergé: *au Puy*, 1666, *in-*4.

Agnès Galand, dite de Jesus, est morte en 1634, & Françoise des Séraphins, en 1660.

✱ L'Abrégé de la Vie de cette dernière, a été composé par Marie-Madeleine de Mauroy.

15137. Mémoire touchant la vie & la mort de Françoise des Séraphins.

Ce Mémoire est, avec l'Abrégé de sa Vie, à la fin de la première partie de Septembre de l'*Année Dominicaine*. Il est d'Arnauld Boyre, Jésuite.

15138. Vie de la Mere des Séraphins; par un Ecclésiastique de Clermont: (M. de Lantage:) *Clermont*, 1669, *in-*8.

✱ Ce n'est proprement qu'une nouvelle Edition de l'Abrégé précédent.

15139. Vie de Marie Paret, du Tiers-Ordre de saint Dominique, décédée en odeur de sainteté en la Ville de Clermont en Auvergne, l'an 1674; par Richard Guillouzon, de l'Ordre des Freres Prêcheurs: *Clermont*, 1678, *in*-12.

☞ Le Père Guillouzon est mort la même année.]

15140. Vie d'Elisabeth de l'Enfant Jesus, de l'Ordre de saint Dominique, au Monastère de saint Thomas d'Acquin à Paris : *Paris*, 1680, *in*-8.

Elisabeth de l'Enfant Jesus est morte en 1677. Madeleine DE MAUROY, Religieuse de ce Monastère, a écrit cette Vie, [& est morte en 1714.]

15141. ☞ Vie de Sœur Anne de Sainte-Marie, Religieuse de l'Ordre de saint Dominique.

Cette Vie se trouve à la fin de celle de Pierre Girardel, Dominicain, ci-devant, N.° 13816.]

15142. * Vie de la même.

Dans le tom. II. de l'Ouvrage de Poiret, intitulé : *Le Chrétien réel* : Cologne, (*Amsterdam*,) 1701, *in*-12. 2 vol.

15143. * Vie d'Agnès de Jesus, de l'Ordre de saint Dominique, du Monastère de Langeac en Auvergne; par CHARLES DE SAINT-VINCENT, du même Ordre: *Amiens*, 1702, *in*-4.

15144. Liste des Prieures du Monastère de Saint-Louis de Poissy, Ordre de saint Dominique, fondé l'an 1304, par le Roi Philippe-le-Bel, extraite des anciens Comptes & autres monumens dudit Monastère, où l'on voit que les Prieures ont été élues, instituées & confirmées suivant la Régle & les Constitutions dudit Ordre : *in*-4.

15145. ☞ Réponse au Mémoire de Madame de Mailly : *in*-4.

Cette Dame avoit fait faire un Mémoire, pour soutenir son élection faite par le Roi, en 1707, au Prieuré de Saint-Louis de Poissy : ce qui fit le sujet d'un Procès.]

15146. ☞ Requête présentée au Roi par les Religieuses de Poissy, contre la Dame de Mailly : *in-fol*.

Cette Requête, (& peut-être la Pièce précédente) a été dressée par Bénigne MOL, Avocat au Parlement & au Conseil.]

15147. ☞ Mémoire pour les Religieuses du Prieuré de S. Louis de Poissy, Ordre de S. Dominique, Diocèse de Chartres: *in*-4.

La demande que ces Religieuses font dans ce Mémoire à M. le Duc d'Orléans, Régent, se réduit à la simple permission de poursuivre en Justice réglée le droit d'élire leur Prieure. Il renferme d'ailleurs beaucoup de faits historiques concernant cette Maison.]

15148. ☞ Arrêt du Conseil d'Etat du Roi, du 6 Février 1719, qui déclare le Prieuré de Poissy perpétuel & à la nomination du Roi, & qui maintient la Dame de Mailly dans la qualité de Prieure dudit Monastère: *Paris*, Thiboust, 1719, *in*-4.]

15149. ☞ Diverses particularités sur le Monastère de S. Louis de Poissy.

Elles se trouvent dans l'Epître Dédicatoire des *Instructions & Prières des O de l'Avent*, à Madame de Sainte-Hermine, Prieure de Poissy : *Paris*, Babuty, 1755, *in*-12.]

Tome I.

§. XII.
Histoires de la Congrégation des Filles de l'Enfance de Jesus.

15150. Ms. HISTOIRE abrégée des Filles de l'Enfance à Toulouse & en Provence : *in*-4. six gros cahiers.

Cette Histoire est conservée dans la Bibliothèque du Roi, entre les Manuscrits de M. de Gaignières.

15151. ☞ Ms. Histoire secrète de l'abolition des Filles de l'Enfance de Jesus, fondées à Toulouse : *in*-8.

Cette Histoire se trouve indiquée au num. 13340, du Catalogue de M. d'Estrées.]

15152. L'Innocence opprimée par la calomnie, ou l'Histoire de la Congrégation des Filles de l'Enfance de Jesus-Christ Notre Seigneur : *Toulouse*, de la Noue, [*en Hollande*] 1688, *in*-12.

Cette Histoire a été composée par Amable DE TOUREIL.

☞ Elle est, selon quelques-uns, de Pasquier QUESNEL, qui ne l'aura peut-être que corrigée, avant de la faire imprimer. Amable de Toureil, frère de celui qui a été de l'Académie Françoise, n'est pas mort en 1711, comme le disoit le Père le Long, mais en 1719, à Rome, d'une hydropisie de poitrine, deux mois après être sorti des prisons de l'Inquisition, où il avoit été un an, après une autre captivité de quatre ans au Château S. Ange.

Voyez sur ce Livre, Supplément à la *Méth. histor.* de Lenglet, *pag.* 175. = *Bibl. univers. & histor. tom. IV. pag.* 391. = *Mém. d'Artigny, tom. II. pag.* 24. = *Hist. des Ouvr. des Sçavans*, Février 1689, & Juillet 1691. = *Anecd. secr. sur divers sujets de Littér.* 1734, *p.* 241. = *Lettres sur les matières du temps, pag.* 33. = Racine, *Abrégé de l'Hist. Eccl. tom. XIII. in*-12. *pag.* 397.]

15153. Relation de l'Etablissement de l'Institut des Filles de l'Enfance de Jesus, avec le récit fidèle de tout ce qui s'est passé dans le renversement du même Institut ; par une des Filles de cette Congrégation de la Maison de Toulouse : *Toulouse*, de la Noue, [*en Hollande*] 1689, *in*-12.

La Congrégation des Filles de l'Enfance de Jesus-Christ Notre Seigneur fut érigée à Toulouse en 1661, sous l'autorité de M. de Marca, Archevêque de cette Ville, & sous la direction de Gabriel de Ciron, Chanoine & Chancelier de cette Eglise & de l'Université ; par le conseil duquel Jeanne de Juliard, veuve de Charles de Turle, Seigneur de Mondonville, s'en rendit Fondatrice, en y donnant presque tout son bien ; elle est morte en 1702. Les principales fonctions de celles qui entroient dans cette Congrégation, & qui y étoient liées par un vœu de chasteté perpétuelle, consistoient à faire gratuitement les petites Ecoles, à prendre soin des Malades, d'instruire les nouvelles Converties, & de recevoir les Femmes & les Filles chez elles pour y faire des Retraites. Leurs Constitutions dressées par M. de Ciron, & dont une portoit qu'elles n'auroient pour Confesseurs que des Prêtres du Clergé, approuvés par les Ordinaires, reçurent le 15 Janvier 1661, l'approbation de Jean du Four, Vicaire-Général de M. de Marca, & Archidiacre de Toulouse. L'Institut fut en conséquence confirmé par un Bref d'Alexandre VII. du 6 Novembre 1662, & par les Lettres-Patentes du Roi, du mois d'Août 1663. Les mêmes Constitutions furent approuvées en 1665

& 1666, par dix-huit Evêques, & par cinq Docteurs & Professeurs en Théologie de l'Université de Toulouse, & par deux Docteurs de Sorbonne, qui étoient en ces quartiers-là. Tout ce concours de la Puissance Ecclésiastique & Séculière n'a pas empêché que cet Institut n'ait été supprimé par un Arrêt du Conseil d'Etat du 12 Mai 1686, sur l'Avis de quelques Docteurs, qui n'a jamais paru, & qu'on suppose avoir déclaré que ses Constitutions sont en plusieurs choses contraires aux Canons & aux Règles de l'Eglise, contre le témoignage & les approbations d'un si grand nombre de Prélats.

☞ Recueil de Pièces concernant la Congrégation des Filles de l'Enfance de Notre Seigneur Jesus-Christ: *Amsterdam*, 1718, *in*-12. 2 vol.

La première Partie contient le Mémoire présenté pour demander au Roi leur établissement, avec leurs Constitutions, le Bref d'Alexandre VII. de 1662; Lettres-Patentes de 1663 & 1678; les Approbations des Archevêques, Evêques, &c. & la Relation de l'établissement & destruction de l'Institut, par une des Filles de ladite Congrégation.

La seconde Partie renferme l'Innocence opprimée par la calomnie, ou l'Histoire de ladite Congrégation, & de quelle manière on a surpris la religion du Roi, pour porter Sa Majesté à la détruire par un Arrêt du Conseil, &c.]

15154. Suite de l'Innocence opprimée, ou Relation du Sieur Peyssonel, Médecin de Marseille, & d'un grand nombre de personnes de toutes sortes de conditions, que les Jésuites y ont fait envelopper; où l'on voit aussi ce qui s'est passé à l'égard de M. l'Evêque de Vaison, (Genest) & les derniers efforts de la violence & de l'injustice contre les Filles de l'Enfance, ou l'Innocence condamnée à se détruire soi-même.

On assure que cette suite est de Pierre DE PARRADE, Gentilhomme de Marseille, mort en 1708.]

15155. Mémoire pour les Filles de la Congrégation de l'Enfance: [*Paris*,] Quillau, 1717, *in-fol*.

Ce Mémoire contient l'Histoire de l'Etablissement & du Renversement de cet Institut.

15156. ☞ Histoire de la Congrégation des Filles de l'Enfance de N.S.J.C. établie à Toulouse en 1662, & supprimée par Ordre de la Cour en 1686; (par Pierre-François REBOULET, Ex-Jésuite & Avocat à Avignon): *Amsterdam*, (*Lyon*) 1734, *in*-12. 2 vol.

Cet Ouvrage est un vrai Roman; c'est le feu Sieur Abbé de la Combe, des Missions Etrangères, qui l'a fait imprimer, & qui s'est intéressé à son débit. M. l'Abbé d'Artigny en parle dans ses *Mémoires*, tom. II. *Voyez aussi* Racine, *Abrégé de l'Hist. Eccl.* tom. XIII. *in*-12. pag. 396.]

15157. ☞ Mémoire pour M. Guillaume de Juliard, Prêtre, Docteur en Théologie, Prévôt de l'Eglise Métropolitaine de Toulouse, sur la plainte par lui portée au sujet d'un Libelle diffamatoire, publié contre la mémoire de feue Madame de Mondonville sa tante, sous le titre d'*Histoire des Filles de l'Enfance*, &c. *Toulouse*, 1735, *in-fol*. & *in*-12.

M. de Juliard est mort à Toulouse le 21 Décembre 1737. L'Arrêt du Parlement de Toulouse, rendu sur ce Mémoire le 5 Mai 1735, a condamné au feu l'Histoire du sieur Reboulet.]

15158. ☞ Réponse au Mémoire publié par M. Guillaume de Juliard, &c. (par M. REBOULET): *Amsterdam*, (*Lyon*) 1737, *in*-12.

Cette Réponse a été aussi condamnée au feu par Arrêt du Parlement de Toulouse, du 17 Février 1738.]

15159. ☞ Idée de l'Histoire des Filles de l'Enfance, & difficultés proposées à l'Auteur de cette Histoire.

Se trouve tom. II. pag. 24, des *Mémoires de Littérature* d'Artigny.]

§. XIII.

Histoires des Religieuses de Fontevrauld.

15160. ANTIQUITÉS du Monastère de Fontevrauld: *in*-8.

15161. ☞ Mf. Les Règles de l'Ordre de Fontevrauld, selon la réformation faite par les Commissaires délégués, sçavoir, Jean, Archevêque de Bourges, Louis Pot, Abbé de S. Lomer de Blois, & Berthelot, Chanoine de l'Eglise de Tours, du temps de Marie de Bretagne, Abbesse de ce Monastère, (morte en 1477): *in*-8.

Ce Manuscrit en papier, est conservé dans la Bibliothèque de Sainte-Geneviève, à Paris.]

☞ Mf. Les mêmes, en Latin: *in*-8.

Elles sont en vélin, dans la même Bibliothèque.

Il y a, à la fin, un Abrégé de la Règle de Robert d'Arbrisselle, (Fondateur de Fontevrauld. *Voyez* ci-devant, N.ᵒˢ 13932 & *suiv*.) Cet Abrégé est tiré d'un Manuscrit intitulé: *Le grand Gauffre*.]

☞ Mémoire touchant l'Ordre de Fontevrauld: 1640, *in*-4.

Factum pour les Religieux, &c. *in*-4.

Lettre d'un Ecclésiastique, &c. *in*-4.

Arrêt du Conseil d'Etat: 1641, *in*-4.

Ces Pièces, qui sont ci-devant, N.ᵒˢ 13951-13955, renferment beaucoup de faits, & sont nécessaires pour l'Histoire des Religieuses de Fontevrauld.]

15162. Relatio de felici obitu Angelucciæ, Monasterii Fontebraldensis Sanctimonialis.

Cette Relation est imprimée dans Martenne, au tom. II. de son *Nouveau Trésor des Pièces anecdotes*, pag. 1703.]

15163. Catalogue des Abbesses de l'Abbaye de Fontevrauld, & Dames illustres y enterrées.

Ce Catalogue est imprimé avec la *Légende* de Robert d'Arbrisselle: *Angers*, 1586, *in*-4.

15164. Histoire chronologique des Abbesses de Fontevrauld; par Honorat NIQUET, Jésuite.

Cette Histoire est imprimée avec l'Histoire de cet Ordre: *Paris*, 1643, *in*-4.

Histoires des Religieuses.

↦ Ces deux Ouvrages sont déja indiqués ci-devant, N.os 13936 & 13939, où il est question des *Religieux* de Fontevrauld. On trouvera au même endroit plusieurs Pièces qui regardent en partie les Religieuses.]

15165. Eloge de Charlotte de Bourbon, Comtesse de Nevers, d'Eu & de Réthel, Religieuse de Fontevrauld ; par Hilarion DE COSTE.

Cet Eloge est imprimé au tom. I. de ses *Eloges des Personnes illustres en piété, pag.* 397 : *Paris*, 1630, *in-*4. Cette Religieuse est morte en 1521.

15166. ↦ Epîtres, Elégies, Epigrammes & Epitaphes, au sujet du décès de Madame Renée de Bourbon, Abbesse de Fontevrauld ; par Jean BOUCHET : *Poitiers*, 1535, *in-*4.]

15167. Lettre de la grande Prieure & du Convent de Fontevrauld, écrite à toutes les Maisons du même Ordre, sur la mort de Jeanne-Baptiste de Bourbon, fille du Roi Henri le Grand, légitimée de France, Abbesse, Chef & Générale de l'Ordre de Fontevrauld : *Paris*, Josse, 1670, *in-*4.

Cette Lettre est de Bonne BINET de Montfroy, Grande Prieure de Fontevrauld.

15168. Lettre sur la mort de la même ; par Jean ZOCCOLI, Jésuite : 1670, *in-*4.

Cette Abbesse est morte en 1670.

15169. ↦ Oraison funèbre de Jeanne-Baptiste de Bourbon, fille de Henri le Grand, Abbesse, Chef & Générale de l'Ordre de Fontevrauld, prononcée le 27 Février 1671 ; par le Révérend Père VIRDOUX, Grand Prieur de S. Jean de l'Habit, & Visiteur dudit Ordre dans la Province de France : *Paris*, Josse, 1671, *in-*4.]

15170. Oraison funèbre de Marie-Madeleine-Gabrielle de Rochechouart de Mortemar, Abbesse de Fontevrauld ; par Antoine ANSELME, Abbé de S. Sever-Cap : *Paris*, Josse, 1705, *in-*4.

15171. Eloge de la même.

Cet Eloge est imprimé dans les *Mémoires de Trévoux*, art. 189, *de Décembre* 1704.

15172. ↦ Oraison funèbre de Marie-Louise de Thimbrone de Valence, Abbesse, Chef & Supérieure Générale de la Maison & Ordre de Fontevrauld ; prononcée dans l'Abbaye Royale de Fontevrauld, le 15 Septembre 1766 ; par Michel TESTAS, Curé de S. Paul, & ancien Professeur de Rhétorique au Collége Royal de Sainte-Marthe de Poitiers : *Poitiers*, Braud, 1766, *in-*4.]

Histoire du Prieuré de Beaulieu, dans le Diocèse de Lyon.

15173. Antiquités du Prieuré des Religieuses de Beaulieu, Ordre de Fontevrauld ; par Jean-Marie DE LA MURE, Chanoine de Montbrizon : 1654, *in-*12.

Histoire du Prieuré de Chaise-Dieu, Ordre de Fontevrauld, dans le Diocèse d'Evreux.

15174. ↦ Ms. Chronologie historique des Prieures de Chaise-Dieu ; par Madame DE LANFERNAT.

Cette Dame, plus connue sous son nom propre de Louise-Marie de Bois DE LA PIERRE, (*voyez* le Moréri de 1759,) avoit étudié toute sa vie l'Histoire, & surtout celle de sa Patrie. Il semble qu'elle n'avoit pas mis la dernière main au Manuscrit dont il est ici question, & qui est conservé dans le Monastère de Chaise-Dieu, au voisinage duquel elle demeuroit, & est morte en 1730. Mais tel qu'il est, il intéresse non-seulement la Maison, pour les Familles qui y ont eu des Religieuses, mais encore tous ceux qui en ont été Bienfaiteurs. Cette Maison, ainsi que beaucoup d'autres en Normandie, a été entièrement oubliée dans le *Gallia Christiana*.]

Histoire du Prieuré de Haute-Bruyère, Diocèse de Chartres.

15175. Vie de Jeanne Absolu, dite de saint Sauveur, Religieuse de Fontevrauld, du Monastère de Haute-Bruyère ; par (Jean) AUVRAY, Prêtre : [*Paris*, 1640, 1655 : *Lyon*, 1656 :] *Paris*, 1670, *in-*4.

Cette Religieuse est morte en 1637.

§. XIV.

Histoires des Religieuses Franciscaines.

15176. ↦ Histoire abrégée des différentes espèces de Religieuses de l'Ordre de S. François ; Clarisses, Urbanistes & Capucines.

Dans l'*Hist. des Ordres Monastiques & Religieux* du P. HELYOT, tom. *VII*. p. 180 *& suiv.*]

15177. ↦ Ms. Constitutiones Monialium Sanctæ-Claræ, Monasterii Parisiensis : *in-*8.

Ce Manuscrit est dans la Bibliothèque du Roi, & vient de M. Lancelot.]

15178. ↦ La première Règle des Religieuses de Sainte-Claire : *Paris*, 1605, *in-*12. & *in-*32.]

15179. ↦ Relation des Observances & de la manière de vie des Religieuses de Sainte-Claire, adressées à M. Fléchier, Evêque de Nismes, avant son Episcopat, par Madame sa Sœur, Religieuse de Sainte-Claire, dans le Monastère de Béfiers.

Cette Pièce se trouve parmi les *Lettres* de M. Fléchier, tom. I. à la fin : *Lyon*, 1734, *in-*12.]

15180. ↦ Constitutions des Capucines : *Saint-Omer*, 1632, *in-*8. &c.]

15181. Vita beatæ Coletæ, Virginis, Reformatricis Ordinis Sanctæ-Claræ Gandavi ; auctore Petro A VALLIBUS, sive a Remis, Confessario ejus, ex Gallico Latinè reddita à Stephano Juliaco Minorita ; cum Commentario prævio.

Cette Vie est imprimée dans le *Recueil* de Bollandus, au 6 de Mars. Cette Sainte est morte en 1447.

15182. ☞ Brevis Legenda B. Virginis Sororis Coletæ, Reformatricis Ordinis Sanctæ-Claræ : *Parisiis*, per Thom. Kees : *in*-8. gothiq.]

15183. ☞ Mf. Vie de la bienheureuse Colete de Corbie, Réformatrice de l'Ordre de S. François, & Fondatrice de plusieurs Monastères dans les deux Bourgognes, en Savoie, en Suisse & en Picardie : *in* -4. 2. vol.

Ce Manuscrit est aux Cordelières de Besançon. Il contient bien des traits qui concernent l'Histoire des Villes où cette Sainte a établi des Couvens de son Ordre.]

15184. ☞ Histoire chronologique de la bienheureuse Mère Colete, [Réformatrice des trois Ordres de S. François;]par CLAUDE Silvère d'Abbeville, Capucin : *Paris*, Buon, 1619, 1628, *in*-8.]

15185. Vie de la même; par Adrien BAILLET.

Cette Vie est imprimée dans son *Recueil des Vies des Saints*, au 6 de Mars.

— Vie de Marguerite de Lorraine, Duchesse d'Alençon, Religieuse de Sainte-Claire, morte en 1521.

Voyez ci-après, *Généalogies des Princes du sang:* Fils de Philippe IV, &c

15186. Mf. Vie de Philippe, Duchesse de Lorraine.

Ce Manuscrit est conservé dans la Bibliothèque du Roi, num. 9550.

15187. Vita Philippæ Lotharingiæ Ducissæ, quæ, marito defuncto, Sanctæ-Claræ Ordinem amplexa est, à Virginibus Sanctæ-Claræ Gallicè conscripta, & nunc in Latinum sermonem conversa à Jodoco Grassio, Cartusiæ Vesaliensis Priore : *Coloniæ*, Mylii, 1604, *in*-12.

15188. Vie de Philippe de Gueldre, Royne de Hiérusalem & de Sicile , Duchesse de Lorraine, & depuis pauvre Religieuse au Convent de Sainte Claire au Pont-à-Mousson ; par Christophle MERIGOT, Jésuite : *Au Pont-à-Mousson*, 1617, *in*-12.

Cet Auteur est mort en 1636.

15189. ☞ Vie de Madame Philippe de Gueldres, Reine de Sicile & Duchesse de Lorraine, Religieuse de Sainte-Claire du Pont-à-Mousson : *Pont-à-Mousson*, 1691, *in*-12.]

15190. ☞ Vie de la même Princesse; par Nicolas BALTHASARD : *Nancy*, 1721, *in*-8.]

15191. ☞ La Vie de la B. Philippe de Gueldres, Duchesse de Lorraine, depuis Religieuse de Sainte-Claire du Pont-à-Mousson : *Toul*, Vincent, 1736: *in*-12.]

15192. ☞ Chronique de la très-dévote Abbaye des Religieuses de Sainte - Claire de Montbrison ; par Jean-Marie DE LA MURE : 1656.

Voyez les *Mémoires* d'Artigny, tom. *V.* pag. 6.]

15193. ☞ Histoire de la Bienheureuse Sœur Jeanne de la Croix , du Tiers - Ordre de S. François, par le P. Antoine DACA, avec une Préface du Père François DE SOSA, traduite en François : *Lyon*, Chastelard, 1626, *in*-12.]

15194. Vie de Françoise de S. Bernard, Religieuse de Sainte-Claire à Verdun, nommée dans le monde Madame de Maisons; par JEAN-MARIE de Vernon, Religieux du Tiers-Ordre de S. François : *Paris*, Colombel, 1657, *in*-4.

Cette Religieuse est morte en 1632.

15195. La Judith de ce temps, ou la Vie de Louise de Lorraine, Capucine à Douai, sous le nom de Claire Françoise de Nancy ; par M. GARDE, Prêtre : *Mons*, de Waudret, 1641, *in*-4.

15196. ☞ Relation de ce qui est arrivé à Sœur Claire de la Passion, Capucine, guérie d'un mal incurable, par les mérites du Père Honoré de Champigny : *Paris*, 1638, *in*-12.

Voyez ci-devant la Vie de ce P. Capucin, N. 13916.]

15197. L'Illustre Pénitente de Béfiers, ou l'Histoire de Mademoiselle Bachelier, du Tiers-Ordre de S. François; par CASIMIR de Toulouse, Capucin : *Rouen*, 1642, *in*-8.

Cette Religieuse est morte en 1635.

15198. Vie de Marie de Clermont, Abbesse & Réformatrice du Monastère de Sainte-Claire d'Avignon ; par Honoré MICHEL, Religieux de la régulière Observance de S. François : *Avignon*, *in*-12.

15199. Vie de Marie de S. Charles, Religieuse de Sainte-Elisabeth, dite au siècle la Baronne de Veuilly ; par LÉON de S. Jean, Carme Réformé : *Paris*, 1671, *in*-8.

15200. Vie d'Agnès d'Aguillenquy, d'Aix en Provence, Religieuse Capucine de Marseille ; par MARC DE BAUDUEN, Capucin, Confesseur de cette Maison : *Marseille*, Garçin, 1673, *in*-12.

15201. ☞ Vie de la même; par Hyacinthe DE VERCLOS, d'Avignon, Ex-Provincial des Capucins : *Avignon*, 1740, *in*-8.]

15202. Vie de Bonne de Paris, Religieuse Capucine, & une des Fondatrices du Monastère de Marseille ; par MARCEL de Rice, Capucin : *Marseille*, 1675, *in*-8.

15203. ☞ Elogium Agnetis de Harcourt, Monialis Longi-Campi prope Parisios Ordinis Sanctæ-Claræ ; per Lud. JACOB, Carmelitam : *Parisiis*, 1663, *in-fol.*

Cet Eloge se trouve dans le tom. II. des *Preuves de*

Histoires des Religieuses.

[*Histoire généalogique de la Maison de Harcourt, par la Roque.*]

15204. Vie de la Sœur Galon de Béfiers, Religieuse de Sainte-Claire ; par [Eustache] Picot, Religieux Récollect : *Marseille*, 1683, *in-8.*

15205. * Vie de Mademoiselle Raynard, du Tiers-Ordre de S. François ; par Catherine Levesque.

Elle se trouve dans son Ouvrage intitulé : *Les trois Fleurs de Lys spirituelles de la Ville de Péronne* : *Paris*, 1690, *in-8.*

Histoire des Religieuses Cordelières.

15206. ☞ Histoire abrégée de la Fondation de l'Abbaye Royale des Dames Cordelières Urbanistes du Mont Sainte-Catherine lès-Provins : *Provins*, 1733, *in-4.* (8 pages.)

Cette Abbaye fut fondée en 1237, par Thibaud IV. Roi de Navarre & Comte de Champagne en Brie.]

▬ Factum pour les Religieuses de Sainte-Catherine de Provins, &c.

Voyez ci-devant, N.° 13862.

15207. ☞ Plaidoyer de M° Louis Chevalier, Avocat, pour la Mère Denyse-Elisabeth de Sallo, Abbesse perpétuelle du Monastère des Cordelières du Fauxbourg Saint Germain à Paris, contre Frère Nicolas le Jeune, Provincial des Cordeliers, & Frère Jacques de Sainte-Croix, Cordelier, Promoteur dudit Père le Jeune ; avec des Notes historiques & de Droit, & une Dissertation sur le droit qu'ont les Religieux de se pourvoir en la Cour, par appellation comme d'abus, quand il y a abus clair & manifeste : *Soleure* (*Paris*,) 1717, *in-12.*

Ce Plaidoyer est curieux. Le Monastère dont il y est question, ne subsiste plus.]

§. XV.

Histoires des Religieuses Hospitalières.

15208. ☞ Remarques sur diverses Religieuses Hospitalières.

Dans l'*Histoire des Ord. Monast. & Relig.* du Père Helyot, *tom. II. pag.* 217-291, *tom. III. pag.* 301, *tom. IV. pag.* 361. 399. 405, *tom. VIII. pag.* 7.]

15209. ☞ Histoire des Religieuses de l'Hôtel-Dieu de Paris.

Dans le même Ouvrage, *tom. III. p.* 184 *& suiv.*]

15210. ☞ Constitutions des Religieuses Hospitalières de la Charité de Notre-Dame, établies à Paris par M. de Gondy, Archevêque : *Paris*, 1635, *in-8.*]

15211. ☞ Règles de S. Augustin, & Constitutions des Religieuses du grand Hôpital d'Orléans : *Orléans*, Nyon, 1621, 1666, *in-12.*]

15212. ☞ Règles & Constitutions des Religieuses Hospitalières de S. Jean-Baptiste de Tolose : *Tolose*, 1649, *in-12.*]

15213. ☞ Constitutions de la Congrégation des Religieuses Hospitalières de la Miséricorde de Jésus : 1666, *in-12.*]

15214. ☞ Statuts & Réglemens pour les Hospitalières établies à Neufchatel : 1681, *in-18.*]

15215. ☞ Régles & Constitutions des Religieuses Hospitalières de S. Joseph : 1686, *in-16.*]

15216. ☞ Constitutions des Filles Hospitalières de la Congrégation de S. Joseph, pour l'Instruction des Orphelines : *Rouen*, 1696, *in-32.*]

15217. Vita sanctæ Floræ, Virginis, Ordinis sancti Joannis Hierosolymitani, in Monasterio Hospitalis Belliloci ; cum Commentario prævio Conradi Janningii, è Soc. Jesu.

Cette Vie de sainte Fleur, (qui a vécu dans le Monastère de Beaulieu, situé en Quercy, & qui est morte en 1347) est imprimée dans Bollandus, au *tom.* VI. de *Juin*, *pag.* 97.

☞ Hugues Amadieu, Docteur en Théologie dans l'Université de Toulouse, a mis en Latin cette Vie, tirée des papiers du Confesseur de cette Sainte. Il étoit né près de Cahors, où il fut Curé de S. Ursice, & depuis Grand-Vicaire d'Aire en 1700, sous M. Fleuriau. Ce Prélat ayant été transféré à Orléans en 1706, il l'y suivit, y fut Grand-Vicaire, Chanoine & Sous-Chantre de Sainte-Croix : il est mort le 2 Mai 1710. Il avoit été pendant quelque temps Supérieur & Confesseur extraordinaire des Dames de l'Hôpital, & il contribua à réformer cette Maison.]

15218. Vie de la même ; par Louis Mesplede, Jacobin : *Paris*, 1625, *in-8.*

Cet Auteur assure qu'il n'a fait que paraphraser la Vie précédente.

15219. Vie de la même sainte Flore.

Cette Vie est imprimée dans le *Recueil des Vies des Saints & des Saintes de l'Ordre de S. Jean de Jérusalem*, *pag.* 16, *in-fol.*

15220. Vie de la même ; par César Le Blanc, Prêtre de l'Oratoire : *Toulouse*, 1649, *in-4.*

Cet Auteur est mort en 1699.

15221. Eloge de Galiote de Gordon, de Genouillac & de Vaillac, dite de sainte Anne, Religieuse de Saint Jean de Jérusalem, Prieure du Monastère de Beaulieu, & Réformatrice de cet Ordre en France ; par Hilarion de Coste.

Cet Eloge est imprimé au *tom.* I. de ses *Eloges des Personnes illustres en piété*, *p.* 775 : *Paris*, 1630, *in-4.* Cette Religieuse est morte en 1618.

15222. Vie de la même ; par Thomas d'Acquin de S. Joseph, Carme Déchaussé : *Paris*, Huré, 1633, *in-8.*

☞ Ces Hospitalières de Beaulieu, autrement nommées les Malthaises, sont des Chevalières, (si je puis me servir de ce terme) faisant preuves de 32 quartiers de Noblesse. Elles portent la Croix au col & sur leurs habits ou manteaux, comme les Chevaliers, & n'ont rien de commun avec certaines autres Religieuses, dont on va parler, ou dont on a indiqué les Constitutions au commencement.

Une des principales Maisons des Religieuses Hospitalières de l'Ordre de S. Jean de Jérusalem, qui est en France, est celle de Toulouse. Ces Religieuses y ont été transférées & unies de deux Monastères du Diocèse de Cahors, en 1623, par le Grand-Maître Antoine de Paulo : elles font actuellement bâtir une très-belle Eglise. C'est ce que l'on apprend de la nouvelle *Histoire de Toulouse*, par M. RAYNAL : (*Toulouse*, 1759, *in-*4.) *pag.* 358.]

15223. Vie de Mademoiselle [Anne] de Melun, fille de Guillaume de Melun, Prince d'Espinoy, Fondatrice des Religieuses Hospitalières de Baugé en Anjou : *Paris*, Josse, 1687 [1703] *in-*8.

La Vie d'Anne de Melun, morte en 1679, a été composée par Joseph GRANDET, Curé de Sainte-Croix d'Angers.

15224. Vie de Catherine de S. Augustin, Religieuse Hospitalière de Kébec, dans la Nouvelle France ; par Paul RAGUENEAU, Jésuite : *Paris*, Lambert, 1671, *in-*8.

Cette Religieuse est morte en 1668.

15225. Lettre sur la mort de Françoise de Vassé, Prieure perpétuelle du Monastère & Hôpital de S. Anastase, dit de S. Gervais, à Paris : *in-*4.

Cette Prieure est morte en 1694. Cette Lettre est de M. COHON, Docteur en Théologie, Chanoine de S. Benoît.

15226. ☞ Vie de la Mère Françoise de la Croix, Institutrice des Religieuses Hospitalières de la Charité de Notre-Dame, (à Paris, près la place Royale) : *Paris*, 1745, *in-*12.]

§. XVI.

Histoires des Religieuses de l'Ordre des Minimes.

15227. ☞ REMARQUES historiques sur les Religieuses Minimes.

Dans l'*Hist. des Ordr. Monast. & Rel.* du P. HELYOT, tom. *VII. pag.* 445 *& suiv.*]

15228. Oraison funèbre de Marie Dudos, du Tiers-Ordre de S. François de Paule ; par Antoine ESTIENNE, de l'Ordre des Minimes : *Paris*, 1590, *in-*8.

Marie Dudos est morte en 1590, & le Père Estienne en 1610.

15229. ☞ Vie de Catherine de Vis, l'une des premières Religieuses de l'Ordre des Minimes en France, (morte en 1634) ; par F. Simon MARTIN, Minime : *Paris*, Huré, 1650, *in-*16.]

15230. ☞ Vie de la même : 1724, *in-*12.]

15231. Vie de Madeleine Vigneron, du Tiers-Ordre de S. François de Paule, sur les Mémoires qu'elle a laissés par l'ordre de son Directeur ; par Matthieu BOURDIN, de l'Ordre des Minimes : *Rouen*, le Brun, 1679, *in-*8. *Paris*, de Launay, 1689, *in-*12.

Madeleine Vigneron est morte en 1678, & le Père Bourdin en 1692.

§. XVII.

Histoires des Religieuses de Notre-Dame.

★ CES Religieuses sont destinées, comme les Ursulines, à l'éducation des personnes de leur sexe.

15232. ★ Histoires des Religieuses de Notre-Dame ; par Jacques BOUZONNIER, Jésuite : *Poitiers*, veuve Braud, 1697, *in-*4. 2 vol.

15233. Abrégé de la Vie de Jeanne de l'Estonnac, Fondatrice, &c. *Toulouse*, 1646, *in-*4.

15234. ☞ La Vie de Jeanne de l'Estonnac, veuve de Gaston de Montferrand, Marquis de Landiras, première Religieuse & Fondatrice de l'Ordre des Religieuses de Notre-Dame ; par le P. FRANÇOIS DE TOULOUSE, Capucin : *Toulouse*, Pech, 1671, *in-*4.]

15235. ☞ Histoire abrégée des Filles de Notre-Dame.

Dans l'*Hist. des Ord. Monast. & Rel.* du P. HELYOT, tom. *VI. pag.* 340-355.]

§. XVIII.

Histoires des Religieuses de la Congrégation de Notre-Dame.

15236. ☞ RÈGLES des Religieuses de la Congrégation de Notre-Dame : *Nancy*, 1647, *in-*12.]

15237. ☞ Les vraies Constitutions des Religieuses de la Congrégation de Notre-Dame, faites par le R. P. Pierre Fourrier, leur Instituteur : 1649, *in-*12.]

15238. ☞ Remarques historiques sur cette Congrégation.

Dans l'*Hist. des Ord. Monast. & Rel.* du P. HELYOT, tom. *II. pag.* 425-442.]

15239. ☞ Histoire de l'Institution de la Congrégation de Notre-Dame, où est l'abrégé de la Vie de Pierre Fourrier & de la Mère Alix le Clerc ; par le Père D'ORIGNY, Jésuite : *Nancy*, Cusson, 1719, *in-*12.]

15240. ☞ Conduite de la Providence, dans l'établissement de la Congrégation de Notre-Dame, qui a pour Instituteur le Bienheureux Pierre Fourrier de Matincourt, &c. (avec quantité de Pièces, l'Histoire de chaque Monastère, &c. par Louis-Gaspard BERNARD, Chanoine Régulier de Pont-à-Mousson) : *Toul*, Vincent, 1732, *in-*4. 2 vol.]

Histoires des Religieuses.

15241. Vie d'Alix le Clerc, Fondatrice, première Mère & Religieuse de l'Ordre de la Congrégation de Notre-Dame, contenant la Relation d'icelle : *Nancy*, 1646, *in*-4.

La même, avec des Eclaircissemens sur cette Relation, & des Remarques du commencement de cette Congrégation, tirée des Ecrits de leur Père Fondateur; par les Religieuses du premier Monastère de cette Congrégation à Nancy : *Nancy*, 1666, *in*-8.

Le Père Fourrier de Marincourt est Fondateur de cette Congrégation : [il est mort en 1640.]

15242. ☞ Vie de la Sœur Louise, Fondatrice de la Maison de Notre-Dame des Croix; par M. le Gras DU VILLARD : 1752, *in*-12.]

15243. ☞ Le Thériste, ou Défense apologétique pour le voile du visage pris par les Religieuses du Couvent de Notre-Dame de Troyes; par Sébastien ROUILLARD : *Paris*, Mestais, 1626, *in*-4.]

15244. ☞ Règles & Constitutions de l'Ordre des Religieuses de Notre-Dame, établi premièrement à Bordeaux: *Bordeaux*, 1638, *in*-12.]

15245. ☞ Règle de S. Augustin, à l'usage des Religieuses de la Congrégation de Notre-Dame du Diocèse de Reims : 1673, *in*-12.]

§. XIX.

Histoires des Religieuses de Notre-Dame de la Miséricorde.

15246. HISTOIRE des Religieuses de Notre-Dame de la Miséricorde.

Cette Histoire est imprimée dans la Vie du P. Yvan, [ci-devant, N.° 11543.]

☞ *Voyez* encore l'*Histoire des Ordres, &c.* du Père HELYOT, *tom. IV. pag.* 385.]

15247. ☞ Constitutions des Religieuses de la Miséricorde : *Paris*, 1661, *in*-24.]

15248. ☞ Règle tirée de celle de Saint Augustin, avec les Constitutions des Religieuses de la Miséricorde : *Paris*, 1717, *in*-12.]

15249. Vie de Madeleine de la Trinité, Fondatrice des Religieuses de la Miséricorde ; par Alexandre PINY, de l'Ordre des Frères Prêcheurs : *au Mans*, 1666 : *Annessy*, 1679, *in*-8.

Cette Religieuse est morte en 1658, & l'Auteur de sa Vie en 1709.

15250. Vie de la même ; par Jean-Estienne GROSEZ, Jésuite : *Lyon*, 1696, *in*-8.

15251. ☞ Histoire de la Fondation du Monastère de la Miséricorde dans la Ville d'Arles; par le Père ALEXANDRE d'Arles, Capucin : *Aix*, 1707, *in*-12.]

§. XX.

Histoires des Religieuses de Notre-Dame du Refuge & du Bon Pasteur.

15252. Mſ. SOMMAIRE Discours de l'érection & institution du Monastère de Sainte-Madeleine à Paris, en 1618, *in*-4.

Ce Discours [étoit] conservé dans la Bibliothèque de M. de Lamoignon, Président à Mortier.

15253. ☞ Mſ. Constitutions faites par Jean-François de Gondy, Archevêque de Paris, pour le Monastère de Sainte-Marie-Madeleine à Paris : *in*-8.

Ce Manuscrit est indiqué au Catalogue de M. Secousse, num. 4687.]

15254. Relation véritable de la naissance & du progrès du Monastère de Sainte-Marie-Madeleine, ou des Madelonettes de Paris, [l'an 1618]; par DE MONTRÉ : *Paris*, 1649, *in*-24.

15255. Déclaration de l'Institution de la Congrégation de Notre-Dame de Refuge ; (par André VERSONS) : *Paris*, Sassier, 1657 : *Rouen*, 1664, *in*-8. & *in*-4. sans date ni nom d'Imprimeur.

☞ On dit que cette Pièce n'est pas commune : il y a une Epître & une Préface très-amples.]

15256. Le triomphe de la Croix en la personne de Marie-Elisabeth de la Croix de Jesus, Fondatrice de l'Institut de Notre-Dame du Refuge des Filles & Vierges pénitentes ; par Henri-Marie BOUDON, grand Archidiacre d'Evreux : *Bruxelles*, 1686, 1702, *in*-12.

☞ Cette Religieuse se nommoit Ranfain. On trouve un Abrégé de sa Vie, *p.* 223 & *suiv.* de la Vie de M. Boudon, par M. Collet : *Paris*, 1762, *in*-12.]

15257. Vie de Marie-Thérèse Erard, Supérieure du Monastère de Notre-Dame du Refuge à Nancy : *Nancy*, Gaudon, 1704, *in*-12.

15258. Relation abrégée de la Vie de Madame Combé, [Marie de Cyz, veuve d'Adrien Combé, Hollandois] Institutrice de la Maison du Bon Pasteur : *Paris*, 1700, *in*-8.

Cette Vie a été écrite par Jean-Jacques BOILEAU, Chanoine de S. Honoré, [mort en 1735.]

✱ Elle est faite avec autant de délicatesse & de solidité, que d'onction : c'est un excellent modèle pour ces sortes d'Ouvrages.

15259. ☞ Histoires des Abbayes de Sainte-Claire, à Lons-le-Saunier, Migette & Montigny, dans le Diocèfe de Befançon; par François-Jean DUNOD, Profeffeur Royal.

Elles fe trouvent dans le tom. I. de fon *Hiftoire des Séquanois, &c.* (*Dijon*, 1735, *in*-4.) *II. part. pag.* 165-174, & les Preuves à la fin du volume, *pag.* CIII-CXII.]

§. XXI.

Hiftoires des Religieufes de la Vifitation de Sainte-Marie.

15260. ☞ HISTOIRE abrégée des Religieufes de la Vifitation.

Dans l'*Hift. des Ord. Monaft. & Rel.* du P. HELYOT, *tom. IV. pag.* 309-324.]

— ☞ Vie de Madame de Chantal, Fondatrice & première Mere de l'Ordre de la Vifitation.

Voyez ci-après. On peut auffi confulter les Vies de S. François de Sales, ci-devant, N.° 10769 & *fuiv.*]

15261. ☞ Vies des quatre premières Meres de l'Ordre de la Vifitation, écrites par Françoife-Madeleine DE CHAUGY, Religieufe de cet Ordre : *Anneffy*, le Clerc, 1659, *in*-4.]

15262. Vies de huit vénérables Meres Religieufes de l'Ordre de la Vifitation de Sainte-Marie ; par Françoife-Madeleine DE CHAUGY : *Anneffy*, 1659, *in*-4.

Cette Religieufe eft morte en 1681.

15263. ☞ Vies de fept Religieufes de l'Ordre de la Vifitation ; par la même : *Anneffy*, 1659, *in*-4.]

15264. ☞ Vies des cinq premières Meres de l'Ordre de la Vifitation ; par M. PAULBOIS : 1756, *in*-12.]

15265. Vies de plufieurs Supérieures de la Vifitation, revues & corrigées ; par un Jéfuite : *Anneffy*, Fontaine, 1693, *in*-4.

15266. Difcours fur les Vies de plufieurs vénérables Meres & Sœurs de la Vifitation; par Marie Claire DE MASSELLI, du même Ordre, avec l'Hiftoire de l'Etabliffement du premier Monaftère dans la Ville d'Avignon: *Anneffy*, Offray, 1684, *in*-8.

15267. Année fainte des Religieufes de la Vifitation ; par Françoife-Madeleine DE CHAUGY, Religieufe du même Ordre : *Anneffy*, 1686, *in*-4. 3 vol.

On rapporte dans chaque Jour de cette Année fainte, la Vie d'une Religieufe de cet Ordre.

15268. Projet de l'Hiftoire de l'Ordre des Religieufes de la Vifitation de Sainte-Marie ; par Claude-François MENESTRIER, Jéfuite : *Anneffy* [& *Lyon*] 1701, *in*-4.

L'Auteur eft mort en 1705.

15269. Panégyrique de la Vie & de la Mort de la Mere de Chantal, Religieufe de la Vifitation, (en 1641); par Albert BAILLY : *Paris*, Huré, 1642, *in*-8.

Cette Religieufe eft morte en 1641, [à Moulins. Elle étoit née à Dijon en 1592.]

15270. ☞ Oraifon funèbre de la vénérable Mere de Chantal : *Avignon*, Berchier, 1642, *in*-8.

L'Auteur eft le P. Andoche MOREL, Jéfuite,' qui eft mort en 1674.]

15271. Vie de la Mere de Chantal, Fondatrice des Religieufes de la Vifitation ; par Alexandre FICHET, Jéfuite : *Lyon*, 1642, *in*-8.

15272. Vie de Jeanne-Françoife Frémiot, Baronne de Chantal, Fondatrice & première Mere des Religieufes de la Vifitation ; par Henri DE MAUPAS du Tour, Evêque du Puy : *Paris*, 1644, 1647, 1653, 1662, *in*-4. *Ibid.* 1672, *in*-8.

Vita della medefima tradotta dal Francefe : *In Venetia*, *in*-4.

15273. La Vita della medefima ; per Amadeo COMOTO, Chierico Regolare di fan Paolo : *In Torino*, Sinibaldi, 1646, *in*-4.

15274. Vie en abrégé de la même : *Paris*, Bénard, 1697, *in*-12.

☞ Louife DE RABUTIN, Marquife de Coligny, a compofé cette Vie : elle eft morte en 1716. *Voyez* la *Bibliothèque des Auteurs de Bourgogne*, *part.* 2, *p.* 180.]

15275. Vie de la même ; par [Jacques] MARSOLIER, Chanoine d'Uzès : *Paris*, Babuty, 1715, *in*-12. 2 vol.

☞ La Vie de la même, par M. l'Abbé (Jacques) Marfolier, Chanoine & ancien Prévôt de l'Eglife Cathédrale d'Uzès : nouvelle Edition, revue & augmentée du Bref de la Béatification de la vénérable Mere ; par N. S. P. le Pape Benoît XIV. *Paris*, Babuty, 1752, *in*-12. 2 vol.]

15276. ☞ La même, abrégée : *in*-12.]

15277. ☞ Vie de la même, avec des Notes; par M. l'Abbé CORDIER : *Orléans*, 1752, *in*-12.]

15278. ☞ Vie de la même ; par le P. BEAUFILS.]

15279. ☞ Panégyrique de la B. Jeanne de Chantal ; par M. (Jacques) DE LA TOUR DUPIN, 1752, *in*-12.]

15280. ☞ Autre ; par M. l'Abbé SEGUY : 1752, *in*-12.

Jofeph Séguy, Chanoine de Meaux, & l'un des quarante de l'Académie Françoife, eft mort en 1761.]

15281. ☞ Autre ; par M. l'Abbé CLEMENT : 1752, *in*-8.]

15282. ☞ Vie abrégée de la même, extraite de M. l'Abbé Marfolier : *Paris*, Babuty, 1752, *in*-12.]

15283. ☞ Orazioni facre, Tofcane, di Giovanni Coſtanzo RIGNONI dell'Ordine de Minimi, Academico Florentino : *Firenze*, 1759, *in-*4.

C'eſt un Panégyrique de la B. de Chantal, qui a été canoniſée (en 1766) par le Pape Clément XIII.]

15284. Vie de Marie Aimé de Blonay : *Paris*, 1655, *in-*8.

15285. ☞ Vie de Françoiſe-Hiéronyme de Villette ; par Jeanne-Marie MALLOUD, Religieuſe de la Viſitation de Chaalons : *in-*4. (imprimée.)

15286. Idea divinæ bonitatis in ſerva ſua Anna-Margareta Clemente ; per Auguſtinum GALLICIUM, Barnabitam : *Lugduni*, [1668] 1669, *in-*4.

15287. Vie d'Anne-Marguerite Clément, première Supérieure du Monaſtère de Melun ; par le Confeſſeur de cette Maiſon : *Paris*, Coignard, 1686, *in-*8.

Cette Supérieure eſt morte en 1661.

☞ L'Auteur a fait ſur cette Vie les mêmes Mémoires dont s'étoit ſervi Dom Gallice.]

15288. ☞ Pompe funèbre faite aux obſéques de la très-auguſte & pieuſe Princeſſe, Madame la Ducheſſe de Montmorency, Supérieure des Religieuſes de la Viſitation de Moulins, décédée audit Monaſtère.

Cette Relation ſe trouve avec celle de la Solemnité de la Canoniſation de S. François de Sales, dans ledit Monaſtère, par les ſoins de la ſage conduite de cette Princeſſe, &c. (ci-devant, N.° 10793) : *Moulins*, 1664, *in-*4.]

15289. Vie de Madame de Montmorency, Supérieure des Religieuſes de Moulins ; par COTOLENDI, Avocat : *Paris*, Barbin, 1684, *in-*8.

Marie Félice des Urſins, Ducheſſe de Montmorency, eſt morte en 1664.

15290. ☞ Vita di Maria Felice Orſini, Ducheſſa di Momorenzi, di poi Religioſa è Superiora dell'Ordine del Viſitatione : *Roma*, 1724, *in-*4.]

15291. L'Amour de la Croix dans la Vie de la Mere Anne-Catherine de la Croix de Séville, Religieuſe de la Viſitation de Sainte-Marie ; par le P. Accurſe PROVINQUIERES, Récollect : *Pezenas*, Martel, 1687, *in-*4.

15292. Vie d'Anne Séraphique Boulier, Supérieure des Religieuſes de la Viſitation de Dijon ; par Marie Dorothée DES BARRES, Religieuſe de la même Maiſon : *Dijon*, Reſſaire, 1689, *in-*8.

Cette Religieuſe eſt morte en 1685.

15293. Vie de Louiſe-Eugénie de Fontaine, quatrième Supérieure de la Viſitation de Paris ; par une Dame de qualité : *Paris*, Muguet, [1694, *in-*12. Seconde Edition, revue & augmentée] 1696, *in-*12.

Cette Religieuſe eſt morte en 1694. La Dame qui a écrit ſa Vie, s'appelloit Jacqueline-Marie DU PLESSIS,

Tome I.

femme de M. Bonneau, qui eſt morte aux Filles de Sainte-Marie dans la rue Saint-Antoine, l'an 1701.

15294. ☞ Lettre (de Paſquier QUESNEL) aux Religieuſes de la Viſitation de Paris, ſur la Vie (précédente).

Voyez, ci-devant N.° 15119. On y trouve diverſes particularités ſur le commencement de l'Ordre de la Viſitation, &c.]

15295. Vie de Marguerite-Marie Alacoque ; par le P. CROISET, Jéſuite.

Cette Vie eſt imprimée à la fin d'un Livre intitulé : *Dévotion au ſacré Cœur de Jeſus* : Lyon, 1691, 1714, *in-*12. 2 vol. Il avoit déja été imprimé à Toulouſe, à Paris, à Aurillac, à Beſançon & à Bruxelles. Cette Religieuſe eſt morte en 1690.

15296. ☞ La Vie de Marguerite-Marie Alacoque, Religieuſe de la Viſitation de Sainte-Marie, du Monaſtère de Paray-le-Monial, en Charolois, morte en odeur de ſainteté en 1690 ; par M. Jean-Joſeph LANGUET, Evêque de Soiſſons : *Paris*, Garnier, 1729, *in-*4.

On prétend que cette Vie de Marie Alacoque eſt, pour la plus grande partie, de Claude DE LA COLOMBIERE, Jéſuite, mort à Paray, en 1682.

15297. ☞ Recueil de pluſieurs Pièces au ſujet de la Vie de Marie Alacoque, compoſée par M. l'Evêque de Soiſſons : 1729 & 1730.]

15298. ☞ De Cultu SS. Cordis Dei ac Domini Noſtri Jeſu Chriſti, Tractatûs pars ſecunda, complectens Vitam Margaritæ-Mariæ Alacoque ; à Joſepho DE GALIFFET : *Romæ*, 1726, *in-*4.]

15299. ☞ Abrégé des vertus de Sœur Jeanne Silénie de la Motte des Goutes, Religieuſe de la Viſitation ; par le P. Pierre BRUMOY, Jéſuite : *Moulins*, 1724, *in-*12.]

15300. ☞ Eloge de Sœur Marie Roſe Languet, Religieuſe de la Viſitation : *in-*4. (9 pages.)]

§. XXII.

Hiſtoires des Religieuſes Urſulines.

15301. ☞ HISTOIRE abrégée des Urſulines.

Dans l'*Hiſt. des Ord. Monaſt. & Rel.* du P. HELYOT, tom. IV. pag. 165 & ſuiv.]

15302. La Chronique de l'Ordre des Religieuſes de Sainte-Urſule, depuis l'an 1612 juſqu'en 1666 ; par M. P. U. *Paris*, 1673, *in-*4. Ibid. 1678, *in-*4. 2 vol.

Ces lettres initiales ſignifient, Marie POMMEREU, Urſuline, qui a écrit cette Chronique.

15303. ☞ Les Conſtitutions des Religieuſes de Sainte-Urſule de la Congrégation de Paris : *Paris*, 1585, *in-*24.]

15304. ☞ Réglemens pour les Religieuses de Sainte-Ursule de Paris : *Paris*, 1653, *in-12.*]

15305. ☞ Directoire pour les Novices de Sainte-Ursule, de la Congrégation de Paris : *Paris*, 1664, *in-12.* 3 parties, ou 2 vol.]

15306. ☞ Cérémonial des Vêtures & Professions pour les Religieuses de Sainte-Ursule de la Congrégation de Paris : *Paris*, 1668, *in-8.*]

15307. ☞ Cérémonial des Sacremens, pour les Religieuses de Sainte-Ursule de la Congrégation de Paris : *Paris*, 1658, *in-8.*]

15308. ☞ Régles & Constitutions des Religieuses du Collége & Monastère de Sainte-Ursule de Tulle, sous la Régle de S. Augustin, approuvées par Révérendissime Père en Dieu, Messire Jean de Genouillac de Vaillac, Evêque de Tulle : *in-8.* (sans nom de lieu, ni année.)

15309. Vie exemplaire de Madame [Hullier] de Sainte-Beuve, Fondatrice du grand Convent des Ursulines de Paris, au Fauxbourg de Saint-Jacques.

Cette Vie est imprimée dans la Chronique [ci-dessus, N.° 15302] sur la fin de l'Ouvrage.

15310. Chronique des Religieuses Ursulines de la Congrégation de Toulouse ; par le P. Parayre, Religieux Augustin : *Toulouse*, 1681, *in-4.*

15311. Journal des illustres Religieuses de l'Ordre de Sainte-Ursule, tiré des Chroniques de l'Ordre, & autres Mémoires de leurs Vies ; composé par Jeanne de Cambounet de la Mothe, dite de Sainte-Ursule, Religieuse de Bourg-en-Bresse : *Bourg*, Ravoux, 1684, *in-4.* 4 vol.

15312. Abrégé de la Vie [& des rares vertus] d'Anne de Beauvais ; par Pierre de Villebois, Docteur en Théologie : *Paris*, 1622, *in-12.*

Cette Religieuse est morte en 1620.

15313. * Vie de la même ; par Jacques Coret, Jésuite : *Lille*, Rache, 1667, *in-4.*

15314. Vie de Marie de l'Incarnation ; par les Religieuses Ursulines : *Paris*, 1622, *in-8. Rennes*, 1644, *in-12.*

15315. ☞ La guérison miraculeuse de Sœur Jeanne des Anges, Prieure des Ursulines de Loudun, par l'onction de S. Joseph en 1637 : *Saumur*, Macé, 1637, *in-8.*]

15316. ☞ Vie de Madeleine Bavent, Religieuse du Monastère de S. Louis de Louviers : *Paris*, 1652, *in-4.*]

15317. Vie de Marguerite de François Xavier ; par Jean-Marie, de Vernon, Religieux du Tiers-Ordre de S. François : *Paris*, Josse, 1665, *in-4.*

Cette Religieuse est morte en 1647.

15318. Récit véritable de ce qui s'est passé en la démission de la Supérieure du Monastère de Sainte-Ursule de la Ville de Dijon, en 1623 : *Paris*, Pomeraye, 1624, *in-8.*

Cette Supérieure s'appelloit Jeanne Masoyer, dite de la Mère de Dieu.

15319. Vie de Catherine de Montholon, veuve de M. de Sanzelle, Maître des Requêtes, Fondatrice des Religieuses Ursulines de Dijon ; par Jean-François Senault, Prêtre de l'Oratoire : *Paris*, le Petit, 1653, *in-4.*

☞ Catherine de Montholon naquit à Paris en 1568. Elle fit ériger les Ursulines de Dijon en Monastère, l'an 1618, & elle est morte le 29 Avril 1650. Sa Vie est assez bien écrite.]

15320. ☞ Relation de la Fête faite au Monastère de Sainte-Ursule de Dijon, en mémoire de l'année Séculaire de son établissement : *Dijon*, 1719, *in-8.*]

15321. Vie d'Anne de Xaintonge, Fondatrice des Ursulines dans le Comté de Bourgogne ; par Jean-Estienne Grosez, Jésuite : *Lyon*, 1681 [1691] 1697, *in-8.*

15322. ☞ Vie de la même ; par le P. Claude Bonaventure Arnoulx, de la Compagnie de Jesus : *Avignon*, Offray, 1755, *in-12.*

Ce Livre n'est pas fait pour être lu, sur-tout par les jeunes personnes du sexe : on est étonné de ce qu'il n'a point eu de contradicteur.]

15323. Histoire de Madame de la Peltrie, Fondatrice des Ursulines de la Nouvelle France ; par Claude d'Ablon, Jésuite.

Cette Vie est imprimée avec sa *Relation de la Nouvelle France*, en 1669 & 1670 : *Paris*, 1671, *in-8.*

15324. Vie de Marie de l'Incarnation, première Supérieure des Religieuses Ursulines de la Nouvelle France, (morte en 1672) ; par Dom Claude Martin, son fils, Religieux Bénédictin, de la Congrégation de S. Maur : *Paris*, [1672] 1677, *in-4.*

☞ Dom Claude-Martin, Auteur de cette Vie, est mort en 1696. Son Livre contient bien des choses étrangères au sujet.]

15325. ☞ Vie de la même ; par François-Xavier de Charlevoix, Jésuite : *Paris*, 1724, *in-8.* & 1725, *in-4.*]

15326. ☞ Lettres de la même : *Paris*, 1681, *in-4.*

La seconde partie de ces Lettres est historique. Elles sont bien écrites & dignes de la grande réputation de cette femme admirable. Elles contiennent plusieurs faits historiques arrivés pendant les 32 années qu'elle a vécu en Canada, où elle prit terre en 1640.]

15327. ☞ Vie de la Mere de S. Augustin,

Histoires des Religieuses.

Religieuse de Québec, dans la Nouvelle France ; par le P. Paul PRINCE, Jésuite : *Paris*, Lambert, 1671, *in* 8.]

15328. ☞ Vie de Catherine de l'Incarnation de Veteris du Revest : *Aix*, 1672, *in*-12.]

15329. Vie de Françoise Fournier : *Paris*, 1685, *in*-12.

Cette Religieuse est morte en 1675. Sa Vie a été écrite par un Chanoine Régulier de la Ville d'Angers.

15330. Vie de Marie Bon de l'Incarnation ; par Jean MAILLARD, Jésuite : *Paris*, Couterot, 1686, *in*-12.

Cette Religieuse est morte en 1680.

15331. Vie de Jacquette de Puissequier, dite de S. Sernin, Religieuse de S. Augustin de la Congrégation des Ursulines de Grenade ; par son Directeur, Religieux Augustin : *Toulouse*, Pech, 1698, *in*-8.

15332. ☞ Récueil des Vertus & de la Vie de la Mere Jeanne de Faucher, veuve de feu M. Cappelis, Supérieure des Sœurs de Sainte-Ursule d'Avignon : *in*-12.]

15333. ☞ La conduite spirituelle de la Sœur Anne Violet ; par le P. MARIN : 1740, *in*-12.]

15334. ☞ La Vie de la Mere Jeanne de Jésus (de Rampalle, née à Saint-Remy en Provence) Fondatrice des Monastères de Sainte-Ursule, de l'Ordre réformé de saint Augustin, dans les Villes d'Arles, d'Avignon, de Tarascon, de Valréas, de Bolléne & de Saint-Remy : *Avignon*, 1751, *in*-12.]

§. XXIII.

Histoires de diverses Religieuses.

15335. ☞ REMARQUES historiques sur les Religieuses Chartreuses.

Dans l'*Hist. des Ord. Monast. & Rel.* du P. HELYOT ; tom. *VII. pag.* 402-408.]

15336. ☞ La Vie de la Sœur Renée, (née à Lambesc en Provence); par un Religieux de l'Ordre de la Sainte-Trinité, rédemption des Captifs : *Arles*, 1734, *in*-12.]

15337. ☞ Vie de la Mere Marie-Magdelaine (de la Sainte-Trinité) d'Aix, Fondatrice des Religieuses de la Miséricorde ; par le P. Alexandre PINY, Dominicain : *Lyon*, 1677, 1680, *in*-8.]

15338. ☞ Oraison funèbre de Marie-Françoise de Lézay de Luzignan, première Prieure perpétuelle des Religieuses de Notre-Dame de Saint-Sauveur de Puy-Berland, &c. par l'Abbé MABOUL, Grand-Vicaire de Poitiers : *Poitiers*, Braud, 1708, *in*-4.

Cette sainte Religieuse, morte en 1708, étoit fille aînée de Madame de Puy-Berland, Fondatrice de cette Maison. M. Maboul fut nommé bien-tôt après à l'Evêché d'Alet.]

15339. ☞ Constitutions des Religieuses de l'Ordre de la Présentation : *in*-8.]

15340. ☞ L'Amour de Dieu seul, ou la Vie de la Sœur Marie-Angélique de la Providence ; par Henri-Marie BOUDON : *Avignon* : (*Paris*, Desaint & Saillant) 1760, *in*-12.]

15341. ☞ Vie de Marcelle Chambon, Fondatrice de la Communauté de la Providence ; (morte en 1661).

Cette Vie est imprimée dans les *Annales de Limoges* du Père Bonaventure, *pag.* 853.]

15342. ☞ Réglemens des Filles de la Providence de Dieu : *Paris*, 1657, *in*-12.]

15343. ☞ Régles des Dames de la Congrégation de la Très-Sainte Vierge, établie à Aix, sous le titre de la Purification : *Aix*, 1688, *in*-12.]

15344. ☞ Diverses Congrégations pour l'instruction des jeunes Filles.

Dans l'*Hist. des Ord. Monastiq. & Rel.* du P. HELYOT, tom. *VIII. pag.* 127-143-186.]

15345. ☞ De la Congrégation des Filles de la Croix, pour l'instruction des jeunes Filles.

Dans l'Ouvrage du P. HELYOT, tom. *VIII. pag.* 127 & *suiv.*]

15346. ☞ Histoire des Religieuses de la Royale Maison de Saint-Cyr.

Dans l'*Hist. des Ord. Monast. & Rel.* du P. HELYOT, tom. *IV. pag.* 425-456.]

15347. ☞ Constitutions de la Maison de S. Louis établie à Saint-Cyr : *Paris*, 1700, *in*-32.]

15348. ☞ L'Esprit de l'Institut des Filles de S. Louis : *Paris*, 1699, *in*-32.]

15349. ☞ Réglemens de la Maison de Saint-Louis établie à Saint-Cyr : *Paris*, 1699, *in*-32.]

15350. ☞ Réglemens & Usages des Classes de la Maison de S. Louis à Saint-Cyr : *Paris*, 1712, *in*-32.]

15351. ☞ Histoire des Filles de Sainte-Geneviéve, ou Miramiones, avec l'abrégé de la Vie de Madame de Miramion leur Fondatrice.

Dans l'*Hist. des Ord. Monast. & Rel.* du P. HELYOT, tom. *VIII. pag.* 222 & *suiv.*]

15352. ☞ Constitutions des Filles de Sainte-Geneviéve : *Paris*, 1683, *in*-24.]

15353. ☞ Constitutions pour la Communauté des Filles de Saint-Joseph, dites de la Providence, établies à Paris, au Fauxbourg S. Germain; (par Dom Claude Bretagne, Religieux Bénédictin: *Paris*, 1691, *in*-8.]

15354. ☞ Histoire des Filles & Veuves des Séminaires de l'Union Chrétienne, & des Nouvelles Catholiques. Dans l'*Hist. des Ord. Monast. & Rel.* du P. Helyot, tom. *VIII.* pag. 150-159.]

15355. ☞ Constitutions de ces Séminaires: *Paris*, 1704, *in*-12.]

15356. ☞ Constitutions pour la Maison des Nouvelles Catholiques de Paris: *Paris*, 1675, *in*-12. 1708, *in*-18.]

Fin du Livre II. de la Bibliothèque Historique de la France,
& du premier Volume.

www.ingramcontent.com/pod-product-compliance
Lightning Source LLC
Chambersburg PA
CBHW071225300426
44116CB00008B/912